# 2018
# 中国海关报关实用手册

《中国海关报关实用手册》编写组◎编

中国海关出版社

**图书在版编目（CIP）数据**

中国海关报关实用手册.2018/《中国海关报关实用手册》编写组编写.
—北京：中国海关出版社，2018.1
ISBN 978-7-5175-0249-4

Ⅰ.①中… Ⅱ.①中… Ⅲ.①进出口贸易—海关手续—中国—2018—手册
Ⅳ.①F752.5-62

中国版本图书馆CIP数据核字（2017）第310349号

## 中国海关报关实用手册（2018）

ZHONGGUO HAIGUAN BAOGUAN SHIYONG SHOUCE（2018）

作　　者：《中国海关报关实用手册》编写组
责任编辑：普　娜　左桂月　李　多
助理编辑：杨　升　李鹏飞
出版发行：中国海关出版社
社　　址：北京市朝阳区东四环南路甲1号　　邮政编码：100023
网　　址：www.hgcbs.com.cn
编 辑 部：01065194242-7527（电话）　　01065194231（传真）
发 行 部：01065194221/4227/4238/4246（电话）　　01065194233（传真）
社办书店：01065195616（电话）　　01065195127（传真）
www.customskb.com/book（网址）
印　　刷：重庆华林天美印务有限公司　　经　　销：新华书店
开　　本：880mm×1230mm　1/16
印　　张：70　　字　　数：3400千字
版　　次：2018年1月第1版
印　　次：2018年1月第1次印刷
书　　号：ISBN 978-7-5175-0249-4
定　　价：360.00元

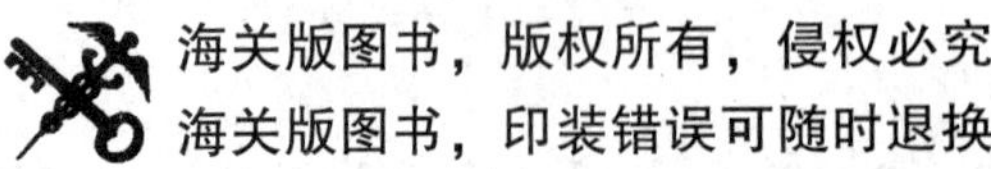

# 《中国海关报关实用手册》移动版查询系统

## 权威准确 实时更新 移动便捷

### 一、功能简介

为满足读者移动办公及掌握商品实时更新信息的需求，我社开发了针对本书内容的移动版查询系统——“海关数库”微信公众号，免费向本书用户开放，开放时限为 2018 年全年。系统可对本书主体内容进行全文检索查询，且将与海关监管库数据同步更新，以便用户实时掌握更新动态，提高通关效率。

### 二、开通流程

1. 刮开图书封面防伪标涂层，打开手机微信，扫描二维码。

注：每个二维码只能被扫描一次并开通权限，不能重复扫描。

2. 扫描成功后，系统自动弹出“海关学库申请获取以下权限”对话框。

注：“海关学库”为我社微信统一认证平台，认证结果将作用于“海关数库”微信公众号。

3. 点选“允许”后，首次微信扫码用户，还须进行手机号验证，并设置用户密码，以保证增值服务权益不受损。

4. 手机号验证成功后，系统自动弹出认证成功提示框。

5. 点选“立即进入”后，即可开通“海关数库”微信公众号中的“商品信息”“通关参数”“我的定制”等增值服务权限。

# 《商品综合分类表》使用说明

为便于读者查阅，现将《商品综合分类表》的有关栏目说明如下：

一、《商品综合分类表》的第一列为“商品编号”，其前八位代码与《税则》中的税则号列和《统计商品目录》中的商品编号完全一致，第九、十位代码是根据进口环节税、进出口暂定税和贸易管制的需要而增设的。商品编号未增列第九位、第十位时，用“00”补齐十位。

“商品编号”栏有“暂”标志的，表示：

1. 该项商品实施年度暂定税率，凡从世贸组织成员方或与我国有双边互惠协议的国家或地区进口的货物，即按暂定税率征税，从其他国家或地区进口的货物仍按规定的普通税率征税。

2. “暂”后面数字为暂定税率。例如，1801000000[暂2]即该商品编号的进口暂定税率为2%。

二、《商品综合分类表》的第二列为“商品名称及备注”，它是为适应通关系统的需要，由《税则》和《统计商品目录》中的“货品名称”缩减而成，括号内的文字是对该商品名称的补充描述。

三、《商品综合分类表》的第三列为“进口关税税率”，栏内数字表示为关税税率的百分比。对从世贸组织成员方或与我国订有关税互惠协议的国家或地区进口的货物，按最惠国税率征税，对从其他国家或地区进口的货物按普通税率征税。

进口关税税额=到岸价格×进口关税税率

$$\text{出口关税税额}=\frac{\text{离岸价格}}{1+\text{出口关税税率}}\times\text{出口关税税率}$$

四、“进口关税税率”中的最惠国税率下，“/”左边的税率截止日期为2018年6月30日，“/”右边的税率有效日期为2018年7月1日~2999年12月31日。

五、《商品综合分类表》的第四列为“增值税率”，有13和17两种，栏内数字相应地表示为该项商品的进口环节增值税税率为13%或17%。

增值税税额=（到岸价格+关税税额+消费税税额）×增值税税率

六、《商品综合分类表》的第五列为出口退税率。本书所列出口退税率仅供读者参考。由于在税务部门办理出口退税时，有些商品按照税务部门10位以上的商品编号（如11位商品编号）进行增值税的退税，而海关系统中的商品编号为10位，因此，若出现本书所列的10位商品编号的退税率与最终税务部门实际退税率不一致的情况，均以税务部门的实际退税为准。

七、《商品综合分类表》的第六列为“计量单位”。该栏目中出现两个计量单位时，中间以“/”分隔，左边为第一计量单位，右边为第二计量单位。

八、《商品综合分类表》的第七列为“监管条件”。该栏目的代码表示该项商品在一般贸易进出口时需要向海关提交的监管证件。具体代码所代表的证件请查阅《监管证件代码表》。

“监管条件”中，“/”左边的监管条件截止日期为2018年1月31日，“/”右边的监管条件有效日期为2018年2月1日~2999年12月31日。

# 前　言

《中国海关报关实用手册》（下称《报关手册》）出版二十余年来，以其突出的权威性、准确性、时效性、针对性，成为海关工作人员、进出口企业报关员、预录入企业操作员必备的工具手册，也日益成为与进出口有关的企事业单位了解海关业务，对进出口贸易进行成本核算的重要参考资料。

2018年版《报关手册》重点对海关最新进出口商品编码及各类通关业务参数作汇总；综合分类表增加了8位商品编号和品名；将协定税率和特惠税率合并为一个表，方便读者查询和对比；增加了信息技术产品最惠国税率；同时，就海关监管操作、现场通关、商品归类、规范申报、补充申报等通关政策调整情况作出解读，以期实现贴近通关监管实际、传递政策调整信息、方便读者参考查阅、帮助提高通关效率的目标。

2018年版《报关手册》的主要内容有：海关通关实务指南、海关新近规章解读、海关主要通关规定，海关通关系统常用代码表及说明，10位海关商品编号、商品名称及备注、关税税率、进口环节增值税和消费税税率、海关统计计量单位、出口退税率、进出口监管证件代码、进出口商品暂定税率，各种最新区域或双边协定税率，进口商品从量税、复合税税率，关税配额商品进口税率，进口关税与进口环节代征税计税常数表等。其中，出口退税率仅供进出口企业和报关企业参考，具体商品的退税率应以税务机关实际执行为准。

为方便读者使用，《报关手册》将推出移动版查询系统，读者扫描《报关手册》封面防伪标上的二维码，即可享受在线查询及获取监管条件等增值服务（具体使用指南详见"《中国海关报关实用手册》移动版查询系统"）。

《报关手册》所列商品编号、商品名称、关税税率、监管证件代码和进口环节代征税税率及进出口法律法规的截止日期为2017年12月31日。上述内容如有与国家进出口法律法规不一致之处，以法规条文为准。

《中国海关报关实用手册》编写组

2017年12月31日

# 目　录

# 海关通关实务指南

## 海关监管通关指南

### 进出口货物申报管理指南

**什么是申报?**

申报是指进出口货物的收发货人或受委托的报关企业，依照《中华人民共和国海关法》（以下简称《海关法》）以及有关法律、行政法规和规章的要求，在规定的期限、地点，采用电子数据报关单和纸质报关单的形式，向海关报告实际进出口货物的情况，并接受海关审核的行为。

申报是进出口货物收发货人履行海关手续的必要环节之一。从法律意义上讲，申报意味着收发货人向海关报告进出口货物的实际情况，申请海关按其申报的内容放行进出口货物。因此，申报不仅是收发货人必须履行的法定义务，也是海关确认进出口货物合法性的先决条件。

根据《海关法》的规定，进出口货物的收发货人应当向海关如实申报，交验进出口许可证件和有关单证。如实申报是指进出口货物的收发货人或受委托的报关企业在向海关申请办理货物通关手续时，按规定的格式真实、准确地填报与进出口货物有关的各项内容。如实申报不仅是货物快捷通关的前提，同时也是进出口货物申报人的法定义务。进出口货物的收发货人、受委托的报关企业应当对申报内容的真实性、准确性、完整性和规范性承担相应的法律责任。

**什么是规范申报？海关对商品规范申报有何要求?**

为规范进出口企业申报行为，根据《海关法》和《中华人民共和国海关进出口货物报关单填制规范》（以下简称《报关单填制规范》），海关总署编制了《中华人民共和国海关进出口商品规范申报目录》（以下简称《商品规范申报目录》），并以海关总署公告形式对外发布。进出口货物收发货人或其代理人应当严格按照《商品规范申报目录》中所列商品申报要素的内容填制报关单。

**具备申报资格需满足哪些条件?**

根据《海关法》的规定，进出口货物的收发货人，可以自行向海关申报，也可以选择委托报关企业向海关申报。向海关办理申报手续的进出口货物收发货人、受委托的报关企业应当预先在海关依法办理注册登记手续，否则，海关不接受其申报。

海关在接受申报时，首先审核报关单位是否符合以下条件：

1. 进出口货物的报关单位是有权经营进出口业务的企业；
2. 有权经营进出口业务的企业已向海关办理了报关注册登记手续；
3. 专门或代理从事办理报关手续的专业报关企业、代理报关企业，已向海关办理了报关注册登记手续。

## 申报有哪些主要方式?

办理进出口货物的海关申报手续，应当采用纸质报关单和电子数据报关单的申报形式。

纸质报关单申报形式是指进出口货物的收发货人、受委托的报关企业，按照《报关单填制规范》的要求填制纸质报关单，备齐随附单证，向海关当面递交单证的申报方式。进出口货物纸质报关单是收发货人向海关递交的报告货物情况的法律文书，是海关依法监管货物进出口的重要凭证。进出口货物的收发货人或受委托的报关企业必须按照《报关单填制规范》的要求如实、准确地填写，并对所填制内容的真实性、准确性、合法性、完整性负责。

电子数据申报形式是指进出口货物的收发货人、受委托的报关企业备齐随附单证，通过计算机系统，按照《报关单填制规范》的要求录入进出口货物报关单电子数据，通过中国电子口岸将数据传输至海关通关作业系统的申报方式。进出口货物的收发货人或受委托的报关企业在向海关进行纸质报关单申报的同时，应当以电子数据报关单形式向海关申报。特殊情况下，经海关同意，可以先采用纸质报关单形式申报，事后补报电子数据，补报的电子数据应当与纸质报关单内容相一致。

电子数据报关单与纸质报关单具有相同的法律效力。进出口货物的收发货人或受委托的报关企业必须承担因电子数据申报不实而引起的相关法律责任。因此，报关单位在向海关传输电子数据前应当认真核查所申报内容是否规范、准确，交验单证和随附单据是否齐全、有效，是否与申报内容相符。

## 进出口货物的申报期限有多长?

进口货物的收货人、受委托的报关企业应当自运输工具申报进境之日起 14 日内向海关申报。进口转关运输货物的收货人、受委托的报关企业应当自运输工具申报进境之日起 14 日内向进境地海关办理转关运输手续，有关货物应当自运抵指运地之日起 14 日内向指运地海关申报。

出口货物的发货人、受委托的报关企业，除海关特准外，应当在货物运抵海关监管区后、装货的 24 小时以前向海关申报。

## 进口货物逾期未申报需承担哪些法律后果?

根据《中华人民共和国海关征收进口货物滞报金办法》的有关规定，进口货物的收货人超过规定期限向海关申报产生滞报，由海关依法征收滞报金。征收进口货物滞报金应当按日计征，以运输工具申报进境之日起第 15 日为起征日，以海关接受申报之日为截止日，滞报金起征日遇有休息日或者法定节假日的，顺延至休息日或者法定节假日之后的第一个工作日。除另有规定外，起征日和截止日均计入滞报期间。滞报金的日征收金额为进口货物完税价格的 0.5‰，以人民币“元”为计征单位，不足人民币 1 元的部分免予计征。滞报金的起征点为人民币 50 元。

进口货物的收货人自运输工具申报进境之日起超过 3 个月未向海关申报的，其进口货物由海关提取依法变卖处理，所得价款在扣除运输、装卸、储存等费用和税款后，尚有余款的，自货物依法变卖之日起 1 年内，经收货人申请，予以发还，其中属于国家对进口有限制性规定，应当提交许可证件而不能提供的，不予发还。逾期无人申请或不予发还的，上缴国库。

## 如何确定申报日期?

申报日期是指申报数据被海关接受的日期。无论是以电子数据报关单形式申报还是以纸质报关单形式申报，海关以接受申报数据的日期作为接受申报日期。

以电子数据报关单形式申报的，申报日期为海关通关作业系统接受申报数据时记录的日期，该日期将反馈给报关数据发送单位，或公布于海关业务现场，或通过公共信息系统发布。

以纸质报关单形式申报的，申报日期为海关接受纸质报关单并对报关单进行登记处理的日期。

除此之外，以下几种特殊情况申报日期的确定原则是：

1. 电子数据报关单经过海关计算机检查被退回的，视为海关不接受申报，进出口货物的收发货人、受委托的报关企业应当按照要求修改后重新申报，申报日期为海关接受重新申报的日期。

2. 海关计算机系统已接受申报的报关单电子数据，经人工审核后，需要对部分申报内容进行修改的，进出口货物收发货人、受委托的报关企业应当按照海关规定进行修改并重新发送，申报日期仍为海关原接受申报的日期。

3. 以纸质报关单形式申报的，海关审结电子数据报关单后，进出口货物收发货人、受委托的报关企业未在规定期限或核准的期限内递交纸质报关单的，海关删除电子数据报关单，收发货人或报关企业应当重新申报，由此产生的滞报金按照《中华人民共和国海关征收进口货物滞报金办法》的规定办理。

## 进出口货物收发货人如何委托报关企业办理报关手续?

进出口货物的收发货人可以自行向海关申报，也可以委托报关企业向海关申报。进出口货物收发货人委托报关企业向海关办理申报手续，应办理委托手续，与报关企业签订载有明确委托事项的委托文件，并提供委托报关事项的真实情况。

委托文件应当使用规范统一的代理报关委托文书。代理报关委托文书纸质格式包括报关委托书、委托报关协议两个文本。进出口货物收发货人与受委托的报关企业也可以通过《代理报关委托书/委托报关协议》管理系统签订电子代理报关委托文书。报关委托书主要是明确双方的法律地位和责任，侧重于确立委托关系，是进出口货物收发货人单方面授权的法律文书；委托报关协议侧重于履行“合理审查”职责、为填制报关单作准备，进出口货物收发货人要如实提供委托报关事项的真实情况，报关企业要认真履行“合理审查”的法律义务。

报关企业接受进出口货物收发货人的委托，以自己的名义或以委托人的名义向海关申报的，应当向海关提交由委托人签署的授权委托书，并按照委托书的授权范围办理有关海关手续。

### 报关企业对进出口货物收发货人提供情况的“合理审查”包括哪些内容？

报关企业接受进出口货物收发货人的委托办理报关手续时，应当对委托人所提供情况的真实性、准确性、完整性进行合理审查，审查内容包括：

1. 证明进出口货物实际情况的有关资料，包括进出口货物的品名、规格、用途、产地、贸易方式等；
2. 有关进出口货物的合同、发票、运输单据、装箱单等商业单据；
3. 进出口所需要的许可证件及随附单证；
4. 海关要求的加工贸易手册（纸质或电子数据）以及其他进出口单证。

此外，报关企业还应当向其委托人了解买卖双方是否具有关联关系，对货物的处置、使用是否有特殊的限制条件等情况，以便向海关如实申报。

报关企业对进出口货物收发货人所提供情况的真实性、准确性、完整性未能履行合理审查义务，致使其申报的内容不真实、不合法的，应承担相应的法律责任。根据《中华人民共和国海关行政处罚实施条例》（以下简称《海关行政处罚实施条例》）的规定，报关企业、报关人员对委托人所提供情况的真实性未进行合理审查，或者因工作疏忽致使发生申报不实情形的，海关可以对报关企业处货物价值10%以下的罚款，暂停其6个月以内从事报关业务或者执业；情节严重的，撤销其报关注册登记。

### 进口货物收货人能否在申报前查看货物或提取货样？

进口货物的收货人在向海关申报前，因确定货物的品名、规格、型号、归类等原因，可以向海关提出查看货物或者提取货样的书面申请。经海关审核同意的，派员到场实际监管。

进口货物的收货人查看货物或提取货样时，由海关开具取样记录和取样清单。提取货样的货物涉及动植物及其产品以及其他须依法提供检疫证明的，应当按照国家有关法律规定，在取得主管部门签发的书面批准证明后提取。提取货样后，到场实际监管的海关工作人员和进口货物的收货人应当在取样记录和取样清单上签字确认。

### 进出口货物的收发货人或报关企业办理申报手续时需向海关递交哪些报关单证？

以纸质报关单形式申报的，进出口货物的收发货人、受委托的报关企业应当自接到海关“现场交单”或“放行交单”通知之日起10日内，持纸质报关单并备齐随附单证，向货物所在地海关递交书面单证并办理相关海关手续。

进出口货物的收发货人、受委托的报关企业到海关现场办理接单审核、征收税费及验放手续时，应当向海关递交与电子数据报关单内容相一致的纸质报关单、国家实行进出口管理的许可证件及海关要求的随附单证等。进出口货物报关单应当随附的主要单证包括：

1. 贸易合同；
2. 商业发票；
3. 装箱清单；
4. 载货清单（舱单）；
5. 提（运）单；
6. 代理报关授权委托协议；
7. 进出口许可证件；
8. 海关要求的加工贸易手册（纸质或电子数据）；
9. 其他需要提供的进出口有关单证。

货物实际进出口前，海关已对该货物作出预归类决定的，进出口货物的收发货人、受委托的报关企业在货物实际进出口申报时应当向海关提交“预归类决定书”。

企业经与直属海关、第三方认证机构（中国电子口岸数据中心）签订电子数据应用协议后，可在全国海关适用“通关作业无纸化”通关方式。对于适用通关作业无纸化作业模式的进出口货物的收发货人、受委托的报关企业，根据《海关总署关于深入推进通关作业无纸化改革工作有关事项的公告》（海关总署公告 2014 年第 25 号）的有关规定，通关作业无纸化报关单需要上传电子随附单证，包括：

1. 进口货物

（1）加工贸易及保税类报关单：合同、装箱清单、载货清单（舱单）等随附单证企业在申报时可不向海关提交，海关审核时如需要再提交。

（2）非加工贸易及保税类报关单：装箱清单、载货清单（舱单）等随附单证企业在申报时可不向海关提交，海关审核时如需要再提交。

（3）京津冀海关实施区域通关一体化改革的报关单：合同、装箱清单、载货清单（舱单）等随附单证企业在申报时可不向海关提交，海关审核时如需要再提交。

2. 出口货物

出口货物各类报关单，企业向海关申报时，合同、发票、装箱清单、载货清单（舱单）等随附单证可不提交，海关审核时如需要再提交。

### 报关单申报的商品编码与所附许可证商品编码不一致时如何处理？

当报关单申报的商品编码与所附许可证商品编码不一致时，在电子审单环节判断出商品编号与许可证不符，转入人工审单环节，海关关员对报关单作退单处理，并要求货主去相应许可证发证机关换领许可证，再行申报。若有特殊情况，可酌情处理。

### 进出口货物收发货人或报关企业办结海关手续后可以向海关申请签发哪些单据？

进出口货物的收发货人、受委托的报关企业在办结海关手续后，可以向海关申请签发下列单据：

1. 用于办理出口退税的出口货物报关单证明联（仅限实施起运港退税政策的出口货物）；

2. 用于办理付汇的进口货物报关单证明联（仅限外汇管理局核定的货物贸易外汇管理 B 类和 C 类的企业）；

3. 用于办理收汇的出口货物报关单证明联（仅限外汇管理局核定的货物贸易外汇管理 B 类和 C 类的企业）；

4. 用于办理加工贸易核销的海关核销联。

进出口货物的收发货人、受委托的报关企业在申领报关单证明联、海关核销联时，应当按照海关要求提供有效证明。

海关已签发的报关单证明联、海关核销联因遗失和损毁等特殊情况需要补签的，进出口货物的收发货人、受委托的报关企业应当自原证明联、核销联签发之日起 1 年内向海关提出书面申请，并随附有关证明材料，经海关审核同意后，可予以补签。海关在证明联、核销联上注明“补签”字样。

### 海关接受进出口货物申报后，收发货人或报关企业在哪些情况下可以申请修改或撤销报关单证？

申报是进出口货物收发货人在办理货物通关手续时履行海关义务的一种法律行为。进出口货物的申报自被海关接受时起，申报单证即产生法律效力，对进出口货物的收发货人或受委托的报关企业具有约束力，原则上申报内容不得修改，报关单证亦不得撤销。但对以下几种情形，进出口货物收发货人或受委托的报关企业可以向海关递交书面申请，经海关审核批准后，可以对报关单证进行修改或撤销：

1. 由于报关人员操作或书写失误造成申报的报关单内容有误，并且未发现有走私违规或者其他违法嫌疑的；

2. 出口货物放行后，由于装运、配载等原因造成原申报货物部分或全部退关、变更运输工具的；

3. 进出口货物在装载、运输、存储过程中因溢短装、不可抗力的灭失短损等原因造成原申报数据与实际货物不符的；

4. 根据贸易惯例先行采用暂时价格成交，实际结算时按商检品质认定或国际市场实际价格付款方式需要修改原申报数据的；

5. 由于计算机、网络系统等方面的原因导致电子数据申报错误的。

### 除常规申报外，还有哪些特殊申报方式？

所谓“常规申报”，是指进口货物的收货人或受委托的报关企业在装载货物的运输工具申报进境后，出口货物的发货人或受委托的报关企业在货物运抵海关监管区后、装货的 24 小时前，逐批逐票货物向海关进行申报的方式。

除常规申报方式外，为了提高通关效率，方便企业合法进出，经海关批准，进出口货物的收发货人或受委托的报关企业还可以采用以下特殊的申报方式：

1. 提前申报

经海关批准，进出口货物的收发货人、受委托的报关企业可以在取得提（运）单或载货清单（舱单）数据后，向海关提前申报。

在进出口货物的品名、规格、数量等已确定无误的情况下，经批准的企业可以在进口货物起运后、抵港前或出口货物运抵海关监管作业场所前3日内，提前向海关办理报关手续，并按照海关要求交验有关随附单证、进出口货物批准文件及其他需要提供的证明文件。

进口提前申报货物因故未到或者所到货物与提前申报内容不一致的，进口货物的收货人或其代理人需向海关提交说明材料，有关报关单修改或撤销按照《中华人民共和国海关进出口货物报关单修改和撤销管理办法》（海关总署令第220号）及相关规定办理。

出口提前申报货物因故未在海关规定的期限内运抵海关监管作业场所的，海关撤销原提前申报的报关单。运抵海关监管作业场所的货物因故与提前申报内容不一致的，出口货物的发货人或其代理人需向海关提交说明材料，有关报关单修改或撤销按照《中华人民共和国海关进出口货物报关单修改和撤销管理办法》（海关总署令第220号）及相关规定办理。

进出口货物许可证件在海关接受申报之日应当有效。货物提前申报之后、实际进出之前国家贸易管制政策发生调整的，适用货物实际进出之日的贸易管制政策。

提前申报的进口货物，应当适用装载该货物的运输工具申报进境之日实施的税率和汇率；提前申报的进口转关货物，应当适用装载该货物的运输工具抵达指运地之日实施的税率。提前申报的出口货物，适用海关接受申报之日实施的汇率和税率；提前申报的出口转关货物，应当适用起运地海关接受该货物申报出口之日实施的税率。

进出海关特殊监管区域货物和转关货物的提前申报比照上述要求办理，提前申报转关货物的转关手续按照《中华人民共和国海关关于转关货物监管办法》（海关总署令第89号）有关规定办理。

2. 集中申报

集中申报是为满足进出口货物收发货人在同一口岸进出口货物品种相对固定、批次多、通关时效要求高的特殊需求，经海关事先核准，进出口货物收发货人先以集中申报清单申报，再以报关单形式集中办理海关手续的特殊通关方式。

根据《中华人民共和国海关进出口货物集中申报管理办法》（海关总署令第169号）的规定，经海关备案，下列进出口货物可以适用集中申报通关方式：

（1）图书、报纸、期刊类出版物等时效性较强的货物；

（2）危险品或者鲜活、易腐、易失效等不宜长期保存的货物；

（3）公路口岸进出境的保税货物。

集中申报企业应当向海关提供有效担保，并在每次货物进、出口时，按照要求填制货物集中申报清单，向海关报告货物的进出口日期、运输工具名称、提（运）单号、税号、品名、规格型号、价格、原产地、数量、重量、收（发）货单位等海关监管所需信息，海关可准许先予查验和提取货物。集中申报企业提取货物后，应当在规定期限内向海关办理集中申报及征税、放行等海关手续。集中申报的进出口货物的税率、汇率的适用，按照《中华人民共和国进出口关税条例》（以下简称《关税条例》）的有关规定办理。

3. 补充申报

补充申报是指进出口货物的收发货人、受委托的报关企业，由于受海关进出口货物报关单格式、栏目所限不能完成全部申报事项，可在规定的期限和地点，在报关单之外采用补充申报单的形式向海关进一步申报，并接受海关审核。目前，补充申报的范围主要包括价格补充申报、归类补充申报、原产地补充申报和知识产权补充申报。

补充申报是对报关单申报内容的有效补充，不得与报关单填报的内容相抵触。补充申报单与报关单具有相同的法律效力。进出口货物的收发货人、受委托的报关企业应当按照要求如实、完整地填制补充申报单，并对补充申报内容的真实性、准确性、完整性、规范性承担相应的法律责任。

补充申报按照申报环节不同可分为进出口货物收发货人、报关企业向海关申报时的主动补充申报，进出口货物收发货人、报关企业申报后未办结海关手续前的补充申报和海关后续管理中要求的补充申报。

4. 定期申报

经电缆、管道、运输带或者其他特殊运输方式输送进出口的货物，经海关同意，进出口货物的收发货人、受委托的报关企业可以定期向指定海关申报。

### 通关中的补充申报包括哪些内容？

进出口货物向海关申报后未办结海关手续前，海关可以要求进出口货物收发货人、报关企业补充申报。在此期间，进出口货物收发货人、报关企业认为有必要主动补充申报的，海关可以接受其补充申报，并按报关单修改程序办理，同时应要求提供书面说明。

海关在审核申报价格过程中有以下情形的，可以要求补充申报：

1. 经审查，认为买卖双方的特殊关系可能影响到成交价格的；

2. 经审查，对进口货物申报价格是否满足成交价格成立条件有怀疑的；

3. 经审查，发现进口货物可能存在间接支付货款或存在《中华人民共和国海关审定进出口货物完税价格办法》（以下简称《审价办法》）第十一条规定的未包括在进口货物实付、应付价格中的费用或者价值的；

4. 经审查，发现出口货物可能存在间接支付货款或对出口关税是否已经从申报价格中扣除有怀疑的；

5. 海关认为其他需要对进出口货物的价格补充申报的。

海关在审核归类过程中有以下情形的，可以要求补充申报：

1. 认为申报内容与随附单证资料不足以确定归类，需进一步补充说明的；

2. 发现申报内容与随附单证资料不一致，不能确定归类的；

3. 对商品属性存有疑问，需要进出口货物收发货人、报关企业作进一步说明的；

4. 海关认为其他需要对进出口货物的归类补充申报的。

海关在审核进出口货物原产地的过程中，可以要求补充申报：

1. 进出口优惠贸易协定项下的货物，进出口货物收发货人、报关企业向海关提交原产地证书、原产地声明等单证的相关内容不完整（须核查的除外）或者相关内容需要进一步补充说明的；

2. 进出口货物在查验过程中，海关对货物原产地相关信息需要进出口货物收发货人、报关企业进一步补充解释或说明的；

3. 涉及反倾销货物，进出口货物收发货人、报关企业未提交原产地证书的或者已提交原产地证书但原产地证书显示货物的原产地不是被诉国家的；

4. 海关认为其他需要对进出口货物的原产地补充申报的。

现场其他作业环节在工作中认为需要补充申报的，可以通过现场接单审核岗位要求进出口货物收发货人、报关企业进行补充申报。

### 后续管理的补充申报包括哪些内容？

进出口货物办结海关手续后，海关在后续管理中可要求进出口货物收发货人、报关企业补充申报。在此期间，海关不接受进出口货物收发货人、报关企业的主动补充申报。

海关对已放行货物有以下情形之一的，可以就价格要求进出口货物收发货人、报关企业进行补充申报：

1. 申报价格或已审定的完税价格是否已包括各项应计入完税价格的有关费用；

2. 成交价格是否受到特殊关系的影响；

3. 交易中是否存在影响成交价格的特殊安排；

4. 是否存在分次付汇或多渠道付汇未向海关申报的情况；

5. 其他需要补充申报的情况。

海关对已放行货物有以下情形之一的，可以就归类要求进出口货物收发货人、报关企业进行补充申报：

1. 随附资料不完善需附加说明的；

2. 申报内容与随附单证资料不一致的；

3. 其他需要补充申报的情况。

海关对已放行货物有以下情形之一的，可以就原产地要求进出口货物收发货人、报关企业进行补充申报：

1. 涉及反倾销的货物没有按照有关规定要求进行补充申报的；

2. 进出口货物收发货人、报关企业已提交的相关材料不足以确认货物的原产地的；

3. 其他需要补充申报的情况。

后续管理中对进出口货物收发货人、报关企业提交的补充申报单，由要求补充申报的部门进行编号，并在补充申报单“海关批注”栏填写处置意见。

### 海关如何告知进出口货物收发货人、报关企业进行补充申报？

海关要求补充申报的，应当通知进出口货物收发货人、报关企业，进出口货物收发货人、报关企业在收到海关通知之日起5个工作日内向海关办理补充申报手续，海关行政法规和规章另有规定的除外。

进出口货物收发货人、报关企业在规定时限内未能按要求进行补充申报的，海关可根据已掌握的信息，按照有关规定确定进口货物的完税价格、商品编码和原产地。

## 海关监管通关管理指南

### 为什么说通关监管是海关职责任务中最基本、最核心的业务?

通关监管是海关职责任务中最基本、最核心的业务，是海关全部监督管理工作的基础，其他任务均由通关监管派生而来。海关通关监管具有再管理性，即海关要执行或监督执行国家其他对外贸易管理法规，贯彻实施国家对外贸易管制政策及各项管理制度，如进出口货物许可管理、配额管理、食品卫生检疫、动植物检疫、进出口商品检验检疫、药品检验、文物管理、濒危物种管理、金银管制、外汇管理、知识产权保护及对民用枪支弹药、无线电器材、通讯设备、音像制品、印刷品的进出境管理等，以及《中华人民共和国对外贸易法》（以下简称《对外贸易法》）、《中华人民共和国商标法》、《中华人民共和国专利权法》、《中华人民共和国实施国际著作权条约的规定》、《中华人民共和国邻海及毗连区法》、《中华人民共和国核出口管制条例》等适用于海关执行的50多项法律、法规。上述货物、物品必须首先经过主管部门的审核批准，然后凭有效单证向海关申报，海关通过审核报关单证，查验进出口货物，在确认单证相符、单货相符后，予以结关放行。因此，海关是国家对进出口活动各项行政管理的最后审查机关，在进出关境这一环节维护国家与全社会在政治、经济、文化道德、公众健康等方面的根本利益。

### 什么是海关监管？其管理宗旨是什么?

按照世界海关组织海关术语词汇表中的定义，海关监管是指“为确保海关负责执行的法律、法规的实施而采取的措施”。根据《海关法》的有关规定，海关监管是指海关在实际进出关境的环节上，依据《海关法》和其他有关法律法规的规定，将国家贸易政策主管部门的行政审批、许可、鉴定与进出关境活动当事人或其代理人的申报或申请和实际进出关境的活动三者有机联系起来，进行审核、检查、核对或查验，确定运输工具、货物、物品的进出境活动是否合法或合理，以保障有关当事人的合法权益，维护正常的进出口秩序的行政执法行为或行政执法活动。海关监管旨在维护进出境正常秩序，保证运输工具、货物、物品合法进出，防止违法违规进出境，并为海关征税、统计、缉私工作提供必要和切实可靠的原始单证及资料线索，其根本目的是实施对进出关境活动的宏观控制，维护国家主权和利益，促进对外开放，适应社会主义市场经济的发展需要。

### 海关监管包括哪些环节？各环节的具体工作内容是什么?

海关监管是一个由前期管理、现场监管、后续管理三个部分构成的紧密联系、协调配合的完整体系，这是通常所说的“大监管”概念；海关监管工作则通常是指现场监管这一部分，因为海关通关监管是现场监管的实体，所以在很大程度上又认定海关通关监管就是海关监管工作，这是“小监管”概念。在海关管理实践中，海关监管的前期管理、现场管理、后续管理是三个相互衔接、紧密联系的阶段。

1. 前期管理阶段的工作内容

（1）通过办理有关进出境业务企业的注册手续，由海关确认其经营或报关资格。例如，办理报关单位的注册登记手续，外商投资企业的注册登记手续，进出境运输企业的注册登记手续等。

（2）通过办理货物物品进出境前的备案或审批手续，确认货物物品进出境的合法条件和货物适用的海关监管方式。例如，进出口货物许可证及进出口批文的备案，进口货物减免税审批手续等。

（3）通过受理货物的进出境预申报，确认分类管理的具体方式。

2. 现场监管阶段的工作内容

（1）办理基本手续。按照先后顺序排列为：受理申报（初审和审单）—选择查验（或检查）—复核放行。几乎所有的货物物品在进出境时都必须通过这三个基本环节的监管。

（2）办理特殊手续。其主要包括转关运输手续和担保手续。是否要办理转关运输手续，取决于货物是否需要在指运地或启运地报关并具备海关监管条件；是否要办理担保手续，则要看货物物品进出境前的申报情况、担保人的愿望及担保条件等。

3. 后续管理阶段的工作内容

（1）稽查，自进出口货物放行之日起三年内或者在保税货物、减免税进口货物的海关监管期限内及其后的三年内，海关可以对与进出口货物直接有关的企业、单位的会计账簿、会计凭证、报关单证，以及其他有关资料和有关进出口货物实施稽查。

（2）核查，包括定期或不定期地核查有关企业向海关报送的反映进出境业务经营情况的报表，并根据监管需要进一步核查企业会计账册，必要时还可以清查实物的实存数。

（3）监督使用，主要是监督有关货物在境内的使用是否符合海关限定的条件。

(4) 按实际去向办理海关手续，对保税或暂准进出境的货物在复出（进）口时或者经批准转为正式进出口时，均须办理相应的手续。

(5) 核销或监管时限到期结案，对在确定实际去向后须办理相应手续的货物，必须在办理核销手续后方能解除监管。对享受关税减免优惠进境的货物在海关规定的监管年限到期后，也应在办理核销手续后解除海关监管。

前期管理、现场监管、后续管理三阶段构成了海关监管工作的整体，三个阶段在海关监管工作中前后照应、按序衔接、互为补充，海关监管的所有活动都贯穿其中。

### 海关现行便捷通关措施主要包括哪些方面?

1. 提前申报，货到验放。实行舱单（载货清单）、报关单电子数据提前申报，货物运抵海关监管作业场所后即可办理查验、放行手续。

2. 担保验放，便捷通关。守法资信好的大型高新技术生产企业向海关申请担保验放后，海关先验放货物，企业可在10天内交单补充申报，缴纳税费结关。

3. 量身定做，简化手续。对符合条件的从事加工贸易的大型高新技术生产企业，可以进一步实行联网监管等便捷措施。对于资信度高、规模较大的高新技术生产企业，海关甚至可以为其“量身定做”便捷通关方式，以提供最大限度的通关便利。

4. 预约通关，上门验放。企业可实行24小时预约通关、上门验放、加急通关等，部分海关还实行“5+2”工作制度，全天候为企业提供通关服务。

### 什么是分类通关?

分类通关是海关以企业守法管理为核心，以风险分析为手段，对诚信守法企业的低风险报关单（货物）由计算机快速验放，提高通关效率，对高风险报关单（货物）实施重点审核和查验，加强实际监管的通关监管模式。这一模式实现了有效监管与高效运作的统一，切实提高了海关执法能力和水平。

### 分类通关包含哪些基本模式?

分类通关有四个基本模式：

1. 低风险快速放行

对经海关H2010通关系统风险分析或经专业审单确定为低风险的货物，不涉及许可证件和税费的，或者涉及通关单并且通关单联网比对正常的，海关计算机系统完成电子审核后，自动放行。

2. 低风险单证审核

对经海关H2010通关系统风险分析或经专业审单确定为低风险，但涉及许可证件管理或征收税费要求的货物，申报人现场递交纸质单证。现场海关接单审核岗位关员根据风险提示审核纸质报关单及随附单证（发票、提运单、装箱清单、许可证件等），完成许可证件核注、税费征收及放行作业。

3. 中风险单证审核

对经海关H2010通关系统风险分析，被风险甄别为中风险的相应报关单，将由接单现场实施“单证审核”作业模式。

4. 高风险重点审核

对经海关H2010通关系统风险分析或经专业审单确定为高风险的货物（包括预定式、预警式布控，专业审单布控，随机布控等），由现场接单审核/选择查验岗位关员根据风险提示或专业审单审核结果，对报关单及随附单证进行重点审核，选择高风险货物布控查验。

### 分类通关的适用范围包括哪些方面?

海关总署2012年在全国海关全面推行分类通关改革。全国海关各业务现场，根据不同风险判别结果，按照“低风险快速放行”、“低风险单证审核”和“高风险重点审核”三种作业方式对所有进出口货物实现差别化管理。

为深化分类通关改革，进一步按风险等级优化海关监管资源配置，加强中风险报关单风险防控，2014年，海关总署决定调整分类通关分拣作业模式，将中风险报关单逐步纳入接单现场“单证审核”作业模式。

### 分类通关作业基本模式与原有通关作业模式有什么区别?

分类通关作业基本模式是将风险管理的理念贯穿于原无纸通关和有纸通关两种通关作业模式全过程。分类通关是在系统风险分析的基础上将所有接受申报的报关单按风险高低进行分类，并在完成电子审单、专业审单后，在现场作业环节根据风险分析及审单结果将报关单分为“低风险快速放行”、“低风险单证审核”、“中风险单证审核”、“高风险重点审核”四类，其中“低风险快速放行”的报关单根据单证管理方式又分为“现场交单”、“无纸通关、事后交单”和“无纸通关、单证暂存”三类。根据《海关总署关于开展报关单证企业暂存试点的公告》（海关总署公告2010年第59号），海关总署决定在全国海关出口货物领域和部分海关进口货物领域开展报关单证企业暂存试点。

### “低风险快速放行”的作业流程是怎样的?

“低风险快速放行”是指对经H2010系统风险分析或经海关专业审单确定为低风险的货物（含海关特殊监管区域和保税监管场所的货物），不涉及许可证件和税费的，或仅涉及通关单并且通关单联网比对正常的，计算机系统完成电子审核后，自动放行。

其业务流程为：

1. 申报人向海关申报报关单电子数据；

2. H2010系统完成电子审单后，经风险分析或经海关专业审单确定为低风险或未知风险且符合快速放行条件的，系统自动放行；

3. H2010系统向监管作业场所和申报人发送海关放行信息。

对于纸质报关单证，由申报人自主从以下两种方式中选择其一：

一是“事后交单”。申报人（A类及以上）可按照规定要求在货物放行之日10天内向海关递交单证，现场海关通过H2010系统按一定比例随机抽核纸质单证。

二是“现场交单”。申报人按照规定要求在货物放行前向海关递交单证，现场海关设置专门岗位抽核部分纸质单证。

### “低风险单证审核”的作业流程是什么?

“低风险单证审核”是指对经H2010系统风险分析或经海关专业审单确定为低风险但涉及许可证件管理或征收税费要求的货物，现场接单审核岗位关员根据风险提示审核电子或纸质报关单及随附单证（发票、提运单、装箱清单、许可证件等），完成许可证件核注、税费征收及放行作业。

其业务流程为：

1. 申报人向海关申报报关单电子数据；

2. H2010系统完成电子审单后，经风险分析或经海关专业审单确定为低风险且符合需人工审核电子或纸面单证的，H2010系统向申报人发送现场交单回执；

3. 海关按相关审核要求进行审核并征收税费、核注许可证件后直接完成验放作业，对审核过程中有疑问的，可退回企业修改或布控查验核实；

4. H2010系统向监管作业场所和申报人发送海关放行信息。

### “中风险单证审核”的作业流程是怎样的?

“中风险单证审核”是指对经H2010系统风险分析或经海关专业审单确定为未知风险的货物，现场接单审核岗位关员根据风险提示审核电子或纸质报关单及随附单证（发票、提运单、装箱清单、许可证件等），完成许可证件核注、税费征收及放行作业。

其业务流程为：

1. 申报人向海关申报报关单电子数据；

2. H2010系统完成电子审单后，经风险分析或经海关专业审单确定为未知风险且符合需人工审核电子或纸面单证的，H2010系统向申报人发送现场交单回执；

3. 海关按相关审核要求进行审核并征收税费、核注许可证件后直接完成验放作业，对审核过程中有疑问的，可退回企业修改或布控查验核实；

4. H2010系统向监管作业场所和申报人发送海关放行信息。

### “高风险重点审核”的作业流程是什么?

“高风险重点审核”是指对经H2010系统风险分析或经海关专业审单确定为高风险的货物（包括被高风险参数捕中及预定式布控、预警式布控、专业审单布控捕中的报关单涉及的货物），由现场接单审核或选择查验岗位关员根据风险提示或专业审单审核结果对报关单及随附单证进行重点审核，选择高风险货物布控查验。

其业务流程为：

1. 申报人向海关申报报关单电子数据。

2. H2010系统完成电子审单后，经H2010系统风险分析或经海关专业审单确定为高风险的，系统向申报人发送现场交单回执。

3. 海关收取报关单证，根据相关风险提示或专业审单审核结果进行重点审核。对审核有疑问的，进行布控查验；对审核无疑问的，征收税费、核注许可证件后完成验放作业。

4. H2010系统向监管作业场所和申报人发送海关放行信息。

### 什么是通关作业无纸化？

通关作业无纸化是指海关以企业分类管理和风险分析为基础，按照风险等级对进出口货物实施分类，运用信息化技术改变海关验核进出口企业递交纸质的报关单及随附单证的做法，直接对企业通过中国电子口岸录入申报的报关单及随附单证的电子数据进行无纸审核、验放处理的通关作业方式。

### 通关作业无纸化改革试点范围有哪些？

2012年8月1日起，通关作业无纸化在北京等12个直属海关开展相关试点工作，试点企业包括全部海关管理类别为AA类（高级认证企业）、A类（一般认证企业）的进出口企业和报关企业。①

详见《海关总署关于开展通关作业无纸化改革试点的公告》（海关总署公告2012年第38号）。

2013年5月1日起，海关总署决定在全国海关深化通关作业无纸化改革试点工作，试点范围扩大至海关管理类别为B类及以上企业。

详见《海关总署关于深化通关作业无纸化改革试点工作的公告》（海关总署公告2013年第19号）。

2014年4月1日起，海关总署决定在全国海关深入推进通关作业无纸化改革工作，将试点范围扩大至全国海关的全部通关业务现场，并试点简化随附单证。

详见《海关总署关于深入推进通关作业无纸化改革工作有关事项的公告》（海关总署公告2014年第25号）。

2017年2月3日起，海关总署决定将适用通关作业无纸化企业范围扩大到所有信用等级企业。

详见《海关总署关于扩大通关作业无纸化适用范围的公告》（海关总署公告2017年第8号）。

### 企业如何取得无纸通关业务资格？

企业应按规定向主管地海关提出申请，主管地海关提出初步审核意见后报直属海关审批。直属海关审批同意后，企业、海关、中国电子口岸数据中心三方签订无纸通关协议书。

### 办理报关时如何确定货物报关单是否适用“无纸通关”？

企业可通过海关报关大厅的“H2010通关管理系统”项下的“海关信息查询”功能查询该报关单的具体状态，如系统显示的海关提示信息为“无纸审结”，且报关单状态信息显示为“电脑确定无纸验放方式”，即报关单适用“无纸通关”。

### 什么是“无纸通关、事后交单”作业模式？

经海关审核准予适用“无纸通关、事后交单”通关方式的企业采取“无纸报关”方式录入报关单向海关申报，经海关审核满足计算机自动放行条件的，货物放行后10天内向海关递交纸质报关单证。

### 什么是“无纸通关、单证暂存”作业模式？

“单证暂存”分为进出口货物收发货人“自行暂存”和报关企业“集中代存”两种类型。

1. A类（一般认证企业）及以上类别进出口货物收发货人申请并经注册地海关认证和验收后，可自行暂存在注册地海关申报的报关单证。

2. A类（一般认证企业）及以上类别报关企业申请并经海关认证和验收后，可暂存其代理的注册地在本关区（指企业注册地所在直属海关）范围内的A类（一般认证企业）及以上类别进出口货物收发货人（须代理报关企业与被代理进出口货物收发货人签订代理协议）在报关企业主管地海关申报的报关单证。

---

① 根据《中华人民共和国海关企业信用管理暂行办法》，文中AA类企业为高级认证企业，A类企业为一般认证企业。

对符合条件并经海关认证的企业申报的报关单，除不符合单证暂存条件（如涉及国家政策法规或贸易管制限制等）外，由海关 H2010 系统自动完成审核、验放手续，企业凭系统反馈的验放回执直接办理提/发货手续，报关单证由企业暂存。

## 企业怎样选择纸质报关单证的交单方式?

纸质报关单证有“事后交单”和“现场交单”两种方式供企业自主选择。

1. “事后交单”，即经海关审核准予适用“事后交单”通关方式的企业采取“无纸报关”方式录入报关单向海关申报，经海关核准放行后，报关人在规定期限内向海关递交纸质报关单证。

2. “现场交单”，即企业按照《中华人民共和国海关进出口货物申报管理规定》（海关总署令第 103 号）要求，在货物放行前向海关递交纸质报关单证。

说明：

第一，涉及许可证件的进出口货物不适用“事后交单”通关方式。

第二，试点海关范围内 A 类（一般认证企业）及以上的进出口企业和代理报关企业，可以向注册地海关申请适用“事后交单”通关方式。

经海关审核准予适用“事后交单”通关方式的进出口企业需要委托报关企业代理报关的，应当委托经海关审核准予适用“事后交单”通关方式的报关企业。

第三，A 类（一般认证企业）及以上企业经注册地海关同意，并与海关、电子口岸签订协议书后，可在全国试点海关范围内适用“事后交单”通关方式。

第四，适用“事后交单”通关方式的企业应当自货物放行之日起 10 日内到海关办理交单验核等相关手续。

## 海关对企业暂存单证如何实施后续管理?

海关对企业暂存单证的及时性、完整性情况实施实地检查。对于年入库报关单量达 1 万份及以上的暂存企业，主管地海关每年对其单证管理状况进行检查；对于年入库报关单量少于 1 万份的暂存企业，主管地海关不定期实施抽查。检查和抽查以实地为主，核查所存单证的完整性及与海关电子数据的一致性。

## 与报关单对应的通关单数据如何查询?

企业取得通关单后，进出口货物的经营单位或报检企业可通过中国电子检验检疫业务网（www.eciq.cn）查询通关单状态信息，状态信息分为“已发送电子口岸”、“电子口岸已收到”、“海关已入库”、“海关已核注”、“海关已核销”、“海关未能正常核销”、“通关单已过期”。

具体通关单状态信息注释如下：

“已发送电子口岸”，指国家质检总局已将通关单电子数据发送给电子口岸。

“电子口岸已收到”，指电子口岸已收到国家质检总局发送的通关单电子数据。

“海关已入库”，指海关已成功接收通关单电子数据，企业可根据通关单电子数据办理报关手续。

“海关已核注”，指该份通关单对应的报关单已申报成功。

“海关已核销”，指该份通关单对应的报关单已结关。

“海关未能正常核销”，指海关核销通关单电子数据不成功。

“通关单已过期”，指该份通关单超过有效期，无法使用。

## 什么是“一次申报、分步处置”通关模式?

“一次申报、分步处置”是指改变海关现行接受申报、审单、查验、征税、放行的“串联式”作业流程，基于舱单提前传输，通过风险防控中心、税收征管中心对舱单和报关单风险甄别与业务现场处置作业环节的前推后移，在企业完成报关和税款自报自缴手续后，安全准入风险主要在口岸通关现场处置，税收风险主要在货物放行后处置的新型通关管理模式。

## “一次申报、分步处置”通关作业主要流程（进口）是什么?

第一步，企业向海关传输舱单和运输工具信息，并进行报关单申报。海关风险防控中心分析货物是否存在违反禁限管制要求、侵权、品名规格数量伪瞒报等安全准入风险并下达查验指令，由口岸海关实施查验。如果货物通过安全准入风险排查，企业自报自缴税款或提供有效担保后即可放行。对存在重大税收风险且放行后难以有效稽查或追补税的货物，海关将实施放行前验估，验估中无法当场作出结论的，通过必要的取样、留像等手段存证后放行货物。

第二步，海关税收征管中心在货物放行后针对归类、价格、原产地等税收要素实施报关单批量审核，筛选风险目标形成稽查等处置指令并由风险防控中心统筹加载，由企业注册所在地属地海关稽查力量实施稽查。

### 什么是关检合作“三个一”？

关检合作“三个一”是指关检合作“一次申报、一次查验、一次放行”。“一次申报”即“一次录入、分别申报”，是指企业只需一次录入申报数据，分别向海关和检验检疫部门发送；“一次查验”即“一次开箱，关检依法查验/检验检疫”，是指关检双方依法需要对同一批货物实施查验/检验检疫的，海关与检验检疫部门按照各自职责共同进行查验/检验检疫；“一次放行”即“关检联网核放”，是指对于运抵口岸的货物，海关和检验检疫部门分别发出核放信息，企业凭关检的核放信息办理货物提离手续。

### 关检合作“三个一”的适用范围是什么？

根据《海关总署 质检总局关于全面推进关检合作“三个一”的通知》（署监发〔2014〕161 号），自 2014 年 8 月 1 日起，逐步将关检合作“三个一”全面推行到全国所有直属海关和检验检疫部门、所有通关现场、所有依法需要报关报检的货物和物品，让关检便利措施最大限度惠及企业。

### 什么是市场采购贸易方式？

市场采购贸易方式是指由符合条件的经营者在经国家商务主管等部门认定的市场集聚区内采购的，单票报关单商品货值 15 万（含 15 万）美元以下并在采购地办理出口商品通关手续的贸易方式。

以下出口商品不适用市场采购贸易方式：

1. 国家禁止、限制出口的商品；
2. 未在经认定的市场聚集区内采购的商品；
3. 未经市场采购商品认定体系确认的商品；
4. 使用现金结算的商品；
5. 贸易管制主管部门确定的不适用市场采购贸易方式的商品。

### 如何取得市场采购贸易资格？承担哪些义务？

从事市场采购贸易的对外贸易经营者，应当在向市场所在地商务主管部门办理市场采购贸易经营者备案登记后，按照《中华人民共和国海关对报关单位注册登记管理规定》（海关总署令第 221 号）在海关注册登记。

对外贸易经营者对其代理出口商品的真实性、合法性承担责任，负责对代理出口商品信息在市场采购商品认定体系中的录入，并通过认定体系提交商户予以确认。

### 以市场采购贸易方式出口的商品有何申报要求？

以市场采购贸易方式出口的商品，申报时在报关单“贸易方式”栏应填写“市场采购”，代码“1039”（目前仅限于在义乌市市场集聚区、江苏省海门叠石桥国际家纺城、浙江省海宁皮革城、江苏常熟服装城、广州花都皮革皮具市场、山东临沂商城工程物资市场、武汉汉口北国际商品交易中心、河北白沟箱包市场采购的出口商品）。报关单“发货单位”栏除应填写对外贸易经营者单位名称外，需一并在“备注栏”填写采购人的身份信息（姓名、国籍和身份证或护照号码）。

申报时除按规定提交相关纸质报关单证或电子数据信息外，一并提交完整的装箱清单、商户与采购人进行商品交易的原始单据、采购人身份证件复印件等纸质单证或电子数据信息。

### 市场采购贸易方式出口商品如何简化申报？

以市场采购贸易方式出口的商品，每票报关单随附的商品清单所列品种在 10 种以上的，可按以下方式实行简化申报：

1. 对符合规定的商品，以《中华人民共和国进出口税则》（以下简称《税则》）中“章”为单位进行归并；
2. 每“章”按价值最大商品的税号作为归并后的税号，价值、数量等也相应归并。

有下列情形之一的商品不适用简化申报：

1. 属于出口货物通关单管理的；

2. 需征收出口关税的；

3. 海关另有规定不适用简化申报的。

适用简化申报措施的商品，对外贸易经营者及其代理人在向海关申报时应当提交市场采购贸易出口商品清单。

市场采购贸易出口商品应当在符合《中华人民共和国海关监管区管理暂行办法》规定要求的海关监管作业场所内办理商品出口手续。监管作业场所经营单位发现涉嫌走私违规行为的，应当主动报告海关。

## 市场采购贸易出口商品如何办理转关出口手续？

对于跨关区转关出口的市场采购贸易出口商品，应当由在海关注册登记的承运人承运。对外贸易经营者或其代理人应当在采购地海关办理转关出口手续，并在出境地海关办理转关核销手续。

## 企业如何向海关申领出口退税报关单证明联？

出口企业自营或委托出口的货物，除另有规定外，可在货物报关办理完结关手续后按照《出口退税报关单管理办法》（海关总署令第16号）的规定向海关办理申领出口退税报关单证明联手续。企业凭海关签发的出口报关单证明联等手续向国家税务管理部门申请办理出口货物退（免）税手续。出口企业申领出口退税报关单证明联，应于海关放行货物之日起15日内（第15日为法定节假日时顺延）办理完毕。海关放行货物之日指装载出口货物的运输工具办结海关手续之日。出口退税报关单数据实行联网核查制度，出口退税报关单证明联与报关单电子信息应当一致。根据《海关总署关于取消打印出口货物报关单证明联（出口退税专用）的公告》（海关总署公告2015年第14号），对2015年5月1日（含）以后出口的货物，海关不再签发纸质出口货物报关单证明联（出口退税专用），并同时停止向国家税务总局传输出口货物报关单证明联（出口退税专用）相关电子数据，改由海关总署向国家税务总局传输出口报关单结关信息电子数据。实施起运港退税政策的出口货物暂时仍按照现行规定打印纸质出口货物报关单证明联（出口退税专用）。

## 出口退税货物办理退运进境有何要求？

出口货物退运进境，报关单位应向海关出具主管其出口退税的地（市）国家税务局签发的“出口商品退运已补税证明”，证明其货物未办理出口退税或所退税款已退回税务机关，海关方予办理该批货物的退运手续。

## 海关是如何支持跨境贸易人民币结算的？

自2009年国务院第56次常务会议决定在上海、广东开展跨境贸易人民币结算试点以来，海关采取多项措施，积极配合中国人民银行等相关部门开展工作，大力支持跨境贸易人民币结算工作的推广。

2009年7月1日，中国人民银行、财政部、商务部、海关总署、国家税务总局、中国银监会等六部委共同制定和公布实施的《跨境贸易人民币结算试点管理办法》规定：“国家允许指定的、有条件的企业在自愿的基础上以人民币进行跨境贸易的结算，支持商业银行为企业提供跨境贸易人民币结算服务。”为配合中国人民银行做好跨境贸易人民币结算试点工作，海关及时调整海关通关作业制度，允许以人民币申报，不提供出口外汇核销单，修改海关通关作业系统，满足跨境贸易人民币结算申报要求。同时，海关总署推动采用人民币计价公布海关统计数据，积极配合中国人民银行开展简化出口货物贸易人民币结算企业管理工作，与中国人民银行开展数据联网传输，不断完善跨境贸易人民币结算试点的报关服务。

跨境贸易人民币结算对于有效减少企业汇兑成本、降低汇率风险和简化贸易手续等有着重要意义。

## 什么是边境小额贸易？

边境小额贸易是指沿陆地边境线经国家批准对外开放的边境县（旗）、边境城市辖区内（以下简称边境地区），经批准有边境小额贸易经营权的企业，通过国家指定的陆地边境口岸，与毗邻国家边境地区的企业或其他贸易机构之间进行的贸易活动。

## 边境小额贸易企业总数的核定依据是什么？

1. 商务部将根据各边境省、自治区边境地区的国民生产总值和进出口贸易额及边境地区的实际情况，核定各边境省、自治区边境小额贸易企业总数。

2. 已在边境地区工商行政管理部门登记注册，并已经商务部批准获得进出口经营权的外贸公司、易货贸易公司、边贸公司和自营进出口的生产企业，均可在批准的经营范围内经营边境小额贸易。

### 申请边境小额贸易企业要具备哪些条件?

1. 首先应是在边境地区工商行政管理部门登记注册的企业法人;
2. 注册资金不得少于50万元人民币;
3. 须有固定的营业场所和开展边贸必备的设施和资金;
4. 有健全的组织机构和适应经营边贸的业务人员。

### 边境小额贸易有哪些优惠政策?

发展初期,国家给予边境小额贸易进口货物关税、增值税减半政策。随着我国加入世界贸易组织和边境贸易的发展,为遵循世界贸易组织规则,经国务院批准,自2008年11月1日起,对边境小额贸易采取中央专项转移支付的办法替代进口税收减半政策,并提出执行当年(2008年)全年按20亿元掌握,实际执行期为两个月,以后年度在此基础上建立与口岸过货量等因素挂钩的适度增长机制(目前控制在22亿元人民币)。具体办法则交由财政部会同有关部门另行制定。

### 什么是边民互市贸易?

边民互市贸易是指边境地区边民在边境线20公里以内经政府批准的开放点或指定的集市上,在不超过规定的金融或数量范围内进行的商品交换活动。

### 开展边民互市贸易应符合哪些条件?

1. 互市地点应设在陆路、界河边境线附近;
2. 互市地点应由边境省、自治区人民政府批准;
3. 边民互市贸易区(点)应有明确的界线;
4. 边民互市贸易区(点)的海关监管设施符合海关要求。

### 边民互市贸易有哪些优惠政策?

按照国发〔1996〕2号文件规定,边民互市贸易区(点)的设立,由边境省、自治区人民政府批准;互市贸易进口商品每人每日在1000元以内免征进口关税和进口环节税。1998年,中央将互市贸易的免税额度提高到每人每日3000元。自2008年11月1日起,根据国函〔2008〕92号文规定,边民通过互市贸易携带的生活用品每人每日在人民币8000元以下的,免征进口关税和进口环节税;超过人民币8000元的,对超出部分按照规定征收进口关税和进口环节税。

### 什么是"单一窗口"?

单一窗口是使国际贸易和运输相关各方在单一登记点递交满足全部进口、出口和转口相关监管规定的标准资料和单证的一项措施。如果为电子报文,则只需一次性地提交各项数据。

### "单一窗口"的运行模式有哪些?

目前国际上比较流行的"单一窗口"主要分三种模式:

一是"单一机构"模式。如瑞典等,由一个机构来处理进出口业务,系统在收到企业进出口贸易申报数据后,直接进行各项业务处理。

二是"单一系统"模式。如美国等,只进行相关国际贸易电子数据的集中收集和分发,数据发往各政府部门系统进行业务处理。

三是"公共平台"模式。以新加坡为代表,实现了申报数据的收集和反馈,企业仅需要填制一张电子表格就可以向不同的政府部门申报,申报内容经各政府部门业务系统处理后,自动反馈结果到企业的计算机中。

### "单一窗口"的优势有哪些?

国际贸易"单一窗口"的优势是整体提升政府和贸易商国际竞争力。根据美国、新加坡和其他国家总结的经验,可归纳为五项优势:提高效益,减少负担,数据准确,效率提升,程序便利。

# 暂时进出境货物管理指南

## 海关对暂时进出境货物的管理办法是什么?

海关目前对暂时进出境货物监管主要依据2017年公布的《中华人民共和国海关暂时进出境货物管理办法》(海关总署令第233号)。

## 哪些货物可以申请办理暂时进出境手续?

符合以下条件的货物可向海关申请办理暂时进出境手续:

1. 在展览会、交易会、会议及类似活动中展示或者使用的货物;
2. 文化、体育交流活动中使用的表演、比赛用品;
3. 进行新闻报道或者摄制电影、电视节目使用的仪器、设备及用品;
4. 开展科研、教学、医疗活动使用的仪器、设备及用品;
5. 上述1~4项所列活动中使用的交通工具及特种车辆;
6. 货样;
7. 慈善活动使用的仪器、设备及用品;
8. 供安装、调试、检测、修理设备时使用的仪器及工具;
9. 盛装货物的容器;
10. 旅游用自驾交通工具及其用品;
11. 工程施工中使用的设备、仪器及其用品;
12. 测试用产品、设备、车辆;
13. 海关总署规定的其他暂时进出境货物。

使用货物暂准进口单证册暂时进境的货物限于我国加入的有关货物暂准进口的国际公约中规定的货物。

## 展览会、交易会、会议及类似活动是指什么?

展览会、交易会、会议及类似活动是指:

1. 贸易、工业、农业、工艺展览会及交易会、博览会;
2. 因慈善目的而组织的展览会或者会议;
3. 为促进科技、教育、文化、体育交流,开展旅游活动或者民间友谊活动而组织的展览会或者会议;
4. 国际组织或者国际团体组织代表会议;
5. 政府举办的纪念性代表大会。

在商店或者其他营业场所以销售国外货物为目的而组织的非公共展览会不属于展览会、交易会、会议及类似活动。

## 哪些货物可以列入展览品?

展览品包括以下五类货物:

1. 展览会展示的货物;
2. 为了示范展览会展出的机器或者器具所使用的货物;
3. 设置临时展台的建筑材料及装饰材料;
4. 宣传展示货物的电影片、幻灯片、录像带、录音带、说明书、广告、光盘、显示器材等;
5. 其他用于展览会展示的货物。

## 什么是展览用品?

下列在境内展览会期间供消耗、散发的用品属展览用品,可由海关根据展览会性质、参展商规模、观众人数等情况,对其数量和总值进行核定,在合理范围内的,按照有关规定免征进口关税和进口环节税:

1. 在展览活动中的小件样品,包括原装进口的或者在展览期间用进口的散装原料制成的食品或者饮料的样品。

上述样品应符合以下条件:

(1)由参展人免费提供并在展览期间专供免费分送给观众使用或者消费的;

（2）单价较低，作广告样品用的；

（3）不适用于商业用途，并且单位容量明显小于最小零售包装容量的；

（4）食品及饮料的样品虽未按照小于最小零售包装分发，却是在活动中消耗掉的。

2. 为展出的机器或者部件进行操作示范被消耗或者损坏的物料。

3. 布置、装饰临时展台消耗的低值货物。

4. 展览期间免费向观众散发的有关宣传品。

5. 供展览会使用的档案、表格及其他文件。

### 在商场举办的品牌展示活动中展出的进境展示品是否能够列入展览品？

不能列入展览品。在商店或者其他营业场所以销售国外货物为目的而组织的非公共展览会不属于展览会、交易会、会议及类似活动。

### 展览品暂时进口如何提交担保？

ATA 单证册项下暂时进出境货物，由中国国际商会向海关总署提供总担保。

除另有规定外，非 ATA 单证册项下暂时进出境货物进出口货物收发货人应当按照海关要求向主管地海关提交相当于税款的保证金或者海关依法认可的其他担保。

在海关指定场所或者海关派专人监管的场所举办的展览会，经主管地直属海关批准，可以就参展的展览品免于向海关提交担保。

### 暂时进出境货物的期限如何计算？

暂时进出境货物的期限如下：

1. 暂时进出境货物应当在进出境之日起 6 个月内复运出境或者复运进境。

2. 因特殊情况需要延长期限的，ATA 单证册持证人、非 ATA 单证册项下暂时进出境货物进出口货物收发货人应当在规定期限届满 30 日前向货物暂时进出境申请核准地海关提出延期申请，并提交“货物暂时进/出境延期申请书”及相关申请材料。经直属海关批准可以延期，延期最多不超过 3 次，每次延长期限不超过 6 个月。

3. 国家重点工程、国家科研项目使用的暂时进出境货物，以及参加展期在 24 个月以上的展览会的展览品，在 18 个月延长期限届满后仍需要延期的，由主管地直属海关报海关总署审批。

### 暂时进出境货物的征税管理规定有哪些？

经海关批准的下列暂时进出境货物，在进境或者出境时向海关缴纳相当于税款的保证金或者提供其他担保的，可以暂不缴纳关税。在规定期限内未复运出境或者进境的，海关应当依法征收关税：

1. 在展览会、交易会、会议及类似活动中展示或者使用的货物；

2. 文化、体育交流活动中使用的表演、比赛用品；

3. 进行新闻报道或者摄制电影、电视节目使用的仪器、设备及用品；

4. 开展科研、教学、医疗活动使用的仪器、设备及用品；

5. 本款第 1~4 项活动中使用的交通工具及特种车辆；

6. 货样；

7. 供安装、调试、检测设备时使用的仪器和工具；

8. 盛装货物的容器；

9. 其他用于非商业目的的货物。

暂时进出境货物未在规定期限内复运出境或者复运进境，且纳税义务人未在规定期限届满前向海关申报办理进出口及纳税手续的，海关除按照规定征收应缴纳的税款外，还应当自规定期限届满之日起至纳税义务人申报纳税之日止按日加收应缴纳税款万分之五的滞纳金。

上述第一款范围以外的其他暂准进境货物，海关应当按照该货物的完税价格和其在境内滞留时间与折旧时间的比例，按照审定进出口货物完税价格的有关规定和海关接受该货物申报进出境之日适用的计征汇率、税率，审核确定其完税价格，按月征收税款，或者在规定期限内货物复运出境或者复运进境时征收税款。规定期限届满后不再复运出境或者复运进境的，纳税义务人应当在规定期限届满前向海关申报办理进出口及纳税手续，缴纳剩余税款。

计征税款的期限为60个月。不足1个月但超过15天的，按1个月计征；不超过15天的，免于计征。计征税款的期限自货物放行之日起计算。

按月征收税款的计算公式为：

每月关税税额=关税总额×（1/60）

每月进口环节代征税税额=进口环节代征税总额×（1/60）

### 暂时进境的展览品在非展出期间如何管理?

进境展览品在非展出期间应当存放在海关指定的监管作业场所，未经海关批准，不得移出。因特殊原因确需移出的，应当经主管地直属海关批准。

进境展览品经海关批准同意移出指定监管作业场所，但是进境时未向海关提交担保的，应当另外提供相应担保。

## 进出口货物查验管理指南

### 什么是货物查验?

货物查验是指海关为确定进出口货物收发货人向海关申报的内容是否与进出口货物的真实情况相符，或者为确定商品的归类、价格、原产地等，依法对进出口货物进行实际核查的执法行为。

### 海关查验如何执行回避制度?

海关查验实行回避制度。查验人员执行查验任务时，有下列情形之一的，应当回避：

1. 涉及本人利害关系的；

2. 涉及与本人有夫妻关系、直系血亲关系、三代以内旁系血亲关系及近姻亲关系的亲属人员的利害关系的；

3. 其他可能影响公正执行公务的。

查验人员有应当回避情形的，本人应当申请回避；利害关系人有权申请查验人员回避；其他人员可以向海关提供查验人员需要回避的情况。

海关根据查验人员本人或者利害关系人的申请，经审查后作出是否回避的决定，也可以不经申请直接作出回避决定。

### 海关对实施查验的场所有何要求?

查验应当在海关监管区内实施。

因货物易受温度、静电、粉尘等自然因素影响，不宜在海关监管区内实施查验，或者因其他特殊原因，需要在海关监管区外查验的，经进出口货物收发货人或者其代理人书面申请，海关可以派员到海关监管区外实施查验。

### 海关查验是否收费?

海关实施查验不收取任何费用。

### 海关决定实施查验后如何告知进出口货物收发货人?

对需查验的货物，现场海关应当在货物运抵海关监管区后、实施查验前以签发“海关查验通知书”等形式，通知进出口货物收发货人或者其代理人到场并做好查验准备。

### 海关查验中，进出口货物收发货人有何义务?

海关对进出口货物实施查验时，进出口货物收发货人或其代理人应当履行以下义务：

1. 进出口货物应当接受海关查验；

2. 海关查验货物时，进出口货物收发货人或者其代理人应当到场，负责按照海关要求搬移货物，开拆和重封货物的包装，并如实回答查验人员的询问及提供必要的资料；

3. 因进出口货物所具有的特殊属性，容易因开启、搬运不当等原因导致货物损毁，需要查验人员在查验过程中予以特别注意的，进出口货物收发货人或者其代理人应当在海关实施查验前声明；

4. 查验结束后，对查验人员填写的查验记录，在场的进出口货物收发货人或者其代理人应当签名确认；在海关采用机检方式进行查验且结果正常时，也可由监管作业场所经营人或运输工具负责人签名确认。

### 如果进出口货物收发货人或者其代理人拒绝在海关查验记录上签名，海关如何处理？

查验结束后，进出口货物收发货人或者其代理人在海关查验记录上拒不签名的，查验人员应当在查验记录中予以注明，并由货物所在监管作业场所的经营人签名证明。

### 在何种情形下，海关对进出口货物可以优先安排查验？

对于危险品或者鲜活、易腐、易烂、易失效、易变质等不宜长期保存的货物，以及因其他特殊情况需要紧急验放的货物，经进出口货物收发货人或者其代理人申请，海关可以优先安排查验。

### 海关查验方式有哪些？

海关实施查验可以彻底查验，也可以抽查。按照操作方式，查验可以分为机检查验和人工查验。人工查验包括外形查验、开箱查验等方式。

海关可以根据货物情况及实际执法需要，确定具体的查验方式。

### 什么是彻底查验？什么是抽查？什么是机检查验？

彻底查验是指逐件开拆包装，验核货物实际状况的查验方式。抽查是指按照一定比例有选择地对确定查验的货物中的部分货物开拆包装，验核货物实际状况。机检查验是指以利用技术检查设备为主，对货物实际状况进行验核的查验方式。

### 什么是开箱查验？什么是外形查验？什么是掏箱作业？

开箱查验，是指将货物从集装箱、货柜车厢等箱（厢）体中取出并拆除外包装后，对货物实际状况进行验核的查验方式。外形查验是指对外部特征直观，易于判断基本属性的货物的包装、唛头和外观等状况进行验核的查验方式。掏箱作业是指在实施查验前，对集装箱或集装箱式货车车厢实施验、解封，并对所载的进出口货物按查验要求进行监卸的过程。

### 海关结束查验后，对进出口货物如何处理？

海关结束查验后，对查验未发现申报异常的进出口货物，在进出口货物收发货人缴清税款或者提供担保后，办理放行手续；经查验发现货物申报与实际状况不符的，进出口货物收发货人或其代理人应当配合海关按规定程序移交海关缉私、法规、通关等相关部门处理。

### 在何种情形下，海关可以对已查验进出口货物进行开验？

有下列情形之一的，海关可以对已查验货物进行开验：

1. 经初次查验未能查明货物的真实属性，需要对已查验货物的某些性状作进一步确认的；
2. 货物涉嫌走私违规，需要重新查验的；
3. 进出口货物收发货人对海关查验结论有异议，提出复验要求并经海关同意的；
4. 其他海关认为必要的情形。

已经参加过查验的查验人员不得参加对同一票货物的复验。

### 在何种情形下，海关可以对进出口货物实施径行开验？

有下列情形之一的，海关可以在进出口货物收发货人或其代理人不在场的情况下，对进出口货物实施径行开验：

1. 进出口货物有违法嫌疑的；
2. 经海关通知查验，进出口货物收发货人或其代理人届时未到场的。

海关径行开验时，存放货物的海关监管作业场所经营人、运输工具负责人应当到场协助，并在查验记录上签名确认。

### 进出口货物收发货人应如何协助海关对进出口货物进行取样化验？

海关对进出口货物的属性、成分、含量、结构、品质、规格等无法确认的，可以组织化验。海关组织化验时，应当提取货物样品。

海关取样时，进出口货物收发货人或其代理人应当到场协助，负责搬移货物，开拆和重封货物的包装；对取样有特定要求的，进出口货物收发货人或其代理人应给予专业技术协助；所取样品应具有代表性，取样方法、取样量应与送验目的相适应。

取样应使用清洁容器或物料包装，在包装容器或样品上贴注标签的同时，需在包装容器的封口处施加经海关取样人员和进出口货物收发货人或其代理人双方签字的样品封条，当场封存。样品一式两份，一份送抵海关化验中心或者委托化验机构，另一份留存海关备查。

海关取样人员应按规定的格式和要求填写“海关进出口货物化验取样记录单”，并于“备注”栏中注明所取两份平行样品的封条完整及封条编号等信息，由进出口货物收发货人或其代理人签字确认。

进出口货物收发货人或其代理人拒不到场或者海关认为必要时，可以径行取样。海关径行取样时，应通知存放货物的海关监管作业场所经营人、运输工具负责人到场协助，并在“海关进出口货物化验取样记录单”上签字确认。

海关对进出口货物取样化验的，进出口货物收发货人或其代理人应当按照海关要求及时提供样品的相关单证和技术资料，并对其真实性和有效性负责。进出口货物收发货人或其代理人按海关要求提供的有关单证和技术资料，凡涉及样品的商业秘密，经进出口货物收发货人或其代理人的书面申请，海关应当依法予以保护。

### 转关货物办理查验业务有何特别规定?

海关对转关货物的查验，由指运地（进口转关货物运抵报关的地点）或起运地（出口转关货物报关发运的地点）海关实施。进境地（货物进入关境的口岸）或出境地（货物离开关境的口岸）海关认为必要时也可实施查验。

### 海关查验时损坏被查验的货物，应如何实施海关行政赔偿?

根据《海关法》、《中华人民共和国海关行政赔偿办法》的规定，海关在依法查验进出口货物时，损坏被查验的货物的，应当赔偿当事人的实际损失。实施查验的海关为赔偿义务机关。

海关应当在货物受损程度确定后，以海关依法审定的完税价格为基数，确定赔偿金额。赔偿的金额，应当根据被损坏的货物或其部件受损耗程度或修理费用确定，必要时，可以凭公证机构出具的鉴定证明确定。

海关人员在查验货物时损坏被查验货物的，应当如实填写“海关查验货物、物品损坏报告书”一式两份，由查验关员和当事人双方签字，一份交当事人，一份留海关存查。

海关依法径行开验、复验或者提取货样时，应当会同有关货物、物品保管人员共同进行。如造成货物、物品损坏，查验人员应当请在场的保管人员作为见证人在“海关查验货物、物品损坏报告书”上签字，并及时通知当事人。

实施查验的海关应当自损坏被查验的货物、物品之日起 2 个月内确定赔偿金额，并填制“海关损坏货物、物品赔偿通知单”送达当事人。

当事人对赔偿有异议的，可以在收到通知单之日起 60 日内向作出赔偿决定的海关的上一级海关申请行政复议，对复议决定不服的，可以在收到复议决定之日起 15 日内向人民法院提起诉讼，也可以自收到通知单之日起 3 个月内直接向人民法院提起诉讼。

### 在何种情形下，被查验的货物发生损坏，海关不承担赔偿责任?

有下列情形之一的，被查验的货物发生损坏，海关不承担赔偿责任：

1. 海关工作人员与行使职权无关的个人行为；
2. 因公民、法人和其他组织自己的行为致使损害发生的；
3. 因不可抗力造成损害后果的；
4. 由于当事人或其委托的人搬移、开拆、重封包装或保管不善造成的损失；
5. 易腐、易失效货物在海关正常工作程序所需要时间内（含代保管期间）所发生的变质或失效，当事人事先未向海关声明或者海关已采取了适当的措施仍不能避免的；
6. 海关正常检查产生的不可避免的磨损和其他损失；
7. 在海关查验之前所发生的损坏和海关查验之后发生的损坏；
8. 海关为化验、取证等目的而提取的货样；
9. 法律规定的其他情形。

因公民、法人和其他组织的过错致使损失扩大的，海关对扩大部分不承担赔偿责任。

### 因查验产生海关行政赔偿的，对当事人领取赔款有何规定?

因查验产生海关行政赔偿的，当事人应当自收到“海关损坏货物、物品赔偿通知单”之日起 3 个月内向海关领取赔款，或将银行账号通知海关划拨。逾期无正当理由不向海关领取赔款、不将银行账号通知海关划拨的，不再赔偿。

### 海关查验人员在查验过程中违反规定行使职权，应承担何种法律责任？

查验人员在查验过程中，违反规定，利用职权为自己或者他人谋取私利，索取、收受贿赂，滥用职权，故意刁难，拖延查验的，按照有关规定，依法给予行政处分；有违法所得的，依法没收违法所得；构成犯罪的，依法追究刑事责任。

### 进出口货物收发货人不按照规定接受海关对进出口货物的查验，应承担何种法律责任？

根据《海关法》、《海关行政处罚实施条例》，进出口货物收发货人不按照有关规定接受海关对进出口货物查验的，予以警告，可以处以5万元以下罚款，有违法所得的，没收违法所得。

## 进出境运输工具海关监管指南

### 《海关法》中的“进出境运输工具”包括哪些？

《海关法》中的“进出境运输工具”包括用以载运人员、货物、物品进出境的各种船舶、航空器、铁路列车、公路车辆及驮畜。

### 运输工具负责人包括哪些？

包括进出境运输工具的所有企业、经营企业，船长、机长、汽车驾驶员、列车长，以及上述企业或者人员授权的代理人。

### 运输工具服务企业包括哪些？

包括为进出境运输工具提供《中华人民共和国海关进出境运输工具监管办法》（海关总署令第196号）第二十九条规定的物料或者接受运输工具（包括工作人员及所载旅客）消耗产生的废、旧物品的企业。

### 根据海关总署令第196号要求，哪些管理对象需到海关备案？

进出境运输工具、进出境运输工具负责人和进出境运输工具服务企业应当在经营业务所在地的直属海关或者经直属海关授权的隶属海关备案。

### 进出境运输工具在办结海关出境或者续驶手续后，其驶离时限有什么规定？

进出境运输工具在办结海关出境或者续驶手续后的24小时未能驶离的，运输工具负责人应当重新办理有关手续。

### 海关对渔船和从事海上作业的特种船舶有哪些管理规定？

沿海运输船舶、渔船和从事海上作业的特种船舶，未经海关同意，不得载运或者换取、买卖、转让进出境货物、物品。

### 运输工具作为货物以租赁或其他贸易方式进出口的，如何办理海关手续？

除按照海关总署署令第196号的规定办理进出境运输工具进境或者出境手续外，还应当按照有关规定办理进出境运输工具进出口报关手续。

### 对专门参与走私的进出境运输工具如何处理？

对专门或者多次用于走私的运输工具，海关予以没收；藏匿走私货物、物品的特制设备，海关根据《海关行政处罚实施条例》进行处理。

### 集装箱船舶负责人何时应当将船舶预计抵达境内目的港的时间通知海关？

集装箱船舶进口货物装船的24小时以前，船舶负责人应当将船舶预计抵达境内目的港的时间通知中国海关。

### “进出境船舶”具体包括哪些？

进出境船舶具体包括机动与非机动的进出我国关境的海、国界江河上来往的船舶，转运、驳运进境旅客或货物的船舶，兼营境内外旅客或货物运输的船舶及其他进出境船舶。

### 什么是国际航行船舶？

国际航行船舶，是指进出我国关境在国际上运营的境内船舶和境外船舶。

### 非集装箱船舶负责人何时应当将船舶预计抵达境内目的港的时间通知海关？

非集装箱船舶抵达境内第一目的港的24小时以前，船舶负责人应当将船舶预计抵达境内目的港的时间通知海关。

### 船舶是否需要抵港申报？

船舶抵港以前，船舶负责人应当将船舶进境时间、抵达目的港的时间和停靠位置通知海关。船舶抵达设立海关的地点时，船舶负责人应当向海关进行船舶抵港申报。船舶负责人也可以在运输工具进境前提前向海关办理申报手续。

### 国际航行船舶离港的时间应在何时通知海关？

船舶负责人应当在船舶驶离设立海关的地点的2小时以前将驶离时间以电子数据形式通知海关；对临时出境的船舶，船舶负责人可以在其驶离设立海关的地点以前将驶离时间通知海关。

### 兼营船舶改营国际运输，手续怎样办理？

兼营船舶在卸完国内运输货物后，才能改营国际运输，由海关在签证簿上批注签章。改为经营国内运输的船舶，如需要改航国外、经营国际运输时，航方或其代理人应在装出口货物或无出口货物开航前24小时前向海关交验签证簿。

### 什么是内外贸同船运输？

内外贸同船运输指从事承运海关监管货物的船舶，同时承载内贸和外贸集装箱货物的运输。

### 海关对开展内外贸集装箱同船运输及中国籍国际航行船舶承运转关运输货物的航运企业和船舶及其货物有何要求？

开展内外贸集装箱同船运输及中国籍国际航行船舶承运转关运输货物的企业必须资信良好，其船舶在海关办理了备案手续（不包括来往港澳小型船舶）。同船运输及中国籍国际航行船舶承运的转关运输货物仅限于集装箱运输货物。

### 同船运输集装箱箱体应符合什么标准？

同船运输集装箱箱体应当符合《中华人民共和国海关对用于装载海关监管货物的集装箱和集装箱式货车车厢的监管办法》（海关总署令第110号）的标准。

### 什么叫来往香港、澳门小型船舶？

来往香港、澳门小型船舶（以下简称来往港澳小型船舶），是指经交通运输部或者其授权部门批准，专门来往于内地和香港、澳门之间，在境内注册从事货物运输的机动或者非机动船舶。

### 来往港澳小型船舶进出境时，在何处办理手续？

下列来往港澳小型船舶进出境时，应当向指定的小型船舶中途监管站办理舱单确认和关封制作手续：

1. 来往于香港与珠江水域的小型船舶向大铲岛中途监管站办理；
2. 来往于香港、澳门与磨刀门水道的小型船舶向湾仔中途监管站办理；
3. 来往于香港、澳门与珠江口、磨刀门水道以西广东、广西、海南沿海各港口的小型船舶向桂山岛中途监管站办理；
4. 来往于香港、澳门与珠江口以东广东、福建及以北沿海各港口的小型船舶向大三门岛中途监管站办理；
5. 来往于香港与深圳赤湾、蛇口、妈湾、盐田港的小型船舶，直接在口岸海关办理进出境申报手续。

### 来往港澳小型船舶备案手续如何办理？

来往港澳小型船舶应当由所属的船舶运输企业（以下简称运输企业）向运输企业工商注册所在地的直属海关或者其授权的隶属海关办理备案手续；海关对来往港澳小型船舶实行联网备案管理，数据资料共享。

海关对来往港澳小型船舶实行年审管理。未办理年审或者年审不符合《中华人民共和国海关关于来往香港、澳门小型船舶及所载货物、物品管理办法》（海关总署令第112号）规定的小型船舶不得继续从事进出境运输业务。

### 来往港澳小型船舶的情况发生变化是否需要办理变更手续?

在海关备案的来往港澳小型船舶名称、船体结构、经营航线、法定代表人、地址、企业性质等内容发生变更的，运输企业应当持书面申请和有关批准文件到备案海关办理变更手续。

### 来往港澳小型船舶可以兼营境内运输吗？可以混装吗？可以随时停泊吗？

来往港澳小型船舶不得同船装载进出口货物与非进出口货物。进境来往港澳小型船舶自进境后至办结海关手续前，出境来往港澳小型船舶自起运港办理海关手续后至出境前，未经海关批准，不得中途停泊、装卸货物和物品或者上下人员。

### 来往港澳的客船是否需要办理中途监管手续?

由于来往港澳的客船是固定航次的班轮，有固定航线、固定时间、固定码头，并且考虑其运营目的主要是载客，因此，来往港澳的客船进出境时，可直接向驶入或驶离口岸的海关办理手续，无需办理中途监管手续。

### 什么是国际运输民用航空器?

国际运输民用航空器是指进出我国关境在国际上运营的境内运输民用航空器和境外运输民用航空器，不包括国家元首和政府首脑乘坐的专机。

### 海关对国际民航机降停或起飞的预报、确报有何要求?

1. 航程4小时以下的，航空器起飞前；航程超过4小时的，航空器抵达境内第一目的港的4小时以前，航空港、站应当将航空器预计抵达境内目的港的时间通知海关。

2. 航空器抵达境内目的港以前，民用航空企业应当将航空器确切的抵达时间通知海关；抵港时应当向海关进行航空器进境申报。也可以在航空器进境前提前向海关办理申报手续。

### 国际民航机离港的时间应在何时通知海关?

民用航空企业应当在航空器驶离出境始发港的2小时以前将驶离时间以电子数据形式通知海关。对临时出境的航空器，民用航空企业可以在其驶离设立海关的地点以前将驶离时间通知海关。

### 我国的国际民航机能否在国内、内地航段上载运国内、内地客货业务?

可以。航空公司要求在新开航的国际和地区航班国内、内地航段载运国内、内地客货业务的，应经民航总局批准后，由航空公司向海关总署提出书面申请，同时抄送始发（到达）站和经停站海关。海关总署同意后，正式行文批复有关航空公司并通知有关海关。

### 进出境列车具体包括哪些车辆?

进出境列车是指载运进出口货物或过境货物、物品，载运进出关境或过境旅客的中国或外国籍列车，包括机车、客车、货车、邮政车、行李车、发电车、守车和轨道车等。

### 海关对进境列车到站时间的预报、确报有何要求?

1. 铁路列车抵达境内第一目的站的2小时以前，进境车站负责人应当将列车预计抵达车站的时间通知海关。

2. 列车到站以前，车站负责人应当将列车确切的到站时间通知海关。列车到站时，列车长应当向海关进行列车到站申报，也可以在列车进境前由车站提前向海关办理申报手续。

### 进出境列车的离境时间应何时通知海关?

车站负责人应当在列车驶离出境车站的2小时以前将驶离时间通知海关。对临时追加的列车，车站负责人应当在列车驶离出境车站以前将驶离时间通知海关。

### 什么是来往港澳货运车辆？什么是来往港澳公路货运企业?

来往港澳货运车辆是指依照规定在海关备案的来往港澳公路货运车辆，包括专业运输企业的车辆和生产型企业的自用车辆。

来往港澳公路货运企业是指依照规定在海关备案的从事来往港澳公路货物运输业务的企业，包括专业运输企业和生产型企业。

### 来往港澳货运车辆应当符合什么条件？

来往港澳货运车辆应当为集装箱式货车或者集装箱牵引车，并应当符合下列条件：

1. 车辆的类型、牌名、车身颜色、发动机号码、车身号码、车辆牌号等应当与公安交通车管部门核发的证件所列内容相符；
2. 集装箱式货车的车厢监管标准应当按照署令第110号的有关规定执行；如有特殊需要加开侧门的，应当经海关批准，并符合海关监管要求；
3. 集装箱式货车或者集装箱牵引车应当使用海关的电子关锁，并可以安装符合海关要求的车载收发信装置；
4. 车辆的油箱和备用轮胎等装备以原车出厂时的配置为准，不得擅自改装或者加装。

### 港/澳籍进出境车辆进境后，多长时间内必须出境？

港/澳籍进出境车辆进境后，应当在3个月内复出境；特殊情况下，经海关同意，可以在车辆备案有效期内予以适当延期。

### 来往港澳公路货运车辆遭遇特殊情况，海关有哪些监管规定？

因特殊原因，车辆在境内运输途中需要更换或者驾驶员需要更换的，驾驶员或者货运企业应当立即报告附近海关，在海关监管下更换。

海关监管货物在境内运输途中，发生损坏或者灭失的，驾驶员或者货运企业应当立即向附近海关报告。除不可抗力外，货运企业应当承担相应的税款及其他法律责任。

### 境内公路承运海关监管货物的运输企业应具备哪些条件？

境内公路承运海关监管货物的运输企业应具备以下条件：

1. 具有企业法人资格；
2. 取得与运输企业经营范围相一致的工商核准登记。

### 境内公路承运海关监管货物的车辆应具备哪些条件？

承运海关监管货物的车辆应为厢式货车或集装箱拖头车，经海关批准也可以为散装货车。上述车辆应当具备以下条件：

1. 必须为运输企业的自有车辆，其“机动车辆行驶证”的车主列名必须与所属运输企业名称一致；
2. 厢式货车的厢体必须与车架固定一体，无暗格，无隔断，具有施封条件，车厢连接的螺丝均须焊死，车厢两车门之间须以钢板相卡，保证施封后无法开启；
3. 有特殊需要，需加开侧门的，须经海关批准，并符合海关监管要求；
4. 集装箱拖头车必须承运符合国际标准的集装箱；
5. 散装货车只能承运不具备加封条件的大宗散装货物，如矿砂、粮食及超大型机械设备等。

### 境内承运海关监管货物运输车辆注册时，对于运输危险品的车辆需要提供“易燃易爆化学物品准运证”吗？

不需要。

### 运输企业及驾驶员发生走私违规情事的，应承担何种法律责任？

运输企业、驾驶员发生走私违规情事的，由海关按《海关法》和《海关行政处罚实施条例》的有关规定进行处罚。处罚分为警告、暂停、取消三种类型。构成犯罪的，依法追究刑事责任。

### 什么是长江驳运船舶？长江驳运船舶可以混装吗？

长江驳运船舶是指航行于长江承运海关监管货物的机动和非机动船舶。驳船在同一航次中，未经海关同意，不得将海关监管货物与非监管货物同舱混装。

### 对暂时进境的外国集装箱和集装箱式货车车厢，海关有哪些管理规定？

暂时进境的外国集装箱和集装箱式货车车厢应于入境之日起6个月内复运出境。如因特殊情况不能按期复运出境的，营运人应当向暂时进境地海关提出延期申请，经海关核准后可以延期，但延长期不得超过3个月，逾期应按规定向海关办理进口及纳税手续。

### 海关对进出境的空集装箱如何监管？

承载集装箱或者集装箱式货车车厢的运输工具在进出境时，承运人、营运人或者其代理人应当向海关申报并递交载货清单（舱单）。海关对之进行监管，并依据载货清单（舱单）信息进行空箱查验。

### 什么是舱单？舱单的适用范围包括哪些？

舱单是进出境运输工具舱单的简称，是指反映进出境运输工具所载货物、物品及旅客信息的载体，包括原始舱单、预配舱单、装（乘）载舱单。

进出境运输工具载有货物、物品的，舱单内容应当包括总提（运）单及其项下的分提（运）单信息。

舱单的适用范围包括进出境船舶、航空器、铁路列车及公路车辆舱单的管理。

### 海关对舱单管理的依据文件有哪些？

海关对舱单管理的依据文件有：

1.《中华人民共和国海关进出境运输工具舱单管理办法》（海关总署令第172号）；

2.《中华人民共和国海关关于超期未报关进口货物、误卸或者溢卸的进境货物和放弃进口货物的处理办法》（海关总署令第91号）；

3.《海关总署关于调整进出境水运和空运运输工具货运舱单等电子数据格式的公告》（海关总署公告2010年第70号）；

4.《海关总署关于公布进出境和境内承运海关监管货物的水运、空运运输工具传输数据项的公告》（海关总署公告2008年第80号）；

5.《海关总署关于调整水空运进出境运输工具、舱单监管相关事项的公告》（海关总署公告2017年第56号）；

6.《海关总署关于进出境船舶所载货物、物品舱单传输的有关问题的公告》（海关总署公告2008年第97号）；

7.《海关总署关于进出境航空器载运货物、物品舱单传输的有关问题的公告》（海关总署公告2008年第101号）；

8.《海关总署关于实施〈进出境运输工具舱单管理办法〉有关事宜的公告》（海关总署公告2008年第102号）；

9.《海关总署关于进出境航空器所载旅客舱单传输有关问题的公告》（海关总署公告2009年第41号）；

10.《海关总署关于公布进出境及境内承运海关监管货物的水运和空运运输工具电子传输报文格式的公告》（海关总署公告2008年第88号）；

11.《海关总署关于进出境运输工具载运货物、物品舱单及相关电子数据传输有关事项的公告》（海关总署公告2009年第22号）；

12.《海关总署关于启用航空旅客舱单电子数据正式接收地址的公告》（海关总署公告2011年第18号）。

### 舱单传输时间是怎样认定的？

海关接受舱单申报时间，不是以舱单申报人发送数据时间为准，是以海关确认接受原始舱单（或预配舱单）传输为确认申报时间。

### 舱单涉及商业秘密的应该怎样处理？

舱单涉及商业秘密的，舱单传输人可以书面向海关提出为其保守商业秘密的要求，并具体列明需要保密的内容。

海关按照国家有关规定承担保密义务，妥善保管舱单传输人及相关义务人提供的涉及商业秘密的资料。

### 海关对舱单编号及保存期限有哪些规定？

海关对舱单编号及保存期限的规定为：舱单中的提（运）单编号2年内不得重复；自海关接受舱单等电子数据之日起3年内，舱单传输人、海关监管作业场所经营人、理货部门应当妥善保管纸质舱单、理货报告、运抵报告及相关账册等资料。

### 舱单及相关数据传输人在没有办理备案手续的情况下能否传输舱单数据?

没有备案的情况下不能传输舱单数据，因为备案是舱单数据传输的必备条件。

### 出口货物发货人需要备案吗?

不需要。海关在接收出口货物发货人首次传输装箱清单时，对出口货物发货人实施自动备案管理。

### 什么是原始舱单?

原始舱单是指舱单传输人向海关传输的反应进境运输工具装载货物、物品或者承载旅客信息的舱单。

### 海关对运输工具载有货物、物品的舱单数据传输的时限有什么规定?

1. 船舶运输：

（1）集装箱货物，在开始装船的 24 小时以前；

（2）非集装箱货物，在抵达境内第一目的港的 24 小时以前；

（3）集装箱货物与非集装箱货物混装的，应当按照第（1）、（2）项分别传输；

（4）来往港澳小型船舶承载的货物，在开始装载货物的 2 小时以前；

（5）调拨进境的空箱，在船舶抵达目的港以前；

（6）临时计划转运货物进境，由进境地海关审核同意后，可在船舶抵港以前；

（7）进境航程 24 小时以内的近洋运输非集装箱船舶，在船舶抵达境内第一目的港以前；

（8）集装箱货物经境外港口转运的，在最后一个境外转运港装船的 24 小时以前。

2. 航空运输：航程 4 小时以下的，航空器起飞前；航程超过 4 小时的，航空器抵达境内第一目的港的 4 小时以前。

3. 铁路运输：铁路列车抵达境内第一目的站的 2 小时以前。

4. 公路运输：公路车辆抵达境内第一目的站的 1 小时以前。

舱单传输人应当在进境货物、物品运抵目的港（站）以前向海关传输原始舱单的其他数据。

### 海关审核原始舱单后的反馈结果有哪些?舱单传输人该怎样处理?

进境运输工具载有货物、物品的，海关接受原始舱单数据后，对原始舱单信息进行风险分析和评估，并向舱单传输人反馈审核结果。反馈结果包括接受传输、不接受传输及原因、不准予装载、不准予卸载、请等待海关人工审核等信息。舱单传输人应当按照海关反馈的不接受传输的原因进行核查、更正，并重新传输舱单数据。

### 原始舱单同一总提单项下的所有分提单数据能否多次分批传输?

原始舱单同一总提单项下的所有分提单数据应一次性传输。

### 对于在境外一个装货港装载的运输工具承运至境内两个以上卸货港的，舱单传输人该如何向海关传输进口原始舱单电子数据?

对于在境外一个装货港装载的运输工具承运至境内两个以上卸货港的，舱单传输人可以根据海关总署令第 172 号的有关规定，一次传输境内所有卸货港的电子数据。

### 什么是理货报告?海关对理货报告的传输时限要求有哪些?

理货报告是指海关监管作业场所经营人或者理货部门对进出境运输工具所载货物、物品的实际装卸情况予以核对、确认的记录。

理货部门或者海关监管作业场所经营人应当在进境运输工具卸载货物、物品完毕后的 6 小时以内以电子数据方式向海关提交理货报告。需要二次理货的，经海关同意，可以在进境运输工具卸载货物、物品完毕后的 24 小时以内以电子数据方式向海关提交理货报告。

### 对于有溢卸、短卸、理货异常情况的，运输工具负责人应当如何处理?

对于有溢卸、短卸、理货异常情况的，运输工具负责人应在卸载货物、物品完毕后的 48 小时内，向海关提交书面情况说明及相关证明材料。涉及理货报告错误的，应当随附理货部门的书面报告。

### 什么是分拨？如何办理分拨手续？

分拨是指海关监管作业场所经营人将进境货物、物品从一海关监管作业场所运至另一海关监管作业场所的行为。分拨手续办理方法如下：

1. 舱单传输人应当以电子数据方式向海关提出分拨货物、物品申请，经海关同意后方可分拨；

2. 分拨货物、物品运抵海关监管作业场所时，海关监管作业场所经营人应当以电子数据方式向海关提交分拨货物、物品运抵报告；

3. 在分拨货物、物品拆分完毕后的2小时以内，理货部门或者海关监管作业场所经营人应当以电子数据方式向海关提交分拨货物、物品理货报告；

4. 分拨货物、物品提交理货报告后，海关即可办理货物、物品的查验、放行手续。

### 什么是疏港分流？如何办理疏港分流手续？

疏港分流是指为防止货物、物品积压和阻塞港口，根据港口行政管理部门的决定，将相关货物、物品疏散到其他海关监管作业场所的行为。疏港分流手续办理方法如下：

1. 海关监管作业场所经营人应当以电子数据方式向海关提出疏港分流申请，经海关同意后方可疏港分流；

2. 疏港分流完毕后，海关监管作业场所经营人应当以电子数据方式向海关提交疏港分流货物、物品运抵报告；

3. 疏港分流货物、物品提交运抵报告后，海关即可办理货物、物品的查验、放行手续。

### 什么是装箱清单？海关对装箱清单有哪些监管规定？

装箱清单是指反映以集装箱运输的出境货物、物品在装箱以前的实际装载信息的单据。海关对装箱清单的监管规定有：

1. 以集装箱运输的货物、物品，出口货物发货人应当在货物、物品装箱以前，按照海关总署令第172号规定的内容、格式向海关传输装箱清单电子数据；

2. 一个集装箱装载多票出口货物、物品的，应当一次性向海关传输装箱清单电子数据；

3. 出口货物在出境地海关办理申报手续的，出口货物发货人应当向出境地海关传输装箱清单电子数据；

4. 出口转关货物，出口货物发货人应当向起运地海关传输装箱清单电子数据。

### 什么是预配舱单？海关对预配舱单数据传输时限有何要求？

预配舱单是指反映出境运输工具预计装载货物、物品或者乘载旅客信息的舱单。海关对预配舱单数据传输时限规定如下：

1. 预配舱单主要数据的传输时限：出境运输工具预计载有货物、物品的，舱单传输人应当在办理货物、物品申报手续以前向海关传输预配舱单主要数据。

2. 预配舱单其他数据的传输时限：

（1）集装箱船舶装船的24小时以前；

（2）非集装箱船舶在开始装载货物、物品的2小时以前；

（3）同一船舶载有集装箱货物和非集装箱货物进境的，应当按照第（1）、（2）项分别传输；

（4）来往港澳小型船舶在开始装载货物、物品的4小时以前；

（5）调拨出境的空箱，在空箱装船的2小时以前；

（6）临时计划转运货物出境，在转运货物出境装船前的2小时以前；

（7）航空器在开始装载货物、物品的4小时以前；

（8）铁路列车在开始装载货物、物品的2小时以前；

（9）公路车辆在开始装载货物、物品的1小时以前。

3. 出境运输工具预计载有旅客的，舱单传输人应当在出境旅客开始办理登机（船、车）手续的1小时以前向海关传输预配舱单电子数据。

### 什么是运抵报告？出境货物应该怎样递交运抵报告？

运抵报告是指进出境货物、物品运抵海关监管作业场所时，海关监管作业场所经营人向海关提交的反映货物、物品实际到货情况的记录。

出境货物、物品运抵海关监管作业场所时，海关监管作业场所经营人应当以电子数据方式向海关提交运抵报告。

### 海关对出境货物运抵报告有哪些监管规定？

海关对出境货物运抵报告的监管规定有：

1. 出口货物全部运抵海关监管作业场所后，监管作业场所经营人应当以总运单或分运单为单元传输运抵报告电子数据。

2. 海关接受运抵报告电子数据后，与预配舱单进行核对。运抵报告电子数据与预配舱单电子数据校验相符的，海关向运抵报告传输人、舱单传输人反馈正常到货信息。

3. 运抵报告电子数据与预配舱单电子数据核对不符的，海关以电子数据方式向运抵报告提交人、舱单传输人反馈不符信息，并应当要求舱单传输人或监管作业场所经营人提交书面情况说明及相关证明材料。

4. 海关审核情况正常的，可接受舱单传输人或舱单相关数据传输义务人提出的申请，对相关电子数据进行修改或删除。

5. 出口货物采取边运抵边装船的，经海关船边实际验核后，即视为货物运抵，并向海关传输运抵报告。运抵报告传输后，货物、物品应当在3日内装载完毕。

6. 正常到货的，海关方予办理对应货物、物品的查验、放行手续。

### 什么是装（乘）载舱单？海关对装（乘）载舱单数据传输时限有何要求？

装（乘）载舱单是指反映出境运输工具实际配载货物、物品或者载有旅客信息的舱单。海关对装（乘）载舱单数据传输的时限要求有：

1. 舱单传输人应当在运输工具开始装载货物、物品的30分钟以前向海关传输装载舱单电子数据；

2. 舱单传输人应当在旅客办理登机（船、车）手续后、运输工具上客以前向海关传输乘载舱单电子数据。

### 有哪些情形海关不接受装载舱单电子数据传输？

有以下情形之一的，海关不接受装载舱单电子数据的传输：

1. 装载舱单中没有总运单运抵报告电子数据的；

2. 总运单未经海关放行；

3. 装载舱单件数、重量大于运抵报告件数、重量；

4. 装载舱单未按规定时限传输。

### 海关接受装（乘）载舱单电子数据传输后，有什么反馈信息？

海关接受装（乘）载舱单电子数据传输后，对装载舱单电子数据进行审核：

1. 审核通过的，海关以电子数据方式向监管作业场所经营人、舱单传输人反馈同意装载信息；

2. 对决定不准予装载货物、物品或者上客的，海关以电子数据方式（以总运单为单元）通知舱单传输人，并告知不准予装载货物、物品或者上客的理由；

3. 因故无法以电子数据方式通知的，海关应以传真、电话、当面通知等方式通知舱单传输人，并派员实地监管。

### 乘载舱单与结关申请不相符的，其核查原因的期限是多久？

运输工具负责人应当在出境运输工具结关完毕后的24小时内向海关报告乘载舱单与结关申请不相符的原因。

### 舱单变更的方式有几种？有什么主要区别？

舱单变更的方式主要有直接准予变更和海关审核变更两种。已经传输的舱单电子数据需要变更的，舱单传输人可以在原始舱单和预配舱单规定的传输时限以前直接予以变更；在原始舱单和预配舱单规定的传输时限后，需经海关审核同意，方可进行变更。

### 对出境来往港澳小型船舶，舱单及相关数据传输有什么要求？

出境来往港澳小型船舶，舱单传输人在开始装载货物、物品的4小时前向海关传输预配舱单电子数据。出境接受海关中途监管站监管的来往港澳小型船舶，海关监管作业场所经营人、理货部门应当在船舶起航以前向海关传输理货报告电子数据。

### 来往港澳小型船舶舱单电子数据应包括哪些内容？

舱单电子数据应当包括以下内容：运输工具名称、运输工具编号、航次号、国籍、装货港、指运港、提（运）单号、收货人或者发货人、货物名称、货物件数和重量、集装箱号、集装箱尺寸等。

### 出口转关货物，舱单是否向主管地海关传输?

出口转关货物，除装箱清单外，舱单及相关电子数据传输人应当向出境地海关传输舱单及相关电子数据。

### 舱单传输人和舱单相关电子数据传输义务人可以通过哪些途径向海关传输电子数据?

舱单传输人和舱单相关电子数据传输义务人可以自主选择以下途径向海关传输电子数据：

1. 中国电子口岸数据中心（热线服务电话：010-95198）;
2. 全国海关信息中心（热线服务电话：010-65193355）;
3. 各直属海关对外接入局域网（包括地方电子口岸）。

## 海关执行的国家贸易管制措施指南

### 什么是海关贸易管制措施?

《海关法》从法律上赋予了海关实施贸易管制，监管进出口活动的权力与义务。《海关法》第四十条规定：国家对进出境货物、物品有禁止性或限制性规定的，海关依据法律、行政法规、国务院的规定或者国务院有关部门依据法律、行政法规授权作出的规定实施监管。

海关贸易管制是指海关依据《海关法》赋予的权力，参与国家宏观经济政策制定、微观经济协调，并通过制定相关管理制度和规范在进出境环节落实国家贸易政策，对执法效能分析和评估的行为。

### 海关贸易管制制度的法律体系包括哪些内容?

海关根据法律、行政法规和规章对进出境货物履行监督管理职责，形成了以《海关法》、《对外贸易法》、《中华人民共和国货物进出口管理条例》为主的贸易管制法律体系。其主要包括：

**法律：**

《对外贸易法》

《海关法》

《中华人民共和国进出口商品检验法》

《中华人民共和国进出境动植物检疫法》

《中华人民共和国固体废物污染环境防治法》

《中华人民共和国国境卫生检疫法》

《中华人民共和国野生动物保护法》

《中华人民共和国药品管理法》

《中华人民共和国文物保护法》

……

**行政法规：**

《中华人民共和国货物进出口管理条例》

《中华人民共和国技术进出口管理条例》

《中华人民共和国核出口管制条例》

《中华人民共和国核两用品及相关技术出口管制条例》

《易制毒化学品管理条例》

《中华人民共和国导弹及相关物项和技术出口管制条例》

《中华人民共和国生物两用品及相关设备和技术出口管制条例》

《中华人民共和国监控化学品管理条例》

《中华人民共和国野生植物保护条例》

《中华人民共和国陆生野生动物保护实施条例》

《中华人民共和国水生野生动物保护实施条例 》

《中华人民共和国濒危野生动植物进出口管理条例》

《农药管理条例》
《兽药管理条例》
《麻醉药品和精神药品管理条例》
《音像制品管理条例》
《民用爆炸物品安全管理条例》
《中华人民共和国军品出口管理条例》
《中华人民共和国进出口商品检验法实施条例》
……

除此之外，海关贸易管制法律体系中还包括禁止进（出）口货物目录、货物进（出）口许可证管理办法及目录等部门规章及规范性文件300余件，以及与贸易管制有关的国际公约及议定书等。

## 许可证件的法律规定是什么？

《海关法》对进口货物的收货人或出口货物的发货人提交许可证件作出了明确规定：

1.《海关法》第二十四条规定："进口货物的收货人、出口货物的发货人应当向海关如实申报，交验进出口许可证件和有关单证。国家限制进出口的货物，没有进出口许可证件的，不予放行，具体处理办法由国务院规定。"此项规定，要求进出口货物的收发货人在向海关申报货物进出口时，如果所申报的货物属于国家限制进出口的，应当向海关交验有关许可证件，不能提交进出口许可证件的，海关不予放行货物。

2.《海关法》第四十条规定："国家对进出境货物、物品有禁止性或限制性规定的，海关依据法律、行政法规、国务院的规定或者国务院有关部门依据法律、行政法规授权作出的规定实施监管。"该规定一方面明确海关是依据法律、行政法规和部门规章对进出境货物、物品采取禁止或限制措施；另一方面明确了对进出境货物、物品实施禁止或限制规定时，需要经过立法程序对外发布。

3.《海关法》第六十六条规定："国家对进出境货物、物品有限制性规定，应当提供许可证件而不能提供的，以及法律、行政法规规定不得担保的其他情形，海关不得办理担保放行。"

## 海关贸易管制措施的实现方式是什么？

海关执行的部分贸易管制措施通过细化、分解贸易管制商品目录，在海关H2010通关系统中对7500多项商品设置了30种监管证件代码，占全部海关商品编号的62%。

为构建进出口许可证件从申领、发证、验证到核查、核销的严密高效管理模式，海关总署积极推进与许可证件主管部门的电子数据联网工作。目前，已实现进出口许可证、两用物项和技术进出口许可证、固体废物进口许可证、有毒化学品进出口环境管理放行通知单、农药进出口登记管理放行通知单、自动进口许可证、密码产品和含有密码技术设备进口许可证及入/出境货物通关单等电子数据联网，为科学、规范管理和便捷通关提供了条件。

## 海关实施贸易管制的监管证件有哪些？

1. 禁止进出口货物

禁止进出口货物是指商务部会同国务院其他有关部门依法制定、调整并公布禁止进口货物目录，以及其他法律、行政法规规定禁止进口的货物，包括国家规定停止进口的商品、执行联合国安理会有关决议规定禁止进出口的商品等。禁止进口商品监管证件代码为"9"，禁止出口商品监管证件代码为"8"，旧机电产品禁止进口监管证件代码为"6"。截至2016年年底，禁止进口货物目录共发布6批，禁止出口货物目录共发布5批。其他法律、行政法规等规定禁止进出口的，从其规定。

2. 进口许可证（监管证件代码"1"）

进口许可证是指商务部及其授权发证机构依法对实行数量限制或其他限制的进口货物颁发准予进口的许可证件。对国家规定有数量限制的进口货物，实行配额管理；其他限制进口货物，实行许可证管理。实行进口许可证管理的货物为两大类，即环境保护部、商务部、海关总署令2014年第26号《消耗臭氧层物质进出口管理办法》规定的消耗臭氧层物质和商务部、海关总署、质检总局令2008年第5号《重点旧机电产品进口管理办法》规定的重点旧机电产品。具体管理目录详见年度《进口许可证管理货物目录》。

3. 出口许可证（监管证件代码"4"，加工贸易出口许可证监管证件代码"x"，边境小额贸易出口许可证监管证件代码"y"）

出口许可证是指商务部授权发证机关依法对实行数量限制或其他限制的出口货物签发的准予出口的许可证件。国家规定有数量限制的限制出口货物，实行配额和招标管理；其他限制出口货物，实行许可证管理。具体管理目录详见年度《出口许可证管理货物目录》。

4. 两用物项和技术进口许可证（监管证件代码“2”）

两用物项和技术进口许可证是指商务部及其授权发证机关签发的准予进口《两用物项和技术进口许可证管理目录》中商品的许可证件，包括监控化学品、易制毒化学品和放射性同位素三大类。具体管理目录详见年度《两用物项和技术进出口许可证管理目录》。进口放射性同位素需按《放射性同位素与射线装置安全和防护条例》和《两用物项和技术进出口许可证管理办法》有关规定，报环境保护部审批后，在商务部配额许可证事务局申领两用物项和技术进口许可证，进口经营者持两用物项和技术进口许可证向海关办理进口手续。

5. 两用物项和技术出口许可证［监管证件代码“3”，部分易制毒化学品向特定国家（地区）出口的两用物项和技术出口许可证监管证件代码“G”］

两用物项和技术出口许可证是指商务部授权发证机关准予两用物项和技术出口签发的许可证件。其中，向特定国家（地区）出口氯化铵等17种易制毒化学品为定向出口。纳入《两用物项和技术出口许可证管理目录》的两用物项和技术类别包括核、核两用品及相关技术、生物两用品及相关设备和技术、监控化学品、有关化学品及相关设备和技术、导弹及相关物项和技术、易制毒化学品、部分无人驾驶航空飞行器和高性能计算机等两用物项和技术。受《中华人民共和国导弹及相关物项和技术出口管制条例》管制，用于民用航空用途的民用航空零部件出口按《民用航空零部件出口分类管理办法》实行许可证件分类管理制度。具体管理目录详见年度《两用物项和技术进出口许可证管理目录》。

6. 自动进口许可证（监管证件代码“7”，机电产品自动进口许可证监管证件代码为“O”，加工贸易自动进口许可证监管证件代码为“v”）

自动进口许可证是指商务部授权发证机构依法对实行自动进口许可管理的货物颁发的准予进口的许可证件。其中，属加工贸易“自动进口许可证”管理的商品有原油和成品油。具体管理目录详见年度《自动进口许可管理货物目录》。

7. 入境货物通关单（监管证件代码“A”）、出境货物通关单（监管证件代码“B”）、毛坯钻石入/出境货物通关单（监管证件代码“D”）

入/出境货物通关单是指国家质检总局授权的出入境检验检疫机构依法对列入《出入境检验检疫机构实施检验检疫的进出境商品目录》（简称《检验检疫法检目录》），以及虽未列入《检验检疫法检目录》，但国家有关法律、行政法规明确规定由出入境检验检疫机构实施检验检疫的进出境货物及特殊物品等签发的证明进出口货物收发货人或其代理人已办理报验手续的证明文书。其中，监管证件代码“D”专指《金伯利进程国际证书制度》规定的毛坯钻石进出境需提交的“入/出境货物通关单”。

实行入境货物通关单管理的货物主要包括五类：列入《检验检疫法检目录》的进境货物；进口可用做原料的固体废物；进口旧机电产品；进口捐赠的医疗器械，以及其他未列入《检验检疫法检目录》，但国家有关法律、行政法规规定由出入境检验检疫机构负责检验检疫的入境货物及特殊物品等。

实行出境货物通关单管理的货物主要包括三类：列入《检验检疫法检目录》的出境货物，对外经济技术援助物资及人道主义紧急救灾援助物资，以及其他未列入《检验检疫法检目录》，但国家有关法律、行政法规明确由出入境检验检疫机构负责检验检疫的出境货物及特殊物品等。

具体管理目录详见年度调整的《出入境检验检疫机构实施检验检疫的进出境商品目录》。

8. 濒危物种允许出口证明书（监管证件代码“E”）、濒危物种允许进口证明书（监管证件代码“F”）

濒危物种允许进/出口证明书是指对纳入《进出口野生动植物种商品目录》管理范围的野生动植物及其制品实施进/出口许可管理，国家濒管办及其授权办事处签发准予进/出口的许可证件。濒危物种允许进/出口证明书包括“濒危野生动植物种国际贸易公约允许进/出口证明书”及“中华人民共和国濒危物种进出口管理办公室野生动植物种允许进/出口证明书”。

《进出口野生动植物种商品目录》所列野生动植物或其产品以一般贸易、无偿捐赠、无偿提供、旅客携带、交换、邮寄及其他各种方式进出口的，海关均按规定进行监管。进出口《进出口野生动植物种商品目录》中适用“濒危野生动植物种国际贸易公约允许进/出口证明书”及“中华人民共和国濒危物种进出口管理办公室野生动植物种允许进/出口证明书”管理以外的其他野生动植物及相关货物或物品，适用“非《进出口野生动植物种商品目录》物种证明”管理。详见国家林业局、海关总署令2014年第34号《野生动植物进出口证书管理办法》。

具体管理目录详见《进出口野生动植物种商品目录》。

按照《进出口野生动植物种商品目录》的制定原则，“非《进出口野生动植物种商品目录》物种证明”的适用范围一般包括：一是进出口属于CITES公约规定免管或者豁免的野生动植物及其产品；二是出口人工培植来源的非CITES公约附录所列，但与国家重点保护同名的野生植物及其产品；三是进口和再出口非CITES公约附录所列，但与国家重点保护同名的野生动植物及其产品；四是进出口属于未拆分出非濒危物种且带有监管条件的海关商品编号管理的非CITES附录所列、非国家重点保护的野生动植物及其产品。

国家濒管办或者其办事处在办理进出口野生动植物及其产品的行政许可证件时，要严格依照《进出口野生动植物种商品目录》审查申请人填报的海关商品编号。对不属于允许进出口证明书管理范畴，且申报内容与所填报的海关商品编号含义在物种种类、濒危程度或者生物学特性等方面不一致的，一律不予核发“非《进出口野生动植物种商品目录》物种证明”。对确实不需要办理行政许可证件但海关存疑的野生动植物进出口申请，国家濒管办或者其办事处应当依申请人申请及时出具《不予受理行政许可申请通知书》，明确告知不属于允许进出口证明书和物种证明管理范畴。海关参考《不予受理行政许可申请通知书》确定9、10位海关商品编号和商品核验。海关在查验放行相关野生动植物及其产品时，对是否属于野生动植物进出口证书受理范围存疑的，应当按照《野生动植物进出口证书管理办法》第三十七条的规定，可以征求国家濒管办或者其办事处意见。国家濒管办或者其办事处应当及时予以回复。

9. 精神药物进出口准许证（监管证件代码“I”）

精神药物进出口准许证是指国家食品药品监督管理总局依法对直接作用于中枢神经系统使之兴奋或抑制，连续使用能产生依赖性的精神药品实施进出口监督管理，签发准予精神药物进出口的许可证件。

具体管理目录详见《精神药品品种目录》。

10. 黄金及黄金制品进出口准许证或批件（监管证件代码“J”）

黄金及黄金制品进出口准许证或批件是指中国人民银行总行或其授权的中国人民银行分支机构依法对列入《黄金及黄金制品进出口管理商品目录》的进出口黄金及其制品实施监督管理并签发准予进出口的许可证件。进出口黄金及黄金制品范围详见《黄金及黄金制品进出口管理商品目录》。

11. 药品进（出）口准许证（监管证件代码“L”）

药品进（出）口准许证是指国家食品药品监督管理部门授权机构依法对列入兴奋剂目录的蛋白同化制剂、肽类激素等供医疗使用的兴奋剂实施进出口管理，签发准予进出口的许可证件。兴奋剂是指兴奋剂目录所列的禁用物质，包括蛋白同化制剂品种、肽类激素品种、麻醉药品品种、刺激剂（含精神药品）品种、药品类易制毒化学品品种、医疗用毒性药品品种及其他品种兴奋剂。对兴奋剂目录中第七类“其他品种”，海关暂不按照兴奋剂实行管理。具体管理措施详见《蛋白同化制剂和肽类激素进出口管理办法》，具体管理目录详见兴奋剂目录公告。

12. 密码产品和含有密码技术设备进口许可证（监管证件代码“M”）

密码产品和含有密码技术设备进口许可证是指国家密码管理局依法对不涉及国家秘密内容的信息进行加密保护或者安全认证所使用的密码技术和密码产品进口实施监督管理，签发准予进口商用密码产品和含有密码技术设备的许可证件。

密码产品和含有密码技术的设备进口管理范围详见《密码产品和含有密码技术的设备进口管理目录》。

13. 固体废物进口许可证（监管证件代码“P”）

固体废物进口许可证是指国家环境保护部授权发证机关依法对可用做原料的废物进口实施监督管理，签发准予进口固体废物的许可证件。固体废物进口许可证全称为“限制进口类可用做原料的固体废物进口许可证”。

固体废物是指在生产、生活和其他活动中产生的丧失原有利用价值或者虽未丧失利用价值但被抛弃或者放弃的固态、半固态和置于容器中的气态的物品、物质，以及法律、法规及规章规定纳入固体废物管理的物品、物质。

国家对可用做原料的废物进口实行分类管理，分为限制进口类可用做原料的固体废物及非限制进口类固体废物。进口可用做原料的固体废物管理范围详见《限制进口类可用做原料的固体废物目录》及《非限制进口类固体废物目录》。

自2015年1月1日起，固体废物进口许可证的报关凭证联不再由人工加盖“环境保护部废物进口审批专用章”，改为套印“环境保护部废物进口审批专用章”形式。

14. 进口药品通关单（监管证件代码“Q”）

进口药品通关单是指国家食品药品监督管理总局及其授权发证机关依法对进口药品实施监督管理所签发的准予药品进口的许可证件。列入“进口药品通关单”管理的药品是指用于预防、治疗、诊断人的疾病，有目的地调节人的生理机能并规定有适应症或者功能主治、用法和用量的物质，包括中药材、中药饮片、中成药、化学原料药及其制剂、抗生素、生化药品、放射性药品、血清、疫苗、血液制品和诊断药品等。2015年1月29日《海关总署关于明确人体组织器官进口有关问题的通知》（署监函〔2015〕46号）中，针对人供体角膜等人体组织器官进口报关手续过程中存在企业无法取得上述货物的“进口药品通关单”（Q证）问题，允许以下四种情况免于验核“进口药品通关单”：（1）涉及我国人类遗传资源的国际合作项目中人类遗传资源材料的出口、出境，海关验核人类遗传资源管理办公室核发的出口、出境证明办理出口报关手续；（2）人体血液、组织器官进出口审批属卫生计生委行政许可事项，在相关行政制度改革尚未完成前，上述货物进口时，海关验核“入境货物通关单”办理进口报关手续；（3）国家食品药品监督管理总局已明确人体血液、组织器官进口不按照进口药品管理，上述货物进口时，海关可不再验核“进口药品通关单”；（4）军队医疗机构办理人体血液、组织器官进口报关手续的，海关验核军队卫生主管部门出具的相关进口批件，并按照上述要求办理进口报关手续。具体管理目录详见国家食品药品监督管理总局、海关总署发布的《进口药品目录》。

15. 进口兽药通关单（监管证件代码“R”）

进口兽药通关单是指农业部或兽药进口口岸所在地省级人民政府兽医行政管理部门对列入《进口兽药管理目录》的进口兽药实施监督管理，签发准予进口的许可证件。兽药是指用于预防、治疗、诊断动物疾病或者有目的地调节动物生理机能的物质（含药物饲料添加剂），主要包括血清制品、疫苗、诊断制品、微生态制品、中药材、中成药、化学药品、抗生素、生化药品、放射性药品及外用杀虫剂、消毒剂等。

16. 农药进/出口登记管理放行通知单（监管证件代码“S”）

农药进/出口登记管理放行通知单是指农业部及其授权发证机关依法对纳入《中华人民共和国进出口农药管理名录》范围的进出口农药实施登记管理签发的证明文件。农药是指用于预防、消灭或者控制危害农业、林业的病、虫、草和其他有害生物，以及有目的地调节植物、昆虫生长的化学合成或者来源于生物、其他天然物质的一种物质或者几种物质的混合物及其制剂。具体管理目录详见《进出口农药管理名录》。

17. 银行调运外币现钞进出境证明文件/银行调运人民币现钞进出境许可证（监管证件代码“T”）

银行调运外币现钞进出境证明文件/银行调运人民币现钞进出境许可证是指国家外汇管理局及其授权的地方外汇管理局、中国人民银行总行及其授权的分行依法对银行调运进出境在流通中使用的货币现钞实施监督管理，签发准予调运外币/人民币进出境的许可证件。调运进出境的货币现钞是指在流通中使用的外币和人民币，包括各种面额的纸币和硬币。

18. 麻醉药品进出口准许证（监管证件代码“W”）

麻醉药品进出口准许证是指国家药品监督管理部门依法对连续使用后易使身体产生依赖性、能成瘾癖的麻醉药品实施进出口监督管理，签发准予麻醉药品进出口的许可证件。麻醉药品包括阿片类、可卡因类、大麻类、合成麻醉药类及其他易成瘾癖的药品、药用原植物及其制剂。具体管理目录详见《麻醉药品品种目录》。

19. 有毒化学品进出口环境管理放行通知单（监管证件代码“X”）

有毒化学品进出口环境管理放行通知单是指国家环境保护部门依法对纳入《中国严格限制进出口的有毒化学品目录》管理的化学品实施进出口环境管理，签发准予有关化学品进出口的许可证件。具体管理目录详见《中国严格限制进出口的有毒化学品目录》。

20. 音像制品进口批准单或节目提取单（监管证件代码“Z”）

音像制品进口批准文件是指国家新闻出版、广播电影电视主管部门及授权机构依法对进口音像制品、广播电影电视节目、加工贸易项下只读类光盘及赴境外加工光盘并返回境内等实施监督管理，签发准予音像制品进口的许可证件。音像制品进口批准文件对应的许可证件为：新闻出版广电总局签发的“音像制品（成品）进口批准单”、“音像制品（版权引进）批准单”，省级新闻出版广电行政主管部门签发的“加工贸易项下光盘进出口批准证”、“赴境外加工光盘进口备案证明”，新闻出版广电总局或各省、自治区、直辖市广播影视厅局签发的“进口广播电影电视节目带（片）提取单”。

赴境外加工光盘类产品（含黑胶唱片）并返回境内的，须向所在地省级新闻出版广电行政主管部门提供拟入境产品的内容进行备案。备案后，省级新闻出版广电行政主管部门开具“赴境外加工光盘进口备案证明”。出版单位向海关办理赴境外加工并返回国内光盘类产品（商品编码为8523499000或8523801100）进口报关纳税手续时，须交验“赴境外加工光盘进口备案证明”，海关按现行规定办理验放手续。

音像制品是指载有内容的录音带、录像带、唱片、激光唱盘、激光视盘等（不包括非贸易性的音像制品），具体管理范围详见《音像制品进口管理目录》。广播电台、电视台、有线广播电视台、教育电视台、中国电影集团公司、中国电影资料馆及广播电视节目制作经营机构从国外及我国港、澳、台地区进口录有内容的电影胶片、录音带、录像带、唱片、激光唱片、激光视盘等，具体管理范围详见《关于加强广播电视节目电影片进口管理的通知》（广发社字〔2000〕91号）。

21. 合法捕捞产品通关证明（监管证件代码“U”）

合法捕捞产品通关证明是农业部依据我国加入相关国际渔业组织的承诺规定，对纳入《实施合法捕捞证明的水产品清单》的部分水产品签发合法捕捞产品进出口的许可证件。根据农业部、海关总署公告（第1696号），对金枪鱼等4类水产品进口实施“合法捕捞产品通关证明”制度；根据农业部、海关总署公告（第2146号），对从俄罗斯进口的狭鳕等水产品实施“合法捕捞产品通关证明”制度。为加强对合法捕捞产品进口监管，有效防范和打击非法捕鱼活动，提高通关效率，农业部、海关总署决定实施“合法捕捞产品通关证明”联网核查系统，对有关水产品实行电子数据联网核查，自2014年11月1日起，农业部不再签发纸质“合法捕捞产品通关证明”，海关凭电子数据接受企业报关。根据《海关总署办公厅关于农业部启用“农业部渔业渔政管理局合法捕捞产品证明专用章”的通知》（海关总署办公厅署办监函〔2014〕15号），农业部渔业局现已更名为农业部渔业渔政管理局，自2014年6月1日起正式启用“农业部渔业渔政管理局合法捕捞产品证明专用章”，原“农业部渔业局合法捕捞产品证明专用章”不再使用。

22. 放射性药品进出口批件

放射性药品进出口批件是指国家药品监督管理部门依法对用于临床诊断或者治疗的放射性核素制剂或者其标记药物实施进出口管理，签发准予进出口的批准文件。放射性药品包括裂变制品、堆照制品、加速器制品、放射性同位素发生器及其配套药盒、放射性免疫分析药盒等。

23. 民用爆炸物品进／出口审批单

民用爆炸物品进/出口审批单是指国家民用爆破器材行业行政主管部门依法对民用爆破器材产品及生产所需的具有爆炸危险属性的原材料（含半成品）的进出口实行统一管理，签发准予进出口的批准文件。民用爆炸物品是指用于非军事目的、列入民用爆炸物品品名表的各类火药、炸药及其制品和雷管、导火索等点火、起爆器材。民用爆炸物品管理范围详见“民用爆炸物品品名表”。

24. 人类遗传资源出口、出境证明

人类遗传资源出口、出境证明是指国务院科学技术行政主管部门和卫生行政主管部门依法对人类遗传资源材料及人类遗传资源信息资料实行出口管理，签发准许出口、出境的批准文件。人类遗传资源是指含有人体基因组、基因及其产物的器官、组织、细胞、血液、制备物、重组脱氧核糖核酸（DNA）构建体等遗传材料及相关的信息资料。2015 年 9 月 30 日，监管司关于转发《科技部办公厅关于实施人类遗传资源采集、收集、买卖、出口、出境行政许可的通知》（国科办社〔2015〕46 号）的通知（监管函〔2015〕310 号）中明确，科技部对原人类遗传资源行政许可进行了规范和完善，经中央编办批准，该项行政许可更名为“人类遗传资源采集、收集、买卖、出口、出境审批”，科技部从 2015 年 10 月 1 日开始，正式受理更名后的行政许可审批，原“涉及人类遗传资源的国际合作项目审批”已纳入更名后的行政许可，要求按照《海关总署关于转发〈科学技术部卫生部人类遗传资源管理暂行办法〉的通知》（署监〔1998〕470 号）的规定，做好人类遗传资源的出境监管工作。

25. 人体血液、组织器官进出口批件

人体血液、组织器官进出口批件是指卫生行政主管部门依法对人体血液、组织器官实行进出口管理，签发准予进出口的批件或证书。人体血液包括全血、血浆等。人体血液、组织器官进出口审批属卫生计生委行政许可事项，在相关行政制度改革尚未完成前，自 2015 年 1 月 29 日起，上述货物进口时，海关验核入境货物通关单办理进口报关手续，可不再验核进口药品通关单。军队医疗机构办理人体血液、组织器官进口报关手续的，海关验核军队卫生主管部门出具的相关进口批件，并按照上述要求办理进口报关手续。

26. 钟乳石出口批件

钟乳石出口批件是指国土资源行政主管部门授权机构依法对具有特殊科学研究和观赏价值的钟乳石实施出口管理，签发准予出口的批准文件。钟乳石是指碳酸盐岩地区洞穴内在漫长地质历史和特定地质条件下形成的石钟乳、石笋、石柱等不同形态碳酸钙沉淀物的总称，系在地球演化的漫长地质历史时期，由于各种内外地质动力作用，形成、发展并遗留下来的珍贵的、不可再生的地质自然遗迹。

27. 技术进出口许可证

技术进出口许可证是指国家对外贸易主管部门授权发证机构依法对限制进出口技术实施进出口许可管理，签发准予进出口的许可证件。技术进出口，是指从我国境外向我国境内，或者从我国境内向我国境外，通过贸易、投资或者经济技术合作的方式转移技术的行为，包括专利权转让、专利申请权转让、专利实施许可、技术秘密转让、技术服务和其他方式的技术转移。技术进出口分为禁止进出口技术、限制进出口技术和自由进出口技术，具体目录详见《中国禁止进口限制进口技术目录》、《中国禁止出口限制出口技术目录》。凡进出口列入《中国禁止进口限制进口技术目录》和《中国禁止出口限制出口技术目录》中限制进出口技术的，应办理由国家对外贸易主管部门授权发证机构颁发的技术进出口许可证。

28. 技术进出口合同登记证

技术进出口合同登记证是指国家对外贸易主管部门授权发证机构依法对自由进出口技术实施合同登记管理，签发准予进出口的许可证件。

29. 高新技术产品出口确认证明

出口列入《中国高新技术产品出口目录》的高新技术产品，由科学技术主管部门或商务部进行确认，开具高新技术产品出口确认证明。

30. 古人类化石和古脊椎动物化石出境批件（国家文物局出境批件）、古生物化石出口/出境证明（国土资源部出境证明）

古人类化石和古脊椎动物化石指古猿化石、古人类化石及其与人类活动有关的第四纪古脊椎动物化石，古人类化石和古脊椎动物化石分为珍贵化石和一般化石，其中珍贵化石分为三级，一、二、三级化石和一般化石的保护和管理，按照国家有关一、二、三级文物和一般文物保护管理的规定实施。依据《古人类化石和古脊椎动物化石保护管理办法》，除出境展览或者因特殊需要经国务院批准出境外，古人类化石和古脊椎动物化石不得出境。古人类化石和古脊椎动物化石出境展览，由国家文物局签发出境批件，按照国家有关文物出境展览的管理规定实施管理。古人类化石和古脊椎动物化石临时进境，按照国家有关文物临时进境的管理规定实施管理。

古生物化石是指地质时期形成并赋存于地层中的动物、植物等遗体化石或者遗迹化石。依据《古生物化石保护条例》、《古生物化石管理办法》及《古生物化石保护条例实施办法》对古生物化石实行出口/出境管理，因科学研究、教学、科普展览等，需将古生物化石运送出境的，由国土资源部发放出境证明。对临时入境、复带出境的古生物化石的查验、复验，由国土资源部指定的机构负责；查验、复验相符的，由国土资源部发放出境证明。其中规定：未命名的古生物化石不得出境。

重点保护古生物化石符合下列条件之一，经国务院国土资源主管部门批准，方可出境：

（1）因科学研究需要与国外有关研究机构进行合作的；

（2）因科学、文化交流需要在境外进行展览的。

一般保护古生物化石经所在地省、自治区、直辖市人民政府国土资源主管部门批准，方可出境。

31. 军品出口许可证

军品出口许可证是指国家军品出口主管部门依法对列入军品出口管理清单范围内的军品及纳入军品管理的货物出口实施监督管理，签发准予出口的许可证件。军品出口，是指用于军事目的的装备、专用生产设备及其他物资、技术和有关服务的贸易性出口。警用装备的出口适用《中华人民共和国军品出口管理条例》。军品出口管理清单内的军品包括轻武器，火炮及其他发射装置，弹药、地雷、水雷、炸弹、反坦克导弹及其他爆炸装置，坦克、装甲车辆及其他军用车辆，军事工程装备与设备，军用舰船及其专用装备与设备，军用航空飞行器及其专用装备与设备，火箭、导弹、军用卫星及其辅助设备，军用电子产品及火控、测距、光学、制导与控制装置，火炸药、推进剂、燃烧剂及相关化合物，军事训练设备，核、生、化武器防护装备与设备，后勤装备、物资及其他辅助军事装备，以及其他产品共十四大类。

32. 美术品进出口批准文件

美术品进出口批准文件是文化部门为加强美术品进出口经营活动管理准予美术品进出口的批准文件。美术品是指艺术创作者以线条、色彩或者其他方式创作的具有审美意义的造型艺术作品，包括绘画、书法、雕塑、摄影、装置等作品，以及艺术创作者许可并签名的、数量在200件以内的复制品；不包括工业化批量生产的工艺美术产品，不包括文物。具体详见《美术品进出口管理暂行规定》（文市发〔2009〕21号）。根据海关总署《关于美术品进出口管理有关问题的通知》，文化部将美术品进出口经营活动审批下放至省级文化行政部门。美术品进出口单位在办理美术品进出口手续时，海关需验核省级文化行政部门批准文件。

## 监管证件在报关单上的填报要求是什么？

1. 在报关单“许可证号”栏目填写的监管证件种类

“许可证号”栏目填报以下由商务部及其授权发证机关签发的进（出）口货物许可证的监管证件代码。

（1）进口许可证（监管证件代码“1”）；

（2）两用物项和技术进口许可证（监管证件代码“2”）；

（3）两用物项和技术出口许可证（监管证件代码“3”）；

（4）出口许可证（监管证件代码“4”）；

（5）两用物项和技术出口许可证（定向）（监管证件代码“G”）；

（6）出口许可证（加工贸易）（监管证件代码“x”）；

（7）出口许可证（边境小额贸易）（监管证件代码“y”）。

2. 在报关单“随附单据”栏目填报的监管证件种类

除“许可证号”栏目填报的进（出）口许可证外的其他监管证件代码在报关单“随附单据”栏目填报。

（1）自动进口许可证监管证件代码（监管证件代码“7”）；

（2）入境货物通关单（监管证件代码“A”）；

（3）出境货物通关单（监管证件代码“B”）；

（4）毛坯钻石用出/入境货物通关单（监管证件代码“D”）；

（5）濒危物种允许出口证明书（监管证件代码“E”）；

（6）濒危物种允许进口证明书（监管证件代码“F”）；

（7）精神药物进出口准许证（监管证件代码“I”）；

（8）黄金及黄金制品进出口准许证或批件（监管证件代码“J”）；

（9）药品进/出口准许证（蛋白同化制剂、肽类激素）（监管证件代码“L”）；

（10）密码产品和含有密码技术设备进口许可证（监管证件代码“M”）；

（11）自动进口许可证（机电产品）（监管证件代码“O”）；

（12）固体废物进口许可证（监管证件代码“P”）；

（13）进口药品通关单（监管证件代码“Q”）；

（14）进口兽药通关单（监管证件代码“R”）；

（15）农药进/出口登记管理放行通知单（监管证件代码“S”）；

（16）银行调运外币现钞进出境证明文件/银行调运人民币现钞进出境许可证（监管证件代码“T”）；

（17）合法捕捞产品通关证明（监管证件代码“U”）；

（18）麻醉药品进出口准许证（监管证件代码“W”）；

（19）有毒化学品进出口环境管理放行通知单（监管证件代码“X”）；

（20）音像制品进口批准单或节目提取单（监管证件代码“Z”）；

（21）自动进口许可证（加工贸易）（监管证件代码“v”）。

3. 在报关单“备注”栏目填报的监管证件种类

进出口 H2010 通关管理系统中海关暂未设置监管证件代码且属于许可证件管理的货物，应在报关单“备注”栏目填写批件类型及批件号。

（1）放射性药品进出口批件；

（2）民用爆炸物品进／出口审批单；

（3）人类遗传资源出口、出境证明；

（4）人体血液进出口批件；

（5）钟乳石出口批件；

（6）技术进出口许可证；

（7）技术进出口合同登记证；

（8）高新技术产品出口确认证明；

（9）古人类化石和古脊椎动物化石出境批件（国家文物局出境批件）、古生物化石出口/出境证明（国土资源部出境证明）；

（10）军品出口许可证；

（11）美术品进出口批准文件。

### 违反贸易管制措施的法律责任是什么?

《海关法》第八十二条、第八十三条规定：违反国家有关禁止性、限制性管理规定，采取伪、瞒报等行为，运输、邮寄、携带国家禁止或限制进出境货物、物品的，属于违法行为，海关依法追究当事人的责任；构成走私犯罪的，依法追究其刑事责任。

《海关行政处罚实施条例》第七条（二）项、第九条（二）项规定构成走私行为的，由海关依法没收涉案货物及违法所得，并可处等值的罚款。对于不构成走私行为的，依照本条例第十三条、第十四条、第十五条（三）等规定予以行政处罚。

《对外贸易法》第六十一条规定：违反国家禁限规定，受到海关行政处罚或受到刑事处罚的，自处罚生效之日起三年内，国家对外经贸主管部门或其他部门，不予受理违法行为人进出口配额或许可证件的申请，或者禁止违法行为人在一年以上三年以下的期限内从事有关货物或技术的进出口经营活动。

## 出入境旅客行李物品和个人邮递物品海关管理指南

### 我国禁止进境物品有哪些?

我国禁止进境物品包括：

1. 各种武器、仿真武器、弹药及爆炸物品；

2. 伪造的货币及伪造的有价证券；

3. 对中国政治、经济、文化、道德有害的印刷品、胶卷、照片、唱片、影片、录音带、录像带、激光视盘、计算机存储介质及其他物品；

4. 各种烈性毒药；

5. 鸦片、吗啡、海洛因、大麻，以及其他能使人成瘾的麻醉品、精神药物；

6. 带有危险性病菌、害虫及其他有害生物的动物、植物及其产品；

7. 有碍人畜健康的、来自疫区的，以及其他能传播疾病的食品、药品或其他物品。

### 我国禁止出境物品有哪些？

我国禁止出境物品包括：

1. 列入禁止进境范围的所有物品；
2. 内容涉及国家秘密的手稿、印刷品、胶卷、照片、唱片、影片、录音带、录像带、激光视盘、计算机存储介质及其他物品；
3. 珍贵文物及其他禁止出境的文物；
4. 濒危的和珍贵的动物、植物（均含标本）及其种子和繁殖材料。

### 我国限制进境物品主要包括哪些？

我国限制进境物品主要包括：

1. 无线电收发信机、通信保密机；
2. 烟、酒；
3. 濒危的和珍贵的动物、植物（均含标本）及其种子和繁殖材料；
4. 国家货币；
5. 海关限制进境的其他物品。

### 我国限制出境物品主要包括哪些？

我国限制出境物品主要包括：

1. 金、银等贵重金属及其制品；
2. 国家货币；
3. 外币及其有价证券；
4. 无线电收发机、通信保密机；
5. 贵重中药材；
6. 一般文物；
7. 海关限制出境的其他物品。

### 进出境旅客应当如何申报？

《中华人民共和国海关关于进出境旅客通关的规定》（海关总署令第55号）中明确规定，“申报”系指进出境旅客为履行中华人民共和国海关法规规定的义务，对其携运进出境的行李物品实际情况依法向海关所作的书面申明。旅客申报一般指书面申报。

如果进出境旅客携运须向海关申报的行李物品，应在口岸进出境通道内的海关专门设立的申报台前，向海关递交《中华人民共和国海关进出境旅客行李物品申报单》或海关规定的其他申报单证，如实申报其所携运进出的行李物品，经由实施“申报”通道（又称“红色通道”）的验放制度的海关进出境。

如果旅客没有携运须向海关申报的行李物品，应选择“无申报”通道（又称“绿色通道”）。

### 运输方式为空运时，如何办理进出境个人物品的通关手续？

1. 空运进境物品

旅客收到航空公司提货通知后，由本人或代理人向机场海关非贸专窗提交预录入申请并打印申报单证，申请时须提交下列单证：

（1）提货通知单、运单和物品清单；

（2）旅客有效护照及其复印件（代办提货的，还应提交经旅客本人签名的委托书，交验代办人的身份证件及复印件）；

（3）旅客入境时经入境地海关签章的“进出境旅客行李物品申报单”；

（4）常驻人员除提供以上资料外，还须提供经海关批准进境的“自用物品申请表”批文；

（5）若旅客委托非贸专业报关公司代理报关的，该公司还应提交由双方签章的委托书；

（6）其他应向海关提供的单证或批件。

海关审核其申报单证，对分运行李进行检查。对其中超出自用合理数量的物品征收行邮税；对其中限制进境物品，在旅客提交有关部门的进口许可证件后放行；对其中夹带的违禁品不予放行。最后在“进出境旅客行李物品申报单”上批注验放情况并签章。

2. 空运出境物品

旅客或其代理人向机场海关申报，提交下列单证：

（1）行李托运单、物品清单；

（2）旅客出境机票、旅客有效护照及复印件（代办提货的，还应提交经旅客本人签名的委托书，交验代办人的身份证件及复印件）；

（3）常驻人员除提供以上资料外，还须提供经海关批准出境的“自用物品申请表”批文；

（4）其他应向海关提供的单证或批件。

海关根据有关规定验放行李物品，在托运书上签章交旅检或其代理人到民航办理托运手续。

## 运输方式为海运时，如何办理进出境个人物品的通关手续？

1. 海运进境物品

旅客收到提货通知后，由本人或代理人向海关申报，如委托代理报关的，须提供经物品所有人签名的委托书，并提交下列单证：

（1）物品所有人的有效护照；

（2）经物品所有人签名的“进出境旅客行李物品申报单”；

（3）提货单；

（4）发票；

（5）由物品所有人签名的装箱清单或物品明细单；

（6）常驻人员除提供以上资料外，还须提供经海关批准进境的“自用物品申请表”批文；

（7）其他应向海关提供的单证或批件。

海关对其申报单证进行审核，视情况进行查验。对应税商品征收行邮税，对其中超出自用合理数量的物品责令退运；对其中限制进境物品，在旅客提交有关部门的批准文件后放行；对其中夹带的违禁品予以没收并出具“海关扣留凭单”。最后在“进出境旅客行李物品申报单”上批注验放情况并签章。

2. 海运出境物品

旅客必须委托经海关核准的非贸代理报关公司（名单附后）办理，并提供经物品所有人签名的委托书。申报时应提交下列单证：

（1）物品所有人的有效护照；

（2）经物品所有人签名的“进出境旅客行李物品申报单”；

（3）签证（移民签证）；

（4）出境机票；

（5）由物品所有人签名的物品清单；

（6）常驻人员除提供以上资料外，还须提供经海关批准出境的“自用物品申请表”批文；

（7）其他应向海关提供的单证或批件。

海关对申报单证进行审核，视情况开展查验，并在“进出境旅客行李物品申报单”上批注验放情况并签章。对其中违反国家进出境管理规定的物品予以扣留或退运；对其中情况正常的，准予运入监管仓库，在出运时予以实物放行。

## 运输方式为邮运时，如何办理进出境个人物品的通关手续？

进境邮包运抵海关指定邮件类场所后，海关进行监管，在“分离运输行李”邮包的包裹单上加盖“面洽”印章，由邮局通知收件人（即旅客本人）。收件人持“面洽”通知单、经入境地海关签章的“进出境旅客境行李物品申报单”和本人有效护照到海关驻邮局办事处办理验放手续。

海关对邮包进行检查。对其中物品办理征免税手续；对其中限制进境物品验核旅客提交的有关部门的进口许可证件；对其中夹带的违禁品予以没收并出具“海关扣留凭单”。最后在“进出境旅客境行李物品申报单”上批注验放情况并签章。

## 携带物品入境时如何缴纳行邮税？

根据《旅客进出境行李物品分类表》，国外购买物品，除自用合理数量外，其余不视为旅客行李物品，不属于行邮物品征税范畴，须按进出口货物管理规定提交相关部门的许可证件，正式报关进口。如果进境居民旅客携带在境外获取的行李物品

（非明确限量物品及非20种不予免税商品）总值超出5000元人民币或非居民旅客携带拟留在中国境内的行李物品总值超出2000元人民币，携带物品为非整体性可分割物品，对超额部分进行征税；携带物品为整体性不可分割物品，则按照物品总价进行征税。如果携带多类商品，其各类价格以海关审定的完税价格为准，海关会根据《旅客进出境行李物品分类表》及现场查验情况做出征税意见。（征税范畴并非无限量，旅客携带行李涉税、限量物品达到规定数额并且无申报通关被查获的，海关可予以行政立案处罚甚至刑事立案移交司法处理。）

### 携带物品入境时的免税额是多少？超出如何纳税？

根据《海关法》，进出境携带物品，符合自用合理数量的视为行李物品；超出自用合理数量范围的视为货物，不属于行邮物品征税范畴，须按进出口货物管理规定正式报关进口。

符合自用合理数量的，进境居民旅客携带在境外获取的行李物品（20种不予免税商品除外）总值超出5000元人民币或非居民旅客携带拟留在中国境内的行李物品总值超出2000元人民币，对超额部分进行征税，携带物品为整体性不可分割物品则按照物品总价进行征税。如果携带多类商品，其各类价格以海关审定的完税价格为准，海关根据《旅客进出境行李物品分类表》及现场查验情况做出征税意见。

### 出境旅客携带复入境物品如何办理通关手续？

出境旅客携带须复带进境的单价超过5000元人民币的照相机、摄像机、手提电脑等旅行自用物品，应填写申报单向海关申报，并将有关物品交海关验核，在复进境时凭申报单证向海关申报，方可免税携带进境。在进境时海关认可的有效单证是申报单等具有法律效力的单证。

### 不予免税的20种商品是指什么？

不予免税的20种商品分别为：电视机、摄像机、录像机、放像机、音响设备、空调器、电冰箱（电冰柜）、洗衣机、照相机、复印机、程控电话交换机、微型计算机及外设、电话机、无限寻呼系统、传真机、电子计算器、打字机及文字处理机、家具、灯具和餐料。

### 海关总署公告2010年第43号主要有哪些规定？

海关总署公告2010年第43号规定，个人邮寄进境物品，海关依法征收进口税，但应征进口税税额在人民币50元（含50元）以下的，海关予以免征。个人寄自或寄往港、澳、台地区的物品，每次限值为800元人民币；寄自或寄往其他国家和地区的物品，每次限值为1000元人民币。个人邮寄进出境物品超出规定限值的，应办理退运手续或者按照海关规定办理通关手续。但邮包内仅有一件物品且不可分割的，虽超出规定限值，经海关审核确属个人自用的，可以按照个人物品规定办理通关手续。

### 如何解释进出境旅客携带行李物品的“自用合理”规定？

根据海关规定，“自用”是指旅客本人自用或馈赠亲友而非为出售或出租；“合理数量”是指海关根据旅客旅行目的和居留时间所规定的正常数量。

### 海外高层次人才私人物品入境有何规定？

根据《中华人民共和国海关对高层次留学人才回国和海外科技专家来华工作进出境物品管理办法》（海关总署令第154号，简称《管理办法》）、《海关总署关于实施〈中华人民共和国海关对高层次留学人才回国和海外科技专家来华工作进出境物品管理办法〉有关问题的通知》文件规定，高层次人才的身份一律由人事部、教育部或其授权部门认定，具体是指人事部专业技术人员管理司、教育部国际交流合作司以及各省、自治区和直辖市人民政府人事、教育主管部门。《管理办法》第二、四条分别明确，高层次人才进境工作和生活需要合理数量的科研、教学物品和个人生活用品，除机动车辆和国家规定应当征税的品种外，海关均予以免税验放。

### 旅客携带奶粉进境海关有哪些规定？

海关对旅客携带的奶粉按照“自用、合理数量原则”验放。具体数量由现场关员根据旅客的旅行目的地、进出境频率等情况加以把握。对超出规定免税限值但仍在自用合理数量范围内的，可选择退运或征税放行。奶粉按照200元人民币/千克作为完税价格，税率为10%。

### 邮寄奶粉进境海关有哪些规定?

根据海关总署2010年第43号的有关规定，所有邮递进境的物品海关均征收其进口税，但应征进口税税额在人民币50元（含50元）以下的，海关予以免征。个人寄自或寄往港、澳、台地区的物品，每次限值为800元人民币；寄自或寄往其他国家和地区的物品，每次限值为1000元人民币。奶粉的完税价格为200元人民币/千克，税率为10%。

### 个人能否从境外携带水果入境?

国家法律明确规定，禁止个人携带水果进境。

### 留学生回国，自用个人物品如何办理报关手续?

如果通过货运渠道，应委托报关公司办理通关手续。如果为分运行李或个人携带的话，可自行或委托他人办理通关手续。

### 进境旅客携带图书如何办理通关手续?

根据《中华人民共和国海关进出境印刷品及音像制品监管办法》的规定，个人自用进境印刷品及音像制品在下列规定数量以内的，海关予以免税验放：

1. 单行本发行的图书、报纸、期刊类出版物每人每次10册（份）以下；
2. 单碟（盘）发行的音像制品每人每次20盘以下；
3. 成套发行的图书类出版物，每人每次3套以下；
4. 成套发行的音像制品，每人每次3套以下。

### 个人收藏的邮票出境海关有哪些规定?

根据《文物出境审核标准》，1911年以前的邮票和邮品禁止出境；1949年以前的珍贵邮票禁止出境。因此，若旅客携带个人收藏的邮票出境，应主动向海关申报。经海关验核，对不属于禁止出境的邮票，且每种数量合理的，海关予以放行。

### 个人携带野生动物制品入境有哪些规定?

我国是濒危野生动植物物种国际贸易公约的成员国，我国对《濒危野生动植物物种国际贸易公约》等国际公约及《中华人民共和国野生动物保护法》、《中华人民共和国森林法》、《中华人民共和国野生植物保护条例》等法律法规规定保护的野生动物及其产品的进出口实行允许进出口证明书管理制度。旅客携带野生动植物或其产品出入境，应凭我国濒危物种进出口管理办公室或其办事处签发的允许进出口证明到出入境地海关办理进口手续，否则不能携带进出境。

### 个人携带古玩饰品进境有哪些规定?

根据海关相关规定，入境旅客带进文物，数量不受限制，海关准予进境。如果携带入境后须再次复带出境，请在进境时填写“旅客行李物品申报单”向海关申报，以便复出境时凭以放行。

### 携带文物出境有哪些限制?

1. 出境文物禁限规定主要有：

（1）以1949年为主要标准线：凡1949年（含）以前生产、制作的具有一定历史、艺术、科学价值的文物，原则上禁止出境。其中，1911年（含）前生产、制作的文物一律禁止出境。

（2）少数民族文物以1966年为主要标准线：凡1966年（含）以前生产、制作的有代表性的少数民族文物禁止出境。

（3）现存我国的外国文物、图书与我国的文物、图书一样的分类标准。

（4）凡有损国家、民族利益，或者有可能引起不良社会影响的文物，不论年限，一律禁止出境。

（5）其他文物如经文物进出境机构审核确实具有重大历史、艺术、科学价值，应禁止出境。

2. 海关审核出境文物手续：自2009年7月1日起，文物出境时，海关凭2009版的文物出境许可证和火漆印章标识放行。文物复仿制品，凭文物复仿制品证明和出境标识放行。

（1）审核文物进出境审核鉴定机构资质：国家文物局授予全国14个“国家文物鉴定管理处”审核资质。

（2）审核一式三联的2009版文物出境许可证：包括“国家文物鉴定管理处”印章、文物照片与实物对比、开具的有效期限（3个月内）。

（3）审核各管理处钤盖的2009版火漆印章：包括文物出境的宋体汉字、英文简称和各管理处编号。

### 象牙及其制品能否携带入境？

我国对受保护的野生动物或其产品的进出口实行允许进出口证明书管理制度。旅客携带野生动植物或其产品入境，应凭我国濒危物种进出口管理办公室或其办事处签发的允许进出口证明到入境地海关办理进口手续。象牙及其制品属于受保护的野生动物产品，旅客携带入境时，应按规定办理相关手续。旅客对收藏品是否属于国家文物有疑问，应向有资质的文物鉴定部门进行咨询。

### 携带黄金如何进出境？

进境旅客携带进境金银及其制品，数量不受限制，但重量超出50克的，必须向海关申报。在自用、合理数量范围内的，海关查验放行；超出自用、合理数量范围内的，视同进口货物，须向海关交验中国人民银行总行的批准件，由海关依照《税则》予以征税放行。

企业进境黄金按照货物进境有关手续办理，须向海关交验中国人民银行总行的批准件，由海关依照《税则》予以征税放行。

个人携带（佩带）出境黄金饰品重量限50克；超出50克的，持个人所在单位或者城镇街道办事处、乡（农村公社）人民政府以上机关证明，到当地中国人民银行或其委托机构，验明所带金银及其饰品名称、数量后，申领“携带金银出境许可证”，海关凭以查验放行。

### 名家书画如何办理进出境手续？

1. 暂时进境文物系指因修复、展览、销售、拍卖等原因暂时携带、运输、邮寄文物进境，待有关活动结束后复运出境的文物。

2. 携带、运输、邮寄暂时进境文物进境，应在进境时向海关书面申报，并报明有关文物需要复运出境。进境地海关将有关文物加封后，交由当事人送往国家文物局指定的文物出境鉴定站办理复出境手续。

3. 文物出境鉴定站在验核海关封志完好无损后，对每件暂时进境文物钤盖编号为“C”字头的火漆标志，并同时开具“文物出境许可证”。暂时进境文物复运出境时，海关凭上述火漆标志和许可证放行。

4. 国家文物局指定下列文物出境鉴定站办理暂时进境文物复出境手续：国家文物出境鉴定北京站、天津站、上海站、广东站、江苏站、浙江站、福建站、云南站。

5. 进境时未申报、海关封志出现破损或进境后未办理复出境鉴定手续的文物，另按《中华人民共和国海关对旅客携运和个人邮寄文物出口的管理规定》办理出境手续。

### 管制刀具如何定义？

凡符合下列标准之一的可以认定为管制刀具，进境时由公安部门依据限管规定予以收缴：

1. 匕首：带有刀柄、刀格和血槽，刀尖角度小于60度的单刃、双刃或多刃尖刀。

2. 三棱刮刀：具有三个刀刃的机械加工用刀具。

3. 有自锁装置的弹簧刀（跳刀）：刀身展开或弹出后，可被刀柄内的弹簧或卡锁固定自锁的折叠刀具。

4. 其他相类似的单刃、双刃、三棱尖刀：刀尖角度小于60度，刀身长度超过150毫米的各类单刃、双刃和多刃刀具。

5. 其他刀尖角度大于60度，刀身长度超过220毫米的各类单刃、双刃和多刃刀具。

### 玩具仿真枪、汽枪入境有何管理规定？

玩具仿真枪和汽枪（及其配件），经海关查验认定属非仿真枪支的，可以携带入境；若海关查验认定属仿真枪则禁止入境，并予以没收。所称仿真武器系指具有攻击、防卫等性能的下列物品：

1. 各种类型仿真手枪式电击、催泪器；

2. 各种类型的仿真枪械及弹药；

3. 具有攻击、防卫性能的其他仿真武器、弹药；

4. 上述以外的其他类似械具。

运输、携带、邮寄仿真武器进出境主动向海关申报的，予以退运；未向海关申报的，予以没收，并按《海关法》和《海关行政处罚实施条例》的有关规定处罚。走私仿真武器进出境，情节严重构成犯罪的，依法追究其刑事责任。

### 进出境旅客可以携带的货币限值多少？

旅客出入境可以携带的额度为20000元人民币。《携带外币现钞出入境管理暂行办法》规定，入出境人员携带外币现钞超过等值5000美元的应当向海关书面申报，海关审核无误后正常放行，当天多次往返及短期内多次往返者除外。

### 非居民长期旅客如何把自用物品运进国内？

根据海关总署令第194号《中华人民共和国海关对非居民长期旅客进出境自用物品监管办法》规定，非居民长期旅客申请进境自用物品，应当向主管海关交验下列单证：

1. 身份证件（一般为2份材料，非港澳台地区的外籍人员，提交中华人民共和国主管部门颁发的“外国（地区）企业常驻代表机构工作证”（以下简称“工作证”）、“中华人民共和国外国人就业证”（以下简称“就业证”）、“中华人民共和国外国专家证”（以下简称“专家证”）三者其中一种的原复件，以及进出境使用的护照原复件；港澳地区人员，提交“港澳居民来往内地通行证”（即港澳居民暂住证）、“工作证”、“就业证”或“专家证”的一种）；台湾居民提交“台湾居民来往大陆通行证”（有居留签注的，往来签注的不可以）、“工作证”、“就业证”或“专家证”的一种）；

2. 长期居留证件（中华人民共和国主管部门签发的“中华人民共和国外国人长期居留证”、“华侨、港澳地区人员暂住证”等准予在境内长期居留的证件）；

3. “中华人民共和国海关进出境自用物品申请表”（以下简称“申请表”）；

4. 提（运）单、装箱单等相关单证。

经主管海关审核批准后，进境地海关凭主管海关的审批单证和其他相关单证予以验放，并且将物品验放结果在“申请表”的回执联上批注，并退主管海关备核。

### 非居民长期旅客把自用物品运进国内时关税如何征收？对申请进境物品的次数有要求吗？

对申请进境物品的次数没有要求。但是根据海关总署令第194号的规定，非居民长期旅客在取得境内长期居留证件后方可申请自用物品，首次申请进境的自用物品海关予以免税，但按照本规定进境的机动车辆和国家规定应当征税的20种商品除外；再次申请进境的自用物品，一律征税。

物品的归类和完税价格按照海关总署公告2007年第25号（海关总署关于修订《入境旅客行李物品和个人邮递物品进口税税则归类表》和《入境旅客行李物品和个人邮递物品完税价格表》的公告）执行。

在中国留学的国外留学生如何申请将个人物品运回国？

若是在境内居留一年以上的留学生，需要向当地海关非贸监管部门递交以下材料申请办理关封：

1. 有效护照（护照上加贴了公安出入境管理部门出具的非居民长期居留证明，时间跨度在一年以上包含一年）；
2. 学生证原件及复印件；
3. 装箱清单；
4. “中华人民共和国海关进出境自用物品申请表”（经本人签名）；
5. 若委托他人代办，需要递交经本人签名的委托书。

之后可以凭关封到物品进出境地口岸办理分离运输行李手续。

### 在中国逗留一年以上的非居民长期旅客自用安家物品入境有何规定？

根据现行规定，经中华人民共和国政府主管部门批准，在中国逗留一年以上的非居民长期旅客，可以运进安家物品，限自用、合理数量。电器、家具等海关停止减免税的20种不予免税商品需要缴纳进口关税，其他生活用品按照个人自用合理范畴原则办理验放。非居民长期旅客取得境内长期居留证后方可申请进境自用物品，申请进境自用物品应当向海关交验下列单证：身份证件、长期居留证件、“中华人民共和国海关进出境自用物品申请表”、提运单、装箱单等相关单证。进境自用物品以个人自用、合理数量为限，超出个人自用、合理数量的自用物品和国家规定应当征税的20种商品需缴纳税金；不符合常驻人员身份的人员不可以进境汽车；首次申请进境的自用物品海关按上述规定办理，再次申请进境的自用物品，一律予以征税。

### 外国专家自用安家物品入境有何规定？

根据《中华人民共和国海关对高层次留学人才回国和海外科技专家来华工作进出境物品管理办法》（海关总署令第154

号）第五条第三款的规定，回国定居或者来华工作连续1年以上的高层次人才进境自用物品的，应当填写“中华人民共和国海关进出境自用物品申请表”，并提交本人有效入出境身份证件、境内长期居留证件或者“回国（来华）定居专家证”，由本人或者委托他人向主管海关提出书面申请。

### 长期居住国内的外籍人员进口自用书籍和DVD有何数量限制？

《中华人民共和国海关进出境印刷品及音像制品监管办法》（海关总署令第161号）规定：

1. 个人免税限量为：单行本发行的图书、报纸、期刊类出版物每人每次10册（份）以下；单碟（盘）发行的音像制品每人每次20盘以下；成套发行的图书类出版物，每人每次3套以下；成套发行的音像制品，每人每次3套以下。

2. 需要按照进口货物依法办理相关手续的情形：个人携带、邮寄单行本发行的图书、报纸、期刊类出版物进境，每人每次超过50册（份）的；个人携带、邮寄单碟（盘）发行的音像制品进境，每人每次超过100盘的；个人携带、邮寄成套发行的图书类出版物进境，每人每次超过10套的；个人携带、邮寄成套发行的音像制品进境，每人每次超过10套的。

3. 免税限量与按进口货物申报限量之间的，按照《入境旅客行李物品和个人邮递物品进口税税则归类表》及《入境旅客行李物品和个人邮递物品完税价格表》的规定计征进口物品税，书籍税率为10%，DVD盘税率为20%。

### 留学人员回国购买免税国产汽车应提交什么材料？

根据《中华人民共和国海关对回国服务的留学人员购买免税国产汽车管理办法》（署监二〔1992〕1678号文）规定，留学人员回国购买免税国产汽车所需资料（正本及复印件）：

1. 留学人员的有效护照；
2. 驻外使馆出具的“留学回国人员证明”；
3. 公安部门出具的境内居留证明（身份证、户口本）；
4. 留学人员提供的境外毕（结）业证书或者国外大学的邀请函，国内教育主管部门的认证材料；
5. “进出境自用物品申请表”；
6. 海关认为需要提供的其他单证。

### 留学人员符合什么条件可以向海关提出购买免税国产汽车的申请？

凡在国外正规大学（学院）注册学习和进修（包括出国进修、合作研究）期限不少于一学年，学成后在外停留时间不超过两年的留学人员，可以且必须自入境之日起一年内向海关提出购买国产免税小汽车的申请。但是符合条件的留学人员必须在汽车生产厂家购买车辆，不能在4S店购买。

### 外企非居民征税进口的汽车是否属于海关监管车辆？征税进口的车辆是否可在国内转卖？

常驻人员征税进境的机动车辆自进境之日起一年内属于海关监管车辆。在海关监管期限内，征税进口车辆的所有人可在征得海关同意，办妥有关备案手续的前提下将车辆转让给具有同样资质人员（常驻人员，且未使用其车辆指标），其他情况下不得转让。一年后常驻人员向海关申请办理解除监管证明后，可以正常转让车辆，并且其不属于海关监管车辆。

### 常驻人员进口车辆有何规定？

常驻人员可以申请进境机动车辆，每人限1辆。根据海关总署公告2010年第32号，自2010年7月1日起，除按有关政府间协定可以免税进境机动车辆外，其他常驻机构和常驻人员不得进境旧机动车辆，对旧机动车辆进境申请海关不予受理。但2010年7月1日以前已按有关规定向海关申请进境机动车辆的，可不受此款限制。

# 进出口关税征收和管理指南

## 海关依据哪些法律法规对进出口货物实施税收征管?

海关对进出口货物进行关税征收和管理的主要法律、法规和规章如下:

1.《海关法》;

2.《关税条例》及《税则》;

3.《中华人民共和国进出口货物原产地条例》(以下简称《原产地条例》);

4.《中华人民共和国海关事务担保条例》(以下简称《海关事务担保条例》);

5.《中华人民共和国反倾销条例》;

6.《中华人民共和国反补贴条例》;

7.《中华人民共和国保障措施条例》;

8.《中华人民共和国海关进出口货物征税管理办法》(海关总署令第124号)(以下简称《征管办法》);

9.《审价办法》;

10.《中华人民共和国海关进出口货物商品归类管理规定》(海关总署令第158号)(以下简称《归类管理规定》);

11.《中华人民共和国海关化验管理办法》(海关总署令第176号);

12.《关于非优惠原产地规则中实质性改变标准的规定》(海关总署令第122号);

13.《中华人民共和国海关进出口货物优惠原产地管理规定》(海关总署令第181号);

14.《中华人民共和国海关进出口货物减免税管理办法》(海关总署令第179号)(以下简称《减免税管理办法》);

15.《中华人民共和国海关税收保全和强制措施暂行办法》(海关总署令第184号)(以下简称《海关税收保全和强制措施暂行办法》)。

## 税款缴纳的基本流程

进出口货物的收发货人或其代理人在规定的期限、地点(指设有海关的各类地点),采用电子数据报关单和纸质报关单形式,向海关申报进出口货物的实际情况,接受海关审核,并对所申报内容的真实性、准确性承担法律责任。海关审核进出口货物报关单证,从正确计征税款角度讲,重点审核的是进出口货物的商品名称、商品编号、规格型号、价格、原产地、数量等。单证审结完毕后,计算机系统自动生成税费信息(如果进出口货物的收发货人或其代理人已经申请了电子支付税款功能,此时,计算机系统自动进行税款的预扣)。进出口货物的收发货人或其代理人在海关现场交单后,海关打印“海关税款缴款书”等税费单证,此时选择电子支付税款方式的,计算机系统自动完成税款实扣和核销工作;选择柜台支付税款方式的,则由进出口货物的收发货人或其代理人持“海关税款缴款书”到银行缴款,并将加盖银行业务印章的“海关税款缴款书”交海关作为税款核销和货物放行的凭证,海关完成人工税款核销后,将货物作放行处理(含单证放行和实货放行手续)。

## 纳税义务人在向海关申报时,应当提交哪些单证?

申报进出口应税货物在提交单证方面的要求比较严格。按照《征管办法》第五条规定,“纳税义务人进出口货物时应当依法向海关办理申报手续,按照规定提交有关单证。海关认为必要时,纳税义务人还应当提供确定商品归类、完税价格、原产地等所需的相关资料。提供的资料为外文的,海关需要时,纳税义务人应当提供中文译文并对译文内容负责。进出口减免税货物的,纳税义务人还应当提交主管海关签发的‘进出口货物征免税证明’”。这项规定包含以下应注意的内容:

1.“按照规定提交有关单证”是指按照《中华人民共和国海关进出口货物申报管理规定》第二十七条所列的合同、发票、装箱清单、载货清单(舱单)、提(运)单、代理报关授权委托协议、进出口许可证件、加工贸易手册及其他进出口有关单证。这些单证可以满足海关对大多数进出口货物的报关审核需要。

2. 对于一些比较复杂、特殊的货物而言,由于涉及影响商品归类、海关估价、原产地认定等方面的因素较多,为了准确计征税款,仅根据上述单证有时还不能作出正确判断,往往需要纳税义务人进一步提供产品的说明资料、与进出口货物有关的反映买卖双方关系及交易活动的资料等,以便于海关正确审核商品归类,确定商品完税价格和原产地。因此,纳税义务人除按照规定提交有关单证外,在海关认为必要时,还应当提供确定商品归类、完税价格、原产地等所需的相关资料。

3. 关于提供中文译文的要求。考虑到海关人员受到专业知识、外语水平及语种等因素的限制,特别是在通关环节受到通关时效要求的限制，直接阅读各类专业性外文资料，有时可能会产生理解上的偏差，甚至错误，从而影响对商品归类、完税价格等的正确审定，给国家或纳税义务人的利益造成损失。因此，在需要时，要求纳税义务人提供中文译文并对译文内容负责，这不但可以提高通关效率，减少差错，也有利于避免产生纳税争议。

### 纳税义务人在向海关申报时，应当申报哪些涉税内容?

按照《征管办法》第六条规定，纳税义务人应如实申报的涉税内容，主要包括进出口货物的商品名称、商品编号、规格型号、价格、原产地、数量等。

在申报这些内容时，纳税义务人应当按照商品归类、审价和原产地方面的法律法规及海关规章正确填写申报内容，如申报商品编号，应当按照《税则》及归类总规则、类注、章注、子目注释，《中华人民共和国海关进出口税则——统计目录商品及品目注释》、《中华人民共和国海关进出口税则——统计目录本国子目注释》等确定；在确定申报价格时，应当按照《关税条例》、《审价办法》等确定；在填报原产地时，应当按照《原产地条例》、《关于非优惠原产地规则中实质性改变标准的规定》或相应的优惠贸易安排中有关原产地的规定等确定填报内容。

由于影响商品归类、完税价格、原产地确定的因素较多，而受报关单格式、栏目所限，很多征税所需要了解的情况无法在报关单上充分反映出来，因此在必要时，需由纳税义务人在补充申报单中填报与申报货物有关的更为详细的情况，以便于海关人员据此分析、确定进出口货物的商品归类、完税价格或原产地等。例如，买卖双方是否存在特殊关系，是否存在特许权使用费，是否有间接支付的款项，卖方是否需将部分转售收益返还买方，或申报货物更为详细的规格、型号、成分、含量、技术参数、加工工序、加工增值等情况。因此《征管办法》第七条规定“为审核确定进出口货物的商品归类、完税价格、原产地等，海关可以要求纳税义务人按照有关规定进行补充申报。纳税义务人认为必要时，也可以主动要求进行补充申报。”

补充申报通常适用于以下几种情形：

1. 海关事先作出明确规定，对某类货物必须在填写报关单向海关申报的同时，填写补充申报单进行补充申报；

2. 海关在审核报关单的过程中要求纳税义务人填写补充申报单进行补充申报；

3. 在货物放行后，海关对申报内容进一步进行审核或核查，发现申报内容不完整，而要求纳税义务人填写补充申报单进行补充申报。

补充申报应当按照海关要求进行，如果纳税义务人认为在报关单上填写的内容不够详尽，不能全面反映进口或出口货物的情况，可能会造成海关作出与纳税义务人预期结果不同的决定的，也可以主动要求进行补充申报。

补充申报单具有与报关单申报同等的法律效力。纳税义务人在进行补充申报时应当填写格式化的补充申报单，并对补充申报的内容承担相应的法律责任。如果纳税义务人不如实填报有关内容，海关将依法对其进行处罚。通常情况下，纳税义务人进行补充申报后，海关通常不再要求纳税义务人进一步提供相关资料，除非补充申报单的内容仍然不能满足海关审核确定商品归类、完税价格和原产地等的需要。

纳税义务人认为原申报有误，要求重新申报，更改错误，不属于补充申报。

海关总署公告2009年第49号对补充申报的主体、适用情形及单证格式作了明确规定。

### 海关是不是只能按照纳税义务人申报的内容核定商品编号、完税价格、原产地并计征税款?

查验、化验、检验、核查是海关审定商品归类、完税价格、原产地经常使用的手段。例如审定商品完税价格，在很多情况下，仅仅审核纳税义务人提交的报关单和其他单证资料，并不足以确定商品完税价格。还需要采取查验（验估）或核查手段，通过实地查看货物，进一步查阅与进出口货物有关的合同、发票、账册、结付汇凭证、单据、业务函电和其他反映买卖双方关系及交易活动的资料，才能够最终确定商品完税价格。

如果海关经审核认为需要对货物进行化验、检验的，可以委托海关化验机构进行化验、检验，也可以委托具有资质的其他商品化验或者检验机构进行化验、检验。如果出现两个鉴定结果不相同的情况，应当以海关认可的鉴定结果作为确定商品归类、完税价格、原产地等的依据。

对纳税义务人申报的进出口货物税则号列有误，纳税义务人申报的进出口货物价格不符合成交价格条件或者成交价格不能确定的情形，海关将按照《归类管理规定》及商品归类的有关规则重新确定商品的税则号列，按照《审价办法》规定的成交价格估价方法以外的其他估价方法和相关规定审查确定进出口货物的完税价格。

如果纳税义务人申报的进出口货物原产地有误，海关还将通过审核纳税义务人提供的原产地证明，对货物进行实际查验或者审核其他相关单证等方法，按照海关原产地管理的有关规定重新确定进出口货物原产地。

## 如何确定进出口货物应当适用的税率？

1. 关税税率适用的基本原则

根据《关税条例》第九条规定，我国进口关税设置最惠国税率、协定税率、特惠税率、普通税率和关税配额税率等税率，对进口货物在一定期限内可以实行暂定税率。出口关税设置出口税率，对出口货物在一定期限内可以实行暂定税率。

关税税率适用的基本原则是：

（1）原产于共同适用最惠国待遇条款的世界贸易组织成员的进口货物，原产于与中华人民共和国签订含有相互给予最惠国待遇条款的双边贸易协定的国家或者地区的进口货物，以及原产于中华人民共和国境内的进口货物，适用最惠国税率。

（2）原产于与中华人民共和国签订含有关税优惠条款的区域性贸易协定的国家或者地区的进口货物，适用协定税率。

（3）原产于与中华人民共和国签订含有特殊关税优惠条款的贸易协定的国家或者地区的进口货物，适用特惠税率。

（4）原产于上述以外的国家或者地区的进口货物及原产地不明的进口货物，适用普通税率。

（5）适用最惠国税率的进口货物有暂定税率的，应当适用暂定税率；适用协定税率、特惠税率的进口货物有暂定税率的，应当从低适用税率；适用普通税率的进口货物，不适用暂定税率。

（6）出口货物适用出口税率。适用出口税率的出口货物有暂定税率的，应当适用暂定税率。

（7）按照国家规定实行关税配额管理的进口货物，关税配额内的，适用关税配额税率；关税配额外的，其税率的适用按照上述（1）~（5）项的规定执行。

（8）按照有关法律、行政法规的规定对进口货物采取反倾销、反补贴、保障措施的，其税率的适用按照《中华人民共和国反倾销条例》、《中华人民共和国反补贴条例》和《中华人民共和国保障措施条例》的有关规定执行。

（9）任何国家或者地区违反与中华人民共和国签订或者共同参加的贸易协定及相关协定，对中华人民共和国在贸易方面采取禁止、限制、加征关税或者其他影响正常贸易的措施的，对原产于该国家或地区的进口货物可以征收报复性关税，适用报复性关税税率。

2. 关税税率适用的时间

《关税条例》第十五条规定，进出口货物，应当适用海关接受该货物申报进口或者出口之日实施的税率。对于一些特定情形，按以下规定执行：

（1）进口货物到达前，经海关核准先行申报的，应当适用装载该货物的运输工具申报进境之日实施的税率。

（2）进口转关运输货物，应当适用指运地海关接受该货物申报进口之日实施的税率；货物运抵指运地前，经海关核准先行申报的，应当适用装载该货物的运输工具抵达指运地之日实施的税率。

（3）出口转关运输货物，应当适用起运地海关接受该货物申报出口之日实施的税率。

（4）经海关批准，实行集中申报的进出口货物，应当适用每次货物进出口时海关接受该货物申报之日实施的税率。

（5）因超过规定期限未申报而由海关依法变卖的进口货物，其税款计征应当适用装载该货物的运输工具申报进境之日实施的税率。

（6）因纳税义务人违反规定需要追征税款的进出口货物，应当适用违反规定的行为发生之日实施的税率；行为发生之日不能确定的，适用海关发现该行为之日实施的税率。

（7）已申报进境并放行的保税货物、减免税货物、租赁货物或者已申报进出境并放行的暂时进出境货物，有下列情形之一需缴纳税款的，应当适用海关接受纳税义务人再次填写报关单申报办理纳税及有关手续之日实施的税率：

①保税货物经批准不复运出境的；

②保税仓储货物转入国内市场销售的；

③减免税货物经批准转让或者移作他用的；

④可暂不缴纳税款的暂时进出境货物，经批准不复运出境或者进境的；

⑤租赁进口货物，分期缴纳税款的。

## 以外币计价的进出口货物如何确定汇率的适用？

《关税条例》第三十八条规定：进出口货物的成交价格及有关费用以外币计价的，以中国人民银行公布的基准汇率折合为人民币计算其完税价格；以基准汇率币种以外的外币计价的，按照国家有关规定套算为人民币计算其完税价格。适用汇率的日期由海关总署规定。

根据上述规定，《征管办法》第十六条进一步明确规定：海关按照进出口货物适用税率之日所适用的计征汇率折合为人民币计算其完税价格。海关每月使用的计征汇率为上一个月第3个星期三（第3个星期三为法定节假日的，顺延采用第4个星期三）中国人民银行公布的外币对人民币的基准汇率；以基准汇率币种以外的外币计价的，采用同一时间中国银行公布的现汇买入价和现汇卖出价的中间值。

### 缴纳税款的期限应当怎样计算?

《海关法》第六十条规定,“进出口货物的纳税义务人,应当自海关填发税款缴款书之日起15日内缴纳税款;逾期缴纳的,由海关征收滞纳金。”据此,《关税条例》第三十七条第一款进一步明确规定,“纳税义务人应当自海关填发税款缴款书之日起15日内向指定银行缴纳税款。纳税义务人未按期缴纳税款的,从滞纳税款之日起,按日加收滞纳税款万分之五的滞纳金。”

考虑到缴款期限届满之日可能恰好是星期六、星期日等休息日或者法定节假日(如春节、“十一”等),为保障纳税义务人的合法权益,《征管办法》第二十条第二款规定:“缴款期限届满日遇星期六、星期日等休息日或者法定节假日的,应当顺延至休息日或者法定节假日之后的第一个工作日。国务院临时调整休息日与工作日的,海关应当按照调整后的情况计算缴款期限。”

需要说明的是,在法律文书中表述的“之日起”,在实际计算时应从“之日”的下一日开始计算,即缴款期限应当从海关填发税款缴款书的次日起连续计算15日。其中的星期六、星期日或者法定节假日不得扣除。但如果缴款期限的最后一日是星期六、星期日或者法定节假日,则缴款期限应顺延至该星期六、星期日或者法定节假日过后的第一个工作日。如果遇到国务院临时调整休息日与工作日,则应当按照调整后的情况计算缴款期限。例如,缴款期限的最后一天是9月30日,而该日恰好是星期日。国务院决定将9月29日和30日与10月4日和5日调换,即9月29日和30日成为工作日,如果纳税义务人在9月30日未缴纳税款,则从10月1日开始即形成滞纳。

### 纳税义务人丢失税款缴款书怎么办?

纳税义务人缴纳税款前遗失税款缴款书的,应及时向填发海关提出书面补发申请,以避免造成税款滞纳。为尽可能保证纳税义务人能在缴款期限内及时缴纳税款,《征管办法》第二十三条规定,海关应自接到纳税义务人的申请之日起2个工作日内审核确认并予以补发,补发的税款缴款书内容应当与原税款缴款书完全一致。对于因纳税义务人遗失税款缴款书造成滞纳税款的,海关不能免除其缴纳滞纳金的义务。

对于纳税义务人缴纳税款后遗失税款缴款书,需要海关确认其已缴纳税款的,《征管办法》第二十三条也作出了明确规定,即纳税义务人缴纳税款后遗失税款缴款书的,可以自缴纳税款之日起1年内向填发海关提出确认其已缴清税款的书面申请,海关经审查核实后,应当予以确认,但不再补发税款缴款书。这主要是考虑到补发的税款缴款书没有加盖银行已收讫税款的印章,并不能证明纳税义务人已缴清税款,所以补发税款缴款书是没有意义的。

### 哪些进出口货物可以减免税?

《海关法》第五十六条规定下列进出口货物、进出境物品,可以减征或免征其关税:

1. 无商业价值的广告品和货样;
2. 外国政府、国际组织无偿赠送的物资;
3. 在海关放行前遭受损坏或者损失的货物;
4. 规定数额以内的物品;
5. 法律规定减征、免征关税的其他货物、物品;
6. 中华人民共和国缔结或者参加的国际条约规定减征、免征关税的货物、物品。

《关税条例》第四十五条进一步规定,对关税税额在50元人民币以下的一票货物、无商业价值的广告品和货样、外国政府和国际组织无偿赠送的物资、在海关放行前损失的货物、进出境运输工具装载的途中必需的燃料、物料和饮料免征其关税;在海关放行前遭受损坏的货物,可以根据海关认定的受损程度减征其关税。《关税条例》第五十七条规定,海关总署规定数额以内的个人自用进境物品免征其进口税。

另外,根据《海关法》的有关规定,《关税条例》第四十六条规定,特定地区、特定企业或者有特定用途的进出口货物减征或者免征其关税,以及临时减征或者免征其关税,按照国务院的有关规定执行。《减免税管理办法》第二十六条规定,在进口减免税货物的海关监管年限内,未经海关许可,减免税申请人不得擅自将减免税货物转让、抵押、质押、移作他用或者进行其他处置。

为了促进我国经济、社会的发展,国务院制定了一系列进口税收优惠政策。这些税收优惠政策,绝大多数都具有明确的指向,即规定了可以享受税收优惠政策的企事业单位、商品以及相关条件。为了正确执行国家进口税收优惠政策,海关需要审核确认进口有关货物的单位(货物所有人)是否具备享受相关税收优惠政策的资格,以及相关进口货物是否符合政策规定的减免税条件。但审核确认上述情况需要一定时间,在进口通关环节的有限时间内难以完成,为了不影响进口减免税货物单位的生产、科研等活动，需提前进行上述审核确认工作。

《关税条例》第四十八条对此作出规定：“纳税义务人进出口减免税货物的，除另有规定外，应当在进出口该货物之前，按照规定持有关文件向海关办理减免税审批手续。”这里所称“审批”，实际就是上述审核确认工作。另外需要说明的是，并不是所有进出口减免税货物都要事前进行审批，例如《海关法》、《关税条例》规定的关税税额在50元人民币以下的一票货物、无商业价值的广告品和货样、在海关放行前遭受损坏或者损失的货物等。

### 哪些情形可以申请凭税款担保先放行货物？

根据《海关法》、《关税条例》、《海关事务担保条例》、《征管办法》、《减免税管理办法》等的有关规定，在涉及海关税收方面，有下列情形之一的，当事人可以在办结海关手续前向海关申请提供税款担保，要求提前放行货物：

1. 进出口货物的商品归类、完税价格、原产地尚未确定的；

2. 正在海关办理减免税审批手续的，或有关进出口税收优惠政策已经国务院批准，具体实施措施尚未明确，海关总署已确认减免税申请人属于享受该政策范围的；

3. 在纳税期限内税款尚未缴纳的；

4. 暂时进出境的；

5. 进境修理和出境加工的（按保税货物实施管理的除外）；

6. 其他按照有关规定需要提供税款担保的。

按照规定，为提前放行货物提供的担保，担保金额不得超过可能承担的最高税款总额。考虑到确认当事人货币外财产的实际价值及有效性、信用度等需要相关单位出具认定意见，且不能超过应缴税款金额，其过程较为复杂，花费时间较长，为便于当事人及时凭税款担保提取货物，同时又能保证海关税款安全，避免发生欠税情况，《征管办法》第七十八条第二款规定：“税款担保一般应为保证金、银行或者非银行金融机构的保函，但另有规定的除外。”

### 海关税收强制措施的具体方式是什么？

根据《海关法》第六十条的规定，如果进出口货物的纳税义务人、担保人在超过缴款期限3个月仍未缴纳税款的，海关可以采取强制措施，具体方式分为3种：一是书面通知纳税义务人、担保人的开户银行或其他金融机构从其存款中扣缴税款；二是将应税货物依法变卖，以变卖所得抵缴税款；三是扣留并依法变卖纳税义务人、担保人价值相当于应纳税款的其他货物或者财产，以变卖所得抵缴税款。2009年公布实施的《海关税收保全和强制措施暂行办法》第十一条对上述规定作了进一步明确，即进出口货物的纳税义务人、担保人自规定的纳税期限届满之日起超过3个月仍未缴纳税款的，海关可以依次采取上述强制措施。

自2012年1月1日起施行的《行政强制法》第五条规定“行政强制的设定和实施，应当适当”，这是关于行政强制适当原则的规定。适当原则是行政法领域中的一项普遍原则。根据这一原则，在实施强制手段时，在达到行政目的的前提下，应当采用对当事人损害最小的措施。因此，在海关实施税收强制措施时，如果当事人向海关提出不按上述强制措施的顺序而直接采用后面某项强制措施的书面申请的，海关在保证税款安全的情况下，可以同意当事人的申请，直接采用其要求的强制措施。

### 滞纳金如何计算？

根据《海关法》、《关税条例》的有关规定，纳税义务人未在规定的纳税期限内缴纳税款的，从滞纳税款之日起，按日加收滞纳税款万分之五的滞纳金。海关税收强制措施的实施时间是在纳税期限届满之日起超过3个月，此时必定已产生了滞纳金。因此，《海关法》第六十条第二款规定，海关采取强制措施时，对前款所列纳税义务人、担保人未缴纳的滞纳金同时强制执行。据此，《海关税收保全和强制措施暂行办法》第十三条明确规定，海关采取税收强制措施，滞纳金按照自规定的纳税期限届满之日起至扣缴税款之日计征，并同时扣缴。另外，根据《行政强制法》第四十五条规定，滞纳金的数额不得超出金钱给付义务的数额，即不得超过应当缴纳的税款金额。

# 海关新近规章解读

## 《中华人民共和国海关监管区管理暂行办法》及解读

### 中华人民共和国海关监管区管理暂行办法

（2017年8月8日海关总署令第232号发布，自2017年11月1日起施行）

#### 第一章 总 则

**第一条** 为了规范海关监管区的管理，根据《中华人民共和国海关法》以及其他有关法律、行政法规的规定，制定本办法。

**第二条** 本办法所称海关监管区，是指《中华人民共和国海关法》第一百条所规定的海关对进出境运输工具、货物、物品实施监督管理的场所和地点，包括海关特殊监管区域、保税监管场所、海关监管作业场所、免税商店以及其他有海关监管业务的场所和地点。

本办法所称海关监管作业场所，是指由企业负责经营管理，供进出境运输工具或者境内承运海关监管货物的运输工具进出、停靠，从事海关监管货物的进出、装卸、储存、集拼、暂时存放等有关经营活动，符合《海关监管作业场所设置规范》（以下简称《场所设置规范》），办理相关海关手续的场所。

《场所设置规范》由海关总署另行制定并公告。

**第三条** 本办法适用于海关对海关监管区的管理。

海关规章对海关特殊监管区域、保税监管场所、免税商店的管理另有规定的，从其规定。

**第四条** 公民、法人和其他组织在海关监管区内开展依法应当经过批准的业务的，应当按照相关主管部门的要求开展有关业务。

**第五条** 海关实施本办法的规定不妨碍其他部门履行其相应职责。

#### 第二章 海关监管区的管理

**第六条** 海关监管区应当设置符合海关监管要求的基础设施、检查查验设施以及相应的监管设备。

**第七条** 海关依照《中华人民共和国海关法》的规定，对海关监管区内进出境运输工具、货物、物品行使检查、查验等权力。

**第八条** 进出境运输工具、货物、物品，应当通过海关监管区进境或者出境。

**第九条** 进出境运输工具或者境内承运海关监管货物的运输工具应当在海关监管区停靠、装卸，并办理海关手续。

**第十条** 进出境货物应当在海关监管区的海关监管作业场所集中办理进出、装卸、储存、集拼、暂时存放等海关监管业务。

**第十一条** 进出境物品应当在海关监管区的旅客通关类场所、邮件类场所办理海关手续，海关总署另有规定的除外。

**第十二条** 在海关监管区内从事与进出境运输工具、货物、物品等有关的经营活动，应当接受海关监管。

**第十三条** 因救灾、临时减载、装运鲜活产品以及其他特殊情况，需要经过未设立海关的地点临时进境或者出境的，应当经国务院或者国务院授权的机关批准，并办理海关手续。

## 第三章 海关监管作业场所的管理

**第十四条** 申请经营海关监管作业场所的企业（以下称申请人）应当同时具备以下条件：

（一）具有独立企业法人资格；

（二）取得与海关监管作业场所经营范围相一致的工商核准登记；

（三）具有符合《场所设置规范》的场所。

由法人分支机构经营的，分支机构应当取得企业法人授权。

**第十五条** 申请人应当向主管地的直属海关或者隶属海关（以下简称主管海关）提出注册申请，并且提交以下材料：

（一）经营海关监管作业场所企业注册申请书；

（二）企业法人营业执照副本复印件；

（三）海关监管作业场所功能布局和监管设施示意图。

由法人分支机构经营的，申请人应当提交企业法人授权文书。

**第十六条** 主管海关依据《中华人民共和国行政许可法》和《中华人民共和国海关实施〈中华人民共和国行政许可法〉办法》的规定办理有关行政许可事项，具体办法由海关总署另行制定并公告。

**第十七条** 海关可以采取视频监控、联网核查、实地巡查、库存核对等方式，对海关监管作业场所实施监管。

**第十八条** 经营企业应当根据海关监管需要，在海关监管作业场所的出入通道设置卡口，配备与海关联网的卡口控制系统和设备。

**第十九条** 经营企业应当凭海关电子放行信息或者纸质放行凭证办理海关监管货物以及相关运输工具出入海关监管作业场所的手续。

**第二十条** 经营企业应当妥善保存货物进出以及存储等情况的电子数据或者纸质单证，保存时间不少于 3 年，海关可以进行查阅和复制。

**第二十一条** 经营企业应当在海关监管作业场所建立与海关联网的信息化管理系统、视频监控系统，并且根据海关监管需要建立全覆盖无线网络。

**第二十二条** 海关监管作业场所出现与《场所设置规范》不相符情形的，经营企业应当立即采取措施进行修复，并且报告海关。海关根据管理需要，可以采取相应的限制措施。

**第二十三条** 经营企业应当在海关监管作业场所储存或者装卸、集拼、暂时存放海关监管货物。

储存或者装卸、集拼、暂时存放非海关监管货物的，应当与海关监管货物分开，设立明显标识，并且不得妨碍海关对海关监管货物的监管。

经营企业应当根据海关需要，向海关传输非海关监管货物进出海关监管作业场所等信息。

**第二十四条** 经营企业应当将海关监管作业场所内存放超过 3 个月的海关监管货物情况向海关报告。海关可以对相应货物存放情况进行核查。

**第二十五条** 经营企业应当建立与相关海关监管业务有关的人员管理、单证管理、设备管理和值守等制度。

**第二十六条** 海关履行法定职责过程中，发现海关监管作业场所内海关监管货物存在安全生产隐患的，应当及时向主管部门通报。

**第二十七条** 经营企业有下列行为之一的，责令改正，给予警告，可以暂停其相应海关监管作业场所 6 个月以内从事有关业务：

（一）未凭海关电子放行信息或者纸质放行凭证办理出入海关监管作业场所手续的；

（二）未依照本办法规定保存货物进出以及存储等情况的电子数据或者纸质单证的；

（三）海关监管作业场所出现与《场所设置规范》不相符情形未及时修复，影响海关监管的；

（四）未依照本办法规定储存或者装卸、集拼、暂时存放海关监管货物的；

（五）未依照本办法规定将海关监管作业场所内存放超过 3 个月的海关监管货物情况向海关报告的。

因前款第三项原因被暂停业务的，如果海关监管作业场所经整改符合要求，可以提前恢复业务。

发生走私行为或者重大违反海关监管规定行为的，海关应当责令经营企业改正，并且暂停其相应海关监管作业场所 6 个月以内从事有关业务。

## 第四章 附 则

**第二十八条** 海关工作人员徇私舞弊、滥用职权、玩忽职守，未依法履行本办法规定职责的，依法给予处分。

**第二十九条** 本办法由海关总署负责解释。

**第三十条** 本办法自 2017 年 11 月 1 日起施行。2008 年 1 月 30 日海关总署令第 171 号发布的《中华人民共和国海关监管场所管理办法》、2015 年 4 月 27 日海关总署令第 227 号公布的《海关总署关于修改部分规章的决定》第六条同时废止。

# 《中华人民共和国海关监管区管理暂行办法》解读

《中华人民共和国海关监管区管理暂行办法》(海关总署令第 232 号)于 2016 年 12 月 27 日经海关总署署务会议审议通过,自 2017 年 11 月 1 日起施行。

根据《海关法》第一百条关于“海关监管区”含义,经结合海关监管实践及海关监管区基本属性和主要类型,为确保全面覆盖海关监管区的空间范围及其所涵盖的业务范畴,在署令 232 号中明确海关监管区定义为“海关对进出境运输工具、货物、物品实施监督管理的场所和地点,包括海关特殊监管区域、保税监管场所、海关监管作业场所、免税商店以及其他有海关监管业务的场所和地点”。

《海关法》第六条赋予了海关可以行使的权利:

1. 在海关监管区和海关附近沿海沿边规定地区,检查有走私嫌疑的运输工具和有藏匿走私货物、物品嫌疑的场所,检查走私嫌疑人的身体;对有走私嫌疑的运输工具、货物、物品和走私犯罪嫌疑人,经直属海关关长或者其授权的隶属海关关长批准,可以扣留;对走私犯罪嫌疑人,扣留时间不超过二十四小时,在特殊情况下可以延长至四十八小时。

2. 在海关监管区和海关附近沿海沿边规定地区以外,海关在调查走私案件时,对有走私嫌疑的运输工具和除公民住处以外的有藏匿走私货物、物品嫌疑的场所,经直属海关关长或者其授权的隶属海关关长批准,可以进行检查,有关当事人应当到场;当事人未到场的,在有见证人在场的情况下,可以径行检查;对其中有证据证明有走私嫌疑的运输工具、货物、物品,可以扣留。

3. 海关附近沿海沿边规定地区的范围,由海关总署和国务院公安部门会同有关省级人民政府确定。

署令 232 号在对海关监管区的普适性管理要求作出原则性规定基础上,主要贡献如下:

## 一、建立海关对海关监管区的基本管理制度

根据《海关法》的有关规定,在署令 232 号第二章对普遍适用于海关监管区管理的原则性规定和一般性要求予以规范,包括设施要求、海关权力,以及进出境运输工具、货物、物品的进出监管和区内管理,并对从未设立海关地点进出境的监管问题作出相关规定,保证海关对海关监管区的有效管理。

## 二、进一步完善海关监管作业场所的监督管理制度

署令 232 号在第三章中专门对海关监管作业场所规范管理工作予以明确,主要如下:一是经营海关监管作业场所企业的注册管理,进一步精简、优化企业办理注册需要满足的条件及提交的材料,减轻企业经营负担(不再收取法定代表人身份证明、税务登记证明、土地权属证明等材料);二是海关监管作业场所的监督管理,进一步建立健全海关监管作业场所的相关管理机制和配套制度,明确海关监管作业场所是由企业负责经营管理并办理相关海关手续的场所,允许兼营非海关监管货物,保障企业经营自主权,同时加强事中事后监管,建立了视频监控、联网核查、实地巡查、库存核对、卡口管理、数据管理、内部管理等一系列监管制度,强化企业法律责任。

# 《中华人民共和国海关进出口货物商品归类管理规定》及解读

## 中华人民共和国海关进出口货物商品归类管理规定

**第一条** 为了规范进出口货物的商品归类，保证商品归类结果的准确性和统一性，根据《中华人民共和国海关法》（以下简称《海关法》）、《中华人民共和国进出口关税条例》（以下简称《关税条例》）及其他有关法律、行政法规的规定，制定本规定。

**第二条** 本规定所称的商品归类是指在《商品名称及编码协调制度公约》商品分类目录体系下，以《中华人民共和国进出口税则》为基础，按照《进出口税则商品及品目注释》、《中华人民共和国进出口税则本国子目注释》以及海关总署发布的关于商品归类的行政裁定、商品归类决定的要求，确定进出口货物商品编码的活动。

**第三条** 进出口货物收发货人或者其代理人（以下简称收发货人或者其代理人）对进出口货物进行商品归类，以及海关依法审核确定商品归类，适用本规定。

**第四条** 进出口货物的商品归类应当遵循客观、准确、统一的原则。

**第五条** 进出口货物的商品归类应当按照收发货人或者其代理人向海关申报时货物的实际状态确定。以提前申报方式进出口的货物，商品归类应当按照货物运抵海关监管场所时的实际状态确定。法律、行政法规和海关总署规章另有规定的，按照有关规定办理。

**第六条** 收发货人或者其代理人应当按照法律、行政法规规定以及海关要求如实、准确申报其进出口货物的商品名称、规格型号等，并且对其申报的进出口货物进行商品归类，确定相应的商品编码。

**第七条** 由同一运输工具同时运抵同一口岸并且属于同一收货人、使用同一提单的多种进口货物，按照商品归类规则应当归入同一商品编码的，该收货人或者其代理人应当将有关商品一并归入该商品编码向海关申报。法律、行政法规和海关总署规章另有规定的，按照有关规定办理。

**第八条** 收发货人或者其代理人向海关提供的资料涉及商业秘密，要求海关予以保密的，应当事前向海关提出书面申请，并且具体列明需要保密的内容，海关应当依法为其保密。

收发货人或者其代理人不得以商业秘密为理由拒绝向海关提供有关资料。

**第九条** 海关应当依法对收发货人或者其代理人申报的进出口货物商品名称、规格型号、商品编码等进行审核。

**第十条** 海关在审核收发货人或者其代理人申报的商品归类事项时，可以依照《海关法》和《关税条例》的规定行使下列权力，收发货人或者其代理人应当予以配合：

（一）查阅、复制有关单证、资料；

（二）要求收发货人或者其代理人提供必要的样品及相关商品资料；

（三）组织对进出口货物实施化验、检验，并且根据海关认定的化验、检验结果进行商品归类。

**第十一条** 海关可以要求收发货人或者其代理人提供确定商品归类所需的资料，必要时可以要求收发货人或者其代理人补充申报。

收发货人或者其代理人隐瞒有关情况，或者拖延、拒绝提供有关单证、资料的，海关可以根据其申报的内容依法审核确定进出口货物的商品归类。

**第十二条** 海关经审核认为收发货人或者其代理人申报的商品编码不正确的，可以根据《中华人民共和国海关进出口货物征税管理办法》有关规定，按照商品归类的有关规则和规定予以重新确定，并且根据《中华人民共和国海关进出口货物报关单修改和撤销管理办法》等有关规定通知收发货人或者其代理人对报关单进行修改、删除。

**第十三条** 收发货人或者其代理人申报的商品编码需要修改的，应当按照《中华人民共和国海关进出口货物报关单修改和撤销管理办法》等规定向海关提出申请。

**第十四条** 海关对货物的商品归类审核完毕前，收发货人或者其代理人要求放行货物的，应当按照海关事务担保的有关规定提供担保。

国家对进出境货物有限制性规定，应当提供许可证件而不能提供的，以及法律、行政法规规定不得担保的其他情形，海关不得办理担保放行。

**第十五条** 在海关注册登记的进出口货物经营单位（以下简称申请人），可以在货物实际进出口的45日前，向直属海关申请就其拟进出口的货物预先进行商品归类（以下简称预归类）。

**第十六条** 申请人申请预归类的，应当填写并且提交“中华人民共和国海关商品预归类申请表”（格式文本见附件1）。

预归类申请应当向拟实际进出口货物所在地的直属海关提出。

**第十七条** 直属海关经审核认为申请预归类的商品归类事项属于《中华人民共和国进出口税则》、《进出口税则商品及品目注释》、《中华人民共和国进出口税则本国子目注释》以及海关总署发布的关于商品归类的行政裁定、商品归类决定有明确规定的，应当在接受申请之日起15个工作日内制发“中华人民共和国海关商品预归类决定书”（以下简称“预归类决定书”，格式文本见附件2），并且告知申请人。

**第十八条** 申请人在制发“预归类决定书”的直属海关所辖关区进出口“预归类决定书”所述商品时，应当主动向海关提交“预归类决定书”。

申请人实际进出口“预归类决定书”所述商品，并且按照“预归类决定书”申报的，海关按照“预归类决定书”所确定的归类意见审核放行。

**第十九条** “预归类决定书”内容存在错误的，作出“预归类决定书”的直属海关应当立即制发“中华人民共和国海关商品预归类决定书撤销通知单”（以下简称“通知单”，格式文本见附件3），通知申请人停止使用该“预归类决定书”。

作出“预归类决定书”所依据的有关规定发生变化导致有关的“预归类决定书”不再适用的，作出“预归类决定书”的直属海关应当制发“通知单”，或者发布公告，通知申请人停止使用有关的“预归类决定书”。

**第二十条** 直属海关经审核认为申请预归类的商品归类事项属于《中华人民共和国进出口税则》、《进出口税则商品及品目注释》、《中华人民共和国进出口税则本国子目注释》以及海关总署发布的关于商品归类的行政裁定、商品归类决定没有明确规定的，应当在接受申请之日起7个工作日内告知申请人按照规定申请行政裁定。

**第二十一条** 海关总署可以依据有关法律、行政法规规定，对进出口货物作出具有普遍约束力的商品归类决定。

进出口相同货物，应当适用相同的商品归类决定。

**第二十二条** 商品归类决定由海关总署对外公布。

**第二十三条** 作出商品归类决定所依据的法律、行政法规以及其他相关规定发生变化的，商品归类决定同时失效。

商品归类决定失效的，应当由海关总署对外公布。

**第二十四条** 海关总署发现商品归类决定存在错误的，应当及时予以撤销。

撤销商品归类决定的，应当由海关总署对外公布。被撤销的商品归类决定自撤销之日起失效。

**第二十五条** 因商品归类引起退税或者补征、追征税款以及征收滞纳金的，按照有关法律、行政法规以及海关总署规章的规定办理。

**第二十六条** 违反本规定，构成走私行为、违反海关监管规定行为或者其他违反《海关法》行为的，由海关依照《海关法》和《中华人民共和国海关行政处罚实施条例》的有关规定予以处理；构成犯罪的，依法追究刑事责任。

**第二十七条** 本规定由海关总署负责解释。

**第二十八条** 本规定自2007年5月1日起施行。2000年2月24日海关总署令第80号发布的《中华人民共和国海关进出口商品预归类暂行办法》同时废止。

附件：1. 中华人民共和国海关商品预归类申请表
2. 中华人民共和国海关商品预归类决定书
3. 中华人民共和国海关商品预归类决定书撤销通知单

**附件 1**

## 中华人民共和国海关商品预归类申请表

（　　）关预归类申请______号

| 申请人： | |
|---|---|
| 企业代码： | |
| 通讯地址： | |
| 联系电话： | |
| 商品名称（中、英文）： | |
| 其他名称： | |
| 商品描述（规格、型号、结构原理、性能指标、功能、用途、成份、加工方法、分析方法等）： | |
| 进出口计划（进出口日期、口岸、数量等）： | |
| 随附资料清单（有关资料请附后）： | |
| 此前如就相同商品持有海关商品预归类决定书的，请注明决定书编号： | |
| 申请人（章）<br><br>年　月　日 | 海关（章）：<br>签收人：<br>接受日期：　年　月　日 |

注：1. 填写此申请表前应阅读《中华人民共和国进出口货物商品归类管理规定》；
2. 本申请表一式两份，申请人和海关各一份；
3. 本申请表加盖申请人和海关印章方为有效。

**附件 2**

## 中华人民共和国海关商品预归类决定书

（　　）关预归类书______号

| 申请人： |
|---|
| 企业代码： |
| 通讯地址： |
| 联系电话： |
| 商品名称（中、英文）： |
| 其他名称： |
| 申请表编号：（　　）关预归类申请______号　受理日期：　年　月　日 |
| 此前就相同商品持有海关商品预归类决定书的，请注明决定书编号： |

<table>
<tr><td colspan="2">商品描述：</td></tr>
<tr><td>商品归类编码：</td><td>海关（章）：<br>年　月　日</td></tr>
</table>

注：1. 本决定书一式两份，申请人和海关各一份；
2. 本决定书加盖海关印章有效；
3. 本决定书涂改无效。

**附件 3**

### 中华人民共和国海关商品预归类决定书撤销通知单

________单位（公司）：

根据《中华人民共和国海关进出口货物商品归类管理规定》的规定，海关现通知你单位（公司），由于__________调整的原因，__________商品预归类决定书撤销。你单位（公司）应当停止使用上述预归类决定书进行申报，并且可以依照《中华人民共和国海关进出口货物商品归类管理规定》的规定到相关海关另行申请预归类。

海关（章）
____年____月____日

## 《中华人民共和国海关进出口货物商品归类管理规定》解读

中华人民共和国海关总署于 2007 年 2 月 14 日以海关总署令第 158 号对外公布了《中华人民共和国进出口货物商品归类管理规定》（以下简称《归类管理规定》），并于 2007 年 5 月 1 日正式实施。

加入世界贸易组织以来，中国经济的高速发展，无论是本国企业还是外国企业对贸易便利化的需求进一步提升。世界贸易规则对包括海关在内的政府行政管理提出了统一、规范、透明、高效的要求，《归类管理规定》正是在这个背景下出台的，通过明确和细化海关与纳税义务人的权利与义务，并为纳税义务人提供了更加公开、透明、便利的商品归类服务，确保进一步提升贸易便利化，降低纳税义务人的贸易成本。因此，《归类管理规定》的出台是我国履行 WTO 规则的一个重要体现。

为帮助海关和社会各有关方面更好地理解《归类管理规定》的背景和条款内容，现就《归类管理规定》作简要介绍：

### 一、《归类管理规定》出台的重要性与意义

进出口商品归类工作是海关各项业务工作的基础，几乎涉及全部海关业务，如关税征管、海关统计、贸易管制、海关缉私等方面。在《海关法》中的第四十二条规定："进出口货物的商品归类按照国家有关商品归类的规定确定。"因此，《归类管理规定》的出台具有十分重要的意义。

近年来，随着中国海关商品归类工作的不断开展和探索，商品归类工作的思路日趋成熟，管理模式不断完善。海关也在总结工作成果的基础上对归类工作体系、规章制度等方面进行了较大的调整，如根据海关总署令第 80 号对相对人实施了约束性预归类制度、商品归类决定对外公告制度，进出口商品规范申报制度等，这些制度的实施对管理相对人的义务和法律责任以及海关开展相关工作带来了很大的影响。

另外，海关也进一步转变职能，尽可能的为纳税义务人提供便捷通关，比如部分海关推出的电子预归类等，取得了很好的效果和社会影响。因此，《归类管理规定》的出台是在总结上述各项制度实施经验的基础上，系统地阐明了归类工作制度的法律地位，弥补部分商品归类制度在法规上的缺陷，进而提升了现有归类体系的法律层次。

### 二、条款解读

**第一条**　本条是关于《归类管理规定》立法目的和立法依据的规定。本条旨在说明《归类管理规定》规范的社会行为关

系，它是对进出口贸易过程中，确定海关商品归类的法律规范。通过此条款的规定，明确了《归类管理规定》的法律渊源是《海关法》和《关税条例》，强调了海关商品归类工作是纳税义务人根据海关商品归类的法律要求如实申报，海关根据商品归类的法律要求准确作出商品归类审核结果并保证结果统一性的行政行为。其中，《海关法》中第四十二条规定“进出口货物的商品归类按照国家有关商品归类规定确定”，《关税条例》中第三十一条规定“纳税义务人应当按照《税则》规定的目录条文和归类总规则、类注、章注、子目注释以及其他归类注释，对其申报的进出口货物进行商品归类，并归入相应的税则号列；海关应当依法审核确定该货物的商品归类”。上述两款明确规定了商品归类工作的工作依据，纳税义务人有义务按照国家有关商品归类的依据对其申报的进出口货物进行商品归类，以及海关是审核商品归类的法律赋予海关的神圣职责。

**第二条** 本条明确规定了商品归类的定义及进行商品归类的法律依据。此次在《归类管理规定》中是第一次对商品归类进行了完整的定义并呈现在海关的规章中。《归类管理规定》中关于商品归类的定义采用了中性的写法，也就是说海关、纳税义务人都必须按照定义的规定，依照条文中所列的法律依据开展商品归类工作。同时，在该条文中还明确了开展商品归类的法律依据，分别是《税则》、《进出口税则商品及品目注释》（以下简称《注释》）、《中华人民共和国进出口税则本国子目注释》（以下简称《本国子目注释》），以及海关总署发布的归类决定、归类裁定，上述规定是对《关税条例》的第三十一条“纳税义务人应当按照《税则》规定的目录条文和归类总规则、类注、章注、子目注释以及其他归类注释……”中提及商品归类的法律依据进行了细化和明确。

**第三条** 本条是关于《归类管理规定》适用范围的规定。本条旨在说明哪些情况下，开展商品归类工作需要适用本规定。根据本条的规定，进出口货物的商品归类适用本规定，进出境物品的归类并不适用本规定。同时，本条还特别规定了海关与纳税义务人在进行商品归类工作中所承担的义务。

**第四条** 本条是关于商品归类原则的规定。本条旨在说明纳税义务人和海关在进行商品归类工作是应坚持的指导思想和原则，即开展商品归类工作的过程中，所运用的依据必须是《归类管理规定》中列明的法律依据，对于进出口货物的属性认定也是要求从客观的角度出发，并保证商品归类的结果是准确的，相同商品的归类结果是统一的。

**第五条** 本条是关于确定进出口货物报验状态的规定。进行商品归类的基础是确定商品的报验状态，因此本条旨在明确报验状态的确定方法。海关总署公告 2002 年第 37 号对如何确定进出口货物报验状态进行了规定，在上述公告中除规定了一般贸易进出口货物报验状态的确定原则外，还对加工贸易和减免税货物报验状态的确定原则进行了规定。但随着我国对外贸易政策的不断调整，需要海关对确定商品的报验状态应有更加明确的规定，《归类管理规定》对报验状态的规定就是在此背景下做出的。《归类管理规定》规定了进出口货物报验状态确定的基本原则，同时为适应贸易发展的需要，《归类管理规定》还明确了除确定进出口货物报验状态的基本规定外的特殊规定由相应的法律、规章等单独规定。

**第六条** 本条是关于纳税义务人向海关进行申报进出口货物商品归类相关内容的原则规定。由于本规定是规范商品归类工作，调整商品归类工作流程的规章，因此本条主要从商品归类工作的角度提出纳税义务人应如实申报的内容，即进出口货物的商品名称、规格型号等商品属性的要素。而除此之外，此条还特别明确了纳税义务人必须要了解和掌握有关商品归类的行政法规和海关规章，并负有确定商品编码及向海关正确申报的义务。

**第七条** 本条是关于合并归类的要求。根据贸易的实际需要及交通运输实际情况等因素，许多商品在进出口过程中存在着以零部件的形式进口。当在同一运输工具上装载的零部件能够构成整体基本特征时，其运用的归类规则必须是将其按照整体归类，这也可以视作为《协调制度》归类总规则的一种延伸。海关和纳税义务人均不能因监管条件或税赋水平等问题将已构成整体特征的各项零部件分别按照零部件单独归类。但是，考虑到目前仓单管理的实际问题，实施合并归类必须要满足四个“同一”的条件。

**第八条** 本条是关于保密规定的条款。根据《海关法》、《关税条例》的规定，本条明确了海关有保守纳税义务人商业秘密的责任，同时增加了纳税义务人不得以商业秘密为理由拒绝向海关提供有关资料的条款。

海关作为国家的进出关境监督管理机关，在从事商品归类工作的过程中，因工作上的需要会接触到并掌握着大量的进出口企业的商业秘密。虽然《海关法》第七十二条、《关税条例》第七条都有海关应对纳税义务人的商业秘密予以保密的规定，但都比较原则。另外由于商品归类工作会更多涉及商品资料，因此在《归类管理规定》中对保守纳税义务人商业秘密作出较为具体的规定，明确海关应当按照国家有关规定承担保密义务，妥善保管涉及商业秘密的资料，强调了除法律、行政法规另有规定外，不得对外提供。

在实际工作中，有些纳税义务人以商业秘密为由拒绝向海关提供有关信息资料，影响到海关正确履行相关职责；有些纳税义务人则对海关能否真正为其保守商业秘密存有疑虑。为此，本条一方面规定海关应当承担保密义务；另一方面规定纳税义务人具有要求海关为其保守商业秘密的权利，但同时强调纳税义务人不得以商业秘密为由拒绝向海关提供有关资料。从法律规定上较好地保证了海关履行职责的需要和纳税义务人的切身利益。

关于商业秘密，《中华人民共和国反不正当竞争法》的第十条作了如下法律定义：商业秘密是指不为公众所知悉，能为权利人带来经济利益，具有实用性并经权利人采取保密措施的技术信息和经营信息。这一定义明确了构成商业秘密的四个要件：

一是不为公众所知悉；二是能够带来经济利益；三是具有现实的或潜在的实用价值；四是采取了保密措施。对于进出口货物来说，产品的成分、加工工艺等涉及商品属性的情况，都可能是纳税义务人的商业秘密。因此，除另有规定外，一般情况下海关对纳税义务人提交的有关单证和资料都不应擅自对外提供。

**第九条** 本条是对海关进行商品归类工作原则的规定。《归类管理规定》中第六条要求纳税义务人按照有关法律、行政法规和海关规章的规定如实向海关申报商品归类的信息，本条则要求海关按照有关法律、行政法规和海关规章的规定审核纳税义务人的申报内容。《归类管理规定》分别明确了双方在申报和审核方面各自的义务，而申报和审核所依据的规定基本是相同的，当然，海关审核还要遵守内部的有关操作规定。同时，本条还明确规定了海关在商品归类工作中所负的责任是对纳税义务人申报有关商品归类的信息进行审核。虽然根据实际工作的需要，海关可以为纳税义务人提供关于进行商品归类的指导，但是进行商品归类审核才是海关应付的职责。

本条强调海关应审核的是商品名称、规格型号、商品编码等，这是因为上述各项是商品归类申报的关键因素，同时也是容易发生申报错误的项目。此外，海关总署发布有关报关单填制规范及进出口商品规范申报等规定，也要求海关不但要审核纳税义务人申报的商品编码，同时还要对申报的有关商品的规格型号等信息进行审核。

**第十条** 本条是关于海关审核确定进出口货物的商品归类时所具有的权力。

商品归类工作的重点是通过分析商品的属性，然后根据归类规则，依照《归类管理规定》第二条中所列的法律依据对商品进行归类。相对于纳税义务人，海关对于需要进行归类商品的信息了解是十分有限的，因此为海关审核商品归类提供必要的商品信息收集手段是十分重要的。《海关法》第六条赋予海关查阅、复制有关资料的权利。在《归类管理规定》中，针对商品归类的工作特性，在此条款中明确了海关可以为了解商品属性而查阅、复制能够证明商品属性的资料和单证，还可以采取收集资料及实货认知等多种手段。

对货物的化验、检验，应选择经国家认证具有资质的商品化验、检验机构进行。没有资质的机构的化验、检验结果，法律上不被认可。实际工作中应当注意，不能认为只有海关系统的化验机构和质量检验检疫部门的检验机构才具有资质，更不能认为只有海关系统的化验机构作出的化验、检验结论才能作为依据。根据本条的规定，海关可以组织化验、检验，其含义是海关可以委托本系统的化验机构进行化验、检验，也可以委托具有资质的其他商品化验或检验机构进行化验、检验。如果出现两个鉴定结果不相同的情况时，应当以海关认可的鉴定结果作为确定商品归类的依据。即使其中一个是由海关系统的化验机构作出的鉴定结论，也应该本着科学的态度，实事求是地选择、认可更为准确的鉴定结果。

**第十一条** 本条是关于补充申报的条款。补充申报的目的是为了正确确定商品归类。由于影响商品归类的因素较多，而受报关单格式、栏目所限，很多商品归类所需要了解的情况无法在报关单上充分反映出来，因此在必要时，需由纳税义务人通过补充申报的方式向海关提供与申报货物有关的更为详细的情况，以便于海关人员据此分析、确定进出口货物的商品归类。例如，申报货物更为详细的规格、型号、成分、含量、技术参数、加工工序等情况。

与海关要求纳税义务人提供进出口货物的有关材料不同，补充申报属于正规的申报范畴。纳税义务人须填写补充申报单，并对补充申报的内容承担相应的法律责任。补充申报单具有与报关单同等的法律效力，如果纳税义务人不如实填报有关内容，海关将依法对其进行处罚。通常情况下，纳税义务人进行补充申报后，海关一般可不再要求纳税义务人进一步提供相关资料，除非补充申报单的内容仍然不能满足海关审核确定商品归类、完税价格和原产地等的需要。

补充申报的目的主要是为了弥补报关单申报内容不够详细的不足，使海关人员能够得到有关进出口货物的更多的信息，以便于正确确定相关货物的商品归类。因此，海关人员在根据纳税义务人补充申报的信息审核确定进出口货物的商品归类时，可以不对补充申报单的内容是否真实、正确作进一步实质性审核。但如果事后海关发现补充申报单的内容申报不实或故意伪瞒报的，可以根据有关规定对纳税义务人进行处罚。目前海关总署正在抓紧制定补充申报办法。

本条还对收发货人或其代理人故意隐瞒或拒绝提供有关资料的情况作出了处理方法。由于海关只有获取足够多的商品资料，才能做出准确的商品归类结果，以保证海关对进出口货物进行正确的监管。若由于收发货人或其代理人的原因导致了海关执法困难，那么海关为保证正确执法则会通过其他手段，依法审核确定商品归类。

**第十二条** 本条是对经海关审核认为纳税义务人申报商品归类错误情况的处理原则。《归类管理规定》作为海关一项关于商品归类工作的规章制度，与其他各项规章制度共同构建了海关的行政法规体系，在这个体系中各项法规规定的侧重点不同，《归类管理规定》对于涉及其他法规的规定，均采用指向性的写法。该条款对经海关审核发现纳税义务人申报有误或不符合有关规定而不能接受申报，应如何处置作出了规定。

**第十三条** 本条是对纳税义务人认为其商品归类有误情况的处理原则。同第十二条相同，本条款也采用了指向性的写法。本条规定，如果纳税义务人认为在报关单上填写的商品归类内容不准确，可以主动要求进行修改并重新申报，这种情况不属于补充申报。而具体的实施原则，本条则指向了《中华人民共和国海关进出口货物报关单修改和撤销管理办法》进行处置。

**第十四条** 本条是对因商品归类问题而引发的担保处理原则。货物实际进出口时，如果纳税义务人在海关对货物的商品归类审核完毕前，要求海关先放行货物，则应当向海关提供担保。但是，对于贸易管制类的商品，不在担保的范围内。具体的担保形式、操作方法等问题，海关总署目前正在进行制定海关担保条例。

**第十五条** 本条是对预归类的定义。为了给纳税义务人提供贸易便利化及降低其贸易成本，海关总署曾于2000年对外公布了约束性预归类的实施办法。近年来，随着我国经济的高速发展及经济全球化进程的进一步加快，原有的办法在一定程度上不能满足贸易形势发展的需要，存在执法随意性大、手续繁琐等弊端。

在吸收海关总署令第80号发布的《中华人民共和国海关进出口商品预归类暂行办法》内容的基础上，《归类管理规定》对预归类进行了重新的定义，对预归类的办理流程进行了重新构建。

预归类被设置为低于法律补充而高于一般性归类咨询的法律层级。预归类由纳税义务人启动，适用于法律法规已有明确规定的商品归类事项，其所载明的内容是法律法规所明确的或运用基本法律法规规则可以归入唯一商品编码的事项，在性质上属于指引性文件。相对人持有并提供“预归类决定书”的，就可以得到快速通关的便利，由于有明确规定的预归类申请能够及时由直属海关作出处理，基本可以满足企业对预归类货物快速通关的要求。同时，预归类的实施扩大了预归类的适用范围，使其包括加工贸易。另外，除了将没有明确规定的疑难问题提交到海关总署，大部分预归类申请能够及时由直属海关作出处理，满足了企业对预归类货物快速通关的要求。判定某项商品的归类是否属于明确规定的依据是《归类管理规定》第二条所列内容及最基本的商品归类规则。

预归类定义中还规定了申请预归类的条件，为保证海关公共资源能够得到有效的应用，《归类管理规定》中特别规定在货物实际进出口的45日前向海关申请预归类这一限定条件。根据这一条件，纳税义务人必须要向海关提供申请预归类的商品确属拟进出口货物的证明材料。

**第十六条** 本条对申请预归类的手续进行了规定，即通过向拟实际进出口货物所在地的直属海关递交填制好的格式化文书。与原先使用的约束性预归类相比，调整后的预归类需要向拟实际进出口货物所在地的直属海关进行申请。这是由于“预归类决定书”便捷通关的优惠措施只是在做出预归类的直属海关内有效。

**第十七条** 本条对海关制发“预归类决定书”的流程进行了规定。在制发“预归类决定书”的过程中，海关要对申请预归类决定的商品事项进行审核，判定申请预归类的事项是否在《税则》、《注释》等本条目中列明的法规中有明确规定。对于有明确规定的具体理解，其判定标准是：只有在商品归类定义中列明的才是有明确法律依据的商品归类事项，也就是说商品满足在《税则》条文中有具体列名的或由税则结构可以直接推出的；商品属《税则注释》通过具体列举方式列出的品目商品范围，且本国子目未对HS品目作进一步细分的；或本国子目对HS品目作进一步细分，且由税则结构可以直接推出的；商品与《本国子目注释》中所述商品相同的；商品与海关总署发布的关于商品归类的行政裁定、商品归类决定中所述商品相同的四项条件的就是有明确规定的商品归类事项。

为保证纳税义务人的贸易可预见性，《归类管理规定》特别规定了海关审核的时限。在接到纳税义务人提交的预归类申请后，海关将根据商品归类的审核要求进行初审。经审核，申请符合作出预归类的要求后，海关则接受预归类申请，并通过审核对申请事项属于明确规定的事项，在接受申请之日起15个工作日内制发“预归类决定书”。若海关经审核后认为预归类申请的事项不属于有明确规定的事项，则将按照《归类管理规定》第二十条的有关规定进行处理。

**第十八条** 本条是对“预归类决定书”应用的规定。预归类与业务咨询有着本质的区别。业务咨询的答复往往是口头的，即使有书面的，也仍然是仅供纳税义务人参考，最终要以货物实际进出口时的审核确定为准。预归类则完全不同，纳税义务人是以书面形式向海关提出预归类的申请，海关作出预归类决定后也是以书面形式告知纳税义务人。在货物实际进出口向海关申报时，只要实际进出口的货物与预归类提出时的情况完全一样，海关应当接受纳税义务人申报的商品归类事项。预审核决定与咨询答复的法律地位完全不同。因此，预审核应严格按规定程序、要求进行。

**第十九条** 本条是对错误或不再适用的“预归类决定书”处理的规定。“预归类决定书”不再适用有两种情况：“预归类决定书”所载内容错误或因依据发生变化导致预归类不再适用。对于“预归类决定书”所载内容存在错误的情况，根据错误发生的原因分为：因进出口货物收发货人或其代理人的原因导致做出的“预归类决定书”错误的和因海关审核原因造成“预归类决定书”错误的。对于上述因第一种原因造成的“预归类决定书”错误，则“预归类决定书”应被视为无效，一切因使用错误“预归类决定书”造成的损失均按照有关规定进行处理；对于因海关原因造成“预归类决定书”错误的，海关则应承担相应的责任。对于已制发的错误“预归类决定书”，海关应立即撤销“预归类决定书”。

另外，由于“预归类决定书”在性质上属于指引性文件，作为预归类援引的法律依据发生变化时，预归类是在对应的法规发生变化时立即失效，海关可以通过制发“预归类决定书撤销通知单”告知申请人，同时海关也可以根据同时失效的“预归类决定书”的数量，通过发布公告的方式告知相对人。但不论以何种形式通知相对人，相对人都有义务在“预归类决定书”依据的归类规定发生变化后，停止使用原“预归类决定书”。

**第二十条** 本条是对申请预归类的事项不属于有明确规定事项情况的处理。

对于经海关审核后认为是没有明确规定的预归类申请事项，海关应将有关结果反馈给纳税义务人，同时海关将建议纳税义务人对有关商品作出归类裁定。作为提高贸易预知性的另一手段，海关行政裁定是指海关在货物实际进出口前，应对外贸易经营者的申请，依据有关海关法律、行政法规和规章，对与实际进出口活动有关的海关事务作出的具有普遍约束力的决定。具体的实施办法可以按照《中华人民共和国海关行政裁定管理暂行办法》办理。

**第二十一条** 本条是明确了归类决定的定义。

商品归类决定的法律地位为商品归类的法律依据，可以视为对《税则》、《注释》以及《本国子目注释》的补充。商品归类行政决定由海关启动，不是针对具体的相对人作出，而是抽象行政行为。商品归类决定既可以适用法律法规无明确规定的事项，也可以是针对有明确规定的归类事项。

**第二十二条** 本条明确了海关总署是对外发布商品归类决定的单位。由于海关是商品归类决定的制定单位，自然由海关总署对外发布和解释商品归类决定。

**第二十三条** 本条是对归类决定失效情况的规定。由于商品归类决定也是依照有关商品归类的法律、行政法规等做出的，因此当归类决定援引的法律或法规发生变化的时候，其做出的解释相应的也会失去效力。但是由于商品归类决定作为法律依据，其生效与失效都要依照有关法律程序来进行。《归类管理规定》规定，在商品归类决定援引或依据的法规发生变化时，商品归类决定自动失效。海关总署作为做出商品归类的单位，应当将失效的归类决定及时对外公布。

**第二十四条** 本条是对错误的商品归类决定的处置原则。海关总署作为商品归类决定的做出单位，当发现做出的商品归类决定存在错误，应及时撤销商品归类决定，避免因错误商品归类决定造成的损失。

由于商品归类决定作为行政行为，其起效和失效均需要制发单位对外正式公布，因此其失效时间也就为撤销决定的公布时间。

**第二十五条** 本条是对因商品归类引发的税款计征等问题的处理原则。由于海关总署对因通关环节发生退补税问题的处理方法有明确的规定，因此本着运用更明确规定处理的原则，此条款规定了因商品归类引发的税款计征等问题按照相应的规定进行处理。

**第二十六条** 本条是关于法律责任的原则性规定，明确了违反《归类管理规定》规定行为的处罚依据。

本条规定可分为两个层次理解：首先违反本规定，已构成违反海关监管规定的行为或走私行为的，按照《海关法》、《中华人民共和国海关行政处罚实施条例》和其他有关法律、行政法规的规定处罚；其次违反本规定，构成犯罪的，应依法追究其刑事责任。

**第二十七条** 本条明确了《归类管理规定》的解释权。根据“谁立法，谁解释”的原则，由于《归类管理规定》是属于海关总署制定的部门规章，故应由海关总署负责解释。

**第二十八条** 本条是对《归类管理规定》施行日期的规定。另外，由于在《归类管理规定》中对预归类的流程等问题进行了重新的规定，因此海关总署令第 80 号发布的《中华人民共和国海关进出口商品预归类暂行办法》中对预归类的规定便失效了。本条采取明令废止的方式，宣布由海关总署发布的《中华人民共和国海关进出口商品预归类暂行办法》同时废止。

# 《中华人民共和国海关办理行政处罚简单案件程序规定》及解读

## 中华人民共和国海关办理行政处罚简单案件程序规定

**第一条** 为了规范海关办理行政处罚简单案件程序，根据《中华人民共和国行政处罚法》（以下简称《行政处罚法》）、《中华人民共和国海关法》、《中华人民共和国海关行政处罚实施条例》（以下简称《处罚条例》），制定本规定。

**第二条** 简单案件是指海关在行邮、快件、货管、保税监管等业务现场以及其他海关监管、统计业务中发现的违法事实清楚、违法情节轻微，经现场调查后，可以当场制发行政处罚告知单的违反海关监管规定案件。

**第三条** 简单案件程序适用于以下案件：

（一）适用《处罚条例》第十五条第一、二项规定进行处理的；

（二）适用《处罚条例》第二十条至第二十三条规定进行处理的；

（三）违反海关监管规定携带货币进出境，金额折合人民币20万元以下的；

（四）其他违反海关监管规定案件货物价值在人民币20万元以下，物品价值在人民币5万元以下的。

**第四条** 适用简单案件程序办理案件的，海关应当告知当事人。当事人应当根据海关要求提交有关单证材料。

**第五条** 适用简单案件程序办理案件的，海关应当当场立案，立即开展调查取证工作。

**第六条** 海关进行现场调查后，应当当场制发行政处罚告知单，并将行政处罚告知单交由当事人或者其代理人当场签收。

符合《行政处罚法》第三十三条规定的简单案件，可以不制发行政处罚告知单。

**第七条** 海关依法作出行政处罚决定或者不予行政处罚决定的，应当制发行政处罚决定书或者不予行政处罚决定书，送达当事人或者其代理人。

有下列情形之一的，海关可以当场制发行政处罚决定书，并当场送达当事人或者其代理人：

（一）当事人对被告知的事实、理由以及依据无异议，并填写“放弃陈述、申辩、听证权利声明”的；

（二）当事人对海关告知的内容提出陈述、申辩意见，海关能够当场进行复核且当事人对当场复核意见无异议的。

**第八条** 适用简单案件程序办理的案件，海关应当在立案后5个工作日以内制发行政处罚决定书。

**第九条** 适用简单案件程序办理的案件有下列情形之一的，海关应当终止适用简单案件程序，适用一般程序规定办理，并告知当事人：

（一）海关发现新的违法事实，认为案件需要进一步调查取证的；

（二）当事人对海关告知的内容提出陈述、申辩意见，海关无法当场进行复核的；

（三）海关当场复核后，当事人对海关的复核意见仍然不服的；

（四）当事人向海关提出听证申请的。

**第十条** 本规定中的“以下”、“以内”，均包括本数在内。

**第十一条** 本规定由海关总署负责解释。

**第十二条** 本规定自2010年4月1日起施行。

## 《中华人民共和国海关办理行政处罚简单案件程序规定》解读

《中华人民共和国海关办理行政处罚简单案件程序规定》（以下简称《规定》）已于2010年2月23日经海关总署署务会议审议通过，于2010年3月1日以海关总署第188号令对外公布，自2010年4月1日起施行。现就其中的有关内容作以下说明。

### 一、基本背景

近年来，随着进出口贸易量的不断增长和海关业务领域的逐步拓展，海关行政处罚案件数量呈现增长态势，2009年全国海关立案查处的违规类行政处罚案件超过38000起。如果按照普通案件办理程序办理所有案件，不仅加剧了海关现场人员不足与案件数量增长的矛盾，而且案件办理周期过长，当事人反映比较强烈，对海关进一步提高办案效率的呼声较高。部分海关针对一些案值较小、事实清楚、证据确凿的简单案件，通过简化内部审批程序，缩短办案周期，得到当事人的普遍好评。2007

年出台的《中华人民共和国海关办理行政处罚案件程序规定》（海关总署令第159号）对简单案件的处理程序作了原则规定，但对简单案件程序的适用范围、简单案件的办理时限及具体办理程序等问题未作出明确规定，在实践中难以有效地统一和规范简单案件的办理程序。在海关查处的案件中，符合简单案件标准，可以适用简单案件程序办理的案件数量占有较大的比例，其中2009年可以适用简单案件程序办理的案件为12972起，占案件总数的34%。因此，出台《规定》，对海关办理行政处罚简单案件程序作出明确规定，有利于统一和规范简单案件办理程序，防范执法风险，保证海关执法一致性，同时也有利于提高执法效率，维护当事人的合法权益。

### 二、简单案件的基本特征

简单案件办理程序是对《行政处罚法》规定的一般行政处罚案件办理程序的简化，实质上简化的是海关办理行政处罚案件的内部审批环节，对于与当事人直接相关的程序，如制发告知单、制发处罚决定书、送达等，海关不能随意简化。从《规定》第二条“简单案件”的定义可以看出，简单案件应当具备以下几个特征：一是案件违法事实清楚，违法情节轻微；二是能够当场制发行政处罚告知单；三是属于违反海关监管规定的案件，走私案件不能列入简单案件。

### 三、可以适用简单案件程序的案件

《规定》第三条规定的可以适用简单案件程序办理的案件主要包括两类：一类是不以涉案货物、物品价值作为罚款基数，可以直接依据《海关行政处罚实施条例》规定的罚款幅度进行处罚的案件，包括适用《海关行政处罚实施条例》第十五条第一、二项及第二十条至第二十三条规定进行处理的案件；另一类是案值较小的案件，包括违反海关监管规定超过国家规定限额携带货币进出境，涉案金额折合人民币20万元以下的案件，以及其他涉案货物价值在人民币20万元以下，涉案物品价值在人民币5万元以下的案件。

需要说明的是，符合上述规定的案件不一定最终都适用简单案件程序进行办理。《规定》第九条规定了在以下4种情况下，海关应当终止适用简单案件程序，适用一般程序规定办理，并告知当事人：一是海关发现新的违法事实，认为案件需要进一步调查取证的；二是当事人对海关告知的内容提出陈述、申辩意见，海关无法当场进行复核的；三是海关当场复核后，当事人对海关的复核意见仍然不服的；四是当事人向海关提出听证申请的。

### 四、关于简单案件程序的告知

一是《规定》第四条规定的适用简单案件程序的告知。这一告知发生在简单案件程序启动之前，主要是为了有效维护当事人的知情权和参与权。《规定》没有要求这一告知必须采用书面形式，但如果在告知适用简单案件程序的同时，要求当事人提供有关单证材料的，则海关应当通过书面形式予以告知。通常情况下，当事人根据要求提供的单证材料主要是为了便于海关当场开展调查并制发处罚告知单，主要包括“放弃陈述、申辩（听证）声明”，授权委托书，申报单证及随附单证，当事人陈述材料，当事人的营业执照或身份证件材料，涉案货物、物品的化验报告，鉴定结论，以及其他有关材料。

二是《规定》第六条规定的处罚告知。简单案件程序的处罚告知与一般办案程序的处罚告知除了前者在时间上必须做到当场制发行政处罚告知单外，两者在告知的形式、签收等其他方面并无区别，海关应当严格按照《行政处罚法》和《中华人民共和国海关办理行政处罚案件程序规定》履行告知义务。《规定》第六条第二款还规定了一种可以不制发行政处罚告知单的情形，即对公民处以50元以下，对法人或者其他组织处以1000元以下罚款或者警告行政处罚的简单案件，可以不进行书面告知。但此种情形下海关仍然要履行告知义务，作出处罚之前，应当通过其他形式（包括口头方式）告知当事人作出行政处罚决定的事实、理由和依据，并告知当事人依法享有的权利。

三是《规定》第九条规定的终止适用简单案件程序的告知。这一告知发生在简单案件程序启动之后，只要出现了该条规定的4种情形之一的，海关就应当终止适用简单案件程序。《规定》没有要求这一告知必须采用书面形式，但从前后一致的角度上说，终止适用简单案件程序的告知在形式上应当与适用简单案件程序的告知保持一致。

### 五、海关“当场”作出的行为

一是当场立案。《规定》第五条对此作了明确。

二是当场开展调查取证工作。虽然《规定》第五条规定的是“立即开展调查取证工作”，但在办案顺序上，调查取证发生在前，处罚告知发生在后，由于简单案件必须当场制发处罚告知单，因此当场开展调查取证工作应属题中应有之义。

三是当场制发行政处罚告知单。《规定》第二条、第六条对此作了明确。

四是当场送达行政处罚告知单。《规定》第六条虽然没有明确要求当场送达行政处罚告知单，但规定了海关应将行政处罚告知单交由当事人或者其代理人当场签收，由于送达与签收属于互相衔接和呼应的行为，当事人当场签收的前提是海关必须当场送达。

五是部分案件当场作出处罚决定。《规定》第六条第二款规定具备下列两种情形之一的，海关可以当场制发行政处罚决定书：当事人对被告知的事实、理由及依据无异议，并填写“放弃陈述、申辩、听证权利声明”；当事人对海关告知的内容提出陈述、申辩意见，海关能够当场进行复核且当事人对当场复核意见无异议的。

### 六、关于办案期限

我国现行法律法规对行政处罚案件的办案期限没有作出明确规定，但海关行政处罚案件的调查期限一般不超过3个月。经过立法调研并结合部分海关办理简单案件的实践经验，《规定》第九条规定“适用简单案件程序办理的案件，海关应当在立案后5个工作日以内制发行政处罚决定书”，这一规定既可以有效保证办案质量，同时也充分考虑了不同关区的执法实践。

# 海关主要通关规定

## 进出口货物价格、归类、原产地补充申报规定

（海关总署公告　2009年第49号）

为规范进出口申报行为，确保申报行为的准确性和有效性，根据《中华人民共和国海关法》、《中华人民共和国进出口关税条例》、《中华人民共和国进出口货物原产地条例》、《中华人民共和国海关进出口货物申报管理规定》及其他有关法律、行政法规及规章的规定，现就进出口货物价格、归类、原产地补充申报有关问题公告如下：

一、本公告所称的补充申报是指进出口货物的收发货人、受委托的报关企业（以下分别简称收发货人、报关企业）依照海关有关行政法规和规章的要求，在《中华人民共和国海关进（出）口货物报关单》（以下简称报关单）之外采用补充申报单的形式，向海关进一步申报为确定货物完税价格、商品归类、原产地等所需信息的行为。《中华人民共和国海关进出口货物优惠原产地管理规定》（海关总署令第181号）规定的补充申报，按照该署令办理。

二、有下列情形的，收发货人、报关企业应当向海关进行补充申报：

（一）海关对申报时货物的价格、商品编码等内容进行审核时，为确定申报内容的完整性和准确性，要求进行补充申报的。

海关对申报货物的原产地进行审核时，为确定货物原产地准确性，要求收发货人提交原产地证书，并进行补充申报的。

（二）海关对已放行货物的价格、商品编码和原产地等内容进行进一步核实时，要求进行补充申报的。

三、收发货人、报关企业可以主动向海关进行补充申报，并在递交报关单时一并提交补充申报单。

四、补充申报的申报单包括《中华人民共和国海关进出口货物价格补充申报单》（见附件1）、《中华人民共和国海关进出口货物商品归类补充申报单》（见附件2）、《中华人民共和国海关进出口货物原产地补充申报单》（见附件3）以及海关行政法规和规章规定的其他补充申报单证。

收发货人、报关企业应按要求如实、完整地填写补充申报单，并对补充申报内容的真实性、准确性承担相应的法律责任。补充申报的内容是对报关单申报内容的有效补充，不得与报关单填报的内容相抵触。

五、根据本公告第二条的规定需要进行补充申报的，海关应当书面通知收发货人、报关企业，收发货人、报关企业应当在收到海关书面通知之日起5个工作日内向海关办理补充申报手续，海关行政法规和规章另有规定的除外。

收发货人、报关企业在规定时限内未能按要求进行补充申报的，海关可根据已掌握的信息，按照有关规定确定进口货物的完税价格、商品编码和原产地。

六、本公告内容自2009年10月1日起实行。海关总署公告2007年第51号同时废止。

特此公告。

附件：1.《中华人民共和国海关进出口货物价格补充申报单》样式及填报说明

2.《中华人民共和国海关进出口货物商品归类补充申报单》样式及填报说明

3.《中华人民共和国海关进出口货物原产地补充申报单》样式及填报说明

二〇〇九年八月十日

**附件 1**

## 中华人民共和国海关进出口货物价格补充申报单

补充申报单编号：

| 报关单号 | | 报关单第　　项商品 | |
|---|---|---|---|
| 商品名称 | | 商品编码 | |
| 规格型号 | | | |
| 品　　牌 | 中文： | 英文： | |
| 买　　方 | 名称： | 联系人： | |
| | 地址： | 电话： | |
| 卖　　方 | 名称： | 联系人： | |
| | 地址： | 电话： | |
| 生产厂商 | 名称： | 联系人： | |
| | 地址： | 电话： | |
| 合同协议号 | | 签约日期 | |
| 发票编号 | | 发票日期 | |

| 进口货物部分 | |
|---|---|
| 一、买卖双方之间的关系 | (一) 买卖双方之间存在以下关系： |
| | [　　] 买卖双方为同一家族成员； |
| | [　　] 买卖双方互为商业上的高级职员或董事； |
| | [　　] 一方直接或间接地受另一方控制； |
| | [　　] 买卖双方都直接或间接地受第三方控制； |
| | [　　] 买卖双方共同直接或间接地控制第三方； |
| | [　　] 一方直接或间接地拥有控制或持有对方 5%或以上的公开发行的有表决权的股票或股份； |
| | [　　] 一方是另一方雇员、高级职员或董事； |
| | [　　] 买卖双力是同一合伙的成员。 |
| | 以上关系是否影响进口货物的成交价格？　□是　□否 |
| | 如有影响，那么进口货物的成交价格 |
| | [　　] 与同时或大约同时向境内无特殊关系的买方出售的相同或类似货物的成交价格相近； |
| | [　　] 与同时或大约同时相同或类似货物的倒扣价格相近； |
| | [　　] 与同时或大约同时相同或类似货物的计算价格相近； |
| | [　　] 没有以上相近的价格。 |
| | 如有以上相近的价格，请提供相关证明资料。 |
| | (二) 买卖双方无以上任何一种关系。　□是　□否 |

<table>
<tr><td rowspan="8">二、交易的条件</td><td colspan="5">（一）买方处置或使用货物时是否受到除行政法规规定的限制以及对货物销售地域限制以外的限制？ □是 □否</td></tr>
<tr><td colspan="5">（二）货物的价格是否受到使货物的成交价格无法确定的条件或因素的影响？ □是 □否</td></tr>
<tr><td colspan="5">如果上述任一问题的回答为“是”，请说明限制、条件或因素的内容：<br>[ ]</td></tr>
<tr><td colspan="5">如果影响货物成交价格的条件或因素可以以客观量化数据表示，请将其填写在三（二）栏中。</td></tr>
<tr><td colspan="5">（三）买方是否应直接或间接支付与进口货物有关并作为货物销售条件的特许权使用费？ □是 □否</td></tr>
<tr><td colspan="5">（四）卖方是否直接或间接从买方对该货物进口后销售、处置或者使用所得中获得收益？ □是 □否</td></tr>
<tr><td colspan="5">如存在以上特许权使用费和收益的支付，且其金额在进口时不能确定的，请说明：<br>[ ]</td></tr>
<tr><td colspan="5"></td></tr>
<tr><td colspan="3" rowspan="2">三、费用状况</td><td colspan="3">币 制</td></tr>
<tr><td>单位金额</td><td>总金额</td><td>备注</td></tr>
<tr><td colspan="3">（一）发票价格</td><td></td><td></td><td></td></tr>
<tr><td colspan="3">（二）间接支付的货款</td><td></td><td></td><td></td></tr>
<tr><td rowspan="14">（三）未包括在发票价格中的费用和价值</td><td rowspan="3">1. 买方负担的费用：</td><td>（1）除购货佣金以外的佣金和经纪费</td><td></td><td></td><td></td></tr>
<tr><td>（2）与该货物视为一体的容器费用</td><td></td><td></td><td></td></tr>
<tr><td>（3）包装材料和包装劳务费用</td><td></td><td></td><td></td></tr>
<tr><td rowspan="4">2. 与进口货物的生产和销售有关的，由买方以免费或者以低于成本的方式提供的货物或服务：</td><td>（1）进口货物包含的材料、部件、零件和类似货物</td><td></td><td></td><td></td></tr>
<tr><td>（2）在生产进口货物过程中使用的工具、模具和类似货物</td><td></td><td></td><td></td></tr>
<tr><td>（3）在生产进口货物过程中消耗的材料</td><td></td><td></td><td></td></tr>
<tr><td>（4）在境外进行的为生产进口货物所需的工程设计、技术研发、工艺及制图等相关服务</td><td></td><td></td><td></td></tr>
<tr><td colspan="2">3. 特许权使用费 — 参见第二（三）栏</td><td></td><td></td><td></td></tr>
<tr><td colspan="2">4. 卖方直接或间接从买方对货物进口后转售、处置或使用所得中获得的收益 — 参见第二（四）栏</td><td></td><td></td><td></td></tr>
<tr><td rowspan="3">5. 货物运抵境内输入地点起卸前的费用：</td><td>（1）运输费用</td><td></td><td></td><td></td></tr>
<tr><td>（2）运输相关费用</td><td></td><td></td><td></td></tr>
<tr><td>（3）保险费</td><td></td><td></td><td></td></tr>
</table>

<table>
<tr><td colspan="4">出口货物部分</td></tr>
<tr><td rowspan="2"></td><td colspan="3">币制</td></tr>
<tr><td>单位金额</td><td>总金额</td><td>备注</td></tr>
<tr><td>一、发票价格</td><td></td><td></td><td></td></tr>
<tr><td>二、间接收取的货款</td><td></td><td></td><td></td></tr>
<tr><td colspan="4">三、出口关税是否已经从申报价格中扣除？ □是 □否</td></tr>
<tr><td colspan="4">其他需要说明的情况（可另附页）</td></tr>
<tr><td colspan="4"></td></tr>
</table>

<table>
<tr><td>申报申明：对本申报单各项填报内容及所附单证的真实性和完整性承担法律责任，并愿意提供与海关估价有关的其他任何资料或单证，如有不实，由海关按有关规定处理。</td><td rowspan="8">海关批注：</td></tr>
<tr><td>对以上申报内容是否需要海关予以保密？<br>□是　　　□ 否</td></tr>
<tr><td></td></tr>
<tr><td>申报人签名：<br>填制日期：</td></tr>
<tr><td>单位地址：<br>申报单位：</td></tr>
<tr><td>邮编：<br>□进出口货物收发货人</td></tr>
<tr><td>电话：<br>□ 委托申报的报关企业</td></tr>
<tr><td>（盖章）</td></tr>
</table>

## 填报说明

**一、总体说明：**

（一）《中华人民共和国海关进出口货物价格补充申报单》（简称《价格补充申报单》）应由货物收发货人或其委托的报关企业填写。

（二）每一张《价格补充申报单》应填写一项商品，对应一份报关单，海关另做要求的除外。一份报关单中涉及多项商品需进行补充申报，一张报关单可对应多份《价格补充申报单》。

（三）补充申报单编号栏由海关填写。

（四）凡《价格补充申报单》中有“□”符号的选择项目，根据选择情况在“是”或“否”后面的“□”中打“√”号。

（五）在《中华人民共和国海关审定进出口货物完税价格办法》中已有解释的有关概念在以下说明中不再重复解释。

（六）阅读本说明以后，仍无法准确填报的，请及时向海关人员询问。

**二、表头栏目填报说明：**

（一）“补充申报单编号”由海关编号，申报单位无需填写。

（二）“报关单号”应填写补充申报单所对应的报关单编号。

（三）“报关单第　项”是指作补充申报的商品在报关单中的排列序号，该项目与报关单中该商品的“项号”一致。

（四）“商品名称”为补充申报的货物规范的中英文商品名称，内容应与报关单相应项目相符。

（五）“商品编码”按海关规定的商品归类规则确定的货物的商品编码，该项目应与报关单填报内容一致。

（六）“规格型号”应尽可能详细，内容应与报关单相应项目相符。

（七）“品牌”应填写补充申报商品的中英文品牌。

（八）“买方”应填写中英文全名，主要办公地点地址、联系人姓名以及联系电话。

（九）“卖方”应填写中英文全名，主要办公地点地址、联系人姓名以及联系电话。

（十）“生产厂商”指货物的生产企业，该栏须填写其中英文全名，主要办公地点地址、联系人姓名以及联系电话。

（十一）“合同协议号”应与报关单填报内容一致

（十二）“签约日期”指贸易合同签订的日期。

（十三）“发票编号”指卖方销售有关货物开出的商业发票编号。

（十四）“发票日期”指卖方开具发票的日期。

**三、进口货物部分填报说明：**

（一）第一栏“买卖双方之间的关系”

1. 第（一）栏 买卖双方之间如果存在该栏目所列举的 8 种关系之一的，请在相应的关系类型前□中用“√”标记，并进一步回答“以上关系是否影响进口货物的成交价格”。

2. 如果买卖双方之间存在的关系影响了进口货物的成交价格，应进一步回答其成交价格与所列举的3种价格中的哪一个相近，如有相近价格的，请提供相关证明材料；如果没有相近价格的，应在相应选项前用“√”标识。

3. 如果买卖双方之间没有以上任何一种关系的，应填写第（二）栏，并用“√”标记。

（二）第二栏“交易的条件”

1. 第（一）栏 如果买方在处置或者使用进口货物时，受到非列举限制项目之外的限制，应选择“是”；否则，应选择“否”。

2. 第（二）栏如果货物的价格受到使货物的成交价格无法确定的条件或因素的影响的，包括货物的价格是以约定的定价公式来确定而在进口时结算价格尚未确定的，应选择“是”；如果没有，应选择“否”。

3. 第（一）栏和第（二）栏两个问题中任何一个回答为“是”的，都需要加以说明。如可以客观量化数据表示的，应将有关数据填写在第三（二）栏。

4. 第（三）栏如果在申报价格外买方还需要向卖方支付与进口货物相关，并且作为该货物销售条件的特许权使用费的，应选择“是”，并将有关数据填写第三（三）栏第3项中；如果没有，应选择“否”。

5. 第（四）栏如果卖方获得因买方销售、处置或者使用进口货物而产生的任何收益，不管是直接的还是间接的，应选择“是”，并填写第三（三）栏第4项。

6. 如果存在第（三）栏和第（四）栏所指的特许权费和收益支付，且其金额在进口时尚不能确定的，应进行详细说明。

（三）第三栏“费用状况”

该栏目为进口货物成交价格的各种费用调整项目申报栏，每一个费用项目都应当填报“单位金额”、“总金额”和“备注”三个栏目。

1. “币制”是指买方支付费用时采用的货币。以下各费用栏目申报的“单位金额”、“总金额”在填报时应采用统一的币制，如实际支付采用多种不同币制的，在申报时应换算为统一的币制。

2. “单位金额”是指按照公认会计原则分摊到每件补充申报货物上的费用。“总金额”是指补充申报货物在该费用项目下的费用总额。

3. 如果在费用项目下没有费用产生，或者虽然有费用产生但无法提供客观可量化数据的，应在“单位金额”和“总金额”中填写“/”表明无数据填报，并在“备注”栏中注明无申报的原因。

4. 第（一）栏“发票价格”指进行补充申报的该项商品在向海关申报随附商业发票上的总金额。

5. 第（二）栏“间接支付的货款”指未包含在发票金额内的，买方根据卖方的要求支付给第三方，或者冲抵买卖双方之间的其他资金往来的款项。

6. 第（三）栏第2项（1）、(2)、(3)、(4）四项费用应采用合理方式，按公认的会计原则分摊到补充申报的货物上，并在“备注”栏中注明分摊方法，提供分摊计算说明。

7. 第（三）栏第3项“特许权使用费”在补充申报时未能确定的，应在“备注”栏注明，并提供有关资料和说明。

8. 如果能确定“特许权使用费”金额但需要进行分摊的，应采用合理方式，按公认的会计原则分摊到补充申报的货物上，并在“备注”栏中注明分摊方法，提供分摊计算说明。

9. 第（三）栏第4项有关收益在补充申报时未能确定的，应在“备注”栏注明，并提供有关资料和说明。

10. 第（三）栏第5项（2）应包括货物运抵境内输入地点起卸前发生的与货物运输有关的搬运费、仓储费以及滞期费等。

**四、出口货物部分填报说明**

（一）第（一）栏“发票价格”指进行补充申报的该项商品在向海关申报随附商业发票上的总金额。

（二）第（二）栏“间接收取的货款”指未包含在发票金额内的，买方根据卖方的要求支付给第三方，或者冲抵买卖双方之间的其他资金往来的款项。

（三）第（三）栏，如果在向海关申报时，出口关税已经从申报价格中扣除的，应选择“是”；否则，应选择“否”。

五、其他

（一）如以上栏目还未能充分说明补充申报货物成交价格情况的，可以在“其他需要说明的情况”栏进行说明，空间不足的还可另附页说明。

（二）“申报人签字”由货物收发货人或其委托申报的报关企业授权填报本《补充申报单》的人签字；申报单位盖章应加盖申报人单位公章，受委托申报的报关企业填报该表时必须提交书面委托书。

（三）“对以上申报内容是否需要海关予以保密？”是填报人对于补充申报内容保密要求的选项。如填报人认为本表填报内容涉及商业秘密，可以要求海关对其填报内容予以保密。

（四）海关批注栏指供海关内部作业时签注的总栏目，由海关关员填写。

附件 2

## 中华人民共和国海关进出口货物商品归类补充申报单

补充申报单编号：

<table>
<tr><td>报关单号</td><td colspan="3"></td><td colspan="4">报关单第　　项商品</td></tr>
<tr><td>商品名称</td><td colspan="3"></td><td>商品编号</td><td colspan="3"></td></tr>
<tr><td>规格型号</td><td colspan="7"></td></tr>
<tr><td>品　　牌</td><td colspan="3">中文：</td><td colspan="4">英文：</td></tr>
<tr><td rowspan="2">买　　方</td><td colspan="3">名称：</td><td colspan="4">联系人：</td></tr>
<tr><td colspan="3">地址：</td><td colspan="4">电话：</td></tr>
<tr><td rowspan="2">卖　　方</td><td colspan="3">名称：</td><td colspan="4">联系人：</td></tr>
<tr><td colspan="3">地址：</td><td colspan="4">电话：</td></tr>
<tr><td rowspan="2">生产厂商</td><td colspan="3">名称：</td><td colspan="4">联系人：</td></tr>
<tr><td colspan="3">地址：</td><td colspan="4">电话：</td></tr>
<tr><td>合同协议号</td><td colspan="3"></td><td>签约日期</td><td colspan="3"></td></tr>
<tr><td>发票编号</td><td colspan="3"></td><td>发票日期</td><td colspan="3"></td></tr>
<tr><td>商品其他名称</td><td colspan="4"></td><td colspan="2">进/出口国（地区）<br>海关商品编码</td><td></td></tr>
<tr><td colspan="8">该商品是否取得过海关预归类决定书？　　□是　　□否<br>如选择“是”，请填写以下 3 项。</td></tr>
<tr><td>预归类决定书<br>编号</td><td></td><td>预归类决定书<br>商品编码</td><td></td><td colspan="2">作出预归类决定的<br>直属海关</td><td colspan="2"></td></tr>
<tr><td colspan="8">该商品是否曾被海关取样化验？　　□是　　□否</td></tr>
<tr><td colspan="8">请按以下选中项填写相关说明：<br>□a 成分及比例　□b 原料及组成　□c 生产/加工工艺　□d 构成　□e 技术参数　□f 具体规格<br>□g 工作原理　□h 车型、排量　□i 功能　□j 用途　□k 加工程度　□l 性能指标　□m 其他信息</td></tr>
<tr><td colspan="8"></td></tr>
<tr><td colspan="8">请在此填写（请注明上述相应选项项号，也可在本申报单后随附）：</td></tr>
<tr><td colspan="6">申报申明：对本申报单各项填报内容及所附单证的真实性和完整性承担法律责任，并愿意提供与海关归类有关的其他任何资料和单证，如有不实，由海关按有关规定处理。<br>对上申报内容是否需要海关予以保密？　　□是　□否<br>申报人签名：　　填报日期：<br>单位地址：　　申报单位：<br>邮编：　　□ 进出口货物收发货人；<br>电话：　　□ 委托申报的报关企业<br>（盖章）</td><td colspan="2">海关批注：</td></tr>
</table>

## 填报说明

**一、总体说明：**

（一）《中华人民共和国海关进出口货物商品归类补充申报单》（以下简称《归类补充申报单》）应当由进出口货物收货人或者其委托的报关企业填写。

（二）每一份《归类补充申报单》只能填写一项商品，对应一份报关单。如一份报关单中涉及多项商品需要进行补充申报原产地情况的，一份报关单可以对应多份《归类补充申报单》。

（三）除特殊说明的栏目外，《归类补充申报单》每一栏目均应填写。

（四）凡《归类补充申报单》中有“□”符号的选择项目，根据实际情况在选择项目前面的“□”中打“√”号。

（五）在已有法规中已有对商品归类相关的解释、概念在以下说明中不再重复解释。

（六）阅读本说明后，仍然无法准确填报的，请及时向海关有关工作人员询问。

**二、具体栏目填报说明：**

（一）“补充申报单编号”由海关填写。

（二）“报关单号”应填写补充申报单所对应的报关单编号。

（三）“报关单第　项”是指作补充申报的商品在报关单中的排列序号，该项目与报关单中该商品的“项号”一致。

（四）“商品名称”为补充申报的进口货物规范的中英文商品名称，内容应当与报关单相应项目相符。

（五）“商品编码”应填报由《中华人民共和国进出口税则》确定的进出口货物的税则号列和《中华人民共和国海关统计商品目录》确定的商品编码，以及符合海关监管要求的附加编号组成的10位商品编码，该项目应与报关单填报内容一致。

（六）“规格型号”内容应当与报关单相应栏目相符，但应当比报关单所填报的规格型号内容更详细全面。

（七）“品牌”栏根据实际情况，有中英文的则填写中英文，仅有一种的则填一种。

以上“规格型号”、“品牌”栏要求填写的项目较多，如果填写空间不够，应当选择能够反映进出口货物特征的主要项目填写。对部分重点商品海关将以清单形式明确商品规格型号及品牌的填制规范。

（八）“买方”是指直接与境外的卖方谈判达成交易，自行或者委托具有对外贸易经营权的企业与卖方签订并实际执行合同的我国境内法人或其他组织。买方也就是成交单位，同时也可以是经营单位。该栏目必须填写中英文全名，主要办公地点地址、联系人姓名以及联系电话。

（九）“卖方”指与买方谈判达成交易，并直接与成交单位或与成交单位委托的经营单位签订进口货物销售合同的境外法人或其他组织。卖方就是成交外商，也可以是生产厂商。该栏目必须填写中英文全名，主要办公地点地址、联系人姓名以及联系电话。

（十）“生产厂商”指进口货物的生产企业，该栏目必须填写其中英文全名、主要办公地点地址、联系人姓名以及联系电话。

（十一）“合同协议号”应与报关单填报内容一致。

（十二）“发票编号”填写生产厂商销售货物开出的商业发票编号。如果涉及反倾销商品，本栏目必须填写原产商发票。

（十三）“商品其他名称”填写除《报关单》中商品名称以外的其他名称：如俗名、习惯称谓、商业名称、外文名称等。

（十四）“进/出口国（地区）海关商品编码”填写进出口该商品的国家或地区海关确定的商品编码，如果不清楚可以不填。

（十五）“该商品是否取得过海关预归类决定书”栏，应根据实际选择，如果该商品曾取得过海关的预归类决定书，还应填写“预归类决定书编号”“商品编码”“作出预归类决定的海关”相关内容。

（十六）“该商品是否曾被海关取样化验”栏，请根据实际选择。

（十七）“请按选中项填写相关说明”栏，请根据海关要求或企业希望主动提供资料的实际情况进行选择，并在空白栏处按选中项目的字母顺序逐项如实填写，也可在申报单后随附提供。

（十八）“申报申明”栏中，申报人签字由进出口货物收货人或者其委托的报关企业填报人签字；申报单位盖章应当加盖申报人单位公章，报关企业填报该表时必须提交由进出口货物收发货人出具的书面委托书。

（十九）“海关批注”栏指供海关内部作业时签注的总栏目，由海关关员手工填写在纸质《补充申报单》上。

**附件 3**

## 中华人民共和国海关进出口货物原产地补充申报单

补充申报单编号：

<table>
<tr><td>报关单号</td><td colspan="2"></td><td colspan="4">报关单 第　　项商品</td></tr>
<tr><td>商品名称<br>（中英文）</td><td colspan="2"></td><td>商品编号</td><td colspan="3"></td></tr>
<tr><td>规格型号</td><td colspan="2"></td><td>标记唛头</td><td colspan="3"></td></tr>
<tr><td>品　　牌</td><td colspan="3">中文：</td><td colspan="3">英文：</td></tr>
<tr><td rowspan="2">买　　方</td><td colspan="3">名称：</td><td colspan="3">联系人：</td></tr>
<tr><td colspan="3">地址：</td><td colspan="3">电话：</td></tr>
<tr><td rowspan="2">买　　方</td><td colspan="3">名称：</td><td colspan="3">联系人：</td></tr>
<tr><td colspan="3">地址：</td><td colspan="3">电话：</td></tr>
<tr><td rowspan="2">生产厂家</td><td colspan="3">名称：</td><td colspan="3">联系人：</td></tr>
<tr><td colspan="3">地址：</td><td colspan="3">电话：</td></tr>
<tr><td>合同协议号</td><td colspan="2"></td><td>签约日期</td><td colspan="3"></td></tr>
<tr><td>发票编号</td><td colspan="2"></td><td>发票日期</td><td colspan="3"></td></tr>
<tr><td>运输方式</td><td colspan="6">☐ 联运　　☐ 空运　　☐ 海运　　☐ 陆运</td></tr>
<tr><td>直接运输</td><td colspan="2">☐ 是　　☐否</td><td colspan="2">中转国（地区）</td><td colspan="2"></td></tr>
<tr><td>到货口岸</td><td colspan="2"></td><td colspan="2">申报口岸</td><td colspan="2"></td></tr>
<tr><td>提单编号</td><td colspan="6"></td></tr>
<tr><td>原产国（地区）</td><td></td><td>原产国（地区）<br>标记的位置</td><td colspan="4">☐ 外包装　　☐ 内包装　　☐ 产品本体　　☐ 无</td></tr>
<tr><td>原产地证书签<br>发机构及所在<br>国家（地区）</td><td colspan="2"></td><td colspan="2">原产地证书编号</td><td colspan="2"></td></tr>
<tr><td>适用的原产地<br>标准</td><td colspan="6">☐完全获得　　☐税号改变　　☐制造或加工工序　　☐从价百分比　　☐混合标准　　☐其他标准</td></tr>
<tr><td colspan="7">其他需要说明的情况（针对上述项目需要进一步说明的）：</td></tr>
<tr><td colspan="6">申报申明：对本申报单各项填报内容及所附单证的真实性和完整性承担法律责任，并愿意提供与海关归类有关的其他任何资料和单证，如有不实，由海关按有关规定处理。<br>对上申报内容是否需要海关予以保密？　　☐是　　☐ 否<br>申报人签名：　　填报日期：<br>单位地址：　　申报单位：<br>邮编：　　☐ 进出口货物收发货人；<br>电话：　　☐ 委托申报的报关企业<br>（盖章）</td><td>海关批注：</td></tr>
</table>

## 填报说明

**一、总体说明：**

（一）《中华人民共和国海关进出口货物原产地补充申报单》（以下简称《原产地补充申报单》）应当由进出口货物收货人或者其委托的报关企业填写。

（二）每一份《原产地补充申报单》只能填写一项商品，对应一份报关单。如一份报关单中涉及多项商品需要进行补充申报原产地情况的，一份报关单可以对应多份《原产地补充申报单》。

（三）除特殊说明的栏目外，《原产地补充申报单》每一栏目均应填写。

（四）凡《原产地补充申报单》中有“□”符号的选择项目，根据实际情况在选择项目前面的“□”中打“√”号。

（五）在原产地相关管理规定中已有解释的有关概念在以下说明中不再重复解释。

（六）阅读本说明后，仍然无法准确填报的，请及时向海关有关工作人员询问。

**二、具体栏目填报说明：**

（一）“补充申报单编号”由海关填写。

（二）“报关单号”应填写补充申报单所对应的报关单编号。

（三）“报关单 第 项”是指作补充申报的商品在报关单中的排列序号，该项目与报关单中该商品的“项号”一致。

（四）“商品名称”为补充申报的进口货物规范的中英文商品名称，内容应当与报关单相应项目相符。

（五）“商品编码”应填报由《中华人民共和国进出口税则》确定的进出口货物的税则号列和《中华人民共和国海关统计商品目录》确定的商品编码，以及符合海关监管要求的附加编号组成的10位商品编码，该项目应与报关单填报内容一致。

（六）“规格型号”内容应当与报关单相应栏目相符，但应当比报关单所填报的规格型号内容更详细全面。

（七）“标记唛头”指标记唛码中除图形以外的文字、数字。

（八）“品牌”栏根据实际情况，有中英文的则填写中英文，仅有一种的则填一种。

以上“规格型号”、“品牌”栏要求填写的项目较多，如果填写空间不够，应当选择能够反映进出口货物特征的主要项目填写。对部分重点商品海关将以清单形式明确商品规格型号及品牌的填制规范。

（九）“买方”是指直接与境外的卖方谈判达成交易，自行或者委托具有对外贸易经营权的企业与卖方签订并实际执行合同的我国境内法人或其他组织。买方也就是成交单位，同时也可以是经营单位。该栏目必须填写中英文全名，主要办公地点地址、联系人姓名以及联系电话。

（十）“卖方”指与买方谈判达成交易，并直接与成交单位或与成交单位委托的经营单位签订进口货物销售合同的境外法人或其他组织。卖方就是成交外商，也可以是生产厂商。该栏目必须填写中英文全名，主要办公地点地址、联系人姓名以及联系电话。

（十一）“生产厂商”指进口货物的生产企业，该栏目必须填写其中英文全名、主要办公地点地址、联系人姓名以及联系电话。

（十二）“合同协议号”应与报关单填报内容一致。

（十三）“发票编号”填写生产厂商销售货物开出的商业发票编号。如果涉及反倾销商品，本栏目必须填写原产商发票。

（十四）“运输方式”栏，按照实际情况在“□”内打“√”，如果是采用“联运”方式的，除了在“联运”前的“□”内打“√”外，还要确定具体的运输方式，如海陆联运的，则选“联运”、“海运”、“陆运”三个选项。

（十五）“直接运输”栏，按照实际情况在“□”内打“√”，如非直接运输，还应在“中转国（地区）”栏中，填写实际中转国（地区）名称。

（十六）“中转国（地区）”指货物在运输过程中因需要而中间停留、变换运输工具或方式的国家或地区，有多个则填写多个。

（十七）“到货口岸”指进口货物到达我国关境的第一个口岸。

（十八）“申报口岸”指进口货物办理报关手续的口岸。

（十九）“提单编号”填写进口货物运输全过程中所有的提单编号。

（二十）“原产国（地区）”指依据《中华人民共和国进出口货物原产地条例》、《中华人民共和国海关关于执行〈非优惠原产地规则中实质性改变标准〉的规定》以及海关总署关于各项优惠贸易协定原产地管理规章规定的原产地确定标准填报。

（二十一）“原产地证书签发机构及所在国家（地区）”按实际情况如实填写，有中英文的则按中英文填写。如果涉及反倾销商品，本栏目必须填写。

（二十二）“适用原产地标准”栏应当依据《中华人民共和国进出口货物原产地条例》（国务院令第416号）和《中华人

民共和国海关关于〈关于非优惠原产地规则中实质性改变标准的规定〉》（海关总署令第 122 号）的有关规定进行选择。

（二十三）“其他需要说明的情况”栏填写在其他栏目中不能说明清楚的问题，空间不足的还可另附页说明。

（二十四）“申报申明”栏中，申报人签字由进出口货物收货人或者其委托的报关企业填报人签字；申报单位盖章应当加盖申报人单位公章，报关企业填报该表时必须提交由进出口货物收发货人出具的书面委托书。

（二十五）“海关批注”栏指供海关内部作业时签注的总栏目，由海关关员手工填写在纸质《补充申报单》上。

# 海关总署关于启用补充申报管理系统的公告

（海关总署公告　2012 年第 42 号）

为配合通关作业无纸化改革，提高通关效率，进一步规范进出口补充申报行为，根据海关总署公告 2009 年第 49 号，海关总署开发了补充申报管理系统（以下简称系统），对通关过程的补充申报进行电子化管理。现就启用系统的相关问题公告如下：

一、进出口货物的收发货人、受委托的报关企业（以下分别简称收发货人、报关企业）主动向海关进行补充申报的，应在向海关申报电子数据报关单时，一并通过系统向海关申报电子数据补充申报单。

二、海关在对进出口货物申报时的价格、商品编码、原产地等内容审核的过程中，要求收发货人、报关企业进行补充申报的，可通过系统发送电子指令通知收发货人、报关企业向海关申报电子数据补充申报单。

三、收发货人、报关企业应当在收到海关补充申报电子指令之日起 5 个工作日内，通过系统向海关申报电子数据补充申报单。法律、行政法规和海关规章另有规定的除外。

四、电子数据补充申报单经海关审核通过后，收发货人、报关企业应当打印纸质补充申报单（一式两份）签名盖章后递交现场海关。适用通关作业无纸化通关方式申报的补充申报单，无需递交纸质补充申报单。

五、电子数据补充申报单的修改、撤销等比照报关单的有关管理规定办理。

六、海关对已放行货物的价格、商品编码、原产地等内容进行进一步核实时，要求收发货人、报关企业进行补充申报的，应当制发《补充申报通知书》（具体格式见附件）书面通知收发货人、报关企业。收发货人、报关企业采用纸质补充申报单进行申报。

七、本公告内容自 2012 年 9 月 20 日起执行。

特此公告。

附件：补充申报通知书

二〇一二年八月二十八日

**附件**

**补充申报通知书**

________________：

为进一步确定进出口货物的完税价格、商品归类、原产地，请对编号为________________报关单的第______项商品办理补充申报手续。请填写：

□《进出口货物价格补充申报单》

□《进出口货物归类补充申报单》

□《进口货物原产地补充申报单》

并于　　年　　月　　日前向我关提交。逾期未提交的，我关将根据有关规定进行处置。

__________海关（印）

经办人：　　　　日期：

**回　执**

我司于　　年　　月　　日收到关于编号为________________报关单的第______项商品的《补充申报通知书》，我司将于　　年　　月　　日前向海关提交有关补充申报单。

经办人：__________单位（印）

# 海关通关系统常用代码表及说明

## 监管方式代码表及说明

### 监管方式代码表

| 监管方式代码 | 监管方式简称 | 监管方式全称 |
|---|---|---|
| 0110 | 一般贸易 | 一般贸易 |
| 0130 | 易货贸易 | 易货贸易 |
| 0139 | 旅游购物商品 | 用于旅游者5万美元以下的出口小批量订货 |
| 0200 | 料件销毁 | 加工贸易料件、残次品（折料）销毁 |
| 0214 | 来料加工 | 来料加工装配贸易进口料件及加工出口货物 |
| 0245 | 来料料件内销 | 来料加工料件转内销 |
| 0255 | 来料深加工 | 来料深加工结转货物 |
| 0258 | 来料余料结转 | 来料加工余料结转 |
| 0265 | 来料料件复出 | 来料加工复运出境的原进口料件 |
| 0300 | 来料料件退换 | 来料加工料件退换 |
| 0314 | 加工专用油 | 国营贸易企业代理来料加工企业进口柴油 |
| 0320 | 不作价设备 | 加工贸易外商提供的不作价进口设备 |
| 0345 | 来料成品减免 | 来料加工成品凭征免税证明转减免税 |
| 0400 | 边角料销毁 | 加工贸易边角料、副产品（按状态）销毁 |
| 0420 | 加工贸易设备 | 加工贸易项下外商提供的进口设备 |
| 0444 | 保区进料成品 | 按成品征税的保税区进料加工成品转内销货物 |
| 0445 | 保区来料成品 | 按成品征税的保税区来料加工成品转内销货物 |
| 0446 | 加工设备内销 | 加工贸易免税进口设备转内销 |
| 0456 | 加工设备结转 | 加工贸易免税进口设备结转 |
| 0466 | 加工设备退运 | 加工贸易免税进口设备退运出境 |
| 0500 | 减免设备结转 | 用于监管年限内减免税设备的结转 |
| 0513 | 补偿贸易 | 补偿贸易 |
| 0544 | 保区进料料件 | 按料件征税的保税区进料加工成品转内销货物 |
| 0545 | 保区来料料件 | 按料件征税的保税区来料加工成品转内销货物 |
| 0615 | 进料对口 | 进料加工（对口合同） |
| 0642 | 进料以产顶进 | 进料加工成品以产顶进 |

| 监管方式代码 | 监管方式简称 | 监管方式全称 |
|---|---|---|
| 0644 | 进料料件内销 | 进料加工料件转内销 |
| 0654 | 进料深加工 | 进料深加工结转货物 |
| 0657 | 进料余料结转 | 进料加工余料结转 |
| 0664 | 进料料件复出 | 进料加工复运出境的原进口料件 |
| 0700 | 进料料件退换 | 进料加工料件退换 |
| 0715 | 进料非对口 | 进料加工（非对口合同） |
| 0744 | 进料成品减免 | 进料加工成品凭征免税证明转减免税 |
| 0815 | 低值辅料 | 低值辅料 |
| 0844 | 进料边角料内销 | 进料加工项下边角料转内销 |
| 0845 | 来料边角料内销 | 来料加工项下边角料内销 |
| 0864 | 进料边角料复出 | 进料加工项下边角料复出口 |
| 0865 | 来料边角料复出 | 来料加工项下边角料复出口 |
| 1039 | 市场采购 | 市场采购 |
| 1139 | 国轮油物料 | 中国籍运输工具境内添加的保税油料、物料 |
| 1200 | 保税间货物 | 海关保税场所及保税区域之间往来的货物 |
| 1210 | 保税电商 | 保税跨境贸易电子商务 |
| 1215 | 保税工厂 | 保税工厂 |
| 1233 | 保税仓库货物 | 保税仓库进出境货物 |
| 1234 | 保税区仓储转口 | 保税区进出境仓储转口货物 |
| 1239 | 保税电商 A | 保税跨境贸易电子商务 A |
| 1300 | 修理物品 | 进出境修理物品 |
| 1371 | 保税维修 | 保税维修 |
| 1427 | 出料加工 | 出料加工 |
| 1500 | 租赁不满 1 年 | 租期不满 1 年的租赁贸易货物 |
| 1523 | 租赁贸易 | 租期在 1 年及以上的租赁贸易货物 |
| 1616 | 寄售代销 | 寄售、代销贸易 |
| 1741 | 免税品 | 免税品 |
| 1831 | 外汇商品 | 免税外汇商品 |
| 2025 | 合资合作设备 | 合资合作企业作为投资进口设备物品 |
| 2210 | 对外投资 | 对外投资 |
| 2225 | 外资设备物品 | 外资企业作为投资进口的设备物品 |
| 2439 | 常驻机构公用 | 外国常驻机构进口办公用品 |
| 2600 | 暂时进出货物 | 暂时进出口货物 |
| 2700 | 展览品 | 进出境展览品 |
| 2939 | 陈列样品 | 驻华商业机构不复运出口的进口陈列样品 |
| 3010 | 货样广告品 | 进出口的货样广告品 |
| 3039 | 货样广告品 B | 无经营权单位进出口的货样广告品 |
| 3100 | 无代价抵偿 | 无代价抵偿进出口货物 |
| 3239 | 零售电商 | 跨境电子商务零售 |
| 3339 | 其他进出口免费 | 其他进出口免费提供货物 |

| 监管方式代码 | 监管方式简称 | 监管方式全称 |
|---|---|---|
| 3410 | 承包工程进口 | 对外承包工程进口物资 |
| 3422 | 对外承包出口 | 对外承包工程出口物资 |
| 3511 | 援助物资 | 国家和国际组织无偿援助物资 |
| 3611 | 无偿军援 | 无偿军援 |
| 3612 | 捐赠物资 | 进出口捐赠物资 |
| 3910 | 军事装备 | 军事装备 |
| 4019 | 边境小额 | 边境小额贸易（边民互市贸易除外） |
| 4039 | 对台小额 | 对台小额贸易 |
| 4139 | 对台小额商品交易市场 | 进入对台小额商品交易专用市场的货物 |
| 4200 | 驻外机构运回 | 我驻外机构运回旧公用物品 |
| 4239 | 驻外机构购进 | 我驻外机构境外购买运回国的公务用品 |
| 4400 | 来料成品退换 | 来料加工成品退换 |
| 4500 | 直接退运 | 直接退运 |
| 4539 | 进口溢误卸 | 进口溢卸、误卸货物 |
| 4561 | 退运货物 | 因质量不符、延误交货等原因退运进出境货物 |
| 4600 | 进料成品退换 | 进料成品退换 |
| 5000 | 料件进出区 | 料件进出海关特殊监管区域 |
| 5010 | 特殊区域研发货物 | 海关特殊监管区域与境外之间进出的研发货物 |
| 5014 | 区内来料加工 | 海关特殊监管区域与境外之间进出的来料加工货物 |
| 5015 | 区内进料加工货物 | 海关特殊监管区域与境外之间进出的进料加工货物 |
| 5033 | 区内仓储货物 | 加工区内仓储企业从境外进口的货物 |
| 5034 | 区内物流货物 | 海关特殊监管区域与境外之间进出的物流货物 |
| 5100 | 成品进出区 | 成品进出海关特殊监管区域 |
| 5200 | 区内边角调出 | 用于区内外非实际进出境货物 |
| 5300 | 设备进出区 | 设备及物资进出海关特殊监管区域 |
| 5335 | 境外设备进区 | 海关特殊监管区域从境外进口的设备及物资 |
| 5361 | 区内设备退运 | 海关特殊监管区域设备及物资退运境外 |
| 6033 | 物流中心进出境货物 | 保税物流中心与境外之间进出仓储货物 |
| 9600 | 内贸货物跨境运输 | 内贸货物跨境运输 |
| 9610 | 电子商务 | 跨境贸易电子商务 |
| 9639 | 海关处理货物 | 海关变卖处理的超期未报货物、走私违规货物 |
| 9700 | 后续补税 | 无原始报关单的后续补税 |
| 9739 | 其他贸易 | 其他贸易 |
| 9800 | 租赁征税 | 租赁期 1 年及以上的租赁贸易货物的租金 |
| 9839 | 留赠转卖物品 | 外交机构转售境内或国际活动留赠放弃特批货物 |
| 9900 | 其他 | 其他 |

# 监管方式代码表说明

进出口货物海关监管方式（以下简称监管方式），即现行进出口货物报关单“监管方式”，是以国际贸易中进出口货物的交易方式为基础，结合海关对进出口货物的征税、统计及监管条件综合设定的海关对进出口货物的管理方式。

由于海关对不同监管方式下进出口货物的监管、征税、统计作业的要求不尽相同，因此为满足海关管理的要求，H2010通关管理系统的监管方式代码采用四位数字结构，其中前两位是按海关监管要求和计算机管理需要划分的分类代码，后两位为海关统计代码。

**●一般贸易**

一、定义与代码

一般贸易是指我国境内有进出口经营权的企业单边进口或单边出口的贸易。

本监管方式代码“0110”，简称“一般贸易”。

二、适用范围

（一）本监管方式包括：

1. 以正常交易方式成交的进出口货物。

2. 贷款援助的进出口货物。

3. 外商投资企业进口供加工内销产品的料件。

4. 外商投资企业用国产原材料加工成品出口或采购产品出口。

5. 供应外国籍船舶、飞机等运输工具的国产燃料、物料及零配件。

6. 保税仓库进口供应给中国籍国际航行运输工具使用的燃料、物料等保税货物。

7. 境内企业在境外投资以实物投资带出的设备、物资。

8. 来料养殖、来料种植进出口货物。

（二）本监管方式不适用：

1. 进出口货样广告品，监管方式为“货样广告品”（3010）、“货样广告品B”（3039）。

2. 没有对外贸易经营资格的单位获准临时进出口货物，监管方式为“其他贸易”（9739）。

3. 境外劳务合作项目，对方以实物产品抵偿我劳务人员工资所进口的货物（如钢材、木材、化肥、海产品等），对外承包工程期间在国外获取及在境外购买的设备、物资等，监管方式为“承包工程进口”（3410）。

**●易货贸易**

一、定义与代码

易货贸易是指不通过货币媒介而直接用出口货物交换进口货物的贸易。

本监管方式代码“0130”，简称“易货贸易”。

二、适用范围

本监管方式仅适用于易货贸易经营企业在核准的范围内易货贸易进出口货物。

以下情况不适用本监管方式：

（一）对台小额贸易中签订易货合同的贸易，监管方式为“对台小额”（4039）。

（二）边境小额贸易企业易货贸易进出口货物，监管方式为“边境小额”（4019）。

**●旅游购物商品**

一、定义与代码

旅游购物商品是指境外旅游者用自带外汇购买的或委托境内企业托运出境5万美元以下的旅游商品或小批量订货。

本监管方式代码“0139”，简称“旅游购物商品”。

二、适用范围

以下情况不适用本监管方式：

（一）出口5万美元以上的旅游购物商品。出口旅游商品5万美元以上的，有进出口经营权的企业，按“一般贸易”（0110）申报出口；没有进出口经营权的企业，按“其他贸易”（9739）申报出口。

（二）入境旅游者（包括外籍运输工具服务人员）自带出境用外汇购买的旅游纪念品、工艺品、中药材和中成药，由出境地海关旅检部门按照规定限值、限量办理。

**●料件销毁、边角料销毁**

一、定义与代码

（一）料件销毁，监管方式代码“0200”，全称“加工贸易料件、残次品（折料）销毁”，简称“料件销毁”。

（二）边角料销毁，监管方式代码“0400”，全称“加工贸易边角料、副产品（按状态）销毁”，简称“边角料销毁”。

二、适用范围

（一）料件销毁适用于加工贸易企业因故无法内销或者退运而作销毁处置且未因处置获得收入的料件、残次品，其中残次品应按单耗折成料件。

（二）边角料销毁适用于加工贸易企业因故无法内销或者退运而作销毁处置且未因处置获得收入的边角料、副产品。

**●来料加工**

一、定义与代码

来料加工是指进口料件由境外企业提供，经营企业不需要付汇进口，按照境外企业的要求进行加工或者装配，只收取加工费，制成品由境外企业销售的经营活动。

本监管方式代码“0214”，简称“来料加工”。

二、适用范围

（一）本监管方式包括：

1. 来料加工项下进口的料件和加工出口的成品。

2. 设立保税工厂的加工贸易企业来料加工进口料件和出口成品。

（二）以下情况不适用本监管方式：

1. 国营企业代理来料加工企业进口加工生产用柴油，监管方式为“加工专用油”（0314）。

2. 由特定企业以加工贸易进口原油加工成品油，不返销出境，供应国内市场的，监管方式为“进料以产顶进”（0642）。

3. 进口5000美元以下的78种列名辅料，监管方式为“低值辅料”（0815）。

**●加工贸易保税货物深加工结转**

一、定义与代码

加工贸易保税货物深加工结转是指来料加工、进料加工经营企业将保税进口料件加工的产品不直接出口，在境内结转给另一个加工贸易企业再加工后复出口。

来料深加工结转货物监管方式代码“0255”，简称“来料深加工”。

进料深加工结转货物监管方式代码“0654”，简称“进料深加工”。

二、适用范围

（一）本监管方式适用：

1. 非海关特殊监管区域加工贸易经营企业之间来料、进料深加工货物结转。

2. 非海关特殊监管区域加工贸易经营企业转自海关特殊监管区域加工贸易经营企业加工的货物。

（二）本监管方式不适用：

1. 保税区、保税物流园区等海关特殊监管区域之间结转的货物，监管方式为“保税间货物”（1200）。

2. 出口加工区企业生产的产品结转至其他出口加工区或非海关特殊监管区域加工复出口，加工区企业转出、转入报关单监管方式为“成品进出区”（5100）。

3. 经营企业进料加工产品转给享受减免税优惠的企业，监管方式为“进料成品减免”（0744）。

**●加工贸易余料结转**

加工贸易余料结转是指加工贸易企业在经营来料加工、进料加工的加工复出口业务过程中剩余的、可以继续用于加工制成品的加工贸易进口料件，结转到同一经营单位、同一加工企业、同样进口料件和同一加工监管方式的另一个加工贸易合同项下继续加工复出口。

来料余料结转监管方式代码“0258”，简称“来料余料结转”。

进料余料结转监管方式代码“0657”，简称“进料余料结转”。

**●加工贸易料件复出**

一、定义与代码

加工贸易料件复出是指来料加工、进料加工进口的保税料件因品质、规格等原因退运，以及加工过程中产生的剩余料件、边角料、废料退运出境。

来料加工料件复出监管方式代码“0265”，简称“来料料件复出”。

来料加工边角料复出监管方式代码“0865”，简称“来料边角料复出”。

进料加工料件复出监管方式代码“0664”，简称“进料料件复出”。

进料加工边角料复出监管方式代码“0864”，简称“进料边角料复出”。

二、适用范围

（一）加工贸易料件复出适用：

1. 来料加工、进料加工进口的保税料件因品质、规格等原因退运，以及加工过程中产生的剩余料件、边角料、废料退运出境。

2. 经营企业因加工贸易出口产品售后服务需要，申请出口加工贸易手册项下进口的保税料件。

（二）本监管方式不适用：

加工贸易进口料件、剩余料件及边角料、废料复运出境后更换同类货物进口，监管方式为“来料料件退换”（0300）、“进料料件退换”（0700）。

**●加工贸易货物退换**

一、定义与代码

（一）加工贸易料件退换

加工贸易料件退换是指来料、进料加工进口的保税料件因品质、规格等原因退运出境，更换料件复进口。

来料加工料件退换监管方式代码“0300”，简称“来料料件退换”。

进料加工料件退换监管方式代码“0700”，简称“进料料件退换”。

（二）加工贸易成品退换

加工贸易成品退换是指来料、进料加工出口的成品因品质、规格或其他原因退运进境，经加工、维修或更换同类商品复出口。

来料加工成品退换监管方式代码“4400”，简称“来料成品退换”。

进料加工成品退换监管方式代码“4600”，简称“进料成品退换”。

二、适用范围

本监管方式不适用于来料加工、进料加工过程中产生的剩余料件、边角料、废料退运出境，以及进口料件因品质、规格等原因退运出境且不再更换同类货物进境。这几类货物分别适用以下监管方式：来料料件复出（0265）、来料边角料复出（0865）、进料料件复出（0664）、进料边角料复出（0864）。

●加工贸易保税货物转内销

包括以下监管方式：来料料件内销（0245）、来料成品减免（0345）、进料料件内销（0644）、进料成品减免（0744）、进料边角料内销（0844）、来料边角料内销（0845）。

一、定义与代码

（一）加工贸易保税料件转内销是指经营企业来料、进料加工过程中产生的剩余料件或用剩余料件生产的制成品、半成品、残次品及受灾保税货物，经批准转为国内销售，不再加工复出口，包括海关事后发现有关企业擅自转内销并准予补办进口手续的货物。

来料加工料件转内销监管方式代码“0245”，简称“来料料件内销”。

进料加工料件转内销监管方式代码“0644”，简称“进料料件内销”。

（二）加工贸易保税货物减免是指来料、进料加工成品在境内销售给凭征免税证明进口货物的企业。

来料加工成品转减免监管方式代码“0345”，简称“来料成品减免”。

进料加工成品转减免监管方式代码“0744”，简称“进料成品减免”。

（三）加工贸易边角料内销是指经批准在境内销售的来料、进料加工过程中有形损耗产生的、仍有商业价值的边角料，包括来料、进料加工副产品。

来料加工边角料转内销监管方式代码“0845”，简称“来料边角料内销”。

进料加工边角料转内销监管方式代码“0844”，简称“进料边角料内销”。

二、适用范围

（一）加工贸易保税货物内销监管方式适用于边角料、剩余料件、残次品、副产品和受灾保税货物。

1. 边角料，是指加工贸易企业经营来料加工、进料加工业务，在海关核定的单耗内、加工过程中产生的、无法再用于加工该合同项下出口制成品的数量合理的废、碎及下脚料件。

2. 剩余料件，是指加工贸易企业在经营业务过程中剩余的、可以继续用于加工制成品的加工贸易进口料件。

3. 残次品，是指加工贸易企业经营来料加工、进料加工业务，在生产过程中产生的有严重缺陷或者达不到出口合同标准，无法复出口的制品（包括完成品和未完成品）。

4. 副产品，是指加工贸易企业经营来料加工、进料加工业务，在加工生产出口合同规定的制成品（即主产品）过程中同时产生的且出口合同未规定应当复出口的一个或者一个以上的其他产品。

5. 受灾保税货物，是指加工贸易企业经营业务过程中，因不可抗力原因或者其他经海关审核认可的正当理由造成灭失、短少、损毁等导致无法复出口的保税进口料件和制品。

（二）以下情况不适用加工贸易保税货物转内销的监管方式：

1. 特定企业以加工贸易的方式进口原油炼制成品油，不返销出境而供应国内市场，监管方式为“进料以产顶进”（0642）。

2. 保税区、出口加工区加工贸易转内销货物，监管方式为“保区进料料件”（0544）、“保区来料料件”（0545）。

3. 企业擅自内销加工贸易保税货物，按走私或违规处理的。

●加工专用油

加工专用油是指指定国营贸易企业代理来料加工企业进口来料加工生产用柴油。

本监管方式代码“0314”，简称“加工专用油”。

●加工贸易设备

包括以下监管方式：不作价设备（0320）、加工贸易设备（0420）、加工设备内销（0446）、加工设备结转（0456）、加工设备退运（0466）。

一、定义与代码

（一）外商提供的加工贸易不作价设备是指境外企业与境内企业开展来料、进料加工业务，外商免费向境内加工贸易经营单位提供加工生产所需设备，境内经营单位不需支付外汇、不需用加工费或差价偿还。

外商提供的加工贸易不作价设备监管方式代码“0320”，简称“不作价设备”。

（二）加工贸易设备是指来料加工、进料加工贸易项下外商作价提供、不扣减企业投资总额的进口设备。

加工贸易设备监管方式代码“0420”，简称“加工贸易设备”。

（三）加工贸易设备转内销是指在海关监管期内的加工贸易免税进口设备经批准转售给境内非加工贸易企业。

加工贸易设备转内销监管方式代码“0446”，简称“加工设备内销”。

（四）加工贸易设备结转是指海关监管期内的加工贸易免税进口设备经批准转让给另一加工企业，或从本企业一本《加工贸易手册》结转入另一本《加工贸易手册》。

加工贸易设备结转监管方式代码“0456”，简称“加工设备结转”。

（五）加工贸易设备退运是指加工贸易免税进口设备退运出境。

加工贸易设备退运监管方式代码“0466”，简称“加工设备退运”。

二、适用范围

以下情况不适用本监管方式：

（一）暂时进口（期限在半年以内）加工贸易生产所需不作价设备（限模具、单台设备），按暂时进口货物办理。

（二）外商投资企业投资总额内资金进口的设备，监管方式“合资合作设备”（2025）、“外资设备物品”（2225）。

（三）外商投资企业自有资金（投资总额以外）进口设备，监管方式“一般贸易”（0110）。

（四）出口加工区的设备进口、退运及结转，分别适用“境外设备进区”（代码 5335）、“区内设备退运”（代码 5361）和“设备进出区”（代码 5300）。

**●监管年限内减免税设备结转**

一、定义与代码

监管年限内减免税设备结转是指进口企业在减免税设备监管年限内转让给另一享受减免税待遇的企业。

本监管方式代码“0500”，简称“减免设备结转”。

二、适用范围

本监管方式不适用于加工贸易项下进口设备结转给另一加工贸易企业，监管方式为“加工设备结转”（0456）。

**●保税区加工贸易内销货物**

保税区进料加工、来料加工的加工成品不复运出境，转为国内使用，按征税方式区分，适用以下监管方式：

一、区内加工企业来料、进料加工全部用境外运入料件加工的制成品销往非保税区，以及来料、进料加工内销制成品所含进口料件的品名、数量、价值难以区分的，按照制成品征税，监管方式为：

（一）按成品征税的保税区来料加工成品转内销货物，监管方式代码“0445”，简称“保区来料成品”。

（二）按成品征税的保税区进料加工成品转内销货物，监管方式代码“0444”，简称“保区进料成品”。

二、区内企业来料、进料加工用含有部分境外运入料件加工的制成品销往非保税区时，对其制成品按照所含进口料件征税，监管方式为：

（一）按料件征税的保税区来料加工成品转内销货物，监管方式代码“0545”，简称“保区来料料件”。

（二）按料件征税的保税区进料加工成品转内销货物，监管方式代码“0544”，简称“保区进料料件”。

**●补偿贸易**

一、定义与代码

补偿贸易是指由境外厂商提供或者利用国外出口信贷进口生产技术或设备，我方企业（包括外商投资企业）进行生产，以返销其产品的方式分期偿还对方技术、设备价款或贷款本息的交易方式。包括经经贸主管部门批准，使用该企业（包括企业联合体）所生产的其他产品返销给对方，进行间接补偿。

补偿贸易偿还对方技术、设备价款或贷款本息的方式一般有两种：

（一）产品出口先偿还设备价款，还清本息后再出口收汇。

（二）设备价款本息在每批出口货物价款中扣还一部分，直到还清为止。

本监管方式代码“0513”，简称“补偿贸易”。

二、适用范围

本监管方式包括补偿贸易中对方有偿或免费提供的机器设备、模具等。

本监管方式不包括：

（一）直接用国内产品同国外厂商交换设备、料件或成品，以货换货，监管方式为“易货贸易”（0130）。

（二）出口产品收取外汇，监管方式为“一般贸易”（0110）。

（三）在补偿贸易合同中同时订有来料加工合同的，来料加工合同部分，监管方式为“来料加工”（0214）。

**●进料加工贸易**

一、定义与代码

进料加工贸易，是指进口料件由经营企业付汇进口，制成品由经营企业外销出口的经营活动。

进料加工贸易按照对外签约形式分为“进料加工非对口合同”和“进料加工对口合同”。

进料加工非对口合同是指我方有外贸进出口经营权的企业动用外汇购买进口原料、材料、元器件、零部件、配套件和包装物料（以下简称料件），加工成品或半成品再返销出口的交易形式。

本监管方式代码“0715”，简称“进料非对口”。

进料加工对口合同是指买卖双方分别签订进出口对口合同，料件进口时，我方先付料件款，加工成品出口时再向对方收取出口成品款项的交易形式，包括动用外汇的对口合同或不同客户的对口的联号合同，以及对开信用证的对口合同。

本监管方式代码“0615”，简称“进料对口”。

境外客户为境内企业加工复出口产品提供进口 5000 美元及以下、数量零星的辅料或包装物料，以及数量合理直接用于服装生产车间的小型易耗性生产工具。

本监管方式代码“0815”，简称“低值辅料”。

二、适用范围

（一）本监管方式包括：

1. 进料加工项下进口料件和加工出口产品。

2. 设立保税工厂的加工贸易企业进料加工进口料件和出口成品。

（二）本监管方式不适用出口加工区加工贸易进出口货物，其监管方式为“区内进料加工货物”（5015）。

**●加工贸易成品油以产顶进**

加工贸易成品油以产顶进是指特定企业以加工贸易形式进口原油，加工供国内市场的成品油。

本监管方式代码“0642”，简称“进料以产顶进”。

**●市场采购**

一、定义与代码

市场采购贸易方式是指由符合条件的经营者在经国家商

务主管等部门认定的市场集聚区内采购的，单票报关单商品货值在15万（含15万）美元以下，并在采购地办理出口商品通关手续的贸易方式。

二、适用范围

以下出口商品不适用市场采购贸易方式：

（一）国家禁止、限制出口的商品；

（二）未在经认定的市场聚集区内采购的商品；

（三）未经市场采购商品认定体系确认的商品；

（四）使用现金结算的商品；

（五）贸易管制主管部门确定的不适用市场采购贸易方式的商品。

**●国轮油物料**

一、定义与代码

国轮油物料指中国籍国际航行的运输工具在境内添加的保税仓库进口仓储的油料、物料。

本监管方式代码“1139”，简称“国轮油物料”。

二、适用范围

本监管方式适用于从保税仓库提取，供应航行国际航线的中国籍船舶、民用航空器等运输工具的进口燃料、物料及零配件等。

本监管方式不适用从设在非海关特殊监管区域的保税仓库提取，供应航行国际航线的外国籍船舶、飞机等运输工具的进口燃料、物料，监管方式为“保税仓库货物”（1233）。

**●保税区间及保税仓库间货物结转**

一、定义与代码

保税区间及保税仓库间货物结转是指保税区、保税物流园区、出口加工区、出口监管仓库、保税仓库、保税物流中心（A、B型）等海关特殊监管区域、保税监管场所间往来的货物。

本监管方式代码“1200”，简称“保税间货物”。

二、适用范围

本监管方式不适用出口加工区间结转货物，不同出口加工区企业结转货物适用“成品进出区”（5100）和“料件进出区”（5000）。

**●保税电商**

一、定义与代码

保税电商，监管方式代码“1210”，全称“保税跨境贸易电子商务”，简称“保税电商”。

二、适用范围

本监管方式适用于境内个人或电子商务企业在经海关认可的电子商务平台实现跨境交易，并通过海关特殊监管区域或保税监管场所进出的电子商务零售进出境商品［海关特殊监管区域、保税监管场所与境内区外（场所外）之间通过电子商务平台交易的零售进出口商品不适用该监管方式］。

**●保税仓库进出境仓储、转口货物**

一、定义与代码

保税仓库进出境仓储及转口货物，指从境外进口直接存入保税仓库和保税仓库出境的仓储、转口货物，以及出口监管仓库出境的货物。

本监管方式代码“1233”，简称“保税仓库货物”。

二、适用范围

（一）本监管方式适用于经批准设立的保税仓库进出境和出口监管仓库出境货物。包括从保税仓库提取用于外国籍国际航行运输工具的物料。

（二）下列情况不适用本监管方式：

1. 保税仓库、出口监管仓库进口自用的货架、办公用品、管理用具、运输车辆、搬运、起重和包装设备，以及改装用的机器等，监管方式为“一般贸易”（0110）。

2. 从保税仓库提取用于本国籍运输工具或用于维修境内设备的仓储货物，按进口申报，监管方式为“一般贸易”（0110）。

3. 保税仓库进境货物销往境内，按货物运出保税仓库的实际用途填报相应的监管方式。

4. 境内存入出口监管仓库和出口监管仓库退仓货物，分各种监管方式。

5. 保税区、保税物流中心进出境仓储、转口货物，监管方式分别为“保税区仓储转口”（1234）、“物流中心进出境货物”（6033）。

6. 保税仓库货物出仓运往境内其他地方转为正式进口的，在仓库主管海关办结出仓报关手续，填制出口报关单，监管方式填写“1200”，进口报关单按实际进口监管方式填报。

7. 保税仓库寄售维修零部件申请免税出仓的，进口报关单贸易方式应为“无代价抵偿货物”（代码为“3100”）。

**●保税区进出境仓储、转口货物**

一、定义与代码

保税区进出境仓储、转口货物是指从境外存入保税区、保税物流园区和从保税区、保税物流园区运出境的仓储、转口货物。

本监管方式代码“1234”，简称“保税区仓储转口”。

二、适用范围

下列情况不适用本监管方式：

（一）保税区、保税物流园区除仓储、转口货物以外的其他进出境货物，按实际监管方式填报。

（二）从境内非海关特殊监管区域、保税监管场所运入保税区、保税物流园区的货物，按实际监管方式填报。

从境内非海关特殊监管区域、保税监管场所运入保税区、保税物流园区的货物退回境内，按实际监管方式填报。

（三）从保税区、保税物流园区运往境内非海关特殊监管区域、保税监管场所的货物，按实际监管方式填报。

**●保税电商A**

一、定义与代码

保税电商A，监管方式代码“1239”，全称“保税跨境贸易电子商务A”，简称“保税电商A”。

二、适用范围

本监管方式适用于境内电子商务企业通过海关特殊监管区域或保税物流中心（B型）一线进境的跨境电子商务零售进口商品。

**●寄售代销贸易**

一、定义与代码

寄售代销贸易是指寄售人把货物运交事先约定的代销人，由代销人按照事先约定或根据寄售代销协议规定的条件，在当地市场代为销售，所得货款扣除代销人的佣金和其他费用后，按协议规定方式将余款付给寄售人的交易形式。寄售人与代销人之间不是买卖关系，而是委托关系，代销人对货物没有所有权。

本监管方式代码“1616”，简称“寄售代销”。

二、适用范围

本监管方式包括寄售代销贸易进出口的货物及进口寄售货物的增发部分。

本监管方式不包括：

（一）经营寄售代销业务的企业，接受国外免费提供的样品，监管方式应为“货样广告品B”（3039）。

（二）委托我驻港澳机构代销的鲜活商品，监管方式应为“一般贸易”（0110）。

**●进出境修理物品**

一、定义与代码

进出境修理物品是指进境或出境维护修理的货物、物品。本监管方式代码“1300”，简称“修理物品”。

二、适用范围

本监管方式适用于各类进出境维修的货物，以及修理货物维修所用的原材料、零部件。

以下情况不适用本监管方式：

（一）按加工贸易保税货物管理的进境维修业务。

（二）加工贸易进口料件和出口成品进出境维修，分别适用来料料件退换（0300）、来料成品退换（4400）、进料料件退换（0700）、进料成品退换（4600）。

**●出料加工贸易**

一、定义及代码

出料加工贸易是指境内企业将境内原辅料、零部件、元器件或半成品交由境外厂商按我方要求进行加工或装配，成品复运进口，我方支付加工费的交易方式。

本监管方式代码“1427”，简称“出料加工”。

二、适用范围

本监管方式不包括：

（一）运往境外维修的货物，以及石化生产过程中所需催化剂需运至国外添加氢以增加活性后复运进境继续投入生产使用，不改变其物理和化学性质，未产生新的产品，监管方式为“修理物品”（1300）。

（二）出料加工，原则上不改变原出口货物的物理形态。对完全改变原出口货物的物理形态如出口废钢进口钢材，出口废铝进口铝合金板材等，不属出料加工，应按一般贸易货物办理进出口手续。

**●租赁贸易**

一、定义及代码

租赁贸易是指经营租赁业务的企业与外商签订国际租赁合同项下境内企业租赁进口或出租出口的货物。

租赁期在1年及以上的进出口货物，监管方式代码“1523”，简称“租赁贸易”。

租赁期在1年及以上的进出口货物分期办理征税手续时，每期征税适用监管方式代码“9800”，简称“租赁征税”。

租赁期不满1年的进出口货物，监管方式代码“1500”，简称“租赁不满1年”。

二、适用范围

以下情况不适用本监管方式：

（一）经营租赁业务的企业进口自用的设备、办公用品，监管方式为“一般贸易”（0110）。

（二）加工贸易租赁进口的机器设备，监管方式应为“加工贸易设备”（0420）。

（三）补偿贸易租借进口的货物，监管方式应为“补偿贸易”（0513）。

（四）“租赁贸易”（1523）期满复运出（进）口的货物，监管方式为“退运货物”（4561），“租赁不满1年”（1500）期满复运出（进）境的货物，监管方式为“租赁不满1年”（1500）。

**●免税品**

一、定义及代码

免税品是指设在国际机场、港口、车站和过境口岸的免税品商店进口，按有关规定销售给办完出境手续的旅客的免税商品，供外国籍船员和我国远洋船员购买送货上船出售的免税商品，供外交人员购买的免税品，以及在我国际航机、国际班轮上向国际旅客出售的免税商品。

本监管方式代码“1741”，简称“免税品”。

二、适用范围

（一）本监管方式适用于：

1. 范围：进出境口岸免税店、运输工具免税店、市内免税店、外交人员免税店和供船免税店等五类免税店进口核定品种的免税品。

2. 供应对象：办结出境手续的出境旅客、国际航行运输工具服务人员、外交人员。

（二）本监管方式不适用：

1. 境内免税外汇商店销售给为我出国人员、华侨的免税外汇商品，监管方式为“外汇商品”（1831）。

2. 经营免税品业务的单位进口的供维修使用的零部件、工具、展台、货架，监管方式为“一般贸易”（0110）。

3. 免税品退运出境，监管方式为“其他”（9900）。

#### ●免税外汇商品

一、定义及代码

免税外汇商品是指由经批准的经营单位进口，销售专供入境的我国特定出国人员和驻华外交人员的免税外汇商品。

本监管方式代码“1831”，简称“外汇商品”。

二、适用范围

（一）本监管方式适用：

1. 免税外汇商品供应对象是指我国驻外外交机构人员、留学人员、访问学者、赴境外劳务人员、援外人员和远洋船员。

2. 上述人员用结存外汇在境内免税外汇商品店购买限定品种的免税外汇商品。

3. 专供外国驻华外交人员免税商品的特定公司进口的免税外汇商品。

（二）本监管方式不适用：

1. 设在国际机场、港口、车站和过境口岸的免税品商店所进口的，按有关规定销售给办结出境手续的旅客的免税商品，供外国籍船员和我国远洋船员购买送货上船出售的免税商品，供外交人员购买的免税品，以及在我国际航机、国际班轮上向国际旅客出售的免税商品。监管方式为“免税品”（1741）。

2. 经营免税外汇商品的单位进口供商品维修用的零部件、工具和商场自用的货架、手推车等。监管方式为“一般贸易”（0110）。

3. 因故经批准转内销进口免税外汇商品，监管方式为“一般贸易”（0110）。

4. 免税外汇商品退运出境，监管方式为“退运货物”（4561）。

#### ●外商投资企业作为投资进口的设备、物品

一、定义及代码

外商投资企业作为投资进口的设备、物品是指外商投资企业投资总额内的资金（包括中方投资）进口的机器设备、零部件和其他建厂（场）物料，安装、加固机器所需材料，以及进口本企业自用合理数量的交通工具、生产用车辆、办公用品（设备）（以下简称“设备物品”）。

中外合资、合作企业进口设备、物品，监管方式代码“2025”，简称“合资合作设备”；外商独资企业（以下简称“外资企业”）进口设备、物品，监管方式代码“2225”，简称“外资设备物品”。

二、适用范围

（一）外商投资企业是指中外合资企业、中外合作企业、外商独资企业，包括华侨、港、澳、台同胞投资企业。

（二）设备是指外商投资企业在其投资总额内进口本企业自用的机器设备、零部件和其他物料［指建厂（场）及安装、加固机器所需材料］及生产用车辆。

（三）物品是指外商投资企业进口自用合理数量的办公用品（设备）和交通工具。

（四）下列情况不适用本监管方式：

1. 鼓励类和限制类外商投资企业、外商投资研究开发中心、先进技术型和产品出口型外商投资企业，以及符合中西部省、自治区、直辖市利用外资优势产业和优势项目目录的项目、企业自有资金（投资总额以外，具体是指企业储备基金、发展基金、折旧和税后利润），在原批准的生产经营范围内，对设备进行更新维修，进口国内不能生产或性能不能满足需要的自用设备及其配套的技术、配件、备件，监管方式为“一般贸易”（0110）。

2. 外商投资企业经营来料加工、进料加工、租赁贸易等进口的设备、物品，分别适用“不作价设备”（0320）、“加工贸易设备”（0420）、“租赁不满1年”（1500）、“租赁贸易”（1523）。

3. 外国常驻机构进口自用合理数量的公用物品，监管方式为“常驻机构公用”（2439）。

4. 没有实际进出境，在境内结转的减免税设备，监管方式为“减免设备结转”（0500）。

#### ●对外投资

一、定义与代码

对外投资，监管方式代码“2210”，简称“对外投资”。

二、适用范围

本监管方式适用于境内企业在境外投资，以实物投资出口的设备、物资。

#### ●退运货物

一、定义及代码

退运货物是指原进出口货物因残损、短少、品质不良或者规格不符、延误交货或其他原因退运出、进境的货物。

本监管方式代码“4561”，简称“退运货物”。

二、适用范围

（一）本监管方式适用以下监管方式进出口货物退运出、进境：

| 代码 | 名称 | 代码 | 名称 |
|---|---|---|---|
| 0110 | 一般贸易 | 3039 | 货样广告品 B |
| 0130 | 易货贸易 | 3339 | 其他进出口免费 |
| 0139 | 旅游购物商品 | 3410 | 承包工程进口 |
| 1523 | 租赁贸易 | 3422 | 对外承包出口 |
| 1616 | 寄售代销 | 3511 | 援助物资 |
| 2025 | 合资合作设备 | 3612 | 捐赠物资 |
| 2225 | 外资设备物品 | 4019 | 边境小额 |
| 1831 | 外汇商品 | 4039 | 对台小额 |
| 3010 | 货样广告品 | 9739 | 其他贸易 |

（二）本监管方式不适用：

1. 货物进境后、放行结关前退运的货物，监管方式为“直接退运”（4500）。

2. 加工贸易进出口货物退运，监管方式为“来料料件退换”（0300）、“进料料件退换”（0700）、“来料成品退换”（4400）、“进料成品退换”（4600）。

3. 加工贸易设备退运，监管方式为“加工设备退运”（0466）。

4. “租赁不满 1 年”（1500）、“免税品”（1741）退运出境，监管方式为“其他”（9900）。

5. 出口加工区进口设备退运出境，监管方式为“区内设备退运”（5361）。

6. 进出口无代价抵偿货物，被更换的原进口货物退运出境，监管方式为“其他”（9900）。

**●外国常驻机构进出境公用物品**

一、定义及代码

外国常驻机构进出境公用物品是指境外（地区）企业、新闻机构、经贸机构、文化团体及其他境外（地区）法人经我国政府主管部门批准，在境内设立的常驻代表机构为开展公务活动所需进出境的物品。

本监管方式代码“2439”，简称“常驻机构公用”。

二、适用范围

（一）本监管方式包括常驻机构进境自用且数量合理的办公用机器设备、家具、文具、机动车辆等及复运出境的原进境的公用物品。

（二）本监管方式适用于以下机构：

1. 外国企业和其他经济组织常驻机构。

2. 外国民间经济贸易团体常驻机构。

3. 外国常驻新闻机构。

4. 其他外国常驻机构。

5. 华侨、港澳同胞、台湾同胞经营的企业常驻机构。

（三）下列监管业务不适用本监管方式：

1. 外国驻中国使馆、领馆，联合国及其专门机构，以及其他与中国政府签有协议的国际组织驻中国代表机构进出境物品填报“外国使领馆公私用物品进出境申报单”。

2. 外国人员子女学校进出境物品，监管方式为“其他贸易”（9739）。

3. 常驻机构人员进境自用的汽车，监管方式为“其他贸易”（9739）。

4. 外国驻华使、领馆在我国内购运出境的货物，监管方式为“其他”（9900）。

5. 暂时进出境的公用物品，监管方式为“暂时进出货物”（2600）。

**●暂时进出境货物**

一、定义及代码

暂时进出境货物是指经海关批准，暂时进出关境并且在规定的期限内复运出境、进境的货物。

本监管方式代码“2600”，简称“暂时进出货物”。

二、适用范围

（一）本监管方式包括：

1. 文化、体育交流活动中使用的表演、比赛用品。

2. 进行新闻报道或者摄制电影、电视节目使用的仪器、设备及用品。

3. 开展科研、教学、医疗活动使用的仪器、设备及用品。

4. 在本款第 1~3 项所列活动中使用的交通工具及特种车辆。

5. 货样。

6. 慈善活动使用的仪器、设备及用品。

7. 供安装、调试、检测、修理设备时使用的仪器及工具。

8. 盛装货物的容器。

9. 旅游用自驾交通工具及其用品。

10. 工程施工中使用的设备、仪器及其用品。

11. 海关批准的其他暂时进出境货物。

（二）以下情况不适用本监管方式：

1. 进出境展览品，监管方式为“展览品”（2700）。

2. 驻华商业机构不复运出口的进口陈列样品，监管方式为“陈列样品”（2939）。

3. 对外承包工程出口物资，监管方式为“对外承包出口”（3422）。

4. 进出境修理物品，监管方式为“修理物品”（1300）。

5. 租赁贸易进出口货物，监管方式为“租期不满 1 年”（1500）、“租赁贸易”（1523）。

6. 企业使用旧钢瓶容器进口燃料、物料，按进口燃料、物料的监管方式申报，报关单“包装种类”栏目填报“旧钢瓶”。旧钢瓶容器凭“入境货物通关单”验放，复运出境时监管方式填报“其他”（9900）。

7. 从境外暂时进境的货物转入保税区、出口加工区等海关特殊监管区域和保税监管场所的，不属于复运出境。

8. 用于装载海关监管货物的进出境集装箱。

9. 享有外交特权和豁免的外国驻华机构或者人员暂时进

出境物品。

**●进出境展览品**

一、定义及代码

进出境展览品是指外国来华或我国为到国外举办经济、文化、科技等展览或参加博览会而进出口的展览品及展览品有关的宣传品、布置品、招待品、小卖品和其他物品。

本监管方式代码“2700”，简称“展览品”。

二、适用范围

（一）进出境展览品主要包括：

1. 在展览会、交易会、会议及类似活动中展示或者使用的货物，包括：

（1）为了示范展览会展出机器或者器具所使用的货物；

（2）设置临时展台的建筑材料及装饰材料；

（3）宣传展示货物的电影片、幻灯片、录像带、录音带、说明书、广告、光盘、显示器材等。

2. 上述所列活动中使用的交通工具及特种车辆。

3. 其他经海关批准用于展示的进出境货物、物品。

（二）以下情况不适用本监管方式：

1. ATA 单证册项下的暂准进出口展览品，持证人免填报关单。

2. 不复运出（进）境而留在国内（外）销售的进出境展览品，按实际监管方式填报。

3. 在商店或者其他营业场所以销售国外货物为目的而组织的非公共展览会。

**●货样广告品**

一、定义及代码

货样广告品，监管方式代码“3010”，全称“进出口的货样广告品”，简称“货样广告品”。

二、适用范围

本监管方式适用于有进出口经营权的单位进出口货样广告品。暂时进出口的货样、广告品和驻华商业机构不复运出口的进口陈列样品不适用本监管方式。

**●无代价抵偿进出口货物**

一、定义及代码

无代价抵偿货物是指进出口货物海关放行后，因残损、短少、品质不良或者规格不符原因，由进出口货物的发货人、承运人或保险公司免费补偿或更换的与原货物相同或者与合同规定相符的货物。

本监管方式代码“3100”，简称“无代价抵偿”。

二、适用范围

下列情况不适用本监管方式：

（一）来料加工、进料加工贸易进口料件和出口成品因残损、短少、品质不良或者规格不符原因，由进出口货物的发货人、承运人或保险公司免费补偿或更换的与原货物相同或者与合同规定相符的货物，分别适用具体列名的料件或成品退换的监管方式。

（二）与无代价抵偿进出口货物相关的原进出口货物退运出、进境，监管方式为“其他”（9900）。

**●其他免费提供的进出口货物**

一、定义及代码

其他免费提供货物指除已具体列名的礼品、无偿援助和赠送物资、捐赠物资、无代价抵偿进口货物、国外免费提供的货样、广告品等及归入列名监管方式的免费提供货物以外，进出口其他免费提供的货物。

本监管方式代码“3339”，简称“其他进出口免费”。

二、适用范围

（一）本监管方式包括：

1. 外商在经贸活动中赠送的物品。

2. 外国人捐赠品。

3. 驻外中资机构向国内单位赠送的物资。

4. 经贸活动中，由外商免费提供的试车材料、消耗性物品等。

（二）下列情况不适用本监管方式：

1. 保税仓库中由外商免费提供进口的机械设备、手工工具、运输工具、办公用品等，监管方式为“其他贸易”（9739）。

2. 免税店由外商免费提供进口的货架、柜台、手推车等，监管方式为“其他贸易”（9739）。

3. 来料加工、进料加工贸易项下外商免费提供的机械设备，监管方式为“不作价设备”（0320）。

4. 免费提供进出口的货样广告品，监管方式为“货样广告品 B”（3039）。

5. 国家和国际组织无偿援助物资，监管方式为“援助物资”（3511）。

6. 捐赠物资，监管方式为“捐赠物资”（3612）。

7. 无代价抵偿进出口货物，监管方式为“无代价抵偿”（3100）。

**●对外承包工程进出口物资**

一、定义及代码

对外承包工程出口物资是指经商务部批准的有对外承包工程经营权的公司为承包国外建设工程和开展劳务合作等对外合作项目而出口的设备、物资。

承包工程出口物资监管方式代码“3422”，简称“对外承包出口”。

对外承包工程进口物资是指承包工程期间在国外获取的设备、物资，以及境外劳务合作项目对方以实物产品抵偿我劳务人员工资所进口的货物。

监管方式代码“3410”，简称“承包工程进口”。

二、适用范围

（一）本监管方式不包括我劳务人员带出的自用生活物资，监管方式为“其他”（9900）。

（二）援外成套项目出口的货物应根据无偿援助或贷款援助，监管方式代码分别选用“援助物资”（3511）或“一般贸易”（0110）。

（三）边境地区有对外经济技术合作经营权的企业与毗邻国家边境地区开展承包工程和劳务合作项下出口的工程设备、物资（包括在外购买及换回的）运回境内时，监管方式代码“边境小额”（4019）。

（四）承包工程结束后复运进境原从国内运出的承包工程项下的设备、物资，监管方式为“退运货物”（4561）。

**●国家或国际组织无偿援助和赠送的物资**

一、定义及代码

国家或国际组织无偿援助和赠送的物资是指我国根据两国政府间的协议或临时决定，对外提供无偿援助的物资、捐赠品，或我国政府、组织基于友好关系向对方国家政府、组织赠送的物资，以及我国政府、组织接受国际组织、外国政府、组织无偿援助、捐赠或赠送的物资。

本监管方式代码“3511”，简称“援助物资”。

二、适用范围

（一）有关名词：

外国政府，是指外国国家的中央政府。

国际组织，是指联合国各专门机构，以及长期与我国有合作关系的其他国际组织。

国际条约，是指依据《中华人民共和国缔结条约程序法》以“中华人民共和国”、“中华人民共和国政府”及“中华人民共和国政府部门”名义同外国缔结协定或协议及参加的国际条约。

（二）以下情况不适用本监管方式：

1. 贷款援助的进出口货物（包括我方利用贷款或援助款项自行采购进口的货物），监管方式为“一般贸易”（0110）。

2. 来（出）访的团体和人员相互馈赠的礼品，监管方式为“其他”（9900）。

3. 经济贸易往来关系赠送的物资，监管方式为“其他进出口免费”（3339）。

4. 随援外物资一并出口或另外发运的批量出口的生活物资，应按照“其他贸易”（9739）报关。

5. 以扶贫、慈善、救灾为目的，向我国境内或向境外捐赠的直接用于扶贫、救灾、兴办公益福利事业的物资，监管方式为“捐赠物资”（3612）。

**●进出口捐赠物资**

一、定义及代码

进出口捐赠物资是指境外捐赠人以扶贫、慈善、救灾为目的，向我国境内捐赠的直接用于扶贫、救灾、兴办公益福利事业的物资，以及境内捐赠人以扶贫、慈善、救灾为目的，向境外捐赠的直接用于扶贫、救灾、兴办公益福利事业的物资。

本监管方式代码“3612”，简称“捐赠物资”。

二、适用范围

（一）本监管方式适用范围：

1. 捐赠人

（1）境外捐赠人，包括华侨，港、澳、台同胞，外籍人，包括法人。

（2）境内捐赠人，包括法人。

2. 扶贫、慈善公益性事业的物资

（1）新的衣服、被褥、鞋帽、帐篷、手套、睡袋、毛毯及其他维持基本生活的必需用品等。

（2）食品类及饮用品（调味品、水产品、水果、饮料、烟酒等除外）。

（3）医疗类，包括直接用于治疗特困患者疾病或贫困地区治疗地方病，以及基本医疗卫生、公共环境卫生所需的基本医疗药品、基本医疗器械、医疗书籍和资料。

（4）直接用于公共图书馆、公共博物馆、各类职业学校、高中、初中、小学、幼儿园教育的教学仪器、器材、图书、资料和一般学习用品。

（5）直接用于环境保护的专用仪器。

（6）经国务院批准的其他直接用于扶贫、慈善事业的物资。

3. 受赠人和使用人

受赠人是指国务院有关部门和各省、自治区、直辖市人民政府，以及从事人道救助和以发展扶贫、慈善事业为宗旨的全国性的社会团体。包括中国红十字会总会、全国妇女联合会、中国残疾人联合会、中华慈善总会、中国初级卫生保健基金会和宋庆龄基金会。

使用人（使用单位）是指捐赠物资的直接使用者或负责分配该捐赠物资的单位或个人。

（二）下列情况不适用本监管方式：

1. 国家间、国际组织无偿援助和赠送的物资，监管方式为“援助物资”（3511）。

2. 经贸往来中赠送的物品、外国人捐赠品、我驻外（包括驻港、澳）中资机构向国内单位赠送的物资等，监管方式为“其他进出口免费”（3339）。

**●边境小额贸易**

一、定义及代码

边境小额贸易指我国沿陆地边境线经国家批准对外开放的边境县（旗）、边境城市辖区内（以下简称边境地区），经批准有边境小额贸易经营权的企业，通过国家指定的陆地边境口岸，与毗邻国家边境地区的企业或其他贸易机构进行的贸易活动。

本监管方式代码“4019”，简称“边境小额”。

二、适用范围

（一）本监管方式包括：

1. 边境地区有对外经济技术合作经营权的企业与我国毗邻国家边境地区以易货贸易、现汇贸易形式开展的边境小额贸易。

2. 边境地区有对外经济技术合作经营权的企业与我国毗

邻国家边境地区经济合作（工程承包、劳务输出）项下进出口物资及原出口工程设备、物资（包括在境外购买及换回的）运回境内。

（二）下列情况不适用本监管方式：

1. 边民互市贸易（互市进口商品），每人每日价值人民币3000元以下免征进口关税和进口环节税，超出部分照章征税，监管方式为“其他贸易”（9739）。

2. 未获准经营边境小额贸易的企业进出口货物。

3. 对台湾居民同大陆对台小额贸易公司成交用台湾船只直接运进产自台湾的产品和运出大陆产品到台湾，监管方式为“对台小额”（4039）。

**●对台小额**

一、定义及代码

对台湾小额贸易是指台湾地区居民与大陆经批准的企业依照有关规定进行的货物交易。

本监管方式代码“4039”，简称“对台小额”。

二、适用范围

本监管方式不适用于进入厦门大嶝对台小额商品交易市场的人员带出台湾产品，每人每日价值人民币3000元以下免征进口关税和进口环节税，超出部分照章征税，监管方式为“其他贸易”（9739）。

**●对台小额商品交易市场**

一、定义及代码

对台小额商品交易市场是经国家批准设立，用于开展对台民间小额商品交易活动，并实行封闭管理的特定区域，以下简称“交易市场”。

本监管方式代码“4139”，简称“对台小额商品交易市场”。

二、适用范围

本监管方式仅限于厦门大嶝对台小额商品交易市场。

下列情况不适用本监管方式：

（一）对台湾居民同大陆对台小额贸易公司成交用台湾船只直接运进产自台湾的产品和运出大陆产品到台湾，监管方式为“对台小额”（4039）。

（二）我国沿陆地边境线经国家批准对外开放的边境县（旗）、边境城市辖区内（以下简称边境地区）经批准有边境小额贸易经营权的企业，通过国家指定的陆地边境口岸，与毗邻国家边境地区的企业或其他贸易机构进行的贸易活动，监管方式为“边境小额”（4019）。

**●驻外机构运回旧公用物品**

一、定义及代码

驻外机构运回旧公用物品是指我驻各国（地区）使、领馆，驻国外、港澳地区的经济、贸易机构，驻国际组织代表处等我驻外机构更新且闲置不用而运回或因机构撤销而运回的物品，包括临时出国展览团、考察团等运回的生产资料和公用物品。

本监管方式代码“4200”，简称“驻外机构运回”。

二、适用范围

本监管方式不适用于暂时进出境公用物品。

**●直接退运货物**

一、定义及代码

直接退运货物是指进口货物收发货人、原运输工具负责人或者其代理人（以下统称当事人）在有关货物进境后、办结海关放行手续前，因海关责令或有正当理由获准退运境外的货物。

本监管方式代码“4500”，简称“直接退运”。

二、适用范围

（一）在货物进境后、办结海关放行手续前，有下列情形之一的，当事人可以向海关申请办理直接退运手续：

1. 因国家贸易管理政策调整，收货人无法提供相关证件的；

2. 属于错发、误卸或者溢卸货物，能够提供发货人或者承运人书面证明文书的；

3. 收发货人双方协商一致同意退运，能够提供双方同意退运的书面证明文书的；

4. 有关贸易发生纠纷，能够提供法院判决书、仲裁机构仲裁决定书或者无争议的有效货物所有权凭证的；

5. 货物残损或者国家检验检疫不合格，能够提供国家检验检疫部门根据收货人申请而出具的相关检验证明文书的。

（二）在货物进境后、办结海关放行手续前，有下列情形之一依法应当退运的，由海关责令当事人将进口货物直接退运境外：

1. 进口国家禁止进口的货物，经海关依法处理后的；

2. 违反国家检验检疫政策法规，经国家检验检疫部门处理并且出具“检验检疫处理通知书”或者其他证明文书后的；

3. 未经许可擅自进口属于限制进口的固体废物用做原料，经海关依法处理后的；

4. 违反国家有关法律、行政法规，应当责令直接退运的其他情形。

（三）保税区、出口加工区及其他海关特殊监管区域和保税监管场所进口货物的直接退运。

（四）下列情况不适用本监管方式：

1. 放行后的进口货物退运出境，监管方式为“退运货物”（4561）。

2. 进口转关货物在进境地海关放行后，当事人申请办理退运手续的，应当按照一般退运手续办理。

**●料件进出海关特殊监管区域**

料件进出海关特殊监管区域适用于海关特殊监管区域内保税加工、保税物流或研发企业与境内（区外）之间进出的料件，包括此类料件在境内的退运、退换。

本监管方式代码“5000”，简称“料件进出区”。

**●海关特殊监管区域与境外之间进出的研发货物**

海关特殊监管区域与境外之间进出的研发货物适用于海关特殊监管区域内企业从境外购进的用于研发的料件、成品，或研发后将上述货物退回境外，但不包括企业自用或其他用途的设备。

本监管方式代码“5010”，简称“特殊区域研发货物”。

**●海关特殊监管区域与境外之间进出的来料加工货物**

海关特殊监管区域与境外之间进出的来料加工货物适用于海关特殊监管区域内企业在来料加工贸易业务项下的料件从境外进口及制成品出境。

本监管方式代码“5014”，简称“区内来料加工”。

**●海关特殊监管区域与境外之间进出的进料加工货物**

海关特殊监管区域与境外之间进出的进料加工货物适用于海关特殊监管区域区内企业在进料加工贸易业务项下的料件从境外进口及制成品出境。

本监管方式代码“5015”，简称“区内进料加工货物”。

**●海关特殊监管区域与境外之间进出的物流货物**

海关特殊监管区域与境外之间进出的物流货物适用于海关特殊监管区域内企业从境外运进或运往境外的仓储、分拨、配送、转口货物，包括流通领域的物流货物及供区内加工生产用的仓储货物。

本监管方式代码“5034”，简称“区内物流货物”。

**●成品进出海关特殊监管区域**

成品进出海关特殊监管区域适用于海关特殊监管区域内保税加工、保税物流或研发企业与境内（区外）之间进出的成品，包括此类成品在境内的退运、退换。

本监管方式代码“5100”，简称“成品进出区”。

**●设备及物资进出海关特殊监管区域**

设备及物资进出海关特殊监管区域适用于海关特殊监管区域内企业从境内（区外）购进的自用设备、物资，或将此类设备、物资销往区外，结转到同一海关特殊监管区域或另一海关特殊监管区域的企业，以及在境内的退运、退换。

本监管方式代码“5300”，简称“设备进出区”。

**●海关特殊监管区域从境外进口的设备及物资**

海关特殊监管区域从境外进口的设备及物资适用于海关特殊监管区域内企业从境外进口用于区内业务所需的设备、物资，以及区内企业和行政管理机构自用合理数量的办公用品等。

监管方式代码“5335”，简称“境外设备进区”。

**●海关特殊监管区域设备及物资退运境外**

海关特殊监管区域设备及物资退运境外适用于海关特殊监管区域内企业将监管方式代码“5335”项下的设备、物资退运境外。

本监管方式代码“5361”，简称“区内设备退运”。

**●物流中心进出境货物**

一、定义及代码

保税物流中心进出境仓储货物是指从境外直接存入保税物流中心（A、B型）和从保税物流中心（A、B型）运出境的仓储、转口货物。

本监管方式代码“6033”，简称“物流中心进出境货物”。

二、适用范围

（一）保税物流中心（A型）是指经海关批准，由中国境内企业法人经营，专门从事保税仓储物流业务的海关监管场所。

保税物流中心（A型）按照服务范围分为公用型物流中心和自用型物流中心。

1. 公用型物流中心是指由专门从事仓储物流业务的中国境内企业法人经营，向社会提供保税仓储物流综合服务的海关监管场所。

2. 自用型物流中心是指中国境内企业法人经营，仅向本企业或者本企业集团内部成员提供保税仓储物流服务的海关监管场所。

（二）保税物流中心（B型）（以下简称物流中心）是指经海关批准，由中国境内一家企业法人经营、多家企业进入并从事保税仓储物流业务的海关集中监管场所。

（三）下列情况不适用本监管方式：

1. 从境内（海关特殊监管区域除外）运入保税物流中心（A、B型）货物和从保税物流中心（A、B型）提取运往境内的货物。

2. 保税物流中心（A、B型）与保税区、出口加工区、保税物流园区、保税仓库、出口监管仓库及保税物流中心（A、B型）之间等海关特殊监管区域或保税监管场所之间往来的货物，监管方式填报“保税间货物”（1200）。

3. 保税仓库进出境仓储、转口货物，监管方式为“保税仓库货物”（1233）。

4. 保税区、保税物流园区进出境仓储、转口货物，监管方式为“保税区仓储转口”（1234）。

**●内贸货物跨境运输**

一、定义及代码

内贸货物跨境运输是指国内贸易货物由我国关境内一口岸起运，通过境外运至我国关境内另一口岸的业务，以下简称“跨境运输”。

本监管方式代码“9600”，简称“内贸货物跨境运输”。

二、适用范围

经海关总署批准的进出境口岸、所经境外口岸、运输方式等实行跨境运输的货物。

●电子商务

一、定义及代码

电子商务，监管方式代码“9610”，全称“跨境贸易电子商务”，简称“电子商务”。

二、适用范围

本监管方式适用于境内个人或电子商务企业通过电子商务交易平台实现交易，并采用“清单核放、汇总申报”模式办理通关手续的电子商务零售进出口商品（通过海关特殊监管区域或保税监管场所一线的电子商务零售进出口商品除外）。

●海关处理货物

一、定义及代码

海关处理货物是指由海关提取变卖处理的超期未报关进口货物及误卸、溢卸货物、放弃进口货物，以及走私违规案件查处的货物。

本监管方式代码“9639”，简称“海关处理货物”。

二、适用范围

本监管方式适用以下定义的货物：

（一）超期未报关货物，是指进口货物的收货人自运输工具申报进境之日起超过3个月未向海关申报，由海关提取依法变卖处理的进口货物。

超期未报关货物还包括保税货物、暂时进口货物超过规定的期限3个月，未向海关办理复运出境或者其他有关手续，以及过境、转运和通运货物超过规定的期限3个月，未运输出境，由海关提取依法变卖处理。

（二）误卸、溢卸货物，是指未列入进境运输工具载货清单、运单申报进境的误卸或者溢卸的货物，运输工具负责人或进口货物收货人未向海关办理退运出境或申报进口手续，由海关提取依法变卖处理的进口货物。

（三）放弃进口货物，是指进口货物的收货人或其所有人声明放弃，由海关提取依法变卖处理的进口货物。

（四）超期未报关进口货物及误卸或者溢卸进口货物属于危险品或者鲜活、易腐、易烂、易失效、易变质、易贬值等不宜长期保存的货物的，海关根据实际情况，提前提取依法变卖处理。

（五）进出境物品所有人声明放弃的物品，在海关规定期限内未办理海关手续或者无人认领的物品，以及无法投递又无法退回的进境邮递物品，由海关提取依法变卖处理。

（六）走私违法案件予以没收，由海关依法变卖处理的货物。

●无原始报关单的后续补税

无原始报关单的后续补税是指无法获得原始报关单的后续退补税货物，包括调查、稽查补税及审价、归类等各种原因的后续退补税货物。

本监管方式代码“9700”，简称“后续补税”。

●其他贸易

一、定义及代码

其他贸易是指除本章上述各节列名的监管方式以外，列入海关“其他贸易”统计的进出口货物。

本监管方式代码“9739”，简称“其他贸易”。

二、适用范围

（一）本监管方式适用：

1. 我国境内经批准临时进出口货物的机关、团体、学校、企事业单位等进出口货物、物品。

2. 外国驻华使、领馆在我国内购买货物出口。

3. 外商投资企业外方常驻人员和外国驻华机构的常驻人员，以及持有长期居留证件和来华定居的引进专家等进口自用汽车。

4. 进入厦门大嶝对台小额商品交易市场的人员带出台湾产品，每人每日价值人民币1000元以下免征进口关税和进口环节税，超出部分照章征税，监管方式为“其他贸易”。

5. 外国企业常驻我国办事机构进口不复运出境的陈列用企业产品样品。

6. 未列入运输工具进口载货清单、提（运）单，或多于进口载货清单、提（运）单所列数量的货物，运输工具负责人或溢卸货物的收货人申请办理进口溢卸货物。

（二）本监管方式不包括：

1. 入境旅客在境内购买5万美元以内的旅游商品托运出境，监管方式为“旅游购物商品”（0139）。

2. 本国籍运输工具在境内添加进口保税油、物料，监管方式为“国轮油物料”（1139）。

3. 外国常驻机构进口办公用品，监管方式为“常驻机构公用”（2439）。

4. 驻华商业机构进口不复运出口的陈列样品，监管方式为“陈列样品”（2939）。

5. 对台湾小额贸易，监管方式为“对台小额”（4039）。

6. 没有进出口经营权的企业或单位进出口货样广告品，监管方式为“货样广告品B”（3039）。

7. 除援助、捐赠以外进出口其他免费提供的货物，监管方式为“其他进出口免费”（3339）。

8. 我国驻外机构在境外购买的公务用品、机动车辆运回境内，监管方式为“驻外机构购进”（4239）。

9. 海关拍卖处理超期未报货物、走私违规货物，监管方式为“海关处理货物”（9639）。

10. 驻华外交机构转售境内非外交机构或个人，国际文体文流活动进口物品获准留赠或放弃，监管方式为“留赠转卖物品”（9839）。

●留赠转卖物品

留赠转卖物品是指外国（地区）驻我国外交机构转售境内非外交机构或国际文体活动留赠、放弃的特批进口物品。

本监管方式代码“9839”，简称“留赠转卖物品”。

**●其他**

一、定义及代码

指除已具体列名监管方式以外其他不列入海关统计的进出境货物、物品。

本监管方式代码“9900”，简称“其他”。

二、适用范围

（一）从货运渠道进出境的个人行李物品。

（二）中国驻外国使领馆出口公务或自用物品。

（三）在境内结转的进出口货物：

1. 以出顶进货物，指经批准在国内以外汇向有关进出口公司购买出口商品顶替其应进口的同一商品。

2. 供应国内外汇免税商店并收取外汇的出口商品。

3. 经批准将来料加工、进料加工贸易项下加工的成品转为免税外汇商品。

4. 经批准内销征税的进口免税品。

（四）边民互市贸易进出境货物。

（五）我国远洋渔业企业进口自捕水产品。

（六）国有文物收藏单位经国家文物局核准后，接受境外捐赠、归还和从境外追索的文物进口。

国有文物收藏单位系指经国家文物局审核批准从事文物收藏和研究的博物馆（院）、展览馆、研究所（院）等单位。

（七）与无代价抵偿进出口货物相关的原进口货物退运出境或原出口货物退运进境。

（八）我国各银行总行调运进出境的人民币、外币现钞。

# 征免性质代码表及说明

## 征免性质代码表

| 征免性质代码 | 征免性质简称 | 征免性质全称 |
|---|---|---|
| 101 | 一般征税 | 一般征税进出口货物 |
| 118 | 整车征税 | 构成整车特征的汽车零部件纳税 |
| 119 | 零部件征税 | 不构成整车特征的汽车零部件纳税 |
| 201 | 无偿援助 | 无偿援助进出口物资 |
| 299 | 其他法定 | 其他法定减免税进出口货物 |
| 301 | 特定区域 | 特定区域进口自用物资及出口货物 |
| 307 | 保税区 | 保税区进口自用物资 |
| 399 | 其他地区 | 其他执行特殊政策地区出口货物 |
| 401 | 科教用品 | 大专院校及科研机构进口科教用品 |
| 402 | 示范平台用品 | |
| 403 | 技术改造 | 企业技术改造进口货物 |
| 405 | 科技开发用品 | 科学研究、技术开发机构进口科技开发用品 |
| 406 | 重大项目 | 国家重大项目进口货物 |
| 407 | 动漫用品 | 动漫开发生产用品 |
| 408 | 重大技术装备 | 生产重大技术装备进口关键零部件及原材料 |
| 409 | 科技重大专项 | 科技重大专项进口关键设备、零部件和原材料 |
| 412 | 基础设施 | 通信、港口、铁路、公路、机场建设进口设备 |
| 413 | 残疾人 | 残疾人组织和企业进出口货物 |
| 417 | 远洋渔业 | 远洋渔业自捕水产品 |
| 418 | 国产化 | 国家定点生产小轿车和摄录机企业进口散件 |
| 419 | 整车特征 | 构成整车特征的汽车零部件进口 |
| 420 | 远洋船舶 | 远洋船舶及设备部件 |
| 421 | 内销设备 | 内销远洋船用设备及关键部件 |
| 422 | 集成电路 | 集成电路生产企业进口货物 |
| 423 | 新型显示器件 | 新型显示器件生产企业进口物资 |
| 499 | ITA 产品 | 非全税号信息技术产品 |
| 501 | 加工设备 | 加工贸易外商提供的不作价进口设备 |
| 502 | 来料加工 | 来料加工装配和补偿贸易进口料件及出口成品 |
| 503 | 进料加工 | 进料加工贸易进口料件及出口成品 |
| 506 | 边境小额 | 边境小额贸易进口货物 |
| 510 | 港澳 OPA | 港澳在内地加工的纺织品获证出口 |
| 601 | 中外合资 | 中外合资经营企业进出口货物 |
| 602 | 中外合作 | 中外合作经营企业进出口货物 |
| 603 | 外资企业 | 外商独资企业进出口货物 |

| 征免性质代码 | 征免性质简称 | 征免性质全称 |
|---|---|---|
| 605 | 勘探开发煤层气 | 勘探开发煤层气 |
| 606 | 海洋石油 | 勘探、开发海洋石油进口货物 |
| 608 | 陆上石油 | 勘探、开发陆上石油进口货物 |
| 609 | 贷款项目 | 利用贷款进口货物 |
| 611 | 贷款中标 | 国际金融组织贷款、外国政府贷款中标机电设备零部件 |
| 698 | 公益收藏 | 国有公益性收藏单位进口藏品 |
| 704 | 花卉种子 | 花卉种子 |
| 705 | 科普影视 | 科普影视 |
| 707 | 博览会留购展品 | 博览会留购展品 |
| 710 | 民用卫星 | 民用卫星 |
| 711 | 救助船舶设备 | 救助船舶设备 |
| 789 | 鼓励项目 | 国家鼓励发展的内外资项目进口设备 |
| 799 | 自有资金 | 外商投资额度外利用自有资金进口设备、备件、配件 |
| 801 | 救灾捐赠 | 救灾捐赠进口物资 |
| 802 | 慈善捐赠 | 境外捐赠人无偿向我境内受赠人捐赠的直接用于慈善事业的免税进口物资 |
| 803 | 抗艾滋病药物 | 进口抗艾滋病病毒药物 |
| 811 | 种子种源 | 进口种子（苗）、种畜（禽）、鱼种（苗）和种用野生动植物种源 |
| 818 | 中央储备粮油 | 中央储备粮油免征进口环节增值税政策 |
| 819 | 科教图书 | 进口科研教学用图书资料 |
| 888 | 航材减免 | 经核准的航空公司进口维修用航空器材 |
| 898 | 国批减免 | 国务院特准减免税的进出口货物 |
| 899 | 选择征税 | 选择征税 |
| 901 | 科研院所 | 科研院所进口科学研究、科技开发和教学用品 |
| 902 | 高等学校 | 高等学校进口科学研究、科技开发和教学用品 |
| 903 | 工程研究中心 | 国家工程研究中心进口科学研究、科技开发和教学用品 |
| 904 | 国家企业技术中心 | 国家企业技术中心进口科学研究、科技开发和教学用品 |
| 905 | 转制科研机构 | 转制科研机构进口科学研究、科技开发和教学用品 |
| 906 | 重点实验室 | 国家重点实验室及企业国家重点实验室进口科学研究、科技开发和教学用品 |
| 907 | 国家工程技术研究中心 | 国家工程技术研究中心进口科学研究、科技开发和教学用品 |
| 908 | 科技民非单位 | 科技类民办非企业单位进口科学研究、科技开发和教学用品 |
| 909 | 示范平台 | 国家中小企业公共服务示范平台（技术类）进口科学研究、科技开发和教学用品 |
| 910 | 外资研发中心 | 外资研发中心进口科学研究、科技开发和教学用品 |
| 911 | 科教图书 | 出版物进口单位进口用于科研、教学的图书、文献、报刊及其他资料 |
| 997 | 自贸协定 | |
| 998 | 内部暂定 | 享受内部暂定税率的进出口货物 |
| 999 | 例外减免 | 例外减免税进出口货物 |

# 征免性质代码表说明

征免性质是指海关对进出口货物实施征、减、免税管理的性质类别。

征免性质分为照章征税、法定减免税、特定减免税和临时减免税四部分。其中特定减免税又分为按地区实施的税收政策、按用途实施的税收政策、按贸易性质实施的税收政策、按企业性质和资金来源实施的税收政策等五类。

一份报关单只允许填报一种征免性质，涉及多个征免性质的，应分单填报。

## ●一般征税进出口货物

一、定义及代码

一般征税进出口货物指海关根据《海关法》、《关税条例》(国务院令第392号)、《进出口税则》及其他法律、行政法规、规章的规定征收进出口关税、进口环节税的进出口货物。

本征免性质代码“101”，简称“一般征税”。

二、适用范围

本征免性质限于海关依据法律、行政法规、规章规定的法定税率征收进出口关税、进口环节税的进出口货物，包括按照公开暂定、关税配额、反倾销、反补贴、保障措施等税率、税额征税或补税的进出口货物。

执行ITA税率的货物（征免性质代码“499”）不适用本征免性质。

## ●无偿援助进出口物资

一、定义及代码

无偿援助进出口物资指外国政府、国际组织对我国无偿赠送及我国履行国际条约规定进口的物资，或我国对国外无偿援助或赠送的物资。

本征免性质代码“201”，简称“无偿援助”。

二、适用范围

（一）本征免性质所称外国政府是指外国国家的中央政府；国际组织是指联合国各专门机构，以及长期与我国有合作关系的其他国际组织；国际条约是指依据《中华人民共和国缔结条约程序法》以“中华人民共和国”、“中华人民共和国政府”、“中华人民共和国政府部门”名义同外国缔结协定或协议，以及参加的国际条约。

（二）免税范围

1. 根据中国与外国政府、国际组织间的协定或协议，由外国政府、国际组织直接无偿赠送的物资，或由其提供无偿赠款，由我国受赠单位按照协定或协议规定用途自行采购进口的物资。

2. 外国地方政府或民间组织受外国政府委托无偿赠送的物资。

3. 国际组织成员受国际组织委托无偿赠送的物资。

4. 我国履行国际条约规定免税进口的物资。

（三）外国民间团体、企业、友好人士和华侨、香港居民，以及台湾、澳门同胞及外籍华人无偿向我境内受灾地区捐赠的直接用于救灾的物资（征免性质代码“801”），境外捐赠人无偿向我国境内捐赠的直接用于扶贫、慈善事业的进口物资（征免性质代码“802”）不适用本征免性质。

## ●其他法定减免税进出口货物

一、定义及代码

其他法定减免税进出口货物指海关依照《海关法》、《关税条例》，对除无偿援助进出口物资外的其他实行法定减免税的进出口货物，以及根据有关规定按非全额货值征税的部分进出口货物。

本征免性质代码“299”，简称“其他法定”。

二、适用范围

本征免性质仅限无代价抵偿货物，货样和广告品，暂时进出境货物，展览会货物，退运货物，残损货物，进出境运输工具装载的途中必需的燃料、物料和饮食用品，我国缔结或者参加的国际条约规定减免税款的货物，因不可抗力因素造成的受灾保税货物等不按“进出口货物征免税证明”管理的减免税货物。

## ●保税区进口自用物资

一、定义及代码

保税区进口自用物资是指对保税区单独实施征减免税政策的进口自用物资。

本征免性质代码“307”，简称“保税区”。

二、适用范围

本征免性质仅限保税区进口的自用物资，包括区内生产性基础设施建设物资，区内企业自用的生产、管理设备和自用合理数量的办公用品，建设生产厂房、仓储设施所需的物资设备，保税区行政管理机构自用合理数量的管理设备和办公用品等。

保税区内加工贸易进出口货物、仓储货物、转口货物和外商投资企业按照外商投资企业进口税收政策进口的设备等不适用本征免性质。

## ●其他执行特殊政策地区进出口货物

一、定义及代码

其他执行特殊政策地区进出口货物指除保税区外单独实施特殊税收政策地区进出口的货物。

本征免性质代码“399”，简称“其他地区”。

二、适用范围

（一）本征免性质仅限出口加工区、保税港区、综合保税区、珠澳跨境工业园区等海关特殊监管区进口的基建、生产和管理设备、物资，区内出口货物，以及从境内区外进入上述海关特殊监管区（包括中哈霍尔果斯国际边境合作中心）的基建物资或区内生产企业在国内采购用于生产出口产品的原材料。

（二）本征免性质不适用：

1. 特殊区域内加工贸易进出口货物、仓储货物、转口货物和外商投资企业按照外商投资企业进口税收政策进口的设备等。

2. 保税区进口自用物资，征免性质代码“307”。

**●大专院校及科研机构进口科教用品**

一、定义及代码

科教用品指为促进科学研究和教育事业的发展，推动科教兴国战略的实施，科学研究机构和学校以科学研究和教学为目的，在合理数量范围内进口国内不能生产或者性能不能满足需要的科学研究和教学用品。

科技开发用品指为鼓励科学研究和技术开发，促进科技进步，科学研究、技术开发机构在 2010 年 12 月 31 日前，在合理数量范围内进口国内不能生产或者性能不能满足需要的科技开发用品。

本征免性质代码“401”，简称“科教用品”。

二、适用范围

（一）本征免性质所称科研机构和学校是指：

1. 国务院部委、直属机构和省、自治区、直辖市、计划单列市所属专门从事科学研究工作的各类科研院所。

2. 国家承认学历的实施专科及以上高等学历教育的高等学校。

3. 财政部会同国务院有关部门核定的其他科学研究机构和学校。

（二）本征免性质所称科学研究、技术开发机构是指：

1. 科技部会同财政部、海关总署和国家税务总局核定的科技体制改革过程中转制为企业和进入企业的主要从事科学研究和技术开发工作的机构。

2. 国家发展和改革委员会会同财政部、海关总署和国家税务总局核定的国家工程研究中心。

3. 国家发展和改革委员会会同财政部、海关总署、国家税务总局和科技部核定的企业技术中心。

4. 科技部会同财政部、海关总署和国家税务总局核定的国家重点实验室和国家工程技术研究中心。

5. 财政部会同国务院有关部门核定的其他科学研究、技术开发机构。

（三）具体免税范围限于《免税进口科学研究和教学用品清单》和《免税进口科技开发用品清单》。

（四）国家鼓励发展的内外资项目进口设备（征免性质代码“789”）不适用本征免性质。

**●国家重大项目进口货物**

一、定义及代码

国家重大项目进口货物指经国务院批准的国家重大建设项目项下进口的设备，以及安装所需材料等。

本征免性质代码“406”，简称“重大项目”。

二、适用范围

（一）本征免性质仅限 1996 年 4 月 1 日前经国务院批准可行性研究报告中列明减免税条款或另有减免税批准文件的重大建设项目。

（二）利用政府贷款、世界银行贷款等外资贷款建设的重大项目（征免性质代码“609”）不适用于本征免性质。

**●残疾人组织和企业进出口货物**

一、定义及代码

进口残疾人专用品和专用设备指为支持残疾人康复工作、帮助残疾人自立免税进口的残疾人专用品和有关福利机构、康复机构、企业按照国家有关规定免税进口的国内不能生产的残疾人专用设备及专用生产设备。

本征免性质代码“413”，简称“残疾人”。

二、适用范围

（一）本征免性质仅限进口的残疾人专用品和残疾人福利机构、康复机构、企业进口的残疾人专用设备及专用生产设备。

（二）免税货物范围

1. 残疾人个人专用品

（1）假肢及其零部件：上肢假肢，包括部分手、前臂、上臂、假手、肘关节；下肢假肢，包括部分足、小腿、大腿、膝关节等。

（2）假眼。

（3）假鼻。

（4）内脏托带：肾托、胃托、疝气带、疝气腰带等。

（5）矫形器：包括脊柱、上肢、下肢、功能性电子刺激器和复合力源矫形器系统等。

（6）矫形鞋：成品矫形鞋、订做的矫形鞋、适配的标准鞋。

（7）非机动助行器：包括单臂操作助行器（手杖、肘拐、前臂支撑拐、腋拐、三脚及多脚拐杖等）、双臂操作助行器（助行架、轮式助行架、助行椅、助行台等）及助行器的附件等。

（8）代步工具（不包括汽车、摩托车）：包括轮椅车（手动、电动、机动）、残疾人专业自行车（如手摇三轮车、串翼自行车、助行自行车手扒推轮椅等）。

（9）辅助器具：移动用辅助器具、翻身用辅助器具（如翻身垫、翻身床单、翻身毯等）、升降用辅助器具（如轮椅爬楼梯装置、升降架等）。

（10）生活自助具：包括残疾人专用服装（如轮椅使用者的连裤服、雨衣、手套，鞋和靴的防滑装置等），安全防护辅助器具（如用于头部、面部、上肢、下肢及全身的防护装置等），穿脱衣服的辅助器具，画图和书写辅助器具（如书写板、书写框等），日常生活用辅助器具（如罐头开启器、防洒碗等）。

(11) 专用卫生用品。

(12) 视力残疾者用盲杖。

(13) 导盲镜。

(14) 助视器。

(15) 盲人阅读器：电子盲文书写器、手动盲文书写器等。

(16) 语言、听力残疾者用的语言训练器：言语训练辅助器具。

(17) 智力残疾者用的行为训练器。

(18) 生活能力训练用品。

2. 残疾人专用设备和专用生产设备

(1) 残疾人康复及专用设备：包括床旁监护设备、中心监护设备、生化分析仪和超声诊断仪。

(2) 残疾人特殊教育设备和职业教育设备：指对残疾人进行义务教育、学历教育、职业教育所需的各类设备（如聋人助听设备、智力残疾检测设备等）。

(3) 残疾人职业能力评估测试设备（如手腕作业检查盘、注意力集中能力测试仪等）。

(4) 残疾人专用劳动设备和劳动保护设备（如某种肢残人操作的特殊机床、聋人专用的特殊报警装置等），以及为残疾人就业设立的福利企业进口的适合残疾人操作的生产设备。

(5) 残疾人文体活动专用设备：指残疾人进行文化、娱乐、体育活动和体育竞赛所需的专用设备（如各种运动轮椅、盲人门球等）。

(6) 假肢专用生产、装配、检测设备，包括假肢专用铣磨机、假肢专用真空成型机、假肢专用平板加热器和假肢综合检测仪。

(7) 听力残疾者用的助听器：包括各类助听器等。

(三) 境外捐赠人无偿向我国境内捐赠的直接用于扶贫、慈善事业的进口物资（征免性质代码“802”）不适用本征免性质。

**●远洋渔业自捕水产品**

一、定义及代码

远洋渔业自捕水产品是指根据国家远洋渔业企业运回自捕水产品的原产地规则，我国远洋渔业企业在公海或按照有关协议规定，在国外海域捕获并运回国内销售的自捕水产品及其加工制品，视同国内产品，免征关税和进口环节税。

本征免性质代码“417”，简称“远洋渔业”。

二、适用范围

本征免性质仅限经农业部批准，获得“农业部远洋渔业企业资格证书”的我国远洋渔业企业。

运回的水产品及其加工制品限于在公海或按照有关协议规定，在国外海域自捕，并符合原产地规则的认定。

**●集成电路生产企业进口货物**

一、定义及代码

集成电路生产企业进口货物是指在中国境内设立的经审核符合条件的集成电路生产企业进口国内无法生产的自用生产性原材料、消耗品、净化室专用建筑材料、配套系统和集成电路生产设备零、配件。

本征免性质代码“422”，简称“集成电路”。

二、适用范围

本征免性质仅适用于集成电路线宽小于 0.8 微米（含）集成电路生产企业进口自用生产性原材料、消耗品，集成电路线宽小于 0.25 微米或投资额超过 80 亿元的集成电路生产企业进口自用生产性原材料、消耗品、净化室专用建筑材料、配套系统和集成电路生产设备零、配件。

**●新型显示器件生产企业进口物资**

一、定义及代码

薄膜晶体管液晶显示器件生产企业进口货物是指薄膜晶体管液晶显示器件生产企业进口国内不能生产的净化室专用建筑材料、配套系统，以及维修用的生产设备零部件、自用生产性原材料和消耗品。

本征免性质代码“423”，简称“新型显示器件”。

二、适用范围

本征免性质仅适用于经国务院有关部门共同审核确定，可享受本税收政策的薄膜晶体管液晶显示器件生产企业（以下简称“膜晶显生产企业”）进口国内不能生产的净化室专用建筑材料、配套系统，以及维修用的生产设备零部件、自用生产性原材料和消耗品。

第一批符合条件的膜晶显生产企业是：北京京东方光电科技有限公司（以下简称京东方）、上海广电 NEC 液晶显示器公司（以下简称上广电）和吉林北方彩晶数码电子有限公司。

**●非全税号信息技术产品**

一、定义及代码

非全税号信息技术产品是指为执行“信息技术产品协议”，海关核定用途后执行 ITA 税率的部分用于信息技术产品生产的商品。

本征免性质代码“499”，简称“ITA 产品”。

二、适用范围

本征免性质仅适用于进口《进出口税则》所列的 ITA 产品。

**●加工贸易外商提供的不作价进口设备**

一、定义及代码

加工贸易外商提供的不作价进口设备是指与经营企业开展加工贸易（包括来料加工、进料加工）的境外企业，以免费即不需经营企业付汇进口、也不需用加工费或差价偿还方式，向经营企业提供的加工生产所需设备。

本征免性质代码“501”，简称“加工设备”。

二、适用范围

(一) 本征免性质仅适用于加工贸易项下境外企业免费提供的不作价进口设备。

(二) 本征免性质不适用按暂时进出口货物监管（监管

方式为“暂时进出货物”，代码“2600”）的加工贸易生产所需的不作价设备（限模具、单台设备），征免性质为“其他法定”（299）。

●来料加工装配和补偿贸易进口料件及出口成品

一、定义及代码

来料加工贸易进口料件及出口成品是指由境外企业提供，经营企业不需要付汇进口的来料加工业务所需全部或部分原辅材料、零部件、元器件和包装物料（以下简称料件），以及经加工或者装配后复出口的成品。

本征免性质代码“502”，简称“来料加工”。

二、适用范围

（一）本征免性质仅限来料加工项下进口的用于加工复出口成品所需的料件，以及经加工或者装配后复出口的成品。

（二）进口料件或制成品内销的，不适用本征免性质，征免性质为“一般征税”（101）。

●进料加工贸易进口料件及出口成品

一、定义及代码

进料加工贸易进口料件及出口成品是指经营企业付汇进口的进料加工所需的全部或者部分原辅材料、零部件、元器件、包装物料（以下简称料件），以及经过加工或者装配后复出口的成品。

本征免性质代码“503”，简称“进料加工”。

二、适用范围

（一）本征免性质仅限进料加工项下进口的用于加工复出口成品所需的料件，以及经加工后复出口的成品。

（二）进口料件或制成品内销的，按规定不予保税备案的消耗性物料，不适用本征免性质。征免性质为“一般征税”（101）。

●边境小额贸易进口货物

一、定义及代码

边境小额贸易进口货物是指我国边境地区经批准有小额贸易经营权的企业通过国家指定的陆路边境口岸，进口原产于毗邻国家的货物，包括边境地区开展易货贸易、现汇贸易、互利经济合作（工程承包、劳务输出），以及以除边民互市贸易以外的其他各类边境贸易形式进口的货物。

本征免性质代码“506”，简称“边境小额”。

二、适用范围

（一）本征免性质适用于边境小额贸易企业通过国家指定的陆路边境口岸进口原产于毗邻国家的货物及边境地区外经贸企业与毗邻国家边境地区开展承包工程和劳务合作项下换回的原产于毗邻国家的物资。

（二）本征免性质不适用于边民互市贸易、通过边境口岸进口第三国贸易的商品。

●外商投资企业进出口货物

一、定义及代码

外商投资企业进出口货物指1997年12月31日前按国家规定程序批准设立的国内企业与境外企业在中国境内合资经营的企业、合作经营的企业，以及境外企业在中国境内独资经营的企业在投资总额内进口的设备，以及外商投资企业（不受批准时间限制）生产的出口产品（加工贸易除外）。

中外合资经营企业进出口货物征免性质代码“601”，简称“中外合资”。

中外合作经营企业进出口货物征免性质代码“602”，简称“中外合作”。

外商独资企业进出口货物征免性质代码“603”，简称“外资企业”。

二、适用范围

（一）征免性质“601”、“602”、“603”适用以下经批准设立的外商投资企业、外商投资项目在项目额度或投资总额内进口的自用设备及其按照合同随设备进口的技术及配套件、备件，以及所有外商投资企业生产（加工贸易除外）的出口产品：

1. 1996年3月31日前成立的外商投资企业，包括依法批准增资及原外经贸部颁发批准证书的外商投资企业。

2. 1995年10月1日至1996年3月31日依照程序经原外经贸部、原国家计委、原国家经贸委备案审核合格并经海关总署关税司转发各海关清单内的外商投资企业。

3. 1995年9月30日前地方依法审批报原外经贸部备案的外商投资企业。

4. 1996年4月1日至1997年12月31日按国家规定程序批准设立的外商投资项目。

（二）本征免性质不适用：

1. 外商投资企业开展加工贸易进口的不作价设备，征免性质代码“501”。

2. 国家鼓励发展的外资项目项下进口的货物，征免性质代码“789”。

3. 外商投资额度外利用自有资金进口的货物，征免性质代码“799”。

●勘探开发煤层气

一、定义及代码

勘探开发煤层气进口物资指勘探开发煤层气项目的单位在我国境内进行煤层气勘探开发所需进口的设备、仪器、零附件和专用工具。

本征免性质代码“605”，简称“勘探开发煤层气”。

二、适用范围

勘探开发煤层气所需进口物资的免税政策执行期限为“十一五”期间。

勘探开发煤层气项目的单位为中联煤层气有限责任公司及其他经财政部商海关总署和税务总局审核认定的单位。

具体免税范围限于国内不能生产或国内产品性能不能满足要求，并直接用于勘探开发作业的设备、仪器、零附件和专用工具。上述物资应符合《勘探开发煤层气免税进口物资清单》。

**●勘探、开发海洋、陆上石油进口货物**

一、定义及代码

勘探、开发海洋、陆上石油进口货物指在我国海洋或陆上特定地区进行石油开采作业所需进口的设备、仪器、零附件和专用工具。

海洋指我国内海、领海、大陆架及其他海洋资源管辖海域，包括浅海滩涂。

陆上特定地区指我国领土内的沙漠、戈壁荒漠和中外合作开采经国家批准的陆上石油中标区块。

勘探、开发海洋石油进口货物征免性质代码“606”，简称“海洋石油”。

勘探、开发陆上石油进口货物征免性质代码“608”，简称“陆上石油”。

二、适用范围

勘探、开发海洋、陆上石油所需进口货物的免税政策执行期限为“十一五”期间。

具体免税范围限于国内不能生产或性能不能满足要求，并直接用于开采作业的设备、仪器、零附件、专用工具。上述物资应符合《开采海洋石油（天然气）免税进口物资清单》或《开采陆上特定地区石油（天然气）免税进口物资清单》。

**●利用贷款进口货物**

一、定义及代码

外国政府贷款和国际金融组织贷款项目进口设备指于1997年12月31日前按国家规定程序批准的利用外国政府贷款和国际金融组织（世界银行、亚洲开发银行、联合国农业发展基金）贷款项目所进口的自用设备，以及按合同随设备进口的技术及数量合理的配套件、备件。

本征免性质代码“609”，简称“贷款项目”。

二、适用范围

（一）本征免性质仅限1997年12月31日前按国家规定程序批准的利用外国政府贷款和国际金融组织贷款项目。

（二）本征免性质不适用：

1. 利用国际金融组织贷款、外国政府贷款生产中标机电设备所需进口的零部件，征免性质代码“611”。

2. 纳入国家鼓励发展内外资项目的利用外国政府贷款和国际金融组织贷款项目，征免性质代码“789”。

**●国际、金融组织贷款、外国政府贷款中标机电设备零部件**

一、定义及代码

国际金融组织贷款、外国政府贷款中标机电设备零部件指国内中标单位利用国际金融组织贷款、外国政府贷款，为生产中标机电设备而进口国内不能生产或性能不能满足需要的零部件。

本征免性质代码“611”，简称“贷款中标”。

二、适用范围

（一）本征免性质适用于利用国际金融组织贷款、外国政府贷款（世界银行贷款、亚洲开发银行贷款、日本国际协力银行贷款，以及上述组织的赠款）为生产中标机电设备所需进口的零部件。

中标机电设备限于在国际招标中国内企业直接中标、中外联合中标生产的机电设备，以及中标的境外企业、国内企业将中标项目再分包给国内其他企业制造的机电设备，不包括《外商投资项目不予免税的进口商品目录》中所列设备。

（二）本征免性质不适用于1997年12月31日前按国家规定程序批准的利用外国政府贷款和国际金融组织贷款项目，征免性质代码“609”。

**●国家鼓励发展的内外资项目进口设备**

一、定义及代码

国家鼓励发展的内外资项目进口设备指自1998年1月1日起对按国家规定程序审批并出具确认书的国家鼓励发展的国内投资项目和外商投资项目，以及从1999年9月1日起，按国家规定程序审批的外商投资研究开发中心，中西部省、自治区、直辖市利用外资优势产业和优势项目目录的项目，在投资总额内进口的自用设备，以及按合同随设备进口的技术及数量合理的配套件、备件。

本征免性质代码“789”，简称“鼓励项目”。

二、适用范围

（一）本征免性质适用于1998年1月1日后国家鼓励发展的国内投资项目和外商投资项目，以及从1999年9月1日起，按国家规定程序审批的外商投资研究开发中心，中西部省、自治区、直辖市利用外资优势产业和优势项目目录的项目，在投资总额内进口的自用设备，以及按合同随设备进口的技术及数量合理的配套件、备件。

（二）本征免性质不适用：

1. 1997年12月31日前批准设立的外商投资企业进口货物，征免性质代码“601”、“602”、“603”。

2. 1997年12月31日前按国家规定程序批准的利用外国政府贷款和国际金融组织贷款项目，征免性质代码“609”。

3. 外商投资企业投资额度外利用自有资金进口货物，征免性质代码“799”。

**●外商投资额度外利用自有资金进口设备、备件、配件**

一、定义及代码

外商投资额度外利用自有资金进口设备、备件、配件是指已设立的鼓励类和原限制乙类外商投资企业、外商投资研究开发中心、先进技术型和产品出口型外商投资企业技术改造，在投资总额以外利用自有资金，在原批准的生产经营范围内进口国内不能生产或性能不能满足需要的自用设备及其配套的技术、配件、备件。

本征免性质代码“799”，简称“自有资金”。

二、适用范围

（一）本征免性质适用于已设立的鼓励类和原限制乙类

外商投资企业、外商投资研究开发中心、先进技术型和产品出口型外商投资企业（以下简称“五类企业”）技术改造，在投资总额以外利用自有资金，在原批准的生产经营范围内进口国内不能生产或性能不能满足需要的自用设备及其配套的技术、配件、备件。

1. 资金来源

“五类企业”投资总额以外的自有资金，具体是指企业储备基金、发展基金、折旧和税后利润。

2. 进口商品用途

在原批准的生产经营范围内，对本企业原有设备更新（不包括成套设备和生产线）或维修。

成套设备是指以完成某零、部件或产品生产加工或装配全部过程所有工序所需的全部设备。生产线是指用于完成某种产品一道或多道工序的、有一定节拍要求的、以一定方式连续生产的设备组合。

3. 进口商品范围

国内不能生产或性能不能满足需要的设备（即不属于《国内投资项目不予免税的进口商品目录》的商品），以及与上述设备配套的技术、配件、备件，包括随设备进口或单独进口的。

（二）本征免性质不适用：

1. 1997 年 12 月 31 日前批准设立的外商投资企业进口货物，征免性质代码“601”、“602”、“603”。

2. 国家鼓励发展的外资项目项下进口货物，征免性质代码“789”。

**●救灾捐赠进口物资**

一、定义及代码

救灾捐赠进口物资指外国民间团体、企业、友好人士和华侨、香港居民，以及台湾、澳门同胞及外籍华人无偿向我境内受灾地区捐赠的直接用于救灾的物资。

本征免性质代码“801”，简称“救灾捐赠”。

二、适用范围

本征免性质适用范围：

（一）外国民间团体、企业、友好人士和华侨、香港居民，以及台湾、澳门同胞及外籍华人无偿向我境内受灾地区捐赠的直接用于救灾的物资。

（二）享受救灾捐赠物资进口免税的区域限于新华社对外发布和民政部《中国灾情信息》公布的受灾地区。

**●境外捐赠人无偿向我境内受赠人捐赠的直接用于慈善事业的免税进口物资**

一、定义代码

扶贫、慈善性捐赠物资是指境外捐赠人无偿向我国境内捐赠的直接用于扶贫、慈善事业的进口物资。

本征免性质代码“802”，简称“慈善捐赠”。

二、适用范围

（一）本征免性质适用于境外捐赠人无偿向我国境内捐赠的直接用于扶贫、慈善事业的进口物资。

1. 境外捐赠人应为中华人民共和国关境外的自然人、法人或者其他组织。

2. 受赠人应为国务院有关部门和各省、自治区、直辖市人民政府，以及从事人道救助和以发展扶贫、慈善事业为宗旨的全国性的社会团体，包括中国红十字会总会、全国妇女联合会、中国残疾人联合会、中华慈善总会、中国初级卫生保健基金会和宋庆龄基金会。

3. 使用人应为捐赠物资的直接使用者或负责分配该捐赠物资的单位或个人。

（二）扶贫、慈善公益性事业物资包括：

1. 新的衣服、被褥、鞋帽、帐篷、手套、睡袋、毛毯及其他维持基本生活的必需用品等。

2. 食品类及饮用品（调味品、水产品、水果、饮料、烟酒等除外）。

3. 医疗类包括直接用于治疗特困患者疾病或贫困地区治疗地方病及基本医疗卫生、公共环境卫生所需的基本医疗药品、基本医疗器械、医疗书籍和资料。

其中，“基本医疗药品”是指用于急救、治疗、防疫、消毒、抗菌等用途的药品和人体移植用的器官，但不包括保健药和营养药；“基本医疗器械”是指诊疗器械、手术器械、卫生检测器械、伤残修复器械、防疫防护器械、消毒灭菌器械。

4. 直接用于公共图书馆、公共博物馆、各类职业学校、高中、初中、小学、幼儿园教育的教学仪器、教材、图书、资料和一般学习用品。

其中，“公共图书馆和公共博物馆”是指经省级以上文化行政管理部门认定、向社会开放的县（市）级以上单位管理的公益性图书馆或经省级以上文物行政管理部门认定、向公众开放的县（市）级以上单位管理的各类公益性博物馆；“教学仪器”是指《扶贫、慈善性捐赠物资免征进口税收暂行办法》规定的学校、幼儿园专用于教学的检验、观察、计量、演示用的仪器和器具；“一般学习用品”是指《扶贫、慈善性捐赠物资免征进口税收暂行办法》规定的学校、幼儿园教学和学生专用的文具、教具、婴幼儿玩具、标本、模型、切片、各类学习软件、实验室用器皿和试剂、学生服装（含鞋帽）和书包等。

5. 直接用于环境保护的专用仪器。具体是指环保系统专用的空气质量与污染源废气监测仪器及治理设备、环境水质与污水监测仪器及治理设备、环境污染事故应急监测仪器、固体废物监测仪器及处置设备、辐射防护与电磁辐射监测仪器及设备、生态保护监测仪器及设备、噪声及振动监测仪器和实验室通用分析仪器及设备。

6. 经国务院批准的其他直接用于扶贫、慈善事业的物资。

上述物资不包括国家停止减免税的 20 种商品、汽车、生产性设备、生产性原材料及半成品等。

捐赠物资应为新品，在捐赠物资内不得夹带有害环境、公共卫生和社会道德及政治渗透等违禁物品。

（三）本征免性质不适用：

1. 无偿援助物资，征免性质代码“201”。

2. 残疾人专用品、残疾人专用设备及专用生产设备，征免性质代码“413”。

**●进口抗艾滋病病毒药物**

进口抗艾滋病病毒药品指对卫生部委托进口的抗艾滋病病毒药物免征进口关税和进口环节增值税政策。

本征免性质代码“803”，简称“抗艾滋病药物”。

**●进口种子（苗）、种畜（禽）、鱼种（苗）和种用野生动植物种源**

享受进口税收优惠政策的进口种子（苗）、种畜（禽）、鱼种（苗）和种用野生动植物种源指根据规定进口种子（苗）、种畜（禽）、鱼种（苗）和种用野生动植物种源免征进口环节增值税政策。

本征免性质代码“811”，简称“种子种源”。

**●中央储备粮油免征进口环节增值税政策**

中央储备粮油免征进口环节增值税政策指对中储粮总公司及其子公司在免税进口额度范围内进口的粮油，予以免征进口环节增值税。

本征免性质代码“818”，简称“中央储备粮油”。

**●进口科研教学用图书资料**

一、定义及代码

进口科研教学用图书资料指根据规定对中国图书进出口（集团）总公司等7家图书进出口公司为科研单位、大专院校进口用于科研、教学的图书、文献、报刊及其他资料（包括只读光盘、缩微平片、胶卷、地球资料卫星照片、科技和教学声像制品）免征进口环节增值税。

本征免性质代码“819”，简称“科教图书”。

二、适用范围

享受该项进口税收优惠政策的企业为中国图书进出口（集团）总公司及其具有独立法人资格的子公司、中国经济图书进出口公司、中国教育图书进出口公司、中国出版对外贸易总公司、北京中科进出口有限责任公司、中国科技资料进出口总公司和中国国际图书贸易集团有限公司等7家图书进出口公司。

**●国务院特准减免税的进出口货物**

一、定义及代码

国务院特准减免税的进出口货物指经国务院特案批准予以减免税的进出口货物。

本征免性质代码“898”，简称“国批减免”。

二、适用范围

本征免性质仅限国务院特案批准予以减免税的特殊行业或进出口货物，如国家计划内进口的化肥、饲料、图书资料、种子（苗）、种畜（禽）、鱼苗和非盈利性种用野生动植物、航空公司进口或租赁的飞机等。

**●选择征税**

一、定义及代码

内销选择性征税进口货物指特定区域内的企业生产、加工并经“二线”销往内地的货物选择按其对应进口料件征收关税的货物。

本征免性质代码“899”，简称“选择征税”。

二、适用范围

本征免性质限于广东珠海横琴新区、福建平潭综合实验区和中国（上海）自由贸易试验区内的生产、加工企业内销并选择按对应进口料件征收关税的货物。

**●例外减免税进出口货物**

一、定义及代码

例外减免税进出口货物指无法归入以上各类列名征免性质的减免税进出口货物。

本征免性质代码“999”，简称“例外减免”。

二、管理规定

（一）按海关总署文件或通知的具体内容执行。

（二）减免税办理程序：

申请减免税的企业或单位持批准文件和其他有关单证，到所在地海关办理减免税审批手续。

海关核发“进出口货物征免税证明”，进出口地海关凭以办理货物的减免税手续。

# 征减免税方式代码表及说明

## 征减免税方式代码表

| 征减免税方式代码 | 征减免税方式名称 |
|---|---|
| 1 | 照章征税 |
| 2 | 折半征税 |
| 3 | 全免 |
| 4 | 特案 |
| 5 | 随征免性质 |
| 6 | 保证金 |
| 7 | 保函 |
| 8 | 折半补税 |
| 9 | 全额退税 |

## 征减免税方式代码表说明

征减免税方式是指进出口货物征税、减税、免税或特案处理的方式。

一、征减免税方式的分类

征减免税方式分为照章征税、折半征税、全免、特案、随征免性质、保证金、保函、折半补税、全额退税，各种方式分别用不同的代码标定。

二、征减免税方式代码说明

（一）征减免税方式分为照章征税、折半征税、全免、特案、随征免性质、保证金、保函、折半补税及出口全额退税九种。

（二）征减免税方式代码表说明

照章征税：代码“1”，进出口货物依照法定税率计征各类税、费。

折半征税：代码“2”，依照海关签发的“进出口货物征免税证明”或海关总署的通知，对进出口货物依照法定税率折半征收税款。

全免：代码“3”，依照海关签发的“进出口货物征免税证明”或其他有关规定，对进出口货物免征关税和增值税，消费税是否免征依批文规定办理。

特案：代码“4”，依照海关签发的“进出口货物征免税证明”或其他有关规定所规定的税率或完税价计征关税、增值税和消费税。

随征免性质：代码“5”，用于特定监管方式进出口的货物按特殊计税公式或税率计征关税、增值税和消费税。

保证金：代码“6”，经海关准予担保放行的货物收取保证金。

保函：代码“7”，经海关准予担保放行的货物凭保证函办理。

# 运输方式代码表及说明

## 运输方式代码表

| 运输方式代码 | 运输方式名称 | 运输方式代码 | 运输方式名称 |
|---|---|---|---|
| 0 | 非保税区 | 9 | 其他运输 |
| 1 | 监管仓库 | A | 全部运输方式 |
| 2 | 水路运输 | H | 边境特殊海关作业区 |
| 3 | 铁路运输 | T | 综合实验区 |
| 4 | 公路运输 | W | 物流中心 |
| 5 | 航空运输 | X | 物流园区 |
| 6 | 邮件运输 | Y | 保税港区 |
| 7 | 保税区 | Z | 出口加工区 |
| 8 | 保税仓库 | | |

## 运输方式代码表说明

一、定义

运输方式包括实际运输方式和海关规定的特殊运输方式，前者指货物实际进出境的运输方式，按进出境所使用的运输工具分类；后者指货物无实际进出境的运输方式，按货物在境内的流向分类。

二、运输方式分类说明

（一）水路运输：代码“2”，指利用船舶在国内外港口之间，通过固定的航区和航线进行货物运输的一种方式。

（二）铁路运输：代码“3”，指利用铁路承担进出口货物运输的一种方式。

（三）公路运输：代码“4”，指利用汽车承担进出口货物运输的一种方式。

（四）航空运输：代码“5”，指利用航空器承运进出口货物的一种方式。

（五）邮件运输：代码“6”，指通过邮局寄运货物进出口的一种方式。

（六）其他运输：代码“9”，除上述几种运输方式以外的货物进出口运输方式。如利用人扛、驮畜、输油管道、输水管道和输电网等方式进出口货物的运输方式。

（七）用于标志境内进出和退回保税区或保税仓库等区域的运输方式代码如下：

非保税区：代码“0”，指境内非保税区运入保税区和保税区退区（退运境内）货物。

监管仓库：代码“1”，指境内存入出口监管仓和出口监管仓退仓货物。

保税区：代码“7”，指保税区运往境内非保税区货物。

保税仓库：代码“8”，指保税仓库转内销货物。

边境特殊海关作业区：代码“H”，指境内运入深港西部通道港方口岸区的货物。

综合实验区：代码“T”，用于横琴新区或平潭综合实验区区内企业按选择性征关税的货物和上述区域与境内区外间经指定申报通道往来的货物（即二线区外申报时使用）。横琴新区与平潭综合实验区与境外之间进出的货物、与境内特殊监管区域或保税监管场所间流转的保税货物，以及区内加工企业与区外加工企业间往来的保税货物，其报关单或备案清单的运输方式应按《海关总署关于修订〈中华人民共和国海关进出口货物报关单填制规范〉的公告》（公告〔2009〕6号）和《海关总署关于海关特殊监管区域管理问题的公告》（公告〔2010〕22号）申报。

物流中心：代码“W”，指从境内运入保税物流中心或从保税物流中心运往境内非保税物流中心的货物。

物流园区：代码“X”，指从境内运入保税物流园区或从园区运往境内的货物。

保税港区：代码“Y”，指从保税港区（不包括直通港区）运往区外和区外运入保税港区的货物。

出口加工区：代码“Z”，指出口加工区运往境内加工区外和区外运入出口加工区的货物。

# 关区代码表及说明

## 关区代码表

| 关区代码 | 关区名称 | 关区简称 |
|---|---|---|
| **0000** | **海关总署/全部关区** | **海关总署** |
| **0100** | **北京关区** | **北京关区** |
| 0101 | 机场单证 | 机场单证 |
| 0102 | 京监管处 | 京监管处 |
| 0103 | 京关展览 | 京关展览 |
| 0104 | 京一处 | 京一处 |
| 0105 | 京二处 | 京二处 |
| 0106 | 京关关税 | 京关关税 |
| 0107 | 机场库区 | 机场库区 |
| 0108 | 京通关处 | 京通关处 |
| 0109 | 机场旅检 | 机场旅检 |
| 0110 | 平谷海关 | 平谷海关 |
| 0111 | 京五里店 | 京五里店 |
| 0112 | 京邮办处 | 京邮办处 |
| 0113 | 京中关村 | 京中关村 |
| 0114 | 京国际局 | 京国际局 |
| 0115 | 京东郊站 | 京东郊站 |
| 0116 | 京信 | 京信 |
| 0117 | 京开发区 | 京开发区 |
| 0118 | 十八里店 | 十八里店 |
| 0119 | 机场物流 | 机场物流 |
| 0121 | 京稽查处 | 京稽查处 |
| 0123 | 机场调技 | 机场调技 |
| 0124 | 北京站 | 北京站 |
| 0125 | 西客站 | 西客站 |
| 0126 | 京加工区 | 京加工区 |
| 0127 | 京快件 | 京快件 |
| 0128 | 京顺义办 | 京顺义办 |
| 0129 | 北京海关天竺综合保税区 | 京关天竺 |
| 0130 | 北京亦庄保税物流中心 | 亦庄物流 |
| **0200** | **天津关区** | **天津关区** |
| 0201 | 天津海关 | 天津海关 |
| 0202 | 新港海关 | 新港海关 |
| 0203 | 津开发区 | 津开发区 |
| 0204 | 东港海关 | 东港海关 |
| 0205 | 津塘沽办 | 津塘沽办 |
| 0206 | 津驻邮办 | 津驻邮办 |
| 0207 | 津机场办 | 津机场办 |
| 0208 | 津保税区 | 津保税区 |
| 0209 | 蓟县海关 | 蓟县海关 |
| 0210 | 武清海关 | 武清海关 |
| 0211 | 津加工区 | 津加工区 |
| 0212 | 天津保税物流园区 | 津物流园 |
| 0213 | 天津东疆保税港区 | 天津东疆 |
| 0214 | 天津滨海新区综合保税区 | 津滨综保 |
| 0215 | 天津机场海关快件监管中心 | 津机快件 |
| 0216 | 天津经济技术开发区保税物流中心 | 津开物流 |
| 0217 | 天津东疆保税港区海关（港区） | 东疆港区 |
| 0218 | 静海海关 | 静海海关 |
| 0219 | 天津海关驻北辰办事处 | 津北辰办 |
| 0220 | 津关税处 | 津关税处 |
| 0221 | 天津海关驻宁河办事处 | 津宁河办 |
| 0222 | 天津大港港区海关 | 大港港区 |
| **0400** | **石家庄区** | **石家庄区** |
| 0401 | 石家庄关 | 石家庄关 |
| 0402 | 秦皇岛关 | 秦皇岛关 |
| 0403 | 唐山海关 | 唐山海关 |
| 0404 | 廊坊海关 | 廊坊海关 |
| 0405 | 保定海关 | 保定海关 |
| 0406 | 中华人民共和国邯郸海关 | 邯郸海关 |
| 0407 | 秦加工区 | 秦加工区 |
| 0408 | 中华人民共和国沧州海关 | 沧州海关 |
| 0409 | 廊坊海关驻出口加工区办事处 | 廊加工区 |
| 0410 | 石家庄海关驻机场办事处 | 石机场办 |
| 0411 | 中华人民共和国张家口海关 | 张家口关 |
| 0412 | 石家庄海关驻曹妃甸港区办事处 | 石关曹办 |
| 0413 | 邢台海关 | 邢台海关 |
| 0414 | 曹妃甸综合保税区 | 曹综保区 |

| 关区代码 | 关区名称 | 关区简称 | 关区代码 | 关区名称 | 关区简称 |
|---|---|---|---|---|---|
| 0415 | 衡水海关 | 衡水海关 | 0711 | 呼和浩特海关驻白塔机场办事处 | 呼关机办 |
| 0416 | 石家庄国际快件监管中心 | 石关快件 | 0712 | 呼和浩特海关驻出口加工区办事处 | 呼加工区 |
| 0417 | 中华人民共和国承德海关 | 承德海关 | 0713 | 鄂尔多斯海关 | 鄂尔多斯 |
| 0418 | 石家庄综合保税区 | 石综保区 | 0714 | 集宁海关 | 集宁海关 |
| 0419 | 河北武安保税物流中心（B 型） | 武安物流 | 0715 | 乌海海关 | 乌海海关 |
| **0500** | **太原海关** | **太原海关** | **0800** | **沈阳关区** | **沈阳关区** |
| 0501 | 并关监管 | 并关监管 | 0801 | 沈阳海关 | 沈阳海关 |
| 0502 | 太原机场海关 | 并机场关 | 0802 | 锦州海关 | 锦州海关 |
| 0503 | 大同海关 | 大同海关 | 0803 | 沈驻邮办 | 沈驻邮办 |
| 0504 | 侯马海关 | 侯马海关 | 0804 | 沈驻抚顺 | 沈驻抚顺 |
| 0505 | 山西方略保税物流中心 | 方略物流 | 0805 | 沈开发区 | 沈开发区 |
| 0506 | 太原武宿综合保税区 | 太原综保 | 0806 | 沈驻辽阳 | 沈驻辽阳 |
| 0507 | 运城海关 | 运城海关 | 0807 | 沈机场办 | 沈机场办 |
| 0508 | 晋城海关 | 晋城海关 | 0808 | 沈阳综合保税区海关 | 沈综保区 |
| 0509 | 山西兰花保税物流中心（B 型） | 兰花物流 | 0809 | 沈阳国际快件监管中心 | 沈快件 |
| **0600** | **满洲里关** | **满洲里关** | 0810 | 葫芦岛关 | 葫芦岛关 |
| 0601 | 海拉尔关 | 海拉尔关 | 0811 | 沈阳海关驻辽宁沈阳出口加工区办事处 | 辽沈加区 |
| 0602 | 额尔古纳 | 额尔古纳 | | | |
| 0603 | 满十八里 | 满十八里 | 0812 | 沈阳海关驻张士出口加工区办事处 | 沈张出加 |
| 0604 | 满赤峰办 | 满赤峰办 | 0813 | 沈阳保税物流中心 | 沈阳物流 |
| 0605 | 满通辽办 | 满通辽办 | 0814 | 铁岭保税物流中心（B 型） | 铁保（B 型） |
| 0606 | 满哈沙特 | 满哈沙特 | **0900** | **大连海关** | **大连海关** |
| 0607 | 满室韦 | 满室韦 | 0901 | 大连港湾海关 | 大连港湾 |
| 0608 | 满互贸区 | 满互贸区 | 0902 | 大连机场 | 大连机场 |
| 0609 | 满铁路 | 满铁路 | 0903 | 连开发区 | 连开发区 |
| 0610 | 满市区 | 满市区 | 0904 | 连加工区 | 连加工区 |
| 0611 | 满洲里海关驻西郊机场办事处 | 满关机办 | 0905 | 大窑湾海关驻北良港办事处 | 窑北良办 |
| 0612 | 阿尔山海关 | 阿尔山关 | 0906 | 连保税区 | 连保税区 |
| 0613 | 赤峰保税物流中心 | 赤峰物流 | 0907 | 大连保税物流园区 | 连物流园 |
| 0615 | 满洲里综合保税区 | 满综保区 | 0908 | 连大窑湾 | 连大窑湾 |
| **0700** | **呼特关区** | **呼特关区** | 0909 | 大连邮办 | 大连邮办 |
| 0701 | 呼和浩特 | 呼和浩特 | 0910 | 大连大窑湾保税港区 | 连保税港 |
| 0702 | 二连海关 | 二连海关 | 0911 | 大连长兴岛海关 | 长兴岛关 |
| 0703 | 包头海关 | 包头海关 | 0912 | 大连国际快件监管中心 | 大连快件 |
| 0704 | 呼关邮办 | 呼关邮办 | 0915 | 庄河海关 | 庄河海关 |
| 0705 | 二连公路 | 二连公路 | 0917 | 大连海关驻旅顺办事处 | 大连旅办 |
| 0706 | 包头海关驻国际集装箱中转站办事处 | 包头箱站 | 0930 | 丹东海关 | 丹东海关 |
| 0707 | 额济纳海关 | 额济纳关 | 0931 | 大连海关驻本溪办事处 | 大连本办 |
| 0708 | 乌拉特海关 | 乌拉特关 | 0932 | 太平湾海关 | 丹太平湾 |
| 0709 | 满都拉口岸 | 满达口岸 | 0940 | 营口海关 | 营口海关 |
| 0710 | 东乌海关 | 东乌海关 | 0941 | 盘锦海关 | 盘锦海关 |

| 关区代码 | 关区名称 | 关区简称 | 关区代码 | 关区名称 | 关区简称 |
|---|---|---|---|---|---|
| 0942 | 盘锦港保税物流中心（B 型） | 盘港物流 | 1596 | 通集邮办 | 通集邮办 |
| 0950 | 鲅鱼圈关 | 鲅鱼圈关 | **1900** | **哈尔滨区** | **哈尔滨区** |
| 0951 | 营口港保税物流中心 | 营港物流 | 1901 | 哈尔滨关 | 哈尔滨关 |
| 0960 | 大东港关 | 大东港关 | 1902 | 绥关铁路 | 绥关铁路 |
| 0980 | 鞍山海关 | 鞍山海关 | 1903 | 黑河海关 | 黑河海关 |
| **1500** | **长春关区** | **长春关区** | 1904 | 同江海关 | 同江海关 |
| 1501 | 长春海关 | 长春海关 | 1905 | 佳木斯关 | 佳木斯关 |
| 1502 | 长开发区 | 长开发区 | 1906 | 牡丹江关 | 牡丹江关 |
| 1503 | 长白海关 | 长白海关 | 1907 | 东宁海关 | 东宁海关 |
| 1504 | 临江海关 | 临江海关 | 1908 | 逊克海关 | 逊克海关 |
| 1505 | 图们海关 | 图们海关 | 1909 | 齐齐哈尔 | 齐齐哈尔 |
| 1506 | 通化海关 | 通化海关 | 1910 | 大庆海关 | 大庆海关 |
| 1507 | 珲春海关 | 珲春海关 | 1911 | 密山海关 | 密山海关 |
| 1508 | 吉林海关 | 吉林海关 | 1912 | 虎林海关 | 虎林海关 |
| 1509 | 延吉海关 | 延吉海关 | 1913 | 富锦海关 | 富锦海关 |
| 1510 | 长春兴隆综合保税区 | 长春综保 | 1914 | 抚远海关 | 抚远海关 |
| 1511 | 长春机办 | 长春机办 | 1915 | 漠河海关 | 漠河海关 |
| 1515 | 图们车办 | 图们车办 | 1916 | 萝北海关 | 萝北海关 |
| 1516 | 通海关村 | 通海关村 | 1917 | 嘉荫海关 | 嘉荫海关 |
| 1517 | 珲长岭子 | 珲长岭子 | 1918 | 饶河海关 | 饶河海关 |
| 1518 | 吉林海关驻车站办事处 | 吉关车办 | 1919 | 哈内陆港 | 哈内陆港 |
| 1519 | 延吉三合 | 延吉三合 | 1920 | 哈开发区 | 哈开发区 |
| 1521 | 一汽场站 | 一汽场站 | 1921 | 黑龙江绥芬河综合保税区 | 绥综保区 |
| 1525 | 图们桥办 | 图们桥办 | 1922 | 哈关邮办 | 哈关邮办 |
| 1526 | 通集青石 | 通集青石 | 1923 | 哈关车办 | 哈关车办 |
| 1527 | 珲春圈河 | 珲春圈河 | 1924 | 哈关机办 | 哈关机办 |
| 1528 | 吉林市保税物流中心（B 型） | 吉林物流 | 1925 | 绥关公路 | 绥关公路 |
| 1529 | 延吉南坪 | 延吉南坪 | 1926 | 哈尔滨综合保税区 | 哈综保区 |
| 1531 | 长春东站 | 长春东站 | **2200** | **上海海关** | **上海海关** |
| 1536 | 通化海关驻集安车站办事处 | 通集铁路 | 2201 | 浦江海关 | 浦江海关 |
| 1537 | 珲沙坨子 | 珲沙坨子 | 2202 | 吴淞海关 | 吴淞海关 |
| 1539 | 延开山屯 | 延开山屯 | 2203 | 上海虹桥机场海关 | 虹桥机场 |
| 1547 | 珲加工区 | 珲加工区 | 2204 | 闵开发区 | 闵开发区 |
| 1549 | 延吉城里 | 延吉城里 | 2205 | 上海车站海关 | 车站海关 |
| 1557 | 珲春海关驻车站办事处 | 珲春车办 | 2206 | 沪邮局办 | 沪邮局办 |
| 1559 | 延吉邮办 | 延吉邮办 | 2207 | 洋山海关 | 洋山海关 |
| 1569 | 延吉海关驻机场办事处 | 延吉机办 | 2208 | 宝山海关 | 宝山海关 |
| 1579 | 延吉空港海关快件监管中心 | 延关快件 | 2209 | 龙吴海关 | 龙吴海关 |
| 1591 | 长春邮办 | 长春邮办 | 2210 | 浦东海关 | 浦东海关 |
| 1593 | 长白邮办 | 长白邮办 | 2211 | 卢湾监管 | 卢湾监管 |
| 1595 | 图们邮办 | 图们邮办 | 2212 | 奉贤海关 | 奉贤海关 |

| 关区代码 | 关区名称 | 关区简称 | 关区代码 | 关区名称 | 关区简称 |
|---|---|---|---|---|---|
| 2213 | 莘庄海关 | 莘庄海关 | 2303 | 苏州海关 | 苏州海关 |
| 2214 | 漕河泾发 | 漕河泾发 | 2304 | 无锡海关 | 无锡海关 |
| 2215 | 上海西北物流园区 | 西北物流 | 2305 | 张家港关 | 张家港关 |
| 2216 | 上海浦东机场综合保税区 | 浦机综保 | 2306 | 常州海关 | 常州海关 |
| 2217 | 嘉定海关 | 嘉定海关 | 2307 | 镇江海关 | 镇江海关 |
| 2218 | 外高桥关 | 外高桥关 | 2308 | 新生圩关 | 新生圩关 |
| 2219 | 杨浦监管 | 杨浦监管 | 2309 | 盐城海关 | 盐城海关 |
| 2220 | 金山海关 | 金山海关 | 2310 | 扬州海关 | 扬州海关 |
| 2221 | 松江海关 | 松江海关 | 2311 | 徐州海关 | 徐州海关 |
| 2222 | 青浦海关 | 青浦海关 | 2312 | 江阴海关 | 江阴海关 |
| 2223 | 南汇海关 | 南汇海关 | 2313 | 张保税区 | 张保税区 |
| 2224 | 崇明海关 | 崇明海关 | 2314 | 苏工业区 | 苏工业区 |
| 2225 | 外港海关 | 外港海关 | 2315 | 淮安海关 | 淮安海关 |
| 2226 | 贸易网点 | 贸易网点 | 2316 | 泰州海关 | 泰州海关 |
| 2227 | 普陀区站 | 普陀区站 | 2317 | 禄口机办 | 禄口机办 |
| 2228 | 长宁区站 | 长宁区站 | 2318 | 南京现场 | 南京现场 |
| 2229 | 航交办 | 航交办 | 2319 | 如皋海关 | 如皋海关 |
| 2230 | 徐汇区站 | 徐汇区站 | 2320 | 无锡海关驻机场办事处 | 锡关机办 |
| 2231 | 洋山海关驻市内报关点 | 洋山市内 | 2321 | 常溧阳办 | 常溧阳办 |
| 2232 | 嘉定海关驻出口加工区办事处 | 嘉定出口 | 2322 | 镇丹阳办 | 镇丹阳办 |
| 2233 | 浦东机场 | 浦东机场 | 2323 | 金陵海关 | 金陵海关 |
| 2234 | 沪钻交所 | 沪钻交所 | 2324 | 常熟海关 | 常熟海关 |
| 2235 | 松江加工 | 松江加工 | 2325 | 昆山海关 | 昆山海关 |
| 2236 | 洋山海关驻芦潮港铁路集装箱中心站监管点 | 洋山芦潮 | 2326 | 吴江海关 | 吴江海关 |
| | | | 2327 | 太仓海关 | 太仓海关 |
| 2237 | 上海松江出口加工区 B 区 | 松江 B 区 | 2328 | 苏吴县办 | 苏吴县办 |
| 2238 | 上海青浦出口加工区 | 青浦加工 | 2329 | 启东海关 | 启东海关 |
| 2239 | 上海闵行出口加工区 | 闵行加工 | 2330 | 泰州海关驻泰兴办事处 | 泰泰兴办 |
| 2240 | 上海漕河泾出口加工区 | 漕河泾加 | 2331 | 锡宜兴办 | 锡宜兴办 |
| 2241 | 沪业一处 | 沪业一处 | 2332 | 锡锡山办 | 锡锡山办 |
| 2242 | 沪业二处 | 沪业二处 | 2333 | 南通关办 | 南通关办 |
| 2243 | 沪业三处 | 沪业三处 | 2335 | 昆山加工 | 昆山加工 |
| 2244 | 上海快件 | 上海快件 | 2336 | 苏园加工 | 苏园加工 |
| 2245 | 沪金桥办 | 沪金桥办 | 2338 | 苏关邮办 | 苏关邮办 |
| 2246 | 上海保税物流园区 | 保税物流 | 2339 | 南通海关驻出口加工区办事处 | 南通加工 |
| 2247 | 上海海关驻化学工业区办事处 | 沪化工区 | 2340 | 无锡海关驻出口加工区办事处 | 无锡加工 |
| 2248 | 洋山海关（港区） | 洋山港区 | 2341 | 连云港海关驻连云港出口加工区办事处 | 连关加工 |
| 2249 | 洋山海关（保税） | 洋山保税 | 2343 | 南京海关驻江苏南京出口加工区（南区）办事处 | 宁南加工 |
| **2300** | **南京海关** | **南京海关** | | | |
| 2301 | 连云港关 | 连云港关 | 2344 | 苏州海关驻苏州高新区出口加工区办事处 | 苏高加工 |
| 2302 | 南通海关 | 南通海关 | | | |

| 关区代码 | 关区名称 | 关区简称 | 关区代码 | 关区名称 | 关区简称 |
|---|---|---|---|---|---|
| 2345 | 镇江海关驻镇江出口加工区办事处 | 镇江加工 | 2389 | 常熟综合保税区 | 常熟综保 |
| 2347 | 苏州工业园区海关驻苏州工业园区出口加工区B区办事处 | 苏园B区 | 2390 | 吴江综合保税区 | 吴江综保 |
| | | | 2391 | 徐州保税物流中心 | 徐州物流 |
| 2348 | 张家港保税物流园区 | 张物流园 | 2392 | 南通海关驻海门办事处 | 通海门办 |
| 2349 | 南京海关驻邮局办事处 | 宁关邮办 | 2393 | 南通海关驻海安办事处 | 通海安办 |
| 2351 | 南京海关驻江宁经济技术开发区办事处 | 江宁办 | 2394 | 吴中综合保税区 | 吴中综保 |
| 2353 | 常州海关驻出口加工区办事处 | 常关出加 | 2395 | 大丰港保税物流中心 | 大丰物流 |
| 2354 | 扬州海关驻出口加工区办事处 | 扬关出加 | **2900** | **杭州关区** | **杭州关区** |
| 2355 | 常熟海关驻出口加工区办事处 | 常熟出加 | 2901 | 杭州海关 | 杭州海关 |
| 2356 | 吴江海关驻出口加工区办事处 | 吴江出加 | 2903 | 温州海关 | 温州海关 |
| 2357 | 常州海关驻武进办事处 | 常关武办 | 2904 | 舟山海关 | 舟山海关 |
| 2358 | 苏州工业园综合保税区 | 苏园保税 | 2905 | 台州海关 | 台州海关 |
| 2359 | 苏州海关驻吴中出口加工区办事处 | 吴中出加 | 2906 | 绍兴海关 | 绍兴海关 |
| 2360 | 盐城海关驻大丰港办事处 | 盐关港办 | 2907 | 湖州海关 | 湖州海关 |
| 2361 | 淮安海关驻出口加工区办事处 | 淮关出加 | 2908 | 嘉兴海关 | 嘉兴海关 |
| 2362 | 江阴保税物流中心 | 澄关物流 | 2909 | 杭经开关 | 杭经开关 |
| 2364 | 江苏武进出口加工区 | 武进出加 | 2910 | 杭州萧山机场海关 | 杭州机场 |
| 2365 | 张家港保税港区 | 张保税港 | 2911 | 杭关邮办 | 杭关邮办 |
| 2366 | 中华人民共和国宿迁海关 | 宿迁海关 | 2912 | 杭关萧办 | 杭关萧办 |
| 2367 | 泰州海关驻出口加工区办事处 | 泰出加区 | 2915 | 丽水海关 | 丽水海关 |
| 2368 | 苏州高新技术产业开发区综合保税区 | 苏高综保 | 2916 | 杭州萧山机场海关快件监管中心 | 杭州快件 |
| 2369 | 昆山综合保税区 | 昆山综保 | 2917 | 衢州海关 | 衢州海关 |
| 2370 | 连云港保税物流中心 | 连关物流 | 2918 | 杭关余办 | 杭关余办 |
| 2371 | 盐城海关驻机场办事处 | 盐机场办 | 2919 | 杭富阳办 | 杭富阳办 |
| 2372 | 盐城综合保税区 | 盐城综保 | 2920 | 金华海关 | 金华海关 |
| 2373 | 淮安综合保税区 | 淮安综保 | 2921 | 义乌海关 | 义乌海关 |
| 2374 | 无锡高新区综合保税区 | 锡高综保 | 2922 | 金华海关驻永康办事处 | 金关永办 |
| 2375 | 靖江海关 | 靖江海关 | 2923 | 义乌保税物流中心 | 义乌物流 |
| 2376 | 南通综合保税区 | 南通综保 | 2924 | 金义综合保税区 | 金义综保 |
| 2377 | 南京综合保税区（龙潭片） | 龙潭综保 | 2928 | 杭州跨境电子商务海关监管中心 | 杭关电商 |
| 2378 | 南京综合保税区（江宁片） | 江宁综保 | 2931 | 温关邮办 | 温关邮办 |
| 2379 | 苏州海关驻相城办事处 | 苏相城办 | 2932 | 温经开关 | 温经开关 |
| 2380 | 太仓港综合保税区 | 太仓综保 | 2933 | 温关机办 | 温关机办 |
| 2381 | 苏州工业园综合保税区贸易功能区 | 苏园贸易 | 2934 | 温关鳌办 | 温关鳌办 |
| 2382 | 盐城海关驻东台办事处 | 盐东台办 | 2935 | 温州海关驻瑞安办事处 | 温关瑞办 |
| 2383 | 如东海关 | 如东海关 | 2936 | 温州海关驻乐清办事处 | 温关乐办 |
| 2384 | 如皋港保税物流中心 | 如皋物流 | 2937 | 温州保税物流中心（B型） | 温州物流 |
| 2385 | 泰州综合保税区 | 泰州综保 | 2941 | 舟山海关驻嵊泗办事处 | 舟关嵊办 |
| 2386 | 镇江综合保税区 | 镇江综保 | 2942 | 舟山海关金塘监管科 | 舟关金塘 |
| 2387 | 常州综合保税区 | 常州综保 | 2943 | 舟山海关驻舟山港综合保税区办事处 | 舟关综保 |
| 2388 | 武进综合保税区 | 武进综保 | 2951 | 台州海关驻临海办事处 | 台关临办 |

| 关区代码 | 关区名称 | 关区简称 | 关区代码 | 关区名称 | 关区简称 |
|---|---|---|---|---|---|
| 2952 | 台州海关驻温岭办事处 | 台关温办 | 3303 | 马鞍山海关 | 马鞍山关 |
| 2953 | 台州海关驻玉环办事处 | 台关玉办 | 3304 | 黄山海关 | 黄山海关 |
| 2961 | 绍兴海关驻上虞办事处 | 绍关虞办 | 3305 | 蚌埠海关 | 蚌埠海关 |
| 2962 | 绍兴海关驻诸暨办事处 | 绍关诸办 | 3306 | 铜陵海关 | 铜陵海关 |
| 2963 | 绍兴海关驻新嵊办事处 | 绍关新办 | 3307 | 阜阳海关 | 阜阳海关 |
| 2971 | 湖州海关驻安吉办事处 | 湖关安办 | 3308 | 池州海关 | 池州海关 |
| 2972 | 湖州海关驻德清办事处 | 湖关德办 | 3309 | 滁州海关 | 滁州海关 |
| 2981 | 嘉关乍办 | 嘉关乍办 | 3310 | 合肥现场 | 合肥现场 |
| 2982 | 嘉兴海关驻嘉善办事处 | 嘉关善办 | 3311 | 合肥海关驻新桥机场办事处 | 合肥机场 |
| 2983 | 嘉兴综合保税区 | 嘉兴综保 | 3312 | 芜湖综合保税区 | 芜湖综保 |
| 2984 | 嘉兴海关驻海宁办事处 | 嘉关宁办 | 3313 | 合肥出口加工区 | 合关加办 |
| 2985 | 嘉兴海关驻桐乡办事处 | 嘉兴桐办 | 3315 | 宣城海关 | 宣城海关 |
| 2986 | 嘉兴综合保税区（B）区 | 嘉综 B 区 | 3316 | 蚌埠（皖北）保税物流中心（B 型） | 蚌埠物流 |
| 2991 | 杭州经济技术开发区海关驻出口加工区办事处 | 杭加工区 | 3317 | 合肥综合保税区 | 合肥综保 |
| | | | 3318 | 合肥海关驻淮南办事处 | 驻淮南办 |
| 2992 | 杭州保税物流中心（B 型） | 杭州物流 | 3319 | 宿州海关 | 宿州海关 |
| **3100** | **宁波关区** | **宁波关区** | 3320 | 合肥新桥国际机场海关监管快件中心 | 合关快件 |
| 3101 | 宁波海关 | 宁波海关 | 3321 | 安庆（皖西南）保税物流中心（B 型） | 安庆物流 |
| 3102 | 镇海海关 | 镇海海关 | | | |
| 3103 | 甬开发区 | 甬开发区 | **3500** | **福州关区** | **福州关区** |
| 3104 | 北仑海关 | 北仑海关 | 3501 | 马尾海关 | 马尾海关 |
| 3105 | 甬保税区 | 甬保税区 | 3502 | 福清海关 | 福清海关 |
| 3106 | 大榭海关 | 大榭海关 | 3503 | 宁德海关 | 宁德海关 |
| 3107 | 甬驻余办 | 甬驻余办 | 3504 | 三明海关 | 三明海关 |
| 3108 | 甬驻慈办 | 甬驻慈办 | 3505 | 福保税区 | 福保税区 |
| 3109 | 宁波机场海关 | 甬机场关 | 3506 | 莆田海关 | 莆田海关 |
| 3110 | 象山海关 | 象山海关 | 3507 | 福州长乐机场海关 | 机场海关 |
| 3111 | 宁波保税区海关驻出口加工区办事处 | 甬加工区 | 3508 | 福州新港 | 福州新港 |
| 3112 | 宁波保税物流园区 | 甬物流区 | 3509 | 福关邮办 | 福关邮办 |
| 3113 | 浙江慈溪出口加工区 | 慈加工区 | 3510 | 南平海关 | 南平海关 |
| 3114 | 宁波海关驻鄞州办事处 | 甬驻鄞办 | 3511 | 武夷山关 | 武夷山关 |
| 3115 | 宁波海关驻鄞州办事处栎社保税物流中心 | 栎社物流 | 3512 | 黄岐对台小额贸易监管点 | 黄岐监管 |
| | | | 3513 | 福现业处 | 福现业处 |
| 3116 | 宁波梅山保税港区港口功能区 | 梅山港区 | 3515 | 平潭港区港口功能区 | 平潭港区 |
| 3117 | 宁波梅山保税港区保税加工物流功能区 | 梅山保税 | 3516 | 平潭海关 | 平潭海关 |
| 3118 | 宁波栎社国际机场快件监管中心 | 宁波快件 | 3520 | 福州出口加工区海关 | 福州加工 |
| 3119 | 宁波海关驻邮局办事处 | 甬驻邮办 | 3521 | 福清出口加工区海关 | 福清加工 |
| 3120 | 宁波镇海保税物流中心（B 型） | 镇海物流 | 3522 | 福州保税物流园区 | 福物流园 |
| **3300** | **合肥海关** | **合肥海关** | 3523 | 福州保税港区（江阴）保税功能区 | 福保税港 |
| 3301 | 芜湖海关 | 芜湖海关 | **3700** | **厦门关区** | **厦门关区** |
| 3302 | 安庆海关 | 安庆海关 | 3701 | 厦门海关 | 厦门海关 |

| 关区代码 | 关区名称 | 关区简称 | 关区代码 | 关区名称 | 关区简称 |
|---|---|---|---|---|---|
| 3702 | 泉州海关驻刺桐办事处 | 泉刺桐办 | 4015 | 井冈山出口加工区 | 吉井加工 |
| 3703 | 漳州海关 | 漳州海关 | 4016 | 鹰潭海关 | 鹰潭海关 |
| 3704 | 东山海关 | 东山海关 | 4017 | 赣州综合保税区 | 赣州综保 |
| 3705 | 泉州海关驻石狮办事处 | 泉石狮办 | 4018 | 宜春海关 | 宜春海关 |
| 3706 | 龙岩海关 | 龙岩海关 | 4019 | 南昌综合保税区 | 南昌综保 |
| 3707 | 泉州海关驻肖厝办事处 | 泉肖厝办 | **4200** | **青岛海关** | **青岛海关** |
| 3708 | 厦门海沧保税港区港口功能区 | 海沧港区 | 4201 | 烟台海关 | 烟台海关 |
| 3709 | 厦门海沧保税港区保税加工物流功能区 | 海沧保税 | 4202 | 日照海关 | 日照海关 |
| 3710 | 厦高崎办 | 厦高崎办 | 4203 | 烟台海关驻龙口办事处 | 烟关龙办 |
| 3711 | 厦门东渡海关 | 东渡海关 | 4204 | 威海海关 | 威海海关 |
| 3712 | 海沧海关 | 海沧海关 | 4208 | 烟台海关驻出口加工区 B 区办事处 | 烟加 B 区 |
| 3713 | 厦驻邮办 | 厦驻邮办 | 4209 | 荣成海关 | 荣成海关 |
| 3714 | 象屿保税 | 象屿保税 | 4210 | 青保税区 | 青保税区 |
| 3715 | 高崎机场海关 | 机场海关 | 4211 | 济宁海关 | 济宁海关 |
| 3716 | 厦同安办 | 厦同安办 | 4213 | 临沂海关 | 临沂海关 |
| 3717 | 象屿保税物流园区 | 厦物流园 | 4214 | 青前湾港 | 青前湾港 |
| 3718 | 泉州综合保税区 | 泉综保区 | 4215 | 青菏泽办 | 青菏泽办 |
| 3719 | 厦门加工 | 厦门加工 | 4217 | 青枣庄办 | 青枣庄办 |
| 3720 | 厦门火炬（翔安）保税物流中心 | 厦门物流 | 4218 | 青开发区 | 青开发区 |
| 3722 | 厦门海关驻翔安办事处大嶝监管科 | 大嶝监管 | 4219 | 烟台海关驻蓬莱办事处 | 烟关蓬办 |
| 3723 | 泉州海关驻晋江办事处 | 泉晋江办 | 4220 | 青机场关 | 青机场关 |
| 3724 | 厦门海关驻国际邮轮港办事处 | 邮轮办 | 4221 | 烟机场办 | 烟机场办 |
| 3725 | 厦门海关驻翔安办事处 | 厦翔安办 | 4222 | 烟台海关驻莱州办事处 | 烟关莱办 |
| 3726 | 泉州海关驻晋江办事处陆地港监管科 | 泉陆地港 | 4223 | 青邮局办 | 青邮局办 |
| 3777 | 厦稽查处 | 厦稽查处 | 4224 | 烟台海关驻长岛办事处 | 烟关长办 |
| 3788 | 厦侦查局 | 厦侦查局 | 4225 | 威开发区 | 威开发区 |
| **4000** | **南昌关区** | **南昌关区** | 4227 | 青岛大港 | 青岛大港 |
| 4001 | 南昌海关 | 南昌海关 | 4228 | 烟关快件 | 烟关快件 |
| 4002 | 九江海关 | 九江海关 | 4230 | 青岛保税物流园区 | 青物流园 |
| 4003 | 赣州海关 | 赣州海关 | 4231 | 烟开发区 | 烟开发区 |
| 4004 | 景德镇关 | 景德镇关 | 4232 | 日岚山办 | 日岚山办 |
| 4005 | 吉安海关 | 吉安海关 | 4236 | 荣成海关驻龙眼港办事处 | 荣龙眼办 |
| 4006 | 昌北机办 | 昌北机办 | 4238 | 威海关驻威海邮局办事处 | 威海快件 |
| 4007 | 南昌海关驻高新技术产业开发区办事处 | 洪关高新 | 4240 | 青岛海关快件监管中心 | 青关快件 |
| 4008 | 南昌海关驻龙南办事处 | 洪关龙南 | 4241 | 烟加工区 | 烟加工区 |
| 4009 | 新余海关 | 新余海关 | 4242 | 威加工区 | 威加工区 |
| 4010 | 九江海关驻出口加工区办事处 | 浔关区办 | 4243 | 济宁海关驻曲阜办事处 | 济曲阜办 |
| 4011 | 南昌海关驻出口加工区办事处 | 洪关区办 | 4245 | 烟台海关驻邮局办事处 | 烟台邮办 |
| 4012 | 赣州海关驻出口加工区办事处 | 虔关区办 | 4246 | 青加工区 | 青加工区 |
| 4013 | 上饶海关 | 上饶海关 | 4247 | 威海海关驻机场办事处 | 威机场办 |
| 4014 | 南昌保税物流中心 | 南昌物流 | 4250 | 青岛西海岸出口加工区 | 青西加区 |

| 关区代码 | 关区名称 | 关区简称 | 关区代码 | 关区名称 | 关区简称 |
|---|---|---|---|---|---|
| 4253 | 日照保税物流中心 | 日照物流 | 4611 | 河南保税物流中心 | 河南物流 |
| 4254 | 青岛保税物流中心 | 青岛物流 | 4612 | 郑州新郑综合保税区 | 新郑综保 |
| 4256 | 威海国际物流园快件监管中心 | 威港快件 | 4613 | 郑州海关航空进出境快件监管中心 | 郑州空港 |
| 4257 | 临沂综合保税区 | 临综保区 | 4614 | 焦作海关 | 焦作海关 |
| 4258 | 青岛前湾保税港区 | 青保税港 | 4615 | 三门峡海关 | 三门峡关 |
| 4259 | 黄岛海关快件监管中心 | 黄关快件 | 4616 | 新乡海关 | 新乡海关 |
| 4260 | 青岛国际陆港快件监管中心 | 青港快件 | 4617 | 信阳海关 | 信阳海关 |
| 4261 | 烟台国际陆港快件监管中心 | 烟港快件 | 4618 | 鹤壁海关 | 鹤壁海关 |
| **4300** | **济南海关** | **济南海关** | 4619 | 河南德众保税物流中心 | 德众物流 |
| 4301 | 现场业务处 | 现场业务 | 4620 | 郑州综保区口岸作业区 | 口岸作业区 |
| 4302 | 济南海关驻机场办事处 | 济机场办 | 4621 | 中华人民共和国许昌海关 | 许昌海关 |
| 4303 | 济南综合保税区 | 济综保区 | 4622 | 南阳卧龙综合保税区 | 南阳综保 |
| 4305 | 济南海关驻邮局办事处 | 济邮局办 | 4623 | 河南商丘保税物流中心（B 型） | 商丘物流 |
| 4310 | 潍坊海关 | 潍坊海关 | **4700** | **武汉海关** | **武汉海关** |
| 4311 | 潍诸城办 | 潍诸城办 | 4701 | 宜昌海关 | 宜昌海关 |
| 4312 | 潍坊综合保税区 | 潍综保区 | 4702 | 荆州海关 | 荆州海关 |
| 4313 | 潍坊海关驻寿光办事处 | 潍寿光办 | 4703 | 襄阳海关 | 襄阳海关 |
| 4315 | 诸城保税物流中心 | 诸城物流 | 4704 | 黄石海关 | 黄石海关 |
| 4320 | 淄博海关 | 淄博海关 | 4705 | 武汉沌口 | 武汉沌口 |
| 4321 | 淄博保税物流中心 | 淄博物流 | 4706 | 宜三峡办 | 宜三峡办 |
| 4330 | 泰安海关 | 泰安海关 | 4707 | 鄂加工区 | 鄂加工区 |
| 4341 | 济南海关驻机场办事处快件现场 | 济关快件 | 4708 | 现场业务一处 | 现场一处 |
| 4342 | 济南海关驻邮局办事处快件监管现场 | 济邮快件 | 4709 | 武汉海关驻江汉办事处东西湖保税物流中心 | 武江物流 |
| 4350 | 东营海关 | 东营海关 | | | |
| 4351 | 东营综合保税区 | 东营综保 | 4710 | 武关货管 | 武关货管 |
| 4360 | 济南海关驻聊城办事处 | 济聊城办 | 4711 | 武汉天河机场快件监管中心 | 武机快件 |
| 4370 | 德州海关 | 德州海关 | 4712 | 武关机场 | 武关机场 |
| 4380 | 济南海关驻滨州办事处 | 济滨州办 | 4713 | 武关邮办 | 武关邮办 |
| 4381 | 滨州保税物流中心 | 滨州物流 | 4714 | 现场业务二处 | 现场二处 |
| 4390 | 济南海关驻莱芜办事处 | 济莱芜办 | 4715 | 现场业务二处车站监管科 | 二处车站 |
| **4600** | **郑州关区** | **郑州关区** | 4716 | 十堰海关 | 十堰海关 |
| 4601 | 郑州海关 | 郑州海关 | 4718 | 武汉东湖新技术开发区海关 | 东湖海关 |
| 4602 | 洛阳海关 | 洛阳海关 | 4719 | 武汉东湖综合保税区 | 东湖综保 |
| 4603 | 南阳海关 | 南阳海关 | 4720 | 黄石棋盘洲保税物流中心 | 黄石物流 |
| 4604 | 郑州机办 | 郑州机办 | 4721 | 武汉海关驻仙桃办事处 | 武仙桃办 |
| 4605 | 郑州邮办 | 郑州邮办 | 4722 | 武汉东湖综合保税区口岸作业区 | 东湖陆港 |
| 4606 | 郑铁东办 | 郑铁东办 | 4723 | 宜昌三峡保税物流中心（B 型） | 宜昌物流 |
| 4607 | 安阳海关 | 安阳海关 | 4724 | 襄阳保税物流中心（B 型） | 襄阳物流 |
| 4608 | 郑州海关驻出口加工区办事处 | 郑加工区 | 4725 | 武汉新港空港综合保税区 | 武汉新港 |
| 4609 | 郑州海关驻商丘办事处 | 郑关商办 | **4900** | **长沙关区** | **长沙关区** |
| 4610 | 周口海关 | 周口海关 | 4901 | 衡阳海关 | 衡阳海关 |

| 关区代码 | 关区名称 | 关区简称 | 关区代码 | 关区名称 | 关区简称 |
|---|---|---|---|---|---|
| 4902 | 岳阳海关 | 岳阳海关 | 5122 | 内港洲嘴 | 内港洲嘴 |
| 4903 | 长沙海关驻郴州办事处 | 湘关郴办 | 5123 | 内港四仓 | 内港四仓 |
| 4904 | 常德海关 | 常德海关 | 5125 | 从化海关 | 从化海关 |
| 4905 | 长沙海关 | 长沙海关 | 5126 | 内港赤航 | 内港赤航 |
| 4906 | 株洲海关 | 株洲海关 | 5130 | 广州萝岗 | 广州萝岗 |
| 4907 | 韶山海关 | 韶山海关 | 5131 | 花都海关 | 花都海关 |
| 4908 | 湘关机办 | 湘关机办 | 5132 | 花都码头 | 花都码头 |
| 4909 | 株洲海关驻醴陵办事处 | 株关醴办 | 5133 | 广州海关中新知识城 | 穗知识城 |
| 4910 | 长沙海关驻郴州出口加工区办事处 | 郴加工区 | 5134 | 穗保税处 | 穗保税处 |
| 4911 | 长沙海关驻永州办事处 | 湘关永办 | 5135 | 广州海关现场业务处驻市政务中心监管点 | 穗现场处 |
| 4913 | 长沙金霞保税物流中心 | 金霞物流 | | | |
| 4914 | 张家界海关 | 张家界关 | 5136 | 穗统计处 | 穗统计处 |
| 4915 | 衡阳综合保税区 | 衡阳综保 | 5137 | 穗价格处 | 穗价格处 |
| 4916 | 长沙星沙海关 | 星沙海关 | 5138 | 高明食出 | 高明食出 |
| 4917 | 湘潭综合保税区 | 湘潭综保 | 5139 | 穗监管处 | 穗监管处 |
| 4918 | 星沙海关驻浏阳办事处 | 星关浏办 | 5140 | 穗关税处 | 穗关税处 |
| 4919 | 岳阳城陵矶综合保税区 | 岳阳综保 | 5141 | 广州机场 | 广州机场 |
| 4920 | 湖南邮政速递快件监管中心 | 湘邮快件 | 5142 | 民航快件 | 民航快件 |
| 4921 | 长沙黄花综合保税区 | 黄花综保 | 5143 | 广州车站 | 广州车站 |
| 4922 | 株洲铜塘湾保税物流中心（B 型） | 株洲物流 | 5144 | 广州白云机场综合保税区 | 穗机综保 |
| **5000** | **广东分署** | **广东分署** | 5145 | 广州邮办 | 广州邮办 |
| **5100** | **广州海关** | **广州海关** | 5146 | 驻会展中心办事处 | 穗关会展 |
| 5101 | 内港新风 | 内港新风 | 5147 | 穗邮办监 | 穗邮办监 |
| 5103 | 清远海关 | 清远海关 | 5148 | 穗大郎站 | 穗大郎站 |
| 5104 | 清远英德 | 清远英德 | 5149 | 大铲海关 | 大铲海关 |
| 5105 | 广州海关现场业务处 | 广州现场 | 5150 | 顺德海关 | 顺德海关 |
| 5106 | 南沙海关散货码头监管科 | 南沙散货 | 5151 | 顺德海关加工贸易监管科 | 顺德保税 |
| 5107 | 肇庆高新区大旺进出境货运车辆检查场 | 肇庆大旺 | 5152 | 顺德食出 | 顺德食出 |
| 5108 | 肇庆德庆 | 肇庆德庆 | 5153 | 顺德车场 | 顺德车场 |
| 5109 | 内港滘心 | 内港滘心 | 5154 | 北窖车场 | 北窖车场 |
| 5110 | 南海海关 | 南海海关 | 5155 | 顺德旅检 | 顺德旅检 |
| 5111 | 南海官窑 | 南海官窑 | 5157 | 顺德陈村港澳货柜车检查场 | 陈村车场 |
| 5112 | 南海九江 | 南海九江 | 5158 | 顺德勒流 | 顺德勒流 |
| 5113 | 南海北村 | 南海北村 | 5160 | 番禺海关 | 番禺海关 |
| 5114 | 南海平洲 | 南海平洲 | 5161 | 沙湾车场 | 沙湾车场 |
| 5116 | 南海业务 | 南海业务 | 5162 | 番禺旅检 | 番禺旅检 |
| 5117 | 桂江货柜车场 | 桂江车场 | 5163 | 番禺货柜 | 番禺货柜 |
| 5118 | 平洲旅检 | 平洲旅检 | 5164 | 番禺船舶 | 番禺船舶 |
| 5119 | 南海三山 | 南海三山 | 5165 | 南沙海关保税港区监管点 | 南沙保税 |
| 5120 | 广州内港 | 广州内港 | 5166 | 南沙海关南沙港区监管点 | 南沙新港 |
| 5121 | 内港芳村 | 内港芳村 | 5167 | 南沙货港 | 南沙货港 |

| 关区代码 | 关区名称 | 关区简称 | 关区代码 | 关区名称 | 关区简称 |
|---|---|---|---|---|---|
| 5168 | 南沙海关汽车码头监管点 | 南沙汽车 | 5209 | 广州保税区海关 | 埔保税区 |
| 5169 | 南沙海关 | 南沙海关 | 5210 | 埔红海办 | 埔红海办 |
| 5170 | 肇庆海关 | 肇庆海关 | 5211 | 河源海关 | 河源海关 |
| 5171 | 肇庆高要 | 肇庆高要 | 5212 | 新沙海关 | 新沙海关 |
| 5172 | 肇庆车场 | 肇庆车场 | 5213 | 黄埔海关驻长安办事处 | 埔长安办 |
| 5173 | 肇庆新港 | 肇庆新港 | 5214 | 黄埔海关驻常平办事处 | 埔常平办 |
| 5174 | 肇庆旅检 | 肇庆旅检 | 5216 | 黄埔海关驻沙田办事处 | 埔沙田办 |
| 5175 | 肇庆码头 | 肇庆码头 | 5217 | 东莞海关寮步车检场 | 寮步车场 |
| 5176 | 肇庆四会 | 肇庆四会 | 5218 | 新塘海关江龙车检场 | 江龙车场 |
| 5177 | 肇庆三榕 | 肇庆三榕 | 5219 | 广州保税物流园区 | 埔物流园 |
| 5178 | 云浮海关 | 云浮海关 | 5220 | 东莞保税物流中心（B型） | 东莞物流 |
| 5179 | 罗定海关 | 罗定海关 | 5221 | 新塘车检场 | 新塘车场 |
| 5180 | 佛山海关 | 佛山海关 | 5222 | 东莞清溪保税物流中心（B型） | 清溪物流 |
| 5181 | 高明海关 | 高明海关 | 5223 | 东莞国际邮件互换局兼交换站 | 东莞邮办 |
| 5182 | 佛山澜石 | 佛山澜石 | **5300** | **深圳海关** | **深圳海关** |
| 5183 | 三水码头 | 三水码头 | 5301 | 皇岗海关 | 皇岗海关 |
| 5184 | 佛山窖口 | 佛山窖口 | 5302 | 罗湖海关 | 罗湖海关 |
| 5185 | 佛山海关快件监管现场 | 佛山快件 | 5303 | 沙头角关 | 沙头角关 |
| 5186 | 佛山保税 | 佛山保税 | 5304 | 蛇口海关 | 蛇口海关 |
| 5187 | 佛山车场 | 佛山车场 | 5305 | 深关现场 | 深关现场 |
| 5188 | 佛山火车 | 佛山火车 | 5306 | 笋岗海关 | 笋岗海关 |
| 5189 | 佛山新港 | 佛山新港 | 5307 | 南头海关 | 南头海关 |
| 5190 | 韶关海关 | 韶关海关 | 5308 | 沙湾海关 | 沙湾海关 |
| 5191 | 韶关乐昌 | 韶关乐昌 | 5309 | 布吉海关 | 布吉海关 |
| 5192 | 三水海关 | 三水海关 | 5310 | 淡水办 | 淡水办 |
| 5193 | 三水车场 | 三水车场 | 5311 | 深关车站 | 深关车站 |
| 5194 | 三水港 | 三水港 | 5312 | 深监管处 | 深监管处 |
| 5195 | 审单中心 | 审单中心 | 5313 | 深调查局 | 深调查局 |
| 5196 | 云浮新港 | 云浮新港 | 5314 | 深关邮办 | 深关邮办 |
| 5197 | 广州联邦快递亚太转运中心 | 转运中心 | 5315 | 惠东海关 | 惠东海关 |
| 5198 | 穗河源关 | 穗河源关 | 5316 | 大鹏海关 | 大鹏海关 |
| 5199 | 穗技术处 | 穗技术处 | 5317 | 深关机场 | 深关机场 |
| **5200** | **黄埔关区** | **黄埔关区** | 5318 | 梅林海关 | 梅林海关 |
| 5201 | 黄埔老港海关 | 埔老港关 | 5319 | 同乐海关 | 同乐海关 |
| 5202 | 黄埔新港海关 | 埔新港关 | 5320 | 文锦渡关 | 文锦渡关 |
| 5203 | 新塘海关 | 新塘海关 | 5321 | 福保税关 | 福保税关 |
| 5204 | 东莞海关 | 东莞海关 | 5322 | 沙保税关 | 沙保税关 |
| 5205 | 太平海关 | 太平海关 | 5323 | 深审单处 | 深审单处 |
| 5206 | 惠州海关 | 惠州海关 | 5324 | 深审价办 | 深审价办 |
| 5207 | 黄埔海关驻凤岗办事处 | 埔凤岗办 | 5325 | 深关税处 | 深关税处 |
| 5208 | 黄埔海关驻广州经济技术开发区办事处 | 埔开发区 | 5326 | 深数统处 | 深数统处 |

| 关区代码 | 关区名称 | 关区简称 | 关区代码 | 关区名称 | 关区简称 |
|---|---|---|---|---|---|
| 5327 | 深法规处 | 深法规处 | 5770 | 斗门海关 | 斗门海关 |
| 5328 | 深规范处 | 深规范处 | 5771 | 斗井岸办 | 斗井岸办 |
| 5329 | 深保税处 | 深保税处 | 5772 | 斗平沙办 | 斗平沙办 |
| 5330 | 盐保税关 | 盐保税关 | 5780 | 高栏海关 | 高栏海关 |
| 5331 | 三门岛办 | 三门岛办 | 5788 | 拱北海关驻港珠澳大桥珠海公路口岸办事处 | 驻大桥办 |
| 5332 | 深财务处 | 深财务处 | | | |
| 5333 | 深侦查局 | 深侦查局 | 5790 | 拱监管处 | 拱监管处 |
| 5334 | 深稽查处 | 深稽查处 | 5791 | 珠澳跨境工业区珠海园区海关办事机构 | 拱跨工区 |
| 5335 | 深技术处 | 深技术处 | 5792 | 拱保税区 | 拱保税区 |
| 5336 | 深办公室 | 深办公室 | 5793 | 万山海关 | 万山海关 |
| 5337 | 大亚湾核 | 大亚湾核 | 5794 | 万山海关桂山中途监管站 | 桂山中途 |
| 5338 | 惠州港关 | 惠州港关 | 5795 | 横琴海关 | 横琴海关 |
| 5339 | 深加工区 | 深加工区 | 5796 | 澳门大学新校区临时监管区 | 澳大校区 |
| 5340 | 深关特办 | 深关特办 | 5798 | 拱行监邮 | 拱行监邮 |
| 5341 | 深惠州关 | 深惠州关 | 5799 | 拱行监处 | 拱行监处 |
| 5342 | 深红海办 | 深红海办 | **6000** | **汕头海关** | **汕头海关** |
| 5343 | 深圳盐田港保税物流园区 | 深盐物流 | 6001 | 汕关货一 | 汕关货一 |
| 5344 | 惠州港海关驻大亚湾石化区办事处 | 惠石化办 | 6002 | 汕关货二 | 汕关货二 |
| 5345 | 深圳湾海关 | 深圳湾关 | 6003 | 汕关行邮 | 汕关行邮 |
| 5346 | 深圳机场海关快件监管中心 | 深机快件 | 6004 | 汕关机场 | 汕关机场 |
| 5348 | 大铲湾海关 | 深关大铲 | 6006 | 汕关保税 | 汕关保税 |
| 5349 | 深圳前海湾保税港区口岸作业区 | 前海港区 | 6007 | 汕关业务 | 汕关业务 |
| 5350 | 大运物资通关服务中心 | 大运通关 | 6008 | 汕保税区 | 汕保税区 |
| 5351 | 深圳前海湾保税港区保税功能区 | 前海保税 | 6009 | 汕关邮包 | 汕关邮包 |
| 5352 | 深圳盐田综合保税区 | 深盐综保 | 6011 | 揭阳海关 | 揭阳海关 |
| **5700** | **拱北关区** | **拱北关区** | 6012 | 汕关普宁 | 汕关普宁 |
| 5701 | 拱稽查处 | 拱稽查处 | 6013 | 澄海海关 | 澄海海关 |
| 5710 | 拱关闸办 | 拱关闸办 | 6014 | 广澳海关 | 广澳海关 |
| 5720 | 中山海关 | 中山海关 | 6015 | 南澳海关 | 南澳海关 |
| 5721 | 中山港 | 中山港 | 6018 | 汕关惠来 | 汕关惠来 |
| 5724 | 中石岐办 | 中石岐办 | 6019 | 汕关联成 | 汕关联成 |
| 5725 | 坦洲货场 | 坦洲货场 | 6020 | 汕关港口 | 汕关港口 |
| 5726 | 中山保税物流中心 | 中山物流 | 6021 | 潮州海关 | 潮州海关 |
| 5727 | 中小榄办 | 中小榄办 | 6022 | 饶平海关 | 饶平海关 |
| 5728 | 中山海关驻神湾港办事处 | 神湾办 | 6023 | 潮州海润快件监管中心 | 饶平快件 |
| 5729 | 中山国际快件监管中心 | 中山快件 | 6028 | 潮阳海关 | 潮阳海关 |
| 5730 | 拱香洲办 | 拱香洲办 | 6031 | 汕尾海关 | 汕尾海关 |
| 5740 | 湾仔海关 | 湾仔海关 | 6032 | 汕关海城 | 汕关海城 |
| 5741 | 湾仔船舶 | 湾仔船舶 | 6033 | 汕关陆丰 | 汕关陆丰 |
| 5750 | 九洲海关 | 九洲海关 | 6038 | 汕头海关外砂快件监管中心 | 汕关快件 |
| 5760 | 拱白石办 | 拱白石办 | 6041 | 梅州海关 | 梅州海关 |

| 关区代码 | 关区名称 | 关区简称 | 关区代码 | 关区名称 | 关区简称 |
|---|---|---|---|---|---|
| 6042 | 梅州兴宁 | 梅州兴宁 | 6830 | 台山海关 | 台山海关 |
| **6400** | **海口关区** | **海口关区** | 6831 | 台公益港 | 台公益港 |
| 6401 | 海口港海关 | 海口港 | 6837 | 台山稽查 | 台山稽查 |
| 6402 | 三亚海关 | 三亚海关 | 6840 | 开平海关 | 开平海关 |
| 6403 | 八所海关 | 八所海关 | 6841 | 开平码头 | 开平码头 |
| 6404 | 洋浦经济开发区海关 | 洋浦区关 | 6847 | 开平稽查 | 开平稽查 |
| 6405 | 海保税区 | 海保税区 | 6850 | 恩平海关 | 恩平海关 |
| 6406 | 清澜海关 | 清澜海关 | 6851 | 恩平港 | 恩平港 |
| 6407 | 美兰机场 | 美兰机场 | 6857 | 恩平稽查 | 恩平稽查 |
| 6408 | 洋浦保税港区海关 | 洋浦港区 | 6860 | 鹤山海关 | 鹤山海关 |
| 6409 | 海口综合保税区海关 | 海口综保 | 6861 | 鹤山码头 | 鹤山码头 |
| 6410 | 马村港监管点 | 马村监管 | 6867 | 鹤山稽查 | 鹤山稽查 |
| 6411 | 海口海关现场业务处 | 海口现场 | 6870 | 阳江海关 | 阳江海关 |
| 6412 | 海口海关驻三沙办事处 | 三沙办 | 6871 | 阳江港 | 阳江港 |
| **6700** | **湛江关区** | **湛江关区** | 6872 | 阳江车场 | 阳江车场 |
| 6701 | 湛江海关 | 湛江海关 | 6877 | 阳江稽查 | 阳江稽查 |
| 6702 | 茂名海关 | 茂名海关 | **7200** | **南宁关区** | **南宁关区** |
| 6703 | 徐闻海关 | 徐闻海关 | 7201 | 邕州海关 | 邕州海关 |
| 6704 | 湛江南油 | 湛江南油 | 7202 | 北海海关 | 北海海关 |
| 6705 | 湛江水东 | 湛江水东 | 7203 | 梧州海关 | 梧州海关 |
| 6706 | 湛江吴川 | 湛江吴川 | 7204 | 桂林海关 | 桂林海关 |
| 6707 | 湛江廉江 | 湛江廉江 | 7205 | 柳州海关 | 柳州海关 |
| 6708 | 湛江高州 | 湛江高州 | 7206 | 防城海关 | 防城海关 |
| 6709 | 湛江信宜 | 湛江信宜 | 7207 | 东兴海关 | 东兴海关 |
| 6710 | 东海岛组 | 东海岛组 | 7208 | 凭祥海关 | 凭祥海关 |
| 6711 | 霞山海关 | 霞山海关 | 7209 | 贵港海关 | 贵港海关 |
| 6712 | 湛江霞海 | 湛江霞海 | 7210 | 水口海关 | 水口海关 |
| 6713 | 湛江机场 | 湛江机场 | 7211 | 龙邦海关 | 龙邦海关 |
| 6714 | 湛江博贺 | 湛江博贺 | 7212 | 钦州海关 | 钦州海关 |
| 6715 | 湛江进出境快件监管中心 | 湛江快件 | 7213 | 桂林机办 | 桂林机办 |
| 6716 | 湛江保税物流中心 | 湛江物流 | 7214 | 北海海关驻出口加工区办事处 | 北海加工 |
| **6800** | **江门关区** | **江门关区** | 7215 | 广西钦州保税港区 | 南关钦保 |
| 6810 | 江门海关 | 江门海关 | 7216 | 南宁综合保税区 | 南宁综保 |
| 6811 | 江门高沙 | 江门高沙 | 7217 | 广西钦州保税港（口岸） | 钦保口岸 |
| 6812 | 江门外海 | 江门外海 | 7218 | 南宁海关驻玉林办事处 | 玉林办 |
| 6813 | 江门旅检 | 江门旅检 | 7219 | 广西凭祥综合保税区 | 南凭综保 |
| 6816 | 江门市进出境货运车辆检查场 | 江门车场 | 7220 | 友谊关口岸 | 友谊关 |
| 6817 | 江门保税 | 江门保税 | 7221 | 南宁海关驻机场办事处 | 南宁机办 |
| 6820 | 新会海关 | 新会海关 | **7900** | **成都关区** | **成都关区** |
| 6821 | 新会港 | 新会港 | 7901 | 成都海关 | 成都海关 |
| 6827 | 新会稽查 | 新会稽查 | 7902 | 成都双流机场海关 | 蓉机场关 |

| 关区代码 | 关区名称 | 关区简称 | 关区代码 | 关区名称 | 关区简称 |
|---|---|---|---|---|---|
| 7903 | 乐山海关 | 乐山海关 | 8017 | 重庆南彭公路保税物流中心（B 型） | 渝公物流 |
| 7904 | 攀枝花关 | 攀枝花关 | **8300** | **贵阳海关** | **贵阳海关** |
| 7905 | 绵阳海关 | 绵阳海关 | 8301 | 贵阳总关 | 贵阳总关 |
| 7906 | 成关邮办 | 成关邮办 | 8302 | 贵阳海关驻机场办事处 | 贵关机办 |
| 7907 | 成都自贡 | 成都自贡 | 8303 | 中华人民共和国遵义海关 | 遵义海关 |
| 7908 | 成都加工 | 成都加工 | 8304 | 贵阳海关驻高新技术产业开发区办事处贵阳综合保税区功能区 | 贵阳综保 |
| 7909 | 成都公路国际物流中心监管场站 | 公路场站 | | | |
| 7910 | 成都双流机场海关非邮政快件监管点 | 蓉机快件 | 8305 | 贵阳海关驻高新技术产业开发区办事处贵阳综合保税区作业区 | 贵阳高新 |
| 7911 | 成都海关驻泸州办事处 | 泸州办 | | | |
| 7912 | 成都海关驻宜宾办事处 | 宜宾办 | 8306 | 贵阳海关驻高新技术产业开发区办事处贵安综合保税区功能区 | 贵安综保 |
| 7913 | 成都海关驻南充办事处 | 南充办 | | | |
| 7914 | 绵阳出口加工区 | 绵阳出口 | 8307 | 贵阳海关驻高新技术产业开发区办事处贵安综合保税区作业区 | 贵安新区 |
| 7915 | 成都保税物流中心（B 型） | 成都物流 | | | |
| 7916 | 成都高新综合保税区 | 成都综保 | 8308 | 中华人民共和国六盘水海关 | 六盘水关 |
| 7917 | 遂宁海关 | 遂宁海关 | **8600** | **昆明关区** | **昆明关区** |
| 7918 | 德阳海关 | 德阳海关 | 8601 | 昆明海关 | 昆明海关 |
| 7919 | 成都空港海关 | 成都空港 | 8602 | 畹町海关 | 畹町海关 |
| 7920 | 成都空港保税物流中心 | 成空物流 | 8603 | 瑞丽海关 | 瑞丽海关 |
| 7921 | 泸州港保税物流中心 | 泸州物流 | 8604 | 章凤海关 | 章凤海关 |
| 7922 | 成都高新综合保税区双流园区 | 成综双流 | 8605 | 盈江海关 | 盈江海关 |
| 7923 | 宜宾港保税物流中心 | 宜宾物流 | 8606 | 孟连海关 | 孟连海关 |
| 7924 | 成都铁路保税物流中心 | 成铁物流 | 8607 | 南伞海关 | 南伞海关 |
| 7925 | 天府新区海关 | 天府新关 | 8608 | 孟定海关 | 孟定海关 |
| **8000** | **重庆关区** | **重庆关区** | 8609 | 打洛海关 | 打洛海关 |
| 8001 | 重庆海关 | 重庆海关 | 8610 | 腾冲海关 | 腾冲海关 |
| 8002 | 南坪开发 | 南坪开发 | 8611 | 沧源海关 | 沧源海关 |
| 8003 | 重庆江北机场海关 | 重庆机场 | 8612 | 勐腊海关 | 勐腊海关 |
| 8004 | 重庆邮办 | 重庆邮办 | 8613 | 河口海关 | 河口海关 |
| 8005 | 万州海关 | 万州海关 | 8614 | 金水河关 | 金水河关 |
| 8006 | 重庆海关驻车站办事处 | 重庆铁路 | 8615 | 天保海关 | 天保海关 |
| 8007 | 九龙坡港 | 九龙坡港 | 8616 | 田蓬海关 | 田蓬海关 |
| 8008 | 渝加工区 | 渝加工区 | 8617 | 大理海关 | 大理海关 |
| 8009 | 重庆海关驻涪陵办事处 | 渝涪陵办 | 8618 | 芒市海关 | 芒市海关 |
| 8010 | 重庆两路寸滩保税港区水港功能区 | 寸滩水港 | 8619 | 保山监管 | 保山监管 |
| 8011 | 重庆江北机场国际快件中心 | 渝关快件 | 8620 | 昆明机场 | 昆明机场 |
| 8012 | 重庆两路寸滩保税港区保税加工物流功能区 | 重庆保税 | 8621 | 昆明邮办 | 昆明邮办 |
| | | | 8622 | 西双版纳 | 西双版纳 |
| 8013 | 重庆西永综合保税区 | 西永综保 | 8623 | 昆丽江办 | 昆丽江办 |
| 8014 | 重庆西永海关 | 西永海关 | 8624 | 思茅海关 | 思茅海关 |
| 8015 | 两路寸滩保税港区贸易功能区 | 渝贸园区 | 8625 | 河口海关驻山腰办事处 | 河口山腰 |
| 8016 | 重庆铁路保税物流中心 | 渝铁物流 | 8626 | 六库监管 | 六库监管 |

| 关区代码 | 关区名称 | 关区简称 | 关区代码 | 关区名称 | 关区简称 |
|---|---|---|---|---|---|
| 8627 | 昆明海关现场业务处开发区监管科 | 昆明高新 | 9410 | 乌鲁木齐海关隶属阿勒泰海关 | 阿勒泰关 |
| 8628 | 云南昆明出口加工区 | 昆明加工 | 9411 | 塔克什肯 | 塔克什肯 |
| 8629 | 昆明海关驻香格里拉办事处 | 昆明香办 | 9412 | 乌拉斯太 | 乌拉斯太 |
| 8631 | 勐康海关 | 勐康海关 | 9413 | 老爷庙 | 老爷庙 |
| 8632 | 昆明国际快件监管中心 | 昆明快件 | 9414 | 红山嘴 | 红山嘴 |
| 8633 | 红河综合保税区 | 红河综保 | 9415 | 伊尔克什 | 伊尔克什 |
| 8634 | 昆明综合保税区 | 昆明综保 | 9416 | 库尔勒办 | 库尔勒办 |
| 8635 | 昆明综合保税区口岸作业区 | 昆综口岸 | 9417 | 乌鲁木齐机场海关 | 乌机场关 |
| 8636 | 昆明高新保税物流中心（B 型） | 高新物流 | 9418 | 乌鲁木齐海关驻出口加工区办事处 | 乌加工区 |
| 8637 | 红河综合保税区口岸作业区 | 红综口岸 | 9419 | 都拉塔海关 | 都拉塔关 |
| **8800** | **拉萨海关** | **拉萨海关** | 9420 | 乌鲁木齐海关驻车站办事处 | 乌关车办 |
| 8801 | 聂拉木关 | 聂拉木关 | 9421 | 霍尔果斯国际边境合作中心海关 | 霍中心 A |
| 8802 | 日喀则关 | 日喀则关 | 9422 | 石河子海关 | 石河子关 |
| 8803 | 狮泉河关 | 狮泉河关 | 9423 | 阿拉山口综合保税区 | 山口综保 |
| 8804 | 拉萨机办 | 拉萨机办 | 9424 | 喀什综合保税区 | 喀什综保 |
| 8805 | 拉萨现场 | 拉萨现场 | 9425 | 卡拉苏海关 | 卡拉苏关 |
| 8808 | 吉隆海关 | 吉隆海关 | 9426 | 奎屯保税物流中心 | 奎屯物流 |
| **9000** | **西安关区** | **西安关区** | 9427 | 中哈霍尔果斯国际边境合作中心中方配套区 | 中哈合作中心配套区 |
| 9001 | 西安综合保税区口岸作业区 | 西安陆港 | | | |
| 9002 | 咸阳机场 | 咸阳机场 | 9428 | 中国邮政速递物流股份有限公司海关快件监管中心 | 乌关快件 |
| 9003 | 宝鸡海关 | 宝鸡海关 | | | |
| 9004 | 西安海关邮局办事处 | 西关邮办 | 9429 | 乌鲁木齐综合保税区 | 乌综保区 |
| 9005 | 陕西西安出口加工区 A 区 | 陕加工 A | **9500** | **兰州关区** | **兰州关区** |
| 9006 | 陕西西安出口加工区 B 区 | 陕加工 B | 9501 | 兰州海关 | 兰州海关 |
| 9007 | 西安综合保税区 | 西安综保 | 9502 | 酒泉海关 | 酒泉海关 |
| 9008 | 西安高新综合保税区 | 高新综保 | 9503 | 兰州海关驻中川机场办事处 | 兰州空港 |
| 9009 | 西安高新综合保税区口岸作业区 | 西安高新 | 9504 | 武威保税物流中心 | 武威物流 |
| 9010 | 延安海关 | 延安海关 | 9505 | 兰州海关驻天水办事处 | 兰关天办 |
| 9011 | 渭南海关 | 渭南海关 | 9506 | 金昌海关 | 金昌海关 |
| 9012 | 榆林海关 | 榆林海关 | 9507 | 兰州海关驻兰州新区综合保税区监管组 | 兰州综保 |
| 9013 | 陕西西咸保税物流中心（B 型） | 西咸物流 | | | |
| **9400** | **乌关区** | **乌关区** | **9600** | **银川海关** | **银川海关** |
| 9401 | 乌鲁木齐海关现场业务处 | 乌关现场 | 9601 | 银川海关业务现场 | 银川现场 |
| 9402 | 霍尔果斯 | 霍尔果斯 | 9602 | 银川海关驻机场办事处 | 银机办 |
| 9403 | 吐尔杂特 | 吐尔杂特 | 9603 | 银川海关驻惠农监管组 | 惠农监管 |
| 9404 | 阿拉山口 | 阿拉山口 | 9604 | 银川综合保税区 | 银川综保 |
| 9405 | 塔城海关 | 塔城海关 | 9605 | 银川海关快件中心 | 银关快件 |
| 9406 | 伊宁海关 | 伊宁海关 | **9700** | **西宁关区** | **西宁关区** |
| 9407 | 吉木乃办 | 吉木乃办 | 9701 | 西宁海关现场 | 西宁海关 |
| 9408 | 喀什海关 | 喀什海关 | 9702 | 青海曹家堡保税物流中心（B 型） | 青海物流 |
| 9409 | 红其拉甫 | 红其拉甫 | **9900** | **政法司** | **政法司** |

# 关区代码表说明

一、关区代码表用于填报进出口报关单的进出口口岸海关的名称。

关区代码表由两部分组成，即关区代码和关区名称。

关区代码由四位数字组成，前两位采用海关统计的直属海关关别代码，后两位为隶属海关的代码。关区名称即各口岸海关中文名称。

二、使用关区代码时应注意的问题

代码表中只有直属海关关别和代码的，可以填报直属海关名称和代码（见例1）；如果有隶属海关关别和代码，则必须填报隶属海关关别和代码（见例2）。

例1：在太原海关办理货物进出口报关手续，本栏目可填报“太原海关”，代码“0500”。

例2：在上海浦江海关办理货物进出口报关手续，本栏目不得填报“上海海关”、代码“2200”，必须填报“上海浦江海关”、代码“2201”。

# 国内地区代码表及说明

## 国内地区代码表

| 国内地区代码 | 国内地区名称 | 国内地区简称 | 国内地区性质标记 |
|---|---|---|---|
| 11013 | 中关村国家自主创新示范区（东城园） | | |
| 11019 | 东城区 | | 9 |
| 11023 | 中关村国家自主创新示范区（西城园） | | |
| 11029 | 西城区 | | 9 |
| 11039 | 崇文区 | | 9 |
| 11049 | 宣武区 | | 9 |
| 11053 | 中关村国家自主创新示范区（朝阳园） | | B |
| 11059 | 朝阳区 | | 9 |
| 11063 | 中关村国家自主创新示范区（丰台园） | | B |
| 11069 | 丰台区 | | 9 |
| 11073 | 中关村国家自主创新示范区（石景山园） | | |
| 11079 | 石景山 | | 9 |
| 11083 | 中关村国家自主创新示范区（海淀园） | | B |
| 11089 | 海淀区其他 | | 9 |
| 11093 | 中关村国家自主创新示范区（门头沟园） | | |
| 11099 | 门头沟 | | 9 |
| 11103 | 中关村国家自主创新示范区（房山园） | | |
| 11109 | 房山 | | 9 |
| 11113 | 中关村国家自主创新示范区（顺义园） | | |
| 11115 | 北京天竺出口加工区 | | |
| 11116 | 北京天竺综合保税区 | | |
| 11119 | 顺义 | | 9 |
| 11123 | 中关村国家自主创新示范区（昌平园） | | B |
| 11129 | 昌平 | | 9 |
| 11132 | 北京经济技术开发区 | | 3 |
| 11133 | 中关村国家自主创新示范区（大兴-亦庄园） | | B |
| 11139 | 大兴其他 | | 9 |
| 1113W | 北京亦庄保税物流中心 | | |
| 11143 | 中关村国家自主创新示范区（通州园） | | |
| 11149 | 通县 | | 9 |
| 11153 | 中关村国家自主创新示范区（怀柔园） | | |
| 11159 | 怀柔 | | 9 |
| 11163 | 中关村国家自主创新示范区（平谷园） | | |
| 11169 | 平谷 | | 9 |
| 11173 | 中关村国家自主创新示范区（延庆园） | | |
| 11179 | 延庆 | | 9 |
| 11183 | 中关村国家自主创新示范区（密云园） | | |
| 11189 | 密云 | | 9 |
| 11909 | 北京其他 | | 9 |
| 12019 | 和平区 | | 2 |
| 12029 | 河东区 | | 2 |
| 12039 | 河西区 | | 2 |
| 12043 | 天津新技术产业园区 | | B |
| 12049 | 南开区其他 | | 2 |
| 12059 | 河北区 | | 2 |
| 12069 | 红桥区 | | 2 |
| 12072 | 天津经济技术开发区 | | 3 |
| 12074 | 天津港保税区 | | A |
| 12075 | 天津出口加工区 | | |
| 12076 | 天津东疆保税港区 | | 2 |
| 12077 | 天津保税物流园 | | 2 |
| 12079 | 滨海新区（塘沽其他） | | 2 |
| 1207W | 天津经济技术开发区保税物流中心 | | |
| 12089 | 滨海新区（汉沽） | | 2 |
| 12099 | 滨海新区（大港） | | 2 |
| 12106 | 天津滨海新区综合保税区 | | 6 |
| 12109 | 东丽区 | | 2 |
| 12119 | 西青区 | | 2 |
| 12129 | 津南区 | | 2 |
| 12139 | 北辰区 | | 2 |
| 12149 | 宁河县 | | 2 |
| 12159 | 武清县 | | 2 |

| 国内地区代码 | 国内地区名称 | 国内地区简称 | 国内地区性质标记 |
|---|---|---|---|
| 12169 | 静海县 | | 2 |
| 12179 | 宝坻县 | | 2 |
| 12189 | 蓟县 | | 2 |
| 12909 | 天津其他 | | 2 |
| 13013 | 石家庄高新技术产业开发实验区 | | B |
| 13016 | 石家庄综合保税区 | | |
| 13019 | 石家庄其他 | | 2 |
| 13022 | 曹妃甸经济技术开发区 | | |
| 13026 | 曹妃甸综合保税区 | | |
| 13029 | 唐山 | | |
| 13032 | 秦皇岛经济技术开发区 | | 3 |
| 13035 | 河北秦皇岛出口加工区 | | 2 |
| 13039 | 秦皇岛其他 | | 2 |
| 13049 | 邯郸 | | |
| 13059 | 邢台 | | |
| 13063 | 保定高新技术产业开发区 | | B |
| 13069 | 保定其他 | | |
| 13079 | 张家口 | | |
| 13089 | 承德 | | |
| 13099 | 沧州 | | |
| 13105 | 河北廊坊出口加工区 | | |
| 13109 | 廊坊 | | |
| 13119 | 衡水 | | |
| 13129 | 武安 | | |
| 1312W | 河北武安保税物流中心（B型） | | |
| 13909 | 河北其他 | | |
| 14012 | 山西太原经济技术开发区 | | 3 |
| 14013 | 太原高新技术产业开发区 | | B |
| 14016 | 太原武宿综合保税区 | | |
| 14019 | 太原其他 | | 2 |
| 14022 | 大同经济技术开发区 | | 2 |
| 14029 | 大同 | | |
| 14039 | 阳泉 | | |
| 14049 | 长治 | | |
| 14059 | 晋城 | | |
| 1405W | 山西兰花保税物流中心（B型） | | |
| 14069 | 朔州 | | |
| 14079 | 雁北 | | |
| 14089 | 忻州 | | |
| 14099 | 吕梁 | | |
| 14102 | 晋中经济技术开发区 | | 2 |
| 14109 | 晋中 | | |
| 14119 | 临汾 | | |
| 1411W | 山西方略保税物流中心 | | |
| 14129 | 运城 | | |
| 14139 | 古交 | | |
| 14909 | 山西其他 | | |
| 15015 | 内蒙古呼和浩特出口加工区 | | |
| 15019 | 呼和浩特 | | |
| 15023 | 包头高新技术产业开发区 | | B |
| 15029 | 包头其他 | | |
| 15039 | 乌海 | | |
| 15049 | 赤峰 | | |
| 1504W | 赤峰保税物流中心 | | |
| 15059 | 二连 | | 2 |
| 15066 | 满洲里综合保税区 | | |
| 15069 | 满洲里 | | 2 |
| 15079 | 呼伦贝尔盟 | | |
| 15089 | 哲里木盟 | | |
| 15099 | 兴安盟 | | |
| 15109 | 乌兰察布盟 | | |
| 15119 | 巴彦淖尔市 | | |
| 15129 | 伊克昭盟 | | |
| 15139 | 阿拉善盟 | | |
| 15149 | 锡林郭勒盟 | | |
| 15909 | 内蒙古其他 | | |
| 21012 | 沈阳经济技术开发区 | | 3 |
| 21013 | 沈阳南湖科技开发区 | | B |
| 21015 | 辽宁沈阳、张士出口加工区 | | |
| 21016 | 沈阳综合保税区 | | |
| 21019 | 沈阳其他 | | |
| 21022 | 大连经济技术开发区 | | 3 |
| 21023 | 大连高新技术产业园区 | | B |
| 21024 | 大连大窑湾保税区 | | A |
| 21025 | 辽宁大连出口加工区 | | |
| 21026 | 大窑湾保税港区 | | |
| 21027 | 大连保税物流园区 | | 2 |
| 21029 | 大连其他 | | 2 |
| 21033 | 鞍山高新技术产业开发区 | | B |
| 21039 | 鞍山其他 | | |
| 21049 | 抚顺 | | |
| 21059 | 本溪 | | |
| 21069 | 丹东 | | |
| 21079 | 锦州 | | |
| 21089 | 营口 | | |
| 2108W | 营口港保税物流中心 | | |
| 21099 | 阜新 | | |
| 21109 | 辽阳 | | |
| 21119 | 盘锦 | | |
| 2111W | 盘锦港保税物流中心（B型） | | |
| 21129 | 铁岭 | | |
| 2112W | 铁岭保税物流中心（B型） | | |

| 国内地区代码 | 国内地区名称 | 国内地区简称 | 国内地区性质标记 | 国内地区代码 | 国内地区名称 | 国内地区简称 | 国内地区性质标记 |
|---|---|---|---|---|---|---|---|
| 21139 | 朝阳 | | | 23099 | 七台河 | | |
| 21149 | 葫芦岛市 | | | 23109 | 牡丹江 | | |
| 21159 | 瓦房店 | | | 23119 | 黑河 | | 2 |
| 21169 | 海城 | | | 23126 | 绥芬河综合保税区 | | |
| 21179 | 兴城 | | | 23129 | 绥芬河 | | 2 |
| 21189 | 铁法 | | | 23139 | 松花江 | | |
| 21199 | 北票 | | | 23149 | 绥化 | | |
| 21209 | 开源 | | | 23159 | 大兴安岭 | | |
| 21909 | 辽宁其他 | | | 23169 | 阿城 | | |
| 22012 | 长春经济技术开发区 | | 3 | 23179 | 同江 | | |
| 22013 | 长春南湖-南岭新技术产业园区 | | B | 23189 | 富锦 | | |
| | | | | 23199 | 铁力 | | |
| 22016 | 长春兴隆综合保税区 | | | 23209 | 密山 | | |
| 22019 | 长春其他 | | 2 | 23909 | 黑龙江其他 | | |
| 22023 | 吉林高新技术产业开发区 | | B | 31019 | 黄浦 | | 2 |
| 22029 | 吉林其他 | | | 31029 | 南市 | | 2 |
| 2202W | 吉林市保税物流中心（B型） | | | 31039 | 卢湾 | | 2 |
| | | | | 31043 | 上海漕河泾新技术开发区 | | B |
| 22039 | 四平 | | | 31049 | 徐汇其他 | | 2 |
| 22049 | 辽源 | | | 31052 | 上海经济技术开发区 | | 3 |
| 22059 | 通化 | | | 31059 | 长宁 | | 2 |
| 22069 | 白山 | | | 31069 | 静安 | | 2 |
| 22075 | 吉林珲春出口加工区 | | | 31079 | 普陀 | | 2 |
| 22079 | 珲春 | | 2 | 3107W | 上海西北物流园区保税物流中心 | | |
| 22089 | 图们 | | | | | | |
| 22099 | 白城 | | | 31089 | 闸北 | | 2 |
| 22109 | 延边 | | | 31099 | 虹口 | | 2 |
| 22119 | 公主岭 | | | 31109 | 杨浦 | | 2 |
| 22129 | 梅河口 | | | 31112 | 上海闵行经济技术开发区 | | 2 |
| 22139 | 集安 | | | 31113 | 上海浦江高科技园区 | | B |
| 22149 | 桦甸 | | | 31115 | 上海漕河泾出口加工区 | | 2 |
| 22159 | 九台 | | | 31119 | 闵行其他 | | 2 |
| 22169 | 蛟河 | | | 31129 | 宝山 | | 2 |
| 22179 | 松原 | | | 31145 | 上海嘉定出口加工区 | | 2 |
| 22189 | 延吉市 | | | 31149 | 嘉定 | | 2 |
| 22909 | 吉林其他 | | | 31159 | 川沙 | | 2 |
| 23012 | 哈尔滨经济技术开发区 | | 3 | 31162 | 上海闵行经济技术开发区（临港新城） | | 3 |
| 23013 | 哈尔滨高技术开发区 | | B | | | | |
| 23016 | 哈尔滨综合保税区 | | | 31166 | 洋山保税港区 | | 2 |
| 23019 | 哈尔滨其他 | | 2 | 31169 | 南汇 | | 2 |
| 23029 | 齐齐哈尔 | | | 31175 | 上海闵行出口加工区 | | 2 |
| 23039 | 鸡西 | | | 31179 | 奉贤 | | 2 |
| 23049 | 鹤岗 | | | 31185 | 上海松江出口加工区 | | |
| 23059 | 双鸭山 | | | 31189 | 松江 | | 2 |
| 23063 | 大庆高新技术产业开发区 | | B | 31199 | 金山 | | 2 |
| 23069 | 大庆其他 | | | 31205 | 上海青浦出口加工区 | | 2 |
| 23079 | 伊春 | | | 31209 | 青浦 | | 2 |
| 23089 | 佳木斯 | | | 31219 | 崇明 | | 2 |

| 国内地区代码 | 国内地区名称 | 国内地区简称 | 国内地区性质标记 | 国内地区代码 | 国内地区名称 | 国内地区简称 | 国内地区性质标记 |
|---|---|---|---|---|---|---|---|
| 31222 | 上海浦东新区 | | 3 | 32115 | 江苏镇江出口加工区 | | |
| 31224 | 上海外高桥保税区 | | A | 32116 | 镇江综合保税区 | | |
| 31225 | 上海金桥出口加工区南区 | | | 32119 | 镇江 | | |
| 31226 | 上海浦东机场综合保税区 | | 2 | 32125 | 江苏泰州出口加工区 | | |
| 31227 | 上海保税物流园区 | | 2 | 32126 | 泰州综合保税区 | | |
| 31229 | 浦东其他 | | 2 | 32129 | 泰州 | | |
| 31909 | 上海其他 | | 2 | 32139 | 仪征 | | |
| 32013 | 南京浦口高新技术外向型开发区 | | B | 32145 | 江苏常熟出口加工区 | | |
| | | | | 32146 | 常熟综合保税区 | | |
| 32015 | 江苏南京出口加工区 | | | 32149 | 常熟 | | |
| 32016 | 南京综合保税区 | | | 32154 | 江苏张家港保税区 | | A |
| 32019 | 南京其他 | | | 32156 | 张家港保税港区 | | |
| 3201W | 南京龙潭港保税物流中心 | | | 32157 | 张家港保税物流园 | | |
| 32023 | 无锡高新技术产业开发区 | | B | 32159 | 张家港其他 | | |
| 32025 | 江苏无锡出口加工区 | | | 32169 | 江阴 | | |
| 32026 | 无锡高新区综合保税区 | | | 3216W | 江阴保税物流中心 | | |
| 32029 | 无锡其他 | | | 32179 | 宿迁 | | |
| 32039 | 徐州 | | | 32189 | 丹阳 | | |
| 3203W | 徐州保税物流中心（B型） | | | 32199 | 东台 | | |
| 32043 | 常州高新技术产业开发区 | | B | 32209 | 兴化 | | |
| 32045 | 江苏常州出口加工区 | | | 32229 | 宜兴 | | |
| 32046 | 常州综合保税区 | | | 32235 | 江苏昆山出口加工区 | | |
| 32049 | 常州其他 | | | 32236 | 昆山综合保税区 | | |
| 32052 | 苏州工业园区 | | 3 | 32239 | 昆山 | | |
| 32053 | 苏州高新技术产业开发区 | | B | 32249 | 启东 | | |
| 32055 | 江苏苏州工业园区加工区 | | | 32255 | 江苏吴江出口加工区 | | |
| 32056 | 苏州工业园综合保税区、苏州高新综保区 | | | 32256 | 吴江综合保税区 | | |
| | | | | 32259 | 吴江市 | | |
| 32059 | 苏州其他 | | | 32266 | 太仓港综合保税区 | | |
| 32062 | 南通经济技术开发区 | | 3 | 32269 | 太仓市 | | |
| 32065 | 江苏南通出口加工区 | | | 3226W | 太仓保税物流中心 | | |
| 32066 | 南通综合保税区 | | | 32546 | 武进综合保税区 | | |
| 32069 | 南通其他 | | 2 | 32909 | 江苏其他 | | |
| 3206W | 如皋港保税物流中心（B型） | | | 33012 | 杭州经济技术开发区 | | 3 |
| | | | | 33013 | 杭州高新技术产业开发区 | | B |
| 32072 | 连云港经济技术开发区 | | 3 | 33015 | 浙江杭州出口加工区 | | |
| 32075 | 江苏连云港出口加工区 | | 2 | 33019 | 杭州其他 | | |
| 32079 | 连云港其他 | | 2 | 33022 | 宁波经济技术开发区 | | 3 |
| 3207W | 连云港保税物流中心 | | | 33023 | 宁波高新技术产业开发区 | | 3 |
| 32085 | 江苏省淮安出口加工区 | | | 33024 | 宁波北仑港保税区 | | A |
| 32086 | 淮安综合保税区 | | | 33025 | 浙江宁波出口加工区 | | 2 |
| 32089 | 淮安市 | | | 33026 | 宁波梅山保税港区 | | 2 |
| 32096 | 盐城综合保税区 | | | 33027 | 宁波保税物流园 | | 2 |
| 32099 | 盐城 | | | 33029 | 宁波其他 | | 2 |
| 3209W | 大丰港保税物流中心（B型） | | | 3302W | 宁波栎社保税物流中心 | | |
| | | | | 33032 | 温州经济技术开发区 | | 3 |
| 32105 | 江苏扬州出口加工区 | | | 33039 | 温州其他 | | 2 |
| 32109 | 扬州 | | | 3303W | 温州保税物流中心（B型） | | |

| 国内地区代码 | 国内地区名称 | 国内地区简称 | 国内地区性质标记 |
|---|---|---|---|
| 33045 | 浙江嘉兴出口加工区 | | |
| 33046 | 嘉兴综合保税区 | | |
| 33049 | 嘉兴 | | |
| 33059 | 湖州 | | |
| 33069 | 绍兴 | | |
| 33072 | 金华经济技术开发区 | | 3 |
| 33076 | 金义综合保税区（一期） | | |
| 33079 | 金华 | | |
| 33089 | 衢州 | | |
| 33096 | 舟山港综合保税区 | | |
| 33099 | 舟山 | | |
| 33109 | 丽水 | | |
| 33119 | 台州 | | |
| 33129 | 余姚 | | |
| 33139 | 海宁 | | |
| 33149 | 兰溪 | | |
| 33159 | 瑞安 | | |
| 33169 | 萧山 | | |
| 3316W | 杭州保税物流中心 | | |
| 33179 | 江山 | | |
| 33189 | 义乌 | | |
| 3318W | 义乌保税物流中心 | | |
| 33199 | 东阳 | | |
| 33205 | 浙江慈溪出口加工区 | | |
| 33209 | 慈溪 | | |
| 33219 | 奉化 | | |
| 33229 | 诸暨 | | |
| 33239 | 黄岩 | | |
| 3352W | 宁波镇海保税物流中心（B型） | | |
| 33909 | 浙江其他 | | |
| 34012 | 合肥经济技术开发区 | | 3 |
| 34013 | 合肥科技工业园区 | | B |
| 34015 | 安徽合肥出口加工区 | | 5 |
| 34016 | 合肥综合保税区 | | |
| 34019 | 合肥其他 | | 2 |
| 34022 | 芜湖经济技术开发区 | | 3 |
| 34023 | 芜湖高新技术产业开发区 | | |
| 34025 | 安徽芜湖出口加工区 | | |
| 34026 | 芜湖综合保税区 | | |
| 34029 | 芜湖其他 | | 2 |
| 34033 | 蚌埠高新技术产业开发区 | | |
| 34039 | 蚌埠 | | |
| 3403W | 蚌埠（皖北）保税物流中心 | | |
| 34042 | 安徽淮南经济技术开发区 | | |
| 34049 | 淮南 | | |
| 34052 | 马鞍山经济技术开发区 | | 3 |
| 34053 | 马鞍山慈湖高新技术产业开发区 | | |
| 34059 | 马鞍山 | | |
| 34069 | 淮北 | | |
| 34072 | 铜陵经济技术开发区 | | 3 |
| 34079 | 铜陵 | | |
| 34082 | 安庆桐城经济技术开发区 | | 3 |
| 34089 | 安庆 | | |
| 3408W | 安庆（皖西南）保税物流中心（B型） | | |
| 34099 | 黄山 | | |
| 34109 | 阜阳 | | |
| 34119 | 宿州 | | |
| 34122 | 滁州经济技术开发区 | | 3 |
| 34129 | 滁州 | | |
| 34132 | 安徽六安经济技术开发区 | | |
| 34139 | 六安 | | |
| 34142 | 宣城宁国经济技术开发区 | | |
| 34149 | 宣城 | | |
| 34159 | 巢湖 | | |
| 34162 | 池州经济技术开发区 | | 3 |
| 34169 | 池州 | | |
| 34179 | 亳州 | | |
| 34909 | 安徽其他 | | |
| 35012 | 福州经济技术开发区 | | 3 |
| 35013 | 福州科技园区 | | B |
| 35014 | 福建马尾保税区 | | A |
| 35015 | 福建福州、福清出口加工区 | | 8 |
| 35016 | 福州保税港区 | | |
| 35017 | 福州保税物流园区 | | 2 |
| 35019 | 福州其他 | | 2 |
| 35021 | 厦门特区 | | 1 |
| 35023 | 厦门火炬高技术产业开发区 | | B |
| 35024 | 厦门象屿保税区 | | A |
| 35025 | 福建厦门出口加工区 | | |
| 35026 | 厦门海沧保税港区 | | |
| 35027 | 厦门象屿保税物流园 | | 1 |
| 35029 | 厦门其他 | | 2 |
| 3502W | 厦门火炬（翔安）保税物流中心 | | |
| 35039 | 莆田 | | 8 |
| 35049 | 三明 | | |
| 35055 | 福建泉州出口加工区 | | 8 |
| 35056 | 泉州综合保税区 | | |
| 35059 | 泉州 | | 8 |
| 35069 | 漳州 | | 8 |
| 35079 | 南平 | | 8 |
| 35089 | 宁德 | | 8 |

| 国内地区代码 | 国内地区名称 | 国内地区简称 | 国内地区性质标记 | 国内地区代码 | 国内地区名称 | 国内地区简称 | 国内地区性质标记 |
|---|---|---|---|---|---|---|---|
| 35099 | 龙岩 | | 8 | 3702W | 青岛保税物流中心 | | |
| 35109 | 永安 | | 8 | 37033 | 淄博高新技术产业开发区 | | B |
| 35119 | 石狮 | | 8 | 37039 | 淄博 | | |
| 35128 | 平潭综合试验区 | | 8 | 3703W | 淄博保税物流中心 | | |
| 35129 | 平潭 | | | 37049 | 枣庄 | | |
| 35909 | 福建其他 | | 8 | 37056 | 东营综合保税区 | | |
| 36012 | 南昌经济技术开发区 | | 3 | 37059 | 东营 | | |
| 36013 | 南昌高新技术产业开发区 | | B | 37062 | 烟台经济技术开发区 | | 3 |
| 36015 | 江西南昌出口加工区 | | | 37065 | 山东烟台出口加工区 | | |
| 36016 | 南昌综合保税区 | | | 37069 | 烟台其他 | | 2 |
| 36019 | 南昌其他 | | | 37073 | 潍坊高新技术产业开发区 | | B |
| 3601W | 南昌保税物流中心 | | | 37075 | 山东潍坊出口加工区 | | |
| 36023 | 景德镇高新技术产业开发区 | | B | 37076 | 潍坊综合保税区 | | |
| 36029 | 景德镇 | | | 37079 | 潍坊其他 | | |
| 36032 | 萍乡经济技术开发区 | | 3 | 37089 | 济宁 | | |
| 36039 | 萍乡 | | | 37099 | 泰安 | | |
| 36042 | 九江经济技术开发区 | | 3 | 37103 | 威海火炬高技术产业开发区 | | B |
| 36045 | 江西九江出口加工区 | | 2 | 37105 | 山东威海出口加工区 | | |
| 36049 | 九江 | | 2 | 37109 | 威海其他 | | |
| 36053 | 新余高新技术产业开发区 | | B | 37119 | 日照 | | |
| 36059 | 新余 | | | 3711W | 日照保税物流中心 | | |
| 36063 | 鹰潭高新技术产业开发区 | | | 37129 | 山东省滨州其他 | 滨州其他 | |
| 36069 | 鹰潭 | | | 3712W | 鲁中运达保税物流中心 | | |
| 36072 | 赣州经济技术开发区 | | 3 | 37139 | 德州 | | |
| 36075 | 江西赣州出口加工区 | | | 37149 | 聊城 | | |
| 36076 | 赣州综合保税区 | | | 37156 | 临沂综合保税区 | | |
| 36079 | 赣州 | | | 37159 | 临沂 | | |
| 36082 | 宜春经济技术开发区 | | | 37169 | 菏泽 | | |
| 36089 | 宜春 | | | 37179 | 青州 | | |
| 36092 | 上饶经济技术开发区 | | 3 | 37189 | 龙口 | | |
| 36099 | 上饶 | | | 37199 | 曲阜 | | |
| 36102 | 井冈山经济技术开发区 | | 3 | 37209 | 莱芜 | | |
| 36105 | 井冈山出口加工区 | | | 37219 | 新泰 | | |
| 36109 | 吉安 | | | 37229 | 胶州 | | |
| 36119 | 抚州 | | | 37239 | 诸城 | | |
| 36129 | 瑞昌 | | | 3723W | 青岛保税港区诸城功能区保税物流中心（B型） | | |
| 36909 | 江西其他 | | | | | | |
| 37013 | 济南高技术产业开发区 | | B | 37249 | 莱阳 | | |
| 37015 | 山东济南出口加工区 | | | 37259 | 滕州 | | |
| 37016 | 济南综合保税区 | | | 37269 | 文登 | | |
| 37019 | 济南其他 | | | 37279 | 荣城 | | |
| 37022 | 青岛经济技术开发区 | | 3 | 37289 | 即墨 | | |
| 37023 | 青岛高新技术产业开发区 | | B | 37299 | 平度 | | |
| 37024 | 青岛保税区 | | A | 37909 | 山东其他 | | |
| 37025 | 山东青岛出口加工区 | | | 41012 | 郑州经济技术开发区 | | 2 |
| 37026 | 青岛前湾保税港区 | | 2 | 41013 | 郑州高新技术开发区 | | B |
| 37027 | 青岛保税物流园 | | 2 | 41015 | 河南郑州出口加工区 | | |
| 37029 | 青岛其他 | | 2 | 41016 | 新郑综合保税区 | | |

| 国内地区代码 | 国内地区名称 | 国内地区简称 | 国内地区性质标记 |
|---|---|---|---|
| 41018 | 郑州航空港经济综合实验区 | | |
| 41019 | 郑州其他 | | 2 |
| 4101W | 河南保税物流中心 | | |
| 41029 | 开封 | | |
| 41033 | 洛阳高新技术产业开发区 | | B |
| 41039 | 洛阳其他 | | |
| 41049 | 平顶山 | | |
| 41059 | 安阳 | | |
| 41069 | 鹤壁 | | |
| 41079 | 新乡 | | |
| 41089 | 焦作 | | |
| 4108W | 河南德众保税物流中心 | | |
| 41099 | 濮阳 | | |
| 41109 | 许昌 | | |
| 41119 | 漯河 | | |
| 41129 | 三门峡 | | |
| 41139 | 商丘 | | |
| 4113W | 河南商丘保税物流中心（B型） | | |
| 41149 | 周口 | | |
| 41159 | 驻马店 | | |
| 41166 | 南阳卧龙综合保税区 | | |
| 41169 | 南阳 | | |
| 41179 | 信阳 | | |
| 41189 | 义马 | | |
| 41199 | 汝州 | | |
| 41209 | 济源 | | |
| 41219 | 禹州 | | |
| 41229 | 卫辉 | | |
| 41239 | 辉县 | | |
| 41249 | 泌阳 | | |
| 41909 | 河南其他 | | |
| 42012 | 武汉经济技术开发区 | | 3 |
| 42013 | 武汉东湖新技术开发区 | | B |
| 42015 | 湖北武汉出口加工区 | | |
| 42016 | 武汉东湖综合保税区 | | |
| 42019 | 武汉其他 | | 2 |
| 4201W | 武汉东西湖保税物流中心 | | |
| 42022 | 黄石经济技术开发区 | | 3 |
| 42029 | 黄石 | | |
| 4202W | 黄石棋盘洲保税物流中心 | | |
| 42039 | 十堰 | | |
| 42049 | 沙市 | | |
| 42059 | 宜昌 | | |
| 4205W | 宜昌三峡保税物流中心（B型） | | |
| 42062 | 襄阳经济技术开发区 | | 3 |
| 42063 | 襄阳高新技术产业开发区 | | B |

| 国内地区代码 | 国内地区名称 | 国内地区简称 | 国内地区性质标记 |
|---|---|---|---|
| 42069 | 襄阳其他 | | |
| 4206W | 襄阳保税物流中心（B型） | | |
| 42079 | 鄂州 | | |
| 42089 | 荆门 | | |
| 42099 | 黄冈 | | |
| 42109 | 孝感 | | |
| 42119 | 咸宁 | | |
| 42122 | 荆州经济技术开发区 | | 3 |
| 42129 | 荆州 | | |
| 42139 | 郧阳 | | |
| 42149 | 鄂西 | | |
| 42159 | 随州 | | |
| 42169 | 老河口 | | |
| 42179 | 枣阳 | | |
| 42189 | 神农架 | | |
| 42506 | 武汉新港空港 | | |
| 42909 | 湖北其他 | | |
| 43012 | 长沙经济技术开发区 | | |
| 43013 | 长沙科技开发区 | | B |
| 43016 | 长沙黄花综合保税区 | | |
| 43019 | 长沙其他 | | 2 |
| 4301W | 长沙金霞保税物流中心 | | |
| 43023 | 株州高新技术产业开发区 | | B |
| 43029 | 株州其他 | | |
| 43032 | 湘潭经济技术开发区 | | |
| 43033 | 湘潭高新技术产业开发区 | | |
| 43036 | 湘潭综合保税区 | | |
| 43039 | 湘潭 | | |
| 43043 | 衡阳高新技术产业开发区 | | |
| 43046 | 衡阳综合保税区 | | |
| 43049 | 衡阳 | | |
| 43059 | 邵阳 | | |
| 43066 | 岳阳城陵矶综合保税区 | | |
| 43069 | 岳阳 | | 2 |
| 43072 | 常德经济技术开发区 | | |
| 43079 | 常德 | | |
| 43089 | 张家界 | | |
| 43093 | 益阳高新技术产业开发区 | | |
| 43099 | 益阳 | | |
| 43109 | 娄底 | | |
| 43115 | 湖南郴州出口加工区 | | |
| 43119 | 郴州 | | |
| 43129 | 永州 | | |
| 43139 | 怀化 | | |
| 43149 | 湘西 | | |
| 43159 | 醴陵 | | |
| 43169 | 湘乡 | | |
| 43179 | 耒阳 | | |

| 国内地区代码 | 国内地区名称 | 国内地区简称 | 国内地区性质标记 |
|---|---|---|---|
| 43189 | 汨罗 | | |
| 43199 | 津市 | | |
| 43202 | 浏阳经济技术开发区 | | |
| 43209 | 浏阳其他 | | |
| 43909 | 湖南其他 | | |
| 44012 | 广州经济技术开发区 | | 3 |
| 44013 | 广州天河高新技术产业开发区 | | B |
| 44014 | 广州保税区 | | A |
| 44015 | 广东广州出口加工区 | | |
| 44016 | 广州白云机场综合保税区 | | |
| 44017 | 广州保税物流园区 | | 7 |
| 44019 | 广州其他 | | 2 |
| 44029 | 韶关 | | 7 |
| 44031 | 深圳特区 | | 1 |
| 44033 | 深圳科技工业园 | | B |
| 44034 | 福田盐田沙头角保税区 | | A |
| 44035 | 广东深圳出口加工区 | | |
| 44036 | 深圳前海湾保税港区 | | |
| 44037 | 深圳盐田保税物流园 | | 1 |
| 44039 | 深圳其他 | | 7 |
| 4403W | 深圳机场保税物流中心 | | |
| 44041 | 珠海特区 | | 1 |
| 44043 | 珠海高新技术产业开发区 | | B |
| 44044 | 珠海保税区 | | A |
| 44045 | 珠澳跨境工业区珠海园区 | | 7 |
| 44048 | 珠海横琴新区 | | |
| 44049 | 珠海其他 | | 7 |
| 44051 | 汕头特区 | | 1 |
| 44054 | 汕头保税区 | | A |
| 44059 | 汕头其他 | | 7 |
| 44063 | 佛山高新技术产业开发区 | | B |
| 44069 | 佛山其他 | | 7 |
| 44079 | 江门 | | 7 |
| 44082 | 湛江经济技术开发区 | | 3 |
| 44089 | 湛江其他 | | 2 |
| 4408W | 湛江保税物流中心（B型） | | |
| 44099 | 茂名 | | 7 |
| 44129 | 肇庆 | | 7 |
| 44133 | 惠州高新技术产业开发区 | | B |
| 44139 | 惠州其他 | | 7 |
| 44149 | 梅州 | | 7 |
| 44159 | 汕尾 | | 7 |
| 44169 | 河源 | | 7 |
| 44179 | 阳江 | | 7 |
| 44189 | 清远 | | 7 |
| 44193 | 东莞松山湖高新技术产业开发区 | | |
| 44199 | 东莞 | | 7 |
| 4419W | 东莞保税物流中心 | | |
| 44203 | 中山火炬高技术产业开发区 | | B |
| 44209 | 中山其他 | | 7 |
| 4420W | 中山保税物流中心 | | |
| 44219 | 潮州 | | 7 |
| 44229 | 顺德 | | 7 |
| 4422W | 佛山国通保税物流中心（B型） | | |
| 44235 | 广东南沙出口加工区 | | 7 |
| 44236 | 广州南沙保税港区 | | |
| 44239 | 番禺 | | 7 |
| 44249 | 揭阳 | | 7 |
| 44289 | 南海 | | 7 |
| 44299 | 云浮市 | | 7 |
| 44306 | 广州南沙保税港区 | | |
| 44309 | 南沙其他 | | |
| 44536 | 深圳盐田综合保税区（一期） | | |
| 4469W | 东莞清溪保税物流中心（B型） | | |
| 44909 | 广东其他 | | 7 |
| 45013 | 南宁高新技术产业开发区 | | B |
| 45016 | 南宁综合保税区 | | |
| 45019 | 南宁其他 | | 2 |
| 4501W | 南宁保税物流中心 | | |
| 45029 | 柳州 | | |
| 45033 | 桂林高新技术产业开发区 | | B |
| 45039 | 桂林其他 | | |
| 45049 | 梧州 | | |
| 45055 | 广西北海出口加工区 | | |
| 45059 | 北海 | | 2 |
| 45069 | 玉林 | | |
| 45079 | 百色 | | |
| 45089 | 河池 | | |
| 45096 | 广西钦州保税港区 | | |
| 45099 | 钦州 | | |
| 45106 | 广西凭祥综合保税区 | | |
| 45109 | 凭祥 | | 2 |
| 45119 | 东兴 | | 2 |
| 45129 | 防城港市 | | |
| 45139 | 贵港市 | | |
| 45149 | 崇左 | | |
| 45159 | 来宾 | | |
| 45169 | 贺州 | | |
| 45909 | 广西其他 | | |
| 46011 | 海口 | | 1 |
| 46013 | 海南国际科技园区 | | B |

| 国内地区代码 | 国内地区名称 | 国内地区简称 | 国内地区性质标记 |
|---|---|---|---|
| 46014 | 海南海口保税区 | | A |
| 46016 | 海口综合保税区 | | 1 |
| 46021 | 三亚 | | 5 |
| 46031 | 三沙 | | |
| 46041 | 五指山 | | |
| 46051 | 琼海 | | |
| 46061 | 儋州 | | |
| 46062 | 洋浦经济开发区 | | |
| 46066 | 洋浦保税港区 | | |
| 46071 | 文昌 | | |
| 46081 | 万宁 | | |
| 46091 | 东方 | | |
| 46101 | 定安 | | |
| 46111 | 屯昌 | | |
| 46121 | 澄迈 | | |
| 46131 | 临高 | | |
| 46141 | 白沙 | | |
| 46151 | 昌江 | | |
| 46161 | 乐东 | | |
| 46171 | 陵水 | | |
| 46181 | 保亭 | | |
| 46191 | 琼中 | | |
| 46901 | 海南其他 | | 1 |
| 46902 | 海南洋浦经济技术开发区 | | 3 |
| 46906 | 海南洋浦保税港区 | | 5 |
| 4724 | 襄阳保税物流中心（B型） | 襄阳物流 | |
| 50012 | 万州经济技术开发区 | | |
| 50019 | 万州区 | | |
| 50029 | 涪陵区 | | |
| 50039 | 渝中区 | | |
| 50049 | 大渡口区 | | |
| 50052 | 重庆两江新区江北区 | | 3 |
| 50056 | 重庆两路寸滩保税港区（水港） | | |
| 50059 | 江北区 | | |
| 50066 | 重庆西永综合保税区 | | |
| 50069 | 沙坪坝区 | | |
| 5006W | 重庆铁路保税物流中心 | | |
| 50073 | 重庆高新技术产业开发区 | | B |
| 50079 | 九龙坡区 | | |
| 50082 | 重庆经济技术开发区 | | 3 |
| 50089 | 南岸区 | | |
| 50092 | 重庆两江新区北碚区 | | 3 |
| 50099 | 北碚区 | | |
| 50109 | 万盛区 | | |
| 50119 | 双桥区 | | |
| 50122 | 重庆两江新区渝北区 | | 3 |
| 50125 | 重庆出口加工区 | | |
| 50126 | 重庆两路寸滩保税港区（空港） | | |
| 50129 | 渝北区 | | |
| 50139 | 巴南区 | | |
| 5013W | 重庆南彭公路保税物流中心（B型） | | |
| 50212 | 长寿经济技术开发区 | | 2 |
| 50219 | 长寿县 | | |
| 50229 | 綦江区 | | |
| 50239 | 潼南县 | | |
| 50249 | 重庆市铜梁区 | 铜梁区 | |
| 50259 | 大足区 | | |
| 50269 | 荣昌县 | | |
| 50279 | 重庆市璧山区 | 璧山区 | |
| 50289 | 梁平县 | | |
| 50299 | 城口县 | | |
| 50309 | 丰都县 | | |
| 50319 | 垫江县 | | |
| 50329 | 武隆县 | | |
| 50339 | 忠县 | | |
| 50349 | 开县 | | |
| 50359 | 云阳县 | | |
| 50369 | 奉节县 | | |
| 50379 | 巫山县 | | |
| 50389 | 巫溪县 | | |
| 50399 | 黔江 | | |
| 50409 | 石柱土家族自治县 | | |
| 50419 | 秀山土家族苗族自治县 | | |
| 50429 | 酉阳土家族苗族自治县 | | |
| 50439 | 彭水苗族土家族自治县 | | |
| 50819 | 江津区 | | |
| 50829 | 合川区 | | |
| 50839 | 永川区 | | |
| 50849 | 南川区 | | |
| 51012 | 成都经济技术开发区 | | 3 |
| 51013 | 成都高新技术产业开发区 | | B |
| 51015 | 四川成都出口加工区 | | |
| 51016 | 成都高新综合保税区 | | |
| 51019 | 成都其他 | | 2 |
| 5101W | 成都空港保税物流中心 | | |
| 51039 | 自贡 | | |
| 51049 | 攀枝花 | | |
| 51053 | 泸州高新技术产业开发区 | | |
| 51059 | 泸州 | | |
| 5105W | 泸州港保税物流中心（B型） | | |
| 51069 | 德阳 | | |
| 51072 | 绵阳经济技术开发区 | | |

| 国内地区代码 | 国内地区名称 | 国内地区简称 | 国内地区性质标记 | 国内地区代码 | 国内地区名称 | 国内地区简称 | 国内地区性质标记 |
|---|---|---|---|---|---|---|---|
| 51073 | 绵阳高新技术产业开发区 | | B | 53019 | 昆明其他 | | |
| 51075 | 四川绵阳出口加工区 | | | 5301W | 昆明高新保税物流中心（B型） | | |
| 51079 | 绵阳其他 | | | 53029 | 东川 | | |
| 51082 | 广元经济技术开发区 | | | 53039 | 昭通 | | |
| 51089 | 广元 | | | 53042 | 曲靖经济技术开发区 | | 3 |
| 51099 | 遂宁 | | | 53049 | 曲靖 | | |
| 51109 | 内江 | | | 53059 | 楚雄 | | |
| 51113 | 乐山高新技术产业开发区 | | | 53069 | 玉溪 | | |
| 51119 | 乐山 | | | 53072 | 云南省蒙自经济技术开发区 | | |
| 51142 | 宜宾临港经济开发区 | | | 53076 | 云南红河综合保税区 | | |
| 51149 | 宜宾 | | | 53079 | 红河 | | |
| 5114W | 宜宾港保税物流中心（B型） | | | 53089 | 文山 | | |
| 51159 | 南充 | | | 53099 | 普洱 | | |
| 51169 | 达县 | | | 53109 | 西双版纳 | | |
| 51179 | 雅安 | | | 53119 | 大理 | | |
| 51189 | 阿坝 | | | 53129 | 保山 | | |
| 51199 | 甘孜 | | | 53139 | 德宏 | | |
| 51209 | 凉山 | | | 53149 | 丽江 | | |
| 51229 | 广汉 | | | 53159 | 怒江 | | |
| 51239 | 江油 | | | 53169 | 迪庆 | | |
| 51249 | 都江堰 | | | 53179 | 临沧 | | |
| 51259 | 峨眉山 | | | 53189 | 畹町 | | 2 |
| 51269 | 资阳 | 资阳 | | 53199 | 瑞丽 | | 2 |
| 51279 | 眉山 | 眉山 | | 53209 | 河口 | | 2 |
| 51289 | 广安 | 广安 | | 53909 | 云南其他 | | |
| 51299 | 巴中 | 巴中 | | 54012 | 拉萨经济技术开发区 | | |
| 5151W | 成都铁路保税物流中心（B型） | | | 54019 | 拉萨 | | 6 |
| | | | | 54029 | 昌都 | | 6 |
| 51909 | 四川其他 | | | 54039 | 山南 | | 6 |
| 52013 | 贵阳高新技术产业开发区 | | B | 54049 | 日喀则 | | 6 |
| 52016 | 贵阳综合保税区 | | | 54059 | 那曲 | | 6 |
| 52019 | 贵阳其他 | | 2 | 54069 | 阿里 | | 6 |
| 52029 | 六盘水 | | | 54079 | 林芝 | | 6 |
| 52039 | 遵义 | | | 54909 | 西藏其他 | | 6 |
| 52049 | 铜仁 | | | 61012 | 陕西航天经济技术开发区 | | |
| 52059 | 黔西南 | | | 61013 | 西安新技术产业开发区 | | B |
| 52069 | 毕节 | | | 61015 | 陕西西安出口加工区 | | |
| 52079 | 安顺 | | | 61016 | 西安综合保税区和西安高新综合保税区 | | |
| 52089 | 黔东南 | | | | | | |
| 52099 | 黔南 | | | 61019 | 西安其他 | | 2 |
| 52502 | 贵阳贵安新区 | | | 61029 | 铜川 | | |
| 52506 | 贵安综合保税区 | | | 61033 | 宝鸡高新技术产业开发区 | | B |
| 52909 | 贵州其他 | | | 61039 | 宝鸡其他 | | |
| 53012 | 昆明经济技术开发区 | | 3 | 61049 | 咸阳 | | |
| 53013 | 昆明高新技术产业开发区 | | B | 6104W | 陕西西咸保税物流中心 | | |
| 53015 | 云南昆明出口加工区 | | | 61059 | 渭南 | | |
| 53016 | 昆明综合保税区 | | | 61062 | 汉中经济技术开发区 | | |

| 国内地区代码 | 国内地区名称 | 国内地区简称 | 国内地区性质标记 |
|---|---|---|---|
| 61069 | 汉中 | | |
| 61079 | 安康 | | |
| 61089 | 商洛 | | |
| 61099 | 延安 | | |
| 61109 | 榆林 | | |
| 61909 | 陕西其他 | | |
| 62013 | 兰州宁卧庄新技术产业开发区 | | B |
| 62016 | 兰州新区综合保税区 | | |
| 62019 | 兰州其他 | | 2 |
| 62029 | 嘉峪关 | | |
| 62039 | 金昌 | | |
| 62049 | 白银 | | |
| 62059 | 天水 | | |
| 62069 | 酒泉 | | |
| 62079 | 张掖 | | |
| 62089 | 武威 | | |
| 6208W | 武威保税物流中心 | | |
| 62099 | 定西 | | |
| 62109 | 陇南 | | |
| 62119 | 平凉 | | |
| 62129 | 庆阳 | | |
| 62139 | 临夏 | | |
| 62149 | 甘南 | | |
| 62909 | 甘肃其他 | | |
| 63012 | 西宁经济技术开发区 | | 3 |
| 63013 | 青海高新技术产业开发区 | | B |
| 63019 | 西宁 | | 2 |
| 63029 | 海东 | | |
| 6302W | 青海曹家堡保税物流中心(B型) | | |
| 63039 | 海北 | | |
| 63049 | 黄南 | | |
| 63059 | 海南 | | |
| 63069 | 果洛 | | |
| 63079 | 玉树 | | |
| 63089 | 海西 | | |
| 63909 | 青海其他 | | |
| 64012 | 银川经济技术开发区 | | 3 |
| 64016 | 银川综合保税区 | | |
| 64019 | 银川 | | 2 |
| 64029 | 石嘴山 | | |
| 64039 | 吴中 | | |
| 64049 | 固原 | | |
| 64059 | 中卫 | | |
| 64909 | 宁夏其他 | | |
| 65012 | 乌鲁木齐经济技术开发区 | | 3 |
| 65013 | 乌鲁木齐高新技术产业开发区 | | B |
| 65015 | 新疆乌鲁木齐出口加工区 | | 9 |
| 65016 | 乌鲁木齐综合保税区 | | |
| 65019 | 乌鲁木齐其他 | | 9 |
| 65029 | 克拉玛依 | | 9 |
| 65036 | 阿拉山口综合保税区 | | |
| 65039 | 博乐 | | 9 |
| 65049 | 巴音 | | 9 |
| 65059 | 阿克苏 | | 9 |
| 65069 | 克孜 | | 9 |
| 65076 | 喀什综合保税区 | | |
| 65079 | 喀什 | | 9 |
| 65089 | 和田 | | 9 |
| 65095 | 中哈霍尔果斯国际边境合作中心中方配套区（一期） | | |
| 65099 | 伊宁 | | 9 |
| 6509A | 中哈霍尔果斯国际边境合作中心中方配套区（一期） | | |
| 6509W | 奎屯保税物流中心 | | |
| 65109 | 塔城 | | 2 |
| 65119 | 阿勒泰 | | 9 |
| 65122 | 石河子经济技术开发区 | | 3 |
| 65129 | 石河子 | | 9 |
| 65219 | 吐鲁番 | | 9 |
| 65229 | 哈密 | | 9 |
| 65239 | 昌吉回族自治州 | | 9 |
| 65909 | 新疆其他 | | 9 |

# 国内地区代码表说明

国内地区代码表用于填报进出口报关单的境内目的地和境内货源地。

国内地区代码表由 5 位数字组成：

（一）第一至四位为行政区划代码：

1. 第一、二位表示省、自治区、直辖市。

例如：北京市 11、广东省 44

2. 第三、四位表示省辖市（地区、省直辖行政单位），包括省会城市、计划单列城市、沿海开放城市。

例如，北京市东城区 1101、广州市 4401、深圳 4403。

（二）第五位为省辖市（地区、省直辖行政单位）经济区划代码：

代码“1”：经济特区，例如，深圳市 44031，厦门市 35021。

代码“2”：经济技术开发区，包括上海浦东新区、海南洋浦经济开发区。

代码“3”：高新技术产业开发区。

代码“4”：保税区。

代码“5”：出口加工区。

代码“6”：保税港区。

代码“7”：保税物流园区。

代码“9”：其他地区。

代码“W”：保税物流中心。

# 结汇方式代码表及说明

## 结汇方式代码表

| 结汇方式代码 | 结汇方式名称 | 结汇方式代码 | 结汇方式名称 |
|---|---|---|---|
| 1 | 信汇 | 6 | 信用证 |
| 2 | 电汇 | 7 | 先出后结 |
| 3 | 票汇 | 8 | 先结后出 |
| 4 | 付款交单 | 9 | 其他 |
| 5 | 承兑交单 | | |

## 结汇方式代码表说明

一、定义

结汇方式是出口货物发货人或其代理通过银行收结外汇的方式。

二、结汇方式代码表结构及说明

（一）结汇方式代码表由两部分组成，即结汇方式代码和结汇方式名称。

（二）结汇方式代码分为汇付、托收、信用证和其他。

1. 汇付包括：

（1）信汇：代码“1”，指买方将货款交给进口地银行，由银行开具付款委托书，邮寄出口地银行，委托其向卖方付款。

（2）电汇：代码“2”，指进口地银行应买方申请，直接用电报发出付款委托书，委托出口地银行向卖方付款。

（3）票汇：代码“3”，指买方向进口地银行购买银行汇票径寄卖方，由卖方或其指定的人持票向出口地有关银行取款。

汇付从时间上分预付和后付。预付即卖方装运货物前，买方先将货款汇结卖方；后付即卖方先交货，在买方收到货物或单据后才汇付货款。

2. 托收包括：

（1）付款交单（D/P）：代码“4”，指卖方托收时指示托收行，只有在买方付清货款时才交出单据。

（2）承兑交单（D/A）：代码“5”，指买方承兑汇票后即可取得单据，提取货物，待汇票到期时才付货款。

3. 信用证（L/C）：代码“6”，是银行在买卖双方之间保证付款的凭证。银行根据买方的申请书，向卖方开出保证付款的信用证，即只要卖方提交符合信用证要求的单据，银行就保证付款。

4. 先出后结：代码“7”。

5. 先结后出：代码“8”。

6. 其他：代码“9”，指除上述以外的结汇方式。

# 监管证件代码表及说明

## 监管证件代码表

| 监管证件代码 | 监管证件名称 | 监管证件简称 | 监管证件代码 | 监管证件名称 | 监管证件简称 |
|---|---|---|---|---|---|
| 1 | 进口许可证 | | O | 自动进口许可证（新旧机电产品） | |
| 2 | 两用物项和技术进口许可证 | | P | 固体废物进口许可证 | |
| 3 | 两用物项和技术出口许可证 | | Q | 进口药品通关单 | |
| 4 | 出口许可证 | | R | 进口兽药通关单 | |
| 5 | 纺织品临时出口许可证 | | S | 进出口农药登记证明 | |
| 6 | 旧机电产品禁止进口 | | T | 银行调运现钞进出境许可证 | |
| 7 | 自动进口许可证 | | U | 合法捕捞产品通关证明 | |
| 8 | 禁止出口商品 | | W | 麻醉药品进出口准许证 | |
| 9 | 禁止进口商品 | | X | 有毒化学品环境管理放行通知单 | |
| A | 入境货物通关单 | | Y | 原产地证明 | |
| B | 出境货物通关单 | | Z | 音像制品进口批准单或节目提取单 | |
| D | 出/入境货物通关单（毛坯钻石用） | | c | 内销征税联系单 | |
| E | 濒危物种允许出口证明书 | | e | 关税配额外优惠税率进口棉花配额证 | |
| F | 濒危物种允许进口证明书 | | h | 核增核扣表 | |
| G | 两用物项和技术出口许可证（定向） | | q | 国别关税配额证明 | |
| H | 港澳 OPA 纺织品证明 | | r | 预归类标志 | |
| I | 精神药物进（出）口准许证 | | s | 适用 ITA 税率的商品用途认定证明 | |
| J | 黄金及其制品进出口准许证或批件 | | t | 关税配额证明 | |
| K | 深加工结转申请表 | | v | 自动进口许可证（加工贸易） | |
| L | 药品进出口准许证 | | x | 出口许可证（加工贸易） | |
| M | 密码产品和设备进口许可证 | | y | 出口许可证（边境小额贸易） | |

## 监管证件代码表说明

一、定义

监管证件名称代码是海关依据我国外贸法律、法规及规章，为便于实施计算机系统管理和便捷通关需求，对实行禁止进出口及进出口许可证件管理的货物在海关管理环节须验核的各种进出口许可证件的分类标志。其总和称为监管证件名称代码表。

监管证件代码及《商品综合分类表》中有关“监管条件”的设置仅为辅助性、参考性提示。国家对进出境货物有禁止性或限制性规定的，应以法律、法规规定为准。

二、监管证件名称代码表结构

监管证件名称代码表由两部分组成，即监管证件代码和监管证件名称。例如：代码“1”，为进口许可证，如果某一商品编号后注有监管证件“1”，则说明在一般贸易项下进口该种商品需申领进口许可证。

三、监管证件名称代码说明

（一）代码“1”——进口许可证：指商务部配额许可证事务局或其授权机关签发的进口许可证。

（二）代码“2”——两用物项和技术进口许可证：指列入《两用物项和技术进口许可证管理目录》的商品，进口时由商务部签发两用物项和技术进口许可证。

（三）代码“3”——两用物项和技术出口许可证：根据商务部会同海关总署联合发布的《两用物项和技术进出口许可证管理办法》，由商务部授权的发证机构签发两用物项和技术出口许可证。

（四）代码“4”——出口许可证：指商务部配额许可证事务局或其授权机关签发的出口许可证。

（五）代码“6”——旧机电产品禁止进口：商品编码后面有此代码的商品，其旧品禁止进口。

（六）代码“7”——自动进口许可证：指进口商品实行自动进口许可管理，由商务部及其授权机构按职责分工签发自动进口许可证。

（七）代码“8”——禁止出口商品：指国务院授权商务部门会同有关部门，依照《中华人民共和国对外贸易法》等有关法律法规，制定、调整并公布的禁止出口货物目录所列商品及法律、法规等规定禁止出口的商品。商品编码后有此代码的商品禁止出口。

（八）代码“9”——禁止进口商品：指国务院授权商务部门会同有关部门，依照《中华人民共和国对外贸易法》等有关法律法规，制定、调整并公布的禁止进口货物目录所列商品及法律、法规等规定禁止进口的商品。商品编码后有此代码的商品禁止进口。

（九）代码“A”——入境货物通关单：指国家质量监督检验检疫机构根据《中华人民共和国进出口商品检验法》、《中华人民共和国动植物检疫法》和《中华人民共和国食品安全法》等有关法律、法规，对列入《出入境检验检疫机构实施检验检疫的进出境商品目录》的进口商品签发的入境货物通关单。

（十）代码“B”——出境货物通关单：指国家质量监督检验检疫机构根据《中华人民共和国进出口商品检验法》、《中华人民共和国动植物检疫法》和《中华人民共和国食品安全法》等有关法律、法规，对列入《出入境检验检疫机构实施检验检疫的进出境商品目录》的出口商品签发的出境货物通关单。

（十一）代码“D”——出/入境货物通关单：为履行我国国际义务，制止“冲突钻石”非法交易，国家质检总局、海关总署等六部委联合发布2002年第132号公告，对毛坯钻石进出口实施管理，毛坯钻石进出口时，授权检验检疫机构签发出/入境货物通关单。

（十二）代码“E”——濒危物种允许出口证明书：指根据《中华人民共和国野生动物保护法》及相关法律法规，对列入《濒危野生动植物种国际贸易公约》及《国家重点保护野生动物名录》、《国家重点保护野生植物名录》货物，出口时由国家濒危物种进出口管理办公室或其办事机构签发允许出口证明书。

（十三）代码“F”——濒危物种允许进口证明书：指根据《中华人民共和国野生动物保护法》及相关法律法规，对列入《濒危野生动植物种国际贸易公约》及《国家重点保护野生动物名录》货物，进口时由国家濒危物种进出口管理办公室或其办事机构签发允许进口证明书。

（十四）代码“G”——两用物项和技术出口许可证（定向）：指列入《向特定国家（地区）出口易制毒化学品管理目录》的商品，向特定国家出口时由商务部签发易制毒化学品定向出口许可证。

（十五）代码“I”——精神药物进（出）口准许证：根据《中华人民共和国药品管理法》和《麻醉药品和精神药品管理条例》等相关法律法规，国家对精神药品的进（出）口实行进（出）口准许证管理制度。

对列入《精神药品品种目录》的商品，国家食品药品监督管理总局核发精神药品进（出）口准许证或携带麻醉药品、精神药品证明。

（十六）代码“J”——黄金及黄金制品进出口准许证或批件：指根据《中华人民共和国金银管理条例》及相关法律法规，对进出口黄金及其制品，由中国人民银行授权发证机构签发的准许进出境证件。

（十七）代码“L”——药品进出口准许证：根据《中华人民共和国反兴奋剂条例》，国家食品药品监督管理部门依法对列入兴奋剂目录的蛋白同化制剂、肽类激素等供医疗使用的兴奋剂实施进出口管理，签发准予进出口的许可证件。

（十八）代码“M”——密码产品和设备进口许可证：根据《商用密码管理条例》，对列入《密码产品和含有密码技术的设备进口管理目录》的商品，由国家密码管理局签发进口许可证件。

（十九）代码“O”——自动进口许可证（新旧机电产品）：根据商务部、海关总署、国家质检总局《机电产品进口管理办法》和《机电产品进口自动许可实施办法》，进口实行自动进口许可管理的机电产品，进口单位应当在办理海关报关手续前，向商务部或地方外经贸主管机构、部门机电办申领自动进口许可证。

（二十）代码“P”——固体废物进口许可证：根据《中华人民共和国固体废物污染环境防治法》和《固体废物进口管理办法》及相关法律法规，对列入《限制进口类可用做原料的固体废物目录》的进口商品，由国家环境保护部签发固体废物进口许可证。

（二十一）代码“Q”——进口药品通关单：根据《中华人民共和国药品管理法》及相关法律法规，对列入《进口药品管理目录》的药品，国家食品药品监督管理总局及其授权机构签发进口药品通关单。

（二十二）代码“R”——进口兽药通关单：根据《兽药管理条例》，农业部或兽药进口口岸所在地省级人民政府兽医行政管理部门对列入《进口兽药管理目录》的进口兽药实施监督管理，签发进口兽药通关单。

（二十三）代码“S”——农药进出口登记管理放行通知单：根据《农药管理条例》及有关法律法规，《中华人民共和国进出口农药管理名录》的商品进出口时，农业部签发农药进出口登记管理放行通知单。

（二十四）代码“T”——银行调运现钞进出境许可证：指国家外汇管理局和中国人民银行根据《银行调运外币现钞进出境管理规定》及相关法律法规，对银行调运进出境的外币和人民币现钞签发的许可证件。

（二十五）代码“U”——合法捕捞产品通关证明：进口“实施合法捕捞证明的水产品清单”所列的鱼类，由农业部签发“合法捕捞产品通关证明”。

（二十六）代码“W”——麻醉药品进出口准许证：根据《中华人民共和国药品管理法》和《麻醉药品和精神药品管理条例》等相关法律法规，国家对麻醉药品的进（出）口实行进（出）口准许证管理制度。

对列入“麻醉药品品种目录”的商品，国家食品药品监督管理总局核发麻醉药品进（出）口准许证或携带麻醉药品、精神药品证明。

（二十七）代码“X”——有毒化学品环境管理放行通知单：指列入《中国严格限制进出口的有毒化学品目录》的进出口化学品，由国家环境保护部签发的放行通知单。

（二十八）代码“Y”——原产地证明：是指受惠国（地区）政府指定部门签发的证明该货物原产于该国（地区）的证明文书。

（二十九）代码“Z”——音像制品进口批准单或节目提取单：指国家实行进口管理的音像制品，由新闻出版广电总局签发的进口音像制品批准单或广播电影电视管理部门签发的进口广播电影电视节目带（片）提取单，以及省级新闻出版广电行政主管部门签发的“加工贸易项下光盘进出口批准证”，对赴境外加工光盘类产品并返回境内的，由省级新闻出版广电行政主管部门开具“赴境外加工光盘进口备案证明”。

（三十）代码“e”——关税配额外优惠税率进口棉花配额证：指对于一定数量的关税配额外报关进口的棉花，按“暂定优惠关税税率”征收进口关税，由国家发展改革委授权机构出具关税配额外优惠关税税率进口棉花配额证。

（三十一）代码“q”——国别关税配额证明：进口原产于新西兰并享受协定税率的羊毛或毛条时，应单独向海关申报，并按照海关总署令第 175 号规定提交原产地证明文件和商务部及其授权机构签发的在备注栏注明“新西兰羊毛、毛条国别配额”字样的农产品进口关税配额证，该证简称“国别关税配额证明”。

（三十二）代码“t”——关税配额证明：指列入实施《关税配额商品进口配额表》的商品，进口时由商务部签发关税配额证明。

（三十三）代码“v”——自动进口许可证（加工贸易）：适用于加工贸易方式下自动进口许可证管理的商品。

（三十四）代码“x”——出口许可证（加工贸易）：适用于加工贸易方式下出口许可证管理的商品。

（三十五）代码“y”——出口许可证（边境小额贸易）：边境小额贸易项下需凭出口许可证办理有关手续。

# 用途代码表及说明

## 用途代码表

| 用途代码 | 用途 | 用途代码 | 用途 |
|---|---|---|---|
| 01 | 外贸自营内销 | 07 | 收保证金 |
| 02 | 特区内销 | 08 | 免费提供 |
| 03 | 其它内销 | 09 | 作价提供 |
| 04 | 企业自用 | 10 | 货样，广告品 |
| 05 | 加工返销 | 11 | 其他 |
| 06 | 借用 | 13 | 以产顶进 |

## 用途代码表说明

一、定义

指进口货物的实际用途，以此对征免税和监管条件进行辅助检查和处理。

二、用途分类代码及说明

（一）外贸自营内销：代码“01”，指有外贸进出口经营权的企业，在其经营范围内以正常方式成交的进口货物。

（二）特区内销：代码“02”，指特区内有外贸进出口经营权的企业在其经营范围内进口在特区内销售的货物。

（三）其他内销：代码“03”，指进料加工转内销部分、来料加工转内销货物及外商投资企业进口供加工内销产品的料件。

（四）企业自用：代码“04”，指进口供本单位（企业）自用的货物，如外商投资企业及特区内的企业、事业和机关单位进口自用的机器设备等。

（五）加工返销：代码“05”，指来料加工、进料加工、补偿贸易和外商投资企业为履行产品出口合同从国外进口料件，用于在国内加工后返销到境外。

（六）借用：代码“06”，指从境外租借进口，在规定的使用期满后退运出境外的进口货物，如租赁贸易进口货物。

（七）收保证金：代码“07”，指由担保人向海关缴纳现金的一种担保形式。

（八）免费提供：代码“08”，指免费提供的进口货物，如无偿援助、捐赠、礼品等进口货物。

（九）作价提供：代码“09”，指我方与外商签订合同（协议），规定由外商作价提供进口的货物，事后由我方支付或从我方出口货物款中或出口加工成品的加工费中扣除，如来料加工贸易进口设备等。

（十）货样、广告品：代码“10”，指进口专供订货参考的货物样品及用以宣传有关商品内容的广告宣传品。

（十一）其他：代码“11”，指用途代码表中未具体列名的其他用途。

（十二）以产顶进：代码“13”，指经国家有关经贸部门审批，对目前国内尚无法加工生产，需在境外购买的商品，可准许在境内的三资企业购买以替代进口。

# 其他代码表

## 货币代码表

| 货币代码 | 货币符号 | 英文名称 | 货币名称 | 货币代码 | 货币符号 | 英文名称 | 货币名称 |
|---|---|---|---|---|---|---|---|
| 110 | HKD | | 港币 | 305 | FRF | | 法国法郎 |
| 116 | JPY | | 日本元 | 307 | ITL | | 意大利里拉 |
| 121 | MOP | | 澳门元 | 312 | ESP | | 西班牙比赛塔 |
| 129 | PHP | | 菲律宾比索 | 315 | ATS | | 奥地利先令 |
| 132 | SGD | | 新加坡元 | 318 | FIM | | 芬兰马克 |
| 133 | KRW | | 韩国圆 | 326 | NOK | | 挪威克朗 |
| 136 | THB | | 泰国铢 | 330 | SEK | | 瑞典克朗 |
| 142 | CNY | | 人民币 | 331 | CHF | | 瑞士法郎 |
| 300 | EUR | | 欧元 | 501 | CAD | | 加拿大元 |
| 302 | DKK | | 丹麦克朗 | 502 | USD | | 美元 |
| 303 | GBP | | 英镑 | 601 | AUD | | 澳大利亚元 |
| 304 | DEM | | 德国马克 | 609 | NZD | | 新西兰元 |

## 成交方式代码表

| 成交方式代码 | 成交方式名称 |
|---|---|
| 1 | CIF |
| 2 | C&F |
| 3 | FOB |
| 4 | C&I |
| 5 | 市场价 |
| 6 | 垫仓 |

# 计量单位代码表

| 计量单位代码 | 计量单位名称 | 计量单位代码 | 计量单位名称 | 计量单位代码 | 计量单位名称 | 计量单位代码 | 计量单位名称 |
|---|---|---|---|---|---|---|---|
| 001 | 台 | 038 | 万个 | 079 | 短担 | 135 | 捆 |
| 002 | 座 | 039 | 具 | 080 | 两 | 136 | 袋 |
| 003 | 辆 | 040 | 百副 | 081 | 市担 | 139 | 粒 |
| 004 | 艘 | 041 | 百支 | 083 | 盎司 | 140 | 盒 |
| 005 | 架 | 042 | 百把 | 084 | 克拉 | 141 | 合 |
| 006 | 套 | 043 | 百个 | 085 | 市尺 | 142 | 瓶 |
| 007 | 个 | 044 | 百片 | 086 | 码 | 143 | 千支 |
| 008 | 只 | 045 | 刀 | 088 | 英寸 | 144 | 万双 |
| 009 | 头 | 046 | 疋 | 089 | 寸 | 145 | 万粒 |
| 010 | 张 | 047 | 公担 | 095 | 升 | 146 | 千粒 |
| 011 | 件 | 048 | 扇 | 096 | 毫升 | 147 | 千米 |
| 012 | 支 | 049 | 百枝 | 097 | 英加仑 | 148 | 千英尺 |
| 013 | 枝 | 050 | 千只 | 098 | 美加仑 | 149 | 百万贝可 |
| 014 | 根 | 051 | 千块 | 099 | 立方英尺 | 163 | 部 |
| 015 | 条 | 052 | 千盒 | 101 | 立方尺 | 164 | 亿株 |
| 016 | 把 | 053 | 千枝 | 110 | 平方码 | | |
| 017 | 块 | 054 | 千个 | 111 | 平方英尺 | | |
| 018 | 卷 | 055 | 亿支 | 112 | 平方尺 | | |
| 019 | 副 | 056 | 亿个 | 115 | 英制马力 | | |
| 020 | 片 | 057 | 万套 | 116 | 公制马力 | | |
| 021 | 组 | 058 | 千张 | 118 | 令 | | |
| 022 | 份 | 059 | 万张 | 120 | 箱 | | |
| 023 | 幅 | 060 | 千伏安 | 121 | 批 | | |
| 025 | 双 | 061 | 千瓦 | 122 | 罐 | | |
| 026 | 对 | 062 | 千瓦时 | 123 | 桶 | | |
| 027 | 棵 | 063 | 千升 | 124 | 扎 | | |
| 028 | 株 | 067 | 英尺 | 125 | 包 | | |
| 029 | 井 | 070 | 吨 | 126 | 箩 | | |
| 030 | 米 | 071 | 长吨 | 127 | 打 | | |
| 031 | 盘 | 072 | 短吨 | 128 | 筐 | | |
| 032 | 平方米 | 073 | 司马担 | 129 | 罗 | | |
| 033 | 立方米 | 074 | 司马斤 | 130 | 匹 | | |
| 034 | 筒 | 075 | 斤 | 131 | 册 | | |
| 035 | 千克 | 076 | 磅 | 132 | 本 | | |
| 036 | 克 | 077 | 担 | 133 | 发 | | |
| 037 | 盆 | 078 | 英担 | 134 | 枚 | | |

# 国别(地区)代码表

| 国家(地区)代码 | 国际标准英文简称 | 中文国家(地区)名称 | 英文国家(地区)名称 | 优惠/普通税率标记 | 船舶吨税优/普标记 |
|---|---|---|---|---|---|
| 101 | AFG | 阿富汗 | Afghanistan | L | H |
| 102 | BHR | 巴林 | Bahrian | L | H |
| 103 | BGD | 孟加拉国 | Bangladesh | L | L |
| 104 | BTN | 不丹 | Bhutan | H | H |
| 105 | BRN | 文莱 | Brunei | L | H |
| 106 | MMR | 缅甸 | Myanmar | L | H |
| 107 | KHM | 柬埔寨 | Cambodia | L | H |
| 108 | CYP | 塞浦路斯 | Cyprus | L | L |
| 109 | PRK | 朝鲜 | Korea, DPR | L | L |
| 110 | HKG | 香港 | Hong Kong | L | L |
| 111 | IND | 印度 | India | L | L |
| 112 | IDN | 印度尼西亚 | Indonesia | L | L |
| 113 | IRN | 伊朗 | Iran | L | L |
| 114 | IRQ | 伊拉克 | Iraq | L | H |
| 115 | ISR | 以色列 | Israel | L | L |
| 116 | JPN | 日本 | Japan | L | L |
| 117 | JOR | 约旦 | Jordan | L | H |
| 118 | KWT | 科威特 | Kuwait | L | H |
| 119 | LAO | 老挝 | Lao PDR | L | H |
| 120 | LBN | 黎巴嫩 | Lebanon | L | L |
| 121 | MAC | 澳门 | Macau | L | L |
| 122 | MYS | 马来西亚 | Malaysia | L | L |
| 123 | MDV | 马尔代夫 | Maldives | L | H |
| 124 | MNG | 蒙古 | Mongolia | L | L |
| 125 | NPL | 尼泊尔联邦民主共和国 | Nepal, FDR | L | H |
| 126 | OMN | 阿曼 | Oman | L | L |
| 127 | PAK | 巴基斯坦 | Pakistan | L | L |
| 128 | PSE | 巴勒斯坦 | Palestine | H | H |
| 129 | PHL | 菲律宾 | Philippines | L | L |
| 130 | QAT | 卡塔尔 | Qatar | L | H |
| 131 | SAU | 沙特阿拉伯 | Saudi Arabia | L | H |
| 132 | SGP | 新加坡 | Singapore | L | L |
| 133 | KOR | 韩国 | Korea, Rep. | L | L |
| 134 | LKA | 斯里兰卡 | Sri Lanka | L | L |
| 135 | SYR | 叙利亚 | Syrian Arab Republic | L | H |
| 136 | THA | 泰国 | Thailand | L | L |
| 137 | TUR | 土耳其 | Turkey | L | L |

| 国家(地区)代码 | 国际标准英文简称 | 中文国家(地区)名称 | 英文国家(地区)名称 | 优惠/普通税率标记 | 船舶吨税优/普标记 |
|---|---|---|---|---|---|
| 138 | ARE | 阿联酋 | United Arab Emirates | L | H |
| 139 | YEM | 也门 | Yemen | L | L |
| 141 | NVM | 越南 | Viet Nam | L | L |
| 142 | CHN | 中国 | China | L | L |
| 143 | TWN | 台澎金马关税区 | Taiwan, Prov.of China | L | H |
| 144 | TLS | 东帝汶 | Timor-Leste | L | H |
| 145 | KAZ | 哈萨克斯坦 | Kazakhstan | L | H |
| 146 | KGZ | 吉尔吉斯斯坦 | Kyrgyzstan | L | H |
| 147 | TJK | 塔吉克斯坦 | Tajikistan | L | H |
| 148 | TKM | 土库曼斯坦 | Turkmenistan | L | H |
| 149 | UZB | 乌兹别克斯坦 | Uzbekistan | L | H |
| 199 | | 亚洲其他国家(地区) | Oth. Asia nes | | H |
| 201 | DZA | 阿尔及利亚 | Algeria | L | L |
| 202 | AGO | 安哥拉 | Angola | L | H |
| 203 | BEN | 贝宁 | Benin | L | H |
| 204 | BWA | 博茨瓦纳 | Botswana | L | H |
| 205 | BDI | 布隆迪 | Burundi | L | H |
| 206 | CMR | 喀麦隆 | Cameroon | L | H |
| 207 | | 加那利群岛 | Canary Islands | H | H |
| 208 | CPV | 佛得角 | Cape Verde | L | H |
| 209 | CAF | 中非 | Central African Republic. | L | H |
| 210 | | 塞卜泰(休达) | Ceuta | H | H |
| 211 | TCD | 乍得 | Chad | L | H |
| 212 | COM | 科摩罗 | Comoros | H | H |
| 213 | COG | 刚果(布) | Congo | L | L |
| 214 | DJI | 吉布提 | Djibouti | L | H |
| 215 | EGY | 埃及 | Egypt | L | L |
| 216 | GNQ | 赤道几内亚 | Equatorial Guinea | L | H |
| 217 | ETH | 埃塞俄比亚 | Ethiopia | L | L |
| 218 | GAB | 加蓬 | Gabon | L | H |
| 219 | GMB | 冈比亚 | Gambia | L | H |
| 220 | GHA | 加纳 | Ghana | L | L |
| 221 | GIN | 几内亚 | Guinea | L | H |
| 222 | GNB | 几内亚比绍 | Guinea-Bissau | L | H |
| 223 | CIV | 科特迪瓦 | Cote d'lvoire | L | H |
| 224 | KEN | 肯尼亚 | Kenya | L | L |
| 225 | LBR | 利比里亚 | Liberia | L | L |
| 226 | LBY | 利比亚 | Libyan Arab Jamahiriya | L | H |
| 227 | MDG | 马达加斯加 | Madagascar | L | H |
| 228 | MWI | 马拉维 | Malawi | L | H |

| 国家(地区)代码 | 国际标准英文简称 | 中文国家(地区)名称 | 英文国家(地区)名称 | 优惠/普通税率标记 | 船舶吨税优/普标记 |
|---|---|---|---|---|---|
| 229 | MLI | 马里 | Mali | L | H |
| 230 | MRT | 毛里塔尼亚 | Mauritania | L | H |
| 231 | MUS | 毛里求斯 | Mauritius | L | H |
| 232 | MAR | 摩洛哥 | Morocco | L | L |
| 233 | MOZ | 莫桑比克 | Mozambique | L | H |
| 234 | NAM | 纳米比亚 | Namibia | L | H |
| 235 | NER | 尼日尔 | Niger | L | H |
| 236 | NGA | 尼日利亚 | Nigeria | L | H |
| 237 | REU | 留尼汪 | Reunion | H | H |
| 238 | RWA | 卢旺达 | Rwanda | L | H |
| 239 | STP | 圣多美和普林西比 | Sao Tome and Principe | H | H |
| 240 | SEN | 塞内加尔 | Senegal | L | H |
| 241 | SYC | 塞舌尔 | Seychelles | H | H |
| 242 | SLE | 塞拉利昂 | Sierra Leone | L | H |
| 243 | SOM | 索马里 | Somalia | L | H |
| 244 | ZAF | 南非 | South Africa | L | L |
| 245 | ESH | 西撒哈拉 | Western Sahara | H | H |
| 246 | SDN | 苏丹 | Sudan | L | L |
| 247 | TZA | 坦桑尼亚 | Tanzania | L | H |
| 248 | TGO | 多哥 | Togo | L | H |
| 249 | TUN | 突尼斯 | Tunisia | L | L |
| 250 | UGA | 乌干达 | Uganda | L | H |
| 251 | BFA | 布基纳法索 | Burkina Faso | L | H |
| 252 | COD | 刚果(金) | Congo, DR | L | L |
| 253 | ZMB | 赞比亚 | Zambia | L | H |
| 254 | ZWE | 津巴布韦 | Zimbabwe | L | H |
| 255 | LSO | 莱索托 | Lesotho | L | H |
| 256 |  | 梅利利亚 | Melilla | H | H |
| 257 | SWZ | 斯威士兰 | Swaziland | L | H |
| 258 | ERI | 厄立特里亚 | Eritrea | L | H |
| 259 | MYT | 马约特 | Mayotte | L | H |
| 260 |  | 南苏丹共和国 | Republic of South Sudan | L | H |
| 299 |  | 非洲其他国家(地区) | Oth. Afr. nes |  | H |
| 301 | BEL | 比利时 | Belgium | L | L |
| 302 | DNK | 丹麦 | Denmark | L | L |
| 303 | GBR | 英国 | United Kingdom | L | L |
| 304 | DEU | 德国 | Germany | L | L |
| 305 | FRA | 法国 | France | L | L |
| 306 | IRL | 爱尔兰 | Ireland | L | L |
| 307 | ITA | 意大利 | Italy | L | L |

| 国家(地区)<br>代码 | 国际标准<br>英文简称 | 中文国家(地区)<br>名称 | 英文国家(地区)<br>名称 | 优惠/普通<br>税率标记 | 船舶吨税<br>优/普标记 |
|---|---|---|---|---|---|
| 308 | LUX | 卢森堡 | Luxembourg | L | L |
| 309 | NLD | 荷兰 | Netherlands | L | L |
| 310 | GRC | 希腊 | Greece | L | L |
| 311 | PRT | 葡萄牙 | Portugal | L | L |
| 312 | ESP | 西班牙 | Spain | L | L |
| 313 | ALB | 阿尔巴尼亚 | Albania | L | L |
| 314 | AND | 安道尔 | Andorra | H | H |
| 315 | AUT | 奥地利 | Austria | L | L |
| 316 | BGR | 保加利亚 | Bulgaria | L | L |
| 318 | FIN | 芬兰 | Finland | L | L |
| 320 | GIB | 直布罗陀 | Gibraltar | H | L |
| 321 | HUN | 匈牙利 | Hungary | L | L |
| 322 | ISL | 冰岛 | Iceland | L | H |
| 323 | LIE | 列支敦士登 | Liechtenstein | L | H |
| 324 | MLT | 马耳他 | Malta | L | L |
| 325 | MCO | 摩纳哥 | Monaco | L | H |
| 326 | NOR | 挪威 | Norway | L | L |
| 327 | POL | 波兰 | Poland | L | L |
| 328 | ROM | 罗马尼亚 | Romania | L | L |
| 329 | SMR | 圣马力诺 | San Marino | L | H |
| 330 | SWE | 瑞典 | Sweden | L | L |
| 331 | CHE | 瑞士 | Switzerland | L | H |
| 334 | EST | 爱沙尼亚 | Estonia | L | L |
| 335 | LVA | 拉脱维亚 | Latvia | L | L |
| 336 | LTU | 立陶宛 | Lithuania | L | L |
| 337 | GEO | 格鲁吉亚 | Georgia | L | L |
| 338 | ARM | 亚美尼亚 | Armenia | L | H |
| 339 | AZE | 阿塞拜疆 | Azerbai jan | L | H |
| 340 | BLR | 白俄罗斯 | Belarus | L | H |
| 343 | MDA | 摩尔多瓦 | Moldova | L | H |
| 344 | RUS | 俄罗斯联邦 | Russian Federation | L | L |
| 347 | UKR | 乌克兰 | Ukraine | L | L |
| 349 |  | 塞尔维亚和黑山 |  | H | H |
| 350 | SVN | 斯洛文尼亚 | Slovenia | L | L |
| 351 | HRV | 克罗地亚 | Croatia | L | L |
| 352 | CZE | 捷克 | Czech Republic | L | L |
| 353 | SVK | 斯洛伐克 | Slovakia | L | L |
| 354 | MKD | 前南马其顿 | Macedonia, FYR | L | H |
| 355 | BIH | 波黑 | Bosnia and Hercegovina | L | H |
| 356 | VAT | 梵蒂冈城国 | Vatican City State | H | H |

| 国家(地区)代码 | 国际标准英文简称 | 中文国家(地区)名称 | 英文国家(地区)名称 | 优惠/普通税率标记 | 船舶吨税优/普标记 |
|---|---|---|---|---|---|
| 357 | FRO | 法罗群岛 | Faroe Islands | L | H |
| 358 | SRB | 塞尔维亚 | Serbia | L | H |
| 359 | MNE | 黑山 | Montenegro | L | H |
| 399 | | 欧洲其他国家(地区) | Oth. Eur. nes | | H |
| 401 | ATG | 安提瓜和巴布达 | Antigua & Barbuda | L | H |
| 402 | ARG | 阿根廷 | Argentina | L | L |
| 403 | ABW | 阿鲁巴 | Aruba | H | H |
| 404 | BHS | 巴哈马 | Bahamas | H | L |
| 405 | BRB | 巴巴多斯 | Barbados | L | H |
| 406 | BLZ | 伯利兹 | Belize | L | H |
| 408 | BOL | 多民族玻利维亚国 | Estado Plurinacional de Bolivia | L | H |
| 409 | | 博内尔 | Bonaire | H | H |
| 410 | BRA | 巴西 | Brazil | L | L |
| 411 | CYM | 开曼群岛 | Cayman Islands | H | L |
| 412 | CHL | 智利 | Chile | L | L |
| 413 | COL | 哥伦比亚 | Colombia | L | H |
| 414 | DMA | 多米尼克 | Dominica | L | H |
| 415 | CRI | 哥斯达黎加 | Costa Rica | L | H |
| 416 | CUB | 古巴 | Cuba | L | L |
| 417 | | 库腊索岛 | Curacao | H | H |
| 418 | DOM | 多米尼加共和国 | Dominican Republic | L | H |
| 419 | ECU | 厄瓜多尔 | Ecuador | L | H |
| 420 | GUF | 法属圭亚那 | French Guiana | H | H |
| 421 | GRD | 格林纳达 | Grenada | L | H |
| 422 | GLP | 瓜德罗普 | Guadeloupe | H | H |
| 423 | GTM | 危地马拉 | Guatemala | L | H |
| 424 | GUY | 圭亚那 | Guyana | L | H |
| 425 | HTI | 海地 | Haiti | L | H |
| 426 | HND | 洪都拉斯 | Honduras | L | H |
| 427 | JAM | 牙买加 | Jamaica | L | H |
| 428 | MTQ | 马提尼克 | Martinique | H | H |
| 429 | MEX | 墨西哥 | Mexico | L | L |
| 430 | MSR | 蒙特塞拉特 | Montserrat | H | H |
| 431 | NIC | 尼加拉瓜 | Nicaragua | L | H |
| 432 | PAN | 巴拿马 | Panama | L | H |
| 433 | PRY | 巴拉圭 | Paraguay | L | H |
| 434 | PER | 秘鲁 | Peru | L | L |
| 435 | PRI | 波多黎各 | Puerto Rico | L | H |
| 436 | | 萨巴 | Saba | H | H |
| 437 | LCA | 圣卢西亚 | Saint Lucia | L | H |

| 国家(地区)代码 | 国际标准英文简称 | 中文国家(地区)名称 | 英文国家(地区)名称 | 优惠/普通税率标记 | 船舶吨税优/普标记 |
|---|---|---|---|---|---|
| 438 | | 圣马丁岛 | Saint Martin Islands | H | H |
| 439 | VCT | 圣文森特和格林纳丁斯 | Saint Vincent and Grenadines | L | H |
| 440 | SLV | 萨尔瓦多 | El Salvador | L | H |
| 441 | SUR | 苏里南 | Suriname | L | H |
| 442 | TTO | 特立尼达和多巴哥 | Trinidad and Tobago | L | H |
| 443 | TCA | 特克斯和凯科斯群岛 | Turks and Caicos Islands | H | H |
| 444 | URY | 乌拉圭 | Uruguay | L | H |
| 445 | VEN | 委内瑞拉 | Venezuela | L | H |
| 446 | VGB | 英属维尔京群岛 | Virgin Islands, British | H | H |
| 447 | KNA | 圣其茨和尼维斯 | Saint Kitts and Nevis | L | H |
| 448 | SPM | 圣皮埃尔和密克隆 | Saint.Pierre and Miquelon | L | H |
| 449 | ANT | 荷属安地列斯 | Netherlands Antilles | H | H |
| 499 | | 拉丁美洲其他国家(地区) | Oth. L.Amer. nes | | H |
| 501 | CAN | 加拿大 | Canada | L | L |
| 502 | USA | 美国 | United States | L | L |
| 503 | GRL | 格陵兰 | Greenland | L | H |
| 504 | BMU | 百慕大 | Bermuda | H | L |
| 599 | | 北美洲其他国家(地区) | Oth. N.Amer. nes | | H |
| 601 | AUS | 澳大利亚 | Australia | L | H |
| 602 | COK | 库克群岛 | Cook Islands | L | H |
| 603 | FJI | 斐济 | Fiji | L | H |
| 604 | | 盖比群岛 | Gambier Islands | H | H |
| 605 | | 马克萨斯群岛 | Marquesas Islands | H | H |
| 606 | NRU | 瑙鲁 | Nauru | H | H |
| 607 | NCL | 新喀里多尼亚 | New Caledonia | L | H |
| 608 | VUT | 瓦努阿图 | Vanuatu | L | H |
| 609 | NZL | 新西兰 | New Zealand | L | L |
| 610 | NFK | 诺福克岛 | Norfolk Island | H | H |
| 611 | PNG | 巴布亚新几内亚 | Papua New Guinea | L | H |
| 612 | | 社会群岛 | Society Islands | H | H |
| 613 | SLB | 所罗门群岛 | Solomon Islands | L | H |
| 614 | TON | 汤加 | Tonga | L | H |
| 615 | | 土阿莫土群岛 | Tuamotu Islands | H | H |
| 616 | | 土布艾群岛 | Tubai Islands | H | H |
| 617 | WSM | 萨摩亚 | Samoa | L | H |
| 618 | KIR | 基里巴斯 | Kiribati | H | H |
| 619 | TUV | 图瓦卢 | Tuvalu | H | H |
| 620 | FSM | 密克罗尼西亚联邦 | Micronesia, Fs | L | H |
| 621 | MHL | 马绍尔群岛 | Marshall Islands | H | H |
| 622 | PLW | 帕劳 | Palau | H | H |

| 国家(地区)代码 | 国际标准英文简称 | 中文国家(地区)名称 | 英文国家(地区)名称 | 优惠/普通税率标记 | 船舶吨税优/普标记 |
|---|---|---|---|---|---|
| 623 | PYF | 法属波利尼西亚 | French Polynesia | L | H |
| 625 | WLF | 瓦利斯和浮图纳 | Wallis and Futuna | L | H |
| 699 | | 大洋洲其他国家(地区) | Oth. Ocean. nes | | H |
| 701 | | 国(地)别不详 | Countries(reg.) unknown | H | H |
| 702 | | 联合国及机构和国际组织 | UN and oth. int'l org. | | |
| 999 | | 中性包装原产国别 | Conutries of Neutral Package | H | H |

## 地区性质代码表

| 地区性质代码 | 地区性质名称 |
|---|---|
| 1 | 经济特区 |
| 2 | 沿海开放城市 |
| 3 | 经济技术开发区 |
| 4 | 经济开放区 |
| 5 | 海南省 |
| 6 | 西藏自治区 |
| 7 | 广东省 |
| 8 | 福建省 |
| 9 | 北京市、新疆 |
| A | 保税工业区 |
| B | 新技术开发园区 |

## 企业性质代码表

| 企业性质代码 | 企业性质简称 |
|---|---|
| 1 | 国有 |
| 2 | 合作 |
| 3 | 合资 |
| 4 | 独资 |
| 5 | 集体 |
| 6 | 私营 |
| 7 | 个体工商户 |
| 8 | 报关 |
| 9 | 其他 |

# 海关通关系统《商品综合分类表》

## 商品归类总规则

货品在本税则目录上的归类,应遵循以下原则:

**规则一** 类、章及分章的标题,仅为查找方便而设;具有法律效力的归类,应按税目条文和有关类注或章注确定,如税目、类注或章注无其他规定,按以下规则确定。

**规则二** (一)税目所列货品,应视为包括该项货品的不完整品或未制成品,只要在进口或出口时该项不完整品或未制成品具有完整品或制成品的基本特征;还应视为包括该项货品的完整品或制成品(或按本款可作为完整品或制成品归类的货品)在进口或出口时的未组装件或拆散件。

(二)税目中所列材料或物质,应视为包括该种材料或物质与其他材料或物质混合或组合的物品。税目所列某种材料或物质构成的货品,应视为包括全部或部分由该种材料或物质构成的货品。由一种以上材料或物质构成的货品,应按规则三归类。

**规则三** 当货品按规则二(二)或由于其他原因看起来可归入两个或两个以上税目时,应按以下规则归类:

(一)列名比较具体的税目,优先于列名一般的税目。但是,如果两个或两个以上税目都仅述及混合或组合货品所含的某部分材料或物质,或零售的成套货品中的某些货品,即使其中某个税目对该货品描述得更为全面、详细,这些货品在有关税目的列名应视为同样具体。

(二)混合物、不同材料构成或不同部件组成的组合物以及零售的成套货品,如果不能按照规则三(一)归类时,在本款可适用的条件下,应按构成货品基本特征的材料或部件归类。

(三)货品不能按照规则三(一)或(二)归类时,应按号列顺序归入其可归入的最末一个税目。

**规则四** 根据上述规则无法归类的货品,应归入与其最相类似的货品的税目。

**规则五** 除上述规则外,本规则适用于下列货品的归类:

(一)制成特殊形状仅适用于盛装某个或某套物品并适合长期使用的照相机套、乐器盒、枪套、绘图仪器盒、项链盒及类似容器,如果与所装物品同时进口或出口,并通常与所装物品一同出售的,应与所装物品一并归类。但本款不适用于本身构成整个货品基本特征的容器。

(二)除规则五(一)规定的以外,与所装货品同时进口或出口的包装材料或包装容器,如果通常是用来包装这类货品的,应与所装货品一并归类。但明显可重复使用的包装材料和包装容器可不受本款限制。

**规则六** 货品在某一税目项下各子目的法定归类,应按子目条文或有关的子目注释以及以上各条规则来确定,但子目的比较只能在同一数级上进行。除本税则目录条文另有规定的以外,有关的类注、章注也适用于本规则。

# 第一类　活动物;动物产品

注释:

一、本类所称的各属种动物,除条文另有规定的以外,均包括其幼仔在内。

二、除条文另有规定的以外,本手册所称干的产品,均包括经脱水、蒸发或冷冻干燥的产品。

## 第一章　活动物

注释:

本章包括所有活动物,但下列各项除外:

一、品目03.01、03.06、03.07或03.08的鱼、甲壳动物、软体动物及其他水生无脊椎动物;

二、品目30.02的培养微生物及其他产品;

三、品目95.08的动物。

| 商品编号 | 商 品 名 称 及 备 注 | 进口关税税率(%) | | 增值税率(%) | 出口退税率(%) | 计量单位 | 监管条件 |
|---|---|---|---|---|---|---|---|
| | | 最惠国 | 普通 | | | | |
| **0101** | 马、驴、骡 | | | | | | |
| 01012100 | --改良种用 | | | | | | |
| 0101210010 | 改良种用濒危野马 | 0 | 0 | 11 | 0 | 千克/头 | AFEB |
| 0101210090 | 其他改良种用马 | 0 | 0 | 11 | 5 | 千克/头 | AB |
| 01012900 | --其他 | | | | | | |
| 0101290010 | 非改良种用濒危野马 | 10 | 30 | 11 | 0 | 千克/头 | AFEB |
| 0101290090 | 非改良种用其他马 | 10 | 30 | 11 | 5 | 千克/头 | AB |
| 01013010 | ---改良种用 | | | | | | |
| 0101301010 | 改良种用的濒危野驴 | 0 | 0 | 11 | 0 | 千克/头 | AFEB |
| 0101301090 | 改良种用的其他驴 | 0 | 0 | 11 | 5 | 千克/头 | AB |
| 01013090 | ---其他 | | | | | | |
| 0101309010 | 非改良种用濒危野驴 | 10 | 30 | 11 | 0 | 千克/头 | AFEB |
| 0101309090 | 非改良种用其他驴 | 10 | 30 | 11 | 5 | 千克/头 | AB |
| 01019000 | -其他 | | | | | | |
| 0101900000 | 骡 | 10 | 30 | 11 | 5 | 千克/头 | AB |
| **0102** | 牛 | | | | | | |
| 01022100 | --改良种用 | | | | | | |
| 0102210000 | 改良种用家牛 | 0 | 0 | 11 | 5 | 千克/头 | AB |
| 01022900 | --其他 | | | | | | |
| 0102290000 | 非改良种用家牛 | 10 | 30 | 11 | 5 | 千克/头 | 4xAB |
| 01023100 | --改良种用 | | | | | | |
| 0102310010 | 改良种用濒危水牛 | 0 | 0 | 11 | 0 | 千克/头 | ABEF |
| 0102310090 | 改良种用其他水牛 | 0 | 0 | 11 | 5 | 千克/头 | AB |
| 01023900 | --其他 | | | | | | |
| 0102390010 | 非改良种用濒危水牛 | 10 | 30 | 11 | 0 | 千克/头 | 4ABEFx |
| 0102390090 | 非改良种用其他水牛 | 10 | 30 | 11 | 5 | 千克/头 | 4ABx |
| 01029010 | ---改良种用 | | | | | | |
| 0102901010 | 改良种用濒危野牛 | 0 | 0 | 11 | 0 | 千克/头 | AFEB |
| 0102901090 | 其他改良种用牛 | 0 | 0 | 11 | 5 | 千克/头 | AB |
| 01029090 | ---其他 | | | | | | |

| 商品编号 | 商 品 名 称 及 备 注 | 进口关税税率(%) | | 增值税率(%) | 出口退税率(%) | 计量单位 | 监管条件 |
|---|---|---|---|---|---|---|---|
| | | 最惠国 | 普通 | | | | |
| 0102909010 | 非改良种用濒危野牛 | 10 | 30 | 11 | 0 | 千克/头 | 4xABFE |
| 0102909090 | 非改良种用其他牛 | 10 | 30 | 11 | 5 | 千克/头 | 4xAB |
| **0103** | **猪** | | | | | | |
| 01031000 | -改良种用 | | | | | | |
| 0103100010 | 改良种用的鹿豚、姬猪 | 0 | 0 | 11 | 5 | 千克/头 | AFEB |
| 0103100090 | 其他改良种用的猪 | 0 | 0 | 11 | 5 | 千克/头 | AB |
| 01039110 | ---重量<10千克 | | | | | | |
| 0103911010 | 重量<10千克的其他野猪(改良种用的除外) | 10 | 50 | 11 | 5 | 千克/头 | 4xABFE |
| 0103911090 | 重量<10千克的其他猪(改良种用的除外) | 10 | 50 | 11 | 5 | 千克/头 | 4xAB |
| 01039120 | ---10千克≤重量<50千克 | | | | | | |
| 0103912010 | 10千克≤重量<50千克的其他野猪(改良种用的除外) | 10 | 50 | 11 | 5 | 千克/头 | 4xABFE |
| 0103912090 | 10千克≤重量<50千克的其他猪(改良种用的除外) | 10 | 50 | 11 | 5 | 千克/头 | 4xAB |
| 01039200 | --重量≥50千克 | | | | | | |
| 0103920010 | 重量≥50千克的其他野猪(改良种用的除外) | 10 | 50 | 11 | 5 | 千克/头 | 4xABFE |
| 0103920090 | 重量≥50千克的其他猪(改良种用的除外) | 10 | 50 | 11 | 5 | 千克/头 | 4xAB |
| **0104** | **绵羊、山羊** | | | | | | |
| 01041010 | ---改良种用 | | | | | | |
| 0104101000 | 改良种用的绵羊 | 0 | 0 | 11 | 5 | 千克/头 | AB |
| 01041090 | ---其他 | | | | | | |
| 0104109000 | 其他绵羊(改良种用的除外) | 10 | 50 | 11 | 5 | 千克/头 | AB |
| 01042010 | ---改良种用 | | | | | | |
| 0104201000 | 改良种用的山羊 | 0 | 0 | 11 | 5 | 千克/头 | AB |
| 01042090 | ---其他 | | | | | | |
| 0104209000 | 非改良种用山羊 | 10 | 50 | 11 | 5 | 千克/头 | AB |
| **0105** | **家禽,即鸡、鸭、鹅、火鸡及珍珠鸡** | | | | | | |
| 01051110 | ---改良种用 | | | | | | |
| 0105111000 | 重量≤185克的改良种用鸡 | 0 | 0 | 11 | 5 | 千克/只 | AB |
| 01051190 | ---其他 | | | | | | |
| 0105119000 | 重量≤185克的其他鸡(改良种用的除外) | 10 | 50 | 11 | 5 | 千克/只 | AB |
| 01051210 | ---改良种用 | | | | | | |
| 0105121000 | 重量≤185克的改良种用火鸡 | 0 | 0 | 11 | 5 | 千克/只 | AB |
| 01051290 | ---其他 | | | | | | |
| 0105129000 | 重量≤185克的其他火鸡(改良种用的除外) | 10 | 50 | 11 | 5 | 千克/只 | AB |
| 01051310 | ---改良种用 | | | | | | |
| 0105131000 | 重量≤185克的改良种用鸭 | 0 | 0 | 11 | 5 | 千克/只 | AB |
| 01051390 | ---其他 | | | | | | |
| 0105139000 | 重量≤185克的其他鸭(改良种用的除外) | 10 | 50 | 11 | 5 | 千克/只 | AB |
| 01051410 | ---改良种用 | | | | | | |
| 0105141000 | 重量≤185克的改良种用鹅 | 0 | 0 | 11 | 5 | 千克/只 | AB |
| 01051490 | ---其他 | | | | | | |
| 0105149000 | 重量≤185克的其他鹅(改良种用的除外) | 10 | 50 | 11 | 5 | 千克/只 | AB |
| 01051510 | ---改良种用 | | | | | | |
| 0105151000 | 重量≤185克的改良种用珍珠鸡 | 0 | 0 | 11 | 5 | 千克/只 | AB |
| 01051590 | ---其他 | | | | | | |
| 0105159000 | 重量≤185克的其他珍珠鸡(改良种用的除外) | 10 | 50 | 11 | 5 | 千克/只 | AB |
| 01059410 | ---改良种用 | | | | | | |

| 商品编号 | 商品名称及备注 | 进口关税税率(%) | | 增值税率(%) | 出口退税率(%) | 计量单位 | 监管条件 |
|---|---|---|---|---|---|---|---|
| | | 最惠国 | 普通 | | | | |
| 0105941000 | 重量>185克的改良种用鸡 | 0 | 0 | 11 | 5 | 千克/只 | 4xAB |
| 01059490 | ---其他 | | | | | | |
| 0105949000 | 重量>185克的其他鸡(改良种用的除外) | 10 | 50 | 11 | 5 | 千克/只 | 4xAB |
| 01059910 | ---改良种用 | | | | | | |
| 0105991000 | 重量>185克的其他改良种用家禽 | 0 | 0 | 11 | 5 | 千克/只 | AB |
| 01059991 | ----鸭 | | | | | | |
| 0105999100 | 重量>185克的非改良种用鸭 | 10 | 50 | 11 | 5 | 千克/只 | AB |
| 01059992 | ----鹅 | | | | | | |
| 0105999200 | 重量>185克的非改良种用鹅 | 10 | 50 | 11 | 5 | 千克/只 | AB |
| 01059993 | ----珍珠鸡 | | | | | | |
| 0105999300 | 重量>185克的非改良种用珍珠鸡 | 10 | 50 | 11 | 5 | 千克/只 | 4xAB |
| 01059994 | ----火鸡 | | | | | | |
| 0105999400 | 重量>185克的非改良种用火鸡 | 10 | 50 | 11 | 5 | 千克/只 | AB |
| **0106** | **其他活动物** | | | | | | |
| 01061110 | ---改良种用 | | | | | | |
| 0106111000 | 改良种用灵长目哺乳动物(包括人工驯养、繁殖的) | 0 | 0 | 11 | 5 | 千克/只 | AFEB |
| 01061190 | ---其他 | | | | | | |
| 0106119000 | 其他灵长目哺乳动物(包括人工驯养、繁殖的) | 10 | 50 | 11 | 5 | 千克/只 | AFEB |
| 01061211 | ----改良种用 | | | | | | |
| 0106121100[暂0] | 改良种用鲸、海豚及鼠海豚(鲸目哺乳动物);改良种用海牛及儒艮(海牛目哺乳动物)(包括人工驯养、繁殖的) | 10 | 50 | 11 | 5 | 千克/只 | AFEB |
| 01061219 | ----其他 | | | | | | |
| 0106121900 | 非改良种用鲸、海豚及鼠海豚(鲸目哺乳动物);非改良种用海牛及儒艮(海牛目哺乳动物)(包括人工驯养、繁殖的) | 10 | 50 | 11 | 5 | 千克/只 | AFEB |
| 01061221 | ----改良种用 | | | | | | |
| 0106122100 | 改良种用海豹、海狮及海象(鳍足亚目哺乳动物)(包括人工驯养、繁殖的) | 0 | 0 | 11 | 5 | 千克/只 | AFEB |
| 01061229 | ----其他 | | | | | | |
| 0106122900 | 非改良种用海豹、海狮及海象(鳍足亚目哺乳动物)(包括人工驯养、繁殖的) | 10 | 50 | 11 | 5 | 千克/只 | ABEF |
| 01061310 | ---改良种用 | | | | | | |
| 0106131010 | 改良种用濒危骆驼及其他濒危骆驼科动物(包括人工驯养、繁殖的) | 0 | 0 | 11 | 0 | 千克/只 | ABFE |
| 0106131090 | 其他改良种用骆驼及其他骆驼科动物 | 0 | 0 | 11 | 5 | 千克/只 | AB |
| 01061390 | ---其他 | | | | | | |
| 0106139010 | 其他濒危骆驼及其他濒危骆驼科动物(包括人工驯养、繁殖的) | 10 | 50 | 11 | 0 | 千克/只 | AFEB |
| 0106139090 | 其他骆驼及其他骆驼科动物 | 10 | 50 | 11 | 5 | 千克/只 | AB |
| 01061410 | ---改良种用 | | | | | | |
| 0106141010 | 改良种用濒危野兔(包括人工驯养、繁殖的) | 0 | 0 | 11 | 0 | 千克/只 | ABEF |
| 0106141090 | 改良种用家兔及其他改良种用野兔 | 0 | 0 | 11 | 5 | 千克/只 | AB |
| 01061490 | ---其他 | | | | | | |
| 0106149010 | 其他濒危野兔(包括人工驯养、繁殖的) | 10 | 50 | 11 | 0 | 千克/只 | AFEB |
| 0106149090 | 其他家兔及野兔 | 10 | 50 | 11 | 5 | 千克/只 | AB |
| 01061910 | ---改良种用 | | | | | | |
| 0106191010 | 其他改良种用濒危哺乳动物(包括人工驯养、繁殖的) | 0 | 0 | 11 | 0 | 千克/只 | ABFE |
| 0106191090 | 其他改良种用哺乳动物 | 0 | 0 | 11 | 5 | 千克/只 | AB |
| 01061990 | ---其他 | | | | | | |
| 0106199010 | 其他濒危哺乳动物(包括人工驯养、繁殖的) | 10 | 50 | 11 | 0 | 千克/只 | AFEB |
| 0106199090 | 其他哺乳动物 | 10 | 50 | 11 | 5 | 千克/只 | AB |

| 商品编号 | 商品名称及备注 | 进口关税税率(%) | | 增值税率(%) | 出口退税率(%) | 计量单位 | 监管条件 |
|---|---|---|---|---|---|---|---|
| | | 最惠国 | 普通 | | | | |
| 01062011 | ----鳄鱼苗 | | | | | | |
| 0106201100 | 改良种用鳄鱼苗(包括人工驯养、繁殖的) | 0 | 0 | 11 | 5 | 千克/只 | AFEB |
| 01062019 | ----其他 | | | | | | |
| 0106201900 | 其他改良种用爬行动物(包括人工驯养、繁殖的) | 0 | 0 | 11 | 5 | 千克/只 | FEAB |
| 01062020 | ---食用 | | | | | | |
| 0106202010 | 食用蛇(包括人工驯养、繁殖的) | 10 | 50 | 11 | 5 | 千克/只 | AFEB |
| 0106202021 | 食用濒危龟鳖(包括人工驯养、繁殖的) | 10 | 50 | 11 | 0 | 千克/只 | ABFE |
| 0106202029 | 其他食用龟鳖(包括人工驯养、繁殖的) | 10 | 50 | 11 | 5 | 千克/只 | AB |
| 0106202091 | 其他食用濒危爬行动物(包括人工驯养、繁殖的) | 10 | 50 | 11 | | 千克/只 | FEAB |
| 0106202099 | 其他食用爬行动物(包括人工驯养、繁殖的) | 10 | 50 | 11 | | 千克/只 | AB |
| 01062090 | ---其他 | | | | | | |
| 0106209010 | 其他濒危爬行动物(包括人工驯养、繁殖的) | 10 | 50 | 11 | 5 | 千克/只 | FEAB |
| 0106209090 | 其他爬行动物(包括人工驯养、繁殖的) | 10 | 50 | 11 | 5 | 千克/只 | AB |
| 01063110 | ---改良种用 | | | | | | |
| 0106311000 | 改良种用猛禽(包括人工驯养、繁殖的) | 0 | 0 | 11 | 5 | 千克/只 | AFEB |
| 01063190 | ---其他 | | | | | | |
| 0106319000 | 其他猛禽(包括人工驯养、繁殖的) | 10 | 50 | 11 | 5 | 千克/只 | ABFE |
| 01063210 | ---改良种用 | | | | | | |
| 0106321000 | 改良种用鹦形目的鸟(包括人工驯养、繁殖的) | 0 | 0 | 11 | 5 | 千克/只 | ABFE |
| 01063290 | ---其他 | | | | | | |
| 0106329000 | 非改良种用鹦形目的鸟(包括人工驯养、繁殖的) | 10 | 50 | 11 | 5 | 千克/只 | ABFE |
| 01063310 | ---改良种用 | | | | | | |
| 0106331010 | 改良种用濒危鸵鸟(包括人工驯养、繁殖的) | 0 | 0 | 11 | 0 | 千克/只 | ABFE |
| 0106331090 | 其他改良种用鸵鸟和改良种用鸸鹋 | 0 | 0 | 11 | 5 | 千克/只 | AB |
| 01063390 | ---其他 | | | | | | |
| 0106339010 | 其他濒危鸵鸟(包括人工驯养、繁殖的) | 10 | 50 | 11 | 0 | 千克/只 | ABFE |
| 0106339090 | 其他鸵鸟、鸸鹋 | 10 | 50 | 11 | 5 | 千克/只 | AB |
| 01063910 | ---改良种用 | | | | | | |
| 0106391010 | 其他改良种用濒危鸟(包括人工驯养、繁殖的) | 0 | 0 | 11 | 0 | 千克/只 | ABFE |
| 0106391090 | 其他改良种用的鸟 | 0 | 0 | 11 | 5 | 千克/只 | AB |
| 01063921 | ----乳鸽 | | | | | | |
| 0106392100 | 食用乳鸽 | 10 | 50 | 11 | 5 | 千克/只 | AB |
| 01063923 | ----野鸭 | | | | | | |
| 0106392300 | 食用野鸭 | 10 | 50 | 11 | 5 | 千克/只 | FEAB |
| 01063929 | ----其他 | | | | | | |
| 0106392910 | 其他食用濒危鸟(包括人工驯养、繁殖的) | 10 | 50 | 11 | 0 | 千克/只 | ABFE |
| 0106392990 | 其他食用鸟 | 10 | 50 | 11 | 5 | 千克/只 | AB |
| 01063990 | ---其他 | | | | | | |
| 0106399010 | 其他濒危鸟(包括人工驯养、繁殖的) | 10 | 50 | 11 | 0 | 千克/只 | ABFE |
| 0106399090 | 其他鸟 | 10 | 50 | 11 | 5 | 千克/只 | AB |
| 01064110 | ---改良种用 | | | | | | |
| 0106411000 | 改良种用蜂 | 0 | 0 | 11 | 5 | 千克/只 | AB |
| 01064190 | ---其他 | | | | | | |
| 0106419001 | 赤眼蜂 | 10 | 50 | 11 | 5 | 千克/只 | ABS |
| 0106419090 | 其他蜂 | 10 | 50 | 11 | 5 | 千克/只 | AB |
| 01064910 | ---改良种用 | | | | | | |

| 商品编号 | 商品名称及备注 | 进口关税税率(%) | | 增值税率(%) | 出口退税率(%) | 计量单位 | 监管条件 |
|---|---|---|---|---|---|---|---|
| | | 最惠国 | 普通 | | | | |
| 0106491010 | 其他改良种用濒危昆虫(包括人工驯养、繁殖的) | 0 | 0 | 11 | 0 | 千克/只 | ABFE |
| 0106491090 | 其他改良种用非濒危昆虫 | 0 | 0 | 11 | 5 | 千克/只 | AB |
| 01064990 | ---其他 | | | | | | |
| 0106499001 | 捕食螨 | 10 | 50 | 11 | 5 | 千克/只 | ABS |
| 0106499010 | 其他濒危昆虫(包括人工驯养、繁殖的) | 10 | 50 | 11 | 0 | 千克/只 | ABFE |
| 0106499090 | 其他非濒危昆虫 | 10 | 50 | 11 | 5 | 千克/只 | AB |
| 01069011 | ----蛙苗 | | | | | | |
| 0106901110 | 改良种用濒危蛙苗 | 0 | 0 | 11 | 0 | 千克/只 | ABFE |
| 0106901190 | 其他改良种用蛙苗 | 0 | 0 | 11 | 5 | 千克/只 | AB |
| 01069019 | ----其他 | | | | | | |
| 0106901910 | 其他改良种用濒危动物(包括人工驯养、繁殖的) | 0 | 0 | 11 | 0 | 千克/只 | ABFE |
| 0106901990 | 其他改良种用动物 | 0 | 0 | 11 | 5 | 千克/只 | AB |
| 01069090 | ---其他 | | | | | | |
| 0106909010 | 其他濒危动物(包括人工驯养、繁殖的) | 10 | 50 | 11 | 0 | 千克/只 | ABFE |
| 0106909090 | 其他动物 | 10 | 50 | 11 | 5 | 千克/只 | AB |

# 第二章　肉及食用杂碎

**注释：**

本章不包括：

一、品目02.01至02.08或02.10的不适合供人食用的产品；

二、动物的肠、膀胱、胃（品目05.04）或动物血（品目05.11、30.02）；

三、品目02.09所列产品以外的动物脂肪（第十五章）。

| 商品编号 | 商品名称及备注 | 进口关税税率（%） | | 增值税率（%） | 出口退税率（%） | 计量单位 | 监管条件 |
|---|---|---|---|---|---|---|---|
| | | 最惠国 | 普通 | | | | |
| **0201** | **鲜、冷牛肉** | | | | | | |
| 02011000 | -整头及半头 | | | | | | |
| 0201100010 | 整头及半头鲜或冷藏的野牛肉 | 20 | 70 | 11 | 5 | 千克 | 4ABEFx |
| 0201100090 | 其他整头及半头鲜或冷藏的牛肉 | 20 | 70 | 11 | 5 | 千克 | 4ABx |
| 02012000 | -带骨肉 | | | | | | |
| 0201200010 | 鲜或冷藏的带骨野牛肉 | 12 | 70 | 11 | 5 | 千克 | 47ABEFx |
| 0201200090 | 其他鲜或冷藏的带骨牛肉 | 12 | 70 | 11 | 5 | 千克 | 47ABx |
| 02013000 | -去骨肉 | | | | | | |
| 0201300010 | 鲜或冷藏的去骨野牛肉 | 12 | 70 | 11 | 5 | 千克 | 47ABEFx |
| 0201300090 | 其他鲜或冷藏的去骨牛肉 | 12 | 70 | 11 | 11 | 千克 | 47ABx |
| **0202** | **冻牛肉** | | | | | | |
| 02021000 | -整头及半头 | | | | | | |
| 0202100010 | 冻藏的整头及半头野牛肉 | 25 | 70 | 11 | 5 | 千克 | 4ABEFx |
| 0202100090 | 其他冻藏的整头及半头牛肉 | 25 | 70 | 11 | 5 | 千克 | 4ABx |
| 02022000 | -带骨肉 | | | | | | |
| 0202200010 | 冻藏的带骨野牛肉 | 12 | 70 | 11 | 5 | 千克 | 47ABEFx |
| 0202200090 | 其他冻藏的带骨牛肉 | 12 | 70 | 11 | 5 | 千克 | 47ABx |
| 02023000 | -去骨肉 | | | | | | |
| 0202300010 | 冻藏的去骨野牛肉 | 12 | 70 | 11 | 5 | 千克 | 47ABEFx |
| 0202300090 | 其他冻藏的去骨牛肉 | 12 | 70 | 11 | 11 | 千克 | 47ABx |
| **0203** | **鲜、冷、冻猪肉** | | | | | | |
| 02031110 | ---乳猪 | | | | | | |
| 0203111010 | 鲜或冷藏整头及半头野乳猪肉 | 20 | 70 | 11 | 5 | 千克 | 4ABEFx |
| 0203111090 | 其他鲜或冷藏的整头及半头乳猪肉 | 20 | 70 | 11 | 5 | 千克 | 4ABx |
| 02031190 | ---其他 | | | | | | |
| 0203119010 | 其他鲜或冷藏整头及半头野猪肉 | 20 | 70 | 11 | 5 | 千克 | 4ABEFx |
| 0203119090 | 其他鲜或冷藏的整头及半头猪肉 | 20 | 70 | 11 | 5 | 千克 | 4ABx |
| 02031200 | --带骨的前腿、后腿及其肉块 | | | | | | |
| 0203120010 | 鲜或冷的带骨野猪前腿、后腿及肉块 | 20 | 70 | 11 | 5 | 千克 | 47ABEFx |
| 0203120090 | 鲜或冷的带骨猪前腿、后腿及其肉块 | 20 | 70 | 11 | 5 | 千克 | 47ABx |
| 02031900 | --其他 | | | | | | |
| 0203190010 | 其他鲜或冷藏的野猪肉 | 20 | 70 | 11 | 5 | 千克 | 47ABEFx |
| 0203190090 | 其他鲜或冷藏的猪肉 | 20 | 70 | 11 | 5 | 千克 | 47ABx |
| 02032110 | ---乳猪 | | | | | | |
| 0203211010 | 冻整头及半头野乳猪肉 | 12 | 70 | 11 | 5 | 千克 | 4ABEFx |
| 0203211090 | 冻整头及半头乳猪肉 | 12 | 70 | 11 | 5 | 千克 | 4ABx |
| 02032190 | ---其他 | | | | | | |

| 商品编号 | 商 品 名 称 及 备 注 | 进口关税税率(%) | | 增值税率(%) | 出口退税率(%) | 计量单位 | 监管条件 |
|---|---|---|---|---|---|---|---|
| | | 最惠国 | 普通 | | | | |
| 0203219010 | 其他冻整头及半头野猪肉 | 12 | 70 | 11 | 5 | 千克 | 47ABEFx |
| 0203219090 | 其他冻整头及半头猪肉 | 12 | 70 | 11 | 5 | 千克 | 47ABx |
| 02032200 | --带骨的前腿、后腿及其肉块 | | | | | | |
| 0203220010 | 冻带骨野猪前腿、后腿及肉 | 12 | 70 | 11 | 5 | 千克 | 47ABEFx |
| 0203220090 | 冻藏的带骨猪前腿、后腿及其肉块 | 12 | 70 | 11 | 5 | 千克 | 47ABx |
| 02032900 | --其他 | | | | | | |
| 0203290010 | 冻藏野猪其他肉 | 12 | 70 | 11 | 5 | 千克 | 47ABEFx |
| 0203290090 | 其他冻藏猪肉 | 12 | 70 | 11 | 5 | 千克 | 47ABx |
| **0204** | **鲜、冷、冻绵羊肉或山羊肉** | | | | | | |
| 02041000 | -鲜或冷的整头及半头羔羊 | | | | | | |
| 0204100000 | 鲜或冷藏的整头及半头羔羊肉 | 15 | 70 | 11 | 5 | 千克 | 7AB |
| 02042100 | --整头及半头 | | | | | | |
| 0204210000 | 鲜或冷藏的整头及半头绵羊肉 | 23 | 70 | 11 | 5 | 千克 | 7AB |
| 02042200 | --带骨肉 | | | | | | |
| 0204220000 | 鲜或冷藏的带骨绵羊肉 | 15 | 70 | 11 | 5 | 千克 | 7AB |
| 02042300 | --去骨肉 | | | | | | |
| 0204230000 | 鲜或冷藏的去骨绵羊肉 | 15 | 70 | 11 | 5 | 千克 | 7AB |
| 02043000 | -冻的整头及半头羔羊 | | | | | | |
| 0204300000 | 冻藏的整头及半头羔羊肉 | 15 | 70 | 11 | 5 | 千克 | 7AB |
| 02044100 | --整头及半头 | | | | | | |
| 0204410000 | 冻藏的整头及半头绵羊肉 | 23 | 70 | 11 | 5 | 千克 | 7AB |
| 02044200 | --带骨肉 | | | | | | |
| 0204420000 | 冻藏的其他带骨绵羊肉 | 12 | 70 | 11 | 5 | 千克 | 7AB |
| 02044300 | --去骨肉 | | | | | | |
| 0204430000 | 冻藏的其他去骨绵羊肉 | 15 | 70 | 11 | 11 | 千克 | 7AB |
| 02045000 | -山羊肉 | | | | | | |
| 0204500000 | 鲜或冷藏、冻藏的山羊肉 | 20 | 70 | 11 | 11 | 千克 | 7AB |
| **0205** | **鲜、冷、冻马、驴、骡肉** | | | | | | |
| 02050000 | 鲜、冷、冻马、驴、骡肉 | | | | | | |
| 0205000010 | 鲜、冷或冻的濒危野马、野驴肉 | 20 | 70 | 11 | 0 | 千克 | ABFE |
| 0205000090 | 鲜、冷或冻的马、驴、骡肉 | 20 | 70 | 11 | 5 | 千克 | AB |
| **0206** | **鲜、冷、冻牛、猪、绵羊、山羊、马、驴、骡的食用杂碎** | | | | | | |
| 02061000 | -鲜、冷牛杂碎 | | | | | | |
| 0206100000 | 鲜或冷藏的牛杂碎 | 12 | 70 | 11 | 5 | 千克 | 4ABx |
| 02062100 | --舌 | | | | | | |
| 0206210000 | 冻牛舌 | 12 | 70 | 11 | 5 | 千克 | 47ABx |
| 02062200 | --肝 | | | | | | |
| 0206220000 | 冻牛肝 | 12 | 70 | 11 | 5 | 千克 | 47ABx |
| 02062900 | --其他 | | | | | | |
| 0206290000 | 其他冻牛杂碎 | 12 | 70 | 11 | 5 | 千克 | 47ABx |
| 02063000 | -鲜、冷猪杂碎 | | | | | | |
| 0206300000 | 鲜或冷藏的猪杂碎 | 20 | 70 | 11 | 5 | 千克 | 4ABx |
| 02064100 | --肝 | | | | | | |
| 0206410000 | 冻猪肝 | 20 | 70 | 11 | 5 | 千克 | 47ABx |
| 02064900 | --其他 | | | | | | |
| 0206490000 | 其他冻猪杂碎 | 12 | 70 | 11 | 5 | 千克 | 47ABx |

| 商品编号 | 商品名称及备注 | 进口关税税率(%) | | 增值税率(%) | 出口退税率(%) | 计量单位 | 监管条件 |
|---|---|---|---|---|---|---|---|
| | | 最惠国 | 普通 | | | | |
| 02068000 | -其他鲜或冷杂碎 | | | | | | |
| 0206800010 | 鲜或冷的羊杂碎 | 20 | 70 | 11 | 5 | 千克 | AB |
| 0206800090 | 鲜或冷的马、驴、骡杂碎 | 20 | 70 | 11 | 5 | 千克 | AB |
| 02069000 | -其他冻杂碎 | | | | | | |
| 0206900010 | 冻藏的羊杂碎 | 18 | 70 | 11 | 5 | 千克 | 7AB |
| 0206900090 | 冻藏的马、驴、骡杂碎 | 18 | 70 | 11 | 5 | 千克 | AB |
| **0207** | **品目 01.05 所列家禽的鲜、冷、冻肉及食用杂碎** | | | | | | |
| 02071100 | --整只,鲜或冷的 | | | | | | |
| 0207110000 | 鲜或冷藏的整只鸡 | 20 | 70 | 11 | 5 | 千克 | 4xAB |
| 02071200 | --整只,冻的 | | | | | | |
| 0207120000 | 冻的整只鸡 | 见附表 2 | 见附表 2 | 11 | 5 | 千克 | 4x7AB |
| 02071311 | ----带骨的 | | | | | | |
| 0207131100 | 鲜或冷的带骨的鸡块 | 20 | 70 | 11 | 11 | 千克 | 4xAB |
| 02071319 | ----其他 | | | | | | |
| 0207131900 | 其他鲜或冷的鸡块 | 20 | 70 | 11 | 11 | 千克 | 4xAB |
| 02071321 | ----翼(不包括翼尖) | | | | | | |
| 0207132100 | 鲜或冷的鸡翼(不包括翼尖) | 20 | 70 | 11 | 11 | 千克 | 4xAB |
| 02071329 | ----其他 | | | | | | |
| 0207132900 | 其他鲜或冷的鸡杂碎 | 20 | 70 | 11 | 5 | 千克 | AB4x |
| 02071411 | ----带骨的 | | | | | | |
| 0207141100 | 冻的带骨鸡块(包括鸡胸脯、鸡大腿等) | 见附表 2 | 见附表 2 | 11 | 11 | 千克 | 7AB4x |
| 02071419 | ----其他 | | | | | | |
| 0207141900 | 冻的不带骨鸡块(包括鸡胸脯、鸡大腿等) | 见附表 2 | 见附表 2 | 11 | 11 | 千克 | 7AB4x |
| 02071421 | ----翼(不包括翼尖) | | | | | | |
| 0207142100 | 冻的鸡翼(不包括翼尖) | 见附表 2 | 见附表 2 | 11 | 11 | 千克 | 7AB4x |
| 02071422 | ----鸡爪 | | | | | | |
| 0207142200 | 冻的鸡爪 | 见附表 2 | 见附表 2 | 11 | 5 | 千克 | 7AB4x |
| 02071429 | ----其他 | | | | | | |
| 0207142900 | 冻的其他食用鸡杂碎(包括鸡翼尖、鸡肝等) | 见附表 2 | 见附表 2 | 11 | 5 | 千克 | 7AB4x |
| 02072400 | --整只,鲜或冷的 | | | | | | |
| 0207240000 | 鲜或冷的整只火鸡 | 20 | 70 | 11 | 5 | 千克 | AB |
| 02072500 | --整只,冻的 | | | | | | |
| 0207250000 | 冻的整只火鸡 | 20 | 70 | 11 | 5 | 千克 | AB |
| 02072600 | --块及杂碎,鲜或冷的 | | | | | | |
| 0207260000 | 鲜或冷的火鸡块及杂碎(肥肝除外) | 20 | 70 | 11 | 5 | 千克 | AB |
| 02072700 | --块及杂碎,冻的 | | | | | | |
| 0207270000 | 冻的火鸡块及杂碎(肥肝除外) | 10 | 70 | 11 | 5 | 千克 | AB |
| 02074100 | --整只,鲜或冷的 | | | | | | |
| 0207410000 | 鲜或冷的整只鸭 | 20 | 70 | 11 | 5 | 千克 | AB |
| 02074200 | --整只,冻的 | | | | | | |
| 0207420000 | 冻的整只鸭 | 20 | 70 | 11 | 5 | 千克 | AB |
| 02074300 | --肥肝,鲜或冷的 | | | | | | |
| 0207430000 | 鲜或冷的鸭肥肝 | 20 | 70 | 11 | 5 | 千克 | AB |
| 02074400 | --其他,鲜或冷的 | | | | | | |
| 0207440000 | 鲜或冷的鸭块及食用杂碎(肥肝除外) | 20 | 70 | 11 | 5 | 千克 | AB |
| 02074500 | --其他,冻的 | | | | | | |

| 商品编号 | 商品名称及备注 | 进口关税税率(%) | | 增值税率(%) | 出口退税率(%) | 计量单位 | 监管条件 |
|---|---|---|---|---|---|---|---|
| | | 最惠国 | 普通 | | | | |
| 0207450000 | 冻的鸭块及食用杂碎 | 20 | 70 | 11 | 5 | 千克 | AB |
| 02075100 | --整只,鲜或冷的 | | | | | | |
| 0207510000 | 鲜或冷的整只鹅 | 20 | 70 | 11 | 5 | 千克 | AB |
| 02075200 | --整只,冻的 | | | | | | |
| 0207520000 | 冻的整只鹅 | 20 | 70 | 11 | 5 | 千克 | AB |
| 02075300 | --肥肝,鲜或冷的 | | | | | | |
| 0207530000 | 鲜或冷的鹅肥肝 | 20 | 70 | 11 | 5 | 千克 | AB |
| 02075400 | --其他,鲜或冷的 | | | | | | |
| 0207540000 | 鲜或冷的鹅块及食用杂碎(肥肝除外) | 20 | 70 | 11 | 5 | 千克 | AB |
| 02075500 | --其他,冻的 | | | | | | |
| 0207550000 | 冻的鹅块及食用杂碎 | 20 | 70 | 11 | 5 | 千克 | AB |
| 02076000 | -珍珠鸡 | | | | | | |
| 0207600000 | 鲜、冷、冻的整只珍珠鸡、珍珠鸡块及食用杂碎 | 20 | 70 | 11 | 5 | 千克 | AB |
| **0208** | **其他鲜、冷、冻肉及食用杂碎** | | | | | | |
| 02081010 | ---鲜、冷兔肉,兔头除外 | | | | | | |
| 0208101000 | 鲜或冷的家兔肉(不包括兔头) | 20 | 70 | 11 | 5 | 千克 | AB |
| 02081020 | ---冻兔肉,兔头除外 | | | | | | |
| 0208102000 | 冻家兔肉(不包括兔头) | 20 | 70 | 11 | 5 | 千克 | AB |
| 02081090 | ---其他 | | | | | | |
| 0208109010 | 鲜、冷或冻的濒危野兔肉及其食用杂碎(不包括兔头) | 20 | 70 | 11 | 0 | 千克 | ABFE |
| 0208109090 | 鲜、冷或冻家兔食用杂碎 | 20 | 70 | 11 | 5 | 千克 | AB |
| 02083000 | -灵长目的 | | | | | | |
| 0208300000 | 鲜、冷或冻的灵长目动物肉及食用杂碎 | 23 | 70 | 11 | 5 | 千克 | ABFE |
| 02084000 | -鲸、海豚及鼠海豚(鲸目哺乳动物)的,海牛及儒艮(海牛目哺乳动物)的,海豹、海狮及海象(鳍足亚目哺乳动物)的 | | | | | | |
| 0208400000 | 鲜、冷或冻的鲸、海豚及鼠海豚(鲸目哺乳动物)的,鲜、冷或冻的海牛及儒艮(海牛目哺乳动物)的,鲜、冷或冻的海豹、海狮及海象(鳍足亚目哺乳动物)的肉及食用杂碎(鲜、冷或冻的鲸、海豚、鼠海豚、海牛、儒艮、海豹、海狮及海象的肉及食用杂碎) | 23 | 70 | 11 | 5 | 千克 | ABFE |
| 02085000 | -爬行动物(包括蛇及龟鳖)的 | | | | | | |
| 0208500000 | 鲜、冷或冻的爬行动物肉及食用杂碎 | 23 | 70 | 11 | 5 | 千克 | ABFE |
| 02086000 | -骆驼及其他骆驼科动物的 | | | | | | |
| 0208600010 | 鲜、冷或冻的濒危野生骆驼及其他濒危野生骆驼科动物的肉及食用杂碎 | 23 | 70 | 11 | 0 | 千克 | ABFE |
| 0208600090 | 其他鲜、冷或冻骆驼及其他骆驼科动物的肉及食用杂碎 | 23 | 70 | 11 | 5 | 千克 | AB |
| 02089010 | ---乳鸽的 | | | | | | |
| 0208901000 | 鲜、冷或冻的乳鸽肉及其杂碎 | 20 | 70 | 11 | 5 | 千克 | AB |
| 02089090 | ---其他 | | | | | | |
| 0208909010 | 其他鲜、冷或冻的濒危野生动物肉 | 23 | 70 | 11 | 0 | 千克 | ABFE |
| 0208909090 | 其他鲜、冷或冻肉及食用杂碎 | 23 | 70 | 11 | 5 | 千克 | AB |
| **0209** | **未炼制或用其他方法提取的不带瘦肉的肥猪肉、猪脂肪及家禽脂肪,鲜、冷、冻、干、熏、盐腌或盐渍的** | | | | | | |
| 02091000 | -猪的 | | | | | | |
| 0209100000 | 未炼制或用其他方法提取的不带瘦肉的肥猪肉、猪脂肪(包括鲜、冷、冻、干、熏、盐制的) | 20 | 70 | 11 | 5 | 千克 | AB |
| 02099000 | -其他 | | | | | | |
| 0209900000 | 未炼制或用其他方法提取的家禽脂肪(包括鲜、冷、冻、干、熏、盐制的) | 20 | 70 | 11 | 5 | 千克 | AB |
| **0210** | **肉及食用杂碎,干、熏、盐腌或盐渍的;可供食用的肉或杂碎的细粉、粗粉** | | | | | | |
| 02101110 | ---带骨的腿 | | | | | | |

| 商品编号 | 商品名称及备注 | 进口关税税率(%) | | 增值税率(%) | 出口退税率(%) | 计量单位 | 监管条件 |
|---|---|---|---|---|---|---|---|
| | | 最惠国 | 普通 | | | | |
| 0210111010 | 干、熏、盐制的带骨鹿豚、姬猪腿 | 25 | 80 | 11 | 5 | 千克 | ABFE |
| 0210111090 | 其他干、熏、盐制的带骨猪腿 | 25 | 80 | 11 | 5 | 千克 | AB |
| 02101190 | ---其他 | | | | | | |
| 0210119010 | 干、熏、盐制的带骨鹿豚、姬猪腿肉块 | 25 | 80 | 11 | 5 | 千克 | ABFE |
| 0210119090 | 其他干、熏、盐制的带骨猪腿肉 | 25 | 80 | 11 | 5 | 千克 | AB |
| 02101200 | --腹肉(五花肉) | | | | | | |
| 0210120010 | 干、熏、盐制的鹿豚、姬猪腹肉(指五花肉) | 25 | 80 | 11 | 5 | 千克 | ABFE |
| 0210120090 | 其他干、熏、盐制的猪腹肉(指五花肉) | 25 | 80 | 11 | 5 | 千克 | AB |
| 02101900 | --其他 | | | | | | |
| 0210190010 | 干、熏、盐制的鹿豚、姬猪其他肉 | 25 | 80 | 11 | 5 | 千克 | ABFE |
| 0210190090 | 其他干、熏、盐制的其他猪肉 | 25 | 80 | 11 | 5 | 千克 | AB |
| 02102000 | -牛肉 | | | | | | |
| 0210200010 | 干、熏、盐制的濒危野牛肉 | 25 | 80 | 11 | 0 | 千克 | ABFE |
| 0210200090 | 干、熏、盐制的其他牛肉 | 25 | 80 | 11 | 5 | 千克 | AB |
| 02109100 | --灵长目的 | | | | | | |
| 0210910000 | 干、熏、盐制的灵长目动物肉及食用杂碎 | 25 | 80 | 11 | 5 | 千克 | ABFE |
| 02109200 | --鲸、海豚及鼠海豚(鲸目哺乳动物)的,海牛及儒艮(海牛目哺乳动物)的,海豹、海狮及海象(鳍足亚目哺乳动物)的 | | | | | | |
| 0210920000 | 干、熏、盐制的鲸、海豚及鼠海豚(鲸目哺乳动物)的,干、熏、盐制的海牛及儒艮(海牛目哺乳动物)的,干、熏、盐制的海豹、海狮及海象(鳍足亚目哺乳动物)的肉及食用杂碎(包括可供食用的肉或杂碎的细粉、粗粉) | 25 | 80 | 11 | 5 | 千克 | ABFE |
| 02109300 | --爬行动物(包括蛇及龟鳖)的 | | | | | | |
| 0210930000 | 干、熏、盐制的爬行动物肉及食用杂碎(包括食用的肉及杂碎的细粉、粗粉) | 25 | 80 | 11 | 5 | 千克 | ABFE |
| 02109900 | --其他 | | | | | | |
| 0210990010 | 干、熏、盐制的其他濒危动物肉及杂碎(包括可供食用的肉或杂碎的细粉、粗粉) | 25 | 80 | 11 | 0 | 千克 | ABFE |
| 0210990090 | 干、熏、盐制的其他肉及食用杂碎(包括可供食用的肉或杂碎的细粉、粗粉) | 25 | 80 | 11 | 5 | 千克 | AB |

# 第三章 鱼、甲壳动物、软体动物及其他水生无脊椎动物

**注释：**

一、本章不包括：

(一)品目01.06的哺乳动物；

(二)品目01.06的哺乳动物的肉(品目02.08或02.10)；

(三)因品种或鲜度不适合供人食用的死鱼(包括鱼肝、鱼卵及鱼精等)、死甲壳动物、死软体动物及其他死水生无脊椎动物(第五章)，不适合供人食用的鱼、甲壳动物、软体动物、其他水生无脊椎动物的粉、粒(品目23.01)；

(四)鲟鱼子酱及用鱼卵制成的鲟鱼子酱代用品(品目16.04)。

二、本章所称"团粒"，是指直接挤压或加入少量黏合剂制成的粒状产品。

| 商品编号 | 商品名称及备注 | 进口关税税率(%) | | 增值税率(%) | 出口退税率(%) | 计量单位 | 监管条件 |
|---|---|---|---|---|---|---|---|
| | | 最惠国 | 普通 | | | | |
| **0301** | **活鱼** | | | | | | |
| 03011100 | --淡水鱼 | | | | | | |
| 0301110010 | 观赏用濒危淡水鱼 | 17.5 | 80 | 11 | 0 | 千克 | ABFE |
| 0301110090 | 观赏用其他淡水鱼 | 17.5 | 80 | 11 | 5 | 千克 | AB |
| 03011900 | --其他 | | | | | | |
| 0301190010 | 观赏用濒危非淡水鱼 | 17.5 | 80 | 11 | 0 | 千克 | ABFE |
| 0301190090 | 其他观赏用非淡水鱼 | 17.5 | 80 | 11 | 5 | 千克 | AB |
| 03019110 | ---鱼苗 | | | | | | |
| 0301911000 | 鳟鱼(河鳟、虹鳟、克拉克大麻哈鱼、阿瓜大麻哈鱼、吉雨大麻哈鱼、亚利桑那大麻哈鱼、金腹大麻哈鱼)的鱼苗 | 0 | 0 | 11 | 5 | 千克 | AB |
| 03019190 | ---其他 | | | | | | |
| 0301919000 | 其他活鳟鱼(河鳟、虹鳟、克拉克大麻哈鱼、阿瓜大麻哈鱼、吉雨大麻哈鱼、亚利桑那大麻哈鱼、金腹大麻哈鱼) | 10.5 | 40 | 11 | 5 | 千克 | AB |
| 03019210 | ---鱼苗 | | | | | | |
| 0301921010 | 花鳗鲡鱼苗 | 0 | 0 | 11 | 0 | 千克 | ABE |
| 0301921020 | 欧洲鳗鲡鱼苗 | 0 | 0 | 11 | 0 | 千克 | ABEF |
| 0301921090 | 其他鳗鱼(鳗鲡属)苗 | 0 | 0 | 11 | 0 | 千克 | AB |
| 03019290 | ---其他 | | | | | | |
| 0301929010 | 花鳗鲡 | 10 | 40 | 11 | 5 | 千克 | ABE |
| 0301929020 | 欧洲鳗鲡 | 10 | 40 | 11 | 5 | 千克 | ABEF |
| 0301929090 | 其他活鳗鱼(鳗鲡属) | 10 | 40 | 11 | 5 | 千克 | AB |
| 03019310 | ---鱼苗 | | | | | | |
| 0301931000 | 鲤科鱼(鲤属、鲫属、草鱼、鲢属、鲮属、青鱼、卡特拉鲃、野鲮属、哈氏纹唇鱼、何氏细须鲃、鲂属)鱼苗 | 0 | 0 | 11 | 5 | 千克 | AB |
| 03019390 | ---其他 | | | | | | |
| 0301939000 | 其他鲤科鱼(鲤属、鲫属、草鱼、鲢属、鲮属、青鱼、卡特拉鲃、野鲮属、哈氏纹唇鱼、何氏细须鲃、鲂属) | 10.5 | 40 | 11 | 5 | 千克 | AB |
| 03019410 | ---鱼苗 | | | | | | |
| 0301941000 | 大西洋及太平洋蓝鳍金枪鱼鱼苗 | 0 | 0 | 11 | 5 | 千克 | AB |
| 03019491 | ----大西洋蓝鳍金枪鱼 | | | | | | |
| 0301949100 | 大西洋蓝鳍金枪鱼 | 10.5 | 40 | 11 | 5 | 千克 | AB |
| 03019492 | ----太平洋蓝鳍金枪鱼 | | | | | | |
| 0301949200 | 太平洋蓝鳍金枪鱼 | 10.5 | 40 | 11 | 5 | 千克 | AB |
| 03019510 | ---鱼苗 | | | | | | |
| 0301951000 | 南方蓝鳍金枪鱼(Thunnus maccoyii)苗 | 0 | 0 | 11 | 5 | 千克 | AB |

| 商品编号 | 商 品 名 称 及 备 注 | 进口关税税率(%) | | 增值税率(%) | 出口退税率(%) | 计量单位 | 监管条件 |
|---|---|---|---|---|---|---|---|
| | | 最惠国 | 普通 | | | | |
| 03019590 | ---其他 | | | | | | |
| 0301959000 | 其他南方蓝鳍金枪鱼(Thunnus maccoyii) | 10.5 | 40 | 11 | 5 | 千克 | AB |
| 03019911 | ----鲈鱼 | | | | | | |
| 0301991100 | 鲈鱼种苗 | 0 | 0 | 11 | 5 | 千克 | AB |
| 03019912 | ----鲟鱼 | | | | | | |
| 0301991200 | 鲟鱼种苗 | 0 | 0 | 11 | 5 | 千克 | ABFE |
| 03019919 | ----其他 | | | | | | |
| 0301991910 | 其他濒危鱼苗 | 0 | 0 | 11 | 0 | 千克 | ABFE |
| 0301991990 | 其他鱼苗 | 0 | 0 | 11 | 5 | 千克 | AB |
| 03019991 | ----罗非鱼 | | | | | | |
| 0301999100 | 活罗非鱼 | 10.5 | 40 | 11 | 5 | 千克 | AB |
| 03019992 | ----鲀 | | | | | | |
| 0301999200 | 活的鲀 | 10.5 | 40 | 11 | 5 | 千克 | AB |
| 03019993 | ----其他鲤科鱼 | | | | | | |
| 0301999310 | 活的濒危鲤科鱼 | 10.5 | 40 | 11 | 0 | 千克 | ABFE |
| 0301999390 | 活的其他鲤科鱼[鲤科鱼(鲤属、鲫属、草鱼、鲢属、鲮属、青鱼、卡特拉鲃、野鲮属、哈氏纹唇鱼、何氏细须鲃、鲂属)除外] | 10.5 | 40 | 11 | 5 | 千克 | AB |
| 03019999 | ----其他 | | | | | | |
| 0301999910 | 其他濒危活鱼 | 10.5 | 40 | 11 | 0 | 千克 | ABFE |
| 0301999990 | 其他活鱼 | 10.5 | 40 | 11 | 5 | 千克 | AB |
| **0302** | **鲜、冷鱼,但品目03.04的鱼片及其他鱼肉除外** | | | | | | |
| 03021100 | --鳟鱼(河鳟、虹鳟、克拉克大麻哈鱼、阿瓜大麻哈鱼、吉雨大麻哈鱼、亚利桑那大麻哈鱼、金腹大麻哈鱼) | | | | | | |
| 0302110000 | 鲜或冷鳟鱼(河鳟、虹鳟、克拉克大麻哈鱼、阿瓜大麻哈鱼、吉雨大麻哈鱼、亚利桑那大麻哈鱼、金腹大麻哈鱼)(编号030291至030299的可食用鱼杂碎除外) | 12 | 40 | 11 | 5 | 千克 | AB |
| 03021300 | --大麻哈鱼红[大麻哈鱼、细磷大麻哈鱼、大麻哈鱼(种)、大鳞大麻哈鱼、银大麻哈鱼、马苏大麻哈鱼、玫瑰大麻哈鱼] | | | | | | |
| 0302130000 | 鲜或冷的大麻哈鱼[红大麻哈鱼、细磷大麻哈鱼、大麻哈鱼(种)、大鳞大麻哈鱼、银大麻哈鱼、马苏大麻哈鱼、玫瑰大麻哈鱼](编号030291至030299的可食用鱼杂碎除外) | 10 | 40 | 11 | 5 | 千克 | ABU |
| 03021410 | ---大西洋鲑鱼 | | | | | | |
| 0302141000 | 鲜或冷大西洋鲑鱼(编号030291至030299的可食用鱼杂碎除外) | 10 | 40 | 11 | 5 | 千克 | AB |
| 03021420 | ---多瑙哲罗鱼 | | | | | | |
| 0302142000 | 鲜或冷多瑙哲罗鱼(编号030291至030299的可食用鱼杂碎除外) | 10 | 40 | 11 | 5 | 千克 | AB |
| 03021900 | --其他 | | | | | | |
| 0302190010 | 鲜或冷川陕哲罗鲑(编号030291至030299的可食用鱼杂碎除外) | 12 | 40 | 11 | 5 | 千克 | AB |
| 0302190020 | 鲜或冷秦岭细鳞鲑(编号030291至030299的可食用鱼杂碎除外) | 12 | 40 | 11 | 5 | 千克 | AB |
| 0302190090 | 其他鲜或冷鲑科鱼(编号030291至030299的可食用鱼杂碎除外) | 12 | 40 | 11 | 5 | 千克 | AB |
| 03022100 | --庸鲽鱼(马舌鲽、庸鲽、狭鳞庸鲽) | | | | | | |
| 0302210010 | 鲜或冷大西洋庸鲽(庸鲽)(编号030291至030299的可食用鱼杂碎除外) | 12 | 40 | 11 | 5 | 千克 | ABU |
| 0302210020 | 鲜或冷马舌鲽(编号030291至030299的可食用鱼杂碎除外) | 12 | 40 | 11 | 5 | 千克 | ABU |
| 0302210090 | 其他鲜或冷庸鲽鱼(编号030291至030299的可食用鱼杂碎除外) | 12 | 40 | 11 | 5 | 千克 | AB |
| 03022200 | --鲽鱼(鲽) | | | | | | |
| 0302220000 | 鲜或冷鲽鱼(鲽)(编号030291至030299的可食用鱼杂碎除外) | 12 | 40 | 11 | 5 | 千克 | AB |
| 03022300 | --鳎鱼(鳎属) | | | | | | |
| 0302230000 | 鲜或冷鳎鱼(鳎属)(编号030291至030299的可食用鱼杂碎除外) | 12 | 40 | 11 | 5 | 千克 | AB |
| 03022400 | --大菱鲆(瘤棘鲆) | | | | | | |

| 商品编号 | 商 品 名 称 及 备 注 | 进口关税税率(%) | | 增值税率(%) | 出口退税率(%) | 计量单位 | 监管条件 |
|---|---|---|---|---|---|---|---|
| | | 最惠国 | 普通 | | | | |
| 0302240000 | 鲜或冷大菱鲆(瘤棘鲆)(编号030291至030299的可食用鱼杂碎除外) | 12 | 40 | 11 | 5 | 千克 | AB |
| 03022900 | --其他 | | | | | | |
| 0302290010 | 鲜或冷的亚洲箭齿鲽(编号030291至030299的可食用鱼杂碎除外) | 12 | 40 | 11 | 5 | 千克 | ABU |
| 0302290090 | 其他鲜或冷比目鱼(鲽科、鲆科、舌鳎科、鳎科、菱鲆科、刺鲆科)(编号030291至030299的可食用鱼杂碎除外) | 12 | 40 | 11 | 5 | 千克 | AB |
| 03023100 | --长鳍金枪鱼 | | | | | | |
| 0302310000 | 鲜或冷长鳍金枪鱼(编号030291至030299的可食用鱼杂碎除外) | 12 | 40 | 11 | 5 | 千克 | AB |
| 03023200 | --黄鳍金枪鱼 | | | | | | |
| 0302320000 | 鲜或冷黄鳍金枪鱼(编号030291至030299的可食用鱼杂碎除外) | 12 | 40 | 11 | 5 | 千克 | AB |
| 03023300 | --鲣鱼或狐鲣 | | | | | | |
| 0302330000 | 鲜或冷鲣鱼或狐鲣(鲣)(编号030291至030299的可食用鱼杂碎除外) | 12 | 40 | 11 | 5 | 千克 | AB |
| 03023400 | --大眼金枪鱼 | | | | | | |
| 0302340000 | 鲜或冷大眼金枪鱼(编号030291至030299的可食用鱼杂碎除外) | 12 | 40 | 11 | 5 | 千克 | AB |
| 03023510 | ---大西洋蓝鳍金枪鱼 | | | | | | |
| 0302351000 | 鲜或冷大西洋蓝鳍金枪鱼(编号030291至030299的可食用鱼杂碎除外) | 12 | 40 | 11 | 5 | 千克 | ABU |
| 03023520 | ---太平洋蓝鳍金枪鱼 | | | | | | |
| 0302352000 | 鲜或冷太平洋蓝鳍金枪鱼(编号030291至030299的可食用鱼杂碎除外) | 12 | 40 | 11 | 5 | 千克 | AB |
| 03023600 | --南方蓝鳍金枪鱼 | | | | | | |
| 0302360000 | 鲜或冷南方金枪鱼(编号030291至030299的可食用鱼杂碎除外) | 12 | 40 | 11 | 5 | 千克 | AB |
| 03023900 | --其他 | | | | | | |
| 0302390000 | 其他鲜或冷金枪鱼(金枪鱼属)(编号030291至030299的可食用鱼杂碎除外) | 12 | 40 | 11 | 5 | 千克 | AB |
| 03024100 | --鲱鱼(大西洋鲱鱼、太平洋鲱鱼) | | | | | | |
| 0302410010 | 鲜或冷太平洋鲱鱼(编号030291至030299的可食用鱼杂碎除外) | 12 | 40 | 11 | 5 | 千克 | ABU |
| 0302410090 | 鲜或冷大西洋鲱鱼(编号030291至030299的可食用鱼杂碎除外) | 12 | 40 | 11 | 5 | 千克 | AB |
| 03024200 | --鳀鱼(鳀属) | | | | | | |
| 0302420000 | 鲜或冷鳀鱼(鳀属)(编号030291至030299的可食用鱼杂碎除外) | 12 | 40 | 11 | 5 | 千克 | AB |
| 03024300 | --沙丁鱼(沙丁鱼、沙瑙鱼属)、小沙丁鱼属、黍鲱或西鲱 | | | | | | |
| 0302430000 | 鲜或冷沙丁鱼(沙丁鱼、沙瑙鱼属)、小沙丁鱼属、黍鲱或西鲱(编号030291至030299的可食用鱼杂碎除外) | 12 | 40 | 11 | 5 | 千克 | AB |
| 03024400 | --鲭鱼[大西洋鲭、澳洲鲭(鲐)、日本鲭(鲐)] | | | | | | |
| 0302440000 | 鲜或冷鲭鱼[大西洋鲭、澳洲鲭(鲐)、日本鲭(鲐)](编号030291至030299的可食用鱼杂碎除外) | 12 | 40 | 11 | 5 | 千克 | AB |
| 03024500 | --对称竹荚鱼、新西兰竹荚鱼及竹荚鱼(竹荚鱼属) | | | | | | |
| 0302450000 | 鲜或冷对称竹荚鱼、新西兰竹荚鱼及竹荚鱼(竹荚鱼属)(编号030291至030299的可食用鱼杂碎除外) | 12 | 40 | 11 | 5 | 千克 | AB |
| 03024600 | --军曹鱼 | | | | | | |
| 0302460000 | 鲜或冷军曹鱼(编号030291至030299的可食用鱼杂碎除外) | 12 | 40 | 11 | 5 | 千克 | AB |
| 03024700 | --剑鱼 | | | | | | |
| 0302470000 | 鲜或冷剑鱼(编号030291至030299的可食用鱼杂碎除外) | 12 | 40 | 11 | 5 | 千克 | ABU |
| 03024900 | --其他 | | | | | | |
| 0302490000 | 鲜或冷其他03024项下的鱼[印度鲭(羽鳃鲐属)、马鲛鱼(马鲛属)、鲹鱼(鲹属)、银鲳(鲳属)、秋刀鱼、圆鲹(圆鲹属)、多春鱼(毛鳞鱼)、鲔鱼、狐鲣(狐鲣属)、枪鱼、旗鱼、四鳍旗鱼(旗鱼科),但编号030291至030299的可食用鱼杂碎除外] | 12 | 40 | 11 | 5 | 千克 | AB |
| 03025100 | --鳕鱼(大西洋鳕鱼、格陵兰鳕鱼、太平洋鳕鱼) | | | | | | |
| 0302510000 | 鲜或冷鳕鱼(大西洋鳕鱼、格陵兰鳕鱼、太平洋鳕鱼)(编号030291至030299的可食用鱼杂碎除外) | 12 | 40 | 11 | 5 | 千克 | AB |

| 商品编号 | 商 品 名 称 及 备 注 | 进口关税税率(%) | | 增值税率(%) | 出口退税率(%) | 计量单位 | 监管条件 |
|---|---|---|---|---|---|---|---|
| | | 最惠国 | 普通 | | | | |
| 03025200 | --黑线鳕鱼(黑线鳕) | | | | | | |
| 0302520000 | 鲜或冷黑线鳕鱼(黑线鳕)(编号030291至030299的可食用鱼杂碎除外) | 12 | 40 | 11 | 5 | 千克 | AB |
| 03025300 | --绿青鳕鱼 | | | | | | |
| 0302530000 | 鲜或冷绿青鳕鱼(编号030291至030299的可食用鱼杂碎除外) | 12 | 40 | 11 | 5 | 千克 | AB |
| 03025400 | --狗鳕鱼(无须鳕属、长鳍鳕属) | | | | | | |
| 0302540000 | 鲜或冷狗鳕鱼(无须鳕属、长鳍鳕属)(编号030291至030299的可食用鱼杂碎除外) | 12 | 40 | 11 | 5 | 千克 | AB |
| 03025500 | --狭鳕鱼 | | | | | | |
| 0302550000 | 鲜或冷狭鳕鱼(编号030291至030299的可食用鱼杂碎除外) | 12 | 40 | 11 | 5 | 千克 | ABU |
| 03025600 | --蓝鳕鱼(小鳍鳕、南蓝鳕) | | | | | | |
| 0302560000 | 鲜或冷蓝鳕鱼(小鳍鳕、南蓝鳕)(编号030291至030299的可食用鱼杂碎除外) | 12 | 40 | 11 | 5 | 千克 | AB |
| 03025900 | --其他 | | | | | | |
| 0302590000 | 其他鲜或冷犀鳕科、多丝真鳕科、鳕科、长尾鳕科、黑鳕科、无须鳕科、深海鳕科及南极鳕科鱼(编号030291至030299的可食用鱼杂碎除外) | 12 | 40 | 11 | 5 | 千克 | AB |
| 03027100 | --罗非鱼(口孵非鲫属) | | | | | | |
| 0302710000 | 鲜或冷罗非鱼(口孵非鲫属)(编号030291至030299的可食用鱼杂碎除外) | 12 | 40 | 11 | 5 | 千克 | AB |
| 03027200 | --鲶鱼(鲑鲶属、鲶属、胡鲶属、真鮰属) | | | | | | |
| 0302720000 | 鲜或冷鲶鱼(鲑鲶属、鲶属、胡鲶属、真鮰属)(编号030291至030299的可食用鱼杂碎除外) | 12 | 40 | 11 | 5 | 千克 | AB |
| 03027300 | --鲤科鱼(鲤属、鲫属、草鱼、鲢属、鲮属、青鱼、卡特拉鲃、野鲮属、哈氏纹唇鱼、何氏细须鲃、鲂属) | | | | | | |
| 0302730000 | 鲜或冷鲤科鱼(鲤属、鲫属、草鱼、鲢属、鲮属、青鱼、卡特拉鲃、野鲮属、哈氏纹唇鱼、何氏细须鲃、鲂属)(编号030291至030299的可食用鱼杂碎除外) | 12 | 40 | 11 | 5 | 千克 | AB |
| 03027400 | --鳗鱼(鳗鲡属) | | | | | | |
| 0302740010 | 鲜或冷花鳗鲡(编号030291至030299的可食用鱼杂碎除外) | 12 | 40 | 11 | 5 | 千克 | ABE |
| 0302740020 | 鲜或冷欧洲鳗鲡(编号030291至030299的可食用鱼杂碎除外) | 12 | 40 | 11 | 5 | 千克 | ABEF |
| 0302740090 | 其他鲜或冷鳗鱼(鳗鲡属)(编号030291至030299的可食用鱼杂碎除外) | 12 | 40 | 11 | 5 | 千克 | AB |
| 03027900 | --其他 | | | | | | |
| 0302790001 | 鲜或冷尼罗河鲈鱼(尼罗尖吻鲈)(编号030291至030299的可食用鱼杂碎除外) | 12 | 40 | 11 | 5 | 千克 | AB |
| 0302790090 | 鲜或冷的黑鱼(鳢属)(编号030291至030299的可食用鱼杂碎除外) | 12 | 40 | 11 | 5 | 千克 | AB |
| 03028100 | --角鲨及其他鲨鱼 | | | | | | |
| 0302810010 | 鲜或冷濒危鲨鱼(编号030291至030299的可食用鱼杂碎除外) | 12 | 40 | 11 | 0 | 千克 | ABEF |
| 0302810090 | 鲜或冷其他鲨鱼(编号030291至030299的可食用鱼杂碎除外) | 12 | 40 | 11 | 5 | 千克 | AB |
| 03028200 | --魟鱼及鳐鱼(鳐科) | | | | | | |
| 0302820000 | 鲜或冷魟鱼及鳐鱼(鳐科)(编号030291至030299的可食用鱼杂碎除外) | 12 | 40 | 11 | 5 | 千克 | AB |
| 03028300 | --南极犬牙鱼(南极犬牙鱼属) | | | | | | |
| 0302830000 | 鲜或冷南极犬牙鱼(南极犬牙鱼属)(编号030291至030299的可食用鱼杂碎除外) | 12 | 40 | 11 | 5 | 千克 | ABU |
| 03028400 | --尖吻鲈鱼(舌齿鲈属) | | | | | | |
| 0302840000 | 鲜或冷尖吻鲈鱼(舌齿鲈属)(编号030291至030299的可食用鱼杂碎除外) | 12 | 40 | 11 | 5 | 千克 | AB |
| 03028500 | --菱羊鲷(鲷科) | | | | | | |
| 0302850000 | 鲜或冷菱羊鲷(鲷科)(编号030291至030299的可食用鱼杂碎除外) | 12 | 40 | 11 | 5 | 千克 | AB |
| 03028910 | ---带鱼 | | | | | | |
| 0302891000 | 鲜或冷带鱼(编号030291至030299的可食用鱼杂碎除外) | 12 | 40 | 11 | 5 | 千克 | AB |
| 03028920 | ---黄鱼 | | | | | | |
| 0302892000 | 鲜或冷黄鱼(编号030291至030299的可食用鱼杂碎除外) | 12 | 40 | 11 | 5 | 千克 | AB |
| 03028930 | ---鲳鱼 | | | | | | |
| 0302893000 | 鲜或冷鲳鱼(编号030291至030299的可食用鱼杂碎除外) | 12 | 40 | 11 | 5 | 千克 | AB |

| 商品编号 | 商品名称及备注 | 进口关税税率(%) | | 增值税率(%) | 出口退税率(%) | 计量单位 | 监管条件 |
|---|---|---|---|---|---|---|---|
| | | 最惠国 | 普通 | | | | |
| 03028940 | ---鲀 | | | | | | |
| 0302894000 | 鲜或冷的鲀(编号030291至030299的可食用鱼杂碎除外) | 12 | 40 | 11 | 5 | 千克 | AB |
| 03028990 | ---其他 | | | | | | |
| 0302899001 | 鲜或冷的其他鲈鱼(编号030291至030299的可食用鱼杂碎除外) | 12 | 40 | 11 | 5 | 千克 | AB |
| 0302899010 | 其他未列名濒危鲜或冷鱼(编号030291至030299的可食用鱼杂碎除外) | 12 | 40 | 11 | 0 | 千克 | ABFE |
| 0302899020 | 鲜或冷的平鲉属(编号030291至030299的可食用鱼杂碎除外) | 12 | 40 | 11 | 5 | 千克 | ABU |
| 0302899030 | 鲜或冷的鲳鲉属(叶鳍鲉属)(编号030291至030299的可食用鱼杂碎除外) | 12 | 40 | 11 | 5 | 千克 | ABU |
| 0302899090 | 其他鲜或冷鱼(编号030291至030299的可食用鱼杂碎除外) | 12 | 40 | 11 | 5 | 千克 | AB |
| 03029100 | --鱼肝、鱼卵及鱼精 | | | | | | |
| 0302910010 | 鲜或冷濒危鱼种的肝、鱼卵及鱼精 | 12 | 50 | 11 | 0 | 千克 | ABFE |
| 0302910090 | 其他鲜或冷鱼肝、鱼卵及鱼精 | 12 | 50 | 11 | 5 | 千克 | AB |
| 03029200 | --鲨鱼翅 | | | | | | |
| 0302920010 | 鲜或冷濒危鲨鱼翅 | 12 | 40 | 11 | 0 | 千克 | ABFE |
| 0302920090 | 其他鲜或冷鲨鱼翅 | 12 | 40 | 11 | 5 | 千克 | AB |
| 03029900 | --其他 | | | | | | |
| 0302990010 | 其他鲜或冷可食用濒危鱼杂碎 | 10 | 40 | 11 | 0 | 千克 | ABFE |
| 0302990020 | 鲜或冷的大菱鲆、比目鱼、鲱鱼、鲭鱼、鲳鱼、带鱼、尼罗河鲈鱼、尖吻鲈鱼、其他鲈鱼的可食用其他鱼杂碎 | 10 | 40 | 11 | 5 | 千克 | ABU |
| 0302990090 | 其他鲜或冷可食用其他鱼杂碎 | 10 | 40 | 11 | 5 | 千克 | ABU |
| **0303** | **冻鱼,但品目03.04的鱼片及其他鱼肉除外** | | | | | | |
| 03031100 | --红大麻哈鱼 | | | | | | |
| 0303110000 | 冻红大麻哈鱼(但编号030391至030399的可食用鱼杂碎除外) | 10 | 40 | 11 | 11 | 千克 | AB |
| 03031200 | --其他大麻哈鱼[细磷大麻哈鱼、大麻哈鱼(种)、大鳞大麻哈鱼、银大麻哈鱼、马苏大麻哈鱼、玫瑰大麻哈鱼] | | | | | | |
| 0303120000 | 其他冻大麻哈鱼[细磷大麻哈鱼、大麻哈鱼(种)、大鳞大麻哈鱼、银大麻哈鱼、马苏大麻哈鱼、玫瑰大麻哈鱼](但编号030391至030399的可食用鱼杂碎除外) | 10 | 40 | 11 | 11 | 千克 | ABU |
| 03031300 | --大西洋鲑鱼及多瑙哲罗鱼 | | | | | | |
| 0303130000[暂5] | 冻大西洋鲑鱼及多瑙哲罗鱼(但编号030391至030399的可食用鱼杂碎除外) | 10 | 40 | 11 | 11 | 千克 | AB |
| 03031400 | --鳟鱼(河鳟、虹鳟、克拉克大麻哈鱼、阿瓜大麻哈鱼、吉雨大麻哈鱼、亚利桑那大麻哈鱼、金腹大麻哈鱼) | | | | | | |
| 0303140000 | 冻鳟鱼(河鳟、虹鳟、克拉克大麻哈鱼、阿瓜大麻哈鱼、吉雨大麻哈鱼、亚利桑那大麻哈鱼、金腹大麻哈鱼)(但编号030391至030399的可食用鱼杂碎除外) | 12 | 40 | 11 | 11 | 千克 | AB |
| 03031900 | --其他 | | | | | | |
| 0303190010 | 冻川陕哲罗鲑(但编号030391至030399的可食用鱼杂碎除外) | 10 | 40 | 11 | 11 | 千克 | AB |
| 0303190020 | 冻秦岭细鳞鲑(但编号030391至030399的可食用鱼杂碎除外) | 10 | 40 | 11 | 11 | 千克 | AB |
| 0303190090 | 其他冻鲑科鱼(但编号030391至030399的可食用鱼杂碎除外) | 10 | 40 | 11 | 11 | 千克 | AB |
| 03032300 | --罗非鱼(口孵非鲫属) | | | | | | |
| 0303230000 | 冻罗非鱼(口孵非鲫属)(但编号030391至030399的可食用鱼杂碎除外) | 10 | 40 | 11 | 11 | 千克 | AB |
| 03032400 | --鲶鱼(鲑鲶属、鲶属、胡鲶属、真鮰属) | | | | | | |
| 0303240000 | 冻鲶鱼(鲑鲶属、鲶属、胡鲶属、真鮰属)(但编号030391至030399的可食用鱼杂碎除外) | 10 | 40 | 11 | 11 | 千克 | AB |
| 03032500 | --鲤科鱼(鲤属、鲫属、草鱼、鲢属、鲮属、青鱼、卡特拉鲃、野鲮属、哈氏纹唇鱼、何氏细须鲃、鲂属) | | | | | | |
| 0303250000 | 冻鲤科鱼(鲤属、鲫属、草鱼、鲢属、鲮属、青鱼、卡特拉鲃、野鲮属、哈氏纹唇鱼、何氏细须鲃、鲂属)(但编号030391至030399的可食用鱼杂碎除外) | 10 | 40 | 11 | 11 | 千克 | AB |
| 03032600 | --鳗鱼(鳗鲡属) | | | | | | |

| 商品编号 | 商 品 名 称 及 备 注 | 进口关税税率(%) | | 增值税率(%) | 出口退税率(%) | 计量单位 | 监管条件 |
|---|---|---|---|---|---|---|---|
| | | 最惠国 | 普通 | | | | |
| 0303260010 | 冻花鳗鲡(但编号030391至030399的可食用鱼杂碎除外) | 12 | 40 | 11 | 11 | 千克 | ABE |
| 0303260020 | 冻欧洲鳗鲡(但编号030391至030399的可食用鱼杂碎除外) | 12 | 40 | 11 | 11 | 千克 | ABEF |
| 0303260090 | 其他冻鳗鱼(鳗鲡属)(但编号030391至030399的可食用鱼杂碎除外) | 12 | 40 | 11 | 11 | 千克 | AB |
| 03032900 | --其他 | | | | | | |
| 0303290001 | 冻尼罗河鲈鱼(尼罗尖吻鲈)(但编号030391至030399的可食用鱼杂碎除外) | 10 | 40 | 11 | 11 | 千克 | AB |
| 0303290090 | 冻黑鱼(鳢属)(但编号030391至030399的可食用鱼杂碎除外) | 10 | 40 | 11 | 11 | 千克 | AB |
| 03033110 | ---格陵兰庸鲽鱼 | | | | | | |
| 0303311000暂5 | 冻格陵兰庸鲽鱼(马舌鲽)(但编号030391至030399的可食用鱼杂碎除外) | 10 | 40 | 11 | 11 | 千克 | AB |
| 03033190 | ---其他 | | | | | | |
| 0303319010 | 冻大西洋庸鲽(庸鲽)(但编号030391至030399的可食用鱼杂碎除外) | 10 | 40 | 11 | 11 | 千克 | ABU |
| 0303319090 | 其他冻庸鲽鱼(但编号030391至030399的可食用鱼杂碎除外) | 10 | 40 | 11 | 11 | 千克 | AB |
| 03033200 | --鲽鱼(鲽) | | | | | | |
| 0303320000暂2 | 冻鲽鱼(鲽)(但编号030391至030399的可食用鱼杂碎除外) | 12 | 40 | 11 | 11 | 千克 | AB |
| 03033300 | --鳎鱼(鳎属) | | | | | | |
| 0303330000 | 冻鳎鱼(鳎属)(但编号030391至030399的可食用鱼杂碎除外) | 12 | 40 | 11 | 11 | 千克 | AB |
| 03033400 | --大菱鲆(瘤棘鲆) | | | | | | |
| 0303340000 | 冻大菱鲆(瘤棘鲆)(但编号030391至030399的可食用鱼杂碎除外) | 10 | 40 | 11 | 11 | 千克 | AB |
| 03033900 | --其他 | | | | | | |
| 0303390010 | 冻亚洲箭齿鲽(但编号030391至030399的可食用鱼杂碎除外) | 10 | 40 | 11 | 11 | 千克 | ABU |
| 0303390090 | 其他冻比目鱼(鲽科、鲆科、舌鳎科、鳎科、菱鲆科、刺鲆科)(但编号030391至030399的可食用鱼杂碎除外) | 10 | 40 | 11 | 11 | 千克 | AB |
| 03034100 | --长鳍金枪鱼 | | | | | | |
| 0303410000暂6 | 冻长鳍金枪鱼(但编号030391至030399的可食用鱼杂碎除外) | 12 | 40 | 11 | 11 | 千克 | AB |
| 03034200 | --黄鳍金枪鱼 | | | | | | |
| 0303420000暂6 | 冻黄鳍金枪鱼(但编号030391至030399的可食用鱼杂碎除外) | 12 | 40 | 11 | 11 | 千克 | AB |
| 03034300 | --鲣鱼或狐鲣 | | | | | | |
| 0303430000 | 冻鲣鱼或狐鲣(鲣)(但编号030391至030399的可食用鱼杂碎除外) | 12 | 40 | 11 | 11 | 千克 | AB |
| 03034400 | --大眼金枪鱼 | | | | | | |
| 0303440000暂6 | 冻大眼金枪鱼(但编号030391至030399的可食用鱼杂碎除外) | 12 | 40 | 11 | 11 | 千克 | ABU |
| 03034510 | ---大西洋蓝鳍金枪鱼 | | | | | | |
| 0303451000暂6 | 冻大西洋蓝鳍金枪鱼(但编号030391至030399的可食用鱼杂碎除外) | 12 | 40 | 11 | 11 | 千克 | ABU |
| 03034520 | ---太平洋蓝鳍金枪鱼 | | | | | | |
| 0303452000暂6 | 冻太平洋蓝鳍金枪鱼(但编号030391至030399的可食用鱼杂碎除外) | 12 | 40 | 11 | 11 | 千克 | AB |
| 03034600 | --南方蓝鳍金枪鱼 | | | | | | |
| 0303460000暂6 | 冻南方蓝鳍金枪鱼(但编号030391至030399的可食用鱼杂碎除外) | 12 | 40 | 11 | 11 | 千克 | AB |
| 03034900 | --其他 | | | | | | |
| 0303490000 | 其他冻金枪鱼(金枪鱼属)(但编号030391至030399的可食用鱼杂碎除外) | 12 | 40 | 11 | 11 | 千克 | AB |
| 03035100 | --鲱鱼(大西洋鲱鱼、太平洋鲱鱼) | | | | | | |
| 0303510010暂2 | 冻太平洋鲱鱼(但编号030391至030399的可食用鱼杂碎除外) | 10 | 40 | 11 | 11 | 千克 | ABU |
| 0303510090暂2 | 冻大西洋鲱鱼(但编号030391至030399的可食用鱼杂碎除外) | 10 | 40 | 11 | 11 | 千克 | AB |
| 03035300 | --沙丁鱼(沙丁鱼、沙瑙鱼属)、小沙丁鱼属、黍鲱或西鲱 | | | | | | |
| 0303530000 | 冻沙丁鱼(沙丁鱼、沙瑙鱼属)、小沙丁鱼属、黍鲱或西鲱(但编号030391至030399的可食用鱼杂碎除外) | 12 | 40 | 11 | 11 | 千克 | AB |
| 03035400 | --鲭鱼[大西洋鲭、澳洲鲭(鲐)、日本鲭(鲐)] | | | | | | |
| 0303540000 | 冻鲭鱼[大西洋鲭、澳洲鲭(鲐)、日本鲭(鲐)](但编号030391至030399的可食用鱼杂碎除外) | 10 | 40 | 11 | 11 | 千克 | AB |

| 商品编号 | 商 品 名 称 及 备 注 | 进口关税税率(%) | | 增值税率(%) | 出口退税率(%) | 计量单位 | 监管条件 |
|---|---|---|---|---|---|---|---|
| | | 最惠国 | 普通 | | | | |
| 03035500 | --对称竹荚鱼、新西兰竹荚鱼及竹荚鱼(竹荚鱼属) | | | | | | |
| 0303550000 | 冻对称竹荚鱼、新西兰竹荚鱼及竹荚鱼(竹荚鱼属)(但编号030391至030399的可食用鱼杂碎除外) | 10 | 40 | 11 | 11 | 千克 | AB |
| 03035600 | --军曹鱼 | | | | | | |
| 0303560000 | 冻军曹鱼(但编号030391至030399的可食用鱼杂碎除外) | 10 | 40 | 11 | 11 | 千克 | AB |
| 03035700 | --剑鱼 | | | | | | |
| 0303570000 | 冻剑鱼(但编号030391至030399的可食用鱼杂碎除外) | 10 | 40 | 11 | 11 | 千克 | ABU |
| 03035900 | --其他 | | | | | | |
| 0303590010[暂5] | 冻毛鳞鱼,但食用杂碎除外 | 10 | 40 | 11 | 11 | 千克 | AB |
| 0303590090 | 其他冻03035项下的鱼[鲢鱼(鲢属)、印度鲭(羽鳃鲐属)、马鲛鱼(马鲛属)、鲹鱼(鲹属)、银鲳(鲳属)、秋刀鱼、圆鲹(圆鲹属)、鲔鱼、狐鲣(狐鲣属)、枪鱼、旗鱼、四鳍旗鱼(旗鱼科),但编号030391至030399的可食用鱼杂碎除外] | 10 | 40 | 11 | 11 | 千克 | AB |
| 03036300 | --鳕鱼(大西洋鳕鱼、格陵兰鳕鱼、太平洋鳕鱼) | | | | | | |
| 0303630000[暂2] | 冻鳕鱼(大西洋鳕鱼、格陵兰鳕鱼、太平洋鳕鱼)(但编号030391至030399的可食用鱼杂碎除外) | 10 | 40 | 11 | 11 | 千克 | AB |
| 03036400 | --黑线鳕鱼(黑线鳕) | | | | | | |
| 0303640000 | 冻黑线鳕鱼(黑线鳕)(但编号030391至030399的可食用鱼杂碎除外) | 12 | 40 | 11 | 11 | 千克 | AB |
| 03036500 | --绿青鳕鱼 | | | | | | |
| 0303650000 | 冻绿青鳕鱼(但编号030391至030399的可食用鱼杂碎除外) | 12 | 40 | 11 | 11 | 千克 | AB |
| 03036600 | --狗鳕鱼(无须鳕属、长鳍鳕属) | | | | | | |
| 0303660000 | 冻狗鳕鱼(无须鳕属、长鳍鳕属)(但编号030391至030399的可食用鱼杂碎除外) | 12 | 40 | 11 | 11 | 千克 | AB |
| 03036700 | --狭鳕鱼 | | | | | | |
| 0303670000[暂5] | 冻狭鳕鱼(但编号030391至030399的可食用鱼杂碎除外) | 10 | 40 | 11 | 11 | 千克 | ABU |
| 03036800 | --蓝鳕鱼(小鳍鳕、南蓝鳕) | | | | | | |
| 0303680000 | 冻蓝鳕鱼(小鳍鳕、南蓝鳕)(但编号030391至030399的可食用鱼杂碎除外) | 10 | 40 | 11 | 11 | 千克 | AB |
| 03036900 | --其他 | | | | | | |
| 0303690000 | 冻的其他犀鳕科、多丝真鳕科、鳕科、长尾鳕科、黑鳕科、无须鳕科、深海鳕科及南极鳕科鱼(但编号030391至030399的可食用鱼杂碎除外;) | 10 | 40 | 11 | 11 | 千克 | AB |
| 03038100 | --角鲨及其他鲨鱼 | | | | | | |
| 0303810010 | 冻濒危鲨鱼(但编号030391至030399的可食用鱼杂碎除外) | 12 | 40 | 11 | 0 | 千克 | ABFE |
| 0303810090 | 冻其他鲨鱼(但编号030391至030399的可食用鱼杂碎除外) | 12 | 40 | 11 | 11 | 千克 | AB |
| 03038200 | --魟鱼及鳐鱼(鳐科) | | | | | | |
| 0303820000 | 冻魟鱼及鳐鱼(鳐科)(但编号030391至030399的可食用鱼杂碎除外) | 10 | 40 | 11 | 11 | 千克 | AB |
| 03038300 | --南极犬牙鱼(南极犬牙鱼属) | | | | | | |
| 0303830000 | 冻南极犬牙鱼(南极犬牙鱼属)(但编号030391至030399的可食用鱼杂碎除外) | 10 | 40 | 11 | 11 | 千克 | ABU |
| 03038400 | --尖吻鲈鱼(舌齿鲈属) | | | | | | |
| 0303840000 | 冻尖吻鲈鱼(舌齿鲈属)(但编号030391至030399的可食用鱼杂碎除外) | 12 | 40 | 11 | 11 | 千克 | AB |
| 03038910 | ---带鱼 | | | | | | |
| 0303891000[暂5] | 冻带鱼(但编号030391至030399的可食用鱼杂碎除外) | 10 | 40 | 11 | 11 | 千克 | AB |
| 03038920 | ---黄鱼 | | | | | | |
| 0303892000 | 冻黄鱼(但编号030391至030399的可食用鱼杂碎除外) | 10 | 40 | 11 | 11 | 千克 | AB |
| 03038930 | ---鲳鱼 | | | | | | |
| 0303893000 | 冻鲳鱼(但编号030391至030399的可食用鱼杂碎除外) | 10 | 40 | 11 | 11 | 千克 | AB |
| 03038990 | ---其他 | | | | | | |
| 0303899001 | 其他冻鲈鱼(但编号030391至030399的可食用鱼杂碎除外) | 10 | 40 | 11 | 11 | 千克 | AB |
| 0303899010 | 其他未列名濒危冻鱼(但编号030391至030399的可食用鱼杂碎除外) | 10 | 40 | 11 | 0 | 千克 | ABFE |

| 商品编号 | 商品名称及备注 | 进口关税税率(%) | | 增值税率(%) | 出口退税率(%) | 计量单位 | 监管条件 |
|---|---|---|---|---|---|---|---|
| | | 最惠国 | 普通 | | | | |
| 0303899020 | 冻平鲉属(但编号030391至030399的可食用鱼杂碎除) | 10 | 40 | 11 | 11 | 千克 | ABU |
| 0303899030 | 冻鲪鲉属(叶鳍鲉属)(但编号030391至030399的可食用鱼杂碎除外) | 10 | 40 | 11 | 11 | 千克 | ABU |
| 0303899090 | 其他未列名冻鱼(但编号030391至030399的可食用鱼杂碎除外) | 10 | 40 | 11 | 11 | 千克 | AB |
| 03039100 | --鱼肝、鱼卵及鱼精 | | | | | | |
| 0303910010 | 冻濒危鱼种的肝、鱼卵及鱼精 | 10 | 50 | 11 | 0 | 千克 | ABFE |
| 0303910090 | 其他冻鱼肝、鱼卵及鱼精 | 10 | 50 | 11 | 11 | 千克 | AB |
| 03039200 | --鲨鱼翅 | | | | | | |
| 0303920010 | 冻濒危鲨鱼翅 | 12 | 40 | 11 | 0 | 千克 | ABFE |
| 0303920090 | 其他冻鲨鱼翅 | 12 | 40 | 11 | 11 | 千克 | AB |
| 03039900 | --其他 | | | | | | |
| 0303990010 | 其他冻可食用濒危鱼杂碎 | 10 | 40 | 11 | 0 | 千克 | ABFE |
| 0303990020 | 冻的大菱鲆、比目鱼、鲱鱼、鲭鱼、鲳鱼、带鱼、尼罗河鲈鱼、尖吻鲈鱼、其他鲈鱼的可食用其他鱼杂碎 | 10 | 40 | 11 | 11 | 千克 | ABU |
| 0303990090 | 其他冻可食用其他鱼杂碎 | 10 | 40 | 11 | 11 | 千克 | ABU |
| **0304** | **鲜、冷、冻鱼片及其他鱼肉(不论是否绞碎)** | | | | | | |
| 03043100 | --罗非鱼(口孵非鲫属) | | | | | | |
| 0304310000 | 鲜或冷的罗非鱼(口孵非鲫属)的鱼片 | 12 | 70 | 11 | 5 | 千克 | AB |
| 03043200 | --鲶鱼(鲇鲶属、鲶属、胡鲶属、真鮰属) | | | | | | |
| 0304320000 | 鲜或冷的鲶鱼(鲇鲶属、鲶属、胡鲶属、真鮰属)的鱼片 | 12 | 70 | 11 | 5 | 千克 | AB |
| 03043300 | --尼罗河鲈鱼(尼罗尖吻鲈) | | | | | | |
| 0304330000 | 鲜或冷的尼罗河鲈鱼(尼罗尖吻鲈)的鱼片 | 12 | 70 | 11 | 5 | 千克 | AB |
| 03043900 | --其他 | | | | | | |
| 0304390010 | 鲜或冷的花鳗鲡鱼片 | 12 | 70 | 11 | 5 | 千克 | ABE |
| 0304390020 | 鲜或冷的欧洲鳗鲡鱼片 | 12 | 70 | 11 | 5 | 千克 | ABEF |
| 0304390090 | 鲜或冷的鲤科鱼(鲤属、鲫属、草鱼、鲢属、鲮属、青鱼、卡特拉鲃、野鲮属、哈氏纹唇鱼、何氏细须鲃、鲂属)、其他鳗鱼(鳗鲡属)及黑鱼(鳢属)的鱼片 | 12 | 70 | 11 | 5 | 千克 | AB |
| 03044100 | --大麻哈鱼[红大麻哈鱼、细磷大麻哈鱼、大麻哈鱼(种)、大鳞大麻哈鱼、银大麻哈鱼、马苏大麻哈鱼、玫瑰大麻哈鱼]、大西洋鲑鱼及多瑙哲罗鱼 | | | | | | |
| 0304410000 | 鲜或冷的大麻哈鱼[红大麻哈鱼、细磷大麻哈鱼、大麻哈鱼(种)、大鳞大麻哈鱼、银大麻哈鱼、马苏大麻哈鱼、玫瑰大麻哈鱼]、大西洋鲑鱼及多瑙哲罗鱼的鱼片 | 12 | 70 | 11 | 5 | 千克 | AB |
| 03044200 | --鳟鱼(河鳟、虹鳟、克拉克大麻哈鱼、阿瓜大麻哈鱼、吉雨大麻哈鱼、亚利桑那大麻哈鱼、金腹大麻哈鱼) | | | | | | |
| 0304420000 | 鲜或冷的鳟鱼(河鳟、虹鳟、克拉克大麻哈鱼、阿瓜大麻哈鱼、吉雨大麻哈鱼、亚利桑那大麻哈鱼、金腹大麻哈鱼)的鱼片 | 12 | 70 | 11 | 5 | 千克 | AB |
| 03044300 | --比目鱼(鲽科、鲆科、舌鳎科、鳎科、菱鲆科、刺鲆科) | | | | | | |
| 0304430000 | 鲜或冷的比目鱼(鲽科、鲆科、舌鳎科、鳎科、菱鲆科、刺鲆科)的鱼片 | 12 | 70 | 11 | 5 | 千克 | AB |
| 03044400 | --犀鳕科、多丝真鳕科、鳕科、长尾鳕科、黑鳕科、无须鳕科、深海鳕科及南极鳕科鱼 | | | | | | |
| 0304440000 | 鲜或冷的犀鳕科、多丝真鳕科、鳕科、长尾鳕科、黑鳕科、无须鳕科、深海鳕科及南极鳕科鱼的鱼片 | 12 | 70 | 11 | 5 | 千克 | AB |
| 03044500 | --剑鱼 | | | | | | |
| 0304450000 | 鲜或冷的剑鱼鱼片 | 12 | 70 | 11 | 5 | 千克 | ABU |
| 03044600 | --南极犬牙鱼(南极犬牙鱼属) | | | | | | |
| 0304460000 | 鲜或冷的南极犬牙鱼(南极犬牙鱼属)的鱼片 | 12 | 70 | 11 | 5 | 千克 | ABU |
| 03044700 | --角鲨及其他鲨鱼 | | | | | | |
| 0304470010 | 鲜或冷的濒危鲨鱼的鱼片 | 12 | 70 | 11 | 0 | 千克 | ABFE |
| 0304470090 | 鲜或冷的其他鲨鱼的鱼片 | 12 | 70 | 11 | 5 | 千克 | AB |

| 商品编号 | 商品名称及备注 | 进口关税税率(%) | | 增值税率(%) | 出口退税率(%) | 计量单位 | 监管条件 |
|---|---|---|---|---|---|---|---|
| | | 最惠国 | 普通 | | | | |
| 03044800 | --魟鱼及鳐鱼(鳐科) | | | | | | |
| 0304480010 | 鲜或冷的濒危魟鱼及鳐鱼的鱼片 | 12 | 70 | 11 | 0 | 千克 | ABFE |
| 0304480090 | 鲜或冷的其他魟鱼及鳐鱼的鱼片 | 12 | 70 | 11 | 5 | 千克 | AB |
| 03044900 | --其他 | | | | | | |
| 0304490010 | 鲜或冷的其他濒危鱼的鱼片 | 12 | 70 | 11 | 0 | 千克 | ABFE |
| 0304490090 | 鲜或冷的其他鱼的鱼片 | 12 | 70 | 11 | 5 | 千克 | AB |
| 03045100 | --罗非鱼(口孵非鲫属)、鲶鱼(鲢鲶属、鲶属、胡鲶属、真鮰属)、鲤科鱼(鲤属、鲫属、草鱼、鲢属、鲮属、青鱼、卡特拉鲃、野鲮属、哈氏纹唇鱼、何氏细须鲃、鲂属)、鳗鱼(鳗鲡属)、尼罗河鲈鱼(尼罗尖吻鲈)及黑鱼(鳢属) | | | | | | |
| 0304510010 | 鲜或冷的花鳗鲡的鱼肉(不论是否绞碎) | 12 | 70 | 11 | 5 | 千克 | ABE |
| 0304510020 | 鲜或冷的欧洲鳗鲡的鱼肉(不论是否绞碎) | 12 | 70 | 11 | 5 | 千克 | ABEF |
| 0304510090 | 鲜或冷的罗非鱼(口孵非鲫属)、鲶鱼(鲢鲶属、鲶属、胡鲶属、真鮰属)、鲤科鱼(鲤属、鲫属、草鱼、鲢属、鲮属、青鱼、卡特拉鲃、野鲮属、哈氏纹唇鱼、何氏细须鲃、鲂属)、其他鳗鱼(鳗鲡属)、尼罗河鲈鱼(尼罗尖吻鲈)及黑鱼(醴属)的鱼肉 | 12 | 70 | 11 | 5 | 千克 | AB |
| 03045200 | --鲑科鱼 | | | | | | |
| 0304520000 | 鲜或冷的鲑科鱼的鱼肉(不论是否绞碎) | 12 | 70 | 11 | 5 | 千克 | AB |
| 03045300 | --犀鳕科、多丝真鳕科、鳕科、长尾鳕科、黑鳕科、无须鳕科、深海鳕科及南极鳕科鱼 | | | | | | |
| 0304530000 | 鲜或冷的犀鳕科、多丝真鳕科、鳕科、长尾鳕科、黑鳕科、无须鳕科、深海鳕科及南极鳕科鱼的鱼肉(不论是否绞碎) | 12 | 70 | 11 | 5 | 千克 | AB |
| 03045400 | --剑鱼 | | | | | | |
| 0304540000 | 鲜或冷的剑鱼鱼肉(不论是否绞碎) | 12 | 70 | 11 | 5 | 千克 | ABU |
| 03045500 | --南极犬牙鱼(南极犬牙鱼属) | | | | | | |
| 0304550000 | 鲜或冷的南极犬牙鱼(南极犬牙鱼属)鱼的鱼肉(不论是否绞碎) | 12 | 70 | 11 | 5 | 千克 | ABU |
| 03045600 | --角鲨及其他鲨鱼 | | | | | | |
| 0304560010 | 鲜或冷的濒危鲨鱼肉(不论是否绞碎) | 12 | 70 | 11 | 0 | 千克 | ABEF |
| 0304560090 | 鲜或冷的其他鲨鱼肉(不论是否绞碎) | 12 | 70 | 11 | 5 | 千克 | AB |
| 03045700 | --魟鱼及鳐鱼(鳐科) | | | | | | |
| 0304570010 | 鲜或冷的濒危魟鱼及鳐鱼的鱼肉(不论是否绞碎) | 12 | 70 | 11 | 0 | 千克 | ABEF |
| 0304570090 | 鲜或冷的其他魟鱼及鳐鱼的鱼肉(不论是否绞碎) | 12 | 70 | 11 | 5 | 千克 | AB |
| 03045900 | --其他 | | | | | | |
| 0304590010 | 鲜或冷的其他濒危鱼的鱼肉(不论是否绞碎) | 12 | 70 | 11 | 0 | 千克 | ABEF |
| 0304590090 | 鲜或冷的其他鱼的鱼肉(不论是否绞碎) | 12 | 70 | 11 | 5 | 千克 | AB |
| 03046100 | --罗非鱼(口孵非鲫属) | | | | | | |
| 0304610000 | 冻罗非鱼(口孵非鲫属)鱼片 | 10 | 70 | 11 | 11 | 千克 | AB |
| 03046211 | ----斑点叉尾鮰鱼 | | | | | | |
| 0304621100 | 冻斑点叉尾鮰鱼鱼片(斑点叉尾鮰鱼亦称沟鲶,属于鲇形目、叉尾鮰科、叉尾鮰属、) | 10 | 70 | 11 | 11 | 千克 | AB |
| 03046219 | ----其他 | | | | | | |
| 0304621900 | 冻的其他叉尾鮰鱼片 | 10 | 70 | 11 | 11 | 千克 | AB |
| 03046290 | ---其他 | | | | | | |
| 0304629000 | 冻的其他鲶鱼(鲢鲶属、鲶属、胡鲶属、真鮰属)鱼片 | 10 | 70 | 11 | 11 | 千克 | AB |
| 03046300 | --尼罗河鲈鱼(尼罗尖吻鲈) | | | | | | |
| 0304630000 | 冻的尼罗河鲈鱼(尼罗尖吻鲈)鱼片 | 10 | 70 | 11 | 11 | 千克 | AB |
| 03046900 | --其他 | | | | | | |
| 0304690010 | 冻的花鳗鲡鱼片 | 10 | 70 | 11 | 11 | 千克 | ABE |
| 0304690020 | 冻的欧洲鳗鲡鱼片 | 10 | 70 | 11 | 11 | 千克 | ABEF |

| 商品编号 | 商品名称及备注 | 进口关税税率(%) | | 增值税率(%) | 出口退税率(%) | 计量单位 | 监管条件 |
|---|---|---|---|---|---|---|---|
| | | 最惠国 | 普通 | | | | |
| 0304690090 | 冻的鲤科鱼(鲤属、鲫属、草鱼、鲢属、鲮属、青鱼、卡特拉鲃、野鲮属、哈氏纹唇鱼、何氏细须鲃、鲂属)、其他鳗鱼(鳗鲡属)及黑鱼(鳢属)的鱼片 | 10 | 70 | 11 | 11 | 千克 | AB |
| 03047100 | --鳕鱼(大西洋鳕鱼、格陵兰鳕鱼、太平洋鳕鱼) | | | | | | |
| 0304710000 | 冻的鳕鱼(大西洋鳕鱼、格陵兰鳕鱼、太平洋鳕鱼)鱼片 | 10 | 70 | 11 | 11 | 千克 | AB |
| 03047200 | --黑线鳕鱼(黑线鳕) | | | | | | |
| 0304720000 | 冻的黑线鳕鱼(黑线鳕)鱼片 | 10 | 70 | 11 | 11 | 千克 | AB |
| 03047300 | --绿青鳕鱼 | | | | | | |
| 0304730000 | 冻的绿青鳕鱼鱼片 | 10 | 70 | 11 | 11 | 千克 | AB |
| 03047400 | --狗鳕鱼(无须鳕属、长鳍鳕属) | | | | | | |
| 0304740000 | 冻的狗鳕鱼(无须鳕属、长鳍鳕属)鱼片 | 10 | 70 | 11 | 11 | 千克 | AB |
| 03047500 | --狭鳕鱼 | | | | | | |
| 0304750000 | 冻的狭鳕鱼鱼片 | 10 | 70 | 11 | 11 | 千克 | AB |
| 03047900 | --其他 | | | | | | |
| 0304790000 | 冻的犀鳕科、多丝真鳕科、鳕科、长尾鳕科、黑鳕科、无须鳕科、深海鳕科及南极鳕科鱼的鱼片 | 10 | 70 | 11 | 11 | 千克 | AB |
| 03048100 | --大麻哈鱼[红大麻哈鱼、细磷大麻哈鱼、大麻哈鱼(种)、大鳞大麻哈鱼、银大麻哈鱼、马苏大麻哈鱼、玫瑰大麻哈鱼]、大西洋鲑鱼及多瑙哲罗鱼 | | | | | | |
| 0304810000 | 冻的大麻哈鱼[红大麻哈鱼、细磷大麻哈鱼、大麻哈鱼(种)、大鳞大麻哈鱼、银大麻哈鱼、马苏大麻哈鱼、玫瑰大麻哈鱼]、大西洋鲑鱼及多瑙哲罗鱼鱼片 | 10 | 70 | 11 | 11 | 千克 | AB |
| 03048200 | --鳟鱼(河鳟、虹鳟、克拉克大麻哈鱼、阿瓜大麻哈鱼、吉雨大麻哈鱼、亚利桑那大麻哈鱼、金腹大麻哈鱼) | | | | | | |
| 0304820000 | 冻的鳟鱼(河鳟、虹鳟、克拉克大麻哈鱼、阿瓜大麻哈鱼、吉雨大麻哈鱼、亚利桑那大麻哈鱼、金腹大麻哈鱼) 鱼片 | 10 | 70 | 11 | 11 | 千克 | AB |
| 03048300 | --比目鱼(鲽科、鲆科、舌鳎科、鳎科、菱鲆科、刺鲆科) | | | | | | |
| 0304830000 | 冻的比目鱼(鲽科、鲆科、舌鳎科、鳎科、菱鲆科、刺鲆科) 鱼片 | 10 | 70 | 11 | 11 | 千克 | AB |
| 03048400 | --剑鱼 | | | | | | |
| 0304840000 | 冻剑鱼鱼片 | 10 | 70 | 11 | 11 | 千克 | ABU |
| 03048500 | --南极犬牙鱼(南极犬牙鱼属) | | | | | | |
| 0304850000 | 冻南极犬牙鱼(南极犬牙鱼属)鱼片 | 10 | 70 | 11 | 11 | 千克 | ABU |
| 03048600 | --鲱鱼(大西洋鲱鱼、太平洋鲱鱼) | | | | | | |
| 0304860000 | 冻的鲱鱼(大西洋鲱鱼、太平洋鲱鱼)鱼片 | 10 | 70 | 11 | 11 | 千克 | AB |
| 03048700 | --金枪鱼(金枪鱼属)、鲣鱼或狐鲣(鲣) | | | | | | |
| 0304870000 | 冻的金枪鱼(金枪鱼属)、鲣鱼或狐鲣(鲣)鱼片 | 10 | 70 | 11 | 11 | 千克 | AB |
| 03048800 | --角鲨、其他鲨鱼、魟鱼及鳐鱼(鳐科) | | | | | | |
| 0304880010 | 冻的濒危鲨鱼、魟鱼及鳐鱼的鱼片 | 10 | 70 | 11 | 0 | 千克 | ABEF |
| 0304880090 | 冻的其他鲨鱼、魟鱼及鳐鱼的鱼片 | 10 | 70 | 11 | 11 | 千克 | AB |
| 03048900 | --其他 | | | | | | |
| 0304890010 | 冻的其他濒危鱼片 | 10 | 70 | 11 | 0 | 千克 | ABEF |
| 0304890090 | 冻的其他鱼片 | 10 | 70 | 11 | 11 | 千克 | AB |
| 03049100 | --剑鱼 | | | | | | |
| 0304910000 | 其他冻剑鱼(Xiphias gladius)肉(不论是否绞碎) | 10 | 70 | 11 | 11 | 千克 | ABU |
| 03049200 | --南极犬牙鱼(南极犬牙鱼属) | | | | | | |
| 0304920000 | 其他冻南极犬牙鱼(Toothfish,Dissostichus spp.)肉(不论是否绞碎) | 10 | 70 | 11 | 11 | 千克 | ABU |
| 03049300 | --罗非鱼(口孵非鲫属)、鲶鱼(鲑鲶属、鲶属、胡鲶属、真鮰属)、鲤科鱼(鲤属、鲫属、草鱼、鲢属、鲮属、青鱼、卡特拉鲃、野鲮属、哈氏纹唇鱼、何氏细须鲃、鲂属)、鳗鱼(鳗鲡属)、尼罗河鲈鱼(尼罗尖吻鲈)及黑鱼(鳢属) | | | | | | |

| 商品编号 | 商 品 名 称 及 备 注 | 进口关税税率(%) | | 增值税率(%) | 出口退税率(%) | 计量单位 | 监管条件 |
|---|---|---|---|---|---|---|---|
| | | 最惠国 | 普通 | | | | |
| 0304930010 | 冻的花鳗鲡鱼肉(不论是否绞碎) | 10 | 70 | 11 | 11 | 千克 | ABE |
| 0304930020 | 冻的欧洲鳗鲡鱼肉(不论是否绞碎) | 10 | 70 | 11 | 11 | 千克 | ABEF |
| 0304930090 | 冻的罗非鱼(口孵非鲫属)、鲶鱼(𩷶鲶属、鲶属、胡鲶属、真鮰属)、鲤科鱼(鲤属、鲫属、草鱼、鲢属、鲮属、青鱼、卡特拉鲃、野鲮属、哈氏纹唇鱼、何氏细须鲃、鲂属)、其他鳗鱼(鳗鲡属)、尼罗河鲈鱼(尼罗尖吻鲈)及黑鱼(鳢属)鱼肉(不论是否绞碎) | 10 | 70 | 11 | 11 | 千克 | AB |
| 03049400 | --狭鳕鱼 | | | | | | |
| 0304940000 | 冻的狭鳕鱼鱼肉(不论是否绞碎) | 10 | 70 | 11 | 11 | 千克 | AB |
| 03049500 | --犀鳕科、多丝真鳕科、鳕科、长尾鳕科、黑鳕科、无须鳕科、深海鳕科及南极鳕科鱼,狭鳕鱼除外 | | | | | | |
| 0304950000 | 冻的犀鳕科、多丝真鳕科、鳕科、长尾鳕科、黑鳕科、无须鳕科、深海鳕科及南极鳕科鱼的鱼肉(狭鳕鱼除外,不论是否绞碎) | 10 | 70 | 11 | 11 | 千克 | AB |
| 03049600 | --角鲨及其他鲨鱼 | | | | | | |
| 0304960010 | 冻的濒危鲨鱼肉(不论是否绞碎) | 10 | 70 | 11 | 0 | 千克 | ABFE |
| 0304960090 | 冻的其他鲨鱼肉(不论是否绞碎) | 10 | 70 | 11 | 11 | 千克 | AB |
| 03049700 | --魟鱼及鳐鱼(鳐科) | | | | | | |
| 0304970010 | 冻的濒危魟鱼及鳐鱼的鱼肉(不论是否绞碎) | 10 | 70 | 11 | 0 | 千克 | ABFE |
| 0304970090 | 冻的其他魟鱼及鳐鱼的鱼肉(不论是否绞碎) | 10 | 70 | 11 | 11 | 千克 | AB |
| 03049900 | --其他 | | | | | | |
| 0304990010 | 冻的其他濒危鱼的鱼肉(不论是否绞碎) | 10 | 70 | 11 | 0 | 千克 | ABFE |
| 0304990090 | 其他冻鱼肉(不论是否绞碎) | 10 | 70 | 11 | 11 | 千克 | AB |
| **0305** | **干、盐腌或盐渍的鱼;熏鱼,不论在熏制前或熏制过程中是否烹煮;适合供人食用的鱼的细粉、粗粉及团粒** | | | | | | |
| 03051000 | -适合供人食用的鱼的细粉、粗粉及团粒 | | | | | | |
| 0305100000 | 供人食用的鱼粉及团粒 | 10 | 80 | 11 | 11 | 千克 | AB |
| 03052000 | -干、熏、盐腌或盐渍的鱼肝、鱼卵及鱼精 | | | | | | |
| 0305200010 | 干、熏、盐制的濒危鱼种肝、卵及鱼精 | 10 | 80 | 11 | 0 | 千克 | ABFE |
| 0305200090 | 其他干、熏、盐制的鱼肝、鱼卵及鱼精 | 10 | 80 | 11 | 11 | 千克 | AB |
| 03053100 | --罗非鱼(口孵非鲫属)、鲶鱼(𩷶鲶属、鲶属、胡鲶属、真鮰属)、鲤科鱼(鲤属、鲫属、草鱼、鲢属、鲮属、青鱼、卡特拉鲃、野鲮属、哈氏纹唇鱼、何氏细须鲃、鲂属)、鳗鱼(鳗鲡属)、尼罗河鲈鱼(尼罗尖吻鲈)及黑鱼(鳢属) | | | | | | |
| 0305310010 | 干、盐腌或盐渍的花鳗鲡鱼片(熏制的除外) | 10 | 80 | 11 | 11 | 千克 | ABE |
| 0305310020 | 干、盐腌或盐渍的欧洲鳗鲡鱼片(熏制的除外) | 10 | 80 | 11 | 11 | 千克 | ABEF |
| 0305310090 | 干、盐腌或盐渍的罗非鱼(口孵非鲫属)、鲶鱼(𩷶鲶属、鲶属、胡鲶属、真鮰属)、鲤科鱼(鲤属、鲫属、草鱼、鲢属、鲮属、青鱼、卡特拉鲃、野鲮属、哈氏纹唇鱼、何氏细须鲃、鲂属)、鳗鱼(鳗鲡属)、尼罗河鲈鱼(尼罗尖吻鲈)及黑鱼(鳢属)的鱼片(熏制的除外) | 10 | 80 | 11 | 11 | 千克 | AB |
| 03053200 | --犀鳕科、多丝真鳕科、鳕科、长尾鳕科、黑鳕科、无须鳕科、深海鳕科及南极鳕科鱼 | | | | | | |
| 0305320000 | 干、盐腌或盐渍的犀鳕科、多丝真鳕科、鳕科、长尾鳕科、黑鳕科、无须鳕科、深海鳕科及南极鳕科的鱼片(熏制的除外) | 10 | 80 | 11 | 11 | 千克 | AB |
| 03053900 | --其他 | | | | | | |
| 0305390010 | 干、盐腌或盐渍的濒危鱼类的鱼片(熏制的除外) | 10 | 80 | 11 | 0 | 千克 | ABEF |
| 0305390090 | 其他干、盐腌或盐渍的鱼片(熏制的除外) | 10 | 80 | 11 | 11 | 千克 | AB |
| 03054110 | ---大西洋鲑鱼 | | | | | | |
| 0305411000 | 熏大西洋鲑鱼及鱼片(食用杂碎除外) | 14 | 80 | 11 | 11 | 千克 | AB |
| 03054120 | ---大麻哈鱼及多瑙哲罗鱼 | | | | | | |
| 0305412000 | 熏大麻哈鱼、多瑙哲罗鱼及鱼片(食用杂碎除外) | 14 | 80 | 11 | 11 | 千克 | AB |
| 03054200 | --鲱鱼(大西洋鲱鱼、太平洋鲱鱼) | | | | | | |

| 商品编号 | 商品名称及备注 | 进口关税税率(%) | | 增值税率(%) | 出口退税率(%) | 计量单位 | 监管条件 |
|---|---|---|---|---|---|---|---|
| | | 最惠国 | 普通 | | | | |
| 0305420000 | 熏制鲱鱼(大西洋鲱鱼、太平洋鲱鱼)及鱼片(食用杂碎除外) | 16 | 80 | 11 | 11 | 千克 | AB |
| 03054300 | --鳟鱼(河鳟、虹鳟、克拉克大麻哈鱼、阿瓜大麻哈鱼、吉雨大麻哈鱼、亚利桑那大麻哈鱼、金腹大麻哈鱼) | | | | | | |
| 0305430000 | 熏制鳟鱼(河鳟、虹鳟、克拉克大麻哈鱼、阿瓜大麻哈鱼、吉雨大麻哈鱼、亚利桑那大麻哈鱼、金腹大麻哈鱼)及鱼片(食用杂碎除外) | 14 | 80 | 11 | 11 | 千克 | AB |
| 03054400 | --罗非鱼(口孵非鲫属)、鲶鱼(𩷶鲶属、鲶属、胡鲶属、真鮰属)、鲤科鱼(鲤属、鲫属、草鱼、鲢属、鲮属、青鱼、卡特拉鲃、野鲮属、哈氏纹唇鱼、何氏细须鲃、鲂属)、鳗鱼(鳗鲡属)、尼罗河鲈鱼(尼罗尖吻鲈)及黑鱼(鳢属) | | | | | | |
| 0305440010 | 熏制花鳗鲡及鱼片(食用杂碎除外) | 14 | 80 | 11 | 11 | 千克 | ABE |
| 0305440020 | 熏制欧洲鳗鲡及鱼片(食用杂碎除外) | 14 | 80 | 11 | 11 | 千克 | ABEF |
| 0305440090 | 熏制罗非鱼(口孵非鲫属)、鲶鱼(𩷶鲶属、鲶属、胡鲶属、真鮰属)、鲤科鱼(鲤属、鲫属、草鱼、鲢属、鲮属、青鱼、卡特拉鲃、野鲮属、哈氏纹唇鱼、何氏细须鲃、鲂属)、鳗鱼(鳗鲡属)、尼罗河鲈鱼(尼罗尖吻鲈)及黑鱼(鳢属)(食用杂碎除外) | 14 | 80 | 11 | 11 | 千克 | AB |
| 03054900 | --其他 | | | | | | |
| 0305490020 | 熏制其他濒危鱼及鱼片(食用杂碎除外) | 14 | 80 | 11 | 0 | 千克 | ABEF |
| 0305490090 | 其他熏鱼及鱼片(食用杂碎除外) | 14 | 80 | 11 | 11 | 千克 | AB |
| 03055100 | --鳕鱼(大西洋鳕鱼、格陵兰鳕鱼、太平洋鳕鱼) | | | | | | |
| 0305510000 | 干鳕鱼(大西洋鳕鱼、格陵兰鳕鱼、太平洋鳕鱼),食用杂碎除外(不论是否盐腌,但熏制的除外) | 16 | 80 | 11 | 11 | 千克 | AB |
| 03055200 | --罗非鱼(口孵非鲫属)、鲶鱼(𩷶鲶属、鲶属、胡鲶属、真鮰属)、鲤科鱼(鲤属、鲫属、草鱼、鲢属、鲮属、青鱼、卡特拉鲃、野鲮属、哈氏纹唇鱼、何氏细须鲃、鲂属)、鳗鱼(鳗鲡属)、尼罗河鲈鱼(尼罗尖吻鲈)及黑鱼(鳢属) | | | | | | |
| 0305520000 | 干罗非鱼(口孵非鲫属)、鲶鱼(𩷶鲶属、鲶属、胡鲶属、真鮰属)、鲤科鱼(鲤属、鲫属、草鱼、鲢属、鲮属、青鱼、卡特拉鲃、野鲮属、哈氏纹唇鱼、何氏细须鲃、鲂属)、鳗鱼(鳗鲡属)、尼罗河鲈鱼(尼罗尖吻鲈)及黑鱼(鳢属) | 16 | 80 | 11 | 11 | 千克 | AB |
| 03055300 | --犀鳕科、多丝真鳕科、鳕科、长尾鳕科、黑鳕科、无须鳕科、深海鳕科及南极鳕科鱼,鳕鱼(大西洋鳕鱼、格陵兰鳕鱼、太平洋鳕鱼)除外 | | | | | | |
| 0305530000 | 干犀鳕科、多丝真鳕科、鳕科、长尾鳕科、黑鳕科、无须鳕科、深海鳕科及南极鳕科鱼,鳕鱼(大西洋鳕鱼、格陵兰鳕鱼、太平洋鳕鱼)除外 | 16 | 80 | 11 | 11 | 千克 | AB |
| 03055400 | --鲱鱼(大西洋鲱鱼、太平洋鲱鱼)、鳀鱼(鳀属)、沙丁鱼(沙丁鱼、沙瑙鱼属)、小沙丁鱼属、黍鲱或西鲱、鲭鱼[大西洋鲭、澳洲鲭(鲐)、日本鲭(鲐)]、印度鲭(羽鳃鲐属)、马鲛鱼(马鲛属)、对称竹荚鱼、新西兰竹荚鱼及竹荚鱼(竹荚鱼属)、鲹鱼(鲹属)、军曹鱼、银鲳(鲳属)、秋刀鱼、圆鲹(圆鲹属)、多春鱼(毛鳞鱼)、剑鱼、鲔鱼、狐鲣(狐鲣属)、枪鱼、旗鱼、四鳍旗鱼(旗鱼科) | | | | | | |
| 0305540000 | 干鲱鱼(大西洋鲱鱼、太平洋鲱鱼)、鳀鱼(鳀属)、沙丁鱼(沙丁鱼、沙瑙鱼属)、小沙丁鱼属、黍鲱或西鲱、鲭鱼[大西洋鲭、澳洲鲭(鲐)、日本鲭(鲐)][包括印度鲭(羽鳃鲐属)]、马鲛鱼(马鲛属)、对称竹荚鱼、新西兰竹荚鱼及竹荚鱼(竹荚鱼属)、鲹鱼(鲹属)、军曹鱼、银鲳(鲳属)、秋刀鱼、圆鲹(圆鲹属)、多春鱼(毛鳞鱼)、剑鱼、鲔鱼、狐鲣(狐鲣属)、枪鱼、旗鱼、四鳍旗鱼(旗鱼科) | 16 | 80 | 11 | 11 | 千克 | AB |
| 03055910 | ---海龙、海马 | | | | | | |
| 0305591000 | 干海马、干海龙,食用杂碎除外(不论是否盐腌,但熏制的除外) | 2 | 20 | 11 | 11 | 千克 | FEAB |
| 03055990 | ---其他 | | | | | | |
| 0305599010 | 其他濒危干鱼,食用杂碎除外(不论是否盐腌,但熏制的除外) | 16 | 80 | 11 | 0 | 千克 | AFEB |
| 0305599090 | 其他干鱼,食用杂碎除外(不论是否盐腌,但熏制的除外) | 16 | 80 | 11 | 11 | 千克 | AB |
| 03056100 | --鲱鱼(大西洋鲱鱼、太平洋鲱鱼) | | | | | | |
| 0305610000 | 盐腌及盐渍的鲱鱼(大西洋鲱鱼、太平洋鲱鱼),食用杂碎除外(干或熏制的除外) | 16 | 80 | 11 | 11 | 千克 | AB |

| 商品编号 | 商品名称及备注 | 进口关税税率(%) | | 增值税率(%) | 出口退税率(%) | 计量单位 | 监管条件 |
|---|---|---|---|---|---|---|---|
| | | 最惠国 | 普通 | | | | |
| 03056200 | --鳕鱼(大西洋鳕鱼、格陵兰鳕鱼、太平洋鳕鱼) | | | | | | |
| 0305620000 | 盐腌及盐渍鳕鱼(大西洋鳕鱼、格陵兰鳕鱼、太平洋鳕鱼),食用杂碎除外(干或熏制的除外) | 16 | 80 | 11 | 11 | 千克 | AB |
| 03056300 | --鳀鱼(鳀属) | | | | | | |
| 0305630000 | 盐腌及盐渍的鳀鱼(鳀属),食用杂碎除外(干或熏制的除外) | 16 | 80 | 11 | 11 | 千克 | AB |
| 03056400 | --罗非鱼(口孵非鲫属)、鲶鱼(鲑鲶属、鲶属、胡鲶属、真鮰属)、鲤科鱼(鲤属、鲫属、草鱼、鲢属、鲮属、青鱼、卡特拉鲃、野鲮属、哈氏纹唇鱼、何氏细须鲃、鲂属)、鳗鱼(鳗鲡属)、尼罗河鲈鱼(尼罗尖吻鲈)及黑鱼(鳢属) | | | | | | |
| 0305640010 | 盐腌及盐渍的花鳗鲡,食用杂碎除外(干或熏制的除外) | 16 | 80 | 11 | 11 | 千克 | ABE |
| 0305640020 | 盐腌及盐渍的欧洲鳗鲡,食用杂碎除外(干或熏制的除外) | 16 | 80 | 11 | 11 | 千克 | ABEF |
| 0305640090 | 盐腌及盐渍的罗非鱼(口孵非鲫属)、鲶鱼(鲑鲶属、鲶属、胡鲶属、真鮰属)、鲤科鱼(鲤属、鲫属、草鱼、鲢属、鲮属、青鱼、卡特拉鲃、野鲮属、哈氏纹唇鱼、何氏细须鲃、鲂属)、其他鳗鱼(鳗鲡属)、尼罗河鲈鱼(尼罗尖吻鲈)及黑鱼(鳢属),食用杂碎除外(干或熏制的除外) | 16 | 80 | 11 | 11 | 千克 | AB |
| 03056910 | ---带鱼 | | | | | | |
| 0305691000 | 盐腌及盐渍的带鱼,食用杂碎除外(干或熏制的除外) | 16 | 80 | 11 | 11 | 千克 | AB |
| 03056920 | ---黄鱼 | | | | | | |
| 0305692000 | 盐腌及盐渍的黄鱼,食用杂碎除外(干或熏制的除外) | 16 | 80 | 11 | 11 | 千克 | AB |
| 03056930 | ---鲳鱼 | | | | | | |
| 0305693000 | 盐腌及盐渍的鲳鱼,食用杂碎除外(干或熏制的除外) | 16 | 80 | 11 | 11 | 千克 | AB |
| 03056990 | ---其他 | | | | | | |
| 0305699010 | 盐腌及盐渍的其他濒危鱼,食用杂碎除外(干或熏制的除外) | 16 | 80 | 11 | 0 | 千克 | ABFE |
| 0305699090 | 盐腌及盐渍的其他鱼,食用杂碎除外(干或熏制的除外) | 16 | 80 | 11 | 11 | 千克 | AB |
| 03057100 | --鲨鱼翅 | | | | | | |
| 0305710010 | 濒危鲨鱼鱼翅(不论是否干制、盐腌、盐渍和熏制) | 15 | 80 | 11 | 0 | 千克 | ABEF |
| 0305710090 | 其他鲨鱼鱼翅(不论是否干制、盐腌、盐渍和熏制) | 15 | 80 | 11 | 11 | 千克 | AB |
| 03057200 | --鱼头、鱼尾、鱼鳔 | | | | | | |
| 0305720010 | 濒危鱼的鱼头、鱼尾、鱼鳔(不论是否干制、盐腌、盐渍和熏制) | 16 | 80 | 11 | 0 | 千克 | ABEF |
| 0305720090 | 其他鱼的鱼头、鱼尾、鱼鳔(不论是否干制、盐腌、盐渍和熏制) | 16 | 80 | 11 | 11 | 千克 | AB |
| 03057900 | --其他 | | | | | | |
| 0305790010 | 其他濒危可食用鱼杂碎(不论是否干制、盐腌、盐渍和熏制) | 16 | 80 | 11 | 0 | 千克 | ABEF |
| 0305790090 | 其他可食用鱼杂碎(不论是否干制、盐腌、盐渍和熏制) | 16 | 80 | 11 | 11 | 千克 | AB |
| **0306** | **带壳或去壳的甲壳动物,活、鲜、冷、冻、干、盐腌或盐渍的;熏制的带壳或去壳甲壳动物,不论在熏制前或熏制过程中是否烹煮;蒸过或用水煮过的带壳甲壳动物,不论是否冷、冻、干、盐腌或盐渍的;适合供人食用的甲壳动物的细粉、粗粉及团粒** | | | | | | |
| 03061100 | --岩礁虾和其他龙虾(真龙虾属、龙虾属、岩龙虾属) | | | | | | |
| 0306110000 | 冻岩礁虾和其他龙虾(真龙虾属、龙虾属、岩龙虾属) | 10 | 70 | 11 | 11 | 千克 | AB |
| 03061200 | --螯龙虾(螯龙虾属) | | | | | | |
| 0306120000 | 冻螯龙虾(螯龙虾属) | 10 | 70 | 11 | 11 | 千克 | AB |
| 03061410 | ---梭子蟹 | | | | | | |
| 0306141000 | 冻梭子蟹 | 10 | 70 | 11 | 11 | 千克 | AB |
| 03061490 | ---其他 | | | | | | |
| 0306149011[暂5] | 冻的金霸王蟹(帝王蟹) | 10 | 70 | 11 | 11 | 千克 | ABU |
| 0306149019[暂5] | 冻的毛蟹、仿石蟹(仿岩蟹)、堪察加拟石蟹、短足拟石蟹、扁足拟石蟹、雪蟹、日本雪蟹 | 10 | 70 | 11 | 11 | 千克 | ABU |
| 0306149090[暂5] | 其他冻蟹 | 10 | 70 | 11 | 11 | 千克 | AB |
| 03061500 | --挪威海螯虾 | | | | | | |

| 商品编号 | 商品名称及备注 | 进口关税税率(%) | | 增值税率(%) | 出口退税率(%) | 计量单位 | 监管条件 |
|---|---|---|---|---|---|---|---|
| | | 最惠国 | 普通 | | | | |
| 0306150000 | 冻挪威海螯虾 | 16 | 70 | 11 | 11 | 千克 | AB |
| 03061611 | ----虾仁 | | | | | | |
| 0306161100 | 冻冷水小虾虾仁 | 8 | 70 | 11 | 11 | 千克 | AB |
| 03061612 | ----其他,北方长额虾 | | | | | | |
| 0306161200暂2 | 冻北方长额虾(虾仁除外) | 5 | 70 | 11 | | 千克 | AB |
| 03061619 | ----其他 | | | | | | |
| 0306161900 | 其他冻冷水小虾 | 5 | 70 | 11 | 11 | 千克 | AB |
| 03061621 | ----虾仁 | | | | | | |
| 0306162100 | 冻冷水对虾仁 | 8 | 70 | 11 | 11 | 千克 | AB |
| 03061629 | ----其他 | | | | | | |
| 0306162900 | 其他冻冷水对虾 | 5 | 70 | 11 | 11 | 千克 | AB |
| 03061711 | ----虾仁 | | | | | | |
| 0306171100 | 其他冻小虾仁 | 8 | 70 | 11 | 11 | 千克 | AB |
| 03061719 | ----其他 | | | | | | |
| 0306171900暂2 | 其他冻小虾 | 5 | 70 | 11 | 11 | 千克 | AB |
| 03061721 | ----虾仁 | | | | | | |
| 0306172100 | 其他冻对虾仁 | 8 | 70 | 11 | 11 | 千克 | AB |
| 03061729 | ----其他 | | | | | | |
| 0306172900 | 其他冻对虾 | 5 | 70 | 11 | 11 | 千克 | AB |
| 03061911 | ----虾仁 | | | | | | |
| 0306191100 | 冻淡水小龙虾仁 | 16 | 70 | 11 | 11 | 千克 | AB |
| 03061919 | ----其他 | | | | | | |
| 0306191900 | 冻带壳淡水小龙虾 | 16 | 70 | 11 | 11 | 千克 | AB |
| 03061990 | ---其他 | | | | | | |
| 0306199000 | 其他冻甲壳动物 | 16 | 70 | 11 | 11 | 千克 | AB |
| 03063110 | ---种苗 | | | | | | |
| 0306311000 | 岩礁虾和其他龙虾(真龙虾属、龙虾属、岩龙虾属)种苗 | 0 | 0 | 11 | 11 | 千克 | AB |
| 03063190 | ---其他 | | | | | | |
| 0306319000暂5 | 活、鲜或冷的带壳或去壳岩礁虾和其他龙虾(真龙虾属、龙虾属、岩龙虾属) | 15 | 70 | 11 | 11 | 千克 | AB |
| 03063210 | ---种苗 | | | | | | |
| 0306321000 | 螯龙虾(螯龙虾属)种苗 | 0 | 0 | 11 | 11 | 千克 | AB |
| 03063290 | ---其他 | | | | | | |
| 0306329000暂10 | 活、鲜或冷的带壳或去壳螯龙虾(螯龙虾属) | 15 | 70 | 11 | 11 | 千克 | AB |
| 03063310 | ---种苗 | | | | | | |
| 0306331000 | 蟹种苗 | 0 | 0 | 11 | 11 | 千克 | AB |
| 03063391 | ----中华绒螯蟹 | | | | | | |
| 0306339100 | 活、鲜或冷的带壳或去壳中华绒螯蟹 | 14 | 70 | 11 | 11 | 千克 | AB |
| 03063392 | ----梭子蟹 | | | | | | |
| 0306339200 | 活、鲜或冷的带壳或去壳梭子蟹 | 14 | 70 | 11 | 11 | 千克 | AB |
| 03063399 | ----其他 | | | | | | |
| 0306339911暂7 | 活金霸王蟹(帝王蟹) | 14 | 70 | 11 | 11 | 千克 | ABU |
| 0306339919暂7 | 活、鲜或冷的毛蟹、仿石蟹(仿岩蟹)、堪察加拟石蟹、短足拟石蟹、扁足拟石蟹、雪蟹、日本雪蟹,鲜或冷的金霸王蟹(帝王蟹) | 14 | 70 | 11 | 11 | 千克 | ABU |
| 0306339990暂7 | 其他活、鲜或冷的带壳或去壳蟹 | 14 | 70 | 11 | 11 | 千克 | AB |
| 03063410 | ---种苗 | | | | | | |
| 0306341000 | 挪威海螯虾种苗 | 0 | 0 | 11 | 11 | 千克 | AB |

| 商品编号 | 商品名称及备注 | 进口关税税率(%) | | 增值税率(%) | 出口退税率(%) | 计量单位 | 监管条件 |
|---|---|---|---|---|---|---|---|
| | | 最惠国 | 普通 | | | | |
| 03063490 | ---其他 | | | | | | |
| 0306349000 | 其他活、鲜或冷的带壳或去壳挪威海螯虾 | 14 | 70 | 11 | 11 | 千克 | AB |
| 03063510 | ---种苗 | | | | | | |
| 0306351000 | 冷水小虾及对虾(长额虾属、褐虾)种苗 | 0 | 0 | 11 | 11 | 千克 | AB |
| 03063520 | ---鲜、冷对虾 | | | | | | |
| 0306352000 | 鲜、冷的带壳或去壳冷水对虾 | 15 | 70 | 11 | 11 | 千克 | AB |
| 03063590 | ---其他 | | | | | | |
| 0306359001 | 活、鲜或冷的其他冷水小虾 | 12 | 70 | 11 | 11 | 千克 | AB |
| 0306359090 | 其他活的冷水对虾 | 12 | 70 | 11 | 11 | 千克 | AB |
| 03063610 | ---种苗 | | | | | | |
| 0306361000 | 其他小虾及对虾种苗 | 0 | 0 | 11 | 11 | 千克 | AB |
| 03063620 | ---鲜、冷对虾 | | | | | | |
| 0306362000 | 其他鲜、冷带壳或去壳对虾 | 15 | 70 | 11 | 11 | 千克 | AB |
| 03063690 | ---其他 | | | | | | |
| 0306369001 | 其他鲜、冷小虾 | 12 | 70 | 11 | 11 | 千克 | AB |
| 0306369090 | 其他活的小虾及对虾 | 12 | 70 | 11 | 11 | 千克 | AB |
| 03063910 | ---种苗 | | | | | | |
| 0306391000 | 其他甲壳动物种苗 | 0 | 0 | 11 | 11 | 千克 | AB |
| 03063990 | ---其他 | | | | | | |
| 0306399000 | 其他活、鲜、冷的带壳或去壳甲壳动物 | 14 | 70 | 11 | 11 | 千克 | AB |
| 03069100 | --岩礁虾及其他龙虾(真龙虾属、龙虾属、岩龙虾属) | | | | | | |
| 0306910000 | 干、盐腌或盐渍的岩礁虾及其他龙虾(真龙虾属、龙虾属、岩龙虾属)(包括熏制的带壳或去壳的,不论在熏制前或熏制过程中是否烹煮;蒸过或用水煮过的带壳的) | 15 | 70 | 11 | 11 | 千克 | AB |
| 03069200 | --螯龙虾(螯龙虾属) | | | | | | |
| 0306920000 | 干、盐腌或盐渍的其他螯龙虾(螯龙虾属)(包括熏制的带壳或去壳的,不论在熏制前或熏制过程中是否烹煮;蒸过或用水煮过的带壳的) | 15 | 70 | 11 | 11 | 千克 | AB |
| 03069310 | ---中华绒螯蟹 | | | | | | |
| 0306931000 | 干、盐腌或盐渍的其他中华绒螯蟹(包括熏制的带壳或去壳的,不论在熏制前或熏制过程中是否烹煮;蒸过或用水煮过的带壳的) | 14 | 70 | 11 | 11 | 千克 | AB |
| 03069320 | ---梭子蟹 | | | | | | |
| 0306932000 | 干、盐腌或盐渍的其他梭子蟹(包括熏制的带壳或去壳的,不论在熏制前或熏制过程中是否烹煮;蒸过或用水煮过的带壳的) | 14 | 70 | 11 | 11 | 千克 | AB |
| 03069390 | ---其他 | | | | | | |
| 0306939000 | 干、盐腌或盐渍的其他蟹(包括熏制的带壳或去壳的,不论在熏制前或熏制过程中是否烹煮;蒸过或用水煮过的带壳的) | 14 | 70 | 11 | 11 | 千克 | AB |
| 03069400 | --挪威海螯虾 | | | | | | |
| 0306940000 | 干、盐腌或盐渍的挪威海螯虾(包括熏制的带壳或去壳的,不论在熏制前或熏制过程中是否烹煮;蒸过或用水煮过的带壳的) | 14 | 70 | 11 | 11 | 千克 | AB |
| 03069510 | ---冷水小虾及对虾(长额虾属、褐虾) | | | | | | |
| 0306951000 | 干、盐腌或盐渍的冷水小虾及对虾(长额虾属、褐虾)(包括熏制的带壳或去壳的,不论在熏制前或熏制过程中是否烹煮;蒸过或用水煮过的带壳的) | 12 | 70 | 11 | 11 | 千克 | AB |
| 03069590 | ---其他小虾及对虾 | | | | | | |
| 0306959000 | 干、盐腌或盐渍的其他小虾及对虾(包括熏制的带壳或去壳的,不论在熏制前或熏制过程中是否烹煮;蒸过或用水煮过的带壳的) | 12 | 70 | 11 | 11 | 千克 | AB |
| 03069900 | --其他,包括适合供人食用的甲壳动物的细粉、粗粉及团粒 | | | | | | |

| 商品编号 | 商品名称及备注 | 进口关税税率(%) | | 增值税率(%) | 出口退税率(%) | 计量单位 | 监管条件 |
|---|---|---|---|---|---|---|---|
| | | 最惠国 | 普通 | | | | |
| 0306990000 | 活、鲜、冷、干、盐腌或盐渍的其他甲壳动物(包括熏制的带壳或去壳的,不论在熏制前或熏制过程中是否烹煮;蒸过或用水煮过的带壳的) | 14 | 70 | 11 | 11 | 千克 | AB |
| **0307** | **带壳或去壳的软体动物,活、鲜、冷、冻、干、盐腌或盐渍的;熏制的带壳或去壳软体动物,不论在熏制前或熏制过程中是否烹煮;适合供人食用的软体动物的细粉、粗粉及团粒** | | | | | | |
| 03071110 | ---种苗 | | | | | | |
| 0307111000 | 牡蛎(蚝)种苗 | 0 | 0 | 11 | 5 | 千克 | AB |
| 03071190 | ---其他 | | | | | | |
| 0307119000 | 其他活、鲜、冷的牡蛎(蚝) | 14 | 70 | 11 | 5 | 千克 | AB |
| 03071200 | --冻的 | | | | | | |
| 0307120000 | 冻的牡蛎(蚝) | 14 | 70 | 11 | 5 | 千克 | AB |
| 03071900 | --其他 | | | | | | |
| 0307190000 | 其他干、盐腌或盐渍牡蛎(蚝)(包括熏制的带壳或去壳的,不论在熏制前或熏制过程中是否烹煮) | 14 | 70 | 11 | 5 | 千克 | AB |
| 03072110 | ---种苗 | | | | | | |
| 0307211010 | 大珠母贝种苗 | 0 | 0 | 11 | 5 | 千克 | ABE |
| 0307211090 | 其他扇贝种苗(包括海扇种苗) | 0 | 0 | 11 | 5 | 千克 | AB |
| 03072190 | ---其他 | | | | | | |
| 0307219010 | 其他活、鲜、冷大珠母贝 | 14 | 70 | 11 | 5 | 千克 | ABE |
| 0307219090 | 其他活、鲜、冷扇贝(包括海扇,种苗除外) | 14 | 70 | 11 | 5 | 千克 | AB |
| 03072200 | --冻的 | | | | | | |
| 0307220010 | 冻的大珠母贝 | 14 | 80 | 11 | 11 | 千克 | ABE |
| 0307220090 | 其他冻的扇贝(包括海扇) | 14 | 80 | 11 | 11 | 千克 | AB |
| 03072900 | --其他 | | | | | | |
| 0307290010 | 其他干、盐腌或盐渍的大珠母贝(包括熏制的带壳或去壳的,不论在熏制前或熏制过程中是否烹煮) | 14 | 80 | 11 | 11 | 千克 | ABE |
| 0307290090 | 其他干、盐腌或盐渍的扇贝(包括海扇;包括熏制的带壳或去壳的,不论在熏制前或熏制过程中是否烹煮) | 14 | 80 | 11 | 11 | 千克 | AB |
| 03073110 | ---种苗 | | | | | | |
| 0307311000 | 贻贝种苗 | 0 | 0 | 11 | 5 | 千克 | AB |
| 03073190 | ---其他 | | | | | | |
| 0307319001 | 鲜、冷贻贝 | 14 | 70 | 11 | 5 | 千克 | AB |
| 0307319090 | 其他活贻贝 | 14 | 70 | 11 | 5 | 千克 | AB |
| 03073200 | --冻的 | | | | | | |
| 0307320000 | 冻贻贝 | 14 | 70 | 11 | 11 | 千克 | AB |
| 03073900 | --其他 | | | | | | |
| 0307390000 | 其他干、盐腌或盐渍的贻贝(包括熏制的带壳或去壳的,不论在熏制前或熏制过程中是否烹煮) | 14 | 70 | 11 | 11 | 千克 | AB |
| 03074210 | ---种苗 | | | | | | |
| 0307421000 | 墨鱼及鱿鱼种苗 | 0 | 0 | 11 | 5 | 千克 | AB |
| 03074291 | ----墨鱼(乌贼属、巨粒僧头乌贼、耳乌贼属)及鱿鱼(柔鱼属、枪乌贼属、双柔鱼属、拟乌贼属) | | | | | | |
| 0307429100 | 其他活、鲜、冷的墨鱼(乌贼属、巨粒僧头乌贼、耳乌贼属)及鱿鱼(柔鱼属、枪乌贼属、双柔鱼属、拟乌贼属) | 12 | 70 | 11 | 5 | 千克 | AB |
| 03074299 | ----其他 | | | | | | |
| 0307429900 | 其他活、鲜、冷的墨鱼及鱿鱼 | 14 | 70 | 11 | 5 | 千克 | AB |

| 商品编号 | 商品名称及备注 | 进口关税税率(%) | | 增值税率(%) | 出口退税率(%) | 计量单位 | 监管条件 |
|---|---|---|---|---|---|---|---|
| | | 最惠国 | 普通 | | | | |
| 03074310 | ---墨鱼(乌贼属、巨粒僧头乌贼、耳乌贼属)及鱿鱼(柔鱼属、枪乌贼属、双柔鱼属、拟乌贼属) | | | | | | |
| 0307431000 | 冻的墨鱼(乌贼属、巨粒僧头乌贼、耳乌贼属)及鱿鱼(柔鱼属、枪乌贼属、双柔鱼属、拟乌贼属) | 12 | 70 | 11 | 11 | 千克 | AB |
| 03074390 | ---其他 | | | | | | |
| 0307439000 | 其他冻的墨鱼及鱿鱼 | 10 | 70 | 11 | 11 | 千克 | AB |
| 03074910 | ---墨鱼(乌贼属、巨粒僧头乌贼、耳乌贼属)及鱿鱼(柔鱼属、枪乌贼属、双柔鱼属、拟乌贼属) | | | | | | |
| 0307491000 | 其他干、盐制的墨鱼(乌贼属、巨粒僧头乌贼、耳乌贼属)及鱿鱼(柔鱼属、枪乌贼属、双柔鱼属、拟乌贼属)(包括熏制的带壳或去壳的,不论在熏制前或熏制过程中是否烹煮) | 12 | 70 | 11 | 11 | 千克 | AB |
| 03074990 | ---其他 | | | | | | |
| 0307499000 | 其他干、盐制的墨鱼及鱿鱼(包括熏制的带壳或去壳的,不论在熏制前或熏制过程中是否烹煮) | 10 | 70 | 11 | 11 | 千克 | AB |
| 03075100 | --活、鲜或冷的 | | | | | | |
| 0307510000 | 活、鲜、冷章鱼 | 17 | 70 | 11 | 5 | 千克 | AB |
| 03075200 | --冻的 | | | | | | |
| 0307520000 | 冻的章鱼 | 17 | 70 | 11 | 11 | 千克 | AB |
| 03075900 | --其他 | | | | | | |
| 0307590000 | 其他干、盐制的章鱼(包括熏制的,不论在熏制前或熏制过程中是否烹煮) | 17 | 70 | 11 | 11 | 千克 | AB |
| 03076010 | ---种苗 | | | | | | |
| 0307601010 | 濒危蜗牛及螺种苗,海螺除外 | 0 | 0 | 11 | 0 | 千克 | ABFE |
| 0307601090 | 其他蜗牛及螺种苗,海螺除外 | 0 | 0 | 11 | 5 | 千克 | AB |
| 03076090 | ---其他 | | | | | | |
| 0307609010 | 其他濒危蜗牛及螺,海螺除外 | 14 | 70 | 11 | 0 | 千克 | ABFE |
| 0307609090 | 其他活、鲜、冷、冻、干、盐腌或盐渍的蜗牛及螺,海螺除外(包括熏制的带壳或去壳的,不论在熏制前或熏制过程中是否烹煮) | 14 | 70 | 11 | 5 | 千克 | AB |
| 03077110 | ---种苗 | | | | | | |
| 0307711010 | 砗磲的种苗 | 0 | 0 | 11 | 5 | 千克 | ABEF |
| 0307711090 | 蛤、鸟蛤及舟贝(蚶科、北极蛤科、鸟蛤科、斧蛤科、缝栖蛤科、蛤蜊科、中带蛤科、海螂科、双带蛤科、截蛏科、竹蛏科、帘蛤科)的种苗 | 0 | 0 | 11 | 5 | 千克 | AB |
| 03077191 | ----蛤 | | | | | | |
| 0307719100 | 活、鲜、冷蛤 | 14 | 70 | 11 | 5 | 千克 | AB |
| 03077199 | ----其他 | | | | | | |
| 0307719910 | 活、鲜、冷砗磲 | 14 | 70 | 11 | 5 | 千克 | ABEF |
| 0307719920 | 活、鲜、冷的粗饰蚶 | 14 | 70 | 11 | 5 | 千克 | ABU |
| 0307719990 | 活、鲜、冷鸟蛤及舟贝(蚶科、北极蛤科、鸟蛤科、斧蛤科、缝栖蛤科、蛤蜊科、中带蛤科、海螂科、双带蛤科、截蛏科、竹蛏科、帘蛤科) | 14 | 70 | 11 | 5 | 千克 | AB |
| 03077200 | --冻的 | | | | | | |
| 0307720010 | 冻的砗磲 | 10 | 70 | 11 | 11 | 千克 | ABEF |
| 0307720020 | 冻的粗饰蚶 | 10 | 70 | 11 | 11 | 千克 | ABU |
| 0307720090 | 冻的其他蛤、鸟蛤及舟贝(蚶科、北极蛤科、鸟蛤科、斧蛤科、缝栖蛤科、蛤蜊科、中带蛤科、海螂科、双带蛤科、截蛏科、竹蛏科、帘蛤科) | 10 | 70 | 11 | 11 | 千克 | AB |
| 03077900 | --其他 | | | | | | |
| 0307790010 | 干、盐渍的砗磲(包括熏制的带壳或去壳的,不论在熏制前或熏制过程中是否烹煮) | 10 | 70 | 11 | 11 | 千克 | ABEF |
| 0307790020 | 干、盐制的粗饰蚶(包括熏制的带壳或去壳的,不论在熏制前或熏制过程中是否烹煮) | 10 | 70 | 11 | 11 | 千克 | AB |

| 商品编号 | 商品名称及备注 | 进口关税税率(%) | | 增值税率(%) | 出口退税率(%) | 计量单位 | 监管条件 |
|---|---|---|---|---|---|---|---|
| | | 最惠国 | 普通 | | | | |
| 0307790090 | 干、盐制其他蛤、鸟蛤及舟贝(蚶科、北极蛤科、鸟蛤科、斧蛤科、缝栖蛤科、蛤蜊科、中带蛤科、海螂科、双带蛤科、截蛏科、竹蛏科、帘蛤科)(包括熏制的带壳或去壳的,不论在熏制前或熏制过程中是否烹煮) | 10 | 70 | 11 | 11 | 千克 | AB |
| 03078110 | ---种苗 | | | | | | |
| 0307811000 | 鲍鱼(鲍属)种苗 | 0 | 0 | 11 | 5 | 千克 | AB |
| 03078190 | ---其他 | | | | | | |
| 0307819000[暂7] | 活、鲜、冷的鲍鱼(鲍属) | 14 | 80 | 11 | 5 | 千克 | AB |
| 03078210 | ---种苗 | | | | | | |
| 0307821000 | 凤螺(凤螺属)种苗 | 0 | 0 | 11 | 5 | 千克 | AB |
| 03078290 | ---其他 | | | | | | |
| 0307829000 | 活、鲜或冷的其他凤螺(凤螺属) | 14 | 70 | 11 | 5 | 千克 | AB |
| 03078300 | --冻的鲍鱼(鲍属) | | | | | | |
| 0307830000 | 冻的鲍鱼(鲍属) | 10 | 80 | 11 | 11 | 千克 | AB |
| 03078400 | --冻的凤螺(凤螺属) | | | | | | |
| 0307840000 | 冻的凤螺(凤螺属) | 10 | 70 | 11 | 11 | 千克 | AB |
| 03078700 | --其他鲍鱼(鲍属) | | | | | | |
| 0307870000 | 干、盐腌或盐渍的鲍鱼(鲍属)(包括熏制的带壳或去壳的,不论在熏制前或熏制过程中是否烹煮) | 10 | 80 | 11 | 11 | 千克 | AB |
| 03078800 | --其他凤螺(凤螺属) | | | | | | |
| 0307880000 | 干、盐腌或盐渍的凤螺(凤螺属)(包括熏制的带壳或去壳的,不论在熏制前或熏制过程中是否烹煮) | 10 | 70 | 11 | 11 | 千克 | AB |
| 03079110 | ---种苗 | | | | | | |
| 0307911010 | 濒危软体动物的种苗 | 0 | 0 | 11 | 0 | 千克 | ABEF |
| 0307911090 | 其他软体动物的种苗 | 0 | 0 | 11 | 5 | 千克 | AB |
| 03079190 | ---其他 | | | | | | |
| 0307919010 | 其他活、鲜、冷的濒危软体动物 | 14 | 70 | 11 | 0 | 千克 | ABEF |
| 0307919020 | 活、鲜、冷蚬属 | 14 | 70 | 11 | 5 | 千克 | ABU |
| 0307919030[暂10] | 活、鲜或冷的象拔蚌 | 14 | 70 | 11 | 5 | 千克 | AB |
| 0307919090 | 其他活、鲜、冷的软体动物 | 14 | 70 | 11 | 5 | 千克 | AB |
| 03079200 | --冻的 | | | | | | |
| 0307920010 | 其他冻的濒危软体动物 | 10 | 70 | 11 | 0 | 千克 | ABEF |
| 0307920020 | 冻的蚬属 | 10 | 70 | 11 | 11 | 千克 | ABU |
| 0307920090 | 其他冻的软体动物 | 10 | 70 | 11 | 11 | 千克 | AB |
| 03079900 | --其他 | | | | | | |
| 0307990010 | 其他干、盐腌或盐渍的濒危软体动物(包括供人食用的软体动物粉、团粒,甲壳动物除外;包括熏制的带壳或去壳的,不论在熏制前或熏制过程中是否烹煮) | 10 | 70 | 11 | 0 | 千克 | ABEF |
| 0307990020 | 干、盐腌或盐渍蚬属(包括供人食用的软体动物粉、团粒,甲壳动物除外;包括熏制的带壳或去壳的,不论在熏制前或熏制过程中是否烹煮) | 10 | 70 | 11 | 11 | 千克 | ABU |
| 0307990090 | 其他干、盐腌或盐渍软体动物(包括供人食用的软体动物粉、团粒,甲壳动物除外;包括熏制的带壳或去壳的,不论在熏制前或熏制过程中是否烹煮) | 10 | 70 | 11 | 11 | 千克 | AB |
| **0308** | **不属于甲壳动物及软体动物的水生无脊椎动物,活、鲜、冷、冻、干、盐腌或盐渍的;熏制的不属于甲壳动物及软体动物的水生无脊椎动物,不论在熏制前或熏制过程中是否烹煮;适合供人食用的不属于甲壳动物及软体动物的水生无脊椎动物的细粉、粗粉及团粒** | | | | | | |

| 商品编号 | 商品名称及备注 | 进口关税税率(%) | | 增值税率(%) | 出口退税率(%) | 计量单位 | 监管条件 |
|---|---|---|---|---|---|---|---|
| | | 最惠国 | 普通 | | | | |
| 03081110 | ---种苗 | | | | | | |
| 0308111010 | 暗色刺参的种苗 | 0 | 0 | 11 | 5 | 千克 | ABEF |
| 0308111090 | 其他海参(仿刺参、海参纲)的种苗 | 0 | 0 | 11 | 5 | 千克 | AB |
| 03081190 | ---其他 | | | | | | |
| 0308119010 | 活、鲜或冷的暗色刺参 | 14 | 70 | 11 | 5 | 千克 | ABEF |
| 0308119020 | 活、鲜或冷的刺参 | 14 | 70 | 11 | 5 | 千克 | ABU |
| 0308119090 | 活、鲜或冷的其他海参(仿刺参、海参纲) | 14 | 70 | 11 | 5 | 千克 | AB |
| 03081200 | --冻的 | | | | | | |
| 0308120010 | 冻的暗色刺参 | 10 | 80 | 11 | 11 | 千克 | ABEF |
| 0308120020 | 冻的其他刺参 | 10 | 80 | 11 | 11 | 千克 | ABU |
| 0308120090 | 冻的其他海参(仿刺参、海参纲) | 10 | 80 | 11 | 11 | 千克 | AB |
| 03081900 | --其他 | | | | | | |
| 0308190010 | 干、盐腌或盐渍暗色刺参(包括熏制的,不论在熏制前或熏制过程中是否烹煮;适合供人食用的细粉、粗粉及团粒) | 10 | 80 | 11 | 11 | 千克 | ABEF |
| 0308190020 | 干、盐腌或盐渍的其他刺参(包括熏制的,不论在熏制前或熏制过程中是否烹煮;适合供人食用的细粉、粗粉及团粒) | 10 | 80 | 11 | 11 | 千克 | ABU |
| 0308190090 | 干、盐腌或盐渍的其他海参(仿刺参、海参纲)(包括熏制的,不论在熏制前或熏制过程中是否烹煮;适合供人食用的细粉、粗粉及团粒) | 10 | 80 | 11 | 11 | 千克 | AB |
| 03082110 | ---种苗 | | | | | | |
| 0308211000 | 海胆(球海胆属、拟球海胆、智利海胆、食用正海胆)的种苗 | 0 | 0 | 11 | 5 | 千克 | AB |
| 03082190 | ---其他 | | | | | | |
| 0308219010 | 活、鲜或冷的食用海胆纲 | 14 | 70 | 11 | 5 | 千克 | ABU |
| 0308219090 | 其他活、鲜或冷的海胆 | 14 | 70 | 11 | 5 | 千克 | AB |
| 03082200 | --冻的 | | | | | | |
| 0308220010 | 冻食用海胆纲 | 10 | 70 | 11 | 11 | 千克 | ABU |
| 0308220090 | 其他冻海胆 | 10 | 70 | 11 | 11 | 千克 | AB |
| 03082900 | --其他 | | | | | | |
| 0308290010 | 干、盐制食用海胆纲(包括熏制的,不论在熏制前或熏制过程中是否烹煮;适合供人食用的细粉、粗粉及团粒) | 10 | 70 | 11 | 11 | 千克 | ABU |
| 0308290090 | 其他干、盐制海胆(包括熏制的,不论在熏制前或熏制过程中是否烹煮;适合供人食用的细粉、粗粉及团粒) | 10 | 70 | 11 | 11 | 千克 | AB |
| 03083011 | ----种苗 | | | | | | |
| 0308301100 | 海蜇(海蜇属)的种苗 | 0 | 0 | 11 | 5 | 千克 | AB |
| 03083019 | ----其他 | | | | | | |
| 0308301900 | 活、鲜或冷的海蜇(海蜇属) | 14 | 70 | 11 | 5 | 千克 | AB |
| 03083090 | ---其他 | | | | | | |
| 0308309000 | 冻、干、盐制海蜇(海蜇属)(包括熏制的,不论在熏制前或熏制过程中是否烹煮;适合供人食用的细粉、粗粉及团粒) | 10 | 70 | 11 | 11 | 千克 | AB |
| 03089011 | ----种苗 | | | | | | |
| 0308901110 | 活、鲜或冷的其他濒危水生无脊椎动物的种苗(甲壳动物及软体动物除外) | 0 | 0 | 11 | 0 | 千克 | ABFE |
| 0308901190 | 其他水生无脊椎动物的种苗(甲壳动物及软体动物除外) | 0 | 0 | 11 | 5 | 千克 | AB |
| 03089012 | ----沙蚕,种苗除外 | | | | | | |
| 0308901200 | 活、鲜或冷的沙蚕,种苗除外 | 14 | 70 | 11 | 5 | 千克 | AB |
| 03089019 | ----其他 | | | | | | |
| 0308901910 | 活、鲜或冷的其他濒危水生无脊椎动物(甲壳动物及软体动物除外) | 14 | 70 | 11 | 0 | 千克 | ABFE |
| 0308901990 | 活、鲜或冷的其他水生无脊椎动物(甲壳动物及软体动物除外) | 14 | 70 | 11 | 5 | 千克 | AB |

| 商品编号 | 商品名称及备注 | 进口关税税率（%） | | 增值税率（%） | 出口退税率（%） | 计量单位 | 监管条件 |
|---|---|---|---|---|---|---|---|
| | | 最惠国 | 普通 | | | | |
| 03089090 | ---其他 | | | | | | |
| 0308909010 | 其他冻、干、盐制濒危水生无脊椎动物,包括供人食用的水生无脊椎动物粉、团粒(包括熏制的,不论在熏制前或熏制过程中是否烹煮) | 10 | 70 | 11 | 0 | 千克 | ABFE |
| 0308909090 | 其他冻、干、盐制水生无脊椎动物,包括供人食用的水生无脊椎动物粉、团粒(包括熏制的,不论在熏制前或熏制过程中是否烹煮) | 10 | 70 | 11 | 11 | 千克 | AB |

# 第四章　乳品；蛋品；天然蜂蜜；其他食用动物产品

**注释：**

一、所称“乳”，是指全脂乳及半脱脂或全脱脂的乳。

二、品目04.05所称：

（一）“黄油”，指从乳中提取的天然黄油，乳清黄油及调制黄油（淡的，加盐或酸败的，包括罐装黄油），按重量计乳脂含量在80%及以上，但不超过95%，乳的无脂固形物最大含量不超过2%，以及水的最大含量不超过16%，黄油中不含添加的乳化剂，但可含有氯化钠、食用色素、中和盐及无害乳酸菌的培养物。

（二）“乳酱”，是一种油包水型可涂抹的乳状物，乳脂是该制品所含的唯一的脂肪，按重量计其含量在39%及以上，但小于80%。

三、乳清经浓缩并加入乳或乳脂制成的产品，若同时具有下列三种特性，则视为乳酪归入品目04.06：

（一）按干重计乳脂含量在5%及以上的；

（二）按重量计干质成分至少为70%，但不超过85%的；

（三）已成形或可以成形的。

四、本章不包括：

（一）按重量计乳糖含量（以干燥无水乳糖计）超过95%的乳清制品（品目17.02）；

（二）以一种物质（例如，油酸酯）代替乳中一种或多种天然成分（例如，丁酸酯）而制得的产品（品目19.01或21.06）；或

（三）白蛋白（包括按重量计干质成分的乳清蛋白含量超过80%的两种或两种以上的乳清蛋白浓缩物）（品目35.02）及球蛋白（品目35.04）。

**子目注释：**

一、子目0404.10所称“改性乳清”，是指由乳清成分构成的制品，即全部或部分去除乳糖、蛋白或矿物质的乳清、加入天然乳清成分的乳清及由混入天然乳清成分制成的产品。

二、子目0405.10所称“黄油”不包括脱水黄油及印度酥油（子目0405.90）。

| 商品编号 | 商品名称及备注 | 进口关税税率（%） | | 增值税率（%） | 出口退税率（%） | 计量单位 | 监管条件 |
|---|---|---|---|---|---|---|---|
| | | 最惠国 | 普通 | | | | |
| **0401** | **未浓缩及未加糖或其他甜物质的乳及奶油** | | | | | | |
| 04011000 | -按重量计脂肪含量≤1% | | | | | | |
| 0401100000 | 脂肪含量≤1%未浓缩的乳及奶油（脂肪含量按重量计，本编号货品不得加糖和其他甜物质） | 15 | 40 | 17 | 5 | 千克 | 7AB |
| 04012000 | -按重量计1%<脂肪含量≤6% | | | | | | |
| 0401200000 | 1%<脂肪含量≤6%的未浓缩的乳及奶油（脂肪含量按重量计，本编号货品不得加糖和其他甜物质） | 15 | 40 | 17 | 5 | 千克 | 7AB |
| 04014000 | -按重量计6%<脂肪含量≤10% | | | | | | |
| 0401400000 | 6%<脂肪含量≤10%的未浓缩的乳及奶油（脂肪含量按重量计，本编号货品不得加糖和其他甜物质） | 15 | 40 | 17 | 5 | 千克 | 7AB |
| 04015000 | -按重量计脂肪含量>10% | | | | | | |
| 0401500000 | 脂肪含量>10%未浓缩的乳及奶油（脂肪含量按重量计，本编号货品不得加糖和其他甜物质） | 15 | 40 | 17 | 5 | 千克 | 7AB |
| **0402** | **浓缩、加糖或其他甜物质的乳及奶油** | | | | | | |
| 04021000 | -粉状、粒状或其他固体形状，按重量计脂肪含量≤1.5% | | | | | | |
| 0402100000 | 脂肪含量≤1.5%固状乳及奶油（指粉状、粒状或其他固体状态，浓缩，加糖或其他甜物质） | 10 | 40 | 17 | 15 | 千克 | 7AB |
| 04022100 | --未加糖或其他甜物质 | | | | | | |
| 0402210000 | 脂肪含量>1.5%未加糖固状乳及奶油（指粉状、粒状或其他固体状态，浓缩，未加糖或其他甜物质） | 10 | 40 | 17 | 15 | 千克 | 7AB |
| 04022900 | --其他 | | | | | | |
| 0402290000 | 脂肪含量>1.5%的加糖固状乳及奶油（指粉状、粒状或其他固体状态，浓缩，加糖或其他甜物质） | 10 | 40 | 17 | 15 | 千克 | 7AB |
| 04029100 | --未加糖或其他甜物质 | | | | | | |
| 0402910000 | 浓缩但未加糖的非固状乳及奶油（未加其他甜物质） | 10 | 90 | 17 | 5 | 千克 | AB |
| 04029900 | --其他 | | | | | | |

| 商品编号 | 商品名称及备注 | 进口关税税率(%) | | 增值税率(%) | 出口退税率(%) | 计量单位 | 监管条件 |
|---|---|---|---|---|---|---|---|
| | | 最惠国 | 普通 | | | | |
| 0402990000 | 浓缩并已加糖的非固状乳及奶油(加其他甜物质) | 10 | 90 | 17 | 5 | 千克 | AB |
| **0403** | **酪乳、结块的乳及奶油、酸乳、酸乳酒及其他发酵或酸化的乳和奶油,不论是否浓缩、加糖、加其他甜物质、加香料、加水果、加坚果或加可可** | | | | | | |
| 04031000 | -酸乳 | | | | | | |
| 0403100000 | 酸乳 | 10 | 90 | 17 | 15 | 千克 | AB |
| 04039000 | -其他 | | | | | | |
| 0403900000 | 酪乳及其他发酵或酸化的乳及奶油(不论是否浓缩,加糖或其他甜物质、香料、水果等) | 20 | 90 | 17 | 15 | 千克 | AB |
| **0404** | **乳清,不论是否浓缩、加糖或其他甜物质;其他税号未列名的含天然乳的产品,不论是否加糖或其他甜物质** | | | | | | |
| 04041000 | -乳清及改性乳清,不论是否浓缩、加糖或其他甜物质 | | | | | | |
| 0404100000[暂2] | 乳清及改性乳清(不论是否浓缩、加糖或其他甜物质) | 6 | 30 | 17 | 15 | 千克 | AB |
| 04049000 | -其他 | | | | | | |
| 0404900000 | 其他编号未列名的含天然乳的产品(不论是否浓缩、加糖或其他甜物质) | 20 | 90 | 17 | 15 | 千克 | AB |
| **0405** | **黄油及其他从乳中提取的脂和油;乳酱** | | | | | | |
| 04051000 | -黄油 | | | | | | |
| 0405100000 | 黄油 | 10 | 90 | 17 | 15 | 千克 | AB |
| 04052000 | -乳酱 | | | | | | |
| 0405200000 | 乳酱 | 10 | 90 | 17 | 15 | 千克 | AB |
| 04059000 | -其他 | | | | | | |
| 0405900000 | 其他从乳中提取的脂和油 | 10 | 90 | 17 | 15 | 千克 | AB |
| **0406** | **乳酪及凝乳** | | | | | | |
| 04061000 | -鲜乳酪(未熟化或未固化的),包括乳清乳酪;凝乳 | | | | | | |
| 0406100000 | 鲜乳酪(未熟化或未固化的)(包括乳清乳酪、凝乳) | 12 | 90 | 17 | 15 | 千克 | AB |
| 04062000 | -各种磨碎或粉化的乳酪 | | | | | | |
| 0406200000[暂8] | 各种磨碎或粉化的乳酪 | 12 | 90 | 17 | 15 | 千克 | AB |
| 04063000 | -经加工的乳酪,但磨碎或粉化的除外 | | | | | | |
| 0406300000[暂8] | 经加工的乳酪(但磨碎或粉化的除外) | 12 | 90 | 17 | 15 | 千克 | AB |
| 04064000 | -蓝纹乳酪和娄地青霉生产的带有纹理的其他乳酪 | | | | | | |
| 0406400000[暂8] | 蓝纹乳酪和娄地青霉生产的带有纹理的其他乳酪 | 15 | 90 | 17 | 15 | 千克 | AB |
| 04069000 | -其他乳酪 | | | | | | |
| 0406900000[暂8] | 其他乳酪 | 12 | 90 | 17 | 15 | 千克 | AB |
| **0407** | **带壳禽蛋,鲜、腌制或煮过的** | | | | | | |
| 04071100 | --鸡的 | | | | | | |
| 0407110010 | 孵化用受精的濒危鸡的蛋 | 0 | 0 | 11 | 0 | 千克/个 | AFEB |
| 0407110090 | 孵化用受精的其他鸡的蛋 | 0 | 0 | 11 | 5 | 千克/个 | AB |
| 04071900 | --其他 | | | | | | |
| 0407190010 | 其他孵化用受精濒危禽蛋 | 0 | 0 | 11 | 0 | 千克/个 | AFEB |
| 0407190090 | 其他孵化用受精禽蛋 | 0 | 0 | 11 | 5 | 千克/个 | AB |
| 04072100 | --鸡的 | | | | | | |
| 0407210000 | 其他带壳的鸡的鲜蛋 | 20 | 80 | 11 | 5 | 千克/个 | AB |
| 04072900 | --其他 | | | | | | |
| 0407290010 | 其他鲜的带壳濒危禽蛋 | 20 | 80 | 11 | 0 | 千克/个 | ABFE |
| 0407290090 | 其他鲜的带壳禽蛋 | 20 | 80 | 11 | 5 | 千克/个 | AB |
| 04079010 | ---咸蛋 | | | | | | |
| 0407901000 | 带壳咸蛋 | 20 | 90 | 11 | 5 | 千克/个 | AB |
| 04079020 | ---皮蛋 | | | | | | |

| 商品编号 | 商品名称及备注 | 进口关税税率(%) | | 增值税率(%) | 出口退税率(%) | 计量单位 | 监管条件 |
|---|---|---|---|---|---|---|---|
| | | 最惠国 | 普通 | | | | |
| 0407902000 | 带壳皮蛋 | 20 | 90 | 11 | 5 | 千克/个 | AB |
| 04079090 | ---其他 | | | | | | |
| 0407909010 | 其他腌制或煮过的带壳濒危野鸟蛋 | 20 | 90 | 11 | 0 | 千克/个 | ABFE |
| 0407909090 | 其他腌制或煮过的带壳禽蛋 | 20 | 90 | 11 | 5 | 千克/个 | AB |
| **0408** | **去壳禽蛋及蛋黄,鲜、干、冻、蒸过或水煮、制成型或用其他方法保藏的,不论是否加糖或其他甜物质** | | | | | | |
| 04081100 | --干的 | | | | | | |
| 0408110000 | 干蛋黄 | 20 | 90 | 11 | 5 | 千克 | AB |
| 04081900 | --其他 | | | | | | |
| 0408190000 | 其他蛋黄 | 20 | 90 | 11 | 5 | 千克 | AB |
| 04089100 | --干的 | | | | | | |
| 0408910000 | 干的其他去壳禽蛋 | 20 | 90 | 11 | 5 | 千克 | AB |
| 04089900 | --其他 | | | | | | |
| 0408990000 | 其他去壳禽蛋 | 20 | 90 | 11 | 5 | 千克 | AB |
| **0409** | **天然蜂蜜** | | | | | | |
| 04090000 | 天然蜂蜜 | | | | | | |
| 0409000000 | 天然蜂蜜 | 15 | 80 | 11 | 5 | 千克 | AB |
| **0410** | **其他编号未列名的食用动物产品** | | | | | | |
| 04100010 | ---燕窝 | | | | | | |
| 0410001000 | 燕窝 | 25 | 80 | 17 | 5 | 千克 | AB |
| 04100041 | ----鲜蜂王浆 | | | | | | |
| 0410004100 | 鲜蜂王浆 | 15 | 70 | 11 | 5 | 千克 | AB |
| 04100042 | ----鲜蜂王浆粉 | | | | | | |
| 0410004200 | 鲜蜂王浆粉 | 15 | 70 | 17 | 5 | 千克 | AB |
| 04100043 | ----蜂花粉 | | | | | | |
| 0410004300 | 蜂花粉 | 20 | 70 | 17 | 5 | 千克 | AB |
| 04100049 | ----其他 | | | | | | |
| 0410004900 | 其他蜂产品 | 20 | 70 | 17 | 5 | 千克 | AB |
| 04100090 | ---其他 | | | | | | |
| 0410009010 | 其他编号未列名濒危野生动物产品(食用) | 20 | 70 | 17 | 0 | 千克 | ABFE |
| 0410009090 | 其他编号未列名的食用动物产品 | 20 | 70 | 17 | 5 | 千克 | AB |

# 第五章　其他动物产品

**注释：**

一、本章不包括：

（一）食用产品（整个或切块的动物肠、膀胱和胃，以及液态或干制的动物血除外）；

（二）生皮或毛皮（第四十一章、第四十三章），但品目05.05的货品及品目05.11的生皮或毛皮的边角废料仍归入本章；

（三）马毛及废马毛以外的动物纺织原料（第十一类）；

（四）供制帚、制刷用的成束、成簇的材料（品目96.03）。

二、仅按长度而未按发根和发梢整理的人发，视为未加工品，归入品目05.01。

三、本手册所称“兽牙”，是指象、河马、海象、一角鲸和野猪的长牙、犀角及其他动物的牙齿。

四、本协调制度所称“马毛”，是指马科、牛科动物的鬃毛和尾毛。品目05.11主要包括马毛及废马毛，不论是否制成带衬垫或不带衬垫的毛片。

| 商品编号 | 商品名称及备注 | 进口关税税率（%） | | 增值税率（%） | 出口退税率（%） | 计量单位 | 监管条件 |
|---|---|---|---|---|---|---|---|
| | | 最惠国 | 普通 | | | | |
| **0501** | **未经加工的人发，不论是否洗涤；废人发** | | | | | | |
| 05010000 | 未经加工的人发，不论是否洗涤；废人发 | | | | | | |
| 0501000000 | 未经加工的人发；废人发（不论是否洗涤） | 15 | 90 | 17 | 15 | 千克 | 9B |
| **0502** | **猪鬃、猪毛；獾毛及其他制刷用兽毛；上述鬃毛的废料** | | | | | | |
| 05021010 | ---猪鬃 | | | | | | |
| 0502101000 | 猪鬃 | 20 | 90 | 11 | 5 | 千克 | AB |
| 05021020 | ---猪毛 | | | | | | |
| 0502102000 | 猪毛 | 20 | 90 | 11 | 5 | 千克 | AB |
| 05021030 | ---废料 | | | | | | |
| 0502103000 | 猪鬃或猪毛的废料 | 20 | 90 | 11 | 5 | 千克 | 9B |
| 05029011 | ----山羊毛 | | | | | | |
| 0502901100 | 山羊毛 | 20 | 90 | 11 | 5 | 千克 | AB |
| 05029012 | ----黄鼠狼尾毛 | | | | | | |
| 0502901200 | 黄鼠狼尾毛 | 20 | 90 | 11 | 5 | 千克 | ABEF |
| 05029019 | ----其他 | | | | | | |
| 0502901910 | 濒危獾毛及其他制刷用濒危兽毛 | 20 | 90 | 11 | 0 | 千克 | ABFE |
| 0502901990 | 其他獾毛及其他制刷用兽毛 | 20 | 90 | 11 | 5 | 千克 | AB |
| 05029020 | ---废料 | | | | | | |
| 0502902010 | 濒危獾毛及其他制刷濒危兽毛废料 | 20 | 90 | 11 | 0 | 千克 | BEF |
| 0502902090 | 其他獾毛及其他制刷用兽毛的废料 | 20 | 90 | 11 | 5 | 千克 | 9B |
| **0504** | **整个或切块的动物（鱼除外）的肠、膀胱及胃，鲜、冷、冻、干、熏、盐腌或盐渍的** | | | | | | |
| 05040011 | ----盐渍猪肠衣（猪大肠头除外） | | | | | | |
| 0504001100 | 整个或切块盐渍的猪肠衣（猪大肠头除外） | 20 | 90 | 11 | 11 | 千克 | AB |
| 05040012 | ----盐渍绵羊肠衣 | | | | | | |
| 0504001200 | 整个或切块盐渍的绵羊肠衣 | 18 | 90 | 11 | 11 | 千克 | AB |
| 05040013 | ----盐渍山羊肠衣 | | | | | | |
| 0504001300 | 整个或切块盐渍的山羊肠衣 | 18 | 90 | 11 | 11 | 千克 | AB |
| 05040014 | ----盐渍猪大肠头 | | | | | | |
| 0504001400 | 整个或切块盐渍的猪大肠头 | 20 | 90 | 11 | 11 | 千克 | AB |
| 05040019 | ----其他 | | | | | | |
| 0504001900 | 整个或切块的其他动物肠衣（包括鲜、冷、冻、干、熏、盐腌或盐渍的，鱼除外） | 18 | 90 | 11 | 11 | 千克 | AB |
| 05040021 | ----冷、冻的鸡胗 | | | | | | |
| 0504002100 | 冷、冻的鸡肫（即鸡胃） | 见附表2 | 见附表2 | 11 | 5 | 千克 | 7AB |

| 商品编号 | 商品名称及备注 | 进口关税税率(%) | | 增值税率(%) | 出口退税率(%) | 计量单位 | 监管条件 |
|---|---|---|---|---|---|---|---|
| | | 最惠国 | 普通 | | | | |
| 05040029 | ----其他 | | | | | | |
| 0504002900 | 整个或切块的其他动物的胃(包括鲜、冷、冻、干、熏、盐腌或盐渍的,鱼除外) | 20 | 90 | 11 | 5 | 千克 | AB |
| 05040090 | ---其他 | | | | | | |
| 0504009000 | 整个或切块的其他动物肠、膀胱(包括鲜、冷、冻、干、熏、盐腌或盐渍的,鱼除外) | 20 | 80 | 11 | 5 | 千克 | AB |
| **0505** | **带有羽毛或羽绒的鸟皮及鸟体其他部分;羽毛及不完整羽毛(不论是否修边)、羽绒,仅经洗涤、消毒或为了保藏而作过处理,但未经进一步加工;羽毛或不完整羽毛的粉末及废料** | | | | | | |
| 05051000 | -填充用羽毛;羽绒 | | | | | | |
| 0505100010[暂2] | 填充用濒危野生禽类羽毛、羽绒(仅经洗涤、消毒等处理,未进一步加工) | 10 | 100 | 11 | 0 | 千克 | ABFE |
| 0505100090[暂2] | 其他填充用羽毛、羽绒(仅经洗涤、消毒等处理,未进一步加工) | 10 | 100 | 11 | 5 | 千克 | AB |
| 05059010 | ---羽毛或不完整羽毛的粉末及废料 | | | | | | |
| 0505901000 | 羽毛或不完整羽毛的粉末及废料 | 10 | 35 | 11 | 5 | 千克 | 9AB |
| 05059090 | ---其他 | | | | | | |
| 0505909010 | 其他濒危野生禽类羽毛、羽绒(包括带有羽毛或羽绒的鸟皮及鸟体的其他部分) | 10 | 90 | 11 | 0 | 千克 | AFEB |
| 0505909090 | 其他羽毛,羽绒(包括带有羽毛或羽绒的鸟皮及鸟体的其他部分) | 10 | 90 | 11 | 5 | 千克 | AB |
| **0506** | **骨及角柱,未经加工或经脱脂、简单整理(但未切割成形)、酸处理或脱胶;上述产品的粉末及废料** | | | | | | |
| 05061000 | -经酸处理的骨胶原及骨 | | | | | | |
| 0506100000 | 经酸处理的骨胶原及骨 | 12 | 50 | 17 | 0 | 千克 | AB |
| 05069011 | ----含牛羊成分的 | | | | | | |
| 0506901110 | 含牛羊成分的骨废料(未经加工或仅经脱脂等加工的) | 12 | 35 | 17 | 0 | 千克 | 9AB |
| 0506901190 | 含牛羊成分的骨粉(未经加工或仅经脱脂等加工的) | 12 | 35 | 17 | 0 | 千克 | AB |
| 05069019 | ----其他 | | | | | | |
| 0506901910 | 其他骨废料(未经加工或仅经脱脂等加工的) | 12 | 35 | 17 | 0 | 千克 | 9AB |
| 0506901990 | 其他骨粉(未经加工或仅经脱脂等加工的) | 12 | 35 | 17 | 0 | 千克 | AB |
| 05069090 | ---其他 | | | | | | |
| 0506909011[暂12] | 已脱胶的虎骨(指未经加工或经脱脂等加工的) | 12 | 50 | 11 | 0 | 千克 | 89 |
| 0506909019 | 未脱胶的虎骨(指未经加工或经脱脂等加工的) | 12 | 50 | 11 | 0 | 千克 | 89 |
| 0506909021[暂12] | 已脱胶的豹骨(指未经加工或经脱脂等加工的) | 12 | 50 | 11 | 0 | 千克 | ABFE |
| 0506909029 | 未脱胶的豹骨(指未经加工或经脱脂等加工的) | 12 | 50 | 11 | 0 | 千克 | ABFE |
| 0506909031[暂12] | 已脱胶的濒危野生动物的骨及角柱(不包括虎骨、豹骨,指未经加工或经脱脂等加工的) | 12 | 50 | 11 | 0 | 千克 | AFEB |
| 0506909039 | 未脱胶的濒危野生动物的骨及角柱(不包括虎骨、豹骨,指未经加工或经脱脂等加工的) | 12 | 50 | 11 | 0 | 千克 | AFEB |
| 0506909091[暂12] | 已脱胶的其他骨及角柱(不包括虎骨、豹骨,指未经加工或经脱脂等加工的) | 12 | 50 | 11 | 0 | 千克 | AB |
| 0506909099 | 未脱胶的其他骨及角柱(不包括虎骨、豹骨,指未经加工或经脱脂等加工的) | 12 | 50 | 11 | 0 | 千克 | AB |
| **0507** | **兽牙、龟壳、鲸须、鲸须毛、角、鹿角、蹄、甲、爪及喙,未经加工或仅简单整理但未切割成形;上述产品的粉末及废料** | | | | | | |
| 05071000 | -兽牙;兽牙粉末及废料 | | | | | | |
| 0507100010 | 犀牛角 | 10 | 30 | 11 | 5 | 千克 | 89 |
| 0507100020 | 其他濒危野生兽牙、兽牙粉末及废料 | 10 | 30 | 11 | 0 | 千克 | AFEB |
| 0507100030 | 其他兽牙 | 10 | 30 | 11 | 5 | 千克 | AB |
| 0507100090 | 其他兽牙粉末及废料 | 10 | 30 | 11 | 5 | 千克 | 9AB |
| 05079010 | ---羚羊角及其粉末和废料 | | | | | | |
| 0507901000 | 羚羊角及其粉末和废料 | 3 | 14 | 11 | 5 | 千克 | ABFE |
| 05079020 | ---鹿茸及其粉末 | | | | | | |
| 0507902000 | 鹿茸及其粉末 | 11 | 30 | 11 | 5 | 千克 | ABFE |
| 05079090 | ---其他 | | | | | | |

| 商品编号 | 商 品 名 称 及 备 注 | 进口关税税率(%) | | 增值税率(%) | 出口退税率(%) | 计量单位 | 监管条件 |
|---|---|---|---|---|---|---|---|
| | | 最惠国 | 普通 | | | | |
| 0507909010 | 龟壳、鲸须、鲸须毛、鹿角及其他濒危动物角(包括蹄、甲、爪及喙及其粉末和废料) | 10 | 50 | 11 | 5 | 千克 | AFEB |
| 0507909090 | 其他动物角(包括蹄、甲、爪及喙及其粉末和废料) | 10 | 50 | 11 | 5 | 千克 | AB |
| **0508** | **珊瑚及类似品,未经加工或仅简单整理但未经进一步加工;软体动物壳、甲壳动物壳、棘皮动物壳、墨鱼骨,未经加工或仅简单整理但未切割成形,上述壳、骨的粉末及废料** | | | | | | |
| 05080010 | ---粉末及废料 | | | | | | |
| 0508001010 | 濒危珊瑚及濒危水产品的粉末、废料(包括介、贝、棘皮动物壳,不包括墨鱼骨的粉末、废料) | 12 | 35 | 11 | 0 | 千克 | AFEB |
| 0508001090 | 其他水产品壳、骨的粉末及废料(包括介、贝壳,棘皮动物壳,墨鱼骨的粉末及废料) | 12 | 35 | 11 | 5 | 千克 | AB |
| 05080090 | ---其他 | | | | | | |
| 0508009010 | 濒危珊瑚及濒危水产品的壳、骨(包括介、贝、棘皮动物的壳,不包括墨鱼骨) | 12 | 50 | 11 | 0 | 千克 | AFEB |
| 0508009090 | 其他水产品的壳、骨(包括介、贝、棘皮动物的壳,墨鱼骨) | 12 | 50 | 11 | 5 | 千克 | AB |
| **0510** | **龙涎香、海狸香、灵猫香及麝香;斑蝥;胆汁,不论是否干制;供配制药用的腺体及其他动物产品,鲜、冷、冻或用其他方法暂时保藏的** | | | | | | |
| 05100010 | ---黄药 | | | | | | |
| 0510001010 | 牛黄 | 3 | 14 | 11 | 5 | 千克 | 8A |
| 0510001020 | 猴枣 | 3 | 14 | 11 | 5 | 千克 | QAFEB |
| 0510001090 | 其他黄药(不包括牛黄) | 3 | 14 | 11 | 5 | 千克 | AFEB |
| 05100020 | ---龙涎香、海狸香、灵猫香 | | | | | | |
| 0510002010 | 海狸香、灵猫香 | 7 | 50 | 11 | 5 | 千克 | AFEB |
| 0510002020 | 龙涎香 | 7 | 50 | 11 | 5 | 千克 | AB |
| 05100030 | ---麝香 | | | | | | |
| 0510003000 | 麝香 | 7 | 20 | 11 | 0 | 千克 | 8AF |
| 05100040 | ---斑蝥 | | | | | | |
| 0510004000 | 斑蝥 | 7 | 50 | 11 | 5 | 千克 | QAB |
| 05100090 | ---其他 | | | | | | |
| 0510009010 | 其他濒危野生动物胆汁及其他产品(不论是否干制;鲜、冷、冻或用其他方法暂时保藏的) | 6 | 20 | 11 | 0 | 千克 | AFEB |
| 0510009090 | 胆汁,配药用腺体及其他动物产品(不论是否干制;鲜、冷、冻或用其他方法暂时保藏的) | 6 | 20 | 11 | 5 | 千克 | AB |
| **0511** | **其他编号未列名的动物产品;不适合供人食用的第一章或第三章的死动物** | | | | | | |
| 05111000 | -牛的精液 | | | | | | |
| 0511100010 | 濒危野生牛的精液 | 0 | 0 | 11 | 0 | 千克 | ABFE |
| 0511100090 | 其他牛的精液 | 0 | 0 | 11 | 5 | 千克 | AB |
| 05119111 | ----受精鱼卵 | | | | | | |
| 0511911110暂0 | 濒危鱼的受精卵 | 12 | 35 | 11 | 0 | 千克 | ABFE |
| 0511911190暂0 | 其他受精鱼卵 | 12 | 35 | 11 | 5 | 千克 | AB |
| 05119119 | ----其他 | | | | | | |
| 0511911910 | 濒危鱼的非食用产品(包括鱼肚) | 12 | 35 | 11 | 0 | 千克 | ABFE |
| 0511911990 | 其他鱼的非食用产品(包括鱼肚) | 12 | 35 | 11 | 5 | 千克 | AB |
| 05119190 | ---其他 | | | | | | |
| 0511919010 | 濒危水生无脊椎动物产品(包括甲壳动物、软体动物、第三章的死动物) | 12 | 35 | 11 | 0 | 千克 | ABFE |
| 0511919090 | 其他水生无脊椎动物产品(包括甲壳动物、软体动物、第三章的死动物) | 12 | 35 | 11 | 5 | 千克 | AB |
| 05119910 | ---动物精液(牛的精液除外) | | | | | | |
| 0511991010 | 濒危野生动物精液(牛的精液除外) | 0 | 0 | 11 | 0 | 千克 | AFEB |
| 0511991090 | 其他动物精液(牛的精液除外) | 0 | 0 | 11 | 5 | 千克 | AB |
| 05119920 | ---动物胚胎 | | | | | | |
| 0511992010 | 濒危野生动物胚胎 | 0 | 0 | 11 | 0 | 千克 | AFEB |

| 商品编号 | 商品名称及备注 | 进口关税税率(%) | | 增值税率(%) | 出口退税率(%) | 计量单位 | 监管条件 |
|---|---|---|---|---|---|---|---|
| | | 最惠国 | 普通 | | | | |
| 0511992090 | 其他动物胚胎 | 0 | 0 | 11 | 5 | 千克 | AB |
| 05119930 | ---蚕种 | | | | | | |
| 0511993000 | 蚕种 | 0 | 0 | 11 | 5 | 千克 | AB |
| 05119940 | ---马毛及废马毛,不论是否制成有或无衬垫的毛片 | | | | | | |
| 0511994010 | 废马毛(不论是否制成有或无衬垫的毛片) | 15 | 90 | 11 | 5 | 千克 | 9B |
| 0511994090 | 其他马毛(不论是否制成有或无衬垫的毛片) | 15 | 90 | 11 | 5 | 千克 | AB |
| 05119990 | ---其他 | | | | | | |
| 0511999010 | 其他编号未列名濒危野生动物产品(包括不适合供人食用的第一章的死动物) | 12 | 35 | 11 | 0 | 千克 | AFEB |
| 0511999090 | 其他编号未列名的动物产品(包括不适合供人食用的第一章的死动物) | 12 | 35 | 11 | 5 | 千克 | AB |

# 第二类　植物产品

注释：

一、本类所称“团粒”，是指直接挤压或加入按重量计比例不超过3%的黏合剂制成的粒状产品。

## 第六章　活树及其他活植物；鳞茎、根及类似品；插花及装饰用簇叶

注释：

一、除品目06.01的菊苣植物及其根以外，本章只包括通常由苗圃或花店供应为种植或装饰用的活树及其他货品（包括植物秧苗）；但不包括马铃薯、洋葱、青葱、大蒜及其他第七章的产品。

二、品目06.03、06.04的各种货品，包括全部或部分用这些货品制成的花束、花篮、花圈及类似品，不论是否有其他材料制成的附件。但这些货品不包括品目97.01的拼贴画或类似的装饰板。

| 商品编号 | 商品名称及备注 | 进口关税税率（%） | | 增值税率（%） | 出口退税率（%） | 计量单位 | 监管条件 |
|---|---|---|---|---|---|---|---|
| | | 最惠国 | 普通 | | | | |
| **0601** | **鳞茎、块茎、块根、球茎、根颈及根茎，休眠、生长或开花的；菊苣植物及其根，但品目12.12的根除外** | | | | | | |
| 06011010 | ---番红花球茎 | | | | | | |
| 0601101000 | 休眠的番红花球茎 | 4 | 14 | 11 | 5 | 个/千克 | AB |
| 06011021 | ----种用 | | | | | | |
| 0601102100 | 种用休眠的百合球茎 | 0 | 0 | 11 | 0 | 个/千克 | AB |
| 06011029 | ----其他 | | | | | | |
| 0601102900 | 其他休眠的百合球茎 | 5 | 40 | 11 | 0 | 个/千克 | AB |
| 06011091 | ----种用 | | | | | | |
| 0601109110 | 种用休眠的兰花块茎（包括球茎、根颈及根茎） | 0 | 0 | 11 | 5 | 个/千克 | AFEB |
| 0601109191 | 种用休眠其他濒危植物鳞茎等（包括球茎、根颈、根茎、鳞茎、块茎、块根） | 0 | 0 | 11 | 0 | 个/千克 | ABFE |
| 0601109199 | 种用休眠的其他鳞茎、块茎、块根（包括球茎、根颈及根茎） | 0 | 0 | 11 | 5 | 个/千克 | AB |
| 06011099 | ----其他 | | | | | | |
| 0601109910 | 其他休眠的兰花块茎（包括球茎、根颈及根茎） | 5 | 40 | 11 | 5 | 个/千克 | AFEB |
| 0601109991 | 其他休眠濒危植物鳞茎等（包括球茎、根颈、根茎、鳞茎、块茎、块根） | 5 | 40 | 11 | 0 | 个/千克 | AFEB |
| 0601109999 | 其他休眠的其他鳞茎、块茎、块根（包括球茎、根颈及根茎） | 5 | 40 | 11 | 5 | 个/千克 | AB |
| 06012000 | -生长或开花的鳞茎、块茎、块根、球茎、根颈及根茎；菊苣植物及其根 | | | | | | |
| 0601200010 | 生长或开花的兰花块茎（包括球茎、根颈及根茎） | 15 | 80 | 11 | 5 | 个/千克 | AFEB |
| 0601200020 | 生长或开花的仙客来鳞茎 | 15 | 80 | 11 | 5 | 个/千克 | AFEB |
| 0601200091 | 生长或开花的其他濒危植物鳞茎等（包括球茎、根颈、根茎、鳞茎、块茎、块根、菊苣植物） | 15 | 80 | 11 | 0 | 个/千克 | AFEB |
| 0601200099 | 生长或开花的其他鳞茎及菊苣植物（包括块茎、块根、球茎、根颈及根茎，品目12.12的根除外） | 15 | 80 | 11 | 5 | 个/千克 | AB |
| **0602** | **其他活植物（包括其根）、插枝及接穗；蘑菇菌丝** | | | | | | |
| 06021000 | -无根插枝及接穗 | | | | | | |
| 0602100010 | 濒危植物的无根插枝及接穗 | 0 | 0 | 11 | 0 | 株/千克 | ABFE |
| 0602100090 | 其他无根插枝及接穗 | 0 | 0 | 11 | 5 | 株/千克 | AB |
| 06022010 | ---种用苗木 | | | | | | |
| 0602201000 | 食用水果及坚果树的种用苗木（包括食用果灌木种用苗木） | 0 | 0 | 11 | 0 | 株/千克 | AB |

| 商品编号 | 商品名称及备注 | 进口关税税率(%) | | 增值税率(%) | 出口退税率(%) | 计量单位 | 监管条件 |
|---|---|---|---|---|---|---|---|
| | | 最惠国 | 普通 | | | | |
| 06022090 | ---其他 | | | | | | |
| 0602209000 | 其他食用水果、坚果树及灌木(不论是否嫁接) | 10 | 80 | 11 | 5 | 株/千克 | AB |
| 06023010 | ---种用 | | | | | | |
| 0602301000 | 种用杜鹃(不论是否嫁接) | 0 | 0 | 11 | 5 | 株/千克 | AB |
| 06023090 | ---其他 | | | | | | |
| 0602309000 | 其他杜鹃(不论是否嫁接) | 15 | 80 | 11 | 5 | 株/千克 | AB |
| 06024010 | ---种用 | | | | | | |
| 0602401000 | 种用玫瑰(不论是否嫁接) | 0 | 0 | 11 | 5 | 株/千克 | AB |
| 06024090 | ---其他 | | | | | | |
| 0602409000 | 其他玫瑰(不论是否嫁接) | 15 | 80 | 11 | 5 | 株/千克 | AB |
| 06029010 | ---蘑菇菌丝 | | | | | | |
| 0602901000 | 蘑菇菌丝 | 0 | 0 | 11 | 5 | 千克 | AB |
| 06029091 | ----种用苗木 | | | | | | |
| 0602909110 | 种用兰花 | 0 | 0 | 11 | 0 | 株/千克 | AFEB |
| 0602909120 | 种用红豆杉苗木 | 0 | 0 | 11 | 0 | 株/千克 | AFEB |
| 0602909191 | 其他濒危植物种用苗木 | 0 | 0 | 11 | 0 | 株/千克 | AFEB |
| 0602909199 | 其他种用苗木 | 0 | 0 | 11 | 0 | 株/千克 | AB |
| 06029092 | ----兰花 | | | | | | |
| 0602909200 | 其他兰花(种用除外) | 10 | 80 | 11 | 5 | 株/千克 | ABFE |
| 06029093 | ----菊花 | | | | | | |
| 0602909300 | 其他菊花(种用除外) | 10 | 80 | 11 | 0 | 株/千克 | AB |
| 06029094 | ----百合 | | | | | | |
| 0602909410 | 芦荟(种用除外) | 10 | 80 | 11 | 5 | 株/千克 | ABEFQ |
| 0602909490 | 其他百合(种用除外) | 10 | 80 | 11 | 0 | 株/千克 | AB |
| 06029095 | ----康乃馨 | | | | | | |
| 0602909500 | 其他康乃馨(种用除外) | 10 | 80 | 11 | 5 | 株/千克 | AB |
| 06029099 | ----其他 | | | | | | |
| 0602909910 | 苏铁(铁树)类 | 10 | 80 | 11 | 5 | 株/千克 | ABFE |
| 0602909920 | 仙人掌(包括仙人球、仙人柱、仙人指) | 10 | 80 | 11 | 5 | 株/千克 | ABFE |
| 0602909930 | 红豆杉(种用除外) | 10 | 80 | 11 | 0 | 株/千克 | ABFE |
| 0602909991 | 其他濒危活植物(种用除外) | 10 | 80 | 11 | 0 | 株/千克 | AFEB |
| 0602909999 | 其他活植物(种用除外) | 10 | 80 | 11 | 5 | 株/千克 | AB |
| **0603** | **制花束或装饰用的插花及花蕾,鲜、干、染色、漂白、浸渍或用其他方法处理的** | | | | | | |
| 06031100 | --玫瑰 | | | | | | |
| 0603110000 | 鲜的玫瑰(制花束或装饰用的) | 10 | 100 | 11 | 5 | 千克/枝 | AB |
| 06031200 | --康乃馨 | | | | | | |
| 0603120000 | 鲜的康乃馨(制花束或装饰用的) | 10 | 100 | 11 | 5 | 千克/枝 | AB |
| 06031300 | --兰花 | | | | | | |
| 0603130000 | 鲜的兰花(制花束或装饰用的) | 10 | 100 | 11 | 5 | 千克/枝 | ABEF |
| 06031400 | --菊花 | | | | | | |
| 0603140000 | 鲜的菊花(制花束或装饰用的) | 10 | 100 | 11 | 5 | 千克/枝 | AB |
| 06031500 | --百合花(百合属) | | | | | | |
| 0603150000 | 鲜的百合花(百合属)(制花束或装饰用的) | 10 | 100 | 11 | 5 | 千克/枝 | AB |
| 06031900 | --其他 | | | | | | |
| 0603190010 | 鲜的濒危植物插花及花蕾(制花束或装饰用的) | 10 | 100 | 11 | 0 | 千克/枝 | ABFE |
| 0603190090 | 其他鲜的插花及花蕾(制花束或装饰用的) | 10 | 100 | 11 | 5 | 千克/枝 | AB |

| 商品编号 | 商 品 名 称 及 备 注 | 进口关税税率（%） | | 增值税率（%） | 出口退税率（%） | 计量单位 | 监管条件 |
|---|---|---|---|---|---|---|---|
| | | 最惠国 | 普通 | | | | |
| 06039000 | -其他 | | | | | | |
| 0603900010 | 干或染色等加工濒危植物插花及花蕾（制花束或装饰用的，鲜的除外） | 23 | 100 | 17 | 0 | 千克/枝 | ABFE |
| 0603900090 | 其他干或染色等加工的插花及花蕾（制花束或装饰用的，鲜的除外） | 23 | 100 | 17 | 5 | 千克/枝 | AB |
| **0604** | **制花束或装饰用的不带花及花蕾的植物枝、叶或其他部分，草、苔藓及地衣，鲜、干、染色、漂白、浸渍或用其他方法处理的** | | | | | | |
| 06042010 | ---苔藓及地衣 | | | | | | |
| 0604201000 | 鲜的苔藓及地衣 | 23 | 100 | 11 | 5 | 千克 | AB |
| 06042090 | ---其他 | | | | | | |
| 0604209010 | 其他鲜濒危植物枝、叶或其他部分，草（枝、叶或其他部分是指制花束或装饰用并且不带花及花蕾） | 10 | 100 | 11 | 0 | 千克 | ABFE |
| 0604209090 | 其他鲜植物枝、叶或其他部分，草（枝、叶或其他部分是指制花束或装饰用并且不带花及花蕾） | 10 | 100 | 11 | 5 | 千克 | AB |
| 06049010 | ---苔藓及地衣 | | | | | | |
| 0604901000 | 其他苔藓及地衣 | 23 | 100 | 11 | 5 | 千克 | AB |
| 06049090 | ---其他 | | | | | | |
| 0604909010 | 其他染色或经加工濒危植物枝、叶或其他部分，草等（枝、叶或其他部分是指制花束或装饰用并且不带花及花蕾） | 10 | 100 | 17 | 0 | 千克 | ABFE |
| 0604909090 | 其他染色或加工的植物枝、叶或其他部分，草（枝、叶或其他部分是指制花束或装饰用并且不带花及花蕾） | 10 | 100 | 17 | 5 | 千克 | AB |

# 第七章　食用蔬菜、根及块茎

**注释：**

一、本章不包括品目12.14的草料。

二、品目07.09、07.10、07.11及07.12所称“蔬菜”，包括食用的蘑菇、块菌、油橄榄、刺山柑、菜葫芦、南瓜、茄子、甜玉米、辣椒、茴香菜、欧芹、细叶芹、龙蒿、水芹、甜茉乔栾那。

三、品目07.12包括干制的归入品目07.01至07.11的各种蔬菜，但下列各项除外：

（一）作蔬菜用的脱荚干豆（品目07.13）；

（二）品目11.02至11.04所列形状的甜玉米；

（三）马铃薯细粉、粗粉、粉末、粉片、颗粒及团粒（品目11.05）；

（四）用品目07.13的干豆制成的细粉、粗粉及粉末（品目11.06）。

四、本章不包括辣椒干及辣椒粉（品目09.04）。

| 商品编号 | 商品名称及备注 | 进口关税税率（%） | | 增值税率（%） | 出口退税率（%） | 计量单位 | 监管条件 |
|---|---|---|---|---|---|---|---|
| | | 最惠国 | 普通 | | | | |
| **0701** | **鲜或冷藏的马铃薯** | | | | | | |
| 07011000 | -种用 | | | | | | |
| 0701100000 | 种用马铃薯 | 13 | 70 | 11 | 0 | 千克 | AB |
| 07019000 | -其他 | | | | | | |
| 0701900000 | 其他鲜或冷藏的马铃薯 | 13 | 70 | 11 | 0 | 千克 | AB |
| **0702** | **鲜或冷藏的番茄** | | | | | | |
| 07020000 | 鲜或冷藏的番茄 | | | | | | |
| 0702000000 | 鲜或冷藏的番茄 | 13 | 70 | 11 | 0 | 千克 | AB |
| **0703** | **鲜或冷藏的洋葱、青葱、大蒜、韭葱及其他葱属蔬菜** | | | | | | |
| 07031010 | ---洋葱 | | | | | | |
| 0703101000 | 鲜或冷藏的洋葱 | 13 | 70 | 11 | 0 | 千克 | AB |
| 07031020 | ---青葱 | | | | | | |
| 0703102000 | 鲜或冷藏的青葱 | 13 | 70 | 11 | 0 | 千克 | AB |
| 07032010 | ---蒜头 | | | | | | |
| 0703201000 | 鲜或冷藏的蒜头 | 13 | 70 | 11 | 0 | 千克 | AB |
| 07032020 | ---蒜薹及蒜苗（青蒜） | | | | | | |
| 0703202000 | 鲜或冷藏的蒜薹及蒜苗（包括青蒜） | 13 | 70 | 11 | 0 | 千克 | AB |
| 07032090 | ---其他 | | | | | | |
| 0703209000 | 鲜或冷藏的其他大蒜（包括切片、切碎、切丝、捣碎、磨碎、去皮等） | 13 | 70 | 11 | 0 | 千克 | AB |
| 07039010 | ---韭葱 | | | | | | |
| 0703901000 | 鲜或冷藏的韭葱 | 13 | 70 | 11 | 0 | 千克 | AB |
| 07039020 | ---大葱 | | | | | | |
| 0703902000 | 鲜或冷藏的大葱 | 13 | 70 | 11 | 0 | 千克 | AB |
| 07039090 | ---其他 | | | | | | |
| 0703909000 | 鲜或冷藏的其他葱属蔬菜 | 13 | 70 | 11 | 0 | 千克 | AB |
| **0704** | **鲜或冷藏的卷心菜、菜花、球茎甘蓝、羽衣甘蓝及类似的食用芥菜类蔬菜** | | | | | | |
| 07041000 | -菜花及硬花甘蓝 | | | | | | |
| 0704100001 | 鲜、冷硬花甘蓝 | 10 | 70 | 11 | 0 | 千克 | AB |
| 0704100002 | 鲜、冷花椰菜（花椰菜也叫菜花） | 10 | 70 | 11 | 0 | 千克 | AB |
| 07042000 | -抱子甘蓝 | | | | | | |
| 0704200000 | 鲜或冷藏的抱子甘蓝 | 13 | 70 | 11 | 0 | 千克 | AB |
| 07049010 | ---卷心菜 | | | | | | |
| 0704901000 | 鲜或冷藏的卷心菜（学名结球甘蓝，又名圆白菜、洋白菜，属十字花科芸薹属甘蓝变种） | 13 | 70 | 11 | 0 | 千克 | AB |

| 商品编号 | 商品名称及备注 | 进口关税税率(%) | | 增值税率(%) | 出口退税率(%) | 计量单位 | 监管条件 |
|---|---|---|---|---|---|---|---|
| | | 最惠国 | 普通 | | | | |
| 07049020 | ---西兰花 | | | | | | |
| 0704902000 | 鲜或冷藏的西兰花(西兰花,又称青花菜、绿菜花,属十字花科芸薹属甘蓝变种) | 13 | 70 | 11 | 0 | 千克 | AB |
| 07049090 | ---其他 | | | | | | |
| 0704909001 | 鲜、冷其他甘蓝 | 13 | 70 | 11 | 0 | 千克 | AB |
| 0704909090 | 鲜或冷藏的其他食用芥菜类蔬菜 | 13 | 70 | 11 | 0 | 千克 | AB |
| **0705** | **鲜或冷藏的莴苣及菊苣** | | | | | | |
| 07051100 | --结球莴苣(包心生菜) | | | | | | |
| 0705110000 | 鲜或冷藏的结球莴苣(包心生菜) | 10 | 70 | 11 | 0 | 千克 | AB |
| 07051900 | --其他 | | | | | | |
| 0705190000 | 鲜或冷藏的其他莴苣 | 10 | 70 | 11 | 0 | 千克 | AB |
| 07052100 | --维特罗夫菊苣 | | | | | | |
| 0705210000 | 鲜或冷藏的维特罗夫菊苣 | 13 | 70 | 11 | 0 | 千克 | AB |
| 07052900 | --其他 | | | | | | |
| 0705290000 | 鲜或冷藏的其他菊苣 | 13 | 70 | 11 | 0 | 千克 | AB |
| **0706** | **鲜或冷藏的胡萝卜、萝卜、色拉甜菜根、婆罗门参、块根芹、小萝卜及类似的食用根茎** | | | | | | |
| 07061000 | -胡萝卜及萝卜 | | | | | | |
| 0706100001 | 鲜、冷胡萝卜 | 13 | 70 | 11 | 0 | 千克 | AB |
| 0706100090 | 鲜或冷藏的萝卜 | 13 | 70 | 11 | 0 | 千克 | AB |
| 07069000 | -其他 | | | | | | |
| 0706900000 | 鲜或冷藏的小萝卜及类似食用根茎(包括色拉甜菜根、婆罗门参、块根芹) | 13 | 70 | 11 | 0 | 千克 | AB |
| **0707** | **鲜或冷藏的黄瓜及小黄瓜** | | | | | | |
| 07070000 | 鲜或冷藏的黄瓜及小黄瓜 | | | | | | |
| 0707000000 | 鲜或冷藏的黄瓜及小黄瓜 | 13 | 70 | 11 | 0 | 千克 | AB |
| **0708** | **鲜或冷藏的豆类蔬菜,不论是否脱荚** | | | | | | |
| 07081000 | -豌豆 | | | | | | |
| 0708100000 | 鲜或冷藏的豌豆(不论是否脱荚) | 13 | 70 | 11 | 0 | 千克 | AB |
| 07082000 | -豇豆属及菜豆属 | | | | | | |
| 0708200000 | 鲜或冷藏的豇豆及菜豆(不论是否脱荚) | 13 | 70 | 11 | 0 | 千克 | AB |
| 07089000 | -其他豆类蔬菜 | | | | | | |
| 0708900000 | 鲜或冷藏的其他豆类蔬菜(不论是否脱荚) | 13 | 70 | 11 | 0 | 千克 | AB |
| **0709** | **鲜或冷藏的其他蔬菜** | | | | | | |
| 07092000 | -芦笋 | | | | | | |
| 0709200000 | 鲜或冷藏的芦笋 | 13 | 70 | 11 | 0 | 千克 | AB |
| 07093000 | -茄子 | | | | | | |
| 0709300000 | 鲜或冷藏的茄子 | 13 | 70 | 11 | 0 | 千克 | AB |
| 07094000 | -芹菜,但块根芹除外 | | | | | | |
| 0709400000 | 鲜或冷藏的芹菜(块根芹除外) | 10 | 70 | 11 | 0 | 千克 | AB |
| 07095100 | --伞菌属蘑菇 | | | | | | |
| 0709510000 | 鲜或冷藏的伞菌属蘑菇 | 13 | 90 | 11 | 0 | 千克 | AB |
| 07095910 | ---松茸 | | | | | | |
| 0709591000 | 鲜或冷藏的松茸 | 13 | 90 | 11 | 0 | 千克 | ABE |
| 07095920 | ---香菇 | | | | | | |
| 0709592000 | 鲜或冷藏的香菇 | 13 | 90 | 11 | 0 | 千克 | AB |
| 07095930 | ---金针菇 | | | | | | |
| 0709593000 | 鲜或冷藏的金针菇 | 13 | 90 | 11 | 0 | 千克 | AB |
| 07095940 | ---草菇 | | | | | | |

| 商品编号 | 商品名称及备注 | 进口关税税率(%) | | 增值税率(%) | 出口退税率(%) | 计量单位 | 监管条件 |
|---|---|---|---|---|---|---|---|
| | | 最惠国 | 普通 | | | | |
| 0709594000 | 鲜或冷藏的草菇 | 13 | 90 | 11 | 0 | 千克 | AB |
| 07095950 | ---口蘑 | | | | | | |
| 0709595000 | 鲜或冷藏的口蘑 | 13 | 90 | 11 | 0 | 千克 | AB |
| 07095960 | ---块菌 | | | | | | |
| 0709596000 | 鲜或冷藏的块菌 | 13 | 90 | 11 | 5 | 千克 | AB |
| 07095990 | ---其他 | | | | | | |
| 0709599000 | 鲜或冷藏的其他蘑菇 | 13 | 90 | 11 | 0 | 千克 | AB |
| 07096000 | -辣椒,包括甜椒 | | | | | | |
| 0709600000 | 鲜或冷藏的辣椒(包括甜椒) | 13 | 70 | 11 | 0 | 千克 | AB |
| 07097000 | -菠菜 | | | | | | |
| 0709700000 | 鲜或冷藏的菠菜 | 13 | 70 | 11 | 0 | 千克 | AB |
| 07099100 | --洋蓟 | | | | | | |
| 0709910000 | 鲜或冷藏的洋蓟 | 13 | 70 | 11 | 5 | 千克 | AB |
| 07099200 | --油橄榄 | | | | | | |
| 0709920000 | 鲜或冷藏的油橄榄 | 13 | 70 | 11 | 5 | 千克 | AB |
| 07099300 | --南瓜、笋瓜及瓠瓜(南瓜属) | | | | | | |
| 0709930000 | 鲜或冷藏的南瓜、笋瓜及瓠瓜(南瓜属) | 13 | 70 | 11 | 0 | 千克 | AB |
| 07099910 | ---竹笋 | | | | | | |
| 0709991010 | 鲜或冷藏的酸竹笋 | 13 | 70 | 11 | 0 | 千克 | ABE |
| 0709991090 | 鲜或冷藏的其他竹笋 | 13 | 70 | 11 | 0 | 千克 | AB |
| 07099990 | ---其他 | | | | | | |
| 0709999001 | 鲜或冷藏的丝瓜 | 13 | 70 | 11 | 0 | 千克 | AB |
| 0709999002 | 鲜或冷藏的青江菜 | 13 | 70 | 11 | 0 | 千克 | AB |
| 0709999003 | 鲜或冷藏的小白菜 | 13 | 70 | 11 | 0 | 千克 | AB |
| 0709999004 | 鲜或冷藏的苦瓜 | 13 | 70 | 11 | 0 | 千克 | AB |
| 0709999005 | 鲜或冷藏的山葵 | 13 | 70 | 11 | 0 | 千克 | AB |
| 0709999010 | 鲜或冷藏的莼菜 | 13 | 70 | 11 | 0 | 千克 | ABE |
| 0709999090 | 鲜或冷藏的其他蔬菜 | 13 | 70 | 11 | 0 | 千克 | AB |
| **0710** | **冷冻蔬菜(不论是否蒸煮)** | | | | | | |
| 07101000 | -马铃薯 | | | | | | |
| 0710100000 | 冷冻马铃薯(不论是否蒸煮) | 13 | 70 | 11 | 0 | 千克 | AB |
| 07102100 | --豌豆 | | | | | | |
| 0710210000 | 冷冻豌豆(不论是否蒸煮) | 13 | 70 | 11 | 0 | 千克 | AB |
| 07102210 | ---红小豆(赤豆) | | | | | | |
| 0710221000 | 冷冻的红小豆(赤豆)(不论是否蒸煮) | 13 | 70 | 11 | 0 | 千克 | AB |
| 07102290 | ---其他 | | | | | | |
| 0710229000 | 冷冻豇豆及菜豆(不论是否蒸煮) | 13 | 70 | 11 | 0 | 千克 | AB |
| 07102900 | --其他 | | | | | | |
| 0710290000 | 冷冻其他豆类蔬菜(不论是否蒸煮) | 13 | 70 | 11 | 0 | 千克 | AB |
| 07103000 | -菠菜 | | | | | | |
| 0710300000 | 冷冻菠菜(不论是否蒸煮) | 13 | 70 | 11 | 0 | 千克 | AB |
| 07104000 | -甜玉米 | | | | | | |
| 0710400000 | 冷冻甜玉米(不论是否蒸煮) | 10 | 70 | 11 | 0 | 千克 | AB |
| 07108010 | ---松茸 | | | | | | |
| 0710801000 | 冷冻松茸(不论是否蒸煮) | 13 | 70 | 11 | 0 | 千克 | ABE |
| 07108020 | ---蒜薹及蒜苗(青蒜) | | | | | | |

| 商品编号 | 商 品 名 称 及 备 注 | 进口关税税率(%) | | 增值税率(%) | 出口退税率(%) | 计量单位 | 监管条件 |
|---|---|---|---|---|---|---|---|
| | | 最惠国 | 普通 | | | | |
| 0710802000 | 冷冻蒜薹及蒜苗(包括青蒜)(不论是否蒸煮) | 13 | 70 | 11 | 0 | 千克 | AB |
| 07108030 | ---蒜头 | | | | | | |
| 0710803000 | 冷冻蒜头(不论是否蒸煮) | 13 | 70 | 11 | 0 | 千克 | AB |
| 07108040 | ---牛肝菌 | | | | | | |
| 0710804000 | 冷冻牛肝菌(不论是否蒸煮) | 13 | 70 | 11 | 0 | 千克 | AB |
| 07108090 | ---其他 | | | | | | |
| 0710809010 | 冷冻的大蒜瓣(不论是否蒸煮) | 13 | 70 | 11 | 0 | 千克 | AB |
| 0710809020 | 冷冻的香菇(不论是否蒸煮) | 13 | 70 | 11 | 0 | 千克 | AB |
| 0710809030 | 冷冻莼菜(不论是否蒸煮) | 13 | 70 | 11 | 0 | 千克 | ABE |
| 0710809090 | 冷冻的未列名蔬菜(不论是否蒸煮) | 13 | 70 | 11 | 0 | 千克 | AB |
| 07109000 | -什锦蔬菜 | | | | | | |
| 0710900000 | 冷冻什锦蔬菜(不论是否蒸煮) | 10 | 70 | 11 | 0 | 千克 | AB |
| **0711** | **暂时保藏(例如,使用二氧化硫气体、盐水、亚硫酸水或其他防腐液)的蔬菜,但不适于直接食用的** | | | | | | |
| 07112000 | -油橄榄 | | | | | | |
| 0711200000 | 暂时保藏的油橄榄(用二氧化硫气体、盐水等物质处理,但不适于直接食用的) | 13 | 70 | 11 | 5 | 千克 | AB |
| 07114000 | -黄瓜及小黄瓜 | | | | | | |
| 0711400000 | 暂时保藏的黄瓜及小黄瓜(用二氧化硫气体、盐水等物质处理,但不适于直接食用的) | 13 | 70 | 11 | 5 | 千克 | AB |
| 07115112 | ----白蘑菇 | | | | | | |
| 0711511200 | 盐水小白蘑菇(洋蘑菇)(指小白蘑菇,不适于直接食用的) | 13 | 90 | 11 | 5 | 千克 | AB |
| 07115119 | ----其他 | | | | | | |
| 0711511900 | 盐水的其他伞菌属蘑菇(不适于直接食用的) | 13 | 90 | 11 | 5 | 千克 | AB |
| 07115190 | ---其他 | | | | | | |
| 0711519000 | 暂时保藏的其他伞菌属蘑菇(不适于直接食用的) | 13 | 90 | 11 | 5 | 千克 | AB |
| 07115911 | ----松茸 | | | | | | |
| 0711591100 | 盐水松茸(不适于直接食用的) | 13 | 90 | 11 | 5 | 千克 | EAB |
| 07115919 | ----其他 | | | | | | |
| 0711591910 | 盐水的香菇(不适于直接食用的) | 13 | 90 | 11 | 5 | 千克 | AB |
| 0711591990 | 盐水的其他非伞菌属蘑菇及块菌(不适于直接食用的) | 13 | 90 | 11 | 5 | 千克 | AB |
| 07115990 | ---其他 | | | | | | |
| 0711599010 | 暂时保藏的香菇(用二氧化硫气体等物质处理,但不适于直接食用的) | 13 | 90 | 11 | 5 | 千克 | AB |
| 0711599090 | 暂时保藏的蘑菇及块菌(用二氧化硫气体等物质处理,但不适于直接食用的) | 13 | 90 | 11 | 5 | 千克 | AB |
| 07119031 | ----竹笋 | | | | | | |
| 0711903110 | 盐水酸竹笋(不适于直接食用的) | 13 | 70 | 11 | 5 | 千克 | ABE |
| 0711903190 | 其他盐水竹笋(不适于直接食用的) | 13 | 70 | 11 | 5 | 千克 | AB |
| 07119034 | ----大蒜 | | | | | | |
| 0711903410 | 盐水简单腌制的大蒜头、大蒜瓣(无论是否去皮,但不适于直接食用) | 13 | 70 | 11 | 5 | 千克 | AB |
| 0711903490 | 盐水简单腌制的其他大蒜(不含蒜头、蒜瓣,无论是否去皮,但不适于直接食用) | 13 | 70 | 11 | 5 | 千克 | AB |
| 07119039 | ----其他 | | | | | | |
| 0711903900 | 盐水的其他蔬菜及什锦蔬菜(不适于直接食用的) | 13 | 70 | 11 | 5 | 千克 | AB |
| 07119090 | ---其他 | | | | | | |
| 0711909000 | 暂时保藏的其他蔬菜及什锦蔬菜(用二氧化硫气体等物质处理,但不适于直接食用的) | 13 | 90 | 11 | 5 | 千克 | AB |
| **0712** | **干蔬菜,整个、切块、切片、破碎或制成粉状,但未经进一步加工的** | | | | | | |
| 07122000 | -洋葱 | | | | | | |
| 0712200000 | 干制洋葱(整个、切块、切片、破碎或制成粉状,但未经进一步加工的) | 13 | 80 | 11 | 0 | 千克 | AB |
| 07123100 | --伞菌属蘑菇 | | | | | | |

| 商品编号 | 商品名称及备注 | 进口关税税率(%) | | 增值税率(%) | 出口退税率(%) | 计量单位 | 监管条件 |
|---|---|---|---|---|---|---|---|
| | | 最惠国 | 普通 | | | | |
| 0712310000 | 干伞菌属蘑菇(整个、切块、切片、破碎或制成粉状,但未经进一步加工的) | 13 | 80 | 11 | 0 | 千克 | AB |
| 07123200 | --木耳 | | | | | | |
| 0712320000 | 干木耳(整个、切块、切片、破碎或制成粉状,但未经进一步加工的) | 13 | 100 | 11 | 0 | 千克 | AB |
| 07123300 | --银耳 | | | | | | |
| 0712330000 | 干银耳(白木耳)(整个、切块、切片、破碎或制成粉状,但未经进一步加工的) | 13 | 90 | 11 | 0 | 千克 | AB |
| 07123910 | ---香菇 | | | | | | |
| 0712391000 | 干制香菇(整个、切块、切片、破碎或制成粉状,但未经进一步加工的) | 13 | 100 | 11 | 0 | 千克 | AB |
| 07123920 | ---金针菇 | | | | | | |
| 0712392000 | 干制金针菇(整个、切块、切片、破碎或制成粉状,但未经进一步加工的) | 13 | 100 | 11 | 0 | 千克 | AB |
| 07123950 | ---牛肝菌 | | | | | | |
| 0712395000 | 干制牛肝菌(整个、切块、切片、破碎或制成粉状,但未经进一步加工的) | 13 | 100 | 11 | 0 | 千克 | AB |
| 07123991 | ----羊肚菌 | | | | | | |
| 0712399100 | 干制羊肚菌(整个、切块、切片、破碎或制成粉状,但未经进一步加工的) | 13 | 100 | 11 | 0 | 千克 | AB |
| 07123999 | ----其他 | | | | | | |
| 0712399910 | 干制松茸(整个、切块、切片、破碎或制成粉状,但未经进一步加工的) | 13 | 100 | 11 | 0 | 千克 | ABE |
| 0712399990 | 其他干制蘑菇及块菌(整个、切块、切片、破碎或制成粉状,但未经进一步加工的) | 13 | 100 | 11 | 0 | 千克 | AB |
| 07129010 | ---笋干丝 | | | | | | |
| 0712901010 | 酸竹笋干丝 | 13 | 80 | 11 | 0 | 千克 | ABE |
| 0712901090 | 其他笋干丝 | 13 | 80 | 11 | 0 | 千克 | AB |
| 07129020 | ---紫萁(薇菜干) | | | | | | |
| 0712902000 | 紫萁(薇菜干)(整条、切段、破碎或制成粉状,但未经进一步加工的) | 13 | 80 | 11 | 0 | 千克 | AB |
| 07129030 | ---金针菜(黄花菜) | | | | | | |
| 0712903000 | 干金针菜(黄花菜)(整条、切段、破碎或制成粉状,但未经进一步加工的) | 13 | 80 | 11 | 0 | 千克 | AB |
| 07129040 | ---蕨菜 | | | | | | |
| 0712904000 | 蕨菜干(整个、切段、破碎或制成粉状,但未经进一步加工的) | 13 | 80 | 11 | 0 | 千克 | AB |
| 07129050 | ---大蒜 | | | | | | |
| 0712905010 | 干燥或脱水的大蒜头、大蒜瓣(无论是否去皮) | 13 | 80 | 17 | 0 | 千克 | AB |
| 0712905090 | 干燥或脱水的其他大蒜(不含蒜头、蒜瓣,无论是否去皮) | 13 | 80 | 17 | 0 | 千克 | AB |
| 07129091 | ----辣根 | | | | | | |
| 0712909100 | 干辣根(整个、切块、切片、破碎或制成粉状,但未经进一步加工的) | 13 | 80 | 11 | 0 | 千克 | AB |
| 07129099 | ----其他 | | | | | | |
| 0712909910 | 干莼菜(整个、切块、切片、破碎或制成粉状,但未经进一步加工的) | 13 | 80 | 11 | 0 | 千克 | ABE |
| 0712909990 | 干制的其他蔬菜及什锦蔬菜(整个、切块、切片、破碎或制成粉状,但未经进一步加工的) | 13 | 80 | 11 | 0 | 千克 | AB |
| **0713** | **脱荚的干豆,不论是否去皮或分瓣** | | | | | | |
| 07131010 | ---种用 | | | | | | |
| 0713101000 | 种用干豌豆(不论是否去皮或分瓣) | 0 | 0 | 11 | 0 | 千克 | AB |
| 07131090 | ---其他 | | | | | | |
| 0713109000 | 其他干豌豆(不论是否去皮或分瓣) | 5 | 20 | 11 | 0 | 千克 | AB |
| 07132010 | ---种用 | | | | | | |
| 0713201000 | 种用干鹰嘴豆(不论是否去皮或分瓣) | 0 | 0 | 11 | 5 | 千克 | AB |
| 07132090 | ---其他 | | | | | | |
| 0713209000 | 其他干鹰嘴豆(不论是否去皮或分瓣) | 7 | 20 | 11 | 5 | 千克 | AB |
| 07133110 | ---种用 | | | | | | |
| 0713311000 | 种用干绿豆(不论是否去皮或分瓣) | 0 | 0 | 11 | 5 | 千克 | AB |
| 07133190 | ---其他 | | | | | | |
| 0713319000 | 其他干绿豆(不论是否去皮或分瓣) | 3 | 11 | 11 | 5 | 千克 | AB |

| 商品编号 | 商品名称及备注 | 进口关税税率(%) | | 增值税率(%) | 出口退税率(%) | 计量单位 | 监管条件 |
|---|---|---|---|---|---|---|---|
| | | 最惠国 | 普通 | | | | |
| 07133210 | ---种用 | | | | | | |
| 0713321000 | 种用红小豆(赤豆)(不论是否去皮或分瓣) | 0 | 0 | 11 | 5 | 千克 | AB |
| 07133290 | ---其他 | | | | | | |
| 0713329000 | 其他干赤豆(不论是否去皮或分瓣) | 3 | 14 | 11 | 5 | 千克 | AB |
| 07133310 | ---种用 | | | | | | |
| 0713331000 | 种用干芸豆(不论是否去皮或分瓣) | 0 | 0 | 11 | 0 | 千克 | AB |
| 07133390 | ---其他 | | | | | | |
| 0713339000 | 其他干芸豆(不论是否去皮或分瓣) | 7.5 | 20 | 11 | 0 | 千克 | AB |
| 07133400 | --巴姆巴拉豆 | | | | | | |
| 0713340000 | 干巴姆巴拉豆(不论是否去皮或分瓣) | 7 | 20 | 11 | 5 | 千克 | AB |
| 07133500 | --牛豆(豇豆) | | | | | | |
| 0713350000 | 干牛豆(豇豆)(不论是否去皮或分瓣) | 7 | 20 | 11 | 5 | 千克 | AB |
| 07133900 | --其他 | | | | | | |
| 0713390000 | 其他干豇豆属及菜豆属(不论是否去皮或分瓣) | 7 | 20 | 11 | 0 | 千克 | AB |
| 07134010 | ---种用 | | | | | | |
| 0713401000 | 种用干扁豆(不论是否去皮或分瓣) | 0 | 0 | 11 | 0 | 千克 | AB |
| 07134090 | ---其他 | | | | | | |
| 0713409000 | 其他干扁豆(不论是否去皮或分瓣) | 7 | 20 | 11 | 0 | 千克 | AB |
| 07135010 | ---种用 | | | | | | |
| 0713501000 | 种用干蚕豆(不论是否去皮或分瓣) | 0 | 0 | 11 | 5 | 千克 | AB |
| 07135090 | ---其他 | | | | | | |
| 0713509000 | 其他干蚕豆(不论是否去皮或分瓣) | 7 | 20 | 11 | 5 | 千克 | AB |
| 07136010 | ---种用 | | | | | | |
| 0713601000 | 种用干木豆(木豆属)(不论是否去皮或分瓣) | 0 | 0 | 11 | 5 | 千克 | AB |
| 07136090 | ---其他 | | | | | | |
| 0713609000 | 其他干木豆(木豆属)(不论是否去皮或分瓣) | 7 | 20 | 11 | 5 | 千克 | AB |
| 07139010 | ---种用干豆 | | | | | | |
| 0713901000 | 种用干豆(不论是否去皮或分瓣) | 0 | 0 | 11 | 0 | 千克 | AB |
| 07139090 | ---其他 | | | | | | |
| 0713909000 | 其他干豆(不论是否去皮或分瓣) | 7 | 20 | 11 | 0 | 千克 | AB |
| **0714** | **鲜、冷、冻或干的木薯、竹芋、兰科植物块茎、菊芋、甘薯及含有高淀粉或菊粉的类似根茎,不论是否切片或制成团粒;西谷茎髓** | | | | | | |
| 07141010 | ---鲜的 | | | | | | |
| 0714101000 | 鲜木薯(不论是否切片) | 10 | 30 | 11 | 5 | 千克 | 7AB |
| 07141020 | ---干的 | | | | | | |
| 0714102000 | 干木薯(不论是否切片或制成团粒) | 5 | 30 | 11 | 5 | 千克 | 7AB |
| 07141030 | ---冷或冻的 | | | | | | |
| 0714103000 | 冷或冻的木薯(不论是否切片或制成团粒) | 10 | 80 | 11 | 5 | 千克 | 7AB |
| 07142011 | ----种用 | | | | | | |
| 0714201100 | 鲜种用甘薯 | 0 | 50 | 11 | 0 | 千克 | AB |
| 07142019 | ----其他 | | | | | | |
| 0714201900 | 其他非种用鲜甘薯(不论是否切片) | 13 | 50 | 11 | 0 | 千克 | AB |
| 07142020 | ---干的 | | | | | | |
| 0714202000 | 干甘薯(不论是否切片或制成团粒) | 13 | 50 | 11 | 0 | 千克 | AB |
| 07142030 | ---冷或冻的 | | | | | | |
| 0714203000 | 冷或冻的甘薯(不论是否切片或制成团粒) | 13 | 80 | 11 | 0 | 千克 | AB |

| 商品编号 | 商品名称及备注 | 进口关税税率(%) | | 增值税率(%) | 出口退税率(%) | 计量单位 | 监管条件 |
|---|---|---|---|---|---|---|---|
| | | 最惠国 | 普通 | | | | |
| 07143000 | -山药 | | | | | | |
| 0714300000 | 鲜、冷、冻或干的山药(不论是否切片或制成团粒) | 13 | 50 | 11 | 0 | 千克 | AB |
| 07144000 | -芋头(芋属) | | | | | | |
| 0714400001 | 鲜、冷芋头(芋属)(不论是否切片或制成团粒;芋头又称芋艿,为天南星科芋属植物,分旱芋、水芋) | 13 | 50 | 11 | 0 | 千克 | AB |
| 0714400090 | 冻、干的芋头(芋属)(不论是否切片或制成团粒;芋头又称芋艿,为天南星科芋属植物,分旱芋、水芋) | 13 | 50 | 11 | 0 | 千克 | AB |
| 07145000 | -箭叶黄体芋(黄肉芋属) | | | | | | |
| 0714500000 | 鲜、冷、冻或干的箭叶黄体芋(黄肉芋属)(不论是否切片或制成团粒,鲜、冷、冻或干的) | 13 | 50 | 11 | 5 | 千克 | AB |
| 07149010 | ---荸荠 | | | | | | |
| 0714901000 | 鲜、冷、冻、干的荸荠(不论是否切片或制成团粒) | 13 | 50 | 11 | 0 | 千克 | AB |
| 07149021 | ----种用 | | | | | | |
| 0714902100 | 种用藕(不论是否去皮或分瓣) | 0 | 0 | 11 | 0 | 千克 | AB |
| 07149029 | ----其他 | | | | | | |
| 0714902900 | 鲜、冷、冻、干的非种用藕(不论是否切片或制成团粒) | 13 | 50 | 11 | 0 | 千克 | AB |
| 07149090 | ---其他 | | | | | | |
| 0714909010 | 鲜、冷、冻、干的兰科植物块茎 | 13 | 50 | 11 | 0 | 千克 | ABFE |
| 0714909091 | 含高淀粉或菊粉其他濒危类似根茎(包括西谷茎髓,不论是否切片或制成团粒,鲜、冷、冻或干的) | 13 | 50 | 11 | 0 | 千克 | ABFE |
| 0714909099 | 含有高淀粉或菊粉的其他类似根茎(包括西谷茎髓,不论是否切片或制成团粒,鲜、冷、冻或干的) | 13 | 50 | 11 | 0 | 千克 | AB |

# 第八章　食用水果及坚果；甜瓜或柑橘属水果的果皮

**注释：**

一、本章不包括非供食用的坚果或水果。

二、冷藏的水果和坚果应按相应的鲜果品目归类。

三、本章的干果可以部分复水或为下列目的进行其他处理：

（一）为保藏或保持其稳定性（例如，经适度热处理或硫化处理、添加山梨酸或山梨酸钾）；

（二）改进或保持其外观（例如，添加植物油或少量葡萄糖浆）。

但必须保持干果的特征。

| 商品编号 | 商品名称及备注 | 进口关税税率（%） | | 增值税率（%） | 出口退税率（%） | 计量单位 | 监管条件 |
|---|---|---|---|---|---|---|---|
| | | 最惠国 | 普通 | | | | |
| **0801** | **鲜或干的椰子、巴西果及腰果，不论是否去壳或去皮** | | | | | | |
| 08011100 | --干的 | | | | | | |
| 0801110000暂7 | 干的椰子（不论是否去壳或去皮） | 12 | 80 | 11 | 5 | 千克 | AB |
| 08011200 | --未去内壳（内果皮） | | | | | | |
| 0801120000 | 鲜的未去内壳（内果皮）椰子 | 12 | 80 | 11 | 5 | 千克 | AB |
| 08011910 | ---种用 | | | | | | |
| 0801191000 | 种用椰子 | 0 | 0 | 11 | 5 | 千克 | AB |
| 08011990 | ---其他 | | | | | | |
| 0801199000 | 其他鲜椰子 | 12 | 80 | 11 | 5 | 千克 | AB |
| 08012100 | --未去壳 | | | | | | |
| 0801210000暂7 | 鲜或干的未去壳巴西果 | 10 | 80 | 11 | 5 | 千克 | AB |
| 08012200 | --去壳 | | | | | | |
| 0801220000暂7 | 鲜或干的去壳巴西果 | 10 | 80 | 11 | 5 | 千克 | AB |
| 08013100 | --未去壳 | | | | | | |
| 0801310000暂7 | 鲜或干的未去壳腰果 | 20 | 70 | 11 | 5 | 千克 | AB |
| 08013200 | --去壳 | | | | | | |
| 0801320000暂7 | 鲜或干的去壳腰果 | 10 | 70 | 11 | 5 | 千克 | AB |
| **0802** | **鲜或干的其他坚果，不论是否去壳或去皮** | | | | | | |
| 08021100 | --未去壳 | | | | | | |
| 0802110000暂10 | 鲜或干的未去壳扁桃核 | 24 | 70 | 11 | 5 | 千克 | AB |
| 08021200 | --去壳 | | | | | | |
| 0802120000 | 鲜或干的去壳扁桃仁 | 10 | 70 | 11 | 5 | 千克 | AB |
| 08022100 | --未去壳 | | | | | | |
| 0802210000 | 鲜或干的未去壳榛子 | 25 | 70 | 11 | 5 | 千克 | AB |
| 08022200 | --去壳 | | | | | | |
| 0802220000 | 鲜或干的去壳榛子 | 10 | 70 | 11 | 5 | 千克 | AB |
| 08023100 | --未去壳 | | | | | | |
| 0802310000 | 鲜或干的未去壳核桃 | 25 | 70 | 11 | 5 | 千克 | AB |
| 08023200 | --去壳 | | | | | | |
| 0802320000 | 鲜或干的去壳核桃 | 20 | 70 | 11 | 5 | 千克 | AB |
| 08024110 | ---板栗 | | | | | | |
| 0802411000 | 鲜或干的未去壳板栗 | 25 | 70 | 11 | 5 | 千克 | AB |
| 08024190 | ---其他 | | | | | | |
| 0802419000暂20 | 鲜或干的其他未去壳栗子（板栗除外）（不论是否去壳或去皮） | 25 | 70 | 11 | 5 | 千克 | AB |
| 08024210 | ---板栗 | | | | | | |
| 0802421000 | 鲜或干的去壳板栗（不论是否去皮） | 25 | 70 | 11 | 5 | 千克 | AB |

| 商品编号 | 商品名称及备注 | 进口关税税率(%) | | 增值税率(%) | 出口退税率(%) | 计量单位 | 监管条件 |
|---|---|---|---|---|---|---|---|
| | | 最惠国 | 普通 | | | | |
| 08024290 | ---其他 | | | | | | |
| 0802429000[暂20] | 鲜或干的其他去壳栗子(板栗除外)(不论是否去皮) | 25 | 70 | 11 | 5 | 千克 | AB |
| 08025100 | --未去壳 | | | | | | |
| 0802510000[暂5] | 鲜或干的未去壳阿月浑子果(开心果) | 10 | 70 | 11 | 5 | 千克 | AB |
| 08025200 | --去壳 | | | | | | |
| 0802520000[暂5] | 鲜或干的去壳阿月浑子果(开心果) | 10 | 70 | 11 | 5 | 千克 | AB |
| 08026110 | ---种用 | | | | | | |
| 0802611000 | 鲜或干的种用未去壳马卡达姆坚果(夏威夷果) | 0 | 70 | 11 | 5 | 千克 | AB |
| 08026190 | ---其他 | | | | | | |
| 0802619000[暂12] | 鲜或干的其他未去壳马卡达姆坚果(夏威夷果) | 24 | 70 | 11 | 5 | 千克 | AB |
| 08026200 | --去壳 | | | | | | |
| 0802620000[暂12] | 鲜或干的去壳马卡达姆坚果(夏威夷果)(不论是否去皮) | 24 | 70 | 11 | 5 | 千克 | AB |
| 08027000 | -可乐果(可乐果属) | | | | | | |
| 0802700000 | 鲜或干的可乐果(可乐果属)(不论是否去壳或去皮) | 24 | 70 | 11 | 5 | 千克 | AB |
| 08028000 | -槟榔果 | | | | | | |
| 0802800001 | 鲜的槟榔果(不论是否去壳或去皮) | 10 | 30 | 11 | 5 | 千克 | AB |
| 0802800090 | 干的槟榔果(不论是否去壳或去皮) | 10 | 30 | 11 | 5 | 千克 | AB |
| 08029020 | ---白果 | | | | | | |
| 0802902000[暂20] | 鲜或干的白果(不论是否去壳或去皮) | 25 | 70 | 11 | 5 | 千克 | ABE |
| 08029030 | ---松子仁 | | | | | | |
| 0802903010 | 鲜或干的红松子仁 | 25 | 70 | 11 | 5 | 千克 | ABE |
| 0802903020 | 鲜或干的其他濒危松子仁 | 25 | 70 | 11 | 0 | 千克 | ABEF |
| 0802903090 | 鲜或干的其他松子仁 | 25 | 70 | 11 | 5 | 千克 | AB |
| 08029090 | ---其他 | | | | | | |
| 0802909010 | 鲜或干的榧子、红松子(不论是否去壳或去皮) | 24 | 70 | 11 | 5 | 千克 | ABE |
| 0802909020 | 鲜或干的其他濒危松子(不论是否去壳或去皮) | 24 | 70 | 11 | 0 | 千克 | ABEF |
| 0802909030 | 鲜或干的巨籽棕(海椰子)果仁 | 24 | 70 | 11 | 5 | 千克 | ABEF |
| 0802909040[暂7] | 鲜或干的碧根果(不论是否去壳或去皮) | 24 | 70 | 11 | 5 | 千克 | AB |
| 0802909090 | 鲜或干的其他坚果(不论是否去壳或去皮) | 24 | 70 | 11 | 5 | 千克 | AB |
| **0803** | **鲜或干的香蕉,包括芭蕉** | | | | | | |
| 08031000 | -芭蕉 | | | | | | |
| 0803100000 | 鲜或干的芭蕉 | 10 | 40 | 11 | 5 | 千克 | AB |
| 08039000 | -其他 | | | | | | |
| 0803900000 | 鲜或干的香蕉 | 10 | 40 | 11 | 5 | 千克 | AB |
| **0804** | **鲜或干的椰枣、无花果、菠萝、鳄梨、番石榴、芒果及山竹果** | | | | | | |
| 08041000 | -椰枣 | | | | | | |
| 0804100000 | 鲜或干的椰枣 | 15 | 40 | 11 | 5 | 千克 | AB |
| 08042000 | -无花果 | | | | | | |
| 0804200000 | 鲜或干的无花果 | 30 | 70 | 11 | 5 | 千克 | AB |
| 08043000 | -菠萝 | | | | | | |
| 0804300001 | 鲜菠萝 | 12 | 80 | 11 | 5 | 千克 | AB |
| 0804300090 | 干菠萝 | 12 | 80 | 11 | 5 | 千克 | AB |
| 08044000 | -鳄梨 | | | | | | |
| 0804400000[暂7] | 鲜或干的鳄梨 | 25 | 80 | 11 | 5 | 千克 | AB |
| 08045010 | ---番石榴 | | | | | | |
| 0804501001 | 鲜番石榴 | 15 | 80 | 11 | 5 | 千克 | AB |

| 商品编号 | 商品名称及备注 | 进口关税税率(%) | | 增值税率(%) | 出口退税率(%) | 计量单位 | 监管条件 |
|---|---|---|---|---|---|---|---|
| | | 最惠国 | 普通 | | | | |
| 0804501090 | 干番石榴 | 15 | 80 | 11 | 5 | 千克 | AB |
| 08045020 | ---芒果 | | | | | | |
| 0804502001 | 鲜芒果 | 15 | 80 | 11 | 5 | 千克 | AB |
| 0804502090 | 干芒果 | 15 | 80 | 11 | 5 | 千克 | AB |
| 08045030 | ---山竹果 | | | | | | |
| 0804503000 | 鲜或干的山竹果 | 15 | 80 | 11 | 5 | 千克 | AB |
| **0805** | **鲜或干的柑橘属水果** | | | | | | |
| 08051000 | -橙 | | | | | | |
| 0805100000 | 鲜或干的橙 | 11 | 100 | 11 | 5 | 千克 | AB |
| 08052110 | ---蕉柑 | | | | | | |
| 0805211000 | 鲜或干的蕉柑 | 12 | 100 | 11 | 5 | 千克 | AB |
| 08052190 | ---其他 | | | | | | |
| 0805219000 | 鲜或干的柑橘(包括小蜜橘及萨摩蜜柑橘) | 12 | 100 | 11 | 5 | 千克 | AB |
| 08052200 | --克里曼丁橘 | | | | | | |
| 0805220000 | 鲜或干的克里曼丁橘 | 12 | 100 | 11 | 5 | 千克 | AB |
| 08052900 | --其他 | | | | | | |
| 0805290000 | 鲜或干的韦尔金橘及其他类似的杂交柑橘 | 12 | 100 | 11 | 5 | 千克 | AB |
| 08054000 | -葡萄柚,包括柚 | | | | | | |
| 0805400001 | 鲜葡萄柚,包括鲜柚 | 12 | 100 | 11 | 5 | 千克 | AB |
| 0805400090 | 干葡萄柚,包括干柚 | 12 | 100 | 11 | 5 | 千克 | AB |
| 08055000 | -柠檬及酸橙 | | | | | | |
| 0805500000 | 鲜或干的柠檬及酸橙 | 11 | 100 | 11 | 5 | 千克 | AB |
| 08059000 | -其他 | | | | | | |
| 0805900000 | 鲜或干的其他柑橘属水果 | 30 | 100 | 11 | 5 | 千克 | AB |
| **0806** | **鲜或干的葡萄** | | | | | | |
| 08061000 | -鲜的 | | | | | | |
| 0806100000 | 鲜葡萄 | 13 | 80 | 11 | 5 | 千克 | AB |
| 08062000 | -干的 | | | | | | |
| 0806200000 | 葡萄干 | 10 | 80 | 11 | 5 | 千克 | AB |
| **0807** | **鲜的甜瓜(包括西瓜)及木瓜** | | | | | | |
| 08071100 | --西瓜 | | | | | | |
| 0807110000 | 鲜西瓜 | 25 | 70 | 11 | 5 | 千克 | AB |
| 08071910 | ---哈蜜瓜 | | | | | | |
| 0807191000 | 鲜哈密瓜 | 12 | 70 | 11 | 5 | 千克 | AB |
| 08071920 | ---罗马甜瓜及加勒比甜瓜 | | | | | | |
| 0807192000 | 鲜罗马甜瓜及加勒比甜瓜 | 12 | 70 | 11 | 5 | 千克 | AB |
| 08071990 | ---其他 | | | | | | |
| 0807199000 | 其他鲜甜瓜 | 12 | 70 | 11 | 5 | 千克 | AB |
| 08072000 | -木瓜 | | | | | | |
| 0807200000 | 鲜木瓜 | 25 | 70 | 11 | 5 | 千克 | AB |
| **0808** | **鲜的苹果、梨及榅桲** | | | | | | |
| 08081000 | -苹果 | | | | | | |
| 0808100000 | 鲜苹果 | 10 | 100 | 11 | 5 | 千克 | AB |
| 08083010 | ---鸭梨及雪梨 | | | | | | |
| 0808301000 | 鲜鸭梨及雪梨 | 12 | 100 | 11 | 5 | 千克 | AB |
| 08083020 | ---香梨 | | | | | | |

| 商品编号 | 商品名称及备注 | 进口关税税率(%) | | 增值税率(%) | 出口退税率(%) | 计量单位 | 监管条件 |
|---|---|---|---|---|---|---|---|
| | | 最惠国 | 普通 | | | | |
| 0808302000 | 鲜香梨 | 12 | 100 | 11 | 5 | 千克 | AB |
| 08083090 | ---其他 | | | | | | |
| 0808309000 | 其他鲜梨 | 10 | 100 | 11 | 5 | 千克 | AB |
| 08084000 | -榅桲 | | | | | | |
| 0808400000 | 鲜榅桲(QUINCES) | 16 | 100 | 11 | 5 | 千克 | AB |
| **0809** | **鲜的杏、樱桃、桃(包括油桃)、梅及李** | | | | | | |
| 08091000 | -杏 | | | | | | |
| 0809100000 | 鲜杏 | 25 | 70 | 11 | 5 | 千克 | AB |
| 08092100 | --欧洲酸樱桃 | | | | | | |
| 0809210000 | 鲜欧洲酸樱桃 | 10 | 70 | 11 | 5 | 千克 | AB |
| 08092900 | --其他 | | | | | | |
| 0809290000 | 其他鲜樱桃 | 10 | 70 | 11 | 5 | 千克 | AB |
| 08093000 | -桃,包括油桃 | | | | | | |
| 0809300000 | 鲜桃,包括鲜油桃 | 10 | 70 | 11 | 5 | 千克 | AB |
| 08094000 | -梅及李 | | | | | | |
| 0809400001 | 鲜梅 | 10 | 70 | 11 | 5 | 千克 | AB |
| 0809400090 | 鲜李子 | 10 | 70 | 11 | 5 | 千克 | AB |
| **0810** | **其他鲜果** | | | | | | |
| 08101000 | -草莓 | | | | | | |
| 0810100000 | 鲜草莓 | 14 | 80 | 11 | 5 | 千克 | AB |
| 08102000 | -木莓、黑莓、桑葚及罗甘莓 | | | | | | |
| 0810200000 | 鲜的木莓、黑莓、桑葚及罗甘莓 | 25 | 80 | 11 | 5 | 千克 | AB |
| 08103000 | -黑、白或红的穗醋栗(加仑子)及醋栗 | | | | | | |
| 0810300000 | 鲜的黑、白或红的穗醋栗(加仑子)及醋栗 | 25 | 80 | 11 | 5 | 千克 | AB |
| 08104000 | -蔓越橘及越橘 | | | | | | |
| 0810400010[暂15] | 鲜蔓越橘 | 30 | 80 | 11 | 5 | 千克 | AB |
| 0810400090 | 越橘 | 30 | 80 | 11 | 5 | 千克 | AB |
| 08105000 | -猕猴桃 | | | | | | |
| 0810500000 | 鲜猕猴桃 | 20 | 80 | 11 | 5 | 千克 | AB |
| 08106000 | -榴莲 | | | | | | |
| 0810600000 | 鲜榴莲 | 20 | 80 | 11 | 5 | 千克 | AB |
| 08107000 | -柿子 | | | | | | |
| 0810700000 | 鲜柿子 | 20 | 80 | 11 | 5 | 千克 | AB |
| 08109010 | ---荔枝 | | | | | | |
| 0810901000 | 鲜荔枝 | 30 | 80 | 11 | 5 | 千克 | AB |
| 08109030 | ---龙眼 | | | | | | |
| 0810903000 | 鲜龙眼 | 12 | 80 | 11 | 5 | 千克 | AB |
| 08109040 | ---红毛丹 | | | | | | |
| 0810904000 | 鲜红毛丹 | 20 | 80 | 11 | 5 | 千克 | AB |
| 08109050 | ---番荔枝 | | | | | | |
| 0810905000 | 鲜蕃荔枝 | 20 | 80 | 11 | 5 | 千克 | AB |
| 08109060 | ---杨桃 | | | | | | |
| 0810906000 | 鲜杨桃 | 20 | 80 | 11 | 5 | 千克 | AB |
| 08109070 | ---莲雾 | | | | | | |
| 0810907000 | 鲜莲雾 | 20 | 80 | 11 | 5 | 千克 | AB |
| 08109080 | ---火龙果 | | | | | | |

| 商品编号 | 商品名称及备注 | 进口关税税率(%) | | 增值税率(%) | 出口退税率(%) | 计量单位 | 监管条件 |
|---|---|---|---|---|---|---|---|
| | | 最惠国 | 普通 | | | | |
| 0810908000 | 鲜火龙果 | 20 | 80 | 11 | 5 | 千克 | AB |
| 08109090 | ---其他 | | | | | | |
| 0810909001 | 鲜枣 | 20 | 80 | 11 | 5 | 千克 | AB |
| 0810909002 | 鲜枇杷 | 20 | 80 | 11 | 5 | 千克 | AB |
| 0810909010 | 鲜的翅果油树果 | 20 | 80 | 11 | 5 | 千克 | ABE |
| 0810909090 | 其他鲜果 | 20 | 80 | 11 | 5 | 千克 | AB |
| **0811** | **冷冻水果及坚果,不论是否蒸煮、加糖或其他甜物质** | | | | | | |
| 08111000 | -草莓 | | | | | | |
| 0811100000 | 冷冻草莓 | 30 | 80 | 11 | 5 | 千克 | AB |
| 08112000 | -木莓、黑莓、桑葚、罗甘莓,黑、白或红的穗醋栗(加仑子)及醋栗 | | | | | | |
| 0811200000 | 冷冻木莓、黑莓、桑葚、罗甘莓,黑、白或红的穗醋栗(加仑子)及醋栗 | 30 | 80 | 11 | 5 | 千克 | AB |
| 08119010 | ---栗子,未去壳 | | | | | | |
| 0811901000 | 未去壳的冷冻栗子 | 30 | 80 | 11 | 5 | 千克 | AB |
| 08119090 | ---其他 | | | | | | |
| 0811909010 | 冷冻的白果 | 30 | 80 | 11 | 5 | 千克 | ABE |
| 0811909021 | 冷冻的红松子(不论是否去壳或去皮) | 30 | 80 | 11 | 5 | 千克 | ABE |
| 0811909022 | 冷冻的其他濒危松子(不论是否去壳或去皮) | 30 | 80 | 11 | 0 | 千克 | ABEF |
| 0811909030 | 冷冻的榧子 | 30 | 80 | 11 | 5 | 千克 | ABE |
| 0811909040 | 冷冻的翅果油树果 | 30 | 80 | 11 | 5 | 千克 | ABE |
| 0811909050 | 冷冻的巨籽棕(海椰子)果仁 | 30 | 80 | 11 | 5 | 千克 | ABEF |
| 0811909090 | 其他未列名冷冻水果及坚果 | 30 | 80 | 11 | 5 | 千克 | AB |
| **0812** | **暂时保藏(例如,使用二氧化硫气体、盐水、亚硫酸水或其他防腐液)的水果及坚果,但不适于直接食用的** | | | | | | |
| 08121000 | -樱桃 | | | | | | |
| 0812100000 | 暂时保藏的樱桃(用二氧化硫气体、盐水等物质处理,但不适于直接食用的) | 30 | 80 | 11 | 5 | 千克 | AB |
| 08129000 | -其他 | | | | | | |
| 0812900010 | 暂时保存的白果(用二氧化硫气体、盐水等物质处理,但不适于直接食用的) | 25 | 80 | 11 | 5 | 千克 | ABE |
| 0812900021 | 暂时保存的红松子(用二氧化硫气体、盐水等物质处理,但不适于直接食用的) | 25 | 80 | 11 | 5 | 千克 | ABE |
| 0812900022 | 暂时保存的其他濒危松子(用二氧化硫气体、盐水等物质处理,但不适于直接食用的) | 25 | 80 | 11 | 0 | 千克 | ABEF |
| 0812900030 | 暂时保存的榧子(用二氧化硫气体、盐水等物质处理,但不适于直接食用的) | 25 | 80 | 11 | 5 | 千克 | ABE |
| 0812900040 | 暂时保存的翅果油树果(用二氧化硫气体、盐水等物质处理,但不适于直接食用的) | 25 | 80 | 11 | 5 | 千克 | ABE |
| 0812900050 | 暂时保存的巨籽棕(海椰子)果仁(用二氧化硫气体、盐水等物质处理,但不适于直接食用的) | 25 | 80 | 11 | 5 | 千克 | ABEF |
| 0812900090 | 暂时保存的其他水果及坚果(用二氧化硫气体、盐水等物质处理,但不适于直接食用的) | 25 | 80 | 11 | 5 | 千克 | AB |
| **0813** | **品目08.01至08.06以外的干果;本章的什锦坚果或干果** | | | | | | |
| 08131000 | -杏 | | | | | | |
| 0813100000 | 杏干(品目08.01至08.06的干果除外) | 25 | 70 | 11 | 5 | 千克 | AB |
| 08132000 | -梅及李 | | | | | | |
| 0813200000 | 梅干及李干(品目08.01至08.06的干果除外) | 25 | 70 | 11 | 5 | 千克 | AB |
| 08133000 | -苹果 | | | | | | |
| 0813300000 | 苹果干(品目08.01至08.06的干果除外) | 25 | 70 | 11 | 5 | 千克 | AB |
| 08134010 | ---龙眼干、肉 | | | | | | |
| 0813401000 | 龙眼干、肉(品目08.01至08.06的干果除外) | 20 | 70 | 11 | 5 | 千克 | AB |
| 08134020 | ---柿饼 | | | | | | |
| 0813402000 | 柿饼(品目08.01至08.06的干果除外) | 25 | 70 | 11 | 5 | 千克 | AB |
| 08134030 | ---红枣 | | | | | | |

| 商品编号 | 商品名称及备注 | 进口关税税率(%) | | 增值税率(%) | 出口退税率(%) | 计量单位 | 监管条件 |
|---|---|---|---|---|---|---|---|
| | | 最惠国 | 普通 | | | | |
| 0813403000 | 干红枣(品目08.01至08.06的干果除外) | 25 | 70 | 11 | 5 | 千克 | AB |
| 08134040 | ---荔枝干 | | | | | | |
| 0813404000 | 荔枝干(品目08.01至08.06的干果除外) | 25 | 70 | 11 | 5 | 千克 | AB |
| 08134090 | ---其他 | | | | | | |
| 0813409010 | 翅果油树干果 | 25 | 70 | 11 | 5 | 千克 | ABE |
| 0813409020[暂15] | 蔓越橘干 | 25 | 70 | 11 | 5 | 千克 | AB |
| 0813409090 | 其他干果(品目08.01至08.06的干果除外) | 25 | 70 | 11 | 5 | 千克 | AB |
| 08135000 | -本章的什锦坚果或干果 | | | | | | |
| 0813500000 | 本章的什锦坚果或干果(品目08.01至08.06的干果除外) | 18 | 70 | 11 | 5 | 千克 | AB |
| **0814** | **柑橘属水果或甜瓜(包括西瓜)的果皮,鲜、冻、干或用盐水、亚硫酸水或其他防腐液暂时保藏的** | | | | | | |
| 08140000 | 柑橘属水果或甜瓜(包括西瓜)的果皮,鲜、冻、干或用盐水、亚硫酸水或其他防腐液暂时保藏的 | | | | | | |
| 0814000000 | 柑橘属水果或甜瓜(包括西瓜)的果皮(仅包括鲜、冻、干或暂时保藏的) | 25 | 70 | 11 | 5 | 千克 | AB |

# 第九章　咖啡、茶、马黛茶及调味香料

注释：

一、品目09.04至09.10所列产品的混合物，应按下列规定归类：

（一）同一品目的两种或两种以上产品的混合物仍应归入该品目；

（二）不同品目的两种或两种以上产品的混合物应归入品目09.10。

品目09.04至09.10的产品［或上述（一）或（二）项的混合物］如加添了其他物质，只要所得的混合物保持了原产品的基本特性，其归类应不受影响。基本特性已经改变的，则不应归入本章；构成混合调味品的，应归入品目21.03。

二、本章不包括荜澄茄椒或品目12.11的其他产品。

| 商品编号 | 商品名称及备注 | 进口关税税率（%） | | 增值税率（%） | 出口退税率（%） | 计量单位 | 监管条件 |
|---|---|---|---|---|---|---|---|
| | | 最惠国 | 普通 | | | | |
| **0901** | **咖啡，不论是否焙炒或浸除咖啡碱；咖啡豆荚及咖啡豆皮；含咖啡的咖啡代用品** | | | | | | |
| 09011100 | --未浸除咖啡碱 | | | | | | |
| 0901110000 | 未浸除咖啡碱的未焙炒咖啡 | 8 | 50 | 17 | 5 | 千克 | AB |
| 09011200 | --已浸除咖啡碱 | | | | | | |
| 0901120000 | 已浸除咖啡碱的未焙炒咖啡 | 8 | 50 | 17 | 5 | 千克 | AB |
| 09012100 | --未浸除咖啡碱 | | | | | | |
| 0901210000 | 未浸除咖啡碱的已焙炒咖啡 | 15 | 80 | 17 | 15 | 千克 | AB |
| 09012200 | --已浸除咖啡碱 | | | | | | |
| 0901220000 | 已浸除咖啡碱的已焙炒咖啡 | 15 | 80 | 17 | 15 | 千克 | AB |
| 09019010 | ---咖啡豆荚及咖啡豆皮 | | | | | | |
| 0901901000 | 咖啡豆荚及咖啡豆皮 | 10 | 30 | 17 | 5 | 千克 | AB |
| 09019020 | ---含咖啡的咖啡代用品 | | | | | | |
| 0901902000 | 含咖啡的咖啡代用品 | 30 | 80 | 17 | 15 | 千克 | AB |
| **0902** | **茶，不论是否加香料** | | | | | | |
| 09021010 | ---花茶 | | | | | | |
| 0902101000 | 每件净重≤3千克的花茶（未发酵的，净重指内包装） | 15 | 100 | 11 | 5 | 千克 | AB |
| 09021090 | ---其他 | | | | | | |
| 0902109000 | 每件净重≤3千克的其他绿茶（未发酵的，净重指内包装） | 15 | 100 | 11 | 5 | 千克 | AB |
| 09022010 | ---花茶 | | | | | | |
| 0902201000 | 每件净重>3千克的花茶（未发酵的，净重指内包装） | 15 | 100 | 11 | 5 | 千克 | AB |
| 09022090 | ---其他 | | | | | | |
| 0902209000 | 每件净重>3千克的其他绿茶（未发酵的，净重指内包装） | 15 | 100 | 11 | 5 | 千克 | AB |
| 09023010 | ---乌龙茶 | | | | | | |
| 0902301000 | 每件净重≤3千克的乌龙茶（净重指内包装） | 15 | 100 | 11 | 5 | 千克 | AB |
| 09023020 | ---普洱茶 | | | | | | |
| 0902302000 | 每件净重≤3千克的普洱茶（净重指内包装） | 15 | 100 | 11 | 5 | 千克 | AB |
| 09023090 | ---其他 | | | | | | |
| 0902309000 | 红茶（内包装每件净重≤3千克）（包括其他半发酵茶） | 15 | 100 | 11 | 5 | 千克 | AB |
| 09024010 | ---乌龙茶 | | | | | | |
| 0902401000 | 每件净重>3千克的乌龙茶（净重指内包装） | 15 | 100 | 11 | 5 | 千克 | AB |
| 09024020 | ---普洱茶 | | | | | | |
| 0902402000 | 每件净重>3千克的普洱茶（净重指内包装） | 15 | 100 | 11 | 5 | 千克 | AB |
| 09024090 | ---其他 | | | | | | |
| 0902409000 | 红茶（内包装每件净重>3千克）（包括其他半发酵茶） | 15 | 100 | 11 | 5 | 千克 | AB |
| **0903** | **马黛茶** | | | | | | |
| 09030000 | 马黛茶 | | | | | | |

| 商品编号 | 商品名称及备注 | 进口关税税率(%) | | 增值税率(%) | 出口退税率(%) | 计量单位 | 监管条件 |
|---|---|---|---|---|---|---|---|
| | | 最惠国 | 普通 | | | | |
| 0903000000 | 马黛茶 | 10 | 100 | 11 | 15 | 千克 | AB |
| **0904** | **胡椒;辣椒干及辣椒粉** | | | | | | |
| 09041100 | --未磨 | | | | | | |
| 0904110010 | 毕拨 | 20 | 70 | 11 | 5 | 千克 | QAB |
| 0904110090 | 未磨胡椒(毕拨除外) | 20 | 70 | 11 | 5 | 千克 | AB |
| 09041200 | --已磨 | | | | | | |
| 0904120000 | 已磨胡椒 | 20 | 70 | 11 | 15 | 千克 | AB |
| 09042100 | --干,未磨 | | | | | | |
| 0904210000 | 干且未磨辣椒 | 20 | 70 | 11 | 0 | 千克 | AB |
| 09042200 | --已磨 | | | | | | |
| 0904220000 | 已磨辣椒 | 20 | 70 | 11 | 15 | 千克 | AB |
| **0905** | **香子兰豆** | | | | | | |
| 09051000 | -未磨 | | | | | | |
| 0905100000 | 未磨的香子兰豆 | 15 | 50 | 11 | 5 | 千克 | AB |
| 09052000 | -已磨 | | | | | | |
| 0905200000 | 已磨的香子兰豆 | 15 | 50 | 11 | 5 | 千克 | AB |
| **0906** | **肉桂及肉桂花** | | | | | | |
| 09061100 | --锡兰肉桂 | | | | | | |
| 0906110000 | 未磨锡兰肉桂 | 5 | 50 | 11 | 5 | 千克 | AB |
| 09061900 | --其他 | | | | | | |
| 0906190000 | 其他未磨肉桂及肉桂花 | 5 | 50 | 11 | 5 | 千克 | AB |
| 09062000 | -已磨 | | | | | | |
| 0906200000 | 已磨肉桂及肉桂花 | 15 | 50 | 11 | 15 | 千克 | QAB |
| **0907** | **丁香(母丁香、公丁香及丁香梗)** | | | | | | |
| 09071000 | -未磨 | | | | | | |
| 0907100000 | 未磨的丁香(母丁香、公丁香及丁香梗) | 3 | 14 | 11 | 5 | 千克 | QAB |
| 09072000 | -已磨 | | | | | | |
| 0907200000 | 已磨的丁香(母丁香、公丁香及丁香梗) | 3 | 14 | 11 | 5 | 千克 | QAB |
| **0908** | **肉豆蔻、肉豆蔻衣及豆蔻** | | | | | | |
| 09081100 | --未磨 | | | | | | |
| 0908110000 | 未磨的肉豆蔻 | 8 | 30 | 11 | 5 | 千克 | QABE |
| 09081200 | --已磨 | | | | | | |
| 0908120000 | 已磨的肉豆蔻 | 8 | 30 | 11 | 5 | 千克 | QABE |
| 09082100 | --未磨 | | | | | | |
| 0908210000 | 未磨的肉豆蔻衣 | 8 | 30 | 11 | 5 | 千克 | ABE |
| 09082200 | --已磨 | | | | | | |
| 0908220000 | 已磨的肉豆蔻衣 | 8 | 30 | 11 | 5 | 千克 | ABE |
| 09083100 | --未磨 | | | | | | |
| 0908310000 | 未磨的豆蔻 | 3 | 14 | 11 | 5 | 千克 | QABE |
| 09083200 | --已磨 | | | | | | |
| 0908320000 | 已磨的豆蔻 | 3 | 14 | 11 | 15 | 千克 | QABE |
| **0909** | **茴芹子、八角茴香、小茴香子、芫荽子、枯茗子及蒿子;杜松果** | | | | | | |
| 09092100 | --未磨 | | | | | | |
| 0909210000 | 未磨的芫荽子 | 15 | 50 | 11 | 5 | 千克 | AB |
| 09092200 | --已磨 | | | | | | |
| 0909220000 | 已磨的芫荽子 | 15 | 50 | 11 | 15 | 千克 | AB |

| 商品编号 | 商品名称及备注 | 进口关税税率(%) | | 增值税率(%) | 出口退税率(%) | 计量单位 | 监管条件 |
|---|---|---|---|---|---|---|---|
| | | 最惠国 | 普通 | | | | |
| 09093100 | --未磨 | | | | | | |
| 0909310000 | 未磨的枯茗子 | 15 | 50 | 11 | 5 | 千克 | AB |
| 09093200 | --已磨 | | | | | | |
| 0909320000 | 已磨的枯茗子 | 15 | 50 | 11 | 15 | 千克 | AB |
| 09096110 | ---八角茴香 | | | | | | |
| 0909611000 | 未磨的八角茴香 | 20 | 90 | 11 | 5 | 千克 | QAB |
| 09096190 | ---其他 | | | | | | |
| 0909619010 | 未磨的小茴香子;未磨的杜松果 | 15 | 50 | 11 | 5 | 千克 | QAB |
| 0909619090 | 未磨的茴芹子;未磨的贳蒿子 | 15 | 50 | 11 | 5 | 千克 | AB |
| 09096210 | ---八角茴香 | | | | | | |
| 0909621000 | 已磨的八角茴香 | 20 | 90 | 11 | 15 | 千克 | QAB |
| 09096290 | ---其他 | | | | | | |
| 0909629010 | 已磨的小茴香子;已磨的杜松果 | 15 | 50 | 11 | 15 | 千克 | QAB |
| 0909629090 | 已磨的茴芹子;已磨的贳蒿子 | 15 | 50 | 11 | 15 | 千克 | AB |
| **0910** | **姜、番红花、姜黄、麝香草、月桂叶、咖喱及其他调味香料** | | | | | | |
| 09101100 | --未磨 | | | | | | |
| 0910110000 | 未磨的姜 | 15 | 50 | 11 | 0 | 千克 | AB |
| 09101200 | --已磨 | | | | | | |
| 0910120000 | 已磨的姜 | 15 | 50 | 11 | 5 | 千克 | AB |
| 09102000 | -番红花 | | | | | | |
| 0910200000 | 番红花(西红花) | 2 | 14 | 11 | 5 | 千克 | QAB |
| 09103000 | -姜黄 | | | | | | |
| 0910300000 | 姜黄 | 15 | 50 | 11 | 5 | 千克 | QAB |
| 09109100 | --本章注释一(二)所述的混合物 | | | | | | |
| 0910910000 | 混合调味香料[本章注释一(二)所述的混合物] | 15 | 50 | 17 | 15 | 千克 | AB |
| 09109900 | --其他 | | | | | | |
| 0910990000 | 其他调味香料 | 15 | 50 | 17 | 5 | 千克 | AB |

# 第十章　谷　　物

注释：

一、（一）本章各品目所列产品必须带有谷粒，不论是否成穗或带秆。

（二）本章不包括已去壳或经其他加工的谷物。但去壳、碾磨、磨光、上光、半熟或破碎的稻米仍应归入品目10.06。

二、品目10.05不包括甜玉米（第七章）。

子目注释：

所称"硬粒小麦"，是指硬粒小麦属的小麦及以该属具有相同染色体数目（28）的小麦种间杂交所得的小麦。

| 商品编号 | 商品名称及备注 | 进口关税税率（%） | | 增值税率（%） | 出口退税率（%） | 计量单位 | 监管条件 |
|---|---|---|---|---|---|---|---|
| | | 最惠国 | 普通 | | | | |
| **1001** | **小麦及混合麦** | | | | | | |
| 10011100 | --种用 | | | | | | |
| 1001110001 | 种用硬粒小麦（配额内） | 1 | 180 | 11 | 0 | 千克 | 4xABty |
| 1001110090 | 种用硬粒小麦（配额外） | 65 | 180 | 11 | 0 | 千克 | 4xABy |
| 10011900 | --其他 | | | | | | |
| 1001190001 | 其他硬粒小麦（配额内） | 1 | 180 | 11 | 0 | 千克 | 4xABty |
| 1001190090 | 其他硬粒小麦（配额外） | 65 | 180 | 11 | 0 | 千克 | 4xABy |
| 10019100 | --种用 | | | | | | |
| 1001910001 | 其他种用小麦及混合麦（配额内） | 1 | 180 | 11 | 0 | 千克 | 4xABty |
| 1001910090 | 其他种用小麦及混合麦（配额外） | 65 | 180 | 11 | 0 | 千克 | 4xABy |
| 10019900 | --其他 | | | | | | |
| 1001990001 | 其他小麦及混合麦（配额内） | 1 | 180 | 11 | 0 | 千克 | 4xABty |
| 1001990090 | 其他小麦及混合麦（配额外） | 65 | 180 | 11 | 0 | 千克 | 4xABy |
| **1002** | **黑麦** | | | | | | |
| 10021000 | -种用 | | | | | | |
| 1002100000 | 种用黑麦 | 0 | 0 | 11 | 0 | 千克 | AB |
| 10029000 | -其他 | | | | | | |
| 1002900000 | 其他黑麦 | 3 | 8 | 11 | 0 | 千克 | AB |
| **1003** | **大麦** | | | | | | |
| 10031000 | -种用 | | | | | | |
| 1003100000 | 种用大麦 | 0 | 160 | 11 | 0 | 千克 | 7AB |
| 10039000 | -其他 | | | | | | |
| 1003900000 | 其他大麦 | 3 | 160 | 11 | 0 | 千克 | 7AB |
| **1004** | **燕麦** | | | | | | |
| 10041000 | -种用 | | | | | | |
| 1004100000 | 种用燕麦 | 0 | 0 | 11 | 0 | 千克 | AB |
| 10049000 | -其他 | | | | | | |
| 1004900000 | 其他燕麦 | 2 | 8 | 11 | 0 | 千克 | AB |
| **1005** | **玉米** | | | | | | |
| 10051000 | -种用 | | | | | | |
| 1005100001 | 种用玉米（配额内） | 1 | 180 | 11 | 0 | 千克 | 4xAByt |
| 1005100090 | 种用玉米（配额外） | 20 | 180 | 11 | 0 | 千克 | 4xABy |
| 10059000 | -其他 | | | | | | |
| 1005900001 | 其他玉米（配额内） | 1 | 180 | 11 | 0 | 千克 | 4xAByt |
| 1005900090 | 其他玉米（配额外） | 65 | 180 | 11 | 0 | 千克 | 4xABy |
| **1006** | **稻谷、大米** | | | | | | |

| 商品编号 | 商品名称及备注 | 进口关税税率(%) | | 增值税率(%) | 出口退税率(%) | 计量单位 | 监管条件 |
|---|---|---|---|---|---|---|---|
| | | 最惠国 | 普通 | | | | |
| 10061011 | ----籼米 | | | | | | |
| 1006101101 | 种用籼米稻谷(配额内) | 1 | 180 | 11 | 0 | 千克 | 4xAByt |
| 1006101190 | 种用籼米稻谷(配额外) | 65 | 180 | 11 | 0 | 千克 | 4xABy |
| 10061019 | ----其他 | | | | | | |
| 1006101901 | 其他种用稻谷(配额内) | 1 | 180 | 11 | 0 | 千克 | 4xAByt |
| 1006101990 | 其他种用稻谷(配额外) | 65 | 180 | 11 | 0 | 千克 | 4xABy |
| 10061091 | ----籼米 | | | | | | |
| 1006109101 | 其他籼米稻谷(配额内) | 1 | 180 | 11 | 0 | 千克 | 4xAByt |
| 1006109190 | 其他籼米稻谷(配额外) | 65 | 180 | 11 | 0 | 千克 | 4xABy |
| 10061099 | ----其他 | | | | | | |
| 1006109901 | 其他稻谷(配额内) | 1 | 180 | 11 | 0 | 千克 | 4xAByt |
| 1006109990 | 其他稻谷(配额外) | 65 | 180 | 11 | 0 | 千克 | 4xABy |
| 10062010 | ---籼米 | | | | | | |
| 1006201001 | 籼米糙米(配额内) | 1 | 180 | 11 | 0 | 千克 | 4xAByt |
| 1006201090 | 籼米糙米(配额外) | 65 | 180 | 11 | 0 | 千克 | 4xABy |
| 10062090 | ---其他 | | | | | | |
| 1006209001 | 其他糙米(配额内) | 1 | 180 | 11 | 0 | 千克 | 4xAByt |
| 1006209090 | 其他糙米(配额外) | 65 | 180 | 11 | 0 | 千克 | 4xABy |
| 10063010 | ---籼米 | | | | | | |
| 1006301001 | 籼米精米[不论是否磨光或上光(配额内)] | 1 | 180 | 11 | 0 | 千克 | 4xAByt |
| 1006301090 | 籼米精米[不论是否磨光或上光(配额外)] | 65 | 180 | 11 | 0 | 千克 | 4xABy |
| 10063090 | ---其他 | | | | | | |
| 1006309001 | 其他精米[不论是否磨光或上光(配额内)] | 1 | 180 | 11 | 0 | 千克 | 4xAByt |
| 1006309090 | 其他精米[不论是否磨光或上光(配额外)] | 65 | 180 | 11 | 0 | 千克 | 4xABy |
| 10064010 | ---籼米 | | | | | | |
| 1006401001 | 籼米碎米(配额内) | 1 | 180 | 11 | 0 | 千克 | 4xAByt |
| 1006401090 | 籼米碎米(配额外) | 65/10* | 180 | 11 | 0 | 千克 | 4xABy |
| 10064090 | ---其他 | | | | | | |
| 1006409001 | 其他碎米(配额内) | 1 | 180 | 11 | 0 | 千克 | 4xAByt |
| 1006409090 | 其他碎米(配额外) | 65/10* | 180 | 11 | 0 | 千克 | 4xABy |
| **1007** | **食用高粱** | | | | | | |
| 10071000 | -种用 | | | | | | |
| 1007100000 | 种用食用高粱 | 0 | 0 | 11 | 0 | 千克 | 7AB |
| 10079000 | -其他 | | | | | | |
| 1007900000 | 其他食用高粱 | 2 | 8 | 11 | 0 | 千克 | 7AB |
| **1008** | **荞麦、谷子及加那利草子;其他谷物** | | | | | | |
| 10081000 | -荞麦 | | | | | | |
| 1008100000 | 荞麦 | 2 | 8 | 11 | 0 | 千克 | AB |
| 10082100 | --种用 | | | | | | |
| 1008210000 | 种用谷子 | 2 | 8 | 11 | 0 | 千克 | AB |
| 10082900 | --其他 | | | | | | |
| 1008290000 | 其他谷子 | 2 | 8 | 11 | 0 | 千克 | AB |
| 10083000 | -加那利草子 | | | | | | |
| 1008300000 | 加那利草子 | 2 | 8 | 11 | 5 | 千克 | AB |

* 最惠国税率中,"/"左边的税率截止日期为2018年6月30日,"/"右边的税率有效日期为2018年7月1日~2999年12月31日。

| 商品编号 | 商品名称及备注 | 进口关税税率(%) | | 增值税率(%) | 出口退税率(%) | 计量单位 | 监管条件 |
|---|---|---|---|---|---|---|---|
| | | 最惠国 | 普通 | | | | |
| 10084010 | ---种用 | | | | | | |
| 1008401000 | 种用直长马唐(马唐属) | 0 | 0 | 11 | 0 | 千克 | AB |
| 10084090 | ---其他 | | | | | | |
| 1008409000 | 其他直长马唐(马唐属) | 3 | 8 | 11 | 0 | 千克 | AB |
| 10085010 | ---种用 | | | | | | |
| 1008501000 | 种用昆诺阿藜 | 0 | 0 | 11 | 0 | 千克 | AB |
| 10085090 | ---其他 | | | | | | |
| 1008509000 | 其他昆诺阿藜 | 3 | 8 | 11 | 0 | 千克 | AB |
| 10086010 | ---种用 | | | | | | |
| 1008601000 | 种用黑小麦 | 0 | 0 | 11 | 0 | 千克 | AB |
| 10086090 | ---其他 | | | | | | |
| 1008609000 | 其他黑小麦 | 3 | 80 | 11 | 0 | 千克 | AB |
| 10089010 | ---种用 | | | | | | |
| 1008901000 | 其他种用谷物 | 0 | 0 | 11 | 0 | 千克 | AB |
| 10089090 | ---其他 | | | | | | |
| 1008909000 | 其他谷物 | 3 | 8 | 11 | 0 | 千克 | AB |

# 第十一章　制粉工业产品;麦芽;淀粉;菊粉;面筋

**注释:**

一、本章不包括:

(一)作为咖啡代用品的焙制麦芽(品目09.01或21.01);

(二)品目19.01的经制作的细粉、粗粒、粗粉或淀粉;

(三)品目19.04的玉米片及其他产品;

(四)品目20.01、20.04或20.05的经加工或保藏的蔬菜;

(五)药品(第三十章);

(六)具有芳香料制品或化妆盥洗品性质的淀粉(第三十三章)。

二、(一)下表所列谷物碾磨产品按干制品重量计如果同时符合以下两个条件,应归入本章。但是,整粒、滚压、制片或磨碎的谷物胚芽均归入品目11.04:

1. 淀粉含量(按修订的尤艾斯旋光法测定)超过表列第(2)栏的比例;

2. 灰分含量(除去任何添加的矿物质)不超过表列第(3)栏的比例。否则,应归入品目23.02。

(二)符合上述规定归入本章的产品,如果用表列第(4)或第(5)栏规定孔径的金属丝网筛过筛,其通过率按重量计不低于表列比例的,应归入品目11.01或11.02。否则,应归入品目11.03或11.04。

| 谷　物<br>(1) | 淀粉含量<br>(2) | 灰分含量<br>(3) | 通过下列孔径筛子的比率 | |
|---|---|---|---|---|
| | | | 315微米<br>(4) | 500微米<br>(5) |
| 小麦及黑麦 | 45% | 2.5% | 80% | - |
| 大麦 | 45% | 3% | 80% | - |
| 燕麦 | 45% | 5% | 80% | - |
| 玉米及高粱 | 45% | 2% | - | 90% |
| 大米 | 45% | 1.6% | 80% | - |
| 荞麦 | 45% | 4% | 80% | - |

三、品目11.03所称"粗粒"及"粗粉",是指谷物经碾碎所得的下列产品:

(一)玉米产品,用2毫米孔径的金属丝网筛过筛后,通过率按重量计不低于95%的;

(二)其他谷物产品,用1.25毫米孔径的金属丝网筛过筛后,通过率按重量计不低于95%的。

| 商品编号 | 商品名称及备注 | 进口关税税率(%) | | 增值税率(%) | 出口退税率(%) | 计量单位 | 监管条件 |
|---|---|---|---|---|---|---|---|
| | | 最惠国 | 普通 | | | | |
| **1101** | **小麦或混合麦的细粉** | | | | | | |
| 11010000 | 小麦或混合麦的细粉 | | | | | | |
| 1101000001 | 小麦或混合麦的细粉(配额内) | 6 | 130 | 11 | 11 | 千克 | 4ABtxy |
| 1101000090 | 小麦或混合麦的细粉(配额外) | 65 | 130 | 11 | 11 | 千克 | 4ABxy |
| **1102** | **其他谷物细粉,但小麦或混合麦的细粉除外** | | | | | | |
| 11022000 | -玉米细粉 | | | | | | |
| 1102200001 | 玉米细粉(配额内) | 9 | 130 | 11 | 0 | 千克 | 4ABtxy |
| 1102200090 | 玉米细粉(配额外) | 40 | 130 | 11 | 0 | 千克 | 4ABxy |
| 11029011 | ----籼米的 | | | | | | |
| 1102901101 | 籼米大米细粉(配额内) | 9 | 130 | 11 | 0 | 千克 | 4ABtxy |
| 1102901190 | 籼米大米细粉(配额外) | 40 | 130 | 11 | 0 | 千克 | 4ABxy |
| 11029019 | ----其他 | | | | | | |
| 1102901901 | 其他大米细粉(配额内) | 9 | 130 | 11 | 0 | 千克 | 4ABtxy |
| 1102901990 | 其他大米细粉(配额外) | 40 | 130 | 11 | 0 | 千克 | 4ABxy |
| 11029090 | ---其他 | | | | | | |
| 1102909000 | 其他谷物细粉 | 5 | 14 | 11 | 0 | 千克 | AB |
| **1103** | **谷物的粗粒、粗粉及团粒** | | | | | | |
| 11031100 | --小麦的 | | | | | | |
| 1103110001 | 小麦粗粒及粗粉(配额内) | 9 | 130 | 11 | 11 | 千克 | 4ABtxy |
| 1103110090 | 小麦粗粒及粗粉(配额外) | 65 | 130 | 11 | 11 | 千克 | 4ABxy |
| 11031300 | --玉米的 | | | | | | |
| 1103130001 | 玉米粗粒及粗粉(配额内) | 9 | 130 | 11 | 0 | 千克 | 4ABtxy |
| 1103130090 | 玉米粗粒及粗粉(配额外) | 65 | 130 | 11 | 0 | 千克 | 4ABxy |
| 11031910 | ---燕麦的 | | | | | | |
| 1103191000 | 燕麦粗粒及粗粉 | 5 | 14 | 11 | 0 | 千克 | AB |

| 商品编号 | 商 品 名 称 及 备 注 | 进口关税税率(%) | | 增值税率(%) | 出口退税率(%) | 计量单位 | 监管条件 |
|---|---|---|---|---|---|---|---|
| | | 最惠国 | 普通 | | | | |
| 11031921 | ----籼米的 | | | | | | |
| 1103192101 | 籼米大米粗粒及粗粉(配额内) | 9 | 70 | 11 | 0 | 千克 | 4ABtxy |
| 1103192190 | 籼米大米粗粒及粗粉(配额外) | 10 | 70 | 11 | 0 | 千克 | 4ABxy |
| 11031929 | ----其他 | | | | | | |
| 1103192901 | 其他大米粗粒及粗粉(配额内) | 9 | 70 | 11 | 0 | 千克 | 4ABtxy |
| 1103192990 | 其他大米粗粒及粗粉(配额外) | 10 | 70 | 11 | 0 | 千克 | 4ABxy |
| 11031990 | ---其他 | | | | | | |
| 1103199000 | 其他谷物粗粒及粗粉 | 5 | 14 | 11 | 0 | 千克 | AB |
| 11032010 | ---小麦的 | | | | | | |
| 1103201001 | 小麦团粒(配额内) | 10 | 180 | 11 | 11 | 千克 | 4ABtxy |
| 1103201090 | 小麦团粒(配额外) | 65 | 180 | 11 | 11 | 千克 | 4ABxy |
| 11032090 | ---其他 | | | | | | |
| 1103209000 | 其他谷物团粒 | 20 | 50 | 11 | 0 | 千克 | AB |
| **1104** | **经其他加工的谷物(例如,去壳、滚压、制片、制成粒状、切片或粗磨),但品目10.06的稻谷、大米除外;谷物胚芽,整粒、滚压、制片或磨碎的** | | | | | | |
| 11041200 | --燕麦的 | | | | | | |
| 1104120000 | 滚压或制片的燕麦 | 20 | 50 | 17 | 0 | 千克 | AB |
| 11041910 | ---大麦的 | | | | | | |
| 1104191000 | 滚压或制片的大麦 | 20 | 50 | 17 | 0 | 千克 | AB |
| 11041990 | ---其他 | | | | | | |
| 1104199010 | 滚压或制片的玉米 | 20 | 50 | 17 | 0 | 千克 | 4ABxy |
| 1104199090 | 滚压或制片的其他谷物 | 20 | 50 | 17 | 0 | 千克 | AB |
| 11042200 | --燕麦的 | | | | | | |
| 1104220000 | 经其他加工的燕麦 | 20 | 50 | 17 | 0 | 千克 | AB |
| 11042300 | --玉米的 | | | | | | |
| 1104230001 | 经其他加工的玉米(配额内) | 10 | 180 | 11 | 0 | 千克 | 4ABtxy |
| 1104230090 | 经其他加工的玉米(配额外) | 65 | 180 | 11 | 0 | 千克 | 4ABxy |
| 11042910 | ---大麦的 | | | | | | |
| 1104291000 | 经其他加工的大麦 | 65 | 114 | 11 | 0 | 千克 | AB |
| 11042990 | ---其他 | | | | | | |
| 1104299000 | 经其他加工的其他谷物 | 20 | 50 | 11 | 0 | 千克 | AB |
| 11043000 | -谷物胚芽,整粒、滚压、制片或磨碎的 | | | | | | |
| 1104300000 | 整粒或经加工的谷物胚芽(经加工是指滚压、制片或磨碎) | 20 | 50 | 17 | 0 | 千克 | AB |
| **1105** | **马铃薯的细粉、粗粉、粉末、粉片、颗粒及团粒** | | | | | | |
| 11051000 | -细粉、粗粉及粉末 | | | | | | |
| 1105100000 | 马铃薯细粉、粗粉及粉末 | 15 | 50 | 17 | 15 | 千克 | AB |
| 11052000 | -粉片、颗粒及团粒 | | | | | | |
| 1105200000 | 马铃薯粉片、颗粒及团粒 | 15 | 50 | 17 | 15 | 千克 | AB |
| **1106** | **用品目07.13的干豆或品目07.14的西谷茎髓及植物根茎、块茎制成的细粉、粗粉及粉末;用第八章的产品制成的细粉、粗粉及粉末** | | | | | | |
| 11061000 | -用品目07.13的干豆制成的 | | | | | | |
| 1106100000 | 干豆细粉、粗粉及粉末(干豆仅指品目07.13所列的干豆) | 10 | 30 | 17 | 15 | 千克 | AB |
| 11062000 | -用品目07.14的西谷茎髓及植物根茎、块茎制成的 | | | | | | |
| 1106200000 | 西谷茎髓粉、木薯粉及类似粉(仅包括品目07.14所列货品的粉) | 20 | 50 | 17 | 15 | 千克 | AB |
| 11063000 | -用第八章的产品制成的 | | | | | | |
| 1106300000 | 水果及坚果的细粉、粗粉及粉末(仅包括第八章所列货品的粉) | 20 | 80 | 17 | 5 | 千克 | AB |

| 商品编号 | 商品名称及备注 | 进口关税税率(%) | | 增值税率(%) | 出口退税率(%) | 计量单位 | 监管条件 |
|---|---|---|---|---|---|---|---|
| | | 最惠国 | 普通 | | | | |
| **1107** | **麦芽,不论是否焙制** | | | | | | |
| 11071000 | -未焙制 | | | | | | |
| 1107100000 | 未焙制麦芽 | 10 | 50 | 17 | 15 | 千克 | AB |
| 11072000 | -已焙制 | | | | | | |
| 1107200000 | 已焙制麦芽 | 10 | 50 | 17 | 15 | 千克 | AB |
| **1108** | **淀粉;菊粉** | | | | | | |
| 11081100 | --小麦淀粉 | | | | | | |
| 1108110000 | 小麦淀粉 | 20 | 50 | 17 | 0 | 千克 | AB |
| 11081200 | --玉米淀粉 | | | | | | |
| 1108120000 | 玉米淀粉 | 20 | 50 | 17 | 11 | 千克 | AB |
| 11081300 | --马铃薯淀粉 | | | | | | |
| 1108130000 | 马铃薯淀粉 | 15 | 50 | 17 | 15 | 千克 | AB |
| 11081400 | --木薯淀粉 | | | | | | |
| 1108140000 | 木薯淀粉 | 10 | 50 | 17 | 15 | 千克 | AB |
| 11081900 | --其他 | | | | | | |
| 1108190000 | 其他淀粉 | 20 | 50 | 17 | 15 | 千克 | AB |
| 11082000 | -菊粉 | | | | | | |
| 1108200000 | 菊粉 | 20 | 50 | 17 | 15 | 千克 | AB |
| **1109** | **面筋,不论是否干制** | | | | | | |
| 11090000 | 面筋,不论是否干制 | | | | | | |
| 1109000000 | 面筋(不论是否干制) | 18 | 80 | 17 | 15 | 千克 | AB |

# 第十二章 含油子仁及果实；杂项子仁及果实；工业用或药用植物；稻草、秸秆及饲料

注释：

一、品目 12.07 主要包括棕榈果及棕榈仁、棉子、蓖麻子、芝麻、芥子、红花子、罂粟子、牛油树果，但不包括品目 08.01 或 08.02 的产品及油橄榄（第七章或第二十章）。

二、品目 12.08 不仅包括未脱脂的细粉和粗粉，而且包括部分或全部脱脂及用其本身的油料全部或部分复脂的细粉和粗粉，但不包括品目 23.04 至 23.06 的残渣。

三、甜菜子、草子及其他草本植物种子、观赏用花的种子、蔬菜种子、林木种子、果树种子、巢菜子（蚕豆除外）、羽扇豆属植物种子，可一律视为种植用种子，归入品目 12.09。

但是，下列各项即使作种子用，也不归入品目 12.09：

（一）第七章作蔬菜用的豆类或甜玉米；

（二）第九章的调味香料及其他产品；

（三）第十章的谷物；

（四）品目 12.01 至 12.07 或 12.11 的产品。

四、品目 12.11 主要包括下列植物或这些植物的某部分：

罗勒、琉璃苣、人参、海索草、甘草、薄荷、迷迭香、芸香、鼠尾草及苦艾。

但品目 12.11 不包括：

（一）第三十章的药品；

（二）第三十三章的芳香料制品及化妆盥洗品；

（三）品目 38.08 的杀虫剂、杀菌剂、除草剂、消毒剂及类似产品。

五、品目 12.12 的“海草及其他藻类”不包括：

（一）品目 21.02 的已死的单细胞微生物；

（二）品目 30.02 的培养微生物；

（三）品目 31.01 或 31.05 的肥料。

**子目注释：**

子目 1205.10 所称“低芥子酸油菜子”，是指所获取的固定油中芥子酸含量按重量计低于 2%，以及所得的固体成分每克葡萄糖苷酸（酯）含量低于 30 微摩尔的油菜子。

| 商品编号 | 商品名称及备注 | 进口关税税率(%) | | 增值税率(%) | 出口退税率(%) | 计量单位 | 监管条件 |
|---|---|---|---|---|---|---|---|
| | | 最惠国 | 普通 | | | | |
| **1201** | **大豆，不论是否破碎** | | | | | | |
| 12011000 | -种用 | | | | | | |
| 1201100000 | 种用大豆 | 0 | 180 | 11 | 0 | 千克 | 7AB |
| 12019010 | ---黄大豆 | | | | | | |
| 1201901000 | 非种用黄大豆（不论是否破碎） | 3 | 180 | 11 | 0 | 千克 | 7AB |
| 12019020 | ---黑大豆 | | | | | | |
| 1201902000 | 非种用黑大豆（不论是否破碎） | 3 | 180 | 11 | 0 | 千克 | 7AB |
| 12019030 | ---青大豆 | | | | | | |
| 1201903000 | 非种用青大豆（不论是否破碎） | 3 | 180 | 11 | 0 | 千克 | 7AB |
| 12019090 | ---其他 | | | | | | |
| 1201909000 | 非种用其他大豆（不论是否破碎） | 3 | 180 | 11 | 0 | 千克 | 7AB |
| **1202** | **未焙炒或未烹煮的花生，不论是否去壳或破碎** | | | | | | |
| 12023000 | -种用 | | | | | | |
| 1202300000 | 种用花生 | 0 | 0 | 11 | 0 | 千克 | AB |
| 12024100 | --未去壳 | | | | | | |
| 1202410000 | 其他未去壳花生（未焙炒或未烹煮的） | 15 | 70 | 11 | 0 | 千克 | AB |
| 12024200 | --去壳，不论是否破碎 | | | | | | |
| 1202420000 | 其他去壳花生，不论是否破碎（未焙炒或未烹煮的） | 15 | 70 | 11 | 0 | 千克 | AB |
| **1203** | **干椰子肉：** | | | | | | |
| 12030000 | 干椰子肉 | | | | | | |
| 1203000000 | 干椰子肉 | 15 | 30 | 11 | 5 | 千克 | AB |
| **1204** | **亚麻子，不论是否破碎** | | | | | | |
| 12040000 | 亚麻子，不论是否破碎 | | | | | | |
| 1204000000 | 亚麻子（不论是否破碎） | 15 | 70 | 11 | 5 | 千克 | AB |
| **1205** | **油菜子，不论是否破碎** | | | | | | |

| 商品编号 | 商品名称及备注 | 进口关税税率(%) | | 增值税率(%) | 出口退税率(%) | 计量单位 | 监管条件 |
|---|---|---|---|---|---|---|---|
| | | 最惠国 | 普通 | | | | |
| 12051010 | ---种用 | | | | | | |
| 1205101000 | 种用低芥子酸油菜子 | 0 | 80 | 11 | 0 | 千克 | 7AB |
| 12051090 | ---其他 | | | | | | |
| 1205109000 | 其他低芥子酸油菜子(不论是否破碎) | 9 | 80 | 11 | 5 | 千克 | 7AB |
| 12059010 | ---种用 | | | | | | |
| 1205901000 | 其他种用油菜子 | 0 | 80 | 11 | 0 | 千克 | 7AB |
| 12059090 | ---其他 | | | | | | |
| 1205909000 | 其他油菜子(不论是否破碎) | 9 | 80 | 11 | 5 | 千克 | 7AB |
| **1206** | **葵花子,不论是否破碎** | | | | | | |
| 12060010 | ---种用 | | | | | | |
| 1206001000 | 种用葵花子 | 0 | 0 | 11 | 5 | 千克 | AB |
| 12060090 | ---其他 | | | | | | |
| 1206009000 | 其他葵花子(不论是否破碎) | 15 | 70 | 11 | 5 | 千克 | AB |
| **1207** | **其他含油子仁及果实,不论是否破碎** | | | | | | |
| 12071010 | ---种用 | | | | | | |
| 1207101010 | 种用濒危棕榈果及棕榈仁 | 0 | 0 | 11 | 0 | 千克 | ABEF |
| 1207101090 | 其他种用棕榈果及棕榈仁 | 0 | 0 | 11 | 5 | 千克 | AB |
| 12071090 | ---其他 | | | | | | |
| 1207109010 | 其他濒危棕榈果及棕榈仁(不论是否破碎) | 10 | 70 | 11 | 0 | 千克 | ABEF |
| 1207109090 | 其他棕榈果及棕榈仁(不论是否破碎) | 10 | 70 | 11 | 5 | 千克 | AB |
| 12072100 | --种用 | | | | | | |
| 1207210000 | 种用棉子 | 0 | 0 | 11 | 5 | 千克 | AB |
| 12072900 | --其他 | | | | | | |
| 1207290000 | 其他棉子(不论是否破碎) | 15 | 70 | 11 | 5 | 千克 | AB |
| 12073010 | ---种用 | | | | | | |
| 1207301000 | 种用蓖麻子 | 0 | 0 | 11 | 5 | 千克 | AB |
| 12073090 | ---其他 | | | | | | |
| 1207309000 | 其他蓖麻子(不论是否破碎) | 15 | 70 | 11 | 5 | 千克 | AB |
| 12074010 | ---种用 | | | | | | |
| 1207401000 | 种用芝麻(不论是否破碎) | 0 | 0 | 11 | 5 | 千克 | AB |
| 12074090 | ---其他 | | | | | | |
| 1207409000 | 其他芝麻(不论是否破碎) | 10 | 70 | 11 | 5 | 千克 | AB |
| 12075010 | ---种用 | | | | | | |
| 1207501000 | 种用芥子(不论是否破碎) | 0 | 0 | 11 | 5 | 千克 | AB |
| 12075090 | ---其他 | | | | | | |
| 1207509000 | 其他芥子(不论是否破碎) | 15 | 70 | 11 | 5 | 千克 | AB |
| 12076010 | ---种用 | | | | | | |
| 1207601000 | 种用红花子 | 0 | 0 | 11 | 5 | 千克 | AB |
| 12076090 | ---其他 | | | | | | |
| 1207609000 | 其他红花子(不论是否破碎) | 20 | 70 | 11 | 5 | 千克 | AB |
| 12077010 | ---种用 | | | | | | |
| 1207701000 | 种用甜瓜的子(包括西瓜属和甜瓜属的子) | 0 | 0 | 11 | 0 | 千克 | AB |
| 12077091 | ----黑瓜子 | | | | | | |
| 1207709100 | 非种用黑瓜子或其他黑瓜子(不论是否破碎) | 20 | 80 | 11 | 5 | 千克 | AB |
| 12077092 | ----红瓜子 | | | | | | |
| 1207709200 | 非种用红瓜子或其他红瓜子(不论是否破碎) | 20 | 80 | 11 | 5 | 千克 | AB |

| 商品编号 | 商品名称及备注 | 进口关税税率(%) | | 增值税率(%) | 出口退税率(%) | 计量单位 | 监管条件 |
|---|---|---|---|---|---|---|---|
| | | 最惠国 | 普通 | | | | |
| 12077099 | ----其他 | | | | | | |
| 1207709900 | 其他甜瓜的子(包括西瓜属和甜瓜属的子;不论是否破碎) | 30 | 70 | 11 | 5 | 千克 | AB |
| 12079100 | --罂粟子 | | | | | | |
| 1207910000 | 罂粟子(不论是否破碎) | 20 | 70 | 11 | 5 | 千克 | AB |
| 12079910 | ---种用 | | | | | | |
| 1207991000 | 其他种用含油子仁及果实 | 0 | 0 | 11 | 5 | 千克 | AB |
| 12079991 | ----牛油树果 | | | | | | |
| 1207999100 | 牛油树果(不论是否破碎) | 20 | 70 | 11 | 5 | 千克 | AB |
| 12079999 | ----其他 | | | | | | |
| 1207999900 | 其他含油子仁及果实(不论是否破碎) | 10 | 70 | 11 | 5 | 千克 | AB |
| **1208** | **含油子仁或果实的细粉及粗粉,但芥子粉除外** | | | | | | |
| 12081000 | -大豆粉 | | | | | | |
| 1208100000 | 大豆粉 | 9 | 70 | 17 | 0 | 千克 | AB |
| 12089000 | -其他 | | | | | | |
| 1208900000 | 其他含油子仁或果实的细粉及粗粉(芥子粉除外) | 15 | 80 | 17 | 15 | 千克 | AB |
| **1209** | **种植用的种子、果实及孢子** | | | | | | |
| 12091000 | -糖甜菜子 | | | | | | |
| 1209100000 | 糖甜菜子 | 0 | 0 | 11 | 5 | 千克 | AB |
| 12092100 | --紫苜蓿子 | | | | | | |
| 1209210000 | 紫苜蓿子 | 0 | 0 | 11 | 0 | 千克 | AB |
| 12092200 | --三叶草子 | | | | | | |
| 1209220000 | 三叶草子 | 0 | 0 | 11 | 0 | 千克 | AB |
| 12092300 | --羊茅子 | | | | | | |
| 1209230000 | 羊茅子 | 0 | 0 | 11 | 0 | 千克 | AB |
| 12092400 | --草地早熟禾子 | | | | | | |
| 1209240000 | 草地早熟禾子 | 0 | 0 | 11 | 0 | 千克 | AB |
| 12092500 | --黑麦草种子 | | | | | | |
| 1209250000 | 黑麦草种子 | 0 | 0 | 11 | 0 | 千克 | AB |
| 12092910 | ---甜菜子,糖甜菜子除外 | | | | | | |
| 1209291000 | 甜菜子,糖甜菜子除外 | 0 | 0 | 11 | 5 | 千克 | AB |
| 12092990 | ---其他 | | | | | | |
| 1209299000 | 其他饲料植物种子 | 0 | 0 | 11 | 0 | 千克 | AB |
| 12093000 | -草本花卉植物种子 | | | | | | |
| 1209300010 | 濒危草本花卉植物种子 | 0 | 0 | 11 | 0 | 千克 | AFEB |
| 1209300090 | 其他草本花卉植物种子 | 0 | 0 | 11 | 0 | 千克 | AB |
| 12099100 | --蔬菜种子 | | | | | | |
| 1209910000 | 蔬菜种子 | 0 | 0 | 11 | 0 | 千克 | AB |
| 12099900 | --其他 | | | | | | |
| 1209990010 | 其他种植用濒危种子、果实及孢子 | 0 | 0 | 11 | 0 | 千克 | AFEB |
| 1209990090 | 其他种植用的种子、果实及孢子 | 0 | 0 | 11 | 0 | 千克 | AB |
| **1210** | **鲜或干的啤酒花,不论是否研磨或制成团粒;蛇麻腺** | | | | | | |
| 12101000 | -啤酒花,未经研磨也未制成团粒 | | | | | | |
| 1210100000 | 未研磨也未制成团粒的啤酒花(鲜或干的) | 20 | 50 | 17 | 15 | 千克 | AB |
| 12102000 | -啤酒花,经研磨或制成团粒;蛇麻腺 | | | | | | |
| 1210200000 | 已研磨或制成团粒的啤酒花(包括蛇麻腺,鲜或干的) | 10 | 50 | 17 | 15 | 千克 | AB |

| 商品编号 | 商品名称及备注 | 进口关税税率(%) | | 增值税率(%) | 出口退税率(%) | 计量单位 | 监管条件 |
|---|---|---|---|---|---|---|---|
| | | 最惠国 | 普通 | | | | |
| **1211** | **主要用做香料、药料、杀虫、杀菌或类似用途的植物或这些植物的某部分(包括子仁及果实),鲜、冷、冻或干的,不论是否切割、压碎或研磨成粉** | | | | | | |
| 12112010 | ---西洋参 | | | | | | |
| 1211201000 | 鲜、冷、冻或干的西洋参(不论是否切割、压碎或研磨成粉) | 7.5 | 70 | 11 | 5 | 千克 | AQBFE |
| 12112020 | ---野山参(西洋参除外) | | | | | | |
| 1211202000 | 鲜、冷、冻或干的野山参(不论是否切割、压碎或研磨成粉) | 20 | 90 | 11 | 5 | 千克 | ABEF |
| 12112091 | ----鲜的 | | | | | | |
| 1211209100 | 其他鲜人参(不论是否切割、压碎或研磨成粉) | 20 | 50 | 11 | 5 | 千克 | AB |
| 12112099 | ----其他 | | | | | | |
| 1211209900 | 其他冷、冻或干的人参(不论是否切割、压碎或研磨成粉) | 20 | 50 | 11 | 5 | 千克 | ABQ |
| 12113000 | -古柯叶 | | | | | | |
| 1211300010 | 药用古柯叶(不论是否切割、压碎或研磨成粉) | 9 | 50 | 11 | 5 | 千克 | ABW |
| 1211300020 | 做香料用古柯叶(不论是否切割、压碎或研磨成粉) | 9 | 50 | 11 | 5 | 千克 | AB |
| 1211300090 | 杀虫杀菌用古柯叶(不论是否切割、压碎或研磨成粉) | 9 | 50 | 11 | 5 | 千克 | AB |
| 12114000 | -罂粟秆 | | | | | | |
| 1211400010 | 药用罂粟秆(不论是否切割、压碎或研磨成粉) | 9 | 50 | 11 | 5 | 千克 | AB |
| 1211400020 | 做香料用罂粟秆(不论是否切割、压碎或研磨成粉) | 9 | 50 | 11 | 5 | 千克 | AB |
| 1211400090 | 杀虫杀菌用罂粟秆(不论是否切割、压碎或研磨成粉) | 9 | 50 | 11 | 5 | 千克 | AB |
| 12115000 | -麻黄 | | | | | | |
| 1211500011 | 药料用麻黄草粉 | 9 | 30 | 11 | 5 | 千克 | 23AQB |
| 1211500019 | 药料用麻黄草 | 9 | 30 | 11 | 5 | 千克 | 8AQ |
| 1211500021 | 香料用麻黄草粉 | 9 | 30 | 11 | 5 | 千克 | 23AB |
| 1211500029 | 香料用麻黄草 | 9 | 30 | 11 | 5 | 千克 | 8A |
| 1211500091 | 其他用麻黄草粉 | 9 | 30 | 11 | 5 | 千克 | 23AB |
| 1211500099 | 其他用麻黄草 | 9 | 30 | 11 | 5 | 千克 | 8A |
| 12119011 | ----当归 | | | | | | |
| 1211901100 | 鲜、冷、冻或干的当归(不论是否切割、压碎或研磨成粉) | 6 | 30 | 11 | 5 | 千克 | AQB |
| 12119012 | ----三七(田七) | | | | | | |
| 1211901200 | 鲜、冷、冻或干的三七(田七)(不论是否切割、压碎或研磨成粉) | 6 | 20 | 11 | 5 | 千克 | AQB |
| 12119013 | ----党参 | | | | | | |
| 1211901300 | 鲜、冷、冻或干的党参(不论是否切割、压碎或研磨成粉) | 6 | 20 | 11 | 5 | 千克 | AQB |
| 12119014 | ----黄连 | | | | | | |
| 1211901400 | 鲜、冷、冻或干的黄连(不论是否切割、压碎或研磨成粉) | 6 | 20 | 11 | 5 | 千克 | AQB |
| 12119015 | ----菊花 | | | | | | |
| 1211901500 | 鲜、冷、冻或干的菊花(不论是否切割、压碎或研磨成粉) | 6 | 20 | 11 | 0 | 千克 | AQB |
| 12119016 | ----冬虫夏草 | | | | | | |
| 1211901600 | 鲜、冷、冻或干的冬虫夏草(不论是否切割、压碎或研磨成粉) | 6 | 20 | 11 | 5 | 千克 | AQBE |
| 12119017 | ----贝母 | | | | | | |
| 1211901700 | 鲜、冷、冻或干的贝母(不论是否切割、压碎或研磨成粉) | 6 | 20 | 11 | 5 | 千克 | AQB |
| 12119018 | ----川芎 | | | | | | |
| 1211901800 | 鲜、冷、冻或干的川芎(不论是否切割、压碎或研磨成粉) | 6 | 20 | 11 | 5 | 千克 | AQB |
| 12119019 | ----半夏 | | | | | | |
| 1211901900 | 鲜、冷、冻或干的半夏(不论是否切割、压碎或研磨成粉) | 6 | 20 | 11 | 5 | 千克 | AQB |
| 12119021 | ----白芍 | | | | | | |
| 1211902100 | 鲜、冷、冻或干的白芍(不论是否切割、压碎或研磨成粉) | 6 | 20 | 11 | 5 | 千克 | AQB |
| 12119022 | ----天麻 | | | | | | |

| 商品编号 | 商品名称及备注 | 进口关税税率(%) | | 增值税率(%) | 出口退税率(%) | 计量单位 | 监管条件 |
|---|---|---|---|---|---|---|---|
| | | 最惠国 | 普通 | | | | |
| 1211902200 | 鲜、冷、冻或干的天麻(不论是否切割、压碎或研磨成粉) | 6 | 20 | 11 | 5 | 千克 | AQBFE |
| 12119023 | ----黄芪 | | | | | | |
| 1211902300 | 鲜、冷、冻或干的黄芪(不论是否切割、压碎或研磨成粉) | 6 | 30 | 11 | 5 | 千克 | AQB |
| 12119024 | ----大黄、籽黄 | | | | | | |
| 1211902400 | 鲜、冷、冻或干的大黄、籽黄(不论是否切割、压碎或研磨成粉) | 6 | 20 | 11 | 5 | 千克 | AQB |
| 12119025 | ----白术 | | | | | | |
| 1211902500 | 鲜、冷、冻或干的白术(不论是否切割、压碎或研磨成粉) | 6 | 20 | 11 | 5 | 千克 | AQB |
| 12119026 | ----地黄 | | | | | | |
| 1211902600 | 鲜、冷、冻或干的地黄(不论是否切割、压碎或研磨成粉) | 6 | 20 | 11 | 5 | 千克 | AQB |
| 12119027 | ----槐米 | | | | | | |
| 1211902700 | 鲜、冷、冻或干的槐米(不论是否切割、压碎或研磨成粉) | 6 | 20 | 11 | 5 | 千克 | AQB |
| 12119028 | ----杜仲 | | | | | | |
| 1211902800 | 鲜、冷、冻或干的杜仲(不论是否切割、压碎或研磨成粉) | 6 | 20 | 11 | 5 | 千克 | ABQ |
| 12119029 | ----茯苓 | | | | | | |
| 1211902900 | 鲜、冷、冻或干的茯苓(不论是否切割、压碎或研磨成粉) | 6 | 20 | 11 | 5 | 千克 | AQB |
| 12119031 | ----枸杞 | | | | | | |
| 1211903100 | 鲜、冷、冻或干的枸杞(不论是否切割、压碎或研磨成粉) | 6 | 30 | 11 | 5 | 千克 | AQB |
| 12119032 | ----大海子 | | | | | | |
| 1211903200 | 鲜、冷、冻或干的大海子(不论是否切割、压碎或研磨成粉) | 6 | 20 | 11 | 5 | 千克 | AQB |
| 12119033 | ----沉香 | | | | | | |
| 1211903300 | 鲜、冷、冻或干的沉香(不论是否切割、压碎或研磨成粉) | 3 | 20 | 11 | 5 | 千克 | AQFEB |
| 12119034 | ----沙参 | | | | | | |
| 1211903400 | 鲜、冷、冻或干的沙参(不论是否切割、压碎或研磨成粉) | 6 | 20 | 11 | 5 | 千克 | AQB |
| 12119035 | ----青蒿 | | | | | | |
| 1211903500 | 鲜、冷、冻或干的青蒿(不论是否切割、压碎或研磨成粉) | 6 | 20 | 11 | 0 | 千克 | AB |
| 12119036 | ----甘草 | | | | | | |
| 1211903600[暂0] | 鲜、冷、冻或干的甘草(不论是否切割、压碎或研磨成粉) | 6 | 30 | 11 | 5 | 千克 | AQB4xy |
| 12119037 | ----黄芩 | | | | | | |
| 1211903700 | 鲜、冷、冻或干的黄芩(不论是否切割、压碎或研磨成粉) | 6 | 20 | 11 | 5 | 千克 | ABQ |
| 12119038 | ----椴树(欧椴)花及叶 | | | | | | |
| 1211903810 | 海南椴、紫椴(籽椴)花及叶(不论是否切割、压碎或研磨成粉) | 6 | 30 | 11 | 5 | 千克 | ABFQ |
| 1211903890 | 其他椴树(欧椴)花及叶 | 6 | 30 | 11 | 5 | 千克 | ABQ |
| 12119039 | ----其他 | | | | | | |
| 1211903930 | 大麻 | 6 | 20 | 11 | 5 | 千克 | AWB |
| 1211903940 | 罂粟壳 | 6 | 20 | 11 | 5 | 千克 | AWB |
| 1211903950 | 鲜、冷、冻或干的木香(不论是否切割、压碎或研磨成粉) | 6 | 20 | 11 | 5 | 千克 | ABFE |
| 1211903960 | 鲜、冷、冻或干的黄草及枫斗(石斛)(不论是否切割、压碎或研磨成粉) | 6 | 20 | 11 | 5 | 千克 | ABFE |
| 1211903970 | 鲜、冷、冻或干的苁蓉(不论是否切割、压碎或研磨成粉) | 6 | 20 | 11 | 5 | 千克 | ABFE |
| 1211903981[暂1] | 鲜或干的红豆杉皮、枝叶等(不论是否切割、压碎或研磨成粉) | 6 | 20 | 11 | 5 | 千克 | ABFE |
| 1211903989 | 冷或冻的红豆杉皮、枝叶等(不论是否切割、压碎或研磨成粉) | 6 | 20 | 11 | 5 | 千克 | ABFE |
| 1211903991 | 其他主要用做药料鲜、冷、冻或干的濒危植物(包括其某部分,不论是否切割、压碎或研磨成粉) | 6 | 20 | 11 | 0 | 千克 | ABFE |
| 1211903992 | 加纳籽、车前子壳粉、育亨宾皮(包括其某部分,不论是否切割、压碎或研磨成粉) | 6 | 20 | 11 | 5 | 千克 | AB |
| 1211903993 | 恰特草(Catha edulis Forssk,包括其某部分,不论是否切割、压碎或研磨成粉) | 6 | 20 | 11 | 5 | 千克 | ABI |
| 1211903999 | 其他主要用做药料的鲜、冷、冻或干的植物(包括其某部分,不论是否切割、压碎或研磨成粉) | 6 | 20 | 11 | 5 | 千克 | ABQ |

| 商品编号 | 商 品 名 称 及 备 注 | 进口关税税率(%) | | 增值税率(%) | 出口退税率(%) | 计量单位 | 监管条件 |
|---|---|---|---|---|---|---|---|
| | | 最惠国 | 普通 | | | | |
| 12119050 | ---主要用做香料的植物及其某部分 | | | | | | |
| 1211905030 | 香料用沉香木及拟沉香木(包括其某部分,不论是否切割、压碎或研磨成粉) | 8 | 50 | 11 | 0 | 千克 | ABFE |
| 1211905091 | 其他主要用做香料的濒危植物(包括其某部分,不论是否切割、压碎或研磨成粉) | 8 | 50 | 11 | 0 | 千克 | ABFE |
| 1211905099 | 其他主要用做香料的植物(包括其某部分,不论是否切割、压碎或研磨成粉) | 8 | 50 | 11 | 5 | 千克 | AB |
| 12119091 | ----鱼藤根、除虫菊 | | | | | | |
| 1211909100 | 鲜、冷、冻或干的鱼藤根、除虫菊(不论是否切割、压碎或研磨成粉) | 3 | 11 | 11 | 5 | 千克 | ABS |
| 12119099 | ----其他 | | | | | | |
| 1211909991 | 其他鲜、冷、冻或干的杀虫、杀菌用濒危植物(不论是否切割、压碎或研磨成粉) | 9 | 30 | 11 | 0 | 千克 | ABFE |
| 1211909999 | 其他鲜、冷、冻或干的杀虫、杀菌用植物(不论是否切割、压碎或研磨成粉) | 9 | 30 | 11 | 5 | 千克 | AB |
| **1212** | **鲜、冷、冻或干的刺槐豆、海草及其他藻类、甜菜及甘蔗,不论是否碾磨;主要供人食用的其他编号未列名的果核、果仁及植物产品(包括未焙制的菊苣根)** | | | | | | |
| 12122110 | ---海带 | | | | | | |
| 1212211000 | 适合供人食用的鲜、冷、冻或干的海带(不论是否碾磨) | 20 | 70 | 11 | 0 | 千克 | AB |
| 12122120 | ---发菜 | | | | | | |
| 1212212000 | 适合供人食用的鲜、冷、冻或干的发菜(不论是否碾磨) | 20 | 70 | 11 | 5 | 千克 | 8A |
| 12122131 | ----干的 | | | | | | |
| 1212213100 | 适合供人食用的干的裙带菜(不论是否碾磨) | 15 | 70 | 11 | 5 | 千克 | AB |
| 12122132 | ----鲜的 | | | | | | |
| 1212213200 | 适合供人食用的鲜的裙带菜(不论是否碾磨) | 15 | 70 | 11 | 5 | 千克 | AB |
| 12122139 | ----其他 | | | | | | |
| 1212213900 | 适合供人食用的冷、冻的裙带菜(不论是否碾磨) | 15 | 70 | 11 | 5 | 千克 | AB |
| 12122141 | ----干的 | | | | | | |
| 1212214100 | 适合供人食用的干的紫菜(不论是否碾磨) | 15 | 70 | 11 | 0 | 千克 | AB |
| 12122142 | ----鲜的 | | | | | | |
| 1212214200 | 适合供人食用的鲜的紫菜(不论是否碾磨) | 15 | 70 | 11 | 0 | 千克 | AB |
| 12122149 | ----其他 | | | | | | |
| 1212214900 | 适合供人食用的冷、冻紫菜(不论是否碾磨) | 15 | 70 | 11 | 0 | 千克 | AB |
| 12122161 | ----干的 | | | | | | |
| 1212216100 | 适合供人食用的干的麒麟菜(不论是否碾磨) | 15 | 70 | 11 | 5 | 千克 | AB |
| 12122169 | ----其他 | | | | | | |
| 1212216900 | 适合供人食用的鲜、冷或冻的麒麟菜(不论是否碾磨) | 15 | 70 | 11 | 5 | 千克 | AB |
| 12122171 | ----干的 | | | | | | |
| 1212217100 | 适合供人食用的干的江蓠(不论是否碾磨) | 15 | 70 | 11 | 5 | 千克 | AB |
| 12122179 | ----其他 | | | | | | |
| 1212217900 | 适合供人食用的鲜、冷或冻的江蓠(不论是否碾磨) | 15 | 70 | 11 | 5 | 千克 | AB |
| 12122190 | ---其他 | | | | | | |
| 1212219000[暂2] | 其他适合供人食用的鲜、冷、冻或干海草及藻类(不论是否碾磨) | 15 | 70 | 11 | 5 | 千克 | AB |
| 12122910 | ---马尾藻 | | | | | | |
| 1212291000[暂2] | 不适合供人食用的鲜、冷、冻或干的马尾藻(不论是否碾磨) | 15 | 70 | 11 | 5 | 千克 | AB |
| 12122990 | ---其他 | | | | | | |
| 1212299000[暂2] | 其他不适合供人食用的鲜、冷、冻或干海草及藻类(不论是否碾磨) | 15 | 70 | 11 | 5 | 千克 | AB |
| 12129100 | --甜菜 | | | | | | |
| 1212910000 | 鲜、冷、冻或干的甜菜(不论是否碾磨) | 20 | 70 | 11 | 5 | 千克 | AB |
| 12129200 | --刺槐豆 | | | | | | |
| 1212920000 | 鲜、冷、冻或干的刺槐豆(不论是否碾磨) | 20 | 70 | 11 | 5 | 千克 | AB |
| 12129300 | --甘蔗 | | | | | | |

| 商品编号 | 商品名称及备注 | 进口关税税率(%) | | 增值税率(%) | 出口退税率(%) | 计量单位 | 监管条件 |
|---|---|---|---|---|---|---|---|
| | | 最惠国 | 普通 | | | | |
| 1212930000 | 鲜、冷、冻或干的甘蔗(不论是否碾磨) | 20 | 70 | 11 | 5 | 千克 | AB |
| 12129400 | --菊苣根 | | | | | | |
| 1212940000 | 菊苣根(不论是否碾磨) | 20 | 70 | 11 | 5 | 千克 | AB |
| 12129911 | ----苦杏仁 | | | | | | |
| 1212991100 | 苦杏仁 | 20 | 80 | 11 | 5 | 千克 | QAB |
| 12129912 | ----甜杏仁 | | | | | | |
| 1212991200 | 甜杏仁 | 20 | 80 | 11 | 5 | 千克 | AB |
| 12129919 | ----其他 | | | | | | |
| 1212991900 | 其他杏核,桃、梅或李的核及核仁(杏仁除外,包括油桃) | 20 | 80 | 11 | 5 | 千克 | AB |
| 12129993 | ----白瓜子 | | | | | | |
| 1212999300 | 白瓜子 | 20 | 80 | 11 | 5 | 千克 | AB |
| 12129994 | ----莲子 | | | | | | |
| 1212999400 | 莲子 | 20 | 80 | 11 | 5 | 千克 | AB |
| 12129996 | ----甜叶菊叶 | | | | | | |
| 1212999600 | 甜叶菊叶 | 30 | 70 | 11 | 5 | 千克 | AB |
| 12129999 | ----其他 | | | | | | |
| 1212999910 | 其他供人食用濒危植物产品(包括未焙制的菊苣根,包括果核、仁等) | 30 | 70 | 11 | 0 | 千克 | ABFE |
| 1212999990 | 其他供人食用果核、仁及植物产品(包括未焙制的菊苣根) | 30 | 70 | 11 | 5 | 千克 | AB |
| **1213** | **未经处理的谷类植物的茎、秆及谷壳,不论是否切碎、碾磨、挤压或制成团粒** | | | | | | |
| 12130000 | 未经处理的谷类植物的茎、秆及谷壳,不论是否切碎、碾磨、挤压或制成团粒 | | | | | | |
| 1213000000 | 未经处理的谷类植物的茎、秆及谷壳(不论是否切碎、碾磨、挤压或制成团粒) | 12 | 35 | 11 | | 千克 | AB |
| **1214** | **芜菁甘蓝、饲料甜菜、饲料用根、干草、紫苜蓿、三叶草、驴喜豆、饲料羽衣甘蓝、羽扇豆、巢菜及类似饲料,不论是否制成团粒** | | | | | | |
| 12141000 | -紫苜蓿粗粉及团粒 | | | | | | |
| 1214100000 | 紫苜蓿粗粉及团粒 | 5 | 35 | 0 | 0 | 千克 | AB |
| 12149000 | -其他 | | | | | | |
| 1214900001[暂7] | 其他紫苜蓿(粗粉及团粒除外) | 9 | 35 | 0 | 0 | 千克 | AB |
| 1214900002[暂4] | 以除紫苜蓿外的禾本科和豆科为主的多种混合天然饲草 | 9 | 35 | 0 | 0 | 千克 | AB |
| 1214900090 | 芜菁甘蓝、饲料甜菜、其他植物饲料(包括饲料用根、干草、三叶草、驴喜豆等,不论是否制成团粒) | 9 | 35 | 0 | 0 | 千克 | AB |

# 第十三章　虫胶;树胶、树脂及其他植物液、汁

**注释:**

品目13.02主要包括甘草、除虫菊、啤酒花、芦荟的浸膏及鸦片,但不包括:

一、按重量计蔗糖含量在10%以上或制成糖食的甘草浸膏(品目17.04);

二、麦芽膏(品目19.01);

三、咖啡精、茶精、马黛茶精(品目21.01);

四、构成含酒精饮料的植物的汁、液(第二十二章);

五、樟脑、甘草甜及品目29.14或29.38的其他产品;

六、罂粟秆浓缩物,按重量计生物碱含量不低于50%(品目29.39);

七、品目30.03或30.04的药品及品目30.06的血型试剂;

八、鞣料或染料的浸膏(品目32.01或32.03);

九、精油、浸膏、净油、香膏提取的油树脂及精油的水质馏出液或其水溶液,饮料制造业用的以芳香物质为基料的制剂(第三十三章);

十、天然橡胶、巴拉塔胶、古塔波胶、银胶菊胶、糖胶树胶或类似的天然树胶(品目40.01)。

**子目注释:**

子目1302.1100的鸦片,我国禁止进口。

| 商品编号 | 商品名称及备注 | 进口关税税率(%) | | 增值税率(%) | 出口退税率(%) | 计量单位 | 监管条件 |
|---|---|---|---|---|---|---|---|
| | | 最惠国 | 普通 | | | | |
| **1301** | **虫胶;天然树胶、树脂、树胶脂及油树脂(例如,香树脂)** | | | | | | |
| 13012000 | -阿拉伯胶 | | | | | | |
| 1301200000 | 阿拉伯胶 | 15 | 40 | 11 | 5 | 千克 | AB |
| 13019010 | ---胶黄耆树胶(卡喇杆胶) | | | | | | |
| 1301901000 | 胶黄耆树胶 | 15 | 40 | 11 | 5 | 千克 | AB |
| 13019020 | ---乳香、没药及血竭 | | | | | | |
| 1301902000 | 乳香、没药及血竭 | 3 | 17 | 11 | 5 | 千克 | ABQ |
| 13019030 | ---阿魏 | | | | | | |
| 1301903000 | 阿魏 | 3 | 17 | 11 | 5 | 千克 | AB |
| 13019040 | ---松脂 | | | | | | |
| 1301904010 | 濒危松科植物的松脂 | 15 | 45 | 11 | 0 | 千克 | ABE |
| 1301904090 | 其他松脂 | 15 | 45 | 11 | 5 | 千克 | AB |
| 13019090 | ---其他 | | | | | | |
| 1301909010 | 龙血树脂、大戟脂、愈疮树脂 | 15 | 45 | 11 | 5 | 千克 | ABFE |
| 1301909020 | 大麻脂 | 15 | 45 | 11 | 5 | 千克 | ABW |
| 1301909091 | 其他濒危植物的天然树胶、树脂[包括天然树胶、树脂及其他油树脂(例如,香树脂)] | 15 | 45 | 11 | 0 | 千克 | ABFE |
| 1301909099 | 其他天然树胶、树脂[包括天然树胶、树脂及其他油树脂(例如,香树脂)] | 15 | 45 | 11 | 5 | 千克 | AB |
| **1302** | **植物液汁及浸膏;果胶、果胶酸盐及果胶酸酯;从植物产品制得的琼脂、其他胶液及增稠剂,不论是否改性** | | | | | | |
| 13021100 | --鸦片 | | | | | | |
| 1302110000 | 鸦片液汁及浸膏(也称阿片) | 0 | 0 | 0 | 15 | 千克 | 9BW |
| 13021200 | --甘草的 | | | | | | |
| 1302120000暂0 | 甘草液汁及浸膏 | 6 | 20 | 17 | 15 | 千克 | 4xABy/4xAy❶ |
| 13021300 | --啤酒花的 | | | | | | |
| 1302130000 | 啤酒花液汁及浸膏 | 10 | 80 | 17 | 15 | 千克 | AB/A❶ |
| 13021400 | --麻黄的 | | | | | | |
| 1302140011 | 供制农药用麻黄浸膏及浸膏粉 | 20 | 80 | 17 | 15 | 千克 | 23AB |
| 1302140012 | 供制医药用麻黄浸膏及浸膏粉 | 20 | 80 | 17 | 15 | 千克 | Q23AB |
| 1302140019 | 其他麻黄浸膏及浸膏粉 | 20 | 80 | 17 | 15 | 千克 | 23AB |

❶ 监管条件中,"/"左边的监管条件截止日期为2018年1月31日,"/"右边的监管条件有效日期为2018年2月1日~2999年12月31日。

| 商品编号 | 商品名称及备注 | 进口关税税率(%) | | 增值税率(%) | 出口退税率(%) | 计量单位 | 监管条件 |
|---|---|---|---|---|---|---|---|
| | | 最惠国 | 普通 | | | | |
| 1302140020 | 麻黄液汁 | 20 | 80 | 17 | 15 | 千克 | Q23AB |
| 13021910 | ---生漆 | | | | | | |
| 1302191000 | 生漆 | 20 | 90 | 17 | 5 | 千克 | AB |
| 13021920 | ---印楝素 | | | | | | |
| 1302192000 | 印楝素 | 3 | 11 | 17 | 5 | 千克 | ABS |
| 13021930 | ---除虫菊的或含鱼藤酮植物根茎的 | | | | | | |
| 1302193000 | 除虫菊或含鱼藤酮植物根茎的液汁及浸膏 | 3 | 11 | 17 | 15 | 千克 | ABS |
| 13021940 | ---银杏的 | | | | | | |
| 1302194000 | 银杏的液汁及浸膏 | 20 | 80 | 17 | 15 | 千克 | ABE |
| 13021990 | ---其他 | | | | | | |
| 1302199001 | 苦参碱 | 20 | 80 | 17 | 15 | 千克 | ABS |
| 1302199013 | 供制农药用的濒危植物液汁及浸膏 | 20 | 80 | 17 | 0 | 千克 | ABFE |
| 1302199019 | 供制农药用的其他植物液汁及浸膏 | 20 | 80 | 17 | 15 | 千克 | AB |
| 1302199095 | 红豆杉液汁及浸膏 | 20 | 80 | 17 | 15 | 千克 | ABFE |
| 1302199096 | 黄草汁液及浸膏 | 20 | 80 | 17 | 15 | 千克 | ABFE |
| 1302199097 | 其他濒危植物液汁及浸膏 | 20 | 80 | 17 | 0 | 千克 | ABFE |
| 1302199099 | 其他植物液汁及浸膏 | 20 | 80 | 17 | 15 | 千克 | AB |
| 13022000 | -果胶、果胶酸盐及果胶酸酯 | | | | | | |
| 1302200000 | 果胶、果胶酸盐及果胶酸酯 | 20 | 80 | 17 | 15 | 千克 | AB/A❶ |
| 13023100 | --琼脂 | | | | | | |
| 1302310000 | 琼脂 | 10 | 80 | 17 | 15 | 千克 | AB/A❶ |
| 13023200 | --从刺槐豆、刺槐豆子或瓜尔豆制得的胶液及增稠剂,不论是否改性 | | | | | | |
| 1302320000 | 刺槐豆胶液及增稠剂(从刺槐豆、刺槐豆子或瓜尔豆制得的,不论是否改性) | 15 | 80 | 17 | 15 | 千克 | AB/A❶ |
| 13023911 | ----卡拉胶 | | | | | | |
| 1302391100 | 卡拉胶(不论是否改性) | 15 | 80 | 17 | 15 | 千克 | A |
| 13023912 | ----褐藻胶 | | | | | | |
| 1302391200 | 褐藻胶(不论是否改性) | 15 | 80 | 17 | 15 | 千克 | AB |
| 13023919 | ----其他 | | | | | | |
| 1302391900 | 海草及其他藻类胶液及增稠剂(不论是否改性) | 15 | 80 | 17 | 15 | 千克 | AB |
| 13023990 | ---其他 | | | | | | |
| 1302399010 | 未列名濒危植物胶液及增稠剂 | 15 | 80 | 17 | 0 | 千克 | ABFE |
| 1302399090 | 其他未列名植物胶液及增稠剂 | 15 | 80 | 17 | 15 | 千克 | AB |

❶ 监管条件中,“/”左边的监管条件截止日期为2018年1月31日,“/”右边的监管条件有效日期为2018年2月1日~2999年12月31日。

# 第十四章　编结用植物材料；其他植物产品

**注释：**

一、本章不包括归入第十一类的下列产品：

主要供纺织用的植物材料或植物纤维，不论其加工程度如何；或经过处理使其只能作为纺织原料用的其他植物材料。

二、品目14.01主要包括竹子(不论是否劈开、纵锯、切段、圆端、漂白、磨光、染色或进行不燃处理)、劈开的柳条、芦苇及类似品和藤心、藤丝、藤片，但不包括木片条(品目44.04)。

三、品目14.04不包括木丝(品目44.05)及供制帚、制刷用成束、成簇的材料(品目96.03)。

| 商品编号 | 商品名称及备注 | 进口关税税率(%) | | 增值税率(%) | 出口退税率(%) | 计量单位 | 监管条件 |
|---|---|---|---|---|---|---|---|
| | | 最惠国 | 普通 | | | | |
| **1401** | **主要作编结用的植物材料(例如，竹、藤、芦苇、灯芯草、柳条、酒椰叶，已净、漂白或染色的谷类植物的茎秆，椴树皮)** | | | | | | |
| 14011000 | -竹 | | | | | | |
| 1401100010 | 酸竹 | 10 | 70 | 11 | 5 | 千克 | ABE |
| 1401100090 | 其他竹 | 10 | 70 | 11 | 5 | 千克 | AB |
| 14012000 | -藤 | | | | | | |
| 1401200010 | 濒危藤 | 10 | 35 | 11 | 0 | 千克 | ABFE |
| 1401200090 | 其他藤 | 10 | 35 | 11 | 5 | 千克 | AB |
| 14019010 | ---谷类植物的茎秆(麦秸除外) | | | | | | |
| 1401901000 | 谷类植物的茎秆(麦秸除外)(已净、漂白或染色的) | 10 | 70 | 11 | 5 | 千克 | AB |
| 14019020 | ---芦苇 | | | | | | |
| 1401902000 | 芦苇(已净、漂白或染色的) | 10 | 70 | 11 | 5 | 千克 | AB |
| 14019031 | ----蔺草 | | | | | | |
| 1401903100 | 蔺草(已净、漂白或染色的) | 10 | 70 | 11 | 5 | 千克 | AB4xy |
| 14019039 | ----其他 | | | | | | |
| 1401903900 | 其他灯芯草属植物材料(已净、漂白或染色的) | 10 | 70 | 11 | 5 | 千克 | AB |
| 14019090 | ---其他 | | | | | | |
| 1401909000 | 未列名主要作编结用的植物材料(已净、漂白或染色的) | 10 | 70 | 11 | 5 | 千克 | AB |
| **1404** | **其他编号未列名的植物产品** | | | | | | |
| 14042000 | -棉短绒 | | | | | | |
| 1404200000 | 棉短绒 | 4 | 30 | 11 | 5 | 千克 | AB |
| 14049010 | ---主要供染料、鞣料用的植物原料 | | | | | | |
| 1404901000 | 主要供染料或鞣料用的植物原料 | 5 | 45 | 11 | 5 | 千克 | AB |
| 14049090 | ---其他 | | | | | | |
| 1404909010[暂4] | 椰糠(条/块) | 15 | 70 | 11 | 5 | 千克 | AB |
| 1404909090 | 其他编号未列名植物产品 | 15 | 70 | 11 | 5 | 千克 | AB |

# 第三类　动、植物油、脂及其分解产品；精制的食用油脂；动、植物蜡

## 第十五章　动、植物油、脂及其分解产品；精制的食用油脂；动、植物蜡

**注释：**

一、本章不包括：

（一）品目02.09的猪脂肪及家禽脂肪；

（二）可可脂、可可油（品目18.04）；

（三）按重量计品目04.05所列产品的含量超过15%的食品（通常归入第二十一章）；

（四）品目23.01的油渣或品目23.04至23.06的残渣；

（五）第六类的脂肪酸、精制蜡、药品、油漆、清漆、肥皂、香水、化妆品、盥洗品、磺化油及其他货品；

（六）从油类提取的油膏（品目40.02）。

二、品目15.09不包括用溶剂提取的橄榄油（品目15.10）。

三、品目15.18不包括变性的油、脂及其分离品，这些货品应归入其相应的未变性油、脂及其分离品的品目。

四、皂料、油脚、硬脂沥青、甘油沥青及羊毛脂残渣，归入品目15.22。

**子目注释：**

子目1514.11及1514.19所称"低芥子酸菜子油"，是指按重量计芥子酸含量低于2%的固定油。

| 商品编号 | 商品名称及备注 | 进口关税税率(%) | | 增值税率(%) | 出口退税率(%) | 计量单位 | 监管条件 |
|---|---|---|---|---|---|---|---|
| | | 最惠国 | 普通 | | | | |
| **1501** | **猪脂肪（包括已炼制的猪油）及家禽脂肪，但品目02.09及15.03的货品除外** | | | | | | |
| 15011000 | -猪油 | | | | | | |
| 1501100000 | 猪油（但品目02.09及15.03的货品除外） | 10 | 35 | 17 | 15 | 千克 | AB |
| 15012000 | -其他猪脂肪 | | | | | | |
| 1501200000 | 其他猪脂肪（但品目02.09及15.03的货品除外） | 10 | 35 | 17 | 15 | 千克 | AB |
| 15019000 | -其他 | | | | | | |
| 1501900000 | 家禽脂肪（但品目02.09及15.03的货品除外） | 10 | 35 | 17 | 15 | 千克 | AB |
| **1502** | **牛、羊脂肪，但品目15.03的货品除外** | | | | | | |
| 15021000 | -牛、羊油脂 | | | | | | |
| 1502100000暂2 | 牛、羊油脂（但品目15.03的货品除外） | 8 | 30 | 17 | 15 | 千克 | AB |
| 15029000 | -其他 | | | | | | |
| 1502900000暂4 | 其他牛、羊脂肪（但品目15.03的货品除外） | 8 | 70 | 17 | 5 | 千克 | AB |
| **1503** | **猪油硬脂、液体猪油、油硬脂、食用或非食用脂油，未经乳化、混合或其他方法制作** | | | | | | |
| 15030000 | 猪油硬脂、液体猪油、油硬脂、食用或非食用脂油，未经乳化、混合或其他方法制作 | | | | | | |
| 1503000000 | 未经制作的猪油硬脂、油硬脂等（包括液体猪油及脂油，未经乳化、混合或其他方法制作） | 10 | 30 | 17 | 15 | 千克 | AB |
| **1504** | **鱼或海生哺乳动物的油、脂及其分离品，不论是否精制，但未经化学改性** | | | | | | |
| 15041000 | -鱼肝油及其分离品 | | | | | | |
| 1504100010 | 濒危鱼鱼肝油及其分离品 | 12 | 30 | 17 | 0 | 千克 | ABEF |
| 1504100090 | 其他鱼鱼肝油及其分离品 | 12 | 30 | 17 | 15 | 千克 | AB |
| 15042000 | -除鱼肝油以外的鱼油、脂及其分离品 | | | | | | |
| 1504200011暂6 | 濒危鱼油软胶囊（鱼肝油除外） | 12 | 50 | 17 | 0 | 千克 | ABEF |
| 1504200019 | 濒危鱼其他鱼油、脂及其分离品（鱼肝油除外） | 12 | 50 | 17 | 0 | 千克 | ABEF |
| 1504200091暂6 | 其他鱼油软胶囊（鱼肝油除外） | 12 | 50 | 17 | 15 | 千克 | AB |
| 1504200099 | 其他鱼油、脂及其分离品（鱼肝油除外） | 12 | 50 | 17 | 15 | 千克 | AB |

| 商品编号 | 商品名称及备注 | 进口关税税率(%) | | 增值税率(%) | 出口退税率(%) | 计量单位 | 监管条件 |
|---|---|---|---|---|---|---|---|
| | | 最惠国 | 普通 | | | | |
| 15043000 | -海生哺乳动物的油、脂及其分离品 | | | | | | |
| 1504300010 | 濒危哺乳动物的油、脂及其分离品(仅指海生) | 14.4 | 50 | 17 | 0 | 千克 | ABFE |
| 1504300090 | 其他海生哺乳动物油、脂及其分离品 | 14.4 | 50 | 17 | 15 | 千克 | AB |
| **1505** | **羊毛脂及从羊毛脂制得的脂肪物质(包括纯净的羊毛脂)** | | | | | | |
| 15050000 | 羊毛脂及从羊毛脂制得的脂肪物质(包括纯净的羊毛脂): | | | | | | |
| 1505000000 | 羊毛脂及羊毛脂肪物质(包括纯净的羊毛脂) | 20 | 70 | 17 | 15 | 千克 | AB |
| **1506** | **其他动物油、脂及其分离品,不论是否精制,但未经化学改性** | | | | | | |
| 15060000 | 其他动物油、脂及其分离品,不论是否精制,但未经化学改性 | | | | | | |
| 1506000010 | 其他濒危动物为原料制取的脂肪(包括河马、熊、野兔、海龟为原料的及海龟蛋油) | 20 | 70 | 17 | 0 | 千克 | ABFE |
| 1506000090 | 其他动物油、脂及其分离品(不论是否精制,但未经化学改性) | 20 | 70 | 17 | 15 | 千克 | AB |
| **1507** | **豆油及其分离品,不论是否精制,但未经化学改性** | | | | | | |
| 15071000 | -初榨的,不论是否脱胶 | | | | | | |
| 1507100000 | 初榨的豆油(但未经化学改性) | 9 | 190 | 11 | 0 | 千克 | 7AB |
| 15079000 | -其他 | | | | | | |
| 1507900000 | 精制的豆油及其分离品(包括初榨豆油的分离品,但未经化学改性) | 9 | 190 | 11 | 0 | 千克 | 7AB |
| **1508** | **花生油及其分离品,不论是否精制,但未经化学改性** | | | | | | |
| 15081000 | -初榨的 | | | | | | |
| 1508100000 | 初榨的花生油(但未经化学改性) | 10 | 100 | 11 | 0 | 千克 | AB |
| 15089000 | -其他 | | | | | | |
| 1508900000 | 精制的花生油及其分离品(包括初榨花生油的分离品,但未经化学改性) | 10 | 100 | 11 | 0 | 千克 | AB |
| **1509** | **油橄榄油及其分离品,不论是否精制,但未经化学改性** | | | | | | |
| 15091000 | -初榨的 | | | | | | |
| 1509100000 | 初榨油橄榄油(但未经化学改性) | 10 | 30 | 11 | 0 | 千克 | 7AB |
| 15099000 | -其他 | | | | | | |
| 1509900000 | 精制的油橄榄油及其分离品(包括初榨油橄榄油的分离品,但未经化学改性) | 10 | 30 | 17 | 0 | 千克 | 7AB |
| **1510** | **其他橄榄油及其分离品,不论是否精制,但未经化学改性,包括掺有品目15.09的油或分离品的混合物** | | | | | | |
| 15100000 | 其他橄榄油及其分离品,不论是否精制,但未经化学改性,包括掺有品目15.09的油或分离品的混合物 | | | | | | |
| 1510000000 | 其他橄榄油及其分离品(不论是否精制,但未经化学改性,包括掺有品目15.09的油或分离品的混合物) | 10 | 30 | 17 | 0 | 千克 | 7AB |
| **1511** | **棕榈油及其分离品,不论是否精制,但未经化学改性** | | | | | | |
| 15111000 | -初榨的 | | | | | | |
| 1511100000 | 初榨的棕榈油(但未经化学改性) | 9 | 60 | 11 | 0 | 千克 | 7AB |
| 15119010 | ---棕榈液油(熔点19℃~24℃) | | | | | | |
| 1511901000 | 棕榈液油(熔点为19℃~24℃,未经化学改性) | 9 | 60 | 11 | 0 | 千克 | 7AB |
| 15119020 | ---棕榈硬脂(熔点44℃~56℃) | | | | | | |
| 1511902001[暂2] | 固态棕榈硬脂(50℃≤熔点≤56℃,未经化学改性) | 8 | 60 | 11 | 0 | 千克 | 7AB |
| 1511902090 | 棕榈硬脂(44℃≤熔点<50℃,未经化学改性) | 8 | 60 | 11 | 0 | 千克 | AB |
| 15119090 | ---其他 | | | | | | |
| 1511909000 | 其他精制棕榈油(包括棕榈油的分离品,但未经化学改性) | 9 | 60 | 17 | 0 | 千克 | 7AB |
| **1512** | **葵花油、红花油或棉子油及其分离品,不论是否精制,但未经化学改性** | | | | | | |
| 15121100 | --初榨的 | | | | | | |
| 1512110000 | 初榨的葵花油和红花油(但未经化学改性) | 9 | 160 | 11 | 0 | 千克 | AB |
| 15121900 | --其他 | | | | | | |

| 商品编号 | 商品名称及备注 | 进口关税税率(%) | | 增值税率(%) | 出口退税率(%) | 计量单位 | 监管条件 |
|---|---|---|---|---|---|---|---|
| | | 最惠国 | 普通 | | | | |
| 1512190000 | 精制的葵花油和红花油及其分离品(包括初榨葵花油和红花油的分离品,但未经化学改性) | 9 | 160 | 17 | 0 | 千克 | AB |
| 15122100 | --初榨的,不论是否去除棉子酚 | | | | | | |
| 1512210000 | 初榨的棉子油(不论是否去除棉子酚) | 10 | 70 | 11 | 0 | 千克 | AB |
| 15122900 | --其他 | | | | | | |
| 1512290000 | 精制的棉子油及其分离品(包括初榨棉子油的分离品,但未经化学改性) | 10 | 70 | 17 | 0 | 千克 | AB |
| **1513** | **椰子油、棕榈仁油或巴巴苏棕榈果油及其分离品,不论是否精制,但未经化学改性** | | | | | | |
| 15131100 | --初榨的 | | | | | | |
| 1513110000 | 初榨椰子油(但未经化学改性) | 9 | 40 | 11 | 0 | 千克 | AB |
| 15131900 | --其他 | | | | | | |
| 1513190000 | 其他椰子油及其分离品(包括初榨椰子油的分离品,但未经化学改性) | 9 | 40 | 11 | 0 | 千克 | AB |
| 15132100 | --初榨的 | | | | | | |
| 1513210000 | 初榨棕榈仁油或巴巴苏棕榈果油(未经化学改性) | 9 | 40 | 11 | 0 | 千克 | AB |
| 15132900 | --其他 | | | | | | |
| 1513290000 | 精制的棕榈仁油或巴巴苏棕榈果油(包括分离品,但未经化学改性,初榨的除外) | 9 | 40 | 17 | 0 | 千克 | AB |
| **1514** | **菜子油或芥子油及其分离品,不论是否精制,但未经化学改性** | | | | | | |
| 15141100 | --初榨的 | | | | | | |
| 1514110000 | 初榨的低芥子酸菜子油(但未经化学改性) | 9 | 170 | 11 | 0 | 千克 | 7AB |
| 15141900 | --其他 | | | | | | |
| 1514190000 | 其他低芥子酸菜子油(包括其分离品,但未经化学改性) | 9 | 170 | 11 | 0 | 千克 | 7AB |
| 15149110 | ---菜子油 | | | | | | |
| 1514911000 | 初榨的非低芥子酸菜子油(但未经化学改性) | 9 | 170 | 11 | 0 | 千克 | 7AB |
| 15149190 | ---芥子油 | | | | | | |
| 1514919000 | 初榨的芥子油(但未经化学改性) | 9 | 170 | 11 | 0 | 千克 | 7AB |
| 15149900 | --其他 | | | | | | |
| 1514990000 | 精制非低芥子酸菜子油、芥子油(包括其分离品,但未经化学改性) | 9 | 170 | 17 | 0 | 千克 | 7AB |
| **1515** | **其他固定植物油、脂(包括希蒙得木油)及其分离品,不论是否精制,但未经化学改性** | | | | | | |
| 15151100 | --初榨的 | | | | | | |
| 1515110000 | 初榨亚麻子油(但未经化学改性) | 15 | 30 | 11 | 0 | 千克 | AB |
| 15151900 | --其他 | | | | | | |
| 1515190000 | 精制的亚麻子油及其分离品(包括初榨亚麻子油的分离品,但未经化学改性) | 15 | 30 | 17 | 0 | 千克 | AB |
| 15152100 | --初榨的 | | | | | | |
| 1515210000 | 初榨的玉米油(但未经化学改性) | 10 | 160 | 11 | 0 | 千克 | AB |
| 15152900 | --其他 | | | | | | |
| 1515290000 | 精制的玉米油及其分离品(包括初榨玉米油的分离品,但未经化学改性) | 10 | 160 | 17 | 0 | 千克 | AB |
| 15153000 | -蓖麻油及其分离品 | | | | | | |
| 1515300000 | 蓖麻油及其分离品(不论是否精制,但未经化学改性) | 10 | 70 | 17 | 5 | 千克 | AB |
| 15155000 | -芝麻油及其分离品 | | | | | | |
| 1515500000 | 芝麻油及其分离品(不论是否精制,但未经化学改性) | 12 | 20 | 11 | 0 | 千克 | AB |
| 15159010 | ---希蒙得木油(霍霍巴油)及其分离品 | | | | | | |
| 1515901000 | 希蒙得木油及其分离品(不论是否精制,但未经化学改性) | 20 | 70 | 17 | 5 | 千克 | AB |
| 15159020 | ---印楝油及其分离品 | | | | | | |
| 1515902000 | 印楝油及其分离品(不论是否精制,但未经化学改性) | 20 | 70 | 17 | 5 | 千克 | ABS |
| 15159030 | ---桐油及其分离品 | | | | | | |
| 1515903000 | 桐油及其分离品(不论是否精制,但未经化学改性) | 20 | 70 | 17 | 5 | 千克 | AB |
| 15159090 | ---其他 | | | | | | |

| 商品编号 | 商品名称及备注 | 进口关税税率(%) | | 增值税率(%) | 出口退税率(%) | 计量单位 | 监管条件 |
|---|---|---|---|---|---|---|---|
| | | 最惠国 | 普通 | | | | |
| 1515909010 | 红松子油(不论是否精制,但未经化学改性) | 20 | 70 | 17 | 0 | 千克 | ABE |
| 1515909090 | 其他固定植物油、脂及其分离品(不论是否精制,但未经化学改性) | 20 | 70 | 17 | 0 | 千克 | AB |
| **1516** | **动、植物油、脂及其分离品,全部或部分氢化、相互酯化、再酯化或反油酸化,不论是否精制,但未经进一步加工** | | | | | | |
| 15161000 | -动物油、脂及其分离品 | | | | | | |
| 1516100000 | 氢化、酯化或反油酸化动物油、脂(包括其分离品,不论是否精制,但未经进一步加工) | 5 | 70 | 17 | 15 | 千克 | AB |
| 15162000 | -植物油、脂及其分离品 | | | | | | |
| 1516200000 | 氢化、酯化或反油酸化植物油、脂(包括其分离品,不论是否精制,但未经进一步加工) | 25 | 70 | 17 | 0 | 千克 | AB |
| **1517** | **人造黄油;本章各种动、植物油、脂及其分离品混合制成的食用油、脂或制品,但品目15.16的食用油、脂及其分离品除外** | | | | | | |
| 15171000 | -人造黄油,但不包括液态的 | | | | | | |
| 1517100000 | 人造黄油(但不包括液态的) | 30 | 80 | 17 | 0 | 千克 | AB |
| 15179010 | ---起酥油 | | | | | | |
| 1517901001 | 动物油脂制造的起酥油(品目15.16的食用油、脂及其分离品除外) | 25 | 70 | 17 | 15 | 千克 | AB |
| 1517901090 | 植物油脂制造的起酥油(品目15.16的食用油、脂及其分离品除外) | 25 | 70 | 11 | 0 | 千克 | AB |
| 15179090 | ---其他 | | | | | | |
| 1517909001 | 其他混合制成的动物质食用油脂或制品(品目15.16的食用油、脂及其分离品除外) | 25 | 70 | 17 | 15 | 千克 | AB |
| 1517909090 | 其他混合制成的植物质食用油脂或制品(品目15.16的食用油、脂及其分离品除外) | 25 | 70 | 11 | 0 | 千克 | AB |
| **1518** | **动、植物油、脂及其分离品,经过熟炼、氧化、脱水、硫化、吹制或在真空、惰性气体中加热聚合及用其他化学方法改性的,但品目15.16的产品除外;本章各种油、脂及其分离品混合制成的其他编号未列名的非食用油、脂或制品** | | | | | | |
| 15180000 | 动、植物油、脂及其分离品,经过熟炼、氧化、脱水、硫化、吹制或在真空、惰性气体中加热聚合及其他化学方法改性的,但品目15.16的产品除外;本章各种油、脂及其分离品混合制成的其他编号未列名的非食用油、脂或制品 | | | | | | |
| 1518000000 | 化学改性的动、植物油、脂(包括其分离品及本章油脂混合制成的非食用油脂或制品,品目15.16的产品除外) | 10 | 70 | 17 | 15 | 千克 | AB |
| **1520** | **粗甘油;甘油水及甘油碱液** | | | | | | |
| 15200000 | 粗甘油;甘油水及甘油碱液 | | | | | | |
| 1520000000[暂6] | 粗甘油,甘油水及甘油碱液 | 20 | 50 | 17 | 15 | 千克 | AB |
| **1521** | **植物蜡(甘油三酯除外)、蜂蜡、其他虫蜡及鲸蜡,不论是否精制或着色** | | | | | | |
| 15211000 | -植物蜡 | | | | | | |
| 1521100010 | 小烛树蜡 | 20 | 80 | 17 | 15 | 千克 | ABEF |
| 1521100090 | 其他植物蜡 | 20 | 80 | 17 | 15 | 千克 | AB |
| 15219010 | ---蜂蜡 | | | | | | |
| 1521901000 | 蜂蜡(不论是否精制或着色) | 20 | 80 | 17 | 15 | 千克 | AB |
| 15219090 | ---其他 | | | | | | |
| 1521909010 | 鲸蜡(不论是否精制或着色) | 20 | 80 | 17 | 15 | 千克 | AFEB |
| 1521909090 | 其他虫蜡(不论是否精制或着色) | 20 | 80 | 17 | 15 | 千克 | AB |
| **1522** | **油鞣回收脂;加工处理油脂物质及动、植物蜡所剩的残渣** | | | | | | |
| 15220000 | 油鞣回收脂;加工处理油脂物质及动、植物蜡所剩的残渣 | | | | | | |
| 1522000000 | 油鞣回收脂(包括加工处理油脂物质及动、植物蜡所剩的残渣) | 20 | 50 | 17 | 15 | 千克 | 9 |

# 第四类　食品；饮料、酒及醋；烟草、烟草及烟草代用品的制品

注释：

本类所称"团粒"，是指直接挤压或加入按重量计比例不超过3%的黏合剂制成的粒状产品。

## 第十六章　肉、鱼、甲壳动物、软体动物及其他水生无脊椎动物的制品

注释：

一、本章不包括用第二章、第三章及品目05.04所列方法制作或保藏的肉、食用杂碎、鱼、甲壳动物、软体动物或其他水生无脊椎动物。

二、本章的食品按重量计必须含有20%以上的香肠、肉、食用杂碎、动物血、鱼、甲壳动物、软体动物或其他水生无脊椎动物及其混合物。对于含有两种或两种以上前述产品的食品，则应按其中重量最大的产品归入第十六章的相应品目，但本条规定不适用于品目19.02的包馅食品或品目21.03、21.04的食品。

子目注释：

一、子目1602.10的"均化食品"，是指用肉、食用杂碎或动物血经精细均化制成适合供婴幼儿食用或营养用的零售包装食品（每件净重不超过250克）。为了调味、保藏或其他目的，均化食品中可以加入少量其他配料，还可以含有少量可见的肉粒或食用杂碎粒。归类时该子目优先于品目16.02的其他子目。

二、品目16.04或16.05项下各子目所列的是鱼、甲壳动物、软体动物及其他水生无脊椎动物的俗名，它们与第三章中相同名称的鱼、甲壳动物、软体动物及其他水生无脊椎动物种类范围相同。

| 商品编号 | 商品名称及备注 | 进口关税税率（%） | | 增值税率（%） | 出口退税率（%） | 计量单位 | 监管条件 |
|---|---|---|---|---|---|---|---|
| | | 最惠国 | 普通 | | | | |
| **1601** | **肉、食用杂碎或动物血制成的香肠及类似产品；用香肠制成的食品** | | | | | | |
| 16010010 | ---用天然肠衣做外包装的香肠及类似产品 | | | | | | |
| 1601001010暂8 | 濒危野生动物肉、杂碎、血制天然肠衣香肠（含品目02.08的野生动物，包括类似品） | 15 | 90 | 17 | 0 | 千克 | ABFE |
| 1601001090暂8 | 其他动物肉，杂碎及血制天然肠衣香肠（包括类似品） | 15 | 90 | 17 | 15 | 千克 | AB |
| 16010020 | ---其他香肠及类似产品 | | | | | | |
| 1601002010暂8 | 濒危野生动物肉、杂碎、血制其他肠衣香肠（含品目02.08的野生动物，包括类似品） | 15 | 90 | 17 | 0 | 千克 | ABFE |
| 1601002090暂8 | 其他动物肉、杂碎及血制其他肠衣香肠（包括类似品） | 15 | 90 | 17 | 15 | 千克 | AB |
| 16010030 | ---用香肠制成的食品 | | | | | | |
| 1601003010 | 用含濒危野生动物成分的香肠制的食品（含品目02.08的野生动物） | 15 | 90 | 17 | 0 | 千克 | ABFE |
| 1601003090 | 用含其他动物成分的香肠制的食品 | 15 | 90 | 17 | 5 | 千克 | AB |
| **1602** | **其他方法制作或保藏的肉、食用杂碎或动物血** | | | | | | |
| 16021000 | -均化食品 | | | | | | |
| 1602100010 | 含濒危野生动物成分的均化食品（指用肉、食用杂碎或动物血经精细均化制成，零售包装） | 15 | 90 | 17 | 0 | 千克 | ABFE |
| 1602100090 | 其他动物肉或食用杂碎的均化食品（指用肉、食用杂碎或动物血经精细均化制成，零售包装） | 15 | 90 | 17 | 15 | 千克 | AB |
| 16022000 | -动物肝 | | | | | | |
| 1602200010 | 制作或保藏的濒危动物肝（第二、三章所列方法制作或保藏的除外） | 15 | 90 | 17 | 0 | 千克 | ABEF |
| 1602200090 | 制作或保藏的其他动物肝（第二、三章所列方法制作或保藏的除外） | 15 | 90 | 17 | 15 | 千克 | AB |
| 16023100 | --火鸡的 | | | | | | |
| 1602310000 | 制作或保藏的火鸡肉及杂碎（第二、三章所列方法制作或保藏的除外） | 15 | 90 | 17 | 15 | 千克 | AB |
| 16023210 | ---罐头 | | | | | | |

| 商品编号 | 商 品 名 称 及 备 注 | 进口关税税率(%) | | 增值税率(%) | 出口退税率(%) | 计量单位 | 监管条件 |
|---|---|---|---|---|---|---|---|
| | | 最惠国 | 普通 | | | | |
| 1602321000 | 鸡罐头 | 15 | 90 | 17 | 15 | 千克 | AB |
| 16023291 | ----鸡胸肉 | | | | | | |
| 1602329100 | 其他方法制作或保藏的鸡胸肉(第二、三章所列方法制作或保藏的除外) | 15 | 90 | 17 | 15 | 千克 | AB |
| 16023292 | ----鸡腿肉 | | | | | | |
| 1602329200 | 其他方法制作或保藏的鸡腿肉(第二、三章所列方法制作或保藏的除外) | 15 | 90 | 17 | 15 | 千克 | AB |
| 16023299 | ----其他 | | | | | | |
| 1602329900 | 其他方法制作或保藏的其他鸡产品(第二、三章所列方法制作或保藏的除外,鸡胸肉、鸡腿肉除外) | 15 | 90 | 17 | 15 | 千克 | AB |
| 16023910 | ---罐头 | | | | | | |
| 1602391000 | 其他家禽肉及杂碎的罐头 | 15 | 90 | 17 | 15 | 千克 | AB |
| 16023991 | ----鸭的 | | | | | | |
| 1602399100 | 其他方法制作或保藏的鸭(第二、三章所列方法制作或保藏的除外) | 15 | 90 | 17 | 5 | 千克 | AB |
| 16023999 | ----其他 | | | | | | |
| 1602399900 | 其他方法制作或保藏的其他家禽肉及杂碎(第二、三章所列方法制作或保藏的除外,鸡、鸭除外) | 15 | 90 | 17 | 15 | 千克 | AB |
| 16024100 | --后腿及其肉块 | | | | | | |
| 1602410010 | 制作或保藏的鹿豚、姬猪后腿及肉块 | 15 | 90 | 17 | 15 | 千克 | ABFE |
| 1602410090 | 制作或保藏的猪后腿及其肉块 | 15 | 90 | 17 | 15 | 千克 | AB |
| 16024200 | --前腿及其肉块 | | | | | | |
| 1602420010 | 制作或保藏的鹿豚、姬猪前腿及肉块 | 15 | 90 | 17 | 15 | 千克 | ABFE |
| 1602420090 | 制作或保藏的猪前腿及其肉块 | 15 | 90 | 17 | 15 | 千克 | AB |
| 16024910 | ---罐头 | | | | | | |
| 1602491010 | 其他含鹿豚、姬猪肉及杂碎的罐头 | 15 | 90 | 17 | 15 | 千克 | ABFE |
| 1602491090 | 其他猪肉及杂碎的罐头 | 15 | 90 | 17 | 15 | 千克 | AB |
| 16024990 | ---其他 | | | | | | |
| 1602499010 | 制作或保藏的其他鹿豚、姬猪肉及杂碎(包括血等) | 15 | 90 | 17 | 15 | 千克 | ABFE |
| 1602499090 | 制作或保藏的其他猪肉、杂碎、血 | 15 | 90 | 17 | 15 | 千克 | AB |
| 16025010 | ---罐头 | | | | | | |
| 1602501010 | 含濒危野牛肉的罐头 | 12 | 90 | 17 | 0 | 千克 | ABFE |
| 1602501090 | 其他牛肉及牛杂碎罐头(含野牛肉的除外) | 12 | 90 | 17 | 15 | 千克 | AB |
| 16025090 | ---其他 | | | | | | |
| 1602509010 | 其他制作或保藏的濒危野牛肉、杂碎(包括血等) | 12 | 90 | 17 | 0 | 千克 | ABFE |
| 1602509090 | 其他制作或保藏的牛肉、杂碎、血 | 12 | 90 | 17 | 15 | 千克 | AB |
| 16029010 | ---罐头 | | | | | | |
| 1602901010 | 其他濒危野生动物肉及杂碎罐头 | 15 | 90 | 17 | 0 | 千克 | ABFE |
| 1602901090 | 其他肉及杂碎罐头 | 15 | 90 | 17 | 15 | 千克 | AB |
| 16029090 | ---其他 | | | | | | |
| 1602909010 | 制作或保藏的其他濒危野生动物肉(包括杂碎、血) | 15 | 90 | 17 | 0 | 千克 | ABFE |
| 1602909090 | 经制作或保藏的其他肉、杂碎及血 | 15 | 90 | 17 | 15 | 千克 | AB |
| **1603** | **肉、鱼、甲壳动物、软体动物或其他水生无脊椎动物的精及汁** | | | | | | |
| 16030000 | 肉、鱼、甲壳动物、软体动物或其他水生无脊椎动物的精及汁 | | | | | | |
| 1603000010 | 含濒危野生动物及鱼类成分的肉(指品目02.08及编号030192野生动物及鱼类) | 23 | 90 | 17 | 0 | 千克 | ABFE |
| 1603000090 | 肉及水产品的精、汁(水产品指鱼、甲壳动物、软体动物或其他水生无脊椎动物) | 23 | 90 | 17 | 15 | 千克 | AB |
| **1604** | **制作或保藏的鱼;鲟鱼子酱及鱼卵制的鲟鱼子酱代用品** | | | | | | |
| 16041110 | ---大西洋鲑鱼 | | | | | | |
| 1604111000 | 制作或保藏的大西洋鲑鱼(整条或切块,但未绞碎) | 12 | 90 | 17 | 15 | 千克 | AB |

| 商品编号 | 商 品 名 称 及 备 注 | 进口关税税率(%) | | 增值税率(%) | 出口退税率(%) | 计量单位 | 监管条件 |
|---|---|---|---|---|---|---|---|
| | | 最惠国 | 普通 | | | | |
| 16041190 | ---其他 | | | | | | |
| 1604119010 | 制作或保藏的川陕哲罗鲑鱼(整条或切块,但未绞碎) | 12 | 90 | 17 | 15 | 千克 | AB |
| 1604119020 | 制作或保藏的秦岭细鳞鲑鱼(整条或切块,但未绞碎) | 12 | 90 | 17 | 15 | 千克 | AB |
| 1604119090 | 制作或保藏的其他鲑鱼 | 12 | 90 | 17 | 15 | 千克 | AB |
| 16041200 | --鲱鱼 | | | | | | |
| 1604120000 | 制作或保藏的鲱鱼(整条或切块,但未绞碎) | 12 | 90 | 17 | 15 | 千克 | AB |
| 16041300 | --沙丁鱼、小沙丁鱼属、黍鲱或西鲱 | | | | | | |
| 1604130000 | 制作或保藏的沙丁鱼、小沙丁鱼属、黍鲱或西鲱(整条或切块,但未绞碎) | 5 | 90 | 17 | 15 | 千克 | AB |
| 16041400 | --金枪鱼、鲣鱼及狐鲣(狐鲣属) | | | | | | |
| 1604140000 | 制作或保藏的金枪鱼、鲣鱼及狐鲣(狐鲣属)(整条或切块,但未绞碎) | 5 | 90 | 17 | 15 | 千克 | AB |
| 16041500 | --鲭鱼 | | | | | | |
| 1604150000 | 制作或保藏的鲭鱼(整条或切块,但未绞碎) | 12 | 90 | 17 | 15 | 千克 | AB |
| 16041600 | --鳀鱼 | | | | | | |
| 1604160000 | 制作保藏的醍鱼(Anchovies)(整条或切块,但未绞碎) | 12 | 90 | 17 | 15 | 千克 | AB |
| 16041700 | --鳗鱼 | | | | | | |
| 1604170010 | 制作或保藏的花鳗鲡(整条或切块,但未绞碎) | 12 | 90 | 17 | 15 | 千克 | ABE |
| 1604170020 | 制作或保藏的欧洲鳗鲡(整条或切块,但未绞碎) | 12 | 90 | 17 | 15 | 千克 | ABEF |
| 1604170090 | 其他制作或保藏的鳗鱼(整条或切块,但未绞碎) | 12 | 90 | 17 | 15 | 千克 | AB |
| 16041800 | --鲨鱼翅 | | | | | | |
| 1604180010 | 制作或保藏的濒危鲨鱼鱼翅(整条或切块,但未绞碎) | 12 | 90 | 17 | 0 | 千克 | AFEB |
| 1604180090 | 制作或保藏的其他鲨鱼鱼翅(整条或切块,但未绞碎) | 12 | 90 | 17 | 15 | 千克 | AB |
| 16041920 | ---罗非鱼 | | | | | | |
| 1604192000 | 制作或保藏的罗非鱼(整条或切块,但未绞碎) | 12 | 90 | 17 | 15 | 千克 | AB |
| 16041931 | ----斑点叉尾鮰鱼 | | | | | | |
| 1604193100 | 制作或保藏的斑点叉尾鱼(整条或切块,但未绞碎) | 12 | 90 | 17 | 15 | 千克 | AB |
| 16041939 | ----其他 | | | | | | |
| 1604193900 | 制作或保藏的其他叉尾鱼(整条或切块,但未绞碎) | 12 | 90 | 17 | 15 | 千克 | AB |
| 16041990 | ---其他 | | | | | | |
| 1604199010 | 制作或保藏的濒危鱼类(整条或切块,但未绞碎) | 12 | 90 | 17 | 0 | 千克 | AFEB |
| 1604199090 | 制作或保藏的其他鱼(整条或切块,但未绞碎) | 12 | 90 | 17 | 15 | 千克 | AD |
| 16042011 | ----鱼翅 | | | | | | |
| 1604201110 | 濒危鲨鱼鱼翅罐头 | 12 | 90 | 17 | 0 | 千克 | ABFE |
| 1604201190 | 其他鲨鱼鱼翅罐头 | 12 | 90 | 17 | 15 | 千克 | AB |
| 16042019 | ----其他 | | | | | | |
| 1604201910 | 非整条或切块的濒危鱼罐头(鱼翅除外) | 12 | 90 | 17 | 0 | 千克 | ABFE |
| 1604201990 | 非整条或切块的其他鱼罐头(鱼翅除外) | 12 | 90 | 17 | 15 | 千克 | AB |
| 16042091 | ----鱼翅 | | | | | | |
| 1604209110 | 制作或保藏的濒危鲨鱼鱼翅(非整条、非切块、非罐头) | 12 | 90 | 17 | 0 | 千克 | ABFE |
| 1604209190 | 制作或保藏其他鲨鱼鱼翅(非整条、非切块、非罐头) | 12 | 90 | 17 | 15 | 千克 | AB |
| 16042099 | ----其他 | | | | | | |
| 1604209910 | 其他制作或保藏的濒危鱼(非整条、非切块、非罐头,鱼翅除外) | 12 | 90 | 17 | 0 | 千克 | ABFE |
| 1604209990 | 其他制作或保藏的鱼(非整条、非切块、非罐头,鱼翅除外) | 12 | 90 | 17 | 15 | 千克 | AB |
| 16043100 | --鲟鱼子酱 | | | | | | |
| 1604310000 | 鲟鱼子酱 | 12 | 90 | 17 | 15 | 千克 | ABFE |
| 16043200 | --鲟鱼子酱代用品 | | | | | | |
| 1604320000 | 鲟鱼子酱代用品 | 12 | 90 | 17 | 15 | 千克 | AB |

| 商品编号 | 商 品 名 称 及 备 注 | 进口关税税率(%) | | 增值税率(%) | 出口退税率(%) | 计量单位 | 监管条件 |
|---|---|---|---|---|---|---|---|
| | | 最惠国 | 普通 | | | | |
| **1605** | **制作或保藏的甲壳动物、软体动物及其他水生无脊椎动物** | | | | | | |
| 16051000 | -蟹 | | | | | | |
| 1605100000 | 制作或保藏的蟹 | 5 | 90 | 17 | 15 | 千克 | AB |
| 16052100 | --非密封包装 | | | | | | |
| 1605210000 | 制作或保藏的非密封包装小虾及对虾 | 5 | 90 | 17 | 15 | 千克 | AB |
| 16052900 | --其他 | | | | | | |
| 1605290000 | 其他制作或保藏的小虾及对虾 | 5 | 90 | 17 | 15 | 千克 | AB |
| 16053000 | -龙虾 | | | | | | |
| 1605300000 | 制作或保藏的龙虾 | 5 | 90 | 17 | 15 | 千克 | AB |
| 16054011 | ----虾仁 | | | | | | |
| 1605401100 | 制作或保藏的淡水小龙虾仁 | 5 | 90 | 17 | 15 | 千克 | AB |
| 16054019 | ----其他 | | | | | | |
| 1605401900 | 制作或保藏的带壳淡水小龙虾 | 5 | 90 | 17 | 15 | 千克 | AB |
| 16054090 | ---其他 | | | | | | |
| 1605409000 | 制作或保藏的其他甲壳动物 | 5 | 90 | 17 | 15 | 千克 | AB |
| 16055100 | --牡蛎 | | | | | | |
| 1605510000 | 制作或保藏的牡蛎(蚝) | 5 | 90 | 17 | 15 | 千克 | AB |
| 16055200 | --扇贝,包括海扇 | | | | | | |
| 1605520010 | 制作或保藏的大珠母贝 | 5 | 90 | 17 | 15 | 千克 | ABE |
| 1605520090 | 其他制作或保藏的扇贝,包括海扇 | 5 | 90 | 17 | 15 | 千克 | AB |
| 16055300 | --贻贝 | | | | | | |
| 1605530000 | 制作或保藏的贻贝 | 5 | 90 | 17 | 15 | 千克 | AB |
| 16055400 | --墨鱼及鱿鱼 | | | | | | |
| 1605540000 | 制作或保藏的墨鱼及鱿鱼 | 5 | 90 | 17 | 15 | 千克 | AB |
| 16055500 | --章鱼 | | | | | | |
| 1605550000 | 制作或保藏的章鱼 | 5 | 90 | 17 | 15 | 千克 | AB |
| 16055610 | ---蛤 | | | | | | |
| 1605561000 | 制作或保藏的蛤 | 5 | 90 | 17 | 5 | 千克 | AB |
| 16055620 | ---鸟蛤及舟贝 | | | | | | |
| 1605562010 | 制作或保藏的砗磲 | 5 | 90 | 17 | 15 | 千克 | ABEF |
| 1605562090 | 其他制作或保藏的鸟蛤及舟贝 | 5 | 90 | 17 | 15 | 千克 | AB |
| 16055700 | --鲍鱼 | | | | | | |
| 1605570000 | 制作或保藏的鲍鱼 | 5 | 90 | 17 | 15 | 千克 | AB |
| 16055800 | --蜗牛及螺,海螺除外 | | | | | | |
| 1605580010 | 制作或保藏的濒危蜗牛及螺,海螺除外 | 5 | 90 | 17 | 0 | 千克 | ABFE |
| 1605580090 | 其他制作或保藏的蜗牛及螺,海螺除外 | 5 | 90 | 17 | 15 | 千克 | AB |
| 16055900 | --其他 | | | | | | |
| 1605590010 | 其他制作或保藏的濒危软体动物 | 5 | 90 | 17 | 0 | 千克 | ABFE |
| 1605590090 | 其他制作或保藏的软体动物 | 5 | 90 | 17 | 15 | 千克 | AB |
| 16056100 | --海参 | | | | | | |
| 1605610010 | 制作或保藏的暗色刺参 | 5 | 90 | 17 | 15 | 千克 | ABFE |
| 1605610090 | 其他制作或保藏的海参 | 5 | 90 | 17 | 15 | 千克 | AB |
| 16056200 | --海胆 | | | | | | |
| 1605620000 | 制作或保藏的海胆 | 5 | 90 | 17 | 15 | 千克 | AB |
| 16056300 | --海蜇 | | | | | | |

| 商品编号 | 商品名称及备注 | 进口关税税率(%) | | 增值税率(%) | 出口退税率(%) | 计量单位 | 监管条件 |
|---|---|---|---|---|---|---|---|
| | | 最惠国 | 普通 | | | | |
| 1605630000 | 制作或保藏的海蜇 | 15 | 90 | 17 | 5 | 千克 | AB |
| 16056900 | --其他 | | | | | | |
| 1605690010 | 其他制作或保藏的濒危水生无脊椎动物 | 5 | 90 | 17 | 0 | 千克 | ABFE |
| 1605690090 | 其他制作或保藏的水生无脊椎动物 | 5 | 90 | 17 | 15 | 千克 | AB |

# 第十七章　糖及糖食

**注释：**

本章不包括：

一、含有可可的糖食(品目18.06)；

二、品目29.40的化学纯糖(蔗糖、乳糖、麦芽糖、葡萄糖及果糖除外)及其他产品；

三、第三十章的药品及其他产品。

**子目注释：**

一、子目1701.12、1701.13及1701.14所称“原糖”，是指按重量计干燥状态的蔗糖含量对应的旋光读数低于99.5°的糖。

二、子目1701.13仅包括非离心甘蔗糖，其按重量计干燥状态的蔗糖含量对应的旋光读数不低于69°但低于93°。该产品仅含肉眼不可见的不规则形状天然他形微晶，外被糖蜜残余及其他甘蔗成分。

| 商品编号 | 商品名称及备注 | 进口关税税率(%) | | 增值税率(%) | 出口退税率(%) | 计量单位 | 监管条件 |
|---|---|---|---|---|---|---|---|
| | | 最惠国 | 普通 | | | | |
| **1701** | **固体甘蔗糖、甜菜糖及化学纯蔗糖** | | | | | | |
| 17011200 | --甜菜糖 | | | | | | |
| 1701120001 | 未加香料或着色剂的甜菜原糖[按重量计干燥状态的糖含量低于旋光读数99.5度(配额内)] | 15 | 125 | 17 | 15 | 千克 | ABt |
| 1701120090 | 未加香料或着色剂的甜菜原糖[按重量计干燥状态的糖含量低于旋光读数99.5度(配额外)] | 50 | 125 | 17 | 15 | 千克 | 7AB |
| 17011300 | --本章子目注释二所述的甘蔗糖 | | | | | | |
| 1701130001 | 未加香料或着色剂的本章子目注释二所述的甘蔗原糖[按重量计干燥状态的蔗糖含量对应的旋光读数不低于69度，但低于93度(配额内)] | 15 | 125 | 17 | 15 | 千克 | ABt |
| 1701130090 | 未加香料或着色剂的本章子目注释二所述的甘蔗原糖[按重量计干燥状态的蔗糖含量对应的旋光读数不低于69度，但低于93度(配额外)] | 50 | 125 | 17 | 15 | 千克 | 7AB |
| 17011400 | --其他甘蔗糖 | | | | | | |
| 1701140001 | 未加香料或着色剂其他甘蔗原糖[按重量计干燥状态的糖含量低于旋光读数99.5度(配额内)] | 15 | 125 | 17 | 15 | 千克 | ABt |
| 1701140090 | 未加香料或着色剂其他甘蔗原糖[按重量计干燥状态的糖含量低于旋光读数99.5度(配额外)] | 50 | 125 | 17 | 15 | 千克 | 7AB |
| 17019100 | --加有香料或着色剂 | | | | | | |
| 1701910001 | 加有香料或着色剂的糖[指甘蔗糖、甜菜糖及化学纯蔗糖(配额内)] | 15 | 125 | 17 | 15 | 千克 | ABt |
| 1701910090 | 加有香料或着色剂的糖[指甘蔗糖、甜菜糖及化学纯蔗糖(配额外)] | 50 | 125 | 17 | 15 | 千克 | 7AB |
| 17019910 | ---砂糖 | | | | | | |
| 1701991010 | 砂糖(配额内) | 15 | 125 | 17 | 15 | 千克 | ABt |
| 1701991090 | 砂糖(配额外) | 50 | 125 | 17 | 15 | 千克 | 7AB |
| 17019920 | ---绵白糖 | | | | | | |
| 1701992001 | 绵白糖(配额内) | 15 | 125 | 17 | 15 | 千克 | BAt |
| 1701992090 | 绵白糖(配额外) | 50 | 125 | 17 | 15 | 千克 | 7AB |
| 17019990 | ---其他 | | | | | | |
| 1701999001 | 其他精制糖(配额内) | 15 | 125 | 17 | 15 | 千克 | ABt |
| 1701999090 | 其他精制糖(配额外) | 50 | 125 | 17 | 15 | 千克 | 7AB |
| **1702** | **其他固体糖，包括化学纯乳糖、麦芽糖、葡萄糖及果糖；未加香料或着色剂的糖浆；人造蜜，不论是否掺有天然蜂蜜；焦糖** | | | | | | |
| 17021100 | --按重量计干燥无水乳糖含量≥99% | | | | | | |
| 1702110000 | 无水乳糖(按重量计干燥无水乳糖含量≥99%) | 10 | 80 | 17 | 15 | 千克 | AB |
| 17021900 | --其他 | | | | | | |
| 1702190000 | 其他乳糖及乳糖浆 | 10 | 80 | 17 | 15 | 千克 | AB |

| 商品编号 | 商品名称及备注 | 进口关税税率(%) | | 增值税率(%) | 出口退税率(%) | 计量单位 | 监管条件 |
|---|---|---|---|---|---|---|---|
| | | 最惠国 | 普通 | | | | |
| 17022000 | -槭糖及槭糖浆 | | | | | | |
| 1702200000 | 槭糖及槭糖浆 | 30 | 80 | 17 | 15 | 千克 | AB |
| 17023000 | -葡萄糖及葡萄糖浆,不含果糖或按重量计干燥状态的果糖含量<20% | | | | | | |
| 1702300000 | 低果糖含量的葡萄糖及糖浆(仅指按重量计干燥状态的果糖含量<20%的葡萄糖) | 30 | 80 | 17 | 15 | 千克 | BA |
| 17024000 | -葡萄糖及葡萄糖浆,按重量计干燥状态的果糖含量在20%及以上,但在50%以下,转化糖除外 | | | | | | |
| 1702400000 | 中果糖含量的葡萄糖及糖浆(仅指干燥果糖重量在20%~50%的葡萄糖,转化糖除外) | 30 | 80 | 17 | 15 | 千克 | BA |
| 17025000 | -化学纯果糖 | | | | | | |
| 1702500000 | 化学纯果糖 | 30 | 80 | 17 | 15 | 千克 | AB |
| 17026000 | - 其他果糖及果糖浆,按重量计干燥状态的果糖含量>50%,转化糖除外 | | | | | | |
| 1702600000 | 其他果糖及糖浆(仅指干燥果糖重量>50%的,转化糖除外) | 30 | 80 | 17 | 15 | 千克 | BA |
| 17029000 | - 其他,包括转化糖及其他按重量计干燥状态的果糖含量>50%的糖及糖浆混合物 | | | | | | |
| 1702900010 | 人造蜜 | 30 | 80 | 17 | 15 | 千克 | AB |
| 1702900090 | 其他固体糖,焦糖(包括转化糖及按重量计干燥状态果糖含量为50%的糖、糖浆) | 30 | 80 | 17 | 15 | 千克 | AB |
| **1703** | **制糖后所剩的糖蜜** | | | | | | |
| 17031000 | -甘蔗糖蜜 | | | | | | |
| 1703100000 | 甘蔗糖蜜 | 8 | 50 | 17 | 15 | 千克 | 9B |
| 17039000 | -其他 | | | | | | |
| 1703900000 | 其他糖蜜 | 8 | 50 | 17 | 15 | 千克 | 9B |
| **1704** | **不含可可的糖食(包括白巧克力)** | | | | | | |
| 17041000 | -口香糖,不论是否裹糖 | | | | | | |
| 1704100000 | 口香糖(不论是否裹糖) | 12 | 50 | 17 | 15 | 千克 | AB |
| 17049000 | -其他 | | | | | | |
| 1704900000 | 其他不含可可的糖食(包括白巧克力) | 10 | 50 | 17 | 15 | 千克 | AB |

# 第十八章　可可及可可制品

注释：

一、本章不包括品目04.03、19.01、19.04、19.05、21.05、22.02、22.08、30.03、30.04的制品。

二、品目18.06包括含有可可的糖食及注释一以外的其他含可可的食品。

| 商品编号 | 商品名称及备注 | 进口关税税率(%) | | 增值税率(%) | 出口退税率(%) | 计量单位 | 监管条件 |
|---|---|---|---|---|---|---|---|
| | | 最惠国 | 普通 | | | | |
| **1801** | **整颗或破碎的可可豆，生的或焙炒的** | | | | | | |
| 18010000 | 整颗或破碎的可可豆，生的或焙炒的 | | | | | | |
| 1801000000[暂2] | 生或焙炒的整颗或破碎的可可豆 | 8 | 30 | 17 | 5 | 千克 | AB |
| **1802** | **可可荚、壳、皮及废料** | | | | | | |
| 18020000 | 可可荚、壳、皮及废料 | | | | | | |
| 1802000000 | 可可荚、壳、皮及废料 | 10 | 30 | 17 | 5 | 千克 | AB |
| **1803** | **可可膏，不论是否脱脂** | | | | | | |
| 18031000 | -未脱脂 | | | | | | |
| 1803100000 | 未脱脂可可膏 | 10 | 30 | 17 | 15 | 千克 | AB |
| 18032000 | -全脱脂或部分脱脂 | | | | | | |
| 1803200000 | 全脱脂或部分脱脂的可可膏 | 10 | 30 | 17 | 15 | 千克 | AB |
| **1804** | **可可脂、可可油** | | | | | | |
| 18040000 | 可可脂、可可油 | | | | | | |
| 1804000010 | 可可脂 | 22 | 70 | 17 | 15 | 千克 | AB |
| 1804000090 | 可可油 | 22 | 70 | 17 | 15 | 千克 | AB |
| **1805** | **未加糖或其他甜物质的可可粉** | | | | | | |
| 18050000 | 未加糖或其他甜物质的可可粉 | | | | | | |
| 1805000000 | 未加糖或其他甜物质的可可粉 | 15 | 40 | 17 | 15 | 千克 | AB |
| **1806** | **巧克力及其他含可可的食品** | | | | | | |
| 18061000 | -加糖或其他甜物质的可可粉 | | | | | | |
| 1806100000 | 含糖或其他甜物质的可可粉 | 10 | 50 | 17 | 15 | 千克 | AB |
| 18062000 | -其他重量>2千克的块状或条状含可可食品，或液状、膏状、粉状、粒状或其他散装形状的含可可食品，容器包装或内包装每件净重>2千克的 | | | | | | |
| 1806200000 | 每件净重>2千克的含可可食品 | 10 | 50 | 17 | 15 | 千克 | AB |
| 18063100 | --夹心 | | | | | | |
| 1806310000 | 其他夹心块状或条状的含可可食品(每件净重≤2千克) | 8 | 50 | 17 | 15 | 千克 | AB |
| 18063200 | --不夹心 | | | | | | |
| 1806320000 | 其他不夹心块状或条状含可可食品(每件净重≤2千克) | 10 | 50 | 17 | 15 | 千克 | AB |
| 18069000 | -其他 | | | | | | |
| 1806900000 | 其他巧克力及含可可的食品(每件净重≤2千克) | 8 | 50 | 17 | 15 | 千克 | AB |

# 第十九章　谷物、粮食粉、淀粉或乳的制品;糕饼点心

**注释:**

一、本章不包括:

(一)按重量计含香肠、肉、食用杂碎、动物血、鱼、甲壳动物、软体动物、其他水生无脊椎动物及其混合物超过20%的食品(第十六章),但品目19.02的包馅食品除外;

(二)用粮食粉或淀粉制的专作动物饲料用的饼干及其他制品(品目23.09);

(三)第三十章的药品及其他产品。

二、品目19.01所称:

(一)"粗粒"是指第十一章谷物的粗粒;

(二)"细粉"及"粗粉",是指:

1. 第十一章谷物的细粉及粗粉;

2. 其他章植物的细粉、粗粉及粉末,但不包括干蔬菜、马铃薯和干豆类的细粉、粗粉及粉末(应分别归入品目07.12、11.05和11.06)。

三、品目19.04不包括按重量计全脱脂可可含量超过6%或用巧克力完全包裹的食品及其他含可可的食品(品目18.06)。

四、品目19.04所称"其他方法制作的",是指制作或加工程度超过第十章或第十一章各品目或注释所规定范围的。

| 商品编号 | 商品名称及备注 | 进口关税税率(%) | | 增值税率(%) | 出口退税率(%) | 计量单位 | 监管条件 |
|---|---|---|---|---|---|---|---|
| | | 最惠国 | 普通 | | | | |
| **1901** | **麦精;细粉、粗粒、粗粉、淀粉或麦精制的其他编号未列名的食品,不含可可或按重量计全脱脂可可含量低于40%;品目04.01至04.04所列货品制的其他编号未列名的食品,不含可可或按重量计全脱脂可可含量低于5%** | | | | | | |
| 19011010 | ---配方奶粉 | | | | | | |
| 1901101000[暂5] | 供婴幼儿食用的零售包装配方奶粉(按重量计全脱脂可可含量<5%乳品制) | 15 | 40 | 17 | 15 | 千克 | 7AB |
| 19011090 | ---其他 | | | | | | |
| 1901109000[暂2] | 其他供婴幼儿食用的零售包装食品(按重量计全脱脂可可含量<40%粉、淀粉或麦精制,按重量计全脱脂可可含量<5%乳品制) | 15 | 40 | 17 | 15 | 千克 | AB |
| 19012000 | -供烘焙品目19.05所列面包糕饼用的调制品及面团 | | | | | | |
| 1901200000 | 供烘焙品目19.05所列面包糕饼用的调制品及面团(按重量计全脱脂可可含量<40%粉、淀粉或麦精制,按重量计全脱脂可可含量<5%乳品制) | 25 | 80 | 17 | 5 | 千克 | AB |
| 19019000 | -其他 | | | | | | |
| 1901900000[暂5] | 麦精、粮食粉等制食品及乳制食品(按重量计全脱脂可可含量<40%粉、淀粉、麦精制,按重量计全脱脂可可含量<5%乳品制) | 10 | 80 | 17 | 15 | 千克 | AB |
| **1902** | **面食,不论是否煮熟、包馅(肉馅或其他馅)或其他方法制作,例如,通心粉、意大利面条、面条、汤团、馄饨、饺子、奶油面卷;古斯古斯面食,不论是否制作** | | | | | | |
| 19021100 | --含蛋 | | | | | | |
| 1902110000 | 未包馅或未制作的含蛋生面食 | 15 | 80 | 17 | 5 | 千克 | AB |
| 19021900 | --其他 | | | | | | |
| 1902190000[暂8] | 其他未包馅或未制作的生面食 | 15 | 80 | 17 | 5 | 千克 | AB |
| 19022000 | -包馅面食,不论是否烹煮或经其他方法制作 | | | | | | |
| 1902200000 | 包馅面食(不论是否烹煮或经其他方法制作) | 15 | 80 | 17 | 5 | 千克 | AB |
| 19023010 | ---米粉干 | | | | | | |
| 1902301000 | 米粉干 | 15 | 80 | 17 | 5 | 千克 | AB |
| 19023020 | ---粉丝 | | | | | | |
| 1902302000 | 粉丝 | 15 | 80 | 17 | 15 | 千克 | AB |
| 19023030 | ---即食或快熟面条 | | | | | | |
| 1902303000 | 即食或快熟面条 | 15 | 80 | 17 | 5 | 千克 | AB |
| 19023090 | ---其他 | | | | | | |
| 1902309000 | 其他面食 | 15 | 80 | 17 | 5 | 千克 | AB |
| 19024000 | -古斯古斯面食 | | | | | | |

| 商品编号 | 商品名称及备注 | 进口关税税率(%) | | 增值税率(%) | 出口退税率(%) | 计量单位 | 监管条件 |
|---|---|---|---|---|---|---|---|
| | | 最惠国 | 普通 | | | | |
| 1902400000 | 古斯古斯面食(古斯古斯粉是一种经热处理的硬麦粗粉) | 25 | 80 | 17 | 5 | 千克 | AB |
| **1903** | **珍粉及淀粉制成的珍粉代用品,片、粒、珠、粉或类似形状的** | | | | | | |
| 19030000 | 珍粉及淀粉制成的珍粉代用品,片、粒、珠、粉或类似形状的 | | | | | | |
| 1903000000 | 珍粉及淀粉制成的珍粉代用品(片、粒、珠、粉或类似形状的) | 15 | 80 | 17 | 15 | 千克 | AB |
| **1904** | **谷物或谷物产品经膨化或烘炒制成的食品(例如,玉米片);其他编号未列名的预煮或经其他方法制作的谷粒(玉米除外)、谷物片或经其他加工的谷粒(细粉、粗粒及粗粉除外)** | | | | | | |
| 19041000 | -谷物或谷物产品经膨化或烘炒制成的食品 | | | | | | |
| 1904100000 | 膨化或烘炒谷物制成的食品 | 25 | 80 | 17 | 15 | 千克 | AB |
| 19042000 | -未烘炒谷物片制成的食品及未烘炒的谷物片与烘炒的谷物片或膨化的谷物混合制成的食品 | | | | | | |
| 1904200000 | 未烘炒谷物片制成的食品(包括未烘炒谷物片与烘炒谷物片或膨化谷物混合制成食品) | 30 | 80 | 17 | 15 | 千克 | AB |
| 19043000 | -碾碎的干小麦 | | | | | | |
| 1904300000 | 碾碎的干小麦 | 30 | 80 | 17 | 15 | 千克 | AB |
| 19049000 | -其他 | | | | | | |
| 1904900000 | 预煮或经其他方法制作的谷粒[包括其他经加工的谷粒(除细粉、粗粒及粗粉),玉米除外] | 30 | 80 | 17 | 15 | 千克 | AB |
| **1905** | **面包、糕点、饼干及其他烘焙糕饼,不论是否含可可;圣餐饼、装药空囊、封缄、糯米纸及类似制品** | | | | | | |
| 19051000 | -黑麦脆面包片 | | | | | | |
| 1905100000 | 黑麦脆面包片 | 20 | 80 | 17 | 15 | 千克 | AB |
| 19052000 | -姜饼及类似品 | | | | | | |
| 1905200000 | 姜饼及类似品 | 20 | 80 | 17 | 15 | 千克 | AB |
| 19053100 | --甜饼干 | | | | | | |
| 1905310000 | 甜饼干 | 15 | 80 | 17 | 15 | 千克 | AB |
| 19053200 | --华夫饼干及圣餐饼 | | | | | | |
| 1905320000 | 华夫饼干及圣餐饼 | 15 | 80 | 17 | 15 | 千克 | AB |
| 19054000 | -面包干、吐司及类似的烤面包 | | | | | | |
| 1905400000 | 面包干、吐司及类似的烤面包 | 20 | 80 | 17 | 15 | 千克 | AB |
| 19059000 | -其他 | | | | | | |
| 1905900000 | 其他面包、糕点、饼干及烘焙糕饼(包括装药空囊、封缄、糯米纸及类似制品) | 20 | 80 | 17 | 15 | 千克 | AB |

# 第二十章　蔬菜、水果、坚果或植物其他部分的制品

**注释：**

一、本章不包括：

（一）用第七章、第八章或第十一章所列方法制作或保藏的蔬菜、水果或坚果；

（二）按重量计含香肠、肉、食用杂碎、动物血、鱼、甲壳动物、软体动物、其他水生无脊椎动物及其混合物超过20%的食品（第十六章）；

（三）品目19.05的烘焙糕饼及其他制品；

（四）品目21.04的均化混合食品。

二、品目20.07及20.08不包括制成糖食的果冻、果膏、糖衣杏仁或类似品（品目17.04）及巧克力糖食（品目18.06）。

三、品目20.01、20.04及20.05仅分别包括用本章注释一（一）以外的方法制作或保藏的第七章或品目11.05、11.06的产品（第八章产品的细粉、粗粉除外）。

四、干重量在7%及以上的番茄汁归入品目20.02。

五、品目20.07所称"烹煮的"是指，在常压或减压下，通过减少水分或其他方法增加产品黏稠度的热处理。

六、品目20.09所称"未发酵及未加酒精的水果汁"，是指按容量计酒精浓度（标准见第二十二章注释二）不超过0.5%的水果汁。

**子目注释：**

一、子目2005.10所称"均化蔬菜"，是指蔬菜经精细均化制成适合供婴幼儿食用或营养用的零售包装食品（每件净重不超过250克）。为了调味、保藏或其他目的，均化蔬菜中可以加入少量其他配料，还可以含有少量可见的蔬菜粒。归类时，子目2005.10优先于品目20.05的其他子目。

二、子目2007.10所称"均化食品"，是指果实经精细均化制成适合供婴幼儿食用或营养用的零售包装食品（每件净重不超过250克）。为了调味、保藏或其他目的，均化食品中可以加入少量其他配料，还可以含有少量可见的果粒。归类时，子目2007.10优先于品目20.07的其他子目。

三、子目2009.12、2009.21、2009.31、2009.41、2009.61及2009.71所称"白利糖度值"，是指直接从白利糖度计读取的度数或在20℃时从折射计读取的以蔗糖百分比含量计的折射率，在其他温度下读取的数值应折算为20℃时的折射率。

| 商品编号 | 商品名称及备注 | 进口关税税率（%） | | 增值税率（%） | 出口退税率（%） | 计量单位 | 监管条件 |
|---|---|---|---|---|---|---|---|
| | | 最惠国 | 普通 | | | | |
| **2001** | **蔬菜、水果、坚果及植物的其他食用部分，用醋或醋酸制作或保藏的** | | | | | | |
| 20011000 | -黄瓜及小黄瓜 | | | | | | |
| 2001100000 | 用醋或醋酸制作的黄瓜及小黄瓜 | 25 | 70 | 17 | 5 | 千克 | AB |
| 20019010 | ---大蒜 | | | | | | |
| 2001901010 | 用醋或醋酸腌制的大蒜头、大蒜瓣（无论是否加糖或去皮） | 25 | 70 | 17 | 5 | 千克 | AB |
| 2001901090 | 用醋或醋酸腌制的其他大蒜（不含蒜头、蒜瓣，无论是否加糖或去皮） | 25 | 70 | 17 | 5 | 千克 | AB |
| 20019090 | ---其他 | | | | | | |
| 2001909010 | 用醋或醋酸制作或保藏的松茸 | 25 | 70 | 17 | 5 | 千克 | ABE |
| 2001909020 | 用醋或醋酸制作或保藏的酸竹笋 | 25 | 70 | 17 | 5 | 千克 | ABE |
| 2001909030 | 用醋或醋酸制作或保藏的芦荟 | 25 | 70 | 17 | 5 | 千克 | ABFE |
| 2001909040 | 用醋或醋酸制作或保藏的仙人掌植物 | 25 | 70 | 17 | 5 | 千克 | ABFE |
| 2001909050 | 用醋或醋酸制作或保藏的莼菜 | 25 | 70 | 17 | 5 | 千克 | ABE |
| 2001909090 | 用醋制作的其他果、菜及食用植物（包括用醋酸制作或保藏的） | 25 | 70 | 17 | 5 | 千克 | AB |
| **2002** | **番茄，用醋或醋酸以外的其他方法制作或保藏的** | | | | | | |
| 20021010 | ---罐头 | | | | | | |
| 2002101000 | 非用醋制作的整个或切片番茄罐头 | 19 | 80 | 17 | 15 | 千克 | AB |
| 20021090 | ---其他 | | | | | | |
| 2002109000 | 非用醋制作的其他整个或切片番茄 | 25 | 70 | 17 | 5 | 千克 | AB |
| 20029011 | ----重量≤5千克的 | | | | | | |
| 2002901100 | 重量≤5千克的番茄酱罐头 | 20 | 80 | 17 | 15 | 千克 | AB |
| 20029019 | ----重量>5千克的 | | | | | | |
| 2002901900 | 重量>5千克的番茄酱罐头 | 20 | 80 | 17 | 15 | 千克 | AB |
| 20029090 | ---其他 | | | | | | |
| 2002909000 | 非用醋制作的绞碎番茄（用醋或醋酸以外其他方法制作或保藏的） | 18 | 70 | 17 | 5 | 千克 | AB |
| **2003** | **蘑菇及块菌，用醋或醋酸以外的其他方法制作或保藏的** | | | | | | |

| 商品编号 | 商品名称及备注 | 进口关税税率(%) | | 增值税率(%) | 出口退税率(%) | 计量单位 | 监管条件 |
|---|---|---|---|---|---|---|---|
| | | 最惠国 | 普通 | | | | |
| 20031011 | ----小白蘑菇 | | | | | | |
| 2003101100 | 小白蘑菇罐头(指洋蘑菇,用醋或醋酸以外其他方法制作或保藏的) | 25 | 90 | 17 | 15 | 千克 | AB |
| 20031019 | ----其他 | | | | | | |
| 2003101900 | 其他伞菌属蘑菇罐头(用醋或醋酸以外其他方法制作或保藏的) | 25 | 90 | 17 | 15 | 千克 | AB |
| 20031090 | ---其他 | | | | | | |
| 2003109000 | 非用醋制作的其他伞菌属蘑菇(用醋或醋酸以外其他方法制作或保藏的) | 25 | 90 | 17 | 5 | 千克 | AB |
| 20039010 | ---罐头 | | | | | | |
| 2003901010 | 非用醋制作的香菇罐头[用醋或醋酸以外其他方法制作或保藏的(非伞菌属蘑菇)] | 25 | 90 | 17 | 15 | 千克 | AB |
| 2003901020 | 非用醋制作的松茸罐头(用醋或醋酸以外其他方法制作或保藏的) | 25 | 90 | 17 | 15 | 千克 | ABE |
| 2003901090 | 非用醋制作的其他蘑菇罐头[用醋或醋酸以外其他方法制作或保藏的(非伞菌属蘑菇)] | 25 | 90 | 17 | 15 | 千克 | AB |
| 20039090 | ---其他 | | | | | | |
| 2003909010 | 非用醋制作的其他香菇[用醋或醋酸以外其他方法制作或保藏的(非伞菌属蘑菇)] | 25 | 90 | 17 | 5 | 千克 | AB |
| 2003909020 | 非用醋制作的其他松茸(用醋或醋酸以外其他方法制作或保藏的) | 25 | 90 | 17 | 5 | 千克 | ABE |
| 2003909090 | 非用醋制作的其他蘑菇[用醋或醋酸以外其他方法制作或保藏的(非伞菌属蘑菇)] | 25 | 90 | 17 | 5 | 千克 | AB |
| **2004** | **其他冷冻蔬菜,用醋或醋酸以外的其他方法制作或保藏的,但品目20.06的产品除外** | | | | | | |
| 20041000 | -马铃薯 | | | | | | |
| 2004100000 | 非用醋制作的冷冻马铃薯(品目20.06的货品除外) | 13 | 70 | 17 | 5 | 千克 | AB |
| 20049000 | -其他蔬菜及什锦蔬菜 | | | | | | |
| 2004900010 | 非用醋制作的冷冻松茸 | 25 | 70 | 17 | 5 | 千克 | ABE |
| 2004900020 | 非用醋制作的冷冻酸竹笋 | 25 | 70 | 17 | 5 | 千克 | ABE |
| 2004900030 | 非用醋制作的冷冻芦荟 | 25 | 70 | 17 | 5 | 千克 | ABFE |
| 2004900040 | 非用醋制作的冷冻仙人掌植物 | 25 | 70 | 17 | 5 | 千克 | ABFE |
| 2004900090 | 非用醋制作的其他冷冻蔬菜(品目20.06的货品除外) | 25 | 70 | 17 | 5 | 千克 | AB |
| **2005** | **其他未冷冻蔬菜,用醋或醋酸以外的其他方法制作或保藏的,但品目20.06的产品除外** | | | | | | |
| 20051000 | -均化蔬菜 | | | | | | |
| 2005100000 | 非用醋制作的未冷冻均化蔬菜 | 25 | 70 | 17 | 15 | 千克 | AB |
| 20052000 | -马铃薯 | | | | | | |
| 2005200000 | 非用醋制作的未冷冻马铃薯 | 15 | 70 | 17 | 5 | 千克 | AB |
| 20054000 | -豌豆 | | | | | | |
| 2005400000 | 非用醋制作的未冷冻豌豆 | 25 | 70 | 17 | 5 | 千克 | AB |
| 20055111 | ----赤豆馅 | | | | | | |
| 2005511100 | 非用醋制作的赤豆馅罐头 | 25 | 80 | 17 | 15 | 千克 | AB |
| 20055119 | ----其他 | | | | | | |
| 2005511900 | 其他非用醋制作的脱荚豇豆及菜豆罐头 | 25 | 80 | 17 | 15 | 千克 | AB |
| 20055191 | ----赤豆馅 | | | | | | |
| 2005519100 | 非用醋制作的赤豆馅,罐头除外 | 25 | 70 | 17 | 15 | 千克 | AB |
| 20055199 | ----其他 | | | | | | |
| 2005519900 | 非用醋制作的其他脱荚豇豆及菜豆,罐头除外 | 25 | 70 | 17 | 5 | 千克 | AB |
| 20055910 | ---罐头 | | | | | | |
| 2005591000 | 非用醋制作的其他豇豆及菜豆罐头 | 25 | 80 | 17 | 15 | 千克 | AB |
| 20055990 | ---其他 | | | | | | |
| 2005599000 | 非用醋制作的其他豇豆及菜豆 | 25 | 70 | 17 | 5 | 千克 | AB |
| 20056010 | ---罐头 | | | | | | |
| 2005601000 | 非用醋制作的芦笋罐头 | 25 | 80 | 17 | 15 | 千克 | AB |
| 20056090 | ---其他 | | | | | | |
| 2005609000 | 非用醋制作的其他芦笋 | 25 | 70 | 17 | 5 | 千克 | AB |

| 商品编号 | 商品名称及备注 | 进口关税税率(%) | | 增值税率(%) | 出口退税率(%) | 计量单位 | 监管条件 |
|---|---|---|---|---|---|---|---|
| | | 最惠国 | 普通 | | | | |
| 20057000 | -油橄榄 | | | | | | |
| 2005700000 | 非用醋制作的未冷冻油橄榄 | 10 | 70 | 17 | 5 | 千克 | AB |
| 20058000 | -甜玉米 | | | | | | |
| 2005800000 | 非用醋制作的未冷冻甜玉米 | 10 | 80 | 17 | 5 | 千克 | AB |
| 20059110 | ---竹笋罐头 | | | | | | |
| 2005911010 | 非用醋制作的酸竹笋罐头 | 25 | 80 | 17 | 15 | 千克 | ABE |
| 2005911090 | 非用醋制作的其他竹笋罐头 | 25 | 80 | 17 | 15 | 千克 | AB |
| 20059190 | ---其他 | | | | | | |
| 2005919010 | 非用醋制作的酸竹笋 | 25 | 70 | 17 | 5 | 千克 | ABE |
| 2005919090 | 非用醋制作的其他竹笋 | 25 | 70 | 17 | 5 | 千克 | AB |
| 20059920 | ---蚕豆罐头 | | | | | | |
| 2005992000 | 非用醋制作的蚕豆罐头 | 25 | 80 | 17 | 15 | 千克 | AB |
| 20059940 | ---榨菜 | | | | | | |
| 2005994000 | 榨菜 | 25 | 70 | 17 | 5 | 千克 | AB |
| 20059950 | ---咸蕨菜 | | | | | | |
| 2005995000 | 咸蕨菜 | 25 | 70 | 17 | 5 | 千克 | AB |
| 20059960 | ---咸藠头 | | | | | | |
| 2005996000 | 咸荞(藠)头 | 25 | 70 | 17 | 5 | 千克 | AB |
| 20059991 | ----罐头 | | | | | | |
| 2005999100 | 其他蔬菜及什锦蔬菜罐头(非用醋制作) | 25 | 70 | 17 | 15 | 千克 | AB |
| 20059999 | ----其他 | | | | | | |
| 2005999910 | 非用醋制作的仙人掌 | 25 | 70 | 17 | 5 | 千克 | ABFE |
| 2005999920 | 非用醋制作的芦荟 | 25 | 70 | 17 | 5 | 千克 | ABFE |
| 2005999990 | 非用醋制作的其他蔬菜及什锦蔬菜 | 25 | 70 | 17 | 5 | 千克 | AB |
| **2006** | **糖渍蔬菜、水果、坚果、果皮及植物的其他部分(沥干、糖渍或裹糖的)** | | | | | | |
| 20060010 | ---蜜枣 | | | | | | |
| 2006001000 | 蜜枣 | 30 | 90 | 17 | 15 | 千克 | AB |
| 20060020 | ---橄榄 | | | | | | |
| 2006002000 | 糖渍制橄榄 | 30 | 90 | 17 | 15 | 千克 | AB |
| 20060090 | ---其他 | | | | | | |
| 2006009010 | 糖渍制松茸 | 30 | 90 | 17 | 15 | 千克 | ABE |
| 2006009090 | 其他糖渍蔬菜,水果,坚果,果皮(包括糖渍植物的其他部分) | 30 | 90 | 17 | 15 | 千克 | AB |
| **2007** | **烹煮的果酱、果冻、柑橘酱、果泥及果膏,不论是否加糖或其他甜物质** | | | | | | |
| 20071000 | -均化食品 | | | | | | |
| 2007100000[暂15] | 烹煮的果子均化食品(包括果酱、果冻、果泥、果膏) | 30 | 80 | 17 | 15 | 千克 | AB |
| 20079100 | --柑橘属水果的 | | | | | | |
| 2007910000 | 烹煮的柑橘属水果(包括果酱、果冻、果泥、果膏) | 30 | 80 | 17 | 15 | 千克 | AB |
| 20079910 | ---罐头 | | | | | | |
| 2007991000 | 其他烹煮的果酱、果冻罐头(包括果泥、果膏) | 5 | 80 | 17 | 15 | 千克 | AB |
| 20079990 | ---其他 | | | | | | |
| 2007999000 | 其他烹煮的果酱、果冻(包括果泥、果膏) | 5 | 80 | 17 | 15 | 千克 | AB |
| **2008** | **用其他方法制作或保藏的其他编号未列名水果、坚果及植物的其他食用部分,不论是否加酒、加糖或其他甜物质** | | | | | | |
| 20081110 | ---花生米罐头 | | | | | | |
| 2008111000 | 花生米罐头 | 30 | 90 | 17 | 15 | 千克 | AB |
| 20081120 | ---烘焙花生 | | | | | | |

| 商品编号 | 商品名称及备注 | 进口关税税率(%) | | 增值税率(%) | 出口退税率(%) | 计量单位 | 监管条件 |
|---|---|---|---|---|---|---|---|
| | | 最惠国 | 普通 | | | | |
| 2008112000 | 烘焙花生 | 30 | 80 | 17 | 15 | 千克 | AB |
| 20081130 | ---花生酱 | | | | | | |
| 2008113000 | 花生酱 | 30 | 90 | 17 | 15 | 千克 | AB |
| 20081190 | ---其他 | | | | | | |
| 2008119000 | 其他非用醋制作的花生(用醋或醋酸以外其他方法制作或保藏的) | 30 | 80 | 17 | 5 | 千克 | AB |
| 20081910 | ---核桃仁罐头 | | | | | | |
| 2008191000 | 核桃仁罐头 | 20 | 90 | 17 | 15 | 千克 | AB |
| 20081920 | ---其他果仁罐头 | | | | | | |
| 2008192000 | 其他果仁罐头 | 13 | 90 | 17 | 15 | 千克 | AB |
| 20081991 | ----栗仁 | | | | | | |
| 2008199100 | 栗仁(用醋或醋酸以外其他方法制作或保藏的) | 10 | 80 | 17 | 5 | 千克 | AB |
| 20081992 | ----芝麻 | | | | | | |
| 2008199200 | 芝麻(用醋或醋酸以外其他方法制作或保藏的) | 10 | 80 | 17 | 5 | 千克 | AB |
| 20081999 | ----其他 | | | | | | |
| 2008199910 | 其他方法制作或保藏的红松子仁(用醋或醋酸以外其他方法制作或保藏的) | 10 | 80 | 17 | 0 | 千克 | ABE |
| 2008199990 | 未列名制作或保藏的坚果及其他子仁(用醋或醋酸以外其他方法制作或保藏的) | 10 | 80 | 17 | 5 | 千克 | AB |
| 20082010 | ---罐头 | | | | | | |
| 2008201000 | 菠萝罐头 | 15 | 90 | 17 | 15 | 千克 | AB |
| 20082090 | ---其他 | | | | | | |
| 2008209000 | 非用醋制作的其他菠萝(用醋或醋酸以外其他方法制作或保藏的) | 15 | 80 | 17 | 5 | 千克 | AB |
| 20083010 | ---罐头 | | | | | | |
| 2008301000 | 柑橘属水果罐头 | 20 | 90 | 17 | 15 | 千克 | AB |
| 20083090 | ---其他 | | | | | | |
| 2008309000 | 非用醋制作的其他柑橘属水果(用醋或醋酸以外其他方法制作或保藏的) | 20 | 80 | 17 | 5 | 千克 | AB |
| 20084010 | ---罐头 | | | | | | |
| 2008401000 | 梨罐头 | 20 | 90 | 17 | 15 | 千克 | AB |
| 20084090 | ---其他 | | | | | | |
| 2008409000 | 非用醋制作的其他梨(用醋或醋酸以外其他方法制作或保藏的) | 20 | 80 | 17 | 5 | 千克 | AB |
| 20085000 | -杏 | | | | | | |
| 2008500000 | 非用醋制作的杏(用醋或醋酸以外其他方法制作或保藏的) | 20 | 90 | 17 | 5 | 千克 | AB |
| 20086010 | ---罐头 | | | | | | |
| 2008601000 | 非用醋制作的樱桃罐头(用醋或醋酸以外其他方法制作或保藏的) | 20 | 90 | 17 | 15 | 千克 | AB |
| 20086090 | ---其他 | | | | | | |
| 2008609000 | 非用醋制作的樱桃,罐头除外(用醋或醋酸以外其他方法制作或保藏的) | 20 | 90 | 17 | 5 | 千克 | AB |
| 20087010 | ---罐头 | | | | | | |
| 2008701000 | 桃罐头,包括油桃罐头 | 10 | 90 | 17 | 15 | 千克 | AB |
| 20087090 | ---其他 | | | | | | |
| 2008709000 | 非用醋制作的其他桃,包括油桃(用醋或醋酸以外其他方法制作或保藏的) | 20 | 80 | 17 | 5 | 千克 | AB |
| 20088000 | -草莓 | | | | | | |
| 2008800000 | 非用醋制作的草莓(用醋或醋酸以外其他方法制作或保藏的) | 15 | 90 | 17 | 5 | 千克 | AB |
| 20089100 | --棕榈芯 | | | | | | |
| 2008910000 | 非用醋制作的棕榈芯(用醋或醋酸以外其他方法制作或保藏的) | 5 | 80 | 17 | 5 | 千克 | AB |
| 20089300 | --蔓越橘(大果蔓越橘、小果蔓越橘、越橘) | | | | | | |
| 2008930000 | 非用醋制作的蔓越橘(大果蔓越橘、小果蔓越橘、越橘)(用醋或醋酸以外其他方法制作或保藏的) | 15 | 80 | 17 | 5 | 千克 | AB |
| 20089700 | --什锦果实 | | | | | | |

| 商品编号 | 商 品 名 称 及 备 注 | 进口关税税率(%) | | 增值税率(%) | 出口退税率(%) | 计量单位 | 监管条件 |
|---|---|---|---|---|---|---|---|
| | | 最惠国 | 普通 | | | | |
| 2008970000 | 非用醋制作的什锦果实(用醋或醋酸以外其他方法制作或保藏的) | 10 | 80 | 17 | 5 | 千克 | AB |
| 20089910 | ---荔枝罐头 | | | | | | |
| 2008991000 | 荔枝罐头 | 20 | 90 | 17 | 15 | 千克 | AB |
| 20089920 | ---龙眼罐头 | | | | | | |
| 2008992000 | 龙眼罐头 | 15 | 80 | 17 | 15 | 千克 | AB |
| 20089931 | ----调味紫菜 | | | | | | |
| 2008993100 | 调味紫菜 | 15 | 90 | 17 | 15 | 千克 | AB |
| 20089932 | ----盐腌海带 | | | | | | |
| 2008993200 | 盐腌海带 | 15 | 80 | 17 | 5 | 千克 | AB |
| 20089933 | ----盐腌裙带菜 | | | | | | |
| 2008993300 | 盐腌裙带菜 | 15 | 80 | 17 | 5 | 千克 | AB |
| 20089934 | ----烤紫菜 | | | | | | |
| 2008993400 | 烤紫菜 | 15 | 80 | 17 | | 千克 | AB |
| 20089939 | ----其他 | | | | | | |
| 2008993900 | 海草及其他藻类制品 | 15 | 80 | 17 | 5 | 千克 | AB |
| 20089940 | ---清水马蹄罐头 | | | | | | |
| 2008994000 | 清水荸荠(马蹄)罐头 | 25 | 80 | 17 | 15 | 千克 | AB |
| 20089990 | ---其他 | | | | | | |
| 2008999000 | 未列名制作或保藏的水果、坚果(包括植物的其他食用部分) | 15 | 80 | 17 | 5 | 千克 | AB |
| **2009** | **未发酵及未加酒精的水果汁(包括酿酒葡萄汁)、蔬菜汁,不论是否加糖或其他甜物质** | | | | | | |
| 20091100 | --冷冻的 | | | | | | |
| 2009110000 | 冷冻的橙汁(未发酵及未加酒精的,不论是否加糖或其他甜物质) | 7.5 | 90 | 17 | 15 | 千克 | AB |
| 20091200 | --非冷冻的,白利糖度值≤20的 | | | | | | |
| 2009120000 | 非冷冻白利糖浓度≤20的橙汁(未发酵及未加酒精的,不论是否加糖或其他甜物质) | 30 | 90 | 17 | 15 | 千克 | AB |
| 20091900 | --其他 | | | | | | |
| 2009190000 | 非冷冻白利糖浓度>20的橙汁(未发酵及未加酒精的,不论是否加糖或其他甜物质) | 30 | 90 | 17 | 15 | 千克 | AB |
| 20092100 | --白利糖度值≤20的 | | | | | | |
| 2009210000 | 白利糖浓度≤20的葡萄柚(包括柚)汁(未发酵及未加酒精的,不论是否加糖或其他甜物质) | 15 | 90 | 17 | 15 | 千克 | AB |
| 20092900 | --其他 | | | | | | |
| 2009290000 | 白利糖浓度>20的葡萄柚(包括柚)汁(未发酵及未加酒精的,不论是否加糖或其他甜物质) | 15 | 90 | 17 | 15 | 千克 | AB |
| 20093110 | ---柠檬汁 | | | | | | |
| 2009311000 | 白利糖浓度≤20的柠檬汁(未发酵及未加酒精的,不论是否加糖或其他甜物质) | 18 | 90 | 17 | 15 | 千克 | AB |
| 20093190 | ---其他 | | | | | | |
| 2009319000 | 其他未混合的白利糖浓度≤20的柑橘属果汁(未发酵及未加酒精的,柠檬汁除外) | 18 | 90 | 17 | 15 | 千克 | AB |
| 20093910 | ---柠檬汁 | | | | | | |
| 2009391000 | 白利糖浓度>20的柠檬汁(未发酵及未加酒精的,不论是否加糖或其他甜物质) | 18 | 90 | 17 | 15 | 千克 | AB |
| 20093990 | ---其他 | | | | | | |
| 2009399000 | 其他未混合白利糖浓度>20的柑橘属果汁(未发酵及未加酒精的,柠檬汁除外) | 18 | 90 | 17 | 15 | 千克 | AB |
| 20094100 | --白利糖度值≤20的 | | | | | | |
| 2009410000 | 白利糖浓度≤20的菠萝汁(未发酵及未加酒精的,不论是否加糖或其他甜物质) | 10 | 90 | 17 | 15 | 千克 | AB |
| 20094900 | --其他 | | | | | | |
| 2009490000 | 白利糖浓度>20的菠萝汁(未发酵及未加酒精的,不论是否加糖或其他甜物质) | 10 | 90 | 17 | 15 | 千克 | AB |
| 20095000 | -番茄汁 | | | | | | |
| 2009500000 | 番茄汁(未发酵及未加酒精的,不论是否加糖或其他甜物质) | 30 | 80 | 17 | 15 | 千克 | AB |

| 商品编号 | 商 品 名 称 及 备 注 | 进口关税税率(%) | | 增值税率(%) | 出口退税率(%) | 计量单位 | 监管条件 |
|---|---|---|---|---|---|---|---|
| | | 最惠国 | 普通 | | | | |
| 20096100 | --白利糖度值≤30 的 | | | | | | |
| 2009610000 | 白利糖浓度≤30 的葡萄汁(包括酿酒葡萄汁)(未发酵及未加酒精的,不论是否加糖或其他甜物质) | 20 | 90 | 17 | 15 | 千克 | AB |
| 20096900 | --其他 | | | | | | |
| 2009690000 | 白利糖浓度>30 的葡萄汁(包括酿酒葡萄汁)(未发酵及未加酒精的,不论是否加糖或其他甜物质) | 20 | 90 | 17 | 15 | 千克 | AB |
| 20097100 | --白利糖度值≤20 的 | | | | | | |
| 2009710000 | 白利糖浓度≤20 的苹果汁(未发酵及未加酒精的,不论是否加糖或其他甜物质) | 20 | 90 | 17 | 15 | 千克 | AB |
| 20097900 | --其他 | | | | | | |
| 2009790000 | 白利糖浓度>20 的苹果汁(未发酵及未加酒精的,不论是否加糖或其他甜物质) | 20 | 90 | 17 | 15 | 千克 | AB |
| 20098100 | --蔓越橘汁(大果蔓越橘、小果蔓越橘、越橘) | | | | | | |
| 2009810000 | 未混合蔓越橘汁(大果蔓越橘、小果蔓越橘、越橘)(未发酵及未加酒精的,不论是否加糖或其他甜物质) | 20 | 90 | 17 | 15 | 千克 | AB |
| 20098912 | ----芒果汁 | | | | | | |
| 2009891200 | 未混合芒果汁(未发酵及未加酒精的,不论是否加糖或其他甜物质) | 20 | 90 | 17 | 15 | 千克 | AB |
| 20098913 | ----西番莲果汁 | | | | | | |
| 2009891300 | 未混合西番莲果汁(未发酵及未加酒精的,不论是否加糖或其他甜物质) | 20 | 90 | 17 | 15 | 千克 | AB |
| 20098914 | ----番石榴果汁 | | | | | | |
| 2009891400 | 未混合番石榴果汁(未发酵及未加酒精的,不论是否加糖或其他甜物质) | 20 | 90 | 17 | 15 | 千克 | AB |
| 20098915 | ----梨汁 | | | | | | |
| 2009891500 | 未混合梨汁(未发酵及未加酒精的,不论是否加糖或其他甜物质) | 20 | 90 | 17 | 15 | 千克 | AB |
| 20098919 | ----其他 | | | | | | |
| 2009891900 | 其他未混合的水果汁(未发酵及未加酒精的,不论是否加糖或其他甜物质) | 20 | 90 | 17 | 15 | 千克 | AB |
| 20098920 | ---蔬菜汁 | | | | | | |
| 2009892000 | 其他未混合的蔬菜汁(未发酵及未加酒精的,不论是否加糖或其他甜物质) | 20 | 80 | 17 | 15 | 千克 | AB |
| 20099010 | ---水果汁 | | | | | | |
| 2009901000 | 混合水果汁(未发酵及未加酒精的,不论是否加糖或其他甜物质) | 20 | 90 | 17 | 15 | 千克 | AB |
| 20099090 | ---其他 | | | | | | |
| 2009909000 | 混合蔬菜汁、水果与蔬菜的混合汁(未发酵及未加酒精的,不论是否加糖或其他甜物质) | 20 | 80 | 17 | 15 | 千克 | AB |

# 第二十一章　杂项食品

**注释：**

一、本章不包括：

（一）品目07.12的什锦蔬菜；

（二）含咖啡的焙炒咖啡代用品（品目09.01）；

（三）加香料的茶（品目09.02）；

（四）品目09.04至09.10的调味香料或其他产品；

（五）按重量计含香肠、肉、食用杂碎、动物血、鱼、甲壳动物、软体动物、其他水生无脊椎动物及其混合物超过20%的食品（第十六章），但品目21.03或21.04的产品除外；

（六）品目30.03或30.04的药用酵母及其他产品；

（七）品目35.07的酶制品。

二、上述注释一（二）所述咖啡代用品的精汁归入品目21.01。

三、品目21.04所称“均化混合食品”，是指两种或两种以上的基本配料，例如，肉、鱼、蔬菜或果实等，经精细均化制成适合供婴幼儿食用或营养用的零售包装食品（每件净重不超过250克）。为了调味、保藏或其他目的，可以加入少量其他配料，还可以含有少量可见的小块配料。

| 商品编号 | 商 品 名 称 及 备 注 | 进口关税税率（%） | | 增值税率（%） | 出口退税率（%） | 计量单位 | 监管条件 |
|---|---|---|---|---|---|---|---|
| | | 最惠国 | 普通 | | | | |
| **2101** | **咖啡、茶、马黛茶的浓缩精汁及以其为基本成分或以咖啡、茶、马黛茶为基本成分的制品；烘焙菊苣和其他烘焙咖啡代用品及其浓缩精汁** | | | | | | |
| 21011100 | --浓缩精汁 | | | | | | |
| 2101110000 | 咖啡浓缩精汁 | 17 | 130 | 17 | 15 | 千克 | AB |
| 21011200 | --以浓缩精汁或咖啡为基本成分的制品 | | | | | | |
| 2101120000 | 以咖啡为基本成分的制品（包括以咖啡浓缩精汁为基本成分的制品） | 30 | 130 | 17 | 15 | 千克 | AB |
| 21012000 | -茶、马黛茶浓缩精汁及以其为基本成分或以茶、马黛茶为基本成分的制品 | | | | | | |
| 2101200000 | 茶、马黛茶浓缩精汁及其制品 | 32 | 130 | 17 | 15 | 千克 | AB |
| 21013000 | -烘焙菊苣和其他烘焙咖啡代用品及其浓缩精汁 | | | | | | |
| 2101300000 | 烘焙咖啡代用品及其浓缩精汁 | 32 | 130 | 17 | 15 | 千克 | AB |
| **2102** | **酵母（活性或非活性）；已死的其他单细胞微生物（不包括品目30.02的疫苗）；发酵粉** | | | | | | |
| 21021000 | -活性酵母 | | | | | | |
| 2102100000 | 活性酵母 | 25 | 80 | 17 | 15 | 千克 | AB |
| 21022000 | -非活性酵母；已死的其他单细胞微生物 | | | | | | |
| 2102200000 | 非活性酵母，已死单细胞微生物（品目30.02疫苗除外） | 25 | 70 | 11 | 15 | 千克 | AB |
| 21023000 | -发酵粉 | | | | | | |
| 2102300000 | 发酵粉 | 25 | 70 | 17 | 15 | 千克 | AB |
| **2103** | **调味汁及其制品；混合调味品；芥子粉及其调制品** | | | | | | |
| 21031000 | -酱油 | | | | | | |
| 2103100000[暂15] | 酱油 | 28 | 90 | 17 | 15 | 千克 | AB |
| 21032000 | -番茄沙司及其他番茄调味汁 | | | | | | |
| 2103200000 | 番茄沙司及其他番茄调味汁 | 15 | 90 | 17 | 15 | 千克 | AB |
| 21033000 | -芥子粉及其调制品 | | | | | | |
| 2103300000 | 芥子粉及其调味品 | 15 | 70 | 17 | 15 | 千克 | AB |
| 21039010 | ---味精 | | | | | | |
| 2103901000 | 味精 | 21 | 130 | 17 | 13 | 千克 | AB |
| 21039020 | ---别特酒（Aromatic bitters），按体积计酒精含量44.2%~49.2%，按重量计含1.5%~6%的香料、各种配料以及4%~10%的糖 | | | | | | |
| 2103902000 | 别特酒（Aromatic bitters，仅做烹饪用，不适于饮用） | 21 | 90 | 17 | 15 | 千克 | AB |
| 21039090 | ---其他 | | | | | | |
| 2103909000 | 其他调味品 | 21 | 90 | 17 | 5 | 千克 | AB |
| **2104** | **汤料及其制品；均化混合食品** | | | | | | |

| 商品编号 | 商品名称及备注 | 进口关税税率(%) | | 增值税率(%) | 出口退税率(%) | 计量单位 | 监管条件 |
|---|---|---|---|---|---|---|---|
| | | 最惠国 | 普通 | | | | |
| 21041000 | -汤料及其制品 | | | | | | |
| 2104100000 | 汤料及其制品 | 15 | 90 | 17 | 15 | 千克 | AB |
| 21042000 | -均化混合食品 | | | | | | |
| 2104200000 | 均化混合食品 | 32 | 90 | 17 | 15 | 千克 | AB |
| **2105** | **冰淇淋及其他冰制食品,不论是否含可可** | | | | | | |
| 21050000 | 冰淇淋及其他冰制食品,不论是否含可可 | | | | | | |
| 2105000000 | 冰淇淋及其他冰制食品(不论是否含可可) | 19 | 90 | 17 | 15 | 千克 | AB |
| **2106** | **其他编号未列名的食品** | | | | | | |
| 21061000 | -浓缩蛋白质及人造蛋白物质 | | | | | | |
| 2106100000 | 浓缩蛋白质及人造蛋白物质 | 10 | 90 | 17 | 15 | 千克 | AB |
| 21069010 | ---制造碳酸饮料的浓缩物 | | | | | | |
| 2106901000 | 制造碳酸饮料的浓缩物 | 35 | 100 | 17 | 15 | 千克 | AB |
| 21069020 | ---制造饮料用的复合酒精制品 | | | | | | |
| 2106902000 | 制造饮料用的复合酒精制品 | 20 | 180 | 17 | 15 | 千克 | AB |
| 21069030 | ---蜂王浆制剂 | | | | | | |
| 2106903010 | 含濒危植物成分的蜂王浆制剂 | 3 | 80 | 17 | 0 | 千克 | ABFE |
| 2106903090 | 其他蜂王浆制剂 | 3 | 80 | 17 | 15 | 千克 | AB |
| 21069040 | ---椰子汁 | | | | | | |
| 2106904000 | 椰子汁 | 10 | 90 | 17 | 15 | 千克 | AB |
| 21069050 | ---海豹油胶囊 | | | | | | |
| 2106905010[暂10] | 濒危海豹油胶囊 | 20 | 90 | 17 | 0 | 千克 | ABEF |
| 2106905090[暂10] | 其他海豹油胶囊 | 20 | 90 | 17 | 15 | 千克 | AB |
| 21069090 | ---其他 | | | | | | |
| 2106909001[暂0] | 乳蛋白部分水解配方、乳蛋白深度水解配方、氨基酸配方、无乳糖配方特殊婴幼儿奶粉 | 20 | 90 | 17 | 15 | 千克 | AB |
| 2106909010 | 含濒危动植物成分的其他编号未列名食品 | 20 | 90 | 17 | | 千克 | ABEF |
| 2106909090 | 其他编号未列名的食品 | 20 | 90 | 17 | 5 | 千克 | AB |

# 第二十二章 饮料、酒及醋

**注释：**

一、本章不包括：

（一）本章的产品（品目22.09的货品除外）经配制后，用于烹饪而不适于作为饮料的制品（通常归入品目21.03）；

（二）海水（品目25.01）；

（三）蒸馏水、导电水及类似的纯净水（品目28.53）；

（四）按重量计浓度超过10%的醋酸（品目29.15）；

（五）品目30.03或30.04的药品；

（六）芳香料制品及盥洗品（第三十三章）。

二、本章及第二十章和第二十一章所称"按容量计酒精浓度"，应是温度在20℃时测得的浓度。

三、品目22.02所称"无酒精饮料"，是指按容量计酒精浓度不超过0.5%的饮料。含酒精饮料应分别归入品目22.03至22.06或品目22.08。

**子目注释：**

子目号2204.10所称"汽酒"，是指温度在20℃时装在密封容器中超过大气压力3巴及以上的酒。

| 商品编号 | 商品名称及备注 | 进口关税税率（%） | | 增值税率（%） | 出口退税率（%） | 计量单位 | 监管条件 |
|---|---|---|---|---|---|---|---|
| | | 最惠国 | 普通 | | | | |
| **2201** | **未加糖或其他甜物质及未加味的水，包括天然或人造矿泉水及汽水；冰及雪** | | | | | | |
| 22011010 | ---矿泉水 | | | | | | |
| 2201101000[暂10] | 未加糖及未加味的矿泉水（包括天然或人造矿泉水） | 20 | 90 | 17 | 0 | 升/千克 | AB |
| 22011020 | ---汽水 | | | | | | |
| 2201102000 | 未加糖及未加味的汽水 | 20 | 90 | 17 | 15 | 升/千克 | AB |
| 22019011 | ----已包装 | | | | | | |
| 2201901100 | 已包装的天然水（未加味、加糖或其他甜物质） | 10 | 30 | 17 | 0 | 千升/千克 | AB |
| 22019019 | ----其他 | | | | | | |
| 2201901900 | 其他天然水（未加味、加糖或其他甜物质） | 10 | 30 | 17 | 0 | 千升/千克 | |
| 22019090 | ---其他 | | | | | | |
| 2201909000 | 其他水、冰及雪（未加味、加糖或其他甜物质） | 10 | 30 | 17 | 0 | 千升/千克 | AB |
| **2202** | **加味、加糖或其他甜物质的水，包括矿泉水及汽水，其他无酒精饮料，但不包括品目20.09的水果汁或蔬菜汁** | | | | | | |
| 22021000 | -加味、加糖或其他甜物质的水，包括矿泉水及 汽水 | | | | | | |
| 2202100010 | 含濒危动植物成分的加味、加糖或其他甜物质的水（包括矿泉水及汽水） | 20 | 100 | 17 | 0 | 升/千克 | ABEF |
| 2202100090 | 其他加味、加糖或其他甜物质的水（包括矿泉水及汽水） | 20 | 100 | 17 | 15 | 升/千克 | AB |
| 22029100 | --无醇啤酒 | | | | | | |
| 2202910011 | 含濒危动植物成分散装无醇啤酒 | 35 | 100 | 17 | 0 | 升/千克 | ABEF |
| 2202910019 | 其他散装无醇啤酒 | 35 | 100 | 17 | 15 | 升/千克 | AB |
| 2202910091 | 含濒危动植物成分其他包装无醇啤酒 | 35 | 100 | 17 | 0 | 升/千克 | ABEF |
| 2202910099 | 其他包装无醇啤酒 | 35 | 100 | 17 | 15 | 升/千克 | AB |
| 22029900 | --其他 | | | | | | |
| 2202990011[暂20] | 其他含濒危动植物成分散装无酒精饮料（不包括品目20.09的水果汁或蔬菜汁） | 35 | 100 | 17 | 0 | 升/千克 | ABEF |
| 2202990019[暂20] | 其他散装无酒精饮料（不包括品目20.09的水果汁或蔬菜汁） | 35 | 100 | 17 | 15 | 升/千克 | AB |
| 2202990091[暂20] | 其他含濒危动植物成分其他包装无酒精饮料（不包括品目20.09的水果汁或蔬菜汁） | 35 | 100 | 17 | 0 | 升/千克 | ABEF |
| 2202990099[暂20] | 其他包装无酒精饮料（不包括品目20.09的水果汁或蔬菜汁） | 35 | 100 | 17 | 15 | 升/千克 | AB |
| **2203** | **麦芽酿造的啤酒** | | | | | | |
| 22030000 | 麦芽酿造的啤酒 | | | | | | |
| 2203000000 | 麦芽酿造的啤酒 | 0 | 见附表2 | 17 | 15 | 升/千克 | AB |
| **2204** | **鲜葡萄酿造的酒，包括加酒精的；品目20.09以外的酿酒葡萄汁** | | | | | | |
| 22041000 | -汽酒 | | | | | | |
| 2204100000 | 葡萄汽酒 | 14 | 180 | 17 | 15 | 升/千克 | AB |

| 商品编号 | 商 品 名 称 及 备 注 | 进口关税税率(%) | | 增值税率(%) | 出口退税率(%) | 计量单位 | 监管条件 |
|---|---|---|---|---|---|---|---|
| | | 最惠国 | 普通 | | | | |
| 22042100 | --装入2升及以下容器的 | | | | | | |
| 2204210000 | 小包装的鲜葡萄酿造的酒(小包装指装入两升及以下容器的) | 14 | 180 | 17 | 15 | 升/千克 | AB |
| 22042200 | --装入2升以上但不超过10升容器的 | | | | | | |
| 2204220000 | 中等包装鲜葡萄酿造的酒(中等包装是指装入两升以上但不超过10升容器的) | 20 | 180 | 17 | 15 | 升/千克 | AB |
| 22042900 | --其他 | | | | | | |
| 2204290000 | 其他包装鲜葡萄酿造的酒(其他包装指装入10升以上容器的) | 20 | 180 | 17 | 15 | 升/千克 | AB |
| 22043000 | -其他酿酒葡萄汁 | | | | | | |
| 2204300000 | 其他酿酒葡萄汁(品目20.09以外的) | 30 | 90 | 17 | 15 | 升/千克 | AB |
| **2205** | **味美思酒及其他加植物或香料的用鲜葡萄酿造的酒** | | | | | | |
| 22051000 | -装入2升及以下容器的 | | | | | | |
| 2205100000[暂14] | 小包装的味美思酒及类似酒(两升及以下容器包装,加植物或香料的用鲜葡萄酿造的酒) | 65 | 180 | 17 | 15 | 升/千克 | AB |
| 22059000 | -其他 | | | | | | |
| 2205900000 | 其他包装的味美思酒及类似酒(两升以上容器包装,加植物或香料的用鲜葡萄酿造的酒) | 65 | 180 | 17 | 15 | 升/千克 | AB |
| **2206** | **其他发酵饮料(例如,苹果酒、梨酒、蜂蜜酒、清酒);其他品目未列名的发酵饮料的混合物及发酵饮料与无酒精饮料的混合物** | | | | | | |
| 22060010 | ---黄酒 | | | | | | |
| 2206001000 | 黄酒(以稻米、黍米、玉米、小米、小麦等为主要原料,经进一步加工制成) | 40 | 180 | 17 | 15 | 升/千克 | AB |
| 22060090 | ---其他 | | | | | | |
| 2206009000 | 其他发酵饮料(未列名发酵饮料混合物及发酵饮料与无酒精饮料的混合物) | 40 | 180 | 17 | 15 | 升/千克 | AB |
| **2207** | **未改性乙醇,按容量计酒精浓度在80%及以上;任何浓度的改性乙醇及其他酒精** | | | | | | |
| 22071000 | -未改性乙醇,按容量计酒精浓度≥80% | | | | | | |
| 2207100000 | 酒精浓度≥80%的未改性乙醇 | 40 | 100 | 17 | 13 | 升/千克 | ABG |
| 22072000 | -任何浓度的改性乙醇及其他酒精 | | | | | | |
| 2207200010 | 任何浓度的改性乙醇 | 30 | 80 | 17 | 0 | 升/千克 | ABG |
| 2207200090 | 任何浓度的其他酒精 | 30 | 80 | 17 | 0 | 升/千克 | ABG |
| **2208** | **未改性乙醇,按容量计酒精浓度在80%以下;蒸馏酒、利口酒及其他酒精饮料** | | | | | | |
| 22082000 | -蒸馏葡萄酒制得的烈性酒 | | | | | | |
| 2208200010[暂5] | 装入200升及以上容器的蒸馏葡萄酒制得的烈性酒 | 10 | 180 | 17 | 15 | 升/千克 | AB |
| 2208200090[暂5] | 其他蒸馏葡萄酒制得的烈性酒 | 10 | 180 | 17 | 15 | 升/千克 | AB |
| 22083000 | -威士忌酒 | | | | | | |
| 2208300000[暂5] | 威士忌酒 | 10 | 180 | 17 | 15 | 升/千克 | AB |
| 22084000 | -朗姆酒及蒸馏已发酵甘蔗产品制得的其他烈性酒 | | | | | | |
| 2208400000 | 朗姆酒及蒸馏已发酵甘蔗产品制得的其他烈性酒 | 10 | 180 | 17 | 15 | 升/千克 | AB |
| 22085000 | -杜松子酒 | | | | | | |
| 2208500000 | 杜松子酒 | 10 | 180 | 17 | 15 | 升/千克 | AB |
| 22086000 | -伏特加酒 | | | | | | |
| 2208600000 | 伏特加酒 | 10 | 180 | 17 | 15 | 升/千克 | AB |
| 22087000 | -利口酒及柯迪尔酒 | | | | | | |
| 2208700000 | 利口酒及柯迪尔酒 | 10 | 180 | 17 | 15 | 升/千克 | AB |
| 22089010 | ---龙舌兰酒 | | | | | | |
| 2208901010 | 濒危龙舌兰酒 | 10 | 180 | 17 | 0 | 升/千克 | ABFE |
| 2208901090 | 其他龙舌兰酒 | 10 | 180 | 17 | 15 | 升/千克 | AB |
| 22089020 | ---白酒 | | | | | | |
| 2208902000 | 白酒 | 10 | 180 | 17 | 15 | 升/千克 | AB |

| 商品编号 | 商品名称及备注 | 进口关税税率（%） | | 增值税率（%） | 出口退税率（%） | 计量单位 | 监管条件 |
|---|---|---|---|---|---|---|---|
| | | 最惠国 | 普通 | | | | |
| 22089090 | ---其他 | | | | | | |
| 2208909001 | 酒精浓度<80%的未改性乙醇 | 10 | 180 | 17 | 15 | 升/千克 | AB |
| 2208909021 | 含濒危野生动植物成分的薯类蒸馏酒 | 10 | 180 | 17 | 0 | 升/千克 | ABEF |
| 2208909029 | 其他薯类蒸馏酒 | 10 | 180 | 17 | 15 | 升/千克 | AB |
| 2208909091 | 含濒危野生动植物成分的其他蒸馏酒及酒精饮料 | 10 | 180 | 17 | 0 | 升/千克 | ABEF |
| 2208909099 | 其他蒸馏酒及酒精饮料 | 10 | 180 | 17 | 15 | 升/千克 | AB |
| **2209** | **醋及用醋酸制得的醋代用品** | | | | | | |
| 22090000 | 醋及用醋酸制得的醋代用品 | | | | | | |
| 2209000000[暂15] | 醋及用醋酸制得的醋代用品 | 20 | 70 | 17 | 15 | 升/千克 | AB |

# 第二十三章　食品工业的残渣及废料;配制的动物饲料

**注释:**

品目23.09包括其他品目未列名的配制动物饲料,这些饲料是由动、植物原料加工而成的,并且已改变了原料的基本特性,但加工过程中的植物废料、植物残渣及副产品除外。

**子目注释:**

子目2306.41所称"低芥子酸油菜子",是指第十二章子目注释一所定义的油菜子。

| 商品编号 | 商品名称及备注 | 进口关税税率(%) | | 增值税率(%) | 出口退税率(%) | 计量单位 | 监管条件 |
|---|---|---|---|---|---|---|---|
| | | 最惠国 | 普通 | | | | |
| **2301** | **不适于供人食用的肉、杂碎、鱼、甲壳动物、软体动物或其他水生无脊椎动物的渣粉及团粒;油渣** | | | | | | |
| 23011011 | ----含牛羊成分的 | | | | | | |
| 2301101100 | 含牛羊成分的肉骨粉(不适于供人食用的) | 2 | 11 | 11 | 15 | 千克 | AB |
| 23011019 | ----其他 | | | | | | |
| 2301101900 | 其他肉骨粉(不适于供人食用的) | 2 | 11 | 11 | 15 | 千克 | AB |
| 23011020 | ---油渣 | | | | | | |
| 2301102000 | 油渣(不适于供人食用的) | 5 | 50 | 11 | 0 | 千克 | AB |
| 23011090 | ---其他 | | | | | | |
| 2301109000 | 其他不适于供人食用的肉渣粉(包括杂碎渣粉) | 5 | 30 | 11 | 0 | 千克 | AB |
| 23012010 | ---饲料用鱼粉 | | | | | | |
| 2301201000 | 饲料用鱼粉 | 2 | 11 | 0 | 0 | 千克 | AB |
| 23012090 | ---其他 | | | | | | |
| 2301209000 | 其他不适于供人食用的水产品渣粉 | 5 | 30 | 0 | 0 | 千克 | AB |
| **2302** | **谷物或豆类植物在筛、碾或其他加工过程中所产生的糠、麸及其他残渣,不论是否制成团粒** | | | | | | |
| 23021000 | -玉米的 | | | | | | |
| 2302100000 | 玉米糠、麸及其他残渣 | 5 | 30 | 0 | 0 | 千克 | AB |
| 23023000 | -小麦的 | | | | | | |
| 2302300000 | 小麦糠、麸及其他残渣 | 3 | 30 | 0 | 0 | 千克 | AB |
| 23024000 | -其他谷物的 | | | | | | |
| 2302400000 | 其他谷物糠、麸及其他残渣 | 5 | 30 | 0 | 0 | 千克 | AB |
| 23025000 | -豆类植物的 | | | | | | |
| 2302500000 | 豆类植物糠、麸及其他残渣 | 5 | 30 | 11 | 0 | 千克 | AB |
| **2303** | **制造淀粉过程中的残渣及类似的残渣,甜菜渣、甘蔗渣及制糖过程中的其他残渣,酿造及蒸馏过程中的糟粕及残渣,不论是否制成团粒** | | | | | | |
| 23031000 | -制造淀粉过程中的残渣及类似的残渣 | | | | | | |
| 2303100000 | 制造淀粉过程中的残渣及类似品 | 5 | 30 | 11 | 11 | 千克 | AB |
| 23032000 | -甜菜渣、甘蔗渣及制糖过程中的其他残渣 | | | | | | |
| 2303200000 | 甜菜渣、甘蔗渣及类似残渣 | 5 | 30 | 11 | 0 | 千克 | AB |
| 23033000 | -酿造及蒸馏过程中的糟粕及残渣 | | | | | | |
| 2303300011 | 干玉米酒糟 | 5 | 30 | 0 | 0 | 千克 | 7AB |
| 2303300019 | 其他玉米酒糟 | 5 | 30 | 11 | 0 | 千克 | 7AB |
| 2303300090 | 其他酿造及蒸馏过程中的糟粕及残渣 | 5 | 30 | 11 | 0 | 千克 | AB |
| **2304** | **提炼豆油所得的油渣饼及其他固体残渣,不论是否碾磨或制成团粒** | | | | | | |
| 23040010 | ---油渣饼 | | | | | | |

| 商品编号 | 商品名称及备注 | 进口关税税率(%) | | 增值税率(%) | 出口退税率(%) | 计量单位 | 监管条件 |
|---|---|---|---|---|---|---|---|
| | | 最惠国 | 普通 | | | | |
| 2304001000 | 提炼豆油所得的油渣饼(豆饼) | 5 | 30 | 11 | 11 | 千克 | 7AB |
| 23040090 | ---其他 | | | | | | |
| 2304009000 | 提炼豆油所得的其他固体残渣(不论是否研磨或制成团) | 5 | 30 | 11 | 11 | 千克 | 7AB |
| **2305** | **提炼花生油所得的油渣饼及其他固体残渣,不论是否碾磨或制成团粒** | | | | | | |
| 23050000 | 提炼花生油所得的油渣饼及其他固体残渣,不论是否碾磨或制成团粒 | | | | | | |
| 2305000000 | 花生饼及类似油渣 | 5 | 30 | 0 | 0 | 千克 | AB |
| **2306** | **品目23.04或23.05以外的提炼植物油脂所得的油渣饼及其他固体残渣,不论是否碾磨或制成团粒** | | | | | | |
| 23061000 | -棉子的 | | | | | | |
| 2306100000 | 棉子油渣饼及固体残渣(品目23.04或23.05以外提炼植物油脂所得的) | 5 | 30 | 0 | 11 | 千克 | AB |
| 23062000 | -亚麻子的 | | | | | | |
| 2306200000 | 亚麻子油渣饼及固体残渣(品目23.04或23.05以外提炼植物油脂所得的) | 5 | 30 | 0 | 11 | 千克 | AB |
| 23063000 | -葵花子的 | | | | | | |
| 2306300000 | 葵花子油渣饼及固体残渣(品目23.04或23.05以外提炼植物油脂所得的) | 5 | 30 | 0 | 11 | 千克 | AB |
| 23064100 | --低芥子酸的 | | | | | | |
| 2306410000 | 低芥子酸油菜子油渣饼及固体残渣(品目23.04或23.06以外提炼植物油脂所得的) | 5 | 30 | 0 | 11 | 千克 | AB |
| 23064900 | --其他 | | | | | | |
| 2306490000 | 其他油菜子油渣饼及固体残渣(品目23.04或23.05以外提炼植物油脂所得的) | 5 | 30 | 0 | 11 | 千克 | AB |
| 23065000 | -椰子或干椰肉的 | | | | | | |
| 2306500000 | 椰子或干椰肉油渣饼及固体残渣(品目23.04或23.05以外提炼植物油脂所得的) | 5 | 30 | 11 | 11 | 千克 | AB |
| 23066000 | -棕榈果或棕榈仁的 | | | | | | |
| 2306600010 | 濒危棕榈果或濒危棕榈仁油渣饼及固体残渣(品目23.04或23.05以外提炼植物油脂所得的) | 5 | 30 | 11 | 0 | 千克 | ABEF |
| 2306600090 | 其他棕榈果或其他棕榈仁油渣饼及固体残渣(品目23.04或23.05以外提炼植物油脂所得的) | 5 | 30 | 11 | 11 | 千克 | AB |
| 23069000 | -其他 | | | | | | |
| 2306900000 | 其他油渣饼及固体残渣(品目23.04或23.05以外提炼植物油脂所得的) | 5 | 30 | 11 | 0 | 千克 | AB |
| **2307** | **葡萄酒渣;粗酒石** | | | | | | |
| 23070000 | 葡萄酒渣;粗酒石 | | | | | | |
| 2307000000 | 葡萄酒渣、粗酒石 | 5 | 30 | 0 | 0 | 千克 | AB |
| **2308** | **动物饲料用的其他编号未列名的植物原料、废料、残渣及副产品,不论是否制成团粒** | | | | | | |
| 23080000 | 动物饲料用的其他编号未列名的植物原料、废料、残渣及副产品,不论是否制成团粒 | | | | | | |
| 2308000000 | 其他饲料用植物产品(包括废料、残渣及副产品) | 5 | 35 | 11 | 0 | 千克 | AB |
| **2309** | **配制的动物饲料** | | | | | | |
| 23091010 | ---罐头 | | | | | | |
| 2309101000[暂4] | 狗食或猫食罐头 | 15 | 90 | 11 | 11 | 千克 | AB |
| 23091090 | ---其他 | | | | | | |
| 2309109000[暂4] | 其他零售包装的狗食或猫食 | 15 | 90 | 11 | 11 | 千克 | AB |
| 23099010 | ---制成的饲料添加剂 | | | | | | |
| 2309901000 | 制成的饲料添加剂 | 5 | 14 | 17 | 11 | 千克 | AB |
| 23099090 | ---其他 | | | | | | |
| 2309909000[暂4] | 其他配制的动物饲料 | 6.5 | 14 | 11 | 0 | 千克 | AB |

# 第二十四章　烟草、烟草及烟草代用品的制品

**注释：**

本章不包括药用卷烟(第三十章)。

**子目注释：**

子目2403.11所称"水烟料"，是指由烟草和甘油混合而成用水烟筒吸用的烟草，不论是否含有芳香油及提取物、糖蜜或糖，也不论是否用水果调味，但供在水烟筒中吸用的非烟草产品除外。

| 商品编号 | 商品名称及备注 | 进口关税税率(%) | | 增值税率(%) | 出口退税率(%) | 计量单位 | 监管条件 |
|---|---|---|---|---|---|---|---|
| | | 最惠国 | 普通 | | | | |
| **2401** | **烟草；烟草废料** | | | | | | |
| 24011010 | ---烤烟 | | | | | | |
| 2401101000 | 未去梗的烤烟 | 10 | 70 | 17 | 5 | 千克 | 7AB |
| 24011090 | ---其他 | | | | | | |
| 2401109000 | 其他未去梗的烟草 | 10 | 70 | 17 | 5 | 千克 | 7AB |
| 24012010 | ---烤烟 | | | | | | |
| 2401201000 | 部分或全部去梗的烤烟 | 10 | 70 | 17 | 5 | 千克 | 7AB |
| 24012090 | ---其他 | | | | | | |
| 2401209000 | 部分或全部去梗的其他烟草 | 10 | 70 | 17 | 15 | 千克 | 7AB |
| 24013000 | -烟草废料 | | | | | | |
| 2401300000 | 烟草废料 | 10 | 70 | 17 | 5 | 千克 | AB7 |
| **2402** | **烟草或烟草代用品制成的雪茄烟及卷烟** | | | | | | |
| 24021000 | -烟草制的雪茄烟 | | | | | | |
| 2402100000 | 烟草制的雪茄烟 | 25 | 180 | 17 | 0 | 千克/千支 | 7B/7❶ |
| 24022000 | -烟草制的卷烟 | | | | | | |
| 2402200000 | 烟草制的卷烟 | 25 | 180 | 17 | 0 | 千克/千支 | 7B/7❶ |
| 24029000 | -其他 | | | | | | |
| 2402900001 | 烟草代用品制的卷烟 | 25 | 180 | 17 | 0 | 千克/千支 | 7B/7❶ |
| 2402900009 | 烟草代用品制的雪茄烟 | 25 | 180 | 17 | 0 | 千克/千支 | 7B/7❶ |
| **2403** | **其他烟草及烟草代用品的制品；"均化"或"再造"烟草；烟草精汁** | | | | | | |
| 24031100 | --本章子目注释所述的水烟料 | | | | | | |
| 2403110000 | 供吸用的本章子目注释所述的水烟料(不论是否含有任何比例的烟草代用品) | 57 | 180 | 17 | 15 | 千克 | 7AB |
| 24031900 | --其他 | | | | | | |
| 2403190000 | 其他供吸用的烟草(不论是否含有任何比例的烟草代用品) | 57 | 180 | 17 | 15 | 千克 | 7AB |
| 24039100 | --"均化"或"再造"烟草 | | | | | | |
| 2403910010[暂40] | 再造烟草 | 57 | 180 | 17 | 15 | 千克 | AB7 |
| 2403910090 | 均化烟草 | 57 | 180 | 17 | 15 | 千克 | AB7 |
| 24039900 | --其他 | | | | | | |
| 2403990010 | 烟草精汁 | 57 | 180 | 17 | 15 | 千克 | 7AB |
| 2403990090 | 其他烟草及烟草代用品的制品 | 57 | 180 | 17 | 15 | 千克 | AB |

❶ 监管条件中，"/"左边的监管条件截止日期为2018年1月31日，"/"右边的监管条件有效日期为2018年2月1日~2999年12月31日。

# 第五类　矿　产　品

## 第二十五章　盐；硫磺；泥土及石料；石膏料、石灰及水泥

**注释：**

一、除条文及注释四另有规定的以外，本章各品目只包括原产状态的矿产品，或只经过洗涤（包括用化学物质清除杂质而未改变产品结构的）、破碎、磨碎、研粉、淘洗、筛分以及用浮选、磁选和其他机械物理方法（不包括结晶法）精选过的货品，但不得经过焙烧、煅烧、混合或超过品目所列的加工范围。

本章产品可含有添加的抗尘剂，但所加剂料并不使原产品改变其一般用途而适用于某些特殊用途。

二、本章不包括：

（一）升华硫磺、沉淀硫磺及胶态硫磺（品目28.02）；

（二）土色料，按重量计三氧化二铁含量在70%及以上（品目28.21）；

（三）第三十章的药品及其他产品；

（四）芳香料制品及化妆盥洗品（第三十三章）；

（五）长方砌石、路缘石、扁平石（品目68.01）、镶嵌石或类似石料（品目68.02）及铺屋顶、饰墙面或防潮用的板石（品目68.03）；

（六）宝石或半宝石（品目71.02或71.03）；

（七）每颗重量不低于2.5克的氯化钠或氧化镁培养晶体（光学元件除外）（品目38.24）；氯化钠或氧化镁制的光学元件（品目90.01）；

（八）台球用粉块（品目95.04）；

（九）书写或绘画用粉笔及裁缝划粉（品目96.09）。

三、既可归入品目25.17又可归入本章其他品目的产品，应归入品目25.17。

四、品目25.30主要包括：未膨胀的蛭石、珍珠岩及绿泥石；不论是否煅烧或混合的土色料；天然云母氧化铁；海泡石（不论是否磨光成块）；琥珀；模制后未经进一步加工的片、条、杆或类似形状的粘聚海泡石及粘聚琥珀；黑玉；菱锶矿（不论是否煅烧），但不包括氧化锶；陶器、砖或混凝土的碎块。

| 商品编号 | 商品名称及备注 | 进口关税税率（%） | | 增值税率（%） | 出口退税率（%） | 计量单位 | 监管条件 |
|---|---|---|---|---|---|---|---|
| | | 最惠国 | 普通 | | | | |
| **2501** | **盐（包括精制盐及变性盐）及纯氯化钠，不论是否为水溶液，也不论是否添加抗结块剂或松散剂；海水** | | | | | | |
| 25010011 | ----食用盐 | | | | | | |
| 2501001100 | 食用盐 | 0 | 0 | 11 | 11 | 千克 | AB |
| 25010019 | ----其他 | | | | | | |
| 2501001900 | 其他盐 | 0 | 0 | 17 | 13 | 千克 | AB |
| 25010020 | ---纯氯化钠 | | | | | | |
| 2501002000 | 纯氯化钠 | 3 | 35 | 17 | 13 | 千克 | |
| 25010030 | ---海水 | | | | | | |
| 2501003000 | 海水 | 0 | 0 | 17 | 0 | 千克 | |
| **2502** | **未焙烧的黄铁矿** | | | | | | |
| 25020000 | 未焙烧的黄铁矿 | | | | | | |
| 2502000000暂2 | 未焙烧的黄铁矿 | 3 | 20 | 17 | 0 | 千克 | |
| **2503** | **各种硫磺，但升华硫磺、沉淀硫磺及胶态硫磺除外** | | | | | | |
| 25030000 | 各种硫磺，但升华硫磺、沉淀硫磺及胶态硫磺除外 | | | | | | |
| 2503000000暂1 | 各种硫磺（升华硫磺、沉淀硫磺及胶态硫磺除外） | 3 | 17 | 17 | 0 | 千克 | AB |
| **2504** | **天然石墨** | | | | | | |
| 25041010 | ---粉片 | | | | | | |
| 2504101000暂1 | 鳞片状天然石墨 | 3 | 30 | 17 | 0 | 千克 | |
| 25041091 | ----球化石墨 | | | | | | |
| 2504109100 | 球化石墨（天然石墨经球化加工、分级得到的产品，直径<120微米） | 3 | 30 | 17 | 13 | 千克 | |
| 25041099 | ----其他 | | | | | | |
| 2504109900 | 其他粉末状天然石墨 | 3 | 30 | 17 | 0 | 千克 | |
| 25049000 | -其他 | | | | | | |

| 商品编号 | 商品名称及备注 | 进口关税税率(%) | | 增值税率(%) | 出口退税率(%) | 计量单位 | 监管条件 |
|---|---|---|---|---|---|---|---|
| | | 最惠国 | 普通 | | | | |
| 2504900000 | 其他天然石墨 | 3 | 30 | 17 | 0 | 千克 | |
| **2505** | **各种天然砂,不论是否着色,但第二十六章的含金属矿砂除外** | | | | | | |
| 25051000 | -硅砂及石英砂 | | | | | | |
| 2505100000[暂1] | 硅砂及石英砂(不论是否着色) | 3 | 40 | 17 | 0 | 千克 | 48xy |
| 25059000 | -其他 | | | | | | |
| 2505900010[暂1] | 标准砂(不论是否着色,第二十六章的金属矿砂除外) | 3 | 40 | 17 | 0 | 千克 | 4xy |
| 2505900090[暂1] | 其他天然砂(不论是否着色,第二十六章的金属矿砂除外) | 3 | 40 | 17 | 0 | 千克 | 48xy |
| **2506** | **石英(天然砂除外);石英岩,不论是否粗加修整或仅用锯或其他方法切割成矩形(包括正方形)的板、块** | | | | | | |
| 25061000 | -石英 | | | | | | |
| 2506100000[暂1] | 石英(天然砂除外) | 3 | 40 | 17 | 0 | 千克 | |
| 25062000 | -石英岩 | | | | | | |
| 2506200000[暂1] | 石英岩(不论是否粗加修整或仅用锯或其他方法切割成矩形板或块) | 3 | 40 | 17 | 0 | 千克 | |
| **2507** | **高岭土及类似土,不论是否煅烧** | | | | | | |
| 25070010 | ---高岭土 | | | | | | |
| 2507001000[暂1] | 不论是否煅烧的高岭土 | 3 | 50 | 17 | 0 | 千克 | |
| 25070090 | ---其他 | | | | | | |
| 2507009000[暂1] | 不论是否煅烧的其他高岭土类似土 | 3 | 50 | 17 | 0 | 千克 | |
| **2508** | **其他黏土(不包括品目68.06的膨胀黏土)、红柱石、蓝晶石及硅线石,不论是否煅烧;富铝红柱石;火泥及第纳斯土** | | | | | | |
| 25081000 | -膨润土 | | | | | | |
| 2508100000 | 膨润土,不论是否煅烧 | 3 | 50 | 17 | 0 | 千克 | |
| 25083000 | -耐火黏土 | | | | | | |
| 2508300000[暂1] | 耐火黏土,不论是否煅烧(包括矾土、焦宝石及其他耐火黏土) | 3 | 20 | 17 | 0 | 千克 | 4xy |
| 25084000 | -其他黏土 | | | | | | |
| 2508400000 | 其他黏土,不论是否煅烧 | 3 | 50 | 17 | 0 | 千克 | |
| 25085000 | -红柱石、蓝晶石及硅线石 | | | | | | |
| 2508500000[暂3] | 红柱石、蓝晶石及硅线石,不论是否煅烧 | 3 | 40 | 17 | 0 | 千克 | |
| 25086000 | -富铝红柱石 | | | | | | |
| 2508600000[暂3] | 富铝红柱石 | 3 | 40 | 17 | 0 | 千克 | |
| 25087000 | -火泥及第纳斯土 | | | | | | |
| 2508700000 | 火泥及第纳斯土 | 3 | 20 | 17 | 0 | 千克 | |
| **2509** | **白垩** | | | | | | |
| 25090000 | 白垩 | | | | | | |
| 2509000000 | 白垩 | 3 | 45 | 17 | 0 | 千克 | |
| **2510** | **天然磷酸钙、天然磷酸铝钙及磷酸盐白垩** | | | | | | |
| 25101010 | ---磷灰石 | | | | | | |
| 2510101000[暂0] | 未碾磨磷灰石 | 3 | 11 | 17 | 0 | 千克 | 4xy |
| 25101090 | ---其他 | | | | | | |
| 2510109000[暂3] | 其他未碾磨天然磷酸钙(包括天然磷酸铝钙及磷酸盐白垩,磷灰石除外) | 3 | 20 | 17 | 0 | 千克 | 4xy |
| 25102010 | ---磷灰石 | | | | | | |
| 2510201000[暂0] | 已碾磨磷灰石 | 3 | 11 | 17 | 0 | 千克 | 4xy |
| 25102090 | ---其他 | | | | | | |
| 2510209000[暂3] | 其他已碾磨天然磷酸钙(包括天然磷酸铝钙及磷酸盐白垩,磷灰石除外) | 3 | 20 | 17 | 0 | 千克 | 4xy |
| **2511** | **天然硫酸钡(重晶石);天然碳酸钡(毒重石),不论是否煅烧,但品目28.16的氧化钡除外** | | | | | | |

| 商品编号 | 商品名称及备注 | 进口关税税率(%) | | 增值税率(%) | 出口退税率(%) | 计量单位 | 监管条件 |
|---|---|---|---|---|---|---|---|
| | | 最惠国 | 普通 | | | | |
| 25111000 | -天然硫酸钡(重晶石) | | | | | | |
| 2511100000 | 天然硫酸钡(重晶石) | 3 | 45 | 17 | 0 | 千克 | |
| 25112000 | -天然碳酸钡(毒重石) | | | | | | |
| 2511200000暂3 | 天然碳酸钡(毒重石)(不论是否煅烧,但品目28.16的氧化钡除外) | 3 | 45 | 17 | 0 | 千克 | |
| **2512** | **硅质化石粗粉(例如,各种硅藻土)及类似的硅质土,不论是否煅烧,其表观比重不超过1** | | | | | | |
| 25120010 | ---硅藻土 | | | | | | |
| 2512001000 | 硅藻土(不论是否煅烧,表观比重≤1) | 3 | 40 | 17 | 0 | 千克 | AB/A❶ |
| 25120090 | ---其他 | | | | | | |
| 2512009000 | 其他硅质化石粗粉及类似的硅质土(不论是否煅烧,表观比重≤1) | 3 | 40 | 17 | 0 | 千克 | |
| **2513** | **浮石;刚玉岩;天然刚玉砂;天然石榴石及其他天然磨料,不论是否热处理** | | | | | | |
| 25131000 | -浮石 | | | | | | |
| 2513100000 | 浮石 | 3 | 35 | 17 | 0 | 千克 | |
| 25132000 | -刚玉岩、天然刚玉砂、天然石榴石及其他天然磨料 | | | | | | |
| 2513200000 | 刚玉岩、天然刚玉砂等天然磨料(包括天然石榴石及其他天然磨料) | 3 | 17 | 17 | 0 | 千克 | |
| **2514** | **板岩,不论是否粗加修整或仅用锯或其他方法切割成矩形(包括正方形)的板、块** | | | | | | |
| 25140000 | 板岩,不论是否粗加修整或仅用锯或其他方法切割成矩形(包括正方形)的板、块 | | | | | | |
| 2514000000 | 板岩(不论是否粗加修整或仅用锯或其他方法切割成矩形板或块) | 3 | 50 | 17 | 0 | 千克 | |
| **2515** | **大理石、石灰华及其他石灰质碑用或建筑用石,表观比重为2.5及以上,蜡石,不论是否粗加修整或仅用锯或其他方法切割成矩形(包括正方形)的板、块** | | | | | | |
| 25151100 | --原状或粗加修整 | | | | | | |
| 2515110000暂0 | 原状或粗加修整的大理石及石灰华 | 4 | 80 | 17 | 0 | 千克 | |
| 25151200 | --用锯或其他方法切割成矩形,包括正方形 | | | | | | |
| 2515120000暂0 | 矩形大理石及石灰华(用锯或其他方法切割成矩形) | 4 | 80 | 17 | 0 | 千克 | |
| 25152000 | -其他石灰质碑用或建筑用石;蜡石 | | | | | | |
| 2515200000暂0 | 其他石灰质碑用或建筑用石,蜡石 | 3 | 50 | 17 | 0 | 千克 | |
| **2516** | **花岗岩、斑岩、玄武岩、砂岩及其他碑用或建筑用石,不论是否粗加修整或仅用锯或其他方法切割成矩形(包括正方形)的板、块** | | | | | | |
| 25161100 | --原状或粗加修整 | | | | | | |
| 2516110000暂0 | 原状或粗加修整花岗岩 | 4 | 50 | 17 | 0 | 千克 | A |
| 25161200 | 仅用锯或其他方法切割成矩形,包括正方形 | | | | | | |
| 2516120000暂0 | 矩形花岗岩(用锯或其他方法切割成矩形) | 4 | 50 | 17 | 0 | 千克 | A |
| 25162000 | -砂岩 | | | | | | |
| 2516200001暂0 | 原状或粗加修整砂岩 | 3 | 50 | 17 | 0 | 千克 | A |
| 2516200090暂0 | 矩形(包括正方形)砂岩(用锯或其他方法切割成矩形的板、块) | 3 | 50 | 17 | 0 | 千克 | |
| 25169000 | -其他碑用或建筑用石 | | | | | | |
| 2516900000暂0 | 其他碑用或建筑用石 | 3 | 50 | 17 | 0 | 千克 | |
| **2517** | **通常作混凝土粒料、铺路、铁道路基或其他路基用的卵石、砾石及碎石,圆石子及燧石,不论是否热处理;矿渣、浮渣及类似的工业残渣,不论是否混有本品目第一部分所列的材料;沥青碎石;品目25.15、25.16所列各种石料的碎粒、碎屑及粉末,不论是否热处理** | | | | | | |
| 25171000 | -通常作混凝土粒料、铺路、铁道路基或其他路基用的卵石、砾石及碎石,圆石子及燧石,不论是否热处理 | | | | | | |
| 2517100000 | 卵石,砾石及碎石,圆石子及燧石(通常作混凝土粒料、铺路或其他路基用,不论是否热处理) | 4 | 50 | 17 | 0 | 千克 | |
| 25172000 | -矿渣、浮渣及类似的工业残渣,不论是否混有编号251710所列的材料 | | | | | | |

❶ 监管条件中,"/"左边的监管条件截止日期为2018年1月31日,"/"右边的监管条件有效日期为2018年2月1日~2999年12月31日。

| 商品编号 | 商品名称及备注 | 进口关税税率(%) | | 增值税率(%) | 出口退税率(%) | 计量单位 | 监管条件 |
|---|---|---|---|---|---|---|---|
| | | 最惠国 | 普通 | | | | |
| 2517200000 | 矿渣、浮渣及类似的工业残渣(不论是否混有编号25171000所列的材料) | 3 | 50 | 17 | 0 | 千克 | 9 |
| 25173000 | -沥青碎石 | | | | | | |
| 2517300000 | 沥青碎石 | 3 | 50 | 17 | 0 | 千克 | 9 |
| 25174100 | --大理石 | | | | | | |
| 2517410000 | 大理石碎粒、碎屑及粉末(不论是否热处理) | 3 | 50 | 17 | 0 | 千克 | |
| 25174900 | --其他 | | | | | | |
| 2517490000 | 品目25.15及25.16所列其他石碎粒等(不论是否热处理) | 3 | 50 | 17 | 0 | 千克 | |
| **2518** | **白云石,不论是否煅烧或烧结、粗加修整或仅用锯或其他方法切割成矩形(包括正方形)的板、块;夯混白云石** | | | | | | |
| 25181000 | -未煅烧或烧结的白云石 | | | | | | |
| 2518100000[暂0] | 未煅烧或烧结的白云石(不论是否粗加修整或仅用锯或其他方法切割成矩形板、块) | 3 | 40 | 17 | 0 | 千克 | |
| 25182000 | -已煅烧或烧结的白云石 | | | | | | |
| 2518200000[暂0] | 已煅烧或烧结的白云石(不论是否粗加修整或仅用锯或其他方法切割成矩形板、块) | 3 | 40 | 17 | 0 | 千克 | |
| 25183000 | -夯混白云石 | | | | | | |
| 2518300000[暂0] | 夯混白云石(包括沥青白云石) | 3 | 40 | 17 | 0 | 千克 | |
| **2519** | **天然碳酸镁(菱镁矿);熔凝镁氧矿;烧结镁氧矿,不论烧结前是否加入少量其他氧化物;其他氧化镁,不论是否纯净** | | | | | | |
| 25191000 | -天然碳酸镁(菱镁矿) | | | | | | |
| 2519100000[暂1] | 天然碳酸镁(菱镁矿) | 3 | 40 | 17 | 0 | 千克 | y4x |
| 25199010 | ---熔凝镁氧矿 | | | | | | |
| 2519901000[暂1] | 熔凝镁氧矿(电熔镁,包括喷补料) | 3 | 40 | 17 | 0 | 千克 | y4x |
| 25199020 | ---烧结镁氧矿(重烧镁) | | | | | | |
| 2519902000[暂1] | 烧结镁氧矿(重烧镁)(包括喷补料) | 3 | 40 | 17 | 0 | 千克 | y4x |
| 25199030 | ---碱烧镁(轻烧镁) | | | | | | |
| 2519903000[暂1] | 碱烧镁(轻烧镁) | 3 | 40 | 17 | 0 | 千克 | y4x |
| 25199091 | ----化学纯氧化镁 | | | | | | |
| 2519909100 | 化学纯氧化镁 | 3 | 35 | 17 | 0 | 千克 | AB/A❶ |
| 25199099 | ----其他 | | | | | | |
| 2519909910[暂1] | 其他氧化镁含量≥70%的矿产品 | 3 | 40 | 17 | 0 | 千克 | 4xy |
| 2519909990 | 其他氧化镁 | 3 | 40 | 17 | 0 | 千克 | |
| **2520** | **生石膏;硬石膏;熟石膏(由煅烧的生石膏或硫酸钙构成),不论是否着色,也不论是否带有少量促凝剂或缓凝剂** | | | | | | |
| 25201000 | -生石膏;硬石膏 | | | | | | |
| 2520100000 | 生石膏,硬石膏 | 5 | 80 | 17 | 0 | 千克 | |
| 25202010 | ---牙科用 | | | | | | |
| 2520201000 | 牙科用熟石膏(不论是否着色或带有少量促凝剂或缓凝剂) | 5 | 40 | 17 | 0 | 千克 | |
| 25202090 | ---其他 | | | | | | |
| 2520209000 | 其他熟石膏(不论是否着色或带有少量促凝剂或缓凝剂) | 5 | 80 | 17 | 0 | 千克 | |
| **2521** | **石灰石助熔剂;通常用于制造石灰或水泥的石灰石及其他钙质石** | | | | | | |
| 25210000 | 石灰石助熔剂;通常用于制造石灰或水泥的石灰石及其他钙质石 | | | | | | |
| 2521000000 | 石灰石助熔剂、石灰石及其他钙石 | 5 | 50 | 17 | 0 | 千克 | |
| **2522** | **生石灰、熟石灰及水硬石灰,但品目28.25的氧化钙及氢氧化钙除外** | | | | | | |
| 25221000 | -生石灰 | | | | | | |
| 2522100000 | 生石灰 | 5 | 80 | 17 | 0 | 千克 | |

❶ 监管条件中,"/"左边的监管条件截止日期为2018年1月31日,"/"右边的监管条件有效日期为2018年2月1日~2999年12月31日。

| 商品编号 | 商品名称及备注 | 进口关税税率(%) | | 增值税率(%) | 出口退税率(%) | 计量单位 | 监管条件 |
|---|---|---|---|---|---|---|---|
| | | 最惠国 | 普通 | | | | |
| 25222000 | -熟石灰 | | | | | | |
| 2522200000 | 熟石灰 | 5 | 80 | 17 | 0 | 千克 | |
| 25223000 | -水硬石灰 | | | | | | |
| 2522300000 | 水硬石灰 | 5 | 80 | 17 | 0 | 千克 | |
| **2523** | **硅酸盐水泥、矾土水泥、矿渣水泥、富硫酸盐水泥及类似的水凝水泥,不论是否着色,包括水泥熟料** | | | | | | |
| 25231000 | -水泥熟料 | | | | | | |
| 2523100000 | 水泥熟料 | 8 | 30 | 17 | 0 | 千克 | |
| 25232100 | --白水泥,不论是否人工着色 | | | | | | |
| 2523210000 | 白水泥,不论是否人工着色 | 6 | 30 | 17 | 0 | 千克 | |
| 25232900 | --其他 | | | | | | |
| 2523290000 | 其他硅酸盐水泥 | 8 | 30 | 17 | 0 | 千克 | A |
| 25233000 | -矾土水泥 | | | | | | |
| 2523300000 | 矾土水泥 | 6 | 30 | 17 | 0 | 千克 | |
| 25239000 | -其他水凝水泥 | | | | | | |
| 2523900000 | 其他水凝水泥 | 8 | 30 | 17 | 0 | 千克 | A |
| **2524** | **石棉** | | | | | | |
| 25241000 | -青石棉 | | | | | | |
| 2524100000 | 青石棉 | 5 | 30 | 17 | 0 | 千克 | 89 |
| 25249010 | ---长纤维的 | | | | | | |
| 2524901010 | 长纤维阳起石石棉(包括长纤维铁石棉、透闪石石棉及直闪石石棉) | 5 | 30 | 17 | 0 | 千克 | 89 |
| 2524901090 | 其他长纤维石棉 | 5 | 30 | 17 | 0 | 千克 | |
| 25249090 | ---其他的 | | | | | | |
| 2524909010 | 其他阳起石石棉(包括其他铁石棉、透闪石石棉及直闪石石棉) | 5 | 35 | 17 | 0 | 千克 | 89 |
| 2524909090 | 其他石棉 | 5 | 35 | 17 | 0 | 千克 | |
| **2525** | **云母,包括云母片;云母废料** | | | | | | |
| 25251000 | -原状云母及劈开的云母片 | | | | | | |
| 2525100000[暂1] | 原状云母及劈开的云母片 | 5 | 30 | 17 | 0 | 千克 | |
| 25252000 | -云母粉 | | | | | | |
| 2525200000 | 云母粉 | 5 | 30 | 17 | 0 | 千克 | |
| 25253000 | -云母废料 | | | | | | |
| 2525300000 | 云母废料(指云母机械加工产生的边角料) | 5 | 30 | 17 | 0 | 千克 | 9 |
| **2526** | **天然冻石,不论是否粗加修整或仅用锯或其他方法切割成矩形(包括正方形)的板、块;滑石** | | | | | | |
| 25261010 | ---冻石 | | | | | | |
| 2526101000 | 未破碎及未研粉的天然冻石(不论是否粗加修整或仅用锯或其他方法切割成矩形板、块) | 3 | 50 | 17 | 0 | 千克 | |
| 25261020 | ---滑石 | | | | | | |
| 2526102000[暂1] | 未破碎及未研粉的滑石(不论是否粗加修整或仅用锯或其他方法切割成矩形板、块) | 3 | 50 | 17 | 0 | 千克 | 4xy |
| 25262010 | ---冻石 | | | | | | |
| 2526201000 | 已破碎或已研粉的天然冻石 | 3 | 50 | 17 | 0 | 千克 | |
| 25262020 | ---滑石 | | | | | | |
| 2526202001[暂1] | 滑石粉(体积百分比≥90%的产品颗粒度≤18 微米的) | 3 | 50 | 17 | 0 | 千克 | 4ABxy/4Axy❶ |

❶ 监管条件中,“/”左边的监管条件截止日期为 2018 年 1 月 31 日,“/”右边的监管条件有效日期为 2018 年 2 月 1 日~2999 年 12 月 31 日。

| 商品编号 | 商品名称及备注 | 进口关税税率(%) | | 增值税率(%) | 出口退税率(%) | 计量单位 | 监管条件 |
|---|---|---|---|---|---|---|---|
| | | 最惠国 | 普通 | | | | |
| 2526202090[暂1] | 已破碎或已研粉的其他天然滑石 | 3 | 50 | 17 | 0 | 千克 | 4xy |
| **2528** | **天然硼酸盐及其精矿(不论是否煅烧),但不包括从天然盐水析离的硼酸盐;天然粗硼酸,含硼酸干重不超过85%** | | | | | | |
| 25280010 | ---天然硼砂及其精矿(不论是否煅烧) | | | | | | |
| 2528001000[暂0] | 天然硼砂及其精矿(不论是否煅烧,不含从天然盐水析离的硼酸盐) | 3 | 30 | 17 | 0 | 千克 | A |
| 25280090 | ---其他 | | | | | | |
| 2528009000[暂0] | 其他天然硼酸盐及精矿;天然粗硼酸,含硼酸干重≤85% | 5 | 30 | 17 | 0 | 千克 | |
| **2529** | **长石;白榴石;霞石及霞石正长岩;萤石(氟石)** | | | | | | |
| 25291000 | -长石 | | | | | | |
| 2529100000[暂1] | 长石 | 3 | 50 | 17 | 0 | 千克 | |
| 25292100 | --按重量计氟化钙含量≤97% | | | | | | |
| 2529210000 | 按重量计氟化钙含量≤97%的萤石 | 3 | 50 | 17 | 0 | 千克 | 4xy |
| 25292200 | --按重量计氟化钙含量>97% | | | | | | |
| 2529220000 | 按重量计氟化钙含量>97%的萤石 | 3 | 50 | 17 | 0 | 千克 | 4xy |
| 25293000 | -白榴石;霞石及霞石正长岩 | | | | | | |
| 2529300000 | 白榴石,霞石及霞石正长岩 | 5 | 50 | 17 | 0 | 千克 | |
| **2530** | **其他编号未列名的矿产品** | | | | | | |
| 25301010 | ---绿泥石 | | | | | | |
| 2530101000 | 未膨胀的绿泥石 | 5 | 30 | 17 | 0 | 千克 | |
| 25301020 | ---未膨胀的蛭石和珍珠岩 | | | | | | |
| 2530102000 | 未膨胀的蛭石及珍珠岩 | 5 | 30 | 17 | 0 | 千克 | |
| 25302000 | -硫镁矾矿及泻盐矿(天然硫酸镁) | | | | | | |
| 2530200000 | 硫镁矾矿及泻盐矿(天然硫酸镁) | 3 | 30 | 17 | 0 | 千克 | |
| 25309010 | ---矿物性药材 | | | | | | |
| 2530901000 | 矿物性药材 | 3 | 30 | 17 | 0 | 千克 | |
| 25309020 | ---稀土金属矿 | | | | | | |
| 2530902000 | 其他稀土金属矿 | 0 | 0 | 17 | 0 | 千克 | 4Bxy |
| 25309091 | ----硅灰石 | | | | | | |
| 2530909100 | 硅灰石 | 3 | 50 | 17 | 0 | 千克 | |
| 25309099 | ----其他 | | | | | | |
| 2530909901[暂1] | 天青石 | 3 | 50 | 17 | 0 | 千克 | |
| 2530909902[暂0] | 锂辉石矿 | 3 | 50 | 17 | 0 | 千克 | |
| 2530909910 | 废镁砖 | 3 | 50 | 17 | 0 | 千克 | 49xy |
| 2530909920 | 叶蜡石 | 3 | 50 | 17 | 0 | 千克 | |
| 2530909930[暂1] | 未煅烧的水镁石 | 3 | 50 | 17 | 0 | 千克 | 4xy |
| 2530909992 | 其他品目未列名氧化镁含量≥70%的矿产品 | 3 | 50 | 17 | 0 | 千克 | |
| 2530909999 | 其他矿产品 | 3 | 50 | 17 | 0 | 千克 | |

# 第二十六章　矿砂、矿渣及矿灰

**注释：**

一、本章不包括：

（一）供铺路用的矿渣及类似的工业废渣（品目25.17）；

（二）天然碳酸镁（菱镁矿），不论是否煅烧（品目25.19）；

（三）主要含有石油的石油储罐的淤渣（品目27.10）；

（四）第三十一章的碱性熔渣；

（五）矿物棉（品目68.06）；

（六）贵金属或包贵金属的废碎料；主要用于回收贵金属的含贵金属或贵金属化合物的其他废碎料（品目71.12）；

（七）通过熔炼所产生的铜锍、镍锍或钴锍（第十五类）。

二、品目26.01至26.17所称"矿砂"，是指冶金工业中提炼汞、品目28.44的金属，以及第十四类、第十五类金属的矿物，即使这些矿物不用于冶金工业，也包括在内。但品目26.01至26.17不包括不是以冶金工业正常加工方法处理的各种矿物。

三、品目26.20仅适用于：

（一）在工业上提炼金属或作为生产金属化合物基本原料的矿渣、矿灰及残渣，但焚化城市垃圾所产生的灰、渣除外（品目26.21）；

（二）含有砷的矿渣、矿灰及残渣，不论其是否含有金属，用于提取或生产砷、金属及其化合物。

**子目注释：**

一、子目2620.21所称"含铅汽油的淤渣及含铅抗震化合物的淤渣"，是指含铅汽油及含铅抗震化合物（例如，四乙基铅）储罐的淤渣，主要含有铅、铅化合物以及铁的氧化物；

二、含有砷、汞、铊及其混合物的矿渣、矿灰及残渣，用于提取或生产砷、汞、铊及其化合物，归入子目2620.60。

| 商品编号 | 商 品 名 称 及 备 注 | 进口关税税率（%） | | 增值税率（%） | 出口退税率（%） | 计量单位 | 监管条件 |
|---|---|---|---|---|---|---|---|
| | | 最惠国 | 普通 | | | | |
| **2601** | **铁矿砂及其精矿，包括焙烧黄铁矿** | | | | | | |
| 26011110 | ---平均粒度<0.8毫米的 | | | | | | |
| 2601111000[暂0] | 未烧结铁矿砂及其精矿（平均粒度<0.8毫米的，焙烧黄铁矿除外） | 0 | 0 | 17 | 0 | 千克 | 7A |
| 26011120 | ---0.8毫米≤平均粒度≤6.3毫米的 | | | | | | |
| 2601112000[暂0] | 未烧结铁矿砂及其精矿（0.8毫米≤平均粒度≤6.3毫米的，焙烧黄铁矿除外） | 0 | 0 | 17 | 0 | 千克 | 7A |
| 26011190 | ---其他 | | | | | | |
| 2601119000[暂0] | 平均粒度>6.3毫米的未烧结铁矿砂及其精矿（焙烧黄铁矿除外） | 0 | 0 | 17 | 0 | 千克 | 7A |
| 26011200 | --已烧结 | | | | | | |
| 2601120000[暂0] | 已烧结铁矿砂及其精矿（焙烧黄铁矿除外） | 0 | 0 | 17 | 0 | 千克 | 7A |
| 26012000 | -焙烧黄铁矿 | | | | | | |
| 2601200000[暂0] | 焙烧黄铁矿 | 0 | 0 | 17 | 0 | 千克 | 7A |
| **2602** | **锰矿砂及其精矿，包括以干重计含锰量在20%及以上的锰铁矿及其精矿** | | | | | | |
| 26020000 | 锰矿砂及其精矿，包括以干重计含锰量≥20%的锰铁矿及其精矿 | | | | | | |
| 2602000000 | 锰矿砂及其精矿（包括以干重计含锰量≥20%的锰铁矿及其精矿） | 0 | 0 | 17 | 0 | 千克 | A |
| **2603** | **铜矿砂及其精矿** | | | | | | |
| 26030000 | 铜矿砂及其精矿 | | | | | | |
| 2603000010 | 铜矿砂及其精矿（黄金价值部分） | 0 | 0 | 0 | 0 | 千克 | 7A |
| 2603000090 | 铜矿砂及其精矿（非黄金价值部分） | 0 | 0 | 17 | 0 | 千克 | 7A |
| **2604** | **镍矿砂及其精矿** | | | | | | |
| 26040000 | 镍矿砂及其精矿 | | | | | | |
| 2604000001[暂0] | 镍矿砂及其精矿（黄金价值部分） | 0 | 0 | 0 | 0 | 千克 | |
| 2604000090[暂0] | 镍矿砂及其精矿（非黄金价值部分） | 0 | 0 | 17 | 0 | 千克 | |
| **2605** | **钴矿砂及其精矿** | | | | | | |
| 26050000 | 钴矿砂及其精矿 | | | | | | |
| 2605000001 | 钴矿砂及其精矿（黄金价值部分） | 0 | 0 | 0 | 0 | 千克 | |
| 2605000090 | 钴矿砂及其精矿（非黄金价值部分） | 0 | 0 | 17 | 0 | 千克 | |
| **2606** | **铝矿砂及其精矿** | | | | | | |

| 商品编号 | 商品名称及备注 | 进口关税税率(%) | | 增值税率(%) | 出口退税率(%) | 计量单位 | 监管条件 |
|---|---|---|---|---|---|---|---|
| | | 最惠国 | 普通 | | | | |
| 26060000 | 铝矿砂及其精矿 | | | | | | |
| 2606000000 | 铝矿砂及其精矿 | 0 | 0 | 17 | 0 | 千克 | 47xy |
| **2607** | **铅矿砂及其精矿** | | | | | | |
| 26070000 | 铅矿砂及其精矿 | | | | | | |
| 2607000001 | 铅矿砂及其精矿(黄金价值部分) | 0 | 0 | 0 | 0 | 千克 | A |
| 2607000090 | 铅矿砂及其精矿(非黄金价值部分) | 0 | 0 | 17 | 0 | 千克 | A |
| **2608** | **锌矿砂及其精矿** | | | | | | |
| 26080000 | 锌矿砂及其精矿 | | | | | | |
| 2608000001[暂0] | 灰色饲料氧化锌[氧化锌(ZnO)含量>80%] | 0 | 0 | 17 | 0 | 千克 | A |
| 2608000090 | 其他锌矿砂及其精矿 | 0 | 0 | 17 | 0 | 千克 | A |
| **2609** | **锡矿砂及其精矿** | | | | | | |
| 26090000 | 锡矿砂及其精矿 | | | | | | |
| 2609000000[暂0] | 锡矿砂及其精矿 | 0 | 0 | 17 | 0 | 千克 | 4xy |
| **2610** | **铬矿砂及其精矿** | | | | | | |
| 26100000 | 铬矿砂及其精矿 | | | | | | |
| 2610000000 | 铬矿砂及其精矿 | 0 | 0 | 17 | 0 | 千克 | A |
| **2611** | **钨矿砂及其精矿** | | | | | | |
| 26110000 | 钨矿砂及其精矿 | | | | | | |
| 2611000000 | 钨矿砂及其精矿 | 0 | 0 | 17 | 0 | 千克 | 4xy |
| **2612** | **铀或钍矿砂及其精矿** | | | | | | |
| 26121000 | -铀矿砂及其精矿 | | | | | | |
| 2612100000[暂0] | 铀矿砂及其精矿 | 0 | 0 | 17 | 0 | 千克 | |
| 26122000 | -钍矿砂及其精矿 | | | | | | |
| 2612200000 | 钍矿砂及其精矿 | 0 | 0 | 17 | 0 | 千克 | 4xy |
| **2613** | **钼矿砂及其精矿** | | | | | | |
| 26131000 | -已焙烧 | | | | | | |
| 2613100000 | 已焙烧钼矿砂及其精矿 | 0 | 0 | 17 | 0 | 千克 | 4xy |
| 26139000 | -其他 | | | | | | |
| 2613900000 | 其他钼矿砂及其精矿 | 0 | 0 | 17 | 0 | 千克 | 4xy |
| **2614** | **钛矿砂及其精矿** | | | | | | |
| 26140000 | 钛矿砂及其精矿 | | | | | | |
| 2614000000[暂0] | 钛矿砂及其精矿 | 0 | 0 | 17 | 0 | 千克 | |
| **2615** | **铌、钽、钒或锆矿砂及其精矿** | | | | | | |
| 26151000 | -锆矿砂及其精矿 | | | | | | |
| 2615100000[暂0] | 锆矿砂及其精矿 | 0 | 0 | 17 | 0 | 千克 | |
| 26159010 | ---水合钽铌原料(钽铌矿富集物) | | | | | | |
| 2615901000 | 水合钽铌原料(钽铌矿富集物) | 0 | 0 | 17 | 0 | 千克 | |
| 26159090 | ---其他 | | | | | | |
| 2615909010 | 铌、钽精矿及其矿砂 | 0 | 0 | 17 | 0 | 千克 | |
| 2615909090 | 钒矿砂;钒精矿 | 0 | 0 | 17 | 0 | 千克 | |
| **2616** | **贵金属矿砂及其精矿** | | | | | | |
| 26161000 | -银矿砂及其精矿 | | | | | | |
| 2616100000[暂0] | 银矿砂及其精矿 | 0 | 0 | 17 | 0 | 千克 | |
| 26169000 | -其他 | | | | | | |
| 2616900001[暂0] | 黄金矿砂 | 0 | 0 | 0 | 0 | 千克 | |
| 2616900009[暂0] | 其他贵金属矿砂及其精矿 | 0 | 0 | 17 | 0 | 千克 | |

| 商品编号 | 商品名称及备注 | 进口关税税率(%) | | 增值税率(%) | 出口退税率(%) | 计量单位 | 监管条件 |
|---|---|---|---|---|---|---|---|
| | | 最惠国 | 普通 | | | | |
| **2617** | **其他矿砂及其精矿** | | | | | | |
| 26171010 | ---生锑(锑精矿,选矿产品) | | | | | | |
| 2617101000 | 生锑(锑精矿,选矿产品) | 0 | 0 | 17 | 0 | 千克 | 4xy |
| 26171090 | ---其他 | | | | | | |
| 2617109001 | 其他锑矿砂及其精矿(黄金价值部分) | 0 | 0 | 0 | 0 | 千克 | 4xy |
| 2617109090 | 其他锑矿砂及其精矿(非黄金价值部分) | 0 | 0 | 17 | 0 | 千克 | 4xy |
| 26179010 | ---朱砂(辰砂) | | | | | | |
| 2617901000[暂3] | 朱砂(辰砂) | 3 | 14 | 17 | 0 | 千克 | X |
| 26179090 | ---其他 | | | | | | |
| 2617909000[暂0] | 其他矿砂及其精矿 | 0 | 0 | 17 | 0 | 千克 | |
| **2618** | **冶炼钢铁所产生的粒状熔渣(熔渣砂)** | | | | | | |
| 26180010 | ---主要含锰 | | | | | | |
| 2618001001[暂1] | 主要含锰的冶炼钢铁产生的粒状熔渣,含锰量>25%(包括熔渣砂) | 4 | 35 | 17 | 0 | 千克 | AP |
| 2618001090[暂4] | 其他主要含锰的冶炼钢铁产生的粒状熔渣(包括熔渣砂) | 4 | 35 | 17 | 0 | 千克 | 9A |
| 26180090 | ---其他 | | | | | | |
| 2618009000[暂4] | 其他的冶炼钢铁产生的粒状熔渣(包括熔渣砂) | 4 | 35 | 17 | 0 | 千克 | 9A |
| **2619** | **冶炼钢铁所产生的熔渣、浮渣(粒状熔渣除外)、氧化皮及其他废料** | | | | | | |
| 26190000 | 冶炼钢铁所产生的熔渣、浮渣(粒状熔渣除外)、氧化皮及其他废料 | | | | | | |
| 2619000010[暂4] | 轧钢产生的氧化皮 | 4 | 35 | 17 | 0 | 千克 | AP |
| 2619000021[暂4] | 冶炼钢铁所产生的含钒浮渣、熔渣,五氧化二钒含量>20%(冶炼钢铁所产生的粒状熔渣除外) | 4 | 35 | 17 | 0 | 千克 | 9 |
| 2619000029[暂4] | 其他冶炼钢铁所产生的含钒浮渣、熔渣(冶炼钢铁所产生的粒状熔渣除外) | 4 | 35 | 17 | 0 | 千克 | 9 |
| 2619000030[暂4] | 含铁>80%的冶炼钢铁产生的渣钢铁 | 4 | 35 | 17 | 0 | 千克 | AP |
| 2619000090[暂4] | 冶炼钢铁产生的其他熔渣、浮渣及其他废料(冶炼钢铁所产生的粒状熔渣除外) | 4 | 35 | 17 | 0 | 千克 | 9A |
| **2620** | **含有金属、砷及其化合物的矿渣、矿灰及残渣(冶炼钢铁所产生的灰、渣除外)** | | | | | | |
| 26201100 | --含硬锌 | | | | | | |
| 2620110000 | 含硬锌的矿渣、矿灰及残渣(冶炼钢铁所产生灰、渣除外) | 4 | 35 | 17 | 0 | 千克 | 9 |
| 26201900 | --其他 | | | | | | |
| 2620190000 | 其他主要含锌的矿渣、矿灰及残渣(冶炼钢铁所产生灰、渣除外) | 4 | 35 | 17 | 0 | 千克 | 9 |
| 26202100 | 含铅汽油的淤渣及含铅抗震化合物的淤渣 | | | | | | |
| 2620210000[暂4] | 含铅汽油淤渣及含铅抗震化合物的淤渣 | 4 | 35 | 17 | 0 | 千克 | 9 |
| 26202900 | --其他 | | | | | | |
| 2620290000[暂4] | 其他主要含铅的矿渣、矿灰及残渣(冶炼钢铁所产生灰、渣除外) | 4 | 35 | 17 | 0 | 千克 | 9 |
| 26203000 | -主要含铜 | | | | | | |
| 2620300000[暂4] | 主要含铜的矿渣、矿灰及残渣(冶炼钢铁所产生灰、渣除外) | 4 | 35 | 17 | 0 | 千克 | 9 |
| 26204000 | -主要含铝 | | | | | | |
| 2620400000 | 主要含铝的矿渣、矿灰及残渣(冶炼钢铁所产生灰、渣除外) | 4 | 35 | 17 | 0 | 千克 | 9 |
| 26206000 | -含砷、汞、铊及其混合物,用于提取或生产砷、汞、铊及其化合物 | | | | | | |
| 2620600000[暂4] | 含砷、汞、铊及混合物矿渣、矿灰与残渣(用于提取或生产砷、汞、铊及其化合物) | 4 | 35 | 17 | 0 | 千克 | 9 |
| 26209100 | --含锑、铍、镉、铬及其混合物 | | | | | | |
| 2620910000[暂4] | 含锑、铍、镉、铬及混合物的矿渣、矿灰及残渣 | 4 | 35 | 17 | 0 | 千克 | 9 |
| 26209910 | ---主要含钨 | | | | | | |
| 2620991000 | 其他主要含钨的矿渣、矿灰及残渣 | 4 | 35 | 17 | 0 | 千克 | y4x9 |
| 26209990 | ---其他 | | | | | | |
| 2620999011[暂4] | 含其他金属及其化合物的矿渣、矿灰及残渣,五氧化二钒>20%(冶炼钢铁所产生的及含钒废催化剂除外) | 4 | 35 | 17 | 0 | 千克 | 9 |

| 商品编号 | 商品名称及备注 | 进口关税税率(%) | | 增值税率(%) | 出口退税率(%) | 计量单位 | 监管条件 |
|---|---|---|---|---|---|---|---|
| | | 最惠国 | 普通 | | | | |
| 2620999019[暂4] | 含其他金属及其化合物的矿渣、矿灰及残渣,10%<五氧化二钒≤20%(冶炼钢铁所产生的及含钒废催化剂除外) | 4 | 35 | 17 | 0 | 千克 | 9 |
| 2620999020[暂4] | 含铜>10%的铜冶炼转炉渣及火法精炼渣、其他铜冶炼渣 | 4 | 35 | 17 | 0 | 千克 | 9 |
| 2620999090[暂4] | 含其他金属及其化合物的矿渣、矿灰及残渣(冶炼钢铁所产生灰、渣除外) | 4 | 35 | 17 | 0 | 千克 | 9 |
| **2621** | **其他矿渣及矿灰,包括海藻灰(海草灰);焚化城市垃圾所产生的灰、渣** | | | | | | |
| 26211000 | -焚化城市垃圾所产生的灰、渣 | | | | | | |
| 2621100000 | 焚化城市垃圾所产生的灰、渣 | 4 | 35 | 17 | 0 | 千克 | 9 |
| 26219000 | -其他 | | | | | | |
| 2621900010 | 海藻灰及其他植物灰(包括稻壳灰) | 4 | 35 | 17 | 0 | 千克 | 9 |
| 2621900090 | 其他矿渣及矿灰 | 4 | 35 | 17 | 0 | 千克 | 9 |

# 第二十七章　矿物燃料、矿物油及其蒸馏产品；沥青物质；矿物蜡

**注释：**

一、本章不包括：

（一）单独的已有化学定义的有机化合物，但纯甲烷及纯丙烷应归入品目27.11；

（二）品目30.03及30.04的药品；

（三）品目33.01、33.02及38.05的不饱和烃混合物。

二、品目27.10所称"石油及从沥青矿物提取的油类"，不仅包括石油、从沥青矿物提取的油及类似油，还包括那些用任何方法提取的主要含有不饱和烃混合物的油，但其非芳族成分的重量必须超过芳族成分。然而，它不包括温度在300℃时，压力转为1013毫巴后减压蒸馏出以体积计小于60%的液体合成聚烯烃（第三十九章）。

三、品目27.10所称"废油"，是指主要含石油及从沥青矿物提取的油类（参见本章注释二）的废油，不论其是否与水混合。它们包括：

（一）不再适于作为原产品使用的废油（例如，用过的润滑油、液压油、变压器油）；

（二）石油储罐的淤渣油，主要含废油及高浓度的在生产原产品时使用的添加剂（例如，化学品）；

（三）水乳浊液状或与水混合的废油，例如，浮油、清洗油罐所得的油或机械加工中已用过的切削油。

**子目注释：**

一、子目2701.11所称"无烟煤"，是指含挥发物（以干燥、无矿物质计）不超过14%的煤。

二、子目2701.12所称"烟煤"，是指含挥发物（以干燥、无矿物质计）超过14%，并且热值（以潮湿、无矿物质计）等于或大于5833大卡/千克的煤。

三、子目2707.10、2707.20、2707.30、2707.40所称"粗苯"、"粗甲苯"、"粗二甲苯"、"萘"，是分别指按重量计苯、甲苯、二甲苯、萘的含量在50%以上的产品。

四、子目2710.12所称"轻油及其制品"，是指根据ISO 3405方法（等同于ASTM D 86方法），温度在210℃时以体积计馏出量（包括损耗）在90%及以上的产品。

五、品目27.10的子目所称"生物柴油"，是指从动植物油脂（不论是否使用过）得到的用做燃料的脂肪酸单烷基酯。

| 商品编号 | 商 品 名 称 及 备 注 | 进口关税税率（%） | | 增值税率（%） | 出口退税率（%） | 计量单位 | 监管条件 |
|---|---|---|---|---|---|---|---|
| | | 最惠国 | 普通 | | | | |
| **2701** | **煤；煤砖、煤球及用煤制成的类似固体燃料** | | | | | | |
| 27011100 | --无烟煤 | | | | | | |
| 2701110010[暂3] | 无烟煤（不论是否粉化，但未制成型） | 3 | 20 | 17 | 0 | 千克 | 47Axy |
| 2701110090[暂3] | 无烟煤滤料 | 3 | 20 | 17 | 0 | 千克 | 7A |
| 27011210 | ---炼焦煤 | | | | | | |
| 2701121000[暂3] | 未制成型的炼焦煤（不论是否粉化） | 3 | 20 | 17 | 0 | 千克 | 47Axy |
| 27011290 | ---其他 | | | | | | |
| 2701129000[暂6] | 其他烟煤（不论是否粉化，但未制成型） | 6 | 20 | 17 | 0 | 千克 | 47Axy |
| 27011900 | --其他煤 | | | | | | |
| 2701190000[暂5] | 其他煤（不论是否粉化，但未制成型） | 5 | 20 | 17 | 0 | 千克 | 47Axy |
| 27012000 | -煤砖、煤球及用煤制成的类似固体燃料 | | | | | | |
| 2701200000[暂5] | 煤砖、煤球及类似用煤制固体燃料 | 5 | 50 | 17 | 0 | 千克 | |
| **2702** | **褐煤，不论是否制成型，但不包括黑玉** | | | | | | |
| 27021000 | -褐煤，不论是否粉化，但未制成型 | | | | | | |
| 2702100000[暂3] | 褐煤（不论是否粉化，但未制成型） | 3 | 20 | 17 | 0 | 千克 | 4Axy |
| 27022000 | -制成型的褐煤 | | | | | | |
| 2702200000[暂3] | 制成型的褐煤 | 3 | 20 | 17 | 0 | 千克 | A |
| **2703** | **泥煤（包括肥料用泥煤），不论是否制成型** | | | | | | |
| 27030000 | 泥煤（包括肥料用泥煤），不论是否制成型 | | | | | | |
| 2703000010[暂5] | 泥炭（草炭）［沼泽（湿地）中，地上植物枯死、腐烂堆积而成的有机矿体（不论干湿）］ | 5 | 20 | 17 | 0 | 千克 | 8AB |
| 2703000090[暂5] | 泥煤（包括肥料用泥煤）（不论是否制成型） | 5 | 20 | 17 | 0 | 千克 | AB |
| **2704** | **煤、褐煤或泥煤制成的焦炭及半焦炭，不论是否制成型；甑炭** | | | | | | |
| 27040010 | ---焦炭及半焦炭 | | | | | | |
| 2704001000[暂0] | 焦炭或半焦炭（煤、褐煤或泥煤制成的，不论是否成型） | 5 | 11 | 17 | 0 | 千克 | 4xy |
| 27040090 | ---其他 | | | | | | |

| 商品编号 | 商品名称及备注 | 进口关税税率(%) | | 增值税率(%) | 出口退税率(%) | 计量单位 | 监管条件 |
|---|---|---|---|---|---|---|---|
| | | 最惠国 | 普通 | | | | |
| 2704009000[暂0] | 甑炭 | 5 | 11 | 17 | 0 | 千克 | |
| **2705** | **煤气、水煤气、炉煤气及类似气体,但石油气及其他烃类气除外** | | | | | | |
| 27050000 | 煤气、水煤气、炉煤气及类似气体,但石油气及其他烃类气除外 | | | | | | |
| 2705000010[暂1] | 煤气 | 5 | 20 | 11 | 0 | 千克 | AB |
| 2705000090[暂1] | 水煤气、炉煤气及类似气体(石油气及其他烃类气除外) | 5 | 20 | 11 | 0 | 千克 | |
| **2706** | **从煤、褐煤或泥煤蒸馏所得的焦油及其他矿物焦油,不论是否脱水或部分蒸馏,包括再造焦油** | | | | | | |
| 27060000 | 从煤、褐煤或泥煤蒸馏所得的焦油及其他矿物焦油,不论是否脱水或部分蒸馏,包括再造焦油 | | | | | | |
| 2706000001[暂1] | 含蒽油≥50%及沥青≥40%的"炭黑油" | 6 | 30 | 17 | 0 | 千克 | |
| 2706000090[暂1] | 其他从煤、褐煤或泥煤蒸馏所得的焦油及矿物焦油(不论是否脱水或部分蒸馏,包括再造焦油) | 6 | 30 | 17 | 0 | 千克 | AB |
| **2707** | **蒸馏高温煤焦油所得的油类及其他产品;芳族成分重量超过非芳族成分的类似产品** | | | | | | |
| 27071000 | -粗苯 | | | | | | |
| 2707100000[暂6] | 粗苯 | 6 | 20 | 17 | 0 | 千克 | AB |
| 27072000 | -粗甲苯 | | | | | | |
| 2707200000 | 粗甲苯 | 6 | 30 | 17 | 0 | 千克 | |
| 27073000 | -粗二甲苯 | | | | | | |
| 2707300000[暂2] | 粗二甲苯 | 6 | 20 | 17 | 0 | 千克 | |
| 27074000 | -萘 | | | | | | |
| 2707400000 | 萘 | 7 | 30 | 17 | 0 | 千克 | AB |
| 27075000 | -其他芳烃混合物,根据ISO3405方法(等同于ASTM D 86方法),温度在250℃时的馏出量以体积计(包括损耗)在65%及以上 | | | | | | |
| 2707500000 | 其他芳烃混合物,根据ISO3405方法(等同于ASTM D 86方法),温度在250℃时的馏出量以体积计(包括损耗)在65%及以上 | 7 | 30 | 17 | 0 | 千克 | |
| 27079100 | --杂酚油 | | | | | | |
| 2707910000 | 杂酚油 | 7 | 30 | 17 | 0 | 千克 | |
| 27079910 | ---酚 | | | | | | |
| 2707991000 | 酚 | 7 | 30 | 17 | 0 | 千克 | |
| 27079990 | ---其他 | | | | | | |
| 2707999000 | 蒸馏煤焦油所得的其他产品(包括芳族成分重量超过非芳族成分的其他类似产品) | 7 | 30 | 17 | 0 | 千克 | |
| **2708** | **从煤焦油或其他矿物焦油所得的沥青及沥青焦** | | | | | | |
| 27081000 | -沥青 | | | | | | |
| 2708100000 | 沥青 | 7 | 35 | 17 | 0 | 千克 | |
| 27082000 | -沥青焦 | | | | | | |
| 2708200001[暂3] | 针状沥青焦 | 6 | 11 | 17 | 0 | 千克 | |
| 2708200090 | 其他沥青焦 | 6 | 11 | 17 | 0 | 千克 | |
| **2709** | **石油原油及从沥青矿物提取的原油** | | | | | | |
| 27090000 | 石油原油及从沥青矿物提取的原油 | | | | | | |
| 2709000000[暂0] | 石油原油(包括从沥青矿物提取的原油) | 0 | 见附表2 | 17 | 0 | 千克 | 4x7AByv |
| **2710** | **石油及从沥青矿物提取的油类,但原油除外;以上述油为基本成分(按重量计不低于70%)的其他编号未列名制品;废油** | | | | | | |
| 27101210 | ---车用汽油及航空汽油 | | | | | | |
| 2710121000[暂1] | 车用汽油及航空汽油,不含生物柴油 | 5 | 14 | 17 | 17 | 千克/升 | 47ABvy |
| 27101220 | ---石脑油 | | | | | | |
| 2710122000[暂0] | 石脑油,不含生物柴油 | 6 | 20 | 17 | 0 | 千克/升 | 47ABvy |

| 商品编号 | 商品名称及备注 | 进口关税税率(%) | | 增值税率(%) | 出口退税率(%) | 计量单位 | 监管条件 |
|---|---|---|---|---|---|---|---|
| | | 最惠国 | 普通 | | | | |
| 27101230 | ---橡胶溶剂油、油漆溶剂油、抽提溶剂油 | | | | | | |
| 2710123000 | 橡胶溶剂油、油漆溶剂油、抽提溶剂油,不含生物柴油 | 6 | 30 | 17 | 0 | 千克/升 | |
| 27101291 | ----壬烯 | | | | | | |
| 2710129101暂4 | 壬烯,不含生物柴油(碳九异构体混合物含量>90%) | 9 | 20 | 17 | 0 | 千克 | 4Ay |
| 2710129190 | 其他壬烯,不含生物柴油 | 9 | 20 | 17 | 0 | 千克 | 4Ay |
| 27101299 | ----其他 | | | | | | |
| 2710129910暂5 | 异戊烯同分异构体混合物,不含生物柴油 | 9 | 20 | 17 | 0 | 千克 | 4Ay |
| 2710129990 | 其他轻油及制品,不含生物柴油(包括按重量计含油≥70%的制品) | 9 | 20 | 17 | 0 | 千克 | 4Ay |
| 27101911 | ----航空煤油 | | | | | | |
| 2710191100暂0 | 航空煤油,不含生物柴油 | 9 | 14 | 17 | 17 | 千克/升 | 47ABvy |
| 27101912 | ----灯用煤油 | | | | | | |
| 2710191200 | 灯用煤油,不含生物柴油 | 9 | 14 | 17 | 0 | 千克/升 | 47ABvy |
| 27101919 | ----其他 | | | | | | |
| 2710191910暂2 | 正构烷烃(C9~C13),不含生物柴油 | 6 | 20 | 17 | 0 | 千克/升 | 4y |
| 2710191990 | 其他煤油馏分的油及制品,不含生物柴油 | 6 | 20 | 17 | 0 | 千克/升 | 4ABy |
| 27101922 | ----5~7号燃料油 | | | | | | |
| 2710192200暂1 | 5~7号燃料油,不含生物柴油 | 6 | 20 | 17 | 0 | 千克/升 | 7ABv |
| 27101923 | ----柴油 | | | | | | |
| 2710192300暂1 | 柴油 | 6 | 11 | 17 | 17 | 千克/升 | 47ABvy |
| 27101929 | ----其他 | | | | | | |
| 2710192910暂0 | 蜡油,不含生物柴油(350℃以下馏出物体积<20%,550℃以下馏出物体积>80%) | 6 | 20 | 17 | 0 | 千克/升 | 7ABv |
| 2710192990 | 其他燃料油,不含生物柴油 | 6 | 20 | 17 | 0 | 千克/升 | 7ABv |
| 27101991 | ----润滑油 | | | | | | |
| 2710199100 | 润滑油,不含生物柴油 | 6 | 17 | 17 | 0 | 千克/升 | 4Axy |
| 27101992 | ----润滑脂 | | | | | | |
| 2710199200 | 润滑脂,不含生物柴油 | 6 | 17 | 17 | 0 | 千克/升 | 4Axy |
| 27101993 | ----润滑油基础油 | | | | | | |
| 2710199300 | 润滑油基础油,不含生物柴油 | 6 | 17 | 17 | 0 | 千克/升 | 4xy |
| 27101994 | ----液体石蜡和重质液体石蜡 | | | | | | |
| 2710199400 | 液体石蜡和重质液体石蜡,不含生物柴油 | 6 | 20 | 17 | 0 | 千克 | AB |
| 27101999 | ----其他 | | | | | | |
| 2710199900 | 其他重油;其他重油制品,不含生物柴油(包括按重量计含油≥70%的制品) | 6 | 20 | 17 | 0 | 千克/升 | B |
| 27102000 | -石油及从沥青矿物提取的油类(但原油除外)以及以上述油为基本成分(按重量计≥70%)的其他品目未列名制品,含有生物柴油,但废油除外 | | | | | | |
| 2710200000 | 石油及从沥青矿物提取的油类(但原油除外)及以上述油为基本成分(按重量计≥70%)的其他品目未列名制品(含生物柴油<30%,废油除外) | 6 | 20 | 17 | 0 | 千克/升 | 4Ay |
| 27109100 | --含多氯联苯(PCBs)、多氯三联(PCTs)或多溴联苯(PBBs)的 | | | | | | |
| 2710910000 | 含多氯联苯、多溴联苯的废油(包括含多氯三联苯的废油) | 6 | 20 | 17 | 0 | 千克 | 9 |
| 27109900 | --其他 | | | | | | |
| 2710990000 | 其他废油 | 6 | 20 | 17 | 0 | 千克 | 9 |
| **2711** | **石油气及其他烃类气** | | | | | | |
| 27111100 | --天然气 | | | | | | |
| 2711110000 | 液化天然气 | 0 | 20 | 11 | 0 | 千克 | 4ABy |
| 27111200 | --丙烷 | | | | | | |
| 2711120000暂1 | 液化丙烷 | 5 | 20 | 11 | 0 | 千克 | AB |
| 27111310 | ---直接灌注香烟打火机及类似打火器用,其包装容器的容积>300立方厘米 | | | | | | |

| 商品编号 | 商 品 名 称 及 备 注 | 进口关税税率(%) | | 增值税率(%) | 出口退税率(%) | 计量单位 | 监管条件 |
|---|---|---|---|---|---|---|---|
| | | 最惠国 | 普通 | | | | |
| 2711131000 | 直接灌注香烟打火机等用液化丁烷(包装容器容积>300立方厘米) | 11 | 80 | 17 | 0 | 千克 | |
| 27111390 | ---其他 | | | | | | |
| 2711139000[暂1] | 其他液化丁烷 | 5 | 20 | 11 | 0 | 千克 | |
| 27111400 | --乙烯、丙烯、丁烯及丁二烯 | | | | | | |
| 2711140010 | 液化的乙烯 | 5 | 20 | 17 | 0 | 千克 | AB |
| 2711140090 | 液化的丙烯、丁烯及丁二烯 | 5 | 20 | 17 | 0 | 千克 | |
| 27111910 | ---直接灌注香烟打火机及类似打火器用的燃料,其包装容器的容积>300立方厘米 | | | | | | |
| 2711191000 | 其他直接灌注打火机等用液化燃料(包装容器容积>300立方厘米) | 10 | 80 | 17 | 0 | 千克 | |
| 27111990 | ---其他 | | | | | | |
| 2711199010 | 其他液化石油气 | 3 | 20 | 11 | 0 | 千克 | AB |
| 2711199090 | 其他液化烃类气 | 3 | 20 | 11 | 0 | 千克 | |
| 27112100 | --天然气 | | | | | | |
| 2711210000 | 气态天然气 | 0 | 20 | 11 | 0 | 千克 | AB |
| 27112900 | --其他 | | | | | | |
| 2711290010 | 其他气态石油气 | 6 | 20 | 11 | 0 | 千克 | AB |
| 2711290090 | 其他气态烃类气 | 6 | 20 | 11 | 0 | 千克 | |
| **2712** | **凡士林;石蜡、微晶石蜡、疏松石蜡、地蜡、褐煤蜡、泥煤蜡、其他矿物蜡及用合成或其他方法制得的类似产品,不论是否着色** | | | | | | |
| 27121000 | -凡士林 | | | | | | |
| 2712100000 | 凡士林 | 8 | 45 | 17 | 0 | 千克 | AB/A❶ |
| 27122000 | -石蜡,按重量计含油量<0.75% | | | | | | |
| 2712200000 | 石蜡,不论是否着色(按重量计含油量<0.75%) | 8 | 45 | 17 | 0 | 千克 | 4ABx/4Ax❶ |
| 27129010 | ---微晶石蜡 | | | | | | |
| 2712901000 | 微晶石蜡 | 8 | 45 | 17 | 0 | 千克 | 4ABx/4Ax❶ |
| 27129090 | ---其他 | | | | | | |
| 2712909000 | 其他矿物蜡,不论是否着色(包括疏松石蜡、地蜡、褐煤蜡、泥煤蜡等) | 8 | 45 | 17 | 0 | 千克 | |
| **2713** | **石油焦、石油沥青及其他石油或从沥青矿物提取的油类的残渣** | | | | | | |
| 27131110 | ---硫的重量百分比<3%的 | | | | | | |
| 2713111000 | 硫的重量百分比<3%的未煅烧石油焦 | 3 | 11 | 17 | 0 | 千克 | |
| 27131190 | ---其他 | | | | | | |
| 2713119000 | 其他未煅烧石油焦 | 3 | 11 | 17 | 0 | 千克 | |
| 27131210 | ---硫的重量百分比<0.8%的 | | | | | | |
| 2713121000 | 已煅烧石油焦(硫的重量百分比<0.8%) | 3 | 11 | 17 | 0 | 千克 | |
| 27131290 | ---其他 | | | | | | |
| 2713129000 | 其他已煅烧石油焦 | 3 | 11 | 17 | 0 | 千克 | |
| 27132000 | -石油沥青 | | | | | | |
| 2713200000 | 石油沥青 | 8 | 35 | 17 | 0 | 千克 | |
| 27139000 | -其他石油或从沥青矿物提取的油类的残渣 | | | | | | |
| 2713900000 | 其他石油等矿物油类的残渣 | 6 | 35 | 17 | 0 | 千克 | 9 |
| **2714** | **天然沥青(地沥青);沥青页岩、油页岩及焦油砂;沥青岩** | | | | | | |
| 27141000 | -沥青页岩、油页岩及焦油砂 | | | | | | |
| 2714100000 | 沥青页岩、油页岩及焦油砂 | 6 | 20 | 17 | 0 | 千克 | |

❶ 监管条件中,"/"左边的监管条件截止日期为2018年1月31日,"/"右边的监管条件有效日期为2018年2月1日~2999年12月31日。

| 商品编号 | 商品名称及备注 | 进口关税税率(%) | | 增值税率(%) | 出口退税率(%) | 计量单位 | 监管条件 |
|---|---|---|---|---|---|---|---|
| | | 最惠国 | 普通 | | | | |
| 27149010 | ---天然沥青(地沥青) | | | | | | |
| 2714901000[暂4] | 天然沥青(地沥青) | 8 | 35 | 17 | 0 | 千克 | |
| 27149020 | ---乳化沥青 | | | | | | |
| 2714902000 | 乳化沥青 | 0 | 20 | 17 | 0 | 千克 | |
| 27149090 | ---其他 | | | | | | |
| 2714909000 | 沥青岩 | 3 | 20 | 17 | 0 | 千克 | |
| **2715** | **以天然沥青(地沥青)、石油沥青、矿物焦油或矿物焦油沥青为基本成分的沥青混合物(例如,沥青胶黏剂、稀释沥青)** | | | | | | |
| 27150000 | 以天然沥青(地沥青)、石油沥青、矿物焦油或矿物焦油沥青为基本成分的沥青混合物(例如,沥青胶黏剂、稀释沥青) | | | | | | |
| 2715000000 | 以天然沥青等为基本成分的沥青混合物(包括石油沥青、矿物焦油、矿物焦油沥青等的沥青混合物) | 8 | 35 | 17 | 0 | 千克 | |
| **2716** | **电力** | | | | | | |
| 27160000 | 电力 | | | | | | |
| 2716000000 | 电力 | 0 | 8 | 17 | 17 | 千瓦时 | |

# 第六类　化学工业及其相关工业的产品

**注释：**

一、（一）凡符合品目28.44、28.45规定的货品（放射性矿砂除外），应分别归入这两个品目而不归入本手册的其他品目。

（二）除上述（一）款另有规定的以外，凡符合品目28.43、28.46或28.52规定的货品，应分别归入以上品目而不归入本类的其他品目。

二、除上述注释一另有规定的以外，凡由于按一定剂量或作为零售包装而可归入品目30.04、30.05、30.06、32.12、33.03、33.04、33.05、33.06、33.07、35.06、37.07及38.08的货品，应分别归入以上品目，而不归入本手册的其他品目。

三、由两种或两种以上单独成分配套的货品，其部分或全部成分属于本类范围以内，混合后则构成第六类或第七类的货品，应按混合后产品归入相应的品目，但其组成成分必须同时符合下列条件：

（一）其包装形式足以表明这些成分不需经过改装就可一起使用的；

（二）一起进口或出口的；

（三）这些成分的属性及相互比例足以表明是相互配用的。

## 第二十八章　无机化学品；贵金属、稀土金属、放射性元素及其同位素的有机及无机化合物

**注释：**

一、除条文另有规定的以外，本章各品目只适用于：

（一）单独的化学元素及单独的已有化学定义的化合物，不论是否含有杂质；

（二）上述（一）款产品的水溶液；

（三）溶于其他溶剂的上述（一）款产品，但该产品处于溶液状态只是为了安全或运输所采取的正常必要方法，其所用溶剂并不使该产品改变其一般用途而适合于某些特殊用途；

（四）为了保存或运输需要，加入稳定剂（包括抗结块剂）的上述（一）、（二）、（三）款产品；

（五）为了便于识别或安全起见，加入抗尘剂或着色剂的上述（一）、（二）、（三）、（四）款产品，但所加剂料并不使原产品改变其一般用途而适合于某些特殊用途。

二、除以有机物质稳定的连二亚硫酸盐及次硫酸盐（品目28.31），无机碱的碳酸盐及过碳酸盐（品目28.36），无机碱的氰化物、氧氰化物及氰络合物（品目28.37），无机碱的雷酸盐、氰酸盐及硫氰酸盐（品目28.42），品目28.43至28.46及28.52的有机产品，以及碳化物（品目28.49）之外，本章仅包括下列碳化合物：

（一）碳的氧化物，氰化氢及雷酸、异氰酸、硫氰酸及其他简单或络合氰酸（品目28.11）；

（二）碳的卤氧化物（品目28.12）；

（三）二硫化碳（品目28.13）；

（四）硫代碳酸盐、硒代碳酸盐、碲代碳酸盐、硒代氰酸盐、碲代氰酸盐、四氰硫基二氨基络酸盐及其他无机碱络合氰酸盐（品目28.42）；

（五）用尿素固化的过氧化氢（品目28.47）、氧硫化碳、硫代羰基卤化物、氰、卤化氰、氨基氰及其金属衍生物（品目28.53），不论是否纯净，但氰氨化钙除外（第三十一章）。

三、除第六类注释一另有规定的以外，本章不包括：

（一）氯化钠或氧化镁（不论是否纯净）及第五类的其他产品；

（二）上述注释二所述以外的有机—无机化合物；

（三）第三十一章注释二、三、四、五所述的产品；

（四）品目32.06的用做发光剂的无机产品；品目32.07的搪瓷玻璃料及其他玻璃，呈粉、粒或粉片状的；

（五）人造石墨（品目38.01）；品目38.13的灭火器的装配药及已装药的灭火弹；品目38.24的零售包装的除墨剂；品目38.24的每颗重量不少于2.5克的碱金属或碱土金属卤化物的培养晶体（光学元件除外）；

（六）宝石或半宝石（天然、合成或再造）及这些宝石、半宝石的粉末（品目71.02至71.05），第七十一章的贵金属及贵金属合金；

（七）第十五类的金属（不论是否纯净）、金属合金或金属陶瓷，包括硬质合金物（与金属烧结的金属碳化物）；

（八）光学元件，例如用碱金属或碱土金属卤化物制成的（品目90.01）。

四、由本章第二分章的非金属酸和第四分章的金属酸所构成的已有化学定义的络酸，应归入品目28.11。

五、品目28.26至28.42只适用于金属盐、铵盐及过氧酸盐。除条文另有规定的以外，复盐及络盐应归入品目28.42。

六、品目28.44只适用于：

（一）锝（原子序数43）、钷（原子序数61）、钋（原子序数84）及原子序数大于84的所有化学元素；

（二）天然或人造放射性同位素（包括第十四类及第十五类的贵金属和贱金属的放射性同位素），不论是否混合；

（三）上述元素或同位素的无机或有机化合物，不论是否已有化学定义或是否混合；

（四）含有上述元素或同位素及其无机或有机化合物并且具有某种放射性强度超过74贝克勒尔/克（0.002微居里/克）的合金、分散体（包括金属陶瓷）、陶瓷产品及混合物；

（五）核反应堆已耗尽（已辐照）的燃料元件（释热元件）；

（六）放射性的残渣，不论是否有用。

品目28.44、28.45及本注释所称“同位素”是指：

1. 单独的核素，但不包括自然界中以单一同位素状态存在的核素；

2. 同一元素的同位素混合物，其中一种或几种同位素已被浓缩，即人工地改变了该元素同位素的自然构成。

七、品目28.53包括按重量计含磷量超过15%的磷化铜（磷铜）。

八、经掺杂用于电子工业的化学元素（例如，硅、硒），如果拉制后未经加工或呈圆筒形、棒形，应归入本章；如果已切成圆片、薄片或类似形状，则归入品目38.18。

**子目注释：**

子目2852.10所称“已有化学定义”是指符合第二十八章注释一（一）至（五）或第二十九章注释一（一）至（八）规定的汞的无机或有机化合物。

| 商品编号 | 商品名称及备注 | 进口关税税率(%) | | 增值税率(%) | 出口退税率(%) | 计量单位 | 监管条件 |
|---|---|---|---|---|---|---|---|
| | | 最惠国 | 普通 | | | | |
| **2801** | **氟、氯、溴及碘** | | | | | | |
| 28011000 | -氯 | | | | | | |
| 2801100000 | 氯 | 5.5 | 80 | 17 | 0 | 千克 | AB |
| 28012000 | -碘 | | | | | | |
| 2801200000 | 碘 | 5.5 | 30 | 17 | 0 | 千克 | G |
| 28013010 | ---氟 | | | | | | |
| 2801301000 | 氟 | 5.5 | 30 | 17 | 0 | 千克 | AB |
| 28013020 | ---溴 | | | | | | |
| 2801302000[暂1] | 溴 | 5.5 | 30 | 17 | 0 | 千克 | AB |
| **2802** | **升华硫磺、沉淀硫磺;胶态硫磺** | | | | | | |
| 28020000 | 升华硫磺、沉淀硫磺;胶态硫磺 | | | | | | |
| 2802000000[暂1] | 升华、沉淀、胶态硫磺 | 5.5 | 17 | 17 | 0 | 千克 | AB |
| **2803** | **碳(炭黑及其他编号未列名的其他形态的碳)** | | | | | | |
| 28030000 | 碳(炭黑及其他编号未列名的其他形态的碳) | | | | | | |
| 2803000000 | 碳(包括碳黑及其他品目未列名的其他形态的碳) | 5.5 | 35 | 17 | 0 | 千克 | |
| **2804** | **氢、稀有气体及其他非金属** | | | | | | |
| 28041000 | -氢 | | | | | | |
| 2804100000 | 氢 | 5.5 | 30 | 17 | 0 | 千克/立方米 | AB |
| 28042100 | --氩 | | | | | | |
| 2804210000 | 氩 | 5.5 | 30 | 17 | 0 | 千克/立方米 | AB |
| 28042900 | --其他 | | | | | | |
| 2804290000 | 其他稀有气体 | 5.5 | 30 | 17 | 0 | 千克/立方米 | |
| 28043000 | -氮 | | | | | | |
| 2804300000 | 氮 | 5.5 | 30 | 17 | 0 | 千克/立方米 | AB |
| 28044000 | -氧 | | | | | | |
| 2804400000 | 氧 | 5.5 | 80 | 17 | 0 | 千克/立方米 | AB |
| 28045000 | -硼;碲 | | | | | | |
| 2804500001[暂0] | 碲 | 5.5 | 17 | 17 | 13 | 千克 | |
| 2804500010 | 颗粒<500微米的硼及其合金(含量≥97%,不论球形,椭球体,雾化,片状,研碎金属燃料) | 5.5 | 17 | 17 | 13 | 千克 | 3 |
| 2804500020 | 能量密度>40兆焦耳/千克的硼浆(硼溶于溶剂形成的硼浆) | 5.5 | 17 | 17 | 13 | 千克 | 3 |
| 2804500090 | 其他硼 | 5.5 | 17 | 17 | 13 | 千克 | |
| 28046117 | ----直径≥30厘米的 | | | | | | |
| 2804611700 | 电子工业用直径≥30厘米单晶硅棒(按重量计含硅量≥99.99%) | 4 | 11 | 17 | 17 | 千克 | |
| 28046119 | ----其他 | | | | | | |
| 2804611900 | 电子工业用7.5厘米≤直径<30厘米单晶硅棒(按重量计含硅量≥99.99%) | 4 | 11 | 17 | 0 | 千克 | |
| 28046120 | ---经掺杂用于电子工业的其他单晶硅棒 | | | | | | |
| 2804612000 | 电子工业用直径<7.5厘米单晶硅棒(按重量计含硅量≥99.99%) | 4 | 17 | 17 | 0 | 千克 | |
| 28046190 | ---其他 | | | | | | |
| 2804619011 | 含硅量>99.9999999%的多晶硅废碎料(太阳能级多晶硅除外) | 4 | 30 | 17 | 0 | 千克 | 9 |
| 2804619012 | 含硅量>99.9999999%的太阳能级多晶硅 | 4 | 30 | 17 | 0 | 千克 | |
| 2804619013 | 含硅量>99.9999999%的太阳能级多晶硅废碎料 | 4 | 30 | 17 | 0 | 千克 | AP |
| 2804619019 | 其他含硅量>99.9999999%的多晶硅(太阳能级多晶硅除外) | 4 | 30 | 17 | 0 | 千克 | |
| 2804619091 | 其他含硅量≥99.99%的硅废碎料(太阳能级多晶硅除外) | 4 | 30 | 17 | 0 | 千克 | 9 |

| 商品编号 | 商品名称及备注 | 进口关税税率(%) | | 增值税率(%) | 出口退税率(%) | 计量单位 | 监管条件 |
|---|---|---|---|---|---|---|---|
| | | 最惠国 | 普通 | | | | |
| 2804619092 | 含硅量≥99.99%的太阳能级多晶硅 | 4 | 30 | 17 | 0 | 千克 | |
| 2804619093 | 含硅量≥99.99%的太阳能级多晶硅废碎料 | 4 | 30 | 17 | 0 | 千克 | AP |
| 2804619099 | 其他含硅量≥99.99%的硅(太阳能级多晶硅除外) | 4 | 30 | 17 | 0 | 千克 | |
| 28046900 | --其他 | | | | | | |
| 2804690000 | 其他含硅量<99.99%的硅 | 4 | 30 | 17 | 0 | 千克 | |
| 28047010 | ---黄磷(白磷) | | | | | | |
| 2804701000 | 黄磷(白磷) | 5.5 | 30 | 17 | 0 | 千克 | AB |
| 28047090 | ---其他 | | | | | | |
| 2804709010暂5.5 | 红磷 | 5.5 | 30 | 17 | 0 | 千克 | ABG |
| 2804709090暂5.5 | 其他磷 | 5.5 | 30 | 17 | 0 | 千克 | |
| 28048000 | -砷 | | | | | | |
| 2804800000 | 砷 | 5.5 | 30 | 17 | 0 | 千克 | ABX |
| 28049010 | ---经掺杂用于电子工业的晶体棒 | | | | | | |
| 2804901000 | 经掺杂用于电子工业的硒晶体棒 | 4 | 17 | 17 | 0 | 千克 | |
| 28049090 | ---其他 | | | | | | |
| 2804909000暂0 | 其他硒 | 5.5 | 30 | 17 | 13 | 千克 | |
| **2805** | **碱金属、碱土金属;稀土金属、钪及钇,不论是否相互混合或相互熔合;汞** | | | | | | |
| 28051100 | --钠 | | | | | | |
| 2805110000 | 钠 | 5.5 | 30 | 17 | 0 | 千克 | AB |
| 28051200 | --钙 | | | | | | |
| 2805120010暂1 | 高纯度钙[金属杂质(除镁外)含量<1‰,硼含量小于十万分之一] | 5.5 | 30 | 17 | 0 | 千克 | 3A |
| 2805120090暂1 | 其他钙 | 5.5 | 30 | 17 | 0 | 千克 | |
| 28051910 | ---锂 | | | | | | |
| 2805191000暂1 | 锂 | 5.5 | 30 | 17 | 0 | 千克 | AB |
| 28051990 | ---其他 | | | | | | |
| 2805199000暂1 | 其他碱金属及碱土金属 | 5.5 | 30 | 17 | 0 | 千克 | |
| 28053011 | ----钕 | | | | | | |
| 2805301100暂0 | 钕(未相互混合或相互熔合) | 5.5 | 30 | 17 | 0 | 千克 | 4Bxy |
| 28053012 | ----镝 | | | | | | |
| 2805301200暂0 | 镝(未相互混合或相互熔合) | 5.5 | 30 | 17 | 0 | 千克 | 4Bxy |
| 28053013 | ----铽 | | | | | | |
| 2805301300暂0 | 铽(未相互混合或相互熔合) | 5.5 | 30 | 17 | 0 | 千克 | 4Bxy |
| 28053014 | ----镧 | | | | | | |
| 2805301400暂0 | 镧(未相互混合或相互熔合) | 5.5 | 30 | 17 | 0 | 千克 | 4Bxy |
| 28053015 | ----铈 | | | | | | |
| 2805301510暂0 | 颗粒<500微米的铈及其合金(含量≥97%,不论球形、椭球体、雾化、片状、研碎金属燃料;未相互混合或相互熔合) | 5.5 | 30 | 17 | 0 | 千克 | 3B |
| 2805301590暂0 | 其他金属铈(未相互混合或相互熔合) | 5.5 | 30 | 17 | 0 | 千克 | 4Bxy |
| 28053016 | ----镨 | | | | | | |
| 2805301600暂0 | 金属镨(未相互混合或相互熔合) | 5.5 | 30 | 17 | 0 | 千克 | 4Bxy |
| 28053017 | ----钇 | | | | | | |
| 2805301700暂0 | 金属钇(未相互混合或相互熔合) | 5.5 | 30 | 17 | 0 | 千克 | 4Bxy |
| 28053019 | ----其他 | | | | | | |
| 2805301900暂0 | 其他稀土金属(未相互混合或相互熔合) | 5.5 | 30 | 17 | 0 | 千克 | 4Bxy |
| 28053021 | ----电池级 | | | | | | |
| 2805302100暂0 | 其他电池级的稀土金属、钪及钇(已相互混合或相互熔合) | 5.5 | 30 | 17 | 0 | 千克 | 4Bxy |

| 商品编号 | 商品名称及备注 | 进口关税税率(%) | | 增值税率(%) | 出口退税率(%) | 计量单位 | 监管条件 |
|---|---|---|---|---|---|---|---|
| | | 最惠国 | 普通 | | | | |
| 28053029 | ----其他 | | | | | | |
| 2805302900[暂0] | 其他稀土金属、钪及钇(已相互混合或相互熔合) | 5.5 | 30 | 17 | 0 | 千克 | 4Bxy |
| 28054000 | -汞 | | | | | | |
| 2805400000 | 汞 | 5.5 | 17 | 17 | 0 | 千克 | ABX |
| **2806** | **氯化氢(盐酸);氯磺酸** | | | | | | |
| 28061000 | -氯化氢(盐酸) | | | | | | |
| 2806100000 | 氯化氢(盐酸) | 5.5 | 80 | 17 | 0 | 千克 | 23AB |
| 28062000 | -氯磺酸 | | | | | | |
| 2806200000 | 氯磺酸 | 5.5 | 40 | 17 | 0 | 千克 | AB |
| **2807** | **硫酸;发烟硫酸** | | | | | | |
| 28070000 | 硫酸;发烟硫酸 | | | | | | |
| 2807000010[暂1] | 硫酸 | 5.5 | 35 | 17 | 0 | 千克 | 32 |
| 2807000090[暂1] | 发烟硫酸 | 5.5 | 35 | 17 | 0 | 千克 | AB |
| **2808** | **硝酸;磺硝酸** | | | | | | |
| 28080000 | 硝酸;磺硝酸 | | | | | | |
| 2808000010 | 红发烟硝酸 | 5.5 | 40 | 17 | 0 | 千克 | 3A |
| 2808000090 | 磺硝酸及其他硝酸 | 5.5 | 40 | 17 | 0 | 千克 | |
| **2809** | **五氧化二磷;磷酸;多磷酸,不论是否已有化学定义** | | | | | | |
| 28091000 | -五氧化二磷 | | | | | | |
| 2809100000 | 五氧化二磷 | 1 | 8 | 17 | 0 | 千克 | AB |
| 28092011 | ----食品级磷酸 | | | | | | |
| 2809201100 | 食品级磷酸(食品级磷酸的具体技术指标参考 GB3149-2004) | 1 | 8 | 17 | 0 | 千克 | AB |
| 28092019 | ----其他 | | | | | | |
| 2809201900 | 其他磷酸及偏磷酸、焦磷酸(食品级磷酸除外) | 1 | 8 | 17 | 0 | 千克 | B |
| 28092090 | ---其他 | | | | | | |
| 2809209000 | 其他多磷酸 | 5.5 | 35 | 17 | 0 | 千克 | |
| **2810** | **硼的氧化物;硼酸** | | | | | | |
| 28100010 | ---硼的氧化物 | | | | | | |
| 2810001000 | 硼的氧化物 | 5.5 | 30 | 17 | 0 | 千克 | |
| 28100020 | 硼酸 | | | | | | |
| 2810002000 | 硼酸 | 5.5 | 30 | 17 | 0 | 千克 | AB |
| **2811** | **其他无机酸及非金属无机氧化物** | | | | | | |
| 2811110000 | 氢氟酸 | 5.5 | 35 | 17 | 0 | 千克 | 3AB |
| 28111110 | ---电子级氢氟酸 | | | | | | |
| 2811111000 | 电子级氢氟酸 | 5.5 | 35 | 17 | | 千克 | 3AB |
| 28111190 | ---其他 | | | | | | |
| 2811119000 | 其他氢氟酸 | 5.5 | 35 | 17 | | 千克 | 3AB |
| 28111200 | --氰化氢(氢氰酸) | | | | | | |
| 2811120000 | 氢氰酸(包括氰化氢) | 5.5 | 35 | 17 | 0 | 千克 | 23 |
| 28111920 | ---硒化氢 | | | | | | |
| 2811192000 | 硒化氢 | 5.5 | 35 | 17 | 0 | 千克 | AB |
| 28111990 | ---其他 | | | | | | |
| 2811199010 | 氢碘酸 | 5.5 | 35 | 17 | 0 | 千克 | ABG |
| 2811199020 | 砷酸、焦砷酸、偏砷酸 | 5.5 | 35 | 17 | 0 | 千克 | X |
| 2811199090 | 其他无机酸 | 5.5 | 35 | 17 | 0 | 千克 | AB |
| 28112100 | --二氧化碳 | | | | | | |

| 商品编号 | 商品名称及备注 | 进口关税税率(%) | | 增值税率(%) | 出口退税率(%) | 计量单位 | 监管条件 |
|---|---|---|---|---|---|---|---|
| | | 最惠国 | 普通 | | | | |
| 2811210000 | 二氧化碳 | 5.5 | 30 | 17 | 0 | 千克 | AB |
| 28112210 | ---硅胶 | | | | | | |
| 2811221000 | 二氧化硅硅胶 | 5.5 | 30 | 17 | 9 | 千克 | AB/A❶ |
| 28112290 | ---其他 | | | | | | |
| 2811229000 | 其他二氧化硅 | 5.5 | 30 | 17 | 9 | 千克 | AB/A❶ |
| 28112900 | --其他 | | | | | | |
| 2811290010 | 三氧化二砷、五氧化二砷[亚砷(酸)酐,砒霜,白砒,氧化亚砷,砷(酸)酐,三氧化砷] | 5.5 | 30 | 17 | 0 | 千克 | X |
| 2811290020 | 四氧化二氮 | 5.5 | 30 | 17 | 0 | 千克 | 3A |
| 2811290090 | 其他非金属无机氧化物 | 5.5 | 30 | 17 | 0 | 千克 | |
| **2812** | **非金属卤化物及卤氧化物** | | | | | | |
| 28121100 | --碳酰二氯(光气) | | | | | | |
| 2812110000 | 碳酰二氯(光气) | 5.5 | 30 | 17 | 0 | 千克 | 23 |
| 28121200 | --氧氯化磷 | | | | | | |
| 2812120000 | 氧氯化磷(即磷酰氯,三氯氧磷) | 5.5 | 30 | 17 | 0 | 千克 | 23 |
| 28121300 | --三氯化磷 | | | | | | |
| 2812130000 | 三氯化磷 | 5.5 | 30 | 17 | 0 | 千克 | 23AB |
| 28121400 | --五氯化磷 | | | | | | |
| 2812140000 | 五氯化磷 | 5.5 | 30 | 17 | 0 | 千克 | 23AB |
| 28121500 | ---一氯化硫 | | | | | | |
| 2812150000 | 一氯化硫(氯化硫) | 5.5 | 30 | 17 | 0 | 千克 | 23AB |
| 28121600 | --二氯化硫 | | | | | | |
| 2812160000 | 二氯化硫 | 5.5 | 30 | 17 | 0 | 千克 | 23AB |
| 28121700 | --亚硫酰氯 | | | | | | |
| 2812170000 | 亚硫酰氯 | 5.5 | 30 | 17 | 0 | 千克 | 23AB |
| 28121900 | --其他 | | | | | | |
| 2812190010[暂2] | 氯化亚砜(亚硫酰氯,氧氯化硫) | 5.5 | 30 | 17 | 0 | 千克 | 23AB |
| 2812190020 | 三氯化砷 | 5.5 | 30 | 17 | 0 | 千克 | 23AB |
| 2812190091 | 其他非金属氯化物 | 5.5 | 30 | 17 | 0 | 千克 | |
| 2812190099 | 其他非金属氯氧化物 | 5.5 | 30 | 17 | 0 | 千克 | |
| 28129011 | ----三氟化氮 | | | | | | |
| 2812901100 | 三氟化氮 | 5.5 | 30 | 17 | 9 | 千克 | AB |
| 28129019 | ----其他 | | | | | | |
| 2812901910 | 三氟化氯 | 5.5 | 30 | 17 | 0 | 千克 | 3A |
| 2812901920 | 三氟化砷(氟化亚砷) | 5.5 | 30 | 17 | 0 | 千克 | X |
| 2812901930 | 硫酰氟 | 5.5 | 30 | 17 | 0 | 千克 | S |
| 2812901990 | 其他氟化物及氟氧化物 | 5.5 | 30 | 17 | 0 | 千克 | |
| 28129090 | ---其他 | | | | | | |
| 2812909010 | 三溴化砷、三碘化砷(溴化亚砷、化亚砷) | 5.5 | 30 | 17 | 0 | 千克 | X |
| 2812909090 | 其他非金属卤化物及卤氧化物 | 5.5 | 30 | 17 | 0 | 千克 | |
| **2813** | **非金属硫化物;商品三硫化二磷** | | | | | | |
| 28131000 | -二硫化碳 | | | | | | |
| 2813100000 | 二硫化碳 | 5.5 | 30 | 17 | 0 | 千克 | ABX |
| 28139000 | -其他 | | | | | | |
| 2813900010 | 五硫化二磷 | 5.5 | 30 | 17 | 0 | 千克 | 23 |

❶ 监管条件中,“/”左边的监管条件截止日期为2018年1月31日,“/”右边的监管条件有效日期为2018年2月1日~2999年12月31日。

| 商品编号 | 商品名称及备注 | 进口关税税率(%) | | 增值税率(%) | 出口退税率(%) | 计量单位 | 监管条件 |
|---|---|---|---|---|---|---|---|
| | | 最惠国 | 普通 | | | | |
| 2813900020 | 三硫化二磷 | 5.5 | 30 | 17 | 0 | 千克 | AB |
| 2813900090 | 其他非金属硫化物 | 5.5 | 30 | 17 | 0 | 千克 | |
| **2814** | **氨及氨水** | | | | | | |
| 28141000 | -氨 | | | | | | |
| 2814100000[暂0] | 氨 | 5.5 | 35 | 17 | 0 | 千克 | AB |
| 28142000 | -氨水 | | | | | | |
| 2814200010[暂0] | 氨水(含量≥10%) | 5.5 | 35 | 17 | 0 | 千克 | AB |
| 2814200090[暂0] | 其他氨水 | 5.5 | 35 | 17 | 0 | 千克 | |
| **2815** | **氢氧化钠(烧碱);氢氧化钾(苛性钾);过氧化钠及过氧化钾** | | | | | | |
| 28151100 | --固体 | | | | | | |
| 2815110000 | 固体氢氧化钠 | 10 | 35 | 17 | 0 | 千克 | ABG |
| 28151200 | --水溶液(氢氧化钠浓溶液及液体烧碱) | | | | | | |
| 2815120000 | 氢氧化钠水溶液,液体烧碱 | 8 | 35 | 17 | 0 | 千克 | ABG |
| 28152000 | -氢氧化钾(苛性钾) | | | | | | |
| 2815200000 | 氢氧化钾(苛性钾) | 5.5 | 30 | 17 | 13 | 千克 | AB |
| 28153000 | -过氧化钠及过氧化钾 | | | | | | |
| 2815300000 | 过氧化钠及过氧化钾 | 5.5 | 30 | 17 | 0 | 千克 | AB |
| **2816** | **氢氧化镁及过氧化镁;锶或钡的氧化物、氢氧化物及过氧化物** | | | | | | |
| 28161000 | -氢氧化镁及过氧化镁 | | | | | | |
| 2816100010 | 过氧化镁 | 5.5 | 30 | 17 | 0 | 千克 | AB |
| 2816100090 | 氢氧化镁 | 5.5 | 30 | 17 | 0 | 千克 | |
| 28164000 | -锶或钡的氧化物、氢氧化物及过氧化物 | | | | | | |
| 2816400000[暂2] | 锶或钡的氧化物、氢氧化物(及其过氧化物) | 5.5 | 30 | 17 | 0 | 千克 | |
| **2817** | **氧化锌及过氧化锌** | | | | | | |
| 28170010 | ---氧化锌 | | | | | | |
| 2817001000 | 氧化锌 | 5.5 | 40 | 17 | 0 | 千克 | AB/A❶ |
| 28170090 | ---过氧化锌 | | | | | | |
| 2817009000 | 过氧化锌 | 5.5 | 30 | 17 | 0 | 千克 | AB |
| **2818** | **人造刚玉,不论是否已有化学定义;氧化铝;氢氧化铝** | | | | | | |
| 28181010 | ---棕刚玉 | | | | | | |
| 2818101000 | 棕刚玉(不论是否已有化学定义) | 5.5 | 20 | 17 | 0 | 千克 | |
| 28181090 | ---其他 | | | | | | |
| 2818109000 | 其他人造刚玉(不论是否已有化学定义,棕刚玉除外) | 5.5 | 20 | 17 | 0 | 千克 | |
| 28182000 | -氧化铝,但人造刚玉除外 | | | | | | |
| 2818200000[暂0] | 氧化铝,但人造刚玉除外 | 8 | 30 | 17 | 0 | 千克 | 7 |
| 28183000 | -氢氧化铝 | | | | | | |
| 2818300000 | 氢氧化铝 | 5.5 | 30 | 17 | 0 | 千克 | |
| **2819** | **铬的氧化物及氢氧化物** | | | | | | |
| 28191000 | -三氧化铬 | | | | | | |
| 2819100000 | 三氧化铬 | 5.5 | 20 | 17 | 0 | 千克 | AB |
| 28199000 | -其他 | | | | | | |
| 2819900000 | 其他铬的氧化物及氢氧化物 | 5.5 | 30 | 17 | 0 | 千克 | |
| **2820** | **锰的氧化物** | | | | | | |
| 28201000 | -二氧化锰 | | | | | | |

❶ 监管条件中,"/"左边的监管条件截止日期为2018年1月31日,"/"右边的监管条件有效日期为2018年2月1日~2999年12月31日。

| 商品编号 | 商品名称及备注 | 进口关税税率(%) | | 增值税率(%) | 出口退税率(%) | 计量单位 | 监管条件 |
|---|---|---|---|---|---|---|---|
| | | 最惠国 | 普通 | | | | |
| 2820100000 | 二氧化锰 | 5.5 | 40 | 17 | 0 | 千克 | |
| 28209000 | -其他 | | | | | | |
| 2820900000 | 其他锰的氧化物 | 5.5 | 30 | 17 | 0 | 千克 | |
| **2821** | **铁的氧化物及氢氧化物;土色料,按重量计三氧化二铁含量在70%及以上** | | | | | | |
| 28211000 | -铁的氧化物及氢氧化物 | | | | | | |
| 2821100000 | 铁的氧化物及氢氧化物 | 5.5 | 30 | 17 | 0 | 千克 | |
| 28212000 | -土色料 | | | | | | |
| 2821200000 | 土色料(三氧化二铁含量≥0%) | 5.5 | 45 | 17 | 0 | 千克 | |
| **2822** | **钴的氧化物及氢氧化物;商品氧化钴** | | | | | | |
| 28220010 | ---四氧化三钴 | | | | | | |
| 2822001000[暂2] | 四氧化三钴 | 5.5 | 30 | 17 | 13 | 千克 | 4xy |
| 28220090 | ---其他 | | | | | | |
| 2822009000[暂2] | 其他钴的氧化物及氢氧化物(包括商品氧化钴,但四氧化三钴除外) | 5.5 | 30 | 17 | 0 | 千克 | 4xy |
| **2823** | **钛的氧化物** | | | | | | |
| 28230000 | 钛的氧化物 | | | | | | |
| 2823000000 | 钛的氧化物 | 5.5 | 30 | 17 | 0 | 千克 | |
| **2824** | **铅的氧化物;铅丹及铅橙** | | | | | | |
| 28241000 | -一氧化铅(铅黄、黄丹) | | | | | | |
| 2824100000 | 一氧化铅(铅黄,黄丹) | 5.5 | 30 | 17 | 0 | 千克 | ABX |
| 28249010 | ---铅丹及铅橙 | | | | | | |
| 2824901000 | 铅丹及铅橙[四氧化(三)铅](红丹) | 5.5 | 45 | 17 | 0 | 千克 | ABX |
| 28249090 | ---其他 | | | | | | |
| 2824909000 | 其他铅的氧化物 | 5.5 | 30 | 17 | 0 | 千克 | |
| **2825** | **肼(联氨)、胲(羟胺)及其无机盐;其他无机碱;其他金属氧化物、氢氧化物及过氧化物** | | | | | | |
| 28251010 | ---水合肼 | | | | | | |
| 2825101010 | 纯度≥70%的水合肼 | 5.5 | 30 | 17 | 0 | 千克 | 3A |
| 2825101090 | 纯度<70%的水合肼 | 5.5 | 30 | 17 | 0 | 千克 | AB |
| 28251020 | ---硫酸羟胺 | | | | | | |
| 2825102000 | 硫酸羟胺 | 5.5 | 30 | 17 | 0 | 千克 | AB |
| 28251090 | ---其他 | | | | | | |
| 2825109000 | 其他肼、胲及其无机盐 | 5.5 | 30 | 17 | 0 | 千克 | |
| 28252010 | ---氢氧化锂 | | | | | | |
| 2825201000 | 氢氧化锂 | 5.5 | 30 | 17 | 0 | 千克 | AB |
| 28252090 | ---其他 | | | | | | |
| 2825209000 | 锂的氧化物 | 5.5 | 30 | 17 | 0 | 千克 | |
| 28253010 | ---五氧化二钒 | | | | | | |
| 2825301000 | 五氧化二钒 | 5.5 | 30 | 17 | 0 | 千克 | 4ABxy |
| 28253090 | ---其他 | | | | | | |
| 2825309000 | 其他钒的氧化物及氢氧化物 | 5.5 | 30 | 17 | 0 | 千克 | 4xy |
| 28254000 | -镍的氧化物及氢氧化物 | | | | | | |
| 2825400000[暂2] | 镍的氧化物及氢氧化物 | 5.5 | 30 | 17 | 13 | 千克 | |
| 28255000 | -铜的氧化物及氢氧化物 | | | | | | |
| 2825500000 | 铜的氧化物及氢氧化物 | 5.5 | 30 | 17 | 0 | 千克 | |
| 28256000 | -锗的氧化物及二氧化锆 | | | | | | |
| 2825600001 | 锗的氧化物 | 5.5 | 30 | 17 | 0 | 千克 | 4xy |
| 2825600090 | 二氧化锆 | 5.5 | 30 | 17 | 0 | 千克 | 3 |

| 商品编号 | 商品名称及备注 | 进口关税税率(%) | | 增值税率(%) | 出口退税率(%) | 计量单位 | 监管条件 |
|---|---|---|---|---|---|---|---|
| | | 最惠国 | 普通 | | | | |
| 28257000 | -钼的氧化物及氢氧化物 | | | | | | |
| 2825700000 | 钼的氧化物及氢氧化物 | 5.5 | 30 | 17 | 0 | 千克 | 4xy |
| 28258000 | -锑的氧化物 | | | | | | |
| 2825800000 | 锑的氧化物 | 5.5 | 30 | 17 | 0 | 千克 | 4xBy |
| 28259011 | ----钨酸 | | | | | | |
| 2825901100 | 钨酸 | 5.5 | 30 | 17 | 0 | 千克 | 4xy |
| 28259012 | ----三氧化钨 | | | | | | |
| 2825901200 | 三氧化钨 | 5.5 | 30 | 17 | 0 | 千克 | 4xy |
| 28259019 | ----其他 | | | | | | |
| 2825901910 | 蓝色氧化钨 | 5.5 | 30 | 17 | 0 | 千克 | 4xy |
| 2825901990 | 其他钨的氧化物及氢氧化物 | 5.5 | 30 | 17 | 0 | 千克 | |
| 28259021 | ----三氧化二铋 | | | | | | |
| 2825902100 | 三氧化二铋 | 5.5 | 30 | 17 | 13 | 千克 | 4ABxy/4Axy[1] |
| 28259029 | ----其他 | | | | | | |
| 2825902900 | 其他铋的氧化物及氢氧化物 | 5.5 | 30 | 17 | 0 | 千克 | 4ABxy/4Axy[1] |
| 28259031 | ----二氧化锡 | | | | | | |
| 2825903100 | 二氧化锡 | 5.5 | 30 | 17 | 0 | 千克 | 4ABxy/4Axy[1] |
| 28259039 | ----其他 | | | | | | |
| 2825903900 | 其他锡的氧化物及氢氧化物 | 5.5 | 30 | 17 | 0 | 千克 | 4ABxy/4Axy[1] |
| 28259041 | -----一氧化铌 | | | | | | |
| 2825904100 | 一氧化铌 | 5.5 | 30 | 17 | 0 | 千克 | A |
| 28259049 | ----其他 | | | | | | |
| 2825904900 | 其他铌的氧化物及氢氧化物 | 5.5 | 30 | 17 | 0 | 千克 | AB |
| 28259090 | ---其他 | | | | | | |
| 2825909000 | 其他金属的氧化物及氢氧化物 | 5.5 | 30 | 17 | 0 | 千克 | AB |
| **2826** | **氟化物;氟硅酸盐、氟铝酸盐及其他氟络盐** | | | | | | |
| 28261210 | ---无水氟化铝 | | | | | | |
| 2826121000 | 无水氟化铝 | 5.5 | 30 | 17 | 0 | 千克 | |
| 28261290 | ---其他 | | | | | | |
| 2826129000 | 其他氟化铝 | 5.5 | 30 | 17 | 0 | 千克 | |
| 28261910 | ---铵的氟化物 | | | | | | |
| 2826191010 | 氟化氢铵 | 5.5 | 30 | 17 | 0 | 千克 | 3A |
| 2826191090 | 其他铵的氟化物 | 5.5 | 30 | 17 | 0 | 千克 | |
| 28261920 | ---钠的氟化物 | | | | | | |
| 2826192010 | 氟化钠 | 5.5 | 30 | 17 | 0 | 千克 | 3AB |
| 2826192020 | 氟化氢钠 | 5.5 | 30 | 17 | 0 | 千克 | 3A |
| 2826192090 | 其他钠的氟化物 | 5.5 | 30 | 17 | 0 | 千克 | |
| 28261990 | ---其他 | | | | | | |
| 2826199010 | 氟化钾 | 5.5 | 30 | 17 | 0 | 千克 | 3A |
| 2826199020 | 氟化氢钾 | 5.5 | 30 | 17 | 0 | 千克 | 3A |

[1] 监管条件中,"/"左边的监管条件截止日期为 2018 年 1 月 31 日,"/"右边的监管条件有效日期为 2018 年 2 月 1 日~2999 年 12 月 31 日。

| 商品编号 | 商品名称及备注 | 进口关税税率(%) | | 增值税率(%) | 出口退税率(%) | 计量单位 | 监管条件 |
|---|---|---|---|---|---|---|---|
| | | 最惠国 | 普通 | | | | |
| 2826199030 | 氟化铅,四氟化铅,氟化镉 | 5.5 | 30 | 17 | 0 | 千克 | X |
| 2826199090 | 其他氟化物 | 5.5 | 30 | 17 | 0 | 千克 | |
| 28263000 | -六氟铝酸钠(人造冰晶石) | | | | | | |
| 2826300000 | 六氟铝酸钠(人造冰晶石) | 5.5 | 30 | 17 | 13 | 千克 | |
| 28269010 | ---氟硅酸盐 | | | | | | |
| 2826901000 | 氟硅酸盐 | 5.5 | 30 | 17 | 0 | 千克 | |
| 28269020 | ---六氟磷酸锂 | | | | | | |
| 2826902000 | 六氟磷酸锂 | 5.5 | 30 | 17 | 13 | 千克 | |
| 28269090 | ---其他 | | | | | | |
| 2826909010 | 氟钽酸钾 | 5.5 | 30 | 17 | 0 | 千克 | |
| 2826909030 | 氟硼酸铅,氟硼酸镉 | 5.5 | 30 | 17 | 0 | 千克 | X |
| 2826909090 | 氟铝酸盐及其他氟络盐 | 5.5 | 30 | 17 | 0 | 千克 | |
| **2827** | **氯化物、氯氧化物及氢氧基氯化物;溴化物及溴氧化物;碘化物及碘氧化物** | | | | | | |
| 28271010 | ---肥料用 | | | | | | |
| 2827101000 | 肥料用氯化铵 | 4 | 11 | 17 | 0 | 千克 | G |
| 28271090 | ---其他 | | | | | | |
| 2827109000 | 非肥料用氯化铵 | 5.5 | 30 | 17 | 0 | 千克 | G |
| 28272000 | -氯化钙 | | | | | | |
| 2827200000 | 氯化钙 | 5.5 | 50 | 17 | 9 | 千克 | AB/A❶ |
| 28273100 | --氯化镁 | | | | | | |
| 2827310000 | 氯化镁 | 5.5 | 30 | 17 | 0 | 千克 | AB/A❶ |
| 28273200 | --氯化铝 | | | | | | |
| 2827320000 | 氯化铝 | 5.5 | 30 | 17 | 0 | 千克 | |
| 28273500 | --氯化镍 | | | | | | |
| 2827350000 | 氯化镍 | 5.5 | 30 | 17 | 0 | 千克 | AB |
| 28273910 | ---氯化锂 | | | | | | |
| 2827391000 | 氯化锂 | 5.5 | 30 | 17 | 0 | 千克 | |
| 28273920 | ---氯化钡 | | | | | | |
| 2827392000 | 氯化钡 | 5.5 | 30 | 17 | 0 | 千克 | AB |
| 28273930 | ---氯化钴 | | | | | | |
| 2827393000 | 氯化钴 | 5.5 | 30 | 17 | 0 | 千克 | 4ABxy |
| 28273990 | ---其他 | | | | | | |
| 2827399000 | 其他氯化物 | 5.5 | 30 | 17 | 0 | 千克 | AB |
| 28274100 | --铜的氯氧化物及氢氧基氯化物 | | | | | | |
| 2827410000 | 铜的氯氧化物及氢氧基氯化物 | 5.5 | 30 | 17 | 0 | 千克 | |
| 28274910 | ---锆的氯氧化物及氢氧基氯化物 | | | | | | |
| 2827491000 | 锆的氯氧化物及氢氧基氯化物 | 5.5 | 30 | 17 | 0 | 千克 | |
| 28274990 | ---其他 | | | | | | |
| 2827499000 | 其他氯氧化物及氢氧基氯化物 | 5.5 | 30 | 17 | 0 | 千克 | |
| 28275100 | --溴化钠及溴化钾 | | | | | | |
| 2827510000 | 溴化钠及溴化钾 | 5.5 | 30 | 17 | 0 | 千克 | |
| 28275900 | --其他 | | | | | | |
| 2827590000 | 其他溴化物及溴氧化物 | 5.5 | 30 | 17 | 0 | 千克 | |
| 28276000 | -碘化物及碘氧化物 | | | | | | |

❶ 监管条件中,"/"左边的监管条件截止日期为2018年1月31日,"/"右边的监管条件有效日期为2018年2月1日~2999年12月31日。

| 商品编号 | 商品名称及备注 | 进口关税税率(%) | | 增值税率(%) | 出口退税率(%) | 计量单位 | 监管条件 |
|---|---|---|---|---|---|---|---|
| | | 最惠国 | 普通 | | | | |
| 2827600000 | 碘化物及碘氧化物 | 5.5 | 30 | 17 | 0 | 千克 | AB |
| **2828** | **次氯酸盐;商品次氯酸钙;亚氯酸盐;次溴酸盐** | | | | | | |
| 28281000 | -商品次氯酸钙及其他钙的次氯酸盐 | | | | | | |
| 2828100000 | 商品次氯酸钙及其他钙的次氯酸盐 | 12 | 80 | 17 | 5 | 千克 | |
| 28289000 | -其他 | | | | | | |
| 2828900000 | 次溴酸盐、亚氯酸盐、其他次氯酸盐 | 5.5 | 30 | 17 | 0 | 千克 | AB |
| **2829** | **氯酸盐及高氯酸盐;溴酸盐及过溴酸盐;碘酸盐及高碘酸盐** | | | | | | |
| 28291100 | --氯酸钠 | | | | | | |
| 2829110000 | 氯酸钠 | 12 | 30 | 17 | 0 | 千克 | AB |
| 28291910 | ---氯酸钾(洋硝) | | | | | | |
| 2829191000 | 氯酸钾(洋硝) | 5.5 | 20 | 17 | 0 | 千克 | 9B |
| 28291990 | ---其他 | | | | | | |
| 2829199000 | 其他氯酸盐 | 5.5 | 30 | 17 | 0 | 千克 | |
| 28299000 | -其他 | | | | | | |
| 2829900010 | 颗粒<500微米的球形高氯酸铵 | 5.5 | 30 | 17 | 0 | 千克 | 3A |
| 2829900090 | 其他高氯酸盐、溴酸盐等(包括过溴酸盐、碘酸盐及高碘酸盐) | 5.5 | 30 | 17 | 0 | 千克 | |
| **2830** | **硫化物;多硫化物,无论是否已有化学定义** | | | | | | |
| 28301010 | ---硫化钠 | | | | | | |
| 2830101000 | 硫化钠 | 5.5 | 40 | 17 | 0 | 千克 | 3AB |
| 28301090 | ---其他 | | | | | | |
| 2830109000 | 其他钠的硫化物 | 5.5 | 30 | 17 | 0 | 千克 | |
| 28309020 | ---硫化锑 | | | | | | |
| 2830902000 | 硫化锑 | 5.5 | 45 | 17 | 0 | 千克 | B |
| 28309030 | ---硫化钴 | | | | | | |
| 2830903000 | 硫化钴 | 5.5 | 30 | 17 | 0 | 千克 | |
| 28309090 | ---其他 | | | | | | |
| 2830909000 | 其他硫化物、多硫化物 | 5.5 | 30 | 17 | 0 | 千克 | |
| **2831** | **连二亚硫酸盐及次硫酸盐** | | | | | | |
| 28311010 | ---钠的连二亚硫酸盐 | | | | | | |
| 2831101000 | 钠的连二亚硫酸盐 | 5.5 | 30 | 17 | 0 | 千克 | AB |
| 28311020 | ---钠的次硫酸盐 | | | | | | |
| 2831102000 | 钠的次硫酸盐 | 5.5 | 30 | 17 | 0 | 千克 | |
| 28319000 | -其他 | | | | | | |
| 2831900000 | 其他连二亚硫酸盐及次硫酸盐 | 5.5 | 30 | 17 | 0 | 千克 | |
| **2832** | **亚硫酸盐;硫代硫酸盐** | | | | | | |
| 28321000 | -钠的亚硫酸盐 | | | | | | |
| 2832100000 | 钠的亚硫酸盐 | 5.5 | 30 | 17 | 0 | 千克 | |
| 28322000 | -其他亚硫酸盐 | | | | | | |
| 2832200000 | 其他亚硫酸盐 | 5.5 | 30 | 17 | 0 | 千克 | AB |
| 28323000 | -硫代硫酸盐 | | | | | | |
| 2832300000 | 硫代硫酸盐 | 5.5 | 30 | 17 | 0 | 千克 | |
| **2833** | **硫酸盐;矾;过硫酸盐** | | | | | | |
| 28331100 | --硫酸钠 | | | | | | |
| 2833110000 | 硫酸二钠 | 5.5 | 40 | 17 | 0 | 千克 | 4xy |
| 28331900 | --其他 | | | | | | |
| 2833190000 | 钠的其他硫酸盐 | 5.5 | 30 | 17 | 0 | 千克 | |

| 商品编号 | 商品名称及备注 | 进口关税税率(%) | | 增值税率(%) | 出口退税率(%) | 计量单位 | 监管条件 |
|---|---|---|---|---|---|---|---|
| | | 最惠国 | 普通 | | | | |
| 28332100 | --硫酸镁 | | | | | | |
| 2833210000 | 硫酸镁 | 5.5 | 30 | 17 | 0 | 千克 | AB/A❶ |
| 28332200 | --硫酸铝 | | | | | | |
| 2833220000 | 硫酸铝 | 5.5 | 30 | 17 | 0 | 千克 | |
| 28332400 | --镍的硫酸盐 | | | | | | |
| 2833240000[暂2] | 镍的硫酸盐 | 5.5 | 30 | 17 | 0 | 千克 | |
| 28332500 | --铜的硫酸盐 | | | | | | |
| 2833250000 | 铜的硫酸盐 | 5.5 | 30 | 17 | 0 | 千克 | |
| 28332700 | --硫酸钡 | | | | | | |
| 2833270000 | 硫酸钡 | 5.5 | 30 | 17 | 0 | 千克 | G |
| 28332910 | ---硫酸亚铁 | | | | | | |
| 2833291000 | 硫酸亚铁 | 5.5 | 45 | 17 | 0 | 千克 | AB/A❶ |
| 28332920 | ---铬的硫酸盐 | | | | | | |
| 2833292000 | 铬的硫酸盐 | 5.5 | 30 | 17 | 0 | 千克 | |
| 28332930 | ---硫酸锌 | | | | | | |
| 2833293000 | 硫酸锌 | 5.5 | 30 | 17 | 5 | 千克 | AB/A❶ |
| 28332990 | ---其他 | | | | | | |
| 2833299010[暂2] | 硫酸钴 | 5.5 | 30 | 17 | 0 | 千克 | 4ABxy |
| 2833299020[暂2] | 其他钴的硫酸盐 | 5.5 | 30 | 17 | 0 | 千克 | AB |
| 2833299090 | 其他硫酸盐 | 5.5 | 30 | 17 | 0 | 千克 | AB |
| 28333010 | ---钾铝矾 | | | | | | |
| 2833301000 | 钾铝矾 | 5.5 | 45 | 17 | 0 | 千克 | |
| 28333090 | ---其他 | | | | | | |
| 2833309000 | 其他矾 | 5.5 | 30 | 17 | 0 | 千克 | |
| 28334000 | -过硫酸盐 | | | | | | |
| 2833400000 | 过硫酸盐 | 5.5 | 30 | 17 | 0 | 千克 | |
| **2834** | **亚硝酸盐;硝酸盐** | | | | | | |
| 28341000 | -亚硝酸盐 | | | | | | |
| 2834100000 | 亚硝酸盐 | 5.5 | 30 | 17 | 0 | 千克 | AB |
| 28342110 | ---肥料用 | | | | | | |
| 2834211000[暂1] | 肥料用硝酸钾 | 4 | 11 | 17 | 0 | 千克 | AB |
| 28342190 | ---其他 | | | | | | |
| 2834219000 | 非肥料用硝酸钾 | 5.5 | 30 | 17 | 0 | 千克 | AB |
| 28342910 | ---硝酸钴 | | | | | | |
| 2834291000 | 硝酸钴 | 5.5 | 30 | 17 | 0 | 千克 | AB |
| 28342990 | ---其他 | | | | | | |
| 2834299001[暂2] | 硝酸钡 | 5.5 | 30 | 17 | 0 | 千克 | AB |
| 2834299090 | 其他硝酸盐 | 5.5 | 30 | 17 | 0 | 千克 | |
| **2835** | **次磷酸盐、亚磷酸盐及磷酸盐;多磷酸盐,无论是否已有化学定义** | | | | | | |
| 28351000 | -次磷酸盐及亚磷酸盐 | | | | | | |
| 2835100000 | 次磷酸盐及亚磷酸盐 | 5.5 | 20 | 17 | 0 | 千克 | |
| 28352200 | --磷酸一钠及磷酸二钠 | | | | | | |
| 2835220000 | 磷酸一钠及磷酸二钠 | 5.5 | 20 | 17 | 0 | 千克 | |
| 28352400 | --钾的磷酸盐 | | | | | | |

❶ 监管条件中,“/”左边的监管条件截止日期为2018年1月31日,“/”右边的监管条件有效日期为2018年2月1日~2999年12月31日。

| 商品编号 | 商品名称及备注 | 进口关税税率(%) | | 增值税率(%) | 出口退税率(%) | 计量单位 | 监管条件 |
|---|---|---|---|---|---|---|---|
| | | 最惠国 | 普通 | | | | |
| 2835240000 | 钾的磷酸盐 | 5.5 | 20 | 17 | 0 | 千克 | |
| 28352510 | ---饲料级的 | | | | | | |
| 2835251000 | 饲料级的正磷酸氢钙(磷酸二钙) | 5.5 | 20 | 17 | 0 | 千克 | AB |
| 28352520 | ---食品级的 | | | | | | |
| 2835252000 | 食品级的正磷酸氢钙(磷酸二钙) | 5.5 | 20 | 17 | 5 | 千克 | AB/A❶ |
| 28352590 | ---其他 | | | | | | |
| 2835259000 | 其他正磷酸氢钙(磷酸二钙) | 5.5 | 20 | 17 | 0 | 千克 | |
| 28352600 | --其他磷酸钙 | | | | | | |
| 2835260000 | 其他磷酸钙 | 5.5 | 20 | 17 | 0 | 千克 | |
| 28352910 | ---磷酸三钠 | | | | | | |
| 2835291000 | 磷酸三钠 | 5.5 | 20 | 17 | 0 | 千克 | AB/A❶ |
| 28352990 | ---其他 | | | | | | |
| 2835299000 | 其他磷酸盐 | 5.5 | 20 | 17 | 0 | 千克 | A |
| 28353110 | ---食品级的 | | | | | | |
| 2835311000 | 食品级的三磷酸钠(三聚磷酸钠) | 5.5 | 20 | 17 | 13 | 千克 | AB/A❶ |
| 28353190 | ---其他 | | | | | | |
| 2835319000 | 其他三磷酸钠(三聚磷酸钠) | 5.5 | 20 | 17 | 13 | 千克 | |
| 28353911 | ----食品级的 | | | | | | |
| 2835391100 | 食品级的六偏磷酸钠 | 5.5 | 20 | 17 | 9 | 千克 | AB/A❶ |
| 28353919 | ----其他 | | | | | | |
| 2835391900 | 其他六偏磷酸钠 | 5.5 | 20 | 17 | 0 | 千克 | |
| 28353990 | ---其他 | | | | | | |
| 2835399000 | 其他多磷酸盐 | 5.5 | 20 | 17 | 0 | 千克 | |
| **2836** | **碳酸盐;过碳酸盐;含氨基甲酸铵的商品碳酸铵** | | | | | | |
| 28362000 | -碳酸钠(纯碱) | | | | | | |
| 2836200000 | 碳酸钠(纯碱) | 5.5 | 35 | 17 | 9 | 千克 | AG |
| 28363000 | -碳酸氢钠(小苏打) | | | | | | |
| 2836300000 | 碳酸氢钠(小苏打) | 5.5 | 45 | 17 | 9 | 千克 | ABG/AG❶ |
| 28364000 | 钾的碳酸盐 | | | | | | |
| 2836400000 | 钾的碳酸盐 | 5.5 | 30 | 17 | 0 | 千克 | |
| 28365000 | -碳酸钙 | | | | | | |
| 2836500000 | 碳酸钙 | 5.5 | 45 | 17 | 0 | 千克 | AB/A❶ |
| 28366000 | -碳酸钡 | | | | | | |
| 2836600000[暂1] | 碳酸钡 | 5.5 | 40 | 17 | 0 | 千克 | |
| 28369100 | --锂的碳酸盐 | | | | | | |
| 2836910000[暂2] | 锂的碳酸盐 | 5.5 | 30 | 17 | 0 | 千克 | |
| 28369200 | --锶的碳酸盐 | | | | | | |
| 2836920000[暂2] | 锶的碳酸盐 | 5.5 | 30 | 17 | 0 | 千克 | |
| 28369910 | ---碳酸镁 | | | | | | |
| 2836991000 | 碳酸镁 | 5.5 | 45 | 17 | 0 | 千克 | AB/A❶ |
| 28369930 | ---碳酸钴 | | | | | | |
| 2836993000[暂2] | 碳酸钴 | 5.5 | 30 | 17 | 0 | 千克 | 4xy |
| 28369940 | ---商品碳酸铵及其他铵的碳酸盐 | | | | | | |

❶ 监管条件中,"/"左边的监管条件截止日期为2018年1月31日,"/"右边的监管条件有效日期为2018年2月1日~2999年12月31日。

| 商品编号 | 商品名称及备注 | 进口关税税率(%) | | 增值税率(%) | 出口退税率(%) | 计量单位 | 监管条件 |
|---|---|---|---|---|---|---|---|
| | | 最惠国 | 普通 | | | | |
| 2836994000 | 商品碳酸铵及其他铵的碳酸盐 | 5.5 | 30 | 17 | 0 | 千克 | |
| 28369950 | ---碳酸锆 | | | | | | |
| 2836995000 | 碳酸锆 | 5.5 | 30 | 17 | 0 | 千克 | AB |
| 28369990 | ---其他 | | | | | | |
| 2836999000 | 其他碳酸盐及过碳酸盐 | 5.5 | 30 | 17 | 13 | 千克 | A |
| **2837** | **氰化物、氧氰化物及氰络合物** | | | | | | |
| 28371110 | ---氰化钠 | | | | | | |
| 2837111000 | 氰化钠(山奈) | 5.5 | 20 | 17 | 0 | 千克 | X23AB |
| 28371120 | ---氧氰化钠 | | | | | | |
| 2837112000 | 氧氰化钠 | 5.5 | 30 | 17 | 0 | 千克 | |
| 28371910 | ---氰化钾 | | | | | | |
| 2837191000 | 氰化钾 | 5.5 | 20 | 17 | 0 | 千克 | 23XAB |
| 28371990 | ---其他 | | | | | | |
| 2837199011 | 氰化锌,氰化亚铜,氰化铜(氰化高铜) | 5.5 | 30 | 17 | 0 | 千克 | X |
| 2837199012 | 氰化镍,氰化钙(氰化亚镍) | 5.5 | 30 | 17 | 0 | 千克 | X |
| 2837199013 | 氰化钡,氰化镉,氰化铅 | 5.5 | 30 | 17 | 0 | 千克 | X |
| 2837199014 | 氰化钴[氰化钴(Ⅱ)、氰化钴(Ⅲ)] | 5.5 | 30 | 17 | 0 | 千克 | X |
| 2837199090 | 其他氰化物及氧氰化物 | 5.5 | 30 | 17 | 0 | 千克 | |
| 28372000 | -氰络合物 | | | | | | |
| 2837200011 | 氰化镍钾、氰化钠铜锌(氰化钾镍、镍氰化钾、铜盐) | 5.5 | 30 | 17 | 0 | 千克 | X |
| 2837200012 | 氰化亚铜(三)钠、氰化亚铜(三)钾(紫铜盐、紫铜矾、氰化铜钠、氰化亚铜钾、亚铜氰化钾) | 5.5 | 30 | 17 | 0 | 千克 | X |
| 2837200090 | 其他氰络合物 | 5.5 | 30 | 17 | 0 | 千克 | |
| **2839** | **硅酸盐;商品碱金属硅酸盐** | | | | | | |
| 28391100 | --偏硅酸钠 | | | | | | |
| 2839110000 | 偏硅酸钠 | 5.5 | 40 | 17 | 0 | 千克 | AB |
| 28391910 | ---硅酸钠 | | | | | | |
| 2839191000 | 硅酸钠 | 5.5 | 30 | 17 | 0 | 千克 | A |
| 28391990 | ---其他 | | | | | | |
| 2839199000 | 其他钠盐 | 5.5 | 30 | 17 | 0 | 千克 | |
| 28399000 | -其他 | | | | | | |
| 2839900001[暂2] | 锆的硅酸盐 | 5.5 | 30 | 17 | 0 | 千克 | |
| 2839900010 | 硅酸铅 | 5.5 | 30 | 17 | 0 | 千克 | X |
| 2839900090 | 其他硅酸盐;商品碱金属硅酸盐 | 5.5 | 30 | 17 | 0 | 千克 | |
| **2840** | **硼酸盐及过硼酸盐** | | | | | | |
| 28401100 | --无水四硼酸钠 | | | | | | |
| 2840110000[暂2] | 无水四硼酸钠 | 5.5 | 20 | 17 | 0 | 千克 | |
| 28401900 | --其他 | | | | | | |
| 2840190000[暂2] | 其他四硼酸钠 | 5.5 | 20 | 17 | 0 | 千克 | |
| 28402000 | -其他硼酸盐 | | | | | | |
| 2840200010 | 硼酸锌 | 5.5 | 30 | 17 | 0 | 千克 | S |
| 2840200090 | 其他硼酸盐 | 5.5 | 30 | 17 | 0 | 千克 | |
| 28403000 | -过硼酸盐 | | | | | | |
| 2840300000 | 过硼酸盐 | 5.5 | 30 | 17 | 0 | 千克 | |
| **2841** | **金属酸盐及过金属酸盐** | | | | | | |
| 28413000 | -重铬酸钠 | | | | | | |

| 商品编号 | 商品名称及备注 | 进口关税税率(%) | | 增值税率(%) | 出口退税率(%) | 计量单位 | 监管条件 |
|---|---|---|---|---|---|---|---|
| | | 最惠国 | 普通 | | | | |
| 2841300000 | 重铬酸钠 | 5.5 | 20 | 17 | 0 | 千克 | AB |
| 28415000 | -其他铬酸盐及重铬酸盐;过铬酸盐 | | | | | | |
| 2841500000 | 其他铬酸盐及重铬酸盐,过铬酸盐 | 5.5 | 30 | 17 | 0 | 千克 | |
| 28416100 | --高锰酸钾 | | | | | | |
| 2841610000 | 高锰酸钾 | 5.5 | 30 | 17 | 0 | 千克 | 23AB |
| 28416910 | ---锰酸锂 | | | | | | |
| 2841691000 | 锰酸锂 | 5.5 | 30 | 17 | 13 | 千克 | |
| 28416990 | ---其他 | | | | | | |
| 2841699000 | 亚锰酸盐,其他锰酸盐及其他高锰酸盐 | 5.5 | 30 | 17 | 0 | 千克 | |
| 28417010 | ---钼酸铵 | | | | | | |
| 2841701000 | 钼酸铵 | 5.5 | 30 | 17 | 0 | 千克 | 4xy |
| 28417090 | ---其他 | | | | | | |
| 2841709000 | 其他钼酸盐 | 5.5 | 30 | 17 | 0 | 千克 | 4xy |
| 28418010 | ---仲钨酸铵 | | | | | | |
| 2841801000 | 仲钨酸铵 | 5.5 | 30 | 17 | 0 | 千克 | 4xy |
| 28418020 | ---钨酸钠 | | | | | | |
| 2841802000 | 钨酸钠 | 5.5 | 30 | 17 | 0 | 千克 | 4xy |
| 28418030 | ---钨酸钙 | | | | | | |
| 2841803000 | 钨酸钙 | 5.5 | 30 | 17 | 0 | 千克 | 4xy |
| 28418040 | ---偏钨酸铵 | | | | | | |
| 2841804000 | 偏钨酸铵 | 5.5 | 30 | 17 | 0 | 千克 | 4xy |
| 28418090 | ---其他 | | | | | | |
| 2841809000 | 其他钨酸盐 | 5.5 | 30 | 17 | 0 | 千克 | |
| 28419000 | -其他 | | | | | | |
| 2841900010[暂2] | 钴酸锂 | 5.5 | 30 | 17 | 13 | 千克 | |
| 2841900020[暂0] | 铼酸盐 | 5.5 | 30 | 17 | 0 | 千克 | |
| 2841900090 | 其他金属酸盐及过金属酸盐 | 5.5 | 30 | 17 | 0 | 千克 | |
| **2842** | **其他无机酸盐或过氧酸盐(包括不论是否已有化学定义的硅铝酸盐),但叠氮化物除外** | | | | | | |
| 28421000 | -硅酸复盐及硅酸络盐(包括不论是否已有化学定义的硅铝酸盐) | | | | | | |
| 2842100000 | 硅酸复盐及硅酸络盐(包括不论是否已有化学定义的硅铝酸盐) | 5.5 | 30 | 17 | 0 | 千克 | AB |
| 28429011 | ----硫氰酸钠 | | | | | | |
| 2842901100 | 硫氰酸钠 | 5.5 | 30 | 17 | 0 | 千克 | |
| 28429019 | ----其他 | | | | | | |
| 2842901910 | 其他硫氰酸盐 | 5.5 | 30 | 17 | 0 | 千克 | AB |
| 2842901990 | 雷酸盐及氰酸盐 | 5.5 | 30 | 17 | 0 | 千克 | |
| 28429020 | ---碲化镉 | | | | | | |
| 2842902000 | 碲化镉 | 5.5 | 30 | 17 | 0 | 千克 | ABX |
| 28429030 | ---锂镍钴锰氧化物 | | | | | | |
| 2842903000 | 锂镍钴锰氧化物 | 5.5 | 30 | 17 | 13 | 千克 | AB |
| 28429040 | ---磷酸铁锂 | | | | | | |
| 2842904000 | 磷酸铁锂 | 5.5 | 30 | 17 | 0 | 千克 | A |
| 28429050 | ---硒酸盐及亚硒酸盐 | | | | | | |
| 2842905000 | 硒酸盐及亚硒酸盐 | 5.5 | 30 | 17 | 0 | 千克 | AB |
| 28429060 | ---锂镍钴铝氧化物 | | | | | | |
| 2842906000 | 锂镍钴铝氧化物 | 5.5 | 30 | 17 | | 千克 | AB |
| 28429090 | ---其他 | | | | | | |

| 商品编号 | 商品名称及备注 | 进口关税税率(%) | | 增值税率(%) | 出口退税率(%) | 计量单位 | 监管条件 |
|---|---|---|---|---|---|---|---|
| | | 最惠国 | 普通 | | | | |
| 2842909013 | 亚砷酸钠,亚砷酸钾,亚砷酸钙(偏亚砷酸钠) | 5.5 | 30 | 17 | 13 | 千克 | X |
| 2842909014 | 亚砷酸锶、亚砷酸钡、亚砷酸铁 | 5.5 | 30 | 17 | 13 | 千克 | X |
| 2842909015 | 亚砷酸铜、亚砷酸锌、亚砷酸铅(亚砷酸氢铜) | 5.5 | 30 | 17 | 13 | 千克 | X |
| 2842909016 | 亚砷酸锑,砷酸铵,砷酸氢二铵 | 5.5 | 30 | 17 | 13 | 千克 | X |
| 2842909017 | 砷酸钠,砷酸氢二钠,砷酸二氢钠(砷酸三钠) | 5.5 | 30 | 17 | 13 | 千克 | X |
| 2842909018 | 砷酸钾、砷酸二氢钾、砷酸镁 | 5.5 | 30 | 17 | 13 | 千克 | X |
| 2842909019 | 砷酸钙,砷酸钡,砷酸铁(砷酸三钙) | 5.5 | 30 | 17 | 13 | 千克 | X |
| 2842909021 | 砷酸亚铁、砷酸铜、砷酸锌 | 5.5 | 30 | 17 | 13 | 千克 | X |
| 2842909022 | 砷酸铅,砷酸锑,偏砷酸钠 | 5.5 | 30 | 17 | 13 | 千克 | X |
| 2842909023 | 硒化铅、硒化镉 | 5.5 | 30 | 17 | 13 | 千克 | X |
| 2842909090 | 其他无机酸盐及过氧酸盐(叠氮化物除外) | 5.5 | 30 | 17 | 13 | 千克 | AB |
| **2843** | **胶态贵金属;贵金属的无机或有机化合物,不论是否已有化学定义;贵金属汞齐** | | | | | | |
| 28431000 | -胶态贵金属 | | | | | | |
| 2843100000 | 胶态贵金属 | 5.5 | 30 | 17 | 0 | 克 | |
| 28432100 | --硝酸银 | | | | | | |
| 2843210000 | 硝酸银 | 5.5 | 30 | 17 | 0 | 克 | AB |
| 28432900 | --其他 | | | | | | |
| 2843290010 | 氰化银、氰化银钾、亚砷酸银(银氰化钾、砷酸银) | 5.5 | 30 | 17 | 0 | 克 | X |
| 2843290090 | 其他银化合物(不论是否已有化学定义) | 5.5 | 30 | 17 | 0 | 克 | |
| 28433000 | -金化合物 | | | | | | |
| 2843300010 | 氰化金、氰化金钾(含金40%)等[包括氰化亚金(Ⅰ)钾(含金68.3%)、氰化亚金(Ⅲ)钾(含金57%)] | 5.5 | 30 | 17 | 0 | 克 | JX |
| 2843300090 | 其他金化合物(不论是否已有化学定义) | 5.5 | 30 | 17 | 0 | 克 | |
| 28439000 | -其他贵金属化合物;贵金属汞齐 | | | | | | |
| 2843900010 | 氯化钯 | 5.5 | 30 | 17 | 0 | 克 | G |
| 2843900020 | 氯化铂 | 5.5 | 30 | 17 | 0 | 克 | 4xy |
| 2843900030 | 其他铂化合物 | 5.5 | 30 | 17 | 0 | 克 | 4xy |
| 2843900090 | 其他贵金属化合物,贵金属汞齐(不论是否已有化学定义) | 5.5 | 30 | 17 | 0 | 克 | 4xy |
| **2844** | **放射性化学元素及放射性同位素(包括可裂变或可转换的化学元素及同位素)及其化合物;含上述产品的混合物及残渣** | | | | | | |
| 28441000 | -天然铀及其化合物;含天然铀或天然铀化合物的合金、分散体(包括金属陶瓷)、陶瓷产品及混合物 | | | | | | |
| 2844100010暂0 | 天然铀及其化合物 | 5.5 | 30 | 17 | 0 | 克/百万贝可 | 23 |
| 2844100090 | 含天然铀或天然铀化合物的合金、分散体(包括金属陶瓷)、陶瓷产品及混合物 | 5.5 | 30 | 17 | 0 | 克/百万贝可 | 23 |
| 28442000 | -U235浓缩铀及其化合物;钚及其化合物;含U235浓缩铀、钚或它们的化合物的合金、分散体(包括金属陶瓷)、陶瓷产品及混合物 | | | | | | |
| 2844200010暂0 | 含U235浓度<5%的低浓铀及其化合物 | 5.5 | 30 | 17 | 0 | 克/百万贝可 | 23 |
| 2844200090 | 其他U235浓缩铀、钚及其化合物(包括其合金、分散体、陶瓷产品及混合物) | 5.5 | 30 | 17 | 0 | 克/百万贝可 | 23 |
| 28443000 | -U235贫化铀及其化合物;钍及其化合物;含U235贫化铀、钍或它们的化合物的合金、分散体(包括金属陶瓷)、陶瓷产品及混合物 | | | | | | |
| 2844300000 | U235贫化铀、钍及其化合物(包括其合金、分散体、陶瓷产品及混合物) | 5.5 | 30 | 17 | 0 | 克/百万贝可 | 23 |
| 28444010 | ---镭及镭盐 | | | | | | |
| 2844401010 | 镭-226及其化合物、混合物(两用物项管制商品) | 4 | 14 | 17 | 0 | 克/百万贝可 | 23 |
| 2844401090 | 其他镭及镭盐 | 4 | 14 | 17 | 0 | 克/百万贝可 | 2 |
| 28444020 | ---钴及钴盐 | | | | | | |
| 2844402000 | 放射性钴及放射性钴盐(包括其合金、分散体、陶瓷产品等) | 4 | 14 | 17 | 0 | 克/百万贝可 | 2 |

| 商品编号 | 商品名称及备注 | 进口关税税率(%) | | 增值税率(%) | 出口退税率(%) | 计量单位 | 监管条件 |
|---|---|---|---|---|---|---|---|
| | | 最惠国 | 普通 | | | | |
| 28444090 | ---其他 | | | | | | |
| 2844409010 | 铀-233及其化合物(包括呈金属、合金、化合物或浓缩物形态的各种材料) | 5.5 | 30 | 17 | 0 | 克/百万贝可 | 23 |
| 2844409020 | 氚、氚化物和氚的混合物,以及含有上述任何一种物质的产品[氚-氢原子比>1‰的,不包括含氚(任何形态)量<1.48×10$^3$GBq的产品] | 5.5 | 30 | 17 | 0 | 克/百万贝可 | 23 |
| 2844409030 | 氦-3(3He)、含有氦-3的混合物(不包括氦-3的含量<1克的产品) | 5.5 | 30 | 17 | 0 | 克/百万贝可 | 3 |
| 2844409040 | 发射α粒子,其α半衰期为10天或更长但小于200年的放射性核素(1. 单质;2. 含有α总活度为37GBq/kg或更大的任何这类放射性核素的化合物;3. 含有α总活度为37GBq/kg或更大的任何这类放射性核素的混合物;4. 含有任何上述物质的产品,不包括所含α活度小于3.7GBq的产品) | 5.5 | 30 | 17 | 0 | 克/百万贝可 | 23 |
| 2844409090 | 其他放射性元素、同位素及其化合物(编号284410、284420、284430以外的放射性元素,同位素) | 5.5 | 30 | 17 | 0 | 克/百万贝可 | 2 |
| 28445000 | -核反应堆已耗尽(已辐照)的燃料元件(释热元件) | | | | | | |
| 2844500000 | 核反应堆已耗尽的燃料元件 | 5.5 | 30 | 17 | 0 | 克 | |
| **2845** | **品目28.44以外的同位素;这些同位素的无机或有机化合物,不论是否已有化学定义** | | | | | | |
| 28451000 | -重水(氧化氘) | | | | | | |
| 2845100000 | 重水(氧化氘) | 5.5 | 30 | 17 | 0 | 克 | 3 |
| 28459000 | -其他 | | | | | | |
| 2845900010 | 除重水外的氘及氘化物 | 5.5 | 30 | 17 | 0 | 克 | 3 |
| 2845900020 | 硼-10同位素及其化合物、混合物(硼-10同位素占硼总量>20%的硼及其化合物、混合物) | 5.5 | 30 | 17 | 0 | 克 | 3 |
| 2845900030 | 富集锂-6同位素及其化合物混合物[富集锂-6同位素指锂-6同位素富集度>7.5%(按原子数计)] | 5.5 | 30 | 17 | 0 | 克 | 3 |
| 2845900090 | 其他同位素及其他化合物(品目28.44以外的同位素) | 5.5 | 30 | 17 | 0 | 克 | |
| **2846** | **稀土金属、钇、钪及其混合物的无机或有机化合物** | | | | | | |
| 28461010 | ---氧化铈 | | | | | | |
| 2846101000[暂0] | 氧化铈 | 5.5 | 30 | 17 | 0 | 千克 | 4Bxy |
| 28461020 | ---氢氧化铈 | | | | | | |
| 2846102000[暂0] | 氢氧化铈 | 5.5 | 30 | 17 | 0 | 千克 | 4Bxy |
| 28461030 | ---碳酸铈 | | | | | | |
| 2846103000[暂0] | 碳酸铈 | 5.5 | 30 | 17 | 0 | 千克 | 4Bxy |
| 28461090 | ---其他 | | | | | | |
| 2846109010[暂0] | 氟化铈 | 5.5 | 30 | 17 | 0 | 千克 | 4BXxy |
| 2846109090[暂0] | 铈的其他化合物 | 5.5 | 30 | 17 | 0 | 千克 | 4Bxy |
| 28469011 | ----氧化钇 | | | | | | |
| 2846901100[暂0] | 氧化钇 | 5.5 | 30 | 17 | 0 | 千克 | 4xBy |
| 28469012 | ----氧化镧 | | | | | | |
| 2846901200[暂0] | 氧化镧 | 5.5 | 30 | 17 | 0 | 千克 | 4Bxy |
| 28469013 | ----氧化钕 | | | | | | |
| 2846901300[暂0] | 氧化钕 | 5.5 | 30 | 17 | 0 | 千克 | 4Bxy |
| 28469014 | ----氧化铕 | | | | | | |
| 2846901400[暂0] | 氧化铕 | 5.5 | 30 | 17 | 0 | 千克 | 4Bxy |
| 28469015 | ----氧化镝 | | | | | | |
| 2846901500[暂0] | 氧化镝 | 5.5 | 30 | 17 | 0 | 千克 | 4Bxy |
| 28469016 | ----氧化铽 | | | | | | |
| 2846901600[暂0] | 氧化铽 | 5.5 | 30 | 17 | 0 | 千克 | 4Bxy |
| 28469017 | ----氧化镨 | | | | | | |

| 商品编号 | 商品名称及备注 | 进口关税税率(%) | | 增值税率(%) | 出口退税率(%) | 计量单位 | 监管条件 |
|---|---|---|---|---|---|---|---|
| | | 最惠国 | 普通 | | | | |
| 2846901700[暂0] | 氧化镨 | 5.5 | 30 | 17 | 0 | 千克 | 4Bxy |
| 28469019 | ----其他 | | | | | | |
| 2846901920[暂0] | 氧化铒 | 5.5 | 30 | 17 | 0 | 千克 | 4Bxy |
| 2846901930[暂0] | 氧化钆 | 5.5 | 30 | 17 | 0 | 千克 | 4Bxy |
| 2846901940[暂0] | 氧化钐 | 5.5 | 30 | 17 | 0 | 千克 | 4Bxy |
| 2846901970[暂0] | 氧化镱 | 5.5 | 30 | 17 | 0 | 千克 | 4Bxy |
| 2846901980[暂0] | 氧化钪 | 5.5 | 30 | 17 | 0 | 千克 | 4Bxy |
| 2846901991[暂0] | 灯用红粉 | 5.5 | 30 | 17 | 0 | 千克 | 4Bxy |
| 2846901992[暂0] | 按重量计中重稀土总含量≥30%的其他氧化稀土(灯用红粉、氧化铈除外) | 5.5 | 30 | 17 | 0 | 千克 | 4Bxy |
| 2846901999[暂0] | 其他氧化稀土(灯用红粉、氧化铈除外) | 5.5 | 30 | 17 | 0 | 千克 | 4Bxy |
| 28469021 | ----氯化铽 | | | | | | |
| 2846902100[暂0] | 氯化铽 | 5.5 | 30 | 17 | 0 | 千克 | 4Bxy |
| 28469022 | ----氯化镝 | | | | | | |
| 2846902200[暂0] | 氯化镝 | 5.5 | 30 | 17 | 0 | 千克 | 4Bxy |
| 28469023 | ----氯化镧 | | | | | | |
| 2846902300[暂0] | 氯化镧 | 5.5 | 30 | 17 | 0 | 千克 | 4Bxy |
| 28469024 | ----氯化钕 | | | | | | |
| 2846902400[暂0] | 氯化钕 | 5.5 | 30 | 17 | 0 | 千克 | 4Bxy |
| 28469025 | ----氯化镨 | | | | | | |
| 2846902500[暂0] | 氯化镨 | 5.5 | 30 | 17 | 0 | 千克 | 4Bxy |
| 28469026 | ----氯化钇 | | | | | | |
| 2846902600[暂0] | 氯化钇 | 5.5 | 30 | 17 | 0 | 千克 | 4Bxy |
| 28469028 | ----混合氯化稀土 | | | | | | |
| 2846902800[暂0] | 混合氯化稀土 | 5.5 | 30 | 17 | 0 | 千克 | 4Bxy |
| 28469029 | ----其他 | | | | | | |
| 2846902900[暂0] | 其他未混合氯化稀土 | 5.5 | 30 | 17 | 0 | 千克 | 4Bxy |
| 28469031 | ----氟化铽 | | | | | | |
| 2846903100[暂0] | 氟化铽 | 5.5 | 30 | 17 | 0 | 千克 | 4Bxy |
| 28469032 | ----氟化镝 | | | | | | |
| 2846903200[暂0] | 氟化镝 | 5.5 | 30 | 17 | 0 | 千克 | 4Bxy |
| 28469033 | ----氟化镧 | | | | | | |
| 2846903300[暂0] | 氟化镧 | 5.5 | 30 | 17 | 0 | 千克 | 4ABxy |
| 28469034 | ----氟化钕 | | | | | | |
| 2846903400[暂0] | 氟化钕 | 5.5 | 30 | 17 | 0 | 千克 | 4Bxy |
| 28469035 | ----氟化镨 | | | | | | |
| 2846903500[暂0] | 氟化镨 | 5.5 | 30 | 17 | 0 | 千克 | 4Bxy |
| 28469036 | ----氟化钇 | | | | | | |
| 2846903600[暂0] | 氟化钇 | 5.5 | 30 | 17 | 0 | 千克 | 4Bxy |
| 28469039 | ----其他 | | | | | | |
| 2846903900[暂0] | 其他氟化稀土 | 5.5 | 30 | 17 | 0 | 千克 | 4Bxy |
| 28469041 | ----碳酸镧 | | | | | | |
| 2846904100[暂0] | 碳酸镧 | 5.5 | 30 | 17 | 0 | 千克 | 4Bxy |
| 28469042 | ----碳酸铽 | | | | | | |
| 2846904200[暂0] | 碳酸铽 | 5.5 | 30 | 17 | 0 | 千克 | 4Bxy |
| 28469043 | ----碳酸镝 | | | | | | |
| 2846904300[暂0] | 碳酸镝 | 5.5 | 30 | 17 | 0 | 千克 | 4Bxy |

| 商品编号 | 商品名称及备注 | 进口关税税率(%) | | 增值税率(%) | 出口退税率(%) | 计量单位 | 监管条件 |
|---|---|---|---|---|---|---|---|
| | | 最惠国 | 普通 | | | | |
| 28469044 | ----碳酸钕 | | | | | | |
| 2846904400[暂0] | 碳酸钕 | 5.5 | 30 | 17 | 0 | 千克 | 4Bxy |
| 28469045 | ----碳酸镨 | | | | | | |
| 2846904500[暂0] | 碳酸镨 | 5.5 | 30 | 17 | 0 | 千克 | 4Bxy |
| 28469046 | ----碳酸钇 | | | | | | |
| 2846904600[暂0] | 碳酸钇 | 5.5 | 30 | 17 | 0 | 千克 | 4Bxy |
| 28469048 | ----混合碳酸稀土 | | | | | | |
| 2846904810[暂0] | 按重量计中重稀土总含量≥30%的混合碳酸稀土 | 5.5 | 30 | 17 | 0 | 千克 | 4Bxy |
| 2846904890[暂0] | 其他混合碳酸稀土 | 5.5 | 30 | 17 | 0 | 千克 | 4Bxy |
| 28469049 | ----其他 | | | | | | |
| 2846904900[暂0] | 其他未混合碳酸稀土 | 5.5 | 30 | 17 | 0 | 千克 | 4Bxy |
| 28469091 | ----镧的其他化合物 | | | | | | |
| 2846909100[暂0] | 镧的其他化合物 | 5.5 | 30 | 17 | 0 | 千克 | 4Bxy |
| 28469092 | ----钕的其他化合物 | | | | | | |
| 2846909200[暂0] | 钕的其他化合物 | 5.5 | 30 | 17 | 0 | 千克 | 4Bxy |
| 28469093 | ----铽的其他化合物 | | | | | | |
| 2846909300[暂0] | 铽的其他化合物 | 5.5 | 30 | 17 | 0 | 千克 | 4Bxy |
| 28469094 | ----镝的其他化合物 | | | | | | |
| 2846909400[暂0] | 镝的其他化合物 | 5.5 | 30 | 17 | 0 | 千克 | 4Bxy |
| 28469095 | ----镨的其他化合物 | | | | | | |
| 2846909500[暂0] | 镨的其他化合物 | 5.5 | 30 | 17 | 0 | 千克 | 4Bxy |
| 28469096 | ----钇的其他化合物 | | | | | | |
| 2846909601[暂0] | LED 用荧光粉(成分含钇的其他化合物) | 5.5 | 30 | 17 | 0 | 千克 | B |
| 2846909690[暂0] | 钇的其他化合物 | 5.5 | 30 | 17 | 0 | 千克 | 4Bxy |
| 28469099 | ----其他 | | | | | | |
| 2846909901[暂0] | LED 用荧光粉(成分含稀土金属、钪的其他化合物,铈的化合物除外) | 5.5 | 30 | 17 | 0 | 千克 | B |
| 2846909910[暂0] | 按重量计中重稀土总含量≥30%的稀土金属、钪的其他化合物(铈的化合物除外) | 5.5 | 30 | 17 | 0 | 千克 | 4Bxy |
| 2846909990[暂0] | 其他稀土金属、钪的其他化合物(铈的化合物除外) | 5.5 | 30 | 17 | 0 | 千克 | 4Bxy |
| **2847** | **过氧化氢,不论是否用尿素固化** | | | | | | |
| 28470000 | 过氧化氢,不论是否用尿素固化 | | | | | | |
| 2847000000 | 过氧化氢,不论是否用尿素固化 | 5.5 | 30 | 17 | 0 | 千克 | AB |
| **2849** | **碳化物,不论是否已有化学定义** | | | | | | |
| 28491000 | -碳化钙 | | | | | | |
| 2849100000 | 碳化钙 | 5.5 | 45 | 17 | 0 | 千克 | AB |
| 28492000 | -碳化硅 | | | | | | |
| 2849200000 | 碳化硅 | 5.5 | 30 | 17 | 0 | 千克 | 4xy |
| 28499010 | ---碳化硼 | | | | | | |
| 2849901000 | 碳化硼 | 5.5 | 30 | 17 | 0 | 千克 | |
| 28499020 | ---碳化钨 | | | | | | |
| 2849902000 | 碳化钨 | 5.5 | 30 | 17 | 0 | 千克 | 4xy |
| 28499090 | ---其他 | | | | | | |
| 2849909000 | 其他碳化物 | 5.5 | 30 | 17 | 0 | 千克 | |
| **2850** | **氢化物、氮化物、叠氮化物、硅化物及硼化物,不论是否已有化学定义,但可归入品目 28.49 的碳化物除外** | | | | | | |
| 28500011 | ----氮化锰 | | | | | | |
| 2850001100 | 氮化锰 | 5.5 | 30 | 17 | 0 | 千克 | |

| 商品编号 | 商品名称及备注 | 进口关税税率(%) | | 增值税率(%) | 出口退税率(%) | 计量单位 | 监管条件 |
|---|---|---|---|---|---|---|---|
| | | 最惠国 | 普通 | | | | |
| 28500012 | ----氮化硼 | | | | | | |
| 2850001200 | 氮化硼 | 5.5 | 30 | 17 | 0 | 千克 | |
| 28500019 | ----其他 | | | | | | |
| 2850001900 | 其他氮化物(包括叠氮化物) | 5.5 | 30 | 17 | 0 | 千克 | |
| 28500090 | ---其他 | | | | | | |
| 2850009010 | 砷化氢(砷烷、砷化三氢、胂) | 5.5 | 30 | 17 | 0 | 千克 | X |
| 2850009090 | 其他氢化物、硅化物等(包括硼化物可归入品目28.49的碳化物除外) | 5.5 | 30 | 17 | 0 | 千克 | |
| **2852** | **汞的无机或有机化合物,汞齐除外** | | | | | | |
| 28521000 | -已有化学定义的 | | | | | | |
| 2852100000 | 汞的无机或有机化合物,汞齐除外,已有化学定义的 | 5.5 | 30 | 17 | 0 | 千克 | X |
| 28529000 | -其他 | | | | | | |
| 2852900000 | 其他汞的无机或有机化合物,汞齐除外,已有化学定义的除外 | 5.5 | 30 | 17 | 0 | 千克 | X |
| **2853** | **磷化物,不论是否已有化学定义,但磷铁除外;其他无机化合物(包括蒸馏水、导电水及类似的纯净水);液态空气(不论是否除去稀有气体);压缩空气;汞齐,但贵金属汞齐除外** | | | | | | |
| 28531000 | -氯化氰 | | | | | | |
| 2853100000 | 氯化氰 | 5.5 | 30 | 17 | 0 | 千克 | 23AB |
| 28539010 | ---饮用蒸馏水 | | | | | | |
| 2853901000 | 饮用蒸馏水 | 5.5 | 70 | 17 | 0 | 千克 | AB |
| 28539030 | ---镍钴锰氢氧化物 | | | | | | |
| 2853903000 | 镍钴锰氢氧化物 | 6.5 | 30 | 17 | 13 | 千克 | |
| 28539040 | ---磷化物,不论是否已有化学定义,但不包括磷铁 | | | | | | |
| 2853904010 | 磷化铝,磷化锌 | 5.5 | 20 | 17 | 0 | 千克 | S |
| 2853904090 | 其他磷化物(不论是否已有化学定义,但不包括磷铁) | 5.5 | 20 | 17 | 0 | 千克 | |
| 28539050 | ---镍钴铝氢氧化物 | | | | | | |
| 2853905000 | 镍钴铝氢氧化物 | 5.5 | 30 | 17 | | 千克 | |
| 28539090 | ---其他 | | | | | | |
| 2853909010 | 饮用纯净水 | 5.5 | 30 | 17 | 0 | 千克 | AB |
| 2853909021 | 氰,氰化碘,氰化溴,铅汞齐(包括氰气、碘化氰、溴化氰) | 5.5 | 30 | 17 | 0 | 千克 | X |
| 2853909022 | 砷化锌,砷化镓 | 5.5 | 30 | 17 | 0 | 千克 | X |
| 2853909090 | 其他无机化合物、压缩空气等(包括单氰胺、导电水、液态空气、汞齐等,贵金属汞齐除外) | 5.5 | 30 | 17 | 0 | 千克 | |

# 第二十九章　有机化学品

**注释：**

一、除条文另有规定的以外，本章各品目只适用于：

（一）单独的已有化学定义的有机化合物，不论是否含有杂质；

（二）同一有机化合物的两种或两种以上异构体的混合物（不论是否含有杂质），但无环烃异构体的混合物（立体异构体除外），不论是否饱和，应归入第二十七章；

（三）品目29.36至29.39的产品，品目29.40的糖醚、糖缩醛、糖酯及其盐类和品目29.41的产品，不论是否已有化学定义；

（四）上述（一）、（二）、（三）款产品的水溶液；

（五）溶于其他溶剂的上述（一）、（二）、（三）款的产品，但该产品处于溶液状态只是为了安全或运输所采取的正常必要方法，其所用溶剂并不使该产品改变其一般用途而适合于某些特殊用途；

（六）为了保存或运输的需要，加入了稳定剂（包括抗结块剂）的上述（一）、（二）、（三）、（四）、（五）各款产品；

（七）为了便于识别或安全起见，加入抗尘剂、着色剂或气味剂的上述（一）、（二）、（三）、（四）、（五）、（六）各款产品，但所加剂料并不使原产品改变其一般用途而适用于某些特殊用途；

（八）为生产偶氮染料而稀释至标准浓度的下列产品：重氮盐，用于重氮盐、可重氮化的胺及其盐类的耦合剂。

二、本章不包括：

（一）品目15.04的货品及品目15.20的粗甘油；

（二）乙醇（品目22.07或22.08）；

（三）甲烷及丙烷（品目27.11）；

（四）第二十八章注释二所述的碳化合物；

（五）品目30.02的免疫制品；

（六）尿素（品目31.02或31.05）；

（七）植物性或动物性着色料（品目32.03）、合成有机着色料、用做荧光增白剂或发光体的合成有机产品（品目为32.04）及零售包装的染料或其他着色料（品目32.12）；

（八）酶（品目35.07）；

（九）聚乙醛、六亚甲基四胺（乌洛托品）及类似物质，制成片、条或类似形状作为燃料用的，以及包装容器的容积不超过300立方厘米的直接灌注香烟打火机及类似打火器用的液体燃料或液化气体燃料（品目36.06）；

（十）灭火器的装配药及已装药的灭火弹（品目38.13）；零售包装的除墨剂（品目38.24）；或

（十一）光学元件，例如，用酒石酸乙二胺制成的（品目90.01）。

三、可以归入本章两个或两个以上品目的货品，应归入有关品目中的最后一个品目。

四、品目29.04至29.06、29.08至29.11及29.13至29.20的卤化、磺化、硝化或亚硝化衍生物均包括复合衍生物，例如，卤磺化、卤硝化、磺硝化及卤磺硝化衍生物。硝基及亚硝基不作为品目29.29的含氮基官能团。

品目29.11、29.12、29.14、29.18及29.22所称“含氧基”，仅限于品目29.05至29.20的各种含氧基（其特征为有机含氧基）。

五、（一）本章第一分章至第七分章的酸基有机化合物与这些分章的有机化合物构成的酯，应归入上述分章有关品目中的最后一个品目。

（二）乙醇与本章第一分章至第七分章的酸基有机化合物所构成的酯，应按有关酸基化合物归类。

（三）除第六类注释一及第二十八章注释二另有规定的以外：

1. 第一分章至第十分章及品目29.42的有机化合物的无机盐，例如，含酸基、酚基或烯醇基的化合物及有机碱的无机盐，应归入相应的有机化合物的品目；

2. 第一分章至第十分章及品目29.42的有机化合物之间生成的盐，应按生成该盐的碱或酸（包括酚基或烯醇基化合物）归入本章有关品目中的最后一个品目；

3. 除第十一分章或品目29.41的产品外，配位化合物应按该化合物所有金属键（金属-碳键除外）“断开”所形成的片段归入第二十九章有关品目中的最后一个品目。

（四）金属醇化物应按相应的醇归类，但乙醇除外（品目29.05）。

（五）羧酸酰卤化物应按相应的酸归类。

六、品目29.30及29.31的化合物是指有机化合物，其分子中除含氢、氧或氮原子外，还含有与碳原子直接连接的其他非金属或金属原子（例如，硫、砷或铅）。

品目29.30（有机硫化合物）及品目29.31（其他有机—无机化合物）不包括某些磺化或卤化衍生物（含复合衍生物）。这些衍生物分子中除氢、氧、氮之外，只有具有磺化或卤化衍生物（或复合衍生物）性质的硫原子或卤素原子与碳原子直接连接。

七、品目29.32、29.33及29.34不包括三节环环氧化物、过氧化酮、醛或硫醛的环聚合物、多元羧酸酐、多元醇或酚与多元酸构成的环酯及多元酸酰亚胺。

本条规定只适用于由本条所列环化功能形成环内杂原子的化合物。

八、品目29.37所称：

（一）“激素”包括激素释放因子、激素刺激和释放因子、激素抑制剂以及激素抗体；

（二）“主要起激素作用的”，不仅适用于激素衍生物以及主要起激素作用的结构类似物，也适用于在本品目所列产品合成过程中主要用做中间体的激素衍生物以及结构类似物。

**子目注释：**

一、属于本章任一品目项下的一种（组）化合物的衍生物，如果该品目其他子目未明确将其包括在内，而且有关的子目中又无列名为“其他”的子目，则应与该种（组）化合物归入同一子目。

二、第二十九章注释三不适用于本章的子目。

| 商品编号 | 商品名称及备注 | 进口关税税率(%) 最惠国 | 进口关税税率(%) 普通 | 增值税率(%) | 出口退税率(%) | 计量单位 | 监管条件 |
|---|---|---|---|---|---|---|---|
| **2901** | **无环烃** | | | | | | |
| 29011000 | -饱和 | | | | | | |
| 2901100000 | 饱和无环烃 | 2 | 30 | 17 | 9 | 千克 | |
| 29012100 | --乙烯 | | | | | | |
| 2901210000[暂1] | 乙烯 | 2 | 20 | 17 | 9 | 千克 | AB |
| 29012200 | --丙烯 | | | | | | |
| 2901220000[暂1] | 丙烯 | 2 | 20 | 17 | 9 | 千克 | AB |
| 29012310 | ---1-丁烯 | | | | | | |
| 2901231000 | 1-丁烯 | 2 | 20 | 17 | 9 | 千克 | AB |
| 29012320 | ---2-丁烯 | | | | | | |
| 2901232000 | 2-丁烯 | 2 | 20 | 17 | 9 | 千克 | AB |
| 29012330 | ---2-甲基丙烯 | | | | | | |
| 2901233000 | 2-甲基丙烯 | 2 | 20 | 17 | 9 | 千克 | |
| 29012410 | ---1,3-丁二烯 | | | | | | |
| 2901241000 | 1,3-丁二烯 | 2 | 20 | 17 | 13 | 千克 | AB |
| 29012420 | ---异戊二烯 | | | | | | |
| 2901242000 | 异戊二烯 | 2 | 20 | 17 | 9 | 千克 | |
| 29012910 | ---异戊烯 | | | | | | |
| 2901291000 | 异戊烯 | 2 | 30 | 17 | 9 | 千克 | AB |
| 29012920 | ---乙炔 | | | | | | |
| 2901292000 | 乙炔 | 2 | 45 | 17 | 9 | 千克 | AB |
| 29012990 | ---其他 | | | | | | |
| 2901299010 | 诱虫烯 | 2 | 30 | 17 | 9 | 千克 | S |
| 2901299090 | 其他不饱和无环烃 | 2 | 30 | 17 | 9 | 千克 | |
| **2902** | **环烃** | | | | | | |
| 29021100 | --环己烷 | | | | | | |
| 2902110000 | 环己烷 | 2 | 30 | 17 | 9 | 千克 | AB |
| 29021910 | ---蒎烯 | | | | | | |
| 2902191000 | 蒎烯 | 2 | 30 | 17 | 9 | 千克 | |
| 29021920 | ---4-烷基-4'-烷基双环己烷 | | | | | | |
| 2902192000 | 4-烷基-4'-烷基双环己烷 | 2 | 30 | 17 | 9 | 千克 | |
| 29021990 | ---其他 | | | | | | |
| 2902199011 | 1-甲基环丙烯 | 2 | 30 | 17 | 9 | 千克 | S |
| 2902199012 | d-柠檬烯 | 2 | 30 | 17 | 9 | 千克 | |
| 2902199090 | 其他环烷烃、环烯及环萜烯 | 2 | 30 | 17 | 9 | 千克 | |
| 29022000 | -苯 | | | | | | |
| 2902200000[暂2] | 苯 | 2 | 20 | 17 | 0 | 千克 | AB |
| 29023000 | -甲苯 | | | | | | |
| 2902300000 | 甲苯 | 2 | 30 | 17 | 13 | 千克 | 23AB |
| 29024100 | --邻二甲苯 | | | | | | |
| 2902410000 | 邻二甲苯 | 2 | 20 | 17 | 9 | 千克 | |
| 29024200 | --间二甲苯 | | | | | | |
| 2902420000 | 间二甲苯 | 2 | 20 | 17 | 9 | 千克 | |
| 29024300 | --对二甲苯 | | | | | | |
| 2902430000 | 对二甲苯 | 2 | 20 | 17 | 13 | 千克 | |
| 29024400 | --混合二甲苯异构体 | | | | | | |

| 商品编号 | 商品名称及备注 | 进口关税税率(%) | | 增值税率(%) | 出口退税率(%) | 计量单位 | 监管条件 |
|---|---|---|---|---|---|---|---|
| | | 最惠国 | 普通 | | | | |
| 2902440000 | 混合二甲苯异构体 | 2 | 20 | 17 | 13 | 千克 | |
| 29025000 | -苯乙烯 | | | | | | |
| 2902500000 | 苯乙烯 | 2 | 30 | 17 | 9 | 千克 | AB |
| 29026000 | -乙苯 | | | | | | |
| 2902600000 | 乙苯 | 2 | 30 | 17 | 9 | 千克 | AB |
| 29027000 | -异丙基苯 | | | | | | |
| 2902700000 | 异丙基苯 | 2 | 30 | 17 | 9 | 千克 | AB |
| 29029010 | ---四氢萘 | | | | | | |
| 2902901000 | 四氢萘 | 2 | 11 | 17 | 9 | 千克 | |
| 29029020 | ---精萘 | | | | | | |
| 2902902000 | 精萘 | 2 | 35 | 17 | 9 | 千克 | AB |
| 29029030 | ---十二烷基苯 | | | | | | |
| 2902903000 | 十二烷基苯 | 2 | 30 | 17 | 9 | 千克 | |
| 29029040 | ---4-(4'-烷基环己基)环己基乙烯 | | | | | | |
| 2902904000 | 4-(4'-烷基环己基)环己基乙烯 | 2 | 30 | 17 | 13 | 千克 | |
| 29029050 | ---1-烷基-4-(4-烷烯基-1,1'-双环己基)苯 | | | | | | |
| 2902905000 | 1-烷基-4-(4-烷烯基-1,1'-双环己基)苯 | 2 | 30 | 17 | | 千克 | |
| 29029090 | ---其他 | | | | | | |
| 2902909000 | 其他环烃 | 2 | 30 | 17 | 9 | 千克 | |
| **2903** | **烃的卤化衍生物** | | | | | | |
| 29031100 | ---氯甲烷及氯乙烷 | | | | | | |
| 2903110000 | 一氯甲烷及氯乙烷 | 5.5 | 30 | 17 | 9 | 千克 | |
| 29031200 | --二氯甲烷 | | | | | | |
| 2903120001 | 纯度≥99%的二氯甲烷 | 8 | 30 | 17 | 9 | 千克 | X |
| 2903120090 | 其他二氯甲烷 | 8 | 30 | 17 | 9 | 千克 | X |
| 29031300 | --氯仿(三氯甲烷) | | | | | | |
| 2903130000 | 三氯甲烷(氯仿) | 10 | 30 | 17 | 9 | 千克 | 23XAB |
| 29031400 | --四氯化碳 | | | | | | |
| 2903140010 | 非用于清洗剂的四氯化碳 | 8 | 30 | 17 | 9 | 千克 | 49Bxy |
| 2903140090 | 用于清洗剂的四氯化碳 | 8 | 30 | 17 | 9 | 千克 | 89 |
| 29031500 | --1,2-二氯乙烷 | | | | | | |
| 2903150000[暂1] | 1,2-二氯乙烷(ISO) | 5.5 | 30 | 17 | 0 | 千克 | ABX |
| 29031910 | ---1,1,1-三氯乙烷(甲基氯仿) | | | | | | |
| 2903191010 | 1,1,1-三氯乙烷(甲基氯仿)(用于清洗剂的除外) | 8 | 30 | 17 | 9 | 千克 | 14ABxy |
| 2903191090 | 1,1,1-三氯乙烷(甲基氯仿)(用于清洗剂的) | 8 | 30 | 17 | 9 | 千克 | 18A |
| 29031990 | ---其他 | | | | | | |
| 2903199000 | 其他无环烃的饱和氯化衍生物 | 5.5 | 30 | 17 | 9 | 千克 | |
| 29032100 | --氯乙烯 | | | | | | |
| 2903210000[暂1] | 氯乙烯 | 5.5 | 30 | 17 | 9 | 千克 | AB |
| 29032200 | --三氯乙烯 | | | | | | |
| 2903220000 | 三氯乙烯 | 8 | 30 | 17 | 9 | 千克 | ABX |
| 29032300 | --四氯乙烯(全氯乙烯) | | | | | | |
| 2903230000 | 四氯乙烯 | 5.5 | 30 | 17 | 9 | 千克 | ABX |
| 29032910 | ---3-氯-1-丙烯(氯丙烯) | | | | | | |
| 2903291000 | 3-氯-1-丙烯(氯丙烯) | 5.5 | 30 | 17 | 9 | 千克 | |
| 29032990 | ---其他 | | | | | | |

| 商品编号 | 商品名称及备注 | 进口关税税率(%) | | 增值税率(%) | 出口退税率(%) | 计量单位 | 监管条件 |
|---|---|---|---|---|---|---|---|
| | | 最惠国 | 普通 | | | | |
| 2903299010 | 1,1-二氯乙烯 | 5.5 | 30 | 17 | 9 | 千克 | X |
| 2903299090 | 其他无环烃的不饱和氯化衍生物 | 5.5 | 30 | 17 | 9 | 千克 | |
| 29033100 | --1,2-二溴乙烷(ISO) | | | | | | |
| 2903310000 | 1,2-二溴乙烷(ISO) | 5.5 | 30 | 17 | 0 | 千克 | 89 |
| 29033910 | ---1,1,3,3,3-五氟-2三氟甲基-1-丙烯(全氟异丁烯;八氟异丁烯) | | | | | | |
| 2903391000 | 1,1,3,3,3-五氟-2-三氟甲基-1-丙烯(全氟异丁烯;八氟异丁烯) | 5.5 | 30 | 17 | 9 | 千克 | 23 |
| 29033990 | ---其他 | | | | | | |
| 2903399010 | 二溴甲烷 | 5.5 | 30 | 17 | 9 | 千克 | AB |
| 2903399020 | 溴甲烷(别名甲基溴) | 5.5 | 30 | 17 | 0 | 千克 | 14ABxy |
| 2903399030 | 碘甲烷 | 5.5 | 30 | 17 | 13 | 千克 | AB |
| 2903399090 | 其他无环烃的氟化、溴化或碘化衍生物 | 5.5 | 30 | 17 | 13 | 千克 | |
| 29037100 | ---一氯二氟甲烷 | | | | | | |
| 2903710000 | 一氯二氟甲烷 | 5.5 | 30 | 17 | 13 | 千克 | 14ABxy |
| 29037200 | --二氯三氟乙烷 | | | | | | |
| 2903720000 | 二氯三氟乙烷 | 5.5 | 30 | 17 | 9 | 千克 | 14xy |
| 29037300 | --二氯一氟乙烷 | | | | | | |
| 2903730000 | 二氯一氟乙烷 | 5.5 | 30 | 17 | 9 | 千克 | 14xy |
| 29037400 | ---一氯二氟乙烷 | | | | | | |
| 2903740000 | 一氯二氟乙烷 | 5.5 | 30 | 17 | 9 | 千克 | 14xy |
| 29037500 | --二氯五氟丙烷 | | | | | | |
| 2903750010 | 1,1,1,2,2-五氟-3,3-二氯丙烷 | 5.5 | 30 | 17 | 9 | 千克 | 14xy |
| 2903750020 | 1,1,2,2,3-五氟-1,3-二氯丙烷 | 5.5 | 30 | 17 | 9 | 千克 | 14xy |
| 2903750090 | 其他二氯五氟丙烷 | 5.5 | 30 | 17 | 9 | 千克 | 14xy |
| 29037600 | --溴氯二氟甲烷、溴三氟甲烷及二溴四氟乙烷 | | | | | | |
| 2903760010 | 溴氯二氟甲烷(Halon-1211) | 5.5 | 30 | 17 | 9 | 千克 | 14xy |
| 2903760020 | 溴三氟甲烷(Halon-1301) | 5.5 | 30 | 17 | 9 | 千克 | 14ABxy |
| 2903760030 | 二溴四氟乙烷 | 5.5 | 30 | 17 | 9 | 千克 | |
| 29037710 | ---三氯氟甲烷 | | | | | | |
| 2903771000 | 三氯氟甲烷(CFC-11) | 5.5 | 30 | 17 | 9 | 千克 | 14xy |
| 29037720 | ---其他仅含氟和氯的甲烷、乙烷及丙烷的全卤化物 | | | | | | |
| 2903772011 | 二氯二氟甲烷(CFC-12) | 5.5 | 30 | 17 | 9 | 千克 | 14ABxy |
| 2903772012 | 三氯三氟乙烷,用于清洗剂除外(CFC-113) | 5.5 | 30 | 17 | 9 | 千克 | 14xy |
| 2903772013 | 三氯三氟乙烷,用于清洗剂(CFC-113) | 5.5 | 30 | 17 | 9 | 千克 | 89 |
| 2903772014 | 二氯四氟乙烷(CFC-114) | 5.5 | 30 | 17 | 9 | 千克 | 14ABxy |
| 2903772015 | 一氯五氟乙烷(CFC-115) | 5.5 | 30 | 17 | 9 | 千克 | 14ABxy |
| 2903772016 | 一氯三氟甲烷(CFC-13) | 5.5 | 30 | 17 | 9 | 千克 | 14ABxy |
| 2903772090 | 其他仅含氟和氯的甲烷、乙烷及丙烷的全卤化物 | 5.5 | 30 | 17 | 9 | 千克 | |
| 29037790 | ---其他 | | | | | | |
| 2903779000 | 其他无环烃全卤化物(指仅含氟和氯的) | 5.5 | 30 | 17 | 13 | 千克 | |
| 29037800 | --其他全卤化衍生物 | | | | | | |
| 2903780000 | 其他无环烃全卤化衍生物(指含两种或两种以上不同卤素的) | 5.5 | 30 | 17 | 9 | 千克 | |
| 29037910 | ---其他仅含氟和氯的甲烷、乙烷及丙烷的卤化衍生物 | | | | | | |
| 2903791011 | 一氟二氯甲烷 | 5.5 | 30 | 17 | 9 | 千克 | 14xy |
| 2903791012 | 1,1,1,2-四氟-2-氯乙烷 | 5.5 | 30 | 17 | 9 | 千克 | 14xy |
| 2903791013 | 三氟一氯乙烷 | 5.5 | 30 | 17 | 9 | 千克 | 14xy |
| 2903791014 | 1-氟-1,1-二氯乙烷 | 5.5 | 30 | 17 | 9 | 千克 | 14xy |

| 商品编号 | 商品名称及备注 | 进口关税税率(%) | | 增值税率(%) | 出口退税率(%) | 计量单位 | 监管条件 |
|---|---|---|---|---|---|---|---|
| | | 最惠国 | 普通 | | | | |
| 2903791015 | 1,1-二氟-1-氯乙烷 | 5.5 | 30 | 17 | 9 | 千克 | 14xy |
| 2903791090 | 其他仅含氟和氯的甲烷、乙烷及丙烷的卤化衍生物 | 5.5 | 30 | 17 | 9 | 千克 | 14xy |
| 29037990 | ---其他 | | | | | | |
| 2903799010 | 二溴氯丙烷(1,2-二溴-3-氯丙烷) | 5.5 | 30 | 17 | 9 | 千克 | 89 |
| 2903799021 | 其他仅含溴、氟的甲烷、乙烷和丙烷 | 5.5 | 30 | 17 | 9 | 千克 | 14xy |
| 2903799090 | 其他无环烃卤化衍生物(含二种或二种以上不同卤素的其他无环烃卤化衍生物) | 5.5 | 30 | 17 | 9 | 千克 | |
| 29038100 | --1,2,3,4,5,6-六氯环己烷[六六六(ISO)],包括林丹(ISO,INN) | | | | | | |
| 2903810010 | 林丹(ISO,INN) | 5.5 | 30 | 17 | 0 | 千克 | S |
| 2903810020 | α-六氯环己烷、β-六氯环己烷 | 5.5 | 30 | 17 | 0 | 千克 | 89 |
| 2903810090 | 其他1,2,3,4,5,6-六氯环已烷[六六六(ISO)](混合异构体) | 5.5 | 30 | 17 | 0 | 千克 | X |
| 29038200 | --艾氏剂(ISO)、氯丹(ISO)及七氯(ISO) | | | | | | |
| 2903820010 | 艾氏剂(ISO)及七氯(ISO) | 5.5 | 30 | 17 | 0 | 千克 | 89 |
| 2903820090 | 氯丹(ISO)(别名八氯化甲桥茚) | 5.5 | 30 | 17 | 0 | 千克 | 89 |
| 29038300 | --灭蚁灵(ISO) | | | | | | |
| 2903830000 | 灭蚁灵 | 5.5 | 30 | 17 | 0 | 千克 | 89 |
| 29038900 | --其他 | | | | | | |
| 2903890010 | 毒杀芬 | 5.5 | 30 | 17 | 0 | 千克 | 89 |
| 2903890020 | 六溴环十二烷 | 5.5 | 30 | 17 | 13 | 千克 | X |
| 2903890090 | 其他环烷烃、环烯烃或环萜烯烃的卤化衍生物 | 5.5 | 30 | 17 | 13 | 千克 | |
| 29039110 | ---邻二氯苯 | | | | | | |
| 2903911000 | 邻二氯苯 | 5.5 | 30 | 17 | 9 | 千克 | |
| 29039190 | ---其他 | | | | | | |
| 2903919010 | 1,4-二氯苯(又称对二氯苯) | 5.5 | 30 | 17 | 9 | 千克 | S |
| 2903919090 | 氯苯 | 5.5 | 30 | 17 | 9 | 千克 | AB |
| 29039200 | --六氯苯(ISO)及滴滴涕(ISO,INN)[1,1,1-三氯-2,2-双(4-氯苯基)乙烷] | | | | | | |
| 2903920000 | 六氯苯(ISO)及滴滴涕(ISO,INN)[六氯苯别名过氯苯,滴滴涕别名1,1,1-三氯-2,2-双(4-氯苯基)乙烷] | 5.5 | 30 | 17 | 0 | 千克 | 89 |
| 29039300 | --五氯苯(ISO) | | | | | | |
| 2903930000 | 五氯苯 | 5.5 | 30 | 17 | 9 | 千克 | 89 |
| 29039400 | 六溴联苯 | | | | | | |
| 2903940000 | 六溴联苯 | 5.5 | 30 | 17 | 9 | 千克 | |
| 29039910 | ---对氯甲苯 | | | | | | |
| 2903991000 | 对氯甲苯 | 5.5 | 30 | 17 | 9 | 千克 | AB |
| 29039920 | ---3,4-二氯三氟甲苯 | | | | | | |
| 2903992000 | 3,4-二氯三氟甲苯 | 5.5 | 30 | 17 | 9 | 千克 | |
| 29039930 | ---4-(4'-烷基苯基)-1-(4'-烷基苯基)-2-氟苯 | | | | | | |
| 2903993000 | 4-(4'-烷基苯基)-1-(4'-烷基苯基)-2-氟苯 | 5.5 | 30 | 17 | 13 | 千克 | |
| 29039990 | ---其他 | | | | | | |
| 2903999010 | 多氯联苯、多溴联苯 | 5.5 | 30 | 17 | 9 | 千克 | 89 |
| 2903999030 | 多氯三联苯(PCT) | 5.5 | 30 | 17 | 9 | 千克 | X |
| 2903999040 | 稗草烯 | 5.5 | 30 | 17 | 0 | 千克 | S |
| 2903999090 | 其他芳烃卤化衍生物 | 5.5 | 30 | 17 | 9 | 千克 | |
| **2904** | **烃的磺化、硝化或亚硝化衍生物,不论是否卤化** | | | | | | |
| 29041000 | -仅含磺基的衍生物及其盐和乙酯 | | | | | | |
| 2904100000 | 仅含磺基的衍生物及其盐和乙酯 | 5.5 | 30 | 17 | 9 | 千克 | |
| 29042010 | ---硝基苯 | | | | | | |

| 商品编号 | 商品名称及备注 | 进口关税税率（%） | | 增值税率（%） | 出口退税率（%） | 计量单位 | 监管条件 |
|---|---|---|---|---|---|---|---|
| | | 最惠国 | 普通 | | | | |
| 2904201000 | 硝基苯 | 5.5 | 20 | 17 | 9 | 千克 | AB |
| 29042020 | ---硝基甲苯 | | | | | | |
| 2904202000 | 硝基甲苯 | 5.5 | 30 | 17 | 9 | 千克 | |
| 29042030 | ---二硝基甲苯 | | | | | | |
| 2904203000 | 二硝基甲苯 | 5.5 | 20 | 17 | 9 | 千克 | AB |
| 29042040 | ---三硝基甲苯(TNT) | | | | | | |
| 2904204000 | 三硝基甲苯(TNT) | 5.5 | 40 | 17 | 9 | 千克 | AB |
| 29042090 | ---其他 | | | | | | |
| 2904209010 | 六硝基芪 | 5.5 | 30 | 17 | 9 | 千克 | 3 |
| 2904209020 | 4-硝基联苯 | 5.5 | 30 | 17 | 9 | 千克 | X |
| 2904209090 | 其他仅含硝基或亚硝基衍生物 | 5.5 | 30 | 17 | 9 | 千克 | |
| 29043100 | --全氟辛基磺酸 | | | | | | |
| 2904310000 | 全氟辛基磺酸 | 5.5 | 30 | 17 | 9 | 千克 | X |
| 29043200 | --全氟辛基磺酸铵 | | | | | | |
| 2904320000 | 全氟辛基磺酸铵 | 5.5 | 30 | 17 | 9 | 千克 | X |
| 29043300 | --全氟辛基磺酸锂 | | | | | | |
| 2904330000 | 全氟辛基磺酸锂 | 5.5 | 30 | 17 | 9 | 千克 | X |
| 29043400 | --全氟辛基磺酸钾 | | | | | | |
| 2904340000 | 全氟辛基磺酸钾 | 5.5 | 30 | 17 | 9 | 千克 | X |
| 29043500 | --其他全氟辛基磺酸盐 | | | | | | |
| 2904350000 | 其他全氟辛基磺酸盐 | 5.5 | 30 | 17 | 9 | 千克 | |
| 29043600 | --全氟辛基磺酰氟 | | | | | | |
| 2904360000 | 全氟辛基磺酰氟 | 5.5 | 30 | 17 | 9 | 千克 | X |
| 29049100 | --三氯硝基甲烷(氯化苦) | | | | | | |
| 2904910000 | 三氯硝基甲烷(氯化苦) | 5.5 | 30 | 17 | 0 | 千克 | 23S |
| 29049900 | --其他 | | | | | | |
| 2904990011 | 氯硝丙烷 | 5.5 | 30 | 17 | 0 | 千克 | S |
| 2904990012 | 四氯硝基苯 | 5.5 | 30 | 17 | 0 | 千克 | S |
| 2904990013 | 五氯硝基苯 | 5.5 | 30 | 17 | 0 | 千克 | S |
| 2904990090 | 其他烃的磺化、硝化、亚硝化衍生物(不论是否卤化) | 5.5 | 30 | 17 | 9 | 千克 | |
| **2905** | **无环醇及其卤化、磺化、硝化或亚硝化衍生物** | | | | | | |
| 29051100 | --甲醇 | | | | | | |
| 2905110000 | 甲醇 | 5.5 | 30 | 17 | 13 | 千克 | AB |
| 29051210 | ---丙醇 | | | | | | |
| 2905121000[暂3] | 正丙醇 | 5.5 | 30 | 17 | 9 | 千克 | AB |
| 29051220 | ---异丙醇 | | | | | | |
| 2905122000 | 异丙醇 | 5.5 | 30 | 17 | 9 | 千克 | ABG |
| 29051300 | --正丁醇 | | | | | | |
| 2905130000 | 正丁醇 | 5.5 | 30 | 17 | 13 | 千克 | AB |
| 29051410 | ---异丁醇 | | | | | | |
| 2905141000 | 异丁醇 | 5.5 | 30 | 17 | 9 | 千克 | |
| 29051420 | ---仲丁醇 | | | | | | |
| 2905142000 | 仲丁醇 | 5.5 | 30 | 17 | 9 | 千克 | |
| 29051430 | ---叔丁醇 | | | | | | |
| 2905143000 | 叔丁醇 | 5.5 | 30 | 17 | 9 | 千克 | |
| 29051610 | ---正辛醇 | | | | | | |

| 商品编号 | 商品名称及备注 | 进口关税税率(%) | | 增值税率(%) | 出口退税率(%) | 计量单位 | 监管条件 |
|---|---|---|---|---|---|---|---|
| | | 最惠国 | 普通 | | | | |
| 2905161000 | 正辛醇 | 5.5 | 30 | 17 | 13 | 千克 | |
| 29051690 | ---其他 | | | | | | |
| 2905169000 | 辛醇的异构体 | 5.5 | 30 | 17 | 9 | 千克 | |
| 29051700 | --十二醇、十六醇及十八醇 | | | | | | |
| 2905170000 | 十二醇、十六醇及十八醇 | 7 | 30 | 17 | 9 | 千克 | |
| 29051910 | ---3,3-二甲基丁-2-醇(频哪基醇) | | | | | | |
| 2905191000 | 3,3-二甲基丁-2-醇(频哪基醇) | 5.5 | 30 | 17 | 9 | 千克 | 23 |
| 29051990 | ---其他 | | | | | | |
| 2905199010 | 三十烷醇 | 5.5 | 30 | 17 | 11 | 千克 | S |
| 2905199090 | 其他饱和一元醇 | 5.5 | 30 | 17 | 13 | 千克 | |
| 29052210 | ---香叶醇、橙花醇(3,7-二甲基-2,6-辛二烯-1-醇) | | | | | | |
| 2905221000 | 香叶醇、橙花醇(3,7-二甲基-2,6-辛二烯-1-醇) | 5.5 | 30 | 17 | 9 | 千克 | |
| 29052220 | ---香茅醇(3,7-二甲基-6辛烯-1-醇) | | | | | | |
| 2905222000 | 香茅醇(3,7-二甲基-6-辛烯-1-醇) | 5.5 | 30 | 17 | 9 | 千克 | |
| 29052230 | ---芳樟醇 | | | | | | |
| 2905223000 | 芳樟醇 | 5.5 | 30 | 17 | 13 | 千克 | AB/A❶ |
| 29052290 | ---其他 | | | | | | |
| 2905229000 | 其他无环萜烯醇 | 5.5 | 30 | 17 | 9 | 千克 | |
| 29052900 | --其他 | | | | | | |
| 2905290000 | 其他不饱和一元醇 | 5.5 | 30 | 17 | 9 | 千克 | |
| 29053100 | --1,2-乙二醇 | | | | | | |
| 2905310000 | 1,2-乙二醇 | 5.5 | 30 | 17 | 9 | 千克 | |
| 29053200 | --1,2-丙二醇 | | | | | | |
| 2905320000[暂3] | 1,2-丙二醇 | 5.5 | 30 | 17 | 9 | 千克 | |
| 29053910 | ---2,5-二甲基己二醇 | | | | | | |
| 2905391000 | 2,5-二甲基己二醇 | 4 | 11 | 17 | 9 | 千克 | |
| 29053990 | ---其他 | | | | | | |
| 2905399001[暂3] | 1,3-丙二醇 | 5.5 | 30 | 17 | 9 | 千克 | AB |
| 2905399002 | 1,4-丁二醇 | 5.5 | 30 | 17 | 9 | 千克 | AB |
| 2905399010 | 驱蚊醇 | 5.5 | 30 | 17 | 9 | 千克 | S |
| 2905399090 | 其他二元醇 | 5.5 | 30 | 17 | 9 | 千克 | AB |
| 29054100 | --2-乙基-2-(羟甲基)丙烷-1,3-二醇(三羟甲 基丙烷) | | | | | | |
| 2905410000 | 三羟甲基丙烷[2-乙基-2-(羟甲基)丙烷-1,3-二醇] | 5.5 | 30 | 17 | 9 | 千克 | |
| 29054200 | --季戊四醇 | | | | | | |
| 2905420000 | 季戊四醇 | 5.5 | 30 | 17 | 13 | 千克 | |
| 29054300 | --甘露糖醇 | | | | | | |
| 2905430000 | 甘露糖醇 | 8 | 30 | 17 | 13 | 千克 | AB/A❶ |
| 29054400 | --山梨醇 | | | | | | |
| 2905440000 | 山梨醇 | 14 | 40 | 17 | 13 | 千克 | |
| 29054500 | --丙三醇(甘油) | | | | | | |
| 2905450000[暂3] | 丙三醇(甘油) | 14 | 50 | 17 | 13 | 千克 | AB/A❶ |
| 29054910 | ---木糖醇 | | | | | | |
| 2905491000 | 木糖醇 | 5.5 | 30 | 17 | 9 | 千克 | AB/A❶ |
| 29054990 | ---其他 | | | | | | |

❶ 监管条件中,“/”左边的监管条件截止日期为2018年1月31日,“/”右边的监管条件有效日期为2018年2月1日~2999年12月31日。

| 商品编号 | 商品名称及备注 | 进口关税税率(%) | | 增值税率(%) | 出口退税率(%) | 计量单位 | 监管条件 |
|---|---|---|---|---|---|---|---|
| | | 最惠国 | 普通 | | | | |
| 2905499000 | 其他多元醇 | 5.5 | 30 | 17 | 9 | 千克 | |
| 29055100 | --乙氯维诺(INN) | | | | | | |
| 2905510000 | 乙氯维诺(INN) | 5.5 | 30 | 17 | 9 | 千克 | I |
| 29055900 | --其他 | | | | | | |
| 2905590010 | 乙氯维诺的盐 | 5.5 | 30 | 17 | 9 | 千克 | I |
| 2905590020 | 2-氯乙醇 | 5.5 | 30 | 17 | 9 | 千克 | 3A |
| 2905590040 | 鼠甘伏 | 5.5 | 30 | 17 | 9 | 千克 | S |
| 2905590090 | 其他无环醇的卤化、磺化等衍生物 | 5.5 | 30 | 17 | 9 | 千克 | |
| **2906** | **环醇及其卤化、磺化、硝化或亚硝化衍生物** | | | | | | |
| 29061100 | --薄荷醇 | | | | | | |
| 2906110000 | 薄荷醇 | 5 | 70 | 17 | 13 | 千克 | |
| 29061200 | --环己醇、甲基环己醇及二甲基环己醇 | | | | | | |
| 2906120010 | 甲基环己醇 | 5.5 | 30 | 17 | 9 | 千克 | AB |
| 2906120090 | 环己醇、二甲基环己醇 | 5.5 | 30 | 17 | 9 | 千克 | |
| 29061310 | ---固醇 | | | | | | |
| 2906131000[暂3] | 固醇 | 5.5 | 30 | 17 | 9 | 千克 | |
| 29061320 | ---肌醇 | | | | | | |
| 2906132000 | 肌醇 | 5.5 | 30 | 17 | 9 | 千克 | AB/A❶ |
| 29061910 | ---萜品醇 | | | | | | |
| 2906191000 | 萜品醇 | 5.5 | 30 | 17 | 9 | 千克 | |
| 29061990 | ---其他 | | | | | | |
| 2906199011 | 5α-雄烷-3α, 17α-二醇(阿法雄烷二醇)[包括5α-雄烷-3β,17β-二醇(倍他雄烷二醇)] | 5.5 | 30 | 17 | 13 | 千克 | L |
| 2906199012 | 雄甾-4-烯-3α, 17α-二醇[4-雄烯二醇(3α, 17α)]{包括雄甾-4-烯-3α,17β-二醇[4-雄烯二醇(3α,17β)]} | 5.5 | 30 | 17 | 13 | 千克 | L |
| 2906199013 | 雄甾-5-烯-3α, 17α-二醇[5-雄烯二醇(3α, 17α)]{包括雄甾-5-烯-3α,17β-二醇[5-雄烯二醇(3α,17β)]} | 5.5 | 30 | 17 | 13 | 千克 | L |
| 2906199090 | 其他环烷醇,环烯醇及环萜烯醇 | 5.5 | 30 | 17 | 13 | 千克 | |
| 29062100 | --苄醇 | | | | | | |
| 2906210000 | 苄醇 | 5 | 30 | 17 | 9 | 千克 | |
| 29062910 | ---2-苯基乙醇 | | | | | | |
| 2906291000 | 2-苯基乙醇 | 5.5 | 30 | 17 | 9 | 千克 | |
| 29062990 | ---其他 | | | | | | |
| 2906299010 | 三氯杀螨醇、杀螨醇 | 5.5 | 30 | 17 | 9 | 千克 | S |
| 2906299090 | 其他芳香醇 | 5.5 | 30 | 17 | 9 | 千克 | |
| **2907** | **酚;酚醇** | | | | | | |
| 29071110 | ---苯酚 | | | | | | |
| 2907111000 | 苯酚 | 5.5 | 30 | 17 | 13 | 千克 | AB |
| 29071190 | ---其他 | | | | | | |
| 2907119000 | 苯酚的盐 | 5.5 | 30 | 17 | 9 | 千克 | |
| 29071211 | ----间甲酚 | | | | | | |
| 2907121100[暂3] | 间甲酚 | 5.5 | 30 | 17 | 9 | 千克 | |
| 29071212 | ----邻甲酚 | | | | | | |
| 2907121200[暂3] | 邻甲酚 | 5.5 | 30 | 17 | 9 | 千克 | |

❶ 监管条件中,“/”左边的监管条件截止日期为2018年1月31日,“/”右边的监管条件有效日期为2018年2月1日~2999年12月31日。

| 商品编号 | 商品名称及备注 | 进口关税税率(%) | | 增值税率(%) | 出口退税率(%) | 计量单位 | 监管条件 |
|---|---|---|---|---|---|---|---|
| | | 最惠国 | 普通 | | | | |
| 29071219 | ----其他 | | | | | | |
| 2907121900 | 其他甲酚 | 5.5 | 30 | 17 | 9 | 千克 | AB |
| 29071290 | ---其他 | | | | | | |
| 2907129000 | 甲酚的盐 | 5.5 | 30 | 17 | 9 | 千克 | |
| 29071310 | ---壬基酚 | | | | | | |
| 2907131000 | 壬基酚、对壬基酚、支链-4-壬基酚(包括4-壬基苯酚、壬基苯酚) | 5.5 | 30 | 17 | 9 | 千克 | ABX |
| 29071390 | ---其他 | | | | | | |
| 2907139000 | 辛基酚及其异构体(包括辛基酚及其异构体的盐和壬基酚盐) | 5.5 | 30 | 17 | 9 | 千克 | |
| 29071510 | ---2-萘酚(β-萘酚) | | | | | | |
| 2907151000 | β-萘酚(2-萘酚) | 5.5 | 30 | 17 | 9 | 千克 | |
| 29071590 | ---其他 | | | | | | |
| 2907159000 | 其他萘酚及萘酚盐 | 5.5 | 30 | 17 | 9 | 千克 | AB |
| 29071910 | ---邻仲丁基酚、邻异丙基酚 | | | | | | |
| 2907191010[暂2] | 邻异丙基(苯)酚 | 4 | 11 | 17 | 9 | 千克 | AB |
| 2907191090[暂2] | 邻仲丁基酚 | 4 | 11 | 17 | 9 | 千克 | |
| 29071990 | ---其他 | | | | | | |
| 2907199012 | 邻烯丙基苯酚及盐 | 5.5 | 30 | 17 | 0 | 千克 | S |
| 2907199090 | 其他一元酚 | 5.5 | 30 | 17 | 9 | 千克 | |
| 29072100 | --间苯二酚及其盐 | | | | | | |
| 2907210001 | 间苯二酚 | 5.5 | 30 | 17 | 9 | 千克 | |
| 2907210090 | 间苯二酚盐 | 5.5 | 30 | 17 | 9 | 千克 | |
| 29072210 | ---对苯二酚 | | | | | | |
| 2907221000 | 对苯二酚 | 5.5 | 30 | 17 | 9 | 千克 | |
| 29072290 | ---其他 | | | | | | |
| 2907229000 | 对苯二酚的盐 | 5.5 | 30 | 17 | 9 | 千克 | |
| 29072300 | --4,4'-异亚丙基联苯酚(双酚A,二苯基酚丙烷)及其盐 | | | | | | |
| 2907230001 | 双酚A(4,4-异亚丙基联苯酚) | 5.5 | 30 | 17 | 9 | 千克 | |
| 2907230090 | 双酚A的盐(4,4-异亚丙基联苯酚的盐) | 5.5 | 30 | 17 | 9 | 千克 | |
| 29072910 | ---邻苯二酚 | | | | | | |
| 2907291000 | 邻苯二酚 | 4 | 11 | 17 | 9 | 千克 | |
| 29072990 | ---其他 | | | | | | |
| 2907299001 | 特丁基对苯二酚 | 5.5 | 30 | 17 | 9 | 千克 | AB |
| 2907299010 | 毒菌酚 | 5.5 | 30 | 17 | 0 | 千克 | S |
| 2907299090 | 其他多元酚;酚醇 | 5.5 | 30 | 17 | 9 | 千克 | AB |
| **2908** | **酚及酚醇的卤化、磺化、硝化或亚硝化衍生物** | | | | | | |
| 29081100 | --五氯苯酚(ISO) | | | | | | |
| 2908110000 | 五氯苯酚(五氯酚) | 5.5 | 30 | 17 | 0 | 千克 | ABX |
| 29081910 | ---对氯苯酚 | | | | | | |
| 2908191000 | 对氯苯酚 | 4 | 11 | 17 | 9 | 千克 | |
| 29081990 | ---其他 | | | | | | |
| 2908199021 | 格螨酯 | 5.5 | 30 | 17 | 0 | 千克 | S |
| 2908199022 | 双氯酚 | 5.5 | 30 | 17 | 0 | 千克 | S |
| 2908199023 | 五氯酚钠 | 5.5 | 30 | 17 | 0 | 千克 | S |
| 2908199090 | 其他仅含卤素取代基的衍生物及盐 | 5.5 | 30 | 17 | 9 | 千克 | |
| 29089100 | --地乐酚(ISO)及其盐 | | | | | | |
| 2908910000 | 地乐酚及其盐和酯 | 5.5 | 30 | 17 | 0 | 千克 | 89 |

| 商品编号 | 商品名称及备注 | 进口关税税率(%) | | 增值税率(%) | 出口退税率(%) | 计量单位 | 监管条件 |
|---|---|---|---|---|---|---|---|
| | | 最惠国 | 普通 | | | | |
| 29089200 | --4,6-二硝基邻甲酚[二硝酚(ISO)]及其盐 | | | | | | |
| 2908920000 | 4,6-二硝基邻甲酚[二硝酚(ISO)]及其盐 | 5.5 | 30 | 17 | 9 | 千克 | 89 |
| 29089910 | ---对硝基酚、对硝基酚钠 | | | | | | |
| 2908991010 | 4-硝基苯酚(对硝基苯酚) | 5.5 | 30 | 17 | 9 | 千克 | X |
| 2908991090 | 对硝基苯酚钠 | 5.5 | 30 | 17 | 0 | 千克 | S |
| 29089990 | ---其他 | | | | | | |
| 2908999021 | 芬螨酯 | 5.5 | 30 | 17 | 0 | 千克 | S |
| 2908999022 | 消螨酚 | 5.5 | 30 | 17 | 0 | 千克 | S |
| 2908999023 | 戊硝酚 | 5.5 | 30 | 17 | 0 | 千克 | S |
| 2908999024 | 特乐酚 | 5.5 | 30 | 17 | 0 | 千克 | S |
| 2908999090 | 其他酚及酚醇的卤化等衍生物(包括其磺化、硝化或亚硝化衍生物) | 5.5 | 30 | 17 | 9 | 千克 | |
| **2909** | **醚、醚醇、醚酚、醚醇酚、过氧化醇、过氧化醚、过氧化酮(不论是否已有化学定义)及其卤化、磺化、硝化或亚硝化衍生物** | | | | | | |
| 29091100 | --乙醚 | | | | | | |
| 2909110000 | 乙醚 | 5.5 | 30 | 17 | 9 | 千克 | 23AB |
| 29091910 | ---甲醚 | | | | | | |
| 2909191000 | 甲醚 | 5.5 | 30 | 17 | 11 | 千克 | |
| 29091990 | ---其他 | | | | | | |
| 2909199011 | 八氯二丙醚 | 5.5 | 30 | 17 | 11 | 千克 | S |
| 2909199012 | 二氯异丙醚 | 5.5 | 30 | 17 | 11 | 千克 | S |
| 2909199090 | 其他无环醚及其卤化等衍生物(包括其磺化、硝化或亚硝化衍生物) | 5.5 | 30 | 17 | 11 | 千克 | |
| 29092000 | -环烷醚、环烯醚或环萜烯醚及其卤化、磺化、硝化或亚硝化衍生物 | | | | | | |
| 2909200000 | 环烷醚、环烯醚或环萜烯醚及其卤化、磺化、硝化或亚硝化衍生物 | 5.5 | 30 | 17 | 9 | 千克 | |
| 29093010 | ---1-烷氧基-4-(4-乙烯基环己基)-2,3-二氟苯 | | | | | | |
| 2909301000 | 1-烷氧基-4-(4-乙烯基环己基)-2,3-二氟苯 | 5.5 | 30 | 17 | 9 | 千克 | |
| 29093020 | ---4-(4-烷氧基苯基)-4'-烷烯基-1,1'-双环己烷及其氟代衍生物 | | | | | | |
| 2909302000 | 4-(4-烷氧基苯基)-4'-烷烯基-1,1'-双环己烷及其氟代衍生物 | 5.5 | 30 | 17 | | 千克 | |
| 29093090 | ---其他 | | | | | | |
| 2909309011 | 甲氧滴滴涕、除草醚 | 5.5 | 30 | 17 | 0 | 千克 | S |
| 2909309012 | 醚菊酯、苄螨醚、三氟醚 | 5.5 | 30 | 17 | 9 | 千克 | S |
| 2909309013 | 氯苯甲醚、甲氧除草醚 | 5.5 | 30 | 17 | 9 | 千克 | S |
| 2909309014 | 三氟硝草醚、草枯醚 | 5.5 | 30 | 17 | 9 | 千克 | S |
| 2909309015 | 氟除草醚、乙氧氟草醚 | 5.5 | 30 | 17 | 9 | 千克 | S |
| 2909309016 | 四溴二苯醚、五溴二苯醚、六溴二苯醚、七溴二苯醚 | 5.5 | 30 | 17 | 9 | 千克 | 89 |
| 2909309090 | 其他芳香醚及其卤化、磺化、硝化衍生物(包括其亚硝化衍生物) | 5.5 | 30 | 17 | 9 | 千克 | |
| 29094100 | --2,2'-氧联二乙醇(二甘醇) | | | | | | |
| 2909410000[暂3] | 2,2'-氧联二乙醇(二甘醇) | 5.5 | 30 | 17 | 9 | 千克 | |
| 29094300 | --乙二醇或二甘醇的单丁醚 | | | | | | |
| 2909430000 | 乙二醇或二甘醇的单丁醚 | 5.5 | 30 | 17 | 9 | 千克 | |
| 29094400 | --乙二醇或二甘醇的其他单烷基醚 | | | | | | |
| 2909440000 | 乙二醇或二甘醇的其他单烷基醚 | 5.5 | 30 | 17 | 9 | 千克 | |
| 29094910 | ---间苯氧基苄醇 | | | | | | |
| 2909491000 | 间苯氧基苄醇 | 4 | 11 | 17 | 9 | 千克 | |
| 29094990 | ---其他 | | | | | | |
| 2909499000 | 其他醚醇及其衍生物(包括其卤化、磺化、硝化或亚硝化衍生物) | 5.5 | 30 | 17 | 9 | 千克 | |
| 29095000 | -醚酚、醚醇酚及其卤化、磺化、硝化或亚硝化衍生物 | | | | | | |

| 商品编号 | 商品名称及备注 | 进口关税税率(%) | | 增值税率(%) | 出口退税率(%) | 计量单位 | 监管条件 |
|---|---|---|---|---|---|---|---|
| | | 最惠国 | 普通 | | | | |
| 2909500000 | 醚酚、醚醇酚及其衍生物(包括其卤化、磺化、硝化或亚硝化衍生物) | 5.5 | 30 | 17 | 9 | 千克 | |
| 29096000 | -过氧化醇、过氧化醚、过氧化酮及其卤化、磺化、硝化或亚硝化衍生物 | | | | | | |
| 2909600000 | 过氧化醇、过氧化醚、过氧化酮(含其卤化、磺化、硝化或亚硝化衍生物) | 5.5 | 30 | 17 | 9 | 千克 | |
| **2910** | **三节环环氧化物、环氧醇、环氧酚、环氧醚及其卤化、磺化、硝化或亚硝化衍生物** | | | | | | |
| 29101000 | -环氧乙烷(氧化乙烯) | | | | | | |
| 2910100000 | 环氧乙烷 | 5.5 | 30 | 17 | 13 | 千克 | XAB |
| 29102000 | -甲基环氧乙烷(氧化丙烯) | | | | | | |
| 2910200000 | 甲基环氧乙烷(氧化丙烯) | 5.5 | 30 | 17 | 0 | 千克 | |
| 29103000 | -1-氯-2,3-环氧丙烷(表氯醇) | | | | | | |
| 2910300000 | 1-氯-2,3-环氧丙烷(表氯醇)(环氧氯丙烷) | 5.5 | 30 | 17 | 0 | 千克 | AB |
| 29104000 | -狄氏剂(ISO,INN) | | | | | | |
| 2910400000 | 狄氏剂(ISO,INN) | 5.5 | 30 | 17 | 0 | 千克 | 89 |
| 29105000 | -异狄氏剂(ISO) | | | | | | |
| 2910500000 | 异狄氏剂 | 5.5 | 30 | 17 | 0 | 千克 | 89 |
| 29109000 | -其他 | | | | | | |
| 2910900020 | 灭草环 | 5.5 | 30 | 17 | 11 | 千克 | S |
| 2910900090 | 三节环环氧化物,环氧醇(酚,醚)(包括其卤化、磺化、硝化或亚硝化的衍生物) | 5.5 | 30 | 17 | 13 | 千克 | |
| **2911** | **缩醛及半缩醛,不论是否含有其他含氧基及其卤化、磺化、硝化或亚硝化衍生物** | | | | | | |
| 29110000 | 缩醛及半缩醛,不论是否含有其他含氧基及其卤化、磺化、硝化或亚硝化衍生物 | | | | | | |
| 2911000000 | 缩醛、半缩醛、不论是否含有其他含氧基(包括其卤化、磺化、硝化或亚硝化的衍生物) | 5.5 | 30 | 17 | 9 | 千克 | |
| **2912** | **醛,不论是否含有其他含氧基;环聚醛;多聚甲醛** | | | | | | |
| 29121100 | --甲醛 | | | | | | |
| 2912110000 | 甲醛 | 5.5 | 30 | 17 | 9 | 千克 | AB |
| 29121200 | --乙醛 | | | | | | |
| 2912120000 | 乙醛 | 5.5 | 30 | 17 | 9 | 千克 | ABX |
| 29121900 | --其他 | | | | | | |
| 2912190001[暂3] | 乙二醛 | 5.5 | 30 | 17 | 9 | 千克 | |
| 2912190030 | 丙烯醛 | 5.5 | 30 | 17 | 9 | 千克 | X |
| 2912190090 | 其他无环醛(指不含其他含氧基) | 5.5 | 30 | 17 | 9 | 千克 | |
| 29122100 | --苯甲醛 | | | | | | |
| 2912210000 | 苯甲醛 | 5.5 | 30 | 17 | 9 | 千克 | |
| 29122910 | ---铃兰醛(对叔丁基-α-甲基-氧化肉桂醛) | | | | | | |
| 2912291000 | 铃兰醛(即对叔丁基-α-甲基-氧化肉桂醛) | 5.5 | 30 | 17 | 9 | 千克 | |
| 29122990 | ---其他 | | | | | | |
| 2912299000 | 其他环醛(指不含其他含氧基) | 5.5 | 30 | 17 | 13 | 千克 | |
| 29124100 | --香草醛(3-甲氧基-4-羟基苯甲醛) | | | | | | |
| 2912410000 | 香草醛(3-甲氧基-4-羟基苯甲醛) | 5.5 | 30 | 17 | 13 | 千克 | |
| 29124200 | --乙基香草醛(3-乙氧基-4-羟基苯甲醛) | | | | | | |
| 2912420000 | 乙基香草醛 | 5.5 | 30 | 17 | 13 | 千克 | |
| 29124910 | ---醛醇 | | | | | | |
| 2912491000 | 醛醇(指不含其他含氧基) | 5.5 | 30 | 17 | 13 | 千克 | |
| 29124990 | ---其他 | | | | | | |
| 2912499000 | 其他醛醚、醛酚(包括含其他含氧基的醛) | 5.5 | 30 | 17 | 9 | 千克 | |
| 29125000 | -环聚醛 | | | | | | |
| 2912500010 | 四聚乙醛 | 5.5 | 30 | 17 | 9 | 千克 | S |
| 2912500090 | 其他环聚醛 | 5.5 | 30 | 17 | 9 | 千克 | |

| 商品编号 | 商品名称及备注 | 进口关税税率(%) | | 增值税率(%) | 出口退税率(%) | 计量单位 | 监管条件 |
|---|---|---|---|---|---|---|---|
| | | 最惠国 | 普通 | | | | |
| 29126000 | -多聚甲醛 | | | | | | |
| 2912600000 | 多聚甲醛 | 5.5 | 30 | 17 | 9 | 千克 | AB |
| **2913** | **品目29.12所列产品的卤化、磺化、硝化或亚硝化衍生物** | | | | | | |
| 29130000 | 品目29.12所列产品的卤化、磺化、硝化或亚硝化衍生物 | | | | | | |
| 2913000010 | 三氯乙醛 | 5.5 | 30 | 17 | 9 | 千克 | ABG |
| 2913000090 | 品目29.12所列产品的其他衍生物(指卤化、磺化、硝化或亚硝化的衍生物) | 5.5 | 30 | 17 | 9 | 千克 | |
| **2914** | **酮及醌,不论是否含有其他含氧基,及其卤化、磺化、硝化或亚硝化衍生物** | | | | | | |
| 29141100 | --丙酮 | | | | | | |
| 2914110000 | 丙酮(二甲基甲酮、二甲酮、醋酮、木酮) | 5.5 | 20 | 17 | 13 | 千克 | 23AB |
| 29141200 | --丁酮[甲基乙基(甲)酮] | | | | | | |
| 2914120000 | 丁酮[甲基乙基(甲)酮](甲乙酮) | 5.5 | 30 | 17 | 9 | 千克 | 23 |
| 29141300 | --4-甲基-2-戊酮[甲基异丁基(甲)酮] | | | | | | |
| 2914130000 | 4-甲基-2-戊酮[甲基异丁基(甲)酮] | 5.5 | 30 | 17 | 9 | 千克 | AB |
| 29141900 | --其他 | | | | | | |
| 2914190010 | 频哪酮 | 5.5 | 30 | 17 | 9 | 千克 | 23 |
| 2914190090 | 其他不含其他含氧基的无环酮 | 5.5 | 30 | 17 | 9 | 千克 | |
| 29142200 | --环已酮及甲基环已酮 | | | | | | |
| 2914220000 | 环已酮及甲基环已酮 | 5.5 | 30 | 17 | 9 | 千克 | AB |
| 29142300 | --芷香酮及甲基芷香酮 | | | | | | |
| 2914230000 | 芷香酮及甲基芷香酮 | 5.5 | 30 | 17 | 9 | 千克 | |
| 29142910 | ---樟脑 | | | | | | |
| 2914291000 | 樟脑 | 5.5 | 40 | 17 | 9 | 千克 | B |
| 29142990 | ---其他 | | | | | | |
| 2914299010 | 5α-雄烷-2-烯-17-酮 | 5.5 | 30 | 17 | 13 | 千克 | L |
| 2914299090 | 其他环烷酮、环烯酮或环萜烯酮(指不含其他含氧基的) | 5.5 | 30 | 17 | 13 | 千克 | |
| 29143100 | --苯丙酮(苯基丙-2-酮) | | | | | | |
| 2914310000 | 苯丙酮(苯基丙-2-酮) | 5.5 | 30 | 17 | 9 | 千克 | 23 |
| 29143910 | ---苯乙酮 | | | | | | |
| 2914391000 | 苯乙酮 | 4 | 11 | 17 | 9 | 千克 | |
| 29143990 | ---其他 | | | | | | |
| 2914399011 | 杀鼠酮 | 5.5 | 30 | 17 | 9 | 千克 | S |
| 2914399012 | 鼠完 | 5.5 | 30 | 17 | 0 | 千克 | S |
| 2914399013 | 敌鼠 | 5.5 | 30 | 17 | 9 | 千克 | S |
| 2914399014 | 邻氯苯基环戊酮 | 5.5 | 30 | 17 | 9 | 千克 | 23 |
| 2914399090 | 其他不含其他含氧基的芳香酮 | 5.5 | 30 | 17 | 13 | 千克 | |
| 29144000 | -酮醇及酮醛 | | | | | | |
| 2914400010 | 敌鼠钠 | 5.5 | 30 | 17 | 0 | 千克 | S |
| 2914400020 | 表雄酮(3β-羟基-5α-雄烷-17-酮)、表睾酮 | 5.5 | 30 | 17 | 9 | 千克 | L |
| 2914400090 | 其他酮醇及酮醛 | 5.5 | 30 | 17 | 9 | 千克 | |
| 29145011 | ----覆盆子酮 | | | | | | |
| 2914501100 | 覆盆子酮 | 5.5 | 30 | 17 | 9 | 千克 | |
| 29145019 | ----其他 | | | | | | |
| 2914501900 | 其他酮酚 | 5.5 | 30 | 17 | 9 | 千克 | |
| 29145020 | ---2-羟基-4-甲氧基二苯甲酮 | | | | | | |
| 2914502000 | 2-羟基-4-甲氧基二苯甲酮 | 5.5 | 30 | 17 | 9 | 千克 | |
| 29145090 | ---其他 | | | | | | |

| 商品编号 | 商品名称及备注 | 进口关税税率(%) | | 增值税率(%) | 出口退税率(%) | 计量单位 | 监管条件 |
|---|---|---|---|---|---|---|---|
| | | 最惠国 | 普通 | | | | |
| 2914509011 | 苯草酮,双炔酰菌胺 | 5.5 | 30 | 17 | 9 | 千克 | S |
| 2914509012 | 甲氧虫酰肼 | 5.5 | 30 | 17 | 9 | 千克 | S |
| 2914509090 | 含其他含氧基的酮 | 5.5 | 30 | 17 | 9 | 千克 | |
| 29146100 | --蒽醌 | | | | | | |
| 2914610000 | 蒽醌 | 5.5 | 30 | 17 | 9 | 千克 | |
| 29146200 | --辅酶Q10[癸烯醌(INN)] | | | | | | |
| 2914620000 | 辅酶Q10 | 5.5 | 30 | 17 | 13 | 千克 | |
| 29146900 | --其他 | | | | | | |
| 2914690010 | 大黄素甲醚 | 5.5 | 30 | 17 | 9 | 千克 | S |
| 2914690090 | 其他醌 | 5.5 | 30 | 17 | 9 | 千克 | |
| 29147100 | --十氯酮(ISO) | | | | | | |
| 2914710000 | 十氯酮 | 5.5 | 30 | 17 | 9 | 千克 | 89 |
| 29147900 | --其他 | | | | | | |
| 2914790011 | 氯鼠酮、苯菌酮、茚草酮 | 5.5 | 30 | 17 | 0 | 千克 | S |
| 2914790012 | 二氯萘醌 | 5.5 | 30 | 17 | 0 | 千克 | S |
| 2914790013 | 四氯对醌 | 5.5 | 30 | 17 | 0 | 千克 | S |
| 2914790014 | 六氯丙酮 | 5.5 | 30 | 17 | 0 | 千克 | S |
| 2914790015 | 氯敌鼠钠盐 | 5.5 | 30 | 17 | 9 | 千克 | S |
| 2914790016 | 1-苯基-2-溴-1-丙酮 | 5.5 | 30 | 17 | 9 | 千克 | 23 |
| 2914790090 | 其他酮及醌的卤化、磺化衍生物(包括硝化或亚硝化衍生物) | 5.5 | 30 | 17 | 9 | 千克 | |
| **2915** | **饱和无环一元羧酸及其酸酐、酰卤化物、过氧化物和过氧酸,以及它们的卤化、磺化、硝化或亚硝化衍生物** | | | | | | |
| 29151100 | --甲酸 | | | | | | |
| 2915110000 | 甲酸 | 5.5 | 40 | 17 | 9 | 千克 | AB |
| 29151200 | --甲酸盐 | | | | | | |
| 2915120000 | 甲酸盐 | 5.5 | 30 | 17 | 9 | 千克 | |
| 29151300 | --甲酸酯 | | | | | | |
| 2915130000 | 甲酸酯 | 5.5 | 30 | 17 | 9 | 千克 | |
| 29152111 | ----食品级的 | | | | | | |
| 2915211100 | 食品级冰乙酸(冰醋酸)(GB1903-2008) | 5.5 | 30 | 17 | 9 | 千克 | ABG |
| 29152119 | ----其他 | | | | | | |
| 2915211900 | 其他冰乙酸(冰醋酸) | 5.5 | 30 | 17 | 9 | 千克 | G |
| 29152190 | ---其他 | | | | | | |
| 2915219010 | 乙酸溶液,10%<含量≤80% | 5.5 | 50 | 17 | 9 | 千克 | ABG |
| 2915219020 | 乙酸,含量>80% | 5.5 | 50 | 17 | 9 | 千克 | ABG |
| 2915219090 | 其他乙酸 | 5.5 | 50 | 17 | 9 | 千克 | ABG |
| 29152400 | --乙酸酐 | | | | | | |
| 2915240000 | 乙酸酐(醋酸酐) | 5.5 | 50 | 17 | 9 | 千克 | 23AB |
| 29152910 | ---乙酸钠 | | | | | | |
| 2915291000 | 乙酸钠 | 5.5 | 50 | 17 | 9 | 千克 | ABG/AG[1] |
| 29152990 | ---其他 | | | | | | |
| 2915299011 | 乙酸铜 | 5.5 | 50 | 17 | 9 | 千克 | |
| 2915299023 | 乙酸铅(醋酸铅) | 5.5 | 50 | 17 | 9 | 千克 | X |

[1] 监管条件中,"/"左边的监管条件截止日期为2018年1月31日,"/"右边的监管条件有效日期为2018年2月1日~2999年12月31日。

| 商品编号 | 商品名称及备注 | 进口关税税率(%) | | 增值税率(%) | 出口退税率(%) | 计量单位 | 监管条件 |
|---|---|---|---|---|---|---|---|
| | | 最惠国 | 普通 | | | | |
| 2915299090 | 其他乙酸盐 | 5.5 | 50 | 17 | 9 | 千克 | AB |
| 29153100 | --乙酸乙酯 | | | | | | |
| 2915310000 | 乙酸乙酯 | 5.5 | 30 | 17 | 9 | 千克 | ABG |
| 29153200 | --乙酸乙烯酯 | | | | | | |
| 2915320000 | 乙酸乙烯酯 | 5.5 | 30 | 17 | 13 | 千克 | AB |
| 29153300 | --乙酸(正)丁酯 | | | | | | |
| 2915330000 | 乙酸正丁酯 | 5.5 | 30 | 17 | 9 | 千克 | AB |
| 29153600 | --地乐酚(ISO)乙酸酯 | | | | | | |
| 2915360000 | 地乐酚(ISO)乙酸酯 | 5.5 | 30 | 17 | 0 | 千克 | S |
| 29153900 | --其他 | | | | | | |
| 2915390011 | 三氯杀虫酯 | 5.5 | 30 | 17 | 11 | 千克 | S |
| 2915390013 | 特乐酯 | 5.5 | 30 | 17 | 11 | 千克 | S |
| 2915390014 | 灭螨醌 | 5.5 | 30 | 17 | 0 | 千克 | S |
| 2915390015 | 信铃酯 | 5.5 | 30 | 17 | 11 | 千克 | S |
| 2915390016 | 种衣酯 | 5.5 | 30 | 17 | 11 | 千克 | S |
| 2915390090 | 其他乙酸酯 | 5.5 | 30 | 17 | 13 | 千克 | AB |
| 29154000 | --一氯代乙酸、二氯乙酸或三氯乙酸及其盐和酯 | | | | | | |
| 2915400010 | 一氯醋酸钠 | 5.5 | 30 | 17 | 0 | 千克 | |
| 2915400090 | 其他一氯代乙酸的盐和酯(包括二氯乙酸或三氯乙酸的盐和酯) | 5.5 | 30 | 17 | 9 | 千克 | |
| 29155010 | ---丙酸 | | | | | | |
| 2915501000[暂3] | 丙酸 | 5.5 | 30 | 17 | 9 | 千克 | AB |
| 29155090 | ---其他 | | | | | | |
| 2915509000 | 丙酸盐和酯 | 5.5 | 30 | 17 | 9 | 千克 | AB |
| 29156000 | -丁酸、戊酸及其盐和酯 | | | | | | |
| 2915600000 | 丁酸、戊酸及其盐和酯 | 5.5 | 30 | 17 | 9 | 千克 | |
| 29157010 | ---硬脂酸 | | | | | | |
| 2915701000 | 硬脂酸(以干燥重量计,纯度≥90%) | 7 | 50 | 17 | 9 | 千克 | AB/A❶ |
| 29157090 | ---其他 | | | | | | |
| 2915709000 | 棕榈酸及其盐和酯、硬脂酸盐、酯 | 5.5 | 30 | 17 | 13 | 千克 | |
| 29159000 | -其他 | | | | | | |
| 2915900011 | 茅草枯 | 5.5 | 30 | 17 | 0 | 千克 | S |
| 2915900012 | 抑草蓬 | 5.5 | 30 | 17 | 0 | 千克 | S |
| 2915900013 | 四氟丙酸 | 5.5 | 30 | 17 | 9 | 千克 | S |
| 2915900020 | 氟乙酸钠 | 5.5 | 30 | 17 | 9 | 千克 | 89 |
| 2915900090 | 其他饱和无环一元羧酸及其酸酐[(酰卤、过氧)化物,过氧酸及其卤化、硝化、磺化、亚硝化衍生物] | 5.5 | 30 | 17 | 9 | 千克 | AB |
| **2916** | **不饱和无环一元羧酸、环一元羧酸及其酸酐、酰卤化物、过氧化物和过氧酸,以及它们的卤化、磺化、硝化或亚硝化衍生物** | | | | | | |
| 29161100 | --丙烯酸及其盐 | | | | | | |
| 2916110000 | 丙烯酸及其盐 | 6.5 | 30 | 17 | 9 | 千克 | |
| 29161210 | ---丙烯酸甲酯 | | | | | | |
| 2916121000 | 丙烯酸甲酯 | 6.5 | 30 | 17 | 9 | 千克 | AB |
| 29161220 | ---丙烯酸乙酯 | | | | | | |
| 2916122000 | 丙烯酸乙酯 | 6.5 | 30 | 17 | 9 | 千克 | AB |

❶ 监管条件中,"/"左边的监管条件截止日期为2018年1月31日,"/"右边的监管条件有效日期为2018年2月1日~2999年12月31日。

| 商品编号 | 商品名称及备注 | 进口关税税率(%) | | 增值税率(%) | 出口退税率(%) | 计量单位 | 监管条件 |
|---|---|---|---|---|---|---|---|
| | | 最惠国 | 普通 | | | | |
| 29161230 | ---丙烯酸丁酯 | | | | | | |
| 2916123001 | 丙烯酸正丁酯 | 6.5 | 30 | 17 | 9 | 千克 | AB |
| 2916123090 | 丙烯酸异丁酯 | 6.5 | 30 | 17 | 9 | 千克 | AB |
| 29161240 | ---丙烯酸异辛酯 | | | | | | |
| 2916124000 | 丙烯酸异辛酯 | 6.5 | 30 | 17 | 9 | 千克 | |
| 29161290 | ---其他 | | | | | | |
| 2916129000 | 其他丙烯酸酯 | 6.5 | 30 | 17 | 9 | 千克 | |
| 29161300 | --甲基丙烯酸及其盐 | | | | | | |
| 2916130010 | 甲基丙烯酸 | 6.5 | 80 | 17 | 13 | 千克 | AB |
| 2916130090 | 甲基丙烯酸盐 | 6.5 | 80 | 17 | 13 | 千克 | |
| 29161400 | --甲基丙烯酸酯 | | | | | | |
| 2916140000 | 甲基丙烯酸酯 | 6.5 | 80 | 17 | 13 | 千克 | |
| 29161500 | --油酸、亚油酸或亚麻酸及其盐和酯 | | | | | | |
| 2916150000 | 油酸、亚油酸或亚麻酸及其盐和酯 | 6.5 | 30 | 17 | 9 | 千克 | |
| 29161600 | --乐杀螨 | | | | | | |
| 2916160000 | 乐杀螨(ISO) | 6.5 | 30 | 17 | 0 | 千克 | S |
| 29161900 | --其他 | | | | | | |
| 2916190011 | 烯虫乙酯 | 6.5 | 30 | 17 | 9 | 千克 | S |
| 2916190012 | 烯虫炔酯 | 6.5 | 30 | 17 | 9 | 千克 | S |
| 2916190013 | 消螨普 | 6.5 | 30 | 17 | 9 | 千克 | S |
| 2916190090 | 其他不饱和无环一元羧酸(包括其酸酐、酰卤化物、过氧化物和过氧酸及它们的衍生物) | 6.5 | 30 | 17 | 9 | 千克 | AB |
| 29162010 | ---二溴菊酸、DV 菊酸甲酯 | | | | | | |
| 2916201000 | DV 菊酸甲酯、二溴菊酸 | 4 | 11 | 17 | 9 | 千克 | |
| 29162090 | ---其他 | | | | | | |
| 2916209021 | 苄菊酯、苯醚菊酯(包括右旋苯醚菊酯、富右旋反式苯醚菊酯) | 6.5 | 30 | 17 | 9 | 千克 | S |
| 2916209022 | 苄烯菊酯、氯菊酯(包括生物氯菊酯) | 6.5 | 30 | 17 | 9 | 千克 | S |
| 2916209023 | 氯烯炔菊酯、联苯菊酯 | 6.5 | 30 | 17 | 9 | 千克 | S |
| 2916209024 | 七氟菊酯、四氟苯菊酯、五氟苯菊酯、七氟甲醚菊酯(包括甲氧苄氟菊酯、氯氟醚菊酯) | 6.5 | 30 | 17 | 9 | 千克 | S |
| 2916209025 | 戊菊酯、环螨酯 | 6.5 | 30 | 17 | 9 | 千克 | S |
| 2916209026 | 四氟甲醚菊酯、烯炔菊酯、四氟醚菊酯(包括右旋烯炔菊酯、富右旋反式烯炔菊酯) | 6.5 | 30 | 17 | 9 | 千克 | S |
| 2916209027 | 炔丙菊酯(包括右旋炔丙菊酯、富右旋反式炔丙菊酯) | 6.5 | 30 | 17 | 9 | 千克 | S |
| 2916209028 | 氯丙炔菊酯(包括右旋反式氯丙炔菊酯) | 6.5 | 30 | 17 | 9 | 千克 | S |
| 2916209090 | 其他(环烷、环烯、环萜烯)一元羧酸(包括酸酐、酰卤化物、过氧化物和过氧酸及其衍生物) | 6.5 | 30 | 17 | 9 | 千克 | AB |
| 29163100 | --苯甲酸及其盐和酯 | | | | | | |
| 2916310000 | 其他苯甲酸及其盐和酯 | 6.5 | 30 | 17 | 9 | 千克 | AB |
| 29163200 | --过氧化苯甲酰及苯甲酰氯 | | | | | | |
| 2916320000 | 过氧化苯甲酰及苯甲酰氯 | 6.5 | 30 | 17 | 9 | 千克 | AB |
| 29163400 | --苯乙酸及其盐 | | | | | | |
| 2916340010 | 苯乙酸 | 6.5 | 30 | 17 | 9 | 千克 | 23 |
| 2916340090 | 苯乙酸盐 | 6.5 | 30 | 17 | 9 | 千克 | |
| 29163910 | ---邻甲基苯甲酸 | | | | | | |
| 2916391000 | 邻甲基苯甲酸 | 6.5 | 30 | 17 | 9 | 千克 | |
| 29163920 | ---布洛芬 | | | | | | |
| 2916392000 | 布洛芬 | 6.5 | 30 | 17 | 9 | 千克 | |
| 29163930 | ---2-(3-碘-4-乙基苯基)-2-甲基丙酸 | | | | | | |

| 商品编号 | 商品名称及备注 | 进口关税税率(%) | | 增值税率(%) | 出口退税率(%) | 计量单位 | 监管条件 |
|---|---|---|---|---|---|---|---|
| | | 最惠国 | 普通 | | | | |
| 2916393000 | 2-(3-碘-4-乙基苯基)-2-甲基丙酸 | 6.5 | 30 | 17 | | 千克 | |
| 29163990 | ---其他 | | | | | | |
| 2916399012 | 草芽畏、燕麦酯 | 6.5 | 30 | 17 | 9 | 千克 | S |
| 2916399013 | 5-硝基邻甲氧基苯酚钠 | 6.5 | 30 | 17 | 0 | 千克 | S |
| 2916399014 | 对氯苯氧乙酸及其盐 | 6.5 | 30 | 17 | 9 | 千克 | S |
| 2916399015 | 三碘苯甲酸 | 6.5 | 30 | 17 | 0 | 千克 | S |
| 2916399016 | 萘乙酸 | 6.5 | 30 | 17 | 9 | 千克 | S |
| 2916399017 | 伐草克 | 6.5 | 30 | 17 | 9 | 千克 | S |
| 2916399018 | α-萘乙酸及其盐 | 6.5 | 30 | 17 | 9 | 千克 | S |
| 2916399090 | 其他芳香一元羧酸 | 6.5 | 30 | 17 | 9 | 千克 | |
| **2917** | **多元羧酸及其酸酐、酰卤化物、过氧化物和过氧酸,以及它们的卤化、磺化、硝化或亚硝化衍生物** | | | | | | |
| 29171110 | ---草酸 | | | | | | |
| 2917111000 | 草酸 | 6.5 | 40 | 17 | 9 | 千克 | |
| 29171120 | ---草酸钴 | | | | | | |
| 2917112000 | 草酸钴 | 9 | 30 | 17 | 9 | 千克 | 4xy |
| 29171190 | ---其他 | | | | | | |
| 2917119000 | 其他草酸盐和酯 | 6.5 | 30 | 17 | 9 | 千克 | |
| 29171200 | --己二酸及其盐和酯 | | | | | | |
| 2917120001 | 己二酸 | 6.5 | 30 | 17 | 13 | 千克 | AB/A❶ |
| 2917120090 | 己二酸盐和酯 | 6.5 | 30 | 17 | 13 | 千克 | AB/A❶ |
| 29171310 | ---癸二酸及其盐和酯 | | | | | | |
| 2917131000 | 癸二酸及其盐和酯 | 6.5 | 30 | 17 | 9 | 千克 | |
| 29171390 | ---其他 | | | | | | |
| 2917139000 | 壬二酸及其盐和酯 | 6.5 | 30 | 17 | 9 | 千克 | |
| 29171400 | --马来酐 | | | | | | |
| 2917140000 | 马来酐 | 6.5 | 30 | 17 | 9 | 千克 | |
| 29171900 | --其他 | | | | | | |
| 2917190010 | 驱虫特、硝苯菌酯 | 6.5 | 30 | 17 | 0 | 千克 | S |
| 2917190090 | 其他无环多元羧酸 | 6.5 | 30 | 17 | 9 | 千克 | |
| 29172010 | ---四氢苯酐 | | | | | | |
| 2917201000 | 四氢苯酐 | 4 | 11 | 17 | 9 | 千克 | |
| 29172090 | ---其他 | | | | | | |
| 2917209010 | 驱蚊灵 | 6.5 | 30 | 17 | 0 | 千克 | S |
| 2917209090 | 其他(环烷、环烯、环萜烯)多元羧酸 | 6.5 | 30 | 17 | 9 | 千克 | AB |
| 29173200 | --邻苯二甲酸二辛酯 | | | | | | |
| 2917320000 | 邻苯二甲酸二辛酯 | 6.5 | 30 | 17 | 9 | 千克 | |
| 29173300 | --邻苯二甲酸二壬酯及邻苯二甲酸二癸酯 | | | | | | |
| 2917330000 | 邻苯二甲酸二壬酯等(包括邻苯二甲酸二癸酯) | 6.5 | 30 | 17 | 9 | 千克 | |
| 29173410 | ---邻苯二甲酸二丁酯 | | | | | | |
| 2917341010 | 驱蚊叮 | 6.5 | 30 | 17 | 0 | 千克 | S |
| 2917341090 | 其他邻苯二甲酸二丁酯 | 6.5 | 30 | 17 | 9 | 千克 | |
| 29173490 | ---其他 | | | | | | |
| 2917349000 | 其他邻苯二甲酸酯 | 6.5 | 30 | 17 | 9 | 千克 | |

❶ 监管条件中,“/”左边的监管条件截止日期为2018年1月31日,“/”右边的监管条件有效日期为2018年2月1日~2999年12月31日。

| 商品编号 | 商品名称及备注 | 进口关税税率(%) | | 增值税率(%) | 出口退税率(%) | 计量单位 | 监管条件 |
|---|---|---|---|---|---|---|---|
| | | 最惠国 | 普通 | | | | |
| 29173500 | --邻苯二甲酸酐 | | | | | | |
| 2917350000 | 邻苯二甲酸酐(苯酐) | 6.5 | 30 | 17 | 9 | 千克 | AB |
| 29173611 | ----精对苯二甲酸 | | | | | | |
| 2917361100 | 精对苯二甲酸[白色针状结晶或粉末,密度1.510,主要技术指标为4-羧基苯甲醛(4-CBA)≤25PPM] | 6.5 | 30 | 17 | 13 | 千克 | |
| 29173619 | ----其他 | | | | | | |
| 2917361900 | 其他对苯二甲酸 | 6.5 | 30 | 17 | 9 | 千克 | |
| 29173690 | ---其他 | | | | | | |
| 2917369000 | 对苯二甲酸盐 | 6.5 | 30 | 17 | 9 | 千克 | |
| 29173700 | --对苯二甲酸二甲酯 | | | | | | |
| 2917370000 | 对苯二甲酸二甲酯 | 6.5 | 30 | 17 | 9 | 千克 | |
| 29173910 | ---间苯二甲酸 | | | | | | |
| 2917391000 | 间苯二甲酸 | 6.5 | 30 | 17 | 9 | 千克 | |
| 29173990 | ---其他 | | | | | | |
| 2917399011 | 酞菌酯 | 6.5 | 30 | 17 | 9 | 千克 | S |
| 2917399012 | 氯酞酸甲酯 | 6.5 | 30 | 17 | 9 | 千克 | S |
| 2917399013 | 氯酞酸 | 6.5 | 30 | 17 | 9 | 千克 | S |
| 2917399090 | 其他芳香多元羧酸 | 6.5 | 30 | 17 | 9 | 千克 | |
| **2918** | **含附加含氧基的羧酸及其酸酐、酰卤化物、过氧化物和过氧酸,以及它们的卤化、磺化、硝化或亚硝化衍生物** | | | | | | |
| 29181100 | --乳酸及其盐和酯 | | | | | | |
| 2918110000 | 乳酸及其盐和酯 | 6.5 | 30 | 17 | 13 | 千克 | AB |
| 29181200 | --酒石酸 | | | | | | |
| 2918120000 | 酒石酸 | 6.5 | 35 | 17 | 9 | 千克 | AB/A❶ |
| 29181300 | --酒石酸盐及酒石酸酯 | | | | | | |
| 2918130000 | 酒石酸盐及酒石酸酯 | 6.5 | 30 | 17 | 9 | 千克 | AB |
| 29181400 | --柠檬酸 | | | | | | |
| 2918140000 | 柠檬酸 | 6.5 | 35 | 17 | 13 | 千克 | 4ABxy/4Axy❶ |
| 29181500 | --柠檬酸盐及柠檬酸酯 | | | | | | |
| 2918150000 | 柠檬酸盐及柠檬酸酯 | 6.5 | 30 | 17 | 13 | 千克 | 4ABxy/4Axy❶ |
| 29181600 | --葡糖酸及其盐和酯 | | | | | | |
| 2918160000 | 葡糖酸及其盐和酯 | 6.5 | 30 | 17 | 13 | 千克 | |
| 29181700 | --2,2-二苯基-2-羟基乙酸(二苯基乙醇酸) | | | | | | |
| 2918170000 | 2,2-二苯基-2-羟基乙酸(二苯羟乙酸;二苯乙醇酸) | 6.5 | 30 | 17 | 9 | 千克 | 23 |
| 29181800 | --乙酯杀螨醇(ISO) | | | | | | |
| 2918180000 | 乙酯杀螨醇(包括其酸酐、酰卤化物、过氧化物和过氧酸及其衍生物) | 6.5 | 30 | 17 | 0 | 千克 | S |
| 29181900 | --其他 | | | | | | |
| 2918190010 | 二苯乙醇酸甲酯(包括其酸酐,酰卤化物,过氧化物和过氧酸及其衍生物) | 6.5 | 30 | 17 | 9 | 千克 | 23 |
| 2918190030 | γ-羟基丁酸及其盐 | 6.5 | 30 | 17 | 9 | 千克 | I |
| 2918190041 | 丙酯杀螨醇 | 6.5 | 30 | 17 | 0 | 千克 | S |
| 2918190042 | 溴螨酯 | 6.5 | 30 | 17 | 9 | 千克 | S |
| 2918190043 | 芴丁酯 | 6.5 | 30 | 17 | 9 | 千克 | S |

❶ 监管条件中,"/"左边的监管条件截止日期为2018年1月31日,"/"右边的监管条件有效日期为2018年2月1日~2999年12月31日。

| 商品编号 | 商品名称及备注 | 进口关税税率(%) | | 增值税率(%) | 出口退税率(%) | 计量单位 | 监管条件 |
|---|---|---|---|---|---|---|---|
| | | 最惠国 | 普通 | | | | |
| 2918190044 | 整形醇 | 6.5 | 30 | 17 | 9 | 千克 | S |
| 2918190090 | 其他含醇基但不含其他含氧基羧酸(包括其酸酐,酰卤化物,过氧化物和过氧酸及其衍生物) | 6.5 | 30 | 17 | 9 | 千克 | |
| 29182110 | ---水杨酸、水杨酸钠 | | | | | | |
| 2918211000 | 水杨酸、水杨酸钠 | 6.5 | 20 | 17 | 9 | 千克 | |
| 29182190 | ---其他 | | | | | | |
| 2918219000 | 其他水杨酸盐 | 6.5 | 30 | 17 | 9 | 千克 | |
| 29182210 | ---邻乙酰水杨酸(阿司匹林) | | | | | | |
| 2918221000 | 邻乙酰水杨酸(阿司匹林) | 6 | 20 | 17 | 9 | 千克 | |
| 29182290 | ---其他 | | | | | | |
| 2918229000 | 邻乙酰水杨酸盐和酯 | 6.5 | 30 | 17 | 9 | 千克 | |
| 29182300 | --水杨酸的其他酯及其盐 | | | | | | |
| 2918230000 | 水杨酸其他酯及其盐 | 6.5 | 30 | 17 | 9 | 千克 | |
| 29182900 | --其他 | | | | | | |
| 2918290000 | 其他含酚基但不含其他含氧基羧酸(包括其酸酐、酰卤化物、过氧化物和过氧酸及其衍生物) | 6.5 | 30 | 17 | 9 | 千克 | AB/A❶ |
| 29183000 | -含醛基或酮基但不含其他含氧基的羧酸及其酸酐、酰卤化物、过氧化物和过氧酸,以及它们的衍生物 | | | | | | |
| 2918300011 | 除虫菊素Ⅰ、除虫菊素Ⅱ | 6.5 | 30 | 17 | 9 | 千克 | S |
| 2918300012 | 瓜叶菊素Ⅰ、瓜叶菊素Ⅱ | 6.5 | 30 | 17 | 9 | 千克 | S |
| 2918300013 | 茉酮菊素Ⅰ、茉酮菊素Ⅱ | 6.5 | 30 | 17 | 9 | 千克 | S |
| 2918300014 | 环戊烯丙菊酯 | 6.5 | 30 | 17 | 9 | 千克 | S |
| 2918300015 | 调环酸、抗倒酯、环虫菊酯 | 6.5 | 30 | 17 | 9 | 千克 | S |
| 2918300016 | 烯丙菊酯等(包括右旋烯丙菊酯、富右旋反式烯丙菊酯、右旋反式烯丙菊酯) | 6.5 | 30 | 17 | 9 | 千克 | S |
| 2918300017 | Es-生物烯丙菊酯、生物烯丙菊酯等(包括S-生物烯丙菊酯) | 6.5 | 30 | 17 | 9 | 千克 | S |
| 2918300018 | 乙酰氟菊酯 | 6.5 | 30 | 17 | 9 | 千克 | S |
| 2918300090 | 其他含醛基或酮基不含其他含氧基羧酸(包括酸酐、酰卤化物、过氧化物和过氧酸及其衍生物) | 6.5 | 30 | 17 | 9 | 千克 | |
| 29189100 | --2,4,5-涕(ISO)(2,4,5-三氯苯氧基乙酸)及其盐或酯 | | | | | | |
| 2918910000 | 2,4,5-涕(ISO)(2,4,5-三氯苯氧乙酸)及其盐或酯 | 6.5 | 30 | 17 | 0 | 千克 | 89 |
| 29189900 | --其他 | | | | | | |
| 2918990021 | 2,4-滴、2,4-滴丙酸、2,4-滴丁酸等(包括精2,4-滴丙酸、苯醚菌酯) | 6.5 | 30 | 17 | 11 | 千克 | S |
| 2918990022 | 2甲4氯、2甲4氯丙酸等(包括精2甲4氯丙酸) | 6.5 | 30 | 17 | 11 | 千克 | S |
| 2918990023 | 2甲4氯丁酸 | 6.5 | 30 | 17 | 11 | 千克 | S |
| 2918990024 | 麦草畏、杀草畏 | 6.5 | 30 | 17 | 11 | 千克 | S |
| 2918990025 | 禾草灵、乳氟禾草灵 | 6.5 | 30 | 17 | 11 | 千克 | S |
| 2918990026 | 氟萘禾草灵、甲羧除草醚 | 6.5 | 30 | 17 | 11 | 千克 | S |
| 2918990027 | 三氟羧草醚、乙羧氟草醚 | 6.5 | 30 | 17 | 11 | 千克 | S |
| 2918990028 | 氟乳醚、调果酸、座果酸 | 6.5 | 30 | 17 | 11 | 千克 | S |
| 2918990029 | 增糖酯、S-诱抗素(包括烯虫酯) | 6.5 | 30 | 17 | 11 | 千克 | S |
| 2918990030 | 调环酸钙 | 6.5 | 30 | 17 | 13 | 千克 | S |
| 2918990041 | 2甲4氯异辛酯 | 6.5 | 30 | 17 | 13 | 千克 | S |
| 2918990090 | 其他含其他附加含氧基羧酸(包括其酸酐、酰卤化物、过氧化物和过氧酸及其衍生物) | 6.5 | 30 | 17 | 13 | 千克 | |
| **2919** | **磷酸酯及其盐,包括乳磷酸盐,以及它们的卤化、磺化、硝化或亚硝化衍生物** | | | | | | |

❶ 监管条件中,"/"左边的监管条件截止日期为2018年1月31日,"/"右边的监管条件有效日期为2018年2月1日~2999年12月31日。

| 商品编号 | 商品名称及备注 | 进口关税税率(%) | | 增值税率(%) | 出口退税率(%) | 计量单位 | 监管条件 |
|---|---|---|---|---|---|---|---|
| | | 最惠国 | 普通 | | | | |
| 29191000 | -三(2,3-二溴丙基)磷酸酯 | | | | | | |
| 2919100000 | 三(2,3-二溴丙基)磷酸酯 | 6.5 | 30 | 17 | 9 | 千克 | 89 |
| 29199000 | -其他 | | | | | | |
| 2919900020 | 磷酸三丁酯 | 6.5 | 30 | 17 | 9 | 千克 | 3 |
| 2919900031 | 敌敌钙、敌敌畏 | 6.5 | 30 | 17 | 9 | 千克 | S |
| 2919900032 | 速灭磷、二溴磷 | 6.5 | 30 | 17 | 9 | 千克 | S |
| 2919900033 | 巴毒磷、杀虫畏 | 6.5 | 30 | 17 | 0 | 千克 | S |
| 2919900034 | 毒虫畏、甲基毒虫畏 | 6.5 | 30 | 17 | 0 | 千克 | S |
| 2919900035 | 庚烯磷、特普 | 6.5 | 30 | 17 | 0 | 千克 | S |
| 2919900036 | 三乙膦酸铝、乙膦酸 | 6.5 | 30 | 17 | 9 | 千克 | S |
| 2919900037 | 氯瘟磷、伐草磷 | 6.5 | 30 | 17 | 0 | 千克 | S |
| 2919900090 | 其他磷酸酯及其盐(包括乳磷酸盐)(包括它们的卤化、磺化、硝化或亚硝化衍生物) | 6.5 | 30 | 17 | 9 | 千克 | AB |
| **2920** | **其他非金属无机酸酯(不包括卤化氢的酯)及其盐,以及它们的卤化、磺化、硝化或亚硝化衍生物** | | | | | | |
| 29201100 | --对硫磷(ISO)及甲基对硫磷(ISO) | | | | | | |
| 2920110000 | 对硫磷(ISO)及甲基对硫磷(ISO) | 6.5 | 30 | 17 | 0 | 千克 | X |
| 29201900 | --其他 | | | | | | |
| 2920190012 | 氯氧磷、虫螨畏 | 6.5 | 30 | 17 | 0 | 千克 | S |
| 2920190013 | 杀螟硫磷、除线磷 | 6.5 | 30 | 17 | 9 | 千克 | S |
| 2920190014 | 异氯磷、皮蝇磷 | 6.5 | 30 | 17 | 9 | 千克 | S |
| 2920190015 | 溴硫磷、乙基溴硫磷、硝虫硫磷 | 6.5 | 30 | 17 | 9 | 千克 | S |
| 2920190017 | 碘硫磷、苯稻瘟净 | 6.5 | 30 | 17 | 0 | 千克 | S |
| 2920190018 | 甲基立枯磷、克菌磷 | 6.5 | 30 | 17 | 9 | 千克 | S |
| 2920190019 | 速杀硫磷、丰丙磷 | 6.5 | 30 | 17 | 9 | 千克 | S |
| 2920190090 | 其他硫代磷酸酯及其盐(包括它们的卤化、磺化、硝化或亚硝化衍生物) | 6.5 | 30 | 17 | 9 | 千克 | |
| 29202100 | --亚磷酸二甲酯 | | | | | | |
| 2920210000 | 亚磷酸二甲酯 | 6.5 | 30 | 17 | 9 | 千克 | 23 |
| 29202200 | --亚磷酸二乙酯 | | | | | | |
| 2920220000 | 亚磷酸二乙酯 | 6.5 | 30 | 17 | 9 | 千克 | 23 |
| 29202300 | --亚磷酸三甲酯 | | | | | | |
| 2920230000 | 亚磷酸三甲酯 | 6.5 | 30 | 17 | 9 | 千克 | 23AB |
| 29202400 | --亚磷酸三乙酯 | | | | | | |
| 2920240000 | 亚磷酸三乙酯 | 6.5 | 30 | 17 | 9 | 千克 | 23AB |
| 29202910 | ---其他亚磷酸酯 | | | | | | |
| 2920291000 | 其他亚磷酸酯 | 6.5 | 30 | 17 | 9 | 千克 | |
| 29202990 | ---其他 | | | | | | |
| 2920299010 | 浸种磷 | 6.5 | 30 | 17 | 0 | 千克 | S |
| 2920299090 | 其他亚磷酸酯及其盐,以及它们的卤化、磺化、硝化或亚硝化衍生物 | 6.5 | 30 | 17 | 9 | 千克 | |
| 29203000 | -硫丹 | | | | | | |
| 2920300000 | 硫丹 | 6.5 | 30 | 17 | 0 | 千克 | S |
| 29209000 | -其他 | | | | | | |
| 2920900011[暂2] | 碳酸二苯酯 | 6.5 | 30 | 17 | 9 | 千克 | |
| 2920900012 | 治螟磷 | 6.5 | 30 | 17 | 0 | 千克 | S |
| 2920900013 | 消螨通 | 6.5 | 30 | 17 | 0 | 千克 | S |
| 2920900014 | 炔螨特 | 6.5 | 30 | 17 | 9 | 千克 | S |
| 2920900015 | 赛松 | 6.5 | 30 | 17 | 0 | 千克 | S |

| 商品编号 | 商品名称及备注 | 进口关税税率(%) | | 增值税率(%) | 出口退税率(%) | 计量单位 | 监管条件 |
|---|---|---|---|---|---|---|---|
| | | 最惠国 | 普通 | | | | |
| 2920900016 | 三乙基砷酸酯 | 6.5 | 30 | 17 | 9 | 千克 | X |
| 2920900090 | 其他无机酸酯(不包括卤化氢的酯)(包括其盐,以及它们的卤化、磺化、硝化或亚硝化衍生物) | 6.5 | 30 | 17 | 9 | 千克 | |
| **2921** | **氨基化合物** | | | | | | |
| 29211100 | --甲胺、二甲胺或三甲胺及其盐 | | | | | | |
| 2921110010 | 二甲胺 | 6.5 | 30 | 17 | 9 | 千克 | 23 |
| 2921110020 | 二甲胺盐酸盐 | 6.5 | 30 | 17 | 9 | 千克 | 23 |
| 2921110030 | 甲胺盐 | 6.5 | 30 | 17 | 9 | 千克 | |
| 2921110090 | 甲胺、三甲胺及其盐,其他二甲胺盐 | 6.5 | 30 | 17 | 9 | 千克 | AB |
| 29211200 | --2-(N,N-二甲基氨基)氯乙烷盐酸盐 | | | | | | |
| 2921120000 | 2-(N,N-二甲基氨基)氯乙烷盐酸盐 | 6.5 | 30 | 17 | 9 | 千克 | |
| 29211300 | --2-(N,N-二乙基氨基)氯乙烷盐酸盐 | | | | | | |
| 2921130000 | 2-(N,N-二乙基氨基)氯乙烷盐酸盐 | 6.5 | 30 | 17 | 9 | 千克 | |
| 29211400 | --2-(N,N-二异丙基氨基)氯乙烷盐酸盐 | | | | | | |
| 2921140000 | 2-(N,N-二异丙基氨基)氯乙烷盐酸盐 | 6.5 | 30 | 17 | 9 | 千克 | |
| 29211910 | ---二正丙胺 | | | | | | |
| 2921191000 | 二正丙胺 | 4 | 11 | 17 | 9 | 千克 | AB |
| 29211920 | ---异丙胺 | | | | | | |
| 2921192000[暂2] | 异丙胺 | 6.5 | 30 | 17 | 9 | 千克 | |
| 29211930 | ---N,N-二(2-氯乙基)乙胺 | | | | | | |
| 2921193000 | N,N-二(2-氯乙基)乙胺 | 6.5 | 30 | 17 | 9 | 千克 | 32 |
| 29211940 | ---N,N-二(2-氯乙基)甲胺 | | | | | | |
| 2921194000 | N,N-二(2-氯乙基)甲胺 | 6.5 | 30 | 17 | 9 | 千克 | 32 |
| 29211950 | ---三(2-氯乙基)胺 | | | | | | |
| 2921195000 | 三(2-氯乙基)胺 | 6.5 | 30 | 17 | 9 | 千克 | 32 |
| 29211960 | ---二烷(甲、乙、正丙或异丙)氨基乙基-2-氯及其质子化盐 | | | | | | |
| 2921196000 | 二烷氨基乙基-2-氯及相应质子盐(其中烷基指甲、乙、正丙或异丙基) | 6.5 | 30 | 17 | 9 | 千克 | 23 |
| 29211990 | ---其他 | | | | | | |
| 2921199011 | 三乙胺(单一成分,用做点火剂) | 6.5 | 30 | 17 | 9 | 千克 | 3A |
| 2921199020 | 二异丙胺 | 6.5 | 30 | 17 | 9 | 千克 | 3 |
| 2921199031 | 2-氨基丁烷 | 6.5 | 30 | 17 | 0 | 千克 | S |
| 2921199033 | 胺鲜酯 | 6.5 | 30 | 17 | 9 | 千克 | S |
| 2921199090 | 其他无环单胺及其衍生物及其盐 | 6.5 | 30 | 17 | 9 | 千克 | |
| 29212110 | ---乙二胺 | | | | | | |
| 2921211000 | 乙二胺 | 6.5 | 30 | 17 | 9 | 千克 | |
| 29212190 | ---其他 | | | | | | |
| 2921219000 | 乙二胺盐 | 6.5 | 30 | 17 | 9 | 千克 | |
| 29212210 | ---己二酸己二胺盐(尼龙-6,6 盐) | | | | | | |
| 2921221000 | 己二酸己二胺盐(尼龙-6,6 盐) | 6.5 | 20 | 17 | 9 | 千克 | |
| 29212290 | ---其他 | | | | | | |
| 2921229000 | 六亚甲基二胺及其他盐 | 6.5 | 30 | 17 | 9 | 千克 | |
| 29212900 | --其他 | | | | | | |
| 2921290010 | 辛菌胺 | 6.5 | 30 | 17 | 9 | 千克 | S |
| 2921290090 | 其他无环多胺及其衍生物(包括它们的盐) | 6.5 | 30 | 17 | 9 | 千克 | |
| 29213000 | -环烷单胺或多胺、环烯单胺或多胺、环萜烯单胺或多胺及其衍生物,以及它们的盐 | | | | | | |
| 2921300010 | 丙己君及其盐 | 6.5 | 30 | 17 | 9 | 千克 | I |

| 商品编号 | 商 品 名 称 及 备 注 | 进口关税税率(%) | | 增值税率(%) | 出口退税率(%) | 计量单位 | 监管条件 |
|---|---|---|---|---|---|---|---|
| | | 最惠国 | 普通 | | | | |
| 2921300030 | 氨基羰酸环丙烷 | 6.5 | 30 | 17 | 9 | 千克 | S |
| 2921300040 | 乙撑亚胺 | 6.5 | 30 | 17 | 9 | 千克 | AB |
| 2921300090 | 其他环(烷、烯、萜烯)单胺或多胺(包括其衍生物及它们的盐) | 6.5 | 30 | 17 | 9 | 千克 | |
| 29214110 | ---苯胺 | | | | | | |
| 2921411000 | 苯胺 | 6.5 | 20 | 17 | 9 | 千克 | ABX |
| 29214190 | ---其他 | | | | | | |
| 2921419000 | 苯胺盐 | 6.5 | 30 | 17 | 9 | 千克 | |
| 29214200 | --苯胺衍生物及其盐 | | | | | | |
| 2921420012 | 敌锈钠 | 6.5 | 30 | 17 | 9 | 千克 | S |
| 2921420013 | 苯草醚 | 6.5 | 30 | 17 | 9 | 千克 | S |
| 2921420020 | 邻氯对硝基苯胺 | 6.5 | 30 | 17 | 9 | 千克 | |
| 2921420090 | 其他苯胺衍生物及其盐 | 6.5 | 30 | 17 | 9 | 千克 | |
| 29214300 | --甲苯胺及其衍生物,以及它们的盐 | | | | | | |
| 2921430001 | 间甲苯胺或对甲苯胺 | 6.5 | 30 | 17 | 9 | 千克 | |
| 2921430010 | 氟乐灵 | 6.5 | 30 | 17 | 9 | 千克 | S |
| 2921430020 | 邻甲苯胺 | 6.5 | 30 | 17 | 9 | 千克 | |
| 2921430031 | 溴鼠胺 | 6.5 | 30 | 17 | 0 | 千克 | S |
| 2921430032 | 乙丁氟灵 | 6.5 | 30 | 17 | 9 | 千克 | S |
| 2921430033 | 氯乙氟灵 | 6.5 | 30 | 17 | 9 | 千克 | S |
| 2921430034 | 环丙氟灵 | 6.5 | 30 | 17 | 9 | 千克 | S |
| 2921430035 | 乙丁烯氟灵 | 6.5 | 30 | 17 | 9 | 千克 | S |
| 2921430036 | 地乐灵 | 6.5 | 30 | 17 | 9 | 千克 | S |
| 2921430037 | 氯乙灵 | 6.5 | 30 | 17 | 9 | 千克 | S |
| 2921430038 | 氟节胺 | 6.5 | 30 | 17 | 9 | 千克 | S |
| 2921430090 | 甲苯胺盐、甲苯胺衍生物及其盐 | 6.5 | 30 | 17 | 9 | 千克 | |
| 29214400 | --二苯胺及其衍生物,以及它们的盐 | | | | | | |
| 2921440000 | 二苯胺及其衍生物,以及它们的盐 | 6.5 | 30 | 17 | 17 | 千克 | |
| 29214500 | --1-萘胺(α-萘胺)、2-萘胺(β-萘胺)及其衍生物,以及它们的盐 | | | | | | |
| 2921450010 | 2-萘胺 | 6.5 | 30 | 17 | 9 | 千克 | X |
| 2921450090 | 1-萘胺和2-萘胺的衍生物及盐(包括1-萘胺) | 6.5 | 30 | 17 | 9 | 千克 | |
| 29214600 | 安非他明(INN)、苄非他明(INN)、右苯丙胺(INN)、乙非他明、芬坎法明(INN)、利非他明、左苯丙胺(INN)、美芬雷司(INN)、苯丁胺(INN),以及它们的盐 | | | | | | |
| 2921460011 | 安非他明、苄非他明、右苯丙胺(包括它们的盐) | 6.5 | 30 | 17 | 9 | 千克 | I |
| 2921460012 | 乙非他明、芬坎法明、利非他明(包括它们的盐) | 6.5 | 30 | 17 | 9 | 千克 | I |
| 2921460013 | 左苯丙胺、美芬雷司、芬特明(包括它们的盐) | 6.5 | 30 | 17 | 9 | 千克 | I |
| 29214910 | ---对异丙基苯胺 | | | | | | |
| 2921491000 | 对异丙基苯胺 | 4 | 11 | 17 | 13 | 千克 | |
| 29214920 | ---二甲基苯胺 | | | | | | |
| 2921492000 | 二甲基苯胺 | 6.5 | 20 | 17 | 13 | 千克 | |
| 29214930 | ---2,6-甲基乙基苯胺 | | | | | | |
| 2921493000 | 2,6-甲基乙基苯胺 | 4 | 11 | 17 | 13 | 千克 | |
| 29214940 | ---2,6-二乙基苯胺 | | | | | | |
| 2921494000 | 2,6-二乙基苯胺 | 6.5 | 20 | 17 | 13 | 千克 | |
| 29214990 | ---其他 | | | | | | |
| 2921499011 | 异丙乐灵 | 6.5 | 30 | 17 | 11 | 千克 | S |
| 2921499012 | 仲丁灵 | 6.5 | 30 | 17 | 11 | 千克 | S |

| 商品编号 | 商 品 名 称 及 备 注 | 进口关税税率(%) | | 增值税率(%) | 出口退税率(%) | 计量单位 | 监管条件 |
|---|---|---|---|---|---|---|---|
| | | 最惠国 | 普通 | | | | |
| 2921499013 | 二甲戊灵 | 6.5 | 30 | 17 | 11 | 千克 | S |
| 2921499020 | 4-氨基联苯 | 6.5 | 30 | 17 | 13 | 千克 | X |
| 2921499031 | 乙环利定、二甲基安非他明,以及它们的盐 | 6.5 | 30 | 17 | 13 | 千克 | I |
| 2921499032 | 芬氟拉明、右旋芬氟拉明,以及它们的盐 | 6.5 | 30 | 17 | 13 | 千克 | I |
| 2921499090 | 其他芳香单胺及衍生物,以及它们的盐 | 6.5 | 30 | 17 | 13 | 千克 | |
| 29215110 | ---邻苯二胺 | | | | | | |
| 2921511000 | 邻苯二胺 | 4 | 11 | 17 | 9 | 千克 | |
| 29215190 | ---其他 | | | | | | |
| 2921519011 | 氨氟灵 | 6.5 | 30 | 17 | 9 | 千克 | S |
| 2921519012 | 氨氟乐灵 | 6.5 | 30 | 17 | 9 | 千克 | S |
| 2921519020 | 2,4-二氨基甲苯 | 6.5 | 30 | 17 | 17 | 千克 | X |
| 2921519090 | 间-、对-苯二胺、二氨基甲苯等(包括衍生物及它们的盐) | 6.5 | 30 | 17 | 17 | 千克 | |
| 29215900 | --其他 | | | | | | |
| 2921590010 | 三氨基三硝基苯 | 6.5 | 30 | 17 | 9 | 千克 | 3 |
| 2921590020 | 联苯胺(4,4'-二氨基联苯) | 6.5 | 30 | 17 | 9 | 千克 | 89 |
| 2921590031 | 4,4'-二氨基-3,3'-二氯二苯基甲烷 | 6.5 | 30 | 17 | 9 | 千克 | X |
| 2921590032 | 3,3'-二氯联苯胺 | 6.5 | 30 | 17 | 9 | 千克 | X |
| 2921590033 | 4,4'-二氨基二苯基甲烷 | 6.5 | 30 | 17 | 13 | 千克 | X |
| 2921590090 | 其他芳香多胺及衍生物,以及它们的盐 | 6.5 | 30 | 17 | 13 | 千克 | |
| **2922** | **含氧基氨基化合物** | | | | | | |
| 29221100 | --单乙醇胺及其盐 | | | | | | |
| 2922110001 | 单乙醇胺 | 6.5 | 30 | 17 | 9 | 千克 | AB |
| 2922110090 | 单乙醇胺盐 | 6.5 | 30 | 17 | 9 | 千克 | |
| 29221200 | --二乙醇胺及其盐 | | | | | | |
| 2922120000 | 二乙醇胺及其他二乙醇胺盐 | 6.5 | 30 | 17 | 9 | 千克 | |
| 29221400 | --右丙氧吩(INN)及其盐 | | | | | | |
| 2922140000 | 右丙氧吩(INN)及其盐 | 6.5 | 30 | 17 | 9 | 千克 | W |
| 29221500 | --三乙醇胺 | | | | | | |
| 2922150000 | 三乙醇胺 | 6.5 | 30 | 17 | 9 | 千克 | 23AB/23A❶ |
| 29221600 | --全氟辛基磺酸二乙醇铵 | | | | | | |
| 2922160000 | 全氟辛基磺酸二乙醇胺 | 6.5 | 30 | 17 | 9 | 千克 | X |
| 29221700 | --甲基二乙醇胺和乙基二乙醇胺 | | | | | | |
| 2922170000 | 甲基二乙醇胺和乙基二乙醇胺 | 6.5 | 30 | 17 | 9 | 千克 | 23 |
| 29221800 | --2-(N,N-二异丙基氨基)乙醇 | | | | | | |
| 2922180000 | 2-(N,N-二异丙基氨基)乙醇 | 6.5 | 30 | 17 | 13 | 千克 | |
| 29221910 | ---乙胺丁醇 | | | | | | |
| 2922191000 | 乙胺丁醇 | 6.5 | 30 | 17 | 13 | 千克 | |
| 29221921 | ----二甲氨基乙醇及其质子化盐 | | | | | | |
| 2922192100 | 二甲氨基乙醇及其质子化盐 | 6.5 | 30 | 17 | 13 | 千克 | |
| 29221922 | ----二乙氨基乙醇及其质子化盐 | | | | | | |
| 2922192210 | 2-二乙氨基乙醇(或称N,N-二乙基乙醇胺) | 6.5 | 30 | 17 | 9 | 千克 | 3 |
| 2922192290 | 二乙氨基乙醇的质子化盐 | 6.5 | 30 | 17 | 9 | 千克 | |
| 29221929 | ----其他 | | | | | | |

❶ 监管条件中,"/"左边的监管条件截止日期为2018年1月31日,"/"右边的监管条件有效日期为2018年2月1日~2999年12月31日。

| 商品编号 | 商 品 名 称 及 备 注 | 进口关税税率(%) | | 增值税率(%) | 出口退税率(%) | 计量单位 | 监管条件 |
|---|---|---|---|---|---|---|---|
| | | 最惠国 | 普通 | | | | |
| 2922192900 | 其他二烷氨基乙-2-醇及质子化盐(烷基指正丙或异丙基) | 6.5 | 30 | 17 | 9 | 千克 | 23 |
| 29221930 | ---乙基二乙醇胺的盐 | | | | | | |
| 2922193000 | 乙基二乙醇胺的盐 | 6.5 | 30 | 17 | 9 | 千克 | 23 |
| 29221940 | ---甲基二乙醇胺的盐 | | | | | | |
| 2922194000 | 甲基二乙醇胺的盐 | 6.5 | 30 | 17 | 13 | 千克 | 23 |
| 29221950 | ---本芴醇 | | | | | | |
| 2922195000 | 本芴醇 | 6.5 | 30 | 17 | 13 | 千克 | |
| 29221990 | ---其他 | | | | | | |
| 2922199010 | 增产胺 | 6.5 | 30 | 17 | 11 | 千克 | S |
| 2922199020 | 克仑特罗 | 6.5 | 30 | 17 | 11 | 千克 | L |
| 2922199031 | 醋美沙朵、阿醋美沙朵、阿法美沙朵(以及它们的盐) | 6.5 | 30 | 17 | 11 | 千克 | W |
| 2922199032 | 倍醋美沙多、倍他美沙多(以及它们的盐) | 6.5 | 30 | 17 | 11 | 千克 | W |
| 2922199033 | 地美沙多、地美庚醇、诺美沙多(以及它们的盐) | 6.5 | 30 | 17 | 11 | 千克 | W |
| 2922199041 | 三乙醇胺盐酸盐 | 6.5 | 30 | 17 | 9 | 千克 | 23 |
| 2922199049 | 其他三乙醇胺的盐 | 6.5 | 30 | 17 | 9 | 千克 | |
| 2922199090 | 其他氨基醇及其醚、酯和它们的盐(但含有一种以上含氧基的除外) | 6.5 | 30 | 17 | 11 | 千克 | |
| 29222100 | --氨基羟基萘磺酸及其盐 | | | | | | |
| 2922210000 | 氨基羟基萘磺酸及其盐(但含有一种以上含氧基的除外) | 6.5 | 30 | 17 | 13 | 千克 | |
| 29222910 | ---茴香胺、二茴香胺、氨基苯乙醚及其盐 | | | | | | |
| 2922291000 | 茴香胺、二茴香胺、氨基苯乙醚等(但含有一种以上含氧基的除外) | 6.5 | 30 | 17 | 13 | 千克 | |
| 29222990 | ---其他 | | | | | | |
| 2922299011 | 布苯丙胺、二甲氧基乙基安非他明(以及它们的盐) | 6.5 | 30 | 17 | 13 | 千克 | I |
| 2922299012 | 二甲氧基安非他明、副甲氧基安非他明(以及它们的盐) | 6.5 | 30 | 17 | 13 | 千克 | I |
| 2922299013 | 二甲氧基甲苯异丙胺、三甲氧基安非他明(以及它们的盐) | 6.5 | 30 | 17 | 13 | 千克 | I |
| 2922299014 | 2,5-二甲氧基-4-溴苯乙胺、地佐辛(以及它们的盐) | 6.5 | 30 | 17 | 13 | 千克 | I |
| 2922299015 | 他喷他多(Tapentadol;CAS 号:175591-23-8) | 6.5 | 30 | 17 | 13 | 千克 | I |
| 2922299016 | 2,5-二甲氧基-4-碘苯乙胺(2,5-Dimethoxy-4-iodophenethylamine;CAS 号:69587-11-7) | 6.5 | 30 | 17 | 13 | 千克 | I |
| 2922299017 | 2,5-二甲氧基苯乙胺(2,5-Dimethoxy-phenethylamine;CAS 号:3600-86-0) | 6.5 | 30 | 17 | 13 | 千克 | I |
| 2922299090 | 其他氨基(萘酚、酚)及醚、酯(包括它们的盐,但含有一种以上含氧基的除外) | 6.5 | 30 | 17 | 13 | 千克 | |
| 29223100 | 安非拉酮(INN)、美沙酮(INN)和去甲美沙酮(INN)以及它们的盐 | | | | | | |
| 2922310010 | 安非拉酮及其盐 | 6.5 | 30 | 17 | 9 | 千克 | I |
| 2922310020 | 美沙酮、去甲美沙酮及它们的盐 | 6.5 | 30 | 17 | 9 | 千克 | W |
| 29223910 | ---4-甲基甲卡西酮 | | | | | | |
| 2922391000 | 4-甲基甲卡西酮及其盐 | 6.5 | 30 | 17 | 9 | 千克 | I |
| 29223920 | ---安非他酮及其盐 | | | | | | |
| 2922392000 | 安非他酮及其盐 | 6.5 | 30 | 17 | | 千克 | I |
| 29223990 | ---其他 | | | | | | |
| 2922399010 | 氯胺酮及其盐 | 6.5 | 30 | 17 | 9 | 千克 | I |
| 2922399020 | 灭藻醌 | 6.5 | 30 | 17 | 9 | 千克 | S |
| 2922399030 | 异美沙酮及其盐 | 6.5 | 30 | 17 | 9 | 千克 | W |
| 2922399040 | 甲卡西酮及其盐 | 6.5 | 30 | 17 | 9 | 千克 | I |
| 2922399050 | 4-甲基乙卡西酮(4-MEC)(4-Methylethcathinone;CAS 号:1225617-18-4) | 6.5 | 30 | 17 | 9 | 千克 | I |
| 2922399090 | 其他氨基醛、氨基酮及其盐(包括氨基醌及其盐,但含有一种以上含氧基的除外) | 6.5 | 30 | 17 | 9 | 千克 | |
| 29224110 | ---赖氨酸 | | | | | | |
| 2922411000 | 赖氨酸 | 5 | 20 | 17 | 13 | 千克 | AB |

| 商品编号 | 商品名称及备注 | 进口关税税率(%) | | 增值税率(%) | 出口退税率(%) | 计量单位 | 监管条件 |
|---|---|---|---|---|---|---|---|
| | | 最惠国 | 普通 | | | | |
| 29224190 | ---其他 | | | | | | |
| 2922419000暂5 | 赖氨酸酯和赖氨酸盐(包括赖氨酸酯的盐) | 6 | 30 | 17 | 9 | 千克 | AB |
| 29224210 | ---谷氨酸 | | | | | | |
| 2922421000暂5 | 谷氨酸 | 10 | 90 | 17 | 9 | 千克 | A |
| 29224220 | ---谷氨酸钠 | | | | | | |
| 2922422000 | 谷氨酸钠 | 10 | 130 | 17 | 0 | 千克 | A |
| 29224290 | ---其他 | | | | | | |
| 2922429000 | 其他谷氨酸盐 | 6.5 | 30 | 17 | 9 | 千克 | A |
| 29224310 | ---邻氨基苯甲酸(氨茴酸) | | | | | | |
| 2922431000 | 邻氨基苯甲酸(氨茴酸) | 6.5 | 20 | 17 | 9 | 千克 | 23 |
| 29224390 | ---其他 | | | | | | |
| 2922439000 | 邻氨基苯甲酸(氨茴酸)盐 | 6.5 | 30 | 17 | 9 | 千克 | |
| 29224400 | --替利定(INN)及其盐 | | | | | | |
| 2922440000 | 替利定(INN)及其盐 | 6.5 | 30 | 17 | 9 | 千克 | W |
| 29224911 | ----氨甲环酸 | | | | | | |
| 2922491100 | 氨甲环酸 | 6.5 | 20 | 17 | 13 | 千克 | AB |
| 29224919 | ----其他 | | | | | | |
| 2922491910 | 安咪奈丁 | 6.5 | 20 | 17 | 13 | 千克 | I |
| 2922491990 | 其他氨基酸 | 6.5 | 20 | 17 | 13 | 千克 | AB |
| 29224991 | ----普鲁卡因 | | | | | | |
| 2922499100 | 普鲁卡因 | 6 | 20 | 17 | 13 | 千克 | |
| 29224999 | ----其他 | | | | | | |
| 2922499911 | 草灭畏 | 6.5 | 30 | 17 | 9 | 千克 | AS |
| 2922499912 | 灭杀威、灭除威、混灭威等(害扑威、速灭威、残杀威、猛杀威) | 6.5 | 30 | 17 | 9 | 千克 | ABS |
| 2922499913 | 兹克威、除害威 | 6.5 | 30 | 17 | 0 | 千克 | ABS |
| 2922499914 | 异丙威 | 6.5 | 30 | 17 | 9 | 千克 | ABS |
| 2922499915 | 仲丁威、畜虫威、合杀威 | 6.5 | 30 | 17 | 9 | 千克 | ABS |
| 2922499916 | 甲萘威、地麦威、蜱虱威 | 6.5 | 30 | 17 | 9 | 千克 | AS |
| 2922499917 | 除线威 | 6.5 | 30 | 17 | 9 | 千克 | AS |
| 2922499918 | 氨酰丙酸(盐酸盐) | 6.5 | 30 | 17 | 9 | 千克 | AS |
| 2922499919 | 安咪奈丁的盐 | 6.5 | 20 | 17 | 13 | 千克 | I |
| 2922499990 | 其他氨基酸及其酯,以及它们的盐(含有一种以上含氧基的除外) | 6.5 | 30 | 17 | 9 | 千克 | AB |
| 29225010 | ---对羟基苯甘氨酸及其邓钾盐 | | | | | | |
| 2922501000 | 对羟基苯甘氨酸及其邓钾盐 | 6.5 | 30 | 17 | 13 | 千克 | AB/A❶ |
| 29225020 | ---莱克多巴胺和盐酸莱克多巴胺 | | | | | | |
| 2922502000 | 莱克多巴胺和盐酸莱克多巴胺 | 6.5 | 30 | 17 | 9 | 千克 | 89 |
| 29225090 | ---其他 | | | | | | |
| 2922509010 | 曲马多 | 6.5 | 30 | 17 | 13 | 千克 | I |
| 2922509020暂5 | 苏氨酸 | 6.5 | 20 | 17 | 13 | 千克 | A |
| 2922509090 | 其他氨基醇酚、氨基酸酚(包括其他含氧基氨基化合物) | 6.5 | 30 | 17 | 13 | 千克 | A |
| **2923** | **季铵盐及季铵碱;卵磷脂及其他磷氨基类脂,不论是否已有化学定义** | | | | | | |
| 29231000 | -胆碱及其盐 | | | | | | |
| 2923100000 | 胆碱及其盐 | 6.5 | 30 | 17 | 9 | 千克 | AB/A❶ |
| 29232000 | -卵磷脂及其他磷氨基类脂 | | | | | | |

❶ 监管条件中,"/"左边的监管条件截止日期为 2018 年 1 月 31 日,"/"右边的监管条件有效日期为 2018 年 2 月 1 日~2999 年 12 月 31 日。

| 商品编号 | 商品名称及备注 | 进口关税税率(%) | | 增值税率(%) | 出口退税率(%) | 计量单位 | 监管条件 |
|---|---|---|---|---|---|---|---|
| | | 最惠国 | 普通 | | | | |
| 2923200000 | 卵磷脂及其他磷氨基类脂 | 6.5 | 30 | 17 | 9 | 千克 | AB/A❶ |
| 29233000 | -全氟辛基磺酸四乙基铵 | | | | | | |
| 2923300000 | 全氟辛基磺酸四乙基铵 | 6.5 | 30 | 17 | 9 | 千克 | X |
| 29234000 | -全氟辛基磺酸二癸基二甲基铵 | | | | | | |
| 2923400000 | 全氟辛基磺酸二癸基二甲基铵 | 6.5 | 30 | 17 | 9 | 千克 | X |
| 29239000 | -其他 | | | | | | |
| 2923900011 | 矮壮素 | 6.5 | 30 | 17 | 9 | 千克 | S |
| 2923900012 | 菊胺酯 | 6.5 | 30 | 17 | 9 | 千克 | S |
| 2923900090 | 其他季铵盐及季铵碱 | 6.5 | 30 | 17 | 9 | 千克 | |
| **2924** | **羧基酰胺基化合物;碳酸酰胺基化合物** | | | | | | |
| 29241100 | --甲丙氨酯(INN) | | | | | | |
| 2924110000 | 甲丙氨酯(INN) | 6.5 | 30 | 17 | 9 | 千克 | I |
| 29241200 | --氟乙酰胺(ISO)、久效磷(ISO)及磷胺(ISO) | | | | | | |
| 2924120010 | 氟乙酰胺(ISO)(氟乙酰胺别名敌蚜胺) | 6.5 | 30 | 17 | 0 | 千克 | 89 |
| 2924120090 | 久效磷(ISO)及磷胺(ISO) | 6.5 | 30 | 17 | 0 | 千克 | X |
| 29241910 | ---二甲基甲酰胺 | | | | | | |
| 2924191000 | 二甲基甲酰胺 | 6.5 | 30 | 17 | 9 | 千克 | |
| 29241990 | ---其他 | | | | | | |
| 2924199012 | 百治磷 | 6.5 | 30 | 17 | 0 | 千克 | S |
| 2924199013 | 溴乙酰胺 | 6.5 | 30 | 17 | 0 | 千克 | S |
| 2924199014 | 霜霉威 | 6.5 | 30 | 17 | 9 | 千克 | S |
| 2924199015 | 叶枯炔 | 6.5 | 30 | 17 | 0 | 千克 | S |
| 2924199016 | 二丙烯草胺 | 6.5 | 30 | 17 | 9 | 千克 | S |
| 2924199018 | 驱蚊酯 | 6.5 | 30 | 17 | 9 | 千克 | S |
| 2924199030 | 甲丙氨酯的盐 | 6.5 | 30 | 17 | 9 | 千克 | I |
| 2924199040 | 丙烯酰胺 | 6.5 | 30 | 17 | 9 | 千克 | X |
| 2924199090 | 其他无环酰胺(包括无环氨基甲酸酯)(包括其衍生物及其盐) | 6.5 | 30 | 17 | 13 | 千克 | |
| 29242100 | --酰脲及其衍生物,以及它们的盐 | | | | | | |
| 2924210010 | 氟环脲 | 6.5 | 30 | 17 | 9 | 千克 | S |
| 2924210020 | 绿麦隆 | 6.5 | 30 | 17 | 9 | 千克 | S |
| 2924210090 | 其他酰脲及其衍生物,以及它们的盐 | 6.5 | 30 | 17 | 9 | 千克 | |
| 29242300 | --2-乙酰氨基苯甲酸(N-乙酰邻氨基苯甲酸)及其盐 | | | | | | |
| 2924230010 | 2-乙酰氨基苯甲酸、N-乙酰邻氨基苯酸(包括N-乙酰邻氨基苯甲酸) | 6.5 | 30 | 17 | 9 | 千克 | 23 |
| 2924230090 | 2-乙酰氨基苯甲酸的盐 | 6.5 | 30 | 17 | 9 | 千克 | |
| 29242400 | --炔已蚁胺(INN) | | | | | | |
| 2924240000 | 炔已蚁胺(INN) | 6.5 | 30 | 17 | 9 | 千克 | I |
| 29242500 | --甲草胺(ISO) | | | | | | |
| 2924250000 | 甲草胺 | 6.5 | 30 | 17 | 11 | 千克 | S |
| 29242910 | ---对乙酰氨基苯乙醚(非那西丁) | | | | | | |
| 2924291000 | 对乙酰氨基苯乙醚(非那西丁) | 6 | 30 | 17 | 9 | 千克 | Q |
| 29242920 | ---对乙酰氨基酚(扑热息痛) | | | | | | |
| 2924292000 | 对乙酰氨基酚(扑热息痛) | 6 | 30 | 17 | 9 | 千克 | Q |
| 29242930 | ---阿斯巴甜 | | | | | | |
| 2924293000 | 阿斯巴甜 | 6.5 | 30 | 17 | 13 | 千克 | |

❶ 监管条件中,"/"左边的监管条件截止日期为2018年1月31日,"/"右边的监管条件有效日期为2018年2月1日~2999年12月31日。

| 商品编号 | 商品名称及备注 | 进口关税税率(%) | | 增值税率(%) | 出口退税率(%) | 计量单位 | 监管条件 |
|---|---|---|---|---|---|---|---|
| | | 最惠国 | 普通 | | | | |
| 29242990 | ---其他 | | | | | | |
| 2924299011 | 避蚊胺、灭锈胺、叶枯酞、水杨菌胺、氟丁酰草胺(包括苯酰菌胺) | 6.5 | 30 | 17 | 11 | 千克 | S |
| 2924299012 | 萘草胺、新燕灵、非草隆、氯炔灵、苄草隆 | 6.5 | 30 | 17 | 11 | 千克 | S |
| 2924299013 | 燕麦灵、苄胺灵、特草灵、特胺灵、环丙酰亚胺 | 6.5 | 30 | 17 | 11 | 千克 | S |
| 2924299014 | 毒草胺、丁烯草胺、二氯己酰草胺 | 6.5 | 30 | 17 | 11 | 千克 | S |
| 2924299015 | 萘丙胺、牧草胺、溴丁酰草胺 | 6.5 | 30 | 17 | 11 | 千克 | S |
| 2924299016 | 氯甲酰草胺、麦草伏 M、麦草伏 | 6.5 | 30 | 17 | 11 | 千克 | S |
| 2924299017 | 氯虫酰肼、异丙甲草胺、苯肽胺酸等(包括精异丙甲草胺、缬霉威) | 6.5 | 30 | 17 | 11 | 千克 | S |
| 2924299018 | 灭害威 | 6.5 | 30 | 17 | 11 | 千克 | S |
| 2924299019 | 苯氧威 | 6.5 | 30 | 17 | 11 | 千克 | S |
| 2924299020 | 氟酰脲、环丙酰草胺、烯草胺 | 6.5 | 30 | 17 | 11 | 千克 | S |
| 2924299031 | 苯胺灵、苯霜灵、丙草胺、敌稗等(包括丙炔草胺、草不隆、草完隆、除虫脲、除幼脲) | 6.5 | 30 | 17 | 11 | 千克 | S |
| 2924299032 | 敌草胺、敌草隆、二甲苯草胺等(包括丁草胺、丁酰草胺、二甲草胺、氟苯脲、氟草隆) | 6.5 | 30 | 17 | 11 | 千克 | S |
| 2924299033 | 庚酰草胺、环丙草胺、环酰草胺等(包括氟虫脲、氟铃脲、氟酰胺、氟蚁灵、氟幼脲) | 6.5 | 30 | 17 | 11 | 千克 | S |
| 2924299034 | 甲氯酰草胺、甲霜灵、环草隆等(包括环莠隆、甲氧隆、克草胺、枯草隆) | 6.5 | 30 | 17 | 11 | 千克 | S |
| 2924299035 | 甲基杀草隆、枯莠隆、邻酰胺等(包括氯苯胺灵、麦草氟甲酯、麦草氟异丙酯) | 6.5 | 30 | 17 | 11 | 千克 | S |
| 2924299036 | 灭草隆、灭幼脲、炔苯酰草胺等(包括麦锈灵、棉胺宁、灭草灵、炔草隆、杀草胺) | 6.5 | 30 | 17 | 11 | 千克 | S |
| 2924299037 | 虱螨脲、双苯酰草胺、双酰草胺等(包括杀草隆、杀铃脲、杀螺胺、莎稗磷) | 6.5 | 30 | 17 | 11 | 千克 | S |
| 2924299038 | 甜菜安、特丁草胺、乙氧苯草胺等(包括甜菜宁、戊菌隆、酰草隆、乙草胺、乙霉威) | 6.5 | 30 | 17 | 11 | 千克 | S |
| 2924299039 | 乙酰甲草胺、异丙隆、异草完隆等(包括异丙草胺、异丁草胺) | 6.5 | 30 | 17 | 11 | 千克 | S |
| 2924299040 | 炔己蚁胺的盐 | 6.5 | 30 | 17 | 13 | 千克 | I |
| 2924299050 | 地恩丙胺及其盐 | 6.5 | 30 | 17 | 13 | 千克 | W |
| 2924299090 | 其他环酰胺(包括环氨基甲酸酯)(包括其衍生物及它们的盐) | 6.5 | 30 | 17 | 13 | 千克 | |
| **2925** | **羧基酰亚胺化合物(包括糖精及其盐)及亚胺基化合物** | | | | | | |
| 29251100 | --糖精及其盐 | | | | | | |
| 2925110000 | 糖精及其盐 | 9 | 90 | 17 | 9 | 千克 | AB/A❶ |
| 29251200 | --格鲁米特(INN) | | | | | | |
| 2925120000 | 格鲁米特(INN) | 6.5 | 30 | 17 | 9 | 千克 | I |
| 29251900 | --其他 | | | | | | |
| 2925190010 | 格鲁米特的盐 | 6.5 | 30 | 17 | 9 | 千克 | I |
| 2925190021 | 腐霉利 | 6.5 | 30 | 17 | 9 | 千克 | S |
| 2925190022 | 菌核净、菌核利、甲菌利、乙菌利 | 6.5 | 30 | 17 | 9 | 千克 | S |
| 2925190023 | 氟烯草酸 | 6.5 | 30 | 17 | 9 | 千克 | S |
| 2925190024 | 胺菊酯(包括右旋胺菊酯、右旋反式胺菊酯、富右旋反式胺菊酯) | 6.5 | 30 | 17 | 9 | 千克 | S |
| 2925190090 | 其他酰亚胺及其衍生物、盐 | 6.5 | 30 | 17 | 9 | 千克 | |
| 29252100 | --杀虫脒(ISO) | | | | | | |
| 2925210000 | 杀虫脒(ISO) | 6.5 | 30 | 17 | 0 | 千克 | 89 |
| 29252900 | --其他 | | | | | | |
| 2925290011 | 杀螨特、杀螨脒 | 6.5 | 30 | 17 | 9 | 千克 | S |
| 2925290012 | 单甲脒、伐虫脒、丙烷脒 | 6.5 | 30 | 17 | 9 | 千克 | S |
| 2925290013 | 烯肟菌胺、烯肟菌酯、醚菌酯 | 6.5 | 30 | 17 | 9 | 千克 | S |
| 2925290014 | 双胍辛胺、多果啶、双胍辛胺乙酸盐等(包括双胍三辛烷基苯磺酸盐) | 6.5 | 30 | 17 | 9 | 千克 | S |
| 2925290015 | 禾草灭、氟草醚、增产肟 | 6.5 | 30 | 17 | 9 | 千克 | S |
| 2925290016 | 氯代水杨胺、双胍辛乙酸盐、顺己烯醇 | 6.5 | 30 | 17 | 9 | 千克 | S |

❶ 监管条件中,"/"左边的监管条件截止日期为 2018 年 1 月 31 日,"/"右边的监管条件有效日期为 2018 年 2 月 1 日~2999 年 12 月 31 日。

| 商品编号 | 商品名称及备注 | 进口关税税率(%) | | 增值税率(%) | 出口退税率(%) | 计量单位 | 监管条件 |
|---|---|---|---|---|---|---|---|
| | | 最惠国 | 普通 | | | | |
| 2925290020 | 羟亚胺及其盐 | 6.5 | 30 | 17 | 9 | 千克 | 23 |
| 2925290030 | 双甲脒 | 6.5 | 30 | 17 | 9 | 千克 | S |
| 2925290090 | 其他亚胺及其衍生物,以及它们的盐 | 6.5 | 30 | 17 | 9 | 千克 | |
| **2926** | **腈基化合物** | | | | | | |
| 29261000 | -丙烯腈 | | | | | | |
| 2926100000[暂3] | 丙烯腈(即2-丙烯腈、乙烯基氰) | 6.5 | 30 | 17 | 13 | 千克 | X |
| 29262000 | -1-氰基胍(双氰胺) | | | | | | |
| 2926200000 | 1-氰基胍(双氰胺) | 6.5 | 30 | 17 | 13 | 千克 | |
| 29263000 | -芬普雷司(INN)及其盐;美沙酮(INN)中间体(4-氰基-2-二甲氨基-4,4-二苯基丁烷) | | | | | | |
| 2926300010 | 美沙酮中间体(4-氰基-2-二甲氨基-4,4-二苯基丁烷) | 6.5 | 30 | 17 | 9 | 千克 | W |
| 2926300020 | 芬普雷司及其盐 | 6.5 | 30 | 17 | 9 | 千克 | I |
| 29264000 | -α-苯基乙酰基乙腈 | | | | | | |
| 2926400000 | α-苯基乙酰基乙腈 | 6.5 | 30 | 17 | 9 | 千克 | |
| 29269010 | ---对氯氰苄 | | | | | | |
| 2926901000 | 对氯氰苄 | 4 | 11 | 17 | 9 | 千克 | |
| 29269020 | ---间苯二甲腈 | | | | | | |
| 2926902000 | 间苯二甲腈 | 6.5 | 30 | 17 | 9 | 千克 | |
| 29269090 | ---其他 | | | | | | |
| 2926909010 | 甲氰菊酯、S-氰戊菊酯、氯氟氰菊酯(包括氰氟虫腙) | 6.5 | 30 | 17 | 9 | 千克 | S |
| 2926909020[暂1] | 己二腈 | 6.5 | 30 | 17 | 9 | 千克 | |
| 2926909031 | 氯氰菊酯、氟氯氰菊酯等(包括高效氯氰菊酯、高效反式氯氰菊酯、高效氟氯氰菊酯) | 6.5 | 30 | 17 | 9 | 千克 | S |
| 2926909032 | 杀螟腈、甲基辛硫磷等(包括敌草腈、碘苯腈、辛酰碘苯腈、溴苯腈、辛酰溴苯腈) | 6.5 | 30 | 17 | 9 | 千克 | S |
| 2926909033 | 氯辛硫磷、戊氰威、苯醚氰菊酯等(包括稻瘟酰胺、丙螨氰、右旋苯醚氰菊酯) | 6.5 | 30 | 17 | 9 | 千克 | S |
| 2926909034 | 戊烯氰氯菊酯、溴氯氰菊酯(包括高效氯氟氰菊酯、精高效氯氟氰菊酯) | 6.5 | 30 | 17 | 9 | 千克 | S |
| 2926909035 | 溴氰菊酯、四溴菊酯、氟丙菊酯 | 6.5 | 30 | 17 | 9 | 千克 | S |
| 2926909036 | 氟氯苯菊酯、氰戊菊酯、乙氰菊酯 | 6.5 | 30 | 17 | 9 | 千克 | S |
| 2926909037 | 氟氰戊菊酯、溴氟菊酯、溴灭菊酯 | 6.5 | 30 | 17 | 9 | 千克 | S |
| 2926909038 | 氰菌胺、百菌清、霜脲氰、溴菌腈 | 6.5 | 30 | 17 | 9 | 千克 | S |
| 2926909039 | 氟胺氰菊酯、氰氟草酯(包括富右旋反式苯氰菊酯) | 6.5 | 30 | 17 | 9 | 千克 | S |
| 2926909041 | 氰烯菌酯 | 6.5 | 30 | 17 | 9 | 千克 | S |
| 2926909050 | 辛硫磷 | 6.5 | 30 | 17 | 9 | 千克 | S |
| 2926909060 | 丁氟螨酯 | 6.5 | 30 | 17 | 9 | 千克 | S |
| 2926909070 | 3-氧-2-苯基丁腈 | 6.5 | 30 | 17 | 9 | 千克 | 23 |
| 2926909090 | 其他腈基化合物 | 6.5 | 30 | 17 | 9 | 千克 | |
| **2927** | **重氮化合物、偶氮化合物及氧化偶氮化合物** | | | | | | |
| 29270000 | 重氮化合物、偶氮化合物及氧化偶氮化合物 | | | | | | |
| 2927000010 | 敌磺钠(包括氧化偶氮化合物) | 6.5 | 30 | 17 | 9 | 千克 | S |
| 2927000090 | 其他重氮化合物、偶氮化合物等(包括氧化偶氮化合物) | 6.5 | 30 | 17 | 9 | 千克 | |
| **2928** | **肼(联氨)及胲(羟胺)的有机衍生物** | | | | | | |
| 29280000 | 肼(联氨)及胲(羟胺)的有机衍生物 | | | | | | |
| 2928000010 | 偏二甲肼 | 6.5 | 20 | 17 | 9 | 千克 | 3 |
| 2928000020 | 甲基肼 | 6.5 | 20 | 17 | 9 | 千克 | 3A |
| 2928000031 | 抑食肼、虫酰肼、丁酰肼、联苯肼酯(包括肟菌酯、苯氧菌胺) | 6.5 | 20 | 17 | 9 | 千克 | S |
| 2928000032 | 绿谷隆、溴谷隆、利谷隆、氯溴隆 | 6.5 | 20 | 17 | 9 | 千克 | S |
| 2928000033 | 溴酚肟、乙二肟 | 6.5 | 20 | 17 | 9 | 千克 | S |
| 2928000034 | 苯螨特 | 6.5 | 20 | 17 | 9 | 千克 | S |

| 商品编号 | 商 品 名 称 及 备 注 | 进口关税税率（%） | | 增值税率（%） | 出口退税率（%） | 计量单位 | 监管条件 |
|---|---|---|---|---|---|---|---|
| | | 最惠国 | 普通 | | | | |
| 2928000035 | 醌肟腙 | 6.5 | 20 | 17 | 9 | 千克 | S |
| 2928000036 | 三甲苯草酮 | 6.5 | 20 | 17 | 9 | 千克 | S |
| 2928000090 | 其他肼（联氨）及胲（羟胺）的有机衍生物 | 6.5 | 20 | 17 | 9 | 千克 | |
| **2929** | **其他含氮基化合物** | | | | | | |
| 29291010 | ---2,4-和2,6-甲苯二异氰酸酯混合物（甲苯二异氰酸酯TDI） | | | | | | |
| 2929101000 | 甲苯二异氰酸酯（TDI） | 6.5 | 30 | 17 | 9 | 千克 | AB |
| 29291020 | ---二甲苯二异氰酸酯（TODI） | | | | | | |
| 2929102000 | 二甲苯二异氰酸酯（TODI） | 6.5 | 30 | 17 | 9 | 千克 | |
| 29291030 | ---二苯基甲烷二异氰酸酯（纯MDI） | | | | | | |
| 2929103000 | 二苯基甲烷二异氰酸酯（纯MDI） | 6.5 | 30 | 17 | 13 | 千克 | |
| 29291040 | ---六亚甲基二异氰酸酯 | | | | | | |
| 2929104000 | 六亚基甲烷二异氰酸酯 | 6.5 | 30 | 17 | 9 | 千克 | |
| 29291090 | ---其他 | | | | | | |
| 2929109000 | 其他异氰酸酯 | 6.5 | 30 | 17 | 13 | 千克 | |
| 29299010 | ---环已基氨基磺酸钠（甜蜜素） | | | | | | |
| 2929901000 | 环已基氨基磺酸钠（甜蜜素） | 9 | 90 | 17 | 9 | 千克 | AB/A❶ |
| 29299020 | ---二烷（甲、乙、正丙或异丙）氨基膦酰二卤 | | | | | | |
| 2929902000 | 二烷氨基膦酰二卤（其中烷基指甲、乙、正丙或异丙基） | 6.5 | 30 | 17 | 9 | 千克 | 23 |
| 29299030 | ---二烷（甲、乙、正丙或异丙）氨基膦酸二烷（甲、乙、正丙或异丙）酯 | | | | | | |
| 2929903000 | 二烷氨基膦酸二烷酯（其中烷基指甲、乙、正丙或异丙基） | 6.5 | 30 | 17 | 9 | 千克 | 23 |
| 29299040 | ---乙酰甲胺磷 | | | | | | |
| 2929904000 | 乙酰甲胺磷 | 6.5 | 30 | 17 | 9 | 千克 | S |
| 29299090 | ---其他 | | | | | | |
| 2929909011 | 胺丙畏、胺草磷、抑草磷，丁苯草酮等（包括甲基胺草磷） | 6.5 | 30 | 17 | 9 | 千克 | S |
| 2929909012 | 异柳磷、甲基异柳磷、丙胺氟磷等 | 6.5 | 30 | 17 | 0 | 千克 | S |
| 2929909013 | 八甲磷、育畜磷、甘氨硫磷等（包括甲氟磷、毒鼠磷、水胺硫磷） | 6.5 | 30 | 17 | 9 | 千克 | S |
| 2929909090 | 其他含氮基化合物 | 6.5 | 30 | 17 | 9 | 千克 | |
| **2930** | **有机硫化合物** | | | | | | |
| 29302000 | -硫代氨基甲酸盐（或酯）及二硫代氨基甲酸盐 | | | | | | |
| 2930200011 | 禾草丹、杀螟丹 | 6.5 | 30 | 17 | 9 | 千克 | S |
| 2930200012 | 威百亩、代森钠、丙森锌、福美铁等（包括福美锌、代森福美锌、安百亩） | 6.5 | 30 | 17 | 9 | 千克 | S |
| 2930200013 | 燕麦敌、野麦畏、硫草敌 | 6.5 | 30 | 17 | 9 | 千克 | S |
| 2930200014 | 苄草丹、戊草丹、坪草丹、仲草丹 | 6.5 | 30 | 17 | 9 | 千克 | S |
| 2930200015 | 丁草敌、克草敌、茵草敌、灭草敌等（包括环草敌） | 6.5 | 30 | 17 | 9 | 千克 | S |
| 2930200016 | 硫菌威、菜草畏 | 6.5 | 30 | 17 | 9 | 千克 | S |
| 2930200090 | 其他硫代氨基甲酸盐（或酯）（包括二硫代氨基甲酸盐） | 6.5 | 30 | 17 | 9 | 千克 | |
| 29303000 | -一硫化二烃氨基硫羰、二硫化二烃氨基硫羰及四硫化二烃氨基硫羰 | | | | | | |
| 2930300010 | 福美双 | 6.5 | 30 | 17 | 9 | 千克 | S |
| 2930300090 | 其他一硫化二烃氨基硫羰等（包括二硫化二烃氨基硫羰及四硫化二烃氨基硫羰） | 6.5 | 30 | 17 | 9 | 千克 | |
| 29304000 | -甲硫氨酸（蛋氨酸） | | | | | | |
| 2930400000[暂5] | 甲硫氨酸（蛋氨酸） | 6.5 | 30 | 17 | 13 | 千克 | A |
| 29306000 | -2-（N,N-二乙基氨基）乙硫醇 | | | | | | |
| 2930600000 | 2-（N,N-二乙基氨基）乙硫醇 | 6.5 | 30 | 17 | 13 | 千克 | |
| 29307000 | -二（2-羟乙基）硫醚［硫二甘醇（INN）］ | | | | | | |

❶ 监管条件中，“/”左边的监管条件截止日期为2018年1月31日，“/”右边的监管条件有效日期为2018年2月1日~2999年12月31日。

| 商品编号 | 商 品 名 称 及 备 注 | 进口关税税率(%) | | 增值税率(%) | 出口退税率(%) | 计量单位 | 监管条件 |
|---|---|---|---|---|---|---|---|
| | | 最惠国 | 普通 | | | | |
| 2930700000 | 硫二甘醇[二(2-羟乙基)硫醚、硫代双乙醇] | 6.5 | 30 | 17 | 9 | 千克 | 23 |
| 29308000 | -涕灭威(ISO)、敌菌丹(ISO)及甲胺磷(ISO) | | | | | | |
| 2930800010 | 甲胺磷(ISO) | 6.5 | 30 | 17 | 0 | 千克 | X |
| 2930800020 | 敌菌丹(ISO) | 6.5 | 30 | 17 | 0 | 千克 | S |
| 2930800030 | 涕灭威(ISO) | 6.5 | 30 | 17 | 0 | 千克 | S |
| 29309010 | ---双巯丙氨酸(胱氨酸) | | | | | | |
| 2930901000 | 双巯丙氨酸(胱氨酸) | 6.5 | 30 | 17 | 9 | 千克 | A |
| 29309020 | ---二硫代碳酸酯(或盐)[黄原酸酯(或盐)] | | | | | | |
| 2930902000 | 二硫代碳酸酯(或盐)[黄原酸酯(或盐)] | 6.5 | 30 | 17 | 13 | 千克 | |
| 29309090 | ---其他 | | | | | | |
| 2930909011 | 烯禾啶、双环磺草酮、氟虫酰胺、氟苯虫酰胺 | 6.5 | 30 | 17 | 9 | 千克 | S |
| 2930909013 | 2-氯乙基氯甲基硫醚 | 6.5 | 30 | 17 | 9 | 千克 | 32 |
| 2930909014 | 二(2-氯乙基)硫醚(即芥子气) | 6.5 | 30 | 17 | 9 | 千克 | 32 |
| 2930909015 | 二(2-氯乙硫基)甲烷 | 6.5 | 30 | 17 | 9 | 千克 | 32 |
| 2930909016 | 1,2-二(2-氯乙硫基)乙烷(即倍半芥气) | 6.5 | 30 | 17 | 9 | 千克 | 32 |
| 2930909017 | 1,3-二(2-氯乙硫基)正丙烷 | 6.5 | 30 | 17 | 9 | 千克 | 32 |
| 2930909018 | 1,4-二(2-氯乙硫基)正丁烷 | 6.5 | 30 | 17 | 9 | 千克 | 32 |
| 2930909019 | 1,5-二(2-氯乙硫基)正戊烷 | 6.5 | 30 | 17 | 9 | 千克 | 32 |
| 2930909021 | 二(2-氯乙硫基甲基)醚 | 6.5 | 30 | 17 | 9 | 千克 | 32 |
| 2930909022 | 二(2-氯乙硫基乙基)醚(即氧芥气) | 6.5 | 30 | 17 | 9 | 千克 | 32 |
| 2930909023 | 胺吸膦(硫代磷酸二乙基-S-2-二乙氨基乙酯及烷基化或质子化盐) | 6.5 | 30 | 17 | 9 | 千克 | 23 |
| 2930909024 | 烷基氨基乙-2-硫醇及相应质子盐 | 6.5 | 30 | 17 | 9 | 千克 | 23 |
| 2930909026 | 烷基硫代膦酸烷S-2-二烷氨基乙酯(包括相应烷基化盐、质子化盐,烷基指甲、乙、正丙、异丙基) | 6.5 | 30 | 17 | 9 | 千克 | 23 |
| 2930909027 | 含一磷原子与甲、乙、丙基结合化合物(不包括地虫磷) | 6.5 | 30 | 17 | 9 | 千克 | 23 |
| 2930909028 | 内吸磷 | 6.5 | 30 | 17 | 9 | 千克 | X |
| 2930909031 | 4-甲基硫基安非他明 | 6.5 | 30 | 17 | 9 | 千克 | I |
| 2930909032 | 莫达非尼 | 6.5 | 30 | 17 | 9 | 千克 | I |
| 2930909051 | 甲基硫菌灵、硫菌灵、苯螨醚等(包括乙蒜素、敌灭生、丁酮威、丁酮砜威、棉铃威) | 6.5 | 30 | 17 | 9 | 千克 | S |
| 2930909052 | 灭多威、乙硫苯威等(包括杀线威、甲硫威、多杀威、涕灭砜威、硫双威) | 6.5 | 30 | 17 | 0 | 千克 | S |
| 2930909053 | 丁醚脲、久效威、苯硫威等(包括敌螨特,2甲4氯乙硫酯) | 6.5 | 30 | 17 | 9 | 千克 | S |
| 2930909054 | 杀虫双、杀虫单、灭虫脲等(包括避虫醇、烯虫硫酯、三氯杀螨砜、杀螨醚、杀螨酯) | 6.5 | 30 | 17 | 9 | 千克 | S |
| 2930909055 | 代森锌、代森锰、代森锰锌等(包括福美胂、福美甲胂、代森铵、代森联) | 6.5 | 30 | 17 | 9 | 千克 | S |
| 2930909056 | 烯草酮、磺草酮、嗪草酸甲酯、硝磺草酮等(包括苯氟磺胺、甲磺乐灵、氯硫酰草胺、脱叶磷) | 6.5 | 30 | 17 | 9 | 千克 | S |
| 2930909057 | 灭菌丹、克菌丹、杀螨硫醚等(包括氟杀螨、硫肟醚、莠不生) | 6.5 | 30 | 17 | 9 | 千克 | S |
| 2930909058 | 稻瘟净、异稻瘟净、稻丰散等(包括敌瘟磷) | 6.5 | 30 | 17 | 9 | 千克 | S |
| 2930909059 | 安妥、灭鼠特、二硫氰基甲烷等(包括灭鼠肼、氟硫隆) | 6.5 | 30 | 17 | 9 | 千克 | S |
| 2930909061 | 马拉硫磷、苏硫磷、赛硫磷等(包括丙虫磷、双硫磷、亚砜磷、异亚砜磷) | 6.5 | 30 | 17 | 9 | 千克 | S |
| 2930909062 | 丙溴磷、田乐磷、特丁硫磷等(包括硫丙磷、地虫硫膦、乙硫磷、丙硫磷、甲基乙拌磷) | 6.5 | 30 | 17 | 9 | 千克 | S |
| 2930909063 | 乐果、益硫磷、氧乐果等(包括甲拌磷、乙拌磷、虫螨磷、果虫磷) | 6.5 | 30 | 17 | 9 | 千克 | S |
| 2930909064 | 氯胺磷、家蝇磷、灭蚜磷等(包括安硫磷、四甲磷、丁苯硫磷、苯线磷、蚜灭磷) | 6.5 | 30 | 17 | 9 | 千克 | S |
| 2930909065 | 硫线磷、氯甲硫磷、杀虫磺等(包括砜吸磷、砜拌磷、异拌磷、三硫磷、芬硫磷) | 6.5 | 30 | 17 | 9 | 千克 | S |
| 2930909066 | 倍硫磷、甲基内吸磷、乙酯磷等(包括丰索磷、内吸磷、发硫磷) | 6.5 | 30 | 17 | 9 | 千克 | S |
| 2930909067 | 灭线磷 | 6.5 | 30 | 17 | 9 | 千克 | S |
| 2930909091 | DL-羟基蛋氨酸 | 6.5 | 30 | 17 | 9 | 千克 | A |

| 商品编号 | 商 品 名 称 及 备 注 | 进口关税税率(%) | | 增值税率(%) | 出口退税率(%) | 计量单位 | 监管条件 |
|---|---|---|---|---|---|---|---|
| | | 最惠国 | 普通 | | | | |
| 2930909099 | 其他有机硫化合物 | 6.5 | 30 | 17 | 13 | 千克 | |
| **2931** | **其他有机—无机化合物** | | | | | | |
| 29311000 | -四甲基铅及四乙基铅 | | | | | | |
| 2931100000 | 四甲基铅及四乙基铅 | 6.5 | 30 | 17 | 9 | 千克 | XAB |
| 29312000 | -三丁基锡化合物 | | | | | | |
| 2931200000 | 三丁基锡化合物 | 6.5 | 30 | 17 | 0 | 千克 | X |
| 29313100 | --甲基膦酸二甲酯 | | | | | | |
| 2931310000 | 甲基膦酸二甲酯 | 6.5 | 30 | 17 | 9 | 千克 | 23 |
| 29313200 | --丙基膦酸二甲酯 | | | | | | |
| 2931320000 | 丙基膦酸二甲酯 | 6.5 | 30 | 17 | 9 | 千克 | AB |
| 29313300 | --乙基膦酸二乙酯 | | | | | | |
| 2931330000 | 乙基膦酸二乙酯 | 6.5 | 30 | 17 | 9 | 千克 | 23 |
| 29313400 | --3-(三羟基硅烷基)丙基甲基膦酸钠 | | | | | | |
| 2931340000 | 3-(三羟基硅烷基)丙基甲基膦酸钠 | 6.5 | 30 | 17 | 9 | 千克 | AB |
| 29313500 | --1-丙基磷酸环酐 | | | | | | |
| 2931350000 | 1-丙基磷酸环酐 | 6.5 | 30 | 17 | 9 | 千克 | AB |
| 29313600 | --(5-乙基-2-甲基-2-氧代-1,3,2-二氧磷杂环己-5-基)甲基膦酸二甲酯 | | | | | | |
| 2931360000 | (5-乙基-2-甲基-2-氧代-1,3,2-二氧磷杂环己-5-基)甲基膦酸二甲酯(CAS 号:41203-81-0) | 6.5 | 30 | 17 | 9 | 千克 | 23 |
| 29313700 | --双[(5-乙基-2-甲基-2-氧代-1,3,2-二氧磷杂环己-5-基)甲基]甲基膦酸酯(阻燃剂 FRC-1) | | | | | | |
| 2931370000 | 双[(5-乙基-2-甲基-2-氧代-1,3,2-二氧磷杂环己-5-基)甲基]甲基膦酸酯(阻燃剂 FRC-1)(CAS 号:42595-45-9) | 6.5 | 30 | 17 | 9 | 千克 | AB |
| 29313800 | --甲基膦酸和脒基尿素(1:1)生成的盐 | | | | | | |
| 2931380000 | 甲基膦酸和脒基尿素(1:1)生成的盐 | 6.5 | 30 | 17 | 9 | 千克 | AB |
| 29313910 | ---双甘膦 | | | | | | |
| 2931391000 | 双甘膦 | 6.5 | 30 | 17 | 0 | 千克 | AB |
| 29313990 | ---其他 | | | | | | |
| 2931399011 | 烷基亚膦酰烷基-2-二烷氨基乙酯(包括相应烷基化盐或质子化盐) | 6.5 | 30 | 17 | 9 | 千克 | 23 |
| 2931399012 | 氯沙林、氯梭曼(氯沙林即甲基氯膦酸异丙酯,氯梭曼即甲基氯膦酸频那酯) | 6.5 | 30 | 17 | 9 | 千克 | 23 |
| 2931399013 | 烷基氟膦酸烷酯,10 碳原子以下(烷基指甲、乙、正丙、异丙基,例如沙林、梭曼) | 6.5 | 30 | 17 | 9 | 千克 | 23 |
| 2931399014 | 二烷氨基氰膦酸烷酯,10 碳原子以下(烷基指甲、乙、正丙、异丙基,例如塔崩) | 6.5 | 30 | 17 | 9 | 千克 | 23 |
| 2931399015 | 烷基膦酰二氟(烷基指甲、乙、正丙、异丙基,例如,DF:甲基膦酰二氟) | 6.5 | 30 | 17 | 9 | 千克 | 23 |
| 2931399016 | 草甘膦 | 6.5 | 30 | 17 | 0 | 千克 | S |
| 2931399017 | 草铵膦,草硫膦,杀木膦等(包括双丙氨膦,增甘膦及其盐) | 6.5 | 30 | 17 | 9 | 千克 | S |
| 2931399018 | 三丁氯苄鏻 | 6.5 | 30 | 17 | 9 | 千克 | S |
| 2931399019 | 乙烯利 | 6.5 | 30 | 17 | 9 | 千克 | S |
| 2931399021 | 敌百虫、氟硅菊酯、毒壤膦等(包括苯硫膦、溴苯膦、苯腈膦、丁酯膦) | 6.5 | 30 | 17 | 9 | 千克 | S |
| 2931399022 | 甲基膦酰二氯、丙基膦酸、甲基膦酸、甲基膦酸二聚乙二醇酯(CAS 号:294675-51-7){甲基膦酸二[5-(5-乙基-2-甲基-2-氧代-1,3,2-二氧磷杂环己基)甲基]酯(CAS 号:42595-45-9),地虫磷除外} | 6.5 | 30 | 17 | 9 | 千克 | 23 |
| 2931399090 | 其他含磷原子的有机—无机化合物 | 6.5 | 30 | 17 | 9 | 千克 | AB |
| 29319000 | -其他 | | | | | | |
| 2931900001 | 六甲基环三硅氧烷(包括八甲基环四硅氧烷、十甲基环五硅氧烷、十二甲基环六硅氧烷) | 6.5 | 30 | 17 | 9 | 千克 | |
| 2931900011 | 2-氯乙烯基二氯胂 | 6.5 | 30 | 17 | 0 | 千克 | 23 |
| 2931900012 | 二(2-氯乙烯基)氯胂 | 6.5 | 30 | 17 | 0 | 千克 | 23 |

| 商品编号 | 商品名称及备注 | 进口关税税率(%) | | 增值税率(%) | 出口退税率(%) | 计量单位 | 监管条件 |
|---|---|---|---|---|---|---|---|
| | | 最惠国 | 普通 | | | | |
| 2931900013 | 三(2-氯乙烯基)胂 | 6.5 | 30 | 17 | 0 | 千克 | 23 |
| 2931900014 | 锆试剂、二甲胂酸等(包括4-二甲氨基偶氮苯-4'-胂酸、卡可基酸、二甲基胂酸钠) | 6.5 | 30 | 17 | 0 | 千克 | X |
| 2931900015 | 4-氨基苯胂酸钠、二氯化苯胂(对氨基苯胂酸钠、二氯苯胂、苯胂化二氯) | 6.5 | 30 | 17 | 0 | 千克 | X |
| 2931900016 | 蒽醌-1-胂酸、三环锡(普特丹)等(包括月桂酸三丁基锡、醋酸三丁基锡) | 6.5 | 30 | 17 | 0 | 千克 | X |
| 2931900017 | 硫酸三乙基锡、二丁基氧化锡等(包括氧化二丁基锡、乙酸三乙基锡、三乙基乙酸锡) | 6.5 | 30 | 17 | 9 | 千克 | X |
| 2931900018 | 四乙基锡、乙酸三甲基锡(四乙锡,醋酸三甲基锡) | 6.5 | 30 | 17 | 9 | 千克 | X |
| 2931900019 | 毒菌锡[三苯基羟基锡(含量>20%)] | 6.5 | 30 | 17 | 9 | 千克 | X |
| 2931900021 | 乙酰亚砷酸铜、二苯(基)胺氯胂(祖母绿;翡翠绿;醋酸亚砷酸铜,吩吡嗪化氯;亚当氏气) | 6.5 | 30 | 17 | 0 | 千克 | X |
| 2931900022 | 3-硝基-4-羟基苯胂酸(4-羟基-3-硝基苯胂酸) | 6.5 | 30 | 17 | 0 | 千克 | X |
| 2931900023 | 乙基二氯胂、二苯(基)氯胂(包括二氯化乙基胂、氯化二苯胂) | 6.5 | 30 | 17 | 0 | 千克 | X |
| 2931900024 | 甲(基)胂酸、丙(基)胂酸、二碘化苯胂(苯基二碘胂) | 6.5 | 30 | 17 | 0 | 千克 | X |
| 2931900025 | 苯胂酸、2-硝基苯胂酸等(包括邻硝基苯胂酸、3-硝基苯胂酸、间硝基苯胂酸等) | 6.5 | 30 | 17 | 0 | 千克 | X |
| 2931900026 | 4-硝基苯胂酸、2-氨基苯胂酸(对硝基苯胂酸、邻氨基苯胂酸) | 6.5 | 30 | 17 | 0 | 千克 | X |
| 2931900027 | 3-氨基苯胂酸、4-氨基苯胂酸(间氨基苯胂酸、对氨基苯胂酸) | 6.5 | 30 | 17 | 0 | 千克 | X |
| 2931900028 | 三苯锡、三苯基乙酸锡等(包括三苯基氯化锡、三苯基氢氧化锡、苯丁锡、三唑锡) | 6.5 | 30 | 17 | 9 | 千克 | S |
| 2931900029 | 田安 | 6.5 | 30 | 17 | 11 | 千克 | S |
| 2931900031 | 乙烯硅 | 6.5 | 30 | 17 | 9 | 千克 | S |
| 2931900090 | 其他有机—无机化合物 | 6.5 | 30 | 17 | 13 | 千克 | AB |
| **2932** | **仅含有氧杂原子的杂环化合物** | | | | | | |
| 29321100 | --四氢呋喃 | | | | | | |
| 2932110000 | 四氢呋喃 | 6 | 20 | 17 | 9 | 千克 | AB |
| 29321200 | --2-糠醛 | | | | | | |
| 2932120000 | 2-糠醛 | 6 | 20 | 17 | 9 | 千克 | B |
| 29321300 | --糠醇及四氢糠醇 | | | | | | |
| 2932130000 | 糠醇及四氢糠醇 | 6 | 20 | 17 | 9 | 千克 | |
| 29321400 | --三氯蔗糖 | | | | | | |
| 2932140000 | 三氯蔗糖 | 6.5 | 20 | 17 | 9 | 千克 | |
| 29321900 | --其他 | | | | | | |
| 2932190011 | 喃烯菊酯、炔呋菊酯等(包括甲呋炔菊酯、溴苄呋菊酯、右旋炔呋菊酯) | 6.5 | 20 | 17 | 9 | 千克 | S |
| 2932190012 | 呋菌胺、酯菌胺、抑霉胺等(包括环菌胺、甲呋酰胺、二甲呋酰胺) | 6.5 | 20 | 17 | 9 | 千克 | S |
| 2932190013 | 呋氧草醚、环庚草醚、呋草酮等(包括茵多酸) | 6.5 | 20 | 17 | 9 | 千克 | S |
| 2932190014 | 楝素、呋霜灵等(包括呋菌隆、螺螨酯) | 6.5 | 20 | 17 | 9 | 千克 | S |
| 2932190015 | 苄呋菊酯(包括右旋苄呋菊酯,生物苄呋菊酯) | 6.5 | 20 | 17 | 9 | 千克 | S |
| 2932190016 | 呋虫胺 | 6.5 | 20 | 17 | 9 | 千克 | S |
| 2932190020 | 呋芬雷司 | 6.5 | 20 | 17 | 9 | 千克 | I |
| 2932190090 | 其他结构上有非稠合呋喃环化合物 | 6.5 | 20 | 17 | 9 | 千克 | |
| 29322010 | ---香豆素、甲基香豆素及乙基香豆素 | | | | | | |
| 2932201000 | 香豆素、甲基香豆素及乙基香豆素 | 6.5 | 20 | 17 | 13 | 千克 | |
| 29322090 | ---其他内酯 | | | | | | |
| 2932209011 | 杀鼠灵、克鼠灵、敌鼠灵、溴鼠灵等(包括氯灭鼠灵、氟鼠灵、鼠得克、杀鼠醚) | 6.5 | 20 | 17 | 0 | 千克 | S |
| 2932209012 | 赤霉酸 | 6.5 | 20 | 17 | 11 | 千克 | S |
| 2932209013 | 蝇毒磷、茴蒿素、溴敌隆、呋酰胺等(包括四氯苯酞、畜虫磷) | 6.5 | 20 | 17 | 0 | 千克 | S |
| 2932209014 | 丁香菌酯 | 6.5 | 20 | 17 | 11 | 千克 | S |
| 2932209015 | 甲氨基阿维菌素苯甲酸盐 | 6.5 | 20 | 17 | 11 | 千克 | S |
| 2932209016 | 阿维菌素 | 6.5 | 20 | 17 | 11 | 千克 | S |

| 商品编号 | 商品名称及备注 | 进口关税税率(%) | | 增值税率(%) | 出口退税率(%) | 计量单位 | 监管条件 |
|---|---|---|---|---|---|---|---|
| | | 最惠国 | 普通 | | | | |
| 2932209020 | 鬼臼毒素 | 6.5 | 20 | 17 | | 千克 | EF |
| 2932209090 | 其他内酯 | 6.5 | 20 | 17 | 13 | 千克 | |
| 29329100 | --4-丙烯基-1,2-亚甲二氧基苯(异黄樟脑) | | | | | | |
| 2932910000 | 4-丙烯基-1,2-亚甲二氧基苯(即异黄樟脑) | 6.5 | 20 | 17 | 9 | 千克 | 23 |
| 29329200 | --1-(1,3-苯并二口恶茂-5基)丙烷-2酮 | | | | | | |
| 2932920000 | 1-(1,3-苯并二噁茂-5-基)丙烷-2-酮(即3,4-亚甲基二氧苯基-2-丙酮) | 6.5 | 20 | 17 | 9 | 千克 | 23 |
| 29329300 | --3,4-亚甲二氧基苯甲醛(胡椒醛) | | | | | | |
| 2932930000 | 3,4-亚甲二氧基苯甲醛(胡椒醛)(别名洋茉莉醛、天芥菜精) | 6.5 | 20 | 17 | 13 | 千克 | 23 |
| 29329400 | --4-烯丙基-1,2-亚甲二氧基苯(黄樟脑) | | | | | | |
| 2932940000 | 4-烯丙基-1,2-亚甲二氧基苯(即黄樟脑) | 6.5 | 20 | 17 | 13 | 千克 | 23 |
| 29329500 | --四氢大麻酚(所有的异构体) | | | | | | |
| 2932950000 | 四氢大麻酚(所有异构体) | 6.5 | 20 | 17 | 9 | 千克 | I |
| 29329910 | ---7-羟基苯并呋喃(呋喃酚) | | | | | | |
| 2932991000 | 呋喃酚 | 4 | 11 | 17 | 13 | 千克 | |
| 29329920 | ---2,2'-双甲氧羰基-4,4'-双甲氧基-5,6,5',6'-双亚甲二氧基联苯(联苯双酯) | | | | | | |
| 2932992000 | 联苯双酯(即4,4'双甲氧基5,6,5'6'双次甲二氧基2,2'双甲氧羰基苯) | 6.5 | 20 | 17 | 13 | 千克 | |
| 29329930 | ---蒿甲醚 | | | | | | |
| 2932993000 | 蒿甲醚 | 6.5 | 20 | 17 | 13 | 千克 | |
| 29329990 | ---其他 | | | | | | |
| 2932999011 | 克百威 | 6.5 | 20 | 17 | 11 | 千克 | S |
| 2932999012 | 二氧威、恶虫威、丙硫克百威等(包括丁硫克百威、呋线威) | 6.5 | 20 | 17 | 11 | 千克 | S |
| 2932999013 | 因毒磷、敌恶磷、碳氯灵 | 6.5 | 20 | 17 | 11 | 千克 | S |
| 2932999014 | 增效特、增效砜、增效醚、增效酯等(包括增效环、增效散) | 6.5 | 20 | 17 | 11 | 千克 | |
| 2932999015 | 吡喃灵、吡喃隆、乙氧呋草黄等(包括呋草黄、氟草肟) | 6.5 | 20 | 17 | 11 | 千克 | S |
| 2932999016 | 避蚊酮、苯虫醚、鱼藤酮 | 6.5 | 20 | 17 | 11 | 千克 | S |
| 2932999017 | 调呋酸、芸薹素内酯 | 6.5 | 20 | 17 | 11 | 千克 | S |
| 2932999021 | 紫杉醇 | 6.5 | 20 | 17 | 0 | 千克 | QFE |
| 2932999022 | 三尖杉宁碱 | 6.5 | 20 | 17 | 13 | 千克 | FE |
| 2932999023 | 十去乙酰基巴卡丁三(红豆杉提取物10-DAB) | 6.5 | 20 | 17 | 13 | 千克 | FE |
| 2932999024 | 十去乙酰基紫杉醇(红豆杉提取物10-DAT) | 6.5 | 20 | 17 | 0 | 千克 | FE |
| 2932999025 | 巴卡丁三 | 6.5 | 20 | 17 | 13 | 千克 | FE |
| 2932999026 | 7-表紫杉醇 | 6.5 | 20 | 17 | 0 | 千克 | FE |
| 2932999027 | 10-去乙酰7-表紫杉醇 | 6.5 | 20 | 17 | 0 | 千克 | FE |
| 2932999028 | 7,10-双(三氯乙酰基)-10-去乙酰基巴卡丁三类似物 | 6.5 | 20 | 17 | 13 | 千克 | EF |
| 2932999029 | 多烯紫杉醇 | 6.5 | 20 | 17 | 0 | 千克 | EF |
| 2932999031 | 7,10-双(三氯乙酰基)-多西他赛 | 6.5 | 20 | 17 | 13 | 千克 | EF |
| 2932999040 | 替苯丙胺及其盐 | 6.5 | 20 | 17 | 13 | 千克 | I |
| 2932999051 | (1,2-二甲基庚基)羟基四氢甲基二苯吡喃(包括六氢大麻酚) | 6.5 | 20 | 17 | 13 | 千克 | I |
| 2932999052 | 甲羟芬胺、乙芬胺、羟芬胺 | 6.5 | 20 | 17 | 13 | 千克 | I |
| 2932999053 | 二亚甲基双氧安非他明及其盐(MDMA) | 6.5 | 20 | 17 | 13 | 千克 | I |
| 2932999054 | 3,4-亚甲二氧基甲卡西酮(3,4-methylenedioxy-N-methylcathinone;CAS号:186028-79-5) | 6.5 | 20 | 17 | 11 | 千克 | I |
| 2932999060 | 二恶英、呋喃(多氯二苯并对二恶英、多氯二苯并呋喃) | 6.5 | 20 | 17 | 13 | 千克 | 89 |
| 2932999070 | 1,4-二噁烷 | 6.5 | 20 | 17 | 13 | 千克 | X |
| 2932999080 | 二氢黄樟素 | 6.5 | 20 | 17 | 13 | 千克 | G |
| 2932999091 | 其他濒危植物提取的仅含氧杂原子的杂环化合物 | 6.5 | 20 | 17 | 0 | 千克 | EF |

| 商品编号 | 商品名称及备注 | 进口关税税率(%) | | 增值税率(%) | 出口退税率(%) | 计量单位 | 监管条件 |
|---|---|---|---|---|---|---|---|
| | | 最惠国 | 普通 | | | | |
| 2932999092[暂4] | 阿卡波糖水合物 | 6.5 | 20 | 17 | 13 | 千克 | |
| 2932999099 | 其他仅含氧杂原子的杂环化合物 | 6.5 | 20 | 17 | 11 | 千克 | |
| **2933** | **仅含有氮杂原子的杂环化合物** | | | | | | |
| 29331100 | --二甲基苯基吡唑酮(安替比林)及其衍生物 | | | | | | |
| 2933110000 | 二甲基苯基吡唑酮及其衍生物(二甲基苯基吡唑酮即安替比林) | 6.5 | 20 | 17 | 9 | 千克 | |
| 29331920 | ---安乃近 | | | | | | |
| 2933192000 | 安乃近 | 6 | 20 | 17 | 9 | 千克 | Q |
| 29331990 | ---其他 | | | | | | |
| 2933199011 | 吡硫磷、吡唑硫磷、敌蝇威、乙虫腈等(包括异索威、吡唑威) | 6.5 | 20 | 17 | 11 | 千克 | S |
| 2933199012 | 氟虫腈、唑螨酯、吡螨胺等(包括吡唑醚菌酯) | 6.5 | 20 | 17 | 11 | 千克 | S |
| 2933199013 | 吡草醚、吡唑草胺、氟氯草胺等(包括野燕枯、苄草唑、吡唑特、吡草酮) | 6.5 | 20 | 17 | 11 | 千克 | S |
| 2933199014 | 吡唑萘菌胺(包括氟唑菌胺、乙唑螨腈、异丙吡草酯、唑虫酰胺) | 6.5 | 20 | 17 | 11 | 千克 | S |
| 2933199015 | 苯并烯氟菌唑 | 6.5 | 20 | 17 | 13 | 千克 | S |
| 2933199090 | 其他结构上有非稠合吡唑环化合物 | 6.5 | 20 | 17 | 13 | 千克 | |
| 29332100 | --乙内酰脲及其衍生物 | | | | | | |
| 2933210000 | 乙内酰脲及其衍生物 | 6.5 | 30 | 17 | 9 | 千克 | |
| 29332900 | --其他 | | | | | | |
| 2933290011 | 异菌脲 | 6.5 | 20 | 17 | 11 | 千克 | S |
| 2933290012 | 抑霉唑、咪菌腈、咪菌酮、咪鲜胺等(包括克霉唑、咪鲜胺锰盐) | 6.5 | 20 | 17 | 11 | 千克 | S |
| 2933290013 | 咪草酸、丁咪酰胺 | 6.5 | 20 | 17 | 11 | 千克 | S |
| 2933290014 | 果绿啶 | 6.5 | 20 | 17 | 11 | 千克 | S |
| 2933290015 | 氰菌唑 | 6.5 | 20 | 17 | 11 | 千克 | S |
| 2933290090 | 其他结构上有非稠合咪唑环化合物 | 6.5 | 20 | 17 | 13 | 千克 | |
| 29333100 | --吡啶及其盐 | | | | | | |
| 2933310010 | 吡啶 | 6 | 20 | 17 | 9 | 千克 | AB |
| 2933310090 | 吡啶盐 | 6 | 20 | 17 | 9 | 千克 | |
| 29333210 | ---六氢吡啶(哌啶) | | | | | | |
| 2933321000 | 哌啶(六氢吡啶) | 4 | 11 | 17 | 9 | 千克 | 23 |
| 29333220 | ---六氢吡啶(哌啶)盐 | | | | | | |
| 2933322000 | 哌啶(六氢吡啶)盐 | 6.5 | 20 | 17 | 9 | 千克 | |
| 29333300 | --阿芬太尼(INN)、阿尼利定(INN)、苯氰米特(INN)、溴西泮(INN)、地芬诺新(INN)、地芬诺酯(INN)、地匹哌酮(INN)、芬太尼(INN)、凯托米酮(INN)、哌醋甲酯(INN)、喷他左辛(INN)、哌替啶(INN)、哌替啶中间体A(INN)、苯环利定(INN)(PCP)、苯哌利定(INN)、哌苯甲醇(INN)、哌氰米特(INN)、哌丙吡胺(INN)和三甲利定(INN)以及它们的盐 | | | | | | |
| 2933330011 | 阿芬太尼、芬太尼(以及它们的盐) | 6.5 | 20 | 17 | 9 | 千克 | W |
| 2933330012 | 哌替啶、地芬诺酯(以及它们的盐) | 6.5 | 20 | 17 | 9 | 千克 | W |
| 2933330013 | 哌腈(氰)米特、丙吡兰(哌丙吡胺)(以及它们的盐) | 6.5 | 20 | 17 | 9 | 千克 | W |
| 2933330021 | 哌醋甲酯、喷他左辛、溴西泮(以及它们的盐) | 6.5 | 20 | 17 | 9 | 千克 | I |
| 2933330022 | 苯环利定、哌苯甲醇(以及它们的盐) | 6.5 | 20 | 17 | 9 | 千克 | I |
| 2933330031 | 地匹哌酮、凯托米酮、地芬诺新(以及它们的盐) | 6.5 | 20 | 17 | 9 | 千克 | W |
| 2933330032 | 哌替啶中间体A、苯哌利定、三甲利定(以及它们的盐) | 6.5 | 20 | 17 | 9 | 千克 | W |
| 2933330033 | 阿尼利定、苯氰米特(以及它们的盐) | 6.5 | 20 | 17 | 9 | 千克 | W |
| 29333910 | ---二苯乙醇酸-3-奎宁环脂 | | | | | | |
| 2933391000 | 二苯乙醇酸-3-奎宁环酯(即BZ) | 6.5 | 20 | 17 | 9 | 千克 | 23 |
| 29333920 | ---奎宁环-3-醇 | | | | | | |

| 商品编号 | 商品名称及备注 | 进口关税税率(%) | | 增值税率(%) | 出口退税率(%) | 计量单位 | 监管条件 |
|---|---|---|---|---|---|---|---|
| | | 最惠国 | 普通 | | | | |
| 2933392000 | 奎宁环-3-醇 | 6.5 | 20 | 17 | 9 | 千克 | 23 |
| 29333990 | ---其他 | | | | | | |
| 2933399021 | 精吡氟禾草灵、毒死蜱、二氯氨基吡啶羧酸(包括二氟吡隆、三氟甲吡醚、氯虫苯甲酰胺) | 6.5 | 20 | 17 | 11 | 千克 | S |
| 2933399022 | 百草枯、啶虫脒 | 6.5 | 20 | 17 | 11 | 千克 | S |
| 2933399023 | 精喹禾灵 | 6.5 | 20 | 17 | 11 | 千克 | S |
| 2933399024 | 喹禾灵、氟吡禾灵、吡氟禾草灵等(包括炔禾灵、氟吡乙禾灵、氟吡菌胺、卤草啶) | 6.5 | 20 | 17 | 11 | 千克 | S |
| 2933399025 | 高效氟吡甲禾灵、氟吡甲禾灵等(包括鼠特灵、灭鼠优、灭鼠安、氟鼠啶) | 6.5 | 20 | 17 | 11 | 千克 | S |
| 2933399026 | 甲基毒死蜱、吡虫啉等(包括吡氯氰菊酯、啶蜱脲、氟啶脲、哒幼酮、吡丙醚) | 6.5 | 20 | 17 | 11 | 千克 | S |
| 2933399027 | 驱蝇啶、烯啶虫胺 | 6.5 | 20 | 17 | 11 | 千克 | S |
| 2933399028 | 咪唑烟酸、甲咪唑烟酸、咪唑乙烟酸等(包括氨氯吡啶酸、三氯吡氧乙酸、氯氟吡氧乙酸、二氯吡啶酸) | 6.5 | 20 | 17 | 11 | 千克 | S |
| 2933399029 | 炔草酸、哌草磷、哌草丹、稗草丹等(包括吡氟酰草胺、氟啶草酮、氟硫草啶、甲氧咪草烟) | 6.5 | 20 | 17 | 11 | 千克 | S |
| 2933399030 | 3-羟基-1-甲基哌啶 | 6.5 | 20 | 17 | 13 | 千克 | 23 |
| 2933399040 | 3-奎宁环酮 | 6.5 | 20 | 17 | 13 | 千克 | 23 |
| 2933399051 | 甲哌鎓、抗倒胺、氯吡脲、吡啶醇 | 6.5 | 20 | 17 | 11 | 千克 | S |
| 2933399052 | 啶菌噁唑、苯锈啶、啶斑肟等(包括啶菌腈) | 6.5 | 20 | 17 | 11 | 千克 | S |
| 2933399053 | 氟啶胺、氟啶虫酰胺、三氯甲基吡啶 | 6.5 | 20 | 17 | 11 | 千克 | S |
| 2933399054 | 咪唑嗪、丁硫啶、氯苯吡啶、哌丙灵 | 6.5 | 20 | 17 | 11 | 千克 | S |
| 2933399055 | 氟吡菌酰胺 | 6.5 | 20 | 17 | 11 | 千克 | S |
| 2933399056 | 氯啶菌酯 | 6.5 | 20 | 17 | 13 | 千克 | S |
| 2933399057 | 氯氨吡啶酸 | 6.5 | 20 | 17 | 13 | 千克 | S |
| 2933399058 | 哌壮素 | 6.5 | 20 | 17 | 11 | 千克 | S |
| 2933399060 | 啶氧菌酯(包括氟啶虫胺腈、环啶菌胺、四氯虫酰胺、溴氰虫酰胺、玉雄杀、氟吡菌胺) | 6.5 | 20 | 17 | 11 | 千克 | S |
| 2933399071 | 乙酰阿法甲基芬太尼、烯丙罗定、阿法美罗定(以及它们的盐) | 6.5 | 20 | 17 | 13 | 千克 | W |
| 2933399072 | 阿法甲基芬太尼、阿法罗定、苄替啶(以及它们的盐) | 6.5 | 20 | 17 | 13 | 千克 | W |
| 2933399073 | 倍他羟基芬太尼、倍他羟基-3-甲基芬太尼、倍他美罗定(以及它们的盐) | 6.5 | 20 | 17 | 13 | 千克 | W |
| 2933399074 | 倍他罗定、依托利定、羟哌替啶、美他佐辛(以及它们的盐) | 6.5 | 20 | 17 | 13 | 千克 | W |
| 2933399075 | 3-甲基芬太尼、1-甲基-4-苯基-4-哌啶丙酸酯、诺匹哌酮(以及它们的盐) | 6.5 | 20 | 17 | 13 | 千克 | W |
| 2933399076 | 对氟芬太尼、1-苯乙基-4-苯基-4-哌啶乙酸酯(以及它们的盐) | 6.5 | 20 | 17 | 13 | 千克 | W |
| 2933399077 | 哌替啶中间体B、哌替啶中间体C(以及它们的盐) | 6.5 | 20 | 17 | 13 | 千克 | W |
| 2933399078 | 非那丙胺、非那佐辛、匹米诺定、丙哌利定(以及它们的盐) | 6.5 | 20 | 17 | 13 | 千克 | W |
| 2933399080 | 瑞芬太尼及其盐 | 6.5 | 20 | 17 | 13 | 千克 | W |
| 2933399090 | 其他结构上含有一个非稠合吡啶环(不论是否氢化)的化合物 | 6.5 | 20 | 17 | 13 | 千克 | |
| 29334100 | --左非诺(INN)及其盐 | | | | | | |
| 2933410000 | 左非诺(INN)及其盐 | 6.5 | 20 | 17 | 9 | 千克 | W |
| 29334900 | --其他 | | | | | | |
| 2933490011 | 丙烯酸喹啉酯、苯氧喹啉 | 6.5 | 20 | 17 | 11 | 千克 | S |
| 2933490012 | 咯喹酮 | 6.5 | 20 | 17 | 11 | 千克 | S |
| 2933490013 | 氯甲喹啉酸、乙氧喹啉 | 6.5 | 20 | 17 | 11 | 千克 | S |
| 2933490014 | 二氯喹啉酸 | 6.5 | 20 | 17 | 11 | 千克 | S |
| 2933490015 | FG-4592(CAS号808118-40-3)(一种缺氧诱导因子—脯氨酸羟化酶抑制剂) | 6.5 | 20 | 17 | 13 | 千克 | |
| 2933490021 | 羟蒂巴酚、左美沙芬、左芬啡烷 | 6.5 | 20 | 17 | 13 | 千克 | W |
| 2933490022 | 去甲左啡诺、非诺啡烷、消旋甲啡烷、消旋啡烷 | 6.5 | 20 | 17 | 13 | 千克 | W |
| 2933490030 | 布托啡诺 | 6.5 | 20 | 17 | 13 | 千克 | I |
| 2933490090 | 其他含喹琳或异喹啉环系的化合物(但未进一步稠合的) | 6.5 | 20 | 17 | 13 | 千克 | |
| 29335200 | --丙二酰脲(巴比土酸)及其盐 | | | | | | |

| 商品编号 | 商品名称及备注 | 进口关税税率(%) | | 增值税率(%) | 出口退税率(%) | 计量单位 | 监管条件 |
|---|---|---|---|---|---|---|---|
| | | 最惠国 | 普通 | | | | |
| 2933520000 | 丙二酰脲(巴比妥酸)及其盐 | 6.5 | 20 | 17 | 9 | 千克 | |
| 29335300 | --阿洛巴比妥(INN)、异戊巴比妥(INN)、巴比妥(INN)、布他比妥(INN)、正丁巴比妥(INN)、环己巴比妥(INN)、甲苯巴比妥(INN)、戊巴比妥(INN)、苯巴比妥(INN)、仲丁巴比妥(INN)、司可巴比妥(INN)和乙烯比妥(INN)以及它们的盐 | | | | | | |
| 2933530011 | 阿洛巴比妥、仲丁巴比妥(以及它们的盐) | 6.5 | 20 | 17 | 9 | 千克 | I |
| 2933530012 | 乙烯比妥、布他比妥、丁巴比妥(以及它们的盐) | 6.5 | 20 | 17 | 9 | 千克 | I |
| 2933530013 | 环己巴比妥、甲苯巴比妥(以及它们的盐) | 6.5 | 20 | 17 | 9 | 千克 | I |
| 2933530014 | 司可巴比妥、异戊巴比妥(以及它们的盐) | 6.5 | 20 | 17 | 9 | 千克 | I |
| 2933530015 | 戊巴比妥、苯巴比妥、巴比妥(以及它们的盐) | 6.5 | 20 | 17 | 9 | 千克 | I |
| 29335400 | --其他丙二酰脲(巴比土酸)的衍生物,以及它们的盐 | | | | | | |
| 2933540000 | 其他丙二酰脲的衍生物及它们的盐 | 6.5 | 20 | 17 | 9 | 千克 | |
| 29335500 | --氯普唑仑(INN),甲氯喹酮(INN),甲喹酮(INN)和齐培丙醇(INN),以及它们的盐 | | | | | | |
| 2933550011 | 甲氯喹酮、甲喹酮(以及它们的盐) | 6.5 | 20 | 17 | 9 | 千克 | I |
| 2933550012 | 氯普唑仑、齐培丙醇(以及它们的盐) | 6.5 | 20 | 17 | 9 | 千克 | I |
| 29335910 | ---胞嘧啶 | | | | | | |
| 2933591000 | 胞嘧啶 | 6.5 | 20 | 17 | 13 | 千克 | |
| 29335920 | ---环丙氟哌酸 | | | | | | |
| 2933592000 | 环丙氟哌酸 | 6.5 | 20 | 17 | 9 | 千克 | |
| 29335990 | ---其他 | | | | | | |
| 2933599011 | 嘧啶磷、甲基嘧啶磷、二嗪磷、双苯嘧草酮等(包括嘧啶氧磷、乙嘧硫磷) | 6.5 | 20 | 17 | 11 | 千克 | S |
| 2933599012 | 烯腺嘌呤、苄腺嘌呤、丁基嘧啶磷、嘧啶肟草醚等(包括苄氨基嘌呤、羟烯腺嘌呤) | 6.5 | 20 | 17 | 11 | 千克 | S |
| 2933599013 | 嘧草醚、双草醚、除草啶、环草啶等(包括异草啶、异丙酯草醚、嘧草硫醚、特草啶) | 6.5 | 20 | 17 | 11 | 千克 | S |
| 2933599014 | 吡菌磷、嘧霉胺、嘧菌胺、嘧菌酯等(包括嘧菌环胺、嘧菌腙) | 6.5 | 20 | 17 | 11 | 千克 | S |
| 2933599015 | 嘧啶威、抗蚜威、环虫腈、嘧螨醚等(包括嘧螨酯) | 6.5 | 20 | 17 | 11 | 千克 | S |
| 2933599016 | 氯苯嘧啶醇、环丙嘧啶醇、呋嘧醇等(包括氟苯嘧啶醇) | 6.5 | 20 | 17 | 11 | 千克 | S |
| 2933599017 | 氟蚁腙、鼠立死 | 6.5 | 20 | 17 | 11 | 千克 | S |
| 2933599018 | 二甲嘧酚、乙嘧酚、乙嘧酚磺酸酯 | 6.5 | 20 | 17 | 11 | 千克 | S |
| 2933599019 | 嗪氨灵、咪唑喹啉酸、丙酯草醚 | 6.5 | 20 | 17 | 11 | 千克 | S |
| 2933599020 | 氟丙嘧草酯、氯丙嘧啶酸 | 6.5 | 20 | 17 | 11 | 千克 | S |
| 2933599030 | 溴嘧草醚 | 6.5 | 20 | 17 | 11 | 千克 | S |
| 2933599040 | 唑嘧菌胺 | 6.5 | 20 | 17 | 13 | 千克 | S |
| 2933599051 | 依他喹酮(Etaqualone;CAS 号:7432-25-9) | 6.5 | 20 | 17 | 13 | 千克 | I |
| 2933599052 | 苄基哌嗪(Benzylpiperazine;CAS 号:2759-28-6) | 6.5 | 20 | 17 | 13 | 千克 | I |
| 2933599090 | 其他结构上有嘧啶环等的化合物(包括其他结构上有哌嗪环的化合物) | 6.5 | 20 | 17 | 13 | 千克 | |
| 29336100 | --三聚氰胺(蜜胺) | | | | | | |
| 2933610000 | 三聚氰胺(蜜胺) | 6.5 | 20 | 17 | 9 | 千克 | A |
| 29336910 | ---三聚氰氯 | | | | | | |
| 2933691000 | 三聚氰氯 | 6 | 20 | 17* | 9 | 千克 | |
| 29336921 | ----二氯异氰脲酸 | | | | | | |
| 2933692100 | 二氯异氰脲酸 | 6.5 | 20 | 17 | 9 | 千克 | |
| 29336922 | ----三氯异氰脲酸 | | | | | | |
| 2933692200 | 三氯异氰脲酸 | 6.5 | 20 | 17 | 9 | 千克 | AB |
| 29336929 | ----其他 | | | | | | |
| 2933692910 | 二氯异氰尿酸钠 | 6.5 | 20 | 17 | 9 | 千克 | AB/A❶ |

❶ 监管条件中,"/"左边的监管条件截止日期为 2018 年 1 月 31 日,"/"右边的监管条件有效日期为 2018 年 2 月 1 日~2999 年 12 月 31 日。

| 商品编号 | 商品名称及备注 | 进口关税税率(%) 最惠国 | 进口关税税率(%) 普通 | 增值税率(%) | 出口退税率(%) | 计量单位 | 监管条件 |
|---|---|---|---|---|---|---|---|
| 2933692990 | 其他异氰脲酸氯化衍生物 | 6.5 | 20 | 17 | 9 | 千克 | |
| 29336990 | ---其他 | | | | | | |
| 2933699011 | 西玛津、莠去津、扑灭津、草达津等(包括特丁津、氰草津、环丙津、甘扑津、甘草津) | 6.5 | 20 | 17 | 9 | 千克 | S |
| 2933699012 | 西草净、扑草净、敌草净、莠灭净等(包括特丁净、异丙净、异戊乙净、氰草净、氟草净、甲氧丙净) | 6.5 | 20 | 17 | 9 | 千克 | S |
| 2933699013 | 扑灭通、仲丁通 | 6.5 | 20 | 17 | 9 | 千克 | S |
| 2933699014 | 丁嗪草酮、环嗪酮、嗪草酮等(包括苯嗪草酮、乙嗪草酮) | 6.5 | 20 | 17 | 9 | 千克 | S |
| 2933699015 | 灭蚜硫磷、灭蝇胺、吡蚜酮等(包括敌菌灵) | 6.5 | 20 | 17 | 9 | 千克 | S |
| 2933699016 | 三嗪氟草胺 | 6.5 | 20 | 17 | 9 | 千克 | S |
| 2933699090 | 其他结构上含非稠合三嗪环化合物 | 6.5 | 20 | 17 | 9 | 千克 | |
| 29337100 | --6-己内酰胺 | | | | | | |
| 2933710000 | 6-己内酰胺 | 9 | 35 | 17 | 9 | 千克 | A |
| 29337200 | --氯巴占(INN)和甲乙哌酮(INN) | | | | | | |
| 2933720000 | 氯巴占和甲乙哌酮(INN) | 9 | 15 | 17 | 9 | 千克 | I |
| 29337900 | --其他内酰胺 | | | | | | |
| 2933790010 | 氯巴占和甲乙哌酮的盐 | 9 | 20 | 17 | 9 | 千克 | I |
| 2933790020 | 灭菌磷、螺虫乙酯 | 9 | 20 | 17 | 9 | 千克 | S |
| 2933790030 | 佐匹克隆(Zopiclone;CAS号:43200-80-2) | 9 | 20 | 17 | 9 | 千克 | I |
| 2933790090 | 其他内酰胺 | 9 | 20 | 17 | 9 | 千克 | |
| 29339100 | --阿普唑仑(INN)、卡马西泮(INN)、氯氮卓(INN)、氯硝西泮(INN)、氯拉卓酸、地洛西泮(INN)、地西泮(INN)、艾司唑仑(INN)、氯氟卓乙酯(INN)、氟地西泮(INN)、氟硝西泮(INN)、氟西泮(INN)、哈拉西泮(INN)、劳拉西泮(INN)、氯甲西泮(INN)、马吲哚(INN)、美达西泮(INN)、咪达唑仑(INN)、硝甲西泮(INN)、硝西泮(INN)、去甲西泮(INN)、奥沙西泮(INN)、匹那西泮(INN)、普拉西泮(INN)、吡咯戊酮(INN)、替马西泮(INN)、四氢西泮(INN)和三唑仑(INN),以及它们的盐 | | | | | | |
| 2933910011 | 阿普唑仑、卡马西泮、氯氮卓(以及它们的盐) | 6.5 | 20 | 17 | 13 | 千克 | I |
| 2933910012 | 氯硝西泮、氯拉卓酸、地洛西泮(以及它们的盐) | 6.5 | 20 | 17 | 13 | 千克 | I |
| 2933910013 | 地西泮、艾司唑仑、氯氟卓乙酯(以及它们的盐) | 6.5 | 20 | 17 | 13 | 千克 | I |
| 2933910014 | 氟地西泮、氟硝西泮、氟西泮(以及它们的盐) | 6.5 | 20 | 17 | 13 | 千克 | I |
| 2933910015 | 哈拉西泮、劳拉西泮、氯甲西泮(以及它们的盐) | 6.5 | 20 | 17 | 13 | 千克 | I |
| 2933910016 | 马吲哚、咪达唑仑、硝西泮(以及它们的盐) | 6.5 | 20 | 17 | 13 | 千克 | I |
| 2933910017 | 奥沙西泮、匹那西泮、普拉西泮(以及它们的盐) | 6.5 | 20 | 17 | 13 | 千克 | I |
| 2933910018 | 去甲西泮、三唑仑(以及它们的盐) | 6.5 | 20 | 17 | 13 | 千克 | I |
| 2933910021 | 硝甲西泮、美达西泮 (以及它们的盐) | 6.5 | 20 | 17 | 13 | 千克 | I |
| 2933910022 | 吡咯戊酮、替马西泮、四氢西泮(以及它们的盐) | 6.5 | 20 | 17 | 13 | 千克 | I |
| 29339200 | --甲基谷硫磷(ISO) | | | | | | |
| 2933920000 | 甲基谷硫磷(ISO) | 6.5 | 20 | 17 | 13 | 千克 | |
| 29339900 | --其他 | | | | | | |
| 2933990011 | 抑芽丹、三唑磷、虫线磷、喹硫磷、唑啶草酮等(包括哒嗪硫磷、亚胺硫磷、氯亚胺硫磷、保棉磷、益棉磷、威菌磷) | 6.5 | 20 | 17 | 11 | 千克 | S |
| 2933990012 | 氯唑磷、炔咪菊酯、吲哚酮草酯等(包括呋喃虫酰肼、唑蚜威、不育胺、虫螨腈、抗螨唑、四螨嗪) | 6.5 | 20 | 17 | 11 | 千克 | S |
| 2933990013 | 多菌灵、苯菌灵、氰菌灵、麦穗宁、氟哒嗪草酯等(包括咪菌威、丙硫多菌灵、氟氯菌核利、哒菌酮、拌种咯、杀草强) | 6.5 | 20 | 17 | 11 | 千克 | S |
| 2933990014 | 三唑酮、醚草敏、三唑醇、唑草酮等(包括四氯喹恶啉、己唑醇、腈苯唑、亚胺唑、四氟醚唑、氟环唑) | 6.5 | 20 | 17 | 11 | 千克 | S |

| 商品编号 | 商品名称及备注 | 进口关税税率(%) | | 增值税率(%) | 出口退税率(%) | 计量单位 | 监管条件 |
|---|---|---|---|---|---|---|---|
| | | 最惠国 | 普通 | | | | |
| 2933990015 | 苄氯三唑醇、戊菌唑、粉唑醇等(包括联苯三唑醇、腈菌唑、环丙唑醇、烯唑醇、戊唑醇、氟硅唑) | 6.5 | 20 | 17 | 11 | 千克 | S |
| 2933990016 | 环菌唑、叶菌唑、灭菌唑、种菌唑等(包括申嗪霉素、氟喹唑、哒螨灵、喹螨醚、氟草敏、氟咯草酮) | 6.5 | 20 | 17 | 11 | 千克 | S |
| 2933990017 | 唑草酯、四环唑、恶草酸等(包括喹禾糠酯、哒草特、咯草隆、禾草敌、唑草胺、敌草快、氯草敏) | 6.5 | 20 | 17 | 11 | 千克 | S |
| 2933990018 | 氟胺草唑、氨唑草酮、三氟苯唑等(包括吲哚丁酸、溴莠敏、吲熟酯、三唑磺、四唑酰草胺) | 6.5 | 20 | 17 | 11 | 千克 | S |
| 2933990019 | 多效唑、烯效唑、抑芽唑等(包括叶枯净、叶锈特、吡喃草酮、吲哚乙酸) | 6.5 | 20 | 17 | 11 | 千克 | S |
| 2933990021 | 氯尼他秦 | 6.5 | 20 | 17 | 13 | 千克 | W |
| 2933990022 | 依托尼秦 | 6.5 | 20 | 17 | 13 | 千克 | W |
| 2933990023 | 普罗庚嗪、布桂嗪 | 6.5 | 20 | 17 | 13 | 千克 | W |
| 2933990030 | 扎莱普隆、唑吡坦(以及它们的盐) | 6.5 | 20 | 17 | 13 | 千克 | I |
| 2933990040 | 齐帕特罗 | 6.5 | 20 | 17 | 13 | 千克 | L |
| 2933990051 | 二甲基色胺、二乙基色胺 | 6.5 | 20 | 17 | 13 | 千克 | I |
| 2933990052 | 乙色胺、咯环利定 | 6.5 | 20 | 17 | 13 | 千克 | I |
| 2933990053 | [1-(5-氟戊基)-1H-吲哚-3-基](2-碘苯基)甲酮[1-[(5-Fluoropentyl)-1H-indol-3-yl]-(2-iodophenyl)methanone;CAS 号:335161-03-0 | 6.5 | 20 | 17 | 13 | 千克 | I |
| 2933990054 | 1-(5-氟戊基)-3-(1-萘甲酰基)-1H-吲哚[1-(5-Fluoropentyl)-3-(1-naphthoyl)indole;CAS 号:335161-24-5] | 6.5 | 20 | 17 | 13 | 千克 | I |
| 2933990055 | 1-戊基-3-(1-萘甲酰基)吲哚[1-Pentyl-3-(1-naphthoyl)indole;CAS 号:209414-07-3] | 6.5 | 20 | 17 | 13 | 千克 | I |
| 2933990056 | 1-丁基-3-(1-萘甲酰基)吲哚[1-Butyl-3-(1-naphthoyl)indole;CAS 号:208987-48-8] | 6.5 | 20 | 17 | 13 | 千克 | I |
| 2933990057 | 2-(2-甲氧基苯基)-1-(1-戊基-1H-吲哚-3-基)乙酮[2-(2-Methoxyphenyl)-1-(1-pentyl-1H-indol-3-yl)ethanone;CAS 号:864445-43-2] | 6.5 | 20 | 17 | 13 | 千克 | I |
| 2933990060 | (环)四亚甲基四硝胺(俗名奥托金 HMX) | 6.5 | 20 | 17 | 13 | 千克 | 3 |
| 2933990070 | (环)三亚甲基三硝基胺(俗名黑索金 RDX) | 6.5 | 20 | 17 | 13 | 千克 | 3 |
| 2933990080 | 丁羟咯酮(包括杀雄啉、杀雄嗪酸、双唑草腈、唑酮草酯) | 6.5 | 20 | 17 | 13 | 千克 | S |
| 2933990091[暂4] | 阿托伐他汀钙 | 6.5 | 20 | 17 | 13 | 千克 | |
| 2933990099 | 其他仅含氮杂原子的杂环化合物 | 6.5 | 20 | 17 | 13 | 千克 | |
| **2934** | **核酸及其盐,无论是否已有化学定义;其他杂环化合物** | | | | | | |
| 29341010 | ---三苯甲基氨噻肟酸 | | | | | | |
| 2934101000 | 三苯甲基氨噻肟酸 | 6.5 | 20 | 17 | | 千克 | |
| 29341090 | ---其他 | | | | | | |
| 2934109011 | 噻螨酮 | 6.5 | 20 | 17 | | 千克 | S |
| 2934109012 | 噻唑膦、噻唑硫磷 | 6.5 | 20 | 17 | | 千克 | S |
| 2934109013 | 噻唑烟酸、噻唑菌胺 | 6.5 | 20 | 17 | | 千克 | S |
| 2934109014 | 氯噻啉、氟螨噻 | 6.5 | 20 | 17 | | 千克 | S |
| 2934109015 | 噻菌灵、噻菌胺、噻丙腈 | 6.5 | 20 | 17 | | 千克 | S |
| 2934109016 | 噻呋酰胺、噻虫胺、噻虫嗪、噻虫啉 | 6.5 | 20 | 17 | | 千克 | S |
| 2934109017 | 辛噻酮、拌种灵 | 6.5 | 20 | 17 | | 千克 | S |
| 2934109018 | 稻瘟灵 | 6.5 | 20 | 17 | | 千克 | S |
| 2934109019 | 甲噻诱胺 | 6.5 | 20 | 17 | | 千克 | S |
| 2934109090 | 其他结构上含有非稠合噻唑环的化合物(非稠合噻唑环不论是否氢化) | 6.5 | 20 | 17 | | 千克 | |
| 29342000 | -结构上含有一个苯并噻唑环系(不论是否氢化)的化合物,但未经进一步稠合的 | | | | | | |
| 2934200011 | 噻螨威、噻霉酮 | 6.5 | 20 | 17 | 9 | 千克 | S |
| 2934200012 | 苯噻硫氰 | 6.5 | 20 | 17 | 9 | 千克 | S |

| 商品编号 | 商品名称及备注 | 进口关税税率(%) | | 增值税率(%) | 出口退税率(%) | 计量单位 | 监管条件 |
|---|---|---|---|---|---|---|---|
| | | 最惠国 | 普通 | | | | |
| 2934200013 | 烯丙苯噻唑 | 6.5 | 20 | 17 | 9 | 千克 | S |
| 2934200014 | 草除灵 | 6.5 | 20 | 17 | 9 | 千克 | S |
| 2934200015 | 噻唑禾草灵 | 6.5 | 20 | 17 | 9 | 千克 | S |
| 2934200016 | 苯噻隆 | 6.5 | 20 | 17 | 9 | 千克 | S |
| 2934200017 | 甲基苯噻隆 | 6.5 | 20 | 17 | 9 | 千克 | S |
| 2934200018 | 苯噻酰草胺 | 6.5 | 20 | 17 | 9 | 千克 | S |
| 2934200019 | 苯噻菌酯 | 6.5 | 20 | 17 | 11 | 千克 | S |
| 2934200090 | 其他含一个苯并噻唑环系的化合物 | 6.5 | 20 | 17 | 13 | 千克 | |
| 29343000 | -结构上含有一个吩噻嗪环系(不论是否氢化)的化合物,但未经进一步稠合的 | | | | | | |
| 2934300000 | 含一个吩噻嗪环系的化合物(吩噻嗪环系不论是否氢化,化合物未经进一步稠合的) | 6.5 | 20 | 17 | 13 | 千克 | |
| 29349100 | --阿米雷司(INN),溴替唑仑(INN),氯噻西泮(INN),氯恶唑仑(INN),右吗拉胺(INN),卤恶唑仑(INN),凯他唑仑(INN),美索卡(INN),恶唑仑(INN),匹莫林(INN),苯巴曲嗪(INN),芬美曲嗪(INN)和舒芬太尼(INN),以及它们的盐 | | | | | | |
| 2934910011 | 阿米雷司、溴替唑仑、氯噻西泮(以及它们的盐) | 6.5 | 20 | 17 | 13 | 千克 | I |
| 2934910012 | 氯恶唑仑、卤沙(恶)唑仑(以及它们的盐) | 6.5 | 20 | 17 | 13 | 千克 | I |
| 2934910013 | 凯他唑仑、美索卡、奥沙(恶)唑仑(以及它们的盐) | 6.5 | 20 | 17 | 13 | 千克 | I |
| 2934910014 | 匹莫林、苯甲曲嗪、芬美曲嗪(以及它们的盐) | 6.5 | 20 | 17 | 13 | 千克 | I |
| 2934910020 | 右吗拉胺、舒芬太尼(以及它们的盐) | 6.5 | 20 | 17 | 13 | 千克 | W |
| 29349910 | ---磺内酯及磺内酰胺 | | | | | | |
| 2934991000 | 磺内酯及磺内酰胺 | 6.5 | 30 | 17 | 13 | 千克 | |
| 29349920 | ---呋喃唑酮 | | | | | | |
| 2934992000 | 呋喃唑酮 | 6 | 20 | 17 | 13 | 千克 | A |
| 29349930 | ---核酸及其盐 | | | | | | |
| 2934993000 | 核酸及其盐 | 6.5 | 35 | 17 | 13 | 千克 | |
| 29349940 | ---奈韦拉平、依发韦仑、利托那韦及它们的盐 | | | | | | |
| 2934994000 | 奈韦拉平、依发韦仑、利托那韦及它们的盐 | 6.5 | 20 | 17 | 13 | 千克 | |
| 29349950 | ---克拉维酸及其盐 | | | | | | |
| 2934995000 | 克拉维酸及其盐 | 6.5 | 20 | 17 | 13 | 千克 | |
| 29349960 | ---7-苯乙酰氨基-3-氯甲基-4-头孢烷酸对甲氧基苄酯、7-氨基头孢烷酸、7-氨基脱乙酰氧基头孢烷酸 | | | | | | |
| 2934996000 | 7-苯乙酰氨基-3-氯甲基-4-头孢烷酸对甲氧基苄酯、7-氨基头孢烷酸、7-氨基脱乙酰氧基头孢烷酸 | 6 | 20 | 17 | 9 | 千克 | |
| 29349990 | ---其他 | | | | | | |
| 2934999001 | 核苷酸类食品添加剂 | 6.5 | 20 | 17 | 13 | 千克 | AB/A[1] |
| 2934999010 | 恶草酮、氟噻草胺、活化酯、高效二甲吩草胺(包括吡噻菌胺) | 6.5 | 20 | 17 | 11 | 千克 | S |
| 2934999021 | 恶唑磷、蔬果磷、茂硫磷、除害磷等(包括甲基吡恶磷、丁硫环磷、硫环磷、杀扑磷、伏杀硫磷、地胺磷) | 6.5 | 20 | 17 | 11 | 千克 | S |
| 2934999022 | 环线威、杀虫环、杀虫钉、多噻烷等(包括甲基硫环磷、噻嗪酮、恶虫酮、茚虫威) | 6.5 | 20 | 17 | 11 | 千克 | S |
| 2934999023 | 恶唑禾草灵、毒鼠硅、噻鼠灵等(包括福拉比、噻节因、糠菌唑、精恶唑禾草灵) | 6.5 | 20 | 17 | 11 | 千克 | S |
| 2934999024 | 代森硫、代森环、氟吗啉、咯菌腈等(包括稻瘟酯、烯酰吗啉、噻菌腈、土菌灵、恶霜灵、恶霉灵) | 6.5 | 20 | 17 | 11 | 千克 | S |
| 2934999025 | 噻森铜、丙环唑、乙环唑等(包括噁唑菌酮、金核霉素、呋菌唑、叶枯唑、呋醚唑、苯醚甲环唑) | 6.5 | 20 | 17 | 11 | 千克 | S |

[1] 监管条件中,"/"左边的监管条件截止日期为2018年1月31日,"/"右边的监管条件有效日期为2018年2月1日~2999年12月31日。

| 商品编号 | 商 品 名 称 及 备 注 | 进口关税税率(%) | | 增值税率(%) | 出口退税率(%) | 计量单位 | 监管条件 |
|---|---|---|---|---|---|---|---|
| | | 最惠国 | 普通 | | | | |
| 2934999026 | 嗪草酸、噻氟隆、丁噻隆、异恶隆等(包括噻苯隆、磺噻隆、恶唑隆、异恶草醚、噻吩草胺、二甲吩草胺) | 6.5 | 20 | 17 | 11 | 千克 | S |
| 2934999027 | 苯草灭、灭草松、灭草唑等(包括异噁草松、恶嗪草酮、环苯草酮、丙炔氟草胺) | 6.5 | 20 | 17 | 11 | 千克 | S |
| 2934999028 | 丙炔恶草酮、嗪草酮等(包括糖氨基嘌呤、苯螨噻、异恶酰草胺、异恶唑草酮) | 6.5 | 20 | 17 | 11 | 千克 | S |
| 2934999029 | 炔丙恶唑草、噻唑锌等(包括噻菌茂、硅丰环) | 6.5 | 20 | 17 | 11 | 千克 | S |
| 2934999031 | 多抗霉素、灰瘟素 | 6.5 | 20 | 17 | 11 | 千克 | S |
| 2934999032 | 三环唑、氧环唑 | 6.5 | 20 | 17 | 11 | 千克 | S |
| 2934999033 | 灭螨猛、克杀螨、螨蜱胺 | 6.5 | 20 | 17 | 11 | 千克 | S |
| 2934999034 | 二氰蒽醌、吗菌威 | 6.5 | 20 | 17 | 11 | 千克 | S |
| 2934999035 | 十二环吗啉、十三吗啉 | 6.5 | 20 | 17 | 11 | 千克 | S |
| 2934999036 | 杀螺吗啉、丁苯吗啉 | 6.5 | 20 | 17 | 11 | 千克 | S |
| 2934999037 | 喹菌酮、肼菌酮 | 6.5 | 20 | 17 | 11 | 千克 | S |
| 2934999038 | 萎锈灵、氧化萎锈灵 | 6.5 | 20 | 17 | 11 | 千克 | S |
| 2934999039 | 棉隆、乙烯菌核利 | 6.5 | 20 | 17 | 11 | 千克 | S |
| 2934999041 | 环酯草醚 | 6.5 | 20 | 17 | 11 | 千克 | S |
| 2934999042 | 噻菌铜 | 6.5 | 20 | 17 | 11 | 千克 | S |
| 2934999043 | 苯唑草酮 | 6.5 | 20 | 17 | 11 | 千克 | S |
| 2934999044 | 丁吡吗啉 | 6.5 | 20 | 17 | 11 | 千克 | S |
| 2934999045 | 环戊噁草酮 | 6.5 | 20 | 17 | 13 | 千克 | S |
| 2934999050 | 恶唑酰草胺(包括环氧虫啶、噻嗯菊酯、双苯噁唑酯、乙螨唑、异恶氯草酮、唑啉草酯) | 6.5 | 20 | 17 | 11 | 千克 | S |
| 2934999061 | 甲米雷司及其盐 | 6.5 | 20 | 17 | 13 | 千克 | I |
| 2934999062 | 替诺环定及其盐 | 6.5 | 20 | 17 | 13 | 千克 | I |
| 2934999071 | 硫代芬太尼、阿法甲基硫代芬太尼(以及它们的盐) | 6.5 | 20 | 17 | 13 | 千克 | W |
| 2934999072 | 二乙噻丁、二甲噻丁、吗苯丁酯、乙甲噻丁(以及它们的盐) | 6.5 | 20 | 17 | 13 | 千克 | W |
| 2934999073 | 呋替啶、左吗拉胺、3-甲基硫代芬太尼(以及它们的盐) | 6.5 | 20 | 17 | 13 | 千克 | W |
| 2934999074 | 吗拉胺中间体、吗哌利定、苯吗庚酮、消旋吗拉胺(以及它们的盐) | 6.5 | 20 | 17 | 13 | 千克 | W |
| 2934999075 | 亚甲基二氧吡咯戊酮(Methylenedioxypyrovalerone;CAS 号:687603-6,6-3) | 6.5 | 20 | 17 | 13 | 千克 | I |
| 2934999090 | 其他杂环化合物 | 6.5 | 20 | 17 | 13 | 千克 | |
| **2935** | **磺(酰)胺** | | | | | | |
| 29351000 | -N-甲基全氟辛基磺酰胺 | | | | | | |
| 2935100000 | N-甲基全氟辛基磺酰胺 | 6.5 | 35 | 17 | 9 | 千克 | X |
| 29352000 | -N-乙基全氟辛基磺酰胺 | | | | | | |
| 2935200000 | N-乙基全氟辛基磺酰胺 | 6.5 | 35 | 17 | 9 | 千克 | X |
| 29353000 | -N-乙基-N-(2-羟乙基)全氟辛基磺酰胺 | | | | | | |
| 2935300000 | N-乙基-N-(2-羟乙基)全氟辛基磺酰胺 | 6.5 | 35 | 17 | 9 | 千克 | X |
| 29354000 | -N-(2-羟乙基)-N-甲基全氟辛基磺酰胺 | | | | | | |
| 2935400000 | N-(2-羟乙基)-N-甲基全氟辛基磺酰胺 | 6.5 | 35 | 17 | 9 | 千克 | X |
| 29355000 | -其他全氟辛基磺酰胺 | | | | | | |
| 2935500000 | 其他全氟辛基磺酰胺 | 6.5 | 35 | 17 | 9 | 千克 | X |
| 29359000 | -其他 | | | | | | |
| 2935900011 | 氟唑磺隆、氟吡磺隆、磺酰磺隆、氯酯磺草胺等(包括甲酰氨基嘧磺隆、乙氧磺隆、氯磺隆、甲磺隆、苯磺隆、胺苯磺隆) | 6.5 | 35 | 17 | 9 | 千克 | S |
| 2935900012 | 醚苯磺隆、噻吩磺隆、醚磺隆、氟啶嘧磺隆等(包括氟胺磺隆、氟磺隆、甲嘧磺隆、氯嘧磺隆、氟嘧磺隆) | 6.5 | 35 | 17 | 9 | 千克 | S |
| 2935900013 | 苄嘧磺隆、吡嘧磺隆、烟嘧磺隆、双氯磺草胺等(包括啶嘧磺隆、砜嘧磺隆、唑嘧磺隆) | 6.5 | 35 | 17 | 9 | 千克 | S |

| 商品编号 | 商品名称及备注 | 进口关税税率(%) | | 增值税率(%) | 出口退税率(%) | 计量单位 | 监管条件 |
|---|---|---|---|---|---|---|---|
| | | 最惠国 | 普通 | | | | |
| 2935900014 | 四唑嘧磺隆、唑吡嘧磺隆、三氟甲磺隆等(包括氯吡嘧磺隆、酰嘧磺隆、环丙嘧磺隆、甲基二磺隆) | 6.5 | 35 | 17 | 9 | 千克 | S |
| 2935900015 | 氟磺酰草胺、甲磺草胺、嘧苯胺磺隆等(包括唑嘧磺草胺、双氟磺草胺、五氟磺草胺) | 6.5 | 35 | 17 | 9 | 千克 | S |
| 2935900016 | 氟磺胺草醚、磺草灵、吲唑磺菌胺等(包括单嘧磺酯、磺草唑胺、三氟啶磺隆钠) | 6.5 | 35 | 17 | 9 | 千克 | S |
| 2935900017 | 磺草膦、氨磺乐灵、三氟啶磺隆、啶磺草胺等(包括甲基碘磺隆钠盐) | 6.5 | 35 | 17 | 9 | 千克 | S |
| 2935900018 | 磺菌胺、增糖胺等(包括甲苯氟磺胺、氟虫胺) | 6.5 | 35 | 17 | 9 | 千克 | S |
| 2935900019 | 畜蜱磷、伐灭磷、地散磷等(包括磺菌威、氰霜唑) | 6.5 | 35 | 17 | 9 | 千克 | S |
| 2935900020 | 环氧嘧磺隆 | 6.5 | 35 | 17 | 9 | 千克 | S |
| 2935900031 | 苯嘧磺草胺 | 6.5 | 35 | 17 | 9 | 千克 | S |
| 2935900032 | 噻酮磺隆 | 6.5 | 35 | 17 | 9 | 千克 | S |
| 2935900033 | 磺胺嘧啶 | 6.5 | 35 | 17 | 9 | 千克 | |
| 2935900034 | 磺胺双甲基嘧啶 | 6.5 | 35 | 17 | 9 | 千克 | A |
| 2935900035 | 磺胺甲噁唑(磺胺甲基异噁唑、新诺明、新明磺) | 6.5 | 35 | 17 | 9 | 千克 | |
| 2935900090 | 其他磺(酰)胺 | 6.5 | 35 | 17 | 9 | 千克 | |
| **2936** | **天然或合成再制的维生素原和维生素(包括天然浓缩物)及其主要用做维生素的衍生物,上述产品的混合物,不论是否溶于溶剂** | | | | | | |
| 29362100 | --维生素 A 及其衍生物 | | | | | | |
| 2936210000 | 未混合的维生素 A 及其衍生物(不论是否溶于溶剂) | 4 | 20 | 17 | 17 | 千克 | AB/A❶ |
| 29362200 | --维生素 $B_1$ 及其衍生物 | | | | | | |
| 2936220000 | 未混合的维生素 $B_1$ 及其衍生物(不论是否溶于溶剂) | 4 | 20 | 17 | 13 | 千克 | AB/A❶ |
| 29362300 | --维生素 $B_2$ 及其衍生物 | | | | | | |
| 2936230000 | 未混合的维生素 $B_2$ 及其衍生物(不论是否溶于溶剂) | 4 | 20 | 17 | 13 | 千克 | AB/A❶ |
| 29362400 | --D 或 DL-泛酸(维生素 $B_3$ 或维生素 $B_5$)及其衍生物 | | | | | | |
| 2936240000 | 未混合的 D 或 DL-泛酸及其衍生物(不论是否溶于溶剂) | 4 | 20 | 17 | 13 | 千克 | AB/A❶ |
| 29362500 | --维生素 $B_6$ 及其衍生物 | | | | | | |
| 2936250000 | 未混合的维生素 $B_6$ 及其衍生物(不论是否溶于溶剂) | 4 | 20 | 17 | 13 | 千克 | AB/A❶ |
| 29362600 | --维生素 $B_{12}$及其衍生物 | | | | | | |
| 2936260000 | 未混合的维生素 $B_{12}$及其衍生物(不论是否溶于溶剂) | 4 | 20 | 17 | 13 | 千克 | AB/A❶ |
| 29362700 | --维生素 C 及其衍生物 | | | | | | |
| 2936270010 | 未混合的维生素 C 原粉(不论是否溶于溶剂) | 4 | 20 | 17 | 13 | 千克 | 4ABxy/4Axy❶ |
| 2936270020 | 未混合的维生素 C 钙、维生素 C 钠(不论是否溶于溶剂) | 4 | 20 | 17 | 13 | 千克 | 4ABxy/4Axy❶ |
| 2936270030 | 颗粒或包衣维生素 C(不论是否溶于溶剂) | 4 | 20 | 17 | 13 | 千克 | 4ABxy/4Axy❶ |
| 2936270090 | 维生素 C 酯类及其他(不论是否溶于溶剂) | 4 | 20 | 17 | 13 | 千克 | 4ABxy/4Axy❶ |
| 29362800 | --维生素 E 及其衍生物 | | | | | | |
| 2936280000 | 未混合的维生素 E 及其衍生物(不论是否溶于溶剂) | 4 | 20 | 17 | 17 | 千克 | AB/A❶ |
| 29362900 | --其他维生素及其衍生物 | | | | | | |
| 2936290010 | 胆钙化醇(不论是否溶于溶剂) | 4 | 20 | 17 | 17 | 千克 | ABS/AS❶ |
| 2936290090 | 其他未混合的维生素及其衍生物(不论是否溶于溶剂) | 4 | 20 | 17 | 17 | 千克 | AB/A❶ |
| 29369010 | ---维生素 $AD_3$ | | | | | | |

❶ 监管条件中,"/"左边的监管条件截止日期为 2018 年 1 月 31 日,"/"右边的监管条件有效日期为 2018 年 2 月 1 日~2999 年 12 月 31 日。

| 商品编号 | 商品名称及备注 | 进口关税税率(%) | | 增值税率(%) | 出口退税率(%) | 计量单位 | 监管条件 |
|---|---|---|---|---|---|---|---|
| | | 最惠国 | 普通 | | | | |
| 2936901000 | 维生素 $AD_3$(包括天然浓缩物、不论是否溶于溶剂) | 4 | 20 | 17 | 13 | 千克 | AB/A[1] |
| 29369090 | ---其他 | | | | | | |
| 2936909000 | 维生素原、混合维生素原、其他混合维生素及其衍生物(包括天然浓缩物、不论是否溶于溶剂) | 4 | 20 | 17 | 13 | 千克 | AB/A[1] |
| **2937** | **天然或合成再制的激素、前列腺素、血栓烷和白细胞三烯及它们的衍生物和结构类似物,包括主要用做激素的改性链多肽** | | | | | | |
| 29371100 | --生长激素及其衍生物和结构类似物 | | | | | | |
| 2937110010 | 生长激素(GH) | 4 | 20 | 17 | 13 | 千克 | L |
| 2937110090 | 生长激素的衍生物和结构类似物 | 4 | 20 | 17 | 13 | 千克 | |
| 29371210 | ---重组人胰岛素及其盐 | | | | | | |
| 2937121000 | 重组人胰岛素及其盐 | 4 | 20 | 17 | 17 | 千克 | L |
| 29371290 | ---其他 | | | | | | |
| 2937129000 | 其他胰岛素及其盐 | 4 | 20 | 17 | 15 | 千克 | L |
| 29371900 | --其他 | | | | | | |
| 2937190013 | 绒促性素、促黄体生成素等[包括生长激素释放肽类(GHRPs)、普拉莫瑞林(生长激素释放肽-2)、CJC-1295(CAS 号 863288-34-0)、生长激素释放肽-6、生长激素释放激素及其类似物、生长激素促分泌剂] | 4 | 20 | 17 | 13 | 千克 | L |
| 2937190015 | 促皮质素类等肽类激素[包括艾瑞莫瑞林、阿那瑞林、布舍瑞林、可的瑞林、海沙瑞林、伊莫瑞林、舍莫瑞林、替莫瑞林、戈那瑞林、葛瑞林(脑肠肽)及其模拟物类] | 4 | 20 | 17 | 13 | 千克 | L |
| 2937190016 | 亮丙瑞林 | 4 | 20 | 17 | 13 | 千克 | L |
| 2937190090 | 其他多肽激素及衍生物和结构类似物(包括蛋白激素、糖蛋白激素及其衍生物和结构类似物) | 4 | 20 | 17 | 13 | 千克 | Q |
| 29372100 | --可的松、氢化可的松、脱氢可的松及脱氢皮质醇 | | | | | | |
| 2937210000 | 可的松、氢化可的松等[包括脱氢皮(质甾)醇] | 4 | 20 | 17 | 9 | 千克 | Q |
| 29372210 | ---地塞米松 | | | | | | |
| 2937221000 | 地塞米松 | 4 | 30 | 17 | 9 | 千克 | Q |
| 29372290 | ---其他 | | | | | | |
| 2937229000 | 其他肾上腺皮质激素的卤化衍生物 | 4 | 30 | 17 | 9 | 千克 | Q |
| 29372311 | ----孕马结合雌激素 | | | | | | |
| 2937231100 | 孕马结合雌激素 | 4 | 30 | 17 | 13 | 千克 | Q |
| 29372319 | ----其他 | | | | | | |
| 2937231900 | 其他动物源雌(甾)激素和孕激素 | 4 | 30 | 17 | 13 | 千克 | Q |
| 29372390 | ---其他 | | | | | | |
| 2937239010 | 泽仑诺、孕三烯酮、替勃龙(包括四氢孕三烯酮) | 4 | 30 | 17 | 13 | 千克 | L |
| 2937239090 | 其他雌(甾)激素及孕激素 | 4 | 30 | 17 | 13 | 千克 | Q |
| 29372900 | --其他 | | | | | | |
| 2937290011 | 1-雄烯二醇、1-雄烯二酮{包括雄甾-4-烯-3β,17α-二醇[4-雄烯二醇(3β,17α)];雄甾-5-烯-3β,17α-二醇[5-雄烯二醇(3β,17α)]} | 4 | 30 | 17 | 13 | 千克 | L |
| 2937290012 | 4-雄烯二醇、5-雄烯二酮{包括 5α-雄烷-3α,17β-二醇[雄烷二醇(3α,17β)];5α-雄烷-3β,17α-二醇[雄烷二醇(3β,17α)];勃拉睾酮;5β-雄烷-3α,17β-二醇(5β-雄烷二醇(3α,17β)]} | 4 | 30 | 17 | 13 | 千克 | L |
| 2937290013 | 勃地酮、卡芦睾酮(包括勃二酮、氯司替勃) | 4 | 30 | 17 | 13 | 千克 | L |
| 2937290014 | 达那唑、去氢氯甲睾酮(包括普拉睾酮、去氧甲睾酮) | 4 | 30 | 17 | 13 | 千克 | L |
| 2937290015 | 双氢睾酮、屈他雄酮(包括表双氢睾酮、乙雌烯醇、氟甲睾酮、甲酰勃龙) | 4 | 30 | 17 | 13 | 千克 | L |

[1] 监管条件中,"/"左边的监管条件截止日期为 2018 年 1 月 31 日,"/"右边的监管条件有效日期为 2018 年 2 月 1 日~2999 年 12 月 31 日。

| 商品编号 | 商品名称及备注 | 进口关税税率(%) | | 增值税率(%) | 出口退税率(%) | 计量单位 | 监管条件 |
|---|---|---|---|---|---|---|---|
| | | 最惠国 | 普通 | | | | |
| 2937290016 | 夫拉扎勃(包括4-羟基睾酮、3α-羟基-5α-雄烷-17-酮) | 4 | 30 | 17 | 13 | 千克 | L |
| 2937290017 | 美雄诺龙、美睾酮、美雄酮(包括甲基屈他雄酮) | 4 | 30 | 17 | 13 | 千克 | L |
| 2937290018 | 甲基-1-睾酮、甲睾酮、甲诺睾酮(包括甲二烯诺龙、去甲雄酮) | 4 | 30 | 17 | 13 | 千克 | L |
| 2937290019 | 美替诺龙、美雄醇(包括美曲勃龙) | 4 | 30 | 17 | 13 | 千克 | L |
| 2937290021 | 米勃酮、诺龙、诺勃酮、诺司替勃(包括19-去甲雄烯二酮、诺乙雄龙) | 4 | 30 | 17 | 13 | 千克 | L |
| 2937290022 | 19-去甲胆烷醇酮(包括羟勃龙、氧雄龙) | 4 | 30 | 17 | 13 | 千克 | L |
| 2937290023 | 羟甲睾酮、羟甲烯龙(包括前列他唑) | 4 | 30 | 17 | 13 | 千克 | L |
| 2937290024 | 奎勃龙、司坦唑醇、司腾勃龙(包括1-睾酮、睾酮、群勃龙) | 4 | 30 | 17 | 13 | 千克 | L |
| 2937290025 | 7α-羟基-普拉睾酮 | 4 | 30 | 17 | 13 | 千克 | L |
| 2937290026 | 7β-羟基-普拉睾酮 | 4 | 30 | 17 | 13 | 千克 | L |
| 2937290027 | 7-羰基-普拉睾酮 | 4 | 30 | 17 | 13 | 千克 | L |
| 2937290028 | 胆烷醇酮 | 4 | 30 | 17 | 13 | 千克 | L |
| 2937290031 | 雄甾-5-烯-3β,17β-二醇[5-雄烯二醇(3β, 17β)] | 4 | 30 | 17 | 13 | 千克 | L |
| 2937290032 | 雄甾-4-烯-3,17-二酮(4-雄烯二酮) | 4 | 30 | 17 | 13 | 千克 | L |
| 2937290033 | 勃雄二醇 | 4 | 30 | 17 | 13 | 千克 | L |
| 2937290034 | 雄酮 | 4 | 30 | 17 | 13 | 千克 | L |
| 2937290090 | 其他甾类激素及其衍生物和结构类似物 | 4 | 30 | 17 | 13 | 千克 | Q |
| 29375000 | -前列腺素、血栓烷和白细胞三烯及其衍生物和结构类似物 | | | | | | |
| 2937500000 | 前列腺素、血栓烷和白细胞三烯(包括它们的衍生物和结构类似物) | 4 | 30 | 17 | 9 | 千克 | |
| 29379000 | -其他 | | | | | | |
| 2937900010 | 氨基酸衍生物 | 4 | 30 | 17 | 9 | 千克 | ABQ/AQ❶ |
| 2937900090 | 其他激素及其衍生物和结构类似物 | 4 | 30 | 17 | 9 | 千克 | Q |
| **2938** | **天然或合成再制的苷(配糖物)及其盐、醚、酯和其他衍生物** | | | | | | |
| 29381000 | -芸香苷及其衍生物 | | | | | | |
| 2938100000 | 芸香苷及其衍生物 | 6.5 | 20 | 17 | 9 | 千克 | Q |
| 29389010 | ---齐多夫定、拉米夫定、司他夫定、地达诺新及它们的盐 | | | | | | |
| 2938901000 | 齐多夫定、拉米夫定、司他夫定、地达诺新及它们的盐 | 6.5 | 20 | 17 | 13 | 千克 | |
| 29389090 | ---其他 | | | | | | |
| 2938909010 | 甘草酸粉 | 6.5 | 20 | 17 | 9 | 千克 | y4x |
| 2938909020 | 甘草酸盐类 | 6.5 | 20 | 17 | 9 | 千克 | 4ABxy/4Axy❶ |
| 2938909030 | 甘草次酸及其衍生物 | 6.5 | 20 | 17 | 9 | 千克 | y4x |
| 2938909090 | 其他天然或合成再制的苷及其盐等(包括醚、酯和其他衍生物) | 6.5 | 20 | 17 | 9 | 千克 | |
| **2939** | **天然或合成再制的生物碱及其盐、醚、酯和其他衍生物** | | | | | | |
| 29391100 | --罂粟秆浓缩物、丁丙诺啡(INN)、可待因、双氢可待因(INN)、乙基吗啡、埃托啡(INN)、海洛因、氢可酮(INN)、氢吗啡酮(INN)、吗啡、尼可吗啡(INN)、羟考酮(INN)、羟吗啡酮(INN)、福尔可定(INN)、醋氢可酮(INN)和蒂巴因,以及它们的盐 | | | | | | |
| 2939110011 | 罂粟秆浓缩物 | 4 | 50 | 17 | 9 | 千克 | W |
| 2939110012 | 可待因、双氢可待因、乙基吗啡(以及它们的盐) | 4 | 50 | 17 | 9 | 千克 | W |
| 2939110013 | 埃托啡、海洛因、氢可酮(以及它们的盐) | 4 | 50 | 17 | 9 | 千克 | W |
| 2939110014 | 氢吗啡酮、吗啡、尼可吗啡(以及它们的盐) | 4 | 50 | 17 | 9 | 千克 | W |
| 2939110015 | 羟考酮、羟吗啡酮、福尔可定(以及它们的盐) | 4 | 50 | 17 | 9 | 千克 | W |
| 2939110016 | 醋氢可酮、蒂巴因(以及它们的盐) | 4 | 50 | 17 | 9 | 千克 | W |

❶ 监管条件中,"/"左边的监管条件截止日期为2018年1月31日,"/"右边的监管条件有效日期为2018年2月1日~2999年12月31日。

| 商品编号 | 商品名称及备注 | 进口关税税率(%) | | 增值税率(%) | 出口退税率(%) | 计量单位 | 监管条件 |
|---|---|---|---|---|---|---|---|
| | | 最惠国 | 普通 | | | | |
| 2939110020 | 丁丙诺啡及其盐 | 4 | 50 | 17 | 9 | 千克 | I |
| 29391900 | --其他 | | | | | | |
| 2939190010 | 二氢埃托啡及其盐 | 4 | 50 | 17 | 9 | 千克 | W |
| 2939190021 | 苄吗啡、可多克辛、地索吗啡、醋托啡(以及它们的盐) | 4 | 50 | 17 | 9 | 千克 | W |
| 2939190022 | 双氢吗啡、氢吗啡醇、甲地索啡、甲二氢吗啡(以及它们的盐) | 4 | 50 | 17 | 9 | 千克 | W |
| 2939190023 | 美托酮、吗啡-N-氧化物、麦罗啡、去甲吗啡 (以及它们的盐) | 4 | 50 | 17 | 9 | 千克 | W |
| 2939190024 | 醋氢可待因、尼可待因、尼二氢可待因、去甲可待因 (以及它们的盐) | 4 | 50 | 17 | 9 | 千克 | W |
| 2939190025 | 吗啡甲溴化物及其盐 | 4 | 50 | 17 | 9 | 千克 | W |
| 2939190030 | 纳布啡及其盐 | 4 | 50 | 17 | 9 | 千克 | I |
| 2939190040 | 奥列巴文(Oripavine;CAS 号:467-04-9) | 4 | 50 | 17 | 9 | 千克 | W |
| 2939190090 | 其他鸦片碱及其衍生物,以及它们的盐 | 4 | 50 | 17 | 9 | 千克 | Q |
| 29392000 | -金鸡纳生物碱及其衍生物,以及它们的盐 | | | | | | |
| 2939200000 | 金鸡纳生物碱及其衍生物,以及它们的盐 | 4 | 20 | 17 | 9 | 千克 | Q |
| 29393000 | -咖啡因及其盐 | | | | | | |
| 2939300010 | 咖啡因 | 4 | 20 | 17 | 9 | 千克 | ABI/AI❶ |
| 2939300090 | 咖啡因的盐 | 4 | 20 | 17 | 9 | 千克 | ABI/AI❶ |
| 29394100 | --麻黄碱及其盐 | | | | | | |
| 2939410010 | 麻黄碱(麻黄素、盐酸麻黄碱) | 4 | 20 | 17 | 9 | 千克 | 23Q |
| 2939410020 | 硫酸麻黄碱 | 4 | 20 | 17 | 9 | 千克 | 23Q |
| 2939410030 | 消旋盐酸麻黄碱 | 4 | 20 | 17 | 9 | 千克 | 23Q |
| 2939410040 | 草酸麻黄碱 | 4 | 20 | 17 | 9 | 千克 | 23Q |
| 2939410090 | 麻黄碱盐 | 4 | 20 | 17 | 9 | 千克 | Q |
| 29394200 | --假麻黄碱及其盐 | | | | | | |
| 2939420010 | 伪麻黄碱(伪麻黄素、盐酸伪麻黄碱) | 4 | 20 | 17 | 9 | 千克 | 23Q |
| 2939420020 | 硫酸伪麻黄碱 | 4 | 20 | 17 | 9 | 千克 | 23Q |
| 2939420090 | 假麻黄碱盐(D-2-甲胺基-1-苯基丙醇) | 4 | 20 | 17 | 9 | 千克 | Q |
| 29394300 | --d-去甲假麻黄碱(INN)及其盐 | | | | | | |
| 2939430000 | d-去甲假麻黄碱(INN)及其盐 | 4 | 20 | 17 | 9 | 千克 | I |
| 29394400 | --去甲麻黄碱及其盐 | | | | | | |
| 2939440000 | 去甲麻黄碱及其盐 | 4 | 20 | 17 | 9 | 千克 | 23 |
| 29394900 | 其他 | | | | | | |
| 2939490010 | 盐酸甲基麻黄碱 | 4 | 20 | 17 | 9 | 千克 | Q23 |
| 2939490020 | 消旋盐酸甲基麻黄碱 | 4 | 20 | 17 | 9 | 千克 | Q23 |
| 2939490090 | 其他麻黄碱及其盐 | 4 | 20 | 17 | 9 | 千克 | Q |
| 29395100 | --芬乙茶碱(INN)及其盐 | | | | | | |
| 2939510000 | 芬乙茶碱及其盐 | 4 | 20 | 17 | 9 | 千克 | I |
| 29395900 | --其他 | | | | | | |
| 2939590000 | 其他茶碱和氨茶碱及其衍生物、盐 | 4 | 20 | 17 | 9 | 千克 | Q |
| 29396100 | --麦角新碱(INN)及其盐 | | | | | | |
| 2939610010 | 麦角新碱 | 4 | 20 | 17 | 9 | 千克 | 3Q2 |
| 2939610090 | 麦角新碱盐 | 4 | 20 | 17 | 9 | 千克 | Q |
| 29396200 | --麦角胺(INN)及其盐 | | | | | | |
| 2939620010 | 麦角胺 | 4 | 20 | 17 | 9 | 千克 | 3Q2 |
| 2939620090 | 麦角胺盐 | 4 | 20 | 17 | 9 | 千克 | Q |

❶ 监管条件中,“/”左边的监管条件截止日期为 2018 年 1 月 31 日,“/”右边的监管条件有效日期为 2018 年 2 月 1 日~2999 年 12 月 31 日。

| 商品编号 | 商品名称及备注 | 进口关税税率(%) | | 增值税率(%) | 出口退税率(%) | 计量单位 | 监管条件 |
|---|---|---|---|---|---|---|---|
| | | 最惠国 | 普通 | | | | |
| 29396300 | --麦角酸及其盐 | | | | | | |
| 2939630010 | 麦角酸 | 4 | 20 | 17 | 9 | 千克 | 3Q2 |
| 2939630090 | 麦角酸盐 | 4 | 20 | 17 | 9 | 千克 | Q |
| 29396900 | --其他 | | | | | | |
| 2939690010 | 麦角二乙胺及其盐 | 4 | 20 | 17 | 9 | 千克 | I |
| 2939690090 | 其他麦角生物碱及其衍生物(包括它们的盐) | 4 | 20 | 17 | 9 | 千克 | Q |
| 29397110 | ---可卡因及其盐 | | | | | | |
| 2939711000 | 可卡因及其盐 | 4 | 20 | 17 | 9 | 千克 | W |
| 29397190 | ---其他 | | | | | | |
| 2939719011 | 左甲苯丙胺(以及它们的盐、酯及其衍生物) | 4 | 20 | 17 | 9 | 千克 | I |
| 2939719012 | 去氧麻黄碱(以及它们的盐、酯及其衍生物) | 4 | 20 | 17 | 9 | 千克 | I |
| 2939719013 | 去氧麻黄碱外消旋体(以及它们的盐、酯及其衍生物) | 4 | 20 | 17 | 9 | 千克 | I |
| 2939719020 | 芽子碱(以及它们的盐、酯及其他衍生物) | 4 | 20 | 17 | 9 | 千克 | W |
| 29397910 | ---烟碱及其盐 | | | | | | |
| 2939791010 | 烟碱 | 4 | 20 | 17 | 9 | 千克 | ABQ |
| 2939791090 | 烟碱盐 | 4 | 20 | 17 | 9 | 千克 | Q |
| 29397920 | ---番木鳖碱(士的年)及其盐 | | | | | | |
| 2939792010 | 番木鳖碱 | 4 | 17 | 17 | 9 | 千克 | ABQ |
| 2939792090 | 番木鳖碱盐 | 4 | 17 | 17 | 9 | 千克 | Q |
| 29397990 | ---其他 | | | | | | |
| 2939799011 | 卡西酮、麦司卡林(以及它们的盐) | 4 | 20 | 17 | 9 | 千克 | I |
| 2939799012 | 赛洛新、赛洛西宾(以及它们的盐) | 4 | 20 | 17 | 9 | 千克 | I |
| 2939799090 | 其他植物碱及其衍生物(包括植物碱的盐、酯及其衍生物) | 4 | 20 | 17 | 9 | 千克 | ABQ |
| 29398000 | -其他(相应子目,例如品目29.33和29.34项下的) | | | | | | |
| 2939800000 | 其他生物碱及其衍生物(包括生物碱的盐、酯及其衍生物) | 4 | 20 | 17 | 9 | 千克 | ABQ |
| **2940** | **化学纯糖,但蔗糖、乳糖、麦芽糖、葡萄糖及果糖除外;糖醚、糖缩醛和糖酯及其盐,但不包括品目29.37、29.38及29.39的产品** | | | | | | |
| 29400010 | ---木糖 | | | | | | |
| 2940001000 | 木糖 | 6 | 30 | 17 | 13 | 千克 | ABQ/AQ❶ |
| 29400090 | ---其他 | | | | | | |
| 2940009000 | 其他化学纯糖、糖醚、糖酯及其盐(蔗糖、乳糖、麦芽糖、葡萄糖、品目29.37~29.39产品除外) | 6 | 30 | 17 | 13 | 千克 | ABQ/AQ❶ |
| **2941** | **抗菌素** | | | | | | |
| 29411011 | ----氨苄青霉素 | | | | | | |
| 2941101100 | 氨苄青霉素 | 6 | 20 | 17 | 13 | 千克 | Q |
| 29411012 | ----氨苄青霉素三水酸 | | | | | | |
| 2941101200 | 氨苄青霉素三水酸 | 6 | 20 | 17 | 13 | 千克 | Q |
| 29411019 | ----其他 | | | | | | |
| 2941101900 | 氨苄青霉素盐 | 6 | 20 | 17 | 13 | 千克 | Q |
| 29411091 | ----羟氨苄青霉素 | | | | | | |
| 2941109100 | 羟氨苄青霉素 | 4 | 20 | 17 | 13 | 千克 | Q |
| 29411092 | ----羟氨苄青霉素三水酸 | | | | | | |
| 2941109200 | 羟氨苄青霉素三水酸 | 4 | 20 | 17 | 13 | 千克 | Q |

❶ 监管条件中,"/"左边的监管条件截止日期为2018年1月31日,"/"右边的监管条件有效日期为2018年2月1日~2999年12月31日。

| 商品编号 | 商品名称及备注 | 进口关税税率(%) | | 增值税率(%) | 出口退税率(%) | 计量单位 | 监管条件 |
|---|---|---|---|---|---|---|---|
| | | 最惠国 | 普通 | | | | |
| 29411093 | ----6氨基青霉烷酸(6APA) | | | | | | |
| 2941109300 | 6氨基青霉烷酸(6APA) | 4 | 20 | 17 | 13 | 千克 | |
| 29411094 | ----青霉素V | | | | | | |
| 2941109400 | 青霉素V | 4 | 20 | 17 | 13 | 千克 | Q |
| 29411095 | ----磺苄青霉素 | | | | | | |
| 2941109500 | 磺苄青霉素 | 4 | 20 | 17 | 13 | 千克 | Q |
| 29411096 | ----邻氯青霉素 | | | | | | |
| 2941109600 | 邻氯青霉素 | 4 | 20 | 17 | 13 | 千克 | Q |
| 29411099 | ----其他 | | | | | | |
| 2941109900 | 其他青霉素或衍生物及其盐(包括具有青霉烷酸结构和青霉素衍生物及其盐) | 4 | 20 | 17 | 13 | 千克 | 4Qxy |
| 29412000 | -链霉素及其衍生物,以及它们的盐 | | | | | | |
| 2941200011 | 硫酸链霉素 | 4 | 20 | 17 | 13 | 千克 | QS |
| 2941200090 | 其他链霉素及其衍生物、盐 | 4 | 20 | 17 | 13 | 千克 | Q |
| 29413011 | ----四环素 | | | | | | |
| 2941301100 | 四环素 | 4 | 20 | 17 | 13 | 千克 | Q |
| 29413012 | ----四环素盐 | | | | | | |
| 2941301200 | 四环素盐 | 4 | 20 | 17 | 13 | 千克 | Q |
| 29413020 | ---四环素衍生物及其盐 | | | | | | |
| 2941302000 | 四环素衍生物及其盐 | 4 | 20 | 17 | 13 | 千克 | Q |
| 29414000 | -氯霉素及其衍生物,以及它们的盐 | | | | | | |
| 2941400000 | 氯霉素及其衍生物,以及它们的盐 | 4 | 20 | 17 | 13 | 千克 | Q |
| 29415000 | -红霉素及其衍生物,以及它们的盐 | | | | | | |
| 2941500000 | 红霉素及其衍生物、盐 | 4 | 20 | 17 | 13 | 千克 | Q |
| 29419010 | ---庆大霉素及其衍生物,以及它们的盐 | | | | | | |
| 2941901000 | 庆大霉素及其衍生物、盐 | 4 | 20 | 17 | 13 | 千克 | Q |
| 29419020 | ---卡那霉素及其衍生物,以及它们的盐 | | | | | | |
| 2941902000 | 卡那霉素及其衍生物、盐 | 4 | 20 | 17 | 13 | 千克 | Q |
| 29419030 | ---利福平及其衍生物,以及它们的盐 | | | | | | |
| 2941903000 | 利福平及其衍生物、盐 | 4 | 20 | 17 | 13 | 千克 | Q |
| 29419040 | ---林可霉素及其衍生物,以及它们的盐 | | | | | | |
| 2941904000 | 林可霉素及其衍生物、盐 | 4 | 20 | 17 | 13 | 千克 | Q |
| 29419052 | ----头孢氨苄及其盐 | | | | | | |
| 2941905200 | 头孢氨苄及其盐 | 6 | 20 | 17 | 13 | 千克 | Q |
| 29419053 | ----头孢唑啉及其盐 | | | | | | |
| 2941905300 | 头孢唑啉及其盐 | 6 | 20 | 17 | 13 | 千克 | Q |
| 29419054 | ----头孢拉啶及其盐 | | | | | | |
| 2941905400 | 头孢拉啶及其盐 | 6 | 20 | 17 | 13 | 千克 | Q |
| 29419055 | ----头孢三嗪(头孢曲松)及其盐 | | | | | | |
| 2941905500 | 头孢三嗪(头孢曲松)及其盐 | 6 | 20 | 17 | 13 | 千克 | Q |
| 29419056 | ----头孢哌酮及其盐 | | | | | | |
| 2941905600 | 头孢哌酮及其盐 | 6 | 20 | 17 | 13 | 千克 | Q |
| 29419057 | ----头孢噻肟及其盐 | | | | | | |
| 2941905700 | 头孢噻肟及其盐 | 6 | 20 | 17 | 13 | 千克 | Q |
| 29419058 | ----头孢克罗及其盐 | | | | | | |
| 2941905800 | 头孢克罗及其盐 | 6 | 20 | 17 | 13 | 千克 | Q |
| 29419059 | ----其他 | | | | | | |

| 商品编号 | 商品名称及备注 | 进口关税税率(%) | | 增值税率(%) | 出口退税率(%) | 计量单位 | 监管条件 |
|---|---|---|---|---|---|---|---|
| | | 最惠国 | 普通 | | | | |
| 2941905910 | 放线菌酮 | 6 | 20 | 17 | 13 | 千克 | QS |
| 2941905990 | 其他头孢菌素及其衍生物(包括它们的盐) | 6 | 20 | 17 | 13 | 千克 | Q |
| 29419060 | ---麦迪霉素及其衍生物,以及它们的盐 | | | | | | |
| 2941906000 | 麦迪霉素及其衍生物(包括它们的盐) | 6 | 20 | 17 | 13 | 千克 | Q |
| 29419070 | ---乙酰螺旋霉素及其衍生物,以及它们的盐 | | | | | | |
| 2941907000 | 乙酰螺旋霉素及其衍生物(包括它们的盐) | 4 | 20 | 17 | 13 | 千克 | Q |
| 29419090 | ---其他 | | | | | | |
| 2941909011 | 中生菌素 | 6 | 20 | 17 | 15 | 千克 | QS |
| 2941909012 | 春雷霉素 | 6 | 20 | 17 | 15 | 千克 | QS |
| 2941909013[暂4] | 吗替麦考酚酯 | 6 | 20 | 17 | 15 | 千克 | Q |
| 2941909090 | 其他抗菌素 | 6 | 20 | 17 | 15 | 千克 | Q |
| **2942** | **其他有机化合物** | | | | | | |
| 29420000 | 其他有机化合物 | | | | | | |
| 2942000000 | 其他有机化合物 | 6.5 | 30 | 17 | 9 | 千克 | |

# 第三十章　药　　品

注释：

一、本章不包括：

(一)食品及饮料（例如，营养品、糖尿病食品、强化食品、保健食品、滋补饮料及矿泉水），但不包括供静脉摄入用的滋养品(第四类)；

(二)用于帮助吸烟者戒烟的制剂，例如，片剂、咀嚼胶或透皮贴片(品目21.06或38.24)；

(三)经特殊煅烧或精细研磨的牙科用熟石膏(品目25.20)；

(四)适合医药用的精油水馏液及水溶液(品目33.01)；

(五)品目33.03至33.07的制品，不论是否具有治疗及预防疾病的作用；

(六)加有药料的肥皂及品目34.01的其他产品；

(七)以熟石膏为基本成分的牙科用制品(品目34.07)；或

(八)不作治疗及预防疾病用的血清蛋白(品目35.02)。

二、品目30.02所称的"免疫制品"是指直接参与免疫过程调节的多肽及蛋白质(品目29.37的货品除外)，例如，单克隆抗体(MAB)、抗体片段、抗体偶联物及抗体片段偶联物、白介素、干扰素(IFN)、趋化因子及特定的肿瘤坏死因子(TNF)、生长因子(GF)、促红细胞生成素及集落刺激因子(CSF)。

三、品目30.03及30.04以及本章注释四(四)所述的非混合产品及混合产品，按下列规定处理：

(一)非混合产品：

1. 溶于水的非混合产品；

2. 第二十八章及第二十九章的所有货品；

3. 品目13.02的单一植物浸膏，只经标定或溶于溶剂的。

(二)混合产品：

1. 胶体溶液及悬浮液(胶态硫磺除外)；

2. 从植物性混合物加工所得的植物浸膏；

3. 蒸发天然矿质水所得的盐及浓缩物。

四、品目30.06仅适用于下列物品(这些物品只能归入品目30.06而不得归入本手册其他品目)：

(一)无菌外科肠线、类似的无菌缝合材料(包括外科或牙科用无菌可吸收缝线)及外伤创口闭合用的无菌黏合胶布；

(二)无菌昆布及无菌昆布塞条；

(三)外科或牙科用无菌吸收性止血材料；外科或牙科用无菌抗粘连阻隔材料，不论是否可吸收；

(四)用于病人的X光检查造影剂及其他诊断试剂，这些药剂是由单一产品配定剂量或由两种以上成分混合而成的；

(五)血型试剂；

(六)牙科粘固剂及其他牙科填料、骨骼粘固剂；

(七)急救药箱、药包；

(八)以激素、品目29.37的其他产品或杀精子剂为基本成分的化学避孕药物；

(九)专用于人类或作兽药用的凝胶制品，作为外科手术或体检时躯体部位的润滑剂，或者作为躯体和医疗器械之间的耦合剂；

(十)废药物，即因超过有效保存期等原因而不适于作原用途的药品；

(十一)可确定用于造口术的用具，即裁切成型的结肠造口术、回肠造口术、尿道造口术用袋及其具有黏性的片或底盘。

子目注释：

一、子目3002.13及3002.14所述的非混合产品、纯物质及混合产品，按下列规定处理：

(一)非混合产品或纯物质，不论是否含有杂质；

(二)混合产品：

1.上述(一)款所述的产品溶于水或其他溶剂的；

2.为保存或运输需要，上述(一)款及(二)1.项所述的产品加入稳定剂的；以及

3.上述(一)款、(二)1.项及(二)2.项所述的产品添加其他添加剂的。

二、子目3003.60和3004.60包括的药品含有与其他药用活性成分配伍的口服用青蒿素(INN)，或者含有下列任何一种活性成分，不论是否与其他药用活性成分配伍：阿莫地喹(INN)、蒿醚林酸及其盐(INN)、双氢青蒿素(INN)、蒿乙醚(INN)、蒿甲醚(INN)、青蒿琥酯(INN)、氯喹(INN)、二氢青蒿素(INN)、苯芴醇(INN)、甲氟喹(INN)、哌喹(INN)、乙胺嘧啶(INN)或磺胺多辛(INN)。

| 商品编号 | 商品名称及备注 | 进口关税税率(%) | | 增值税率(%) | 出口退税率(%) | 计量单位 | 监管条件 |
|---|---|---|---|---|---|---|---|
| | | 最惠国 | 普通 | | | | |
| **3001** | **已干燥的器官疗法用腺体及其他器官，不论是否制成粉末；器官疗法用腺体、其他器官及其分泌物的提取物；肝素及其盐；其他供治疗或预防疾病用的其他编号未列名的人体或动物制品** | | | | | | |
| 30012000 | -腺体、其他器官及其分泌物的提取物 | | | | | | |
| 3001200010 | 其他濒危野生动物腺体、器官(包括分泌物) | 3 | 30 | 17 | 0 | 千克 | AQFEB |
| 3001200020 | 人类的腺体、器官及其分泌物提取物 | 3 | 30 | 17 | 15 | 千克 | AB |
| 3001200090 | 其他腺体、器官及其分泌物提取物 | 3 | 30 | 17 | 15 | 千克 | AB |
| 30019010 | ---肝素及其盐 | | | | | | |
| 3001901000 | 肝素及其盐 | 3 | 30 | 17 | 15 | 千克 | Q |
| 30019090 | ---其他 | | | | | | |
| 3001909010 | 蛇毒制品(供治疗或预防疾病用) | 3 | 30 | 17 | 15 | 千克 | AQFEB |

| 商品编号 | 商 品 名 称 及 备 注 | 进口关税税率（%） | | 增值税率（%） | 出口退税率（%） | 计量单位 | 监管条件 |
|---|---|---|---|---|---|---|---|
| | | 最惠国 | 普通 | | | | |
| 3001909091 | 其他濒危动物制品（供治疗或预防疾病用） | 3 | 30 | 17 | 0 | 千克 | ABFEQ |
| 3001909099 | 其他未列名的人体或动物制品（供治疗或预防疾病用） | 3 | 30 | 17 | 11 | 千克 | ABQ |
| **3002** | **人血；治病、防病或诊断用的动物血制品；抗血清、其他血份及免疫制品，不论是否修饰或通过生物工艺加工制得；疫苗、毒素、培养微生物（不包括酵母）及类似产品** | | | | | | |
| 30021100 | --疟疾诊断试剂盒 | | | | | | |
| 3002110000[暂0] | 疟疾诊断试剂盒 | 3 | 20 | 17 | 17 | 千克 | AB |
| 30021200 | --抗血清及其他血份 | | | | | | |
| 3002120011[暂0] | 唾液酸促红素、促红素衍生肽、氨甲酰促红素、达促红素、促红素（EPO）类等促红素 | 3 | 20 | 17 | 17 | 千克 | ABL |
| 3002120012[暂0] | 胰岛素样生长因子1（IGF-1）及其类似物 | 3 | 20 | 17 | 17 | 千克 | ABL |
| 3002120013[暂0] | 机械生长因子类 | 3 | 20 | 17 | 17 | 千克 | ABL |
| 3002120014[暂0] | 成纤维细胞生长因子类（FGFs） | 3 | 20 | 17 | 17 | 千克 | ABL |
| 3002120015[暂0] | 肝细胞生长因子（HGF） | 3 | 20 | 17 | 17 | 千克 | ABL |
| 3002120016[暂0] | 血小板衍生生长因子（PDGF） | 3 | 20 | 17 | 17 | 千克 | ABL |
| 3002120017[暂0] | 血管内皮生长因子（VEGF） | 3 | 20 | 17 | 17 | 千克 | ABL |
| 3002120018[暂0] | 转化生长因子-β（TGF-β）抑制剂类 | 3 | 20 | 17 | 17 | 千克 | ABL |
| 3002120019[暂0] | 培尼沙肽、罗特西普 | 3 | 20 | 17 | 17 | 千克 | ABL |
| 3002120021[暂0] | 缺氧诱导因子（HIF）激活剂类、缺氧诱导因子（HIF）稳定剂类 | 3 | 20 | 17 | 17 | 千克 | ABL |
| 3002120022[暂0] | EPO-Fc（IgG4）融合蛋白、EPO-Fc融合蛋白 | 3 | 20 | 17 | 17 | 千克 | ABL |
| 3002120090[暂0] | 其他抗血清及其他血份 | 3 | 20 | 17 | 17 | 千克 | AB |
| 30021300 | --非混合的免疫制品，未配定剂量或制成零售包装 | | | | | | |
| 3002130000[暂0] | 非混合的免疫制品，未配定剂量或制成零售包装 | 3 | 20 | 17 | 17 | 千克 | AB |
| 30021400 | --混合的免疫制品，未配定剂量或制成零售包装 | | | | | | |
| 3002140000[暂0] | 混合的免疫制品，未配定剂量或制成零售包装 | 3 | 20 | 17 | 17 | 千克 | AB |
| 30021500 | --免疫制品，已配定剂量或制成零售包装 | | | | | | |
| 3002150000[暂0] | 免疫制品，已配定剂量或制成零售包装 | 3 | 20 | 17 | 17 | 千克 | AB |
| 30021900 | --其他 | | | | | | |
| 3002190000[暂0] | 其他抗血清、其他血份及免疫制品，不论是否修饰或通过生物工艺加工制得 | 3 | 20 | 17 | 17 | 千克 | AB |
| 30022000 | -人用疫苗 | | | | | | |
| 3002200000[暂0] | 人用疫苗 | 3 | 20 | 17 | 17 | 千克 | QAB |
| 30023000 | -兽用疫苗 | | | | | | |
| 3002300000 | 兽用疫苗 | 3 | 20 | 17 | 17 | 千克 | R |
| 30029010 | ---石房蛤毒素 | | | | | | |
| 3002901000 | 石房蛤毒素 | 3 | 20 | 17 | 15 | 千克 | 23Q |
| 30029020 | ---蓖麻毒素 | | | | | | |
| 3002902000 | 蓖麻毒素 | 3 | 20 | 17 | 15 | 千克 | 23Q |
| 30029030 | ---细菌及病毒 | | | | | | |
| 3002903010 | 两用物项管制细菌及病毒 | 3 | 20 | 17 | 17 | 千克 | 3AB |
| 3002903020 | 苏云金杆菌 | 3 | 20 | 17 | 17 | 千克 | ABS |
| 3002903030 | 枯草芽孢杆菌 | 3 | 20 | 17 | 17 | 千克 | ABS |
| 3002903090 | 其他细菌及病毒 | 3 | 20 | 17 | 17 | 千克 | AB |
| 30029040 | ---遗传物质和基因修饰生物体 | | | | | | |
| 3002904010[暂0] | 两用物项管制遗传物质和基因修饰生物体 | 3 | 20 | 17 | 17 | 千克 | 3AB |
| 3002904090[暂0] | 其他遗传物质和基因修饰生物体 | 3 | 20 | 17 | 17 | 千克 | AB |
| 30029090 | ---其他 | | | | | | |
| 3002909011[暂0] | 濒危动物血制品 | 3 | 20 | 17 | 0 | 千克 | ABQFE |
| 3002909019[暂0] | 其他人血制品、动物血制品 | 3 | 20 | 17 | 17 | 千克 | ABQ |

| 商品编号 | 商品名称及备注 | 进口关税税率(%) | | 增值税率(%) | 出口退税率(%) | 计量单位 | 监管条件 |
|---|---|---|---|---|---|---|---|
| | | 最惠国 | 普通 | | | | |
| 3002909021[暂0] | 噬菌核霉 | 3 | 20 | 17 | 17 | 千克 | ABS |
| 3002909022[暂0] | 淡紫拟青霉 | 3 | 20 | 17 | 17 | 千克 | ABS |
| 3002909023[暂0] | 哈茨木霉菌 | 3 | 20 | 17 | 17 | 千克 | ABS |
| 3002909024[暂0] | 寡雄腐霉 | 3 | 20 | 17 | 17 | 千克 | ABS |
| 3002909091[暂0] | 两用物项管制毒素 | 3 | 20 | 17 | 17 | 千克 | 3AB |
| 3002909099[暂0] | 人血、其他毒素等[包括培养微生物(不包括酵母)及类似产品] | 3 | 20 | 17 | 17 | 千克 | AB |
| **3003** | **两种或两种以上成分混合而成的治病或防病用药品(不包括品目30.02、30.05或30.06的货品),未配定剂量或制成零售包装** | | | | | | |
| 30031011 | ----氨苄青霉素 | | | | | | |
| 3003101100 | 氨苄青霉素(未配定剂量或非零售包装) | 6 | 30 | 17 | 15 | 千克 | Q |
| 30031012 | ----羟氨苄青霉素 | | | | | | |
| 3003101200 | 羟氨苄青霉素(未配定剂量或非零售包装) | 6 | 30 | 17 | 15 | 千克 | Q |
| 30031013 | ----青霉素V | | | | | | |
| 3003101300 | 青霉素V(未配定剂量或非零售包装) | 6 | 30 | 17 | 15 | 千克 | Q |
| 30031019 | ----其他 | | | | | | |
| 3003101900 | 其他青霉素(未配定剂量或非零售包装) | 6 | 30 | 17 | 15 | 千克 | Q |
| 30031090 | ---其他 | | | | | | |
| 3003109000 | 其他含有青霉素或链霉素的混合药(未配定剂量或非零售包装,混合指含两种或两种以上成分) | 6 | 30 | 17 | 15 | 千克 | Q |
| 30032011 | ----头孢噻肟 | | | | | | |
| 3003201100 | 头孢噻肟(未配定剂量或非零售包装) | 6 | 30 | 17 | 15 | 千克 | Q |
| 30032012 | ----头孢他啶 | | | | | | |
| 3003201200 | 头孢他啶(未配定剂量或非零售包装) | 6 | 30 | 17 | 15 | 千克 | Q |
| 30032013 | ----头孢西丁 | | | | | | |
| 3003201300 | 头孢西丁(未配定剂量或非零售包装) | 6 | 30 | 17 | 15 | 千克 | Q |
| 30032014 | ----头孢替唑 | | | | | | |
| 3003201400 | 头孢替唑(未配定剂量或非零售包装) | 6 | 30 | 17 | 15 | 千克 | Q |
| 30032015 | ----头孢克罗 | | | | | | |
| 3003201500 | 头孢克罗(未配定剂量或非零售包装) | 6 | 30 | 17 | 15 | 千克 | Q |
| 30032016 | ----头孢呋辛 | | | | | | |
| 3003201600 | 头孢呋辛(未配定剂量或非零售包装) | 6 | 30 | 17 | 15 | 千克 | Q |
| 30032017 | ----头孢三嗪(头孢曲松) | | | | | | |
| 3003201700 | 头孢三嗪(头孢曲松)(未配定剂量或非零售包装) | 6 | 30 | 17 | 15 | 千克 | Q |
| 30032018 | ----头孢哌酮 | | | | | | |
| 3003201800 | 头孢哌酮(未配定剂量或非零售包装) | 6 | 30 | 17 | 15 | 千克 | Q |
| 30032019 | ----其他 | | | | | | |
| 3003201900 | 其他头孢菌素(未配定剂量或非零售包装) | 6 | 30 | 17 | 15 | 千克 | Q |
| 30032090 | ---其他 | | | | | | |
| 3003209000 | 含有其他抗菌素的混合药品(未配定剂量或非零售包装,混合指含两种或两种以上成分) | 6 | 30 | 17 | 15 | 千克 | Q |
| 30033100 | --含有胰岛素 | | | | | | |
| 3003310000 | 含有胰岛素的混合药品(不含抗菌素且未配定剂量或非零售包装,混合指含两种或两种以上成分) | 5 | 30 | 17 | 15 | 千克 | Q |
| 30033900 | --其他 | | | | | | |
| 3003390000 | 其他含品目29.37激素等的混合药(不含抗菌素且未配定剂量或非零售包装,混合指含两种或两种以上成分) | 6 | 30 | 17 | 15 | 千克 | Q |

| 商品编号 | 商品名称及备注 | 进口关税税率(%) | | 增值税率(%) | 出口退税率(%) | 计量单位 | 监管条件 |
|---|---|---|---|---|---|---|---|
| | | 最惠国 | 普通 | | | | |
| 30034100 | --含有麻黄碱及其盐 | | | | | | |
| 3003410000 | 含有麻黄碱及其盐的混合药品(未配定剂量或非零售包装,混合指含两种或两种以上成分) | 5 | 35 | 17 | 15 | 千克 | Q |
| 30034200 | --含有伪麻黄碱(INN)及其盐 | | | | | | |
| 3003420000 | 含有伪麻黄碱(INN)及其盐的混合药品(未配定剂量或非零售包装,混合指含两种或两种以上成分) | 5 | 30 | 17 | 15 | 千克 | Q |
| 30034300 | --含有去甲麻黄碱及其盐 | | | | | | |
| 3003430000 | 含有去甲麻黄碱及其盐的混合药品(未配定剂量或非零售包装,混合指含两种或两种以上成分) | 5 | 35 | 17 | 15 | 千克 | Q |
| 30034900 | --其他 | | | | | | |
| 3003490010 | 含奎宁或其盐的混合药品(未配定剂量或非零售包装,混合指含两种或两种以上成分) | 5 | 35 | 17 | 15 | 千克 | Q |
| 3003490090 | 含其他生物碱及衍生物的混合药品(未配定剂量或非零售包装,混合指含两种或两种以上成分) | 5 | 30 | 17 | 15 | 千克 | Q |
| 30036010 | ---含有青蒿素及其衍生物 | | | | | | |
| 3003601000 | 含有青蒿素及其衍生物的混合药品(未配定剂量或非零售包装,混合指含两种或两种以上成分) | 5 | 30 | 17 | 15 | 千克 | Q |
| 30036090 | ---其他 | | | | | | |
| 3003609010 | 含有磺胺类的混合药品(未配定剂量或非零售包装,混合指含两种或两种以上成分) | 5 | 30 | 17 | 15 | 千克 | Q |
| 3003609020 | 含濒危动植物的混合药品(未配定剂量或非零售包装,混合指含两种或两种以上成分) | 5 | 30 | 17 | 0 | 千克 | EFQ |
| 3003609090 | 其他含有本章子目注释二所列抗疟疾活性成分的混合药品(未配定剂量或非零售包装,混合指含两种或两种以上成分) | 5 | 30 | 17 | 15 | 千克 | Q |
| 30039000 | -其他 | | | | | | |
| 3003900010 | 含紫杉醇的混合药品(未配定剂量或非零售包装,混合指含两种或两种以上成分) | 5 | 30 | 17 | 0 | 千克 | EFQ |
| 3003900020 | 其他含未列名濒危动植物混合药品(未配定剂量或非零售包装,混合指含两种或两种以上成分) | 5 | 30 | 17 | 0 | 千克 | EFQ |
| 3003900030 | 其他含磺胺类的混合药品(未配定剂量或非零售包装,混合指含两种或两种以上成分) | 5 | 30 | 17 | 15 | 千克 | Q |
| 3003900090 | 其他含未列名成分混合药品(未配定剂量或非零售包装,混合指含两种或两种以上成分) | 5 | 30 | 17 | 15 | 千克 | Q |
| **3004** | **由混合或非混合产品构成的治病或防病用药品(不包括品目30.02、30.05或30.06的货品),已配定剂量(包括制成皮肤摄入形式的)或制成零售包装** | | | | | | |
| 30041011 | ----氨苄青霉素制剂 | | | | | | |
| 3004101110[暂2] | 兽用普鲁卡因青霉素、奈夫西林钠制剂(包括制成零售包装) | 6 | 30 | 17 | 15 | 千克 | R |
| 3004101190[暂2] | 氨苄青霉素制剂(包括制成零售包装) | 6 | 30 | 17 | 15 | 千克 | Q |
| 30041012 | ----羟氨苄青霉素制剂 | | | | | | |
| 3004101200[暂2] | 羟氨苄青霉素制剂(包括制成零售包装) | 6 | 30 | 17 | 15 | 千克 | Q |
| 30041013 | ----青霉素V制剂 | | | | | | |
| 3004101300[暂2] | 青霉素V制剂(包括制成零售包装) | 6 | 30 | 17 | 15 | 千克 | Q |
| 30041019 | ----其他 | | | | | | |
| 3004101900[暂2] | 其他已配剂量青霉素制剂(包括制成零售包装) | 6 | 30 | 17 | 15 | 千克 | Q |
| 30041090 | ---其他 | | | | | | |
| 3004109000[暂2] | 已配剂量含有青霉素或链霉素药品(包括制成零售包装) | 6 | 30 | 17 | 15 | 千克 | Q |
| 30042011 | ----头孢噻肟制剂 | | | | | | |
| 3004201100[暂2] | 已配剂量头孢噻肟制剂(包括制成零售包装) | 6 | 30 | 17 | 15 | 千克 | Q |
| 30042012 | ----头孢他啶制剂 | | | | | | |
| 3004201200[暂2] | 已配剂量头孢他啶制剂(包括制成零售包装) | 6 | 30 | 17 | 15 | 千克 | Q |
| 30042013 | ----头孢西丁制剂 | | | | | | |

| 商品编号 | 商品名称及备注 | 进口关税税率(%) | | 增值税率(%) | 出口退税率(%) | 计量单位 | 监管条件 |
|---|---|---|---|---|---|---|---|
| | | 最惠国 | 普通 | | | | |
| 3004201300[暂2] | 已配剂量头孢西丁制剂(包括制成零售包装) | 6 | 30 | 17 | 15 | 千克 | Q |
| 30042014 | ----头孢替唑制剂 | | | | | | |
| 3004201400[暂2] | 已配剂量头孢替唑制剂(包括制成零售包装) | 6 | 30 | 17 | 15 | 千克 | Q |
| 30042015 | ----头孢克罗制剂 | | | | | | |
| 3004201500[暂2] | 已配剂量头孢克罗制剂(包括制成零售包装) | 6 | 30 | 17 | 15 | 千克 | Q |
| 30042016 | ----头孢呋辛制剂 | | | | | | |
| 3004201600[暂2] | 已配剂量头孢呋辛制剂(包括制成零售包装) | 6 | 30 | 17 | 15 | 千克 | Q |
| 30042017 | ----头孢三嗪(头孢曲松)制剂 | | | | | | |
| 3004201700[暂2] | 已配剂量头孢三嗪(头孢曲松)制剂(包括制成零售包装) | 6 | 30 | 17 | 15 | 千克 | Q |
| 30042018 | ----头孢哌酮制剂 | | | | | | |
| 3004201800[暂2] | 已配剂量头孢哌酮制剂(包括制成零售包装) | 6 | 30 | 17 | 15 | 千克 | Q |
| 30042019 | ----其他 | | | | | | |
| 3004201911[暂2] | 兽用已配剂量的头孢氨苄、头孢噻呋钠制剂(包括零售包装的制成品) | 6 | 30 | 17 | 15 | 千克 | R |
| 3004201912[暂2] | 兽用已配剂量的头孢噻呋晶体、硫酸头孢喹肟制剂(包括零售包装的制成品) | 6 | 30 | 17 | 15 | 千克 | R |
| 3004201990[暂2] | 其他已配剂量头孢菌素制剂(包括零售包装的制成品) | 6 | 30 | 17 | 15 | 千克 | Q |
| 30042090 | ---其他 | | | | | | |
| 3004209011[暂2] | 兽用已配剂量的土霉素、延胡索酸泰妙菌素、泰拉霉素制剂(包括制成零售包装) | 6 | 30 | 17 | 15 | 千克 | R |
| 3004209012[暂2] | 兽用已配剂量的氟苯尼考、多拉菌素、硫酸庆大霉素制剂(包括制成零售包装) | 6 | 30 | 17 | 15 | 千克 | R |
| 3004209013[暂2] | 兽用已配剂量的硫酸双羟链霉素制剂(包括制成零售包装) | 6 | 30 | 17 | 15 | 千克 | R |
| 3004209090[暂2] | 已配剂量含有其他抗菌素的药品(包括制成零售包装) | 6 | 30 | 17 | 15 | 千克 | Q |
| 30043110 | ---含有重组人胰岛素的 | | | | | | |
| 3004311010[暂2] | 已配剂量含重组人胰岛素的单方制剂(包括零售包装) | 5 | 30 | 17 | 15 | 千克 | L |
| 3004311090[暂2] | 已配剂量含重组人胰岛素的其他药品(不含抗菌素,包括零售包装) | 5 | 30 | 17 | 15 | 千克 | Q |
| 30043190 | ---其他 | | | | | | |
| 3004319010[暂2] | 其他已配剂量含胰岛素的单方制剂(包括零售包装) | 5 | 30 | 17 | 15 | 千克 | L |
| 3004319090[暂2] | 其他已配剂量含胰岛素的其他药品(不含抗菌素,包括零售包装) | 5 | 30 | 17 | 15 | 千克 | Q |
| 30043200 | --含有皮质甾类激素及其衍生物或结构类似物 | | | | | | |
| 3004320011[暂2] | 已配剂量含1-雄烯二醇或1-雄烯二酮的单方制剂(包括其衍生物及结构类似物,包括零售包装) | 5 | 30 | 17 | 15 | 千克 | L |
| 3004320012[暂2] | 已配剂量含甲酰勃龙的单方制剂(包括其衍生物及结构类似物,包括零售包装) | 5 | 30 | 17 | 15 | 千克 | L |
| 3004320013[暂2] | 已配剂量含雄甾-4-烯-3β, 17α-二醇[4-雄烯二醇(3β, 17α)]的单方制剂(包括其衍生物及结构类似物,包括零售包装) | 5 | 30 | 17 | 15 | 千克 | L |
| 3004320014[暂2] | 已配剂量含雄甾-5-烯-3β, 17α-二醇[5-雄烯二醇(3β, 17α)]的单方制剂(包括其衍生物及结构类似物,包括零售包装) | 5 | 30 | 17 | 15 | 千克 | L |
| 3004320015[暂2] | 已配剂量含4-雄烯二醇或乙雌烯醇的单方制剂(包括其衍生物及结构类似物,包括零售包装) | 5 | 30 | 17 | 15 | 千克 | L |
| 3004320016[暂2] | 已配剂量含5-雄烯二酮的单方制剂(包括其衍生物及结构类似物,包括零售包装) | 5 | 30 | 17 | 15 | 千克 | L |
| 3004320017[暂2] | 已配剂量含5α-雄烷-3α, 17β-二醇[雄烷二醇(3α, 17β)]或5β-雄烷-3α, 17β-二醇[5β-雄烷二醇(3α, 17β)]的单方制剂(包括其衍生物及其结构类似物,包括零售包装) | 5 | 30 | 17 | 15 | 千克 | L |
| 3004320018[暂2] | 已配剂量5α-雄烷-3β, 17α-二醇[雄烷二醇(3β, 17α)]的单方制剂(包括其衍生物及结构类似物,包括零售包装) | 5 | 30 | 17 | 15 | 千克 | L |
| 3004320019[暂2] | 已配剂量含勃拉睾酮的单方制剂(包括其衍生物及结构类似物,包括零售包装) | 5 | 30 | 17 | 15 | 千克 | L |
| 3004320021[暂2] | 已配剂量含勃地酮的单方制剂(包括其衍生物及结构类似物,包括零售包装) | 5 | 30 | 17 | 15 | 千克 | L |
| 3004320022[暂2] | 已配剂量含勃二酮的单方制剂(包括其衍生物及结构类似物,包括零售包装) | 5 | 30 | 17 | 15 | 千克 | L |
| 3004320023[暂2] | 已配剂量含卡芦睾酮或达那唑的单方制剂(包括其衍生物及结构类似物,包括零售包装) | 5 | 30 | 17 | 15 | 千克 | L |

| 商品编号 | 商品名称及备注 | 进口关税税率(%) | | 增值税率(%) | 出口退税率(%) | 计量单位 | 监管条件 |
|---|---|---|---|---|---|---|---|
| | | 最惠国 | 普通 | | | | |
| 3004320024[暂2] | 已配剂量含氯司替勃的单方制剂(包括其衍生物及结构类似物,包括零售包装) | 5 | 30 | 17 | 15 | 千克 | L |
| 3004320025[暂2] | 已配剂量含去氢氯甲睾酮的单方制剂(包括其衍生物及结构类似物,包括零售包装) | 5 | 30 | 17 | 15 | 千克 | L |
| 3004320028[暂2] | 已配剂量含普拉睾酮或屈他雄酮的单方制剂(包括其衍生物及结构类似物,包括零售包装) | 5 | 30 | 17 | 15 | 千克 | L |
| 3004320029[暂2] | 已配剂量含去氧甲睾酮或双氢睾酮的单方制剂(包括其衍生物及结构类似物,包括零售包装) | 5 | 30 | 17 | 15 | 千克 | L |
| 3004320031[暂2] | 已配剂量含表双氢睾酮或氟甲睾酮的单方制剂(包括其衍生物及结构类似物,包括零售包装) | 5 | 30 | 17 | 15 | 千克 | L |
| 3004320032[暂2] | 已配剂量含夫拉扎勃的单方制剂(包括其衍生物及结构类似物,包括零售包装) | 5 | 30 | 17 | 15 | 千克 | L |
| 3004320033[暂2] | 已配剂量含孕三烯酮或4-羟基睾酮的单方制剂(包括其衍生物及结构类似物,包括零售包装) | 5 | 30 | 17 | 15 | 千克 | L |
| 3004320034[暂2] | 含3α-羟基-5α-雄烷-17-酮的单方制剂(包括其衍生物及结构类似物,已配剂量或制成零售包装) | 5 | 30 | 17 | 15 | 千克 | |
| 3004320035[暂2] | 已配剂量含美睾酮或美雄酮的单方制剂(包括其衍生物及结构类似物,包括零售包装) | 5 | 30 | 17 | 15 | 千克 | L |
| 3004320036[暂2] | 已配剂量含甲基屈他雄酮的单方制剂(包括其衍生物及结构类似物,包括零售包装) | 5 | 30 | 17 | 15 | 千克 | L |
| 3004320037[暂2] | 已配剂量含甲二烯诺龙的单方制剂(包括其衍生物及结构类似物,包括零售包装) | 5 | 30 | 17 | 15 | 千克 | L |
| 3004320038[暂2] | 已配剂量含甲基-1-睾酮或甲诺睾酮的单方制剂(包括其衍生物及结构类似物,包括零售包装) | 5 | 30 | 17 | 15 | 千克 | L |
| 3004320039[暂2] | 已配剂量含美曲勃龙的单方制剂(包括其衍生物及结构类似物,包括零售包装) | 5 | 30 | 17 | 15 | 千克 | L |
| 3004320041[暂5] | 已配剂量含美雄诺龙或美替诺龙的单方制剂(包括其衍生物及结构类似物,包括零售包装) | 5 | 30 | 17 | 15 | 千克 | L |
| 3004320042[暂2] | 已配剂量含美雄醇或甲睾酮或米勃酮的单方制剂(包括其衍生物及结构类似物,包括零售包装) | 5 | 30 | 17 | 15 | 千克 | L |
| 3004320043[暂2] | 已配剂量含诺龙或诺勃酮或诺司替勃的单方制剂(包括其衍生物及结构类似物,包括零售包装) | 5 | 30 | 17 | 15 | 千克 | L |
| 3004320044[暂2] | 已配剂量含19-去甲雄烯二酮的单方制剂(包括其衍生物及结构类似物,包括零售包装) | 5 | 30 | 17 | 15 | 千克 | L |
| 3004320045[暂2] | 已配剂量含去甲雄酮或诺乙雄龙的单方制剂(包括其衍生物及结构类似物,包括零售包装) | 5 | 30 | 17 | 15 | 千克 | L |
| 3004320046[暂2] | 已配剂量含19-去甲胆烷醇酮的单方制剂(包括其衍生物及结构类似物,包括零售包装) | 5 | 30 | 17 | 15 | 千克 | L |
| 3004320047[暂2] | 已配剂量含羟勃龙或氧雄龙的单方制剂(包括其衍生物及结构类似物,包括零售包装) | 5 | 30 | 17 | 15 | 千克 | L |
| 3004320048[暂2] | 已配剂量含羟甲睾酮或羟甲烯龙的单方制剂(包括其衍生物及结构类似物,包括零售包装) | 5 | 30 | 17 | 15 | 千克 | L |
| 3004320049[暂2] | 已配剂量含前列他唑的单方制剂(包括其衍生物及结构类似物,包括零售包装) | 5 | 30 | 17 | 15 | 千克 | L |
| 3004320051[暂2] | 含奎勃龙或替勃龙或群勃龙的单方制剂(包括其衍生物及结构类似物,已配剂量或制成零售包装) | 5 | 30 | 17 | 15 | 千克 | L |
| 3004320052[暂2] | 已配剂量含司坦唑醇或司腾勃龙的单方制剂(包括其衍生物及结构类似物,包括零售包装) | 5 | 30 | 17 | 15 | 千克 | L |
| 3004320053[暂2] | 已配剂量含1-睾酮或睾酮的单方制剂(包括其衍生物及结构类似物,包括零售包装) | 5 | 30 | 17 | 15 | 千克 | L |
| 3004320054[暂2] | 已配剂量含四氢孕三烯酮或泽仑诺的单方制剂(包括其衍生物及结构类似物,包括零售包装) | 5 | 30 | 17 | 15 | 千克 | L |
| 3004320060[暂5] | 兽用已配剂量倍他米松戊酸酯制剂(包括其衍生物及结构类似物,包括零售包装) | 5 | 30 | 17 | 15 | 千克 | R |
| 3004320071[暂2] | 已配剂量含雄甾-5-烯-3β, 17β-二醇[5-雄烯二醇(3β, 17β)]的单方制剂(包括其衍生物及结构类似物,不含抗菌素,包括零售包装) | 5 | 30 | 17 | 15 | 千克 | L |
| 3004320072[暂2] | 已配剂量含雄甾-4-烯-3,17-二酮(4-雄烯二酮)的单方制剂(包括其衍生物及结构类似物,不含抗菌素,包括零售包装) | 5 | 30 | 17 | 15 | 千克 | L |

| 商品编号 | 商品名称及备注 | 进口关税税率(%) | | 增值税率(%) | 出口退税率(%) | 计量单位 | 监管条件 |
|---|---|---|---|---|---|---|---|
| | | 最惠国 | 普通 | | | | |
| 3004320073暂2 | 已配剂量含勃雄二醇的单方制剂(包括其衍生物及结构类似物,不含抗菌素,包括零售包装) | 5 | 30 | 17 | 15 | 千克 | L |
| 3004320074暂2 | 已配剂量含7α-羟基-普拉睾酮的单方制剂(包括其衍生物及结构类似物,不含抗菌素,包括零售包装) | 5 | 30 | 17 | 15 | 千克 | L |
| 3004320075暂2 | 已配剂量含7β-羟基-普拉睾酮的单方制剂(包括其衍生物及结构类似物,不含抗菌素,包括零售包装) | 5 | 30 | 17 | 15 | 千克 | L |
| 3004320076暂2 | 已配剂量含7-羰基-普拉睾酮的单方制剂(包括其衍生物及结构类似物,不含抗菌素,包括零售包装) | 5 | 30 | 17 | 15 | 千克 | L |
| 3004320077暂2 | 已配剂量含胆烷醇酮的单方制剂(包括其衍生物及结构类似物,不含抗菌素,包括零售包装) | 5 | 30 | 17 | 15 | 千克 | L |
| 3004320090暂2 | 已配剂量含其他皮质甾类激素的药品(包括其衍生物及结构类似物,不含抗菌素,包括零售包装) | 5 | 30 | 17 | 15 | 千克 | Q |
| 30043900 | --其他 | | | | | | |
| 3004390011暂2 | 已配剂量含克仑特罗的单方制剂(包括零售包装) | 5 | 30 | 17 | 15 | 千克 | L |
| 3004390022暂2 | 已配剂量含生长激素(GH)的单方制剂(包括零售包装) | 5 | 30 | 17 | 15 | 千克 | L |
| 3004390025暂2 | 已配剂量含绒促性素、促黄体生成素等的单方制剂[包括含生长激素释放肽类(GH-RPs)、普拉莫瑞林(生长激素释放肽-2)、CJC-1295(CAS号863288-34-0)、生长激素释放肽-6、生长激素释放激素及其类似物、生长激素促分泌剂,零售包装] | 5 | 30 | 17 | 15 | 千克 | L |
| 3004390026暂2 | 已配剂量含促皮质素类等肽类激素的单方制剂[包括零售包装,以及已配剂量或零售包装的艾瑞莫瑞林、阿那瑞林、布舍瑞林、可的瑞林、海沙瑞林、伊莫瑞林、舍莫瑞林、替莫瑞林、戈那瑞林、葛瑞林(脑肠肽)及其模拟物类的单方制剂] | 5 | 30 | 17 | 15 | 千克 | L |
| 3004390027暂2 | 已配剂量含亮丙瑞林的单方制剂 | 5 | 30 | 17 | 15 | 千克 | L |
| 3004390028暂2 | 已配剂量含雄酮的单方制剂 | 5 | 30 | 17 | 15 | 千克 | L |
| 3004390030暂2 | 兽用血促性素、绒促性素制剂(包括零售包装) | 5 | 30 | 17 | 15 | 千克 | R |
| 3004390090暂2 | 其他已配剂量含激素或品目29.37产品的药品(不含抗菌素,包括零售包装) | 5 | 30 | 17 | 15 | 千克 | Q |
| 30044100 | --含有麻黄碱及其盐 | | | | | | |
| 3004410010 | 盐酸麻黄碱片、盐酸麻黄碱注射剂、硫酸麻黄碱片 | 5 | 30 | 17 | 15 | 千克 | 23Q |
| 3004410020 | 其他含麻黄碱及其盐的单方制剂(已配定剂量或制成零售包装) | 5 | 30 | 17 | 15 | 千克 | I |
| 3004410090 | 其他含有麻黄碱及其盐的药品(已配定剂量或制成零售包装) | 5 | 30 | 17 | 15 | 千克 | Q |
| 30044200 | --含有伪麻黄碱(INN)及其盐 | | | | | | |
| 3004420010 | 盐酸伪麻黄碱片 | 5 | 30 | 17 | 15 | 千克 | 23Q |
| 3004420020 | 其他含伪麻黄碱及其盐的单方制剂(已配定剂量或制成零售包装) | 5 | 30 | 17 | 15 | 千克 | I |
| 3004420090 | 其他含有伪麻黄碱及其盐的药品(已配定剂量或制成零售包装) | 5 | 30 | 17 | 15 | 千克 | Q |
| 30044300 | --含有去甲麻黄碱及其盐 | | | | | | |
| 3004430010 | 去甲麻黄碱及其盐的单方制剂(已配定剂量或制成零售包装) | 5 | 30 | 17 | 15 | 千克 | I |
| 3004430090 | 其他含有去甲麻黄碱及其盐的药品(已配定剂量或制成零售包装) | 5 | 30 | 17 | 15 | 千克 | Q |
| 30044900 | --其他 | | | | | | |
| 3004490010 | 含有奎宁或其盐的药品(已配定剂量或制成零售包装) | 5 | 35 | 17 | 15 | 千克 | Q |
| 3004490020 | 含可待因及衍生物及盐的复方制剂(已配定剂量或制成零售包装) | 5 | 30 | 17 | 15 | 千克 | I |
| 3004490031 | 丁丙诺啡透皮贴剂(包括其衍生物,已配定剂量或制成零售包装) | 5 | 30 | 17 | 15 | 千克 | I |
| 3004490039 | 其他含生物碱类精神药品的单方制剂(包括其衍生物,已配定剂量或制成零售包装) | 5 | 30 | 17 | 15 | 千克 | I |
| 3004490040 | 含生物碱类麻醉药品的单方制剂(包括其衍生物,已配定剂量或制成零售包装) | 5 | 30 | 17 | 15 | 千克 | W |
| 3004490050 | 吗啡阿托品注射液 | 5 | 30 | 17 | 15 | 千克 | W |
| 3004490061 | 含有氨酚氢可酮片或其盐 | 5 | 30 | 17 | 15 | 千克 | I |
| 3004490062 | 含有麦角胺咖啡因片/安钠咖或其盐 | 5 | 30 | 17 | 15 | 千克 | I |
| 3004490063 | 阿桔片、复方甘草片(含阿片粉,已配定剂量或制成零售包装) | 5 | 30 | 17 | 15 | 千克 | I |

| 商品编号 | 商品名称及备注 | 进口关税税率(%) | | 增值税率(%) | 出口退税率(%) | 计量单位 | 监管条件 |
|---|---|---|---|---|---|---|---|
| | | 最惠国 | 普通 | | | | |
| 3004490070 | 氨酚双氢可待因片 | 5 | 30 | 17 | 15 | 千克 | I |
| 3004490090 | 其他含有生物碱及其衍生物的药品(已配定剂量或制成零售包装) | 5 | 30 | 17 | 15 | 千克 | Q |
| 30045000 | -其他,含有维生素或品目29.36所列产品 | | | | | | |
| 3004500000暂2 | 已配剂量含有维生素等的其他药品(包括含有品目29.36所列产品的,包括零售包装) | 6 | 40 | 17 | 15 | 千克 | Q |
| 30046010 | ---含有青蒿素及其衍生物 | | | | | | |
| 3004601000暂2 | 含有青蒿素及其衍生物的药品(已配定剂量或制成零售包装) | 4 | 30 | 17 | 17 | 千克 | Q |
| 30046090 | ---其他 | | | | | | |
| 3004609010暂2 | 含有磺胺类的混合药品(已配定剂量或制成零售包装) | 4 | 30 | 17 | 17 | 千克 | Q |
| 3004609021暂2 | 含濒危动植物成分的中式成药(已配定剂量或零售包装) | 4 | 30 | 17 | 0 | 千克 | EFQ |
| 3004609029暂2 | 含其他成分的中式成药(已配定剂量或零售包装) | 4 | 30 | 17 | 15 | 千克 | Q |
| 3004609030暂2 | 其他含濒危野生动植物成分的药品(已配定剂量或零售包装) | 4 | 30 | 17 | 0 | 千克 | EFQ |
| 3004609090暂2 | 其他含有本章子目注释二所列抗疟疾活性成分的药品(已配定剂量或零售包装) | 4 | 30 | 17 | 15 | 千克 | Q |
| 30049010 | ---含有磺胺类 | | | | | | |
| 3004901000暂2 | 已配剂量含有磺胺类的药品(包括零售包装) | 6 | 40 | 17 | 17 | 千克 | Q |
| 30049020 | ---含有联苯双酯 | | | | | | |
| 3004902000 | 含联苯双酯的药品(包括零售包装) | 4 | 30 | 17 | 17 | 千克 | Q |
| 30049051 | ----中药酒 | | | | | | |
| 3004905110暂2 | 含濒危动植物成分的中药酒(已配定剂量或零售包装) | 3 | 30 | 17 | 0 | 千克 | FE |
| 3004905190暂2 | 含其他成分的中药酒(已配定剂量或零售包装) | 3 | 30 | 17 | 15 | 千克 | |
| 30049052 | ----片仔癀 | | | | | | |
| 3004905200 | 片仔癀(已配定剂量或零售包装) | 3 | 30 | 17 | 17 | 千克 | QFE |
| 30049053 | ----白药 | | | | | | |
| 3004905310 | 含天然麝香的白药(已配定剂量或零售包装) | 3 | 30 | 17 | 17 | 千克 | FEQ |
| 3004905390 | 含人工麝香的白药(已配定剂量或零售包装) | 3 | 30 | 17 | 17 | 千克 | Q |
| 30049054 | ----清凉油 | | | | | | |
| 3004905400暂2 | 清凉油(已配定剂量或零售包装) | 3 | 30 | 17 | 17 | 千克 | Q |
| 30049055 | ----安宫牛黄丸 | | | | | | |
| 3004905510 | 含天然麝香的安宫牛黄丸(已配定剂量或零售包装) | 3 | 30 | 17 | 0 | 千克 | QFE |
| 3004905590 | 其他安宫牛黄丸(已配定剂量或零售包装) | 3 | 30 | 17 | 15 | 千克 | Q |
| 30049059 | ----其他 | | | | | | |
| 3004905910暂2 | 含濒危动植物成分的中式成药(已配定剂量或零售包装) | 3 | 30 | 17 | 0 | 千克 | QFE |
| 3004905990暂2 | 含其他成分的中式成药(已配定剂量或零售包装) | 3 | 30 | 17 | 15 | 千克 | Q |
| 30049090 | ---其他 | | | | | | |
| 3004909010暂2 | 含濒危野生动植物成分的药品(已配定剂量或零售包装,不含紫杉醇) | 4 | 30 | 17 | 0 | 千克 | FEQ |
| 3004909020暂2 | 含紫杉醇成分的药品(已配定剂量或制成零售包装) | 4 | 30 | 17 | 0 | 千克 | EFQ |
| 3004909030暂2 | 其他含第二十九章麻醉药品的单方制剂(已配定剂量或制成零售包装) | 4 | 30 | 17 | 15 | 千克 | W |
| 3004909041暂2 | 地芬诺酯复方制剂(已配定剂量或制成零售包装) | 4 | 30 | 17 | 15 | 千克 | I |
| 3004909049暂2 | 其他含第二十九章精神药品的单方制剂(已配定剂量或制成零售包装) | 4 | 30 | 17 | 15 | 千克 | I |
| 3004909050暂2 | 含右丙氧芬及其盐的复方制剂(已配定剂量或制成零售包装) | 4 | 30 | 17 | 15 | 千克 | I |
| 3004909060暂2 | 复方樟脑酊(含阿片酊、樟脑、苯甲酸、八角茴香油等,包括零售包装) | 4 | 30 | 17 | 15 | 千克 | W |
| 3004909071暂2 | 已配剂量含雄甾-4-烯-3α,17β-二醇[4-雄烯二醇(3α,17β)]的单方制剂(包括零售包装) | 4 | 30 | 17 | 15 | 千克 | L |
| 3004909072暂2 | 已配剂量含雄甾-5-烯-3α,17α-二醇[5-雄烯二醇(3α,17α)]的单方制剂(包括零售包装) | 4 | 30 | 17 | 15 | 千克 | L |

| 商品编号 | 商品名称及备注 | 进口关税税率(%) | | 增值税率(%) | 出口退税率(%) | 计量单位 | 监管条件 |
|---|---|---|---|---|---|---|---|
| | | 最惠国 | 普通 | | | | |
| 3004909073[暂2] | 已配剂量含雄甾-5-烯-3α，17β-二醇[5-雄烯二醇(3α，17β)]的单方制剂(包括零售包装) | 4 | 30 | 17 | 15 | 千克 | L |
| 3004909074[暂2] | 已配剂量含5α-雄烷-3α，17α-二醇(阿法雄烷二醇)或雄甾-4-烯-3α，17α-二醇[4-雄烯二醇(3α，17α)]的单方制剂(包括零售包装) | 4 | 30 | 17 | 15 | 千克 | L |
| 3004909075[暂2] | 已配剂量含5α-雄烷-3β，17β-二醇(倍他雄烷二醇)的单方制剂(包括零售包装) | 4 | 30 | 17 | 15 | 千克 | L |
| 3004909077[暂2] | 含表雄酮(3β-羟基-5α-雄烷-17-酮)的单方制剂(已配剂量或制成零售包装) | 4 | 30 | 17 | 15 | 千克 | L |
| 3004909078[暂2] | 已配剂量含齐帕特罗的单方制剂(包括零售包装) | 4 | 30 | 17 | 15 | 千克 | L |
| 3004909079[暂2] | 已配剂量含表睾酮的单方制剂(包括零售包装) | 4 | 30 | 17 | 15 | 千克 | L |
| 3004909081[暂2] | 兽用已配剂量含右旋糖苷铁、替泊沙林、布他磷制剂(包括零售包装) | 4 | 30 | 17 | 15 | 千克 | R |
| 3004909082[暂2] | 兽用已配剂量含硝碘酚腈、氟尼辛葡甲胺、美洛昔康制剂(包括零售包装) | 4 | 30 | 17 | 15 | 千克 | R |
| 3004909091[暂2] | 含FG-4592(CAS号:808118-40-3,一种缺氧诱导因子—脯氨酸羟化酶抑制剂)的已配定剂量的制剂(包括零售包装) | 4 | 30 | 17 | 15 | 千克 | Q |
| 3004909092[暂2] | 已配剂量含5α-雄烷-2-烯-17-酮的单方制剂(包括零售包装) | 4 | 30 | 17 | | 千克 | Q |
| 3004909099[暂2] | 其他已配定剂量的药品(包括零售包装) | 4 | 30 | 17 | 15 | 千克 | Q |
| **3005** | **软填料、纱布、绷带及类似物品(例如,敷料、橡皮膏、泥罨剂),经过药物浸涂或制成零售包装供医疗、外科、牙科或兽医用** | | | | | | |
| 30051010 | ---橡皮膏 | | | | | | |
| 3005101000 | 橡皮膏(制成零售包装供医疗、外科、牙科或兽医用) | 5 | 70 | 17 | 15 | 千克 | |
| 30051090 | ---其他 | | | | | | |
| 3005109000 | 其他胶粘敷料及有胶粘涂层的物品(经药物浸涂或制成零售包装,供医疗、外科、牙科或兽医用) | 5 | 35 | 17 | 15 | 千克 | |
| 30059010 | ---药棉、纱布、绷带 | | | | | | |
| 3005901000 | 药棉、纱布、绷带(经药物浸涂或制成零售包装,供医疗、外科、牙科或兽医用) | 5 | 70 | 17 | 15 | 千克 | |
| 30059090 | ---其他 | | | | | | |
| 3005909000 | 其他软填料及类似物品(经药物浸涂或制成零售包装,供医疗、外科、牙科或兽医用) | 5 | 35 | 17 | 15 | 千克 | |
| **3006** | **本章注释四所规定的医药用品** | | | | | | |
| 30061000 | -无菌外科肠线、类似的无菌缝合材料(包括外科或牙科用无菌可吸收缝线)及外伤创口闭合用的无菌黏合胶布;无菌昆布及无菌昆布塞条;外科或牙科用无菌吸收性止血材料;外科或牙科用无菌抗粘连阻隔材料,不论是否可吸收 | | | | | | |
| 3006100000 | 无菌外科肠线、类似的无菌缝合材料,无菌昆布及其塞条(无菌吸收性止血材料,无菌抗粘连阻隔材料、外伤创口闭合用无菌粘合胶布) | 5 | 30 | 17 | 15 | 千克 | |
| 30062000 | -血型试剂 | | | | | | |
| 3006200000 | 血型试剂 | 3 | 20 | 17 | 15 | 千克 | AB |
| 30063000 | -X光检查造影剂;用于病人的诊断试剂 | | | | | | |
| 3006300000 | X光检查造影剂、诊断试剂 | 4 | 30 | 17 | 15 | 千克 | ABQ |
| 30064000 | -牙科粘固剂及其他牙科填料;骨骼粘固剂 | | | | | | |
| 3006400000 | 牙科粘固剂及其他牙科填料(包括骨骼粘固剂) | 5 | 30 | 17 | 15 | 千克 | |
| 30065000 | -急救药箱、药包 | | | | | | |
| 3006500000 | 急救药箱、药包 | 5 | 30 | 17 | 15 | 千克 | |
| 30066010 | ---以激素为基本成分的避孕药 | | | | | | |
| 3006601000 | 以激素为基本成分的避孕药 | 0 | 0 | 0 | 0 | 千克 | Q |
| 30066090 | ---其他 | | | | | | |
| 3006609000 | 其他化学避孕药(以品目29.37的其他产品或杀精子剂为基本成分) | 0 | 0 | 0 | 0 | 千克 | Q |
| 30067000 | -专用于人类或作兽药用的凝胶制品,作为外科手术或体检时躯体部位的润滑剂,或者作为躯体和医疗器械之间的耦合剂 | | | | | | |
| 3006700000 | 医用凝胶制品、润滑剂、耦合剂(用于人类或作兽药用,或外科手术、体检时用) | 6.5 | 30 | 17 | 15 | 千克 | |

| 商品编号 | 商品名称及备注 | 进口关税税率(%) | | 增值税率(%) | 出口退税率(%) | 计量单位 | 监管条件 |
|---|---|---|---|---|---|---|---|
| | | 最惠国 | 普通 | | | | |
| 30069100 | --可确定用于造口术的用具 | | | | | | |
| 3006910000 | 可确定用于造口术的用具 | 10 | 80 | 17 | 15 | 千克 | |
| 30069200 | --废药物 | | | | | | |
| 3006920000 | 废药物(超过有效保存期等原因而不适于原用途的药品) | 5 | 30 | 17 | 15 | 千克 | 9 |

# 第三十一章　肥　　料

**注释：**

一、本章不包括：

（一）品目05.11的动物血；

（二）单独的已有化学定义的化合物[符合下列注释二（一）、三（一）、四（一）或五所规定的化合物除外]；

（三）品目38.24的每颗重量不低于2.5克的氯化钾培养晶体（光学元件除外）、氯化钾光学元件（品目90.01）。

二、品目31.02只适用于下列货品，但未制成品目31.05所述形状或包装：

（一）符合下列任何一条规定的货品：

1. 硝酸钠，不论是否纯净；

2. 硝酸铵，不论是否纯净；

3. 硫酸铵及硝酸铵的复盐，不论是否纯净；

4. 硫酸铵，不论是否纯净；

5. 硝酸钙及硝酸铵的复盐（不论是否纯净）或硝酸钙及硝酸铵的混合物；

6. 硝酸钙及硝酸镁的复盐（不论是否纯净）或硝酸钙及硝酸镁的混合物；

7. 氰氨化钙，不论是否纯净或用油处理；

8. 尿素，不论是否纯净。

（二）由上述（一）款任何货品互相混合的肥料。

（三）由氯化铵或上述（一）或（二）款任何货品与白垩、石膏或其他无肥效无机物混合而成的肥料。

（四）由上述（一）2或8项的货品或其混合物溶于水或液氨的液体肥料。

三、品目31.03只适用于下列货品，但未制成品目31.05所述形状或包装：

（一）符合下列任何一条规定的货品：

1. 碱性熔渣；

2. 品目25.10的天然磷酸盐，已焙烧或经过超出清除杂质范围的热处理；

3. 过磷酸钙（一过磷酸钙、二过磷酸钙或三过磷酸钙）；

4. 磷酸氢钙，按干燥无水产品重量计含氟量不低于0.2%。

（二）由上述（一）款的任何货品互相混合的肥料，不论含氟量多少。

（三）由上述（一）或（二）款的任何货品与白垩、石膏或其他无肥效无机物混合而成的肥料，不论含氟量多少。

四、品目31.04只适用于下列货品，但未制成品目31.05所述形状或包装：

（一）符合下列任何一条规定的货品：

1. 天然粗钾盐（例如，光卤石、钾盐镁矾及钾盐）；

2. 氯化钾，不论是否纯净，但上述注释一（三）所述的产品除外；

3. 硫酸钾，不论是否纯净；

4. 硫酸镁钾，不论是否纯净。

（二）由上述（一）款任何货品互相混合的肥料。

五、磷酸二氢铵及磷酸氢二铵（不论是否纯净）及其相互之间的混合物应归入品目31.05。

六、品目31.05所称“其他肥料”，仅适用于其基本成分至少含有氮、磷、钾中一种肥效元素的肥料用产品。

| 商品编号 | 商 品 名 称 及 备 注 | 进口关税税率（%） | | 增值税率（%） | 出口退税率（%） | 计量单位 | 监管条件 |
|---|---|---|---|---|---|---|---|
| | | 最惠国 | 普通 | | | | |
| **3101** | **动物或植物肥料，不论是否相互混合或经化学处理；动植物产品经混合或化学处理制成的肥料** | | | | | | |
| 31010011 | ----鸟粪 | | | | | | |
| 3101001100 | 未经化学处理的鸟粪 | 3 | 11 | 11 | 0 | 千克 | AB |
| 31010019 | ----其他 | | | | | | |
| 3101001910 | 未经化学处理的森林凋落物（包括腐叶、腐根、树皮、树叶、树根等森林腐殖质） | 6.5 | 30 | 11 | 0 | 千克 | 8AB |
| 3101001990 | 未经化学处理的其他动植物肥料 | 6.5 | 30 | 11 | 0 | 千克 | AB |
| 31010090 | ---其他 | | | | | | |
| 3101009010 | 经化学处理的含动物源性成分（如粪、羽毛等）动植物肥料 | 4 | 11 | 11 | 0 | 千克 | AB |
| 3101009020 | 经化学处理的森林凋落物（包括腐叶、腐根、树皮、树叶、树根等森林腐殖质） | 4 | 11 | 11 | 0 | 千克 | 8AB |
| 3101009090 | 经化学处理的其他动植物肥料 | 4 | 11 | 11 | 0 | 千克 | AB |
| **3102** | **矿物氮肥及化学氮肥** | | | | | | |
| 31021000 | -尿素，不论是否水溶液 | | | | | | |
| 3102100010[暂1] | 尿素（配额内，不论是否水溶液） | 4 | 150 | 11 | 0 | 千克 | tA |
| 3102100090 | 尿素（配额外，不论是否水溶液） | 50 | 150 | 11 | 0 | 千克 | A |
| 31022100 | --硫酸铵 | | | | | | |
| 3102210000 | 硫酸铵 | 4 | 11 | 11 | 0 | 千克 | 7AB/ 7A❶ |

❶ 监管条件中，“/”左边的监管条件截止日期为2018年1月31日，“/”右边的监管条件有效日期为2018年2月1日~2999年12月31日。

| 商品编号 | 商品名称及备注 | 进口关税税率(%) | | 增值税率(%) | 出口退税率(%) | 计量单位 | 监管条件 |
|---|---|---|---|---|---|---|---|
| | | 最惠国 | 普通 | | | | |
| 31022900 | --其他 | | | | | | |
| 3102290000 | 硫酸铵和硝酸铵的复盐及混合物 | 4 | 11 | 11 | 0 | 千克 | 7 |
| 31023000 | -硝酸铵,不论是否水溶液 | | | | | | |
| 3102300000 | 硝酸铵(不论是否水溶液) | 4 | 11 | 11 | 0 | 千克 | 9 |
| 31024000 | -硝酸铵与碳酸钙或其他无肥效无机物的混合物 | | | | | | |
| 3102400000 | 硝酸铵与碳酸钙等的混合物(包括硝酸铵与其他无效肥及无机物的混合物) | 4 | 11 | 11 | 0 | 千克 | 7 |
| 31025000 | -硝酸钠 | | | | | | |
| 3102500000 | 硝酸钠 | 4 | 11 | 11 | 0 | 千克 | 7AB |
| 31026000 | -硝酸钙和硝酸铵的复盐及混合物 | | | | | | |
| 3102600000 | 硝酸钙和硝酸铵的复盐及混合物 | 4 | 11 | 11 | 0 | 千克 | 7 |
| 31028000 | -尿素及硝酸铵混合物的水溶液或氨水溶液 | | | | | | |
| 3102800000 | 尿素及硝酸铵混合物的水溶液(包括氨水溶液) | 4 | 11 | 11 | 0 | 千克 | 7 |
| 31029010 | ---氰氨化钙 | | | | | | |
| 3102901000 | 氰氨化钙 | 4 | 11 | 11 | 0 | 千克 | 7AB |
| 31029090 | ---其他 | | | | | | |
| 3102909000 | 其他矿物氮肥及化学氮肥(包括上述编号未列名的混合物) | 4 | 11 | 11 | 0 | 千克 | 7 |
| **3103** | **矿物磷肥及化学磷肥** | | | | | | |
| 31031110 | ---重过磷酸钙 | | | | | | |
| 3103111000暂1 | 重过磷酸钙[按重量计五氧化二磷($P_2O_5$)含量≥35%] | 4 | 11 | 11 | 0 | 千克 | 7A |
| 31031190 | ---其他 | | | | | | |
| 3103119000暂1 | 其他按重量计五氧化二磷($P_2O_5$)含量≥35%的过磷酸钙 | 4 | 11 | 11 | 0 | 千克 | 7A |
| 31031900 | --其他 | | | | | | |
| 3103190000暂1 | 其他过磷酸钙 | 4 | 11 | 11 | 0 | 千克 | 7A |
| 31039000 | -其他 | | | | | | |
| 3103900000暂1 | 其他矿物磷肥或化学磷肥 | 4 | 11 | 11 | 0 | 千克 | 7 |
| **3104** | **矿物钾肥及化学钾肥** | | | | | | |
| 31042020 | ---纯氯化钾 | | | | | | |
| 3104202000 | 纯氯化钾(按重量计氯化钾含量≥99.5%) | 3 | 11 | 11 | 0 | 千克 | 7A |
| 31042090 | ---其他 | | | | | | |
| 3104209000暂1 | 其他氯化钾 | 3 | 11 | 11 | 0 | 千克 | 7AB/<br>7A❶ |
| 31043000 | -硫酸钾 | | | | | | |
| 3104300000暂1 | 硫酸钾 | 3 | 11 | 11 | 0 | 千克 | 7A |
| 31049010 | ---光卤石、钾盐及其他天然粗钾盐 | | | | | | |
| 3104901000暂1 | 光卤石、钾盐及其他天然粗钾盐 | 3 | 11 | 11 | 0 | 千克 | 7 |
| 31049090 | ---其他 | | | | | | |
| 3104909000暂1 | 其他矿物钾肥及化学钾肥 | 3 | 11 | 11 | 0 | 千克 | 7 |
| **3105** | **含氮、磷、钾中两种或三种肥效元素的矿物肥料或化学肥料;其他肥料;制成片及类似形状或每包毛重不超过10千克的本章各项货品** | | | | | | |
| 31051000 | -制成片及类似形状或每包毛重≤10千克的本章各项货品 | | | | | | |
| 3105100010暂1 | 制成片状及类似形状或零售包装的硝酸铵(零售包装每包毛重≤10千克) | 4 | 11 | 11 | 0 | 千克 | 9 |
| 3105100090暂1 | 制成片状及类似形状或零售包装的第三十一章其他货品(零售包装每包毛重≤10千克) | 4 | 11 | 11 | 0 | 千克 | 7 |
| 31052000 | -含氮、磷、钾三种肥效元素的矿物肥料或化学肥料 | | | | | | |
| 3105200010暂1 | 化学肥料或矿物肥料(配额内,含氮、磷、钾三种肥效元素) | 4 | 150 | 11 | 0 | 千克 | At |

❶ 监管条件中,"/"左边的监管条件截止日期为2018年1月31日,"/"右边的监管条件有效日期为2018年2月1日~2999年12月31日。

| 商品编号 | 商品名称及备注 | 进口关税税率(%) | | 增值税率(%) | 出口退税率(%) | 计量单位 | 监管条件 |
|---|---|---|---|---|---|---|---|
| | | 最惠国 | 普通 | | | | |
| 3105200090暂50 | 化学肥料或矿物肥料(配额外,含氮、磷、钾三种肥效元素) | 50 | 150 | 11 | 0 | 千克 | A |
| 31053000 | -磷酸氢二铵 | | | | | | |
| 3105300010暂1 | 磷酸氢二铵(配额内) | 4 | 150 | 11 | 0 | 千克 | ABt/At❶ |
| 3105300090暂50 | 磷酸氢二铵(配额外) | 50 | 150 | 11 | 0 | 千克 | AB/A❶ |
| 31054000 | -磷酸二氢铵及磷酸二氢铵与磷酸氢二铵的混合物 | | | | | | |
| 3105400000暂1 | 磷酸二氢铵(包括磷酸二氢铵与磷酸氢二铵的混合物) | 4 | 11 | 11 | 0 | 千克 | 7A |
| 31055100 | --含有硝酸盐及磷酸盐 | | | | | | |
| 3105510000暂1 | 含有硝酸盐及磷酸盐的肥料(包括矿物肥料或化学肥料) | 4 | 11 | 11 | 0 | 千克 | 7A |
| 31055900 | --其他 | | | | | | |
| 3105590000暂1 | 其他含氮、磷两种元素肥料(包括矿物肥料或化学肥料) | 4 | 11 | 11 | 0 | 千克 | 7A |
| 31056000 | -含磷、钾两种肥效元素的矿物肥料或化学肥料 | | | | | | |
| 3105600000暂1 | 含磷、钾两种元素的肥料(包括矿物肥料或化学肥料) | 4 | 11 | 11 | 0 | 千克 | 7A |
| 31059010 | ---有机—无机复混肥料 | | | | | | |
| 3105901000暂1 | 有机—无机复混肥料 | 4 | 11 | 11 | 0 | 千克 | 7A |
| 31059090 | ---其他 | | | | | | |
| 3105909000暂1 | 其他肥料 | 4 | 11 | 11 | 0 | 千克 | 7A |

❶ 监管条件中,"/"左边的监管条件截止日期为2018年1月31日,"/"右边的监管条件有效日期为2018年2月1日~2999年12月31日。

# 第三十二章　鞣料浸膏及染料浸膏；鞣酸及其衍生物；染料、颜料及其他着色料；油漆及清漆；油灰及其他类似胶粘剂；墨水、油墨

**注释：**

一、本章不包括：

（一）单独的已有化学定义的化学元素及化合物（品目32.03及32.04的货品、品目32.06的用做发光体的无机产品、品目32.07所述形状的熔融石英或其他熔融硅石制成的玻璃及品目32.12的零售形状或零售包装的染料及其他着色料除外）；

（二）品目29.36至29.39、29.41及35.01至35.04的鞣酸盐及其他鞣酸衍生物；

（三）沥青胶黏剂（品目27.15）。

二、品目32.04包括生产偶氮染料用的稳定重氮盐与耦合物的混合物。

三、品目32.03、32.04、32.05及32.06也包括以着色料为基本成分的制品（例如，品目32.06包括以品目25.30或第二十八章的颜料、金属粉片及金属粉末为基本成分的制品）。该制品是用做原材料着色剂的拼料。但以上品目不包括分散在非水介质中呈液状或浆状的制漆用颜料，例如，品目32.12的瓷漆及品目32.07、32.08、32.09、32.10、32.12、32.13及32.15的其他制品。

四、品目32.08包括由品目39.01至39.13所列产品溶于挥发性有机溶剂的溶液（胶棉除外），但溶剂重量必须超过溶液重量的50%。

五、本章所称"着色料"，不包括作为油漆填料的产品，不论这些产品能否用于水浆涂料的着色。

六、品目32.12所称"压印箔"，只包括用以压印诸如书本封面或帽带之类的薄片，这些薄片由以下材料构成：

（一）金属粉（包括贵金属粉）或颜料经胶水、明胶及其他黏合剂凝结而成的；

（二）金属（包括贵金属）或颜料沉积于任何材料衬片上的。

| 商品编号 | 商品名称及备注 | 进口关税税率（%） | | 增值税率（%） | 出口退税率（%） | 计量单位 | 监管条件 |
|---|---|---|---|---|---|---|---|
| | | 最惠国 | 普通 | | | | |
| **3201** | **植物鞣料浸膏；鞣酸及其盐、醚、酯和其他衍生物** | | | | | | |
| 32011000 | -坚木浸膏 | | | | | | |
| 3201100000 | 坚木浸膏 | 5 | 35 | 17 | 0 | 千克 | |
| 32012000 | -荆树皮浸膏 | | | | | | |
| 3201200000 | 荆树皮浸膏 | 6.5 | 35 | 17 | 0 | 千克 | |
| 32019010 | ---其他鞣料浸膏 | | | | | | |
| 3201901010 | 其他濒危植物鞣料浸膏 | 6.5 | 40 | 17 | 0 | 千克 | FE |
| 3201901090 | 其他植物鞣料浸膏 | 6.5 | 40 | 17 | 0 | 千克 | |
| 32019090 | ---其他 | | | | | | |
| 3201909000 | 鞣酸及其盐、醚、酯和其他衍生物 | 6.5 | 35 | 17 | 0 | 千克 | |
| **3202** | **有机合成鞣料；无机鞣料；鞣料制剂，不论是否含有天然鞣料；预鞣用酶制剂** | | | | | | |
| 32021000 | -有机合成鞣料 | | | | | | |
| 3202100000 | 有机合成鞣料 | 6.5 | 35 | 17 | 0 | 千克 | |
| 32029000 | -其他 | | | | | | |
| 3202900010[暂3] | 无铬鞣料（不论是否含有天然鞣料，包括预鞣用酶制剂） | 6.5 | 35 | 17 | 0 | 千克 | |
| 3202900090 | 其他无机鞣料、鞣料制剂等（不论是否含有天然鞣料，包括预鞣用酶制剂） | 6.5 | 35 | 17 | 0 | 千克 | |
| **3203** | **动植物质着色料（包括染料浸膏，但动物炭黑除外），不论是否已有化学定义；本章注释三所述的以动植物质着色料为基本成分的制品** | | | | | | |
| 32030011 | 天然靛蓝及以其为基本成分的制品 | | | | | | |
| 3203001100 | 天然靛蓝及以其为基本成分的制品 | 6.5 | 80 | 17 | 0 | 千克 | AB/A❶ |
| 32030019 | ----其他 | | | | | | |
| 3203001910 | 濒危植物质着色料及制品（制品是指以植物质着色料为基本成分的） | 6.5 | 45 | 17 | 0 | 千克 | ABEF |
| 3203001990 | 其他植物质着色料及制品（制品是指以植物质着色料为基本成分的） | 6.5 | 45 | 17 | 13 | 千克 | AB |
| 32030020 | ---动物质着色料及以其为基本成分的制品 | | | | | | |

❶ 监管条件中，"/"左边的监管条件截止日期为2018年1月31日，"/"右边的监管条件有效日期为2018年2月1日~2999年12月31日。

| 商品编号 | 商品名称及备注 | 进口关税税率(%) | | 增值税率(%) | 出口退税率(%) | 计量单位 | 监管条件 |
|---|---|---|---|---|---|---|---|
| | | 最惠国 | 普通 | | | | |
| 3203002000 | 动物质着色料及制品(制品是指以动物质着色料为基本成分的) | 6.5 | 50 | 17 | 13 | 千克 | A |
| **3204** | **有机合成着色料,不论是否已有化学定义;本章注释三所述的以有机合成着色料为基本成分的制品;用做荧光增白剂或发光体的有机合成产品,不论是否已有化学定义** | | | | | | |
| 32041100 | --分散染料及以其为基本成分的制品 | | | | | | |
| 3204110000 | 分散染料及以其为基本成分的制品,不论是否有化学定义 | 6.5 | 35 | 17 | 0 | 千克 | AB |
| 32041200 | --酸性染料(不论是否预金属络合)及以其为基本成分的制品;媒染染料及以其为基本成分的制品 | | | | | | |
| 3204120000 | 酸性染料及制品、媒染染料及制品(包括以酸性染料或媒染染料为基本成分的制品,不论是否有化学定义) | 6.5 | 35 | 17 | 0 | 千克 | AB |
| 32041300 | --碱性染料及以其为基本成分的制品 | | | | | | |
| 3204130000 | 碱性染料及以其为基本成分的制品 | 6.5 | 35 | 17 | 0 | 千克 | AB |
| 32041400 | --直接染料及以其为基本成分的制品 | | | | | | |
| 3204140000 | 直接染料及以其为基本成分的制品 | 6.5 | 35 | 17 | 0 | 千克 | AB |
| 32041510 | ---合成靛蓝(还原靛蓝) | | | | | | |
| 3204151000 | 合成靛蓝(还原靛蓝) | 6.5 | 35 | 17 | 0 | 千克 | AB/A❶ |
| 32041590 | ---其他 | | | | | | |
| 3204159000 | 其他还原染料及以其为基本成分品(包括颜料用的) | 6.5 | 35 | 17 | 0 | 千克 | |
| 32041600 | --活性染料及以其为基本成分的制品 | | | | | | |
| 3204160000 | 活性染料及以其为基本成分的制品(不论是否有化学定义) | 6.5 | 35 | 17 | 0 | 千克 | |
| 32041700 | --颜料及以其为基本成分的制品 | | | | | | |
| 3204170000 | 颜料及以其为基本成分的制品 | 6.5 | 35 | 17 | 0 | 千克 | |
| 32041911 | ----硫化黑(硫化青)及以其为基本成分的制品 | | | | | | |
| 3204191100 | 硫化黑及以其为基本成分的制品(硫化黑即硫化青) | 6.5 | 35 | 17 | 0 | 千克 | |
| 32041919 | ----其他 | | | | | | |
| 3204191900 | 其他硫化染料及以其为基本成分品 | 6.5 | 35 | 17 | 0 | 千克 | |
| 32041990 | ---其他 | | | | | | |
| 3204199000 | 其他着色料组成的混合物 | 6.5 | 35 | 17 | 0 | 千克 | AB |
| 32042000 | -用做荧光增白剂的有机合成产品 | | | | | | |
| 3204200000 | 用做荧光增白剂的有机合成产品 | 6.5 | 40 | 17 | 0 | 千克 | A |
| 32049010 | ---生物染色剂及染料指示剂 | | | | | | |
| 3204901000 | 生物染色剂及染料指示剂 | 6.5 | 20 | 17 | 0 | 千克 | |
| 32049020 | ---胡萝卜素及类胡萝卜素 | | | | | | |
| 3204902000 | 胡萝卜素及类胡萝卜素 | 6.5 | 20 | 17 | 0 | 千克 | |
| 32049090 | ---其他 | | | | | | |
| 3204909000 | 其他用做发光体的有机合成产品 | 6.5 | 40 | 17 | 0 | 千克 | |
| **3205** | **色淀;本章注释三所述的以色淀为基本成分的制品** | | | | | | |
| 32050000 | 色淀;本章注释三所述的以色淀为基本成分的制品 | | | | | | |
| 3205000000 | 色淀及以色淀为基本成分的制品 | 6.5 | 35 | 17 | 0 | 千克 | AB/A❶ |
| **3206** | **其他着色料;本章注释三所述的制品,但品目32.03、32.04及32.05的货品除外;用做发光体的无机产品,不论是否已有化学定义** | | | | | | |
| 32061110 | ---钛白粉 | | | | | | |
| 3206111000 | 钛白粉 | 6.5 | 30 | 17 | 0 | 千克 | 4xy |
| 32061190 | ---其他 | | | | | | |
| 3206119000 | 其他干量计二氧化钛≥80%的颜料 | 6.5 | 30 | 17 | 0 | 千克 | |

❶ 监管条件中,"/"左边的监管条件截止日期为2018年1月31日,"/"右边的监管条件有效日期为2018年2月1日~2999年12月31日。

| 商品编号 | 商品名称及备注 | 进口关税税率(%) | | 增值税率(%) | 出口退税率(%) | 计量单位 | 监管条件 |
|---|---|---|---|---|---|---|---|
| | | 最惠国 | 普通 | | | | |
| 32061900 | --其他 | | | | | | |
| 3206190000 | 其他二氧化钛为基料的颜料及制品 | 10 | 30 | 17 | 0 | 千克 | |
| 32062000 | -以铬化合物为基本成分的颜料及制品 | | | | | | |
| 3206200000 | 铬化合物为基本成分的颜料及制品 | 6.5 | 35 | 17 | 0 | 千克 | |
| 32064100 | --群青及以其为基本成分的制品 | | | | | | |
| 3206410000 | 群青及以其为基本成分的制品 | 6.5 | 35 | 17 | 0 | 千克 | |
| 32064210 | ---锌钡白 | | | | | | |
| 3206421000 | 锌钡白 | 6.5 | 30 | 17 | 0 | 千克 | |
| 32064290 | ---其他 | | | | | | |
| 3206429000 | 其他以硫化锌为基本成分的颜料(包括制品) | 6.5 | 30 | 17 | 0 | 千克 | |
| 32064911 | ----以钒酸铋为基本成分的颜料及制品 | | | | | | |
| 3206491100 | 以钒酸铋为基本成分的颜料及制品 | 6.5 | 35 | 17 | 0 | 千克 | |
| 32064919 | ----其他 | | | | | | |
| 3206491900 | 其他以铋化合物为基本成分的颜料及制品 | 6.5 | 35 | 17 | 0 | 千克 | |
| 32064990 | ---其他 | | | | | | |
| 3206499000 | 其他无机着色料及其制品 | 6.5 | 35 | 17 | 0 | 千克 | |
| 32065000 | -用做发光体的无机产品 | | | | | | |
| 3206500000 | 用做发光体的无机产品 | 6.5 | 35 | 17 | 0 | 千克 | |
| **3207** | **陶瓷、搪瓷及玻璃工业用的调制颜料、遮光剂、着色剂、珐琅和釉料、釉底料(泥釉)、光瓷釉以及类似产品;搪瓷玻璃料及其他玻璃,呈粉、粒或粉片状的** | | | | | | |
| 32071000 | -调制颜料、遮光剂、着色剂及类似制品 | | | | | | |
| 3207100000 | 调制颜料,遮光剂,着色剂及类似品 | 5 | 50 | 17 | 0 | 千克 | |
| 32072000 | -珐琅和釉料、釉底料(泥釉)及类似制品 | | | | | | |
| 3207200000 | 珐琅和釉料、釉底料及类似制品 | 5 | 50 | 17 | 0 | 千克 | |
| 32073000 | -光瓷釉及类似制品 | | | | | | |
| 3207300000 | 光瓷釉及类似制品 | 5 | 50 | 17 | 0 | 千克 | |
| 32074000 | -搪瓷玻璃料及其他玻璃,呈粉、粒或粉片状的 | | | | | | |
| 3207400000 | 呈粉、粒状搪瓷玻璃料及其他玻璃 | 5 | 50 | 17 | 0 | 千克 | |
| **3208** | **以合成聚合物或化学改性天然聚合物为基本成分的油漆及清漆(包括瓷漆及大漆),分散于或溶于非水介质的;本章注释四所述溶液** | | | | | | |
| 32081000 | -以聚酯为基本成分 | | | | | | |
| 3208100010 | 分散于或溶于非水介质的聚酯油漆及清漆,施工状态下挥发性有机物含量>420克/升[以聚酯为基本成分的(包括瓷漆及大漆)] | 10 | 50 | 17 | 0 | 千克 | A |
| 3208100090 | 其他分散于或溶于非水介质的聚酯油漆及清漆,以聚酯为基本成分的本章注释四所述溶液[以聚酯为基本成分的(包括瓷漆及大漆)] | 10 | 50 | 17 | 0 | 千克 | A |
| 32082010 | ---以丙烯酸聚合物为基本成分 | | | | | | |
| 3208201011[暂6] | 分散于或溶于非水介质的光导纤维用涂料,施工状态下挥发性有机物含量>420克/升(主要成分为聚胺酯丙烯酸酯类化合物,以丙烯酸聚合物为基本成分) | 10 | 50 | 17 | 0 | 千克 | A |
| 3208201019[暂6] | 其他分散于或溶于非水介质的光导纤维用涂料(主要成分为聚胺酯丙烯酸酯类化合物,以丙烯酸聚合物为基本成分) | 10 | 50 | 17 | 0 | 千克 | A |
| 3208201091 | 其他以丙烯酸聚合物为基本成分的油漆、清漆等,施工状态下挥发性有机物含量>420克/升(分散于或溶于非水质的以丙烯酸聚合物为基本成分,包括瓷漆及大漆) | 10 | 50 | 17 | 0 | 千克 | A |
| 3208201099 | 其他以丙烯酸聚合物为基本成分的油漆、清漆等,以丙烯酸聚合物为基本成分的本章注释四所述溶液(分散于或溶于非水质的以丙烯酸聚合物为基本成分,包括瓷漆及大漆) | 10 | 50 | 17 | 0 | 千克 | A |
| 32082020 | ---以乙烯聚合物为基本成分 | | | | | | |

| 商品编号 | 商品名称及备注 | 进口关税税率(%) | | 增值税率(%) | 出口退税率(%) | 计量单位 | 监管条件 |
|---|---|---|---|---|---|---|---|
| | | 最惠国 | 普通 | | | | |
| 3208202010 | 溶于非水介质的聚乙烯油漆及清漆,施工状态下挥发性有机物含量>420 克/升[以乙烯聚合物为基本成分(包括瓷漆及大漆)] | 10 | 50 | 17 | 0 | 千克 | A |
| 3208202090 | 其他分散于或溶于非水介质的以乙烯聚合物为基本成分的油漆及清漆,以乙烯聚合物基本成分的本章注释四所述溶液[以乙烯聚合物为基本成分(包括瓷漆及大漆)] | 10 | 50 | 17 | 0 | 千克 | A |
| 32089010 | ---以聚胺酯类化合物为基本成分 | | | | | | |
| 3208901011暂6 | 分散于或溶于非水介质的光导纤维用涂料,施工状态下挥发性有机物含量>420 克/升(主要成分为聚胺酯丙烯酸酯类化合物,以聚胺酯类化合物为基本成分) | 10 | 50 | 17 | 0 | 千克 | A |
| 3208901019暂6 | 其他分散于或溶于非水介质的光导纤维用涂料(主要成分为聚胺酯丙烯酸酯类化合物,以聚胺酯类化合物为基本成分) | 10 | 50 | 17 | 0 | 千克 | A |
| 3208901091 | 其他聚胺酯油漆、清漆等,施工状态下挥发性有机物含量>420 克/升(溶于非水介质以聚胺酯类化合物为基本成分,含瓷漆及大漆) | 10 | 50 | 17 | 0 | 千克 | A |
| 3208901099 | 其他聚胺酯油漆、清漆等,以聚氨酯类化合物为基本成分的本章注释四所述溶液(分散于或溶于非水介质以聚胺酯类化合物为基本成分,含瓷漆及大漆) | 10 | 50 | 17 | 0 | 千克 | A |
| 32089090 | ---其他 | | | | | | |
| 3208909010 | 分散于或溶于非水介质其他油漆、清漆溶液,施工状态下挥发性有机物含量>420 克/升(包括以聚合物为基本成分的漆,本章注释四所述溶液) | 10 | 50 | 17 | 0 | 千克 | A |
| 3208909090 | 分散于或溶于非水介质其他油漆、清漆溶液,其他本章注释四所述溶液(包括以聚合物为基本成分的漆,本章注释四所述溶液) | 10 | 50 | 17 | 0 | 千克 | A |
| **3209** | **以合成聚合物或化学改性天然聚合物为基本成分的油漆及清漆(包括瓷漆及大漆),分散于或溶于水介质的** | | | | | | |
| 32091000 | -以丙烯酸聚合物或乙烯聚合物为基本成分 | | | | | | |
| 3209100010 | 溶于水介质的聚丙烯酸油漆及清漆,施工状态下挥发性有机物含量>420 克/升[以聚丙烯酸或聚乙烯为基本成分的(包括瓷漆及大漆)] | 10 | 50 | 17 | 0 | 千克 | A |
| 3209100090 | 其他溶于水介质的聚丙烯酸油漆及清漆[以聚丙烯酸或聚乙烯为基本成分的(包括瓷漆及大漆)] | 10 | 50 | 17 | 0 | 千克 | A |
| 32099010 | ---以环氧树脂为基本成分 | | | | | | |
| 3209901010 | 以环氧树脂为基本成分的油漆及清漆,施工状态下挥发性有机物含量>420 克/升(包括瓷漆及大漆,分散于或溶于水介质) | 10 | 50 | 17 | 0 | 千克 | A |
| 3209901090 | 其他以环氧树脂为基本成分的油漆及清漆(包括瓷漆及大漆,分散于或溶于水介质) | 10 | 50 | 17 | 0 | 千克 | A |
| 32099020 | 以氟树脂为基本成分 | | | | | | |
| 3209902010 | 以氟树脂为基本成分的油漆及清漆,施工状态下挥发性有机物含量>420 克/升(包括瓷漆及大漆,分散于或溶于水介质) | 10 | 50 | 17 | 0 | 千克 | A |
| 3209902090 | 其他以氟树脂为基本成分的油漆及清漆(包括瓷漆及大漆,分散于或溶于水介质) | 10 | 50 | 17 | 0 | 千克 | A |
| 32099090 | ---其他 | | | | | | |
| 3209909010 | 溶于水介质其他聚合物油漆及清漆,施工状态下挥发性有机物含量>420 克/升(以合成聚合物或化学改性天然聚合物为基本成分的) | 10 | 50 | 17 | 0 | 千克 | A |
| 3209909090 | 溶于水介质其他聚合物油漆及清漆,施工状态下挥发性有机物含量≤420 克/升(以合成聚合物或化学改性天然聚合物为基本成分的) | 10 | 50 | 17 | 0 | 千克 | A |
| **3210** | **其他油漆及清漆(包括瓷漆、大漆及水浆涂料);加工皮革用的水性颜料** | | | | | | |
| 32100000 | 其他油漆及清漆(包括瓷漆、大漆及水浆涂料);加工皮革用的水性颜料 | | | | | | |
| 3210000011暂6 | 其他光导纤维用涂料,施工状态下挥发性有机物含量>420 克/升 | 10 | 50 | 17 | 0 | 千克 | |
| 3210000019暂6 | 其他光导纤维用涂料,施工状态下挥发性有机物含量≤420 克/升 | 10 | 50 | 17 | 0 | 千克 | |
| 3210000091 | 其他油漆及清漆,皮革用水性颜料,施工状态下挥发性有机物含量>420 克/升(包括非聚合物为基料的瓷漆、大漆及水浆涂料) | 10 | 50 | 17 | 0 | 千克 | |
| 3210000099 | 其他油漆及清漆,皮革用水性颜料,施工状态下挥发性有机物含量≤420 克/升(包括非聚合物为基料的瓷漆、大漆及水浆涂料) | 10 | 50 | 17 | 0 | 千克 | |

| 商品编号 | 商 品 名 称 及 备 注 | 进口关税税率（%） | | 增值税率（%） | 出口退税率（%） | 计量单位 | 监管条件 |
|---|---|---|---|---|---|---|---|
| | | 最惠国 | 普通 | | | | |
| **3211** | **配制的催干剂** | | | | | | |
| 32110000 | 配制的催干剂 | | | | | | |
| 3211000000 | 配制的催干剂 | 10 | 50 | 17 | 0 | 千克 | |
| **3212** | **制造油漆（含瓷漆）用的颜料（包括金属粉末或金属粉片），分散于非水介质中呈液状或浆状的；压印箔；零售形状及零售包装的染料或其他着色料** | | | | | | |
| 32121000 | -压印箔 | | | | | | |
| 3212100000 | 压印箔 | 15 | 80 | 17 | 0 | 千克 | |
| 32129000 | -其他 | | | | | | |
| 3212900000 | 制漆用颜料及零售包装染料、色料（制漆用颜料指溶于非水介质中呈液状或浆状的） | 10 | 50 | 17 | 0 | 千克 | |
| **3213** | **艺术家、学生和广告美工用的颜料、调色料、文娱颜料及类似品，片状、管装、罐装、瓶装、扁盒装以及类似形状或包装的** | | | | | | |
| 32131000 | -成套的颜料 | | | | | | |
| 3213100000 | 成套的颜料（艺术家、学生和广告美工用的） | 10 | 70 | 17 | 13 | 千克 | |
| 32139000 | -其他 | | | | | | |
| 3213900000 | 非成套颜料、调色料及类似品（片状、管装、罐装、瓶装、扁盒装等类似形状或包装的） | 10 | 70 | 17 | 13 | 千克 | |
| **3214** | **安装玻璃用油灰、接缝用油灰、树脂胶泥、嵌缝胶及其他类似胶黏剂；漆工用填料；非耐火涂面制剂，涂门面、内墙、地板、天花板等用** | | | | | | |
| 32141010 | ---半导体器件封装材料 | | | | | | |
| 3214101000 | 半导体器件封装材料 | 9 | 70 | 17 | 13 | 千克 | |
| 32141090 | ---其他 | | | | | | |
| 3214109000 | 其他安装玻璃用油灰等；漆工用填料（包括接缝用油灰、树脂胶泥、嵌缝胶及其他胶粘剂） | 9 | 70 | 17 | 13 | 千克 | |
| 32149000 | -其他 | | | | | | |
| 3214900010 | 非耐火涂面制剂，施工状态下挥发性有机物含量>420克/升（涂门面、内墙、地板、天花板等用） | 9 | 70 | 17 | 0 | 千克 | |
| 3214900090 | 其他非耐火涂面制剂（涂门面、内墙、地板、天花板等用） | 9 | 70 | 17 | 0 | 千克 | |
| **3215** | **印刷油墨、书写或绘图墨水及其他墨类，不论是否固体或浓缩** | | | | | | |
| 32151100 | --黑色 | | | | | | |
| 3215110010 | 黑色，用于装入编号844331、844332或844339所列设备的工程形态的固体油墨 | 4.3/3.3* | 45 | 17 | 0 | 千克 | AB |
| 3215110090 | 其他黑色印刷油墨（不论是否固体或浓缩） | 6.5 | 45 | 17 | 0 | 千克 | AB |
| 32151900 | --其他 | | | | | | |
| 3215190010 | 其他用于装入编号844331、844332或844339所列设备的工程形态的固体油墨 | 4.3/3.3* | 45 | 17 | 0 | 千克 | |
| 3215190090 | 其他印刷油墨（不论是否固体或浓缩） | 6.5 | 45 | 17 | 0 | 千克 | |
| 32159010 | ---书写墨水 | | | | | | |
| 3215901000 | 书写墨水（不论是否固体或浓缩） | 6.5 | 70 | 17 | 13 | 千克 | |
| 32159020 | ---水性喷墨墨水 | | | | | | |
| 3215902000 | 水性喷墨墨水 | 10 | 70 | 17 | 13 | 千克 | |
| 32159090 | ---其他 | | | | | | |
| 3215909000 | 其他绘图墨水及其他墨类（不论是否固体或浓缩） | 10 | 70 | 17 | 13 | 千克 | |

* 最惠国税率中，"/"左边的税率截止日期为2018年6月30日，"/"右边的税率有效日期为2018年7月1日~2999年12月31日。

# 第三十三章　精油及香膏;芳香料制品及化妆盥洗品

注释:

一、本章不包括:

(一)品目13.01及13.02的天然油树脂及植物浸膏;

(二)品目34.01的肥皂及其他产品;

(三)品目38.05的脂松节油、木松节油和硫酸盐松节油及其他产品。

二、品目33.02所称"香料",仅指品目33.01的物质、从这些物质离析出来的香料组分及合成芳香剂。

三、品目33.03至33.07主要包括适合做这些品目所列用途的零售包装产品,不论其是否混合(精油水馏液及水溶液除外)。

四、品目33.07所称"芳香料制品及化妆盥洗品",主要适用于下列产品:香袋;通过燃烧散发香气的制品;香纸及用化妆品浸渍或涂布的纸;隐形眼镜片或假眼用的溶液;用香水或化妆品浸渍、涂布、包覆的絮胎、毡呢及无纺织物;动物用盥洗品。

| 商品编号 | 商品名称及备注 | 进口关税税率(%) | | 增值税率(%) | 出口退税率(%) | 计量单位 | 监管条件 |
|---|---|---|---|---|---|---|---|
| | | 最惠国 | 普通 | | | | |
| **3301** | **精油(无萜或含萜),包括浸膏及净油;香膏;提取的油树脂;用花香吸取法或浸渍法制成的含浓缩精油的脂肪、固定油、蜡及类似品;精油脱萜时所得的萜烯副产品;精油水馏液及水溶液** | | | | | | |
| 33011200 | --橙油 | | | | | | |
| 3301120000 | 橙油(包括浸膏及净油) | 20 | 80 | 17 | 9 | 千克 | A |
| 33011300 | --柠檬油 | | | | | | |
| 3301130000 | 柠檬油(包括浸膏及净油) | 20 | 80 | 17 | 9 | 千克 | A |
| 33011910 | ---白柠檬油(酸橙油) | | | | | | |
| 3301191000 | 白柠檬油(酸橙油)(包括浸膏及净油) | 20 | 80 | 17 | 9 | 千克 | A |
| 33011990 | ---其他 | | | | | | |
| 3301199000 | 其他柑橘属果实的精油(包括浸膏及净油) | 20 | 80 | 17 | 9 | 千克 | A |
| 33012400 | --胡椒薄荷油 | | | | | | |
| 3301240000 | 胡椒薄荷油(包括浸膏及净油) | 20 | 90 | 17 | 9 | 千克 | A |
| 33012500 | --其他薄荷油 | | | | | | |
| 3301250000[暂5] | 其他薄荷油(包括浸膏及净油) | 15 | 90 | 17 | 13 | 千克 | A |
| 33012910 | ---樟脑油 | | | | | | |
| 3301291000 | 樟脑油(包括浸膏及精油) | 20 | 90 | 17 | 9 | 千克 | ABE |
| 33012920 | ---香茅油 | | | | | | |
| 3301292000 | 香茅油(包括浸膏及净油) | 15 | 70 | 17 | 9 | 千克 | A |
| 33012930 | ---茴香油 | | | | | | |
| 3301293000 | 茴香油(包括浸膏及净油) | 20 | 80 | 17 | 9 | 千克 | A |
| 33012940 | ---桂油 | | | | | | |
| 3301294000 | 桂油(包括浸膏及净油) | 20 | 80 | 17 | 9 | 千克 | A |
| 33012950 | ---山苍子油 | | | | | | |
| 3301295000 | 山苍子油(包括浸膏及净油) | 20 | 80 | 17 | 9 | 千克 | A |
| 33012960 | ---桉叶油 | | | | | | |
| 3301296000 | 桉叶油(包括浸膏及净油) | 20 | 80 | 17 | 9 | 千克 | AB |
| 33012991 | ----老鹳草油(香叶油) | | | | | | |
| 3301299100 | 老鹳草油(香叶油)(包括浸膏及精油) | 20 | 80 | 17 | 9 | 千克 | A |
| 33012999 | ----其他 | | | | | | |
| 3301299910[暂7] | 黄樟油 | 15 | 80 | 17 | 9 | 千克 | 23A |
| 3301299991 | 其他濒危植物精油(柑橘属果实除外)(包括浸膏及净油) | 15 | 80 | 17 | 0 | 千克 | AFE |
| 3301299999 | 其他非柑橘属果实的精油(包括浸膏及净油) | 15 | 80 | 17 | 9 | 千克 | A |

| 商品编号 | 商品名称及备注 | 进口关税税率(%) | | 增值税率(%) | 出口退税率(%) | 计量单位 | 监管条件 |
|---|---|---|---|---|---|---|---|
| | | 最惠国 | 普通 | | | | |
| 33013010 | ---鸢尾凝脂 | | | | | | |
| 3301301000[暂10] | 鸢尾凝脂(香膏类) | 20 | 80 | 17 | 13 | 千克 | |
| 33013090 | ---其他 | | | | | | |
| 3301309010 | 其他濒危植物香膏 | 20 | 80 | 17 | 0 | 千克 | FE |
| 3301309090 | 其他香膏 | 20 | 80 | 17 | 9 | 千克 | |
| 33019010 | ---提取的油树脂 | | | | | | |
| 3301901010 | 濒危植物提取的油树脂 | 20 | 80 | 17 | 0 | 千克 | FE |
| 3301901090 | 其他提取的油树脂 | 20 | 80 | 17 | 9 | 千克 | |
| 33019020 | ---柑橘属果实的精油脱萜的萜烯副产品 | | | | | | |
| 3301902000 | 柑橘属果实精油脱萜的萜烯副产品 | 20 | 80 | 17 | 9 | 千克 | |
| 33019090 | ---其他 | | | | | | |
| 3301909000 | 吸取浸渍法制成含浓缩精油的脂肪(含固定油、蜡及类似品,精油水溶液及水馏液) | 20 | 80 | 17 | 9 | 千克 | |
| **3302** | **工业原料用的混合香料以及以一种或多种香料为基本成分的混合物(包括酒精溶液);生产饮料用的以香料为基本成分的其他制品** | | | | | | |
| 33021010 | ---生产饮料用的以香料为基本成分的制品,按容量计酒精浓度≤0.5%的 | | | | | | |
| 3302101000 | 以香料为基本成分的制品(生产饮料用,按容量计酒精浓度≤0.5%) | 15 | 90 | 17 | 13 | 千克 | A |
| 33021090 | ---其他 | | | | | | |
| 3302109001 | 生产食品、饮料用混合香料及制品(含以香料为基本成分的混合物,按容量计酒精浓度>0.5%) | 15 | 130 | 17 | 13 | 千克 | A |
| 3302109090 | 其他生产食品用混合香料及制品(含以香料为基本成分的混合物) | 15 | 130 | 17 | 13 | 千克 | A |
| 33029000 | -其他 | | | | | | |
| 3302900000 | 其他工业用混合香料及香料混合物(以一种或多种香料为基本成分的混合物) | 10 | 130 | 17 | 13 | 千克 | |
| **3303** | **香水及花露水** | | | | | | |
| 33030000 | 香水及花露水 | | | | | | |
| 3303000010[暂5] | 包装标注含量以重量计的香水及花露水 | 10 | 150 | 17 | 13 | 千克/件 | AB |
| 3303000020[暂5] | 包装标注含量以体积计的香水及花露水 | 10 | 150 | 17 | 13 | 千克/件 | AB |
| **3304** | **美容品或化妆品及护肤品(药品除外),包括防晒油或晒黑油;指(趾)甲化妆品** | | | | | | |
| 33041000 | -唇用化妆品 | | | | | | |
| 3304100011[暂5] | 包装标注含量以重量计的含濒危植物成分唇用化妆品 | 10 | 150 | 17 | 0 | 千克/件 | ABEF |
| 3304100012[暂5] | 包装标注含量以体积计的含濒危植物成分唇用化妆品 | 10 | 150 | 17 | 0 | 千克/件 | ABEF |
| 3304100013[暂5] | 包装标注规格为“片”或“张”的含濒危植物成分唇用化妆品 | 10 | 150 | 17 | 0 | 千克/件 | ABEF |
| 3304100091[暂5] | 包装标注含量以重量计的其他唇用化妆品 | 10 | 150 | 17 | 13 | 千克/件 | AB |
| 3304100092[暂5] | 包装标注含量以体积计的其他唇用化妆品 | 10 | 150 | 17 | 13 | 千克/件 | AB |
| 3304100093[暂5] | 包装标注规格为“片”或“张”的其他唇用化妆品 | 10 | 150 | 17 | 13 | 千克/件 | AB |
| 33042000 | -眼用化妆品 | | | | | | |
| 3304200011[暂5] | 包装标注含量以重量计的含濒危植物成分眼用化妆品 | 10 | 150 | 17 | 0 | 千克/件 | ABEF |
| 3304200012[暂5] | 包装标注含量以体积计的含濒危植物成分眼用化妆品 | 10 | 150 | 17 | 0 | 千克/件 | ABEF |
| 3304200013[暂5] | 包装标注规格为“片”或“张”的含濒危植物成分眼用化妆品 | 10 | 150 | 17 | 0 | 千克/件 | ABEF |
| 3304200091[暂5] | 包装标注含量以重量计的其他眼用化妆品 | 10 | 150 | 17 | 13 | 千克/件 | AB |
| 3304200092[暂5] | 包装标注含量以体积计的其他眼用化妆品 | 10 | 150 | 17 | 13 | 千克/件 | AB |
| 3304200093[暂5] | 包装标注规格为“片”或“张”的其他眼用化妆品 | 10 | 150 | 17 | 13 | 千克/件 | AB |
| 33043000 | -指(趾)甲化妆品 | | | | | | |
| 3304300001[暂5] | 包装标注含量以重量计的指(趾)甲化妆品 | 15 | 150 | 17 | 13 | 千克/件 | AB |
| 3304300002[暂5] | 包装标注含量以体积计的指(趾)甲化妆品 | 15 | 150 | 17 | 13 | 千克/件 | AB |
| 3304300003[暂5] | 包装标注规格为“片”或“张”的指(趾)甲化妆品 | 15 | 150 | 17 | 13 | 千克/件 | AB |
| 33049100 | --粉,不论是否压紧 | | | | | | |

| 商品编号 | 商品名称及备注 | 进口关税税率(%) | | 增值税率(%) | 出口退税率(%) | 计量单位 | 监管条件 |
|---|---|---|---|---|---|---|---|
| | | 最惠国 | 普通 | | | | |
| 3304910000暂5 | 包装标注含量以重量计的粉,不论是否压紧 | 10 | 150 | 17 | 13 | 千克/件 | AB |
| 33049900 | --其他 | | | | | | |
| 3304990021暂2 | 包装标注含量以重量计的含濒危物种成分美容品或化妆品及护肤品(包括防晒油或晒黑油,但药品除外) | 6.5 | 150 | 17 | | 千克/件 | ABEF |
| 3304990029暂2 | 包装标注含量以重量计的其他美容品或化妆品及护肤品(包括防晒油或晒黑油,但药品除外) | 6.5 | 150 | 17 | | 千克/件 | AB |
| 3304990031暂2 | 包装标注含量以体积计的含濒危物种成分美容品或化妆品及护肤品(包括防晒油或晒黑油,但药品除外) | 6.5 | 150 | 17 | | 千克/件 | ABFE |
| 3304990039暂2 | 包装标注含量以体积计的其他美容品或化妆品及护肤品(包括防晒油或晒黑油,但药品除外) | 6.5 | 150 | 17 | | 千克/件 | AB |
| 3304990041暂2 | 包装标注规格为“片”或“张”的含濒危物种成分美容品或化妆品及护肤品(包括防晒油或晒黑油,但药品除外) | 6.5 | 150 | 17 | | 千克/件 | ABFE |
| 3304990049暂2 | 包装标注规格为“片”或“张”的其他美容品或化妆品及护肤品(包括防晒油或晒黑油,但药品除外) | 6.5 | 150 | 17 | | 千克/件 | AB |
| 3304990091暂2 | 其他包装标注规格的含濒危植物成分美容品或化妆品及护肤品(包括防晒油或晒黑油,但药品除外) | 6.5 | 150 | 17 | | 千克/件 | ABFE |
| 3304990099暂2 | 其他包装标注规格的其他美容品或化妆品及护肤品(包括防晒油或晒黑油,但药品除外) | 6.5 | 150 | 17 | | 千克/件 | AB |
| **3305** | **护发品** | | | | | | |
| 33051000 | -洗发剂(香波) | | | | | | |
| 3305100010暂2 | 含濒危植物成分的洗发剂 | 6.5 | 150 | 17 | 0 | 千克 | ABFE |
| 3305100090暂2 | 其他洗发剂(香波) | 6.5 | 150 | 17 | 13 | 千克 | AB |
| 33052000 | -烫发剂 | | | | | | |
| 3305200000暂5 | 烫发剂 | 15 | 150 | 17 | 13 | 千克 | AB |
| 33053000 | -定型剂 | | | | | | |
| 3305300000暂5 | 定型剂 | 15 | 150 | 17 | 13 | 千克 | AB |
| 33059000 | -其他 | | | | | | |
| 3305900000暂5 | 其他护发品 | 10 | 150 | 17 | 13 | 千克 | AB |
| **3306** | **口腔及牙齿清洁剂,包括假牙模膏及粉;清洁牙缝用的纱线(牙线),单独零售包装的** | | | | | | |
| 33061010 | ---牙膏 | | | | | | |
| 3306101010暂5 | 含濒危植物成分牙膏 | 10 | 150 | 17 | 0 | 千克 | ABEF |
| 3306101090暂5 | 其他牙膏 | 10 | 150 | 17 | 13 | 千克 | AB |
| 33061090 | ---其他 | | | | | | |
| 3306109000暂5 | 其他洁齿品 | 10 | 150 | 17 | 9 | 千克 | |
| 33062000 | -清洁牙缝用的纱线(牙线) | | | | | | |
| 3306200000暂5 | 清洁牙缝用的纱线(牙线) | 10 | 70 | 17 | 9 | 千克 | |
| 33069010 | ---漱口剂 | | | | | | |
| 3306901000暂5 | 漱口剂(包括假牙模膏及粉) | 10 | 70 | 17 | | 千克 | AB |
| 33069090 | ---其他 | | | | | | |
| 3306909000暂5 | 其他口腔及牙齿清洁剂(包括假牙模膏及粉) | 10 | 70 | 17 | | 千克 | AB |
| **3307** | **剃须用制剂、人体除臭剂、沐浴用制剂、脱毛剂和其他税号未列名的芳香料制品及化妆盥洗品;室内除臭剂,不论是否加香水或消毒剂** | | | | | | |
| 33071000 | -剃须用制剂 | | | | | | |
| 3307100000暂5 | 剃须用制剂 | 10 | 150 | 17 | 13 | 千克 | AB |
| 33072000 | -人体除臭剂及止汗剂 | | | | | | |
| 3307200000暂5 | 人体除臭剂及止汗剂 | 10 | 150 | 17 | 13 | 千克 | AB |

| 商品编号 | 商品名称及备注 | 进口关税税率(%) | | 增值税率(%) | 出口退税率(%) | 计量单位 | 监管条件 |
|---|---|---|---|---|---|---|---|
| | | 最惠国 | 普通 | | | | |
| 33073000 | -香浴盐及其他沐浴用制剂 | | | | | | |
| 3307300000[暂5] | 香浴盐及其他沐浴用制剂 | 10 | 150 | 17 | 13 | 千克 | AB |
| 33074100 | --神香及其他通过燃烧散发香气的制品 | | | | | | |
| 3307410000[暂5] | 神香及其他通过燃烧散发香气制品 | 10 | 150 | 17 | 9 | 千克 | |
| 33074900 | --其他 | | | | | | |
| 3307490000[暂5] | 其他室内除臭制品(不论是否加香水或消毒剂) | 10 | 150 | 17 | 9 | 千克 | |
| 33079000 | -其他 | | | | | | |
| 3307900000[暂5] | 其他编号未列名的芳香料制品(包括化妆盥洗品) | 9 | 150 | 17 | 13 | 千克 | |

# 第三十四章 肥皂、有机表面活性剂、洗涤剂、润滑剂、人造蜡、调制蜡、光洁剂、蜡烛及类似品、塑型用膏、“牙科用蜡”及牙科用熟石膏制剂

**注释：**

一、本章不包括：

(一)用做脱模剂的食用动植物油、脂混合物或制品(品目15.17)；

(二)单独的已有化学定义的化合物；

(三)含肥皂或其他有机表面活性剂的洗发剂、洁齿品、剃须膏及沐浴用制剂(品目33.05、33.06及33.07)。

二、品目34.01所称“肥皂”，只适用于水溶性肥皂。品目34.01的肥皂及其他产品可以含有添加料(例如，消毒剂、磨料粉、填料或药料)。含磨料粉的产品，只有条状、块状或模制形状可以归入品目34.01。其他形状的应作为“去污粉及类似品”归入品目34.05。

三、品目34.02所称“有机表面活性剂”，是指温度在20℃时与水混合配成0.5%浓度的水溶液，并在同样温度下搁置1小时后与下列规定相符的产品：

(一)成为透明或半透明的液体或稳定的乳浊液而未离析出不溶解物质；

(二)将水的表面张力降低到每厘米45达因及以下。

四、品目34.03所称“石油及从沥青矿物提取的油类”，适用于第二十七章注释二所规定的产品。

五、品目34.04所称“人造蜡及调制蜡”，仅适用于：

(一)用化学方法生产的具有蜡质特性的有机产品，不论是否为水溶性的；

(二)各种蜡混合制成的产品；

(三)以一种或几种蜡为基本原料并含有油脂、树脂、矿物质或其他原料的具有蜡质特性的产品。

本品目不包括：

(一)品目15.16、38.23或34.02的产品，不论是否具有蜡质特性；

(二)品目15.21的未混合的动物蜡或未混合的植物蜡，不论是否精制或着色；

(三)品目27.12的矿物蜡或类似产品，不论是否相互混合或仅经着色；

(四)混合、分散或溶解于液体溶剂的蜡(品目34.05、38.09等)。

| 商品编号 | 商品名称及备注 | 进口关税税率(%) | | 增值税率(%) | 出口退税率(%) | 计量单位 | 监管条件 |
|---|---|---|---|---|---|---|---|
| | | 最惠国 | 普通 | | | | |
| **3401** | **肥皂；作肥皂用的有机表面活性产品及制品，条状、块状或模制形状的，不论是否含有肥皂；洁肤用的有机表面活性产品及制品，液状或膏状并制成零售包装的，不论是否含有肥皂；用肥皂或洗涤剂浸渍、涂面或包覆的纸、絮胎、毡呢及无纺织物** | | | | | | |
| 34011100 | --盥洗用(包括含有药物的产品) | | | | | | |
| 3401110000 | 盥洗用皂及有机表面活性产品(包括含有药物的产品、呈条状、块状或模制形状) | 10 | 130 | 17 | 13 | 千克 | AB |
| 34011910 | ---洗衣皂 | | | | | | |
| 3401191000 | 洗衣皂(呈条状、块状或模制形状的) | 10 | 80 | 17 | 13 | 千克 | |
| 34011990 | ---其他 | | | | | | |
| 3401199000暂10 | 其他有机表面活性产品及制品(包括用肥皂或洗涤剂浸、涂或包覆的纸、絮胎及无纺织物) | 15 | 130 | 17 | 13 | 千克 | |
| 34012000 | -其他形状的肥皂 | | | | | | |
| 3401200000暂10 | 其他形状的肥皂(除条状、块状或模制形状以外的) | 15 | 130 | 17 | 13 | 千克 | |
| 34013000 | -洁肤用的有机表面活性产品及制品，液状或膏状并制成零售包装的，不论是否含有肥皂 | | | | | | |
| 3401300000 | 洁肤用有机表面活性产品及制品(液状或膏状并制成零售包装的，不论是否含有肥皂) | 10 | 130 | 17 | 13 | 千克 | AB |
| **3402** | **有机表面活性剂(肥皂除外)；表面活性剂制品、洗涤剂(包括助洗剂)及清洁剂，不论是否含有肥皂，但品目34.01的产品除外** | | | | | | |
| 34021100 | --阴离子型 | | | | | | |
| 3402110000 | 阴离子型有机表面活性剂(不论是否零售包装，肥皂除外) | 6.5 | 30 | 17 | 13 | 千克 | |
| 34021200 | --阳离子型 | | | | | | |
| 3402120000 | 阳离子型有机表面活性剂(不论是否零售包装，肥皂除外) | 6.5 | 30 | 17 | 13 | 千克 | |
| 34021300 | --非离子型 | | | | | | |
| 3402130010 | 含有壬基酚聚氧乙烯醚的有机表面活性剂(不论是否零售包装，肥皂除外) | 6.5 | 30 | 17 | 13 | 千克 | X |
| 3402130090 | 其他非离子型有机表面活性剂(不论是否零售包装，肥皂除外) | 6.5 | 30 | 17 | 13 | 千克 | |
| 34021900 | --其他 | | | | | | |
| 3402190000 | 其他有机表面活性剂(不论是否零售包装，肥皂除外) | 6.5 | 30 | 17 | 13 | 千克 | |

| 商品编号 | 商品名称及备注 | 进口关税税率(%) | | 增值税率(%) | 出口退税率(%) | 计量单位 | 监管条件 |
|---|---|---|---|---|---|---|---|
| | | 最惠国 | 普通 | | | | |
| 34022010 | ---合成洗涤粉 | | | | | | |
| 3402201000 | 零售包装的合成洗涤粉 | 10 | 80 | 17 | 13 | 千克 | |
| 34022090 | ---其他 | | | | | | |
| 3402209000 | 其他零售包装有机表面活性剂制品(包括洗涤剂及清洁剂,不论是否含有肥皂) | 10 | 80 | 17 | 13 | 千克 | |
| 34029000 | -其他 | | | | | | |
| 3402900001[暂7] | 十二烷基苯磺酸钙甲醇溶液(非零售包装,十二烷基苯磺酸钙含量>70%) | 9 | 80 | 17 | 13 | 千克 | |
| 3402900090 | 非零售包装有机表面活性剂制品(包括洗涤剂及清洁剂,不论是否含有肥皂) | 9 | 80 | 17 | 13 | 千克 | |
| **3403** | **润滑剂(包括以润滑剂为基本成分的切削油制剂、螺栓或螺母松开剂、防锈或防腐蚀制剂及脱模剂)及用于纺织材料、皮革、毛皮或其他材料油脂处理的制剂,但不包括以石油或从沥青矿物提取的油类为基本成分(按重量计不低于70%)的制剂** | | | | | | |
| 34031100 | --处理纺织材料、皮革、毛皮或其他材料的制剂 | | | | | | |
| 3403110000[暂8] | 含有石油类的处理纺织等材料制剂[指含石油或沥青矿物油(重量<70%)的制剂] | 10 | 50 | 17 | 9 | 千克 | |
| 34031900 | --其他 | | | | | | |
| 3403190000[暂8] | 其他含有石油或矿物提取油类制剂[指含石油或沥青矿物油(重量<70%)的制剂] | 10 | 50 | 17 | 9 | 千克 | |
| 34039100 | --处理纺织材料、皮革、毛皮或其他材料的制剂 | | | | | | |
| 3403910000[暂8] | 其他处理纺织等材料的制剂(包括处理皮革、毛皮或其他材料的制剂) | 10 | 50 | 17 | 9 | 千克 | |
| 34039900 | --其他 | | | | | | |
| 3403990000 | 其他润滑剂(含油<70%)(包括以润滑剂为基本成分的切削油制剂、螺栓松开剂等) | 10 | 50 | 17 | 9 | 千克 | |
| **3404** | **人造蜡及调制蜡** | | | | | | |
| 34042000 | -聚氧乙烯(聚乙二醇)蜡 | | | | | | |
| 3404200000 | 聚乙二醇蜡 | 10 | 70 | 17 | 9 | 千克 | |
| 34049000 | -其他 | | | | | | |
| 3404900000 | 其他人造蜡及调制蜡 | 10 | 70 | 17 | 0 | 千克 | |
| **3405** | **鞋靴、家具、地板、车身、玻璃或金属用的光洁剂、擦洗膏、去污粉及类似制品(包括用这类制剂浸渍、涂面或包覆的纸、絮胎、毡呢、无纺织物、泡沫塑料或海绵橡胶),但不包括品目34.04的蜡** | | | | | | |
| 34051000 | -鞋靴或皮革用的上光剂及类似制品 | | | | | | |
| 3405100000 | 鞋靴或皮革用的上光剂及类似制品 | 10 | 80 | 17 | 9 | 千克 | |
| 34052000 | -保养木制家具、地板或其他木制品用的上光剂及类似制品 | | | | | | |
| 3405200000 | 保养木制品的上光剂及类似制品(指保养木家具、地板或其他木制品的上光剂及类似制品) | 10 | 80 | 17 | 9 | 千克 | |
| 34053000 | -车身用的上光剂及类似制品,但金属用的光洁剂除外 | | | | | | |
| 3405300000 | 车身用的上光剂及类似制品(但金属用的光洁剂除外) | 10 | 80 | 17 | 9 | 千克 | |
| 34054000 | -擦洗膏、去污粉及类似制品 | | | | | | |
| 3405400000 | 擦洗膏、去污粉及类似品 | 10 | 80 | 17 | 9 | 千克 | |
| 34059000 | -其他 | | | | | | |
| 3405900000 | 其他玻璃或金属用的光洁剂(不包括擦洗膏、去污粉及类似制品) | 10 | 80 | 17 | 9 | 千克 | |
| **3406** | **各种蜡烛及类似品** | | | | | | |
| 34060000 | 各种蜡烛及类似品 | | | | | | |
| 3406000010 | 含濒危动物成分的蜡烛及类似品 | 10 | 130 | 17 | 0 | 千克 | EF |
| 3406000090 | 其他各种蜡烛及类似品 | 10 | 130 | 17 | 17 | 千克 | |
| **3407** | **塑型用膏,包括供儿童娱乐用的在内;通称为"牙科用蜡"或"牙科造形膏"的制品,成套、零售包装或制成片状、马蹄形、条状及类似形状的;以熟石膏(煅烧石膏或硫酸钙)为基本成分的牙科用其他制品** | | | | | | |
| 34070010 | ---牙科用蜡及造型膏 | | | | | | |
| 3407001000 | 牙科用蜡及造型膏(成套、零售包装或制成片状、马蹄形、条状及类似形状的) | 6.5 | 30 | 17 | 9 | 千克 | |

| 商品编号 | 商品名称及备注 | 进口关税税率(%) | | 增值税率(%) | 出口退税率(%) | 计量单位 | 监管条件 |
|---|---|---|---|---|---|---|---|
| | | 最惠国 | 普通 | | | | |
| 34070020 | ---以熟石膏为基本成分的牙科用其他制品 | | | | | | |
| 3407002000 | 以熟石膏为成分的牙科用其他制品(包括以煅石膏或硫酸钙为基本成分的) | 6.5 | 40 | 17 | 9 | 千克 | |
| 34070090 | ---其他 | | | | | | |
| 3407009000 | 其他塑型用膏(包括供儿童娱乐用物品) | 10 | 100 | 17 | 9 | 千克 | |

# 第三十五章　蛋白类物质;改性淀粉;胶;酶

注释:

一、本章不包括:

(一)酵母(品目21.02);

(二)第三十章的血份(非治病、防病用的血清白蛋白除外)、药品及其他产品;

(三)预鞣用酶制剂(品目32.02);

(四)第三十四章的加酶的浸透剂、洗涤剂及其他产品;

(五)硬化蛋白(品目39.13);

(六)印刷工业用的明胶产品(第四十九章)。

二、品目35.05所称"糊精",是指淀粉的降解产品,其还原糖含量以右旋糖的干重量计不超过10%。

如果还原糖含量超过10%,应归入品目17.02。

| 商品编号 | 商品名称及备注 | 进口关税税率(%) | | 增值税率(%) | 出口退税率(%) | 计量单位 | 监管条件 |
|---|---|---|---|---|---|---|---|
| | | 最惠国 | 普通 | | | | |
| **3501** | **酪蛋白、酪蛋白酸盐及其他酪蛋白衍生物;酪蛋白胶** | | | | | | |
| 35011000 | -酪蛋白 | | | | | | |
| 3501100000 | 酪蛋白 | 10 | 35 | 17 | 13 | 千克 | AB/A❶ |
| 35019000 | -其他 | | | | | | |
| 3501900000 | 酪蛋白酸盐及其衍生物,酪蛋白胶 | 10 | 35 | 17 | 13 | 千克 | AB/A❶ |
| **3502** | **白蛋白(包括按重量计干质成分的乳清蛋白含量超过80%的两种或两种以上的乳清蛋白浓缩物)、白蛋白盐及其他白蛋白衍生物** | | | | | | |
| 35021100 | --干的 | | | | | | |
| 3502110000 | 干的卵清蛋白 | 10 | 80 | 17 | 13 | 千克 | AB |
| 35021900 | --其他 | | | | | | |
| 3502190000 | 其他卵清蛋白 | 10 | 80 | 17 | 13 | 千克 | AB |
| 35022000 | -乳白蛋白,包括两种或两种以上的乳清蛋白浓缩物 | | | | | | |
| 3502200000 | 乳白蛋白(包括两种或两种以上乳清蛋白浓缩物) | 10 | 35 | 17 | 13 | 千克 | AB/A❶ |
| 35029000 | -其他 | | | | | | |
| 3502900000 | 其他白蛋白及白蛋白盐(包括白蛋白衍生物) | 10 | 35 | 17 | 13 | 千克 | AB/A❶ |
| **3503** | **明胶(包括长方形、正方形明胶薄片,不论是否表面加工或着色)及其衍生物;鱼鳔胶;其他动物胶,但不包括品目35.01的酪蛋白胶** | | | | | | |
| 35030010 | ---明胶及其衍生物 | | | | | | |
| 3503001001 暂5 | 明胶 | 12 | 35 | 17 | 13 | 千克 | AB/A❶ |
| 3503001090 | 明胶的衍生物(包括长方形、正方形明胶薄片,不论是否表面加工或着色) | 12 | 35 | 17 | 13 | 千克 | AB |
| 35030090 | ---其他 | | | | | | |
| 3503009000 | 鱼鳔胶、其他动物胶(但不包括品目35.01的酪蛋白胶) | 12 | 50 | 17 | 13 | 千克 | AB |
| **3504** | **蛋白胨及其衍生物;其他税号未列名的蛋白质及其衍生物;皮粉,不论是否加入铬矾** | | | | | | |
| 35040010 | ---蛋白胨 | | | | | | |
| 3504001000 | 蛋白胨 | 3 | 11 | 17 | 13 | 千克 | AB/A❶ |
| 35040090 | ---其他 | | | | | | |
| 3504009000 | 其他编号未列名蛋白质及其衍生物[包括蛋白胨的衍生物及皮粉(不论是否加入铬矾)] | 8 | 35 | 17 | 13 | 千克 | AB/A❶ |
| **3505** | **糊精及其他改性淀粉(例如,预凝化淀粉或酯化淀粉);以淀粉、糊精或其他改性淀粉为基本成分的胶** | | | | | | |
| 35051000 | -糊精及其他改性淀粉 | | | | | | |
| 3505100000 暂6 | 糊精及其他改性淀粉 | 12 | 50 | 17 | 13 | 千克 | A |
| 35052000 | -胶 | | | | | | |

❶ 监管条件中,"/"左边的监管条件截止日期为2018年1月31日,"/"右边的监管条件有效日期为2018年2月1日~2999年12月31日。

| 商品编号 | 商 品 名 称 及 备 注 | 进口关税税率(%) | | 增值税率(%) | 出口退税率(%) | 计量单位 | 监管条件 |
|---|---|---|---|---|---|---|---|
| | | 最惠国 | 普通 | | | | |
| 3505200000 | 以淀粉糊精等为基本成分的胶 | 20 | 50 | 17 | 13 | 千克 | A |
| **3506** | **其他编号未列名的调制胶及其他调制黏合剂;适于作胶或黏合剂用的产品,零售包装每件净重不超过1千克** | | | | | | |
| 35061000 | -适于作胶或黏合剂用的产品,零售包装每件净重≤1千克 | | | | | | |
| 3506100010 | 硅酮结构密封胶(零售包装每件净重≤1千克) | 10 | 90 | 17 | 13 | 千克 | A |
| 3506100090 | 其他适于作胶或黏合剂的零售产品(零售包装每件净重≤1千克) | 10 | 90 | 17 | 13 | 千克 | |
| 35069110 | ---以聚酰胺为基本成分的 | | | | | | |
| 3506911000 | 以聚酰胺为基本成分的黏合剂 | 10 | 90 | 17 | 13 | 千克 | |
| 35069120 | ---以环氧树脂为基本成分的 | | | | | | |
| 3506912000 | 以环氧树脂为基本成分的黏合剂 | 10 | 90 | 17 | 13 | 千克 | |
| 35069190 | ---其他 | | | | | | |
| 3506919010 | 非零售,硅酮结构密封胶 | 10 | 90 | 17 | 13 | 千克 | A |
| 3506919020 | 专门或主要用于显示屏或触摸屏制造的光学透明膜黏合剂和光固化液体黏合剂[包括以人造树脂(环氧树脂除外)为基本成分的] | 5/2.5* | 90 | 17 | 13 | 千克 | |
| 3506919090 | 其他以橡胶或塑料为基本成分的黏合剂[包括以人造树脂(环氧树脂除外)为基本成分的] | 10 | 90 | 17 | 13 | 千克 | |
| 35069900 | --其他 | | | | | | |
| 3506990000 | 其他编号未列名的调制胶、黏合剂 | 10 | 90 | 17 | 13 | 千克 | |
| **3507** | **酶;其他编号未列名的酶制品** | | | | | | |
| 35071000 | -粗制凝乳酶及其浓缩物 | | | | | | |
| 3507100000 | 粗制凝乳酶及其浓缩物 | 6 | 30 | 17 | 13 | 千克 | AB/A❶ |
| 35079010 | ---碱性蛋白酶 | | | | | | |
| 3507901000 | 碱性蛋白酶 | 6 | 30 | 17 | 13 | 千克 | AB/A❶ |
| 35079020 | ---碱性脂肪酶 | | | | | | |
| 3507902000 | 碱性脂肪酶 | 6 | 30 | 17 | 13 | 千克 | AB/A❶ |
| 35079090 | ---其他 | | | | | | |
| 3507909000 | 其他编号未列名的酶制品 | 6 | 30 | 17 | 13 | 千克 | AB |

* 最惠国税率中,“/”左边的税率截止日期为2018年6月30日,“/”右边的税率有效日期为2018年7月1日~2999年12月31日。

❶ 监管条件中,“/”左边的监管条件截止日期为2018年1月31日,“/”右边的监管条件有效日期为2018年2月1日~2999年12月31日。

# 第三十六章　炸药;烟火制品;火柴;引火合金;易燃材料制品

注释:

一、本章不包括单独的已有化学定义的化合物,但下列注释二(一)、(二)所述物品除外。

二、品目36.06所称"易燃材料制品",只适用于:

(一)聚乙醛、六甲撑四胺及类似物质,已制成片、棒或类似形状做燃料用的;以酒精为基本成分的固体或半固体燃料及类似的配制燃料;

(二)直接灌注香烟打火机及类似打火器用的液体燃料或液化气体燃料,其包装容器的容积不超过300立方厘米;

(三)树脂火炬、引火物及类似品。

| 商品编号 | 商 品 名 称 及 备 注 | 进口关税税率(%) | | 增值税率(%) | 出口退税率(%) | 计量单位 | 监管条件 |
|---|---|---|---|---|---|---|---|
| | | 最惠国 | 普通 | | | | |
| **3601** | **发射药** | | | | | | |
| 36010000 | 发射药 | | | | | | |
| 3601000010 | 模压的胶质推进剂 | 9 | 50 | 17 | 0 | 千克 | 3 |
| 3601000020 | 含硝化粘接剂及铝粉>5%的推进剂 | 9 | 50 | 17 | 0 | 千克 | 3 |
| 3601000090 | 其他发射药 | 9 | 50 | 17 | 0 | 千克 | |
| **3602** | **配制炸药,但发射药除外** | | | | | | |
| 36020010 | ---硝铵炸药 | | | | | | |
| 3602001010 | 符合特定标准的硝铵炸药(硝胺类物质>2%,或密度>1.8克/立方厘米、爆速>8000米/秒) | 9 | 50 | 17 | 0 | 千克 | 3 |
| 3602001090 | 其他硝铵炸药,但发射药除外 | 9 | 50 | 17 | 0 | 千克 | |
| 36020090 | ---其他 | | | | | | |
| 3602009010 | 符合特定标准的其他配制炸药[含有超过2%(按重量计)的下述任何一种物质:(环)四亚甲基四硝胺(HMX)、(环)三亚甲基三硝基胺(RDX)、三氨基三硝基苯(TATB)、氨基二硝基苯并氧化呋咱或7-氨基-4,6-硝基苯并呋咱-1-氧化物、六硝基芪(HNS)等,或晶体密度>1.8克/立方厘米、爆速>8000米/秒的各种炸药) | 9 | 50 | 17 | 0 | 千克 | 3 |
| 3602009090 | 其他配制炸药,但发射药除外 | 9 | 50 | 17 | 0 | 千克 | |
| **3603** | **安全导火索;导爆索;火帽或雷管;引爆器;电雷管** | | | | | | |
| 36030000 | 安全导火索;导爆索;火帽或雷管;引爆器;电雷管 | | | | | | |
| 3603000010 | 爆炸桥 | 9 | 50 | 17 | 0 | 千克 | 3 |
| 3603000020 | 爆炸桥丝 | 9 | 50 | 17 | 0 | 千克 | 3 |
| 3603000030 | 冲击片 | 9 | 50 | 17 | 0 | 千克 | 3 |
| 3603000040 | 爆炸箔起爆器 | 9 | 50 | 17 | 0 | 千克 | 3 |
| 3603000050 | 使用单个或多个雷管的装置(由单一点火信号同时起爆,不包括仅使用起药的雷管) | 9 | 50 | 17 | 0 | 千克 | 3 |
| 3603000060 | 炸药雷管点火装置(用于引爆上述品目36.03各编号列名的爆炸配件的雷管) | 9 | 50 | 17 | 0 | 千克 | 3 |
| 3603000090 | 其他安全导火索、导爆索等引爆器件(包括火帽或雷管、引爆器、电雷管) | 9 | 50 | 17 | 0 | 千克 | |
| **3604** | **烟花、爆竹、信号弹、降雨火箭、浓雾信号弹及其他烟火制品** | | | | | | |
| 36041000 | -烟花、爆竹 | | | | | | |
| 3604100000 | 烟花、爆竹 | 6 | 130 | 17 | 13 | 千克 | AB |
| 36049000 | -其他 | | | | | | |
| 3604900000 | 信号弹、降雨火箭及其他烟火制品(包括浓雾信号弹) | 6 | 100 | 17 | 13 | 千克 | |
| **3605** | **火柴,但品目36.04的烟火制品除外** | | | | | | |
| 36050000 | 火柴,但品目36.04的烟火制品除外 | | | | | | |
| 3605000000 | 火柴,但品目36.04的烟火制品除外 | 6 | 100 | 17 | 0 | 千克 | |
| **3606** | **各种形状的铈铁及其他引火合金;本章注释二所述的易燃材料制品** | | | | | | |

| 商品编号 | 商品名称及备注 | 进口关税税率(%) | | 增值税率(%) | 出口退税率(%) | 计量单位 | 监管条件 |
|---|---|---|---|---|---|---|---|
| | | 最惠国 | 普通 | | | | |
| 36061000 | -直接灌注香烟打火机及类似打火器用的液体燃料或液化气体燃料,其包装容器的容积≤300立方厘米 | | | | | | |
| 3606100000 | 打火机等用液体或液化气体燃料(其包装容器的容积≤300立方厘米) | 10 | 80 | 17 | 0 | 千克 | |
| 36069011 | ----已切成形可直接使用 | | | | | | |
| 3606901100 | 已切成形可直接使用的铈铁(包括其他引火合金) | 9 | 80 | 17 | 0 | 千克 | |
| 36069019 | ----其他 | | | | | | |
| 3606901900 | 未切成形不可直接使用的铈铁(包括其他引火合金) | 9 | 50 | 17 | 0 | 千克 | |
| 36069090 | ---其他 | | | | | | |
| 3606909000 | 其他易燃材料制品(本章注释二所述的) | 9 | 80 | 17 | 0 | 千克 | |

# 第三十七章　照相及电影用品

**注释：**

一、本章不包括废碎料。

二、本章所称"摄影"，是指光或其他射线作用于感光面上直接或间接形成可见影像的过程。

| 商品编号 | 商品名称及备注 | 进口关税税率(%) | | 增值税率(%) | 出口退税率(%) | 计量单位 | 监管条件 |
|---|---|---|---|---|---|---|---|
| | | 最惠国 | 普通 | | | | |
| **3701** | **未曝光的摄影感光硬片及平面软片，用纸、纸板及纺织物以外任何材料制成；未曝光的一次成像感光平片，不论是否分装** | | | | | | |
| 37011000 | -X 光用 | | | | | | |
| 3701100000[暂10] | 未曝光的 X 光感光硬片及平面软片 | 20 | 40 | 17 | 13 | 千克/平方米 | |
| 37012000 | -一次成像平片 | | | | | | |
| 3701200000 | 未曝光的一次成像感光平片(平面，不论是否分装) | 5 | 40 | 17 | 13 | 千克 | |
| 37013021 | ----激光照排片 | | | | | | |
| 3701302100 | 未曝光照相制版用激光照排片(任何一边>255 毫米) | 5/2.5* | 50 | 17 | 13 | 千克/平方米 | |
| 37013022 | ----PS 版 | | | | | | |
| 3701302200 | 未曝光照相制版用 PS 版(任何一边>255 毫米) | 5/2.5* | 50 | 17 | 13 | 千克/平方米 | |
| 37013024 | ----CTP 版 | | | | | | |
| 3701302400 | 未曝光照相制版用 CTP 版(任何一边>255 毫米) | 5/2.5* | 50 | 17 | 13 | 千克/平方米 | |
| 37013025 | ----柔性印刷版 | | | | | | |
| 3701302500 | 柔性印刷版(厚度<3 毫米的)(任何一边>255 毫米) | 5/2.5* | 50 | 17 | 13 | 千克/平方米 | |
| 37013029 | ----其他 | | | | | | |
| 3701302900 | 其他未曝光照相制版用感光硬软片(任何一边>255 毫米) | 5/2.5* | 50 | 17 | 13 | 千克/平方米 | |
| 37013090 | ---其他 | | | | | | |
| 3701309000 | 未曝光其他用途的感光硬片及软片(平面软片，任何一边>255 毫米) | 10/5* | 70 | 17 | 13 | 千克/平方米 | |
| 37019100 | --彩色摄影用 | | | | | | |
| 3701910000 | 其他用未曝光彩色硬片及平面软片(边长≤255 毫米) | 22 | 70 | 17 | 13 | 千克 | |
| 37019920 | ---照相制版用 | | | | | | |
| 3701992001[暂5] | 石英玻璃基质的未曝光感光硬片 | 7.5/6.3* | 40 | 17 | 13 | 千克/平方米 | |
| 3701992090 | 照相制版用其他未曝光软片及硬片(非彩色摄影用，边长≤255 毫米) | 7.5/6.3* | 40 | 17 | 13 | 千克/平方米 | |
| 37019990 | ---其他 | | | | | | |
| 3701999000 | 其他用未曝光软片及硬片(非彩色摄影用，边长≤255 毫米) | 18.8/15.6* | 70 | 17 | 13 | 千克/平方米 | |
| **3702** | **成卷的未曝光摄影感光胶片，用纸、纸板及纺织物以外任何材料制成；未曝光的一次成像感光卷片** | | | | | | |
| 37021000 | -X 光用 | | | | | | |
| 3702100000 | 成卷的未曝光的 X 光感光胶片 | 10 | 40 | 17 | 13 | 千克/平方米 | |
| 37023110 | ----一次成像卷片 | | | | | | |
| 3702311000 | 未曝光无齿孔彩色窄一次成像感光卷片(窄胶卷指宽度≤105 毫米，彩色摄影用) | 5 | 40 | 17 | 13 | 个/平方米 | |
| 37023190 | ---其他 | | | | | | |
| 3702319000 | 其他未曝光无齿孔彩色窄胶卷(窄胶卷指宽度≤105 毫米，彩色摄影用) | 见附表 2 | 见附表 2 | 17 | 13 | 个/平方米 | |
| 37023210 | ----一次成像卷片 | | | | | | |
| 3702321000 | 照相制版涂卤化银液无齿孔窄一次成像感光卷片(成卷未曝光感光胶片，窄胶卷指宽度≤105 毫米) | 5 | 40 | 17 | 13 | 千克/平方米 | |

* 最惠国税率中，"/"左边的税率截止日期为 2018 年 6 月 30 日，"/"右边的税率有效日期为 2018 年 7 月 1 日~2999 年 12 月 31 日。

| 商品编号 | 商品名称及备注 | 进口关税税率(%) | | 增值税率(%) | 出口退税率(%) | 计量单位 | 监管条件 |
|---|---|---|---|---|---|---|---|
| | | 最惠国 | 普通 | | | | |
| 37023220 | ---照相制版用 | | | | | | |
| 3702322000 | 照相制版涂卤化银液无齿孔窄胶卷(成卷未曝光感光胶片,窄胶卷指宽度≤105毫米) | 见附表2 | 见附表2 | 17 | 13 | 千克/平方米 | |
| 37023290 | ---其他 | | | | | | |
| 3702329000 | 其他涂卤化银乳液无齿孔窄胶卷(成卷未曝光感光胶片,窄胶卷指宽度≤105毫米) | 见附表2 | 见附表2 | 17 | 13 | 千克/平方米 | |
| 37023920 | ---照相制版用 | | | | | | |
| 3702392000 | 照相制版用其他无齿孔窄感光胶卷(成卷未曝光感光胶片,窄胶卷指宽度≤105毫米) | 见附表2 | 见附表2 | 17 | 13 | 千克/平方米 | |
| 37023990 | ---其他 | | | | | | |
| 3702399000 | 其他用无齿孔窄感光胶卷(成卷未曝光感光胶片,窄胶卷指宽度≤105毫米) | 见附表2 | 见附表2 | 17 | 13 | 千克/平方米 | |
| 37024100 | --彩色摄影用,宽度>610毫米,长度>200米 | | | | | | |
| 3702410000 | 未曝光无齿孔宽长彩色胶卷(宽长胶卷指宽度>610毫米,长度>200米) | 见附表2 | 见附表2 | 17 | 13 | 千克/平方米 | |
| 37024221 | ----印刷电路板制造用光致抗蚀干膜 | | | | | | |
| 3702422100 | 印刷电路板制造用光致抗蚀干膜(指宽度>610毫米,长度>200米) | 见附表2 | 见附表2 | 17 | 13 | 千克/平方米 | |
| 37024229 | ----其他 | | | | | | |
| 3702422900 | 照相制版其他未曝光无齿宽长胶卷(宽长指宽度>610毫米,长度>200米,非彩色摄影用) | 见附表2 | 见附表2 | 17 | 13 | 千克/平方米 | |
| 37024292 | ----红色或红外激光胶片 | | | | | | |
| 3702429201 暂0 | 未曝光红色或红外激光胶片(宽长胶卷指宽度>800毫米,长度>1000米) | 见附表2 | 见附表2 | 17 | 13 | 千克/平方米 | |
| 3702429290 | 其他未曝光红色或红外激光胶片(610毫米<宽度≤800毫米,200米<长度≤1000米) | 见附表2 | 见附表2 | 17 | 13 | 千克/平方米 | |
| 37024299 | ----其他 | | | | | | |
| 3702429900 | 其他未曝光无齿孔宽长胶卷(宽长胶卷指宽度>610毫米,长度>200米,非彩色摄影用) | 见附表2 | 见附表2 | 17 | 13 | 千克/平方米 | |
| 37024321 | ----激光照排片 | | | | | | |
| 3702432100 | 照相制版用激光照排片(宽度>610毫米,长度≤200米) | 0 | 0 | 17 | 13 | 千克/平方米 | |
| 37024329 | ----其他 | | | | | | |
| 3702432900 | 其他照相制版用未曝光无齿孔胶卷(指宽度>610毫米,长度≤200米) | 见附表2 | 见附表2 | 17 | 13 | 千克/平方米 | |
| 37024390 | ---其他 | | | | | | |
| 3702439000 | 其他用未曝光无齿孔中长胶卷(中长胶卷指宽度>610毫米,长度≤200米) | 见附表2 | 见附表2 | 17 | 13 | 千克/平方米 | |
| 37024421 | ----激光照排片 | | | | | | |
| 3702442100 | 照相制版用未曝光激光照排片(105毫米<宽度≤610毫米) | 见附表2 | 见附表2 | 17 | 13 | 千克/平方米 | |
| 37024422 | ----印刷电路板制造用光致抗蚀干膜 | | | | | | |
| 3702442200 | 印刷电路板制造用光致抗蚀干膜(105毫米<宽度≤610毫米) | 见附表2 | 见附表2 | 17 | 13 | 千克/平方米 | |
| 37024429 | ----其他 | | | | | | |
| 3702442900 | 其他照相制版用无齿孔未曝光胶卷(105毫米<宽度≤610毫米) | 见附表2 | 见附表2 | 17 | 13 | 千克/平方米 | |
| 37024490 | ---其他 | | | | | | |
| 3702449000 | 其他用无齿孔未曝光中宽胶卷(中宽胶卷指105毫米<宽度≤610毫米) | 见附表2 | 见附表2 | 17 | 13 | 千克/平方米 | |
| 37025200 | --宽度≤16毫米 | | | | | | |
| 3702520000 | 未曝光中窄彩色胶卷(中窄胶卷指宽度≤16毫米) | 见附表2 | 见附表2 | 17 | 13 | 米/平方米 | |
| 37025300 | --幻灯片用,宽度16毫米<宽度≤35毫米,长度≤30米 | | | | | | |
| 3702530000 | 幻灯片用未曝光彩色摄影胶卷(16毫米<宽度≤35毫米,长度≤30米) | 见附表2 | 见附表2 | 17 | 13 | 米/平方米 | |
| 37025410 | ---宽度=35毫米,长度≤2米 | | | | | | |
| 3702541000 | 非幻灯片用彩色摄影胶卷(宽度=35毫米,长度≤2米) | 见附表2 | 见附表2 | 17 | 13 | 米/平方米 | |
| 37025490 | ---其他 | | | | | | |
| 3702549000 | 其他非幻灯片用彩色摄影胶卷(16毫米<宽度≤35毫米,长度≤30米) | 见附表2 | 见附表2 | 17 | 13 | 米/平方米 | |
| 37025520 | ---电影胶片 | | | | | | |
| 3702552000 | 未曝光的彩色电影胶卷(16毫米<宽度≤35毫米,长度>30米) | 见附表2 | 见附表2 | 17 | 13 | 米/平方米 | |
| 37025590 | ---其他 | | | | | | |
| 3702559000 | 其他未曝光窄长彩色胶卷(窄长胶卷指16毫米<宽度≤35毫米,长度>30米) | 见附表2 | 见附表2 | 17 | 13 | 米/平方米 | |

| 商品编号 | 商品名称及备注 | 进口关税税率(%) | | 增值税率(%) | 出口退税率(%) | 计量单位 | 监管条件 |
|---|---|---|---|---|---|---|---|
| | | 最惠国 | 普通 | | | | |
| 37025620 | ---电影胶片 | | | | | | |
| 3702562000 | 未曝光的中宽彩色电影胶卷(中宽胶卷指宽度>35毫米) | 见附表2 | 见附表2 | 17 | 13 | 米/平方米 | |
| 37025690 | ---其他 | | | | | | |
| 3702569000 | 其他未曝光的中宽彩色胶卷(中宽胶卷指宽度>35毫米) | 见附表2 | 见附表2 | 17 | 13 | 米/平方米 | |
| 37029600 | --宽度≤35毫米,长度≤30米 | | | | | | |
| 3702960000 | 宽度≤35毫米,长度≤30米有齿孔未曝光非彩色胶卷(用纸、纸板及纺织物以外任何材料制成) | 见附表2 | 见附表2 | 17 | 13 | 米/平方米 | |
| 37029700 | --宽度≤35毫米,长度>30米 | | | | | | |
| 3702970000 | 宽度≤35毫米,长度>30米有齿孔未曝光非彩色胶卷(用纸、纸板及纺织物以外任何材料制成) | 见附表2 | 见附表2 | 17 | 13 | 米/平方米 | |
| 37029800 | --宽度>35毫米 | | | | | | |
| 3702980000 | 宽度>35毫米有齿孔未曝光非彩色胶卷(用纸、纸板及纺织物以外任何材料制成) | 见附表2 | 见附表2 | 17 | 13 | 米/平方米 | |
| **3703** | **未曝光的摄影感光纸、纸板及纺织物** | | | | | | |
| 37031010 | ---感光纸及纸板 | | | | | | |
| 3703101000 | 成卷未曝光的宽幅感光纸及纸板(宽幅指成卷宽度>610毫米) | 18 | 100 | 17 | 13 | 千克 | |
| 37031090 | ---其他 | | | | | | |
| 3703109000 | 成卷未曝光的宽幅感光布(宽幅指成卷宽度>610毫米) | 18 | 70 | 17 | 13 | 千克 | |
| 37032010 | ---感光纸及纸板 | | | | | | |
| 3703201000 | 未曝光的彩色感光纸及纸板(成卷的宽幅感光纸及纸板除外) | 35 | 100 | 17 | 13 | 千克 | |
| 37032090 | ---其他 | | | | | | |
| 3703209000 | 未曝光的彩色感光布(成卷的宽幅感光布除外) | 18 | 70 | 17 | 13 | 千克 | |
| 37039010 | ---感光纸及纸板 | | | | | | |
| 3703901000 | 其他未曝光的非彩色感光纸及纸板(成卷的宽幅感光纸及纸板除外) | 35 | 100 | 17 | 13 | 千克 | |
| 37039090 | ---其他 | | | | | | |
| 3703909000 | 其他未曝光的非彩色感光布(成卷的宽幅感光布除外) | 18 | 70 | 17 | 13 | 千克 | |
| **3704** | **已曝光未冲洗的摄影硬片、软片、纸、纸板及纺织物** | | | | | | |
| 37040010 | ---电影胶片 | | | | | | |
| 3704001000 | 已曝光未冲洗的电影胶片 | 6.5 | 30 | 17 | 13 | 千克 | Z |
| 37040090 | ---其他 | | | | | | |
| 3704009000 | 其他已曝光未冲洗的摄影硬、软片(包括已曝光未冲洗的感光纸、纸板及纺织物) | 18 | 70 | 17 | 13 | 千克 | |
| **3705** | **已曝光已冲洗的摄影硬片及软片,但电影胶片除外** | | | | | | |
| 37050010 | ---教学专用幻灯片 | | | | | | |
| 3705001000 | 已冲洗的教学专用幻灯片 | 0 | 0 | 17 | 13 | 千克 | |
| 37050021 | ----书籍、报刊的 | | | | | | |
| 3705002100 | 书籍、报刊用的已曝光已冲洗的缩微胶片 | 0 | 0 | 17 | 13 | 千克 | |
| 37050029 | ----其他 | | | | | | |
| 3705002900 | 已曝光已冲洗的其他缩微胶片 | 2/1* | 14 | 17 | 13 | 千克 | |
| 37050090 | ---其他 | | | | | | |
| 3705009000 | 已冲洗的其他摄影硬、软片(电影胶片除外) | 9/4.5* | 70 | 17 | 13 | 千克 | |
| **3706** | **已曝光已冲洗的电影胶片,不论是否配有声道或仅有声道** | | | | | | |
| 37061010 | ---教学专用 | | | | | | |
| 3706101000 | 已冲洗的教学专用中宽电影胶片(中宽胶片指宽度≥35毫米,不论是否配有声道或仅有声道) | 0 | 0 | 17 | 17 | 千克/米 | Z |
| 37061090 | ---其他 | | | | | | |

* 最惠国税率中,"/"左边的税率截止日期为2018年6月30日,"/"右边的税率有效日期为2018年7月1日~2999年12月31日。

| 商品编号 | 商品名称及备注 | 进口关税税率(%) | | 增值税率(%) | 出口退税率(%) | 计量单位 | 监管条件 |
|---|---|---|---|---|---|---|---|
| | | 最惠国 | 普通 | | | | |
| 3706109000 | 已冲洗的其他中宽电影胶片(中宽胶片指宽度≥35毫米,不论是否配有声道或仅有声道) | 5 | 14 | 17 | 17 | 千克/米 | Z |
| 37069010 | ---教学专用 | | | | | | |
| 3706901000 | 教学专用其他已冲洗的电影胶片(宽度<35毫米) | 0 | 0 | 17 | 17 | 千克/米 | Z |
| 37069090 | ---其他 | | | | | | |
| 3706909000 | 其他已冲洗的电影胶片(宽度<35毫米) | 4 | 14 | 17 | 17 | 千克/米 | Z |
| **3707** | **摄影用化学制剂(不包括上光漆、胶水、黏合剂及类似制剂);摄影用未混合产品,定量包装或零售包装可立即使用的** | | | | | | |
| 37071000 | -感光乳液 | | | | | | |
| 3707100001[暂4] | 不含银的感光乳液剂 | 8 | 35 | 17 | 13 | 千克 | |
| 3707100090 | 其他感光乳液 | 8 | 35 | 17 | 13 | 千克 | |
| 37079010 | ---冲洗照相胶卷及相片用 | | | | | | |
| 3707901000 | 冲洗胶卷及相片用化学制剂(包括摄影用未混合产品,定量或零售包装即可使用的) | 12/10* | 100 | 17 | 13 | 千克 | |
| 37079020 | ---复印机用 | | | | | | |
| 3707902000 | 复印机用化学制剂(不包括上光漆、胶水、黏合剂及类似制剂) | 7.5/6.3* | 45 | 17 | 13 | 千克 | |
| 37079090 | ---其他 | | | | | | |
| 3707909000 | 其他摄影用化学制剂(包括摄影用未混合产品) | 6/5* | 35 | 17 | 13 | 千克 | |

* 最惠国税率中,"/"左边的税率截止日期为2018年6月30日,"/"右边的税率有效日期为2018年7月1日~2999年12月31日。

# 第三十八章　杂项化学产品

**注释：**

一、本章不包括：

（一）单独的已有化学定义的元素及化合物，但下列各项除外：

1. 人造石墨（品目38.01）；

2. 制成品目38.08所述的形状或包装的杀虫剂、杀鼠剂、杀菌剂、除草剂、抗萌剂、植物生长调节剂、消毒剂及类似产品；

3. 灭火器的装配药及已装药的灭火弹（品目38.13）；

4. 下列注释二所规定的检定参照物；

5. 下列注释三（一）及三（三）所规定的产品。

（二）化学品与食物或其他营养物质的混合物，配制食品用的（一般归入品目21.06）。

（三）含有金属、砷及其混合物，并符合第二十六章注释三（一）或三（二）的规定的矿渣、矿灰和残渣（包括淤渣，但下水道淤泥除外）（品目26.20）。

（四）药品（品目30.03及30.04）。

（五）用于提取贱金属或生产贱金属化合物的废催化剂（品目26.20），主要用于回收贵金属的废催化剂（品目71.12），或某种形态（例如，精细粉末或纱网纱）的金属或金属合金催化剂（第十四类或第十五类）。

二、（一）品目38.22所称的"检定参照物"，是指附有证书的参照物，该证书标明了参照物属性的指标、确定这些指标的方法以及与每一指标相关的确定度，这些参照物适用于分析、校准和比较。

（二）除第二十八章和二十九章的产品外，检定参照物在本手册中应优先归入品目38.22。

三、品目38.24包括不归入本手册其他品目的下列货品：

（一）每颗重量不小于2.5克的氧化镁、碱金属或碱土金属卤化物制成的培养晶体（光学元件除外）；

（二）杂醇油、骨焦油；

（三）零售包装的除墨剂；

（四）零售包装的蜡纸改正液、其他改正液及改正带（品目96.12的产品除外）；以及

（五）可熔性陶瓷测温器（例如塞格测温锥）。

四、本手册所称"城市垃圾"，是指从家庭、宾馆、餐馆、医院、商店、办公室等收集来的废物、马路和人行道的垃圾以及建筑垃圾或废墟废物。城市垃圾通常含有大量各种各样的材料，例如，塑料、橡胶、木材、纸张、纺织品、玻璃、金属、食物、破碎家具和其他已损坏或被丢弃的物品，但不包括：

（一）已从垃圾中分拣出来的单独的材料或物品，例如，塑料、橡胶、木材、纸张、纺织品、玻璃、金属的废品及用尽的电池，这些材料或物品应归入本手册中适当品目；

（二）工业废物；

（三）第三十章注释四（十）所规定的废药物；

（四）本章注释六（一）所规定的医疗废物。

五、品目38.25所称"下水道游泥"，是指城市污水处理厂产生的淤渣，包括预处理的废物、刷洗污垢和性质不稳定的淤泥。但适合作为肥料用的性质稳定的淤泥除外（第三十一章）。

六、品目38.25所称"其他废物"适用于：

（一）医疗废物，即医学研究、诊断、治疗以及其他内科、外科、牙科或兽医治疗所产生的被污染的废物，通常含有病菌和药物，需作专门处理（例如，脏的敷料、用过的手套及注射器）；

（二）废有机溶剂；

（三）废的金属酸洗液、液压油、制动油及防冻液；

（四）其他化学工业及相关工业的废物。

但不包括主要含有石油及从沥青矿物提取的油类的废油（品目27.10）。

七、品目38.26所称的"生物柴油"，是指从动植物油脂（不论是否使用过）得到的用做燃料的脂肪酸单烷基酯。

**子目注释：**

一、子目3808.52及3808.59仅包括品目38.08的货品，含有一种或多种下列物质：甲草胺（ISO）、涕灭威（ISO）、艾氏剂（ISO）、谷硫磷（ISO）、乐杀螨（ISO）、毒杀芬（ISO）、敌菌丹（ISO）、氯丹（ISO）、杀虫脒（ISO）、乙酯杀螨醇（ISO）、滴滴涕（ISO，INN）［1，1，1-三氯-2，2-双（4-氯苯基）乙烷］、狄氏剂（ISO，INN）、4，6-二硝基邻甲酚［二硝酚（ISO）］及其盐、地乐酚（ISO）及其盐或酯、硫丹（ISO）、1，2-二溴乙烷（ISO）、1，2-二氯乙烷（ISO）、氟乙酰胺（ISO）、七氯（ISO）、六氯苯（ISO）、1，2，3，4，5，6-六氯环己烷［六六六（ISO）］，包括林丹（ISO，INN）、汞化合物、甲胺磷（ISO）、久效磷（ISO）、环氧乙烷（氧化乙烯）、对硫磷（ISO）、甲基对硫磷（ISO）、五溴二苯醚及八溴二苯醚、五氯苯酚（ISO）及其盐或酯、全氟辛基磺酸及其盐、全氟辛基磺胺、全氟辛基磺酰氯、磷胺（ISO）、2，4，5-涕（ISO）（2，4，5-三氯苯氧基乙酸）及其盐或酯、三丁基锡化合物。

子目3808.59还包括含有苯菌灵（ISO）、克百威（ISO）及福美双（ISO）混合物的粉状制剂。

二、子目3808.61至3808.69仅包括品目38.08项下含有下列物质的货品：α-氯氰菊酯（ISO）、恶虫威（ISO）、联苯菊酯（ISO）、虫螨腈（ISO）、氟氯氰菊酯（ISO）、溴氯菊酯（INN，ISO）、醚菊酯（INN）、杀螟硫磷（ISO）、高效氯氟氰菊酯（ISO）、马拉硫磷（ISO）、甲基嘧啶磷（ISO）、或残杀威（ISO）。

三、子目3824.81至3824.88仅包括含有下列一种或多种物质的混合物及制品：环氧乙烷（氧化乙烯）、多溴联苯（PBBs）、多氯联苯（PCBs）、多氯三联苯（PCTs）、三（2，3-二溴丙基）磷酸酯、艾氏剂（ISO）、毒杀芬（ISO）、氯丹（ISO）、十氯酮（ISO）、滴滴涕（ISO，INN）［1，1，1-三氯-2，2-双（4—氯苯基）乙烷］、狄氏剂（ISO，INN）、硫丹（ISO）、异狄氏剂（ISO）、七氯（ISO）、灭蚁灵（ISO）、1，2，3，4，5，6-六氯环己烷［六六六（ISO）］，包括林丹（ISO，INN）、五氯苯（ISO）、六氯苯（ISO）、全氟辛基磺酸及其盐、全氟辛基磺胺、全氟辛基磺酰氯，或四、五、六、七或八溴联苯醚。

四、子目3825.41和3825.49所称"废有机溶剂"，是指主要含有有机溶剂的废物，不适合再作原产品使用，不论其是否用于回收溶剂。

| 商品编号 | 商品名称及备注 | 进口关税税率(%) | | 增值税率(%) | 出口退税率(%) | 计量单位 | 监管条件 |
|---|---|---|---|---|---|---|---|
| | | 最惠国 | 普通 | | | | |
| **3801** | **人造石墨;胶态或半胶态石墨;以石墨或其他碳为基本成分的糊状、块状、板状制品或其他半制品** | | | | | | |
| 38011000 | -人造石墨 | | | | | | |
| 3801100010[暂3] | 核级石墨(纯度高于百万分之五硼当量,密度大于1.50克/立方厘米) | 6.5 | 30 | 17 | 0 | 千克 | 3 |
| 3801100020[暂3] | 人造细晶粒整体石墨(20℃下的密度、拉伸断裂应变、热膨胀系数符合特殊要求) | 6.5 | 30 | 17 | 0 | 千克 | 3 |
| 3801100090[暂3] | 其他人造石墨 | 6.5 | 30 | 17 | 0 | 千克 | 3 |
| 38012000 | -胶态或半胶态石墨 | | | | | | |
| 3801200000 | 胶态或半胶态石墨 | 6.5 | 30 | 17 | 0 | 千克 | |
| 38013000 | -电极用碳糊及炉衬用的类似糊 | | | | | | |
| 3801300000 | 电极用碳糊及炉衬用的类似糊 | 6.5 | 35 | 17 | 0 | 千克 | |
| 38019010 | ---表面处理的球化石墨 | | | | | | |
| 3801901000 | 表面处理的球化石墨 | 6.5 | 35 | 17 | 13 | 千克 | 3 |
| 38019090 | ---其他 | | | | | | |
| 3801909000 | 其他以石墨或其他碳为基料的制品(呈糊状、块状、板状的制品或其他半制品) | 6.5 | 35 | 17 | 0 | 千克 | 3 |
| **3802** | **活性炭;活性天然矿产品;动物炭黑,包括废动物炭黑** | | | | | | |
| 38021010 | ---木质的 | | | | | | |
| 3802101000 | 木质的活性炭 | 6.5 | 20 | 17 | 0 | 千克 | G |
| 38021090 | ---其他 | | | | | | |
| 3802109000 | 其他活性炭 | 6.5 | 20 | 17 | 0 | 千克 | G |
| 38029000 | -其他 | | | | | | |
| 3802900010 | 濒危动物炭黑(包括废动物炭黑) | 10 | 45 | 17 | 0 | 千克 | FE |
| 3802900090 | 活性天然矿产品;其他动物炭黑(包括废动物炭黑) | 10 | 45 | 17 | 0 | 千克 | |
| **3803** | **妥尔油,不论是否精炼** | | | | | | |
| 38030000 | 妥尔油,不论是否精炼 | | | | | | |
| 3803000000 | 妥尔油,不论是否精炼 | 6.5 | 35 | 17 | 0 | 千克 | |
| **3804** | **木浆残余碱液,不论是否浓缩、脱糖或经化学处理,包括木素磺酸盐,但不包括品目38.03的妥尔油** | | | | | | |
| 38040000 | 木浆残余碱液,不论是否浓缩、脱糖或经化学处理,包括木素磺酸盐,但不包括品目38.03的妥尔油 | | | | | | |
| 3804000010 | 未经浓缩、脱糖或经过化学处理的木浆残余碱液(妥尔油除外) | 6.5 | 35 | 17 | 0 | 千克 | 9 |
| 3804000090 | 经浓缩、脱糖或经过化学处理的木浆残余碱液,包括木素磺酸盐(妥尔油除外) | 6.5 | 35 | 17 | 0 | 千克 | |
| **3805** | **脂松节油、木松节油和硫酸盐松节油及其他萜烯油,用蒸馏或其他方法从针叶木制得;粗制二聚戊烯;亚硫酸盐松节油及其他粗制对异丙基苯甲烷;以α萜品醇为基本成分的松油** | | | | | | |
| 38051000 | -脂松节油、木松节油和硫酸盐松节油 | | | | | | |
| 3805100000 | 松节油(包括脂松节油、木松节油和硫酸盐松节油) | 6.5 | 50 | 17 | 0 | 千克 | AB |
| 38059010 | ---松油 | | | | | | |
| 3805901000 | 以α萜品醇为基本成分的松油 | 6.5 | 50 | 17 | 0 | 千克 | AB |
| 38059090 | ---其他 | | | | | | |
| 3805909000 | 粗制二聚戊烯、亚硫酸盐松节油等(包括其他粗制对异丙基苯甲烷及其他萜烯油) | 6.5 | 50 | 17 | 0 | 千克 | |
| **3806** | **松香和树脂酸及其衍生物;松香精及松香油;再熔胶** | | | | | | |
| 38061010 | ---松香 | | | | | | |
| 3806101000 | 松香(包括松香渣) | 10 | 70 | 17 | 0 | 千克 | |
| 38061020 | ---树脂酸 | | | | | | |
| 3806102000 | 树脂酸 | 10 | 70 | 17 | 0 | 千克 | |
| 38062010 | ---松香盐及树脂酸盐 | | | | | | |

| 商品编号 | 商品名称及备注 | 进口关税税率(%) | | 增值税率(%) | 出口退税率(%) | 计量单位 | 监管条件 |
|---|---|---|---|---|---|---|---|
| | | 最惠国 | 普通 | | | | |
| 3806201000 | 松香盐及树脂酸盐 | 6.5 | 40 | 17 | 13 | 千克 | |
| 38062090 | ---其他 | | | | | | |
| 3806209000 | 松香或树脂酸衍生物的盐(松香加合物的盐除外) | 6.5 | 40 | 17 | 13 | 千克 | |
| 38063000 | -酯胶 | | | | | | |
| 3806300000 | 酯胶 | 6.5 | 50 | 17 | 0 | 千克 | AB |
| 38069000 | -其他 | | | | | | |
| 3806900000 | 其他松香及树脂酸衍生物(包括松香精及松香油;再熔胶) | 6.5 | 40 | 17 | 0 | 千克 | |
| **3807** | **木焦油;精制木焦油;木杂酚油;粗木精;植物沥青;以松香、树脂酸或植物沥青为基本成分的啤酒桶沥青及类似制品** | | | | | | |
| 38070000 | 木焦油;精制木焦油;木杂酚油;粗木精;植物沥青;以松香、树脂酸或植物沥青为基本成分的啤酒桶沥青及类似制品 | | | | | | |
| 3807000000 | 木焦油木杂酚油粗木精植物沥青等(包括以松香、树脂酸植物沥青为基料的啤酒桶沥青及类似) | 6.5 | 35 | 17 | 0 | 千克 | |
| **3808** | **杀虫剂、杀鼠剂、杀菌剂、除草剂、抗萌剂、植物生长调节剂、消毒剂及类似产品,零售形状、零售包装或制成制剂及成品(例如,经硫磺处理的带子、杀虫灯芯、蜡烛及捕蝇纸)** | | | | | | |
| 38085200 | --DDT(ISO)[滴滴涕(INN)],每包净重≤300克 | | | | | | |
| 3808520000 | DDT(ISO)[滴滴涕(INN)],每包净重≤300克 | 9 | 35 | 11 | 5 | 千克 | S |
| 38085910 | ---零售包装的 | | | | | | |
| 3808591010 | 零售包装的含一种第三十八章子目注释一所列物质的货品 | 9 | 35 | 11 | 5 | 千克 | S |
| 3808591090 | 零售包装的含多种第三十八章子目注释一所列物质的货品 | 9 | 35 | 11 | 5 | 千克 | X |
| 38085990 | ---其他 | | | | | | |
| 3808599010 | 非零售包装的含有一种第三十八章子目注释一所列物质的货品 | 5 | 11 | 11 | 5 | 千克 | AS |
| 3808599090 | 非零售包装的含多种第三十八章子目注释一所列物质的货品 | 5 | 11 | 11 | 5 | 千克 | X |
| 38086100 | --每包净重≤300克 | | | | | | |
| 3808610000 | 含第三十八章子目注释二所列物质的货品,每包净重≤300克 | 10 | 35 | 11 | 5 | 千克 | AS |
| 38086200 | --每包300克<净重≤7.5千克 | | | | | | |
| 3808620000 | 含第三十八章子目注释二所列物质的货品,每包300克<净重≤7.5千克 | 10 | 35 | 11 | 5 | 千克 | AS |
| 38086900 | --其他 | | | | | | |
| 3808690000 | 其他含第三十八章子目注释二所列物质的货品 | 6 | 11 | 11 | 5 | 千克 | AS |
| 38089111 | ----蚊香 | | | | | | |
| 3808911100 | 蚊香(不含有一种或多种第三十八章子目注释一所列物质的货品) | 10 | 80 | 17 | 5 | 千克 | AS |
| 38089112 | ----生物杀虫剂 | | | | | | |
| 3808911200 | 零售包装的生物杀虫剂 | 10 | 35 | 11 | 5 | 千克 | AS |
| 38089119 | ----其他 | | | | | | |
| 3808911900 | 零售包装的其他杀虫剂成药 | 10 | 35 | 11 | 5 | 千克 | AS |
| 38089190 | ---其他 | | | | | | |
| 3808919000 | 非零售包装杀虫剂成药 | 6 | 11 | 11 | 5 | 千克 | AS |
| 38089210 | ---零售包装 | | | | | | |
| 3808921000 | 零售包装的杀菌剂成药 | 9 | 35 | 17 | 5 | 千克 | S |
| 38089290 | ---其他 | | | | | | |
| 3808929010 | 非零售包装的医用杀菌剂 | 6 | 11 | 17 | 5 | 千克 | |
| 3808929021 | 经农药杀菌剂浸渍的纸质水果套袋 | 6 | 11 | 17 | 5 | 千克 | S |
| 3808929029 | 非零售包装的其他农用杀菌剂成药 | 6 | 11 | 11 | 5 | 千克 | S |
| 3808929090 | 非零售包装的非农用杀菌剂成药(包括非医用杀菌剂) | 6 | 11 | 11 | 5 | 千克 | |
| 38089311 | ----零售包装 | | | | | | |
| 3808931100 | 零售包装的除草剂成药 | 9 | 35 | 11 | 5 | 千克 | AS |

| 商品编号 | 商品名称及备注 | 进口关税税率(%) | | 增值税率(%) | 出口退税率(%) | 计量单位 | 监管条件 |
|---|---|---|---|---|---|---|---|
| | | 最惠国 | 普通 | | | | |
| 38089319 | ----其他 | | | | | | |
| 3808931910 | 非零售包装百草枯母液 | 5 | 11 | 11 | 5 | 千克 | AS |
| 3808931990 | 其他非零售包装的除草剂成药 | 5 | 11 | 11 | 5 | 千克 | AS |
| 38089391 | ----零售包装 | | | | | | |
| 3808939100 | 零售包装抗萌剂及植物生长调节剂 | 9 | 35 | 11 | 5 | 千克 | S |
| 38089399 | ----其他 | | | | | | |
| 3808939900 | 非零售抗萌剂及植物生长调节剂 | 6 | 14 | 11 | 5 | 千克 | S |
| 38089400 | --消毒剂 | | | | | | |
| 3808940010 | 医用消毒剂 | 9 | 35 | 17 | 5 | 千克 | |
| 3808940020 | 兽用已配剂量含戊二醛、癸甲溴铵消毒剂等(包括复方煤焦油酸溶液消毒防腐药) | 9 | 35 | 11 | 5 | 千克 | R |
| 3808940090 | 其他非医用消毒剂 | 9 | 35 | 11 | 5 | 千克 | |
| 38089910 | ---零售包装 | | | | | | |
| 3808991000 | 零售包装的杀鼠剂及其他农药(包括类似品) | 9 | 35 | 11 | 5 | 千克 | S |
| 38089990 | ---其他 | | | | | | |
| 3808999000 | 非零售包装的杀鼠剂及其他农药(包括类似品) | 9 | 14 | 11 | 5 | 千克 | S |
| **3809** | **纺织、造纸、制革及类似工业用的其他编号未列名的整理剂、染料加速着色或固色助剂及其他产品和制剂(例如,修整剂及媒染剂)** | | | | | | |
| 38091000 | -以淀粉物质为基本成分 | | | | | | |
| 3809100000 | 以淀粉为基料的纺织等工业用制剂(纺织、造纸、制革等工业用整理剂、固色剂及其他制剂) | 10 | 35 | 17 | 0 | 千克 | |
| 38099100 | --纺织工业及类似工业用 | | | | | | |
| 3809910000 | 纺织工业用其他未列名产品和制剂(包括整理剂、染料加速着色或固色助剂及其他制剂) | 6.5 | 35 | 17 | 0 | 千克 | |
| 38099200 | --造纸工业及类似工业用 | | | | | | |
| 3809920000 | 造纸工业用其他未列名产品和制剂(包括整理剂、染料加速着色或固色助剂及其他制剂) | 6.5 | 35 | 17 | 0 | 千克 | |
| 38099300 | --制革工业及类似工业用 | | | | | | |
| 3809930000 | 制革工业用其他未列名产品和制剂(包括整理剂、染料加速着色或固色助剂及其他制剂) | 6.5 | 35 | 17 | 0 | 千克 | |
| **3810** | **金属表面酸洗剂;焊接用的焊剂及其他辅助剂;金属及其他材料制成的焊粉或焊膏;作焊条芯子或焊条涂料用的制品** | | | | | | |
| 38101000 | -金属表面酸洗剂;金属及其他材料制成的焊粉或焊膏 | | | | | | |
| 3810100000 | 金属表面酸洗剂焊粉或焊膏(金属及其他材料制成的焊粉或焊膏) | 6.5 | 35 | 17 | 13 | 千克 | |
| 38109000 | -其他 | | | | | | |
| 3810900000 | 焊接用的焊剂及其他辅助剂等(包括作焊条芯子或焊条涂料用的制品) | 6.5 | 35 | 17 | 0 | 千克 | |
| **3811** | **抗震剂、抗氧剂、防胶剂、黏度改良剂、防腐蚀制剂及其他配制添加剂,用于矿物油(包括汽油)或与矿物油同样用途的其他液体** | | | | | | |
| 38111100 | --以铅化合物为基本成分 | | | | | | |
| 3811110000 | 以铅化合物为基本成分的抗震剂 | 6.5 | 35 | 17 | 0 | 千克 | X |
| 38111900 | --其他 | | | | | | |
| 3811190000 | 其他抗震剂 | 6.5 | 35 | 17 | 0 | 千克 | |
| 38112100 | --含有石油或从沥青矿物提取的油类 | | | | | | |
| 3811210000 | 含有石油的润滑油添加剂(包括含有从沥青矿物提取的油类的润滑油添加剂) | 6.5 | 35 | 17 | 0 | 千克 | |
| 38112900 | --其他 | | | | | | |
| 3811290000 | 不含石油的润滑油添加剂 | 6.5 | 35 | 17 | 0 | 千克 | |
| 38119000 | -其他 | | | | | | |

| 商品编号 | 商品名称及备注 | 进口关税税率(%) | | 增值税率(%) | 出口退税率(%) | 计量单位 | 监管条件 |
|---|---|---|---|---|---|---|---|
| | | 最惠国 | 普通 | | | | |
| 3811900000 | 其他矿物油用的配制添加剂(抗氧剂、防胶剂、黏度改良剂、防腐剂及其他配制添加剂) | 6.5 | 35 | 17 | 0 | 千克 | |
| **3812** | **配制的橡胶促进剂;其他编号未列名的橡胶或塑料用复合增塑剂;橡胶或塑料用抗氧制剂及其他复合稳定剂** | | | | | | |
| 38121000 | -配制的橡胶促进剂 | | | | | | |
| 3812100000 | 配制的橡胶促进剂 | 6 | 20 | 17 | 13 | 千克 | |
| 38122000 | -橡胶或塑料用复合增塑剂 | | | | | | |
| 3812200000 | 橡胶或塑料用复合增塑剂 | 6.5 | 35 | 17 | 5 | 千克 | |
| 38123100 | --2,2,4-三甲基-1,2-二氢化喹啉(TMQ)低聚体混合物 | | | | | | |
| 3812310000 | 2,2,4-三甲基-1,2-二氢化喹啉(TMQ)低聚体混合物 | 6 | 20 | 17 | 5 | 千克 | |
| 38123910 | ---其他橡胶防老剂 | | | | | | |
| 3812391000 | 其他橡胶防老剂 | 6 | 20 | 17 | 5 | 千克 | |
| 38123990 | ---其他 | | | | | | |
| 3812399000 | 其他橡胶或塑料用抗氧制剂及其他复合稳定剂 | 6.5 | 35 | 17 | 5 | 千克 | |
| **3813** | **灭火器的装配药;已装药的灭火弹** | | | | | | |
| 38130010 | ---灭火器的装配药 | | | | | | |
| 3813001000 | 灭火器的装配药 | 6.5 | 35 | 17 | 0 | 千克 | |
| 38130020 | ---已装药的灭火弹 | | | | | | |
| 3813002000 | 已装药的灭火弹 | 10 | 70 | 17 | 0 | 千克 | |
| **3814** | **其他编号未列名的有机复合溶剂及稀释剂;除漆剂** | | | | | | |
| 38140000 | 其他编号未列名的有机复合溶剂及稀释剂;除漆剂 | | | | | | |
| 3814000000 | 有机复合溶剂及稀释剂,除漆剂(指其他编号未列名的) | 10 | 50 | 17 | 0 | 千克 | |
| **3815** | **其他编号未列名的反应引发剂、反应促进剂、催化剂** | | | | | | |
| 38151100 | --以镍及其化合物为活性物的 | | | | | | |
| 3815110000 | 以镍为活性物的载体催化剂(包括以镍化合物为活性物的) | 6.5 | 35 | 17 | 0 | 千克 | |
| 38151200 | --以贵金属及其化合物为活性物的 | | | | | | |
| 3815120010[暂4] | 载铂催化剂(为了从重水中回收氚或为了生产重水而专门设计或制备,用于加速氢和水之间的氢同位素交换反应) | 6.5 | 35 | 17 | 0 | 千克 | 3 |
| 3815120090[暂4] | 其他以贵金属为活性物的载体催化剂 | 6.5 | 35 | 17 | 0 | 千克 | |
| 38151900 | --其他 | | | | | | |
| 3815190000 | 其他载体催化剂 | 6.5 | 35 | 17 | 0 | 千克 | |
| 38159000 | -其他 | | | | | | |
| 3815900000 | 其他未列名的反应引发剂、促进剂(包括反应催化剂) | 6.5 | 35 | 17 | 0 | 千克 | |
| **3816** | **耐火的水泥、灰泥、混凝土及类似耐火混合制品,但品目38.01的产品除外** | | | | | | |
| 38160000 | 耐火的水泥、灰泥、混凝土及类似耐火混合制品,但品目38.01的产品除外 | | | | | | |
| 3816000000 | 耐火水泥、灰泥及类似耐火材料(耐火混凝土及类似耐火混合制品,但品目38.01的产品除外) | 6.5 | 35 | 17 | 0 | 千克 | |
| **3817** | **混合烷基苯及混合烷基萘,但品目27.07及29.02的货品除外** | | | | | | |
| 38170000 | 混合烷基苯及混合烷基萘,但品目27.07及29.02的货品除外 | | | | | | |
| 3817000000 | 混合烷基苯和混合烷基萘(品目27.07及29.02的货品除外) | 6.5 | 35 | 17 | 13 | 千克 | |
| **3818** | **经掺杂用于电子工业的化学元素,已切成圆片、薄片或类似形状;经掺杂用于电子工业的化合物** | | | | | | |
| 38180011 | ----直径≤15.24厘米的 | | | | | | |
| 3818001100 | 7.5厘米≤直径≤15.24厘米单晶硅片(经掺杂用于电子工业的) | 0 | 11 | 17 | 13 | 千克/片 | |
| 38180019 | ----其他 | | | | | | |
| 3818001900 | 直径>15.24厘米的单晶硅片(经掺杂用于电子工业的) | 0 | 11 | 17 | 13 | 千克/片 | |
| 38180090 | ---其他 | | | | | | |

| 商品编号 | 商品名称及备注 | 进口关税税率(%) | | 增值税率(%) | 出口退税率(%) | 计量单位 | 监管条件 |
|---|---|---|---|---|---|---|---|
| | | 最惠国 | 普通 | | | | |
| 3818009000 | 其他经掺杂用于工业的晶体切片(包括经掺杂用于电子工业的化学元素及化合物) | 0 | 17 | 17 | 13 | 千克 | |
| **3819** | **闸用液压油及其他液压传动用液体,不含石油或从沥青矿物提取的油类,或者按重量计石油或从沥青矿物提取的油类含量<70%** | | | | | | |
| 38190000 | 闸用液压油及其他液压传动用液体,不含石油或从沥青矿物提取的油类,或者按重量计石油或从沥青矿物提取的油类含量<70% | | | | | | |
| 3819000000 | 闸用液压油及其他液压传动用液体(按重量计石油或从矿物提取的油类含量<70%) | 6.5 | 35 | 17 | 0 | 千克 | |
| **3820** | **防冻剂及解冻剂** | | | | | | |
| 38200000 | 防冻剂及解冻剂 | | | | | | |
| 3820000000 | 防冻剂及解冻剂 | 10 | 35 | 17 | 0 | 千克 | |
| **3821** | **制成的供微生物(包括病毒及类似品)或植物、人体、动物细胞生长或维持用的培养基** | | | | | | |
| 38210000 | 制成的供微生物(包括病毒及类似品)或植物、人体、动物细胞生长或维持用的培养基 | | | | | | |
| 3821000000 | 制成的供微生物(包括病毒及类似品)生长或维持用培养基(及制成的供植物、人体或动物细胞生长或维持用的培养基) | 3 | 11 | 17 | 0 | 千克 | |
| **3822** | **附于衬背上的诊断或实验用试剂及不论是否附于衬背上的诊断或实验用配制试剂,但品日30.02及30.06的货品除外;检定参照物** | | | | | | |
| 38220010 | ---附于衬背上的 | | | | | | |
| 3822001000 | 附于衬背上的诊断或实验用试剂(包括不论是否附于衬背上的诊断或实验用配制试剂) | 4 | 35 | 17 | 13 | 千克 | AB |
| 38220090 | ---其他 | | | | | | |
| 3822009000 | 其他诊断或实验用配制试剂 | 5 | 35 | 17 | 13 | 千克 | AB |
| **3823** | **工业用单羧脂肪酸;精炼所得的酸性油;工业用脂肪醇** | | | | | | |
| 38231100 | --硬脂酸 | | | | | | |
| 3823110000 | 硬脂酸 | 16 | 50 | 17 | 13 | 千克 | |
| 38231200 | --油酸 | | | | | | |
| 3823120000[暂8] | 油酸 | 16 | 50 | 17 | 9 | 千克 | A |
| 38231300 | --妥尔油脂肪酸 | | | | | | |
| 3823130000 | 妥尔油脂肪酸 | 16 | 50 | 17 | 0 | 千克 | |
| 38231900 | --其他 | | | | | | |
| 3823190001[暂5] | 植物酸性油(酸性油仅指精炼所得的) | 16 | 50 | 17 | 0 | 千克 | |
| 3823190090 | 其他工业用单羧脂肪酸、酸性油(酸性油仅指精炼所得的) | 16 | 50 | 17 | 0 | 千克 | |
| 38237000 | -工业用脂肪醇 | | | | | | |
| 3823700000[暂9] | 工业用脂肪醇 | 13 | 50 | 17 | 0 | 千克 | |
| **3824** | **铸模及铸芯用黏合剂;其他编号未列名的化学工业及其相关工业的化学产品及配制品(包括由天然产品混合组成的)** | | | | | | |
| 38241000 | -铸模及铸芯用黏合剂 | | | | | | |
| 3824100000 | 铸模及铸芯用黏合剂 | 6.5 | 35 | 17 | 5 | 千克 | |
| 38243000 | -自身混合或与金属黏合剂混合的未烧结金属碳化物 | | | | | | |
| 3824300010 | 混合的未烧结金属碳化钨(包括自身混合或与金属黏合剂混合的) | 6.5 | 35 | 17 | 0 | 千克 | 4xy |
| 3824300090 | 其他混合的未烧结金属碳化物(包括自身混合或与金属黏合剂混合的) | 6.5 | 35 | 17 | 0 | 千克 | |
| 38244010 | ---高效减水剂 | | | | | | |
| 3824401000 | 高效减水剂 | 6.5 | 35 | 17 | 13 | 千克 | |
| 38244090 | ---其他 | | | | | | |
| 3824409000 | 其他水泥、灰泥及混凝土用添加剂 | 6.5 | 35 | 17 | 0 | 千克 | |
| 38245000 | -非耐火的灰泥及混凝土 | | | | | | |
| 3824500000 | 非耐火的灰泥及混凝土 | 6.5 | 35 | 17 | 0 | 千克 | |
| 38246000 | -编号290544以外的山梨醇 | | | | | | |
| 3824600000 | 编号290544以外的山梨醇 | 14 | 40 | 17 | 0 | 千克 | |

| 商品编号 | 商品名称及备注 | 进口关税税率(%) | | 增值税率(%) | 出口退税率(%) | 计量单位 | 监管条件 |
|---|---|---|---|---|---|---|---|
| | | 最惠国 | 普通 | | | | |
| 38247100 | --含全氯氟烃(CFCs)的,不论是否含氢氯氟烃(HCFCs)、全氟烃(PFCs)或氢氟烃(HFCs) | | | | | | |
| 3824710011 | 二氯二氟甲烷和二氟乙烷的混合物(R-500) | 6.5 | 35 | 17 | 0 | 千克 | 14ABxy |
| 3824710012 | 一氯二氟甲烷和二氯二氟甲烷的混合物(R-501) | 6.5 | 35 | 17 | 0 | 千克 | 14xy |
| 3824710013 | 一氯二氟甲烷和一氯五氟乙烷的混合物(R-502) | 6.5 | 35 | 17 | 0 | 千克 | 14ABxy |
| 3824710014 | 三氟甲烷和一氯三氟甲烷的混合物(R-503) | 6.5 | 35 | 17 | 0 | 千克 | 14ABxy |
| 3824710015 | 二氟甲烷和一氯五氟乙烷的混合物(R-504) | 6.5 | 35 | 17 | 0 | 千克 | 14xy |
| 3824710016 | 二氯二氟甲烷和一氟一氯甲烷的混合物(R-505) | 6.5 | 35 | 17 | 0 | 千克 | 14xy |
| 3824710017 | 一氟一氯甲烷和二氯四氟乙烷的混合物(R-506) | 6.5 | 35 | 17 | 0 | 千克 | 14xy |
| 3824710018 | 二氯二氟甲烷和二氯四氟乙烷的混合物(R-400) | 6.5 | 35 | 17 | 0 | 千克 | 14xy |
| 3824710090 | 其他含甲烷、乙烷或丙烷的全氯氟烃(CFCs)混合物[不论是否含甲烷、乙烷或丙烷的氢氯氟烃(HCFCs)、全氟烃(PFCs)或氢氟烃(HFCs)] | 6.5 | 35 | 17 | 0 | 千克 | |
| 38247200 | --含溴氯二氟甲烷、溴三氟甲烷或二溴四氟乙烷的 | | | | | | |
| 3824720000 | 含溴氯二氟甲烷、溴三氟甲烷或二溴四氟乙烷的混合物 | 6.5 | 35 | 17 | 0 | 千克 | |
| 38247300 | --含氢溴氟烃(HBFCs)的 | | | | | | |
| 3824730000 | 含甲烷、乙烷或丙烷的氢溴氟烃(HBFCs)的混合物 | 6.5 | 35 | 17 | 0 | 千克 | |
| 38247400 | --含氢氯氟烃(HCFCs)的,不论是否含全氟烃(PFCs)或氢氟烃(HFCs),但不含全氯氟烃(CFCs) | | | | | | |
| 3824740011 | 二氟一氯甲烷、二氟乙烷和一氯四氟乙烷的混合物(R-401) | 6.5 | 35 | 17 | 13 | 千克 | 14xy |
| 3824740012 | 五氟乙烷、丙烷和二氟一氯甲烷的混合物(R402) | 6.5 | 35 | 17 | 13 | 千克 | 14xy |
| 3824740013 | 丙烷、二氟一氯甲烷和八氟丙烷的混合物(R403) | 6.5 | 35 | 17 | 13 | 千克 | 14xy |
| 3824740014 | 二氟一氯甲烷、二氟乙烷、一氯二氟乙烷和八氟环丁烷的混合物(R405) | 6.5 | 35 | 17 | 13 | 千克 | 14xy |
| 3824740015 | 二氟一氯甲烷、2-甲基丙烷(异丁烷)和一氯二氟乙烷的混合物(R406) | 6.5 | 35 | 17 | 13 | 千克 | 14xy |
| 3824740016 | 五氟乙烷、三氟乙烷和二氟一氯甲烷的混合物(R408) | 6.5 | 35 | 17 | 13 | 千克 | 14xy |
| 3824740017 | 二氟一氯甲烷、一氯四氟乙烷和一氯二氟乙烷的混合物(R409) | 6.5 | 35 | 17 | 13 | 千克 | 14xy |
| 3824740018 | 丙烯、二氟一氯甲烷和二氟乙烷的混合物(R411) | 6.5 | 35 | 17 | 13 | 千克 | 14xy |
| 3824740019 | 二氟一氯甲烷、八氟丙烷和一氯二氟乙烷的混合物(R412) | 6.5 | 35 | 17 | 13 | 千克 | 14xy |
| 3824740021 | 二氟一氯甲烷、一氯四氟乙烷、一氯二氟乙烷和2-甲基丙烷的混合物(R414) | 6.5 | 35 | 17 | 13 | 千克 | 14xy |
| 3824740022 | 二氟一氯甲烷和二氟乙烷的混合物(R415) | 6.5 | 35 | 17 | 13 | 千克 | 14xy |
| 3824740023 | 四氟乙烷、一氯四氟乙烷和丁烷的混合物(R416) | 6.5 | 35 | 17 | 13 | 千克 | 14xy |
| 3824740024 | 丙烷、二氟一氯甲烷和二氟乙烷的混合物(R418) | 6.5 | 35 | 17 | 13 | 千克 | 14xy |
| 3824740025 | 二氟一氯甲烷和八氟丙烷的混合物(R509) | 6.5 | 35 | 17 | 13 | 千克 | 14xy |
| 3824740026 | 二氟一氯甲烷和一氯二氟乙烷的混合物 | 6.5 | 35 | 17 | 13 | 千克 | 14xy |
| 3824740090 | 其他含甲烷、乙烷或丙烷的氢氯氟烃混合物(不论是否含甲烷、乙烷或丙烷的全氟烃或氢氟烃,但不含全氯氟烃) | 6.5 | 35 | 17 | 13 | 千克 | 14xy |
| 38247500 | --含四氯化碳的 | | | | | | |
| 3824750000 | 含四氯化碳的混合物 | 6.5 | 35 | 17 | 0 | 千克 | |
| 38247600 | --含1,1,1-三氯乙烷(甲基氯仿)的 | | | | | | |
| 3824760000 | 含1,1,1-三氯乙烷(甲基氯仿)的混合物 | 6.5 | 35 | 17 | 0 | 千克 | |
| 38247700 | --含溴化甲烷(甲基溴)或溴氯甲烷的 | | | | | | |
| 3824770000 | 含溴化甲烷(甲基溴)或溴氯甲烷的混合物 | 6.5 | 35 | 17 | 0 | 千克 | |
| 38247800 | --含全氟烃(PFCs)或氢氟烃(HFCs)的,但不含全氯氟烃(CFCs)或氢氯氟烃(HCFCs)的 | | | | | | |
| 3824780000 | 含甲、乙或丙烷的全氟烃(PFCs)或氢氟烃(HFCs)混合物[但不含甲烷、乙烷或丙烷的全氯氟烃(CFCs)或氢氯氟烃(HCFCs)的混合物] | 6.5 | 35 | 17 | 13 | 千克 | |
| 38247900 | --其他 | | | | | | |

| 商品编号 | 商品名称及备注 | 进口关税税率(%) | | 增值税率(%) | 出口退税率(%) | 计量单位 | 监管条件 |
|---|---|---|---|---|---|---|---|
| | | 最惠国 | 普通 | | | | |
| 3824790000 | 其他含甲烷、乙烷或丙烷的卤化衍生物的混合物 | 6.5 | 35 | 17 | 0 | 千克 | |
| 38248100 | --含环氧乙烷(氧化乙烯)的 | | | | | | |
| 3824810000 | 含环氧乙烷(氧化乙烯)的混合物 | 6.5 | 35 | 17 | 0 | 千克 | |
| 38248200 | --含多氯联苯(PCBs)、多氯三联苯(PCTs)或多溴联苯(PBBs)的 | | | | | | |
| 3824820000 | 含多氯联苯(PCBs)、多氯三联苯(PCTs)或多溴联苯(PBBs)的混合物 | 6.5 | 35 | 17 | 0 | 千克 | X |
| 38248300 | --含三(2,3-二溴丙基)磷酸酯的 | | | | | | |
| 3824830000 | 含三(2,3-二溴丙基)磷酸酯的混合物 | 6.5 | 35 | 17 | 0 | 千克 | |
| 38248400 | --含艾氏剂(ISO)、毒杀芬(ISO)、氯丹(ISO)、十氯酮(ISO)、DDT(ISO)[滴滴涕(INN)、1,1,1-三氯-2,2-双(4-氯苯基)乙烷]、狄氏剂(ISO,INN)、硫丹(ISO)、异狄氏剂(ISO)、七氯(ISO)或灭蚁灵(ISO)的 | | | | | | |
| 3824840000 | 含艾氏剂(ISO)、毒杀芬(ISO)、氯丹(ISO)、十氯酮(ISO)、DDT(ISO)[滴滴涕(INN)、1,1,1-三氯-2,2-双(4-氯苯基)乙烷]、狄氏剂(ISO,INN)、硫丹(ISO)、异狄氏剂(ISO)、七氯(ISO)或灭蚁灵(ISO)的 | 6.5 | 35 | 17 | 0 | 千克 | |
| 38248500 | --含1,2,3,4,5,6-六氯环己烷[六六六(ISO)],包括林丹(ISO,INN)的 | | | | | | |
| 3824850000 | 含1,2,3,4,5,6-六氯环己烷[六六六(ISO)],包括林丹(ISO,INN)的 | 6.5 | 35 | 17 | 0 | 千克 | |
| 38248600 | --含五氯苯(ISO)或六氯苯(ISO)的 | | | | | | |
| 3824860000 | 含五氯苯(ISO)或六氯苯(ISO)的 | 6.5 | 35 | 17 | 5 | 千克 | |
| 38248700 | --含全氟辛基磺酸及其盐,全氟辛基磺胺或全氟辛基磺酰氯的 | | | | | | |
| 3824870000 | 含全氟辛基磺酸及其盐,全氟辛基磺胺或全氟辛基磺酰氯的 | 6.5 | 35 | 17 | 5 | 千克 | |
| 38248800 | --含四、五、六、七或八溴联苯醚的 | | | | | | |
| 3824880000 | 含四、五、六、七或八溴联苯醚的 | 6.5 | 35 | 17 | 5 | 千克 | |
| 38249100 | --主要由(5-乙基-2-甲基-2氧代-1,3,2-二氧磷杂环己-5-基)甲基膦酸二甲酯和双[(5-乙基-2-甲基-2氧代-1,3,2-二氧磷杂环己-5-基)甲基]甲基膦酸酯(阻燃剂FRC-1)组成的混合物及制品 | | | | | | |
| 3824910000 | 主要由(5-乙基-2-甲基-2氧代-1,3,2-二氧磷杂环己-5-基)甲基膦酸二甲酯和双[(5-乙基-2-甲基-2氧代-1,3,2-二氧磷杂环己-5-基)甲基]甲基膦酸酯(阻燃剂FRC-1)组成的混合物及制品 | 6.5 | 35 | 17 | 5 | 千克 | |
| 38249910 | ---杂醇油 | | | | | | |
| 3824991000 | 杂醇油 | 6.5 | 40 | 17 | 0 | 千克 | |
| 38249920 | ---除墨剂、蜡纸改正液及类似品 | | | | | | |
| 3824992000 | 除墨剂、蜡纸改正液及类似品 | 9 | 80 | 17 | 0 | 千克 | |
| 38249930 | ---增炭剂 | | | | | | |
| 3824993000 | 增炭剂 | 6.5 | 35 | 17 | 0 | 千克 | |
| 38249991 | ----按重量计滑石含量>50%的混合物 | | | | | | |
| 3824999100 | 按重量计滑石含量>50%的混合物 | 6.5 | 35 | 17 | 0 | 千克 | 4xy |
| 38249992 | ----按重量计氧化镁含量>70%的混合物 | | | | | | |
| 3824999200 | 按重量计氧化镁含量>70%的混合物 | 6.5 | 35 | 17 | 0 | 千克 | 4xy |
| 38249993 | ----表面包覆钴化物的氢氧化镍(掺杂碳) | | | | | | |
| 3824999300 | 表层包覆钴化合物的氢氧化镍(掺杂碳) | 6.5 | 35 | 17 | 5 | 千克 | |
| 38249999 | ----其他 | | | | | | |
| 3824999910 | 粗制碳化硅[其中碳化硅含量>15%(按重量计)] | 6.5 | 35 | 17 | 0 | 千克 | y4x |
| 3824999920 | 混胺(二甲胺和三乙胺混合物的水溶液) | 6.5 | 35 | 17 | 0 | 千克 | 3 |
| 3824999930 | 氰化物的混合物 | 6.5 | 35 | 17 | 0 | 千克 | X |
| 3824999940 | 膨胀石墨 | 6.5 | 35 | 17 | 0 | 千克 | 3 |
| 3824999950 | 三乙醇胺混合物、甲基二乙醇胺混合物、环状膦酸酯A和环状膦酸酯B的混合物 | 6.5 | 35 | 17 | 5 | 千克 | 23 |
| 3824999960[暂0] | 高钛渣(二氧化钛质量百分含量>70%的) | 6.5 | 35 | 17 | 0 | 千克 | |

| 商品编号 | 商品名称及备注 | 进口关税税率(%) | | 增值税率(%) | 出口退税率(%) | 计量单位 | 监管条件 |
|---|---|---|---|---|---|---|---|
| | | 最惠国 | 普通 | | | | |
| 3824999970 | 核苷酸类食品添加剂 | 6.5 | 35 | 17 | 5 | 千克 | AB |
| 3824999980[暂3] | 按重量计氧化锌含量≥50%的混合物 | 6.5 | 35 | 17 | 0 | 千克 | |
| 3824999990 | 其他编号未列名的化工产品[包括水解物或水解料、DMC(六甲基环三硅氧烷、八甲基环四硅氧烷、十甲基环五硅氧烷、十二甲基环六硅氧烷中任何2种、3种或4种组成的混合物)] | 6.5 | 35 | 17 | 5 | 千克 | |
| **3825** | **其他编号未列名的化学工业及其相关工业的副产品;城市垃圾;下水道淤泥;本章注释六所规定的其他废物** | | | | | | |
| 38251000 | -城市垃圾 | | | | | | |
| 3825100000 | 城市垃圾(包括未经分拣的混合生活垃圾) | 6.5 | 35 | 17 | 0 | 千克 | 9 |
| 38252000 | -下水道淤泥 | | | | | | |
| 3825200000 | 下水道淤泥 | 6.5 | 35 | 17 | 0 | 千克 | 9 |
| 38253000 | -医疗废物 | | | | | | |
| 3825300000 | 医疗废物 | 6.5 | 35 | 17 | 0 | 千克 | 9 |
| 38254100 | --卤化物的 | | | | | | |
| 3825410000 | 废卤化物的有机溶剂 | 6.5 | 35 | 17 | 0 | 千克 | 9 |
| 38254900 | --其他 | | | | | | |
| 3825490000 | 其他废有机溶剂 | 6.5 | 35 | 17 | 0 | 千克 | 9 |
| 38255000 | -废的金属酸液、液压油、制动油及防冻液 | | | | | | |
| 3825500000 | 废的金属酸洗液、液压油及制动油(还包括废的防冻液) | 6.5 | 35 | 17 | 0 | 千克 | 9 |
| 38256100 | --主要含有有机成分的 | | | | | | |
| 3825610000 | 主要含有有机成分的化工废物(其他化学工业及相关工业的废物) | 6.5 | 35 | 17 | 0 | 千克 | 9 |
| 38256900 | --其他 | | | | | | |
| 3825690000 | 其他化工废物(其他化学工业及相关工业的废物) | 6.5 | 35 | 17 | 0 | 千克 | 9 |
| 38259000 | -其他 | | | | | | |
| 3825900010 | 浓缩糖蜜发酵液 | 6.5 | 35 | 17 | 0 | 千克 | AB/A❶ |
| 3825900090 | 其他商品编号未列名化工副产品及废物 | 6.5 | 35 | 17 | 0 | 千克 | 9 |
| **3826** | **生物柴油及其混合物,不含或含有按重量计低于70%的石油或从沥青矿物提取的油类** | | | | | | |
| 38260000 | 生物柴油及其混合物,不含或含有按重量计低于70%的石油或从沥青矿物提取的油类 | | | | | | |
| 3826000001 | 纯生物柴油 | 6.5 | 35 | 17 | 0 | 千克/升 | |
| 3826000090 | 其他生物柴油及其混合物 | 6.5 | 35 | 17 | 0 | 千克/升 | |

❶ 监管条件中,"/"左边的监管条件截止日期为2018年1月31日,"/"右边的监管条件有效日期为2018年2月1日~2999年12月31日。

# 第七类　塑料及其制品;橡胶及其制品

注释:

一、由两种或两种以上单独成分配套的货品,其部分或全部成分属于本类范围以内,混合后则构成第六类或第七类的货品,应按混合后产品归入相应的品目,但其组成成分必须同时符合下列条件:

(一)其包装形式足以表明这些成分不需经过改装就可以一起使用的;

(二)一起进口或出口的;

(三)这些成分的属性及相互比例足以表明是相互配用的。

二、除品目39.18或39.19的货品外,印有花纹、文字、图画的塑料、橡胶及其制品,如果所印花纹、字画作为其主要用途,应归入第四十九章。

## 第三十九章　塑料及其制品

注释:

一、本手册所称"塑料",是指品目39.01至39.14的材料,这些材料能够在聚合时或聚合后在外力(一般是热力和压力,必要时加入溶剂或增塑剂)作用下通过模制、浇铸、挤压、滚轧或其他工序制成一定的形状,成形后除去外力,其形状仍保持不变。

本手册所称"塑料",还应包括钢纸,但不包括第十一类的纺织材料。

二、本章不包括:

(一)品目27.10或34.03的润滑剂;

(二)品目27.12或34.04的蜡;

(三)单独的已有化学定义的有机化合物(第二十九章);

(四)肝素及其盐(品目30.01);

(五)品目39.01至39.13所列任何产品溶于挥发性有机溶剂的溶液(火胶棉除外),但溶剂的重量必须超过溶液重量的50%(品目32.08);品目32.12的压印箔;

(六)有机表面活性剂或品目34.02的制剂;

(七)再熔胶及酯胶(品目38.06);

(八)配制的添加剂,用于矿物油(包括汽油)或与矿物油同样用途的其他液体(品目38.11);

(九)以第三十九章的聚乙二醇、聚硅氧烷或其他聚合物为基本成分的液压用液体(品目38.19);

(十)有塑料衬背的诊断或实验用试剂(品目38.22);

(十一)第四十章规定的合成橡胶及其制品;

(十二)鞍具及挽具(品目42.01)、品目42.02的衣箱、提箱、手提包及其他容器;

(十三)第四十六章的缏条、编结品及其他制品;

(十四)品目48.14的壁纸;

(十五)第十一类的货品(纺织原料及纺织制品);

(十六)第十二类的物品(例如,鞋靴、帽类、雨伞、阳伞、手杖、鞭子、马鞭及其零件);

(十七)品目71.17的仿首饰;

(十八)第十六类的物品(机器、机械器具或电气器具);

(十九)第十七类的航空器零件及车辆零件;

(二十)第九十章的物品(例如,光学元件、眼镜架及绘图仪器);

(二十一)第九十一章的物品(例如,钟壳及表壳);

(二十二)第九十二章的物品(例如,乐器及其零件);

(二十三)第九十四章的物品(例如,家具、灯具、照明装置、灯箱及活动房屋);

(二十四)第九十五章的物品(例如,玩具、游戏品及运动用品);

(二十五)第九十六章的物品(例如,刷子、纽扣、拉链、梳子、烟斗的嘴及柄、香烟嘴及类似品、保温瓶的零件及类似品、钢笔、活动铅笔、独脚架、双脚架、三角架及类似品)。

三、品目39.01至39.11仅适用于化学合成的下列货品:

(一)温度在300℃时,压力转为1013毫巴后减压蒸馏出以体积计小于60%的液体合成聚烯烃(品目39.01及39.02);

(二)非高度聚合的苯并呋喃—茚式树脂(品目39.11);

(三)平均至少有五个单体单元的其他合成聚合物;

(四)聚硅氧烷(品目39.10);

(五)甲阶酚醛树脂(品目39.09)及其他预聚物。

四、所称"共聚物",包括在整个聚合物中按重量计没有一种单体单元的含量在95%及以上的各种聚合物。

在本章中,除条文另有规定以外,共聚物(包括共缩聚物、共加聚物、嵌段共聚物及接枝共聚合物)及聚合物混合体应按聚合物中重量最大的那种共聚单体单元所构成的聚合物的品目归类。在本注释中,归入同一品目的聚合物的共聚单体单元应作为一种单体单元对待。

如果没有任何一种共聚单体单元重量为最大,共聚物或聚合物混合体应按号列顺序归入其可归入的最后一个品目。

五、化学改性聚合物,即聚合物主链上的支链通过化学反应发生了变化的聚合物,应按未改性的聚合物的相应品目归类。本规定不适用于接枝共聚物。

六、品目39.01至39.14所称"初级形状",只限于下列各种形状:

(　)液状及糊状,包括分散体(乳浊液及悬浮液)及溶液;

(二)不规则形状的块,团、粉(包括压型粉)、颗粒、粉片及类似的散装形状。

七、品目39.15不适用于已制成初级形状的单一的热塑材料废碎料及下脚料(品目39.01至39.14)。

八、品目39.17所称"管子",是指通常用于输送或供给气体或液体的空心制品或半制品(例如,肋纹浇花软管、多孔管),还包括香肠用肠衣及其他扁平管。除肠衣及扁平管外,内截面如果不呈圆形、椭圆形、矩形(其长度不超过宽度的1.5倍)或正几何形,则不能视为管子,而应作为异型材。

九、品目39.18所称"塑料糊墙品",适用于墙壁或天花板装饰用的宽度不小于45厘米的成卷产品,这类产品是将塑料牢固地附着在除纸张以外任何材料的衬背上,并且在塑料面起纹、压花、着色、印制图案或用其他方法装饰。

十、品目39.20及39.21所称"板、片、膜、箔、扁条",只适用于未切割或仅切割成矩形(包括正方形,含切割后即可供使用的),但未经进一步加工的板、片、膜、箔、扁条(第五十四章的物品除外)及正几何形块,不论是否经过印制或其他表面加工。

十一、品目39.25只适用于第二分章以前各品目未包括的下列物品:

(一)容量超过300升的囤、柜(包括化粪池)、罐、桶及类似容器;

(二)用于地板、墙壁、隔墙、天花板或屋顶等方面的结构件;

(三)槽管及其附件;

(四)门、窗及其框架和门槛;

(五)阳台、栏杆、栅栏、栅门及类似品;

(六)窗板、百叶窗(包括威尼斯式百叶窗)或类似品及其零件、附件;

(七)商店、工棚、仓库等用的拼装式固定大型货架;

(八)建筑用的特色(例如,凹槽、圆顶及鸽棚式)装饰件;

(九)固定装于门窗、楼梯、墙壁或建筑物其他部位的附件及架座,例如,球形把手、拉手、挂钩、托架、毛巾架、开关板及其他护板。

**子目注释:**

一、属于本章任一品目项下的聚合物(包括共聚物)及化学改性聚合物应按下列规则归类:

(一)在同一组子目中有一个其他子目的:

1.子目所列聚合物名称冠有"聚(多)"的(例如,聚乙烯及聚酰胺-6,6),是指列名的该种聚合物单体单元含量在整个聚合物中按重量计必须占95%及以上。

2.子目3901.30、3901.40、3903.20、3903.30及3904.30所列的共聚物,如果该种共聚单体单元含量在整个聚合物中按重量计占95%及以上,应归入上述子目。

3.化学改性聚合物如未在其他子目具体列名,应归入列明为"其他"的子目内。

4.不符合上述1、2、3款规定的聚合物,应按聚合物中重量最大的那种单体单元(与其他各种单一的共聚单体单元相比)所构成的聚合物归入该级其他相应子目。为此,归入同一子目的聚合物单体单元应作为一种单体单元对待。只有在同级子目中的聚合物共聚单体单元才可以进行比较。

(二)在同一组子目中没有"其他"子目的:

1. 聚合物应按聚合物中重量最大的那种单体单元(与其他各种单一的共聚单体单元相比)所构成的聚合物归入该组其他相应子目。为此,归入同一子目的聚合物单体单元应作为一种单体单元对待。只有在同一组子目中的聚合物共聚单体单元才可以进行比较;

2. 化学改性聚合物应按相应的未改性聚合物的子目归类。

聚合物混合体应按单体单元比例相等、种类相同的聚合物归入相应子目。

二、子目3920.43所称增塑剂,包括次级增塑剂。

| 商品编号 | 商品名称及备注 | 进口关税税率(%) | | 增值税率(%) | 出口退税率(%) | 计量单位 | 监管条件 |
|---|---|---|---|---|---|---|---|
| | | 最惠国 | 普通 | | | | |
| **3901** | **初级形状的乙烯聚合物** | | | | | | |
| 39011000 | -聚乙烯,比重<0.94 | | | | | | |
| 3901100001[暂3] | 初级形状比重<0.94的聚乙烯(进口CIF价>3800美元/吨) | 6.5 | 45 | 17 | 13 | 千克 | |
| 3901100090 | 初级形状比重<0.94的聚乙烯 | 6.5 | 45 | 17 | 13 | 千克 | |
| 39012000 | -聚乙烯,比重≥0.94 | | | | | | |
| 3901200001[暂3] | 初级形状比重≥0.94的聚乙烯(进口CIF价>3800美元/吨) | 6.5 | 45 | 17 | 13 | 千克 | |
| 3901200090 | 初级形状比重≥0.94的聚乙烯 | 6.5 | 45 | 17 | 13 | 千克 | |
| 39013000 | -乙烯-乙酸乙烯酯共聚物 | | | | | | |
| 3901300000 | 初级形状乙烯-乙酸乙烯酯共聚物 | 6.5 | 45 | 17 | 5 | 千克 | |
| 39014010 | ---乙烯-丙烯共聚物(乙丙橡胶) | | | | | | |
| 3901401000 | 乙烯-丙烯共聚物(乙丙橡胶),比重<0.94(初级形状,乙烯单体单元的含量大于丙烯单体单元) | 6.5 | 45 | 17 | 5 | 千克 | |
| 39014020 | ---线型低密度聚乙烯 | | | | | | |
| 3901402000 | 线型低密度聚乙烯,比重<0.94(初级形状的) | 6.5 | 45 | 17 | 13 | 千克 | |
| 39014090 | ---其他 | | | | | | |
| 3901409000 | 其他乙烯-α-烯烃共聚物,比重<0.94 | 6.5 | 45 | 17 | 13 | 千克 | |
| 39019010 | ---乙烯-丙烯共聚物(乙丙橡胶) | | | | | | |
| 3901901000 | 其他乙烯-丙烯共聚物(乙丙橡胶)(初级形状,乙烯单体单元的含量大于丙烯单体单元) | 6.5 | 45 | 17 | 5 | 千克 | |
| 39019090 | ---其他 | | | | | | |
| 3901909000 | 其他初级形状的乙烯聚合物 | 6.5 | 45 | 17 | 13 | 千克 | |
| **3902** | **初级形状的丙烯或其他烯烃聚合物** | | | | | | |
| 39021000 | -聚丙烯 | | | | | | |
| 3902100010[暂3] | 电工级初级形状聚丙烯树脂(灰分含量≤30ppm) | 6.5 | 45 | 17 | 13 | 千克 | |
| 3902100090 | 其他初级形状的聚丙烯 | 6.5 | 45 | 17 | 13 | 千克 | |
| 39022000 | -聚异丁烯 | | | | | | |

| 商品编号 | 商品名称及备注 | 进口关税税率(%) | | 增值税率(%) | 出口退税率(%) | 计量单位 | 监管条件 |
|---|---|---|---|---|---|---|---|
| | | 最惠国 | 普通 | | | | |
| 3902200000 | 初级形状的聚异丁烯 | 6.5 | 45 | 17 | 5 | 千克 | AB/A❶ |
| 39023010 | ---乙烯-丙烯共聚物(乙丙橡胶) | | | | | | |
| 3902301000 | 乙烯—丙烯共聚物(乙丙橡胶)(丙烯单体单元的含量大于乙烯单体单元) | 6.5 | 45 | 17 | 5 | 千克 | |
| 39023090 | ---其他 | | | | | | |
| 3902309000 | 其他初级形状的丙烯共聚物 | 6.5 | 45 | 17 | 5 | 千克 | |
| 39029000 | -其他 | | | | | | |
| 3902900010 | 端羧基聚丁二烯,CTPB(做粘接剂或燃料) | 6.5 | 45 | 17 | 5 | 千克 | 3 |
| 3902900020 | 端羟基聚丁二烯,HTPB(做粘接剂或燃料) | 6.5 | 45 | 17 | 5 | 千克 | 3 |
| 3902900090 | 其他初级形状的烯烃聚合物 | 6.5 | 45 | 17 | 5 | 千克 | |
| **3903** | **初级形状的苯乙烯聚合物** | | | | | | |
| 39031100 | --可发性的 | | | | | | |
| 3903110000 | 初级形状的可发性聚苯乙烯 | 6.5 | 45 | 17 | 5 | 千克 | |
| 39031910 | ---改性的 | | | | | | |
| 3903191000 | 改性的初级形状的非可发性的聚苯乙烯 | 6.5 | 45 | 17 | 13 | 千克 | |
| 39031990 | ---其他 | | | | | | |
| 3903199000 | 其他初级形状的聚苯乙烯 | 6.5 | 45 | 17 | 5 | 千克 | |
| 39032000 | -苯乙烯-丙烯腈(SAN)共聚物 | | | | | | |
| 3903200000 | 初级形状苯乙烯—丙烯腈共聚物 | 12 | 45 | 17 | 5 | 千克 | |
| 39033010 | ---改性的 | | | | | | |
| 3903301000 | 改性的丙烯腈—丁二烯—苯乙烯共聚物(初级形状的 ABS 树脂) | 6.5 | 45 | 17 | 13 | 千克 | |
| 39033090 | ---其他 | | | | | | |
| 3903309000 | 其他丙烯腈—丁二烯—苯乙烯共聚物(初级形状的 ABS 树脂) | 6.5 | 45 | 17 | 5 | 千克 | |
| 39039000 | -其他 | | | | | | |
| 3903900000 | 初级形状的其他苯乙烯聚合物 | 6.5 | 45 | 17 | 5 | 千克 | |
| **3904** | **初级形状的氯乙烯或其他卤化烯烃聚合物** | | | | | | |
| 39041010 | ---糊树脂 | | | | | | |
| 3904101000 | 聚氯乙烯糊树脂(纯指未掺其他物质) | 6.5 | 45 | 17 | 13 | 千克 | |
| 39041090 | ---其他 | | | | | | |
| 3904109001 | 聚氯乙烯纯粉(纯指未掺其他物质) | 6.5 | 45 | 17 | 13 | 千克 | |
| 3904109090 | 其他初级形状的纯聚氯乙烯(纯指未掺其他物质) | 6.5 | 45 | 17 | 13 | 千克 | |
| 39042100 | --未塑化 | | | | | | |
| 3904210000 | 初级形状未塑化的聚氯乙烯 | 6.5 | 45 | 17 | 13 | 千克 | |
| 39042200 | --已塑化 | | | | | | |
| 3904220000 | 初级形状已塑化的聚氯乙烯 | 6.5 | 45 | 17 | 13 | 千克 | |
| 39043000 | -氯乙烯-乙酸乙烯酯共聚物 | | | | | | |
| 3904300000 | 氯乙烯-乙酸乙烯酯共聚物(初级形状的) | 9 | 45 | 17 | 5 | 千克 | |
| 39044000 | -其他氯乙烯共聚物 | | | | | | |
| 3904400000 | 初级形状的其他氯乙烯共聚物 | 12 | 45 | 17 | 5 | 千克 | |
| 39045000 | -偏二氯乙烯聚合物 | | | | | | |
| 3904500010 | 偏二氯乙烯-氯乙烯共聚树脂 | 6.5 | 45 | 17 | 5 | 千克 | |
| 3904500090 | 其他偏二氯乙烯聚合物 | 6.5 | 45 | 17 | 5 | 千克 | |
| 39046100 | --聚四氟乙烯 | | | | | | |
| 3904610000 | 初级形状的聚四氟乙烯 | 10 | 45 | 17 | 13 | 千克 | |
| 39046900 | --其他 | | | | | | |

❶ 监管条件中,“/”左边的监管条件截止日期为2018年1月31日,“/”右边的监管条件有效日期为2018年2月1日~2999年12月31日。

| 商品编号 | 商品名称及备注 | 进口关税税率(%) | | 增值税率(%) | 出口退税率(%) | 计量单位 | 监管条件 |
|---|---|---|---|---|---|---|---|
| | | 最惠国 | 普通 | | | | |
| 3904690000 | 初级形状的其他氟聚合物 | 6.5 | 45 | 17 | 13 | 千克 | |
| 39049000 | -其他 | | | | | | |
| 3904900000 | 初级形状的其他卤化烯烃聚合物 | 10 | 45 | 17 | 5 | 千克 | |
| **3905** | **初级形状的乙酸乙烯酯或其他乙烯酯聚合物;初级形状的其他乙烯基聚合物** | | | | | | |
| 39051200 | --水分散体 | | | | | | |
| 3905120000 | 聚乙酸乙烯酯的水分散体 | 10 | 45 | 17 | 5 | 千克 | |
| 39051900 | --其他 | | | | | | |
| 3905190000 | 其他初级形状聚乙酸乙烯酯 | 10 | 45 | 17 | 5 | 千克 | |
| 39052100 | --水分散体 | | | | | | |
| 3905210000 | 乙酸乙烯酯共聚物的水分散体 | 10 | 45 | 17 | 5 | 千克 | |
| 39052900 | --其他 | | | | | | |
| 3905290000 | 其他初级形状的乙酸乙烯酯共聚物 | 10 | 45 | 17 | 5 | 千克 | |
| 39053000 | -聚乙烯醇,不论是否含有未水解的乙酸酯基 | | | | | | |
| 3905300000 | 初级形状的聚乙烯醇(不论是否含有未水解的乙酸酯基) | 14 | 45 | 17 | 5 | 千克 | AB/A❶ |
| 39059100 | --共聚物 | | | | | | |
| 3905910000 | 其他乙烯酯或乙烯基的共聚物(初级形状的) | 10 | 45 | 17 | 5 | 千克 | |
| 39059900 | --其他 | | | | | | |
| 3905990000 | 其他乙烯酯或乙烯基的聚合物(初级形状的,共聚物除外) | 10 | 45 | 17 | 5 | 千克 | |
| **3906** | **初级形状的丙烯酸聚合物** | | | | | | |
| 39061000 | -聚甲基丙烯酸甲酯 | | | | | | |
| 3906100000 | 初级形状的聚甲基丙烯酸甲酯 | 6.5 | 45 | 17 | 13 | 千克 | |
| 39069010 | ---聚丙烯酰胺 | | | | | | |
| 3906901000 | 聚丙烯酰胺 | 6.5 | 45 | 17 | 5 | 千克 | AB/A❶ |
| 39069090 | ---其他 | | | | | | |
| 3906909000 | 其他初级形状的丙烯酸聚合物 | 6.5 | 45 | 17 | 5 | 千克 | |
| **3907** | **初级形状的聚缩醛、其他聚醚及环氧树脂;初级形状的聚碳酸酯、醇酸树脂、聚烯丙基酯及其他聚酯** | | | | | | |
| 39071010 | ---聚甲醛 | | | | | | |
| 3907101010 | 聚甲醛(均聚聚甲醛及改性聚甲醛除外) | 6.5 | 45 | 17 | 13 | 千克 | |
| 3907101090 | 其他聚甲醛 | 6.5 | 45 | 17 | 13 | 千克 | |
| 39071090 | ---其他 | | | | | | |
| 3907109010 | 共聚聚甲醛(改性聚甲醛除外) | 6.5 | 45 | 17 | 5 | 千克 | |
| 3907109090 | 其他聚缩醛 | 6.5 | 45 | 17 | 5 | 千克 | |
| 39072010 | ---聚四亚甲基醚二醇 | | | | | | |
| 3907201000[暂3] | 聚四亚甲基醚二醇 | 6.5 | 45 | 17 | 5 | 千克 | |
| 39072090 | ---其他 | | | | | | |
| 3907209000 | 初级形状的其他聚醚 | 6.5 | 45 | 17 | 13 | 千克 | |
| 39073000 | -环氧树脂 | | | | | | |
| 3907300010[暂4] | 初级形状溴质量≥18%或进口CIF价>3800美元/吨的环氧树脂(如溶于溶剂,以纯环氧树脂折算溴的百分比含量) | 6.5 | 45 | 17 | 5 | 千克 | A |
| 3907300090 | 初级形状的环氧树脂(溴重量百分比含量<18%) | 6.5 | 45 | 17 | 5 | 千克 | AB |
| 39074000 | -聚碳酸酯 | | | | | | |
| 3907400000[暂3] | 初级形状的聚碳酸酯 | 6.5 | 45 | 17 | 13 | 千克 | |
| 39075000 | -醇酸树脂 | | | | | | |

❶ 监管条件中,"/"左边的监管条件截止日期为2018年1月31日,"/"右边的监管条件有效日期为2018年2月1日~2999年12月31日。

| 商品编号 | 商品名称及备注 | 进口关税税率(%) | | 增值税率(%) | 出口退税率(%) | 计量单位 | 监管条件 |
|---|---|---|---|---|---|---|---|
| | | 最惠国 | 普通 | | | | |
| 3907500000 | 初级形状的醇酸树脂 | 10 | 45 | 17 | 5 | 千克 | AB |
| 39076110 | ---切片 | | | | | | |
| 3907611000 | 聚对苯二甲酸乙二酯切片,黏数在78毫升/克或以上 | 6.5 | 45 | 17 | 13 | 千克 | |
| 39076190 | ---其他 | | | | | | |
| 3907619000 | 其他初级形状聚对苯二甲酸乙二酯,黏数在78毫升/克或以上 | 6.5 | 45 | 17 | 13 | 千克 | |
| 39076910 | ---切片 | | | | | | |
| 3907691000 | 其他聚对苯二甲酸乙二酯切片,黏数在78毫升/克以下 | 6.5 | 45 | 17 | 13 | 千克 | |
| 39076990 | ---其他 | | | | | | |
| 3907699000 | 其他初级形状聚对苯二甲酸乙二酯,黏数在78毫升/克以下 | 6.5 | 45 | 17 | 13 | 千克 | |
| 39077000 | -聚乳酸 | | | | | | |
| 3907700000[暂3] | 初级形状的聚乳酸 | 6.5 | 45 | 17 | 5 | 千克 | |
| 39079100 | --不饱和 | | | | | | |
| 3907910000 | 初级形状的不饱和聚酯 | 6.5 | 45 | 17 | 5 | 千克 | |
| 39079910 | ---聚对苯二甲酸丁二酯 | | | | | | |
| 3907991001 | 未经增强或改性的初级形状PBT树脂 | 6.5 | 45 | 17 | 13 | 千克 | |
| 3907991090 | 其他聚对苯二甲酸丁二酯 | 6.5 | 45 | 17 | 13 | 千克 | |
| 39079991 | ----聚对苯二甲酸-己二酸-丁二醇酯 | | | | | | |
| 3907999110 | 初级形状的热塑性液晶聚对苯二甲酸-己二醇-丁二醇酯 | 4.3/3.3* | 45 | 17 | 5 | 千克 | AB |
| 3907999190 | 其他初级形状的聚对苯二甲酸-己二醇-丁二醇酯 | 6.5 | 45 | 17 | 5 | 千克 | AB |
| 39079999 | ----其他 | | | | | | |
| 3907999910 | 初级形状的热塑性液晶其他聚酯 | 4.3/3.3* | 45 | 17 | 5 | 千克 | AB |
| 3907999990 | 初级形状的其他聚酯 | 6.5 | 45 | 17 | 5 | 千克 | AB |
| **3908** | **初级形状的聚酰胺** | | | | | | |
| 39081011 | ----聚酰胺-6,6切片 | | | | | | |
| 3908101101 | 聚酰胺-6,6切片 | 6.5 | 45 | 17 | 13 | 千克 | |
| 3908101190 | 改性聚酰胺-6,6切片(经螺杆二次混炼加入玻璃纤维、矿物质、增韧剂、阻燃剂的改性聚酰胺-6,6切片) | 6.5 | 45 | 17 | 13 | 千克 | |
| 39081012 | ----聚酰胺-6切片 | | | | | | |
| 3908101200 | 聚酰胺-6切片(锦纶6切片) | 6.5 | 45 | 17 | 13 | 千克 | |
| 39081019 | ----其他 | | | | | | |
| 3908101900 | 其他聚酰胺切片(包括聚酰胺-11、-12、-6,9、-6,10、-6,12) | 6.5 | 45 | 17 | 13 | 千克 | |
| 39081090 | ---其他 | | | | | | |
| 3908109000 | 其他初级形状的聚酰胺-6,6等(包括聚酰胺-6、-6,9、-6,10、-6,12、-11、-12) | 6.5 | 45 | 17 | 5 | 千克 | |
| 39089010 | ---芳香族聚酰胺及其共聚物 | | | | | | |
| 3908901000 | 初级形状的芳香族聚酰胺及其共聚物 | 10 | 45 | 17 | 5 | 千克 | |
| 39089020 | ---半芳香族聚酰胺及其共聚物 | | | | | | |
| 3908902000 | 初级形状的半芳香族聚酰胺及其共聚物 | 10 | 45 | 17 | 5 | 千克 | |
| 39089090 | ---其他 | | | | | | |
| 3908909000 | 初级形状的其他聚酰胺 | 10 | 45 | 17 | 5 | 千克 | |
| **3909** | **初级形状的氨基树脂、酚醛树脂及聚氨酯类** | | | | | | |
| 39091000 | -尿素树脂;硫尿树脂 | | | | | | |
| 3909100000 | 初级形状的尿素树脂及硫尿树脂 | 6.5 | 45 | 17 | 5 | 千克 | |
| 39092000 | -蜜胺树脂 | | | | | | |
| 3909200000 | 初级形状的蜜胺树脂 | 6.5 | 45 | 17 | 5 | 千克 | |

* 最惠国税率中,"/"左边的税率截止日期为2018年6月30日,"/"右边的税率有效日期为2018年7月1日~2999年12月31日。

| 商品编号 | 商品名称及备注 | 进口关税税率(%) | | 增值税率(%) | 出口退税率(%) | 计量单位 | 监管条件 |
|---|---|---|---|---|---|---|---|
| | | 最惠国 | 普通 | | | | |
| 39093100 | --聚(亚甲基苯基异氰酸酯)(粗MDI、聚合MDI) | | | | | | |
| 3909310000 | 聚(亚甲基苯基异氰酸酯)(聚合MDI或粗MDI) | 6.5 | 35 | 17 | 17 | 千克 | |
| 39093900 | --其他 | | | | | | |
| 3909390000 | 其他初级形状的氨基树脂 | 6.5 | 45 | 17 | 5 | 千克 | AB |
| 39094000 | -酚醛树脂 | | | | | | |
| 3909400000 | 初级形状的酚醛树脂 | 6.5 | 45 | 17 | 5 | 千克 | AB |
| 39095000 | -聚氨基甲酸酯 | | | | | | |
| 3909500000 | 初级形状的聚氨基甲酸酯 | 6.5 | 45 | 17 | 13 | 千克 | AB |
| **3910** | **初级形状的聚硅氧烷** | | | | | | |
| 39100000 | 初级形状的聚硅氧烷 | | | | | | |
| 3910000000 | 初级形状的聚硅氧烷 | 6.5 | 45 | 17 | 13 | 千克 | |
| **3911** | **初级形状的石油树脂、苯并呋喃-茚树脂、多萜树脂、多硫化物、聚砜及本章注释三所规定的其他编号未列名产品** | | | | | | |
| 39111000 | -石油树脂、苯并呋喃树脂、茚树脂、苯并呋喃-茚树脂及多萜树脂 | | | | | | |
| 3911100000 | 初级形状的石油树脂等(等指苯并呋喃树脂、茚树脂、苯并呋喃—茚树脂及多萜树脂) | 6.5 | 45 | 17 | 5 | 千克 | |
| 39119000 | -其他 | | | | | | |
| 3911900001[暂3] | 芳基酸与芳基胺预缩聚物 | 6.5 | 45 | 17 | 5 | 千克 | |
| 3911900003[暂3] | 改性三羟乙基脲酸酯类预缩聚物 | 6.5 | 45 | 17 | 5 | 千克 | |
| 3911900004 | 聚苯硫醚 | 6.5 | 45 | 17 | 13 | 千克 | |
| 3911900005[暂3] | 偏苯三酸酐和异氰酸预缩聚物 | 6.5 | 45 | 17 | 5 | 千克 | |
| 3911900090 | 其他初级形状的多硫化物、聚砜等(等包括本章注释三所规定的其他编号未列名产品) | 6.5 | 45 | 17 | 13 | 千克 | |
| **3912** | **初级形状的其他编号未列名的纤维素及其化学衍生物** | | | | | | |
| 39121100 | --未塑化 | | | | | | |
| 3912110000 | 初级形状的未塑化醋酸纤维素 | 6.5 | 40 | 17 | 0 | 千克 | |
| 39121200 | --已塑化 | | | | | | |
| 3912120000 | 初级形状的已塑化醋酸纤维素 | 6.5 | 40 | 17 | 0 | 千克 | |
| 39122000 | -硝酸纤维素(包括胶棉) | | | | | | |
| 3912200000 | 初级形状的硝酸纤维素(包括棉胶) | 6.5 | 45 | 17 | 0 | 千克 | |
| 39123100 | --羧甲基纤维素及其盐 | | | | | | |
| 3912310000 | 初级形状的羧甲基纤维素及其盐 | 6.5 | 45 | 17 | 0 | 千克 | |
| 39123900 | --其他 | | | | | | |
| 3912390000 | 初级形状的其他纤维素醚 | 6.5 | 45 | 17 | 0 | 千克 | |
| 39129000 | -其他 | | | | | | |
| 3912900000 | 初级形状的其他未列名的纤维素(包括化学衍生物) | 6.5 | 45 | 17 | 0 | 千克 | |
| **3913** | **初级形状的其他编号未列名的天然聚合物(例如,藻酸)及改性天然聚合物(例如,硬化蛋白、天然橡胶的化学衍生物)** | | | | | | |
| 39131000 | -藻酸及其盐和酯 | | | | | | |
| 3913100000 | 初级形状的藻酸及盐和酯 | 10 | 45 | 17 | 0 | 千克 | AB |
| 39139000 | -其他 | | | | | | |
| 3913900011 | 香菇多糖 | 6.5 | 50 | 17 | 13 | 千克 | S |
| 3913900090 | 其他初级形状的未列名天然聚合物[包括改性天然聚合物(如硬化蛋白)] | 6.5 | 50 | 17 | 13 | 千克 | |
| **3914** | **初级形状的离子交换剂,以品目39.01至39.13的聚合物为基本成分的** | | | | | | |
| 39140000 | 初级形状的离子交换剂,以品目39.01至39.13的聚合物为基本成分的 | | | | | | |
| 3914000000 | 初级形状的离子交换剂(以品目39.01至39.13的聚合物为基本成分的) | 6.5 | 45 | 17 | 5 | 千克 | |
| **3915** | **塑料的废碎料及下脚料** | | | | | | |
| 39151000 | -乙烯聚合物的 | | | | | | |

| 商品编号 | 商品名称及备注 | 进口关税税率(%) | | 增值税率(%) | 出口退税率(%) | 计量单位 | 监管条件 |
|---|---|---|---|---|---|---|---|
| | | 最惠国 | 普通 | | | | |
| 3915100000 | 乙烯聚合物的废碎料及下脚料 | 6.5 | 50 | 17 | 0 | 千克 | AP |
| 39152000 | -苯乙烯聚合物的 | | | | | | |
| 3915200000 | 苯乙烯聚合物的废碎料及下脚料 | 6.5 | 50 | 17 | 0 | 千克 | AP |
| 39153000 | -氯乙烯聚合物的 | | | | | | |
| 3915300000 | 氯乙烯聚合物的废碎料及下脚料 | 6.5 | 50 | 17 | 0 | 千克 | AP |
| 39159010 | ---聚对苯二甲酸乙二酯的 | | | | | | |
| 3915901000 | 聚对苯二甲酸乙二酯废碎料及下脚料 | 6.5 | 50 | 17 | 0 | 千克 | AP |
| 39159090 | ---其他 | | | | | | |
| 3915909000 | 其他塑料的废碎料及下脚料 | 6.5 | 50 | 17 | 0 | 千克 | AP |
| **3916** | **塑料制的单丝(截面直径超过1毫米)、条、杆、型材及异型材,不论是否经表面加工,但未经其他加工** | | | | | | |
| 39161000 | -乙烯聚合物制 | | | | | | |
| 3916100000 | 乙烯聚合物制单丝、条、杆及型材(包括异型材,单丝截面直径>1毫米) | 10 | 45 | 17 | 13 | 千克 | |
| 39162010 | ---异型材 | | | | | | |
| 3916201000 | 氯乙烯聚合物制异型材 | 10 | 45 | 17 | 13 | 千克 | |
| 39162090 | ---其他 | | | | | | |
| 3916209000 | 其他氯乙烯聚合物制单丝、条、杆及型材(单丝截面直径>1毫米) | 10 | 45 | 17 | 13 | 千克 | |
| 39169010 | ---聚酰胺制 | | | | | | |
| 3916901000 | 聚酰胺制的单丝、条、杆及型材(包括异型材,单丝截面直径>1毫米) | 10 | 45 | 17 | 13 | 千克 | |
| 39169090 | ---其他 | | | | | | |
| 3916909000 | 其他塑料制单丝、条、杆及型材(包括异型材,单丝截面直径>1毫米) | 10 | 45 | 17 | 13 | 千克 | |
| **3917** | **塑料制的管子及其附件(例如,接头、肘管、法兰)** | | | | | | |
| 39171000 | -硬化蛋白或纤维素材料制的人造肠衣(香肠用肠衣) | | | | | | |
| 3917100000 | 硬化蛋白或纤维素材料制人造肠衣(香肠用肠衣) | 10 | 50 | 17 | 13 | 千克 | A |
| 39172100 | --乙烯聚合物制 | | | | | | |
| 3917210000 | 乙烯聚合物制的硬管 | 10 | 45 | 17 | 13 | 千克 | |
| 39172200 | --丙烯聚合物制 | | | | | | |
| 3917220000 | 丙烯聚合物制的硬管 | 10 | 45 | 17 | 13 | 千克 | |
| 39172300 | --氯乙烯聚合物制 | | | | | | |
| 3917230000 | 氯乙烯聚合物制的硬管 | 10 | 45 | 17 | 13 | 千克 | |
| 39172900 | --其他塑料制 | | | | | | |
| 3917290000 | 其他塑料制的硬管 | 10 | 45 | 17 | 13 | 千克 | |
| 39173100 | --软管,爆破压力≥27.6兆帕 | | | | | | |
| 3917310000 | 塑料制的软管(最小爆破压力为27.6兆帕) | 10 | 45 | 17 | 13 | 千克 | |
| 39173200 | --其他未装有附件的管子,未经加强也未与其他材料合制 | | | | | | |
| 3917320000 | 其他未装有附件的塑料制管子(未经加强也未与其他材料合制) | 6.5 | 45 | 17 | 13 | 千克 | |
| 39173300 | --其他装有附件的管子,未经加强也未与其他材料合制 | | | | | | |
| 3917330000 | 其他装有附件的塑料管子(未经加强也未与其他材料合制) | 6.5 | 45 | 17 | 13 | 千克 | |
| 39173900 | --其他 | | | | | | |
| 3917390000 | 塑料制的其他管子(经加强或与其他材料合制的) | 6.5 | 45 | 17 | 13 | 千克 | |
| 39174000 | -管子附件 | | | | | | |
| 3917400000 | 塑料制的管子附件(如接头、衬管及法兰等) | 10 | 45 | 17 | 13 | 千克 | |
| **3918** | **块状或成卷的塑料铺地制品,不论是否胶粘;本章注释九所规定的塑料糊墙品** | | | | | | |
| 39181010 | ---糊墙品 | | | | | | |
| 3918101000 | 氯乙烯聚合物制糊墙品(本章注释九所规定的糊墙品) | 10 | 45 | 17 | 13 | 千克 | |
| 39181090 | ---其他 | | | | | | |

| 商品编号 | 商 品 名 称 及 备 注 | 进口关税税率(%) | | 增值税率(%) | 出口退税率(%) | 计量单位 | 监管条件 |
|---|---|---|---|---|---|---|---|
| | | 最惠国 | 普通 | | | | |
| 3918109000 | 氯乙烯聚合物制的铺地制品(块状或成卷的,不论是否胶粘) | 10 | 45 | 17 | 13 | 千克 | |
| 39189010 | ---糊墙品 | | | | | | |
| 3918901000 | 其他塑料制的糊墙品(成卷或块状的) | 10 | 45 | 17 | 13 | 千克 | |
| 39189090 | ---其他 | | | | | | |
| 3918909000 | 其他塑料制的铺地制品(成卷或块状的,不论是否胶粘) | 10 | 45 | 17 | 13 | 千克 | |
| **3919** | **自粘的塑料板、片、膜、箔、带、扁条及其他扁平形状材料,不论是否成卷** | | | | | | |
| 39191010 | ---丙烯酸树脂类为基本成分 | | | | | | |
| 3919101000 | 丙烯酸树脂类为主的自粘塑料板等(含片、膜、箔、带、扁条及其他扁平形状材料,成卷的,宽≤20厘米) | 6.5 | 45 | 17 | 13 | 千克 | |
| 39191091 | ----胶囊型反光膜 | | | | | | |
| 3919109100 | 宽度≤20厘米的胶囊型反光膜 | 6.5 | 45 | 17 | 13 | 千克 | |
| 39191099 | ----其他 | | | | | | |
| 3919109900 | 其他宽度≤20厘米的自粘塑料板片等(包括膜、箔、带、扁条及其他扁平形状材料,成卷的) | 6.5 | 45 | 17 | 13 | 千克 | |
| 39199010 | ---胶囊型反光膜 | | | | | | |
| 3919901000 | 其他胶囊型反光膜 | 6.5 | 45 | 17 | 13 | 千克 | |
| 39199090 | ---其他 | | | | | | |
| 3919909010 | 半导体晶圆制造用自粘式圆形抛光垫 | 4.3/3.3 * | 45 | 17 | 13 | 千克 | |
| 3919909090 | 其他自粘塑料板、片、膜等材料(包括箔、带、扁条及其他扁平形状材料,不论是否成卷) | 6.5 | 45 | 17 | 13 | 千克 | |
| **3920** | **其他非泡沫塑料的板、片、膜、箔及扁条,未用其他材料强化、层压、支撑或用类似方法合制** | | | | | | |
| 39201010 | ---乙烯聚合物制电池隔膜 | | | | | | |
| 3920101000[暂3] | 乙烯聚合物制电池隔膜 | 6.5 | 45 | 17 | 13 | 千克 | |
| 39201090 | ---其他 | | | | | | |
| 3920109010 | 农用非泡沫聚乙烯薄膜(未用其他材料强化、层压、支撑或用类似方法合制) | 6.5 | 45 | 11 | 0 | 千克 | |
| 3920109090 | 其他非泡沫乙烯聚合物板、片、膜、箔及扁条(未用其他材料强化、层压、支撑或用类似方法合制,非农用) | 6.5 | 45 | 17 | 13 | 千克 | |
| 39202010 | ---丙烯聚合物制电池隔膜 | | | | | | |
| 3920201000 | 丙烯聚合物制电池隔膜 | 6.5 | 45 | 17 | 13 | 千克 | |
| 39202090 | ---其他 | | | | | | |
| 3920209010 | 农用非泡沫聚丙烯薄膜(未用其他材料强化、层压、支撑或用类似方法合制) | 6.5 | 45 | 11 | 0 | 千克 | |
| 3920209090 | 非泡沫丙烯聚合物板、片、膜、箔及扁条(未用其他材料强化、层压、支撑或用类似方法合制,非农用) | 6.5 | 45 | 17 | 5 | 千克 | |
| 39203000 | -苯乙烯聚合物制 | | | | | | |
| 3920300000 | 非泡沫苯乙烯聚合物板、片、膜、箔、扁条(未用其他材料强化、层压、支撑或用类似方法合制) | 6.5 | 45 | 17 | 13 | 千克 | |
| 39204300 | --按重量计增塑剂含量≥6% | | | | | | |
| 3920430010 | 农用软质聚氯乙烯薄膜(增塑剂含量≥6%,未用其他材料强化、层压、支撑) | 6.5 | 45 | 11 | 0 | 千克 | |
| 3920430090 | 氯乙烯聚合物板、片、膜、箔及扁条(增塑剂含量≥6%,未用其他材料强化、层压、支撑) | 6.5 | 45 | 17 | 5 | 千克 | |
| 39204900 | --其他 | | | | | | |
| 3920490010 | 其他农用软质聚氯乙烯薄膜(非泡沫料的,未用其他材料强化、层压、支撑) | 6.5 | 45 | 11 | 0 | 千克 | |
| 3920490090 | 其他氯乙烯聚合物板、片、膜、箔及扁条(非泡沫料的,未用其他材料强化、层压、支撑,非农用) | 6.5 | 45 | 17 | 5 | 千克 | |
| 39205100 | --聚甲基丙烯酸甲酯制 | | | | | | |

* 最惠国税率中,"/"左边的税率截止日期为2018年6月30日,"/"右边的税率有效日期为2018年7月1日~2999年12月31日。

| 商品编号 | 商品名称及备注 | 进口关税税率(%) | | 增值税率(%) | 出口退税率(%) | 计量单位 | 监管条件 |
|---|---|---|---|---|---|---|---|
| | | 最惠国 | 普通 | | | | |
| 3920510000 | 聚甲基丙烯酸甲酯板、片、膜、箔及扁条(非泡沫料的,未用其他材料强化、层压、支撑) | 6.5 | 45 | 17 | 13 | 千克 | |
| 39205900 | --其他 | | | | | | |
| 3920590000 | 其他丙烯酸聚合物板、片、膜、箔及扁条(非泡沫料的,未用其他材料强化、层压、支撑) | 6.5 | 45 | 17 | 13 | 千克 | |
| 39206100 | --聚碳酸酯制 | | | | | | |
| 3920610000 | 聚碳酸酯制板、片、膜、箔、扁条(非泡沫料的,未用其他材料强化、层压、支撑) | 6.5 | 45 | 17 | 13 | 千克 | |
| 39206200 | --聚对苯二甲酸乙二酯制 | | | | | | |
| 3920620000 | 聚对苯二甲酸乙二酯板、片、膜等(包括箔及扁条,非泡沫料,未用其他材料强化、层压、支撑) | 6.5 | 45 | 17 | 13 | 千克 | |
| 39206300 | --不饱和聚酯制 | | | | | | |
| 3920630000 | 不饱和聚酯板、片、膜、箔及扁条(非泡沫料的,未用其他材料强化、层压、支撑) | 10 | 45 | 17 | 13 | 千克 | |
| 39206900 | --其他聚酯制 | | | | | | |
| 3920690000 | 其他聚酯板、片、膜、箔及扁条(非泡沫料的,未用其他材料强化、层压、支撑) | 10 | 45 | 17 | 13 | 千克 | |
| 39207100 | --再生纤维素制 | | | | | | |
| 3920710000 | 再生纤维素制板、片、膜、箔及扁条(非泡沫料的,未用其他材料强化、层压、支撑) | 6.5 | 45 | 17 | 13 | 千克 | |
| 39207300 | --乙酸纤维素制 | | | | | | |
| 3920730000 | 醋酸纤维素制板、片、膜、箔及扁条(非泡沫料,未用其他材料强化、层压、支撑) | 6.5 | 45 | 17 | 13 | 千克 | |
| 39207900 | --其他纤维素衍生物制 | | | | | | |
| 3920790000 | 其他纤维素衍生物制板、片、膜箔及扁条(非泡沫料的,未用其他村料强化、层压、支撑) | 10 | 45 | 17 | 13 | 千克 | |
| 39209100 | --聚乙烯醇缩丁醛制 | | | | | | |
| 3920910001[暂3] | 聚乙烯醇缩丁醛膜(厚度≤3毫米)(非泡沫料的,未用其他材料强化、层压、支撑) | 6.5 | 45 | 17 | 13 | 千克 | |
| 3920910090 | 聚乙烯醇缩丁醛板、片、箔、扁条及厚度>3毫米的膜(非泡沫料的,未用其他材料强化、层压、支撑) | 6.5 | 45 | 17 | 13 | 千克 | |
| 39209200 | --聚酰胺制 | | | | | | |
| 3920920000 | 聚酰胺板、片、膜、箔、扁条(非泡沫料的,未用其他材料强化、层压、支撑) | 10 | 45 | 17 | 13 | 千克 | |
| 39209300 | --氨基树脂制 | | | | | | |
| 3920930000 | 氨基树脂板、片、膜、箔、扁条(非泡沫料的,未用其他材料强化、层压、支撑) | 6.5 | 45 | 17 | 13 | 千克 | |
| 39209400 | --酚醛树脂制 | | | | | | |
| 3920940000 | 酚醛树脂板、片、膜、箔、扁条(非泡沫料的,未用其他材料强化、层压、支撑) | 10 | 45 | 17 | 13 | 千克 | |
| 39209910 | ---聚四氟乙烯制 | | | | | | |
| 3920991000 | 聚四氟乙烯制非泡沫塑料板、片、箔(含膜及扁条,未用其他材料层压、支撑或类似方法合制) | 6.5 | 45 | 17 | 13 | 千克 | |
| 39209990 | ---其他塑料制 | | | | | | |
| 3920999001[暂3] | 聚酰亚胺膜,厚度≤0.03毫米(未用其他材料强化、层压、支撑) | 6.5 | 45 | 17 | 13 | 千克 | |
| 3920999090 | 其他非泡沫塑料板、片、膜、箔、扁条(未用其他材料强化、层压、支撑) | 6.5 | 45 | 17 | 13 | 千克 | |
| **3921** | **其他塑料板、片、膜、箔、扁条** | | | | | | |
| 39211100 | --苯乙烯聚合物制 | | | | | | |
| 3921110000 | 泡沫聚苯乙烯板、片、带、箔、扁条 | 10 | 45 | 17 | 13 | 千克 | |
| 39211210 | ---人造革及合成革 | | | | | | |
| 3921121000 | 泡沫聚氯乙烯人造革及合成革 | 9 | 70 | 17 | 13 | 千克/米 | |
| 39211290 | ---其他 | | | | | | |
| 3921129000 | 泡沫聚氯乙烯板、片、带、箔、扁条 | 6.5 | 45 | 17 | 13 | 千克 | |
| 39211310 | ---人造革及合成革 | | | | | | |
| 3921131000 | 泡沫聚氨酯制人造革及合成革 | 9 | 70 | 17 | 13 | 千克/米 | |
| 39211390 | ---其他 | | | | | | |
| 3921139000 | 泡沫聚氨酯板、片、带、箔、扁条 | 6.5 | 45 | 17 | 13 | 千克 | |
| 39211400 | --再生纤维素制 | | | | | | |

| 商品编号 | 商品名称及备注 | 进口关税税率(%) | | 增值税率(%) | 出口退税率(%) | 计量单位 | 监管条件 |
|---|---|---|---|---|---|---|---|
| | | 最惠国 | 普通 | | | | |
| 3921140000 | 泡沫再生纤维素板、片、膜、箔、扁条 | 10 | 45 | 17 | 13 | 千克 | |
| 39211910 | ---人造革及合成革 | | | | | | |
| 3921191000 | 其他泡沫塑料制人造革及合成革 | 9 | 45 | 17 | 13 | 千克/米 | |
| 39211990 | ---其他 | | | | | | |
| 3921199000 | 其他泡沫塑料板、片、膜、箔、扁条 | 6.5 | 45 | 17 | 13 | 千克 | |
| 39219020 | ---聚乙烯嵌有玻璃纤维的板、片 | | | | | | |
| 3921902000 | 以聚乙烯为基本成分的板、片(以玻璃纤维加强的) | 6.5 | 45 | 17 | 13 | 千克 | |
| 39219030 | ---聚异丁烯为基本成分的附有人造毛毡的板、片、卷材 | | | | | | |
| 3921903000 | 聚异丁烯为基本成分的板、片、卷材(附有人造毛毡的) | 6.5 | 45 | 17 | 13 | 千克 | |
| 39219090 | ---其他 | | | | | | |
| 3921909001[暂5] | 离子交换膜 | 6.5 | 45 | 17 | 13 | 千克 | |
| 3921909010 | 两用物项管制结构复合材料的层压板(用纤维和丝材增强而制成的各种预浸件和预成形件,其中增强材料的比拉伸强度>$7.62\times10^4$米和比模量>$3.18\times10^6$米) | 6.5 | 45 | 17 | 13 | 千克 | 3 |
| 3921909090 | 未列名塑料板、片、膜、箔、扁条(离子交换膜、两用物项管制结构复合材料的层压板除外) | 6.5 | 45 | 17 | 13 | 千克 | |
| **3922** | **塑料浴缸、淋浴盘、洗涤槽、盥洗盆、坐浴盆、便盆、马桶座圈及盖、抽水箱及类似卫生洁具** | | | | | | |
| 39221000 | -浴缸、淋浴盘、洗涤槽及盥洗盆 | | | | | | |
| 3922100000 | 塑料浴缸,淋浴盘,洗涤槽及盥洗盆 | 10 | 80 | 17 | 13 | 千克 | |
| 39222000 | -马桶座圈及盖 | | | | | | |
| 3922200000 | 塑料马桶座圈及盖 | 10 | 80 | 17 | 13 | 千克 | |
| 39229000 | -其他 | | | | | | |
| 3922900000 | 塑料便盆、抽水箱等类似卫生洁具 | 10 | 80 | 17 | 13 | 千克 | |
| **3923** | **供运输或包装货物用的塑料制品;塑料制的塞子、盖子及类似品** | | | | | | |
| 39231000 | -盒、箱(包括板条箱)及类似品 | | | | | | |
| 3923100010 | 具有特定形状或装置,供运输或包装半导体晶圆、掩模或光罩的塑料盒、箱、板条箱及类似物品 | 5/2.5* | 80 | 17 | 13 | 千克 | |
| 3923100090 | 其他塑料制盒、箱及类似品(包括塑料制板条箱,供运输或包装货物用的) | 10 | 80 | 17 | 13 | 千克 | |
| 39232100 | --乙烯聚合物制 | | | | | | |
| 3923210000 | 乙烯聚合物制袋及包(供运输或包装货物用的) | 10 | 80 | 17 | 13 | 千克 | |
| 39232900 | --其他塑料制 | | | | | | |
| 3923290000 | 其他塑料制的袋及包(供运输或包装货物用的) | 10 | 80 | 17 | 13 | 千克 | |
| 39233000 | -坛、瓶及类似品 | | | | | | |
| 3923300000 | 塑料制坛、瓶及类似品(供运输或包装货物用的) | 6.5 | 80 | 17 | 13 | 千克 | |
| 39234000 | -卷轴、纡子、筒管及类似品 | | | | | | |
| 3923400000 | 塑料制卷轴、纡子、筒管及类似品 | 10 | 35 | 17 | 13 | 千克 | |
| 39235000 | -塞子、盖子及类似品 | | | | | | |
| 3923500000 | 塑料制塞子、盖子及类似品 | 10 | 80 | 17 | 13 | 千克 | |
| 39239000 | -其他 | | | | | | |
| 3923900000 | 供运输或包装货物用其他塑料制品 | 10 | 80 | 17 | 13 | 千克 | |
| **3924** | **塑料制的餐具、厨房用具、其他家庭用具及卫生或盥洗用具** | | | | | | |
| 39241000 | -餐具及厨房用具 | | | | | | |
| 3924100000 | 塑料制餐具及厨房用具 | 10 | 80 | 17 | 13 | 千克 | A |
| 39249000 | -其他 | | | | | | |
| 3924900000 | 塑料制其他家庭用具及卫生或盥洗用具 | 10 | 80 | 17 | 13 | 千克 | A |

* 最惠国税率中,"/"左边的税率截止日期为2018年6月30日,"/"右边的税率有效日期为2018年7月1日~2999年12月31日。

| 商品编号 | 商品名称及备注 | 进口关税税率(%) | | 增值税率(%) | 出口退税率(%) | 计量单位 | 监管条件 |
|---|---|---|---|---|---|---|---|
| | | 最惠国 | 普通 | | | | |
| **3925** | **其他编号未列名的建筑用塑料制品** | | | | | | |
| 39251000 | -囤、柜、罐、桶及类似容器,容积>300 升 | | | | | | |
| 3925100000 | 塑料制囤、柜、罐、桶及类似容器(容积>300 升) | 10 | 80 | 17 | 13 | 千克 | |
| 39252000 | -门、窗及其框架、门槛 | | | | | | |
| 3925200000 | 塑料制门、窗及其框架、门槛 | 10 | 80 | 17 | 13 | 千克 | |
| 39253000 | -窗板、百叶窗(包括威尼斯式百叶窗)或类似制品及其零件 | | | | | | |
| 3925300000 | 塑料制窗板、百叶窗及类似制品(包括威尼斯式百叶窗和塑料制窗零件) | 10 | 80 | 17 | 13 | 千克 | |
| 39259000 | -其他 | | | | | | |
| 3925900000 | 其他未列名的建筑用塑料制品 | 10 | 80 | 17 | 13 | 千克 | |
| **3926** | **其他塑料制品及品目 39. 01 至 39. 14 所列其他材料的制品** | | | | | | |
| 39261000 | -办公室或学校用品 | | | | | | |
| 3926100000 | 办公室或学校用塑料制品 | 10 | 80 | 17 | 13 | 千克 | |
| 39262011 | ----聚氯乙烯制 | | | | | | |
| 3926201100 | 聚氯乙烯制手套(包括分指手套、连指手套及露指手套) | 10 | 90 | 17 | 13 | 千克/双 | |
| 39262019 | ----其他 | | | | | | |
| 3926201900 | 其他塑料制手套(包括分指手套、连指手套及露指手套)(聚氯乙烯制除外) | 10 | 90 | 17 | 13 | 千克/双 | |
| 39262090 | ---其他 | | | | | | |
| 3926209000 | 其他塑料制衣服及衣着附件[手套(包括分指手套、连指手套及露指手套)除外] | 10 | 90 | 17 | 13 | 千克 | |
| 39263000 | -家具、车厢或类似品的附件 | | | | | | |
| 3926300000 | 塑料制家具、车厢及类似品的附件 | 10 | 80 | 17 | 13 | 千克 | |
| 39264000 | -小雕塑品及其他装饰品 | | | | | | |
| 3926400000 | 塑料制小雕塑品及其他装饰品 | 10 | 100 | 17 | 13 | 千克 | |
| 39269010 | ---机器及仪器用零件 | | | | | | |
| 3926901000 | 塑料制机器及仪器用零件 | 10 | 35 | 17 | 13 | 千克 | |
| 39269090 | ---其他 | | | | | | |
| 3926909010 | 两用物项管制结构复合材料的预成形件和制品(用纤维和丝材增强而制成的各种预浸件和预成形件,其中增强材料的比拉伸强度>$7.62\times10^4$ 米和比模量>$3.18\times10^6$ 米) | 10 | 80 | 17 | 13 | 千克 | 3 |
| 3926909020[暂0] | 聚氨酯制避孕套 | 10 | 80 | 0 | 0 | 千克 | |
| 3926909090 | 其他塑料制品(包括品目 39. 01~39. 14 所列材料的制品) | 10 | 80 | 17 | 13 | 千克 | |

# 第四十章　橡胶及其制品

注释：

一、除条文另有规定的以外，本手册所称"橡胶"，是指不论是否硫化或硬化的下列产品：天然橡胶、巴拉塔胶、古塔波胶、银胶菊胶、糖胶树胶及类似的天然树胶、合成橡胶、从油类中提取的油膏以及上述物品的再生品。

二、本章不包括：

(一)第十一类的货品(纺织原料及纺织制品)；

(二)第六十四章的鞋靴及其零件；

(三)第六十五章的帽类及其零件(包括游泳帽)；

(四)第十六类硬质橡胶制的机械器具、电气器具及其零件(包括各种电气用品)；

(五)第九十章、第九十二章、第九十四章或第九十六章的物品；

(六)第九十五章的物品(运动用分指手套、连指手套、露指手套及品目40.11至40.13的制品除外)。

三、品目40.01至40.03及40.05所称"初级形状"，只限于下列形状：

(一)液状及糊状，包括胶乳(不论是否预硫化)及其他分散体和溶液；

(二)不规则形状的块、团、包、粉、粒、碎屑及类似的散装形状。

四、本章注释一和品目40.02所称"合成橡胶"，适用于：

(一)不饱和合成物质，即用硫磺硫化能使其不可逆地变为非热塑物质，这种物质能在温度18℃至29℃之间被拉长到其原长度的3倍而不致断裂，拉长到原长度的2倍时，在5分钟内能回复到不超过原长度的1.5倍。为了进行上述试验，可以加入交联所需的硫化活化剂或促进剂；也允许含有注释五(二)2及3所述的物质。但不能加入非交联所需的物质，例如，增量剂、增塑剂及填料；

(二)聚硫橡胶(TM)；

(三)与塑料接枝共聚或混合而改性的天然橡胶、解聚天然橡胶以及不饱和合成物质与饱和合成高聚物的混合物，但这些产品必须符合以上(一)款关于硫化、延伸及回复的要求。

五、(一)品目40.01及40.02不适用于任何凝结前或凝结后与下列物质相混合的橡胶或橡胶混合物：

1. 硫化剂、促进剂、防焦剂或活性剂(为制造预硫胶乳所加入的除外)；

2. 颜料或其他着色料，但仅为易于识别而加入的除外；

3. 增塑剂或增量剂(用油增量的橡胶中所加的矿物油除外)、填料、增强剂、有机溶剂或其他物质，但以下注释(二)所述的除外。

(二)含有下列物质的橡胶或橡胶混合物，只要仍具有原料的基本特性，应归入品目40.01或40.02：

1. 乳化剂或防粘剂；

2. 少量的乳化剂分解产品；

3. 微量的下列物质：热敏剂(一般为制造热敏胶乳用)、阳离子表面活性剂(一般为制造阳性胶乳用)、抗氧剂、凝固剂、碎裂剂、抗冻剂、胶溶剂、保存剂、稳定剂、黏度控制剂或类似的特殊用途添加剂。

六、品目40.04所称"废碎料及下脚料"，是指在橡胶或橡胶制品生产或加工过程中由于切割、磨损或其他原因所造成的没有使用价值的废橡胶及下脚料。

七、全部用硫化橡胶制成的线，其任一截面的尺寸超过5毫米的，应作为带、杆或型材及异型材归入品目40.08。

八、品目40.10包括用橡胶浸渍、涂布、包覆或层压的织物制成的或用橡胶浸渍、涂布、包覆或套裹的纱线或绳制成的传动带、输送带。

九、品目40.01、40.02、40.03、40.05及40.08所称"板"、"片"、"带"，仅指未切割或只简单切割成矩形(包括正方形)的板、片、带及正几何形块，不论是否具有成品的特征，也不论是否经过印制或其他表面加工，但未切割成其他形状或进一步加工。

品目40.08所称"杆"或"型材及异型材"，仅指不论是否切割成一定长度或表面加工，但未经进一步加工的该类产品。

| 商品编号 | 商品名称及备注 | 进口关税税率(%) | | 增值税率(%) | 出口退税率(%) | 计量单位 | 监管条件 |
|---|---|---|---|---|---|---|---|
| | | 最惠国 | 普通 | | | | |
| **4001** | **天然橡胶、巴拉塔胶、古塔波胶、银胶菊胶、糖胶树胶及类似的天然树胶，初级形状或板、片、带** | | | | | | |
| 40011000 | -天然胶乳，不论是否预硫化 | | | | | | |
| 4001100000暂10 | 天然胶乳(不论是否预硫化) | 20 | 40 | 17 | 5 | 千克 | AB |
| 40012100 | --烟胶片 | | | | | | |
| 4001210000暂20 | 天然橡胶烟胶片 | 20 | 40 | 17 | 5 | 千克 | AB |
| 40012200 | --技术分类天然橡胶(TSNR) | | | | | | |
| 4001220000暂20 | 技术分类天然橡胶(TSNR)[初级形状(胶乳，烟胶片除外)或板、片、带] | 20 | 40 | 17 | 5 | 千克 | |
| 40012900 | --其他 | | | | | | |
| 4001290000 | 其他初级形状的天然橡胶(胶乳除外的初级形状或板、片、带状) | 20 | 40 | 17 | 5 | 千克 | |
| 40013000 | -巴拉塔胶、古塔波胶、银胶菊胶、糖胶树胶及类似的天然树胶 | | | | | | |
| 4001300000 | 巴拉塔胶等及类似的天然树胶(包括古塔波胶、糖胶树胶等，胶乳外的初级形状或板、片、带) | 20 | 40 | 17 | 5 | 千克 | |
| **4002** | **合成橡胶及从油类提取的油膏，初级形状或板、片、带；品目40.01所列产品与本编号所列产品的混合物，初级形状或板、片、带** | | | | | | |

| 商品编号 | 商 品 名 称 及 备 注 | 进口关税税率(%) | | 增值税率(%) | 出口退税率(%) | 计量单位 | 监管条件 |
|---|---|---|---|---|---|---|---|
| | | 最惠国 | 普通 | | | | |
| 40021110 | ---羧基丁苯橡胶 | | | | | | |
| 4002111000 | 羧基丁苯橡胶胶乳 | 7.5 | 14 | 17 | 5 | 千克 | |
| 40021190 | ---其他 | | | | | | |
| 4002119000 | 其他胶乳 | 7.5 | 14 | 17 | 5 | 千克 | |
| 40021911 | ----未经任何加工的丁苯橡胶(溶聚的除外) | | | | | | |
| 4002191100 | 初级形状未经任何加工丁苯橡胶(溶聚的除外)(胶乳除外) | 7.5 | 14 | 17 | 13 | 千克 | |
| 40021912 | ----充油丁苯橡胶(溶聚的除外) | | | | | | |
| 4002191200 | 初级形状充油丁苯橡胶(溶聚的除外)(胶乳除外) | 7.5 | 14 | 17 | 5 | 千克 | |
| 40021913 | ----热塑丁苯橡胶 | | | | | | |
| 4002191300 | 初级形状热塑丁苯橡胶(胶乳除外) | 7.5 | 14 | 17 | 5 | 千克 | |
| 40021914 | ----充油热塑丁苯橡胶 | | | | | | |
| 4002191400 | 初级形状充油热塑丁苯橡胶(胶乳除外) | 7.5 | 14 | 17 | 5 | 千克 | |
| 40021915 | ----未经任何加工的溶聚丁苯橡胶 | | | | | | |
| 4002191500 | 初级形状未经任何加工的溶聚丁苯橡胶(胶乳除外) | 7.5 | 14 | 17 | 13 | 千克 | |
| 40021916 | ----充油溶聚丁苯橡胶 | | | | | | |
| 4002191600 | 初级形状充油溶聚丁苯橡胶(胶乳除外) | 7.5 | 14 | 17 | 5 | 千克 | |
| 40021919 | ----其他 | | | | | | |
| 4002191900 | 其他初级形状羧基丁苯橡胶等(胶乳除外) | 7.5 | 14 | 17 | 5 | 千克 | |
| 40021990 | ---其他 | | | | | | |
| 4002199001 | 简单处理的丁苯橡胶,热塑或充油热塑丁苯橡胶除外(指为便于运输,对初级形状进行压缩、挤压等简单成型处理) | 7.5 | 35 | 17 | 5 | 千克 | |
| 4002199090 | 其他丁苯橡胶及羧基丁苯橡胶板、片、带(编号4002199001项下的除外) | 7.5 | 35 | 17 | 0 | 千克 | |
| 40022010 | ---初级形状的 | | | | | | |
| 4002201000 | 初级形状的丁二烯橡胶 | 7.5 | 14 | 17 | 5 | 千克 | |
| 40022090 | ---其他 | | | | | | |
| 4002209000 | 丁二烯橡胶板、片、带 | 7.5 | 35 | 17 | 0 | 千克 | |
| 40023110 | ---初级形状的 | | | | | | |
| 4002311000 | 初级形状的异丁烯-异戊二烯橡胶 | 6 | 14 | 17 | 5 | 千克 | |
| 40023190 | ---其他 | | | | | | |
| 4002319000 | 异丁烯—异戊二烯橡胶板、片、带 | 7.5 | 35 | 17 | 0 | 千克 | |
| 40023910 | ---初级形状的 | | | | | | |
| 4002391000 | 初级形状的其他卤代丁基橡胶 | 7.5 | 14 | 17 | 5 | 千克 | |
| 40023990 | ---其他 | | | | | | |
| 4002399000 | 卤代丁基橡胶板、片、带 | 7.5 | 35 | 17 | 0 | 千克 | |
| 40024100 | --胶乳 | | | | | | |
| 4002410000 | 氯丁二烯橡胶胶乳 | 7.5 | 14 | 17 | 5 | 千克 | |
| 40024910 | ---初级形状的 | | | | | | |
| 4002491000 | 初级形状的氯丁二烯橡胶(胶乳除外) | 7.5 | 14 | 17 | 5 | 千克 | |
| 40024990 | ---其他 | | | | | | |
| 4002499000 | 氯丁二烯橡胶板、片、带 | 7.5 | 35 | 17 | 0 | 千克 | |
| 40025100 | --胶乳 | | | | | | |
| 4002510000 | 丁腈橡胶胶乳 | 7.5 | 14 | 17 | 5 | 千克 | |
| 40025910 | ---初级形状的 | | | | | | |
| 4002591000 | 初级形状的丁腈橡胶(胶乳除外) | 7.5 | 14 | 17 | 5 | 千克 | |
| 40025990 | ---其他 | | | | | | |
| 4002599000 | 丁腈橡胶板、片、带 | 7.5 | 35 | 17 | 0 | 千克 | |

| 商品编号 | 商品名称及备注 | 进口关税税率(%) | | 增值税率(%) | 出口退税率(%) | 计量单位 | 监管条件 |
|---|---|---|---|---|---|---|---|
| | | 最惠国 | 普通 | | | | |
| 40026010 | ---初级形状的 | | | | | | |
| 4002601000 | 初级形状的异戊二烯橡胶 | 3 | 14 | 17 | 5 | 千克 | |
| 40026090 | ---其他 | | | | | | |
| 4002609000 | 异戊二烯橡胶板、片、带 | 5 | 35 | 17 | 0 | 千克 | |
| 40027010 | ---初级形状的 | | | | | | |
| 4002701000 | 初级形状的乙丙非共轭二烯橡胶 | 7.5 | 14 | 17 | 5 | 千克 | |
| 40027090 | ---其他 | | | | | | |
| 4002709000 | 乙丙非共轭二烯橡胶板、片、带 | 7.5 | 35 | 17 | 0 | 千克 | |
| 40028000 | -品目40.01所列产品与本编号所列产品的混合物 | | | | | | |
| 4002800000 | 天然橡胶与合成橡胶的混合物 | 7.5 | 35 | 17 | 0 | 千克 | |
| 40029100 | --胶乳 | | | | | | |
| 4002910000 | 本编号其他未列名的胶乳 | 7.5 | 14 | 17 | 0 | 千克 | |
| 40029911 | ----初级形状的 | | | | | | |
| 4002991100 | 其他初级形状的合成橡胶 | 7.5 | 14 | 17 | 13 | 千克 | |
| 40029919 | ----其他 | | | | | | |
| 4002991900 | 其他合成橡胶板、片、带(胶乳除外) | 7.5 | 35 | 17 | 0 | 千克 | |
| 40029990 | ---其他 | | | | | | |
| 4002999000 | 从油类提取的油膏 | 4 | 14 | 17 | 0 | 千克 | |
| **4003** | **再生橡胶,初级形状或板、片、带** | | | | | | |
| 40030000 | 再生橡胶,初级形状或板、片、带 | | | | | | |
| 4003000000 | 初级形状或板、片、带状再生橡胶 | 8 | 30 | 17 | 13 | 千克 | |
| **4004** | **橡胶(硬质橡胶除外)的废碎料、下脚料及其粉、粒** | | | | | | |
| 40040000 | 橡胶(硬质橡胶除外)的废碎料、下脚料及其粉、粒 | | | | | | |
| 4004000010 | 废轮胎及其切块 | 8 | 30 | 17 | 0 | 千克 | 9 |
| 4004000020 | 硫化橡胶废碎料、下脚料及其粉、粒(硬质橡胶的除外)(不包括符合GB/T19208标准的硫化橡胶粉产品) | 8 | 30 | 17 | 0 | 千克 | 9 |
| 4004000090 | 未硫化橡胶废碎料、下脚料及其粉、粒 | 8 | 30 | 17 | 0 | 千克 | 9 |
| **4005** | **未硫化的复合橡胶,初级形状或板、片、带** | | | | | | |
| 40051000 | -与炭黑或硅石混合 | | | | | | |
| 4005100000 | 与炭黑等混合的未硫化复合橡胶(包括与硅石混合,初级形状或板、片、带) | 8 | 35 | 17 | 0 | 千克 | A |
| 40052000 | -溶液;编号400510以外的分散体 | | | | | | |
| 4005200000 | 未硫化的复合橡胶溶液及分散体(分散体指编号400510以外的) | 8 | 35 | 17 | 0 | 千克 | A |
| 40059100 | --板、片、带 | | | | | | |
| 4005910000 | 其他未硫化的复合橡胶板、片、带 | 8 | 35 | 17 | 0 | 千克 | A |
| 40059900 | --其他 | | | | | | |
| 4005990000 | 其他未硫化的初级形状复合橡胶 | 8 | 35 | 17 | 0 | 千克 | A |
| **4006** | **其他形状(例如,杆、管或型材及异型材)的未硫化橡胶及未硫化橡胶制品(例如,盘、环)** | | | | | | |
| 40061000 | -轮胎翻新用胎面补料胎条 | | | | | | |
| 4006100000 | 未硫化轮胎翻新用胎面补料胎条 | 8 | 35 | 17 | 0 | 千克 | |
| 40069010 | ---其他形状的未硫化橡胶 | | | | | | |
| 4006901000 | 未硫化橡胶的杆、管、型材及异型材(初级形状或板、片、带以外形状) | 8 | 35 | 17 | 0 | 千克 | |
| 40069020 | ---未硫化橡胶制品 | | | | | | |
| 4006902000 | 未硫化橡胶制品(盘、环等) | 14 | 80 | 17 | 0 | 千克 | |
| **4007** | **硫化橡胶线及绳** | | | | | | |
| 40070000 | 硫化橡胶线及绳 | | | | | | |
| 4007000000 | 硫化橡胶线及绳 | 14 | 80 | 17 | 9 | 千克 | |

| 商品编号 | 商品名称及备注 | 进口关税税率(%) | | 增值税率(%) | 出口退税率(%) | 计量单位 | 监管条件 |
|---|---|---|---|---|---|---|---|
| | | 最惠国 | 普通 | | | | |
| **4008** | **硫化橡胶(硬质橡胶除外)制的板、片、带、杆或型材及异型材** | | | | | | |
| 40081100 | --板、片、带 | | | | | | |
| 4008110000 | 海绵硫化橡胶制的板、片及带 | 8 | 35 | 17 | 9 | 千克 | |
| 40081900 | --其他 | | | | | | |
| 4008190000 | 海绵硫化橡胶制型材、异型材及杆 | 8 | 35 | 17 | 9 | 千克 | |
| 40082100 | --板、片、带 | | | | | | |
| 4008210000 | 非海绵硫化橡胶制板、片及带 | 8 | 35 | 17 | 9 | 千克 | |
| 40082900 | --其他 | | | | | | |
| 4008290000 | 非海绵硫化橡胶型材、异型材及杆 | 8 | 35 | 17 | 9 | 千克 | |
| **4009** | **硫化橡胶(硬质橡胶除外)制的管子,不论是否装有附件(例如,接头、肘管、法兰)** | | | | | | |
| 40091100 | --未装有附件 | | | | | | |
| 4009110000 | 未加强或其他材料合制硫化橡胶管(不带附件、硬质橡胶除外) | 10.5 | 40 | 17 | 9 | 千克 | |
| 40091200 | --装有附件 | | | | | | |
| 4009120000 | 未加强或其他材料合制硫化橡胶管(装有附件、硬质橡胶除外) | 10 | 40 | 17 | 9 | 千克 | |
| 40092100 | --未装有附件 | | | | | | |
| 4009210000 | 加强或只与金属合制的硫化橡胶管(不带附件、硬质橡胶除外) | 10.5 | 40 | 17 | 9 | 千克 | |
| 40092200 | --装有附件 | | | | | | |
| 4009220000 | 加强或只与金属合制的硫化橡胶管(装有附件、硬质橡胶除外) | 10 | 40 | 17 | 9 | 千克 | |
| 40093100 | --未装有附件 | | | | | | |
| 4009310000 | 加强或与纺织材料合制硫化橡胶管(不带附件、硬质橡胶除外) | 10.5 | 40 | 17 | 9 | 千克 | |
| 40093200 | --装有附件 | | | | | | |
| 4009320000 | 加强或与纺织材料合制硫化橡胶管(装有附件、硬质橡胶除外) | 10 | 40 | 17 | 9 | 千克 | |
| 40094100 | --未装有附件 | | | | | | |
| 4009410000 | 加强或与其他材料合制硫化橡胶管(不带附件、硬质橡胶除外) | 10.5 | 40 | 17 | 9 | 千克 | |
| 40094200 | --装有附件 | | | | | | |
| 4009420000 | 加强或与其他材料合制硫化橡胶管(装有附件、硬质橡胶除外) | 10 | 40 | 17 | 9 | 千克 | |
| **4010** | **硫化橡胶制的传动带或输送带及带料** | | | | | | |
| 40101100 | --仅用金属加强的 | | | | | | |
| 4010110000 | 金属加强的硫化橡胶输送带(包括带料) | 10 | 35 | 17 | 9 | 千克 | |
| 40101200 | --仅用纺织材料加强的 | | | | | | |
| 4010120000 | 纺织材料加强的硫化橡胶输送带(包括带料) | 10 | 35 | 17 | 9 | 千克 | |
| 40101900 | --其他 | | | | | | |
| 4010190000 | 其他硫化橡胶制的输送带及带料 | 10 | 35 | 17 | 9 | 千克 | |
| 40103100 | --梯形截面的环形传动带(三角带),V形肋状的,60厘米<外周长≤180厘米 | | | | | | |
| 4010310000 | 60厘米<周长≤180厘米的V形肋状三角带(硫化橡胶制梯形截面的环形传动带,不论是否开槽) | 8 | 35 | 17 | 9 | 千克 | |
| 40103200 | --梯形截面的环形传动带(三角带),60厘米<外周长≤180厘米,V形肋状的除外 | | | | | | |
| 4010320000 | 60厘米<周长≤180厘米三角带(硫化橡胶制梯形截面的环形传动带,V形肋状带除外) | 8 | 35 | 17 | 9 | 千克 | |
| 40103300 | --梯形截面的环形传动带(三角带),V形肋状的,180厘米<外周长≤240厘米 | | | | | | |
| 4010330000 | 180厘米<周长≤240厘米V形肋状带(硫化橡胶制梯形截面的环形传动带) | 8 | 35 | 17 | 9 | 千克 | |
| 40103400 | --梯形截面的环形传动带(三角带),180厘米<外周长≤240厘米,V形肋状的除外 | | | | | | |
| 4010340000 | 180厘米<周长≤240厘米V形肋状带除外(硫化橡胶制梯形截面的环形传动带) | 8 | 35 | 17 | 9 | 千克 | |
| 40103500 | --环形同步带,60厘米<外周长≤150厘米 | | | | | | |
| 4010350000 | 60厘米<周长≤150厘米的环形同步带(硫化橡胶制) | 10 | 35 | 17 | 9 | 千克 | |
| 40103600 | --环形同步带,150厘米<外周长≤198厘米 | | | | | | |

| 商品编号 | 商品名称及备注 | 进口关税税率(%) | | 增值税率(%) | 出口退税率(%) | 计量单位 | 监管条件 |
|---|---|---|---|---|---|---|---|
| | | 最惠国 | 普通 | | | | |
| 4010360000 | 150 厘米<周长≤198 厘米的环形同步带(硫化橡胶制) | 10 | 35 | 17 | 9 | 千克 | |
| 40103900 | --其他 | | | | | | |
| 4010390000 | 其他硫化橡胶制的传动带及带料 | 8 | 35 | 17 | 9 | 千克 | |
| **4011** | **新的充气橡胶轮胎** | | | | | | |
| 40111000 | -机动小客车(包括旅行小客车及赛车)用 | | | | | | |
| 4011100000 | 机动小客车用新的充气轮胎(橡胶轮胎,包括旅行小客车及赛车用) | 10 | 50 | 17 | 9 | 千克/条 | A |
| 40112000 | -客运机动车辆或货运机动车辆用 | | | | | | |
| 4011200010[暂8] | 断面宽度≥30 英寸客或货车用新充气橡胶轮胎(指机动车辆用橡胶轮胎,断面宽度≥30 英寸) | 10 | 50 | 17 | 9 | 千克/条 | A |
| 4011200090 | 其他客或货车用新充气橡胶轮胎(指机动车辆用橡胶轮胎) | 10 | 50 | 17 | 9 | 千克/条 | A |
| 40113000 | -航空器用 | | | | | | |
| 4011300000 | 航空器用新的充气橡胶轮胎 | 1 | 11 | 17 | 9 | 千克/条 | |
| 40114000 | -摩托车用 | | | | | | |
| 4011400000 | 摩托车用新的充气橡胶轮胎 | 15 | 80 | 17 | 9 | 千克/条 | A |
| 40115000 | -自行车用 | | | | | | |
| 4011500000 | 自行车用新的充气橡胶轮胎 | 20 | 80 | 17 | 13 | 千克/条 | |
| 40117010 | ---人字形胎面或类似胎面 | | | | | | |
| 4011701010[暂8] | 断面宽度≥24 英寸人字形轮胎(新充气橡胶轮胎,含胎面类似人字形的,农林车辆及机器用) | 17.5 | 50 | 17 | 9 | 千克/条 | A |
| 4011701090 | 其他人字形胎面轮胎(新充气橡胶轮胎,含胎面类似人字形的,农林车辆及机器用) | 17.5 | 50 | 17 | 9 | 千克/条 | A |
| 40117090 | ---其他 | | | | | | |
| 4011709000 | 其他新的充气橡胶轮胎(非人字形胎面,农林车辆及机器用) | 25 | 50 | 17 | 9 | 千克/条 | |
| 40118011 | ----辋圈尺寸≤61 厘米 | | | | | | |
| 4011801110 | 断面宽度≥24 英寸人字形轮胎(建筑业、采矿业或工业搬运车辆及机器用,辋圈≤61 厘米,新充气橡胶胎,含类似人字形) | 17.5 | 50 | 17 | 9 | 千克/条 | A |
| 4011801190 | 其他人字形胎面轮胎(建筑业、采矿业或工业搬运车辆及机器用,辋圈≤61 厘米,新充气橡胶胎,含类似人字形) | 17.5 | 50 | 17 | 9 | 千克/条 | A |
| 40118012 | ----辋圈尺寸>61 厘米 | | | | | | |
| 4011801210[暂8] | 断面宽度≥24 英寸人字形子轮胎(建筑业、采矿业或工业搬运车辆及机器用,辋圈>61 厘米,新充气橡胶胎,含类似人字形) | 17.5 | 50 | 17 | 9 | 千克/条 | A |
| 4011801290 | 其他人字形胎面轮胎(建筑业、采矿业或工业搬运车辆及机器用,辋圈>61 厘米,新充气橡胶胎,含类似人字形) | 17.5 | 50 | 17 | 9 | 千克/条 | A |
| 40118091 | ----辋圈尺寸≤61 厘米 | | | | | | |
| 4011809100 | 建筑业、采矿业或工业搬运车辆及机器用,辋圈≤61 厘米的非人字面的新充气橡胶胎 | 25 | 50 | 17 | 9 | 千克/条 | |
| 40118092 | ----辋圈尺寸>61 厘米 | | | | | | |
| 4011809210[暂8] | 其他断面宽度≥24 英寸轮胎(建筑业、采矿业或工业搬运车辆及机器用,辋圈>61 厘米,新充气橡胶胎,非人字形胎面) | 25 | 50 | 17 | 9 | 千克/条 | |
| 4011809290 | 其他新的充气橡胶轮胎(建筑业、采矿业或工业搬运车辆及机器用,辋圈>61 厘米,新充气橡胶胎,非人字形胎面) | 25 | 50 | 17 | 9 | 千克/条 | |
| 40119010 | ---人字形胎面或类似胎面的 | | | | | | |
| 4011901010[暂8] | 断面宽度≥30 英寸人字形轮胎(其他用途,新充气橡胶轮胎,含胎面类似人字形的) | 17.5 | 50 | 17 | 9 | 千克/条 | A |
| 4011901090 | 其他人字形胎面轮胎(其他用途,新充气橡胶轮胎,含胎面类似人字形的) | 17.5 | 50 | 17 | 9 | 千克/条 | A |
| 40119090 | ---其他 | | | | | | |
| 4011909010[暂8] | 其他断面宽度≥30 英寸轮胎(其他用途,新充气橡胶轮胎,非人字形胎面) | 25 | 50 | 17 | 9 | 千克/条 | |
| 4011909090 | 其他新的充气橡胶轮胎(其他用途,新充气橡胶轮胎,非人字形胎面) | 25 | 50 | 17 | 9 | 千克/条 | |
| **4012** | **翻新的或旧的充气橡胶轮胎;实心或半实心橡胶轮胎、橡胶胎面及橡胶轮胎衬带** | | | | | | |

| 商品编号 | 商 品 名 称 及 备 注 | 进口关税税率(%) | | 增值税率(%) | 出口退税率(%) | 计量单位 | 监管条件 |
|---|---|---|---|---|---|---|---|
| | | 最惠国 | 普通 | | | | |
| 40121100 | --机动小客车(包括旅行小客车及赛车)用 | | | | | | |
| 4012110000 | 机动小客车用翻新轮胎(包括旅行小客车及赛车用翻新轮胎) | 20 | 50 | 17 | 9 | 千克/条 | A |
| 40121200 | --机动大客车或货运机动车辆用 | | | | | | |
| 4012120000 | 机动大客车或货运车用翻新轮胎 | 20 | 50 | 17 | 9 | 千克/条 | A |
| 40121300 | --航空器用 | | | | | | |
| 4012130000暂4 | 航空器用翻新轮胎 | 20 | 50 | 17 | 9 | 千克/条 | |
| 40121900 | --其他 | | | | | | |
| 4012190000 | 其他翻新轮胎 | 20 | 50 | 17 | 9 | 千克/条 | |
| 40122010 | ---汽车用 | | | | | | |
| 4012201000 | 汽车用旧的充气橡胶轮胎 | 25 | 50 | 17 | 9 | 千克/条 | A |
| 40122090 | ---其他 | | | | | | |
| 4012209000 | 其他用途旧的充气橡胶轮胎 | 25 | 80 | 17 | 9 | 千克/条 | |
| 40129010 | ---航空器用 | | | | | | |
| 4012901000 | 航空器用实心或半实心橡胶轮胎(包括橡胶胎面及橡胶轮胎衬带) | 3 | 11 | 17 | 9 | 千克 | |
| 40129020 | ---汽车用 | | | | | | |
| 4012902000 | 汽车用实心或半实心轮胎 | 22 | 50 | 17 | 9 | 千克 | A |
| 40129090 | ---其他 | | | | | | |
| 4012909000 | 其他用实心或半实心轮胎 | 22 | 50 | 17 | 9 | 千克 | |
| **4013** | **橡胶内胎** | | | | | | |
| 40131000 | -机动小客车(包括旅行小客车及赛车)、客运、机动车辆或货运机动车辆用 | | | | | | |
| 4013100000 | 汽车用橡胶内胎[机动小客车(包括旅行小客车及赛车)、客运车或货运车用] | 15 | 50 | 17 | 9 | 千克/条 | A |
| 40132000 | -自行车用 | | | | | | |
| 4013200000 | 自行车用橡胶内胎 | 15 | 80 | 17 | 13 | 千克/条 | |
| 40139010 | ---航空器用 | | | | | | |
| 4013901000 | 航空器用橡胶内胎 | 3 | 11 | 17 | 9 | 千克/条 | |
| 40139090 | ---其他 | | | | | | |
| 4013909000 | 其他用橡胶内胎 | 15 | 50 | 17 | 9 | 千克/条 | |
| **4014** | **硫化橡胶(硬质橡胶除外)制的卫生及医疗用品(包括奶嘴),不论是否装有硬质橡胶制的附件** | | | | | | |
| 40141000 | -避孕套 | | | | | | |
| 4014100000 | 硫化橡胶制避孕套 | 0 | 0 | 0 | 0 | 千克 | |
| 40149000 | -其他 | | | | | | |
| 4014900000 | 硫化橡胶制其他卫生及医疗用品(包括奶嘴,不论有无硬质橡胶配件,硬化橡胶的除外) | 17.5 | 50 | 17 | 9 | 千克 | A |
| **4015** | **硫化橡胶(硬质橡胶除外)制的衣着用品及附件(包括分指手套、连指手套及露指手套)** | | | | | | |
| 40151100 | --外科用 | | | | | | |
| 4015110000 | 硫化橡胶制外科用手套(硬化橡胶的除外) | 8 | 30 | 17 | 13 | 千克/双 | |
| 40151900 | --其他 | | | | | | |
| 4015190000 | 硫化橡胶制其他手套(硬化橡胶的除外) | 18 | 80 | 17 | 13 | 千克/双 | |
| 40159010 | ---医疗用 | | | | | | |
| 4015901000 | 医疗用硫化橡胶衣着用品及附件(硬化橡胶的除外) | 8 | 30 | 17 | 9 | 千克 | |
| 40159090 | ---其他 | | | | | | |
| 4015909000 | 其他硫化橡胶制衣着用品及附件(硬化橡胶的除外) | 15 | 90 | 17 | 9 | 千克 | |
| **4016** | **硫化橡胶(硬质橡胶除外)的其他制品** | | | | | | |
| 40161010 | ---机器及仪器用零件 | | | | | | |
| 4016101000 | 硫化海绵橡胶制机器及仪器用零件(硬质橡胶的除外) | 8 | 30 | 17 | 9 | 千克 | |
| 40161090 | ---其他 | | | | | | |

| 商品编号 | 商 品 名 称 及 备 注 | 进口关税税率(%) | | 增值税率(%) | 出口退税率(%) | 计量单位 | 监管条件 |
|---|---|---|---|---|---|---|---|
| | | 最惠国 | 普通 | | | | |
| 4016109000 | 硫化海绵橡胶制其他制品(硬质橡胶的除外) | 15 | 80 | 17 | 9 | 千克 | |
| 40169100 | --铺地制品及门垫 | | | | | | |
| 4016910000 | 硫化橡胶制铺地制品及门垫(硬质橡胶的除外) | 18 | 80 | 17 | 9 | 千克 | |
| 40169200 | --橡皮擦 | | | | | | |
| 4016920000 | 硫化橡胶制橡皮擦 | 18 | 80 | 17 | 9 | 千克 | |
| 40169310 | ---机器及仪器用 | | | | | | |
| 4016931000 | 其他硫化橡胶制密封制品(硫化橡胶密封圈,机器、仪器用,硬质橡胶的除外) | 8 | 30 | 17 | 9 | 千克 | |
| 40169390 | ---其他 | | | | | | |
| 4016939000 | 硫化橡胶制其他用垫片、垫圈(包括密封垫,硬质橡胶除外) | 15 | 80 | 17 | 9 | 千克 | |
| 40169400 | --船舶或码头的碰垫,不论是否可充气 | | | | | | |
| 4016940000 | 硫化橡胶制船舶或码头的碰垫(不论是否可充气,硬质橡胶除外) | 18 | 80 | 17 | 9 | 千克 | |
| 40169500 | --其他可充气制品 | | | | | | |
| 4016950001[暂9] | 硫化橡胶制液压隔离式蓄能器用胶囊 | 18 | 80 | 17 | 9 | 千克 | |
| 4016950090 | 硫化橡胶制其他可充气制品 | 18 | 80 | 17 | 9 | 千克 | |
| 40169910 | ---机器及仪器用零件 | | | | | | |
| 4016991001[暂4] | 奶衬(硬质橡胶除外) | 8 | 30 | 17 | 9 | 千克 | |
| 4016991090 | 硫化橡胶制机器及仪器用其他零件(硬质橡胶除外) | 8 | 30 | 17 | 9 | 千克 | |
| 40169990 | ---其他 | | | | | | |
| 4016999001[暂5] | 动车组用胶囊,外风挡板(硬质橡胶除外) | 10 | 80 | 17 | 9 | 千克 | |
| 4016999090 | 其他未列名硫化橡胶制品(硬质橡胶除外) | 10 | 80 | 17 | 9 | 千克 | |
| **4017** | **各种形状的硬质橡胶(例如,纯硬质胶),包括废碎料;硬质橡胶制品** | | | | | | |
| 40170010 | ---各种形状的硬质橡胶,包括废碎料 | | | | | | |
| 4017001010 | 各种形状的硬质橡胶废碎料 | 8 | 35 | 17 | 9 | 千克 | 9 |
| 4017001090 | 各种形状的硬质橡胶 | 8 | 35 | 17 | 9 | 千克 | |
| 40170020 | ---硬质橡胶制品 | | | | | | |
| 4017002000 | 硬质橡胶制品 | 15 | 90 | 17 | 9 | 千克 | |

# 第八类　生皮、皮革、毛皮及其制品；鞍具及挽具；旅行用品、手提包及类似容器；动物肠线（蚕胶丝除外）制品

## 第四十一章　生皮（毛皮除外）及皮革

**注释：**

一、本章不包括：

（一）生皮的边角废料（品目05.11）；

（二）品目05.05或67.01的带羽毛或羽绒的整张或部分鸟皮；

（三）带毛生皮或已鞣的带毛皮张（第四十三章）；但下列动物的带毛生皮应归入第四十一章：牛（包括水牛）、马、绵羊及羔羊（不包括阿斯特拉罕、喀拉科尔、波斯羔羊或类似羔羊，印度、中国或蒙古羔羊）、山羊或小山羊（不包括也门或蒙古山羊及小山羊）、猪（包括野猪）、小羚羊、瞪羚、骆驼（包括单峰骆驼）、驯鹿、麋、鹿、狍或狗。

二、（一）品目41.04至41.06不包括经逆鞣（包括预鞣）加工的皮（酌情归入品目41.01至41.03）；

（二）品目41.04至41.06所称"坯革"，包括在干燥前经复鞣、染色或加油（加脂）的皮。

三、本手册所称"再生皮革"，仅指品目41.15的皮革。

| 商品编号 | 商品名称及备注 | 进口关税税率(%) | | 增值税率(%) | 出口退税率(%) | 计量单位 | 监管条件 |
|---|---|---|---|---|---|---|---|
| | | 最惠国 | 普通 | | | | |
| **4101** | **生牛皮（包括水牛皮）、生马皮（鲜的、盐腌的、干的、石灰浸渍的、浸酸的或以其他方法保藏，但未鞣制、未经羊皮纸化处理或进一步加工的），不论是否去毛或剖层** | | | | | | |
| 41012011 | ----经逆鞣处理的 | | | | | | |
| 4101201110 | 规定重量退鞣未剖层整张濒危生野牛皮（指每张，简单干燥≤8千克，干盐渍≤10千克，鲜或湿盐≤16千克） | 8 | 17 | 11 | 0 | 千克/张 | ABFE |
| 4101201190 | 规定重量未剖层退鞣处理整张生牛皮（包括水牛皮）（指每张，简单干燥≤8千克，干盐渍≤10千克，鲜或湿盐≤16千克） | 8 | 17 | 11 | 0 | 千克/张 | AB |
| 41012019 | ----其他 | | | | | | |
| 4101201910 | 规定重量非退鞣未剖层整张濒危生野牛皮（指每张，简单干燥≤8千克，干盐渍≤10千克，鲜或湿盐≤16千克） | 5 | 17 | 11 | 0 | 千克/张 | ABFE |
| 4101201990 | 规定重量非退鞣未剖层处理整张生牛皮（包括水牛皮）（指每张，简单干燥≤8千克，干盐渍≤10千克，鲜或湿盐≤16千克） | 5 | 17 | 11 | 0 | 千克/张 | AB |
| 41012020 | ---马科动物皮 | | | | | | |
| 4101202011[暂2] | 规定重量未剖层整张濒危生野驴皮（指每张，简单干燥≤8千克，干盐渍≤10千克，鲜或湿盐≤16千克） | 5 | 30 | 11 | 0 | 千克/张 | ABFE |
| 4101202019 | 规定重量未剖层整张其他濒危生野马科动物皮（指每张，简单干燥≤8千克，干盐渍≤10千克，鲜或湿盐≤16千克） | 5 | 30 | 11 | 0 | 千克/张 | ABFE |
| 4101202091[暂2] | 规定重量未剖层整张生驴皮（指每张，简单干燥≤8千克，干盐渍≤10千克，鲜或湿盐≤16千克） | 5 | 30 | 11 | 0 | 千克/张 | AB |
| 4101202099 | 规定重量未剖层整张其他生马科动物皮（指每张，简单干燥≤8千克，干盐渍≤10千克，鲜或湿盐≤16千克） | 5 | 30 | 11 | 0 | 千克/张 | AB |
| 41015011 | ----经逆鞣处理的 | | | | | | |
| 4101501110 | 重量>16千克退鞣整张濒危生野牛皮 | 8.4 | 17 | 11 | 0 | 千克/张 | ABFE |
| 4101501190 | 重量>16千克退鞣处理整张生牛皮（包括水牛皮） | 8.4 | 17 | 11 | 0 | 千克/张 | AB |
| 41015019 | ----其他 | | | | | | |
| 4101501910 | 重量>16千克非退鞣整张濒危生野牛皮 | 5 | 17 | 11 | 0 | 千克/张 | ABFE |

| 商品编号 | 商品名称及备注 | 进口关税税率(%) | | 增值税率(%) | 出口退税率(%) | 计量单位 | 监管条件 |
|---|---|---|---|---|---|---|---|
| | | 最惠国 | 普通 | | | | |
| 4101501990 | 重量>16千克非退鞣处理整张生牛皮(包括水牛皮) | 5 | 17 | 11 | 0 | 千克/张 | AB |
| 41015020 | ---马科动物皮 | | | | | | |
| 4101502010 | 重量>16千克整张濒危生野马科动物皮 | 5 | 30 | 11 | 0 | 千克/张 | ABFE |
| 4101502090 | 重量>16千克整张生马科动物皮 | 5 | 30 | 11 | 0 | 千克/张 | AB |
| 41019011 | ----经逆鞣处理的 | | | | | | |
| 4101901110 | 其他退鞣处理濒危生野牛皮(包括整张或半张的背皮及腹皮) | 8.4 | 17 | 11 | 0 | 千克 | FEAB |
| 4101901190 | 其他退鞣处理生牛皮(包括整张或半张的背皮及腹皮) | 8.4 | 17 | 11 | 0 | 千克 | AB |
| 41019019 | ----其他 | | | | | | |
| 4101901910 | 其他濒危生野牛皮(包括整张或半张的背皮及腹皮) | 5 | 17 | 11 | 0 | 千克 | FEAB |
| 4101901990 | 其他生牛皮(包括整张或半张的背皮及腹皮) | 5 | 17 | 11 | 0 | 千克 | AB |
| 41019020 | ---马科动物皮 | | | | | | |
| 4101902010 | 其他濒危生野马科动物皮(包括整张或半张的背皮及腹皮) | 5 | 30 | 11 | 0 | 千克 | FEAB |
| 4101902090 | 其他生马科动物皮(包括整张或半张的背皮及腹皮) | 5 | 30 | 11 | 0 | 千克 | AB |
| **4102** | **绵羊或羔羊生皮(鲜的、盐腌的、干的、石灰浸渍的、浸酸的或经其他方法保藏,但未鞣制、未经羊皮纸化处理或进一步加工的),不论是否带毛或剖层,但本章注释一(三)所述不包括的生皮除外** | | | | | | |
| 41021000 | -带毛 | | | | | | |
| 4102100000 | 带毛的绵羊或羔羊生皮[本章注释一(三)所述不包括的生皮除外] | 7 | 30 | 11 | 0 | 千克/张 | AB |
| 41022110 | ---经逆鞣处理的 | | | | | | |
| 4102211000 | 浸酸退鞣不带毛绵羊或羔羊生皮[本章注释一(三)所述不包括的生皮除外] | 14 | 30 | 11 | 0 | 千克/张 | AB |
| 41022190 | ---其他 | | | | | | |
| 4102219000 | 浸酸非退鞣不带毛绵羊或羔羊生皮[本章注释一(三)所述不包括的生皮除外] | 9 | 30 | 11 | 0 | 千克/张 | AB |
| 41022910 | ---经逆鞣处理的 | | | | | | |
| 4102291000 | 其他不带毛退鞣绵羊或羔羊生皮[浸酸的及本章注释一(三)所述不包括的生皮除外] | 14 | 30 | 11 | 0 | 千克/张 | AB |
| 41022990 | ---其他 | | | | | | |
| 4102299000 | 其他不带毛非退鞣绵羊或羔羊生皮[浸酸的及本章注释一(三)所述不包括的生皮除外] | 7 | 30 | 11 | 0 | 千克/张 | AB |
| **4103** | **其他生皮(鲜的、盐腌的、干的、石灰浸腌的、浸酸的或以其他方法保藏,但未鞣制、未经羊皮纸化处理或进一步加工的),不论是否去毛或剖层,但本章注释一(二)或(三)所述不包括的生皮除外** | | | | | | |
| 41032000 | -爬行动物皮 | | | | | | |
| 4103200010 | 濒危爬行动物的生皮 | 9 | 30 | 11 | 0 | 千克/张 | FEAB |
| 4103200090 | 其他爬行动物的生皮 | 9 | 30 | 11 | 0 | 千克/张 | AB |
| 41033000 | -猪皮 | | | | | | |
| 4103300010 | 生鹿豚、姬猪皮 | 9 | 30 | 11 | 0 | 千克/张 | ABFE |
| 4103300090 | 生猪皮 | 9 | 30 | 11 | 0 | 千克/张 | AB |
| 41039011 | ----经逆鞣处理的 | | | | | | |
| 4103901100 | 退鞣山羊板皮[本章注释一(三)所述不包括的生皮除外] | 14 | 35 | 11 | 0 | 千克/张 | AB |
| 41039019 | ----其他 | | | | | | |
| 4103901900 | 非退鞣山羊板皮[本章注释一(三)所述不包括的生皮除外] | 9 | 35 | 11 | 0 | 千克/张 | AB |
| 41039021 | ----经逆鞣处理的 | | | | | | |
| 4103902100 | 其他退鞣山羊或小山羊皮[山羊板皮及本章注释一(三)所述不包括的生皮除外] | 14 | 30 | 11 | 0 | 千克/张 | AB |
| 41039029 | ----其他 | | | | | | |
| 4103902900 | 其他非退鞣山羊或小山羊皮[山羊板皮及本章注释一(三)所述不包括的生皮除外] | 9 | 30 | 11 | 0 | 千克/张 | AB |
| 41039090 | ---其他 | | | | | | |
| 4103909010 | 其他濒危野生动物生皮[本章注释一(二)或(三)所述不包括的生皮除外] | 9 | 30 | 11 | 0 | 千克/张 | ABEF |
| 4103909090 | 其他生皮[本章注释一(二)或(三)所述不包括的生皮除外] | 9 | 30 | 11 | 0 | 千克/张 | AB |

| 商品编号 | 商品名称及备注 | 进口关税税率(%) | | 增值税率(%) | 出口退税率(%) | 计量单位 | 监管条件 |
|---|---|---|---|---|---|---|---|
| | | 最惠国 | 普通 | | | | |
| **4104** | **经鞣制的不带毛牛皮(包括水牛皮)、马皮及其坯革,不论是否剖层,但未经进一步加工** | | | | | | |
| 41041111 | ----蓝湿的 | | | | | | |
| 4104111110暂3 | 蓝湿濒危野牛皮(全粒面未剖或粒面剖层,经鞣制不带毛) | 7 | 17 | 17 | 0 | 千克 | ABFE |
| 4104111190暂3 | 全粒面未剖层或粒面剖层蓝湿牛皮(经鞣制不带毛) | 7 | 17 | 17 | 0 | 千克 | AB |
| 41041119 | ----其他 | | | | | | |
| 4104111910 | 湿濒危野牛皮(全粒面未剖或粒面剖层,经鞣制不带毛) | 8 | 35 | 17 | 0 | 千克 | EF |
| 4104111990 | 全粒面未剖层或粒面剖层湿牛皮(经鞣制不带毛) | 8 | 35 | 17 | 0 | 千克 | |
| 41041120 | ---马科动物皮 | | | | | | |
| 4104112010 | 湿濒危野马科动物皮(全粒面未剖或粒面剖层,经鞣制不带毛) | 5 | 35 | 17 | 0 | 千克 | EF |
| 4104112090 | 全粒面未剖层或粒面剖层湿马科动物皮(经鞣制不带毛) | 5 | 35 | 17 | 0 | 千克 | |
| 41041911 | ----蓝湿的 | | | | | | |
| 4104191110暂3 | 其他蓝湿濒危野牛皮(经鞣制不带毛) | 6 | 17 | 17 | 0 | 千克 | ABFE |
| 4104191190暂3 | 其他蓝湿牛皮(经鞣制不带毛) | 6 | 17 | 17 | 0 | 千克 | AB |
| 41041919 | ----其他 | | | | | | |
| 4104191910 | 其他湿濒危野牛皮(经鞣制不带毛) | 7 | 35 | 17 | 0 | 千克 | EF |
| 4104191990 | 其他湿牛皮(经鞣制不带毛) | 7 | 35 | 17 | 0 | 千克 | |
| 41041920 | ---马科动物皮 | | | | | | |
| 4104192010暂5 | 其他湿濒危野马科动物皮(经鞣制不带毛) | 7 | 35 | 17 | 0 | 千克 | EF |
| 4104192090暂5 | 其他湿马科动物皮(经鞣制不带毛) | 7 | 35 | 17 | 0 | 千克 | |
| 41044100 | --全粒面未剖层革;粒面剖层革 | | | | | | |
| 4104410010暂3 | 濒危野牛马干革(全粒面未剖或粒面剖层,经鞣制不带毛) | 5 | 35 | 17 | 0 | 千克 | EF |
| 4104410090暂3 | 全粒面未剖层或粒面剖层干革(经鞣制不带毛) | 5 | 35 | 17 | 0 | 千克 | |
| 41044910 | ---机器带用牛、马皮革 | | | | | | |
| 4104491010 | 其他机器带用濒危野牛马皮革(经鞣制不带毛) | 5 | 20 | 17 | 0 | 千克 | FE |
| 4104491090 | 其他机器带用牛马皮革(经鞣制不带毛) | 5 | 20 | 17 | 0 | 千克 | |
| 41044990 | ---其他 | | | | | | |
| 4104499010 | 其他濒危野牛马皮革(经鞣制不带毛) | 7 | 35 | 17 | 0 | 千克 | EF |
| 4104499090 | 其他牛马皮革(经鞣制不带毛) | 7 | 35 | 17 | 0 | 千克 | |
| **4105** | **经鞣制的不带毛绵羊或羔羊皮革及其坯革,不论是否剖层,但未经进一步加工** | | | | | | |
| 41051010 | ---蓝湿的 | | | | | | |
| 4105101000暂10 | 蓝湿绵羊或羔羊皮(经鞣制不带毛) | 14 | 50 | 17 | 0 | 千克 | AB |
| 41051090 | ---其他 | | | | | | |
| 4105109000 | 其他绵羊或羔羊湿革(经鞣制不带毛) | 10 | 50 | 17 | 0 | 千克 | |
| 41053000 | -干革(坯革) | | | | | | |
| 4105300000 | 绵羊或羔羊干革(经鞣制不带毛) | 8 | 50 | 17 | 0 | 千克 | |
| **4106** | **经鞣制的其他不带毛动物皮革及其坯革,不论是否剖层,但未经进一步加工** | | | | | | |
| 41062100 | --湿革(包括蓝湿皮) | | | | | | |
| 4106210001暂10 | 蓝湿山羊皮(经鞣制不带毛) | 14 | 50 | 17 | 0 | 千克 | |
| 4106210090 | 其他山羊或小山羊湿革(经鞣制不带毛) | 14 | 50 | 17 | 0 | 千克 | |
| 41062200 | --干革(坯革) | | | | | | |
| 4106220000 | 山羊或小山羊干革(经鞣制不带毛) | 14 | 50 | 17 | 0 | 千克 | |
| 41063110 | ---蓝湿的 | | | | | | |
| 4106311010暂10 | 蓝湿鹿豚、姬猪皮(经鞣制不带毛) | 14 | 50 | 17 | 0 | 千克 | FEAB |
| 4106311090暂10 | 其他蓝湿猪皮(经鞣制不带毛) | 14 | 50 | 17 | 0 | 千克 | AB |
| 41063190 | ---其他 | | | | | | |
| 4106319010 | 鹿豚、姬猪湿革(经鞣制不带毛) | 14 | 50 | 17 | 0 | 千克 | EF |

| 商品编号 | 商品名称及备注 | 进口关税税率(%) | | 增值税率(%) | 出口退税率(%) | 计量单位 | 监管条件 |
|---|---|---|---|---|---|---|---|
| | | 最惠国 | 普通 | | | | |
| 4106319090 | 其他猪湿革(经鞣制不带毛) | 14 | 50 | 17 | 0 | 千克 | |
| 41063200 | --干革(坯革) | | | | | | |
| 4106320010 | 鹿豚、姬猪干革(经鞣制不带毛,坯革) | 14 | 50 | 17 | 0 | 千克 | EF |
| 4106320090 | 其他猪干革(经鞣制不带毛,坯革) | 14 | 50 | 17 | 0 | 千克 | |
| 41064000 | -爬行动物的 | | | | | | |
| 4106400010 | 濒危爬行动物皮革(经鞣制不带毛) | 14 | 50 | 17 | 0 | 千克 | FE |
| 4106400090 | 其他爬行动物皮革(经鞣制不带毛) | 14 | 50 | 17 | 0 | 千克 | |
| 41069100 | --湿革(包括蓝湿皮) | | | | | | |
| 4106910010 | 其他濒危野生动物湿革(经鞣制不带毛) | 14 | 50 | 17 | 0 | 千克 | FE |
| 4106910090 | 其他动物湿革(经鞣制不带毛) | 14 | 50 | 17 | 0 | 千克 | |
| 41069200 | --干革(坯革) | | | | | | |
| 4106920010 | 其他濒危野生动物干革(经鞣制不带毛) | 14 | 50 | 17 | 0 | 千克 | FE |
| 4106920090 | 其他动物干革(经鞣制不带毛) | 14 | 50 | 17 | 0 | 千克 | |
| **4107** | **经鞣制或半硝处理后进一步加工的不带毛的牛皮革(包括水牛皮革)及马皮革,包括羊皮纸化处理的皮革,不论是否剖层,但品目41.14的皮革除外** | | | | | | |
| 41071110 | ---牛皮 | | | | | | |
| 4107111010 | 全粒面未剖层整张濒危野牛皮(经鞣制或半硝后进一步加工,羊皮纸化处理) | 8 | 50 | 17 | 0 | 千克/张 | FE |
| 4107111090 | 全粒面未剖层整张牛皮(经鞣制或半硝后进一步加工,羊皮纸化处理) | 8 | 50 | 17 | 0 | 千克/张 | |
| 41071120 | ---马科动物皮 | | | | | | |
| 4107112010 | 全粒面未剖层整张濒危野马科动物皮(经鞣制或半硝后进一步加工,羊皮纸化处理) | 5 | 50 | 17 | 0 | 千克/张 | FE |
| 4107112090 | 全粒面未剖层整张马科动物皮(经鞣制或半硝后进一步加工,羊皮纸化处理) | 5 | 50 | 17 | 0 | 千克/张 | |
| 41071210 | ---牛皮 | | | | | | |
| 4107121010[暂6] | 粒面剖层整张濒危野牛皮(经鞣制或半硝后进一步加工,羊皮纸化处理) | 8 | 50 | 17 | 0 | 千克/张 | FE |
| 4107121090[暂6] | 粒面剖层整张牛皮(经鞣制或半硝后进一步加工,羊皮纸化处理) | 8 | 50 | 17 | 0 | 千克/张 | |
| 41071220 | ---马科动物皮 | | | | | | |
| 4107122010 | 粒面剖层整张濒危野马科动物皮(经鞣制或半硝后进一步加工,羊皮纸化处理) | 5 | 50 | 17 | 0 | 千克/张 | FE |
| 4107122090 | 粒面剖层整张马科动物皮(经鞣制或半硝后进一步加工,羊皮纸化处理) | 5 | 50 | 17 | 0 | 千克/张 | |
| 41071910 | ---机器带用 | | | | | | |
| 4107191010 | 其他机器带用整张濒危野牛马皮革(经鞣制或半硝后进一步加工,羊皮纸化处理) | 5 | 50 | 17 | 0 | 千克/张 | FE |
| 4107191090 | 其他机器带用整张牛马皮革(经鞣制或半硝后进一步加工,羊皮纸化处理) | 5 | 50 | 17 | 0 | 千克/张 | |
| 41071990 | ---其他 | | | | | | |
| 4107199010 | 其他整张濒危野牛马皮革(经鞣制或半硝后进一步加工,羊皮纸化处理) | 7 | 50 | 17 | 0 | 千克/张 | EF |
| 4107199090 | 其他整张牛马皮革(经鞣制或半硝后进一步加工,羊皮纸化处理) | 7 | 50 | 17 | 0 | 千克/张 | |
| 41079100 | --全粒面未剖层革 | | | | | | |
| 4107910010 | 全粒面未剖层非整张濒危野牛马皮(经鞣制或半硝后进一步加工,羊皮纸化处理) | 5 | 50 | 17 | 0 | 千克 | EF |
| 4107910090 | 全粒面未剖层非整张革(经鞣制或半硝后进一步加工,羊皮纸化处理) | 5 | 50 | 17 | 0 | 千克 | |
| 41079200 | --粒面剖层革 | | | | | | |
| 4107920010 | 粒面剖层非整张濒危野牛马皮革(经鞣制或半硝后进一步加工,羊皮纸化处理) | 5 | 50 | 17 | 0 | 千克 | FE |
| 4107920090 | 粒面剖层非整张革(经鞣制或半硝后进一步加工,羊皮纸化处理) | 5 | 50 | 17 | 0 | 千克 | |
| 41079910 | ---机器带用 | | | | | | |
| 4107991010 | 其他机器带用非整张濒危野牛马皮(经鞣制或半硝后进一步加工,羊皮纸化处理) | 5 | 50 | 17 | 0 | 千克 | FE |
| 4107991090 | 其他机器带用非整张牛马皮革(经鞣制或半硝后进一步加工,羊皮纸化处理) | 5 | 50 | 17 | 0 | 千克 | |
| 41079990 | ---其他 | | | | | | |
| 4107999010 | 其他非整张濒危野牛马皮革(经鞣制或半硝后进一步加工,羊皮纸化处理) | 7 | 50 | 17 | 0 | 千克 | EF |
| 4107999090 | 其他非整张牛马皮革(经鞣制或半硝后进一步加工,羊皮纸化处理) | 7 | 50 | 17 | 0 | 千克 | |

| 商品编号 | 商品名称及备注 | 进口关税税率(%) | | 增值税率(%) | 出口退税率(%) | 计量单位 | 监管条件 |
|---|---|---|---|---|---|---|---|
| | | 最惠国 | 普通 | | | | |
| **4112** | **经鞣制或半硝处理后进一步加工的不带毛的绵羊或羔羊皮革,包括羊皮纸化处理的,不论是否剖层,但品目 41.14 的皮革除外** | | | | | | |
| 41120000 | 经鞣制或半硝处理后进一步加工的不带毛的绵羊或羔羊皮革,包括羊皮纸化处理的,不论是否剖层,但品目 41.14 的皮革除外 | | | | | | |
| 4112000000 | 加工的绵羊或羔羊皮革(经鞣制或半硝后进一步加工,不带毛,羊皮纸化处理) | 8 | 50 | 17 | 0 | 千克 | |
| **4113** | **经鞣制或半硝处理后进一步加工的不带毛的其他动物皮革,包括羊皮纸化处理的,不论是否剖层,但品目 41.14 的皮革除外** | | | | | | |
| 41131000 | -山羊或小山羊皮的 | | | | | | |
| 4113100000 | 加工的山羊或小山羊皮革(经鞣制或半硝后进一步加工,不带毛,羊皮纸化处理) | 14 | 50 | 17 | 0 | 千克 | |
| 41132000 | -猪皮的 | | | | | | |
| 4113200010 | 加工的鹿豚、姬猪皮革(经鞣制或半硝后进一步加工,不带毛,羊皮纸化处理) | 14 | 50 | 17 | 0 | 千克 | EF |
| 4113200090 | 加工的猪皮革(经鞣制或半硝后进一步加工,不带毛,羊皮纸化处理) | 14 | 50 | 17 | 0 | 千克 | |
| 41133000 | -爬行动物皮的 | | | | | | |
| 4113300010 | 加工的濒危爬行动物皮革(经鞣制或半硝后进一步加工,不带毛,羊皮纸化处理) | 14 | 50 | 17 | 0 | 千克 | FE |
| 4113300090 | 加工的其他爬行动物皮革(经鞣制或半硝后进一步加工,不带毛,羊皮纸化处理) | 14 | 50 | 17 | 0 | 千克 | |
| 41139000 | -其他 | | | | | | |
| 4113900010 | 加工的其他濒危野生动物皮革(经鞣制或半硝后进一步加工,不带毛,羊皮纸化处理) | 14 | 50 | 17 | 0 | 千克 | FE |
| 4113900090 | 加工的其他动物皮革(经鞣制或半硝后进一步加工,不带毛,羊皮纸化处理) | 14 | 50 | 17 | 0 | 千克 | |
| **4114** | **油鞣皮革(包括结合鞣制的油鞣皮革);漆皮及层压漆皮;镀金属皮革** | | | | | | |
| 41141000 | -油鞣皮革(包括结合鞣制的油鞣皮革) | | | | | | |
| 4114100010 | 油鞣其他濒危野生动物皮革(包括结合鞣制的油鞣皮革) | 14 | 50 | 17 | 0 | 千克 | FE |
| 4114100090 | 油鞣其他动物皮革(包括结合鞣制的油鞣皮革,野生动物皮革除外) | 14 | 50 | 17 | 0 | 千克 | |
| 41142000 | -漆皮及层压漆皮;镀金属皮革 | | | | | | |
| 4114200000 | 漆皮及层压漆皮;镀金属皮革 | 10 | 50 | 17 | 0 | 千克 | |
| **4115** | **以皮革或皮革纤维为基本成分的再生皮革,成块、成张或成条的,不论是否成卷;皮革或再生皮革的边角废料,不适宜作皮革制品用;皮革粉末** | | | | | | |
| 41151000 | -以皮革或皮革纤维为基本成分的再生皮革,成块、成张或成条,不论是否成卷 | | | | | | |
| 4115100000 | 再生皮革(以皮革或皮革纤维为基本成分,成块、张、条,不论是否成卷) | 14 | 50 | 17 | 0 | 千克 | |
| 41152000 | -皮革或再生皮革的边角废料,不适宜作皮革制品用;皮革粉末 | | | | | | |
| 4115200010 | 皮革废渣、灰渣、淤渣及粉末 | 14 | 50 | 17 | 0 | 千克 | 9 |
| 4115200090 | 成品皮革、皮革制品或再生皮革的边角料(经过筛选的,面积≥200 平方厘米的皮革边角料,用于手套、配饰、玩具等的加工) | 14 | 50 | 17 | 0 | 千克 | 9 |

# 第四十二章　皮革制品;鞍具及挽具;旅行用品、手提包及类似容器;动物肠线(蚕胶丝除外)制品

**注释:**

一、本章所称的"皮革"包括油鞣皮革(含结合鞣制的油鞣皮革)、漆皮、层压漆皮和镀金属皮革。

二、本章不包括:

(一)外科用无菌肠线或类似的无菌缝合材料(品目30.06);

(二)以毛皮或人造毛皮衬里或做面(仅饰边的除外)的衣服及衣着附件(分指手套、连指手套及露指手套除外)(品目43.03或43.04);

(三)网线袋及类似品(品目56.08);

(四)第六十四章的物品;

(五)第六十五章的帽类及其零件;

(六)品目66.02的鞭子、马鞭或其他物品;

(七)袖扣、手镯或其他仿首饰(品目71.17);

(八)单独进口或出口的挽具附件或装饰物,例如,马镫、马嚼子、马铃铛及类似品、带扣(一般归入第十五类);

(九)弦线、鼓面皮或类似品及其他乐器零件(品目92.09);

(十)第九十四章的物品(例如,家具、灯具及照明装置);

(十一)第九十五章的物品(例如,玩具、游戏品及运动用品);

(十二)品目96.06的纽扣、揿扣、纽扣芯或这些物品的其他零件、纽扣坯。

三、(一)除上述注释二所规定的以外,品目42.02也不包括:

1. 非供长期使用的带把手塑料薄膜袋,不论是否印制(品目39.23);

2. 编结材料制品(品目46.02)。

(二)品目42.02及42.03的制品,如果装有用贵金属、包贵金属、天然或养殖珍珠、宝石或半宝石(天然、合成或再造)制的零件,即使这些零件不是仅作为小配件或小饰物的,只要其未构成物品的基本特征,仍应归入上述品目;但如果这些零件已构成物品的基本特征,则应归入第七十一章。

四、品目42.03所称"衣服及衣着附件",主要适用于分指手套、连指手套及露指手套(包括运动手套及防护手套)、围裙及其他防护用衣着、裤吊带、腰带、子弹带及腕带,但不包括表带(品目91.13)。

| 商品编号 | 商品名称及备注 | 进口关税税率(%) 最惠国 | 进口关税税率(%) 普通 | 增值税率(%) | 出口退税率(%) | 计量单位 | 监管条件 |
|---|---|---|---|---|---|---|---|
| **4201** | **各种材料制成的鞍具及挽具(包括缰绳、挽绳、护膝垫、口套、鞍褥、马褡裢、狗外套及类似品),适合各种动物用** | | | | | | |
| 42010000 | 各种材料制成的鞍具及挽具(包括缰绳、挽绳、护膝垫、口套、鞍褥、马褡裢、狗外套及类似品),适合各种动物用 | | | | | | |
| 4201000010 | 濒危野生动物材料制的鞍具及挽具(适合各种动物用) | 20 | 100 | 17 | 0 | 千克 | FE |
| 4201000090 | 各种材料制成的鞍具及挽具(野生动物材料制的除外,适合各种动物用) | 20 | 100 | 17 | 13 | 千克 | |
| **4202** | **衣箱、提箱、小手袋、公文箱、公文包、书包、眼镜盒、望远镜盒、照相机套、乐器盒、枪套及类似容器;旅行包、食品或饮料保温包、化妆包、帆布包、手提包、购物袋、钱夹、钱包、地图盒、烟盒、烟袋、工具包、运动包、瓶盒、首饰盒、粉盒、刀叉餐具盒及类似容器,用皮革或再生皮革、塑料片、纺织材料、钢纸或纸板制成,或者全部或主要用上述材料或纸包覆制成** | | | | | | |
| 42021110 | ---衣箱 | | | | | | |
| 4202111010[暂10] | 以含濒危野生动物皮革或再生皮革作面的衣箱 | 15 | 100 | 17 | 0 | 千克/个 | FE |
| 4202111090[暂10] | 其他以皮革或再生皮革作面的衣箱 | 15 | 100 | 17 | 15 | 千克/个 | |
| 42021190 | ---其他 | | | | | | |
| 4202119010 | 以含濒危野生动物皮革或再生皮革作面的箱包(包括提箱、小手袋、公文包、书包及类似容器,但不包括衣箱) | 10 | 100 | 17 | 0 | 千克/个 | FE |
| 4202119090 | 其他以皮革或再生皮革作面的箱包(包括提箱、小手袋、公文包、书包及类似容器,但不包括衣箱) | 10 | 100 | 17 | 15 | 千克/个 | |
| 42021210 | ---衣箱 | | | | | | |
| 4202121000[暂10] | 以塑料或纺织材料作面的衣箱 | 20 | 100 | 17 | 15 | 千克/个 | |
| 42021290 | ---其他 | | | | | | |
| 4202129000[暂10] | 以塑料或纺织材料作面的其他箱包(包括提箱、小手袋、公文箱、公文包、书包及类似容器) | 20 | 100 | 17 | 15 | 千克/个 | |
| 42021900 | --其他 | | | | | | |
| 4202190000[暂10] | 以钢纸或纸板作面的衣箱等(包括提箱、小手袋、公文箱、公文包、书包及类似容器) | 20 | 100 | 17 | 15 | 千克/个 | |

| 商品编号 | 商品名称及备注 | 进口关税税率(%) | | 增值税率(%) | 出口退税率(%) | 计量单位 | 监管条件 |
|---|---|---|---|---|---|---|---|
| | | 最惠国 | 普通 | | | | |
| 42022100 | --以皮革或再生皮革作面 | | | | | | |
| 4202210010 | 以含濒危野生动物皮革或再生皮革作面的手提包(不论是否有背带,包括无把手的) | 10 | 100 | 17 | 0 | 千克/个 | FE |
| 4202210090 | 其他以皮革或再生皮革作面的手提包(不论是否有背带,包括无把手的) | 10 | 100 | 17 | 15 | 千克/个 | |
| 42022200 | --以塑料片或纺织材料作面 | | | | | | |
| 4202220000 | 以塑料片或纺织材料作面的手提包(不论是否有背带,包括无把手的) | 10 | 100 | 17 | 15 | 千克/个 | |
| 42022900 | --其他 | | | | | | |
| 4202290000[暂10] | 以钢纸或纸板作面的手提包(不论是否有背带,包括无把手的) | 20 | 100 | 17 | 15 | 千克/个 | |
| 42023100 | --以皮革或再生皮革作面 | | | | | | |
| 4202310010 | 以含濒危野生动物皮革或再生皮革作面的钱包等物品(指通常置于口袋或手提包内的物品) | 10 | 100 | 17 | 0 | 千克/个 | FE |
| 4202310090 | 以皮革或再生皮革作面钱包等物品(指通常置于口袋或手提包内的物品) | 10 | 100 | 17 | 15 | 千克/个 | |
| 42023200 | --以塑料片或纺织材料作面 | | | | | | |
| 4202320000[暂10] | 塑料片或纺织材料作面的钱包等物品(指通常置于口袋或手提包内的物品) | 20 | 100 | 17 | 15 | 千克/个 | |
| 42023900 | --其他 | | | | | | |
| 4202390000[暂10] | 以钢纸或纸板作面的钱包等物品(指通常置于口袋或手提包内的物品) | 20 | 100 | 17 | 15 | 千克/个 | |
| 42029100 | --以皮革或再生皮革作面 | | | | | | |
| 4202910010 | 以含濒危野生动物皮革或再生皮革作面的其他容器 | 10 | 100 | 17 | 0 | 千克/个 | FE |
| 4202910090 | 其他皮革或再生皮革作面其他容器 | 10 | 100 | 17 | 15 | 千克/个 | |
| 42029200 | --以塑料片或纺织材料作面 | | | | | | |
| 4202920000 | 塑料片或纺织材料作面的其他容器 | 10 | 100 | 17 | 15 | 千克/个 | |
| 42029900 | --其他 | | | | | | |
| 4202990000[暂10] | 以钢纸或纸板作面的其他容器 | 20 | 100 | 17 | 15 | 千克/个 | |
| **4203** | **皮革或再生皮革制的衣服及衣着附件** | | | | | | |
| 42031000 | -衣服 | | | | | | |
| 4203100010 | 含濒危野生动物皮革制的衣服(包括再生野生动物皮革制作的) | 10 | 100 | 17 | 0 | 千克/件 | EF |
| 4203100090 | 皮革或再生皮革制的衣服(野生动物皮革制作的除外) | 10 | 100 | 17 | 13 | 千克/件 | |
| 42032100 | --专供运动用 | | | | | | |
| 4203210010 | 含濒危野生动物皮革制的运动手套(包括再生野生动物皮革制作的) | 20 | 100 | 17 | 0 | 千克/双 | FE |
| 4203210090 | 皮革或再生皮革制专供运动用手套(包括连指或露指的,野生动物皮革制作的除外) | 20 | 100 | 17 | 13 | 千克/双 | |
| 42032910 | ---劳保手套 | | | | | | |
| 4203291010 | 含濒危野生动物皮革制的劳保手套(包括再生野生动物皮革制作的) | 20 | 100 | 17 | 0 | 千克/双 | FE |
| 4203291090 | 皮革或再生皮革制的劳保手套(野生动物皮革制作的除外) | 20 | 100 | 17 | 13 | 千克/双 | |
| 42032990 | ---其他 | | | | | | |
| 4203299010 | 含濒危野生动物皮革制的其他手套(包括再生野生动物皮革制作的) | 20 | 100 | 17 | 0 | 千克/双 | FE |
| 4203299090 | 皮革或再生皮革制的其他手套(包括连指或露指的) | 20 | 100 | 17 | 13 | 千克/双 | |
| 42033010 | ---腰带 | | | | | | |
| 4203301010 | 含濒危野生动物皮革制的腰带(包括再生野生动物皮革制作的) | 10 | 100 | 17 | 0 | 千克 | FE |
| 4203301090 | 其他动物皮革制的腰带(包括再生动物皮革制作的) | 10 | 100 | 17 | 13 | 千克 | |
| 42033020 | ---子弹带 | | | | | | |
| 4203302010 | 含濒危野生动物皮革制的子弹带(包括再生野生动物皮革制作的) | 10 | 100 | 17 | 0 | 千克 | FE |
| 4203302090 | 其他动物皮革制的子弹带(包括再生动物皮革制作的) | 10 | 100 | 17 | 13 | 千克 | |
| 42034000 | -其他衣着附件 | | | | | | |
| 4203400010 | 含濒危野生动物皮革制的衣着附件(包括再生野生动物皮革制作的) | 20 | 100 | 17 | 0 | 千克 | FE |
| 4203400090 | 皮革或再生皮革制的其他衣着附件 | 20 | 100 | 17 | 13 | 千克 | |
| **4205** | **皮革或再生皮革的其他制品** | | | | | | |
| 42050010 | ---坐具套 | | | | | | |

| 商品编号 | 商品名称及备注 | 进口关税税率(%) | | 增值税率(%) | 出口退税率(%) | 计量单位 | 监管条件 |
|---|---|---|---|---|---|---|---|
| | | 最惠国 | 普通 | | | | |
| 4205001010 | 含濒危野生动物皮革制的坐具套(包括再生野生动物皮革制作的) | 12 | 100 | 17 | 0 | 千克 | FE |
| 4205001090 | 其他动物皮革制的坐具套(包括再生皮革制作的) | 12 | 100 | 17 | 13 | 千克 | |
| 42050020 | ---机器、机械器具或其他专门技术用途的 | | | | | | |
| 4205002010 | 含濒危野生动物皮革制工业用皮革或再生皮革制品(工业用指机器、机械器具或其他专门技术用途的) | 8 | 35 | 17 | 0 | 千克 | FE |
| 4205002090 | 其他工业用皮革或再生皮革制品(工业用指机器、机械器具或其他专门技术用途的) | 8 | 35 | 17 | 13 | 千克 | |
| 42050090 | ---其他 | | | | | | |
| 4205009010 | 含濒危野生动物皮革的其他制品(包括再生野生动物皮革制作的) | 12 | 100 | 17 | 0 | 千克 | FE |
| 4205009020 | 皮革或再生皮革制宠物用品 | 12 | 100 | 17 | 13 | 千克 | AB |
| 4205009090 | 皮革或再生皮革的其他制品 | 12 | 100 | 17 | 13 | 千克 | |
| **4206** | **肠线(蚕胶丝除外)、肠膜、膀胱或筋腱制品** | | | | | | |
| 42060000 | 肠线(蚕胶丝除外)、肠膜、膀胱或筋腱制品 | | | | | | |
| 4206000000 | 肠线、肠膜、膀胱或筋腱制品(不包括外科用无菌肠线或制成乐器弦的肠线,蚕胶丝除外) | 20 | 90 | 17 | 5 | 千克 | |

# 第四十三章　毛皮、人造毛皮及其制品

注释：

一、本手册所称"毛皮"，是指已鞣的各种动物的带毛毛皮，但不包括品目43.01的生毛皮。

二、本章不包括：

(一)带羽毛或羽绒的整张或部分鸟皮(品目05.05或67.01)；

(二)第四十一章的带毛生皮[见该章注释一(三)]；

(三)用皮革与毛皮或用皮革与人造毛皮制成的分指手套、连指手套及露指手套(品目42.03)；

(四)第六十四章的物品；

(五)第六十五章的帽类及其零件；

(六)第九十五章的物品(例如，玩具、游戏品及运动用品)。

三、品目43.03包括加有其他材料缝合的毛皮和毛皮部分品，以及缝合成衣服、衣服部分品、衣着附件或其他制品的毛皮和毛皮部分品。

四、以毛皮或人造毛皮衬里或做面(仅饰边的除外)的衣服及衣着附件(不包括注释二所述的货品)，应分别归入品目43.03或43.04，但毛皮或人造毛皮仅作为装饰的除外。

五、本手册所称"人造毛皮"，是指以毛、发或其他纤维粘附或缝合于皮革、织物或其他材料之上而构成的仿毛皮，但不包括以机织或针织方法制得的仿毛皮(一般应归入品目58.01或60.01)。

| 商品编号 | 商品名称及备注 | 进口关税税率(%) 最惠国 | 进口关税税率(%) 普通 | 增值税率(%) | 出口退税率(%) | 计量单位 | 监管条件 |
|---|---|---|---|---|---|---|---|
| **4301** | **生毛皮(包括适合加工皮货用的头、尾、爪及其他块、片)，但品目41.01、41.02或41.03的生皮除外** | | | | | | |
| 43011000 | -整张水貂皮，不论是否带头、尾或爪 | | | | | | |
| 4301100000暂10 | 整张生水貂皮(不论是否带头、尾或爪) | 15 | 100 | 11 | 0 | 千克 | AB |
| 43013000 | -下列羔羊的整张毛皮，不论是否带头、尾或爪：阿斯特拉罕、喀拉科尔、波斯羔羊及类似羔羊、印度、中国或蒙古羔羊 | | | | | | |
| 4301300000 | 阿斯特拉罕等羔羊的整张生毛皮(还包括喀拉科尔、波斯、印度、中国或蒙古等羔羊) | 20 | 90 | 11 | 0 | 千克 | AB |
| 43016000 | -整张狐皮，不论是否带头、尾或爪 | | | | | | |
| 4301600010暂10 | 整张濒危生狐皮(不论是否带头、尾或爪) | 20 | 100 | 11 | 0 | 千克/张 | AFEB |
| 4301600090暂10 | 其他整张生狐皮(不论是否带头、尾或爪) | 20 | 100 | 11 | 0 | 千克/张 | AB |
| 43018010 | ---整张兔皮，不论是否带头、尾或爪 | | | | | | |
| 4301801010 | 整张生濒危野兔皮(不论是否带头、尾或爪) | 20 | 90 | 11 | 0 | 千克/张 | AFEB |
| 4301801090 | 整张生兔皮(不论是否带头、尾或爪) | 20 | 90 | 11 | 0 | 千克/张 | AB |
| 43018090 | 其他 | | | | | | |
| 4301809010 | 整张的其他生濒危野生动物毛皮(不论是否带头、尾或爪，包括整张濒危生海豹皮) | 20 | 90 | 11 | 0 | 千克/张 | ABEF |
| 4301809090 | 整张的其他生毛皮(不论是否带头、尾或爪，包括整张生海豹皮) | 20 | 90 | 11 | 0 | 千克/张 | AB |
| 43019010 | ---黄鼠狼尾 | | | | | | |
| 4301901000 | 未鞣制的黄鼠狼尾 | 20 | 50 | 11 | 0 | 千克 | ABEF |
| 43019090 | ---其他 | | | | | | |
| 4301909010 | 其他濒危野生动物未鞣头尾(加工皮货用，包括爪及其他块、片) | 20 | 90 | 11 | 0 | 千克 | ABFE |
| 4301909090 | 适合加工皮货用的其他未鞣头、尾(包括爪及其他块、片) | 20 | 90 | 11 | 0 | 千克 | AB |
| **4302** | **未缝制或已缝制(不加其他材料)的已鞣毛皮(包括头、尾、爪及其他块、片)，但品目43.03的货品除外** | | | | | | |
| 43021100 | --水貂皮 | | | | | | |
| 4302110000 | 已鞣未缝制的整张水貂皮(不论是否带头、尾或爪) | 12 | 130 | 17 | 5 | 千克/张 | |
| 43021910 | ---灰鼠皮、白鼬皮、其他貂皮、狐皮、水獭皮、旱獭皮及猞猁皮 | | | | | | |
| 4302191010 | 已鞣未缝制的濒危狐皮(兰狐皮、银狐皮除外) | 10 | 130 | 17 | 0 | 千克/张 | EF |
| 4302191020 | 已鞣未缝制的兰狐皮、银狐皮 | 10 | 130 | 17 | 5 | 千克/张 | |

| 商品编号 | 商品名称及备注 | 进口关税税率(%) | | 增值税率(%) | 出口退税率(%) | 计量单位 | 监管条件 |
|---|---|---|---|---|---|---|---|
| | | 最惠国 | 普通 | | | | |
| 4302191090 | 已鞣未缝制的其他贵重濒危动物毛皮(灰鼠皮、白鼬皮、其他貂皮、水獭皮、旱獭皮、猞猁皮) | 10 | 130 | 17 | 0 | 千克/张 | EF |
| 43021920 | ---兔皮 | | | | | | |
| 4302192010 | 已鞣未缝制的整张濒危野兔皮(不论是否带头、尾或爪) | 10 | 100 | 17 | 0 | 千克/张 | FE |
| 4302192090 | 已鞣未缝制的整张兔皮(不论是否带头、尾或爪) | 10 | 100 | 17 | 5 | 千克/张 | |
| 43021930 | ---下列羔羊皮:阿斯特拉罕、喀拉科尔、波斯羔羊及类似羔羊、印度、中国或蒙古羔羊 | | | | | | |
| 4302193000 | 已鞣未缝制阿斯特拉罕等羔羊皮(还包括喀拉科尔、波斯、印度、中国或蒙古羔羊皮) | 20 | 100 | 17 | 5 | 千克/张 | |
| 43021990 | ---其他 | | | | | | |
| 4302199010 | 已鞣未缝制其他濒危野生动物毛皮 | 10 | 100 | 17 | 0 | 千克/张 | EF |
| 4302199090 | 已鞣未缝制的其他毛皮 | 10 | 100 | 17 | 5 | 千克/张 | |
| 43022000 | -未缝制的头、尾、爪及其他块、片 | | | | | | |
| 4302200010 | 已鞣未缝濒危野生动物头、尾、爪等(包括块、片) | 20 | 100 | 17 | 0 | 千克 | EF |
| 4302200090 | 已鞣未缝制的头、尾、爪及其他块、片 | 20 | 100 | 17 | 5 | 千克 | |
| 43023010 | ---灰鼠、白鼬、貂、狐、水獭、旱獭及猞猁的整张毛皮及其块、片 | | | | | | |
| 4302301010 | 已鞣已缝制貂皮、狐皮及其块、片(兰狐、银狐、水貂、艾虎的整张毛皮及块、片除外) | 20 | 130 | 17 | 5 | 千克 | EF |
| 4302301090 | 已鞣已缝制的贵重濒危动物毛皮及其块、片(灰鼠皮、白鼬皮、其他貂皮、水獭皮、旱獭皮、猞猁皮及块、片) | 20 | 130 | 17 | 0 | 千克 | EF |
| 43023090 | ---其他 | | | | | | |
| 4302309010 | 已鞣缝的其他整张濒危野生毛皮(包括块、片) | 20 | 100 | 17 | 0 | 千克 | EF |
| 4302309090 | 已鞣已缝制的其他整张毛皮及块、片 | 20 | 100 | 17 | 5 | 千克 | |
| **4303** | **毛皮制的衣服、衣着附件及其他物品** | | | | | | |
| 43031010 | ---毛皮衣服 | | | | | | |
| 4303101010[暂10] | 濒危野生动物毛皮衣服 | 23 | 150 | 17 | 0 | 千克/件 | EF |
| 4303101090[暂10] | 其他毛皮衣服 | 23 | 150 | 17 | 13 | 千克/件 | |
| 43031020 | ---毛皮衣着附件 | | | | | | |
| 4303102010 | 濒危野生动物毛皮衣着附件 | 18 | 150 | 17 | 0 | 千克 | EF |
| 4303102090 | 其他毛皮衣着附件 | 18 | 150 | 17 | 13 | 千克 | |
| 43039000 | -其他 | | | | | | |
| 4303900010 | 濒危野生动物毛皮制其他物品 | 18 | 150 | 17 | 0 | 千克 | EF |
| 4303900090 | 其他毛皮制物品 | 18 | 150 | 17 | 13 | 千克 | |
| **4304** | **人造毛皮及其制品** | | | | | | |
| 43040010 | ---人造毛皮 | | | | | | |
| 4304001000 | 人造毛皮 | 18 | 130 | 17 | 13 | 千克 | |
| 43040020 | ---人造毛皮制品 | | | | | | |
| 4304002000 | 人造毛皮制品 | 18 | 150 | 17 | 13 | 千克 | |

# 第九类　木及木制品；木炭；软木及软木制品；稻草、秸秆、针茅或其他编结材料制品；篮筐及柳条编结品

## 第四十四章　木及木制品；木炭

**注释：**

一、本章不包括：

（一）主要做香料、药料、杀虫、杀菌或类似用途的木片、刨花、木碎、木粒或木粉（品目12.11）；

（二）竹或主要做编织用的其他木质材料，呈原木状，不论是否经劈开、纵锯或切段（品目14.01）；

（三）主要做染料或鞣料用的木片、刨花、木粒或木粉（品目14.04）；

（四）活性炭（品目38.02）；

（五）品目42.02的物品；

（六）第四十六章的货品；

（七）第六十四章的鞋靴及其零件；

（八）第六十六章的货品（例如，伞、手杖及其零件）；

（九）品目68.08的货品；

（十）品目71.17的仿首饰；

（十一）第十六类或第十七类的货品（例如，机器零件，机器及器具的箱、罩、壳，车辆部件）；

（十二）第十八类的货品（例如，钟壳、乐器及其零件）；

（十三）火器的零件（品目93.05）；

（十四）第九十四章的物品（例如，家具、灯具及照明器具、活动房屋）；

（十五）第九十五章的物品（例如，玩具、游戏品及运动用品）；

（十六）第九十六章的物品（例如，烟斗及其零件、纽扣、铅笔、独脚架、双脚架、三脚架及类似品），但品目96.03所列物品的木身及木柄除外；

（十七）第九十七章的物品（例如，艺术品）。

二、本章所称"强化木"，是指经过化学或物理方法处理（对于多层黏合木材，其处理应超出一般黏合需要），从而增加了密度或硬度并改善了机械强度、抗化学或抗电性能的木材。

三、品目44.14至44.21适用于木质碎料板或类似木质材料板、纤维板、层压板或强化木的制品。

四、品目44.10、44.11或44.12的产品，可以加工成品目44.09所述的各种形状，也可以加工成弯曲、瓦楞、多孔或其他形状（正方形或矩形除外），以及经其他任何加工，但未具有其他品目所列制品的特性。

五、品目44.17不包括装有第八十二章注释一所述材料制成的刀片、工作刃、工作面或其他工作部件的工具。

六、除上述注释一及其他另有规定的以外，本章品目中所称"木"，也包括竹及其他木质材料。

**子目注释：**

一、子目4401.31所称"木屑棒"是指由木材加工业、家具制造业及其他木材加工活动中产生的副产品（例如，刨花、锯末及碎木片）直接压制而成或加入按重量计不超过3%的黏合剂后粘聚而成的产品。此类产品呈圆柱状，其直径不超过25毫米，长度不超过100毫米。

| 商品编号 | 商品名称及备注 | 进口关税税率（%） | | 增值税率（%） | 出口退税率（%） | 计量单位 | 监管条件 |
|---|---|---|---|---|---|---|---|
| | | 最惠国 | 普通 | | | | |
| **4401** | **薪柴（圆木段、块、枝、成捆或类似形状）；木片或木粒；锯末、木废料及碎片，不论是否粘结成圆木段、块、片或类似形状** | | | | | | |
| 44011100 | --针叶木 | | | | | | |
| 4401110000 | 针叶木薪柴（圆木段、块、枝，成捆或类似形状） | 0 | 70 | 17 | 0 | 千克 | AB |
| 44011200 | --非针叶木 | | | | | | |
| 4401120000 | 非针叶木薪柴（圆木段、块、枝，成捆或类似形状） | 0 | 70 | 17 | 0 | 千克 | AB |
| 44012100 | --针叶木 | | | | | | |
| 4401210010[暂0] | 濒危针叶木木片或木粒 | 0 | 8 | 17 | 0 | 千克 | ABFE |
| 4401210090[暂0] | 其他针叶木木片或木粒 | 0 | 8 | 17 | 0 | 千克 | AB |
| 44012200 | --非针叶木 | | | | | | |
| 4401220010[暂0] | 濒危非针叶木木片或木粒 | 0 | 8 | 17 | 0 | 千克 | ABFE |
| 4401220090[暂0] | 其他非针叶木木片或木粒 | 0 | 8 | 17 | 0 | 千克 | AB |
| 44013100 | --木屑棒 | | | | | | |
| 4401310000 | 木屑棒 | 0 | 8 | 17 | 0 | 千克 | AB |

| 商品编号 | 商品名称及备注 | 进口关税税率(%) | | 增值税率(%) | 出口退税率(%) | 计量单位 | 监管条件 |
|---|---|---|---|---|---|---|---|
| | | 最惠国 | 普通 | | | | |
| 44013900 | --其他 | | | | | | |
| 4401390000 | 其他锯末、木废料及碎片(粘结成圆木段、块、片或类似形状) | 0 | 8 | 17 | 0 | 千克 | AB |
| 44014000 | -锯末、木废料及碎片,未粘结的 | | | | | | |
| 4401400000 | 锯末、木废料及碎片(未粘结成圆木段、块、片或类似形状) | 0 | 8 | 17 | 0 | 千克 | AB |
| **4402** | **木炭(包括果壳炭及果核炭),不论是否结块** | | | | | | |
| 44021000 | -竹的 | | | | | | |
| 4402100000 | 竹炭 | 10.5 | 70 | 17 | 0 | 千克 | |
| 44029000 | -其他 | | | | | | |
| 4402900010 | 以木材为原料直接烧制的木炭 | 10.5 | 70 | 17 | 0 | 千克 | 8 |
| 4402900090 | 其他木炭(包括果壳炭及果核炭,不论是否结块) | 10.5 | 70 | 17 | 0 | 千克 | |
| **4403** | **原木,不论是否去皮、去边材或粗锯成方** | | | | | | |
| 44031100 | --针叶木 | | | | | | |
| 4403110010 | 油漆、着色剂等处理的红豆杉原木(包括用杂酚油或其他防腐剂处理) | 0 | 8 | 11 | 0 | 千克/立方米 | 8AF |
| 4403110020 | 油漆、着色剂等处理的其他濒危针叶木原木(包括用杂酚油或其他防腐剂处理) | 0 | 8 | 11 | 0 | 千克/立方米 | 8AF |
| 4403110090 | 其他油漆、着色剂等处理的针叶木原木(包括用杂酚油或其他防腐剂处理) | 0 | 8 | 11 | 0 | 千克/立方米 | 8A |
| 44031200 | --非针叶木 | | | | | | |
| 4403120010 | 油漆、着色剂等处理的濒危非针叶木原木(包括用杂酚油或其他防腐剂处理) | 0 | 8 | 11 | 0 | 千克/立方米 | 8AF |
| 4403120090 | 其他油漆、着色剂等处理的非针叶木原木(包括用杂酚油或其他防腐剂处理) | 0 | 8 | 11 | 0 | 千克/立方米 | 8A |
| 44032110 | ---红松和樟子松 | | | | | | |
| 4403211010 | 截面尺寸≥15厘米的红松原木(用油漆、着色剂、杂酚油或其他防腐剂处理的除外) | 0 | 8 | 11 | 0 | 千克/立方米 | 8AEF |
| 4403211090 | 截面尺寸≥15厘米的樟子松原木(用油漆、着色剂、杂酚油或其他防腐剂处理的除外) | 0 | 8 | 11 | 0 | 千克/立方米 | 8A |
| 44032120 | ---辐射松 | | | | | | |
| 4403212000 | 截面尺寸≥15厘米的辐射松原木(用油漆、着色剂、杂酚油或其他防腐剂处理的除外) | 0 | 8 | 11 | 0 | 千克/立方米 | 8A |
| 44032130 | ---落叶松 | | | | | | |
| 4403213000 | 截面尺寸≥15厘米的落叶松原木(用油漆、着色剂、杂酚油或其他防腐剂处理的除外) | 0 | 8 | 11 | 0 | 千克/立方米 | 8A |
| 44032140 | ---花旗松 | | | | | | |
| 4403214000 | 截面尺寸≥15厘米的花旗松原木(用油漆、着色剂、杂酚油或其他防腐剂处理的除外) | 0 | 8 | 11 | 0 | 千克/立方米 | 8A |
| 44032190 | ---其他 | | | | | | |
| 4403219010 | 截面尺寸≥15厘米的濒危松木原木(用油漆、着色剂、杂酚油或其他防腐剂处理的除外) | 0 | 8 | 11 | 0 | 千克/立方米 | 8AF |
| 4403219090 | 截面尺寸≥15厘米的其他松木原木(用油漆、着色剂、杂酚油或其他防腐剂处理的除外) | 0 | 8 | 11 | 0 | 千克/立方米 | 8A |
| 44032210 | ---红松和樟子松 | | | | | | |
| 4403221010 | 截面尺寸<15厘米的红松原木(用油漆、着色剂、杂酚油或其他防腐剂处理的除外) | 0 | 8 | 11 | 0 | 千克/立方米 | 8AEF |
| 4403221090 | 截面尺寸<15厘米的樟子松原木(用油漆、着色剂、杂酚油或其他防腐剂处理的除外) | 0 | 8 | 11 | 0 | 千克/立方米 | 8A |
| 44032220 | ---辐射松 | | | | | | |
| 4403222000 | 截面尺寸<15厘米的辐射松原木(用油漆、着色剂、杂酚油或其他防腐剂处理的除外) | 0 | 8 | 11 | 0 | 千克/立方米 | 8A |
| 44032230 | ---落叶松 | | | | | | |
| 4403223000 | 截面尺寸<15厘米的落叶松原木(用油漆、着色剂、杂酚油或其他防腐剂处理的除外) | 0 | 8 | 11 | 0 | 千克/立方米 | 8A |
| 44032240 | ---花旗松 | | | | | | |
| 4403224000 | 截面尺寸<15厘米的花旗松原木(用油漆、着色剂、杂酚油或其他防腐剂处理的除外) | 0 | 8 | 11 | 0 | 千克/立方米 | 8A |
| 44032290 | ---其他 | | | | | | |
| 4403229010 | 截面尺寸<15厘米的濒危其他松木原木(用油漆、着色剂、杂酚油或其他防腐剂处理的除外) | 0 | 8 | 11 | 0 | 千克/立方米 | 8AF |
| 4403229090 | 截面尺寸<15厘米的其他松木原木(用油漆、着色剂、杂酚油或其他防腐剂处理的除外) | 0 | 8 | 11 | 0 | 千克/立方米 | 8A |
| 44032300 | --冷杉和云杉,截面尺寸≥15厘米 | | | | | | |
| 4403230010 | 截面尺寸≥15厘米的濒危云杉和冷杉原木(用油漆、着色剂、杂酚油或其他防腐剂处理的除外) | 0 | 8 | 11 | 0 | 千克/立方米 | 8AF |

| 商品编号 | 商 品 名 称 及 备 注 | 进口关税税率(%) | | 增值税率(%) | 出口退税率(%) | 计量单位 | 监管条件 |
|---|---|---|---|---|---|---|---|
| | | 最惠国 | 普通 | | | | |
| 4403230090 | 截面尺寸≥15厘米的其他云杉和冷杉原木(用油漆、着色剂、杂酚油或其他防腐剂处理的除外) | 0 | 8 | 11 | 0 | 千克/立方米 | 8A |
| 44032400 | --其他冷杉和云杉 | | | | | | |
| 4403240010 | 截面尺寸<15厘米的濒危云杉和冷杉原木(用油漆、着色剂、杂酚油或其他防腐剂处理的除外) | 0 | 8 | 11 | 0 | 千克/立方米 | 8AF |
| 4403240090 | 截面尺寸<15厘米的其他云杉和冷杉原木(用油漆、着色剂、杂酚油或其他防腐剂处理的除外) | 0 | 8 | 11 | 0 | 千克/立方米 | 8A |
| 44032500 | --其他,截面尺寸≥15厘米 | | | | | | |
| 4403250010 | 截面尺寸≥15厘米的红豆杉原木(用油漆、着色剂、杂酚油或其他防腐剂处理的除外) | 0 | 8 | 11 | 0 | 千克/立方米 | 8AF |
| 4403250020 | 截面尺寸≥15厘米的其他濒危针叶木原木(用油漆、着色剂、杂酚油或其他防腐剂处理的除外) | 0 | 8 | 11 | 0 | 千克/立方米 | 8AF |
| 4403250090 | 截面尺寸≥15厘米的其他针叶木原木(用油漆、着色剂、杂酚油或其他防腐剂处理的除外) | 0 | 8 | 11 | 0 | 千克/立方米 | 8A |
| 44032600 | --其他 | | | | | | |
| 4403260010 | 截面尺寸<15厘米的红豆杉原木(用油漆、着色剂、杂酚油或其他防腐剂处理的除外) | 0 | 8 | 11 | 0 | 千克/立方米 | 8AF |
| 4403260020 | 截面尺寸<15厘米的其他濒危针叶木原木(用油漆、着色剂、杂酚油或其他防腐剂处理的除外) | 0 | 8 | 11 | 0 | 千克/立方米 | 8AF |
| 4403260090 | 截面尺寸<15厘米的其他针叶木原木(用油漆、着色剂、杂酚油或其他防腐剂处理的除外) | 0 | 8 | 11 | 0 | 千克/立方米 | 8A |
| 44034100 | --深红色红柳桉木、浅红色红柳桉木及巴栲红柳桉木 | | | | | | |
| 4403410000 | 其他红柳桉木原木(指深红色红柳桉木、浅红色红柳桉及巴栲红色红柳桉木) | 0 | 8 | 11 | 0 | 千克/立方米 | 8A |
| 44034910 | ---柚木 | | | | | | |
| 4403491000 | 其他柚木原木(用油漆、着色剂、杂酚油或其他防腐剂处理的除外) | 0 | 35 | 11 | 0 | 千克/立方米 | 8A |
| 44034920 | ---奥克曼(奥克榄) | | | | | | |
| 4403492000 | 其他奥克曼OKOUME原木(奥克榄Aukoumed klaineana) | 0 | 35 | 11 | 0 | 千克/立方米 | 8A |
| 44034930 | ---龙脑香木(克隆) | | | | | | |
| 4403493000 | 其他龙脑香木、克隆原木(龙脑香木Dipterocarpus spp.,克隆Keruing) | 0 | 35 | 11 | 0 | 千克/立方米 | 8A |
| 44034940 | ---山樟(香木) | | | | | | |
| 4403494000 | 其他山樟Kapur原木(香木Dryobalanops spp.) | 0 | 35 | 11 | 0 | 千克/立方米 | 8A |
| 44034950 | ---印加木(波罗格) | | | | | | |
| 4403495000 | 其他印加木Intsia spp.原木(波罗格Mengaris) | 0 | 35 | 11 | 0 | 千克/立方米 | 8A |
| 44034960 | ---大干巴豆(门格里斯或康派斯) | | | | | | |
| 4403496000 | 其他大干巴豆Koompassia spp.(门格里斯Mengaris或康派斯Kempas) | 0 | 35 | 11 | 0 | 千克/立方米 | 8A |
| 44034970 | ---异翅香木 | | | | | | |
| 4403497000 | 其他异翅香木Anisopter spp. | 0 | 35 | 11 | 0 | 千克/立方米 | 8A |
| 44034980 | ---红木 | | | | | | |
| 4403498010 | 濒危热带红木原木(用油漆、着色剂、杂酚油或其他防腐剂处理的除外) | 0 | 35 | 11 | 0 | 千克/立方米 | 8AEF |
| 4403498090 | 其他热带红木原木(用油漆、着色剂、杂酚油或其他防腐剂处理的除外) | 0 | 35 | 11 | 0 | 千克/立方米 | 8A |
| 44034990 | ---其他 | | | | | | |
| 4403499010 | 南美蒺藜木(玉檀木)原木(用油漆、着色剂、杂酚油或其他防腐剂处理的除外) | 0 | 8 | 11 | 0 | 千克/立方米 | 8AEF |
| 4403499020 | 其他濒危热带原木(用油漆、着色剂、杂酚油或其他防腐剂处理的除外) | 0 | 8 | 11 | 0 | 千克/立方米 | 8AF |
| 4403499090 | 其他热带原木(用油漆、着色剂、杂酚油或其他防腐剂处理的除外) | 0 | 8 | 11 | 0 | 千克/立方米 | 8A |
| 44039100 | --栎木(橡木) | | | | | | |
| 4403910010 | 蒙古栎原木(用油漆、着色剂、杂酚油或其他防腐剂处理的除外) | 0 | 8 | 11 | 0 | 千克/立方米 | 8AEF |
| 4403910090 | 其他栎木(橡木)原木(用油漆、着色剂、杂酚油或其他防腐剂处理的除外) | 0 | 8 | 11 | 0 | 千克/立方米 | 8A |
| 44039300 | --水青冈木(山毛榉木),截面尺寸≥15厘米 | | | | | | |

| 商品编号 | 商品名称及备注 | 进口关税税率(%) | | 增值税率(%) | 出口退税率(%) | 计量单位 | 监管条件 |
|---|---|---|---|---|---|---|---|
| | | 最惠国 | 普通 | | | | |
| 4403930000 | 水青冈木(山毛榉木),截面尺寸≥15厘米(用油漆、着色剂、杂酚油或其他防腐剂处理的除外) | 0 | 8 | 11 | 0 | 千克/立方米 | 8A |
| 44039400 | --其他水青冈木(山毛榉木) | | | | | | |
| 4403940000 | 其他水青冈木(山毛榉木)(用油漆、着色剂、杂酚油或其他防腐剂处理的除外) | 0 | 8 | 11 | 0 | 千克/立方米 | 8A |
| 44039500 | --桦木,截面尺寸≥15厘米 | | | | | | |
| 4403950010 | 濒危的桦木,截面尺寸≥15厘米(用油漆、着色剂、杂酚油或其他防腐剂处理的除外) | 0 | 8 | 11 | 0 | 千克/立方米 | 8AF |
| 4403950090 | 其他桦木,截面尺寸≥15厘米(用油漆、着色剂、杂酚油或其他防腐剂处理的除外) | 0 | 8 | 11 | 0 | 千克/立方米 | 8A |
| 44039600 | --其他桦木 | | | | | | |
| 4403960010 | 濒危的桦木,截面尺寸≤15厘米(用油漆、着色剂、杂酚油或其他防腐剂处理的除外) | 0 | 8 | 11 | 0 | 千克/立方米 | 8AF |
| 4403960090 | 其他桦木,截面尺寸≤15厘米(用油漆、着色剂、杂酚油或其他防腐剂处理的除外) | 0 | 8 | 11 | 0 | 千克/立方米 | 8A |
| 44039700 | --杨木 | | | | | | |
| 4403970000 | 杨木(用油漆、着色剂、杂酚油或其他防腐剂处理的除外) | 0 | 8 | 11 | 0 | 千克/立方米 | 8A |
| 44039800 | --桉木 | | | | | | |
| 4403980000 | 桉木(用油漆、着色剂、杂酚油或其他防腐剂处理的除外) | 0 | 8 | 11 | 0 | 千克/立方米 | 8A |
| 44039930 | ---红木,但编号44034980所列热带红木除外 | | | | | | |
| 4403993010 | 濒危红木原木,但编号44034980所列热带红木除外(用油漆、着色剂、杂酚油或其他防腐剂处理的除外) | 0 | 35 | 11 | 0 | 千克/立方米 | 8AEF |
| 4403993090 | 其他红木原木,但编号44034980所列热带红木除外(用油漆、着色剂、杂酚油或其他防腐剂处理的除外) | 0 | 35 | 11 | 0 | 千克/立方米 | 8A |
| 44039940 | ---泡桐木 | | | | | | |
| 4403994000 | 泡桐木原木(用油漆、着色剂、杂酚油或其他防腐剂处理的除外) | 0 | 8 | 11 | 0 | 千克/立方米 | 8A |
| 44039950 | ---水曲柳 | | | | | | |
| 4403995000 | 水曲柳原木(用油漆、着色剂、杂酚油或其他防腐剂处理的除外) | 0 | 8 | 11 | 0 | 千克/立方米 | 8AF |
| 44039960 | ---北美硬阔叶木 | | | | | | |
| 4403996000 | 北美硬阔叶木 | 0 | 8 | 11 | 0 | 千克/立方米 | 8A |
| 44039980 | ---未列名的温带非针叶木 | | | | | | |
| 4403998010 | 其他未列名温带濒危非针叶木原木(用油漆、着色剂、杂酚油或其他防腐剂处理的除外) | 0 | 8 | 11 | 0 | 千克/立方米 | 8AF |
| 4403998090 | 其他未列名温带非针叶木原木(用油漆、着色剂、杂酚油或其他防腐剂处理的除外) | 0 | 8 | 11 | 0 | 千克/立方米 | 8A |
| 44039990 | ---其他 | | | | | | |
| 4403999012 | 沉香木及拟沉香木原木(用油漆、着色剂、杂酚油或其他防腐剂处理的除外) | 0 | 8 | 11 | 0 | 千克/立方米 | 8AEF |
| 4403999019 | 其他未列名濒危非针叶原木(用油漆、着色剂、杂酚油或其他防腐剂处理的除外) | 0 | 8 | 11 | 0 | 千克/立方米 | 8AEF |
| 4403999090 | 其他未列名非针叶原木(用油漆、着色剂、杂酚油或其他防腐剂处理的除外) | 0 | 8 | 11 | 0 | 千克/立方米 | 8A |
| **4404** | **箍木;木劈条;已削尖但未经纵锯的木桩;粗加修整但未经车圆、弯曲或其他方式加工的木棒,适合制手杖、伞柄、工具把柄及类似品;木片条及类似品** | | | | | | |
| 44041000 | -针叶木的 | | | | | | |
| 4404100010 | 濒危针叶木的箍木等及类似品(包括木劈条、棒及类似品) | 8 | 50 | 17 | 0 | 千克 | ABFE |
| 4404100090 | 其他针叶木的箍木等及类似品(包括木劈条、棒及类似品) | 8 | 50 | 17 | 0 | 千克 | AB |
| 44042000 | -非针叶木的 | | | | | | |
| 4404200010 | 濒危非针叶木箍木等(包括木劈条、棒及类似品) | 8 | 50 | 17 | 0 | 千克 | ABFE |
| 4404200090 | 其他非针叶木箍木等(包括木劈条、棒及类似品) | 8 | 50 | 17 | 0 | 千克 | AB |
| **4405** | **木丝;木粉** | | | | | | |
| 44050000 | 木丝;木粉 | | | | | | |
| 4405000000 | 木丝及木粉 | 8 | 40 | 17 | 0 | 千克 | AB |
| **4406** | **铁道及电车道枕木** | | | | | | |
| 44061100 | --针叶木 | | | | | | |
| 4406110000 | 未浸渍的铁道及电车道针叶木枕木 | 0 | 14 | 17 | 0 | 千克/立方米 | 4ABxy |

| 商品编号 | 商品名称及备注 | 进口关税税率(%) | | 增值税率(%) | 出口退税率(%) | 计量单位 | 监管条件 |
|---|---|---|---|---|---|---|---|
| | | 最惠国 | 普通 | | | | |
| 44061200 | --非针叶木 | | | | | | |
| 4406120000 | 未浸渍的铁道及电车道非针叶木枕木 | 0 | 14 | 17 | 0 | 千克/立方米 | 4ABxy |
| 44069100 | --针叶木 | | | | | | |
| 4406910010 | 濒危已浸渍针叶木铁道及电车道枕木 | 0 | 14 | 17 | 0 | 千克/立方米 | FE |
| 4406910090 | 其他已浸渍的针叶木铁道及电车道枕木 | 0 | 14 | 17 | 0 | 千克/立方米 | |
| 44069200 | --非针叶木 | | | | | | |
| 4406920010 | 濒危已浸渍非针叶木铁道及电车道枕木 | 0 | 14 | 17 | 0 | 千克/立方米 | FE |
| 4406920090 | 其他已浸渍的非针叶木铁道及电车道枕木 | 0 | 14 | 17 | 0 | 千克/立方米 | |
| **4407** | **经纵锯、纵切、刨切或旋切的木材,不论是否刨平、砂光或端部接合,厚度>6毫米** | | | | | | |
| 44071110 | ---红松和樟子松 | | | | | | |
| 4407111011 | 端部接合的红松厚板材(经纵锯、纵切、刨切或旋切的,厚度>6毫米) | 0 | 14 | 17 | 0 | 千克/立方米 | ABEF |
| 4407111019 | 端部接合的樟子松厚板材(经纵锯、纵切、刨切或旋切的,厚度>6毫米) | 0 | 14 | 17 | 0 | 千克/立方米 | AB |
| 4407111091 | 非端部接合的红松厚板材(经纵锯、纵切、刨切或旋切的,厚度>6毫米) | 0 | 14 | 17 | 0 | 千克/立方米 | 4ABEFxy |
| 4407111099 | 非端部接合的樟子松厚板材(经纵锯、纵切、刨切或旋切的,厚度>6毫米) | 0 | 14 | 17 | 0 | 千克/立方米 | 4ABxy |
| 44071120 | ---辐射松 | | | | | | |
| 4407112010 | 端部接合的辐射松厚板材(经纵锯、纵切、刨切或旋切的,厚度>6毫米) | 0 | 14 | 17 | 0 | 千克/立方米 | AB |
| 4407112090 | 非端部接合的辐射松厚板材(经纵锯、纵切、刨切或旋切的,厚度>6毫米) | 0 | 14 | 17 | 0 | 千克/立方米 | 4ABxy |
| 44071130 | ---花旗松 | | | | | | |
| 4407113010 | 端部接合的花旗松厚板材(经纵锯、纵切、刨切或旋切的,厚度>6毫米) | 0 | 14 | 17 | 0 | 千克/立方米 | AB |
| 4407113090 | 非端部接合的花旗松厚板材(经纵锯、纵切、刨切或旋切的,厚度>6毫米) | 0 | 14 | 17 | 0 | 千克/立方米 | 4ABxy |
| 44071190 | ---其他 | | | | | | |
| 4407119011 | 端部接合其他濒危松木厚板材(经纵锯、纵切、刨切或旋切的,厚度>6毫米) | 0 | 14 | 17 | 0 | 千克/立方米 | ABEF |
| 4407119019 | 端部接合其他松木厚板材(经纵锯、纵切、刨切或旋切的,厚度>6毫米) | 0 | 14 | 17 | 0 | 千克/立方米 | AB |
| 4407119091 | 非端部接合其他濒危松木厚板材(经纵锯、纵切、刨切或旋切的,厚度>6毫米) | 0 | 14 | 17 | 0 | 千克/立方米 | 4ABEFxy |
| 4407119099 | 非端部接合的其他松木厚板材(经纵锯、纵切、刨切或旋切的,厚度>6毫米) | 0 | 14 | 17 | 0 | 千克/立方米 | 4ABxy |
| 44071200 | --冷杉及云杉 | | | | | | |
| 4407120011 | 端部接合的濒危云杉及冷杉厚板材(经纵锯、纵切、刨切或旋切的,厚度>6毫米) | 0 | 14 | 17 | 0 | 千克/立方米 | ABEF |
| 4407120019 | 端部接合的其他云杉及冷杉厚板材(经纵锯、纵切、刨切或旋切的,厚度>6毫米) | 0 | 14 | 17 | 0 | 千克/立方米 | AB |
| 4407120091 | 非端部接合濒危云杉及冷杉厚板材(经纵锯、纵切、刨切或旋切的,厚度>6毫米) | 0 | 14 | 17 | 0 | 千克/立方米 | 4ABEFxy |
| 4407120099 | 非端部接合其他云杉及冷杉厚板材(经纵锯、纵切、刨切或旋切的,厚度>6毫米) | 0 | 14 | 17 | 0 | 千克/立方米 | 4ABxy |
| 44071900 | --其他 | | | | | | |
| 4407190011 | 端部接合其他濒危针叶木厚板材(经纵锯、纵切、刨切或旋切的,厚度>6毫米) | 0 | 14 | 17 | 0 | 千克/立方米 | ABEF |
| 4407190019 | 端部接合其他针叶木厚板材(经纵锯、纵切、刨切或旋切的,厚度>6毫米) | 0 | 14 | 17 | 0 | 千克/立方米 | AB |
| 4407190091 | 非端部接合其他濒危针叶木厚板材(经纵锯、纵切、刨切或旋切的,厚度>6毫米) | 0 | 14 | 17 | 0 | 千克/立方米 | 4ABEFxy |
| 4407190099 | 非端部接合的其他针叶木厚板材(经纵锯、纵切、刨切或旋切的,厚度>6毫米) | 0 | 14 | 17 | 0 | 千克/立方米 | 4ABxy |
| 44072100 | --美洲桃花心木 | | | | | | |
| 4407210010 | 端部接合美洲桃花心木(经纵锯、纵切、刨切或旋切的,厚度>6毫米) | 0 | 14 | 17 | 0 | 千克/立方米 | FEAB |
| 4407210090 | 非端部接合美洲桃花心木(经纵锯、纵切、刨切或旋切的,厚度>6毫米) | 0 | 14 | 17 | 0 | 千克/立方米 | 4ABEFxy |
| 44072200 | --苏里南肉豆蔻木、细孔绿心樟及美洲轻木 | | | | | | |
| 4407220010 | 端部接合的苏里南肉豆蔻木、细孔绿心樟及美洲轻木(经纵锯、纵切、刨切或旋切的,厚度>6毫米) | 0 | 14 | 17 | 0 | 千克/立方米 | AB |
| 4407220090 | 非端部接合的苏里南肉豆蔻木、细孔绿心樟及美洲轻木(经纵锯、纵切、刨切或旋切的,厚度>6毫米) | 0 | 14 | 17 | 0 | 千克/立方米 | 4ABxy |
| 44072500 | --深红色红柳桉木、浅红色红柳桉木及巴栲红柳桉木 | | | | | | |
| 4407250010 | 端部接合的红柳桉木板材(指深红色、浅红色及巴栲红柳桉木,厚度>6毫米) | 0 | 14 | 17 | 0 | 千克/立方米 | AB |

| 商品编号 | 商品名称及备注 | 进口关税税率(%) | | 增值税率(%) | 出口退税率(%) | 计量单位 | 监管条件 |
|---|---|---|---|---|---|---|---|
| | | 最惠国 | 普通 | | | | |
| 4407250090 | 非端部接合的红柳桉木板材(指深红色、浅红色及巴栲红柳桉木,经纵锯、纵切、刨切或旋切的,厚度>6毫米) | 0 | 14 | 17 | 0 | 千克/立方米 | y4xAB |
| 44072600 | --白柳桉木、白色红柳桉木、白色柳桉木、黄色红柳桉木及阿兰木 | | | | | | |
| 4407260010 | 端部接合的白柳桉、其他柳桉木和阿兰木板材(经纵锯、纵切、刨切或旋切的,厚度>6毫米) | 0 | 14 | 17 | 0 | 千克/立方米 | AB |
| 4407260090 | 非端部接合的白柳桉、其他柳桉木和阿兰木板材(经纵锯、纵切、刨切或旋切的,厚度>6毫米) | 0 | 14 | 17 | 0 | 千克/立方米 | y4xAB |
| 44072700 | --沙比利 | | | | | | |
| 4407270010 | 端部接合的沙比利木板材(经纵锯、纵切、刨切或旋切的,厚度>6毫米) | 0 | 40 | 17 | 0 | 千克/立方米 | AB |
| 4407270090 | 非端部接合的沙比利木板材(经纵锯、纵切、刨切或旋切的,厚度>6毫米) | 0 | 40 | 17 | 0 | 千克/立方米 | 4ABxy |
| 44072800 | --伊罗科木 | | | | | | |
| 4407280010 | 端部接合的伊罗科木板材(经纵锯、纵切、刨切或旋切的,厚度>6毫米) | 0 | 14 | 17 | 0 | 千克/立方米 | AB |
| 4407280090 | 非端部接合的伊罗科木板材(经纵锯、纵切、刨切或旋切的,厚度>6毫米) | 0 | 14 | 17 | 0 | 千克/立方米 | 4ABxy |
| 44072910 | ---柚木 | | | | | | |
| 4407291010 | 端部接合的柚木板材(经纵锯、纵切、刨切或旋切的,厚度>6毫米) | 0 | 40 | 17 | 0 | 千克/立方米 | AB |
| 4407291090 | 非端部接合的柚木板材(经纵锯、纵切、刨切或旋切的,厚度>6毫米) | 0 | 40 | 17 | 0 | 千克/立方米 | y4xAB |
| 44072920 | ---非洲桃花心木 | | | | | | |
| 4407292010 | 端部接合的非洲桃花心木板材(经纵锯、纵切、刨切或旋切的,厚度>6毫米) | 0 | 40 | 17 | 0 | 千克/立方米 | AB |
| 4407292090 | 非端部接合的非洲桃花心木板材(经纵锯、纵切、刨切或旋切的,厚度>6毫米) | 0 | 40 | 17 | 0 | 千克/立方米 | AB |
| 44072930 | ---波罗格 | | | | | | |
| 4407293010 | 端部接合的波罗格 Merban 板材(经纵锯、纵切、刨切或旋切的,厚度>6毫米) | 0 | 40 | 17 | 0 | 千克/立方米 | AB |
| 4407293090 | 非端部接合的波罗格 Merban 板材(经纵锯、纵切、刨切或旋切的,厚度>6毫米) | 0 | 40 | 17 | 0 | 千克/立方米 | AB |
| 44072940 | ---红木 | | | | | | |
| 4407294011 | 端部接合濒危热带红木厚板材(经纵锯、纵切、刨切或旋切的,厚度>6毫米) | 0 | 40 | 17 | 0 | 千克/立方米 | FEAB |
| 4407294019 | 端部接合其他热带红木厚板材(经纵锯、纵切、刨切或旋切的,厚度>6毫米) | 0 | 40 | 17 | 0 | 千克/立方米 | AB |
| 4407294091 | 非端部接合濒危热带红木厚板材(经纵锯、纵切、刨切或旋切的,厚度>6毫米) | 0 | 40 | 17 | 0 | 千克/立方米 | 4ABEFxy |
| 4407294099 | 非端部接合其他热带红木厚板材(经纵锯、纵切、刨切或旋切的,厚度>6毫米) | 0 | 40 | 17 | 0 | 千克/立方米 | 4ABxy |
| 44072990 | ---其他 | | | | | | |
| 4407299011 | 端部接合拉敏木厚板材(经纵锯、纵切、刨切或旋切的,厚度>6毫米) | 0 | 14 | 17 | 0 | 千克/立方米 | FEAB |
| 4407299012 | 端部接合的南美蒺藜木(玉檀木)厚板材(经纵锯、纵切、刨切或旋切的,厚度>6毫米) | 0 | 14 | 17 | 0 | 千克/立方米 | FEAB |
| 4407299013 | 端部接合其他未列名濒危热带木厚板材(经纵锯、纵切、刨切或旋切的,厚度>6毫米) | 0 | 14 | 17 | 0 | 千克/立方米 | FEAB |
| 4407299019 | 端部接合其他未列名热带木厚板材(经纵锯、纵切、刨切或旋切的,厚度>6毫米) | 0 | 14 | 17 | 0 | 千克/立方米 | AB |
| 4407299091 | 非端部接合的南美蒺藜木(玉檀木)厚板材(经纵锯、纵切、刨切或旋切的,厚度>6毫米) | 0 | 14 | 17 | 0 | 千克/立方米 | y4xAFEB |
| 4407299092 | 非端部接合其他未列名濒危热带木板材(经纵锯、纵切、刨切或旋切的,厚度>6毫米) | 0 | 14 | 17 | 0 | 千克/立方米 | y4xAFEB |
| 4407299099 | 非端部接合其他未列名热带木板材(经纵锯、纵切、刨切或旋切的,厚度>6毫米) | 0 | 14 | 17 | 0 | 千克/立方米 | y4xAB |
| 44079100 | --栎木(橡木) | | | | | | |
| 4407910011 | 端部接合的蒙古栎厚板材(经纵锯、纵切、刨切或旋切的,厚度>6毫米) | 0 | 14 | 17 | 0 | 千克/立方米 | ABEF |
| 4407910019 | 端部接合的其他栎木(橡木)厚板材(经纵锯、纵切、刨切或旋切的,厚度>6毫米) | 0 | 14 | 17 | 0 | 千克/立方米 | AB |
| 4407910091 | 非端部接合的蒙古栎厚板材(经纵锯、纵切、刨切或旋切的,厚度>6毫米) | 0 | 14 | 17 | 0 | 千克/立方米 | 4ABEFxy |
| 4407910099 | 非端部接合的其他栎木(橡木)厚板材(经纵锯、纵切、刨切或旋切的,厚度>6毫米) | 0 | 14 | 17 | 0 | 千克/立方米 | y4xAB |
| 44079200 | --水青冈木(山毛榉木) | | | | | | |
| 4407920010 | 端部接合的水青冈木(山毛榉木)厚板材(经纵锯、纵切、刨切或旋切的,厚度>6毫米) | 0 | 14 | 17 | 0 | 千克/立方米 | ABE |
| 4407920090 | 非端部接合的水青冈木(山毛榉木)厚板材(经纵锯、纵切、刨切或旋切的,厚度>6毫米) | 0 | 14 | 17 | 0 | 千克/立方米 | 4ABExy |
| 44079300 | --槭木(枫木) | | | | | | |
| 4407930010 | 端部接合的槭木(枫木)厚板材(经纵锯、纵切、刨切或旋切,厚度>6毫米) | 0 | 14 | 17 | 0 | 千克/立方米 | AB |
| 4407930090 | 非端部接合的槭木(枫木)厚板材(经纵锯、纵切、刨切或旋切,厚度>6毫米) | 0 | 14 | 17 | 0 | 千克/立方米 | 4ABxy |

| 商品编号 | 商品名称及备注 | 进口关税税率(%) | | 增值税率(%) | 出口退税率(%) | 计量单位 | 监管条件 |
|---|---|---|---|---|---|---|---|
| | | 最惠国 | 普通 | | | | |
| 44079400 | --樱桃木 | | | | | | |
| 4407940010 | 端部接合的樱桃木厚板材(经纵锯、纵切、刨切或旋切,厚度>6毫米) | 0 | 14 | 17 | 0 | 千克/立方米 | AB |
| 4407940090 | 非端部接合的樱桃木厚板材(经纵锯、纵切、刨切或旋切,厚度>6毫米) | 0 | 14 | 17 | 0 | 千克/立方米 | 4ABxy |
| 44079500 | --白蜡木 | | | | | | |
| 4407950011 | 端部接合的水曲柳厚板材(经纵锯、纵切、刨切或旋切的,厚度>6毫米) | 0 | 14 | 17 | 0 | 千克/立方米 | ABEF |
| 4407950019 | 端部接合的其他白蜡木厚板材(经纵锯、纵切、刨切或旋切的,厚度>6毫米) | 0 | 14 | 17 | 0 | 千克/立方米 | AB |
| 4407950091 | 非端部接合的水曲柳厚板材(经纵锯、纵切、刨切或旋切的,厚度>6毫米) | 0 | 14 | 17 | 0 | 千克/立方米 | 4ABEFxy |
| 4407950099 | 非端部接合的其他白蜡木厚板材(经纵锯、纵切、刨切或旋切的,厚度>6毫米) | 0 | 14 | 17 | 0 | 千克/立方米 | 4ABxy |
| 44079600 | --桦木 | | | | | | |
| 4407960011 | 端部接合的濒危桦木板材(经纵锯、纵切、刨切或旋切,厚度>6毫米) | 0 | 14 | 17 | 0 | 千克/立方米 | ABEF |
| 4407960019 | 端部接合的其他桦木厚板材(经纵锯、纵切、刨切或旋切,厚度>6毫米) | 0 | 14 | 17 | 0 | 千克/立方米 | AB |
| 4407960091 | 非端部结合的濒危桦木厚板材(经纵锯、纵切、刨切或旋切,厚度>6毫米) | 0 | 14 | 17 | 0 | 千克/立方米 | 4ABEFxy |
| 4407960099 | 非端部接合的其他桦木厚板材(经纵锯、纵切、刨切或旋切,厚度>6毫米) | 0 | 14 | 17 | 0 | 千克/立方米 | 4ABxy |
| 44079700 | --杨木 | | | | | | |
| 4407970010 | 端部接合的杨木厚板材(经纵锯、纵切、刨切或旋切,厚度>6毫米) | 0 | 14 | 17 | 0 | 千克/立方米 | AB |
| 4407970090 | 非端部接合的杨木厚板材(经纵锯、纵切、刨切或旋切,厚度>6毫米) | 0 | 14 | 17 | 0 | 千克/立方米 | 4ABxy |
| 44079910 | ---红木,但编号44072940所列热带红木除外 | | | | | | |
| 4407991011 | 端部接合濒危红木厚板材,但编号44072940所列热带红木除外(经纵锯、纵切、刨切或旋切的,厚度>6毫米) | 0 | 40 | 17 | 0 | 千克/立方米 | AFEB |
| 4407991019 | 端部接合其他红木厚板材,但编号44072940所列热带红木除外(经纵锯、纵切、刨切或旋切的,厚度>6毫米) | 0 | 40 | 17 | 0 | 千克/立方米 | AB |
| 4407991091 | 非端部接合濒危红木厚板材,但编号44072940所列热带红木除外(经纵锯、纵切、刨切或旋切的,厚度>6毫米) | 0 | 40 | 17 | 0 | 千克/立方米 | y4xAFEB |
| 4407991099 | 非端部接合其他红木厚板材,但编号44072940所列热带红木除外(经纵锯、纵切、刨切或旋切的,厚度>6毫米) | 0 | 40 | 17 | 0 | 千克/立方米 | 4ABxy |
| 44079920 | ---泡桐木 | | | | | | |
| 4407992010 | 端部接合的泡桐木厚板材(经纵锯、纵切、刨切或旋切的,厚度>6毫米) | 0 | 14 | 17 | 13 | 千克/立方米 | AB |
| 4407992090 | 非端部接合的泡桐木厚板材(经纵锯、纵切、刨切或旋切的,厚度>6毫米) | 0 | 14 | 17 | 13 | 千克/立方米 | AB |
| 44079930 | ---北美硬阔叶木 | | | | | | |
| 4407993010 | 端部接合的北美硬阔叶材厚板材(纵锯、纵切、刨切或旋切,厚度>6毫米) | 0 | 14 | 17 | 0 | 千克/立方米 | AB |
| 4407993090 | 非端部接合的北美硬阔叶材厚板材(纵锯、纵切、刨切或旋切,厚度>6毫米) | 0 | 14 | 17 | 0 | 千克/立方米 | AB |
| 44079980 | ---其他温带非针叶木 | | | | | | |
| 4407998011 | 端部接合其他温带濒危非针叶板材(纵锯、纵切、刨切或旋切的,厚度>6毫米) | 0 | 14 | 17 | 0 | 千克/立方米 | FEAB |
| 4407998019 | 端部接合的其他温带非针叶厚板材(纵锯、纵切、刨切或旋切的,厚度>6毫米) | 0 | 14 | 17 | 0 | 千克/立方米 | AB |
| 4407998091 | 非端部结合其他温带濒危非针叶厚板材(纵锯、纵切、刨切或旋切的,厚度>6毫米) | 0 | 14 | 17 | 0 | 千克/立方米 | 4ABEFxy |
| 4407998099 | 非端部接合的其他温带非针叶厚板材(纵锯、纵切、刨切或旋切的,厚度>6毫米) | 0 | 14 | 17 | 0 | 千克/立方米 | 4ABxy |
| 44079990 | ---其他 | | | | | | |
| 4407999012 | 端部接合的沉香木及拟沉香木厚板材(经纵锯、纵切、刨切或旋切的,厚度>6毫米) | 0 | 14 | 17 | 0 | 千克/立方米 | AFEB |
| 4407999015 | 端部接合的其他濒危木厚板材(经纵锯、纵切、刨切或旋切的,厚度>6毫米) | 0 | 14 | 17 | 0 | 千克/立方米 | AFEB |
| 4407999019 | 端部接合的其他木厚板材(经纵锯、纵切、刨切或旋切的,厚度>6毫米) | 0 | 14 | 17 | 0 | 千克/立方米 | AB |
| 4407999092 | 非端部接合的沉香木及拟沉香木厚板材(经纵锯、纵切、刨切或旋切的,厚度>6毫米) | 0 | 14 | 17 | 0 | 千克/立方米 | y4xAFEB |
| 4407999095 | 非端部接合的其他濒危木厚板材(经纵锯、纵切、刨切或旋切的,厚度>6毫米) | 0 | 14 | 17 | 0 | 千克/立方米 | y4xAFEB |
| 4407999099 | 非端部接合的其他木厚板材(经纵锯、纵切、刨切或旋切的,厚度>6毫米) | 0 | 14 | 17 | 0 | 千克/立方米 | y4xAB |
| **4408** | **饰面用单板(包括刨切积层木获得的单板)、制胶合板或类似多层板用单板,以及其他经纵锯、刨切或旋切的木材,不论是否刨平、砂光、拼接或端部接合,厚度不超过6毫米** | | | | | | |
| 44081011 | ----用胶合板等多层板制的 | | | | | | |

| 商品编号 | 商品名称及备注 | 进口关税税率(%) | | 增值税率(%) | 出口退税率(%) | 计量单位 | 监管条件 |
|---|---|---|---|---|---|---|---|
| | | 最惠国 | 普通 | | | | |
| 4408101110 | 胶合板等多层板制濒危针叶木单板(厚度≤6毫米,饰面用) | 8 | 40 | 17 | 0 | 千克 | ABFE |
| 4408101190 | 其他胶合板等多层板制针叶木单板(厚度≤6毫米,饰面用) | 8 | 40 | 17 | 0 | 千克 | AB |
| 44081019 | ----其他 | | | | | | |
| 4408101910 | 其他饰面濒危针叶木单板(厚度≤6毫米) | 4 | 40 | 17 | 0 | 千克 | ABFE |
| 4408101990 | 其他饰面针叶木单板(厚度≤6毫米) | 4 | 40 | 17 | 0 | 千克 | AB |
| 44081020 | ---制胶合板用单板 | | | | | | |
| 4408102010 | 制胶合板用濒危针叶木单板(厚度≤6毫米) | 4 | 17 | 17 | 0 | 千克 | ABFE |
| 4408102090 | 其他制胶合板用针叶木单板(厚度≤6毫米) | 4 | 17 | 17 | 0 | 千克 | AB |
| 44081090 | ---其他 | | | | | | |
| 4408109010 | 其他濒危针叶木单板材(经纵锯、刨切或旋切的,厚度≤6毫米) | 4 | 30 | 17 | 0 | 千克 | ABFE |
| 4408109090 | 其他针叶木单板材(经纵锯、刨切或旋切的,厚度≤6毫米) | 4 | 30 | 17 | 0 | 千克 | AB |
| 44083111 | ----用胶合板等多层板制的 | | | | | | |
| 4408311100 | 胶合板多层板制饰面红柳桉木单板(指深红色、浅红色红柳桉木及巴栲红柳桉木,厚度≤6毫米) | 10 | 40 | 17 | 0 | 千克 | AB |
| 44083119 | ----其他 | | | | | | |
| 4408311900 | 其他饰面用红柳桉木单板(深红色、浅红色红柳桉木及巴栲红柳桉木,厚度≤6毫米) | 4 | 40 | 17 | 0 | 千克 | AB |
| 44083120 | ---制胶合板用单板 | | | | | | |
| 4408312000 | 红柳桉木制的胶合板用单板(深红色、浅红色红柳桉木及巴栲红柳桉木,厚度≤6毫米) | 4 | 17 | 17 | 0 | 千克 | AB |
| 44083190 | ---其他 | | | | | | |
| 4408319000 | 红柳桉木制的其他单板(深红色、浅红色红柳桉木及巴栲红柳桉木,厚度≤6毫米) | 4 | 30 | 17 | 0 | 千克 | AB |
| 44083911 | ----用胶合板等多层板制的 | | | | | | |
| 4408391110 | 胶合板多层板制饰面桃花心木单板(厚度≤6毫米) | 10 | 40 | 17 | 0 | 千克 | ABFE |
| 4408391120 | 胶合板多层板制饰面拉敏木单板(厚度≤6毫米) | 10 | 40 | 17 | 0 | 千克 | AB |
| 4408391130 | 厚度≤6毫米胶合板多层板制饰面濒危热带木单板 | 10 | 40 | 17 | 0 | 千克 | ABFE |
| 4408391190 | 厚度≤6毫米胶合板多层板制饰面热带木单板 | 10 | 40 | 17 | 0 | 千克 | AB |
| 44083919 | ----其他 | | | | | | |
| 4408391910 | 其他饰面用桃花心木单板(厚度≤6毫米) | 4 | 40 | 17 | 0 | 千克 | ABFE |
| 4408391920 | 其他饰面用拉敏木单板(厚度≤6毫米) | 4 | 40 | 17 | 0 | 千克 | ABEF |
| 4408391930 | 厚度≤6毫米其他濒危热带木制饰面用单板 | 4 | 40 | 17 | 0 | 千克 | ABFE |
| 4408391990 | 厚度≤6毫米其他热带木饰面用单板 | 4 | 40 | 17 | 0 | 千克 | AB |
| 44083920 | ---制胶合板用单板 | | | | | | |
| 4408392010 | 其他桃花心木制的胶合板用单板(厚度≤6毫米) | 4 | 17 | 17 | 0 | 千克 | ABFE |
| 4408392020 | 其他拉敏木制的胶合板用单板(厚度≤6毫米) | 4 | 17 | 17 | 0 | 千克 | AB |
| 4408392030 | 其他濒危热带木制的胶合板用单板(厚度≤6毫米) | 4 | 17 | 17 | 0 | 千克 | ABFE |
| 4408392090 | 其他列名热带木制的胶合板用单板(厚度≤6毫米) | 4 | 17 | 17 | 0 | 千克 | AB |
| 44083990 | ---其他 | | | | | | |
| 4408399010 | 其他桃花心木制的其他单板(厚度≤6毫米) | 4 | 30 | 17 | 0 | 千克 | ABFE |
| 4408399020 | 其他拉敏木制的其他单板(厚度≤6毫米) | 4 | 30 | 17 | 0 | 千克 | ABEF |
| 4408399030 | 其他列名濒危热带木制的其他单板(厚度≤6毫米) | 4 | 30 | 17 | 0 | 千克 | ABFE |
| 4408399090 | 其他列名的热带木制的其他单板(厚度≤6毫米) | 4 | 30 | 17 | 0 | 千克 | AB |
| 44089011 | ----用胶合板等多层板制的 | | | | | | |
| 4408901110 | 胶合板多层板制饰面濒危木单板(厚度≤6毫米) | 4 | 40 | 17 | 0 | 千克 | ABFE |
| 4408901190 | 胶合板多层板制饰面其他木单板(厚度≤6毫米,针叶木、热带木除外) | 4 | 40 | 17 | 0 | 千克 | AB |
| 44089012 | ----温带非针叶木制 | | | | | | |
| 4408901210暂1 | 温带濒危非针叶木制饰面用木单板(厚度≤6毫米,针叶木、热带木除外) | 3 | 40 | 17 | 0 | 千克 | ABFE |
| 4408901290暂1 | 其他温带非针叶木制饰面用木单板(厚度≤6毫米,针叶木、热带木除外) | 3 | 40 | 17 | 0 | 千克 | AB |

| 商品编号 | 商品名称及备注 | 进口关税税率(%) | | 增值税率(%) | 出口退税率(%) | 计量单位 | 监管条件 |
|---|---|---|---|---|---|---|---|
| | | 最惠国 | 普通 | | | | |
| 44089013 | ----竹制 | | | | | | |
| 4408901310 | 濒危竹制饰面用单板(厚度≤6毫米) | 4 | 40 | 17 | 0 | 千克 | ABE |
| 4408901390 | 其他竹制饰面用单板(厚度≤6毫米) | 4 | 40 | 17 | 0 | 千克 | AB |
| 44089019 | ----其他 | | | | | | |
| 4408901911[暂1] | 家具饰面用濒危木单板(厚度≤6毫米) | 3 | 40 | 17 | 0 | 千克 | ABFE |
| 4408901919[暂1] | 其他家具饰面用单板(厚度≤6毫米) | 3 | 40 | 17 | 0 | 千克 | AB |
| 4408901991 | 其他饰面用濒危木单板(厚度≤6毫米) | 3 | 40 | 17 | 0 | 千克 | ABFE |
| 4408901999 | 其他饰面用单板(厚度≤6毫米) | 3 | 40 | 17 | 0 | 千克 | AB |
| 44089021 | ----温带非针叶木制 | | | | | | |
| 4408902110 | 温带濒危非针叶木制胶合板用单板(厚度≤6毫米) | 3 | 17 | 17 | 0 | 千克 | ABFE |
| 4408902190 | 其他温带非针叶木制胶合板用单板(厚度≤6毫米) | 3 | 17 | 17 | 0 | 千克 | AB |
| 44089029 | ----其他 | | | | | | |
| 4408902911[暂1] | 其他濒危木制胶合板用旋切单板(厚度≤6毫米) | 3 | 17 | 17 | 0 | 千克 | ABFE |
| 4408902919 | 其他濒危木制胶合板用其他单板(厚度≤6毫米,旋切单板除外) | 3 | 17 | 17 | 0 | 千克 | ABFE |
| 4408902991[暂1] | 其他木制胶合板用旋切单板(厚度≤6毫米) | 3 | 17 | 17 | 0 | 千克 | AB |
| 4408902999 | 其他木制胶合板用其他单板(厚度≤6毫米,旋切单板除外) | 3 | 17 | 17 | 0 | 千克 | AB |
| 44089091 | ----温带非针叶木制 | | | | | | |
| 4408909110 | 温带濒危非针叶木制其他单板材(经纵锯、刨切或旋切的,厚度≤6毫米) | 3 | 30 | 17 | 0 | 千克 | ABFE |
| 4408909190 | 温带非针叶木制其他单板材(经纵锯、刨切或旋切的,厚度≤6毫米) | 3 | 30 | 17 | 0 | 千克 | AB |
| 44089099 | ----其他 | | | | | | |
| 4408909910 | 其他濒危木制的其他单板材(经纵锯、刨切或旋切的,厚度≤6毫米) | 3 | 30 | 17 | 0 | 千克 | ABFE |
| 4408909990 | 其他木材,但针叶木热带木除外(经纵锯、刨切或旋切的,厚度≤6毫米) | 3 | 30 | 17 | 0 | 千克 | AB |
| **4409** | **任何一边、端或面制成连续形状(舌榫、槽榫、半槽榫、斜角、V形接头、珠榫、缘饰、刨圆及类似形状)的木材(包括未装拼的拼花地板用板条及缘板),不论其任意一边或面是否刨平、砂光或端部接合** | | | | | | |
| 44091010 | ---地板条(块) | | | | | | |
| 4409101010[暂7.5] | 一边或面制成连续形状的濒危针叶木制地板条、块(包括未装拼的拼花地板用板条及缘板) | 7.5 | 50 | 17 | 0 | 千克 | ABFE |
| 4409101090[暂7.5] | 一边或面制成连续形状的其他针叶木地板条、块(包括未装拼的拼花地板用板条及缘板) | 7.5 | 50 | 17 | 0 | 千克 | AB |
| 44091090 | ---其他 | | | | | | |
| 4409109010 | 一边或面制成连续形状濒危针叶木材 | 7.5 | 50 | 17 | 0 | 千克 | ABFE |
| 4409109090 | 其他一边或面制成连续形状的针叶木材 | 7.5 | 50 | 17 | 0 | 千克 | AB |
| 44092110 | ---地板条(块) | | | | | | |
| 4409211010 | 一边或面制成连续形状的濒危竹地板条(块)(包括未装拼的拼花竹地板用板条及缘板) | 4 | 50 | 17 | 0 | 千克 | ABE |
| 4409211090 | 一边或面制成连续形状的竹地板条(块)(包括未装拼的拼花竹地板用板条及缘板) | 4 | 50 | 17 | 13 | 千克 | AB |
| 44092190 | ---其他 | | | | | | |
| 4409219010 | 一边或面制成连续形状的其他濒危竹材 | 4 | 50 | 17 | 0 | 千克 | ABE |
| 4409219090 | 一边或面制成连续形状的其他竹材 | 4 | 50 | 17 | 13 | 千克 | AB |
| 44092210 | ---地板条(块) | | | | | | |
| 4409221010 | 一边或面制成连续形状的拉敏木地板条、块(包括未装拼的拉敏木拼花地板用板条及缘板) | 4 | 50 | 17 | 0 | 千克 | ABEF |
| 4409221020 | 一边或面制成连续形状的桃花心木地板条、块(包括未装拼的桃花心木拼花地板用板条及缘板) | 4 | 50 | 17 | 0 | 千克 | ABFE |
| 4409221030 | 一边或面制成连续形状的其他濒危热带木地板条、块(包括未装拼的其他濒危热带木拼花地板用板条及缘板) | 4 | 50 | 17 | 0 | 千克 | ABFE |

| 商品编号 | 商品名称及备注 | 进口关税税率(%) | | 增值税率(%) | 出口退税率(%) | 计量单位 | 监管条件 |
|---|---|---|---|---|---|---|---|
| | | 最惠国 | 普通 | | | | |
| 4409221090 | 一边或面制成连续形状的其他热带木地板条、块(包括未装拼的其他热带木拼花地板用板条及缘板) | 4 | 50 | 17 | 0 | 千克 | AB |
| 44092290 | ---其他 | | | | | | |
| 4409229010 | 一边或面制成连续形状的拉敏木 | 4 | 50 | 17 | 0 | 千克 | ABEF |
| 4409229020 | 一边或面制成连续形状的桃花心木 | 4 | 50 | 17 | 0 | 千克 | ABFE |
| 4409229030 | 一边或面制成连续形状的其他濒危热带木 | 4 | 50 | 17 | 0 | 千克 | ABFE |
| 4409229090 | 一边或面制成连续形状的其他热带木 | 4 | 50 | 17 | 0 | 千克 | AB |
| 44092910 | ---地板条(块) | | | | | | |
| 4409291030暂4 | 一边或面制成连续形状的其他濒危木地板条、块(包括未装拼的其他濒危木拼花地板用板条及缘板) | 4 | 50 | 17 | 0 | 千克 | ABFE |
| 4409291090暂4 | 一边或面制成连续形状的其他非针叶木地板条、块(包括未装拼的其他非针叶木拼花地板用板条及缘板) | 4 | 50 | 17 | 0 | 千克 | AB |
| 44092990 | ---其他 | | | | | | |
| 4409299030 | 一边或面制成连续形状的其他濒危木 | 4 | 50 | 17 | 0 | 千克 | ABFE |
| 4409299090 | 一边或面制成连续形状的其他非针叶木材 | 4 | 50 | 17 | 0 | 千克 | AB |
| **4410** | **碎料板、定向刨花板(OSB)及类似板(例如,华夫板),木或其他木质材料制,不论是否用树脂或其他有机黏合剂黏合** | | | | | | |
| 44101100 | --碎料板 | | | | | | |
| 4410110000 | 木制碎料板(不论是否用树脂或其他有机黏合剂黏合) | 4 | 40 | 17 | 9 | 千克 | AB |
| 44101200 | --定向刨花板 | | | | | | |
| 4410120000 | 木制定向刨花板(OSB)(不论是否用树脂或其他有机黏合剂黏合) | 4 | 40 | 17 | 9 | 千克 | AB |
| 44101900 | --其他 | | | | | | |
| 4410190000 | 其他木制板(不论是否用树脂或其他有机黏合剂黏合) | 4 | 40 | 17 | 9 | 千克 | AB |
| 44109011 | ----麦稻秸秆制 | | | | | | |
| 4410901100 | 麦稻秸秆制碎料板(不论是否用树脂或其他有机黏合剂黏合) | 7.5 | 40 | 17 | 9 | 千克 | AB |
| 44109019 | ----其他 | | | | | | |
| 4410901900 | 其他碎料板(不论是否用树脂或其他有机黏合剂黏合) | 7.5 | 40 | 17 | 9 | 千克 | AB |
| 44109090 | ---其他 | | | | | | |
| 4410909000 | 其他板(不论是否用树脂或其他有机黏合剂黏合) | 7.5 | 40 | 17 | 9 | 千克 | AB |
| **4411** | **木纤维板或其他木质材料纤维板,不论是否用树脂或其他有机黏合剂黏合** | | | | | | |
| 44111211 | ----未经机械加工或盖面的 | | | | | | |
| 4411121100 | 密度>0.8克/立方厘米且厚度≤5毫米的中密度纤维板(未经机械加工或盖面的) | 4 | 40 | 17 | 9 | 千克 | AB |
| 44111219 | ----其他 | | | | | | |
| 4411121900 | 密度>0.8克/立方厘米且厚度≤5毫米的其他中密度纤维板 | 7.5 | 40 | 17 | 9 | 千克 | AB |
| 44111221 | ----辐射松制的 | | | | | | |
| 4411122100 | 辐射松制的0.5克/立方厘米<密度≤0.8克/立方厘米且厚度≤5毫米的中密度纤维板 | 4 | 40 | 17 | 9 | 千克 | AB |
| 44111229 | ----其他 | | | | | | |
| 4411122900 | 0.5克/立方厘米<密度≤0.8克/立方厘米且厚度≤5毫米的其他中密度纤维板(辐射松制的除外) | 4 | 40 | 17 | 9 | 千克 | AB |
| 44111291 | ----未经机械加工或盖面的 | | | | | | |
| 4411129100 | 未经机械加工或盖面的其他厚度≤5毫米的中密度纤维板 | 7.5 | 40 | 17 | 9 | 千克 | AB |
| 44111299 | ----其他 | | | | | | |
| 4411129900 | 其他厚度≤5毫米的中密度纤维板 | 4 | 40 | 17 | 9 | 千克 | AB |
| 44111311 | ----未经机械加工或盖面的 | | | | | | |
| 4411131100 | 密度>0.8克/立方厘米且5毫米<厚度≤9毫米的中密度纤维板(未经机械加工或盖面的) | 4 | 40 | 17 | 9 | 千克 | AB |

| 商品编号 | 商品名称及备注 | 进口关税税率(%) | | 增值税率(%) | 出口退税率(%) | 计量单位 | 监管条件 |
|---|---|---|---|---|---|---|---|
| | | 最惠国 | 普通 | | | | |
| 44111319 | ----其他 | | | | | | |
| 4411131900 | 密度>0.8克/立方厘米且5毫米<厚度≤9毫米的其他中密度纤维板 | 7.5 | 40 | 17 | 9 | 千克 | AB |
| 44111321 | ----辐射松制的 | | | | | | |
| 4411132100 | 辐射松制的0.5克/立方厘米<密度≤0.8克/立方厘米且5毫米<厚度≤9毫米中密度纤维板 | 4 | 40 | 17 | 9 | 千克 | AB |
| 44111329 | ----其他 | | | | | | |
| 4411132900 | 0.5克/立方厘米<密度≤0.8克/立方厘米且5毫米<厚度≤9毫米其他中密度纤维板(辐射松制的除外) | 4 | 40 | 17 | 9 | 千克 | AB |
| 44111391 | ----未经机械加工或盖面的 | | | | | | |
| 4411139100 | 未机械加工或盖面的其他5毫米<厚度≤9毫米中密度纤维板 | 7.5 | 40 | 17 | 9 | 千克 | AB |
| 44111399 | ----其他 | | | | | | |
| 4411139900 | 其他5毫米<厚度≤9毫米中密度纤维板 | 4 | 40 | 17 | 9 | 千克 | AB |
| 44111411 | ----未经机械加工或盖面的 | | | | | | |
| 4411141100 | 密度>0.8克/立方厘米且厚度>9毫米的中密度纤维板(未经机械加工或盖面的) | 4 | 40 | 17 | 9 | 千克 | AB |
| 44111419 | ----其他 | | | | | | |
| 4411141900 | 密度>0.8克/立方厘米且厚度>9毫米的其他中密度纤维板 | 7.5 | 40 | 17 | 9 | 千克 | AB |
| 44111421 | ----辐射松制的 | | | | | | |
| 4411142100 | 辐射松制的0.5克/立方厘米<密度≤0.8克/立方厘米且厚度>9毫米中密度纤维板 | 4 | 40 | 17 | 9 | 千克 | AB |
| 44111429 | ----其他 | | | | | | |
| 4411142900 | 0.5克/立方厘米<密度≤0.8克/立方厘米且厚度>9毫米其他中密度纤维板(辐射松制的除外) | 4 | 40 | 17 | 9 | 千克 | AB |
| 44111491 | ----未经机械加工或盖面的 | | | | | | |
| 4411149100 | 未经机械加工或盖面的其他厚度>9毫米中密度纤维板 | 7.5 | 40 | 17 | 9 | 千克 | AB |
| 44111499 | ----其他 | | | | | | |
| 4411149900 | 其他厚度>9毫米的中密度纤维板 | 4 | 40 | 17 | 9 | 千克 | AB |
| 44119210 | ---未经机械加工或盖面的 | | | | | | |
| 4411921000 | 密度>0.8克/立方厘米的未经机械加工或盖面的其他纤维板 | 4 | 40 | 17 | 9 | 千克 | AB |
| 44119290 | ---其他 | | | | | | |
| 4411929000 | 密度>0.8克/立方厘米的其他纤维板 | 7.5 | 40 | 17 | 9 | 千克 | AB |
| 44119310 | ---辐射松制的 | | | | | | |
| 4411931000 | 辐射松制的0.5克/立方厘米<密度≤0.8克/立方厘米的其他纤维板 | 4 | 40 | 17 | 9 | 千克 | AB |
| 44119390 | ---其他 | | | | | | |
| 4411939000 | 0.5克/立方厘米<密度≤0.8克/立方厘米的其他纤维板(辐射松制的除外) | 4 | 40 | 17 | 9 | 千克 | AB |
| 44119410 | ---0.35克/立方厘米<密度≤0.5克/立方厘米 | | | | | | |
| 4411941000 | 0.35克/立方厘米<密度≤0.5克/立方厘米的其他纤维板 | 7.5 | 40 | 17 | 9 | 千克 | AB |
| 44119421 | ----未经机械加工或盖面的 | | | | | | |
| 4411942100 | 密度≤0.35克/立方厘米的未经机械加工或盖面的木纤维板 | 7.5 | 40 | 17 | 9 | 千克 | AB |
| 44119429 | ----其他 | | | | | | |
| 4411942900 | 密度≤0.35克/立方厘米的其他木纤维板 | 4 | 40 | 17 | 9 | 千克 | AB |
| **4412** | **胶合板、单板饰面板及类似的多层板** | | | | | | |
| 44121011 | ----至少有一表层是热带木 | | | | | | |
| 4412101111 | 至少有一表层为濒危热带木薄板制濒危竹胶合板(每层厚度≤6毫米) | 12 | 30 | 17 | 0 | 千克/立方米 | ABFE |
| 4412101119 | 至少有一表层为濒危热带木薄板制其他竹胶合板(每层厚度≤6毫米) | 12 | 30 | 17 | 0 | 千克/立方米 | ABFE |
| 4412101191 | 至少有一表层是其他热带木薄板制濒危竹胶合板(每层厚度≤6毫米) | 12 | 30 | 17 | 0 | 千克/立方米 | ABEF |
| 4412101199 | 至少有一表层是其他热带木薄板制其他竹胶合板(每层厚度≤6毫米) | 12 | 30 | 17 | 9 | 千克/立方米 | AB |
| 44121019 | ----其他 | | | | | | |

| 商品编号 | 商品名称及备注 | 进口关税税率(%) | | 增值税率(%) | 出口退税率(%) | 计量单位 | 监管条件 |
|---|---|---|---|---|---|---|---|
| | | 最惠国 | 普通 | | | | |
| 4412101911 | 至少有一表层为濒危非针叶木薄板胶合板(至少有一表层为温带非针叶木制,每层厚度≤6毫米) | 4 | 30 | 17 | 0 | 千克/立方米 | ABFE |
| 4412101919 | 其他至少有一表层为非针叶木薄板胶合板(至少有一表层为温带非针叶木制,每层厚度≤6毫米) | 4 | 30 | 17 | 9 | 千克/立方米 | AB |
| 4412101921 | 濒危竹地板层叠胶合而成的多层板(每层厚度≤6毫米) | 4 | 30 | 17 | 0 | 千克/立方米 | ABE |
| 4412101929 | 其他竹地板层叠胶合而成的多层板(每层厚度≤6毫米) | 4 | 30 | 17 | 13 | 千克/立方米 | AB |
| 4412101991 | 其他濒危竹胶合板(每层厚度≤6毫米) | 4 | 30 | 17 | 0 | 千克/立方米 | ABE |
| 4412101999 | 其他竹胶合板(每层厚度≤6毫米) | 4 | 30 | 17 | 13 | 千克/立方米 | AB |
| 44121020 | ---其他,至少有一表层是非针叶木 | | | | | | |
| 4412102011 | 至少有一表层是濒危非针叶木的濒危竹制多层板(每层厚度≤6毫米) | 10 | 30 | 17 | 0 | 千克/立方米 | ABFE |
| 4412102019 | 至少有一表层是其他非针叶木的其他濒危竹制多层板(每层厚度≤6毫米) | 10 | 30 | 17 | 0 | 千克/立方米 | ABEF |
| 4412102091 | 至少有一表层是濒危非针叶木的其他竹制多层板(每层厚度≤6毫米) | 10 | 30 | 17 | 0 | 千克/立方米 | ABEF |
| 4412102099 | 至少有一表层是其他非针叶木的其他竹制多层板(每层厚度≤6毫米) | 10 | 30 | 17 | 9 | 千克/立方米 | AB |
| 44121091 | ----至少有一层是热带木 | | | | | | |
| 4412109110 | 至少有一层是热带木的濒危竹制多层板 | 8 | 30 | 17 | 0 | 千克/立方米 | ABEF |
| 4412109190 | 至少有一层是热带木的其他竹制多层板 | 8 | 30 | 17 | 9 | 千克/立方米 | AB |
| 44121092 | ----至少含有一层木碎料板 | | | | | | |
| 4412109210 | 至少含有一层木碎料板的濒危竹制多层板 | 10 | 30 | 17 | 0 | 千克/立方米 | ABEF |
| 4412109290 | 至少含有一层木碎料板的其他竹制多层板 | 10 | 30 | 17 | 9 | 千克/立方米 | AB |
| 44121099 | ----其他 | | | | | | |
| 4412109910 | 其他濒危竹制多层板 | 4 | 30 | 17 | 0 | 千克/立方米 | ABE |
| 4412109990 | 其他竹制多层板 | 4 | 30 | 17 | 13 | 千克/立方米 | AB |
| 44123100 | --至少有一表层是热带木 | | | | | | |
| 4412310010 | 至少有一表层为桃花心木薄板制胶合板(每层厚度≤6毫米) | 12 | 30 | 17 | 5 | 千克/立方米 | ABFE |
| 4412310020 | 至少有一表层为拉敏木薄板制胶合板(每层厚度≤6毫米) | 12 | 30 | 17 | 5 | 千克/立方米 | AB |
| 4412310030 | 至少有一表层为濒危热带木薄板制胶合板(每层厚度≤6毫米) | 12 | 30 | 17 | 0 | 千克/立方米 | ABFE |
| 4412310090 | 至少有一表层是其他热带木制的胶合板(每层厚度≤6毫米,竹制除外) | 12 | 30 | 17 | 9 | 千克/立方米 | AB |
| 44123300 | --其他,至少有一表层是下列非针叶木:桤木、白蜡木、水青冈木(山毛榉木)、桦木、樱桃木、栗木、榆木、桉木、山核桃、七叶树、椴木、槭木、栎木(橡木)、悬铃木、杨木、刺槐木、鹅掌楸或核桃木 | | | | | | |
| 4412330010 | 至少有一表层是濒危的下列非针叶木:白蜡木、水青冈木(山毛榉木)、桦木、樱桃木、榆木、椴木、槭木、鹅掌楸木薄板制胶合板(每层厚度≤6毫米,竹制除外) | 4 | 30 | 17 | 0 | 千克/立方米 | ABFE |
| 4412330090 | 至少有一表层是下列非针叶木:桤木、白蜡木、水青冈木(山毛榉木)、桦木、樱桃木、栗木、榆木、桉木、山核桃、七叶树、椴木、槭木、栎木(橡木)、悬铃木、杨木、刺槐木、鹅掌楸或核桃木薄板制胶合板(每层厚度≤6毫米,竹制除外) | 4 | 30 | 17 | 9 | 千克/立方米 | AB |
| 44123410 | ---其他,至少有一表层是温带非针叶木(编号44123300的非针叶木除外) | | | | | | |
| 4412341010 | 至少有一表层是濒危温带非针叶木薄板制胶合板(每层厚度≤6毫米,竹制除外) | 4 | 30 | 17 | 0 | 千克/立方米 | ABEF |
| 4412341090 | 至少有一表层是其他温带非针叶木薄板制胶合板(每层厚度≤6毫米,竹制除外) | 4 | 30 | 17 | 9 | 千克/立方米 | AB |
| 44123490 | ---其他 | | | | | | |
| 4412349010 | 至少有一表层是濒危其他非针叶胶合板(每层厚度≤6毫米,竹制除外) | 4 | 30 | 17 | 0 | 千克/立方米 | ABEF |
| 4412349090 | 至少有一表层是其他非针叶胶合板(每层厚度≤6毫米,竹制除外) | 4 | 30 | 17 | 9 | 千克/立方米 | AB |
| 44123900 | --其他,上下表层均为针叶木 | | | | | | |
| 4412390010 | 其他濒危薄板制胶合板,上下表层均为针叶木(每层厚度≤6毫米,竹制除外) | 4 | 30 | 17 | 0 | 千克/立方米 | ABFE |
| 4412390090 | 其他薄板制胶合板,上下表层均为针叶木(每层厚度≤6毫米,竹制除外) | 4 | 30 | 17 | 9 | 千克/立方米 | AB |
| 44129410 | ---至少有一表层是非针叶木 | | | | | | |
| 4412941010 | 至少有一表层是桃花心木的木块芯胶合板等(还包括侧板条芯胶合板及板条芯胶合板) | 10 | 30 | 17 | 5 | 千克/立方米 | ABFE |

| 商品编号 | 商品名称及备注 | 进口关税税率(%) | | 增值税率(%) | 出口退税率(%) | 计量单位 | 监管条件 |
|---|---|---|---|---|---|---|---|
| | | 最惠国 | 普通 | | | | |
| 4412941020 | 至少有一表层是拉敏木的木块芯胶合板等(还包括侧板条芯胶合板及板条芯胶合板) | 10 | 30 | 17 | 5 | 千克/立方米 | AB |
| 4412941030 | 至少有一表层是濒危热带木的木块芯胶合板等(还包括侧板条芯胶合板及板条芯胶合板) | 10 | 30 | 17 | 0 | 千克/立方米 | ABFE |
| 4412941040 | 至少有一表层是濒危非针叶木的木块芯胶合板等(还包括侧板条芯胶合板及板条芯胶合板) | 10 | 30 | 17 | 0 | 千克/立方米 | ABFE |
| 4412941090 | 至少有一表层是非针叶木的木块芯胶合板等(还包括侧板条芯胶合板及板条芯胶合板) | 10 | 30 | 17 | 9 | 千克/立方米 | AB |
| 44129491 | ----至少有一层是热带木 | | | | | | |
| 4412949110 | 至少有一层是濒危热带木的针叶木面木块芯胶合板等(还包括侧板条芯胶合板及板条芯胶合板) | 8 | 30 | 17 | 0 | 千克/立方米 | ABFE |
| 4412949190 | 至少有一层是热带木的针叶木面木块芯胶合板等(还包括侧板条芯胶合板及板条芯胶合板) | 8 | 30 | 17 | 9 | 千克/立方米 | AB |
| 44129492 | ----其他,至少含有一层木碎料板 | | | | | | |
| 4412949210 | 至少含有一层木碎料板的濒危针叶木面木块芯胶合板等(还包括侧板条芯胶合板及板条芯胶合板) | 10 | 30 | 17 | 0 | 千克/立方米 | ABFE |
| 4412949290 | 至少含有一层木碎料板的针叶木面木块芯胶合板等(还包括侧板条芯胶合板及板条芯胶合板) | 10 | 30 | 17 | 9 | 千克/立方米 | AB |
| 44129499 | ----其他 | | | | | | |
| 4412949910 | 其他濒危针叶木面木块芯胶合板等(还包括侧板条芯胶合板及板条芯胶合板) | 4 | 30 | 17 | 0 | 千克/立方米 | ABEF |
| 4412949990 | 其他针叶木面木块芯胶合板等(还包括侧板条芯胶合板及板条芯胶合板) | 4 | 30 | 17 | 9 | 千克/立方米 | AB |
| 44129910 | ---至少有一表层是非针叶木 | | | | | | |
| 4412991010 | 至少有一表层是桃花心木的多层板 | 10 | 30 | 17 | 0 | 千克/立方米 | ABFE |
| 4412991020 | 至少有一表层是拉敏木的多层板 | 10 | 30 | 17 | 0 | 千克/立方米 | ABFE |
| 4412991030 | 至少有一表层是濒危热带木的多层板 | 10 | 30 | 17 | 0 | 千克/立方米 | ABFE |
| 4412991040 | 其他至少有一表层是濒危非针叶木的多层板 | 10 | 30 | 17 | 0 | 千克/立方米 | ABFE |
| 4412991090 | 其他至少有一表层是非针叶木的多层板 | 10 | 30 | 17 | 9 | 千克/立方米 | AB |
| 44129991 | ----至少有一层是热带木 | | | | | | |
| 4412999110 | 其他至少有一层是濒危热带木的针叶木面多层板 | 8 | 30 | 17 | 0 | 千克/立方米 | ABFE |
| 4412999190 | 其他至少有一层是热带木的针叶木面多层板 | 8 | 30 | 17 | 9 | 千克/立方米 | AB |
| 44129992 | ----其他,至少含有一层木碎料板 | | | | | | |
| 4412999210 | 其他至少含有一层木碎料板的濒危针叶木面多层板 | 10 | 30 | 17 | 0 | 千克/立方米 | ABFE |
| 4412999290 | 其他至少含有一层木碎料板的针叶木面多层板 | 10 | 30 | 17 | 9 | 千克/立方米 | AB |
| 44129999 | ----其他 | | | | | | |
| 4412999910 | 其他濒危针叶木面多层板 | 4 | 30 | 17 | 0 | 千克/立方米 | ABFE |
| 4412999990 | 其他针叶木面多层板 | 4 | 30 | 17 | 9 | 千克/立方米 | AB |
| **4413** | **强化木,成块、板、条或异型的** | | | | | | |
| 44130000 | 强化木,成块、板、条或异型的 | | | | | | |
| 4413000000 | 强化木(成块、板、条或异型的) | 6 | 20 | 17 | 9 | 千克 | AB |
| **4414** | **木制的画框、相框、镜框及类似品** | | | | | | |
| 44140010 | ---辐射松制的 | | | | | | |
| 4414001000 | 辐射松木制的画框、相框、镜框及类似品 | 20 | 100 | 17 | 5 | 千克 | AB |
| 44140090 | ---其他 | | | | | | |
| 4414009010 | 拉敏木制画框、相框、镜框及类似品 | 20 | 100 | 17 | 5 | 千克 | ABFE |
| 4414009020 | 濒危木制画框、相框、镜框及类似品 | 20 | 100 | 17 | 0 | 千克 | ABFE |
| 4414009090 | 其他木制的画框、相框、镜框及类似品 | 20 | 100 | 17 | 13 | 千克 | AB |
| **4415** | **包装木箱、木盒、板条箱、圆桶及类似的包装容器;木制电缆卷筒;木托板、箱形托盘及其他装载用木板;木制的托盘护框** | | | | | | |

| 商品编号 | 商品名称及备注 | 进口关税税率(%) | | 增值税率(%) | 出口退税率(%) | 计量单位 | 监管条件 |
|---|---|---|---|---|---|---|---|
| | | 最惠国 | 普通 | | | | |
| 44151000 | -箱、盒、板条箱、圆桶及类似的包装容器;电缆卷筒 | | | | | | |
| 4415100010 | 拉敏木制木箱及类似包装容器(电缆卷筒) | 7.5 | 80 | 17 | 5 | 千克/件 | ABFE |
| 4415100020 | 濒危木制木箱及类似包装容器(电缆卷筒) | 7.5 | 80 | 17 | 0 | 千克/件 | ABFE |
| 4415100090 | 木箱及类似的包装容器,电缆卷筒 | 7.5 | 80 | 17 | 9 | 千克/件 | AB |
| 44152010 | ---辐射松制的 | | | | | | |
| 4415201000 | 辐射松木制托板、箱形托盘及其他装载用辐射松木板(包括辐射松木制托盘护框) | 7.5 | 80 | 17 | 5 | 千克/件 | AB |
| 44152090 | ---其他 | | | | | | |
| 4415209010 | 拉敏木托板、箱形托盘及装载木板(包括拉敏木制托盘护框) | 7.5 | 80 | 17 | 5 | 千克/件 | AB |
| 4415209020 | 濒危木托板、箱形托盘及装载木板(包括濒危木制托盘护框) | 7.5 | 80 | 17 | 0 | 千克/件 | ABFE |
| 4415209090 | 其他木制托板、箱形托盘及其他装载木板(包括其他木制托盘护框) | 7.5 | 80 | 17 | 9 | 千克/件 | AB |
| **4416** | **木制大桶、琵琶桶、盆和其他木制箍桶及其零件,包括桶板** | | | | | | |
| 44160010 | ---辐射松制的 | | | | | | |
| 4416001000 | 辐射松木制大桶、琵琶桶、盆和其他箍桶及其零件(包括辐射松木制桶板) | 16 | 80 | 17 | 0 | 千克 | AB |
| 44160090 | ---其他 | | | | | | |
| 4416009010 | 拉敏木制大桶、琵琶桶、盆和其他箍桶及其零件(包括拉敏木制桶板) | 16 | 80 | 17 | 0 | 千克 | ABFE |
| 4416009020 | 濒危木制大桶、琵琶桶、盆和其他箍桶及其零件(包括濒危木制桶板) | 16 | 80 | 17 | 0 | 千克 | ABFE |
| 4416009090 | 其他木制大桶、琵琶桶、盆和其他箍桶及其零件(包括其他木制桶板) | 16 | 80 | 17 | 0 | 千克 | AB |
| **4417** | **木制的工具、工具支架、工具柄、扫帚及刷子的身及柄;木制鞋靴楦及楦头** | | | | | | |
| 44170010 | ---辐射松制的 | | | | | | |
| 4417001000 | 辐射松木制工具、工具支架、工具柄、扫帚及刷子的身及柄(包括辐射松木制鞋靴楦及楦头) | 16 | 80 | 17 | 0 | 千克 | AB |
| 44170090 | ---其他 | | | | | | |
| 4417009010 | 拉敏木制工具、工具支架、工具柄、扫帚及刷子的身及柄(包括拉敏木制鞋靴楦及楦头) | 16 | 80 | 17 | 0 | 千克 | ABFE |
| 4417009020 | 濒危木制工具、工具支架、工具柄、扫帚及刷子的身及柄(包括濒危木制鞋靴楦及楦头) | 16 | 80 | 17 | 0 | 千克 | ABFE |
| 4417009090 | 其他木制工具、工具支架、工具柄、扫帚及刷子的身及柄(包括其他木制鞋靴楦及楦头) | 16 | 80 | 17 | 0 | 千克 | AB |
| **4418** | **建筑用木工制品,包括蜂窝结构木镶板、已装拼的地板、木瓦及盖屋板** | | | | | | |
| 44181010 | ---辐射松制的 | | | | | | |
| 4418101000 | 辐射松木制的木窗、落地窗及其框架 | 4 | 70 | 17 | 5 | 千克 | AB |
| 44181090 | ---其他 | | | | | | |
| 4418109010 | 拉敏木制木窗、落地窗及其框架 | 4 | 70 | 17 | 5 | 千克 | ABFE |
| 4418109020 | 濒危木制木窗、落地窗及其框架 | 4 | 70 | 17 | 0 | 千克 | ABFE |
| 4418109090 | 其他木制木窗、落地窗及其框架 | 4 | 70 | 17 | 9 | 千克 | AB |
| 44182000 | -门及其框架和门槛 | | | | | | |
| 4418200010 | 拉敏木制的木门及其框架和门槛 | 4 | 70 | 17 | 5 | 千克 | ABFE |
| 4418200020 | 濒危木制的木门及其框架和门槛 | 4 | 70 | 17 | 0 | 千克 | ABFE |
| 4418200090 | 木门及其框架和门槛 | 4 | 70 | 17 | 9 | 千克 | AB |
| 44184000 | -水泥构件的模板 | | | | | | |
| 4418400000 | 水泥构件的木模板 | 4 | 70 | 17 | 9 | 千克 | AB |
| 44185000 | -木瓦及盖屋板 | | | | | | |
| 4418500000 | 木瓦及盖屋板 | 7.5 | 70 | 17 | 9 | 千克 | AB |
| 44186000 | -柱和梁 | | | | | | |
| 4418600010 | 濒危木制柱和梁 | 4 | 70 | 17 | 0 | 千克 | FEAB |
| 4418600090 | 其他木制柱和梁 | 4 | 70 | 17 | 9 | 千克 | AB |
| 44187310 | ---马赛克地板用 | | | | | | |
| 4418731000 | 已装拼的竹的或至少顶层(耐磨层)是竹的马赛克地板 | 4 | 70 | 17 | 0 | 千克 | AB |
| 44187320 | ---其他,竹制多层的 | | | | | | |

| 商品编号 | 商品名称及备注 | 进口关税税率(%) | | 增值税率(%) | 出口退税率(%) | 计量单位 | 监管条件 |
|---|---|---|---|---|---|---|---|
| | | 最惠国 | 普通 | | | | |
| 4418732000 | 已装拼的竹制多层地板 | 4 | 70 | 17 | 13 | 千克 | AB |
| 44187390 | ---其他 | | | | | | |
| 4418739000 | 已装拼的竹制其他地板 | 4 | 70 | 17 | 13 | 千克 | AB |
| 44187400 | --其他,马赛克地板用 | | | | | | |
| 4418740010 | 已装拼的拉敏木制马赛克地板 | 4 | 70 | 17 | 0 | 千克 | ABFE |
| 4418740020 | 已装拼的其他濒危木制马赛克地板 | 4 | 70 | 17 | 0 | 千克 | ABFE |
| 4418740090 | 已装拼的其他木制马赛克地板 | 4 | 70 | 17 | 0 | 千克 | AB |
| 44187500 | --其他,多层的 | | | | | | |
| 4418750010 | 已装拼的拉敏木制多层地板 | 4 | 70 | 17 | 0 | 千克 | ABFE |
| 4418750020 | 已装拼的其他濒危木制多层地板 | 4 | 70 | 17 | 0 | 千克 | ABFE |
| 4418750090 | 已装拼的其他木制多层地板 | 4 | 70 | 17 | 0 | 千克 | AB |
| 44187900 | --其他 | | | | | | |
| 4418790010 | 已装拼的拉敏木制其他地板 | 4 | 70 | 17 | 0 | 千克 | ABFE |
| 4418790020 | 已装拼的其他濒危木制地板 | 4 | 70 | 17 | 0 | 千克 | ABFE |
| 4418790090 | 已装拼的木制其他地板 | 4 | 70 | 17 | 0 | 千克 | AB |
| 44189100 | --竹的 | | | | | | |
| 4418910010 | 濒危竹制其他建筑用木工制品(包括蜂窝结构的木镶板) | 4 | 70 | 17 | 0 | 千克 | ABE |
| 4418910090 | 其他竹制其他建筑用木工制品(包括蜂窝结构的木镶板) | 4 | 70 | 17 | 9 | 千克 | AB |
| 44189900 | --其他 | | | | | | |
| 4418990010 | 拉敏木制其他建筑用木工制品(包括蜂窝结构的木镶板) | 4 | 70 | 17 | 5 | 千克 | FEAB |
| 4418990020 | 濒危木制其他建筑用木工制品(包括蜂窝结构的木镶板) | 4 | 70 | 17 | 0 | 千克 | FEAB |
| 4418990090 | 其他建筑用木工制品(包括蜂窝结构的木镶板) | 4 | 70 | 17 | 9 | 千克 | AB |
| **4419** | **木制餐具及厨房用具** | | | | | | |
| 44191100 | --切面包板、砧板及类似板 | | | | | | |
| 4419110000 | 竹制的切面包板、砧板及类似板 | 0 | 100 | 17 | 13 | 千克 | AB |
| 44191210 | ----一次性筷子 | | | | | | |
| 4419121010 | 酸竹制一次性筷子 | 0 | 100 | 17 | 0 | 千克 | ABE |
| 4419121090 | 其他竹制一次性筷子 | 0 | 100 | 17 | 13 | 千克 | AB |
| 44191290 | ---其他 | | | | | | |
| 4419129000 | 竹制的其他筷子 | 0 | 100 | 17 | 13 | 千克 | AB |
| 44191900 | --其他 | | | | | | |
| 4419190000 | 竹制的其他餐具及厨房用具 | 0 | 100 | 17 | 13 | 千克 | AB |
| 44199010 | ----一次性筷子 | | | | | | |
| 4419901000[暂0] | 木制一次性筷子 | 0 | 100 | 17 | 0 | 千克 | AB |
| 44199090 | ---其他 | | | | | | |
| 4419909010 | 拉敏木制的其他餐具及厨房用具 | 0 | 100 | 17 | 5 | 千克 | FEAB |
| 4419909020 | 濒危木制的其他餐具及厨房用具 | 0 | 100 | 17 | 0 | 千克 | FEAB |
| 4419909090 | 其他木制其他餐具及厨房用具 | 0 | 100 | 17 | 9 | 千克 | AB |
| **4420** | **镶嵌木(包括细工镶嵌木);装珠宝或刀具用的木制盒子和小匣子及类似品;木制小雕像及其他装饰品;第九十四章以外的木制家具** | | | | | | |
| 44201011 | ----木刻 | | | | | | |
| 4420101120 | 濒危木制的木刻 | 0 | 100 | 17 | 0 | 千克 | FEAB |
| 4420101190 | 其他木刻 | 0 | 100 | 17 | 9 | 千克 | AB |
| 44201012 | ----竹刻 | | | | | | |
| 4420101200 | 竹刻 | 0 | 100 | 17 | 9 | 千克 | AB |
| 44201020 | ---木扇 | | | | | | |

| 商品编号 | 商品名称及备注 | 进口关税税率(%) | | 增值税率(%) | 出口退税率(%) | 计量单位 | 监管条件 |
|---|---|---|---|---|---|---|---|
| | | 最惠国 | 普通 | | | | |
| 4420102020 | 濒危木制的木扇 | 0 | 100 | 17 | 0 | 千克 | FEAB |
| 4420102090 | 木扇 | 0 | 100 | 17 | 9 | 千克 | AB |
| 44201090 | ---其他 | | | | | | |
| 4420109030 | 沉香木及拟沉香木制其他小雕像及其他装饰品 | 0 | 100 | 17 | 0 | 千克 | FEAB |
| 4420109040 | 其他濒危木制其他小雕像及其他装饰品 | 0 | 100 | 17 | 0 | 千克 | FEAB |
| 4420109090 | 其他木制小雕像及其他装饰品 | 0 | 100 | 17 | 13 | 千克 | AB |
| 44209010 | ---镶嵌木 | | | | | | |
| 4420901010 | 拉敏木制的镶嵌木 | 0 | 45 | 17 | 5 | 千克 | FEAB |
| 4420901020 | 濒危木制的镶嵌木 | 0 | 45 | 17 | 0 | 千克 | FEAB |
| 4420901090 | 镶嵌木 | 0 | 45 | 17 | 13 | 千克 | AB |
| 44209090 | ---其他 | | | | | | |
| 4420909010 | 拉敏木盒及类似品,非落地木家具(前者用于装珠宝或家具,后者不包括第九十四章的家具) | 0 | 100 | 17 | 5 | 千克 | FEAB |
| 4420909020 | 濒危木盒及类似品,非落地木家具(前者用于装珠宝或家具,后者不包括第九十四章的家具) | 0 | 100 | 17 | 0 | 千克 | FEAB |
| 4420909090 | 木盒子及类似品,非落地式木家具(前者用于装珠宝或家具,后者不包括第九十四章的家具) | 0 | 100 | 17 | 9 | 千克 | AB |
| **4421** | **其他木制品** | | | | | | |
| 44211000 | -衣架 | | | | | | |
| 4421100010 | 拉敏木制木衣架 | 0 | 90 | 17 | 5 | 千克 | AB |
| 4421100020 | 濒危木制木衣架 | 0 | 90 | 17 | 0 | 千克 | FEAB |
| 4421100090 | 木衣架 | 0 | 90 | 17 | 9 | 千克 | AB |
| 44219110 | ---圆签、圆棒、冰果棒、压舌片及类似一次性制品 | | | | | | |
| 4421911010 | 酸竹制圆签、圆棒、冰果棒、压舌片及类似一次性制品 | 0 | 35 | 17 | 0 | 千克 | ABE |
| 4421911090 | 其他竹制圆签、圆棒、冰果棒、压舌片及类似一次性制品 | 0 | 35 | 17 | 13 | 千克 | AB |
| 44219190 | ---其他 | | | | | | |
| 4421919010 | 其他未列名的濒危竹制品 | 0 | 90 | 17 | 0 | 千克 | FEAB |
| 4421919090 | 其他未列名的竹制品 | 0 | 35 | 17 | 13 | 千克 | AB |
| 44219910 | ---木制圆签、圆棒、冰果棒、压舌片及类似一次性制品 | | | | | | |
| 4421991010[暂0] | 拉敏木制圆签、圆棒、冰果棒、压舌片及类似一次性制品 | 0 | 35 | 17 | 0 | 千克 | FEAB |
| 4421991020[暂0] | 濒危木制圆签、圆棒、冰果棒、压舌片及类似一次性制品 | 0 | 35 | 17 | 0 | 千克 | FEAB |
| 4421991090[暂0] | 其他木制圆签、圆棒、冰果棒、压舌片及类似一次性制品 | 0 | 35 | 17 | 0 | 千克 | AB |
| 44219990 | ---其他 | | | | | | |
| 4421999010 | 拉敏木制的未列名的木制品 | 0 | 35 | 17 | 5 | 千克 | FEAB |
| 4421999020 | 濒危木制的未列名的木制品 | 0 | 35 | 17 | 0 | 千克 | FEAB |
| 4421999090 | 未列名的木制品 | 0 | 35 | 17 | 13 | 千克 | AB |

# 第四十五章　软木及软木制品

**注释：**

本章不包括：

一、第六十四章的鞋靴及其零件；

二、第六十五章的帽类及其零件；

三、第九十五章的物品（例如，玩具、游戏品及运动用品）。

| 商品编号 | 商品名称及备注 | 进口关税税率（%） | | 增值税率（%） | 出口退税率（%） | 计量单位 | 监管条件 |
|---|---|---|---|---|---|---|---|
| | | 最惠国 | 普通 | | | | |
| **4501** | **未加工或简单加工的天然软木；软木废料；碎的、粒状的或粉状的软木** | | | | | | |
| 45011000 | -未加工或简单加工的天然软木 | | | | | | |
| 4501100000[暂1] | 未加工或简单加工的天然软木 | 6 | 17 | 17 | 0 | 千克 | AB |
| 45019010 | ---软木废料 | | | | | | |
| 4501901000 | 软木废料 | 0 | 17 | 17 | 0 | 千克 | AB |
| 45019020 | ---碎的、粒状的或粉状的软木（软木碎、软木粒或软木粉） | | | | | | |
| 4501902000 | 碎的、粒状的或粉状的软木（软木碎、软木粒或软木粉） | 0 | 17 | 17 | 0 | 千克 | AB |
| **4502** | **天然软木，除去表皮或粗切成方形，或成长方块、正方块、板、片或条状（包括作塞子用的方块坯料）** | | | | | | |
| 45020000 | 天然软木，除去表皮或粗切成方形，或成长方块、正方块、板、片或条状（包括作塞子用的方块坯料） | | | | | | |
| 4502000000 | 块、板、片或条状的天然软木（包括作塞子用的方块坯料） | 8 | 30 | 17 | 0 | 千克 | AB |
| **4503** | **天然软木制品** | | | | | | |
| 45031000 | -塞子 | | | | | | |
| 4503100000[暂4] | 天然软木塞子 | 8 | 50 | 17 | 0 | 千克 | AB |
| 45039000 | -其他 | | | | | | |
| 4503900000 | 其他天然软木制品 | 10.5 | 50 | 17 | 0 | 千克 | AB |
| **4504** | **压制软木（不论是否使用黏合剂压成）及其制品** | | | | | | |
| 45041000 | -块、板、片及条；任何形状的砖、瓦；实心圆柱体，包括圆片 | | | | | | |
| 4504100010[暂4] | 压制软木塞（包括任何形状的压制软木的砖、瓦、实心圆柱体、圆片） | 8.4 | 30 | 17 | 0 | 千克 | AB |
| 4504100090 | 块、板、片及条状压制软木，压制软木塞除外（包括任何形状的压制软木的砖、瓦、实心圆柱体、圆片） | 8.4 | 30 | 17 | 0 | 千克 | AB |
| 45049000 | -其他 | | | | | | |
| 4504900000 | 其他压制软木及其制品（不论是否使用黏合剂压成） | 0 | 50 | 17 | 0 | 千克 | AB |

# 第四十六章　稻草、秸秆、针茅或其他编结材料制品；篮筐及柳条编结品

注释：

一、本章所称"编结材料"，是指其状态或形状适于编结、交织或类似加工的材料，包括稻草、秸秆、柳条、竹、藤、灯芯草、芦苇、木片条、其他植物材料扁条（例如，树皮条、狭叶、酒椰叶纤维或其他从阔叶获取的条）、未纺的天然纺织纤维、塑料单丝及扁条、纸带，但不包括皮革、再生皮革、毡呢或无纺织物的扁条、人发、马毛、纺织粗纱或纱线，以及第五十四章的单丝和扁条。

二、本章不包括：

（一）品目48.14的壁纸；

（二）不论是否编结而成的线、绳、索、缆（品目56.07）；

（三）第六十四章和第六十五章的鞋靴、帽类及其零件；

（四）编结而成的车辆或车身（第八十七章）；

（五）第九十四章的物品（例如，家具、灯及灯具）。

三、品目46.01所称"平行连结的成片编结材料、缏条或类似的编结材料产品"，是指编结材料、缏条及类似的编结材料产品平行排列连结成片的制品，其连结材料不论是否纺制的纺织材料。

| 商品编号 | 商 品 名 称 及 备 注 | 进口关税税率（%） | | 增值税率（%） | 出口退税率（%） | 计量单位 | 监管条件 |
|---|---|---|---|---|---|---|---|
| | | 最惠国 | 普通 | | | | |
| **4601** | **用编结材料编成的缏条及类似产品，不论是否缝合成宽条；平行连结或编织的成片编结材料、缏条或类似的编结材料产品，不论是否制成品（例如，席子、席料、帘子）** | | | | | | |
| 46012100 | --竹制的 | | | | | | |
| 4601210000 | 竹制的席子、席料及帘子 | 9 | 90 | 17 | 13 | 千克/张 | AB |
| 46012200 | --藤制的 | | | | | | |
| 4601220000 | 藤制的席子、席料及帘子 | 9 | 100 | 17 | 13 | 千克/张 | AB |
| 46012911 | ----灯心草属材料制的 | | | | | | |
| 4601291111 | 蔺草制的提花席、双苜席、垫子（单位面积>1平方米，不论是否包边） | 9 | 90 | 17 | 13 | 千克/张 | 4ABxy |
| 4601291112 | 蔺草制的其他席子（单位面积>1平方米，不论是否包边） | 9 | 90 | 17 | 13 | 千克/张 | 4ABxy |
| 4601291119 | 蔺草制的其他席子、席料及帘子（单位面积≤1平方米，不论是否包边） | 9 | 90 | 17 | 13 | 千克/张 | AB |
| 4601291190 | 其他灯心草属材料制的席子等（包括席子、席料、帘子、垫子） | 9 | 90 | 17 | 13 | 千克/张 | AB |
| 46012919 | ----其他 | | | | | | |
| 4601291900 | 其他草制的席子、席料及帘子 | 9 | 90 | 17 | 13 | 千克/张 | AB |
| 46012921 | ----苇帘 | | | | | | |
| 4601292100 | 苇帘 | 9 | 90 | 17 | 13 | 千克/张 | AB |
| 46012929 | ----其他 | | | | | | |
| 4601292900 | 芦苇制的席子、席料 | 9 | 90 | 17 | 13 | 千克/张 | AB |
| 46012990 | ---其他 | | | | | | |
| 4601299000 | 其他植物材料制席子、席料及帘子 | 9 | 90 | 17 | 13 | 千克/张 | AB |
| 46019210 | ---缏条及类似产品，不论是否缝合成宽条 | | | | | | |
| 4601921000 | 竹制缏条及类似产品（不论是否缝合成宽条） | 9 | 100 | 17 | 13 | 千克 | AB |
| 46019290 | ---其他 | | | | | | |
| 4601929000 | 竹制的其他编结材料产品 | 9 | 90 | 17 | 13 | 千克 | AB |
| 46019310 | ---缏条及类似产品，不论是否缝合成宽条 | | | | | | |
| 4601931000 | 藤制的缏条及类似产品（不论是否缝合成宽条） | 9 | 100 | 17 | 13 | 千克 | AB |
| 46019390 | ---其他 | | | | | | |
| 4601939000 | 藤制的其他编结材料产品 | 9 | 90 | 17 | 13 | 千克 | AB |
| 46019411 | ----缏条（绳） | | | | | | |
| 4601941100 | 稻草制的缏条（绳）及类似产品（不论是否缝合成宽条） | 10 | 90 | 17 | 13 | 千克 | AB |
| 46019419 | ----其他 | | | | | | |
| 4601941900 | 稻草制的其他编结材料产品 | 10 | 90 | 17 | 13 | 千克 | AB |

| 商品编号 | 商品名称及备注 | 进口关税税率(%) | | 增值税率(%) | 出口退税率(%) | 计量单位 | 监管条件 |
|---|---|---|---|---|---|---|---|
| | | 最惠国 | 普通 | | | | |
| 46019491 | ----缏条及类似产品,不论是否缝合成宽条 | | | | | | |
| 4601949100 | 其他植物材料制缏条及类似产品(不论是否缝合成宽条) | 9 | 100 | 17 | 13 | 千克 | AB |
| 46019499 | ----其他 | | | | | | |
| 4601949900 | 其他植物编结材料产品 | 9 | 90 | 17 | 13 | 千克 | AB |
| 46019910 | ---缏条及类似产品,不论是否缝合成宽条 | | | | | | |
| 4601991000 | 非植物材料制缏条及类似产品(不论是否缝合成宽条) | 9 | 90 | 17 | 13 | 千克 | |
| 46019990 | ---其他 | | | | | | |
| 4601999000 | 其他非植物编结材料产品 | 9 | 90 | 17 | 13 | 千克 | |
| **4602** | **用编结材料直接编成或用品目46.01所列货品制成的篮筐、柳条编结品及其他制品;丝瓜络制品** | | | | | | |
| 46021100 | --竹制的 | | | | | | |
| 4602110000 | 竹编制的篮筐及其他制品 | 9 | 100 | 17 | 13 | 千克 | AB |
| 46021200 | --藤制的 | | | | | | |
| 4602120000 | 藤编制的篮筐及其他制品 | 9 | 100 | 17 | 13 | 千克 | AB |
| 46021910 | ---草制的 | | | | | | |
| 4602191000 | 草编制的篮筐及其他制品 | 9 | 100 | 17 | 13 | 千克 | AB |
| 46021920 | ---玉米皮制的 | | | | | | |
| 4602192000 | 玉米皮编制的篮筐及其他制品 | 9 | 100 | 17 | 13 | 千克 | AB |
| 46021930 | ---柳条制的 | | | | | | |
| 4602193000 | 柳条编制的篮筐及其他制品 | 9 | 100 | 17 | 13 | 千克 | AB |
| 46021990 | ---其他 | | | | | | |
| 4602199000 | 其他植物材料编制篮筐及其他制品 | 9 | 100 | 17 | 13 | 千克 | AB |
| 46029000 | -其他 | | | | | | |
| 4602900000 | 其他编结材料制品及其他制品(非植物材料制的) | 9 | 100 | 17 | 13 | 千克 | |

# 第十类　木浆及其他纤维状纤维素浆；回收（废碎）纸或纸板；纸、纸板及其制品

## 第四十七章　木浆及其他纤维状纤维素浆；回收（废碎）纸或纸板

**注释：**

品目47.02所称“化学木浆，溶解级”，是指温度在20℃时浸入含18%氢氧化钠的苛性碱溶液内，1小时后，按重量计含有92%及以上的不溶级分的烧碱木浆或硫酸盐木浆，或者含有88%及以上的不溶级分的亚硫酸盐木浆。对于亚硫酸盐木浆，按重量计灰分含量不得超过0.15%。

| 商品编号 | 商品名称及备注 | 进口关税税率（%） | | 增值税率（%） | 出口退税率（%） | 计量单位 | 监管条件 |
|---|---|---|---|---|---|---|---|
| | | 最惠国 | 普通 | | | | |
| **4701** | **机械木浆** | | | | | | |
| 47010000 | 机械木浆 | | | | | | |
| 4701000000[暂0] | 机械木浆 | 0 | 8 | 17 | 0 | 千克 | |
| **4702** | **化学木浆，溶解级** | | | | | | |
| 47020000 | 化学木浆，溶解级 | | | | | | |
| 4702000001[暂0] | 用于生产粘胶等化学纤维（不含醋酸纤维）的化学木浆，溶解级［3.7分升/克≤浆粕的黏度<6.4分升/克，或者350毫升/克≤浆粕的黏度<700毫升/克，α纤维素含量（R18，硫酸盐法）<95.5%，或者α纤维素含量（R18，亚硫酸盐法）<94%，灰分≤0.15%］ | 0 | 8 | 17 | 0 | 千克 | |
| 4702000090[暂0] | 其他化学木浆，溶解级 | 0 | 8 | 17 | 0 | 千克 | |
| **4703** | **碱木浆或硫酸盐木浆，但溶解级的除外** | | | | | | |
| 47031100 | --针叶木的 | | | | | | |
| 4703110000[暂0] | 未漂白针叶木碱木浆或硫酸盐木浆（溶解级的除外） | 0 | 8 | 17 | 0 | 千克 | |
| 47031900 | --非针叶木的 | | | | | | |
| 4703190000[暂0] | 未漂白非针叶木碱木浆等（包括硫酸盐木浆，但溶解级的除外） | 0 | 8 | 17 | 0 | 千克 | |
| 47032100 | --针叶木的 | | | | | | |
| 4703210001[暂0] | 用于生产粘胶等化学纤维（不含醋酸纤维）的漂白针叶木碱木浆或硫酸盐木浆（包括半漂白的，溶解级的除外）［3.7分升/克≤浆粕的黏度<6.4分升/克，或者350毫升/克≤浆粕的黏度<700毫升/克，88%≤α纤维素含量（R18，硫酸盐法）<95.5%，灰分≤0.15%］ | 0 | 8 | 17 | 0 | 千克 | |
| 4703210090[暂0] | 其他漂白针叶木碱木浆或硫酸盐木浆（包括半漂白的，溶解级的除外） | 0 | 8 | 17 | 0 | 千克 | |
| 47032900 | --非针叶木的 | | | | | | |
| 4703290000[暂0] | 漂白非针叶木碱木浆或硫酸盐木浆（包括半漂白的，溶解级的除外） | 0 | 8 | 17 | 0 | 千克 | |
| **4704** | **亚硫酸盐木浆，但溶解级的除外** | | | | | | |
| 47041100 | --针叶木的 | | | | | | |
| 4704110000[暂0] | 未漂白的针叶木亚硫酸盐木浆（溶解级的除外） | 0 | 8 | 17 | 0 | 千克 | |
| 47041900 | --非针叶木的 | | | | | | |
| 4704190000[暂0] | 未漂白的非针叶木亚硫酸盐木浆（溶解级的除外） | 0 | 8 | 17 | 0 | 千克 | |
| 47042100 | --针叶木的 | | | | | | |
| 4704210000[暂0] | 漂白的针叶木亚硫酸盐木浆（包括半漂白的，溶解级的除外） | 0 | 8 | 17 | 0 | 千克 | |

| 商品编号 | 商品名称及备注 | 进口关税税率(%) | | 增值税率(%) | 出口退税率(%) | 计量单位 | 监管条件 |
|---|---|---|---|---|---|---|---|
| | | 最惠国 | 普通 | | | | |
| 47042900 | --非针叶木的 | | | | | | |
| 4704290000暂0 | 漂白的非针叶木亚硫酸盐木浆(包括半漂白的,溶解级的除外) | 0 | 8 | 17 | 0 | 千克 | |
| **4705** | **用机械与化学联合制浆法制得的木浆** | | | | | | |
| 47050000 | 用机械与化学联合制浆法制得的木浆 | | | | | | |
| 4705000000暂0 | 机械与化学联合制浆法制的木浆 | 0 | 8 | 17 | 0 | 千克 | |
| **4706** | **从回收(废碎)纸或纸板提取的纤维浆或其他纤维状纤维素浆** | | | | | | |
| 47061000 | -棉短绒纸浆 | | | | | | |
| 4706100001 | 用于生产粘胶等化学纤维(不含醋酸纤维)的棉短绒浆粕[3.7分升/克≤浆粕的黏度<6.4分升/克,或者350毫升/克≤浆粕的黏度<700毫升/克,α纤维素含量(R18,硫酸盐法)<95.5%,或者α纤维素含量(R18,亚硫酸盐法)<94%,灰分≤0.15%] | 0 | 8 | 17 | 13 | 千克 | |
| 4706100090 | 其他棉短绒纸浆 | 0 | 8 | 17 | 13 | 千克 | |
| 47062000 | -从回收(废碎)纸或纸板提取的纤维浆 | | | | | | |
| 4706200000暂0 | 从回收纸或纸板提取的纤维浆 | 0 | 8 | 17 | 0 | 千克 | |
| 47063000 | -其他,竹浆 | | | | | | |
| 4706300001暂0 | 用于生产粘胶等化学纤维(不含醋酸纤维)的其他纤维状纤维素竹浆(包括机械浆、化学浆、半化学浆)[3.7分升/克≤浆粕的粘度<6.4分升/克,或者350毫升/克≤浆粕的黏度<700毫升/克,α纤维素含量(R18,硫酸盐法)<95.5%,或者α纤维素含量(R18,亚硫酸盐法)<94%,灰分≤0.15%] | 0 | 8 | 17 | 0 | 千克 | |
| 4706300090暂0 | 其他纤维状纤维素竹浆(包括机械浆、化学浆、半化学浆) | 0 | 8 | 17 | 0 | 千克 | |
| 47069100 | --机械浆 | | | | | | |
| 4706910000暂0 | 其他纤维状纤维素机械浆 | 0 | 8 | 17 | 0 | 千克 | |
| 47069200 | --化学浆 | | | | | | |
| 4706920000暂0 | 其他纤维状纤维素化学浆 | 0 | 8 | 17 | 0 | 千克 | |
| 47069300 | --用机械和化学联合法制得的浆 | | | | | | |
| 4706930000暂0 | 用机械和化学联合法制得的其他纤维状纤维素浆 | 0 | 8 | 17 | 0 | 千克 | |
| **4707** | **回收(废碎)纸或纸板** | | | | | | |
| 47071000 | -未漂白的牛皮纸或纸板及瓦楞纸或纸板 | | | | | | |
| 4707100000 | 回收(废碎)的未漂白牛皮、瓦楞纸或纸板 | 0 | 8 | 17 | 0 | 千克 | ABP |
| 47072000 | -主要由漂白化学木浆制成未经本体染色的其他纸和纸板 | | | | | | |
| 4707200000 | 回收(废碎)的漂白化学木浆制的纸和纸板(未经本体染色) | 0 | 8 | 17 | 0 | 千克 | ABP |
| 47073000 | -主要由机械浆制成的纸或纸板(例如,报纸、杂志及类似印刷品) | | | | | | |
| 4707300000 | 回收(废碎)的机械木浆制的纸或纸板(例如,废报纸、杂志及类似印刷品) | 0 | 8 | 17 | 0 | 千克 | ABP |
| 47079000 | -其他,包括未分选的废碎品 | | | | | | |
| 4707900010 | 回收(废碎)墙(壁)纸、涂蜡纸、浸蜡纸、复写纸(包括未分选的废碎品) | 0 | 8 | 17 | 0 | 千克 | 9AB |
| 4707900090 | 其他回收纸或纸板(包括未分选的废碎品) | 0 | 8 | 17 | 0 | 千克 | 9 |

# 第四十八章　纸及纸板;纸浆、纸或纸板制品

**注释:**

一、除条文另有规定的以外,本章所称"纸"包括"纸板"(不考虑其厚度或每平方米重量)。

二、本章不包括:

(一)第三十章的物品;

(二)品目32.12的压印箔;

(三)香纸及用化妆品浸渍或涂布的纸(第三十三章);

(四)肥皂或洗涤剂浸渍、覆盖或涂布的纸或纤维素絮纸(品目34.01)和用光洁剂、擦光膏及类似制剂浸渍、覆盖或涂布的纸或纤维素絮纸(品目34.05);

(五)品目37.01至37.04的感光纸或感光纸板;

(六)用诊断或实验用试剂浸渍的纸(品目38.22);

(七)第三十九章的用纸强化的层压塑料板,用塑料覆盖或涂布的单层纸或纸板(塑料部分占总厚度的一半以上),以及上述材料的制品,但品目48.14的壁纸除外;

(八)品目42.02的物品(例如,旅行用品);

(九)第四十六章的物品(编结材料制品);

(十)纸纱线或纸纱线纺织物(第十一类);

(十一)第六十四章或第六十五章的物品;

(十二)品目68.05的砂纸或品目68.14的用纸或纸板衬底的云母(但涂布云母粉的纸及纸板归入本章);

(十三)用纸或纸板衬底的金属箔(通常为第十四类或第十五类);

(十四)品目92.09的制品;

(十五)第九十五章的物品(例如,玩具、游戏品及运动用品);或

(十六)第九十六章的物品[例如,纽扣、卫生巾(护垫)及止血塞、婴儿尿布及尿布衬里]。

三、除注释七另有规定的以外,品目48.01至48.05包括经砑光、高度砑光、釉光或类似处理、仿水印、表面施胶的纸及纸板;同时还包括用各种方法本体着色或染成斑纹的纸、纸板、纤维素絮纸及纤维素纤维网纸。除品目48.03另有规定的以外,上述品目不适用于经过其他方法加工的纸、纸板、纤维素絮纸或纤维素纤维网纸。

四、本章所称"新闻纸",是指所含用机械或化学—机械方法制得的木纤维不少于全部纤维重量的50%的未经涂布的报刊用纸,未施胶或微施胶,每面粗糙度[帕克印刷表面粗糙度(1兆帕)]超过2.5微米,每平方米重量不小于40克,但不超过65克,并且仅适用于下列规格的纸:

(一)成条或成卷,宽度超过28厘米;或

(二)成张矩形(包括正方形),一边超过28厘米,另一边超过15厘米(以未折叠计)。

五、品目48.02所称"书写、印刷或类似用途的纸及纸板"及"未打孔的穿孔卡片纸及穿孔纸带纸",是指主要用漂白纸浆或用机械或化学—机械方法制得的纸浆制成的纸及纸板,并且符合下列任一标准:

每平方米重量不超过150克的纸或纸板:

(一)用机械或化学—机械方法制得的纤维含量在10%及以上,并且

1. 每平方米重量不超过80克;或

2. 本体着色。

(二)灰分含量在8%以上,并且

1. 每平方米重量不超过80克;或

2. 本体着色。

(三)灰分含量在3%以上,亮度在60%及以上。

(四)灰分含量在3%以上,但不超过8%,亮度低于60%,耐破指数等于或小于2.5千帕斯卡·平方米/克。

(五)灰分含量在3%及以下,亮度在60%及以上,耐破指数等于或小于2.5千帕斯卡·平方米/克。

每平方米重量超过150克的纸或纸板:

(一)本体着色;或

(二)亮度在60%及以上,并且

1. 厚度在225微米及以下;或

2. 厚度在225微米以上,但不超过508微米,灰分含量在3%以上;

(三)亮度低于60%,厚度不超过254微米,灰分含量在8%以上。

品目48.02不包括滤纸及纸板(含茶袋纸)或毡纸及纸板。

六、本章所称"牛皮纸及纸板",是指所含用硫酸盐法或烧碱法制得的纤维不少于全部纤维重量的80%的纸及纸板。

七、除品目条文另有规定的以外,符合品目48.01至48.11中两个或两个以上品目所规定的纸、纸板、纤维素絮纸及纤维素纤维网纸,应按号列顺序归入有关品目中的最末一个品目。

八、品目48.03至48.09仅适用于下列规格的纸、纸板、纤维素絮纸及纤维素纤维网纸:

(一)成条或成卷,宽度超过36厘米;或

(二)成张矩形(包括正方形),一边超过36厘米,另一边超过15厘米(以未折叠计)。

九、品目48.14所称"壁纸及类似品",仅限于:

(一)适合做墙壁或天花板装饰用的成卷纸张,宽度不小于45厘米,但不超过160厘米:

1. 起纹、压花、染面、印有图案或经其他装饰的(例如,起绒),不论是否用透明的防护塑料涂布或覆盖;

2. 表面饰有木粒或草粒而凹凸不平的;

3. 表面用塑料涂布或覆盖并起纹、压花、染面、印有图案或经其他装饰的;

4. 表面用不论是否平行连结或编织的编结材料覆盖的。

(二)适于装饰墙壁或天花板用的经上述加工的纸边及纸条,不论是否成卷。

(三)由几幅拼成的壁纸,成卷或成张,贴到墙上可组成印制的风景或图案。

既可做铺地制品,也可做壁纸的以纸或纸板为底的产品,

应归入品目 48.23。

十、品目 48.20 不包括切成一定尺寸的活页纸张或卡片,不论是否印制、压花、打孔。

十一、品目 48.23 主要适用于提花机或类似机器用的穿孔纸或卡片,以及纸花边。

十二、除品目 48.14 及 48.21 的货品外,印有图案、文字或图画的纸、纸板、纤维素絮纸及其制品,如果所印图案、文字或图画作为其主要用途,应归入第四十九章。

**子目注释:**

一、子目 4804.11 及 4804.19 所称"牛皮衬纸",是指所含用硫酸盐法或烧碱法制得的木纤维不少于全部纤维重量的 80% 的成卷机器上光或研光纸及纸板,每平方米重量超过 115 克,并且最低缪伦耐破度符合下表所示(其他重量的耐破度可参照下表换算):

| 重 量<br>(克/平方米) | 最低耐破度<br>(千帕斯卡) |
|---|---|
| 115 | 393 |
| 125 | 417 |
| 200 | 637 |
| 300 | 824 |
| 400 | 961 |

二、子目 4804.21 及 4804.29 所称"袋用牛皮纸",是指所含用硫酸盐法或烧碱法制得的木纤维不少于全部纤维重量的 80% 的成卷机器上光纸,每平方米重量不小于 60 克,但不超过 115 克,并且符合下列一种规格:

(一)缪伦耐破指数不小于 3.7 千帕斯卡·平方米/克,并且横向伸长率大于 4.5%,纵向伸长率大于 2%;

(二)至少能达到下表所示的最小撕裂度和抗张强度(其他重量的可参照下表换算):

| 重 量<br>(克/平方米) | 最小撕裂度<br>(毫牛顿) | | 最小抗张强度<br>(千牛顿/米) | |
|---|---|---|---|---|
| | 纵 向 | 纵向加横向 | 横 向 | 纵向加横向 |
| 60 | 700 | 1510 | 1.9 | 6 |
| 70 | 830 | 1790 | 2.3 | 7.2 |
| 80 | 965 | 2070 | 2.8 | 8.3 |
| 100 | 1230 | 2635 | 3.7 | 10.6 |
| 115 | 1425 | 3060 | 4.4 | 12.3 |

三、子目 4805.11 所称"半化学的瓦楞纸",是指所含用机械和化学联合法制得的未漂白硬木纤维不少于全部纤维重量的 65% 的成卷纸张,并且在温度为 23℃和相对湿度为 50% 时,经过 30 分钟的瓦楞芯纸平压强度测定(CMT30),抗压强度超过 1.8 牛顿/克/平方米。

四、子目 4805.12 包括主要用机械和化学联合法制得的草浆制成的成卷纸张,每平方米重量在 130 克及以上,并且在温度为 23℃和相对湿度为 50% 时,经过 30 分钟的瓦楞芯纸平压强度测定(CMT30),抗压强度超过 1.4 牛顿/克/平方米。

五、子目 4805.24 及 4806.25 包括全部或主要用回收(废碎)纸及纸板制得的浆制成的纸及纸板。强韧箱纸板也可以有一面用染色纸或由漂白或未漂白的非再生浆制得的纸做表层。这些产品缪伦耐破指数不小于 2 千帕斯卡·平方米/克。

六、子目 4805.30 所称"亚硫酸盐包装纸",是指所含用亚硫酸盐法制得的木纤维超过全部纤维重量的 40% 的机器研光纸,灰分含量不超过 8%,并且缪伦耐破指数不小于 1.47 千帕斯卡·平方米/克。

七、子目 4810.22 所称"轻质涂布纸",是指双面涂布纸,其每平方米总重量不超过 72 克,每面每平方米的涂层重量不超过 15 克,原纸中所含用机械方法制得的木纤维不少于全部纤维重量的 50%。

| 商品编号 | 商 品 名 称 及 备 注 | 进口关税税率(%) | | 增值税率(%) | 出口退税率(%) | 计量单位 | 监管条件 |
|---|---|---|---|---|---|---|---|
| | | 最惠国 | 普通 | | | | |
| **4801** | **成卷或成张的新闻纸** | | | | | | |
| 48010010 | ---成卷的 | | | | | | |
| 4801001000 | 成卷的新闻纸 | 5 | 30 | 17 | 0 | 千克 | |
| 48010090 | ---其他 | | | | | | |
| 4801009000 | 成张及其他的新闻纸 | 5 | 30 | 17 | 0 | 千克 | |
| **4802** | **书写、印刷或类似用途的未经涂布的纸及纸板、未打孔的穿孔卡片及穿孔纸带纸、成卷或成张矩形(包括正方形),任何尺寸,但品目 48.01 或 48.03 的纸除外;手工制纸及纸板** | | | | | | |
| 48021010 | ---宣纸 | | | | | | |
| 4802101000 | 宣纸 | 7.5 | 70 | 17 | 13 | 千克 | |
| 48021090 | ---其他 | | | | | | |
| 4802109000 | 其他手工制纸及纸板 | 7.5 | 70 | 17 | 13 | 千克 | |
| 48022010 | ---照相原纸 | | | | | | |
| 4802201000[暂5] | 照相原纸(未经涂布的,成卷或成张) | 7.5 | 40 | 17 | 0 | 千克 | |
| 48022090 | ---其他 | | | | | | |

| 商品编号 | 商 品 名 称 及 备 注 | 进口关税税率(%) | | 增值税率(%) | 出口退税率(%) | 计量单位 | 监管条件 |
|---|---|---|---|---|---|---|---|
| | | 最惠国 | 普通 | | | | |
| 4802209000 | 其他光、热、电敏纸,纸板的原纸[未经涂布的,成卷或成张(包括原纸板)] | 7.5 | 40 | 17 | 0 | 千克 | |
| 48024000 | -壁纸原纸 | | | | | | |
| 4802400000 | 壁纸原纸(未经涂布的,成卷或成张) | 7.5 | 40 | 17 | 0 | 千克 | |
| 48025400 | --每平方米重量<40 克 | | | | | | |
| 4802540000 | 书写、印刷等用未涂布薄纸或纸板(每平方米重<40 克,机械或化学—机械法制得的纤维含量≤10%) | 7.5 | 30 | 17 | 0 | 千克 | |
| 48025500 | --40 克≤每平方米重量≤150 克,成卷 | | | | | | |
| 4802550010 | 40 克≤每平方米重量≤150 克的胶版纸(成卷,机械或化学—机械法制得的纤维含量≤10%) | 5 | 30 | 17 | 0 | 千克 | |
| 4802550090 | 40 克≤每平方米重量≤150 克未涂布中厚纸(书写、印刷用,成卷,含机械或化学—机械法制纤维≤10%) | 5 | 30 | 17 | 0 | 千克 | |
| 48025600 | --40 克≤每平方米重量≤150 克,一边≤435 毫米,另一边≤297 毫米(以未折叠计)成张的 | | | | | | |
| 4802560010 | 成张 40 克≤每平方米重量≤150 克胶版纸(长≤435 毫米,宽≤297 毫米,含机械或化学—机械法制纤维≤10%) | 5 | 30 | 17 | 0 | 千克 | |
| 4802560090 | 40 克≤每平方米重量≤150 克未涂布纸,成张(书写、印刷,长≤435 毫米,宽≤297 毫米,含机械或半化学浆≤10%) | 5 | 30 | 17 | 0 | 千克 | |
| 48025700 | --其他,40 克≤每平方米重量≤150 克 | | | | | | |
| 4802570010 | 其他 40 克≤每平方米重量≤150 克的胶版纸(机械或化学—机械法制得的纤维含量≤10%) | 5 | 30 | 17 | 0 | 千克 | |
| 4802570090 | 其他 40 克≤每平方米重量≤150 克未涂中厚纸(书写、印刷用,含机械或化学—机械法制纤维≤10%) | 5 | 30 | 17 | 0 | 千克 | |
| 48025800 | --每平方米重量>150 克 | | | | | | |
| 4802580000 | 书写、印刷等用未涂布厚纸(板)(每平方米重量>150 克,机械或化学—机械法制得的纤维含量≤10%) | 5 | 30 | 17 | 0 | 千克 | |
| 48026100 | --成卷的 | | | | | | |
| 4802610000 | 成卷书写、印刷用未涂布纸(机械或化学—机械法制得的纤维含量>10%) | 5 | 30 | 17 | 0 | 千克 | |
| 48026200 | --成张的,一边≤435 毫米,另一边≤297 毫米(以未折叠计) | | | | | | |
| 4802620000 | 成张书写、印刷用未涂布纸(长≤435 毫米,宽≤297 毫米,含机械或化学—机械法制纤维>10%) | 5 | 30 | 17 | 0 | 千克 | |
| 48026900 | --其他 | | | | | | |
| 4802690000 | 其他书写、印刷用未涂布纸(机械或化学—机械法制得的纤维含量>10%) | 5 | 30 | 17 | 0 | 千克 | |
| **4803** | **卫生纸、面巾纸、餐巾纸及家庭或卫生用的类似纸、纤维素絮纸和纤维素纤维网纸,不论是否起纹、压花、打孔、染面、饰面或印花,成卷或成张的** | | | | | | |
| 48030000 | 卫生纸、面巾纸、餐巾纸以及家庭或卫生用的类似纸、纤维素絮纸和纤维素纤维网纸,不论是否起纹、压花、打孔、染面、饰面或印花,成卷或成张的 | | | | | | |
| 4803000000 | 卫生纸、面巾纸、餐巾纸及类似纸(成条或成卷,宽>36 厘米,或一边>36 厘米,一边>15 厘米的成张矩形) | 7.5 | 40 | 17 | 0 | 千克 | A |
| **4804** | **成卷或成张的未经涂布的牛皮纸及纸板,但不包括品目 48.02 或 48.03 的货品** | | | | | | |
| 48041100 | --未漂白 | | | | | | |
| 4804110000 | 未漂白的牛皮挂面纸 | 5 | 30 | 17 | 0 | 千克 | |
| 48041900 | --其他 | | | | | | |
| 4804190000 | 漂白的牛皮挂面纸(成卷或成张的及未经涂布的) | 5 | 30 | 17 | 0 | 千克 | |
| 48042100 | --未漂白 | | | | | | |
| 4804210000 | 未漂白的袋用牛皮纸(成卷或成张的及未经涂布的) | 5 | 30 | 17 | 0 | 千克 | |
| 48042900 | --其他 | | | | | | |

| 商品编号 | 商 品 名 称 及 备 注 | 进口关税税率(%) | | 增值税率(%) | 出口退税率(%) | 计量单位 | 监管条件 |
|---|---|---|---|---|---|---|---|
| | | 最惠国 | 普通 | | | | |
| 4804290000 | 漂白的袋用牛皮纸(成卷或成张的及未经涂布的) | 5 | 30 | 17 | 0 | 千克 | |
| 48043100 | --未漂白 | | | | | | |
| 4804310020 | 未漂白的其他薄牛皮纸及纸板[抗张指数(横向+纵向)≥69N · m/g,撕裂指数(纵向)≥10mN · $m^2$/g,抗张能量吸收指数(横向)≥1.0J/g, 抗张能量吸收指数(纵向)≥0.8J/g,透气度≥3.4μm/(Pa · s),伸长率(纵向)≥2%](薄纸指每平方米重量≤150 克,成卷或成张未经涂布的) | 2 | 30 | 17 | 0 | 千克 | |
| 4804310090 | 未漂白的其他薄牛皮纸及纸板(薄纸指每平方米重量≤150 克,成卷或成张未经涂布的) | 2 | 30 | 17 | 0 | 千克 | |
| 48043900 | --其他 | | | | | | |
| 4804390000 | 每平方米重量≤150 克的其他牛皮纸及纸板 | 2 | 30 | 17 | 0 | 千克 | |
| 48044100 | --未漂白 | | | | | | |
| 4804410000 | 未漂白的其他中厚牛皮纸及纸板(中厚指 150 克<每平方米重量<225 克,成卷或成张未涂布的) | 2 | 30 | 17 | 0 | 千克 | |
| 48044200 | --本体均匀漂白,所含用化学方法制得的木纤维超过全部纤维重量的 95% | | | | | | |
| 4804420000 | 本体均匀漂白的中厚牛皮纸及纸板(中厚指 150 克<每平方米重量<225 克,成卷或成张未经涂布的) | 5 | 30 | 17 | 0 | 千克 | |
| 48044900 | --其他 | | | | | | |
| 4804490000 | 其他漂白的中厚牛皮纸及纸板(中厚指 150 克<每平方米重量<225 克,成卷或成张未经涂布) | 2 | 30 | 17 | 0 | 千克 | |
| 48045100 | --未漂白 | | | | | | |
| 4804510000 | 未漂白的其他厚牛皮纸及纸板(厚纸指每平方米重量≥225 克,成卷或成张未经涂布的) | 2 | 30 | 17 | 0 | 千克 | |
| 48045200 | --本体均匀漂白,所含用化学方法制得的木纤维超过全部纤维重量的 95% | | | | | | |
| 4804520000 | 本体均匀漂白的厚牛皮纸及纸板(厚纸指每平方米重量≥225 克,成卷或成张未经涂布 | 5 | 30 | 17 | 0 | 千克 | |
| 48045900 | 的其他 | | | | | | |
| 4804590000 | 其他漂白的厚牛皮纸及纸板(厚纸指每平方米重量≥225 克,成卷或成张未经涂布的) | 2 | 30 | 17 | 0 | 千克 | |
| **4805** | **成卷或成张的其他未经涂布的纸及纸板,加工程度不超过本章注释三所列范围** | | | | | | |
| 48051100 | --半化学的瓦楞原纸 | | | | | | |
| 4805110000 | 半化学的瓦楞原纸(成卷或成张的及未经涂布) | 7.5 | 30 | 17 | 0 | 千克 | |
| 48051200 | --草浆瓦楞原纸 | | | | | | |
| 4805120000 | 草浆瓦楞原纸(成卷或成张的及未经涂布) | 7.5 | 30 | 17 | 0 | 千克 | |
| 48051900 | --其他 | | | | | | |
| 4805190000 | 其他瓦楞原纸(成卷或成张的及未经涂布) | 7.5 | 30 | 17 | 0 | 千克 | |
| 48052400 | --每平方米重量≤150 克 | | | | | | |
| 4805240000 | 强韧箱纸板(再生挂面纸板)(成卷或成张的及未经涂布,每平方米重≤150 克) | 7.5 | 30 | 17 | 0 | 千克 | |
| 48052500 | --每平方米重量>150 克 | | | | | | |
| 4805250000 | 强韧箱纸板(再生挂面纸板)(成卷或成张的及未经涂布,每平方米重量>150 克) | 7.5 | 30 | 17 | 0 | 千克 | |
| 48053000 | -亚硫酸盐包装纸 | | | | | | |
| 4805300000 | 亚硫酸盐包装纸(成卷或成张的及未经涂布) | 7.5 | 30 | 17 | 0 | 千克 | |
| 48054000 | -滤纸及纸板 | | | | | | |
| 4805400000 | 滤纸及纸板(成卷或成张的及未经涂布) | 7.5 | 30 | 17 | 0 | 千克 | |
| 48055000 | -毡纸及纸板 | | | | | | |
| 4805500000 | 毡纸及纸板(成卷或成张的及未经涂布) | 7.5 | 30 | 17 | 0 | 千克 | |
| 48059110 | ---电解电容器原纸 | | | | | | |
| 4805911000 | 电解电容器原纸(每平方米重量≤150 克,成卷或成张的) | 7.5 | 30 | 17 | 0 | 千克 | |
| 48059190 | ---其他 | | | | | | |
| 4805919000 | 其他未经涂布薄纸及纸板(薄纸指每平方米重量≤150 克,成卷或成张的) | 7.5 | 30 | 17 | 0 | 千克 | |
| 48059200 | --150 克<每平方米重量<225 克 | | | | | | |

| 商品编号 | 商品名称及备注 | 进口关税税率(%) | | 增值税率(%) | 出口退税率(%) | 计量单位 | 监管条件 |
|---|---|---|---|---|---|---|---|
| | | 最惠国 | 普通 | | | | |
| 4805920000 | 其他未经涂布中厚纸及纸板(中厚指150<每平方米重量<225克,成卷或成张的) | 7.5 | 30 | 17 | 0 | 千克 | |
| 48059300 | --每平方米重量≥225克 | | | | | | |
| 4805930000 | 其他未经涂布厚纸及纸板(厚纸指每平方米重量≥225克,成卷或成张的) | 7.5 | 30 | 17 | 0 | 千克 | |
| **4806** | **成卷或成张的植物羊皮纸、防油纸、描图纸、半透明纸及其他高光泽透明或半透明纸** | | | | | | |
| 48061000 | -植物羊皮纸 | | | | | | |
| 4806100000 | 植物羊皮纸(成卷或成张的) | 7.5 | 40 | 17 | 0 | 千克 | |
| 48062000 | -防油纸 | | | | | | |
| 4806200000 | 防油纸(成卷或成张的) | 7.5 | 40 | 17 | 0 | 千克 | |
| 48063000 | -描图纸 | | | | | | |
| 4806300000 | 描图纸(成卷或成张的) | 7.5 | 30 | 17 | 0 | 千克 | |
| 48064000 | -高光泽透明或半透明纸 | | | | | | |
| 4806400000[暂5] | 高光泽透明或半透明纸(成卷或成张的) | 7.5 | 40 | 17 | 0 | 千克 | |
| **4807** | **成卷或成张的复合纸及纸板(用黏合剂黏合各层纸或纸板制成),未经表面涂布或未浸渍,不论内层是否有加强材料** | | | | | | |
| 48070000 | 成卷或成张的复合纸及纸板(用黏合剂黏合各层纸或纸板制成),未经表面涂布或未浸渍,不论内层是否有加强材料 | | | | | | |
| 4807000000[暂5] | 成卷或成张的复合纸及纸板(未经表面涂布或未浸渍,不论内层是否有加强材料) | 7.5 | 40 | 17 | 0 | 千克 | |
| **4808** | **成卷或成张的瓦楞纸及纸板(不论是否与平面纸胶合)、皱纹纸及纸板、压纹纸及纸板、穿孔纸及纸板,但品目48.03的纸除外** | | | | | | |
| 48081000 | -瓦楞纸及纸板,不论是否穿孔 | | | | | | |
| 4808100000 | 瓦楞纸及纸板(成卷或成张的,不论是否穿孔) | 7.5 | 30 | 17 | 0 | 千克 | |
| 48084000 | -皱纹牛皮纸,不论是否压花或穿孔 | | | | | | |
| 4808400000 | 皱纹牛皮纸,不论是否压花或穿孔(成卷或成张的) | 7.5 | 40 | 17 | 0 | 千克 | |
| 48089000 | -其他 | | | | | | |
| 4808900000 | 其他皱纹纸及纸板,压纹纸及纸板(包括穿孔纸及纸板) | 7.5 | 40 | 17 | 0 | 千克 | |
| **4809** | **复写纸、自印复写纸及其他拷贝或转印纸(包括涂布或浸渍的油印蜡纸或胶印版纸),不论是否印制,成卷或成张的** | | | | | | |
| 48092000 | -自印复写纸 | | | | | | |
| 4809200000 | 大张(卷)的自印复写纸[成卷(宽>36厘米),成张(至少有一边>36厘米)] | 7.5 | 40 | 17 | 0 | 千克 | |
| 48099000 | -其他 | | | | | | |
| 4809900000 | 其他大张(卷)的复写纸及类似拷贝纸或转印纸[成卷(宽>36厘米),成张(至少有一边>36厘米)] | 7.5 | 40 | 17 | 0 | 千克 | |
| **4810** | **成卷或成张矩形(包括正方形)的任何尺寸的单面或双面涂布高岭土或其他无机物质(不论是否加黏合剂)的纸及纸板,但未涂布其他涂料,不论是否染面、饰面或印花** | | | | | | |
| 48101300 | --成卷的 | | | | | | |
| 4810130001 | 成卷的铜版纸(所含用机械或化学—机械法制得的纤维≤10%) | 5 | 40 | 17 | 0 | 千克 | |
| 4810130090 | 涂无机物的其他书写、印刷或类似用途纸、纸板(成卷的,所含用机械或化学—机械法制得的纤维≤10%) | 5 | 40 | 17 | 0 | 千克 | |
| 48101400 | --成张的,一边≤435毫米,另一边≤297毫米(以未折叠计) | | | | | | |
| 4810140000 | 成张的书写、印刷的纸及纸板(一边≤435毫米,另一边≤297毫米,机械或化学—机械纤维≤10%) | 5 | 40 | 17 | 0 | 千克 | |
| 48101900 | --其他 | | | | | | |
| 4810190000 | 其他书写、印刷或类似用途的纸及纸板(所含用机械或化学—机械法制得的纤维≤10%) | 5 | 40 | 17 | 0 | 千克 | |
| 48102200 | --轻质涂布纸 | | | | | | |
| 4810220000 | 书写、印刷用途的轻质涂布纸(所含用机械或化学—机械法制得的纤维>10%) | 5 | 40 | 17 | 0 | 千克 | |
| 48102900 | --其他 | | | | | | |

| 商品编号 | 商品名称及备注 | 进口关税税率(%) | | 增值税率(%) | 出口退税率(%) | 计量单位 | 监管条件 |
|---|---|---|---|---|---|---|---|
| | | 最惠国 | 普通 | | | | |
| 4810290000 | 涂无机物的其他书写、印刷用途的纸及纸板(所含用机械或化学—机械法制得的纤维>10%) | 5 | 40 | 17 | 0 | 千克 | |
| 48103100 | --本体均匀漂白,所含用化学方法制得的木纤维超过全部纤维重量的95%,每平方米重量≤150克 | | | | | | |
| 4810310010 | 涂无机物的白板纸、白卡纸(薄纸指重量≤150克/平方米,含用化学方法制得木纤维) | 5 | 40 | 17 | 0 | 千克 | |
| 4810310090 | 涂无机物的薄漂白牛皮纸及纸板(薄纸指重量≤150克/平方米,含用化学方法制得的木纤维) | 5 | 40 | 17 | 0 | 千克 | |
| 48103200 | --本体均匀漂白,所含用化学方法制得的木纤维超过全部纤维重量的95%,每平方米重量>150克 | | | | | | |
| 4810320010 | 涂无机物的白板纸、白卡纸(厚纸指重量>150克/平方米,含用化学方法制得的木纤维) | 5 | 40 | 17 | 0 | 千克 | |
| 4810320090 | 涂无机物的厚漂白牛皮纸及纸板(厚纸指重量>150克/平方米,含用化学方法制得的木纤维) | 5 | 40 | 17 | 0 | 千克 | |
| 48103900 | --其他 | | | | | | |
| 4810390000 | 涂无机物的其他牛皮纸及纸板(成卷或成张的) | 5 | 40 | 17 | 0 | 千克 | |
| 48109200 | --多层的 | | | | | | |
| 4810920000 | 其他涂无机物的多层纸及纸板(成卷或成张的) | 5 | 40 | 17 | 0 | 千克 | |
| 48109900 | --其他 | | | | | | |
| 4810990000 | 其他涂无机物的纸及纸板(成卷或成张的) | 7.5 | 40 | 17 | 0 | 千克 | |
| **4811** | **成卷或成张矩形(包括正方形)的任何尺寸的经涂布、浸渍、覆盖、染面、饰面或印花的纸、纸板、纤维素絮纸及纤维素纤维网纸,但品目48.03、48.09或48.10的货品除外** | | | | | | |
| 48111000 | -焦油纸及纸板、沥青纸及纸板 | | | | | | |
| 4811100000 | 焦油纸及纸板,沥青纸及纸板(成卷或成张的,品目48.03、48.09、48.10的货品除外) | 7.5 | 40 | 17 | 0 | 千克 | |
| 48114100 | --自粘的 | | | | | | |
| 4811410000 | 自粘的胶粘纸及纸板(成卷或成张的,品目48.03、48.09、48.10的货品除外) | 7.5 | 40 | 17 | 0 | 千克 | |
| 48114900 | --其他 | | | | | | |
| 4811490000 | 其他胶粘纸及纸板(成卷或成张的,品目48.03、48.09、48.10的货品除外) | 7.5 | 40 | 17 | 0 | 千克 | |
| 48115110 | ---彩色相纸用双面涂塑纸 | | | | | | |
| 4811511000[暂1] | 漂白的彩色相纸用双面涂塑厚纸(每平方米重量>150克,成卷或成张的) | 7.5 | 40 | 17 | 0 | 千克 | |
| 48115191 | ----纸塑铝复合材料 | | | | | | |
| 4811519100 | 漂白的纸塑铝复合材料(厚纸指每平方米重量>150克,成卷或成张) | 7.5 | 40 | 17 | 0 | 千克 | |
| 48115199 | ----其他 | | | | | | |
| 4811519900 | 漂白的其他涂,浸,盖厚纸及纸板(厚纸指每平方米重量>150克,成卷或成张,包括以纸或纸板为底制成的铺地制品) | 7.5 | 40 | 17 | 0 | 千克 | |
| 48115910 | ---绝缘纸及纸板 | | | | | | |
| 4811591000 | 用塑料浸涂的绝缘纸及纸板(成卷或成张,任何尺寸的) | 7.5 | 30 | 17 | 0 | 千克 | |
| 48115991 | ----镀铝的 | | | | | | |
| 4811599100 | 镀铝的用塑料涂布、浸渍的其他纸及纸板(成卷或成张,任何尺寸的,包括以纸或纸板为底制成的铺地制品) | 7.5 | 40 | 17 | 0 | 千克 | |
| 48115999 | ----其他 | | | | | | |
| 4811599900 | 用塑料涂布、浸渍的其他纸及纸板(成卷或成张,任何尺寸的,包括以纸或纸板为底制成的铺地制品) | 7.5 | 40 | 17 | 0 | 千克 | |
| 48116010 | ---绝缘纸及纸板 | | | | | | |
| 4811601000 | 用蜡或油等涂布的绝缘纸及纸板(指用石蜡、硬脂精、油或甘油涂布的,成卷或成张) | 7.5 | 30 | 17 | 0 | 千克 | |
| 48116090 | ---其他 | | | | | | |
| 4811609000 | 用蜡或油等涂布的其他纸及纸板(用石蜡、硬脂精、油或甘油涂布,成卷或成张,包括以纸或纸板为底制成的铺地制品) | 7.5 | 40 | 17 | 0 | 千克 | |

| 商品编号 | 商 品 名 称 及 备 注 | 进口关税税率(%) | | 增值税率(%) | 出口退税率(%) | 计量单位 | 监管条件 |
|---|---|---|---|---|---|---|---|
| | | 最惠国 | 普通 | | | | |
| 48119000 | -其他纸、纸板、纤维素絮纸及纤维素纤维网纸 | | | | | | |
| 4811900000 | 其他经涂布、浸渍、覆盖的纸及纸板(包括纤维素絮纸及纤维素纤维网纸,成卷或成张,包括以纸或纸板为底制成的铺地制品) | 7.5 | 40 | 17 | 0 | 千克 | |
| **4812** | **纸浆制的滤块、滤板及滤片** | | | | | | |
| 48120000 | 纸浆制的滤块、滤板及滤片 | | | | | | |
| 4812000000 | 纸浆制的滤块,滤板及滤片 | 7.5 | 40 | 17 | 0 | 千克 | |
| **4813** | **卷烟纸,不论是否切成一定尺寸、成小本或管状** | | | | | | |
| 48131000 | -成小本或管状 | | | | | | |
| 4813100000 | 成小本或管状的卷烟纸 | 7.5 | 100 | 17 | 0 | 千克 | 7 |
| 48132000 | -宽度≤5 厘米成卷的 | | | | | | |
| 4813200000 | 宽度≤5 厘米成卷的卷烟纸 | 7.5 | 100 | 17 | 0 | 千克 | 7 |
| 48139000 | -其他 | | | | | | |
| 4813900000 | 其他卷烟纸(不论是否切成一定尺寸,品目 48.13 未具体列名的) | 7.5 | 100 | 17 | 0 | 千克 | 7 |
| **4814** | **壁纸及类似品;窗用透明纸** | | | | | | |
| 48142000 | -用塑料涂面或盖面的壁纸及类似品,起纹、压花、着色、印刷图案或经其他装饰 | | | | | | |
| 4814200000 | 用塑料涂面或盖面的壁纸及类似品(包括起纹、压花、着色、印制图案或经其他装饰) | 7.5 | 50 | 17 | 13 | 千克 | |
| 48149000 | -其他 | | | | | | |
| 4814900010 | 用木粒或草粒等饰面的壁纸 | 7.5 | 50 | 17 | 0 | 千克 | |
| 4814900090 | 其他壁纸及类似品,窗用透明纸 | 7.5 | 50 | 17 | 0 | 千克 | |
| **4816** | **复写纸、自印复写纸及其他拷贝或转印纸(不包括品目 48.09 的纸)、油印蜡纸或胶印版纸,不论是否盒装** | | | | | | |
| 48162000 | -自印复写纸 | | | | | | |
| 4816200000 | 小卷(张)自印复写纸(不包括品目 48.09 的纸,宽度≤36 厘米,不论是否盒装) | 7.5 | 70 | 17 | 0 | 千克 | |
| 48169010 | ---热敏转印纸 | | | | | | |
| 4816901000 | 小卷(张)热敏转印纸(不包括品目 48.09 的纸,宽度≤36 厘米,不论是否盒装) | 7.5 | 40 | 17 | 0 | 千克 | |
| 48169090 | ---其他 | | | | | | |
| 4816909000 | 复写纸及其他拷贝纸或转印纸、油印蜡纸或胶印版纸(不包括品目 48.09 的纸,宽度≤36 厘米,不论是否盒装) | 7.5 | 70 | 17 | 0 | 千克 | |
| **4817** | **纸或纸板制的信封、封缄信片、素色明信片及通信卡片;纸或纸板制的盒子、袋子及夹子,内装各种纸制文具** | | | | | | |
| 48171000 | -信封 | | | | | | |
| 4817100000 | 信封 | 7.5 | 80 | 17 | 13 | 千克 | |
| 48172000 | -封缄信片、素色明信片及通信卡片 | | | | | | |
| 4817200000 | 封缄信片、素色明信片及通信卡片 | 7.5 | 80 | 17 | 13 | 千克 | |
| 48173000 | -纸或纸板制的盒子、袋子及夹子,内装各种纸制文具 | | | | | | |
| 4817300000 | 纸或纸板制的盒子、袋子及夹子(内装各种纸制文具的) | 7.5 | 80 | 17 | 13 | 千克 | |
| **4818** | **卫生纸及类似纸、家庭或卫生用纤维素絮纸及纤维素纤维网纸,成卷宽度不超过 36 厘米或切成一定尺寸或形状的;纸浆、纸、纤维素絮纸或纤维素纤维网纸制的手帕、面巾、台布、餐巾、床单及类似的家庭、卫生或医院用品、衣服及衣着附件** | | | | | | |
| 48181000 | -卫生纸 | | | | | | |
| 4818100000 | 小卷(张)卫生纸(成卷或矩形成张的,宽度≤36 厘米,或制成特殊形状的) | 7.5 | 80 | 17 | 5 | 千克 | A |
| 48182000 | -纸手帕及纸面巾 | | | | | | |
| 4818200000 | 小卷(张)纸手帕及纸面巾(成卷或矩形成张的,宽度≤36 厘米,或制成特殊形状的) | 7.5 | 90 | 17 | 5 | 千克 | A |
| 48183000 | -纸台布及纸餐巾 | | | | | | |
| 4818300000 | 小卷(张)纸台布及纸餐巾(成卷或矩形成张的,宽度≤36 厘米,或制成特殊形状的) | 7.5 | 90 | 17 | 5 | 千克 | A |
| 48185000 | -衣服及衣着附件 | | | | | | |

| 商品编号 | 商品名称及备注 | 进口关税税率(%) | | 增值税率(%) | 出口退税率(%) | 计量单位 | 监管条件 |
|---|---|---|---|---|---|---|---|
| | | 最惠国 | 普通 | | | | |
| 4818500000 | 纸制衣服及衣着附件(纸浆、纸、纤维素絮纸和纤维素纤维网纸制的) | 7.5 | 90 | 17 | 13 | 千克 | A |
| 48189000 | -其他 | | | | | | |
| 4818900000 | 纸床单及类似家庭、卫生、医院用品(纸浆、纸、纤维素絮纸和纤维素纤维网纸制的) | 7.5 | 90 | 17 | 13 | 千克 | A |
| **4819** | **纸、纸板、纤维素絮纸或纤维素纤维网纸制的箱、盒、匣、袋及其他包装容器;纸或纸板制的卷宗盒、信件盘及类似品,供办公室、商店及类似场所使用的** | | | | | | |
| 48191000 | -瓦楞纸或纸板制的箱、盒、匣 | | | | | | |
| 4819100000 | 瓦楞纸或纸板制的箱、盒、匣 | 5 | 80 | 17 | 13 | 千克 | |
| 48192000 | -非瓦楞纸或纸板制的可折叠箱、盒、匣 | | | | | | |
| 4819200000 | 非瓦楞纸或纸板制可折叠箱、盒、匣 | 5 | 80 | 17 | 13 | 千克 | |
| 48193000 | -底宽≥40 厘米的纸袋 | | | | | | |
| 4819300000 | 底宽≥40 厘米的纸袋 | 7.5 | 80 | 17 | 13 | 千克 | |
| 48194000 | -其他纸袋,包括锥形袋 | | | | | | |
| 4819400000 | 其他纸袋(包括锥形袋) | 7.5 | 80 | 17 | 13 | 千克 | |
| 48195000 | -其他包装容器,包括唱片套 | | | | | | |
| 4819500000 | 其他纸包装容器(包括唱片套) | 7.5 | 80 | 17 | 13 | 千克 | A |
| 48196000 | -办公室、商店及类似场所使用的卷宗盒、信件盘、存储盒及类似品 | | | | | | |
| 4819600000 | 纸卷宗盒、信件、盘存储盒及类似品(办公室、商店及类似场所使用的) | 7.5 | 80 | 17 | 13 | 千克 | |
| **4820** | **纸或纸板制的登记本、账本、笔记本、订货本、收据本、信笺本、记事本、日记本及类似品、练习本、吸墨纸本、活动封面(活页及非活页)、文件夹、卷宗皮、多联商业表格纸、页间夹有复写纸的本及其他文具用品;纸或纸板制的样品簿、粘贴簿及书籍封面** | | | | | | |
| 48201000 | -登记本、账本、笔记本、订货本、收据本、信笺本、记事本、日记本及类似品 | | | | | | |
| 4820100000 | 登记本、账本、笔记本等及类似品(包括订货本、收据本、信笺本、记事本、日记本) | 7.5 | 80 | 17 | 13 | 千克 | |
| 48202000 | -练习本 | | | | | | |
| 4820200000 | 练习本 | 7.5 | 80 | 17 | 13 | 千克 | |
| 48203000 | -活动封面(书籍封面除外)、文件夹及卷宗皮 | | | | | | |
| 4820300000 | 纸制活动封面、文件夹及卷宗皮 | 7.5 | 80 | 17 | 13 | 千克 | |
| 48204000 | -多联商业表格纸、页间夹有复写纸的本 | | | | | | |
| 4820400000 | 多联商业表格纸(本)(包括页间夹有复写纸的本) | 7.5 | 80 | 17 | 13 | 千克 | |
| 48205000 | -样品簿及粘贴簿 | | | | | | |
| 4820500000 | 纸制样品簿及粘贴簿 | 7.5 | 80 | 17 | 13 | 千克 | |
| 48209000 | -其他 | | | | | | |
| 4820900000 | 其他纸制文具用品 | 7.5 | 80 | 17 | 13 | 千克 | |
| **4821** | **纸或纸板制的各种标签,不论是否印制** | | | | | | |
| 48211000 | -印制 | | | | | | |
| 4821100000 | 纸或纸板印制的各种标签 | 7.5 | 50 | 17 | 13 | 千克 | |
| 48219000 | -其他 | | | | | | |
| 4821900000 | 纸或纸板制的其他各种标签 | 7.5 | 50 | 17 | 13 | 千克 | |
| **4822** | **纸浆、纸或纸板(不论是否穿孔或硬化)制的筒管、卷轴、纡子及类似品** | | | | | | |
| 48221000 | -纺织纱线用 | | | | | | |
| 4822100000 | 纺织纱线用纸制的筒管、卷轴、纡子(包括类似品) | 7.5 | 35 | 17 | 13 | 千克 | |
| 48229000 | -其他 | | | | | | |
| 4822900000 | 纸制的其他筒管、卷轴、纡子(包括类似品) | 7.5 | 70 | 17 | 13 | 千克 | |
| **4823** | **切成一定尺寸或形状的其他纸、纸板、纤维素絮纸及纤维素纤维网纸;纸浆、纸、纸板、纤维素絮纸及纤维素纤维网纸制的其他物品** | | | | | | |
| 48232000 | -滤纸及纸板 | | | | | | |
| 4823200000 | 切成形的滤纸及纸板 | 7.5 | 30 | 17 | 13 | 千克 | |

| 商品编号 | 商 品 名 称 及 备 注 | 进口关税税率(%) | | 增值税率(%) | 出口退税率(%) | 计量单位 | 监管条件 |
|---|---|---|---|---|---|---|---|
| | | 最惠国 | 普通 | | | | |
| 48234000 | -已印制的自动记录器用打印纸卷、纸张及纸盘 | | | | | | |
| 4823400000 | 已印制的自动记录器用打印纸(切成一定尺寸或形状的打印纸卷、纸张及纸盘) | 7.5 | 30 | 17 | 13 | 千克 | |
| 48236100 | --竹浆纸制 | | | | | | |
| 4823610000 | 竹浆纸制的盘、碟、盆、杯及类似品 | 7.5 | 90 | 17 | 13 | 千克 | A |
| 48236910 | ---非木植物浆制 | | | | | | |
| 4823691000 | 其他非木植物浆纸制的盘、碟、盆、杯及类似品 | 7.5 | 90 | 17 | 13 | 千克 | A |
| 48236990 | ---其他 | | | | | | |
| 4823699000 | 其他纸制的盘、碟、盆、杯及类似品 | 7.5 | 90 | 17 | 13 | 千克 | A |
| 48237000 | -压制或模制纸浆制品 | | | | | | |
| 4823700000 | 压制或模制纸浆制品 | 7.5 | 90 | 17 | 13 | 千克 | |
| 48239010 | ---以纸或纸板为底制成的铺地制品 | | | | | | |
| 4823901000 | 其他以纸或纸板为底制成的铺地制品 | 7.5 | 90 | 17 | 0 | 千克 | |
| 48239020 | ---神纸及类似用品 | | | | | | |
| 4823902000 | 神纸及类似用品 | 7.5 | 180 | 17 | 13 | 千克 | |
| 48239030 | ---纸扇 | | | | | | |
| 4823903000 | 纸扇 | 7.5 | 90 | 17 | 13 | 千克 | |
| 48239090 | ---其他 | | | | | | |
| 4823909000 | 其他纸及纸制品(包括纤维素絮纸及纤维素纤维网纸制的其他物品) | 7.5 | 90 | 17 | 13 | 千克 | |

# 第四十九章　书籍、报纸、印刷图画及其他印刷品；手稿、打字稿及设计图纸

**注释：**

一、本章不包括：

（一）透明基的照相负片或正片（第三十七章）；

（二）立体地图、设计图表或地球仪、天体仪，不论是否印刷（品目90.23）；

（三）第九十五章的扑克牌或其他物品；

（四）雕版画、印刷画、石印画的原本（品目97.02），品目97.04的邮票、印花税票、纪念封、首日封、邮政信笺及类似品，以及第九十七章的超过100年的古物或其他物品。

二、第四十九章所称"印刷"，也包括用胶版复印机、油印机印制，在自动数据处理设备控制下打印绘制，压印、冲印、感光复印、热敏复印或打字。

三、用纸以外材料装订成册的报纸、杂志和期刊，以及一期以上装订在同一封面里的成套报纸、杂志和期刊，应归入品目49.01，不论是否有广告材料。

四、品目49.01还包括：

（一）附有说明文字，每页编有号数以便装订成一册或几册的整集印刷复制品，例如，美术作品、绘画；

（二）随同成册书籍的图画附刊；

（三）供装订书籍或小册子用的散页、集页或书帖形式的印刷品，已构成一部作品的全部或部分。

但没有说明文字的印刷图画或图解，不论是否散页或书帖形式，应归入品目49.11。

五、除本章注释三另有规定的以外，品目49.01不包括主要做广告用的出版物（例如，小册子、散页印刷品、商业目录、同业公会出版的年鉴、旅游宣传品），这类出版物应归入品目49.11。

六、品目49.03所称"儿童图画书"，是指以图画为主、文字为辅，供儿童阅览的书籍。

| 商品编号 | 商品名称及备注 | 进口关税税率（%） | | 增值税率（%） | 出口退税率（%） | 计量单位 | 监管条件 |
|---|---|---|---|---|---|---|---|
| | | 最惠国 | 普通 | | | | |
| **4901** | **书籍、小册子、散页印刷品及类似印刷品，不论是否单张** | | | | | | |
| 49011000 | -单张的，不论是否折叠 | | | | | | |
| 4901100000 | 单张的书籍，小册子及类似印刷品（不论是否折叠，还包括散页印刷品） | 0 | 0 | 11 | 0 | 千克 | |
| 49019100 | --字典或百科全书及其连续出版的分册 | | | | | | |
| 4901910000 | 字典、百科全书（包括连续出版的分册） | 0 | 0 | 11 | 0 | 千克 | |
| 49019900 | --其他 | | | | | | |
| 4901990000 | 其他书籍、小册子及类似的印刷品（非单张的） | 0 | 0 | 11 | 0 | 千克 | |
| **4902** | **报纸、杂志及期刊，不论有无插图或广告材料** | | | | | | |
| 49021000 | 每周至少出版四次 | | | | | | |
| 4902100000 | 每周至少出版四次的报纸、杂志（包括期刊，不论有无插图或广告材料） | 0 | 0 | 11 | 11 | 千克 | |
| 49029000 | -其他 | | | | | | |
| 4902900000 | 其他报纸、杂志及期刊（不论有无插图或广告材料） | 0 | 0 | 11 | 11 | 千克 | |
| **4903** | **儿童图画书、绘画或涂色书** | | | | | | |
| 49030000 | 儿童图画书、绘画或涂色书 | | | | | | |
| 4903000000 | 儿童图画书、绘画或涂色书 | 0 | 0 | 11 | 0 | 千克 | |
| **4904** | **乐谱原稿或印本，不论是否装订或印有插图** | | | | | | |
| 49040000 | 乐谱原稿或印本，不论是否装订或印有插图 | | | | | | |
| 4904000000 | 乐谱原稿或印本（不论是否装订或印有插图） | 0 | 0 | 11 | 0 | 千克 | |
| **4905** | **各种印刷的地图、水道图及类似图表，包括地图册、挂图、地形图及地球仪、天体仪** | | | | | | |
| 49051000 | -地球仪、天体仪 | | | | | | |
| 4905100000 | 地球仪、天体仪 | 0 | 0 | 17 | 13 | 千克 | |
| 49059100 | --成册的 | | | | | | |
| 4905910000 | 成册的各种印刷的地图及类似图表（包括水道图、地图册、地形图） | 0 | 0 | 17 | 0 | 千克 | |
| 49059900 | --其他 | | | | | | |

| 商品编号 | 商品名称及备注 | 进口关税税率(%) | | 增值税率(%) | 出口退税率(%) | 计量单位 | 监管条件 |
|---|---|---|---|---|---|---|---|
| | | 最惠国 | 普通 | | | | |
| 4905990000 | 其他各种印刷的地图及类似图表(包括水道图、挂图、地形图,成册的除外) | 0 | 0 | 17 | 0 | 千克 | |
| **4906** | **手绘的建筑、工程、工业、商业、地形或类似用途的设计图纸原稿;手稿;用感光纸照相复印或用复写纸誊写的上述物品复制件** | | | | | | |
| 49060000 | 手绘的建筑、工程、工业、商业、地形或类似用途的设计图纸原稿;手稿;用感光纸照相复印或用复写纸誊写的上述物品复制件 | | | | | | |
| 4906000000 | 设计图纸原稿或手稿及其复制件(手绘的建筑、工程、工业、商业、地形或类似用途的) | 0 | 0 | 17 | 13 | 千克 | |
| **4907** | **在承认或将承认其面值的国家流通或新发行并且未经使用的邮票、印花税票及类似票证;印有邮票或印花税票的纸品;钞票;空白支票;股票、债券及类似所有权凭证** | | | | | | |
| 49070010 | ---邮票 | | | | | | |
| 4907001000 | 新的邮票(包括印花税票、空白支票、债券及类似的所有权凭证) | 7.5 | 50 | 17 | 13 | 千克 | |
| 49070020 | ---钞票 | | | | | | |
| 4907002000 | 新的钞票 | 0 | 50 | 17 | 13 | 千克 | |
| 49070030 | ---证券凭证 | | | | | | |
| 4907003000 | 证券凭证(包括印花税票、空白支票、债券及类似的所有权凭证) | 0 | 50 | 17 | 13 | 千克 | |
| 49070090 | ---其他 | | | | | | |
| 4907009011[暂0] | 特许权使用凭证(包括软件升级许可证、软件用户许可证等,但游戏软件升级许可证、游戏软件用户许可证除外) | 6.3 | 50 | 17 | 13 | 千克 | |
| 4907009019 | 其他给予存取、安装、复制或使用软件(含游戏)、数据、互联网内容物(含游戏内或应用程序内内容物)、服务或电信服务(含移动服务)权利的印刷品(特许权使用凭证除外) | 5/3.8* | 50 | 17 | 13 | 千克 | |
| 4907009090 | 其他印有邮票等的其他纸品(包括印有印花税票的纸品) | 7.5 | 50 | 17 | 13 | 千克 | |
| **4908** | **转印贴花纸(移画印花法用图案纸)** | | | | | | |
| 49081000 | -釉转印贴花纸(移画印花法用图案纸) | | | | | | |
| 4908100000 | 釉转印贴花纸(移画印花法用图案纸) | 7.5 | 50 | 17 | 13 | 千克 | |
| 49089000 | -其他 | | | | | | |
| 4908900000 | 其他转印贴花纸(移画印花法用图案纸) | 7.5 | 50 | 17 | 13 | 千克 | |
| **4909** | **印刷或有图画的明信片;印有个人问候、祝贺、通告的卡片,不论是否有图画、带信封或饰边** | | | | | | |
| 49090010 | ---印刷或有图画的明信片 | | | | | | |
| 4909001000 | 印刷或有图画的明信片 | 7.5 | 50 | 17 | 13 | 千克 | |
| 49090090 | ---其他 | | | | | | |
| 4909009000 | 其他致贺或通告卡片(贺卡及类似卡片,不论是否有图画、带信封或饰边) | 7.5 | 50 | 17 | 13 | 千克 | |
| **4910** | **印刷的各种日历,包括日历芯** | | | | | | |
| 49100000 | 印刷的各种日历,包括日历芯 | | | | | | |
| 4910000000 | 印刷的各种日历(包括日历芯) | 7.5 | 50 | 17 | 13 | 千克 | |
| **4911** | **其他印刷品,包括印刷的图片及照片** | | | | | | |
| 49111010 | ---无商业价值的 | | | | | | |
| 4911101000 | 无商业价值的广告品及类似印刷品(包括无商业价值的商品目录) | 0 | 0 | 17 | 13 | 千克 | |
| 49111090 | ---其他 | | | | | | |
| 4911109000 | 其他商业广告品及类似印刷品(包括商品目录) | 7.5 | 50 | 17 | 13 | 千克 | |
| 49119100 | --图片、设计图样及照片 | | | | | | |
| 4911910000 | 印刷的图片、设计图样及照片 | 7.5 | 50 | 17 | 13 | 千克 | |
| 49119910 | ---纸质的 | | | | | | |
| 4911991010 | 给予存取、安装、复制或使用软件(含游戏)、数据、互联网内容物(含游戏内或应用程序内内容物)、服务或电信服务(含移动服务)权利的印刷品 | 5/3.8* | 50 | 17 | 13 | 千克 | |

* 最惠国税率中,"/"左边的税率截止日期为2018年6月30日,"/"右边的税率有效日期为2018年7月1日~2999年12月31日。

| 商品编号 | 商品名称及备注 | 进口关税税率(%) | | 增值税率(%) | 出口退税率(%) | 计量单位 | 监管条件 |
|---|---|---|---|---|---|---|---|
| | | 最惠国 | 普通 | | | | |
| 4911991090 | 其他纸质的印刷品 | 7.5 | 50 | 17 | 13 | 千克 | |
| 49119990 | ---其他 | | | | | | |
| 4911999010 | 给予存取、安装、复制或使用软件(含游戏)、数据、互联网内容物(含游戏内或应用程序内内容物)、服务或电信服务(含移动服务)权利的印刷品 | 5/3.8* | 50 | 17 | 13 | 千克 | |
| 4911999090 | 其他印刷品 | 7.5 | 50 | 17 | 13 | 千克 | |

* 最惠国税率中,“/”左边的税率截止日期为2018年6月30日,“/”右边的税率有效日期为2018年7月1日~2999年12月31日。

# 第十一类　纺织原料及纺织制品

**注释：**

一、本类不包括：

（一）制刷用的动物鬃、毛（品目05.02）；马毛及废马毛（品目05.11）；

（二）人发及人发制品（品目05.01、67.03或67.04），但通常用于榨油机或类似机器的滤布除外（品目59.11）；

（三）第十四章的棉短绒或其他植物材料；

（四）品目25.24的石棉、品目68.12或68.13的石棉制品或其他产品；

（五）品目30.05或30.06的物品；品目33.06的用于清洁牙缝的纱线（牙线），单独零售包装的；

（六）品目37.01至37.04的感光布；

（七）截面尺寸超过1毫米的塑料单丝和表面宽度超过5毫米的塑料扁条及类似品（例如，人造草）（第三十九章），以及上述单丝或扁条的缏条、织物、篮筐或柳条编结品（第四十六章）；

（八）第三十九章的用塑料浸渍、涂布、包覆或层压的机织物、针织物或钩编织物、毡呢或无纺织物及其制品；

（九）第四十章的用橡胶浸渍、涂布、包覆或层压的机织物、针织物或钩编织物、毡呢或无纺织物及其制品；

（十）带毛皮张（第四十一章或第四十三章）、品目43.03或43.04的毛皮制品、人造毛皮及其制品；

（十一）品目42.01或42.02的用纺织材料制成的物品；

（十二）第四十八章的产品或物品（例如，纤维素絮纸）；

（十三）第六十四章的鞋靴及其零件、护腿、裹腿及类似品；

（十四）第六十五章的发网、其他帽类及其零件；

（十五）第六十七章的货品；

（十六）涂有研磨料的纺织材料（品目68.05），以及品目68.15的碳纤维及其制品；

（十七）玻璃纤维及其制品，但可见底布的玻璃线刺绣品除外（第七十章）；

（十八）第九十四章的物品（例如，家具、寝具、灯具及照明装置）；

（十九）第九十五章的物品（例如，玩具、游戏品、运动用品及网具）；

（二十）第九十六章的物品［例如，刷子、旅行用成套缝纫用具、拉链、打字机色带、卫生巾（护垫）及止血塞、婴儿尿布及尿布衬里］；或

（二十一）第九十七章的物品。

二、（一）可归入第五十章至第五十五章及品目58.09或59.02的由两种或两种以上纺织材料混合制成的货品，应按其中重量最大的那种纺织材料归类。当没有一种纺织材料的重量较大时，应按可归入的有关品目中最后一个品目所列的纺织材料归类。

（二）应用上述规定时：

1. 马毛粗松螺旋花线（品目51.10）和含金属纱线（品目56.05）均应作为一种单一的纺织材料，其重量应为它们在纱线中的合计重量；在机织物的归类中，金属线应作为一种纺织材料；

2. 在选择合适的品目时，应首先确定章，然后再确定该章的有关品目，至于不归入该章的其他材料可不予考虑；

3. 当归入第五十四章及第五十五章的货品与其他章的货品进行比较时，应将这两章作为一个单一的章对待；

4. 同一章或同一品目所列各种不同的纺织材料应作为单一的纺织材料对待。

（三）上述（一）、（二）两款规定亦适用于以下注释三、四、五或六所述纱线。

三、（一）本类的纱线（单纱、多股纱线或缆线）除下列（二）款另有规定的以外，凡符合以下规格的应作为“线、绳、索、缆”：

1. 丝或绢丝纱线，细度在20000分特以上。

2. 化学纤维纱线（包括第五十四章的用两根及以上单丝纺成的纱线），细度在10000分特以上。

3. 大麻或亚麻纱线：

（1）加光或上光的，细度在1429分特及以上。

（2）未加光或上光的，细度在20000分特以上。

4. 三股或三股以上的椰壳纤维纱线。

5. 其他植物纤维纱线，细度在20000分特以上。

6. 用金属线加强的纱线。

（二）下列各项不按上述（一）款规定办理：

1. 羊毛或其他动物毛纱线及纸纱线，但用金属线加强的纱线除外。

2. 第五十五章的化学纤维长丝丝束及第五十四章的未加捻或捻度每米少于5转的复丝纱线。

3. 品目50.06的蚕胶丝及第五十四章的单丝。

4. 品目56.05的含金属纱线；但用金属线加强的纱线按上述（一）款6项规定办理。

5. 品目56.06的绳绒线、粗松螺旋花线及纵行起圈纱线。

四、（一）除下列（二）款另有规定的以外，第五十章、第五十一章、第五十二章、第五十四章和第五十五章所称“供零售用”纱线，是指以下列方式包装的纱线（单纱、多股纱线或缆线）：

1. 绕在纸板、线轴、纱管或类似芯子上，其重量（含线芯）符合下列规定：

（1）丝、绢丝或化学纤维长丝纱线，不超过85克。

（2）其他纱线，不超过125克。

2. 绕成团、绞或束，其重量符合下列规定：

（1）细度在3000分特以下的化学纤维长丝纱线，丝或绢丝纱线，不超过85克。

（2）细度在2000分特以下的任何其他纱线，不超过125克。

（3）其他纱线，不超过500克。

3. 绕成绞或束，每绞或每束中有若干用线分开的小绞或小束，每小绞或小束的重量相等，并且符合下列规定：

（1）丝、绢丝或化学纤维长丝纱线，不超过85克。

（2）其他纱线，不超过125克。

（二）下列各项不按上述（一）款规定办理：

1. 各种纺织材料制的单纱，但下列两种除外：

（1）未漂白的羊毛或动物细毛单纱。

（2）漂白、染色或印色的羊毛或动物细毛单纱，细度在5000分特以上。

2. 未漂白的多股纱线或缆线：

（1）丝或绢丝制的，不论何种包装。

（2）除羊毛或动物细毛外其他纺织材料制，成绞或成束的。

3. 漂白、染色或印色丝或绢丝制的多股纱线或缆线，细度在133分特及以下。

4. 任何纺织材料制的单纱、多股纱线或缆线：

（1）交叉绕成绞或束的。

(2)绕于纱芯上或以其他方式卷绕,明显用于纺织工业的(例如,绕于纱管、加捻管、纬纱管、锥形筒管或锭子上的或者绕成蚕茧状以供绣花机使用的纱线)。

五、品目52.04、54.01及55.08所称"缝纫线",是指下列多股纱线或缆线:

(一)绕于芯子(例如,线轴、纱管)上,重量(包括纱芯)不超过1000克;

(二)经上浆用做缝纫线的;

(三)终捻为反手(Z)捻的。

六、本类所称"高强力纱",是指断裂强度大于下列标准的纱线:

尼龙、其他聚酰胺或聚酯制的单纱——60厘牛顿/特克斯;

尼龙、其他聚酰胺或聚酯制的多股纱线或缆线——53厘牛顿/特克斯;

粘胶纤维制的单纱、多股纱线或缆线——27厘牛顿/特克斯。

七、本类所称"制成的",是指:

(一)裁剪成除正方形或长方形以外的其他形状的;

(二)呈制成状态,无需缝纫或其他进一步加工(或仅需剪断分隔联线)即可使用的(例如,某些抹布、毛巾、台布、方披巾、毯子);

(三)裁剪成一定尺寸,至少有一边为带有可见的锥形或压平形的热封边,其余各边经本注释其他各项所述加工,但不包括为防止剪边脱纱而用热切法或其他简单方法处理的织物;

(四)已缝边或滚边,或者在任一边带有结制的流苏,但不包括为防止剪边脱纱而锁边或用其他简单方法处理的织物;

(五)裁剪成一定尺寸并经抽纱加工的;

(六)缝合、胶合或用其他方法拼合而成的(将两段或两段以上同样料子的织物首尾连接而成的匹头,以及由两层或两层以上的织物,不论中间有无胎料,层叠而成的匹头除外);

(七)针织或钩编成一定形状,不论报验时是单件还是以若干件相连成幅的。

八、对于第五十章至第六十章:

(一)第五十章至第五十五章及第六十章,除条文另有规定以外的第五十六章至第五十九章,不适用于上述注释七所规定的制成货品;

(二)第五十章至第五十五章及第六十章不包括第五十六章至第五十九章的货品。

九、第五十章至第五十五章的机织物包括由若干层平行纱线以锐角或直角相互层叠,在纱线交叉点黏合剂或以热黏合法黏合而成的织物。

十、用纺织材料和橡胶线制成的弹性产品归入本类。

十一、本类所称"浸渍",包括"浸泡"。

十二、本类所称"聚酰胺",包括"芳族聚酰胺"。

十三、本类及本手册所称"弹性纱线"是指合成纤维纺织材料制成的长丝纱线(包括单丝,变形纱线除外)。这些纱线可拉伸至原长的3倍而不断裂,并可在拉伸至原长2倍后5分钟内回复到不超过原长度1.5倍。

十四、除条文另有规定的以外,各种服装即使成套包装供零售用,也应按各自品目分别归类。

本注释所称"纺织服装",是指品目61.01至61.14及品目62.01至62.11所列的各种服装。

**子目注释:**

一、本类及本手册所用有关名词解释如下:

(一)未漂白纱线:

1. 带有纤维自然色泽并且未经漂染(不论是否整体染色)或印色的纱线;

2. 从回收纤维制得,色泽未定的纱线(本色纱)。

这种纱线可用无色浆料或易褪色染料(可轻易地用肥皂洗去)处理,如果是化学纤维纱线,则整体用消光剂(例如二氧化钛)进行处理。

(二)漂白纱线:

1. 经漂白加工、用漂白纤维制得或经染白(除条文另有规定的以外)(不论是否整体染色)及用白浆料处理的纱线;

2. 用未漂白纤维和漂白纤维混纺的制得的纱线;

3. 用未漂白纱和漂白纱纺成多股纱线或缆线。

(三)着色(染色或印色)纱线:

1. 染成彩色(不论是否整体染色,但白色或易褪色除外)或印色的纱线,以及用染色或印色纤维纺制的纱线;

2. 用各色染色纤维混合纺制或用未漂白或漂白纤维与着色纤维混合制得的纱线(夹色纱或混色纱),以及用一种或几种颜色间隔印色而获得点纹印迹的纱线;

3. 用已经印色的纱条或粗纱纺制的纱线;

4. 用未漂白纱和漂白纱与着色纱纺成的多股纱线或缆线。

上述定义作相应调整后适用于第五十四章的单丝、扁条或类似产品。

(四)未漂白机织物:

用未漂白纱线织成后未经漂白、染色或印花的机织物。这类织物可用无色浆料或易褪色染料处理。

(五)漂白机织物:

1. 经漂白、染白或用白浆料处理(除条文另有规定的以外)的成匹机织物;

2. 用漂白纱线织成的机织物;

3. 用未漂白纱线和漂白纱线织成的机织物;

(六)染色机织物:

1. 除条文另有规定的以外,染成白色以外的其他单一颜色或用白色以外的其他有色整理剂处理的成匹机织物;

2. 用单一颜色的着色纱线织成的机织物。

(七)色织机织物:

除印花机织物以外的下列机织物:

1. 用各种不同颜色纱线或同一颜色不同深浅(纤维的自然色彩除外)纱线织成的机织物;

2. 用未漂白或漂白与着色纱线织成的机织物;

3. 用夹色纱线或混色纱线织成的机织物。

不论何种情况,布边或布头的纱线均可忽略不计。

(八)印花机织物:

成匹印花的机织物,不论是否用各色纱线织成。

(用刷子或喷枪、经转印纸转印、植绒或蜡防印花等方法印成花纹图案的机织物亦可视为印花机织物)。

上述各类纱线或织物如经丝光工艺处理并不影响其归类。

上述(四)至(八)的定义在作必要修改后适用于针织或钩编织物。

(九)平纹组织:

每根纬纱在并排的经纱间上下交错而过,而每根经纱也在并排的纬纱间上下交错而过的织物组织。

二、(一)含有两种或两种以上纺织材料的第五十六章至第六十三章的产品,应根据本类注释二对第五十章至第五十五章或品目58.09的此类纺织材料产品归类的规定来确定归类。

(二)运用本条规定时:

1. 应酌情考虑按归类总规则第三条来确定归类。

2. 对由底布和绒面或毛圈面构成的纺织品,在归类时可不考虑底布的属性。

3. 对品目58.10的刺绣品及其制品归类时应只考虑底布的属性,但不见底布的刺绣品及其制品根据绣线的属性确定归类。

# 第五十章 蚕 丝

| 商品编号 | 商品名称及备注 | 进口关税税率(%) | | 增值税率(%) | 出口退税率(%) | 计量单位 | 监管条件 |
|---|---|---|---|---|---|---|---|
| | | 最惠国 | 普通 | | | | |
| **5001** | **适于缫丝的蚕茧** | | | | | | |
| 50010010 | ---适于缫丝的桑蚕茧 | | | | | | |
| 5001001000 | 适于缫丝的桑蚕茧 | 6 | 70 | 17 | 5 | 千克 | AB |
| 50010090 | ---其他 | | | | | | |
| 5001009000 | 适于缫丝的其他蚕茧 | 6 | 70 | 17 | 5 | 千克 | AB |
| **5002** | **生丝(未加捻)** | | | | | | |
| 50020011 | ----厂丝 | | | | | | |
| 5002001100 | 未加捻的桑蚕厂丝 | 9 | 80 | 17 | 15 | 千克 | AB |
| 50020012 | ----土丝 | | | | | | |
| 5002001200 | 未加捻的桑蚕土丝 | 9 | 80 | 17 | 15 | 千克 | AB |
| 50020013 | ----双宫丝 | | | | | | |
| 5002001300 | 未加捻的桑蚕双宫丝 | 9 | 80 | 17 | 15 | 千克 | AB |
| 50020019 | ----其他 | | | | | | |
| 5002001900 | 其他未加捻的桑蚕丝 | 9 | 80 | 17 | 15 | 千克 | AB |
| 50020020 | ---柞蚕丝 | | | | | | |
| 5002002000 | 未加捻柞蚕丝 | 9 | 80 | 17 | 15 | 千克 | AB |
| 50020090 | ---其他 | | | | | | |
| 5002009000 | 未加捻其他生丝 | 9 | 80 | 17 | 15 | 千克 | AB |
| **5003** | **废丝(包括不适于缫丝的蚕茧、废纱及回收纤维)** | | | | | | |
| 50030011 | ----下茧、茧衣、长吐、滞头 | | | | | | |
| 5003001100 | 未梳的下茧、茧衣、长吐、滞头 | 9 | 70 | 17 | 13 | 千克 | AB |
| 50030012 | ----回收纤维 | | | | | | |
| 5003001200 | 未梳的回收纤维 | 9 | 70 | 17 | 13 | 千克 | AB |
| 50030019 | ----其他 | | | | | | |
| 5003001900 | 其他未梳废丝(包括不适于缫丝的废纱) | 9 | 70 | 17 | 13 | 千克 | AB |
| 50030091 | ----绵球 | | | | | | |
| 5003009100 | 绵球 | 9 | 70 | 17 | 13 | 千克 | AB |
| 50030099 | ----其他 | | | | | | |
| 5003009900 | 其他废丝(包括不适于缫丝的蚕茧、废纱及回收纤维) | 9 | 70 | 17 | 13 | 千克 | AB |
| **5004** | **丝纱线(绢纺纱线除外),非供零售用** | | | | | | |
| 50040000 | 丝纱线(绢纺纱线除外),非供零售用 | | | | | | |
| 5004000000 | 非供零售用丝纱线(绢纺纱线除外) | 6 | 90 | 17 | 17 | 千克 | |
| **5005** | **绢纺纱线,非供零售用** | | | | | | |
| 50050010 | ---绌丝纱线 | | | | | | |
| 5005001000 | 非供零售用绌丝纱线 | 6 | 90 | 17 | 17 | 千克 | |
| 50050090 | ---其他 | | | | | | |
| 5005009000 | 非供零售用其他绢纺纱线(含丝及绢丝) | 6 | 90 | 17 | 17 | 千克 | |
| **5006** | **丝纱线及绢纺纱线,供零售用;蚕胶丝** | | | | | | |
| 50060000 | 丝纱线及绢纺纱线,供零售用;蚕胶丝 | | | | | | |
| 5006000000 | 零售用丝纱线、绢纺纱线;蚕胶丝(含丝及绢丝) | 6 | 100 | 17 | 17 | 千克 | |
| **5007** | **丝或绢丝机织物** | | | | | | |
| 50071010 | ---未漂白(包括未练白或练白)或漂白 | | | | | | |

| 商品编号 | 商品名称及备注 | 进口关税税率(%) | | 增值税率(%) | 出口退税率(%) | 计量单位 | 监管条件 |
|---|---|---|---|---|---|---|---|
| | | 最惠国 | 普通 | | | | |
| 5007101000 | 未漂白或漂白的细丝机织物(未练白或练白) | 10 | 130 | 17 | 17 | 米/千克 | |
| 50071090 | ---其他 | | | | | | |
| 5007109000 | 其他细丝机织物 | 10 | 130 | 17 | 17 | 米/千克 | |
| 50072011 | ----未漂白(包括未练白或练白)或漂白 | | | | | | |
| 5007201100 | 未漂白或漂白的桑蚕丝机织物(包括未练白或练白的,按重量计丝或绢丝含量≥85%) | 10 | 130 | 17 | 17 | 米/千克 | |
| 50072019 | ----其他 | | | | | | |
| 5007201900 | 其他桑蚕丝机织物(按重量计丝或绢丝含量≥85%) | 10 | 130 | 17 | 17 | 米/千克 | |
| 50072021 | ----未漂白(包括未练白或练白)或漂白 | | | | | | |
| 5007202100 | 未漂白或漂白的柞蚕丝机织物(包括未练白或练白的,按重量计丝或绢丝含量≥85%) | 10 | 130 | 17 | 17 | 米/千克 | |
| 50072029 | ----其他 | | | | | | |
| 5007202900 | 其他柞蚕丝机织物(按重量计丝或绢丝含量≥85%) | 10 | 130 | 17 | 17 | 米/千克 | |
| 50072031 | ----未漂白(包括未练白或练白)或漂白 | | | | | | |
| 5007203100 | 未漂白或漂白的绢丝机织物(包括未练白或练白的,按重量计丝或绢丝含量≥85%) | 10 | 130 | 17 | 17 | 米/千克 | |
| 50072039 | ----其他 | | | | | | |
| 5007203900 | 其他绢丝机织物(按重量计丝或绢丝含量≥85%) | 10 | 130 | 17 | 17 | 米/千克 | |
| 50072090 | ---其他 | | | | | | |
| 5007209000 | 其他丝机织物(按重量计丝或绢丝含量≥85%) | 10 | 130 | 17 | 17 | 米/千克 | |
| 50079010 | ---未漂白(包括未练白或练白)或漂白 | | | | | | |
| 5007901000 | 未漂白或漂白其他丝机织物(未练白或练白,含丝及绢丝<85%) | 10 | 130 | 17 | 17 | 米/千克 | |
| 50079090 | ---其他 | | | | | | |
| 5007909000 | 其他丝机织物(含丝及绢丝<85%) | 10 | 130 | 17 | 17 | 米/千克 | |

# 第五十一章　羊毛、动物细毛或粗毛；马毛纱线及其机织物

**注释：**

本手册所称：

一、"羊毛"，是指绵羊或羔羊身上长的天然纤维；

二、"动物细毛"，是指下列动物的毛：羊驼、美洲驼、驼马、骆驼（包括单峰骆驼）、牦牛、安哥拉山羊、西藏山羊、喀什米尔山羊及类似山羊（普通山羊除外）、家兔（包括安哥拉兔）、野兔、海狸、河狸鼠或麝鼠；

三、"动物粗毛"，是指以上未提及的其他动物的毛，但不包括制刷用鬃、毛（品目05.02）及马毛（品目05.11）。

| 商品编号 | 商品名称及备注 | 进口关税税率（%） | | 增值税率（%） | 出口退税率（%） | 计量单位 | 监管条件 |
|---|---|---|---|---|---|---|---|
| | | 最惠国 | 普通 | | | | |
| **5101** | **未梳的羊毛** | | | | | | |
| 51011100 | --剪羊毛 | | | | | | |
| 5101110001 | 未梳的含脂剪羊毛(配额内) | 1 | 50 | 11 | 5 | 千克 | tAB |
| 5101110090 | 未梳的含脂剪羊毛(配额外) | 38 | 50 | 11 | 5 | 千克 | AB |
| 51011900 | --其他 | | | | | | |
| 5101190001 | 未梳的其他含脂羊毛(配额内) | 1 | 50 | 11 | 5 | 千克 | tAB |
| 5101190090 | 未梳的其他含脂羊毛(配额外) | 38 | 50 | 11 | 5 | 千克 | AB |
| 51012100 | --剪羊毛 | | | | | | |
| 5101210001 | 未梳的脱脂剪羊毛(未碳化)(配额内) | 1 | 50 | 17 | 13 | 千克 | tAB |
| 5101210090 | 未梳的脱脂剪羊毛(未碳化)(配额外) | 38 | 50 | 17 | 13 | 千克 | AB |
| 51012900 | --其他 | | | | | | |
| 5101290001 | 未梳的其他脱脂羊毛(未碳化)(配额内) | 1 | 50 | 17 | 13 | 千克 | tAB |
| 5101290090 | 未梳的其他脱脂羊毛(未碳化)(配额外) | 38 | 50 | 17 | 13 | 千克 | AB |
| 51013000 | -碳化羊毛 | | | | | | |
| 5101300001 | 未梳碳化羊毛(配额内) | 1 | 50 | 17 | 13 | 千克 | tAB |
| 5101300090 | 未梳碳化羊毛(配额外) | 38 | 50 | 17 | 13 | 千克 | AB |
| **5102** | **未梳的动物细毛或粗毛** | | | | | | |
| 51021100 | --克什米尔山羊的 | | | | | | |
| 5102110000 | 未梳喀什米尔山羊的细毛 | 9 | 45 | 17 | 0 | 千克 | AB |
| 51021910 | ---兔毛 | | | | | | |
| 5102191010 | 未梳濒危兔毛 | 9 | 50 | 17 | 0 | 千克 | ABFE |
| 5102191090 | 其他未梳兔毛 | 9 | 50 | 17 | 5 | 千克 | AB |
| 51021920 | ---其他山羊绒 | | | | | | |
| 5102192000 | 其他未梳山羊绒 | 9 | 45 | 17 | 0 | 千克 | AB |
| 51021930 | ---骆驼毛、骆驼绒 | | | | | | |
| 5102193010 | 未梳濒危野生骆驼科动物毛、绒 | 9 | 45 | 17 | 0 | 千克 | FEAB |
| 5102193090 | 其他未梳骆驼毛、绒 | 9 | 45 | 17 | 5 | 千克 | AB |
| 51021990 | ---其他 | | | | | | |
| 5102199010 | 未梳的其他濒危野生动物细毛 | 9 | 45 | 17 | 0 | 千克 | FEAB |
| 5102199090 | 未梳的其他动物细毛 | 9 | 45 | 17 | 5 | 千克 | AB |
| 51022000 | -粗毛 | | | | | | |
| 5102200010 | 未梳的濒危野生动物粗毛 | 9 | 50 | 17 | 0 | 千克 | FEAB |
| 5102200090 | 未梳的其他动物粗毛 | 9 | 50 | 17 | 5 | 千克 | AB |
| **5103** | **羊毛或动物细毛或粗毛的废料，包括废纱线，但不包括回收纤维** | | | | | | |
| 51031010 | ---羊毛落毛 | | | | | | |
| 5103101001 | 羊毛落毛(配额内) | 1 | 50 | 17 | 5 | 千克 | tAB |

| 商品编号 | 商 品 名 称 及 备 注 | 进口关税税率(%) | | 增值税率(%) | 出口退税率(%) | 计量单位 | 监管条件 |
|---|---|---|---|---|---|---|---|
| | | 最惠国 | 普通 | | | | |
| 5103101090 | 羊毛落毛(配额外) | 38 | 50 | 17 | 5 | 千克 | AB |
| 51031090 | ---其他 | | | | | | |
| 5103109010 | 其他濒危野生动物细毛的落毛 | 9 | 50 | 17 | 0 | 千克 | FEAB |
| 5103109090 | 其他动物细毛的落毛 | 9 | 50 | 17 | 5 | 千克 | 9 |
| 51032010 | ---羊毛废料 | | | | | | |
| 5103201000 | 羊毛废料(包括废纱线,不包括回收纤维) | 13.5 | 20 | 17 | 5 | 千克 | AB |
| 51032090 | ---其他 | | | | | | |
| 5103209010 | 其他濒危野生动物细毛废料(包括废纱线,不包括回收纤维) | 9 | 50 | 17 | 0 | 千克 | FEAB |
| 5103209090 | 其他动物细毛废料(包括废纱线,不包括回收纤维) | 9 | 50 | 17 | 5 | 千克 | 9 |
| 51033000 | -动物粗毛废料 | | | | | | |
| 5103300010 | 濒危野生动物粗毛废料(包括废纱线,不包括回收纤维) | 9 | 50 | 17 | 0 | 千克 | FEAB |
| 5103300090 | 其他动物粗毛废料(包括废纱线,不包括回收纤维) | 9 | 50 | 17 | 5 | 千克 | 9 |
| **5104** | **羊毛或动物细毛或粗毛的回收纤维** | | | | | | |
| 51040010 | ---羊毛的回收纤维 | | | | | | |
| 5104001000 | 羊毛的回收纤维 | 15 | 20 | 17 | 5 | 千克 | AB |
| 51040090 | ---其他 | | | | | | |
| 5104009010 | 其他濒危野生动物细毛(包括粗毛回收纤维) | 5 | 50 | 17 | 0 | 千克 | FEAB |
| 5104009090 | 其他动物细毛或粗毛的回收纤维 | 5 | 50 | 17 | 13 | 千克 | 9 |
| **5105** | **已梳的羊毛及动物细毛或粗毛(包括精梳片毛)** | | | | | | |
| 51051000 | -粗梳羊毛 | | | | | | |
| 5105100001 | 粗梳羊毛(配额内) | 3 | 50 | 17 | 13 | 千克 | tAB |
| 5105100090 | 粗梳羊毛(配额外) | 38 | 50 | 17 | 13 | 千克 | AB |
| 51052100 | --精梳片毛 | | | | | | |
| 5105210001 | 精梳羊毛片毛(配额内) | 3 | 50 | 17 | 13 | 千克 | tAB |
| 5105210090 | 精梳羊毛片毛(配额外) | 38 | 50 | 17 | 13 | 千克 | AB |
| 51052900 | --其他 | | | | | | |
| 5105290001 | 羊毛条及其他精梳羊毛(配额内) | 3 | 50 | 17 | 13 | 千克 | tAB |
| 5105290090 | 羊毛条及其他精梳羊毛(配额外) | 38 | 50 | 17 | 13 | 千克 | AB |
| 51053100 | --克什米尔山羊的 | | | | | | |
| 5105310000 | 已梳喀什米尔山羊的细毛 | 5 | 50 | 17 | 0 | 千克 | AB |
| 51053910 | ---兔毛 | | | | | | |
| 5105391010 | 已梳濒危兔毛 | 5 | 70 | 17 | 0 | 千克 | ABFE |
| 5105391090 | 其他已梳兔毛 | 5 | 70 | 17 | 13 | 千克 | AB |
| 51053921 | ----无毛山羊绒 | | | | | | |
| 5105392100 | 其他已梳无毛山羊绒 | 5 | 50 | 17 | 0 | 千克 | AB |
| 51053929 | ----其他 | | | | | | |
| 5105392900 | 其他已梳山羊绒 | 5 | 50 | 17 | 0 | 千克 | AB |
| 51053990 | ---其他 | | | | | | |
| 5105399010 | 其他已梳濒危野生动物细毛 | 5 | 50 | 17 | 0 | 千克 | ABEF |
| 5105399090 | 其他已梳动物细毛 | 5 | 50 | 17 | 13 | 千克 | AB |
| 51054000 | -已梳动物粗毛 | | | | | | |
| 5105400010 | 其他已梳濒危野生动物粗毛 | 5 | 50 | 17 | 0 | 千克 | FEAB |
| 5105400090 | 其他已梳动物粗毛 | 5 | 50 | 17 | 13 | 千克 | AB |
| **5106** | **粗梳羊毛纱线,非供零售用** | | | | | | |
| 51061000 | -按重量计羊毛含量≥85% | | | | | | |
| 5106100000 | 非零售用粗梳羊毛纱线(按重量计羊毛含量≥85%) | 5 | 70 | 17 | 17 | 千克 | |

| 商品编号 | 商 品 名 称 及 备 注 | 进口关税税率（%） | | 增值税率（%） | 出口退税率（%） | 计量单位 | 监管条件 |
|---|---|---|---|---|---|---|---|
| | | 最惠国 | 普通 | | | | |
| 51062000 | -按重量计羊毛含量<85% | | | | | | |
| 5106200000 | 非零售用粗梳混纺羊毛纱线（混纺以羊毛纱线为主，但羊毛含量<85%） | 5 | 70 | 17 | 17 | 千克 | |
| **5107** | **精梳羊毛纱线，非供零售用** | | | | | | |
| 51071000 | -按重量计羊毛含量≥85% | | | | | | |
| 5107100000 | 非供零售用精梳纯羊毛纱线（按重量计羊毛含量≥85%） | 5 | 70 | 17 | 17 | 千克 | |
| 51072000 | -按重量计羊毛含量<85% | | | | | | |
| 5107200000 | 非供零售用精梳混纺羊毛纱线（混纺以羊毛纱线为主，但羊毛含量<85%） | 5 | 70 | 17 | 17 | 千克 | |
| **5108** | **动物细毛（粗梳或精梳）纱线，非供零售用** | | | | | | |
| 51081011 | ----山羊绒的 | | | | | | |
| 5108101100 | 非供零售用粗梳山羊绒纱线（按重量计山羊绒含量≥85%） | 5 | 70 | 17 | 17 | 千克 | |
| 51081019 | ----其他 | | | | | | |
| 5108101910 | 非供零售用粗梳其他濒危动物细毛纱线（按重量计其他动物细毛含量≥85%） | 5 | 70 | 17 | 0 | 千克 | FE |
| 5108101990 | 非供零售用粗梳其他动物细毛纱线（按重量计其他动物细毛含量≥85%） | 5 | 70 | 17 | 17 | 千克 | |
| 51081090 | ---其他 | | | | | | |
| 5108109010 | 非供零售用粗梳其他濒危动物细毛纱线（按重量计其他粗梳动物细毛含量<85%） | 5 | 70 | 17 | 0 | 千克 | FE |
| 5108109090 | 非供零售用粗梳其他动物细毛纱线（按重量计其他粗梳动物细毛含量<85%） | 5 | 70 | 17 | 17 | 千克 | |
| 51082011 | ----山羊绒的 | | | | | | |
| 5108201100 | 非供零售用精梳山羊绒纱线（按重量计山羊绒含量≥85%） | 5 | 70 | 17 | 17 | 千克 | |
| 51082019 | ----其他 | | | | | | |
| 5108201910 | 非供零售用精梳其他濒危动物细毛纱线（按重量计其他动物细毛含量≥85%） | 5 | 70 | 17 | 0 | 千克 | FE |
| 5108201990 | 非供零售用精梳其他动物细毛纱线（按重量计其他动物细毛含量≥85%） | 5 | 70 | 17 | 17 | 千克 | |
| 51082090 | ---其他 | | | | | | |
| 5108209010 | 非供零售用精梳其他濒危动物细毛纱线（按重量计其他精梳动物细毛含量<85%） | 5 | 70 | 17 | 0 | 千克 | FE |
| 5108209090 | 非供零售用精梳其他动物细毛纱线（按重量计其他精梳动物细毛含量<85%） | 5 | 70 | 17 | 17 | 千克 | |
| **5109** | **羊毛或动物细毛的纱线，供零售用** | | | | | | |
| 51091011 | ----山羊绒的 | | | | | | |
| 5109101100 | 零售用山羊绒纱线（按重量计山羊绒含量≥85%） | 6 | 80 | 17 | 17 | 千克 | |
| 51091019 | ----其他 | | | | | | |
| 5109101900 | 零售用其他动物细毛纱线（按重量计其他动物细毛含量≥85%） | 6 | 80 | 17 | 17 | 千克 | |
| 51091090 | ---其他 | | | | | | |
| 5109109000 | 零售用羊毛纱线（按重量计羊毛含量≥85%） | 6 | 80 | 17 | 17 | 千克 | |
| 51099011 | ----山羊绒的 | | | | | | |
| 5109901100 | 零售用混纺山羊绒纱线（混纺以羊毛纱线为主，但羊毛含量<85%） | 6 | 80 | 17 | 17 | 千克 | |
| 51099019 | ----其他 | | | | | | |
| 5109901900 | 零售用混纺其他动物细毛纱线（混纺以羊毛纱线为主，但羊毛含量<85%） | 6 | 80 | 17 | 17 | 千克 | |
| 51099090 | ---其他 | | | | | | |
| 5109909000 | 零售用混纺羊毛纱线（混纺以羊毛纱线为主，但羊毛含量<85%） | 6 | 80 | 17 | 17 | 千克 | |
| **5110** | **动物粗毛或马毛的纱线（包括马毛粗松螺旋花线），不论是否供零售用** | | | | | | |
| 51100000 | 动物粗毛或马毛的纱线（包括马毛粗松螺旋花线），不论是否供零售用 | | | | | | |
| 5110000010 | 濒危动物粗毛的纱线（包括马毛粗松螺旋花线，不论是否供零售用） | 6 | 70 | 17 | 0 | 千克 | FE |
| 5110000090 | 其他动物粗毛或马毛的纱线（包括马毛粗松螺旋花线，不论是否供零售用） | 6 | 70 | 17 | 17 | 千克 | |
| **5111** | **粗梳羊毛或粗梳动物细毛的机织物** | | | | | | |
| 51111111 | ----山羊绒的 | | | | | | |
| 5111111100 | 每平方米重量≤300克山羊绒机织物（按重量计粗梳山羊绒含量≥85%） | 10 | 130 | 17 | 17 | 米/千克 | |
| 51111119 | ----其他 | | | | | | |
| 5111111900 | 每平方米重量≤300克其他动物细毛机织物（按重量计其他粗梳动物细毛含量≥85%） | 10 | 130 | 17 | 17 | 米/千克 | |

| 商品编号 | 商品名称及备注 | 进口关税税率(%) | | 增值税率(%) | 出口退税率(%) | 计量单位 | 监管条件 |
|---|---|---|---|---|---|---|---|
| | | 最惠国 | 普通 | | | | |
| 51111190 | ---其他 | | | | | | |
| 5111119000 | 每平方米重量≤300克羊毛机织物(按重量计粗梳羊毛含量≥85%) | 10 | 130 | 17 | 17 | 米/千克 | |
| 51111911 | ----山羊绒的 | | | | | | |
| 5111191100 | 每平方米重量>300克山羊绒机织物(按重量计粗梳山羊绒含量≥85%) | 10 | 130 | 17 | 17 | 米/千克 | |
| 51111919 | ----其他 | | | | | | |
| 5111191900 | 每平方米重量>300克其他动物细毛机织物(按重量计其他粗梳动物细毛含量≥85%) | 10 | 130 | 17 | 17 | 米/千克 | |
| 51111990 | ---其他 | | | | | | |
| 5111199000 | 每平方米重量>300克羊毛机织物(按重量计粗梳羊毛含量≥85%) | 10 | 130 | 17 | 17 | 米/千克 | |
| 51112000 | -其他,主要或仅与化学纤维长丝混纺 | | | | | | |
| 5111200000 | 其他主要或仅与化学纤维长丝混纺的粗梳羊毛或粗梳动物细毛的机织物(粗梳羊毛或动物细毛含量<85%) | 10 | 130 | 17 | 17 | 米/千克 | |
| 51113000 | -其他,主要或仅与化学纤维短纤混纺 | | | | | | |
| 5111300000 | 其他主要或仅与化学纤维短纤混纺的粗梳羊毛或粗梳动物细毛的机织物(粗梳羊毛或动物细毛含量<85%) | 10 | 130 | 17 | 17 | 米/千克 | |
| 51119000 | -其他 | | | | | | |
| 5111900000 | 其他粗梳羊毛或粗梳动物细毛的机织物(与其他混纺,粗梳羊毛或动物细毛含量<85%) | 10 | 130 | 17 | 17 | 米/千克 | |
| **5112** | **精梳羊毛或精梳动物细毛的机织物** | | | | | | |
| 51121100 | --每平方米重量≤200克 | | | | | | |
| 5112110000 | 每平方米重量≤200克的精梳羊毛或精梳动物细毛的机织物(精梳羊毛或动物细毛含量≥85%) | 10 | 130 | 17 | 17 | 米/千克 | |
| 51121900 | --其他 | | | | | | |
| 5112190000 | 每平方米重量>200克的精梳羊毛或精梳动物细毛的机织物(精梳羊毛或动物细毛含量≥85%) | 10 | 130 | 17 | 17 | 米/千克 | |
| 51122000 | -其他,主要或仅与化学纤维长丝混纺 | | | | | | |
| 5112200000 | 主要或仅与化学纤维长丝混纺的精梳羊毛或精梳动物细毛的机织物(精梳羊毛或动物细毛含量<85%) | 10 | 130 | 17 | 17 | 米/千克 | |
| 51123000 | -其他,主要或仅与化学纤维短纤混纺 | | | | | | |
| 5112300000 | 主要或仅与化学纤维短纤混纺的精梳羊毛或精梳动物细毛的机织物(精梳羊毛或动物细毛含量<85%) | 10 | 130 | 17 | 17 | 米/千克 | |
| 51129000 | -其他 | | | | | | |
| 5112900000 | 与其他纤维混纺的精梳羊毛或精梳动物细毛的机织物(精梳羊毛或动物细毛含量<85%) | 10 | 130 | 17 | 17 | 米/千克 | |
| **5113** | **动物粗毛或马毛的机织物** | | | | | | |
| 51130000 | 动物粗毛或马毛的机织物 | | | | | | |
| 5113000000 | 动物粗毛或马毛的机织物 | 10 | 130 | 17 | 17 | 米/千克 | |

# 第五十二章　棉　　花

**子目注释：**

子目 5209.42 及 5211.42 所称“粗斜纹布（劳动布）”，是指用不同颜色的纱线织成的三线或四线斜纹织物，包括破斜纹组织的织物，这种织物以经纱为面，经纱染成一种相同的颜色，纬纱未漂白或经漂白、染成灰色或比经纱稍浅的颜色。

| 商品编号 | 商品名称及备注 | 进口关税税率（%） | | 增值税率（%） | 出口退税率（%） | 计量单位 | 监管条件 |
|---|---|---|---|---|---|---|---|
| | | 最惠国 | 普通 | | | | |
| **5201** | **未梳的棉花** | | | | | | |
| 52010000 | 未梳的棉花 | | | | | | |
| 5201000001 | 未梳的棉花［包括脱脂棉花（配额内）］ | 1 | 125 | 11 | 11 | 千克 | t4xAB |
| 5201000080 | 未梳的棉花［包括脱脂棉花（关税配额外暂定）］ | 见附表4 | 见附表4 | 11 | 11 | 千克 | 4ABex |
| 5201000090 | 未梳的棉花［包括脱脂棉花（配额外）］ | 40 | 125 | 11 | 11 | 千克 | 4xAB |
| **5202** | **废棉（包括废棉纱线及回收纤维）** | | | | | | |
| 52021000 | -废棉纱线（包括废棉线） | | | | | | |
| 5202100000 | 废棉纱线（包括废棉线） | 10 | 30 | 17 | 13 | 千克 | 9 |
| 52029100 | --回收纤维 | | | | | | |
| 5202910000 | 棉的回收纤维 | 10 | 30 | 17 | 13 | 千克 | 9 |
| 52029900 | --其他 | | | | | | |
| 5202990000 | 其他废棉 | 10 | 30 | 17 | 11 | 千克 | 9 |
| **5203** | **已梳的棉花** | | | | | | |
| 52030000 | 已梳的棉花 | | | | | | |
| 5203000001 | 已梳的棉花（配额内） | 1 | 125 | 17 | 11 | 千克 | t4xAB |
| 5203000090 | 已梳的棉花（配额外） | 40 | 125 | 17 | 11 | 千克 | 4xAB |
| **5204** | **棉制缝纫线，不论是否供零售用** | | | | | | |
| 52041100 | --按重量计含棉量≥85% | | | | | | |
| 5204110000 | 非零售棉缝纫线（按重量计含棉量≥85%） | 5 | 40 | 17 | 17 | 千克 | |
| 52041900 | --其他 | | | | | | |
| 5204190000 | 非零售棉缝纫线（按重量计含棉量<85%） | 5 | 40 | 17 | 17 | 千克 | |
| 52042000 | -供零售用 | | | | | | |
| 5204200000 | 零售用棉制缝纫线 | 5 | 50 | 17 | 17 | 千克 | |
| **5205** | **棉纱线（缝纫线除外），按重量计含棉量在85%及以上，非供零售用** | | | | | | |
| 52051100 | --细度在714.29分特及以上（不超过14公支） | | | | | | |
| 5205110000 | 非零售粗梳粗支纯棉单纱（粗支指单纱细度≥714.29分特，含棉量≥85%） | 5 | 40 | 17 | 17 | 千克 | |
| 52051200 | --细度在714.29分特以下，但不细于232.56分特（超过14公支，但不超过43公支） | | | | | | |
| 5205120000 | 非零售粗梳中支纯棉单纱（中支指单纱细度为232.56~714.29分特，含棉量≥85%） | 5 | 40 | 17 | 17 | 千克 | |
| 52051300 | --细度在232.56分特以下，但不细于192.31分特（超过43公支，但不超过52公支） | | | | | | |
| 5205130000 | 非零售粗梳细支纯棉单纱（细支指单纱细度为192.31~232.56分特，含棉量≥85%） | 5 | 40 | 17 | 17 | 千克 | |
| 52051400 | --细度在192.31分特以下，但不细于125分特（超过52公支，但不超过80公支） | | | | | | |
| 5205140000 | 非零售粗梳较细支纯棉单纱（较细支指单纱细度为125~192.31分特，含棉量≥85%） | 5 | 40 | 17 | 17 | 千克 | |
| 52051500 | --细度在125分特以下（超过80公支） | | | | | | |
| 5205150000 | 非零售粗梳特细支纯棉单纱（特细支指单纱细度<125分特，含棉量≥85%） | 5 | 40 | 17 | 17 | 千克 | |
| 52052100 | --细度在714.29分特及以上（不超过14公支） | | | | | | |
| 5205210000 | 非零售精梳粗支纯棉单纱（粗支指单纱细度≥714.29分特，含棉量≥85%） | 5 | 40 | 17 | 17 | 千克 | |
| 52052200 | --细度在714.29分特以下，但不细于232.56分特（超过14公支，但不超过43公支） | | | | | | |

| 商品编号 | 商品名称及备注 | 进口关税税率(%) | | 增值税率(%) | 出口退税率(%) | 计量单位 | 监管条件 |
|---|---|---|---|---|---|---|---|
| | | 最惠国 | 普通 | | | | |
| 5205220000 | 非零售精梳中支纯棉单纱(中支指单纱细度为232.56~714.29分特,含棉量≥85%) | 5 | 40 | 17 | 17 | 千克 | |
| 52052300 | --细度在232.56分特以下,但不细于192.31分特(超过43公支,但不超过52公支) | | | | | | |
| 5205230000 | 非零售精梳细支纯棉单纱(细支指单纱细度为192.31~232.56分特,含棉量≥85%) | 5 | 40 | 17 | 17 | 千克 | |
| 52052400 | --细度在192.31分特以下,但不细于125分特(超过52公支,但不超过80公支) | | | | | | |
| 5205240000 | 非零售精梳较细支纯棉单纱(较细支指单纱细度为125~192.31分特,含棉量≥85%) | 5 | 40 | 17 | 17 | 千克 | |
| 52052600 | --细度在125分特以下,但不细于106.38分特(超过80公支,但不超过94公支) | | | | | | |
| 5205260000 | 非零售精梳特细支纯棉单纱(特细支指单纱细度为106.38~125分特,含棉量≥85%) | 5 | 40 | 17 | 17 | 千克 | |
| 52052700 | --细度在106.38分特以下,但不细于83.33分特(超过94公支,但不超过120公支) | | | | | | |
| 5205270000 | 非零售精梳超特细支纯棉单纱(超特细支指单纱细度为83.33~106.38分特,含棉量≥85%) | 5 | 40 | 17 | 17 | 千克 | |
| 52052800 | --细度在83.33分特以下(超过120公支) | | | | | | |
| 5205280000 | 非零售精梳微支纯棉单纱(微支指单纱细度<83.33分特,含棉量≥85%) | 5 | 40 | 17 | 17 | 千克 | |
| 52053100 | --每根单纱细度在714.29分特及以上(每根单纱不超过14公支) | | | | | | |
| 5205310000 | 非零售粗梳粗支纯棉多股纱(粗支指单纱细度≥714.29分特,含棉量≥85%) | 5 | 40 | 17 | 17 | 千克 | |
| 52053200 | --每根单纱细度在714.29分特以下,但不细于232.56分特(每根单纱超过14公支,但不超过43公支) | | | | | | |
| 5205320000 | 非零售粗梳中支纯棉多股纱(中支指单纱细度为232.56~714.29分特,含棉量≥85%) | 5 | 40 | 17 | 17 | 千克 | |
| 52053300 | --每根单纱细度在232.56分特以下,但不细于192.31分特(每根单纱超过43公支,但不超过52公支) | | | | | | |
| 5205330000 | 非零售粗梳细支纯棉多股纱(细支指单纱细度为192.31~232.56分特,含棉量≥85%) | 5 | 40 | 17 | 17 | 千克 | |
| 52053400 | --每根单纱细度在192.31分特以下,但不细于125分特(每根单纱超过52公支,但不超过80公支) | | | | | | |
| 5205340000 | 非零售粗梳较细支纯棉多股纱(较细支指单纱细为125~192.31分特,含棉量≥85%) | 5 | 40 | 17 | 17 | 千克 | |
| 52053500 | --每根单纱细度在125分特以下(每根单纱超过80公支) | | | | | | |
| 5205350000 | 非零售粗梳特细支纯棉多股纱(特细支指单纱细度<125分特,含棉量≥85%) | 5 | 40 | 17 | 17 | 千克 | |
| 52054100 | --每根单纱细度在714.29分特及以上(每根单纱不超过14公支) | | | | | | |
| 5205410000 | 非零售精梳粗支纯棉多股纱(粗支指单纱细度≥714.29分特,含棉量≥85%) | 5 | 40 | 17 | 17 | 千克 | |
| 52054200 | --每根单纱细度在714.29分特以下,但不细于232.56分特(每根单纱超过14公支,但不超过43公支) | | | | | | |
| 5205420000 | 非零售精梳中支纯棉多股纱(中支指单纱细度为232.56~714.29分特,含棉量≥85%) | 5 | 40 | 17 | 17 | 千克 | |
| 52054300 | --每根单纱细度在232.56分特以下,但不细于192.31分特(每根单纱超过43公支,但不超过52公支) | | | | | | |
| 5205430000 | 非零售精梳细支纯棉多股纱(细支指单纱细度为192.31~232.56分特,含棉量≥85%) | 5 | 40 | 17 | 17 | 千克 | |
| 52054400 | --每根单纱细度在192.31分特以下,但不细于125分特(每根单纱超过52公支,但不超过80公支) | | | | | | |
| 5205440000 | 非零售精梳较细支纯棉多股纱(较细支指单纱细度为125~192.31分特,含棉量≥85%) | 5 | 40 | 17 | 17 | 千克 | |
| 52054600 | --每根单纱细度在125分特以下,但不细于106.38分特(每根单纱超过80公支,但不超过94公支) | | | | | | |
| 5205460000 | 非零售精梳特细支纯棉多股纱(特细支指单纱细度为106.38~125分特,含棉量≥85%) | 5 | 40 | 17 | 17 | 千克 | |
| 52054700 | --每根单纱细度在106.38分特以下,但不细于83.33分特(每根单纱超过94公支,但不超过120公支) | | | | | | |
| 5205470000 | 非零售精梳超特细支多股纱(超特细支指单纱细度为83.33~106.38分特,含棉量≥85%) | 5 | 40 | 17 | 17 | 千克 | |
| 52054800 | --每根单纱细度在83.33分特以下(每根单纱超过120公支) | | | | | | |
| 5205480000 | 非零售精梳微支纯棉多股纱(微支指单纱细度<83.33分特,含棉量≥85%) | 5 | 40 | 17 | 17 | 千克 | |
| **5206** | **棉纱线(缝纫线除外),按重量计含棉量在85%以下,非供零售用** | | | | | | |

| 商品编号 | 商品名称及备注 | 进口关税税率(%) | | 增值税率(%) | 出口退税率(%) | 计量单位 | 监管条件 |
|---|---|---|---|---|---|---|---|
| | | 最惠国 | 普通 | | | | |
| 52061100 | --细度在714.29分特及以上(不超过14公支) | | | | | | |
| 5206110000 | 非零售粗梳粗支混纺棉单纱(粗支指单纱细度≥714.29分特,含棉量<85%) | 5 | 40 | 17 | 17 | 千克 | |
| 52061200 | --细度在714.29分特以下,但不细于232.56分特(超过14公支,但不超过43公支) | | | | | | |
| 5206120000 | 非零售粗梳中支混纺棉单纱(中支指单纱细度为232.56~714.29分特,含棉量<85%) | 5 | 40 | 17 | 17 | 千克 | |
| 52061300 | --细度在232.56分特以下,但不细于192.31分特(超过43公支,但不超过52公支) | | | | | | |
| 5206130000 | 非零售粗梳细支混纺棉单纱(细支指单纱细度为192.31~232.56分特,含棉量<85%) | 5 | 40 | 17 | 17 | 千克 | |
| 52061400 | --细度在192.31分特以下,但不细于125分特(超过52公支,但不超过80公支) | | | | | | |
| 5206140000 | 非零售粗梳较细支混纺棉单纱(较细支指单纱细为125~192.31分特,含棉量<85%) | 5 | 40 | 17 | 17 | 千克 | |
| 52061500 | --细度在125分特以下(超过80公支) | | | | | | |
| 5206150000 | 非零售粗梳特细支混纺棉单纱(特细支指单纱细度<125分特,含棉量<85%) | 5 | 40 | 17 | 17 | 千克 | |
| 52062100 | --细度在714.29分特及以上(不超过14公支) | | | | | | |
| 5206210000 | 非零售精梳粗支混纺棉单纱(粗支指单纱细度≥714.29分特,含棉量<85%) | 5 | 40 | 17 | 17 | 千克 | |
| 52062200 | --细度在714.29分特以下,但不细于232.56分特(超过14公支,但不超过43公支) | | | | | | |
| 5206220000 | 非零售精梳中支混纺棉单纱(中支指单纱细度为232.56~714.29分特,含棉量<85%) | 5 | 40 | 17 | 17 | 千克 | |
| 52062300 | --细度在232.56分特以下,但不细于192.31分特(超过43公支,但不超过52公支) | | | | | | |
| 5206230000 | 非零售精梳细支混纺棉单纱(细支指单纱细度为192.31~232.56分特,含棉量<85%) | 5 | 40 | 17 | 17 | 千克 | |
| 52062400 | --细度在192.31分特以下,但不细于125分特(超过52公支,但不超过80公支) | | | | | | |
| 5206240000 | 非零售精梳较细支混纺棉单纱(较细支指单纱细度为125~192.31分特,含棉量<85%) | 5 | 40 | 17 | 17 | 千克 | |
| 52062500 | --细度在125分特以下(超过80公支) | | | | | | |
| 5206250000 | 非零售精梳特细支混纺棉单纱(特细支指单纱细度<125分特,含棉量<85%) | 5 | 40 | 17 | 17 | 千克 | |
| 52063100 | --每根单纱细度在714.29分特及以上,(每根单纱不超过14公支) | | | | | | |
| 5206310000 | 非零售粗梳粗支混纺棉多股纱或缆线(粗支指单纱细度≥714.29分特,含棉量<85%) | 5 | 40 | 17 | 17 | 千克 | |
| 52063200 | --每根单纱细度在714.29分特以下,但不细于232.56分特(每根单纱超过14公支,但不超过43公支) | | | | | | |
| 5206320000 | 非零售粗梳中支混纺棉多股纱或缆线(中支指单纱细度为232.56~714.29分特,含棉量<85%) | 5 | 40 | 17 | 17 | 千克 | |
| 52063300 | --每根单纱细度在232.56分特以下,但不细于192.31分特(每根单纱超过43公支,但不超过52公支) | | | | | | |
| 5206330000 | 非零售粗梳细支其他混纺棉多股纱或缆线(细支指单纱细度为192.31~232.56分特,含棉量<85%) | 5 | 40 | 17 | 17 | 千克 | |
| 52063400 | --每根单纱细度在192.31分特以下,但不细于125分特(每根单纱超过52公支,但不超过80公支) | | | | | | |
| 5206340000 | 非零售粗梳较细混纺棉多股纱或缆线(较细支指单纱细度为125~192.31分特,含棉量<85%) | 5 | 40 | 17 | 17 | 千克 | |
| 52063500 | --每根单纱细度在125分特以下(每根单纱超过80公支) | | | | | | |
| 5206350000 | 非零售粗梳特细混纺棉多股纱或缆线(特细支指单纱细度<125分特,含棉量<85%) | 5 | 40 | 17 | 17 | 千克 | |
| 52064100 | --每根单纱细度在714.29分特及以上(每根单纱不超过14公支) | | | | | | |
| 5206410000 | 非零售精梳粗支混纺棉多股纱(粗支指单纱细度≥714.29分特,含棉量<85%) | 5 | 40 | 17 | 17 | 千克 | |
| 52064200 | --每根单纱细度在714.29分特以下,但不细于232.56分特(每根单纱超过14公支,但不超过43公支) | | | | | | |
| 5206420000 | 非零售精梳中支混纺棉多股纱(中支指单纱细度为232.56~714.29分特,含棉量<85%) | 5 | 40 | 17 | 17 | 千克 | |
| 52064300 | --每根单纱细度在232.56分特以下,但不细于192.31分特(每根单纱超过43公支,但不超过52公支) | | | | | | |
| 5206430000 | 非零售精梳细支混纺棉多股纱(细支指单纱细度为192.31~232.56分特,含棉量<85%) | 5 | 40 | 17 | 17 | 千克 | |
| 52064400 | --每根单纱细度在192.31分特以下,但不细于125分特(每根单纱超过52公支,但不超过80公支) | | | | | | |

| 商品编号 | 商 品 名 称 及 备 注 | 进口关税税率(%) | | 增值税率(%) | 出口退税率(%) | 计量单位 | 监管条件 |
|---|---|---|---|---|---|---|---|
| | | 最惠国 | 普通 | | | | |
| 5206440000 | 非零售精梳较细混纺棉多股纱(较细支指单纱细度为125~192.31分特,含棉量<85%) | 5 | 40 | 17 | 17 | 千克 | |
| 52064500 | --每根单纱细度在125分特以下(每根单纱超过80公支) | | | | | | |
| 5206450000 | 非零售精梳特细混纺棉多股纱(特细支指单纱细度<125分特,含棉量<85%) | 5 | 40 | 17 | 17 | 千克 | |
| **5207** | **棉纱线(缝纫线除外),供零售用** | | | | | | |
| 52071000 | -按重量计含棉量≥85% | | | | | | |
| 5207100000 | 供零售用纯棉纱线(纯棉纱线指按重量计含棉量≥85%,缝纫线除外) | 6 | 50 | 17 | 17 | 千克 | |
| 52079000 | -其他 | | | | | | |
| 5207900000 | 供零售用混纺棉纱线(混棉纱线指按重量计含棉量<85%,缝纫线除外) | 6 | 50 | 17 | 17 | 千克 | |
| **5208** | **棉机织物,按重量计含棉量在85%及以上,每平方米重量不超过200克** | | | | | | |
| 52081100 | --平纹机织物,每平方米重量≤100克 | | | | | | |
| 5208110000 | 未漂白棉平纹机织物(每平方米重量≤100克,含棉量≥85%) | 10 | 70 | 17 | 17 | 米/千克 | |
| 52081200 | --平纹机织物,每平方米重量>100克 | | | | | | |
| 5208120000 | 未漂白棉平纹机织物(100克<每平方米重量≤200克,含棉量≥85%) | 10 | 70 | 17 | 17 | 米/千克 | |
| 52081300 | --三线或四线斜纹机织物,包括双面斜纹机织物 | | | | | | |
| 5208130000 | 未漂白全棉三、四线斜纹布(每平方米重量≤200克,含棉量≥85%,包括双面斜纹机织物) | 10 | 70 | 17 | 17 | 米/千克 | |
| 52081900 | --其他机织物 | | | | | | |
| 5208190000 | 未漂白的其他棉机织物(每平方米重量≤200克,含棉量≥85%) | 10 | 70 | 17 | 17 | 米/千克 | |
| 52082100 | --平纹机织物,每平方米重量≤100克 | | | | | | |
| 5208210010 | 漂白全棉平纹府绸及细平布(每平方米重量≤100克,含棉量≥85%) | 10 | 70 | 17 | 17 | 米/千克 | A |
| 5208210020 | 漂白全棉平纹机织平布(每平方米重量≤100克,68号及以下) | 10 | 70 | 17 | 17 | 米/千克 | A |
| 5208210030 | 漂白全棉平纹奶酪布(每平方米重量≤100克,含棉量≥85%) | 10 | 70 | 17 | 17 | 米/千克 | A |
| 5208210040 | 漂白全棉平纹印染用布(每平方米重量≤100克,43~68号) | 10 | 70 | 17 | 17 | 米/千克 | A |
| 5208210050 | 漂白全棉平纹巴里纱及薄细布(每平方米重量≤100克,69号及以上) | 10 | 70 | 17 | 17 | 米/千克 | A |
| 5208210060 | 漂白全棉医用纱布(每平方米重量≤100克,含棉量≥85%) | 10 | 70 | 17 | 17 | 米/千克 | A |
| 52082200 | --平纹机织物,每平方米重量>100克 | | | | | | |
| 5208220010 | 漂白全棉平纹府绸及细平布(100克<每平方米重量≤200克,含棉量≥85%) | 10 | 70 | 17 | 17 | 米/千克 | A |
| 5208220020 | 漂白全棉平纹机织平布(100克<每平方米重量≤200克,68号及以下) | 10 | 70 | 17 | 17 | 米/千克 | A |
| 5208220030 | 漂白全棉平纹奶酪布(100克<每平方米重量≤200克,含棉量≥85%) | 10 | 70 | 17 | 17 | 米/千克 | A |
| 5208220040 | 漂白全棉平纹印染用布(100克<每平方米重量≤200克,43~68号) | 10 | 70 | 17 | 17 | 米/千克 | A |
| 5208220050 | 漂白全棉巴里纱及薄细布(100克<每平方米重量≤200克,69号及以上) | 10 | 70 | 17 | 17 | 米/千克 | A |
| 52082300 | --三线或四线斜纹机织物,包括双面斜纹机织物 | | | | | | |
| 5208230000 | 漂白的全棉三、四线斜纹布(每平方米重量≤200克,含棉量≥85%,包括双面斜纹机织物) | 12 | 70 | 17 | 17 | 米/千克 | A |
| 52082900 | --其他机织物 | | | | | | |
| 5208290010 | 漂白其他全棉机织缎布(每平方米重量≤200克,含棉量≥85%) | 10 | 70 | 17 | 17 | 米/千克 | A |
| 5208290020 | 漂白其他全棉机织斜纹布(每平方米重量≤200克,含棉量≥85%) | 10 | 70 | 17 | 17 | 米/千克 | A |
| 5208290030 | 漂白其他全棉机织牛津布(每平方米重量≤200克,含棉量≥85%) | 10 | 70 | 17 | 17 | 米/千克 | A |
| 5208290090 | 漂白其他全棉机织物(每平方米重量≤200克,含棉量≥85%) | 10 | 70 | 17 | 17 | 米/千克 | A |
| 52083100 | --平纹机织物,每平方米重量≤100克 | | | | | | |
| 5208310010 | 染色全棉手工织布(每平方米重量≤100克,含棉量≥85%) | 10 | 70 | 17 | 17 | 米/千克 | A |
| 5208310091 | 染色全棉平纹府绸及细平布(每平方米重量≤100克,含棉量≥85%) | 10 | 70 | 17 | 17 | 米/千克 | A |
| 5208310092 | 染色全棉平纹机织平布(每平方米重量≤100克,68号及以下) | 10 | 70 | 17 | 17 | 米/千克 | A |
| 5208310093 | 染色全棉平纹奶酪布(每平方米重量≤100克,含棉量≥85%) | 10 | 70 | 17 | 17 | 米/千克 | A |
| 5208310094 | 染色全棉平纹印染用布(每平方米重量≤100克,43~68号) | 10 | 70 | 17 | 17 | 米/千克 | A |
| 5208310095 | 染色全棉巴里纱及薄细布(每平方米重量≤100克,69号及以上) | 10 | 70 | 17 | 17 | 米/千克 | A |

| 商品编号 | 商品名称及备注 | 进口关税税率(%) | | 增值税率(%) | 出口退税率(%) | 计量单位 | 监管条件 |
|---|---|---|---|---|---|---|---|
| | | 最惠国 | 普通 | | | | |
| 52083200 | --平纹机织物,每平方米重量>100克 | | | | | | |
| 5208320010 | 染色全棉手工织布(100克<每平方米重量≤200克,含棉量≥85%) | 10 | 70 | 17 | 17 | 米/千克 | A |
| 5208320091 | 染色全棉平纹府绸及细平布(100克<每平方米重量≤200克,含棉量≥85%) | 10 | 70 | 17 | 17 | 米/千克 | A |
| 5208320092 | 染色全棉平纹机织平布(100克<每平方米重量≤200克,68号及以下) | 10 | 70 | 17 | 17 | 米/千克 | A |
| 5208320093 | 染色全棉平纹奶酪布(100克<每平方米重量≤200克,含棉量≥85%) | 10 | 70 | 17 | 17 | 米/千克 | A |
| 5208320094 | 染色全棉平纹印染用布(100克<每平方米重量≤200克,43~68号) | 10 | 70 | 17 | 17 | 米/千克 | A |
| 5208320095 | 染色全棉巴里纱及薄细布(100克<每平方米重量≤200克,69号及以上) | 10 | 70 | 17 | 17 | 米/千克 | A |
| 52083300 | --三线或四线斜纹机织物,包括双面斜纹机织物 | | | | | | |
| 5208330000 | 染色的全棉三、四线斜纹布(每平方米重量≤200克,含棉量≥85%,包括双面斜纹机织物) | 10 | 70 | 17 | 17 | 米/千克 | A |
| 52083900 | --其他机织物 | | | | | | |
| 5208390010 | 染色其他全棉机织缎布(每平方米重量≤200克,含棉量≥85%) | 10 | 70 | 17 | 17 | 米/千克 | A |
| 5208390020 | 染色其他全棉机织斜纹布(每平方米重量≤200克,含棉量≥85%) | 10 | 70 | 17 | 17 | 米/千克 | A |
| 5208390030 | 染色其他全棉机织牛津布(每平方米重量≤200克,含棉量≥85%) | 10 | 70 | 17 | 17 | 米/千克 | A |
| 5208390090 | 染色其他全棉机织物(每平方米重量≤200克,含棉量≥85%) | 10 | 70 | 17 | 17 | 米/千克 | A |
| 52084100 | --平纹机织物,每平方米重量≤100克 | | | | | | |
| 5208410010 | 色织的全棉手工织布(每平方米重量≤100克,含棉量≥85%) | 10 | 70 | 17 | 17 | 米/千克 | A |
| 5208410090 | 色织的全棉平纹机织物(每平方米重量≤100克,含棉量≥85%) | 10 | 70 | 17 | 17 | 米/千克 | A |
| 52084200 | --平纹机织物,每平方米重量>100克 | | | | | | |
| 5208420010 | 色织的全棉手工织布(100克<每平方米重量≤200克,含棉量≥85%) | 10 | 70 | 17 | 17 | 米/千克 | A |
| 5208420090 | 色织的全棉平纹机织物(100克<每平方米重量≤200克,含棉量≥85%) | 10 | 70 | 17 | 17 | 米/千克 | A |
| 52084300 | --三线或四线斜纹机织物,包括双面斜纹机织物 | | | | | | |
| 5208430000 | 色织的全棉三、四线斜纹布(每平方米重量≤200克,含棉量≥85%,包括双面斜纹机织物) | 10 | 70 | 17 | 17 | 米/千克 | A |
| 52084900 | --其他机织物 | | | | | | |
| 5208490010 | 色织的其他全棉提花机织物(每平方米重量≤200克,含棉量≥85%) | 10 | 70 | 17 | 17 | 米/千克 | A |
| 5208490090 | 色织的其他全棉机织物(每平方米重量≤200克,含棉量≥85%) | 10 | 70 | 17 | 17 | 米/千克 | A |
| 52085100 | --平纹机织物,每平方米重量≤100克 | | | | | | |
| 5208510010 | 印花全棉手工织布(每平方米重量≤100克,含棉量≥85%) | 10 | 70 | 17 | 17 | 米/千克 | A |
| 5208510091 | 印花全棉平纹府绸及细平布(每平方米重量≤100克,含棉量≥85%) | 10 | 70 | 17 | 17 | 米/千克 | A |
| 5208510092 | 印花全棉平纹机织平布(每平方米重量≤100克,68号及以下) | 10 | 70 | 17 | 17 | 米/千克 | A |
| 5208510093 | 印花全棉平纹奶酪布(每平方米重量≤100克,含棉量≥85%) | 10 | 70 | 17 | 17 | 米/千克 | A |
| 5208510094 | 印花全棉平纹印染用布(每平方米重量≤100克,43~68号) | 10 | 70 | 17 | 17 | 米/千克 | A |
| 5208510095 | 印花全棉平纹巴里纱及薄细布(每平方米重量≤100克,69号及以上) | 10 | 70 | 17 | 17 | 米/千克 | A |
| 52085200 | --平纹机织物,每平方米重量>100克 | | | | | | |
| 5208520010 | 印花的全棉手工织布(100克<每平方米重量≤200克,含棉量≥85%) | 10 | 70 | 17 | 17 | 米/千克 | A |
| 5208520091 | 印花的全棉平纹府绸及细平布(100克<每平方米重量≤200克,含棉量≥85%) | 10 | 70 | 17 | 17 | 米/千克 | A |
| 5208520092 | 印花的全棉平纹机织平布(100克<每平方米重量≤200克,68号及以下) | 10 | 70 | 17 | 17 | 米/千克 | A |
| 5208520093 | 印花的全棉平纹奶酪布(100克<每平方米重量≤200克,含棉量≥85%) | 10 | 70 | 17 | 17 | 米/千克 | A |
| 5208520094 | 印花的全棉平纹印染用布(100克<每平方米重量≤200克,43~68号) | 10 | 70 | 17 | 17 | 米/千克 | A |
| 5208520095 | 印花的全棉巴里纱及薄细布(100克<每平方米重量≤200克,69号及以上) | 10 | 70 | 17 | 17 | 米/千克 | A |
| 52085910 | ---三线或四线斜纹机织物,包括双面斜纹机织物 | | | | | | |
| 5208591000 | 印花的全棉三、四线斜纹布(每平方米重量≤200克,含棉量≥85%,包括双面斜纹机织物) | 10 | 70 | 17 | 17 | 米/千克 | A |
| 52085990 | ---其他 | | | | | | |
| 5208599010 | 印花其他全棉机织缎布(每平方米重量≤200克,含棉量≥85%) | 10 | 70 | 17 | 17 | 米/千克 | A |

| 商品编号 | 商品名称及备注 | 进口关税税率(%) | | 增值税率(%) | 出口退税率(%) | 计量单位 | 监管条件 |
|---|---|---|---|---|---|---|---|
| | | 最惠国 | 普通 | | | | |
| 5208599020 | 印花其他全棉机织斜纹布(每平方米重量≤200克,含棉量≥85%) | 10 | 70 | 17 | 17 | 米/千克 | A |
| 5208599030 | 印花其他全棉机织牛津布(每平方米重量≤200克,含棉量≥85%) | 10 | 70 | 17 | 17 | 米/千克 | A |
| 5208599090 | 印花其他全棉机织物(每平方米重量≤200克,含棉量≥85%) | 10 | 70 | 17 | 17 | 米/千克 | A |
| **5209** | **棉机织物,按重量计含棉量在85%及以上,每平方米重量超过200克** | | | | | | |
| 52091100 | --平纹机织物 | | | | | | |
| 5209110000 | 未漂白的棉平纹机织物(指每平方米重量>200克,含棉量≥85%) | 10 | 70 | 17 | 17 | 米/千克 | |
| 52091200 | --三线或四线斜纹机织物,包括双面斜纹机织物 | | | | | | |
| 5209120000 | 未漂白的全棉三、四线斜纹布(指每平方米重量>200克,含棉量≥85%,包括双面斜纹机织物) | 10 | 70 | 17 | 17 | 米/千克 | |
| 52091900 | --其他机织物 | | | | | | |
| 5209190000 | 未漂白的其他棉机织物(指每平方米重量>200克,含棉量≥85%) | 10 | 70 | 17 | 17 | 米/千克 | |
| 52092100 | --平纹机织物 | | | | | | |
| 5209210000 | 漂白的棉平纹机织物(指每平方米重量>200克,含棉量≥85%) | 12 | 70 | 17 | 17 | 米/千克 | |
| 52092200 | --三线或四线斜纹机织物,包括双面斜纹机织物 | | | | | | |
| 5209220000 | 漂白的全棉三、四线斜纹布(指每平方米重量>200克,含棉量≥85%,包括双面斜纹机织物) | 12 | 70 | 17 | 17 | 米/千克 | |
| 52092900 | --其他机织物 | | | | | | |
| 5209290000 | 漂白的其他棉机织物(指每平方米重量>200克,含棉量≥85%) | 12 | 70 | 17 | 17 | 米/千克 | |
| 52093100 | --平纹机织物 | | | | | | |
| 5209310010 | 染色全棉手工织布(指每平方米重量>200克,含棉量≥85%) | 10 | 70 | 17 | 17 | 米/千克 | A |
| 5209310091 | 染色全棉平纹府绸及细平布(指每平方米重量>200克,含棉量≥85%) | 10 | 70 | 17 | 17 | 米/千克 | A |
| 5209310092 | 染色的全棉平纹机织平布(指每平方米重量>200克,含棉量≥85%) | 10 | 70 | 17 | 17 | 米/千克 | A |
| 5209310093 | 染色的全棉平纹机织帆布(指每平方米重量>200克,含棉量≥85%) | 10 | 70 | 17 | 17 | 米/千克 | A |
| 52093200 | --三线或四线斜纹机织物,包括双面斜纹机织物 | | | | | | |
| 5209320000 | 染色的全棉三、四线斜纹布(指每平方米重量>200克,含棉量≥85%,包括双面斜纹机织物) | 10 | 70 | 17 | 17 | 米/千克 | A |
| 52093900 | --其他机织物 | | | | | | |
| 5209390010 | 染色的其他全棉机织缎布(指每平方米重量>200克,含棉量≥85%) | 10 | 70 | 17 | 17 | 米/千克 | A |
| 5209390020 | 染色的其他全棉机织斜纹布(指每平方米重量>200克,含棉量≥85%) | 10 | 70 | 17 | 17 | 米/千克 | A |
| 5209390030 | 染色的其他全棉机织帆布(指每平方米重量>200克,含棉量≥85%) | 10 | 70 | 17 | 17 | 米/千克 | A |
| 5209390090 | 染色的其他全棉机织物(指每平方米重量>200克,含棉量≥85%) | 10 | 70 | 17 | 17 | 米/千克 | A |
| 52094100 | --平纹机织物 | | | | | | |
| 5209410010 | 色织的全棉手工织布(指每平方米重量>200克,含棉量≥85%) | 10 | 70 | 17 | 17 | 米/千克 | A |
| 5209410090 | 色织的全棉平纹机织物(指每平方米重量>200克,含棉量≥85%) | 10 | 70 | 17 | 17 | 米/千克 | A |
| 52094200 | --粗斜纹布(劳动布) | | | | | | |
| 5209420010 | 色织全棉蓝粗斜纹布(劳动布)(指每平方米重量>200克,含棉量≥85%) | 10 | 70 | 17 | 17 | 米/千克 | A |
| 5209420090 | 色织其他全棉粗斜纹布(劳动布)(指每平方米重量>200克,含棉量≥85%) | 10 | 70 | 17 | 17 | 米/千克 | A |
| 52094300 | --其他三线或四线斜纹机织物,包括双面斜纹机织物 | | | | | | |
| 5209430000 | 其他色织的全棉三、四线斜纹布(指每平方米重量>200克,含棉量≥85%,包括双面斜纹机织物) | 10 | 70 | 17 | 17 | 米/千克 | A |
| 52094900 | --其他机织物 | | | | | | |
| 5209490010 | 色织的其他全棉提花机织物(指每平方米重量>200克,含棉量≥85%) | 10 | 70 | 17 | 17 | 米/千克 | A |
| 5209490090 | 色织的其他全棉机织物(指每平方米重量>200克,含棉量≥85%) | 10 | 70 | 17 | 17 | 米/千克 | A |
| 52095100 | --平纹机织物 | | | | | | |
| 5209510010 | 印花全棉手工织布(指每平方米重量>200克,含棉量≥85%) | 10 | 70 | 17 | 17 | 米/千克 | A |
| 5209510091 | 印花全棉平纹府绸及细平布(指每平方米重量>200克,含棉量≥85%) | 10 | 70 | 17 | 17 | 米/千克 | A |

| 商品编号 | 商 品 名 称 及 备 注 | 进口关税税率(%) | | 增值税率(%) | 出口退税率(%) | 计量单位 | 监管条件 |
|---|---|---|---|---|---|---|---|
| | | 最惠国 | 普通 | | | | |
| 5209510092 | 印花全棉平纹机织平布(指每平方米重量>200 克,含棉量≥85%) | 10 | 70 | 17 | 17 | 米/千克 | A |
| 5209510093 | 印花全棉平纹机织帆布(指每平方米重量>200 克,含棉量≥85%) | 10 | 70 | 17 | 17 | 米/千克 | A |
| 52095200 | --三线或四线斜纹机织物,包括双面斜纹机织物 | | | | | | |
| 5209520000 | 印花的全棉三、四线斜纹布(指每平方米重量>200 克,含棉量≥85%,双面斜纹布) | 10 | 70 | 17 | 17 | 米/千克 | A |
| 52095900 | --其他机织物 | | | | | | |
| 5209590010 | 印花的其他全棉机织缎布(指每平方米重量>200 克,含棉量≥85%) | 10 | 70 | 17 | 17 | 米/千克 | A |
| 5209590020 | 印花的其他全棉机织斜纹布(指每平方米重量>200 克,含棉量≥85%) | 10 | 70 | 17 | 17 | 米/千克 | A |
| 5209590030 | 印花的其他全棉机织帆布(指每平方米重量>200 克,含棉量≥85%) | 10 | 70 | 17 | 17 | 米/千克 | A |
| 5209590090 | 印花的其他全棉机织物(指每平方米重量>200 克,含棉量≥85%) | 10 | 70 | 17 | 17 | 米/千克 | A |
| **5210** | **棉机织物,按重量计含棉量在 85%以下,主要或仅与化学纤维混纺,每平方米重量不超过 200 克** | | | | | | |
| 52101100 | --平纹机织物 | | | | | | |
| 5210110011[暂6] | 未漂白与聚酯短纤混纺的棉制府绸(指每平方米重量≤200 克,含棉量<85%,含平细布) | 12 | 90 | 17 | 17 | 米/千克 | |
| 5210110012[暂6] | 未漂白与聚酯短纤混纺棉机织平布(指每平方米重量≤200 克,68 号及以下,含棉量<85%) | 12 | 90 | 17 | 17 | 米/千克 | |
| 5210110013[暂6] | 未漂白与聚酯短纤混纺棉奶酪布(指每平方米重量≤200 克,含棉量<85%) | 12 | 90 | 17 | 17 | 米/千克 | |
| 5210110014[暂6] | 未漂白与聚酯短纤混纺棉印染用布(指每平方米重量≤200 克,43~68 号,含棉量<85%) | 12 | 90 | 17 | 17 | 米/千克 | |
| 5210110015[暂6] | 未漂白与聚酯短纤混纺棉巴里纱(指每平方米重量≤200 克,69 号及以上,含棉量<85%,含薄细布) | 12 | 90 | 17 | 17 | 米/千克 | |
| 5210110091[暂6] | 未漂白与其他化纤混纺棉府绸(指每平方米重量≤200 克,含棉量<85%,含细平布) | 12 | 90 | 17 | 17 | 米/千克 | |
| 5210110092[暂6] | 未漂白与其他化纤混纺棉机织平布(指每平方米重量≤200 克,68 号及以下,含棉量<85%) | 12 | 90 | 17 | 17 | 米/千克 | |
| 5210110093[暂6] | 未漂白与其他化纤混纺棉奶酪布(指每平方米重量≤200 克,含棉量<85%) | 12 | 90 | 17 | 17 | 米/千克 | |
| 5210110094[暂6] | 未漂白与其他化纤混纺棉印染用布(指每平方米重量≤200 克,43~68 号,含棉量<85%) | 12 | 90 | 17 | 17 | 米/千克 | |
| 5210110095[暂6] | 未漂白与其他化纤混纺棉巴里纱(指每平方米重量≤200 克,69 号及以上,含棉量<85%,含薄细布) | 12 | 90 | 17 | 17 | 米/千克 | |
| 52101910 | ---三线或四线斜纹机织物,包括双面斜纹机织物 | | | | | | |
| 5210191000 | 未漂白与化纤混纺三、四线或双面棉斜纹机织物(每平方米重量≤200 克,含棉量<85%) | 12 | 90 | 17 | 17 | 米/千克 | |
| 52101990 | ---其他 | | | | | | |
| 5210199011[暂6] | 其他未漂白与聚酯短纤混纺的缎布(每平方米重量≤200 克,含棉量<85%) | 12 | 90 | 17 | 17 | 米/千克 | |
| 5210199012[暂6] | 其他未漂白与聚酯短纤混纺斜纹布(每平方米重量≤200 克,含棉量<85%) | 12 | 90 | 17 | 17 | 米/千克 | |
| 5210199013[暂6] | 其他未漂白与聚酯短纤混纺牛津布(每平方米重量≤200 克,含棉量<85%) | 12 | 90 | 17 | 17 | 米/千克 | |
| 5210199019[暂6] | 其他未漂白与聚酯短纤混纺棉布(每平方米重量≤200 克,含棉量<85%) | 12 | 90 | 17 | 17 | 米/千克 | |
| 5210199091[暂6] | 其他未漂白与其他化纤混纺缎布(每平方米重量≤200 克,含棉量<85%) | 12 | 90 | 17 | 17 | 米/千克 | |
| 5210199092[暂6] | 其他未漂白与其他化纤混纺斜纹布(每平方米重量≤200 克,含棉量<85%) | 12 | 90 | 17 | 17 | 米/千克 | |
| 5210199093[暂6] | 其他未漂白与其他化纤混牛津布(每平方米重量≤200 克,含棉量<85%) | 12 | 90 | 17 | 17 | 米/千克 | |
| 5210199099[暂6] | 其他未漂白与其他化纤混纺棉布(每平方米重量≤200 克,含棉量<85%) | 12 | 90 | 17 | 17 | 米/千克 | |
| 52102100 | --平纹机织物 | | | | | | |
| 5210210000 | 漂白与化纤混纺棉平纹机织物(每平方米重量≤200 克,含棉量<85%) | 14 | 90 | 17 | 17 | 米/千克 | |
| 52102910 | ---三线或四线斜纹机织物,包括双面斜纹机织物 | | | | | | |
| 5210291000 | 漂白与化纤混纺三、四线或双面棉斜纹机织物(每平方米重量≤200 克,含棉量<85%) | 14 | 90 | 17 | 17 | 米/千克 | |
| 52102990 | ---其他 | | | | | | |
| 5210299000 | 漂白与化纤混纺棉机织物(每平方米重量≤200 克,含棉量<85%) | 14 | 90 | 17 | 17 | 米/千克 | |
| 52103100 | --平纹机织物 | | | | | | |
| 5210310000 | 染色与化纤混纺棉平纹机织物(每平方米重量≤200 克,含棉量<85%) | 10 | 90 | 17 | 17 | 米/千克 | |
| 52103200 | --三线或四线斜纹机织物,包括双面斜纹机织物 | | | | | | |

| 商品编号 | 商品名称及备注 | 进口关税税率(%) | | 增值税率(%) | 出口退税率(%) | 计量单位 | 监管条件 |
|---|---|---|---|---|---|---|---|
| | | 最惠国 | 普通 | | | | |
| 5210320000 | 染色与化纤混纺的三、四线斜纹棉机织物(每平方米重量≤200克,含棉量<85%,含双面斜纹机织物) | 10 | 90 | 17 | 17 | 米/千克 | |
| 52103900 | --其他机织物 | | | | | | |
| 5210390000 | 其他染色与化纤混纺棉机织物(每平方米重量≤200克,含棉量<85%) | 10 | 90 | 17 | 17 | 米/千克 | |
| 52104100 | --平纹机织物 | | | | | | |
| 5210410000 | 色织与化纤混纺棉平纹机织物(每平方米重量≤200克,含棉量<85%) | 10 | 90 | 17 | 17 | 米/千克 | |
| 52104910 | ---三线或四线斜纹机织物,包括双面斜纹机织物 | | | | | | |
| 5210491000 | 色织化纤混纺三、四斜纹棉机织物(每平方米重量≤200克,含棉量<85%,含双面斜纹机织物) | 10 | 90 | 17 | 17 | 米/千克 | |
| 52104990 | ---其他 | | | | | | |
| 5210499000 | 其他色织与化纤混纺棉机织物(每平方米重量≤200克,含棉量<85%) | 10 | 90 | 17 | 17 | 米/千克 | |
| 52105100 | --平纹机织物 | | | | | | |
| 5210510000 | 印花与化纤混纺棉平纹机织物(每平方米重量≤200克,含棉量<85%) | 10 | 90 | 17 | 17 | 米/千克 | |
| 52105910 | ---三线或四线斜纹机织物,包括双面斜纹机织物 | | | | | | |
| 5210591000 | 印花与化纤混纺三、四线斜纹棉机织物(每平方米重量≤200克,含棉量<85%,含双面斜纹机织物) | 10 | 90 | 17 | 17 | 米/千克 | |
| 52105990 | ---其他 | | | | | | |
| 5210599000 | 其他印花与化纤混纺棉机织物(每平方米重量≤200克,含棉量<85%) | 10 | 90 | 17 | 17 | 米/千克 | |
| **5211** | **棉机织物,按重量计含棉量在85%以下,主要或仅与化学纤维混纺,每平方米重量超过200克** | | | | | | |
| 52111100 | --平纹机织物 | | | | | | |
| 5211110011[暂6] | 未漂白与聚酯短纤混纺棉府绸(每平方米重量>200克,含棉量<85%,含细平布) | 12 | 90 | 17 | 17 | 米/千克 | |
| 5211110012[暂6] | 未漂白与聚酯短纤混纺棉机织平布(每平方米重量>200克,含棉量<85%) | 12 | 90 | 17 | 17 | 米/千克 | |
| 5211110019[暂6] | 未漂白与聚酯短纤混纺棉平纹帆布(每平方米重量>200克,含棉量<85%) | 12 | 90 | 17 | 17 | 米/千克 | |
| 5211110091[暂6] | 未漂白与其他化纤混纺棉府绸(每平方米重量>200克,含棉量<85%,含细平布) | 12 | 90 | 17 | 17 | 米/千克 | |
| 5211110092[暂6] | 未漂白与其他化纤混纺棉机织平布(每平方米重量>200克,含棉量<85%) | 12 | 90 | 17 | 17 | 米/千克 | |
| 5211110099[暂6] | 未漂白与其他化纤混纺棉平纹帆布(每平方米重量>200克,含棉量<85%) | 12 | 90 | 17 | 17 | 米/千克 | |
| 52111200 | --三线或四线斜纹机织物,包括双面斜纹机织物 | | | | | | |
| 5211120010[暂6] | 未漂白聚酯短纤混纺斜纹棉布(每平方米重量>200克,含棉量<85%,三、四线斜纹布,双面斜纹布) | 12 | 90 | 17 | 17 | 米/千克 | |
| 5211120090[暂6] | 未漂白其他化纤混纺斜纹棉布(每平方米重量>200克,含棉量<85%,三、四线斜纹布,双面斜纹布) | 12 | 90 | 17 | 17 | 米/千克 | |
| 52111900 | --其他机织物 | | | | | | |
| 5211190000 | 其他未漂白与化纤混纺棉机织物(每平方米重量>200克,含棉量<85%) | 12 | 90 | 17 | 17 | 米/千克 | |
| 52112000 | -漂白 | | | | | | |
| 5211200000 | 漂白主要或仅与其他化纤混纺的棉机织布(每平方米重量>200克,含棉量<85%) | 14 | 90 | 17 | 17 | 米/千克 | |
| 52113100 | --平纹机织物 | | | | | | |
| 5211310000 | 染色与化纤混纺的平纹机织物(每平方米重量>200克,含棉量<85%) | 10 | 90 | 17 | 17 | 米/千克 | |
| 52113200 | --二线或四线斜纹机织物,包括双面斜纹机织物 | | | | | | |
| 5211320000 | 染色与化纤混纺三、四线斜纹棉机织物(每平方米重量>200克,含棉量<85%,含双面斜纹布) | 10 | 90 | 17 | 17 | 米/千克 | |
| 52113900 | --其他机织物 | | | | | | |
| 5211390000 | 其他染色与化纤混纺棉机织物(每平方米重量>200克,含棉量<85%) | 10 | 90 | 17 | 17 | 米/千克 | |
| 52114100 | --平纹机织物 | | | | | | |
| 5211410000 | 色织与化纤混纺平纹棉机织物(每平方米重量>200克,含棉量<85%) | 10 | 90 | 17 | 17 | 米/千克 | |
| 52114200 | --粗斜纹布(劳动布) | | | | | | |

| 商品编号 | 商 品 名 称 及 备 注 | 进口关税税率(%) | | 增值税率(%) | 出口退税率(%) | 计量单位 | 监管条件 |
|---|---|---|---|---|---|---|---|
| | | 最惠国 | 普通 | | | | |
| 5211420010 | 色织与化纤混纺蓝色粗斜纹棉布(每平方米重量>200 克,含棉量<85%) | 10 | 90 | 17 | 17 | 米/千克 | |
| 5211420090 | 色织与化纤混纺非蓝色粗斜纹棉布(每平方米重量>200 克,含棉量<85%) | 10 | 90 | 17 | 17 | 米/千克 | |
| 52114300 | --其他三线或四线斜纹机织物,包括双面斜纹机织物 | | | | | | |
| 5211430000 | 色织与化纤混纺三、四线斜纹棉机织物(每平方米重量>200 克,含棉量<85%,含双面斜纹机织物) | 10 | 90 | 17 | 17 | 米/千克 | |
| 52114900 | --其他机织物 | | | | | | |
| 5211490000 | 其他色织与化纤混纺棉机织物(每平方米重量>200 克,含棉量<85%) | 10 | 90 | 17 | 17 | 米/千克 | |
| 52115100 | --平纹机织物 | | | | | | |
| 5211510000 | 印花与化纤混纺的平纹机织物(每平方米重量>200 克,含棉量<85%) | 10 | 90 | 17 | 17 | 米/千克 | |
| 52115200 | --三线或四线斜纹机织物,包括双面斜纹机织物 | | | | | | |
| 5211520000 | 印花与化纤混纺三、四线斜纹棉机织物(每平方米重量>200 克,含棉量<85%,含双面斜纹机织物) | 10 | 90 | 17 | 17 | 米/千克 | |
| 52115900 | --其他机织物 | | | | | | |
| 5211590000 | 其他印花与化纤混纺棉机织物(每平方米重量>200 克,含棉量<85%) | 10 | 90 | 17 | 17 | 米/千克 | |
| **5212** | **其他棉机织物** | | | | | | |
| 52121100 | --未漂白 | | | | | | |
| 5212110000 | 未漂白的其他混纺棉机织物(每平方米重量≤200 克) | 12 | 80 | 17 | 17 | 米/千克 | |
| 52121200 | --漂白 | | | | | | |
| 5212120000 | 漂白的其他混纺棉机织物(每平方米重量≤200 克) | 14 | 80 | 17 | 17 | 米/千克 | |
| 52121300 | --染色 | | | | | | |
| 5212130000 | 染色的其他混纺棉机织物(每平方米重量≤200 克) | 10 | 80 | 17 | 17 | 米/千克 | |
| 52121400 | --色织 | | | | | | |
| 5212140000 | 色织的其他混纺棉机织物(每平方米重量≤200 克) | 10 | 80 | 17 | 17 | 米/千克 | |
| 52121500 | --印花 | | | | | | |
| 5212150000 | 印花的其他混纺棉机织物(每平方米重量≤200 克) | 10 | 80 | 17 | 17 | 米/千克 | |
| 52122100 | --未漂白 | | | | | | |
| 5212210011[暂6] | 未漂白其他混纺棉布(每平方米重量>200 克,与 36%及以上精梳羊毛或动物细毛混纺) | 12 | 80 | 17 | 17 | 米/千克 | |
| 5212210019[暂6] | 未漂白其他混纺棉布(每平方米重量>200 克,与 36%及以下精梳羊毛或动物细毛混纺) | 12 | 80 | 17 | 17 | 米/千克 | |
| 5212210021[暂6] | 未漂白其他混纺棉布(每平方米重量>200 克,与 36%及以上其他羊毛或动物细毛混纺) | 12 | 80 | 17 | 17 | 米/千克 | |
| 5212210029[暂6] | 未漂白其他混纺棉布(每平方米重量>200 克,与 36%及以下其他羊毛或动物细毛混纺) | 12 | 80 | 17 | 17 | 米/千克 | |
| 5212210030[暂6] | 未漂白其他混纺府绸及平细布(每平方米重量>200 克,与化纤以外其他纤维混纺) | 12 | 80 | 17 | 17 | 米/千克 | |
| 5212210040[暂6] | 未漂白其他混纺棉机织平布(每平方米重量>200 克,与化纤以外其他纤维混纺) | 12 | 80 | 17 | 17 | 米/千克 | |
| 5212210050[暂6] | 未漂白其他混纺棉帆布(每平方米重量>200 克,与化纤以外其他纤维混纺) | 12 | 80 | 17 | 17 | 米/千克 | |
| 5212210060[暂6] | 未漂白其他混纺棉缎布(每平方米重量>200 克,与化纤以外其他纤维混纺) | 12 | 80 | 17 | 17 | 米/千克 | |
| 5212210070[暂6] | 未漂白其他混纺斜纹棉布(每平方米重量>200 克,与化纤以外其他纤维混纺) | 12 | 80 | 17 | 17 | 米/千克 | |
| 5212210090[暂6] | 未漂白其他混纺棉布(每平方米重量>200 克,与化纤以外其他纤维混纺) | 12 | 80 | 17 | 17 | 米/千克 | |
| 52122200 | --漂白 | | | | | | |
| 5212220000 | 漂白的其他混纺棉机织物(每平方米重量>200 克) | 14 | 80 | 17 | 17 | 米/千克 | |
| 52122300 | --染色 | | | | | | |
| 5212230000 | 染色的其他混纺棉机织物(每平方米重量>200 克) | 10 | 80 | 17 | 17 | 米/千克 | |
| 52122400 | --色织 | | | | | | |
| 5212240000 | 色织的混纺棉机织物(每平方米重量>200 克) | 10 | 80 | 17 | 17 | 米/千克 | |
| 52122500 | --印花 | | | | | | |
| 5212250000 | 印花的其他混纺棉机织物(每平方米重量>200 克) | 10 | 80 | 17 | 17 | 米/千克 | |

# 第五十三章　其他植物纺织纤维;纸纱线及其机织物

| 商品编号 | 商品名称及备注 | 进口关税税率(%) | | 增值税率(%) | 出口退税率(%) | 计量单位 | 监管条件 |
|---|---|---|---|---|---|---|---|
| | | 最惠国 | 普通 | | | | |
| **5301** | **亚麻,生的或经加工但未纺制的;亚麻短纤及废麻(包括废麻纱线及回收纤维)** | | | | | | |
| 53011000 | -生的或经沤制的亚麻 | | | | | | |
| 5301100000 | 生的或沤制的亚麻 | 6 | 30 | 17 | 5 | 千克 | AB |
| 53012100 | --破开的或打成的 | | | | | | |
| 5301210000[暂1] | 破开或打成的亚麻 | 6 | 30 | 17 | 5 | 千克 | AB |
| 53012900 | --其他 | | | | | | |
| 5301290000 | 栉梳或经其他加工未纺制的亚麻 | 6 | 30 | 17 | 5 | 千克 | AB |
| 53013000 | -亚麻短纤及废麻 | | | | | | |
| 5301300000[暂1] | 亚麻短纤及废麻(包括废麻纱线及回收纤维) | 6 | 30 | 17 | 5 | 千克 | AB |
| **5302** | **大麻,生的或经加工但未纺制的;大麻短纤及废麻(包括废麻纱线及回收纤维)** | | | | | | |
| 53021000 | -生的或经沤制的大麻 | | | | | | |
| 5302100000 | 生的或经沤制的大麻 | 6 | 30 | 17 | 5 | 千克 | AB |
| 53029000 | -其他 | | | | | | |
| 5302900000 | 加工未纺的大麻、大麻短纤及废麻(包括废麻纱线及回收纤维) | 6 | 30 | 17 | 5 | 千克 | AB |
| **5303** | **黄麻及其他纺织用韧皮纤维(不包括亚麻、大麻及苎麻),生的或经加工但未纺制的;上述纤维的短纤及废麻(包括废纱线及回收纤维)** | | | | | | |
| 53031000 | -生的或经沤制的黄麻及其他纺织用韧皮纤维 | | | | | | |
| 5303100000 | 生或沤制黄麻,其他纺织韧皮纤维(不包括亚麻,大麻,苎麻) | 5 | 20 | 11 | 5 | 千克 | AB |
| 53039000 | -其他 | | | | | | |
| 5303900000 | 加工未纺的黄麻及纺织用韧皮纤维(包括短纤、废麻、废纱线及回收纤维,不含亚麻、大麻、苎麻) | 5 | 30 | 17 | 5 | 千克 | AB |
| **5305** | **椰壳纤维、蕉麻(马尼拉麻)、苎麻及其他税号未列名的纺织用植物纤维,生的或经加工但未纺制的;上述纤维的短纤、落麻及废料(包括废纱线及回收纤维)** | | | | | | |
| 53050011 | ----生的 | | | | | | |
| 5305001100 | 生的苎麻 | 5 | 30 | 17 | 5 | 千克 | AB |
| 53050012 | ----经加工但未纺制的 | | | | | | |
| 5305001200 | 经加工未纺制的苎麻 | 5 | 30 | 17 | 5 | 千克 | AB |
| 53050013 | ----短纤及废料 | | | | | | |
| 5305001300 | 苎麻短纤及废麻(包括废纱线及回收纤维) | 5 | 30 | 17 | 5 | 千克 | AB |
| 53050019 | ----其他 | | | | | | |
| 5305001900 | 经加工的未列名纺织用苎麻纤维(包括短纤、落麻、废料、废纱线及回收纤维) | 5 | 20 | 17 | 5 | 千克 | AB |
| 53050020 | ---蕉麻 | | | | | | |
| 5305002000 | 生的或经加工未纺制的蕉麻(包括短纤、落麻、废料、废蕉麻纱线及回收纤维) | 3 | 20 | 17 | 5 | 千克 | AB |
| 53050091 | ----西沙尔麻及其他纺织用龙舌兰类纤维 | | | | | | |
| 5305009100 | 生的或经加工、未纺制的西沙尔麻及纺织用龙舌兰纤维(包括短纤、落麻、废料、废纱线及回收纤维) | 5 | 30 | 17 | 5 | 千克 | AB |
| 53050092 | ----椰壳纤维 | | | | | | |
| 5305009200 | 生的或经加工、未纺制的椰壳纤维(包括短纤、落麻、废料、废椰壳纱线及回收纤维) | 5 | 30 | 17 | 5 | 千克 | AB |
| 53050099 | ----其他 | | | | | | |
| 5305009900 | 生的或经加工的未列名纺织用植物纤维(包括短纤、落麻、废料、废纱线及回收纤维) | 5 | 30 | 17 | 5 | 千克 | AB |
| **5306** | **亚麻纱线** | | | | | | |
| 53061000 | -单纱 | | | | | | |
| 5306100000 | 亚麻单纱 | 6 | 50 | 17 | 17 | 千克 | |

| 商品编号 | 商品名称及备注 | 进口关税税率(%) | | 增值税率(%) | 出口退税率(%) | 计量单位 | 监管条件 |
|---|---|---|---|---|---|---|---|
| | | 最惠国 | 普通 | | | | |
| 53062000 | -多股纱线或缆线 | | | | | | |
| 5306200000[暂5] | 亚麻多股纱线或缆线 | 10 | 50 | 17 | 17 | 千克 | |
| **5307** | **黄麻纱线或品目53.03的其他纺织用韧皮纤维纱线** | | | | | | |
| 53071000 | -单纱 | | | | | | |
| 5307100000 | 黄麻及其他纺织用韧皮纤维单纱 | 6 | 35 | 17 | 17 | 千克 | |
| 53072000 | -多股纱线或缆线 | | | | | | |
| 5307200000 | 黄麻及其他韧皮纤维多股纱或缆线 | 6 | 35 | 17 | 17 | 千克 | |
| **5308** | **其他植物纺织纤维纱线;纸纱线** | | | | | | |
| 53081000 | -椰壳纤维纱线 | | | | | | |
| 5308100000 | 椰壳纤维纱线 | 6 | 45 | 17 | 17 | 千克 | |
| 53082000 | -大麻纱线 | | | | | | |
| 5308200000 | 大麻纱线 | 6 | 45 | 17 | 17 | 千克 | |
| 53089011 | ----按重量计苎麻含量≥85%的未漂白或漂白纱线 | | | | | | |
| 5308901100 | 漂白或未漂白的纯苎麻纱线(纯按重量计苎麻含量≥85%) | 6 | 50 | 17 | 17 | 千克 | |
| 53089012 | ----按重量计苎麻含量≥85%的色纱线 | | | | | | |
| 5308901200 | 纯苎麻色纱线(纯按重量计苎麻含量≥85%) | 6 | 50 | 17 | 17 | 千克 | |
| 53089013 | ----按重量计苎麻含量<85%的未漂白或漂白纱线 | | | | | | |
| 5308901300 | 漂白或未漂白其他苎麻纱线(按重量计苎麻含量<85%) | 6 | 50 | 17 | 17 | 千克 | |
| 53089014 | ----按重量计苎麻含量<85%的色纱线 | | | | | | |
| 5308901400 | 其他苎麻色纱线(按重量计苎麻含量<85%) | 6 | 50 | 17 | 17 | 千克 | |
| 53089091 | ----纸纱线 | | | | | | |
| 5308909100 | 纸纱线 | 6 | 70 | 17 | 17 | 千克 | |
| 53089099 | ----其他 | | | | | | |
| 5308909900 | 其他植物纺织纤维纱线 | 6 | 45 | 17 | 17 | 千克 | |
| **5309** | **亚麻机织物** | | | | | | |
| 53091110 | ---未漂白 | | | | | | |
| 5309111000 | 未漂白的纯亚麻机织物(按重量计亚麻含量≥85%) | 10 | 80 | 17 | 17 | 米/千克 | |
| 53091120 | ---漂白 | | | | | | |
| 5309112000 | 漂白的纯亚麻机织物(按重量计亚麻含量≥85%) | 10 | 80 | 17 | 17 | 米/千克 | |
| 53091900 | --其他 | | | | | | |
| 5309190000 | 其他全亚麻机织物(按重量计亚麻含量≥85%) | 10 | 80 | 17 | 17 | 米/千克 | |
| 53092110 | ---未漂白 | | | | | | |
| 5309211000 | 未漂白的混纺亚麻机织物(亚麻含量<85%) | 10 | 80 | 17 | 17 | 米/千克 | |
| 53092120 | ---漂白 | | | | | | |
| 5309212000 | 漂白的混纺亚麻机织物(亚麻含量<85%) | 10 | 80 | 17 | 17 | 米/千克 | |
| 53092900 | --其他 | | | | | | |
| 5309290000 | 其他混纺亚麻机织物(亚麻含量<85%) | 10 | 80 | 17 | 17 | 米/千克 | |
| **5310** | **黄麻或品目53.03的其他纺织用韧皮纤维机织物** | | | | | | |
| 53101000 | -未漂白 | | | | | | |
| 5310100000 | 未漂白黄麻或其他韧皮纤维机织物 | 10 | 40 | 17 | 17 | 米/千克 | |
| 53109000 | -其他 | | | | | | |
| 5310900000 | 其他黄麻机织物或其他韧皮纤维机织物 | 10 | 40 | 17 | 17 | 米/千克 | |
| **5311** | **其他纺织用植物纤维机织物;纸纱线机织物** | | | | | | |
| 53110012 | ----按重量计苎麻含量≥85%的未漂白机织物 | | | | | | |
| 5311001200 | 未漂白的苎麻机织物(苎麻含量≥85%) | 10 | 80 | 17 | 17 | 米/千克 | |
| 53110013 | ----按重量计苎麻含量≥85%的其他机织物 | | | | | | |

| 商品编号 | 商品名称及备注 | 进口关税税率(%) | | 增值税率(%) | 出口退税率(%) | 计量单位 | 监管条件 |
|---|---|---|---|---|---|---|---|
| | | 最惠国 | 普通 | | | | |
| 5311001300 | 其他苎麻机织物(苎麻含量≥85%) | 12 | 80 | 17 | 17 | 米/千克 | |
| 53110014 | ----按重量计苎麻含量<85%的未漂白机织物 | | | | | | |
| 5311001400 | 未漂白的苎麻机织物(苎麻含量<85%) | 10 | 80 | 17 | 17 | 米/千克 | |
| 53110015 | ----按重量计苎麻含量<85%的其他机织物 | | | | | | |
| 5311001500 | 其他苎麻机织物(指按重量计苎麻含量<85%) | 12 | 80 | 17 | 17 | 米/千克 | |
| 53110020 | ---纸纱线的 | | | | | | |
| 5311002000 | 纸纱线机织物 | 10 | 90 | 17 | 17 | 米/千克 | |
| 53110030 | ---大麻的 | | | | | | |
| 5311003000 | 大麻机织物 | 10 | 50 | 17 | 17 | 米/千克 | |
| 53110090 | ---其他 | | | | | | |
| 5311009000 | 其他纺织用植物纤维其他机织物 | 10 | 50 | 17 | 17 | 米/千克 | |

# 第五十四章　化学纤维长丝；化学纤维纺织材料制扁条及类似品

注释：

一、本手册所称"化学纤维"，是指通过下列任一方法加工制得的有机聚合物的短纤或长丝：

（一）将有机单体物质加以聚合而制成的聚合物，例如，聚酰胺、聚酯、聚烯烃、聚氨基甲酸酯；或通过上述加工得到的聚合物经化学改性制得（例如，聚乙酸乙烯酯水解制得的聚乙烯醇）；或

（二）将天然有机聚合物（例如，纤维素）溶解或化学处理制成聚合物，例如，铜铵纤维或粘胶纤维；或将天然有机聚合物（例如，纤维素、酪蛋白及其他蛋白质或藻酸）经化学改性制成聚合物，例如，醋酸纤维素纤维或藻酸盐纤维。

对于化学纤维，所称"合成"，是指（一）款所述的纤维；所称"人造"，是指（二）款所述的纤维。品目54.04或54.05的扁条及类似品不视作化学纤维。

对于纺织材料，所称"化学纤维"、"合成纤维"及"人造纤维"，其含义应与上述解释相同。

二、品目54.02及54.03不适用于第五十五章的合成纤维或人造纤维的长丝丝束。

| 商品编号 | 商品名称及备注 | 进口关税税率(%) | | 增值税率(%) | 出口退税率(%) | 计量单位 | 监管条件 |
|---|---|---|---|---|---|---|---|
| | | 最惠国 | 普通 | | | | |
| **5401** | **化学纤维长丝纺制的缝纫线，不论是否供零售用** | | | | | | |
| 54011010 | ---非供零售用 | | | | | | |
| 5401101000 | 非供零售用合成纤维长丝缝纫线 | 5 | 70 | 17 | 17 | 千克 | |
| 54011020 | ---供零售用 | | | | | | |
| 5401102000 | 供零售用合成纤维长丝缝纫线 | 5 | 90 | 17 | 17 | 千克 | |
| 54012010 | ---非供零售用 | | | | | | |
| 5401201000 | 非供零售用人造纤维长丝缝纫线 | 5 | 35 | 17 | 17 | 千克 | |
| 54012020 | ---供零售用 | | | | | | |
| 5401202000 | 供零售用人造纤维长丝缝纫线 | 5 | 90 | 17 | 17 | 千克 | |
| **5402** | **合成纤维长丝纱线（缝纫线除外），非供零售用，包括细度在67分特以下的合成纤维单丝** | | | | | | |
| 54021110 | ---聚间苯二甲酰间苯二胺纺制 | | | | | | |
| 5402111000 | 聚间苯二甲酰间苯二胺纺制的高强力纱(非供零售用) | 5 | 70 | 17 | 17 | 千克 | |
| 54021120 | ---聚对苯二甲酰对苯二胺纺制 | | | | | | |
| 5402112000 | 聚对苯二甲酰对苯二胺纺制的高强力纱(非供零售用) | 5 | 70 | 17 | 17 | 千克 | |
| 54021190 | ---其他 | | | | | | |
| 5402119000 | 其他芳香族聚酰胺纺制的高强力纱(非供零售用) | 5 | 70 | 17 | 17 | 千克 | |
| 54021910 | ---聚酰胺-6(尼龙-6)纺制的 | | | | | | |
| 5402191000 | 聚酰胺-6(尼龙-6)纺制高强力纱(非供零售用) | 5 | 70 | 17 | 17 | 千克 | |
| 54021920 | ---聚酰胺-6,6(尼龙-6,6)纺制的 | | | | | | |
| 5402192000 | 聚酰胺-6,6(尼龙6,6)纺制的高强力纱(非供零售用) | 5 | 70 | 17 | 17 | 千克 | |
| 54021990 | ---其他 | | | | | | |
| 5402199000 | 其他尼龙或其他聚酰胺制高强力纱(非供零售用) | 5 | 70 | 17 | 17 | 千克 | |
| 54022000 | -聚酯高强力纱，不论是否经变形加工 | | | | | | |
| 5402200010 | 非零售聚酯高强力纱，不论是否经变形加工(单丝/未捻或捻度<5转/米的复丝单纱) | 5 | 70 | 17 | 17 | 千克 | |
| 5402200020 | 非零售聚酯高强力纱，不论是否经变形加工(捻度≥5转/米的复丝单纱) | 5 | 70 | 17 | 17 | 千克 | |
| 5402200090 | 非零售聚酯高强力多股纱，不论是否经变形加工 | 5 | 70 | 17 | 17 | 千克 | |
| 54023111 | ----聚酰胺-6(尼龙-6)纺制 | | | | | | |
| 5402311100 | 聚酰胺-6(尼龙-6)纺制弹力丝(非供零售用，指每根单纱细度≤50特) | 5 | 80 | 17 | 17 | 千克 | |
| 54023112 | ----聚酰胺-6,6(尼龙-6,6)纺制 | | | | | | |
| 5402311200 | 聚酰胺-6,6纺制的弹力丝(非供零售用，尼龙-6,6，指每根单纱细度≤50特) | 5 | 80 | 17 | 17 | 千克 | |
| 54023113 | ----芳香族聚酰胺纺制 | | | | | | |

| 商品编号 | 商品名称及备注 | 进口关税税率(%) | | 增值税率(%) | 出口退税率(%) | 计量单位 | 监管条件 |
|---|---|---|---|---|---|---|---|
| | | 最惠国 | 普通 | | | | |
| 5402311300 | 芳香族聚酰胺纺制弹力丝(非供零售用,指每根单纱细度≤50特) | 5 | 80 | 17 | 17 | 千克 | |
| 54023119 | ----其他 | | | | | | |
| 5402311900 | 其他尼龙或其他聚酰胺制弹力丝(指每根单纱细度≤50特,非供零售用) | 5 | 80 | 17 | 17 | 千克 | |
| 54023190 | ---其他 | | | | | | |
| 5402319000 | 非零售其他细尼龙变形纱线(指每根单纱细度≤50特,包括其他聚酰胺变形丝) | 5 | 70 | 17 | 17 | 千克 | |
| 54023211 | ----聚酰胺-6(尼龙-6)纺制 | | | | | | |
| 5402321100 | 聚酰胺-6(尼龙-6)纺制的弹力丝(指每根单纱细度>50特,非供零售用) | 5 | 80 | 17 | 17 | 千克 | |
| 54023212 | ----聚酰胺-6,6(尼龙-6,6)纺制 | | | | | | |
| 5402321200 | 聚酰胺-6,6纺制的弹力丝(指每根单纱细度>50特,尼龙-6,6,非供零售用) | 5 | 80 | 17 | 17 | 千克 | |
| 54023213 | ----芳香族聚酰胺纺制 | | | | | | |
| 5402321300 | 芳香族聚酰胺纺制的弹力丝(指每根单纱细度>50特,非供零售用) | 5 | 80 | 17 | 17 | 千克 | |
| 54023219 | ----其他 | | | | | | |
| 5402321900 | 其他尼龙或其他聚酰胺制弹力丝(指每根单纱细度>50特,非供零售用) | 5 | 80 | 17 | 17 | 千克 | |
| 54023290 | ---其他 | | | | | | |
| 5402329000 | 非零售其他粗尼龙变形纱线(粗指每根单纱细度>50特,包括其他聚酰胺变形丝) | 5 | 70 | 17 | 17 | 千克 | |
| 54023310 | ---弹力丝 | | | | | | |
| 5402331000 | 非零售聚酯弹力丝 | 5 | 90 | 17 | 17 | 千克 | |
| 54023390 | ---其他 | | | | | | |
| 5402339000 | 非零售聚酯变形纱线 | 5 | 70 | 17 | 17 | 千克 | |
| 54023400 | --聚丙烯纺制 | | | | | | |
| 5402340000 | 聚丙烯长丝变形纱线(非供零售用) | 5 | 70 | 17 | 17 | 千克 | |
| 54023900 | --其他 | | | | | | |
| 5402390000 | 其他合成纤维长丝变形纱线(非供零售用) | 5 | 70 | 17 | 17 | 千克 | |
| 54024410 | ---氨纶纱线 | | | | | | |
| 5402441000 | 氨纶弹性单纱(未加捻或捻度≤50转/米,非供零售用) | 5 | 70 | 17 | 17 | 千克 | |
| 54024490 | ---其他 | | | | | | |
| 5402449000 | 其他合成纤维长丝弹性单纱(非供零售用,未加捻或捻度≤50转/米) | 5 | 70 | 17 | 17 | 千克 | |
| 54024510 | ---聚酰胺-6(尼龙-6)纺制的 | | | | | | |
| 5402451000 | 聚酰胺-6(尼龙-6)纺制的其他单纱(非供零售用,未加捻或捻度≤50转/米) | 5 | 70 | 17 | 17 | 千克 | |
| 54024520 | ---聚酰胺-6,6(尼龙-6,6)纺制的 | | | | | | |
| 5402452000 | 聚酰胺-6,6(尼龙-6,6)纺制的其他单纱(非供零售用,未加捻或捻度≤50转/米) | 5 | 70 | 17 | 17 | 千克 | |
| 54024530 | ---芳香族聚酰胺纺制的 | | | | | | |
| 5402453000 | 芳香族聚酰胺纺制的其他单纱(非供零售用,未加捻或捻度≤50转/米) | 5 | 70 | 17 | 17 | 千克 | |
| 54024590 | ---其他 | | | | | | |
| 5402459000 | 其他尼龙或其他聚酰胺单纱纺制的其他单纱(非供零售用,未加捻或捻度≤50转/米) | 5 | 70 | 17 | 17 | 千克 | |
| 54024600 | --其他,部分定向聚酯纱线 | | | | | | |
| 5402460000 | 其他部分定向聚酯单纱(非供零售用,未加捻或捻度≤50转/米) | 5 | 70 | 17 | 17 | 千克 | |
| 54024700 | --其他,聚酯纱线 | | | | | | |
| 5402470000 | 其他聚酯单纱(非供零售用,未加捻或捻度≤50转/米) | 5 | 70 | 17 | 17 | 千克 | |
| 54024800 | --其他,聚丙烯纱线 | | | | | | |
| 5402480000 | 其他聚丙烯单纱(非供零售用,未加捻或捻度≤50转/米) | 5 | 70 | 17 | 17 | 千克 | |
| 54024910 | ---断裂强度≥22cN/dtex,且初始模量≥750cN/dtex的聚乙烯纱线 | | | | | | |
| 5402491000 | 聚乙烯长丝纱线(单纱)(断裂强度≥22cN/dtex,且初始模量≥750cN/dtex,非供零售用,未加捻或捻度≤50转/米,缝纫线除外) | 5 | 70 | 17 | 17 | 千克 | |
| 54024990 | ---其他 | | | | | | |
| 5402499001 | 非弹性氨纶单纱(非供零售用,未加捻或捻度≤50转/米,缝纫线除外) | 5 | 70 | 17 | 17 | 千克 | |

| 商品编号 | 商品名称及备注 | 进口关税税率(%) | | 增值税率(%) | 出口退税率(%) | 计量单位 | 监管条件 |
|---|---|---|---|---|---|---|---|
| | | 最惠国 | 普通 | | | | |
| 5402499090 | 其他合成纤维长丝单纱(非供零售用,未加捻或捻度≤50转/米,缝纫线除外) | 5 | 70 | 17 | 17 | 千克 | |
| 54025110 | ---聚酰胺-6(尼龙-6)制 | | | | | | |
| 5402511000 | 聚酰胺-6(尼龙-6)纺制的单纱(指捻度>50转/米,非供零售用) | 5 | 70 | 17 | 17 | 千克 | |
| 54025120 | ---聚酰胺-6,6(尼龙-6,6)制 | | | | | | |
| 5402512000 | 聚酰胺-6,6纺制的单纱(指捻度>50转/米,尼龙-6,6,非供零售用) | 5 | 70 | 17 | 17 | 千克 | |
| 54025130 | ---芳香族聚酰胺制 | | | | | | |
| 5402513000 | 芳香族聚酰胺纺制的单纱(指捻度>50转/米,非供零售用) | 5 | 70 | 17 | 17 | 千克 | |
| 54025190 | ---其他 | | | | | | |
| 5402519000 | 其他尼龙或其他聚酰胺单纱(指捻度>50转/米,非供零售用) | 5 | 70 | 17 | 17 | 千克 | |
| 54025200 | --聚酯纱线 | | | | | | |
| 5402520000 | 非零售加捻的其他聚酯纱线(加捻指捻度>50转/米) | 5 | 70 | 17 | 17 | 千克 | |
| 54025300 | --聚丙烯纱线 | | | | | | |
| 5402530000 | 聚丙烯纱线(捻度>50转/米,非供零售用) | 5 | 70 | 17 | 17 | 千克 | |
| 54025920 | ---断裂强度≥22cN/dtex,且初始模量≥750cN/dtex的聚乙烯纱线 | | | | | | |
| 5402592000 | 聚乙烯长丝纱线(单纱)(断裂强度≥22cN/dtex,且初始模量≥750cN/dtex,非供零售用,捻度>50转/米,缝纫线除外) | 5 | 70 | 17 | 17 | 千克 | |
| 54025990 | ---其他 | | | | | | |
| 5402599000 | 其他合成纤维长丝纱线(捻度>50转/米,非供零售用) | 5 | 70 | 17 | 17 | 千克 | |
| 54026110 | ---聚酰胺-6(尼龙-6)制 | | | | | | |
| 5402611000 | 聚酰胺-6(尼龙-6)纺制的纱线(包括多股纱线或缆线,非供零售用) | 5 | 70 | 17 | 17 | 千克 | |
| 54026120 | ---聚酰胺-6,6(尼龙-6,6)制 | | | | | | |
| 5402612000 | 聚酰胺-6,6纺制的纱线(包括多股纱线或缆线,尼龙-6,6,非供零售用) | 5 | 70 | 17 | 17 | 千克 | |
| 54026130 | ---芳香族聚酰胺制 | | | | | | |
| 5402613000 | 芳香族聚酰胺纺制的纱线(包括多股纱线或缆线,非供零售用) | 5 | 70 | 17 | 17 | 千克 | |
| 54026190 | ---其他 | | | | | | |
| 5402619000 | 其他尼龙或其他聚酰胺纺制纱线(包括多股纱线或缆线,非供零售用) | 5 | 70 | 17 | 17 | 千克 | |
| 54026200 | --聚酯纺制 | | | | | | |
| 5402620000 | 非零售聚酯多股纱线(包括缆线) | 5 | 70 | 17 | 17 | 千克 | |
| 54026300 | --聚丙烯纺制 | | | | | | |
| 5402630000 | 聚丙烯纱线(包括多股纱线或缆线,非供零售用) | 5 | 70 | 17 | 17 | 千克 | |
| 54026920 | ---氨纶纱线 | | | | | | |
| 5402692000 | 氨纶纱线(包括多股纱线或缆线,非供零售用) | 5 | 70 | 17 | 17 | 千克 | |
| 54026990 | ---其他 | | | | | | |
| 5402699000 | 其他合成纤维长丝多股纱线或缆线(非供零售用) | 5 | 70 | 17 | 17 | 千克 | |
| **5403** | **人造纤维长丝纱线(缝纫线除外),非供零售用,包括细度在67分特以下的人造纤维单丝** | | | | | | |
| 54031000 | -粘胶纤维纺制的高强力纱 | | | | | | |
| 5403100000 | 非零售粘胶纤维高强力纱 | 5 | 35 | 17 | 17 | 千克 | |
| 54033110 | ---竹制 | | | | | | |
| 5403311000 | 非零售竹制粘胶纤维单纱(未捻或捻度≤120转/米的单纱,包括变形纱线) | 5 | 35 | 17 | 17 | 千克 | |
| 54033190 | ---其他 | | | | | | |
| 5403319000 | 其他非零售粘胶纤维单纱(未捻或捻度≤120转/米的单纱,包括变形纱线) | 5 | 35 | 17 | 17 | 千克 | |
| 54033210 | ---竹制 | | | | | | |
| 5403321000 | 非零售的竹制粘胶纤维单纱(加捻捻度>120转/米,包括变形纱线) | 5 | 35 | 17 | 17 | 千克 | |
| 54033290 | ---其他 | | | | | | |
| 5403329000 | 其他非零售粘胶纤维单纱(加捻捻度>120转/米,包括变形纱线) | 5 | 35 | 17 | 17 | 千克 | |
| 54033310 | ---二醋酸纤维纺制 | | | | | | |

| 商品编号 | 商 品 名 称 及 备 注 | 进口关税税率(%) 最惠国 | 进口关税税率(%) 普通 | 增值税率(%) | 出口退税率(%) | 计量单位 | 监管条件 |
|---|---|---|---|---|---|---|---|
| 5403331010 | 非零售二醋酸纤维单纱(单丝、未捻或捻度<5转/米的复丝单纱,包括变形纱线) | 5 | 40 | 17 | 17 | 千克 | |
| 5403331020 | 非零售二醋酸纤维单纱(5转/米≤捻度≤250转/米,包括变形纱线) | 5 | 40 | 17 | 17 | 千克 | |
| 5403331090 | 非零售二醋酸纤维单纱(捻度>250转/米) | 5 | 40 | 17 | 17 | 千克 | |
| 54033390 | ---其他 | | | | | | |
| 5403339000 | 非零售其他醋酸纤维单纱 | 5 | 35 | 17 | 17 | 千克 | |
| 54033900 | --其他 | | | | | | |
| 5403390000 | 非零售其他人纤长丝单纱 | 5 | 35 | 17 | 17 | 千克 | |
| 54034100 | --粘胶纤维纺制 | | | | | | |
| 5403410000 | 非零售粘胶长丝多股纱线或缆线(包括变形纱线) | 5 | 35 | 17 | 17 | 千克 | |
| 54034200 | --醋酸纤维纺制 | | | | | | |
| 5403420000 | 非零售醋酸长丝多股纱线或缆线(包括变形纱线) | 5 | 35 | 17 | 17 | 千克 | |
| 54034900 | --其他 | | | | | | |
| 5403490000 | 非零售其他人造纤维长丝多股纱或缆线(包括变形纱线) | 5 | 35 | 17 | 17 | 千克 | |
| **5404** | **截面尺寸≤1毫米,细度≥67分特的合成纤维单丝;表观宽度≤5毫米的合成纤维纺织材料制扁条及类似品(例如,人造草)** | | | | | | |
| 54041100 | --弹性单丝 | | | | | | |
| 5404110010 | 细度≥67分特的涤纶纤维弹性单丝(截面尺寸≤1毫米,细度<67分特的合成纤维单丝归入品目54.02) | 5 | 80 | 17 | 17 | 千克 | |
| 5404110090 | 细度≥67分特的其他合成纤维弹性单丝(截面尺寸≤1毫米,细度<67分特的合成纤维单丝归入品目54.02) | 5 | 80 | 17 | 17 | 千克 | |
| 54041200 | --其他,聚丙烯单丝 | | | | | | |
| 5404120000 | 细度≥67分特的其他聚丙烯单丝(截面尺寸≤1毫米,细度<67分特的合纤单丝归入品目54.02) | 5 | 80 | 17 | 17 | 千克 | |
| 54041900 | --其他 | | | | | | |
| 5404190010 | 细度≥67分特的涤纶纤维单丝(截面尺寸≤1毫米,细度<67分特的合成纤维单丝归入品目54.02) | 5 | 80 | 17 | 17 | 千克 | |
| 5404190090 | 细度≥67分特的其他合成纤维单丝(截面尺寸≤1毫米,细度<67分特的合成纤维单丝归入品目54.02) | 5 | 80 | 17 | 17 | 千克 | |
| 54049000 | -其他 | | | | | | |
| 5404900000 | 其他合成纺织材料制扁条及类似品(表观宽度≤5毫米,例如人造草) | 5 | 80 | 17 | 17 | 千克 | |
| **5405** | **截面尺寸≤1毫米,细度≥67分特的人造纤维单丝;表观宽度≤5毫米的人造纤维纺织材料制扁条及类似品(例如,人造草)** | | | | | | |
| 54050000 | 截面尺寸≤1毫米,细度≥67分特的人造纤维单丝;表观宽度≤5毫米的人造纤维纺织材料制扁条及类似品(例如,人造草) | | | | | | |
| 5405000000 | 细度≥67分特其他人造纤维单丝及其扁条(单丝截面尺寸≤1毫米,扁条及其类似品宽度≤5毫米) | 5 | 80 | 17 | 17 | 千克 | |
| **5406** | **化学纤维长丝纱线(缝纫线除外),供零售用** | | | | | | |
| 54060010 | ---合成纤维长丝纱线 | | | | | | |
| 5406001000 | 供零售用合成纤维长丝纱线(缝纫线除外) | 5 | 90 | 17 | 17 | 千克 | |
| 54060020 | ---人造纤维长丝纱线 | | | | | | |
| 5406002000 | 供零售用人造纤维长丝纱线(缝纫线除外) | 5 | 90 | 17 | 17 | 千克 | |
| **5407** | **合成纤维长丝纱线的机织物,包括品目54.04所列材料的机织物** | | | | | | |
| 54071010 | ---尼龙或其他聚酰胺高强力纱纺制 | | | | | | |
| 5407101000 | 高强力纱纺制机织物(由尼龙或其他聚酰胺高强力纱纺制的) | 10 | 130 | 17 | 17 | 米/千克 | A |
| 54071020 | ---聚酯高强力纱纺制 | | | | | | |
| 5407102010 | 聚酯高强力纱纺制机织物(重量≤170克/平方米) | 10 | 130 | 17 | 17 | 米/千克 | A |

| 商品编号 | 商品名称及备注 | 进口关税税率(%) | | 增值税率(%) | 出口退税率(%) | 计量单位 | 监管条件 |
|---|---|---|---|---|---|---|---|
| | | 最惠国 | 普通 | | | | |
| 5407102090 | 聚酯高强力纱纺制机织物(重量>170克/平方米) | 10 | 130 | 17 | 17 | 米/千克 | A |
| 54072000 | -扁条及类似品的机织物 | | | | | | |
| 5407200000 | 合成纤维扁条及类似品机织物 | 10 | 130 | 17 | 17 | 米/千克 | |
| 54073000 | -第十一类注释九所列的机织物 | | | | | | |
| 5407300000 | 平行纱线相互层叠并粘合织物(第十一类注释九所列的机织物) | 10 | 130 | 17 | 17 | 米/千克 | |
| 54074100 | --未漂白或漂白 | | | | | | |
| 5407410000 | 未漂白的或漂白的尼龙或其他聚酰胺长丝机织物(尼龙或其他聚酰胺长丝含量≥85%) | 10 | 130 | 17 | 17 | 米/千克 | |
| 54074200 | --染色 | | | | | | |
| 5407420000 | 染色的纯尼龙机织物(按重量计尼龙或其他聚酰胺长丝含量≥85%) | 10 | 130 | 17 | 17 | 米/千克 | |
| 54074300 | --色织 | | | | | | |
| 5407430000 | 色织的纯尼龙机织物(按重量计尼龙或其他聚酰胺长丝含量≥85%) | 10 | 130 | 17 | 17 | 米/千克 | |
| 54074400 | --印花 | | | | | | |
| 5407440000 | 印花的纯尼龙机织物(按重量计尼龙或其他聚酰胺长丝含量≥85%) | 10 | 130 | 17 | 17 | 米/千克 | |
| 54075100 | --未漂白或漂白 | | | | | | |
| 5407510000 | 未漂白或漂白纯聚酯变形长丝机织物(聚酯变形长丝含量≥85%) | 10 | 130 | 17 | 17 | 米/千克 | |
| 54075200 | --染色 | | | | | | |
| 5407520000 | 染色的聚酯变形长丝机织物(聚酯变形长丝含量≥85%) | 10 | 130 | 17 | 17 | 米/千克 | |
| 54075300 | --色织 | | | | | | |
| 5407530000 | 色织的聚酯变形长丝机织物(聚酯变形长丝含量≥85%) | 10 | 130 | 17 | 17 | 米/千克 | |
| 54075400 | --印花 | | | | | | |
| 5407540000 | 印花的聚酯变形长丝机织物(聚酯变形长丝含量≥85%) | 10 | 130 | 17 | 17 | 米/千克 | |
| 54076100 | --按重量计聚酯非变形长丝含量≥85% | | | | | | |
| 5407610000 | 聚酯非变形长丝机织物(聚酯非变形长丝含量≥85%) | 10 | 130 | 17 | 17 | 米/千克 | |
| 54076900 | --其他 | | | | | | |
| 5407690000 | 其他聚酯长丝机织物(聚酯长丝含量≥85%) | 10 | 130 | 17 | 17 | 米/千克 | |
| 54077100 | --未漂白或漂白 | | | | | | |
| 5407710000 | 未漂白或漂白其他纯合成纤维长丝机织物(按重量计其他合成纤维长丝含量≥85%) | 10 | 130 | 17 | 17 | 米/千克 | |
| 54077200 | --染色 | | | | | | |
| 5407720000 | 染色的其他纯合成纤维长丝布(纯合成纤维布指按重量计其他合成纤维长丝含量≥85%) | 10 | 130 | 17 | 17 | 米/千克 | |
| 54077300 | --色织 | | | | | | |
| 5407730000 | 色织的其他纯合成纤维长丝布(纯合成纤维布指按重量计其他合成纤维长丝含量≥85%) | 10 | 130 | 17 | 17 | 米/千克 | |
| 54077400 | --印花 | | | | | | |
| 5407740000 | 印花的其他纯合成纤维长丝布(纯合成纤维布指按重量计其他合成纤维长丝含量≥85%) | 10 | 130 | 17 | 17 | 米/千克 | |
| 54078100 | --未漂白或漂白 | | | | | | |
| 5407810000 | 未漂白或漂白与棉混纺其他合成纤维长丝机织物(按重量计其他合成纤维长丝含量<85%) | 10 | 130 | 17 | 17 | 米/千克 | |
| 54078200 | --染色 | | | | | | |
| 5407820000 | 染色的与棉混纺其他合成纤维长丝机织物(按重量计其他合成纤维长丝含量<85%) | 10 | 130 | 17 | 17 | 米/千克 | |
| 54078300 | --色织 | | | | | | |
| 5407830000 | 色织的与棉混纺其他合成纤维长丝机织物(按重量计其他合成纤维长丝含量<85%) | 10 | 130 | 17 | 17 | 米/千克 | |
| 54078400 | --印花 | | | | | | |
| 5407840000 | 印花的与棉混纺其他合成纤维长丝机织物(按重量计其他合成纤维长丝含量<85%) | 10 | 130 | 17 | 17 | 米/千克 | |
| 54079100 | --未漂白或漂白 | | | | | | |

| 商品编号 | 商品名称及备注 | 进口关税税率(%) | | 增值税率(%) | 出口退税率(%) | 计量单位 | 监管条件 |
|---|---|---|---|---|---|---|---|
| | | 最惠国 | 普通 | | | | |
| 5407910000 | 未漂白或漂白的其他混纺合成纤维长丝机织物(按重量计其他合成纤维长丝含量<85%) | 10 | 130 | 17 | 17 | 米/千克 | |
| 54079200 | --染色 | | | | | | |
| 5407920000 | 染色的其他混纺合成纤维长丝机织物(按重量计其他合成纤维长丝含量<85%) | 10 | 130 | 17 | 17 | 米/千克 | |
| 54079300 | --色织 | | | | | | |
| 5407930000 | 色织的其他混纺合成纤维长丝机织物(按重量计其他合成纤维长丝含量<85%) | 10 | 130 | 17 | 17 | 米/千克 | |
| 54079400 | --印花 | | | | | | |
| 5407940000 | 印花的其他混纺合成纤维长丝机织物(按重量计其他合成纤维长丝含量<85%) | 10 | 130 | 17 | 17 | 米/千克 | |
| **5408** | **人造纤维长丝纱线的机织物,包括品目54.05所列材料的机织物** | | | | | | |
| 54081000 | -粘胶纤维高强力纱的机织物 | | | | | | |
| 5408100000 | 粘胶纤维高强力纱的机织物 | 10 | 130 | 17 | 17 | 米/千克 | |
| 54082110 | ---粘胶纤维制 | | | | | | |
| 5408211000 | 未漂白或漂白粘胶长丝机织物(按重量计粘胶纤维长丝、扁条或类似品含量≥85%) | 12 | 130 | 17 | 17 | 米/千克 | |
| 54082120 | ---醋纤纤维制 | | | | | | |
| 5408212000 | 未漂白或漂白醋酸长丝机织物(按重量计醋酸纤维长丝、扁条或类似品含量≥85%) | 12 | 130 | 17 | 17 | 米/千克 | |
| 54082190 | ---其他 | | | | | | |
| 5408219000 | 未漂白或漂白其他纯人造纤维长丝机织物(包括扁条布,按重量计其他人造纤维长丝含量≥85%) | 12 | 130 | 17 | 17 | 米/千克 | |
| 54082210 | ---粘胶纤维制 | | | | | | |
| 5408221000 | 染色的粘胶长丝机织物(按重量计粘胶纤维长丝、扁条或类似品含量≥85%) | 10 | 130 | 17 | 17 | 米/千克 | |
| 54082220 | ---醋纤纤维制 | | | | | | |
| 5408222000 | 染色的醋酸长丝机织物(按重量计醋酸纤维长丝、扁条或类似品含量≥85%) | 10 | 130 | 17 | 17 | 米/千克 | |
| 54082290 | ---其他 | | | | | | |
| 5408229000 | 染色的其他人造纤维长丝机织物(按重量计其他人造纤维长丝、扁条含量≥85%) | 10 | 130 | 17 | 17 | 米/千克 | |
| 54082310 | ---粘胶纤维制 | | | | | | |
| 5408231000 | 色织的粘胶长丝机织物(按重量计粘胶纤维长丝、扁条或类似品含量≥85%) | 10 | 130 | 17 | 17 | 米/千克 | |
| 54082320 | ---醋纤纤维制 | | | | | | |
| 5408232000 | 色织的醋酸长丝机织物(按重量计醋酸纤维长丝、扁条或类似品含量≥85%) | 10 | 130 | 17 | 17 | 米/千克 | |
| 54082390 | ---其他 | | | | | | |
| 5408239000 | 色织的其他人造纤维长丝机织物(按重量计其他人造纤维长丝,扁条含量≥85%) | 10 | 130 | 17 | 17 | 米/千克 | |
| 54082410 | ---粘胶纤维制 | | | | | | |
| 5408241000 | 印花的粘胶长丝机织物(按重量计粘胶纤维长丝、扁条或类似品含量≥85%) | 10 | 130 | 17 | 17 | 米/千克 | |
| 54082420 | ---醋纤纤维制 | | | | | | |
| 5408242000 | 印花的醋酸长丝机织物(按重量计醋酸纤维长丝、扁条或类似品含量≥85%) | 10 | 130 | 17 | 17 | 米/千克 | |
| 54082490 | ---其他 | | | | | | |
| 5408249000 | 其他印花人造纤维长丝,扁条机织物(按重量计人造纤维长丝、扁条或类似品含量≥85%) | 10 | 130 | 17 | 17 | 米/千克 | |
| 54083100 | --未漂白或漂白 | | | | | | |
| 5408310000 | 未漂白或漂白人造纤维长丝其他混纺机织物(按重量计人造纤维长丝、扁条或类似品含量<85%) | 10 | 130 | 17 | 17 | 米/千克 | |
| 54083200 | --染色 | | | | | | |
| 5408320000 | 染色的人造纤维长丝其他机织物(按重量计人造纤维长丝、扁条或类似品含量<85%) | 10 | 130 | 17 | 17 | 米/千克 | |
| 54083300 | --色织 | | | | | | |
| 5408330000 | 色织的人造纤维长丝其他机织物(按重量计人造纤维长丝、扁条或类似品含量<85%) | 10 | 130 | 17 | 17 | 米/千克 | |
| 54083400 | --印花 | | | | | | |
| 5408340000 | 印花的人造纤维长丝其他机织物(按重量计人造纤维长丝、扁条或类似品含量<85%) | 10 | 130 | 17 | 17 | 米/千克 | |

# 第五十五章　化学纤维短纤

**注释：**

品目55.01和55.02仅适用于每根与丝束长度相等的平行化学纤维长丝丝束。前述丝束应同时符合下列规格：

一、丝束长度超过2米；

二、捻度每米少于5转；

三、每根长丝细度在67分特以下；

四、合成纤维长丝丝束，须经拉伸处理，即本身不能被拉伸至超过本身长度的1倍；

五、丝束总细度大于20000分特。

丝束长度不超过2米的归入品目55.03或55.04。

| 商品编号 | 商品名称及备注 | 进口关税税率(%) | | 增值税率(%) | 出口退税率(%) | 计量单位 | 监管条件 |
|---|---|---|---|---|---|---|---|
| | | 最惠国 | 普通 | | | | |
| **5501** | **合成纤维长丝丝束** | | | | | | |
| 55011000 | -尼龙或其他聚酰胺制 | | | | | | |
| 5501100000 | 尼龙或其他聚酰胺长丝丝束 | 5 | 70 | 17 | 17 | 千克 | |
| 55012000 | -聚酯制 | | | | | | |
| 5501200000 | 聚酯长丝丝束 | 5 | 70 | 17 | 17 | 千克 | |
| 55013000 | -聚丙烯腈或变性聚丙烯腈制 | | | | | | |
| 5501300010 | 聚丙烯腈制长丝丝束(不包括变性聚丙烯腈制) | 5 | 35 | 17 | 17 | 千克 | |
| 5501300090 | 变性聚丙烯腈长丝丝束 | 5 | 35 | 17 | 17 | 千克 | |
| 55014000 | -聚丙烯制 | | | | | | |
| 5501400000 | 聚丙烯长丝丝束 | 5 | 70 | 17 | 17 | 千克 | |
| 55019000 | -其他 | | | | | | |
| 5501900000 | 其他合成纤维长丝丝束 | 5 | 70 | 17 | 17 | 千克 | |
| **5502** | **人造纤维长丝丝束** | | | | | | |
| 55021010 | ---二醋酸纤维丝束 | | | | | | |
| 5502101000 | 二醋酸纤维丝束 | 3 | 40 | 17 | 17 | 千克 | 7 |
| 55021090 | ---其他 | | | | | | |
| 5502109000 | 其他醋酸纤维丝束 | 5 | 35 | 17 | 17 | 千克 | |
| 55029000 | -其他 | | | | | | |
| 5502900000 | 其他人造纤维长丝丝束 | 5 | 35 | 17 | 17 | 千克 | |
| **5503** | **合成纤维短纤，未梳或未经其他纺前加工** | | | | | | |
| 55031110 | ---聚间苯二甲酰间苯二胺纺制 | | | | | | |
| 5503111000 | 未梳的聚间苯二甲酰间苯二胺纺制的短纤(包括未经其他纺前加工的) | 5 | 70 | 17 | 17 | 千克 | |
| 55031120 | ---聚对苯二甲酰对苯二胺纺制 | | | | | | |
| 5503112000 | 未梳的聚对苯二甲酰对苯二胺纺制的短纤(包括未经其他纺前加工的) | 5 | 70 | 17 | 17 | 千克 | |
| 55031190 | ---其他 | | | | | | |
| 5503119000 | 未梳的其他芳香族聚酰胺纺制的短纤(包括未经其他纺前加工的) | 5 | 70 | 17 | 17 | 千克 | |
| 55031900 | --其他 | | | | | | |
| 5503190000 | 未梳的尼龙或其他聚酰胺短纤(包括未经其他纺前加工的) | 5 | 70 | 17 | 17 | 千克 | |
| 55032000 | -聚酯制 | | | | | | |
| 5503200000 | 未梳的聚酯短纤(包括未经其他纺前加工的) | 5 | 70 | 17 | 17 | 千克 | |
| 55033000 | -聚丙烯腈或变性聚丙烯腈制 | | | | | | |
| 5503300010 | 未梳或未经其他纺前加工的聚丙烯腈制短纤维(不包括变性聚丙烯腈制) | 5 | 35 | 17 | 17 | 千克 | |
| 5503300090 | 未梳或未经其他纺前加工的变性聚丙烯腈制短纤维 | 5 | 35 | 17 | 17 | 千克 | |
| 55034000 | -聚丙烯制 | | | | | | |

| 商品编号 | 商品名称及备注 | 进口关税税率(%) | | 增值税率(%) | 出口退税率(%) | 计量单位 | 监管条件 |
|---|---|---|---|---|---|---|---|
| | | 最惠国 | 普通 | | | | |
| 5503400000 | 未梳的聚丙烯短纤(包括未经其他纺前加工的) | 5 | 70 | 17 | 17 | 千克 | |
| 55039010 | ---聚苯硫醚制 | | | | | | |
| 5503901000 | 未梳的聚苯硫醚短纤(包括未经其他纺前加工的) | 5 | 70 | 17 | 17 | 千克 | |
| 55039090 | ---其他 | | | | | | |
| 5503909000 | 未梳的其他合成纤维短纤(包括未经其他纺前加工的) | 5 | 70 | 17 | 17 | 千克 | |
| **5504** | **人造纤维短纤,未梳或未经其他纺前加工** | | | | | | |
| 55041010 | ---竹制 | | | | | | |
| 5504101000 | 未梳的竹制粘胶短纤(包括未经其他纺前加工的) | 5 | 35 | 17 | 17 | 千克 | |
| 55041021 | ----阻燃的 | | | | | | |
| 5504102100 | 未梳的木制阻燃粘胶短纤(包括未经其他纺前加工的) | 5 | 35 | 17 | 17 | 千克 | |
| 55041029 | ----其他 | | | | | | |
| 5504102900 | 其他未梳的木制非阻燃粘胶短纤 | 5 | 35 | 17 | 17 | 千克 | |
| 55041090 | ---其他 | | | | | | |
| 5504109000 | 其他未梳的粘胶短纤(包括未经其他纺前加工的) | 5 | 35 | 17 | 17 | 千克 | |
| 55049000 | -其他 | | | | | | |
| 5504900000 | 未梳的其他人造纤维短纤(包括未经其他纺前加工的) | 5 | 35 | 17 | 17 | 千克 | |
| **5505** | **化学纤维废料(包括落绵、废纱及回收纤维)** | | | | | | |
| 55051000 | -合成纤维的 | | | | | | |
| 5505100000 | 合成纤维废料(包括落绵、废纱及回收纤维) | 5 | 70 | 17 | 17 | 千克 | 9 |
| 55052000 | -人造纤维的 | | | | | | |
| 5505200000 | 人造纤维废料(包括落绵、废纱及回收纤维) | 5 | 70 | 17 | 17 | 千克 | 9 |
| **5506** | **合成纤维短纤,已梳或经其他纺前加工** | | | | | | |
| 55061011 | ----聚间苯二甲酰间苯二胺纺制 | | | | | | |
| 5506101100 | 已梳聚间苯二甲酰间苯二胺纺制的短纤(包括经其他纺前加工的) | 5 | 70 | 17 | 17 | 千克 | |
| 55061012 | ----聚对苯二甲酰对苯二胺纺制 | | | | | | |
| 5506101200 | 已梳聚对苯二甲酰对苯二胺纺制的短纤(包括经其他纺前加工的) | 5 | 70 | 17 | 17 | 千克 | |
| 55061019 | ----其他 | | | | | | |
| 5506101900 | 其他已梳芳香族聚酰胺纺制的短纤(包括经其他纺前加工的) | 5 | 70 | 17 | 17 | 千克 | |
| 55061090 | ---其他 | | | | | | |
| 5506109000 | 其他已梳的尼龙或其他聚酰胺短纤(包括经其他纺前加工的) | 5 | 70 | 17 | 17 | 千克 | |
| 55062000 | -聚酯制 | | | | | | |
| 5506200000 | 已梳的聚酯短纤(包括经其他纺前加工的) | 5 | 70 | 17 | 17 | 千克 | |
| 55063000 | -聚丙烯腈或变性聚丙烯腈制 | | | | | | |
| 5506300010 | 已梳或经其他纺前加工的聚丙烯腈制短纤(不包括变性聚丙烯腈制) | 5 | 35 | 17 | 17 | 千克 | |
| 5506300090 | 已梳或经其他纺前加工的变性聚丙烯腈制短纤 | 5 | 35 | 17 | 17 | 千克 | |
| 55064000 | -聚丙烯制 | | | | | | |
| 5506400000 | 已梳的聚丙烯短纤(包括经其他纺前加工的) | 5 | 70 | 17 | 17 | 千克 | |
| 55069010 | ---聚苯硫醚制 | | | | | | |
| 5506901000 | 已梳的聚苯硫醚短纤(包括经其他纺前加工的) | 5 | 70 | 17 | 17 | 千克 | |
| 55069090 | ---其他 | | | | | | |
| 5506909000 | 已梳的其他合成纤维短纤(包括经其他纺前加工的) | 5 | 70 | 17 | 17 | 千克 | |
| **5507** | **人造纤维短纤,已梳或经其他纺前加工** | | | | | | |
| 55070000 | 人造纤维短纤,已梳或经其他纺前加工 | | | | | | |
| 5507000000 | 已梳的人造纤维短纤(包括经其他纺前加工的) | 5 | 35 | 17 | 17 | 千克 | |
| **5508** | **化学纤维短纤纺制的缝纫线,不论是否供零售用** | | | | | | |
| 55081000 | -合成纤维短纤纺制 | | | | | | |

| 商品编号 | 商品名称及备注 | 进口关税税率(%) | | 增值税率(%) | 出口退税率(%) | 计量单位 | 监管条件 |
|---|---|---|---|---|---|---|---|
| | | 最惠国 | 普通 | | | | |
| 5508100000 | 合成纤维短纤制缝纫线 | 5 | 90 | 17 | 17 | 千克 | |
| 55082000 | -人造纤维短纤纺制 | | | | | | |
| 5508200000 | 人造纤维短纤制缝纫线 | 5 | 70 | 17 | 17 | 千克 | |
| **5509** | **合成纤维短纤纺制的纱线(缝纫线除外),非供零售用** | | | | | | |
| 55091100 | --单纱 | | | | | | |
| 5509110000 | 非零售纯尼龙短纤单纱(纯指按重量计尼龙或其他聚酰胺短纤含量≥85%) | 5 | 90 | 17 | 17 | 千克 | |
| 55091200 | --多股纱线或缆线 | | | | | | |
| 5509120000 | 非零售纯尼龙短纤多股纱线(包括缆线,纯指按重量计尼龙或其他聚酰胺短纤含量≥85%) | 5 | 90 | 17 | 17 | 千克 | |
| 55092100 | --单纱 | | | | | | |
| 5509210000 | 非零售纯聚酯短纤单纱(纯指按重量计聚酯短纤含量≥85%) | 5 | 90 | 17 | 17 | 千克 | |
| 55092200 | --多股纱线或缆线 | | | | | | |
| 5509220000 | 非零售聚酯短纤多股纱线或缆线(聚酯短纤含量≥85%,缝纫线除外) | 5 | 90 | 17 | 17 | 千克 | |
| 55093100 | --单纱 | | | | | | |
| 5509310000 | 非零售纯聚丙烯腈短纤单纱(纯指按重量计聚丙烯腈或变性聚丙烯腈短纤含量≥85%) | 5 | 90 | 17 | 17 | 千克 | |
| 55093200 | --多股纱线或缆线 | | | | | | |
| 5509320000 | 非零售纯聚丙烯腈短纤多股纱线(包括缆线,纯指按重量计聚丙烯腈或其变性短纤含量≥85%) | 5 | 90 | 17 | 17 | 千克 | |
| 55094100 | --单纱 | | | | | | |
| 5509410000 | 非零售纯合成纤维短纤单纱(纯指按重量计其他合成纤维短纤含量≥85%) | 5 | 90 | 17 | 17 | 千克 | |
| 55094200 | --多股纱线或缆线 | | | | | | |
| 5509420000 | 非零售纯合成纤维短纤多股纱线(包括缆线,纯指按重量计含其他合成纤维≥85%) | 5 | 90 | 17 | 17 | 千克 | |
| 55095100 | --主要或仅与人造纤维短纤混纺 | | | | | | |
| 5509510000 | 非零售与人造纤维短纤混纺聚酯短纤纱(混纺指按重量计聚酯短纤含量<85%) | 5 | 90 | 17 | 17 | 千克 | |
| 55095200 | --主要或仅与羊毛或动物细毛混纺 | | | | | | |
| 5509520000 | 非零售与毛混纺聚酯短纤纱线(混纺指按重量计聚酯短纤含量<85%) | 5 | 90 | 17 | 17 | 千克 | |
| 55095300 | --主要或仅与棉混纺 | | | | | | |
| 5509530000 | 非零售与棉混纺聚酯短纤纱线(混纺指按重量计聚酯短纤含量<85%) | 5 | 90 | 17 | 17 | 千克 | |
| 55095900 | --其他 | | | | | | |
| 5509590000 | 非零售与其他混纺聚酯短纤纱线(混纺指按重量计聚酯短纤含量<85%) | 5 | 90 | 17 | 17 | 千克 | |
| 55096100 | --主要或仅与羊毛或动物细毛混纺 | | | | | | |
| 5509610000 | 非零售与毛混纺腈纶短纤纱线(混纺指按重量计聚丙烯腈及其变性短纤含量<85%) | 5 | 90 | 17 | 17 | 千克 | |
| 55096200 | --主要或仅与棉混纺 | | | | | | |
| 5509620000 | 非零售与棉混纺腈纶短纤纱线(混纺指按重量计聚丙烯腈及其变性短纤含量<85%) | 5 | 90 | 17 | 17 | 千克 | |
| 55096900 | --其他 | | | | | | |
| 5509690000 | 非零售与其他混纺腈纶短纤纱线(混纺指按重量计聚丙烯腈及其变性短纤含量<85%) | 5 | 90 | 17 | 17 | 千克 | |
| 55099100 | --主要或仅与羊毛或动物细毛混纺 | | | | | | |
| 5509910000 | 非零售与毛混纺其他合成纤维短纤纱线(混纺指按重量计其他合成纤维短纤含量<85%) | 5 | 90 | 17 | 17 | 千克 | |
| 55099200 | --主要或仅与棉混纺 | | | | | | |
| 5509920000 | 非零售与棉混纺其他合成纤维短纤纱线(混纺指按重量计其他合成纤维短纤含量<85%) | 5 | 90 | 17 | 17 | 千克 | |
| 55099900 | --其他 | | | | | | |
| 5509990000 | 非零售与其他混纺合成纤维短纤纱线(混纺指按重量计其他合成纤维短纤含量<85%) | 5 | 90 | 17 | 17 | 千克 | |
| **5510** | **人造纤维短纤纺制的纱线(缝纫线除外),非供零售用** | | | | | | |
| 55101100 | --单纱 | | | | | | |

| 商品编号 | 商品名称及备注 | 进口关税税率(%) | | 增值税率(%) | 出口退税率(%) | 计量单位 | 监管条件 |
|---|---|---|---|---|---|---|---|
| | | 最惠国 | 普通 | | | | |
| 5510110000 | 非零售其他纯人造纤维短纤单纱(纯指按重量计其纤维短纤含量≥85%) | 5 | 70 | 17 | 17 | 千克 | |
| 55101200 | --多股纱线或缆线 | | | | | | |
| 5510120000 | 非零售其他纯人造纤维短纤多股纱线(包括缆线,纯指按重量计其他人造纤维短纤含量≥85%) | 5 | 70 | 17 | 17 | 千克 | |
| 55102000 | -其他纱线,主要或仅与羊毛或动物细毛混纺 | | | | | | |
| 5510200000 | 非零售与毛混纺其他人造纤维短纤纱线(混纺指按重量计其他人造纤维短纤含量<85%) | 5 | 70 | 17 | 17 | 千克 | |
| 55103000 | -其他纱线,主要或仅与棉混纺 | | | | | | |
| 5510300000 | 非零售与棉混纺其他人造纤维短纤纱线(混纺指按重量计其他人造纤维短纤含量<85%) | 5 | 70 | 17 | 17 | 千克 | |
| 55109000 | -其他 | | | | | | |
| 5510900000 | 非零售与其他混纺人造纤维短纤纱线(混纺指按重量计其他人造纤维短纤含量<85%) | 5 | 70 | 17 | 17 | 千克 | |
| **5511** | **化学纤维短纤纺制的纱线(缝纫线除外),供零售用** | | | | | | |
| 55111000 | -按重量计合成纤维短纤含量≥85% | | | | | | |
| 5511100000 | 零售用纯合成纤维短纤纱线(纯指按重量计其他合成纤维短纤含量≥85%) | 5 | 90 | 17 | 17 | 千克 | |
| 55112000 | -按重量计合成纤维短纤含量<85% | | | | | | |
| 5511200000 | 零售用混纺合成纤维短纤纱线(混纺指按重量计其他合成纤维含量<85%) | 5 | 90 | 17 | 17 | 千克 | |
| 55113000 | -人造纤维短纤纺制 | | | | | | |
| 5511300000 | 零售用人造纤维短纤纱线 | 5 | 90 | 17 | 17 | 千克 | |
| **5512** | **合成纤维短纤纺制的机织物,按重量计合成纤维短纤含量≥85%** | | | | | | |
| 55121100 | --未漂白或漂白 | | | | | | |
| 5512110000 | 未漂或漂白聚酯短纤机织物(按重量计聚酯短纤含量≥85%) | 15 | 130 | 17 | 17 | 米/千克 | |
| 55121900 | --其他 | | | | | | |
| 5512190000 | 聚酯短纤其他机织物(按重量计聚酯短纤含量≥85%) | 10 | 130 | 17 | 17 | 米/千克 | |
| 55122100 | --未漂白或漂白 | | | | | | |
| 5512210000 | 未漂白或漂白腈纶短纤机织物(按重量计腈纶短纤含量≥85%) | 13 | 130 | 17 | 17 | 米/千克 | |
| 55122900 | --其他 | | | | | | |
| 5512290000 | 腈纶短纤其他机织物(按重量计腈纶短纤含量≥85%) | 10 | 130 | 17 | 17 | 米/千克 | |
| 55129100 | --未漂白或漂白 | | | | | | |
| 5512910000 | 未漂白或漂白其他合成纤维短纤其他机织物(按重量计其他合成纤维短纤含量≥85%) | 18 | 130 | 17 | 17 | 米/千克 | |
| 55129900 | --其他 | | | | | | |
| 5512990000 | 其他合成纤维短纤其他机织物(按重量计其他合成纤维短纤含量≥85%) | 10 | 130 | 17 | 17 | 米/千克 | |
| **5513** | **合成纤维短纤纺制的机织物,按重量计合成纤维短纤含量在85%以下,主要或仅与棉混纺,每平方米重量不超过170克** | | | | | | |
| 55131110 | ---未漂白 | | | | | | |
| 5513111000 | 与棉混纺未漂白聚酯短纤平纹机织物(聚酯短纤含量<85%) | 16 | 130 | 17 | 17 | 米/千克 | |
| 55131120 | ---漂白 | | | | | | |
| 5513112010 | 与棉混纺漂白聚酯短纤平纹府绸(含聚酯短纤<85%,每平方米重量≤170克,含细平布) | 15 | 130 | 17 | 17 | 米/千克 | A |
| 5513112020 | 与棉混纺漂白聚酯短纤机织平布(混纺为含聚酯短纤<85%,轻质指每平方米重量≤170克) | 15 | 130 | 17 | 17 | 米/千克 | A |
| 5513112030 | 与棉混纺漂白聚酯平纹印染用布(混纺为含聚酯短纤<85%,轻质指每平方米重量≤170克) | 15 | 130 | 17 | 17 | 米/千克 | A |
| 5513112040 | 与棉混纺漂白聚酯短纤平纹奶酪布等(含聚酯短纤<85%,每平方米重量≤170克,含薄细布、巴里纱) | 15 | 130 | 17 | 17 | 米/千克 | A |
| 55131210 | ---未漂白 | | | | | | |

| 商品编号 | 商品名称及备注 | 进口关税税率(%) | | 增值税率(%) | 出口退税率(%) | 计量单位 | 监管条件 |
|---|---|---|---|---|---|---|---|
| | | 最惠国 | 普通 | | | | |
| 5513121000 | 与棉混纺未漂白的轻质聚酯斜纹布(混纺为含聚酯短纤<85%,轻质指每平方米重量≤170克) | 16 | 130 | 17 | 17 | 米/千克 | |
| 55131220 | ---漂白 | | | | | | |
| 5513122000 | 与棉混纺漂白的轻质聚酯斜纹布(混纺为含聚酯短纤<85%,轻质指每平方米重量≤170克) | 18 | 130 | 17 | 17 | 米/千克 | |
| 55131310 | ---未漂白 | | | | | | |
| 5513131000 | 与棉混纺未漂白聚酯短纤其他机织物(聚酯短纤含量<85%) | 16 | 130 | 17 | 17 | 米/千克 | |
| 55131320 | ---漂白 | | | | | | |
| 5513132000 | 与棉混纺漂白聚酯短纤其他机织物(聚酯短纤含量<85%) | 18 | 130 | 17 | 17 | 米/千克 | |
| 55131900 | --其他机织物 | | | | | | |
| 5513190000 | 与棉混纺的未漂白或漂白的其他合成纤维短纤机织物(其他合成纤维短纤含量<85%) | 18 | 130 | 17 | 17 | 米/千克 | |
| 55132100 | --聚酯短纤纺制的平纹机织物 | | | | | | |
| 5513210000 | 与棉混纺染色聚酯短纤平纹机织物(聚酯短纤含量<85%) | 10 | 130 | 17 | 17 | 米/千克 | |
| 55132310 | ---聚酯短纤纺制的三线或四线斜纹机织物,包括双面斜纹机织物 | | | | | | |
| 5513231000 | 与棉混纺染色的轻质聚酯斜纹机织物(包括三线或四线、双面斜纹机织物,聚酯短纤<85%,轻质指每平方米重量≤170克) | 10 | 130 | 17 | 17 | 米/千克 | |
| 55132390 | ---其他 | | | | | | |
| 5513239000 | 与棉混纺染色聚酯短纤其他机织物(混纺为含聚酯短纤<85%,每平方米重量≤170克) | 10 | 130 | 17 | 17 | 米/千克 | |
| 55132900 | --其他机织物 | | | | | | |
| 5513290000 | 与棉混纺染色其他合成纤维短纤其他布(其他合成纤维短纤含量<85%) | 10 | 130 | 17 | 17 | 米/千克 | |
| 55133100 | --聚酯短纤纺制的平纹机织物 | | | | | | |
| 5513310000 | 与棉混纺色织的聚酯短纤平纹布(含聚酯短纤<85%,每平方米重量≤170克) | 10 | 130 | 17 | 17 | 米/千克 | |
| 55133910 | ---聚酯短纤纺制的三线或四线斜纹机织物,包括双面斜纹机织物 | | | | | | |
| 5513391000 | 与棉混纺色织的聚酯短纤三或四线斜纹布(含聚酯短纤<85%,每平方米重量≤170克,包括双面斜纹机织物) | 10 | 130 | 17 | 17 | 米/千克 | |
| 55133920 | ---其他聚酯短纤纺制的机织物 | | | | | | |
| 5513392000 | 与棉混纺色织聚酯短纤其他机织物(混纺为含聚酯短纤<85%,每平方米重量≤170克) | 10 | 130 | 17 | 17 | 米/千克 | |
| 55133990 | ---其他 | | | | | | |
| 5513399000 | 与棉混纺色织其他合成纤维短纤其他布(混纺为含其他合成纤维短纤<85%,每平方米重量≤170克) | 10 | 130 | 17 | 17 | 米/千克 | |
| 55134100 | --聚酯短纤纺制的平纹机织物 | | | | | | |
| 5513410000 | 与棉混纺印花聚酯短纤平纹机织物(聚酯短纤含量<85%,每平方米重量≤170克) | 10 | 130 | 17 | 17 | 米/千克 | |
| 55134910 | ---聚酯短纤纺制的三线或四线斜纹机织物,包括双面斜纹机织物 | | | | | | |
| 5513491000 | 与棉混纺印花的轻质聚酯三或四线斜纹布(混纺为含聚酯短纤<85%,轻质指每平方米重量≤170克,包括双面斜纹机织物) | 10 | 130 | 17 | 17 | 米/千克 | |
| 55134920 | ---其他聚酯短纤纺制的机织物 | | | | | | |
| 5513492000 | 与棉混纺印花聚酯短纤其他机织物(混纺为含聚酯短纤<85%,每平方米重量≤170克) | 10 | 130 | 17 | 17 | 米/千克 | |
| 55134990 | ---其他 | | | | | | |
| 5513499000 | 与棉混纺印花其他合成纤维短纤其他布(混纺为含其他合成纤维短纤<85%,轻质指每平方米重量≤170克) | 10 | 130 | 17 | 17 | 米/千克 | |
| **5514** | **合成纤维短纤纺制的机织物,按重量计合成纤维短纤含量在85%以下,主要或仅与棉混纺,每平方米重量超过170克** | | | | | | |
| 55141110 | ---未漂白 | | | | | | |
| 5514111000 | 与棉混纺未漂白聚酯短纤平纹机织物(聚酯短纤含量<85%,每平方米重量>170克) | 16 | 130 | 17 | 17 | 米/千克 | |
| 55141120 | ---漂白 | | | | | | |
| 5514112000 | 与棉混纺漂白聚酯短纤平纹机织物(聚酯短纤含量<85%,每平方米重量>170克) | 18 | 130 | 17 | 17 | 米/千克 | |

| 商品编号 | 商品名称及备注 | 进口关税税率(%) | | 增值税率(%) | 出口退税率(%) | 计量单位 | 监管条件 |
|---|---|---|---|---|---|---|---|
| | | 最惠国 | 普通 | | | | |
| 55141210 | ---未漂白 | | | | | | |
| 5514121000 | 与棉混纺未漂白的重质聚酯斜纹布(混纺为含聚酯短纤<85%,重质指每平方米重量>170克) | 16 | 130 | 17 | 17 | 米/千克 | |
| 55141220 | ---漂白 | | | | | | |
| 5514122000 | 与棉混纺漂白的聚酯短纤斜纹布(含聚酯短纤<85%,每平方米重量>170克) | 18 | 130 | 17 | 17 | 米/千克 | |
| 55141911 | ----未漂白 | | | | | | |
| 5514191100 | 与棉混纺未漂白聚酯短纤其他机织物(混纺为含聚酯短纤<85%,每平方米重量>170克) | 16 | 130 | 17 | 17 | 米/千克 | |
| 55141912 | ----漂白 | | | | | | |
| 5514191200 | 与棉混纺漂白聚酯短纤其他机织物(混纺为含聚酯短纤<85%,每平方米重量>170克) | 18 | 130 | 17 | 17 | 米/千克 | |
| 55141990 | ---其他 | | | | | | |
| 5514199000 | 与棉混纺未漂白或漂白其他合成纤维短纤布(其他合成纤维短纤<85%,每平方米重量>170克,指其他机织物) | 16 | 130 | 17 | 17 | 米/千克 | |
| 55142100 | --聚酯短纤纺制的平纹机织物 | | | | | | |
| 5514210000 | 与棉混纺染色聚酯短纤平纹机织物(聚酯短纤含量<85%,每平方米重量>170克) | 10 | 130 | 17 | 17 | 米/千克 | |
| 55142200 | --聚酯短纤纺制的三线或四线斜纹机织物,包括双面斜纹机织物 | | | | | | |
| 5514220000 | 与棉混纺染色的重质聚酯斜纹布(混纺为含聚酯短纤<85%,重质指每平方米重量>170克) | 10 | 130 | 17 | 17 | 米/千克 | |
| 55142300 | --其他聚酯短纤纺制的机织物 | | | | | | |
| 5514230000 | 与棉混纺染色聚酯短纤其他机织物(聚酯短纤含量<85%,每平方米重量>170克) | 10 | 130 | 17 | 17 | 米/千克 | |
| 55142900 | --其他机织物 | | | | | | |
| 5514290000 | 与棉混纺染色其他合成纤维短纤其他机织物(混纺为其他合成纤维短纤含量<85%,重质指每平方米重量>170克) | 10 | 130 | 17 | 17 | 米/千克 | |
| 55143010 | ---聚酯短纤纺制的平纹机织物 | | | | | | |
| 5514301000 | 与棉混纺色织的重质聚酯平纹布(混纺为含聚酯短纤<85%,重质指每平方米重量>170克) | 10 | 130 | 17 | 17 | 米/千克 | |
| 55143020 | ---聚酯短纤纺制的三线或四线斜纹机织物,包括双面斜纹机织物 | | | | | | |
| 5514302000 | 与棉混纺色织聚酯短纤三四线斜纹布(聚酯短纤<85%,每平方米重量>170克,包括双面斜纹机织物) | 10 | 130 | 17 | 17 | 米/千克 | |
| 55143030 | ---其他聚酯短纤纺制的机织物 | | | | | | |
| 5514303000 | 与棉混纺色织聚酯短纤其他机织物(混纺为含聚酯短纤<85%,每平方米重量>170克) | 10 | 130 | 17 | 17 | 米/千克 | |
| 55143090 | ---其他机织物 | | | | | | |
| 5514309000 | 与棉混纺色织合成纤维短纤其他机织物(混纺为含其他合成纤维短纤<85%,每平方米重量>170克) | 10 | 130 | 17 | 17 | 米/千克 | |
| 55144100 | --聚酯短纤纺制的平纹机织物 | | | | | | |
| 5514410000 | 与棉混纺印花聚酯短纤平纹机织物(混纺为聚酯短纤含量<85%,重质指每平方米重量>170克) | 10 | 130 | 17 | 17 | 米/千克 | |
| 55144200 | --聚酯短纤纺制的三线或四线斜纹机织物,包括双面斜纹机织物 | | | | | | |
| 5514420000 | 与棉混纺印花的重质聚酯斜纹布(混纺为含聚酯短纤<85%,重质指每平方米重量>170克) | 10 | 130 | 17 | 17 | 米/千克 | |
| 55144300 | --其他聚酯短纤纺制的机织物 | | | | | | |
| 5514430000 | 与棉混纺印花聚酯短纤其他机织物(混纺为聚酯短纤含量<85%,重质指每平方米重量>170克) | 10 | 130 | 17 | 17 | 米/千克 | |
| 55144900 | --其他机织物 | | | | | | |
| 5514490000 | 与棉混纺印花其他合成纤维短纤其他机织物(混纺为其他合成纤维短纤含量<85%,重质指每平方米重量>170克) | 10 | 130 | 17 | 17 | 米/千克 | |
| **5515** | **合成纤维短纤纺制的其他机织物** | | | | | | |

| 商品编号 | 商品名称及备注 | 进口关税税率(%) | | 增值税率(%) | 出口退税率(%) | 计量单位 | 监管条件 |
|---|---|---|---|---|---|---|---|
| | | 最惠国 | 普通 | | | | |
| 55151100 | --主要或仅与粘胶纤维短纤混纺 | | | | | | |
| 5515110000 | 主要或仅与粘胶纤维短纤混纺聚酯短纤其他机织物(聚酯短纤含量<85%,主要或仅与粘胶纤维短纤混纺) | 10 | 130 | 17 | 17 | 米/千克 | |
| 55151200 | --主要或仅与化学纤维长丝混纺 | | | | | | |
| 5515120000 | 主要或仅与化学纤维长丝混纺聚酯短纤其他机织物(聚酯短纤含量<85%,与化学纤维长丝混纺) | 10 | 130 | 17 | 17 | 米/千克 | |
| 55151300 | --主要或仅与羊毛或动物细毛混纺 | | | | | | |
| 5515130000 | 主要或仅与羊毛或动物细毛混纺聚酯短纤其他机织物(聚酯短纤含量<85%) | 10 | 130 | 17 | 17 | 米/千克 | |
| 55151900 | --其他 | | | | | | |
| 5515190000 | 其他聚酯短纤其他机织物(聚酯短纤含量<85%,与其他纤维混纺) | 10 | 130 | 17 | 17 | 米/千克 | |
| 55152100 | --主要或仅与化学纤维长丝混纺 | | | | | | |
| 5515210000 | 主要或仅与化学纤维长丝混纺腈纶短纤机织物(腈短纤含量<85%,主要或仅与化学纤维长丝混纺) | 10 | 130 | 17 | 17 | 米/千克 | |
| 55152200 | --主要或仅与羊毛或动物细毛混纺 | | | | | | |
| 5515220000 | 主要或仅与羊毛或动物细毛混纺腈纶短纤机织物(腈短纤含量<85%) | 12 | 130 | 17 | 17 | 米/千克 | |
| 55152900 | --其他 | | | | | | |
| 5515290000 | 其他腈纶短纤与其他纤维混纺机织物(腈短纤含量<85%,与其他纤维混纺) | 10 | 130 | 17 | 17 | 米/千克 | |
| 55159100 | --主要或仅与化学纤维长丝混纺 | | | | | | |
| 5515910000 | 主要或仅与化学纤维长丝混纺其他合成纤维短纤其他机织物(与化学纤维长丝混纺,合成纤维短纤含量<85%) | 10 | 130 | 17 | 17 | 米/千克 | |
| 55159900 | --其他 | | | | | | |
| 5515990000 | 其他合成纤维短纤其他机织物(合成纤维短纤含量<85%,与其他纤维混纺) | 10 | 130 | 17 | 17 | 米/千克 | |
| **5516** | **人造纤维短纤纺制的机织物** | | | | | | |
| 55161100 | --未漂白或漂白 | | | | | | |
| 5516110000 | 未漂白或漂白的纯人造纤维短纤机织物(按重量计人造纤维短纤含量≥85%) | 12 | 130 | 17 | 17 | 米/千克 | |
| 55161200 | --染色 | | | | | | |
| 5516120000 | 染色的纯人造纤维短纤布(纯人造纤维布指按重量计人造纤维短纤含量≥85%) | 10 | 130 | 17 | 17 | 米/千克 | |
| 55161300 | --色织 | | | | | | |
| 5516130000 | 色织的纯人造纤维短纤布(纯人造纤维布指按重量计人造纤维短纤含量≥85%) | 10 | 130 | 17 | 17 | 米/千克 | |
| 55161400 | --印花 | | | | | | |
| 5516140000 | 印花的纯人造纤维短纤布(纯人造纤维布指按重量计人造纤维短纤含量≥85%) | 10 | 130 | 17 | 17 | 米/千克 | |
| 55162100 | --未漂白或漂白 | | | | | | |
| 5516210000 | 未漂白或漂白的人造纤维短纤机织物(人造纤维短纤含量<85%,与化学纤维长丝混纺) | 12 | 130 | 17 | 17 | 米/千克 | |
| 55162200 | --染色 | | | | | | |
| 5516220000 | 染色人造纤维短纤机织物(人造纤维短纤含量<85%,与化学纤维长丝混纺) | 10 | 130 | 17 | 17 | 米/千克 | |
| 55162300 | --色织 | | | | | | |
| 5516230000 | 色织人造纤维短纤机织物(人造纤维短纤含量<85%,与化学纤维长丝混纺) | 10 | 130 | 17 | 17 | 米/千克 | |
| 55162400 | --印花 | | | | | | |
| 5516240000 | 印花人造纤维短纤机织物(人造纤维短纤含量<85%,与化学纤维长丝混纺) | 10 | 130 | 17 | 17 | 米/千克 | |
| 55163100 | --未漂白或漂白 | | | | | | |
| 5516310000 | 未漂白或漂白人造纤维短纤机织物(按重量计人造纤维短纤含量<85%,主要或仅与羊毛或动物细毛混纺) | 12 | 130 | 17 | 17 | 米/千克 | |
| 55163200 | --染色 | | | | | | |
| 5516320000 | 染色人造纤维短纤机织物(按重量计人造纤维短纤含量<85%,主要或仅与羊毛或动物细毛混纺) | 10 | 130 | 17 | 17 | 米/千克 | |
| 55163300 | --色织 | | | | | | |

| 商品编号 | 商品名称及备注 | 进口关税税率(%) | | 增值税率(%) | 出口退税率(%) | 计量单位 | 监管条件 |
|---|---|---|---|---|---|---|---|
| | | 最惠国 | 普通 | | | | |
| 5516330000 | 色织人造纤维短纤机织物(按重量计人造纤维短纤含量<85%,主要或仅与羊毛或动物细毛混纺) | 10 | 130 | 17 | 17 | 米/千克 | |
| 55163400 | --印花 | | | | | | |
| 5516340000 | 印花人造纤维短纤机织物(按重量计人造纤维短纤含量<85%,主要或仅与羊毛或动物细毛混纺) | 10 | 130 | 17 | 17 | 米/千克 | |
| 55164100 | --未漂白或漂白 | | | | | | |
| 5516410000 | 与棉混纺的未漂白或漂白人造纤维短纤机织物(按重量计人造纤维短纤含量<85%,主要或仅与棉混纺) | 12 | 130 | 17 | 17 | 米/千克 | |
| 55164200 | --染色 | | | | | | |
| 5516420000 | 与棉混纺的染色人造纤维短纤机织物(按重量计人造纤维短纤含量<85%,主要或仅与棉混纺) | 12 | 130 | 17 | 17 | 米/千克 | |
| 55164300 | --色织 | | | | | | |
| 5516430000 | 与棉混纺的色织人造纤维短纤机织物(按重量计人造纤维短纤含量<85%,主要或仅与棉混纺) | 10 | 130 | 17 | 17 | 米/千克 | |
| 55164400 | --印花 | | | | | | |
| 5516440000 | 与棉混纺的印花人造纤维短纤机织物(按重量计人造纤维短纤含量<85%,主要或仅与棉混纺) | 10 | 130 | 17 | 17 | 米/千克 | |
| 55169100 | --未漂白或漂白 | | | | | | |
| 5516910000 | 未漂或漂白人造纤维短纤其他机织物(与其他纤维混纺,人造纤维短纤含量<85%) | 12 | 130 | 17 | 17 | 米/千克 | |
| 55169200 | --染色 | | | | | | |
| 5516920000 | 染色人造纤维短纤其他机织物(与其他纤维混纺,人造纤维短纤含量<85%) | 10 | 130 | 17 | 17 | 米/千克 | |
| 55169300 | --色织 | | | | | | |
| 5516930000 | 色织人造纤维短纤其他机织物(与其他纤维混纺,人造纤维短纤含量<85%) | 10 | 130 | 17 | 17 | 米/千克 | |
| 55169400 | --印花 | | | | | | |
| 5516940000 | 印花人造纤维短纤府绸、细平布、平布、印染用布、奶酪布、帆布、缎纹或斜纹机织物、牛津布(与其他纤维混纺,人造纤维短纤含量<85%) | 10 | 130 | 17 | 17 | 米/千克 | |

# 第五十六章　絮胎、毡呢及无纺织物；特种纱线；线、绳、索、缆及其制品

注释：

一、本章不包括：

（一）用各种物质或制剂（例如，第三十三章的香水或化妆品、品目34.01的肥皂或洗涤剂、品目34.05的光洁剂及类似制剂、品目38.09的织物柔软剂）浸渍、涂布、包覆的絮胎、毡呢或无纺织物，其中的纺织材料仅作为承载介质；

（二）品目58.11的纺织产品；

（三）以毡呢或无纺织物为底的砂布及类似品（品目68.05）；

（四）以毡呢或无纺织物为底的粘聚或复制云母（品目68.14）；

（五）以毡呢或无纺织物为底的金属箔（通常归入第十四类或第十五类）；或

（六）品目96.19的卫生巾（护垫）及止血塞、婴儿尿布及尿布衬里和类似品。

二、所称"毡呢"，包括针刺机制毡呢以及纤维本身通过缝编工序增强了抱合力的纺织纤维网状织物。

三、品目56.02及56.03分别包括用各种性质（紧密结构或泡沫状）的塑料或橡胶浸渍、涂布、包覆或层压的毡呢及无纺织物。

品目56.03还包括用塑料或橡胶作黏合材料的无纺织物。

但品目56.02及56.03不包括：

（一）用塑料或橡胶浸渍、涂布、包覆或层压，按重量计纺织材料含量在50%及以下的毡呢或者完全嵌入塑料或橡胶之内的毡呢（第三十九章或第四十章）；

（二）完全嵌入塑料或橡胶之内的无纺织物，以及用肉眼可辨别出两面都用塑料或橡胶涂布、包覆的无纺织物，涂布或包覆所引起的颜色变化可不予考虑（第三十九章或第四十章）；

（三）与毡呢或无纺织物混制的泡沫塑料或海绵橡胶板、片或扁条，纺织材料仅在其中起增强作用（第三十九章或第四十章）。

四、品目56.04不包括用肉眼无法辨别出是否经过浸渍、涂布或包覆的纺织纱线或品目54.04或54.05的扁条及类似品（通常归入第五十章至第五十五章）；运用本条规定，可不考虑浸渍、涂布或包覆所引起的颜色变化。

| 商品编号 | 商品名称及备注 | 进口关税税率(%) | | 增值税率(%) | 出口退税率(%) | 计量单位 | 监管条件 |
|---|---|---|---|---|---|---|---|
| | | 最惠国 | 普通 | | | | |
| **5601** | **纺织材料絮胎及其制品；长度不超过5毫米的纺织纤维（纤维屑）、纤维粉末及球结** | | | | | | |
| 56012100 | --棉制 | | | | | | |
| 5601210000 | 棉制的絮胎及絮胎制品 | 10 | 50 | 17 | 17 | 千克 | |
| 56012210 | ---卷烟滤嘴 | | | | | | |
| 5601221000 | 化学纤维制的卷烟滤嘴 | 12 | 100 | 17 | 17 | 千克 | 7 |
| 56012290 | ---其他 | | | | | | |
| 5601229000 | 化学纤维制的絮胎及絮胎制品 | 12 | 100 | 17 | 17 | 千克 | |
| 56012900 | --其他 | | | | | | |
| 5601290000 | 其他纺织材料制絮胎及制品 | 10 | 90 | 17 | 17 | 千克 | |
| 56013000 | -纤维屑、纤维粉末及球结 | | | | | | |
| 5601300010[暂5] | 由两种或以上有机聚合物纺制的纤维（横截面为皮芯结构或并列结构或海岛结构，长度≤5毫米） | 10 | 100 | 17 | 17 | 千克 | |
| 5601300090 | 纺织纤维屑，纤维粉末及球结（纺织纤维长度≤5毫米） | 10 | 100 | 17 | 17 | 千克 | |
| **5602** | **毡呢，不论是否浸渍、涂布、包覆或层压** | | | | | | |
| 56021000 | -针刺机制毡呢及纤维缝编织物 | | | | | | |
| 5602100000 | 针刺机制毡呢及纤维缝编织物（不论是否浸渍、涂布、包覆或层压） | 10 | 100 | 17 | 17 | 千克 | |
| 56022100 | --羊毛或动物细毛制 | | | | | | |
| 5602210000 | 羊毛及动物细毛制其他毡呢（未浸渍、涂布、包覆或层压） | 10 | 100 | 17 | 17 | 千克 | |
| 56022900 | --其他纺织材料制 | | | | | | |
| 5602290000 | 其他纺织材料制其他毡呢（未浸渍、涂布、包覆或层压） | 10 | 100 | 17 | 17 | 千克 | |
| 56029000 | -其他 | | | | | | |
| 5602900000 | 其他纺织材料制其他毡呢（浸渍、涂布、包覆或层压） | 10 | 100 | 17 | 17 | 千克 | |
| **5603** | **无纺织物，不论是否浸渍、涂布、包覆或层压** | | | | | | |
| 56031110 | ---经浸渍、涂布、包覆或层压 | | | | | | |

| 商品编号 | 商品名称及备注 | 进口关税税率(%) | | 增值税率(%) | 出口退税率(%) | 计量单位 | 监管条件 |
|---|---|---|---|---|---|---|---|
| | | 最惠国 | 普通 | | | | |
| 5603111000 | 化学纤维长丝制无纺织物(浸渍、涂布、包覆或层压,每平方米重量≤25克) | 10 | 70 | 17 | 17 | 千克 | |
| 56031190 | ---其他 | | | | | | |
| 5603119000 | 其他化学纤维长丝制无纺织物(每平方米重量≤25克) | 10 | 130 | 17 | 17 | 千克 | |
| 56031210 | ---经浸渍、涂布、包覆或层压 | | | | | | |
| 5603121000 | 25克<每平方米重量≤70克浸渍长丝无纺布(浸渍包括涂布、包覆或压层;长丝指化纤长丝) | 10 | 70 | 17 | 17 | 千克 | |
| 56031290 | ---其他 | | | | | | |
| 5603129000 | 25克<每平方米重量≤70克其他长丝无纺布(长丝指化纤长丝) | 10 | 130 | 17 | 17 | 千克 | |
| 56031310 | ---经浸渍、涂布、包覆或层压 | | | | | | |
| 5603131000 | 70克<每平方米重量≤150克浸渍长丝无纺(浸渍包括涂布、包覆或压层;长丝指化纤长丝) | 10 | 70 | 17 | 17 | 千克 | |
| 56031390 | ---其他 | | | | | | |
| 5603139000 | 70<每平方米重量≤150克其他长丝无纺(长丝指化纤长丝) | 10 | 130 | 17 | 17 | 千克 | |
| 56031410 | ---经浸渍、涂布、包覆或层压 | | | | | | |
| 5603141000 | 每平方米重量>150克经浸渍长丝无纺布(浸渍包括涂布、包覆或压层;长丝指化纤长丝) | 10 | 70 | 17 | 17 | 千克 | |
| 56031490 | ---其他 | | | | | | |
| 5603149000 | 每平方米重量>150克的其他长丝无纺布(长丝指化纤长丝) | 10 | 130 | 17 | 17 | 千克 | |
| 56039110 | ---经浸渍、涂布、包覆或层压 | | | | | | |
| 5603911010[暂5] | 每平方米重量≤25克经浸渍的乙烯聚合物制电池隔膜基布(浸渍包括涂布、包覆或压层) | 10 | 70 | 17 | 17 | 千克 | |
| 5603911090 | 每平方米重量≤25克经浸渍其他无纺布(浸渍包括涂布、包覆或压层) | 10 | 70 | 17 | 17 | 千克 | |
| 56039190 | ---其他 | | | | | | |
| 5603919000 | 每平方米重量≤25克的其他无纺布 | 10 | 85 | 17 | 17 | 千克 | |
| 56039210 | ---经浸渍、涂布、包覆或层压 | | | | | | |
| 5603921010[暂5] | 25克<每平方米重量≤70克浸渍的乙烯聚合物制电池隔膜基布(浸渍包括涂布、包覆或压层) | 10 | 70 | 17 | 17 | 千克 | |
| 5603921090 | 25克<每平方米重量≤70克浸渍其他无纺布(浸渍包括涂布、包覆或压层) | 10 | 70 | 17 | 17 | 千克 | |
| 56039290 | ---其他 | | | | | | |
| 5603929000 | 25克<每平方米重量≤70克其他无纺布 | 10 | 85 | 17 | 17 | 千克 | |
| 56039310 | ---经浸渍、涂布、包覆或层压 | | | | | | |
| 5603931010[暂5] | 70克<每平方米重量≤150克浸渍的乙烯聚合物制电池隔膜基布(浸渍包括涂布、包覆或压层) | 10 | 70 | 17 | 17 | 千克 | |
| 5603931090 | 70克<每平方米重量≤150克浸渍其他无纺布(浸渍包括涂布、包覆或压层) | 10 | 70 | 17 | 17 | 千克 | |
| 56039390 | ---其他 | | | | | | |
| 5603939000 | 70克<每平方米重量≤150克的其他无纺布 | 10 | 85 | 17 | 17 | 千克 | |
| 56039410 | ---经浸渍、涂布、包覆或层压 | | | | | | |
| 5603941000 | 其他材料制无纺织物(浸渍、涂布、包覆或压层,每平方米重量>150克) | 10 | 70 | 17 | 17 | 千克 | |
| 56039490 | ---其他 | | | | | | |
| 5603949000 | 其他材料制无纺织物(每平方米重量>150克) | 10 | 85 | 17 | 17 | 千克 | |
| **5604** | **用纺织材料包覆的橡胶线及绳;用橡胶或塑料浸渍、涂布、包覆或套裹的纺织纱线及品目54.04或54.05的扁条及类似品** | | | | | | |
| 56041000 | -用纺织材料包覆的橡胶线及绳 | | | | | | |
| 5604100000 | 用纺织材料包覆的橡胶线及绳 | 5 | 80 | 17 | 17 | 千克 | |
| 56049000 | -其他 | | | | | | |
| 5604900000 | 其他纺织纱线及品目54.04或54.05的扁条及类似品(用橡胶或塑料浸渍、涂布、包覆、套裹) | 5 | 80 | 17 | 17 | 千克 | |

| 商品编号 | 商品名称及备注 | 进口关税税率(%) | | 增值税率(%) | 出口退税率(%) | 计量单位 | 监管条件 |
|---|---|---|---|---|---|---|---|
| | | 最惠国 | 普通 | | | | |
| **5605** | **含金属纱线,不论是否螺旋花线,由纺织纱线或品目54.04或54.05的扁条及类似品与金属线、扁条或粉末混合制得或用金属包覆制得** | | | | | | |
| 56050000 | 含金属纱线,不论是否螺旋花线,由纺织纱线或品目54.04或54.05的扁条及类似品与金属线、扁条或粉末混合制得或用金属包覆制得 | | | | | | |
| 5605000000 | 含金属纱线,不论是否螺旋花线,由纺织纱线或品目54.04或54.05的扁条及类似品与金属线、扁条或粉末混合制得或用金属包覆制得 | 5 | 70 | 17 | 17 | 千克 | |
| **5606** | **粗松螺旋花线,品目54.04或54.05的扁条及类似品制的螺旋花线(品目56.05的货品及马毛粗松螺旋花线除外);绳绒线(包括植绒绳绒线);纵行起圈纱线** | | | | | | |
| 56060000 | 粗松螺旋花线,品目54.04或54.05的扁条及类似品制的螺旋花线(品目56.05的货品及马毛粗松螺旋花线除外);绳绒线(包括植绒绳绒线);纵行起圈纱线 | | | | | | |
| 5606000000 | 绳绒线及粗松螺旋花线(包括纵行起圈纱线,但品目56.05的货品及马毛粗松线除外) | 5 | 70 | 17 | 17 | 千克 | |
| **5607** | **线、绳、索、缆,不论是否编织或编结而成,也不论是否用橡胶或塑料浸渍、涂布、包覆或套裹** | | | | | | |
| 56072100 | --包扎用绳 | | | | | | |
| 5607210000 | 西沙尔麻或其他纺织用龙舌兰类纤维纺制包扎用绳(农机用,可编织或编结,可用橡胶或塑料浸涂包套) | 5 | 50 | 17 | 17 | 千克 | |
| 56072900 | --其他 | | | | | | |
| 5607290000 | 剑麻或龙舌兰纤维制其他线、绳、索、缆(可编织或编结,可用橡胶或塑料浸渍、涂布、包覆、套裹) | 5 | 50 | 17 | 17 | 千克 | |
| 56074100 | --包扎用绳 | | | | | | |
| 5607410000 | 聚乙烯或聚丙烯纺制包扎用绳(可编织或编结,可用橡胶或塑料浸渍、涂布、包覆、套裹) | 5 | 100 | 17 | 17 | 千克 | |
| 56074900 | --其他 | | | | | | |
| 5607490000 | 其他聚乙烯或聚丙烯制线绳索缆(可编织或编结,可用橡胶或塑料浸渍、涂布、包覆、套裹) | 5 | 100 | 17 | 17 | 千克 | |
| 56075000 | -其他合成纤维纺制 | | | | | | |
| 5607500000 | 其他合成纤维制线绳索缆(不论是否编织或编结而成,可用橡胶或塑料浸渍、涂布、包覆、套裹) | 5 | 100 | 17 | 17 | 千克 | |
| 56079010 | ---蕉麻(马尼拉麻)或其他硬质(叶)纤维纺制 | | | | | | |
| 5607901000 | 蕉麻或硬质(叶)纤维制线、绳、索、缆(可编织或编结,可用橡胶或塑料浸渍、涂布、包覆、套裹) | 5 | 50 | 17 | 17 | 千克 | |
| 56079090 | ---其他 | | | | | | |
| 5607909000 | 其他纺织材料制线、绳、索、缆(可编织或编结,可用橡胶或塑料浸渍、涂布、包覆、套裹) | 5 | 100 | 17 | 17 | 千克 | |
| **5608** | **线、绳或索结制的网料;纺织材料制成的渔网及其他网** | | | | | | |
| 56081100 | --制成的渔网 | | | | | | |
| 5608110000 | 化学纤维材料制成的渔网 | 10 | 50 | 17 | 17 | 千克 | |
| 56081900 | --其他 | | | | | | |
| 5608190000 | 化学纤维材料制成的网料和其他网(包括化学纤维线、绳、索结制的网料,罗网及篓状网除外) | 12 | 100 | 17 | 17 | 千克 | |
| 56089000 | -其他 | | | | | | |
| 5608900000 | 其他纺织纤维制成的渔网、其他网及网料(罗网及篓状网除外) | 10 | 100 | 17 | 17 | 千克 | |
| **5609** | **用纱线、品目54.04或54.05的扁条及类似品或线、绳、索、缆制成的其他编号未列名物品** | | | | | | |
| 56090000 | 用纱线、品目54.04或54.05的扁条及类似品或线、绳、索、缆制成的其他编号未列名物品 | | | | | | |
| 5609000000 | 用纱线、扁条、绳、索、缆制其他物品(扁条及类似品指品目54.04或54.05的物品) | 10 | 100 | 17 | 17 | 千克 | |

# 第五十七章　地毯及纺织材料的其他铺地制品

注释：

一、本章所称“地毯及纺织材料的其他铺地制品”，是指使用时以纺织材料作面的铺地制品，也包括具有纺织材料铺地制品特征但作其他用途的物品。

二、本章不包括铺地制品衬垫。

| 商品编号 | 商品名称及备注 | 进口关税税率(%) | | 增值税率(%) | 出口退税率(%) | 计量单位 | 监管条件 |
|---|---|---|---|---|---|---|---|
| | | 最惠国 | 普通 | | | | |
| **5701** | **结织栽绒地毯及纺织材料的其他结织栽绒铺地制品，不论是否制成的** | | | | | | |
| 57011000 | -羊毛或动物细毛制 | | | | | | |
| 5701100000 | 羊毛或动物细毛制的结织栽绒地毯(包括羊毛或动物细毛制的其他结织栽绒铺地制品) | 14 | 130 | 17 | 17 | 千克/平方米 | |
| 57019010 | ---化学纤维制 | | | | | | |
| 5701901000 | 化学纤维制的结织栽绒地毯(包括化学纤维制的结织栽绒铺地制品) | 16 | 130 | 17 | 17 | 千克/平方米 | |
| 57019020 | ---丝制 | | | | | | |
| 5701902000 | 丝制结织栽绒铺地制品(其他铺地制品，未簇绒或未植绒，不论是否制成) | 14 | 100 | 17 | 17 | 千克/平方米 | |
| 57019090 | ---其他 | | | | | | |
| 5701909000 | 其他纺织材料制结织栽绒地毯(包括其他纺织材料制结织栽绒铺地制品) | 14 | 100 | 17 | 17 | 千克/平方米 | |
| **5702** | **机织地毯及纺织材料的其他机织铺地制品，未簇绒或未植绒，不论是否制成的，包括“开来姆”、“苏麦克”、“卡拉马尼”及类似的手织地毯** | | | | | | |
| 57021000 | -“开来姆”、“苏麦克”、“卡拉马尼”及类似的手织地毯 | | | | | | |
| 5702100000 | “开来姆”、“苏麦克”、“卡拉马尼”地毯(包括类似的手织地毯) | 14 | 130 | 17 | 17 | 千克/平方米 | |
| 57022000 | -椰壳纤维制的铺地制品 | | | | | | |
| 5702200000 | 椰壳纤维制的铺地制品(未簇绒或未植绒，不论是否制成的) | 14 | 100 | 17 | 17 | 千克/平方米 | |
| 57023100 | --羊毛或动物细毛制 | | | | | | |
| 5702310000 | 未制成的羊毛起绒地毯及铺地制品(包括动物细毛制，未簇绒或未植绒) | 10 | 130 | 17 | 17 | 千克/平方米 | |
| 57023200 | --化学纤维制 | | | | | | |
| 5702320000 | 未制成的化学纤维起绒地毯及铺地制品(未簇绒或未植绒) | 16 | 130 | 17 | 17 | 千克/平方米 | |
| 57023900 | --其他纺织材料制 | | | | | | |
| 5702390000 | 其他纺织料未制成起绒铺地制品(未簇绒或未植绒) | 14 | 100 | 17 | 17 | 千克/平方米 | |
| 57024100 | --羊毛或动物细毛制 | | | | | | |
| 5702410000 | 制成的羊毛起绒地毯及铺地制品(包括动物细毛制，未簇绒或未植绒) | 10 | 130 | 17 | 17 | 千克/平方米 | |
| 57024200 | --化学纤维制 | | | | | | |
| 5702420000 | 制成的化学纤维起绒地毯及铺地制品(未簇绒或未植绒) | 10 | 130 | 17 | 17 | 千克/平方米 | |
| 57024900 | --其他纺织材料制 | | | | | | |
| 5702490000 | 其他纺织材料制成的起绒铺地制品 | 14 | 100 | 17 | 17 | 千克/平方米 | |
| 57025010 | ---羊毛或动物细毛制 | | | | | | |
| 5702501000 | 未制成羊毛非起绒地毯及铺地制品(包括动物细毛制，未簇绒或未植绒) | 14 | 130 | 17 | 17 | 千克/平方米 | |
| 57025020 | ---化学纤维制 | | | | | | |
| 5702502000 | 未制成化学纤维非起绒地毯及铺地制品(未簇绒或未植绒) | 16 | 130 | 17 | 17 | 千克/平方米 | |
| 57025090 | ---其他纺织材料制 | | | | | | |
| 5702509000 | 未制成其他纺织料制非起绒铺地制品 | 14 | 100 | 17 | 17 | 千克/平方米 | |
| 57029100 | --羊毛或动物细毛制 | | | | | | |
| 5702910000 | 制成的毛制非起绒铺地制品(指羊毛或动物细毛) | 14 | 130 | 17 | 17 | 千克/平方米 | |
| 57029200 | --化学纤维制 | | | | | | |
| 5702920000 | 制成的化学纤维非起绒地毯及铺地制品(未簇绒或未植绒) | 16 | 130 | 17 | 17 | 千克/平方米 | |
| 57029900 | --其他纺织材料制 | | | | | | |

| 商品编号 | 商品名称及备注 | 进口关税税率(%) | | 增值税率(%) | 出口退税率(%) | 计量单位 | 监管条件 |
|---|---|---|---|---|---|---|---|
| | | 最惠国 | 普通 | | | | |
| 5702990000 | 制成的其他纺织材料制非起绒铺地制品 | 14 | 100 | 17 | 17 | 千克/平方米 | |
| **5703** | **簇绒地毯及纺织材料的其他簇绒铺地制品,不论是否制成的** | | | | | | |
| 57031000 | -羊毛或动物细毛制 | | | | | | |
| 5703100000 | 羊毛簇绒地毯及其他簇绒铺地制品(包括动物细毛制,不论是否制成) | 14 | 130 | 17 | 17 | 千克/平方米 | |
| 57032000 | -尼龙或其他聚酰胺制 | | | | | | |
| 5703200000 | 尼龙簇绒地毯及其他簇绒铺地制品(包括其他聚酰胺制,不论是否制成) | 10 | 130 | 17 | 17 | 千克/平方米 | |
| 57033000 | -其他化学纤维制 | | | | | | |
| 5703300000 | 化学纤维簇绒地毯及其他簇绒铺地制品(尼龙制的除外,不论是否制成) | 10 | 130 | 17 | 17 | 千克/平方米 | |
| 57039000 | -其他纺织材料制 | | | | | | |
| 5703900000 | 其他簇绒地毯及其他簇绒铺地制品(羊毛、化学纤维制除外,不论是否制成) | 14 | 100 | 17 | 17 | 千克/平方米 | |
| **5704** | **毡呢地毯及纺织材料的其他毡呢铺地制品,未簇绒或未植绒,不论是否制成的** | | | | | | |
| 57041000 | -最大表面面积≤0.3平方米 | | | | | | |
| 5704100000 | 毡呢铺地制品,最大面积≤0.3平方米(未簇绒或未植绒) | 14 | 130 | 17 | 17 | 千克/平方米 | |
| 57042000 | -0.3平方米<最大表面面积≤1平方米 | | | | | | |
| 5704200000 | 毡呢铺地制品,0.3平方米<最大面积≤1平方米(未簇绒或未植绒) | 10 | 130 | 17 | 17 | 千克/平方米 | |
| 57049000 | -其他 | | | | | | |
| 5704900000 | 毡呢铺地制品,最大面积>1平方米(未簇绒或未植绒) | 10 | 130 | 17 | 17 | 千克/平方米 | |
| **5705** | **其他地毯及纺织材料的其他铺地制品,不论是否制成的** | | | | | | |
| 57050010 | ---羊毛或动物细毛制 | | | | | | |
| 5705001000 | 羊毛制其他地毯及其他铺地制品(包括动物细毛制,不论是否制成的) | 14 | 130 | 17 | 17 | 千克/平方米 | |
| 57050020 | ---化学纤维制 | | | | | | |
| 5705002000 | 化学纤维制其他地毯及其他铺地制品(不论是否制成的) | 10 | 130 | 17 | 17 | 千克/平方米 | |
| 57050090 | ---其他 | | | | | | |
| 5705009000 | 其他纺织材料制未列名地毯及铺地制品 | 14 | 100 | 17 | 17 | 千克/平方米 | |

# 第五十八章　特种机织物；簇绒织物；花边；装饰毯；装饰带；刺绣品

**注释：**

一、本章不适用于经浸渍、涂布、包覆或层压的第五十九章注释一所述的纺织物或第五十九章的其他货品。

二、品目58.01也包括因未将浮纱割断而使表面无竖绒的纬起绒织物。

三、品目58.03所称"纱罗"，是指经线全部或部分由地经纱和绞经纱构成的织物，其中绞经纱绕地经纱半圈、一圈或几圈而形成圈状，纬纱从圈中穿过。

四、品目58.04不适用于品目56.08的线、绳、索结制的网状织物。

五、品目58.06所称"狭幅机织物"，是指：

（一）幅宽不超过30厘米的机织物，不论是否织成或从宽幅料剪成，但两侧必须有织成的、胶粘的或用其他方法制成的布边；

（二）压平宽度不超过30厘米的圆筒机织物；

（三）折边的斜裁滚条布，其未折边时的宽度不超过30厘米。

流苏状的狭幅织物归入品目58.08。

六、品目58.10所称"刺绣品"，除了一般纺织材料绣线绣制的刺绣品外，还包括在可见底布上用金属线或玻璃线刺绣的刺绣品，也包括用珠片、饰珠或纺织材料或其他材料制的装饰用花纹图案所缝绣的贴花织物。但不包括手工针绣嵌花装饰毯（品目58.05）。

七、除品目58.09的产品外，本章还包括金属线制的用于衣着、装饰及类似用途的物品。

| 商品编号 | 商 品 名 称 及 备 注 | 进口关税税率（%） | | 增值税率（%） | 出口退税率（%） | 计量单位 | 监管条件 |
|---|---|---|---|---|---|---|---|
| | | 最惠国 | 普通 | | | | |
| **5801** | **起绒机织物及绳绒织物，但品目58.02或58.06的织物除外** | | | | | | |
| 58011000 | -羊毛或动物细毛制 | | | | | | |
| 5801100000 | 毛制起绒机织物及绳绒织物（品目58.02或58.06的织物除外） | 10 | 130 | 17 | 17 | 米/千克 | |
| 58012100 | --不割绒的纬起绒织物 | | | | | | |
| 5801210000 | 不割绒的棉制纬起绒织物（品目58.02或58.06的织物除外） | 12 | 70 | 17 | 17 | 米/千克 | |
| 58012200 | --割绒的灯芯绒 | | | | | | |
| 5801220000 | 割绒的棉制灯芯绒（品目58.02或58.06的织物除外） | 10 | 70 | 17 | 17 | 米/千克 | |
| 58012300 | --其他纬起绒织物 | | | | | | |
| 5801230000 | 其他棉制纬起绒织物（品目58.02或58.06的织物除外） | 10 | 70 | 17 | 17 | 米/千克 | |
| 58012600 | --绳绒织物 | | | | | | |
| 5801260000 | 棉制绳绒织物（品目58.02或58.06的织物除外） | 10 | 70 | 17 | 17 | 米/千克 | |
| 58012710 | ---不割绒的（棱纹绸） | | | | | | |
| 5801271000 | 棉制不割绒的经起绒织物（棱纹绸）（品目58.02或58.06的织物除外） | 10 | 70 | 17 | 17 | 米/千克 | |
| 58012720 | ---割绒的 | | | | | | |
| 5801272000 | 棉制割绒的经起绒织物（品目58.02或58.06的织物除外） | 10 | 70 | 17 | 17 | 米/千克 | |
| 58013100 | --不割绒的纬起绒织物 | | | | | | |
| 5801310000 | 不割绒的化学纤维制纬起绒织物（品目58.02或58.06的织物除外） | 10 | 130 | 17 | 17 | 米/千克 | |
| 58013200 | --割绒的灯芯绒 | | | | | | |
| 5801320000 | 割绒的化学纤维制灯芯绒（品目58.02或58.06的织物除外） | 10 | 130 | 17 | 17 | 米/千克 | |
| 58013300 | --其他纬起绒织物 | | | | | | |
| 5801330000 | 其他化学纤维纬起绒织物（品目58.02或58.06的织物除外） | 10 | 130 | 17 | 17 | 米/千克 | |
| 58013600 | --绳绒织物 | | | | | | |
| 5801360000 | 化学纤维绳绒织物（品目58.02或58.06的织物除外） | 10 | 130 | 17 | 17 | 米/千克 | |
| 58013710 | ---不割绒的（棱纹绸） | | | | | | |
| 5801371000 | 化学纤维制不割绒经起绒织物（棱纹绸）（品目58.02或58.06的织物除外） | 10 | 130 | 17 | 17 | 米/千克 | |
| 58013720 | ---割绒的 | | | | | | |
| 5801372000 | 化学纤维制割绒的经起绒织物（品目58.02或58.06的织物除外） | 10 | 130 | 17 | 17 | 米/千克 | |
| 58019010 | ---丝及绢丝制 | | | | | | |
| 5801901000 | 丝及绢丝制起绒机织物及绳绒织物（品目58.02或58.06的织物除外） | 10 | 130 | 17 | 17 | 米/千克 | |

| 商品编号 | 商 品 名 称 及 备 注 | 进口关税税率(%) | | 增值税率(%) | 出口退税率(%) | 计量单位 | 监管条件 |
|---|---|---|---|---|---|---|---|
| | | 最惠国 | 普通 | | | | |
| 58019090 | ---其他 | | | | | | |
| 5801909000 | 其他材料制起绒机织物及绳绒织物(品目58.02或58.06的织物除外) | 10 | 80 | 17 | 17 | 米/千克 | |
| **5802** | **毛巾织物及类似的毛圈机织物,但品目58.06的狭幅织物除外;簇绒织物,但品目57.03的产品除外** | | | | | | |
| 58021100 | --未漂白 | | | | | | |
| 5802110000 | 未漂棉毛巾织物及类似毛圈机织物(品目58.06的狭幅织物除外) | 12 | 70 | 17 | 17 | 米/千克 | |
| 58021900 | --其他 | | | | | | |
| 5802190000 | 其他棉毛巾织物及类似毛圈机织物(品目58.06的狭幅织物除) | 10 | 70 | 17 | 17 | 米/千克 | |
| 58022010 | ---丝及绢丝制 | | | | | | |
| 5802201000 | 丝及绢丝毛巾织物及类似毛圈织物(品目58.06的狭幅织物除外) | 12 | 130 | 17 | 17 | 米/千克 | |
| 58022020 | ---羊毛或动物细毛制 | | | | | | |
| 5802202000 | 羊毛等毛巾织物及类似毛圈机织物(指羊毛或动物细毛制,品目58.06的狭幅织物除外) | 12 | 130 | 17 | 17 | 米/千克 | |
| 58022030 | ---化学纤维制 | | | | | | |
| 5802203000 | 化学纤维毛巾织物及类似毛圈机织物(品目58.06的狭幅织物除外) | 14 | 130 | 17 | 17 | 米/千克 | |
| 58022090 | ---其他 | | | | | | |
| 5802209000 | 其他材料毛巾织物及类似毛圈织物(品目58.06的狭幅织物除外) | 12 | 80 | 17 | 17 | 米/千克 | |
| 58023010 | ---丝及绢丝制 | | | | | | |
| 5802301000 | 丝及绢丝制簇绒织物(品目57.03的产品除外) | 10 | 130 | 17 | 17 | 米/千克 | |
| 58023020 | ---羊毛或动物细毛制 | | | | | | |
| 5802302000 | 羊毛或动物细毛制簇绒织物(品目57.03的产品除外) | 10 | 130 | 17 | 17 | 米/千克 | |
| 58023030 | ---棉或麻制 | | | | | | |
| 5802303000 | 棉或麻制簇绒织物(品目57.03的产品除外) | 10 | 70 | 17 | 17 | 米/千克 | |
| 58023040 | ---化学纤维制 | | | | | | |
| 5802304000 | 化学纤维制簇绒织物(品目57.03的产品除外) | 10 | 130 | 17 | 17 | 米/千克 | |
| 58023090 | ---其他纺织材料制 | | | | | | |
| 5802309000 | 其他纺织材料制簇绒织物(品目57.03的产品除外) | 10 | 80 | 17 | 17 | 米/千克 | |
| **5803** | **纱罗,但品目58.06的狭幅织物除外** | | | | | | |
| 58030010 | ---棉制 | | | | | | |
| 5803001000 | 棉制纱罗(品目58.06的狭幅织物除外) | 10 | 70 | 17 | 17 | 米/千克 | |
| 58030020 | ---丝及绢丝制 | | | | | | |
| 5803002000 | 丝及绢丝制纱罗(品目58.06的狭幅织物除外) | 10 | 130 | 17 | 17 | 米/千克 | |
| 58030030 | ---化学纤维制 | | | | | | |
| 5803003000 | 化学纤维制纱罗(品目58.06的狭幅织物除外) | 10 | 130 | 17 | 17 | 米/千克 | |
| 58030090 | ---其他纺织材料制 | | | | | | |
| 5803009000 | 其他纺织材料制纱罗(品目58.06的狭幅织物除外) | 10 | 80 | 17 | 17 | 米/千克 | |
| **5804** | **网眼薄纱及其他网眼织物,但不包括机织物、针织物或钩编织物;成卷、成条或成小块图案的花边,但品目60.02至60.06的织物除外** | | | | | | |
| 58041010 | ---丝及绢丝制 | | | | | | |
| 5804101000 | 丝及绢丝网眼薄纱及其他网眼织物(不包括机织物、针织物或钩编织物) | 10 | 130 | 17 | 17 | 千克 | |
| 58041020 | ---棉制 | | | | | | |
| 5804102000 | 棉制网眼薄纱及其他网眼织物(不包括机织物、针织物或钩编织物) | 10 | 70 | 17 | 17 | 千克 | |
| 58041030 | ---化学纤维制 | | | | | | |
| 5804103000 | 化学纤维制网眼薄纱及其他网眼织物(不包括机织物、针织物或钩编织物) | 12 | 130 | 17 | 17 | 千克 | |
| 58041090 | ---其他纺织材料制 | | | | | | |
| 5804109000 | 其他材料制网眼薄纱及其他网眼织物(不包括机织物、针织物或钩编织物) | 10 | 90 | 17 | 17 | 千克 | |
| 58042100 | --化学纤维制 | | | | | | |

| 商品编号 | 商品名称及备注 | 进口关税税率(%) | | 增值税率(%) | 出口退税率(%) | 计量单位 | 监管条件 |
|---|---|---|---|---|---|---|---|
| | | 最惠国 | 普通 | | | | |
| 5804210000 | 化学纤维机制花边(成卷、成条或成小块图案的,但品目60.02的织物除外) | 10 | 130 | 17 | 17 | 千克 | |
| 58042910 | ---丝及绢丝制 | | | | | | |
| 5804291000 | 丝及绢丝机制花边(成卷、成条或成小块图案的,但品目60.02的织物除外) | 10 | 130 | 17 | 17 | 千克 | |
| 58042920 | ---棉制 | | | | | | |
| 5804292000 | 棉机制花边(成卷、成条或成小块图案的,但品目60.02的织物除外) | 10 | 70 | 17 | 17 | 千克 | |
| 58042990 | ---其他 | | | | | | |
| 5804299000 | 其他纺织材料制机制花边(成卷、成条或成小块图案的,但品目60.02的织物除外) | 10 | 90 | 17 | 17 | 千克 | |
| 58043000 | -手工制花边 | | | | | | |
| 5804300000 | 手工制花边(成卷、成条或成小块图案的,但品目60.02的织物除外) | 10 | 100 | 17 | 17 | 千克 | |
| **5805** | **"哥白林"、"弗朗德"、"奥步生"、"波威"及类似式样的手织装饰毯,以及手工针绣嵌花装饰毯(例如,小针脚或十字绣),不论是否制成的** | | | | | | |
| 58050010 | ---手工针绣嵌花装饰毯 | | | | | | |
| 5805001000 | 手工针绣嵌花装饰毯(不论是否制成的) | 12 | 130 | 17 | 17 | 平方米/千克 | |
| 58050090 | ---其他 | | | | | | |
| 5805009000 | 其他手织装饰毯(包括"哥白林"、"弗朗德"、"奥步生"、"波威"及类似式样的,不论是否制成的) | 12 | 130 | 17 | 17 | 平方米/千克 | |
| **5806** | **狭幅机织物,但品目58.07的货品除外;用黏合剂黏合制成的有经纱而无纬纱的狭幅织物(包扎匹头用带)** | | | | | | |
| 58061010 | ---棉或麻制 | | | | | | |
| 5806101000 | 棉或麻制狭幅起绒机织物及绳绒织物(包括狭幅毛巾织物及类似毛圈织物,品目58.07的货品除外) | 10 | 70 | 17 | 17 | 千克 | |
| 58061090 | ---其他纺织材料制 | | | | | | |
| 5806109000 | 其他材料狭幅起绒织物及绳绒织物(包括狭幅毛巾织物及类似毛圈织物,品目58.07的货品除外) | 10 | 80 | 17 | 17 | 千克 | |
| 58062000 | -按重量计弹性纱线或橡胶线含量≥5%的其他机织物 | | | | | | |
| 5806200000 | 含弹性纱线≥5%狭幅织物(包括含橡胶线,品目58.07的货品除外) | 10 | 100 | 17 | 17 | 千克 | |
| 58063100 | --棉制 | | | | | | |
| 5806310000 | 棉制未列名狭幅机织物(品目58.07的货品除外) | 10 | 70 | 17 | 17 | 千克 | |
| 58063200 | --化学纤维制 | | | | | | |
| 5806320000 | 化学纤维制狭幅机织物(品目58.07的货品除外) | 10 | 130 | 17 | 17 | 千克 | |
| 58063910 | ---丝及绢丝制 | | | | | | |
| 5806391000 | 含丝量≥85%的其他狭幅机织物(品目58.07的货品除外) | 10 | 130 | 17 | 17 | 千克 | |
| 58063920 | ---羊毛或动物细毛制 | | | | | | |
| 5806392000 | 羊毛制其他狭幅机织物(品目58.07的货品除外) | 10 | 130 | 17 | 17 | 千克 | |
| 58063990 | ---其他 | | | | | | |
| 5806399000 | 其他材料制其他狭幅机织物(品目58.07的货品除外) | 10 | 80 | 17 | 17 | 千克 | |
| 58064010 | ---棉或麻制 | | | | | | |
| 5806401000 | 棉或麻黏合有经纱无纬纱狭幅织物(包括扎匹头用带,品目58.07的货品除外) | 10 | 70 | 17 | 17 | 千克 | |
| 58064090 | ---其他纺织材料制 | | | | | | |
| 5806409000 | 其他材料黏合有经无纬狭幅织物(包括扎匹头用带,品目58.07的货品除外) | 10 | 80 | 17 | 17 | 千克 | |
| **5807** | **非绣制的纺织材料制标签、徽章及类似品,成匹、成条或裁成一定形状或尺寸** | | | | | | |
| 58071000 | -机织 | | | | | | |
| 5807100000 | 纺织材料制机织非绣制标签、徽章及类似品(包括徽章及类似品,成匹、成条或裁成一定形状或尺寸) | 10 | 100 | 17 | 17 | 千克 | |
| 58079000 | -其他 | | | | | | |

| 商品编号 | 商 品 名 称 及 备 注 | 进口关税税率(%) | | 增值税率(%) | 出口退税率(%) | 计量单位 | 监管条件 |
|---|---|---|---|---|---|---|---|
| | | 最惠国 | 普通 | | | | |
| 5807900000 | 纺织材料制非机织非绣制标签、徽章及类似品(包括徽章及类似品,成匹、成条或裁成一定形状或尺寸) | 10 | 100 | 17 | 17 | 千克 | |
| **5808** | **成匹的编带;非绣制的成匹装饰带,但针织或钩编的除外;流苏、绒球及类似品** | | | | | | |
| 58081000 | -成匹的编带 | | | | | | |
| 5808100020 | 蕉麻或苎麻制成匹的编带(适合制造或装饰帽类用) | 10 | 100 | 17 | 17 | 千克 | A |
| 5808100090 | 其他纺织材料制成匹的编带 | 10 | 100 | 17 | 17 | 千克 | |
| 58089000 | -其他 | | | | | | |
| 5808900000 | 非绣制的成匹装饰带,但针织或钩编的除外;流苏、绒球及类似品 | 10 | 100 | 17 | 17 | 千克 | |
| **5809** | **其他编号未列名的金属线机织物及品目56.05所列含金属纱线的机织物,用于衣着、装饰及类似用途** | | | | | | |
| 58090010 | ---与棉混制 | | | | | | |
| 5809001000 | 金属线及含金属纱线与棉混制的布(用于衣着、装饰及类似用途,布指机织物) | 10 | 90 | 17 | 17 | 米/千克 | |
| 58090020 | ---与化学纤维混制 | | | | | | |
| 5809002000 | 金属线及含金属纱线与化学纤维混制布(用于衣着、装饰及类似用途,布指机织物) | 10 | 130 | 17 | 17 | 米/千克 | |
| 58090090 | ---其他 | | | | | | |
| 5809009000 | 金属线与其他纤维混制的布(含金属纱线,用于衣着、装饰及类似用途,布指机织物) | 10 | 100 | 17 | 17 | 米/千克 | |
| **5810** | **成匹、成条或成小块图案的刺绣品** | | | | | | |
| 58101000 | -不见底布的刺绣品 | | | | | | |
| 5810100000 | 不见底布的刺绣品(成匹、成条或成小块图案) | 10 | 130 | 17 | 17 | 千克 | |
| 58109100 | --棉制 | | | | | | |
| 5810910000 | 棉制见底布的刺绣品(成批、成条或成小块图案) | 10 | 130 | 17 | 17 | 千克 | |
| 58109200 | --化学纤维制 | | | | | | |
| 5810920000 | 化学纤维制见底布刺绣品(成匹、成条或成小块图案) | 10 | 130 | 17 | 17 | 千克 | |
| 58109900 | --其他纺织材料制 | | | | | | |
| 5810990000 | 其他纺织材料制见底布刺绣品(成匹、成条或成小块图案) | 10 | 130 | 17 | 17 | 千克 | |
| **5811** | **用一层或几层纺织材料与胎料经绗缝或其他方法组合制成的被褥状纺织品,但品目58.10的刺绣品除外** | | | | | | |
| 58110010 | ---丝及绢丝制 | | | | | | |
| 5811001000 | 丝及绢丝制被褥状纺织品(经绗缝等法用一层或几层织物与胎料组合,不含品目58.10刺绣品) | 10 | 130 | 17 | 17 | 千克 | |
| 58110020 | ---羊毛或动物细毛制 | | | | | | |
| 5811002000 | 羊毛或动物细毛制被褥状纺织品(经绗缝等法用一层或几层织物与胎料组合,不含品目58.10刺绣品) | 10 | 130 | 17 | 17 | 千克 | |
| 58110030 | ---棉制 | | | | | | |
| 5811003000 | 棉制被褥状纺织品(经绗缝等法用一层或几层织物与胎料组合,不含品目58.10刺绣品) | 10 | 80 | 17 | 17 | 千克 | |
| 58110040 | ---化学纤维制 | | | | | | |
| 5811004000 | 化学纤维制被褥状纺织品(经绗缝等法用一层或几层织物与胎料组合,不含品目58.10刺绣品) | 12 | 130 | 17 | 17 | 千克 | |
| 58110090 | ---其他纺织材料制 | | | | | | |
| 5811009000 | 其他纺织材料制被褥状纺织品(经绗缝等法用一层或几层织物与胎料组合,不含品目58.10刺绣品) | 10 | 90 | 17 | 17 | 千克 | |

# 第五十九章　浸渍、涂布、包覆或层压的纺织物；工业用纺织制品

注释：

一、除条文另有规定的以外，本章所称"纺织物"，仅适用于第五十章至第五十五章、品目58.03及58.06的机织物、品目58.08的成匹编带和装饰带及品目60.02至60.06的针织物或钩编织物。

二、品目59.03适用于：

（一）用塑料浸渍、涂布、包覆或层压的纺织物，不论每平方米重量多少以及塑料的性质如何（紧密结构或泡沫状的），但下列各项除外：

1. 用肉眼无法辨别出是否经过浸渍、涂布、包覆或层压的织物（通常归入第五十章至第五十五章、第五十八章或第六十章）；但由于浸渍、涂布、包覆或层压所引起的颜色变化可不予考虑；

2. 温度在15℃~30℃时，用手工将其绕于直径7毫米的圆柱体上会发生断裂的产品（通常归入第三十九章）；

3. 纺织物完全嵌入塑料内或在其两面均用塑料完全包覆或涂布，而这种包覆或涂布用肉眼是能够辨别出的产品（但由于包覆或涂布所引起的颜色变化可不予考虑）（第三十九章）；

4. 用塑料部分涂布或包覆并由此而形成图案的织物（通常归入第五十章至第五十五章、第五十八章或第六十章）；

5. 与纺织物混制而其中纺织物仅起增强作用的泡沫塑料板、片或带（第三十九章）；

6. 品目58.11的纺织品。

（二）由品目56.04的用塑料浸渍、涂布、包覆或套裹的纱线、扁条或类似品制成的织物。

三、品目59.05所称"糊墙织物"，是指以纺织材料做面，固定在一衬背上或在背面进行处理（浸渍或涂布以便于裱糊），适于装饰墙壁或天花板，且宽度不小于45厘米的成卷产品。

但本品目不适用于以纺织纤维屑或粉末直接粘于纸上（品目48.14）或布底上（通常归入品目59.07）的糊墙物品。

四、品目59.06所称"用橡胶处理的纺织物"是指：

（一）用橡胶浸渍、涂布、包覆或层压的纺织物：

1. 每平方米重量不超过1500克；

2. 每平方米重量超过1500克，按重量计纺织材料含量在50%以上；

（二）由品目56.04的用橡胶浸渍、涂布、包覆或套裹的纱线、扁条或类似品制成的织物；

（三）平行纺织纱线经橡胶黏合的织物，不论每平方米重量多少。

但本品目不包括与纺织物混制而其中纺织物仅起增强作用的海绵橡胶板、片或带（第四十章），也不包括品目58.11的纺织品。

五、品目59.07不适用于：

（一）用肉眼无法辨别出是否经过浸渍、涂布或包覆的织物（通常归入第五十章至第五十五章、第五十八章或第六十章），但由于浸渍、涂布或包覆所引起的颜色变化可不予考虑；

（二）绘有图画的织物（作为舞台、摄影布景或类似品的已绘制的画布除外）；

（三）用短绒、粉末、软木粉或类似品部分覆面并由此而形成图案的织物，但仿绒织物仍归入本品目；

（四）以淀粉或类似物质为基本成分的正常浆料上浆整理的织物；

（五）以纺织物为底的木饰面板（品目44.08）；

（六）以纺织物为底的砂布及类似品（品目68.05）；

（七）以纺织物为底的粘聚或复制云母片（品目68.14）；

（八）以纺织物为底的金属箔（通常为第十四类或第十五类）。

六、品目59.10不适用于：

（一）厚度小于3毫米的纺织材料制传动带或输送带；

（二）用橡胶浸渍、涂布、包覆或层压的织物制成的或用橡胶浸渍、涂布、包覆或套裹的纱线或绳制成的传动带及运输带（品目40.10）。

七、品目59.11适用于下列不能归入第十一类其他品目的货品：

（一）下列成匹的、裁成一定长度或仅裁成矩形（包括正方形）的纺织产品（具有品目59.08至59.10所列产品特征的产品除外）：

1. 用橡胶、皮革或其他材料涂布、包覆或层压的做针布用的纺织物、毡呢及毡呢衬里机织物，以及其他专门技术用途的类似织物，包括用橡胶浸渍的用于包覆纺锤（织轴）的狭幅丝绒织物；

2. 筛布；

3. 用于榨油机器或类似机器的纺织材料制或人发制滤布；

4. 用多股经纱或纬纱平织而成的纺织物，不论是否毡化、浸渍或涂布，通常用于机械或其他专门技术用途；

5. 专门技术用途的增强纺织物；

6. 工业上做填塞或润滑材料的线绳、编带及类似品，不论是否涂布、浸渍或用金属加强。

（二）专门技术用途的纺织制品（品目59.08至59.10的货品除外），例如，造纸机器或类似机器（如制浆机或制石棉水泥的机器）用的环状或装有连接装置的纺织物或毡呢、密封垫、垫圈、抛光盘及其他机器零件。

| 商品编号 | 商品名称及备注 | 进口关税税率（%） | | 增值税率（%） | 出口退税率（%） | 计量单位 | 监管条件 |
|---|---|---|---|---|---|---|---|
| | | 最惠国 | 普通 | | | | |
| **5901** | **用胶或淀粉物质涂布的纺织物，作书籍封面及类似用途的；描图布；制成的油画布；作帽里的硬衬布及类似硬挺纺织物** | | | | | | |
| 59011010 | ---棉或麻制 | | | | | | |
| 5901101010 | 胶或淀粉涂布的棉纺织物（作书籍封面，棉织物重≥50%，经漂染印花） | 10 | 80 | 17 | 17 | 千克 | |
| 5901101090 | 胶或淀粉涂布的麻及其他棉纺织（作书籍封面及类似用途的） | 10 | 80 | 17 | 17 | 千克 | |
| 59011020 | ---化学纤维制 | | | | | | |

| 商品编号 | 商品名称及备注 | 进口关税税率(%) | | 增值税率(%) | 出口退税率(%) | 计量单位 | 监管条件 |
|---|---|---|---|---|---|---|---|
| | | 最惠国 | 普通 | | | | |
| 5901102010 | 胶或淀粉涂布的涤棉短纤混纺织品(书籍封面及类似用途,聚酯短纤棉混纺漂染织物重>50%) | 10 | 130 | 17 | 17 | 千克 | |
| 5901102090 | 胶或淀粉涂布的其他化学纤维纺织物(作书籍封面及类似用途的) | 10 | 130 | 17 | 17 | 千克 | |
| 59011090 | ---其他 | | | | | | |
| 5901109010 | 用胶或淀粉涂布的精梳毛纺织物(书籍封面及类似用途,精梳羊毛或动物细毛织物重≥50%) | 10 | 100 | 17 | 17 | 千克 | |
| 5901109090 | 用胶或淀粉涂布的其他纺织物(作书籍封面及类似用途的) | 10 | 100 | 17 | 17 | 千克 | |
| 59019010 | ---制成的油画布 | | | | | | |
| 5901901000 | 其他纺织物制成的油画布(织物重≥50%) | 10 | 50 | 17 | 17 | 千克 | |
| 59019091 | ----棉或麻制 | | | | | | |
| 5901909110 | 棉制描图布、帽里硬衬布等(包括类似硬挺纺织物,棉织物重≥50%,经漂染、印花) | 10 | 80 | 17 | 17 | 千克 | |
| 5901909190 | 麻及其他棉制描图布、帽里硬衬布(包括类似硬挺纺织物) | 10 | 80 | 17 | 17 | 千克 | |
| 59019092 | ----化学纤维制 | | | | | | |
| 5901909210 | 聚酯短纤与棉混纺织物制描图布(含帽里硬衬类似硬挺纺织物,织物重≥50%,经漂染、印花) | 10 | 130 | 17 | 17 | 千克 | |
| 5901909290 | 其他化学纤维制描图布、帽里硬衬布等(包括类似硬挺纺织物) | 10 | 130 | 17 | 17 | 千克 | |
| 59019099 | ----其他 | | | | | | |
| 5901909910 | 精梳毛纺织物制描图布、帽里硬衬(包括类似硬挺纺织物,精梳羊毛或动物细毛织物重≥50%) | 10 | 100 | 17 | 17 | 千克 | |
| 5901909990 | 其他纺织物制描图布、帽里硬衬布(包括类似硬挺纺织物) | 10 | 100 | 17 | 17 | 千克 | |
| **5902** | **尼龙或其他聚酰胺、聚酯或粘胶纤维高强力纱制的帘子布** | | | | | | |
| 59021010 | ---聚酰胺-6(尼龙-6)制 | | | | | | |
| 5902101000 | 聚酰胺-6(尼龙-6)制的帘子布 | 10 | 40 | 17 | 17 | 千克 | |
| 59021020 | ---聚酰胺-6,6(尼龙-6,6)制 | | | | | | |
| 5902102000 | 聚酰胺-6,6(尼龙-6,6)制的帘子布 | 10 | 40 | 17 | 17 | 千克 | |
| 59021090 | ---其他 | | | | | | |
| 5902109000 | 其他聚酰胺制的帘子布 | 10 | 40 | 17 | 17 | 千克 | |
| 59022000 | -聚酯制 | | | | | | |
| 5902200000 | 聚酯高强力纱制的帘子布 | 10 | 40 | 17 | 17 | 千克 | |
| 59029000 | -其他 | | | | | | |
| 5902900000 | 粘胶纤维高强力纱制帘子布 | 10 | 40 | 17 | 17 | 千克 | |
| **5903** | **用塑料浸渍、涂布、包覆或层压的纺织物,但品目59.02的货品除外** | | | | | | |
| 59031010 | ---绝缘布或带 | | | | | | |
| 5903101000 | 用聚氯乙烯浸渍的其他绝缘布或带 | 10 | 40 | 17 | 17 | 千克 | |
| 59031020 | ---人造革 | | | | | | |
| 5903102000 | 用聚氯乙烯浸渍的其他人造革 | 10 | 70 | 17 | 17 | 千克/米 | |
| 59031090 | ---其他 | | | | | | |
| 5903109000 | 聚氯乙烯浸渍的其他纺织物(包括用聚氯乙烯涂布、包覆或层压的) | 10 | 90 | 17 | 17 | 千克 | |
| 59032010 | ---绝缘布或带 | | | | | | |
| 5903201000 | 聚氨基甲酸酯浸渍其他绝缘布或带 | 10 | 40 | 17 | 17 | 千克 | |
| 59032020 | ---人造革 | | | | | | |
| 5903202000 | 用聚氨基甲酸酯浸渍的其他人造革 | 10 | 70 | 17 | 17 | 千克/米 | |
| 59032090 | ---其他 | | | | | | |
| 5903209000 | 用聚氨基甲酸酯浸渍的其他纺织物(包括用聚氨基甲酸酯涂布、包覆或层压的) | 10 | 90 | 17 | 17 | 千克 | |
| 59039010 | ---绝缘布或带 | | | | | | |
| 5903901000 | 用其他塑料浸渍的绝缘布或带 | 10 | 40 | 17 | 17 | 千克 | |

| 商品编号 | 商品名称及备注 | 进口关税税率(%) | | 增值税率(%) | 出口退税率(%) | 计量单位 | 监管条件 |
|---|---|---|---|---|---|---|---|
| | | 最惠国 | 普通 | | | | |
| 59039020 | ---人造革 | | | | | | |
| 5903902000 | 用其他塑料浸渍的人造革 | 10 | 70 | 17 | 17 | 千克/米 | |
| 59039090 | ---其他 | | | | | | |
| 5903909000 | 用其他塑料浸渍的其他纺织物(包括用其他塑料涂布、包覆或层压的) | 10 | 90 | 17 | 17 | 千克 | |
| **5904** | **列诺伦(亚麻油地毡),不论是否剪切成形;以织物为底布经涂布或覆面的铺地制品,不论是否剪切成形** | | | | | | |
| 59041000 | -列诺伦(亚麻油地毡) | | | | | | |
| 5904100000 | 列诺伦(亚麻油地毡)(不论是否剪切成形) | 14 | 90 | 17 | 17 | 千克/平方米 | |
| 59049000 | -其他 | | | | | | |
| 5904900000 | 以纺织物为底涂布或覆面的铺地品(不论是否剪切成形) | 14 | 90 | 17 | 17 | 千克/平方米 | |
| **5905** | **糊墙织物** | | | | | | |
| 59050000 | 糊墙织物 | | | | | | |
| 5905000000 | 糊墙织物 | 10 | 80 | 17 | 17 | 千克/平方米 | |
| **5906** | **用橡胶处理的纺织物,但品目59.02的货品除外** | | | | | | |
| 59061010 | ---绝缘带 | | | | | | |
| 5906101000 | 用橡胶处理宽≤20厘米的纺织绝缘带(纺织物胶粘绝缘带) | 10 | 40 | 17 | 17 | 千克 | |
| 59061090 | ---其他 | | | | | | |
| 5906109000 | 用橡胶处理宽≤20厘米的其他纺织物胶粘带 | 10 | 100 | 17 | 17 | 千克 | |
| 59069100 | --针织或钩编的 | | | | | | |
| 5906910000 | 用橡胶处理的针织或钩编其他纺织物 | 10 | 130 | 17 | 17 | 千克 | |
| 59069910 | ---绝缘布或带 | | | | | | |
| 5906991000 | 用橡胶处理的绝缘布或带(非针织或钩编,宽>20厘米) | 10 | 40 | 17 | 17 | 千克 | |
| 59069990 | ---其他 | | | | | | |
| 5906999000 | 用橡胶处理的其他纺织物(非针织或钩编,宽>20厘米) | 10 | 100 | 17 | 17 | 千克 | |
| **5907** | **用其他材料浸渍、涂布或包覆的纺织物;作舞台、摄影布景或类似用途的已绘制画布** | | | | | | |
| 59070010 | ---绝缘布或带 | | | | | | |
| 5907001000 | 其他材料浸涂纺织绝缘布或带(用橡胶、塑料、浆料以外材料浸涂或包覆) | 10 | 40 | 17 | 17 | 千克 | |
| 59070020 | ---已绘制画布 | | | | | | |
| 5907002000 | 其他材料浸涂已绘制画布(用橡胶、塑料、浆料以外材料浸涂或包覆) | 10 | 50 | 17 | 17 | 千克 | |
| 59070090 | ---其他 | | | | | | |
| 5907009000 | 用其他材料浸涂的纺织物(用橡胶、塑料、浆料以外材料浸涂或包覆) | 10 | 100 | 17 | 17 | 千克 | |
| **5908** | **用纺织材料机织、编结或针织而成的灯芯、炉芯、打火机芯、烛芯或类似品;煤气灯纱筒及纱罩,不论是否浸渍** | | | | | | |
| 59080000 | 用纺织材料机织、编结或针织而成的灯芯、炉芯、打火机芯、烛芯或类似品;煤气灯纱筒及纱罩,不论是否浸渍 | | | | | | |
| 5908000000 | 灯芯、炉芯等和煤气灯纱筒及纱罩(包括打火机芯、烛芯或类似品,用纺织材料机织、编结、针织) | 10 | 70 | 17 | 17 | 千克 | |
| **5909** | **纺织材料制的水龙软管及类似的管子,不论有无其他材料作衬里、护套或附件** | | | | | | |
| 59090000 | 纺织材料制的水龙软管及类似的管子,不论有无其他材料作衬里、护套或附件 | | | | | | |
| 5909000000 | 纺织材料制水龙软管及类似管子(不论有无其他材料作衬里、护套或附件) | 8 | 35 | 17 | 17 | 千克 | |
| **5910** | **纺织材料制的传动带或输送带及带料,不论是否用塑料浸渍、涂布、包覆或层压,也不论是否用金属或其他材料加强** | | | | | | |
| 59100000 | 纺织材料制的传动带或输送带及带料,不论是否用塑料浸渍、涂布、包覆或层压,也不论是否用金属或其他材料加强 | | | | | | |
| 5910000000 | 纺织材料制的传动带或输送带及带料(不论是否用塑料浸渍、涂布、包覆、层压或用金属等加强) | 8 | 35 | 17 | 17 | 千克 | |

| 商品编号 | 商品名称及备注 | 进口关税税率(%) | | 增值税率(%) | 出口退税率(%) | 计量单位 | 监管条件 |
|---|---|---|---|---|---|---|---|
| | | 最惠国 | 普通 | | | | |
| **5911** | **本章注释七所规定的作专门技术用途的纺织产品及制品** | | | | | | |
| 59111010 | ---用橡胶浸渍的、用于包覆纺锤(织轴)的狭幅丝绒织物 | | | | | | |
| 5911101000 | 包覆纺锤用浸胶的狭幅丝绒织物(包括用橡胶、皮革等材料包覆、压层的毡呢及类似织物) | 8 | 75 | 17 | 17 | 千克 | |
| 59111090 | ---其他 | | | | | | |
| 5911109000 | 其他起绒狭幅织物(包括用橡胶、皮革等材料包覆、压层的毡呢及类似织物) | 8 | 35 | 17 | 17 | 千克 | |
| 59112000 | -筛布,不论是否制成的 | | | | | | |
| 5911200010 | 丝制筛布(不论是否制成的) | 8 | 35 | 17 | 17 | 千克 | |
| 5911200090 | 其他纺织材料制筛布(不论是否制成的,刻版筛网印布除外) | 8 | 35 | 17 | 17 | 千克 | |
| 59113100 | --每平方米重量<650 克 | | | | | | |
| 5911310000 | 轻的环状或有连接装置的布或毡呢(每平方米重量<650 克,用于造纸机器或类似机器) | 8 | 35 | 17 | 17 | 千克 | |
| 59113200 | --每平方米重量≥650 克 | | | | | | |
| 5911320000 | 重的环状或有连接装置的布或毡呢(每平方米重量≥650 克,用于造纸机器或类似机器) | 8 | 35 | 17 | 17 | 千克 | |
| 59114000 | -用于榨油机器或类似机器的滤布,包括人发制滤布 | | | | | | |
| 5911400000 | 用于榨油机器或类似机器的滤布(包括人发制滤布) | 8 | 35 | 17 | 17 | 千克 | |
| 59119000 | -其他 | | | | | | |
| 5911900010 | 半导体晶圆制造用自粘式圆形抛光垫(见第五十九章注释七) | 5.3/4* | 35 | 17 | 17 | 千克 | |
| 5911900090 | 其他专门技术用途纺织产品及制品(见第五十九章注释七) | 8 | 35 | 17 | 17 | 千克 | |

* 最惠国税率中,"/"左边的税率截止日期为 2018 年 6 月 30 日,"/"右边的税率有效日期为 2018 年 7 月 1 日~2999 年 12 月 31 日。

# 第六十章　针织物及钩编织物

**注释：**

一、本章不包括：

（一）品目58.04的钩编花边；

（二）品目58.07的针织或钩编的标签、徽章及类似品；

（三）第五十九章的经浸渍、涂布、包覆或层压的针织物及钩编织物。但经浸渍、涂布、包覆或层压的起绒针织物及起绒钩编织物仍归入品目60.01。

二、本章还包括用金属线制的用于衣着、装饰或类似用途的织物。

三、本手册所称"针织物"，包括由纺织纱线用链式针法构成的缝编织物。

**子目注释：**

子目6005.35包括由聚乙烯单丝或涤纶复丝制成的织物，重量不小于30克/平方米，但不超过55克/平方米，网眼尺寸不小于20孔/平方厘米，但不超过100孔/平方厘米，并且用α—氯氰菊酯（ISO）、虫螨腈（ISO）、溴氰菊酯（INN，ISO）、高效氯氟氰菊酯（ISO）、除虫菊酯（ISO）或甲基嘧啶磷（ISO）浸渍或涂层。

| 商品编号 | 商品名称及备注 | 进口关税税率(%) | | 增值税率(%) | 出口退税率(%) | 计量单位 | 监管条件 |
|---|---|---|---|---|---|---|---|
| | | 最惠国 | 普通 | | | | |
| **6001** | **针织或钩编的起绒织物，包括"长毛绒"织物及毛圈织物** | | | | | | |
| 60011000 | -"长毛绒"织物 | | | | | | |
| 6001100000 | 针织或钩编"长毛绒"织物 | 10 | 130 | 17 | 17 | 米/千克 | |
| 60012100 | --棉制 | | | | | | |
| 6001210000 | 棉制针织或钩编的毛圈绒头织物 | 10 | 70 | 17 | 17 | 米/千克 | |
| 60012200 | --化学纤维制 | | | | | | |
| 6001220000 | 化学纤维制针织或钩编毛圈绒头织物 | 10 | 130 | 17 | 17 | 米/千克 | |
| 60012900 | --其他纺织材料制 | | | | | | |
| 6001290000 | 其他材料制针织或钩编毛圈绒头织物 | 12 | 130 | 17 | 17 | 米/千克 | |
| 60019100 | --棉制 | | | | | | |
| 6001910000 | 棉制针织或钩编起绒织物 | 10 | 70 | 17 | 17 | 米/千克 | |
| 60019200 | --化学纤维制 | | | | | | |
| 6001920000 | 化学纤维制针织或钩编起绒织物 | 10 | 130 | 17 | 17 | 米/千克 | |
| 60019900 | --其他纺织材料制 | | | | | | |
| 6001990000 | 其他纺材制针织或钩编起绒织物 | 12 | 130 | 17 | 17 | 米/千克 | |
| **6002** | **宽度不超过30厘米，按重量计弹性纱线或橡胶线含量在5%及以上的针织物或钩编织物，但品目60.01的货品除外** | | | | | | |
| 60024010 | ---棉制 | | | | | | |
| 6002401000 | 棉制宽度≤30厘米弹性针织或钩编织物(按重量计弹性纱线含量≥5%且不含橡胶线) | 10 | 70 | 17 | 17 | 米/千克 | |
| 60024020 | ---丝及绢丝制 | | | | | | |
| 6002402000 | 丝及绢丝制宽度≤30厘米针织或钩编织物(按重量计弹性纱线含量≥5%且不含橡胶线) | 10 | 130 | 17 | 17 | 米/千克 | |
| 60024030 | ---合成纤维制 | | | | | | |
| 6002403000 | 合成纤维制宽度≤30厘米针织或钩编织物(按重量计弹性纱线含量≥5%且不含橡胶线) | 10 | 130 | 17 | 17 | 米/千克 | |
| 60024040 | ---人造纤维制 | | | | | | |
| 6002404000 | 人造纤维制宽度≤30厘米针织或钩编织物(按重量计弹性纱线含量≥5%且不含橡胶线) | 10 | 130 | 17 | 17 | 米/千克 | |
| 60024090 | ---其他 | | | | | | |
| 6002409000 | 其他纺织材料宽度≤30厘米针织或钩编织物(按重量计弹性纱线含量≥5%且不含橡胶线) | 10 | 130 | 17 | 17 | 米/千克 | |
| 60029010 | ---棉制 | | | | | | |
| 6002901000 | 棉制宽度≤30厘米弹性针织或钩编织物(按重量计含弹性纱线或橡胶线≥5%) | 10 | 70 | 17 | 17 | 米/千克 | |
| 60029020 | ---丝及绢丝制 | | | | | | |
| 6002902000 | 丝及绢丝宽度≤30厘米针织或钩编织物(按重量计含弹性纱线或橡胶线≥5%) | 10 | 130 | 17 | 17 | 米/千克 | |
| 60029030 | ---合成纤维制 | | | | | | |

| 商品编号 | 商品名称及备注 | 进口关税税率(%) | | 增值税率(%) | 出口退税率(%) | 计量单位 | 监管条件 |
|---|---|---|---|---|---|---|---|
| | | 最惠国 | 普通 | | | | |
| 6002903000 | 合成纤维制宽度≤30厘米针织或钩编织物(按重量计含弹性纱线或橡胶线≥5%) | 10 | 130 | 17 | 17 | 米/千克 | |
| 60029040 | ---人造纤维制 | | | | | | |
| 6002904000 | 人造纤维制宽度≤30厘米针织或钩编织物(按重量计含弹性纱线或橡胶线≥5%) | 10 | 130 | 17 | 17 | 米/千克 | |
| 60029090 | ---其他 | | | | | | |
| 6002909000 | 其他纺织材料宽度≤30厘米针织或钩编织物(按重量计含弹性纱线或橡胶线≥5%) | 10 | 130 | 17 | 17 | 米/千克 | |
| **6003** | **宽度不超过30厘米的针织或钩编织物,但品目60.01或60.02的货品除外** | | | | | | |
| 60031000 | -羊毛或动物细毛制 | | | | | | |
| 6003100000 | 毛制宽度≤30厘米针织或钩编织物(按重量计弹性纱线或橡胶线含量<5%) | 10 | 130 | 17 | 17 | 米/千克 | |
| 60032000 | -棉制 | | | | | | |
| 6003200000 | 棉制宽度≤30厘米针织或钩编织物(按重量计弹性纱线或橡胶线含量<5%) | 10 | 70 | 17 | 17 | 米/千克 | |
| 60033000 | -合成纤维制 | | | | | | |
| 6003300000 | 合成纤维制宽度≤30厘米针织或钩编织物(按重量计弹性纱线或橡胶线含量<5%) | 10 | 130 | 17 | 17 | 米/千克 | |
| 60034000 | -人造纤维制 | | | | | | |
| 6003400000 | 人造纤维制宽度≤30厘米针织或钩编织物(按重量计弹性纱线或橡胶线含量<5%) | 10 | 130 | 17 | 17 | 米/千克 | |
| 60039000 | -其他 | | | | | | |
| 6003900000 | 其他纺织材料制宽度≤30厘米针织或钩编织物(按重量计弹性纱线或橡胶线含量<5%) | 10 | 130 | 17 | 17 | 米/千克 | |
| **6004** | **宽度超过30厘米,按重量计弹性纱线或橡胶线含量在5%及以上的针织物或钩编织物,但品目60.01的货品除外** | | | | | | |
| 60041010 | ---棉制 | | | | | | |
| 6004101000 | 棉制宽度>30厘米弹性针织或钩编织物(按重量计弹性纱线含量≥5%且不含橡胶线) | 10 | 70 | 17 | 17 | 米/千克 | |
| 60041020 | ---丝及绢丝制 | | | | | | |
| 6004102000 | 丝及绢丝宽度>30厘米针织或钩编织物(按重量计弹性纱线含量≥5%且不含橡胶线) | 10 | 130 | 17 | 17 | 米/千克 | |
| 60041030 | ---合成纤维制 | | | | | | |
| 6004103000 | 合成纤维制宽度>30厘米针织或钩编织物(按重量计弹性纱线含量≥5%且不含橡胶线) | 10 | 130 | 17 | 17 | 米/千克 | |
| 60041040 | ---人造纤维制 | | | | | | |
| 6004104000 | 人造纤维制宽度>30厘米针织或钩编织物(按重量计弹性纱线含量≥5%且不含橡胶线) | 10 | 130 | 17 | 17 | 米/千克 | |
| 60041090 | ---其他 | | | | | | |
| 6004109000 | 其他纺织材料制宽度>30厘米针织或钩编织物(按重量计弹性纱线含量≥5%且不含橡胶线) | 10 | 130 | 17 | 17 | 米/千克 | |
| 60049010 | ---棉制 | | | | | | |
| 6004901000 | 棉制宽度>30厘米弹性针织或钩编织物(按重量计含弹性纱线或橡胶线≥5%) | 10 | 70 | 17 | 17 | 米/千克 | |
| 60049020 | ---丝及绢丝制 | | | | | | |
| 6004902000 | 丝及绢丝宽度>30厘米针织或钩编织物(按重量计含弹性纱线或橡胶线≥5%) | 10 | 130 | 17 | 17 | 米/千克 | |
| 60049030 | ---合成纤维制 | | | | | | |
| 6004903000 | 合成纤维制宽度>30厘米针织或钩编织物(按重量计含弹性纱线或橡胶线≥5%) | 10 | 130 | 17 | 17 | 米/千克 | |
| 60049040 | ---人造纤维制 | | | | | | |
| 6004904000 | 人造纤维制宽度>30厘米针织或钩编织物(按重量计含弹性纱线或橡胶线≥5%) | 10 | 130 | 17 | 17 | 米/千克 | |
| 60049090 | ---其他 | | | | | | |
| 6004909000 | 其他纺织材料制宽度>30厘米针织或钩编织物(按重量计含弹性纱线或橡胶线≥5%) | 10 | 130 | 17 | 17 | 米/千克 | |
| **6005** | **经编针织物(包括由镶边针织机织成的),但品目60.01至60.04的货品除外** | | | | | | |
| 60052100 | --未漂白或漂白 | | | | | | |
| 6005210000 | 漂白或未漂白棉制经编织物(包括由花边针织机织成的经编织物) | 10 | 70 | 17 | 17 | 米/千克 | |
| 60052200 | --染色 | | | | | | |
| 6005220000 | 染色棉制经编织物(包括由花边针织机织成的经编织物) | 10 | 70 | 17 | 17 | 米/千克 | |
| 60052300 | --色织 | | | | | | |
| 6005230000 | 色织棉制经编织物(包括由花边针织机织成的经编织物) | 10 | 70 | 17 | 17 | 米/千克 | |

| 商品编号 | 商品名称及备注 | 进口关税税率(%) | | 增值税率(%) | 出口退税率(%) | 计量单位 | 监管条件 |
|---|---|---|---|---|---|---|---|
| | | 最惠国 | 普通 | | | | |
| 60052400 | --印花 | | | | | | |
| 6005240000 | 印花棉制经编织物(包括由花边针织机织成的经编织物) | 10 | 70 | 17 | 17 | 米/千克 | |
| 60053500 | --本章子目注释一所列织物 | | | | | | |
| 6005350000 | 本章子目注释一所列织物(包括由花边针织机织成的经编织物) | 10 | 130 | 17 | 17 | 米/千克 | |
| 60053600 | --其他,未漂白或漂白 | | | | | | |
| 6005360000 | 其他漂白或未漂白合成纤维制经编织物(包括由花边针织机织成的经编织物) | 10 | 130 | 17 | 17 | 米/千克 | |
| 60053700 | --其他,染色 | | | | | | |
| 6005370000 | 其他染色合成纤维制经编织物(包括由花边针织机织成的经编织物) | 10 | 130 | 17 | 17 | 米/千克 | |
| 60053800 | --其他,色织 | | | | | | |
| 6005380000 | 其他色织合成纤维制经编织物(包括由花边针织机织成的经编织物) | 10 | 130 | 17 | 17 | 米/千克 | |
| 60053900 | --其他,印花 | | | | | | |
| 6005390000 | 其他印花合成纤维制经编织物(包括由花边针织机织成的经编织物) | 10 | 130 | 17 | 17 | 米/千克 | |
| 60054100 | --未漂白或漂白 | | | | | | |
| 6005410000 | 漂白或未漂白人造纤维制经编织物(包括由花边针织机织成的经编织物) | 10 | 130 | 17 | 17 | 米/千克 | |
| 60054200 | --染色 | | | | | | |
| 6005420000 | 染色人造纤维制经编织物(包括由花边针织机织成的经编织物) | 10 | 130 | 17 | 17 | 米/千克 | |
| 60054300 | --色织 | | | | | | |
| 6005430000 | 色织人造纤维制经编织物(包括由花边针织机织成的经编织物) | 10 | 130 | 17 | 17 | 米/千克 | |
| 60054400 | --印花 | | | | | | |
| 6005440000 | 印花人造纤维制经编织物(包括由花边针织机织成的经编织物) | 10 | 130 | 17 | 17 | 米/千克 | |
| 60059010 | ---羊毛或动物细毛制 | | | | | | |
| 6005901000 | 羊毛或动物细毛制经编织物(包括由花边针织机织成的经编织物) | 12 | 130 | 17 | 17 | 米/千克 | |
| 60059090 | ---其他 | | | | | | |
| 6005909000 | 其他纺织材料制经编织物(包括由花边针织机织成的经编织物) | 12 | 130 | 17 | 17 | 米/千克 | |
| **6006** | **其他针织或钩编织物** | | | | | | |
| 60061000 | -羊毛或动物细毛制 | | | | | | |
| 6006100000 | 毛制其他针织或钩编织物(羊毛或动物细毛制) | 12 | 130 | 17 | 17 | 米/千克 | |
| 60062100 | --未漂白或漂白 | | | | | | |
| 6006210000 | 棉制其他漂或未漂针织或钩编织物(漂白或未漂白) | 10 | 70 | 17 | 17 | 米/千克 | |
| 60062200 | 染色 | | | | | | |
| 6006220000 | 棉制其他染色针织或钩编织物 | 10 | 70 | 17 | 17 | 米/千克 | |
| 60062300 | --色织 | | | | | | |
| 6006230000 | 棉制其他色织针织或钩编织物 | 10 | 70 | 17 | 17 | 米/千克 | |
| 60062400 | --印花 | | | | | | |
| 6006240000 | 棉制其他印花针织或钩编织物 | 10 | 70 | 17 | 17 | 米/千克 | |
| 60063100 | --未漂白或漂白 | | | | | | |
| 6006310000 | 合成纤维制其他针织或钩编织物(漂白或未漂白) | 10 | 130 | 17 | 17 | 米/千克 | |
| 60063200 | --染色 | | | | | | |
| 6006320000 | 合成纤维其他染色针织或钩编织物(染色) | 10 | 130 | 17 | 17 | 米/千克 | |
| 60063300 | --色织 | | | | | | |
| 6006330000 | 合成纤维其他色织针织或钩编织物(色织) | 10 | 130 | 17 | 17 | 米/千克 | |
| 60063400 | --印花 | | | | | | |
| 6006340000 | 合成纤维制其他针织或钩编织物(印花) | 10 | 130 | 17 | 17 | 米/千克 | |
| 60064100 | --未漂白或漂白 | | | | | | |
| 6006410000 | 人造纤维制其他针织或钩编织物(漂白或未漂白) | 10 | 130 | 17 | 17 | 米/千克 | |
| 60064200 | --染色 | | | | | | |

| 商品编号 | 商品名称及备注 | 进口关税税率(%) | | 增值税率(%) | 出口退税率(%) | 计量单位 | 监管条件 |
|---|---|---|---|---|---|---|---|
| | | 最惠国 | 普通 | | | | |
| 6006420000 | 人造纤维制其他针织或钩编织物(染色) | 10 | 130 | 17 | 17 | 米/千克 | |
| 60064300 | --色织 | | | | | | |
| 6006430000 | 人造纤维制其他针织或钩编织物(色织) | 10 | 130 | 17 | 17 | 米/千克 | |
| 60064400 | --印花 | | | | | | |
| 6006440000 | 人造纤维制其他针织或钩编织物(印花) | 10 | 130 | 17 | 17 | 米/千克 | |
| 60069000 | -其他 | | | | | | |
| 6006900000 | 其他纺材制其他针织或钩编织物 | 12 | 130 | 17 | 17 | 米/千克 | |

# 第六十一章　针织或钩编的服装及衣着附件

**注释：**

一、本章仅适用于制成的针织品或钩编织品。

二、本章不包括：

（一）品目62.12的货品；

（二）品目63.09的旧衣着或其他旧物品；

（三）矫形器具、外科手术带、疝气带及类似品（品目90.21）。

三、品目61.03及61.04所称：

（一）"西服套装"，是指面料用相同的织物制成的两件套或三件套的下列成套服装：

—— 一件人体上半身穿着的外套或短上衣，除袖子外，应由四片或四片以上面料组成；也可附带一件西服背心，这件背心的前片面料应与套装其他各件的面料相同，后片面料则应与外套或短上衣的衬里料相同；以及

—— 一件人体下半身穿着的服装，即不带背带或护胸的长裤、马裤、短裤（游泳裤除外）、裙子或裙裤。

西服套装各件面料质地、颜色及构成必须完全相同，其款式也必须相同，尺寸大小也须相互般配。但套装的各件可以有不同织物的滚边（在缝口上缝入长条织物）。

如果数件人体下半身穿着的服装同时报验（例如，两条长裤、长裤与短裤、裙子或裙裤与长裤），构成西服套装下装的应是一条长裤，对于女式西服套装，应是裙子或裙裤；其他服装应分别归类。

所称"西服套装"，包括不论是否完全符合上述条件的下列配套服装：

1. 常礼服，由一件后襟下垂并下端开圆弧形叉的素色短上衣和一条条纹长裤组成；

2. 晚礼服（燕尾服），一般用黑色织物制成，上衣前襟较短且不闭合，背后有燕尾；

3. 无燕尾套装夜礼服，其中上衣款式与普通上衣相似（可以更为显露衬衣前胸），但有光滑丝质或仿丝质的翻领。

（二）"便服套装"，是指面料相同并作零售包装的下列成套服装（西服套装及品目61.07、61.08或61.09的物品除外）：

—— 一件人体上半身穿着的服装，但套头衫及背心除外，因为套头衫可在两件套服装中作为内衣，背心也可作为内衣；以及

—— 一件或两件不同的人体下半身穿着的服装，即长裤、护胸背带工装裤、马裤、短裤（游泳裤除外）、裙子或裙裤。

便服套装各件面料质地、款式、颜色及构成必须相同；尺寸大小也须相互般配。所称"便服套装"，不包括品目61.12的运动服及滑雪服。

四、品目61.05及61.06不包括在腰围以下有口袋的服装、带有罗纹腰带及以其他方式收紧下摆的服装或其织物至少在10厘米×10厘米的面积内沿各方向的直线长度上平均每厘米少于10针的服装。品目61.05不包括无袖服装。

五、品目61.09不包括带有束带、罗纹腰带或其他方式收紧下摆的服装。

六、对于品目61.11：

（一）所称"婴儿服装及衣着附件"，是指用于身高不超过86厘米幼儿的服装；

（二）既可归入品目61.11，也可归入本章其他品目的物品，应归入品目61.11。

七、品目61.12所称"滑雪服"，是指从整个外观和织物质地来看，主要在滑雪（速度滑雪或高山滑雪）时穿着的下列服装或成套服装：

（一）"滑雪连身服"，即上下身连在一起的单件服装；除袖子和领子外，滑雪连身服可有口袋或脚带；或

（二）"滑雪套装"，即由两件或三件构成一套并作零售包装的下列服装：

一件用一条拉链扣合的带风帽的厚夹克、防风衣、防风短上衣或类似的服装，可以附带一件背心（滑雪背心）；以及一条不论是否过腰的长裤、一条马裤或一条护胸背带工装裤。

"滑雪套装"也可由一件类似以上（一）款所述的连身服和一件可套在连身服外面的有胎料背心组成。

"滑雪套装"各件颜色可以不同，但面料质地、款式及构成必须相同；尺寸大小也须相互般配。

八、既可归入品目61.13，也可归入本章其他品目的服装，除品目61.11所列的仍归入该品目外，其余的应一律归入品目61.13。

九、本章的服装，凡门襟为左压右的，应视为男式；右压左的，应视为女式。但本规定不适用于其式样已明显为男式或女式的服装。

无法区别是男式还是女式的服装，应按女式服装归入有关品目。

十、本章物品可用金属线制成。

| 商品编号 | 商品名称及备注 | 进口关税税率（%） | | 增值税率（%） | 出口退税率（%） | 计量单位 | 监管条件 |
|---|---|---|---|---|---|---|---|
| | | 最惠国 | 普通 | | | | |
| **6101** | **针织或钩编的男式大衣、短大衣、斗篷、短斗篷、带风帽的防寒短上衣（包括滑雪短上衣）、防风衣、防风短上衣及类似品，但品目61.03的货品除外** | | | | | | |
| 61012000 | -棉制 | | | | | | |
| 6101200000 | 棉制针织或钩编的男式大衣、短大衣、斗篷、短斗篷、带风帽的防寒短上衣（包括滑雪短上衣）、防风衣、防风短上衣及类似品 | 17.5 | 90 | 17 | 17 | 件/千克 | |
| 61013000 | -化学纤维制 | | | | | | |
| 6101300000 | 化学纤维制针织或钩编的男式大衣、短大衣、斗篷、短斗篷、带风帽的防寒短上衣（包括滑雪短上衣）、防风衣、防风短上衣及类似品 | 17.5 | 130 | 17 | 17 | 件/千克 | |
| 61019010 | ---羊毛或动物细毛制 | | | | | | |

| 商品编号 | 商品名称及备注 | 进口关税税率(%) | | 增值税率(%) | 出口退税率(%) | 计量单位 | 监管条件 |
|---|---|---|---|---|---|---|---|
| | | 最惠国 | 普通 | | | | |
| 6101901010暂10 | 毛制针织或钩编非手工制男式防风衣(包括防寒短上衣、防风短上衣及类似品) | 25 | 130 | 17 | 17 | 件/千克 | |
| 6101901090暂10 | 毛制针织或钩编其他男大衣、斗篷、防风衣等(包括防寒短上衣、防风短上衣、短大衣、短斗篷及类似品) | 25 | 130 | 17 | 17 | 件/千克 | |
| 61019090 | ---其他纺织材料制 | | | | | | |
| 6101909000 | 其他纺织材料制男大衣、斗篷、防风衣等(包括防寒短上衣、防风短上衣、短大衣、短斗篷及类似品) | 17.5 | 130 | 17 | 17 | 件/千克 | |
| **6102** | **针织或钩编的女式大衣、短大衣、斗篷、短斗篷、带风帽的防寒短上衣(包括滑雪短上衣)、防风衣、防风短上衣及类似品,但品目61.04的货品除外** | | | | | | |
| 61021000 | -羊毛或动物细毛制 | | | | | | |
| 6102100010暂10 | 毛制针织或钩编女式大衣等(包括短大衣、斗篷、短斗篷及类似品,雨衣除外) | 25 | 130 | 17 | 17 | 件/千克 | |
| 6102100021暂10 | 毛制针织或钩编手工制女式防风衣(包括防寒短上衣、防风短上衣及类似品) | 25 | 130 | 17 | 17 | 件/千克 | |
| 6102100029暂10 | 毛制针织或钩编女式防风衣(包括防寒短上衣、防风短上衣及类似品) | 25 | 130 | 17 | 17 | 件/千克 | |
| 6102100030暂10 | 毛制针织或钩编女式雨衣 | 25 | 130 | 17 | 17 | 件/千克 | |
| 61022000 | -棉制 | | | | | | |
| 6102200000 | 棉制针织或钩编的女式大衣、短大衣、斗篷、短斗篷、带风帽的防寒短上衣(包括滑雪短上衣)、防风衣、防风短上衣及类似品(品目61.04的货品除外) | 17.5 | 90 | 17 | 17 | 件/千克 | |
| 61023000 | -化学纤维制 | | | | | | |
| 6102300000 | 化学纤维制针织或钩编的女式大衣、短大衣、斗篷、短斗篷、带风帽的防寒短上衣(包括滑雪短上衣)、防风衣、防风短上衣及类似品(品目61.04的货品除外) | 17.5 | 130 | 17 | 17 | 件/千克 | |
| 61029000 | -其他纺织材料制 | | | | | | |
| 6102900000暂10 | 其他纺织材料制针织或钩编的女式大衣、短大衣、斗篷、短斗篷、带风帽的防寒短上衣(包括滑雪短上衣)、防风衣、防风短上衣及类似品(品目61.04的货品除外) | 20 | 130 | 17 | 17 | 件/千克 | |
| **6103** | **针织或钩编的男式西服套装、便服套装、上衣、长裤、护胸背带工装裤、马裤及短裤(游泳裤除外)** | | | | | | |
| 61031010 | ---羊毛或动物细毛制 | | | | | | |
| 6103101000暂10 | 毛制针织或钩编男式西服套装 | 25 | 130 | 17 | 17 | 套/千克 | |
| 61031020 | ---合成纤维制 | | | | | | |
| 6103102000暂10 | 合成纤维制针织或钩编男式西服套装 | 25 | 130 | 17 | 17 | 套/千克 | |
| 61031090 | ---其他纺织材料制 | | | | | | |
| 6103109000 | 其他纺织材料制针织或钩编男式西服套装 | 17.5 | 130 | 17 | 17 | 套/千克 | |
| 61032200 | --棉制 | | | | | | |
| 6103220000暂10 | 棉制针织或钩编男式便服套装 | 20 | 90 | 17 | 17 | 套/千克 | |
| 61032300 | --合成纤维制 | | | | | | |
| 6103230000暂10 | 其他合成纤维制针织或钩编其他男便服套装 | 25 | 130 | 17 | 17 | 套/千克 | |
| 61032910 | ---羊毛或动物细毛制 | | | | | | |
| 6103291000暂10 | 毛制针织或钩编男式便服套装 | 25 | 130 | 17 | 17 | 套/千克 | |
| 61032990 | ---其他纺织材料制 | | | | | | |
| 6103299000暂10 | 其他纺织料针织或钩编男便服套装 | 25 | 130 | 17 | 17 | 套/千克 | |
| 61033100 | --羊毛或动物细毛制 | | | | | | |
| 6103310000 | 毛制针织或钩编男式上衣 | 16 | 130 | 17 | 17 | 件/千克 | |
| 61033200 | --棉制 | | | | | | |
| 6103320000 | 棉制针织或钩编男式上衣 | 16 | 90 | 17 | 17 | 件/千克 | |
| 61033300 | --合成纤维制 | | | | | | |
| 6103330000 | 合成纤维制针织或钩编男式上衣 | 19 | 130 | 17 | 17 | 件/千克 | |
| 61033900 | --其他纺织材料制 | | | | | | |
| 6103390000 | 其他纺织材料制针织或钩编男式上衣 | 16 | 130 | 17 | 17 | 件/千克 | |

| 商品编号 | 商 品 名 称 及 备 注 | 进口关税税率(%) | | 增值税率(%) | 出口退税率(%) | 计量单位 | 监管条件 |
|---|---|---|---|---|---|---|---|
| | | 最惠国 | 普通 | | | | |
| 61034100 | --羊毛或动物细毛制 | | | | | | |
| 6103410000 | 毛制长裤、护胸背带工装裤、马裤及短裤 | 16 | 130 | 17 | 17 | 条/千克 | |
| 61034200 | --棉制 | | | | | | |
| 6103420012 | 棉制针织钩编男童非保暖背带工装裤(2~7号男童护胸背带工装裤) | 16 | 90 | 17 | 17 | 条/千克 | A |
| 6103420021 | 棉制针织或钩编男童游戏套装长裤(指男童8~18号) | 16 | 90 | 17 | 17 | 条/千克 | A |
| 6103420029 | 棉制针织或钩编其他男童游戏套装裤(包括长裤、马裤、短裤) | 16 | 90 | 17 | 17 | 条/千克 | A |
| 6103420090 | 棉制针织或钩编其他男裤等(包括马裤、短裤及其他长裤) | 16 | 90 | 17 | 17 | 条/千克 | |
| 61034300 | --合成纤维制 | | | | | | |
| 6103430090 | 其他合成纤维制针织或钩编其他男裤(包括马裤、短裤及其他长裤) | 17.5 | 130 | 17 | 17 | 条/千克 | |
| 6103430092 | 其他合成纤维制男童游戏套装长裤(针织或钩编,指男童8~18号) | 17.5 | 130 | 17 | 17 | 条/千克 | A |
| 6103430093 | 其他合成纤维制男童游戏套装长裤(针织或钩编,包括马裤、短裤及其他长裤) | 17.5 | 130 | 17 | 17 | 条/千克 | A |
| 61034900 | --其他纺织材料制 | | | | | | |
| 6103490013 | 丝制针织或钩编其他男童长裤、马裤(丝及绢丝含量≥70%) | 16 | 130 | 17 | 17 | 条/千克 | A |
| 6103490023 | 人造纤维制针织或钩编其他男童长裤、马裤(含毛≥23%) | 16 | 130 | 17 | 17 | 条/千克 | A |
| 6103490026 | 其他人造纤维制针织或钩编其他男童长裤(包括马裤) | 16 | 130 | 17 | 17 | 条/千克 | A |
| 6103490051 | 其他纺织材料制其他男童长裤马裤(针织或钩编,棉限内) | 16 | 130 | 17 | 17 | 条/千克 | A |
| 6103490052 | 其他纺织材料制其他男童长裤马裤(针织或钩编,羊毛限内) | 16 | 130 | 17 | 17 | 条/千克 | A |
| 6103490053 | 其他纺织材料制其他男童长裤马裤(针织或钩编,化学纤维限内) | 16 | 130 | 17 | 17 | 条/千克 | A |
| 6103490059 | 其他纺织材料制其他男童长裤马裤(针织或钩编) | 16 | 130 | 17 | 17 | 条/千克 | A |
| 6103490090 | 其他纺织材料制针织或钩编其他男式长裤、护胸背带工装裤、马裤及短裤 | 16 | 130 | 17 | 17 | 条/千克 | |
| **6104** | **针织或钩编的女式西服套装、便服套装、上衣、连衣裙、裙子、裙裤、长裤、护胸背带工装裤、马裤及短裤(游泳服除外)** | | | | | | |
| 61041300 | --合成纤维制 | | | | | | |
| 6104130000[暂10] | 合成纤维制针织或钩编女西服套装 | 25 | 130 | 17 | 17 | 套/千克 | |
| 61041910 | ---羊毛或动物细毛制 | | | | | | |
| 6104191000 | 毛制针织或钩编女式西服套装 | 17.5 | 130 | 17 | 17 | 套/千克 | |
| 61041920 | ---棉制 | | | | | | |
| 6104192000 | 棉针织或钩编女西服套装 | 17.5 | 90 | 17 | 17 | 套/千克 | |
| 61041990 | ---其他 | | | | | | |
| 6104199000 | 其他纺织材料制针织或钩编女式西服套装 | 17.5 | 130 | 17 | 17 | 套/千克 | |
| 61042200 | --棉制 | | | | | | |
| 6104220000 | 棉针织或钩编女便服套装 | 17.5 | 90 | 17 | 17 | 套/千克 | |
| 61042300 | --合成纤维制 | | | | | | |
| 6104230000[暂10] | 合成纤维制针织或钩编女便服套装 | 25 | 130 | 17 | 17 | 套/千克 | |
| 61042910 | ---羊毛或动物细毛制 | | | | | | |
| 6104291000 | 毛制针织或钩编女式便服套装 | 17.5 | 130 | 17 | 17 | 套/千克 | |
| 61042990 | ---其他 | | | | | | |
| 6104299000 | 其他纺织材料制针织或钩编其他女式便服套装 | 15 | 130 | 17 | 17 | 套/千克 | |
| 61043100 | --羊毛或动物细毛制 | | | | | | |
| 6104310000 | 毛制针织或钩编女式上衣 | 16 | 130 | 17 | 17 | 件/千克 | |
| 61043200 | --棉制 | | | | | | |
| 6104320000 | 棉制针织或钩编女式上衣 | 16 | 90 | 17 | 17 | 件/千克 | |
| 61043300 | --合成纤维制 | | | | | | |
| 6104330000 | 合成纤维制针织或钩编女式上衣 | 19 | 130 | 17 | 17 | 件/千克 | |
| 61043900 | --其他纺织材料制 | | | | | | |
| 6104390000 | 其他纺织材料制针织或钩编女式上衣 | 16 | 130 | 17 | 17 | 件/千克 | |

| 商品编号 | 商品名称及备注 | 进口关税税率(%) | | 增值税率(%) | 出口退税率(%) | 计量单位 | 监管条件 |
|---|---|---|---|---|---|---|---|
| | | 最惠国 | 普通 | | | | |
| 61044100 | --羊毛或动物细毛制 | | | | | | |
| 6104410000 | 毛制针织或钩编连衣裙 | 16 | 130 | 17 | 17 | 件/千克 | |
| 61044200 | --棉制 | | | | | | |
| 6104420000 | 棉制针织或钩编连衣裙 | 16 | 90 | 17 | 17 | 件/千克 | |
| 61044300 | --合成纤维制 | | | | | | |
| 6104430000 | 合成纤维制针织或钩编连衣裙 | 17.5 | 130 | 17 | 17 | 件/千克 | |
| 61044400 | --人造纤维制 | | | | | | |
| 6104440000 | 人造纤维制针织或钩编连衣裙 | 16 | 130 | 17 | 17 | 件/千克 | |
| 61044900 | --其他纺织材料制 | | | | | | |
| 6104490000 | 其他纺织材料制针织或钩编连衣裙 | 16 | 130 | 17 | 17 | 件/千克 | |
| 61045100 | --羊毛或动物细毛制 | | | | | | |
| 6104510000 | 毛制针织或钩编裙子及裙裤 | 14 | 130 | 17 | 17 | 件/千克 | |
| 61045200 | --棉制 | | | | | | |
| 6104520000 | 棉制针织裙子及裙裤 | 14 | 90 | 17 | 17 | 件/千克 | |
| 61045300 | --合成纤维制 | | | | | | |
| 6104530000 | 合成纤维制针织或钩编裙子及裙裤 | 16 | 130 | 17 | 17 | 件/千克 | |
| 61045900 | --其他纺织材料制 | | | | | | |
| 6104590000 | 其他纺织材料制针织或钩编裙子及裙裤 | 14 | 130 | 17 | 17 | 件/千克 | |
| 61046100 | --羊毛或动物细毛制 | | | | | | |
| 6104610000 | 毛制针织或钩编女长裤、护胸背带工装裤、马裤及短裤 | 16 | 130 | 17 | 17 | 条/千克 | |
| 61046200 | --棉制 | | | | | | |
| 6104620030 | 棉制针织或钩编女童游戏套装长裤(指女童7~16号,包括马裤) | 16 | 90 | 17 | 17 | 条/千克 | A |
| 6104620040 | 棉制针织或钩编其他女童游戏套装裤(包括马裤、短裤、非保暖护胸背带工装裤及其他长裤) | 16 | 90 | 17 | 17 | 条/千克 | A |
| 6104620090 | 棉制针织或钩编其他女裤 | 16 | 90 | 17 | 17 | 条/千克 | |
| 61046300 | --合成纤维制 | | | | | | |
| 6104630090 | 其他合成纤维制针织或钩编女裤 | 17.5 | 130 | 17 | 17 | 条/千克 | |
| 6104630091 | 其他合成纤维制女童游戏套装长裤、马裤(针织或钩编,指女童7~16号) | 17.5 | 130 | 17 | 17 | 条/千克 | A |
| 6104630092 | 其他合成纤维制女童游戏套装裤(针织或钩编,包括短裤及其他长裤) | 17.5 | 130 | 17 | 17 | 条/千克 | A |
| 61046900 | --其他纺织材料制 | | | | | | |
| 6104690000 | 其他纺织材料制针织或钩编女裤 | 16 | 130 | 17 | 17 | 条/千克 | |
| **6105** | **针织或钩编的男衬衫** | | | | | | |
| 61051000 | -棉制 | | | | | | |
| 6105100011 | 棉制针织或钩编男童游戏套装衬衫(不带缝制领,指男童8~18号) | 16 | 90 | 17 | 17 | 件/千克 | A |
| 6105100019 | 棉制其他男童游戏套装衬衫(针织或钩编) | 16 | 90 | 17 | 17 | 件/千克 | A |
| 6105100090 | 其他棉制针织或钩编其他男衬衫 | 16 | 90 | 17 | 17 | 件/千克 | |
| 61052000 | -化学纤维制 | | | | | | |
| 6105200021 | 化学纤维针织或钩编男童游戏套装衬衫(不带缝制领,指男童8~18号) | 17.5 | 130 | 17 | 17 | 件/千克 | A |
| 6105200029 | 化学纤维制其他男童游戏套装衬衫(针织或钩编) | 17.5 | 130 | 17 | 17 | 件/千克 | A |
| 6105200090 | 其他化学纤维制针织或钩编其他男衬衫 | 17.5 | 130 | 17 | 17 | 件/千克 | |
| 61059000 | -其他纺织材料制 | | | | | | |
| 6105900000 | 其他纺织材料制针织或钩编男衬衫 | 16 | 130 | 17 | 17 | 件/千克 | |
| **6106** | **针织或钩编的女衬衫** | | | | | | |
| 61061000 | -棉制 | | | | | | |
| 6106100010 | 棉制针织或钩编女童游戏套装衬衫 | 16 | 90 | 17 | 17 | 件/千克 | A |
| 6106100090 | 棉制针织或钩编其他女衬衫 | 16 | 90 | 17 | 17 | 件/千克 | |

| 商品编号 | 商品名称及备注 | 进口关税税率(%) | | 增值税率(%) | 出口退税率(%) | 计量单位 | 监管条件 |
|---|---|---|---|---|---|---|---|
| | | 最惠国 | 普通 | | | | |
| 61062000 | -化学纤维制 | | | | | | |
| 6106200020 | 其他化学纤维制女童游戏套装衬衫(针织或钩编) | 17.5 | 130 | 17 | 17 | 件/千克 | A |
| 6106200090 | 其他化学纤维针织或钩编未列名女衬衫(针织或钩编) | 17.5 | 130 | 17 | 17 | 件/千克 | |
| 61069000 | -其他纺织材料制 | | | | | | |
| 6106900000 | 其他纺织材料制针织或钩编女衬衫 | 16 | 130 | 17 | 17 | 件/千克 | |
| **6107** | **针织或钩编的男式内裤、三角裤、长睡衣、睡衣裤、浴衣、晨衣及类似品** | | | | | | |
| 61071100 | --棉制 | | | | | | |
| 6107110000 | 棉制针织或钩编男内裤及三角裤 | 14 | 90 | 17 | 17 | 件/千克 | A |
| 61071200 | --化学纤维制 | | | | | | |
| 6107120000 | 化学纤维制针织或钩编男内裤及三角裤 | 16 | 130 | 17 | 17 | 件/千克 | A |
| 61071910 | ---丝及绢丝制 | | | | | | |
| 6107191010 | 丝及绢丝制男内裤及三角裤(含丝≥70%,针织或钩编) | 14 | 130 | 17 | 17 | 件/千克 | A |
| 6107191090 | 其他丝及绢丝制男内裤及三角裤(含丝<70%,针织或钩编) | 14 | 130 | 17 | 17 | 件/千克 | A |
| 61071990 | ---其他 | | | | | | |
| 6107199010 | 羊毛或动物细毛制男内裤及三角裤(针织或钩编) | 14 | 130 | 17 | 17 | 件/千克 | A |
| 6107199090 | 其他纺织材料制男内裤及三角裤(针织或钩编) | 14 | 130 | 17 | 17 | 件/千克 | A |
| 61072100 | --棉制 | | | | | | |
| 6107210000 | 棉制针织或钩编男长睡衣及睡衣裤 | 14 | 90 | 17 | 17 | 件/千克 | A |
| 61072200 | --化学纤维制 | | | | | | |
| 6107220000 | 化学纤维制针织或钩编男睡衣裤(包括长睡衣) | 16 | 130 | 17 | 17 | 件/千克 | A |
| 61072910 | ---丝及绢丝制 | | | | | | |
| 6107291010 | 丝及绢丝制针织或钩编男睡衣裤(含丝≥70%,包括长睡衣) | 14 | 130 | 17 | 17 | 件/千克 | A |
| 6107291090 | 其他丝及绢丝制针织或钩编男睡衣裤(含丝<70%,包括长睡衣) | 14 | 130 | 17 | 17 | 件/千克 | A |
| 61072990 | ---其他 | | | | | | |
| 6107299000 | 其他纺织材料制针织或钩编男睡衣裤(包括长睡衣) | 14 | 130 | 17 | 17 | 件/千克 | A |
| 61079100 | --棉制 | | | | | | |
| 6107910010 | 棉制针织或钩编其他睡衣裤 | 14 | 90 | 17 | 17 | 件/千克 | A |
| 6107910090 | 棉制针织或钩编男浴衣、晨衣等(包括类似品) | 14 | 90 | 17 | 17 | 件/千克 | A |
| 61079910 | ---化学纤维制 | | | | | | |
| 6107991000 | 化学纤维制其他男睡衣裤、浴衣、晨衣等(包括类似品) | 16 | 130 | 17 | 17 | 件/千克 | A |
| 61079990 | ---其他 | | | | | | |
| 6107999000 | 其他纺织材料制其他男睡衣裤、浴衣、晨衣等(包括类似品,针织或钩编) | 14 | 130 | 17 | 17 | 件/千克 | A |
| **6108** | **针织或钩编的女式长衬裙、衬裙、三角裤、短衬裤、睡衣、睡衣裤、浴衣、晨衣及类似品** | | | | | | |
| 61081100 | --化学纤维制 | | | | | | |
| 6108110000 | 化学纤维制针织或钩编长衬裙及衬裙 | 16 | 130 | 17 | 17 | 件/千克 | |
| 61081910 | ---棉制 | | | | | | |
| 6108191000 | 棉制针织或钩编女式长衬裙及衬裙 | 14 | 90 | 17 | 17 | 件/千克 | |
| 61081920 | ---丝及绢丝制 | | | | | | |
| 6108192000 | 丝及绢丝制女式长衬裙及衬裙 | 14 | 130 | 17 | 17 | 件/千克 | |
| 61081990 | ---其他 | | | | | | |
| 6108199000 | 其他纺织材料制女式长衬裙及衬裙(针织或钩编) | 14 | 130 | 17 | 17 | 件/千克 | |
| 61082100 | --棉制 | | | | | | |
| 6108210000 | 棉制针织或钩编女三角裤及短衬裤 | 14 | 90 | 17 | 17 | 件/千克 | A |
| 61082200 | --化学纤维制 | | | | | | |
| 6108220010 | 化学纤维制一次性女三角裤及短衬裤(针织或钩编) | 16 | 130 | 17 | 17 | 件/千克 | A |
| 6108220090 | 化学纤维制其他女三角裤及短衬裤(针织或钩编) | 16 | 130 | 17 | 17 | 件/千克 | A |

| 商品编号 | 商 品 名 称 及 备 注 | 进口关税税率(%) | | 增值税率(%) | 出口退税率(%) | 计量单位 | 监管条件 |
|---|---|---|---|---|---|---|---|
| | | 最惠国 | 普通 | | | | |
| 61082910 | ---丝及绢丝制 | | | | | | |
| 6108291010 | 丝及绢丝制女三角裤及短衬裤(针织或钩编,含丝≥70%) | 14 | 130 | 17 | 17 | 件/千克 | A |
| 6108291090 | 其他丝及绢丝制女三角裤及短衬裤(针织或钩编,含丝<70%) | 14 | 130 | 17 | 17 | 件/千克 | A |
| 61082990 | ---其他 | | | | | | |
| 6108299010 | 羊毛制女三角裤及短衬裤(针织或钩编) | 14 | 130 | 17 | 17 | 件/千克 | A |
| 6108299090 | 其他纺织材料制女三角裤及短衬裤(针织或钩编) | 14 | 130 | 17 | 17 | 件/千克 | A |
| 61083100 | --棉制 | | | | | | |
| 6108310000 | 棉制针织或钩编女睡衣及睡衣裤 | 14 | 90 | 17 | 17 | 件/千克 | A |
| 61083200 | --化学纤维制 | | | | | | |
| 6108320000 | 化学纤维制针织或钩编女睡衣及睡衣裤 | 16 | 130 | 17 | 17 | 件/千克 | A |
| 61083910 | ---丝及绢丝制 | | | | | | |
| 6108391010 | 丝及绢丝制女睡衣及睡衣裤(针织或钩编,含丝≥70%) | 14 | 130 | 17 | 17 | 件/千克 | A |
| 6108391090 | 其他丝及绢丝制女睡衣及睡衣裤(针织或钩编,含丝<70%) | 14 | 130 | 17 | 17 | 件/千克 | A |
| 61083990 | ---其他 | | | | | | |
| 6108399010 | 羊毛或动物细毛制女睡衣及睡衣裤(针织或钩编) | 14 | 130 | 17 | 17 | 件/千克 | A |
| 6108399090 | 其他纺织材料制女睡衣及睡衣裤(针织或钩编) | 14 | 130 | 17 | 17 | 件/千克 | A |
| 61089100 | --棉制 | | | | | | |
| 6108910010 | 棉制针织或钩编女内裤、内衣 | 14 | 90 | 17 | 17 | 件/千克 | A |
| 6108910090 | 其他棉制针织或钩编女浴衣、晨衣等(包括类似品) | 14 | 90 | 17 | 17 | 件/千克 | A |
| 61089200 | --化学纤维制 | | | | | | |
| 6108920010 | 化学纤维制针织或钩编女内裤、内衣 | 16 | 130 | 17 | 17 | 件/千克 | A |
| 6108920090 | 其他化学纤维制针织或钩编女浴衣、晨衣等(包括类似品) | 16 | 130 | 17 | 17 | 件/千克 | A |
| 61089900 | --其他纺织材料制 | | | | | | |
| 6108990010 | 丝及绢丝制女浴衣、晨衣等(针织或钩编,包括类似品,含丝≥70%) | 14 | 130 | 17 | 17 | 件/千克 | A |
| 6108990020 | 羊毛或动物细毛制女浴衣、晨衣等(针织或钩编,包括类似品) | 14 | 130 | 17 | 17 | 件/千克 | A |
| 6108990090 | 其他纺织材料制女浴衣、晨衣等(针织或钩编,包括类似品) | 14 | 130 | 17 | 17 | 件/千克 | A |
| **6109** | **针织或钩编的T恤衫、汗衫及其他背心** | | | | | | |
| 61091000 | -棉制 | | | | | | |
| 6109100010 | 棉制针织或钩编T恤衫、汗衫等(内衣式,包括其他背心) | 14 | 90 | 17 | 17 | 件/千克 | A |
| 6109100021 | 其他棉制针织或钩编男式T恤衫(内衣除外) | 14 | 90 | 17 | 17 | 件/千克 | A |
| 6109100022 | 其他棉制针织或钩编女式T恤衫(内衣除外) | 14 | 90 | 17 | 17 | 件/千克 | A |
| 6109100091 | 其他棉制男式汗衫及其他背心(针织或钩编,内衣除外,包括男童8~18号) | 14 | 90 | 17 | 17 | 件/千克 | A |
| 6109100092 | 其他棉制男式汗衫及其他背心(针织或钩编,内衣除外) | 14 | 90 | 17 | 17 | 件/千克 | A |
| 6109100099 | 其他棉制女式汗衫及其他背心(针织或钩编,内衣除外) | 14 | 90 | 17 | 17 | 件/千克 | A |
| 61099010 | ---丝及绢丝制 | | | | | | |
| 6109901011 | 丝及绢丝针织或钩编T恤衫、汗衫、背心(内衣式,含丝≥70%) | 14 | 130 | 17 | 17 | 件/千克 | A |
| 6109901019 | 其他丝及绢丝针织或钩编T恤衫、背心(包括汗衫,内衣式,含丝<70%) | 14 | 130 | 17 | 17 | 件/千克 | A |
| 6109901021 | 丝及绢丝针织钩编汗衫、背心(内衣除外,含丝≥70%,男童8~18号,女童7~16号) | 14 | 130 | 17 | 17 | 件/千克 | A |
| 6109901029 | 其他丝及绢丝针织钩编汗衫、背心(内衣除外,含丝<70%,男童8~18号,女童7~16号) | 14 | 130 | 17 | 17 | 件/千克 | A |
| 6109901091 | 其他丝及绢丝针织或钩编T恤衫、汗衫(含丝≥70%,包括其他背心) | 14 | 130 | 17 | 17 | 件/千克 | A |
| 6109901099 | 其他丝及绢丝针织或钩编T恤衫、汗衫(含丝<70%,包括其他背心) | 14 | 130 | 17 | 17 | 件/千克 | A |
| 61099090 | ---其他 | | | | | | |
| 6109909011 | 毛制针织或钩编T恤衫、汗衫等(内衣式,长袖衫) | 14 | 130 | 17 | 17 | 件/千克 | A |
| 6109909012 | 毛制针织或钩编男式T恤衫、汗衫(内衣式,长袖衫除外) | 14 | 130 | 17 | 17 | 件/千克 | A |
| 6109909013 | 毛制针织或钩编女式T恤衫、汗衫(内衣式,长袖衫除外) | 14 | 130 | 17 | 17 | 件/千克 | A |
| 6109909021 | 毛制针织或钩编男式其他T恤衫(内衣除外) | 14 | 130 | 17 | 17 | 件/千克 | A |

| 商品编号 | 商品名称及备注 | 进口关税税率(%) | | 增值税率(%) | 出口退税率(%) | 计量单位 | 监管条件 |
|---|---|---|---|---|---|---|---|
| | | 最惠国 | 普通 | | | | |
| 6109909022 | 毛制针织或钩编女式其他T恤衫(内衣除外) | 14 | 130 | 17 | 17 | 件/千克 | A |
| 6109909031 | 毛制男式汗衫及其他背心(针织或钩编,内衣除外,含男童8~18号) | 14 | 130 | 17 | 17 | 件/千克 | A |
| 6109909032 | 其他毛制男式汗衫及其他背心(针织或钩编,内衣除外) | 14 | 130 | 17 | 17 | 件/千克 | A |
| 6109909033 | 其他毛制女式汗衫及其他背心(针织或钩编,内衣除外) | 14 | 130 | 17 | 17 | 件/千克 | A |
| 6109909040 | 化学纤维制针织或钩编内衣 | 14 | 130 | 17 | 17 | 件/千克 | A |
| 6109909050 | 化学纤维制针织或钩编T恤衫(内衣除外) | 14 | 130 | 17 | 17 | 件/千克 | A |
| 6109909060 | 化学纤维针织或钩编汗衫及其他背心(内衣除外) | 14 | 130 | 17 | 17 | 件/千克 | A |
| 6109909091 | 其他纺织材料制T恤衫、汗衫等(针织或钩编,内衣式,包括其他背心) | 14 | 130 | 17 | 17 | 件/千克 | A |
| 6109909092 | 其他纺织材料制针织或钩编汗衫及其他背心(内衣除外,包括男童8~18号,女童7~16号) | 14 | 130 | 17 | 17 | 件/千克 | A |
| 6109909093 | 其他纺织材料制针织或钩编T恤衫、汗衫(内衣除外,包括其他背心) | 14 | 130 | 17 | 17 | 件/千克 | A |
| **6110** | **针织或钩编的套头衫、开襟衫、背心及类似品** | | | | | | |
| 61101100 | --羊毛制 | | | | | | |
| 6110110000 | 羊毛制针织或钩编的套头衫、开襟衫、马甲(背心)及类似品 | 14 | 130 | 17 | 17 | 件/千克 | |
| 61101200 | --克什米尔山羊细毛制 | | | | | | |
| 6110120011[暂5] | 喀什米尔山羊细毛制手工起绒男套头衫(针织或钩编,包括开襟衫、外穿背心及类似品) | 14 | 130 | 17 | 17 | 件/千克 | |
| 6110120019[暂5] | 喀什米尔山羊细毛制起绒男套头衫(针织或钩编,包括开襟衫、外穿背心及类似品) | 14 | 130 | 17 | 17 | 件/千克 | |
| 6110120021[暂5] | 喀什米尔山羊细毛制手工起绒女套头衫(针织或钩编,包括开襟衫、外穿背心及类似品) | 14 | 130 | 17 | 17 | 件/千克 | |
| 6110120029[暂5] | 喀什米尔山羊细毛制起绒女套头衫(针织或钩编,包括开襟衫、外穿背心及类似品) | 14 | 130 | 17 | 17 | 件/千克 | |
| 6110120031[暂5] | 喀什米尔山羊细毛制手工非起绒男套头衫(针织或钩编,包括开襟衫、外穿背心及类似品) | 14 | 130 | 17 | 17 | 件/千克 | |
| 6110120039[暂5] | 喀什米尔山羊细毛制非起绒男套头衫(针织或钩编,包括开襟衫、外穿背心及类似品) | 14 | 130 | 17 | 17 | 件/千克 | |
| 6110120041[暂5] | 喀什米尔山羊细毛制手工非起绒女套头衫(针织或钩编,包括开襟衫、外穿背心及类似品) | 14 | 130 | 17 | 17 | 件/千克 | |
| 6110120049[暂5] | 喀什米尔山羊细毛制非起绒女套头衫(针织或钩编,包括开襟衫、外穿背心及类似品) | 14 | 130 | 17 | 17 | 件/千克 | |
| 61101910 | ---其他山羊细毛制 | | | | | | |
| 6110191000 | 其他山羊细毛制针织或钩编的套头衫、开襟衫、马甲(背心)及类似品 | 14 | 130 | 17 | 17 | 件/千克 | |
| 61101920 | ---兔毛制 | | | | | | |
| 6110192000 | 其他兔毛制针织或钩编的套头衫、开襟衫、马甲(背心)及类似品 | 14 | 130 | 17 | 17 | 件/千克 | |
| 61101990 | ---其他 | | | | | | |
| 6110199000 | 其他动物细毛制针织或钩编的套头衫、开襟衫、马甲(背心)及类似品 | 14 | 130 | 17 | 17 | 件/千克 | |
| 61102000 | -棉制 | | | | | | |
| 6110200011 | 棉制儿童游戏套装紧身衫及套头衫(针织起绒,轻薄细针翻领、开领、高领,含亚麻<36%) | 14 | 90 | 17 | 17 | 件/千克 | A |
| 6110200012 | 棉制其他起绒儿童游戏套头衫等(针织钩编,包括开襟衫、背心及类似品,含亚麻<36%) | 14 | 90 | 17 | 17 | 件/千克 | A |
| 6110200051 | 其他棉制儿童游戏套装紧身及套头衫(针织、非起绒,轻薄细针,翻领、开领、高领) | 14 | 90 | 17 | 17 | 件/千克 | A |
| 6110200052 | 其他棉制儿童游戏套装套头衫等(针织或钩编、非起绒,包括开襟衫、背心及类似品) | 14 | 90 | 17 | 17 | 件/千克 | A |
| 6110200090 | 其他棉制针织或钩编的套头衫、开襟衫、马甲(背心)及类似品 | 14 | 90 | 17 | 17 | 件/千克 | |
| 61103000 | -化学纤维制 | | | | | | |
| 6110300011 | 化学纤维制儿童游戏套装紧身衫及套头衫(针织起绒,轻薄细针,翻领、开领、高领,含毛<23%,含丝<30%) | 16 | 130 | 17 | 17 | 件/千克 | A |
| 6110300012 | 化学纤维制起绒儿童游戏套装及套头衫等(针织或钩编,包括开襟衫、背心及类似品,含毛<23%,含丝<30%) | 16 | 130 | 17 | 17 | 件/千克 | A |
| 6110300041 | 化学纤维其他童游戏套装紧身及套头衫(针织非起绒,轻薄细针,翻领、开领、高领) | 16 | 130 | 17 | 17 | 件/千克 | A |
| 6110300042 | 化学纤维制其他童游戏套装套头衫等(针织或钩编,非起绒,包括开襟衫、背心及类似品) | 16 | 130 | 17 | 17 | 件/千克 | A |

| 商品编号 | 商 品 名 称 及 备 注 | 进口关税税率（%） | | 增值税率（%） | 出口退税率（%） | 计量单位 | 监管条件 |
|---|---|---|---|---|---|---|---|
| | | 最惠国 | 普通 | | | | |
| 6110300090 | 其他化学纤维制针织或钩编的套头衫、开襟衫、马甲(背心)及类似品 | 16 | 130 | 17 | 17 | 件/千克 | |
| 61109010 | ---丝及绢丝制 | | | | | | |
| 6110901000 | 丝及绢丝制针织或钩编的套头衫、开襟衫、马甲(背心)及类似品 | 14 | 130 | 17 | 17 | 件/千克 | |
| 61109090 | ---其他 | | | | | | |
| 6110909000 | 其他纺织材料制针织或钩编的套头衫、开襟衫、马甲(背心)及类似品 | 14 | 130 | 17 | 17 | 件/千克 | |
| **6111** | **针织或钩编的婴儿服装及衣着附件** | | | | | | |
| 61112000 | -棉制 | | | | | | |
| 6111200010 | 棉制针织或钩编婴儿袜 | 14 | 90 | 17 | 17 | 千克 | A |
| 6111200020 | 棉制婴儿分指、连指、露指手套(针制或钩编) | 14 | 90 | 17 | 17 | 千克 | A |
| 6111200040 | 棉制针织婴儿外衣、雨衣、滑雪装(针制或钩编,包括夹克类似品) | 14 | 90 | 17 | 17 | 千克 | A |
| 6111200050 | 棉制针织钩编婴儿其他服装 | 14 | 90 | 17 | 17 | 千克 | A |
| 6111200090 | 棉制针织钩编婴儿衣着附件 | 14 | 90 | 17 | 17 | 千克 | A |
| 61113000 | -合成纤维制 | | | | | | |
| 6111300010 | 合成纤维制针织或钩编婴儿袜 | 16 | 130 | 17 | 17 | 千克 | A |
| 6111300020 | 合成纤维制婴儿分指、连指及露指手套(针制或钩编) | 16 | 130 | 17 | 17 | 千克 | A |
| 6111300040 | 合成纤维婴制儿外衣、雨衣、滑雪装(针制或钩编,包括夹克类似服装) | 16 | 130 | 17 | 17 | 千克 | A |
| 6111300050 | 合成纤维制针织或钩编婴儿其他服装(包括衣着附件) | 16 | 130 | 17 | 17 | 千克 | A |
| 6111300090 | 合成纤维制针织或钩编婴儿衣着附件 | 16 | 130 | 17 | 17 | 千克 | A |
| 61119010 | ---羊毛或动物细毛制 | | | | | | |
| 6111901000 | 毛制针织或钩编婴儿服装及衣着附件(羊毛或动物细毛制) | 14 | 130 | 17 | 17 | 千克 | A |
| 61119090 | ---其他 | | | | | | |
| 6111909010 | 人造纤维制针织或钩编婴儿袜 | 14 | 130 | 17 | 17 | 千克 | A |
| 6111909090 | 其他纺织材料制婴儿服装及衣着附件(针织或钩编,) | 14 | 130 | 17 | 17 | 千克 | A |
| **6112** | **针织或钩编的运动服、滑雪服及游泳服** | | | | | | |
| 61121100 | --棉制 | | | | | | |
| 6112110000 | 棉制针织或钩编运动服 | 16 | 90 | 17 | 17 | 套/千克 | |
| 61121200 | --合成纤维制 | | | | | | |
| 6112120000 | 合成纤维制针织或钩编运动服 | 17.5 | 130 | 17 | 17 | 套/千克 | |
| 61121900 | --其他纺织材料制 | | | | | | |
| 6112190000 | 其他纺织材料制针织或钩编运动服 | 16 | 130 | 17 | 17 | 套/千克 | |
| 61122010 | ---棉制 | | | | | | |
| 6112201000 | 棉制针织或钩编滑雪服 | 16 | 90 | 17 | 17 | 套/千克 | |
| 61122090 | ---其他 | | | | | | |
| 6112209000 | 其他纺织材料制针织或钩编滑雪服 | 19 | 130 | 17 | 17 | 套/千克 | |
| 61123100 | --合成纤维制 | | | | | | |
| 6112310000 | 合成纤维制针织或钩编男式游泳服 | 17.5 | 130 | 17 | 17 | 件/千克 | A |
| 61123900 | --其他纺织材料制 | | | | | | |
| 6112390000 | 其他材料制针织或钩编男式游泳服 | 16 | 130 | 17 | 17 | 件/千克 | A |
| 61124100 | --合成纤维制 | | | | | | |
| 6112410000 | 合成纤维制针织或钩编女式游泳服 | 17.5 | 130 | 17 | 17 | 件/千克 | A |
| 61124900 | --其他纺织材料制 | | | | | | |
| 6112490000 | 其他纺织材料制针织或钩编女游泳服 | 16 | 130 | 17 | 17 | 件/千克 | A |
| **6113** | **用品目 59.03、59.06 或 59.07 的针织物或钩编织物制成的服装** | | | | | | |
| 61130000 | 用品目 59.03、59.06 或 59.07 的针织物或钩编织物制成的服装 | | | | | | |
| 6113000000 | 用品目 59.03、59.06 或 59.07 的针织物或钩编织物制成的服装 | 16 | 130 | 17 | 17 | 件/千克 | |
| **6114** | **针织或钩编的其他服装** | | | | | | |

| 商品编号 | 商 品 名 称 及 备 注 | 进口关税税率(%) | | 增值税率(%) | 出口退税率(%) | 计量单位 | 监管条件 |
|---|---|---|---|---|---|---|---|
| | | 最惠国 | 普通 | | | | |
| 61142000 | -棉制 | | | | | | |
| 6114200011 | 棉制针织或钩编儿童非保暖连身裤 | 16 | 90 | 17 | 17 | 件/千克 | A |
| 6114200021 | 棉制针织或钩编男成人及男童TOPS(指8~18号男童TOPS) | 16 | 90 | 17 | 17 | 件/千克 | A |
| 6114200022 | 棉制针织或钩编其他男童TOPS | 16 | 90 | 17 | 17 | 件/千克 | A |
| 6114200040 | 棉制针织或钩编夏服、水洗服(包括女成人、女童及男童) | 16 | 90 | 17 | 17 | 件/千克 | A |
| 6114200090 | 棉制针织或钩编其他服装 | 16 | 90 | 17 | 17 | 件/千克 | |
| 61143000 | -化学纤维制 | | | | | | |
| 6114300021 | 化学纤维制针织或钩编男成人及男TOPS(指8~18号男童TOPS) | 17.5 | 130 | 17 | 17 | 件/千克 | A |
| 6114300022 | 化学纤维制针织或钩编其他男童TOPS | 17.5 | 130 | 17 | 17 | 件/千克 | A |
| 6114300090 | 化学纤维制针织或钩编其他服装 | 17.5 | 130 | 17 | 17 | 件/千克 | |
| 61149010 | ---羊毛或动物细毛制 | | | | | | |
| 6114901000 | 毛制针织或钩编其他服装(指羊毛或动物细毛) | 16 | 130 | 17 | 17 | 件/千克 | |
| 61149090 | ---其他 | | | | | | |
| 6114909000 | 其他纺织材料制其他服装 | 16 | 130 | 17 | 17 | 件/千克 | |
| **6115** | **针织或钩编的连裤袜、紧身裤袜、长筒袜、短袜及其他袜类,包括渐紧压袜类(例如,用以治疗静脉曲张的长筒袜)和无外绱鞋底的鞋类** | | | | | | |
| 61151000 | -渐紧压袜类(例如,用以治疗静脉曲张的长筒袜) | | | | | | |
| 6115100000 | 渐紧压袜类(例如用以治疗静脉曲张的长筒袜,针织或钩编) | 16 | 130 | 17 | 17 | 双/千克 | |
| 61152100 | --每根单丝细度<67分特的合成纤维制 | | | | | | |
| 6115210000 | 每根单丝细度<67分特的合成纤维制连裤袜及紧身裤袜(针织或钩编) | 16 | 130 | 17 | 17 | 双/千克 | |
| 61152200 | --每根单丝细度≥67分特的合成纤维制 | | | | | | |
| 6115220000 | 每根单丝细度≥67分特的合成纤维制连裤袜及紧身裤袜(针织或钩编) | 16 | 130 | 17 | 17 | 双/千克 | |
| 61152910 | ---棉制 | | | | | | |
| 6115291000 | 棉制针织或钩编连裤袜及紧身裤袜 | 14 | 90 | 17 | 17 | 双/千克 | |
| 61152990 | ---其他 | | | | | | |
| 6115299000 | 其他纺织材料制针织或钩编连裤袜及紧身裤袜(除合成纤维、棉外其他纺织材料制) | 14 | 130 | 17 | 17 | 双/千克 | |
| 61153000 | -其他女式长筒袜或中筒袜,每根单丝细度<67分特 | | | | | | |
| 6115300000 | 其他材料制女式长筒袜或中筒袜(单丝细度<67分特) | 14 | 130 | 17 | 17 | 双/千克 | |
| 61159400 | --羊毛或动物细毛制 | | | | | | |
| 6115940000 | 毛制针织或钩编短袜及其他袜类 | 14 | 130 | 17 | 17 | 双/千克 | |
| 61159500 | --棉制 | | | | | | |
| 6115950011 | 棉制针织或钩编矫正袜(外科用带压缩刻度) | 14 | 90 | 17 | 17 | 双/千克 | |
| 6115950019 | 棉制针织或钩编短袜及其他袜类 | 14 | 90 | 17 | 17 | 双/千克 | |
| 61159600 | --合成纤维制 | | | | | | |
| 6115960000 | 合成纤维制短袜及其他袜类(针织或钩编) | 16 | 130 | 17 | 17 | 双/千克 | |
| 61159900 | --其他纺织材料制 | | | | | | |
| 6115990000 | 其他纺织材料制短袜及其他袜类(针织或钩编) | 14 | 130 | 17 | 17 | 双/千克 | |
| **6116** | **针织或钩编的分指手套、连指手套及露指手套** | | | | | | |
| 61161000 | -用塑料或橡胶浸渍、涂布或包覆的 | | | | | | |
| 6116100000 | 塑料或橡胶浸渍的手套 | 14 | 130 | 17 | 17 | 双/千克 | |
| 61169100 | --羊毛或动物细毛制 | | | | | | |
| 6116910000 | 毛制其他针织或钩编手套 | 14 | 130 | 17 | 17 | 双/千克 | |
| 61169200 | --棉制 | | | | | | |
| 6116920000 | 棉制其他针织或钩编手套(非运动手套) | 14 | 90 | 17 | 17 | 双/千克 | |
| 61169300 | --合成纤维制 | | | | | | |
| 6116930010 | 合成纤维制其他针织或钩编手套(含羊毛或动物细毛≥23%) | 16 | 130 | 17 | 17 | 双/千克 | |

| 商品编号 | 商品名称及备注 | 进口关税税率(%) | | 增值税率(%) | 出口退税率(%) | 计量单位 | 监管条件 |
|---|---|---|---|---|---|---|---|
| | | 最惠国 | 普通 | | | | |
| 6116930090 | 合成纤维制其他针织或钩编手套(含羊毛或动物细毛<23%) | 16 | 130 | 17 | 17 | 双/千克 | |
| 61169900 | --其他纺织材料制 | | | | | | |
| 6116990000 | 其他纺织材料制其他针织或钩编手套 | 14 | 130 | 17 | 17 | 双/千克 | |
| **6117** | **其他制成的针织或钩编的衣着附件;服装或衣着附件的针织或钩编的零件** | | | | | | |
| 61171011 | ----山羊绒制 | | | | | | |
| 6117101100 | 山羊绒制披巾、头巾、围巾、披纱、面纱及类似品(针织或钩编) | 14 | 130 | 17 | 17 | 条/千克 | |
| 61171019 | ----其他 | | | | | | |
| 6117101900 | 其他动物细毛制披巾、头巾、围巾、披纱、面纱及类似品(针织或钩编) | 14 | 130 | 17 | 17 | 条/千克 | |
| 61171020 | ---羊毛制 | | | | | | |
| 6117102000 | 羊毛制披巾、头巾、围巾、披纱、面纱及类似品(针织或钩编) | 14 | 130 | 17 | 17 | 条/千克 | |
| 61171090 | ---其他 | | | | | | |
| 6117109000 | 其他纺织材料制披巾、头巾、围巾、披纱、面纱及类似品(针织或钩编) | 14 | 130 | 17 | 17 | 条/千克 | |
| 61178010 | ---领带及领结 | | | | | | |
| 6117801000 | 领带及领结(针织或钩编) | 14 | 130 | 17 | 17 | 千克/条 | |
| 61178090 | ---其他 | | | | | | |
| 6117809000 | 其他衣着附件(针织或钩编) | 14 | 130 | 17 | 17 | 千克 | |
| 61179000 | -零件 | | | | | | |
| 6117900000 | 服装或衣着附件的零件(针织或钩编) | 14 | 130 | 17 | 17 | 千克 | |

# 第六十二章　非针织或非钩编的服装及衣着附件

注释：

一、本章仅适用于除絮胎以外任何纺织物的制成品，但不适用于针织品或钩编织品（品目62.12的除外）。

二、本章不包括：

（一）品目63.09的旧衣服及其他旧物品；

（二）矫形器具、外科手术带、疝气带及类似品（品目90.21）。

三、品目62.03及62.04所称：

（一）"西服套装"，是指面料用完全相同织物制成的两件套或三件套的下列成套服装：

—— 一件人体上半身穿着的外套或短上衣，除袖子外，应由四片或四片以上面料组成；也可附带一件西服背心，这件背心的前片面料应与套装其他各件的面料相同，后片面料则应与外套或短上衣的衬里料相同；以及

—— 一件人体下半身穿着的服装，即不带背带或护胸的长裤、马裤、短裤（游泳裤除外）、裙子或裙裤。

西服套装各件面料质地、颜色及构成必须完全相同，其款式、尺寸大小也须相互般配，但套装的各件可以有不同织物的滚边（缝入夹缝中的成条织物）。如果数件人体下半身穿着的服装同时进口或出口（例如，两条长裤、长裤与短裤、裙子或裙裤与长裤），构成西服套装下装的应是一条长裤，对于女式西服套装，应是裙子或裙裤；其他服装应分别归类。

所称"西服套装"，包括不论是否完全符合上述条件的下列配套服装：

1. 常礼服，由一件后襟下垂并下端开圆弧形叉的素色短上衣和一条条纹长裤组成；

2. 晚礼服（燕尾服），一般用黑色织物制成，上衣前襟较短且不闭合，背后有燕尾；

3. 无燕尾套装夜礼服，其中上衣款式与普通上衣相似（可以更为显露衬衣前胸），但有光滑丝质或仿丝质的翻领。

（二）"便服套装"，是指面料相同并做零售包装的下列成套服装（西服套装及品目62.07或62.08的物品除外）：

—— 一件人体上半身穿着的服装，但背心除外，因为背心可作为内衣；以及

—— 一件或两件不同的人体下半身穿着的服装，即长裤、护胸背带工装裤、马裤、短裤（游泳裤除外）、裙子或裙裤。

便服套装各件面料质地、款式、颜色及构成必须相同；尺寸大小也须相互般配。所称"便服套装"不包括品目62.11的运动服及滑雪服。

四、对于品目62.09：

（一）所称"婴儿服装及衣着附件"，是指用于身高不超过86厘米幼儿的服装；

（二）既可归入品目62.09，也可归入本章其他品目的物品，应归入品目62.09；

五、既可归入品目62.10，也可归入本章其他品目的服装，除品目62.09所列的仍归入该品目外，其余的应一律归入品目62.10。

六、品目62.11所称"滑雪服"，是指从整个外观和织物质地来看，主要在滑雪（速度滑雪和高山滑雪）时穿着的下列服装或成套服装：

（一）"滑雪连身服"，即上下身连在一起的单件服装；除袖子和领子外，滑雪连身服可有口袋或脚带；或

（二）"滑雪套装"，即由两件或三件构成一套并作零售包装的下列服装：

一件用一条拉链扣合的带风帽的厚夹克、防风衣、防风短上衣或类似的服装，可以附带一件背心；以及一条不论是否过腰的长裤、一条马裤或一条护胸背带工装裤。

"滑雪套装"也可由一件类似以上（一）款所述的连身服和一件可套在连身服外面的有胎料背心组成。

"滑雪套装"各件颜色可以不同，但面料质地、款式及构成必须相同；尺寸大小也须相互般配。

七、正方形或近似正方形的围巾及围巾式样的物品，如果每边均不超过60厘米，应作为手帕归类（品目62.13）。任何一边超过60厘米的手帕，应归入品目62.14。

八、本章的服装，凡门襟为左压右的，应视为男式；右压左的，应视为女式。但本规定不适用于其式样已明显为男式或女式的服装。无法区别是男式还是女式的服装，应按女式服装归入有关品目。

九、本章物品可用金属线制成。

| 商品编号 | 商 品 名 称 及 备 注 | 进口关税税率（%） | | 增值税率（%） | 出口退税率（%） | 计量单位 | 监管条件 |
|---|---|---|---|---|---|---|---|
| | | 最惠国 | 普通 | | | | |
| **6201** | **男式大衣、短大衣、斗篷、短斗篷、带风帽的防寒短上衣（包括滑雪短上衣）、防风衣、防风短上衣及类似品，但品目62.03的货品除外** | | | | | | |
| 62011100 | --羊毛或动物细毛制 | | | | | | |
| 6201110010暂5 | 毛制男式雨衣（羊毛或动物细毛制） | 16 | 130 | 17 | 17 | 件/千克 | |
| 6201110090暂5 | 毛制男式大衣、斗篷及类似品（含短大衣、短斗篷，羊毛或动物细毛制） | 16 | 130 | 17 | 17 | 件/千克 | |
| 62011210 | ---羽绒服 | | | | | | |
| 6201121000 | 棉制男式羽绒大衣等及类似品（包括羽绒雨衣、短大衣、斗篷、短斗篷） | 16 | 90 | 17 | 17 | 件/千克 | |
| 62011290 | ---其他 | | | | | | |
| 6201129010暂5 | 棉制男式雨衣 | 16 | 90 | 17 | 17 | 件/千克 | |
| 6201129020暂5 | 棉制男式连风帽派克大衣等（含带风帽的防寒短上衣、防风衣、防风短上衣及类似品） | 16 | 90 | 17 | 17 | 件/千克 | |
| 6201129090暂5 | 棉制男式大衣、斗篷及类似品（包括短大衣、短斗篷） | 16 | 90 | 17 | 17 | 件/千克 | |

| 商品编号 | 商 品 名 称 及 备 注 | 进口关税税率(%) | | 增值税率(%) | 出口退税率(%) | 计量单位 | 监管条件 |
|---|---|---|---|---|---|---|---|
| | | 最惠国 | 普通 | | | | |
| 62011310 | ---羽绒服 | | | | | | |
| 6201131000 | 化学纤维制男羽绒大衣等及类似品(包括羽绒雨衣、短大衣、斗篷、短斗篷) | 17.5 | 130 | 17 | 17 | 件/千克 | |
| 62011390 | ---其他 | | | | | | |
| 6201139000 | 化学纤维制男大衣、斗篷及类似品(包括短大衣、短斗篷,含羊毛或动物细毛 36%及以上);化学纤维制男式连风帽派克大衣等(带风帽防寒短上衣/防风衣等);化学纤维制雨衣 | 17.5 | 130 | 17 | 17 | 件/千克 | |
| 62011900 | --其他纺织材料制 | | | | | | |
| 6201190000 | 其他材料制男大衣、雨衣(含短大衣、斗篷、短斗篷及类似品) | 16 | 100 | 17 | 17 | 件/千克 | |
| 62019100 | --羊毛或动物细毛制 | | | | | | |
| 6201910000 | 毛制男式防寒短上衣[羊毛或动物细毛制(含滑雪短上衣、防风衣、防风短上衣及类似品)] | 16 | 130 | 17 | 17 | 件/千克 | |
| 62019210 | ---羽绒服 | | | | | | |
| 6201921000 | 棉制男式羽绒防寒短上衣、防风衣(包括羽绒滑雪短上衣、防风短上衣及类似品) | 16 | 90 | 17 | 17 | 件/千克 | |
| 62019290 | ---其他 | | | | | | |
| 6201929000 | 棉制男式防寒短上衣(含滑雪短上衣、防风衣、防风短上衣及类似品) | 16 | 90 | 17 | 17 | 件/千克 | |
| 62019310 | ---羽绒服 | | | | | | |
| 6201931000 | 化学纤维制男式羽绒防寒短上衣防风衣(包括羽绒滑雪短上衣、防风短上衣及类似品) | 17.5 | 130 | 17 | 17 | 件/千克 | |
| 62019390 | ---其他 | | | | | | |
| 6201939000 | 化学纤维制男式防寒短上衣(含滑雪短上衣、防风衣、防风短上衣及类似品) | 17.5 | 130 | 17 | 17 | 件/千克 | |
| 62019900 | --其他纺织材料制 | | | | | | |
| 6201990000 | 其他材料制男士防寒短上衣(含滑雪短上衣、防风衣、防风短上衣及类似品) | 16 | 100 | 17 | 17 | 件/千克 | |
| **6202** | **女式大衣、短大衣、斗篷、短斗篷、带风帽的防寒短上衣(包括滑雪短上衣)、防风衣、防风短上衣及类似品,但品目62.04的货品除外** | | | | | | |
| 62021100 | --羊毛或动物细毛制 | | | | | | |
| 6202110010[暂5] | 毛制女式雨衣(羊毛或动物细毛制) | 16 | 130 | 17 | 17 | 件/千克 | |
| 6202110090[暂5] | 毛制女式大衣、斗篷及类似品等(包括短大衣、短斗篷,羊毛或动物细毛制) | 16 | 130 | 17 | 17 | 件/千克 | |
| 62021210 | ---羽绒服 | | | | | | |
| 6202121000 | 棉制女式羽绒大衣等及类似品(包括羽绒雨衣、短大衣、斗篷、短斗篷) | 16 | 90 | 17 | 17 | 件/千克 | |
| 62021290 | ---其他 | | | | | | |
| 6202129010[暂5] | 棉制女式雨衣 | 16 | 90 | 17 | 17 | 件/千克 | |
| 6202129020[暂5] | 棉制女式连风帽派克大衣等(含带风帽的防寒短上衣、防风衣、防风短上衣及类似品) | 16 | 90 | 17 | 17 | 件/千克 | |
| 6202129090[暂5] | 棉制女式大衣、斗篷及类似品(包括短大衣、短斗篷) | 16 | 90 | 17 | 17 | 件/千克 | |
| 62021310 | ---羽绒服 | | | | | | |
| 6202131000 | 化学纤维制女羽绒大衣等及类似品(包括羽绒雨衣、短大衣、斗篷、短斗篷) | 19 | 130 | 17 | 17 | 件/千克 | |
| 62021390 | ---其他 | | | | | | |
| 6202139000 | 化学纤维制女式雨衣、连风帽派克大衣、大衣、斗篷及类似品(含大衣、短斗篷、带风帽防寒上衣、防风衣及类似品) | 19 | 130 | 17 | 17 | 件/千克 | |
| 62021900 | --其他纺织材料制 | | | | | | |
| 6202190000 | 其他材料制女雨衣、大衣、斗篷及类似品(含短大衣、斗篷、短斗篷) | 16 | 100 | 17 | 17 | 件/千克 | |
| 62029100 | --羊毛或动物细毛制 | | | | | | |
| 6202910000 | 毛制女式其他防寒短上衣(羊毛或动物细毛制) | 16 | 130 | 17 | 17 | 件/千克 | |
| 62029210 | ---羽绒服 | | | | | | |
| 6202921000 | 棉制女式羽绒防寒短上衣、防风衣(包括羽绒滑雪短上衣、防风短上衣及类似品) | 16 | 90 | 17 | 17 | 件/千克 | |
| 62029290 | ---其他 | | | | | | |
| 6202929000 | 棉制女式其他防寒短上衣(含滑雪短上衣、防风衣、防风短上衣及类似品) | 16 | 90 | 17 | 17 | 件/千克 | |
| 62029310 | ---羽绒服 | | | | | | |

| 商品编号 | 商品名称及备注 | 进口关税税率(%) | | 增值税率(%) | 出口退税率(%) | 计量单位 | 监管条件 |
|---|---|---|---|---|---|---|---|
| | | 最惠国 | 普通 | | | | |
| 6202931000 | 化学纤维制女式羽绒防寒短上衣等(包括羽绒滑雪短上衣、防风衣、防风短上衣及类似品) | 17.5 | 130 | 17 | 17 | 件/千克 | |
| 62029390 | ---其他 | | | | | | |
| 6202939000 | 化学纤维制女式其他防寒短上衣(含滑雪短上衣、防风衣、防风短上衣及类似品) | 17.5 | 130 | 17 | 17 | 件/千克 | |
| 62029900 | --其他纺织材料制 | | | | | | |
| 6202990000 | 其他材料制女式其他防寒短上衣(含滑雪短上衣、防风衣、防风短上衣及类似品) | 16 | 100 | 17 | 17 | 件/千克 | |
| **6203** | **男式西服套装、便服套装、上衣、长裤、护胸背带工装裤、马裤及短裤(游泳裤除外)** | | | | | | |
| 62031100 | --羊毛或动物细毛制 | | | | | | |
| 6203110000[暂5] | 毛制男式西服套装(羊毛或动物细毛制) | 17.5 | 130 | 17 | 17 | 套/千克 | |
| 62031200 | --合成纤维制 | | | | | | |
| 6203120010 | 合成纤维制男式西服套装(含羊毛或动物细毛≥36%) | 17.5 | 130 | 17 | 17 | 套/千克 | |
| 6203120090 | 其他合成纤维制男式西服套装 | 17.5 | 130 | 17 | 17 | 套/千克 | |
| 62031910 | ---丝及绢丝制 | | | | | | |
| 6203191000 | 丝及绢丝制男式西服套装 | 17.5 | 100 | 17 | 17 | 套/千克 | |
| 62031990 | ---其他 | | | | | | |
| 6203199000 | 其他材料制其他男式西服套装 | 17.5 | 100 | 17 | 17 | 套/千克 | |
| 62032200 | --棉制 | | | | | | |
| 6203220000 | 棉制男式便服套装 | 17.5 | 90 | 17 | 17 | 套/千克 | |
| 62032300 | --合成纤维制 | | | | | | |
| 6203230000 | 合成纤维制男式便服套装 | 17.5 | 130 | 17 | 17 | 套/千克 | |
| 62032910 | ---丝及绢丝制 | | | | | | |
| 6203291000 | 丝制男式便服套装 | 17.5 | 130 | 17 | 17 | 套/千克 | |
| 62032920 | ---羊毛或动物细毛制 | | | | | | |
| 6203292000 | 羊毛或动物细毛制男式便服套装(羊毛或动物细毛制) | 17.5 | 130 | 17 | 17 | 套/千克 | |
| 62032990 | ---其他 | | | | | | |
| 6203299000 | 其他材料制其他男式便服套装 | 17.5 | 100 | 17 | 17 | 套/千克 | |
| 62033100 | --羊毛或动物细毛制 | | | | | | |
| 6203310010[暂5] | 毛制男式西服式上衣(羊毛或动物细毛制) | 16 | 130 | 17 | 17 | 件/千克 | |
| 6203310090[暂5] | 毛制男式其他上衣(羊毛或动物细毛制) | 16 | 130 | 17 | 17 | 件/千克 | |
| 62033200 | 棉制 | | | | | | |
| 6203320010 | 棉制工业及职业用男式上衣 | 16 | 90 | 17 | 17 | 件/千克 | |
| 6203320090 | 棉制其他男式上衣 | 16 | 90 | 17 | 17 | 件/千克 | |
| 62033300 | --合成纤维制 | | | | | | |
| 6203330000 | 合成纤维制男式上衣 | 17.5 | 130 | 17 | 17 | 件/千克 | |
| 62033910 | ---丝及绢丝制 | | | | | | |
| 6203391010 | 丝制男式上衣(含丝≥70%) | 16 | 130 | 17 | 17 | 件/千克 | |
| 6203391090 | 丝制男式上衣(含丝<70%) | 16 | 130 | 17 | 17 | 件/千克 | |
| 62033990 | ---其他 | | | | | | |
| 6203399000 | 其他材料制男式上衣 | 16 | 100 | 17 | 17 | 件/千克 | |
| 62034100 | --羊毛或动物细毛制 | | | | | | |
| 6203410022 | 毛制男式长裤、马裤(羊毛或动物细毛制,含8~18号男童) | 16 | 130 | 17 | 17 | 条/千克 | A |
| 6203410029 | 毛制其他男童长裤、马裤(羊毛或动物细毛制) | 16 | 130 | 17 | 17 | 条/千克 | A |
| 6203410090 | 毛制其他男式长裤、护胸背带工装裤、马裤及短裤 | 16 | 130 | 17 | 17 | 条/千克 | |
| 62034210 | ---阿拉伯裤 | | | | | | |
| 6203421000 | 棉制男式阿拉伯裤 | 16 | 90 | 17 | 17 | 条/千克 | |
| 62034290 | ---其他 | | | | | | |

| 商品编号 | 商 品 名 称 及 备 注 | 进口关税税率(%) | | 增值税率(%) | 出口退税率(%) | 计量单位 | 监管条件 |
|---|---|---|---|---|---|---|---|
| | | 最惠国 | 普通 | | | | |
| 6203429015 | 棉制其他男童护胸背带工装裤(带防寒衬里) | 16 | 90 | 17 | 17 | 条/千克 | A |
| 6203429019 | 棉制其他男童护胸背带工装裤 | 16 | 90 | 17 | 17 | 条/千克 | A |
| 6203429049 | 棉制其他男童长裤、马裤(游戏装,不带防寒衬里) | 16 | 90 | 17 | 17 | 条/千克 | A |
| 6203429062 | 棉制男式长裤、马裤(非游戏装,不带防寒衬里,含8~18号男童) | 16 | 90 | 17 | 17 | 条/千克 | A |
| 6203429069 | 棉制其他男童长裤、马裤(非游戏装,不带防寒衬里) | 16 | 90 | 17 | 17 | 条/千克 | A |
| 6203429090 | 棉制其他男式长裤、护胸背带工装裤、马裤及短裤 | 16 | 90 | 17 | 17 | 条/千克 | |
| 62034310 | ---阿拉伯裤 | | | | | | |
| 6203431000 | 合成纤维制男式阿拉伯裤 | 17.5 | 130 | 17 | 17 | 条/千克 | |
| 62034390 | ---其他 | | | | | | |
| 6203439015 | 其他合成纤维制男童护胸背带工装裤(带防寒衬里) | 17.5 | 130 | 17 | 17 | 条/千克 | A |
| 6203439019 | 其他合成纤维制男童护胸背带工装裤 | 17.5 | 130 | 17 | 17 | 条/千克 | A |
| 6203439049 | 其他合成纤维制男童长裤、马裤(不带防寒衬里,含羊毛或动物细毛≥36%) | 17.5 | 130 | 17 | 17 | 条/千克 | A |
| 6203439061 | 其他合成纤维制男式长裤、马裤(不带防寒衬里,游戏装,含8~18号男童) | 17.5 | 130 | 17 | 17 | 条/千克 | A |
| 6203439069 | 其他合成纤维制其他男童长裤、马裤(不带防寒衬里,游戏装) | 17.5 | 130 | 17 | 17 | 条/千克 | A |
| 6203439082 | 其他合成纤维制男童长裤、马裤(不带防寒衬里,非游戏装和滑雪裤,指8~18号男童) | 17.5 | 130 | 17 | 17 | 条/千克 | A |
| 6203439089 | 其他合成纤维制其他男童长裤、马裤(不带防寒衬里,非游戏装和滑雪裤) | 17.5 | 130 | 17 | 17 | 条/千克 | A |
| 6203439090 | 合成纤维制其他男式长裤、护胸背带工装裤、马裤及短裤 | 17.5 | 130 | 17 | 17 | 条/千克 | |
| 62034910 | ---阿拉伯裤 | | | | | | |
| 6203491000 | 其他材料制男式阿拉伯裤 | 16 | 100 | 17 | 17 | 条/千克 | |
| 62034990 | ---其他 | | | | | | |
| 6203499012 | 人造纤维制男童护胸背带工装裤(带防寒衬里) | 16 | 100 | 17 | 17 | 条/千克 | A |
| 6203499019 | 人造纤维制男童护胸背带工装裤 | 16 | 100 | 17 | 17 | 条/千克 | A |
| 6203499090 | 其他材料制其他男式长裤、护胸背带工装裤、马裤及短裤 | 16 | 100 | 17 | 17 | 条/千克 | |
| **6204** | **女式西服套装、便服套装、上衣、连衣裙、裙子、裙裤、长裤、护胸背带工装裤、马裤及短裤(游泳服除外)** | | | | | | |
| 62041100 | --羊毛或动物细毛制 | | | | | | |
| 6204110000[暂5] | 毛制女式西服套装(羊毛或动物细毛制) | 17.5 | 130 | 17 | 17 | 套/千克 | |
| 62041200 | --棉制 | | | | | | |
| 6204120010 | 含裤子的棉制女式西服套装 | 17.5 | 90 | 17 | 17 | 套/千克 | |
| 6204120090 | 不含裤子的棉制女式西服套装 | 17.5 | 90 | 17 | 17 | 套/千克 | |
| 62041300 | --合成纤维制 | | | | | | |
| 6204130010 | 合成纤维制女式西服套装(含羊毛或动物细毛≥36%) | 17.5 | 130 | 17 | 17 | 套/千克 | |
| 6204130090 | 其他合成纤维制女式西服套装 | 17.5 | 130 | 17 | 17 | 套/千克 | |
| 62041910 | ---丝及绢丝制 | | | | | | |
| 6204191000 | 丝及绢丝制女式西服套装 | 17.5 | 100 | 17 | 17 | 套/千克 | |
| 62041990 | ---其他 | | | | | | |
| 6204199000 | 其他材料制其他女式西服套装 | 17.5 | 100 | 17 | 17 | 套/千克 | |
| 62042100 | --羊毛或动物细毛制 | | | | | | |
| 6204210000 | 羊毛或动物细毛制女式便服套装 | 17.5 | 130 | 17 | 17 | 套/千克 | |
| 62042200 | --棉制 | | | | | | |
| 6204220000 | 棉制女式便服套装 | 17.5 | 90 | 17 | 17 | 套/千克 | |
| 62042300 | --合成纤维制 | | | | | | |
| 6204230000[暂10] | 合成纤维制女式便服套装 | 20 | 130 | 17 | 17 | 套/千克 | |
| 62042910 | ---丝及绢丝制 | | | | | | |
| 6204291010[暂10] | 丝制女式便服套装(含丝及绢丝≥70%) | 20 | 130 | 17 | 17 | 套/千克 | |
| 6204291090[暂10] | 丝制其他女式便服套装(含丝及绢丝<70%) | 20 | 130 | 17 | 17 | 套/千克 | |

| 商品编号 | 商品名称及备注 | 进口关税税率(%) | | 增值税率(%) | 出口退税率(%) | 计量单位 | 监管条件 |
|---|---|---|---|---|---|---|---|
| | | 最惠国 | 普通 | | | | |
| 62042990 | ---其他 | | | | | | |
| 6204299000 | 其他材料制女式便服套装 | 14 | 100 | 17 | 17 | 套/千克 | |
| 62043100 | --羊毛或动物细毛制 | | | | | | |
| 6204310000[暂5] | 毛制女式上衣(羊毛或动物细毛制) | 16 | 130 | 17 | 17 | 件/千克 | |
| 62043200 | --棉制 | | | | | | |
| 6204320010 | 棉制女式上衣(工业及职业用) | 16 | 90 | 17 | 17 | 件/千克 | |
| 6204320090 | 棉制其他女式上衣 | 16 | 90 | 17 | 17 | 件/千克 | |
| 62043300 | --合成纤维制 | | | | | | |
| 6204330000 | 合成纤维制女式上衣 | 17.5 | 130 | 17 | 17 | 件/千克 | |
| 62043910 | ---丝及绢丝制 | | | | | | |
| 6204391010 | 丝制女式上衣(含丝及绢丝≥70%) | 16 | 130 | 17 | 17 | 件/千克 | |
| 6204391090 | 丝制其他女式上衣(含丝及绢丝<70%) | 16 | 130 | 17 | 17 | 件/千克 | |
| 62043990 | ---其他 | | | | | | |
| 6204399000 | 其他材料制女式上衣 | 16 | 100 | 17 | 17 | 件/千克 | |
| 62044100 | --羊毛或动物细毛制 | | | | | | |
| 6204410000 | 毛制女式连衣裙(羊毛或动物细毛制) | 16 | 130 | 17 | 17 | 件/千克 | |
| 62044200 | --棉制 | | | | | | |
| 6204420000 | 棉制女式连衣裙 | 16 | 90 | 17 | 17 | 件/千克 | |
| 62044300 | --合成纤维制 | | | | | | |
| 6204430010 | 合成纤维制女式连衣裙(含羊毛或动物细毛≥36%) | 17.5 | 130 | 17 | 17 | 件/千克 | |
| 6204430090 | 合成纤维制其他女式连衣裙 | 17.5 | 130 | 17 | 17 | 件/千克 | |
| 62044400 | --人造纤维制 | | | | | | |
| 6204440010 | 人造纤维制女式连衣裙(含羊毛或动物细毛≥36%) | 16 | 130 | 17 | 17 | 件/千克 | |
| 6204440090 | 人造纤维制其他女式连衣裙 | 16 | 130 | 17 | 17 | 件/千克 | |
| 62044910 | ---丝及绢丝制 | | | | | | |
| 6204491010 | 丝制女式连衣裙(含丝及绢丝≥70%) | 16 | 130 | 17 | 17 | 件/千克 | |
| 6204491090 | 丝制其他女式连衣裙(含丝及绢丝<70%) | 16 | 130 | 17 | 17 | 件/千克 | |
| 62044990 | ---其他 | | | | | | |
| 6204499000 | 其他材料制女式连衣裙 | 16 | 100 | 17 | 17 | 件/千克 | |
| 62045100 | --羊毛或动物细毛制 | | | | | | |
| 6204510000 | 毛制女式裙子及裙裤(羊毛或动物细毛制) | 14 | 130 | 17 | 17 | 件/千克 | |
| 62045200 | --棉制 | | | | | | |
| 6204520000 | 棉制女式裙子及裙裤 | 14 | 90 | 17 | 17 | 件/千克 | |
| 62045300 | --合成纤维制 | | | | | | |
| 6204530010 | 合成纤维制女式裙子及裙裤(含羊毛或动物细毛≥36%) | 16 | 130 | 17 | 17 | 件/千克 | |
| 6204530090 | 合成纤维制其他女式裙子及裙裤 | 16 | 130 | 17 | 17 | 件/千克 | |
| 62045910 | ---丝及绢丝制 | | | | | | |
| 6204591010 | 丝制女式裙子及裙裤(含丝≥70%) | 14 | 130 | 17 | 17 | 件/千克 | |
| 6204591090 | 其他丝制女式裙子及裙裤(含丝<70%) | 14 | 130 | 17 | 17 | 件/千克 | |
| 62045990 | ---其他 | | | | | | |
| 6204599000 | 其他材料制女式裙子及裙裤 | 14 | 100 | 17 | 17 | 件/千克 | |
| 62046100 | --羊毛或动物细毛制 | | | | | | |
| 6204610000 | 毛制长裤、护胸背带工装裤、马裤及短裤 | 16 | 130 | 17 | 17 | 条/千克 | |
| 62046200 | --棉制 | | | | | | |
| 6204620000 | 棉制长裤、护胸背带工装裤、马裤及短裤 | 16 | 90 | 17 | 17 | 条/千克 | |
| 62046300 | --合成纤维制 | | | | | | |

| 商品编号 | 商品名称及备注 | 进口关税税率(%) | | 增值税率(%) | 出口退税率(%) | 计量单位 | 监管条件 |
|---|---|---|---|---|---|---|---|
| | | 最惠国 | 普通 | | | | |
| 6204630000 | 合成纤维制长裤、护胸背带工装裤、马裤及短裤 | 17.5 | 130 | 17 | 17 | 条/千克 | |
| 62046900 | --其他纺织材料制 | | | | | | |
| 6204690000 | 其他材料制长裤、护胸背带工装裤、马裤及短裤 | 16 | 100 | 17 | 17 | 条/千克 | |
| **6205** | 男衬衫 | | | | | | |
| 62052000 | -棉制 | | | | | | |
| 6205200010 | 不带特制领的棉制男成人衬衫(含男童8~18号衬衫) | 16 | 90 | 17 | 17 | 件/千克 | A |
| 6205200091 | 其他棉制男童游戏套装衬衫(不包括长衬衫) | 16 | 90 | 17 | 17 | 件/千克 | A |
| 6205200099 | 其他棉制男式衬衫 | 16 | 90 | 17 | 17 | 件/千克 | A |
| 62053000 | -化学纤维制 | | | | | | |
| 6205300011 | 不带特制领的化学纤维制男式衬衫(含羊毛或动物细毛≥36%,含男童8~18号衬衫) | 16 | 130 | 17 | 17 | 件/千克 | A |
| 6205300019 | 不带特制领的化学纤维制其他男童衬衫(含羊毛或动物细毛≥36%) | 16 | 130 | 17 | 17 | 件/千克 | A |
| 6205300091 | 化学纤维制其他男成人及男童衬衫(不带特制领,男童衬衫指8~18号) | 16 | 130 | 17 | 17 | 件/千克 | A |
| 6205300092 | 化学纤维制其他男童游戏套装衬衫 | 16 | 130 | 17 | 17 | 件/千克 | A |
| 6205300099 | 化学纤维制其他男成人衬衫 | 16 | 130 | 17 | 17 | 件/千克 | A |
| 62059010 | ---丝及绢丝制 | | | | | | |
| 6205901011 | 不带特制领的丝制非针织男式衬衫(含丝≥70%,含男童8~18号衬衫) | 16 | 130 | 17 | 17 | 件/千克 | A |
| 6205901019 | 丝制非针织其他男式衬衫(含丝≥70%) | 16 | 130 | 17 | 17 | 件/千克 | A |
| 6205901021 | 丝制其他非针织男式衬衫(棉限内,不带特制领的,含男童8~18号衬衫) | 16 | 130 | 17 | 17 | 件/千克 | A |
| 6205901029 | 丝制其他非针织其他男式衬衫(棉限内) | 16 | 130 | 17 | 17 | 件/千克 | A |
| 6205901031 | 丝制其他非针织男式衬衫(羊毛限内,不带特制领的,含男童8~18号衬衫) | 16 | 130 | 17 | 17 | 件/千克 | A |
| 6205901039 | 丝制其他非针织其他男式衬衫(羊毛限内) | 16 | 130 | 17 | 17 | 件/千克 | A |
| 6205901041 | 丝制非针织男式衬衫(化学纤维限内,不带特制领的,含男童8~18号衬衫) | 16 | 130 | 17 | 17 | 件/千克 | A |
| 6205901049 | 丝制其他非针织其他男式衬衫(化学纤维限内) | 16 | 130 | 17 | 17 | 件/千克 | A |
| 6205901091 | 未列名丝制非针织男式衬衫(含丝<70%,不带特制领的,含男童8~18号衬衫) | 16 | 130 | 17 | 17 | 件/千克 | A |
| 6205901099 | 未列名丝制非针织其他男式衬衫(含丝<70%) | 16 | 130 | 17 | 17 | 件/千克 | A |
| 62059020 | ---羊毛或动物细毛制 | | | | | | |
| 6205902000 | 羊毛或动物细毛制男式衬衫(含男童8~18号衬衫) | 16 | 100 | 17 | 17 | 件/千克 | A |
| 62059090 | ---其他 | | | | | | |
| 6205909011 | 其他纺织材料制男式衬衫(棉限内,不带特制领的,含男童8~18号衬衫) | 16 | 100 | 17 | 17 | 件/千克 | A |
| 6205909019 | 其他纺织材料制其他男式衬衫(棉纤限内) | 16 | 100 | 17 | 17 | 件/千克 | A |
| 6205909021 | 其他纺织材料制男式衬衫(羊毛限内,不带特制领的,含男童8~18号衬衫) | 16 | 100 | 17 | 17 | 件/千克 | A |
| 6205909029 | 其他纺织材料制其他男式衬衫(羊毛限内) | 16 | 100 | 17 | 17 | 件/千克 | A |
| 6205909031 | 其他纺织材料制男式衬衫(化学纤维限内,不带特制领的,含男童8~18号衬衫) | 16 | 100 | 17 | 17 | 件/千克 | A |
| 6205909039 | 其他纺织材料制其他男式衬衫(化学纤维限内) | 16 | 100 | 17 | 17 | 件/千克 | A |
| 6205909091 | 未列名纺织材料制男式衬衫(不带特制领的,含男童8~18号衬衫) | 16 | 100 | 17 | 17 | 件/千克 | A |
| 6205909099 | 未列名纺织材料制其他男式衬衫 | 16 | 100 | 17 | 17 | 件/千克 | A |
| **6206** | 女衬衫 | | | | | | |
| 62061000 | -丝及绢丝制 | | | | | | |
| 6206100011 | 丝及绢丝制女式衬衫(棉限内,成人及7~16号女童衬衫) | 16 | 130 | 17 | 17 | 件/千克 | A |
| 6206100019 | 丝及绢丝制其他女童衬衫(棉限内) | 16 | 130 | 17 | 17 | 件/千克 | A |
| 6206100021 | 丝及绢丝制女式衬衫(羊毛限内,成人及7~16号女童衬衫) | 16 | 130 | 17 | 17 | 件/千克 | A |
| 6206100029 | 丝及绢丝制其他女童衬衫(羊毛限内) | 16 | 130 | 17 | 17 | 件/千克 | A |
| 6206100031 | 丝及绢丝制女式衬衫(化学纤维限内,成人及7~16号女童衬衫) | 16 | 130 | 17 | 17 | 件/千克 | A |
| 6206100039 | 丝及绢丝制其他女童衬衫(化学纤维限内) | 16 | 130 | 17 | 17 | 件/千克 | A |
| 6206100041 | 丝制女成人及7~16号女童衬衫(含丝≥70%) | 16 | 130 | 17 | 17 | 件/千克 | A |
| 6206100049 | 其他丝及绢丝制女童衬衫(含丝≥70%) | 16 | 130 | 17 | 17 | 件/千克 | A |

| 商品编号 | 商 品 名 称 及 备 注 | 进口关税税率(%) | | 增值税率(%) | 出口退税率(%) | 计量单位 | 监管条件 |
|---|---|---|---|---|---|---|---|
| | | 最惠国 | 普通 | | | | |
| 6206100091 | 丝制女成人及7~16号女童衬衫(含丝<70%) | 16 | 130 | 17 | 17 | 件/千克 | A |
| 6206100099 | 其他丝及绢丝制女童衬衫(含丝<70%) | 16 | 130 | 17 | 17 | 件/千克 | A |
| 62062000 | -羊毛或动物细毛制 | | | | | | |
| 6206200010 | 毛制女成人及7~16号女童衬衫 | 16 | 130 | 17 | 17 | 件/千克 | A |
| 6206200090 | 其他羊毛或动物细毛制女童衬衫 | 16 | 130 | 17 | 17 | 件/千克 | A |
| 62063000 | -棉制 | | | | | | |
| 6206300010 | 棉制女成人及7~16号女童衬衫 | 16 | 90 | 17 | 17 | 件/千克 | A |
| 6206300020 | 棉制女童游戏套装衫(含游戏套装衬衫) | 16 | 90 | 17 | 17 | 件/千克 | A |
| 6206300090 | 其他棉制女式衬衫 | 16 | 90 | 17 | 17 | 件/千克 | A |
| 62064000 | -化学纤维制 | | | | | | |
| 6206400011 | 化学纤维制女成人及女童衬衫(含羊毛或动物细毛≥36%,成人及7~16号女童衬衫) | 17.5 | 130 | 17 | 17 | 件/千克 | A |
| 6206400019 | 化学纤维制女成人及女童衬衫(含羊毛或动物细毛≥36%) | 17.5 | 130 | 17 | 17 | 件/千克 | A |
| 6206400020 | 化学纤维制女成人及7~16号女童衬衫 | 17.5 | 130 | 17 | 17 | 件/千克 | A |
| 6206400030 | 化学纤维制女童游戏套装衫 | 17.5 | 130 | 17 | 17 | 件/千克 | A |
| 6206400090 | 其他化学纤维制女式衬衫 | 17.5 | 130 | 17 | 17 | 件/千克 | A |
| 62069000 | -其他纺织材料制 | | | | | | |
| 6206900010 | 其他纺织材料制女式衬衫(棉限内) | 16 | 100 | 17 | 17 | 件/千克 | A |
| 6206900020 | 其他纺织材料制女式衬衫(羊毛限内) | 16 | 100 | 17 | 17 | 件/千克 | A |
| 6206900030 | 其他纺织材料制女式衬衫(化学纤维限内) | 16 | 100 | 17 | 17 | 件/千克 | A |
| 6206900091 | 其他纺织材料制女成人及女童衬衫(女童衬衫指7~16号) | 16 | 100 | 17 | 17 | 件/千克 | A |
| 6206900099 | 其他纺织材料制女成人及女童衬衫 | 16 | 100 | 17 | 17 | 件/千克 | A |
| **6207** | **男式背心及其他内衣、内裤、三角裤、长睡衣、睡衣裤、浴衣、晨衣及类似品** | | | | | | |
| 62071100 | --棉制 | | | | | | |
| 6207110000 | 棉制男式内裤及三角裤 | 14 | 90 | 17 | 17 | 件/千克 | A |
| 62071910 | ---丝及绢丝制 | | | | | | |
| 6207191010 | 含丝≥70%男式内裤及三角裤 | 14 | 130 | 17 | 17 | 件/千克 | A |
| 6207191090 | 含丝<70%男式内裤及三角裤 | 14 | 130 | 17 | 17 | 件/千克 | A |
| 62071920 | ---化学纤维制 | | | | | | |
| 6207192000 | 化学纤维制男式内裤及三角裤 | 16 | 130 | 17 | 17 | 件/千克 | A |
| 62071990 | ---其他 | | | | | | |
| 6207199010 | 毛制男式内裤及三角裤 | 14 | 100 | 17 | 17 | 件/千克 | A |
| 6207199090 | 其他材料制男式内裤及三角裤 | 14 | 100 | 17 | 17 | 件/千克 | A |
| 62072100 | --棉制 | | | | | | |
| 6207210000 | 棉制男式长睡衣及睡衣裤 | 14 | 90 | 17 | 17 | 件/千克 | A |
| 62072200 | --化学纤维制 | | | | | | |
| 6207220000 | 化学纤维制男式长睡衣及睡衣裤 | 16 | 130 | 17 | 17 | 件/千克 | A |
| 62072910 | ---丝及绢丝制 | | | | | | |
| 6207291011 | 含丝≥70%男式长睡衣、睡衣裤(含8~18号男童长睡衣、睡衣裤) | 14 | 130 | 17 | 17 | 件/千克 | A |
| 6207291019 | 含丝<70%男式长睡衣、睡衣裤(含8~18号男童长睡衣、睡衣裤) | 14 | 130 | 17 | 17 | 件/千克 | A |
| 6207291091 | 其他含丝≥70%男童长睡衣、睡衣裤 | 14 | 130 | 17 | 17 | 件/千克 | A |
| 6207291099 | 其他含丝<70%男童长睡衣、睡衣裤 | 14 | 130 | 17 | 17 | 件/千克 | A |
| 62072990 | ---其他 | | | | | | |
| 6207299010 | 毛制男式长睡衣及睡衣裤 | 14 | 100 | 17 | 17 | 件/千克 | A |
| 6207299091 | 其他材料制男式长睡衣及睡衣裤(含8~18号男童长睡衣及睡衣裤) | 14 | 100 | 17 | 17 | 件/千克 | A |
| 6207299099 | 其他材料制男童长睡衣及睡衣裤 | 14 | 100 | 17 | 17 | 件/千克 | A |
| 62079100 | --棉制 | | | | | | |

| 商品编号 | 商品名称及备注 | 进口关税税率(%) | | 增值税率(%) | 出口退税率(%) | 计量单位 | 监管条件 |
|---|---|---|---|---|---|---|---|
| | | 最惠国 | 普通 | | | | |
| 6207910011 | 棉制男式内衣式背心 | 14 | 90 | 17 | 17 | 件/千克 | A |
| 6207910012 | 棉制男式非内衣式背心(男成人及8~18号男童背心) | 14 | 90 | 17 | 17 | 件/千克 | A |
| 6207910019 | 棉制其他男童非内衣式背心 | 14 | 90 | 17 | 17 | 件/千克 | A |
| 6207910091 | 棉制男式浴衣、晨衣及类似品 | 14 | 90 | 17 | 17 | 件/千克 | A |
| 6207910092 | 棉制男式睡衣、睡裤(男成人及8~18号男童背心) | 14 | 90 | 17 | 17 | 件/千克 | A |
| 6207910099 | 棉制男式其他内衣(男成人及8~18号男童背心) | 14 | 90 | 17 | 17 | 件/千克 | A |
| 62079910 | ---丝及绢丝制 | | | | | | |
| 6207991011 | 丝制男式内衣式背心(含丝≥70%) | 14 | 130 | 17 | 17 | 件/千克 | A |
| 6207991019 | 丝制其他男式内衣式背心 | 14 | 130 | 17 | 17 | 件/千克 | A |
| 6207991021 | 丝制男式非内衣式背心(含丝≥70%) | 14 | 130 | 17 | 17 | 件/千克 | A |
| 6207991029 | 丝制其他男式非内衣式背心 | 14 | 130 | 17 | 17 | 件/千克 | A |
| 6207991091 | 丝制男睡衣、浴衣、晨衣及类似品(含丝≥70%) | 14 | 130 | 17 | 17 | 件/千克 | A |
| 6207991099 | 丝制其他男睡衣、浴衣、晨衣(含类似品) | 14 | 130 | 17 | 17 | 件/千克 | A |
| 62079920 | ---化学纤维制 | | | | | | |
| 6207992011 | 化学纤维制男式内衣式背心 | 16 | 130 | 17 | 17 | 件/千克 | A |
| 6207992012 | 化学纤维制男式非内衣式背心(男成人及8~18号男童背心) | 16 | 130 | 17 | 17 | 件/千克 | A |
| 6207992019 | 化学纤维制其他男式非内衣式背心 | 16 | 130 | 17 | 17 | 件/千克 | A |
| 6207992021 | 化学纤维制男式浴衣、晨衣(含羊毛或动物细毛≥36%,含类似品) | 16 | 130 | 17 | 17 | 件/千克 | A |
| 6207992029 | 其他化学纤维制男浴衣、晨衣(含类似品) | 16 | 130 | 17 | 17 | 件/千克 | A |
| 6207992091 | 化学纤维制男睡衣、睡裤(含类似品) | 16 | 130 | 17 | 17 | 件/千克 | A |
| 6207992099 | 化学纤维制男式其他内衣(含类似品) | 16 | 130 | 17 | 17 | 件/千克 | A |
| 62079990 | ---其他 | | | | | | |
| 6207999011 | 毛制男式内衣式背心 | 14 | 100 | 17 | 17 | 件/千克 | A |
| 6207999012 | 毛制男式非内衣式背心(男成人及8~18号男童背心) | 14 | 100 | 17 | 17 | 件/千克 | A |
| 6207999013 | 毛制其他男式非内衣式背心 | 14 | 100 | 17 | 17 | 件/千克 | A |
| 6207999019 | 毛制男睡衣、浴衣、晨衣及类似品 | 14 | 100 | 17 | 17 | 件/千克 | A |
| 6207999091 | 其他材料制男式内衣式背心 | 14 | 100 | 17 | 17 | 件/千克 | A |
| 6207999092 | 其他材料制男式非内衣式背心 | 14 | 100 | 17 | 17 | 件/千克 | A |
| 6207999099 | 其他材料制男睡衣、浴衣、晨衣(含类似品) | 14 | 100 | 17 | 17 | 件/千克 | A |
| **6208** | **女式背心及其他内衣、长衬裙、衬裙、三角裤、短衬裤、睡衣、睡衣裤、浴衣、晨衣及类似品** | | | | | | |
| 62081100 | --化学纤维制 | | | | | | |
| 6208110000 | 化学纤维制长衬裙及衬裙 | 16 | 130 | 17 | 17 | 件/千克 | |
| 62081910 | ---丝及绢丝制 | | | | | | |
| 6208191000 | 丝制女式长衬裙及衬裙 | 14 | 130 | 17 | 17 | 件/千克 | |
| 62081920 | ---棉制 | | | | | | |
| 6208192000 | 棉制长衬裙及衬裙 | 14 | 90 | 17 | 17 | 件/千克 | |
| 62081990 | ---其他 | | | | | | |
| 6208199010 | 毛制女式长衬裙及衬裙 | 14 | 100 | 17 | 17 | 件/千克 | |
| 6208199090 | 其他材料制女式长衬裙及衬裙 | 14 | 100 | 17 | 17 | 件/千克 | |
| 62082100 | --棉制 | | | | | | |
| 6208210000 | 棉制女式睡衣及睡衣裤 | 14 | 90 | 17 | 17 | 件/千克 | A |
| 62082200 | --化学纤维制 | | | | | | |
| 6208220000 | 化学纤维制女式睡衣及睡衣裤 | 16 | 130 | 17 | 17 | 件/千克 | A |
| 62082910 | ---丝及绢丝制 | | | | | | |
| 6208291010 | 含丝及绢丝≥70%女式睡衣及睡衣裤 | 14 | 130 | 17 | 17 | 件/千克 | A |
| 6208291090 | 含丝及绢丝<70%女式睡衣及睡衣裤 | 14 | 130 | 17 | 17 | 件/千克 | A |

| 商品编号 | 商品名称及备注 | 进口关税税率(%) | | 增值税率(%) | 出口退税率(%) | 计量单位 | 监管条件 |
|---|---|---|---|---|---|---|---|
| | | 最惠国 | 普通 | | | | |
| 62082990 | ---其他 | | | | | | |
| 6208299010 | 毛制女式睡衣及睡衣裤 | 14 | 100 | 17 | 17 | 件/千克 | A |
| 6208299090 | 其他材料制女式睡衣及睡衣裤 | 14 | 100 | 17 | 17 | 件/千克 | A |
| 62089100 | --棉制 | | | | | | |
| 6208910010 | 棉制女式内衣式背心、三角裤等(包括短衬裤) | 14 | 90 | 17 | 17 | 件/千克 | A |
| 6208910021 | 棉制女式非内衣式背心(女成人及7~16号女童背心) | 14 | 90 | 17 | 17 | 件/千克 | A |
| 6208910029 | 棉制其他女式非内衣式背心 | 14 | 90 | 17 | 17 | 件/千克 | A |
| 6208910090 | 棉制女式浴衣、晨衣及类似品 | 14 | 90 | 17 | 17 | 件/千克 | A |
| 62089200 | --化学纤维制 | | | | | | |
| 6208920010 | 化学纤维制女式内衣式背心、三角裤(含短衬裤) | 16 | 130 | 17 | 17 | 件/千克 | A |
| 6208920021 | 化学纤维制女式非内衣式背心(女成人及7~16号女童背心) | 16 | 130 | 17 | 17 | 件/千克 | A |
| 6208920029 | 化学纤维制其他女式非内衣式背心 | 16 | 130 | 17 | 17 | 件/千克 | A |
| 6208920090 | 化学纤维制女式浴衣、晨衣及类似品 | 16 | 130 | 17 | 17 | 件/千克 | A |
| 62089910 | ---丝及绢丝制 | | | | | | |
| 6208991011 | 丝制女内衣式背心、三角裤等(含丝及绢丝≥70%,包括短衬裤) | 14 | 130 | 17 | 17 | 件/千克 | A |
| 6208991019 | 丝制女内衣式背心、三角裤等(含丝及绢丝< 70%,包括短衬裤) | 14 | 130 | 17 | 17 | 件/千克 | A |
| 6208991021 | 丝制女式非内衣式背心(含丝及绢丝≥70%) | 14 | 130 | 17 | 17 | 件/千克 | A |
| 6208991029 | 丝制女式非内衣式背心(含丝<70%) | 14 | 130 | 17 | 17 | 件/千克 | A |
| 6208991091 | 丝制女式浴衣、晨衣及类似品(含丝及绢丝≥70%) | 14 | 130 | 17 | 17 | 件/千克 | A |
| 6208991099 | 丝制女式浴衣、晨衣及类似品(含丝及绢丝<70%) | 14 | 130 | 17 | 17 | 件/千克 | A |
| 62089990 | ---其他 | | | | | | |
| 6208999011 | 毛制女式内衣式背心、三角裤等(包括短衬裤) | 14 | 100 | 17 | 17 | 件/千克 | A |
| 6208999012 | 毛制女式非内衣式背心(女成人及7~16号女童背心) | 14 | 100 | 17 | 17 | 件/千克 | A |
| 6208999013 | 毛制其他女式非内衣式背心 | 14 | 100 | 17 | 17 | 件/千克 | A |
| 6208999019 | 毛制女式浴衣、晨衣及类似品 | 14 | 100 | 17 | 17 | 件/千克 | A |
| 6208999090 | 其他材料制女式背心、三角裤、短衬裤、浴衣、晨衣及类似品 | 14 | 100 | 17 | 17 | 件/千克 | A |
| **6209** | **婴儿服装及衣着附件** | | | | | | |
| 62092000 | -棉制 | | | | | | |
| 6209200000 | 棉制婴儿服装及衣着附件 | 14 | 90 | 17 | 17 | 千克 | A |
| 62093000 | -合成纤维制 | | | | | | |
| 6209300010 | 合成纤维制婴儿手套、袜子(含分指、连指及露指手套,长袜、短袜及其他袜) | 16 | 130 | 17 | 17 | 千克 | A |
| 6209300020 | 合成纤维制婴儿外衣、雨衣、滑雪装(包括夹克类似服装) | 16 | 130 | 17 | 17 | 千克 | A |
| 6209300030 | 合成纤维制婴儿其他服装(含裤子、衬衫、裙子、睡衣、内衣等) | 16 | 130 | 17 | 17 | 千克 | A |
| 6209300090 | 合成纤维制婴儿衣着附件 | 16 | 130 | 17 | 17 | 千克 | A |
| 62099010 | ---羊毛或动物细毛制 | | | | | | |
| 6209901000 | 羊毛或动物细毛制婴儿服装衣及衣着附件 | 14 | 130 | 17 | 17 | 千克 | A |
| 62099090 | ---其他纺织材料制 | | | | | | |
| 6209909000 | 其他纺织材料制婴儿服装及衣着附件(除棉、合成纤维、羊毛或动物细毛外其他纺织材料制) | 14 | 100 | 17 | 17 | 千克 | A |
| **6210** | **用品目56.02、56.03、59.03、59.06或59.07的织物制成的服装** | | | | | | |
| 62101010 | ---羊毛或动物细毛制 | | | | | | |
| 6210101000 | 毛制用品目56.02或56.03的织物制成的服装(羊毛或动物细毛制) | 16 | 130 | 17 | 17 | 件/千克 | |
| 62101020 | ---棉或麻制 | | | | | | |
| 6210102000 | 棉或麻制用品目56.02或56.03的织物制成的服装 | 16 | 90 | 17 | 17 | 件/千克 | |
| 62101030 | ---化学纤维制 | | | | | | |
| 6210103000 | 化学纤维制用品目56.02或56.03的织物制成的服装 | 17.5 | 130 | 17 | 17 | 件/千克 | |

| 商品编号 | 商品名称及备注 | 进口关税税率(%) | | 增值税率(%) | 出口退税率(%) | 计量单位 | 监管条件 |
|---|---|---|---|---|---|---|---|
| | | 最惠国 | 普通 | | | | |
| 62101090 | ---其他纺织材料制 | | | | | | |
| 6210109000 | 其他纺织材料制用品目56.02或56.03的织物制成的服装 | 16 | 100 | 17 | 17 | 件/千克 | |
| 62102000 | -编号620111至620119所列类型的其他服装 | | | | | | |
| 6210200000 | 编号620111~620119所列类型的其他服装 | 16 | 100 | 17 | 17 | 件/千克 | |
| 62103000 | -编号620211至620219所列类型的其他服装 | | | | | | |
| 6210300000 | 编号620211~620219所列类型的其他服装 | 16 | 100 | 17 | 17 | 件/千克 | |
| 62104000 | -其他男式服装 | | | | | | |
| 6210400000 | 用塑料等处理的其他纺织材料制男服装(含用橡胶及其他材料处理的织物) | 16 | 100 | 17 | 17 | 件/千克 | |
| 62105000 | -其他女式服装 | | | | | | |
| 6210500000 | 用塑料等处理的其他纺织材料制女服装(含用橡胶及其他材料处理的其他纺织材料制女服装) | 16 | 100 | 17 | 17 | 件/千克 | |
| **6211** | **运动服、滑雪服及游泳服;其他服装** | | | | | | |
| 62111100 | --男式 | | | | | | |
| 6211110010 | 羊毛或动物细毛制男式游泳服 | 16 | 130 | 17 | 17 | 件/千克 | A |
| 6211110041 | 丝制男式游泳服(含丝≥70%) | 16 | 130 | 17 | 17 | 件/千克 | A |
| 6211110049 | 丝制男式游泳服(含丝<70%) | 16 | 130 | 17 | 17 | 件/千克 | A |
| 6211110090 | 其他纺织材料制男式游泳服 | 16 | 130 | 17 | 17 | 件/千克 | A |
| 62111200 | --女式 | | | | | | |
| 6211120010 | 羊毛或动物细毛制女式游泳服 | 16 | 130 | 17 | 17 | 件/千克 | A |
| 6211120041 | 丝制女式游泳服(含丝≥70%) | 16 | 130 | 17 | 17 | 件/千克 | A |
| 6211120049 | 丝制女式游泳服(含丝<70%) | 16 | 130 | 17 | 17 | 件/千克 | A |
| 6211120090 | 其他纺织材料制女式游泳服 | 16 | 130 | 17 | 17 | 件/千克 | A |
| 62112010 | ---棉制 | | | | | | |
| 6211201000 | 棉制滑雪套装 | 16 | 90 | 17 | 17 | 套/千克 | |
| 62112090 | ---其他纺织材料制 | | | | | | |
| 6211209000 | 其他纺织材料制滑雪服 | 19 | 130 | 17 | 17 | 套/千克 | |
| 62113210 | ---阿拉伯袍 | | | | | | |
| 6211321000 | 棉制男式阿拉伯袍 | 16 | 90 | 17 | 17 | 件/千克 | |
| 62113220 | ---运动服 | | | | | | |
| 6211322000 | 棉制男式运动服 | 16 | 90 | 17 | 17 | 套/千克 | |
| 62113290 | ---其他 | | | | | | |
| 6211329000 | 棉制男式其他服装 | 16 | 90 | 17 | 17 | 件/千克 | |
| 62113310 | ---阿拉伯袍 | | | | | | |
| 6211331000 | 化学纤维制男式阿拉伯袍 | 17.5 | 130 | 17 | 17 | 件/千克 | |
| 62113320 | ---运动服 | | | | | | |
| 6211332000 | 化学纤维制男式运动服 | 18 | 130 | 17 | 17 | 套/千克 | |
| 62113390 | ---其他 | | | | | | |
| 6211339000 | 化学纤维制男式其他服装 | 17.5 | 130 | 17 | 17 | 件/千克 | |
| 62113910 | ---丝及绢丝制 | | | | | | |
| 6211391000 | 丝或绢丝制男式其他服装 | 16 | 130 | 17 | 17 | 件/千克 | |
| 62113920 | ---羊毛或动物细毛制 | | | | | | |
| 6211392000 | 毛制男式其他服装 | 16 | 130 | 17 | 17 | 件/千克 | |
| 62113990 | ---其他 | | | | | | |
| 6211399000 | 其他纺织材料制男式其他服装 | 16 | 100 | 17 | 17 | 件/千克 | |
| 62114210 | ---运动服 | | | | | | |
| 6211421000 | 棉制其他女式运动服 | 16 | 90 | 17 | 17 | 套/千克 | |

| 商品编号 | 商品名称及备注 | 进口关税税率(%) | | 增值税率(%) | 出口退税率(%) | 计量单位 | 监管条件 |
|---|---|---|---|---|---|---|---|
| | | 最惠国 | 普通 | | | | |
| 62114290 | ---其他 | | | | | | |
| 6211429000 | 棉制女式其他服装 | 16 | 90 | 17 | 17 | 件/千克 | |
| 62114310 | ---运动服 | | | | | | |
| 6211431000 | 化学纤维制其他女式运动服 | 17.5 | 130 | 17 | 17 | 套/千克 | |
| 62114390 | ---其他 | | | | | | |
| 6211439000 | 化学纤维制其他女式服装 | 17.5 | 130 | 17 | 17 | 件/千克 | |
| 62114910 | ---丝及绢丝制 | | | | | | |
| 6211491000 | 丝制女式服装 | 16 | 130 | 17 | 17 | 件/千克 | |
| 62114990 | ---其他 | | | | | | |
| 6211499000 | 其他纺织材料制女式似服 | 16 | 100 | 17 | 17 | 件/千克 | |
| **6212** | **胸罩、束腰带、紧身胸衣、吊裤带、吊袜带、束袜带和类似品及其零件,不论是否针织或钩编的** | | | | | | |
| 62121010 | ---化学纤维制 | | | | | | |
| 6212101000 | 化学纤维制其他胸罩(不论是否针织或钩编) | 16 | 130 | 17 | 17 | 件/千克 | A |
| 62121090 | ---其他纺织材料制 | | | | | | |
| 6212109010 | 毛制其他胸罩(不论是否针织或钩编) | 14 | 100 | 17 | 17 | 件/千克 | A |
| 6212109020 | 棉制其他胸罩(不论是否针织或钩编) | 14 | 100 | 17 | 17 | 件/千克 | A |
| 6212109031 | 丝制胸罩(不论是否针织或钩编,含丝≥70%) | 14 | 100 | 17 | 17 | 件/千克 | A |
| 6212109039 | 丝制其他胸罩(不论是否针织或钩编,含丝<70%) | 14 | 100 | 17 | 17 | 件/千克 | A |
| 6212109090 | 其他纺织材料制其他胸罩(不论是否针织或钩编) | 14 | 100 | 17 | 17 | 件/千克 | A |
| 62122010 | ---化学纤维制 | | | | | | |
| 6212201000 | 化学纤维制束胸带及腹带(不论是否针织或钩编) | 16 | 130 | 17 | 17 | 件/千克 | A |
| 62122090 | ---其他纺织材料制 | | | | | | |
| 6212209010 | 毛制束胸带及腹带(不论是否针织或钩编) | 14 | 100 | 17 | 17 | 件/千克 | A |
| 6212209020 | 棉制束腰带及腹带(不论是否针织或钩编) | 14 | 100 | 17 | 17 | 件/千克 | A |
| 6212209031 | 丝制束腰带及腹带(不论是否针织或钩编,含丝≥70%) | 14 | 100 | 17 | 17 | 件/千克 | A |
| 6212209039 | 丝制束腰带及腹带(不论是否针织或钩编,含丝<70%) | 14 | 100 | 17 | 17 | 件/千克 | A |
| 6212209090 | 其他材料制束胸带及腹带(不论是否针织或钩编) | 14 | 100 | 17 | 17 | 件/千克 | A |
| 62123010 | ---化学纤维制 | | | | | | |
| 6212301000 | 化学纤维制紧身胸衣(不论是否针织或钩编) | 16 | 130 | 17 | 17 | 件/千克 | A |
| 62123090 | ---其他纺织材料制 | | | | | | |
| 6212309010 | 毛制紧身胸衣(不论是否针织或钩编) | 14 | 100 | 17 | 17 | 件/千克 | A |
| 6212309020 | 棉制紧身胸衣(不论是否针织或钩编) | 14 | 100 | 17 | 17 | 件/千克 | A |
| 6212309031 | 丝制紧身胸衣(不论是否针织或钩编,含丝≥70%) | 14 | 100 | 17 | 17 | 件/千克 | A |
| 6212309039 | 丝制其他紧身胸衣(不论是否针织或钩编,含丝<70%) | 14 | 100 | 17 | 17 | 件/千克 | A |
| 6212309090 | 其他材料制紧身胸衣(不论是否针织或钩编) | 14 | 100 | 17 | 17 | 件/千克 | A |
| 62129010 | ---化学纤维制 | | | | | | |
| 6212901000 | 化学纤维制吊裤带、吊袜带等(不论是否针织或钩编,含化学纤维与橡胶、塑料制的) | 16 | 130 | 17 | 17 | 件/千克 | |
| 62129090 | ---其他纺织材料制 | | | | | | |
| 6212909000 | 其他材料制的吊裤带、吊袜带、束袜带等(不论是否针织或钩编) | 14 | 100 | 17 | 17 | 件/千克 | |
| **6213** | **手帕** | | | | | | |
| 62132010 | ---刺绣的 | | | | | | |
| 6213201000 | 棉制刺绣手帕 | 14 | 90 | 17 | 17 | 条/千克 | |
| 62132090 | ---其他 | | | | | | |
| 6213209000 | 其他棉制手帕 | 14 | 90 | 17 | 17 | 条/千克 | |
| 62139020 | ---刺绣的 | | | | | | |

| 商品编号 | 商品名称及备注 | 进口关税税率(%) | | 增值税率(%) | 出口退税率(%) | 计量单位 | 监管条件 |
|---|---|---|---|---|---|---|---|
| | | 最惠国 | 普通 | | | | |
| 6213902000 | 其他纺织材料制刺绣手帕 | 14 | 100 | 17 | 17 | 条/千克 | |
| 62139090 | ---其他 | | | | | | |
| 6213909000 | 其他材料制手帕 | 14 | 100 | 17 | 17 | 条/千克 | |
| **6214** | **披巾、领巾、围巾、披纱、面纱及类似品** | | | | | | |
| 62141000 | -丝或绢丝制 | | | | | | |
| 6214100010[暂5] | 含丝≥70%的披巾、头巾、围巾(包括披纱、面纱等及类似品) | 14 | 130 | 17 | 17 | 条/千克 | |
| 6214100090[暂5] | 含丝<70%的披巾、头巾、围巾(包括披纱、面纱等及类似品) | 14 | 130 | 17 | 17 | 条/千克 | |
| 62142010 | ---羊毛制 | | | | | | |
| 6214201000[暂5] | 羊毛制披巾、头巾、围巾及类似品(包括披纱、面纱等) | 14 | 130 | 17 | 17 | 条/千克 | |
| 62142020 | ---山羊绒制 | | | | | | |
| 6214202000[暂5] | 山羊绒制披巾、头巾、围巾及类似品(包括披纱、面纱等) | 14 | 130 | 17 | 17 | 条/千克 | |
| 62142090 | ---其他 | | | | | | |
| 6214209000 | 其他动物细毛制披巾、头巾、围巾及类似品(包括披纱、面纱等) | 14 | 130 | 17 | 17 | 条/千克 | |
| 62143000 | -合成纤维制 | | | | | | |
| 6214300000 | 合成纤维制披巾、头巾及类似品(包括围巾、披纱、面纱等) | 16 | 130 | 17 | 17 | 条/千克 | |
| 62144000 | -人造纤维制 | | | | | | |
| 6214400000 | 人造纤维制披巾、头巾及类似品(包括围巾、披纱、面纱等) | 14 | 130 | 17 | 17 | 条/千克 | |
| 62149000 | -其他纺织材料制 | | | | | | |
| 6214900010 | 棉制披巾、头巾及类似品(包括围巾、披纱、面纱) | 14 | 100 | 17 | 17 | 条/千克 | |
| 6214900090 | 其他材料制披巾、头巾及类似品(包括围巾、披纱、面纱及类似品) | 14 | 100 | 17 | 17 | 条/千克 | |
| **6215** | **领带及领结** | | | | | | |
| 62151000 | -丝或绢丝制 | | | | | | |
| 6215100000 | 丝及绢丝制领带及领结(非丝纺织材料含量≥50%;或非丝纺织材料含量<50%,外层织物含丝≥70%) | 14 | 130 | 17 | 17 | 条/千克 | |
| 62152000 | -化学纤维制 | | | | | | |
| 6215200000 | 化学纤维制领带及领结 | 16 | 130 | 17 | 17 | 条/千克 | |
| 62159000 | -其他纺织材料制 | | | | | | |
| 6215900000 | 其他材料制的领带及领结 | 14 | 100 | 17 | 17 | 条/千克 | |
| **6216** | **分指手套、连指手套及露指手套** | | | | | | |
| 62160000 | 分指手套、连指手套及露指手套 | | | | | | |
| 6216000000 | 分指手套、连指手套及露指手套 | 14 | 100 | 17 | 17 | 双/千克 | |
| **6217** | **其他制成的衣着附件;服装或衣着附件的零件,但品目62.12的货品除外** | | | | | | |
| 62171010 | ---袜子及袜套 | | | | | | |
| 6217101000 | 非针织非钩编袜子及袜套 | 14 | 130 | 17 | 17 | 千克/双 | |
| 62171020 | ---和服腰带 | | | | | | |
| 6217102000 | 非针织非钩编和服腰带 | 14 | 100 | 17 | 17 | 千克/条 | |
| 62171090 | ---其他 | | | | | | |
| 6217109000 | 其他服装或衣着附件(指非针织非钩编) | 14 | 100 | 17 | 17 | 千克 | |
| 62179000 | -零件 | | | | | | |
| 6217900000 | 服装或衣着零件(指非针织非钩编) | 14 | 100 | 17 | 17 | 千克 | |

# 第六十三章　其他纺织制成品；成套物品；旧衣着及旧纺织品；碎织物

**注释：**

一、第一分章仅适用于各种纺织物制成的物品。

二、第一分章不包括：

(一)第五十六章至第六十二章的货品；

(二)品目63.09的旧衣着或其他旧物品。

三、品目63.09仅适用于下列货品：

(一)纺织材料制品：

1. 衣着和衣着附件及其零件；

2. 毯子及旅行毯；

3. 床上、餐桌、盥洗及厨房用的织物制品；

4. 装饰用织物制品，但品目57.01至57.05的地毯及品目58.05的装饰毯除外。

(二)用石棉以外其他任何材料制成的鞋帽类。

上述物品只有同时符合下列两个条件才能归入本品目：

1. 必须明显看得出穿用过；

2. 必须以散装、捆装、袋装或类似大包装形式进口或出口。

**子目注释：**

子目6304.20包括用α—氯氰菊酯(ISO)、虫螨腈(ISO)、溴氰菊酯(INN，ISO)、高效氯氟氰菊酯(ISO)、除虫菊酯(ISO)或甲基嘧啶磷(ISO)浸渍或涂层的经编针织物制品。

| 商品编号 | 商品名称及备注 | 进口关税税率(%) | | 增值税率(%) | 出口退税率(%) | 计量单位 | 监管条件 |
|---|---|---|---|---|---|---|---|
| | | 最惠国 | 普通 | | | | |
| **6301** | **毯子及旅行毯** | | | | | | |
| 63011000 | -电暖毯 | | | | | | |
| 6301100000 | 电暖毯 | 16 | 100 | 17 | 17 | 条/千克 | A |
| 63012000 | -羊毛或动物细毛制的毯子(电暖毯除外)及旅行毯 | | | | | | |
| 6301200010暂5 | 毛制毯子及旅行毯(羊毛或动物细毛制，非电暖的，长度≤3米) | 16 | 130 | 17 | 17 | 条/千克 | |
| 6301200020暂5 | 其他毛制毯子及旅行毯(羊毛或动物细毛制，非电暖的，长度>3米) | 16 | 130 | 17 | 17 | 条/千克 | |
| 63013000 | -棉制的毯子(电暖毯除外)及旅行毯 | | | | | | |
| 6301300000 | 棉制毯子及旅行毯 | 16 | 90 | 17 | 17 | 条/千克 | |
| 63014000 | -合成纤维制的毯子(电暖毯除外)及旅行毯 | | | | | | |
| 6301400000 | 合成纤维制毯子及旅行毯 | 17.5 | 130 | 17 | 17 | 条/千克 | |
| 63019000 | -其他毯子及旅行毯 | | | | | | |
| 6301900000 | 其他纺织材料制毯子及旅行毯(非电暖的) | 16 | 90 | 17 | 17 | 条/千克 | |
| **6302** | **床上、餐桌、盥洗及厨房用的织物制品** | | | | | | |
| 63021010 | ---棉制 | | | | | | |
| 6302101000 | 棉制针织或钩编的床上用织物制品 | 14 | 90 | 17 | 17 | 条/千克 | |
| 63021090 | ---其他纺织材料制 | | | | | | |
| 6302109000 | 其他材料制床上用织物制品(指针织或钩编类制品) | 14 | 130 | 17 | 17 | 条/千克 | |
| 63022110 | ---床单 | | | | | | |
| 6302211000 | 棉制印花床单 | 14 | 90 | 17 | 17 | 条/千克 | |
| 63022190 | ---其他 | | | | | | |
| 6302219000 | 其他棉制印花床上用织物制品 | 14 | 90 | 17 | 17 | 条/千克 | |
| 63022210 | ---床单 | | | | | | |
| 6302221000 | 化学纤维制印花床单 | 16 | 130 | 17 | 17 | 条/千克 | |
| 63022290 | ---其他 | | | | | | |
| 6302229000 | 化学纤维制其他印花床用织物制品 | 16 | 130 | 17 | 17 | 条/千克 | |
| 63022910 | ---丝及绢丝制 | | | | | | |
| 6302291000 | 丝及绢丝制印花床上用织物制品 | 14 | 130 | 17 | 17 | 条/千克 | |
| 63022920 | ---麻制 | | | | | | |
| 6302292000 | 麻制印花床上用织物制品 | 14 | 90 | 17 | 17 | 条/千克 | |

| 商品编号 | 商品名称及备注 | 进口关税税率(%) | | 增值税率(%) | 出口退税率(%) | 计量单位 | 监管条件 |
|---|---|---|---|---|---|---|---|
| | | 最惠国 | 普通 | | | | |
| 63022990 | ---其他 | | | | | | |
| 6302299000 | 其他材料制印花床上用织物制品 | 14 | 100 | 17 | 17 | 条/千克 | |
| 63023110 | ---刺绣的 | | | | | | |
| 6302311000 | 棉制刺绣其他床上用织物制品 | 14 | 90 | 17 | 17 | 条/千克 | |
| 63023191 | ----床单 | | | | | | |
| 6302319100 | 棉制其他床单 | 14 | 90 | 17 | 17 | 条/千克 | |
| 63023192 | ----毛巾被 | | | | | | |
| 6302319200 | 棉制其他毛巾被 | 14 | 90 | 17 | 17 | 条/千克 | |
| 63023199 | ----其他 | | | | | | |
| 6302319900 | 棉制其他床上用织物制品 | 14 | 90 | 17 | 17 | 条/千克 | |
| 63023210 | ---刺绣的 | | | | | | |
| 6302321000 | 化学纤维制刺绣其他床上用织物制品 | 16 | 130 | 17 | 17 | 条/千克 | |
| 63023290 | ---其他 | | | | | | |
| 6302329000 | 化学纤维制其他床上用织物制品 | 16 | 130 | 17 | 17 | 条/千克 | |
| 63023910 | ---丝及绢丝制 | | | | | | |
| 6302391010 | 丝及绢丝制其他床上用织物制品(含丝≥85%) | 14 | 130 | 17 | 17 | 条/千克 | |
| 6302391090 | 丝及绢丝制其他床上用织物制品(含丝<85%) | 14 | 130 | 17 | 17 | 条/千克 | |
| 63023921 | ----刺绣的 | | | | | | |
| 6302392110 | 亚麻或苎麻制其他床上用织物制品(刺绣的) | 14 | 90 | 17 | 17 | 条/千克 | |
| 6302392190 | 其他麻制其他床上用织物制品(刺绣的) | 14 | 90 | 17 | 17 | 条/千克 | |
| 63023929 | ----其他 | | | | | | |
| 6302392910 | 亚麻或苎麻制其他床上用织物制品 | 14 | 90 | 17 | 17 | 条/千克 | |
| 6302392990 | 其他麻制其他床上用织物制品 | 14 | 90 | 17 | 17 | 条/千克 | |
| 63023991 | ----刺绣的 | | | | | | |
| 6302399110 | 毛制刺绣床上用织物制品 | 14 | 100 | 17 | 17 | 条/千克 | |
| 6302399190 | 其他材料制刺绣床上用织物制品 | 14 | 100 | 17 | 17 | 条/千克 | |
| 63023999 | ----其他 | | | | | | |
| 6302399910 | 毛制非刺绣床上用织物制品 | 14 | 100 | 17 | 17 | 条/千克 | |
| 6302399990 | 其他材料制其他床上用织物制品 | 14 | 100 | 17 | 17 | 条/千克 | |
| 63024010 | ---手工制 | | | | | | |
| 6302401000 | 手工制餐桌用织物制品(指针织或钩编类的) | 14 | 100 | 17 | 17 | 件/千克 | |
| 63024090 | ---其他 | | | | | | |
| 6302409000 | 其他餐桌用织物制品(针织或钩编的,非手工) | 14 | 100 | 17 | 17 | 件/千克 | |
| 63025110 | ---刺绣的 | | | | | | |
| 6302511000 | 棉制刺绣其他餐桌用织物制品 | 14 | 90 | 17 | 17 | 件/千克 | |
| 63025190 | ---其他 | | | | | | |
| 6302519000 | 棉制其他餐桌用织物制品 | 14 | 90 | 17 | 17 | 件/千克 | |
| 63025310 | ---刺绣的 | | | | | | |
| 6302531000 | 化学纤维制刺绣其他餐桌织物制品 | 14 | 130 | 17 | 17 | 件/千克 | |
| 63025390 | ---其他 | | | | | | |
| 6302539010 | 化学纤维无纺织物制餐桌用织物制品 | 16 | 130 | 17 | 17 | 件/千克 | |
| 6302539090 | 化学纤维制其他餐桌用织物制品 | 16 | 130 | 17 | 17 | 件/千克 | |
| 63025911 | ----刺绣的 | | | | | | |
| 6302591100 | 亚麻制刺绣其他餐桌用织物制品 | 14 | 90 | 17 | 17 | 件/千克 | |
| 63025919 | ----其他 | | | | | | |
| 6302591900 | 亚麻制其他餐桌用织物制品 | 14 | 90 | 17 | 17 | 件/千克 | |

| 商品编号 | 商品名称及备注 | 进口关税税率(%) | | 增值税率(%) | 出口退税率(%) | 计量单位 | 监管条件 |
|---|---|---|---|---|---|---|---|
| | | 最惠国 | 普通 | | | | |
| 63025990 | ---其他 | | | | | | |
| 6302599010 | 羊毛或动物细毛制餐桌用织物制品 | 14 | 100 | 17 | 17 | 件/千克 | |
| 6302599090 | 其他纺织材料制餐桌用织物制品 | 14 | 100 | 17 | 17 | 件/千克 | |
| 63026010 | ---浴巾 | | | | | | |
| 6302601010 | 棉制针织或钩编毛巾织物浴巾(含类似毛圈织物的制品) | 14 | 90 | 17 | 17 | 条/千克 | |
| 6302601090 | 棉制非针织或非钩编毛巾织物浴巾(含类似毛圈织物的制品) | 14 | 90 | 17 | 17 | 条/千克 | |
| 63026090 | ---其他 | | | | | | |
| 6302609000 | 棉制盥洗及厨房用棉制毛巾制品或类似的毛圈织物的制品(含类似毛圈织物的制品,非针织或非钩编) | 14 | 90 | 17 | 17 | 条/千克 | |
| 63029100 | --棉制 | | | | | | |
| 6302910000 | 棉制盥洗及厨房织物制品(毛巾织物或类似毛圈织物的除外) | 14 | 90 | 17 | 17 | 条/千克 | |
| 63029300 | --化学纤维制 | | | | | | |
| 6302930010 | 化学纤维无纺织物制盥洗及厨房制品 | 16 | 130 | 17 | 17 | 条/千克 | |
| 6302930090 | 化学纤维制其他盥洗及厨房织物制品 | 16 | 130 | 17 | 17 | 条/千克 | |
| 63029910 | ---亚麻制 | | | | | | |
| 6302991000 | 亚麻制盥洗及厨房织物制品 | 14 | 90 | 17 | 17 | 条/千克 | |
| 63029990 | ---其他 | | | | | | |
| 6302999010 | 毛制盥洗及厨房用织物制品 | 14 | 100 | 17 | 17 | 条/千克 | |
| 6302999090 | 其他材料制盥洗及厨房织物制品 | 14 | 100 | 17 | 17 | 条/千克 | |
| **6303** | **窗帘(包括帷帘)及帐幔;帘帷或床帷** | | | | | | |
| 63031210 | ---针织的 | | | | | | |
| 6303121010 | 合成纤维制针织百叶窗、卷帘和窗幔 | 16 | 130 | 17 | 17 | 千克 | |
| 6303121090 | 其他合成纤维制针织窗帘等(包括帷帘、帐幔、帘帷及床帷) | 16 | 130 | 17 | 17 | 千克 | |
| 63031220 | ---钩编的 | | | | | | |
| 6303122010 | 合成纤维制钩编百叶窗、卷帘和窗幔 | 16 | 130 | 17 | 17 | 千克 | |
| 6303122090 | 其他合成纤维制钩编的窗帘等(包括帷帘、帐幔、帘帷及床帷) | 16 | 130 | 17 | 17 | 千克 | |
| 63031931 | ----针织的 | | | | | | |
| 6303193100 | 棉制针织的窗帘等(包括帷帘、帐幔、帘帷及床帷) | 14 | 90 | 17 | 17 | 千克 | |
| 63031932 | ----钩编的 | | | | | | |
| 6303193200 | 棉制钩编的窗帘等(包括帷帘、帐幔、帘帷及床帷) | 14 | 90 | 17 | 17 | 千克 | |
| 63031991 | ----针织的 | | | | | | |
| 6303199100 | 其他纺织材料制针织的窗帘等(包括帷帘、帐幔、帘帷及床帷) | 14 | 130 | 17 | 17 | 千克 | |
| 63031992 | ----钩编的 | | | | | | |
| 6303199200 | 其他纺织材料制钩编的窗帘等(包括帷帘、帐幔、帘帷及床帷) | 14 | 130 | 17 | 17 | 千克 | |
| 63039100 | --棉制 | | | | | | |
| 6303910010 | 棉制非针织网眼窗帘(包括帷帘、帐幔、帘帷及床帷) | 14 | 90 | 17 | 17 | 千克 | |
| 6303910090 | 棉制非针织非钩编窗帘(包括帷帘、帐幔、帘帷及床帷) | 14 | 90 | 17 | 17 | 千克 | |
| 63039200 | --合成纤维制 | | | | | | |
| 6303920010 | 合成纤维百叶窗、卷帘和窗幔(非针织非钩编) | 16 | 130 | 17 | 17 | 千克 | |
| 6303920090 | 其他合成纤维制非针织非钩编窗帘等(包括帷帘、帐幔、帘帷及床帷) | 16 | 130 | 17 | 17 | 千克 | |
| 63039900 | --其他纺织材料制 | | | | | | |
| 6303990000 | 其他纺织材料制非针织非钩编窗帘(包括帷帘、帐幔、帘帷及床帷) | 14 | 100 | 17 | 17 | 千克 | |
| **6304** | **其他装饰用织物制品,但品目94.04的货品除外** | | | | | | |
| 63041121 | ----手工制 | | | | | | |
| 6304112100 | 手工针织床罩 | 14 | 100 | 17 | 17 | 件/千克 | |
| 63041129 | ----其他 | | | | | | |

| 商品编号 | 商品名称及备注 | 进口关税税率(%) | | 增值税率(%) | 出口退税率(%) | 计量单位 | 监管条件 |
|---|---|---|---|---|---|---|---|
| | | 最惠国 | 普通 | | | | |
| 6304112900 | 非手工针织床罩 | 14 | 100 | 17 | 17 | 件/千克 | |
| 63041131 | ----手工制 | | | | | | |
| 6304113100 | 手工钩编床罩 | 14 | 100 | 17 | 17 | 件/千克 | |
| 63041139 | ----其他 | | | | | | |
| 6304113900 | 非手工钩编床罩 | 14 | 100 | 17 | 17 | 件/千克 | |
| 63041910 | ---丝及绢丝制 | | | | | | |
| 6304191010 | 丝及绢丝制非针织非钩编床罩(含丝≥85%) | 14 | 130 | 17 | 17 | 件/千克 | |
| 6304191090 | 丝及绢丝制非针织非钩编床罩(含丝<85%) | 14 | 130 | 17 | 17 | 件/千克 | |
| 63041921 | ----刺绣的 | | | | | | |
| 6304192100 | 棉或麻制非针织非钩编刺绣床罩 | 14 | 90 | 17 | 17 | 件/千克 | |
| 63041929 | ----其他 | | | | | | |
| 6304192900 | 棉或麻制其他非针织非钩编床罩 | 14 | 90 | 17 | 17 | 件/千克 | |
| 63041931 | ----刺绣的 | | | | | | |
| 6304193100 | 化学纤维制非针织非钩编刺绣床罩 | 16 | 130 | 17 | 17 | 件/千克 | |
| 63041939 | ----其他 | | | | | | |
| 6304193900 | 化学纤维制其他非针织非钩编床罩 | 16 | 130 | 17 | 17 | 件/千克 | |
| 63041991 | ----刺绣的 | | | | | | |
| 6304199110 | 毛制非针织非钩编刺绣床罩(羊毛或动物细毛制) | 14 | 100 | 17 | 17 | 件/千克 | |
| 6304199190 | 其他纺织材料制非针织刺绣床罩(含非钩编的) | 14 | 100 | 17 | 17 | 件/千克 | |
| 63041999 | ----其他 | | | | | | |
| 6304199910 | 毛制其他非针织非钩编床罩(羊毛或动物细毛制) | 14 | 100 | 17 | 17 | 件/千克 | |
| 6304199990 | 其他材料制非针织非钩编其他床罩 | 14 | 100 | 17 | 17 | 件/千克 | |
| 63042010 | ---手工制 | | | | | | |
| 6304201000 | 手工制的本章子目注释一所列的蚊帐 | 14 | 100 | 17 | 17 | 件/千克 | |
| 63042090 | ---其他 | | | | | | |
| 6304209000 | 其他本章子目注释一所列的蚊帐 | 14 | 100 | 17 | 17 | 件/千克 | |
| 63049121 | ----手工制 | | | | | | |
| 6304912100 | 手工针织其他装饰制品 | 14 | 100 | 17 | 17 | 千克 | |
| 63049129 | ----其他 | | | | | | |
| 6304912900 | 非手工针织其他装饰制品 | 14 | 100 | 17 | 17 | 千克 | |
| 63049131 | ----手工制 | | | | | | |
| 6304913100 | 手工钩编的其他装饰制品 | 14 | 100 | 17 | 17 | 千克 | |
| 63049139 | ----其他 | | | | | | |
| 6304913900 | 非手工钩编的其他装饰制品 | 14 | 100 | 17 | 17 | 千克 | |
| 63049210 | ---刺绣的 | | | | | | |
| 6304921000 | 棉制非针织的其他刺绣装饰制品(非钩编) | 14 | 90 | 17 | 17 | 千克 | |
| 63049290 | ---其他 | | | | | | |
| 6304929000 | 棉制非针织或钩编的其他装饰制品 | 14 | 90 | 17 | 17 | 千克 | |
| 63049310 | ---刺绣的 | | | | | | |
| 6304931000 | 合成纤维制其他刺绣装饰制品(指非针织非钩编装饰制品) | 16 | 130 | 17 | 17 | 千克 | |
| 63049390 | ---其他 | | | | | | |
| 6304939000 | 合成纤维制其他非针织装饰制品(包括非钩编装饰制品) | 16 | 130 | 17 | 17 | 千克 | |
| 63049910 | ---丝及绢丝制 | | | | | | |
| 6304991010 | 丝制非针织非钩编的装饰制品(含绢丝制品,含丝≥85%) | 14 | 130 | 17 | 17 | 千克 | |
| 6304991090 | 丝制非针织非钩编的装饰制品(含绢丝制品,含丝<85%) | 14 | 130 | 17 | 17 | 千克 | |
| 63049921 | ----刺绣的 | | | | | | |

| 商品编号 | 商 品 名 称 及 备 注 | 进口关税税率(%) | | 增值税率(%) | 出口退税率(%) | 计量单位 | 监管条件 |
|---|---|---|---|---|---|---|---|
| | | 最惠国 | 普通 | | | | |
| 6304992110 | 亚麻或苎麻非针织其他刺绣装饰品(含非钩编制品) | 14 | 90 | 17 | 17 | 千克 | |
| 6304992190 | 其他麻制非针织其他刺绣装饰品(包括非钩编的) | 14 | 90 | 17 | 17 | 千克 | |
| 63049929 | ----其他 | | | | | | |
| 6304992910 | 亚麻或苎麻制其他非针织的装饰品(含非钩编制品) | 14 | 90 | 17 | 17 | 千克 | |
| 6304992990 | 其他麻制其他非针织的装饰制品(含非钩编制品) | 14 | 90 | 17 | 17 | 千克 | |
| 63049990 | ---其他 | | | | | | |
| 6304999000 | 其他纺织材料制非针织非钩编装饰品 | 14 | 100 | 17 | 17 | 千克 | |
| **6305** | **货物包装用袋** | | | | | | |
| 63051000 | -黄麻或品目53.03的其他韧皮纺织纤维制 | | | | | | |
| 6305100010 | 黄麻制旧的货物包装袋(含品目53.03的其他韧皮纤维制) | 10 | 40 | 17 | 17 | 条/千克 | |
| 6305100090 | 黄麻制其他货物包装袋(含品目53.03的其他韧皮纤维制) | 10 | 40 | 17 | 17 | 条/千克 | |
| 63052000 | -棉制 | | | | | | |
| 6305200000 | 棉制货物包装袋 | 16 | 90 | 17 | 17 | 条/千克 | |
| 63053200 | --散装货物储运软袋 | | | | | | |
| 6305320000 | 化学纤维制散装货物储运软袋(扁条及类似材料制成,散装货物周转用) | 16 | 100 | 17 | 17 | 条/千克 | |
| 63053300 | --其他,聚乙烯、聚丙烯扁条或类似材料制 | | | | | | |
| 6305330010 | 聚乙烯或聚丙烯制其他货物包装袋(针织或钩编的,用扁条及类似材料制成) | 16 | 100 | 17 | 17 | 条/千克 | |
| 6305330090 | 聚乙烯或聚丙烯制其他货物包装袋(非针织或钩编的,用扁条及类似材料制成) | 16 | 100 | 17 | 17 | 条/千克 | |
| 63053900 | --其他 | | | | | | |
| 6305390000 | 其他化学纤维制货物包装袋 | 16 | 100 | 17 | 17 | 条/千克 | |
| 63059000 | -其他纺织材料制 | | | | | | |
| 6305900000 | 其他纺织材料制货物包装袋 | 14 | 90 | 17 | 17 | 条/千克 | |
| **6306** | **油苫布、天篷及遮阳篷;帐篷;风帆;野营用品** | | | | | | |
| 63061200 | --合成纤维制 | | | | | | |
| 6306120000 | 合成纤维制油苫布、天篷及遮阳篷 | 16 | 130 | 17 | 17 | 件/千克 | |
| 63061910 | ---麻制 | | | | | | |
| 6306191000 | 麻制油苫布、天篷及遮阳篷 | 14 | 80 | 17 | 17 | 件/千克 | |
| 63061920 | ---棉制 | | | | | | |
| 6306192000 | 棉制油毡布、天篷及遮阳篷 | 14 | 80 | 17 | 17 | 件/千克 | |
| 63061990 | ---其他 | | | | | | |
| 6306199010 | 人造纤维制油苫布、天篷及遮阳篷 | 14 | 100 | 17 | 17 | 件/千克 | |
| 6306199090 | 其他材料制油苫布、天篷及遮阳篷 | 14 | 100 | 17 | 17 | 件/千克 | |
| 63062200 | --合成纤维制 | | | | | | |
| 6306220010 | 合成纤维制移动帐篷 | 16 | 130 | 17 | 17 | 件/千克 | |
| 6306220090 | 合成纤维制帐篷 | 16 | 130 | 17 | 17 | 件/千克 | |
| 63062910 | ---棉制 | | | | | | |
| 6306291000 | 棉制帐篷 | 14 | 80 | 17 | 17 | 件/千克 | |
| 63062990 | ---其他 | | | | | | |
| 6306299000 | 其他纺织材料制帐篷 | 14 | 100 | 17 | 17 | 件/千克 | |
| 63063010 | ---合成纤维制 | | | | | | |
| 6306301000 | 合成纤维制风帆 | 16 | 130 | 17 | 17 | 件/千克 | |
| 63063090 | ---其他纺织材料制 | | | | | | |
| 6306309000 | 其他纺织材料制风帆 | 14 | 100 | 17 | 17 | 件/千克 | |
| 63064010 | ---棉制 | | | | | | |
| 6306401000 | 棉制充气褥垫 | 14 | 80 | 17 | 17 | 件/千克 | |
| 63064020 | ---化学纤维制 | | | | | | |

| 商品编号 | 商品名称及备注 | 进口关税税率(%) | | 增值税率(%) | 出口退税率(%) | 计量单位 | 监管条件 |
|---|---|---|---|---|---|---|---|
| | | 最惠国 | 普通 | | | | |
| 6306402000 | 化学纤维制充气褥垫 | 16 | 130 | 17 | 17 | 件/千克 | |
| 63064090 | ---其他 | | | | | | |
| 6306409000 | 其他纺织材料制充气褥垫 | 14 | 100 | 17 | 17 | 件/千克 | |
| 63069010 | ---棉制 | | | | | | |
| 6306901000 | 棉制其他野营用品 | 14 | 80 | 17 | 17 | 件/千克 | |
| 63069020 | ---麻制 | | | | | | |
| 6306902000 | 麻制其他野营用品 | 14 | 80 | 17 | 17 | 件/千克 | |
| 63069030 | ---化学纤维制 | | | | | | |
| 6306903000 | 化学纤维制其他野营用品 | 16 | 130 | 17 | 17 | 件/千克 | |
| 63069090 | ---其他 | | | | | | |
| 6306909000 | 其他材料制其他野营用品 | 14 | 100 | 17 | 17 | 件/千克 | |
| **6307** | **其他制成品,包括服装裁剪样** | | | | | | |
| 63071000 | -擦地布、擦碗布、抹布及类似擦拭用布 | | | | | | |
| 6307100000 | 擦地布、擦碗布、抹布及类似擦拭用布 | 14 | 130 | 17 | 17 | 千克 | |
| 63072000 | -救生衣及安全带 | | | | | | |
| 6307200000 | 救生衣及安全带 | 14 | 70 | 17 | 17 | 千克/件 | |
| 63079000 | -其他 | | | | | | |
| 6307900000 | 纺织材料制未列名制品 | 14 | 100 | 17 | 17 | 千克 | |
| **6308** | **由机织物及纱线构成的零售包装成套物品,不论是否带附件,用以制作小地毯、装饰毯、绣花台布、餐巾或类似的纺织物品** | | | | | | |
| 63080000 | 由机织物及纱线构成的零售包装成套物品,不论是否带附件,用以制作小地毯、装饰毯、绣花台布、餐巾或类似的纺织物品 | | | | | | |
| 6308000000 | 由机织物及纱线构成的零售包装成套物品,不论是否带附件,用以制作小地毯、装饰毯、绣花台布、餐巾或类似的纺织物品 | 14 | 130 | 17 | 17 | 千克 | |
| **6309** | **旧衣物** | | | | | | |
| 63090000 | 旧衣物 | | | | | | |
| 6309000000 | 旧衣物 | 14 | 130 | 17 | 0 | 千克 | 9 |
| **6310** | **新或旧的破、碎织物,线、绳、索、缆的废、碎料以及线、绳、索、缆或纺织材料的破旧制品** | | | | | | |
| 63101000 | -经分拣的 | | | | | | |
| 6310100010 | 新的或未使用过的纺织材料制经分拣的碎织物等(新的或未使用过的,包括废线、绳、索、缆及其制品) | 14 | 50 | 17 | 17 | 千克 | 9 |
| 6310100090 | 其他纺织材料制经分拣的碎织物等(包括废线、绳、索、缆及其制品) | 14 | 50 | 17 | 17 | 千克 | 9 |
| 63109000 | -其他 | | | | | | |
| 6310900010 | 新的或未使用过的纺织材料制其他碎织物等(新的或未使用过的,包括废线、绳、索、缆及其制品) | 14 | 50 | 17 | 17 | 千克 | 9 |
| 6310900090 | 其他纺织材料制碎织物等(包括废线、绳、索、缆及其制品) | 14 | 50 | 17 | 17 | 千克 | 9 |

# 第十二类　鞋、帽、伞、杖、鞭及其零件；已加工的羽毛及其制品；人造花；人发制品

## 第六十四章　鞋靴、护腿和类似品及其零件

**注释：**

一、本章不包括：

（一）易损材料（例如，纸或塑料薄膜）制无外绱鞋底的一次性脚套或鞋套。这些产品应按其构成材料归类；

（二）纺织材料制的鞋靴，没有用粘、缝或其他方法将外底装或绱在鞋面上的纺织材料制鞋靴（第十一类）；

（三）品目63.09的旧鞋靴；

（四）石棉制品（品目68.12）；

（五）矫形鞋靴或其他矫形器具及其零件（品目90.21）；

（六）玩具鞋及装有冰刀或轮子的滑冰鞋；护胫或类似的运动防护服装（第九十五章）。

二、品目64.06所称"零件"，不包括鞋钉、护鞋铁掌、鞋眼、鞋钩、鞋扣、编带、鞋带、绒球或其他装饰物（应分别归入相应品目）及品目96.06的纽扣或其他货品。

三、本章所称：

（一）"橡胶"及"塑料"，包括肉眼可辨其外表有一层橡胶或塑料的机织物或其他纺织产品，但颜色的变化不予考虑；

（二）"皮革"，是指品目41.07及41.12至41.14的货品。

四、除本章注释三另有规定的以外：

（一）鞋面的材料应以占表面面积最大的那种材料为准，计算表面面积可不考虑附件及加固件，例如，护踝、裹边、饰物、扣子、拉襻、鞋眼或类似附属件；

（二）外底的主要材料应以与地面接触最广的那种材料为准，计算接触面时可不考虑鞋底钉、铁掌或类似附属件。

**子目注释：**

子目号6402.12、6402.19、6403.12、6403.19及6404.11所称"运动鞋靴"，仅适用于：

（一）带有或可装鞋底钉、止滑柱、夹钳、马蹄掌或类似品的体育专用鞋靴；

（二）滑冰靴、滑雪靴及越野滑雪用鞋靴、滑雪板靴、角力靴、拳击靴及赛车鞋。

| 商品编号 | 商品名称及备注 | 进口关税税率（%） | | 增值税率（%） | 出口退税率（%） | 计量单位 | 监管条件 |
|---|---|---|---|---|---|---|---|
| | | 最惠国 | 普通 | | | | |
| **6401** | **橡胶或塑料制外底及鞋面的防水鞋靴，其鞋面不是用缝、铆、钉、旋、塞或类似方法固定在鞋底上的** | | | | | | |
| 64011010 | ---橡胶制鞋面的 | | | | | | |
| 6401101000暂12 | 橡胶制鞋面的装金属护头的防水鞋靴（鞋面与鞋底非用缝铆钉旋塞等类似方法连接的） | 24 | 100 | 17 | 15 | 千克/双 | |
| 64011090 | ---塑料制鞋面的 | | | | | | |
| 6401109000暂12 | 塑料制鞋面的装金属护头的防水鞋靴（鞋面与鞋底非用缝铆钉旋塞等类似方法连接的） | 24 | 100 | 17 | 15 | 千克/双 | |
| 64019210 | ---橡胶制鞋面的 | | | | | | |
| 6401921000暂12 | 橡胶制鞋面的中、短筒防水靴（未过膝，鞋面与鞋非用缝铆钉旋塞等类似方法连接的） | 24 | 100 | 17 | 15 | 千克/双 | |
| 64019290 | ---塑料制鞋面的 | | | | | | |
| 6401929000暂12 | 塑料制鞋面的中、短筒防水靴（未过膝，鞋面与鞋非用缝铆钉旋塞等类似方法连接的） | 24 | 100 | 17 | 15 | 千克/双 | |
| 64019900 | --其他 | | | | | | |
| 6401990000暂12 | 其他橡胶塑料制外底及鞋面防水靴（鞋面与鞋底非用缝、铆、钉、旋、塞等类似方法连接的） | 24 | 100 | 17 | 15 | 千克/双 | |
| **6402** | **橡胶或塑料制外底及鞋面的其他鞋靴** | | | | | | |
| 64021200 | --滑雪靴、越野滑雪鞋靴及滑雪板靴 | | | | | | |
| 6402120010 | 含濒危动物毛皮橡胶、塑料底及面滑雪靴（包括越野滑雪鞋靴及滑雪板靴） | 10 | 100 | 17 | 0 | 千克/双 | EF |
| 6402120090 | 其他橡胶、塑料底及面滑雪靴（包括越野滑雪鞋靴及滑雪板靴） | 10 | 100 | 17 | 15 | 千克/双 | |
| 64021900 | --其他 | | | | | | |
| 6402190010 | 含濒危动物毛皮其他运动鞋靴（橡胶、塑料制底及面） | 24 | 100 | 17 | 0 | 千克/双 | EF |
| 6402190090 | 橡胶、塑料制底及面的其他运动鞋靴 | 24 | 100 | 17 | 15 | 千克/双 | |

| 商品编号 | 商 品 名 称 及 备 注 | 进口关税税率（%） | | 增值税率（%） | 出口退税率（%） | 计量单位 | 监管条件 |
|---|---|---|---|---|---|---|---|
| | | 最惠国 | 普通 | | | | |
| 64022000 | -用栓塞方法将鞋面条带装配在鞋底上的鞋 | | | | | | |
| 6402200000 | 将鞋面条带栓塞在鞋底上的鞋（橡胶或塑料制外底及鞋面） | 24 | 100 | 17 | 15 | 千克/双 | |
| 64029100 | --短筒靴（过踝） | | | | | | |
| 6402910000[暂12] | 其他橡胶、塑料短筒靴（过踝）（橡胶或塑料制外底及鞋面，防水及运动鞋靴除外，包括其他装金属护鞋头的橡胶、塑料鞋靴） | 24 | 100 | 17 | 15 | 千克/双 | |
| 64029910 | ---橡胶制鞋面的 | | | | | | |
| 6402991000[暂12] | 其他橡胶制鞋面的鞋靴（橡胶制外底及鞋面，防水及运动鞋靴除外，包括其他装金属护鞋头的橡胶、塑料鞋靴） | 24 | 100 | 17 | 15 | 千克/双 | |
| 64029921 | ----以机织物或其他纺织材料作衬底的 | | | | | | |
| 6402992100 | 其他以机织物或其他纺织材料做衬底的鞋靴（塑料制鞋面，防水及运动鞋靴除外，包括其他装金属护鞋头的橡胶、塑料鞋靴） | 24 | 100 | 17 | 15 | 千克/双 | |
| 64029929 | ----其他 | | | | | | |
| 6402992900 | 其他塑料制鞋面的鞋靴（塑料制鞋面，防水及运动鞋靴除外，包括其他装金属护鞋头的橡胶、塑料鞋靴） | 24 | 100 | 17 | 15 | 千克/双 | |
| **6403** | **橡胶、塑料、皮革或再生皮革制外底，皮革制鞋面的鞋靴** | | | | | | |
| 64031200 | --滑雪靴、越野滑雪鞋靴及滑雪板靴 | | | | | | |
| 6403120010 | 含濒危野生动物皮革制鞋面的滑雪靴 | 24 | 100 | 17 | 0 | 千克/双 | EF |
| 6403120090 | 其他皮革制鞋面的滑雪靴（包括橡胶、塑料、皮革制外底和越野滑雪鞋靴及板靴） | 24 | 100 | 17 | 15 | 千克/双 | |
| 64031900 | --其他 | | | | | | |
| 6403190010 | 含濒危野生动物皮革制鞋面其他运动鞋靴 | 15 | 100 | 17 | 0 | 千克/双 | EF |
| 6403190090 | 皮革制鞋面的其他运动鞋靴（橡胶、塑料、皮革或再生皮革制外底） | 15 | 100 | 17 | 15 | 千克/双 | |
| 64032000 | -皮革制外底，由交叉于脚背并绕大脚趾的皮革条带构成鞋面的鞋 | | | | | | |
| 6403200010 | 含濒危野生动物皮革条带为鞋面的皮底鞋 | 24 | 100 | 17 | 0 | 千克/双 | EF |
| 6403200090 | 其他皮革条带为鞋面的皮底鞋（皮革条带交叉于脚背并绕大脚趾的） | 24 | 100 | 17 | 15 | 千克/双 | |
| 64034000 | -装有金属防护鞋头的其他鞋靴 | | | | | | |
| 6403400010 | 其他含濒危野生动物皮革面鞋靴（装有金属护鞋头的） | 24 | 100 | 17 | 0 | 千克/双 | FE |
| 6403400090 | 装有金属护鞋头的其他皮革面鞋靴（橡胶、塑料、皮革或再生皮革制外底） | 24 | 100 | 17 | 15 | 千克/双 | |
| 64035111 | ----小于24厘米的 | | | | | | |
| 6403511110 | 含濒危野生动物皮革制外底皮革面过脚踝但低于小腿的短筒靴（内底长度<24厘米，运动用靴除外） | 10 | 100 | 17 | 0 | 千克/双 | FE |
| 6403511190 | 皮革制外底，皮革面过脚踝但低于小腿的短筒靴（内底长度<24厘米，运动用靴除外） | 10 | 100 | 17 | 15 | 千克/双 | |
| 64035119 | ----其他 | | | | | | |
| 6403511910 | 其他含濒危野生动物皮革制外底皮革面过脚踝但低于小腿短筒靴（运动用靴除外） | 10 | 100 | 17 | 15 | 千克/双 | EF |
| 6403511990 | 其他皮革制外底，皮革面过脚踝但低于小腿短筒靴（运动用靴除外） | 10 | 100 | 17 | 15 | 千克/双 | |
| 64035191 | ----小于24厘米的 | | | | | | |
| 6403519110 | 含濒危野生动物皮革制外底皮革面短筒靴（内底长度<24厘米，运动用靴除外） | 10 | 100 | 17 | 0 | 千克/双 | EF |
| 6403519190 | 皮革制外底的皮革面短筒靴（过踝）（内底长度<24厘米，运动用靴除外） | 10 | 100 | 17 | 15 | 千克/双 | |
| 64035199 | ----其他 | | | | | | |
| 6403519910 | 含濒危野生动物皮革制外底皮革面短筒靴（运动用靴除外） | 10 | 100 | 17 | 0 | 千克/双 | FE |
| 6403519990 | 皮革制外底的皮革面短筒靴（过踝）（运动用靴除外） | 10 | 100 | 17 | 15 | 千克/双 | |
| 64035900 | --其他 | | | | | | |
| 6403590010 | 含濒危野生动物皮革制外底皮革面其他鞋（包括靴，运动用鞋靴除外） | 10 | 100 | 17 | 0 | 千克/双 | EF |
| 6403590090 | 皮革制外底的皮革面其他鞋靴（运动用鞋靴除外） | 10 | 100 | 17 | 15 | 千克/双 | |
| 64039111 | ----小于24厘米的 | | | | | | |
| 6403911110 | 其他含濒危野生动物皮革制面过脚踝但低于小腿的短筒靴（内底<24厘米，橡胶、塑料、再生皮革制外底，运动用靴除外） | 10 | 100 | 17 | 0 | 千克/双 | EF |

| 商品编号 | 商品名称及备注 | 进口关税税率(%) | | 增值税率(%) | 出口退税率(%) | 计量单位 | 监管条件 |
|---|---|---|---|---|---|---|---|
| | | 最惠国 | 普通 | | | | |
| 6403911190 | 其他皮革制面过脚踝但低于小腿的短筒靴(内底<24厘米,橡胶、塑料、再生皮革制外底,运动用靴除外) | 10 | 100 | 17 | 15 | 千克/双 | |
| 64039119 | ----其他 | | | | | | |
| 6403911910 | 其他含濒危野生动物皮革制面过脚踝但低于小腿的短筒靴(橡胶、塑料、再生皮革制外底,运动用靴除外) | 10 | 100 | 17 | 0 | 千克/双 | EF |
| 6403911990 | 其他皮革制面过脚踝但低于小腿的短筒靴(橡胶、塑料、再生皮革制外底,运动用靴除外) | 10 | 100 | 17 | 15 | 千克/双 | |
| 64039191 | ----小于24厘米的 | | | | | | |
| 6403919110 | 其他含濒危野生皮革制面的短筒靴(过踝)(内底<24厘米,橡胶、塑料、再生皮革制外底,运动用靴除外) | 10 | 100 | 17 | 0 | 千克/双 | EF |
| 6403919190 | 其他皮革制面的短筒靴(过踝)(内底<24厘米,橡胶、塑料、再生皮革制外底,运动用靴除外) | 10 | 100 | 17 | 15 | 千克/双 | |
| 64039199 | ----其他 | | | | | | |
| 6403919910 | 其他含濒危野生皮革制面的短筒靴(过踝)(橡胶、塑料、再生皮革制外底,运动用靴除外) | 10 | 100 | 17 | 0 | 千克/双 | EF |
| 6403919990 | 其他皮革制面的短筒靴(过踝)(橡胶、塑料、再生皮革制外底,运动用靴除外) | 10 | 100 | 17 | 15 | 千克/双 | |
| 64039900 | --其他 | | | | | | |
| 6403990010 | 含濒危野生动物皮革制面的其他鞋靴(橡胶、塑料、再生皮革制外底,运动用鞋靴除外) | 10 | 100 | 17 | 0 | 千克/双 | EF |
| 6403990090 | 其他皮革制面的其他鞋靴(橡胶、塑料、再生皮革制外底,运动用鞋靴除外) | 10 | 100 | 17 | 15 | 千克/双 | |
| **6404** | **橡胶、塑料、皮革或再生皮革制外底,用纺织材料制鞋面的鞋靴** | | | | | | |
| 64041100 | --运动鞋靴;网球鞋、篮球鞋、体操鞋、训练鞋及类似鞋 | | | | | | |
| 6404110000暂12 | 纺织材料制鞋面的运动鞋靴(橡胶或塑料制外底,包括球类、体操、训练鞋及类似鞋) | 24 | 100 | 17 | 15 | 千克/双 | |
| 64041910 | ---拖鞋 | | | | | | |
| 6404191000 | 纺织材料制鞋面胶底的拖鞋(拖鞋,指没有后帮(带),露趾或不露趾的、日常穿用的鞋) | 24 | 100 | 17 | 15 | 千克/双 | |
| 64041990 | ---其他 | | | | | | |
| 6404199000 | 纺织材料制鞋面胶底的其他鞋靴(橡胶或塑料制外底,运动用鞋靴除外) | 24 | 100 | 17 | 15 | 千克/双 | |
| 64042010 | ---拖鞋 | | | | | | |
| 6404201000暂12 | 纺织材料制鞋面皮革底的拖鞋(拖鞋,指没有后帮(带),露趾或不露趾的、日常穿用的鞋) | 24 | 100 | 17 | 15 | 千克/双 | |
| 64042090 | ---其他 | | | | | | |
| 6404209000暂12 | 纺织材料制鞋面皮革底的其他鞋靴(皮革或再生皮革制外底,包括运动用鞋靴) | 24 | 100 | 17 | 15 | 千克/双 | |
| **6405** | **其他鞋靴** | | | | | | |
| 64051010 | ---橡胶、塑料、皮革及再生皮革制外底的 | | | | | | |
| 6405101000暂12 | 再生皮革制面的,橡胶、塑料、皮革及再生皮革制外底的其他鞋靴 | 24 | 100 | 17 | 15 | 千克/双 | |
| 64051090 | ---其他材料制外底的 | | | | | | |
| 6405109010暂12 | 含濒危野生动物皮革制面的其他鞋靴(外底用橡胶、塑料、皮革及再生皮革以外材料制成) | 24 | 100 | 17 | 0 | 千克/双 | EF |
| 6405109090暂12 | 其他皮革或再生皮革制面的其他鞋靴(外底用橡胶、塑料、皮革及再生皮革以外材料制成) | 24 | 100 | 17 | 15 | 千克/双 | |
| 64052000 | -纺织材料制鞋面的 | | | | | | |
| 6405200010暂12 | 羊毛毡呢制内底及鞋面的鞋靴(外底用橡胶、塑料、皮革或再生皮革制以外材料制成) | 22 | 100 | 17 | 15 | 千克/双 | |
| 6405200090暂12 | 纺织材料制鞋面的其他鞋靴(外底用橡胶、塑料、皮革或再生皮革制以外材料制成) | 22 | 100 | 17 | 15 | 千克/双 | |
| 64059010 | ---橡胶、塑料、皮革及再生皮革制外底的 | | | | | | |
| 6405901000 | 其他材料制面的橡胶、塑料、皮革及再生皮革制外底的鞋靴(面用皮革、再生皮革及纺织材料以外的材料制成) | 15 | 100 | 17 | 15 | 千克/双 | |
| 64059090 | ---其他材料制外底的 | | | | | | |

| 商品编号 | 商品名称及备注 | 进口关税税率(%) | | 增值税率(%) | 出口退税率(%) | 计量单位 | 监管条件 |
|---|---|---|---|---|---|---|---|
| | | 最惠国 | 普通 | | | | |
| 6405909000 | 其他材料制面非橡胶、塑料、皮革及再生皮革制外底的鞋靴(面用皮革、再生皮革及纺织材料以外的材料制成) | 15 | 100 | 17 | 15 | 千克/双 | |
| **6406** | **鞋靴零件(包括鞋面,不论是否带有除外底以外的其他鞋底);活动式鞋内底、跟垫及类似品;护腿、裹腿和类似品及其零件** | | | | | | |
| 64061000 | -鞋面及其零件,但硬衬除外 | | | | | | |
| 6406100010 | 含濒危野生动物皮的鞋面及其零件 | 15 | 90 | 17 | 0 | 千克 | FE |
| 6406100090 | 其他鞋面及其零件(不包括硬衬及毡呢制品) | 15 | 90 | 17 | 15 | 千克 | |
| 64062010 | ---橡胶制的 | | | | | | |
| 6406201000 | 橡胶制的外底及鞋跟 | 15 | 90 | 17 | 15 | 千克 | |
| 64062020 | ---塑料制的 | | | | | | |
| 6406202000 | 塑料制的外底及鞋跟 | 15 | 90 | 17 | 15 | 千克 | |
| 64069010 | ---木制 | | | | | | |
| 6406901000 | 其他木制鞋靴零件、活动式鞋内底等(包括跟垫及类似品,护腿、裹腿和类似品及其零件) | 15 | 90 | 17 | 15 | 千克 | |
| 64069091 | ----活动式鞋内底、跟垫及类似品 | | | | | | |
| 6406909100 | 其他材料制活动式鞋内底、跟垫及类似品 | 15 | 90 | 17 | 15 | 千克 | |
| 64069092 | ----护腿、裹腿和类似品及其零件 | | | | | | |
| 6406909200 | 其他材料制护腿、裹腿和类似品及其零件 | 15 | 90 | 17 | 15 | 千克 | |
| 64069099 | ----其他 | | | | | | |
| 6406909900 | 其他材料制其他鞋靴零件 | 15 | 90 | 17 | 15 | 千克 | |

# 第六十五章　帽类及其零件

注释：

一、本章不包括：

（一）品目63.09的旧帽类；

（二）石棉制帽类（品目68.12）；

（三）第九十五章的玩偶帽、其他玩具帽或狂欢节用品。

二、品目65.02不包括缝制的帽坯，但仅将条带缝成螺旋形的除外。

| 商品编号 | 商品名称及备注 | 进口关税税率（%） | | 增值税率（%） | 出口退税率（%） | 计量单位 | 监管条件 |
|---|---|---|---|---|---|---|---|
| | | 最惠国 | 普通 | | | | |
| **6501** | **毡呢制的帽坯、帽身及帽兜，未楦制成形，也未加帽边；毡呢制的圆帽片及制帽用的毡呢筒（包括裁开的毡呢筒）** | | | | | | |
| 65010000 | 毡呢制的帽坯、帽身及帽兜，未楦制成形，也未加帽边；毡呢制的圆帽片及制帽用的毡呢筒（包括裁开的毡呢筒） | | | | | | |
| 6501000000 | 毡呢制帽坯及圆帽片（包括帽身、帽兜及不论是否裁开的制帽毡呢筒） | 22 | 100 | 17 | 15 | 千克 | |
| **6502** | **编结的帽坯或用任何材料的条带拼制而成的帽坯，未楦制成形，也未加帽边、衬里或装饰物** | | | | | | |
| 65020000 | 编结的帽坯或用任何材料的条带拼制而成的帽坯，未楦制成形，也未加帽边、衬里或装饰物 | | | | | | |
| 6502000000 | 编结或用条带拼制的帽坯（未楦制成形，未加帽边、衬里或装饰物） | 20 | 100 | 17 | 15 | 千克 | |
| **6504** | **编结帽或用任何材料的条带拼制而成的帽类，不论有无衬里或装饰物** | | | | | | |
| 65040000 | 编结帽或用任何材料的条带拼制而成的帽类，不论有无衬里或装饰物 | | | | | | |
| 6504000000 | 编结或用条带拼制成的帽类（不论有无衬里或饰物） | 20 | 130 | 17 | 15 | 个/千克 | |
| **6505** | **针织或钩编的帽类，用成匹的花边、毡呢或其他纺织物（条带除外）制成的帽类，不论有无衬里或装饰物；任何材料制的发网，不论有无衬里或装饰物** | | | | | | |
| 65050010 | ---发网 | | | | | | |
| 6505001000 | 发网（不论有无衬里或装饰物） | 10 | 130 | 17 | 15 | 个/千克 | |
| 65050020 | ---钩编的帽类 | | | | | | |
| 6505002000 | 钩编的帽类 | 20 | 130 | 17 | 15 | 个/千克 | |
| 65050091 | ----用品目65.01的帽身、帽兜或圆帽片制成的毡呢帽类，无论有无衬里或装饰物 | | | | | | |
| 6505009100 | 成品毡呢制帽类（用品目65.01的帽身、帽兜或圆帽片制成，不论有无衬里或装饰物） | 22 | 130 | 17 | 15 | 个/千克 | |
| 65050099 | ----其他 | | | | | | |
| 6505009900 | 针织帽类及用其他纺织物（条带除外）制成帽类（包括用成匹的花边、毡呢制成的，不论有无衬里或装饰物） | 20 | 130 | 17 | 15 | 个/千克 | |
| **6506** | **其他帽类，不论有无衬里或装饰物** | | | | | | |
| 65061000 | -安全帽 | | | | | | |
| 6506100010 | 防护罩（带有能够滤除生物因子滤器的面罩） | 10 | 100 | 17 | 15 | 个/千克 | 3 |
| 6506100090 | 其他安全帽（不论有无衬里或饰物） | 10 | 100 | 17 | 15 | 个/千克 | |
| 65069100 | --橡胶或塑料制 | | | | | | |
| 6506910000 | 橡胶或塑料制帽类（不论有无衬里或饰物，不包括安全帽） | 10 | 100 | 17 | 15 | 个/千克 | |
| 65069910 | ---皮革制 | | | | | | |
| 6506991010 | 含濒危野生动物皮革制帽类 | 10 | 130 | 17 | 15 | 个/千克 | EF |
| 6506991090 | 其他皮革制帽类 | 10 | 130 | 17 | 15 | 个/千克 | |
| 65069920 | ---毛皮制 | | | | | | |
| 6506992010 | 含濒危野生动物毛皮制的帽类（无论有无衬里或饰物） | 10 | 130 | 17 | 15 | 个/千克 | EF |
| 6506992090 | 其他毛皮制的帽类（无论有无衬里或饰物） | 10 | 130 | 17 | 15 | 个/千克 | |
| 65069990 | ---其他 | | | | | | |
| 6506999000 | 其他材料制的未列名帽类（不论有无衬里或饰物） | 24 | 100 | 17 | 15 | 个/千克 | |

| 商品编号 | 商品名称及备注 | 进口关税税率(%) | | 增值税率(%) | 出口退税率(%) | 计量单位 | 监管条件 |
|---|---|---|---|---|---|---|---|
| | | 最惠国 | 普通 | | | | |
| **6507** | **帽圈、帽衬、帽套、帽帮、帽骨架、帽舌及帽颏带** | | | | | | |
| 65070000 | 帽圈、帽衬、帽套、帽帮、帽骨架、帽舌及帽颏带 | | | | | | |
| 6507000010 | 含濒危野生动物成分的帽类附件(指帽圈、衬、套、帮、骨架、舌及颏带) | 24 | 100 | 17 | 15 | 千克 | FE |
| 6507000090 | 其他帽类附件(指帽圈、衬、套、帮、骨架、舌及颏带) | 24 | 100 | 17 | 15 | 千克 | |

# 第六十六章　雨伞、阳伞、手杖、鞭子、马鞭及其零件

**注释：**

一、本章不包括：

（一）丈量用杖及类似品（品目90.17）；

（二）火器手杖、刀剑手杖、灌铅手杖及类似品（第九十三章）；

（三）第九十五章的货品（例如，玩具雨伞、玩具阳伞）。

二、品目66.03不包括纺织材料制的零件、附件及装饰品或者任何材料制的罩套、流苏、鞭梢、伞套及类似品。此类货品即使与品目66.01或66.02的物品一同进口或出口，只要未装配在一起，则不应视为上述品目所列物品的组成零件，而应分别归入各有关品目。

| 商品编号 | 商品名称及备注 | 进口关税税率（%） | | 增值税率（%） | 出口退税率（%） | 计量单位 | 监管条件 |
|---|---|---|---|---|---|---|---|
| | | 最惠国 | 普通 | | | | |
| **6601** | **雨伞及阳伞（包括手杖伞、庭园用伞及类似伞）** | | | | | | |
| 66011000 | -庭园用伞及类似伞 | | | | | | |
| 6601100000 | 庭院用伞及类似品（玩具伞除外） | 14 | 130 | 17 | 15 | 千克/把 | |
| 66019100 | --折叠伞 | | | | | | |
| 6601910000 | 折叠伞（玩具伞除外） | 10 | 130 | 17 | 15 | 千克/把 | |
| 66019900 | --其他 | | | | | | |
| 6601990000 | 其他伞（玩具伞除外） | 10 | 130 | 17 | 15 | 千克/把 | |
| **6602** | **手杖、带座手杖、鞭子、马鞭及类似品** | | | | | | |
| 66020000 | 手杖、带座手杖、鞭子、马鞭及类似品 | | | | | | |
| 6602000011 | 含濒危野生动物成分的手杖、带座手杖（包括马鞭、鞭子及类似品） | 10 | 130 | 17 | 15 | 千克/把 | EF |
| 6602000019 | 动植物材料制手杖、鞭子及类似品（包括带座手杖） | 10 | 130 | 17 | 15 | 千克/把 | |
| 6602000090 | 其他手杖、带座手杖、鞭子及类似品 | 10 | 130 | 17 | 15 | 千克/把 | |
| **6603** | **品目66.01或66.02所列物品的零件及装饰品** | | | | | | |
| 66032000 | -伞骨，包括装在伞柄上的伞骨 | | | | | | |
| 6603200000 | 伞骨（包括装在伞柄上的伞骨） | 14 | 130 | 17 | 15 | 千克 | |
| 66039000 | -其他 | | | | | | |
| 6603900010 | 含濒危野生动物成分的伞、手杖的零件及装饰品（包括鞭子的其他零件及饰品） | 14 | 130 | 17 | 15 | 千克 | EF |
| 6603900090 | 伞、手杖及鞭子的其他零件及饰品（罩套、流苏、鞭梢及纺织材料制品除外） | 14 | 130 | 17 | 15 | 千克 | |

# 第六十七章　已加工羽毛、羽绒及其制品；人造花；人发制品

**注释：**

一、本章不包括：

（一）人发制滤布（品目 59.11）；

（二）花边、刺绣品或其他纺织物制成的花卉图案（第十一类）；

（三）鞋靴（第六十四章）；

（四）帽类及发网（第六十五章）；

（五）玩具、运动用品或狂欢节用品（第九十五章）；

（六）羽毛掸帚、粉扑及人发制的筛子（第九十六章）。

二、品目 67.01 不包括：

（一）羽毛或羽绒仅在其中作为填充料的物品（例如，品目 94.04 的寝具）；

（二）羽毛或羽绒仅作为饰物或填充料的衣服或衣着附件；

（三）品目 67.02 的人造花、叶及其部分品，以及它们的制成品。

三、品目 67.02 不包括：

（一）玻璃制品（第七十章）；

（二）用陶器、石料、金属、木料或其他材料经模铸、锻造、雕刻、冲压或用其他方法整件制成形的人造花、叶或果实；用捆扎、胶粘及类似方法以外的其他方法将部分品组合而成的上述制品。

| 商品编号 | 商 品 名 称 及 备 注 | 进口关税税率（%） | | 增值税率（%） | 出口退税率（%） | 计量单位 | 监管条件 |
|---|---|---|---|---|---|---|---|
| | | 最惠国 | 普通 | | | | |
| **6701** | **带羽毛或羽绒的鸟皮及鸟体其他部分、羽毛、部分羽毛、羽绒及其制品（品目 05.05 的货品和经加工的羽管及羽轴除外）** | | | | | | |
| 67010000 | 带羽毛或羽绒的鸟皮及鸟体其他部分、羽毛、部分羽毛、羽绒及其制品（品目 05.05 的货品和经加工的羽管及羽轴除外） | | | | | | |
| 6701000010 | 已加工野禽羽毛、羽绒及其制品 | 20 | 130 | 17 | 15 | 千克 | AFEB |
| 6701000090 | 其他已加工羽毛、羽绒及其制品（品目 05.05 的货品及经加工的羽管及羽轴除外） | 20 | 130 | 17 | 15 | 千克 | AB |
| **6702** | **人造花、叶、果实及其零件；用人造花、叶或果实制成的物品** | | | | | | |
| 67021000 | -塑料制 | | | | | | |
| 6702100000 | 塑料制花、叶、果实及其制品（包括花、叶、果实的零件） | 20 | 130 | 17 | 15 | 千克 | |
| 67029010 | ---羽毛制 | | | | | | |
| 6702901010 | 野禽羽毛制花、叶、果实及其制品 | 20 | 130 | 17 | 15 | 千克 | AFEB |
| 6702901090 | 其他羽毛制花、叶、果实及其制品（包括花、叶、果实的零件） | 20 | 130 | 17 | 15 | 千克 | AB |
| 67029020 | ---丝及绢丝制 | | | | | | |
| 6702902000 | 丝或绢丝制花、叶、果实及其制品（包括花、叶、果实的零件） | 24 | 130 | 17 | 15 | 千克 | |
| 67029030 | ---化学纤维制 | | | | | | |
| 6702903000 | 化学纤维制花、叶、果实及其制品（包括花、叶、果实的零件） | 24 | 130 | 17 | 15 | 千克 | |
| 67029090 | ---其他 | | | | | | |
| 6702909000 | 其他材料制花、叶、果实及其制品（包括花、叶、果实的零件） | 20 | 130 | 17 | 15 | 千克 | |
| **6703** | **经梳理、稀疏、脱色或其他方法加工的人发；作假发及类似品用的羊毛、其他动物毛或其他纺织材料** | | | | | | |
| 67030000 | 经梳理、稀疏、脱色或其他方法加工的人发；作假发及类似品用的羊毛、其他动物毛或其他纺织材料 | | | | | | |
| 6703000000 | 经梳理、稀疏等方法加工的人发（包括作假发及类似品用羊毛、其他动物毛或其他纺织材料） | 20 | 100 | 17 | 9 | 千克 | |
| **6704** | **人发、动物毛或纺织材料制的假发、假胡须、假眉毛、假睫毛及类似品；其他编号未列名的人发制品** | | | | | | |
| 67041100 | --整头假发 | | | | | | |
| 6704110000 | 合成纺织材料制整头假发 | 25 | 130 | 17 | 9 | 千克 | |
| 67041900 | --其他 | | | | | | |
| 6704190000 | 合成纺织材料制其他假发、须等（不包括整头假发） | 25 | 130 | 17 | 9 | 千克 | |

| 商品编号 | 商品名称及备注 | 进口关税税率(%) | | 增值税率(%) | 出口退税率(%) | 计量单位 | 监管条件 |
|---|---|---|---|---|---|---|---|
| | | 最惠国 | 普通 | | | | |
| 67042000 | -人发制 | | | | | | |
| 6704200000 | 人发制假发、须、眉及类似品(包括整头假发) | 15 | 130 | 17 | 9 | 千克 | |
| 67049000 | -其他材料制 | | | | | | |
| 6704900000 | 其他材料制假发、须、眉及类似品(包括整头假发) | 25 | 130 | 17 | 9 | 千克 | |

# 第十三类　石料、石膏、水泥、石棉、云母及类似材料的制品;陶瓷产品;玻璃及其制品

## 第六十八章　石料、石膏、水泥、石棉、云母及类似材料的制品

**注释:**

一、本章不包括:

(一)第二十五章的货品;

(二)品目48.10或48.11的经涂布、浸渍或覆盖的纸及纸板(例如,用云母粉或石墨涂布的纸及纸板、沥青纸及纸板);

(三)第五十六章或第五十九章的经涂布、浸渍或包覆的纺织物(例如,用云母粉、沥青涂布或包覆的织物);

(四)第七十一章的物品;

(五)第八十二章的工具及其零件;

(六)品目84.42的印刷用石板;

(七)绝缘子(品目85.46)或品目85.47绝缘材料制的零件;

(八)牙科用磨锉(品目90.18);

(九)第九十一章的物品(例如,钟及钟壳);

(十)第九十四章的物品(例如,家具、灯具及照明装置、活动房屋);

(十一)第九十五章的物品(例如,玩具、游戏品及运动用品);

(十二)用第九十六章注释二(二)所述材料制成的品目96.02的物品或品目96.06的物品(例如,纽扣)、品目96.09的物品(例如,石笔)、品目96.10的物品(例如,绘画石板)或品目96.20的物品(独脚架、双脚架、三脚架及类似品);或

(十三)第九十七章的物品(例如,艺术品)。

二、品目68.02所称"已加工的碑石或建筑用石",不仅适用于已加工的品目25.15、25.16的各种石料,也适用于所有经类似加工的其他天然石料(例如,石英岩、燧石、白云石及冻石),但不适用于板岩。

| 商品编号 | 商品名称及备注 | 进口关税税率(%) | | 增值税率(%) | 出口退税率(%) | 计量单位 | 监管条件 |
|---|---|---|---|---|---|---|---|
| | | 最惠国 | 普通 | | | | |
| **6801** | **天然石料(不包括板岩)制的长方砌石、路缘石、扁平石** | | | | | | |
| 68010000 | 天然石料(不包括板岩)制的长方砌石、路缘石、扁平石 | | | | | | |
| 6801000000 | 长方砌石、路缘石、扁平石[由天然石料(不包括板岩)所制] | 12 | 70 | 17 | 0 | 千克 | |
| **6802** | **已加工的碑石或建筑用石(不包括板岩)及其制品,但品目68.01的货品除外;天然石料(包括板岩)制的镶嵌石(马赛克)及类似品,不论是否有衬背;天然石料(包括板岩)制的人工染色石粒、石片及石粉** | | | | | | |
| 68021010 | ---大理石 | | | | | | |
| 6802101000 | 大理石制砖、瓦、方块及类似品(不论是否为矩形,可置入边长<7厘米的方格) | 24 | 90 | 17 | 0 | 千克 | |
| 68021090 | ---其他 | | | | | | |
| 6802109000 | 其他石料制砖瓦、方块及类似品(可置入边长<7厘米的方格,板岩除外,但包括板岩制嵌石) | 20 | 90 | 17 | 0 | 千克 | |
| 68022110 | ---大理石 | | | | | | |
| 6802211000 | 经简单切削或锯开的大理石及制品(具有一个平面) | 10 | 90 | 17 | 0 | 千克 | |
| 68022120 | ---石灰华 | | | | | | |
| 6802212000 | 经简单切削或锯开的石灰华及制品(具有一个平面) | 24 | 90 | 17 | 9 | 千克 | |
| 68022190 | ---其他 | | | | | | |
| 6802219000 | 经简单切削或锯开的蜡石及制品(具有一个平面) | 24 | 90 | 17 | 0 | 千克 | |
| 68022300 | --花岗岩 | | | | | | |
| 6802230000 | 经简单切削或锯开的花岗岩及制品(具有一个平面) | 10 | 90 | 17 | 0 | 千克 | A |
| 68022910 | ---其他石灰石 | | | | | | |
| 6802291000 | 经简单切削或锯开的其他石灰石(包括制品) | 24 | 90 | 17 | 0 | 千克 | |
| 68022990 | ---其他 | | | | | | |
| 6802299000 | 经简单切削或锯开的其他石及制品(不包括板岩及制品) | 15 | 90 | 17 | 0 | 千克 | |
| 68029110 | ---石刻 | | | | | | |

| 商品编号 | 商品名称及备注 | 进口关税税率(%) | | 增值税率(%) | 出口退税率(%) | 计量单位 | 监管条件 |
|---|---|---|---|---|---|---|---|
| | | 最惠国 | 普通 | | | | |
| 6802911000 | 大理石、石灰华及蜡石制石刻 | 24 | 90 | 17 | 13 | 千克 | |
| 68029190 | ---其他 | | | | | | |
| 6802919000 | 其他已加工大理石及蜡石及制品(包括已加工石灰华及制品) | 10 | 90 | 17 | 9 | 千克 | |
| 68029210 | ---石刻 | | | | | | |
| 6802921000 | 其他石灰石制石刻 | 24 | 90 | 17 | 13 | 千克 | |
| 68029290 | ---其他 | | | | | | |
| 6802929000 | 其他已加工石灰石及制品 | 10 | 90 | 17 | 9 | 千克 | |
| 68029311 | ----墓碑石 | | | | | | |
| 6802931100 | 花岗岩制石刻墓碑石 | 24 | 90 | 17 | 13 | 千克 | A |
| 68029319 | ----其他 | | | | | | |
| 6802931900 | 其他花岗岩制石刻 | 24 | 90 | 17 | 13 | 千克 | A |
| 68029390 | ---其他 | | | | | | |
| 6802939000 | 其他已加工花岗岩及制品 | 10 | 90 | 17 | 9 | 千克 | A |
| 68029910 | ---石刻 | | | | | | |
| 6802991000 | 其他石制成的石刻(不包括板岩制成的石刻) | 24 | 90 | 17 | 13 | 千克 | |
| 68029990 | ---其他 | | | | | | |
| 6802999000 | 其他已加工的石及制品(不包括板岩及制品) | 24 | 90 | 17 | 9 | 千克 | |
| **6803** | **已加工的板岩及板岩或粘聚板岩的制品** | | | | | | |
| 68030010 | ---板岩制 | | | | | | |
| 6803001000 | 已加工板岩及板岩制品 | 20 | 80 | 17 | 5 | 千克 | |
| 68030090 | ---其他 | | | | | | |
| 6803009000 | 粘聚板岩制品 | 20 | 80 | 17 | 5 | 千克 | |
| **6804** | **未装支架的石磨、石碾、砂轮和类似品及其零件,用于研磨、磨刃、抛光、整形或切割,以及手用磨石、手用抛光石及其零件,用天然石料、粘聚的天然磨料、人造磨料或陶瓷制成,不论是否装有由其他材料制成的零件** | | | | | | |
| 68041000 | -碾磨或磨浆用石磨、石碾 | | | | | | |
| 6804100000 | 碾磨或磨浆用石磨、石碾 | 8 | 40 | 17 | 5 | 千克 | |
| 68042110 | ---砂轮 | | | | | | |
| 6804211000 | 粘聚合成或天然金刚石制的砂轮 | 8 | 17 | 17 | 5 | 千克 | |
| 68042190 | ---其他 | | | | | | |
| 6804219000 | 粘聚合成或天然金刚石制的其他石磨、石碾及类似品 | 8 | 17 | 17 | 5 | 千克 | |
| 68042210 | ---砂轮 | | | | | | |
| 6804221000 | 其他砂轮(由其他粘聚磨料或陶瓷所制) | 8 | 17 | 17 | 5 | 千克 | |
| 68042290 | ---其他 | | | | | | |
| 6804229000 | 其他石磨、石碾及类似品(由其他粘聚磨料或陶瓷所制) | 8 | 40 | 17 | 5 | 千克 | |
| 68042310 | ---砂轮 | | | | | | |
| 6804231000 | 天然石料制的砂轮 | 8 | 17 | 17 | 5 | 千克 | |
| 68042390 | ---其他 | | | | | | |
| 6804239000 | 天然石料制其他石磨、石碾等(包括类似品) | 8 | 40 | 17 | 5 | 千克 | |
| 68043010 | ---琢磨油石 | | | | | | |
| 6804301000 | 手用琢磨油石 | 8 | 17 | 17 | 5 | 千克 | |
| 68043090 | ---其他 | | | | | | |
| 6804309000 | 手用其他磨石及抛光石 | 8 | 40 | 17 | 5 | 千克 | |
| **6805** | **砂布、砂纸及以其他材料为底的类似品,不论是否裁切、缝合或用其他方法加工成形** | | | | | | |
| 68051000 | -砂布 | | | | | | |
| 6805100000 | 砂布(不论是否裁切、缝合或用其他方法加工成型) | 8 | 40 | 17 | 5 | 千克 | |

| 商品编号 | 商品名称及备注 | 进口关税税率(%) | | 增值税率(%) | 出口退税率(%) | 计量单位 | 监管条件 |
|---|---|---|---|---|---|---|---|
| | | 最惠国 | 普通 | | | | |
| 68052000 | -砂纸 | | | | | | |
| 6805200000 | 砂纸(不论是否裁切、缝合或用其他方法加工成型) | 8 | 40 | 17 | 5 | 千克 | |
| 68053000 | -其他 | | | | | | |
| 6805300000 | 不以布或纸为底的砂纸类似品 | 8 | 40 | 17 | 5 | 千克 | |
| **6806** | **矿渣棉、岩石棉及类似的矿质棉;页状蛭石、膨胀黏土、泡沫矿渣及类似的膨胀矿物材料;具有隔热、隔音或吸音性能的矿物材料的混合物及制品,但品目68.11、68.12或第六十九章的货品除外** | | | | | | |
| 68061010 | ---硅酸铝纤维及其制品 | | | | | | |
| 6806101000 | 硅酸铝纤维及其制品 | 10.5 | 40 | 17 | 5 | 千克 | |
| 68061090 | ---其他 | | | | | | |
| 6806109001[暂5] | 其他矿物纤维,渣球含量<5% | 10.5 | 40 | 17 | 5 | 千克 | |
| 6806109090 | 其他矿渣棉、岩石棉及类似矿质棉(包括相互混合物,块状、成片或成卷) | 10.5 | 40 | 17 | 5 | 千克 | |
| 68062000 | -页状蛭石、膨胀黏土、泡沫矿渣及类似的膨胀矿物材料(包括其相互混合物) | | | | | | |
| 6806200000 | 页状硅石、膨胀黏土、泡沫矿渣(包括类似膨胀矿物材料及相互混合物) | 10.5 | 40 | 17 | 0 | 千克 | |
| 68069000 | -其他 | | | | | | |
| 6806900000 | 其他矿物材料的混合物及制品(指具有隔热、隔音或吸音性能的矿物材料的混合物) | 10 | 50 | 17 | 0 | 千克 | |
| **6807** | **沥青或类似原料(例如,石油沥青或煤焦油沥青)的制品** | | | | | | |
| 68071000 | -成卷 | | | | | | |
| 6807100000 | 成卷的沥青或类似原料的制品(如石油沥青或煤焦油沥青) | 12 | 50 | 17 | 0 | 千克 | |
| 68079000 | -其他 | | | | | | |
| 6807900000 | 其他形状的沥青或类似原料的制品(如石油沥青或煤焦油沥青) | 12 | 50 | 17 | 0 | 千克 | |
| **6808** | **镶板、平板、瓦、砖及类似品,用水泥、石膏及其他矿物黏合材料黏合植物纤维、稻草、刨花、木片屑、木粉、锯末或木废料制成** | | | | | | |
| 68080000 | 镶板、平板、瓦、砖及类似品,用水泥、石膏及其他矿物黏合材料黏合植物纤维、稻草、刨花、木片屑、木粉、锯末或木废料制成 | | | | | | |
| 6808000000 | 镶板、平板、瓦、砖及类似品(以水泥等矿物为材料将植物纤维、稻草、刨花等黏合而成) | 10.5 | 40 | 17 | 5 | 千克 | |
| **6809** | **石膏制品及以石膏为基本成分的混合材料制品** | | | | | | |
| 68091100 | --仅用纸、纸板贴面或加强的 | | | | | | |
| 6809110000 | 未饰的石膏板、片、砖、瓦及类似品(包含以石膏为主成分的混合物制品,用纸,纸板贴面或加强) | 28 | 100 | 17 | 5 | 千克 | |
| 68091900 | --其他 | | | | | | |
| 6809190000 | 以其他材料贴面加强的未饰石膏板(含片、砖、瓦及类似品,包含以石膏为主成分的混合物制品) | 25 | 100 | 17 | 5 | 千克 | |
| 68099000 | -其他制品 | | | | | | |
| 6809900000 | 其他石膏制品(包括以石膏为主成分的混合材料制品) | 25 | 100 | 17 | 5 | 千克 | |
| **6810** | **水泥、混凝土或人造石制品,不论是否加强** | | | | | | |
| 68101100 | --建筑用砖及石砌块 | | | | | | |
| 6810110000 | 水泥制建筑用砖及石砌块(包括混凝土或人造石制,不论是否加强) | 10.5 | 40 | 17 | 5 | 千克 | |
| 68101910 | ---人造石制 | | | | | | |
| 6810191000 | 人造石制砖、瓦、扁平石(含类似品,不论是否加强) | 10.5 | 70 | 17 | 5 | 千克 | |
| 68101990 | ---其他 | | | | | | |
| 6810199000 | 水泥或混凝土制其他砖、瓦、扁平石(含类似品,不论是否加强) | 10.5 | 70 | 17 | 5 | 千克 | |
| 68109110 | ---钢筋混凝土和预应力混凝土管、杆、板、桩等 | | | | | | |
| 6810911000 | 钢筋混凝土和预应力混凝土管等(包括杆、板、桩等,无论是否加强) | 10.5 | 40 | 17 | 5 | 千克 | |
| 68109190 | ---其他 | | | | | | |
| 6810919000 | 水泥制建筑或土木工程用预制构件(包括混凝土或人造石制,不论是否加强) | 10.5 | 40 | 17 | 5 | 千克 | |

| 商品编号 | 商品名称及备注 | 进口关税税率(%) | | 增值税率(%) | 出口退税率(%) | 计量单位 | 监管条件 |
|---|---|---|---|---|---|---|---|
| | | 最惠国 | 普通 | | | | |
| 68109910 | ---铁道用水泥枕 | | | | | | |
| 6810991000 | 铁道用水泥枕 | 8 | 14 | 17 | 5 | 千克 | |
| 68109990 | ---其他 | | | | | | |
| 6810999000 | 水泥,混凝土或人造石制其他制品 | 10.5 | 70 | 17 | 5 | 千克 | |
| **6811** | **石棉水泥、纤维素水泥或类似材料的制品** | | | | | | |
| 68114010 | ---瓦楞板 | | | | | | |
| 6811401000 | 含石棉的瓦楞板 | 5 | 40 | 17 | 5 | 千克 | |
| 68114020 | ---其他片、板、砖、瓦及类似制品 | | | | | | |
| 6811402000 | 含石棉的片、板、砖、瓦及类似品 | 10.5 | 40 | 17 | 5 | 千克 | |
| 68114030 | ---管子及管子附件 | | | | | | |
| 6811403000 | 含石棉的管子及管子附件 | 8 | 40 | 17 | 5 | 千克 | |
| 68114090 | ---其他制品 | | | | | | |
| 6811409000 | 含石棉的其他制品 | 8.4 | 40 | 17 | 5 | 千克 | |
| 68118100 | --瓦楞板 | | | | | | |
| 6811810000 | 不含石棉的瓦楞板 | 5 | 40 | 17 | 5 | 千克 | |
| 68118200 | --其他片、板、砖、瓦及类似制品 | | | | | | |
| 6811820000 | 不含石棉的片、板、砖、瓦及类似品 | 10.5 | 40 | 17 | 5 | 千克 | |
| 68118910 | ---管子及管子附件 | | | | | | |
| 6811891000 | 不含石棉的管子及管子附件 | 8 | 40 | 17 | 5 | 千克 | |
| 68118990 | ---其他 | | | | | | |
| 6811899000 | 不含石棉的其他制品 | 8.4 | 40 | 17 | 5 | 千克 | |
| **6812** | **已加工的石棉纤维;以石棉为基本成分或以石棉和碳酸镁为基本成分的混合物;上述混合物或石棉的制品(例如,纱线、机织物、服装、帽类、鞋靴、衬垫),不论是否加强,但品目68.11或68.13的货品除外** | | | | | | |
| 68128000 | -青石棉的 | | | | | | |
| 6812800000 | 青石棉或青石棉混合物及其制品(包含服装、衣着附件、帽及鞋靴、毡子、接合成纤维及其他青石棉制品) | 10.5 | 40 | 17 | 5 | 千克 | |
| 68129100 | --服装、衣着附件、帽类及鞋靴 | | | | | | |
| 6812910000 | 其他石棉或石棉混合物制的服装(包含衣着附件、帽子及鞋靴) | 10.5 | 40 | 17 | 5 | 千克 | |
| 68129200 | --纸、麻丝板及毡子 | | | | | | |
| 6812920000 | 其他石棉或石棉混合物制的纸、麻丝板(包含毡子) | 10.5 | 40 | 17 | 5 | 千克 | |
| 68129300 | --成片或成卷的压缩石棉纤维接合材料 | | | | | | |
| 6812930000 | 成片或成卷的压缩石棉纤维接合材料(不含青石棉制品) | 10.5 | 40 | 17 | 5 | 千克 | |
| 68129900 | --其他 | | | | | | |
| 6812990000 | 其他石棉或石棉混合物制品 | 10 | 40 | 17 | 5 | 千克 | |
| **6813** | **以石棉、其他矿物质或纤维素为基本成分的未装配摩擦材料及其制品(例如,片、卷、带、盘、圈、垫及扇形),适于作制动器、离合器及类似品,不论是否与织物或其他材料结合而成** | | | | | | |
| 68132010 | ---闸衬、闸垫 | | | | | | |
| 6813201000 | 含石棉的闸衬、闸垫(由石棉为基本成分的摩擦材料所制) | 10 | 40 | 17 | 5 | 千克 | |
| 68132090 | ---其他 | | | | | | |
| 6813209000 | 含石棉的摩擦材料及其他用于制动等用途的制品(摩擦材料由石棉为主原料构成) | 12 | 40 | 17 | 5 | 千克 | |
| 68138100 | --闸衬、闸垫 | | | | | | |
| 6813810000 | 其他闸衬、闸垫(其他矿物或纤维素为基本成分的摩擦材料所制) | 10 | 40 | 17 | 5 | 千克 | |
| 68138900 | --其他 | | | | | | |
| 6813890000 | 其他摩擦材料及用于制动等用途的制品(摩擦材料由其他矿物或纤维素为主原料构成) | 12 | 40 | 17 | 5 | 千克 | |

| 商品编号 | 商品名称及备注 | 进口关税税率(%) | | 增值税率(%) | 出口退税率(%) | 计量单位 | 监管条件 |
|---|---|---|---|---|---|---|---|
| | | 最惠国 | 普通 | | | | |
| **6814** | **已加工的云母及其制品,包括粘聚或复制的云母,不论是否附于纸、纸板或其他材料上** | | | | | | |
| 68141000 | -粘聚或复制云母制的板、片、带,不论是否附于其他材料上 | | | | | | |
| 6814100000 | 粘聚或复制云母制的板、片、带(不论是否附于其他材料上) | 10.5 | 35 | 17 | 17 | 千克 | |
| 68149000 | -其他 | | | | | | |
| 6814900000 | 其他已加工的云母及其制品(包括粘聚或复制的云母及其他制品) | 10.5 | 35 | 17 | 5 | 千克 | |
| **6815** | **其他编号未列名的石制品及其他矿物制品(包括碳纤维及其制品和泥煤制品)** | | | | | | |
| 68151000 | -非电器用的石墨或其他碳精制品 | | | | | | |
| 6815100000 | 非电器用的石墨或其他碳精制品 | 15 | 70 | 17 | 0 | 千克 | 3 |
| 68152000 | -泥煤制品 | | | | | | |
| 6815200000 | 泥煤制品 | 15 | 70 | 17 | 0 | 千克 | |
| 68159100 | --含有菱镁矿、白云石或铬铁矿的 | | | | | | |
| 6815910000 | 含菱镁矿、白云石或铬铁矿的制品 | 15 | 70 | 17 | 0 | 千克 | |
| 68159920 | ---碳纤维 | | | | | | |
| 6815992010 | 两用物项管制的碳纤维(比模量≥$12.7\times10^6$米,或比抗拉强度≥$23.5\times10^4$米) | 17.5 | 70 | 17 | 9 | 千克 | 3 |
| 6815992090 | 其他碳纤维 | 17.5 | 70 | 17 | 9 | 千克 | |
| 68159931 | ----碳布 | | | | | | |
| 6815993100 | 碳布 | 17.5 | 70 | 17 | 9 | 千克 | |
| 68159932 | ----碳纤维预浸料 | | | | | | |
| 6815993210 | 两用物项管制的碳纤维预浸料(制品) | 17.5 | 70 | 17 | 9 | 千克 | 3 |
| 6815993290 | 其他碳纤维预浸料(制品) | 17.5 | 70 | 17 | 9 | 千克 | |
| 68159939 | ----其他 | | | | | | |
| 6815993900 | 其他碳纤维制品 | 17.5 | 70 | 17 | 9 | 千克 | |
| 68159940 | ---玄武岩纤维及其制品 | | | | | | |
| 6815994000 | 玄武岩纤维及其制品 | 17.5 | 70 | 17 | 0 | 千克 | |
| 68159990 | ---其他 | | | | | | |
| 6815999000 | 其他未列名石制品及矿物制品 | 17.5 | 70 | 17 | 0 | 千克 | |

# 第六十九章　陶瓷产品

**注释：**

一、本章仅适用于成形后经过烧制的陶瓷产品。品目69.04至69.14仅适用于不能归入品目69.01至69.03的产品。

二、本章不包括：

(一)品目28.44的产品；

(二)品目68.04的物品；

(三)第七十一章的物品(例如，仿首饰)；

(四)品目81.13的金属陶瓷；

(五)第八十二章的物品；

(六)绝缘子(品目85.46)或绝缘材料制的配件(品目85.47)；

(七)假牙(品目90.21)；

(八)第九十一章的物品(例如，钟及钟壳)；

(九)第九十四章的物品(例如，家具、灯具及照明装置、活动房屋)；

(十)第九十五章的物品(例如，玩具、游戏品及运动用品)；

(十一)品目96.06的物品(例如，纽扣)或品目96.14的物品(例如，烟斗)；

(十二)第九十七章的物品(例如，艺术品)。

| 商品编号 | 商品名称及备注 | 进口关税税率(%) | | 增值税率(%) | 出口退税率(%) | 计量单位 | 监管条件 |
|---|---|---|---|---|---|---|---|
| | | 最惠国 | 普通 | | | | |
| **6901** | **硅质化石粉(例如，各种硅藻土)或类似硅土制的砖、块、瓦及其他陶瓷制品** | | | | | | |
| 69010000 | 硅质化石粉(例如，各种硅藻土)或类似硅土制的砖、块、瓦及其他陶瓷制品 | | | | | | |
| 6901000000 | 硅质化石粉或类似硅土制的砖、瓦(包括硅质化石粉或类似硅土制的其他陶瓷制品) | 8 | 50 | 17 | 0 | 千克 | |
| **6902** | **耐火砖、块、瓦及类似耐火陶瓷建材制品，但硅质化石粉及类似硅土制的除外** | | | | | | |
| 69021000 | -单独或同时含有按重量计>50%的镁、钙或铬(分别以氧化镁、氧化钙及三氧化二铬的含量计) | | | | | | |
| 6902100000 | 镁、钙、铬含量>50%的耐火砖及类似品 | 8 | 30 | 17 | 0 | 千克 | |
| 69022000 | -含有按重量计>50%的三氧化二铝、二氧化硅或其混合物或化合物 | | | | | | |
| 6902200000 | 铝、硅含量>50%的耐火砖及类似品(指超过50%的三氧化二铝，二氧化硅等耐火陶瓷建材制品) | 8 | 30 | 17 | 0 | 千克 | |
| 69029000 | -其他 | | | | | | |
| 6902900000 | 其他耐火砖及耐火陶瓷建材制品(包括类似耐火陶瓷制品，品目69.01的制品除外) | 8 | 30 | 17 | 0 | 千克 | |
| **6903** | **其他耐火陶瓷制品(例如，甑、坩埚、马弗罩、喷管、栓塞、支架、烤钵、管子、护套及棒条)，但硅质化石粉及类似硅土制的除外** | | | | | | |
| 69031000 | -含有按重量计>50%的石墨、其他碳或其混合物 | | | | | | |
| 6903100000 | 石墨含量>50%的其他耐火陶瓷制品(包括含>50%的其他碳及其混合物的制品) | 8 | 20 | 17 | 0 | 千克 | |
| 69032000 | -含有按重量计>50%的三氧化二铝或三氧化二铝和二氧化硅的混合物或化合物 | | | | | | |
| 6903200000 | 氧化铝含量>50%的其他耐火陶瓷制品(氧化铝包括三氧化二铝和二氧化硅的混合物或化合物) | 8 | 20 | 17 | 0 | 千克 | |
| 69039000 | -其他 | | | | | | |
| 6903900000 | 其他耐火陶瓷制品 | 8 | 20 | 17 | 9 | 千克 | |
| **6904** | **陶瓷制建筑用砖、铺地砖、支撑或填充用砖及类似品** | | | | | | |
| 69041000 | -建筑用砖 | | | | | | |
| 6904100000 | 陶瓷制建筑用砖 | 15 | 90 | 17 | 9 | 千克/千块 | |
| 69049000 | -其他 | | | | | | |
| 6904900000 | 陶瓷制铺地砖，支撑或填充用砖(包括类似品) | 24.5 | 90 | 17 | 9 | 千克 | |
| **6905** | **屋顶瓦、烟囱罩、通风帽、烟囱衬壁、建筑装饰物及其他建筑用陶瓷制品** | | | | | | |
| 69051000 | -屋顶瓦 | | | | | | |
| 6905100000[暂15] | 陶瓷制屋顶瓦 | 24.5 | 90 | 17 | 9 | 千克 | |
| 69059000 | -其他 | | | | | | |
| 6905900000 | 其他建筑用陶瓷制品(包括烟囱罩通风帽、烟囱衬壁、建筑装饰物) | 24.5 | 90 | 17 | 9 | 千克 | |
| **6906** | **陶瓷套管、导管、槽管及管子附件** | | | | | | |
| 69060000 | 陶瓷套管、导管、槽管及管子附件 | | | | | | |

| 商品编号 | 商品名称及备注 | 进口关税税率(%) | | 增值税率(%) | 出口退税率(%) | 计量单位 | 监管条件 |
|---|---|---|---|---|---|---|---|
| | | 最惠国 | 普通 | | | | |
| 6906000000[暂10] | 陶瓷套管、导管、槽管及管子配件 | 15 | 90 | 17 | 9 | 千克 | |
| **6907** | **陶瓷贴面砖、铺面砖,包括炉面砖及墙面砖;陶瓷镶嵌砖(马赛克)及其类似品,不论是否有衬背;饰面陶瓷** | | | | | | |
| 69072110 | ---不论是否矩形,其最大表面积以可置入边长<7厘米的方格为限 | | | | | | |
| 6907211000 | 不论是否矩形,其最大表面积以可置入边长<7厘米的方格的贴面砖、铺面砖,包括炉面砖及墙面砖,但编号690730和690740所列商品除外(按重量计吸水率≤0.5%) | 17 | 100 | 17 | 9 | 千克/平方米 | |
| 69072190 | ---其他 | | | | | | |
| 6907219000 | 其他贴面砖、铺面砖,包括炉面砖及墙面砖,但编号690730和690740所列商品除外(按重量计吸水率≤0.5%) | 12 | 100 | 17 | 9 | 千克/平方米 | |
| 69072210 | ---不论是否矩形,其最大表面积以可置入边长<7厘米的方格为限 | | | | | | |
| 6907221000 | 不论是否矩形,其最大表面积以可置入边长<7厘米的方格的贴面砖、铺面砖,包括炉面砖及墙面砖,但编号690730和690740所列商品除外(按重量计0.5%<吸水率≤10%) | 17 | 100 | 17 | 9 | 千克/平方米 | |
| 69072290 | ---其他 | | | | | | |
| 6907229000 | 其他贴面砖、铺面砖,包括炉面砖及墙面砖,但编号690730和690740所列商品除外(按重量计0.5%<吸水率≤10%) | 12 | 100 | 17 | 9 | 千克/平方米 | |
| 69072310 | ---不论是否矩形,其最大表面积以可置入边长<7厘米的方格为限 | | | | | | |
| 6907231000 | 不论是否矩形,其最大表面积以可置入边长<7厘米的方格的贴面砖、铺面砖,包括炉面砖及墙面砖,但编号690730和690740所列商品除外(按重量计吸水率>10%) | 17 | 100 | 17 | 9 | 千克/平方米 | |
| 69072390 | ---其他 | | | | | | |
| 6907239000 | 其他贴面砖、铺面砖,包括炉面砖及墙面砖,但编号690730和690740所列商品除外(按重量计吸水率>10%) | 12 | 100 | 17 | 9 | 千克/平方米 | |
| 69073010 | ---不论是否矩形,其最大表面积以可置入边长<7厘米的方格为限 | | | | | | |
| 6907301000 | 不论是否矩形,其最大表面积以可置入边长<7厘米的方格的镶嵌砖(马赛克)及其类似品,但编号690740的货品除外 | 17 | 100 | 17 | 9 | 千克/平方米 | |
| 69073090 | ---其他 | | | | | | |
| 6907309000 | 其他镶嵌砖(马赛克)及其类似品,但编号690740的货品除外 | 12 | 100 | 17 | 9 | 千克/平方米 | |
| 69074010 | ---不论是否矩形,其最大表面积以可置入边长<7厘米的方格为限 | | | | | | |
| 6907401000 | 不论是否矩形,其最大表面积以可置入边长<7厘米的方格的饰面陶瓷 | 17 | 100 | 17 | 9 | 千克/平方米 | |
| 69074090 | ---其他 | | | | | | |
| 6907409000 | 其他饰面陶瓷 | 12 | 100 | 17 | 9 | 千克/平方米 | |
| **6909** | **实验室、化学或其他专门技术用途的陶瓷器;农业用陶瓷槽、缸及类似容器;通常供运输及盛装货物用的陶瓷罐、坛及类似品** | | | | | | |
| 69091100 | --瓷制 | | | | | | |
| 6909110000 | 实验室、化学或其他技术用瓷器 | 8 | 30 | 17 | 13 | 千克 | |
| 69091200 | --莫氏硬度≥9的物品 | | | | | | |
| 6909120000 | 摩氏硬度≥9的技术用陶瓷器(实验室、化学或其他专门技术用途的) | 8 | 30 | 17 | 13 | 千克 | |
| 69091900 | --其他 | | | | | | |
| 6909190000 | 其他实验室、化学用陶瓷器(包括其他技术用) | 8 | 30 | 17 | 13 | 千克 | |
| 69099000 | -其他 | | | | | | |
| 6909900000[暂15] | 农业、运输或盛装货物用陶瓷容器 | 21 | 90 | 17 | 9 | 千克 | |
| **6910** | **陶瓷洗涤槽、脸盆、脸盆座、浴缸、坐浴盆、抽水马桶、水箱、小便池及类似的固定卫生设备** | | | | | | |
| 69101000 | -瓷制 | | | | | | |
| 6910100000 | 瓷制脸盆、浴缸及类似卫生器具(包括洗涤槽、抽水马桶、小便池等) | 10 | 100 | 17 | 9 | 千克/件 | |
| 69109000 | -其他 | | | | | | |
| 6910900000 | 陶制脸盆、浴缸及类似卫生器具(包括洗涤槽、抽水马桶、小便池等) | 10 | 100 | 17 | 9 | 千克/件 | A |
| **6911** | **瓷餐具、厨房器具及其他家用或盥洗用瓷器** | | | | | | |

| 商品编号 | 商品名称及备注 | 进口关税税率(%) | | 增值税率(%) | 出口退税率(%) | 计量单位 | 监管条件 |
|---|---|---|---|---|---|---|---|
| | | 最惠国 | 普通 | | | | |
| 69111011 | ----骨瓷 | | | | | | |
| 6911101100[暂8] | 骨瓷餐具 | 12 | 100 | 17 | 13 | 千克 | A |
| 69111019 | ----其他 | | | | | | |
| 6911101900[暂8] | 其他瓷餐具 | 12 | 100 | 17 | 13 | 千克 | A |
| 69111021 | ----刀具 | | | | | | |
| 6911102100[暂10] | 瓷厨房刀具 | 15 | 100 | 17 | 13 | 千克 | A |
| 69111029 | ----其他 | | | | | | |
| 6911102900[暂10] | 其他瓷厨房器具 | 15 | 100 | 17 | 13 | 千克 | A |
| 69119000 | -其他 | | | | | | |
| 6911900000 | 其他家用或盥洗用瓷器 | 24.5 | 100 | 17 | 13 | 千克 | |
| **6912** | **陶餐具、厨房器具及其他家用或盥洗用陶器** | | | | | | |
| 69120010 | ---餐具 | | | | | | |
| 6912001000[暂10] | 陶餐具 | 15 | 100 | 17 | 13 | 千克 | A |
| 69120090 | ---其他 | | | | | | |
| 6912009000[暂10] | 陶制厨房器具(包括家用或盥洗用的) | 15 | 100 | 17 | 13 | 千克 | A |
| **6913** | **塑像及其他装饰用陶瓷制品** | | | | | | |
| 69131000 | -瓷制 | | | | | | |
| 6913100000 | 瓷塑像及其他装饰用瓷制品 | 15 | 100 | 17 | 13 | 千克 | |
| 69139000 | -其他 | | | | | | |
| 6913900000 | 陶塑像及其他装饰用陶制品 | 15 | 100 | 17 | 13 | 千克 | |
| **6914** | **其他陶瓷制品** | | | | | | |
| 69141000 | -瓷制 | | | | | | |
| 6914100000 | 其他瓷制品 | 24.5 | 100 | 17 | 9 | 千克 | |
| 69149000 | -其他 | | | | | | |
| 6914900000 | 其他陶制品 | 10 | 100 | 17 | 9 | 千克 | |

# 第七十章　玻璃及其制品

**注释：**

一、本章不包括：

（一）品目 32.07 的货品（例如，珐琅和釉料、搪瓷玻璃料及其他玻璃粉、粒或粉片）；

（二）第七十一章的物品（例如，仿首饰）；

（三）品目 85.44 的光缆、品目 85.46 的绝缘子或品目 85.47 所列绝缘材料制的零件；

（四）光导纤维、经光学加工的光学元件、注射用针管、假眼、温度计、气压计、液体比重计或第九十章的其他物品；

（五）有永久固定电光源的灯具及照明装置、灯箱标志或铭牌和类似品及其零件（品目94.05）；

（六）玩具、游戏品、运动用品、圣诞树装饰品及第九十五章的其他物品（供玩偶或第九十五章其他物品用的无机械装置的玻璃眼珠除外）；

（七）纽扣、保温瓶、香水喷雾器和类似的喷雾器及第九十六章的其他物品。

二、对于品目 70.03、70.04 及 70.05：

（一）玻璃在退火前的各种处理都不视为"已加工"；

（二）玻璃切割成一定形状并不影响其作为板片归类；

（三）所称"吸收、反射或非反射层"，是指极薄的金属或化合物（例如，金属氧化物）镀层，该镀层可以吸收红外线等光线或可以提高玻璃的反射性能，同时仍然使玻璃具有一定程度的透明性或半透明性；或该镀层可防止光线在玻璃表面的反射。

三、品目 70.06 所述产品，不论是否具有制成品的特性仍归入该品目。

四、品目 70.19 所称"玻璃棉"，是指：

（一）按重量计二氧化硅的含量在 60%及以上的矿质棉；

（二）按重量计二氧化硅的含量在 60%以下，但碱性氧化物（氧化钾或氧化钠）的含量在 5%以上或氧化硼的含量在 2%以上的矿质棉。

不符合上述规定的矿质棉归入品目 68.06。

五、本手册所称"玻璃"，包括熔融石英及其他熔融硅石。

**子目注释：**

子目 7013.22、7013.33、7013.41 及 7013.91 所称"铅晶质玻璃"，仅指按重量计氧化铅含量不低于 24%的玻璃。

| 商品编号 | 商品名称及备注 | 进口关税税率（%） | | 增值税率（%） | 出口退税率（%） | 计量单位 | 监管条件 |
|---|---|---|---|---|---|---|---|
| | | 最惠国 | 普通 | | | | |
| **7001** | **碎玻璃及废玻璃；玻璃块料** | | | | | | |
| 70010000 | 碎玻璃及废玻璃；玻璃块料 | | | | | | |
| 7001000010 | 废碎玻璃 | 12 | 50 | 17 | 0 | 千克 | 9 |
| 7001000090 | 玻璃块料 | 12 | 50 | 17 | 0 | 千克 | |
| **7002** | **未加工的玻璃球、棒及管（品目 70.18 的微型玻璃球除外）** | | | | | | |
| 70021000 | -玻璃球 | | | | | | |
| 7002100000 | 未加工的玻璃球（品目 70.18 的微型玻璃球除外） | 12 | 50 | 17 | 0 | 千克 | |
| 70022010 | ---光导纤维预制棒 | | | | | | |
| 7002201000 | 光导纤维预制棒 | 6 | 50 | 17 | 17 | 千克 | |
| 70022090 | ---其他 | | | | | | |
| 7002209000 | 其他未加工的玻璃棒 | 12 | 50 | 17 | 0 | 千克 | |
| 70023110 | ---光导纤维用波导级石英玻璃管 | | | | | | |
| 7002311000[暂1] | 光导纤维用波导级石英玻璃管（未经加工，熔凝石英或其他熔凝硅石制） | 5 | 17 | 17 | 13 | 千克 | |
| 70023190 | ---其他 | | | | | | |
| 7002319000 | 熔凝石英或熔凝硅石制其他玻璃管 | 14 | 50 | 17 | 0 | 千克 | |
| 70023200 | --温度在 0℃ 至 300℃ 时线膨胀系数≤ $5\times10^{-6}$/开尔文的其他玻璃制 | | | | | | |
| 7002320000 | 其他未加工的玻璃管（0℃～300℃时线膨胀系数≤$5\times10^{-6}$/开尔文的玻璃制） | 12 | 50 | 17 | 13 | 千克 | |
| 70023900 | --其他 | | | | | | |
| 7002390001[暂3] | 光通信用微光组件的玻璃毛细管、定位管（外径<3 毫米） | 12 | 50 | 17 | 13 | 千克 | |
| 7002390090 | 未列名、未加工的玻璃管 | 12 | 50 | 17 | 13 | 千克 | |
| **7003** | **铸制或轧制玻璃板、片或型材及异型材，不论是否有吸收、反射或非反射层，但未经其他加工** | | | | | | |
| 70031200 | --整块着色、不透明、镶色或具有吸收、反射或非反射层的 | | | | | | |

| 商品编号 | 商品名称及备注 | 进口关税税率(%) | | 增值税率(%) | 出口退税率(%) | 计量单位 | 监管条件 |
|---|---|---|---|---|---|---|---|
| | | 最惠国 | 普通 | | | | |
| 7003120000 | 铸、轧制着色的非夹丝玻璃板、片(不透明,镶色或有吸收反射或非反射层的,未经其他加工) | 15 | 50 | 17 | 0 | 千克/平方米 | |
| 70031900 | --其他 | | | | | | |
| 7003190001[暂3] | 液晶或有机发光二极管(OLED)显示屏用原板玻璃,包括保护屏用含碱玻璃(铸、轧制的非夹丝玻璃板、片,未着色,透明及不具吸收层的,未经其他加工) | 17.5 | 50 | 17 | 5 | 千克/平方米 | |
| 7003190090 | 铸、轧制的其他非夹丝玻璃板、片(未着色,透明及不具吸收层的,未经其他加工) | 17.5 | 50 | 17 | 0 | 千克/平方米 | |
| 70032000 | -夹丝玻璃板、片 | | | | | | |
| 7003200000 | 铸、轧制的夹丝玻璃板、片(未经其他加工) | 15 | 50 | 17 | 0 | 千克/平方米 | |
| 70033000 | -型材及异型材 | | | | | | |
| 7003300000 | 铸、轧制的玻璃型材及异型材(未经其他加工) | 15 | 50 | 17 | 0 | 千克/平方米 | |
| **7004** | **拉制或吹制玻璃板、片,不论是否有吸收、反射或非反射层,但未经其他加工** | | | | | | |
| 70042000 | -整块着色、不透明、镶色或具有吸收、反射或非反射层的 | | | | | | |
| 7004200000 | 拉、吹制的着色玻璃板、片(不透明,镶色或有吸收反射或非反射层的,未经其他加工) | 17.5 | 50 | 17 | 0 | 千克/平方米 | |
| 70049000 | -其他玻璃 | | | | | | |
| 7004900001[暂9] | 光学平板玻璃,厚度<0.7毫米(未着色,透明及不具吸收层的,未经其他加工) | 17.5 | 50 | 17 | 0 | 千克/平方米 | |
| 7004900090 | 拉、吹制的其他玻璃板、片(未着色,透明及不具吸收层的,未经其他加工) | 17.5 | 50 | 17 | 0 | 千克/平方米 | |
| **7005** | **浮法玻璃板、片及表面研磨或抛光玻璃板、片,不论是否有吸收、反射或非反射层,但未经其他加工** | | | | | | |
| 70051000 | -具有吸收、反射或非反射层的非夹丝玻璃 | | | | | | |
| 7005100000 | 有吸收层非夹丝浮法或抛光玻璃板(包括有反射或非反射层的玻璃板、片) | 15 | 50 | 17 | 0 | 千克/平方米 | |
| 70052100 | --整块着色、不透明、镶色或仅表面研磨的 | | | | | | |
| 7005210000 | 其他着色非夹丝浮法玻璃板、片(整块着色,不透明,镶色或仅表面研磨的) | 15 | 50 | 17 | 0 | 千克/平方米 | |
| 70052900 | --其他 | | | | | | |
| 7005290002[暂3] | 液晶或有机发光二极管(OLED)显示屏用原板玻璃,包括保护屏用含碱玻璃(非夹丝浮法玻璃板、片) | 15 | 50 | 17 | 5 | 千克/平方米 | |
| 7005290090 | 其他非夹丝浮法玻璃板、片 | 15 | 50 | 17 | 0 | 千克/平方米 | |
| 70053000 | -夹丝玻璃 | | | | | | |
| 7005300000 | 夹丝浮法玻璃板、片(包括表面研磨或抛光的,不论是否有吸收或反射层) | 17.5 | 50 | 17 | 0 | 千克/平方米 | |
| **7006** | **经弯曲、磨边、镂刻、钻孔、涂珐琅或其他加工的品目70.03、70.04或70.05的玻璃,但未用其他材料镶框或装配** | | | | | | |
| 70060000 | 经弯曲、磨边、镂刻、钻孔、涂珐琅或其他加工的品目70.03、70.04或70.05的玻璃,但未用其他材料镶框或装配 | | | | | | |
| 7006000001[暂4] | 液晶玻璃基板,6代(1850毫米×1500毫米)以上,不含6代(经弯曲、磨边、镂刻、钻孔、涂珐琅等加工,未镶框或装配) | 15 | 50 | 17 | 17 | 千克 | |
| 7006000002[暂6] | 液晶玻璃基板,6代(1850毫米×1500毫米)及以下(经弯曲、磨边、镂刻、钻孔、涂珐琅等加工,未镶框或装配) | 15 | 50 | 17 | 17 | 千克 | |
| 7006000090 | 经其他加工品目70.03~70.05的玻璃(经弯曲,磨边,镂刻,钻孔,涂珐琅等加工、未镶框或装配) | 15 | 50 | 17 | 13 | 千克 | |
| **7007** | **钢化或层压玻璃制的安全玻璃** | | | | | | |
| 70071110 | ---航空器、航天器及船舶用 | | | | | | |
| 7007111001[暂1] | 空载重量≥25吨飞机的挡风玻璃 | 2 | 11 | 17 | 13 | 千克 | |
| 7007111090 | 航空航天器及船舶用钢化安全玻璃(其他规格及形状适于安装在航空航天器及船上的) | 2 | 11 | 17 | 13 | 千克 | |
| 70071190 | ---其他 | | | | | | |
| 7007119000 | 车辆用钢化安全玻璃(规格及形状适于安装在车辆上的) | 10 | 50 | 17 | 17 | 千克 | A |
| 70071900 | --其他 | | | | | | |
| 7007190000 | 其他钢化安全玻璃 | 14 | 50 | 17 | 13 | 千克/平方米 | |

| 商品编号 | 商品名称及备注 | 进口关税税率(%) | | 增值税率(%) | 出口退税率(%) | 计量单位 | 监管条件 |
|---|---|---|---|---|---|---|---|
| | | 最惠国 | 普通 | | | | |
| 70072110 | ---航空器、航天器及船舶用 | | | | | | |
| 7007211000 | 航空航天器及船舶用层压安全玻璃(规格及形状适于安装在航空航天器及船上的) | 2 | 11 | 17 | 13 | 千克 | |
| 70072190 | ---其他 | | | | | | |
| 7007219000 | 车辆用层压安全玻璃(规格及形状适于安装在车辆上的) | 20 | 50 | 17 | 17 | 千克 | A |
| 70072900 | --其他 | | | | | | |
| 7007290000 | 其他层压安全玻璃 | 14 | 50 | 17 | 13 | 千克/平方米 | |
| **7008** | **多层隔温、隔音玻璃组件** | | | | | | |
| 70080010 | ---中空或真空隔温、隔音玻璃 | | | | | | |
| 7008001000 | 中空或真空隔温、隔音玻璃组件 | 14 | 50 | 17 | 13 | 千克 | |
| 70080090 | ---其他 | | | | | | |
| 7008009000 | 其他多层隔温、隔音玻璃组件 | 14 | 50 | 17 | 13 | 千克 | |
| **7009** | **玻璃镜(包括后视镜),不论是否镶框** | | | | | | |
| 70091000 | -车辆后视镜 | | | | | | |
| 7009100000 | 车辆后视镜(不论是否镶框) | 10 | 100 | 17 | 13 | 千克 | |
| 70099100 | --未镶框 | | | | | | |
| 7009910001[暂10] | 槽式太阳能抛物面反射镜 | 21 | 70 | 17 | 13 | 千克 | |
| 7009910090 | 其他未镶框玻璃镜(包括后视镜) | 21 | 70 | 17 | 13 | 千克 | |
| 70099200 | --已镶框 | | | | | | |
| 7009920000 | 其他镶框玻璃镜(包括后视镜) | 12 | 100 | 17 | 13 | 千克 | |
| **7010** | **玻璃制的坛、瓶、缸、罐、安瓿及其他容器,用于运输或盛装货物;玻璃制保藏罐;玻璃塞、盖及类似的封口器** | | | | | | |
| 70101000 | -安瓿 | | | | | | |
| 7010100000 | 玻璃安瓿 | 14 | 50 | 17 | 13 | 千克 | |
| 70102000 | -塞、盖及类似的封口器 | | | | | | |
| 7010200000 | 玻璃制的塞、盖及类似封口器 | 14 | 50 | 17 | 13 | 千克 | |
| 70109010 | ---超过1升 | | | | | | |
| 7010901000 | 装运货物或保藏用的玻璃大容器(指容积>1升的坛、瓶、缸、罐及其他容器) | 14 | 50 | 17 | 13 | 千克 | |
| 70109020 | ---超过0.33升,但不超过1升 | | | | | | |
| 7010902000 | 装运货物或保藏用的玻璃中容器(指0.33升<容积≤1升的坛、瓶、缸、罐及其他容器) | 14 | 50 | 17 | 13 | 千克 | |
| 70109030 | ---超过0.15升,但不超过0.33升 | | | | | | |
| 7010903000 | 装运货物或保藏用的玻璃小容器(指0.15升<容积≤0.33升的坛、瓶、缸、罐及其他容器) | 14 | 50 | 17 | 13 | 千克 | |
| 70109090 | ---不超过0.15升 | | | | | | |
| 7010909000 | 装运货物或保藏用的玻璃特小容器(指容积≤0.15升的坛、瓶、缸、罐及其他容器) | 14 | 50 | 17 | 13 | 千克 | |
| **7011** | **制灯泡、阴极射线管及类似品用的未封口玻璃外壳(包括玻璃泡及管)及其玻璃零件,但未装有配件** | | | | | | |
| 70111000 | -电灯用 | | | | | | |
| 7011100000 | 电灯用未封口玻璃外壳及玻璃零件(未装有配件) | 21 | 80 | 17 | 0 | 千克 | |
| 70112010 | ---显像管玻壳及其零件 | | | | | | |
| 7011201000 | 显像管玻壳及其零件(未装有配件) | 10 | 35 | 17 | 13 | 千克 | 6 |
| 70112090 | ---其他 | | | | | | |
| 7011209001[暂6] | 显示管玻壳及其零件(包括零件,但未装有配件) | 10 | 35 | 17 | 5 | 千克 | 6 |
| 7011209090 | 其他阴极射线管用的未封口玻壳(包括零件,但未装有配件) | 10 | 35 | 17 | 5 | 千克 | 6 |
| 70119010 | ---电子管用(阴极射线管用的除外) | | | | | | |
| 7011901000 | 电子管未封口玻璃外壳及玻璃零件(未装有配件) | 8 | 35 | 17 | 5 | 千克 | |
| 70119090 | ---其他 | | | | | | |

| 商品编号 | 商品名称及备注 | 进口关税税率(%) | | 增值税率(%) | 出口退税率(%) | 计量单位 | 监管条件 |
|---|---|---|---|---|---|---|---|
| | | 最惠国 | 普通 | | | | |
| 7011909000 | 其他类似品用未封口玻璃外壳零件(未装有配件) | 21 | 80 | 17 | 0 | 千克 | |
| **7013** | **玻璃器,供餐桌、厨房、盥洗室、办公室、室内装饰或类似用途(品目70.10或70.18的货品除外)** | | | | | | |
| 70131000 | -玻璃陶瓷制 | | | | | | |
| 7013100000 | 玻璃陶瓷制玻璃器皿(供餐桌、厨房、办公室及室内装饰等用) | 24.5 | 100 | 17 | 13 | 千克 | |
| 70132200 | --铅晶质玻璃制 | | | | | | |
| 7013220000暂15 | 铅晶质玻璃制高脚杯(玻璃陶瓷制的除外) | 24.5 | 100 | 17 | 13 | 千克 | |
| 70132800 | --其他 | | | | | | |
| 7013280000 | 其他玻璃制高脚杯(玻璃陶瓷制的除外) | 8 | 100 | 17 | 13 | 千克 | A |
| 70133300 | --铅晶质玻璃制 | | | | | | |
| 7013330000暂15 | 铅晶质玻璃制其他杯(玻璃陶瓷制的除外) | 24.5 | 100 | 17 | 13 | 千克 | |
| 70133700 | --其他 | | | | | | |
| 7013370000 | 其他玻璃杯(玻璃陶瓷制的除外) | 8 | 100 | 17 | 13 | 千克 | A |
| 70134100 | --铅晶质玻璃制 | | | | | | |
| 7013410000暂15 | 铅晶质玻璃制餐桌、厨房用器皿(不包括杯子,玻璃陶瓷制的除外) | 24.5 | 100 | 17 | 13 | 千克 | A |
| 70134200 | --温度在0℃至300℃时线膨胀系数≤5×$10^{-6}$/开尔文的其他玻璃制 | | | | | | |
| 7013420000 | 低膨胀系数玻璃制餐桌厨房用器皿(低膨胀系数指温度在0℃~300℃时膨胀系数≤5×$10^{-6}$/开尔文) | 10 | 100 | 17 | 13 | 千克 | A |
| 70134900 | --其他 | | | | | | |
| 7013490000 | 其他玻璃制餐桌、厨房用器皿(不包括杯子,玻璃陶瓷制的除外) | 10 | 100 | 17 | 13 | 千克 | A |
| 70139100 | --铅晶质玻璃制 | | | | | | |
| 7013910000 | 其他铅晶质玻璃器皿 | 10 | 100 | 17 | 13 | 千克 | |
| 70139900 | --其他 | | | | | | |
| 7013990000 | 其他玻璃器皿 | 10 | 100 | 17 | 13 | 千克 | |
| **7014** | **未经光学加工的信号玻璃器及玻璃制光学元件(品目70.15的货品除外)** | | | | | | |
| 70140010 | ---光学仪器用光学元件毛坯 | | | | | | |
| 7014001000 | 光学仪器用光学元件毛坯(未经光学加工的,品目7015的物品除外) | 10 | 40 | 17 | 13 | 千克 | |
| 70140090 | ---其他 | | | | | | |
| 7014009001暂9 | 滤波玻璃(带有抗红外和防反射薄膜的) | 17.5 | 80 | 17 | 13 | 千克 | |
| 7014009090 | 其他未经光学加工的信号玻璃器(包括玻璃制光学元件,品目70.15的物品除外) | 17.5 | 80 | 17 | 13 | 千克 | |
| **7015** | **钟表玻璃及类似玻璃、视力矫正或非视力矫正眼镜用玻璃,呈弧面、弯曲、凹形或类似形状但未经光学加工的;制造上述玻璃用的凹面圆形及扇形玻璃** | | | | | | |
| 70151010 | ---变色镜片坯件 | | | | | | |
| 7015101000 | 视力矫正眼镜用变色镜片坯件(未经光学加工的) | 21 | 80 | 17 | 13 | 千克 | |
| 70151090 | ---其他 | | | | | | |
| 7015109000 | 其他视力矫正眼镜用镜片坯件(未经光学加工的) | 17.5 | 70 | 17 | 13 | 千克 | |
| 70159010 | ---钟表玻璃 | | | | | | |
| 7015901000 | 钟表玻璃(未经光学加工的) | 17.5 | 70 | 17 | 0 | 千克 | |
| 70159020 | ---平光变色镜片坯件 | | | | | | |
| 7015902000 | 平光变色镜片坯件(未经光学加工的) | 18 | 80 | 17 | 13 | 千克 | |
| 70159090 | ---其他 | | | | | | |
| 7015909000 | 品目70.15的其他未经光学加工玻璃 | 12 | 80 | 17 | 0 | 千克 | |
| **7016** | **建筑用压制或模制的铺面用玻璃块、砖、片、瓦及其他制品,不论是否夹丝;供镶嵌或类似装饰用的玻璃马赛克及其他小件玻璃品,不论是否有衬背;花饰铅条窗玻璃及类似品;多孔或泡沫玻璃块、板、片及类似品** | | | | | | |
| 70161000 | -供镶嵌或类似装饰用的玻璃马赛克及其他小件玻璃品,不论是否有衬背 | | | | | | |

| 商品编号 | 商品名称及备注 | 进口关税税率(%) | | 增值税率(%) | 出口退税率(%) | 计量单位 | 监管条件 |
|---|---|---|---|---|---|---|---|
| | | 最惠国 | 普通 | | | | |
| 7016100000 | 供镶嵌或装饰用玻璃马赛克(包括其他小件玻璃品,不论是否有衬背) | 22 | 100 | 17 | 13 | 千克 | |
| 70169010 | ---花饰铅条窗玻璃及类似品 | | | | | | |
| 7016901000 | 花饰铅条窗玻璃及类似品 | 24 | 90 | 17 | 13 | 千克 | |
| 70169090 | ---其他 | | | | | | |
| 7016909000 | 建筑用压制或模制铺面玻璃块、砖(包括瓦等,不论是否夹丝及多孔或泡沫玻璃块、板等) | 18 | 90 | 17 | 13 | 千克 | |
| **7017** | **实验室、卫生及配药用的玻璃器,不论有无刻度或标量** | | | | | | |
| 70171000 | -熔融石英或其他熔融硅石制 | | | | | | |
| 7017100000 | 实验室、卫生及配药用玻璃器(熔凝石英或熔凝硅石制,不论有无刻度或标量) | 0 | 30 | 17 | 13 | 千克 | |
| 70172000 | -温度在0℃至300℃ 时线膨胀系数≤$5\times10^{-6}$/开尔文的其他玻璃制 | | | | | | |
| 7017200000 | 其他玻璃制实验室等用玻璃器(0℃~300℃时线膨胀系数≤$5\times10^{-6}$/开尔文的玻璃制) | 8 | 30 | 17 | 13 | 千克 | |
| 70179000 | -其他 | | | | | | |
| 7017900000 | 其他实验室、卫生及配药用玻璃器 | 8 | 30 | 17 | 13 | 千克 | |
| **7018** | **玻璃珠、仿珍珠、仿宝石或仿半宝石和类似小件玻璃品及其制品,但仿首饰除外;玻璃假眼,但医用假眼除外;灯工方法制作的玻璃塑像及其他玻璃装饰品,但仿首饰除外;直径不超过1毫米的微型玻璃球** | | | | | | |
| 70181000 | -玻璃珠、仿珍珠、仿宝石或仿半宝石及类似小件玻璃品 | | | | | | |
| 7018100000 | 玻璃珠、仿珍珠及类似小件玻璃品(包括仿宝石,仿首饰除外) | 10 | 100 | 17 | 13 | 千克 | |
| 70182000 | -直径≤1毫米的微型玻璃球 | | | | | | |
| 7018200001[暂5.5] | 熔融球形二氧化硅微粉,直径≤100μm | 20 | 100 | 17 | 13 | 千克 | |
| 7018200090 | 其他直径≤1毫米的玻璃珠 | 20 | 100 | 17 | 13 | 千克 | |
| 70189000 | -其他 | | | | | | |
| 7018900000[暂10] | 灯工方法制的玻璃塑像及玻璃饰品、玻璃假眼(仿首饰除外,医用假眼除外) | 20 | 100 | 17 | 13 | 千克 | |
| **7019** | **玻璃纤维(包括玻璃棉)及其制品(例如,玻璃纤维纱线及其织物)** | | | | | | |
| 70191100 | --长度≤50毫米的短切纤维 | | | | | | |
| 7019110010 | 两用物项管制的长度≤50毫米的短切玻璃纤维(比模量≥$3.18\times10^{6}$米,以及比抗拉强度≥$7.62\times10^{4}$米) | 12 | 50 | 17 | 5 | 千克 | 3 |
| 7019110090 | 其他长度≤50毫米的短切玻璃纤维 | 12 | 50 | 17 | 5 | 千克 | |
| 70191200 | --粗纱 | | | | | | |
| 7019120020 | 两用物项管制的玻璃纤维粗纱(比模量≥$3.18\times10^{6}$米,以及比抗拉强度≥$7.62\times10^{4}$米) | 12 | 50 | 17 | 5 | 千克 | 3 |
| 7019120090 | 其他玻璃纤维粗纱 | 12 | 50 | 17 | 5 | 千克 | |
| 70191900 | --其他 | | | | | | |
| 7019190012 | 玻璃纤维或纤丝材料(比模量≥$3.18\times10^{6}$米,比抗拉强度≥$7.62\times10^{4}$米) | 10 | 50 | 17 | 5 | 千克 | 3 |
| 7019190090 | 其他玻璃梳条、纱线及短切纤维 | 10 | 50 | 17 | 5 | 千克 | |
| 70193100 | --席 | | | | | | |
| 7019310000 | 玻璃纤维(包括玻璃棉)制的席 | 5 | 40 | 17 | 5 | 千克 | |
| 70193200 | --薄片(巴厘纱) | | | | | | |
| 7019320000 | 玻璃纤维(包括玻璃棉)制的薄片(也称巴厘纱) | 14 | 40 | 17 | 5 | 千克 | |
| 70193910 | ---垫 | | | | | | |
| 7019391000 | 玻璃纤维制的垫 | 10.5 | 40 | 17 | 5 | 千克 | |
| 70193990 | ---其他 | | | | | | |
| 7019399000 | 其他玻璃纤维制的网、板及类似无纺产品 | 10.5 | 40 | 17 | 5 | 千克 | |
| 70194000 | -粗纱机织物 | | | | | | |
| 7019400000 | 玻璃纤维粗纱机织物 | 12 | 40 | 17 | 5 | 千克 | |
| 70195100 | --宽度≤30厘米的 | | | | | | |
| 7019510010 | 两用物项管制的宽度≤15毫米的玻璃纤维机织物 | 12 | 40 | 17 | 5 | 千克 | 3 |

| 商品编号 | 商品名称及备注 | 进口关税税率(%) | | 增值税率(%) | 出口退税率(%) | 计量单位 | 监管条件 |
|---|---|---|---|---|---|---|---|
| | | 最惠国 | 普通 | | | | |
| 7019510090 | 其他宽度≤30厘米的玻璃纤维机织物 | 12 | 40 | 17 | 5 | 千克 | |
| 70195200 | --宽度>30厘米的长丝平纹织物,每平方米重量≤250克,单根纱线细度≤136特 | | | | | | |
| 7019520001[暂10] | 覆铜板用玻璃纤维长丝平纹布,开纤或每平方米重量≤180克(宽度>30厘米,单根纱线细度≤136特) | 12 | 40 | 17 | 5 | 千克 | |
| 7019520090 | 其他平方米重≤250克玻璃长丝平纹布(宽度>30厘米,单根纱线细度≤136特) | 12 | 40 | 17 | 5 | 千克 | |
| 70195900 | --其他 | | | | | | |
| 7019590000 | 其他玻璃纤维机织物 | 12 | 40 | 17 | 5 | 千克 | |
| 70199010 | ---玻璃棉及其制品 | | | | | | |
| 7019901000 | 玻璃棉及其制品 | 7 | 40 | 17 | 5 | 千克 | |
| 70199021 | ----每平方米重量<450克 | | | | | | |
| 7019902100 | 玻璃纤维布浸胶制品(每平方米重量<450克) | 7 | 40 | 17 | 5 | 千克 | |
| 70199029 | ----其他 | | | | | | |
| 7019902900 | 其他玻璃纤维布浸胶制品(每平方米重量≥450克) | 7 | 40 | 17 | 5 | 千克 | |
| 70199090 | ---其他 | | | | | | |
| 7019909000 | 其他玻璃纤维及其制品 | 7 | 40 | 17 | 13 | 千克 | |
| **7020** | **其他玻璃制品** | | | | | | |
| 70200011 | ----导电玻璃 | | | | | | |
| 7020001100[暂7] | 导电玻璃 | 10.5 | 40 | 17 | 13 | 千克 | |
| 70200012 | ----绝缘子用玻璃伞盘 | | | | | | |
| 7020001200 | 绝缘子用玻璃伞盘 | 10.5 | 40 | 17 | 0 | 千克 | |
| 70200013 | ----熔融石英或其他熔融硅石制 | | | | | | |
| 7020001301 | 半导体晶片生产用石英反应管及夹持器(熔融石英或其他熔融硅石制)(用于插入熔化和氧化炉内) | 0 | 40 | 17 | 9 | 千克 | |
| 7020001390 | 熔融石英或其他熔融硅石制工业用其他玻璃制品(导电玻璃及绝缘子用玻璃伞盘除外) | 10.5 | 40 | 17 | 9 | 千克 | |
| 70200019 | ----其他 | | | | | | |
| 7020001901 | 半导体晶片生产用石英反应管及夹持器(用于插入熔化和氧化炉内) | 0 | 40 | 17 | 0 | 千克 | |
| 7020001990 | 其他工业用玻璃制品 | 10.5 | 40 | 17 | 0 | 千克 | |
| 70200091 | ----保温瓶或其他保温容器用的玻璃胆 | | | | | | |
| 7020009100 | 保温瓶或其他保温容器用玻璃胆 | 21 | 100 | 17 | 13 | 千克/个 | A |
| 70200099 | ----其他 | | | | | | |
| 7020009901[暂4] | 石英玻璃,平整度≤1微米 | 15 | 100 | 17 | 0 | 千克 | |
| 7020009990 | 其他非工业用玻璃制品 | 15 | 100 | 17 | 0 | 千克 | |

# 第十四类　天然或养殖珍珠、宝石或半宝石、贵金属、包贵金属及其制品；仿首饰；硬币

## 第七十一章　天然或养殖珍珠、宝石或半宝石、贵金属、包贵金属及其制品；仿首饰；硬币

**注释：**

一、除第六类注释一（一）及下列各款另有规定的以外，凡制品的全部或部分由下列物品构成，均应归入本章：

（一）天然或养殖珍珠、宝石或半宝石（天然、合成或再造）；

（二）贵金属或包贵金属。

二、（一）品目71.13、71.14及71.15不包括带有贵金属或包贵金属制的小附件或小装饰品[例如，交织字母、套、圈、套环）的制品，上述注释一（二）也不适用于这类制品]；

（二）品目71.16不包括含有贵金属或包贵金属（仅作为小附件或小装饰品的除外）的制品。

三、本章不包括：

（一）贵金属汞齐及胶态贵金属（品目28.43）；

（二）第三十章的外科用无菌缝合材料、牙科填料或其他货品；

（三）第三十二章的货品（例如，光瓷釉）；

（四）载体催化剂（品目38.15）；

（五）第四十二章注释三（二）所述的品目42.02或42.03的物品；

（六）品目43.03或43.04的物品；

（七）第十一类的货品（纺织原料及纺织制品）；

（八）第六十四章或第六十五章的鞋靴、帽类及其他物品；

（九）第六十六章的伞、手杖及其他物品；

（十）品目68.04或68.05及第八十二章含有宝石或半宝石（天然或合成）粉末的研磨材料制品；第八十二章装有宝石或半宝石（天然、合成或再造）工作部件的器具；第十六类的机器、机械器具、电气设备及其零件；然而，完全以宝石或半宝石（天然、合成或再造）制成的物品及其零件，除未安装的唱针用已加工蓝宝石或钻石外（品目85.22），其余仍应归入本章；

（十一）第九十章、第九十一章或第九十二章的物品（科学仪器、钟表及乐器）；

（十二）武器及其零件（第九十三章）；

（十三）第九十五章注释二所述物品；

（十四）根据第九十六章注释四应归入该章的物品；

（十五）雕塑品原件（品目97.03）、收藏品（品目97.05）或超过100年的古物（品目97.06），但天然或养殖珍珠、宝石及半宝石除外。

四、（一）所称"贵金属"，是指银、金及铂；

（二）所称"铂"，是指铂、铱、锇、钯、铑及钌；

（三）所称"宝石或半宝石"，不包括第九十六章注释二（二）所述任何物质。

五、含有贵金属的合金（包括烧结及化合的），只要其中任何一种贵金属的含量达到合金重量的2%，即应视为本章的贵金属合金。贵金属合金应按下列规则归类：

（一）按重量计含铂量在2%及以上的合金，应视为铂合金；

（二）按重量计含金量在2%及以上，但不含铂或按重量计含铂量在2%以下的合金，应视为金合金；

（三）按重量计含银量在2%及以上的其他合金，应视为银合金。

六、除条文另有规定的以外，本手册所称贵金属应包括上述注释五所规定的贵金属合金，但不包括包贵金属或表面镀以贵金属的贱金属及非金属。

七、本手册所称"包贵金属"，是指以贱金属为底料，在其一面或多面用焊接、熔接、热轧或类似机械方法覆盖一层贵金属的材料。除条文另有规定的以外，也包括镶嵌贵金属的贱金属。

八、除第六类注释一（一）另有规定的以外，凡符合品目71.12规定的货品，应归入该品目而不归入本手册的其他品目。

九、品目71.13所称"首饰"，是指：

（一）个人用小饰物（例如，戒指、手镯、项圈、饰针、耳环、表链、表链饰物、垂饰、领带别针、袖扣、饰扣、宗教性或其他勋章及徽章）；

（二）通常放置在衣袋、手提包或佩戴在身上的个人用品（例如，烟盒、鼻烟盒、口香糖盒或药丸盒、粉盒、链袋或念珠）。

这些物品可以和下列物品组合或镶嵌下列物品，例如，天然或养殖珍珠、宝石或半宝石、合成或再造的宝石或半宝石、玳瑁壳、珍珠母、兽牙、天然或再生琥珀、黑玉或珊瑚。

十、品目71.14所称"金银器"，包括装饰品、餐具、梳妆用具、吸烟用具及类似的家庭、办公室或宗教用的其他物品。

十一、品目71.17所称"仿首饰"，是指不含天然或养殖珍珠、宝石或半宝石（天然、合成或再造）及贵金属或包贵金属（仅作为镀层或小附件、小装饰品的除外）的上述注释九（一）所述的首饰（不包括品目96.06的纽扣及其他物品或品目96.15的梳子、发夹及类似品）。

**子目注释：**

一、子目号7106.10、7108.11、7110.11、7110.21、7110.31及7110.41所称"粉末"，是指按重量计90%及以上可从网眼孔径为0.5毫米的筛子通过的产品；

二、子目号7110.11及7110.19所称"铂"，可不受本章注释四（二）的规定约束，不包括铱、锇、钯、铑及钌；

三、对于品目71.10项下的子目所列合金的归类，按其所含铂、钯、铑、铱、锇或钌中重量最大的一种金属归类。

| 商品编号 | 商品名称及备注 | 进口关税税率(%) | | 增值税率(%) | 出口退税率(%) | 计量单位 | 监管条件 |
|---|---|---|---|---|---|---|---|
| | | 最惠国 | 普通 | | | | |
| **7101** | **天然或养殖珍珠,不论是否加工或分级,但未成串或镶嵌;天然或养殖珍珠,为便于运输而暂穿成串** | | | | | | |
| 71011011 | ----黑珍珠 | | | | | | |
| 7101101100[暂0] | 未分级的天然黑珍珠(不论是否加工,但未制成制品) | 21 | 100 | 17 | 5 | 克 | AB |
| 71011019 | ----其他 | | | | | | |
| 7101101900 | 其他未分级的天然珍珠(不论是否加工,但未制成制品) | 21 | 100 | 17 | 5 | 克 | AB |
| 71011091 | ----黑珍珠 | | | | | | |
| 7101109100[暂0] | 其他天然黑珍珠(不论是否加工,但未制成制品) | 21 | 130 | 17 | 5 | 克 | AB |
| 71011099 | ----其他 | | | | | | |
| 7101109900 | 其他天然珍珠(不论是否加工,但未制成制品) | 21 | 130 | 17 | 5 | 克 | AB |
| 71012110 | ---未分级 | | | | | | |
| 7101211001[暂0] | 未分级、未加工的养殖黑珍珠(未制成制品) | 21 | 100 | 17 | 5 | 千克 | AB |
| 7101211090 | 其他未分级、未加工的养殖珍珠(未制成制品) | 21 | 100 | 17 | 5 | 千克 | AB |
| 71012190 | ---其他 | | | | | | |
| 7101219001[暂0] | 其他未加工的养殖黑珍珠(未制成制品) | 21 | 130 | 17 | 5 | 千克 | AB |
| 7101219090 | 其他未加工的养殖珍珠(未制成制品) | 21 | 130 | 17 | 5 | 千克 | AB |
| 71012210 | ---未分级 | | | | | | |
| 7101221001[暂0] | 未分级、已加工的养殖黑珍珠(未制成制品) | 21 | 100 | 17 | 5 | 千克 | |
| 7101221090 | 其他未分级,已加工的养殖珍珠(未制成制品) | 21 | 100 | 17 | 5 | 千克 | |
| 71012290 | ---其他 | | | | | | |
| 7101229001[暂0] | 其他已加工的养殖黑珍珠(未制成制品) | 21 | 130 | 17 | 5 | 千克 | |
| 7101229090 | 其他已加工的养殖珍珠(未制成制品) | 21 | 130 | 17 | 5 | 千克 | |
| **7102** | **钻石,不论是否加工,但未镶嵌** | | | | | | |
| 71021000 | -未分级 | | | | | | |
| 7102100000 | 未分级钻石(未镶嵌) | 3 | 14 | 17 | 0 | 克拉 | D |
| 71022100 | --未加工或经简单锯开、劈开或粗磨 | | | | | | |
| 7102210000 | 工业用钻石(未加工或经简单锯开、劈开或粗磨未镶嵌) | 0 | 14 | 17 | 5 | 克拉 | D |
| 71022900 | --其他 | | | | | | |
| 7102290000 | 工业用其他钻石(未镶嵌) | 0 | 14 | 17 | 5 | 克拉 | |
| 71023100 | --未加工或经简单锯开、劈开或粗磨 | | | | | | |
| 7102310000 | 非工业用钻石(未加工或经简单锯开、劈开或粗磨,未镶嵌) | 3 | 14 | 17 | 0 | 克拉 | D |
| 71023900 | --其他 | | | | | | |
| 7102390000 | 非工业用其他钻石(未镶嵌) | 8 | 35 | 17 | 0 | 克拉 | |
| **7103** | **宝石(钻石除外)或半宝石,不论是否加工或分级,但未成串或镶嵌;未分级的宝石(钻石除外)或半宝石,为便于运输而暂穿成串** | | | | | | |
| 71031000 | -未加工或经简单锯开或粗制成形 | | | | | | |
| 7103100000 | 未加工宝石或半宝石(经简单锯开或粗制成形,未成串或镶嵌) | 3 | 14 | 17 | 5 | 千克 | |
| 71039100 | --红宝石、蓝宝石、祖母绿 | | | | | | |
| 7103910000 | 经其他加工的红宝石、蓝宝石、祖母绿(未成串或镶嵌) | 8 | 35 | 17 | 5 | 克拉 | |
| 71039910 | ---翡翠 | | | | | | |
| 7103991000 | 经其他加工的翡翠(未成串或镶嵌) | 8 | 35 | 17 | 5 | 克拉 | |
| 71039920 | ---水晶 | | | | | | |
| 7103992000 | 经其他加工的水晶(未成串或镶嵌) | 8 | 35 | 17 | 5 | 克拉 | |
| 71039930 | ---碧玺 | | | | | | |
| 7103993000 | 经其他加工的碧玺(未成串或镶嵌) | 8 | 35 | 17 | 5 | 克拉 | |
| 71039940 | ---软玉 | | | | | | |

| 商品编号 | 商 品 名 称 及 备 注 | 进口关税税率(%) | | 增值税率(%) | 出口退税率(%) | 计量单位 | 监管条件 |
|---|---|---|---|---|---|---|---|
| | | 最惠国 | 普通 | | | | |
| 7103994000 | 经其他加工的软玉(未成串或镶嵌) | 8 | 35 | 17 | 5 | 克拉 | |
| 71039990 | ---其他 | | | | | | |
| 7103999000 | 经其他加工的其他宝石或半宝石(未成串或镶嵌) | 8 | 35 | 17 | 5 | 克拉 | |
| **7104** | **合成或再造的宝石或半宝石,不论是否加工或分级,但未成串或镶嵌的;未分级的合成或再造的宝石或半宝石,为便于运输而暂穿成串** | | | | | | |
| 71041000 | -压电石英 | | | | | | |
| 7104100000 | 压电石英 | 6 | 14 | 17 | 5 | 克 | |
| 71042010 | ---钻石 | | | | | | |
| 7104201000 | 未加工合成或再造钻石(经简单锯开或粗制成形,未成串或镶嵌) | 0 | 14 | 17 | 0 | 克 | |
| 71042090 | ---其他 | | | | | | |
| 7104209000 | 未加工合成或再造其他宝石、半宝石(经简单锯开或粗制成形,未成串或镶嵌) | 0 | 14 | 17 | 5 | 克 | |
| 71049011 | ----钻石 | | | | | | |
| 7104901100 | 其他工业用合成或再造的钻石 | 6 | 14 | 17 | 5 | 克 | |
| 71049012 | ----蓝宝石 | | | | | | |
| 7104901201[暂1] | 蓝宝石衬底(由人造刚玉加工而成)(厚度<0.5毫米) | 6 | 14 | 17 | 13 | 克 | |
| 7104901290 | 其他工业用蓝宝石(合成或再造宝石、半宝石) | 6 | 14 | 17 | 13 | 克 | |
| 71049019 | ----其他 | | | | | | |
| 7104901900 | 其他工业用合成或再造宝石半宝石 | 6 | 14 | 17 | 5 | 克 | |
| 71049091 | ----钻石 | | | | | | |
| 7104909100 | 其他非工业用合成钻石(未成串或镶嵌) | 8 | 35 | 17 | 0 | 克 | |
| 71049099 | ----其他 | | | | | | |
| 7104909900 | 其他非工业用合成宝石或半宝石(未成串或镶嵌) | 8 | 35 | 17 | 5 | 克 | |
| **7105** | **天然或合成的宝石或半宝石的粉末** | | | | | | |
| 71051010 | ---天然的 | | | | | | |
| 7105101000 | 天然的钻石粉末 | 0 | 17 | 17 | 0 | 克拉 | |
| 71051020 | ---人工合成的 | | | | | | |
| 7105102000 | 人工合成的钻石粉末 | 0 | 17 | 17 | 5 | 克拉 | |
| 71059000 | -其他 | | | | | | |
| 7105900000 | 其他天然或合成宝石或半宝石粉末 | 0 | 17 | 17 | 5 | 克 | |
| **7106** | **银(包括镀金、镀铂的银),未锻造、半制成或粉末状** | | | | | | |
| 71061011 | ----平均粒径<3微米 | | | | | | |
| 7106101100 | 平均粒径<3微米非片状银粉 | 0 | 0 | 17 | 0 | 克 | 4Axy |
| 71061019 | ----其他 | | | | | | |
| 7106101900 | 平均粒径≥3微米的非片状银粉 | 0 | 0 | 17 | 0 | 克 | 4Axy |
| 71061021 | ----平均粒径<10微米 | | | | | | |
| 7106102100 | 平均粒径<10微米片状银粉 | 0 | 0 | 17 | 0 | 克 | 4xy |
| 71061029 | ----其他 | | | | | | |
| 7106102900 | 平均粒径≥10微米的片状银粉 | 0 | 0 | 17 | 0 | 克 | 4xy |
| 71069110 | ---纯度≥99.99% | | | | | | |
| 7106911000 | 纯度≥99.99%未锻造银(包括镀金、镀铂的银) | 0 | 0 | 17 | 0 | 克 | 4xy |
| 71069190 | ---其他 | | | | | | |
| 7106919000 | 其他未锻造银(包括镀金、镀铂的银) | 0 | 0 | 17 | 0 | 克 | 4xy |
| 71069210 | ---纯度≥99.99% | | | | | | |
| 7106921000 | 纯度≥99.99%的半制成银(包括镀金、镀铂的银) | 0 | 50 | 17 | 0 | 克 | 4xy |
| 71069290 | ---其他 | | | | | | |
| 7106929000 | 其他半制成银(包括镀金、镀铂的银) | 0 | 50 | 17 | 0 | 克 | 4xy |

| 商品编号 | 商品名称及备注 | 进口关税税率(%) | | 增值税率(%) | 出口退税率(%) | 计量单位 | 监管条件 |
|---|---|---|---|---|---|---|---|
| | | 最惠国 | 普通 | | | | |
| **7107** | **以贱金属为底的包银材料** | | | | | | |
| 71070000 | 以贱金属为底的包银材料 | | | | | | |
| 7107000000 | 以贱金属为底的包银材料 | 10.5 | 50 | 17 | 5 | 千克 | |
| **7108** | **金(包括镀铂的金),未锻造、半制成或粉末状** | | | | | | |
| 71081100 | --金粉 | | | | | | |
| 7108110000 | 非货币用金粉 | 0 | 0 | 0 | 0 | 克 | J |
| 71081200 | --其他未锻造形状 | | | | | | |
| 7108120000 | 非货币用未锻造金(包括镀铂的金) | 0 | 0 | 0 | 0 | 克 | J |
| 71081300 | --其他半制成形状 | | | | | | |
| 7108130000 | 非货币用半制成金(包括镀铂的金) | 0 | 50 | 0 | 0 | 克 | J |
| 71082000 | -货币用 | | | | | | |
| 7108200000 | 货币用未锻造金(包括镀铂的金) | 0 | 0 | 0 | 0 | 克 | J |
| **7109** | **以贱金属或银为底的包金材料** | | | | | | |
| 71090000 | 以贱金属或银为底的包金材料 | | | | | | |
| 7109000000 | 以贱金属或银为底的包金材料 | 10.5 | 50 | 17 | 5 | 克 | |
| **7110** | **铂,未锻造、半制成或粉末状** | | | | | | |
| 71101100 | --未锻造或粉末状 | | | | | | |
| 7110110000 | 未锻造或粉末状铂 | 0 | 0 | 0 | 0 | 克 | 8x |
| 71101910 | ---板、片 | | | | | | |
| 7110191000 | 板、片状铂 | 0 | 0 | 0 | 0 | 克 | 8x |
| 71101990 | ---其他 | | | | | | |
| 7110199000 | 其他半制成铂 | 3 | 11 | 0 | 0 | 克 | 4xy |
| 71102100 | --未锻造或粉末状 | | | | | | |
| 7110210000 | 未锻造或粉末状钯 | 0 | 10 | 17 | 0 | 克 | 4xy |
| 71102910 | ---板、片 | | | | | | |
| 7110291000 | 板、片状钯 | 0 | 0 | 17 | 0 | 克 | 4xy |
| 71102990 | ---其他 | | | | | | |
| 7110299000 | 其他半制成钯 | 3 | 11 | 17 | 0 | 克 | 4xy |
| 71103100 | --未锻造或粉末状 | | | | | | |
| 7110310000 | 未锻造或粉末状铑 | 0 | 0 | 17 | 0 | 克 | 4xy |
| 71103910 | ---板、片 | | | | | | |
| 7110391000 | 板、片状铑 | 0 | 0 | 17 | 0 | 克 | 4xy |
| 71103990 | ---其他 | | | | | | |
| 7110399000 | 其他半制成铑 | 3 | 11 | 17 | 0 | 克 | 4xy |
| 71104100 | --未锻造或粉末状 | | | | | | |
| 7110410000 | 未锻造或粉末状铱、锇、钌 | 0 | 0 | 17 | 0 | 克 | 4xy |
| 71104910 | ---板、片 | | | | | | |
| 7110491000 | 板、片状铱、锇、钌 | 0 | 0 | 17 | 0 | 克 | 4xy |
| 71104990 | ---其他 | | | | | | |
| 7110499000 | 其他半制成铱、锇、钌 | 3 | 11 | 17 | 0 | 克 | 4xy |
| **7111** | **以贱金属、银或金为底的包铂材料** | | | | | | |
| 71110000 | 以贱金属、银或金为底的包铂材料 | | | | | | |
| 7111000000 | 以贱金属、银或金为底的包铂材料 | 3 | 11 | 17 | 0 | 克 | 4xy |
| **7112** | **贵金属或包贵金属的废碎料;含有贵金属或贵金属化合物的其他废碎料,主要用于回收贵金属** | | | | | | |
| 71123010 | ---含有银或银化合物的 | | | | | | |

| 商品编号 | 商品名称及备注 | 进口关税税率(%) | | 增值税率(%) | 出口退税率(%) | 计量单位 | 监管条件 |
|---|---|---|---|---|---|---|---|
| | | 最惠国 | 普通 | | | | |
| 7112301000 | 含有银或银化合物的灰(主要用于回收银) | 8 | 50 | 17 | 5 | 克 | 9 |
| 71123090 | ---其他 | | | | | | |
| 7112309000 | 含其他贵金属或贵金属化合物的灰(主要用于回收贵金属) | 6 | 50 | 17 | 0 | 克 | 9 |
| 71129110 | ---金及包金的废碎料 | | | | | | |
| 7112911010 | 金的废碎料 | 0 | 0 | 17 | 0 | 克 | A |
| 7112911090 | 包金的废碎料(但含有其他贵金属的除外) | 0 | 0 | 17 | 0 | 克 | A |
| 71129120 | ---含有金或金化合物的废碎料 | | | | | | |
| 7112912000 | 含有金及金化合物的废碎料(但含有其他贵金属除外,主要用于回收金) | 6 | 35 | 17 | 0 | 克 | 9 |
| 71129210 | ---铂及包铂的废碎料 | | | | | | |
| 7112921000 | 铂及包铂的废碎料(但含有其他贵金属的除外) | 0 | 0 | 17 | 0 | 克 | 4Axy |
| 71129220 | ---含有铂或铂化合物的废碎料 | | | | | | |
| 7112922001 暂0 | 铂含量>3%的其他含有铂或铂化合物的废碎料(但含有其他贵金属除外,主要用于回收铂) | 6 | 35 | 17 | 0 | 克 | 4xy |
| 7112922090 | 其他含有铂及铂化合物的废碎料(但含有其他贵金属除外,主要用于回收铂) | 6 | 35 | 17 | 0 | 克 | 4xy |
| 71129910 | ---含有银或银化合物的废碎料 | | | | | | |
| 7112991000 | 含有银及银化合物的废碎料(主要用于回收银) | 8 | 35 | 17 | 5 | 克 | 9 |
| 71129920 | ---含有其他贵金属或贵金属化合物的废碎料 | | | | | | |
| 7112992000 | 含其他贵金属或贵金属化合物废碎料(主要用于回收贵金属) | 6 | 35 | 17 | 0 | 克 | 9 |
| 71129990 | ---其他 | | | | | | |
| 7112999000 | 其他贵金属或贵金属化合物废碎料(主要用于回收贵金属) | 0 | 50 | 17 | 0 | 克 | |
| **7113** | **贵金属或包贵金属制的首饰及其零件** | | | | | | |
| 71131110 | ---镶嵌钻石的 | | | | | | |
| 7113111000 | 镶嵌钻石的银首饰及其零件(不论是否包、镀其他贵金属) | 20 | 130 | 17 | 0 | 克 | |
| 71131190 | ---其他 | | | | | | |
| 7113119010 | 镶嵌濒危物种制品的银首饰及零件(不论是否包、镀其他贵金属) | 20 | 130 | 17 | 0 | 克 | FE |
| 7113119090 | 其他银首饰及其零件(不论是否包、镀其他贵金属) | 20 | 130 | 17 | 5 | 克 | |
| 71131911 | ----镶嵌钻石的 | | | | | | |
| 7113191100 | 镶嵌钻石的黄金制首饰及其零件(不论是否包、镀其他贵金属) | 20 | 130 | 17 | 0 | 克 | |
| 71131919 | ----其他 | | | | | | |
| 7113191910 | 镶嵌濒危物种制品的金首饰及零件(不论是否包、镀其他贵金属) | 20 | 130 | 17 | 0 | 克 | EF |
| 7113191990 | 其他黄金制首饰及其零件(不论是否包、镀其他贵金属) | 20 | 130 | 17 | 0 | 克 | J |
| 71131921 | ----镶嵌钻石的 | | | | | | |
| 7113192100 | 镶嵌钻石的铂金制首饰及其零件(不论是否包、镀其他贵金属) | 35 | 130 | 17 | 0 | 克 | |
| 71131929 | ----其他 | | | | | | |
| 7113192910 | 镶嵌濒危物种制品的铂金首饰及零件(不论是否包、镀其他贵金属) | 35 | 130 | 17 | 0 | 克 | EF |
| 7113192990 | 其他铂金制首饰及其零件(不论是否包、镀其他贵金属) | 35 | 130 | 17 | 0 | 克 | |
| 71131991 | ----镶嵌钻石的 | | | | | | |
| 7113199100 | 其他镶嵌钻石贵金属首饰及其零件(不论是否包、镀其他贵金属) | 35 | 130 | 17 | 0 | 克 | |
| 71131999 | ----其他 | | | | | | |
| 7113199910 | 镶嵌濒危物种制品的其他贵金属首饰(不论是否包、镀其他贵金属) | 35 | 130 | 17 | 0 | 克 | FE |
| 7113199990 | 其他贵金属制首饰及其零件(不论是否包、镀其他贵金属) | 35 | 130 | 17 | 0 | 克 | |
| 71132010 | ---镶嵌钻石的 | | | | | | |
| 7113201000 | 镶嵌钻石贱金属为底包贵金属首饰(不论是否包、镀其他贵金属,包括零件) | 35 | 130 | 17 | 0 | 克 | |
| 71132090 | ---其他 | | | | | | |
| 7113209010 | 镶嵌濒危物种制品以贱金属为底的包贵金属制首饰(包括零件) | 35 | 130 | 17 | 0 | 克 | FE |
| 7113209090 | 其他以贱金属为底的包贵金属制首饰(包括零件) | 35 | 130 | 17 | 5 | 克 | |

| 商品编号 | 商品名称及备注 | 进口关税税率(%) | | 增值税率(%) | 出口退税率(%) | 计量单位 | 监管条件 |
|---|---|---|---|---|---|---|---|
| | | 最惠国 | 普通 | | | | |
| **7114** | **贵金属或包贵金属制的金银器及其零件** | | | | | | |
| 71141100 | --银制,不论是否包、镀其他贵金属 | | | | | | |
| 7114110010 | 镶嵌濒危物种制品的银器及零件(不论是否包、镀贵金属) | 35 | 100 | 17 | 0 | 克 | FE |
| 7114110090 | 其他银器及零件(不论是否包、镀贵金属) | 35 | 100 | 17 | 5 | 克 | |
| 71141900 | --其他贵金属制,不论是否包、镀贵金属 | | | | | | |
| 7114190010 | 镶嵌濒危物种制品的金银器及零件(不论是否包、镀贵金属) | 35 | 100 | 17 | 0 | 克 | FE |
| 7114190020 | 其他贵金属制金器及零件(工艺金章、摆件等,不论是否包、镀贵金属) | 35 | 100 | 17 | 0 | 克 | J |
| 7114190090 | 其他贵金属制银器及零件(不论是否包、镀贵金属) | 35 | 100 | 17 | 0 | 克 | |
| 71142000 | -以贱金属为底的包贵金属制 | | | | | | |
| 7114200010 | 以贱金属为底的包贵金属制金银器(镶嵌濒危物种制品,包括零件) | 35 | 100 | 17 | 0 | 克 | FE |
| 7114200090 | 其他贱金属为底包贵金属制金银器(包括零件) | 35 | 100 | 17 | 0 | 克 | |
| **7115** | **贵金属或包贵金属的其他制品** | | | | | | |
| 71151000 | -金属丝布或格栅形状的铂催化剂 | | | | | | |
| 7115100000 | 金属丝布或格栅状的铂催化剂 | 3 | 11 | 17 | 0 | 克 | 4xy |
| 71159010 | ---工业或实验室用 | | | | | | |
| 7115901010[暂0] | 银制工业、实验室用制品 | 3 | 11 | 17 | 5 | 克 | |
| 7115901020[暂0] | 金制工业、实验室用制品 | 3 | 11 | 17 | 0 | 克 | |
| 7115901090[暂0] | 其他工业、实验室用贵或包贵金制品 | 3 | 11 | 17 | 0 | 克 | |
| 71159090 | ---其他 | | | | | | |
| 7115909000 | 其他用途的贵或包贵金属制品 | 35 | 100 | 17 | 0 | 克 | |
| **7116** | **用天然或养殖珍珠、宝石或半宝石(天然、合成或再造)制成的物品** | | | | | | |
| 71161000 | -天然或养殖珍珠制 | | | | | | |
| 7116100000 | 天然或养殖珍珠制品 | 35 | 130 | 17 | 5 | 千克 | |
| 71162000 | -宝石或半宝石(天然、合成或再造)制 | | | | | | |
| 7116200000 | 宝石或半宝石制品(包括天然、合成或再造的) | 35 | 130 | 17 | 0 | 千克 | |
| **7117** | **仿首饰** | | | | | | |
| 71171100 | --袖扣、饰扣 | | | | | | |
| 7117110000 | 贱金属制袖扣、饰扣(不论是否镀贵金属) | 35 | 130 | 17 | 9 | 千克 | A |
| 71171900 | --其他 | | | | | | |
| 7117190000 | 其他贱金属制仿首饰 | 17 | 130 | 17 | 9 | 千克 | A |
| 71179000 | -其他 | | | | | | |
| 7117900000 | 未列名材料制仿首饰 | 35 | 130 | 17 | 9 | 千克 | A |
| **7118** | **硬币** | | | | | | |
| 71181000 | -非法定货币的硬币(金币除外) | | | | | | |
| 7118100000 | 非法定货币的硬币(金币除外) | 0 | 0 | 17 | 5 | 千克 | |
| 71189000 | -其他 | | | | | | |
| 7118900010 | 金质铸币(金质贵金属纪念币) | 0 | 0 | 17 | 0 | 千克 | J |
| 7118900090 | 其他硬币 | 0 | 0 | 17 | 0 | 千克 | |

# 第十五类　贱金属及其制品

注释：

一、本类不包括：

（一）以金属粉末为基本成分的调制油漆、油墨或其他产品（品目32.07至32.10、32.12、32.13或32.15）；

（二）铈铁或其他引火合金（品目36.06）；

（三）品目65.06或65.07的帽类及其零件；

（四）品目66.03的伞骨及其他物品；

（五）第七十一章的货品（例如，贵金属合金、以贱金属为底的包贵金属、仿首饰）；

（六）第十六类的物品（机器、机械器具及电气设备）；

（七）已装配的铁路或电车轨道（品目86.08）或第十七类的其他物品（车辆、船舶、航空器）；

（八）第十八类的仪器及器具，包括钟表发条；

（九）做弹药用的铅弹（品目93.06）或第十九类的其他物品（武器、弹药）；

（十）第九十四章的物品（例如，家具、弹簧床垫、灯具及照明装置、灯箱标志、活动房屋）；

（十一）第九十五章的物品（例如，玩具、游戏品及运动用品）；

（十二）手用筛子、纽扣、钢笔、铅笔套、钢笔尖、独脚架、双脚架、三脚架及类似品或第九十六章的其他物品（杂项制品）；或

（十三）第九十七章的物品（例如，艺术品）。

十、本手册所称“通用零件”，是指：

（一）品目73.07、73.12、73.15、73.17或73.18的物品及其他贱金属制的类似品；

（二）贱金属制的弹簧及弹簧片，但钟表发条（品目91.14）除外；

（三）品目83.01、83.02、83.08、83.10的物品及品目83.06的贱金属制的框架及镜子。

第七十三章至第七十六章（品目73.15除外）及第七十八章至第八十二章所列货品的零件，不包括上述的通用零件。

除上段及第八十三章注释一另有规定的以外，第七十二章至第七十六章及第七十八章至第八十一章不包括第八十二章、第八十三章的物品。

三、本手册所称“贱金属”是指：铁及钢、铜、镍、铝、铅、锌、锡、钨、钼、钽、镁、钴、铋、镉、钛、锆、锑、锰、铍、铬、锗、钒、镓、铪、铟、铌、铼和铊。

四、本手册所称“金属陶瓷”，是指金属与陶瓷成分的极细微粒不均匀结合而成的产品。“金属陶瓷”包括硬质合金（金属碳化物与金属烧结而成）。

五、合金的归类规则（第七十二章、第七十四章所规定的铁合金及母合金除外）：

（一）贱金属的合金按其所含重量最大的金属归类；

（二）由本类的贱金属和非本类的元素构成的合金，如果所含贱金属的总重量等于或超过所含其他元素的总重量，应作为本类贱金属合金归类；

（三）本类所称“合金”，包括金属粉末的烧结混合物、熔化而得的不均匀紧密混合物（金属陶瓷除外）及金属间化合物。

六、除条文另有规定的以外，本手册所称的贱金属包括贱金属合金，这类合金应按上述注释五的规则进行归类。

七、复合材料制品的归类规则：

除各品目另有规定的以外，贱金属制品（包括根据“归类总规则”作为贱金属制品的混合材料制品）如果含有两种或两种以上贱金属的，按其所含重量最大的贱金属的制品归类。

为此：

（一）钢、铁或不同种类的钢铁，均视为一种金属；

（二）按照注释五的规定作为某一种金属归类的合金，应视为一种金属；

（三）品目81.13的金属陶瓷，应视为一种贱金属。

八、本类所用有关名词解释如下：

（一）废碎料

在金属生产或机械加工中产生的废料及碎屑以及因破裂、切断、磨损及其他原因而明显不能作为原物使用的金属货品。

（二）粉末

按重量计90%及以上可从网眼孔径为1毫米的筛子通过的产品。

## 第七十二章　钢　　铁

注释：

一、本章所述有关名词解释如下：

［本条注释（四）、（五）、（六）适用于本手册其他各章］

（一）生铁

无实用可锻性的铁碳合金，按重量计含碳量在2%以上并可含有一种或几种下列含量范围的其他元素：

铬不超过10%；

锰不超过6%；

磷不超过3%；

硅不超过8%；

其他元素合计不超过10%。

（二）镜铁

按重量计含锰量在6%以上，但不超过30%的铁碳合金，其他方面符合上述注释（一）款所列标准。

（三）铁合金

锭、块、团或类似初级形状、连续铸造而形成的各种形状及颗粒、粉末状的合金，不论是否烧结，通常用于其他合金生产过程中的添加剂或在黑色金属冶炼中作除氧剂、脱硫剂及类似用途，一般无实用可锻性，按重量计铁元素含量在4%及以上并含有下列一种或几种元素：

铬超过10%；

锰超过30%；

磷超过3%；

硅超过 8%；

除碳以外的其他元素，合计超过 10%，但最高含铜量不得超过 10%。

（四）钢

除品目 72.03 以外的黑色金属材料（某些铸造而成的种类除外）具有实用可锻性，按重量计含碳量在 2%及以下，但铬钢可具有较高的含碳量。

（五）不锈钢

按重量计含碳量在 1.2%及以下，含铬量在 10.5%及以上的合金钢，不论是否含有其他元素。

（六）其他合金钢

不符合以上不锈钢定义的钢，含有一种或几种按重量计符合下列含量比例的元素：

铝 0.3%及以上；

硼 0.0008%及以上；

铬 0.3%及以上；

钴 0.3%及以上；

铜 0.4%及以上；

铅 0.4%及以上；

锰 1.65%及以上；

钼 0.08%及以上；

镍 0.3%及以上；

铌 0.06%及以上；

硅 0.6%及以上；

钛 0.05%及以上；

钨 0.3%及以上；

钒 0.1%及以上；

锆 0.05%及以上；

其他元素（硫、磷、碳及氮除外）单项含量在 0.1%及以上。

（七）供再熔的碎料钢铁锭

粗铸成形无缩孔或冒口的锭块产品，表面有明显瑕疵，化学成分不同于生铁、镜铁及铁合金。

（八）颗粒

按重量计不到 90%可从网眼孔径为 1 毫米的筛子通过，而 90%及以上可从网眼孔径为 5 毫米的筛子通过的产品。

（九）半制成品

连续铸造的实心产品，不论是否初步热轧；其他实心产品，除经初步热轧或锻造粗制成形以外未经进一步加工，包括角材、型材及异型材的坯件。

本类产品不包括成卷的产品。

（十）平板轧材

截面为矩形（正方形除外）并且不符合以上第（九）款所述定义的下列形状实心轧制产品：

1. 层叠的卷材；

2. 平直形状，其厚度如果在 4.75 毫米以下，则宽度至少是厚度的 10 倍；其厚度如果在 4.75 毫米及以上，其宽度应超过 150 毫米，并且至少应为厚度的 2 倍。

平板轧材包括直接轧制而成并有凸起式样（例如，凹槽、肋条形、格槽、珠粒、菱形）的产品以及穿孔、抛光或制成瓦楞形的产品，但不具有其他品目所列制品或产品的特征。

各种规格的平板轧材（矩形或正方形除外），但不具有其他品目所列制品或产品的特征，都应作为宽度为 600 毫米及以上的产品归类。

（十一）不规则盘绕的热轧条、杆

经热轧不规则盘绕的实心产品，其截面为圆形、扇形、椭圆形、矩形（包括正方形）、三角形及其他外凸多边形（包括"扁圆形"及"变形矩形"，即相对两条边为弧拱形，另两条边为等长平行直线形）。

这类产品可带有在轧制过程中产生的凹痕、凸缘、槽沟或其他变形（钢筋）。

（十二）其他条、杆

不符合上述（九）、（十）、（十一）款或"丝"定义的实心产品，其全长截面均为圆形、扇形、椭圆形、矩形（包括正方形）、三角形或其他外凸多边形（包括"扁圆形"及"变形矩形，即相对两条边为弧拱形，另两条边为等长平行直线形）。这些产品可以：

1. 带有在轧制过程中产生的凹痕、凸缘、槽沟或其他变形（钢筋）；

2. 轧制后扭曲的。

（十三）角材、型材及异型材

不符合上述（九）、（十）、（十一）、（十二）款或"丝"定义但其全长截面均为同样形状的实心产品。

第七十二章不包括品目 73.01 或 73.02 的产品。

（十四）丝

不符合平板轧材定义但全长截面均为同样形状的盘卷冷成形实心产品。

（十五）空心钻钢

适合钻探用的各种截面的空心条、杆，其最大外形尺寸超过 15 毫米但不超过 52 毫米，最大内孔尺寸不超过最大外形尺寸的 1/2。不符合本定义的钢铁空心条、杆应归入品目 73.04。

二、用一种黑色金属包覆不同种类的黑色金属，应按其中重量最大的材料归类。

三、用电解沉积法、压铸法或烧结法所得的钢铁产品，应按其形状、成分及外观归入本章类似热轧产品的相应品目。

**子目注释：**

一、本章所用有关名词解释如下：

（一）合金生铁

按重量计含有一种或几种下列比例的元素的生铁：

铬 0.2%以上；

铜 0.3%以上；

镍 0.3%以上；

0.1%以上的任何下列元素：铝、钼、钛、钨、钒。

（二）非合金易切削钢

按重量计含有一种或几种下列比例的元素的非合金钢：

硫 0.08%及以上；

铅 0.1%及以上；

硒 0.05%以上；

碲 0.01%以上；

铋 0.05%以上。

（三）硅电钢

按重量计含硅量至少为 0.6%但不超过 6%，含碳量不超过 0.08%的合金钢。这类钢还可含有按重量计不超过 1%的铝，但所含其他元素的比例并不使其具有其他合金钢的特性。

（四）高速钢

不论是否含有其他元素，但至少含有按重量计合计含量在 7%及以上的钼、钨、钒中两种元素的合金钢，按重量计其含碳量在 0.6%及以上，含铬量为 3%～6%。

（五）硅锰钢

按重量计同时含有下列元素的合金钢：

碳不超过 0.7%；

锰 0.5%及以上，但不超过 1.9%；

硅0.6%及以上,但不超过2.3%;

所含其他元素的比例并不使其具有其他合金钢特性。

二、品目72.02项下的子目所列铁合金,应按照下列规则归类:

对于只有一种元素超出本章注释一(三)规定的最低百分比的铁合金,应作为二元合金归入相应的子目号。以此类推,如果有两种或三种合金元素超出了最低百分比的,则可分别作为三元或四元合金。

在运用本规定时,本章注释一(三)所述的未列名的"其他元素",按重量计单项含量必须超过10%。

| 商品编号 | 商品名称及备注 | 进口关税税率(%) | | 增值税率(%) | 出口退税率(%) | 计量单位 | 监管条件 |
|---|---|---|---|---|---|---|---|
| | | 最惠国 | 普通 | | | | |
| **7201** | **生铁及镜铁,锭、块或其他初级形状** | | | | | | |
| 72011000 | -非合金生铁,按重量计含磷量≤0.5% | | | | | | |
| 7201100010[暂1] | 高纯生铁(含锰量<0.08%,含磷量<0.03%,含硫量<0.02%,含钛量<0.03%) | 1 | 8 | 17 | 0 | 千克 | |
| 7201100090 | 非合金生铁,含磷量≤0.5%(含锰量<0.08%、含磷量<0.03%、含硫量<0.02%、含钛量<0.03%的高纯生铁除外) | 1 | 8 | 17 | 0 | 千克 | |
| 72012000 | -非合金生铁,按重量计含磷量>0.5% | | | | | | |
| 7201200000 | 非合金生铁,按重量计含磷量>0.5% | 1 | 8 | 17 | 0 | 千克 | |
| 72015000 | -合金生铁;镜铁 | | | | | | |
| 7201500010 | 合金生铁 | 1 | 8 | 17 | 0 | 千克 | |
| 7201500090 | 镜铁 | 1 | 8 | 17 | 0 | 千克 | |
| **7202** | **铁合金** | | | | | | |
| 72021100 | --按重量计含碳量>2% | | | | | | |
| 7202110000 | 锰铁,按重量计含碳量>2% | 2 | 11 | 17 | 0 | 千克 | 4xy |
| 72021900 | --其他 | | | | | | |
| 7202190000 | 锰铁,按重量计含碳量≤2% | 2 | 11 | 17 | 0 | 千克 | 4xy |
| 72022100 | --按重量计含硅量>55% | | | | | | |
| 7202210010[暂2] | 硅铁,55%<含硅量≤90% | 2 | 11 | 17 | 0 | 千克 | 4xy |
| 7202210090[暂2] | 硅铁,含硅量>90% | 2 | 11 | 17 | 0 | 千克 | 4xy |
| 72022900 | --其他 | | | | | | |
| 7202290010[暂2] | 硅铁,30%≤含硅量≤55% | 2 | 11 | 17 | 0 | 千克 | 4xy |
| 7202290090[暂2] | 硅铁,含硅量<30% | 2 | 11 | 17 | 0 | 千克 | 4xy |
| 72023000 | -硅锰铁 | | | | | | |
| 7202300000 | 硅锰铁 | 2 | 11 | 17 | 0 | 千克 | 4xy |
| 72024100 | --按重量计含碳量>4% | | | | | | |
| 7202410000[暂0] | 铬铁,按重量计含碳量>4% | 2 | 8 | 17 | 0 | 千克 | 4xy |
| 72024900 | --其他 | | | | | | |
| 7202490000[暂1] | 铬铁,按重量计含碳量≤4% | 2 | 8 | 17 | 0 | 千克 | 4xy |
| 72025000 | -硅铬铁 | | | | | | |
| 7202500000[暂2] | 硅铬铁 | 2 | 11 | 17 | 0 | 千克 | 4xy |
| 72026000 | -镍铁 | | | | | | |
| 7202600000[暂0] | 镍铁 | 2 | 11 | 17 | 0 | 千克 | 4xy |
| 72027000 | -钼铁 | | | | | | |
| 7202700000[暂1] | 钼铁 | 2 | 11 | 17 | 0 | 千克 | 4xy |
| 72028010 | ---钨铁 | | | | | | |
| 7202801000[暂1] | 钨铁 | 2 | 11 | 17 | 0 | 千克 | 4xy |
| 72028020 | ---硅钨铁 | | | | | | |
| 7202802000 | 硅钨铁 | 2 | 11 | 17 | 0 | 千克 | 4xy |
| 72029100 | --钛铁及硅钛铁 | | | | | | |
| 7202910000[暂2] | 钛铁及硅钛铁 | 2 | 11 | 17 | 0 | 千克 | 4xy |
| 72029210 | ---按重量计含钒量≥75% | | | | | | |

| 商品编号 | 商品名称及备注 | 进口关税税率(%) | | 增值税率(%) | 出口退税率(%) | 计量单位 | 监管条件 |
|---|---|---|---|---|---|---|---|
| | | 最惠国 | 普通 | | | | |
| 7202921000 | 按重量含钒≥75%的钒铁 | 9 | 30 | 17 | 0 | 千克 | 4xy |
| 72029290 | ---其他 | | | | | | |
| 7202929000[暂9] | 其他钒铁 | 9 | 30 | 17 | 0 | 千克 | 4xy |
| 72029300 | --铌铁 | | | | | | |
| 7202930010[暂1] | 铁钽铌合金(钽含量<10%) | 2 | 11 | 17 | 0 | 千克 | 4xy |
| 7202930090[暂1] | 其他铌铁 | 2 | 11 | 17 | 0 | 千克 | 4xy |
| 72029911 | ----速凝永磁片 | | | | | | |
| 7202991100 | 钕铁硼合金速凝永磁片 | 2 | 11 | 17 | 0 | 千克 | 4xy |
| 72029912 | ----磁粉 | | | | | | |
| 7202991200 | 钕铁硼合金磁粉 | 2 | 11 | 17 | 0 | 千克 | 4xy |
| 72029919 | ----其他 | | | | | | |
| 7202991900 | 其他钕铁硼合金 | 2 | 11 | 17 | 0 | 千克 | 4xy |
| 72029991 | ----按重量计稀土元素总含量>10%的 | | | | | | |
| 7202999110 | 按重量计中重稀土总含量≥ 30%的铁合金(按重量计稀土元素总含量>10%) | 2 | 11 | 17 | 0 | 千克 | 4xy |
| 7202999191 | 稀土硅铁合金(按重量计稀土元素总含量>10%) | 2 | 11 | 17 | 0 | 千克 | 4xy |
| 7202999199 | 其他按重量计稀土元素总含量>10%的铁合金 | 2 | 11 | 17 | 0 | 千克 | 4xy |
| 72029999 | ----其他 | | | | | | |
| 7202999900 | 其他铁合金 | 2 | 11 | 17 | 0 | 千克 | 4xy |
| **7203** | **直接从铁矿还原所得的铁产品及其他海绵铁产品,块、团、团粒及类似形状;按重量计纯度在 99.94% 及以上的铁,块、团、团粒及类似形状** | | | | | | |
| 72031000 | -直接从铁矿还原所得的铁产品 | | | | | | |
| 7203100010[暂0] | 热压铁块 | 2 | 8 | 17 | 0 | 千克 | |
| 7203100090[暂2] | 直接从铁矿还原的铁产品(铁团、铁粒及类似形状) | 2 | 8 | 17 | 0 | 千克 | |
| 72039000 | -其他 | | | | | | |
| 7203900000[暂2] | 其他海绵铁产品或纯度≥99.94%的铁(包括块、团、团粒及类似形状) | 2 | 8 | 17 | 0 | 千克 | |
| **7204** | **钢铁废碎料;供再熔的碎料钢铁锭** | | | | | | |
| 72041000 | -铸铁废碎料 | | | | | | |
| 7204100000[暂0] | 铸铁废碎料 | 2 | 8 | 17 | 0 | 千克 | A |
| 72042100 | --不锈钢废碎料 | | | | | | |
| 7204210000 | 不锈钢废碎料 | 0 | 8 | 17 | 0 | 千克 | AP |
| 72042900 | --其他 | | | | | | |
| 7204290000 | 其他合金钢废碎料 | 0 | 8 | 17 | 0 | 千克 | A |
| 72043000 | -镀锡钢铁废碎料 | | | | | | |
| 7204300000[暂0] | 镀锡钢铁废碎料 | 2 | 8 | 17 | 0 | 千克 | A |
| 72044100 | --车、刨、铣、磨、锯、锉、剪、冲加工过程中产生的废料,不论是否成捆 | | | | | | |
| 7204410000[暂0] | 机械加工中产生的钢铁废料(机械加工指车、刨、铣、磨、锯、锉、剪、冲加工) | 2 | 8 | 17 | 0 | 千克 | A |
| 72044900 | --其他 | | | | | | |
| 7204490010 | 废汽车压件 | 0 | 8 | 17 | 0 | 千克 | AP |
| 7204490020 | 以回收钢铁为主的废五金电器 | 0 | 8 | 17 | 0 | 千克 | AP |
| 7204490090 | 未列名钢铁废碎料 | 0 | 8 | 17 | 0 | 千克 | A |
| 72045000 | -供再熔的碎料钢铁锭 | | | | | | |
| 7204500000 | 供再熔的碎料钢铁锭 | 0 | 8 | 17 | 0 | 千克 | A |
| **7205** | **生铁、镜铁及钢铁的颗粒和粉末** | | | | | | |
| 72051000 | -颗粒 | | | | | | |
| 7205100000 | 生铁、镜铁及钢铁颗粒 | 2 | 30 | 17 | 0 | 千克 | |
| 72052100 | --合金钢的 | | | | | | |

| 商品编号 | 商品名称及备注 | 进口关税税率(%) | | 增值税率(%) | 出口退税率(%) | 计量单位 | 监管条件 |
|---|---|---|---|---|---|---|---|
| | | 最惠国 | 普通 | | | | |
| 7205210000 | 合金钢粉末 | 2 | 17 | 17 | 0 | 千克 | |
| 72052900 | --其他 | | | | | | |
| 7205290000 | 生铁、镜铁及其他钢铁粉末 | 2 | 17 | 17 | 0 | 千克 | |
| **7206** | **铁及非合金钢,锭状或其他初级形状(品目72.03的铁除外)** | | | | | | |
| 72061000 | -锭状 | | | | | | |
| 7206100000[暂2] | 铁及非合金钢锭 | 2 | 11 | 17 | 0 | 千克 | |
| 72069000 | -其他 | | | | | | |
| 7206900000[暂2] | 其他初级形状的铁及非合金钢 | 2 | 11 | 17 | 0 | 千克 | |
| **7207** | **铁及非合金钢的半制成品** | | | | | | |
| 72071100 | --矩形(包括正方形)截面,宽度小于厚度的两倍 | | | | | | |
| 7207110000[暂2] | 宽度小于厚度两倍的矩形截面钢坯(含碳量<0.25%) | 2 | 11 | 17 | 0 | 千克 | |
| 72071200 | --其他矩形(正方形除外)截面的 | | | | | | |
| 7207120010 | 其他矩形截面的厚度>400毫米的连铸板坯[含碳量<0.25%(正方形截面除外)] | 2 | 11 | 17 | 0 | 千克 | |
| 7207120090[暂2] | 其他矩形截面钢坯[含碳量<0.25%(正方形截面除外)] | 2 | 11 | 17 | 0 | 千克 | |
| 72071900 | --其他 | | | | | | |
| 7207190010 | 其他含碳量<0.25%的厚度>400毫米的连铸板坯 | 2 | 11 | 17 | 0 | 千克 | |
| 7207190090[暂2] | 其他含碳量<0.25%的钢坯 | 2 | 11 | 17 | 0 | 千克 | |
| 72072000 | -按重量计含碳量≥0.25% | | | | | | |
| 7207200010[暂2] | 车轮用连铸圆坯(直径为380毫米和450毫米,公差±1.2%,含碳量:0.38%~0.85%,含锰量:0.68%~1.2%,含磷量≤0.012%,总氧化物含量≤0.0012%) | 2 | 11 | 17 | 0 | 千克 | |
| 7207200090[暂2] | 其他含碳量≥0.25%的钢坯 | 2 | 11 | 17 | 0 | 千克 | |
| **7208** | **宽度在600毫米及以上的铁或非合金钢平板轧材,经热轧,但未经包覆、镀层或涂层** | | | | | | |
| 72081000 | -除热轧外未经进一步加工的卷材,已轧压花纹 | | | | | | |
| 7208100000 | 轧有花纹的热轧卷材(除热轧外未进一步加工的) | 5 | 14 | 17 | 0 | 千克 | |
| 72082500 | --厚度≥4.75毫米 | | | | | | |
| 7208250000 | 厚度≥4.75毫米其他经酸洗的热轧卷材(除热轧外未进一步加工,宽度≥600毫米,未包、镀、涂层) | 5 | 14 | 17 | 0 | 千克 | |
| 72082610 | ---屈服强度>355牛顿/平方毫米 | | | | | | |
| 7208261000 | 3毫米≤厚度<4.75毫米其他大强度热轧卷材(经酸洗,宽度≥600毫米,屈服强度>355牛顿/平方毫米) | 5 | 14 | 17 | 0 | 千克 | A |
| 72082690 | ---其他 | | | | | | |
| 7208269000 | 其他3毫米≤厚度<4.75毫米热轧卷材(经酸洗,宽度≥600毫米,屈服强度≤355牛顿/平方毫米) | 5 | 14 | 17 | 0 | 千克 | A |
| 72082710 | ---厚度<1.5毫米 | | | | | | |
| 7208271000 | 厚度<1.5毫米其他的热轧卷材(经酸洗,宽度≥600毫米,未包、镀、涂层) | 5 | 14 | 17 | 0 | 千克 | |
| 72082790 | ---其他 | | | | | | |
| 7208279000 | 1.5毫米≤厚度<3毫米其他的热轧卷材(经酸洗,宽度≥600毫米,未包、镀、涂层) | 5 | 14 | 17 | 0 | 千克 | |
| 72083600 | --厚度>10毫米 | | | | | | |
| 7208360000 | 厚度>10毫米的其他热轧卷材(除热轧外未进一步加工,宽度≥600毫米,未包、镀、涂层) | 6 | 14 | 17 | 0 | 千克 | |
| 72083700 | --4.75毫米≤厚度≤10毫米 | | | | | | |
| 7208370000 | 4.75毫米≤厚度≤10毫米的其他热轧卷材(除热轧外未进一步加工,宽度≥600毫米,未包、镀、涂层) | 5 | 14 | 17 | 0 | 千克 | |
| 72083810 | ---屈服强度>355牛顿/平方毫米 | | | | | | |
| 7208381000 | 3毫米≤厚度<4.75毫米的大强度卷材(宽度≥600毫米,屈服强度>355牛顿/平方毫米) | 5 | 14 | 17 | 0 | 千克 | A |

| 商品编号 | 商 品 名 称 及 备 注 | 进口关税税率(%) | | 增值税率(%) | 出口退税率(%) | 计量单位 | 监管条件 |
|---|---|---|---|---|---|---|---|
| | | 最惠国 | 普通 | | | | |
| 72083890 | ---其他 | | | | | | |
| 7208389000 | 其他3毫米≤厚度<4.75毫米的卷材(宽度≥600毫米,屈服强度≤355牛顿/平方毫米) | 5 | 14 | 17 | 0 | 千克 | A |
| 72083910 | ---厚度<1.5毫米 | | | | | | |
| 7208391000 | 厚度<1.5毫米的其他热轧卷材(除热轧外未进一步加工,宽度≥600毫米,未包、镀、涂层) | 3 | 14 | 17 | 0 | 千克 | |
| 72083990 | ---其他 | | | | | | |
| 7208399000 | 1.5毫米≤厚度<3毫米的其他热轧卷材(除热轧外未进一步加工,宽度≥600毫米,未包、镀、涂层) | 3 | 14 | 17 | 0 | 千克 | |
| 72084000 | -已轧压花纹的非卷材,除热轧外未经进一步加工 | | | | | | |
| 7208400000 | 轧有花纹的热轧非卷材(除热轧外未进一步加工,宽度≥600毫米,未包、镀、涂层) | 6 | 17 | 17 | 0 | 千克 | |
| 72085110 | ---厚度>50毫米 | | | | | | |
| 7208511000 | 厚度>50毫米的其他热轧非卷材(宽度≥600毫米,未包、镀、涂层) | 6 | 17 | 17 | 0 | 千克 | |
| 72085120 | ---20毫米<厚度≤50毫米 | | | | | | |
| 7208512000 | 20毫米<厚度≤50毫米的其他热轧非卷材(宽度≥600毫米,未包、镀、涂层) | 6 | 17 | 17 | 0 | 千克 | |
| 72085190 | ---其他 | | | | | | |
| 7208519000 | 10毫米<厚度≤20毫米的其他热轧非卷材(宽度≥600毫米,未包、镀、涂层) | 6 | 17 | 17 | 0 | 千克 | |
| 72085200 | --4.75毫米≤厚度≤10毫米 | | | | | | |
| 7208520000 | 4.75毫米≤厚度≤10毫米的热轧非卷材(除热轧外未进一步加工,宽度≥600毫米,未包、镀、涂层) | 6 | 17 | 17 | 0 | 千克 | |
| 72085310 | ---屈服强度>355牛顿/平方毫米 | | | | | | |
| 7208531000 | 3毫米≤厚度<4.75毫米大强度热轧非卷材(宽度≥600毫米,屈服强度>355牛顿/平方毫米) | 6 | 17 | 17 | 0 | 千克 | |
| 72085390 | ---其他 | | | | | | |
| 7208539000 | 其他3毫米≤厚度<4.75毫米的热轧非卷材(宽度≥600毫米,屈服强度≤355牛顿/平方毫米) | 6 | 17 | 17 | 0 | 千克 | |
| 72085410 | ---厚度<1.5毫米 | | | | | | |
| 7208541000 | 厚度<1.5毫米的热轧非卷材(除热轧外未进一步加工,宽度≥600毫米,未包、镀、涂层) | 6 | 17 | 17 | 0 | 千克 | |
| 72085490 | ---其他 | | | | | | |
| 7208549000 | 1.5≤厚度<3毫米的热轧非卷材(除热轧外未进一步加工,宽度≥600毫米,未包、镀、涂层) | 6 | 17 | 17 | 0 | 千克 | |
| 72089000 | -其他 | | | | | | |
| 7208900000 | 其他热轧铁或非合金钢宽平板轧材(除热轧外经进一步加工,宽度≥600毫米,未经包、渡、涂层) | 6 | 17 | 17 | 0 | 千克 | |
| **7209** | **宽度在600毫米及以上的铁或非合金钢平板轧材,经冷轧,但未经包覆、镀层或涂层** | | | | | | |
| 72091510 | ---屈服强度>355牛顿/平方毫米 | | | | | | |
| 7209151000 | 厚度≥3毫米的大强度冷轧卷材(宽度≥600毫米,屈服强度>355牛顿/平方毫米) | 6 | 17 | 17 | 0 | 千克 | |
| 72091590 | ---其他 | | | | | | |
| 7209159000 | 其他厚度≥3毫米的冷轧卷材(宽度≥600毫米,屈服强度≤355牛顿/平方毫米) | 6 | 17 | 17 | 13 | 千克 | |
| 72091610 | ---屈服强度>275牛顿/平方毫米 | | | | | | |
| 7209161000 | 1毫米<厚度<3毫米的大强度冷轧卷材(宽度≥600毫米,屈服强度>275牛顿/平方毫米) | 6 | 17 | 17 | 13 | 千克 | A |
| 72091690 | ---其他 | | | | | | |
| 7209169000 | 1毫米<厚度<3毫米小强度冷轧卷材(宽度≥600毫米,屈服强度≤275牛顿/平方毫米) | 6 | 17 | 17 | 13 | 千克 | |
| 72091710 | ---屈服强度>275牛顿/平方毫米 | | | | | | |
| 7209171000 | 0.5毫米≤厚度≤1毫米大强度冷轧卷材(宽度≥600毫米,屈服强度>275牛顿/平方毫米) | 3 | 17 | 17 | 13 | 千克 | A |

| 商品编号 | 商品名称及备注 | 进口关税税率(%) | | 增值税率(%) | 出口退税率(%) | 计量单位 | 监管条件 |
|---|---|---|---|---|---|---|---|
| | | 最惠国 | 普通 | | | | |
| 72091790 | ---其他 | | | | | | |
| 7209179000 | 0.5毫米≤厚度≤1毫米小强度冷轧卷材(宽度≥600毫米,屈服强度≤275牛顿/平方毫米) | 3 | 17 | 17 | 13 | 千克 | |
| 72091810 | ---厚度<0.3毫米 | | | | | | |
| 7209181000[暂4] | 厚度<0.3毫米的非合金钢冷轧卷材(未进一步加工,宽度≥600毫米,未包、镀、涂层) | 6 | 17 | 17 | 13 | 千克 | |
| 72091890 | ---其他 | | | | | | |
| 7209189000 | 0.3毫米≤厚度<0.5毫米非合金钢冷轧卷材(未进一步加工,宽度≥600毫米,未包、镀、涂层) | 6 | 17 | 17 | 13 | 千克 | |
| 72092500 | --厚度≥3毫米 | | | | | | |
| 7209250000 | 厚度≥3毫米的冷轧非卷材(除冷轧外未进一步加工,宽度≥600毫米,未包、镀、涂层) | 6 | 17 | 17 | 13 | 千克 | |
| 72092600 | --1毫米<厚度<3毫米 | | | | | | |
| 7209260000 | 1毫米<厚度<3毫米的冷轧非卷材(除冷轧外未进一步加工,宽度≥600毫米,未包、镀、涂层) | 6 | 17 | 17 | 13 | 千克 | |
| 72092700 | --0.5毫米≤厚度≤1毫米 | | | | | | |
| 7209270000 | 0.5毫米≤厚度≤1毫米的冷轧非卷材(未进一步加工,宽度≥600毫米,未包、镀、涂层) | 6 | 17 | 17 | 13 | 千克 | |
| 72092800 | --厚度<0.5毫米 | | | | | | |
| 7209280000 | 厚度<0.5毫米的冷轧非卷材(除冷轧外未进一步加工,宽度≥600毫米,未包、镀、涂层) | 6 | 17 | 17 | 13 | 千克 | |
| 72099000 | -其他 | | | | | | |
| 7209900000 | 其他冷轧铁或非合金钢宽平轧材(除冷轧外,未进一步加工,宽度≥600毫米,未包、镀、涂层) | 6 | 17 | 17 | 13 | 千克 | |
| **7210** | **宽度在600毫米及以上的铁或非合金钢平板轧材,经包覆、镀层或涂层** | | | | | | |
| 72101100 | --厚度≥0.5毫米 | | | | | | |
| 7210110000 | 镀(涂)锡的非合金钢厚宽平板轧材(厚度≥0.5毫米,宽度≥600毫米) | 10 | 20 | 17 | 13 | 千克 | |
| 72101200 | --厚度<0.5毫米 | | | | | | |
| 7210120000 | 镀(涂)锡的非合金钢薄宽平板轧材(厚度<0.5毫米,宽度≥600毫米) | 5 | 20 | 17 | 13 | 千克 | |
| 72102000 | -镀或涂铅的,包括镀铅锡钢板 | | | | | | |
| 7210200000 | 镀或涂铅的铁或非合金钢平板轧材(包括镀铅锡钢板,宽度≥600毫米) | 4 | 20 | 17 | 13 | 千克 | |
| 72103000 | -电镀锌的 | | | | | | |
| 7210300000 | 电镀锌的铁或非合金钢宽板材(宽度≥600毫米) | 8 | 20 | 17 | 13 | 千克 | |
| 72104100 | --瓦楞形 | | | | | | |
| 7210410000 | 镀锌的瓦楞形铁或非合金钢宽板材(电镀锌的除外,宽度≥600毫米) | 8 | 20 | 17 | 13 | 千克 | |
| 72104900 | --其他 | | | | | | |
| 7210490000 | 镀锌的其他形铁或非合金钢宽板材(电镀锌的除外,宽度≥600毫米) | 4 | 20 | 17 | 13 | 千克 | |
| 72105000 | -镀或涂氧化铬或铬及氧化铬的 | | | | | | |
| 7210500000 | 镀或涂氧化铬的铁或非合金钢宽板材(宽度≥600毫米) | 8 | 20 | 17 | 13 | 千克 | |
| 72106100 | --镀或涂铝锌合金的 | | | | | | |
| 7210610000 | 镀或涂铝锌合金的铁宽平板轧材(包括非合金钢的,宽度≥600毫米) | 8 | 20 | 17 | 13 | 千克 | |
| 72106900 | --其他 | | | | | | |
| 7210690000 | 其他镀或涂铝的铁宽平板轧材(包括非合金钢的,宽度≥600毫米) | 8 | 20 | 17 | 13 | 千克 | |
| 72107010 | ---厚度<1.5毫米 | | | | | | |
| 7210701000 | 厚度<1.5毫米的涂漆或涂塑的宽度≥600毫米的铁或非合金钢平板轧材 | 4 | 20 | 17 | 13 | 千克 | |
| 72107090 | ---其他 | | | | | | |
| 7210709000 | 其他涂漆或涂塑的宽度≥600毫米的铁或非合金钢平板轧材 | 4 | 20 | 17 | 13 | 千克 | |
| 72109000 | -其他 | | | | | | |
| 7210900000 | 经包覆或涂镀其他材料的宽度≥600毫米的铁或非合金钢平板轧材 | 8 | 20 | 17 | 13 | 千克 | |
| **7211** | **宽度小于600毫米的铁或非合金钢平板轧材,但未经包覆、镀层或涂层** | | | | | | |

| 商品编号 | 商品名称及备注 | 进口关税税率(%) | | 增值税率(%) | 出口退税率(%) | 计量单位 | 监管条件 |
|---|---|---|---|---|---|---|---|
| | | 最惠国 | 普通 | | | | |
| 72111300 | --经四面轧制或在闭合匣内轧制的非卷材,宽度>150 毫米,厚度≥4 毫米,未轧压花纹 | | | | | | |
| 7211130000 | 未轧花纹的四面轧制的热轧非卷材(150 毫米<宽度<600 毫米,厚度≥4 毫米,未包、镀、涂层) | 6 | 30 | 17 | 0 | 千克 | |
| 72111400 | --其他,厚度≥4.75 毫米 | | | | | | |
| 7211140000 | 厚度≥4.75 毫米的其他热轧板材(宽度<600 毫米,未包、镀、涂层) | 6 | 30 | 17 | 0 | 千克 | |
| 72111900 | --其他 | | | | | | |
| 7211190000 | 其他热轧铁或非合金钢窄板材(宽度<600 毫米,未包、镀、涂层) | 6 | 30 | 17 | 0 | 千克 | |
| 72112300 | --按重量计含碳量<0.25% | | | | | | |
| 7211230000 | 含碳量<0.25%的冷轧板材(宽度<600 毫米,未包、镀、涂层) | 6 | 30 | 17 | 0 | 千克 | A |
| 72112900 | --其他 | | | | | | |
| 7211290000 | 其他冷轧铁或非合金钢窄板材(宽度<600 毫米,未经包、镀、涂层,含碳量≥0.25%) | 6 | 30 | 17 | 0 | 千克 | |
| 72119000 | -其他 | | | | | | |
| 7211900000 | 冷轧的铁或非合金钢其他窄板材(宽度<600 毫米,未经包、镀、涂层) | 6 | 30 | 17 | 0 | 千克 | |
| **7212** | **宽度小于 600 毫米的铁或非合金钢平板轧材,经包覆、镀层或涂层** | | | | | | |
| 72121000 | -镀或涂锡的 | | | | | | |
| 7212100000 | 镀(涂)锡的铁或非合金钢窄板材(宽度<600 毫米) | 5 | 20 | 17 | 0 | 千克 | |
| 72122000 | -电镀锌的 | | | | | | |
| 7212200000 | 电镀锌的铁或非合金钢窄板材(宽度<600 毫米) | 8 | 20 | 17 | 0 | 千克 | |
| 72123000 | -用其他方法镀或涂锌的 | | | | | | |
| 7212300000 | 其他镀或涂锌的铁窄板材(包括非合金钢的,宽度<600 毫米) | 8 | 20 | 17 | 0 | 千克 | |
| 72124000 | -涂漆或涂塑的 | | | | | | |
| 7212400000 | 涂漆或涂塑的铁或非合金钢窄板材(宽度<600 毫米) | 4 | 20 | 17 | 0 | 千克 | |
| 72125000 | -镀或涂其他材料的 | | | | | | |
| 7212500000 | 涂镀其他材料的铁或非合金钢窄板材(宽度<600 毫米) | 8 | 20 | 17 | 0 | 千克 | |
| 72126000 | -经包覆的 | | | | | | |
| 7212600000 | 经包覆的铁或非合金钢窄板材(宽度<600 毫米) | 8 | 20 | 17 | 0 | 千克 | |
| **7213** | **不规则盘卷的铁及非合金钢的热轧条、杆** | | | | | | |
| 72131000 | -带有轧制过程中产生的凹痕、凸缘、槽沟及其他变形的 | | | | | | |
| 7213100000 | 铁或非合金钢制热轧盘条(带有轧制过程中产生的变形) | 3 | 20 | 17 | 0 | 千克 | 4ABy |
| 72132000 | -其他,易切削钢制 | | | | | | |
| 7213200000 | 其他易切削钢制热轧盘条(不带有轧制过程中产生的变形) | 3 | 20 | 17 | 0 | 千克 | |
| 72139100 | --直径<14 毫米圆形截面的 | | | | | | |
| 7213910000 | 圆截面直径<14 毫米的其他热轧盘条(不带有轧制过程中产生的变形) | 5 | 20 | 17 | 0 | 千克 | |
| 72139900 | --其他 | | | | | | |
| 7213990000 | 其他热轧盘条(不带有轧制过程中产生的变形) | 5 | 20 | 17 | 0 | 千克 | |
| **7214** | **铁或非合金钢的其他条、杆,除锻造、热轧、热拉拔或热挤压外未经进一步加工,包括轧制后扭曲的** | | | | | | |
| 72141000 | -锻造的 | | | | | | |
| 7214100000 | 铁或非合金钢的锻造条、杆(除热加工外未进一步加工) | 7 | 10 | 17 | 9 | 千克 | |
| 72142000 | -带有轧制过程中产生的凹痕、凸缘、槽沟或其他变形以及轧制后扭曲的 | | | | | | |
| 7214200000 | 铁或非合金钢的热加工条、杆(带有轧制过程中产生变形,热加工指热轧、热拉拔或热挤压) | 3 | 20 | 17 | 0 | 千克 | A |
| 72143000 | -其他,易切削钢制 | | | | | | |
| 7214300000 | 易切削钢的热加工条、杆(不带有轧制过程中产生变形,热加工指热轧、热拉拔、热挤压) | 7 | 20 | 17 | 0 | 千克 | A |
| 72149100 | --矩形(正方形除外)截面的 | | | | | | |
| 7214910000 | 其他矩形截面的热加工条、杆(正方形除外) | 3 | 20 | 17 | 0 | 千克 | |

| 商品编号 | 商品名称及备注 | 进口关税税率(%) | | 增值税率(%) | 出口退税率(%) | 计量单位 | 监管条件 |
|---|---|---|---|---|---|---|---|
| | | 最惠国 | 普通 | | | | |
| 72149900 | --其他 | | | | | | |
| 7214990000 | 其他热加工条、杆 | 3 | 20 | 17 | 0 | 千克 | A |
| **7215** | **铁及非合金钢的其他条、杆** | | | | | | |
| 72151000 | -易切削钢制,除冷成形或冷加工外未经进一步加工 | | | | | | |
| 7215100000 | 其他易切削钢制冷加工条、杆(包括冷成形) | 7 | 20 | 17 | 0 | 千克 | |
| 72155000 | -其他,除冷成形或冷加工外未经进一步加工 | | | | | | |
| 7215500000 | 其他冷加工或冷成形的条、杆 | 7 | 20 | 17 | 0 | 千克 | |
| 72159000 | -其他 | | | | | | |
| 7215900000 | 铁及非合金钢的其他条、杆 | 3 | 20 | 17 | 0 | 千克 | |
| **7216** | **铁或非合金钢的角材、型材及异型材** | | | | | | |
| 72161010 | ---H形钢 | | | | | | |
| 7216101000 | 截面高度<80毫米H形钢(除热加工外未经进一步加工) | 3 | 14 | 17 | 0 | 千克 | A |
| 72161020 | ---工字钢 | | | | | | |
| 7216102000 | 截面高度<80毫米工字钢(除热加工外未经进一步加工) | 3 | 14 | 17 | 0 | 千克 | A |
| 72161090 | ---其他 | | | | | | |
| 7216109000 | 截面高度<80毫米槽钢(除热加工外未经进一步加工) | 3 | 14 | 17 | 0 | 千克 | A |
| 72162100 | --角钢 | | | | | | |
| 7216210000 | 截面高度<80毫米角钢(除热加工外未经进一步加工) | 6 | 17 | 17 | 0 | 千克 | A |
| 72162200 | --丁字钢 | | | | | | |
| 7216220000 | 截面高度<80毫米丁字钢(除热加工外未经进一步加工) | 6 | 14 | 17 | 0 | 千克 | A |
| 72163100 | --槽钢 | | | | | | |
| 7216310000 | 截面高度≥80毫米槽钢(除热加工外未经进一步加工) | 6 | 14 | 17 | 0 | 千克 | A |
| 72163210 | ---截面高度>200毫米 | | | | | | |
| 7216321000 | 截面高度>200毫米工字钢(除热加工外未经进一步加工) | 6 | 14 | 17 | 0 | 千克 | A |
| 72163290 | ---其他 | | | | | | |
| 7216329000 | 80毫米≤截面高度≤200毫米工字钢(除热加工外未经进一步加工) | 6 | 14 | 17 | 0 | 千克 | A |
| 72163311 | ----截面高度>800毫米 | | | | | | |
| 7216331100 | 截面高度>800毫米H形钢(除热加工外未经进一步加工) | 6 | 14 | 17 | 0 | 千克 | A |
| 72163319 | ----其他 | | | | | | |
| 7216331900 | 200毫米<截面高度≤800毫米H形钢(除热加工外未经进一步加工) | 6 | 14 | 17 | 0 | 千克 | A |
| 72163390 | ---其他 | | | | | | |
| 7216339000 | 80毫米≤截面高度≤200毫米H形钢(除热加工外未经进一步加工) | 6 | 14 | 17 | 0 | 千克 | A |
| 72164010 | ---角钢 | | | | | | |
| 7216401000 | 截面高度≥80毫米角钢(除热加工外未经进一步加工) | 3 | 17 | 17 | 0 | 千克 | A |
| 72164020 | ---丁字钢 | | | | | | |
| 7216402000 | 截面高度≥80毫米丁字钢(除热加工外未经进一步加工) | 3 | 14 | 17 | 0 | 千克 | A |
| 72165010 | ---乙字钢 | | | | | | |
| 7216501000 | 乙字钢(除热加工外未经进一步加工) | 6 | 14 | 17 | 0 | 千克 | |
| 72165020 | ---球扁钢 | | | | | | |
| 7216502000 | 球扁钢(除热加工外未经进一步加工) | 3 | 20 | 17 | 0 | 千克 | |
| 72165090 | ---其他 | | | | | | |
| 7216509000 | 其他角材、型材及异型材(除热加工外未经进一步加工) | 3 | 20 | 17 | 0 | 千克 | |
| 72166100 | --平板轧材制的 | | | | | | |
| 7216610000 | 平板轧材制的角材、型材及异型材(除冷加工外未经进一步加工) | 3 | 20 | 17 | 0 | 千克 | |
| 72166900 | --其他 | | | | | | |
| 7216690000 | 冷加工的角材、型材及异型材(除冷加工外未经进一步加工) | 3 | 20 | 17 | 0 | 千克 | |

| 商品编号 | 商品名称及备注 | 进口关税税率(%) | | 增值税率(%) | 出口退税率(%) | 计量单位 | 监管条件 |
|---|---|---|---|---|---|---|---|
| | | 最惠国 | 普通 | | | | |
| 72169100 | --平板轧材经冷成形或冷加工制的 | | | | | | |
| 7216910000 | 其他平板轧材制角材、型材、异型材(冷成型或冷加工制的) | 3 | 20 | 17 | 0 | 千克 | |
| 72169900 | --其他 | | | | | | |
| 7216990000 | 其他角材、型材及异型材(除冷加工或热加工外经进一步加工) | 3 | 20 | 17 | 0 | 千克 | |
| **7217** | **铁丝或非合金钢丝** | | | | | | |
| 72171000 | -未经镀或涂层,不论是否抛光 | | | | | | |
| 7217100000 | 未镀或涂层的铁或非合金钢丝(不论是否抛光) | 8 | 40 | 17 | 0 | 千克 | |
| 72172000 | -镀或涂锌的 | | | | | | |
| 7217200000 | 镀或涂锌的铁或非合金钢丝 | 8 | 40 | 17 | 9 | 千克 | |
| 72173010 | ---镀或涂铜的 | | | | | | |
| 7217301000 | 镀或涂铜的铁或非合金钢丝 | 8 | 40 | 17 | 9 | 千克 | |
| 72173090 | ---其他 | | | | | | |
| 7217309000 | 镀或涂其他贱金属的铁或非合金钢丝 | 8 | 40 | 17 | 9 | 千克 | |
| 72179000 | -其他 | | | | | | |
| 7217900000 | 其他铁丝或非合金钢丝 | 8 | 40 | 17 | 0 | 千克 | |
| **7218** | **不锈钢,锭状或其他初级形状;不锈钢半制成品** | | | | | | |
| 72181000 | -锭状及其他初级形状 | | | | | | |
| 7218100000[暂2] | 不锈钢锭及其他初级形状产品 | 2 | 11 | 17 | 0 | 千克 | |
| 72189100 | --矩形(正方形除外)截面的 | | | | | | |
| 7218910000[暂2] | 矩形截面的不锈钢半制成品(正方形截面除外) | 2 | 11 | 17 | 0 | 千克 | |
| 72189900 | --其他 | | | | | | |
| 7218990000[暂2] | 其他不锈钢半制成品 | 2 | 11 | 17 | 0 | 千克 | |
| **7219** | **不锈钢平板轧材,宽度在600毫米及以上** | | | | | | |
| 72191100 | --厚度>10毫米 | | | | | | |
| 7219110000 | 厚度>10毫米热轧不锈钢卷板(除热轧外未经进一步加工,宽度≥600毫米) | 4 | 14 | 17 | 13 | 千克 | A |
| 72191200 | --4.75毫米≤厚度≤10毫米 | | | | | | |
| 7219120000 | 4.75毫米≤厚度≤10毫米热轧不锈钢卷板(除热轧外未经进一步加工,宽度≥600毫米) | 4 | 14 | 17 | 13 | 千克 | A |
| 72191312 | ----按重量计含锰量≥5.5%的铬锰系不锈钢 | | | | | | |
| 7219131200[暂4] | 3毫米≤厚度<4.75毫米未经酸洗的热轧不锈钢卷板(除热轧外未经进一步加工,宽度≥600毫米,含锰量≥5.5%铬锰系不锈钢) | 4 | 14 | 17 | 0 | 千克 | |
| 72191319 | ----其他 | | | | | | |
| 7219131900 | 3毫米≤厚度<4.75毫米未经酸洗的其他热轧不锈钢卷板(除热轧外未经进一步加工,宽度≥600毫米) | 4 | 14 | 17 | 13 | 千克 | A |
| 72191322 | ----按重量计含锰量≥5.5%的铬锰系不锈钢 | | | | | | |
| 7219132200[暂4] | 3毫米≤厚度<4.75毫米经酸洗的热轧不锈钢卷板(除热轧外未经进一步加工,宽度≥600毫米,含锰量≥5.5%铬锰系不锈钢) | 4 | 14 | 17 | 0 | 千克 | |
| 72191329 | ----其他 | | | | | | |
| 7219132900 | 3毫米≤厚度<4.75毫米经酸洗的其他热轧不锈钢卷板(除热轧外未经进一步加工,宽度≥600毫米) | 4 | 14 | 17 | 13 | 千克 | A |
| 72191412 | ----按重量计含锰量≥5.5%的铬锰系不锈钢 | | | | | | |
| 7219141200[暂4] | 厚度<3毫米未经酸洗的热轧不锈钢卷板(除热轧外未经进一步加工,宽度≥600毫米,含锰量≥5.5%铬锰系不锈钢) | 4 | 14 | 17 | 0 | 千克 | |
| 72191419 | ----其他 | | | | | | |
| 7219141900 | 厚度<3毫米未经酸洗的其他热轧不锈钢卷板(除热轧外未经进一步加工,宽度≥600毫米) | 4 | 14 | 17 | 13 | 千克 | A |

| 商品编号 | 商品名称及备注 | 进口关税税率(%) | | 增值税率(%) | 出口退税率(%) | 计量单位 | 监管条件 |
|---|---|---|---|---|---|---|---|
| | | 最惠国 | 普通 | | | | |
| 72191422 | ----按重量计含锰量≥5.5%的铬锰系不锈钢 | | | | | | |
| 7219142200[暂4] | 厚度<3毫米经酸洗的热轧不锈钢卷板(除热轧外未经进一步加工,宽度≥600毫米,含锰量≥5.5%铬锰系不锈钢) | 4 | 14 | 17 | 0 | 千克 | |
| 72191429 | ----其他 | | | | | | |
| 7219142900 | 厚度<3毫米经酸洗的其他热轧不锈钢卷板(除热轧外未经进一步加工,宽度≥600毫米) | 4 | 14 | 17 | 13 | 千克 | A |
| 72192100 | --厚度>10毫米 | | | | | | |
| 7219210000 | 厚度>10毫米热轧不锈钢平板(除热轧外未经进一步加工,宽度≥600毫米) | 10 | 40 | 17 | 13 | 千克 | A |
| 72192200 | --4.75毫米≤厚度≤10毫米 | | | | | | |
| 7219220000 | 4.75毫米≤厚度≤10毫米热轧不锈钢平板(除热轧外未经进一步加工,宽度≥600毫米) | 10 | 40 | 17 | 13 | 千克 | A |
| 72192300 | --3毫米≤厚度<4.75毫米 | | | | | | |
| 7219230000 | 3毫米≤厚度<4.75毫米热轧不锈钢平板(除热轧外未经进一步加工,宽度≥600毫米) | 10 | 40 | 17 | 13 | 千克 | A |
| 72192410 | ---1毫米<厚度<3毫米 | | | | | | |
| 7219241000 | 1毫米<厚度<3毫米热轧不锈钢平板(除热轧外未经进一步加工,宽度≥600毫米) | 10 | 40 | 17 | 13 | 千克 | A |
| 72192420 | ---0.5毫米≤厚度≤1毫米 | | | | | | |
| 7219242000 | 0.5毫米≤厚度≤1毫米热轧不锈钢平板(除热轧外未经进一步加工,宽度≥600毫米) | 10 | 40 | 17 | 13 | 千克 | A |
| 72192430 | ---厚度<0.5毫米 | | | | | | |
| 7219243000 | 厚度<0.5毫米热轧不锈钢平板(除热轧外未经进一步加工,宽度≥600毫米) | 10 | 40 | 17 | 13 | 千克 | A |
| 72193100 | --厚度≥4.75毫米 | | | | | | |
| 7219310000 | 厚度≥4.75毫米冷轧不锈钢板(除冷轧外未经进一步加工,宽度≥600毫米) | 10 | 40 | 17 | 13 | 千克 | A |
| 72193200 | --3毫米≤厚度<4.75毫米 | | | | | | |
| 7219320000 | 3毫米≤厚度<4.75毫米冷轧不锈钢板材(除冷轧外未经进一步加工,宽度≥600毫米) | 10 | 40 | 17 | 13 | 千克 | A |
| 72193310 | ---按重量计含锰量≥5.5%的铬锰系不锈钢 | | | | | | |
| 7219331000 | 1毫米<厚度<3毫米,按重量计含锰量≥5.5%的铬锰系不锈钢(除冷轧外未经进一步加工,宽度≥600毫米) | 10 | 40 | 17 | 13 | 千克 | |
| 72193390 | ---其他 | | | | | | |
| 7219339000 | 其他1毫米<厚度<3毫米冷轧不锈钢板材(除冷轧外未经进一步加工,宽度≥600毫米) | 10 | 40 | 17 | 13 | 千克 | A |
| 72193400 | --0.5毫米≤厚度≤1毫米 | | | | | | |
| 7219340000 | 0.5毫米≤厚度≤1毫米冷轧不锈钢板材(除冷轧外未经进一步加工,宽度≥600毫米) | 10 | 40 | 17 | 13 | 千克 | A |
| 72193500 | --厚度<0.5毫米 | | | | | | |
| 7219350000 | 厚度<0.5毫米冷轧不锈钢板材(除冷轧外未经进一步加工,宽度≥600毫米) | 10 | 40 | 17 | 13 | 千克 | A |
| 72199000 | -其他 | | | | | | |
| 7219900000 | 其他不锈钢冷轧板材(热轧或冷轧后经进一步加工,非卷材,宽度≥600毫米) | 10 | 40 | 17 | 13 | 千克 | A |
| **7220** | **不锈钢平板轧材,宽度小于600毫米** | | | | | | |
| 72201100 | --厚度≥4.75毫米 | | | | | | |
| 7220110000 | 热轧不锈钢带材厚度≥4.75毫米(除热轧外未经进一步加工,宽度<600毫米) | 10 | 20 | 17 | 9 | 千克 | A |
| 72201200 | --厚度<4.75毫米 | | | | | | |
| 7220120000 | 热轧不锈钢带材厚度<4.75毫米(除热轧外未经进一步加工,宽度<600毫米) | 10 | 20 | 17 | 9 | 千克 | A |
| 72202020 | ---厚度≤0.35毫米 | | | | | | |
| 7220202000 | 厚度≤0.35毫米冷轧不锈钢带材(除冷轧外未经进一步加工,宽度<600毫米) | 10 | 20 | 17 | 9 | 千克 | A |
| 72202030 | ---0.35毫米<厚度<3毫米 | | | | | | |
| 7220203000 | 0.35毫米<厚度<3毫米的冷轧不锈钢带材(除冷轧外未经进一步加工,宽度<600毫米) | 10 | 20 | 17 | 9 | 千克 | A |
| 72202040 | ---厚度≥3毫米 | | | | | | |
| 7220204000 | 厚度≥3毫米的冷轧不锈钢带材(除冷轧外未经进一步加工,宽度<600毫米) | 10 | 20 | 17 | 9 | 千克 | A |
| 72209000 | -其他 | | | | | | |

| 商品编号 | 商品名称及备注 | 进口关税税率(%) | | 增值税率(%) | 出口退税率(%) | 计量单位 | 监管条件 |
|---|---|---|---|---|---|---|---|
| | | 最惠国 | 普通 | | | | |
| 7220900000 | 其他不锈钢带材(热轧或冷轧后经进一步加工宽度<600 毫米) | 10 | 20 | 17 | 9 | 千克 | A |
| **7221** | **不规则盘卷的不锈钢热轧条、杆** | | | | | | |
| 72210000 | 不规则盘卷的不锈钢热轧条、杆 | | | | | | |
| 7221000000 | 不锈钢热轧条、杆(不规则盘卷的不锈钢热轧条、杆) | 10 | 20 | 17 | 13 | 千克 | A |
| **7222** | **不锈钢其他条、杆;不锈钢角材、型材及异型材** | | | | | | |
| 72221100 | --圆形截面的 | | | | | | |
| 7222110000 | 圆形截面的热加工不锈钢条、杆(除热加工外未经进一步加工) | 10 | 40 | 17 | 5 | 千克 | A |
| 72221900 | --其他 | | | | | | |
| 7222190000 | 其他截面形状的热加工不锈钢条、杆(除热加工外未进一步加工) | 10 | 40 | 17 | 5 | 千克 | A |
| 72222000 | -条、杆,除冷成形或冷加工外未经进一步加工 | | | | | | |
| 7222200000 | 冷成形或冷加工的不锈钢条、杆(除冷加工外未进一步加工的不锈钢条、杆) | 10 | 40 | 17 | 5 | 千克 | |
| 72223000 | -其他条、杆 | | | | | | |
| 7222300000 | 其他不锈钢条、杆(除热加工或冷加工外未进一步加工的不锈钢条、杆) | 10 | 40 | 17 | 5 | 千克 | |
| 72224000 | -角材、型材及异型材 | | | | | | |
| 7222400000 | 不锈钢角材、型材及异型材 | 10 | 17 | 17 | 5 | 千克 | A |
| **7223** | **不锈钢丝** | | | | | | |
| 72230000 | 不锈钢丝 | | | | | | |
| 7223000000 | 不锈钢丝 | 10 | 20 | 17 | 5 | 千克 | |
| **7224** | **其他合金钢,锭状或其他初级形状;其他合金钢制的半制成品** | | | | | | |
| 72241000 | -锭状及其他初级形状 | | | | | | |
| 7224100000[暂2] | 其他合金钢锭及其他初级形状 | 2 | 11 | 17 | 0 | 千克 | |
| 72249010 | ---单件重量≥10 吨的粗铸锻件坯 | | | | | | |
| 7224901000[暂2] | 粗铸锻件坯(单件重量≥10 吨) | 2 | 11 | 17 | 0 | 千克 | |
| 72249090 | ---其他 | | | | | | |
| 7224909010 | 其他合金钢圆坯,直径≥700 毫米(其他合金钢锭及其他初级形态的) | 2 | 11 | 17 | 0 | 千克 | |
| 7224909090[暂2] | 其他合金钢坯,直径≥700 毫米的合金钢圆坯除外(其他合金钢锭及其他初级形态的) | 2 | 11 | 17 | 0 | 千克 | |
| **7225** | **其他合金钢平板轧材,宽度在 600 毫米及以上** | | | | | | |
| 72251100 | --取向性硅电钢 | | | | | | |
| 7225110000 | 取向性硅电钢宽板(宽度≥600 毫米,按重量计含硅量≥0.6%,含碳量≤0.08%,可含有≤1%的铝,所含其他元素的比例并不使其具有其他合金钢的特性,厚度≤0.56 毫米;呈卷状的,则其可为任何宽度;呈板状的,则其宽度至少是厚度的 10 倍) | 3 | 20 | 17 | 13 | 千克 | A7 |
| 72251900 | --其他 | | | | | | |
| 7225190000 | 其他硅电钢宽板(宽度≥600 毫米) | 6 | 20 | 17 | 13 | 千克 | A |
| 72253000 | -其他卷材,除热轧外未经进一步加工 | | | | | | |
| 7225300000 | 宽度≥600 毫米热轧其他合金钢卷材(除热轧外未经进一步加工) | 3 | 14 | 17 | 9 | 千克 | |
| 72254010 | ---工具钢 | | | | | | |
| 7225401000 | 宽度≥600 毫米热轧工具钢材(除热轧外未经进一步加工) | 3 | 17 | 17 | 13 | 千克 | A |
| 72254091 | ----含硼合金钢 | | | | | | |
| 7225409100 | 宽度≥600 毫米热轧含硼合金钢材(除热轧外未经进一步加工) | 3 | 17 | 17 | 0 | 千克 | A |
| 72254099 | ----其他 | | | | | | |
| 7225409900 | 宽度≥600 毫米热轧其他合金钢材(除热轧外未经进一步加工) | 3 | 17 | 17 | 13 | 千克 | |
| 72255000 | -其他,除冷轧外未经进一步加工 | | | | | | |
| 7225500000 | 宽度≥600 毫米冷轧其他合金钢板材(除冷轧外未经进一步加工) | 3 | 17 | 17 | 13 | 千克 | |
| 72259100 | --电镀或涂锌的 | | | | | | |
| 7225910000 | 电镀锌的其他合金钢宽平板轧材(宽度≥600 毫米) | 7 | 17 | 17 | 9 | 千克 | |
| 72259200 | --用其他方法镀或涂锌的 | | | | | | |

| 商品编号 | 商 品 名 称 及 备 注 | 进口关税税率(%) | | 增值税率(%) | 出口退税率(%) | 计量单位 | 监管条件 |
|---|---|---|---|---|---|---|---|
| | | 最惠国 | 普通 | | | | |
| 7225920000 | 其他镀或涂锌的其他合金钢宽板材(宽度≥600毫米) | 7 | 17 | 17 | 9 | 千克 | |
| 72259910 | ---高速钢制 | | | | | | |
| 7225991000 | 宽度≥600毫米的高速钢制平板轧材 | 3 | 17 | 17 | 9 | 千克 | A |
| 72259990 | ---其他 | | | | | | |
| 7225999000 | 宽度≥600毫米的其他合金钢平板轧材 | 7 | 17 | 17 | 9 | 千克 | |
| **7226** | **其他合金钢平板轧材,宽度小于600毫米** | | | | | | |
| 72261100 | --取向性硅电钢 | | | | | | |
| 7226110000 | 取向性硅电钢窄板(宽度<600毫米,按重量计含硅量≥0.6%,含碳量≤0.08%,可含有≤1%的铝,所含其他元素的比例并不使其具有其他合金钢的特性;厚度≤56毫米;呈卷状的,则其可为任何宽度;呈板状的,则其宽度至少是厚度的10倍) | 3 | 20 | 17 | 13 | 千克 | A |
| 72261900 | --其他 | | | | | | |
| 7226190000 | 其他硅电钢窄板(宽度<600毫米) | 3 | 20 | 17 | 13 | 千克 | A |
| 72262000 | -高速钢制 | | | | | | |
| 7226200000 | 宽度<600毫米的高速钢平板轧材 | 3 | 20 | 17 | 9 | 千克 | A |
| 72269110 | ---工具钢 | | | | | | |
| 7226911000 | 宽度<600毫米热轧工具钢材(除热轧外未经进一步加工) | 3 | 20 | 17 | 9 | 千克 | A |
| 72269191 | ----含硼合金钢 | | | | | | |
| 7226919100 | 宽度<600毫米热轧含硼合金钢板材(除热轧外未经进一步加工) | 3 | 20 | 17 | 0 | 千克 | A |
| 72269199 | ----其他 | | | | | | |
| 7226919910 | 宽度<600毫米的铁基非晶合金带材(除热轧外未经进一步加工) | 3 | 20 | 17 | 9 | 千克 | A |
| 7226919990 | 宽度<600毫米热轧其他合金钢板材(除热轧外未经进一步加工) | 3 | 20 | 17 | 9 | 千克 | A |
| 72269200 | --除冷轧外未经进一步加工 | | | | | | |
| 7226920000 | 宽度<600毫米冷轧其他合金钢板材(除冷轧外未经进一步加工) | 3 | 20 | 17 | 9 | 千克 | |
| 72269910 | ---电镀锌的 | | | | | | |
| 7226991000 | 电镀锌的其他合金钢窄平板轧材(宽度<600毫米) | 7 | 20 | 17 | 9 | 千克 | |
| 72269920 | ---用其他方法镀或涂锌的 | | | | | | |
| 7226992000 | 用其他方法镀或涂锌的其他合金钢窄板材(宽度<600毫米) | 7 | 20 | 17 | 9 | 千克 | |
| 72269990 | ---其他 | | | | | | |
| 7226999001[暂4] | 铁镍合金带材(生产集成电路框架用)(宽度<600毫米) | 7 | 20 | 17 | 9 | 千克 | A |
| 7226999090 | 其他合金板材(宽度<600毫米) | 7 | 20 | 17 | 9 | 千克 | |
| **7227** | **不规则盘卷的其他合金钢热轧条、杆** | | | | | | |
| 72271000 | -高速钢制 | | | | | | |
| 7227100000 | 高速钢的热轧盘条(不规则盘卷的) | 3 | 20 | 17 | 9 | 千克 | A |
| 72272000 | -硅锰钢制 | | | | | | |
| 7227200000 | 硅锰钢的热轧盘条(不规则盘卷的) | 6 | 20 | 17 | 9 | 千克 | A |
| 72279010 | ---含硼合金钢制 | | | | | | |
| 7227901000 | 不规则盘卷的含硼合金钢热轧条杆 | 3 | 20 | 17 | 0 | 千克 | A |
| 72279090 | ---其他 | | | | | | |
| 7227909000 | 不规则盘卷的其他合金钢热轧条杆 | 3 | 20 | 17 | 9 | 千克 | |
| **7228** | **其他合金钢条、杆;其他合金钢角材、型材及异型材;合金钢或非合金钢制的空心钻钢** | | | | | | |
| 72281000 | -高速钢条、杆 | | | | | | |
| 7228100000 | 其他高速钢的条、杆 | 3 | 20 | 17 | 13 | 千克 | A |
| 72282000 | -硅锰钢条、杆 | | | | | | |
| 7228200000 | 其他硅锰钢的条、杆 | 6 | 20 | 17 | 0 | 千克 | A |
| 72283010 | ---含硼合金钢制 | | | | | | |
| 7228301000 | 含硼合金钢热加工条、杆(除热轧、热拉拔或热挤压外未经进一步加工的) | 3 | 20 | 17 | 0 | 千克 | A |

| 商品编号 | 商 品 名 称 及 备 注 | 进口关税税率(%) | | 增值税率(%) | 出口退税率(%) | 计量单位 | 监管条件 |
|---|---|---|---|---|---|---|---|
| | | 最惠国 | 普通 | | | | |
| 72283090 | ---其他 | | | | | | |
| 7228309000 | 其他合金钢热加工条、杆(除热轧、热拉拔或热挤压外未经进一步加工的) | 3 | 20 | 17 | 13 | 千克 | |
| 72284000 | -其他条、杆,除锻造外未经进一步加工 | | | | | | |
| 7228400000 | 其他合金钢锻造条、杆(除锻造外未经进一步加工的) | 3 | 20 | 17 | 13 | 千克 | |
| 72285000 | -其他条、杆,除冷成形或冷加工外未经进一步加工 | | | | | | |
| 7228500000 | 其他合金钢冷成形或冷加工条、杆(除冷成形或冷加工外未进一步加工) | 3 | 20 | 17 | 13 | 千克 | |
| 72286000 | -其他条、杆 | | | | | | |
| 7228600000 | 其他合金钢条、杆(热加工或冷加工后经进一步加工) | 3 | 20 | 17 | 9 | 千克 | |
| 72287010 | ---履带板型钢 | | | | | | |
| 7228701000 | 履带板合金型钢 | 6 | 17 | 17 | 9 | 千克 | A |
| 72287090 | ---其他 | | | | | | |
| 7228709000 | 其他合金钢角材、型材及异型材 | 6 | 17 | 17 | 9 | 千克 | A |
| 72288000 | -空心钻钢 | | | | | | |
| 7228800000 | 其他合金钢空心钻钢(包括非合金钢) | 7 | 35 | 17 | 13 | 千克 | A |
| **7229** | **其他合金钢丝** | | | | | | |
| 72292000 | -硅锰钢制 | | | | | | |
| 7229200000 | 硅锰钢丝 | 7 | 20 | 17 | 0 | 千克 | |
| 72299010 | ---高速钢制 | | | | | | |
| 7229901000 | 高速钢丝 | 3 | 20 | 17 | 13 | 千克 | |
| 72299090 | ---其他 | | | | | | |
| 7229909000 | 其他合金钢丝 | 7 | 20 | 17 | 9 | 千克 | |

# 第七十三章　钢铁制品

注释：

一、本章所称"铸铁"，适用于经铸造而得的产品，按重量计其铁元素含量超过其他元素单项含量并与第七十二章注释一(四)所述的钢的化学成分不同。

二、本章所称"丝"，是指热或冷成形的任何截面形状的产品，但其截面尺寸均不超过16毫米。

| 商品编号 | 商品名称及备注 | 进口关税税率(%) | | 增值税率(%) | 出口退税率(%) | 计量单位 | 监管条件 |
|---|---|---|---|---|---|---|---|
| | | 最惠国 | 普通 | | | | |
| **7301** | **钢铁板桩，不论是否钻孔、打眼或组装；焊接的钢铁角材、型材及异型材** | | | | | | |
| 73011000 | -钢铁板桩 | | | | | | |
| 7301100000 | 钢铁板桩(不论是否钻孔、扎眼或组装) | 7 | 20 | 17 | 9 | 千克 | |
| 73012000 | -角材、型材及异型材 | | | | | | |
| 7301200000 | 焊接的钢铁角材、型材及异型材 | 7 | 30 | 17 | 9 | 千克 | |
| **7302** | **铁道及电车道铺轨用钢铁材料(钢轨、护轨、齿轨、道岔尖轨、辙叉、尖轨拉杆及其他岔道段体、轨枕、鱼尾板、轨座、轨座楔、钢轨垫板、钢轨夹、底板、固定板及其他专门用于连接或加固路轨的材料)** | | | | | | |
| 73021000 | -钢轨 | | | | | | |
| 7302100000 | 钢轨 | 6 | 14 | 17 | 9 | 千克 | A |
| 73023000 | -道岔尖轨、辙叉、尖轨拉杆及其他岔道段体 | | | | | | |
| 7302300000 | 道岔尖轨、辙叉、尖轨拉杆(及其他岔道段体) | 8 | 17 | 17 | 9 | 千克 | A |
| 73024000 | -鱼尾板及钢轨垫板 | | | | | | |
| 7302400000 | 钢铁制鱼尾板、钢轨垫板 | 7 | 17 | 17 | 9 | 千克 | A |
| 73029010 | ---轨枕 | | | | | | |
| 7302901000 | 钢铁轨枕 | 6 | 14 | 17 | 9 | 千克 | A |
| 73029090 | ---其他 | | | | | | |
| 7302909000 | 其他铁道电车道铺轨用钢铁材料 | 7 | 17 | 17 | 9 | 千克 | A |
| **7303** | **铸铁管及空心异型材** | | | | | | |
| 73030010 | ---内径≥500毫米的圆形截面管 | | | | | | |
| 7303001000 | 内径≥500毫米的铸铁圆形截面管 | 4 | 40 | 17 | 9 | 千克 | |
| 73030090 | ---其他 | | | | | | |
| 7303009000 | 其他铸铁管及空心异型材 | 4 | 40 | 17 | 9 | 千克 | |
| **7304** | **无缝钢铁管及空心异型材(铸铁的除外)** | | | | | | |
| 73041110 | ---215.9毫米≤外径≤406.4毫米 | | | | | | |
| 7304111000 | 不锈钢制215.9毫米≤外径≤406.4毫米的管道管(石油或天然气无缝钢铁管道管) | 5 | 17 | 17 | 13 | 千克 | A |
| 73041120 | ---114.3毫米<外径<215.9毫米 | | | | | | |
| 7304112000 | 不锈钢制114.3毫米<外径<215.9毫米的管道管(石油或天然气无缝钢铁管道管) | 5 | 17 | 17 | 13 | 千克 | A |
| 73041130 | ---外径≤114.3毫米 | | | | | | |
| 7304113000 | 不锈钢制外径≤114.3毫米的管道管(石油或天然气无缝钢铁管道管) | 5 | 17 | 17 | 13 | 千克 | A |
| 73041190 | ---其他 | | | | | | |
| 7304119000 | 其他不锈钢制管道管(石油或天然气无缝钢铁管道管) | 5 | 17 | 17 | 13 | 千克 | A |
| 73041910 | ---215.9毫米≤外径≤406.4毫米 | | | | | | |
| 7304191000 | 其他215.9毫米≤外径≤406.4毫米的管道管(石油或天然气无缝钢铁管道管铸铁的除外) | 5 | 17 | 17 | 13 | 千克 | A |
| 73041920 | ---114.3毫米<外径<215.9毫米 | | | | | | |

| 商品编号 | 商品名称及备注 | 进口关税税率(%) | | 增值税率(%) | 出口退税率(%) | 计量单位 | 监管条件 |
|---|---|---|---|---|---|---|---|
| | | 最惠国 | 普通 | | | | |
| 7304192000 | 其他114.3毫米<外径<215.9毫米的管道管(石油或天然气无缝钢铁管道管铸铁的除外) | 5 | 17 | 17 | 13 | 千克 | A |
| 73041930 | ---外径≤114.3毫米 | | | | | | |
| 7304193000 | 其他外径≤114.3毫米的管道管(石油或天然气无缝钢铁管道管铸铁的除外) | 5 | 17 | 17 | 13 | 千克 | A |
| 73041990 | ---其他 | | | | | | |
| 7304199000 | 其他管道管(石油或天然气无缝钢铁管道管铸铁的除外) | 5 | 17 | 17 | 13 | 千克 | A |
| 73042210 | ---外径≤168.3毫米 | | | | | | |
| 7304221000 | 不锈钢制外径≤168.3毫米钻管(钻探石油及天然气用) | 4 | 17 | 17 | 13 | 千克 | A |
| 73042290 | ---其他 | | | | | | |
| 7304229000 | 其他不锈钢制钻管(钻探石油及天然气用) | 4 | 17 | 17 | 13 | 千克 | A |
| 73042310 | ---外径≤168.3毫米 | | | | | | |
| 7304231000 | 其他外径≤168.3毫米钻管(钻探石油及天然气用,铸铁的除外) | 4 | 17 | 17 | 13 | 千克 | A |
| 73042390 | ---其他 | | | | | | |
| 7304239000 | 其他钻管(钻探石油及天然气用铸铁的除外) | 4 | 17 | 17 | 13 | 千克 | A |
| 73042400 | --其他不锈钢管 | | | | | | |
| 7304240000 | 其他不锈钢制钻探石油及天然气用的套管及导管 | 4 | 17 | 17 | 13 | 千克 | A |
| 73042910 | ---屈服强度<552兆帕的 | | | | | | |
| 7304291000 | 屈服强度<552兆帕的其他钻探石油及天然气用的套管及导管(铸铁的除外) | 4 | 17 | 17 | 13 | 千克 | A |
| 73042920 | ---552兆帕≤屈服强度<758兆帕的 | | | | | | |
| 7304292000 | 552兆帕≤屈服强度<758兆帕的其他钻探石油及天然气用的套管及导管(铸铁的除外) | 4 | 17 | 17 | 13 | 千克 | A |
| 73042930 | ---屈服强度≥758兆帕的 | | | | | | |
| 7304293000 | 屈服强度≥758兆帕的其他钻探石油及天然气用的套管及导管(铸铁的除外) | 4 | 17 | 17 | 13 | 千克 | A |
| 73043110 | ---锅炉管 | | | | | | |
| 7304311000 | 冷轧的钢铁制无缝锅炉管(冷拔或冷轧的铁或非合金钢制的,包括内螺纹) | 4 | 17 | 17 | 9 | 千克 | A |
| 73043120 | ---地质钻管、套管 | | | | | | |
| 7304312000 | 冷轧的铁制无缝地质钻管、套管(冷拔或冷轧的铁或非合金钢制的) | 8 | 17 | 17 | 9 | 千克 | A |
| 73043190 | ---其他 | | | | | | |
| 7304319000 | 其他冷轧的铁制无缝圆形截面管(冷拔或冷轧的铁或非合金钢制的) | 4 | 17 | 17 | 9 | 千克 | A |
| 73043910 | ---锅炉管 | | | | | | |
| 7304391000 | 非冷拔或冷轧的铁制无缝锅炉管 | 4 | 17 | 17 | 9 | 千克 | A |
| 73043920 | ---地质钻管、套管 | | | | | | |
| 7304392000 | 非冷轧的铁制无缝地质钻管、套管(非冷拔或冷轧的铁或非合金钢制的) | 5 | 17 | 17 | 9 | 千克 | A |
| 73043990 | ---其他 | | | | | | |
| 7304399000 | 非冷轧的铁制其他无缝管(非冷拔或冷轧的铁或非合金钢制的) | 4 | 17 | 17 | 9 | 千克 | A |
| 73044110 | ---锅炉管 | | | | | | |
| 7304411000 | 冷轧的不锈钢制无缝锅炉管(冷拔或冷轧的,包括内螺纹) | 10 | 17 | 17 | 9 | 千克 | A |
| 73044190 | ---其他 | | | | | | |
| 7304419000 | 冷轧的不锈钢制的其他无缝管(冷拔或冷轧的) | 10 | 40 | 17 | 13 | 千克 | A |
| 73044910 | ---锅炉管 | | | | | | |
| 7304491000 | 非冷轧(拔)不锈钢制无缝锅炉管(包括内螺纹) | 10 | 17 | 17 | 13 | 千克 | A |
| 73044990 | ---其他 | | | | | | |
| 7304499000 | 非冷轧的不锈钢制其他无缝管(冷拔或冷轧的除外) | 10 | 40 | 17 | 9 | 千克 | A |
| 73045110 | ---锅炉管 | | | | | | |
| 7304511001 | 高温承压用合金钢无缝钢管[外径≥127毫米,化学成分(wt%)中,0.07≤碳(C)含量≤0.13,8.5≤铬(Cr)含量≤9.5,0.3≤钼(Mo)含量≤0.6,1.5≤钨(W)含量≤2.0,抗拉强度≥620兆帕,屈服强度≥440兆帕] | 4 | 17 | 17 | 9 | 千克 | A |

| 商品编号 | 商 品 名 称 及 备 注 | 进口关税税率（%） | | 增值税率（%） | 出口退税率（%） | 计量单位 | 监管条件 |
|---|---|---|---|---|---|---|---|
| | | 最惠国 | 普通 | | | | |
| 7304511090 | 冷轧的其他合金钢无缝锅炉管（冷拔或冷轧的，包括内螺纹） | 4 | 17 | 17 | 9 | 千克 | A |
| 73045120 | ---地质钻管、套管 | | | | | | |
| 7304512000 | 冷轧的其他合金钢无缝地质钻管、套管（冷拔或冷轧的） | 4 | 17 | 17 | 9 | 千克 | A |
| 73045190 | ---其他 | | | | | | |
| 7304519001 | 高温承压用合金钢无缝钢管[外径≥127毫米，化学成分（wt%）中，0.07≤碳（C）的含量≤0.13，8.5≤铬（Cr）的含量≤9.5，0.3≤钼（Mo）的含量≤0.6，1.5≤钨（W）的含量≤2.0，抗拉强度≥620兆帕，屈服强度≥440兆帕] | 4 | 17 | 17 | 9 | 千克 | A |
| 7304519090 | 冷轧的其他合金钢制其他无缝管（冷拔或冷轧的） | 4 | 17 | 17 | 9 | 千克 | A |
| 73045910 | ---锅炉管 | | | | | | |
| 7304591001 | 高温承压用合金钢无缝钢管[外径≥127毫米，化学成分（wt%）中，0.07≤碳（C）的含量≤0.13，8.5≤铬（Cr）的含量≤9.5，0.3≤钼（Mo）的含量≤0.6，1.5≤钨（W）的含量≤2.0，抗拉强度≥620兆帕，屈服强度≥440兆帕] | 4 | 17 | 17 | 9 | 千克 | A |
| 7304591090 | 非冷轧其他合金钢无缝锅炉管（非冷拔或冷轧的） | 4 | 17 | 17 | 9 | 千克 | A |
| 73045920 | ---地质钻管、套管 | | | | | | |
| 7304592000 | 非冷轧其他合金钢无缝地质钻管、套管（冷拔或冷轧的除外） | 4 | 17 | 17 | 9 | 千克 | A |
| 73045990 | ---其他 | | | | | | |
| 7304599001 | 高温承压用合金钢无缝钢管[外径≥127毫米，化学成分（wt%）中，0.07≤碳（C）的含量≤0.13，8.5≤铬（Cr）的含量≤9.5，0.3≤钼（Mo）的含量≤0.6，1.5≤钨（W）的含量≤2.0，抗拉强度≥620兆帕，屈服强度≥440兆帕] | 4 | 17 | 17 | 9 | 千克 | A |
| 7304599090 | 非冷轧其他合金钢制无缝圆形截面管（非冷拔或冷轧的） | 4 | 17 | 17 | 9 | 千克 | A |
| 73049000 | -其他 | | | | | | |
| 7304900000 | 未列名无缝钢铁管及空心异型材（铸铁除外） | 4 | 17 | 17 | 9 | 千克 | A |
| **7305** | **其他圆形截面钢铁管（例如，焊、铆及用类似方法接合的管），外径超过406.4毫米** | | | | | | |
| 73051100 | --纵向埋弧焊接的 | | | | | | |
| 7305110000 | 纵向埋弧焊接石油、天然气粗钢管（粗钢管指外径>406.4毫米） | 7 | 17 | 17 | 13 | 千克 | A |
| 73051200 | --其他纵向焊接的 | | | | | | |
| 7305120000 | 其他纵向焊接石油、天然气粗钢管（粗钢管指外径>406.4毫米） | 3 | 17 | 17 | 13 | 千克 | A |
| 73051900 | --其他 | | | | | | |
| 7305190000 | 其他石油、天然气粗钢管（粗钢管指外径>406.4毫米） | 7 | 17 | 17 | 13 | 千克 | A |
| 73052000 | -钻探石油或天然气用套管 | | | | | | |
| 7305200000 | 其他钻探石油、天然气用粗套管（粗套管指外径>406.4毫米） | 7 | 17 | 17 | 13 | 千克 | A |
| 73053100 | --纵向焊接的 | | | | | | |
| 7305310000 | 纵向焊接的其他粗钢铁管（粗钢铁管指外径>406.4毫米） | 6 | 30 | 17 | 9 | 千克 | A |
| 73053900 | --其他 | | | | | | |
| 7305390000 | 其他方法焊接其他粗钢铁管（粗钢铁管指外径>406.4毫米） | 6 | 30 | 17 | 9 | 千克 | A |
| 73059000 | -其他 | | | | | | |
| 7305900000 | 未列名圆形截面粗钢铁管（粗钢铁管指外径>406.4毫米） | 6 | 30 | 17 | 9 | 千克 | A |
| **7306** | **其他钢铁管及空心异型材（例如，辊缝、焊、铆及类似方法接合的）** | | | | | | |
| 73061100 | --不锈钢焊缝管 | | | | | | |
| 7306110000 | 不锈钢焊缝石油及天然气管道管 | 7 | 17 | 17 | 13 | 千克 | A |
| 73061900 | --其他 | | | | | | |
| 7306190000 | 非不锈钢焊缝石油及天然气管道管 | 7 | 17 | 17 | 13 | 千克 | A |
| 73062100 | --不锈钢焊缝管 | | | | | | |
| 7306210000 | 不锈钢焊缝钻探石油及天然气用套管及导管 | 3 | 17 | 17 | 13 | 千克 | A |
| 73062900 | --其他 | | | | | | |
| 7306290000 | 其他钻探石油及天然气用套管及导管 | 3 | 17 | 17 | 13 | 千克 | A |

| 商品编号 | 商品名称及备注 | 进口关税税率(%) | | 增值税率(%) | 出口退税率(%) | 计量单位 | 监管条件 |
|---|---|---|---|---|---|---|---|
| | | 最惠国 | 普通 | | | | |
| 73063011 | ----壁厚≤0.7毫米 | | | | | | |
| 7306301100 | 其他铁或非合金钢圆形截面焊缝管,外径≤10毫米,壁厚度≤0.7毫米(细焊缝管指外径≤406.4毫米) | 3 | 30 | 17 | 13 | 千克 | |
| 73063019 | ----其他 | | | | | | |
| 7306301900 | 其他铁或非合金钢圆形截面焊缝管,外径≤10毫米,壁厚>0.7毫米(细焊缝管指外径≤406.4毫米) | 3 | 30 | 17 | 9 | 千克 | |
| 73063090 | ---其他 | | | | | | |
| 7306309000 | 其他铁或非合金钢圆形截面焊缝管,外径>10毫米(细焊缝管指外径≤406.4毫米) | 3 | 30 | 17 | 9 | 千克 | |
| 73064000 | -不锈钢的其他圆形截面焊缝管 | | | | | | |
| 7306400000 | 不锈钢其他圆形截面细焊缝管(细焊缝管指外径≤406.4毫米) | 6 | 30 | 17 | 9 | 千克 | |
| 73065000 | -其他合金钢的圆形截面焊缝管 | | | | | | |
| 7306500000 | 其他合金钢的圆形截面细焊缝管(细焊缝管指外径≤406.4毫米) | 3 | 30 | 17 | 9 | 千克 | |
| 73066100 | --矩形或正方形截面的 | | | | | | |
| 7306610000 | 矩形或正方形截面的其他焊缝管 | 3 | 30 | 17 | 9 | 千克 | |
| 73066900 | --其他非圆形截面的 | | | | | | |
| 7306690000 | 其他非圆形截面的其他焊缝管 | 3 | 30 | 17 | 9 | 千克 | |
| 73069000 | -其他 | | | | | | |
| 7306900010 | 多壁式管道(直接与化学品接触表面由特殊耐腐蚀材料制成) | 6 | 30 | 17 | 9 | 千克 | 3A |
| 7306900090 | 未列名其他钢铁管及空心异型材 | 6 | 30 | 17 | 9 | 千克 | A |
| **7307** | **钢铁管子附件(例如,接头、肘管、管套)** | | | | | | |
| 73071100 | --无可锻性铸铁制 | | | | | | |
| 7307110000 | 无可锻性铸铁制管子附件 | 5 | 20 | 17 | 9 | 千克 | |
| 73071900 | --其他 | | | | | | |
| 7307190000 | 可锻性铸铁及铸钢管子附件 | 8 | 20 | 17 | 9 | 千克 | |
| 73072100 | --法兰 | | | | | | |
| 7307210000 | 不锈钢制法兰 | 8.4 | 20 | 17 | 9 | 千克 | |
| 73072200 | --螺纹肘管、弯管及管套 | | | | | | |
| 7307220000 | 不锈钢制螺纹肘管、弯管、管套 | 8.4 | 20 | 17 | 9 | 千克 | |
| 73072300 | --对焊件 | | | | | | |
| 7307230000 | 不锈钢制对焊件 | 8.4 | 20 | 17 | 9 | 千克 | |
| 73072900 | --其他 | | | | | | |
| 7307290000 | 不锈钢制其他管子附件 | 8.4 | 20 | 17 | 9 | 千克 | |
| 73079100 | --法兰 | | | | | | |
| 7307910000 | 未列名钢铁制法兰(不锈钢除外) | 7 | 20 | 17 | 9 | 千克 | |
| 73079200 | --螺纹肘管、弯管及管套 | | | | | | |
| 7307920000 | 未列名钢铁制螺纹肘管、弯管、管套(不锈钢除外) | 4 | 20 | 17 | 9 | 千克 | |
| 73079300 | --对焊件 | | | | | | |
| 7307930000 | 未列名钢铁制对焊件(不锈钢除外) | 7 | 20 | 17 | 9 | 千克 | |
| 73079900 | --其他 | | | | | | |
| 7307990000 | 未列名钢铁制其他管子附件(不锈钢除外) | 4 | 20 | 17 | 9 | 千克 | |
| **7308** | **钢铁结构体(品目94.06的活动房屋除外)及其部件(例如,桥梁及桥梁体段、闸门、塔楼、格构杆、屋顶、屋顶框架、门窗及其框架、门槛、百叶窗、栏杆、支柱及立柱);上述结构体用的已加工钢铁板、杆、角材、型材、异型材、管子及类似品** | | | | | | |
| 73081000 | -桥梁及桥梁体段 | | | | | | |
| 7308100000 | 钢铁制桥梁及桥梁体段 | 8 | 30 | 17 | 9 | 千克 | |
| 73082000 | -塔楼及格构杆 | | | | | | |

| 商品编号 | 商品名称及备注 | 进口关税税率(%) | | 增值税率(%) | 出口退税率(%) | 计量单位 | 监管条件 |
|---|---|---|---|---|---|---|---|
| | | 最惠国 | 普通 | | | | |
| 7308200000 | 钢铁制塔楼及格构杆 | 8.4 | 30 | 17 | 9 | 千克 | |
| 73083000 | -门窗及其框架、门槛 | | | | | | |
| 7308300000 | 钢铁制门窗及其框架、门槛 | 10 | 50 | 17 | 9 | 千克 | |
| 73084000 | -脚手架、模板或坑道支撑用的支柱及类似设备 | | | | | | |
| 7308400000 | 钢铁制脚手架模板坑凳用支柱及类似设备 | 8.4 | 30 | 17 | 9 | 千克 | |
| 73089000 | -其他 | | | | | | |
| 7308900000 | 其他钢铁结构体及部件(包括结构体用的已加工钢板、型材、管子及类似品) | 4 | 30 | 17 | 9 | 千克 | |
| **7309** | **盛装物料用的钢铁囤、柜、罐、桶及类似容器(装压缩气体或液化气体的除外),容积>300升,不论是否衬里或隔热,但无机械或热力装置** | | | | | | |
| 73090000 | 盛装物料用的钢铁囤、柜、罐、桶及类似容器(装压缩气体或液化气体的除外),容积超过300升,不论是否衬里或隔热,但无机械或热力装置 | | | | | | |
| 7309000000 | 容积>300升钢铁制盛物容器(容积>300升的囤、柜、桶、罐、听及类似容器) | 10.5 | 35 | 17 | 5 | 千克 | |
| **7310** | **盛装物料用的钢铁柜、桶、罐、听、盒及类似容器(装压缩气体或液化气体的除外),容积不超过300升,不论是否衬里或隔热,但无机械或热力装置** | | | | | | |
| 73101000 | -容积≥50升 | | | | | | |
| 7310100010 | 100升<总容积≤300升的容器(与所处理或盛放的化学品接触表面由特殊耐腐蚀材料制成) | 10.5 | 40 | 17 | 5 | 千克 | 3 |
| 7310100090 | 50升≤容积≤300升的其他钢铁制盛物容器(钢铁柜、桶、罐、听及类似容器) | 10.5 | 40 | 17 | 5 | 千克 | |
| 73102110 | ---易拉罐及罐体 | | | | | | |
| 7310211000 | 容积<50升的焊边或卷边接合钢铁易拉罐及罐体 | 17.5 | 70 | 17 | 5 | 千克 | A |
| 73102190 | ---其他 | | | | | | |
| 7310219000 | 容积<50升的其他焊边或卷边接合钢铁罐 | 17.5 | 70 | 17 | 5 | 千克 | |
| 73102910 | ---易拉罐及罐体 | | | | | | |
| 7310291000 | 容积<50升的其他易拉罐及罐体(焊边或卷边接合的除外) | 17.5 | 70 | 17 | 9 | 千克 | A |
| 73102990 | ---其他 | | | | | | |
| 7310299000 | 容积<50升的其他盛物容器(钢铁柜、桶、罐、听及类似容器) | 17.5 | 70 | 17 | 9 | 千克 | A |
| **7311** | **装压缩气体或液化气体用的钢铁容器** | | | | | | |
| 73110010 | ---零售包装用 | | | | | | |
| 7311001000 | 装压缩或液化气的钢铁容器(指零售包装用) | 17.5 | 70 | 17 | 5 | 千克 | 6A |
| 73110090 | ---其他 | | | | | | |
| 7311009000 | 其他装压缩或液化气的容器(指非零售包装用) | 8 | 17 | 17 | 13 | 千克 | 6A |
| **7312** | **非绝缘的钢铁绞股线、绳、缆、编带、吊索及类似品** | | | | | | |
| 73121000 | -绞股线、绳、缆 | | | | | | |
| 7312100000 | 非绝缘的钢铁绞股线、绳、缆 | 4 | 20 | 17 | 5 | 千克 | A |
| 73129000 | -其他 | | | | | | |
| 7312900000 | 非绝缘钢铁编带、吊索及类似品 | 4 | 20 | 17 | 5 | 千克 | |
| **7313** | **带刺钢铁丝;围篱用的钢铁绞带或单股扁丝(不论是否带刺)及松绞的双股丝** | | | | | | |
| 73130000 | 带刺钢铁丝;围篱用的钢铁绞带或单股扁丝(不论是否带刺)及松绞的双股丝 | | | | | | |
| 7313000000 | 带刺钢铁丝、围篱用钢铁绞带(还包括单股扁丝及松绞的双股丝) | 7 | 70 | 17 | 5 | 千克 | |
| **7314** | **钢铁丝制的布(包括环形带)、网、篱、格栅;网眼钢铁板** | | | | | | |
| 73141200 | --不锈钢制的机器用环形带 | | | | | | |
| 7314120000 | 不锈钢制的机器环形带 | 12 | 20 | 17 | 5 | 千克 | |
| 73141400 | --不锈钢制的其他机织品 | | | | | | |
| 7314140000 | 不锈钢制的其他机织品 | 12 | 20 | 17 | 5 | 千克 | |
| 73141900 | --其他 | | | | | | |
| 7314190000 | 其他钢丝制机织品 | 7 | 20 | 17 | 5 | 千克 | |

| 商品编号 | 商品名称及备注 | 进口关税税率(%) | | 增值税率(%) | 出口退税率(%) | 计量单位 | 监管条件 |
|---|---|---|---|---|---|---|---|
| | | 最惠国 | 普通 | | | | |
| 73142000 | -交点焊接的网、篱及格栅,其丝的最大截面尺寸≥3毫米,网眼尺寸≥100平方厘米 | | | | | | |
| 7314200000 | 交点焊接的粗钢铁丝网、篱及格栅(其丝的最大截面尺寸≥3毫米,网眼尺寸≥100平方厘米) | 7 | 70 | 17 | 5 | 千克 | |
| 73143100 | --镀或涂锌的 | | | | | | |
| 7314310000 | 交点焊接的镀或涂锌细钢铁丝网、篱及格栅(其丝的最大截面尺寸<3毫米,网眼尺寸<100平方厘米) | 7 | 70 | 17 | 5 | 千克 | |
| 73143900 | --其他 | | | | | | |
| 7314390000 | 交点焊接的其他细钢铁丝网、篱及格栅(其丝的最大截面尺寸<3毫米,网眼尺寸<100平方厘米) | 7 | 70 | 17 | 5 | 千克 | |
| 73144100 | --镀或涂锌的 | | | | | | |
| 7314410000 | 镀或涂锌的钢铁丝网、篱及格栅 | 8 | 20 | 17 | 5 | 千克 | |
| 73144200 | --涂塑的 | | | | | | |
| 7314420000 | 涂塑的钢铁丝网、篱及格栅 | 8 | 20 | 17 | 5 | 千克 | |
| 73144900 | --其他 | | | | | | |
| 7314490000 | 其他钢铁丝网、篱及格栅 | 8 | 20 | 17 | 5 | 千克 | |
| 73145000 | -网眼钢铁板 | | | | | | |
| 7314500000 | 网眼钢铁板 | 8 | 70 | 17 | 5 | 千克 | |
| **7315** | **钢铁链及其零件** | | | | | | |
| 73151110 | ---自行车用 | | | | | | |
| 7315111000 | 自行车滚子链 | 12 | 80 | 17 | 13 | 千克 | |
| 73151120 | ---摩托车用 | | | | | | |
| 7315112000 | 摩托车滚子链 | 12 | 80 | 17 | 13 | 千克 | |
| 73151190 | ---其他 | | | | | | |
| 7315119000 | 其他滚子链(自行车链、摩托车链除外) | 12 | 80 | 17 | 13 | 千克 | |
| 73151200 | --其他链 | | | | | | |
| 7315120000 | 其他铰接链(滚子链除外) | 12 | 80 | 17 | 13 | 千克 | |
| 73151900 | --零件 | | | | | | |
| 7315190000 | 铰接链零件(包括自行车链、摩托车链、其他滚子链零件) | 12 | 80 | 17 | 13 | 千克 | |
| 73152000 | -防滑链 | | | | | | |
| 7315200000 | 防滑链 | 12 | 80 | 17 | 13 | 千克 | |
| 73158100 | --日字环节链 | | | | | | |
| 7315810000 | 日字环节链 | 12 | 80 | 17 | 17 | 千克 | |
| 73158200 | --其他焊接链 | | | | | | |
| 7315820000 | 其他焊接链(日字环节链除外) | 12 | 80 | 17 | 17 | 千克 | |
| 73158900 | --其他 | | | | | | |
| 7315890000 | 未列名链 | 12 | 80 | 17 | 13 | 千克 | |
| 73159000 | -其他零件 | | | | | | |
| 7315900000 | 非铰接链零件 | 10 | 80 | 17 | 13 | 千克 | |
| **7316** | **钢铁锚、多爪锚及其零件** | | | | | | |
| 73160000 | 钢铁锚、多爪锚及其零件 | | | | | | |
| 7316000000 | 钢铁锚、多爪锚及其零件 | 10 | 40 | 17 | 13 | 千克 | |
| **7317** | **钢铁制的钉、平头钉、图钉、波纹钉、U形钉(品目83.05的货品除外)及类似品,不论钉头是否用其他材料制成,但不包括铜头钉** | | | | | | |
| 73170000 | 钢铁制的钉、平头钉、图钉、波纹钉、U形钉(品目83.05的货品除外)及类似品,不论钉头是否用其他材料制成,但不包括铜头钉 | | | | | | |
| 7317000000 | 铁钉、图钉、平头钉及类似品(不论钉头是否用其他材料制成,但不包括铜头钉) | 10 | 80 | 17 | 5 | 千克 | |

| 商品编号 | 商 品 名 称 及 备 注 | 进口关税税率(%) | | 增值税率(%) | 出口退税率(%) | 计量单位 | 监管条件 |
|---|---|---|---|---|---|---|---|
| | | 最惠国 | 普通 | | | | |
| **7318** | **钢铁制的螺钉、螺栓、螺母、方头螺钉、钩头螺钉、铆钉、销、开尾销、垫圈(包括弹簧垫圈)及类似品** | | | | | | |
| 73181100 | --方头螺钉 | | | | | | |
| 7318110000 | 方头螺钉 | 10 | 80 | 17 | 5 | 千克 | |
| 73181200 | --其他木螺钉 | | | | | | |
| 7318120001 | 非用于民用航空器维护和修理的其他木螺钉(不包括不锈钢紧固件) | 10 | 80 | 17 | 5 | 千克 | |
| 7318120090 | 其他木螺钉 | 10 | 80 | 17 | 5 | 千克 | |
| 73181300 | --钩头螺钉及环头螺钉 | | | | | | |
| 7318130000 | 钩头螺钉及环头螺钉 | 10 | 80 | 17 | 5 | 千克 | |
| 73181400 | --自攻螺丝 | | | | | | |
| 7318140001 | 非用于民用航空器维护和修理的自攻螺钉(不包括不锈钢紧固件) | 10 | 80 | 17 | 5 | 千克 | |
| 7318140090 | 其他自攻螺钉 | 10 | 80 | 17 | 5 | 千克 | |
| 73181510 | ---抗拉强度≥800兆帕的 | | | | | | |
| 7318151001 | 抗拉强度≥800兆帕,杆径>6毫米的其他螺钉及螺栓(不包括不锈钢紧固件)(不论是否带有螺母或垫圈,非用于民用航空器维护和修理的) | 8 | 80 | 17 | 5 | 千克 | |
| 7318151090 | 其他抗拉强度≥800兆帕的螺钉及螺栓(不论是否带有螺母或垫圈) | 8 | 80 | 17 | 5 | 千克 | |
| 73181590 | ---其他 | | | | | | |
| 7318159001 | 杆径>6毫米的其他螺钉及螺栓(不包括不锈钢紧固件)(不论是否带有螺母或垫圈,非用于民用航空器维护和修理的) | 8 | 80 | 17 | 5 | 千克 | |
| 7318159090 | 其他螺钉及螺栓(不论是否带有螺母或垫圈) | 8 | 80 | 17 | 5 | 千克 | |
| 73181600 | --螺母 | | | | | | |
| 7318160000 | 螺母 | 8 | 80 | 17 | 5 | 千克 | |
| 73181900 | --其他 | | | | | | |
| 7318190000 | 未列名螺纹制品 | 5 | 80 | 17 | 5 | 千克 | |
| 73182100 | --弹簧垫圈及其他防松垫圈 | | | | | | |
| 7318210001 | 弹簧垫圈及其他防松垫圈(不包括不锈钢紧固件)(非用于民用航空器维护和修理的) | 10 | 80 | 17 | 5 | 千克 | |
| 7318210090 | 其他弹簧垫圈及其他防松垫圈 | 10 | 80 | 17 | 5 | 千克 | |
| 73182200 | --其他垫圈 | | | | | | |
| 7318220001 | 其他垫圈(不包括不锈钢紧固件)(非用于民用航空器维护和修理的) | 10 | 80 | 17 | 5 | 千克 | |
| 7318220090 | 其他垫圈 | 10 | 80 | 17 | 5 | 千克 | |
| 73182300 | --铆钉 | | | | | | |
| 7318230000 | 铆钉 | 10 | 80 | 17 | 5 | 千克 | |
| 73182400 | --销及开尾销 | | | | | | |
| 7318240000 | 销及开尾销 | 10 | 80 | 17 | 5 | 千克 | |
| 73182900 | --其他 | | | | | | |
| 7318290000 | 其他无螺纹紧固件 | 10 | 80 | 17 | 5 | 千克 | |
| **7319** | **钢铁制的手工缝针、编织针、引针、钩针、刺绣穿孔锥及类似制品;其他编号未列名的钢铁制安全别针及其他别针** | | | | | | |
| 73194010 | 安全别针 | | | | | | |
| 7319401000 | 安全别针(钢铁制) | 10 | 90 | 17 | 5 | 千克 | |
| 73194090 | ---其他 | | | | | | |
| 7319409000 | 其他别针(钢铁制) | 10 | 90 | 17 | 5 | 千克 | |
| 73199000 | -其他 | | | | | | |
| 7319900000 | 未列名钢铁制针及类似品 | 10 | 80 | 17 | 5 | 千克 | |
| **7320** | **钢铁制弹簧及弹簧片** | | | | | | |
| 73201010 | ---铁道车辆用 | | | | | | |

| 商品编号 | 商品名称及备注 | 进口关税税率(%) | | 增值税率(%) | 出口退税率(%) | 计量单位 | 监管条件 |
|---|---|---|---|---|---|---|---|
| | | 最惠国 | 普通 | | | | |
| 7320101000 | 铁道车辆用片簧及簧片 | 6 | 14 | 17 | 5 | 千克 | |
| 73201020 | ---汽车用 | | | | | | |
| 7320102000 | 汽车用片簧及簧片 | 10 | 14 | 17 | 5 | 千克 | |
| 73201090 | ---其他 | | | | | | |
| 7320109000 | 其他片簧及簧片 | 10 | 50 | 17 | 5 | 千克 | |
| 73202010 | ---铁道车辆用 | | | | | | |
| 7320201000 | 铁道车辆用螺旋弹簧 | 6 | 14 | 17 | 5 | 千克 | |
| 73202090 | ---其他 | | | | | | |
| 7320209000 | 其他螺旋弹簧 | 10 | 50 | 17 | 5 | 千克 | |
| 73209010 | ---铁道车辆用 | | | | | | |
| 7320901000 | 铁道车辆用其他弹簧 | 6 | 14 | 17 | 5 | 千克 | |
| 73209090 | ---其他 | | | | | | |
| 7320909000 | 其他弹簧 | 12 | 50 | 17 | 5 | 千克 | |
| **7321** | **非电热的钢铁制家用炉、灶(包括附有集中供暖用的热水锅的炉)、烤肉架、烤炉、煤气灶、加热板和类似非电热的家用器具及其零件** | | | | | | |
| 73211100 | --使用气体燃料或可使用气体燃料及其他燃料的 | | | | | | |
| 7321110000 | 可使用气体燃料的家用炉灶 | 15 | 80 | 17 | 9 | 千克/个 | 6 |
| 73211210 | ---煤油炉 | | | | | | |
| 7321121000 | 煤油炉 | 21 | 80 | 17 | 5 | 千克/个 | |
| 73211290 | ---其他 | | | | | | |
| 7321129000 | 其他使用液体燃料的家用炉灶 | 21 | 80 | 17 | 9 | 千克/个 | |
| 73211900 | --其他,包括使用固体燃料的 | | | | | | |
| 7321190000 | 其他炊事器具及加热板,包括使用固体燃料的 | 21 | 80 | 17 | 9 | 千克/个 | |
| 73218100 | --使用气体燃料或可使用气体燃料及其他燃料的 | | | | | | |
| 7321810000 | 可使用气体燃料的其他家用器具 | 23 | 80 | 17 | 5 | 千克/个 | 6 |
| 73218200 | --使用液体燃料的 | | | | | | |
| 7321820000 | 使用液体燃料的其他家用器具 | 21 | 80 | 17 | 5 | 千克/个 | |
| 73218900 | --其他,包括使用固体燃料的 | | | | | | |
| 7321890000 | 其他器具,包括使用固体燃料的 | 21 | 80 | 17 | 9 | 千克/个 | |
| 73219000 | -零件 | | | | | | |
| 7321900000 | 非电热家用器具零件 | 12 | 80 | 17 | 9 | 千克 | |
| **7322** | **非电热的钢铁制集中供暖用散热器及其零件;非电热的钢铁制空气加热器、暖气分布器(包括可分布新鲜空气或调节空气的)及其零件,装有电动风扇或鼓风机** | | | | | | |
| 73221100 | --铸铁制 | | | | | | |
| 7322110000 | 非电热铸铁制集中供暖用散热器(包括零件) | 21 | 80 | 17 | 5 | 千克 | |
| 73221900 | --其他 | | | | | | |
| 7322190000 | 非电热钢制集中供暖用散热器(包括零件) | 21 | 80 | 17 | 5 | 千克 | |
| 73229000 | -其他 | | | | | | |
| 7322900000 | 非电热空气加热器、暖气分布器(包括零件) | 20 | 80 | 17 | 5 | 千克 | |
| **7323** | **餐桌、厨房或其他家用钢铁器具及其零件;钢铁丝绒;钢铁制擦锅器、洗刷擦光用的块垫、手套及类似品** | | | | | | |
| 73231000 | -钢铁丝绒;擦锅器及洗刷擦光用的块垫、手套及类似品 | | | | | | |
| 7323100000 | 钢铁丝绒、擦锅器、洗擦用块垫等 | 14 | 80 | 17 | 5 | 千克 | A |
| 73239100 | --铸铁制,未搪瓷 | | | | | | |

| 商品编号 | 商品名称及备注 | 进口关税税率(%) | | 增值税率(%) | 出口退税率(%) | 计量单位 | 监管条件 |
|---|---|---|---|---|---|---|---|
| | | 最惠国 | 普通 | | | | |
| 7323910000[暂10] | 餐桌、厨房等家用铸铁制器具(包括零件、非搪瓷的) | 20 | 80 | 17 | 9 | 千克 | A |
| 73239200 | --铸铁制,已搪瓷 | | | | | | |
| 7323920000[暂10] | 餐桌、厨房等家用铸铁制搪瓷器(包括零件、已搪瓷的) | 20 | 100 | 17 | 9 | 千克 | A |
| 73239300 | --不锈钢制 | | | | | | |
| 7323930000 | 餐桌、厨房等家用不锈钢器具(包括零件、已搪瓷的) | 12 | 80 | 17 | 9 | 千克 | A |
| 73239410 | ---面盆 | | | | | | |
| 7323941000 | 面盆,钢铁制,已搪瓷(铸铁的除外) | 20 | 100 | 17 | 9 | 千克 | A |
| 73239420 | ---烧锅 | | | | | | |
| 7323942000[暂10] | 烧锅,钢铁制,已搪瓷(铸铁的除外) | 20 | 100 | 17 | 9 | 千克 | A |
| 73239490 | ---其他 | | | | | | |
| 7323949000 | 其他餐桌、厨房等家用钢铁制搪器(铸铁除外) | 20 | 100 | 17 | 9 | 千克 | A |
| 73239900 | --其他 | | | | | | |
| 7323990000 | 其他餐桌、厨房等用钢铁器具 | 20 | 80 | 17 | 9 | 千克 | A |
| **7324** | **钢铁制卫生器具及其零件** | | | | | | |
| 73241000 | -不锈钢制洗涤槽及脸盆 | | | | | | |
| 7324100000[暂10] | 不锈钢制洗涤槽及脸盆 | 18 | 80 | 17 | 9 | 千克 | |
| 73242100 | --铸铁制,不论是否搪瓷 | | | | | | |
| 7324210000 | 铸铁制浴缸(不论是否搪瓷) | 10 | 100 | 17 | 9 | 千克 | |
| 73242900 | --其他 | | | | | | |
| 7324290000[暂15] | 其他钢铁制浴缸(不论是否搪瓷) | 30 | 100 | 17 | 9 | 千克 | |
| 73249000 | -其他,包括零件 | | | | | | |
| 7324900000[暂15] | 其他钢铁制卫生器具及零件 | 25 | 100 | 17 | 9 | 千克 | |
| **7325** | **其他钢铁铸造制品** | | | | | | |
| 73251010 | ---工业用 | | | | | | |
| 7325101000 | 工业用无可锻性铸铁制品 | 7 | 40 | 17 | 5 | 千克 | |
| 73251090 | ---其他 | | | | | | |
| 7325109000 | 其他无可锻性铸铁制品 | 20 | 90 | 17 | 5 | 千克 | |
| 73259100 | --研磨机用的研磨球及类似品 | | | | | | |
| 7325910000 | 可锻性铸铁及铸钢研磨机的研磨球(包括其类似品) | 10.5 | 40 | 17 | 5 | 千克 | |
| 73259910 | ---工业用 | | | | | | |
| 7325991000 | 工业用未列名可锻性铸铁制品(包括铸钢制品) | 10.5 | 40 | 17 | 5 | 千克 | |
| 73259990 | ---其他 | | | | | | |
| 7325999000 | 非工业用未列名可锻性铸铁制品(包括铸钢制品) | 20 | 90 | 17 | 5 | 千克 | |
| **7326** | **其他钢铁制品** | | | | | | |
| 73261100 | --研磨机用的研磨球及类似品 | | | | | | |
| 7326110000 | 钢铁制研磨机用研磨球及类似品(经锻造或冲压后,未经进一步加工) | 10.5 | 40 | 17 | 5 | 千克 | |
| 73261910 | ---工业用 | | | | | | |
| 7326191000 | 工业用未列名钢铁制品(经锻造或冲压后,未经进一步加工) | 10.5 | 40 | 17 | 5 | 千克 | |
| 73261990 | ---其他 | | | | | | |
| 7326199000 | 非工业用钢铁制品(经锻造或冲压后,未经进一步加工) | 20 | 90 | 17 | 5 | 千克 | |
| 73262010 | ---工业用 | | | | | | |
| 7326201000 | 工业用钢铁丝制品 | 10 | 40 | 17 | 5 | 千克 | |
| 73262090 | ---其他 | | | | | | |

| 商品编号 | 商 品 名 称 及 备 注 | 进口关税税率(%) | | 增值税率(%) | 出口退税率(%) | 计量单位 | 监管条件 |
|---|---|---|---|---|---|---|---|
| | | 最惠国 | 普通 | | | | |
| 7326209000 | 非工业用钢铁丝制品 | 18 | 90 | 17 | 9 | 千克 | |
| 73269011 | ----钢铁纤维及其制品 | | | | | | |
| 7326901100 | 其他工业用钢铁纤维及其制品 | 10.5 | 40 | 17 | 5 | 千克 | |
| 73269019 | ----其他 | | | | | | |
| 7326901900 | 其他工业用钢铁制品 | 10.5 | 40 | 17 | 5 | 千克 | |
| 73269090 | ---其他 | | | | | | |
| 7326909000 | 其他非工业用钢铁制品 | 8 | 90 | 17 | 9 | 千克 | |

# 第七十四章　铜及其制品

**注释：**

本章所用有关名词解释如下：

一、精炼铜

按重量计含铜量至少为99.85%的金属；或按重量计含铜量至少为97.5%，但其他各种元素的含量不超过下表中规定的限量的金属：

**其他元素表**

| 元素 | | 所含重量百分比 |
|---|---|---|
| Ag | 银 | 0.25 |
| As | 砷 | 0.5 |
| Cd | 镉 | 1.3 |
| Cr | 铬 | 1.4 |
| Mg | 镁 | 0.8 |
| Pb | 铅 | 1.5 |
| S | 硫 | 0.7 |
| Sn | 锡 | 0.8 |
| Te | 碲 | 0.8 |
| Zn | 锌 | 1 |
| Zr | 锆 | 0.3 |
| 其他元素(1)，每种 | | 0.3 |

(1)其他元素，例如铝、铍、钴、铁、锰、镍、硅。

二、铜合金

除未精炼铜以外的金属物质，按重量计含铜量大于其他元素单项含量，但：

(一)按重量计至少有一种其他元素的含量超过上表中规定的限量；

(二)按重量计其他元素的总含量超过2.5%。

三、铜母合金

含有其他元素，但按重量计含铜量超过10%的合金，该合金无实用可锻性，通常用做生产其他合金的添加剂或用做冶炼有色金属的脱氧剂、脱硫剂及类似用途。但按重量计含磷量超过15%的磷化铜(磷铜)归入品目28.53。

四、条、杆

轧、挤、拔或锻制的实心产品，非成卷的，其全长截面均为圆形、椭圆形、矩形(包括正方形)、等边三角形或规则外凸多边形(包括相对两边为弧拱形，另外两边为等长平行直线的"扁圆形"及"变形矩形")。对于矩形(包括正方形)、三角形或多边形截面的产品，其全长边角可经磨圆。矩形(包括"变形矩形")截面的产品，其厚度应大于宽度的1/10。所述条、杆也包括同样形状及尺寸的铸造或烧结产品。该产品在铸造或烧结后再经加工(简单剪修或去氧化皮的除外)，但不具有其他品目所列制品或产品的特征。

线锭及坯段已具锥形尾端或经其他简单加工以便送入机器制成盘条或管子等的，仍应作为未锻轧铜归入品目74.03。

五、型材及异型材

轧、挤、拔、锻制的产品或其他成型产品，不论是否成卷，其全长截面相同，但与条、杆、丝、板、片、带、箔、管的定义不相符合。同时也包括同样形状的铸造或烧结产品。该产品在铸造或烧结后再经加工(简单剪修或去氧化皮的除外)，但不具有其他品目所列制品或产品的特征。

六、丝

盘卷的轧、挤或拔制实心产品，其全长截面均为圆形、椭圆形、矩形(包括正方形)、等边三角形或规则外凸多边形(包括相对两边为弧拱形，另外两边为等长平行直线的"扁圆形"及"变形矩形")。对于矩形(包括正方形)、三角形或多边形截面的产品，其全长边角可经磨圆。矩形(包括"变形矩形")截面的产品，其厚度应大于宽度的1/10。

七、板、片、带、箔

成卷或非成卷的平面产品(品目74.03的未锻轧产品除外)，截面均为厚度相同的实心矩形(不包括正方形)，不论边角是否磨圆(包括相对两边为弧拱形，另外两边为等长平行直线的"变形矩形")，并且符合以下规格：

(一)矩形(包括正方形)的，厚度不超过宽度的1/10；

(二)矩形或正方形以外形状的，任何尺寸，但不具有其他品目所列制品或产品的特征。

品目74.09及74.10还适用于具有花样(例如，凹槽、肋条形、格槽、珠粒及菱形)的板、片、带、箔以及穿孔、抛光、涂层或制成瓦楞形的这类产品，但不具有其他品目所列制品或产品的特征。

八、管

全长截面及管壁厚度相同并只有一个闭合空间的空心产品，成卷或非成卷的，其截面为圆形、椭圆形、矩形(包括正方形)、等边三角形或规则外凸多边形。对于截面为矩形(包括正方形)、等边三角形或规则外凸多边形的产品，不论全长边角是否磨圆，只要其内外截面为同一圆心并为同样形状及同一轴向，也可视为管子。上述截面的管子可经抛光、涂层、弯曲、攻丝、钻孔、缩腰、胀口、成锥形或装法兰、颈圈或套环。

**子目注释：**

本章所用有关名词解释如下：

一、铜锌合金(黄铜)

铜与锌的合金，不论是否含有其他元素。含有其他元素时：

按重量计含锌量应大于其他各种元素的单项含量；

按重量计含镍量应低于5%[参见铜镍锌合金(德银)]；

按重量计含锡量应低于3%[参见铜锡合金(青铜)]。

二、铜锡合金(青铜)

铜与锡的合金，不论是否含有其他元素。含有其他元素时，按重量计含锡量应大于其他各种元素的单项含量。当按重量计含锡量在3%及以上时，锌的含量可大于锡的含量，但必须小于10%。

三、铜镍锌合金(德银)

铜、镍、锌的合金，不论是否含有其他元素，按重量计含镍量在5%及以上[参见铜锌合金(黄铜)]。

四、铜镍合金

铜与镍的合金，不论是否含有其他元素，但按重量计含锌量不得大于1%。含有其他元素时，按重量计含镍量应大于其他各种元素的单项含量。

| 商品编号 | 商品名称及备注 | 进口关税税率(%) | | 增值税率(%) | 出口退税率(%) | 计量单位 | 监管条件 |
|---|---|---|---|---|---|---|---|
| | | 最惠国 | 普通 | | | | |
| **7401** | **铜锍;沉积铜(泥铜)** | | | | | | |
| 74010000 | 铜锍;沉积铜(泥铜) | | | | | | |
| 7401000010 | 沉积铜(泥铜) | 2 | 11 | 17 | 0 | 千克 | 9A |
| 7401000090[暂0] | 铜锍 | 2 | 11 | 17 | 0 | 千克 | |
| **7402** | **未精炼铜;电解精炼用的铜阳极** | | | | | | |
| 74020000 | 未精炼铜;电解精炼用的铜阳极 | | | | | | |
| 7402000001[暂0] | 未精炼铜、电解精炼用铜阳极(含黄金价值部分) | 2 | 11 | 0 | 0 | 千克 | |
| 7402000090[暂0] | 未精炼铜、电解精炼用铜阳极(非黄金价值部分) | 2 | 11 | 17 | 0 | 千克 | |
| **7403** | **未锻轧的精炼铜及铜合金** | | | | | | |
| 74031111 | ----按重量计铜含量>99.9935%的 | | | | | | |
| 7403111101[暂0] | 高纯阴极铜(99.9935%<铜含量<99.9999%)(未锻轧的) | 2 | 11 | 17 | 0 | 千克 | |
| 7403111190[暂0] | 高纯阴极铜(铜含量≥99.9999%)(未锻轧的) | 2 | 11 | 17 | 0 | 千克 | |
| 74031119 | ----其他 | | | | | | |
| 7403111900[暂0] | 其他精炼铜的阴极(未锻轧的) | 2 | 11 | 17 | 0 | 千克 | |
| 74031190 | ---阴极型材 | | | | | | |
| 7403119000[暂0] | 精炼铜的阴极型材(未锻轧的) | 2 | 11 | 17 | 0 | 千克 | |
| 74031200 | --线锭 | | | | | | |
| 7403120000[暂0] | 精炼铜的线锭(未锻轧的) | 2 | 11 | 17 | 0 | 千克 | |
| 74031300 | --坯段 | | | | | | |
| 7403130000[暂0] | 精炼铜的坯段(未锻轧的) | 2 | 11 | 17 | 0 | 千克 | |
| 74031900 | --其他 | | | | | | |
| 7403190000[暂0] | 其他未锻轧的精炼铜 | 2 | 11 | 17 | 0 | 千克 | |
| 74032100 | --铜锌合金(黄铜) | | | | | | |
| 7403210000[暂1] | 未锻轧的铜锌合金(黄铜) | 1 | 14 | 17 | 0 | 千克 | |
| 74032200 | --铜锡合金(青铜) | | | | | | |
| 7403220000[暂1] | 未锻轧的铜锡合金(青铜) | 1 | 17 | 17 | 0 | 千克 | |
| 74032900 | --其他铜合金(品目74.05的铜母合金除外) | | | | | | |
| 7403290000[暂1] | 未锻轧的其他铜合金(铜母合金除外,包括未锻轧的白铜或德银) | 1 | 17 | 17 | 0 | 千克 | |
| **7404** | **铜废碎料** | | | | | | |
| 74040000 | 铜废碎料 | | | | | | |
| 7404000010[暂0] | 以回收铜为主的废电机等(包括废电机、电线、电缆、五金电器) | 1.5 | 11 | 17 | 0 | 千克 | AP |
| 7404000090[暂0] | 其他铜废碎料 | 1.5 | 11 | 17 | 0 | 千克 | A |
| **7405** | **铜母合金** | | | | | | |
| 74050000 | 铜母合金 | | | | | | |
| 7405000000[暂4] | 铜母合金 | 4 | 17 | 17 | 0 | 千克 | |
| **7406** | **铜粉及片状粉末** | | | | | | |
| 74061010 | ---精炼铜制 | | | | | | |
| 7406101000 | 精炼铜制非片状粉末 | 3 | 14 | 17 | 0 | 千克 | |
| 74061020 | ---铜镍合金(白铜)或铜镍锌合金(德银)制 | | | | | | |
| 7406102000 | 白铜或德银制非片状粉末 | 6 | 40 | 17 | 0 | 千克 | |
| 74061030 | ---铜锌合金(黄铜)制 | | | | | | |
| 7406103000 | 铜锌合金(黄铜)制非片状粉末 | 6 | 30 | 17 | 0 | 千克 | |
| 74061040 | ---铜锡合金(青铜)制 | | | | | | |
| 7406104000 | 铜锡合金(青铜)制非片状粉末 | 6 | 30 | 17 | 0 | 千克 | |
| 74061090 | ---其他铜合金制 | | | | | | |
| 7406109000 | 其他铜合金制非片状粉末 | 6 | 30 | 17 | 0 | 千克 | |

| 商品编号 | 商品名称及备注 | 进口关税税率(%) | | 增值税率(%) | 出口退税率(%) | 计量单位 | 监管条件 |
|---|---|---|---|---|---|---|---|
| | | 最惠国 | 普通 | | | | |
| 74062010 | ---精炼铜制 | | | | | | |
| 7406201000 | 精炼铜制片状粉末 | 4 | 14 | 17 | 0 | 千克 | |
| 74062020 | ---铜镍合金(白铜)或铜镍锌合金(德银)制 | | | | | | |
| 7406202000 | 白铜或德银制片状粉末 | 6 | 40 | 17 | 0 | 千克 | |
| 74062090 | ---其他铜合金制 | | | | | | |
| 7406209000 | 其他铜合金制片状粉末 | 6 | 30 | 17 | 0 | 千克 | |
| **7407** | **铜条、杆、型材及异型材** | | | | | | |
| 74071010 | ---铬锆铜制 | | | | | | |
| 7407101000暂4 | 铬锆铜制的条、杆、型材及异型材 | 4 | 14 | 17 | 9 | 千克 | |
| 74071090 | ---其他 | | | | | | |
| 7407109000暂4 | 其他精炼铜条、杆、型材及异型材 | 4 | 14 | 17 | 0 | 千克 | |
| 74072111 | ----直线度≤0.5毫米/米 | | | | | | |
| 7407211100暂7 | 铜锌合金(黄铜)条、杆(直线度≤0.5毫米/米) | 7 | 20 | 17 | 9 | 千克 | |
| 74072119 | ----其他 | | | | | | |
| 7407211900暂7 | 其他铜锌合金(黄铜)条、杆(直线度>0.5毫米/米) | 7 | 20 | 17 | 9 | 千克 | |
| 74072190 | ---其他 | | | | | | |
| 7407219000暂7 | 铜锌合金(黄铜)型材及异型材 | 7 | 20 | 17 | 9 | 千克 | |
| 74072900 | --其他 | | | | | | |
| 7407290000暂7 | 其他铜合金条、杆、型材及异型材(包括白铜或德银的条、杆、型材及异型材) | 7 | 20 | 17 | 9 | 千克 | |
| **7408** | **铜丝** | | | | | | |
| 74081100 | --最大截面尺寸>6毫米 | | | | | | |
| 7408110000暂4 | 最大截面尺寸>6毫米的精炼铜丝 | 4 | 14 | 17 | 9 | 千克 | |
| 74081900 | --其他 | | | | | | |
| 7408190001暂2 | 其他含氧量<5PPM的精炼铜丝(截面尺寸≤6毫米) | 4 | 14 | 17 | 9 | 千克 | |
| 7408190090暂4 | 其他截面尺寸≤6毫米的精炼铜丝 | 4 | 14 | 17 | 9 | 千克 | |
| 74082100 | --铜锌合金(黄铜) | | | | | | |
| 7408210000暂7 | 铜锌合金(黄铜)丝 | 7 | 20 | 17 | 9 | 千克 | |
| 74082210 | ---铜镍锌铅合金(加铅德银) | | | | | | |
| 7408221000暂8 | 铜镍锌铅合金(加铅德银)丝 | 8 | 40 | 17 | 9 | 千克 | |
| 74082290 | ---其他 | | | | | | |
| 7408229000暂8 | 其他铜镍合金(白铜)丝或铜镍锌合金(德银)丝 | 8 | 40 | 17 | 0 | 千克 | |
| 74082900 | --其他 | | | | | | |
| 7408290000暂7 | 其他铜合金丝 | 7 | 20 | 17 | 9 | 千克 | |
| **7409** | **铜板、片及带,厚度超过0.15毫米** | | | | | | |
| 74091110 | ---含氧量≤10PPM的 | | | | | | |
| 7409111000暂4 | 成卷的精炼铜板、片、带(厚度>0.15毫米,含氧量≤10PPM的) | 4 | 14 | 17 | 9 | 千克 | |
| 74091190 | ---其他 | | | | | | |
| 7409119000暂4 | 其他成卷的精炼铜板、片、带(厚度>0.15毫米) | 4 | 14 | 17 | 9 | 千克 | |
| 74091900 | --其他 | | | | | | |
| 7409190000暂4 | 其他精炼铜板、片、带(厚度>0.15毫米) | 4 | 14 | 17 | 9 | 千克 | |
| 74092100 | --盘卷的 | | | | | | |
| 7409210000暂7 | 成卷的铜锌合金(黄铜)板、片、带(厚度>0.15毫米) | 7 | 20 | 17 | 9 | 千克 | |
| 74092900 | --其他 | | | | | | |
| 7409290000暂7 | 其他铜锌合金(黄铜)板、片、带(厚度>0.15毫米) | 7 | 20 | 17 | 9 | 千克 | |
| 74093100 | --盘卷的 | | | | | | |
| 7409310000暂7 | 成卷的铜锡合金(青铜)板、片、带(厚度>0.15毫米) | 7 | 20 | 17 | 9 | 千克 | |

| 商品编号 | 商品名称及备注 | 进口关税税率(%) | | 增值税率(%) | 出口退税率(%) | 计量单位 | 监管条件 |
|---|---|---|---|---|---|---|---|
| | | 最惠国 | 普通 | | | | |
| 74093900 | --其他 | | | | | | |
| 7409390000暂7 | 其他铜锡合金板、片、带(厚度>0.15毫米) | 7 | 20 | 17 | 9 | 千克 | |
| 74094000 | -铜镍合金(白铜)或铜镍锌合金(德银)制 | | | | | | |
| 7409400000暂7 | 白铜或德银制板、片、带(厚度>0.15毫米) | 7 | 40 | 17 | 9 | 千克 | |
| 74099000 | -其他铜合金制 | | | | | | |
| 7409900000暂7 | 其他铜合金板、片、带(厚度>0.15毫米) | 7 | 20 | 17 | 9 | 千克 | |
| **7410** | **铜箔(不论是否印花或用纸、纸板、塑料或类似材料衬背),厚度(衬背除外)不超过0.15毫米** | | | | | | |
| 74101100 | --精炼铜制 | | | | | | |
| 7410110000 | 无衬背的精炼铜箔(厚度≤0.15毫米) | 4 | 14 | 17 | 17 | 千克 | |
| 74101210 | ---铜镍合金(白铜)或铜镍锌合金(德银) | | | | | | |
| 7410121000 | 无衬背铜镍合金箔或铜镍锌合金箔(厚度≤0.15毫米) | 7 | 40 | 17 | 13 | 千克 | |
| 74101290 | ---其他 | | | | | | |
| 7410129000 | 无衬背的其他铜合金箔(厚度≤0.15毫米) | 7 | 20 | 17 | 13 | 千克 | |
| 74102110 | ---印制电路用覆铜板 | | | | | | |
| 7410211000 | 有衬背的精炼铜制印刷电路用覆铜板[厚度(衬背除外)≤0.15毫米] | 4 | 14 | 17 | 17 | 千克 | |
| 74102190 | ---其他 | | | | | | |
| 7410219000 | 有衬背的其他精炼铜箔[厚度(衬背除外)≤0.15毫米] | 4 | 14 | 17 | 13 | 千克 | |
| 74102210 | ---铜镍合金(白铜)或铜镍锌合金(德银) | | | | | | |
| 7410221000 | 有衬背铜镍合金箔或铜镍锌合金箔[厚度(衬背除外)≤0.15毫米] | 7 | 40 | 17 | 13 | 千克 | |
| 74102290 | ---其他 | | | | | | |
| 7410229000 | 有衬背的其他铜合金箔[厚度(衬背除外)≤0.15毫米] | 7 | 20 | 17 | 13 | 千克 | |
| **7411** | **铜管** | | | | | | |
| 74111011 | ----带有螺纹或翅片的 | | | | | | |
| 7411101100 | 外径≤25毫米的带有内(外)螺纹或翅片的精炼铜管 | 4 | 14 | 17 | 13 | 千克 | |
| 74111019 | ----其他 | | | | | | |
| 7411101901暂2 | 其他含氧量<5PPM,外径≤25毫米的精炼铜管 | 4 | 14 | 17 | 13 | 千克 | |
| 7411101990 | 外径≤25毫米的其他精炼铜管 | 4 | 14 | 17 | 13 | 千克 | |
| 74111020 | ---外径>70毫米的 | | | | | | |
| 7411102000 | 外径>70毫米的精炼铜管 | 4 | 14 | 17 | 13 | 千克 | |
| 74111090 | ---其他 | | | | | | |
| 7411109000 | 其他精炼铜管 | 4 | 14 | 17 | 13 | 千克 | |
| 74112110 | ---盘卷的 | | | | | | |
| 7411211000 | 盘卷的铜锌合金(黄铜)管 | 7 | 20 | 17 | 13 | 千克 | |
| 74112190 | ---其他 | | | | | | |
| 7411219000 | 其他铜锌合金(黄铜)管 | 7 | 20 | 17 | 13 | 千克 | |
| 74112200 | --铜镍合金(白铜)或铜镍锌合金(德银) | | | | | | |
| 7411220000 | 白铜或德银管 | 7 | 40 | 17 | 13 | 千克 | |
| 74112900 | --其他 | | | | | | |
| 7411290000 | 其他铜合金管 | 7 | 20 | 17 | 13 | 千克 | |
| **7412** | **铜制管子附件(例如,接头、肘管、管套)** | | | | | | |
| 74121000 | -精炼铜制 | | | | | | |
| 7412100000 | 精炼铜管子附件 | 4 | 14 | 17 | 0 | 千克 | |
| 74122010 | ---铜镍合金(白铜)或铜镍锌合金(德银) | | | | | | |
| 7412201000 | 铜镍合金或铜镍锌合金管子配件 | 7 | 40 | 17 | 0 | 千克 | |
| 74122090 | ---其他 | | | | | | |

| 商品编号 | 商品名称及备注 | 进口关税税率(%) | | 增值税率(%) | 出口退税率(%) | 计量单位 | 监管条件 |
|---|---|---|---|---|---|---|---|
| | | 最惠国 | 普通 | | | | |
| 7412209000 | 其他铜合金管子配件 | 7 | 20 | 17 | 0 | 千克 | |
| **7413** | **非绝缘的铜丝绞股线、缆、编带及类似品** | | | | | | |
| 74130000 | 非绝缘的铜丝绞股线、缆、编带及类似品 | | | | | | |
| 7413000000 | 非绝缘的铜丝绞股线、缆、编带等 | 5 | 14 | 17 | 0 | 千克 | A |
| **7415** | **铜制或钢铁制带铜头的钉、平头钉、图钉、U形钉(品目83.05的货品除外)及类似品;铜制螺钉、螺栓、螺母、钩头螺钉、铆钉、销、开尾销、垫圈(包括弹簧垫圈)及类似品** | | | | | | |
| 74151000 | -钉、平头钉、图钉、U形钉及类似品 | | | | | | |
| 7415100000 | 铜钉、平头钉、图钉、U形钉及类似品(包括钢铁制带铜头的) | 8 | 80 | 17 | 0 | 千克 | |
| 74152100 | --垫圈(包括弹簧垫圈) | | | | | | |
| 7415210000 | 铜垫圈(包括弹簧垫圈) | 10 | 80 | 17 | 0 | 千克 | |
| 74152900 | --其他 | | | | | | |
| 7415290000 | 铜制其他无螺纹制品 | 10 | 80 | 17 | 0 | 千克 | |
| 74153310 | ---木螺钉 | | | | | | |
| 7415331000 | 铜制木螺钉(包括钢铁制带铜头的) | 8 | 80 | 17 | 0 | 千克 | |
| 74153390 | ---其他 | | | | | | |
| 7415339000 | 铜制其他螺钉、螺栓、螺母(包括钢铁制带铜头的) | 8 | 80 | 17 | 0 | 千克 | |
| 74153900 | --其他 | | | | | | |
| 7415390000 | 其他铜制螺纹制品 | 10 | 80 | 17 | 0 | 千克 | |
| **7418** | **餐桌、厨房或其他家用铜制器具及其零件;铜制刷锅器、洗刷擦光用的块垫、手套及类似品;铜制卫生器具及其零件** | | | | | | |
| 74181010 | ---擦锅器及洗刷擦光用的块垫、手套及类似品 | | | | | | |
| 7418101000 | 擦锅器及洗刷擦光用的块垫、手套(包括类似品,铜制) | 18 | 80 | 17 | 9 | 千克 | A |
| 74181020 | ---非电热的铜制家用烹饪器具及其他零件 | | | | | | |
| 7418102000 | 非电热的铜制家用烹饪器具及其零件 | 20 | 80 | 17 | 9 | 千克 | A |
| 74181090 | ---其他 | | | | | | |
| 7418109000[暂10] | 其他餐桌厨房等家用铜制器具及其零件 | 18 | 80 | 17 | 9 | 千克 | A |
| 74182000 | -卫生器具及其零件 | | | | | | |
| 7418200000[暂10] | 铜制卫生器具及其零件 | 18 | 80 | 17 | 9 | 千克 | |
| **7419** | **其他铜制品** | | | | | | |
| 74191000 | -链条及其零件 | | | | | | |
| 7419100000 | 铜链条及其零件 | 14 | 80 | 17 | 0 | 千克 | |
| 74199110 | ---工业用 | | | | | | |
| 7419911000 | 工业用铸造、模压、冲压其他铜制品(未进一步加工) | 10 | 40 | 17 | 0 | 千克 | |
| 74199190 | ---其他 | | | | | | |
| 7419919000 | 非工业用铸造、模压、冲压铜制品(未进一步加工) | 20 | 80 | 17 | 5 | 千克 | |
| 74199920 | ---铜弹簧 | | | | | | |
| 7419992000 | 铜弹簧 | 10 | 40 | 17 | 5 | 千克 | |
| 74199930 | ---铜丝制的布(包括环形带) | | | | | | |
| 7419993000 | 铜丝制的布(包括环形带) | 7 | 20 | 17 | 5 | 千克 | |
| 74199940 | ---铜丝制的网、格栅,网眼铜板 | | | | | | |
| 7419994000 | 铜丝制的网、格栅、网眼铜板 | 8 | 20 | 17 | 5 | 千克 | |
| 74199950 | ---非电热的铜制家用供暖器具及其零件 | | | | | | |
| 7419995000 | 非电热的铜制家用供暖器 | 20 | 80 | 17 | 5 | 千克 | |
| 74199991 | ----工业用 | | | | | | |
| 7419999100 | 工业用其他铜制品 | 10 | 40 | 17 | 0 | 千克 | |
| 74199999 | ----其他 | | | | | | |
| 7419999900 | 非工业用其他铜制品 | 20 | 80 | 17 | 5 | 千克 | |

# 第七十五章　镍及其制品

**注释：**

本章所用有关名词解释如下：

一、条、杆

轧、挤、拔或锻制的实心产品，非成卷的，其全长截面均为圆形、椭圆形、矩形(包括正方形)、等边三角形或规则外凸多边形(包括相对两边为弧拱形，另外两边为等长平行直线的"扁圆形"及"变形矩形")。对于矩形(包括正方形)、三角形或多边形截面的产品，其全长边角可经磨圆。矩形(包括"变形矩形")截面的产品，其厚度应大于宽度的1/10。所述条、杆也包括同样形状及尺寸的铸造或烧结产品。该产品在铸造或烧结后再经加工(简单剪修或去氧化皮的除外)，但不具有其他品目所列制品或产品的特征。

二、型材及异型材

轧、挤、拔、锻制的产品或其他成型产品，不论是否成卷，其全长截面相同，但与条、杆、丝、板、片、带、箔、管的定义不相符合。同时也包括同样形状的铸造或烧结产品。该产品在铸造或烧结后再经加工(简单剪修或去氧化皮的除外)，但不具有其他品目所列制品或产品的特征。

三、丝

盘卷的轧、挤或拔制实心产品，其全长截面均为圆形、椭圆形、矩形(包括正方形)、等边三角形或规则外凸多边形(包括相对两边为弧拱形，另外两边为等长平行直线的"扁圆形"及"变形矩形")。对于矩形(包括正方形)、三角形或多边形截面的产品，其全长边角可经磨圆。矩形(包括"变形矩形")截面的产品，其厚度应大于宽度的1/10。

四、板、片、带、箔

成卷或非成卷的平面产品(品目75.02的未锻轧产品除外)，截面均为厚度相同的实心矩形(不包括正方形)，不论边角是否磨圆(包括相对两边为弧拱形，另外两边为等长平行直线的"变形矩形")，并且符合以下规格：

(一)矩形(包括正方形)的，厚度不超过宽度的1/10；

(二)矩形或正方形以外形状的，任何尺寸，但不具有其他品目所列制品或产品的特征。

品目75.06还适用于具有花样(例如，凹槽、肋条形、格槽、珠粒及菱形)的板、片、带、箔以及穿孔、抛光、涂层或制成瓦楞形的这类产品，但不具有其他品目所列制品或产品的特征。

五、管

全长截面及管壁厚度相同并只有一个闭合空间的空心产品，成卷或非成卷的，其截面为圆形、椭圆形、矩形(包括正方形)、等边三角形或规则外凸多边形。对于截面为矩形(包括正方形)、等边三角形或规则外凸多边形的产品，不论全长边角是否磨圆，只要其内外截面为同一圆心并为同样形状及同一轴向，也可视为管子。上述截面的管子可经抛光、涂层、弯曲、攻丝、钻孔、缩腰、胀口、成锥形或装法兰、颈圈或套环。

**子目注释：**

一、本章所用有关名词解释如下：

(一)非合金镍

按重量计镍及钴的含量至少为99%的金属，但：

1. 按重量计含钴量不超过1.5%；

2. 按重量计其他各种元素的含量不超过下表中规定的限量：

**其他元素表**

| 元　素 | | 所含重量百分比 |
|---|---|---|
| Fe | 铁 | 0.5 |
| O | 氧 | 0.4 |
| 其他元素，每种 | | 0.3 |

(二)镍合金

按重量计含镍量大于其他元素单项含量的金属物质，但：

1. 按重量计含钴量超过1.5%；

2. 按重量计至少有一种其他元素的含量超过上表中规定的限量；

3. 除镍及钴以外，按重量计其他元素的总含量超过1%。

二、子目号7508.10所称"丝"，不受本章注释三的限制，仅适用于任何截面形状，但截面直径不超过6毫米的产品，不论是否盘卷。

| 商品编号 | 商品名称及备注 | 进口关税税率(%) 最惠国 | 进口关税税率(%) 普通 | 增值税率(%) | 出口退税率(%) | 计量单位 | 监管条件 |
|---|---|---|---|---|---|---|---|
| **7501** | **镍锍、氧化镍烧结物及镍冶炼的其他中间产品** | | | | | | |
| 75011000 | -镍锍 | | | | | | |
| 7501100000[暂0] | 镍锍 | 3 | 11 | 17 | 0 | 千克 | 4xy |
| 75012010 | ---镍湿法冶炼中间品 | | | | | | |
| 7501201000[暂0] | 镍湿法冶炼中间品 | 3 | 11 | 17 | 0 | 千克 | 4xy |
| 75012090 | ---其他 | | | | | | |
| 7501209000[暂0] | 其他氧化镍烧结物、镍的其他中间产品 | 3 | 11 | 17 | 0 | 千克 | 4xy |
| **7502** | **未锻轧镍** | | | | | | |
| 75021010 | ---按重量计镍、钴总量≥99.99%，但钴含量≤0.005% | | | | | | |
| 7502101000[暂1] | 未锻轧非合金镍，按重量计镍、钴总量≥99.99%，但钴含量≤0.005% | 3 | 11 | 17 | 0 | 千克 | 4xy |
| 75021090 | ---其他 | | | | | | |

| 商品编号 | 商品名称及备注 | 进口关税税率(%) | | 增值税率(%) | 出口退税率(%) | 计量单位 | 监管条件 |
|---|---|---|---|---|---|---|---|
| | | 最惠国 | 普通 | | | | |
| 7502109000[暂2] | 其他未锻轧非合金镍 | 3 | 11 | 17 | 0 | 千克 | 4xy |
| 75022000 | -镍合金 | | | | | | |
| 7502200000[暂3] | 未锻轧镍合金 | 3 | 11 | 17 | 0 | 千克 | 4xy |
| **7503** | **镍废碎料** | | | | | | |
| 75030000 | 镍废碎料 | | | | | | |
| 7503000000[暂1] | 镍废碎料 | 1.5 | 11 | 17 | 0 | 千克 | 4Axy |
| **7504** | **镍粉及片状粉末** | | | | | | |
| 75040010 | ---非合金镍粉及片状粉末 | | | | | | |
| 7504001000 | 非合金镍粉及片状粉末 | 4 | 17 | 17 | 0 | 千克 | 3 |
| 75040020 | ---合金镍粉及片状粉末 | | | | | | |
| 7504002000 | 合金镍粉及片状粉末 | 4 | 17 | 17 | 0 | 千克 | |
| **7505** | **镍条、杆、型材及异型材或丝** | | | | | | |
| 75051100 | --非合金镍制 | | | | | | |
| 7505110000 | 纯镍条、杆、型材 | 6 | 14 | 17 | 5 | 千克 | |
| 75051200 | --镍合金制 | | | | | | |
| 7505120000 | 合金镍条、杆、型材 | 6 | 14 | 17 | 13 | 千克 | |
| 75052100 | --非合金镍制 | | | | | | |
| 7505210000 | 纯镍丝 | 6 | 17 | 17 | 5 | 千克 | |
| 75052200 | --镍合金制 | | | | | | |
| 7505220000 | 合金镍丝 | 6 | 17 | 17 | 13 | 千克 | |
| **7506** | **镍板、片、带、箔** | | | | | | |
| 75061000 | -非合金镍制 | | | | | | |
| 7506100000 | 纯镍板、片、带、箔 | 6 | 14 | 17 | 5 | 千克 | |
| 75062000 | -镍合金制 | | | | | | |
| 7506200000 | 镍合金板、片、带、箔 | 6 | 14 | 17 | 0 | 千克 | |
| **7507** | **镍管及管子附件(例如,接头、肘管、管套)** | | | | | | |
| 75071100 | --非合金镍制 | | | | | | |
| 7507110000 | 纯镍管 | 6 | 17 | 17 | 0 | 千克 | |
| 75071200 | --镍合金制 | | | | | | |
| 7507120000 | 合金镍管 | 6 | 17 | 17 | 13 | 千克 | |
| 75072000 | -管子附件 | | | | | | |
| 7507200000 | 镍及镍合金管子附件 | 6 | 17 | 17 | 0 | 千克 | |
| **7508** | **其他镍制品** | | | | | | |
| 75081010 | ---镍丝布 | | | | | | |
| 7508101000 | 镍丝制的布 | 6 | 20 | 17 | 0 | 千克 | |
| 75081080 | ---其他工业用镍制品 | | | | | | |
| 7508108000 | 工业用镍丝制的网及格栅 | 6 | 40 | 17 | 0 | 千克 | |
| 75081090 | ---其他 | | | | | | |
| 7508109000 | 其他镍丝制的网及格栅 | 6 | 70 | 17 | 0 | 千克 | |
| 75089010 | ---电镀用镍阳极 | | | | | | |
| 7508901000[暂4] | 电镀用镍阳极 | 4 | 14 | 17 | 0 | 千克 | |
| 75089080 | ---其他工业用镍制品 | | | | | | |
| 7508908000 | 其他工业用镍制品(镍丝布、网及格栅除外) | 6 | 40 | 17 | 0 | 千克 | |
| 75089090 | ---其他 | | | | | | |
| 7508909000 | 其他非工业用镍制品(镍丝布、网及格栅除外) | 6 | 70 | 17 | 0 | 千克 | |

# 第七十六章　铝及其制品

**注释:**

本章所用有关名词解释如下:

一、条、杆

轧、挤、拔或锻制的实心产品,非成卷的,其全长截面均为圆形、椭圆形、矩形(包括正方形)、等边三角形或规则外凸多边形(包括相对两边为弧拱形,另外两边为等长平行直线的"扁圆形"及"变形矩形")。对于矩形(包括正方形)、三角形或多边形截面的产品,其全长边角可经磨圆。矩形(包括"变形矩形")截面的产品,其厚度应大于宽度的1/10。所述条、杆也包括同样形状及尺寸的铸造或烧结产品。该产品在铸造或烧结后再经加工(简单剪修或去氧化皮的除外),但不具有其他品目所列制品或产品的特征。

二、型材及异型材

轧、挤、拔、锻制的产品或其他成型产品,不论是否成卷,其全长截面相同,但与条、杆、丝、板、片、带、箔、管的定义不相符合。同时也包括同样形状的铸造或烧结产品。该产品在铸造或烧结后再经加工(简单剪修或去氧化皮的除外),但不具有其他品目所列制品或产品的特征。

三、丝

盘卷的轧、挤或拔制实心产品,其全长截面均为圆形、椭圆形、矩形(包括正方形)、等边三角形或规则外凸多边形(包括相对两边为弧拱形,另外两边为等长平行直线的"扁圆形"及"变形矩形")。对于矩形(包括正方形)、三角形或多边形截面的产品,其全长边角可经磨圆。矩形(包括"变形矩形")截面的产品,其厚度应大于宽度的1/10。

四、板、片、带、箔

成卷或非成卷的平面产品(品目76.01的未锻轧产品除外),截面均为厚度相同的实心矩形(不包括正方形),不论边角是否磨圆(包括相对两边为弧拱形,另外两边为等长平行直线的"变形矩形"),并且符合以下规格:

(一)矩形(包括正方形)的,厚度不超过宽度的1/10;

(二)矩形或正方形以外形状的,任何尺寸,但不具有其他品目所列制品或产品的特征。品目76.06和76.07还适用于具有花样(例如,凹槽、肋条形、格槽、珠粒及菱形)的板、片、带、箔以及穿孔、抛光、涂层或制成瓦楞形的这类产品,但不具有其他品目所列制品或产品的特征。

五、管

全长截面及管壁厚度相同并只有一个闭合空间的空心产品,成卷或非成卷的,其截面为圆形、椭圆形、矩形(包括正方形)、等边三角形或规则外凸多边形。对于截面为矩形(包括正方形)、等边三角形或规则外凸多边形的产品,不论全长边角是否磨圆,只要其内外截面为同一圆心并为同样形状及同一轴向,也可视为管子。上述截面的管子可经抛光、涂层、弯曲、攻丝、钻孔、缩腰、胀口、成锥形或装法兰、颈圈或套环。

**子目注释:**

一、本章所用有关名词解释如下:

(一)非合金铝

按重量计含铝量至少为99%的金属,但其他各种元素的含量不超过下表中规定的限量:

**其他元素表**

| 元　　素 | 所含重量百分比 |
|---|---|
| Fe+Si(铁+硅) | 1 |
| 其他元素(1),每种 | 0.1(2) |

(1)其他元素,例如,铬、铜、镁、锰、镍、锌。

(2)含铜成分可大于0.1%,但不得大于0.2%,且铬和锰的含量均不得超过0.05%。

(二)铝合金

按重量计含铝量大于其他元素单项含量的金属物质,但:

1. 按重量计至少有一种其他元素或铁加硅的含量大于上表中规定的限量;

2. 按重量计其他元素的总含量超过1%。

二、子目号7616.91所称"丝",不受本章注释三的限制,仅适用于任何截面形状、截面直径不超过6毫米的产品,不论是否盘卷。

| 商品编号 | 商品名称及备注 | 进口关税税率(%) | | 增值税率(%) | 出口退税率(%) | 计量单位 | 监管条件 |
|---|---|---|---|---|---|---|---|
| | | 最惠国 | 普通 | | | | |
| **7601** | **未锻轧铝** | | | | | | |
| 76011010 | ---按重量计含铝量≥99.95% | | | | | | |
| 7601101000暂5 | 未锻轧非合金铝(按重量计含铝量≥99.95%) | 5 | 14 | 17 | 0 | 千克 | |
| 76011090 | ---其他 | | | | | | |
| 7601109000暂0 | 其他未锻轧非合金铝 | 5 | 14 | 17 | 0 | 千克 | |
| 76012000 | -铝合金 | | | | | | |
| 7601200010暂7 | 碱金属含量(Na+K+Ca)<10ppm,氢含量<0.12ml/100gAl的低碱精炼铝合金 | 7 | 14 | 17 | 0 | 千克 | |
| 7601200090暂7 | 其他未锻轧铝合金 | 7 | 14 | 17 | 0 | 千克 | |
| **7602** | **铝废碎料** | | | | | | |
| 76020000 | 铝废碎料 | | | | | | |

| 商品编号 | 商品名称及备注 | 进口关税税率(%) | | 增值税率(%) | 出口退税率(%) | 计量单位 | 监管条件 |
|---|---|---|---|---|---|---|---|
| | | 最惠国 | 普通 | | | | |
| 7602000010[暂0] | 以回收铝为主的废电线等(包括废电线、电缆、五金电器) | 1.5 | 14 | 17 | 0 | 千克 | AP |
| 7602000090[暂0] | 其他铝废碎料 | 1.5 | 14 | 17 | 0 | 千克 | A |
| **7603** | **铝粉及片状粉末** | | | | | | |
| 76031000 | -非片状粉末 | | | | | | |
| 7603100010 | 颗粒<500 微米的微细球形铝粉(颗粒均匀,铝含量≥97%) | 6 | 30 | 17 | 0 | 千克 | 3A |
| 7603100090 | 其他非片状铝粉 | 6 | 30 | 17 | 0 | 千克 | AB |
| 76032000 | -片状粉末 | | | | | | |
| 7603200000 | 片状铝粉末 | 7 | 30 | 17 | 0 | 千克 | |
| **7604** | **铝条、杆、型材及异型材** | | | | | | |
| 76041010 | ---铝条、杆 | | | | | | |
| 7604101000[暂5] | 非合金制铝条、杆 | 5 | 30 | 17 | 0 | 千克 | |
| 76041090 | ---其他 | | | | | | |
| 7604109000[暂5] | 非合金制铝型材、异型材 | 5 | 30 | 17 | 0 | 千克 | |
| 76042100 | --空心异型材 | | | | | | |
| 7604210000[暂5] | 铝合金制空心异型材 | 5 | 30 | 17 | 13 | 千克 | A |
| 76042910 | ---铝合金条、杆 | | | | | | |
| 7604291010[暂5] | 柱形实心体铝合金[在 293K(20℃)时的极限抗拉强度能达到 460 兆帕($0.46\times10^9$ 牛顿/平方米)或更大] | 5 | 30 | 17 | 0 | 千克 | 3A |
| 7604291090[暂5] | 其他铝合金制条、杆 | 5 | 30 | 17 | 0 | 千克 | A |
| 76042990 | ---其他 | | | | | | |
| 7604299000[暂5] | 其他铝合金制型材、异型材 | 5 | 30 | 17 | 13 | 千克 | A |
| **7605** | **铝丝** | | | | | | |
| 76051100 | --最大截面尺寸>7 毫米 | | | | | | |
| 7605110000[暂8] | 最大截面尺寸>7 毫米的非合金铝丝 | 8 | 17 | 17 | 0 | 千克 | |
| 76051900 | --其他 | | | | | | |
| 7605190000[暂8] | 最大截面尺寸≤7 毫米的非合金铝丝 | 8 | 17 | 17 | 0 | 千克 | |
| 76052100 | --最大截面尺寸>7 毫米 | | | | | | |
| 7605210000[暂8] | 最大截面尺寸>7 毫米的铝合金丝 | 8 | 17 | 17 | 0 | 千克 | |
| 76052900 | --其他 | | | | | | |
| 7605290000[暂8] | 最大截面尺寸≤7 毫米的铝合金丝 | 8 | 17 | 17 | 0 | 千克 | |
| **7606** | **铝板、片及带,厚度超过 0.2 毫米** | | | | | | |
| 76061121 | ----铝塑复合的 | | | | | | |
| 7606112100[暂6] | 非合金铝制铝塑复合矩形板、片及带(包括正方形)(0.3 毫米≤厚度≤0.36 毫米) | 6 | 50 | 17 | 13 | 千克 | |
| 76061129 | ----其他 | | | | | | |
| 7606112900[暂4] | 其他非合金铝制矩形板、片及带(包括正方形)(0.3 毫米≤厚度≤0.36 毫米) | 6 | 50 | 17 | 13 | 千克 | |
| 76061191 | ----铝塑复合的 | | | | | | |
| 7606119100[暂6] | 0.2 毫米<厚度<0.3 毫米或厚度>0.36 毫米非合金铝制铝塑复合矩形板、片及带(包括正方形) | 6 | 30 | 17 | 13 | 千克 | |
| 76061199 | ----其他 | | | | | | |
| 7606119900[暂6] | 0.2 毫米<厚度<0.3 毫米或厚>0.36 毫米非合金铝制矩形其他板、片及带(包括正方形) | 6 | 30 | 17 | 13 | 千克 | |
| 76061220 | ---厚度<0.28 毫米 | | | | | | |
| 7606122000[暂6] | 铝合金制矩形的薄板、片及带(包括正方形,薄板指 0.2 毫米<厚度<0.28 毫米) | 6 | 30 | 17 | 13 | 千克 | A |
| 76061230 | ---0.28 毫米≤厚度≤0.35 毫米 | | | | | | |
| 7606123000[暂6] | 铝合金制矩形的中厚板、片及带(包括正方形,中厚板指 0.28 毫米≤厚度≤0.35 毫米) | 6 | 30 | 17 | 13 | 千克 | A |
| 76061251 | ----铝塑复合的 | | | | | | |
| 7606125100[暂6] | 0.35 毫米<厚度≤4 毫米铝合金制铝塑复合的矩形厚板、片及带(包括正方形) | 6 | 50 | 17 | 13 | 千克 | |

| 商品编号 | 商品名称及备注 | 进口关税税率(%) 最惠国 | 进口关税税率(%) 普通 | 增值税率(%) | 出口退税率(%) | 计量单位 | 监管条件 |
|---|---|---|---|---|---|---|---|
| 76061259 | ----其他 | | | | | | |
| 7606125900[暂6] | 其他 0.35 毫米<厚度≤4 毫米铝合金制矩形厚板、片及带(包括正方形) | 6 | 50 | 17 | 13 | 千克 | A |
| 76061290 | ---其他 | | | | | | |
| 7606129000[暂6] | 厚度>4 毫米铝合金制矩形的厚板、片及带(包括正方形) | 6 | 50 | 17 | 13 | 千克 | A |
| 76069100 | --非合金铝制 | | | | | | |
| 7606910000[暂6] | 非合金铝制非矩形的板、片及带(厚度>0.2 毫米) | 6 | 30 | 17 | 13 | 千克 | |
| 76069200 | --铝合金制 | | | | | | |
| 7606920000[暂10] | 铝合金制非矩形的板、片及带(厚度>0.2 毫米) | 10 | 30 | 17 | 13 | 千克 | A |
| **7607** | **铝箔(不论是否印花或用纸、纸板、塑料或类似材料衬背),厚度(衬背除外)不超过 0.2 毫米** | | | | | | |
| 76071110 | ---厚度≤0.007 毫米 | | | | | | |
| 7607111000 | 轧制后未进一步加工的无衬背铝箔(厚度≤0.007 毫米) | 6 | 35 | 17 | 15 | 千克 | |
| 76071120 | ---0.007 毫米<厚度≤0.01 毫米 | | | | | | |
| 7607112000 | 轧制后未进一步加工的无衬背铝箔(0.007 毫米<厚度≤0.01 毫米) | 6 | 35 | 17 | 15 | 千克 | |
| 76071190 | ---其他 | | | | | | |
| 7607119000 | 轧制后未进一步加工的无衬背铝箔(0.01 毫米<厚度≤0.2 毫米) | 6 | 35 | 17 | 15 | 千克 | |
| 76071900 | --其他 | | | | | | |
| 7607190001[暂3] | 化成箔(厚度≤0.2 毫米) | 6 | 35 | 17 | 15 | 千克 | |
| 7607190090 | 其他无衬背铝箔(厚度≤0.2 毫米) | 6 | 35 | 17 | 15 | 千克 | |
| 76072000 | -有衬背 | | | | | | |
| 7607200000 | 有衬背铝箔(厚度≤0.2 毫米) | 6 | 35 | 17 | 15 | 千克 | |
| **7608** | **铝管** | | | | | | |
| 76081000 | -非合金铝制 | | | | | | |
| 7608100000 | 纯铝管 | 8 | 30 | 17 | 13 | 千克 | |
| 76082010 | ---外径≤10 厘米的 | | | | | | |
| 7608201010 | 外径≤10 厘米的管状铝合金[在 293K(20℃)时的极限抗拉强度能达到 460 兆帕($0.46\times10^9$ 牛顿/平方米)或更大] | 8 | 30 | 17 | 13 | 千克 | 3A |
| 7608201090 | 外径≤10 厘米的其他合金制铝管 | 8 | 30 | 17 | 13 | 千克 | A |
| 76082091 | ----壁厚≤25 毫米 | | | | | | |
| 7608209110 | 外径>10 厘米,壁厚度≤25 毫米的管状铝合金[在 293K(20℃)时的极限抗拉强度能达到 460 兆帕($0.46\times10^9$ 牛顿/平方米)或更大] | 8 | 30 | 17 | 13 | 千克 | 3A |
| 7608209190 | 外径>10 厘米,壁厚度≤25 毫米的其他合金制铝管 | 8 | 30 | 17 | 13 | 千克 | A |
| 76082099 | ----其他 | | | | | | |
| 7608209910 | 外径>10 厘米,其他管状铝合金[在 293K(20℃)时的极限抗拉强度能达到 460 兆帕($0.46\times10^9$ 牛顿/平方米)或更大] | 8 | 30 | 17 | 13 | 千克 | 3A |
| 7608209990 | 外径>10 厘米,其他合金制铝管 | 8 | 30 | 17 | 13 | 千克 | A |
| **7609** | **铝制管子附件(例如,接头、肘管、管套)** | | | | | | |
| 76090000 | 铝制管子附件(例如,接头、肘管、管套) | | | | | | |
| 7609000000 | 铝制管子附件 | 8 | 35 | 17 | 13 | 千克 | |
| **7610** | **铝制结构体(品目 94.06 的活动房屋除外)及其部件(例如,桥梁及桥梁体段、塔、格构杆、屋顶、屋顶框架、门窗及其框架、门槛、栏杆、支柱及立柱);上述结构体用的已加工铝板、杆、型材、异型材、管子及类似品** | | | | | | |
| 76101000 | -门窗及其框架、门槛 | | | | | | |
| 7610100000 | 铝制门窗及其框架、门槛 | 25 | 80 | 17 | 13 | 千克 | |
| 76109000 | -其他 | | | | | | |
| 7610900000 | 其他铝制结构体及其部件(包括结构体用的已加工铝板、型材、管子及类似品) | 6 | 50 | 17 | 13 | 千克 | |

| 商品编号 | 商品名称及备注 | 进口关税税率(%) | | 增值税率(%) | 出口退税率(%) | 计量单位 | 监管条件 |
|---|---|---|---|---|---|---|---|
| | | 最惠国 | 普通 | | | | |
| **7611** | **盛装物料用的铝制囤、柜、罐、桶及类似容器(装压缩气体或液化气体的除外),容积>300升,不论是否衬里或隔热,但无机械或热力装置** | | | | | | |
| 76110000 | 盛装物料用的铝制囤、柜、罐、桶及类似容器(装压缩气体或液化气体的除外),容积>300升,不论是否衬里或隔热,但无机械可热力装置 | | | | | | |
| 7611000000 | 容积>300升的铝制囤、罐等容器(盛装物料用的,装压缩气体或液化气体的除外) | 12 | 35 | 17 | 13 | 千克 | |
| **7612** | **盛装物料用的铝制桶、罐、听、盒及类似容器,包括软管容器及硬管容器(装压缩气体或液化气体的除外),容积不超过300升,不论是否衬里或隔热,但无机械或热力装置** | | | | | | |
| 76121000 | -软管容器 | | | | | | |
| 7612100000 | 铝制软管容器 | 12 | 50 | 17 | 13 | 千克 | |
| 76129010 | ---易拉罐及罐体 | | | | | | |
| 7612901000 | 铝制易拉罐及罐体 | 30 | 100 | 17 | 13 | 千克 | A |
| 76129090 | ---其他 | | | | | | |
| 7612909000 | 容积≤300升的铝制囤、罐等容器(盛装物料用的,装压缩气体或液化气体的除外) | 12 | 70 | 17 | 13 | 千克 | |
| **7613** | **装压缩气体或液化气体用的铝制容器** | | | | | | |
| 76130010 | ---零售包装用 | | | | | | |
| 7613001000 | 零售包装装压缩、液化气体铝容器(铝及铝合金制) | 12 | 70 | 17 | 13 | 千克 | |
| 76130090 | ---其他 | | | | | | |
| 7613009000 | 非零售装装压缩、液化气体铝容器(铝及铝合金制) | 6 | 17 | 17 | 13 | 千克 | 6 |
| **7614** | **非绝缘的铝制绞股线、缆、编带及类似品** | | | | | | |
| 76141000 | -带钢芯的 | | | | | | |
| 7614100000 | 带钢芯的铝制绞股线、缆、编带(非绝缘的) | 6 | 20 | 17 | 13 | 千克 | A |
| 76149000 | -其他 | | | | | | |
| 7614900000 | 不带钢芯的铝制绞股线、缆、编带(非绝缘的) | 6 | 20 | 17 | 13 | 千克 | |
| **7615** | **餐桌、厨房或其他家用铝制器具及其零件;铝制擦锅器、洗刷擦光用的块垫、手套及类似品;铝制卫生器具及其零件** | | | | | | |
| 76151010 | ---擦锅器、洗刷、擦光用的块垫、手套及类似品 | | | | | | |
| 7615101000 | 擦锅器及洗刷擦光用的块垫、手套(包括类似品,铝制) | 18 | 90 | 17 | 13 | 千克 | A |
| 76151090 | ---其他 | | | | | | |
| 7615109010[暂10] | 铝制高压锅 | 15 | 90 | 17 | 13 | 千克 | A |
| 7615109090[暂10] | 其他餐桌厨房等家用铝制器具及其零件 | 15 | 90 | 17 | 13 | 千克 | A |
| 76152000 | -卫生器具及其零件 | | | | | | |
| 7615200000 | 铝制卫生器具及其零件 | 18 | 90 | 17 | 13 | 千克 | |
| **7616** | **其他铝制品** | | | | | | |
| 76161000 | -钉、平头钉、U形钉(品目83.05的货品除外)、螺钉、螺栓、螺母、钩头螺钉、铆钉、销、开尾销、垫圈及类似品 | | | | | | |
| 7616100000 | 铝钉、螺钉、螺母、垫圈等紧固件 | 10 | 40 | 17 | 13 | 千克 | |
| 76169100 | --铝丝制的布、网、篱及格栅 | | | | | | |
| 7616910000 | 铝丝制的布、网、篱及格栅(包括栅栏) | 10 | 40 | 17 | 13 | 千克 | |
| 76169910 | ---工业用 | | | | | | |
| 7616991010 | 高度小于直径的柱形实心体铝合金[在293K(20℃)时的极限抗拉强度能达到460兆帕($0.46\times10^9$牛顿/平方米)或更大] | 10 | 40 | 17 | 13 | 千克 | 3 |
| 7616991090 | 其他工业用铝制品(不包括铝丝布、网、格栅及栅栏) | 10 | 40 | 17 | 13 | 千克 | |
| 76169990 | ---其他 | | | | | | |
| 7616999000 | 其他非工业用铝制品(不包括铝丝布、网、格栅及栅栏) | 15 | 80 | 17 | 13 | 千克 | |

# 第七十八章　铅及其制品

**注释：**

本章所用有关名词解释如下：

一、条、杆

轧、挤、拔或锻制的实心产品，非成卷的，其全长截面均为圆形、椭圆形、矩形（包括正方形）、等边三角形或规则外凸多边形（包括相对两边为弧拱形，另外两边为等长平行直线的"扁圆形"及"变形矩形"）。对于矩形（包括正方形）、三角形或多边形截面的产品，其全长边角可经磨圆。矩形（包括"变形矩形"）截面的产品，其厚度应大于宽度的1/10。所述条、杆也包括同样形状及尺寸的铸造或烧结产品。该产品在造铸或烧结后再经加工（简单剪修或去氧化皮的除外），但不具有其他品目所列制品或产品的特征。

二、型材及异型材

轧、挤、拔、锻制的产品或其他成型产品，不论是否成卷，其全长截面相同，但与条、杆、丝、板、片、带、箔、管的定义不相符合。同时也包括同样形状的铸造或烧结产品。该产品在铸造或烧结后再经加工（简单剪修或去氧化皮的除外），但不具有其他品目所列制品或产品的特征。

三、丝

盘卷的轧、挤或拔制实心产品，其全长截面均为圆形、椭圆形、矩形（包括正方形）、等边三角形或规则外凸多边形（包括相对两边为弧拱形，另外两边为等长平行直线的"扁圆形"及"变形矩形"）。对于矩形（包括正方形）、三角形或多边形截面的产品，其全长边角可经磨圆。矩形（包括"变形矩形"）截面的产品，其厚度应大于宽度的1/10。

四、板、片、带、箔

成卷或非成卷的平面产品（品目78.01的未锻轧产品除外），截面均为厚度相同的实心矩形（不包括正方形），不论边角是否磨圆（包括相对两边为弧拱形，另外两边为等长平行直线的"变形矩形"），并且符合以下规格：

（一）矩形（包括正方形）的，厚度不超过宽度的1/10；

（二）矩形或正方形以外形状的，任何尺寸，但不具有其他品目所列制品或产品的特征。

品目78.04还适用于具有花样（例如，凹槽、肋条形、格槽、珠粒及菱形）的板、片、带、箔以及穿孔、抛光、涂层或制成瓦楞形的这类产品，但不具有其他品目所列制品或产品的特征。

五、管

全长截面及管壁厚度相同并只有一个闭合空间的实心产品，成卷或非成卷的，其截面为圆形、椭圆形、矩形（包括正方形）、等边三角形或规则外凸多边形。对于截面为矩形（包括正方形）、等边三角形或规则外凸多边形的产品，不论全长边角是否磨圆，只要其内外截面为同一圆心并为同样形状及同一轴向，也可视为管子。上述截面的管子可经抛光、涂层、弯曲、攻丝、钻孔、缩腰、胀口、成锥形或装法兰、颈圈或套环。

**子目注释：**

本章所称"精炼铅"，是指：

按重量计含铅量至少为99.9%的金属，但其他各种元素的含量不超过下表中规定的限量：

**其他元素表**

| 元 | 素 | 所含重量百分比 |
|---|---|---|
| Ag | 银 | 0.02 |
| As | 砷 | 0.005 |
| Bi | 铋 | 0.05 |
| Ca | 钙 | 0.002 |
| Cd | 镉 | 0.002 |
| Cu | 铜 | 0.08 |
| Fe | 铁 | 0.002 |
| S | 硫 | 0.002 |
| Sb | 锑 | 0.005 |
| Sn | 锡 | 0.005 |
| Zn | 锌 | 0.002 |
| 其他（例如碲），每种 | | 0.001 |

| 商品编号 | 商 品 名 称 及 备 注 | 进口关税税率（%） | | 增值税率（%） | 出口退税率（%） | 计量单位 | 监管条件 |
|---|---|---|---|---|---|---|---|
| | | 最惠国 | 普通 | | | | |
| **7801** | **未锻轧铅** | | | | | | |
| 78011000 | -精炼铅 | | | | | | |
| 7801100000 | 未锻轧精炼铅 | 3 | 20 | 17 | 0 | 千克 | |
| 78019100 | --按重量计所含其他元素是以锑为主的 | | | | | | |
| 7801910000 | 未锻轧铅锑合金（锑元素在合金元素中是最主要的元素） | 3 | 20 | 17 | 0 | 千克 | |
| 78019900 | --其他 | | | | | | |
| 7801990000 | 未锻轧的其他铅合金 | 3 | 20 | 17 | 0 | 千克 | |
| **7802** | **铅废碎料** | | | | | | |
| 78020000 | 铅废碎料 | | | | | | |
| 7802000000 | 铅废碎料 | 1.5 | 10 | 17 | 0 | 千克 | 9 |

| 商品编号 | 商品名称及备注 | 进口关税税率(%) | | 增值税率(%) | 出口退税率(%) | 计量单位 | 监管条件 |
|---|---|---|---|---|---|---|---|
| | | 最惠国 | 普通 | | | | |
| **7804** | **铅板、片、带、箔;铅粉及片状粉末** | | | | | | |
| 78041100 | --片、带及厚度(衬背除外)≤0.2毫米的箔 | | | | | | |
| 7804110000 | 铅片、带及厚度≤0.2毫米的箔(铅箔衬背厚度不受0.2毫米限制) | 6 | 30 | 17 | 5 | 千克 | |
| 78041900 | --其他 | | | | | | |
| 7804190000 | 铅及铅合金板(包括厚度>0.2毫米的箔) | 6 | 30 | 17 | 0 | 千克 | |
| 78042000 | -粉末及片状粉末 | | | | | | |
| 7804200000 | 铅及铅合金粉末、片状粉末 | 6 | 35 | 17 | 0 | 千克 | |
| **7806** | **其他铅制品** | | | | | | |
| 78060010 | ---铅条、杆、型材及异型材或丝 | | | | | | |
| 7806001000 | 铅及铅合金条、杆、丝、型材、异型材 | 6 | 30 | 17 | 0 | 千克 | |
| 78060090 | ---其他 | | | | | | |
| 7806009000 | 其他铅制品 | 6 | 40 | 17 | 0 | 千克 | |

# 第七十九章　锌及其制品

**注释：**

本章所用名词解释如下：

一、条、杆

轧、挤、拔或锻制的实心产品，非成卷的，其全长截面均为圆形、椭圆形、矩形（包括正方形）、等边三角形或规则外凸多边形（包括相对两边为弧拱形，另外两边为等长平行直线的“扁圆形”及“变形矩形”。对于矩形（包括正方形）、三角形或多边形截面的产品，其全长边角可经磨圆。矩形（包括“变形矩形”）截面的产品，其厚度应大于宽度的1/10。所述条、杆也包括同样形状及尺寸的铸造或烧结产品。该产品在铸造或烧结后再经加工（简单剪修或去氧化皮的除外），但不具有其他品目所列制品或产品的特征。

二、型材及异型材

轧、挤、拔、锻制的产品或其他成型产品，不论是否成卷，其全长截面相同，但与条、杆、丝、板、片、带、箔、管的定义不相符合。同时也包括同样形状的铸造或烧结产品。该产品在铸造或烧结后再经加工（简单剪修或去氧化皮的除外），但不具有其他品目所列制品或产品的特征。

三、丝

盘卷的轧、挤或拔制实心产品，其全长截面均为圆形、椭圆形、矩形（包括正方形）、等边三角形或规则外凸多边形（包括相对两边为弧拱形，另外两边为等长平行直线的“扁圆形”及“变形矩形”）。对于矩形（包括正方形）、三角形或多边形截面的产品，其全长边角可经磨圆。矩形（包括“变形矩形”）截面的产品，其厚度应大于宽度的1/10。

四、板、片、带、箔

成卷或非成卷的平面产品（品目79.01的未锻轧产品除外），截面均为厚度相同的实心矩形（不包括正方形），不论边角是否磨圆（包括相对两边为弧拱形，另外两边为等长平行直线的“变形矩形”），并且符合以下规格：

（一）矩形（包括正方形）的，厚度不超过宽度的1/10；

（二）矩形或正方形以外形状的，任何尺寸，但不具有其他品目所列制品或产品的特征。

品目79.05还适用于具有花样（例如，凹槽、肋条形、格槽、珠粒及菱形）的板、片、带、箔以及穿孔、抛光、涂层或制成瓦楞形的这类产品，但不具有其他品目所列制品或产品的特征。

五、管

全长截面及管壁厚度相同并只有一个闭合空间的空心产品，成卷或非成卷的，其截面为圆形、椭圆形、矩形（包括正方形）、等边三角形或规则外凸多边形。对于截面为矩形（包括正方形）、等边三角形或规则外凸多边形的产品，不论全长边角是否磨圆，只要其内外截面为同一圆心并为同样形状及同一轴向，也可视为管子。上述截面的管子可经抛光、涂层、弯曲、攻丝、钻孔、缩腰、胀口、成锥形或装法兰、颈圈或套环。

**子目注释：**

本章所述有关名词解释如下：

一、非合金锌

按重量计含锌量至少为97.5%的金属。

二、锌合金

按重量计含锌量大于其他元素单项含量的金属物质，但按重量计其他元素的总含量超过2.5%。

三、锌末

冷凝锌雾所得的锌末。该产品由球形微粒组成，比锌粉更为精细，按重量计至少80%的微粒可以通过孔径为63微米的筛子，而且必须含有按重量计至少为85%的金属锌。

| 商品编号 | 商品名称及备注 | 进口关税税率（%） | | 增值税率（%） | 出口退税率（%） | 计量单位 | 监管条件 |
|---|---|---|---|---|---|---|---|
| | | 最惠国 | 普通 | | | | |
| **7901** | **未锻轧锌** | | | | | | |
| 79011110 | ---按重量计含锌量≥99.995% | | | | | | |
| 7901111000[暂1] | 含锌量≥99.995%的未锻轧锌 | 3 | 20 | 17 | 0 | 千克 | |
| 79011190 | ---其他 | | | | | | |
| 7901119000[暂1] | 99.99%≤含锌量<99.995%的未锻轧锌 | 3 | 20 | 17 | 0 | 千克 | |
| 79011200 | --按重量计含锌量<99.99% | | | | | | |
| 7901120000[暂1] | 含锌量<99.99%的未锻轧锌 | 3 | 20 | 17 | 0 | 千克 | |
| 79012000 | -锌合金 | | | | | | |
| 7901200000[暂1] | 未锻轧锌合金 | 3 | 20 | 17 | 0 | 千克 | |
| **7902** | **锌废碎料** | | | | | | |
| 79020000 | 锌废碎料 | | | | | | |
| 7902000000[暂1] | 锌废碎料 | 1.5 | 20 | 17 | 0 | 千克 | A |
| **7903** | **锌末、锌粉及片状粉末** | | | | | | |
| 79031000 | -锌末 | | | | | | |
| 7903100000 | 锌末（包括锌合金） | 6 | 20 | 17 | 0 | 千克 | A |
| 79039000 | -其他 | | | | | | |

| 商品编号 | 商品名称及备注 | 进口关税税率(%) | | 增值税率(%) | 出口退税率(%) | 计量单位 | 监管条件 |
|---|---|---|---|---|---|---|---|
| | | 最惠国 | 普通 | | | | |
| 7903900010 | 颗粒<500微米的锌及其合金(含量≥97%,不论球形、椭球体、雾化、片状、研碎金属燃料) | 6 | 20 | 17 | 0 | 千克 | 3A |
| 7903900090 | 其他锌粉及片状粉末 | 6 | 20 | 17 | 0 | 千克 | AB |
| **7904** | **锌条、杆、型材及异型材或丝** | | | | | | |
| 79040000 | 锌条、杆、型材及异型材或丝 | | | | | | |
| 7904000000 | 锌及锌合金条、杆、型材、丝 | 6 | 30 | 17 | 0 | 千克 | |
| **7905** | **锌板、片、带、箔** | | | | | | |
| 79050000 | 锌板、片、带、箔 | | | | | | |
| 7905000000 | 锌板、片、带、箔 | 6 | 30 | 17 | 0 | 千克 | |
| **7907** | **其他锌制品** | | | | | | |
| 79070020 | ---锌管及锌制管子附件(例如,接头、肘管、管套) | | | | | | |
| 7907002000 | 锌管及锌制管子附件(例如,接头、肘管、管套) | 6 | 30 | 17 | 0 | 千克 | |
| 79070030 | ---电池壳体坯料 | | | | | | |
| 7907003000 | 电池壳体坯料(锌饼) | 6 | 40 | 17 | 0 | 千克 | |
| 79070090 | ---其他 | | | | | | |
| 7907009000 | 其他锌制品 | 6 | 40 | 17 | 0 | 千克 | |

# 第八十章　锡及其制品

**注释：**

本章所用有关名词解释如下：

一、条、杆

轧、挤、拔或锻制的实心产品，非成卷的，其全长截面均为圆形、椭圆形、矩形(包括正方形)、等边三角形或规则外凸多边形(包括相对两边为弧拱形，另外两边为等长平行直线的"扁圆形"及"变形矩形")。对于矩形(包括正方形)、三角形或多边形截面的产品，其全长边角可经磨圆。矩形(包括"变形矩形")截面的产品，其厚度应大于宽度的1/10。所述条、杆也包括同样形状及尺寸的铸造或烧结产品。该产品在铸造或烧结后再经加工(简单剪修或去氧化皮的除外)，但不具有其他品目所列制品或产品的特征。

二、型材及异型材

轧、挤、拔、锻制的产品或其他成型产品，不论是否成卷，其全长截面相同，但与条、杆、丝、板、片、带、箔、管的定义不相符合。同时也包括同样形状的铸造或烧结产品。该产品在铸造或烧结后再经加工(简单剪修或去氧化皮的除外)，但不具有其他品目所列制品或产品的特征。

三、丝

盘卷的轧、挤或拔制实心产品，其全长截面均为圆形、椭圆形、矩形(包括正方形)、等边三角形或规则外凸多边形(包括相对两边为弧拱形，另外两边为等长平行直线的"扁圆形"及"变形矩形")。对于矩形(包括正方形)、三角形或多边形截面的产品，其全长边角可经磨圆。矩形(包括"变形矩形")截面的产品，其厚度应大于宽度的1/10。

四、板、片、带、箔

成卷或非成卷的平面产品(品目80.01的未锻轧产品除外)，截面均为厚度相同的实心矩形(不包括正方形)，不论边角是否磨圆(包括相对两边为弧拱形，另外两边为等长平行直线的"变形矩形")，并且符合以下规格：

(一)矩形(包括正方形)的，厚度不超过宽度的1/10；

(二)矩形或正方形以外形状的，任何尺寸，但不具有其他品目所列制品或产品的特征。

五、管

全长截面及管壁厚度相同并只有一个闭合空间的空心产品，成卷或非成卷的，其截面圆形、椭圆形、矩形(包括正方形)、等边三角形或规则外凸多边形。对于截面为矩形(包括正方形)、等边三角形或规则外凸多边形的产品，不论全长边角是否磨圆，只要其内外截面为同一圆心并为同样形状及同一轴向，也可视为管子。上述截面的管子可经抛光、涂层、弯曲、攻丝、钻孔、缩腰、胀口、成锥形或装法兰、颈圈或套环。

**子目注释：**

本章所用有关名词解释如下：

一、非合金锡

按重量计含锡量至少为99%的金属，但含铋量或含铜量不超过下表中规定的限量：

**其他元素表**

| 元素 | | 所含重量百分比 |
|---|---|---|
| Bi | 铋 | 0.1 |
| Cu | 铜 | 0.4 |

二、锡合金

按重量计含锡量大于其他元素单项含量的金属物质，但：

(一)按重量计其他元素的总含量超过1%；

(二)按重量计含铋量或含铜量应等于或大于上表中规定的限量。

| 商品编号 | 商品名称及备注 | 进口关税税率(%) | | 增值税率(%) | 出口退税率(%) | 计量单位 | 监管条件 |
|---|---|---|---|---|---|---|---|
| | | 最惠国 | 普通 | | | | |
| **8001** | **未锻轧锡** | | | | | | |
| 80011000 | -非合金锡： | | | | | | |
| 8001100000 | 未锻轧非合金锡 | 3 | 20 | 17 | 0 | 千克 | 4xy |
| 80012010 | ---锡基巴毕脱合金 | | | | | | |
| 8001201000 | 锡基巴毕脱合金 | 3 | 20 | 17 | 0 | 千克 | 4xy |
| 80012021 | ----按重量计含铅量<0.1% | | | | | | |
| 8001202100 | 按重量计含铅量<0.1%的焊锡 | 3 | 30 | 17 | 0 | 千克 | 4xy |
| 80012029 | ----其他 | | | | | | |
| 8001202900 | 其他焊锡 | 3 | 30 | 17 | 0 | 千克 | 4xy |
| 80012090 | ---其他 | | | | | | |
| 8001209000 | 其他锡合金 | 3 | 30 | 17 | 0 | 千克 | 4xy |
| **8002** | **锡废碎料** | | | | | | |
| 80020000 | 锡废碎料 | | | | | | |
| 8002000000 | 锡废碎料 | 1.5 | 30 | 17 | 0 | 千克 | 4Axy |
| **8003** | **锡条、杆、型材及异型材或丝** | | | | | | |
| 80030000 | 锡条、杆、型材及异型材或丝 | | | | | | |

| 商品编号 | 商品名称及备注 | 进口关税税率(%) | | 增值税率(%) | 出口退税率(%) | 计量单位 | 监管条件 |
|---|---|---|---|---|---|---|---|
| | | 最惠国 | 普通 | | | | |
| 8003000000 | 锡及锡合金条、杆、型材、丝 | 8 | 40 | 17 | 0 | 千克 | 4xy |
| **8007** | **其他锡制品** | | | | | | |
| 80070020 | ---锡板、片及带,厚度>0.2毫米 | | | | | | |
| 8007002000 | 锡板、片及带,厚度>0.2毫米 | 8 | 40 | 17 | 0 | 千克 | 4xy |
| 80070030 | ---锡箔(不论是否印花或用纸、纸板、塑料或类似材料衬背),厚度(衬背除外)≤0.2毫米;锡粉及片状粉末 | | | | | | |
| 8007003000 | 锡箔,厚度(衬背除外)≤0.2毫米,锡粉及片状粉末(锡箔不论是否印花或用纸、纸板、塑料或类似材料衬背) | 8 | 40 | 17 | 5 | 千克 | |
| 80070040 | ---锡管及管子附件(例如,接头、肘管、管套) | | | | | | |
| 8007004000 | 锡管及管子附件(例如,接头,肘管,管套) | 8 | 45 | 17 | 0 | 千克 | 4xy |
| 80070090 | ---其他 | | | | | | |
| 8007009000 | 其他锡制品 | 8 | 80 | 17 | 0 | 千克 | |

# 第八十一章　其他贱金属、金属陶瓷及其制品

**子目注释：**

第七十四章注释中有关"条、杆"、"型材及异型材"、"丝"及"板、片、带、箔"的规定也适用于本章。

| 商品编号 | 商品名称及备注 | 进口关税税率(%) | | 增值税率(%) | 出口退税率(%) | 计量单位 | 监管条件 |
|---|---|---|---|---|---|---|---|
| | | 最惠国 | 普通 | | | | |
| **8101** | **钨及其制品，包括废碎料** | | | | | | |
| 81011000 | -粉末 | | | | | | |
| 8101100010 | 颗粒<500微米的钨及其合金(含量≥97%，不论球形、椭球体、雾化、片状、研碎金属燃料) | 6 | 20 | 17 | 0 | 千克 | 3 |
| 8101100090 | 其他钨粉末 | 6 | 20 | 17 | 0 | 千克 | 4xy |
| 81019400 | --未锻轧钨，包括简单烧结而成的条、杆 | | | | | | |
| 8101940000 | 未锻轧钨(包括简单烧结的条、杆) | 3 | 20 | 17 | 0 | 千克 | 4xy |
| 81019600 | --丝 | | | | | | |
| 8101960000 | 钨丝 | 8 | 20 | 17 | 5 | 千克 | |
| 81019700 | --废碎料 | | | | | | |
| 8101970000[暂1] | 钨废碎料 | 3 | 20 | 17 | 0 | 千克 | 4APxy |
| 81019910 | ---条、杆，但简单烧结而成的除外；型材及异型材，板、片、带、箔 | | | | | | |
| 8101991000 | 锻轧钨条、杆；型材及异型材，板、片、带、箔(但简单烧结而成条、杆的除外) | 5 | 30 | 17 | 0 | 千克 | |
| 81019990 | ---其他 | | | | | | |
| 8101999000 | 其他钨制品 | 8 | 70 | 17 | 0 | 千克 | |
| **8102** | **钼及其制品，包括废碎料** | | | | | | |
| 81021000 | -粉末 | | | | | | |
| 8102100000 | 钼粉 | 6 | 20 | 17 | 0 | 千克 | 4xy |
| 81029400 | --未锻轧钼，包括简单烧结而成的条、杆 | | | | | | |
| 8102940000 | 未锻轧钼(包括简单烧结的条、杆) | 3 | 20 | 17 | 0 | 千克 | 4xy |
| 81029500 | --条、杆，但简单烧结而成的除外；型材及异型材，板、片、带、箔 | | | | | | |
| 8102950000 | 锻轧钼条、杆、型材(不包括简单烧结的条、杆) | 8 | 30 | 17 | 0 | 千克 | |
| 81029600 | --丝 | | | | | | |
| 8102960000 | 钼丝 | 8 | 20 | 17 | 5 | 千克 | |
| 81029700 | --废碎料 | | | | | | |
| 8102970000 | 钼废碎料 | 3 | 20 | 17 | 0 | 千克 | 49xy |
| 81029900 | --其他 | | | | | | |
| 8102990000 | 钼制品 | 8 | 70 | 17 | 0 | 千克 | 4xy |
| **8103** | **钽及其制品，包括废碎料** | | | | | | |
| 81032011 | ----松装密度<2.2克/立方厘米的 | | | | | | |
| 8103201100 | 松装密度<2.2克/立方厘米的钽粉 | 6 | 14 | 17 | 13 | 千克 | 4xy |
| 81032019 | ----其他 | | | | | | |
| 8103201900 | 其他钽粉 | 6 | 14 | 17 | 0 | 千克 | 4xy |
| 81032090 | ---其他 | | | | | | |
| 8103209000 | 其他未锻轧钽，包括简单烧结而成的条、杆 | 6 | 14 | 17 | 0 | 千克 | 4xy |
| 81033000 | -废碎料 | | | | | | |
| 8103300000[暂0] | 钽废碎料 | 6 | 14 | 17 | 0 | 千克 | 4Axy |

| 商品编号 | 商品名称及备注 | 进口关税税率(%) | | 增值税率(%) | 出口退税率(%) | 计量单位 | 监管条件 |
|---|---|---|---|---|---|---|---|
| | | 最惠国 | 普通 | | | | |
| 81039011 | ----直径<0.5毫米 | | | | | | |
| 8103901100 | 直径<0.5毫米的钽丝 | 8 | 30 | 17 | 13 | 千克 | 4xy |
| 81039019 | ----其他 | | | | | | |
| 8103901900 | 其他钽丝 | 8 | 30 | 17 | 9 | 千克 | 4xy |
| 81039090 | ---其他 | | | | | | |
| 8103909010 | 钽坩埚(容积在50毫升至2升之间、钽纯度≥98%) | 8 | 30 | 17 | 0 | 千克 | 3 |
| 8103909090 | 其他锻轧钽及其制品 | 8 | 30 | 17 | 9 | 千克 | 4xy |
| **8104** | **镁及其制品,包括废碎料** | | | | | | |
| 81041100 | --按重量计含镁量≥99.8% | | | | | | |
| 8104110000 | 含镁量≥99.8%的未锻轧镁 | 6 | 20 | 17 | 0 | 千克 | |
| 81041900 | --其他 | | | | | | |
| 8104190000 | 其他未锻轧的镁及镁合金 | 6 | 20 | 17 | 0 | 千克 | |
| 81042000 | -废碎料 | | | | | | |
| 8104200000 | 镁废碎料 | 1.5 | 20 | 17 | 0 | 千克 | AP |
| 81043000 | -锉屑、车屑及颗粒,已按规格分级的;粉末 | | | | | | |
| 8104300010 | 颗粒<500微米的镁及其合金(含量≥97%,不论球形、椭球体、雾化、片状、研碎金属燃料) | 8 | 30 | 17 | 0 | 千克 | 3 |
| 8104300090 | 其他已分级的镁锉屑、车屑、颗粒;粉末 | 8 | 30 | 17 | 0 | 千克 | |
| 81049010 | ---锻轧镁 | | | | | | |
| 8104901000 | 锻轧镁 | 8 | 30 | 17 | 0 | 千克 | |
| 81049020 | ---镁制品 | | | | | | |
| 8104902010 | 镁金属基复合材料(包括各种结构件和制品、各种预成形件,其中增强材料的比拉伸强度>$7.62\times10^{4}$米和比模量>$3.18\times10^{6}$米) | 8.4 | 70 | 17 | 5 | 千克 | 3 |
| 8104902090 | 其他镁制品 | 8.4 | 70 | 17 | 0 | 千克 | |
| **8105** | **钴锍及其他冶炼钴时所得的中间产品;钴及其制品,包括废碎料** | | | | | | |
| 81052010 | ---钴湿法冶炼中间品 | | | | | | |
| 8105201000[暂0] | 钴湿法冶炼中间品 | 4 | 14 | 17 | 0 | 千克 | 4xy |
| 81052020 | ---未锻轧钴 | | | | | | |
| 8105202000 | 未锻轧钴 | 4 | 14 | 17 | 0 | 千克 | 4xy |
| 81052090 | ---其他 | | | | | | |
| 8105209001[暂0] | 钴锍及其他冶炼钴时所得中间产品 | 4 | 14 | 17 | 0 | 千克 | 4xy |
| 8105209010 | 钴≥99.5%的超细钴粉(费氏粒度0.8~1.5微米,松装密度0.4~0.8克/立方厘米) | 4 | 14 | 17 | 0 | 千克 | |
| 8105209090 | 其他钴锍、粉末 | 4 | 14 | 17 | 0 | 千克 | 4xy |
| 81053000 | -废碎料 | | | | | | |
| 8105300000 | 钴锍废碎料 | 4 | 14 | 17 | 0 | 千克 | 49xy |
| 81059000 | -其他 | | | | | | |
| 8105900000 | 其他钴及制品 | 8 | 30 | 17 | 0 | 千克 | 4xy |
| **8106** | **铋及其制品,包括废碎料** | | | | | | |
| 81060010 | ---未锻轧铋;废碎料;粉末 | | | | | | |
| 8106001011[暂1] | 高纯度未锻轧的铋(纯度≥99.99%,含银量低于十万分之一) | 3 | 20 | 17 | 0 | 千克 | 3 |
| 8106001019 | 高纯度未锻轧的铋废料、粉末(纯度≥99.99%,含银量低于十万分之一) | 3 | 20 | 17 | 0 | 千克 | 3 |
| 8106001091[暂1] | 其他未锻轧铋 | 3 | 20 | 17 | 0 | 千克 | 4xy |
| 8106001092 | 其他未锻轧铋废碎料 | 3 | 20 | 17 | 0 | 千克 | 4APxy |
| 8106001099 | 其他未锻轧铋粉末 | 3 | 20 | 17 | 0 | 千克 | 4xy |
| 81060090 | ---其他 | | | | | | |
| 8106009010 | 高纯度铋及铋制品(纯度≥99.99%,含银量低于十万分之一) | 8 | 30 | 17 | 5 | 千克 | 3 |

| 商品编号 | 商 品 名 称 及 备 注 | 进口关税税率(%) | | 增值税率(%) | 出口退税率(%) | 计量单位 | 监管条件 |
|---|---|---|---|---|---|---|---|
| | | 最惠国 | 普通 | | | | |
| 8106009090 | 其他铋及铋制品 | 8 | 30 | 17 | 0 | 千克 | 4xy |
| **8107** | **镉及其制品,包括废碎料** | | | | | | |
| 81072000 | -未锻轧镉;粉末 | | | | | | |
| 8107200000 | 未锻轧镉、粉末 | 3 | 14 | 17 | 0 | 千克 | |
| 81073000 | -废碎料 | | | | | | |
| 8107300000 | 镉废碎料 | 3 | 14 | 17 | 0 | 千克 | 9 |
| 81079000 | -其他 | | | | | | |
| 8107900000 | 其他镉及镉制品 | 8 | 30 | 17 | 0 | 千克 | |
| **8108** | **钛及其制品,包括废碎料** | | | | | | |
| 81082021 | ----海绵钛 | | | | | | |
| 8108202100 | 未锻轧海绵钛 | 3 | 14 | 17 | 0 | 千克 | 4xy |
| 81082029 | ----其他 | | | | | | |
| 8108202910 | 颗粒<500 微米的钛及其合金(含量≥97%,不论球形、椭球体、雾化、片状、研碎金属燃料) | 3 | 14 | 17 | 0 | 千克 | 3A |
| 8108202990 | 其他未锻轧钛 | 3 | 14 | 17 | 0 | 千克 | 4xy |
| 81082030 | ---粉末 | | | | | | |
| 8108203000 | 钛的粉末 | 3 | 14 | 17 | 0 | 千克 | 4Axy |
| 81083000 | -废碎料 | | | | | | |
| 8108300000 | 钛废碎料 | 3 | 14 | 17 | 0 | 千克 | 4APxy |
| 81089010 | ---条、杆、型材及异型材 | | | | | | |
| 8108901010 | 钛合金,实心圆柱体,包括锻件(20℃下极限抗拉强度≥900 兆帕,外径>75 毫米) | 8 | 30 | 17 | 13 | 千克 | 3 |
| 8108901020 | 钛金属基复合材料的条、杆、型材及异型材(其中增强材料的比拉伸强度>$7.62\times10^6$ 米和比模量>$3.18\times10^7$ 米) | 8 | 30 | 17 | 13 | 千克 | 3 |
| 8108901090 | 其他钛条、杆、型材及异型材 | 8 | 30 | 17 | 13 | 千克 | |
| 81089020 | ---丝 | | | | | | |
| 8108902000 | 钛丝 | 8 | 30 | 17 | 13 | 千克 | |
| 81089031 | ----厚度≤0.8 毫米 | | | | | | |
| 8108903100[暂4] | 厚度≤0.8 毫米钛板、片、带、箔 | 8 | 30 | 17 | 13 | 千克 | |
| 81089032 | ----厚度>0.8 毫米 | | | | | | |
| 8108903210[暂4] | 钛金属基复合材料的板、片、带、箔(其中增强材料的比拉伸强度>$7.62\times10^4$ 米和比模量>$3.18\times10^7$ 米,厚度>0.8 毫米) | 8 | 30 | 17 | 13 | 千克 | 3 |
| 8108903290[暂4] | 其他厚度>0.8 毫米钛板、片、带、箔 | 8 | 30 | 17 | 13 | 千克 | |
| 81089040 | ---管 | | | | | | |
| 8108904010 | 钛合金管(20℃下极限抗拉强度≥900 兆帕,外径>75 毫米) | 8 | 30 | 17 | 13 | 千克 | 3 |
| 8108904090 | 其他钛管 | 8 | 30 | 17 | 13 | 千克 | |
| 81089090 | ---其他 | | | | | | |
| 8108909000 | 其他钛及钛制品 | 8 | 30 | 17 | 13 | 千克 | |
| **8109** | **锆及其制品,包括废碎料** | | | | | | |
| 81092000 | -未锻轧锆;粉末 | | | | | | |
| 8109200010 | 颗粒<500 微米的锆及其合金(含量≥97%,不论球形、椭球体、雾化、片状、研碎金属燃料) | 3 | 20 | 17 | 0 | 千克 | 3A |
| 8109200090 | 其他未锻轧锆;粉末 | 3 | 20 | 17 | 0 | 千克 | 3A |
| 81093000 | -废碎料 | | | | | | |
| 8109300000 | 锆废碎料 | 3 | 20 | 17 | 0 | 千克 | 3AP |
| 81099000 | -其他 | | | | | | |
| 8109900010 | 锆管(铪与锆重量比低于1:500的锆金属和合金的管或组件) | 8 | 30 | 17 | 5 | 千克 | 3 |

| 商品编号 | 商品名称及备注 | 进口关税税率(%) | | 增值税率(%) | 出口退税率(%) | 计量单位 | 监管条件 |
|---|---|---|---|---|---|---|---|
| | | 最惠国 | 普通 | | | | |
| 8109900090 | 其他锻轧锆及锆制品 | 8 | 30 | 17 | 0 | 千克 | 3 |
| **8110** | **锑及其制品,包括废碎料** | | | | | | |
| 81101010 | ---未锻轧锑 | | | | | | |
| 8110101000[暂1] | 未锻轧锑 | 3 | 30 | 17 | 0 | 千克 | 4xy |
| 81101020 | ---粉末 | | | | | | |
| 8110102000 | 锑粉末 | 3 | 30 | 17 | 0 | 千克 | 4Axy |
| 81102000 | -废碎料 | | | | | | |
| 8110200000 | 锑废碎料 | 3 | 30 | 17 | 0 | 千克 | 49xy |
| 81109000 | -其他 | | | | | | |
| 8110900000 | 其他锑及锑制品 | 8 | 40 | 17 | 0 | 千克 | 4xy |
| **8111** | **锰及其制品,包括废碎料** | | | | | | |
| 81110010 | ---未锻轧锰;废碎料;粉末 | | | | | | |
| 8111001010 | 锰废碎料 | 3 | 20 | 17 | 0 | 千克 | 49xy |
| 8111001090 | 未锻轧锰;粉末 | 3 | 20 | 17 | 0 | 千克 | 4Axy |
| 81110090 | ---其他 | | | | | | |
| 8111009000 | 其他锰及制品 | 8 | 30 | 17 | 0 | 千克 | 4xy |
| **8112** | **铍、铬、锗、钒、镓、铪、铟、铼、铌、铊及其制品,包括废碎料** | | | | | | |
| 81121200 | --未锻轧铍;粉末 | | | | | | |
| 8112120000 | 未锻轧铍、铍粉末 | 3 | 30 | 17 | 0 | 千克 | 3A |
| 81121300 | --废碎料 | | | | | | |
| 8112130000 | 铍废碎料 | 3 | 30 | 17 | 0 | 千克 | 39 |
| 81121900 | --其他 | | | | | | |
| 8112190000 | 其他铍及其制品 | 8 | 30 | 17 | 0 | 千克 | 3 |
| 81122100 | --未锻轧铬;粉末 | | | | | | |
| 8112210000 | 未锻轧铬;铬粉末 | 3 | 20 | 17 | 0 | 千克 | 4xy |
| 81122200 | --废碎料 | | | | | | |
| 8112220000 | 铬废碎料 | 3 | 20 | 17 | 0 | 千克 | 49xy |
| 81122900 | --其他 | | | | | | |
| 8112290000 | 其他铬及其制品 | 3 | 20 | 17 | 0 | 千克 | 4xy |
| 81125100 | --未锻轧铊;粉末 | | | | | | |
| 8112510000 | 未锻轧铊;铊粉末 | 3 | 20 | 17 | 0 | 千克 | AB |
| 81125200 | --废碎料 | | | | | | |
| 8112520000 | 铊废碎料 | 3 | 20 | 17 | 0 | 千克 | 9 |
| 81125900 | --其他 | | | | | | |
| 8112590000 | 其他铊及其制品 | 8 | 30 | 17 | 0 | 千克 | |
| 81129210 | ---锗 | | | | | | |
| 8112921010 | 未锻轧锗废碎料 | 3 | 20 | 17 | 0 | 千克 | 4APxy |
| 8112921090 | 未锻轧的锗;锗粉末 | 3 | 20 | 17 | 0 | 千克 | 4xy |
| 81129220 | ---钒 | | | | | | |
| 8112922001[暂0] | 未锻轧、废碎料或粉末状的钒氮合金 | 3 | 20 | 17 | 0 | 千克 | 4xy |
| 8112922010 | 未锻轧的钒废碎料 | 3 | 20 | 17 | 0 | 千克 | 4APxy |
| 8112922090 | 未锻轧的钒;钒粉末 | 3 | 20 | 17 | 0 | 千克 | 4xy |
| 81129230 | ---铟 | | | | | | |
| 8112923010 | 未锻轧铟、铟粉末 | 3 | 20 | 17 | 0 | 千克 | 4xy |
| 8112923090 | 未锻轧铟废碎料 | 3 | 20 | 17 | 0 | 千克 | 49xy |
| 81129240 | ---铌 | | | | | | |

| 商品编号 | 商品名称及备注 | 进口关税税率(%) | | 增值税率(%) | 出口退税率(%) | 计量单位 | 监管条件 |
|---|---|---|---|---|---|---|---|
| | | 最惠国 | 普通 | | | | |
| 8112924010暂1 | 铌废碎料 | 3 | 20 | 17 | 0 | 千克 | 4APxy |
| 8112924090暂1 | 未锻轧的铌;铌粉末 | 3 | 20 | 17 | 0 | 千克 | 4xy |
| 81129290 | ---其他 | | | | | | |
| 8112929011 | 未锻轧的铪废碎料 | 3 | 20 | 17 | 0 | 千克 | 3AP |
| 8112929019 | 未锻轧的铪;粉末 | 3 | 20 | 17 | 0 | 千克 | 3A |
| 8112929091 | 未锻轧的镓、铼废碎料 | 3 | 20 | 17 | 0 | 千克 | 4APxy |
| 8112929099 | 未锻轧的镓、铼;粉末 | 3 | 20 | 17 | 0 | 千克 | 4Axy |
| 81129910 | ---锗 | | | | | | |
| 8112991000 | 其他锗及其制品 | 3 | 20 | 17 | 5 | 千克 | 4xy |
| 81129920 | ---钒 | | | | | | |
| 8112992001暂0 | 其他钒氮合金 | 3 | 20 | 17 | 0 | 千克 | 4xy |
| 8112992090 | 其他钒及其制品 | 3 | 20 | 17 | 0 | 千克 | 4xy |
| 81129930 | ---铟 | | | | | | |
| 8112993000 | 锻轧的铟及其制品 | 8 | 20 | 17 | 0 | 千克 | 4xy |
| 81129940 | ---铌 | | | | | | |
| 8112994000 | 锻轧的铌及其制品 | 8 | 20 | 17 | 0 | 千克 | 4xy |
| 81129990 | ---其他 | | | | | | |
| 8112999010 | 锻轧的铪及其制品 | 8 | 30 | 17 | 0 | 千克 | 3 |
| 8112999090 | 锻轧的镓、铼及其制品 | 8 | 30 | 17 | 0 | 千克 | 4xy |
| **8113** | **金属陶瓷及其制品,包括废碎料** | | | | | | |
| 81130010 | ---颗粒;粉末 | | | | | | |
| 8113001010 | 颗粒或粉末状碳化钨废碎料 | 8.4 | 30 | 17 | 0 | 千克 | AP |
| 8113001090 | 颗粒或粉末状其他金属陶瓷及其制品 | 8.4 | 30 | 17 | 0 | 千克 | |
| 81130090 | ---其他 | | | | | | |
| 8113009010 | 其他碳化钨废碎料,颗粒或粉末除外 | 8.4 | 30 | 17 | 0 | 千克 | AP |
| 8113009090 | 其他金属陶瓷及其制品,颗粒或粉末除外(包括废料) | 8.4 | 30 | 17 | 0 | 千克 | |

# 第八十二章　贱金属工具、器具、利口器、餐匙、餐叉及其零件

**注释：**

一、除喷灯、轻便锻炉、带支架的砂轮、修指甲和修脚用器具及品目82.09的货品外，本章仅包括带有用下列材料制成的刀片、工作刃、工作面或其他工作部件的物品：

（一）贱金属；

（二）硬质合金或金属陶瓷；

（三）装于贱金属、硬质合金或金属陶瓷底座上的宝石或半宝石（天然、合成或再造）；

（四）附于贱金属底座上的磨料，当附上磨料后，所具有的切齿、沟、槽或类似结构仍保持其特性及功能。

二、本章所列物品的贱金属零件，应与该制品归入同一品目，但具体列名的零件及手工工具的工具夹具（品目84.66）除外。第十五类注释二所述的通用零件，均不归入本章。电动剃须刀及电动毛发推剪的刀头、刀片应归入品目85.10。

三、由品目82.11的一把或多把刀具与品目82.15至少数量相同的物品构成的成套货品应归入品目82.15。

| 商品编号 | 商品名称及备注 | 进口关税税率(%) | | 增值税率(%) | 出口退税率(%) | 计量单位 | 监管条件 |
|---|---|---|---|---|---|---|---|
| | | 最惠国 | 普通 | | | | |
| **8201** | **锹、铲、镐、锄、叉及耙；斧子、钩刀及类似砍伐工具；各种修枝用剪刀；镰刀、秣刀、树篱剪、伐木楔子及其他农业、园艺或林业用手工工具** | | | | | | |
| 82011000 | -锹及铲 | | | | | | |
| 8201100010 | 含植物性材料的锹及铲 | 8 | 50 | 11 | 5 | 千克/把 | AB |
| 8201100090 | 其他锹及铲 | 8 | 50 | 11 | 5 | 千克/把 | |
| 82013000 | -镐、锄及耙 | | | | | | |
| 8201300010 | 含植物性材料的镐、锄、耙 | 8 | 50 | 11 | 5 | 千克/把 | AB |
| 8201300090 | 其他镐、锄、耙 | 8 | 50 | 11 | 5 | 千克/把 | |
| 82014000 | -斧子、钩刀及类似砍伐工具 | | | | | | |
| 8201400010 | 含植物性材料的砍伐工具(包括斧子、钩刀及类似砍伐工具) | 8 | 50 | 11 | 5 | 千克/把 | AB |
| 8201400090 | 其他斧子、钩刀及类似砍伐工具 | 8 | 50 | 11 | 5 | 千克/把 | |
| 82015000 | -修枝剪及类似的单手操作剪刀(包括家禽剪) | | | | | | |
| 8201500010 | 含植物性材料的单手操作农用剪(包括家禽剪) | 8 | 50 | 11 | 5 | 千克/把 | AB |
| 8201500090 | 其他修枝剪等单手操作农用剪(包括家禽剪) | 8 | 50 | 11 | 5 | 千克/把 | |
| 82016000 | -树篱剪、双手修枝剪及类似的双手操作剪刀 | | | | | | |
| 8201600010 | 含植物性材料的双手操作农用剪 | 8 | 50 | 11 | 5 | 千克/把 | AB |
| 8201600090 | 其他修枝等双手操作农用剪 | 8 | 50 | 11 | 9 | 千克/把 | |
| 82019010 | ---叉 | | | | | | |
| 8201901010 | 含植物性材料的农业、园艺、林业用叉 | 8 | 50 | 11 | 5 | 千克/把 | AB |
| 8201901090 | 其他农业、园艺、林业用叉 | 8 | 50 | 11 | 5 | 千克/把 | |
| 82019090 | ---其他 | | | | | | |
| 8201909010 | 含植物性材料的农业、园艺、林业用手工工具 | 8 | 50 | 11 | 5 | 千克/把 | AB |
| 8201909090 | 其他农业、园艺、林业用手工工具 | 8 | 50 | 11 | 5 | 千克/把 | |
| **8202** | **手工锯；各种锯的锯片(包括切条、切槽或无齿锯片)** | | | | | | |
| 82021000 | -手工锯 | | | | | | |
| 8202100000 | 手工锯 | 8.4 | 50 | 17 | 9 | 千克/把 | |
| 82022010 | ---双金属带锯条 | | | | | | |
| 8202201000 | 双金属带锯条 | 8 | 20 | 17 | 13 | 千克 | |
| 82022090 | ---其他 | | | | | | |
| 8202209000 | 其他带锯片 | 8 | 20 | 17 | 9 | 千克 | |
| 82023100 | --带有钢制工作部件 | | | | | | |
| 8202310000 | 带有钢制工作部件的圆锯片(包括切条或切槽锯片) | 8 | 20 | 17 | 9 | 千克 | |

| 商品编号 | 商品名称及备注 | 进口关税税率(%) | | 增值税率(%) | 出口退税率(%) | 计量单位 | 监管条件 |
|---|---|---|---|---|---|---|---|
| | | 最惠国 | 普通 | | | | |
| 82023910 | ---带有天然或合成金刚石、立方氮化硼制的工作部件 | | | | | | |
| 8202391000 | 带有天然或合成金刚石、立方氮化硼制的工作部件的圆锯片(包括切条或切槽锯片,包括部件) | 8 | 20 | 17 | 9 | 千克 | |
| 82023990 | ---其他 | | | | | | |
| 8202399000 | 其他圆锯片,包括部件(包括切条或切槽锯片) | 8 | 20 | 17 | 9 | 千克 | |
| 82024000 | -链锯片 | | | | | | |
| 8202400000 | 链锯片 | 8 | 20 | 17 | 9 | 千克 | |
| 82029110 | ---机械锯用 | | | | | | |
| 8202911000 | 加工金属用的机械锯的直锯片 | 8 | 20 | 17 | 9 | 千克 | |
| 82029190 | ---其他 | | | | | | |
| 8202919000 | 加工金属用的非机械锯的直锯片 | 8 | 50 | 17 | 9 | 千克 | |
| 82029910 | ---机械锯用 | | | | | | |
| 8202991000 | 机械锯用的其他锯片 | 8.4 | 20 | 17 | 9 | 千克 | |
| 82029990 | ---其他 | | | | | | |
| 8202999000 | 非机械锯用的其他锯片 | 10.5 | 50 | 17 | 9 | 千克 | |
| **8203** | **钢锉、木锉、钳子(包括剪钳)、镊子、白铁剪、切管器、螺栓切头器、打孔冲子及类似手工工具** | | | | | | |
| 82031000 | -钢锉、木锉及类似工具 | | | | | | |
| 8203100000 | 钢锉、木锉及类似工具 | 10.5 | 50 | 17 | 9 | 千克/把 | |
| 82032000 | -钳子(包括剪钳)、镊子及类似工具 | | | | | | |
| 8203200000 | 钳子、镊子及类似工具 | 10.5 | 50 | 17 | 9 | 千克/把 | |
| 82033000 | -白铁剪及类似工具 | | | | | | |
| 8203300000 | 白铁剪及类似工具 | 10.5 | 50 | 17 | 9 | 千克/把 | |
| 82034000 | -切管器、螺栓切头器、打孔冲子及类似工具 | | | | | | |
| 8203400000 | 切管器、螺栓切头器、打孔冲子等 | 10.5 | 50 | 17 | 9 | 千克/把 | |
| **8204** | **手动扳手及扳钳(包括转矩扳手,但不包括丝锥扳手);可互换的扳手套筒,不论是否带手柄** | | | | | | |
| 82041100 | --固定的 | | | | | | |
| 8204110000 | 固定式的手动扳手及板钳 | 10.5 | 50 | 17 | 9 | 千克/把 | |
| 82041200 | --可调的 | | | | | | |
| 8204120000 | 可调式的手动扳手及板钳 | 10 | 50 | 17 | 9 | 千克/把 | |
| 82042000 | -可互换的扳手套筒,不论是否带手柄 | | | | | | |
| 8204200000 | 可互换的扳手套筒(不论是否带手柄) | 10 | 50 | 17 | 9 | 千克/套 | |
| **8205** | **其他编号未列名的手工工具(包括玻璃刀);喷灯;台钳、夹钳及类似品,但作为机床或水射流切割机附件或零件的除外;砧;轻便锻炉;带支架的手摇或脚踏砂轮** | | | | | | |
| 82051000 | -钻孔或攻丝工具 | | | | | | |
| 8205100000 | 手工钻孔或攻丝工具 | 10 | 50 | 17 | 9 | 千克/个 | |
| 82052000 | -锤子 | | | | | | |
| 8205200000 | 手工锤子 | 10 | 50 | 17 | 9 | 千克/个 | |
| 82053000 | -木工用刨子、凿子及类似切削工具 | | | | | | |
| 8205300000 | 木工用刨子、凿子及类似切削工具 | 10.5 | 50 | 17 | 9 | 千克/个 | |
| 82054000 | -螺丝刀 | | | | | | |
| 8205400000 | 螺丝刀 | 10.5 | 50 | 17 | 9 | 千克/个 | |
| 82055100 | --家用工具 | | | | | | |
| 8205510000 | 其他家用手工工具 | 10.5 | 50 | 17 | 9 | 千克/个 | |
| 82055900 | --其他 | | | | | | |

| 商品编号 | 商品名称及备注 | 进口关税税率(%) | | 增值税率(%) | 出口退税率(%) | 计量单位 | 监管条件 |
|---|---|---|---|---|---|---|---|
| | | 最惠国 | 普通 | | | | |
| 8205590000 | 其他手工工具(包括玻璃刀) | 10 | 50 | 17 | 9 | 千克/个 | |
| 82056000 | -喷灯 | | | | | | |
| 8205600000 | 喷灯 | 10 | 50 | 17 | 9 | 千克/个 | |
| 82057000 | -台钳、夹钳及类似品 | | | | | | |
| 8205700000 | 台钳、夹钳及类似品 | 10.5 | 50 | 17 | 9 | 千克/个 | |
| 82059000 | -其他,包括由本品目项下两个或多个编号所列物品组成的成套货品 | | | | | | |
| 8205900000 | 其他,包括由本品目项下两个或多个编号所列物品组成的成套货品(包括砧、轻便锻炉、带支架的手摇或脚踏砂轮) | 10.5 | 50 | 17 | 9 | 千克 | |
| **8206** | **由品目82.02至82.05中两个或多个编号所列工具组成的零售包装成套货品** | | | | | | |
| 82060000 | 由品目82.02至82.05中两个或多个编号所列工具组成的零售包装成套货品 | | | | | | |
| 8206000000 | 成套工具组成的零售包装货品(由品目82.02至82.05中两个或多个品目所列工具组成的) | 10.5 | 50 | 17 | 9 | 千克 | |
| **8207** | **手工工具(不论是否有动力装置)及机床(例如,锻压、冲压、攻丝、钻孔、镗孔、铰孔及铣削、车削或上螺丝用的机器)的可互换工具,包括金属拉拔或挤压用模以及凿岩或钻探工具** | | | | | | |
| 82071300 | --带有金属陶瓷制的工作部件 | | | | | | |
| 8207130000 | 带金属陶瓷工作部件的凿岩工具(包括钻探工具) | 8 | 20 | 17 | 13 | 千克 | |
| 82071910 | ---带有天然或合成金刚石、立方氮化硼制的工作部件 | | | | | | |
| 8207191000 | 带金刚石等工作部件的凿岩工具(金刚石等包括立方氮化硼,本子目包括钻探工具) | 8 | 20 | 17 | 13 | 千克 | |
| 82071990 | ---其他 | | | | | | |
| 8207199000 | 带其他材料工作部件的凿岩工具(包括钻探工具) | 8 | 20 | 17 | 13 | 千克 | |
| 82072010 | ---带有天然或合成金刚石、立方氮化硼制的工作部件 | | | | | | |
| 8207201000 | 带金刚石等工作部件的金属拉拔模(金刚石等包括立方氮化硼,本子目包括金属挤压用模) | 8 | 20 | 17 | 13 | 千克/套 | |
| 82072090 | ---其他 | | | | | | |
| 8207209000 | 带其他材料工作部件的金属模(包括金属挤压用模) | 8 | 20 | 17 | 13 | 千克/套 | |
| 82073000 | -锻压或冲压工具 | | | | | | |
| 8207300010[暂6] | 加工品目87.03所列车辆车身冲压件用的4种关键模具(侧围外板、翼子板、拼接整体侧围内板、拼焊整体侧围加强板用模具) | 8 | 20 | 17 | 13 | 千克 | |
| 8207300020[暂6] | 加工品目87.03所列车辆车身冲压件用的4种特种模具(σb≥980牛顿/平方毫米的冷冲压、热成型、内高压成型和铝板用模具) | 8 | 20 | 17 | 13 | 千克 | |
| 8207300090 | 其他锻压或冲压工具 | 8 | 20 | 17 | 13 | 千克 | |
| 82074000 | -攻丝工具 | | | | | | |
| 8207400000 | 攻丝工具 | 8 | 20 | 17 | 13 | 千克/件 | |
| 82075010 | ---带有天然或合成金刚石、立方氮化硼制的工作部件 | | | | | | |
| 8207501000 | 带金刚石等工作部件的钻孔工具(凿岩或钻探用的除外,金刚石等包括立方氧化硼) | 8 | 20 | 17 | 13 | 千克/件 | |
| 82075090 | ---其他 | | | | | | |
| 8207509000 | 带其他材料工作部件的钻孔工具(凿岩或钻探用的除外) | 8 | 20 | 17 | 13 | 千克/件 | |
| 82076010 | 带有天然或合成金刚石、立方氮化硼制的工作部件 | | | | | | |
| 8207601000 | 带金刚石等工作部件的镗孔工具(金刚石等包括立方氮化硼,本编号包括铰孔工具) | 8 | 20 | 17 | 13 | 千克/件 | |
| 82076090 | ---其他 | | | | | | |
| 8207609000 | 带其他材料工作部件的镗孔工具(包括铰孔工具) | 8 | 20 | 17 | 13 | 千克/件 | |
| 82077010 | ---带有天然或合成金刚石、立方氮化硼制的工作部件 | | | | | | |
| 8207701000 | 带有天然或合成金刚石、立方氮化硼制的工作部件的铣削工具 | 8 | 20 | 17 | 13 | 千克/件 | |
| 82077090 | ---其他 | | | | | | |
| 8207709000 | 其他铣削工具 | 8 | 20 | 17 | 13 | 千克/件 | |

| 商品编号 | 商品名称及备注 | 进口关税税率(%) | | 增值税率(%) | 出口退税率(%) | 计量单位 | 监管条件 |
|---|---|---|---|---|---|---|---|
| | | 最惠国 | 普通 | | | | |
| 82078010 | ---带有天然或合成金刚石、立方氮化硼制的工作部件 | | | | | | |
| 8207801000 | 带有天然或合成金刚石、立方氮化硼制的工作部件的车削工具 | 8 | 20 | 17 | 13 | 千克/件 | |
| 82078090 | ---其他 | | | | | | |
| 8207809000 | 其他车削工具 | 8 | 20 | 17 | 13 | 千克/件 | |
| 82079010 | ---带有天然或合成金刚石、立方氮化硼制的工作部件 | | | | | | |
| 8207901000 | 带金刚石工作部件的其他互换工具(金刚石包括立方氮化硼) | 8 | 20 | 17 | 13 | 千克/件 | |
| 82079090 | ---其他 | | | | | | |
| 8207909000 | 其他可互换工具(带有其他材料制的工作部件) | 8 | 20 | 17 | 13 | 千克/件 | |
| **8208** | **机器或机械器具的刀及刀片** | | | | | | |
| 82081011 | ----经镀或涂层的 | | | | | | |
| 8208101100 | 经镀或涂层的硬质合金制的金工机械用刀及刀片(金属加工用) | 8 | 20 | 17 | 13 | 千克 | |
| 82081019 | ----其他 | | | | | | |
| 8208101900 | 其他硬质合金制的金工机械用刀及刀片(金属加工用) | 8 | 20 | 17 | 13 | 千克 | |
| 82081090 | ---其他 | | | | | | |
| 8208109000 | 其他金工机械用刀及刀片(金属加工用) | 8 | 20 | 17 | 5 | 千克 | |
| 82082000 | -木器加工用 | | | | | | |
| 8208200000 | 木工机械用刀及刀片(木器加工用) | 8 | 20 | 17 | 5 | 千克 | |
| 82083000 | -厨房器具或食品工业机器用 | | | | | | |
| 8208300000 | 厨房或食品加工机器用刀及刀片(厨房器具或食品加工机器用) | 8 | 20 | 17 | 5 | 千克 | A |
| 82084000 | -农业、园艺或林业机器用 | | | | | | |
| 8208400000 | 农、林业机器用刀及刀片(农业、园艺、林业机器用) | 8 | 20 | 11 | 5 | 千克 | |
| 82089000 | -其他 | | | | | | |
| 8208900000 | 其他机器或机械器具用刀及刀片(其他用途) | 8 | 20 | 17 | 5 | 千克 | |
| **8209** | **未装配的工具用金属陶瓷板、杆、刀头及类似品** | | | | | | |
| 82090010 | ---板 | | | | | | |
| 8209001000 | 未装配的工具用金属陶瓷板 | 8 | 20 | 17 | 13 | 千克 | |
| 82090021 | ----晶粒度<0.8微米的 | | | | | | |
| 8209002100 | 未装配的工具用金属陶瓷条、杆(晶粒度<0.8微米) | 8 | 20 | 17 | 13 | 千克 | |
| 82090029 | ----其他 | | | | | | |
| 8209002900 | 其他未装配的工具用金属陶瓷条、杆(晶粒度≥0.8微米) | 8 | 20 | 17 | 13 | 千克 | |
| 82090030 | ---刀头 | | | | | | |
| 8209003000 | 未装配的工具用金属陶瓷刀头 | 8 | 20 | 17 | 13 | 千克 | |
| 82090090 | ---其他 | | | | | | |
| 8209009000 | 未装配的工具用金属陶瓷板、条、杆、刀头的类似品 | 8 | 20 | 17 | 13 | 千克 | |
| **8210** | **用于加工或调制食品或饮料的手动机械器具,重量不超过10千克** | | | | | | |
| 82100000 | 用于加工或调制食品或饮料的手动机械器具,重量≤10千克 | | | | | | |
| 8210000000 | 加工调制食品、饮料用手动机械(重量≤10千克) | 18 | 80 | 17 | 5 | 千克/台 | A |
| **8211** | **有刃口的刀及其刀片,不论是否有锯齿(包括整枝刀),但品目82.08的刀除外** | | | | | | |
| 82111000 | -成套货品 | | | | | | |
| 8211100000[暂10] | 以刀为主的成套货品 | 18 | 80 | 17 | 9 | 千克/套 | |
| 82119100 | --刃面固定的餐刀 | | | | | | |
| 8211910000[暂10] | 刃面固定的餐刀 | 18 | 80 | 17 | 9 | 千克/把 | A |
| 82119200 | --刃面固定的其他刀 | | | | | | |
| 8211920000 | 刃面固定的其他刀 | 12 | 80 | 17 | 9 | 千克/把 | |
| 82119300 | --刃面不固定的刀 | | | | | | |
| 8211930000[暂10] | 刃面不固定的刀 | 18 | 80 | 17 | 9 | 千克/把 | |

| 商品编号 | 商品名称及备注 | 进口关税税率(%) | | 增值税率(%) | 出口退税率(%) | 计量单位 | 监管条件 |
|---|---|---|---|---|---|---|---|
| | | 最惠国 | 普通 | | | | |
| 82119400 | --刀片 | | | | | | |
| 8211940000 | 品目82.11所列刀的刀片 | 14 | 80 | 17 | 9 | 千克 | |
| 82119500 | --贱金属制的刀柄 | | | | | | |
| 8211950000 | 贱金属制的刀柄 | 12 | 80 | 17 | 5 | 千克 | |
| **8212** | **剃刀及其刀片(包括未分开的刀片条)** | | | | | | |
| 82121000 | -剃刀 | | | | | | |
| 8212100000 | 剃刀 | 12 | 80 | 17 | 9 | 千克/把 | |
| 82122000 | -安全刀片,包括未分开的刀片条 | | | | | | |
| 8212200000 | 安全剃刀片(包括未分开的刀片条) | 14 | 80 | 17 | 9 | 千克/片 | |
| 82129000 | -其他零件 | | | | | | |
| 8212900000 | 剃刀零件 | 12 | 80 | 17 | 9 | 千克 | |
| **8213** | **剪刀、裁缝剪刀及类似品、剪刀片** | | | | | | |
| 82130000 | 剪刀、裁缝剪刀及类似品、剪刀片 | | | | | | |
| 8213000000 | 剪刀、裁缝剪刀及类似品、剪刀片 | 12 | 80 | 17 | 9 | 千克 | |
| **8214** | **其他利口器(例如,理发推剪、屠刀、砍骨刀、切肉刀、切菜刀、裁纸刀);修指甲及修脚用具(包括指甲锉)** | | | | | | |
| 82141000 | -裁纸刀、开信刀、改错刀、铅笔刀及其刀片 | | | | | | |
| 8214100000 | 裁纸刀、信刀、改错刀、铅笔刀及刀片 | 12 | 80 | 17 | 5 | 千克 | |
| 82142000 | -修指甲及修脚用具(包括指甲锉) | | | | | | |
| 8214200000 | 修指 甲及修脚用具(包括指甲锉) | 18 | 90 | 17 | 9 | 千克 | |
| 82149000 | -其他 | | | | | | |
| 8214900010 | 切菜刀等厨房用利口器 | 18 | 80 | 17 | 9 | 千克 | A |
| 8214900090 | 理发推子等其他利口器 | 18 | 80 | 17 | 9 | 千克 | |
| **8215** | **餐匙、餐叉、长柄勺、漏勺、糕点夹、鱼刀、黄油刀、糖块夹及类似的厨房或餐桌用具** | | | | | | |
| 82151000 | -成套货品,至少其中一件物品是镀贵金属的 | | | | | | |
| 8215100000 | 成套含镀贵金属制厨房或餐桌用具(成套货品,至少其中一件是镀贵金属的) | 18 | 80 | 17 | 5 | 千克 | A |
| 82152000 | -其他成套货品 | | | | | | |
| 8215200000 | 成套的其他厨房或餐桌用具(成套货品,没有一件是镀贵金属的) | 18 | 80 | 17 | 9 | 千克 | A |
| 82159100 | --镀贵金属的 | | | | | | |
| 8215910000 | 非成套镀贵金属制厨房或餐桌用具(非成套货品,镀贵金属的) | 18 | 80 | 17 | 5 | 千克 | A |
| 82159900 | --其他 | | | | | | |
| 8215990000[暂10] | 其他非成套的厨房或餐桌用具(非成套货品,没镀贵金属的) | 18 | 80 | 17 | 9 | 千克 | A |

# 第八十三章　贱金属杂项制品

**注释：**

一、在本章，贱金属零件应与制品一同归类。但品目73.12、73.15、73.17、73.18及73.20的钢铁制品或其他贱金属（第七十四章至第七十六章及第七十八章至第八十一章）制的类似物品不应视为本章制品的零件。

二、品目83.02所称"脚轮"，是指直径（对于有胎的，连胎计算在内，下同）不超过75毫米的或直径虽超过75毫米，但所装轮或胎的宽度必须小于30毫米的脚轮。

| 商品编号 | 商品名称及备注 | 进口关税税率(%) | | 增值税率(%) | 出口退税率(%) | 计量单位 | 监管条件 |
|---|---|---|---|---|---|---|---|
| | | 最惠国 | 普通 | | | | |
| **8301** | **贱金属制的锁（钥匙锁、数码锁及电动锁）；贱金属制带锁的扣环及扣环框架；上述锁的贱金属制钥匙** | | | | | | |
| 83011000 | -挂锁 | | | | | | |
| 8301100000 | 挂锁 | 14 | 80 | 17 | 9 | 千克/把 | |
| 83012010 | ---中央控制门锁 | | | | | | |
| 8301201000 | 机动车用中央控制门锁 | 10 | 80 | 17 | 13 | 千克/套 | |
| 83012090 | ---其他 | | | | | | |
| 8301209000 | 其他机动车用锁 | 10 | 80 | 17 | 9 | 千克/套 | |
| 83013000 | -家具用锁 | | | | | | |
| 8301300000 | 家具用锁 | 14 | 80 | 17 | 9 | 千克/个 | |
| 83014000 | -其他锁 | | | | | | |
| 8301400000 | 其他锁 | 14 | 80 | 17 | 9 | 千克/个 | |
| 83015000 | -带锁的扣环及扣环框架 | | | | | | |
| 8301500000 | 带锁的扣环及扣环框架 | 14 | 80 | 17 | 9 | 千克 | |
| 83016000 | -零件 | | | | | | |
| 8301600000 | 锁零件 | 12 | 80 | 17 | 9 | 千克 | |
| 83017000 | -钥匙 | | | | | | |
| 8301700000 | 钥匙 | 10 | 80 | 17 | 9 | 千克 | |
| **8302** | **用于家具、门窗、楼梯、百叶窗、车厢、鞍具、衣箱、盒子及类似品的贱金属附件及架座；贱金属制帽架、帽钩、托架及类似品；用贱金属做支架的小脚轮；贱金属制的自动闭门器** | | | | | | |
| 83021000 | -铰链（折叶） | | | | | | |
| 8302100000 | 铰链（折叶） | 10 | 80 | 17 | 5 | 千克 | |
| 83022000 | -小脚轮 | | | | | | |
| 8302200000 | 用贱金属做支架的小脚轮 | 12 | 80 | 17 | 9 | 千克 | |
| 83023000 | -机动车辆用的其他附件及架座 | | | | | | |
| 8302300000 | 机车用贱金属附件及架座 | 10 | 80 | 17 | 5 | 千克 | |
| 83024100 | --建筑用 | | | | | | |
| 8302410000 | 建筑用贱金属配件及架座 | 14 | 80 | 17 | 5 | 千克 | |
| 83024200 | --其他，家具用 | | | | | | |
| 8302420000 | 家具用贱金属配件及架座 | 12 | 80 | 17 | 5 | 千克 | |
| 83024900 | --其他 | | | | | | |
| 8302490000 | 其他用贱金属配件及架座 | 12 | 80 | 17 | 5 | 千克 | |
| 83025000 | -帽架、帽钩、托架及类似品 | | | | | | |
| 8302500000 | 帽架，帽钩，托架及类似品 | 14 | 80 | 17 | 9 | 千克 | |
| 83026000 | -自动闭门器 | | | | | | |
| 8302600000 | 自动闭门器 | 12 | 80 | 17 | 5 | 千克/个 | |

| 商品编号 | 商品名称及备注 | 进口关税税率(%) | | 增值税率(%) | 出口退税率(%) | 计量单位 | 监管条件 |
|---|---|---|---|---|---|---|---|
| | | 最惠国 | 普通 | | | | |
| **8303** | **装甲或加强的贱金属制保险箱、保险柜及保险库的门和带锁保险储存橱、钱箱、契约箱及类似品** | | | | | | |
| 83030000 | 装甲或加强的贱金属制保险箱、保险柜及保险库的门和带锁保险储存橱、钱箱、契约箱及类似品 | | | | | | |
| 8303000000 | 保险箱、柜、保险库的门(及带锁保险储存厨、钱箱、契约箱及类似品) | 14 | 50 | 17 | 5 | 千克/个 | |
| **8304** | **贱金属制的档案柜、卡片索引柜、文件盘、文件篮、笔盘、公章架及类似的办公用具,但品目94.03的办公室家具除外** | | | | | | |
| 83040000 | 贱金属制的档案柜、卡片索引柜、文件盘、文件篮、笔盘、公章架及类似的办公用具,但品目94.03的办公室家具除外 | | | | | | |
| 8304000000 | 贱金属档案柜、文件箱等办公用具(品目94.03的办公室家具除外) | 10.5 | 80 | 17 | 5 | 千克 | |
| **8305** | **活页夹、卷宗夹的贱金属附件,贱金属制的信夹、信角、文件夹、索引标签及类似的办公用品;贱金属制的成条订书钉(例如,供办公室、室内装饰或包装用)** | | | | | | |
| 83051000 | -活页夹或卷宗夹的附件 | | | | | | |
| 8305100000 | 活页夹或宗卷夹的附件 | 10.5 | 80 | 17 | 5 | 千克 | |
| 83052000 | -成条订书钉 | | | | | | |
| 8305200000 | 成条订书钉 | 10.5 | 80 | 17 | 5 | 千克 | |
| 83059000 | -其他,包括零件 | | | | | | |
| 8305900000 | 信夹、信角、文件夹等办公用品及零件 | 10.5 | 80 | 17 | 5 | 千克 | |
| **8306** | **非电动的贱金属铃、钟、锣及类似品;贱金属雕塑像及其他装饰品;贱金属相框或画框及类似框架;贱金属镜子** | | | | | | |
| 83061000 | -铃、钟、锣及类似品 | | | | | | |
| 8306100000 | 非电动铃、钟、锣及其类似品 | 8 | 80 | 17 | 5 | 千克 | |
| 83062100 | --镀贵金属的 | | | | | | |
| 8306210000 | 镀贵金属的雕塑像及其他装饰品(贱金属制) | 8 | 100 | 17 | 5 | 千克 | |
| 83062910 | ---景泰蓝的 | | | | | | |
| 8306291000 | 景泰蓝雕塑像及其他装饰品(贱金属制) | 8 | 100 | 17 | 9 | 千克 | |
| 83062990 | ---其他 | | | | | | |
| 8306299000 | 其他雕塑像及其他装饰品(贱金属制) | 8 | 100 | 17 | 13 | 千克 | |
| 83063000 | -相框、画框及类似框架;镜子 | | | | | | |
| 8306300000 | 相框,画框及类似框架,镜子 | 8 | 100 | 17 | 5 | 千克 | |
| **8307** | **贱金属软管,不论是否有附件** | | | | | | |
| 83071000 | -钢铁制 | | | | | | |
| 8307100000 | 钢铁制软管,可有配件 | 8.4 | 35 | 17 | 5 | 千克 | |
| 83079000 | -其他贱金属制 | | | | | | |
| 8307900000 | 其他贱金属软管,可有配件 | 8.4 | 35 | 17 | 5 | 千克 | |
| **8308** | **贱金属制的扣、钩、环、眼及类似品,用于衣着或衣着附件、鞋靴、珠宝首饰、手表、书籍、天篷、皮革制品、旅行用品或马具或其他制成品;贱金属制的管形铆钉及开口铆钉;贱金属制的珠子及亮晶片** | | | | | | |
| 83081000 | -钩、环及眼 | | | | | | |
| 8308100000 | 贱金属制钩、环及眼 | 10.5 | 80 | 17 | 9 | 千克 | |
| 83082000 | -管形铆钉及开口铆钉 | | | | | | |
| 8308200000 | 贱金属制管形铆钉及开口铆钉 | 10.5 | 80 | 17 | 5 | 千克 | |
| 83089000 | -其他,包括零件 | | | | | | |
| 8308900000 | 贱金属制珠子及亮晶片 | 10.5 | 80 | 17 | 5 | 千克 | |
| **8309** | **贱金属制的塞子、盖子(包括冠形瓶塞、螺口盖及倒水塞)、瓶帽、螺口塞、塞子帽、封志及其他包装用附件** | | | | | | |

| 商品编号 | 商品名称及备注 | 进口关税税率(%) | | 增值税率(%) | 出口退税率(%) | 计量单位 | 监管条件 |
|---|---|---|---|---|---|---|---|
| | | 最惠国 | 普通 | | | | |
| 83091000 | -冠形瓶塞 | | | | | | |
| 8309100000 | 贱金属制冠形瓶塞 | 18 | 90 | 17 | 5 | 千克 | |
| 83099000 | -其他 | | | | | | |
| 8309900000 | 盖子、瓶帽、螺口塞封志等包装用附件(贱金属制) | 12 | 80 | 17 | 5 | 千克 | |
| **8310** | **贱金属制的标志牌、铭牌、地名牌及类似品、号码、字母及类似标志,但品目94.05的货品除外** | | | | | | |
| 83100000 | 贱金属制的标志牌、铭牌、地名牌及类似品、号码、字母及类似标志,但品目94.05的货品除外 | | | | | | |
| 8310000000 | 标志牌、铭牌、号码、字母等标志(贱金属制,品目94.05的货品除外) | 18 | 80 | 17 | 5 | 千克 | |
| **8311** | **贱金属或硬质合金制的丝、条、管、板、电极及类似品,以焊剂涂面或以焊剂为芯,用于焊接或沉积金属、硬质合金;贱金属粉粘聚而成的丝或条,供金属喷镀用** | | | | | | |
| 83111000 | -以焊剂涂面的贱金属制电极,电弧焊用 | | | | | | |
| 8311100000 | 以焊剂涂面的贱金属电极,电弧焊用 | 8 | 30 | 17 | 13 | 千克 | |
| 83112000 | -以焊剂为芯的贱金属制焊丝,电弧焊用 | | | | | | |
| 8311200000 | 以焊剂为芯的贱金属制焊丝(电弧焊用) | 8 | 30 | 17 | 13 | 千克 | |
| 83113000 | -以焊剂涂面或以焊剂为芯的贱金属条或丝,钎焊或气焊用 | | | | | | |
| 8311300000 | 以焊剂涂面或作芯的贱金属条或丝(钎焊或气焊用) | 8 | 30 | 17 | 13 | 千克 | |
| 83119000 | -其他 | | | | | | |
| 8311900000 | 贱金属粘聚成的丝或条(供金属喷镀用) | 8 | 30 | 17 | 13 | 千克 | |

# 第十六类　机器、机械器具、电气设备及其零件；录音机及放声机、电视图像、声音的录制和重放设备及其零件、附件

注释：

一、本类不包括：

（一）第三十九章的塑料或品目40.10的硫化橡胶制的传动带、输送带；除硬质橡胶以外的硫化橡胶制的机器、机械器具、电气器具或其他专门技术用途的物品（品目40.16）；

（二）机器、机械器具或其他专门技术用途的皮革、再生皮革（品目42.05）或毛皮（品目43.03）的制品；

（三）各种材料（例如，第三十九章、第四十章、第四十四章、第四十八章及第十五类的材料）制的筒管、卷轴、纡子、锥形筒管、芯子、线轴及类似品；

（四）提花机及类似机器用的穿孔卡片（例如，归入第三十九章、第四十八章或第十五类的）；

（五）纺织材料制的传动带、输送带及带料（品目59.10）或技术上用的其他纺织材料制品（品目59.11）；

（六）品目71.02至71.04的宝石或半宝石（天然、合成或再造）或品目71.16的完全以宝石或半宝石制成的物品，但已加工未装配的唱针用蓝宝石和钻石除外（品目85.22）；

（七）第十五类注释二所规定的贱金属制通用零件（第十五类）及塑料制的类似品（第三十九章）；

（八）钻管（品目73.04）；

（九）金属丝、带制的环形带（第十五类）；

（十）第八十二章或第八十三章的物品；

（十一）第十七类的物品；

（十二）第九十章的物品；

（十三）钟、表或第九十一章的其他物品；

（十四）品目82.07的可互换工具及品目96.03的作为机器零件的刷子；类似的可互换工具应按其构成工作部件的材料归类（例如，归入第四十章、第四十二章、第四十三章、第四十五章、第五十九章或品目68.04、68.09）；

（十五）第九十五章的物品；

（十六）打字机色带或类似色带，不论是否带轴或装盒（应按其材料属性归类；如已上油或经其他方法处理能着色的，应归入品目96.12），或品目96.20的独脚架、双脚架、三脚架及类似品。

二、除本类注释一、第八十四章注释一及第八十五章注释一另有规定的以外，机器零件（不属于品目84.84、85.44、85.45、85.46或85.47所列物品的零件）应按下列规定归类：

（一）凡在第八十四章、第八十五章的品目（品目84.09、84.31、84.48、84.66、84.73、84.87、85.03、85.22、85.29、85.38及85.48除外）列名的货品，均应归入该两章的相应品目；

（二）专用于或主要用于某一种机器或同一品目的多种机器（包括品目84.79或85.43的机器）的零件，应与该种机器一并归类，或酌情归入品目84.09、84.31、84.48、84.66、84.73、85.03、85.22、85.29、85.38；但能同时主要用于品目85.17和85.25至85.28所列机器的零件，应归入品目85.17；

（三）所有其他零件应酌情归入品目84.09、84.31、84.48、84.66、84.73、85.03、85.22、85.29或85.38，如不能归入上述品目，则应归入品目84.87或85.48。

三、由两部及两部以上机器装配在一起形成的组合式机器，或具有两种及两种以上互补或交替功能的机器，除条文另有规定的以外，应按具有主要功能的机器归类。

四、由不同独立部件（不论是否分开或由管道、传动装置、电缆或其他装置连接）组成的机器（包括机组），如果组合后明显具有一种第八十四章或第八十五章某个品目所列功能，则全部机器应按其功能归入有关品目。

五、上述各注释所称"机器"，是指第八十四章或第八十五章各品目所列的各种机器、设备、装置及器具。

## 第八十四章　核反应堆、锅炉、机器、机械器具及其零件

注释：

一、本章不包括：

（一）石磨、石碾及第六十八章的其他物品；

（二）陶瓷材料制的机器或器具（例如泵）以及任何材料制机器或器具的陶瓷制零件（第六十九章）；

（三）实验室用玻璃器（品目70.17）；玻璃制的机器、器具或其他专门技术用途的物品及其零件（品目70.19或70.20）；

（四）品目73.21或73.22的物品或其他贱金属制的类似物品（第七十四章至第七十六章或第七十八章至第八十一章）；

（五）品目85.08的真空吸尘器；

（六）品目85.09的家用电动器具；品目85.25的数字照相机；

（七）第十七类物品用的散热器；或

（八）非机动的手工操作地板清扫器（品目96.03）。

二、除第十六类注释三及本章注释九另有规定以外，如果某种机器或器具既符合品目84.01至84.24或品目84.86中一个或几个品目的规定，又符合品目84.25至84.80中一个或几个品目的规定，则应酌情归入品目84.01至84.24或品目84.86中的相应品目，而不归入品目84.25至84.80中的有关品目。

但品目84.19不包括：

（一）催芽装置、孵卵器或育雏器（品目84.36）；

（二）谷物调湿机（品目84.37）；

（三）萃取糖汁的浸提装置（品目84.38）；

（四）纱线、织物及纺织制品的热处理机器（品目84.51）；

（五）温度变化（即使必不可少）仅作为辅助功能的机器、设备或实验室设备。

品目84.22不包括：

（一）缝合袋子或类似品用的缝纫机；

（二）品目84.72的办公室用机器。

品目84.24不包括：

（一）喷墨印刷（打印）机器（品目84.43）；或

（二）水射流切割机（品目84.56）。

三、如果用于加工各种材料的某种机床既符合品目84.56的规定，又符合品目84.57、84.58、84.59、84.60、84.61、84.64或84.65的规定，则应归入品目84.56。

四、品目84.57仅适用于可以完成下列不同形式机器操作的金属加工机床，但车床（包括车削中心）除外：

（一）按照机械加工程序从刀具库中自动更换刀具（加工中心）；

（二）同时或顺序地自动使用不同的动力头对固定不动的工件进行加工（单工位组合机床）；

（三）自动将工件送向不同的动力头（多工位组合机床）。

五、（一）品目84.71所称"自动数据处理设备"，是指具有如下功能的机器：

1. 存储处理程序及执行程序直接需要的起码的数据；

2. 按照用户的要求随意编辑程序；

3. 按照用户指令进行算术计算；以及

4. 在运行过程中，可不需人为干预而通过逻辑判断，执行一个处理程序，这个处理程序可改变计算机指令的执行。

（二）自动数据处理设备可以是一套由若干单独部件所组成的系统。

（三）除本注释（四）及（五）另有规定的以外，一个部件如果符合下列所有规定，即可视为自动数据处理系统的一部分：

1. 专用于或主要用于自动数据处理系统；

2. 可以直接或通过一个或几个其他部件同中央处理机相连接；

3. 能够以本系统所使用的方式（代码或信号）接收或传送数据。

自动数据处理设备的部件如果单独报验，应归入品目84.71。但是，键盘、X-Y坐标输入装置及盘（片）式存储部件，只要符合上述注释（三）2及（三）3所列的规定，应一律作为品目84.71的部件归类。

（四）品目84.71不包括单独报验的下述设备，即使它们符合上述注释五（三）的所有规定：

1. 打印机、复印机、传真机，不论是否组合式；

2. 发送或接收声音、图像或其他数据的设备，包括无线或有线网络（例如，局域网或广域网）通信设备；

3. 扬声器及传声器（麦克风）；

4. 电视摄像机、数字照相机及视频摄录一体机；

5. 监视器及投影机，未装有电视接收装置。

（五）装有自动数据处理设备或与自动数据处理设备连接使用，但却从事数据处理以外的某项专门功能的机器，应按其功能归入相应的品目，对于无法按功能归类的，应归入未列名品目。

六、品目84.82还包括最大直径及最小直径与标称直径相差均不超过1%或0.05毫米（以相差数值较小的为准）的抛光钢珠，其他钢珠归入品目73.26。

七、具有一种以上用途的机器在归类时，其主要用途可作为唯一的用途对待。

除本章注释二、第十六类注释三另有规定的以外，凡任何品目都未列明其主要用途的机器，以及没有哪一种用途是主要用途的机器，均应归入品目84.79。品目84.79还包括将金属丝、纱线或其他各种材料以及它们的混合材料制成绳、缆的机器（例如，捻股机、绞扭机、制缆机）。

八、品目84.70所称"袖珍式"仅适用于外形尺寸不超过170毫米×100毫米×45毫米的机器。

九、（一）第八十五章注释九（一）及（二）也同样适用于本条注释及品目84.86中所称的"半导体器件"及"集成电路"。但本条注释及品目84.86所称"半导体器件"，也包括光敏半导体器件及发光二极管（LED）。

（二）本条注释及品目84.86所称"平板显示器的制造"，包括将各层基片制造成平板，但不包括玻璃的制造或将印刷电路板或其他电子元件装配在平板上。所称"平板显示"不包括阴极射线管技术。

（三）品目84.86也包括下列机器及装置，其专用或主要用于：

1. 制造或修补掩膜版及刻线；

2. 组装半导体器件或集成电路；

3. 升降、搬运、装卸单晶柱、晶圆、半导体器件、集成电路及平板显示器。

（四）除十六类注释一及第八十四章注释一另有规定的以外，符合品目84.86规定的机器及装置，应归入该品目而不归入本手册的其他品目。

**子目注释：**

一、子目8465.20所称"加工中心"，仅适用于加工木材、软木、骨、硬质橡胶、硬质塑料或类似硬质材料的加工机床。这些设备可根据机械加工程序，从刀具库或类似装置中自动更换刀具，以完成不同形式的机械加工。

二、子目8471.49所称"系统"，是指各部件符合第八十四章章注五（二）所列条件，并且至少由一个中央处理部件、一个输入部件（例如，键盘或扫描仪）和一个输出部件（例如，视频显示器或打印机）组成的自动数据处理设备。

三、子目8481.20所称"油压或气压传动阀"，是指在液压或气压系统中专用于传递"流体动力"的阀门，其能源以加压流体（液体或气体）的形式供给。这些阀门可以具有各种形式（例如，减压阀、止回阀）。子目8481.20优先于品目84.81的所有其他子目。

四、子目8482.40仅包括滚柱直径相同，最大不超过5毫米，且长度至少是直径3倍的圆滚柱轴承，滚柱的两端可以磨圆。

| 商品编号 | 商品名称及备注 | 进口关税税率（%） | | 增值税率（%） | 出口退税率（%） | 计量单位 | 监管条件 |
|---|---|---|---|---|---|---|---|
| | | 最惠国 | 普通 | | | | |
| **8401** | **核反应堆；核反应堆的未辐照燃料元件（释热元件）；同位素分离机器及装置** | | | | | | |
| 84011000 | -核反应堆 | | | | | | |
| 8401100000 | 核反应堆 | 2 | 8 | 17 | 17 | 千克 | 3 |
| 84012000 | -同位素分离机器、装置及其零件 | | | | | | |
| 8401200000 | 同位素分离机器、装置及其零件 | 1 | 8 | 17 | 17 | 个/千克 | 3 |
| 84013010 | ---未辐照燃料元件 | | | | | | |
| 8401301000 | 未辐照燃料元件（释热元件） | 2 | 8 | 17 | 17 | 千克 | |

| 商品编号 | 商品名称及备注 | 进口关税税率(%) | | 增值税率(%) | 出口退税率(%) | 计量单位 | 监管条件 |
|---|---|---|---|---|---|---|---|
| | | 最惠国 | 普通 | | | | |
| 84013090 | ---未辐照燃料元件的零件 | | | | | | |
| 8401309000 | 未辐照燃料元件(释热元件)的零件 | 1 | 8 | 17 | 17 | 千克 | |
| 84014010 | ---未辐照相关组件 | | | | | | |
| 8401401000 | 核反应堆未辐照相关组件 | 1 | 8 | 17 | 17 | 千克 | |
| 84014020 | ---堆内构件 | | | | | | |
| 8401402000 | 核反应堆堆内构件 | 1 | 8 | 17 | 17 | 千克 | 3 |
| 84014090 | ---其他 | | | | | | |
| 8401409010 | 核反应堆压力容器(包括其顶板)(专门设计或制造来用于容纳核反应堆的堆芯) | 1 | 8 | 17 | 17 | 千克 | 3 |
| 8401409020 | 核反应堆控制棒和设备(专用于核反应堆裂变控制棒、支承结构或悬吊结构等) | 1 | 8 | 17 | 17 | 千克 | 3 |
| 8401409030 | 核反应堆压力管(专用于容纳核燃料元件和一次冷却剂的,压力>5.1兆帕) | 1 | 8 | 17 | 17 | 千克 | 3 |
| 8401409090 | 其他核反应堆零件 | 1 | 8 | 17 | 17 | 千克 | |
| **8402** | **蒸汽锅炉(能产生低压水蒸气的集中供暖用的热水锅炉除外);过热水锅炉** | | | | | | |
| 84021110 | ---蒸发量≥900吨/时的发电用锅炉 | | | | | | |
| 8402111000 | 蒸发量≥900吨/时发电用蒸汽水管锅炉 | 3 | 11 | 17 | 17 | 台/千克 | 6A |
| 84021190 | ---其他 | | | | | | |
| 8402119000 | 其他蒸发量>45吨/时的蒸汽水管锅炉 | 14 | 35 | 17 | 17 | 台/千克 | 6A |
| 84021200 | --蒸发量≤45吨/时的水管锅炉 | | | | | | |
| 8402120010 | 纸浆厂废料锅炉(蒸发量≤45吨/时蒸汽水管锅炉) | 5 | 35 | 17 | 17 | 台/千克 | 6A |
| 8402120090 | 其他蒸发量≤45吨/时水管锅炉 | 5 | 35 | 17 | 17 | 台/千克 | 6A |
| 84021900 | --其他蒸汽锅炉,包括混合式锅炉 | | | | | | |
| 8402190000 | 其他蒸汽锅炉(包括混合式锅炉) | 5 | 35 | 17 | 17 | 台/千克 | 6A |
| 84022000 | -过热水锅炉 | | | | | | |
| 8402200000 | 过热水锅炉 | 16 | 35 | 17 | 17 | 台/千克 | 6A |
| 84029000 | -零件 | | | | | | |
| 8402900000 | 蒸汽锅炉及过热水锅炉的零件 | 2 | 11 | 17 | 17 | 千克 | |
| **8403** | **集中供暖用的热水锅炉,但品目84.02的货品除外** | | | | | | |
| 84031010 | ---家用型 | | | | | | |
| 8403101000 | 家用型热水锅炉(但品目84.02的货品除外) | 10 | 80 | 17 | 17 | 台/千克 | 6A |
| 84031090 | ---其他 | | | | | | |
| 8403109000 | 其他集中供暖用的热水锅炉(但品目84.02的货品除外) | 10 | 80 | 17 | 17 | 台/千克 | 6A |
| 84039000 | -零件 | | | | | | |
| 8403900000 | 集中供暖用热水锅炉的零件 | 6 | 80 | 17 | 17 | 千克 | |
| **8404** | **品目84.02或84.03所列锅炉的辅助设备(例如,节热器、过热器、除灰器、气体回收器);水蒸气或其他蒸汽动力装置的冷凝器** | | | | | | |
| 84041010 | ---品目84.02所列锅炉的辅助设备 | | | | | | |
| 8404101010[暂5] | 使用(可再生)生物质燃料的非水管蒸汽锅炉的辅助设备(例如,节热器、过热器、除灰器、气体回收器) | 7 | 35 | 17 | 17 | 千克 | 6 |
| 8404101090 | 其他蒸汽锅炉、过热水锅炉的辅助设备(例如,节热器、过热器、除灰器、气体回收器) | 7 | 35 | 17 | 17 | 千克 | 6 |
| 84041020 | ---品目84.03所列锅炉的辅助设备 | | | | | | |
| 8404102000[暂5] | 集中供暖用热水锅炉的辅助设备(例如,节热器、过热器、除灰器、气体回收器) | 10 | 80 | 17 | 17 | 千克 | 6 |
| 84042000 | -水蒸气或其他蒸汽动力装置的冷凝器 | | | | | | |
| 8404200000[暂5] | 水及其他蒸汽动力装置的冷凝器 | 14 | 35 | 17 | 17 | 千克 | 6 |
| 84049010 | ---编号84041020所列设备的零件 | | | | | | |
| 8404901000[暂5] | 集中供暖热水锅炉辅助设备的零件 | 10 | 80 | 17 | 17 | 千克 | |
| 84049090 | ---其他 | | | | | | |

| 商品编号 | 商品名称及备注 | 进口关税税率(%) | | 增值税率(%) | 出口退税率(%) | 计量单位 | 监管条件 |
|---|---|---|---|---|---|---|---|
| | | 最惠国 | 普通 | | | | |
| 8404909010暂5 | 使用(可再生)生物质燃料的非水管蒸汽锅炉的辅助设备的零件;水蒸气或其他蒸汽动力装置的冷凝器的零件(编号84041010、84042000所列辅助设备的) | 7 | 35 | 17 | 17 | 千克 | |
| 8404909090 | 其他辅助设备用零件(编号84041010、84042000所列辅助设备的) | 7 | 35 | 17 | 17 | 千克 | |
| **8405** | **煤气发生器,不论有无净化器;乙炔发生器及类似的水解气体发生器,不论有无净化器** | | | | | | |
| 84051000 | -煤气发生器,不论有无净化器;乙炔发生器及类似的水解气体发生器,不论有无净化器 | | | | | | |
| 8405100000 | 煤气、乙炔及类似水解气体发生器(不论有无净化器) | 14 | 30 | 17 | 17 | 千克 | A |
| 84059000 | -零件 | | | | | | |
| 8405900000 | 煤气、乙炔等气体发生器的零件 | 8 | 30 | 17 | 17 | 千克 | |
| **8406** | **汽轮机** | | | | | | |
| 84061000 | -船舶动力用汽轮机 | | | | | | |
| 8406100000 | 船舶动力用汽轮机 | 5 | 35 | 17 | 17 | 台/千瓦 | |
| 84068110 | ---输出功率≤100兆瓦的 | | | | | | |
| 8406811000 | 40兆瓦<功率≤100兆瓦的其他汽轮机(功率指输出功率) | 5 | 35 | 17 | 17 | 台/千瓦 | |
| 84068120 | ---100兆瓦<输出功率≤350兆瓦的 | | | | | | |
| 8406812000 | 100兆瓦<功率≤350兆瓦的其他汽轮机(功率指输出功率) | 5 | 35 | 17 | 17 | 台/千瓦 | |
| 84068130 | ---输出功率>350兆瓦的 | | | | | | |
| 8406813000 | 功率>350兆瓦的其他汽轮机(功率指输出功率) | 6 | 11 | 17 | 17 | 台/千瓦 | |
| 84068200 | --输出功率≤40兆瓦的 | | | | | | |
| 8406820000 | 功率≤40兆瓦的其他汽轮机(功率指输出功率) | 5 | 35 | 17 | 17 | 台/千瓦 | O |
| 84069000 | -零件 | | | | | | |
| 8406900000 | 汽轮机用的零件 | 2 | 11 | 17 | 17 | 千克 | |
| **8407** | **点燃往复式或旋转式活塞内燃发动机** | | | | | | |
| 84071010 | ---输出功率≤298千瓦 | | | | | | |
| 8407101000 | 输出功率≤298千瓦航空器内燃引擎(指点燃往复式或旋转式) | 2 | 11 | 17 | 17 | 台/千瓦 | 6 |
| 84071020 | ---输出功率>298千瓦 | | | | | | |
| 8407102010 | 输出功率>298千瓦的无人驾驶航空飞行器、无人驾驶飞艇用高效率内燃引擎(设计或改型后用于在15420米以上高空飞行的吸气活塞式或转子式内燃发动机) | 2 | 11 | 17 | 17 | 台/千瓦 | 36 |
| 8407102090 | 其他输出功率>298千瓦航空器内燃引擎(指点燃往复式或旋转式) | 2 | 11 | 17 | 17 | 台/千瓦 | 6 |
| 84072100 | --舷外发动机 | | | | | | |
| 8407210000 | 船舶用舷外点燃式引擎(指点燃往复式或旋转式活塞内燃发动机) | 8 | 35 | 17 | 17 | 台/千瓦 | 6 |
| 84072900 | --其他 | | | | | | |
| 8407290000 | 船舶用其他未列名点燃式引擎(指点燃往复式或旋转式活塞内燃发动机,舷外式的除外) | 8 | 20 | 17 | 17 | 台/千瓦 | 6 |
| 84073100 | --气缸容量(排气量)≤50毫升 | | | | | | |
| 8407310000 | 排气量≤50毫升往复式活塞引擎(第八十七章所列车辆用的点燃往复式活塞发动机,排气量≤50毫升) | 10 | 35 | 17 | 17 | 台/千瓦 | y4xA6 |
| 84073200 | --50毫升<气缸容量(排气量)≤250毫升 | | | | | | |
| 8407320000 | 50毫升<排气量≤250毫升往复式活塞引擎(第八十七章所列车辆用的点燃往复式活塞发动机) | 10 | 35 | 17 | 17 | 台/千瓦 | y4xA6 |
| 84073300 | --250毫升<气缸容量(排气量)≤1000毫升 | | | | | | |
| 8407330000 | 250毫升<排气量≤1000毫升往复活塞引擎(第八十七章所列车辆的点燃往复式活塞发动机) | 10 | 70 | 17 | 17 | 台/千瓦 | A06 |
| 84073410 | ---1000毫升<气缸容量(排气量)≤3000毫升 | | | | | | |
| 8407341000 | 1000毫升<排气量≤3000毫升车辆的往复式活塞引擎(第八十七章所列车辆的点燃往复式活塞发动机) | 10 | 70 | 17 | 17 | 台/千瓦 | A6O |
| 84073420 | ---气缸容量(排气量)>3000毫升 | | | | | | |

| 商品编号 | 商品名称及备注 | 进口关税税率(%) | | 增值税率(%) | 出口退税率(%) | 计量单位 | 监管条件 |
|---|---|---|---|---|---|---|---|
| | | 最惠国 | 普通 | | | | |
| 8407342010 | 排气量≥5.9升的天然气发动机(第八十七章所列车辆用的点燃往复式活塞发动机) | 10 | 35 | 17 | 17 | 台/千瓦 | 60 |
| 8407342090 | 其他排气量>3000毫升车用往复式活塞引擎(第八十七章所列车辆用的点燃往复式活塞发动机) | 10 | 35 | 17 | 17 | 台/千瓦 | 60 |
| 84079010 | ---沼气发动机 | | | | | | |
| 8407901000 | 沼气发动机 | 12 | 35 | 17 | 17 | 台/千瓦 | 6 |
| 84079090 | ---其他 | | | | | | |
| 8407909010 | 转速<3600转/分汽油发动机(发电机用,立式输出轴汽油发动机除外) | 18 | 35 | 17 | 17 | 台/千瓦 | 06 |
| 8407909020 | 转速<4650转/分汽油发动机(品目84.26、84.28~84.30所列机械用,立式输出轴汽油发动机除外) | 18 | 35 | 17 | 17 | 台/千瓦 | 06 |
| 8407909031[暂9] | 叉车用汽油发动机(800转/分≤转速≤3400转/分)(立式输出轴汽油发动机除外) | 18 | 35 | 17 | 17 | 台/千瓦 | 06 |
| 8407909039 | 其他转速<4650转/分汽油发动机(品目84.27所列机械用,立式输出轴汽油发动机除外) | 18 | 35 | 17 | 17 | 台/千瓦 | 06 |
| 8407909040[暂9] | 立式输出轴汽油发动机(非第八十七章所列车辆用其他往复式活塞发动机) | 18 | 35 | 17 | 17 | 台/千瓦 | 6 |
| 8407909090 | 其他往复或旋转式活塞内燃引擎(非第八十七章所列车辆用其他点燃往复式或旋转式活塞发动机) | 18 | 35 | 17 | 17 | 台/千瓦 | 6 |
| **8408** | **压燃式活塞内燃发动机(柴油或半柴油发动机)** | | | | | | |
| 84081000 | -船舶发动机 | | | | | | |
| 8408100000 | 船舶用柴油发动机(指压燃式活塞内燃发动机) | 5 | 11 | 17 | 17 | 台/千瓦 | 06 |
| 84082010 | ---输出功率≥132.39千瓦(180马力) | | | | | | |
| 8408201001[暂4] | 输出功率≥441千瓦的柴油发动机(600马力) | 9 | 14 | 17 | 17 | 台/千瓦 | 06 |
| 8408201010 | 功率≥132.39千瓦拖拉机用柴油机 | 9 | 14 | 11 | 17 | 台/千瓦 | 6 |
| 8408201090 | 功率≥132.39千瓦其他用柴油机[指第八十七章车辆用压燃式活塞内燃发动机(132.39千瓦=180马力)] | 9 | 14 | 17 | 17 | 台/千瓦 | 06 |
| 84082090 | ---其他 | | | | | | |
| 8408209010 | 功率<132.39千瓦拖拉机用柴油机 | 25 | 35 | 11 | 11 | 台/千瓦 | 6 |
| 8408209020[暂20] | 升功率≥50千瓦,输出功率<132.39千瓦的轿车用柴油发动机 | 25 | 35 | 17 | 17 | 台/千瓦 | 60 |
| 8408209090 | 功率<132.39千瓦其他用柴油机(指第八十七章车辆用压燃式活塞内燃发动机) | 25 | 35 | 17 | 17 | 台/千瓦 | 60 |
| 84089010 | ---机车发动机 | | | | | | |
| 8408901000 | 机车用柴油发动机(压燃式活塞内燃发动机) | 6 | 11 | 17 | 17 | 台/千瓦 | 06 |
| 84089091 | ----输出功率≤14千瓦 | | | | | | |
| 8408909111 | 功率≤14千瓦农业用单缸柴油机[非第八十七章车辆用压燃式活塞内燃发动机(14千瓦=19.05马力)] | 5 | 35 | 11 | 11 | 台/千瓦 | 6 |
| 8408909119 | 功率≤14千瓦农业用柴油发动机[非第八十七章车辆用压燃式活塞内燃发动机(14千瓦=19.05马力)] | 5 | 35 | 11 | 11 | 台/千瓦 | 6 |
| 8408909191 | 功率≤14千瓦其他用单缸柴油机[非第八十七章车辆用压燃式活塞内燃发动机(14千瓦=19.05马力)] | 5 | 35 | 17 | 11 | 台/千瓦 | 6 |
| 8408909199 | 功率≤14千瓦其他用柴油发动机[非第八十七章车辆用压燃式活塞内燃发动机(14千瓦=19.05马力)] | 5 | 35 | 17 | 11 | 台/千瓦 | 6 |
| 84089092 | ----14千瓦<输出功率<132.39千瓦(180马力) | | | | | | |
| 8408909210 | 转速<4650转/分柴油发动机,14<功率<132.39千瓦(品目84.26~84.30所列工程机械用) | 8.4 | 35 | 17 | 17 | 台/千瓦 | 60 |
| 8408909220 | 14千瓦<功率<132.39千瓦的农业用柴油机[非第八十七章车辆用压燃式活塞内燃发动机(1千瓦=1.36马力)] | 8.4 | 35 | 11 | 11 | 台/千瓦 | 6 |
| 8408909290 | 14千瓦<功率<132.39千瓦的其他用柴油机[非第八十七章车辆用压燃式活塞内燃发动机(1千瓦=1.36马力)] | 8.4 | 35 | 17 | 17 | 台/千瓦 | 6 |
| 84089093 | ----输出功率≥132.39千瓦(180马力) | | | | | | |

| 商品编号 | 商品名称及备注 | 进口关税税率(%) | | 增值税率(%) | 出口退税率(%) | 计量单位 | 监管条件 |
|---|---|---|---|---|---|---|---|
| | | 最惠国 | 普通 | | | | |
| 8408909310 | 功率≥132.39千瓦的农业用柴油机[非第八十七章用压燃式活塞内燃发动机(132.39千瓦=180马力)] | 5 | 14 | 11 | 17 | 台/千瓦 | 6 |
| 8408909390 | 功率≥132.39千瓦其他用柴油发动机[非第八十七章用压燃式活塞内燃发动机(132.39千瓦=180马力)] | 5 | 14 | 17 | 17 | 台/千瓦 | 60 |
| **8409** | **专用于或主要用于品目84.07或84.08所列发动机的零件** | | | | | | |
| 84091000 | -航空器发动机用 | | | | | | |
| 8409100000 | 航空器发动机用零件(指专用于或主要用于品目84.07或84.08所列航空器发动机的零件) | 2 | 11 | 17 | 17 | 千克 | |
| 84099110 | ---船舶发动机用 | | | | | | |
| 8409911000 | 船舶用点燃式发动机专用零件(指专用于或主要用于点燃式活塞内燃发动机的) | 6 | 17 | 17 | 17 | 千克 | |
| 84099191 | ----电控燃油喷射装置 | | | | | | |
| 8409919100 | 电控燃油喷射装置(指专用于或主要用于点燃式活塞内燃发动机的) | 5 | 35 | 17 | 17 | 千克/套 | 0 |
| 84099199 | ----其他 | | | | | | |
| 8409919920 | 废气再循环(EGR)装置(专用或主要用于内燃发动机) | 5 | 35 | 17 | 17 | 千克 | |
| 8409919930 | 连杆(专用或主要用于内燃发动机) | 5 | 35 | 17 | 17 | 千克 | |
| 8409919940 | 喷嘴(专用或主要用于内燃发动机) | 5 | 35 | 17 | 17 | 千克 | |
| 8409919950 | 气门摇臂(专用或主要用于内燃发动机) | 5 | 35 | 17 | 17 | 千克 | |
| 8409919990 | 其他点燃式活塞内燃发动机用零件 | 5 | 35 | 17 | 17 | 千克 | |
| 84099910 | ---船舶发动机用 | | | | | | |
| 8409991000 | 其他船舶发动机专用零件 | 5 | 11 | 17 | 17 | 千克 | |
| 84099920 | ---机车发动机用 | | | | | | |
| 8409992000 | 其他机车发动机专用零件 | 2 | 11 | 17 | 17 | 千克 | |
| 84099991 | ----输出功率≥132.39千瓦(180马力)的发动机用 | | | | | | |
| 8409999100 | 其他功率≥132.39千瓦发动机的专用零件(132.39千瓦=180马力) | 2 | 11 | 17 | 17 | 千克 | |
| 84099999 | ----其他 | | | | | | |
| 8409999910[暂5] | 电控柴油喷射装置及其零件(指品目84.08所列的其他发动机用) | 8.4 | 35 | 17 | 17 | 千克 | 0 |
| 8409999990 | 其他发动机的专用零件(指品目84.07或84.08所列的其他发动机) | 8.4 | 35 | 17 | 17 | 千克 | |
| **8410** | **水轮机、水轮及其调节器** | | | | | | |
| 84101100 | --功率≤1000千瓦 | | | | | | |
| 8410110000 | 功率≤1000千瓦的水轮机及水轮 | 10 | 35 | 17 | 17 | 台/千克 | |
| 84101200 | --1000千瓦<功率≤10000千瓦 | | | | | | |
| 8410120000 | 1000千瓦<功率≤10000千瓦的水轮机及水轮 | 10 | 35 | 17 | 17 | 台/千克 | |
| 84101310 | ---功率>30000千瓦的冲击式水轮机及水轮 | | | | | | |
| 8410131000 | 功率>30000千瓦冲击式水轮机及水轮 | 10 | 35 | 17 | 17 | 台/千克 | |
| 84101320 | ---功率>35000千瓦的贯流式水轮机及水轮 | | | | | | |
| 8410132000 | 功率>35000千瓦贯流水轮机及水轮 | 10 | 35 | 17 | 17 | 台/千克 | |
| 84101330 | ---功率>200000千瓦的水泵水轮机及水轮 | | | | | | |
| 8410133000 | 功率>200000千瓦水泵式水轮机及水轮 | 10 | 35 | 17 | 17 | 台/千克 | |
| 84101390 | ---其他 | | | | | | |
| 8410139000 | 功率>10000千瓦的其他水轮机及水轮 | 10 | 35 | 17 | 17 | 台/千克 | |
| 84109010 | ---调节器 | | | | | | |
| 8410901000 | 水轮机及水轮的调节器 | 6 | 35 | 17 | 17 | 千克/套 | |
| 84109090 | ---其他 | | | | | | |
| 8410909000 | 水轮机及水轮的其他零件(不包括调节器) | 6 | 35 | 17 | 17 | 千克 | |
| **8411** | **涡轮喷气发动机,涡轮螺桨发动机及其他燃气轮机** | | | | | | |
| 84111110 | ---涡轮风扇发动机 | | | | | | |

| 商品编号 | 商品名称及备注 | 进口关税税率(%) 最惠国 | 普通 | 增值税率(%) | 出口退税率(%) | 计量单位 | 监管条件 |
|---|---|---|---|---|---|---|---|
| 8411111000 | 涡轮风扇发动机,推力≤25千牛顿 | 1 | 11 | 17 | 17 | 台 | 3 |
| 84111190 | ---其他 | | | | | | |
| 8411119000 | 其他涡轮喷气发动机,推力≤25千牛顿 | 1 | 11 | 17 | 17 | 台 | |
| 84111210 | ---涡轮风扇发动机 | | | | | | |
| 8411121000 | 涡轮风扇发动机,推力>25千牛顿 | 1 | 11 | 17 | 17 | 台 | 3 |
| 84111290 | ---其他 | | | | | | |
| 8411129010 | 小型燃烧率高轻型涡轮喷气发动机(推力≥90千牛顿的涡轮喷气发动机) | 1 | 11 | 17 | 17 | 台 | 3 |
| 8411129090 | 其他涡轮喷气发动机(推力>25千牛顿) | 1 | 11 | 17 | 17 | 台 | |
| 84112100 | --功率≤1100千瓦 | | | | | | |
| 8411210000 | 功率≤1100千瓦的涡轮螺桨发动机 | 2 | 11 | 17 | 17 | 台/千瓦 | |
| 84112210 | ---1100千瓦<功率≤2238千瓦 | | | | | | |
| 8411221000 | 1100千瓦<功率≤2238千瓦涡轮螺桨引擎 | 2 | 11 | 17 | 17 | 台/千瓦 | |
| 84112220 | ---2238千瓦<功率≤3730千瓦 | | | | | | |
| 8411222000 | 2238千瓦<功率≤3730千瓦涡轮螺桨引擎 | 2 | 11 | 17 | 17 | 台/千瓦 | |
| 84112230 | ---功率>3730千瓦 | | | | | | |
| 8411223000 | 功率>3730千瓦涡轮螺桨引擎 | 2 | 11 | 17 | 17 | 台/千瓦 | |
| 84118100 | --功率≤5000千瓦 | | | | | | |
| 8411810001[暂1] | 涡轮轴航空发动机(功率≤5000千瓦) | 15 | 35 | 17 | 17 | 台/千瓦 | |
| 8411810090 | 功率≤5000千瓦的其他燃气轮机 | 15 | 35 | 17 | 17 | 台/千瓦 | |
| 84118200 | --功率>5000千瓦 | | | | | | |
| 8411820000 | 功率>5000千瓦的其他燃气轮机 | 3 | 35 | 17 | 17 | 台/千瓦 | 0 |
| 84119100 | --涡轮喷气发动机或涡轮螺桨发动机用 | | | | | | |
| 8411910000 | 涡轮喷气或涡轮螺桨发动机用零件 | 1 | 11 | 17 | 17 | 千克 | |
| 84119910 | ---涡轮轴发动机用 | | | | | | |
| 8411991010[暂1] | 涡轮轴航空发动机用零件 | 5 | 35 | 17 | 17 | 千克 | |
| 8411991090 | 其他涡轮轴发动机用零件 | 5 | 35 | 17 | 17 | 千克 | |
| 84119990 | ---其他 | | | | | | |
| 8411999000 | 其他燃气轮机用零件 | 5 | 35 | 17 | 17 | 千克 | |
| **8412** | **其他发动机及动力装置** | | | | | | |
| 84121010 | ---航空器及航天器用 | | | | | | |
| 8412101010 | 冲压喷气发动机(包括超燃冲压喷气发动机) | 3 | 11 | 17 | 17 | 台/千克 | 3 |
| 8412101020 | 脉冲喷气发动机 | 3 | 11 | 17 | 17 | 台/千克 | 3 |
| 8412101030 | 组合循环发动机 | 3 | 11 | 17 | 17 | 台/千克 | 3 |
| 8412101090 | 其他航空、航天器用喷气发动机(涡轮喷气发动机除外) | 3 | 11 | 17 | 17 | 台/千克 | |
| 84121090 | ---其他 | | | | | | |
| 8412109000 | 非航空、航天器用喷气发动机(涡轮喷气发动机除外) | 10 | 35 | 17 | 17 | 台/千克 | |
| 84122100 | --直线作用(液压缸)的 | | | | | | |
| 8412210000 | 直线作用的液压动力装置(液压缸) | 12 | 35 | 17 | 17 | 台/千克 | |
| 84122910 | ---液压马达 | | | | | | |
| 8412291000 | 液压马达 | 10 | 35 | 17 | 17 | 台/千克 | |
| 84122990 | ---其他 | | | | | | |
| 8412299010[暂7] | 抓桩器(抱桩器) | 14 | 35 | 17 | 17 | 台/千克 | 0 |
| 8412299020[暂1] | 压力值>20mpa的飞机用液压作动器 | 14 | 35 | 17 | 17 | 台/千克 | 0 |
| 8412299090 | 其他液压动力装置 | 14 | 35 | 17 | 17 | 台/千克 | 0 |
| 84123100 | --直线作用(气压缸)的 | | | | | | |
| 8412310001[暂7] | 三坐标测量机用平衡气缸 | 14 | 35 | 17 | 17 | 台/千克 | |

| 商品编号 | 商品名称及备注 | 进口关税税率(%) | | 增值税率(%) | 出口退税率(%) | 计量单位 | 监管条件 |
|---|---|---|---|---|---|---|---|
| | | 最惠国 | 普通 | | | | |
| 8412310090 | 其他直线作用的气压动力装置(气压缸) | 14 | 35 | 17 | 17 | 台/千克 | |
| 84123900 | --其他 | | | | | | |
| 8412390000 | 其他气压动力装置 | 14 | 35 | 17 | 17 | 台/千克 | O |
| 84128000 | -其他 | | | | | | |
| 8412800010 | 液体火箭发动机(推力≥90千牛顿可贮存推进剂的) | 10 | 35 | 17 | 17 | 台/千克 | 3 |
| 8412800020 | 固体火箭发动机(总冲≥1100千牛顿秒的) | 10 | 35 | 17 | 17 | 台/千克 | 3 |
| 8412800090 | 其他发动机及动力装置 | 10 | 35 | 17 | 17 | 台/千克 | |
| 84129010 | ---编号84121010所列机器的零件 | | | | | | |
| 8412901010 | 燃烧调节装置(冲压或脉冲喷气发动机的) | 2 | 11 | 17 | 17 | 千克 | 3 |
| 8412901020 | 火箭发动机的壳体 | 2 | 11 | 17 | 17 | 千克 | 3 |
| 8412901090 | 航空、航天器用喷气发动机的零件(涡轮喷气发动机的零件,编号8412901010除外) | 2 | 11 | 17 | 17 | 千克 | |
| 84129090 | ---其他 | | | | | | |
| 8412909010[暂5] | 风力发动机零件 | 8 | 35 | 17 | 17 | 千克 | |
| 8412909090 | 其他发动机及动力装置的零件 | 8 | 35 | 17 | 17 | 千克 | |
| **8413** | **液体泵,不论是否装有计量装置;液体提升机** | | | | | | |
| 84131100 | --分装燃料或润滑油的泵,用于加油站或车库 | | | | | | |
| 8413110000[暂6] | 分装燃料或润滑油的泵,用于加油站或车库(其装有或可装计量装置) | 10 | 30 | 17 | 17 | 台/千克 | |
| 84131900 | --其他 | | | | | | |
| 8413190000[暂6] | 其他装有或可装计量装置的泵 | 10 | 30 | 17 | 17 | 台/千克 | |
| 84132000 | -手泵,但编号841311或841319的货品除外 | | | | | | |
| 8413200000 | 手泵(但编号841311或841319的货品除外) | 10 | 30 | 17 | 17 | 台/千克 | |
| 84133021 | ----输出功率≥132.39千瓦(180马力)的发动机用燃油泵 | | | | | | |
| 8413302100 | 180马力及以上发动机用燃油泵(活塞式内燃发动机用的) | 3 | 30 | 17 | 17 | 台/千克 | |
| 84133029 | ----其他 | | | | | | |
| 8413302900 | 其他燃油泵(活塞式内燃发动机用的) | 3 | 30 | 17 | 17 | 台/千克 | |
| 84133030 | ---润滑油泵 | | | | | | |
| 8413303000 | 润滑油泵(活塞式内燃发动机用的) | 3 | 30 | 17 | 17 | 台/千克 | |
| 84133090 | ---其他 | | | | | | |
| 8413309000 | 冷却剂泵(活塞式内燃发动机用的) | 3 | 30 | 17 | 17 | 台/千克 | |
| 84134000 | -混凝土泵 | | | | | | |
| 8413400000 | 混凝土泵 | 8 | 30 | 17 | 17 | 台/千克 | |
| 84135010 | ---气动式 | | | | | | |
| 8413501010[暂6] | 农业用气动往复式排液泵 | 10 | 40 | 11 | 11 | 台/千克 | |
| 8413501020[暂6] | 气动式耐腐蚀波纹或隔膜泵(流量>0.6立方米/时,接触表面由特殊耐腐蚀材料制成) | 10 | 40 | 17 | 17 | 台/千克 | 3 |
| 8413501090[暂6] | 其他非农业用气动往复式排液泵 | 10 | 40 | 17 | 17 | 台/千克 | |
| 84135020 | ---电动式 | | | | | | |
| 8413502010[暂6] | 农业用电动往复式排液泵 | 10 | 40 | 11 | 11 | 台/千克 | |
| 8413502020[暂6] | 电动式耐腐蚀波纹或隔膜泵(流量>0.6立方米/时,接触表面由特殊耐腐蚀材料制成) | 10 | 40 | 17 | 17 | 台/千克 | 3 |
| 8413502030[暂6] | 电动往复式排液多重密封泵(两用物项管制) | 10 | 40 | 17 | 17 | 台/千克 | 3 |
| 8413502090[暂6] | 其他非农业用电动往复式排液泵 | 10 | 40 | 17 | 17 | 台/千克 | |
| 84135031 | ----柱塞泵 | | | | | | |
| 8413503101[暂6] | 农业用柱塞泵 | 10 | 40 | 11 | 11 | 台/千克 | |
| 8413503190[暂6] | 其他非农业用柱塞泵 | 10 | 40 | 17 | 17 | 台/千克 | |
| 84135039 | ----其他 | | | | | | |
| 8413503901[暂6] | 其他农业用液压往复式排液泵 | 10 | 40 | 11 | 11 | 台/千克 | |
| 8413503920[暂6] | 液压式耐腐蚀波纹或隔膜泵(流量>0.6立方米/时,接触表面由特殊耐腐蚀材料制成) | 10 | 40 | 17 | 17 | 台/千克 | 3 |

| 商品编号 | 商品名称及备注 | 进口关税税率(%) | | 增值税率(%) | 出口退税率(%) | 计量单位 | 监管条件 |
|---|---|---|---|---|---|---|---|
| | | 最惠国 | 普通 | | | | |
| 8413503990暂6 | 其他非农业用液压往复式排液泵 | 10 | 40 | 17 | 17 | 台/千克 | |
| 84135090 | ---其他 | | | | | | |
| 8413509010暂6 | 其他农用往复式排液泵 | 10 | 40 | 11 | 11 | 台/千克 | |
| 8413509020暂6 | 其他耐腐蚀波纹或隔膜泵(流量>0.6立方米/时,接触表面由特殊耐腐蚀材料制成) | 10 | 40 | 17 | 17 | 台/千克 | 3 |
| 8413509090暂6 | 其他非农用往复式排液泵 | 10 | 40 | 17 | 17 | 台/千克 | |
| 84136021 | ----电动式 | | | | | | |
| 8413602101暂6 | 农业用电动齿轮泵(回转式排液泵) | 10 | 40 | 11 | 11 | 台/千克 | |
| 8413602110暂6 | 电动齿轮多重密封泵(非农业用回转式排液泵) | 10 | 40 | 17 | 17 | 台/千克 | 3 |
| 8413602190暂6 | 其他非农业用电动齿轮泵(回转式排液泵,多重密封泵除外) | 10 | 40 | 17 | 17 | 台/千克 | |
| 84136022 | ----液压式 | | | | | | |
| 8413602201暂3 | 农业用回转式液压油泵(输入转速>2000转/分,输入功率>190千瓦,最大流量>2×280升/分) | 10 | 40 | 11 | 11 | 台/千克 | |
| 8413602202暂3 | 非农业用回转式液压油泵(输入转速>2000转/分,输入功率>190千瓦,最大流量>2×280升/分) | 10 | 40 | 17 | 17 | 台/千克 | |
| 8413602210暂6 | 其他农业用液压齿轮泵(回转式排液泵) | 10 | 40 | 11 | 11 | 台/千克 | |
| 8413602220暂6 | 液压齿轮多重密封泵(非农业用回转式排液泵) | 10 | 40 | 17 | 17 | 台/千克 | 3 |
| 8413602290暂6 | 其他非农业用液压齿轮泵(回转式排液泵,多重密封泵除外) | 10 | 40 | 17 | 17 | 台/千克 | |
| 84136029 | ----其他 | | | | | | |
| 8413602901暂6 | 其他农业用齿轮泵(回转式排液泵) | 10 | 40 | 11 | 11 | 台/千克 | |
| 8413602990暂6 | 其他非农业用齿轮泵(回转式排液泵) | 10 | 40 | 17 | 17 | 台/千克 | |
| 84136031 | ----电动式 | | | | | | |
| 8413603101暂6 | 农业用电动叶片泵(回转式排液泵) | 10 | 40 | 11 | 11 | 台/千克 | |
| 8413603110暂6 | 电动叶片多重密封泵(非农业用回转式排液泵) | 10 | 40 | 17 | 17 | 台/千克 | 3 |
| 8413603190暂6 | 其他非农业用电动叶片泵(回转式排液泵,多重密封泵除外) | 10 | 40 | 17 | 17 | 台/千克 | |
| 84136032 | ----液压式 | | | | | | |
| 8413603201暂6 | 农业用液压叶片泵(回转式排液泵) | 10 | 40 | 11 | 11 | 台/千克 | |
| 8413603210暂6 | 液压叶片多重密封泵(非农业用回转式排液泵) | 10 | 40 | 17 | 17 | 台/千克 | 3 |
| 8413603290暂6 | 其他非农业用液压叶片泵(回转式排液泵,多重密封泵除外) | 10 | 40 | 17 | 17 | 台/千克 | |
| 84136039 | ----其他 | | | | | | |
| 8413603901暂6 | 其他农业用叶片泵(回转式排液泵) | 10 | 40 | 11 | 11 | 台/千克 | |
| 8413603990暂6 | 其他非农业用叶片泵(回转式排液泵) | 10 | 40 | 17 | 17 | 台/千克 | |
| 84136040 | ---螺杆泵 | | | | | | |
| 8413604001暂6 | 农业用螺杆泵(回转式排液泵) | 10 | 40 | 11 | 11 | 台/千克 | |
| 8413604010暂6 | 螺杆多重密封泵(非农业用回转式排液泵) | 10 | 40 | 17 | 17 | 台/千克 | 3 |
| 8413604090暂6 | 其他非农业用螺杆泵(回转式排液泵,多重密封泵除外) | 10 | 40 | 17 | 17 | 台/千克 | |
| 84136050 | ---径向柱塞泵 | | | | | | |
| 8413605001暂6 | 农业用径向柱塞泵(回转式排液泵) | 10 | 40 | 11 | 11 | 台/千克 | |
| 8413605090暂6 | 其他非农业用径向柱塞泵(回转式排液泵) | 10 | 40 | 17 | 17 | 台/千克 | |
| 84136060 | ---轴向柱塞泵 | | | | | | |
| 8413606001暂6 | 农业用轴向柱塞泵(回转式排液泵) | 10 | 40 | 11 | 11 | 台/千克 | |
| 8413606090暂6 | 其他非农业用轴向柱塞泵(回转式排液泵) | 10 | 40 | 17 | 17 | 台/千克 | |
| 84136090 | ---其他 | | | | | | |
| 8413609010暂8 | 农业用其他回转式排液泵 | 10 | 40 | 11 | 11 | 台/千克 | |
| 8413609090暂8 | 其他回转式排液泵 | 10 | 40 | 17 | 17 | 台/千克 | |
| 84137010 | ---转速≥10000转/分 | | | | | | |
| 8413701010 | 农业用其他离心泵(转速≥10000转/分) | 8 | 40 | 11 | 11 | 台/千克 | |

| 商品编号 | 商品名称及备注 | 进口关税税率(%) | | 增值税率(%) | 出口退税率(%) | 计量单位 | 监管条件 |
|---|---|---|---|---|---|---|---|
| | | 最惠国 | 普通 | | | | |
| 8413701020 | 液体推进剂用泵(转速≥10000转/分,出口压力≥7000千帕的) | 8 | 40 | 17 | 17 | 台/千克 | 3 |
| 8413701030 | 离心泵多重密封泵(两用物项管制) | 8 | 40 | 17 | 17 | 台/千克 | 3 |
| 8413701090 | 其他非农用离心泵(转速≥10000转/分) | 8 | 40 | 17 | 17 | 台/千克 | |
| 84137091 | ----电动潜油泵及潜水电泵 | | | | | | |
| 8413709110[暂8] | 农业用电动潜油泵及潜水电泵(转速<10000转/分) | 10 | 40 | 11 | 11 | 台/千克 | |
| 8413709190[暂8] | 其他非农业用电动潜油泵及潜水电泵(转速<10000转/分) | 10 | 40 | 17 | 17 | 台/千克 | |
| 84137099 | ----其他 | | | | | | |
| 8413709910 | 其他农业用离心泵(转速<10000转/分) | 8 | 40 | 11 | 11 | 台/千克 | |
| 8413709920 | 一次冷却剂泵(全密封驱动泵,有惯性质量系统的泵,及鉴定为NC-1泵等) | 8 | 40 | 17 | 17 | 台/千克 | 3 |
| 8413709930 | 转速<10000转/分的离心式屏蔽泵(流量>0.6立方米/时,接触表面由特殊耐腐蚀材料制成) | 8 | 40 | 17 | 17 | 台/千克 | 3 |
| 8413709940 | 转速<10000转/分的离心式磁力泵(流量>0.6立方米/时,接触表面由特殊耐腐蚀材料制成) | 8 | 40 | 17 | 17 | 台/千克 | 3 |
| 8413709950 | 液体推进剂用泵(8000转/分<转速<10000转/分,出口压力≥7000千帕的) | 8 | 40 | 17 | 17 | 台/千克 | 3 |
| 8413709960 | 其他离心泵多重密封泵(两用物项管制) | 8 | 40 | 17 | 17 | 台/千克 | 30 |
| 8413709990 | 其他非农业用离心泵(转速<10000转/分) | 8 | 40 | 17 | 17 | 台/千克 | |
| 84138100 | --泵 | | | | | | |
| 8413810010 | 农业用其他液体泵 | 8 | 40 | 11 | 11 | 台/千克 | |
| 8413810020 | 生产重水用多级泵(专门为利用氨-氢交换法生产重水而设计或制造的多级泵) | 8 | 40 | 17 | 17 | 台/千克 | 3 |
| 8413810090 | 其他非农用液体泵 | 8 | 40 | 17 | 17 | 台/千克 | |
| 84138200 | --液体提升机 | | | | | | |
| 8413820000 | 液体提升机 | 8 | 30 | 17 | 17 | 台/千克 | |
| 84139100 | --泵用 | | | | | | |
| 8413910000 | 泵用零件 | 5 | 30 | 17 | 15 | 千克 | |
| 84139200 | --液体提升机用 | | | | | | |
| 8413920000[暂4] | 液体提升机用零件 | 6 | 30 | 17 | 15 | 千克 | |
| **8414** | **空气泵或真空泵、空气及其他气体压缩机、风机、风扇;装有风扇的通风罩或循环气罩,不论是否装有过滤器** | | | | | | |
| 84141000 | -真空泵 | | | | | | |
| 8414100010[暂5] | 耐腐蚀真空泵(流量>5立方米/时,接触表面由特殊耐腐蚀材料制成) | 8 | 30 | 17 | 17 | 台/千克 | 3 |
| 8414100020[暂5] | 真空泵(抽气口≥38厘米,速度≥15立方米/秒,产生<$10^{-4}$托极限真空度) | 8 | 30 | 17 | 17 | 台/千克 | 3 |
| 8414100030[暂5] | 能在含$UF_6$气氛中使用的真空泵(用耐$UF_6$腐蚀的材料制成或保护、这些泵可以是旋转式或正压式,可有排代式密封和碳氟化合物密封并且可以有特殊工作流体存在) | 8 | 30 | 17 | 17 | 台/千克 | 3 |
| 8414100040[暂5] | 专门设计或制造的抽气能力≥5立方米/分的真空泵(专用于同位素气体扩散浓缩) | 8 | 30 | 17 | 17 | 台/千克 | 3 |
| 8414100050[暂5] | 能在含$UF_6$气氛中使用的真空泵(耐$UF_6$腐蚀的,也可用氟碳密封和特殊工作流体) | 8 | 30 | 17 | 17 | 台/千克 | 3 |
| 8414100060 | 专门或主要用于半导体晶圆或平板显示屏制造的真空泵 | 5.3/4* | 30 | 17 | 17 | 台/千克 | |
| 8414100090[暂5] | 其他真空泵 | 8 | 30 | 17 | 17 | 台/千克 | |
| 84142000 | -手动或脚踏式空气泵 | | | | | | |
| 8414200000 | 手动或脚踏式空气泵 | 8 | 30 | 17 | 17 | 台/千克 | |
| 84143011 | ----冷藏箱或冷冻箱用,电动机额定功率≤0.4千瓦 | | | | | | |
| 8414301100 | 电动机额定功率≤0.4千瓦冷藏或冷冻箱用压缩机 | 8 | 80 | 17 | 17 | 台/千克 | A |
| 84143012 | ----冷藏箱或冷冻箱用,0.4千瓦<电动机额定功率≤5千瓦 | | | | | | |
| 8414301200 | 其他电驱动冷藏或冷冻箱用压缩机(指0.4千瓦<电动机额定功率≤5千瓦) | 10 | 80 | 17 | 17 | 台/千克 | A |
| 84143013 | ----空气调节器用,电0.4千瓦<电动机额定功率≤5千瓦 | | | | | | |

* 最惠国税率中,"/"左边的税率截止日期为2018年6月30日,"/"右边的税率有效日期为2018年7月1日~2999年12月31日。

| 商品编号 | 商品名称及备注 | 进口关税税率(%) | | 增值税率(%) | 出口退税率(%) | 计量单位 | 监管条件 |
|---|---|---|---|---|---|---|---|
| | | 最惠国 | 普通 | | | | |
| 8414301300 | 0.4千瓦<电动机额定功率≤5千瓦的空调器用压缩机 | 10 | 80 | 17 | 17 | 台/千克 | A |
| 84143014 | ----空气调节器用,电动机额定功率>5千瓦 | | | | | | |
| 8414301400 | 电动机额定功率>5千瓦的空调器用压缩机 | 10 | 80 | 17 | 17 | 台/千克 | |
| 84143015 | ----冷冻或冷藏设备用,电动机额定功率>5千瓦 | | | | | | |
| 8414301500 | 电动机额定功率>5千瓦的冷冻或冷藏设备用压缩机 | 10 | 30 | 17 | 17 | 台/千克 | |
| 84143019 | ----其他 | | | | | | |
| 8414301900 | 电动机驱动其他用于制冷设备的压缩机 | 10 | 30 | 17 | 17 | 台/千克 | A |
| 84143090 | ---非电动机驱动的压缩机 | | | | | | |
| 8414309000 | 非电动机驱动的制冷设备用压缩机 | 9 | 80 | 17 | 17 | 台/千克 | |
| 84144000 | -装在拖车底盘上的空气压缩机 | | | | | | |
| 8414400000 | 装在拖车底盘上的空气压缩机 | 8 | 30 | 17 | 17 | 台/千克 | |
| 84145110 | ---吊扇 | | | | | | |
| 8414511000 | 功率≤125瓦的吊扇(本身装有一个输出功率≤125瓦的电动机) | 20 | 130 | 17 | 17 | 台/千克 | A |
| 84145120 | ---换气扇 | | | | | | |
| 8414512000 | 其他功率≤125瓦的换气扇(装有一输出功率≤125瓦电动机) | 20 | 130 | 17 | 17 | 台/千克 | A |
| 84145130 | ---具有旋转导风轮的风扇 | | | | | | |
| 8414513000 | 功率≤125瓦有旋转导风轮的风扇(本身装有一个输出功率≤125瓦的电动机) | 12 | 130 | 17 | 17 | 台/千克 | |
| 84145191 | ----台扇 | | | | | | |
| 8414519100 | 功率≤125瓦的台扇(本身装有一个输出功率≤125瓦的电动机) | 10 | 130 | 17 | 17 | 台/千克 | A |
| 84145192 | ----落地扇 | | | | | | |
| 8414519200 | 功率≤125瓦的落地扇(本身装有一个输出功率≤125瓦的电动机) | 10 | 130 | 17 | 17 | 台/千克 | A |
| 84145193 | ----壁扇 | | | | | | |
| 8414519300 | 功率≤125瓦的壁扇(本身装有一个输出功率≤125瓦的电动机) | 10 | 130 | 17 | 17 | 台/千克 | A |
| 84145199 | ----其他 | | | | | | |
| 8414519900 | 其他功率≤125瓦其他风机、风扇(本身装有一个输出功率≤125瓦的电动机) | 10 | 130 | 17 | 17 | 台/千克 | |
| 84145910 | ---吊扇 | | | | | | |
| 8414591000 | 其他吊扇(电动机输出功率>125瓦的) | 8 | 30 | 17 | 17 | 台/千克 | A |
| 84145920 | ---换气扇 | | | | | | |
| 8414592000 | 其他换气扇(电动机输出功率>125瓦的) | 8 | 30 | 17 | 17 | 台/千克 | A |
| 84145930 | ---离心通风机 | | | | | | |
| 8414593000 | 其他离心通风机 | 10 | 30 | 17 | 17 | 台/千克 | |
| 84145990 | ---其他 | | | | | | |
| 8414599010 | 罗茨式鼓风机 | 8 | 30 | 17 | 17 | 台/千克 | A |
| 8414599020 | 吸气≥1立方米/分的耐$UF_6$腐蚀的鼓风机(出口压力高达500千帕,设计成在$UF_6$环境中长期运行、这种鼓风机的压力比为10:1或更低,用耐$UF_6$的材料制成或用这种材料进行保护) | 8 | 30 | 17 | 17 | 台/千克 | 3A |
| 8414599030 | 吸气≥2立方米/分的耐$UF_6$腐蚀鼓风机(轴向离心式或正排量鼓风机,压力比在1.2:1和6:1之间) | 8 | 30 | 17 | 17 | 台/千克 | 3A |
| 8414599040 | 吸气≥56立方米/秒的鼓风机(用于循环硫化氢气体的单级、低压头离心式鼓风机) | 8 | 30 | 17 | 17 | 台/千克 | 3A |
| 8414599050 | 电子产品散热用轴流风扇 | 8 | 30 | 17 | 17 | 台/千克 | |
| 8414599060 | 专门或主要用于微处理器、电信设备、自动数据处理设备或装置的散热扇 | 5.3/4* | 30 | 17 | 17 | 台/千克 | A |
| 8414599091 | 其他台扇、落地扇、壁扇(电动机输出功率>125瓦的) | 8 | 30 | 17 | 17 | 台/千克 | A |
| 8414599099 | 其他风机、风扇 | 8 | 30 | 17 | 17 | 台/千克 | |
| 84146010 | ---抽油烟机 | | | | | | |

* 最惠国税率中,"/"左边的税率截止日期为2018年6月30日,"/"右边的税率有效日期为2018年7月1日~2999年12月31日。

| 商品编号 | 商品名称及备注 | 进口关税税率(%) | | 增值税率(%) | 出口退税率(%) | 计量单位 | 监管条件 |
|---|---|---|---|---|---|---|---|
| | | 最惠国 | 普通 | | | | |
| 8414601000[暂6] | 抽油烟机(指罩的平面最大边长≤120厘米,装有风扇的) | 10 | 130 | 17 | 17 | 台/千克 | |
| 84146090 | ---其他 | | | | | | |
| 8414609011 | 生物安全柜(符合世界卫生组织规定的生物安全水平三级标准,罩的最大边长≤120厘米) | 10 | 130 | 17 | 17 | 台/千克 | 3 |
| 8414609012 | 活动(柔软的)隔离装置;手套箱(具有与三级生物安全柜类似标准,罩的最大边长≤120厘米) | 10 | 130 | 17 | 17 | 台/千克 | 3 |
| 8414609013 | 层流罩(柜)(垂直流密闭通风柜,具有三级生物安全柜类似标准,罩的最大边长≤120厘米) | 10 | 130 | 17 | 17 | 台/千克 | 3 |
| 8414609014 | 吸收塔(两用物项管制,罩的最大边长≤120厘米) | 10 | 130 | 17 | 17 | 台/千克 | 3 |
| 8414609015 | 带有风扇的高效空气粒子过滤单元的封闭洁净设备[高效空气粒子过滤单元(HEPA),罩的最大边长≤120厘米] | 10 | 130 | 17 | 17 | 台/千克 | 3 |
| 8414609016 | 厌氧微生物柜(具有与三级生物安全柜类似标准,罩的最大边长≤120厘米) | 10 | 130 | 17 | 17 | 台/千克 | 3 |
| 8414609090 | 其他≤120厘米的通风罩或循环气罩(指罩的平面最大边长≤120厘米,装有风扇的) | 10 | 130 | 17 | 17 | 台/千克 | |
| 84148010 | ---燃气轮机用的自由活塞式发生器 | | | | | | |
| 8414801000 | 燃气轮机用的自由活塞式发生器 | 8 | 50 | 17 | 17 | 台/千克 | |
| 84148020 | ---二氧化碳压缩机 | | | | | | |
| 8414802000 | 二氧化碳压缩机 | 7 | 30 | 17 | 17 | 台/千克 | |
| 84148030 | ---发动机用增压器 | | | | | | |
| 8414803001[暂5] | 乘用车机械增压器 | 7 | 30 | 17 | 17 | 台/千克 | |
| 8414803090 | 发动机用增压器 | 7 | 30 | 17 | 17 | 台/千克 | |
| 84148040 | ---空气及其他气体压缩机 | | | | | | |
| 8414804010 | 吸气≥1立方米/分的耐$UF_6$腐蚀压缩机(出口压力高达500千帕,设计成在$UF_6$环境中长期运行、这种压缩机的压力比为10:1或更低,用耐$UF_6$的材料制成或用这种材料进行保护) | 7 | 30 | 17 | 17 | 台/千克 | 3 |
| 8414804020 | MLIS用$UF_6$/载气压缩机(能在$UF_6$环境中长期操作$UF_6$/载气混合气压缩机) | 7 | 30 | 17 | 17 | 台/千克 | 3 |
| 8414804030 | 吸气≥56立方米/秒的压缩机(用于循环硫化氢气体的单级、低压头离心式压缩机) | 7 | 30 | 17 | 17 | 台/千克 | 3 |
| 8414804040 | 吸气≥2立方米/分的耐$UF_6$腐蚀压缩机(轴向离心式或正排量压缩机,压力比在1.2:1和6:1之间) | 7 | 30 | 17 | 17 | 台/千克 | 3 |
| 8414804090 | 其他空气及气体压缩机 | 7 | 30 | 17 | 17 | 台/千克 | |
| 84148090 | ---其他 | | | | | | |
| 8414809051 | 其他生物安全柜(符合世界卫生组织规定的生物安全水平三级标准) | 7 | 30 | 17 | 17 | 台/千克 | 3 |
| 8414809052 | 其他活动(柔软的)隔离装置与其他手套箱(具有与三级生物安全柜类似标准) | 7 | 30 | 17 | 17 | 台/千克 | 3 |
| 8414809053 | 其他层流罩(柜)(垂直流密闭通风柜,具有与三级生物安全柜类似标准) | 7 | 30 | 17 | 17 | 台/千克 | 3 |
| 8414809054 | 其他吸收塔(两用物项管制) | 7 | 30 | 17 | 17 | 台/千克 | 3 |
| 8414809055 | 其他带有风扇的高效空气粒子过滤单元的封闭洁净设备[高效空气粒子过滤单元(HEPA)] | 7 | 30 | 17 | 17 | 台/千克 | 3 |
| 8414809056 | 其他厌氧微生物柜(具有与三级生物安全柜类似标准) | 7 | 30 | 17 | 17 | 台/千克 | 3 |
| 8414809090 | 其他空气泵及通风罩(通风罩指装有风扇的通风罩或循环气罩,平面边长>120厘米) | 7 | 30 | 17 | 17 | 台/千克 | |
| 84149011 | ----压缩机进、排气阀片 | | | | | | |
| 8414901100[暂5] | 压缩机进、排气阀片(用于制冷设备的) | 8 | 80 | 17 | 17 | 千克 | |
| 84149019 | ----其他 | | | | | | |
| 8414901900[暂5] | 编号84143011~84143014及84143090的零件(指84143011~84143014及84143090所列机器的其他零件) | 8 | 80 | 17 | 15 | 千克 | |
| 84149020 | ---编号84145110~84145199及84146000所列机器的零件 | | | | | | |
| 8414902000[暂6] | 编号84145110~84145199及84146000机器零件(指上述编号内的吊扇换气扇等,还包括编号84146000机器零件) | 12 | 130 | 17 | 17 | 千克 | |

| 商品编号 | 商品名称及备注 | 进口关税税率(%) | | 增值税率(%) | 出口退税率(%) | 计量单位 | 监管条件 |
|---|---|---|---|---|---|---|---|
| | | 最惠国 | 普通 | | | | |
| 84149090 | ---其他 | | | | | | |
| 8414909010暂4 | 分子泵(气体离心机的静态部件,专门设计或制造的内部有已加工或挤压的螺纹槽和已加工的腔的泵体、) | 7 | 30 | 17 | 15 | 千克 | 3 |
| 8414909090暂4 | 品目84.14其他未列名零件 | 7 | 30 | 17 | 15 | 千克 | |
| **8415** | **空气调节器,装有电扇及调温、调湿装置,包括不能单独调湿的空调器** | | | | | | |
| 84151010 | ---独立式 | | | | | | |
| 8415101000 | 独立式空气调节器,窗式、壁式、置于天花板或地板上的(装有电扇及调温、调湿装置,包括不能单独调湿的空调器) | 15 | 130 | 17 | 17 | 台/千克 | A |
| 84151021 | ----制冷量≤4000大卡/时 | | | | | | |
| 8415102100暂10 | 制冷量≤4000大卡/时分体式空调,窗式、壁式、置于天花板或地板上的(装有电扇及调温、调湿装置,包括不能单独调湿的空调器) | 15 | 130 | 17 | 17 | 台/千克 | A |
| 84151022 | ----制冷量>4000大卡/时 | | | | | | |
| 8415102210 | 4000大卡/时<制冷量≤12046大卡/时(14000瓦)分体式空调,窗式、壁式、置于天花板或地板上的(装有电扇及调温、调湿装置,包括不能单独调湿的空调器) | 15 | 90 | 17 | 17 | 台/千克 | A |
| 8415102290 | 其他制冷量>12046大卡/时(14000瓦)分体式空调,窗式、壁式、置于天花板或地板上的(装有电扇及调温、调湿装置,包括不能单独调湿的空调器) | 15 | 90 | 17 | 17 | 台/千克 | A |
| 84152000 | -机动车辆上供人使用的 | | | | | | |
| 8415200000暂10 | 机动车辆上供人使用的空气调节器(指机动车辆上供人使用的空气调节器) | 20 | 110 | 17 | 17 | 台/千克 | |
| 84158110 | ---制冷量≤4000大卡/时 | | | | | | |
| 8415811000暂10 | 制冷量≤4000大卡/时热泵式空调器(装有制冷装置及一个冷热循环换向阀的) | 15 | 130 | 17 | 17 | 台/千克 | A |
| 84158120 | ---制冷量>4000大卡/时 | | | | | | |
| 8415812001暂12 | 4000大卡/时<制冷量≤12046大卡/时(14000瓦)热泵式空调器(装有制冷装置及一个冷热循环换向阀的) | 20 | 90 | 17 | 17 | 台/千克 | A |
| 8415812090暂12 | 其他制冷量>12046大卡/时(14000瓦)热泵式空调器(装有制冷装置及一个冷热循环换向阀的) | 20 | 90 | 17 | 17 | 台/千克 | A |
| 84158210 | ---制冷量≤4000大卡/时 | | | | | | |
| 8415821000暂10 | 制冷量≤4000大卡/时的其他空调器(仅装有制冷装置,而无冷热循环装置的) | 15 | 130 | 17 | 17 | 台/千克 | A |
| 84158220 | ---制冷量>4000大卡/时 | | | | | | |
| 8415822001暂12 | 4000大卡<制冷量≤12046大卡/时(14000瓦)的其他空调(仅装有制冷装置,而无冷热循环装置的) | 20 | 90 | 17 | 17 | 台/千克 | A |
| 8415822090暂12 | 其他制冷量>12046大卡/时(14000瓦)的其他空调(仅装有制冷装置,而无冷热循环装置的) | 20 | 90 | 17 | 17 | 台/千克 | A |
| 84158300 | --未装有制冷装置的 | | | | | | |
| 8415830000 | 未装有制冷装置的空调器 | 10 | 90 | 17 | 17 | 台/千克 | |
| 84159010 | ---编号84151010、84151021、84158110及84158210所列设备的零件 | | | | | | |
| 8415901000暂6 | 其他制冷量≤4千大卡/时空调的零件(指编号84151010、84151021、84158110、84158210所列设备的零件) | 10 | 130 | 17 | 17 | 千克 | |
| 84159090 | ---其他 | | | | | | |
| 8415909000暂6 | 其他制冷量>4千大卡/时空调的零件(指84151022、84152000、84158120、84158220、84158300所列设备的零件) | 10 | 90 | 17 | 17 | 千克 | |
| **8416** | **使用液体燃料、粉状固体燃料或气体燃料的炉用燃烧器;机械加煤机,包括其机械炉算、机械出灰器及类似装置** | | | | | | |
| 84161000 | -使用液体燃料的炉用燃烧器 | | | | | | |
| 8416100000 | 使用液体燃料的炉用燃烧器 | 10 | 35 | 17 | 17 | 千克 | 6 |
| 84162011 | ----使用天然气的 | | | | | | |
| 8416201101暂5 | 溴化锂空调用天然气燃烧机 | 10.5 | 35 | 17 | 17 | 千克 | 6 |

| 商品编号 | 商品名称及备注 | 进口关税税率(%) | | 增值税率(%) | 出口退税率(%) | 计量单位 | 监管条件 |
|---|---|---|---|---|---|---|---|
| | | 最惠国 | 普通 | | | | |
| 8416201190 | 其他使用天然气的炉用燃烧器 | 10.5 | 35 | 17 | 17 | 千克 | 6 |
| 84162019 | ----其他 | | | | | | |
| 8416201900 | 使用其他气的炉用燃烧器 | 10.5 | 35 | 17 | 17 | 千克 | 6 |
| 84162090 | ---其他 | | | | | | |
| 8416209001[暂5] | 溴化锂空调用复式燃烧机 | 10.5 | 35 | 17 | 17 | 千克 | 6 |
| 8416209090 | 其他使用粉状固体燃料炉用燃烧器(包括其他复式燃烧器) | 10.5 | 35 | 17 | 17 | 千克 | 6 |
| 84163000 | -机械加煤机,包括其机 械炉箅、机械出灰器及类似装置 | | | | | | |
| 8416300000 | 机械加煤机及类似装置(包括机械炉箅、机械出灰器) | 8.4 | 35 | 17 | 17 | 千克 | 6 |
| 84169000 | -零件 | | | | | | |
| 8416900000 | 炉用燃烧器、机械加煤机等的零件(包括机械炉箅、机械出灰器及类似装置用的零件) | 6 | 35 | 17 | 15 | 千克 | |
| **8417** | **非电热的工业或实验室用炉及烘箱,包括焚烧炉** | | | | | | |
| 84171000 | -矿砂、黄铁矿或金属的焙烧、熔化或其他热处理用炉及烘箱 | | | | | | |
| 8417100000 | 矿砂、金属的焙烧、熔化用炉(含烘箱及黄铁矿的焙烧、溶化或其他热处理用炉及烘箱) | 10 | 35 | 17 | 17 | 台/千克 | 6OA |
| 84172000 | -面包房用烤炉及烘箱,包括做饼干用的 | | | | | | |
| 8417200000 | 面包房用烤炉及烘箱等(包括做饼干用的) | 10 | 35 | 17 | 17 | 台/千克 | A |
| 84178010 | ---炼焦炉 | | | | | | |
| 8417801000 | 炼焦炉 | 10 | 35 | 17 | 17 | 台/千克 | 6A |
| 84178020 | ---放射性废物焚烧炉 | | | | | | |
| 8417802000 | 放射性废物焚烧炉 | 5 | 35 | 17 | 17 | 台/千克 | 6A |
| 84178030 | ---水泥回转窑 | | | | | | |
| 8417803000 | 水泥回转窑 | 10 | 35 | 17 | 17 | 台/千克 | AO |
| 84178040 | ---石灰石分解炉 | | | | | | |
| 8417804000 | 石灰石分解炉 | 10 | 35 | 17 | 17 | 台/千克 | A |
| 84178050 | ---垃圾焚烧炉 | | | | | | |
| 8417805000[暂5] | 垃圾焚烧炉 | 10 | 35 | 17 | 17 | 台/千克 | 6AO |
| 84178090 | ---其他 | | | | | | |
| 8417809010 | 平均温度>1000℃的耐腐蚀焚烧炉(为销毁管制化学品或化学弹药用) | 10 | 35 | 17 | 17 | 台/千克 | 36AO |
| 8417809020[暂5] | 热裂解炉 | 10 | 35 | 17 | 17 | 台/千克 | 6AO |
| 8417809090 | 其他非电热的工业用炉及烘箱(包括实验室用炉、烘箱和焚烧炉) | 10 | 35 | 17 | 17 | 台/千克 | 6OA |
| 84179010 | 海绵铁回转窑用 | | | | | | |
| 8417901000 | 海绵铁回转窑的零件 | 7 | 35 | 17 | 15 | 千克 | |
| 84179020 | ---炼焦炉用 | | | | | | |
| 8417902000 | 炼焦炉的零件 | 7 | 35 | 17 | 15 | 千克 | |
| 84179090 | ---其他 | | | | | | |
| 8417909010[暂5] | 垃圾焚烧炉和放射性废物焚烧炉的零件 | 7 | 35 | 17 | 15 | 千克 | |
| 8417909090 | 其他非电热工业用炉及烘箱的零件(包括实验室用炉及烘箱的零件和焚烧炉零件) | 7 | 35 | 17 | 15 | 千克 | |
| **8418** | **电气或非电气的冷藏箱、冷冻箱及其他制冷设备;热泵,但品目 84.15 的空气调节器除外** | | | | | | |
| 84181010 | ---容积>500 升 | | | | | | |
| 8418101000 | 容积>500 升冷藏—冷冻组合机(各自装有单独外门的) | 10 | 100 | 17 | 17 | 台/千克 | A |
| 84181020 | ---200 升<容积≤500 升 | | | | | | |
| 8418102000 | 200<容积≤500 升冷藏冷冻组合机(各自装有单独外门的) | 15 | 130 | 17 | 17 | 台/千克 | A |
| 84181030 | ---容积≤200 升 | | | | | | |
| 8418103000 | 容积≤200 升冷藏—冷冻组合机(各自装有单独外门的) | 15 | 130 | 17 | 17 | 台/千克 | A |
| 84182110 | ---容积>150 升 | | | | | | |
| 8418211000 | 容积>150 升压缩式家用型冷藏箱 | 10 | 130 | 17 | 17 | 台/千克 | A |
| 84182120 | ---50 升<容积≤150 升 | | | | | | |

| 商品编号 | 商品名称及备注 | 进口关税税率(%) | | 增值税率(%) | 出口退税率(%) | 计量单位 | 监管条件 |
|---|---|---|---|---|---|---|---|
| | | 最惠国 | 普通 | | | | |
| 8418212000 | 压缩式家用型冷藏箱(50<容积≤150升) | 10 | 130 | 17 | 17 | 台/千克 | A |
| 84182130 | ---容积≤50升 | | | | | | |
| 8418213000 | 容积≤50升压缩式家用型冷藏箱 | 10 | 130 | 17 | 17 | 台/千克 | A |
| 84182910 | ---半导体制冷式 | | | | | | |
| 8418291000暂15 | 半导体制冷式家用型冷藏箱 | 30 | 130 | 17 | 17 | 台/千克 | A |
| 84182920 | ---电气吸收式 | | | | | | |
| 8418292000 | 电气吸收式家用型冷藏箱 | 15 | 130 | 17 | 17 | 台/千克 | A |
| 84182990 | ---其他 | | | | | | |
| 8418299000暂15 | 其他家用型冷藏箱 | 30 | 130 | 17 | 17 | 台/千克 | A |
| 84183010 | ---制冷温度≤-40℃ | | | | | | |
| 8418301000 | 制冷温度≤-40℃的柜式冷冻箱(客积≤800升) | 9 | 50 | 17 | 17 | 台/千克 | A |
| 84183021 | ----容积>500升 | | | | | | |
| 8418302100暂12 | 制冷温度>-40℃大的其他柜式冷冻箱(大的指500升<容积≤800升) | 23 | 100 | 17 | 17 | 台/千克 | A |
| 84183029 | ----其他 | | | | | | |
| 8418302900暂15 | 制冷温度>-40℃小的其他柜式冷冻箱(小的指容积≤500升) | 30 | 130 | 17 | 17 | 台/千克 | A |
| 84184010 | ---制冷温度≤-40℃ | | | | | | |
| 8418401000 | 制冷温度≤-40℃的立式冷冻箱(容积≤900升) | 9 | 50 | 17 | 17 | 台/千克 | A |
| 84184021 | ----容积>500升 | | | | | | |
| 8418402100 | 制冷温度>-40℃大的立式冷冻箱(大的指500升<容积≤900升) | 15 | 100 | 17 | 17 | 台/千克 | A |
| 84184029 | ----其他 | | | | | | |
| 8418402900暂15 | 制冷温度>-40℃小的立式冷冻箱(小的指容积≤500升) | 30 | 130 | 17 | 17 | 台/千克 | A |
| 84185000 | -装有冷藏或冷冻装置的其他设备(柜、箱、展示台、陈列箱及类似品)用于存储及展示 | | | | | | |
| 8418500000 | 装有冷藏或冷冻装置的其他设备,用于存储及展示(包括柜、箱、展示台、陈列箱及类似品) | 10 | 100 | 17 | 17 | 台/千克 | A |
| 84186120 | ---压缩式 | | | | | | |
| 8418612010 | 压缩式制冷机组的热泵(介质为氢、氦的可冷却到≤23K且排热>150瓦) | 10 | 90 | 17 | 17 | 台/千克 | 3 |
| 8418612090 | 其他压缩式热泵,品目84.15的空气调节器除外 | 10 | 90 | 17 | 17 | 台/千克 | |
| 84186190 | ---其他 | | | | | | |
| 8418619000 | 其他热泵,品目84.15的空气调节器除外 | 15 | 130 | 17 | 17 | 台/千克 | |
| 84186920 | ---制冷机组 | | | | | | |
| 8418692010 | 其他压缩式制冷设备(介质为氢或氦,可冷却到≤23K且排热>150瓦) | 10 | 90 | 17 | 17 | 台/千克 | 3 |
| 8418692090 | 其他制冷机组 | 10 | 90 | 17 | 17 | 台/千克 | |
| 84186990 | ---其他 | | | | | | |
| 8418699010 | 带制冷装置的发酵罐(不发散气溶胶,且容积>20升) | 10 | 130 | 17 | 17 | 台/千克 | 3 |
| 8418699020 | 制冰机、冰激凌机 | 10 | 130 | 17 | 17 | 台/千克 | A |
| 8418699090 | 其他制冷设备 | 10 | 130 | 17 | 17 | 台/千克 | |
| 84189100 | --冷藏或冷冻设备专用的特制家具 | | | | | | |
| 8418910000 | 冷藏或冷冻设备专用的特制家具 | 18 | 130 | 17 | 15 | 千克 | |
| 84189910 | ---制冷机组及热泵用 | | | | | | |
| 8418991000暂6 | 制冷机组及热泵用零件 | 10 | 90 | 17 | 17 | 千克 | |
| 84189991 | ----制冷温度≤-40℃的冷冻设备用 | | | | | | |
| 8418999100暂6 | 制冷温度≤-40℃冷冻设备零件 | 9.5 | 50 | 17 | 15 | 千克 | |
| 84189992 | ----制冷温度>-40℃,容积>500升的冷藏或冷冻设备用 | | | | | | |
| 8418999200暂6 | 制冷温度>-40℃大冷藏设备零件(大仅指容积>500升的冷藏或冷冻设备用的零件) | 10 | 100 | 17 | 15 | 千克 | |
| 84189999 | ----其他 | | | | | | |
| 8418999910暂6 | 耐腐蚀冷凝器(0.15平方米<换热面积<20平方米) | 10 | 130 | 17 | 15 | 千克 | 3 |

| 商品编号 | 商品名称及备注 | 进口关税税率(%) | | 增值税率(%) | 出口退税率(%) | 计量单位 | 监管条件 |
|---|---|---|---|---|---|---|---|
| | | 最惠国 | 普通 | | | | |
| 8418999990[暂6] | 品目84.18其他制冷设备用零件 | 10 | 130 | 17 | 15 | 千克 | |
| **8419** | **利用温度变化处理材料的机器、装置及类似的实验室设备,例如,加热、烹煮、烘炒、蒸馏、精馏、消毒、灭菌、汽蒸、干燥、蒸发、气化、冷凝、冷却的机器设备,不论是否电热的(不包括品目85.14的炉、烘箱及其他设备),但家用的除外;非电热的快速热水器或贮备式热水器** | | | | | | |
| 84191100 | --燃气快速热水器 | | | | | | |
| 8419110000 | 非电热燃气快速热水器 | 35 | 100 | 17 | 17 | 台/千克 | A |
| 84191910 | ---太阳能热水器 | | | | | | |
| 8419191000[暂5] | 太阳能热水器 | 35 | 100 | 17 | 17 | 台/千克 | A |
| 84191990 | ---其他 | | | | | | |
| 8419199000 | 其他非电热的快速或贮备式热水器 | 35 | 100 | 17 | 17 | 台/千克 | A |
| 84192000 | -医用或实验室用消毒器具 | | | | | | |
| 8419200000 | 医用或实验室用其他消毒器具 | 4 | 30 | 17 | 17 | 台/千克 | A |
| 84193100 | --农产品干燥用 | | | | | | |
| 8419310000 | 农产品干燥器 | 8 | 30 | 11 | 11 | 台/千克 | A |
| 84193200 | --木材、纸浆、纸或纸板干燥用 | | | | | | |
| 8419320000 | 木材、纸浆、纸或纸板用干燥器 | 9 | 30 | 17 | 17 | 台/千克 | A |
| 84193910 | ---微空气流动陶瓷坯件干燥器 | | | | | | |
| 8419391000 | 微空气流动陶瓷坯件干燥器 | 9 | 30 | 17 | 17 | 台/千克 | A |
| 84193990 | ---其他 | | | | | | |
| 8419399010 | 冻干设备(10千克≤24小时凝冰量≤1000千克,并可蒸汽消毒) | 9 | 30 | 17 | 17 | 台/千克 | 3A |
| 8419399020 | 烟丝烘干机 | 9 | 30 | 17 | 17 | 台/千克 | AO |
| 8419399030 | 干燥箱(具有与三级生物安全柜类似标准) | 9 | 30 | 17 | 17 | 台/千克 | 3A |
| 8419399040[暂4] | 生产奶粉用干燥器 | 9 | 30 | 17 | 17 | 台/千克 | A |
| 8419399050[暂5] | 污泥干燥机 | 9 | 30 | 17 | 17 | 台/千克 | A |
| 8419399090 | 其他用途的干燥器 | 9 | 30 | 17 | 17 | 台/千克 | A |
| 84194010 | ---提净塔 | | | | | | |
| 8419401000 | 提净塔 | 10 | 30 | 17 | 17 | 台/千克 | A |
| 84194020 | ---精馏塔 | | | | | | |
| 8419402000 | 精馏塔 | 10 | 30 | 17 | 17 | 台/千克 | A |
| 84194090 | ---其他 | | | | | | |
| 8419409010 | 氢-低温蒸馏塔(温度≤-238℃,压力为0.5~5兆帕,内径≥1米等条件) | 10 | 30 | 17 | 17 | 台/千克 | 3AO |
| 8419409020 | 耐腐蚀蒸馏塔(内径>0.1米,接触表面由特殊耐腐蚀材料制成) | 10 | 30 | 17 | 17 | 台/千克 | 3AO |
| 8419409090 | 其他蒸馏或精馏设备 | 10 | 30 | 17 | 17 | 台/千克 | AO |
| 84195000 | -热交换装置 | | | | | | |
| 8419500010 | 热交换器(专用于核反应堆的一次冷却剂回路的) | 10 | 30 | 17 | 17 | 台/千克 | 3O |
| 8419500020 | 蒸汽发生器(专用于核反应堆内生成的热量输送到进水以产生蒸汽的) | 10 | 30 | 17 | 17 | 台/千克 | 3 |
| 8419500030 | 冷却 $UF_6$ 的热交换器(专门设计或制造的用耐 $UF_6$ 材料制成或保护的热交换器,在压差为100千帕下渗透压力变化率<10帕/时) | 10 | 30 | 17 | 17 | 台/千克 | 3A |
| 8419500040 | 冷却气体用热交换器(用耐 $UF_6$ 腐蚀材料制成或加以保护的) | 10 | 30 | 17 | 17 | 台/千克 | 3AO |
| 8419500050 | 耐腐蚀热交换器(0.15平方米<换热面积<20平方米) | 10 | 30 | 17 | 17 | 台/千克 | 3AO |
| 8419500060 | 用氟聚合物制造的、入口管和出口管内径≤3厘米的热交换装置 | 6.7/5* | 30 | 17 | 17 | 台/千克 | A |
| 8419500090 | 其他热交换装置 | 10 | 30 | 17 | 17 | 台/千克 | A |
| 84196011 | ----制氧量≥15000立方米/小时 | | | | | | |

* 最惠国税率中,"/"左边的税率截止日期为2018年6月30日,"/"右边的税率有效日期为2018年7月1日~2999年12月31日。

| 商品编号 | 商品名称及备注 | 进口关税税率(%) | | 增值税率(%) | 出口退税率(%) | 计量单位 | 监管条件 |
|---|---|---|---|---|---|---|---|
| | | 最惠国 | 普通 | | | | |
| 8419601100 | 制氧机(制氧量≥15000立方米/小时) | 12 | 30 | 17 | 17 | 台/千克 | A |
| 84196019 | ----其他 | | | | | | |
| 8419601900 | 其他制氧机(制氧量<15000立方米/小时) | 13 | 30 | 17 | 17 | 台/千克 | A |
| 84196090 | ---其他 | | | | | | |
| 8419609010 | 液化器(将来自级联的 $UF_6$ 气体压缩并冷凝成液态 $UF_6$) | 10 | 30 | 17 | 17 | 台/千克 | 3AO |
| 8419609020[暂5] | 通过冷凝分离和去除污染物的气体液化设备 | 10 | 30 | 17 | 17 | 台/千克 | A |
| 8419609090 | 其他液化空气或其他气体用的机器 | 10 | 30 | 17 | 17 | 台/千克 | AO |
| 84198100 | --加工热饮料或烹调、加热食品用 | | | | | | |
| 8419810000[暂6] | 加工热饮料,烹调,加热食品的机器 | 10 | 30 | 17 | 17 | 台/千克 | A |
| 84198910 | ---加氢反应器 | | | | | | |
| 8419891000 | 加氢反应器 | 0 | 30 | 17 | 17 | 台/千克 | A |
| 84198990 | ---其他 | | | | | | |
| 8419899010 | 带加热装置的发酵罐(不发散气溶胶,且容积>20升) | 0 | 30 | 17 | 17 | 台/千克 | 3AO |
| 8419899021 | 凝华器(或冷阱)(从扩散级联中取出 $UF_6$ 并可再蒸发转移) | 0 | 30 | 17 | 17 | 台/千克 | 3AO |
| 8419899022 | 低温制冷设备(能承受-120℃或更低的温度) | 0 | 30 | 17 | 17 | 台/千克 | 3A |
| 8419899023 | $UF_6$ 冷阱(能冻结分离出 $UF_6$ 的冷阱) | 0 | 30 | 17 | 17 | 台/千克 | 3AO |
| 8419899090 | 其他利用温度变化处理材料的机器(包括类似的实验室设备) | 0 | 30 | 17 | 17 | 台/千克 | A |
| 84199010 | ---热水器用 | | | | | | |
| 8419901000 | 热水器用零件 | 0 | 100 | 17 | 17 | 千克 | |
| 84199090 | ---其他 | | | | | | |
| 8419909000 | 品目84.19的机器设备用零件(其他利用温度变化处理材料的机器等用零件) | 4 | 30 | 17 | 15 | 千克 | |
| **8420** | **研光机或其他滚压机器及其滚筒,但加工金属或玻璃用的除外** | | | | | | |
| 84201000 | -研光机或其他滚压机器 | | | | | | |
| 8420100001[暂6] | 织物轧光机 | 8.4 | 30 | 17 | 17 | 台/千克 | |
| 8420100020 | 专门或主要用于印刷电路板基板或印刷电路制造的滚压机(加工金属或玻璃用的除外) | 4.2/2.1* | 30 | 17 | 17 | 台/千克 | |
| 8420100090 | 其他研光机或滚压机器(加工金属或玻璃用的除外) | 8.4 | 30 | 17 | 17 | 台/千克 | |
| 84209100 | --滚筒 | | | | | | |
| 8420910000 | 研光机或其他滚压机器的滚筒 | 8 | 30 | 17 | 15 | 个/千克 | |
| 84209900 | --其他 | | | | | | |
| 8420990000 | 研光机或其他滚压机的未列名零件 | 8 | 30 | 17 | 15 | 千克 | |
| **8421** | **离心机,包括离心干燥机;液体或气体的过滤、净化机器及装置** | | | | | | |
| 84211100 | --奶油分离器 | | | | | | |
| 8421110000 | 奶油分离器 | 8.4 | 30 | 17 | 17 | 台/千克 | A |
| 84211210 | ---干衣量≤10千克 | | | | | | |
| 8421121000 | 干衣量≤10千克的离心干衣机 | 17.5 | 70 | 17 | 17 | 台/千克 | |
| 84211290 | ---其他 | | | | | | |
| 8421129000 | 干衣量>10千克的离心干衣机 | 8 | 30 | 17 | 17 | 台/千克 | |
| 84211910 | ---脱水机 | | | | | | |
| 8421191000[暂6] | 脱水机 | 10 | 30 | 17 | 17 | 台/千克 | |
| 84211920 | ---固液分离机 | | | | | | |
| 8421192000 | 固液分离机 | 10 | 30 | 17 | 17 | 台/千克 | |
| 84211990 | ---其他 | | | | | | |
| 8421199020 | 液—液离心接触器(为化学交换过程的铀浓缩而专门设计或制造的) | 10 | 30 | 17 | 17 | 台/千克 | 3 |
| 8421199030 | 离心分离器,包括倾析器(不发散气溶胶,可对致病性微生物进行连续分离的) | 10 | 30 | 17 | 17 | 台/千克 | 3 |

* 最惠国税率中,"/"左边的税率截止日期为2018年6月30日,"/"右边的税率有效日期为2018年7月1日~2999年12月31日。

| 商品编号 | 商 品 名 称 及 备 注 | 进口关税税率(%) | | 增值税率(%) | 出口退税率(%) | 计量单位 | 监管条件 |
|---|---|---|---|---|---|---|---|
| | | 最惠国 | 普通 | | | | |
| 8421199090 | 其他离心机及离心干燥机 | 10 | 30 | 17 | 17 | 台/千克 | |
| 84212110 | ---家用型 | | | | | | |
| 8421211000[暂5] | 家用型过滤或净化水的机器及装置 | 25 | 63 | 17 | 17 | 台/千克 | A |
| 84212191 | ----船舶压载水处理设备 | | | | | | |
| 8421219100 | 船舶压载水处理设备 | 5 | 50 | 17 | 17 | 台/千克 | |
| 84212199 | ----其他 | | | | | | |
| 8421219910[暂1] | 喷灌设备用叠式净水过滤器 | 5 | 50 | 17 | 17 | 台/千克 | |
| 8421219920[暂2] | 船舶压载水处理设备用过滤器 | 5 | 50 | 17 | 17 | 台/千克 | |
| 8421219990 | 其他非家用型过滤或净化水的装置 | 5 | 50 | 17 | 17 | 台/千克 | |
| 84212200 | --过滤或净化饮料(水除外)用 | | | | | | |
| 8421220000 | 过滤或净化饮料的机器及装置(过滤或净化水的装置除外) | 12 | 40 | 17 | 17 | 台/千克 | A |
| 84212300 | --内燃发动机的滤油器 | | | | | | |
| 8421230000 | 内燃发动机的滤油器 | 10 | 40 | 17 | 17 | 个/千克 | |
| 84212910 | ---压滤机 | | | | | | |
| 8421291010 | 用氟聚合物制造的厚度≤140微米的过滤膜或净化膜的压滤机 | 3.3/2.5* | 40 | 17 | 17 | 个/千克 | O |
| 8421291090 | 其他压滤机 | 5 | 40 | 17 | 17 | 个/千克 | O |
| 84212990 | ---其他 | | | | | | |
| 8421299010 | 用氟聚合物制造的厚度≤140微米的过滤膜或净化膜的其他液体过滤或净化机器及装置 | 3.3/2.5* | 40 | 17 | 17 | 个/千克 | |
| 8421299040 | 液体截流过滤设备(可连续分离致病性微生物、毒素和细胞培养物) | 5 | 40 | 17 | 17 | 个/千克 | 3 |
| 8421299090 | 其他液体的过滤、净化机器及装置 | 5 | 40 | 17 | 17 | 个/千克 | |
| 84213100 | --内燃发动机的进气过滤器 | | | | | | |
| 8421310000 | 内燃发动机的进气过滤器 | 10 | 40 | 17 | 17 | 个/千克 | |
| 84213910 | ---家用型 | | | | | | |
| 8421391000[暂5] | 家用型气体过滤、净化机器及装置 | 15 | 100 | 17 | 17 | 个/千克 | |
| 84213921 | ----静电除尘器 | | | | | | |
| 8421392110 | 装备不锈钢外壳、入口管和出口管内径≤1.3厘米的工业用静电除尘器 | 3.3/2.5* | 40 | 17 | 17 | 个/千克 | |
| 8421392190 | 其他工业用静电除尘器 | 5 | 40 | 17 | 17 | 个/千克 | |
| 84213922 | ----袋式除尘器 | | | | | | |
| 8421392210 | 装备不锈钢外壳、入口管和出口管内径≤1.3厘米的工业用袋式除尘器 | 3.3/2.5* | 40 | 17 | 17 | 个/千克 | |
| 8421392290 | 其他工业用袋式除尘器 | 5 | 40 | 17 | 17 | 个/千克 | |
| 84213923 | ----旋风式除尘器 | | | | | | |
| 8421392310 | 装备不锈钢外壳、入口管和出口管内径≤1.3厘米的工业用旋风式除尘器 | 3.3/2.5* | 40 | 17 | 17 | 个/千克 | |
| 8421392390 | 其他工业用旋风式除尘器 | 5 | 40 | 17 | 17 | 个/千克 | |
| 84213924 | ----电袋复合除尘器 | | | | | | |
| 8421392410 | 装备不锈钢外壳、入口管和出口管内径≤1.3厘米的电袋复合除尘器 | 3.3/2.5* | 40 | 17 | 17 | 个/千克 | |
| 8421392490 | 其他电袋复合除尘器 | 5 | 40 | 17 | 17 | 个/千克 | |
| 84213929 | ----其他 | | | | | | |
| 8421392910 | 装备不锈钢外壳、入口管和出口管内径≤1.3厘米的其他工业用除尘器 | 3.3/2.5* | 40 | 17 | 17 | 个/千克 | |
| 8421392990 | 其他工业用除尘器 | 5 | 40 | 17 | 17 | 个/千克 | |
| 84213930 | ---内燃发动机排气过滤及净化装置 | | | | | | |
| 8421393001[暂3] | 摩托车发动机排气过滤及净化装置 | 5 | 40 | 17 | 17 | 个/千克 | |
| 8421393020 | 装备不锈钢外壳、入口管和出口管内径≤1.3厘米的其他内燃发动机排气过滤及净化装置 | 3.3/2.5* | 40 | 17 | 17 | 个/千克 | |

* 最惠国税率中,"/"左边的税率截止日期为2018年6月30日,"/"右边的税率有效日期为2018年7月1日~2999年12月31日。

| 商品编号 | 商 品 名 称 及 备 注 | 进口关税税率(%) | | 增值税率(%) | 出口退税率(%) | 计量单位 | 监管条件 |
|---|---|---|---|---|---|---|---|
| | | 最惠国 | 普通 | | | | |
| 8421393090 | 其他内燃发动机排气过滤及净化装置 | 5 | 40 | 17 | 17 | 个/千克 | |
| 84213940 | ---烟气脱硫装置 | | | | | | |
| 8421394010 | 装备不锈钢外壳、入口管和出口管内径≤1.3厘米的烟气脱硫装置 | 3.3/2.5* | 40 | 17 | 17 | 个/千克 | |
| 8421394090 | 其他烟气脱硫装置 | 5 | 40 | 17 | 17 | 个/千克 | |
| 84213950 | ---烟气脱硝装置 | | | | | | |
| 8421395010 | 装备不锈钢外壳、入口管和出口管内径≤1.3厘米的烟气脱硝装置 | 3.3/2.5* | 40 | 17 | 17 | 个/千克 | |
| 8421395090 | 其他烟气脱硝装置 | 5 | 40 | 17 | 17 | 个/千克 | |
| 84213990 | ---其他 | | | | | | |
| 8421399010 | 装备不锈钢外壳、入口管和出口管内径≤1.3厘米的其他气体过滤或净化机器及装置 | 3.3/2.5* | 40 | 17 | 17 | 个/千克 | |
| 8421399090 | 其他气体过滤、净化机器及装置 | 5 | 40 | 17 | 17 | 个/千克 | |
| 84219110 | ---干衣量≤10千克的干衣机用 | | | | | | |
| 8421911000 | 干衣量≤10千克离心干衣机零件 | 0 | 70 | 17 | 17 | 千克 | |
| 84219190 | ---其他 | | | | | | |
| 8421919011 | 离心机壳/收集器(容纳气体离心机的转筒组件的耐 $UF_6$ 部件) | 0 | 30 | 17 | 15 | 千克 | 3 |
| 8421919012 | 收集器(由内径不同的同心管组成用于供取 $UF_6$ 气体的管件) | 0 | 30 | 17 | 15 | 千克 | 3 |
| 8421919013 | 气体扩散膜(由耐 $UF_6$ 材料制成的多细孔过滤薄膜) | 0 | 30 | 17 | 15 | 千克 | 3 |
| 8421919014 | 扩散室(专门设计或制造的密闭式容器,用于容纳气体扩散膜,由耐 $UF_6$ 的材料制成或用这种材料进行保护) | 0 | 30 | 17 | 15 | 千克 | 3 |
| 8421919090 | 其他离心机用零件 | 0 | 30 | 17 | 15 | 千克 | |
| 84219910 | ---家用型过滤、净化装置用 | | | | | | |
| 8421991000[暂5] | 家用型过滤、净化装置用零件 | 10 | 100 | 17 | 17 | 千克 | |
| 84219990 | ---其他 | | | | | | |
| 8421999010 | 用氟聚合物制造的厚度≤140微米的过滤膜或净化膜的液体过滤或净化机器及装置的零件;装备不锈钢外壳、入口管和出口管内径≤1.3厘米的气体过滤或净化机器及装置的零件 | 3.3/2.5* | 40 | 17 | 17 | 千克 | |
| 8421999090 | 其他过滤、净化装置用零件 | 5 | 40 | 17 | 17 | 千克 | |
| **8422** | **洗碟机;瓶子及其他容器的洗涤或干燥机器;瓶、罐、箱、袋或其他容器装填、封口、密封、贴标签的机器;瓶、罐、管、筒或类似容器的包封机器;其他包装或打包机器(包括热缩包装机器);饮料充气机** | | | | | | |
| 84221100 | --家用型 | | | | | | |
| 8422110000[暂6] | 家用型洗碟机 | 10 | 90 | 17 | 17 | 台/千克 | |
| 84221900 | --其他 | | | | | | |
| 8422190000 | 非家用型洗碟机 | 14 | 90 | 17 | 17 | 台/千克 | |
| 84222000 | -瓶子或其他容器的洗涤或干燥机器 | | | | | | |
| 8422200000 | 瓶子及其他容器的洗涤或干燥机器 | 10 | 35 | 17 | 17 | 台/千克 | |
| 84223010 | ---饮料及液体食品灌装设备 | | | | | | |
| 8422301010[暂10] | 乳品加工用自动化灌装设备 | 12 | 45 | 17 | 17 | 台/千克 | OA |
| 8422301090 | 其他饮料及液体食品灌装设备 | 12 | 45 | 17 | 17 | 台/千克 | OA |
| 84223021 | 全自动灌包机 | | | | | | |
| 8422302100 | 全自动水泥灌包机 | 12 | 45 | 17 | 17 | 台/千克 | |
| 84223029 | ----其他 | | | | | | |
| 8422302900 | 其他水泥包装机 | 12 | 45 | 17 | 17 | 台/千克 | |
| 84223030 | ---其他包装机 | | | | | | |
| 8422303001[暂6] | 全自动无菌灌装生产线用包装机(加工速度≥20000只/小时) | 10 | 35 | 17 | 17 | 台/千克 | OA |

* 最惠国税率中,“/”左边的税率截止日期为2018年6月30日,“/”右边的税率有效日期为2018年7月1日~2999年12月31日。

| 商品编号 | 商品名称及备注 | 进口关税税率(%) | | 增值税率(%) | 出口退税率(%) | 计量单位 | 监管条件 |
|---|---|---|---|---|---|---|---|
| | | 最惠国 | 普通 | | | | |
| 8422303090 | 其他包装机 | 10 | 35 | 17 | 17 | 台/千克 | OA |
| 84223090 | ---其他 | | | | | | |
| 8422309001[暂6] | 全自动无菌灌装生产线用贴吸管机(加工速度≥22000 只/小时) | 10 | 35 | 17 | 17 | 台/千克 | A |
| 8422309010 | 充装设备(两用物项管制) | 10 | 35 | 17 | 17 | 台/千克 | 3 |
| 8422309090 | 其他瓶、罐、箱、袋或其他容器的装填、封口、密封、贴标签的机器;其他瓶、罐、管、筒或类似容器的包封机器;饮料充气机 | 10 | 35 | 17 | 17 | 台/千克 | A |
| 84224000 | -其他包装或打包机器(包括热缩包装机器) | | | | | | |
| 8422400000 | 其他包装或打包机器(包括热缩包装机器) | 10 | 35 | 17 | 11 | 台/千克 | |
| 84229010 | ---洗碟机用 | | | | | | |
| 8422901000[暂6] | 洗碟机用零件 | 10.5 | 90 | 17 | 17 | 千克 | |
| 84229020 | ---饮料及液体食品灌装设备用 | | | | | | |
| 8422902000 | 饮料及液体食品灌装设备用零件 | 8.5 | 45 | 17 | 17 | 千克 | |
| 84229090 | ---其他 | | | | | | |
| 8422909000 | 品目 84.22 其他未列名机器零件 | 8.5 | 35 | 17 | 15 | 千克 | |
| **8423** | **衡器(感量为 50 毫克或更精密的天平除外),包括计数或检验用的衡器;衡器用的各种砝码、秤砣** | | | | | | |
| 84231000 | -体重计,包括婴儿秤;家用秤 | | | | | | |
| 8423100000 | 体重计、婴儿秤及家用秤 | 10.5 | 80 | 17 | 17 | 台/千克 | |
| 84232010 | ---电子皮带秤 | | | | | | |
| 8423201000 | 输送带上连续称货的电子皮带秤 | 5/2.5* | 80 | 17 | 17 | 台/千克 | |
| 84232090 | ---其他 | | | | | | |
| 8423209000 | 输送带上连续称货的其他秤 | 10 | 80 | 17 | 17 | 台/千克 | |
| 84233010 | ---定量包装秤 | | | | | | |
| 8423301010 | 以电子方式称重的定量包装秤 | 5.3/2.6* | 80 | 17 | 17 | 台/千克 | |
| 8423301090 | 其他定量包装秤 | 10.5 | 80 | 17 | 17 | 台/千克 | |
| 84233020 | ---定量分选秤 | | | | | | |
| 8423302000 | 定量分选秤 | 10.5 | 80 | 17 | 17 | 台/千克 | |
| 84233030 | ---配料秤 | | | | | | |
| 8423303010 | 以电子方式称重的配料秤 | 5.3/2.6* | 80 | 17 | 17 | 台/千克 | |
| 8423303090 | 其他配料秤 | 10.5 | 80 | 17 | 17 | 台/千克 | |
| 84233090 | ---其他 | | | | | | |
| 8423309010 | 以电子方式称重的恒定秤、库秤及其他包装秤、分选秤 | 5.3/2.6* | 80 | 17 | 17 | 台/千克 | |
| 8423309090 | 其他恒定秤、库秤及其他包装秤、分选秤 | 10.5 | 80 | 17 | 17 | 台/千克 | |
| 84238110 | ---计价秤 | | | | | | |
| 8423811000 | 最大称量≤30 千克的计价秤 | 5.3/2.6* | 80 | 17 | 17 | 台/千克 | |
| 84238120 | ---弹簧秤 | | | | | | |
| 8423812000 | 最大称量≤30 千克的弹簧秤 | 10.5 | 80 | 17 | 17 | 台/千克 | |
| 84238190 | ---其他 | | | | | | |
| 8423819010 | 其他以电子方式称重的衡器,最大称量≤30 千克 | 5.3/2.6* | 80 | 17 | 17 | 台/千克 | |
| 8423819090 | 最大称量≤30 千克的其他衡器 | 10.5 | 80 | 17 | 17 | 台/千克 | |
| 84238210 | ---地中衡 | | | | | | |
| 8423821010 | 其他以电子方式称重的地中衡,30 千克<最大称量≤5000 千克,但对车辆称重的衡器除外 | 5.3/2.6* | 80 | 17 | 17 | 台/千克 | |
| 8423821090 | 30 千克<最大称量≤5000 千克的其他地中衡 | 10.5 | 80 | 17 | 17 | 台/千克 | |

* 最惠国税率中,"/"左边的税率截止日期为 2018 年 6 月 30 日,"/"右边的税率有效日期为 2018 年 7 月 1 日~2999 年 12 月 31 日。

| 商品编号 | 商品名称及备注 | 进口关税税率(%) | | 增值税率(%) | 出口退税率(%) | 计量单位 | 监管条件 |
|---|---|---|---|---|---|---|---|
| | | 最惠国 | 普通 | | | | |
| 84238290 | ---其他 | | | | | | |
| 8423829010 | 其他以电子方式称重的衡器,30千克<最大称量≤5000千克,但对车辆称重的衡器除外 | 5.3/2.6* | 80 | 17 | 17 | 台/千克 | |
| 8423829090 | 30千克<最大称量≤5000千克的其他衡器 | 10.5 | 80 | 17 | 17 | 台/千克 | |
| 84238910 | ---地中衡 | | | | | | |
| 8423891010 | 其他以电子方式称重的地中衡,最大称量>5000千克,但对车辆称重的衡器除外 | 5/2.5* | 80 | 17 | 17 | 台/千克 | |
| 8423891090 | 最大秤量>5000千克的其他地中衡 | 10 | 80 | 17 | 17 | 台/千克 | |
| 84238920 | ---轨道衡 | | | | | | |
| 8423892010 | 其他以电子方式称重的轨道衡,最大称量>5000千克,但对车辆称重的衡器除外 | 5/2.5* | 80 | 17 | 17 | 台/千克 | |
| 8423892090 | 最大秤量>5000千克的其他轨道衡 | 10 | 80 | 17 | 17 | 台/千克 | |
| 84238930 | ---吊秤 | | | | | | |
| 8423893010 | 其他以电子方式称重的吊秤,最大称量>5000千克,但对车辆称重的衡器除外 | 5/2.5* | 80 | 17 | 17 | 台/千克 | |
| 8423893090 | 最大秤量>5000千克的其他吊秤 | 10 | 80 | 17 | 17 | 台/千克 | |
| 84238990 | ---其他 | | | | | | |
| 8423899010 | 其他以电子方式称重的衡器,最大称量>5000千克,但对车辆称重的衡器除外 | 5/2.5* | 80 | 17 | 17 | 台/千克 | |
| 8423899090 | 最大秤量>5000千克的其他衡器 | 10 | 80 | 17 | 17 | 台/千克 | |
| 84239000 | -衡器用的各种砝码、秤砣;衡器的零件 | | | | | | |
| 8423900010 | 以电子方式称重的衡器的零件,但对车辆称重的衡器零件除外 | 5/2.5* | 80 | 17 | 17 | 千克 | |
| 8423900090 | 其他衡器用的各种砝码、秤砣及其零件 | 10 | 80 | 17 | 17 | 千克 | |
| **8424** | **液体或粉末的喷射、散布或喷雾的机械器具(不论是否手工操作);灭火器,不论是否装药;喷枪及类似器具;喷汽机、喷砂机及类似的喷射机器** | | | | | | |
| 84241000 | -灭火器,不论是否装药 | | | | | | |
| 8424100000 | 灭火器(不论是否装药) | 8.4 | 70 | 17 | 17 | 个/千克 | A |
| 84242000 | -喷枪及类似器具 | | | | | | |
| 8424200000 | 喷枪及类似器具 | 8.4 | 40 | 17 | 17 | 个/千克 | |
| 84243000 | -喷汽机、喷砂机及类似的喷射机器 | | | | | | |
| 8424300000 | 喷汽机、喷砂机及类似喷射机器 | 8.4 | 40 | 17 | 17 | 台/千克 | |
| 84244100 | --便携式喷雾器 | | | | | | |
| 8424410000 | 农业或园艺用便携式喷雾器 | 8 | 30 | 11 | 11 | 台/千克 | |
| 84244900 | --其他 | | | | | | |
| 8424490000 | 农业或园艺用非便携式喷雾器 | 8 | 30 | 11 | 11 | 台/千克 | |
| 84248200 | --农业或园艺用 | | | | | | |
| 8424820000 | 农业或园艺用其他喷射器具(喷雾器除外) | 8 | 30 | 11 | 11 | 台/千克 | |
| 84248910 | ---家用型 | | | | | | |
| 8424891000 | 家用型喷射、喷雾机械器具 | 0 | 80 | 17 | 17 | 台/千克 | |
| 84248920 | ---喷涂机器人 | | | | | | |
| 8424892000 | 喷涂机器人 | 0 | 80 | 17 | 17 | 台/千克 | |
| 84248991 | ----船用洗舱机 | | | | | | |
| 8424899100 | 船用洗舱机 | 0 | 30 | 17 | 17 | 台/千克 | |
| 84248999 | ----其他 | | | | | | |
| 8424899910 | 分离喷嘴(由狭缝状、曲率半径极小的弯曲通道组成,内有分离楔尖) | 0 | 30 | 17 | 17 | 台/千克 | 3 |
| 8424899990 | 其他用途的喷射、喷雾机械器具 | 0 | 30 | 17 | 17 | 台/千克 | |
| 84249010 | ---编号84241000所列器具的零件 | | | | | | |
| 8424901000 | 灭火器用的零件 | 0 | 70 | 17 | 15 | 千克 | |
| 84249020 | ---编号84248910所列器具的零件 | | | | | | |

* 最惠国税率中,"/"左边的税率截止日期为2018年6月30日,"/"右边的税率有效日期为2018年7月1日~2999年12月31日。

| 商品编号 | 商品名称及备注 | 进口关税税率(%) | | 增值税率(%) | 出口退税率(%) | 计量单位 | 监管条件 |
|---|---|---|---|---|---|---|---|
| | | 最惠国 | 普通 | | | | |
| 8424902000 | 家用型喷射、喷雾器具的零件 | 0 | 80 | 17 | 15 | 千克 | |
| 84249090 | ---其他 | | | | | | |
| 8424909000 | 其他喷雾器具及喷汽机等用零件(编号84242000、84243000、84248990所列器具的零件) | 0 | 30 | 17 | 11 | 千克 | |
| **8425** | **滑车及提升机,但倒卸式提升机除外;卷扬机及绞盘;千斤顶** | | | | | | |
| 84251100 | --电动的 | | | | | | |
| 8425110000 | 电动滑车及提升机(倒卸式提升机及提升车辆用的提升机除外) | 6 | 30 | 17 | 17 | 台/千克 | |
| 84251900 | --其他 | | | | | | |
| 8425190000 | 非电动滑车及提升机(倒卸式提升机及提升车辆用的提升机除外) | 5 | 30 | 17 | 17 | 台/千克 | |
| 84253110 | ---矿井口卷扬装置;专为井下使用设计的卷扬机 | | | | | | |
| 8425311000 | 矿井口卷扬装置及专为井下使用设计的卷扬机,电动的 | 10 | 30 | 17 | 17 | 台/千克 | |
| 84253190 | ---其他 | | | | | | |
| 8425319000 | 其他电动卷扬机及绞盘 | 5 | 30 | 17 | 17 | 台/千克 | |
| 84253910 | ---矿井口卷扬装置;专为井下使用设计的卷扬机 | | | | | | |
| 8425391000 | 矿井口卷扬装置及专为井下使用设计的卷扬机,非电动的 | 10 | 30 | 17 | 17 | 台/千克 | |
| 84253990 | ---其他 | | | | | | |
| 8425399000 | 其他非电动卷扬机及绞盘 | 5 | 30 | 17 | 17 | 台/千克 | |
| 84254100 | --车库中使用的固定千斤顶系统 | | | | | | |
| 8425410000 | 车库中使用的固定千斤顶系统 | 3 | 30 | 17 | 17 | 台/千克 | |
| 84254210 | ---液压千斤顶 | | | | | | |
| 8425421000 | 液压千斤顶 | 3 | 30 | 17 | 17 | 台/千克 | |
| 84254290 | ---其他 | | | | | | |
| 8425429000 | 提升车辆用液压提升机 | 5 | 30 | 17 | 17 | 台/千克 | |
| 84254910 | ---其他千斤顶 | | | | | | |
| 8425491000 | 其他千斤顶 | 5 | 30 | 17 | 17 | 台/千克 | |
| 84254990 | ---其他 | | | | | | |
| 8425499000 | 其他提升车辆用提升机 | 10 | 30 | 17 | 17 | 台/千克 | |
| **8426** | **船用桅杆式起重机;起重机,包括缆式起重机;移动式吊运架、跨运车及装有起重机的工作车** | | | | | | |
| 84261120 | ---通用桥式起重机 | | | | | | |
| 8426112000 | 通用桥式起重机 | 8 | 30 | 17 | 17 | 台/千克 | |
| 84261190 | ---其他 | | | | | | |
| 8426119000 | 其他固定支架的高架移动式起重机 | 8 | 30 | 17 | 17 | 台/千克 | |
| 84261200 | --带胶轮的移动式吊运架及跨运车 | | | | | | |
| 8426120000 | 胶轮移动式吊运架及跨运车 | 6 | 30 | 17 | 17 | 台/千克 | |
| 84261910 | ---装船机 | | | | | | |
| 8426191000 | 装船机 | 5 | 30 | 17 | 17 | 台/千克 | |
| 84261921 | ----抓斗式 | | | | | | |
| 8426192100 | 抓斗式卸船机 | 5 | 30 | 17 | 17 | 台/千克 | |
| 84261929 | ----其他 | | | | | | |
| 8426192900 | 其他卸船机 | 5 | 30 | 17 | 17 | 台/千克 | O |
| 84261930 | ---龙门式起重机 | | | | | | |
| 8426193000 | 龙门式起重机 | 10 | 30 | 17 | 17 | 台/千克 | |
| 84261941 | ----门式装卸桥 | | | | | | |
| 8426194100 | 门式装卸桥 | 10 | 30 | 17 | 17 | 台/千克 | |
| 84261942 | ----集装箱装卸桥 | | | | | | |
| 8426194200 | 集装箱装卸桥 | 10 | 30 | 17 | 17 | 台/千克 | |

| 商品编号 | 商 品 名 称 及 备 注 | 进口关税税率(%) | | 增值税率(%) | 出口退税率(%) | 计量单位 | 监管条件 |
|---|---|---|---|---|---|---|---|
| | | 最惠国 | 普通 | | | | |
| 84261943 | ----其他动臂式装卸桥 | | | | | | |
| 8426194300 | 其他动臂式装卸桥 | 10 | 30 | 17 | 17 | 台/千克 | |
| 84261949 | ----其他 | | | | | | |
| 8426194900 | 其他装卸桥 | 10 | 30 | 17 | 17 | 台/千克 | |
| 84261990 | ---其他 | | | | | | |
| 8426199000 | 其他高架移动式起重吊运设备 | 10 | 30 | 17 | 17 | 台/千克 | |
| 84262000 | -塔式起重机 | | | | | | |
| 8426200000 | 塔式起重机 | 10 | 30 | 17 | 17 | 台/千克 | O |
| 84263000 | -门座式起重机及座式旋臂起重机 | | | | | | |
| 8426300000 | 门座式起重机及座式旋臂起重机 | 6 | 30 | 17 | 17 | 台/千克 | |
| 84264110 | ---轮胎式起重机 | | | | | | |
| 8426411000 | 轮胎式起重机 | 5 | 30 | 17 | 17 | 台/千克 | O |
| 84264190 | ---其他 | | | | | | |
| 8426419000 | 其他带胶轮的自推进起重机械 | 5 | 30 | 17 | 17 | 台/千克 | |
| 84264910 | ---履带式起重机 | | | | | | |
| 8426491000 | 履带式自推进起重机械 | 8 | 30 | 17 | 17 | 台/千克 | O |
| 84264990 | ---其他 | | | | | | |
| 8426499000 | 其他不带胶轮的自推进起重机械 | 13 | 30 | 17 | 17 | 台/千克 | |
| 84269100 | --供装于公路车辆的 | | | | | | |
| 8426910000 | 供装于公路车辆的其他起重机械 | 10 | 30 | 17 | 17 | 台/千克 | |
| 84269900 | --其他 | | | | | | |
| 8426990000 | 其他起重机械 | 6 | 30 | 17 | 17 | 台/千克 | |
| **8427** | **叉车;其他装有升降或搬运装置的工作车** | | | | | | |
| 84271010 | ---有轨巷道堆垛机 | | | | | | |
| 8427101000 | 有轨巷道堆垛机 | 9 | 30 | 17 | 17 | 台/千克 | A |
| 84271020 | ---无轨巷道堆垛机 | | | | | | |
| 8427102000 | 无轨巷道堆垛机 | 9 | 30 | 17 | 17 | 台/千克 | A |
| 84271090 | ---其他 | | | | | | |
| 8427109000 | 其他电动机推动的机动叉车或升降搬运车 | 9 | 30 | 17 | 17 | 台/千克 | A |
| 84272010 | ---集装箱叉车 | | | | | | |
| 8427201000 | 集装箱叉车 | 9 | 30 | 17 | 17 | 台/千克 | A |
| 84272090 | ---其他 | | | | | | |
| 8427209000 | 其他机动叉车及有升降装置工作车(包括装有搬运装置的机动工作车) | 9 | 30 | 17 | 17 | 台/千克 | A |
| 84279000 | -其他车 | | | | | | |
| 8427900000 | 其他叉车及可升降的工作车(工作车指装有升降或搬运装置) | 9 | 30 | 17 | 17 | 台/千克 | A |
| **8428** | **其他升降、搬运、装卸机械(例如,升降机、自动梯、输送机、缆车)** | | | | | | |
| 84281010 | ---载客电梯 | | | | | | |
| 8428101001[暂4] | 无障碍升降机 | 8 | 30 | 17 | 17 | 台/千克 | A |
| 8428101090 | 其他载客电梯 | 8 | 30 | 17 | 17 | 台/千克 | A |
| 84281090 | ---其他 | | | | | | |
| 8428109000 | 其他升降机及倒卸式起重机 | 6 | 30 | 17 | 17 | 台/千克 | A |
| 84282000 | -气压升降机及输送机 | | | | | | |
| 8428200000 | 气压升降机及输送机 | 5 | 30 | 17 | 17 | 台/千克 | |
| 84283100 | --地下专用的 | | | | | | |
| 8428310000 | 地下连续运货或材料升降、输送机 | 5 | 30 | 17 | 17 | 台/千克 | |
| 84283200 | --其他,斗式 | | | | | | |

| 商品编号 | 商品名称及备注 | 进口关税税率(%) | | 增值税率(%) | 出口退税率(%) | 计量单位 | 监管条件 |
|---|---|---|---|---|---|---|---|
| | | 最惠国 | 普通 | | | | |
| 8428320000 | 其他斗式连续运货升降、输送机 | 5 | 30 | 17 | 17 | 台/千克 | |
| 84283300 | --其他,带式 | | | | | | |
| 8428330000 | 其他带式连续运货升降、输送机 | 5 | 30 | 17 | 17 | 台/千克 | |
| 84283910 | ---链式 | | | | | | |
| 8428391000 | 其他链式连续运送货升降、输送机 | 5 | 30 | 17 | 17 | 台/千克 | |
| 84283920 | ---辊式 | | | | | | |
| 8428392000 | 辊式连续运送货升降、输送机 | 5 | 30 | 17 | 17 | 台/千克 | |
| 84283990 | ---其他 | | | | | | |
| 8428399000 | 其他未列名连续运货升降、输送机 | 5 | 30 | 17 | 17 | 台/千克 | |
| 84284000 | -自动梯及自动人行道 | | | | | | |
| 8428400000 | 自动梯及自动人行道 | 5 | 30 | 17 | 17 | 台/千克 | A |
| 84286010 | ---货运架空索道 | | | | | | |
| 8428601000 | 货运架空索道 | 8 | 30 | 17 | 17 | 台/千克 | |
| 84286021 | ----单线循环式 | | | | | | |
| 8428602100 | 单线循环式客运架空索道 | 8 | 30 | 17 | 17 | 台/千克 | |
| 84286029 | ----其他 | | | | | | |
| 8428602900 | 非单线循环式客运架空索道 | 8 | 30 | 17 | 17 | 台/千克 | |
| 84286090 | ---其他 | | | | | | |
| 8428609000 | 缆车、座式升降机等用牵引装置(包括滑雪拉索) | 8 | 30 | 17 | 17 | 台/千克 | |
| 84289010 | ---矿车推动机、铁道机车或货车的转车台、货车倾卸装置及类似的铁道货车搬运装置 | | | | | | |
| 8428901000 | 矿车推动机、铁道机车等的转车台(包括货车转车台、货车倾卸装置及类似铁道货车搬运装置) | 10 | 30 | 17 | 17 | 台/千克 | |
| 84289020 | ---机械式停车设备 | | | | | | |
| 8428902000 | 机械式停车设备 | 5 | 30 | 17 | 17 | 台/千克 | |
| 84289031 | ----堆取料机械 | | | | | | |
| 8428903100 | 堆取料机械 | 5 | 30 | 17 | 17 | 台/千克 | |
| 84289039 | ----其他 | | | | | | |
| 8428903900 | 其他装卸机械 | 5 | 30 | 17 | 17 | 台/千克 | |
| 84289040 | ---搬运机器人 | | | | | | |
| 8428904000 | 搬运机器人 | 5 | 30 | 17 | 17 | 台/千克 | |
| 84289090 | ---其他 | | | | | | |
| 8428909010 | 放化分离作业和热室用遥控机械手(能贯穿0.6米以上热室壁或壁厚>0.6米热室顶) | 5 | 30 | 17 | 17 | 台/千克 | 3 |
| 8428909020 | 核反应堆燃料装卸机(用于在核反应堆中插入或取出燃料的操作设备) | 5 | 30 | 17 | 17 | 台/千克 | 3 |
| 8428909090 | 其他升降、搬运、装卸机械 | 5 | 30 | 17 | 17 | 台/千克 | |
| **8429** | **机动推土机、侧铲推土机、筑路机、平地机、铲运机、机械铲、挖掘机、机铲装载机、捣固机械及压路机** | | | | | | |
| 84291110 | ---发动机输出功率>235.36千瓦(320马力)的 | | | | | | |
| 8429111000 | 功率>235.36千瓦的履带式推土机(包括侧铲推土机,发动机输出功率235.36千瓦=320马力) | 7 | 17 | 17 | 17 | 台/千克 | A |
| 84291190 | ---其他 | | | | | | |
| 8429119000 | 功率≤235.36千瓦的履带式推土机(包括侧铲推土机,发动机输出功率235.36千瓦=320马力) | 7 | 30 | 17 | 17 | 台/千克 | A |
| 84291910 | ---发动机输出功率>235.36千瓦(320马力)的 | | | | | | |
| 8429191000 | 功率>235.36千瓦其他推土机(非履带式,包括侧铲推土机,功率235.36千瓦=320马力) | 7 | 17 | 17 | 17 | 台/千克 | A |
| 84291990 | ---其他 | | | | | | |

| 商品编号 | 商品名称及备注 | 进口关税税率(%) | | 增值税率(%) | 出口退税率(%) | 计量单位 | 监管条件 |
|---|---|---|---|---|---|---|---|
| | | 最惠国 | 普通 | | | | |
| 8429199000 | 功率≤235.36千瓦的其他推土机(非履带式,包括侧铲推土机,功率235.36千瓦=320马力) | 7 | 30 | 17 | 17 | 台/千克 | A |
| 84292010 | ---发动机输出功率>235.36千瓦(320马力)的 | | | | | | |
| 8429201000 | 功率>235.36千瓦的筑路机及平地机(发动机输出功率235.36千瓦=320马力) | 5 | 17 | 17 | 11 | 台/千克 | A |
| 84292090 | ---其他 | | | | | | |
| 8429209000 | 其他筑路机及平地机(发动机输出功率≤235.36千瓦的) | 5 | 30 | 17 | 11 | 台/千克 | A |
| 84293010 | ---斗容量>10立方米的 | | | | | | |
| 8429301000 | 斗容量>10立方米的铲运机 | 3 | 17 | 17 | 17 | 台/千克 | A |
| 84293090 | ---其他 | | | | | | |
| 8429309000 | 斗容量≤10立方米的铲运机 | 5 | 30 | 17 | 17 | 台/千克 | A |
| 84294011 | ----机重≥18吨的振动压路机 | | | | | | |
| 8429401100 | 机重≥18吨的震动式压路机 | 7 | 20 | 17 | 17 | 台/千克 | OA |
| 84294019 | ----其他 | | | | | | |
| 8429401900 | 其他机动压路机 | 8 | 40 | 17 | 17 | 台/千克 | OA |
| 84294090 | ---其他 | | | | | | |
| 8429409000 | 其他未列名捣固机械及压路机 | 6 | 30 | 17 | 17 | 台/千克 | A |
| 84295100 | --前铲装载机 | | | | | | |
| 8429510000 | 前铲装载机 | 5 | 30 | 17 | 17 | 台/千克 | A |
| 84295211 | ----轮胎式 | | | | | | |
| 8429521100 | 轮胎式挖掘机(上部结构可转360度的) | 8 | 30 | 17 | 17 | 台/千克 | OA |
| 84295212 | ----履带式 | | | | | | |
| 8429521200 | 履带式挖掘机(上部结构可转360度的) | 8 | 30 | 17 | 17 | 台/千克 | OA |
| 84295219 | ----其他 | | | | | | |
| 8429521900 | 其他挖掘机(上部结构可转360度的) | 8 | 30 | 17 | 17 | 台/千克 | OA |
| 84295290 | ---其他 | | | | | | |
| 8429529000 | 其他上部结构可转360度的机械(包括机械铲及机铲装载机) | 8 | 30 | 17 | 17 | 台/千克 | OA |
| 84295900 | --其他 | | | | | | |
| 8429590000 | 其他机械铲、挖掘机及机铲装载机 | 8 | 30 | 17 | 17 | 台 | OA |
| **8430** | **泥土、矿物或矿石的运送、平整、铲运、挖掘、捣固、压实、开采或钻探机械;打桩机及拔桩机;扫雪机及吹雪机** | | | | | | |
| 84301000 | -打桩机及拔桩机 | | | | | | |
| 8430100000 | 打桩机及拔桩机 | 10 | 30 | 17 | 17 | 台/千克 | |
| 84302000 | -扫雪机及吹雪机 | | | | | | |
| 8430200000 | 扫雪机及吹雪机 | 10 | 30 | 17 | 17 | 台/千克 | |
| 84303110 | ---采(截)煤机 | | | | | | |
| 8430311000 | 自推进采(截)煤机 | 10 | 30 | 17 | 17 | 台/千克 | O |
| 84303120 | ---凿岩机 | | | | | | |
| 8430312000 | 自推进凿岩机 | 10 | 30 | 17 | 17 | 台/千克 | O |
| 84303130 | ---隧道掘进机 | | | | | | |
| 8430313000 | 自推进隧道掘进机 | 10 | 30 | 17 | 17 | 台/千克 | O |
| 84303900 | --其他 | | | | | | |
| 8430390000 | 其他非自推进截煤机凿岩机(包括非自推隧道掘进机) | 6 | 30 | 17 | 17 | 台/千克 | |
| 84304111 | ----钻探深度≥6000米的 | | | | | | |
| 8430411100 | 钻探深度≥6000米其他石油钻探机(自推进的,包括天然气钻探机) | 5 | 11 | 17 | 17 | 台/千克 | |
| 84304119 | ----其他 | | | | | | |
| 8430411900 | 其他自推进石油及天然气钻探机(钻探深度<6000米) | 5 | 17 | 17 | 17 | 台/千克 | |

| 商品编号 | 商品名称及备注 | 进口关税税率(%) | | 增值税率(%) | 出口退税率(%) | 计量单位 | 监管条件 |
|---|---|---|---|---|---|---|---|
| | | 最惠国 | 普通 | | | | |
| 84304121 | ----钻探深度≥6000米的 | | | | | | |
| 8430412100 | 钻探深度≥6000米的其他钻探机(自推进的) | 5 | 11 | 17 | 17 | 台/千克 | |
| 84304122 | ----钻探深度<6000米的履带式自推进钻机 | | | | | | |
| 8430412200 | 深度<6000米履带式自推进钻机(指石油及天然气钻探机) | 5 | 17 | 17 | 17 | 台/千克 | |
| 84304129 | ----钻探深度<6000米的其他钻探机 | | | | | | |
| 8430412900 | 钻探深度<6000米的其他钻探机(自推进的) | 5 | 17 | 17 | 17 | 台/千克 | |
| 84304190 | ---其他 | | | | | | |
| 8430419000 | 其他自推进的凿井机械 | 5 | 30 | 17 | 17 | 台/千克 | |
| 84304900 | --其他 | | | | | | |
| 8430490000 | 非自推进的其他钻探或凿井机械 | 5 | 30 | 17 | 17 | 台/千克 | |
| 84305010 | ---其他采油机械 | | | | | | |
| 8430501000 | 其他自推进采油机械 | 3 | 17 | 17 | 17 | 台/千克 | |
| 84305020 | ---矿用电铲 | | | | | | |
| 8430502000 | 矿用电铲 | 7 | 30 | 17 | 17 | 台/千克 | |
| 84305031 | ----牙轮直径≥380毫米 | | | | | | |
| 8430503100 | 牙轮直径≥380毫米的采矿钻机(自推进的) | 5 | 30 | 17 | 17 | 台/千克 | |
| 84305039 | ----其他 | | | | | | |
| 8430503900 | 牙轮直径<380毫米的采矿钻机(自推进的) | 5 | 30 | 17 | 17 | 台/千克 | |
| 84305090 | ---其他 | | | | | | |
| 8430509000 | 其他自推进未列名平整、压实等机械 | 5 | 30 | 17 | 17 | 台/千克 | |
| 84306100 | --捣固或压实机械 | | | | | | |
| 8430610000 | 非自推进捣固或压实机械 | 6 | 30 | 17 | 17 | 台 | |
| 84306911 | ----钻筒直径≥3米 | | | | | | |
| 8430691100 | 转筒直径≥3米的工程钻机(非自动推进) | 6 | 30 | 17 | 17 | 台/千克 | |
| 84306919 | ----其他 | | | | | | |
| 8430691900 | 转筒直径<3米的工程钻机(非自动推进) | 6 | 30 | 17 | 17 | 台/千克 | |
| 84306920 | ---铲运机 | | | | | | |
| 8430692000 | 非自推进铲运机 | 6 | 30 | 17 | 17 | 台/千克 | |
| 84306990 | ---其他 | | | | | | |
| 8430699000 | 其他非自推进未列名机械 | 6 | 30 | 17 | 17 | 台/千克 | |
| **8431** | **专用于或主要用于品目84.25至84.30所列机械的零件** | | | | | | |
| 84311000 | -品目84.25所列机械的零件 | | | | | | |
| 8431100000 | 滑车、绞盘、千斤顶等机械用零件(品目84.25所列机械用的) | 3 | 30 | 17 | 15 | 千克 | |
| 84312010 | ---装有差速器的驱动桥及其零件,不论是否装有其他传动部件 | | | | | | |
| 8431201000 | 装有差速器的驱动桥及其零件,不论是否装有其他传动部件(品目84.27所列机械用的) | 6 | 30 | 17 | 15 | 千克/个 | |
| 84312090 | ---其他 | | | | | | |
| 8431209000暂3 | 叉车及装有升降装置工作车用其他零件(品目84.27所列机械用的) | 6 | 30 | 17 | 15 | 千克 | |
| 84313100 | --升降机、倒卸式起重机或自动梯的零件 | | | | | | |
| 8431310001暂1 | 无障碍升降机的零件 | 3 | 30 | 17 | 15 | 千克 | |
| 8431310090 | 其他升降机、倒卸式起重机零件(包括自动梯零件) | 3 | 30 | 17 | 15 | 千克 | |
| 84313900 | --其他 | | | | | | |
| 8431390000 | 品目84.28所列其他机械的零件(升降机,倒卸式起重机,自动梯的零件除外) | 5 | 30 | 17 | 15 | 千克 | |
| 84314100 | --戽斗、铲斗、抓斗及夹斗 | | | | | | |
| 8431410000 | 戽斗、夹斗、抓斗及其他铲斗 | 6 | 17 | 17 | 15 | 千克/个 | |
| 84314200 | --推土机或侧铲推土机用铲 | | | | | | |
| 8431420000 | 推土机或侧铲推土机用铲 | 6 | 17 | 17 | 15 | 千克/个 | |

| 商品编号 | 商品名称及备注 | 进口关税税率(%) | | 增值税率(%) | 出口退税率(%) | 计量单位 | 监管条件 |
|---|---|---|---|---|---|---|---|
| | | 最惠国 | 普通 | | | | |
| 84314310 | ---石油或天然气钻探机用 | | | | | | |
| 8431431000 | 石油或天然气钻探机用零件 | 4 | 11 | 17 | 15 | 千克 | |
| 84314320 | ---其他钻探机用 | | | | | | |
| 8431432000 | 其他钻探机用零件 | 4 | 11 | 17 | 15 | 千克 | |
| 84314390 | ---其他 | | | | | | |
| 8431439000 | 其他凿井机用零件(编号843041、843049所列机械的) | 5 | 17 | 17 | 15 | 千克 | |
| 84314920 | ---装有差速器的驱动桥及其零件,不论是否装有其他传动部件 | | | | | | |
| 8431492000 | 装有差速器的驱动桥及其零件,不论是否装有其他传动部件 | 5 | 17 | 17 | 15 | 千克/个 | |
| 84314991 | ----矿用电铲用 | | | | | | |
| 8431499100 | 矿用电铲用零件 | 5 | 17 | 17 | 15 | 千克 | |
| 84314999 | ----其他 | | | | | | |
| 8431499900 | 品目84.26、84.29、84.30的其他零件(前述具体列名的机械零件除外) | 5 | 17 | 17 | 15 | 千克 | |
| **8432** | **农业、园艺及林业用整地或耕作机械;草坪及运动场地滚压机** | | | | | | |
| 84321000 | -犁 | | | | | | |
| 8432100000 | 犁 | 5 | 30 | 11 | 11 | 台/千克 | |
| 84322100 | --圆盘耙 | | | | | | |
| 8432210000 | 圆盘耙 | 5 | 30 | 11 | 11 | 台/千克 | |
| 84322900 | --其他 | | | | | | |
| 8432290000 | 其他耙、松土机等耕作机械(包括中耙机、除草机及耕耘机) | 4 | 30 | 11 | 11 | 台/千克 | |
| 84323111 | ----谷物播种机 | | | | | | |
| 8432311100 | 免耕直接谷物播种机 | 4 | 30 | 11 | 11 | 台/千克 | |
| 84323119 | ----其他 | | | | | | |
| 8432311900 | 其他免耕直接播种机 | 4 | 30 | 11 | 11 | 台/千克 | |
| 84323121 | ----马铃薯种植机 | | | | | | |
| 8432312100 | 免耕直接马铃薯种植机 | 4 | 30 | 11 | 11 | 台/千克 | |
| 84323129 | ----其他 | | | | | | |
| 8432312900 | 其他免耕直接种植机 | 4 | 30 | 11 | 11 | 台/千克 | |
| 84323131 | ----水稻插秧机 | | | | | | |
| 8432313100 | 免耕直接水稻插秧机 | 4 | 30 | 11 | 11 | 台/千克 | |
| 84323139 | ----其他 | | | | | | |
| 8432313900 | 其他免耕直接移植机(栽植机) | 4 | 30 | 11 | 11 | 台/千克 | |
| 84323911 | ----谷物播种机 | | | | | | |
| 8432391100 | 非免耕直接谷物播种机 | 4 | 30 | 11 | 11 | 台/千克 | |
| 84323919 | ----其他 | | | | | | |
| 8432391900 | 其他非免耕直接播种机 | 4 | 30 | 11 | 11 | 台/千克 | |
| 84323921 | ----马铃薯种植机 | | | | | | |
| 8432392100 | 非免耕直接马铃薯种植机 | 4 | 30 | 11 | 11 | 台/千克 | |
| 84323929 | ----其他 | | | | | | |
| 8432392900 | 其他非免耕直接种植机 | 4 | 30 | 11 | 11 | 台/千克 | |
| 84323931 | ----水稻插秧机 | | | | | | |
| 8432393100 | 非免耕直接水稻插秧机 | 4 | 30 | 11 | 11 | 台/千克 | |
| 84323939 | ----其他 | | | | | | |
| 8432393900 | 其他非免耕直接移植机(栽植机) | 4 | 30 | 11 | 11 | 台/千克 | |
| 84324100 | --粪肥施肥机 | | | | | | |
| 8432410000 | 粪肥施肥机 | 4 | 30 | 11 | 11 | 台/千克 | |
| 84324200 | --化肥施肥机 | | | | | | |

| 商品编号 | 商品名称及备注 | 进口关税税率(%) | | 增值税率(%) | 出口退税率(%) | 计量单位 | 监管条件 |
|---|---|---|---|---|---|---|---|
| | | 最惠国 | 普通 | | | | |
| 8432420000 | 化肥施肥机 | 4 | 30 | 11 | 11 | 台/千克 | |
| 84328010 | ---草坪及运动场地滚压机 | | | | | | |
| 8432801000 | 草坪及运动场地滚压机 | 7 | 40 | 17 | 17 | 台/千克 | |
| 84328090 | ---其他 | | | | | | |
| 8432809000 | 其他未列名整地或耕作机械 | 4 | 30 | 11 | 11 | 台/千克 | |
| 84329000 | -零件 | | | | | | |
| 8432900000 | 整地或耕作机械、滚压机零件(品目84.32所列机械用的) | 4 | 17 | 17 | 15 | 千克 | |
| **8433** | **收割机、脱粒机,包括草料打包机;割草机;蛋类、水果或其他农产品的清洁、分选、分级机器,但品目84.37的机器除外** | | | | | | |
| 84331100 | --机动的,切割装置在同一水平面上旋转的 | | | | | | |
| 8433110000 | 机动旋转式割草机(旋转式指切割装置在同一水平面上旋转、用于草坪、公园) | 6 | 30 | 11 | 17 | 台/千克 | |
| 84331900 | --其他 | | | | | | |
| 8433190000 | 草坪、公园等用其他割草机(包括运动场地) | 6 | 30 | 17 | 17 | 台/千克 | |
| 84332000 | -其他割草机,包括牵引装置用的刀具杆 | | | | | | |
| 8433200000 | 其他割草机(包括牵引装置用的刀具杆) | 4 | 30 | 11 | 11 | 台/千克 | |
| 84333000 | -其他干草切割、翻晒机器 | | | | | | |
| 8433300000 | 其他干草切割、翻晒机器 | 5 | 30 | 11 | 11 | 台/千克 | |
| 84334000 | -草料打包机,包括收集打包机 | | | | | | |
| 8433400000 | 草料打包机(包括收集打包机) | 5 | 30 | 11 | 11 | 台/千克 | |
| 84335100 | --联合收割机 | | | | | | |
| 8433510001[暂5] | 功率≥160马力的联合收割机 | 8 | 17 | 11 | 11 | 台/千克 | |
| 8433510090 | 功率<160马力的联合收割机 | 8 | 17 | 11 | 11 | 台/千克 | |
| 84335200 | --其他脱粒机 | | | | | | |
| 8433520000 | 其他脱粒机 | 8 | 30 | 11 | 11 | 台/千克 | |
| 84335300 | --根茎或块茎收获机 | | | | | | |
| 8433530001[暂4] | 功率≥160马力的土豆、甜菜收获机 | 8 | 30 | 11 | 11 | 台/千克 | |
| 8433530090 | 其他根茎或块茎收获机 | 8 | 30 | 11 | 11 | 台/千克 | |
| 84335910 | ---甘蔗收获机 | | | | | | |
| 8433591001[暂4] | 功率≥160马力的甘蔗收获机 | 8 | 30 | 11 | 11 | 台/千克 | |
| 8433591090 | 其他甘蔗收获机 | 8 | 30 | 11 | 11 | 台/千克 | |
| 84335920 | ---棉花采摘机 | | | | | | |
| 8433592000[暂5] | 棉花采摘机 | 8 | 30 | 11 | 11 | 台/千克 | A |
| 84335990 | ---其他 | | | | | | |
| 8433599001[暂5] | 自走式青储饲料收获机 | 8 | 30 | 11 | 11 | 台/千克 | |
| 8433599002[暂4] | 茶叶采摘机 | 8 | 30 | 11 | 11 | 台/千克 | |
| 8433599090 | 其他收割机及脱粒机 | 8 | 30 | 11 | 11 | 台/千克 | |
| 84336010 | --- 蛋类清洁、分选、分级机器 | | | | | | |
| 8433601000 | 蛋类清洁、分选、分级机器 | 5 | 30 | 11 | 11 | 台/千克 | |
| 84336090 | --- 其他 | | | | | | |
| 8433609000 | 水果等其他农产品的清洁、分选、分级机器(品目84.37的机器除外) | 5 | 30 | 11 | 11 | 台/千克 | |
| 84339010 | ---联合收割机用 | | | | | | |
| 8433901000 | 联合收割机用零件 | 5 | 11 | 17 | 15 | 千克 | |
| 84339090 | ---其他 | | | | | | |
| 8433909000 | 品目84.33所列其他机械零件 | 3 | 17 | 17 | 15 | 千克 | |
| **8434** | **挤奶机及乳品加工机器** | | | | | | |
| 84341000 | -挤奶机 | | | | | | |

| 商品编号 | 商品名称及备注 | 进口关税税率(%) | | 增值税率(%) | 出口退税率(%) | 计量单位 | 监管条件 |
|---|---|---|---|---|---|---|---|
| | | 最惠国 | 普通 | | | | |
| 8434100000 | 挤奶机 | 10 | 20 | 11 | 11 | 台/千克 | |
| 84342000 | -乳品加工机器 | | | | | | |
| 8434200000[暂2] | 乳品加工机器 | 6 | 30 | 17 | 17 | 台/千克 | A |
| 84349000 | -零件 | | | | | | |
| 8434900000 | 挤奶机及乳品加工机器用零件 | 5 | 17 | 17 | 15 | 千克 | |
| **8435** | **制酒、制果汁或制类似饮料用的压榨机、轧碎机及类似机器** | | | | | | |
| 84351000 | -机器 | | | | | | |
| 8435100000 | 制酒、果汁等的压榨、轧碎机(包括制类似饮料用机器) | 10 | 30 | 17 | 17 | 台/千克 | A |
| 84359000 | -零件 | | | | | | |
| 8435900000 | 制酒、果汁等压榨、轧碎机零件 | 6 | 30 | 17 | 15 | 千克 | |
| **8436** | **农业、园艺、林业、家禽饲养业或养蜂业用的其他机器,包括装有机械或热力装置的催芽设备;家禽孵卵器及育雏器** | | | | | | |
| 84361000 | -动物饲料配制机 | | | | | | |
| 8436100000 | 动物饲料配制机 | 7 | 30 | 11 | 11 | 台/千克 | |
| 84362100 | --家禽孵卵器及育雏器 | | | | | | |
| 8436210000 | 家禽孵卵器及育雏器 | 5 | 30 | 11 | 11 | 台/千克 | |
| 84362900 | --其他 | | | | | | |
| 8436290000 | 家禽饲养用机器 | 10 | 30 | 11 | 11 | 台/千克 | |
| 84368000 | -其他机器 | | | | | | |
| 8436800001[暂3] | 青储饲料切割上料机 | 10 | 30 | 11 | 11 | 台/千克 | |
| 8436800002[暂5] | 自走式饲料搅拌投喂车 | 10 | 30 | 11 | 11 | 台/千克 | |
| 8436800090 | 农业、林业、园艺等用的其他机器(包括装有机械或热力装置的催芽设备) | 10 | 30 | 11 | 11 | 台/千克 | |
| 84369100 | --家禽饲养用机器的零件或家禽孵卵器及育雏器的零件 | | | | | | |
| 8436910000 | 家禽饲养机,孵卵器及育雏器零件 | 6 | 17 | 17 | 15 | 千克 | |
| 84369900 | --其他 | | | | | | |
| 8436990000 | 品目84.36所列其他机器的零件 | 6 | 17 | 17 | 15 | 千克 | |
| **8437** | **种子、谷物或干豆的清洁、分选或分级机器;谷物磨粉业加工机器或谷物、干豆加工机器,但农业用机器除外** | | | | | | |
| 84371010 | ---光学色差颗粒选别机(色选机) | | | | | | |
| 8437101000 | 光学色差颗粒选别机(色选机) | 10 | 30 | 11 | 11 | 台/千克 | |
| 84371090 | ---其他 | | | | | | |
| 8437109000 | 种子谷物其他清洁、清选、分级机(包括干豆的清洁、分选或分级机) | 10 | 30 | 11 | 11 | 台/千克 | |
| 84378000 | -其他机器 | | | | | | |
| 8437800000 | 谷物磨粉业加工机器(包括谷物、干豆加工机器,但农业用机器除外) | 10 | 30 | 17 | 11 | 台/千克 | A |
| 84379000 | -零件 | | | | | | |
| 8437900000 | 品目84.37所列机械的零件 | 6 | 30 | 17 | 15 | 千克 | |
| **8438** | **本章其他编号未列名的食品、饮料工业用的生产或加工机器,但提取、加工动物油脂或植物固定油脂的机器除外** | | | | | | |
| 84381000 | -糕点加工机器及生产通心粉、面条或类似产品的机器 | | | | | | |
| 8438100010 | 糕点生产线 | 7 | 30 | 17 | 17 | 台/千克 | A |
| 8438100090 | 通心粉、面条的生产加工机器(包括类似产品的加工机) | 7 | 30 | 17 | 17 | 台/千克 | A |
| 84382000 | -生产糖果、可可粉、巧克力的机器 | | | | | | |
| 8438200000 | 生产糖果、可可粉、巧克力的机器 | 8 | 30 | 17 | 17 | 台/千克 | A |
| 84383000 | -制糖机器 | | | | | | |
| 8438300000 | 制糖机器 | 10 | 30 | 17 | 17 | 台/千克 | A |
| 84384000 | -酿酒机器 | | | | | | |

| 商品编号 | 商品名称及备注 | 进口关税税率(%) | | 增值税率(%) | 出口退税率(%) | 计量单位 | 监管条件 |
|---|---|---|---|---|---|---|---|
| | | 最惠国 | 普通 | | | | |
| 8438400000 | 酿酒机器 | 7 | 30 | 17 | 17 | 台/千克 | A |
| 84385000 | -肉类或家禽加工机器 | | | | | | |
| 8438500000 | 肉类或家禽加工机器 | 7 | 30 | 17 | 17 | 台/千克 | A |
| 84386000 | -水果、坚果或蔬菜加工机器 | | | | | | |
| 8438600000 | 水果、坚果或蔬菜加工机器 | 10 | 30 | 17 | 17 | 台/千克 | A |
| 84388000 | -其他机器 | | | | | | |
| 8438800000 | 本章其他未列名食品等加工机器(包括饮料工业用加工机器,加工动、植物油脂的机器除外) | 8.5 | 30 | 17 | 17 | 台/千克 | A |
| 84389000 | -零件 | | | | | | |
| 8438900000 | 食品、饮料工业用机器的零件(品目84.38所列机械的) | 5 | 30 | 17 | 15 | 千克 | |
| **8439** | **纤维素纸浆、纸及纸板的制造或整理机器** | | | | | | |
| 84391000 | -制造纤维素纸浆的机器 | | | | | | |
| 8439100000 | 制造纤维素纸浆的机器 | 8.4 | 30 | 17 | 17 | 台/千克 | O |
| 84392000 | -纸或纸板的抄造机器 | | | | | | |
| 8439200000 | 纸或纸板的抄造机器 | 8.4 | 30 | 17 | 17 | 台/千克 | O |
| 84393000 | -纸或纸板的整理机器 | | | | | | |
| 8439300000 | 纸或纸板的整理机器 | 8.4 | 30 | 17 | 17 | 台/千克 | O |
| 84399100 | --制造纤维素纸浆的机器用 | | | | | | |
| 8439910000 | 制造纤维素纸浆的机器零件 | 6 | 30 | 17 | 17 | 千克 | |
| 84399900 | --其他 | | | | | | |
| 8439990000 | 制造或整理纸及纸板的机器零件 | 6 | 30 | 17 | 17 | 千克 | |
| **8440** | **书本装订机器,包括锁线订书机** | | | | | | |
| 84401010 | ---锁线装订机 | | | | | | |
| 8440101000 | 锁线订书机 | 10 | 35 | 17 | 17 | 台/千克 | |
| 84401020 | ---胶订机 | | | | | | |
| 8440102000 | 胶订机 | 12 | 35 | 17 | 17 | 台/千克 | |
| 84401090 | ---其他 | | | | | | |
| 8440109000 | 其他书本装订机 | 12 | 35 | 17 | 17 | 台/千克 | |
| 84409000 | -零件 | | | | | | |
| 8440900000 | 书本装订机器的零件(包括锁线订书机的零件) | 8 | 35 | 17 | 15 | 千克 | |
| **8441** | **其他制造纸浆制品、纸制品或纸板制品的机器,包括各种切纸机** | | | | | | |
| 84411000 | -切纸机 | | | | | | |
| 8441100000 | 切纸机 | 12 | 50 | 17 | 17 | 台/千克 | |
| 84412000 | -制造包、袋或信封的机器 | | | | | | |
| 8441200000 | 制造包、袋或信封的机器 | 12 | 30 | 17 | 17 | 台/千克 | |
| 84413010 | ---制造纸塑铝复合罐的生产设备 | | | | | | |
| 8441301000 | 纸塑铝复合罐生产设备(但模制成型机器除外) | 13.5 | 30 | 17 | 17 | 台/千克 | |
| 84413090 | ---其他 | | | | | | |
| 8441309000 | 其他制造箱、盒及类似容器的机器(但模制成型机器除外) | 13.5 | 30 | 17 | 17 | 台/千克 | |
| 84414000 | -纸浆、纸或纸板制品模制成型机器 | | | | | | |
| 8441400000 | 纸浆、纸或纸板制品模制成型机器 | 12 | 30 | 17 | 17 | 台/千克 | O |
| 84418010 | ---制造纸塑铝软包装的生产设备 | | | | | | |
| 8441801000 | 制造纸塑铝软包装生产设备 | 12 | 30 | 17 | 17 | 台/千克 | |
| 84418090 | ---其他 | | | | | | |
| 8441809000 | 其他制造纸浆制品、纸制品的机器(包括制造纸板制品的机器) | 12 | 30 | 17 | 17 | 台/千克 | O |
| 84419010 | ---切纸机用 | | | | | | |

| 商品编号 | 商品名称及备注 | 进口关税税率(%) | | 增值税率(%) | 出口退税率(%) | 计量单位 | 监管条件 |
|---|---|---|---|---|---|---|---|
| | | 最惠国 | 普通 | | | | |
| 8441901001[暂4] | 切纸机用弧形辊 | 8 | 50 | 17 | 17 | 千克 | |
| 8441901002[暂3] | 切纸机用横切刀单元 | 8 | 50 | 17 | 17 | 千克 | |
| 8441901090 | 其他切纸机零件 | 8 | 50 | 17 | 17 | 千克 | |
| 84419090 | ---其他 | | | | | | |
| 8441909000 | 其他制造纸浆、纸制品的机器零件 | 8.4 | 30 | 17 | 15 | 千克 | |
| **8442** | **制印刷版(片)、滚筒及其他印刷部件用的机器、器具及设备(品目84.56至84.65的机器除外);印刷用版(片)、滚筒及其他印刷部件;制成供印刷用(例如刨平、压纹或抛光)的板(片)、滚筒及石板** | | | | | | |
| 84423010 | ---铸字机 | | | | | | |
| 8442301000 | 铸字机 | 4.5/2.3* | 35 | 17 | 17 | 台/千克 | |
| 84423021 | ----计算机直接制版设备 | | | | | | |
| 8442302110[暂3] | 凹版式计算机直接制版设备(CTP) | 4.5/2.3* | 35 | 17 | 17 | 台/千克 | |
| 8442302190 | 除凹版式以外的其他计算机直接制版设备(CTP) | 4.5/2.3* | 35 | 17 | 17 | 台/千克 | |
| 84423029 | ----其他 | | | | | | |
| 8442302900 | 其他制版机器、器具及设备 | 4.5/2.3* | 35 | 17 | 17 | 台/千克 | |
| 84423090 | ---其他 | | | | | | |
| 8442309000 | 制作滚筒及其他印刷部件用机器、器具及设备(品目84.56至84.65所列机器除外) | 4.5/2.3* | 35 | 17 | 17 | 台/千克 | |
| 84424000 | -上述机器、器具及设备的零件 | | | | | | |
| 8442400010[暂1] | 计算机直接制版机器用零件 | 3.5/1.8* | 20 | 17 | 15 | 千克 | |
| 8442400090 | 其他铸字、排字、制版机器的零件 | 3.5/1.8* | 20 | 17 | 15 | 千克 | |
| 84425000 | -印刷用版、滚筒及其他印刷部件;制成供印刷用(例如,刨平、压纹或抛光)的板、滚筒及石板 | | | | | | |
| 8442500000 | 印刷用版、滚筒及其他印刷部件[包括制成供印刷用(如刨平、压纹或抛光)的板、滚筒及石板] | 3.5/1.8* | 35 | 17 | 15 | 千克 | |
| **8443** | **用品目84.42的印刷用版(片)、滚筒及其他印刷部件进行印刷的机器;其他印刷(打印)机、复印机及传真机,不论是否组合式;上述机器的零件及附件** | | | | | | |
| 84431100 | --卷取进料式胶印机 | | | | | | |
| 8443110000 | 卷取进料式胶印机(用品目84.42项下商品进行印刷的机器) | 10 | 35 | 17 | 17 | 台/千克 | |
| 84431200 | --办公室用片取进料式胶印机(以未折叠计,片尺寸≤22×36厘米) | | | | | | |
| 8443120000 | 办公室用片取进料式胶印机(片尺寸≤22×36厘米,用品目84.42项下商品进行印刷的机器) | 12 | 35 | 17 | 17 | 台/千克 | |
| 84431311 | ----单色机 | | | | | | |
| 8443131100 | 平张纸进料式单色胶印机(用品目84.42项下商品进行印刷的机器) | 10 | 35 | 17 | 17 | 台/千克 | |
| 84431312 | ----双色机 | | | | | | |
| 8443131200 | 平张纸进料式双色胶印机(用品目84.42项下商品进行印刷的机器) | 10 | 35 | 17 | 17 | 台/千克 | |
| 84431313 | ----四色机 | | | | | | |
| 8443131301[暂7] | 四色平张纸胶印机(对开单张单面印刷速度≥17000张/小时) | 10 | 35 | 17 | 17 | 台/千克 | |
| 8443131302[暂7] | 四色平张纸胶印机(对开单张双面印刷速度≥13000张/小时) | 10 | 35 | 17 | 17 | 台/千克 | |
| 8443131303[暂7] | 四色平张纸胶印机(全张或超全张单张单面印刷速度≥13000张/小时) | 10 | 35 | 17 | 17 | 台/千克 | |
| 8443131390 | 其他四色平张纸胶印机(用品目84.42项下商品进行印刷的机器) | 10 | 35 | 17 | 17 | 台/千克 | |
| 84431319 | ----其他 | | | | | | |
| 8443131901[暂7] | 五色及以上平张纸胶印机(对开单张单面印刷速度≥17000张/小时) | 10 | 35 | 17 | 17 | 台/千克 | |
| 8443131902[暂7] | 五色及以上平张纸胶印机(对开单张双面印刷速度≥13000张/小时) | 10 | 35 | 17 | 17 | 台/千克 | |
| 8443131903[暂7] | 五色及以上平张纸胶印机(全张或超全张单张单面印刷速度≥13000张/小时) | 10 | 35 | 17 | 17 | 台/千克 | |

* 最惠国税率中,"/"左边的税率截止日期为2018年6月30日,"/"右边的税率有效日期为2018年7月1日~2999年12月31日。

| 商品编号 | 商品名称及备注 | 进口关税税率（%） 最惠国 | 进口关税税率（%） 普通 | 增值税率（%） | 出口退税率（%） | 计量单位 | 监管条件 |
|---|---|---|---|---|---|---|---|
| 8443131990 | 其他平张纸进料式胶印机(用品目84.42项下商品进行印刷的机器) | 10 | 35 | 17 | 17 | 台/千克 | |
| 84431390 | ---其他 | | | | | | |
| 8443139000 | 其他胶印机(用品目84.42项下商品进行印刷的机器) | 10 | 35 | 17 | 17 | 台/千克 | |
| 84431400 | --卷取进料式凸版印刷机,但不包括苯胺印刷机 | | | | | | |
| 8443140000 | 卷取进料式凸版印刷机,但不包括苯胺印刷机(用品目84.42项下商品进行印刷的机器) | 12 | 35 | 17 | 17 | 台/千克 | |
| 84431500 | --除卷取进料式以外的凸版印刷机,但不包括苯胺印刷机 | | | | | | |
| 8443150000 | 除卷取进料式以外的凸版印刷机,但不包括苯胺印刷机(用品目84.42项下商品进行印刷的机器) | 12 | 35 | 17 | 17 | 台/千克 | |
| 84431600 | --苯胺印刷机 | | | | | | |
| 8443160001[暂3] | 苯胺印刷机,线速度≥350米/分钟,幅宽度≥800毫米(柔性版印刷机,用品目84.42项下商品进行印刷的机器) | 10 | 35 | 17 | 17 | 台/千克 | |
| 8443160002[暂5] | 机组式柔性版印刷机,线速度≥160米/分钟,250毫米≤幅宽度<800毫米(具有烫印或全息或丝网印刷功能单元的) | 10 | 35 | 17 | 17 | 台/千克 | |
| 8443160090 | 其他苯胺印刷机(柔性版印刷机,用品目84.42项下商品进行印刷的机器) | 10 | 35 | 17 | 17 | 台/千克 | |
| 84431700 | --凹版印刷机 | | | | | | |
| 8443170001[暂9] | 凹版印刷机,印刷速度≥350米/分钟(用品目84.42项下商品进行印刷的机器) | 18 | 35 | 17 | 17 | 台/千克 | |
| 8443170090 | 其他凹版印刷机(用品目84.42项下商品进行印刷的机器) | 18 | 35 | 17 | 17 | 台/千克 | |
| 84431921 | ----圆网印刷机 | | | | | | |
| 8443192101[暂6] | 纺织用圆网印花机 | 10 | 35 | 17 | 17 | 台/千克 | O |
| 8443192190 | 其他圆网印刷机(用品目84.42项下商品进行印刷的机器) | 10 | 35 | 17 | 17 | 台/千克 | O |
| 84431922 | ----平网印刷机 | | | | | | |
| 8443192201[暂6] | 纺织用平网印花机 | 10 | 35 | 17 | 17 | 台/千克 | O |
| 8443192210 | 用于光盘生产的盘面印刷机(用品目84.42项下商品进行印刷的机器) | 10 | 35 | 17 | 17 | 台/千克 | |
| 8443192290 | 其他平网印刷机(用品目84.42项下商品进行印刷的机器) | 10 | 35 | 17 | 17 | 台/千克 | O |
| 84431929 | ----其他 | | | | | | |
| 8443192900 | 其他网式印刷机(用品目84.42项下商品进行印刷的机器) | 10 | 35 | 17 | 17 | 台/千克 | O |
| 84431980 | ---其他 | | | | | | |
| 8443198000 | 未列名印刷机(网式印刷机除外,用品目84.42项下商品进行印刷的机器) | 8 | 35 | 17 | 17 | 台/千克 | O |
| 84433110 | ---静电感光式 | | | | | | |
| 8443311010[暂3] | 静电感光式多功能一体加密传真机(可与自动数据处理设备或网络连接) | 6.7/5* | 70 | 17 | 17 | 台/千克 | M |
| 8443311090[暂3] | 其他静电感光式多功能一体机(可与自动数据处理设备或网络连接) | 6.7/5* | 70 | 17 | 17 | 台/千克 | |
| 84433190 | ---其他 | | | | | | |
| 8443319010 | 其他具有打印和复印两种功能的机器(可与自动数据处理设备或网络连接) | 0 | 17 | 17 | 17 | 台/千克 | A |
| 8443319020 | 其他多功能一体加密传真机(兼有打印、复印中一种及以上功能的机器) | 0 | 17 | 17 | 17 | 台/千克 | AM |
| 8443319090 | 其他具有打印、复印或传真中两种及以上功能的机器(具有打印和复印两种功能的机器除外,可与自动数据处理设备或网络连接) | 0 | 17 | 17 | 17 | 台/千克 | A |
| 84433211 | ----针式打印机 | | | | | | |
| 8443321100 | 专用于品目84.71所列设备的针式打印机(可与自动数据处理设备或网络连接) | 0 | 14 | 17 | 17 | 台/千克 | A |
| 84433212 | ----激光打印机 | | | | | | |
| 8443321200 | 专用于品目84.71所列设备的激光打印机(可与自动数据处理设备或网络连接) | 0 | 14 | 17 | 17 | 台/千克 | A |
| 84433213 | ----喷墨打印机 | | | | | | |
| 8443321300 | 专用于品目84.71所列设备的喷墨打印机(可与自动数据处理设备或网络连接) | 0 | 14 | 17 | 17 | 台/千克 | A |
| 84433214 | ----热敏打印机 | | | | | | |
| 8443321400 | 专用于品目84.71所列设备的热敏打印机(可与自动数据处理设备或网络连接) | 0 | 14 | 17 | 17 | 台/千克 | A |

* 最惠国税率中,“/”左边的税率截止日期为2018年6月30日,“/”右边的税率有效日期为2018年7月1日~2999年12月31日。

| 商品编号 | 商品名称及备注 | 进口关税税率(%) | | 增值税率(%) | 出口退税率(%) | 计量单位 | 监管条件 |
|---|---|---|---|---|---|---|---|
| | | 最惠国 | 普通 | | | | |
| 84433219 | ----其他 | | | | | | |
| 8443321900 | 专用于品目84.71所列设备的其他打印机(可与自动数据处理设备或网络连接) | 0 | 14 | 17 | 17 | 台/千克 | A |
| 84433221 | ----喷墨印刷机 | | | | | | |
| 8443322100[暂5] | 数字式喷墨印刷机(可与自动数据处理设备或网络连接) | 5.3/4* | 30 | 17 | 17 | 台/千克 | |
| 84433222 | ----静电照相印刷机(激光印刷机) | | | | | | |
| 8443322200[暂5] | 数字式静电照相印刷机(激光印刷机)(可与自动数据处理设备或网络连接) | 5.3/4* | 35 | 17 | 17 | 台/千克 | |
| 84433229 | ----其他 | | | | | | |
| 8443322900 | 其他数字式印刷设备(可与自动数据处理设备或网络连接) | 5.3/4* | 30 | 17 | 17 | 台/千克 | |
| 84433290 | ---其他 | | | | | | |
| 8443329010 | 其他加密传真机(可与自动数据处理设备或网络连接) | 0 | 17 | 17 | 17 | 台/千克 | AM |
| 8443329090 | 其他印刷(打印)机、复印机、传真机和电传打字机(可与自动数据处理设备或网络连接) | 0 | 17 | 17 | 17 | 台/千克 | A |
| 84433911 | ----将原件直接复印的(直接法) | | | | | | |
| 8443391100 | 将原件直接复印(直接法)的静电感光复印设备(不可与自动数据处理设备或网络连接) | 0 | 70 | 17 | 17 | 台/千克 | |
| 84433912 | ----将原件通过中间体转印的(间接法) | | | | | | |
| 8443391200 | 将原件通过中间体转印(间接法)的静电感光复印设备(不可与自动数据处理设备或网络连接) | 7.5/6.3* | 70 | 17 | 17 | 台/千克 | |
| 84433921 | ----带有光学系统的 | | | | | | |
| 8443392100 | 带有光学系统的其他感光复印设备(不可与自动数据处理设备或网络连接) | 0 | 70 | 17 | 17 | 台/千克 | |
| 84433922 | ----接触式的 | | | | | | |
| 8443392200 | 接触式的其他感光复印设备(不可与自动数据处理设备或网络连接) | 16.5/13.8* | 70 | 17 | 17 | 台/千克 | |
| 84433923 | ----热敏复印设备 | | | | | | |
| 8443392300 | 热敏的其他感光复印设备(不可与自动数据处理设备或网络连接) | 16.5/13.8* | 70 | 17 | 17 | 台/千克 | |
| 84433924 | ----热升华复印设备 | | | | | | |
| 8443392400 | 热升华的其他感光复印设备(不可与自动数据处理设备或网络连接) | 16.5/13.8* | 70 | 17 | 17 | 台/千克 | |
| 84433931 | ----喷墨印刷机 | | | | | | |
| 8443393100 | 数字式喷墨印刷机(不可与自动数据处理设备或网络连接) | 6/5* | 30 | 17 | 17 | 台/千克 | |
| 84433932 | ----静电照相印刷机(激光印刷机) | | | | | | |
| 8443393200 | 数字式静电照相印刷机(激光印刷机)(不可与自动数据处理设备或网络连接) | 6/5* | 35 | 17 | 17 | 台/千克 | |
| 84433939 | ----其他 | | | | | | |
| 8443393900 | 其他数字式印刷设备(不可与自动数据处理设备或网络连接) | 6/5* | 30 | 17 | 17 | 台/千克 | |
| 84433990 | ---其他 | | | | | | |
| 8443399000 | 其他印刷(打印)机、复印机(不可与自动数据处理设备或网络连接) | 0 | 30 | 17 | 17 | 台/千克 | |
| 84439111 | ----卷筒料给料机 | | | | | | |
| 8443911110[暂4] | 卷筒料自动给料机,给料线速度≥12米/秒 | 8/6* | 35 | 17 | 17 | 千克/台 | 0 |
| 8443911190 | 其他卷筒料给料机 | 8/6* | 35 | 17 | 17 | 千克/台 | 0 |
| 84439119 | ----其他 | | | | | | |
| 8443911900[暂6] | 其他印刷用辅助机器(用品目84.42项下商品进行印刷的机器附件) | 8/6* | 35 | 17 | 17 | 千克/台 | 0 |
| 84439190 | ---其他 | | | | | | |
| 8443919010[暂1] | 胶印机用墨量遥控装置(包括墨色控制装置,墨量调节装置、墨斗体等组成部分) | 4/3* | 20 | 17 | 15 | 千克/个 | 0 |
| 8443919090[暂3] | 传统印刷机用零件及附件(胶印机用墨量遥控装置除外) | 4/3* | 20 | 17 | 15 | 千克/个 | |
| 84439910 | ---数字印刷设备用辅助机器 | | | | | | |
| 8443991000 | 数字印刷设备用辅助机器(非用品目84.42项下商品进行印刷的机器附件) | 8/6* | 35 | 17 | 15 | 千克/台 | 0 |
| 84439921 | ----热敏打印头 | | | | | | |
| 8443992100 | 热敏打印头 | 4/3* | 20 | 17 | 15 | 千克/个 | |

* 最惠国税率中,"/"左边的税率截止日期为2018年6月30日,"/"右边的税率有效日期为2018年7月1日~2999年12月31日。

| 商品编号 | 商品名称及备注 | 进口关税税率(%) | | 增值税率(%) | 出口退税率(%) | 计量单位 | 监管条件 |
|---|---|---|---|---|---|---|---|
| | | 最惠国 | 普通 | | | | |
| 84439929 | ----其他 | | | | | | |
| 8443992910[暂3] | 压电式喷墨头(非用品目84.42项下商品进行印刷的机器零件) | 4/3* | 20 | 17 | 15 | 千克 | |
| 8443992990 | 其他数字印刷设备的零件(非用品目84.42项下商品进行印刷的机器零件) | 4/3* | 20 | 17 | 15 | 千克 | |
| 84439990 | ---其他 | | | | | | |
| 8443999010 | 其他印刷(打印)机、复印机及传真机的感光鼓和含感光鼓的碳粉盒 | 0 | 35 | 17 | 15 | 千克 | |
| 8443999090 | 其他印刷(打印)机、复印机及传真机的零件和附件 | 0 | 35 | 17 | 15 | 千克 | |
| **8444** | **化学纺织纤维挤压、拉伸、变形或切割机器** | | | | | | |
| 84440010 | ---合成纤维长丝纺丝机 | | | | | | |
| 8444001000 | 合成纤维长丝纺丝机 | 10 | 30 | 17 | 17 | 台/千克 | |
| 84440020 | ---合成纤维短纤纺丝机 | | | | | | |
| 8444002000 | 合成纤维短丝纺丝机 | 10 | 30 | 17 | 17 | 台/千克 | |
| 84440030 | ---人造纤维纺丝机 | | | | | | |
| 8444003000 | 人造纤维纺丝机 | 10 | 30 | 17 | 17 | 台/千克 | |
| 84440040 | ---化学纤维变形机 | | | | | | |
| 8444004000 | 化学纤维变形机 | 10 | 30 | 17 | 17 | 台/千克 | |
| 84440050 | ---化学纤维切断机 | | | | | | |
| 8444005000 | 化学纤维切断机 | 10 | 30 | 17 | 17 | 台/千克 | |
| 84440090 | ---其他 | | | | | | |
| 8444009000 | 其他化学纤维挤压、拉伸、切割机器 | 10 | 30 | 17 | 17 | 台/千克 | |
| **8445** | **纺织纤维的预处理机器;纺纱机、并线机、加捻机及其他生产纺织纱线的机器;摇纱机、络纱机(包括卷纬机)及处理品目84.46或84.47所列机器用的纺织纱线的机器** | | | | | | |
| 84451111 | ----清梳联合机 | | | | | | |
| 8445111100 | 棉纤维型清梳联合机 | 10 | 30 | 17 | 17 | 台/千克 | A |
| 84451112 | ----自动抓棉机 | | | | | | |
| 8445111200 | 棉纤维型自动抓棉机 | 10 | 30 | 17 | 17 | 台/千克 | A |
| 84451113 | ----梳棉机 | | | | | | |
| 8445111300 | 棉纤维型梳棉机 | 10 | 30 | 17 | 17 | 台/千克 | A |
| 84451119 | ----其他 | | | | | | |
| 8445111900 | 其他棉纤维型梳理机 | 10 | 30 | 17 | 17 | 台/千克 | A |
| 84451120 | ---毛纤维型 | | | | | | |
| 8445112000 | 毛纤维型梳理机 | 10 | 30 | 17 | 17 | 台/千克 | A |
| 84451190 | ---其他 | | | | | | |
| 8445119001[暂6] | 宽幅非织造布梳理机(工作幅宽>3.5米,工作速度>120米/分钟) | 10 | 30 | 17 | 17 | 台/千克 | A |
| 8445119090 | 其他纺织纤维梳理机 | 10 | 30 | 17 | 17 | 台/千克 | A |
| 84451210 | ---棉精梳机 | | | | | | |
| 8445121000 | 棉精梳机 | 10 | 30 | 17 | 17 | 台/千克 | A |
| 84451220 | ---毛精梳机 | | | | | | |
| 8445122000 | 毛精梳机 | 10 | 30 | 17 | 17 | 台/千克 | A |
| 84451290 | ---其他 | | | | | | |
| 8445129000 | 其他纺织纤维精梳机 | 10 | 30 | 17 | 17 | 台/千克 | A |
| 84451310 | ---拉伸机 | | | | | | |
| 8445131000 | 纺织纤维拉伸机 | 10 | 30 | 17 | 17 | 台/千克 | A |
| 84451321 | ----棉纺粗纱机 | | | | | | |
| 8445132100 | 棉纺粗纱机 | 10 | 30 | 17 | 17 | 台/千克 | A |

* 最惠国税率中,"/"左边的税率截止日期为2018年6月30日,"/"右边的税率有效日期为2018年7月1日~2999年12月31日。

| 商品编号 | 商品名称及备注 | 进口关税税率(%) 最惠国 | 进口关税税率(%) 普通 | 增值税率(%) | 出口退税率(%) | 计量单位 | 监管条件 |
|---|---|---|---|---|---|---|---|
| 84451322 | ----毛纺粗纱机 | | | | | | |
| 8445132200 | 毛纺粗纱机 | 10 | 30 | 17 | 17 | 台/千克 | A |
| 84451329 | ----其他 | | | | | | |
| 8445132900 | 其他纺织纤维粗纱机 | 10 | 30 | 17 | 17 | 台/千克 | A |
| 84451900 | --其他 | | | | | | |
| 8445190000 | 纺织纤维的其他预处理机器 | 10 | 30 | 17 | 17 | 台/千克 | A |
| 84452031 | ----转杯纺纱机 | | | | | | |
| 8445203101[暂5] | 全自动转杯纺纱机 | 10 | 30 | 17 | 17 | 台/千克 | AO |
| 8445203190 | 其他自由端转杯纺纱机 | 10 | 30 | 17 | 17 | 台/千克 | AO |
| 84452032 | ----喷气纺纱机 | | | | | | |
| 8445203200 | 自由端喷气纺纱机 | 10 | 30 | 17 | 17 | 台/千克 | A |
| 84452039 | ----其他 | | | | | | |
| 8445203900 | 其他自由端纺纱机 | 10 | 30 | 17 | 17 | 台/千克 | A |
| 84452041 | ----棉细纱机 | | | | | | |
| 8445204100 | 环锭棉细纱机 | 10.5 | 40 | 17 | 17 | 台/千克 | AO |
| 84452042 | ----毛细纱机 | | | | | | |
| 8445204200 | 环锭毛细纱机 | 10 | 40 | 17 | 17 | 台/千克 | A |
| 84452049 | ----其他 | | | | | | |
| 8445204900 | 其他环锭细纱机 | 10 | 40 | 17 | 17 | 台/千克 | A |
| 84452090 | ---其他 | | | | | | |
| 8445209000 | 其他纺纱机 | 10 | 30 | 17 | 17 | 台/千克 | A |
| 84453000 | -并线机或加捻机 | | | | | | |
| 8445300000 | 并线机或加捻机 | 10 | 30 | 17 | 17 | 台/千克 | A |
| 84454010 | ---自动络筒机 | | | | | | |
| 8445401000 | 自动络筒机 | 10 | 30 | 17 | 17 | 台/千克 | AO |
| 84454090 | ---其他 | | | | | | |
| 8445409000 | 卷纬机及摇纱机、络纱机 | 10 | 30 | 17 | 17 | 台/千克 | A |
| 84459010 | ---整经机 | | | | | | |
| 8445901000 | 整经机 | 10 | 30 | 17 | 17 | 台/千克 | A |
| 84459020 | ---浆纱机 | | | | | | |
| 8445902000 | 浆纱机 | 10 | 30 | 17 | 17 | 台/千克 | A |
| 84459090 | ---其他 | | | | | | |
| 8445909000 | 其他生产及处理纺织纱线的机器(处理品目84.46或84.47所列机器用的纺织纱线的机器) | 10 | 30 | 17 | 17 | 台/千克 | AO |
| **8446** | **织机** | | | | | | |
| 84461000 | -所织织物宽度≤30厘米的织机 | | | | | | |
| 8446100000 | 所织织物宽度≤30厘米的织机 | 8 | 30 | 17 | 17 | 台/千克 | A |
| 84462110 | ---地毯织机 | | | | | | |
| 8446211000 | 织物宽>30厘米的梭织动力地毯织机 | 12 | 35 | 17 | 17 | 台/千克 | A |
| 84462190 | ---其他 | | | | | | |
| 8446219000 | 织物宽>30厘米的其他梭织动力织机 | 10 | 30 | 17 | 17 | 台/千克 | A |
| 84462900 | --其他 | | | | | | |
| 8446290000 | 织物宽>30厘米的梭织非动力织机 | 10 | 30 | 17 | 17 | 台/千克 | A |
| 84463020 | ---剑杆织机 | | | | | | |
| 8446302000 | 织物宽度>30厘米的剑杆织机 | 8 | 30 | 17 | 17 | 台/千克 | AO |
| 84463030 | ---片梭织机 | | | | | | |

| 商品编号 | 商品名称及备注 | 进口关税税率(%) | | 增值税率(%) | 出口退税率(%) | 计量单位 | 监管条件 |
|---|---|---|---|---|---|---|---|
| | | 最惠国 | 普通 | | | | |
| 8446303000 | 织物宽度>30 厘米的片梭织机 | 8 | 30 | 17 | 17 | 台/千克 | AO |
| 84463040 | ---喷水织机 | | | | | | |
| 8446304000 | 织物宽度>30 厘米的喷水织机 | 8 | 30 | 17 | 17 | 台/千克 | OA |
| 84463050 | ---喷气织机 | | | | | | |
| 8446305000[暂3] | 织物宽>30 厘米的喷气织机 | 8 | 30 | 17 | 17 | 台/千克 | AO |
| 84463090 | ---其他 | | | | | | |
| 8446309000 | 织物宽>30 厘米的其他无梭织机 | 8 | 30 | 17 | 17 | 台/千克 | A |
| **8447** | **针织机、缝编机及制粗松螺旋花线、网眼薄纱、花边、刺绣品、装饰带、编织带或网的机器及簇绒机** | | | | | | |
| 84471100 | --圆筒直径≤165 毫米 | | | | | | |
| 8447110000 | 圆筒直径≤165 毫米的圆型针织机 | 8 | 30 | 17 | 17 | 台/千克 | A |
| 84471200 | --圆筒直径>165 毫米 | | | | | | |
| 8447120000 | 圆筒直径>165 毫米的圆型针织机 | 8 | 30 | 17 | 17 | 台/千克 | A |
| 84472011 | ----特里科经编机 | | | | | | |
| 8447201100 | 特里科经编机 | 8 | 30 | 17 | 17 | 台/千克 | A |
| 84472012 | ----拉舍尔经编机 | | | | | | |
| 8447201200 | 拉舍尔经编机 | 8 | 30 | 17 | 17 | 台/千克 | A |
| 84472019 | ----其他 | | | | | | |
| 8447201900 | 其他经编机 | 8 | 30 | 17 | 17 | 台/千克 | A |
| 84472020 | ---平型纬编机 | | | | | | |
| 8447202000 | 平型纬编机 | 8 | 30 | 17 | 17 | 台/千克 | A |
| 84472030 | ---缝编机 | | | | | | |
| 8447203000 | 缝编机 | 8 | 30 | 17 | 17 | 台/千克 | A |
| 84479011 | ----地毯织机 | | | | | | |
| 8447901100 | 地毯织机 | 7 | 35 | 17 | 17 | 台/千克 | A |
| 84479019 | ----其他 | | | | | | |
| 8447901900 | 其他簇绒机(地毯织机除外) | 8 | 30 | 17 | 17 | 台/千克 | A |
| 84479020 | ---绣花机 | | | | | | |
| 8447902000 | 绣花机 | 8 | 30 | 17 | 17 | 台/千克 | A |
| 84479090 | ---其他 | | | | | | |
| 8447909000 | 品日 84.47 其他编号未列名机器(包括制粗松螺旋花线、网眼薄纱、编织带或网的机器) | 10 | 30 | 17 | 17 | 台/丁克 | A |
| **8448** | **品目 84.44、84.45、84.46 或 84.47 所列机器的辅助机器(例如,多臂机、提花机、自停装置及换梭装置);专用于或主要用于品目 84.44、84.45、84.46 或 84.47 所列机器的零件、附件(例如,锭子、锭壳、钢丝针布、梳、喷丝头、梭子、综丝、综框、针织机用针)** | | | | | | |
| 84481100 | --多臂机或提花机及其所用的卡片缩小、复制、穿孔或汇编机器 | | | | | | |
| 8448110001[暂3] | 多臂机或提花机(转速指标>500 转/分钟) | 8 | 20 | 17 | 17 | 千克 | |
| 8448110090 | 多臂机或提花机所用卡片缩小、复制、穿孔或汇编机器(包括其所用的卡片缩小、复制、穿孔或汇编机器) | 8 | 20 | 17 | 17 | 千克 | |
| 84481900 | --其他 | | | | | | |
| 8448190000 | 品日 84.44~84.47 的机器的辅助机器 | 8 | 20 | 17 | 17 | 千克 | |
| 84482020 | ---喷丝头或喷丝板 | | | | | | |
| 8448202000 | 喷丝头或喷丝板 | 6 | 14 | 17 | 17 | 个/千克 | |
| 84482090 | ---其他 | | | | | | |
| 8448209000 | 纤维挤压机及辅助机器的其他零件(包括附件,品目 84.44 的机器用) | 6 | 17 | 17 | 17 | 千克 | |
| 84483100 | --钢丝针布 | | | | | | |
| 8448310000 | 钢丝针布 | 6 | 17 | 17 | 17 | 千克 | |

| 商品编号 | 商品名称及备注 | 进口关税税率(%) | | 增值税率(%) | 出口退税率(%) | 计量单位 | 监管条件 |
|---|---|---|---|---|---|---|---|
| | | 最惠国 | 普通 | | | | |
| 84483200 | --纺织纤维预处理机器的零件、附件,但钢丝针布除外 | | | | | | |
| 8448320000 | 其他纺织纤维预处理机器的零件、附件(钢丝针布除外) | 6 | 17 | 17 | 17 | 千克 | |
| 84483310 | ---络筒锭 | | | | | | |
| 8448331000 | 络筒锭 | 6 | 17 | 17 | 17 | 个/千克 | |
| 84483390 | ---其他 | | | | | | |
| 8448339000 | 其他锭子、锭壳、纺丝环、钢丝圈 | 6 | 17 | 17 | 17 | 千克 | |
| 84483910 | ---气流杯 | | | | | | |
| 8448391000 | 气流杯 | 6 | 14 | 17 | 17 | 个/千克 | |
| 84483920 | ---电子清纱器 | | | | | | |
| 8448392000[暂3] | 电子清纱器 | 6 | 17 | 17 | 17 | 个/千克 | |
| 84483930 | ---空气捻接器 | | | | | | |
| 8448393000[暂3] | 空气捻接器 | 6 | 17 | 17 | 17 | 个/千克 | |
| 84483940 | ---环定细纱机紧密纺装置 | | | | | | |
| 8448394000 | 环锭细纱机紧密纺装置 | 6 | 17 | 17 | 17 | 个/千克 | |
| 84483990 | ---其他 | | | | | | |
| 8448399000[暂3] | 品目84.45所机器的其他零、附件(指纺织纱线机器及预处理机的零件、附件) | 6 | 17 | 17 | 17 | 千克 | |
| 84484200 | --织机用筘、综丝及综框 | | | | | | |
| 8448420000 | 织机用筘、综丝、综框 | 6 | 50 | 17 | 17 | 千克 | |
| 84484910 | ---接、投梭箱 | | | | | | |
| 8448491000 | 接、投梭箱 | 6 | 17 | 17 | 17 | 个/千克 | |
| 84484920 | ---引纬、送经装置 | | | | | | |
| 8448492000[暂3] | 引纬、送经装置 | 6 | 17 | 17 | 17 | 个/千克 | |
| 84484930 | ---梭子 | | | | | | |
| 8448493000 | 梭子 | 6 | 50 | 17 | 17 | 个/千克 | |
| 84484990 | ---其他 | | | | | | |
| 8448499000[暂3] | 织机及其辅助机器用其他零、附件 | 6 | 17 | 17 | 17 | 千克 | |
| 84485120 | ---针织机用28号以下的弹簧针、钩针及复合针 | | | | | | |
| 8448512000 | 针织机用28号以下的弹簧针、钩针(包括复合针) | 6 | 50 | 17 | 17 | 千克 | |
| 84485190 | ---其他 | | | | | | |
| 8448519000 | 沉降片、其他织针及成圈机件 | 6 | 17 | 17 | 17 | 千克 | |
| 84485900 | --其他 | | | | | | |
| 8448590000[暂3] | 品目84.47机器用的其他零件、附件(指针织等机器及其辅助机器的零件、附件) | 6 | 17 | 17 | 17 | 千克 | |
| **8449** | **成匹、成形的毡呢或无纺织物制造或整理机器,包括制毡呢帽机器;帽模** | | | | | | |
| 84490010 | ---针刺机 | | | | | | |
| 8449001001[暂6] | 高速针刺机,针刺频率>2000次/分钟 | 8 | 30 | 17 | 17 | 台/千克 | |
| 8449001090 | 其他针刺机 | 8 | 30 | 17 | 17 | 台/千克 | |
| 84490020 | ---水刺设备 | | | | | | |
| 8449002001[暂6] | 高速宽幅水刺设备(工作幅宽>3.5米,工作速度>250米/分钟,水刺压力≥400帕) | 8 | 30 | 17 | 17 | 台/千克 | |
| 8449002090 | 其他水刺设备 | 8 | 30 | 17 | 17 | 台/千克 | |
| 84490090 | ---其他 | | | | | | |
| 8449009000 | 其他成匹、成形的毡呢制造或整理机器(包括无纺织物制造或整理机,制毡呢帽机,帽模) | 8 | 30 | 17 | 17 | 千克 | |
| **8450** | **家用型或洗衣房用洗衣机,包括洗涤干燥两用机** | | | | | | |
| 84501110 | ---波轮式 | | | | | | |
| 8450111000 | 干衣量≤10千克全自动波轮式洗衣机 | 10 | 130 | 17 | 17 | 台 | A |
| 84501120 | ---滚筒式 | | | | | | |

| 商品编号 | 商品名称及备注 | 进口关税税率(%) | | 增值税率(%) | 出口退税率(%) | 计量单位 | 监管条件 |
|---|---|---|---|---|---|---|---|
| | | 最惠国 | 普通 | | | | |
| 8450112000 | 干衣量≤10千克全自动滚筒式洗衣机 | 10 | 130 | 17 | 17 | 台 | A |
| 84501190 | ---其他 | | | | | | |
| 8450119000 | 其他干衣量≤10千克的全自动洗衣机 | 10 | 130 | 17 | 17 | 台 | A |
| 84501200 | --其他机器,装有离心甩干机 | | | | | | |
| 8450120000[暂15] | 装有离心甩干机的非全自动洗衣机(干衣量≤10千克) | 30 | 130 | 17 | 17 | 台 | A |
| 84501900 | --其他 | | | | | | |
| 8450190000[暂15] | 干衣量≤10千克的其他洗衣机 | 30 | 130 | 17 | 17 | 台 | A |
| 84502011 | ----波轮式 | | | | | | |
| 8450201100 | 全自动的波轮式洗衣机(干衣量>10千克) | 10 | 80 | 17 | 17 | 台 | |
| 84502012 | ----滚筒式 | | | | | | |
| 8450201200 | 全自动的滚筒式洗衣机(干衣量>10千克) | 10 | 80 | 17 | 17 | 台 | |
| 84502019 | ----其他 | | | | | | |
| 8450201900 | 其他全自动的洗衣机(干衣量>10千克) | 10 | 80 | 17 | 17 | 台 | |
| 84502090 | ---其他 | | | | | | |
| 8450209000 | 其他洗衣机(干衣量>10千克) | 10 | 80 | 17 | 17 | 台 | |
| 84509010 | ---干衣量≤10千克的洗衣机用 | | | | | | |
| 8450901000 | 其他干衣量≤10千克的洗衣机零件 | 5 | 130 | 17 | 17 | 千克 | |
| 84509090 | ---其他 | | | | | | |
| 8450909000[暂5] | 干衣量>10千克的洗衣机零件 | 16 | 80 | 17 | 17 | 千克 | |
| **8451** | **纱线、织物及纺织制品的洗涤、清洁、绞拧、干燥、熨烫、挤压(包括熔压)、漂白、染色、上浆、整理、涂布或浸渍机器(品目84.50的机器除外);列诺伦(亚麻油地毡)及类似铺地制品的布基或其他底布的浆料涂布机器;纺织物的卷绕、退绕、折叠、剪切或剪齿边机器** | | | | | | |
| 84511000 | -干洗机 | | | | | | |
| 8451100000 | 干洗机 | 21 | 80 | 17 | 17 | 台 | |
| 84512100 | --干衣量≤10千克 | | | | | | |
| 8451210000 | 干衣量≤10千克的干燥机 | 15 | 80 | 17 | 17 | 台 | |
| 84512900 | --其他 | | | | | | |
| 8451290000 | 干衣量>10千克的其他干燥机 | 8 | 30 | 17 | 17 | 台 | |
| 84513000 | -熨烫机及挤压机(包括熔压机) | | | | | | |
| 8451300000 | 熨烫机及挤压机(包括熔压机) | 8 | 30 | 17 | 17 | 台 | |
| 84514000 | -洗涤、漂白或染色机器 | | | | | | |
| 8451400000 | 其他洗涤,漂白或染色机器 | 8.4 | 20 | 17 | 17 | 台 | |
| 84515000 | -纺织物的卷绕、退绕、折叠、剪切或剪齿边机器 | | | | | | |
| 8451500000 | 织物的卷绕,退绕,折叠,剪切机器(包括剪齿边机) | 8 | 20 | 17 | 17 | 台 | |
| 84518000 | -其他机器 | | | | | | |
| 8451800001[暂10] | 服装定型焙烘炉、服装液氨整理机、预缩机、罐蒸机 | 12 | 30 | 17 | 17 | 台 | |
| 8451800002[暂10] | 剪绒、洗缩联合机,剪毛联合机,柔软整理机 | 12 | 30 | 17 | 17 | 台 | |
| 8451800003[暂10] | 定型机、精炼机、丝光机、磨毛机 | 12 | 30 | 17 | 17 | 台 | |
| 8451800004[暂8] | 涂层机 | 12 | 30 | 17 | 17 | 台 | |
| 8451800090 | 品目84.51未列名的其他机器 | 12 | 30 | 17 | 17 | 台 | |
| 84519000 | -零件 | | | | | | |
| 8451900000 | 品目84.51所列机器的零件 | 8 | 20 | 17 | 15 | 千克 | |
| **8452** | **缝纫机,但品目84.40的锁线订书机除外;缝纫机专用的特制家具、底座及罩盖;缝纫机针** | | | | | | |
| 84521010 | ---多功能家用缝纫机 | | | | | | |
| 8452101000 | 多功能家用型缝纫机 | 21 | 80 | 17 | 17 | 台 | |

| 商品编号 | 商 品 名 称 及 备 注 | 进口关税税率(%) 最惠国 | 进口关税税率(%) 普通 | 增值税率(%) | 出口退税率(%) | 计量单位 | 监管条件 |
|---|---|---|---|---|---|---|---|
| 84521091 | ----手动式 | | | | | | |
| 8452109100 | 其他家用型手动式缝纫机 | 21 | 80 | 17 | 17 | 台 | |
| 84521099 | ----其他 | | | | | | |
| 8452109900 | 其他家用型缝纫机 | 21 | 80 | 17 | 17 | 台 | |
| 84522110 | ---平缝机 | | | | | | |
| 8452211000 | 非家用自动平缝机 | 12 | 40 | 17 | 17 | 台 | |
| 84522120 | ---包缝机 | | | | | | |
| 8452212000 | 非家用自动包缝机 | 12 | 40 | 17 | 17 | 台 | |
| 84522130 | ---绷缝机 | | | | | | |
| 8452213000 | 非家用自动绷缝机 | 12 | 40 | 17 | 17 | 台 | |
| 84522190 | ---其他 | | | | | | |
| 8452219000 | 其他非家用自动缝纫机 | 12 | 40 | 17 | 17 | 台 | |
| 84522900 | --其他 | | | | | | |
| 8452290000 | 其他非自动缝纫机(家用型除外) | 12 | 40 | 17 | 17 | 台 | |
| 84523000 | -缝纫机针 | | | | | | |
| 8452300000 | 缝纫机针 | 14 | 100 | 17 | 15 | 千克 | |
| 84529011 | ----旋梭 | | | | | | |
| 8452901100 | 家用缝纫机用旋梭 | 14 | 80 | 17 | 15 | 千克 | |
| 84529019 | ----其他 | | | | | | |
| 8452901900 | 家用缝纫机用其他零件(旋梭除外) | 14 | 80 | 17 | 15 | 千克 | |
| 84529091 | ----旋梭 | | | | | | |
| 8452909100 | 非家用缝纫机用旋梭 | 14 | 80 | 17 | 15 | 千克 | |
| 84529092 | ----缝纫机专用的特制家 具、底座和罩盖及其零件 | | | | | | |
| 8452909200 | 非家用缝纫机用特制家具、底座和罩盖及其零件 | 14 | 100 | 17 | 15 | 千克 | |
| 84529099 | ----其他 | | | | | | |
| 8452909900 | 非家用缝纫机用其他零件(旋梭除外) | 14 | 80 | 17 | 15 | 千克 | |
| **8453** | **生皮、皮革的处理、鞣制或加工机器,鞋靴、毛皮及其他皮革制品的制作或修理机器,但缝纫机除外** | | | | | | |
| 84531000 | -生皮、皮革的处理、鞣制或加工机器 | | | | | | |
| 8453100000 | 生皮,皮革的处理或加工机器(包括鞣制机) | 8.4 | 30 | 17 | 17 | 台 | |
| 84532000 | -鞋靴制作或修理机器 | | | | | | |
| 8453200000 | 鞋靴制作或修理机器(缝纫机除外) | 8.4 | 30 | 17 | 17 | 台 | |
| 84538000 | -其他机器 | | | | | | |
| 8453800000 | 毛皮及其他皮革的制作或修理机器(缝纫机除外) | 8.4 | 30 | 17 | 17 | 台 | |
| 84539000 | -零件 | | | | | | |
| 8453900000 | 品目84.53所列机器的零件(皮革等处理,加工或修理机器的) | 8 | 30 | 17 | 15 | 千克 | |
| **8454** | **金属冶炼及铸造用的转炉、浇包、锭模及铸造机** | | | | | | |
| 84541000 | -转炉 | | | | | | |
| 8454100000 | 金属冶炼及铸造用转炉 | 8.4 | 35 | 17 | 17 | 台 | |
| 84542010 | ---炉外精炼设备 | | | | | | |
| 8454201010 | VOD炉(真空脱气炉) | 8.4 | 35 | 17 | 17 | 台 | O |
| 8454201090 | 其他炉外精炼设备 | 8.4 | 35 | 17 | 17 | 台 | O |
| 84542090 | ---其他 | | | | | | |
| 8454209000 | 其他金属冶炼及铸造用锭模及浇包 | 8.4 | 35 | 17 | 17 | 台 | |
| 84543010 | ---冷室压铸机 | | | | | | |
| 8454301000 | 冷室压铸机 | 12 | 35 | 17 | 17 | 台 | O |

| 商品编号 | 商 品 名 称 及 备 注 | 进口关税税率(%) 最惠国 | 普通 | 增值税率(%) | 出口退税率(%) | 计量单位 | 监管条件 |
|---|---|---|---|---|---|---|---|
| 84543021 | ----方坯连铸机 | | | | | | |
| 8454302100 | 方坯连铸机 | 10 | 35 | 17 | 17 | 台 | |
| 84543022 | ----板坯连铸机 | | | | | | |
| 8454302200 | 板坯连铸机 | 12 | 35 | 17 | 17 | 台 | 0 |
| 84543029 | ----其他 | | | | | | |
| 8454302900 | 其他钢坯连铸机 | 12 | 35 | 17 | 17 | 台 | 0 |
| 84543090 | ---其他 | | | | | | |
| 8454309000 | 其他金属冶炼及铸造用铸造机 | 12 | 35 | 17 | 17 | 台 | |
| 84549010 | ---炉外精炼设备用 | | | | | | |
| 8454901000 | 炉外精炼设备的零件 | 8 | 20 | 17 | 17 | 千克 | |
| 84549021 | ----结晶器 | | | | | | |
| 8454902100 | 钢坯连铸机用结晶器 | 8 | 20 | 17 | 17 | 千克 | |
| 84549022 | ----振动装置 | | | | | | |
| 8454902200 | 钢坯连铸机用振动装置 | 8 | 20 | 17 | 17 | 千克 | |
| 84549029 | ----其他 | | | | | | |
| 8454902900 | 钢坯连铸机用其他零件 | 8 | 20 | 17 | 17 | 千克 | |
| 84549090 | ---其他 | | | | | | |
| 8454909000 | 其他冶炼等用转炉及铸造机的零件(包括浇包、锭模的零件) | 8 | 20 | 17 | 17 | 千克 | |
| **8455** | **金属轧机及其轧辊** | | | | | | |
| 84551010 | ---热轧管机 | | | | | | |
| 8455101000 | 热轧管机 | 12 | 35 | 17 | 17 | 台 | |
| 84551020 | ---冷轧管机 | | | | | | |
| 8455102000 | 冷轧管机 | 12 | 35 | 17 | 17 | 台 | 0 |
| 84551030 | ---定减径轧管机 | | | | | | |
| 8455103000 | 定、减径轧管机 | 12 | 35 | 17 | 17 | 台 | 0 |
| 84551090 | ---其他 | | | | | | |
| 8455109000 | 其他金属轧管机 | 12 | 35 | 17 | 17 | 台 | 0 |
| 84552110 | ---板材热轧机 | | | | | | |
| 8455211000 | 其他金属板材热轧机 | 15 | 35 | 17 | 17 | 台 | 0 |
| 84552120 | 型钢轧机 | | | | | | |
| 8455212000 | 型钢轧机 | 15 | 35 | 17 | 17 | 台 | 0 |
| 84552130 | ---线材轧机 | | | | | | |
| 8455213000 | 金属线材轧机 | 15 | 35 | 17 | 17 | 台 | 0 |
| 84552190 | ---其他 | | | | | | |
| 8455219000 | 其他金属热轧或冷热联合轧机 | 15 | 35 | 17 | 17 | 台 | 0 |
| 84552210 | ---板材冷轧机 | | | | | | |
| 8455221000 | 金属板材冷轧机 | 10 | 35 | 17 | 17 | 台 | 0 |
| 84552290 | ---其他 | | | | | | |
| 8455229010 | 铝箔粗轧机 | 15 | 35 | 17 | 17 | 台 | |
| 8455229090 | 其他金属冷轧机 | 15 | 35 | 17 | 17 | 台 | |
| 84553000 | -轧机用轧辊 | | | | | | |
| 8455300000 | 金属轧机用轧辊 | 8.4 | 20 | 17 | 17 | 个 | |
| 84559000 | -其他零件 | | | | | | |
| 8455900000 | 金属轧机的其他零件 | 8 | 20 | 17 | 17 | 千克 | |
| **8456** | **用激光、其他光、光子束、超声波、放电、电化学法、电子束、离子束或等离子弧处理各种材料的加工机床;水射流切割机** | | | | | | |

| 商品编号 | 商品名称及备注 | 进口关税税率(%) | | 增值税率(%) | 出口退税率(%) | 计量单位 | 监管条件 |
|---|---|---|---|---|---|---|---|
| | | 最惠国 | 普通 | | | | |
| 84561100 | --用激光处理的 | | | | | | |
| 8456110010 | 辐照元件激光切割机(切割燃料包壳以使辐照核材料能溶解,含遥控设备) | 0 | 30 | 17 | 17 | 台/千克 | 3A |
| 8456110090 | 其他用激光处理的机床 | 0 | 30 | 17 | 17 | 台/千克 | A |
| 84561200 | --用其他光或光子束处理的 | | | | | | |
| 8456120000 | 用其他光或光子束处理的机床 | 0 | 30 | 17 | 17 | 台/千克 | A |
| 84562000 | -用超声波处理的 | | | | | | |
| 8456200000 | 用超声波处理各种材料的加工机床 | 10 | 30 | 17 | 17 | 台 | A |
| 84563010 | ---数控的 | | | | | | |
| 8456301010 | 数控放电加工机床(两轴或多轴成形控制的无线型放电加工机床) | 9.7 | 30 | 17 | 17 | 台 | 3AO |
| 8456301090 | 其他数控的放电处理加工机床 | 9.7 | 30 | 17 | 17 | 台 | AO |
| 84563090 | ---其他 | | | | | | |
| 8456309010 | 非数控放电加工机床(两轴或多轴成形控制的无线型放电加工机床) | 10 | 30 | 17 | 17 | 台 | 3A |
| 8456309090 | 其他非数控的放电处理加工机床 | 10 | 30 | 17 | 17 | 台 | A |
| 84564010 | ---等离子切割机 | | | | | | |
| 8456401000 | 等离子切割机 | 0 | 30 | 17 | 17 | 台/千克 | A |
| 84564090 | ---其他 | | | | | | |
| 8456409000 | 其他用等离子弧处理的机床 | 0 | 30 | 17 | 17 | 台/千克 | A |
| 84565000 | -水射流切割机 | | | | | | |
| 8456500000 | 水射流切割机 | 0 | 30 | 17 | 17 | 台/千克 | A |
| 84569000 | -其他 | | | | | | |
| 8456900000 | 其他方法处理材料的加工机床(包括电化学法、电子束、离子束等的加工机床) | 0 | 30 | 17 | 17 | 台/千克 | A |
| **8457** | **加工金属的加工中心、单工位组合机床及多工位组合机床** | | | | | | |
| 84571010 | ---立式 | | | | | | |
| 8457101000 | 立式加工金属的加工中心 | 9.7 | 20 | 17 | 17 | 台 | AO |
| 84571020 | ---卧式 | | | | | | |
| 8457102000 | 卧式加工金属的加工中心 | 9.7 | 20 | 17 | 17 | 台 | AO |
| 84571030 | ---龙门式 | | | | | | |
| 8457103000 | 龙门式加工金属的加工中心 | 9.7 | 20 | 17 | 17 | 台 | AO |
| 84571091 | ----铣车复合 | | | | | | |
| 8457109100 | 铣车复合加工中心 | 9.7 | 20 | 17 | 17 | 台 | AO |
| 84571099 | ----其他 | | | | | | |
| 8457109900 | 其他加工金属的加工中心 | 9.7 | 20 | 17 | 17 | 台 | AO |
| 84572000 | -单工位组合机床 | | | | | | |
| 8457200000 | 加工金属的单工位组合机床 | 8 | 20 | 17 | 17 | 台 | OA |
| 84573000 | -多工位组合机床 | | | | | | |
| 8457300000 | 加工金属的多工位组合机床 | 5 | 20 | 17 | 17 | 台 | AO |
| **8458** | **切削金属的车床(包括车削中心)** | | | | | | |
| 84581100 | --数控的 | | | | | | |
| 8458110010 | 两用物项管制的切削金属的卧式数控车床(包括车削中心) | 9.7 | 20 | 17 | 17 | 台 | 3O |
| 8458110090 | 其他切削金属的卧式数控车床(包括车削中心) | 9.7 | 20 | 17 | 17 | 台 | AO |
| 84581900 | --其他 | | | | | | |
| 8458190000 | 切削金属的其他卧式车床 | 12 | 50 | 17 | 17 | 台 | A |
| 84589110 | ---立式 | | | | | | |
| 8458911010 | 两用物项管制的切削金属立式数控车床(包括车削中心) | 5 | 20 | 17 | 17 | 台/千克 | 3O |
| 8458911090 | 其他切削金属的立式数控车床(包括车削中心) | 5 | 20 | 17 | 17 | 台/千克 | AO |
| 84589120 | ---其他 | | | | | | |

| 商品编号 | 商 品 名 称 及 备 注 | 进口关税税率(%) | | 增值税率(%) | 出口退税率(%) | 计量单位 | 监管条件 |
|---|---|---|---|---|---|---|---|
| | | 最惠国 | 普通 | | | | |
| 8458912010 | 其他两用物项管制的切削金属数控车床(包括车削中心) | 5 | 20 | 17 | 17 | 台/千克 | 30 |
| 8458912090 | 其他切削金属的数控车床(包括车削中心) | 5 | 20 | 17 | 17 | 台/千克 | AO |
| 84589900 | --其他 | | | | | | |
| 8458990000 | 切削金属的其他车床 | 12 | 50 | 17 | 17 | 台 | A |
| **8459** | **切削金属的钻床、镗床、铣床、攻丝机床(包括直线移动式动力头机床),但品目84.58的车床(包括车削中心)除外** | | | | | | |
| 84591000 | -直线移动式动力头机床 | | | | | | |
| 8459100000 | 切削金属的直线移动式动力头钻床(但品目84.58的车床除外) | 15 | 50 | 17 | 17 | 台 | A |
| 84592100 | --数控的 | | | | | | |
| 8459210000 | 切削金属的其他数控钻床(但品目84.58的车床除外) | 9.7 | 20 | 17 | 17 | 台 | AO |
| 84592900 | --其他 | | | | | | |
| 8459290000 | 切削金属的其他钻床(但品目84.58的车床除外) | 15 | 50 | 17 | 17 | 台 | A |
| 84593100 | --数控的 | | | | | | |
| 8459310000 | 切削金属的其他数控镗铣机床(但品目84.58的车床除外) | 9.7 | 20 | 17 | 17 | 台 | OA |
| 84593900 | --其他 | | | | | | |
| 8459390000 | 切削金属的其他镗铣机床(但品目84.58的车床除外) | 10 | 50 | 17 | 17 | 台 | A |
| 84594100 | --数控的 | | | | | | |
| 8459410000 | 切削金属的其他数控镗床(但品目84.58的车床除外) | 9.7 | 20 | 17 | 17 | 台/千克 | OA |
| 84594900 | --其他 | | | | | | |
| 8459490000 | 切削金属的其他镗床(但品目84.58的车床除外) | 15 | 50 | 17 | 17 | 台/千克 | A |
| 84595100 | --数控的 | | | | | | |
| 8459510000 | 切削金属的升降台式数控铣床(但品目84.58的车床除外) | 9.7 | 20 | 17 | 17 | 台 | OA |
| 84595900 | --其他 | | | | | | |
| 8459590000 | 切削金属的其他升降台式铣床(但品目84.58的车床除外) | 15 | 50 | 17 | 17 | 台 | A |
| 84596110 | ---龙门铣床 | | | | | | |
| 8459611000 | 切削金属的其他龙门数控铣床 | 5 | 20 | 17 | 17 | 台 | OA |
| 84596190 | ---其他 | | | | | | |
| 8459619000 | 切削金属的其他数控铣床(但品目84.58的车床及龙门铣床除外) | 5 | 20 | 17 | 17 | 台 | OA |
| 84596910 | ---龙门铣床 | | | | | | |
| 8459691000 | 切削金属的其他龙门非数控铣床(但品目84.58的车床除外) | 12 | 50 | 17 | 17 | 台 | A |
| 84596990 | ---其他 | | | | | | |
| 8459699000 | 切削金属的其他非数控铣床(但品目84.58的车床及龙门铣床除外) | 12 | 50 | 17 | 17 | 台 | A |
| 84597000 | -其他攻丝机床 | | | | | | |
| 8459700000 | 切削金属的其他攻丝机床(但品目84.58的车床除外) | 12 | 50 | 17 | 17 | 台 | A |
| **8460** | **用磨石、磨料或抛光材料对金属或金属陶瓷进行去毛刺、刃磨、磨削、珩磨、研磨、抛光或其他精加工的机床,但品目84.61的切齿机、齿轮磨床或齿轮精加工机床除外** | | | | | | |
| 84601210 | ---在任一坐标的定位精度至少是0.01毫米 | | | | | | |
| 8460121000 | 加工金属的数控平面磨床(含加工金属陶瓷,任一坐标定位精度至少0.01毫米) | 9.7 | 20 | 17 | 17 | 台/千克 | OA |
| 84601290 | ---其他 | | | | | | |
| 8460129000 | 加工金属的其他数控平面磨床(含加工金属陶瓷) | 15 | 50 | 17 | 17 | 台/千克 | |
| 84601910 | ---在任一坐标的定位精度至少是0.01毫米 | | | | | | |
| 8460191000 | 加工金属的非数控平面磨床(含加工金属陶瓷,任一坐标定位精度至少0.01毫米) | 15 | 50 | 17 | 17 | 台/千克 | |
| 84601990 | ---其他 | | | | | | |
| 8460199000 | 加工金属的其他非数控平面磨床(含加工金属陶瓷) | 15 | 50 | 17 | 17 | 台/千克 | A |
| 84602210 | ---在任一坐标的定位精度至少是0.01毫米 | | | | | | |
| 8460221000 | 加工金属的数控无心磨床(含加工金属陶瓷,任一坐标定位精度至少是0.01毫米) | 9.7 | 20 | 17 | 17 | 台/千克 | OA |

| 商品编号 | 商品名称及备注 | 进口关税税率(%) 最惠国 | 进口关税税率(%) 普通 | 增值税率(%) | 出口退税率(%) | 计量单位 | 监管条件 |
|---|---|---|---|---|---|---|---|
| 84602290 | ---其他 | | | | | | |
| 8460229000 | 加工金属的其他数控无心磨床(含加工金属陶瓷) | 15 | 50 | 17 | 17 | 台/千克 | A |
| 84602311 | ----曲轴磨床 | | | | | | |
| 8460231100 | 加工金属的数控曲轴磨床(属外圆磨床,含加工金属陶瓷,任一坐标定位精度至少是0.01毫米) | 9.7 | 20 | 17 | 17 | 台/千克 | OA |
| 84602319 | ----其他 | | | | | | |
| 8460231900 | 加工金属的其他数控外圆磨床(含加工金属陶瓷,任一坐标定位精度至少是0.01毫米) | 9.7 | 20 | 17 | 17 | 台/千克 | OA |
| 84602390 | ---其他 | | | | | | |
| 8460239000 | 加工金属的其他数控外圆磨床(含加工金属陶瓷) | 15 | 50 | 17 | 17 | 台/千克 | A |
| 84602411 | ----内圆磨床 | | | | | | |
| 8460241100 | 加工金属的数控内圆磨床(含加工金属陶瓷,任一坐标定位精度至少是0.01毫米) | 9.7 | 20 | 17 | 17 | 台/千克 | OA |
| 84602419 | ----其他 | | | | | | |
| 8460241900 | 加工金属的其他数控磨床(含加工金属陶瓷,任一坐标定位精度至少是0.01毫米) | 9.7 | 20 | 17 | 17 | 台/千克 | OA |
| 84602490 | ---其他 | | | | | | |
| 8460249000 | 加工金属的其他数控磨床(含加工金属陶瓷) | 15 | 50 | 17 | 17 | 台/千克 | A |
| 84602911 | ----外圆磨床 | | | | | | |
| 8460291100 | 加工金属的非数控外圆磨床(含加工金属陶瓷,任一坐标定位精度至少是0.01毫米) | 15 | 50 | 17 | 17 | 台/千克 | A |
| 84602912 | ----内圆磨床 | | | | | | |
| 8460291200 | 加工金属的非数控内圆磨床(含加工金属陶瓷,任一坐标定位精度至少是0.01毫米) | 15 | 50 | 17 | 17 | 台/千克 | A |
| 84602913 | ----轧辊磨床 | | | | | | |
| 8460291300 | 加工金属的非数控轧辊磨床(含加工金属陶瓷,任一坐标定位精度至少是0.01毫米) | 13 | 50 | 17 | 17 | 台/千克 | |
| 84602919 | ----其他 | | | | | | |
| 8460291900 | 加工金属的其他非数控磨床(含加工金属陶瓷,任一坐标定位精度至少是0.01毫米) | 13 | 50 | 17 | 17 | 台/千克 | A |
| 84602990 | ---其他 | | | | | | |
| 8460299000 | 加工金属的其他非数控磨床(含加工金属陶瓷) | 13 | 50 | 17 | 17 | 台/千克 | A |
| 84603100 | --数控的 | | | | | | |
| 8460310000 | 加工金属的数控刃磨机床(含加工金属陶瓷) | 9.7 | 20 | 17 | 17 | 台 | A |
| 84603900 | --其他 | | | | | | |
| 8460390000 | 加工金属的其他刃磨机床(含加工金属陶瓷) | 15 | 50 | 17 | 17 | 台 | A |
| 84604010 | ---珩磨 | | | | | | |
| 8460401000 | 金属珩磨机床 | 13 | 50 | 17 | 17 | 台 | A |
| 84604020 | ---研磨 | | | | | | |
| 8460402000 | 金属研磨机床 | 13 | 50 | 17 | 17 | 台 | A |
| 84609010 | ---砂轮机 | | | | | | |
| 8460901000 | 加工金属的砂轮机(含加工金属陶瓷) | 15 | 50 | 17 | 17 | 台 | |
| 84609020 | ---抛光机床 | | | | | | |
| 8460902000 | 金属抛光机床 | 15 | 50 | 17 | 17 | 台 | A |
| 84609090 | ---其他 | | | | | | |
| 8460909000 | 其他用磨石、磨料加工金属的机床 | 15 | 50 | 17 | 17 | 台 | A |
| **8461** | **切削金属或金属陶瓷的刨床、牛头刨床、插床、拉床、切齿机、齿轮磨床或齿轮精加工机床、锯床、切断机及其他编号未列名的切削机床** | | | | | | |
| 84612010 | ---牛头刨床 | | | | | | |
| 8461201000 | 切削金属或金属陶瓷的牛头刨床 | 15 | 50 | 17 | 17 | 台 | |
| 84612020 | ---插床 | | | | | | |
| 8461202000 | 切削金属或金属陶瓷的插床 | 15 | 50 | 17 | 17 | 台 | |
| 84613000 | -拉床 | | | | | | |

| 商品编号 | 商品名称及备注 | 进口关税税率(%) | | 增值税率(%) | 出口退税率(%) | 计量单位 | 监管条件 |
|---|---|---|---|---|---|---|---|
| | | 最惠国 | 普通 | | | | |
| 8461300000 | 切削金属或金属陶瓷的拉床 | 12 | 50 | 17 | 17 | 台 | |
| 84614011 | ----齿轮磨床 | | | | | | |
| 8461401100 | 切削金属的数控齿轮磨床(含加工金属陶瓷) | 9.7 | 20 | 17 | 17 | 台 | OA |
| 84614019 | ----其他 | | | | | | |
| 8461401900 | 切削金属的数控切齿机、数控齿轮精加工机床(含加工金属陶瓷) | 9.7 | 20 | 17 | 17 | 台 | OA |
| 84614090 | ---其他 | | | | | | |
| 8461409000 | 切削金属的其他切齿机、齿轮磨床(含加工金属陶瓷,包括其他齿轮精加工机床) | 15 | 50 | 17 | 17 | 台 | A |
| 84615000 | -锯床或切断机 | | | | | | |
| 8461500010 | 辐照元件刀具切割机[切割燃料包壳以使辐照核材料能溶解(含遥控设备)] | 12 | 50 | 17 | 17 | 台 | 3 |
| 8461500090 | 其他锯床或切断机 | 12 | 50 | 17 | 17 | 台 | |
| 84619011 | ----龙门刨床 | | | | | | |
| 8461901100 | 切削金属或金属陶瓷的龙门刨床 | 15 | 50 | 17 | 17 | 台 | |
| 84619019 | ----其他 | | | | | | |
| 8461901900 | 切削金属或金属陶瓷的其他刨床 | 15 | 50 | 17 | 17 | 台 | |
| 84619090 | ---其他 | | | | | | |
| 8461909000 | 切削金属或金属陶瓷的未列名机床 | 12 | 50 | 17 | 17 | 台 | |
| **8462** | **加工金属的锻造(包括模锻)或冲压机床;加工金属的弯曲、折叠、矫直、矫平、剪切、冲孔或开槽机床;其他加工金属或硬质合金的压力机** | | | | | | |
| 84621010 | ---数控的 | | | | | | |
| 8462101000 | 加工金属的数控锻造或冲压机床(包括锻锤,模锻) | 9.7 | 20 | 17 | 17 | 台 | |
| 84621090 | ---其他 | | | | | | |
| 8462109000 | 非数控锻造或冲压机床(指加工金属用的、包括锻锤,模锻) | 12 | 50 | 17 | 17 | 台 | |
| 84622110 | ---矫直机 | | | | | | |
| 8462211000 | 加工金属的数控矫直机床 | 9.7 | 20 | 17 | 17 | 台 | |
| 84622190 | ---其他 | | | | | | |
| 8462219000 | 加工金属的数控弯曲、折叠或矫平机床 | 9.7 | 20 | 17 | 17 | 台 | |
| 84622910 | ---矫直机 | | | | | | |
| 8462291000 | 加工金属的非数控矫直机床 | 10 | 50 | 17 | 17 | 台 | |
| 84622990 | ---其他 | | | | | | |
| 8462299000 | 加工金属的非数控弯曲、折叠或矫平机床 | 10 | 50 | 17 | 17 | 台 | |
| 84623110 | ---板带纵剪机 | | | | | | |
| 8462311000 | 加工金属的数控板带纵剪机(冲剪两用机除外) | 7 | 20 | 17 | 17 | 台 | |
| 84623120 | ---板带横剪机 | | | | | | |
| 8462312000 | 加工金属的数控板带横剪机(冲剪两用机除外) | 7 | 20 | 17 | 17 | 台 | |
| 84623190 | ---其他 | | | | | | |
| 8462319000 | 加工金属的其他数控剪切机床(冲剪两用机除外) | 7 | 20 | 17 | 17 | 台 | |
| 84623910 | ---板带纵剪机 | | | | | | |
| 8462391000 | 加工金属的非数控板带纵剪机(冲剪两用机除外) | 10 | 50 | 17 | 17 | 台 | |
| 84623920 | ---板带横剪机 | | | | | | |
| 8462392000 | 加工金属的非数控板带横剪机(冲剪两用机除外) | 10 | 50 | 17 | 17 | 台 | |
| 84623990 | ---其他 | | | | | | |
| 8462399000 | 加工金属的其他非数控剪切机床(冲剪两用机除外) | 10 | 50 | 17 | 17 | 台 | |
| 84624111 | ----自动模式数控步冲压力机 | | | | | | |
| 8462411100 | 自动模式数控步冲压力机(包括冲剪两用机) | 9.7 | 20 | 17 | 17 | 台 | |
| 84624119 | ----其他 | | | | | | |
| 8462411900 | 其他数控冲床(包括冲剪两用机) | 9.7 | 20 | 17 | 17 | 台 | |

| 商品编号 | 商品名称及备注 | 进口关税税率(%) | | 增值税率(%) | 出口退税率(%) | 计量单位 | 监管条件 |
|---|---|---|---|---|---|---|---|
| | | 最惠国 | 普通 | | | | |
| 84624190 | ---其他 | | | | | | |
| 8462419000 | 其他数控的冲孔或开槽机床,包括冲剪两用机(数控冲床除外) | 9.7 | 20 | 17 | 17 | 台 | |
| 84624900 | --其他 | | | | | | |
| 8462490000 | 加工金属的非数控冲孔,开槽机(包括冲剪两用机) | 10 | 50 | 17 | 17 | 台 | |
| 84629110 | ---金属型材挤压机 | | | | | | |
| 8462911000 | 金属型材挤压机 | 10 | 50 | 17 | 17 | 台 | |
| 84629190 | ---其他 | | | | | | |
| 8462919000 | 其他液压压力机(加工金属或硬质合金) | 10 | 50 | 17 | 17 | 台 | |
| 84629910 | ---机械压力机 | | | | | | |
| 8462991000 | 机械压力机 | 10 | 50 | 17 | 17 | 台 | |
| 84629990 | ---其他 | | | | | | |
| 8462999000 | 品目84.62的其他机床 | 10 | 50 | 17 | 17 | 台 | |
| **8463** | **金属或金属陶瓷的其他非切削加工机床** | | | | | | |
| 84631011 | ----拉拔力≤300吨 | | | | | | |
| 8463101100 | 拉拔力≤300吨的金属冷拔管机(包括金属陶瓷的冷拔管机) | 10 | 50 | 17 | 17 | 台 | |
| 84631019 | ----其他 | | | | | | |
| 8463101900 | 拉拔力>300吨的金属冷拔管机(包括金属陶瓷的冷拔管机) | 10 | 50 | 17 | 17 | 台 | |
| 84631020 | ---拔丝机 | | | | | | |
| 8463102000 | 金属及金属陶瓷的拔丝机 | 10 | 50 | 17 | 17 | 台 | |
| 84631090 | ---其他 | | | | | | |
| 8463109000 | 其他金属或金属陶瓷的拉拔机 | 10 | 50 | 17 | 17 | 台 | |
| 84632000 | -螺纹滚轧机 | | | | | | |
| 8463200000 | 金属或金属陶瓷的螺纹滚轧机 | 15 | 50 | 17 | 17 | 台 | |
| 84633000 | -金属丝加工机 | | | | | | |
| 8463300000 | 金属或金属陶瓷丝的加工机 | 10 | 50 | 17 | 17 | 台 | |
| 84639000 | -其他 | | | | | | |
| 8463900010 | 滚压成形机床(数控,装3个以上压辊) | 10 | 50 | 17 | 17 | 台 | 3 |
| 8463900020 | 具有滚压功能的旋压成形机床(数控,装3个以上压辊) | 10 | 50 | 17 | 17 | 台 | 3 |
| 8463900090 | 其他非切削加工机床(是指加工金属或金属陶瓷的) | 10 | 50 | 17 | 17 | 台 | |
| **8464** | **石料、陶瓷、混凝土、石棉水泥或类似矿物材料的加工机床、玻璃冷加工机床** | | | | | | |
| 84641010 | ---圆盘锯 | | | | | | |
| 8464101000 | 圆盘锯(加工石料、陶瓷、混凝土、石棉水泥或类似矿物材料) | 0 | 30 | 17 | 17 | 台 | |
| 84641020 | ---钢丝锯 | | | | | | |
| 8464102000 | 钢丝锯(加工石料、陶瓷、混凝土、石棉水泥或类似矿物材料) | 0 | 30 | 17 | 17 | 台 | |
| 84641090 | ---其他 | | | | | | |
| 8464109000 | 加工矿物等材料的其他锯床(加工石料、陶瓷、混凝土、石棉水泥或类似矿物材料) | 0 | 30 | 17 | 17 | 台 | |
| 84642010 | ---玻璃研磨或抛光机床 | | | | | | |
| 8464201000 | 玻璃研磨或抛光机床 | 0 | 30 | 17 | 17 | 台 | |
| 84642090 | ---其他 | | | | | | |
| 8464209000 | 加工矿物等材料的研磨或抛光机床(加工石料、陶瓷、混凝土、石棉水泥等似矿物材料) | 0 | 30 | 17 | 17 | 台 | |
| 84649011 | ----切割机 | | | | | | |
| 8464901100 | 玻璃切割机(玻璃冷加工机床) | 0 | 30 | 17 | 17 | 台 | |
| 84649012 | ----刻花机 | | | | | | |
| 8464901200 | 玻璃刻花机(玻璃冷加工机床) | 0 | 30 | 17 | 17 | 台 | |
| 84649019 | ----其他 | | | | | | |
| 8464901900 | 其他玻璃冷加工机床 | 0 | 30 | 17 | 17 | 台 | |

| 商品编号 | 商品名称及备注 | 进口关税税率(%) | | 增值税率(%) | 出口退税率(%) | 计量单位 | 监管条件 |
|---|---|---|---|---|---|---|---|
| | | 最惠国 | 普通 | | | | |
| 84649090 | ---其他 | | | | | | |
| 8464909000 | 其他加工矿物等材料的机床 | 0 | 30 | 17 | 17 | 台 | |
| **8465** | **木材、软木、骨、硬质橡胶、硬质塑料或类似硬质材料的加工机床(包括用打钉或打U形钉、胶黏或其他方法组合前述材料的机器)** | | | | | | |
| 84651000 | -不需更换工具即可进行不同机械加工的机器 | | | | | | |
| 8465100000 | 不需变换工具即可进行加工的机床(加工木材、软木、骨、硬质橡胶、硬质塑料及其他硬质材料) | 10 | 30 | 17 | 17 | 台 | |
| 84652000 | -加工中心 | | | | | | |
| 8465200000 | 加工木材等材料的加工中心(加工木材、软木、骨、硬质橡胶、硬质塑料及其他硬质材料) | 10 | 30 | 17 | 17 | 台/千克 | |
| 84659100 | --锯床 | | | | | | |
| 8465910000 | 加工木材等材料的锯床(加工木材、软木、骨、硬质橡胶、硬质塑料及其他硬质材料) | 10 | 30 | 17 | 17 | 台 | |
| 84659200 | --刨、铣或切削成形机器 | | | | | | |
| 8465920000 | 加工木材等材料的刨,铣,切削机器(加工木材、软木、骨、硬质橡胶、硬质塑料及其他硬质材料) | 10 | 30 | 17 | 17 | 台 | |
| 84659300 | --研磨、砂磨或抛光机器 | | | | | | |
| 8465930000 | 加工木材等材料的研磨或抛光机器,含砂磨(加工木材、软木、骨、硬质橡胶、硬质塑料及其他硬质材料) | 10 | 30 | 17 | 17 | 台 | |
| 84659400 | --弯曲或装配机器 | | | | | | |
| 8465940000 | 加工木材等材料的弯曲或装配机器(加工木材、软木、骨、硬质橡胶、硬质塑料及其他硬质材料) | 10 | 30 | 17 | 17 | 台 | |
| 84659500 | --钻孔或凿榫机器 | | | | | | |
| 8465950000 | 加工木材等材料的钻孔或凿榫机器(加工木材、软木、骨、硬质橡胶、硬质塑料及其他硬质材料) | 10 | 30 | 17 | 17 | 台 | |
| 84659600 | --剖开、切片或刮削机器 | | | | | | |
| 8465960000 | 加工木材等材料的剖,切,刮削机器(加工木材、软木、骨、硬质橡胶、硬质塑料及其他硬质材料) | 10 | 30 | 17 | 17 | 台 | |
| 84659900 | --其他 | | | | | | |
| 8465990000 | 加工木材等材料的其他机床(加工木材、软木、骨、硬质橡胶、硬质塑料及其他硬质材料) | 10 | 30 | 17 | 17 | 台 | |
| **8466** | **专用于或主要用于品目84.56至84.65所列机器的零件、附件,包括工件或工具的夹具、自启板牙切头、分度头及其他专用于机器的附件;各种手提工具的工具夹具** | | | | | | |
| 84661000 | -工具夹具及自启板牙切头 | | | | | | |
| 8466100000 | 工具夹具及自启板牙切头(用于品目84.56~84.65所列机器的) | 7 | 17 | 17 | 15 | 千克 | |
| 84662000 | -工件夹具 | | | | | | |
| 8466200000 | 工件夹具(用于品目84.56~84.65所列机器的) | 7 | 17 | 17 | 15 | 千克 | |
| 84663000 | -分度头及其他专用于机器的附件 | | | | | | |
| 8466300000 | 分度头及其他专用于机器的附件(用于品目84.56~84.65所列机器的) | 7 | 17 | 17 | 15 | 千克 | |
| 84669100 | --品目84.64所列机器用 | | | | | | |
| 8466910000 | 品目84.64所列机器用的零件(加工石料等机器用零件,附件) | 0 | 17 | 17 | 15 | 千克 | |
| 84669200 | --品目84.65所列机器用 | | | | | | |
| 8466920000 | 品目84.65所列机器用的零件(加工木材等机器用零件,附件) | 6 | 17 | 17 | 15 | 千克 | |
| 84669310 | ---刀库及自动换刀装置 | | | | | | |
| 8466931000 | 刀库及自动换刀装置(品目84.56~84.61机器用) | 0 | 17 | 17 | 15 | 千克 | |
| 84669390 | ---其他 | | | | | | |
| 8466939000 | 品目84.56~84.61机器用其他零件 | 0 | 17 | 17 | 15 | 千克 | |
| 84669400 | --品目84.62或84.63所列机器用 | | | | | | |
| 8466940010 | 滚压成形机床用芯轴(转筒成形用的芯轴,内径在75毫米至400毫米之间) | 6 | 17 | 17 | 15 | 千克 | 3 |

| 商品编号 | 商品名称及备注 | 进口关税税率(%) | | 增值税率(%) | 出口退税率(%) | 计量单位 | 监管条件 |
|---|---|---|---|---|---|---|---|
| | | 最惠国 | 普通 | | | | |
| 8466940020 | 有滚压功能的旋压成形机用芯轴(转筒成形用的芯轴,内径在75毫米至400毫米之间) | 6 | 17 | 17 | 15 | 千克 | 3 |
| 8466940090 | 品目84.62~84.63机器用其他零件 | 6 | 17 | 17 | 15 | 千克 | |
| **8467** | **手提式风动或液压工具及本身装有电动或非电动动力装置的手提式工具** | | | | | | |
| 84671100 | --旋转式(包括旋转冲击式的) | | | | | | |
| 8467110000 | 旋转式手提风动工具(包括旋转冲击式的) | 8 | 30 | 17 | 17 | 台 | |
| 84671900 | --其他 | | | | | | |
| 8467190000 | 其他手提式风动工具 | 8 | 30 | 17 | 17 | 台 | |
| 84672100 | --各种钻 | | | | | | |
| 8467210000 | 手提式电动钻 | 10 | 30 | 17 | 17 | 台 | A |
| 84672210 | ---链锯 | | | | | | |
| 8467221000 | 手提式电动链锯 | 10 | 30 | 17 | 17 | 台 | A |
| 84672290 | ---其他 | | | | | | |
| 8467229000 | 其他手提式电锯 | 10 | 30 | 17 | 17 | 台 | A |
| 84672910 | ---砂磨工具(包括磨光机、砂光机、砂轮机等) | | | | | | |
| 8467291000 | 手提式电动砂磨工具 | 10 | 30 | 17 | 17 | 台 | A |
| 84672920 | ---电刨 | | | | | | |
| 8467292000 | 手提式电刨 | 10 | 30 | 17 | 17 | 台 | A |
| 84672990 | ---其他 | | | | | | |
| 8467299000 | 其他手提式电动工具 | 10 | 30 | 17 | 17 | 台 | A |
| 84678100 | --链锯 | | | | | | |
| 8467810000 | 手提式液压或其他动力链锯(电动和风动的除外) | 8 | 30 | 17 | 17 | 台 | |
| 84678900 | --其他 | | | | | | |
| 8467890000 | 其他手提式液压或其他动力工具(电动和风动的除外) | 8 | 30 | 17 | 17 | 台 | |
| 84679110 | ---电动的 | | | | | | |
| 8467911000 | 编号84672210的链锯用零件 | 6 | 30 | 17 | 15 | 千克 | |
| 84679190 | ---其他 | | | | | | |
| 8467919000 | 编号846781的链锯用的零件 | 6 | 30 | 17 | 15 | 千克 | |
| 84679200 | --风动工具用 | | | | | | |
| 8467920000 | 风动的工具零件 | 6 | 30 | 17 | 15 | 千克 | |
| 84679910 | ---电动工具用 | | | | | | |
| 8467991000 | 其他手提式电动工具用零件 | 10 | 30 | 17 | 15 | 千克 | |
| 84679990 | ---其他 | | | | | | |
| 8467999000 | 其他手提式动力工具用的零件 | 6 | 30 | 17 | 15 | 千克 | |
| **8468** | **焊接机器及装置,不论是否兼有切割功能,但品目85.15的货品除外;气体加温表面回火机器及装置** | | | | | | |
| 84681000 | -手提喷焊器 | | | | | | |
| 8468100000 | 手提喷焊器 | 12 | 30 | 17 | 17 | 台 | |
| 84682000 | -其他气体焊接或表面回火机器及装置 | | | | | | |
| 8468200010 | 自动焊接机[将端塞焊接于燃料细棒(或棒)的自动焊接机] | 12 | 30 | 17 | 17 | 台 | 3 |
| 8468200090 | 其他气体焊接或表面回火机器及装置 | 12 | 30 | 17 | 17 | 台 | |
| 84688000 | -其他机器及装置 | | | | | | |
| 8468800000 | 其他焊接机器及装置(品目85.15的货品除外) | 12 | 30 | 17 | 17 | 台 | |
| 84689000 | -零件 | | | | | | |
| 8468900000[暂3] | 焊接机器用零件 | 7 | 30 | 17 | 15 | 千克 | |
| **8470** | **计算机器及具有计算功能的袖珍式数据记录、重现及显示机器;装有计算装置的会计计算机、邮资盖戳机、售票机及类似机器;现金出纳机** | | | | | | |

| 商品编号 | 商品名称及备注 | 进口关税税率(%) | | 增值税率(%) | 出口退税率(%) | 计量单位 | 监管条件 |
|---|---|---|---|---|---|---|---|
| | | 最惠国 | 普通 | | | | |
| 84701000 | -不需外接电源的电子计算器及具有计算功能的袖珍式数据记录、重现及显示机器 | | | | | | |
| 8470100000 | 电子计算器及袖珍式数据录放机器(不需外接电源,录放指具计算功能的数据记录,重现及显示) | 0 | 80 | 17 | 17 | 台 | |
| 84702100 | --装有打印装置的 | | | | | | |
| 8470210000 | 装有打印装置的电子计算器 | 0 | 80 | 17 | 17 | 台 | |
| 84702900 | --其他 | | | | | | |
| 8470290000 | 其他电子计算器 | 0 | 80 | 17 | 17 | 台 | |
| 84703000 | -其他计算机器 | | | | | | |
| 8470300000 | 其他计算机器 | 0 | 40 | 17 | 17 | 台 | |
| 84705010 | ---销售点终端出纳机 | | | | | | |
| 8470501000 | 销售点终端出纳机 | 0 | 40 | 17 | 17 | 台 | |
| 84705090 | ---其他 | | | | | | |
| 8470509000 | 其他现金出纳机 | 0 | 40 | 17 | 17 | 台 | |
| 84709000 | -其他 | | | | | | |
| 8470900000 | 会计计算机,邮资盖戳机,售票机及类似机器 | 0 | 40 | 17 | 17 | 台 | |
| **8471** | **自动数据处理设备及其部件;其他编号未列名的磁性或光学阅读机、将数据以代码形式转录到数据记录媒体的机器及处理这些数据的机器** | | | | | | |
| 84713010 | ---平板电脑 | | | | | | |
| 8471301000 | 平板电脑(重量≤10千克,至少由一个中央处理器、键盘和显示器组成) | 0 | 70 | 17 | 17 | 台 | A |
| 84713090 | ---其他 | | | | | | |
| 8471309000 | 其他便携式自动数据处理设备(重量≤10千克,至少由一个中央处理器、键盘和显示器组成) | 0 | 70 | 17 | 17 | 台 | A |
| 84714110 | ---巨型机、大型机及中型机 | | | | | | |
| 8471411010 | 高性能数字计算机(高性能数字计算机是指调整后峰值性能(APP)大于8.0加权每秒万亿次浮点运算的数字计算机) | 0 | 14 | 17 | 17 | 台 | 3 |
| 8471411090 | 其他巨大中型自动数据处理设备 | 0 | 14 | 17 | 17 | 台 | |
| 84714120 | ---小型机 | | | | | | |
| 8471412000 | 小型自动数据处理设备 | 0 | 14 | 17 | 17 | 台 | |
| 84714140 | ---微型机 | | | | | | |
| 8471414000 | 微型机 | 0 | 70 | 17 | 17 | 台 | A |
| 84714190 | ---其他 | | | | | | |
| 8471419000 | 其他数据处理设备(同一机壳内至少有一个CPU和一个输入输出部件,包括组合式) | 0 | 70 | 17 | 17 | 台 | |
| 84714910 | ---巨型机、大型机及中型机 | | | | | | |
| 8471491010 | 系统形式报验的高性能数字计算机(计算机指自动数据处理设备,高性能数字计算机是指调整后峰值性能(APP)大于8.0加权每秒万亿次浮点运算的数字计算机) | 0 | 29 | 17 | 17 | 台 | 3 |
| 8471491090 | 其他系统形式报验的巨、大、中型机(计算机指自动数据处理设备) | 0 | 29 | 17 | 17 | 台 | |
| 84714920 | ---小型机 | | | | | | |
| 8471492000 | 以系统形式报验的小型计算机(计算机指自动数据处理设备) | 0 | 29 | 17 | 17 | 台 | |
| 84714940 | ---微型机 | | | | | | |
| 8471494000 | 以系统形式报验的微型机 | 0 | 70 | 17 | 17 | 台 | |
| 84714991 | ----分散型工业过程控制设备 | | | | | | |
| 8471499100 | 其他分散型工业过程控制设备(以系统形式报验的) | 0 | 70 | 17 | 17 | 台 | |
| 84714999 | ----其他 | | | | | | |
| 8471499900 | 以系统形式报验的其他计算机 | 0 | 70 | 17 | 17 | 台 | |
| 84715010 | ---巨型机、大型机及中型机的 | | | | | | |

| 商品编号 | 商品名称及备注 | 进口关税税率(%) | | 增值税率(%) | 出口退税率(%) | 计量单位 | 监管条件 |
|---|---|---|---|---|---|---|---|
| | | 最惠国 | 普通 | | | | |
| 8471501010 | 高性能数字计算机处理部件(不论是否在同一机壳内有一或两个存储、输入或输出部件,高性能数字计算机是指调整后峰值性能(APP)大于8.0加权每秒万亿次浮点运算的数字计算机) | 0 | 14 | 17 | 17 | 台 | 3 |
| 8471501090 | 其他巨、大、中型机处理部件(不论是否在同一机壳内有一或两个存储、输入或输出部件) | 0 | 14 | 17 | 17 | 台 | |
| 84715020 | ---小型机的 | | | | | | |
| 8471502000 | 小型机的处理部件(不论是否在同一机壳内有一或两个存储、输入或输出部件) | 0 | 14 | 17 | 17 | 台 | |
| 84715040 | ---微型机的 | | | | | | |
| 8471504001 | 含显示器和主机的微型机(不论是否在同一机壳内有一或两个存储、输入或输出部件) | 0 | 70 | 17 | 17 | 台 | |
| 8471504090 | 其他的微型机的处理部件(不论是否在同一机壳内有一或两个存储、输入或输出部件) | 0 | 70 | 17 | 17 | 台 | |
| 84715090 | ---其他 | | | | | | |
| 8471509000 | 编号847141或847149以外设备的处理部件(不论是否在同一机壳内有一或两个存储、输入或输出部件) | 0 | 70 | 17 | 17 | 台 | |
| 84716040 | ---巨型机、大型机、中型机及小型机用终端 | | | | | | |
| 8471604000 | 巨、大、中及小型计算机用终端(输入或输出部件,不论是否在同一机壳内有存储部件) | 0 | 14 | 17 | 17 | 台 | |
| 84716050 | ---扫描仪 | | | | | | |
| 8471605000 | 自动数据处理设备的扫描器 | 0 | 14 | 17 | 17 | 台 | |
| 84716060 | ---数字化仪 | | | | | | |
| 8471606000 | 自动数据处理设备的数字化仪 | 0 | 14 | 17 | 17 | 台 | |
| 84716071 | ----键盘 | | | | | | |
| 8471607100 | 键盘 | 0 | 40 | 17 | 17 | 个 | |
| 84716072 | ----鼠标器 | | | | | | |
| 8471607200 | 鼠标器 | 0 | 40 | 17 | 17 | 个 | |
| 84716090 | ---其他 | | | | | | |
| 8471609000 | 计算机的其他输入或输出部件(计算机指自动数据处理设备) | 0 | 14 | 17 | 17 | 台 | |
| 84717010 | ---硬盘驱动器 | | | | | | |
| 8471701000 | 计算机硬盘驱动器(计算机指自动数据处理设备) | 0 | 14 | 17 | 17 | 台 | |
| 84717020 | ---软盘驱动器 | | | | | | |
| 8471702000 | 自动数据处理设备的软盘驱动器 | 0 | 14 | 17 | 17 | 台 | |
| 84717030 | ---光盘驱动器 | | | | | | |
| 8471703000 | 光盘驱动器(自动数据处理设备的光盘驱动器) | 0 | 14 | 17 | 17 | 台 | |
| 84717090 | ---其他 | | | | | | |
| 8471709000 | 自动数据处理设备的其他存储部件 | 0 | 14 | 17 | 17 | 台 | |
| 84718000 | -自动数据处理设备的其他部件 | | | | | | |
| 8471800000 | 其他自动数据处理设备的部件 | 0 | 40 | 17 | 17 | 台 | |
| 84719000 | -其他 | | | | | | |
| 8471900010 | 专用于复制的光盘刻录机(也称光盘复读机) | 0 | 40 | 17 | 17 | 台 | |
| 8471900090 | 未列名的磁性或光学阅读器(包括将数据以代码形式转录的机器及处理这些数据的机器) | 0 | 40 | 17 | 17 | 台 | |
| **8472** | **其他办公室用机器(例如,胶版复印机、油印机、地址印写机、自动付钞机、硬币分类、计数及包装机、削铅笔机、打洞机或订书机)** | | | | | | |
| 84721000 | -胶版复印机、油印机 | | | | | | |
| 8472100000 | 胶版复印机、油印机 | 7/3.5* | 40 | 17 | 17 | 台 | |
| 84723010 | ---邮政信件分拣及封装设备 | | | | | | |

* 最惠国税率中,"/"左边的税率截止日期为2018年6月30日,"/"右边的税率有效日期为2018年7月1日~2999年12月31日。

| 商品编号 | 商品名称及备注 | 进口关税税率(%) | | 增值税率(%) | 出口退税率(%) | 计量单位 | 监管条件 |
|---|---|---|---|---|---|---|---|
| | | 最惠国 | 普通 | | | | |
| 8472301000 | 邮政信件分拣及封装设备 | 10 | 40 | 17 | 17 | 台 | |
| 84723090 | ---其他 | | | | | | |
| 8472309000 | 其他信件折叠、分类、开或闭封机(包括信件装封机及粘贴邮票机和盖销邮票机) | 14 | 40 | 17 | 17 | 台 | |
| 84729010 | ---自动柜员机 | | | | | | |
| 8472901000 | 自动柜员机 | 0 | 40 | 17 | 17 | 台 | |
| 84729021 | ----打洞机 | | | | | | |
| 8472902100 | 办公室用打洞机 | 0 | 40 | 17 | 17 | 台 | |
| 84729022 | ----订书机 | | | | | | |
| 8472902200 | 办公室用订书机 | 0 | 40 | 17 | 17 | 台 | |
| 84729029 | ----其他 | | | | | | |
| 8472902900 | 其他装订用办公室机器 | 0 | 40 | 17 | 17 | 台 | |
| 84729030 | ---碎纸机 | | | | | | |
| 8472903000 | 碎纸机 | 0 | 40 | 17 | 17 | 台 | |
| 84729040 | ---地址印写机及地址铭牌压印机 | | | | | | |
| 8472904000 | 地址印写机及地址铭牌压印机 | 7/3.5* | 40 | 17 | 17 | 台 | |
| 84729050 | ---文字处理机 | | | | | | |
| 8472905000 | 文字处理机 | 0 | 40 | 17 | 17 | 台/千克 | |
| 84729060 | ---打字机,但品目84.43的打印机除外 | | | | | | |
| 8472906000 | 打字机(品目84.43的打印机除外) | 12 | 40 | 17 | 17 | 台/千克 | |
| 84729090 | ---其他 | | | | | | |
| 8472909000 | 其他办公室用机器(包括硬币分类、计数、包装机和削笔机等) | 0 | 40 | 17 | 17 | 台 | |
| **8473** | **专用于或主要用于品目84.70至84.72所列机器的零件、附件(罩套、提箱及类似品除外)** | | | | | | |
| 84732100 | --编号847010、847021或847029所列电子计算器的零件、附件 | | | | | | |
| 8473210000 | 品目84.70所列电子计算器的零附件(系指编号847010、847021及847029所列的电子计算器的) | 0 | 50 | 17 | 15 | 千克 | |
| 84732900 | --其他 | | | | | | |
| 8473290000 | 品目84.70所列其他机器的零附件(系指编号847030、847040、847050及847090所列机器的) | 0 | 35 | 17 | 15 | 千克 | |
| 84733010 | ---编号84714110、84714120、84714910、84714920、84715010、84715020、84716090、84717010、84717020、84717030及84717090所列机器及装置的零件、附件 | | | | | | |
| 8473301000 | 大、中、小型计算机的零件(包括大、中、小型机的中央处理部件的零件) | 0 | 14 | 17 | 17 | 千克 | |
| 84733090 | ---其他 | | | | | | |
| 8473309000 | 品目84.71所列其他机器零附件 | 0 | 40 | 17 | 17 | 千克 | |
| 84734010 | ---自动柜员机用出钞器和循环出钞器 | | | | | | |
| 8473401000[暂5] | 自动柜员机用出钞器和循环出钞器 | 5.3/2.6* | 35 | 17 | 15 | 千克 | |
| 84734020 | ---编号84729050、84729060所列机器的零件、附件 | | | | | | |
| 8473402000 | 打字机、文字处理机的零件、附件 | 4/2* | 35 | 17 | 15 | 千克 | |
| 84734090 | ---其他 | | | | | | |
| 8473409010[暂3] | 钞票清分机零附件 | 5.3/2.6* | 35 | 17 | 15 | 千克 | |
| 8473409090 | 其他办公室用机器零附件 | 5.3/2.6* | 35 | 17 | 15 | 千克 | |
| 84735000 | -同样适用于品目84.70~84.72中两个或两个以上编号所列机器的零件、附件 | | | | | | |
| 8473500000 | 品目84.70~84.72中所列机器零附件(用于品目84.70~84.72中两个或两个以上品目所列机器的) | 0 | 35 | 17 | 15 | 千克 | |

* 最惠国税率中,"/"左边的税率截止日期为2018年6月30日,"/"右边的税率有效日期为2018年7月1日~2999年12月31日。

| 商品编号 | 商品名称及备注 | 进口关税税率(%) | | 增值税率(%) | 出口退税率(%) | 计量单位 | 监管条件 |
|---|---|---|---|---|---|---|---|
| | | 最惠国 | 普通 | | | | |
| **8474** | **泥土、石料、矿石或其他固体(包括粉状、浆状)矿物质的分类、筛选、分离、洗涤、破碎、磨粉、混合或搅拌机器;固体矿物燃料、陶瓷坯泥、未硬化水泥、石膏材料或其他粉状、浆状矿产品的粘聚或成型机器;铸造用砂模的成型机器** | | | | | | |
| 84741000 | -分类、筛选、分离或洗涤机器 | | | | | | |
| 8474100000 | 分类、筛选、分离或洗涤机器(用于泥土、石料、矿石或其他固体物质的) | 5 | 30 | 17 | 17 | 台 | |
| 84742010 | ---齿辊式 | | | | | | |
| 8474201000 | 齿辊式破碎及磨粉机器(用于泥土、石料、矿石或其他固体物质的) | 5 | 30 | 17 | 17 | 台 | |
| 84742020 | ---球磨式 | | | | | | |
| 8474202000 | 球磨式磨碎或磨粉机(用于泥土、石料、矿石或其他固体物质的) | 5 | 30 | 17 | 17 | 台 | |
| 84742090 | ---其他 | | | | | | |
| 8474209000 | 破碎或磨粉用机器(用于泥土、石料、矿石或其他固体物质的) | 5 | 30 | 17 | 17 | 台 | |
| 84743100 | --混凝土或砂浆混合机器 | | | | | | |
| 8474310000 | 混凝土或砂浆混合机器(用于泥土、石料、矿石或其他固体物质的) | 7 | 30 | 17 | 17 | 台 | |
| 84743200 | --矿物与沥青的混合机器 | | | | | | |
| 8474320000 | 矿物与沥青的混合机器(用于泥土、石料、矿石或其他固体物质的) | 7 | 30 | 17 | 17 | 台 | |
| 84743900 | --其他 | | | | | | |
| 8474390000 | 其他混合或搅拌机器(用于泥土、石料、矿石或其他固体物质的) | 5 | 30 | 17 | 17 | 台 | |
| 84748010 | ---辊压成型机 | | | | | | |
| 8474801000 | 其他辊压成型机 | 5 | 30 | 17 | 17 | 台 | |
| 84748020 | ---模压成型机 | | | | | | |
| 8474802000 | 其他模压成型机 | 5 | 30 | 17 | 17 | 台 | |
| 84748090 | ---其他 | | | | | | |
| 8474809010 | 纸面角线石膏板搅拌成型机 | 5 | 30 | 17 | 17 | 台 | |
| 8474809090 | 品目 84.74 未列名的其他机器(如矿产品的粘聚或成型机器及铸造用砂模的成型机器) | 5 | 30 | 17 | 17 | 台 | |
| 84749000 | -零件 | | | | | | |
| 8474900000 | 品目 84.74 所列机器的零件 | 5 | 30 | 17 | 15 | 千克 | |
| **8475** | **白炽灯泡、灯管、放电灯管、电子管、闪光灯泡及类似品的封装机器;玻璃或玻璃制品的制造或热加工机器** | | | | | | |
| 84751000 | -白炽灯泡、灯管、放电灯管、电子管、闪光灯泡及类似品的封装机器 | | | | | | |
| 8475100000 | 白炽灯泡、灯管等的封装机(包括放电灯管、电子管、闪光灯泡等) | 8 | 30 | 17 | 17 | 台 | |
| 84752100 | --制造光导纤维及其预制棒的机器 | | | | | | |
| 8475210000 | 制造光导纤维及预制棒的机器 | 7.5/6.3* | 30 | 17 | 17 | 台 | |
| 84752911 | ----连续式玻璃热弯炉 | | | | | | |
| 8475291100 | 连续式玻璃热弯炉 | 10 | 30 | 17 | 17 | 台 | |
| 84752912 | ----玻璃纤维拉丝机(光 纤拉丝机除外) | | | | | | |
| 8475291200 | 玻璃纤维拉丝机(光纤拉丝机除外) | 10 | 30 | 17 | 17 | 台 | |
| 84752919 | ----其他 | | | | | | |
| 8475291900 | 其他玻璃及制品热加工机器 | 10 | 30 | 17 | 17 | 台 | |
| 84752990 | ---其他 | | | | | | |
| 8475299000 | 其他玻璃及制品的制造加工机器 | 10 | 30 | 17 | 17 | 台 | |
| 84759000 | -零件 | | | | | | |
| 8475900010 | 编号 847521 所列机器的零件 | 5.3/4* | 30 | 17 | 15 | 千克 | |
| 8475900090 | 其他品目 84.75 所列机器的零件(灯泡等封装机及玻璃等制造机器的零件) | 8 | 30 | 17 | 15 | 千克 | |
| **8476** | **自动售货机(例如,出售邮票、香烟、食品或饮料的机器),包括钱币兑换机** | | | | | | |

* 最惠国税率中,"/"左边的税率截止日期为 2018 年 6 月 30 日,"/"右边的税率有效日期为 2018 年 7 月 1 日~2999 年 12 月 31 日。

| 商品编号 | 商 品 名 称 及 备 注 | 进口关税税率(%) | | 增值税率(%) | 出口退税率(%) | 计量单位 | 监管条件 |
|---|---|---|---|---|---|---|---|
| | | 最惠国 | 普通 | | | | |
| 84762100 | --装有加热或制冷装置的 | | | | | | |
| 8476210000 | 可加热或制冷的饮料自动销售机 | 14 | 50 | 17 | 17 | 台 | A |
| 84762900 | --其他 | | | | | | |
| 8476290000 | 其他饮料自动销售机(装有加热或制冷装置的除外) | 15 | 50 | 17 | 17 | 台 | A |
| 84768100 | --装有加热或制冷装置的 | | | | | | |
| 8476810000 | 装有加热或制冷装置的自动售货机(饮料自动销售机除外) | 14 | 50 | 17 | 17 | 台 | |
| 84768900 | --其他 | | | | | | |
| 8476890010 | 钱币兑换机 | 7.5/3.8* | 50 | 17 | 17 | 台 | |
| 8476890090 | 其他无加热或制冷装置的自动售货机 | 15 | 50 | 17 | 17 | 台 | |
| 84769000 | -零件 | | | | | | |
| 8476900010 | 钱币兑换机的零件 | 5/2.5* | 50 | 17 | 15 | 千克 | |
| 8476900090 | 其他品目84.76所列机器的零件 | 10 | 50 | 17 | 15 | 千克 | |
| **8477** | **本章其他编号未列名的橡胶或塑料及其产品的加工机器** | | | | | | |
| 84771010 | ---注塑机 | | | | | | |
| 8477101010 | 用于光盘生产的精密注塑机(加工塑料的) | 0 | 45 | 17 | 17 | 台 | |
| 8477101090 | 其他注塑机 | 0 | 45 | 17 | 17 | 台 | |
| 84771090 | ---其他 | | | | | | |
| 8477109000 | 其他注射机 | 0 | 30 | 17 | 17 | 台 | |
| 84772010 | ---塑料造粒机 | | | | | | |
| 8477201000 | 塑料造粒机 | 5 | 30 | 17 | 17 | 台 | |
| 84772090 | ---其他 | | | | | | |
| 8477209000 | 其他加工塑料或橡胶的挤出机 | 5 | 30 | 17 | 17 | 台 | |
| 84773010 | ---挤出吹塑机 | | | | | | |
| 8477301000 | 挤出吹塑机 | 5 | 30 | 17 | 17 | 台 | |
| 84773020 | ---注射吹塑机 | | | | | | |
| 8477302000 | 注射吹塑机 | 5 | 30 | 17 | 17 | 台 | |
| 84773090 | ---其他 | | | | | | |
| 8477309000 | 其他吹塑机 | 5 | 30 | 17 | 17 | 台 | |
| 84774010 | ---塑料中空成型机 | | | | | | |
| 8477401000 | 塑料中空成型机 | 5 | 30 | 17 | 17 | 台 | |
| 84774020 | ---塑料压延成型机 | | | | | | |
| 8477402000 | 塑料压延成型机 | 5 | 30 | 17 | 17 | 台 | |
| 84774090 | ---其他 | | | | | | |
| 8477409000 | 真空模塑及其他热成型机器 | 5 | 30 | 17 | 17 | 台 | |
| 84775100 | --用于充气轮胎模塑或翻新的机器及内胎模塑或用其他方法成型的机器 | | | | | | |
| 8477510000 | 用于充气轮胎模塑或翻新的机器(包括内胎模塑或用其他方法成型的机器) | 5 | 30 | 17 | 17 | 台 | |
| 84775910 | ---三维打印机(3D 打印机) | | | | | | |
| 8477591000 | 三维打印机(3D 打印机)(加工材质以塑料或橡胶及其制品为主) | 5 | 30 | 17 | 17 | 台 | |
| 84775990 | ---其他 | | | | | | |
| 8477599000 | 其他模塑机、成型机 | 5 | 30 | 17 | 17 | 台 | |
| 84778000 | -其他机器 | | | | | | |
| 8477800000 | 未列名的橡胶或塑料加工机器 | 5 | 30 | 17 | 17 | 台 | |
| 84779000 | -零件 | | | | | | |
| 8477900000 | 橡胶、塑料等加工机机器的零件 | 0 | 30 | 17 | 15 | 千克 | |

* 最惠国税率中,“/”左边的税率截止日期为2018年6月30日,“/”右边的税率有效日期为2018年7月1日~2999年12月31日。

| 商品编号 | 商品名称及备注 | 进口关税税率(%) | | 增值税率(%) | 出口退税率(%) | 计量单位 | 监管条件 |
|---|---|---|---|---|---|---|---|
| | | 最惠国 | 普通 | | | | |
| **8478** | **本章其他编号未列名的烟草加工及制作机器** | | | | | | |
| 84781000 | -机器 | | | | | | |
| 8478100000 | 其他的烟草加工及制作机器(本章其他编号未列名的) | 5 | 30 | 17 | 17 | 台 | 0 |
| 84789000 | -零件 | | | | | | |
| 8478900000[暂5] | 烟草加工及制作机器用的零件 | 10 | 30 | 17 | 15 | 千克 | 0 |
| **8479** | **本章其他编号未列名的具有独立功能的机器及机械器具** | | | | | | |
| 84791021 | ----沥青混凝土摊铺机 | | | | | | |
| 8479102100 | 沥青混凝土摊铺机 | 8 | 30 | 17 | 17 | 台 | 0 |
| 84791022 | ----稳定土摊铺机 | | | | | | |
| 8479102200 | 稳定土摊铺机 | 8 | 30 | 17 | 17 | 台 | |
| 84791029 | ----其他 | | | | | | |
| 8479102900 | 其他摊铺机 | 8 | 30 | 17 | 17 | 台 | 0 |
| 84791090 | ---其他 | | | | | | |
| 8479109000 | 其他公共工程用的机器 | 8 | 30 | 17 | 17 | 台 | |
| 84792000 | -提取、加工动物油脂或植物固定油脂的机器 | | | | | | |
| 8479200000 | 提取加工动物或植物油脂的机器 | 10 | 30 | 17 | 17 | 台 | A |
| 84793000 | -木碎料板或木纤维板的挤压机及其他木材或软木处理机 | | | | | | |
| 8479300000 | 木碎料板或木纤维板的其他挤压机(包括其他木材或软木处理机器) | 10 | 30 | 17 | 17 | 台 | |
| 84794000 | -绳或缆的制造机器 | | | | | | |
| 8479400000[暂5] | 绳或缆的制造机器 | 7 | 30 | 17 | 17 | 台 | |
| 84795010 | ---多功能工业机器人 | | | | | | |
| 8479501000 | 多功能工业机器人 | 0 | 20 | 17 | 17 | 台 | |
| 84795090 | ---其他 | | | | | | |
| 8479509010 | 机器人,末端操纵装置[能处理高能炸药或能抗大于$5\times10^4$戈瑞(硅)辐射的] | 0 | 30 | 17 | 17 | 台 | 3 |
| 8479509090 | 其他工业机器人(多功能工业机器人除外) | 0 | 30 | 17 | 17 | 台 | |
| 84796000 | -蒸发式空气冷却器 | | | | | | |
| 8479600000 | 蒸发式空气冷却器 | 10 | 30 | 17 | 17 | 台 | A |
| 84797100 | --用于机场的 | | | | | | |
| 8479710000 | 机场用旅客登机桥 | 0 | 30 | 17 | 17 | 台 | A |
| 84797900 | --其他 | | | | | | |
| 8479790000 | 非机场用旅客登机(船)桥 | 0 | 30 | 17 | 17 | 台 | A |
| 84798110 | ---绕线机 | | | | | | |
| 8479811000 | 处理金属的其他绕线机 | 9.5 | 30 | 17 | 17 | 台 | |
| 84798190 | ---其他 | | | | | | |
| 8479819000 | 其他处理金属的机械 | 9.5 | 30 | 17 | 17 | 台 | |
| 84798200 | --混合、搅拌、轧碎、研磨、筛选、均化或乳化机器 | | | | | | |
| 8479820010 | 两用物项管制搅拌器(耐腐蚀热交换器、搅拌器用,带搅拌的发酵罐) | 7 | 30 | 17 | 17 | 台 | 3 |
| 8479820020[暂5] | 用于废物和废水处理的混合、搅拌、轧碎、研磨、筛选、均化或乳化机器 | 7 | 30 | 17 | 17 | 台 | |
| 8479820090 | 其他混合、搅拌、轧碎、研磨机器(包括筛选、均化、乳化机器) | 7 | 30 | 17 | 17 | 台 | |
| 84798910 | ---船舶用舵机及陀螺稳定器 | | | | | | |
| 8479891000 | 船用舵机及陀螺稳定器 | 0 | 14 | 17 | 17 | 台 | |
| 84798920 | ---空气增湿器及减湿器 | | | | | | |
| 8479892000 | 空气增湿器及减湿器 | 0 | 70 | 17 | 17 | 台 | |
| 84798940 | ---邮政用包裹、印刷品分拣设备 | | | | | | |
| 8479894000 | 其他邮政用包裹、印刷品分拣设备 | 0 | 30 | 17 | 17 | 台 | A |
| 84798950 | ---放射性废物压实机 | | | | | | |

| 商品编号 | 商品名称及备注 | 进口关税税率(%) | | 增值税率(%) | 出口退税率(%) | 计量单位 | 监管条件 |
|---|---|---|---|---|---|---|---|
| | | 最惠国 | 普通 | | | | |
| 8479895000 | 放射性废物压实机 | 0 | 30 | 17 | 17 | 台 | |
| 84798961 | ----自动插件机 | | | | | | |
| 8479896100 | 自动插件机 | 0 | 30 | 17 | 17 | 台 | A |
| 84798962 | ----自动贴片机 | | | | | | |
| 8479896200 | 自动贴片机 | 0 | 30 | 17 | 17 | 台 | A |
| 84798969 | ----其他 | | | | | | |
| 8479896900 | 其他印刷电路板上装配元器件机器 | 0 | 30 | 17 | 17 | 台 | A |
| 84798992 | ----自动化立体仓储设备 | | | | | | |
| 8479899200 | 自动化立体仓储设备(具有独立功能的) | 0 | 30 | 17 | 17 | 台 | A |
| 84798999 | ----其他 | | | | | | |
| 8479899910 | 用于光盘生产的金属母盘生产设备(具有独立功能的) | 0 | 30 | 17 | 17 | 台 | 6A |
| 8479899920 | 用于光盘生产的粘合机(具有独立功能的) | 0 | 30 | 17 | 17 | 台 | A |
| 8479899930 | 用于光盘生产的真空金属溅镀机(具有独立功能的) | 0 | 30 | 17 | 17 | 台 | A |
| 8479899940 | 保护胶涂覆机及染料层旋涂机(光盘生产用,具有独立功能的) | 0 | 30 | 17 | 17 | 台 | A |
| 8479899951 | 等静压压力机(两用物项管制机器及机械器具) | 0 | 30 | 17 | 17 | 台 | 3 |
| 8479899952 | 生物反应器(两用物项管制机器及机械器具) | 0 | 30 | 17 | 17 | 台 | 3 |
| 8479899953 | 恒化器(两用物项管制机器及机械器具) | 0 | 30 | 17 | 17 | 台 | 3 |
| 8479899954 | 连续灌流系统(两用物项管制机器及机械器具) | 0 | 30 | 17 | 17 | 台 | 3 |
| 8479899955 | 三坐标或多坐标联动和程控的纤维缠绕机(两用物项管制机器及机械器具) | 0 | 30 | 17 | 17 | 台 | 3 |
| 8479899959 | 其他两用物项管制机器及机械器具 | 0 | 30 | 17 | 17 | 台 | 3 |
| 8479899960 | 绕线机(能卷绕直径在75~400毫米、长度≥600毫米) | 0 | 30 | 17 | 17 | 台 | 3A |
| 8479899990 | 本章其他未列名机器及机械器具(具有独立功能的) | 0 | 30 | 17 | 17 | 台 | A |
| 84799010 | ---船舶用舵机及陀螺稳定器用 | | | | | | |
| 8479901000 | 船舶用舵机及陀螺稳定器零件 | 0 | 14 | 17 | 17 | 千克 | |
| 84799020 | ---空气增湿器及减湿器用 | | | | | | |
| 8479902000 | 空气增湿器及减湿器零件 | 0 | 70 | 17 | 17 | 千克 | |
| 84799090 | ---其他 | | | | | | |
| 8479909010 | 绕线机的精密芯轴(专用于编号8479899060绕线机的精密芯轴) | 0 | 20 | 17 | 15 | 千克 | 3 |
| 8479909090 | 品目84.79所列机器的其他零件 | 0 | 20 | 17 | 15 | 千克 | |
| **8480** | **金属铸造用型箱;型模底板;阳模;金属用型模(锭模除外)、硬质合金、玻璃、矿物材料、橡胶或塑料用型模** | | | | | | |
| 84801000 | -金属铸造用型箱 | | | | | | |
| 8480100000 | 金属铸造用型箱 | 10 | 20 | 17 | 17 | 千克 | |
| 84802000 | -型模底板 | | | | | | |
| 8480200000 | 型模底板 | 8 | 20 | 17 | 17 | 千克 | |
| 84803000 | -阳模 | | | | | | |
| 8480300000 | 阳模 | 10 | 20 | 17 | 17 | 千克 | |
| 84804110 | ---压铸模 | | | | | | |
| 8480411000 | 压铸模(金属,硬质合金用) | 8 | 20 | 17 | 17 | 千克 | |
| 84804120 | ---粉末冶金用压模 | | | | | | |
| 8480412000 | 粉末冶金用压模 | 8 | 20 | 17 | 17 | 千克 | |
| 84804190 | ---其他 | | | | | | |
| 8480419000 | 其他金属、硬质合金用注模或压模 | 8 | 20 | 17 | 17 | 千克 | |
| 84804900 | --其他 | | | | | | |
| 8480490000 | 其他金属、硬质合金用其他型模(注模或压模除外) | 8 | 20 | 17 | 17 | 千克 | |
| 84805000 | -玻璃用型模 | | | | | | |

| 商品编号 | 商品名称及备注 | 进口关税税率(%) | | 增值税率(%) | 出口退税率(%) | 计量单位 | 监管条件 |
|---|---|---|---|---|---|---|---|
| | | 最惠国 | 普通 | | | | |
| 8480500000 | 玻璃用型模 | 8.4 | 20 | 17 | 17 | 套/千克 | |
| 84806000 | -矿物材料用型模 | | | | | | |
| 8480600000 | 矿物材料用型模 | 8.4 | 20 | 17 | 17 | 套/千克 | |
| 84807110 | ---硫化轮胎用囊式型模 | | | | | | |
| 8480711000 | 硫化轮胎用囊式型模(注模或压模) | 0 | 20 | 17 | 17 | 套/千克 | |
| 84807190 | ---其他 | | | | | | |
| 8480719010 | 用于光盘生产的专用模具(注模或压模) | 0 | 20 | 17 | 17 | 套/千克 | |
| 8480719090 | 其他塑料或橡胶用注模或压模 | 0 | 20 | 17 | 17 | 套/千克 | |
| 84807900 | --其他 | | | | | | |
| 8480790010 | 农用双壁波纹管生产线用其他模具 | 5 | 20 | 17 | 17 | 套/千克 | |
| 8480790090 | 塑料或橡胶用其他型模 | 5 | 20 | 17 | 17 | 套/千克 | |
| **8481** | **用于管道、锅炉、罐、桶或类似品的龙头、旋塞、阀门及类似装置,包括减压阀及恒温控制阀** | | | | | | |
| 84811000 | -减压阀 | | | | | | |
| 8481100001[暂2] | 喷灌设备用减压阀(用于管道、锅炉、罐、桶或类似品的) | 5 | 30 | 17 | 15 | 套/千克 | |
| 8481100090 | 其他减压阀(用于管道、锅炉、罐、桶或类似品的) | 5 | 30 | 17 | 15 | 套/千克 | |
| 84812010 | ---油压的 | | | | | | |
| 8481201000 | 油压传动阀(用于管道、锅炉、罐、桶或类似品的) | 5 | 30 | 17 | 15 | 套/千克 | |
| 84812020 | ---气压的 | | | | | | |
| 8481202000 | 气压传动阀(用于管道、锅炉、罐、桶或类似品的) | 5 | 30 | 17 | 15 | 套/千克 | |
| 84813000 | -止回阀 | | | | | | |
| 8481300000 | 止回阀(用于管道、锅炉、罐、桶或类似品的) | 5 | 30 | 17 | 15 | 套/千克 | |
| 84814000 | -安全阀或溢流阀 | | | | | | |
| 8481400000 | 安全阀或溢流阀(用于管道、锅炉、罐、桶或类似品的) | 5 | 30 | 17 | 15 | 套/千克 | |
| 84818021 | ----电磁式 | | | | | | |
| 8481802110 | 两用物项管制的电磁式换向阀 | 7 | 30 | 17 | 15 | 套/千克 | 3 |
| 8481802190 | 其他电磁式换向阀(用于管道、锅炉、罐、桶或类似品的) | 7 | 30 | 17 | 15 | 套/千克 | |
| 84818029 | ----其他 | | | | | | |
| 8481802910 | 两用物项管制的其他换向阀 | 7 | 30 | 17 | 15 | 套/千克 | 3 |
| 8481802990 | 其他换向阀(用于管道、锅炉、罐、桶或类似品的) | 7 | 30 | 17 | 15 | 套/千克 | |
| 84818031 | ----电子膨胀阀 | | | | | | |
| 8481803110 | 两用物项管制的电子膨胀流量阀 | 7 | 30 | 17 | 15 | 套/千克 | 3 |
| 8481803190 | 其他电子膨胀流量阀(用于管道、锅炉、罐、桶或类似品的) | 7 | 30 | 17 | 15 | 套/千克 | |
| 84818039 | ----其他 | | | | | | |
| 8481803910 | 两用物项管制的其他流量阀 | 7 | 30 | 17 | 15 | 套/千克 | 3 |
| 8481803990 | 其他流量阀(用于管道、锅炉、罐、桶或类似品的) | 7 | 30 | 17 | 15 | 套/千克 | |
| 84818040 | ---其他阀门 | | | | | | |
| 8481804010[暂5] | 两用物项管制的其他阀门 | 7 | 30 | 17 | 15 | 套/千克 | 3 |
| 8481804090[暂5] | 其他阀门(用于管道、锅炉、罐、桶或类似品的) | 7 | 30 | 17 | 15 | 套/千克 | |
| 84818090 | ---其他 | | | | | | |
| 8481809000 | 未列名龙头、旋塞及类似装置(用于管道、锅炉、罐、桶或类似品的) | 5 | 50 | 17 | 15 | 套/千克 | |
| 84819010 | ---阀门用 | | | | | | |
| 8481901000[暂4] | 阀门用零件(用于管道、锅炉、罐、桶或类似品的) | 8 | 30 | 17 | 15 | 千克 | |
| 84819090 | ---其他 | | | | | | |
| 8481909000 | 龙头,旋塞及类似装置的零件(用于管道、锅炉、罐、桶或类似品的) | 8 | 50 | 17 | 15 | 千克 | |
| **8482** | **滚动轴承** | | | | | | |

| 商品编号 | 商品名称及备注 | 进口关税税率(%) 最惠国 | 进口关税税率(%) 普通 | 增值税率(%) | 出口退税率(%) | 计量单位 | 监管条件 |
|---|---|---|---|---|---|---|---|
| 84821010 | ---调心球轴承 | | | | | | |
| 8482101000 | 调心球轴承(滚珠轴承) | 8 | 20 | 17 | 15 | 套 | |
| 84821020 | ---深沟球轴承 | | | | | | |
| 8482102000 | 深沟球轴承(滚珠轴承) | 8 | 20 | 17 | 15 | 套 | |
| 84821030 | ---角接触轴承 | | | | | | |
| 8482103000 | 角接触轴承(滚珠轴承) | 8 | 20 | 17 | 15 | 套 | |
| 84821040 | ---推力球轴承 | | | | | | |
| 8482104010[暂1] | 飞机发动机用外径30厘米的推力球轴承(滚珠轴承) | 8 | 20 | 17 | 15 | 套 | |
| 8482104090 | 其他推力球轴承(滚珠轴承) | 8 | 20 | 17 | 15 | 套 | |
| 84821090 | ---其他 | | | | | | |
| 8482109000 | 其他滚珠轴承 | 8 | 20 | 17 | 15 | 套 | |
| 84822000 | -锥形滚子轴承,包括锥形滚子组件 | | | | | | |
| 8482200000 | 锥形滚子轴承(包括锥形滚子组件) | 8 | 20 | 17 | 15 | 套 | |
| 84823000 | -鼓形滚子轴承 | | | | | | |
| 8482300000[暂6] | 鼓形滚子轴承 | 8 | 20 | 17 | 15 | 套 | |
| 84824000 | -滚针轴承 | | | | | | |
| 8482400000[暂6] | 滚针轴承 | 8 | 20 | 17 | 15 | 套 | |
| 84825000 | -其他圆柱形滚子轴承 | | | | | | |
| 8482500010[暂4] | 三环、二环偏心滚动轴承 | 8 | 20 | 17 | 15 | 套 | |
| 8482500090 | 其他圆柱形滚子轴承 | 8 | 20 | 17 | 15 | 套 | |
| 84828000 | -其他,包括球、柱混合轴承 | | | | | | |
| 8482800000 | 其他滚动轴承及球、柱混合轴承 | 8 | 20 | 17 | 15 | 套 | |
| 84829100 | --滚珠、滚针及滚柱 | | | | | | |
| 8482910000[暂6] | 滚珠、滚针及滚柱 | 8 | 20 | 17 | 15 | 千克 | |
| 84829900 | --其他 | | | | | | |
| 8482990000[暂3] | 滚动轴承的其他零件 | 6 | 20 | 17 | 15 | 千克 | |
| **8483** | **传动轴(包括凸轮轴及曲柄轴)及曲柄;轴承座及滑动轴承;齿轮及齿轮传动装置;滚珠或滚子螺杆传动装置;齿轮箱及其他变速装置,包括扭矩变换器;飞轮及滑轮,包括滑轮组;离合器及联轴器(包括万向节)** | | | | | | |
| 84831011 | ----柴油机曲轴 | | | | | | |
| 8483101100 | 船舶用柴油机曲轴 | 6 | 14 | 17 | 17 | 个 | |
| 84831019 | ----其他 | | | | | | |
| 8483101900 | 其他船舶用传动轴 | 6 | 14 | 17 | 17 | 个 | |
| 84831090 | ---其他 | | | | | | |
| 8483109000 | 其他传动轴及曲柄(包括凸轮轴及曲柄轴) | 6 | 30 | 17 | 17 | 个 | |
| 84832000 | -装有滚珠或滚子轴承的轴承座 | | | | | | |
| 8483200000 | 装有滚珠或滚子轴承的轴承座 | 6 | 30 | 17 | 15 | 个 | |
| 84833000 | -未装有滚珠或滚子轴承的轴承座;滑动轴承 | | | | | | |
| 8483300010[暂4] | 磁悬浮轴承(轴承组合件,由悬浮在充满阻尼介质的环形磁铁组成) | 6 | 30 | 17 | 15 | 个 | 3 |
| 8483300020[暂4] | 轴承/阻尼器(安装在阻尼器上的具有枢轴、盖的轴承) | 6 | 30 | 17 | 15 | 个 | 3 |
| 8483300090[暂4] | 其他未装有滚珠或滚子轴承的轴承座;其他滑动轴承 | 6 | 30 | 17 | 15 | 个 | |
| 84834010 | ---滚子螺杆传动装置 | | | | | | |
| 8483401000 | 滚子螺杆传动装置 | 8 | 30 | 17 | 17 | 个 | |
| 84834020 | ---行星齿轮减速器 | | | | | | |
| 8483402000 | 行星齿轮减速器 | 8 | 30 | 17 | 17 | 个 | |
| 84834090 | ---其他 | | | | | | |

| 商品编号 | 商品名称及备注 | 进口关税税率(%) | | 增值税率(%) | 出口退税率(%) | 计量单位 | 监管条件 |
|---|---|---|---|---|---|---|---|
| | | 最惠国 | 普通 | | | | |
| 8483409000 | 其他传动装置及变速装置(指齿轮及齿轮传动装置,齿轮箱和扭矩变换器) | 8 | 30 | 17 | 17 | 个 | |
| 84835000 | -飞轮及滑轮,包括滑轮组 | | | | | | |
| 8483500000 | 飞轮及滑轮(包括滑轮组) | 8 | 30 | 17 | 15 | 个 | |
| 84836000 | -离合器及联轴器(包括万向节) | | | | | | |
| 8483600001[暂4] | 压力机用组合式湿式离合/制动器(离合扭矩为60~300KNM,制动扭矩为30~100KNM) | 8 | 30 | 17 | 17 | 个 | |
| 8483600090 | 离合器及联轴器(包括万向节) | 8 | 30 | 17 | 17 | 个 | |
| 84839000 | -单独报验的带齿的轮、链轮及其他传动元件;零件 | | | | | | |
| 8483900010[暂4] | 车用凸轮轴相位调节器(汽车发动机用) | 8 | 30 | 17 | 17 | 千克 | |
| 8483900090 | 品目84.83所列货品用其他零件(包括单独报验的带齿的轮、链轮及其他传动元件) | 8 | 30 | 17 | 17 | 千克 | |
| **8484** | **密封垫或类似接合衬垫,用金属片与其他材料制成或用双层或多层金属片制成;成套或各种不同材料的密封垫或类似接合衬垫,装于袋、套或类似包装内;机械密封件** | | | | | | |
| 84841000 | -密封垫或类似接合衬垫,用金属片与其他材料制成或用双层或多层金属片制成 | | | | | | |
| 8484100000[暂5] | 密封垫或类似接合衬垫(用金属片与其他材料制成或用双层及多层金属片制成) | 8 | 30 | 17 | 17 | 千克 | |
| 84842000 | -机械密封件 | | | | | | |
| 8484200010[暂5] | 耐$UF_6$腐蚀的转动轴封(专门设计的真空密封装置,缓冲气体泄漏率1000立方厘米/分钟) | 8 | 30 | 17 | 17 | 千克 | 3 |
| 8484200020[暂5] | 转动轴封(专门设计的带有密封式进气口和出气口的转动轴封) | 8 | 30 | 17 | 17 | 千克 | 3 |
| 8484200030[暂5] | MLIS用转动轴封(专门设计的带密封进气口和出气口的转动轴封) | 8 | 30 | 17 | 15 | 千克 | 3 |
| 8484200090[暂5] | 其他机械密封件 | 8 | 30 | 17 | 15 | 千克 | |
| 84849000 | -其他 | | | | | | |
| 8484900000[暂5] | 其他材料制密封垫及类似接合衬垫(成套或各种不同材料制,装于袋、套或类似包装内) | 8 | 30 | 17 | 15 | 千克 | |
| **8486** | **专用于或主要用于制造半导体单晶柱或晶圆、半导体器件、集成电路或平板显示器的机器及装置;本章注释九(三)规定的机器及装置;零件及附件** | | | | | | |
| 84861010 | ---利用温度变化处理单晶硅的机器及装置 | | | | | | |
| 8486101000 | 利用温度变化处理单晶硅的机器及装置(制造单晶柱或晶圆用的) | 0 | 30 | 17 | 17 | 台 | |
| 84861020 | ---研磨设备 | | | | | | |
| 8486102000 | 制造单晶柱或晶圆用的研磨设备 | 0 | 30 | 17 | 17 | 台 | |
| 84861030 | ---切割设备 | | | | | | |
| 8486103000 | 制造单晶柱或晶圆用的切割设备 | 0 | 普通 | 17 | 17 | 台 | |
| 84861040 | ---化学机械抛光设备(CMP) | | | | | | |
| 8486104000 | 制造单晶柱或晶圆用的化学机械抛光设备(CMP) | 0 | 30 | 17 | 17 | 台 | |
| 84861090 | ---其他 | | | | | | |
| 8486109000 | 其他制造单晶柱或晶圆用的机器及装置 | 0 | 30 | 17 | 17 | 台 | |
| 84862010 | ---氧化、扩散、退火及其他热处理设备 | | | | | | |
| 8486201000 | 氧化、扩散、退火及其他热处理设备(制造半导体器件或集成电路用的) | 0 | 30 | 17 | 17 | 台 | |
| 84862021 | ----化学气相沉积装置(CVD) | | | | | | |
| 8486202100 | 制造半导体器件或集成电路用化学气相沉积装置[化学气相沉积装置(CVD)] | 0 | 30 | 17 | 17 | 台 | |
| 84862022 | ----物理气相沉积装置(PVD) | | | | | | |
| 8486202200 | 制造半导体器件或集成电路用物理气相沉积装置[物理气相沉积装置(PVD)] | 0 | 30 | 17 | 17 | 台 | |
| 84862029 | ----其他 | | | | | | |
| 8486202900 | 其他制造半导体器件或集成电路用薄膜沉积设备 | 0 | 30 | 17 | 17 | 台 | |
| 84862031 | ----分步重复光刻机(步进光刻机) | | | | | | |
| 8486203100 | 制造半导体器件或集成电路用分步重复光刻机(步进光刻机) | 0 | 100 | 17 | 17 | 台 | |
| 84862039 | ----其他 | | | | | | |
| 8486203900 | 其他将电路图投影或绘制到感光半导体材料上的装置(制造半导体器件或集成电路用的) | 0 | 100 | 17 | 17 | 台 | |

| 商品编号 | 商 品 名 称 及 备 注 | 进口关税税率(%) | | 增值税率(%) | 出口退税率(%) | 计量单位 | 监管条件 |
|---|---|---|---|---|---|---|---|
| | | 最惠国 | 普通 | | | | |
| 84862041 | ----等离子体干法刻蚀机 | | | | | | |
| 8486204100 | 制造半导体器件或集成电路用等离子体干法刻蚀机 | 0 | 30 | 17 | 17 | 台 | |
| 84862049 | ----其他 | | | | | | |
| 8486204900 | 其他制造半导体器件或集成电路用刻蚀及剥离设备 | 0 | 30 | 17 | 17 | 台 | |
| 84862050 | ---离子注入机 | | | | | | |
| 8486205000 | 制造半导体器件或集成电路用离子注入机 | 0 | 11 | 17 | 17 | 台 | |
| 84862090 | ---其他 | | | | | | |
| 8486209000 | 其他制造半导体器件或集成电路用机器及装置 | 0 | 30 | 17 | 17 | 台 | |
| 84863010 | ---扩散、氧化、退火及其他热处理设备 | | | | | | |
| 8486301000 | 制造平板显示器用扩散、氧化、退火及其他热处理设备 | 0 | 30 | 17 | 17 | 台 | |
| 84863021 | ----化学气相沉积设备(CVD) | | | | | | |
| 8486302100 | 制造平板显示器用化学气相沉积装置(CVD) | 0 | 30 | 17 | 17 | 台 | |
| 84863022 | ----物理气相沉积设备(PVD) | | | | | | |
| 8486302200 | 制造平板显示器用物理气相沉积装置(PVD) | 0 | 30 | 17 | 17 | 台 | |
| 84863029 | ----其他 | | | | | | |
| 8486302900 | 其他制造平板显示器用薄膜沉积设备 | 0 | 30 | 17 | 17 | 台 | |
| 84863031 | ----分布重复光刻机 | | | | | | |
| 8486303100 | 制造平板显示器用分步重复光刻机 | 0 | 100 | 17 | 17 | 台 | |
| 84863039 | ----其他 | | | | | | |
| 8486303900 | 其他将电路图投影或绘制到感光半导体材料上的装置(制造平板显示器用的机器及装置) | 0 | 100 | 17 | 17 | 台 | |
| 84863041 | ----超声波清洗装置 | | | | | | |
| 8486304100[暂5] | 制造平板显示器用超声波清洗装置 | 6.7/5* | 30 | 17 | 17 | 台 | |
| 84863049 | ----其他 | | | | | | |
| 8486304900 | 其他制造平板显示器用湿法蚀刻、显影、剥离、清洗装置 | 0 | 30 | 17 | 17 | 台 | |
| 84863090 | ---其他 | | | | | | |
| 8486309000 | 其他制造平板显示器用的机器及装置 | 0 | 30 | 17 | 17 | 台 | |
| 84864010 | ---主要用于或专用于制作和修复掩膜版(mask)或投影掩膜版(reticle)的装置 | | | | | | |
| 8486401000 | 主要用于或专用于制作和修复掩膜版或投影掩膜版的装置[掩膜版(mask),投影掩膜版(reticle)] | 0 | 70 | 17 | 17 | 台 | |
| 84864021 | ----塑封机 | | | | | | |
| 8486402100 | 塑封机(主要用于或专用于装配与封装半导体器件和集成电路的设备) | 3.3/2.5* | 30 | 17 | 17 | 台 | |
| 84864022 | ----引线键合装置 | | | | | | |
| 8486402200 | 引线键合装置(主要用于或专用于装配与封装半导体器件和集成电路的设备) | 5.3/4* | 30 | 17 | 17 | 台 | |
| 84864029 | ----其他 | | | | | | |
| 8486402900 | 其他主要或专用于装配封装半导体器件和集成电路的设备 | 0 | 17 | 17 | 17 | 台 | |
| 84864031 | ----集成电路工厂专用的自动搬运机器人 | | | | | | |
| 8486403100 | 集成电路工厂专用的自动搬运机器人 | 0 | 20 | 17 | 17 | 台 | |
| 84864039 | ----其他 | | | | | | |
| 8486403900 | 其他用于升降、装卸、搬运集成电路等的设备(升降、装卸、搬运单晶柱、晶圆、半导体器件、集成电路和平板显示器的装置) | 3.3/2.5* | 30 | 17 | 17 | 台 | |
| 84869010 | ---升降、搬运、装卸机器用(自动搬运设备用除外) | | | | | | |
| 8486901000 | 升降、搬运、装卸机器用零件或附件(编号848640项下商品用,但自动搬运设备用除外) | 2.5/1.3* | 30 | 17 | 17 | 千克 | |
| 84869020 | ---引线键合装置用 | | | | | | |

* 最惠国税率中,"/"左边的税率截止日期为2018年6月30日,"/"右边的税率有效日期为2018年7月1日~2999年12月31日。

| 商品编号 | 商品名称及备注 | 进口关税税率(%) | | 增值税率(%) | 出口退税率(%) | 计量单位 | 监管条件 |
|---|---|---|---|---|---|---|---|
| | | 最惠国 | 普通 | | | | |
| 8486902000 | 引线键合装置用零件或附件(编号848640项下商品用) | 3/1.5* | 30 | 17 | 17 | 千克 | |
| 84869091 | ----带背板的溅射靶材组件 | | | | | | |
| 8486909100 | 带背板的溅射靶材组件 | 0 | 17 | 17 | 17 | 千克 | |
| 84869099 | ----其他 | | | | | | |
| 8486909900 | 其他品目84.86项下商品用零件和附件 | 0 | 17 | 17 | 17 | 千克 | |
| **8487** | **本章其他编号未列名的机器零件,不具有电气接插件、绝缘体、线圈、触点或其他电气器材特征的** | | | | | | |
| 84871000 | -船用推进器及桨叶 | | | | | | |
| 8487100000 | 船用推进器及桨叶 | 6 | 14 | 17 | 17 | 千克 | |
| 84879000 | -其他 | | | | | | |
| 8487900000 | 本章其他编号未列名的机器零件(不具有电气接插件、绝缘体、线圈或其他电气器材特征的) | 8 | 30 | 17 | 15 | 千克 | |

* 最惠国税率中,"/"左边的税率截止日期为2018年6月30日,"/"右边的税率有效日期为2018年7月1日~2999年12月31日。

# 第八十五章　电机、电气设备及其零件；录音机及放声机、电视图像、声音的录制和重放设备及其零件、附件

**注释：**

一、本章不包括：

（一）电暖的毯子、褥子、足套及类似品，电暖的衣服、靴、鞋、耳套或其他供人穿戴的电暖物品；

（二）品目70.11的玻璃制品；

（三）品目84.86的机器及装置；

（四）用于医疗、外科、牙科或兽医的真空设备（品目90.18）；或

（五）第九十四章的电热家具。

二、品目85.01至85.04不适用于品目85.11、85.12、85.40、85.41或85.42的货品，但金属槽汞弧整流器仍归入品目85.04。

三、品目85.07所称"蓄电池"，包括与其一同报验的辅助元件，这些辅助元件具有储电、供电功能，或保护蓄电池免遭损坏，例如，电路连接器、温控装置（例如，热敏电阻）及电路保护装置，也可包括蓄电池的部分保护外壳。

四、品目85.09仅包括通常供家用的下列电动机械器具：

（一）任何重量的地板打蜡机、食品研磨机及食品搅拌器和水果或蔬菜的榨汁机；

（二）重量不超过20千克的其他机器。

但该品目不适用于风机、风扇或装有风扇的通风罩及循环气罩（不论是否装有过滤器，品目84.14）、离心干衣机（品目84.21）、洗碟机（品目84.22）、家用洗衣机（品目84.50）、滚筒式或其他形式的熨烫机器（品目84.20或84.51）、缝纫机（品目84.52）、电剪子（品目84.67）或电热器具（品目85.16）。

五、品目85.23所称：

（一）"固态、非易失性存储器件"（例如，"闪存卡"或"电子闪存卡"）是指带有接口的存储器件，其在同一壳体内包含一块或多块闪存（FLASH $E^2$ PROM），以集成电路的形式装配在一块印刷电路板上。它们可以包括一个集成电路形式的控制器及分立无源元件，例如，电容器及电阻器。

（二）所称"智能卡"，是指装有一块或多块集成电路［微处理器、随机存取存储器（RAM）或只读存储器（ROM）］芯片的卡。这些卡可带有触点、磁条或嵌入式天线，但不包含任何其他有源或无源电路元件。

六、品目85.34所称"印刷电路"，是指采用各种印制方法（例如，压印、覆镀、腐蚀）或采用"膜电路"工艺，将导线、接点或其他印制元件（例如，电感器、电阻器、电容器）按预定的图形单独或互相连接地印制在绝缘基片上的电路，但能够产生、整流、调制或放大电信号的元件（例如，半导体元件）除外。

所称"印刷电路"，不包括装有非印制元件的电路，也不包括单个的分立式电阻器、电容器及电感器，但印刷电路可配有非经印刷的连接元件。

用同样工艺制得的无源元件及有源元件组成的薄膜电路或厚膜电路应归入品目85.42。

七、品目85.36所称"光导纤维、光导纤维束或光缆用连接器"，是指在有线数字通讯设备中，简单机械地把光纤端部相连成一线的连接器。它们不具备诸如对信号进行放大、再生或修正等其他功能。

八、品目85.37不包括电视接收机或其他电气设备用的无绳红外遥控器（品目85.43）。

九、品目85.41及85.42所称：

（一）"二极管、晶体管及类似的半导体器件"，是指那些依靠外加电场引起电阻率的变化而进行工作的半导体器件。

（二）"集成电路"，是指：

1. 单片集成电路，即电路元件（二极管、晶体管、电阻器、电容器、电感器等）主要整体制作在一片半导体材料或化合物半导体材料（例如，掺杂硅、砷化镓、硅锗或磷化铟）基片的表面，并不可分割地连接在一起的电路。

2. 混合集成电路，即通过薄膜或厚膜工艺制得的无源元件（电阻器、电容器、电感器等）和通过半导体工艺制得的有源元件（二极管、晶体管、单片集成电路等）用互连或连接线不可分割地组合在同一绝缘基片（玻璃、陶瓷等）上的电路。这种电路也可包括分立元件。

3. 多芯片集成电路是由两个或多个单片集成电路不可分割地组合在一片或多片绝缘基片上构成的电路，不论是否带有引线框架，但不带有其他有源或无源的电路元件。

本注释所述物品在归类时，即使本协调制度其他品目涉及上述物品，尤其是物品的功能，仍应优先考虑归入品目85.41及85.42。

4.多元件集成电路（MCOs）：由一个或多个单片、混合或多芯片集成电路及下列至少一个元件组成：硅基传感器、执行器、振荡器、谐振器或其组件所构成的组合体，或者具有品目85.32、85.33、85.41所列商品功能的元件，或品目85.04的电感器。其像集成电路一样实际上不可分割地组合成一体，作为一种元件，通过引脚、引线、焊球、底面触点、凸点或导电压点进行连接，组装到印刷电路板（PCB）或其他载体上。

在本定义中：

（1）"元件"可以是分立的，独立制造后组装到多元件（MCO）的其余部分上，或者集成到其他元件内。

（2）"硅基"是指在硅基片上制造，或由硅材料制造而成，或者制造在集成电路裸片上。

②硅基执行器是由在半导体材料内部或表面制作的微电子或机械结构组成，具有将电信号转换成物理运动的功能。

③硅基谐振器是由在半导体材料内部或表面制作的微电子或机械结构组成，具有按预先设定的频率产生机械或电振荡的功能，频率取决于响应外部输入的结构的物理参数。

④硅基振荡器是有缘器件，由在半导体材料内部或表面制作的微电子或机械结构组成，具有按预先设定的频率产生机械或电振荡的功能，频率取决于这些结构的物理参数。

十、品目85.48所称"废原电池、废原电池组及废蓄电池"，是指因破损、拆解、耗尽或其他原因而不能再使用或充电的上述电池。

**子目注释：**

子目8527.12仅包括有内置放大器的盒式磁带放声机但无内置扬声器的盒式磁带放声机，它不需外接电源即能工作，且外形尺寸不超过170毫米×100毫米×45毫米。

| 商品编号 | 商品名称及备注 | 进口关税税率(%) | | 增值税率(%) | 出口退税率(%) | 计量单位 | 监管条件 |
|---|---|---|---|---|---|---|---|
| | | 最惠国 | 普通 | | | | |
| **8501** | **电动机及发电机(不包括发电机组)** | | | | | | |
| 85011010 | ---玩具用 | | | | | | |
| 8501101000 | 输出功率≤37.5 瓦玩具电动机 | 24.5 | 80 | 17 | 17 | 台 | |
| 85011091 | ----微电机,20 毫米≤机座尺寸≤39 毫米 | | | | | | |
| 8501109101[暂5] | 激光视盘机机芯精密微型电机(1 瓦≤功率≤18 瓦,20 毫米≤直径≤30 毫米) | 9 | 70 | 17 | 17 | 台 | |
| 8501109102[暂5] | 摄像机、摄录一体机用精密微型电机(0.5 瓦≤功率≤10 瓦,20 毫米≤直径≤39 毫米) | 9 | 70 | 17 | 17 | 台 | |
| 8501109190 | 其他机座最大尺寸在 20 毫米至 39 毫米微电机(输出功率≤37.5 瓦) | 9 | 70 | 17 | 17 | 台 | |
| 85011099 | ----其他 | | | | | | |
| 8501109901[暂5] | 功率≤0.5 瓦非用于激光视盘机机芯的微型电机(圆柱形直径≤6 毫米,高≤25 毫米;扁圆型直径≤15 毫米,厚度≤5 毫米) | 9 | 35 | 17 | 17 | 台 | |
| 8501109902[暂5] | 激光视盘机机芯用精密微型电机(0.5 瓦≤功率≤2 瓦,5 毫米≤直径<20 毫米) | 9 | 35 | 17 | 17 | 台 | |
| 8501109903[暂5] | 摄像机、摄录一体机用精密微型电机(0.5 瓦≤功率≤10 瓦,5 毫米≤直径<20 毫米或 39 毫米<直径≤40 毫米) | 9 | 35 | 17 | 17 | 台 | |
| 8501109990 | 其他微电机(输出功率≤37.5 瓦) | 9 | 35 | 17 | 17 | 台 | |
| 85012000 | -交直流两用电动机,输出功率>37.5 瓦 | | | | | | |
| 8501200000 | 输出功率>37.5 瓦的交直流两用电动机 | 12 | 35 | 17 | 17 | 台 | |
| 85013100 | --输出功率≤750 瓦 | | | | | | |
| 8501310000 | 其他输出功率≤750 瓦的直流电动机、发电机 | 12 | 35 | 17 | 17 | 台 | |
| 85013200 | --750 瓦<输出功率≤75 千瓦 | | | | | | |
| 8501320000 | 750 瓦<输出功率≤75 千瓦的直流电动机、发电机 | 10 | 35 | 17 | 17 | 台 | |
| 85013300 | --75 千瓦<输出功率≤375 千瓦 | | | | | | |
| 8501330000 | 75 千瓦<输出功率≤375 千瓦的直流电动机,发电机 | 5 | 35 | 17 | 17 | 台 | |
| 85013400 | --输出功率>375 千瓦 | | | | | | |
| 8501340000 | 输出功率>375 千瓦的直流电动机、发电机 | 12 | 35 | 17 | 17 | 台 | |
| 85014000 | -其他单相交流电动机 | | | | | | |
| 8501400000 | 单相交流电动机 | 12 | 35 | 17 | 17 | 台 | |
| 85015100 | --输出功率≤750 瓦 | | | | | | |
| 8501510010 | 发电机(功率≥40 瓦特,频率 600~2000 赫兹,谐波畸变<10%等) | 5 | 35 | 17 | 17 | 台 | 3 |
| 8501510090 | 其他输出功率≤750 瓦多相交流电动机 | 5 | 35 | 17 | 17 | 台 | |
| 85015200 | --750 瓦<输出功率≤75 千瓦 | | | | | | |
| 8501520000 | 750 瓦<输出功率≤75 千瓦的多相交流电动机 | 10 | 35 | 17 | 17 | 台 | |
| 85015300 | --输出功率>75 千瓦 | | | | | | |
| 8501530010[暂3] | 高速(200 千米/时及以上)电力机车的交流异步牵引电动机 | 12 | 35 | 17 | 17 | 台 | |
| 8501530090 | 其他功率>75 千瓦多相交流电动机 | 12 | 35 | 17 | 17 | 台 | |
| 85016100 | --输出功率≤75 千伏安 | | | | | | |
| 8501610000 | 输出功率≤75 千伏安交流发电机 | 5 | 30 | 17 | 17 | 台/千瓦 | |
| 85016200 | --75 千伏安<输出功率≤375 千伏安 | | | | | | |
| 8501620000 | 75 千伏安<输出功率≤375 千伏安交流发电机 | 12 | 30 | 17 | 17 | 台/千瓦 | |
| 85016300 | --375 千伏安<输出功率≤750 千伏安 | | | | | | |
| 8501630000 | 375 千伏安<输出功率≤750 千伏安交流发电机 | 12 | 30 | 17 | 17 | 台/千瓦 | |
| 85016410 | ---750 千伏安<输出功率≤350 兆伏安 | | | | | | |
| 8501641010[暂5] | 由使用可再生燃料锅炉和涡轮机组驱动的交流发电机,750 千伏安<输出功率≤350 兆伏安 | 10 | 30 | 17 | 17 | 台/千瓦 | 0 |
| 8501641090 | 其他 750 千伏安<输出功率≤350 兆伏安的交流发电机 | 10 | 30 | 17 | 17 | 台/千瓦 | 0 |
| 85016420 | ---350 兆伏安<输出功率≤665 兆伏安 | | | | | | |

| 商品编号 | 商品名称及备注 | 进口关税税率(%) | | 增值税率(%) | 出口退税率(%) | 计量单位 | 监管条件 |
|---|---|---|---|---|---|---|---|
| | | 最惠国 | 普通 | | | | |
| 8501642010[暂5] | 由使用可再生燃料锅炉和涡轮机组驱动的交流发电机,350 兆伏安<输出功率≤665 兆伏安 | 5.8 | 14 | 17 | 17 | 台/千瓦 | 0 |
| 8501642090 | 其他 350 兆伏安<输出功率≤665 兆伏安交流发电机 | 5.8 | 14 | 17 | 17 | 台/千瓦 | 0 |
| 85016430 | ---输出功率>665 兆伏安 | | | | | | |
| 8501643010[暂5] | 由使用可再生燃料锅炉和涡轮机组驱动的交流发电机,输出功率>665 兆伏安 | 6 | 11 | 17 | 17 | 台/千瓦 | 0 |
| 8501643090 | 其他输出功率>665 兆伏安交流发电机 | 6 | 11 | 17 | 17 | 台/千瓦 | 0 |
| **8502** | **发电机组及旋转式变流机** | | | | | | |
| 85021100 | --输出功率≤75 千伏安 | | | | | | |
| 8502110000 | 输出功率≤75 千伏安柴油发电机组(包括半柴油发电机组) | 10 | 45 | 17 | 17 | 台/千瓦 | |
| 85021200 | --75 千伏安<输出功率≤375 千伏安 | | | | | | |
| 8502120000 | 75 千伏安<输出功率≤375 千伏安柴油发电机组(包括半柴油发电机组) | 10 | 45 | 17 | 17 | 台/千瓦 | 0 |
| 85021310 | ---375 千伏安<输出功率≤2 兆伏安 | | | | | | |
| 8502131000 | 375 千伏安<输出功率≤2 兆伏安柴油发电机组(包括半柴油发电机组) | 10 | 45 | 17 | 17 | 台/千瓦 | 0 |
| 85021320 | ---输出功率>2 兆伏安 | | | | | | |
| 8502132000 | 输出功率>2 兆伏安柴油发电机组(包括半柴油发电机组) | 10 | 30 | 17 | 17 | 台/千瓦 | 0 |
| 85022000 | -装有点燃式活塞内燃发动机的发电机组 | | | | | | |
| 8502200000 | 装有点燃式活塞发动机的发电机组(内燃的) | 10 | 45 | 17 | 17 | 台/千瓦 | |
| 85023100 | --风力驱动的 | | | | | | |
| 8502310000[暂5] | 风力发电设备 | 8 | 30 | 17 | 17 | 台/千瓦 | |
| 85023900 | --其他 | | | | | | |
| 8502390010[暂5] | 依靠可再生能源(太阳能、小水电、潮汐、沼气、地热能、生物质/余热驱动的汽轮机)生产电力的发电机组 | 10 | 30 | 17 | 17 | 台/千瓦 | |
| 8502390090 | 其他发电机组(风力驱动除外) | 10 | 30 | 17 | 17 | 台/千瓦 | |
| 85024000 | -旋转式变流机 | | | | | | |
| 8502400000 | 旋转式变流机 | 10 | 30 | 17 | 17 | 台 | |
| **8503** | **专用于或主要用于品目 85.01 或 85.02 所列机器的零件** | | | | | | |
| 85030010 | ---编号 85011010 及 85011091 所列电动机用 | | | | | | |
| 8503001000 | 玩具用电动机等微电动机零件(编号 85011010 及 85011091 所列电动机零件) | 12 | 70 | 17 | 17 | 千克 | |
| 85030020 | ---编号 85016420 及 85016430 所列发电机用 | | | | | | |
| 8503002000 | 输出功率>350 兆伏安交流发电机零件(编号 85016420 及 85016430 所列发电机零件) | 3 | 11 | 17 | 17 | 千克 | |
| 85030030 | ---编号 85023100 所列发电机组用 | | | | | | |
| 8503003000[暂1] | 风力发电设备的零件(编号 85023100 所列发电机组零件) | 3 | 30 | 17 | 17 | 千克 | |
| 85030090 | ---其他 | | | | | | |
| 8503009010 | 电动机定子(用于真空中频率 600~2000 赫兹、功率 50~1000 伏安条件下) | 8 | 30 | 17 | 17 | 千克 | 3 |
| 8503009020[暂5] | 由使用可再生燃料锅炉和涡轮机组驱动的 750 千伏安<输出功率≤350 兆伏安的交流发电机的零件 | 8 | 30 | 17 | 17 | 千克 | |
| 8503009030[暂5] | 靠可再生能源(太阳能、小水电、潮汐、沼气、地热能、生物质/余热驱动的汽轮机)生产电力发电机组的零件 | 8 | 30 | 17 | 17 | 千克 | |
| 8503009090 | 其他电动机、发电机(组)零件 | 8 | 30 | 17 | 17 | 千克 | |
| **8504** | **变压器、静止式变流器(例如,整流器)及电感器** | | | | | | |
| 85041010 | ---电子镇流器 | | | | | | |
| 8504101000 | 电子镇流器 | 10 | 35 | 17 | 17 | 个 | |
| 85041090 | ---其他 | | | | | | |
| 8504109000 | 其他放电灯或放电管用镇流器 | 10 | 35 | 17 | 17 | 个 | |
| 85042100 | --额定容量≤650 千伏安 | | | | | | |
| 8504210000 | 额定容量≤650 千伏安液体介质变压器 | 10.5 | 50 | 17 | 17 | 个 | |

| 商品编号 | 商品名称及备注 | 进口关税税率(%) | | 增值税率(%) | 出口退税率(%) | 计量单位 | 监管条件 |
|---|---|---|---|---|---|---|---|
| | | 最惠国 | 普通 | | | | |
| 85042200 | --650千伏安<额定容量≤10兆伏安 | | | | | | |
| 8504220000 | 650千伏安<额定电压≤10兆伏安液体介质变压器 | 12.6 | 50 | 17 | 17 | 个 | |
| 85042311 | ----10兆伏安<额定容量<220兆伏安 | | | | | | |
| 8504231100 | 10兆伏安<额定容量<220兆伏安液体变压器 | 10 | 50 | 17 | 17 | 个 | |
| 85042312 | ----220兆伏安≤额定容量<330兆伏安 | | | | | | |
| 8504231200 | 220兆伏安≤额定容量<330兆伏安液体变压器 | 10 | 50 | 17 | 17 | 个 | |
| 85042313 | ----330兆伏安≤额定容量<400兆伏安 | | | | | | |
| 8504231300 | 330兆伏安≤额定容量<400兆伏安液体变压器 | 10 | 50 | 17 | 17 | 个 | |
| 85042321 | ----400兆伏安≤额定容量<500兆伏安 | | | | | | |
| 8504232100 | 400兆伏安≤额定容量<500兆伏安液体变压器 | 6 | 11 | 17 | 17 | 个 | |
| 85042329 | ----其他 | | | | | | |
| 8504232900 | 额定容量≥500兆伏安液体变压器 | 6 | 11 | 17 | 17 | 个 | |
| 85043110 | ---互感器 | | | | | | |
| 8504311000 | 额定容量≤1千伏安的互感器 | 5 | 50 | 17 | 17 | 个 | |
| 85043190 | ---其他 | | | | | | |
| 8504319000 | 额定容量≤1千伏安的其他变压器 | 5 | 50 | 17 | 17 | 个 | |
| 85043210 | ---互感器 | | | | | | |
| 8504321000 | 1千伏安<额定容量≤16千伏安的互感器 | 5 | 50 | 17 | 17 | 个 | |
| 85043290 | ---其他 | | | | | | |
| 8504329000 | 1千伏安<额定容量≤16千伏安的其他变压器 | 5 | 50 | 17 | 17 | 个 | |
| 85043310 | ---互感器 | | | | | | |
| 8504331000 | 16千伏安<额定容量≤500千伏安互感器 | 5 | 50 | 17 | 17 | 个/千克 | |
| 85043390 | ---其他 | | | | | | |
| 8504339000 | 16千伏安<额定容量≤500千伏安其他变压器 | 5 | 50 | 17 | 17 | 个/千克 | |
| 85043410 | ---互感器 | | | | | | |
| 8504341000 | 额定容量>500千伏安的互感器 | 14 | 50 | 17 | 17 | 个/千克 | |
| 85043490 | ---其他 | | | | | | |
| 8504349000 | 额定容量>500千伏安的其他变压器 | 14 | 50 | 17 | 17 | 个/千克 | |
| 85044013 | ----品目84.71所列机器用 | | | | | | |
| 8504401300 | 品目84.71所列机器用的稳压电源 | 0 | 40 | 17 | 17 | 个 | A |
| 85044014 | ----其他直流稳压电源,功率<1千瓦,精度低于万分之一 | | | | | | |
| 8504401400[暂3] | 功率<1千瓦直流稳压电源(稳压系数<0.01%,品目84.71所列机器用除外) | 4.7/3.5* | 80 | 17 | 17 | 个 | |
| 85044015 | ----其他交流稳压电源,功率<10千瓦,精度低于千分之一 | | | | | | |
| 8504401500 | 功率<10千瓦其他交流稳压电源(精度低于千分之一) | 0 | 80 | 17 | 17 | 个 | |
| 85044019 | ----其他 | | | | | | |
| 8504401910 | 同位素电磁分离器离子源磁体电源(高功率直流型) | 0 | 50 | 17 | 17 | 个 | 3 |
| 8504401920 | 直流高功率电源(能8小时连续产生100伏,500安电流,稳定度>0.1%) | 0 | 50 | 17 | 17 | 个 | 3 |
| 8504401930 | 高压直流电源(能8小时连续产生20千伏,1安电流,稳定度>0.2%) | 0 | 50 | 17 | 17 | 个 | 3 |
| 8504401940 | 同位素电磁分离器离子源高压电源 | 0 | 50 | 17 | 17 | 个 | 3 |
| 8504401990 | 其他稳压电源 | 0 | 50 | 17 | 17 | 个 | |
| 85044020 | ---不间断供电电源 | | | | | | |
| 8504402000 | 不间断供电电源(UPS) | 6.7/5* | 50 | 17 | 17 | 台 | |
| 85044030 | ---逆变器 | | | | | | |
| 8504403010 | 两用物项管制的逆变器(功率≥40瓦特,频率600~2000赫兹,谐波畸变<10%等) | 6.7/5* | 30 | 17 | 17 | 个 | 3 |

* 最惠国税率中,“/”左边的税率截止日期为2018年6月30日,“/”右边的税率有效日期为2018年7月1日~2999年12月31日。

| 商品编号 | 商品名称及备注 | 进口关税税率(%) | | 增值税率(%) | 出口退税率(%) | 计量单位 | 监管条件 |
|---|---|---|---|---|---|---|---|
| | | 最惠国 | 普通 | | | | |
| 8504403020[暂6] | 纯电动或混合动力汽车用逆变器模块,功率密度≥8千瓦/升 | 6.7/5* | 30 | 17 | 17 | 个 | |
| 8504403090 | 其他逆变器 | 6.7/5* | 30 | 17 | 17 | 个 | |
| 85044091 | ----具有变流功能的半导体模块 | | | | | | |
| 8504409110 | 具有变流功能的半导体模块(自动数据处理设备机器及组件、电讯设备用的) | 0 | 30 | 17 | 17 | 个 | |
| 8504409190[暂5] | 其他具有变流功能的半导体模块 | 6.7/5* | 30 | 17 | 17 | 个 | |
| 85044099 | ----其他 | | | | | | |
| 8504409910 | 静止式变流器(自动数据处理设备机器及组件、电讯设备用) | 0 | 30 | 17 | 17 | 个 | |
| 8504409920 | ITA产品用的印刷电路组件(包括外接组件,如符合PCMCIA标准的卡) | 0 | 30 | 17 | 17 | 个 | |
| 8504409930 | 专用于编号8503009010电动机定子的频率变换器[多相输出≥600赫兹,高稳定性(频率控制>0.2%)] | 6.7 | 30 | 17 | 17 | 个 | 3 |
| 8504409940 | 两用物项管制的频率变换器(功率≥40瓦特,频率600~2000赫兹,谐波畸变<10%等) | 6.7 | 30 | 17 | 17 | 个 | 3 |
| 8504409950 | 电源(真空或受控环境感应炉用电源,额定输出功率≥5千瓦) | 6.7 | 30 | 17 | 17 | 个 | 3 |
| 8504409960 | 模块式电脉冲发生器(在15毫秒内输出电流>100安,密封在防尘罩内,温宽范围大) | 6.7 | 30 | 17 | 17 | 个 | 3 |
| 8504409970[暂3] | 高速电力机车的牵引变流器[用于(200千米/时)电力机车] | 6.7/5* | 30 | 17 | 17 | 个 | |
| 8504409980[暂5] | 汽车冲压线用压力机变频调速装置 | 6.7/5* | 30 | 17 | 17 | 个 | |
| 8504409991[暂4] | 纯电动汽车及混合动力汽车用电机控制器 | 6.7/5* | 30 | 17 | 17 | 个 | |
| 8504409992[暂6] | 纯电动汽车或插电式混合动力汽车用车载充电机 | 6.7/5* | 30 | 17 | 17 | 个 | |
| 8504409999 | 其他未列名静止式变流器 | 6.7/5* | 30 | 17 | 17 | 个 | |
| 85045000 | -其他电感器 | | | | | | |
| 8504500000 | 其他电感器 | 0 | 35 | 17 | 17 | 个 | |
| 85049011 | ----编号85042321、85042329所列变压器用 | | | | | | |
| 8504901100 | 额定容量>400兆伏安液体介质变压器零件 | 3.3/2.5* | 11 | 17 | 17 | 千克 | |
| 85049019 | ----其他 | | | | | | |
| 8504901900 | 其他变压器零件 | 5.3/4* | 50 | 17 | 17 | 千克 | |
| 85049020 | ---稳压电源及不间断供电电源用 | | | | | | |
| 8504902000 | 稳压电源及不间断供电电源零件 | 5.3/4* | 50 | 17 | 17 | 千克 | |
| 85049090 | ---其他 | | | | | | |
| 8504909010[暂5] | 用于将可再生能源发电机组输出的直流电转换成交流电的逆变器的零件 | 5.3/4* | 30 | 17 | 17 | 千克 | |
| 8504909090 | 其他静止式变流器及电感器零件 | 5.3/4* | 30 | 17 | 17 | 千克 | |
| **8505** | **电磁铁;永磁铁及磁化后准备制永磁铁的物品;电磁铁或永磁铁卡盘、夹具及类似的工件夹具;电磁联轴节、离合器及制动器;电磁起重吸盘** | | | | | | |
| 85051110 | ---稀土的 | | | | | | |
| 8505111000 | 稀土永磁铁及稀土永磁体 | 7 | 20 | 17 | 17 | 千克 | |
| 85051190 | ---其他 | | | | | | |
| 8505119000 | 其他金属的永磁铁及永磁体 | 7 | 20 | 17 | 17 | 千克 | |
| 85051900 | --其他 | | | | | | |
| 8505190010 | 磁极块(直径>2米,用在同位素电磁分离器内) | 7 | 20 | 17 | 17 | 千克 | 3 |
| 8505190090 | 其他非金属的永磁铁及永磁体 | 7 | 20 | 17 | 17 | 千克 | |
| 85052000 | -电磁联轴节、离合器及制动器 | | | | | | |
| 8505200000 | 电磁联轴节、离合器及制动器 | 8 | 20 | 17 | 17 | 千克 | |
| 85059010 | ---电磁起重吸盘 | | | | | | |
| 8505901000 | 电磁起重吸盘 | 8 | 20 | 17 | 17 | 个/千克 | |
| 85059090 | ---其他 | | | | | | |
| 8505909010 | 超导螺线电磁体(产生超过2个泰斯拉磁场,长径比≥2,内径≥300毫米等) | 8 | 20 | 17 | 17 | 个/千克 | 3 |

* 最惠国税率中,"/"左边的税率截止日期为2018年6月30日,"/"右边的税率有效日期为2018年7月1日~2999年12月31日。

| 商品编号 | 商品名称及备注 | 进口关税税率(%) | | 增值税率(%) | 出口退税率(%) | 计量单位 | 监管条件 |
|---|---|---|---|---|---|---|---|
| | | 最惠国 | 普通 | | | | |
| 8505909020 | 专门或主要用于核磁共振成像装置的电磁体,但品目90.18所列其他电磁铁除外 | 4/2* | 20 | 17 | 17 | 个/千克 | |
| 8505909090 | 其他电磁铁;电磁铁或永磁铁卡盘、夹具及类似的工件夹具;品目85.05的零件 | 8 | 20 | 17 | 17 | 个/千克 | |
| **8506** | **原电池及原电池组** | | | | | | |
| 85061011 | ----扣式 | | | | | | |
| 8506101110 | 扣式无汞碱性锌锰的原电池及原电池组(汞含量<电池重量的0.0005%) | 20 | 80 | 17 | 15 | 个 | A |
| 8506101190 | 扣式含汞碱性锌锰的原电池及原电池组(汞含量≥电池重量的0.0005%) | 20 | 80 | 17 | 0 | 个 | A |
| 85061012 | ----圆柱形 | | | | | | |
| 8506101210 | 圆柱形无汞碱性锌锰的原电池及原电池组(汞含量<电池重量的0.0001%) | 20 | 80 | 17 | 15 | 个 | A |
| 8506101290 | 圆柱形含汞碱性锌锰的原电池及原电池组(汞含量≥电池重量的0.0001%) | 20 | 80 | 17 | 0 | 个 | A |
| 85061019 | ----其他 | | | | | | |
| 8506101910 | 其他无汞碱性锌锰的原电池及原电池组(汞含量<电池重量的0.0001%) | 20 | 80 | 17 | 15 | 个 | A |
| 8506101990 | 其他含汞碱性锌锰的原电池及原电池组(汞含量≥电池重量的0.0001%) | 20 | 80 | 17 | 15 | 个 | A |
| 85061090 | ---其他 | | | | | | |
| 8506109010 | 其他无汞二氧化锰的原电池及原电池组(汞含量<电池重量的0.0001%,扣式电池的汞含量<电池重量的0.0005%) | 20 | 80 | 17 | 15 | 个 | A |
| 8506109090 | 其他含汞二氧化锰的原电池及原电池组(汞含量≥电池重量的0.0001%,扣式电池的汞含量≥电池重量的0.0005%) | 20 | 80 | 17 | 15 | 个 | A |
| 85063000 | -氧化汞的 | | | | | | |
| 8506300000 | 氧化汞的原电池及原电池组 | 14 | 40 | 17 | 0 | 个 | A |
| 85064000 | -氧化银的 | | | | | | |
| 8506400010 | 氧化银的原电池及原电池组(无汞)(汞含量<电池重量的0.0001%,扣式电池的汞含量<电池重量的0.0005%) | 14 | 40 | 17 | 15 | 个 | A |
| 8506400090 | 氧化银的原电池及原电池组(含汞)(汞含量≥电池重量的0.0001%,扣式电池的汞含量≥电池重量的0.0005%) | 14 | 40 | 17 | 15 | 个 | A |
| 85065000 | -锂的 | | | | | | |
| 8506500000 | 锂的原电池及原电池组 | 14 | 40 | 17 | 15 | 个 | A |
| 85066000 | -锌空气的 | | | | | | |
| 8506600010 | 锌空气的原电池及原电池组(无汞)(汞含量<电池重量的0.0001%,扣式电池的汞含量<电池重量的0.0005%) | 14 | 40 | 17 | 15 | 个 | A |
| 8506600090 | 锌空气的原电池及原电池组(含汞)(汞含量≥电池重量的0.0001%,扣式电池的汞含量≥电池重量的0.0005%) | 14 | 40 | 17 | 15 | 个 | A |
| 85068000 | -其他原电池及原电池组 | | | | | | |
| 8506800011 | 无汞燃料电池(汞含量<电池重量的0.0001%,扣式电池的汞含量<电池重量的0.0005%) | 14 | 40 | 17 | 15 | 个 | A |
| 8506800019 | 其他无汞原电池及原电池组(汞含量<电池重量的0.0001%,扣式电池的汞含量<电池重量的0.0005%) | 14 | 40 | 17 | 15 | 个 | A |
| 8506800091 | 含汞燃料电池(汞含量≥电池重量的0.0001%,扣式电池的汞含量≥电池重量的0.0005%) | 14 | 40 | 17 | 15 | 个 | A |
| 8506800099 | 其他含汞原电池及原电池组(汞含量≥电池重量的0.0001%,扣式电池的汞含量≥电池重量的0.0005%) | 14 | 40 | 17 | 15 | 个 | A |
| 85069010 | ---编号850610所列电池用 | | | | | | |
| 8506901000 | 二氧化锰原电池或原电池组的零件 | 14 | 80 | 17 | 15 | 千克 | |
| 85069090 | ---其他 | | | | | | |
| 8506909000 | 其他原电池组或原电池组的零件 | 10 | 40 | 17 | 15 | 千克 | |

* 最惠国税率中,"/"左边的税率截止日期为2018年6月30日,"/"右边的税率有效日期为2018年7月1日~2999年12月31日。

| 商品编号 | 商品名称及备注 | 进口关税税率(%) | | 增值税率(%) | 出口退税率(%) | 计量单位 | 监管条件 |
|---|---|---|---|---|---|---|---|
| | | 最惠国 | 普通 | | | | |
| **8507** | **蓄电池,包括隔板,不论是否矩形(包括正方形)** | | | | | | |
| 85071000 | -铅酸蓄电池,用于启动活塞式发动机 | | | | | | |
| 8507100000 | 启动活塞式发动机用铅酸蓄电池 | 10 | 90 | 17 | 0 | 个 | A |
| 85072000 | -其他铅酸蓄电池 | | | | | | |
| 8507200000 | 其他铅酸蓄电池(启动活塞式发动机用铅酸蓄电池除外) | 10 | 90 | 17 | 0 | 个 | A |
| 85073000 | -镍镉蓄电池 | | | | | | |
| 8507300000 | 镍镉蓄电池 | 10 | 40 | 17 | 0 | 个 | A |
| 85074000 | -镍铁蓄电池 | | | | | | |
| 8507400000 | 镍铁蓄电池 | 12 | 40 | 17 | 15 | 个 | A |
| 85075000 | -镍氢蓄电池 | | | | | | |
| 8507500000 | 镍氢蓄电池 | 12 | 40 | 17 | 15 | 个 | A |
| 85076000 | -锂离子蓄电池 | | | | | | |
| 8507600010[暂8] | 纯电动汽车或插电式混合动力汽车用锂离子蓄电池单体(容量≥10Ah,比能量≥110Wh/kg) | 12 | 40 | 17 | 17 | 个 | A |
| 8507600020[暂10] | 纯电动汽车或插电式混合动力汽车用锂离子蓄电池系统(包含蓄电池模块、容器、盖、冷却系统、管理系统等,比能量≥80Wh/kg) | 12 | 40 | 17 | 17 | 个 | A |
| 8507600090 | 其他锂离子蓄电池 | 12 | 40 | 17 | 17 | 个 | A |
| 85078030 | ---全钒液流电池 | | | | | | |
| 8507803000 | 全钒液流电池 | 12 | 40 | 17 | 15 | 个/千克 | A |
| 85078090 | ---其他 | | | | | | |
| 8507809010 | 燃料电池 | 12 | 40 | 17 | 15 | 个/千克 | A |
| 8507809090 | 其他蓄电池 | 12 | 40 | 17 | 15 | 个/千克 | A |
| 85079010 | ---铅酸蓄电池用 | | | | | | |
| 8507901001[暂5] | 铅酸蓄电池电极 | 10 | 90 | 17 | 0 | 千克 | |
| 8507901090 | 其他铅酸蓄电池零件 | 10 | 90 | 17 | 0 | 千克 | |
| 85079090 | ---其他 | | | | | | |
| 8507909000[暂5] | 其他蓄电池零件 | 8 | 40 | 17 | 15 | 千克 | |
| **8508** | **真空吸尘器** | | | | | | |
| 85081100 | --功率≤1500瓦,且带有容积≤20升的集尘袋或其他集尘容器 | | | | | | |
| 8508110000 | 电动的真空吸尘器(功率≤1500瓦,且带有容积≤20升的集尘袋或其他集尘容器) | 10 | 130 | 17 | 17 | 台/千克 | |
| 85081900 | --其他 | | | | | | |
| 8508190000 | 其他电动的真空吸尘器 | 0 | 30 | 17 | 17 | 台/千克 | |
| 85086000 | -其他真空吸尘器 | | | | | | |
| 8508600000 | 其他真空吸尘器(非电动) | 0 | 30 | 17 | 17 | 台/千克 | |
| 85087010 | ---编号85081100所列吸尘器用 | | | | | | |
| 8508701000 | 编号85081100所列吸尘器用零件 | 12 | 100 | 17 | 17 | 千克 | |
| 85087090 | ---其他 | | | | | | |
| 8508709000 | 其他真空吸尘器零件 | 0 | 20 | 17 | 17 | 千克 | |
| **8509** | **家用电动器具,品目85.08的真空吸尘器除外** | | | | | | |
| 85094010 | ---水果或蔬菜的榨汁机 | | | | | | |
| 8509401000[暂6] | 水果或蔬菜的榨汁机 | 10 | 100 | 17 | 17 | 台/千克 | A |
| 85094090 | ---其他 | | | | | | |
| 8509409000[暂6] | 食品研磨机、搅拌器 | 10 | 100 | 17 | 17 | 台/千克 | A |
| 85098010 | ---地板打蜡机 | | | | | | |
| 8509801000[暂15] | 地板打蜡机 | 30 | 100 | 17 | 17 | 台/千克 | |
| 85098020 | ---厨房废物处理器 | | | | | | |

| 商品编号 | 商品名称及备注 | 进口关税税率(%) | | 增值税率(%) | 出口退税率(%) | 计量单位 | 监管条件 |
|---|---|---|---|---|---|---|---|
| | | 最惠国 | 普通 | | | | |
| 8509802000暂10 | 厨房废物处理器 | 20 | 100 | 17 | 17 | 台/千克 | |
| 85098090 | ---其他 | | | | | | |
| 8509809010暂10 | 电动牙刷 | 30 | 100 | 17 | 17 | 台/千克 | A |
| 8509809090暂15 | 其他家用电动器具(电动牙刷除外) | 30 | 100 | 17 | 17 | 台/千克 | A |
| 85099000 | -零件 | | | | | | |
| 8509900000暂6 | 家用电动器具的零件 | 12 | 100 | 17 | 17 | 千克 | |
| **8510** | **电动剃须刀、电动毛发推剪及电动脱毛器** | | | | | | |
| 85101000 | -剃须刀 | | | | | | |
| 8510100000暂10 | 电动剃须刀 | 30 | 100 | 17 | 17 | 个 | |
| 85102000 | -毛发推剪 | | | | | | |
| 8510200000暂15 | 电动毛发推剪 | 30 | 100 | 17 | 17 | 个 | |
| 85103000 | -脱毛器 | | | | | | |
| 8510300000暂10 | 电动脱毛器 | 20 | 100 | 17 | 17 | 个 | |
| 85109000 | -零件 | | | | | | |
| 8510900000暂12 | 品目85.10所列货品的零件 | 24.5 | 100 | 17 | 17 | 千克 | |
| **8511** | **点燃式或压燃式内燃发动机用的电点火及电启动装置(例如,点火磁电机、永磁直流发电机、点火线圈、火花塞、电热塞及启动电机);附属于上述内燃发动机的发电机(例如,直流发电机、交流发电机)及断流器** | | | | | | |
| 85111000 | -火花塞 | | | | | | |
| 8511100000 | 火花塞 | 10 | 30 | 17 | 17 | 个 | |
| 85112010 | ---机车、航空器及船舶用 | | | | | | |
| 8511201000 | 点火磁电机,永磁直流发电机(包括磁飞轮,指机车、航空器及船舶用) | 5 | 11 | 17 | 17 | 个 | |
| 85112090 | ---其他 | | | | | | |
| 8511209000 | 其他点火磁电机、磁飞轮(包括永磁直流发电机) | 10 | 30 | 17 | 17 | 个 | |
| 85113010 | ---机车、航空器及船舶用 | | | | | | |
| 8511301000 | 分电器及点火线圈(指机车、航空器、船舶用) | 5 | 11 | 17 | 17 | 个 | |
| 85113090 | ---其他 | | | | | | |
| 8511309000 | 其他用途用分电器、点火线圈 | 8.4 | 30 | 17 | 17 | 个 | |
| 85114010 | ---机车、航空器及船舶用 | | | | | | |
| 8511401000 | 启动电机及两用启动发电机(指机车、航空器、船舶用) | 5 | 11 | 17 | 17 | 个 | |
| 85114091 | ----输出功率≥132.39千瓦(180马力)的发动机用启动电机 | | | | | | |
| 8511409100 | 输出功率≥132.39千瓦启动电机(输出功率≥180马力的发动机用) | 8.4 | 30 | 17 | 17 | 个 | |
| 85114099 | ----其他 | | | | | | |
| 8511409900 | 其他用途的启动电机(包括两用启动发电机) | 8.4 | 30 | 17 | 17 | 个 | |
| 85115010 | ---机车、航空器及船舶用 | | | | | | |
| 8511501000 | 其他机车、航空器、船舶用发电机 | 5 | 11 | 17 | 17 | 个 | |
| 85115090 | ---其他 | | | | | | |
| 8511509000 | 其他附属于内燃发动机的发电机 | 8.4 | 30 | 17 | 17 | 个 | |
| 85118000 | -其他装置 | | | | | | |
| 8511800000 | 发动机用电点火,启动的其他装置(指点燃式或压燃式内燃发动机用的) | 8.4 | 30 | 17 | 17 | 个 | |
| 85119010 | ---本品目所列供机车、航空器及船舶用的各种装置零件 | | | | | | |
| 8511901000 | 车船飞机用电点火,启动装置零件(指品目85.11所列供机车、航空器及船舶用各种装置的零件) | 4.5 | 11 | 17 | 17 | 千克 | |
| 85119090 | ---其他 | | | | | | |
| 8511909000 | 其他用电点火,电启动装置的零件(指品目85.11所列供其他用途的各种装置的零件) | 5 | 30 | 17 | 17 | 千克 | |

| 商品编号 | 商品名称及备注 | 进口关税税率(%) | | 增值税率(%) | 出口退税率(%) | 计量单位 | 监管条件 |
|---|---|---|---|---|---|---|---|
| | | 最惠国 | 普通 | | | | |
| **8512** | **自行车或机动车辆用的电气照明或信号装置(品目85.39的物品除外)、风挡刮水器、除霜器及去雾器** | | | | | | |
| 85121000 | -自行车用照明或视觉信号装置 | | | | | | |
| 8512100000 | 自行车用照明或视觉信号装置 | 10.5 | 45 | 17 | 17 | 个 | |
| 85122010 | ---机动车辆用照明装置 | | | | | | |
| 8512201000 | 机动车辆用照明装置 | 10 | 45 | 17 | 17 | 个 | |
| 85122090 | ---其他 | | | | | | |
| 8512209000 | 其他照明或视觉信号装置(包括机动车辆用视觉装置) | 10 | 45 | 17 | 17 | 个 | |
| 85123011 | ----喇叭、蜂鸣器 | | | | | | |
| 8512301100 | 机动车辆用喇叭、蜂鸣器 | 10 | 45 | 17 | 17 | 个 | |
| 85123012 | ----防盗报警器 | | | | | | |
| 8512301200 | 机动车辆用防盗报警器 | 10 | 40 | 17 | 17 | 个 | |
| 85123019 | ----其他 | | | | | | |
| 8512301900 | 机动车辆用其他音响信号装置 | 10 | 45 | 17 | 17 | 个 | |
| 85123090 | ---其他 | | | | | | |
| 8512309000 | 其他车辆用电器音响信号装置 | 10 | 45 | 17 | 17 | 个 | |
| 85124000 | -风挡刮水器、除霜器及去雾器 | | | | | | |
| 8512400000 | 车辆风挡刮水器、除霜器及去雾器 | 10 | 45 | 17 | 17 | 个 | |
| 85129000 | -零件 | | | | | | |
| 8512900000 | 品目85.12所列装置的零件(指车辆等用照明装置、信号装置、风挡刮水器、除霜器等零件) | 8 | 45 | 17 | 17 | 千克 | |
| **8513** | **自供能源(例如,使用干电池、蓄电池、永磁发电机)的手提式电灯,但品目85.12的照明装置除外** | | | | | | |
| 85131010 | ---手电筒 | | | | | | |
| 8513101000 | 手电筒 | 15 | 100 | 17 | 17 | 个 | |
| 85131090 | ---其他 | | | | | | |
| 8513109000 | 其他自供能源手提式电灯(但品目85.12的照明装置除外) | 17.5 | 70 | 17 | 17 | 个 | |
| 85139010 | ---编号85131010手电筒用 | | | | | | |
| 8513901000 | 手电筒零件 | 14 | 100 | 17 | 17 | 千克 | |
| 85139090 | ---其他 | | | | | | |
| 8513909000 | 其他自供能源手提式电灯零件 | 14 | 70 | 17 | 17 | 千克 | |
| **8514** | **工业或实验室用电炉及电烘箱(包括通过感应或介质损耗工作的);工业或实验室用其他通过感应或介质损耗对材料进行热处理的设备** | | | | | | |
| 85141010 | ---可控气氛热处理炉 | | | | | | |
| 8514101000 | 可控气氛热处理炉 | 0 | 30 | 17 | 17 | 台 | |
| 85141090 | ---其他 | | | | | | |
| 8514109000 | 工业用其他电阻加热炉及烘箱(包括实验室用) | 0 | 30 | 17 | 17 | 台 | |
| 85142000 | -通过感应或介质损耗工作的炉及烘箱 | | | | | | |
| 8514200010 | 真空感应炉或受控环境感应炉(工作温度>850℃,感应线圈直径≤600毫米,功率≥5千瓦) | 0 | 30 | 17 | 17 | 台 | 3 |
| 8514200090 | 其他感应或介质损耗工作炉及烘箱(包括实验室用) | 0 | 30 | 17 | 17 | 台 | |
| 85143000 | -其他炉及烘箱 | | | | | | |
| 8514300020 | 电弧重熔炉、电弧熔炉和电弧融化铸造炉(容量1000~20000立方厘米,使用自耗电极,工作温度>1700℃) | 0 | 30 | 17 | 17 | 台 | 3 |
| 8514300030 | 电子束熔化炉(功率≥50千瓦,能在熔化温度>1200℃工作) | 0 | 30 | 17 | 17 | 台 | 3 |
| 8514300040 | 等离子体雾化炉和等离子体熔化炉(功率≥50千瓦,能在熔化温度>1200℃工作) | 0 | 30 | 17 | 17 | 台 | 3 |
| 8514300090 | 工业用其他电炉及电烘箱(包括实验室用) | 0 | 30 | 17 | 17 | 台 | |

| 商品编号 | 商品名称及备注 | 进口关税税率(%) | | 增值税率(%) | 出口退税率(%) | 计量单位 | 监管条件 |
|---|---|---|---|---|---|---|---|
| | | 最惠国 | 普通 | | | | |
| 85144000 | -其他通过感应或介质损耗对材料进行热处理的设备 | | | | | | |
| 8514400001[暂7] | 焊缝中频退火装置 | 10 | 30 | 17 | 17 | 台 | |
| 8514400090 | 其他感应或介质损耗的加热设备(包括实验室用) | 10 | 30 | 17 | 17 | 台 | |
| 85149010 | ---炼钢电炉用 | | | | | | |
| 8514901000 | 炼钢电炉用零件 | 8 | 30 | 17 | 17 | 千克 | |
| 85149090 | ---其他 | | | | | | |
| 8514909000 | 工业用电阻加热炉及烘箱等零件(指品目85.14所列货品的零件) | 0 | 30 | 17 | 17 | 千克 | |
| **8515** | **电气(包括电热气体)、激光、其他光、光子束、超声波、电子束、磁脉冲或等离子弧焊接机器及装置,不论是否兼有切割功能;用于热喷金属或金属陶瓷的电气机器及装置** | | | | | | |
| 85151100 | --烙铁及焊枪 | | | | | | |
| 8515110000 | 钎焊机器及装置用烙铁及焊枪 | 10 | 30 | 17 | 17 | 个 | |
| 85151900 | --其他 | | | | | | |
| 8515190010 | 专门或主要用于印刷电路组件制造的其他波峰焊接机器 | 6.7/5* | 30 | 17 | 17 | 台 | |
| 8515190090 | 其他钎焊机器及装置 | 10 | 30 | 17 | 17 | 台 | |
| 85152120 | ---机器人 | | | | | | |
| 8515212001[暂5] | 汽车生产线电阻焊接机器人 | 10 | 30 | 17 | 17 | 台 | AO |
| 8515212090 | 其他电阻焊接机器人 | 10 | 30 | 17 | 17 | 台 | AO |
| 85152191 | ----直缝焊管机 | | | | | | |
| 8515219100 | 直缝焊管机(电阻焊接式,全自动或半自动的) | 10 | 30 | 17 | 17 | 台 | |
| 85152199 | ----其他 | | | | | | |
| 8515219900 | 其他电阻焊接机器(全自动或半自动的) | 10 | 30 | 17 | 17 | 台 | AO |
| 85152900 | --其他 | | | | | | |
| 8515290000 | 其他电阻焊接机器及装置 | 10 | 30 | 17 | 17 | 台 | A |
| 85153120 | ---机器人 | | | | | | |
| 8515312000 | 电弧(包括等离子弧)焊接机器人 | 10 | 30 | 17 | 17 | 台 | AO |
| 85153191 | ----螺旋焊管机 | | | | | | |
| 8515319100 | 螺旋焊管机[电弧(包括等离子弧)焊接式,全自动或半自动的] | 10 | 30 | 17 | 17 | 台 | |
| 85153199 | ----其他 | | | | | | |
| 8515319900 | 其他电弧(包括等离子弧)焊接机及装置(全自动或半自动的) | 10 | 30 | 17 | 17 | 台 | AO |
| 85153900 | --其他 | | | | | | |
| 8515390000 | 其他电弧(等离子弧)焊接机器及装置(非全自动或半自动的) | 10 | 30 | 17 | 17 | 台 | A |
| 85158010 | ---激光焊接机器人 | | | | | | |
| 8515801001[暂5] | 汽车生产线激光焊接机器人 | 8 | 30 | 17 | 17 | 台 | |
| 8515801090 | 其他激光焊接机器人 | 8 | 30 | 17 | 17 | 台 | |
| 85158090 | ---其他 | | | | | | |
| 8515809010 | 电子束、激光自动焊接机[将端塞焊接于燃料细棒(或棒)的自动焊接机] | 8 | 30 | 17 | 17 | 台 | 3 |
| 8515809090 | 其他焊接机器及装置 | 8 | 30 | 17 | 17 | 台 | |
| 85159000 | -零件 | | | | | | |
| 8515900010[暂3] | 专门或主要用于印刷电路组件制造的其他波峰焊接机器的零件 | 4/3* | 30 | 17 | 17 | 千克 | |
| 8515900090[暂3] | 其他电气等焊接机器及装置零件(包括激光、其他光、光子束、超声波、电子束磁脉冲等) | 6 | 30 | 17 | 17 | 千克 | |
| **8516** | **电热的快速热水器、储存式热水器、浸入式液体加热器;电气空间加热器及土壤加热器;电热的理发器具(例如,电吹风机、电卷发器、电热发钳)及干手器;电熨斗;其他家用电热器具;加热电阻器,但品目85.45的货品除外** | | | | | | |
| 85161010 | ---储存式电热水器 | | | | | | |

* 最惠国税率中,"/"左边的税率截止日期为2018年6月30日,"/"右边的税率有效日期为2018年7月1日~2999年12月31日。

| 商品编号 | 商 品 名 称 及 备 注 | 进口关税税率(%) | | 增值税率(%) | 出口退税率(%) | 计量单位 | 监管条件 |
|---|---|---|---|---|---|---|---|
| | | 最惠国 | 普通 | | | | |
| 8516101000 | 储存式电热水器 | 10 | 100 | 17 | 17 | 个 | A |
| 85161020 | ---即热式电热水器 | | | | | | |
| 8516102000 | 即热式电热水器 | 10 | 100 | 17 | 17 | 个 | A |
| 85161090 | ---其他 | | | | | | |
| 8516109000 | 其他电热水器 | 10 | 100 | 17 | 17 | 个 | A |
| 85162100 | --储存式散热器 | | | | | | |
| 8516210000[暂17] | 电气储存式散热器 | 35 | 100 | 17 | 17 | 个 | |
| 85162910 | ---土壤加热器 | | | | | | |
| 8516291000 | 电气土壤加热器 | 10 | 40 | 17 | 17 | 个 | |
| 85162920 | ---辐射式空间加热器 | | | | | | |
| 8516292000 | 辐射式空间加热器 | 10 | 100 | 17 | 17 | 个 | |
| 85162931 | ----风扇式 | | | | | | |
| 8516293100 | 风扇式对流空间加热器 | 10 | 100 | 17 | 17 | 个 | |
| 85162932 | ----充液式 | | | | | | |
| 8516293200 | 充液式对流空间加热器 | 10 | 100 | 17 | 17 | 个 | |
| 85162939 | ----其他 | | | | | | |
| 8516293900 | 其他对流式空间加热器 | 10 | 100 | 17 | 17 | 个 | |
| 85162990 | ---其他 | | | | | | |
| 8516299000 | 电气空间加热器 | 10 | 100 | 17 | 17 | 个 | |
| 85163100 | --吹风机 | | | | | | |
| 8516310000 | 电吹风机 | 10 | 100 | 17 | 17 | 个 | A |
| 85163200 | --其他理发器具 | | | | | | |
| 8516320000[暂17] | 其他电热理发器具 | 35 | 100 | 17 | 17 | 个 | A |
| 85163300 | --干手器 | | | | | | |
| 8516330000[暂17] | 电热干手器 | 35 | 100 | 17 | 17 | 个 | A |
| 85164000 | -电熨斗 | | | | | | |
| 8516400000[暂10] | 电熨斗 | 35 | 100 | 17 | 17 | 个 | A |
| 85165000 | -微波炉 | | | | | | |
| 8516500000[暂8] | 微波炉 | 15 | 130 | 17 | 17 | 个 | A |
| 85166010 | ---电磁炉 | | | | | | |
| 8516601000 | 电磁炉 | 15 | 130 | 17 | 17 | 个 | A |
| 85166030 | ---电饭锅 | | | | | | |
| 8516603000[暂8] | 电饭锅 | 15 | 130 | 17 | 17 | 个 | A |
| 85166040 | ---电炒锅 | | | | | | |
| 8516604000 | 电炒锅 | 15 | 130 | 17 | 17 | 个 | A |
| 85166050 | ---电烤箱 | | | | | | |
| 8516605000[暂8] | 电烤箱 | 15 | 130 | 17 | 17 | 个 | A |
| 85166090 | ---其他 | | | | | | |
| 8516609000[暂10] | 其他电热炉(包括电热板、加热环、烧烤炉及烘烤器) | 15 | 130 | 17 | 17 | 个 | A |
| 85167110 | ---滴液式咖啡机 | | | | | | |
| 8516711000[暂10] | 滴液式咖啡机 | 32 | 130 | 17 | 17 | 个 | A |
| 85167120 | ---蒸馏渗滤式咖啡机 | | | | | | |
| 8516712000[暂10] | 蒸馏渗滤式咖啡机 | 32 | 130 | 17 | 17 | 个 | A |
| 85167130 | ---泵压式咖啡机 | | | | | | |
| 8516713000[暂10] | 泵压式咖啡机 | 32 | 130 | 17 | 17 | 个 | A |
| 85167190 | ---其他 | | | | | | |

| 商品编号 | 商品名称及备注 | 进口关税税率(%) | | 增值税率(%) | 出口退税率(%) | 计量单位 | 监管条件 |
|---|---|---|---|---|---|---|---|
| | | 最惠国 | 普通 | | | | |
| 8516719000[暂16] | 其他电热咖啡机和茶壶 | 32 | 130 | 17 | 17 | 个 | A |
| 85167210 | ---家用自动面包机 | | | | | | |
| 8516721000[暂16] | 家用自动面包机 | 32 | 130 | 17 | 17 | 个 | A |
| 85167220 | ---片式烤面包机(多士炉) | | | | | | |
| 8516722000[暂16] | 片式烤面包机(多士炉) | 32 | 130 | 17 | 17 | 个 | A |
| 85167290 | ---其他 | | | | | | |
| 8516729000[暂16] | 其他电热烤面包器 | 32 | 130 | 17 | 17 | 个 | A |
| 85167910 | ---电热饮水机 | | | | | | |
| 8516791000[暂16] | 电热饮水机 | 32 | 100 | 17 | 17 | 台 | A |
| 85167990 | ---其他 | | | | | | |
| 8516799010[暂10] | 电智能马桶盖 | 32 | 100 | 17 | 17 | 个 | A |
| 8516799090[暂16] | 其他电热器具(电智能马桶盖除外) | 32 | 100 | 17 | 17 | 个 | A |
| 85168000 | -加热电阻器 | | | | | | |
| 8516800000 | 加热电阻器 | 10 | 40 | 17 | 17 | 个 | |
| 85169010 | ---土壤加热器及加热电阻器用 | | | | | | |
| 8516901000 | 土壤加热器及加热电阻器零件 | 8 | 40 | 17 | 17 | 千克 | |
| 85169090 | ---其他 | | | | | | |
| 8516909000[暂8] | 品目85.16所列货品的其他零件 | 12 | 100 | 17 | 17 | 千克 | |
| **8517** | **电话机,包括用于蜂窝网络或其他无线网络的电话机;其他发送或接收声音、图像或其他数据用的设备,包括有线或无线网络(例如,局域网或广域网)的通信设备,品目84.43、85.25、85.27或85.28的发送或接收设备除外** | | | | | | |
| 85171100 | --无绳电话机 | | | | | | |
| 8517110010 | 无绳加密电话机 | 0 | 30 | 17 | 17 | 台 | AM |
| 8517110090 | 其他无绳电话机 | 0 | 30 | 17 | 17 | 台 | A |
| 85171210 | ---手持(包括车载)式无线电话机 | | | | | | |
| 8517121011 | GSM数字式手持无线电话整套散件 | 0 | 20 | 17 | 17 | 台 | O |
| 8517121019 | 其他GSM数字式手持无线电话机 | 0 | 20 | 17 | 17 | 台 | AO |
| 8517121021 | CDMA数字式手持无线电话整套散件 | 0 | 20 | 17 | 17 | 台 | O |
| 8517121029 | 其他CDMA数字式手持无线电话机 | 0 | 20 | 17 | 17 | 台 | AO |
| 8517121090 | 其他手持式无线电话机(包括车载式无线电话机) | 0 | 20 | 17 | 17 | 台 | AO |
| 85171220 | ---对讲机 | | | | | | |
| 8517122000 | 对讲机(用于蜂窝网络或其他无线网络的) | 0 | 17 | 17 | 17 | 台 | |
| 85171290 | ---其他 | | | | | | |
| 8517129000 | 其他用于蜂窝网络或其他无线网络的电话机 | 0 | 14 | 17 | 17 | 台 | O |
| 85171800 | --其他 | | | | | | |
| 8517180010 | 其他加密电话机 | 0 | 30 | 17 | 17 | 台 | AM |
| 8517180090 | 其他电话机 | 0 | 30 | 17 | 17 | 台 | A |
| 85176110 | ---移动通信基站 | | | | | | |
| 8517611010 | GSM式移动通信基地站 | 0 | 14 | 17 | 17 | 台 | O |
| 8517611020 | CDMA式移动通信基地站 | 0 | 14 | 17 | 17 | 台 | O |
| 8517611030 | TACS式移动通信基地站 | 0 | 14 | 17 | 17 | 台 | |
| 8517611090 | 其他移动通信基地站 | 0 | 14 | 17 | 17 | 台 | O |
| 85176190 | ---其他 | | | | | | |
| 8517619000 | 其他基站 | 0 | 14 | 17 | 17 | 台 | O |
| 85176211 | ----局用电话交换机;长途电话交换机;电报交换机 | | | | | | |
| 8517621100 | 局用电话交换机、长途电话交换机、电报交换机,数字式 | 0 | 17 | 17 | 17 | 台 | |

| 商品编号 | 商品名称及备注 | 进口关税税率(%) | | 增值税率(%) | 出口退税率(%) | 计量单位 | 监管条件 |
|---|---|---|---|---|---|---|---|
| | | 最惠国 | 普通 | | | | |
| 85176212 | ----移动通信交换机 | | | | | | |
| 8517621200 | 数字移动通信交换机 | 0 | 40 | 17 | 17 | 台 | O |
| 85176219 | ----其他电话交换机 | | | | | | |
| 8517621900 | 其他数字式程控电话交换机 | 0 | 40 | 17 | 17 | 台 | A |
| 85176221 | ----光端机及脉冲编码调制设备(PCM) | | | | | | |
| 8517622100 | 光端机及脉冲编码调制设备(PCM) | 0 | 17 | 17 | 17 | 台 | O |
| 85176222 | ----波分复用光传输设备 | | | | | | |
| 8517622200 | 波分复用光传输设备 | 0 | 30 | 17 | 17 | 台 | O |
| 85176229 | ----其他 | | | | | | |
| 8517622910 | 光通讯加密路由器 | 0 | 30 | 17 | 17 | 台 | AMO |
| 8517622990 | 其他光通讯设备 | 0 | 30 | 17 | 17 | 台 | OA |
| 85176231 | ----通信网络时钟同步设备 | | | | | | |
| 8517623100 | 非光通讯网络时钟同步设备 | 0 | 30 | 17 | 17 | 台 | |
| 85176232 | ----以太网络交换机 | | | | | | |
| 8517623210 | 非光通讯加密以太网络交换机 | 0 | 30 | 17 | 17 | 台 | M |
| 8517623290 | 其他非光通讯以太网络交换机 | 0 | 30 | 17 | 17 | 台 | |
| 85176233 | ----IP 电话信号转换设备 | | | | | | |
| 8517623300 | IP 电话信号转换设备 | 0 | 30 | 17 | 17 | 台 | A |
| 85176234 | ----调制解调器 | | | | | | |
| 8517623400 | 调制解调器 | 0 | 30 | 17 | 17 | 台 | A |
| 85176235 | ----集线器 | | | | | | |
| 8517623500 | 集线器 | 0 | 40 | 17 | 17 | 台 | A |
| 85176236 | ----路由器 | | | | | | |
| 8517623610 | 非光通讯加密路由器 | 0 | 40 | 17 | 17 | 台 | M |
| 8517623690 | 其他路由器 | 0 | 40 | 17 | 17 | 台 | |
| 85176237 | ----有线网络接口卡 | | | | | | |
| 8517623710 | 为聚合高性能数字计算机性能而专门设计的有线网络接口卡[单链路单向通信速率超过2.0GB/s,高性能数字计算机是指调整后峰值性能(APP)大于8.0加权每秒万亿次浮点运算的数字计算机] | 0 | 30 | 17 | 17 | 台 | 3 |
| 8517623790 | 其他有线网络接口卡 | 0 | 30 | 17 | 17 | 台 | |
| 85176239 | ----其他 | | | | | | |
| 8517623910 | 为聚合高性能数字计算机性能而专门设计的交换机[单链路单向通信速率超过2.0GB/s,自定义通信协议。高性能数字计算机是指调整后峰值性能(APP)大于8.0加权每秒万亿次浮点运算的数字计算机] | 0 | 30 | 17 | 17 | 台 | 3O |
| 8517623990 | 其他有线数字通信设备 | 0 | 30 | 17 | 17 | 台 | O |
| 85176292 | ----无线网络接口卡 | | | | | | |
| 8517629200 | 无线网络接口卡 | 0 | 14 | 17 | 17 | 台 | |
| 85176293 | ----无线接入固定台 | | | | | | |
| 8517629300 | 无线接入固定台 | 0 | 14 | 17 | 17 | 台 | |
| 85176294 | ----无线耳机 | | | | | | |
| 8517629400 | 无线耳机 | 0 | 14 | 17 | 17 | 个 | |
| 85176299 | ----其他 | | | | | | |
| 8517629900 | 其他接收、转换并发送或再生音像或其他数据用的设备 | 0 | 14 | 17 | 17 | 台 | |
| 85176910 | ---其他无线设备 | | | | | | |
| 8517691001 | 用于呼叫、提示和寻呼的便携式接收器 | 0 | 14 | 17 | 17 | 台 | A |

| 商品编号 | 商品名称及备注 | 进口关税税率(%) | | 增值税率(%) | 出口退税率(%) | 计量单位 | 监管条件 |
|---|---|---|---|---|---|---|---|
| | | 最惠国 | 普通 | | | | |
| 8517691090 | 其他无线通信设备 | 6/4.5* | 14 | 17 | 17 | 台 | AO |
| 85176990 | ---其他有线设备 | | | | | | |
| 8517699000 | 其他有线通信设备 | 0 | 30 | 17 | 17 | 台 | |
| 85177010 | ---数字式程控电话或电报交换机用 | | | | | | |
| 8517701000 | 数字式程控电话或电报交换机零件 | 0 | 14 | 17 | 17 | 千克 | |
| 85177020 | ---光端机及脉冲编码调制设备(PCM)用 | | | | | | |
| 8517702000 | 光端机、脉冲编码调制设备的零件 | 0 | 14 | 17 | 17 | 千克 | |
| 85177030 | ---手持式无线电话机用(天线除外) | | | | | | |
| 8517703000 | 手持式无线电话机用零件(天线除外) | 0 | 17 | 17 | 17 | 千克 | |
| 85177040 | ---对讲机用(天线除外) | | | | | | |
| 8517704000 | 对讲机用零件(天线除外) | 4/2* | 20 | 17 | 17 | 千克 | |
| 85177060 | ---光通信设备的激光收发模块 | | | | | | |
| 8517706000 | 光通信设备的激光收发模块 | 0 | 30 | 17 | 17 | 千克 | |
| 85177070 | ---品目85.17所列设备用天线及其零件 | | | | | | |
| 8517707001 | 无线电话电报装置的天线 | 0 | 20 | 17 | 17 | 千克 | |
| 8517707090 | 品目85.17所列设备用其他天线及其零件 | 1/0.5* | 20 | 17 | 17 | 千克 | |
| 85177090 | ---其他 | | | | | | |
| 8517709000 | 品目85.17所列其他通信设备零件 | 0 | 20 | 17 | 17 | 千克 | |
| **8518** | **传声器(麦克风)及其座架;扬声器,不论是否装成音箱;耳机、耳塞机,不论是否装有传声器,由传声器及一个或多个扬声器组成的组合机;音频扩大器;电气扩音机组** | | | | | | |
| 85181000 | -传声器(麦克风)及其座架 | | | | | | |
| 8518100001 | 电讯用频率在300~3400赫兹麦克风(直径≤10毫米,高≤3毫米) | 0 | 40 | 17 | 17 | 个 | |
| 8518100090 | 其他传声器(麦克风)及其座架 | 5/2.5* | 40 | 17 | 17 | 个 | |
| 85182100 | --单喇叭音箱 | | | | | | |
| 8518210000 | 单喇叭音箱 | 5/2.5* | 40 | 17 | 17 | 个 | |
| 85182200 | --多喇叭音箱 | | | | | | |
| 8518220000 | 多喇叭音箱 | 5/2.5* | 40 | 17 | 17 | 个 | |
| 85182900 | --其他 | | | | | | |
| 8518290000 | 其他扬声器 | 0 | 40 | 17 | 17 | 个 | |
| 85183000 | -耳机、耳塞机,不论是否装有传声器,由传声器及一个或多个扬声器组成的组合机 | | | | | | |
| 8518300000 | 耳机、耳塞机(包括传声器与扬声器的组合机) | 0 | 40 | 17 | 17 | 个 | |
| 85184000 | -音频扩大器 | | | | | | |
| 8518400001 | 电器扩音器(列入ITA的有线电话重复器用的) | 0 | 40 | 17 | 17 | 台 | |
| 8518400090 | 其他音频扩大器 | 6/3* | 40 | 17 | 17 | 台 | |
| 85185000 | -电气扩音机组 | | | | | | |
| 8518500000 | 电气扩音机组 | 5/2.5* | 40 | 17 | 17 | 套 | |
| 85189000 | -零件 | | | | | | |
| 8518900001 | 编号8518400001所列货品的零件(列入ITA的有线电话重复器用的) | 0 | 40 | 17 | 17 | 千克 | |
| 8518900090 | 品目85.18所列货品的其他零件 | 5.3/2.6* | 40 | 17 | 17 | 千克 | |
| **8519** | **声音录制或重放设备** | | | | | | |
| 85192000 | -用硬币、钞票、银行卡、代币或其他支付方式使其工作的设备 | | | | | | |
| 8519200010 | 以特定支付方式使其工作的激光唱机(用硬币、钞票、银行卡、代币或其他支付方式使其工作) | 20 | 80 | 17 | 17 | 台 | |

* 最惠国税率中,"/"左边的税率截止日期为2018年6月30日,"/"右边的税率有效日期为2018年7月1日~2999年12月31日。

| 商品编号 | 商品名称及备注 | 进口关税税率(%) | | 增值税率(%) | 出口退税率(%) | 计量单位 | 监管条件 |
|---|---|---|---|---|---|---|---|
| | | 最惠国 | 普通 | | | | |
| 8519200090 | 其他以特定支付方式使其工作的声音录制或重放设备(用硬币、钞票、银行卡、代币或其他支付方式使其工作) | 20 | 80 | 17 | 17 | 台 | |
| 85193000 | -转盘(唱机唱盘) | | | | | | |
| 8519300000 | 转盘(唱机唱盘) | 30 | 130 | 17 | 17 | 台 | |
| 85195000 | -电话应答机 | | | | | | |
| 8519500000 | 电话应答机 | 0 | 80 | 17 | 17 | 台 | |
| 85198111 | ----未装有声音录制装置的盒式磁带型声音重放装置,编辑节目用放声机除外 | | | | | | |
| 8519811100 | 未装有声音录制装置的盒式磁带型声音重放装置(编辑节目用放声机除外) | 8.5/4.3* | 130 | 17 | 17 | 台 | A |
| 85198112 | ----装有声音重放装置的盒式磁带型录音机 | | | | | | |
| 8519811200 | 装有声音重放装置的盒式磁带型录音机 | 15/7.5* | 130 | 17 | 17 | 台 | A |
| 85198119 | ----其他 | | | | | | |
| 8519811900 | 其他使用磁性媒体的声音录制或重放设备 | 10/5* | 80 | 17 | 17 | 台 | 6A |
| 85198121 | ----激光唱机,未装有声音录制装置 | | | | | | |
| 8519812100 | 激光唱机,未装有声音录制装置 | 15/7.5* | 80 | 17 | 17 | 台 | A |
| 85198129 | ----其他 | | | | | | |
| 8519812910 | 具有录音功能的激光唱机 | 10/5* | 80 | 17 | 17 | 台 | 6A |
| 8519812990 | 其他使用光学媒体的声音录制或重放设备 | 10/5* | 80 | 17 | 17 | 台 | A |
| 85198131 | ----装有声音重放装置的闪速存储器型声音录制设备 | | | | | | |
| 8519813100 | 装有声音重放装置的闪速存储器型声音录制设备 | 10/5* | 80 | 17 | 17 | 台 | 6A |
| 85198139 | ----其他 | | | | | | |
| 8519813900 | 其他使用半导体媒体的声音录制或重放设备 | 10/5* | 80 | 17 | 17 | 台 | 6A |
| 85198910 | ---不带录制装置的其他唱机,不论是否带有扬声器 | | | | | | |
| 8519891000 | 不带录制装置的其他唱机,不论是否带有扬声器(使用磁性、光学或半导体媒体的除外) | 15/7.5* | 130 | 17 | 17 | 台 | A |
| 85198990 | ---其他声音录制或重放设备 | | | | | | |
| 8519899000 | 其他声音录制或重放设备(使用磁性、光学或半导体媒体的除外) | 10/5* | 80 | 17 | 17 | 台 | 6A |
| **8521** | **视频信号录制或重放设备,不论是否装有高频调谐器** | | | | | | |
| 85211011 | ----广播级 | | | | | | |
| 8521101100 | 广播级磁带录像机(不论是否装有高频调谐放大器) | 见附表2 | 见附表2 | 17 | 17 | 台 | |
| 85211019 | ----其他 | | | | | | |
| 8521101900 | 其他磁带型录像机(不论是否装有高频调谐放大器) | 见附表2 | 见附表2 | 17 | 17 | 台 | |
| 85211020 | ---放像机 | | | | | | |
| 8521102000 | 磁带放像机(不论是否装有高频调谐放大器) | 见附表2 | 见附表2 | 17 | 17 | 台 | |
| 85219011 | ----视频高密光盘(VCD)播放机 | | | | | | |
| 8521901110 | 具有录制功能的视频高密光盘(VCD)播放机(不论是否装有高频调谐放大器) | 10/5* | 130 | 17 | 17 | 台 | A |
| 8521901190 | 其他视频高密光盘(VCD)播放机(不论是否装有高频调谐放大器) | 10/5* | 130 | 17 | 17 | 台 | A |
| 85219012 | ----数字化视频光盘(DVD)播放机 | | | | | | |
| 8521901210 | 具有录制功能的数字化视频光盘(DVD)播放机(不论是否装有高频调谐放大器) | 10/5* | 130 | 17 | 17 | 台 | A |
| 8521901290 | 其他数字化视频光盘(DVD)播放机(不论是否装有高频调谐放大器) | 10/5* | 130 | 17 | 17 | 台 | A |
| 85219019 | ----其他 | | | | | | |
| 8521901910 | 具有录制功能的其他激光视盘播放机(不论是否装有高频调谐放大器) | 10/5* | 130 | 17 | 17 | 台 | A |
| 8521901990 | 其他激光视盘播放机(不论是否装有高频调谐放大器) | 10/5* | 130 | 17 | 17 | 台 | A |
| 85219090 | ---其他 | | | | | | |
| 8521909010 | 用于光盘生产的金属母盘生产设备(不论是否装有高频调谐放大器) | 10/5* | 130 | 17 | 17 | 台 | A |
| 8521909020 暂10 | 光盘型广播级录像机 | 10/5* | 130 | 17 | 17 | 台 | 6A |

* 最惠国税率中,"/"左边的税率截止日期为 2018 年 6 月 30 日,"/"右边的税率有效日期为 2018 年 7 月 1 日~2999 年 12 月 31 日。

| 商品编号 | 商品名称及备注 | 进口关税税率(%) | | 增值税率(%) | 出口退税率(%) | 计量单位 | 监管条件 |
|---|---|---|---|---|---|---|---|
| | | 最惠国 | 普通 | | | | |
| 8521909090 | 其他视频信号录制或重放设备(不论是否装有高频调谐放大器) | 10/5* | 130 | 17 | 17 | 台 | 6A |
| **8522** | **专用于或主要用于品目85.19或85.21所列设备的零件、附件** | | | | | | |
| 85221000 | -拾音头 | | | | | | |
| 8522100000 | 拾音头 | 35 | 130 | 17 | 17 | 个/千克 | |
| 85229010 | ---转盘或唱机用 | | | | | | |
| 8522901000 | 转盘或唱机用零件、附件 | 18.8/15.6* | 130 | 17 | 17 | 千克 | |
| 85229021 | ----走带机构(机芯),不论是否装有磁头 | | | | | | |
| 8522902100 | 录音机走带机构(机芯)(不论是否装有磁头) | 18.8/15.6* | 100 | 17 | 17 | 千克 | |
| 85229022 | ----磁头 | | | | | | |
| 8522902200 | 磁头 | 18.8/15.6* | 100 | 17 | 17 | 个/千克 | |
| 85229023 | ----磁头零件 | | | | | | |
| 8522902300 | 磁头零件 | 15/12.5* | 100 | 17 | 17 | 千克 | |
| 85229029 | ----其他 | | | | | | |
| 8522902900 | 盒式磁带录音机或放声机其他零件 | 22.5/18.8* | 100 | 17 | 17 | 千克 | |
| 85229031 | ----激光视盘机的机芯 | | | | | | |
| 8522903110[暂17] | 车载导航仪视频播放机机芯 | 22.5/18.8* | 100 | 17 | 17 | 千克 | |
| 8522903190 | 其他激光视盘机的机芯 | 22.5/18.8* | 100 | 17 | 17 | 千克 | |
| 85229039 | ----其他 | | | | | | |
| 8522903900[暂15] | 其他视频信号录制或重放设备的零件 | 22.5/18.8* | 100 | 17 | 17 | 千克 | |
| 85229091 | ----车载音频转播器或发射器 | | | | | | |
| 8522909100 | 车载音频转播器或发射器 | 15/12.5* | 80 | 17 | 17 | 台/千克 | |
| 85229099 | ----其他 | | | | | | |
| 8522909900[暂10] | 品目85.19或85.21所列设备的其他零件 | 15/12.5* | 80 | 17 | 17 | 千克 | |
| **8523** | **录制声音或其他信息用的圆盘、磁带、固态非易失性数据存储器件、"智能卡"及其他媒体,不论是否已录制,包括供复制圆盘用的母片及母带,但不包括第三十七章的产品** | | | | | | |
| 85232110 | ---未录制 | | | | | | |
| 8523211000 | 未录制的磁条卡 | 8.8/4.4* | 70 | 17 | 17 | 个/千克 | |
| 85232120 | ---已录制 | | | | | | |
| 8523212000 | 已录制的磁条卡 | 7.5/3.8* | 130 | 11 | 11 | 个/千克 | |
| 85232911 | ----未录制 | | | | | | |
| 8523291100 | 未录制磁盘 | 0 | 14 | 17 | 17 | 个/千克 | |
| 85232919 | ----其他 | | | | | | |
| 8523291900 | 已录制磁盘 | 0 | 14 | 11 | 11 | 个/千克 | |
| 85232921 | ----未录制的宽度≤4毫米的磁带 | | | | | | |
| 8523292100 | 未录制的宽度≤4毫米的磁带 | 0 | 130 | 17 | 17 | 盘/千克 | |
| 85232922 | ----未录制的4毫米<宽度≤6.5毫米的磁带 | | | | | | |
| 8523292200 | 未录制的4毫米<宽度≤6.5毫米的磁带 | 0 | 130 | 17 | 17 | 盘/千克 | |
| 85232923 | ----未录制的宽度>6.5毫米的磁带 | | | | | | |
| 8523292300 | 未录制的宽度>6.5毫米的磁带 | 0 | 20 | 17 | 17 | 盘/千克 | |
| 85232928 | ----重放声音或图像信息的磁带 | | | | | | |
| 8523292800 | 重放声音或图像信息的磁带(已录制的录音带、录像带) | 5/2.5* | 130 | 11 | 11 | 盘/千克 | Z |
| 85232929 | ----已录制的其他磁带 | | | | | | |
| 8523292900 | 已录制的其他磁带 | 0 | 14 | 17 | 11 | 盘/千克 | Z |
| 85232990 | ---其他 | | | | | | |

* 最惠国税率中,"/"左边的税率截止日期为2018年6月30日,"/"右边的税率有效日期为2018年7月1日~2999年12月31日。

| 商品编号 | 商品名称及备注 | 进口关税税率(%) | | 增值税率(%) | 出口退税率(%) | 计量单位 | 监管条件 |
|---|---|---|---|---|---|---|---|
| | | 最惠国 | 普通 | | | | |
| 8523299000 | 其他磁性媒体 | 0 | 14 | 17 | 11 | 盘/千克 | Z |
| 85234100 | --未录制 | | | | | | |
| 8523410000 | 未录制光学媒体 | 0 | 14 | 17 | 17 | 张/千克 | |
| 85234910 | ---仅用于重放声音信息的 | | | | | | |
| 8523491000 | 仅用于重放声音信息的已录制光学媒体 | 5/2.5* | 130 | 11 | 11 | 张/千克 | Z |
| 85234920 | ---用于重放声音、图像以外信息的,品目84.71所列机器用 | | | | | | |
| 8523492000 | 用于重放声音、图像以外信息的光学媒体(品目84.71所列机器用,已录制) | 0 | 14 | 11 | 11 | 张/千克 | |
| 85234990 | ---其他 | | | | | | |
| 8523499000 | 其他已录制光学媒体 | 0 | 14 | 17 | 11 | 张/千克 | Z |
| 85235110 | ---未录制 | | | | | | |
| 8523511000 | 未录制的固态非易失性存储器件(闪速存储器) | 0 | 70 | 17 | 17 | 个/千克 | |
| 85235120 | ---已录制 | | | | | | |
| 8523512000 | 已录制的固态非易失性存储器件(闪速存储器) | 0 | 14 | 11 | 11 | 个/千克 | |
| 85235210 | ---未录制 | | | | | | |
| 8523521000 | 未录制的"智能卡" | 0 | 21 | 11 | 17 | 个/千克 | |
| 85235290 | ---其他 | | | | | | |
| 8523529000 | 其他"智能卡" | 0 | 21 | 11 | 11 | 个/千克 | |
| 85235910 | ---未录制 | | | | | | |
| 8523591000 | 其他未录制的半导体媒体 | 0 | 70 | 17 | 17 | 个/千克 | |
| 85235920 | ---已录制 | | | | | | |
| 8523592000 | 其他已录制的半导体媒体 | 0 | 14 | 11 | 11 | 个/千克 | |
| 85238011 | ----已录制 | | | | | | |
| 8523801100 | 已录制唱片 | 7.5/3.8* | 130 | 11 | 11 | 张/千克 | Z |
| 85238019 | ----其他 | | | | | | |
| 8523801900 | 其他唱片 | 0 | 70 | 17 | 11 | 张/千克 | |
| 85238021 | ----未录制 | | | | | | |
| 8523802100 | 未录制的品目84.71所列机器用其他媒体(磁性、光学或半导体媒体除外) | 0 | 14 | 17 | 17 | 张/千克 | |
| 85238029 | ----其他 | | | | | | |
| 8523802900 | 其他品目84.71所列机器用其他媒体(磁性、光学或半导体媒体除外) | 0 | 14 | 17 | 11 | 张/千克 | |
| 85238091 | ----未录制 | | | | | | |
| 8523809100 | 未录制的其他媒体(磁性、光学或半导体媒体除外) | 0 | 14 | 11 | 17 | 张/千克 | |
| 85238099 | ----其他 | | | | | | |
| 8523809900 | 其他媒体(磁性、光学或半导体媒体除外) | 0 | 14 | 11 | 11 | 张/千克 | Z |
| **8525** | **无线电广播、电视发送设备,不论是否装有接收装置或声音的录制、重放装置;电视摄像机、数字照相机及视频摄录一体机** | | | | | | |
| 85255000 | -发送设备 | | | | | | |
| 8525500000 | 无线电广播、电视用发送设备 | 0 | 30 | 17 | 17 | 台 | O |
| 85256010 | ---卫星地面站设备 | | | | | | |
| 8525601000 | 无线电广播、电视用卫星地面站设备(装有接收装置的发送设备) | 0 | 14 | 17 | 17 | 台 | O |
| 85256090 | ---其他 | | | | | | |
| 8525609000 | 其他装有接收装置的无线电广播、电视发送设备 | 0 | 30 | 17 | 17 | 台 | O |
| 85258011 | ----特种用途的 | | | | | | |
| 8525801110 | 抗辐射电视摄像机[能抗 $5\times10^4$ 戈瑞(硅)以上辐射而又不会降低使用质量] | 6.7/5* | 17 | 17 | 17 | 台 | 3A |

* 最惠国税率中,"/"左边的税率截止日期为2018年6月30日,"/"右边的税率有效日期为2018年7月1日~2999年12月31日。

| 商品编号 | 商品名称及备注 | 进口关税税率(%) | | 增值税率(%) | 出口退税率(%) | 计量单位 | 监管条件 |
|---|---|---|---|---|---|---|---|
| | | 最惠国 | 普通 | | | | |
| 8525801190 | 其他特种用途电视摄像机 | 6.7/5* | 17 | 17 | 17 | 台 | A |
| 85258012 | ----非特种用途的广播级 | | | | | | |
| 8525801200 | 非特种用途广播级电视摄像机 | 见附表2 | 见附表2 | 17 | 17 | 台 | A |
| 85258013 | ----非特种用途的其他类型 | | | | | | |
| 8525801301[暂4] | 手机用摄像组件(由镜头+CCD/CMOS+数字信号处理电路三部分构成) | 见附表2 | 见附表2 | 17 | 17 | 台 | |
| 8525801302[暂10] | 高清摄像头(必须满足以下三个条件:镜头元件必须使用5层及以上玻璃镜头;使用USB2.0及以上高速接口;硬件传感器像素达到130万及以上) | 见附表2 | 见附表2 | 17 | 17 | 台 | |
| 8525801390 | 其他非特种用途电视摄像机及其他摄像组件(其他摄像组件由非广播级镜头+CCD/CMOS+数字信号处理电路构成) | 见附表2 | 见附表2 | 17 | 17 | 台 | |
| 85258021 | ----特种用途的 | | | | | | |
| 8525802100 | 特种用途的数字照相机 | 0 | 17 | 17 | 17 | 台 | |
| 85258022 | ----非特种用途的单镜头反光型 | | | | | | |
| 8525802200 | 非特种用途的单镜头反光型数字照相机 | 0 | 见附表2 | 17 | 17 | 台 | |
| 85258025 | ----非特种用途的,其他可换镜头的 | | | | | | |
| 8525802500 | 非特种用途其他可换镜头数字照相机 | 0 | 见附表2 | 17 | 17 | 台 | |
| 85258029 | ----非特种用途的其他类型 | | | | | | |
| 8525802910 | 非特种用途的航拍照相无人机(单镜头反光型除外) | 0 | 见附表2 | 17 | 17 | 台 | |
| 8525802990 | 其他非特种用途的其他数字照相机(单镜头反光型除外) | 0 | 见附表2 | 17 | 17 | 台 | |
| 85258031 | ----特种用途的 | | | | | | |
| 8525803100 | 特种用途视频摄录一体机 | 0 | 17 | 17 | 17 | 台 | A |
| 85258032 | ----非特种用途的广播级 | | | | | | |
| 8525803200 | 非特种用途的广播级视频摄录一体机 | 0 | 见附表2 | 17 | 17 | 台 | A |
| 85258033 | ----非特种用途的家用型 | | | | | | |
| 8525803300 | 非特种用途的家用型视频摄录一体机 | 0 | 130 | 17 | 17 | 台 | A |
| 85258039 | ----非特种用途的其他类型 | | | | | | |
| 8525803910 | 非特种用途的航拍摄录一体无人机(非广播级、非多用途) | 0 | 见附表2 | 17 | 17 | 台 | A |
| 8525803990 | 非特种用途的其他视频摄录一体机(非广播级、非多用途) | 0 | 见附表2 | 17 | 17 | 台 | A |
| **8526** | **雷达设备、无线电导航设备及无线电遥控设备** | | | | | | |
| 85261010 | ---导航用 | | | | | | |
| 8526101010 | 用于导弹、火箭等的导航雷达设备(用于弹道导弹、运载火箭、探空火箭、巡航导弹、无人驾驶航空飞行器的目标探测) | 1/0.5* | 8 | 17 | 17 | 台 | 3 |
| 8526101090 | 其他导航用雷达设备 | 1/0.5* | 8 | 17 | 17 | 台 | 0 |
| 85261090 | ---其他 | | | | | | |
| 8526109010[暂1] | 飞机机载雷达(包括气象雷达、地形雷达和空中交通管制应答系统) | 2.5/1.3* | 14 | 17 | 17 | 台 | |
| 8526109020[暂2] | 雷达生命探测仪 | 2.5/1.3* | 14 | 17 | 17 | 台 | 0 |
| 8526109030 | 用于导弹、火箭等的机载雷达设备(用于弹道导弹、运载火箭、探空火箭、巡航导弹、无人驾驶航空飞行器的目标探测) | 2.5/1.3* | 14 | 17 | 17 | 台 | 3 |
| 8526109040 | 用于导弹、火箭等的其他雷达设备(用于弹道导弹、运载火箭、探空火箭、巡航导弹、无人驾驶航空飞行器的目标探测) | 2.5/1.3* | 14 | 17 | 17 | 台 | 3 |
| 8526109090 | 其他雷达设备 | 2.5/1.3* | 14 | 17 | 17 | 台 | 0 |
| 85269110 | ---机动车辆用 | | | | | | |
| 8526911000 | 机动车辆用无线电导航设备 | 1/0.5* | 8 | 17 | 17 | 台 | |
| 85269190 | ---其他 | | | | | | |
| 8526919010 | 制导装置(使300千米射程导弹达到≤10千米圆公算偏差) | 1/0.5* | 8 | 17 | 17 | 台 | 30 |

* 最惠国税率中,“/”左边的税率截止日期为2018年6月30日,“/”右边的税率有效日期为2018年7月1日~2999年12月31日。

| 商品编号 | 商品名称及备注 | 进口关税税率(%) | | 增值税率(%) | 出口退税率(%) | 计量单位 | 监管条件 |
|---|---|---|---|---|---|---|---|
| | | 最惠国 | 普通 | | | | |
| 8526919090 | 其他无线电导航设备 | 1/0.5* | 8 | 17 | 17 | 台 | 0 |
| 85269200 | --无线电遥控设备 | | | | | | |
| 8526920000 | 无线电遥控设备 | 3.3/2.5* | 14 | 17 | 17 | 台 | 0 |
| **8527** | **无线电广播接收设备,不论是否与声音的录制、重放装置或时钟组合在同一机壳内** | | | | | | |
| 85271200 | --袖珍盒式磁带收放机 | | | | | | |
| 8527120000 | 不需外接电源袖珍盒式磁带收放机 | 10/5* | 130 | 17 | 17 | 台 | |
| 85271300 | --其他收录(放)音组合机 | | | | | | |
| 8527130000 | 不需外接电源收录(放)音组合机 | 7.5/3.8* | 130 | 17 | 17 | 台 | |
| 85271900 | --其他 | | | | | | |
| 8527190000 | 不需外接电源无线电收音机 | 7.5/3.8* | 130 | 17 | 17 | 台 | |
| 85272100 | --收录(放)音组合机 | | | | | | |
| 8527210010 | 具备接收和转换数字广播数据系统信号功能需外接电源的汽车用收录(放)音组合机 | 7.5/3.8* | 130 | 17 | 17 | 台 | |
| 8527210090 | 其他需外接电源汽车收录(放)音组合机 | 15 | 130 | 17 | 17 | 台 | |
| 85272900 | --其他 | | | | | | |
| 8527290000 | 需外接电源汽车用无线电收音机 | 7.5/3.8* | 130 | 17 | 17 | 台 | |
| 85279100 | --收录(放)音组合机 | | | | | | |
| 8527910000 | 其他收录(放)音组合机 | 7.5/3.8* | 130 | 17 | 17 | 台 | |
| 85279200 | --带时钟的收音机 | | | | | | |
| 8527920000 | 带时钟的收音机 | 7.5/3.8* | 130 | 17 | 17 | 台 | |
| 85279900 | --其他 | | | | | | |
| 8527990000 | 其他收音机 | 15/7.5* | 130 | 17 | 17 | 台 | |
| **8528** | **监视器及投影机,未装电视接收装置;电视接收装置,不论是否装有无线电收音装置或声音、图像的录制或重放装置** | | | | | | |
| 85284200 | --可直接连接且设计用于品目84.71的自动数据处理设备的 | | | | | | |
| 8528420000 | 可直接连接且设计用于品目84.71的自动数据处理设备的阴极射线管监视器 | 0 | 40 | 17 | 17 | 台/千克 | 6 |
| 85284910 | ---彩色的 | | | | | | |
| 8528491000 | 其他彩色的阴极射线管监视器 | 15/7.5* | 130 | 17 | 17 | 台 | 6 |
| 85284990 | ---单色的 | | | | | | |
| 8528499000 | 其他单色的阴极射线管监视器 | 9.5/4.8* | 100 | 17 | 17 | 台 | 6 |
| 85285211 | ----专用于或主要用于品目84.71的自动数据处理系统的 | | | | | | |
| 8528521100 | 专用或主要用于品目84.71商品的液晶监视器 | 0 | 40 | 17 | 17 | 台/千克 | |
| 85285212 | ----其他,彩色的 | | | | | | |
| 8528521200 | 其他可直接连接且设计用于品目84.71的自动数据处理设备的彩色液晶监视器 | 30 | 130 | 17 | 17 | 台/千克 | 6 |
| 85285219 | ----其他,单色的 | | | | | | |
| 8528521900 | 其他可直接连接且设计用于品目84.71的自动数据处理设备的单色液晶监视器 | 19 | 100 | 17 | 17 | 台/千克 | 6 |
| 85285291 | ----专用于或主要用于品目84.71的自动数据处理系统的,彩色的 | | | | | | |
| 8528529100 | 专用或主要用于品目84.71商品的其他彩色监视器 | 0 | 40 | 17 | 17 | 台/千克 | |
| 85285292 | ----其他,彩色的 | | | | | | |
| 8528529200 | 其他可直接连接且设计用于品目84.71的自动数据处理设备的其他彩色监视器 | 30 | 130 | 17 | 17 | 台/千克 | 6 |
| 85285299 | ----其他,单色的 | | | | | | |
| 8528529900 | 其他可直接连接且设计用于品目84.71的自动数据处理设备的其他单色监视器 | 19 | 100 | 17 | 17 | 台/千克 | 6 |
| 85285910 | ---彩色的 | | | | | | |
| 8528591010[暂15] | 专用于车载导航仪的液晶监视器 | 30 | 130 | 17 | 17 | 台 | 6 |
| 8528591090 | 其他彩色的监视器 | 30 | 130 | 17 | 17 | 台 | 6 |

* 最惠国税率中,"/"左边的税率截止日期为2018年6月30日,"/"右边的税率有效日期为2018年7月1日~2999年12月31日。

| 商品编号 | 商 品 名 称 及 备 注 | 进口关税税率(%) | | 增值税率(%) | 出口退税率(%) | 计量单位 | 监管条件 |
|---|---|---|---|---|---|---|---|
| | | 最惠国 | 普通 | | | | |
| 85285990 | ---单色的 | | | | | | |
| 8528599000 | 其他单色的监视器 | 19 | 100 | 17 | 17 | 台 | 6 |
| 85286210 | ---专用于或主要用于品目84.71的自动数据处理系统的 | | | | | | |
| 8528621010 | 专用或主要用于品目84.71商品的彩色投影机 | 0 | 14 | 17 | 17 | 台/千克 | |
| 8528621090 | 其他专用或主要用于品目84.71商品的投影机 | 0 | 14 | 17 | 17 | 台/千克 | |
| 85286220 | ---其他,彩色的 | | | | | | |
| 8528622000 | 其他可直接连接且设计用于品目84.71的自动数据处理设备的彩色投影机 | 30 | 130 | 17 | 17 | 台/千克 | 6 |
| 85286290 | ---其他,单色的 | | | | | | |
| 8528629000 | 其他可直接连接且设计用于品目84.71的自动数据处理设备的单色投影机 | 15 | 100 | 17 | 17 | 台/千克 | |
| 85286910 | ---彩色的 | | | | | | |
| 8528691000 | 其他彩色的投影机 | 30 | 130 | 17 | 17 | 台 | 6 |
| 85286990 | ---单色的 | | | | | | |
| 8528699000 | 其他单色的投影机 | 15 | 100 | 17 | 17 | 台 | |
| 85287110 | ---彩色卫星电视接收机 | | | | | | |
| 8528711000 | 彩色的卫星电视接收机(在设计上不带有视频显示器或屏幕的) | 20/15* | 130 | 17 | 17 | 台 | 0 |
| 85287180 | ---其他彩色的 | | | | | | |
| 8528718000 | 其他彩色的电视接收装置(在设计上不带有视频显示器或屏幕的) | 20/15* | 130 | 17 | 17 | 台 | |
| 85287190 | ---单色的 | | | | | | |
| 8528719000 | 单色的电视接收装置(在设计上不带有视频显示器或屏幕的) | 10/7.5* | 100 | 17 | 17 | 台 | |
| 85287211 | ----模拟电视接收机 | | | | | | |
| 8528721100 | 其他彩色的模拟电视接收机,带阴极射线显像管的 | 30 | 130 | 17 | 17 | 台 | 6 |
| 85287212 | ----数字电视接收机 | | | | | | |
| 8528721200 | 其他彩色的数字电视接收机,阴极射线显像管的 | 30 | 130 | 17 | 17 | 台 | 6 |
| 85287219 | ----其他 | | | | | | |
| 8528721900 | 其他彩色的电视接收机,阴极射线显像管的 | 30 | 130 | 17 | 17 | 台 | 6 |
| 85287221 | ----模拟电视接收机 | | | | | | |
| 8528722100 | 彩色的液晶显示器的模拟电视接收机 | 30 | 130 | 17 | 17 | 台 | |
| 85287222 | ----数字电视接收机 | | | | | | |
| 8528722200 | 彩色的液晶显示器的数字电视接收机 | 30 | 130 | 17 | 17 | 台 | |
| 85287229 | ----其他 | | | | | | |
| 8528722900 | 其他彩色的液晶显示器的电视接收机 | 30 | 130 | 17 | 17 | 台 | |
| 85287231 | ----模拟电视接收机 | | | | | | |
| 8528723100 | 彩色的等离子显示器的模拟电视接收机 | 30 | 130 | 17 | 17 | 台 | |
| 85287232 | ----数字电视接收机 | | | | | | |
| 8528723200 | 彩色的等离子显示器的数字电视接收机 | 30 | 130 | 17 | 17 | 台 | |
| 85287239 | ----其他 | | | | | | |
| 8528723900 | 其他彩色的等离子显示器的电视接收机 | 30 | 130 | 17 | 17 | 台 | |
| 85287291 | ----模拟电视接收机 | | | | | | |
| 8528729100 | 其他彩色的模拟电视接收机 | 30 | 130 | 17 | 17 | 台 | |
| 85287292 | ----数字电视接收机 | | | | | | |
| 8528729200 | 其他彩色的数字电视接收机 | 30 | 130 | 17 | 17 | 台 | |
| 85287299 | ----其他 | | | | | | |
| 8528729900 | 其他彩色的电视接收机 | 30 | 130 | 17 | 17 | 台 | |
| 85287300 | --其他,单色的 | | | | | | |

* 最惠国税率中,“/”左边的税率截止日期为2018年6月30日,“/”右边的税率有效日期为2018年7月1日~2999年12月31日。

| 商品编号 | 商品名称及备注 | 进口关税税率(%) | | 增值税率(%) | 出口退税率(%) | 计量单位 | 监管条件 |
|---|---|---|---|---|---|---|---|
| | | 最惠国 | 普通 | | | | |
| 8528730000 | 其他单色的电视接收机 | 15 | 100 | 17 | 17 | 台 | 6 |
| **8529** | **专用于或主要用于品目85.25至85.28所列装置或设备的零件** | | | | | | |
| 85291010 | ---雷达设备及无线电导航设备用 | | | | | | |
| 8529101000 | 雷达及无线电导航设备天线及零件(包括天线反射器) | 0.8/0.4* | 8 | 17 | 17 | 千克 | |
| 85291020 | ---无线电收音机及其组合机、电视接收机用 | | | | | | |
| 8529102000 | 收音机、电视机天线及其零件(包括收音机的组合机用的天线及零件) | 0 | 90 | 17 | 17 | 千克 | |
| 85291090 | ---其他 | | | | | | |
| 8529109021 | 卫星电视接收用天线 | 1/0.5* | 20 | 17 | 17 | 千克/个 | 0 |
| 8529109029 | 其他无线广播电视用天线(品目85.25~85.28所列其他装置或设备的,包括天线反射器) | 1/0.5* | 20 | 17 | 17 | 千克/个 | 0 |
| 8529109090 | 其他无线电设备天线及其零件(品目85.25~85.28所列其他装置或设备的,包括天线反射器) | 1/0.5* | 20 | 17 | 17 | 千克/个 | |
| 85299010 | ---电视发送、差转设备及卫星电视地面接收转播设备用 | | | | | | |
| 8529901011 | 卫星电视接收用解码器 | 0 | 30 | 17 | 17 | 千克/个 | 0 |
| 8529901012 | 卫星电视接收用收视卡 | 0 | 30 | 17 | 17 | 千克/个 | 0 |
| 8529901013 | 卫星电视接收用器件板卡 | 0 | 30 | 17 | 17 | 千克/个 | 0 |
| 8529901014 | 卫星电视接收用专用零件 | 0 | 30 | 17 | 17 | 千克/个 | 0 |
| 8529901090 | 其他电视发送、差转等设备零件(包括其他卫星电视地面接收转播设备零件) | 0 | 30 | 17 | 17 | 千克/个 | |
| 85299041 | ----特种用途的 | | | | | | |
| 8529904100 | 特种用途的电视摄像机等设备用零件(也包括视频摄录一体机、数字照相机的零件) | 8/6.7* | 17 | 17 | 17 | 千克 | |
| 85299042 | ----非特种用途的取像模块 | | | | | | |
| 8529904210[暂3] | 电视摄像机、摄录一体机、数码相机用取像模块 | 12/10* | 100 | 17 | 17 | 千克 | |
| 8529904220[暂4] | 手机、平板电脑用取像模块 | 12/10* | 100 | 17 | 17 | 千克 | |
| 8529904290 | 其他非特种用途的取像模块 | 12/10* | 100 | 17 | 17 | 千克 | |
| 85299049 | ----其他 | | | | | | |
| 8529904900[暂2] | 摄像机、摄录一体机、数码相机的其他零件 | 12/10* | 100 | 17 | 17 | 千克 | |
| 85299050 | ---雷达设备及无线电导航设备用 | | | | | | |
| 8529905000 | 雷达及无线电导航设备零件 | 1.5/1.3* | 8 | 17 | 17 | 千克 | |
| 85299060 | ---无线电收音机及其组合机用 | | | | | | |
| 8529906000[暂7] | 收音机及其组合机的其他零件 | 15/12.5* | 130 | 17 | 17 | 千克 | |
| 85299081 | ----彩色电视接收机用(等离子显像组件及其零件、有机发光二极管显示屏除外) | | | | | | |
| 8529908100[暂6] | 彩色电视机零件(等离子显像组件及其零件、有机发光二极管显示屏除外)(高频调谐器除外) | 15/12.5* | 80 | 17 | 17 | 千克 | |
| 85299082 | ----等离子显像组件及其零件 | | | | | | |
| 8529908200[暂5] | 等离子显像组件及其零件(含滤光片) | 15/12.5* | 80 | 17 | 17 | 千克 | |
| 85299083 | ----有机发光二极管显示屏 | | | | | | |
| 8529908300[暂5] | 彩色电视机的有机发光二极管显示屏 | 15 | 50 | 17 | 17 | 千克/个 | |
| 85299089 | ----其他 | | | | | | |
| 8529908900 | 其他电视机零件(高频调谐器除外) | 0 | 50 | 17 | 17 | 千克 | |
| 85299090 | ---其他 | | | | | | |
| 8529909011 | 卫星电视接收用高频调谐器 | 0 | 57 | 17 | 17 | 千克/个 | 0 |
| 8529909090 | 品目85.25~85.28所列装置或设备其他零件 | 0 | 57 | 17 | 17 | 千克/个 | |
| **8530** | **铁道、电车道、道路或内河航道、停车场、港口或机场用的电气信号、安全或交通管理设备(品目86.08的货品除外)** | | | | | | |

* 最惠国税率中,"/"左边的税率截止日期为2018年6月30日,"/"右边的税率有效日期为2018年7月1日~2999年12月31日。

| 商品编号 | 商品名称及备注 | 进口关税税率(%) | | 增值税率(%) | 出口退税率(%) | 计量单位 | 监管条件 |
|---|---|---|---|---|---|---|---|
| | | 最惠国 | 普通 | | | | |
| 85301000 | -铁道或电车道用的设备 | | | | | | |
| 8530100000 | 铁道或电车道用电气信号等设备(包括安全或交通管理设备) | 10 | 20 | 17 | 17 | 个 | O |
| 85308000 | -其他设备 | | | | | | |
| 8530800000 | 其他用电气信号、安全、交通设备(指道路或内河航道、停车场、港口、机场用) | 8 | 20 | 17 | 17 | 个 | O |
| 85309000 | -零件 | | | | | | |
| 8530900000 | 品目85.30所列设备的零件(包括电车道、道路、港口、机场用电气信号安全、交管设备) | 8 | 20 | 17 | 17 | 千克 | |
| **8531** | **电气音响或视觉信号装置(例如,电铃、电笛、显示板、防盗或防火报警器),但品目85.12或85.30的货品除外** | | | | | | |
| 85311000 | -防盗或防火报警器及类似装置 | | | | | | |
| 8531100000 | 防盗或防火报警器及类似装置 | 10 | 40 | 17 | 17 | 个 | A |
| 85312000 | -装有液晶装置(LCD)或发光二极管(LED)的显示板 | | | | | | |
| 8531200000 | 有液晶装置或发光管的显示板 | 0 | 70 | 17 | 17 | 个 | |
| 85318010 | ---蜂鸣器 | | | | | | |
| 8531801001 暂7.5 | 音量≤110db的小型蜂鸣器 | 15 | 70 | 17 | 17 | 个 | |
| 8531801090 | 其他蜂鸣器 | 15 | 70 | 17 | 17 | 个 | |
| 85318090 | ---其他 | | | | | | |
| 8531809000 | 其他电气音响或视觉信号装置 | 7.5/6.3* | 70 | 17 | 17 | 个 | |
| 85319010 | ---防盗或防火报警器及类似装置用 | | | | | | |
| 8531901000 | 防盗、防火及类似装置用零件 | 0 | 40 | 17 | 17 | 千克 | |
| 85319090 | ---其他 | | | | | | |
| 8531909000 | 其他音响或视觉信号装置用零件 | 0 | 70 | 17 | 17 | 千克 | |
| **8532** | **固定、可变或可调(微调)电容器** | | | | | | |
| 85321000 | -固定电容器,用于50/60赫兹电路,其额定无功功率≥0.5千瓦(电力电容器) | | | | | | |
| 8532100000 | 固定电容器,电力电容器(用于50/60赫兹电路,额定无功功率≥0.5千瓦) | 0 | 20 | 17 | 17 | 千克/千个 | |
| 85322110 | ---片式 | | | | | | |
| 8532211000 | 片式钽电容器 | 0 | 35 | 17 | 17 | 千克/千个 | |
| 85322190 | ---其他 | | | | | | |
| 8532219000 | 其他钽电容器 | 0 | 35 | 17 | 17 | 千克/千个 | |
| 85322210 | ---片式 | | | | | | |
| 8532221000 | 片式铝电解电容器 | 0 | 35 | 17 | 17 | 千克/千个 | |
| 85322290 | ---其他 | | | | | | |
| 8532229000 | 其他铝电解电容器 | 0 | 35 | 17 | 17 | 千克/千个 | |
| 85322300 | --单层瓷介电容器 | | | | | | |
| 8532230000 | 单层瓷介电容器 | 0 | 35 | 17 | 17 | 千克/千个 | |
| 85322410 | ---片式 | | | | | | |
| 8532241000 | 片式多层瓷介电容器 | 0 | 35 | 17 | 17 | 千克/千个 | |
| 85322490 | ---其他 | | | | | | |
| 8532249000 | 其他多层瓷介电容器 | 0 | 35 | 17 | 17 | 千克/千个 | |
| 85322510 | ---片式 | | | | | | |
| 8532251000 | 片式纸介质或塑料介质电容器 | 0 | 35 | 17 | 17 | 千克/千个 | |
| 85322590 | ---其他 | | | | | | |
| 8532259000 | 其他纸介质或塑料介质电容器 | 0 | 35 | 17 | 17 | 千克/千个 | |
| 85322900 | --其他 | | | | | | |
| 8532290000 | 其他固定电容器 | 0 | 35 | 17 | 17 | 千克/千个 | |

* 最惠国税率中,"/"左边的税率截止日期为2018年6月30日,"/"右边的税率有效日期为2018年7月1日~2999年12月31日。

| 商品编号 | 商品名称及备注 | 进口关税税率(%) | | 增值税率(%) | 出口退税率(%) | 计量单位 | 监管条件 |
|---|---|---|---|---|---|---|---|
| | | 最惠国 | 普通 | | | | |
| 85323000 | -可变或可调(微调)电容器 | | | | | | |
| 8532300000 | 其他可变或可调(微调)电容器 | 0 | 35 | 17 | 17 | 千克/千个 | |
| 85329010 | ---编号 85321000 所列电容器用 | | | | | | |
| 8532901000 | 编号 85321000 所列电容器零件 | 0 | 20 | 17 | 17 | 千克 | |
| 85329090 | ---其他 | | | | | | |
| 8532909000 | 其他电容器零件(编号 85321000 所列电容器零件除外) | 0 | 35 | 17 | 17 | 千克 | |
| **8533** | **电阻器(包括变阻器及电位器),但加热电阻器除外** | | | | | | |
| 85331000 | -固定碳质电阻器,合成或薄膜式 | | | | | | |
| 8533100000 | 合成或薄膜式固定碳质电阻器 | 0 | 50 | 17 | 17 | 千克/千个 | |
| 85332110 | ---片式 | | | | | | |
| 8533211000 | 额定功率≤20 瓦片式固定电阻器 | 0 | 50 | 17 | 17 | 千克/千个 | |
| 85332190 | ---其他 | | | | | | |
| 8533219000 | 额定功率≤20 瓦其他固定电阻器(额定功率≤20 瓦片式电阻除外) | 0 | 50 | 17 | 17 | 千克/千个 | |
| 85332900 | --其他 | | | | | | |
| 8533290000 | 其他额定功率>20 瓦固定电阻器 | 0 | 50 | 17 | 17 | 千克/千个 | |
| 85333100 | --额定功率≤20 瓦 | | | | | | |
| 8533310000 | 额定功率≤20 瓦线绕可变电阻器(包括变阻器及电位器) | 0 | 50 | 17 | 17 | 千克/千个 | |
| 85333900 | --其他 | | | | | | |
| 8533390000 | 额定功率>20 瓦电位器(包括变阻器及电位器) | 0 | 50 | 17 | 17 | 千克/千个 | |
| 85334000 | -其他可变电阻器,包括变阻器及电位器 | | | | | | |
| 8533400000 | 其他可变电阻器(包括变阻器及电位器) | 0 | 50 | 17 | 17 | 千克/千个 | |
| 85339000 | -零件 | | | | | | |
| 8533900000 | 各种电阻器零件(包括变阻器及电位器) | 0 | 50 | 17 | 17 | 千克 | |
| **8534** | **印刷电路** | | | | | | |
| 85340010 | ---四层以上的 | | | | | | |
| 8534001000 | 四层以上的印刷电路 | 0 | 35 | 17 | 17 | 块/千克 | |
| 85340090 | ---其他 | | | | | | |
| 8534009000 | 四层及以下的印刷电路 | 0 | 50 | 17 | 17 | 块/千克 | |
| **8535** | **电路的开关、保护或连接用的电气装置(例如,开关、熔断器、避雷器、电压限幅器、电涌抑制器、插头及其他连接器、接线盒),用于电压超过 1000 伏的线路** | | | | | | |
| 85351000 | -熔断器 | | | | | | |
| 8535100000 | 电路熔断器(电压>1000 伏) | 14 | 50 | 17 | 17 | 个/千克 | A |
| 85352100 | --用于电压<72.5 千伏的线路 | | | | | | |
| 8535210000 | 电压<72.5 千伏自动断路器(用于电压>1000 伏的线路) | 14 | 50 | 17 | 17 | 个/千克 | A |
| 85352910 | ---用于 72.5 千伏≤电压≤220 千伏的线路 | | | | | | |
| 8535291000 | 72.5 千伏≤电压≤220 千伏的自动断路器 | 10 | 50 | 17 | 17 | 个/千克 | |
| 85352920 | ---用于 220 千伏<电压≤750 千伏的线路 | | | | | | |
| 8535292000 | 220 千伏<电压≤750 千伏的自动断路器 | 10 | 50 | 17 | 17 | 个/千克 | |
| 85352990 | ---其他 | | | | | | |
| 8535299000 | 电压>750 千伏的其他自动断路器 | 10 | 50 | 17 | 17 | 个/千克 | |
| 85353010 | ---用于 72.5 千伏≤电压≤220 千伏的线路 | | | | | | |
| 8535301000 | 72.5 千伏≤电压≤220 千伏的隔离开关及断续开关 | 10 | 50 | 17 | 17 | 个/千克 | |
| 85353020 | ---用于 220 千伏<电压≤750 千伏的线路 | | | | | | |
| 8535302000 | 220 千伏<电压≤750 千伏隔离开关及断续开关 | 10 | 50 | 17 | 17 | 个/千克 | |
| 85353090 | ---其他 | | | | | | |
| 8535309000 | 其他隔离开关及断续开关(用于电压>1000 伏的线路) | 10 | 50 | 17 | 17 | 个/千克 | A |

| 商品编号 | 商 品 名 称 及 备 注 | 进口关税税率(%) | | 增值税率(%) | 出口退税率(%) | 计量单位 | 监管条件 |
|---|---|---|---|---|---|---|---|
| | | 最惠国 | 普通 | | | | |
| 85354000 | -避雷器、电压限幅器及电涌抑制器 | | | | | | |
| 8535400000 | 避雷器,电压限幅器及电涌抑制器(用于电压>1000伏的线路) | 18 | 50 | 17 | 17 | 个/千克 | |
| 85359000 | -其他 | | | | | | |
| 8535900010 | 触发式火花隙(阳极延迟时间≤15毫秒,阳极峰值额定电流≥500安) | 10 | 50 | 17 | 17 | 千克 | 3 |
| 8535900020 | 具有快速开关功能的模件或组件(阳极峰值电压≥2千伏;电流≥500安;接通时间≤1微秒) | 10 | 50 | 17 | 17 | 千克 | 3 |
| 8535900090 | 其他电压>1000伏电路开关等电气装置 | 10 | 50 | 17 | 17 | 千克 | |
| **8536** | **电路的开关、保护或连接用的电器装置(例如,开关、继电器、熔断器、电涌抑制器、插头、插座、灯座及其他连接器、接线盒),用于电压≤1000伏的线路;光导纤维、光导纤维束或光缆用连接器** | | | | | | |
| 85361000 | -熔断器 | | | | | | |
| 8536100000 | 熔断器(电压≤1000伏) | 10 | 50 | 17 | 17 | 个/千克 | A |
| 85362000 | -自动断路器 | | | | | | |
| 8536200000 | 电压≤1000伏自动断路器 | 9 | 50 | 17 | 17 | 个/千克 | A |
| 85363000 | -其他电路保护装置 | | | | | | |
| 8536300000 | 电压≤1000伏其他电路保护装置 | 6/4.5* | 50 | 17 | 17 | 个/千克 | A |
| 85364110 | ---用于电压≤36伏的线路 | | | | | | |
| 8536411000 | 电压≤36伏的继电器 | 10 | 50 | 17 | 17 | 个/千克 | |
| 85364190 | ---其他 | | | | | | |
| 8536419000 | 36伏<电压≤60伏的继电器 | 10 | 50 | 17 | 17 | 个/千克 | A |
| 85364900 | --其他 | | | | | | |
| 8536490000 | 电压>60伏的继电器(用于电压≤1000伏的线路) | 10 | 50 | 17 | 17 | 个/千克 | A |
| 85365000 | -其他开关 | | | | | | |
| 8536500000 | 电压≤1000伏的其他开关 | 0 | 50 | 17 | 17 | 个/千克 | A |
| 85366100 | --灯座 | | | | | | |
| 8536610000 | 电压≤1000伏的灯座 | 10 | 50 | 17 | 17 | 个/千克 | |
| 85366900 | --其他 | | | | | | |
| 8536690000 | 电压≤1000伏的插头及插座 | 0 | 50 | 17 | 17 | 个/千克 | |
| 85367000 | -光导纤维、光导纤维束或光缆用连接器 | | | | | | |
| 8536700000 | 光导纤维、光导纤维束或光缆用连接器 | 8 | 30 | 17 | 17 | 千克 | |
| 85369011 | ----工作电压≤36伏的 | | | | | | |
| 8536901100 | 工作电压≤36伏的接插件 | 0 | 50 | 17 | 17 | 千克 | |
| 85369019 | ----其他 | | | | | | |
| 8536901900 | 其他36伏<电压≤1000伏的接插件 | 0 | 50 | 17 | 17 | 千克 | A |
| 85369090 | ---其他 | | | | | | |
| 8536909000 | 其他电压≤1000伏电路连接器等电气装置 | 0 | 50 | 17 | 17 | 千克 | A |
| **8537** | **用于电气控制或电力分配的盘、板、台、柜及其他基座,装有两个或多个品目85.35或85.36所列的装置,包括装有第九十章所列的仪器或装置,以及数控装置,但品目85.17的交换机除外** | | | | | | |
| 85371011 | ----可编程序控制器 | | | | | | |
| 8537101101[暂3] | 机床用可编程序控制器(PLC) | 5 | 14 | 17 | 17 | 个/千克 | |
| 8537101110 | 调节和编程控制器(编号8479899960绕线机用) | 5 | 14 | 17 | 17 | 个/千克 | 3 |
| 8537101190 | 其他可编程控制器(用于电压≤1000伏的线路) | 5 | 14 | 17 | 17 | 个/千克 | |
| 85371019 | ----其他 | | | | | | |

* 最惠国税率中,"/"左边的税率截止日期为2018年6月30日,"/"右边的税率有效日期为2018年7月1日~2999年12月31日。

| 商品编号 | 商 品 名 称 及 备 注 | 进口关税税率(%) | | 增值税率(%) | 出口退税率(%) | 计量单位 | 监管条件 |
|---|---|---|---|---|---|---|---|
| | | 最惠国 | 普通 | | | | |
| 8537101901[暂3] | 机床用其他数控单元(包括单独进口的CNC操作单元) | 5 | 14 | 17 | 17 | 个/千克 | |
| 8537101990 | 其他非机床用数控装置(用于电压≤1000伏的线路) | 5 | 14 | 17 | 17 | 个/千克 | |
| 85371090 | ---其他 | | | | | | |
| 8537109001[暂4] | 电梯用控制柜及控制柜专用印刷电路板(电压≤1000伏的线路) | 8.4 | 50 | 17 | 17 | 个/千克 | |
| 8537109021 | 控制器[用于机器人或末端操纵装置(详见核两用清单)] | 8.4 | 50 | 17 | 17 | 个/千克 | 3 |
| 8537109022 | 数字控制器(专用于编号8479899959电动式振动试验系统) | 8.4 | 50 | 17 | 17 | 个/千克 | 3 |
| 8537109090 | 其他电力控制或分配的装置(电压≤1000伏的线路) | 8.4 | 50 | 17 | 17 | 个/千克 | A |
| 85372010 | ---全封闭组合式高压开关装置,用于电压≥500千伏的线路 | | | | | | |
| 8537201000 | 电压≥500千伏高压开关装置(全封闭组合式高压开关装置电压≥500千伏的线路) | 8.4 | 30 | 17 | 17 | 台/千克 | |
| 85372090 | ---其他 | | | | | | |
| 8537209000 | 其他电力控制或分配装置[包括盘、板(含数控装置)] | 8.4 | 50 | 17 | 17 | 千克 | |
| **8538** | **专用于或主要用于品目85.35、85.36或85.37所列装置的零件** | | | | | | |
| 85381010 | ---编号85372010所列货品用 | | | | | | |
| 8538101000 | 编号85372010所列装置的零件(电压≥500千伏线路用全封闭组合式高压开关装置用) | 5.6/4.2* | 50 | 17 | 17 | 千克 | |
| 85381090 | ---其他 | | | | | | |
| 8538109000 | 品目85.37货品用的其他盘、板等(未装有开关装置) | 4.7/3.5* | 50 | 17 | 17 | 千克 | |
| 85389000 | -其他 | | | | | | |
| 8538900000 | 品目85.35、85.36、85.37装置的零件(专用于或主要用于) | 7 | 50 | 17 | 17 | 千克 | |
| **8539** | **白炽灯泡、放电灯管,包括封闭式聚光灯及紫外线灯管或红外线灯泡;弧光灯;发光二极管(LED)灯泡(管)** | | | | | | |
| 85391000 | -封闭式聚光灯 | | | | | | |
| 8539100000 | 封闭式聚光灯 | 10 | 45 | 17 | 17 | 只 | |
| 85392110 | ---科研、医疗专用 | | | | | | |
| 8539211000 | 科研、医疗专用卤钨灯 | 8 | 20 | 17 | 17 | 只 | |
| 85392120 | ---火车、航空器及船舶用 | | | | | | |
| 8539212000 | 火车、航空器及船舶用卤钨灯 | 8 | 20 | 17 | 17 | 只 | |
| 85392130 | ---机动车辆用 | | | | | | |
| 8539213000 | 机动车辆用卤钨灯 | 10 | 45 | 17 | 17 | 只 | |
| 85392190 | ---其他 | | | | | | |
| 8539219000 | 其他用卤钨灯 | 10.5 | 70 | 17 | 17 | 只 | |
| 85392210 | ---科研、医疗专用 | | | | | | |
| 8539221000 | 科研、医疗用功率≤200瓦白炽灯泡(功率≤200瓦,额定电压>100伏) | 10.5 | 20 | 17 | 17 | 只 | |
| 85392290 | ---其他 | | | | | | |
| 8539229000 | 其他用功率≤200瓦白炽灯泡(功率≤200瓦,额定电压>100伏) | 5 | 70 | 17 | 17 | 只 | |
| 85392910 | ---科研、医疗专用 | | | | | | |
| 8539291000 | 科研、医疗专用其他白炽灯泡 | 5 | 20 | 17 | 17 | 只 | |
| 85392920 | ---火车、航空器及船舶用 | | | | | | |
| 8539292000 | 火车、航空及船舶用其他白炽灯泡 | 10.5 | 20 | 17 | 17 | 只 | |
| 85392930 | ---机动车辆用 | | | | | | |
| 8539293000 | 机动车辆用其他白炽灯泡 | 5 | 45 | 17 | 17 | 只 | |
| 85392991 | ----12伏及以下的 | | | | | | |
| 8539299100 | 12伏及以下未列名的白炽灯泡 | 12 | 70 | 17 | 17 | 只 | |
| 85392999 | ----其他 | | | | | | |
| 8539299900 | 其他未列名的白炽灯泡 | 12 | 70 | 17 | 17 | 只 | |

* 最惠国税率中,"/"左边的税率截止日期为2018年6月30日,"/"右边的税率有效日期为2018年7月1日~2999年12月31日。

| 商品编号 | 商品名称及备注 | 进口关税税率(%) | | 增值税率(%) | 出口退税率(%) | 计量单位 | 监管条件 |
|---|---|---|---|---|---|---|---|
| | | 最惠国 | 普通 | | | | |
| 85393110 | ---科研、医疗专用 | | | | | | |
| 8539311000 | 科研、医疗专用热阴极荧光灯 | 8 | 20 | 17 | 17 | 只 | |
| 85393120 | ---火车、航空器及船舶用 | | | | | | |
| 8539312000 | 火车、航空器、船舶用热阴极荧光灯 | 8 | 20 | 17 | 17 | 只 | |
| 85393191 | ----紧凑型 | | | | | | |
| 8539319100 | 紧凑型热阴极荧光灯 | 8 | 70 | 17 | 17 | 只 | |
| 85393199 | ----其他 | | | | | | |
| 8539319900 | 其他用途用热阴极荧光灯 | 8 | 70 | 17 | 17 | 只 | |
| 85393230 | ---钠蒸汽灯 | | | | | | |
| 8539323000 | 钠蒸汽灯 | 8 | 20 | 17 | 17 | 只 | |
| 85393240 | ---汞蒸汽灯 | | | | | | |
| 8539324001[暂3] | 彩色投影机用的照明光源(汞蒸汽灯) | 8 | 20 | 17 | 17 | 只 | |
| 8539324090 | 其他汞蒸汽灯 | 8 | 20 | 17 | 17 | 只 | |
| 85393290 | ---其他 | | | | | | |
| 8539329000 | 金属卤化物灯 | 8 | 70 | 17 | 17 | 只 | |
| 85393910 | ---科研、医疗专用 | | | | | | |
| 8539391000 | 科研、医疗专用其他放电灯 | 8 | 20 | 17 | 17 | 只 | |
| 85393920 | ---火车、航空器及船舶用 | | | | | | |
| 8539392000 | 火车、航空器、船舶用其他放电灯 | 8 | 20 | 17 | 17 | 只 | |
| 85393990 | ---其他 | | | | | | |
| 8539399010 | 用于平板显示器背光源的冷阴极管荧光灯 | 4/2* | 70 | 17 | 17 | 只 | |
| 8539399090 | 其他用途的其他放电灯管 | 8 | 70 | 17 | 17 | 只 | |
| 85394100 | --弧光灯 | | | | | | |
| 8539410000 | 弧光灯 | 8 | 20 | 17 | 17 | 只 | |
| 85394900 | --其他 | | | | | | |
| 8539490000 | 紫外线或红外线灯 | 8 | 20 | 17 | 17 | 只 | |
| 85395000 | -发光二极管(LED)灯泡(管) | | | | | | |
| 8539500000 | 发光二极管(LED)灯泡(管) | 10 | 80 | 17 | 13 | 只/千克 | |
| 85399000 | -零件 | | | | | | |
| 8539900000 | 品目85.39所列货品的零件 | 8 | 20 | 17 | 17 | 千克 | |
| **8540** | **热电子管、冷阴极管或光阴极管(例如,真空管或充气管、汞弧整流管、阴极射线管、电视摄像管)** | | | | | | |
| 85401100 | --彩色的 | | | | | | |
| 8540110000 | 彩色阴极射线电视显像管(包括视频监视器用阴极射线管) | 12 | 40 | 17 | 17 | 只 | 6 |
| 85401200 | --单色的 | | | | | | |
| 8540120000 | 单色阴极射线电视显像管(包括视频监视器用阴极射线管) | 15 | 40 | 17 | 17 | 只 | 6 |
| 85402010 | ---电视摄像管 | | | | | | |
| 8540201000 | 电视摄像管 | 12 | 35 | 17 | 17 | 只 | |
| 85402090 | ---其他 | | | | | | |
| 8540209010 | 电子条纹相机的条纹显像管(专用于编号9006590040的条纹显像管) | 8 | 17 | 17 | 17 | 只 | 3 |
| 8540209090 | 其他电视摄像管;其他变像管及图像增强管;其他光阴极管 | 8 | 17 | 17 | 17 | 只 | |
| 85404010 | ---彩色的数据/图形显示管,屏幕荧光点间距<0.4毫米 | | | | | | |
| 8540401000 | 点距<0.4毫米彩色数据/图形显示管(指屏幕荧光点间距<0.4毫米) | 8 | 17 | 17 | 17 | 只 | 6 |
| 85404020 | ---单色的数据/图形显示管 | | | | | | |

* 最惠国税率中,"/"左边的税率截止日期为2018年6月30日,"/"右边的税率有效日期为2018年7月1日~2999年12月31日。

| 商品编号 | 商品名称及备注 | 进口关税税率(%) | | 增值税率(%) | 出口退税率(%) | 计量单位 | 监管条件 |
|---|---|---|---|---|---|---|---|
| | | 最惠国 | 普通 | | | | |
| 8540402000 | 单色数据/图形显示管 | 8 | 17 | 17 | 17 | 只 | 6 |
| 85406010 | ---雷达显示管 | | | | | | |
| 8540601000 | 雷达显示管 | 6 | 14 | 17 | 17 | 只 | |
| 85406090 | ---其他 | | | | | | |
| 8540609000 | 其他阴极射线管 | 8 | 17 | 17 | 17 | 只 | 6 |
| 85407100 | --磁控管 | | | | | | |
| 8540710000 | 磁控管 | 8 | 17 | 17 | 17 | 只 | |
| 85407910 | ---速调管 | | | | | | |
| 8540791000 | 速调管 | 8 | 17 | 17 | 17 | 只 | |
| 85407990 | ---其他 | | | | | | |
| 8540799000 | 其他微波管(不包括栅控管) | 8 | 17 | 17 | 17 | 只 | |
| 85408100 | --接收管或放大管 | | | | | | |
| 8540810000 | 接收管或放大管 | 8 | 17 | 17 | 17 | 只 | |
| 85408900 | --其他 | | | | | | |
| 8540890010 | 光电倍增管(光电阴极面积>20 平方厘米,并且阳极脉冲上升时间<1 纳秒) | 8 | 17 | 17 | 17 | 只 | 3 |
| 8540890090 | 其他电子管(包括光阴极管或汞弧整流管) | 8 | 17 | 17 | 17 | 只 | |
| 85409110 | ---电视显像管用 | | | | | | |
| 8540911000 | 电视显像管零件 | 6 | 40 | 17 | 17 | 千克 | |
| 85409120 | ---雷达显示管用 | | | | | | |
| 8540912000 | 雷达显示管零件 | 5 | 14 | 17 | 17 | 千克 | |
| 85409190 | ---其他 | | | | | | |
| 8540919000[暂4] | 其他阴极射线管零件 | 8 | 17 | 17 | 17 | 千克 | |
| 85409910 | ---电视摄像管用 | | | | | | |
| 8540991000 | 电视摄像管零件 | 8 | 35 | 17 | 17 | 千克 | |
| 85409990 | ---其他 | | | | | | |
| 8540999000 | 其他热电子管、冷阴极管零件(包括光阴极管或汞弧整流管) | 8 | 17 | 17 | 17 | 千克 | |
| **8541** | **二极管、晶体管及类似的半导体器件;光敏半导体器件,包括不论是否装在组件内或组装成块的光电池;发光二极管;已装配的压电晶体** | | | | | | |
| 85411000 | -二极管,但光敏二极管或发光二极管除外 | | | | | | |
| 8541100000 | 二极管(光敏、发光二极管除外) | 0 | 30 | 17 | 17 | 个/千克 | |
| 85412100 | 耗散功率<1 瓦的 | | | | | | |
| 8541210000 | 耗散功率<1 瓦的晶体管(不含光敏晶体管) | 0 | 30 | 17 | 17 | 个/千克 | |
| 85412900 | --其他 | | | | | | |
| 8541290000 | 耗散功率≥1 瓦的晶体管(不含光敏晶体管) | 0 | 30 | 17 | 17 | 个/千克 | |
| 85413000 | -半导体开关元件、两端交流开关元件及三端双向可控硅开关元件,但光敏器件除外 | | | | | | |
| 8541300000 | 半导体及可控硅等开关元件(不含光敏器件) | 0 | 30 | 17 | 17 | 个/千克 | |
| 85414010 | ---发光二极管 | | | | | | |
| 8541401000 | 发光二极管 | 0 | 30 | 17 | 17 | 个/千克 | |
| 85414020 | ---太阳能电池 | | | | | | |
| 8541402000 | 太阳能电池 | 0 | 30 | 17 | 17 | 个/千克 | |
| 85414090 | ---其他 | | | | | | |
| 8541409000 | 其他光敏半导体器件(包括不论是否装在组件内或组装成块的光电池) | 0 | 30 | 17 | 17 | 个/千克 | |
| 85415000 | -其他半导体器件 | | | | | | |
| 8541500000 | 其他半导体器件 | 0 | 30 | 17 | 17 | 个/千克 | |
| 85416000 | -已装配的压电晶体 | | | | | | |
| 8541600000 | 已装配的压电晶体 | 0 | 30 | 17 | 17 | 个/千克 | |

| 商品编号 | 商品名称及备注 | 进口关税税率(%) | | 增值税率(%) | 出口退税率(%) | 计量单位 | 监管条件 |
|---|---|---|---|---|---|---|---|
| | | 最惠国 | 普通 | | | | |
| 85419000 | -零件 | | | | | | |
| 8541900000 | 品目85.41所列货品零件 | 0 | 30 | 17 | 17 | 千克 | |
| **8542** | **集成电路** | | | | | | |
| 85423111 | ----具有变流功能的半导体模块 | | | | | | |
| 8542311110 | 多元件集成电路中的自动数据处理设备机器及组件、电讯设备用的具有变流功能的半导体模块 | 0 | 30 | 17 | 17 | 个/千克 | |
| 8542311190[暂5] | 多元件集成电路中的其他具有变流功能的半导体模块 | 6.7/5* | 30 | 17 | 17 | 个/千克 | |
| 85423119 | ----其他 | | | | | | |
| 8542311900 | 其他用做处理器及控制器的多元件集成电路(不论是否带有存储器、转换器、逻辑电路、放大器、时钟及时序电路或其他电路) | 2.5/1.9* | 46 | 17 | 15 | 个/千克 | |
| 85423190 | ---其他 | | | | | | |
| 8542319000 | 其他用做处理器及控制器的集成电路(不论是否带有存储器、转换器、逻辑电路、放大器、时钟及时序电路或其他电路) | 0 | 24 | 17 | 17 | 个/千克 | |
| 85423210 | ---多元件集成电路 | | | | | | |
| 8542321000 | 用做存储器的多元件集成电路 | 2.7/2.1* | 45 | 17 | 15 | 个/千克 | |
| 85423290 | ---其他 | | | | | | |
| 8542329000 | 其他用做存储器的集成电路 | 0 | 24 | 17 | 17 | 个/千克 | |
| 85423310 | ---多元件集成电路 | | | | | | |
| 8542331000 | 用做放大器的多元件集成电路 | 2.7/2.1* | 45 | 17 | 15 | 个/千克 | |
| 85423390 | ---其他 | | | | | | |
| 8542339000 | 其他用做放大器的集成电路 | 0 | 24 | 17 | 17 | 个/千克 | |
| 85423910 | ---多元件集成电路 | | | | | | |
| 8542391000 | 其他多元件集成电路 | 2.7/2.1* | 45 | 17 | 15 | 个/千克 | |
| 85423990 | ---其他 | | | | | | |
| 8542399000 | 其他集成电路 | 0 | 24 | 17 | 17 | 个/千克 | |
| 85429000 | -零件 | | | | | | |
| 8542900000 | 其他集成电路及微电子组件零件 | 0 | 30 | 17 | 17 | 千克 | |
| **8543** | **本章其他编号未列名的具有独立功能的电气设备及装置** | | | | | | |
| 85431000 | -粒子加速器 | | | | | | |
| 8543100010 | 脉冲电子加速器(峰值能量≥500千电子伏) | 5 | 11 | 17 | 17 | 台 | 3 |
| 8543100020 | 中子发生器系统,包括中子管(真空下,利用静电加速来诱发氚-氘核反应) | 5 | 11 | 17 | 17 | 台 | 3 |
| 8543100090 | 其他粒子加速器 | 5 | 11 | 17 | 17 | 台 | |
| 85432010 | ---输出信号频率<1500兆赫的通用信号发生器 | | | | | | |
| 8543201000 | 输出信号频率<1500兆赫的通用信号发生器 | 11.3/9.4* | 80 | 17 | 17 | 台 | |
| 85432090 | ---其他 | | | | | | |
| 8543209010 | 高速脉冲发生器(脉冲上升时间<500ps) | 6/5* | 20 | 17 | 17 | 台 | 3 |
| 8543209090 | 其他输出信号频率≥1500兆赫的通用信号发生器 | 6/5* | 20 | 17 | 17 | 台 | |
| 85433000 | -电镀、电解或电泳设备及装置 | | | | | | |
| 8543300010 | 电化学还原槽;锂汞齐电解槽(电化学还原槽为化学交换过程的铀浓缩设计的) | 0 | 35 | 17 | 17 | 台 | 3 |
| 8543300020 | 产氟电解槽(每小时产250克以上) | 0 | 35 | 17 | 17 | 台 | 3 |
| 8543300090 | 其他电镀、电解或电泳设备及装置 | 0 | 35 | 17 | 17 | 台 | |
| 85437091 | ----金属、矿藏探测器 | | | | | | |
| 8543709100 | 金属、矿藏探测器 | 0 | 17 | 17 | 17 | 台 | |
| 85437092 | ----高、中频放大器 | | | | | | |

* 最惠国税率中,"/"左边的税率截止日期为2018年6月30日,"/"右边的税率有效日期为2018年7月1日~2999年12月31日。

| 商品编号 | 商品名称及备注 | 进口关税税率(%) | | 增值税率(%) | 出口退税率(%) | 计量单位 | 监管条件 |
|---|---|---|---|---|---|---|---|
| | | 最惠国 | 普通 | | | | |
| 8543709200 | 其他高、中频放大器 | 0 | 17 | 17 | 17 | 台 | |
| 85437093 | ----电篱网激发器 | | | | | | |
| 8543709300 | 电篱网激发器 | 10 | 35 | 17 | 17 | 台 | |
| 85437099 | ----其他 | | | | | | |
| 8543709910 | 飞行数据记录器、报告器 | 0 | 35 | 17 | 17 | 台 | |
| 8543709920 | 无线广播电视用激励器(具有独立功能) | 0 | 35 | 17 | 17 | 台 | O |
| 8543709930 | 模/数转换器(能设计或改进成军用,或设计成抗辐射的) | 0 | 35 | 17 | 17 | 台 | 3 |
| 8543709940 | 质谱仪用的离子源(原子质量单位≥230,分辨率>2/230) | 0 | 35 | 17 | 17 | 台 | 3 |
| 8543709950 | 密码机、密码卡(不包括数字电视智能卡、蓝牙模块、用于知识产权保护的加密狗) | 0 | 35 | 17 | 17 | 台 | M |
| 8543709990 | 其他未列名的具有独立功能的电气设备及装置 | 0 | 35 | 17 | 17 | 台 | |
| 85439010 | ---粒子加速器用 | | | | | | |
| 8543901000 | 粒子加速器用零件 | 0 | 11 | 17 | 17 | 千克 | |
| 85439021 | ----输出信号频率<1500兆赫的通用信号发生器用 | | | | | | |
| 8543902100 | 输出信号频率<1500兆赫通用信号发生器零件 | 0 | 80 | 17 | 17 | 千克 | |
| 85439029 | ----其他 | | | | | | |
| 8543902900 | 输出信号频率≥1500兆赫通用信号发生器零件 | 0 | 20 | 17 | 17 | 千克 | |
| 85439030 | ---金属、矿藏探测器用 | | | | | | |
| 8543903000 | 金属、矿藏探测器用零件 | 0 | 17 | 17 | 17 | 千克 | |
| 85439040 | ---高、中频放大器用 | | | | | | |
| 8543904000 | 高、中频放大器用零件 | 0 | 17 | 17 | 17 | 千克 | |
| 85439090 | ---其他 | | | | | | |
| 8543909000 | 其他品目85.43项下电气设备零件 | 0 | 35 | 17 | 17 | 千克 | |
| **8544** | **绝缘(包括漆包或阳极化处理)电线、电缆(包括同轴电缆)及其他绝缘电导体,不论是否有接头;由每根被覆光纤组成的光缆,不论是否与电导体装配或装有接头** | | | | | | |
| 85441100 | --铜制 | | | | | | |
| 8544110000[暂6] | 铜制绕组电线 | 10 | 70 | 17 | 17 | 千克 | |
| 85441900 | --其他 | | | | | | |
| 8544190000 | 其他绕组电线(非铜制) | 20 | 70 | 17 | 17 | 千克 | |
| 85442000 | -同轴电缆及其他同轴电导体 | | | | | | |
| 8544200000 | 同轴电缆及其他同轴电导体 | 10 | 20 | 17 | 17 | 千克 | |
| 85443020 | ---机动车辆用 | | | | | | |
| 8544302001[暂5] | 车辆用电控柴油机的线束 | 10 | 20 | 17 | 17 | 千克 | |
| 8544302090 | 机动车辆用其他点火布线组及其他布线组 | 10 | 20 | 17 | 17 | 千克 | |
| 85443090 | ---其他 | | | | | | |
| 8544309000 | 其他用点火布线组及其他用布线组 | 5 | 70 | 17 | 17 | 千克 | |
| 85444211 | ----电缆 | | | | | | |
| 8544421100 | 额定电压≤80伏有接头电缆 | 0 | 20 | 17 | 17 | 千克 | |
| 85444219 | ----其他 | | | | | | |
| 8544421900 | 额定电压≤80伏有接头电导体 | 0 | 70 | 17 | 17 | 千克 | |
| 85444221 | ----电缆 | | | | | | |
| 8544422100 | 80伏<额定电压≤1000伏有接头电缆 | 0 | 20 | 17 | 17 | 千克 | A |
| 85444229 | ----其他 | | | | | | |
| 8544422900 | 80伏<额定电压≤1000伏有接头电导体 | 0 | 70 | 17 | 17 | 千克 | A |
| 85444911 | ----电缆 | | | | | | |
| 8544491100 | 额定电压≤80伏其他电缆 | 0 | 20 | 17 | 17 | 千克 | |
| 85444919 | ----其他 | | | | | | |

| 商品编号 | 商品名称及备注 | 进口关税税率(%) | | 增值税率(%) | 出口退税率(%) | 计量单位 | 监管条件 |
|---|---|---|---|---|---|---|---|
| | | 最惠国 | 普通 | | | | |
| 8544491900 | 额定电压≤80伏其他电导体 | 0 | 70 | 17 | 17 | 千克 | |
| 85444921 | ----电缆 | | | | | | |
| 8544492100 | 80伏<额定电压≤1000伏的其他电缆 | 6 | 20 | 17 | 17 | 千克 | A |
| 85444929 | ----其他 | | | | | | |
| 8544492900 | 80伏<额定电压≤1000伏的其他电导体 | 12 | 70 | 17 | 17 | 千克 | |
| 85446012 | ----额定电压≤35千伏 | | | | | | |
| 8544601200 | 1千伏<额定电压≤35千伏的电缆 | 10 | 50 | 17 | 17 | 千克 | A |
| 85446013 | ----35千伏<额定电压≤110千伏 | | | | | | |
| 8544601300 | 35千伏<额定电压≤110千伏的电缆 | 8.4 | 20 | 17 | 17 | 千克 | |
| 85446014 | ----110千伏<额定电压≤220千伏 | | | | | | |
| 8544601400 | 110千伏<额定电压≤220千伏的电缆 | 8.4 | 20 | 17 | 17 | 千克 | |
| 85446019 | ----其他 | | | | | | |
| 8544601900 | 额定电压>220千伏的电缆 | 8.4 | 20 | 17 | 17 | 千克 | |
| 85446090 | ---其他 | | | | | | |
| 8544609001[暂10] | 额定电压≥500千伏的气体绝缘金属封闭输电线 | 21 | 70 | 17 | 17 | 千克 | |
| 8544609090 | 额定电压>1千伏的其他电导体 | 21 | 70 | 17 | 17 | 千克 | |
| 85447000 | -光缆 | | | | | | |
| 8544700000 | 光缆 | 0 | 20 | 17 | 17 | 千克 | |
| **8545** | **碳电极、碳刷、灯碳棒、电池碳棒及电气设备用的其他石墨或碳精制品,不论是否带金属** | | | | | | |
| 85451100 | --炉用 | | | | | | |
| 8545110000 | 炉用碳电极(不论是否带金属) | 8 | 35 | 17 | 0 | 千克 | 3 |
| 85451900 | --其他 | | | | | | |
| 8545190000 | 其他碳电极(不论是否带金属) | 10.5 | 35 | 17 | 0 | 千克 | 3 |
| 85452000 | -碳刷 | | | | | | |
| 8545200000 | 碳刷(不论是否带金属) | 10.5 | 35 | 17 | 17 | 千克 | |
| 85459000 | -其他 | | | | | | |
| 8545900000 | 灯碳棒,电池碳棒及其他石墨制品(不论是否带金属) | 10.5 | 35 | 17 | 17 | 千克 | 3 |
| **8546** | **各种材料制的绝缘子** | | | | | | |
| 85461000 | -玻璃制 | | | | | | |
| 8546100000 | 玻璃制绝缘子 | 10.5 | 35 | 17 | 17 | 千克 | |
| 85462010 | ---输变电线路绝缘瓷套管 | | | | | | |
| 8546201000 | 输变电线路绝缘瓷套管 | 6 | 35 | 17 | 17 | 千克 | |
| 85462090 | ---其他 | | | | | | |
| 8546209001[暂3] | 输变电架空线路用长棒形瓷绝缘子瓷件(单支长度为1~2米,实芯) | 12 | 35 | 17 | 17 | 千克 | |
| 8546209090 | 其他陶瓷制绝缘子(包括非输变电线路绝缘瓷套管) | 12 | 35 | 17 | 17 | 千克 | |
| 85469000 | -其他 | | | | | | |
| 8546900000 | 其他材料制绝缘子 | 10 | 35 | 17 | 17 | 千克 | |
| **8547** | **电气机器、器具或设备用的绝缘零件,除了为装配需要而在模制时装入的小金属零件(例如,螺纹孔)以外,全部用绝缘材料制成,但品目85.46的绝缘子除外;内衬绝缘材料的贱金属制线路导管及其接头** | | | | | | |
| 85471000 | -陶瓷制绝缘零件 | | | | | | |
| 8547100000 | 陶瓷制绝缘零件 | 8 | 35 | 17 | 17 | 千克 | |
| 85472000 | -塑料制绝缘零件 | | | | | | |
| 8547200000 | 塑料制绝缘零件 | 8 | 35 | 17 | 17 | 千克 | |
| 85479010 | ---内衬绝缘材料的贱金属制线路导管及其接头 | | | | | | |
| 8547901000 | 内衬绝缘材料的贱金属导管、接头 | 10 | 50 | 17 | 17 | 千克 | |

| 商品编号 | 商品名称及备注 | 进口关税税率(%) | | 增值税率(%) | 出口退税率(%) | 计量单位 | 监管条件 |
|---|---|---|---|---|---|---|---|
| | | 最惠国 | 普通 | | | | |
| 85479090 | ---其他 | | | | | | |
| 8547909000 | 其他材料制绝缘配件 | 8 | 35 | 17 | 17 | 千克 | |
| **8548** | **原电池、原电池组及蓄电池的废碎料;废原电池、废原电池组及废蓄电池;机器或设备的本章其他编号未列名的电气零件** | | | | | | |
| 85481000 | -原电池、原电池组及蓄电池的废碎料;废原电池、废原电池组及废蓄电池 | | | | | | |
| 8548100000 | 电池废碎料及废电池[指原电池(组)和蓄电池的废碎料,废原电池(组)及废蓄电] | 8 | 36 | 17 | 17 | 千克 | 9 |
| 85489000 | -其他 | | | | | | |
| 8548900001[暂3] | 电磁干扰滤波器 | 12 | 40 | 17 | 17 | 千克 | |
| 8548900002[暂6] | 非电磁干扰滤波器 | 12 | 40 | 17 | 15 | 千克 | |
| 8548900010 | 可调脉冲单模染料振荡器(平均输出功率>1 瓦,重复率>1 千赫,脉宽度<100 纳秒可见光范围) | 12 | 40 | 17 | 17 | 千克 | 3 |
| 8548900020 | 可调脉冲染料激光放大器和振荡器(不包括单模振荡器)(平均输出功率>30 瓦,重复率>1 千赫,脉宽度<100 纳秒可见光范围) | 12 | 40 | 17 | 17 | 千克 | 3 |
| 8548900030 | 触摸感应数据输入装置(即触摸屏)无显示的性能,安装于有显示屏的设备中,通过检测显示区域内触摸动作的发生及位置进行工作、触摸感应可通过电阻、静电电容、声学脉冲识别、红外光或其他触摸感应技术来获得 | 8/6* | 40 | 17 | 15 | 千克 | |
| 8548900090 | 第八十五章其他编号未列名的电气零件 | 12 | 40 | 17 | 15 | 千克 | |

* 最惠国税率中,“/”左边的税率截止日期为 2018 年 6 月 30 日,“/”右边的税率有效日期为 2018 年 7 月 1 日~2999 年 12 月 31 日。

# 第十七类　车辆、航空器、船舶及有关运输设备

注释：

一、本类不包括品目95.03或95.08的物品以及品目95.06的长雪橇、平底雪橇及类似品。

二、本类所称"零件"及"零件、附件"，不适用于下列货品，不论其是否确定为供本类货品使用：

（一）各种材料制的接头、垫圈或类似品（按其构成材料归类或归入品目84.84）或硫化橡胶（硬质橡胶除外）的其他制品（品目40.16）；

（二）第十五类注释二所规定的贱金属制通用零件（第十五类）或塑料制的类似品（第三十九章）；

（三）第八十二章的物品（工具）；

（四）品目83.06的物品；

（五）品目84.01~84.79的机器或装置及其零件，但供本类所列货品使用的散热器除外；品目84.81或84.82的物品及品目84.83的物品（这些物品是构成发动机或其他动力装置所必需的）；

（六）电机或电气设备（第八十五章）；

（七）第九十章的物品；

（八）第九十一章的物品；

（九）武器（第九十三章）；

（十）品目94.05的灯具或照明装置；

（十一）作为车辆零件的刷子（品目96.03）。

三、第八十六章至第八十八章所称"零件"或"附件"，不适用于那些非专用于或非主要用于这几章所列物品的零件、附件。同时符合这几章内两个或两个以上品目规定的零件、附件，应按其主要用途归入相应的品目。

四、在本类中：

（一）既可在道路上又可在轨道上行驶的特殊构造车辆，应归入第八十七章的相应品目；

（二）水陆两用机动车辆，应归入第八十七章的相应品目；

（三）可兼作地面车辆使用的特殊构造的航空器，应归入第八十八章的相应品目。

五、气垫运输工具应按本类最相似的运输工具归类，其规定如下：

（一）在导轨上运行的（气垫火车），归入第八十六章；

（二）在陆地行驶或水陆两用的，归入第八十七章；

（三）在水上航行的，不论能否在海滩或浮码头登陆及能否在冰上行驶，一律归入第八十九章。

气垫运输工具的零件、附件，应按照上述规定，与最相类似的运输工具的零件、附件一并归类。

气垫火车的导轨固定装置及附件应与铁道轨道固定装置及附件一并归类。气垫火车运行系统的信号、安全或交通管理设备应与铁路的信号、安全或交通管理设备一并归类。

## 第八十六章　铁道及电车道机车、车辆及其零件；铁道及电车道轨道固定装置及其零件、附件；各种机械（包括电动机械）交通信号设备

注释：

一、本章不包括：

（一）木制或混凝土制的铁道或电车道轨枕及气垫火车用的混凝土导轨（品目44.06或68.10）；

（二）品目73.02的铁道及电车道铺轨用钢铁材料；

（三）品目85.30的电气信号、安全或交通管理设备。

二、品目86.07主要适用于：

（一）轴、轮、行走机构、金属轮箍、轮圈、毂及轮子的其他零件；

（二）车架、底架、转向架；

（三）轴箱；制动装置；

（四）车辆缓冲器；钩或其他联结器及车厢走廊联结装置；

（五）车身。

三、除上述注释一另有规定的以外，品目86.08包括：

（一）已装配的轨道、转车台、站台缓冲器、量载规；

（二）铁道及电车道、道路、内河航道、停车场、港口或机场用的臂板信号机、机械信号盘、平交道口控制器、信号及道岔控制器及其他机械（包括电动机械）信号、安全或交通管理设备，不论是否装有电力照明装置。

| 商品编号 | 商 品 名 称 及 备 注 | 进口关税税率（%） | | 增值税率（%） | 出口退税率（%） | 计量单位 | 监管条件 |
|---|---|---|---|---|---|---|---|
| | | 最惠国 | 普通 | | | | |
| **8601** | **铁道电力机车，由外部电力或蓄电池驱动** | | | | | | |
| 86011011 | ----微型机控制的 | | | | | | |
| 8601101100 | 微机控制的外部直流电动铁道机车 | 3 | 11 | 17 | 17 | 辆 | |
| 86011019 | ----其他 | | | | | | |

| 商品编号 | 商品名称及备注 | 进口关税税率(%) | | 增值税率(%) | 出口退税率(%) | 计量单位 | 监管条件 |
|---|---|---|---|---|---|---|---|
| | | 最惠国 | 普通 | | | | |
| 8601101900 | 由外部直流电驱动的其他铁道机车 | 3 | 11 | 17 | 17 | 辆 | |
| 86011020 | ---交流电机驱动的 | | | | | | |
| 8601102000 | 由外部交流电驱动的铁道机车 | 3 | 11 | 17 | 17 | 辆 | O |
| 86011090 | ---其他 | | | | | | |
| 8601109000 | 由其他外部电力驱动的铁道机车 | 3 | 11 | 17 | 17 | 辆 | O |
| 86012000 | -由蓄电池驱动 | | | | | | |
| 8601200000 | 由蓄电池驱动的铁道电力机车 | 3 | 11 | 17 | 17 | 辆 | |
| **8602** | **其他铁道机车;机车煤水车** | | | | | | |
| 86021010 | ---微型机控制的 | | | | | | |
| 8602101000 | 微机控制的柴油电力铁道机车 | 3 | 11 | 17 | 17 | 辆 | |
| 86021090 | ---其他 | | | | | | |
| 8602109000 | 其他柴油电力铁道机车 | 3 | 11 | 17 | 17 | 辆 | |
| 86029000 | -其他 | | | | | | |
| 8602900000 | 其他铁道机车及机车煤水车 | 3 | 11 | 17 | 17 | 辆 | |
| **8603** | **铁道及电车道用的机动客车、货车、敞车,但品目86.04的货品除外** | | | | | | |
| 86031000 | -由外部电力驱动 | | | | | | |
| 8603100000 | 由外电力驱动铁道用机动客,货车(包括电车道用的,但品目86.04的货品除外) | 3 | 11 | 17 | 17 | 辆 | O |
| 86039000 | -其他 | | | | | | |
| 8603900000 | 其他铁道用机动客车,货车,敞车(包括电车道用的,但品目86.04的货品除外) | 3 | 11 | 17 | 17 | 辆 | |
| **8604** | **铁道及电车道用的维修或服务车,不论是否机动(例如,工场车、起重机车、道碴捣固车、轨道校正车、检验车及查道车)** | | | | | | |
| 86040011 | ----隧道限界检查车 | | | | | | |
| 8604001100 | 隧道限界检查车(不论是否机动) | 3 | 14 | 17 | 17 | 辆 | |
| 86040012 | ----钢轨在线打磨列车 | | | | | | |
| 8604001200 | 钢轨在线打磨列车(不论是否机动) | 3 | 14 | 17 | 17 | 辆 | |
| 86040019 | ----其他 | | | | | | |
| 8604001900 | 铁道及电车道用其他检验、查道车(不论是否机动) | 5 | 14 | 17 | 17 | 辆 | O |
| 86040091 | ----电气化接触网架线机(轨行式) | | | | | | |
| 8604009100 | 电气化接触网架线机(轨行式)(不论是否机动) | 5 | 20 | 17 | 17 | 辆 | |
| 86040099 | ----其他 | | | | | | |
| 8604009900 | 铁道及电车道用其他维修车辆(包括服务车,不论是否机动) | 7 | 20 | 17 | 17 | 辆 | |
| **8605** | **铁道及电车道用的非机动客车;行李车、邮政车和其他铁道及电车道用的非机动特殊用途车辆(品目86.04的货品除外)** | | | | | | |
| 86050010 | ---铁道客车 | | | | | | |
| 8605001000 | 铁道用非机动客车 | 5 | 14 | 17 | 17 | 辆 | |
| 86050090 | ---其他 | | | | | | |
| 8605009000 | 电车道用的非机动客车,行李车等(还包括邮政车和其他铁道用的非机动特殊车辆) | 5 | 14 | 17 | 17 | 辆 | |
| **8606** | **铁道及电车道用的非机动有篷及无篷货车** | | | | | | |
| 86061000 | -油罐货车及类似车 | | | | | | |
| 8606100000 | 铁道用非机动油罐货车及类似车(包括电车道用,但不包括容积50立方米液化气铁路槽车) | 5 | 14 | 17 | 17 | 辆 | |
| 86063000 | -自卸货车,但编号86061000的货品除外 | | | | | | |
| 8606300000 | 铁道用非机动自卸货车(包括电车道用,但编号860610的货品除外) | 5 | 14 | 17 | 17 | 辆 | |
| 86069100 | --带篷及封闭的 | | | | | | |
| 8606910000 | 铁道用非机动带篷及封闭货车(包括电车道用) | 5 | 14 | 17 | 17 | 辆 | |
| 86069200 | --敞篷的,厢壁固定且高度>60厘米 | | | | | | |

| 商品编号 | 商品名称及备注 | 进口关税税率(%) | | 增值税率(%) | 出口退税率(%) | 计量单位 | 监管条件 |
|---|---|---|---|---|---|---|---|
| | | 最惠国 | 普通 | | | | |
| 8606920000 | 铁道用非机动厢高>60厘米敞篷货车(包括电车道用) | 5 | 14 | 17 | 17 | 辆 | |
| 86069900 | --其他 | | | | | | |
| 8606990000 | 品目86.06所列其他未列名非机动车 | 5 | 14 | 17 | 17 | 辆 | |
| **8607** | **铁道及电车道机车或其他车辆的零件** | | | | | | |
| 86071100 | --驾驶转向架 | | | | | | |
| 8607110000 | 铁道及电车道机车的驾驶转向架(包括铁道及电车道其他车辆用的) | 3 | 11 | 17 | 17 | 套/千克 | |
| 86071200 | --其他转向架 | | | | | | |
| 8607120000 | 铁道及电车道机车非驾驶转向架(包括铁道及电车道其他车辆用的) | 3 | 11 | 17 | 17 | 套/千克 | |
| 86071910 | ---轴 | | | | | | |
| 8607191000 | 铁道及电车道机车用车轴(包括铁道及电车道其他车辆用的) | 3 | 11 | 17 | 17 | 根/千克 | |
| 86071990 | ---其他 | | | | | | |
| 8607199000 | 铁道及电车道机车用其他轴、轮(包括其他零件,含铁道及电车道其他车辆用的) | 3 | 11 | 17 | 17 | 千克 | |
| 86072100 | --空气制动器及其零件 | | | | | | |
| 8607210000 | 铁道及电车道机车用空气制动器(包括零件,含铁道及电车道其他车辆用的) | 3 | 11 | 17 | 17 | 千克 | |
| 86072900 | --其他 | | | | | | |
| 8607290000 | 铁道及电车道机车用非空气制动器(包括零件,含铁道及电车道其他车辆用的) | 3 | 11 | 17 | 17 | 千克 | |
| 86073000 | -钩、其他联结器、缓冲器及其零件 | | | | | | |
| 8607300000 | 铁道及电车道机车用钩、联结器(包括缓冲器及其零件,含铁道及电车道其他车辆用的) | 3 | 11 | 17 | 17 | 千克 | |
| 86079100 | --机车用 | | | | | | |
| 8607910000 | 铁道及电车道机车用其他零件 | 3 | 11 | 17 | 17 | 千克 | |
| 86079900 | --其他 | | | | | | |
| 8607990000 | 铁道及电车道非机车用其他零件 | 3 | 11 | 17 | 17 | 千克 | |
| **8608** | **铁道及电车道轨道固定装置及附件;供铁道、电车道、道路、内河航道、停车场、港口或机场用的机械(包括电动机械)信号、安全或交通管理设备;上述货品的零件** | | | | | | |
| 86080010 | ---轨道自动计轴设备 | | | | | | |
| 8608001000 | 轨道自动计轴设备 | 3 | 20 | 17 | 17 | 千克/台 | |
| 86080090 | ---其他 | | | | | | |
| 8608009000 | 铁道及电车道轨道固定装置及配件(包括交通机械信号,安全或交通管理设备及其零件) | 4 | 20 | 17 | 17 | 千克 | |
| **8609** | **集装箱(包括运输液体的集装箱),经特殊设计、装备适用于各种运输方式** | | | | | | |
| 86090011 | ----保温式 | | | | | | |
| 8609001100 | 20英尺的保温式集装箱 | 10.5 | 35 | 17 | 17 | 个 | AB |
| 86090012 | ----罐式 | | | | | | |
| 8609001200 | 20英尺的罐式集装箱 | 10.5 | 35 | 17 | 17 | 个 | AB |
| 86090019 | ----其他 | | | | | | |
| 8609001900 | 其他20英尺集装箱 | 10.5 | 35 | 17 | 17 | 个 | AB |
| 86090021 | ----保温式 | | | | | | |
| 8609002100 | 40英尺的保温式集装箱 | 10.5 | 35 | 17 | 17 | 个 | AB |
| 86090022 | ----罐式 | | | | | | |
| 8609002200 | 40英尺的罐式集装箱 | 10.5 | 35 | 17 | 17 | 个 | AB |
| 86090029 | ----其他 | | | | | | |
| 8609002900 | 其他40英尺的集装箱 | 10.5 | 35 | 17 | 17 | 个 | AB |
| 86090030 | ---45、48、53英尺的 | | | | | | |
| 8609003000 | 45、48、53英尺的集装箱 | 10.5 | 35 | 17 | 17 | 个 | AB |
| 86090090 | ---其他 | | | | | | |
| 8609009000 | 其他集装箱(包括运输液体的集装箱) | 10.5 | 35 | 17 | 17 | 个 | AB |

# 第八十七章　车辆及其零件、附件，但铁道及电车道车辆除外

注释：

一、本章不包括仅可在钢轨上运行的铁道及电车道车辆。

二、本章所称"牵引车、拖拉机"，是指主要为牵引或推动其他车辆、器具或重物的车辆。除了上述主要用途以外，不论其是否还具有装运工具、种子、肥料或其他货品的辅助装置。

用于安装在品目87.01的牵引车、拖拉机上，作为可替换设备的机器或作业工具，即使与牵引车、拖拉机一同进口或出口，不论是否已安装在车上，仍应归入其各自相应品目。

三、装有驾驶室的机动车辆底盘，应归入品目87.02～87.04，而不归入品目87.06。

四、品目87.12包括所有儿童两轮车，其他儿童脚踏车归入品目95.03。

| 商品编号 | 商品名称及备注 | 进口关税税率(%) | | 增值税率(%) | 出口退税率(%) | 计量单位 | 监管条件 |
|---|---|---|---|---|---|---|---|
| | | 最惠国 | 普通 | | | | |
| **8701** | **牵引车、拖拉机(品目87.09的牵引车除外)** | | | | | | |
| 87011000 | -单轴拖拉机 | | | | | | |
| 8701100000 | 单轴拖拉机 | 9 | 20 | 11 | 11 | 辆 | 6 |
| 87012000 | -半挂车用的公路牵引车 | | | | | | |
| 8701200000 | 半挂车用的公路牵引车 | 6 | 20 | 17 | 17 | 辆 | 46Axy |
| 87013000 | -履带式牵引车、拖拉机 | | | | | | |
| 8701300010 | 履带式拖拉机 | 6 | 20 | 11 | 11 | 辆 | 6A |
| 8701300090 | 履带式牵引车 | 6 | 20 | 17 | 11 | 辆 | 6A |
| 87019110 | ---拖拉机 | | | | | | |
| 8701911000 | 其他发动机功率≤18千瓦的拖拉机 | 8 | 20 | 17 | 11 | 辆 | 6A |
| 87019190 | ---其他 | | | | | | |
| 8701919000 | 其他发动机功率≤18千瓦的牵引车(不包括品目87.09的牵引车) | 8 | 20 | 17 | 11 | 辆 | 6A |
| 87019210 | ---拖拉机 | | | | | | |
| 8701921000 | 其他发动机18千瓦<功率≤37千瓦的拖拉机 | 8 | 20 | 17 | 11 | 辆 | 6A |
| 87019290 | ---其他 | | | | | | |
| 8701929000 | 其他发动机18千瓦<功率≤37千瓦的牵引车(不包括品目87.09的牵引车) | 8 | 20 | 17 | 11 | 辆 | 6A |
| 87019310 | ---拖拉机 | | | | | | |
| 8701931000 | 其他发动机37千瓦<功率≤75千瓦的拖拉机 | 8 | 20 | 17 | 11 | 辆 | 6A |
| 87019390 | ---其他 | | | | | | |
| 8701939000 | 其他发动机功率37千瓦<功率≤75千瓦的牵引车(不包括品目87.09的牵引车) | 8 | 20 | 17 | 11 | 辆 | 6A |
| 87019410 | ---拖拉机 | | | | | | |
| 8701941010[暂5] | 发动机110千瓦<功率≤130千瓦的轮式拖拉机 | 8 | 20 | 17 | 11 | 辆 | 6A |
| 8701941090 | 发动机75千瓦<功率≤130千瓦的其他拖拉机 | 8 | 20 | 17 | 11 | 辆 | 6A |
| 87019490 | ---其他 | | | | | | |
| 8701949000 | 其他发动机75千瓦<功率≤130千瓦的牵引车(不包括品目87.09的牵引车) | 8 | 20 | 17 | 11 | 辆 | 6A |
| 87019510 | ---拖拉机 | | | | | | |
| 8701951010[暂5] | 发动机功率>130千瓦的轮式拖拉机 | 8 | 20 | 17 | 11 | 辆 | 6A |
| 8701951090 | 发动机功率>130千瓦的其他拖拉机 | 8 | 20 | 17 | 11 | 辆 | 6A |
| 87019590 | ---其他 | | | | | | |
| 8701959000 | 其他发动机功率>130千瓦的牵引车(不包括品目87.09的牵引车) | 8 | 20 | 17 | 11 | 辆 | 6A |
| **8702** | **客运机动车辆，10座及以上(包括驾驶座)** | | | | | | |
| 87021020 | ---机坪客车 | | | | | | |
| 8702102000 | 仅装有压燃式活塞内燃发动机(柴油或半柴油发动机)的机坪客车(机场专用车) | 4 | 90 | 17 | 17 | 辆 | 6AO |
| 87021091 | ----30座及以上 | | | | | | |

| 商品编号 | 商品名称及备注 | 进口关税税率(%) | | 增值税率(%) | 出口退税率(%) | 计量单位 | 监管条件 |
|---|---|---|---|---|---|---|---|
| | | 最惠国 | 普通 | | | | |
| 8702109100 | 座位数≥30的仅装有压燃式活塞内燃发动机(柴油或半柴油发动机)的大型客车 | 25 | 90 | 17 | 17 | 辆 | 46AOxy |
| 87021092 | ----20座及以上,但不超过29座 | | | | | | |
| 8702109210 | 20≤座位数≤23仅装有压燃式活塞内燃发动机(柴油或半柴油发动机)的客车 | 25 | 230 | 17 | 17 | 辆 | 46AOxy |
| 8702109290 | 24≤座位数≤29的仅装有压燃式活塞内燃发动机(柴油或半柴油发动机)的客车 | 25 | 230 | 17 | 17 | 辆 | 46AOxy |
| 87021093 | ----10座及以上,但不超过19座 | | | | | | |
| 8702109300 | 10≤座位数≤19的仅装有压燃式活塞内燃发动机(柴油或半柴油发动机)的客车 | 25 | 230 | 17 | 17 | 辆 | 46AOxy |
| 87022010 | ---机坪客车 | | | | | | |
| 8702201000 | 同时装有压燃式活塞内燃发动机(柴油或半柴油发动机)及驱动电动机的机坪客车(机场专用车) | 4 | 90 | 17 | 17 | 辆 | 6AO |
| 87022091 | ----30座及以上(大型客车) | | | | | | |
| 8702209100 | 座位数≥30同时装有压燃式活塞内燃发动机(柴油或半柴油发动机)及驱动电动机的大型客车(指装有柴油或半柴油发动机的座位数≥30的客运车) | 25 | 90 | 17 | 17 | 辆 | 46AOxy |
| 87022092 | ----20座及以上,但不超过29座 | | | | | | |
| 8702209210 | 20≤座位数≤23同时装有压燃式活塞内燃发动机(柴油或半柴油发动机)及驱动电动机的客车 | 25 | 230 | 17 | 17 | 辆 | 46AOxy |
| 8702209290 | 24≤座位数≤29同时装有压燃式活塞内燃发动机(柴油或半柴油发动机)及驱动电动机的客车 | 25 | 230 | 17 | 17 | 辆 | 46AOxy |
| 87022093 | ----10座及以上,但不超过19座 | | | | | | |
| 8702209300 | 10≤座位数≤19同时装有压燃式活塞内燃发动机(柴油或半柴油发动机)及驱动电动机的客车 | 25 | 230 | 17 | 17 | 辆 | 46AOxy |
| 87023010 | ---30座及以上(大型客车) | | | | | | |
| 8702301000 | 座位数≥30同时装有点燃往复式活塞内燃发动机及驱动电动机的大型客车 | 25 | 90 | 17 | 17 | 辆 | 46AOxy |
| 87023020 | ---20座及以上,但不超过29座 | | | | | | |
| 8702302010 | 20≤座位数≤23同时装有点燃往复式活塞内燃发动机及驱动电动机的客车 | 25 | 230 | 17 | 17 | 辆 | 46AOxy |
| 8702302090 | 24≤座位数≤29同时装有点燃往复式活塞内燃发动机及驱动电动机的客车 | 25 | 230 | 17 | 17 | 辆 | 46AOxy |
| 87023030 | ---10座及以上,但不超过19座 | | | | | | |
| 8702303000 | 10≤座位数≤19同时装有点燃往复式活塞内燃发动机及驱动电动机的客车 | 25 | 230 | 17 | 17 | 辆 | 46AOxy |
| 87024010 | ---30座及以上(大型客车) | | | | | | |
| 8702401000 | 座位数≥30仅装有驱动电动机的大型客车 | 25 | 90 | 17 | 17 | 辆 | 46AOxy |
| 87024020 | ---20座及以上,但不超过29座 | | | | | | |
| 8702402010 | 20≤座位数≤23仅装有驱动电动机的客车 | 25 | 230 | 17 | 17 | 辆 | 46AOxy |
| 8702402090 | 24≤座位数≤29仅装有驱动电动机的客车 | 25 | 230 | 17 | 17 | 辆 | 46AOxy |
| 87024030 | ---10座及以上,但不超过19座 | | | | | | |
| 8702403000 | 10≤座位数≤19仅装有驱动电动机的客车 | 25 | 230 | 17 | 17 | 辆 | 46AOxy |
| 87029010 | ---30座及以上(大型客车) | | | | | | |
| 8702901000 | 座位数≥30的大型客车(其他型)(指装有其他发动机的座位数≥30的客运车) | 25 | 90 | 17 | 17 | 辆 | 46AOxy |
| 87029020 | ---20座及以上,但不超过29座 | | | | | | |
| 8702902001 | 20≤座位数≤23装有非压燃式活塞内燃发动机的客车 | 25 | 230 | 17 | 17 | 辆 | 46AOxy |
| 8702902090 | 24≤座位数≤29装有非压燃式活塞内燃发动机的客车 | 25 | 230 | 17 | 17 | 辆 | 46AOxy |
| 87029030 | ---10座及以上,但不超过19座 | | | | | | |
| 8702903000 | 10≤座位数≤19装有非压燃式活塞内燃发动机的客车 | 25 | 230 | 17 | 17 | 辆 | 46AOxy |
| **8703** | **主要用于载人的机动车辆(品目87.02的货品除外),包括旅行小客车及赛车** | | | | | | |
| 87031011 | ----全地形车 | | | | | | |
| 8703101100 | 全地形车 | 25 | 150 | 17 | 17 | 辆 | 46xy |
| 87031019 | ----其他 | | | | | | |
| 8703101900 | 高尔夫球车及其他类似车 | 25 | 150 | 17 | 17 | 辆 | 6 |

| 商品编号 | 商 品 名 称 及 备 注 | 进口关税税率(%) | | 增值税率(%) | 出口退税率(%) | 计量单位 | 监管条件 |
|---|---|---|---|---|---|---|---|
| | | 最惠国 | 普通 | | | | |
| 87031090 | ---其他 | | | | | | |
| 8703109000 | 其他,雪地行走专用车 | 25 | 150 | 17 | 17 | 辆 | 6 |
| 87032130 | ---小轿车 | | | | | | |
| 8703213010 | 仅装有排气量≤1升的点燃往复式活塞内燃发动机的小轿车 | 25 | 230 | 17 | 17 | 辆 | 46AOxy |
| 8703213090 | 仅装有排气量≤1升的点燃往复式活塞内燃发动机小轿车的成套散件 | 25 | 230 | 17 | 17 | 辆 | 46Oxy |
| 87032140 | ---越野车(4轮驱动) | | | | | | |
| 8703214010 | 仅装有排气量≤1升的点燃往复式活塞内燃发动机的越野车(4轮驱动) | 25 | 230 | 17 | 17 | 辆 | 46AOxy |
| 8703214090 | 仅装有排气量≤1升的点燃往复式活塞内燃发动机的越野车(4轮驱动)的成套散件 | 25 | 230 | 17 | 17 | 辆 | 46Oxy |
| 87032150 | ---9座及以下的小客车 | | | | | | |
| 8703215010 | 仅装有排气量≤1升的点燃往复式活塞内燃发动机的小客车(座位数≤9座) | 25 | 230 | 17 | 17 | 辆 | 46AOxy |
| 8703215090 | 仅装有排气量≤1升的点燃往复式活塞内燃发动机的小客车的成套散件(座位数≤9座) | 25 | 230 | 17 | 17 | 辆 | 46Oxy |
| 87032190 | ---其他 | | | | | | |
| 8703219010 | 仅装有排气量≤1升的点燃往复式活塞内燃发动机的其他载人车辆 | 25 | 230 | 17 | 17 | 辆 | 46AOxy |
| 8703219090 | 仅装有排气量≤1升的点燃往复式活塞内燃发动机的其他载人车辆的成套散件 | 25 | 230 | 17 | 17 | 辆 | 46Oxy |
| 87032230 | ---小轿车 | | | | | | |
| 8703223010 | 仅装有1升<排气量≤1.5升点燃往复式活塞内燃发动机小轿车 | 25 | 230 | 17 | 17 | 辆 | 46AOxy |
| 8703223090 | 仅装有1升<排气量≤1.5升点燃往复式活塞内燃发动机小轿车的成套散件 | 25 | 230 | 17 | 17 | 辆 | 46Oxy |
| 87032240 | ---越野车(4轮驱动) | | | | | | |
| 8703224010 | 仅装有1升<排气量≤1.5升点燃往复活塞内燃发动机四轮驱动越野车 | 25 | 230 | 17 | 17 | 辆 | 46AOxy |
| 8703224090 | 仅装有1升<排气量≤1.5升点燃往复活塞内燃发动机四轮驱动越野车的成套散件 | 25 | 230 | 17 | 17 | 辆 | 46Oxy |
| 87032250 | ---9座及以下的小客车 | | | | | | |
| 8703225010 | 仅装有1升<排气量≤1.5升点燃往复式活塞内燃发动机小客车(座位数≤9座) | 25 | 230 | 17 | 17 | 辆 | 46AOxy |
| 8703225090 | 仅装有1升<排气量≤1.5升点燃往复式活塞内燃发动机小客车的成套散件(座位数≤9座) | 25 | 230 | 17 | 17 | 辆 | 46Oxy |
| 87032290 | ---其他 | | | | | | |
| 8703229010 | 仅装有1升<排气量≤1.5升点燃往复式活塞内燃发动机其他载人车辆 | 25 | 230 | 17 | 17 | 辆 | 46AOxy |
| 8703229090 | 仅装有1升<排气量≤1.5升点燃往复式活塞内燃发动机其他载人车辆的成套散件 | 25 | 230 | 17 | 17 | 辆 | 46Oxy |
| 87032341 | ----小轿车 | | | | | | |
| 8703234110 | 仅装有1.5升<排气量≤2升的点燃往复式活塞内燃发动机小轿车 | 25 | 230 | 17 | 17 | 辆 | 46AOxy |
| 8703234190 | 仅装有1.5升<排气量≤2升的点燃往复式活塞内燃发动机小轿车的成套散件 | 25 | 230 | 17 | 17 | 辆 | 46Oxy |
| 87032342 | ----越野车(4轮驱动) | | | | | | |
| 8703234210 | 仅装有1.5升<排气量≤2升的点燃往复式活塞内燃发动机越野车(4轮驱动) | 25 | 230 | 17 | 17 | 辆 | 46AOxy |
| 8703234290 | 仅装有1.5升<排气量≤2升的点燃往复式活塞内燃发动机越野车的成套散件(4轮驱动) | 25 | 230 | 17 | 17 | 辆 | 46Oxy |
| 87032343 | ----9座及以下的小客车 | | | | | | |
| 8703234310 | 仅装有1.5升<排气量≤2升的点燃往复式活塞内燃发动机小客车(座位数≤9座) | 25 | 230 | 17 | 17 | 辆 | 46AOxy |
| 8703234390 | 仅装有1.5升<排气量≤2升的点燃往复式活塞内燃发动机小客车的成套散件(座位数≤9座) | 25 | 230 | 17 | 17 | 辆 | 46Oxy |
| 87032349 | ----其他 | | | | | | |
| 8703234910 | 仅装有1.5升<排气量≤2升的点燃往复式活塞内燃发动机的其他载人车辆 | 25 | 230 | 17 | 17 | 辆 | 46AOxy |
| 8703234990 | 仅装有1.5升<排气量≤2升的点燃往复式活塞内燃发动机的其他载人车辆的成套散件 | 25 | 230 | 17 | 17 | 辆 | 46Oxy |
| 87032351 | ----小轿车 | | | | | | |
| 8703235110 | 仅装有2升<排气量≤2.5升的点燃往复式活塞内燃发动机小轿车 | 25 | 230 | 17 | 17 | 辆 | 46AOxy |
| 8703235190 | 仅装有2升<排气量≤2.5升的点燃往复式活塞内燃发动机小轿车的成套散件 | 25 | 230 | 17 | 17 | 辆 | 46Oxy |
| 87032352 | ----越野车(4轮驱动) | | | | | | |

| 商品编号 | 商 品 名 称 及 备 注 | 进口关税税率（%） | | 增值税率（%） | 出口退税率（%） | 计量单位 | 监管条件 |
|---|---|---|---|---|---|---|---|
| | | 最惠国 | 普通 | | | | |
| 8703235210 | 仅装有2升<排气量≤2.5升的点燃往复式活塞内燃发动机越野车(4轮驱动) | 25 | 230 | 17 | 17 | 辆 | 46AOxy |
| 8703235290 | 仅装有2升<排气量≤2.5升的点燃往复式活塞内燃发动机越野车的成套散件(4轮驱动) | 25 | 230 | 17 | 17 | 辆 | 46Oxy |
| 87032353 | ----9座及以下的小客车 | | | | | | |
| 8703235310 | 仅装有2升<排气量≤2.5升的点燃往复式活塞内燃发动机小客车(座位数≤9座) | 25 | 230 | 17 | 17 | 辆 | 46AOxy |
| 8703235390 | 仅装有2升<排气量≤2.5升的点燃往复式活塞内燃发动机的小客车的成套散件(座位数≤9座) | 25 | 230 | 17 | 17 | 辆 | 46Oxy |
| 87032359 | ----其他 | | | | | | |
| 8703235910 | 仅装有2升<排气量≤2.5升的点燃往复式活塞内燃发动机的其他载人车辆 | 25 | 230 | 17 | 17 | 辆 | 46AOxy |
| 8703235990 | 仅装有2升<排气量≤2.5升的点燃往复式活塞内燃发动机的其他载人车辆的成套散件 | 25 | 230 | 17 | 17 | 辆 | 46Oxy |
| 87032361 | ----小轿车 | | | | | | |
| 8703236110 | 仅装有2.5升<排气量≤3升的点燃往复式活塞内燃发动机小轿车 | 25 | 270 | 17 | 17 | 辆 | 46AOxy |
| 8703236190 | 仅装有2.5升<排气量≤3升的点燃往复式活塞内燃发动机小轿车的成套散件 | 25 | 270 | 17 | 17 | 辆 | 46Oxy |
| 87032362 | ----越野车(4轮驱动) | | | | | | |
| 8703236210 | 仅装有2.5升<排气量≤3升的点燃往复式活塞内燃发动机越野车(4轮驱动) | 25 | 270 | 17 | 17 | 辆 | 46AOxy |
| 8703236290 | 仅装有2.5升<排气量≤3升的点燃往复式活塞内燃发动机越野车的成套散件(4轮驱动) | 25 | 270 | 17 | 17 | 辆 | 46Oxy |
| 87032363 | ----9座及以下的小客车 | | | | | | |
| 8703236310 | 仅装有2.5升<排气量≤3升的点燃往复式活塞内燃发动机小客车(座位数≤9座) | 25 | 270 | 17 | 17 | 辆 | 46AOxy |
| 8703236390 | 仅装有2.5升<排气量≤3升的点燃往复式活塞内燃发动机小客车的成套散件(座位数≤9座) | 25 | 270 | 17 | 17 | 辆 | 46Oxy |
| 87032369 | ----其他 | | | | | | |
| 8703236910 | 仅装有2.5升<排气量≤3升的点燃往复式活塞内燃发动机的其他载人车辆 | 25 | 270 | 17 | 17 | 辆 | 46AOxy |
| 8703236990 | 仅装有2.5升<排气量≤3升的点燃往复式活塞内燃发动机的其他载人车辆的成套散件 | 25 | 270 | 17 | 17 | 辆 | 46Oxy |
| 87032411 | ----小轿车 | | | | | | |
| 8703241110 | 仅装有3升<排气量≤4升的点燃往复式活塞内燃发动机小轿车 | 25 | 270 | 17 | 17 | 辆 | 46AOxy |
| 8703241190 | 仅装有3升<排气量≤4升的点燃往复式活塞内燃发动机小轿车的成套散件 | 25 | 270 | 17 | 17 | 辆 | 46Oxy |
| 87032412 | ----越野车(4轮驱动) | | | | | | |
| 8703241210 | 仅装有3升<排气量≤4升的点燃往复式活塞内燃发动机越野车(4轮驱动) | 25 | 270 | 17 | 17 | 辆 | 46AOxy |
| 8703241290 | 仅装有3升<排气量≤4升的点燃往复式活塞内燃发动机越野车的成套散件(4轮驱动) | 25 | 270 | 17 | 17 | 辆 | 46Oxy |
| 87032413 | ----9座及以下的小客车 | | | | | | |
| 8703241310 | 仅装有3升<排气量≤4升的点燃往复式活塞内燃发动机的小客车(座位数≤9座) | 25 | 270 | 17 | 17 | 辆 | 46AOxy |
| 8703241390 | 仅装有3升<排气量≤4升的点燃往复式活塞内燃发动机的小客车的成套散件(座位数≤9座) | 25 | 270 | 17 | 17 | 辆 | 46Oxy |
| 87032419 | ----其他 | | | | | | |
| 8703241910 | 仅装有3升<排气量≤4升的点燃往复式活塞内燃发动机的其他载人车辆 | 25 | 270 | 17 | 17 | 辆 | 46AOxy |
| 8703241990 | 仅装有3升<排气量≤4升的点燃往复式活塞内燃发动机的其他载人车辆的成套散件 | 25 | 270 | 17 | 17 | 辆 | 46Oxy |
| 87032421 | ----小轿车 | | | | | | |
| 8703242110 | 仅装有排气量>4升的点燃往复式活塞内燃发动机小轿车 | 25 | 270 | 17 | 17 | 辆 | 46AOxy |
| 8703242190 | 仅装有排气量>4升的点燃往复式活塞内燃发动机小轿车的成套散件 | 25 | 270 | 17 | 17 | 辆 | 46Oxy |
| 87032422 | ----越野车(4轮驱动) | | | | | | |
| 8703242210 | 仅装有排气量>4升的点燃往复式活塞内燃发动机越野车(4轮驱动) | 25 | 270 | 17 | 17 | 辆 | 46AOxy |
| 8703242290 | 仅装有排气量>4升的点燃往复式活塞内燃发动机越野车的成套散件(4轮驱动) | 25 | 270 | 17 | 17 | 辆 | 46Oxy |
| 87032423 | ----9座及以下的小客车 | | | | | | |
| 8703242310 | 仅装有排气量>4升的点燃往复式活塞内燃发动机的小客车(座位数≤9座) | 25 | 270 | 17 | 17 | 辆 | 46AOxy |
| 8703242390 | 仅装有排气量>4升的点燃往复式活塞内燃发动机的小客车的成套散件(座位数≤9座) | 25 | 270 | 17 | 17 | 辆 | 46Oxy |

| 商品编号 | 商 品 名 称 及 备 注 | 进口关税税率（%） | | 增值税率（%） | 出口退税率（%） | 计量单位 | 监管条件 |
|---|---|---|---|---|---|---|---|
| | | 最惠国 | 普通 | | | | |
| 87032429 | ----其他 | | | | | | |
| 8703242910 | 仅装有排气量>4 升的点燃往复式活塞内燃发动机的其他载人车辆 | 25 | 270 | 17 | 17 | 辆 | 46AOxy |
| 8703242990 | 仅装有排气量>4 升的点燃往复式活塞内燃发动机的其他载人车辆的成套散件 | 25 | 270 | 17 | 17 | 辆 | 46Oxy |
| 87033111 | ----小轿车 | | | | | | |
| 8703311110 | 仅装有排气量≤1 升的压燃式活塞内燃发动机小轿车 | 25 | 230 | 17 | 17 | 辆 | 46AOxy |
| 8703311190 | 仅装有排气量≤1 升的压燃式活塞内燃发动机小轿车的成套散件 | 25 | 230 | 17 | 17 | 辆 | 46Oxy |
| 87033119 | ----其他 | | | | | | |
| 8703311910 | 仅装有排气量≤1 升的压燃式活塞内燃发动机的其他载人车辆 | 25 | 230 | 17 | 17 | 辆 | 46AOxy |
| 8703311990 | 仅装有排气量≤1 升的压燃式活塞内燃发动机的其他载人车辆的成套散件 | 25 | 230 | 17 | 17 | 辆 | 46Oxy |
| 87033121 | ----小轿车 | | | | | | |
| 8703312110 | 仅装有 1 升<排气量≤1.5 升的压燃式活塞内燃发动机小轿车 | 25 | 230 | 17 | 17 | 辆 | 46AOxy |
| 8703312190 | 仅装有 1 升<排气量≤1.5 升的压燃式活塞内燃发动机小轿车的成套散件 | 25 | 230 | 17 | 17 | 辆 | 46Oxy |
| 87033122 | ----越野车(4 轮驱动) | | | | | | |
| 8703312210 | 仅装有 1 升<排气量≤1.5 升的压燃式活塞内燃发动机越野车(4 轮驱动) | 25 | 230 | 17 | 17 | 辆 | 46AOxy |
| 8703312290 | 仅装有 1 升<排气量≤1.5 升的压燃式活塞内燃发动机越野车的成套散件(4 轮驱动) | 25 | 230 | 17 | 17 | 辆 | 46Oxy |
| 87033123 | ----9 座及以下的小客车 | | | | | | |
| 8703312310 | 仅装有 1 升<排气量≤1.5 升的压燃式活塞内燃发动机小客车(座位数≤9 座) | 25 | 230 | 17 | 17 | 辆 | 46AOxy |
| 8703312390 | 仅装有 1 升<排气量≤1.5 升的压燃式活塞内燃发动机小客车的成套散件(座位数≤9 座) | 25 | 230 | 17 | 17 | 辆 | 46Oxy |
| 87033129 | ----其他 | | | | | | |
| 8703312910 | 仅装有 1 升<排气量≤1.5 升的压燃式活塞内燃发动机的其他载人车辆 | 25 | 230 | 17 | 17 | 辆 | 46AOxy |
| 8703312990 | 仅装有 1 升<排气量≤1.5 升的装压燃式活塞内燃发动机的其他载人车辆的成套散件 | 25 | 230 | 17 | 17 | 辆 | 46Oxy |
| 87033211 | ----小轿车 | | | | | | |
| 8703321110 | 仅装有 1.5 升<排气量≤2 升的压燃式活塞内燃发动机小轿车 | 25 | 230 | 17 | 17 | 辆 | 46AOxy |
| 8703321190 | 仅装有 1.5 升<排气量≤2 升的压燃式活塞内燃发动机小轿车的成套散件 | 25 | 230 | 17 | 17 | 辆 | 46Oxy |
| 87033212 | ----越野车(4 轮驱动) | | | | | | |
| 8703321210 | 仅装有 1.5 升<排气量≤2 升的压燃式活塞内燃发动机越野车(4 轮驱动) | 25 | 230 | 17 | 17 | 辆 | 46AOxy |
| 8703321290 | 仅装有 1.5 升<排气量≤2 升的压燃式活塞内燃发动机越野车的成套散件(4 轮驱动) | 25 | 230 | 17 | 17 | 辆 | 46Oxy |
| 87033213 | ----9 座及以下的小客车 | | | | | | |
| 8703321310 | 仅装有 1.5 升<排气量≤2 升的装压燃式活塞内燃发动机小客车(座位数≤9 座) | 25 | 230 | 17 | 17 | 辆 | 46AOxy |
| 8703321390 | 仅装有 1.5 升<排气量≤2 升的压燃式活塞内燃发动机小客车的成套散件(座位数≤9 座) | 25 | 230 | 17 | 17 | 辆 | 46Oxy |
| 87033219 | ----其他 | | | | | | |
| 8703321910 | 仅装有 1.5 升<排气量≤2 升的压燃式活塞内燃发动机的其他载人车辆 | 25 | 230 | 17 | 17 | 辆 | 46AOxy |
| 8703321990 | 仅装有 1.5 升<排气量≤2 升的压燃式活塞内燃发动机的其他载人车辆的成套散件 | 25 | 230 | 17 | 17 | 辆 | 46Oxy |
| 87033221 | ----小轿车 | | | | | | |
| 8703322110 | 仅装有 2 升<排气量≤2.5 升的压燃式活塞内燃发动机小轿车 | 25 | 230 | 17 | 17 | 辆 | 46AOxy |
| 8703322190 | 仅装有 2 升<排气量≤2.5 升的燃式活塞内燃发动机小轿车的成套散件 | 25 | 230 | 17 | 17 | 辆 | 46Oxy |
| 87033222 | ----越野车(4 轮驱动) | | | | | | |
| 8703322210 | 仅装有 2 升<排气量≤2.5 升的燃式活塞内燃发动机越野车(4 轮驱动) | 25 | 230 | 17 | 17 | 辆 | 46AOxy |
| 8703322290 | 仅装有 2 升<排气量≤2.5 升的燃式活塞内燃发动机越野车的成套散件(4 轮驱动) | 25 | 230 | 17 | 17 | 辆 | 46Oxy |
| 87033223 | ----9 座及以下的小客车 | | | | | | |
| 8703322310 | 仅装有 2 升<排气量≤2.5 升的燃式活塞内燃发动机小客车(座位数≤9 座) | 25 | 230 | 17 | 17 | 辆 | 46AOxy |
| 8703322390 | 仅装有 2 升<排气量≤2.5 升的压燃式活塞内燃发动机小客车的成套散件(座位数≤9 座) | 25 | 230 | 17 | 17 | 辆 | 46Oxy |
| 87033229 | ----其他 | | | | | | |

| 商品编号 | 商 品 名 称 及 备 注 | 进口关税税率(%) | | 增值税率(%) | 出口退税率(%) | 计量单位 | 监管条件 |
|---|---|---|---|---|---|---|---|
| | | 最惠国 | 普通 | | | | |
| 8703322910 | 仅装有2升<排气量≤2.5升的压燃式活塞内燃发动机的其他载人车辆 | 25 | 230 | 17 | 17 | 辆 | 46AOxy |
| 8703322990 | 仅装有2升<排气量≤2.5升的压燃式活塞内燃发动机的其他载人车辆的成套散件 | 25 | 230 | 17 | 17 | 辆 | 46Oxy |
| 87033311 | ----小轿车 | | | | | | |
| 8703331110 | 仅装有2.5升<排气量≤3升的压燃式活塞内燃发动机小轿车 | 25 | 270 | 17 | 17 | 辆 | 46AOxy |
| 8703331190 | 仅装有2.5升<排气量≤3升的压燃式活塞内燃发动机小轿车的成套散件 | 25 | 270 | 17 | 17 | 辆 | 46Oxy |
| 87033312 | ----越野车(4轮驱动) | | | | | | |
| 8703331210 | 仅装有2.5升<排气量≤3升的压燃式活塞内燃发动机越野车(4轮驱动) | 25 | 270 | 17 | 17 | 辆 | 46AOxy |
| 8703331290 | 仅装有2.5升<排气量≤3升的压燃式活塞内燃发动机越野车的成套散件(4轮驱动) | 25 | 270 | 17 | 17 | 辆 | 46Oxy |
| 87033313 | ----9座及以下的小客车 | | | | | | |
| 8703331310 | 仅装有2.5升<排气量≤3升的压燃式活塞内燃发动机小客车(座位数≤9座) | 25 | 270 | 17 | 17 | 辆 | 46AOxy |
| 8703331390 | 仅装有2.5升<排气量≤3升的压燃式活塞内燃发动机小客车的成套散件(座位数≤9座) | 25 | 270 | 17 | 17 | 辆 | 46Oxy |
| 87033319 | ----其他 | | | | | | |
| 8703331910 | 仅装有2.5升<排气量≤3升的压燃式活塞内燃发动机的其他载人车辆 | 25 | 270 | 17 | 17 | 辆 | 46AOxy |
| 8703331990 | 仅装有2.5升<排气量≤3升的压燃式活塞内燃发动机的其他载人车辆的成套散件 | 25 | 270 | 17 | 17 | 辆 | 46Oxy |
| 87033321 | ----小轿车 | | | | | | |
| 8703332110 | 仅装有3升<排气量≤4升的压燃式活塞内燃发动机小轿车 | 25 | 270 | 17 | 17 | 辆 | 46AOxy |
| 8703332190 | 仅装有3升<排气量≤4升的压燃式活塞内燃发动机小轿车的成套散件 | 25 | 270 | 17 | 17 | 辆 | 46Oxy |
| 87033322 | ----越野车(4轮驱动) | | | | | | |
| 8703332210 | 仅装有3升<排气量≤4升的压燃式活塞内燃发动机越野车(4轮驱动) | 25 | 270 | 17 | 17 | 辆 | 46AOxy |
| 8703332290 | 仅装有3升<排气量≤4升的压燃式活塞内燃发动机越野车的成套散件(4轮驱动) | 25 | 270 | 17 | 17 | 辆 | 46Oxy |
| 87033323 | ----9座及以下的小客车 | | | | | | |
| 8703332310 | 仅装有3升<排气量≤4升的压燃式活塞内燃发动机小客车(座位数≤9座) | 25 | 270 | 17 | 17 | 辆 | 46AOxy |
| 8703332390 | 仅装有3升<排气量≤4升的压燃式活塞内燃发动机小客车的成套散件(座位数≤9座) | 25 | 270 | 17 | 17 | 辆 | 46Oxy |
| 87033329 | ----其他 | | | | | | |
| 8703332910 | 仅装有3升<排气量≤4升的压燃式活塞内燃发动机的其他载人车辆 | 25 | 270 | 17 | 17 | 辆 | 46AOxy |
| 8703332990 | 仅装有3升<排气量≤4升的压燃式活塞内燃发动机的其他载人车辆的成套散件 | 25 | 270 | 17 | 17 | 辆 | 46Oxy |
| 87033361 | ----小轿车 | | | | | | |
| 8703336110 | 仅装有排气量>4升的压燃式活塞内燃发动机小轿车 | 25 | 270 | 17 | 17 | 辆 | 46AOxy |
| 8703336190 | 仅装有排气量>4升的压燃式活塞内燃发动机小轿车的成套散件 | 25 | 270 | 17 | 17 | 辆 | 46Oxy |
| 87033362 | ----越野车(4轮驱动) | | | | | | |
| 8703336210 | 仅装有排气量>4升的压燃式活塞内燃发动机越野车(4轮驱动) | 25 | 270 | 17 | 17 | 辆 | 46AOxy |
| 8703336290 | 仅装有排气量>4升的压燃式活塞内燃发动机越野车的成套散件(4轮驱动) | 25 | 270 | 17 | 17 | 辆 | 46Oxy |
| 87033363 | ----9座及以下的小客车 | | | | | | |
| 8703336310 | 仅装有排气量>4升的压燃式活塞内燃发动机小客车(座位数≤9座) | 25 | 270 | 17 | 17 | 辆 | 46AOxy |
| 8703336390 | 仅装有排气量>4升的压燃式活塞内燃发动机小客车的成套散件(座位数≤9座) | 25 | 270 | 17 | 17 | 辆 | 46Oxy |
| 87033369 | ----其他 | | | | | | |
| 8703336910 | 仅装有排气量>4升的压燃式活塞内燃发动机其他载人车辆 | 25 | 270 | 17 | 17 | 辆 | 46AOxy |
| 8703336990 | 仅装有排气量>4升的压燃式活塞内燃发动机其他载人车辆的成套散件 | 25 | 270 | 17 | 17 | 辆 | 46Oxy |
| 87034011 | ----小轿车 | | | | | | |
| 8703401110 | 同时装有点燃往复式活塞内燃发动机(排气量≤1升)及驱动电动机的小轿车(可通过接插外部电源进行充电的除外) | 25 | 230 | 17 | 17 | 辆 | 46AOxy |
| 8703401190 | 同时装有点燃往复式活塞内燃发动机(排气量≤1升)及驱动电动机的小轿车的成套散件(可通过接插外部电源进行充电的除外) | 25 | 230 | 17 | 17 | 辆 | 46Oxy |
| 87034012 | ----越野车(4轮驱动) | | | | | | |

| 商品编号 | 商品名称及备注 | 进口关税税率(%) | | 增值税率(%) | 出口退税率(%) | 计量单位 | 监管条件 |
|---|---|---|---|---|---|---|---|
| | | 最惠国 | 普通 | | | | |
| 8703401210 | 同时装有点燃往复式活塞内燃发动机(排气量≤1升)及驱动电动机的越野车(4轮驱动)(可通过接插外部电源进行充电的除外) | 25 | 230 | 17 | 17 | 辆 | 46AOxy |
| 8703401290 | 同时装有点燃往复式活塞内燃发动机(排气量≤1升)及驱动电动机的越野车(4轮驱动)的成套散件(可通过接插外部电源进行充电的除外) | 25 | 230 | 17 | 17 | 辆 | 46Oxy |
| 87034013 | ----9座及以下的小客车 | | | | | | |
| 8703401310 | 同时装有点燃往复式活塞内燃发动机(排气量≤1升)及驱动电动机的小客车(座位数≤9座,可通过接插外部电源进行充电的除外) | 25 | 230 | 17 | 17 | 辆 | 46AOxy |
| 8703401390 | 同时装有点燃往复式活塞内燃发动机(排气量≤1升)及驱动电动机的小客车的成套散件(座位数≤9座,可通过接插外部电源进行充电的除外) | 25 | 230 | 17 | 17 | 辆 | 46Oxy |
| 87034019 | ----其他 | | | | | | |
| 8703401910 | 同时装有点燃往复式活塞内燃发动机(排气量≤1升)及驱动电动机的其他载人车辆(可通过接插外部电源进行充电的除外) | 25 | 230 | 17 | 17 | 辆 | 46AOxy |
| 8703401990 | 同时装有点燃往复式活塞内燃发动机(排气量≤1升)及驱动电动机的其他载人车辆的成套散件(可通过接插外部电源进行充电的除外) | 25 | 230 | 17 | 17 | 辆 | 46Oxy |
| 87034021 | ----小轿车 | | | | | | |
| 8703402110 | 同时装有点燃往复式活塞内燃发动机(1升<排气量≤1.5升)及驱动电动机的小轿车(可通过接插外部电源进行充电的除外) | 25 | 230 | 17 | 17 | 辆 | 46AOxy |
| 8703402190 | 同时装有点燃往复式活塞内燃发动机(1升<排气量≤1.5升)及驱动电动机的小轿车的成套散件(可通过接插外部电源进行充电的除外) | 25 | 230 | 17 | 17 | 辆 | 46Oxy |
| 87034022 | ----越野车(4轮驱动) | | | | | | |
| 8703402210 | 同时装有点燃往复式活塞内燃发动机(1升<排气量≤1.5升)及驱动电动机的四轮驱动越野车(可通过接插外部电源进行充电的除外) | 25 | 230 | 17 | 17 | 辆 | 46AOxy |
| 8703402290 | 同时装有点燃往复式活塞内燃发动机(1升<排气量≤1.5升)及驱动电动机的四轮驱动越野车的成套散件(可通过接插外部电源进行充电的除外) | 25 | 230 | 17 | 17 | 辆 | 46Oxy |
| 87034023 | ----9座及以下的小客车 | | | | | | |
| 8703402310 | 同时装有点燃往复式活塞内燃发动机(1升<排气量≤1.5升)及驱动电动机的小客车(座位数≤9座,可通过接插外部电源进行充电的除外) | 25 | 230 | 17 | 17 | 辆 | 46AOxy |
| 8703402390 | 同时装有点燃往复式活塞内燃发动机(1升<排气量≤1.5升)及驱动电动机的小客车的成套散件(座位数≤9座,可通过接插外部电源进行充电的除外) | 25 | 230 | 17 | 17 | 辆 | 46Oxy |
| 87034029 | ----其他 | | | | | | |
| 8703402910 | 同时装有点燃往复式活塞内燃发动机(1升<排气量≤1.5升)及驱动电动机的其他载人车辆(可通过接插外部电源进行充电的除外) | 25 | 230 | 17 | 17 | 辆 | 46AOxy |
| 8703402990 | 同时装有点燃往复式活塞内燃发动机(1升<排气量≤1.5升)及驱动电动机的其他载人车辆的成套散件(可通过接插外部电源进行充电的除外) | 25 | 230 | 17 | 17 | 辆 | 46Oxy |
| 87034031 | ----小轿车 | | | | | | |
| 8703403110 | 同时装有点燃往复式活塞内燃发动机(1.5升<排气量≤2升)及驱动电动机的小轿车(可通过接插外部电源进行充电的除外) | 25 | 230 | 17 | 17 | 辆 | 46AOxy |
| 8703403190 | 同时装有点燃往复式活塞内燃发动机(1.5升<排气量≤2升)及驱动电动机的小轿车的成套散件(可通过接插外部电源进行充电的除外) | 25 | 230 | 17 | 17 | 辆 | 46Oxy |
| 87034032 | ----越野车(4轮驱动) | | | | | | |
| 8703403210 | 同时装有点燃往复式活塞内燃发动机(1.5升<排气量≤2升)及驱动电动机的四轮驱动越野车(可通过接插外部电源进行充电的除外) | 25 | 230 | 17 | 17 | 辆 | 46AOxy |
| 8703403290 | 同时装有点燃往复式活塞内燃发动机(1.5升<排气量≤2升)及驱动电动机的四轮驱动越野车的成套散件(可通过接插外部电源进行充电的除外) | 25 | 230 | 17 | 17 | 辆 | 46Oxy |
| 87034033 | ----9座及以下的小客车 | | | | | | |

| 商品编号 | 商品名称及备注 | 进口关税税率(%) | | 增值税率(%) | 出口退税率(%) | 计量单位 | 监管条件 |
|---|---|---|---|---|---|---|---|
| | | 最惠国 | 普通 | | | | |
| 8703403310 | 同时装有点燃往复式活塞内燃发动机(1.5 升<排气量≤2 升)及驱动电动机的小客车(座位数≤9 座,可通过接插外部电源进行充电的除外) | 25 | 230 | 17 | 17 | 辆 | 46AOxy |
| 8703403390 | 同时装有点燃往复式活塞内燃发动机(1.5 升<排气量≤2 升)及驱动电动机的小客车的成套散件(座位数≤9 座,可通过接插外部电源进行充电的除外) | 25 | 230 | 17 | 17 | 辆 | 46Oxy |
| 87034039 | ----其他 | | | | | | |
| 8703403910 | 同时装有点燃往复式活塞内燃发动机(1.5 升<排气量≤2 升)及驱动电动机的其他载人车辆(可通过接插外部电源进行充电的除外) | 25 | 230 | 17 | 17 | 辆 | 46AOxy |
| 8703403990 | 同时装有点燃往复式活塞内燃发动机(1.5 升<排气量≤2 升)及驱动电动机的其他载人车辆的成套散件(可通过接插外部电源进行充电的除外) | 25 | 230 | 17 | 17 | 辆 | 46Oxy |
| 87034041 | ----小轿车 | | | | | | |
| 8703404110 | 同时装有点燃往复式活塞内燃发动机(2 升<排气量≤2.5 升)及驱动电动机的小轿车(可通过接插外部电源进行充电的除外) | 25 | 230 | 17 | 17 | 辆 | 46AOxy |
| 8703404190 | 同时装有点燃往复式活塞内燃发动机(2 升<排气量≤2.5 升)及驱动电动机的小轿车的成套散件(可通过接插外部电源进行充电的除外) | 25 | 230 | 17 | 17 | 辆 | 46Oxy |
| 87034042 | ----越野车(4 轮驱动) | | | | | | |
| 8703404210 | 同时装有点燃往复式活塞内燃发动机(2 升<排气量≤2.5 升)及驱动电动机的四轮驱动越野车(可通过接插外部电源进行充电的除外) | 25 | 230 | 17 | 17 | 辆 | 46AOxy |
| 8703404290 | 同时装有点燃往复式活塞内燃发动机(2 升<排气量≤2.5 升)及驱动电动机的四轮驱动越野车的成套散件(可通过接插外部电源进行充电的除外) | 25 | 230 | 17 | 17 | 辆 | 46Oxy |
| 87034043 | ----9 座及以下的小客车 | | | | | | |
| 8703404310 | 同时装有点燃往复式活塞内燃发动机(2 升<排气量≤2.5 升)及驱动电动机的小客车(座位数≤9 座,可通过接插外部电源进行充电的除外) | 25 | 230 | 17 | 17 | 辆 | 46AOxy |
| 8703404390 | 同时装有点燃往复式活塞内燃发动机(2 升<排气量≤2.5 升)及驱动电动机的小客车的成套散件(座位数≤9 座,可通过接插外部电源进行充电的除外) | 25 | 230 | 17 | 17 | 辆 | 46Oxy |
| 87034049 | ----其他 | | | | | | |
| 8703404910 | 同时装有点燃往复式活塞内燃发动机(2 升<排气量≤2.5 升)及驱动电动机的其他载人车辆(可通过接插外部电源进行充电的除外) | 25 | 230 | 17 | 17 | 辆 | 46AOxy |
| 8703404990 | 同时装有点燃往复式活塞内燃发动机(2 升<排气量≤2.5 升)及驱动电动机的其他载人车辆的成套散件(可通过接插外部电源进行充电的除外) | 25 | 230 | 17 | 17 | 辆 | 46Oxy |
| 87034051 | ----小轿车 | | | | | | |
| 8703405110 | 同时装有点燃往复式活塞内燃发动机(2.5 升<排气量≤3 升)及驱动电动机的小轿车(可通过接插外部电源进行充电的除外) | 25 | 270 | 17 | 17 | 辆 | 46AOxy |
| 8703405190 | 同时装有点燃往复式活塞内燃发动机(2.5 升<排气量≤3 升)及驱动电动机的小轿车的成套散件(可通过接插外部电源进行充电的除外) | 25 | 270 | 17 | 17 | 辆 | 46Oxy |
| 87034052 | ----越野车(4 轮驱动) | | | | | | |
| 8703405210 | 同时装有点燃往复式活塞内燃发动机(2.5 升<排气量≤3 升)及驱动电动机的四轮驱动越野车(可通过接插外部电源进行充电的除外) | 25 | 270 | 17 | 17 | 辆 | 46AOxy |
| 8703405290 | 同时装有点燃往复式活塞内燃发动机(2.5 升<排气量≤3 升)及驱动电动机的四轮驱动越野车的成套散件(可通过接插外部电源进行充电的除外) | 25 | 270 | 17 | 17 | 辆 | 46Oxy |
| 87034053 | ----9 座及以下的小客车 | | | | | | |
| 8703405310 | 同时装有点燃往复式活塞内燃发动机(2.5 升<排气量≤3 升)及驱动电动机的小客车(座位数≤9 座,可通过接插外部电源进行充电的除外) | 25 | 270 | 17 | 17 | 辆 | 46AOxy |
| 8703405390 | 同时装有点燃往复式活塞内燃发动机(2.5 升<排气量≤3 升)及驱动电动机的小客车的成套散件(座位数≤9 座,可通过接插外部电源进行充电的除外) | 25 | 270 | 17 | 17 | 辆 | 46Oxy |
| 87034059 | ----其他 | | | | | | |

| 商品编号 | 商品名称及备注 | 进口关税税率(%) | | 增值税率(%) | 出口退税率(%) | 计量单位 | 监管条件 |
|---|---|---|---|---|---|---|---|
| | | 最惠国 | 普通 | | | | |
| 8703405910 | 同时装有点燃往复式活塞内燃发动机(2.5升<排气量≤3升)及驱动电动机的其他载人车辆(可通过接插外部电源进行充电的除外) | 25 | 270 | 17 | 17 | 辆 | 46AOxy |
| 8703405990 | 同时装有点燃往复式活塞内燃发动机(2.5升<排气量≤3升)及驱动电动机的其他载人车辆的成套散件(可通过接插外部电源进行充电的除外) | 25 | 270 | 17 | 17 | 辆 | 46Oxy |
| 87034061 | ----小轿车 | | | | | | |
| 8703406110 | 同时装有点燃往复式活塞内燃发动机(3升<排气量≤4升)及驱动电动机的小轿车(可通过接插外部电源进行充电的除外) | 25 | 270 | 17 | 17 | 辆 | 46AOxy |
| 8703406190 | 同时装有点燃往复式活塞内燃发动机(3升<排气量≤4升)及驱动电动机的小轿车的成套散件(可通过接插外部电源进行充电的除外) | 25 | 270 | 17 | 17 | 辆 | 46Oxy |
| 87034062 | ----越野车(4轮驱动) | | | | | | |
| 8703406210 | 同时装有点燃往复式活塞内燃发动机(3升<排气量≤4升)及驱动电动机的四轮驱动越野车(可通过接插外部电源进行充电的除外) | 25 | 270 | 17 | 17 | 辆 | 46AOxy |
| 8703406290 | 同时装有点燃往复式活塞内燃发动机(3升<排气量≤4升)及驱动电动机的四轮驱动越野车的成套散件(可通过接插外部电源进行充电的除外) | 25 | 270 | 17 | 17 | 辆 | 46Oxy |
| 87034063 | ----9座及以下的小客车 | | | | | | |
| 8703406310 | 同时装有点燃往复式活塞内燃发动机(3升<排气量≤4升)及驱动电动机的小客车(座位数≤9座,可通过接插外部电源进行充电的除外) | 25 | 270 | 17 | 17 | 辆 | 46AOxy |
| 8703406390 | 同时装有点燃往复式活塞内燃发动机(3升<排气量≤4升)及驱动电动机的小客车的成套散件(座位数≤9座,可通过接插外部电源进行充电的除外) | 25 | 270 | 17 | 17 | 辆 | 46Oxy |
| 87034069 | ----其他 | | | | | | |
| 8703406910 | 同时装有点燃往复式活塞内燃发动机(3升<排气量≤4升)及驱动电动机的其他载人车辆(可通过接插外部电源进行充电的除外) | 25 | 270 | 17 | 17 | 辆 | 46AOxy |
| 8703406990 | 同时装有点燃往复式活塞内燃发动机(3升<排气量≤4升)及驱动电动机的其他载人车辆的成套散件(可通过接插外部电源进行充电的除外) | 25 | 270 | 17 | 17 | 辆 | 46Oxy |
| 87034071 | ----小轿车 | | | | | | |
| 8703407110 | 同时装有点燃往复式活塞内燃发动机(排气量>4升)及驱动电动机的小轿车(可通过接插外部电源进行充电的除外) | 25 | 270 | 17 | 17 | 辆 | 46AOxy |
| 8703407190 | 同时装有点燃往复式活塞内燃发动机(排气量>4升)及驱动电动机的小轿车的成套散件(可通过接插外部电源进行充电的除外) | 25 | 270 | 17 | 17 | 辆 | 46Oxy |
| 87034072 | ----越野车(4轮驱动) | | | | | | |
| 8703407210 | 同时装有点燃往复式活塞内燃发动机(排气量>4升)及驱动电动机的四轮驱动越野车(可通过接插外部电源进行充电的除外) | 25 | 270 | 17 | 17 | 辆 | 46AOxy |
| 8703407290 | 同时装有点燃往复式活塞内燃发动机(排气量>4升)及驱动电动机的四轮驱动越野车的成套散件(可通过接插外部电源进行充电的除外) | 25 | 270 | 17 | 17 | 辆 | 46Oxy |
| 87034073 | ----9座及以下的小客车 | | | | | | |
| 8703407310 | 同时装有点燃往复式活塞内燃发动机(排气量>4升)及驱动电动机的小客车(座位数≤9座,可通过接插外部电源进行充电的除外) | 25 | 270 | 17 | 17 | 辆 | 46AOxy |
| 8703407390 | 同时装有点燃往复式活塞内燃发动机(排气量>4升)及驱动电动机的小客车的成套散件(座位数≤9座,可通过接插外部电源进行充电的除外) | 25 | 270 | 17 | 17 | 辆 | 46Oxy |
| 87034079 | ----其他 | | | | | | |
| 8703407910 | 同时装有点燃往复式活塞内燃发动机(排气量>4升)及驱动电动机的其他载人车辆(可通过接插外部电源进行充电的除外) | 25 | 270 | 17 | 17 | 辆 | 46AOxy |
| 8703407990 | 同时装有点燃往复式活塞内燃发动机(排气量>4升)及驱动电动机的其他载人车辆的成套散件(可通过接插外部电源进行充电的除外) | 25 | 270 | 17 | 17 | 辆 | 46Oxy |
| 87034090 | ---其他 | | | | | | |

| 商品编号 | 商品名称及备注 | 进口关税税率(%) | | 增值税率(%) | 出口退税率(%) | 计量单位 | 监管条件 |
|---|---|---|---|---|---|---|---|
| | | 最惠国 | 普通 | | | | |
| 8703409010 | 其他同时装有点燃往复式活塞内燃发动机及驱动电动机的载人车辆(可通过接插外部电源进行充电的除外) | 25 | 270 | 17 | 17 | 辆 | 46AOxy |
| 8703409090 | 其他同时装有点燃往复式活塞内燃发动机及驱动电动机的载人车辆的成套散件(可通过接插外部电源进行充电的除外) | 25 | 270 | 17 | 17 | 辆 | 46Oxy |
| 87035011 | ----小轿车 | | | | | | |
| 8703501110 | 同时装有压燃式活塞内燃发动机(柴油或半柴油发动机,排气量≤1升)及驱动电动机的小轿车(可通过接插外部电源进行充电的除外) | 25 | 230 | 17 | 17 | 辆 | 46AOxy |
| 8703501190 | 同时装有压燃式活塞内燃发动机(柴油或半柴油发动机,排气量≤1升)及驱动电动机的小轿车的成套散件(可通过接插外部电源进行充电的除外) | 25 | 230 | 17 | 17 | 辆 | 46Oxy |
| 87035019 | ----其他 | | | | | | |
| 8703501910 | 同时装有压燃式活塞内燃发动机(柴油或半柴油发动机,排气量≤1升)及驱动电动机的其他载人车辆(可通过接插外部电源进行充电的除外) | 25 | 230 | 17 | 17 | 辆 | 46AOxy |
| 8703501990 | 同时装有压燃式活塞内燃发动机(柴油或半柴油发动机,排气量≤1升)及驱动电动机的其他载人车辆的成套散件(可通过接插外部电源进行充电的除外) | 25 | 230 | 17 | 17 | 辆 | 46Oxy |
| 87035021 | ----小轿车 | | | | | | |
| 8703502110 | 同时装有压燃式活塞内燃发动机(柴油或半柴油发动机,1升<排气量≤1.5升)及驱动电动机的小轿车(可通过接插外部电源进行充电的除外) | 25 | 230 | 17 | 17 | 辆 | 46AOxy |
| 8703502190 | 同时装有压燃式活塞内燃发动机(柴油或半柴油发动机,1升<排气量≤1.5升)及驱动电动机的小轿车的成套散件(可通过接插外部电源进行充电的除外) | 25 | 230 | 17 | 17 | 辆 | 46Oxy |
| 87035022 | ----越野车(4轮驱动) | | | | | | |
| 8703502210 | 同时装有压燃式活塞内燃发动机(柴油或半柴油发动机,1升<排气量≤1.5升)及驱动电动机的四轮驱动越野车(可通过接插外部电源进行充电的除外) | 25 | 230 | 17 | 17 | 辆 | 46AOxy |
| 8703502290 | 同时装有压燃式活塞内燃发动机(柴油或半柴油发动机,1升<排气量≤1.5升)及驱动电动机的四轮驱动越野车的成套散件(可通过接插外部电源进行充电的除外) | 25 | 230 | 17 | 17 | 辆 | 46Oxy |
| 87035023 | ----9座及以下的小客车 | | | | | | |
| 8703502310 | 同时装有压燃式活塞内燃发动机(柴油或半柴油发动机,1升<排气量≤1.5升)及驱动电动机的小客车(座位数≤9座,可通过接插外部电源进行充电的除外) | 25 | 230 | 17 | 17 | 辆 | 46AOxy |
| 8703502390 | 同时装有压燃式活塞内燃发动机(柴油或半柴油发动机,1升<排气量≤1.5升)及驱动电动机的小客车的成套散件(座位数≤9座,可通过接插外部电源进行充电的除外) | 25 | 230 | 17 | 17 | 辆 | 46Oxy |
| 87035029 | ----其他 | | | | | | |
| 8703502910 | 同时装有压燃式活塞内燃发动机(柴油或半柴油发动机,1升<排气量≤1.5升)及驱动电动机的其他载人车辆(可通过接插外部电源进行充电的除外) | 25 | 230 | 17 | 17 | 辆 | 46AOxy |
| 8703502990 | 同时装有压燃式活塞内燃发动机(柴油或半柴油发动机,1升<排气量≤1.5升)及驱动电动机的其他载人车辆的成套散件(可通过接插外部电源进行充电的除外) | 25 | 230 | 17 | 17 | 辆 | 46Oxy |
| 87035031 | ----小轿车 | | | | | | |
| 8703503110 | 同时装有压燃式活塞内燃发动机(柴油或半柴油发动机,1.5升<排气量≤2升)及驱动电动机的小轿车(可通过接插外部电源进行充电的除外) | 25 | 230 | 17 | 17 | 辆 | 46AOxy |
| 8703503190 | 同时装有压燃式活塞内燃发动机(柴油或半柴油发动机,1.5升<排气量≤2升)及驱动电动机的小轿车的成套散件(可通过接插外部电源进行充电的除外) | 25 | 230 | 17 | 17 | 辆 | 46Oxy |
| 87035032 | ----越野车(4轮驱动) | | | | | | |
| 8703503210 | 同时装有压燃式活塞内燃发动机(柴油或半柴油发动机,1.5升<排气量≤2升)及驱动电动机的四轮驱动越野车(可通过接插外部电源进行充电的除外) | 25 | 230 | 17 | 17 | 辆 | 46AOxy |
| 8703503290 | 同时装有压燃式活塞内燃发动机(柴油或半柴油发动机,1.5升<排气量≤2升)及驱动电动机的四轮驱动越野车的成套散件(可通过接插外部电源进行充电的除外) | 25 | 230 | 17 | 17 | 辆 | 46Oxy |
| 87035033 | ----9座及以下的小客车 | | | | | | |

| 商品编号 | 商品名称及备注 | 进口关税税率(%) | | 增值税率(%) | 出口退税率(%) | 计量单位 | 监管条件 |
|---|---|---|---|---|---|---|---|
| | | 最惠国 | 普通 | | | | |
| 8703503310 | 同时装有压燃式活塞内燃发动机(柴油或半柴油发动机,1.5 升<排气量≤2 升)及驱动电动机的小客车(座位数≤9 座,可通过接插外部电源进行充电的除外) | 25 | 230 | 17 | 17 | 辆 | 46AOxy |
| 8703503390 | 同时装有压燃式活塞内燃发动机(柴油或半柴油发动机,1.5 升<排气量≤2 升)及驱动电动机的小客车的成套散件(座位数≤9 座,可通过接插外部电源进行充电的除外) | 25 | 230 | 17 | 17 | 辆 | 46Oxy |
| 87035039 | ----其他 | | | | | | |
| 8703503910 | 同时装有压燃式活塞内燃发动机(柴油或半柴油发动机,1.5 升<排气量≤2 升)及驱动电动机的其他载人车辆(可通过接插外部电源进行充电的除外) | 25 | 230 | 17 | 17 | 辆 | 46AOxy |
| 8703503990 | 同时装有压燃式活塞内燃发动机(柴油或半柴油发动机,1.5 升<排气量≤2 升)及驱动电动机的其他载人车辆的成套散件(可通过接插外部电源进行充电的除外) | 25 | 230 | 17 | 17 | 辆 | 46Oxy |
| 87035041 | ----小轿车 | | | | | | |
| 8703504110 | 同时装有压燃式活塞内燃发动机(柴油或半柴油发动机,2 升<排气量≤2.5 升)及驱动电动机的小轿车(可通过接插外部电源进行充电的除外) | 25 | 230 | 17 | 17 | 辆 | 46AOxy |
| 8703504190 | 同时装有压燃式活塞内燃发动机(柴油或半柴油发动机,2 升<排气量≤2.5 升)及驱动电动机的小轿车的成套散件(可通过接插外部电源进行充电的除外) | 25 | 230 | 17 | 17 | 辆 | 46Oxy |
| 87035042 | ----越野车(4 轮驱动) | | | | | | |
| 8703504210 | 同时装有压燃式活塞内燃发动机(柴油或半柴油发动机,2 升<排气量≤2.5 升)及驱动电动机的四轮驱动越野车(可通过接插外部电源进行充电的除外) | 25 | 230 | 17 | 17 | 辆 | 46AOxy |
| 8703504290 | 同时装有压燃式活塞内燃发动机(柴油或半柴油发动机,2 升<排气量≤2.5 升)及驱动电动机的四轮驱动越野车的成套散件(可通过接插外部电源进行充电的除外) | 25 | 230 | 17 | 17 | 辆 | 46Oxy |
| 87035043 | ----9 座及以下的小客车 | | | | | | |
| 8703504310 | 同时装有压燃式活塞内燃发动机(柴油或半柴油发动机,2 升<排气量≤2.5 升)及驱动电动机的小客车(座位数≤9 座,可通过接插外部电源进行充电的除外) | 25 | 230 | 17 | 17 | 辆 | 46AOxy |
| 8703504390 | 同时装有压燃式活塞内燃发动机(柴油或半柴油发动机,2 升<排气量≤2.5 升)及驱动电动机的小客车的成套散件(座位数≤9 座,可通过接插外部电源进行充电的除外) | 25 | 230 | 17 | 17 | 辆 | 46Oxy |
| 87035049 | ----其他 | | | | | | |
| 8703504910 | 同时装有压燃式活塞内燃发动机(柴油或半柴油发动机,2 升<排气量≤2.5 升)及驱动电动机的其他载人车辆(可通过接插外部电源进行充电的除外) | 25 | 230 | 17 | 17 | 辆 | 46AOxy |
| 8703504990 | 同时装有压燃式活塞内燃发动机(柴油或半柴油发动机,2 升<排气量≤2.5 升)及驱动电动机的其他载人车辆的成套散件(可通过接插外部电源进行充电的除外) | 25 | 230 | 17 | 17 | 辆 | 46Oxy |
| 87035051 | ----小轿车 | | | | | | |
| 8703505110 | 同时装有压燃式活塞内燃发动机(柴油或半柴油发动机,2.5 升<排气量≤3 升)及驱动电动机的小轿车(可通过接插外部电源进行充电的除外) | 25 | 270 | 17 | 17 | 辆 | 46AOxy |
| 8703505190 | 同时装有压燃式活塞内燃发动机(柴油或半柴油发动机,2.5 升<排气量≤3 升)及驱动电动机的小轿车的成套散件(可通过接插外部电源进行充电的除外) | 25 | 270 | 17 | 17 | 辆 | 46Oxy |
| 87035052 | ----越野车(4 轮驱动) | | | | | | |
| 8703505210 | 同时装有压燃式活塞内燃发动机(柴油或半柴油发动机,2.5 升<排气量≤3 升)及驱动电动机的四轮驱动越野车(可通过接插外部电源进行充电的除外) | 25 | 270 | 17 | 17 | 辆 | 46AOxy |
| 8703505290 | 同时装有压燃式活塞内燃发动机(柴油或半柴油发动机,2.5 升<排气量≤3 升)及驱动电动机的四轮驱动越野车的成套散件(可通过接插外部电源进行充电的除外) | 25 | 270 | 17 | 17 | 辆 | 46Oxy |
| 87035053 | ----9 座及以下的小客车 | | | | | | |
| 8703505310 | 同时装有压燃式活塞内燃发动机(柴油或半柴油发动机,2.5 升<排气量≤3 升)及驱动电动机的小客车(座位数≤9 座,可通过接插外部电源进行充电的除外) | 25 | 270 | 17 | 17 | 辆 | 46AOxy |
| 8703505390 | 同时装有压燃式活塞内燃发动机(柴油或半柴油发动机,2.5 升<排气量≤3 升)及驱动电动机的小客车的成套散件(座位数≤9 座,可通过接插外部电源进行充电的除外) | 25 | 270 | 17 | 17 | 辆 | 46Oxy |
| 87035059 | ----其他 | | | | | | |

| 商品编号 | 商 品 名 称 及 备 注 | 进口关税税率(%) | | 增值税率(%) | 出口退税率(%) | 计量单位 | 监管条件 |
|---|---|---|---|---|---|---|---|
| | | 最惠国 | 普通 | | | | |
| 8703505910 | 同时装有压燃式活塞内燃发动机(柴油或半柴油发动机,2.5 升<排气量≤3 升)及驱动电动机的其他载人车辆(可通过接插外部电源进行充电的除外) | 25 | 270 | 17 | 17 | 辆 | 46AOxy |
| 8703505990 | 同时装有压燃式活塞内燃发动机(柴油或半柴油发动机,2.5 升<排气量≤3 升)及驱动电动机的其他载人车辆的成套散件(可通过接插外部电源进行充电的除外) | 25 | 270 | 17 | 17 | 辆 | 46Oxy |
| 87035061 | ----小轿车 | | | | | | |
| 8703506110 | 同时装有压燃式活塞内燃发动机(柴油或半柴油发动机,3 升<排气量≤4 升)及驱动电动机的小轿车(可通过接插外部电源进行充电的除外) | 25 | 270 | 17 | 17 | 辆 | 46AOxy |
| 8703506190 | 同时装有压燃式活塞内燃发动机(柴油或半柴油发动机,3 升<排气量≤4 升)及驱动电动机的小轿车的成套散件(可通过接插外部电源进行充电的除外) | 25 | 270 | 17 | 17 | 辆 | 46Oxy |
| 87035062 | ----越野车(4 轮驱动) | | | | | | |
| 8703506210 | 同时装有压燃式活塞内燃发动机(柴油或半柴油发动机,3 升<排气量≤4 升)及驱动电动机的四轮驱动越野车(可通过接插外部电源进行充电的除外) | 25 | 270 | 17 | 17 | 辆 | 46AOxy |
| 8703506290 | 同时装有压燃式活塞内燃发动机(柴油或半柴油发动机,3 升<排气量≤4 升)及驱动电动机的四轮驱动越野车的成套散件(可通过接插外部电源进行充电的除外) | 25 | 270 | 17 | 17 | 辆 | 46Oxy |
| 87035063 | ----9 座及以下的小客车 | | | | | | |
| 8703506310 | 同时装有压燃式活塞内燃发动机(柴油或半柴油发动机,3 升<排气量≤4 升)及驱动电动机的小客车(座位数≤9 座,可通过接插外部电源进行充电的除外) | 25 | 270 | 17 | 17 | 辆 | 46AOxy |
| 8703506390 | 同时装有压燃式活塞内燃发动机(柴油或半柴油发动机,3 升<排气量≤4 升)及驱动电动机的小客车的成套散件(座位数≤9 座,可通过接插外部电源进行充电的除外) | 25 | 270 | 17 | 17 | 辆 | 46Oxy |
| 87035069 | ----其他 | | | | | | |
| 8703506910 | 同时装有压燃式活塞内燃发动机(柴油或半柴油发动机,3 升<排气量≤4 升)及驱动电动机的其他载人车辆(可通过接插外部电源进行充电的除外) | 25 | 270 | 17 | 17 | 辆 | 46AOxy |
| 8703506990 | 同时装有压燃式活塞内燃发动机(柴油或半柴油发动机,3 升<排气量≤4 升)及驱动电动机的其他载人车辆的成套散件(可通过接插外部电源进行充电的除外) | 25 | 270 | 17 | 17 | 辆 | 46Oxy |
| 87035071 | ----小轿车 | | | | | | |
| 8703507110 | 同时装有压燃式活塞内燃发动机(柴油或半柴油发动机,排气量>4 升)及驱动电动机的小轿车(可通过接插外部电源进行充电的除外) | 25 | 270 | 17 | 17 | 辆 | 46AOxy |
| 8703507190 | 同时装有压燃式活塞内燃发动机(柴油或半柴油发动机,排气量>4 升)及驱动电动机的小轿车的成套散件(可通过接插外部电源进行充电的除外) | 25 | 270 | 17 | 17 | 辆 | 46Oxy |
| 87035072 | ----越野车(4 轮驱动) | | | | | | |
| 8703507210 | 同时装有压燃式活塞内燃发动机(柴油或半柴油发动机,排气量>4 升)及驱动电动机的四轮驱动越野车(可通过接插外部电源进行充电的除外) | 25 | 270 | 17 | 17 | 辆 | 46AOxy |
| 8703507290 | 同时装有压燃式活塞内燃发动机(柴油或半柴油发动机,排气量>4 升)及驱动电动机的四轮驱动越野车的成套散件(可通过接插外部电源进行充电的除外) | 25 | 270 | 17 | 17 | 辆 | 46Oxy |
| 87035073 | ----9 座及以下的小客车 | | | | | | |
| 8703507310 | 同时装有压燃式活塞内燃发动机(柴油或半柴油发动机,排气量>4 升)及驱动电动机的的小客车(座位数≤9 座,可通过接插外部电源进行充电的除外) | 25 | 270 | 17 | 17 | 辆 | 46AOxy |
| 8703507390 | 同时装有压燃式活塞内燃发动机(柴油或半柴油发动机,排气量>4 升)及驱动电动机的小客车的成套散件(座位数≤9 座,可通过接插外部电源进行充电的除外) | 25 | 270 | 17 | 17 | 辆 | 46Oxy |
| 87035079 | ----其他 | | | | | | |
| 8703507910 | 同时装有压燃式活塞内燃发动机(柴油或半柴油发动机,排气量>4 升)及驱动电动机的的其他载人车辆(可通过接插外部电源进行充电的除外) | 25 | 270 | 17 | 17 | 辆 | 46AOxy |
| 8703507990 | 同时装有压燃式活塞内燃发动机(柴油或半柴油发动机,排气量>4 升)及驱动电动机的的其他载人车辆的成套散件(可通过接插外部电源进行充电的除外) | 25 | 270 | 17 | 17 | 辆 | 46Oxy |
| 87035090 | ---其他 | | | | | | |

| 商品编号 | 商 品 名 称 及 备 注 | 进口关税税率(%) | | 增值税率(%) | 出口退税率(%) | 计量单位 | 监管条件 |
|---|---|---|---|---|---|---|---|
| | | 最惠国 | 普通 | | | | |
| 8703509010 | 其他同时装有压燃式活塞内燃发动机(柴油或半柴油发动机)及驱动电动机的载人车辆(可通过接插外部电源进行充电的除外) | 25 | 270 | 17 | 17 | 辆 | 46AOxy |
| 8703509090 | 其他同时装有压燃式活塞内燃发动机(柴油或半柴油发动机)及驱动电动机的载人车辆的成套散件(可通过接插外部电源进行充电的除外) | 25 | 270 | 17 | 17 | 辆 | 46Oxy |
| 87036000 | -同时装有点燃往复式活塞内燃发动机及驱动电动机、可通过接插外部电源进行充电的其他车辆 | | | | | | |
| 8703600000 | 同时装有点燃往复式活塞内燃发动机及驱动电动机、可通过接插外部电源进行充电的其他载人车辆 | 25 | 270 | 17 | 17 | 辆 | 46AO |
| 87037000 | -同时装有压燃活塞内燃发动机(柴油或半柴油发动机)及驱动电动机、可通过接插外部电源进行充电的其他车辆 | | | | | | |
| 8703700000 | 同时装有压燃活塞内燃发动机(柴油或半柴油发动机)及驱动电动机、可通过接插外部电源进行充电的其他载人车辆 | 25 | 270 | 17 | 17 | 辆 | 46AO |
| 87038000 | -仅装有驱动电动机的其他车辆 | | | | | | |
| 8703800000 | 仅装有驱动电动机的其他载人车辆 | 25 | 270 | 17 | 17 | 辆 | 6AO |
| 87039000 | -其他 | | | | | | |
| 8703900021 | 其他型排气量≤1升的其他载人车辆 | 25 | 270 | 17 | 17 | 辆 | 46AOxy |
| 8703900022 | 其他型1升<排气量≤1.5升的其他载人车辆 | 25 | 270 | 17 | 17 | 辆 | 46AOxy |
| 8703900023 | 其他型1.5升<排气量≤2升的其他载人车辆 | 25 | 270 | 17 | 17 | 辆 | 46AOxy |
| 8703900024 | 其他型2升<排气量≤2.5升的其他载人车辆 | 25 | 270 | 17 | 17 | 辆 | 46AOxy |
| 8703900025 | 其他型2.5升<排气量≤3升的其他载人车辆 | 25 | 270 | 17 | 17 | 辆 | 46AOxy |
| 8703900026 | 其他型3升<排气量≤4升的其他载人车辆 | 25 | 270 | 17 | 17 | 辆 | 46AOxy |
| 8703900027 | 其他型排气量>4升的其他载人车辆 | 25 | 270 | 17 | 17 | 辆 | 46AOxy |
| 8703900029 | 其他无法区分排气量的载人车辆 | 25 | 270 | 17 | 17 | 辆 | 6AO |
| 8703900090 | 编号87039000所列车辆的成套散件 | 25 | 270 | 17 | 17 | 辆 | 6O |
| **8704** | **货运机动车辆** | | | | | | |
| 87041030 | ---电动轮货运自卸车 | | | | | | |
| 8704103000 | 非公路用电动轮货运自卸车 | 6 | 20 | 17 | 17 | 辆 | 6A |
| 87041090 | ---其他 | | | | | | |
| 8704109000 | 其他非公路用货运自卸车 | 6 | 20 | 17 | 17 | 辆 | 6A |
| 87042100 | --车辆总重量≤5吨 | | | | | | |
| 8704210000 | 柴油型其他小型货车(装有压燃式活塞内燃发动机,小型指车辆总重量≤5吨) | 25 | 70 | 17 | 17 | 辆 | 46Axy |
| 87042230 | ---5吨<车辆总重量<14吨 | | | | | | |
| 8704223000 | 柴油型其他中型货车(装有压燃式活塞内燃发动机,中型指5吨<车辆总重量<14吨) | 20 | 70 | 17 | 17 | 辆 | 46Axy |
| 87042240 | ---14吨≤车辆总重量≤20吨 | | | | | | |
| 8704224000 | 柴油型其他重型货车(装有压燃式活塞内燃发动机,重型指14吨≤车辆总重量≤20吨) | 20 | 40 | 17 | 17 | 辆 | 46Axy |
| 87042300 | --车辆总重量>20吨 | | | | | | |
| 8704230010[暂10] | 固井水泥车、压裂车、混砂车、连续油管车、液氮泵车用底盘(车辆总重量>35吨,装驾驶室) | 15 | 40 | 17 | 17 | 辆 | 46AOxy |
| 8704230020[暂8] | 起重重量≥55吨汽车起重机用底盘(装有压燃式活塞内燃发动机) | 15 | 40 | 17 | 17 | 辆 | 46AOxy |
| 8704230030[暂10] | 车辆总重量≥31吨清障车专用底盘 | 15 | 40 | 17 | 17 | 辆 | 46AOxy |
| 8704230090 | 柴油型的其他超重型货车(装有压燃式活塞内燃发动机,超重型指车辆总重量>20吨) | 15 | 40 | 17 | 17 | 辆 | 46AOxy |
| 87043100 | --车辆总重量≤5吨 | | | | | | |
| 8704310000 | 总重量≤5吨的其他货车(汽油型,装有点燃式活塞内燃发动机) | 25 | 70 | 17 | 17 | 辆 | 46Axy |
| 87043230 | ---5吨<车辆总重量≤8吨 | | | | | | |
| 8704323000 | 5吨<总重量≤8吨的其他货车(汽油型,装有点燃式活塞内燃发动机) | 20 | 70 | 17 | 17 | 辆 | 46Axy |
| 87043240 | ---车辆总重量>8吨 | | | | | | |

| 商品编号 | 商品名称及备注 | 进口关税税率(%) | | 增值税率(%) | 出口退税率(%) | 计量单位 | 监管条件 |
|---|---|---|---|---|---|---|---|
| | | 最惠国 | 普通 | | | | |
| 8704324000 | 总重量>8吨的其他货车(汽油型,装有点燃式活塞内燃发动机) | 20 | 70 | 17 | 17 | 辆 | 46Axy |
| 87049000 | -其他 | | | | | | |
| 8704900000 | 装有其他发动机的货车 | 25 | 70 | 17 | 17 | 辆 | 46Axy |
| **8705** | **特殊用途的机动车辆(例如,抢修车、起重车、救火车、混凝土搅拌车、道路清洁车、喷洒车、流动工场车及流动放射线检查车),但主要用于载人或运货的车辆除外** | | | | | | |
| 87051021 | ----最大起重重量≤50吨 | | | | | | |
| 8705102100 | 起重重量≤50吨全路面起重车 | 15 | 30 | 17 | 17 | 辆 | 6A |
| 87051022 | ----50吨<最大起重重量≤100吨 | | | | | | |
| 8705102200 | 50吨<起重重量≤100吨全路面起重车 | 10 | 30 | 17 | 17 | 辆 | 6A |
| 87051023 | ----最大起重重量>100吨 | | | | | | |
| 8705102300 | 起重重量>100吨全路面起重车 | 10 | 30 | 17 | 17 | 辆 | 6A |
| 87051091 | ----最大起重重量≤50吨 | | | | | | |
| 8705109100 | 起重重量≤50吨其他机动起重车 | 15 | 30 | 17 | 17 | 辆 | 6A |
| 87051092 | ----50吨<最大起重重量≤100吨 | | | | | | |
| 8705109200 | 50吨<起重重量≤100吨其他起重车 | 10 | 30 | 17 | 17 | 辆 | 6A |
| 87051093 | ----最大起重重量>100吨 | | | | | | |
| 8705109300 | 起重重量>100吨其他机动起重车 | 10 | 30 | 17 | 17 | 辆 | 6A |
| 87052000 | -钻探车 | | | | | | |
| 8705200000 | 机动钻探车 | 12 | 17 | 17 | 17 | 辆 | 6A |
| 87053010 | ---装有云梯的救火车 | | | | | | |
| 8705301000 | 装有云梯的机动救火车 | 3 | 8 | 17 | 17 | 辆 | 6A |
| 87053090 | ---其他 | | | | | | |
| 8705309000 | 其他机动救火车 | 3 | 8 | 17 | 17 | 辆 | 6A |
| 87054000 | -混凝土搅拌车 | | | | | | |
| 8705400000 | 机动混凝土搅拌车 | 15 | 35 | 17 | 17 | 辆 | 6A |
| 87059010 | ---无线电通信车 | | | | | | |
| 8705901000 | 无线电通信车 | 9 | 35 | 17 | 17 | 辆 | 6A |
| 87059020 | ---放射线检查车 | | | | | | |
| 8705902000 | 机动放射线检查车 | 9 | 14 | 17 | 17 | 辆 | 6A |
| 87059030 | ---环境监测车 | | | | | | |
| 8705903000 | 机动环境监测车 | 12 | 20 | 17 | 17 | 辆 | 6A |
| 87059040 | ---医疗车 | | | | | | |
| 8705904000 | 机动医疗车 | 12 | 30 | 17 | 17 | 辆 | 6A |
| 87059051 | ----航空电源车(频率为400赫兹) | | | | | | |
| 8705905100 | 航空电源车(频率为400赫兹) | 12 | 30 | 17 | 17 | 辆 | 6 |
| 87059059 | ----其他 | | | | | | |
| 8705905900 | 其他机动电源车(频率为400赫兹,航空电源车除外) | 12 | 30 | 17 | 17 | 辆 | 6A |
| 87059060 | ---飞机加油车、调温车、除冰车 | | | | | | |
| 8705906000 | 飞机加油车、调温车、除冰车 | 12 | 35 | 17 | 17 | 辆 | 6A |
| 87059070 | ---道路(包括跑道)扫雪车 | | | | | | |
| 8705907000 | 道路(包括跑道)扫雪车 | 12 | 35 | 17 | 17 | 辆 | 6A |
| 87059080 | ---石油测井车、压裂车、混沙车 | | | | | | |
| 8705908000 | 石油测井车、压裂车、混沙车 | 12 | 35 | 17 | 17 | 辆 | 6A |
| 87059091 | ----混凝土泵车 | | | | | | |
| 8705909100 | 混凝土泵车 | 12 | 35 | 17 | 17 | 辆/千克 | 6A |
| 87059099 | ----其他 | | | | | | |

| 商品编号 | 商 品 名 称 及 备 注 | 进口关税税率(%) | | 增值税率(%) | 出口退税率(%) | 计量单位 | 监管条件 |
|---|---|---|---|---|---|---|---|
| | | 最惠国 | 普通 | | | | |
| 8705909901[暂10] | 跑道除冰车 | 12 | 35 | 17 | 17 | 辆/千克 | 6A |
| 8705909930 | 用于导弹、火箭等的车辆(为弹道导弹、运载火箭等运输、装卸和发射而设计的) | 12 | 35 | 17 | 17 | 辆/千克 | 36 |
| 8705909990 | 其他特殊用途的机动车辆(主要用于载人或运货的车辆除外) | 12 | 35 | 17 | 17 | 辆/千克 | 6A |
| **8706** | **装有发动机的机动车辆底盘,品目 87.01 至 87.05 所列车辆用** | | | | | | |
| 87060010 | ---非公路用自卸车底盘 | | | | | | |
| 8706001000 | 非公路用货运自卸车底盘(装有发动机的) | 8 | 14 | 17 | 17 | 台 | 6 |
| 87060021 | ----车辆总重量≥14 吨的 | | | | | | |
| 8706002100 | 车辆总重量≥14 吨的货车底盘(装有发动机的) | 10 | 30 | 17 | 17 | 台 | 46AOxy |
| 87060022 | ----车辆总重量<14 吨的 | | | | | | |
| 8706002200 | 车辆总重量<14 吨的货车底盘(装有发动机的) | 10 | 45 | 17 | 17 | 台 | 46AOxy |
| 87060030 | ---大型客车底盘 | | | | | | |
| 8706003000 | 大型客车底盘(装有发动机的) | 20 | 70 | 17 | 17 | 台 | 46Oxy |
| 87060040 | ---汽车起重机底盘 | | | | | | |
| 8706004000 | 汽车起重机底盘(装有发动机的) | 20 | 100 | 17 | 17 | 台 | 6AO |
| 87060090 | ---其他 | | | | | | |
| 8706009000 | 其他机动车辆底盘(装有发动机的,品目 87.01、87.03 和 87.05 所列车辆用) | 10 | 100 | 17 | 17 | 台 | 46AOxy |
| **8707** | **机动车辆的车身(包括驾驶室),品目 87.01 至 87.05 所列车辆用** | | | | | | |
| 87071000 | -品目 87.03 所列车辆用 | | | | | | |
| 8707100000 | 小型载人机动车辆车身(含驾驶室)(品目 87.03 所列车辆用) | 10 | 100 | 17 | 17 | 台 | 6O |
| 87079010 | ---编号 87021092、87021093、87029020 及 87029030 所列车辆用 | | | | | | |
| 8707901000 | 大型客车用车身(含驾驶室)(座位数<30 客车辆用) | 10 | 70 | 17 | 17 | 台 | 6O |
| 87079090 | ---其他 | | | | | | |
| 8707909000 | 其他车辆用车身(含驾驶室)(品目 87.01~87.02、87.04、87.05 的车辆用) | 10 | 70 | 17 | 17 | 台 | 6O |
| **8708** | **机动车辆的零件、附件,品目 87.01 至 87.05 所列车辆用** | | | | | | |
| 87081000 | -缓冲器(保险杠)及其零件 | | | | | | |
| 8708100000 | 缓冲器(保险杠)及其零件(品目 87.01~87.05 的车辆用) | 10 | 100 | 17 | 17 | 千克 | 6 |
| 87082100 | --坐椅安全带 | | | | | | |
| 8708210000 | 坐椅安全带(品目 87.01~87.05 的车辆用) | 10 | 100 | 17 | 17 | 千克 | 6A |
| 87082930 | ---车窗玻璃升降器 | | | | | | |
| 8708293000 | 机动车辆用车窗玻璃升降器 | 10 | 100 | 17 | 17 | 千克 | 6 |
| 87082941 | ----电动的 | | | | | | |
| 8708294100 | 汽车电动天窗 | 10 | 100 | 17 | 17 | 千克/套 | 6 |
| 87082942 | ----手动的 | | | | | | |
| 8708294200 | 汽车手动天窗 | 10 | 100 | 17 | 17 | 千克/套 | 6 |
| 87082951 | ----侧围 | | | | | | |
| 8708295100 | 侧围 | 10 | 100 | 17 | 17 | 千克 | 6 |
| 87082952 | ----车门 | | | | | | |
| 8708295200 | 车门 | 10 | 100 | 17 | 17 | 千克/个 | 6 |
| 87082953 | ----发动机罩盖 | | | | | | |
| 8708295300 | 发动机罩盖 | 10 | 100 | 17 | 17 | 千克 | 6 |
| 87082954 | ----前围 | | | | | | |
| 8708295400 | 前围 | 10 | 100 | 17 | 17 | 千克 | 6 |
| 87082955 | ----行李箱盖(或背门) | | | | | | |
| 8708295500 | 行李箱盖(或背门) | 10 | 100 | 17 | 17 | 千克 | 6 |
| 87082956 | ----后围 | | | | | | |
| 8708295600 | 后围 | 10 | 100 | 17 | 17 | 千克 | 6 |

| 商品编号 | 商品名称及备注 | 进口关税税率(%) | | 增值税率(%) | 出口退税率(%) | 计量单位 | 监管条件 |
|---|---|---|---|---|---|---|---|
| | | 最惠国 | 普通 | | | | |
| 87082957 | ----翼子板(或叶子板) | | | | | | |
| 8708295700 | 翼子板(或叶子板) | 10 | 100 | 17 | 17 | 千克 | 6 |
| 87082959 | ----其他 | | | | | | |
| 8708295900 | 其他车身覆盖件 | 10 | 100 | 17 | 17 | 千克 | 6 |
| 87082990 | ---其他 | | | | | | |
| 8708299000 | 其他车身未列名零部件(包括驾驶室的零件、附件) | 10 | 100 | 17 | 17 | 千克 | 6 |
| 87083010 | ---装在蹄片上的制动摩擦片 | | | | | | |
| 8708301000 | 装在蹄片上的制动摩擦片 | 10 | 100 | 17 | 17 | 千克 | 6 |
| 87083021 | ----品目87.01、编号87041030及87041090所列车辆用 | | | | | | |
| 8708302100 | 牵引车、拖拉机、非公路用自卸车用防抱死制动系统 | 6 | 11 | 17 | 17 | 千克 | 6 |
| 87083029 | ----其他 | | | | | | |
| 8708302900 | 其他车辆用防抱死制动系统 | 10 | 100 | 17 | 17 | 千克 | 6 |
| 87083091 | ----品目87.01所列车辆用 | | | | | | |
| 8708309100 | 牵引车、拖拉机用制动器及其零件(包括助力制动器及其零件) | 6 | 14 | 17 | 17 | 千克 | 6 |
| 87083092 | ----编号87021091及87029010所列车辆用 | | | | | | |
| 8708309200 | 大型客车用制动器及其零件(包括助力制动器及其零件) | 10 | 70 | 17 | 17 | 千克 | 6 |
| 87083093 | ----编号87041030及87041090所列车辆用 | | | | | | |
| 8708309300 | 非公路自卸车用制动器及其零件(包括助力制动器及其零件) | 6 | 11 | 17 | 17 | 千克 | 6 |
| 87083094 | ----编号87042100、87042230、87043100及87043230所列车辆用 | | | | | | |
| 8708309400 | 柴油、汽油轻型货车用制动器及零件(指编号87042100、87042230、87043100、87043230所列总重量≤14吨车辆用) | 10 | 45 | 17 | 17 | 千克 | 6 |
| 87083095 | ----编号87042240、87042300及87043240所列车辆用 | | | | | | |
| 8708309500 | 柴油、汽油型重型货车用制动器及其零件(指编号87042240、87042300及87043240所列车辆用) | 10 | 30 | 17 | 17 | 千克 | 6 |
| 87083096 | ----品目87.05所列车辆用 | | | | | | |
| 8708309600 | 特种车用制动器及其零件(指品目87.05所列车辆用,包括助动器及零件) | 10 | 100 | 17 | 17 | 千克 | 6 |
| 87083099 | ----其他车辆用 | | | | | | |
| 8708309911[暂5] | 纯电动或混合动力汽车用电动制动器(由制动器电子控制单元、踏板行程模拟器、制动执行器等组成) | 10 | 100 | 17 | 17 | 千克/个 | 60 |
| 8708309919 | 其他机动车辆用制动器(包括助力制动器) | 10 | 100 | 17 | 17 | 千克/个 | 60 |
| 8708309990 | 其他机动车辆用制动器(包括助力制动器)的零件 | 10 | 100 | 17 | 17 | 千克/个 | 6 |
| 87084010 | ---品目87.01所列车辆用 | | | | | | |
| 8708401010[暂3] | 发动机功率≥65千瓦的动力换挡拖拉机用变速箱 | 6 | 14 | 17 | 17 | 个/千克 | 6 |
| 8708401090 | 其他牵引车、拖拉机用变速箱及其零件 | 6 | 14 | 17 | 17 | 个/千克 | 6 |
| 87084020 | ---编号87021091及87029010所列车辆用 | | | | | | |
| 8708402000 | 大型客车用变速箱及其零件 | 10 | 70 | 17 | 17 | 个/千克 | 6 |
| 87084030 | ---编号87041030及87041090所列车辆用 | | | | | | |
| 8708403001[暂3] | 扭矩>1500牛米非公路自卸车用变速箱 | 6 | 11 | 17 | 17 | 个/千克 | 6 |
| 8708403090 | 其他非公路自卸车用变速箱及其零件 | 6 | 11 | 17 | 17 | 个/千克 | 6 |
| 87084040 | ---编号87042100、87042230、87043100及87043230所列车辆用 | | | | | | |
| 8708404000 | 柴、汽油轻型货车用变速箱及其零件(指编号87042100、87042230、87043100、87043230所列总重量≤14吨车辆用) | 10 | 45 | 17 | 17 | 个/千克 | 6 |
| 87084050 | ---编号87042240、87042300及87043240所列车辆用 | | | | | | |
| 8708405000 | 其他柴、汽油型重型货车用变速箱及其零件(指编号87042240、87042300及87043240所列车辆用) | 10 | 30 | 17 | 17 | 个/千克 | 6 |
| 87084060 | ---品目87.05所列车辆用 | | | | | | |

| 商品编号 | 商品名称及备注 | 进口关税税率(%) | | 增值税率(%) | 出口退税率(%) | 计量单位 | 监管条件 |
|---|---|---|---|---|---|---|---|
| | | 最惠国 | 普通 | | | | |
| 8708406000 | 特种车用变速箱及其零件(指品目87.05所列车辆用) | 10 | 100 | 17 | 17 | 个/千克 | 6 |
| 87084091 | ----小轿车用自动换挡变速箱及其零件 | | | | | | |
| 8708409101[暂6.5] | 小轿车用自动换挡变速箱(6档及6档以上) | 10 | 100 | 17 | 17 | 个/千克 | 60 |
| 8708409104[暂6.5] | 小轿车用自动换挡变速箱的零件(6档及6档以上) | 10 | 100 | 17 | 17 | 个/千克 | 6 |
| 8708409191 | 其他小轿车用自动换挡变速箱 | 10 | 100 | 17 | 17 | 个/千克 | 60 |
| 8708409199 | 其他小轿车用自动换挡变速箱的零件 | 10 | 100 | 17 | 17 | 个/千克 | 6 |
| 87084099 | ----其他 | | | | | | |
| 8708409910 | 其他未列名机动车辆用变速箱 | 10 | 100 | 17 | 17 | 个/千克 | 60 |
| 8708409990 | 其他未列名机动车辆用变速箱的零件 | 10 | 100 | 17 | 17 | 个/千克 | 6 |
| 87085071 | ----品目87.01所列车辆用 | | | | | | |
| 8708507110[暂3] | 发动机功率≥65千瓦的动力换挡拖拉机用驱动桥(装有差速器的,不论是否装有其他传动件) | 6 | 14 | 17 | 17 | 个/千克 | 6 |
| 8708507190 | 其他牵引车、拖拉机用驱动桥及其零件(装有差速器的,不论是否装有其他传动件) | 6 | 14 | 17 | 17 | 个/千克 | 6 |
| 87085072 | ----编号87021091及87029010所列车辆用 | | | | | | |
| 8708507201[暂8] | 轴荷≥10吨的中后驱动桥的零件 | 10 | 70 | 17 | 17 | 个/千克 | 6 |
| 8708507291 | 其他大型客车用驱动桥(装有差速器的,不论是否装有其他传动件) | 10 | 70 | 17 | 17 | 个/千克 | 60 |
| 8708507299 | 其他大型客车用驱动桥的零件(装有差速器的,不论是否装有其他传动件) | 10 | 70 | 17 | 17 | 个/千克 | 6 |
| 87085073 | ----编号87041030及87041090所列车辆用 | | | | | | |
| 8708507300 | 非公路自卸车用驱动桥及其零件(装有差速器的,不论是否装有其他传动件) | 6 | 11 | 17 | 17 | 个/千克 | 6 |
| 87085074 | ----编号87042100、87042230、87043100及87043230所列车辆用 | | | | | | |
| 8708507410 | 柴油、汽油型轻型货车用驱动桥(编号87042100、87042230、87043100、87043230所列总重量≤14吨车辆用,装差速器) | 10 | 45 | 17 | 17 | 个/千克 | 60 |
| 8708507490 | 柴油、汽油型轻型货车用驱动桥的零件(编号87042100、87042230、87043100、87043230所列总重量≤14吨车辆用,装差速器) | 10 | 45 | 17 | 17 | 个/千克 | 6 |
| 87085075 | ----编号87042240、87042300及87043240所列车辆用 | | | | | | |
| 8708507510 | 其他柴油、汽油型重型货车用驱动桥(指编号87042240、87042300及87043240所列车辆用) | 10 | 30 | 17 | 17 | 个/千克 | 60 |
| 8708507590 | 其他柴油、汽油型重型货车用驱动桥的零件(指编号87042240、87042300及87043240所列车辆用) | 10 | 30 | 17 | 17 | 个/千克 | 6 |
| 87085076 | ----品目87.05所列车辆用 | | | | | | |
| 8708507610 | 特种车用驱动桥(指品目87.05所列车辆用,装有差速器,不论是否装有其他传动件) | 10 | 100 | 17 | 17 | 个/千克 | 60 |
| 8708507690 | 特种车用驱动桥的零件(指品目87.05所列车辆用,装有差速器,不论是否装有其他传动件) | 10 | 100 | 17 | 17 | 个/千克 | 6 |
| 87085079 | ----其他 | | | | | | |
| 8708507910 | 未列名机动车辆用驱动桥(装有差速器的,不论是否装有其他传动件) | 10 | 100 | 17 | 17 | 个/千克 | 60 |
| 8708507990 | 未列名机动车辆用驱动桥的零件(装有差速器的,不论是否装有其他传动件) | 10 | 100 | 17 | 17 | 个/千克 | 6 |
| 87085081 | ----品目87.01所列车辆用 | | | | | | |
| 8708508100 | 牵引车、拖拉机用非驱动桥及零件 | 6 | 14 | 17 | 17 | 千克 | 6 |
| 87085082 | ----编号87021091及87029010所列车辆用 | | | | | | |
| 8708508200 | 座位数≥30的客车用非驱动桥及其零件 | 15 | 70 | 17 | 17 | 千克 | 6 |
| 87085083 | ----编号87041030及87041090所列车辆用 | | | | | | |
| 8708508300 | 非公路自卸车用非驱动桥及零件 | 6 | 11 | 17 | 17 | 千克 | 6 |
| 87085084 | ----编号87042100、87042230、87043100及87043230所列车辆用 | | | | | | |
| 8708508400 | 柴、汽油轻型货车用非驱动桥及零件(编号87042100、87042230、87043100、87043230所列总重量≤14吨车辆用,装差速器) | 10 | 45 | 17 | 17 | 千克 | 6 |
| 87085085 | ----编号87042240、87042300及87043240所列车辆用 | | | | | | |

| 商品编号 | 商 品 名 称 及 备 注 | 进口关税税率(%) | | 增值税率(%) | 出口退税率(%) | 计量单位 | 监管条件 |
|---|---|---|---|---|---|---|---|
| | | 最惠国 | 普通 | | | | |
| 8708508500 | 柴油、汽油重型货车用非驱动桥及零件(指编号 87042240、87042300 及 87043240 所列车辆用) | 10 | 30 | 17 | 17 | 千克 | 6 |
| 87085086 | ----品目 87.05 所列车辆用 | | | | | | |
| 8708508600 | 特种车用非驱动桥及其零件(指品目 87.05 所列车辆用) | 10 | 100 | 17 | 17 | 千克 | 6 |
| 87085089 | ----其他 | | | | | | |
| 8708508910 | 未列名机动车辆用非驱动桥 | 10 | 100 | 17 | 17 | 千克/个 | 6O |
| 8708508990 | 未列名机动车辆用非驱动桥的零件 | 10 | 100 | 17 | 17 | 千克/个 | 6 |
| 87087010 | ---品目 87.01 所列车辆用 | | | | | | |
| 8708701000 | 牵引车及拖拉机用车轮及其零附件(不包括品目 87.09 的牵引车) | 6 | 14 | 17 | 17 | 千克 | 6 |
| 87087020 | ---编号 87021091 及 87029010 所列车辆用 | | | | | | |
| 8708702000 | 大型客车用车轮及其零、附件(指座位数≥30 的客运车) | 10 | 70 | 17 | 17 | 千克 | 6 |
| 87087030 | ---编号 87041030 及 87041090 所列车辆用 | | | | | | |
| 8708703000 | 非公路货运自卸车用车轮及其零件 | 6 | 11 | 17 | 17 | 千克 | 6 |
| 87087040 | ---编号 87042100、87042230、87043100 及 87043230 所列车辆用 | | | | | | |
| 8708704000 | 中小型货车用车轮及其零件(指总重量<14 吨的货运车辆) | 10 | 45 | 17 | 17 | 千克 | 6 |
| 87087050 | ---编号 87042240、87042300 及 87043240 所列车辆用 | | | | | | |
| 8708705000 | 大型货车用车轮及其零件(指编号 87042240、87042300 及 87043240 所列车辆用) | 10 | 30 | 17 | 17 | 千克 | 6 |
| 87087060 | ---品目 87.05 所列车辆用 | | | | | | |
| 8708706000 | 特种车用车轮及其零件(指品目 87.05 所列车辆用) | 10 | 100 | 17 | 17 | 千克 | 6 |
| 87087091 | ----铝合金制的 | | | | | | |
| 8708709100 | 其他车辆用铝合金制车轮及其零附件 | 10 | 100 | 17 | 17 | 千克 | 6A |
| 87087099 | ----其他 | | | | | | |
| 8708709900 | 其他车辆用车轮及其零附件 | 10 | 100 | 17 | 17 | 千克 | 6 |
| 87088010 | ---品目 87.03 所列车辆用 | | | | | | |
| 8708801000 | 品目 87.03 所列车辆用的悬挂系统(包括减震器)及其零件 | 10 | 100 | 17 | 17 | 千克 | 6 |
| 87088090 | ---其他 | | | | | | |
| 8708809000 | 其他机动车辆用的悬挂系统(包括减震器)及其零件 | 10 | 100 | 17 | 17 | 千克 | 6 |
| 87089110 | ---水箱散热器 | | | | | | |
| 8708911000 | 水箱散热器 | 10 | 100 | 17 | 17 | 个/千克 | 6 |
| 87089120 | ---机油冷却器 | | | | | | |
| 8708912000 | 机油冷却器 | 10 | 100 | 17 | 17 | 个/千克 | 6 |
| 87089190 | ---其他 | | | | | | |
| 8708919000 | 其他散热器及其零件(包括水箱散热器、机油冷却器的零件) | 10 | 100 | 17 | 17 | 个/千克 | 6 |
| 87089200 | --消声器(消音器)、排气管及其零件 | | | | | | |
| 8708920000 | 机动车辆的消声器(消音器)及排气管及其零件 | 10 | 100 | 17 | 17 | 千克 | 6 |
| 87089310 | ---品目 87.01 所列车辆用 | | | | | | |
| 8708931010[暂3] | 发动机功率≥65 千瓦的动力换挡拖拉机用离合器 | 6 | 14 | 17 | 17 | 千克 | 6 |
| 8708931090 | 其他牵引车、拖拉机用离合器及其零件 | 6 | 14 | 17 | 17 | 千克 | 6 |
| 87089320 | ---编号 87021091 及 87029010 所列车辆用 | | | | | | |
| 8708932000 | 座位数≥30 的客车用离合器及其零件 | 10 | 70 | 17 | 17 | 千克 | 6 |
| 87089330 | ---编号 87041030 及 87041090 所列车辆用 | | | | | | |
| 8708933000 | 非公路自卸车用离合器及其零件 | 6 | 11 | 17 | 17 | 千克 | 6 |
| 87089340 | ---编号 87042100、87042230、87043100 及 87043230 所列车辆用 | | | | | | |
| 8708934000 | 柴油、汽油轻型货车用离合器及零件(编号 87042100、87042230、87043100、87043230 所列总重量≤14 吨车辆用) | 10 | 45 | 17 | 17 | 千克 | 6 |
| 87089350 | ---编号 87042240、87042300 及 87043240 所列车辆用 | | | | | | |

| 商品编号 | 商品名称及备注 | 进口关税税率(%) 最惠国 | 进口关税税率(%) 普通 | 增值税率(%) | 出口退税率(%) | 计量单位 | 监管条件 |
|---|---|---|---|---|---|---|---|
| 8708935000 | 柴油、汽油型重型货车离合器及零件(编号87042240、87042300、87043240所列车辆用) | 10 | 30 | 17 | 17 | 千克 | 6 |
| 87089360 | ---品目87.05所列车辆用 | | | | | | |
| 8708936000 | 特种车用的离合器及其零件(指品目87.05所列车辆用) | 10 | 100 | 17 | 17 | 千克 | 6 |
| 87089390 | ---其他 | | | | | | |
| 8708939000 | 未列名机动车辆用离合器及其零件 | 10 | 100 | 17 | 17 | 千克 | 6 |
| 87089410 | ---品目87.01所列车辆用 | | | | | | |
| 8708941000 | 牵引车、拖拉机用转向盘、转向柱及其零件(包括转向器) | 6 | 14 | 17 | 17 | 千克 | 6 |
| 87089420 | ---编号87021091及87029010所列车辆用 | | | | | | |
| 8708942001[暂8] | 座位数≥30的客车用转向器零件 | 10 | 70 | 17 | 17 | 千克 | 6 |
| 8708942090 | 大型客车用其他转向盘、转向柱及其零件(包括转向器) | 10 | 70 | 17 | 17 | 千克 | 6 |
| 87089430 | ---编号87041030及87041090所列车辆用 | | | | | | |
| 8708943000 | 非公路自卸车用转向盘、转向柱及其零件(包括转向器) | 6 | 11 | 17 | 17 | 千克 | 6 |
| 87089440 | ---编号87042100、87042230、87043100及87043230所列车辆用 | | | | | | |
| 8708944000 | 柴油、汽油轻型货车用转向盘、转向柱、转向器及其零件(编号87042100、87042230、87043100、87043230所列总重量≤14吨车辆用) | 10 | 45 | 17 | 17 | 千克 | 6 |
| 87089450 | ---编号87042240、87042300及87043240所列车辆用 | | | | | | |
| 8708945001[暂8] | 总重量≥14吨柴油型货车转向器的零件 | 10 | 30 | 17 | 17 | 千克 | 6 |
| 8708945090 | 其他重型货车用转向盘、转向柱、转向器及其零件(指编号87042240、87042300及87043240所列车辆用) | 10 | 30 | 17 | 17 | 千克 | 6 |
| 87089460 | ---品目87.05所列车辆用转向器 | | | | | | |
| 8708946000 | 特种车用转向盘、转向柱及转向器及其零件(指品目87.05所列车辆用) | 10 | 100 | 17 | 17 | 千克 | 6 |
| 87089490 | ---其他 | | | | | | |
| 8708949001[暂8] | 采用电动转向系统的转向盘、转向柱、转向器及其零件 | 10 | 100 | 17 | 17 | 千克 | 6 |
| 8708949090 | 其他未列名机动车辆用转向盘、转向柱及其零件(包括转向器) | 10 | 100 | 17 | 17 | 千克 | 6 |
| 87089500 | --带充气系统的安全气囊及其零件 | | | | | | |
| 8708950000 | 机动车辆用带充气系统的安全气囊及其零件 | 10 | 100 | 17 | 17 | 千克 | 6 |
| 87089910 | ---品目87.01所列车辆用 | | | | | | |
| 8708991000 | 牵引车及拖拉机用其他零附件(车轮及其零附件除外,不包括品目87.09的牵引车) | 6 | 14 | 17 | 17 | 千克 | 6 |
| 87089921 | ----车架 | | | | | | |
| 8708992100 | 编号87021091及87029010所列车辆用车架 | 25 | 70 | 17 | 17 | 千克 | 6 |
| 87089929 | ----其他 | | | | | | |
| 8708992900 | 大型客车用其他零附件(车轮及其零附件除外,指座位数≥30的客运车) | 25 | 70 | 17 | 17 | 千克 | 6 |
| 87089931 | ----车架 | | | | | | |
| 8708993100 | 非公路自卸车用车架 | 6 | 11 | 17 | 17 | 千克 | 6 |
| 87089939 | ----其他 | | | | | | |
| 8708993900[暂3] | 非公路用自卸车未列名零部件(车轮及其零件除外) | 6 | 11 | 17 | 17 | 千克 | 6 |
| 87089941 | ----车架 | | | | | | |
| 8708994100 | 中小型货车用车架(指总重量<14吨的货运车辆用) | 25 | 45 | 17 | 17 | 千克 | 6 |
| 87089949 | ----其他 | | | | | | |
| 8708994900 | 中小型货车用其他零附件(车轮及其零附件除外,指总重量<14吨的货运车辆) | 25 | 45 | 17 | 17 | 千克 | 6 |
| 87089951 | ----车架 | | | | | | |
| 8708995100 | 编号87042240、87042300、87043240所列车辆(含总重量>8吨汽油货车)用车架 | 10 | 30 | 17 | 17 | 千克 | 6 |
| 87089959 | ----其他 | | | | | | |
| 8708995900 | 总重量≥14吨柴油货车用其他零部件(指编号87042240、87042300、87043240所列车辆用,含总重量>8吨汽油货车) | 10 | 30 | 17 | 17 | 千克 | 6 |
| 87089960 | ---品目87.05所列车辆用 | | | | | | |

| 商品编号 | 商品名称及备注 | 进口关税税率(%) | | 增值税率(%) | 出口退税率(%) | 计量单位 | 监管条件 |
|---|---|---|---|---|---|---|---|
| | | 最惠国 | 普通 | | | | |
| 8708996000 | 特种车用其他零附件(指品目87.05所列车辆用) | 15 | 100 | 17 | 17 | 千克 | 6 |
| 87089991 | ----车架 | | | | | | |
| 8708999100 | 其他品目87.01~87.04所列车辆用车架 | 10 | 100 | 17 | 17 | 千克/个 | 60 |
| 87089992 | ----传动轴 | | | | | | |
| 8708999200 | 其他车辆用传动轴(品目87.01~87.04所列车辆用) | 10 | 100 | 17 | 17 | 千克 | 6 |
| 87089999 | ----其他 | | | | | | |
| 8708999910[暂6] | 混合动力汽车动力传动装置及其零件(由发电机、电动机和动力分配装置等组成,品目87.01~87.04所列车辆用) | 10 | 100 | 17 | 17 | 千克 | 6 |
| 8708999990 | 机动车辆用未列名零件、附件(品目87.01~87.04所列车辆用) | 10 | 100 | 17 | 17 | 千克 | 6 |
| **8709** | **短距离运输货物的机动车辆,未装有提升或搬运设备,用于工厂、仓库、码头或机场;火车站台上用的牵引车;上述车辆的零件** | | | | | | |
| 87091110 | ---牵引车 | | | | | | |
| 8709111000 | 电动的短距离牵引车(未装有提升或搬运设备,包括火车站台上用的电动牵引车) | 10 | 30 | 17 | 17 | 辆 | 6 |
| 87091190 | ---其他 | | | | | | |
| 8709119000 | 电动的其他短距离运货车(未装有提升或搬运设备,用于工厂、仓库、码头或机场) | 10 | 30 | 17 | 17 | 辆 | 6 |
| 87091910 | ---牵引车 | | | | | | |
| 8709191000 | 非电动的短距离牵引车(未装有提升或搬运设备,包括火车站台上用非电动牵引车) | 10.5 | 30 | 17 | 17 | 辆 | 6 |
| 87091990 | ---其他 | | | | | | |
| 8709199000 | 非电动的其他短距离运货车(未装有提升或搬运设备,用于工厂、仓库、码头或机场) | 10.5 | 30 | 17 | 17 | 辆 | 6 |
| 87099000 | -零件 | | | | | | |
| 8709900000 | 短距离运货车、站台牵引车用零件 | 8.4 | 17 | 17 | 15 | 千克 | 6 |
| **8710** | **坦克及其他机动装甲战斗车辆,不论是否装有武器;上述车辆的零件** | | | | | | |
| 87100010 | ---整车 | | | | | | |
| 8710001000 | 坦克及其他机动装甲战斗车辆 | 15 | 100 | 17 | 0 | 辆 | 6 |
| 87100090 | ---零件 | | | | | | |
| 8710009000 | 坦克及其他机动装甲战斗车辆零件 | 15 | 100 | 17 | 0 | 千克 | 6 |
| **8711** | **摩托车(包括机器脚踏两用车)及装有辅助发动机的脚踏车,不论有无边车;边车** | | | | | | |
| 87111000 | -装有往复式活塞内燃发动机,气缸容量(排气量)≤50毫升 | | | | | | |
| 8711100010 | 微马力摩托车及脚踏两用车(装有往复式活塞发动机,微马力指排气量=50毫升) | 45 | 150 | 17 | 17 | 辆 | 46Axy |
| 8711100090 | 微马力摩托车及脚踏两用车(装有往复式活塞发动机,微马力指排气量<50毫升) | 45 | 150 | 17 | 17 | 辆 | 6A |
| 87112010 | ---50毫升<气缸容量≤100毫升 | | | | | | |
| 8711201000 | 50毫升<排气量≤100毫升装往复式活塞内燃发动机摩托车及脚踏两用车 | 45 | 150 | 17 | 17 | 辆 | 46Axy |
| 87112020 | ---100毫升<气缸容量≤125毫升 | | | | | | |
| 8711202000 | 100毫升<排气量≤125毫升装往复式活塞内燃发动机摩托车及脚踏两用车 | 45 | 150 | 17 | 17 | 辆 | 46Axy |
| 87112030 | ---125毫升<气缸容量≤150毫升 | | | | | | |
| 8711203000 | 125毫升<排气量≤150毫升装往复式活塞内燃发动机摩托车及脚踏两用车 | 45 | 150 | 17 | 17 | 辆 | 46Axy |
| 87112040 | ---150毫升<气缸容量≤200毫升 | | | | | | |
| 8711204000 | 150毫升<排气量≤200毫升装往复式活塞内燃发动机摩托车及脚踏两用车 | 45 | 150 | 17 | 17 | 辆 | 46Axy |
| 87112050 | ---200毫升<气缸容量≤250毫升 | | | | | | |
| 8711205010 | 200毫升<排气量<250毫升装往复式活塞内燃发动机摩托车及脚踏两用车 | 45 | 150 | 17 | 17 | 辆 | 46Axy |
| 8711205090 | 排气量=250毫升装往复式活塞内燃发动机摩托车及脚踏两用车 | 45 | 150 | 17 | 17 | 辆 | 46Axy |
| 87113010 | ---250毫升<气缸容量≤400毫升 | | | | | | |
| 8711301000 | 250毫升<排气量≤400毫升装往复式活塞内燃发动机摩托车及脚踏两用车 | 45 | 150 | 17 | 17 | 辆 | 46Axy |
| 87113020 | ---400毫升<气缸容量≤500毫升 | | | | | | |
| 8711302000 | 400毫升<排气量≤500毫升装往复式活塞内燃发动机摩托车及脚踏两用车 | 45 | 150 | 17 | 17 | 辆 | 46Axy |
| 87114000 | -装有往复式活塞内燃发动机,500毫升<气缸容量(排气量)≤800毫升 | | | | | | |

| 商品编号 | 商 品 名 称 及 备 注 | 进口关税税率(%) | | 增值税率(%) | 出口退税率(%) | 计量单位 | 监管条件 |
|---|---|---|---|---|---|---|---|
| | | 最惠国 | 普通 | | | | |
| 8711400000 | 500 毫升<排气量≤800 毫升装往复式活塞内燃发动机摩托车及脚踏两用车 | 40 | 150 | 17 | 17 | 辆 | 46Axy |
| 87115000 | -装有往复式活塞内燃发动机,气缸容量(排气量)>800 毫升 | | | | | | |
| 8711500000 | 排气量>800 毫升装有往复式活塞内燃发动机摩托车及脚踏两用车 | 30 | 150 | 17 | 17 | 辆 | 46Axy |
| 87116000 | -装有驱动电动机的 | | | | | | |
| 8711600010 | 电动自行车(包括机器脚踏两用车、脚踏车) | 45 | 150 | 17 | 17 | 辆 | 6A |
| 8711600090 | 其他装有电驱动电动机的摩托车 | 45 | 150 | 17 | 17 | 辆 | 6A |
| 87119000 | -其他 | | | | | | |
| 8711900010 | 其他排气量≤250 毫升摩托车及脚踏两用车 | 45 | 150 | 17 | 17 | 辆 | 6A |
| 8711900020 | 其他排气量>250 毫升摩托车及脚踏两用车 | 45 | 150 | 17 | 17 | 辆 | 6A |
| 8711900030 | 其他无法区分排气量的摩托车及脚踏两用车 | 45 | 150 | 17 | 17 | 辆 | 6A |
| 8711900090 | 装有其他辅助发动机的脚踏车,边车 | 45 | 150 | 17 | 17 | 辆 | 6A |
| **8712** | **自行车及其他非机动脚踏车(包括运货三轮脚踏车)** | | | | | | |
| 87120020 | ---竞赛型自行车 | | | | | | |
| 8712002000 | 竞赛型自行车 | 13 | 130 | 17 | 17 | 辆 | 6 |
| 87120030 | ---山地自行车 | | | | | | |
| 8712003000 | 山地自行车 | 13 | 130 | 17 | 17 | 辆 | 6 |
| 87120041 | ----16、18 及 20 英寸 | | | | | | |
| 8712004100 | 16、18、20 英寸越野自行车 | 13 | 130 | 17 | 17 | 辆 | 6 |
| 87120049 | ----其他 | | | | | | |
| 8712004900 | 其他越野自行车(包括运货三轮车) | 13 | 130 | 17 | 17 | 辆 | 6 |
| 87120081 | ----16 英寸及以下 | | | | | | |
| 8712008110 | 12~16 英寸的未列名自行车 | 13 | 130 | 17 | 17 | 辆 | 6 |
| 8712008190 | 11 英寸及以下的未列名自行车 | 13 | 130 | 17 | 17 | 辆 | 6 |
| 87120089 | ----其他 | | | | | | |
| 8712008900 | 其他未列名自行车 | 13 | 130 | 17 | 17 | 辆 | 6 |
| 87120090 | ---其他 | | | | | | |
| 8712009000 | 其他非机动脚踏车 | 23 | 130 | 17 | 17 | 辆 | 6 |
| **8713** | **残疾人用车,不论是否机动或其他机械驱动** | | | | | | |
| 87131000 | -非机械驱动 | | | | | | |
| 8713100000 | 非机械驱动的残疾人用车 | 6 | 20 | 0 | 17 | 辆 | 6 |
| 87139000 | -其他 | | | | | | |
| 8713900000 | 其他机动残疾人用车 | 4 | 20 | 0 | 17 | 辆 | 6 |
| **8714** | **零件、附件,品目 87.11 至 87.13 所列车辆用** | | | | | | |
| 87141000 | -摩托车(包括机器脚踏两用车)用 | | | | | | |
| 8714100001[暂10] | 星型轮及碟刹件 | 30 | 100 | 17 | 15 | 千克 | 6 |
| 8714100010 | 摩托车架 | 30 | 100 | 17 | 15 | 千克 | 46xy |
| 8714100090 | 摩托车其他零件、附件(包括机动脚踏两用车的零件、附件) | 30 | 100 | 17 | 15 | 千克 | 6 |
| 87142000 | -残疾人车辆用 | | | | | | |
| 8714200000 | 残疾人车辆用零件、附件 | 5 | 17 | 17 | 15 | 千克 | 6 |
| 87149100 | --车架、轮叉及其零件 | | | | | | |
| 8714910000 | 非机动脚踏车车架、轮叉及其零件 | 12 | 80 | 17 | 15 | 千克 | 6 |
| 87149210 | ---轮圈 | | | | | | |
| 8714921000 | 非机动脚踏车等的轮圈 | 12 | 80 | 17 | 15 | 千克 | 6 |
| 87149290 | ---辐条 | | | | | | |
| 8714929000 | 非机动脚踏车等的辐条 | 12 | 80 | 17 | 15 | 千克 | 6 |
| 87149310 | ---轮毂 | | | | | | |

| 商品编号 | 商 品 名 称 及 备 注 | 进口关税税率(%) | | 增值税率(%) | 出口退税率(%) | 计量单位 | 监管条件 |
|---|---|---|---|---|---|---|---|
| | | 最惠国 | 普通 | | | | |
| 8714931000 | 非机动脚踏车等的轮毂(倒轮制动毂及毂闸除外) | 12 | 80 | 17 | 15 | 千克 | 6 |
| 87149320 | ---飞轮 | | | | | | |
| 8714932000 | 非机动脚踏车等的飞轮(倒轮制动毂及毂闸除外) | 12 | 80 | 17 | 15 | 千克 | 6 |
| 87149390 | ---其他 | | | | | | |
| 8714939000 | 非机动脚踏车等的链轮(倒轮制动毂及毂闸除外) | 12 | 80 | 17 | 15 | 千克 | 6 |
| 87149400 | --制动器(包括倒轮制动毂及毂闸)及其零件 | | | | | | |
| 8714940000 | 非机动脚踏车等的制动器及其零件(包括倒轮制动毂及毂闸) | 12 | 80 | 17 | 15 | 千克 | 6 |
| 87149500 | --鞍座 | | | | | | |
| 8714950000 | 非机动脚踏车等的鞍座 | 12 | 80 | 17 | 15 | 千克/个 | 6 |
| 87149610 | ---脚蹬及其零件 | | | | | | |
| 8714961000 | 非机动脚踏车等的脚蹬及其零件 | 12 | 80 | 17 | 15 | 千克 | 6 |
| 87149620 | ---曲柄链轮及其零件 | | | | | | |
| 8714962000 | 非机动脚踏车等的曲柄链轮及其零件 | 12 | 80 | 17 | 15 | 千克 | 6 |
| 87149900 | --其他 | | | | | | |
| 8714990000 | 非机动脚踏车等的其他零件、附件 | 12 | 80 | 17 | 15 | 千克 | 6 |
| **8715** | **婴孩车及其零件** | | | | | | |
| 87150000 | 婴孩车及其零件 | | | | | | |
| 8715000010[暂10] | 婴孩车 | 20 | 80 | 17 | 17 | 千克 | 6A |
| 8715000090 | 婴孩车零件 | 20 | 80 | 17 | 17 | 千克 | 6A |
| **8716** | **挂车及半挂车或其他非机械驱动车辆及其零件** | | | | | | |
| 87161000 | -供居住或野营用厢式挂车及半挂车 | | | | | | |
| 8716100000 | 供居住或野营用厢式挂车及半挂车 | 10 | 35 | 17 | 17 | 辆 | 6 |
| 87162000 | -农用自装或自卸式挂车及半挂车 | | | | | | |
| 8716200000 | 农用自装或自卸式挂车及半挂车 | 10 | 35 | 17 | 11 | 辆 | 6 |
| 87163110 | ---油罐挂车及半挂车 | | | | | | |
| 8716311000 | 油罐挂车及半挂车 | 10 | 20 | 17 | 17 | 辆 | 6A |
| 87163190 | ---其他 | | | | | | |
| 8716319000 | 其他罐式挂车及半挂车 | 10 | 35 | 17 | 17 | 辆 | 6A |
| 87163910 | ---货柜挂车及半挂车 | | | | | | |
| 8716391000 | 货柜挂车及半挂车 | 10 | 20 | 17 | 17 | 辆 | 6A |
| 87163990 | ---其他 | | | | | | |
| 8716399000 | 其他货运挂车及半挂车 | 10 | 35 | 17 | 17 | 辆 | 6A |
| 87164000 | -其他挂车及半挂车 | | | | | | |
| 8716400000 | 其他未列名挂车及半挂车 | 10 | 35 | 17 | 17 | 辆 | 6A |
| 87168000 | -其他车辆 | | | | | | |
| 8716800000 | 其他未列名非机械驱动车辆 | 10 | 80 | 17 | 17 | 辆 | 6 |
| 87169000 | -零件 | | | | | | |
| 8716900000 | 挂车、半挂车及非机动车用零件 | 10 | 35 | 17 | 15 | 千克 | 6 |

# 第八十八章　航空器、航天器及其零件

**子目注释：**

子目号 8802.11 至 8802.40 所称"空载重量"，是指航空器在正常飞行情况下，除去机组人员、燃料及非永久性安装设备后的重量。

| 商品编号 | 商 品 名 称 及 备 注 | 进口关税税率(%) | | 增值税率(%) | 出口退税率(%) | 计量单位 | 监管条件 |
|---|---|---|---|---|---|---|---|
| | | 最惠国 | 普通 | | | | |
| **8801** | **气球及飞艇；滑翔机、悬挂滑翔机及其他无动力航空器** | | | | | | |
| 88010010 | ---滑翔机及悬挂滑翔机 | | | | | | |
| 8801001000 | 滑翔机及悬挂滑翔机 | 3 | 11 | 17 | 17 | 架 | |
| 88010090 | ---其他 | | | | | | |
| 8801009010 | 自然视距以外可控飞行的无人驾驶飞艇(在 30 分钟≤最大续航时间<1 小时，阵风≥46.3 千米/小时条件下具有起飞和稳定飞行能力；或者最大续航时间≥1 小时) | 3 | 11 | 17 | 17 | 架 | 3 |
| 8801009090 | 气球、其他飞艇及无动力航空器(滑翔机除外) | 3 | 11 | 17 | 17 | 架 | |
| **8802** | **其他航空器(例如，直升机、飞机)；航天器(包括卫星)及其运载工具、亚轨道运载工具** | | | | | | |
| 88021100 | --空载重量≤2000 千克 | | | | | | |
| 8802110010 | 空载重量≤2 吨的无人驾驶直升机(两用物项和技术出口管制的) | 2 | 11 | 17 | 17 | 架 | 30 |
| 8802110090 | 其他空载重量≤2 吨的直升机 | 2 | 11 | 17 | 17 | 架 | 0 |
| 88021210 | ---2000 千克<空载重量≤7000 千克 | | | | | | |
| 8802121000 | 2 吨<空载重量≤7 吨的直升机 | 2 | 11 | 17 | 17 | 架 | 0 |
| 88021220 | ---空载重量>7000 千克 | | | | | | |
| 8802122000 | 空载重量>7 吨的直升机 | 2 | 11 | 17 | 17 | 架 | 0 |
| 88022000 | -飞机及其他航空器，空载重量≤2000 千克 | | | | | | |
| 8802200011 | 空载重量≤2 吨的无人驾驶航空飞行器(两用物项出口管制的) | 5 | 11 | 17 | 17 | 架 | 30 |
| 8802200019 | 其他无人驾驶航空飞行器(空载重量≤2 吨) | 5 | 11 | 17 | 17 | 架 | 30 |
| 8802200090 | 其他小型飞机及其他航空器(小型指空载重量≤2 吨) | 5 | 11 | 17 | 17 | 架 | |
| 88023000 | -飞机及其他航空器，2000 千克<空载重量≤15000 千克 | | | | | | |
| 8802300000 | 中型飞机及其他航空器(中型指 2 吨<空载重量≤15 吨) | 4 | 11 | 17 | 17 | 架 | 0 |
| 88024010 | ---15000 千克<空载重量≤45000 千克 | | | | | | |
| 8802401000 | 15 吨<空载重量≤45 吨其他大型飞机及其他航空器 | 5 | 11 | 17 | 17 | 架 | 0 |
| 88024020 | ---空载重量>45000 千克 | | | | | | |
| 8802402000 | 特大型飞机及其他航空器(特大型指空载重量>45 吨) | 1 | 11 | 17 | 17 | 架 | 0 |
| 88026000 | -航天器(包括卫星)及其运载工具、亚轨道运载工具 | | | | | | |
| 8802600010 | 通信卫星 | 1/0.5* | 11 | 17 | 17 | 架 | |
| 8802600090 | 航天器(包括卫星，但通信卫星除外)及其运载工具(包括亚轨道运载工具) | 2 | 11 | 17 | 17 | 架 | |
| **8803** | **品目 88.01 或 88.02 所列货品的零件** | | | | | | |
| 88031000 | -推进器、水平旋翼及其零件 | | | | | | |
| 8803100000 | 飞机用推进器、水平旋翼及零件(指品目 88.02 所列货品用的) | 1 | 11 | 17 | 17 | 千克 | |
| 88032000 | -起落架及其零件 | | | | | | |
| 8803200000 | 飞机用起落架及其零件(指品目 88.02 所列货品用的) | 1 | 11 | 17 | 17 | 千克 | |
| 88033000 | -飞机及直升机的其他零件 | | | | | | |
| 8803300000 | 飞机及直升机用其他零件 | 1 | 11 | 17 | 17 | 千克 | |
| 88039000 | -其他 | | | | | | |

* 最惠国税率中，"/"左边的税率截止日期为 2018 年 6 月 30 日，"/"右边的税率有效日期为 2018 年 7 月 1 日~2999 年 12 月 31 日。

| 商品编号 | 商品名称及备注 | 进口关税税率(%) | | 增值税率(%) | 出口退税率(%) | 计量单位 | 监管条件 |
|---|---|---|---|---|---|---|---|
| | | 最惠国 | 普通 | | | | |
| 8803900010 | 两用物项管制的火箭及其零部件 | 0 | 11 | 17 | 17 | 千克 | 3 |
| 8803900090 | 其他未列名的航空器、航天器零件(指品目88.01或88.02所列货品用的) | 0 | 11 | 17 | 17 | 千克 | |
| **8804** | **降落伞(包括可操纵降落伞及滑翔伞)、旋翼降落伞及其零件、附件** | | | | | | |
| 88040000 | 降落伞(包括可操纵降落伞及滑翔伞)、旋翼降落伞及其零件、附件 | | | | | | |
| 8804000000 | 降落伞及其零件、附件(包括可操纵降落伞、滑翔伞及旋翼降落伞) | 2 | 11 | 17 | 17 | 千克 | |
| **8805** | **航空器的发射装置、甲板停机装置或类似装置和地面飞行训练器及其零件** | | | | | | |
| 88051000 | -航空器的发射装置及其零件;甲板停机装置或类似装置及其零件 | | | | | | |
| 8805100000 | 航空器的发射装置及其零件等(包括甲板停机装置或类似装置及其零件) | 1.5 | 11 | 17 | 17 | 千克 | |
| 88052100 | --空战模拟器及其零件 | | | | | | |
| 8805210000 | 空战模拟器及其零件 | 0.8/0.4* | 11 | 17 | 17 | 千克 | |
| 88052900 | --其他 | | | | | | |
| 8805290000 | 其他地面飞行训练器及其零件 | 0.8/0.4* | 11 | 17 | 17 | 千克 | 0 |

* 最惠国税率中,“/”左边的税率截止日期为2018年6月30日,“/”右边的税率有效日期为2018年7月1日~2999年12月31日。

# 第八十九章　船舶及浮动结构体

**注释：**

已装配、未装配或已拆卸的船体、未完工或不完整的船舶以及未装配或已拆卸的完整船舶，如果不具有某种船舶的基本特征，应归入品目89.06。

| 商品编号 | 商品名称及备注 | 进口关税税率(%) | | 增值税率(%) | 出口退税率(%) | 计量单位 | 监管条件 |
|---|---|---|---|---|---|---|---|
| | | 最惠国 | 普通 | | | | |
| **8901** | **巡航船、游览船、渡船、货船、驳船及类似的客运或货运船舶** | | | | | | |
| 89011010 | ---机动船舶 | | | | | | |
| 8901101010 | 高速客船(包括主要用于客运的类似船舶) | 5 | 14 | 17 | 17 | 艘 | O |
| 8901101090 | 其他机动巡航船游览船及各式渡船(包括主要用于客运的类似船舶) | 5 | 14 | 17 | 17 | 艘 | O |
| 89011090 | ---非机动船舶 | | | | | | |
| 8901109000 | 非机动巡航船、游览船及各式渡船(以及主要用于客运的类似船舶) | 8 | 30 | 17 | 17 | 艘 | |
| 89012011 | ----载重量≤10万吨 | | | | | | |
| 8901201100 | 载重量≤10万吨的成品油船 | 9 | 14 | 17 | 17 | 艘 | O |
| 89012012 | ----10万吨<载重量≤30万吨 | | | | | | |
| 8901201200 | 10万吨<载重量≤30万吨成品油船 | 9 | 14 | 17 | 17 | 艘 | |
| 89012013 | ----载重量>30万吨 | | | | | | |
| 8901201300 | 载重量>30万吨的成品油船 | 6 | 14 | 17 | 17 | 艘 | |
| 89012021 | ----载重量≤15万吨 | | | | | | |
| 8901202100 | 载重量≤15万吨的原油船 | 9 | 14 | 17 | 17 | 艘 | O |
| 89012022 | ----15万吨<载重量≤30万吨 | | | | | | |
| 8901202200 | 15万吨<载重量≤30万吨的原油船 | 9 | 14 | 17 | 17 | 艘 | |
| 89012023 | ----载重量>30万吨 | | | | | | |
| 8901202300 | 载重量>30万吨的原油船 | 6 | 14 | 17 | 17 | 艘 | |
| 89012031 | ----容积≤2万立方米 | | | | | | |
| 8901203100 | 容积≤2万立方米液化石油气船 | 9 | 14 | 17 | 17 | 艘 | O |
| 89012032 | ----容积>2万立方米 | | | | | | |
| 8901203200 | 容积>2万立方米液化石油气船 | 6 | 14 | 17 | 17 | 艘 | |
| 89012041 | ----容积≤2万立方米 | | | | | | |
| 8901204100 | 容积≤2万立方米液化天然气船 | 9 | 14 | 17 | 17 | 艘 | |
| 89012042 | ----容积>2万立方米 | | | | | | |
| 8901204200 | 容积>2万立方米液化天然气船 | 6 | 14 | 17 | 17 | 艘 | |
| 89012090 | ---其他 | | | | | | |
| 8901209000 | 其他油船 | 9 | 14 | 17 | 17 | 艘 | O |
| 89013000 | -冷藏船，但编号890120的船舶除外 | | | | | | |
| 8901300000 | 冷藏船(但编号890120的船舶除外) | 9 | 14 | 17 | 17 | 艘 | |
| 89019021 | ----可载标准集装箱在6000箱及以下 | | | | | | |
| 8901902100 | 可载6000标准箱及以下的集装箱船 | 9 | 14 | 17 | 17 | 艘 | O |
| 89019022 | ----可载标准集装箱在6000箱以上 | | | | | | |
| 8901902200 | 可载6000标准箱以上的集装箱船 | 6 | 14 | 17 | 17 | 艘 | |
| 89019031 | ----载重量≤2万吨 | | | | | | |
| 8901903100 | 载重量≤2万吨的滚装船 | 9 | 14 | 17 | 17 | 艘 | O |
| 89019032 | ----载重量>2万吨 | | | | | | |
| 8901903200 | 载重量>2万吨的滚装船 | 6 | 14 | 17 | 17 | 艘 | |

| 商品编号 | 商 品 名 称 及 备 注 | 进口关税税率(%) | | 增值税率(%) | 出口退税率(%) | 计量单位 | 监管条件 |
|---|---|---|---|---|---|---|---|
| | | 最惠国 | 普通 | | | | |
| 89019041 | ----载重量≤15 万吨 | | | | | | |
| 8901904100 | 载重量≤15 万吨散货船 | 9 | 14 | 17 | 17 | 艘 | 0 |
| 89019042 | ----15 万吨<载重量≤30 万吨 | | | | | | |
| 8901904200 | 15 万吨<载重量≤30 万吨散货船 | 9 | 14 | 17 | 17 | 艘 | |
| 89019043 | ----载重量>30 万吨 | | | | | | |
| 8901904300 | 载重量>30 万吨的散货船 | 9 | 14 | 17 | 17 | 艘 | |
| 89019050 | ---机动多用途船 | | | | | | |
| 8901905000 | 机动多用途船 | 9 | 14 | 17 | 17 | 艘 | 0 |
| 89019080 | ---其他,机动的 | | | | | | |
| 8901908000 | 其他机动货运船舶及客货兼运船舶 | 9 | 14 | 17 | 17 | 艘 | 0 |
| 89019090 | ---非机动的 | | | | | | |
| 8901909000 | 非机动货运船舶及客货兼运船舶 | 8 | 30 | 17 | 15 | 艘 | 0 |
| **8902** | **捕鱼船;加工船及其他加工保藏鱼类产品的船舶** | | | | | | |
| 89020010 | ---机动船舶 | | | | | | |
| 8902001000 | 机动捕鱼船(包括加工船及其他加工保藏鱼类产品的船舶) | 7 | 14 | 17 | 17 | 艘 | 0 |
| 89020090 | ---非机动船舶 | | | | | | |
| 8902009000 | 非机动捕鱼船 | 8 | 30 | 17 | 11 | 艘 | |
| **8903** | **娱乐或运动用快艇及其他船舶;划艇及轻舟** | | | | | | |
| 89031000 | -充气的 | | | | | | |
| 8903100000 | 充气的娱乐或运动用快艇(包括充气的划艇及轻舟) | 10 | 30 | 17 | 15 | 艘 | |
| 89039100 | --帆船,不论是否装有辅助发动机 | | | | | | |
| 8903910001 | 8 米<长度<90 米的机动帆船 | 8 | 30 | 17 | 17 | 艘 | |
| 8903910090 | 其他帆船(不论是否装有辅助发动机) | 8 | 30 | 17 | 17 | 艘 | |
| 89039200 | --汽艇,但装有舷外发动机的除外 | | | | | | |
| 8903920001 | 8 米<长度<90 米的汽艇(装有舷外发动机的除外) | 10.5 | 30 | 17 | 17 | 艘 | |
| 8903920090 | 其他汽艇(装有舷外发动机的除外) | 10.5 | 30 | 17 | 17 | 艘 | |
| 89039900 | --其他 | | | | | | |
| 8903990001 | 8 米<长度<90 米的娱乐或运动用其他机动船舶或快艇 | 10 | 30 | 17 | 15 | 艘 | |
| 8903990090 | 娱乐或运动用其他船舶或快艇(包括划艇及轻舟) | 10 | 30 | 17 | 15 | 艘 | |
| **8904** | **拖轮及顶推船** | | | | | | |
| 89040000 | 拖轮及顶推船 | | | | | | |
| 8904000000 | 拖轮及顶推船 | 9 | 14 | 17 | 17 | 艘 | 0 |
| **8905** | **灯船、消防船、挖泥船、起重船及其他不以航行为主要功能的船舶;浮船坞;浮动或潜水式钻探或生产平台** | | | | | | |
| 89051000 | -挖泥船 | | | | | | |
| 8905100000 | 挖泥船 | 3 | 11 | 17 | 17 | 艘 | 30 |
| 89052000 | -浮动或潜水式钻探或生产平台 | | | | | | |
| 8905200000 | 浮动或潜水式钻探或生产平台 | 6 | 11 | 17 | 17 | 座 | 0 |
| 89059010 | ---浮船坞 | | | | | | |
| 8905901000 | 浮船坞 | 8 | 30 | 17 | 17 | 个 | 0 |
| 89059090 | ---其他 | | | | | | |
| 8905909000 | 其他不以航行为主要功能的船舶(包括灯船、消防船、起重船) | 3 | 11 | 17 | 17 | 个 | 0 |
| **8906** | **其他船舶,包括军舰及救生船,但划艇除外** | | | | | | |
| 89061000 | -军舰 | | | | | | |
| 8906100000 | 军舰 | 5 | 14 | 17 | 17 | 艘 | |
| 89069010 | ---机动船舶 | | | | | | |

| 商品编号 | 商 品 名 称 及 备 注 | 进口关税税率(%) | | 增值税率(%) | 出口退税率(%) | 计量单位 | 监管条件 |
|---|---|---|---|---|---|---|---|
| | | 最惠国 | 普通 | | | | |
| 8906901000 | 其他未列名的机动船舶(包括救生船,但划艇除外) | 5 | 14 | 17 | 17 | 艘 | |
| 89069020 | ---非机动船舶 | | | | | | |
| 8906902000 | 其他非机动船舶 | 8 | 30 | 17 | 0 | 艘 | |
| 89069030 | ---未制成或不完整的船舶,包括船舶分段 | | | | | | |
| 8906903000 | 未制成或不完整的船舶,包括船舶分段 | 8 | 30 | 17 | 0 | 艘 | |
| **8907** | **其他浮动结构体(例如,筏、柜、潜水箱、浮码头、浮筒及航标)** | | | | | | |
| 89071000 | -充气筏 | | | | | | |
| 8907100000 | 充气筏 | 8 | 30 | 17 | 15 | 艘 | |
| 89079000 | -其他 | | | | | | |
| 8907900000 | 其他浮动结构体(例如,筏、柜、潜水箱、浮筒及航标) | 8 | 30 | 17 | 15 | 个 | |
| **8908** | **供拆卸的船舶及其他浮动结构体** | | | | | | |
| 89080000 | 供拆卸的船舶及其他浮动结构体 | | | | | | |
| 8908000000[暂1] | 供拆卸的船舶及其他浮动结构体 | 3 | 11 | 17 | 15 | 艘/千克 | ABP |

# 第十八类　光学、照相、电影、计量、检验、医疗或外科用仪器及设备、精密仪器及设备；钟表；乐器；上述物品的零件、附件

## 第九十章　光学、照相、电影、计量、检验、医疗或外科用仪器及设备、精密仪器及设备；上述物品的零件、附件

**注释：**

一、本章不包括：

（一）机器、设备或其他专门技术用途的硫化橡胶（硬质橡胶除外）制品（品目 40.16）、皮革或再生皮革制品（品目 42.05）或纺织材料制品（品目 59.11）。

（二）纺织材料制的承托带及其他承托物品，其承托器官的作用仅依靠自身的弹性（例如，孕妇用的承托带，用于胸部、腹部、关节或肌肉的承托绷带）（第十一类）。

（三）品目 69.03 的耐火材料制品；品目 69.09 的实验室、化学或其他专门技术用途的陶瓷器。

（四）品目 70.09 的未经光学加工的玻璃镜及品目 83.06 或第七十一章的非光学元件的贱金属或贵金属制的镜子。

（五）品目 70.07、70.08、70.11、70.14、70.15 或 70.17 的货品。

（六）第十五类注释二所规定的贱金属制通用零件（第十五类）或塑料制的类似品（第三十九章）。

（七）品目 84.13 的装有计量装置的泵；计数和检验用的衡器或单独报验的天平砝码（品目 84.23）；升降、起重及搬运机械（品目 84.25～84.28）；纸张或纸板的各种切割机器（品目 84.41）；品目 84.66 的用于机床或水射流切割机上调整工件或工具的附件，包括具有读度用的光学装置的附件（例如，"光学"分度头），但其本身主要是光学仪器的除外（例如，校直望远镜）；计算机器（品目 84.70）；品目 84.81 的阀门及其他装置；品目 84.86 的机器及装置（包括将电路图投影或绘制到感光半导体材料上的装置）；

（八）自行车或机动车辆用探照灯或聚光灯（品目 85.12）；品目 85.13 的手提式电灯；电影录音机、还音机及转录机（品目 85.19）；拾音头或录音头（品目 85.22）；电视摄像机、数字照相机及视频摄录一体机（品目 85.25）；雷达设备、无线电导航设备或无线电遥控设备（品目 85.26）；光导纤维、光导纤维束或光缆用连接器（品目 85.36）；品目 85.37 的数字控制装置；品目 85.39 的封闭式聚光灯；品目 85.44 的光缆。

（九）品目 94.05 的探照灯及聚光灯。

（十）第九十五章的物品。

（十一）品目 96.20 的独脚架、双脚架、三脚架及类似品；

（十二）容量的计量器具（按其构成的材料归类）。

（十三）卷轴、线轴及类似芯子（按其构成材料归类，例如，归入品目 39.23 或第十五类）。

二、除上述注释一另有规定的以外，本章各品目所列机器、设备、仪器或器具的零件、附件，应按下列规定归类：

（一）凡零件、附件本身已构成本章或第八十四章、第八十五章或第九十一章各品目（品目 84.87、85.48 或 90.33 除外）所包括的货品，应一律归入其相应的品目；

（二）其他零件、附件，如果专用于或主要用于某种或同一品目项下的多种机器、仪器或器具（包括品目90.10、90.13或90.31的机器、仪器或器具），应归入相应机器、仪器或器具的品目；

（三）所有其他零件、附件均应归入品目 90.33。

三、第十六类的注释三及四的规定也适用于本章。

四、品目 90.05 不包括武器用望远镜瞄准具、潜艇或坦克上的潜望镜式望远镜及本章或第十六类的机器、设备、仪器或器具用的望远镜；这类望远镜瞄准具及望远镜应归入品目 90.13。

五、计量或检验用的光学仪器、器具或机器，如果既可归入品目 90.13，又可归入 90.31，则应归入品目 90.31。

六、品目 90.21 所称"矫形器具"，是指下列用途的器具：

——预防和矫正人体畸变；

——生病、手术或受伤后人体部位的支撑或固定；

矫形器具包括用于矫正畸形的鞋及特种鞋垫，但需符合下列任一条件：

（一）定制的。

（二）成批生产的；单独报验且不成双的、设计为左右两脚同样适用。

七、品目 90.32 仅适用于：

（一）液体或气体的流量、液位、压力或其他变化量的自动控制仪器及装置或温度自动控制装置，不论是否依靠要被自控的因素所发生的电现象来进行工作，这些仪器或装置将被自控因素调到并保持在一设定值上，通过持续或定期测量实际值来保持稳定，修正偏差；

（二）电量自动调节器及自动控制非电量的仪器或装置，依靠要被控制的因素所发生的电现象来进行工作，这些仪器或装置将被控制的因素调到并保持在一设定值上，通过持续或定期测量实际值来保持稳定，修正偏差。

| 商品编号 | 商品名称及备注 | 进口关税税率(%) | | 增值税率(%) | 出口退税率(%) | 计量单位 | 监管条件 |
|---|---|---|---|---|---|---|---|
| | | 最惠国 | 普通 | | | | |
| **9001** | **光导纤维及光导纤维束;光缆,但品目85.44的货品除外;偏振材料制的片及板;未装配的各种材料制透镜(包括隐形眼镜片)、棱镜、反射镜及其他光学元件,但未经光学加工的玻璃制上述元件除外** | | | | | | |
| 90011000 | -光导纤维、光导纤维束及光缆 | | | | | | |
| 9001100001 | 非色散位移单模光纤(G.652,包括G652A、G652B、G652C、G652D等) | 5 | 20 | 17 | 17 | 千克 | |
| 9001100002 | 其他单模光纤 | 5 | 20 | 17 | 17 | 千克 | |
| 9001100090 | 光导纤维束、光缆及其他光导纤维(但品目85.44的货品除外) | 5 | 20 | 17 | 17 | 千克 | |
| 90012000 | -偏振材料制的片及板 | | | | | | |
| 9001200010 | 液晶投影仪用偏光板 | 5.3/4* | 20 | 17 | 15 | 千克 | |
| 9001200020 | 数字电影放映机用偏光板 | 5.3/4* | 20 | 17 | 15 | 千克 | |
| 9001200090 | 其他偏振材料制的片及板 | 5.3/4* | 20 | 17 | 15 | 千克 | |
| 90013000 | -隐形眼镜片 | | | | | | |
| 9001300000[暂6] | 隐形眼镜片 | 10 | 70 | 17 | 15 | 片 | |
| 90014010 | ---变色镜片 | | | | | | |
| 9001401000[暂15] | 玻璃制变色镜片 | 20 | 90 | 17 | 15 | 片 | |
| 90014091 | ----太阳镜片 | | | | | | |
| 9001409100 | 玻璃制太阳镜片 | 20 | 90 | 17 | 15 | 片 | |
| 90014099 | ----其他 | | | | | | |
| 9001409900 | 玻璃制其他眼镜片(变色镜片、太阳镜片除外) | 20 | 70 | 17 | 15 | 片 | |
| 90015010 | ---变色镜片 | | | | | | |
| 9001501000[暂15] | 非玻璃材料制变色镜片 | 20 | 90 | 17 | 15 | 片 | |
| 90015091 | ----太阳镜片 | | | | | | |
| 9001509100 | 非玻璃材料制太阳镜片 | 20 | 90 | 17 | 15 | 片 | |
| 90015099 | ----其他 | | | | | | |
| 9001509900[暂12] | 非玻璃材料制其他眼镜片(变色镜片、太阳镜片除外) | 20 | 70 | 17 | 15 | 片 | |
| 90019010 | ---彩色滤光片 | | | | | | |
| 9001901000 | 彩色滤光片 | 6/5* | 20 | 17 | 17 | 千克 | |
| 90019090 | ---其他 | | | | | | |
| 9001909010[暂1] | 光通信用微光组件的光学元件(包括波长800~1700纳米薄膜滤光片、自聚焦透镜、法拉第旋转片) | 6/5* | 20 | 17 | 17 | 千克 | |
| 9001909020[暂3] | 微型镜片(激光视盘机激光收发装置用) | 6/5* | 20 | 17 | 17 | 千克 | |
| 9001909030 | 非涅耳透镜投影屏(屏幕对角线≥80英寸,投射比≤0.26,增益比≥0.8,镜头间距≤100微米) | 6/5* | 20 | 17 | 17 | 千克 | |
| 9001909040[暂2] | 液晶显示屏背光模组的光学元件(包括导光板、反射板、扩散片、增亮片) | 6/5* | 20 | 17 | 17 | 千克 | |
| 9001909050 | 液晶投影仪用偏光元件 | 6/5* | 20 | 17 | 17 | 千克 | |
| 9001909060 | 数字电影放映机用偏光元件 | 6/5* | 20 | 17 | 17 | 千克 | |
| 9001909090 | 品目90.01未列名的其他光学元件(未经光学加工的玻璃制元件除外) | 6/5* | 20 | 17 | 17 | 千克 | |
| **9002** | **已装配的各种材料制透镜、棱镜、反射镜及其他光学元件,作为仪器或装置的零件、配件,但未经光学加工的玻璃制上述元件除外** | | | | | | |
| 90021110 | ---编号90061010至90063000所列照相机用 | | | | | | |
| 9002111000 | 特殊用途照相机用物镜(指编号90061000~90063000所列的照相机) | 8 | 14 | 17 | 15 | 千克/个 | |
| 90021120 | ---缩微阅读机用 | | | | | | |
| 9002112000 | 缩微阅读机用物镜 | 8 | 14 | 17 | 15 | 千克/个 | |
| 90021131 | ----单反相机镜头 | | | | | | |

* 最惠国税率中,"/"左边的税率截止日期为2018年6月30日,"/"右边的税率有效日期为2018年7月1日~2999年12月31日。

| 商品编号 | 商品名称及备注 | 进口关税税率(%) | | 增值税率(%) | 出口退税率(%) | 计量单位 | 监管条件 |
| --- | --- | --- | --- | --- | --- | --- | --- |
| | | 最惠国 | 普通 | | | | |
| 9002113110[暂3] | 单反相机镜头(整机) | 15 | 80 | 17 | 15 | 千克/个 | |
| 9002113190[暂3] | 单反相机镜头的零件及附件 | 15 | 80 | 17 | 15 | 千克/个 | |
| 90021139 | ----其他 | | | | | | |
| 9002113900[暂3] | 其他相机用镜头(单反相机除外) | 15 | 80 | 17 | 15 | 千克/个 | |
| 90021190 | ---其他 | | | | | | |
| 9002119010[暂3] | 彩色投影机和数字光处理器的镜头及镜头组件 | 15 | 80 | 17 | 15 | 千克/个 | |
| 9002119090 | 其他照相机、投影仪等用物镜(包括照片放大机用物镜) | 15 | 80 | 17 | 15 | 千克/个 | |
| 90021910 | ---摄影机或放映机用 | | | | | | |
| 9002191000 | 摄影机或放映机用物镜 | 11.3/9.4* | 40 | 17 | 15 | 千克/个 | |
| 90021990 | ---其他 | | | | | | |
| 9002199010[暂3] | 摄像机、摄录一体机的镜头 | 11.3/9.4* | 50 | 17 | 15 | 千克/个 | |
| 9002199020[暂8] | 手机、平板电脑用物镜(800万像素及以上) | 11.3/9.4* | 50 | 17 | 17 | 千克/个 | |
| 9002199090 | 品目90.02未列名的其他物镜 | 11.3/9.4* | 50 | 17 | 15 | 千克/个 | |
| 90022010 | ---照相机用 | | | | | | |
| 9002201000 | 照相机用滤色镜 | 11.3/9.4* | 80 | 17 | 15 | 千克/个 | |
| 90022090 | ---其他 | | | | | | |
| 9002209000 | 其他光学仪器或装置滤色镜 | 11.3/9.4* | 40 | 17 | 15 | 千克/个 | |
| 90029010 | ---照相机用 | | | | | | |
| 9002901010[暂10] | 照相机用带屈光度调节装置的目镜(但物镜、滤色镜除外) | 11.3/9.4* | 80 | 17 | 17 | 千克 | |
| 9002901090 | 其他照相机用未列名光学元件(但物镜、滤色镜除外) | 11.3/9.4* | 80 | 17 | 17 | 千克 | |
| 90029090 | ---其他 | | | | | | |
| 9002909010 | 抗辐射镜头[能抗 $5\times10^4$ 戈瑞(硅)以上辐射而又不会降低使用质量] | 11.3/9.4* | 40 | 17 | 17 | 千克 | 3 |
| 9002909020[暂10] | 其他带屈光度调节装置的目镜 | 11.3/9.4* | 40 | 17 | 17 | 千克 | |
| 9002909030[暂10] | 掩模版 | 11.3/9.4* | 40 | 17 | 17 | 千克 | |
| 9002909090 | 其他光学仪器用未列名光学元件(但物镜、滤色镜除外) | 11.3/9.4* | 40 | 17 | 17 | 千克 | |
| **9003** | **眼镜架及其零件** | | | | | | |
| 90031100 | --塑料制 | | | | | | |
| 9003110000[暂12] | 塑料制眼镜架 | 18 | 70 | 17 | 15 | 千克/副 | |
| 90031910 | ---金属材料制 | | | | | | |
| 9003191000[暂6] | 金属材料制眼镜架 | 10 | 70 | 17 | 15 | 千克/副 | |
| 90031920 | ---天然材料制 | | | | | | |
| 9003192010 | 濒危动植物产品制眼镜架 | 10 | 70 | 17 | 0 | 千克/副 | FE |
| 9003192090 | 其他天然材料制眼镜架 | 10 | 70 | 17 | 15 | 千克/副 | |
| 90031990 | ---其他 | | | | | | |
| 9003199000 | 其他材料制眼镜架 | 10 | 70 | 17 | 15 | 千克/副 | |
| 90039000 | -零件 | | | | | | |
| 9003900000[暂6] | 眼镜架零件 | 10 | 70 | 17 | 15 | 千克 | |
| **9004** | **矫正视力、保护眼睛或其他用途的眼镜、挡风镜及类似品** | | | | | | |
| 90041000 | -太阳镜 | | | | | | |
| 9004100000[暂6] | 太阳镜 | 20 | 100 | 17 | 15 | 千克/副 | |
| 90049010 | ---变色镜 | | | | | | |
| 9004901000[暂8] | 变色镜 | 16 | 100 | 17 | 15 | 千克/副 | |
| 90049090 | ---其他 | | | | | | |
| 9004909000[暂12] | 其他眼镜(但太阳镜、变色镜除外) | 20 | 90 | 17 | 15 | 千克/副 | |

* 最惠国税率中,"/"左边的税率截止日期为2018年6月30日,"/"右边的税率有效日期为2018年7月1日~2999年12月31日。

| 商品编号 | 商品名称及备注 | 进口关税税率(%) | | 增值税率(%) | 出口退税率(%) | 计量单位 | 监管条件 |
|---|---|---|---|---|---|---|---|
| | | 最惠国 | 普通 | | | | |
| **9005** | **双筒望远镜、单筒望远镜、其他光学望远镜及其座架;其他天文仪器及其座架,但不包括射电天文仪器** | | | | | | |
| 90051000 | -双筒望远镜 | | | | | | |
| 9005100000 | 双筒望远镜 | 15 | 50 | 17 | 15 | 个 | |
| 90058010 | ---天文望远镜及其他天文仪器 | | | | | | |
| 9005801000 | 天文望远镜及其他天文仪器 | 3 | 8 | 17 | 17 | 台 | |
| 90058090 | ---其他 | | | | | | |
| 9005809000 | 其他光学望远镜(包括单筒望远镜) | 12 | 50 | 17 | 17 | 台 | |
| 90059010 | ---天文望远镜及其他天文仪器用 | | | | | | |
| 9005901000 | 天文望远镜及其他天文仪器用零件(包括座架) | 2 | 8 | 17 | 15 | 千克 | |
| 90059090 | ---其他 | | | | | | |
| 9005909000 | 其他望远镜零件、附件(包括座架) | 8 | 30 | 17 | 15 | 千克 | |
| **9006** | **照相机(电影摄影机除外);照相闪光灯装置及闪光灯泡,但品目85.39的放电灯泡除外** | | | | | | |
| 90063000 | -水下、航空测量或体内器官检查用的特种照相机;法庭或犯罪学用的比较照相机 | | | | | | |
| 9006300000 | 特种用途的照相机(主要是指水下、航空测量或体内器官检查等用;法庭或犯罪学用的比较照相机) | 9 | 17 | 17 | 17 | 台 | |
| 90064000 | -一次成像照相机 | | | | | | |
| 9006400000 | 一次成像照相机 | 5 | 70 | 17 | 17 | 台 | |
| 90065100 | --通过镜头取景[单镜头反光式(SLR)],使用胶片宽度≤35毫米 | | | | | | |
| 9006510000 | 通过镜头取景的照相机[单镜头反光式(SLR),使用胶片宽度≤35毫米] | 25 | 100 | 17 | 17 | 架 | |
| 90065210 | ---缩微照相机,使用缩微胶卷、胶片或其他缩微品的 | | | | | | |
| 9006521000 | 缩微照相机,使用缩微胶卷、胶片或其他缩微品(使用胶片宽度<35毫米) | 9 | 17 | 17 | 17 | 架 | |
| 90065290 | ---其他 | | | | | | |
| 9006529000 | 使用胶片宽度<35毫米的其他照相机 | 25 | 100 | 17 | 17 | 架 | |
| 90065300 | --其他,使用胶片宽度为35毫米 | | | | | | |
| 9006530000 | 其他照相机(使用胶片宽度为35毫米) | 20 | 100 | 17 | 17 | 架 | |
| 90065910 | ---激光照相排版设备 | | | | | | |
| 9006591000 | 激光照相排版设备(使用胶片宽>35毫米) | 9 | 35 | 17 | 17 | 台 | |
| 90065921 | ----电子分色机 | | | | | | |
| 9006592100 | 电子分色机 | 12 | 20 | 17 | 17 | 台/千克 | |
| 90065929 | ----其他 | | | | | | |
| 9006592900 | 其他制版照相机 | 10 | 20 | 17 | 17 | 台/千克 | |
| 90065990 | ---其他 | | | | | | |
| 9006599010 | 分幅相机(记录速率>225000帧/秒) | 25 | 100 | 17 | 17 | 架 | 3 |
| 9006599020 | 分幅相机(记录速率>225000帧/秒的分幅相机;帧曝光时间≤50纳秒) | 25 | 100 | 17 | 17 | 架 | 3 |
| 9006599090 | 使用胶片宽度>35毫米的其他照相机 | 25 | 100 | 17 | 17 | 架 | |
| 90066100 | --放电式(电子式)闪光灯装置 | | | | | | |
| 9006610001[暂4] | 照相手机用闪光灯组件 | 18 | 80 | 17 | 17 | 个 | |
| 9006610002[暂15] | 照相机外置式电子闪光灯(闪光指数≥30,具有无线闪光功能,支持自动变焦) | 18 | 80 | 17 | 17 | 个 | |
| 9006610090 | 其他放电式(电子式)闪光灯装置 | 18 | 80 | 17 | 17 | 个 | |
| 90066910 | ---闪光灯泡 | | | | | | |
| 9006691000 | 闪光灯泡 | 18 | 80 | 17 | 15 | 个 | |
| 90066990 | ---其他 | | | | | | |
| 9006699000 | 其他照相闪光灯装置 | 18 | 80 | 17 | 15 | 个 | |
| 90069110 | ---编号90063000、90065921、90065929所列照相机用 | | | | | | |
| 9006911000 | 编号90063000、90065921、90065929所列照相机用的零件、附件 | 8 | 17 | 17 | 15 | 千克 | |

| 商品编号 | 商品名称及备注 | 进口关税税率(%) | | 增值税率(%) | 出口退税率(%) | 计量单位 | 监管条件 |
|---|---|---|---|---|---|---|---|
| | | 最惠国 | 普通 | | | | |
| 90069120 | ----一次成像照相机用 | | | | | | |
| 9006912000 | 一次成像照相机的零件、附件 | 5 | 100 | 17 | 15 | 千克 | |
| 90069191 | ----自动调焦组件 | | | | | | |
| 9006919100[暂6] | 其他照相机的自动调焦组件 | 10 | 100 | 17 | 15 | 千克/套 | |
| 90069192 | ----快门组件 | | | | | | |
| 9006919200[暂6] | 其他照相机的快门组件 | 10 | 100 | 17 | 15 | 千克/套 | |
| 90069199 | ----其他 | | | | | | |
| 9006919900[暂6] | 其他照相机的其他零件、附件 | 10 | 100 | 17 | 15 | 千克 | |
| 90069900 | --其他 | | | | | | |
| 9006990000 | 照相闪光灯装置及闪光灯泡的零件 | 12 | 80 | 17 | 15 | 千克 | |
| **9007** | **电影摄影机、放映机,不论是否带有声音的录制或重放装置** | | | | | | |
| 90071010 | ---高速摄影机 | | | | | | |
| 9007101000 | 高速电影摄影机 | 14 | 40 | 17 | 17 | 台 | |
| 90071090 | ---其他 | | | | | | |
| 9007109000 | 其他电影摄影机 | 14 | 40 | 17 | 17 | 台 | |
| 90072010 | ---数字式 | | | | | | |
| 9007201001[暂8] | 分辨率≥2K 的硬盘式数字电影放映机 | 14 | 40 | 17 | 17 | 台 | |
| 9007201090 | 其他数字式放映机 | 14 | 40 | 17 | 17 | 台 | |
| 90072090 | ---其他 | | | | | | |
| 9007209000 | 其他放映机 | 14 | 40 | 17 | 17 | 台 | |
| 90079100 | --摄影机用 | | | | | | |
| 9007910000[暂5] | 电影摄影机用零件、附件 | 8.4 | 40 | 17 | 15 | 千克 | |
| 90079200 | --放映机用 | | | | | | |
| 9007920010[暂3] | 分辨率≥2K 的硬盘式数字电影放映机用零附件 | 8.4 | 40 | 17 | 15 | 千克 | |
| 9007920090[暂5] | 电影放映机(不包括分辨率≥2K 的硬盘式)用零附件 | 8.4 | 40 | 17 | 15 | 千克 | |
| **9008** | **影像投影仪,但电影用除外;照片(电影片除外)放大机及缩片机** | | | | | | |
| 90085010 | ---幻灯机 | | | | | | |
| 9008501000 | 幻灯机 | 14 | 40 | 17 | 17 | 台 | |
| 90085020 | ---缩微胶卷、缩微胶片或其他缩微品的阅读机,不论是否可以进行复制 | | | | | | |
| 9008502000 | 缩微品的阅读机(不论是否可以进行复制) | 10 | 17 | 17 | 17 | 台 | |
| 90085031 | ----正射投影仪 | | | | | | |
| 9008503100 | 正射投影仪(不包括幻灯机) | 18 | 40 | 17 | 17 | 台 | |
| 90085039 | ----其他 | | | | | | |
| 9008503900 | 其他影像投影仪 | 18 | 40 | 17 | 17 | 台 | |
| 90085040 | ---照片(电影片除外)放大机及缩片机 | | | | | | |
| 9008504000 | 照片(电影片除外)放大机及缩片机 | 20 | 80 | 17 | 17 | 台 | |
| 90089010 | ---缩微阅读机用 | | | | | | |
| 9008901000 | 缩微阅读机的零件、附件 | 8 | 17 | 17 | 15 | 千克 | |
| 90089020 | ---照片放大机及缩片机用 | | | | | | |
| 9008902000 | 照片放大机及缩片机的零件、附件 | 14 | 80 | 17 | 15 | 千克 | |
| 90089090 | ---其他 | | | | | | |
| 9008909000 | 其他影像投影仪的零件、附件 | 14 | 40 | 17 | 15 | 千克 | |
| **9010** | **本章其他编号未列名的照相(包括电影)洗印用装置及设备;负片显示器;银幕及其他投影屏幕** | | | | | | |
| 90101010 | ---电影用 | | | | | | |
| 9010101000 | 电影用胶卷的自动显影装置及设备(还包括成卷感光纸的自动显影装置) | 14 | 40 | 17 | 17 | 台 | |

| 商品编号 | 商 品 名 称 及 备 注 | 进口关税税率(%) | | 增值税率(%) | 出口退税率(%) | 计量单位 | 监管条件 |
|---|---|---|---|---|---|---|---|
| | | 最惠国 | 普通 | | | | |
| 90101020 | ---特种照相用 | | | | | | |
| 9010102000 | 特种照相胶卷自动显影装置及设备(还包括成卷感光纸的自动显影装置) | 8.4 | 20 | 17 | 17 | 台 | |
| 90101091 | ----彩色胶卷用 | | | | | | |
| 9010109100 | 彩色胶卷用自动显影及设备 | 25 | 100 | 17 | 17 | 台 | |
| 90101099 | ----其他 | | | | | | |
| 9010109900 | 其他胶卷的自动显影装置及设备(还包括成卷感光纸的自动显影装置) | 15 | 100 | 17 | 17 | 台 | |
| 90105010 | ---负片显示器 | | | | | | |
| 9010501000 | 负片显示器 | 7/3.5* | 50 | 17 | 17 | 台 | |
| 90105021 | ----电影用 | | | | | | |
| 9010502100 | 电影用的洗印装置 | 7/3.5* | 40 | 17 | 17 | 台 | |
| 90105022 | ----特种照相用 | | | | | | |
| 9010502200 | 特种照相用的洗印装置 | 4.2/2.1* | 20 | 17 | 17 | 台 | |
| 90105029 | ----其他 | | | | | | |
| 9010502900 | 其他照相用的洗印装置 | 8.5/4.3* | 100 | 17 | 17 | 台 | |
| 90106000 | -银幕及其他投影屏幕 | | | | | | |
| 9010600000 | 银幕及其他投影屏幕 | 9.3/7* | 50 | 17 | 17 | 个 | |
| 90109010 | ---电影用 | | | | | | |
| 9010901000 | 电影洗印用洗印装置的零件、附件 | 0 | 40 | 17 | 15 | 千克 | |
| 90109020 | ---特种照相用 | | | | | | |
| 9010902000 | 特种照相洗印用装置的零件、附件 | 0 | 20 | 17 | 15 | 千克 | |
| 90109090 | ---其他 | | | | | | |
| 9010909000 | 其他洗印用装置的零件、附件 | 0 | 100 | 17 | 15 | 千克 | |
| **9011** | **复式光学显微镜,包括用于显微照相、显微电影摄影及显微投影的** | | | | | | |
| 90111000 | -立体显微镜 | | | | | | |
| 9011100000 | 立体显微镜 | 0 | 14 | 17 | 17 | 台 | |
| 90112000 | -显微照相、显微电影摄影及显微投影用的其他显微镜 | | | | | | |
| 9011200000 | 缩微照相等用的其他显微镜(还包括显微摄影及显微投影用) | 0 | 14 | 17 | 17 | 台 | |
| 90118000 | -其他显微镜 | | | | | | |
| 9011800010暂3 | 高倍测量显微镜,放大倍数≥1000倍,分辨率≤0.08微米 | 4.7/3.5* | 14 | 17 | 17 | 台 | |
| 9011800090 | 其他显微镜 | 4.7/3.5* | 14 | 17 | 17 | 台 | |
| 90119000 | -零件、附件 | | | | | | |
| 9011900000 | 复式光学显微镜的零件、附件 | 0 | 14 | 17 | 15 | 千克 | |
| **9012** | **显微镜,但光学显微镜除外;衍射设备** | | | | | | |
| 90121000 | -显微镜,但光学显微镜除外;衍射设备 | | | | | | |
| 9012100000 | 非光学显微镜及衍射设备 | 0 | 14 | 17 | 17 | 台 | |
| 90129000 | -零件、附件 | | | | | | |
| 9012900000 | 非光学显微镜及衍射设备的零件 | 0 | 14 | 17 | 15 | 千克 | |
| **9013** | **其他编号未列名的液晶装置;激光器,但激光二极管除外;本章其他编号未列名的光学仪器及器具** | | | | | | |
| 90131000 | -武器用望远镜瞄准具;潜望镜式望远镜;作为本章或第十六类的机器、设备、仪器或器具部件的望远镜 | | | | | | |
| 9013100010 | 设计用为本章或第十六类的机器、设备、仪器或器具部件的望远镜 | 4/2* | 14 | 17 | 17 | 个 | |
| 9013100090 | 武器用望远镜瞄准具及潜望镜式望远镜 | 8 | 14 | 17 | 17 | 个 | |
| 90132000 | -激光器,但激光二极管除外 | | | | | | |

* 最惠国税率中,"/"左边的税率截止日期为2018年6月30日,"/"右边的税率有效日期为2018年7月1日~2999年12月31日。

| 商品编号 | 商品名称及备注 | 进口关税税率(%) | | 增值税率(%) | 出口退税率(%) | 计量单位 | 监管条件 |
|---|---|---|---|---|---|---|---|
| | | 最惠国 | 普通 | | | | |
| 9013200010[暂3] | 激光切割机用气体激光发生器,切割功率≥2千瓦 | 4/3* | 11 | 17 | 17 | 个 | |
| 9013200020 | AVLIS、MLIS和CRISLA激光系统 | 4/3* | 11 | 17 | 17 | 个 | 3 |
| 9013200030 | 氩离子激光器(平均输出功率≥40瓦、工作波长400~515纳米) | 4/3* | 11 | 17 | 17 | 个 | 3 |
| 9013200040 | 紫翠玉激光器(带宽≤0.005纳米,重复率>125赫兹,功率>30瓦特等) | 4/3* | 11 | 17 | 17 | 个 | 3 |
| 9013200050 | 脉冲二氧化碳激光器(重复率>250赫兹,功率>500瓦,脉冲宽度<200纳秒等) | 4/3* | 11 | 17 | 17 | 个 | 3 |
| 9013200060 | 脉冲受激准分子激光器(XeF、XeCl、KrF型,重复率>250赫兹,功率>500瓦等) | 4/3* | 11 | 17 | 17 | 个 | 3 |
| 9013200070 | 铜蒸汽激光器(平均输出功率≥40瓦特、工作波长500~600纳米) | 4/3* | 11 | 17 | 17 | 个 | 3 |
| 9013200080 | 掺钕激光器(非玻璃激光器)(两用物项管制商品) | 4/3* | 11 | 17 | 17 | 个 | 3 |
| 9013200091[暂3] | 用于2.5GB/S及以上SDH、波分复用光传输设备的980纳米、1480纳米的泵浦激光器 | 4/3* | 11 | 17 | 17 | 个 | |
| 9013200092[暂3] | 用于2.5GB/S及以上光通信设备的850纳米、1260~1625纳米,且功率≤200毫瓦的激光器(泵浦激光器除外) | 4/3* | 11 | 17 | 17 | 个 | |
| 9013200099 | 其他激光器(但激光二极管除外) | 4/3* | 11 | 17 | 17 | 个 | |
| 90138010 | ---放大镜 | | | | | | |
| 9013801000 | 放大镜 | 12 | 50 | 17 | 15 | 个 | |
| 90138020 | ---光学门眼 | | | | | | |
| 9013802000 | 光学门眼 | 12 | 50 | 17 | 17 | 个 | |
| 90138030 | ---液晶显示板 | | | | | | |
| 9013803010 | 尺寸≤10.1英寸的液晶显示板 | 5 | 50 | 17 | 17 | 个/千克 | |
| 9013803020 | 10.1英寸<尺寸≤32英寸的液晶显示板 | 5 | 50 | 17 | 17 | 个/千克 | |
| 9013803090 | 其他液晶显示板 | 5 | 50 | 17 | 17 | 个/千克 | |
| 90138090 | ---其他 | | | | | | |
| 9013809000 | 其他装置、仪器及器具(第九十章其他品目未列名的) | 5 | 17 | 17 | 15 | 个 | |
| 90139010 | ---编号90131000及90132000所列货品用 | | | | | | |
| 9013901010 | 武器用望远镜瞄准器具或潜望镜式望远镜用零件及附件 | 6 | 11 | 17 | 17 | 千克 | |
| 9013901090 | 激光器及作为本章或第十六类的机器、设备、仪器或器具部件的望远镜用的零件及附件(武器用望远镜瞄准器具或潜望镜式望远镜用零件及附件除外) | 3/1.5* | 11 | 17 | 17 | 千克 | |
| 90139020 | ---编号90138030所列货品用 | | | | | | |
| 9013902000 | 编号90138030所列液晶显示板的零件及附件 | 4.2/2.1* | 17 | 17 | 17 | 千克 | |
| 90139090 | ---其他 | | | | | | |
| 9013909010 | 太阳能定日镜的零件 | 4.2/2.1* | 17 | 17 | 17 | 千克 | |
| 9013909090 | 品目90.13所列其他货品的零附件 | 4.2/2.1* | 17 | 17 | 17 | 千克 | |
| **9014** | **定向罗盘;其他导航仪器及装置** | | | | | | |
| 90141000 | -定向罗盘 | | | | | | |
| 9014100000 | 定向罗盘 | 1/0.5* | 8 | 17 | 17 | 个 | |
| 90142010 | ---自动驾驶仪 | | | | | | |
| 9014201010 | 无人航空飞行器的自动驾驶仪 | 1/0.5* | 8 | 17 | 17 | 个 | 3 |
| 9014201090 | 其他自动驾驶仪 | 1/0.5* | 8 | 17 | 17 | 个 | |
| 90142090 | ---其他 | | | | | | |
| 9014209011 | 航空惯性导航仪 | 1/0.5* | 8 | 17 | 17 | 个 | 3 |
| 9014209012 | 其他航天惯性导航仪(天文陀螺盘及其他利用天体或卫星进行导航的装置) | 1/0.5* | 8 | 17 | 17 | 个 | 3 |
| 9014209013 | 陀螺稳定平台 | 1/0.5* | 8 | 17 | 17 | 个 | 3 |
| 9014209015 | 陀螺仪(额定漂移率<0.5度/小时的陀螺仪) | 1/0.5* | 8 | 17 | 17 | 个 | 3 |
| 9014209016 | 专门设计的导航信息处理机(用于弹道导弹、运载火箭、探空火箭等的目标探测) | 1/0.5* | 8 | 17 | 17 | 个 | 3 |

* 最惠国税率中,"/"左边的税率截止日期为2018年6月30日,"/"右边的税率有效日期为2018年7月1日~2999年12月31日。

| 商品编号 | 商品名称及备注 | 进口关税税率(%) | | 增值税率(%) | 出口退税率(%) | 计量单位 | 监管条件 |
|---|---|---|---|---|---|---|---|
| | | 最惠国 | 普通 | | | | |
| 9014209017 | 地形等高线绘制设备(用于弹道导弹、运载火箭、探空火箭、巡航导弹、无人驾驶航空飞行器的目标探测) | 1/0.5* | 8 | 17 | 17 | 个 | 3 |
| 9014209018 | 场景绘图及相关设备(用于弹道导弹、运载火箭、探空火箭等的目标探测) | 1/0.5* | 8 | 17 | 17 | 个 | 3 |
| 9014209090 | 其他航空或航天导航仪器及装置(但罗盘除外) | 1/0.5* | 8 | 17 | 17 | 个 | |
| 90148000 | -其他仪器及装置 | | | | | | |
| 9014800010 | 比例误差<0.25%的加速度表 | 1/0.5* | 8 | 17 | 17 | 个 | 3 |
| 9014800020 | 高度表(用于弹道导弹、运载火箭、探空火箭、巡航导弹、无人驾驶航空飞行器的目标探测) | 1/0.5* | 8 | 17 | 17 | 个 | 3 |
| 9014800090 | 其他导航仪器及装置 | 1/0.5* | 8 | 17 | 17 | 个 | |
| 90149010 | ---自动驾驶仪用 | | | | | | |
| 9014901000 | 自动驾驶仪用的零件、附件 | 0.8/0.4* | 8 | 17 | 17 | 千克 | |
| 90149090 | ---其他 | | | | | | |
| 9014909000 | 其他导航仪器及装置的零件、附件 | 0.8/0.4* | 8 | 17 | 17 | 千克 | |
| **9015** | **大地测量(包括摄影测量)、水道测量、海洋、水文、气象或地球物理用仪器及装置,不包括罗盘;测距仪** | | | | | | |
| 90151000 | -测距仪 | | | | | | |
| 9015100000 | 测距仪 | 6/4.5* | 14 | 17 | 17 | 台 | |
| 90152000 | -经纬仪及视距仪 | | | | | | |
| 9015200000 | 经纬仪及视距仪 | 6/4.5* | 14 | 17 | 17 | 台 | |
| 90153000 | -水平仪 | | | | | | |
| 9015300000 | 水平仪 | 9 | 14 | 17 | 17 | 台 | |
| 90154000 | -摄影测量用仪器及装置 | | | | | | |
| 9015400000 | 摄影测量用仪器及装置 | 6/4.5* | 14 | 17 | 17 | 千克 | |
| 90158000 | -其他仪器及装置 | | | | | | |
| 9015800010 | 机载或舰载重力仪(精度为1毫伽或更好、稳态记录时间至多为2分钟的) | 3.3/2.5* | 14 | 17 | 17 | 台 | 3 |
| 9015800020 | 机载或舰载重力梯度仪(精度为1毫伽或更好、稳态记录时间至多为2分钟的) | 3.3/2.5* | 14 | 17 | 17 | 台 | 3 |
| 9015800090 | 其他测量仪器及装置 | 3.3/2.5* | 14 | 17 | 17 | 台 | |
| 90159000 | -零件、附件 | | | | | | |
| 9015900010 | 用于机、舰载重力仪和重力梯度仪的部件 | 3.3/2.5* | 14 | 17 | 17 | 千克 | 3 |
| 9015900090 | 其他品目90.15所列仪器及装置的零、附件 | 3.3/2.5* | 14 | 17 | 17 | 千克 | |
| **9016** | **感量为50毫克或更精密的天平,不论是否带有砝码** | | | | | | |
| 90160010 | ---感量为0.1毫克或更精密的天平 | | | | | | |
| 9016001000 | 感量≤0.1毫克的天平 | 9 | 14 | 17 | 17 | 台/千克 | |
| 90160090 | ---其他 | | | | | | |
| 9016009000 | 0.1毫克<感量≤50毫克的天平 | 10.5 | 30 | 17 | 17 | 台/千克 | |
| **9017** | **绘图、划线或数学计算仪器及器具(例如,绘图机、比例缩放仪、分度规、绘图工具、计算尺及盘式计算器);本章其他编号未列名的手用测量长度的器具(例如,量尺、量带、千分尺及卡尺)** | | | | | | |
| 90171000 | -绘图台及绘图机,不论是否自动 | | | | | | |
| 9017100000 | 绘图台及绘图机,不论是否自动 | 8 | 20 | 17 | 15 | 台 | |
| 90172000 | -其他绘图、划线或数学计算器具 | | | | | | |
| 9017200000 | 其他绘图、划线或数学计算器具 | 0 | 70 | 17 | 17 | 个 | |
| 90173000 | -千分尺、卡尺及量规 | | | | | | |
| 9017300000 | 千分尺、卡尺及量规 | 8 | 20 | 17 | 15 | 个 | |

* 最惠国税率中,"/"左边的税率截止日期为2018年6月30日,"/"右边的税率有效日期为2018年7月1日~2999年12月31日。

| 商品编号 | 商 品 名 称 及 备 注 | 进口关税税率(%) | | 增值税率(%) | 出口退税率(%) | 计量单位 | 监管条件 |
|---|---|---|---|---|---|---|---|
| | | 最惠国 | 普通 | | | | |
| 90178000 | -其他仪器及器具 | | | | | | |
| 9017800000 | 其他手用测量长度的器具(仅指第九十章其他品目未列名的) | 8 | 20 | 17 | 15 | 个 | |
| 90179000 | -零件、附件 | | | | | | |
| 9017900000 | 绘图计算器具等仪器的零件、附件(品目90.17所列仪器及器具的零件、附件) | 0 | 20 | 17 | 15 | 千克 | |
| **9018** | **医疗、外科、牙科或兽医用仪器及器具,包括闪烁扫描装置、其他电气医疗装置及视力检查仪器** | | | | | | |
| 90181100 | --心电图记录仪 | | | | | | |
| 9018110000 | 心电图记录仪 | 2.5/1.3* | 17 | 17 | 17 | 台/千克 | 6O |
| 90181210 | ---B型超声波诊断仪 | | | | | | |
| 9018121000 | B型超声波诊断仪 | 5.3/4.4* | 35 | 17 | 17 | 台/千克 | 6OA |
| 90181291 | ----彩色超声波诊断仪 | | | | | | |
| 9018129110 | 彩色超声波诊断仪(整机) | 3.8/3.1* | 17 | 17 | 17 | 台/千克 | 6OA |
| 9018129190 | 彩色超声波诊断仪的零件及附件 | 3.8/3.1* | 17 | 17 | 17 | 台/千克 | 6O |
| 90181299 | ----其他 | | | | | | |
| 9018129900 | 其他超声波扫描诊断装置 | 3.8/3.1* | 17 | 17 | 17 | 台/千克 | 6A |
| 90181310 | ---成套装置 | | | | | | |
| 9018131000 | 成套的核磁共振成像装置(医疗、外科、牙科或兽医用) | 4 | 17 | 17 | 17 | 套/千克 | 6OA |
| 90181390 | ---零件 | | | | | | |
| 9018139000 | 核磁共振成像装置用零件(医疗、外科、牙科或兽医用) | 4 | 17 | 17 | 17 | 个/千克 | 6O |
| 90181400 | --闪烁摄影装置 | | | | | | |
| 9018140000 | 闪烁摄影装置 | 5 | 17 | 17 | 17 | 台/千克 | 6A |
| 90181930 | ---病员监护仪 | | | | | | |
| 9018193010 | 病员监护仪(整机) | 2.7/2* | 17 | 17 | 17 | 台/千克 | 6A |
| 9018193090 | 病员监护仪的零件及附件 | 2.7/2* | 17 | 17 | 17 | 台/千克 | 6 |
| 90181941 | ----听力计 | | | | | | |
| 9018194100 | 听力计 | 2.7/2* | 17 | 17 | 17 | 台/千克 | 6A |
| 90181949 | ----其他 | | | | | | |
| 9018194900 | 其他听力诊断装置 | 2.7/2* | 17 | 17 | 17 | 台/千克 | 6A |
| 90181990 | ---其他 | | | | | | |
| 9018199000 | 其他电气诊断装置(编号90181000中未列名的) | 2.7/2* | 17 | 17 | 17 | 台/千克 | 6A |
| 90182000 | -紫外线及红外线装置 | | | | | | |
| 9018200000 | 紫外线及红外线装置 | 2/1* | 17 | 17 | 17 | 台/千克 | 6A |
| 90183100 | --注射器,不论是否装有针头 | | | | | | |
| 9018310000 | 注射器(不论是否装有针头) | 8 | 50 | 17 | 17 | 个/千克 | 6A |
| 90183210 | ---管状金属针头 | | | | | | |
| 9018321000 | 管状金属针头 | 8 | 50 | 17 | 17 | 千克 | 6A |
| 90183220 | ---缝合用针 | | | | | | |
| 9018322000 | 缝合用针 | 4 | 17 | 17 | 17 | 千克 | 6A |
| 90183900 | --其他 | | | | | | |
| 9018390000 | 导管、插管及类似品 | 4 | 17 | 17 | 17 | 个/千克 | 6A |
| 90184100 | --牙钻机,不论是否与其他牙科设备组装在同一底座上 | | | | | | |
| 9018410000 | 牙钻机(不论是否与其他牙科设备组装在同一底座上) | 4 | 17 | 17 | 17 | 台/千克 | 6A |
| 90184910 | ---装有牙科设备的牙科用椅 | | | | | | |
| 9018491000 | 装有牙科设备的牙科用椅 | 4 | 17 | 17 | 17 | 台/千克 | 6A |

* 最惠国税率中,"/"左边的税率截止日期为2018年6月30日,"/"右边的税率有效日期为2018年7月1日~2999年12月31日。

| 商品编号 | 商品名称及备注 | 进口关税税率(%) | | 增值税率(%) | 出口退税率(%) | 计量单位 | 监管条件 |
|---|---|---|---|---|---|---|---|
| | | 最惠国 | 普通 | | | | |
| 90184990 | ---其他 | | | | | | |
| 9018499000 | 牙科用其他仪器及器具(但不包括牙钻机或牙科用椅) | 4 | 17 | 17 | 17 | 台/千克 | 6A |
| 90185000 | -眼科用其他仪器及器具 | | | | | | |
| 9018500000 | 眼科用其他仪器及器具 | 2.7/2* | 17 | 17 | 17 | 千克 | 6A |
| 90189010 | ---听诊器 | | | | | | |
| 9018901000 | 听诊器 | 4 | 17 | 17 | 17 | 个/千克 | 6 |
| 90189020 | ---血压测量仪器及器具 | | | | | | |
| 9018902010 | 电血压测量仪器及器具 | 2.7/2* | 17 | 17 | 17 | 个/千克 | 6A |
| 9018902090 | 其他血压测量仪器及器具 | 4 | 17 | 17 | 17 | 个/千克 | 6A |
| 90189030 | ---内窥镜 | | | | | | |
| 9018903010 | 内窥镜(整机) | 2.7/2* | 17 | 17 | 17 | 台/千克 | 6A |
| 9018903090 | 内窥镜的零件及附件 | 2.7/2* | 17 | 17 | 17 | 台/千克 | 6 |
| 90189040 | 肾脏透析设备(人工肾) | | | | | | |
| 9018904000 | 肾脏透析设备(人工肾) | 2.7/2* | 17 | 17 | 17 | 台/千克 | 6A |
| 90189050 | ---透热疗法设备 | | | | | | |
| 9018905000 | 透热疗法设备 | 2.7/2* | 17 | 17 | 17 | 台/千克 | 6A |
| 90189060 | ---输血设备 | | | | | | |
| 9018906000 | 输血设备 | 2.7/2* | 17 | 17 | 17 | 台/千克 | 6A |
| 90189070 | ---麻醉设备 | | | | | | |
| 9018907010 | 电麻醉设备 | 2.7/2* | 17 | 17 | 17 | 台/千克 | 6A |
| 9018907090 | 其他麻醉设备 | 4 | 17 | 17 | 17 | 台/千克 | 6A |
| 90189091 | ----宫内节育器 | | | | | | |
| 9018909100 | 宫内节育器 | 4 | 17 | 0 | | 个/千克 | 6A |
| 90189099 | ----其他 | | | | | | |
| 9018909911 | 电子的其他医疗、外科用仪器器具(整机) | 2.7/2* | 17 | 17 | | 台/千克 | 6A |
| 9018909919 | 其他医疗、外科或兽医用仪器器具(整机) | 4 | 17 | 17 | | 台/千克 | 6A |
| 9018909991 | 电子的其他医疗、外科用仪器器具的零件及附件 | 2.7/2* | 17 | 17 | | 台/千克 | 6A |
| 9018909999 | 其他医疗、外科或兽医用仪器器具的零件及附件 | 4 | 17 | 17 | | 台/千克 | 6 |
| **9019** | **机械疗法器具;按摩器具;心理功能测验装置;臭氧治疗器;氧气治疗器、喷雾治疗器、人工呼吸器及其他治疗用呼吸器具** | | | | | | |
| 90191010 | ---按摩器具 | | | | | | |
| 9019101000 | 按摩器具 | 15 | 40 | 17 | 17 | 台/千克 | A |
| 90191090 | ---其他 | | | | | | |
| 9019109000 | 机械疗法器具,心理功能测验装置 | 4 | 30 | 17 | 17 | 台/千克 | |
| 90192000 | -臭氧治疗器、氧气治疗器、喷雾治疗器、人工呼吸器及其他治疗用呼吸器具 | | | | | | |
| 9019200000 | 臭氧治疗器,氧气治疗器等器具(还包括喷雾治疗器、人工呼吸器或其他治疗用呼吸器具) | 4 | 17 | 17 | 17 | 台/千克 | A |
| **9020** | **其他呼吸器具及防毒面具,但不包括既无机械零件又无可互换过滤器的防护面具** | | | | | | |
| 90200000 | 其他呼吸器具及防毒面具,但不包括既无机械零件又无可互换过滤器的防护面具 | | | | | | |
| 9020000000[暂4] | 其他呼吸器具及防毒面具(但不包括既无机械零件又无可互换过滤器的防护面具) | 8 | 30 | 17 | 17 | 千克 | |
| **9021** | **矫形器具,包括支具、外科手术带、疝气带;夹板及其他骨折用具;人造的人体部分;助听器及为弥补生理缺陷或残疾而穿戴、携带或植入人体内的其他器具** | | | | | | |
| 90211000 | -矫形或骨折用器具 | | | | | | |
| 9021100000 | 矫形或骨折用器具(但不包括人造关节) | 4 | 17 | 17 | 17 | 千克 | |

* 最惠国税率中,"/"左边的税率截止日期为2018年6月30日,"/"右边的税率有效日期为2018年7月1日~2999年12月31日。

| 商品编号 | 商品名称及备注 | 进口关税税率(%) | | 增值税率(%) | 出口退税率(%) | 计量单位 | 监管条件 |
|---|---|---|---|---|---|---|---|
| | | 最惠国 | 普通 | | | | |
| 90212100 | --假牙 | | | | | | |
| 9021210000 | 假牙 | 4 | 17 | 17 | 15 | 千克 | |
| 90212900 | --其他 | | | | | | |
| 9021290000[暂2] | 牙齿固定件 | 4 | 17 | 17 | 15 | 千克 | |
| 90213100 | --人造关节 | | | | | | |
| 9021310000 | 人造关节 | 4 | 17 | 17 | 17 | 千克/套 | |
| 90213900 | --其他 | | | | | | |
| 9021390000 | 其他人造的人体部分 | 4 | 17 | 17 | 17 | 千克 | |
| 90214000 | -助听器,不包括零件、附件 | | | | | | |
| 9021400000 | 助听器,不包括零件、附件 | 4 | 17 | 17 | 17 | 个 | |
| 90215000 | -心脏起搏器,不包括零件、附件 | | | | | | |
| 9021500000[暂2] | 心脏起搏器,不包括零件、附件 | 2.7/2* | 17 | 17 | 17 | 个 | A |
| 90219011 | ----血管支架 | | | | | | |
| 9021901100[暂2] | 血管支架 | 2.7/2* | 17 | 17 | 17 | 千克/个 | |
| 90219019 | ----其他 | | | | | | |
| 9021901900[暂2] | 其他支架 | 2.7/2* | 17 | 17 | 17 | 千克/个 | |
| 90219090 | ---其他 | | | | | | |
| 9021909010[暂0] | 人工耳蜗植入装置 | 2.7/2* | 17 | 17 | 17 | 千克 | |
| 9021909090 | 其他弥补生理缺陷,残疾用器具等(包括穿戴、携带或植入人体内的器具及零件) | 2.7/2* | 17 | 17 | 17 | 千克 | |
| **9022** | **X射线或α射线、β射线、γ射线的应用设备,不论是否用于医疗、外科、牙科或兽医,包括射线照相及射线治疗设备,X射线管及其他X射线发生器、高压发生器、控制板及控制台、荧光屏、检查或治疗用的桌、椅及类似品** | | | | | | |
| 90221200 | --X射线断层检查仪 | | | | | | |
| 9022120000 | X射线断层检查仪 | 4/3.3* | 11 | 17 | 17 | 台 | 6OA |
| 90221300 | --其他,牙科用 | | | | | | |
| 9022130000 | 其他牙科用X射线应用设备 | 2/1* | 11 | 17 | 17 | 台 | 6OA |
| 90221400 | --其他,医疗、外科或兽医用 | | | | | | |
| 9022140010 | 医用直线加速器 | 2.7/2* | 11 | 17 | 17 | 台 | 6OA |
| 9022140090 | 其他医疗或兽医用X射线应用设备 | 2.7/2* | 11 | 17 | 17 | 台 | 6OA |
| 90221910 | ---低剂量X射线安全检查设备 | | | | | | |
| 9022191010 | 采用X光机技术或X射线加速器技术的X射线安全检查设备(能量>100千电子伏,不包括采用X射线交替双能加速器技术的第二代X射线安全检查设备) | 2.7/2* | 11 | 17 | 17 | 台 | 6A |
| 9022191090 | 其他低剂量X射线安全检查设备 | 2.7/2* | 11 | 17 | 17 | 台 | 6A |
| 90221920 | ---X射线无损探伤检测仪 | | | | | | |
| 9022192000 | X射线无损探伤检测仪 | 2.7/2* | 11 | 17 | 17 | 台 | 6A |
| 90221990 | ---其他 | | | | | | |
| 9022199010 | X射线全自动燃料芯块检查台(专门设计或制造用于检验燃料芯块的最终尺寸和表面缺陷) | 2.7/2* | 11 | 17 | 17 | 台 | 36A |
| 9022199090 | 其他X射线应用设备 | 2.7/2* | 11 | 17 | 17 | 台 | 6A |
| 90222100 | --医疗、外科、牙科或兽医用 | | | | | | |
| 9022210000 | 医疗用α、β、γ射线设备(外科、牙科或兽医用) | 2/1* | 11 | 17 | 17 | 台 | 6A |
| 90222910 | ---γ射线无损探伤检测仪 | | | | | | |
| 9022291000 | γ射线无损探伤检测仪 | 4/3* | 11 | 17 | 17 | 台 | 6A |
| 90222990 | ---其他 | | | | | | |

* 最惠国税率中,"/"左边的税率截止日期为2018年6月30日,"/"右边的税率有效日期为2018年7月1日~2999年12月31日。

| 商品编号 | 商品名称及备注 | 进口关税税率(%) | | 增值税率(%) | 出口退税率(%) | 计量单位 | 监管条件 |
|---|---|---|---|---|---|---|---|
| | | 最惠国 | 普通 | | | | |
| 9022299010 | γ射线全自动燃料芯块检查台(专门设计或制造用于检验燃料芯块的最终尺寸和表面缺陷) | 4/3* | 11 | 17 | 17 | 台 | 36A |
| 9022299090 | 其他非医疗用α、β、γ射线设备 | 4/3* | 11 | 17 | 17 | 台 | 6A |
| 90223000 | -X射线管 | | | | | | |
| 9022300000 | X射线管 | 1.3/1* | 11 | 17 | 17 | 个 | 6A |
| 90229010 | ---X射线影像增强器 | | | | | | |
| 9022901000 | X射线影像增强器 | 3/1.5* | 11 | 17 | 17 | 个/千克 | 60A |
| 90229090 | ---其他 | | | | | | |
| 9022909001[暂1] | 射线发生器的零部件 | 6 | 11 | 17 | 17 | 个/千克 | 6 |
| 9022909020 | 闪光X射线发生器(峰值能量≥500千电子伏) | 6 | 11 | 17 | 17 | 个/千克 | 360 |
| 9022909030 | X射线断层检查仪专用探测器 | 6 | 11 | 17 | 17 | 个/千克 | 60 |
| 9022909040[暂3] | 数字化X射线摄影系统平板探测器 | 6 | 11 | 17 | 17 | 个/千克 | 6 |
| 9022909090 | 品目90.22所列其他设备及零件(包括高压发生器、控制板及控制台、荧光屏等) | 6 | 11 | 17 | 17 | 个/千克 | 6 |
| **9023** | **专供示范(例如,教学或展览)而无其他用途的仪器、装置及模型** | | | | | | |
| 90230010 | ---教习头 | | | | | | |
| 9023001000 | 教习头 | 3.5/1.8* | 20 | 17 | 15 | 千克 | |
| 90230090 | ---其他 | | | | | | |
| 9023009000 | 其他专供示范的仪器、装置及模型(例如,教学或展览)而无其他用途) | 3.5/1.8* | 20 | 17 | 15 | 千克 | |
| **9024** | **各种材料(例如,金属、木材、纺织材料、纸张、塑料)的硬度、强度、压缩性、弹性或其他机械性能的试验机器及器具** | | | | | | |
| 90241010 | ---电子万能试验机 | | | | | | |
| 9024101000 | 电子万能试验机 | 4.7/3.5* | 20 | 17 | 17 | 台 | |
| 90241020 | ---硬度计 | | | | | | |
| 9024102000 | 硬度计 | 4.7/3.5* | 20 | 17 | 17 | 台 | |
| 90241090 | ---其他 | | | | | | |
| 9024109000 | 其他金属材料的试验用机器及器具 | 4.7/3.5* | 20 | 17 | 17 | 台 | |
| 90248000 | -其他机器及器具 | | | | | | |
| 9024800000 | 非金属材料的试验用机器及器具 | 3.8/3.1* | 20 | 17 | 17 | 台 | |
| 90249000 | -零件、附件 | | | | | | |
| 9024900000 | 各种材料的试验用机器零件、附件 | 4/3* | 20 | 17 | 15 | 千克 | |
| **9025** | **记录式或非记录式的液体比重计及类似的浮子式仪器、温度计、高温计、气压计、湿度计、干湿球湿度计及其组合装置** | | | | | | |
| 90251100 | --液体温度计,可直接读数 | | | | | | |
| 9025110000 | 可直接读数的液体温度计 | 4 | 40 | 17 | 15 | 个 | |
| 90251910 | ---工业用 | | | | | | |
| 9025191000 | 非液体的工业用温度计及高温计 | 5.6/4.2* | 20 | 17 | 15 | 个 | |
| 90251990 | ---其他 | | | | | | |
| 9025199010[暂4] | 红外线人体测温仪 | 5.6/4.2* | 80 | 17 | 15 | 个 | |
| 9025199090 | 非液体的其他温度计、高温计 | 5.6/4.2* | 80 | 17 | 15 | 个 | |
| 90258000 | -其他仪器 | | | | | | |
| 9025800000 | 其他温度计、比重计、湿度计等仪器 | 11 | 30 | 17 | 15 | 个 | |
| 90259000 | -零件、附件 | | | | | | |
| 9025900010[暂3] | 红外线测温仪传感器元件 | 5.3/4* | 20 | 17 | 15 | 千克 | |
| 9025900090 | 其他比重计、温度计等类似仪器的零件 | 5.3/4* | 20 | 17 | 15 | 千克 | |

* 最惠国税率中,"/"左边的税率截止日期为2018年6月30日,"/"右边的税率有效日期为2018年7月1日~2999年12月31日。

| 商品编号 | 商品名称及备注 | 进口关税税率(%) | | 增值税率(%) | 出口退税率(%) | 计量单位 | 监管条件 |
|---|---|---|---|---|---|---|---|
| | | 最惠国 | 普通 | | | | |
| **9026** | **液体或气体的流量、液位、压力或其他变化量的测量或检验仪器及装置(例如,流量计、液位计、压力表、热量计),但不包括品目90.14、90.15、90.28或90.32的仪器及装置** | | | | | | |
| 90261000 | -测量、检验液体流量或液位的仪器及装置 | | | | | | |
| 9026100000 | 测量、检验液体流量或液位的仪器 | 0 | 17 | 17 | 17 | 个 | |
| 90262010 | ---压力/差压变送器 | | | | | | |
| 9026201010 | 锰铜压力计(压力>10GPa) | 0 | 17 | 17 | 17 | 个 | 3 |
| 9026201020 | 镱制成的压力计(流体动力学实验专用仪器仪表,测量压力>10GPa的) | 0 | 17 | 17 | 17 | 个 | 3 |
| 9026201030 | 聚偏二氟乙烯制成的压力计(流体动力学实验专用仪器仪表,测量压力>10GPa的) | 0 | 17 | 17 | 17 | 个 | 3 |
| 9026201090 | 其他压力、差压变送器 | 0 | 17 | 17 | 17 | 个 | |
| 90262090 | ---其他 | | | | | | |
| 9026209010 | 聚偏二氟乙烯/聚二氟乙烯制成的压力计(两用物项管制商品) | 0 | 17 | 17 | 17 | 个 | 3 |
| 9026209090 | 其他测量、检验压力的仪器及装置 | 0 | 17 | 17 | 17 | 个 | |
| 90268010 | ---测量气体流量的仪器及装置 | | | | | | |
| 9026801000 | 测量气体流量的仪器及装置 | 0 | 17 | 17 | 17 | 个/千克 | |
| 90268090 | ---其他 | | | | | | |
| 9026809000 | 液体或气体的其他测量或检验仪器(除液体流量或液位及压力以外的其他变量的检测仪器) | 0 | 17 | 17 | 17 | 个/千克 | |
| 90269000 | -零件、附件 | | | | | | |
| 9026900000 | 液体或气体的测量或检验仪器零件(主要是进行流量、液位、压力或其他变化量的测量或检验) | 0 | 17 | 17 | 15 | 千克 | |
| **9027** | **理化分析仪器及装置(例如,偏振仪、折光仪、分光仪、气体或烟雾分析仪);测量或检验黏性、多孔性、膨胀性、表面张力及类似性能的仪器及装置;测量或检验热量、声量或光量的仪器及装置(包括曝光表);检镜切片机** | | | | | | |
| 90271000 | -气体或烟雾分析仪 | | | | | | |
| 9027100010暂5 | 用于连续操作的气体检测器[可用于出口管制的化学品或有机化合物(含有磷、硫、氟或氯,其浓度<0.3毫克/立方米)的检测,或为检测受抑制的胆碱酯酶的活性而设计] | 5.3/4.4* | 17 | 17 | 17 | 台 | 3 |
| 9027100090暂5 | 其他气体或烟雾分析仪 | 5.3/4.4* | 17 | 17 | 17 | 台 | |
| 90272011 | ----气相色谱仪 | | | | | | |
| 9027201100 | 气相色谱仪 | 0 | 17 | 17 | 17 | 台 | |
| 90272012 | ----液相色谱仪 | | | | | | |
| 9027201200 | 液相色谱仪 | 0 | 17 | 17 | 17 | 台 | |
| 90272019 | ----其他 | | | | | | |
| 9027201900 | 其他色谱仪 | 0 | 17 | 17 | 17 | 台 | |
| 90272020 | ---电泳仪 | | | | | | |
| 9027202000 | 电泳仪 | 0 | 17 | 17 | 17 | 台 | |
| 90273000 | -使用光学射线(紫外线、可见光、红外线)的分光仪、分光光度计及摄谱仪 | | | | | | |
| 9027300000 | 分光仪、分光光度计及摄谱仪[使用光学射线(紫外线、可见光、红外线)的] | 0 | 17 | 17 | 17 | 台 | |
| 90275000 | -使用光学射线(紫外线、可见光、红外线)的其他仪器及装置 | | | | | | |
| 9027500000 | 使用光学射线的其他仪器及装置(光学射线是指紫外线、可见光、红外线) | 0 | 17 | 17 | 17 | 台 | |
| 90278011 | ----集成电路生产用氦质谱检漏台 | | | | | | |
| 9027801100 | 集成电路生产用氦质谱检漏台 | 0 | 17 | 17 | 17 | 台 | |
| 90278012 | ----质谱联用仪 | | | | | | |
| 9027801200 | 质谱联用仪 | 0 | 17 | 17 | 17 | 台 | |
| 90278019 | ----其他 | | | | | | |

* 最惠国税率中,"/"左边的税率截止日期为2018年6月30日,"/"右边的税率有效日期为2018年7月1日~2999年12月31日。

| 商品编号 | 商品名称及备注 | 进口关税税率(%) | | 增值税率(%) | 出口退税率(%) | 计量单位 | 监管条件 |
|---|---|---|---|---|---|---|---|
| | | 最惠国 | 普通 | | | | |
| 9027801910 | 两用物项管制的 $UF_6$ 质谱仪/离子源 | 0 | 17 | 17 | 17 | 台 | 3 |
| 9027801920 | 测大于230质量单位离子质谱仪(分辨率>2/230) | 0 | 17 | 17 | 17 | 台 | 3 |
| 9027801990 | 其他质谱仪 | 0 | 17 | 17 | 17 | 台 | |
| 90278091 | ----曝光表 | | | | | | |
| 9027809100 | 曝光表 | 9.3/7* | 70 | 17 | 17 | 个 | |
| 90278099 | ----其他 | | | | | | |
| 9027809900 | 其他理化分析仪器及装置(包括测量或检验黏性及类似性能的仪器及装置) | 0 | 17 | 17 | 17 | 台 | |
| 90279000 | -检镜切片机;零件、附件 | | | | | | |
| 9027900000 | 检镜切片机、理化分析仪器零件 | 0 | 17 | 17 | 15 | 千克 | |
| **9028** | **生产或供应气体、液体及电力用的计量仪表,包括它们的校准仪表** | | | | | | |
| 90281010 | ---煤气表 | | | | | | |
| 9028101000 | 煤气表(包括它们的校准仪表) | 10 | 30 | 17 | 15 | 个 | |
| 90281090 | ---其他 | | | | | | |
| 9028109000 | 其他气量计(包括它们的校准仪表) | 10 | 30 | 17 | 15 | 个 | |
| 90282010 | ---水表 | | | | | | |
| 9028201000 | 水表(包括它们的校准仪表) | 10 | 30 | 17 | 15 | 个 | |
| 90282090 | ---其他 | | | | | | |
| 9028209000 | 其他液量计(包括它们的校准仪表) | 10 | 30 | 17 | 15 | 个 | |
| 90283011 | ----单相感应式 | | | | | | |
| 9028301100 | 单相感应式电度表(包括它们的校准仪表) | 5/2.5* | 30 | 17 | 17 | 个 | |
| 90283012 | ----三相感应式 | | | | | | |
| 9028301200 | 三相感应式电度表(包括它们的校准仪表) | 5/2.5* | 30 | 17 | 17 | 个 | |
| 90283013 | ----单相电子式(静止式) | | | | | | |
| 9028301300 | 单相电子式(静止式)电度表(包括它们的校准仪表) | 5/2.5* | 30 | 17 | 17 | 个 | |
| 90283014 | ----三相电子式(静止式) | | | | | | |
| 9028301400 | 三相电子式(静止式)电度表(包括它们的校准仪表) | 5/2.5* | 30 | 17 | 17 | 个 | |
| 90283019 | ----其他 | | | | | | |
| 9028301900 | 其他电度表(包括它们的校准仪表) | 5/2.5* | 30 | 17 | 17 | 个 | |
| 90283090 | ---其他 | | | | | | |
| 9028309000 | 其他电量计(包括它们的校准仪表) | 5/2.5* | 30 | 17 | 17 | 个 | |
| 90289010 | ---工业用 | | | | | | |
| 9028901000 | 工业用计量仪表零件、附件 | 4.2/2.1* | 30 | 17 | 15 | 千克 | |
| 90289090 | ---其他 | | | | | | |
| 9028909000 | 非工业用计量仪表零件、附件 | 4.2/2.1* | 50 | 17 | 15 | 千克 | |
| **9029** | **转数计、产量计数器、车费计、里程计、步数计及类似仪表;速度计及转速表,品目90.14及90.15的仪表除外;频闪观测仪** | | | | | | |
| 90291010 | ---转数计 | | | | | | |
| 9029101000 | 转数计 | 15 | 50 | 17 | 15 | 个 | |
| 90291020 | ---车费计、里程计 | | | | | | |
| 9029102000 | 车费计、里程计 | 15 | 35 | 17 | 15 | 个 | |
| 90291090 | ---其他 | | | | | | |
| 9029109000 | 产量计数器、步数计及类似仪表 | 15 | 35 | 17 | 15 | 个 | |
| 90292010 | ---车辆用速度计 | | | | | | |
| 9029201000 | 车辆用速度计 | 10 | 35 | 17 | 17 | 个 | |

* 最惠国税率中,"/"左边的税率截止日期为2018年6月30日,"/"右边的税率有效日期为2018年7月1日~2999年12月31日。

| 商品编号 | 商品名称及备注 | 进口关税税率(%) | | 增值税率(%) | 出口退税率(%) | 计量单位 | 监管条件 |
|---|---|---|---|---|---|---|---|
| | | 最惠国 | 普通 | | | | |
| 90292090 | ---其他 | | | | | | |
| 9029209000 | 其他速度计及转速表,频闪观测仪(车辆用速度计除外) | 10 | 35 | 17 | 17 | 个 | |
| 90299000 | -零件、附件 | | | | | | |
| 9029900000 | 转数计、车费计及类似仪表零件(品目90.14及90.15的仪表零件除外) | 6 | 35 | 17 | 15 | 千克 | |
| **9030** | **示波器、频谱分析仪及其他用于电量测量或检验的仪器和装置,但不包括品目90.28的各种仪表;α射线、β射线、γ射线、X射线、宇宙射线或其他离子射线的测量或检验仪器及装置** | | | | | | |
| 90301000 | -离子射线的测量或检验仪器及装置 | | | | | | |
| 9030100000 | 离子射线的测量或检验仪器及装置 | 3.3/2.5* | 20 | 17 | 17 | 台 | |
| 90302010 | ---测试频率<300兆赫的通用示波器 | | | | | | |
| 9030201000 | 300兆赫以下的通用示波器(指测试频率<300兆赫的示波器) | 4/2* | 80 | 17 | 17 | 台 | |
| 90302090 | ---其他 | | | | | | |
| 9030209000 | 其他示波器(包括300兆赫的通用示波器) | 2.5/1.3* | 20 | 17 | 17 | 台 | |
| 90303110 | ---量程在五位半及以下的数字万用表 | | | | | | |
| 9030311000 | 五位半及以下的数字万用表,不带记录装置 | 7.5/3.8* | 130 | 17 | 17 | 台 | |
| 90303190 | ---其他 | | | | | | |
| 9030319000 | 其他万用表,不带记录装置(五位半及以下的数字万用表除外) | 2.5/1.3* | 20 | 17 | 17 | 台 | |
| 90303200 | --万用表,带记录装置 | | | | | | |
| 9030320000 | 万用表,带记录装置 | 5.3/4* | 20 | 17 | 17 | 台 | |
| 90303310 | ---量程在五位半及以下的数字电流表、电压表 | | | | | | |
| 9030331000 | 五位半及以下的数字电流、电压表,不带记录装置 | 11.3/9.4* | 130 | 17 | 17 | 台 | |
| 90303320 | ---电阻测试仪 | | | | | | |
| 9030332000 | 电阻测试仪,不带记录装置(不带记录装置的) | 14 | 80 | 17 | 17 | 台 | |
| 90303390 | ---其他 | | | | | | |
| 9030339000 | 检测电压、电流及功率的其他仪器,不带记录装置 | 6.8/5.6* | 20 | 17 | 17 | 台 | |
| 90303900 | --其他,带记录装置 | | | | | | |
| 9030390000 | 其他带记录装置的检测电压、电流、电阻或功率的仪器(万用表除外) | 5.3/4* | 20 | 17 | 17 | 台 | |
| 90304010 | ---测试频率<12.4吉赫兹的数字式频率计 | | | | | | |
| 9030401000 | 频率<12.4千兆赫的数字式频率计 | 0 | 80 | 17 | 17 | 台 | |
| 90304090 | ---其他 | | | | | | |
| 9030409000 | 其他无线电通讯专用仪器及装置(频率<12.4千兆赫的数字式频率计除外) | 0 | 20 | 17 | 17 | 台 | |
| 90308200 | --测试或检验半导体晶片或器件用 | | | | | | |
| 9030820000 | 检测半导体晶片或器件的仪器(包括测试或检验半导体晶片或元器件用的装置) | 0 | 20 | 17 | 17 | 台 | |
| 90308410 | ---电感及电容测试仪 | | | | | | |
| 9030841000 | 电感及电容测试仪(装有记录装置的) | 6.7/5* | 80 | 17 | 17 | 台 | |
| 90308490 | ---其他 | | | | | | |
| 9030849000 | 其他电量的测量或检验仪器及装置(装有记录装置的) | 5.3/4* | 20 | 17 | 17 | 台 | |
| 90308910 | ---电感及电容测试仪 | | | | | | |
| 9030891000 | 其他电感及电容测试仪(未装有记录装置的) | 9.3/7* | 80 | 17 | 15 | 台 | |
| 90308990 | ---其他 | | | | | | |
| 9030899010 | 中子探测和测量仪表(专用于测定核反应堆堆芯内中子通量的) | 5.3/4* | 20 | 17 | 15 | 台 | 3 |
| 9030899090 | 其他电量的测量或检验仪器及装置(未装有记录装置的) | 5.3/4* | 20 | 17 | 15 | 台 | |
| 90309000 | -零件、附件 | | | | | | |
| 9030900001 | 检测半导体晶片及器件的仪器零件(包括附件) | 0 | 17 | 17 | 15 | 千克 | |

* 最惠国税率中,"/"左边的税率截止日期为2018年6月30日,"/"右边的税率有效日期为2018年7月1日~2999年12月31日。

| 商品编号 | 商品名称及备注 | 进口关税税率(%) | | 增值税率(%) | 出口退税率(%) | 计量单位 | 监管条件 |
|---|---|---|---|---|---|---|---|
| | | 最惠国 | 普通 | | | | |
| 9030900002 | ITA 产品用的印刷电路组件(包括外接组件,如符合 PCMCIA 标准的卡) | 0 | 17 | 17 | 15 | 千克 | |
| 9030900090 | 品目 90.30 所属货品的零件及附件 | 4.7/3.5* | 17 | 17 | 15 | 千克 | |
| **9031** | **本章其他编号未列名的测量或检验仪器、器具及机器;轮廓投影仪** | | | | | | |
| 90311000 | -机械零件平衡试验机 | | | | | | |
| 9031100010 | 陀螺动态平衡测试仪 | 4.7/3.5* | 17 | 17 | 15 | 台 | 3 |
| 9031100090 | 其他机械零件平衡试验机 | 4.7/3.5* | 17 | 17 | 15 | 台 | |
| 90312000 | -试验台 | | | | | | |
| 9031200010 | 陀螺、马达运转试验台 | 7 | 17 | 17 | 15 | 台 | 3 |
| 9031200020 | 加速度表测试台 | 7 | 17 | 17 | 15 | 台 | 3 |
| 9031200030 | 试车台(能试推力>90 千牛火箭发动机的或同时测量三个推力分量的) | 7 | 17 | 17 | 15 | 台 | 3 |
| 9031200040 | 惯性平台测试台(测试平台包括高精度离心机和转台) | 7 | 17 | 17 | 15 | 台 | 3 |
| 9031200090 | 其他试验台 | 7 | 17 | 17 | 15 | 台 | |
| 90314100 | --制造半导体器件时检验半导体晶片、器件或检测光掩模或光栅用 | | | | | | |
| 9031410000 | 制造半导体器件的检测仪和器具(第九十章其他品目未列名的,包括检测光掩膜及光栅用的) | 0 | 17 | 17 | 17 | 台 | |
| 90314910 | ---轮廓投影仪 | | | | | | |
| 9031491000[暂5] | 轮廓投影仪 | 6.7/5* | 20 | 17 | 17 | 台 | |
| 90314920 | ---光栅测量装置 | | | | | | |
| 9031492000 | 光栅测量装置(第九十章其他品目未列名的) | 0 | 17 | 17 | 17 | 台 | |
| 90314990 | ---其他 | | | | | | |
| 9031499010 | 光盘质量在线检测仪及离线检测仪 | 0 | 17 | 17 | 17 | 台 | |
| 9031499090 | 其他光学测量或检验仪器和器具(第九十章其他品目未列名的) | 0 | 17 | 17 | 17 | 台 | |
| 90318010 | ---光纤通信及光纤性能测试仪 | | | | | | |
| 9031801000 | 光纤通信及光纤性能测试仪 | 5 | 17 | 17 | 17 | 台 | |
| 90318020 | ---坐标测量仪 | | | | | | |
| 9031802000 | 坐标测量仪 | 5 | 17 | 17 | 17 | 台 | |
| 90318031 | ----超声波探伤检测仪 | | | | | | |
| 9031803100 | 超声波探伤检测仪 | 5 | 17 | 17 | 17 | 台 | |
| 90318032 | ----磁粉探伤检测仪 | | | | | | |
| 9031803200 | 磁粉探伤检测仪 | 5 | 17 | 17 | 17 | 台 | |
| 90318033 | ----涡流探伤检测仪 | | | | | | |
| 9031803300[暂3] | 涡流探伤检测仪 | 5 | 17 | 17 | 17 | 台 | |
| 90318039 | ----其他 | | | | | | |
| 9031803900 | 其他无损探伤检测仪器(射线探伤仪除外) | 5 | 17 | 17 | 17 | 台 | |
| 90318090 | ---其他 | | | | | | |
| 9031809010 | 惯性测量单元测试仪 | 5 | 17 | 17 | 17 | 台 | 3 |
| 9031809020 | 陀螺调谐测试仪 | 5 | 17 | 17 | 17 | 台 | 3 |
| 9031809030[暂3] | 跑道摩擦系数测试仪 | 5 | 17 | 17 | 17 | 台 | |
| 9031809040[暂2] | 音频生命探测仪 | 5 | 17 | 17 | 17 | 台 | |
| 9031809050[暂2] | 音视频生命探测仪 | 5 | 17 | 17 | 17 | 台 | |
| 9031809060[暂2] | 集成电路测试分选设备 | 5 | 17 | 17 | 17 | 台 | |
| 9031809090 | 其他测量、检验仪器、器具及机器(指第九十章其他品目未列名的) | 5 | 17 | 17 | 17 | 台 | |
| 90319000 | -零件、附件 | | | | | | |
| 9031900020 | 惯性测量单元稳定元件加工夹具 | 0 | 17 | 17 | 15 | 千克 | 3 |

* 最惠国税率中,"/"左边的税率截止日期为 2018 年 6 月 30 日,"/"右边的税率有效日期为 2018 年 7 月 1 日~2999 年 12 月 31 日。

| 商品编号 | 商品名称及备注 | 进口关税税率(%) | | 增值税率(%) | 出口退税率(%) | 计量单位 | 监管条件 |
|---|---|---|---|---|---|---|---|
| | | 最惠国 | 普通 | | | | |
| 9031900030 | 惯性平台平衡夹具 | 0 | 17 | 17 | 15 | 千克 | 3 |
| 9031900090 | 品目90.31的仪器及器具的其他零件(第九十章其他品目未列名的) | 0 | 17 | 17 | 15 | 千克 | |
| **9032** | **自动调节或控制仪器及装置** | | | | | | |
| 90321000 | -恒温器 | | | | | | |
| 9032100000 | 恒温器 | 7 | 17 | 17 | 17 | 台 | |
| 90322000 | -恒压器 | | | | | | |
| 9032200000 | 恒压器 | 4.7/3.5* | 17 | 17 | 17 | 台 | |
| 90328100 | --液压或气压的 | | | | | | |
| 9032810000 | 其他液压或气压的仪器及装置(自动调节或控制用) | 4.7/3.5* | 17 | 17 | 17 | 台 | |
| 90328911 | ----列车自动防护系统(ATP)车载设备 | | | | | | |
| 9032891100 | 列车自动防护系统(ATP)车载设备 | 7 | 17 | 17 | 17 | 台 | |
| 90328912 | ----列车自动运行系统(ATO)车载设备 | | | | | | |
| 9032891200 | 列车自动运行系统(ATO)车载设备 | 7 | 17 | 17 | 17 | 台 | |
| 90328919 | ----其他 | | | | | | |
| 9032891900 | 其他列车自动控制系统(ATC)车载设备 | 7 | 17 | 17 | 17 | 台 | |
| 90328990 | ---其他 | | | | | | |
| 9032899010[暂5] | 具有可再生能源和智能电网应用的自动电压和电流调节器;非液压或气压的自动调控流量、液位和湿度的仪器(自动控制、调节装置) | 7 | 17 | 17 | 17 | 台 | |
| 9032899020 | 组合喷气发动机的燃烧调节装置(自动控制、调节装置) | 7 | 17 | 17 | 17 | 台 | 3 |
| 9032899030[暂3] | 三坐标测量机用自动控制柜 | 7 | 17 | 17 | 17 | 台 | |
| 9032899040[暂1] | 飞机自动驾驶系统(包括自动驾驶、电子控制飞行、自动故障分析、警告系统配平系统及推力监控设备及其相关仪表) | 7 | 17 | 17 | 17 | 台 | |
| 9032899050[暂3] | 机床用成套数控伺服装置(包括CNC操作单元,带有配套的伺服放大器和伺服电机) | 7 | 17 | 17 | 17 | 台 | |
| 9032899060[暂3] | 电喷点火程序控制单元(自动控制、调节装置) | 7 | 17 | 17 | 17 | 台 | |
| 9032899070[暂3] | 印刷机用成套数控伺服传动装置(包括运动控制器或可编程序自动控制器、人机界面单元,带有配套的伺服驱动器和伺服电机) | 7 | 17 | 17 | 17 | 台 | |
| 9032899080[暂4] | 纯电动或混合动力汽车用电机控制器总成(自动控制、调节装置) | 7 | 17 | 17 | 17 | 台 | |
| 9032899090 | 其他自动调节或控制仪器及装置 | 7 | 17 | 17 | 17 | 台 | |
| 90329000 | -零件、附件 | | | | | | |
| 9032900001[暂1] | 飞机自动驾驶系统的零件(包括自动驾驶、电子控制飞行、自动故障分析、警告系统、配平系统及推力监控设备及其相关仪表的零件) | 5 | 17 | 17 | 17 | 千克 | |
| 9032900090 | 其他自动调节或控制仪器零件、附件 | 5 | 17 | 17 | 17 | 千克 | |
| **9033** | **第九十章所列机器、器具、仪器或装置用的本章其他品目未列名的零件、附件** | | | | | | |
| 90330000 | 第九十章所列机器、器具、仪器或装置用的本章其他品目未列名的零件、附件 | | | | | | |
| 9033000010[暂5] | 用于第九十章环境产品的其他品目未列名的零件、附件[太阳能定日镜,编号901580的商品,品目90.26、90.27的商品(编号90278011和90278091除外),编号903149的商品,测振仪,手振动仪,可再生能源和智能电网应用的自动电压和电流调节器,自动调控流量、液位和湿度的仪器] | 6 | 17 | 17 | 17 | 千克 | |
| 9033000090 | 第九十章其他编号未列名零、附件(指第九十章所列机器、器具、仪器或装置用) | 6 | 17 | 17 | 17 | 千克 | |

* 最惠国税率中,"/"左边的税率截止日期为2018年6月30日,"/"右边的税率有效日期为2018年7月1日~2999年12月31日。

# 第九十一章　钟表及其零件

**注释：**

一、本章不包括：

（一）钟表玻璃及钟锤（按其构成材料归类）；

（二）表链（根据不同情况，归入品目 71.13 或 71.17）；

（三）第十五类注释二所规定的贱金属制通用零件（第十五类）、塑料制的类似品（第三十九章）及贵金属或包贵金属制的类似品（一般归入品目 71.15）；但钟、表发条则应作为钟、表的零件归类（品目 91.14）；

（四）轴承滚珠（根据不同情况，归入品目 73.26 或 84.82）；

（五）品目 84.12 的物品，不需擒纵器可以工作的；

（六）滚珠轴承（品目 84.82）；

（七）第八十五章的物品，本身未组装在或未与其他零件组装在钟、表机芯内，也未组装成专用于或主要用于钟、表机芯零件的。

二、品目 91.01 仅包括表壳完全以贵金属或包贵金属制的表，以及用贵金属或包贵金属与品目 71.01 至 71.04 的天然、养殖珍珠或宝石、半宝石（天然、合成或再造）合制的表。用贱金属上镶嵌贵金属制成表壳的表应归入品目 91.02。

三、本章所称"表芯"，是指由摆轮及游丝、石英晶体或其他能确定时间间隔的装置来进行调节的机构，并带有显示器或可装机械指示器的系统。表芯的厚度不超过 12 毫米，长、宽或直径不超过 50 毫米。

四、除注释一另有规定的以外，钟、表的机芯及其他零件，既适用于钟或表，又适用于其他物品（例如精密仪器）的，均应归入本章。

| 商品编号 | 商 品 名 称 及 备 注 | 进口关税税率（%） | | 增值税率（%） | 出口退税率（%） | 计量单位 | 监管条件 |
|---|---|---|---|---|---|---|---|
| | | 最惠国 | 普通 | | | | |
| **9101** | **手表、怀表及其他表，包括秒表，表壳用贵金属或包贵金属制成的** | | | | | | |
| 91011100 | --仅有机械指示器的 | | | | | | |
| 9101110000 | 机械指示式的贵金属电子手表（表壳用贵金属或包贵金属制成的） | 11 | 100 | 17 | 13 | 只 | |
| 91011910 | ---仅有光电显示器的 | | | | | | |
| 9101191000 | 光电显示式的贵金属电子手表（表壳用贵金属或包贵金属制成的） | 16 | 100 | 17 | 13 | 只 | |
| 91011990 | ---其他 | | | | | | |
| 9101199000 | 其他贵金属电子手表（表壳用贵金属或包贵金属制成的） | 15 | 100 | 17 | 13 | 只 | |
| 91012100 | --自动上弦的 | | | | | | |
| 9101210010 | 含濒危动物皮自动上弦贵金属机械手表（表壳用贵金属或包贵金属制成的） | 11 | 80 | 17 | 0 | 只 | EF |
| 9101210090 | 其他自动上弦贵金属机械手表（表壳用贵金属或包贵金属制成的） | 11 | 80 | 17 | 13 | 只 | |
| 91012900 | --其他 | | | | | | |
| 9101290010 | 含濒危动物皮非自动上弦贵金属机械手表（表壳用贵金属或包贵金属制成的） | 15 | 80 | 17 | 0 | 只 | EF |
| 9101290090 | 其他非自动上弦贵金属机械手表（表壳用贵金属或包贵金属制成的） | 15 | 80 | 17 | 13 | 只 | |
| 91019100 | --电力驱动的 | | | | | | |
| 9101910000 | 贵金属电子怀表及其他电子表（表壳用贵金属或包贵金属制成的） | 15 | 100 | 17 | 13 | 只 | |
| 91019900 | --其他 | | | | | | |
| 9101990000 | 贵金属机械怀表及其他机械表（指表壳用贵金属或包贵金属制成的） | 20 | 80 | 17 | 13 | 只 | |
| **9102** | **手表、怀表及其他表，包括秒表，但品目 91.01 的货品除外** | | | | | | |
| 91021100 | --仅有机械指示器的 | | | | | | |
| 9102110000 | 机械指示式的其他电子手表（贵金属或包贵金属制壳的除外） | 12.5 | 100 | 17 | 13 | 只 | |
| 91021200 | --仅有光电显示器的 | | | | | | |
| 9102120000 | 光电显示式的其他电子手表（贵金属或包贵金属制壳的除外） | 23 | 100 | 17 | 13 | 只 | |
| 91021900 | --其他 | | | | | | |
| 9102190000 | 其他电子手表（贵金属或包贵金属制壳的除外） | 15 | 100 | 17 | 13 | 只 | |
| 91022100 | --自动上弦的 | | | | | | |
| 9102210010 | 含濒危动物皮其他自动上弦的机械手表（用贵金属或包贵金属制壳的除外） | 11 | 80 | 17 | 0 | 只 | EF |
| 9102210090 | 其他自动上弦的机械手表（用贵金属或包贵金属制壳的除外） | 11 | 80 | 17 | 13 | 只 | |
| 91022900 | --其他 | | | | | | |
| 9102290010 | 含濒危动物皮其他非自动上弦机械手表（用贵金属或包贵金属制壳的除外） | 15 | 80 | 17 | 0 | 只 | EF |

| 商品编号 | 商品名称及备注 | 进口关税税率(%) | | 增值税率(%) | 出口退税率(%) | 计量单位 | 监管条件 |
|---|---|---|---|---|---|---|---|
| | | 最惠国 | 普通 | | | | |
| 9102290090 | 其他非自动上弦的机械手表(用贵金属或包贵金属制壳的除外) | 15 | 80 | 17 | 13 | 只 | |
| 91029100 | --电力驱动的 | | | | | | |
| 9102910000 | 电力驱动的电子怀表及其他电子表(手表除外,也不包括表壳用贵金属或包贵金属制成的表) | 15 | 100 | 17 | 13 | 只 | |
| 91029900 | --其他 | | | | | | |
| 9102990000 | 其他机械怀表、秒表及其他表(用贵金属或包贵金属制壳的除外) | 20 | 80 | 17 | 13 | 只 | |
| **9103** | **以表芯装成的钟,但不包括品目91.04的钟** | | | | | | |
| 91031000 | -电力驱动的 | | | | | | |
| 9103100000 | 以表芯装成的电子钟(不包括品目91.04的钟) | 23 | 100 | 17 | 13 | 只 | |
| 91039000 | -其他 | | | | | | |
| 9103900000 | 以表芯装成的机械钟(不包括品目91.04的钟) | 20 | 100 | 17 | 13 | 只 | |
| **9104** | **仪表板钟及车辆、航空器、航天器或船舶用的类似钟** | | | | | | |
| 91040000 | 仪表板钟及车辆、航空器、航天器或船舶用的类似钟 | | | | | | |
| 9104000000 | 仪表板钟及车辆船舶等用的类似钟(包括航空器和航天器用) | 10 | 100 | 17 | 13 | 只 | |
| **9105** | **其他钟** | | | | | | |
| 91051100 | --电力驱动的 | | | | | | |
| 9105110000 | 电子闹钟 | 23 | 100 | 17 | 13 | 只 | |
| 91051900 | --其他 | | | | | | |
| 9105190000 | 机械闹钟 | 20 | 100 | 17 | 13 | 只 | |
| 91052100 | --电力驱动的 | | | | | | |
| 9105210000 | 电子挂钟 | 23 | 100 | 17 | 13 | 只 | |
| 91052900 | --其他 | | | | | | |
| 9105290000 | 机械挂钟 | 20 | 100 | 17 | 13 | 只 | |
| 91059110 | ---天文钟 | | | | | | |
| 9105911000 | 电子天文钟(由电力驱动) | 3 | 8 | 17 | 13 | 只 | |
| 91059190 | ---其他 | | | | | | |
| 9105919000 | 其他电子钟(由电力驱动,闹钟、挂钟、天文钟除外) | 23 | 100 | 17 | 13 | 只 | |
| 91059900 | --其他 | | | | | | |
| 9105990000 | 其他机械钟(闹钟、挂钟除外) | 16 | 100 | 17 | 13 | 只 | |
| **9106** | **时间记录器以及测量、记录或指示时间间隔的装置,装有钟、表机芯或同步电动机的(例如,考勤钟、时刻记录器)** | | | | | | |
| 91061000 | -考勤钟、时刻记录器 | | | | | | |
| 9106100000 | 考勤钟、时刻记录器 | 16 | 50 | 17 | 13 | 只 | |
| 91069000 | -其他 | | | | | | |
| 9106900000 | 其他时间记录器及其他类似装置(包括测量、记录或指示时间的装置) | 16 | 50 | 17 | 13 | 只 | |
| **9107** | **装有钟、表机芯或同步电动机的定时开关** | | | | | | |
| 91070000 | 装有钟、表机芯或同步电动机的定时开关 | | | | | | |
| 9107000000 | 定时开关(装有钟、表机芯或同步电动机的) | 12 | 50 | 17 | 13 | 个 | |
| **9108** | **已组装的完整表芯** | | | | | | |
| 91081100 | --仅有机械指示器或有可装机械指示器的装置的 | | | | | | |
| 9108110000[暂10] | 已组装的机械指示式完整电子表芯 | 16 | 80 | 17 | 13 | 只 | |
| 91081200 | --仅有光电显示器的 | | | | | | |
| 9108120000 | 已组装的光电显示式完整电子表芯 | 16 | 80 | 17 | 13 | 只 | |
| 91081900 | --其他 | | | | | | |
| 9108190000 | 其他已组装的完整电子表芯(编号91081100和91081200除外) | 16 | 80 | 17 | 13 | 只 | |
| 91082000 | -自动上弦的 | | | | | | |

| 商品编号 | 商品名称及备注 | 进口关税税率(%) | | 增值税率(%) | 出口退税率(%) | 计量单位 | 监管条件 |
|---|---|---|---|---|---|---|---|
| | | 最惠国 | 普通 | | | | |
| 9108200000 | 已组装的自动上弦完整表芯 | 16 | 80 | 17 | 13 | 只 | |
| 91089010 | ---表面尺寸≤33.8毫米 | | | | | | |
| 9108901000 | 已组装表面≤33.8毫米机械完整表芯(表面尺寸≤33.8毫米,非自动上弦) | 16 | 80 | 17 | 13 | 只 | |
| 91089090 | ---其他 | | | | | | |
| 9108909000 | 其他已组装完整机械表芯(表面尺寸>33.8毫米,非自动上弦) | 16 | 80 | 17 | 13 | 只 | |
| **9109** | **已组装的完整钟芯** | | | | | | |
| 91091000 | -电力驱动的 | | | | | | |
| 9109100000 | 已组装的完整电子钟芯 | 16 | 100 | 17 | 13 | 只 | |
| 91099000 | -其他 | | | | | | |
| 9109900000 | 已组装的完整机械钟芯 | 16 | 100 | 17 | 13 | 只 | |
| **9110** | **未组装或部分组装的完整钟、表机芯(机芯套装件);已组装的不完整钟、表机芯;未组装的不完整钟、表机芯** | | | | | | |
| 91101100 | --未组装或部分组装的完整机芯(机芯套装件) | | | | | | |
| 9110110000 | 未组装的完整表机芯(包括部分组装) | 16 | 80 | 17 | 13 | 只 | |
| 91101200 | --已组装的不完整机芯 | | | | | | |
| 9110120000 | 已组装的不完整表机芯 | 16 | 70 | 17 | 13 | 千克 | |
| 91101900 | --未组装的不完整机芯 | | | | | | |
| 9110190000 | 未组装的不完整表机芯 | 16 | 70 | 17 | 13 | 千克 | |
| 91109010 | ---未组装或部分组装的完整机芯 | | | | | | |
| 9110901000 | 未组装的完整的钟机芯(包括部分组装) | 16 | 100 | 17 | 13 | 千克/只 | |
| 91109090 | ---其他 | | | | | | |
| 9110909000 | 不完整的钟机芯(不论是否已组装) | 16 | 80 | 17 | 13 | 千克 | |
| **9111** | **表壳及其零件** | | | | | | |
| 91111000 | -贵金属表壳或包贵金属表壳 | | | | | | |
| 9111100010 | 按重量计含金量≥80%的黄金表壳 | 14 | 80 | 17 | 0 | 只 | J |
| 9111100090 | 其他贵金属或包贵金属制的表壳 | 14 | 80 | 17 | 0 | 只 | |
| 91112000 | -贱金属表壳,不论是否镀金或镀银 | | | | | | |
| 9111200000 | 贱金属制的表壳(不论是否镀金或镀银) | 14 | 80 | 17 | 13 | 只 | |
| 91118000 | -其他表壳 | | | | | | |
| 9111800000 | 非金属制的表壳 | 14 | 80 | 17 | 13 | 只 | |
| 91119000 | -零件 | | | | | | |
| 9111900000 | 表壳的零件 | 14 | 80 | 17 | 0 | 千克 | |
| **9112** | **钟壳和本章所列其他货品的类似外壳及其零件** | | | | | | |
| 91122000 | -壳 | | | | | | |
| 9112200000 | 钟壳和本章其他商品的类似外壳 | 14 | 80 | 17 | 13 | 只 | |
| 91129000 | -零件 | | | | | | |
| 9112900000 | 钟壳零件 | 12 | 80 | 17 | 13 | 千克 | |
| **9113** | **表带及其零件** | | | | | | |
| 91131000 | -贵金属或包贵金属制 | | | | | | |
| 9113100010 | 按重量计含金量≥80%的黄金表带 | 20 | 130 | 17 | 0 | 千克 | J |
| 9113100090 | 其他贵金属或包贵金属制的表带及零件 | 20 | 130 | 17 | 0 | 千克 | |
| 91132000 | -贱金属制,不论是否镀金或镀银 | | | | | | |
| 9113200000 | 贱金属制的表带及其零件(不论是否镀金或镀银) | 14 | 100 | 17 | 13 | 千克 | |
| 91139000 | -其他 | | | | | | |
| 9113900010 | 濒危动物皮制的表带及其零件 | 14 | 100 | 17 | 0 | 千克 | FE |
| 9113900090 | 其他非金属制的表带及其零件 | 14 | 100 | 17 | 13 | 千克 | |

| 商品编号 | 商品名称及备注 | 进口关税税率(%) | | 增值税率(%) | 出口退税率(%) | 计量单位 | 监管条件 |
|---|---|---|---|---|---|---|---|
| | | 最惠国 | 普通 | | | | |
| **9114** | **钟、表的其他零件** | | | | | | |
| 91141000 | -发条,包括游丝 | | | | | | |
| 9114100000 | 钟、表的发条(包括游丝) | 14 | 50 | 17 | 13 | 千克 | |
| 91143000 | -钟面或表面 | | | | | | |
| 9114300000 | 钟面或表面 | 14 | 50 | 17 | 13 | 千克 | |
| 91144000 | -夹板及横担(过桥) | | | | | | |
| 9114400000 | 钟、表的夹板及横担(过桥) | 14 | 50 | 17 | 13 | 千克 | |
| 91149010 | ---宝石轴承 | | | | | | |
| 9114901000 | 钟、表的宝石轴承 | 14 | 50 | 17 | 13 | 千克 | |
| 91149090 | ---其他 | | | | | | |
| 9114909000 | 钟、表的其他零件(品目91.14中其他未列名的) | 14 | 70 | 17 | 13 | 千克 | |

# 第九十二章　乐器及其零件、附件

**注释：**

一、本章不包括：

（一）第十五类注释二所规定的贱金属制通用零件（第十五类）或塑料制的类似品（第三十九章）；

（二）第八十五章或第九十章的传声器、扩大器、扬声器、耳机、开关、频闪观测仪及其他附属仪器、器具或设备，虽用于本章物品但未与该物品组成一体或安装在同一机壳内；

（三）玩具乐器或器具（品目95.03）；

（四）清洁乐器用的刷子（品目96.03），或独脚架、双脚架、三脚架及类似品（品目96.20）；或

（五）收藏品或古物（品目97.05或97.06）。

二、用于演奏品目92.02、92.06所列乐器的弓、槌及类似品，如果与该乐器一同进口或出口，数量合理，用途明确，应归入有关乐器的相应品目。

品目92.09的卡片、盘或卷，即使与乐器一同进口或出口，也不视为该乐器的组成部分，而应作为单独进口或出口的物品对待。

| 商品编号 | 商品名称及备注 | 进口关税税率（%） | | 增值税率（%） | 出口退税率（%） | 计量单位 | 监管条件 |
|---|---|---|---|---|---|---|---|
| | | 最惠国 | 普通 | | | | |
| **9201** | **钢琴，包括自动钢琴；拨弦古钢琴及其他键盘弦乐器** | | | | | | |
| 92011000 | -竖式钢琴 | | | | | | |
| 9201100000 | 竖式钢琴 | 17.5 | 70 | 17 | 17 | 台 | |
| 92012000 | -大钢琴 | | | | | | |
| 9201200001[暂1] | 完税价格≥5万美元的大钢琴 | 17.5 | 70 | 17 | 17 | 台 | |
| 9201200090 | 其他大钢琴 | 17.5 | 70 | 17 | 17 | 台 | |
| 92019000 | -其他 | | | | | | |
| 9201900000 | 其他钢琴（包括自动钢琴、拨弦古钢琴及其他键盘弦乐器） | 17.5 | 70 | 17 | 17 | 台 | |
| **9202** | **其他弦乐器（例如，吉他、小提琴、竖琴）** | | | | | | |
| 92021000 | -弓弦乐器 | | | | | | |
| 9202100011[暂1] | 完税价格≥1.5万美元的含濒危动物皮及濒危木的弓弦乐器 | 17.5 | 70 | 17 | 0 | 只 | FE |
| 9202100019 | 其他含濒危动物皮及濒危木的弓弦乐器 | 17.5 | 70 | 17 | 0 | 只 | FE |
| 9202100091[暂1] | 完税价格≥1.5万美元的不含野生动物皮弓弦乐器 | 17.5 | 70 | 17 | 13 | 只 | |
| 9202100099 | 其他弓弦乐器 | 17.5 | 70 | 17 | 13 | 只 | |
| 92029000 | -其他 | | | | | | |
| 9202900010 | 含濒危物种成分的其他弦乐器 | 17.5 | 70 | 17 | 0 | 只 | FE |
| 9202900090 | 其他弦乐器 | 17.5 | 70 | 17 | 13 | 只 | |
| **9205** | **管乐器（例如，键盘管风琴、手风琴、单簧管、小号、风笛），但游艺场风琴及手摇风琴除外** | | | | | | |
| 92051000 | -铜管乐器 | | | | | | |
| 9205100001[暂1] | 完税价格≥2000美元的铜管乐器 | 17.5 | 70 | 17 | 13 | 只 | |
| 9205100090 | 其他铜管乐器 | 17.5 | 70 | 17 | 13 | 只 | |
| 92059010 | ---键盘管风琴；簧风琴及类似的游离金属簧片键盘乐器 | | | | | | |
| 9205901000 | 键盘管风琴、簧风琴及类似乐器（包括游离金属簧片键盘乐器，游艺场风琴及手摇风琴除外） | 20 | 80 | 17 | 13 | 只 | |
| 92059020 | ---手风琴及类似乐器 | | | | | | |
| 9205902000 | 手风琴及类似乐器（但游艺场风琴及手摇风琴除外） | 21 | 80 | 17 | 13 | 只 | |
| 92059030 | ---口琴 | | | | | | |
| 9205903000 | 口琴 | 21 | 80 | 17 | 13 | 只 | |
| 92059090 | ---其他 | | | | | | |
| 9205909001[暂1] | 完税价格≥1万美元的其他管乐器（但游艺场风琴及手摇风琴除外） | 17.5 | 70 | 17 | 13 | 只 | |
| 9205909091 | 其他含濒危物种成分的管乐器（但游艺场风琴及手摇风琴除外） | 17.5 | 70 | 17 | 13 | 只 | EF |
| 9205909099 | 其他管乐器（但游艺场风琴及手摇风琴除外） | 17.5 | 70 | 17 | 13 | 只 | |

| 商品编号 | 商 品 名 称 及 备 注 | 进口关税税率(%) | | 增值税率(%) | 出口退税率(%) | 计量单位 | 监管条件 |
|---|---|---|---|---|---|---|---|
| | | 最惠国 | 普通 | | | | |
| **9206** | **打击乐器(例如,鼓、木琴、钹、响板、响葫芦)** | | | | | | |
| 92060000 | 打击乐器(例如,鼓、木琴、钹、响板、响葫芦) | | | | | | |
| 9206000010 | 含濒危动物皮及濒危木的打击乐器(例如,鼓、木琴、钹、响板) | 17.5 | 70 | 17 | 0 | 只 | EF |
| 9206000090 | 其他打击乐器(例如,鼓、木琴、钹、响板) | 17.5 | 70 | 17 | 13 | 只 | |
| **9207** | **通过电产生或扩大声音的乐器(例如,电风琴、电吉他、电手风琴)** | | | | | | |
| 92071000 | -键盘乐器,但手风琴除外 | | | | | | |
| 9207100000[暂15] | 通过电产生或扩大声音的键盘乐器(手风琴除外) | 30 | 100 | 17 | 13 | 只 | |
| 92079000 | -其他 | | | | | | |
| 9207900010 | 其他通过电产生或扩大声音的含濒危物种成分的乐器 | 30 | 100 | 17 | 13 | 个 | EF |
| 9207900090 | 其他通过电产生或扩大声音的乐器 | 30 | 100 | 17 | 13 | 个 | |
| **9208** | **百音盒、游艺场风琴、手摇风琴、机械鸣禽、乐锯及本章其他编号未列名的其他乐器;各种媒诱音响器、哨子、号角、口吹音响信号器** | | | | | | |
| 92081000 | -百音盒 | | | | | | |
| 9208100000 | 百音盒 | 22 | 80 | 17 | 13 | 个 | |
| 92089000 | -其他 | | | | | | |
| 9208900000 | 第九十二章其他编号未列名的其他乐器(包括游节场风琴、手摇风琴、机械鸣禽、乐锯等) | 22 | 80 | 17 | 13 | 个 | |
| **9209** | **乐器的零件(例如,百音盒的机械装置)、附件(例如,机械乐器用的卡片、盘及带卷),节拍器、音叉及各种定音管** | | | | | | |
| 92093000 | -乐器用的弦 | | | | | | |
| 9209300000 | 乐器用的弦 | 17.5 | 70 | 17 | 13 | 千克 | |
| 92099100 | --钢琴的零件、附件 | | | | | | |
| 9209910010 | 钢琴含濒危物种成分的零件、附件 | 17.5 | 70 | 17 | 13 | 千克 | EF |
| 9209910090 | 钢琴的其他零件、附件 | 17.5 | 70 | 17 | 13 | 千克 | |
| 92099200 | --品目92.02所列乐器的零件、附件 | | | | | | |
| 9209920010 | 品目92.02所列乐器含濒危物种成分的零件、附件 | 17.5 | 70 | 17 | 13 | 千克 | EF |
| 9209920090 | 品目92.02所列乐器的其他零件、附件 | 17.5 | 70 | 17 | 13 | 千克 | |
| 92099400 | --品目92.07所列乐器的零件、附件 | | | | | | |
| 9209940010 | 品目92.07所列乐器含濒危物种成分的零件、附件 | 17.5 | 70 | 17 | 13 | 千克 | EF |
| 9209940090 | 品目92.07所列乐器的其他零件、附件 | 17.5 | 70 | 17 | 13 | 千克 | |
| 92099910 | ---节拍器、音叉及定音管 | | | | | | |
| 9209991000 | 节拍器、音叉及定音管 | 17.5 | 70 | 17 | 13 | 千克 | |
| 92099920 | ---百音盒的机械装置 | | | | | | |
| 9209992000 | 百音盒的机械装置 | 17.5 | 70 | 17 | 13 | 千克 | |
| 92099990 | ---其他 | | | | | | |
| 9209999010 | 本章其他编号未列名的含濒危物种成分的乐器零件 | 17.5 | 70 | 17 | 13 | 千克 | EF |
| 9209999090 | 本章其他编号未列名的其他乐器零件 | 17.5 | 70 | 17 | 13 | 千克 | |

# 第十九类　武器、弹药及其零件、附件

## 第九十三章　武器、弹药及其零件、附件

**注释：**

一、本章不包括：

（一）第三十六章的货品（例如，火帽、雷管、信号弹）；

（二）第十五类注释二所规定的贱金属制通用零件（第十五类）或塑料制的类似品（第三十九章）；

（三）装甲战斗车辆（品目 87.10）；

（四）武器用的望远镜瞄准具及其他光学装置（第九十章），但安装在武器上或与武器一同进口或出口以备安装在该武器上的除外；

（五）弓、箭、钝头击剑或玩具（第九十五章）；

（六）收藏品及古物（品目 97.05 或 97.06）。

二、品目 93.06 所称"零件"，不包括品目 85.26 的无线电设备及雷达设备。

| 商品编号 | 商品名称及备注 | 进口关税税率（%） | | 增值税率（%） | 出口退税率（%） | 计量单位 | 监管条件 |
|---|---|---|---|---|---|---|---|
| | | 最惠国 | 普通 | | | | |
| **9301** | **军用武器，但左轮手枪、其他手枪及品目 93.07 的兵器除外** | | | | | | |
| 93011010 | ---自推进的 | | | | | | |
| 9301101000 | 自推进的火炮武器 | 13 | 80 | 17 | 0 | 座 | |
| 93011090 | ---其他 | | | | | | |
| 9301109000 | 其他火炮武器 | 13 | 80 | 17 | 0 | 座 | |
| 93012000 | -火箭发射装置；火焰喷射器；手榴弹发射器；鱼雷发射管及类似发射装置 | | | | | | |
| 9301200000 | 火箭发射装置；火焰喷射器（还包括手榴弹发射器、鱼雷发射管及类似发射装置） | 13 | 80 | 17 | 0 | 个 | |
| 93019000 | -其他 | | | | | | |
| 9301900000 | 其他军用武器（但左轮手枪、其他手枪及品目 93.07 的兵器除外） | 13 | 80 | 17 | 0 | 支 | |
| **9302** | **左轮手枪及其他手枪，但品目 93.03 或 93.04 的货品除外** | | | | | | |
| 93020000 | 左轮手枪及其他手枪，但品目 93.03 或 93.04 的货品除外 | | | | | | |
| 9302000000 | 左轮手枪及其他手枪（品目 93.03 或 93.04 的货品除外） | 13 | 80 | 17 | 0 | 支 | |
| **9303** | **靠爆炸药发射的其他火器及类似装置（例如，运动用猎枪及步枪、前装枪、维利式信号枪及其他专为发射信号弹的装置、发射空包弹的左轮手枪和其他手枪、弩枪式无痛捕杀器、抛缆枪）** | | | | | | |
| 93031000 | -前装枪 | | | | | | |
| 9303100000 | 前装枪 | 13 | 80 | 17 | 13 | 支 | |
| 93032000 | -其他运动、狩猎或打靶用猎枪，包括组合式滑膛来复枪 | | | | | | |
| 9303200000 | 其他运动、狩猎或打靶用滑膛枪（包括滑膛来复枪） | 13 | 80 | 17 | 13 | 支 | |
| 93033000 | -其他运动、狩猎或打靶用步枪 | | | | | | |
| 9303300000 | 其他运动、狩猎或打靶用步枪 | 13 | 80 | 17 | 13 | 支 | |
| 93039000 | -其他 | | | | | | |
| 9303900000 | 其他火器及类似装置（指靠爆炸药发射的） | 13 | 80 | 17 | 13 | 支 | |
| **9304** | **其他武器（例如，弹簧枪、气枪、气手枪、警棍），但不包括品目 93.07 的货品** | | | | | | |
| 93040000 | 其他武器（例如，弹簧枪、气枪、气手枪、警棍），但不包括品目 93.07 的货品 | | | | | | |
| 9304000000 | 其他武器，如弹簧枪、气枪、警棍等（不包括品目 93.07 的货品） | 13 | 80 | 17 | 13 | 支 | |
| **9305** | **品目 93.01 至 93.04 所列物品的零件、附件** | | | | | | |
| 93051000 | -左轮手枪或其他手枪用 | | | | | | |
| 9305100000 | 左轮手枪或其他手枪的零件及附件 | 13 | 80 | 17 | 0 | 千克 | |

| 商品编号 | 商品名称及备注 | 进口关税税率(%) | | 增值税率(%) | 出口退税率(%) | 计量单位 | 监管条件 |
|---|---|---|---|---|---|---|---|
| | | 最惠国 | 普通 | | | | |
| 93052000 | -品目93.03的猎枪或步枪用 | | | | | | |
| 9305200000 | 品目93.03的猎枪或步枪用零件及附件 | 13 | 80 | 17 | 0 | 千克 | |
| 93059100 | --品目93.01的军用武器用 | | | | | | |
| 9305910000 | 其他军用武器用零件、附件(品目93.01的军用武器用零件、附件) | 13 | 80 | 17 | 0 | 千克 | |
| 93059900 | --其他 | | | | | | |
| 9305990000 | 其他武器的零件、附件(指品目93.02~93.04所列其他物品的零件) | 13 | 80 | 17 | 0 | 千克 | |
| **9306** | **炸弹、手榴弹、鱼雷、地雷、水雷、导弹及类似武器及其零件;子弹、其他弹药和射弹及其零件,包括弹丸及弹垫** | | | | | | |
| 93062100 | --猎枪子弹 | | | | | | |
| 9306210000 | 猎枪弹 | 13 | 80 | 17 | 13 | 千克 | |
| 93062900 | --其他 | | | | | | |
| 9306290000 | 猎枪弹的零件及气枪弹丸 | 13 | 80 | 17 | 13 | 千克 | |
| 93063080 | ---铆接机或类似工具用及弩枪式无痛捕杀器用子弹及其零件 | | | | | | |
| 9306308000 | 铆接机或类似工具的子弹及其零件(包括弩枪式无痛捕杀器用) | 13 | 80 | 17 | 0 | 千克 | |
| 93063090 | ---其他 | | | | | | |
| 9306309000 | 其他子弹及其零件 | 13 | 80 | 17 | 0 | 千克 | |
| 93069000 | -其他 | | | | | | |
| 9306900010 | 两用物项管制的导弹及其零件(能把500千克以上有效载荷投掷到300千米以上的) | 13 | 80 | 17 | 0 | 千克 | 3 |
| 9306900020 | 运载火箭(能把500千克以上有效载荷投掷到300千米以上的) | 13 | 80 | 17 | 0 | 千克 | 3 |
| 9306900030 | 探空火箭(能把500千克以上有效载荷投掷到300千米以上的) | 13 | 80 | 17 | 0 | 千克 | 3 |
| 9306900040 | 巡航导弹(能把500千克以上有效载荷投掷到300千米以上的) | 13 | 80 | 17 | 0 | 千克 | 3 |
| 9306900090 | 其他弹药和射弹及其零件(包括炸弹、手榴弹、鱼雷、地雷、水雷、导弹等) | 13 | 80 | 17 | 0 | 千克 | |
| **9307** | **剑、短弯刀、刺刀、长矛和类似的武器及其零件;刀鞘、剑鞘** | | | | | | |
| 93070010 | ---军用 | | | | | | |
| 9307001010 | 军用刀鞘、剑鞘,濒危动物制 | 13 | 80 | 17 | 0 | 千克/件 | FE |
| 9307001090 | 其他军用剑、刀、长矛和类似的武器及其零件(包括刀鞘、剑鞘) | 13 | 80 | 17 | 0 | 千克/件 | |
| 93070090 | ---其他 | | | | | | |
| 9307009010 | 其他濒危动物制的刀鞘、剑鞘 | 13 | 80 | 17 | 0 | 千克/件 | FE |
| 9307009090 | 其他剑、刀、长矛和类似的武器及其零件(包括刀鞘、剑鞘) | 13 | 80 | 17 | 0 | 千克/件 | |

# 第二十类　杂项制品

## 第九十四章　家具；寝具、褥垫、弹簧床垫、软坐垫及类似的填充制品；未列名灯具及照明装置；发光标志、发光铭牌及类似品；活动房屋

**注释：**

一、本章不包括：

（一）第三十九章、第四十章或第六十三章充气或充水的褥垫、枕头及坐垫；

（二）落地镜[例如，品目70.09的试衣镜（旋转镜）]；

（三）第七十一章的物品；

（四）第十五类注释二所规定的贱金属制通用零件（第十五类）、塑料制的类似品（第三十九章）或品目83.03的保险箱；

（五）冷藏或冷冻设备专用的特制家具（品目84.18）；缝纫机专用的特制家具（品目84.52）；

（六）第八十五章的灯具及照明装置；

（七）品目85.18、85.19、85.21或品目85.25至85.28所列装置专用的特制家具（应分别归入品目85.18、85.22或85.29）；

（八）品目87.14的物品；

（九）带品目90.18所列牙科用器具或漱口盂的牙科用椅（品目90.18）；

（十）第九十一章的物品（例如，钟及钟壳）；

（十一）玩具家具、玩具灯或玩具照明装置（品目95.03）、台球桌或其他供游戏用的特制家具（品目95.04）、魔术用的特制家具或中国灯笼及类似的装饰品（电气彩灯串除外）（品目95.05）；或

（十二）独脚架、双脚架、三脚架及类似品（品目96.20）。

二、品目94.01至94.03的物品（零件除外），只适用于落地式的物品。

对下列物品，即使是悬挂的、固定在墙壁上的或叠摞的，仍归入上述各品目：

（一）碗橱、书柜、其他架式家具（包括与将其固定于墙上的支撑物一同报验的单层搁架）及组合家具；

（二）坐具及床。

三、（一）品目94.01至94.03所列货品的零件，不包括玻璃（包括镜子）、大理石或其他石料以及第六十八章及第六十九章所列任何其他材料的片、块（不论是否切割成形，但未与其他零件组装）。

（二）品目94.04的货品，如果单独进口或出口，不能作为品目94.01、94.02或94.03所列货品的零件归类。

四、品目94.06所称"活动房屋"，是指在工厂制成成品或制成部件并一同进口或出口，供以后在有关地点上组装的房屋，例如，工地用房、办公室、学校、店铺、工作棚、车房或类似的建筑物。

| 商品编号 | 商品名称及备注 | 进口关税税率(%) | | 增值税率(%) | 出口退税率(%) | 计量单位 | 监管条件 |
|---|---|---|---|---|---|---|---|
| | | 最惠国 | 普通 | | | | |
| **9401** | **坐具（包括能做床用的两用椅，但品目94.02的货品除外）及其零件** | | | | | | |
| 94011000 | -飞机用坐具 | | | | | | |
| 9401100000 | 飞机用坐具 | 0 | 100 | 17 | 15 | 个/千克 | |
| 94012010 | ---皮革或再生皮革面的 | | | | | | |
| 9401201000 | 皮革或再生皮革面的机动车辆用坐具 | 10 | 100 | 17 | 15 | 个/千克 | |
| 94012090 | ---其他 | | | | | | |
| 9401209000 | 其他机动车辆用坐具 | 10 | 100 | 17 | 15 | 个/千克 | |
| 94013000 | -可调高度的转动坐具 | | | | | | |
| 9401300000 | 可调高度的转动坐具 | 0 | 100 | 17 | 15 | 个/千克 | |
| 94014010 | ---皮革或再生皮革面的 | | | | | | |
| 9401401000 | 皮革或再生皮革面的能作床用的两用椅（但庭园坐具或野营设备除外） | 0 | 100 | 17 | 15 | 个/千克 | |
| 94014090 | ---其他 | | | | | | |
| 9401409000 | 其他能作床用的两用椅（但庭园坐具或野营设备除外） | 0 | 100 | 17 | 15 | 个/千克 | |
| 94015200 | --竹制的 | | | | | | |
| 9401520000 | 竹制的坐具 | 0 | 100 | 17 | 15 | 个/千克 | AB |
| 94015300 | --藤制的 | | | | | | |
| 9401530000 | 藤制的坐具 | 0 | 100 | 17 | 15 | 个/千克 | AB |
| 94015900 | --其他 | | | | | | |
| 9401590000 | 柳条及类似材料制的坐具 | 0 | 100 | 17 | 15 | 个/千克 | AB |

| 商品编号 | 商品名称及备注 | 进口关税税率(%) | | 增值税率(%) | 出口退税率(%) | 计量单位 | 监管条件 |
|---|---|---|---|---|---|---|---|
| | | 最惠国 | 普通 | | | | |
| 94016110 | ---皮革或再生皮革面的 | | | | | | |
| 9401611000 | 皮革或再生皮革面的装软垫的木框架的其他坐具 | 0 | 100 | 17 | 15 | 个/千克 | AB |
| 94016190 | ---其他 | | | | | | |
| 9401619000 | 其他装软垫的木框架的坐具 | 0 | 100 | 17 | 15 | 个/千克 | AB |
| 94016900 | --其他 | | | | | | |
| 9401690010 | 其他濒危木框架的坐具 | 0 | 100 | 17 | 0 | 个/千克 | ABEF |
| 9401690090 | 其他木框架的坐具(不包括编号94011000~94015000的坐具) | 0 | 100 | 17 | 15 | 个/千克 | AB |
| 94017110 | ---皮革或再生皮革面的 | | | | | | |
| 9401711000 | 皮革或再生皮革面的装软垫的金属框架的坐具 | 0 | 100 | 17 | 15 | 个/千克 | |
| 94017190 | ---其他 | | | | | | |
| 9401719000 | 其他装软垫的金属框架的坐具 | 0 | 100 | 17 | 15 | 个/千克 | |
| 94017900 | --其他 | | | | | | |
| 9401790000 | 其他金属框架的坐具(不包括编号94011000~94015000的坐具) | 0 | 100 | 17 | 15 | 个/千克 | |
| 94018010 | ---石制的 | | | | | | |
| 9401801000 | 石制的其他坐具 | 0 | 100 | 17 | 15 | 个/千克 | |
| 94018090 | ---其他 | | | | | | |
| 9401809010 | 其他濒危木制坐具 | 0 | 100 | 17 | 0 | 个/千克 | EF |
| 9401809091 | 儿童用汽车安全坐椅 | 0 | 100 | 17 | 15 | 个/千克 | A |
| 9401809099 | 其他坐具 | 0 | 100 | 17 | 15 | 个/千克 | |
| 94019011 | ----坐椅调角器 | | | | | | |
| 9401901100 | 机动车辆用坐椅调角器 | 10 | 100 | 17 | 15 | 套/千克 | |
| 94019019 | ----其他 | | | | | | |
| 9401901900 | 机动车辆用其他座具零件 | 0 | 100 | 17 | 15 | 千克 | |
| 94019090 | ---其他 | | | | | | |
| 9401909010 | 其他座具的濒危木制零件 | 0 | 100 | 17 | 15 | 千克 | EF |
| 9401909090 | 其他座具的零件 | 0 | 100 | 17 | 15 | 千克 | |
| **9402** | **医疗、外科、牙科或兽医用家具(例如,手术台、检查台、带机械装置的病床、牙科用椅);有旋转、倾斜、升降装置的理发用椅及类似椅;上述物品的零件** | | | | | | |
| 94021010 | ---理发用椅及其零件 | | | | | | |
| 9402101000 | 理发用椅及其零件 | 0 | 100 | 17 | 15 | 个/千克 | |
| 94021090 | ---其他 | | | | | | |
| 9402109000 | 牙科及类似用途的椅及其零件 | 0 | 30 | 17 | 15 | 个/千克 | |
| 94029000 | -其他 | | | | | | |
| 9402900000 | 其他医疗、外科、兽医用家具及零件(如手术台、检查台、带机械装置的病床等) | 0 | 30 | 17 | 15 | 件/千克 | |
| **9403** | **其他家具及其零件** | | | | | | |
| 94031000 | -办公室用金属家具 | | | | | | |
| 9403100000 | 办公室用金属家具 | 0 | 100 | 17 | 15 | 件/千克 | |
| 94032000 | -其他金属家具 | | | | | | |
| 9403200000 | 其他金属家具 | 0 | 100 | 17 | 15 | 件/千克 | |
| 94033000 | -办公室用木家具 | | | | | | |
| 9403300010 | 濒危木制办公室用木家具 | 0 | 100 | 17 | 0 | 件/千克 | ABFE |
| 9403300090 | 其他办公室用木家具 | 0 | 100 | 17 | 15 | 件/千克 | AB |
| 94034000 | -厨房用木家具 | | | | | | |
| 9403400010 | 濒危木制厨房用木家具 | 0 | 100 | 17 | 0 | 件/千克 | ABFE |
| 9403400090 | 其他厨房用木家具 | 0 | 100 | 17 | 15 | 件/千克 | AB |
| 94035010 | ---红木制 | | | | | | |

| 商品编号 | 商品名称及备注 | 进口关税税率(%) | | 增值税率(%) | 出口退税率(%) | 计量单位 | 监管条件 |
|---|---|---|---|---|---|---|---|
| | | 最惠国 | 普通 | | | | |
| 9403501010 | 卧室用濒危红木制家具 | 0 | 100 | 17 | 0 | 件/千克 | ABFE |
| 9403501090 | 其他卧室用红木制家具 | 0 | 100 | 17 | 15 | 件/千克 | AB |
| 94035091 | ----天然漆(大漆)漆木家具 | | | | | | |
| 9403509100 | 卧室用天然漆(大漆)漆木家具 | 0 | 100 | 17 | 15 | 件/千克 | AB |
| 94035099 | ----其他 | | | | | | |
| 9403509910 | 卧室用其他濒危木家具 | 0 | 100 | 17 | 0 | 件/千克 | ABFE |
| 9403509990 | 卧室用其他木家具 | 0 | 100 | 17 | 15 | 件/千克 | AB |
| 94036010 | ---红木制 | | | | | | |
| 9403601010 | 濒危红木制其他家具(非卧室用) | 0 | 100 | 17 | 0 | 件/千克 | ABFE |
| 9403601090 | 其他红木制家具(非卧室用) | 0 | 100 | 17 | 15 | 件/千克 | AB |
| 94036091 | ----天然漆(大漆)漆木家具 | | | | | | |
| 9403609100 | 其他天然漆(大漆)漆木家具(非卧室用) | 0 | 100 | 17 | 15 | 件/千克 | AB |
| 94036099 | ----其他 | | | | | | |
| 9403609910 | 濒危木制其他家具(非卧室用) | 0 | 100 | 17 | 0 | 件/千克 | ABFE |
| 9403609990 | 其他木家具(非卧室用) | 0 | 100 | 17 | 15 | 件/千克 | AB |
| 94037000 | -塑料家具 | | | | | | |
| 9403700000 | 塑料家具 | 0 | 100 | 17 | 15 | 件/千克 | |
| 94038200 | --竹制的 | | | | | | |
| 9403820000 | 竹制的家具 | 0 | 100 | 17 | 15 | 件/千克 | AB |
| 94038300 | --藤制的 | | | | | | |
| 9403830000 | 藤制的家具 | 0 | 100 | 17 | 15 | 件/千克 | AB |
| 94038910 | ---柳条及类似材料制的 | | | | | | |
| 9403891000 | 柳条及类似材料制的家具 | 0 | 100 | 17 | 15 | 件/千克 | AB |
| 94038920 | ---石制的 | | | | | | |
| 9403892000 | 石制的家具 | 0 | 100 | 17 | 15 | 件/千克 | |
| 94038990 | ---其他 | | | | | | |
| 9403899000 | 其他材料制的家具 | 0 | 100 | 17 | 15 | 件/千克 | |
| 94039000 | -零件 | | | | | | |
| 9403900091 | 其他品目94.03所列物品的濒危木制零件 | 0 | 100 | 17 | 15 | 千克 | EF |
| 9403900099 | 其他品目94.03所列物品零件 | 0 | 100 | 17 | 15 | 千克 | |
| **9404** | **弹簧床垫;寝具及类似用品,装有弹簧、内部用任何材料填充、衬垫或用海绵橡胶、泡沫塑料制成,不论是否包面(例如,褥垫、棉被、羽绒被、靠垫、坐垫及枕头)** | | | | | | |
| 94041000 | -弹簧床垫 | | | | | | |
| 9404100000[暂10] | 弹簧床垫 | 20 | 100 | 17 | 15 | 个/千克 | |
| 94042100 | --海绵橡胶或泡沫塑料制,不论是否包面 | | | | | | |
| 9404210010[暂10] | 蔺草包面的垫子(单件面积>1平方米,无论是否包边) | 20 | 100 | 17 | 15 | 个/千克 | 4ABxy |
| 9404210090[暂10] | 海绵橡胶或泡沫塑料制褥垫(不论是否包面) | 20 | 100 | 17 | 15 | 个/千克 | |
| 94042900 | --其他材料制 | | | | | | |
| 9404290000[暂10] | 其他材料制褥垫 | 20 | 100 | 17 | 17 | 个/千克 | |
| 94043010 | ---羽毛或羽绒填充的 | | | | | | |
| 9404301010[暂10] | 濒危野禽羽毛或羽绒填充的睡袋 | 20 | 130 | 17 | 0 | 个/千克 | FE |
| 9404301090[暂10] | 其他羽毛或羽绒填充的睡袋 | 20 | 130 | 17 | 17 | 个/千克 | |
| 94043090 | ---其他 | | | | | | |
| 9404309000[暂10] | 其他睡袋 | 20 | 100 | 17 | 17 | 个/千克 | |
| 94049010 | ---羽毛或羽绒填充的 | | | | | | |
| 9404901010[暂10] | 濒危野禽羽绒或羽毛填充其他寝具(含类似品) | 20 | 130 | 17 | 0 | 千克 | EF |

| 商品编号 | 商 品 名 称 及 备 注 | 进口关税税率(%) | | 增值税率(%) | 出口退税率(%) | 计量单位 | 监管条件 |
|---|---|---|---|---|---|---|---|
| | | 最惠国 | 普通 | | | | |
| 9404901090[暂10] | 其他羽绒或羽毛填充的其他寝具(含类似品) | 20 | 130 | 17 | 17 | 千克 | |
| 94049020 | ---兽毛填充的 | | | | | | |
| 9404902010[暂10] | 濒危兽毛填充的寝具(用野生兽毛填充的,含盖被及类似品) | 20 | 130 | 17 | 0 | 千克 | EF |
| 9404902090[暂10] | 其他兽毛填充的其他寝具(含类似品) | 20 | 130 | 17 | 17 | 千克 | |
| 94049030 | ---丝棉填充的 | | | | | | |
| 9404903000[暂10] | 丝棉填充的其他寝具及类似品 | 20 | 130 | 17 | 17 | 千克 | |
| 94049040 | ---化学纤维棉填充的 | | | | | | |
| 9404904000[暂10] | 化学纤维棉填充的其他寝具及类似品 | 20 | 130 | 17 | 17 | 千克 | |
| 94049090 | ---其他 | | | | | | |
| 9404909000[暂10] | 其他材料制寝具及类似品 | 20 | 130 | 17 | 17 | 千克 | |
| **9405** | **其他编号未列名的灯具及照明装置,包括探照灯、聚光灯及其零件;装有固定光源的发光标志、发光铭牌及类似品,以及其他编号未列名的这些货品的零件** | | | | | | |
| 94051000 | -枝形吊灯及天花板或墙壁上的其他电气照明装置,但不包括公共露天场所或街道上的电气照明装置 | | | | | | |
| 9405100000 | 枝形吊灯(包括天花板或墙壁上的照明装置,但露天或街道上的除外) | 10 | 80 | 17 | 13 | 个/千克 | |
| 94052000 | -电气的台灯、床头灯或落地灯 | | | | | | |
| 9405200010 | 含濒危物种成分的电气台灯、床头灯、落地灯 | 20 | 80 | 17 | 0 | 台/千克 | EF |
| 9405200090 | 其他电气台灯、床头灯、落地灯 | 20 | 80 | 17 | 13 | 台/千克 | |
| 94053000 | -圣诞树用的成套灯具 | | | | | | |
| 9405300000 | 圣诞树用的成套灯具 | 16 | 100 | 17 | 13 | 套/千克 | |
| 94054010 | ---探照灯 | | | | | | |
| 9405401000 | 探照灯 | 17.5 | 70 | 17 | 13 | 台/千克 | |
| 94054020 | ---聚光灯 | | | | | | |
| 9405402000 | 聚光灯 | 17.5 | 70 | 17 | 13 | 台/千克 | |
| 94054090 | ---其他 | | | | | | |
| 9405409000 | 其他电灯及照明装置 | 10 | 80 | 17 | 13 | 千克 | |
| 94055000 | -非电气的灯具及照明装置 | | | | | | |
| 9405500000 | 非电气灯具及照明装置 | 20 | 80 | 17 | 13 | 千克 | |
| 94056000 | -发光标志、发光铭牌及类似品 | | | | | | |
| 9405600000 | 发光标志、发光铭牌及类似品 | 20 | 80 | 17 | 13 | 千克 | |
| 94059100 | --玻璃制 | | | | | | |
| 9405910000 | 品目94.05所列物品的玻璃制零件 | 20 | 70 | 17 | 13 | 千克 | |
| 94059200 | --塑料制 | | | | | | |
| 9405920000 | 品目94.05所列物品的塑料制零件 | 20 | 70 | 17 | 13 | 千克 | |
| 94059900 | --其他 | | | | | | |
| 9405990000 | 品目94.05所列物品其他材料制零件 | 20 | 70 | 17 | 13 | 千克 | |
| **9406** | **活动房屋** | | | | | | |
| 94061000 | -木制的 | | | | | | |
| 9406100000 | 木制的活动房屋 | 10 | 70 | 17 | 13 | 千克 | AB |
| 94069000 | -其他 | | | | | | |
| 9406900010 | 用动植物材料制作的活动房屋(木制的除外) | 10 | 70 | 17 | 13 | 千克 | AB |
| 9406900020 | 带有风扇的高效空气粒子过滤单元(HEPA)的封闭洁净室 | 10 | 70 | 17 | 13 | 千克 | 3 |
| 9406900090 | 其他活动房屋 | 10 | 70 | 17 | 13 | 千克 | |

# 第九十五章 玩具、游戏品、运动用品及其零件、附件

**注释：**

一、本章不包括：

（一）蜡烛（品目34.06）；

（二）品目36.04的烟花、爆竹或其他烟火制品；

（三）已切成一定长度但未制成钓鱼线的纱线、单丝、绳、肠线及类似品（第三十九章、品目42.06或第十一类）；

（四）品目42.02、43.03或43.04的运动用袋或其他容器；

（五）第六十一章或第六十二章的纺织品制的化装舞会服装；第六十一章或第六十二章的纺织品制的运动服装或特殊衣着（例如，击剑服或足球守门员球衣），无论是否附带保护配件，例如，肘部、膝部或腹股沟部位的保护垫或填充物；

（六）第六十三章的纺织品制的旗帜及小船或滑行车用帆；

（七）第六十四章的运动鞋靴（带冰刀或滑轮的溜冰鞋除外）或第六十五章的运动用帽；

（八）手杖、鞭子、马鞭或类似品（品目66.02）及其零件（品目66.03）；

（九）品目70.18的未装配的玩偶或其他玩具用的玻璃假眼；

（十）第十五类注释二所规定的贱金属制通用零件（第十五类）或塑料制的类似货品（第三十九章）；

（十一）品目83.06的铃、钟、锣及类似品；

（十二）液体泵（品目84.13）、液体或气体的过滤、净化机器及装置（品目84.21）、电动机（品目85.01）、变压器（品目85.04）；录制声音或其他信息用的圆盘、磁带、固态非易失性数据存储器件、“智能卡”及其他媒体，不论是否已录制（品目85.23）；无线电遥控设备（品目85.26）或无绳红外线遥控器件（品目85.43）；

（十三）第十七类的运动用车辆（长雪橇、平底雪橇及类似品除外）；

（十四）儿童两轮车（品目87.12）；

（十五）运动用船艇，例如，轻舟、赛艇（第八十九章）及其桨、橹和类似品（木制的归入第四十四章）；

（十六）运动及户外游戏用的眼镜、护目镜及类似品（品目90.04）；

（十七）媒诱音响器及哨子（品目92.08）；

（十八）第九十三章的武器及其他物品；

（十九）各种电气彩灯串（品目94.05）；

（二十）独脚架、双脚架、三脚架及类似品（品目96.20）；

（二十一）球拍线、帐篷或类似的野营用品、分指手套、连指手套及露指手套（按其构成材料归类）；

（二十二）餐具、厨房用具、盥洗用品、地毯及纺织材料制的其他铺地制品、服装、床上及餐桌用织物制品、盥洗及厨房用织物制品及具有实用功能的类似货品（按其构成材料归类）。

二、本章包括珍珠、养珠、宝石或半宝石（天然、合成或再造）、贵金属或包贵金属只作为小零件的物品。

三、除上述注释一另有规定的以外，凡专用于或主要用于本章各编号所列物品的零件、附件，应与有关物品一并归类。

四、除上述注释一另有规定的以外，品目95.03特别适用于该品目物品和一项或多项其他物品组合而成的货品，但上述组合的货品不能视为归类总规则三（二）所指的成套货品，且在单独报验时应归入其他品目，只要该货品零售包装在一起，且组合后具备了玩具的基本特征，仍归入本品目。

五、品目95.03不包括因其设计、形状或构成材料可确认为专供动物使用的物品，例如，宠物玩具（归入其相应的品目）。

**子目注释：**

一、子目9504.50包括：

（一）在电视机、监视器或其他外部屏幕或表面上重放图像的视频游戏控制器；或

（二）自带显示屏的视频游戏设备，不论是否便携式。

本子目不包括用硬币、钞票、银行卡、代币或任何其他支付方式使其工作的视频游戏控制器或设备（子目9504.30）。

| 商品编号 | 商品名称及备注 | 进口关税税率（%） | | 增值税率（%） | 出口退税率（%） | 计量单位 | 监管条件 |
|---|---|---|---|---|---|---|---|
| | | 最惠国 | 普通 | | | | |
| **9503** | **三轮车、踏板车、踏板汽车和类似的带轮玩具；玩偶车；玩偶；其他玩具；缩小（按比例缩小）的模型及类似的娱乐用模型，不论是否活动；各种智力玩具** | | | | | | |
| 95030010 | ---三轮车、踏板车、踏板汽车和类似的带轮玩具；玩偶车 | | | | | | |
| 9503001000 | 三轮车、踏板车、踏板汽车和类似的带轮玩具；玩偶车 | 0 | 80 | 17 | 17 | 千克/辆 | |
| 95030021 | ----动物 | | | | | | |
| 9503002100 | 动物玩偶，不论是否着装 | 0 | 80 | 17 | 15 | 个/千克 | A |
| 95030029 | ----其他 | | | | | | |
| 9503002900 | 其他玩偶，不论是否着装 | 0 | 80 | 17 | 15 | 个/千克 | A |
| 95030060 | ---智力玩具 | | | | | | |
| 9503006000 | 智力玩具 | 0 | 80 | 17 | 15 | 套/千克 | A |
| 95030083 | ----带动力装置的玩具及模型 | | | | | | |
| 9503008310 | 玩具无人机 | 0 | 80 | 17 | | 套/千克 | A |
| 9503008390 | 带动力装置的玩具及模型 | 0 | 80 | 17 | | 套/千克 | A |
| 95030089 | ----其他 | | | | | | |

| 商品编号 | 商 品 名 称 及 备 注 | 进口关税税率(%) | | 增值税率(%) | 出口退税率(%) | 计量单位 | 监管条件 |
|---|---|---|---|---|---|---|---|
| | | 最惠国 | 普通 | | | | |
| 9503008900 | 其他未列名玩具 | 0 | 80 | 17 | 15 | 个/千克 | A |
| 95030090 | ---零件、附件 | | | | | | |
| 9503009000 | 玩具、模型零件 | 0 | 80 | 17 | 15 | 千克 | A |
| **9504** | **视频游戏控制器及设备、游艺场所、桌上或室内游戏用品,包括弹球机、台球、娱乐专用桌及保龄球自动球道设备** | | | | | | |
| 95042000 | -各种台球用品及附件 | | | | | | |
| 9504200010 | 濒危木制的台球用品及附件 | 0 | 80 | 17 | 0 | 千克 | EF |
| 9504200090 | 其他台球用品及附件 | 0 | 80 | 17 | 13 | 千克 | |
| 95043010 | ---电子游戏机 | | | | | | |
| 9504301000 | 用特定支付方式使其工作的电子游戏机(用硬币、钞票、银行卡、代币或其他支付方式使其工作的) | 0 | 130 | 17 | 13 | 台/千克 | 60 |
| 95043090 | ---其他 | | | | | | |
| 9504309000 | 用特定支付方式工作的其他游戏用品,保龄球道设备除外(用硬币、钞票、银行卡、代币或其他支付方式使其工作的) | 0 | 80 | 17 | 13 | 台/千克 | 60 |
| 95044000 | -扑克牌 | | | | | | |
| 9504400000 | 扑克牌 | 0 | 80 | 17 | 13 | 副 | |
| 95045011 | ----零件及附件 | | | | | | |
| 9504501100 | 视频游戏控制器及设备的零件及附件(与电视接收机配套使用的,编号950430的货品除外) | 0 | 130 | 17 | 15 | 个/千克 | 60 |
| 95045019 | ----其他 | | | | | | |
| 9504501900 | 视频游戏控制器及设备(与电视接收机配套使用的,编号950430的货品除外) | 0 | 130 | 17 | 15 | 台/千克 | 60 |
| 95045091 | ----零件及附件 | | | | | | |
| 9504509100 | 其他视频游戏控制器及设备的零件及附件(编号950430的货品除外) | 0 | 130 | 17 | 13 | 个/千克 | 60 |
| 95045099 | ----其他 | | | | | | |
| 9504509900 | 其他视频游戏控制器及设备(编号950430的货品除外) | 0 | 130 | 17 | 13 | 台/千克 | 60 |
| 95049010 | ---其他电子游戏机 | | | | | | |
| 9504901000 | 其他电子游戏机 | 0 | 130 | 17 | 13 | 台/千克 | 60 |
| 95049021 | ----保龄球自动分瓶机 | | | | | | |
| 9504902100 | 保龄球自动分瓶机 | 0 | 80 | 17 | 13 | 台/千克 | |
| 95049022 | ----保龄球 | | | | | | |
| 9504902200 | 保龄球 | 0 | 80 | 17 | 13 | 个 | |
| 95049023 | ----保龄球瓶 | | | | | | |
| 9504902300 | 保龄球瓶 | 0 | 80 | 17 | 13 | 个 | |
| 95049029 | ----其他 | | | | | | |
| 9504902900 | 其他保龄球自动球道设备及器具 | 0 | 80 | 17 | 13 | 台/千克 | |
| 95049030 | ---中国象棋、国际象棋、跳棋等棋类用品 | | | | | | |
| 9504903000 | 象棋、跳棋等棋类用品(包括中国象棋、国际象棋) | 0 | 80 | 17 | 17 | 副/千克 | |
| 95049040 | ---麻将及类似桌上游戏用品 | | | | | | |
| 9504904000 | 麻将及类似桌上游戏用品 | 0 | 80 | 17 | 17 | 副/千克 | |
| 95049090 | ---其他 | | | | | | |
| 9504909000 | 其他游艺场、桌上或室内游戏用品(包括弹球机) | 0 | 80 | 17 | 13 | 台/千克 | |
| **9505** | **节日(包括狂欢节)用品或其他娱乐用品,包括魔术道具及嬉戏品** | | | | | | |
| 95051000 | -圣诞节用品 | | | | | | |
| 9505100010 | 含动植物性材料的圣诞用品(不包括成套圣诞节灯具) | 0 | 100 | 17 | 13 | 千克 | AB |
| 9505100090 | 其他圣诞节用品(不包括成套圣诞节灯具) | 0 | 100 | 17 | 13 | 千克 | |
| 95059000 | -其他 | | | | | | |

| 商品编号 | 商品名称及备注 | 进口关税税率(%) | | 增值税率(%) | 出口退税率(%) | 计量单位 | 监管条件 |
|---|---|---|---|---|---|---|---|
| | | 最惠国 | 普通 | | | | |
| 9505900000 | 其他节日用品或娱乐用品(包括魔术道具及嬉戏品) | 0 | 100 | 17 | 13 | 千克 | |
| **9506** | **一般的体育活动、体操、竞技及其他运动(包括乒乓球运动)或户外游戏用的本章其他编号未列名用品及设备;游泳池或戏水池** | | | | | | |
| 95061100 | --滑雪屐 | | | | | | |
| 9506110000暂7 | 滑雪屐 | 14 | 50 | 17 | 13 | 双 | |
| 95061200 | --滑雪屐扣件(滑雪屐带) | | | | | | |
| 9506120000暂7 | 滑雪屐扣件(滑雪屐带) | 14 | 50 | 17 | 13 | 千克 | |
| 95061900 | --其他 | | | | | | |
| 9506190000暂7 | 其他滑雪用具 | 14 | 50 | 17 | 13 | 千克 | |
| 95062100 | --帆板 | | | | | | |
| 9506210000 | 帆板 | 12 | 50 | 17 | 13 | 个/千克 | |
| 95062900 | --其他 | | | | | | |
| 9506290000 | 其他水上运动用具(包括滑水板、冲浪板) | 14 | 50 | 17 | 13 | 个/千克 | |
| 95063100 | --棍,全套 | | | | | | |
| 9506310000 | 完整的高尔夫球棍 | 14 | 50 | 17 | 13 | 根 | |
| 95063200 | --球 | | | | | | |
| 9506320000 | 高尔夫球 | 12 | 50 | 17 | 13 | 个 | |
| 95063900 | --其他 | | | | | | |
| 9506390000 | 其他高尔夫球用具 | 14 | 50 | 17 | 13 | 千克 | |
| 95064010 | ---乒乓球 | | | | | | |
| 9506401000 | 乒乓球 | 12 | 50 | 17 | 13 | 百个/千克 | |
| 95064090 | ---其他 | | | | | | |
| 9506409000暂7 | 其他乒乓球运动用品及器械 | 14 | 50 | 17 | 13 | 千克 | |
| 95065100 | --草地网球拍,不论是否装弦 | | | | | | |
| 9506510000 | 草地网球拍(不论是否装弦) | 14 | 50 | 17 | 13 | 支 | |
| 95065900 | --其他 | | | | | | |
| 9506590000 | 其他网球拍、羽毛球拍或类似球拍 | 14 | 50 | 17 | 13 | 支 | |
| 95066100 | --草地网球 | | | | | | |
| 9506610000 | 草地网球 | 12 | 50 | 17 | 13 | 个 | |
| 95066210 | ---篮球、足球、排球 | | | | | | |
| 9506621000暂6 | 篮球、足球、排球 | 12 | 50 | 17 | 13 | 个 | |
| 95066290 | ---其他 | | | | | | |
| 9506629000 | 其他可充气的球 | 12 | 50 | 17 | 13 | 个 | |
| 95066900 | --其他 | | | | | | |
| 9506690000 | 其他球(但高尔夫球及乒乓球除外) | 12 | 50 | 17 | 13 | 个 | |
| 95067010 | ---溜冰鞋 | | | | | | |
| 9506701000暂7 | 溜冰鞋(包括装有冰刀的溜冰靴) | 14 | 50 | 17 | 13 | 双/千克 | |
| 95067020 | ---旱冰鞋 | | | | | | |
| 9506702000暂7 | 旱冰鞋 | 14 | 50 | 17 | 13 | 双/千克 | |
| 95069111 | ----跑步机 | | | | | | |
| 9506911110暂6 | 跑步机(整机) | 12 | 50 | 17 | 13 | 台/千克 | |
| 9506911190暂6 | 跑步机的零件及附件 | 12 | 50 | 17 | 13 | 台/千克 | |
| 95069119 | ----其他 | | | | | | |
| 9506911900暂6 | 其他健身及康复器械(包括设备) | 12 | 50 | 17 | 13 | 千克 | |
| 95069120 | ---滑板 | | | | | | |
| 9506912000暂6 | 滑板 | 12 | 50 | 17 | 13 | 个/千克 | |

| 商品编号 | 商品名称及备注 | 进口关税税率(%) | | 增值税率(%) | 出口退税率(%) | 计量单位 | 监管条件 |
|---|---|---|---|---|---|---|---|
| | | 最惠国 | 普通 | | | | |
| 95069190 | ---其他 | | | | | | |
| 9506919000[暂6] | 一般的体育活动、体操或竞技用品(包括设备) | 12 | 50 | 17 | 13 | 千克 | |
| 95069900 | --其他 | | | | | | |
| 9506990000 | 其他未列名的第九十五章用品及设备(包括户外游戏用品及设备,如游冰池、戏水池) | 12 | 50 | 17 | 13 | 个/千克 | |
| **9507** | **钓鱼竿、钓鱼钩及其他钓鱼用品;捞鱼网、捕蝶网及类似网;囮子"鸟"(品目92.08或97.05的货品除外)以及类似的狩猎用品** | | | | | | |
| 95071000 | -钓鱼竿 | | | | | | |
| 9507100010 | 用植物性材料制作的钓鱼竿 | 21 | 80 | 17 | 13 | 副/千克 | AB |
| 9507100090 | 其他钓鱼竿 | 21 | 80 | 17 | 13 | 副/千克 | |
| 95072000 | -钓鱼钩,不论有无系钩丝 | | | | | | |
| 9507200000 | 钓鱼钩(无论有无系钩丝) | 21 | 80 | 17 | 13 | 千克 | |
| 95073000 | -钓线轮 | | | | | | |
| 9507300000 | 钓线轮 | 21 | 80 | 17 | 13 | 个/千克 | |
| 95079000 | -其他 | | | | | | |
| 9507900000 | 其他用品[包括捞鱼网、捕蝶网及类似网、囮子"鸟"(品目92.08或97.05的货品除外)及类似狩猎用品] | 21 | 80 | 17 | 13 | 千克 | |
| **9508** | **旋转木马、秋千、射击用靶及其他游乐场的娱乐设备;流动马戏团及流动动物园;流动剧团** | | | | | | |
| 95081000 | -流动马戏团及流动动物园 | | | | | | |
| 9508100010 | 有濒危动物的流动马戏团(包括流动动物园) | 15 | 100 | 17 | 0 | 千克 | FEAB |
| 9508100090 | 其他流动马戏团及流动动物园 | 15 | 100 | 17 | 13 | 千克 | AB |
| 95089000 | -其他 | | | | | | |
| 9508900000 | 其他游乐场娱乐设备;流动剧团 | 15 | 100 | 17 | 13 | 千克 | AB |

# 第九十六章　杂项制品

**注释：**

一、本章不包括：

（一）化妆盥洗用笔（第三十三章）；

（二）第六十六章的制品（例如，伞或手杖的零件）；

（三）仿首饰（品目71.17）；

（四）第十五类注释二所规定的贱金属制通用零件（第十五类）或塑料制的类似品（第三十九章）；

（五）第八十二章的利口器及其他物品，其柄或其他零件是雕刻或模塑材料制的；但品目96.01或96.02适用于单独进口或出口的上述物品的柄或其他零件；

（六）第九十章的物品，例如，眼镜架（品目90.03）、数学绘图笔（品目90.17）、各种牙科、医疗、外科或兽医专用刷子（品目90.18）；

（七）第九十一章的物品（例如，钟壳或表壳）；

（八）乐器及其零件、附件（第九十二章）；

（九）第九十三章的物品（武器及其零件）；

（十）第九十四章的物品（例如，家具、灯具及照明装置）；

（十一）第九十五章的物品（玩具、游戏品、运动用品）；

（十二）艺术品、收藏品及古物（第九十七章）。

二、品目96.02所称"植物质或矿物质雕刻材料"，是指：

（一）用于雕刻的硬种子、硬果核、硬果壳、坚果及类似植物材料（例如，象牙果及棕榈子）；

（二）琥珀、海泡石、粘聚琥珀、粘聚海泡石、黑玉及其矿物代用品。

三、品目96.03所称"制帚、制刷用成束、成簇的材料"，仅指未装配的成束、成簇的兽毛、植物纤维或其他材料。这些成束、成簇的材料无需分开即可安装在帚、刷之上，或只需经过简单加工（例如将顶端修剪成形）即可安装的。

四、除品目96.01至96.06或96.15的货品以外，本章的物品还包括全部或部分用贵金属、包贵金属、珍珠、养珠、宝石或半宝石（天然、合成或再造）制成的物品。而且，品目96.01至96.06及96.15包括珍珠、养珠、宝石或半宝石（天然、合成或再造）、贵金属或包贵金属只作为小零件的物品。

| 商品编号 | 商品名称及备注 | 进口关税税率（%） | | 增值税率（%） | 出口退税率（%） | 计量单位 | 监管条件 |
|---|---|---|---|---|---|---|---|
| | | 最惠国 | 普通 | | | | |
| **9601** | **已加工的兽牙、骨、玳瑁壳、角、鹿角、珊瑚、珍珠母及其他动物质雕刻材料及其制品（包括模塑制品）** | | | | | | |
| 96011000 | -已加工的兽牙及其制品 | | | | | | |
| 9601100010 | 已加工的濒危兽牙及其制品 | 20 | 100 | 17 | 0 | 千克 | AFEB |
| 9601100090 | 其他已加工的兽牙及其制品 | 20 | 100 | 17 | 13 | 千克 | AB |
| 96019000 | -其他 | | | | | | |
| 9601900010 | 其他已加工濒危动物质雕刻料（包括其制品） | 20 | 100 | 17 | 0 | 千克 | AFEB |
| 9601900090 | 其他已加工动物质雕刻料及其制品 | 20 | 100 | 17 | 13 | 千克 | AB |
| **9602** | **已加工的植物质或矿物质雕刻材料及其制品；蜡、硬脂、天然树胶、天然树脂或塑型膏制成的模塑或雕刻制品，以及其他编号未列名的模塑或雕刻制品；已加工的未硬化明胶（品目35.03的明胶除外）及未硬化明胶制品** | | | | | | |
| 96020010 | ---装药用胶囊 | | | | | | |
| 9602001000 | 装药用胶囊 | 10.5 | 40 | 17 | 13 | 千克 | |
| 96020090 | ---其他 | | | | | | |
| 9602009000 | 已加工植物或矿物质雕刻料及制品（指已加工的，包括蜡、硬脂、天然树胶、脂制模塑或雕刻） | 25 | 100 | 17 | 13 | 千克 | AB |
| **9603** | **帚、刷（包括作为机器、器具、车辆零件的刷）、非机动的手工操作地板清扫器、拖把及毛掸；供制帚、刷用的成束或成簇的材料；油漆块垫及滚筒；橡皮扫帚（橡皮辊除外）** | | | | | | |
| 96031000 | -用枝条或其他植物材料捆扎而成的帚及刷，不论是否有把 | | | | | | |
| 9603100000 | 用枝条或其他植物材料捆扎成的帚（包括刷，不论是否有把） | 25 | 100 | 17 | 13 | 把 | AB |
| 96032100 | --牙刷，包括齿板刷 | | | | | | |
| 9603210000[暂8] | 牙刷（包括齿板刷） | 25 | 100 | 17 | 13 | 把 | |
| 96032900 | --其他 | | | | | | |
| 9603290010[暂8] | 濒危野生动物毛制剃须刷、发刷（包括睫毛刷等人体化妆刷） | 15 | 100 | 17 | 13 | 支 | FE |
| 9603290090[暂8] | 剃须刷、发刷、睫毛刷等人体化妆刷（包括作为器具零件的编号960329所属的刷） | 15 | 100 | 17 | 13 | 支 | |

| 商品编号 | 商品名称及备注 | 进口关税税率(%) 最惠国 | 进口关税税率(%) 普通 | 增值税率(%) | 出口退税率(%) | 计量单位 | 监管条件 |
|---|---|---|---|---|---|---|---|
| 96033010 | ---画笔 | | | | | | |
| 9603301010[暂8] | 濒危动物毛制的画笔 | 25 | 100 | 17 | 0 | 支 | FE |
| 9603301090[暂8] | 其他画笔 | 25 | 100 | 17 | 13 | 支 | |
| 96033020 | ---毛笔 | | | | | | |
| 9603302010[暂8] | 濒危动物毛制的毛笔 | 20 | 100 | 17 | 0 | 支 | FE |
| 9603302090[暂8] | 其他毛笔 | 20 | 100 | 17 | 13 | 支 | |
| 96033090 | ---其他 | | | | | | |
| 9603309010[暂8] | 濒危动物毛制化妆用的类似笔 | 25 | 100 | 17 | 0 | 支 | FE |
| 9603309090[暂8] | 其他化妆用的类似笔 | 25 | 100 | 17 | 13 | 支 | |
| 96034011 | ----猪鬃制 | | | | | | |
| 9603401100 | 猪鬃制漆刷及类似品 | 20 | 100 | 17 | 13 | 把 | |
| 96034019 | ----其他 | | | | | | |
| 9603401900 | 其他材料制漆刷及类似刷 | 23 | 100 | 17 | 13 | 把 | |
| 96034020 | ---油漆块垫及滚筒 | | | | | | |
| 9603402000 | 油漆块垫及滚筒 | 23 | 100 | 17 | 13 | 个 | |
| 96035011 | ----作为机器、器具零件的刷 | | | | | | |
| 9603501100 | 作为机器、器具零件的金属丝刷 | 14 | 50 | 17 | 13 | 个 | |
| 96035019 | ----其他 | | | | | | |
| 9603501900 | 作为车辆零件的金属丝刷 | 14 | 100 | 17 | 13 | 个 | |
| 96035091 | ----作为机器、器具零件的刷 | | | | | | |
| 9603509110 | 濒危动物毛制作为机器零件的其他刷(包括器具零件的其他刷) | 14 | 50 | 17 | 0 | 个 | FE |
| 9603509190 | 其他作为机器、器具零件的其他刷 | 14 | 50 | 17 | 13 | 个 | |
| 96035099 | ----其他 | | | | | | |
| 9603509910 | 濒危动物毛制作为车辆零件的其他刷 | 14 | 100 | 17 | 0 | 个 | FE |
| 9603509990 | 其他作为车辆零件的其他刷 | 14 | 100 | 17 | 13 | 个 | |
| 96039010 | ---羽毛掸 | | | | | | |
| 9603901010 | 濒危野禽羽毛掸 | 21 | 130 | 17 | 0 | 个 | AFEB |
| 9603901090 | 其他羽毛掸 | 21 | 130 | 17 | 13 | 个 | AB |
| 96039090 | ---其他 | | | | | | |
| 9603909010 | 濒危动物毛、鬃、尾制其他帚、刷(包括拖把及其他毛掸) | 15 | 100 | 17 | 0 | 个 | AFEB |
| 9603909020 | 其他动植物材料制帚、刷、拖把等(包括动植物材料制非机动的手工操作地板清扫器、毛掸) | 15 | 100 | 17 | 13 | 个 | AB |
| 9603909090 | 其他材料制帚、刷、拖把及毛掸(包括其他材料制非机动的手工操作地板清扫器等) | 15 | 100 | 17 | 13 | 个 | |
| **9604** | **手用粗筛、细筛** | | | | | | |
| 96040000 | 手用粗筛、细筛 | | | | | | |
| 9604000000 | 手用粗筛、细筛 | 21 | 100 | 17 | 13 | 个 | AB |
| **9605** | **个人梳妆、缝纫或清洁鞋靴、衣服用的成套旅行用具** | | | | | | |
| 96050000 | 个人梳妆、缝纫或清洁鞋靴、衣服用的成套旅行用具 | | | | | | |
| 9605000000 | 个人梳妆、缝纫等用成套旅行用品(包括清洁鞋靴、衣服用的) | 15 | 100 | 17 | 13 | 套 | |
| **9606** | **纽扣、揿扣、纽扣芯及纽扣和揿扣的其他零件;纽扣坯** | | | | | | |
| 96061000 | -揿扣及其零件 | | | | | | |
| 9606100000 | 揿扣及其零件 | 21 | 100 | 17 | 13 | 千克 | |
| 96062100 | --塑料制,未用纺织材料包裹 | | | | | | |
| 9606210000 | 塑料制纽扣(未用纺织材料包裹的) | 21 | 100 | 17 | 13 | 千克 | |
| 96062200 | --贱金属制,未用纺织材料包裹 | | | | | | |
| 9606220000 | 贱金属制纽扣(未用纺织材料包裹的) | 15 | 100 | 17 | 13 | 千克 | |

| 商品编号 | 商品名称及备注 | 进口关税税率(%) | | 增值税率(%) | 出口退税率(%) | 计量单位 | 监管条件 |
|---|---|---|---|---|---|---|---|
| | | 最惠国 | 普通 | | | | |
| 96062900 | --其他 | | | | | | |
| 9606290010 | 含濒危动物成分的其他纽扣 | 15 | 100 | 17 | 0 | 千克 | FE |
| 9606290090 | 其他纽扣 | 15 | 100 | 17 | 13 | 千克 | |
| 96063000 | -纽扣芯及纽扣的其他零件;纽扣坯 | | | | | | |
| 9606300000 | 纽扣芯及纽扣的其他零件(包括纽扣坯) | 15 | 100 | 17 | 13 | 千克 | |
| **9607** | **拉链及其零件** | | | | | | |
| 96071100 | --装有贱金属制咪牙齿的 | | | | | | |
| 9607110000 | 装有贱金属齿的拉链 | 21 | 130 | 17 | 13 | 米/千克 | |
| 96071900 | --其他 | | | | | | |
| 9607190000 | 其他拉链 | 21 | 130 | 17 | 13 | 米/千克 | |
| 96072000 | -零件 | | | | | | |
| 9607200000 | 拉链零件 | 21 | 130 | 17 | 13 | 千克 | |
| **9608** | **圆珠笔;毡尖和其他渗水式笔尖笔及唛头笔;自来水笔、铁笔型自来水笔及其他钢笔;蜡纸铁笔;活动铅笔;钢笔杆、铅笔套及类似的笔套;上述物品的零件(包括帽、夹),但品目96.09的货品除外** | | | | | | |
| 96081000 | -圆珠笔 | | | | | | |
| 9608100000[暂8] | 圆珠笔 | 15 | 80 | 17 | 13 | 支 | |
| 96082000 | -毡尖和其他渗水式笔尖笔及唛头笔 | | | | | | |
| 9608200000[暂12] | 毡尖和其他渗水式笔尖笔及唛头笔 | 21 | 80 | 17 | 13 | 支 | |
| 96083010 | ---墨汁画笔 | | | | | | |
| 9608301000[暂12] | 墨汁画笔 | 21 | 80 | 17 | 13 | 支 | |
| 96083020 | ---自来水笔 | | | | | | |
| 9608302000[暂12] | 自来水笔 | 21 | 80 | 17 | 13 | 支 | |
| 96083090 | ---其他 | | | | | | |
| 9608309000[暂12] | 其他钢笔(包括铁笔型自来水笔) | 21 | 80 | 17 | 13 | 支 | |
| 96084000 | -活动铅笔 | | | | | | |
| 9608400000[暂12] | 活动铅笔 | 21 | 80 | 17 | 13 | 支 | |
| 96085000 | -由上述两个或多个编号所列物品组成的成套货品 | | | | | | |
| 9608500000[暂12] | 含有两种笔及以上的成套货品(指品目96.08所列的各种笔) | 21 | 80 | 17 | 13 | 套 | |
| 96086000 | -圆珠笔芯,由圆珠笔头和墨芯构成 | | | | | | |
| 9608600000[暂12] | 圆珠笔芯(指由圆珠笔头和墨芯构成) | 21 | 80 | 17 | 13 | 支 | |
| 96089100 | --钢笔头及笔尖粒 | | | | | | |
| 9608910000[暂8] | 钢笔头及笔尖粒 | 12 | 70 | 17 | 13 | 支 | |
| 96089910 | ---机器、仪器用笔 | | | | | | |
| 9608991000 | 机器、仪器用笔 | 17.5 | 40 | 17 | 13 | 支/千克 | |
| 96089920 | ---蜡纸铁笔;钢笔杆、铅笔杆及类似的笔杆 | | | | | | |
| 9608992000[暂12] | 蜡纸铁笔、钢笔杆、铅笔杆等(包括类似笔杆,但品目96.09的货品除外) | 21 | 80 | 17 | 13 | 支/千克 | |
| 96089990 | ---其他 | | | | | | |
| 9608999000 | 其他笔零件(包括笔帽、笔夹,但品目96.09的货品除外) | 21 | 80 | 17 | 13 | 千克 | |
| **9609** | **铅笔(品目96.08的铅笔除外)、颜色铅笔、铅笔芯、蜡笔、图画碳笔、书写或绘画用粉笔及裁缝划粉** | | | | | | |
| 96091010 | ---铅笔 | | | | | | |
| 9609101000[暂12] | 铅笔 | 21 | 80 | 17 | 13 | 千克/百支 | |
| 96091020 | ---颜色铅笔 | | | | | | |
| 9609102000[暂12] | 颜色铅笔 | 21 | 80 | 17 | 13 | 千克 | |
| 96092000 | -铅笔芯,黑的或其他颜色的 | | | | | | |

| 商品编号 | 商品名称及备注 | 进口关税税率(%) | | 增值税率(%) | 出口退税率(%) | 计量单位 | 监管条件 |
|---|---|---|---|---|---|---|---|
| | | 最惠国 | 普通 | | | | |
| 9609200000[暂12] | 铅笔芯,黑的或其他颜色的 | 21 | 80 | 17 | 13 | 千克 | |
| 96099000 | -其他 | | | | | | |
| 9609900000[暂8] | 蜡笔,图画碳笔,书写或绘画用粉笔(包括裁缝划笔) | 15 | 80 | 17 | 13 | 千克 | |
| **9610** | **具有书写或绘画面的石板、黑板及类似板,不论是否镶框** | | | | | | |
| 96100000 | 具有书写或绘画面的石板、黑板及类似板,不论是否镶框 | | | | | | |
| 9610000000 | 具有书写或绘画面的石板、黑板(包括类似板,不论是否镶框) | 15 | 80 | 17 | 13 | 千克 | |
| **9611** | **手用日期戳、封缄戳、编号戳及类似印戳(包括标签压印器);手工操作的排字盘及带有排字盘的手印器** | | | | | | |
| 96110000 | 手用日期戳、封缄戳、编号戳及类似印戳(包括标签压印器);手工操作的排字盘及带有排字盘的手印器 | | | | | | |
| 9611000010 | 含濒危动物成分的手用日期戳(包括封缄戳及类似印戳) | 21 | 80 | 17 | 0 | 千克 | FE |
| 9611000090 | 手用日期戳、封缄戳及类似印戳(包括编号戳、标签压印器、手工排字盘及带有字盘的手印器) | 21 | 80 | 17 | 13 | 千克 | |
| **9612** | **打字机色带或类似色带,已上油或经其他方法处理能着色的,不论是否装轴或装盒;印台,不论是否已加印油或带盒子** | | | | | | |
| 96121000 | -色带 | | | | | | |
| 9612100000 | 打字机色带或类似色带(已上油或经其他方法处理能着色的,不论是否装轴或装盒) | 10.5 | 35 | 17 | 13 | 个/千克 | |
| 96122000 | -印台 | | | | | | |
| 9612200000 | 印台(不论是否已加印油或带盒子) | 25 | 100 | 17 | 13 | 个 | |
| **9613** | **香烟打火机和其他打火器(不论是机械的,还是电气的)及其零件,但打火石及打火机芯除外** | | | | | | |
| 96131000 | -袖珍气体打火机,一次性的 | | | | | | |
| 9613100000 | 一次性袖珍气体打火机 | 25 | 130 | 17 | 13 | 个 | B |
| 96132000 | -袖珍气体打火机,可充气的 | | | | | | |
| 9613200000 | 可充气袖珍气体打火机 | 25 | 130 | 17 | 13 | 个 | B |
| 96138000 | -其他打火器 | | | | | | |
| 9613800000 | 其他打火器 | 25 | 130 | 17 | 13 | 个 | B |
| 96139000 | -零件 | | | | | | |
| 9613900000 | 打火机及打火器零件(但打火石及打火机芯除外) | 25 | 130 | 17 | 13 | 千克 | |
| **9614** | **烟斗(包括烟斗头)和烟嘴及其零件** | | | | | | |
| 96140010 | ---烟斗及烟斗头 | | | | | | |
| 9614001010 | 含濒危动物成分的烟斗及烟斗头(仅指野生哺乳类牙齿制产品) | 25 | 130 | 17 | 0 | 个/千克 | ABEF |
| 9614001020 | 用植物性材料制作的烟斗及烟斗头 | 25 | 130 | 17 | 13 | 个/千克 | AB |
| 9614001090 | 其他烟斗及烟斗头 | 25 | 130 | 17 | 13 | 个/千克 | |
| 96140090 | ---其他 | | | | | | |
| 9614009010 | 含濒危野生动物成分的烟嘴及其零件(仅指野生哺乳类牙齿制产品) | 25 | 130 | 17 | 0 | 千克 | FE |
| 9614009090 | 其他烟嘴及其零件 | 25 | 130 | 17 | 13 | 千克 | |
| **9615** | **梳子、发夹及类似品;发卡、卷发夹、卷发器或类似品及其零件,但品目85.16的货品除外** | | | | | | |
| 96151100 | --硬质橡胶或塑料制 | | | | | | |
| 9615110000[暂8] | 硬质橡胶、塑料制梳子、发夹等(包括其类似品) | 18 | 130 | 17 | 13 | 千克 | |
| 96151900 | --其他 | | | | | | |
| 9615190010[暂8] | 含濒危动物成分的其他材料制梳子(包括角质发夹等,金属、塑料及家畜来源的产品除外) | 18 | 130 | 17 | 0 | 千克 | FE |
| 9615190090[暂8] | 其他材料制梳子、发夹及类似品(硬质橡胶、塑料制的除外) | 18 | 130 | 17 | 13 | 千克 | |
| 96159000 | -其他 | | | | | | |
| 9615900000[暂8] | 其他发夹、卷发器等及其零件(包括卷发针、卷发夹等,但品目85.16的货品除外) | 18 | 130 | 17 | 13 | 千克 | |

| 商品编号 | 商 品 名 称 及 备 注 | 进口关税税率(%) | | 增值税率(%) | 出口退税率(%) | 计量单位 | 监管条件 |
|---|---|---|---|---|---|---|---|
| | | 最惠国 | 普通 | | | | |
| **9616** | **香水喷雾器或类似的化妆用喷雾器及其座架、喷头;粉扑及粉拍,施敷脂粉或化妆品用** | | | | | | |
| 96161000 | -香水喷雾器或类似的化妆用喷雾器及其座架、喷头 | | | | | | |
| 9616100000[暂8] | 香水喷雾器或类似的化妆用喷雾器(包括座架、喷头) | 18 | 130 | 17 | 13 | 千克 | |
| 96162000 | -粉扑及粉拍,施敷脂粉或化妆品用 | | | | | | |
| 9616200000[暂8] | 施敷脂粉或化妆品用粉扑及粉拍 | 18 | 130 | 17 | 13 | 千克 | |
| **9617** | **带壳的保温瓶和其他真空容器及其零件,但玻璃瓶胆除外** | | | | | | |
| 96170011 | ----玻璃内胆制 | | | | | | |
| 9617001100[暂8] | 玻璃内胆制保温瓶(玻璃胆除外) | 24 | 130 | 17 | 13 | 个/千克 | |
| 96170019 | ----其他 | | | | | | |
| 9617001900[暂8] | 其他保温瓶(玻璃胆除外) | 24 | 130 | 17 | 13 | 个/千克 | |
| 96170090 | ---其他 | | | | | | |
| 9617009000[暂8] | 其他真空容器及零件(包括保温瓶的零件)(玻璃胆除外) | 18 | 130 | 17 | 13 | 千克 | |
| **9618** | **裁缝用人体模型及其他人体活动模型;橱窗装饰用的自动模型及其他活动陈列品** | | | | | | |
| 96180000 | 裁缝用人体模型及其他人体活动模型;橱窗装饰用的自动模型及其他活动陈列品 | | | | | | |
| 9618000010 | 用植物性材料制作的人体模型 | 21 | 80 | 17 | 13 | 千克 | AB |
| 9618000090 | 裁缝用其他人体模型(包括橱窗装饰用的自动模型及其他活动陈列品) | 21 | 80 | 17 | 13 | 千克 | |
| **9619** | **任何材料制的卫生巾(护垫)及止血塞、婴儿尿布及尿布衬里和类似品** | | | | | | |
| 96190011 | ----供婴儿使用的 | | | | | | |
| 9619001100[暂0] | 供婴儿使用的尿裤及尿布 | 7.5 | 80 | 17 | 13 | 千克 | A |
| 96190019 | ----其他 | | | | | | |
| 9619001900[暂0] | 其他尿裤及尿布 | 7.5 | 80 | 17 | 13 | 千克 | A |
| 96190020 | ---卫生巾(护垫)及止血塞 | | | | | | |
| 9619002000[暂5] | 卫生巾(护垫)及止血塞 | 10 | 80 | 17 | 13 | 千克 | A |
| 96190090 | ---其他 | | | | | | |
| 9619009000[暂8] | 尿布衬里及本品目商品的类似品 | 14 | 80 | 17 | 13 | 千克 | A |
| **9620** | **独脚架、双脚架、三脚架及类似品** | | | | | | |
| 96200000 | 独脚架、双脚架、三脚架及类似品 | | | | | | |
| 9620000000 | 独脚架、双脚架、三脚架及类似品 | 9 | 80 | 17 | 0 | 千克 | |

# 第二十一类　艺术品、收藏品及古物

## 第九十七章　艺术品、收藏品及古物

**注释：**

一、本章不包括：

（一）品目49.07的未经使用的邮票、印花税票、邮政信笺（印有邮票的纸品）及类似的票证；

（二）作舞台、摄影的布景及类似用途的已绘制画布（品目59.07），但可归入品目97.06的除外；

（三）天然或养殖珍珠、宝石或半宝石（品目71.01至71.03）。

二、品目97.02所称"雕版画、印制画、石印画的原本"，是指以艺术家完全手工制作的单块或数块印版直接印制出来的黑白或彩色原本，不论艺术家使用何种方法或材料，但不包括使用机器或照相制版方法制作的。

三、品目97.03不适用于成批生产的复制品及具有商业性质的传统手工艺品，即使这些物品是由艺术家设计或制造的。

四、（一）除上述注释一至三另有规定的以外，可归入本章各品目的物品，均应归入本章的相应品目而不归入本手册的其他品目；

（二）品目97.06不适用于可以归入本章其他各品目的物品。

五、已装框的油画、粉画及其他绘画、版画、拼贴画及类似装饰板，如果框架的种类及价值与作品相称，应与作品一并归类。如果框架的种类及价值与作品不相称，应分别归类。

| 商品编号 | 商 品 名 称 及 备 注 | 进口关税税率（%） | | 增值税率（%） | 出口退税率（%） | 计量单位 | 监管条件 |
|---|---|---|---|---|---|---|---|
| | | 最惠国 | 普通 | | | | |
| **9701** | **油画、粉画及其他手绘画，但带有手工绘制及手工描饰的制品或品目49.06的图纸除外；拼贴画及类似装饰板** | | | | | | |
| 97011011 | ----唐卡 | | | | | | |
| 9701101100 | 唐卡原件（但带有手工绘制及手工描饰的制品或品目49.06的图纸除外） | 12 | 50 | 17 | 0 | 幅 | |
| 97011019 | ----其他 | | | | | | |
| 9701101900暂3 | 其他手绘油画、粉画及其他画的原件（但带有手工绘制及手工描饰的制品或品目49.06的图纸除外） | 12 | 50 | 17 | 0 | 幅 | |
| 97011020 | ---复制品 | | | | | | |
| 9701102000 | 手绘油画、粉画及其他画的复制品（但手工绘制及手工描饰的制品或品目49.06的图纸除外） | 14 | 50 | 17 | 0 | 幅 | |
| 97019000 | -其他 | | | | | | |
| 9701900010 | 含濒危动物成分的拼贴画（包括类似装饰板，指一切源自濒危动物的产品） | 14 | 50 | 17 | 0 | 千克 | ABFE |
| 9701900020 | 用其他动植物材料制作的拼贴画（包括类似装饰板，指一切源自野生动物的产品） | 14 | 50 | 17 | 0 | 千克 | AB |
| 9701900090 | 其他拼贴画及类似装饰板 | 14 | 50 | 17 | 0 | 千克 | |
| **9702** | **雕版画、印制画、石印画的原本** | | | | | | |
| 97020000 | 雕版画、印制画、石印画的原本 | | | | | | |
| 9702000000暂3 | 雕版画、印制画、石印画的原本 | 12 | 50 | 17 | 0 | 幅 | |
| **9703** | **各种材料制的雕塑品原件** | | | | | | |
| 97030000 | 各种材料制的雕塑品原件 | | | | | | |
| 9703000010暂3 | 濒危动植物材料制的雕塑品原件（指一切源自濒危动植物的产品） | 12 | 50 | 17 | 0 | 幅 | FE |
| 9703000090暂3 | 其他各种材料制的雕塑品原件 | 12 | 50 | 17 | 0 | 幅 | |
| **9704** | **使用过或未使用过的邮票、印花税票、邮戳印记、首日封、邮政信笺（印有邮票的纸品）及类似品，但品目49.07的货品除外** | | | | | | |
| 97040010 | ---邮票 | | | | | | |
| 9704001000 | 邮票（指使用过的或虽未使用过但不是指运国流通及新发行的） | 8 | 50 | 17 | 0 | 千克 | |
| 97040090 | ---其他 | | | | | | |

| 商品编号 | 商品名称及备注 | 进口关税税率(%) | | 增值税率(%) | 出口退税率(%) | 计量单位 | 监管条件 |
|---|---|---|---|---|---|---|---|
| | | 最惠国 | 普通 | | | | |
| 9704009000 | 印花税票及类似票证等(指使用过的或虽未使用过但不是指运国流通及新发行的) | 14 | 50 | 17 | 0 | 千克 | |
| **9705** | **具有动物学、植物学、矿物学、解剖学、历史学、考古学、古生物学、人种学或钱币学意义的收集品及珍藏品** | | | | | | |
| 97050000 | 具有动物学、植物学、矿物学、解剖学、历史学、考古学、古生物学、人种学或钱币学意义的收集品及珍藏品 | | | | | | |
| 9705000010 | 含濒危动植物的收藏品(具有动植物学意义的) | 0 | 0 | 17 | 0 | 千克 | ABFE |
| 9705000090 | 具有动、植、矿物学意义的收藏品(还包括具有解剖、历史、考古、古生物学意义的收藏品) | 0 | 0 | 17 | 0 | 千克 | AB |
| **9706** | **超过100年的古物** | | | | | | |
| 97060000 | 超过100年的古物 | | | | | | |
| 9706000010 | 超过100年的濒危野生动植古物(具收藏或文史价值的) | 0 | 0 | 17 | 0 | 千克 | ABFE |
| 9706000090 | 其他超过100年的古物 | 0 | 0 | 17 | 0 | 千克 | |

# 第二十二类　特殊交易品及未分类商品

## 第九十八章　特殊交易品及未分类商品

| 商品编号 | 商品名称及备注 | 进口关税税率(%) | | 增值税率(%) | 出口退税率(%) | 计量单位 | 监管条件 |
|---|---|---|---|---|---|---|---|
| | | 最惠国 | 普通 | | | | |
| 9801001000 | 2000元人民币及以下的非税、非证进口商品 | 0 | 0 | 0 | 0 | 千克 | |
| 9801009000 | 其他未分类商品 | 0 | 0 | 0 | 11 | 千克 | |
| 9801300000 | 流通中的货币现钞(包括纸币及硬币) | 0 | 0 | 0 | 0 | 千克 | T |
| 9803001000 | 定制型系统软件(指构成计算机系统或其他数字计算装置运行环境、平台的操作系统软件,支持应用软件运行) | 0 | 0 | 0 | 0 | 套 | |
| 9803002000 | 定制型支撑软件(指在操作系统软件和应用软件之间,提供应用软件设计、系统测试运行等辅助功能的软件) | 0 | 0 | 0 | 0 | 套 | |
| 9803003000 | 定制型应用软件 | 0 | 0 | 0 | 0 | 套 | |
| 9803009000 | 其他定制型软件 | 0 | 0 | 0 | 0 | 套 | |

# 2018年出口商品关税、暂定税税率表

| 商品编号 | 商品名称及备注 | 出口税率(%) | 2018年出口暂定税率(%) |
| --- | --- | --- | --- |
| 0301921010 | 花鳗鲡鱼苗 | 20 | |
| 0301921020 | 欧洲鳗鲡鱼苗 | 20 | |
| 0301921090 | 其他鳗鱼(鳗鲡属)苗 | 20 | |
| 0506100000 | 经酸处理的骨胶原及骨 | 40 | |
| 0506901110 | 含牛羊成分的骨废料(未经加工或仅经脱脂等加工的) | 40 | |
| 0506901190 | 含牛羊成分的骨粉(未经加工或仅经脱脂等加工的) | 40 | |
| 0506901910 | 其他骨废料(未经加工或仅经脱脂等加工的) | 40 | |
| 0506901990 | 其他骨粉(未经加工或仅经脱脂等加工的) | 40 | |
| 0506909011 | 已脱胶的虎骨(指未经加工或经脱脂等加工的) | 40 | 0 |
| 0506909019 | 未脱胶的虎骨(指未经加工或经脱脂等加工的) | 40 | |
| 0506909021 | 已脱胶的豹骨(指未经加工或经脱脂等加工的) | 40 | 0 |
| 0506909029 | 未脱胶的豹骨(指未经加工或经脱脂等加工的) | 40 | |
| 0506909031 | 已脱胶的濒危野生动物的骨及角柱(不包括虎骨、豹骨,指未经加工或经脱脂等加工的) | 40 | 0 |
| 0506909039 | 未脱胶的濒危野生动物的骨及角柱(不包括虎骨、豹骨,指未经加工或经脱脂等加工的) | 40 | |
| 0506909091 | 已脱胶的其他骨及角柱(不包括虎骨、豹骨,指未经加工或经脱脂等加工的) | 40 | 0 |
| 0506909099 | 未脱胶的其他骨及角柱(不包括虎骨、豹骨,指未经加工或经脱脂等加工的) | 40 | |
| 2508500000 | 红柱石、蓝晶石及硅线石,不论是否煅烧 | | 10 |
| 2508600000 | 富铝红柱石 | | 10 |
| 2510101000 | 未碾磨磷灰石 | | 10 |
| 2510109000 | 其他未碾磨天然磷酸钙(包括天然磷酸铝钙及磷酸盐白垩,磷灰石除外) | | 10 |
| 2510201000 | 已碾磨磷灰石 | | 10 |
| 2510209000 | 其他已碾磨天然磷酸钙(包括天然磷酸铝钙及磷酸盐白垩,磷灰石除外) | | 10 |
| 2511200000 | 天然碳酸钡(毒重石)(不论是否煅烧,但品目28.16的氧化钡除外) | | 10 |
| 2601111000 | 未烧结铁矿砂及其精矿(平均粒度<0.8毫米的,焙烧黄铁矿除外) | | 10 |
| 2601112000 | 未烧结铁矿砂及其精矿(0.8毫米≤平均粒度≤6.3毫米的,焙烧黄铁矿除外) | | 10 |
| 2601119000 | 平均粒度>6.3毫米的未烧结铁矿砂及其精矿(焙烧黄铁矿除外) | | 10 |
| 2601120000 | 已烧结铁矿砂及其精矿(焙烧黄铁矿除外) | | 10 |
| 2601200000 | 焙烧黄铁矿 | | 10 |
| 2604000001 | 镍矿砂及其精矿(黄金价值部分) | | 10 |
| 2604000090 | 镍矿砂及其精矿(非黄金价值部分) | | 10 |
| 2607000001 | 铅矿砂及其精矿(黄金价值部分) | 30 | |
| 2607000090 | 铅矿砂及其精矿(非黄金价值部分) | 30 | |
| 2608000001 | 灰色饲料氧化锌[氧化锌(ZnO)含量>80%] | 30 | 0 |
| 2608000090 | 其他锌矿砂及其精矿 | 30 | |

| 商品编号 | 商品名称及备注 | 出口税率（%） | 2018年出口暂定税率（%） |
|---|---|---|---|
| 2609000000 | 锡矿砂及其精矿 | 50 | 20 |
| 2611000000 | 钨矿砂及其精矿 | 20 | |
| 2612100000 | 铀矿砂及其精矿 | | 10 |
| 2614000000 | 钛矿砂及其精矿 | | 10 |
| 2615100000 | 锆矿砂及其精矿 | | 10 |
| 2615901000 | 水合钽铌原料（钽铌矿富集物） | 30 | |
| 2615909010 | 铌、钽精矿及其矿砂 | 30 | |
| 2615909090 | 钒矿砂；钒精矿 | 30 | |
| 2616100000 | 银矿砂及其精矿 | | 10 |
| 2616900001 | 黄金矿砂 | | 10 |
| 2616900009 | 其他贵金属矿砂及其精矿 | | 10 |
| 2617101000 | 生锑（锑精矿，选矿产品） | 20 | |
| 2617901000 | 朱砂（辰砂） | | 10 |
| 2617909000 | 其他矿砂及其精矿 | | 10 |
| 2618001001 | 主要含锰的冶炼钢铁产生的粒状熔渣，含锰量>25%（包括熔渣砂） | | 10 |
| 2618001090 | 其他主要含锰的冶炼钢铁产生的粒状熔渣（包括熔渣砂） | | 10 |
| 2618009000 | 其他的冶炼钢铁产生的粒状熔渣（包括熔渣砂） | | 10 |
| 2619000010 | 轧钢产生的氧化皮 | | 10 |
| 2619000021 | 冶炼钢铁所产生的含钒浮渣、熔渣，五氧化二钒含量>20%（冶炼钢铁所产生的粒状熔渣除外） | | 10 |
| 2619000029 | 其他冶炼钢铁所产生的含钒浮渣、熔渣（冶炼钢铁所产生的粒状熔渣除外） | | 10 |
| 2619000030 | 含铁>80%的冶炼钢铁产生的渣钢铁 | | 10 |
| 2619000090 | 冶炼钢铁产生的其他熔渣、浮渣及其他废料（冶炼钢铁所产生的粒状熔渣除外） | | 10 |
| 2620210000 | 含铅汽油淤渣及含铅抗震化合物的淤渣 | | 10 |
| 2620290000 | 其他主要含铅的矿渣、矿灰及残渣（冶炼钢铁所产生灰、渣除外） | | 10 |
| 2620300000 | 主要含铜的矿渣、矿灰及残渣（冶炼钢铁所产生灰、渣除外） | | 10 |
| 2620600000 | 含砷、汞、铊及混合物矿渣、矿灰与残渣（用于提取或生产砷、汞、铊及其化合物） | | 10 |
| 2620910000 | 含锑、铍、镉、铬及混合物的矿渣、矿灰及残渣 | | 10 |
| 2620999011 | 含其他金属及其化合物的矿渣、矿灰及残渣，五氧化二钒>20%（冶炼钢铁所产生的及含钒废催化剂除外） | | 10 |
| 2620999019 | 含其他金属及其化合物的矿渣、矿灰及残渣，10%<五氧化二钒≤20%（冶炼钢铁所产生的及含钒废催化剂除外） | | 10 |
| 2620999020 | 含铜>10%的铜冶炼转炉渣及火法精炼渣、其他铜冶炼渣 | | 10 |
| 2620999090 | 含其他金属及其化合物的矿渣、矿灰及残渣（冶炼钢铁所产生灰、渣除外） | | 10 |
| 2701110010 | 无烟煤（不论是否粉化，但未制成型） | | 3 |
| 2701110090 | 无烟煤滤料 | | 3 |
| 2701121000 | 未制成型的炼焦煤（不论是否粉化） | | 3 |
| 2701129000 | 其他烟煤（不论是否粉化，但未制成型） | | 3 |
| 2701190000 | 其他煤（不论是否粉化，但未制成型） | | 3 |
| 2701200000 | 煤砖、煤球及类似用煤制固体燃料 | | 3 |
| 2702100000 | 褐煤（不论是否粉化，但未制成型） | | 3 |
| 2702200000 | 制成型的褐煤 | | 3 |
| 2703000010 | 泥炭（草炭）［沼泽（湿地）中，地上植物枯死、腐烂堆积而成的有机矿体（不论干湿）］ | | 3 |
| 2703000090 | 泥煤（包括肥料用泥煤）（不论是否制成型） | | 3 |
| 2706000090 | 其他从煤、褐煤或泥煤蒸馏所得的焦油及矿物焦油（不论是否脱水或部分蒸馏，包括再造焦油） | | 10 |
| 2707100000 | 粗苯 | | 10 |
| 2709000000 | 石油原油（包括从沥青矿物提取的原油） | | 5 |
| 2804701000 | 黄磷（白磷） | 20 | |

| 商品编号 | 商品名称及备注 | 出口税率(%) | 2018 年出口暂定税率(%) |
| --- | --- | --- | --- |
| 2804709010 | 红磷 | 20 | 10 |
| 2804709090 | 其他磷 | 20 | 10 |
| 2826909010 | 氟钽酸钾 | 30 | |
| 2834211000 | 肥料用硝酸钾 | | 5 |
| 2902200000 | 苯 | 40 | 0 |
| 3104209000 | 其他氯化钾 | | 600 元/吨 |
| 3104300000 | 硫酸钾 | | 600 元/吨 |
| 3104901000 | 光卤石、钾盐及其他天然粗钾盐 | | 30 |
| 3104909000 | 其他矿物钾肥及化学钾肥 | | 30 |
| 3105200010 | 化学肥料或矿物肥料(配额内,含氮、磷、钾三种肥效元素) | | 100 元/吨 |
| 3105200090 | 化学肥料或矿物肥料(配额外,含氮、磷、钾三种肥效元素) | | 100 元/吨 |
| 3105600000 | 含磷、钾两种元素的肥料(包括矿物肥料或化学肥料) | | 5 |
| 4103901100 | 退鞣山羊板皮[本章注释一(三)所述不包括的生皮除外] | 20 | |
| 4103901900 | 非退鞣山羊板皮[本章注释一(三)所述不包括的生皮除外] | 20 | |
| 4401210010 | 濒危针叶木木片或木粒 | | 10 |
| 4401210090 | 其他针叶木木片或木粒 | | 10 |
| 4401220010 | 濒危非针叶木木片或木粒 | | 10 |
| 4401220090 | 其他非针叶木木片或木粒 | | 10 |
| 4409101010 | 一边或面制成连续形状的濒危针叶木制地板条、块(包括未装拼的拼花地板用板条及缘板) | | 10 |
| 4409101090 | 一边或面制成连续形状的其他针叶木地板条、块(包括未装拼的拼花地板用板条及缘板) | | 10 |
| 4409291030 | 一边或面制成连续形状的其他濒危木地板条、块(包括未装拼的其他濒危木拼花地板用板条及缘板) | | 10 |
| 4409291090 | 一边或面制成连续形状的其他非针叶木地板条、块(包括未装拼的其他非针叶木拼花地板用板条及缘板) | | 10 |
| 4419901000 | 木制一次性筷子 | | 10 |
| 4421991010 | 拉敏木制圆签、圆棒、冰果棒、压舌片及类似一次性制品 | | 10 |
| 4421991020 | 濒危木制圆签、圆棒、冰果棒、压舌片及类似一次性制品 | | 10 |
| 4421991090 | 其他木制圆签、圆棒、冰果棒、压舌片及类似一次性制品 | | 10 |
| 4701000000 | 机械木浆 | | 10 |
| 4702000001 | 用于生产粘胶等化学纤维(不含醋酸纤维)的化学木浆,溶解级[3.7 分升/克≤浆粕的黏度<6.4 分升/克,或者 350 毫升/克≤浆粕的黏度<700 毫升/克,α 纤维素含量(R18,硫酸盐法)<95.5%,或者 α 纤维素含量(R18,亚硫酸盐法)<94%,灰分≤0.15%] | | 10 |
| 4702000090 | 其他化学木浆,溶解级 | | 10 |
| 4703110000 | 未漂白针叶木碱木浆或硫酸盐木浆(溶解级的除外) | | 10 |
| 4703190000 | 未漂白非针叶木碱木浆等(包括硫酸盐木浆,但溶解级的除外) | | 10 |
| 4703210001 | 用于生产粘胶等化学纤维(不含醋酸纤维)的漂白针叶木碱木浆或硫酸盐木浆(包括半漂白的,溶解级的除外)[3.7 分升/克≤浆粕的黏度<6.4 分升/克,或者 350 毫升/克≤浆粕的黏度<700 毫升/克,88%≤α 纤维素含量(R18,硫酸盐法)<95.5%,灰分≤0.15%] | | 10 |
| 4703210090 | 其他漂白针叶木碱木浆或硫酸盐木浆(包括半漂白的,溶解级的除外) | | 10 |
| 4703290000 | 漂白非针叶木碱木浆或硫酸盐木浆(包括半漂白的,溶解级的除外) | | 10 |
| 4704110000 | 未漂白的针叶木亚硫酸盐木浆(溶解级的除外) | | 10 |
| 4704190000 | 未漂白的非针叶木亚硫酸盐木浆(溶解级的除外) | | 10 |
| 4704210000 | 漂白的针叶木亚硫酸盐木浆(包括半漂白的,溶解级的除外) | | 10 |
| 4704290000 | 漂白的非针叶木亚硫酸盐木浆(包括半漂白的,溶解级的除外) | | 10 |
| 4705000000 | 机械与化学联合制浆法制的木浆 | | 10 |
| 4706200000 | 从回收纸或纸板提取的纤维浆 | | 10 |

| 商品编号 | 商品名称及备注 | 出口税率(%) | 2018年出口暂定税率(%) |
|---|---|---|---|
| 4706300001 | 用于生产粘胶等化学纤维(不含醋酸纤维)的其他纤维状纤维素竹浆(包括机械浆、化学浆、半化学浆)[3.7分升/克≤浆粕的粘度<6.4分升/克,或者350毫升/克≤浆粕的黏度<700毫升/克,α纤维素含量(R18,硫酸盐法)<95.5%,或者α纤维素含量(R18,亚硫酸盐法)<94%,灰分≤0.15%] | | 10 |
| 4706300090 | 其他纤维状纤维素竹浆(包括机械浆、化学浆、半化学浆) | | 10 |
| 4706910000 | 其他纤维状纤维素机械浆 | | 10 |
| 4706920000 | 其他纤维状纤维素化学浆 | | 10 |
| 4706930000 | 用机械和化学联合法制得的其他纤维状纤维素浆 | | 10 |
| 7201100010 | 高纯生铁(含锰量<0.08%,含磷量<0.03%,含硫量<0.02%,含钛量<0.03%) | 20 | 10 |
| 7201100090 | 非合金生铁,含磷量≤0.5%(含锰量<0.08%、含磷量<0.03%、含硫量<0.02%、含钛量<0.03%的高纯生铁除外) | 20 | |
| 7201200000 | 非合金生铁,按重量计含磷量>0.5% | 20 | |
| 7201500010 | 合金生铁 | 20 | |
| 7201500090 | 镜铁 | 20 | |
| 7202110000 | 锰铁,按重量计含碳量>2% | 20 | |
| 7202190000 | 锰铁,按重量计含碳量≤2% | 20 | |
| 7202210010 | 硅铁,55%<含硅量≤90% | 25 | 20 |
| 7202210090 | 硅铁,含硅量>90% | 25 | 20 |
| 7202290010 | 硅铁,30%≤含硅量≤55% | 25 | 20 |
| 7202290090 | 硅铁,含硅量<30% | 25 | 20 |
| 7202300000 | 硅锰铁 | 20 | |
| 7202410000 | 铬铁,按重量计含碳量>4% | 40 | 15 |
| 7202490000 | 铬铁,按重量计含碳量≤4% | 40 | 15 |
| 7202500000 | 硅铬铁 | | 10 |
| 7202910000 | 钛铁及硅钛铁 | | 10 |
| 7202929000 | 其他钒铁 | | 10 |
| 7202930010 | 铁钽铌合金(钽含量<10%) | | 10 |
| 7202930090 | 其他铌铁 | | 10 |
| 7203100010 | 热压铁块 | | 10 |
| 7203100090 | 直接从铁矿还原的铁产品(铁团、铁粒及类似形状) | | 10 |
| 7203900000 | 其他海绵铁产品或纯度≥99.94%的铁(包括块、团、团粒及类似形状) | | 10 |
| 7204100000 | 铸铁废碎料 | 40 | |
| 7204210000 | 不锈钢废碎料 | 40 | |
| 7204290000 | 其他合金钢废碎料 | 40 | |
| 7204300000 | 镀锡钢铁废碎料 | 40 | |
| 7204410000 | 机械加工中产生的钢铁废料(机械加工指车、刨、铣、磨、锯、锉、剪、冲加工) | 40 | |
| 7204490010 | 废汽车压件 | 40 | |
| 7204490020 | 以回收钢铁为主的废五金电器 | 40 | |
| 7204490090 | 未列名钢铁废碎料 | 40 | |
| 7204500000 | 供再熔的碎料钢铁锭 | 40 | |
| 7206100000 | 铁及非合金钢锭 | | 10 |
| 7206900000 | 其他初级形状的铁及非合金钢 | | 10 |
| 7207110000 | 宽度小于厚度两倍的矩形截面钢坯(含碳量<0.25%) | | 10 |
| 7207120090 | 其他矩形截面钢坯[含碳量<0.25%(正方形截面除外)] | | 10 |
| 7207190090 | 其他含碳量<0.25%的钢坯 | | 10 |
| 7207200010 | 车轮用连铸圆坯(直径为380毫米和450毫米,公差±1.2%,含碳量:0.38%~0.85%,含锰量:0.68%~1.2%,含磷量<0.012%,总氧化物含量≤0.0012%) | | 5 |

| 商品编号 | 商品名称及备注 | 出口税率(%) | 2018 年出口暂定税率(%) |
|---|---|---|---|
| 7207200090 | 其他含碳量≥0.25%的钢坯 | | 10 |
| 7218100000 | 不锈钢锭及其他初级形状产品 | | 5 |
| 7218910000 | 矩形截面的不锈钢半制成品(正方形截面除外) | | 5 |
| 7218990000 | 其他不锈钢半制成品 | | 5 |
| 7219131200 | 3 毫米≤厚度<4.75 毫米未经酸洗的热轧不锈钢卷板(除热轧外未经进一步加工,宽度≥600 毫米,含锰量≥5.5%铬锰系不锈钢) | | 5 |
| 7219132200 | 3 毫米≤厚度<4.75 毫米经酸洗的热轧不锈钢卷板(除热轧外未经进一步加工,宽度≥600 毫米,含锰量≥5.5%铬锰系不锈钢) | | 5 |
| 7219141200 | 厚度<3 毫米未经酸洗的热轧不锈钢卷板(除热轧外未经进一步加工,宽度≥600 毫米,含锰量≥5.5%铬锰系不锈钢) | | 5 |
| 7219142200 | 厚度<3 毫米经酸洗的热轧不锈钢卷板(除热轧外未经进一步加工,宽度≥600 毫米,含锰量≥5.5%铬锰系不锈钢) | | 5 |
| 7224100000 | 其他合金钢锭及其他初级形状 | | 5 |
| 7224901000 | 粗铸锻件坯(单件重量≥10 吨) | | 5 |
| 7224909090 | 其他合金钢坯,直径≥700 毫米的合金钢圆坯除外(其他合金钢锭及其他初级形态的) | | 5 |
| 7402000001 | 未精炼铜、电解精炼用铜阳极(含黄金价值部分) | 30 | 15 |
| 7402000090 | 未精炼铜、电解精炼用铜阳极(非黄金价值部分) | 30 | 15 |
| 7403111101 | 高纯阴极铜(99.9935%<铜含量<99.9999%)(未锻轧的) | 30 | 5 |
| 7403111190 | 高纯阴极铜(铜含量≥99.9999%)(未锻轧的) | 30 | 0 |
| 7403111900 | 其他精炼铜的阴极(未锻轧的) | 30 | 10 |
| 7403119000 | 精炼铜的阴极型材(未锻轧的) | 30 | 10 |
| 7403120000 | 精炼铜的线锭(未锻轧的) | 30 | 10 |
| 7403130000 | 精炼铜的坯段(未锻轧的) | 30 | 10 |
| 7403190000 | 其他未锻轧的精炼铜 | 30 | 10 |
| 7403210000 | 未锻轧的铜锌合金(黄铜) | 30 | 5 |
| 7403220000 | 未锻轧的铜锡合金(青铜) | 30 | 5 |
| 7403290000 | 未锻轧的其他铜合金(铜母合金除外,包括未锻轧的白铜或德银) | 30 | 5 |
| 7404000010 | 以回收铜为主的废电机等(包括废电机、电线、电缆、五金电器) | 30 | 15 |
| 7404000090 | 其他铜废碎料 | 30 | 15 |
| 7405000000 | 铜母合金 | | 10 |
| 7407101000 | 铬锆铜制的条、杆、型材及异型材 | 30 | 0 |
| 7407109000 | 其他精炼铜条、杆、型材及异型材 | 30 | 0 |
| 7407211100 | 铜锌合金(黄铜)条、杆(直线度≤0.5 毫米/米) | 30 | 0 |
| 7407211900 | 其他铜锌合金(黄铜)条、杆(直线度>0.5 毫米/米) | 30 | 0 |
| 7407219000 | 铜锌合金(黄铜)型材及异型材 | 30 | 0 |
| 7407290000 | 其他铜合金条、杆、型材及异型材(包括白铜或德银的条、杆、型材及异型材) | 30 | 0 |
| 7408110000 | 最大截面尺寸>6 毫米的精炼铜丝 | 30 | 0 |
| 7408190001 | 其他含氧量<5PPM 的精炼铜丝(截面尺寸≤6 毫米) | 30 | 0 |
| 7408190090 | 其他截面尺寸≤6 毫米的精炼铜丝 | 30 | 0 |
| 7408210000 | 铜锌合金(黄铜)丝 | 30 | 0 |
| 7408221000 | 铜镍锌铅合金(加铅德银)丝 | 30 | 0 |
| 7408229000 | 其他铜镍合金(白铜)丝或铜镍锌合金(德银)丝 | 30 | 0 |
| 7408290000 | 其他铜合金丝 | 30 | 0 |
| 7409111000 | 成卷的精炼铜板、片、带(厚度>0.15 毫米,含氧量≤10PPM 的) | 30 | 0 |
| 7409119000 | 其他成卷的精炼铜板、片、带(厚度>0.15 毫米) | 30 | 0 |
| 7409190000 | 其他精炼铜板、片、带(厚度>0.15 毫米) | 30 | 0 |

| 商品编号 | 商品名称及备注 | 出口税率(%) | 2018年出口暂定税率(%) |
|---|---|---|---|
| 7409210000 | 成卷的铜锌合金(黄铜)板、片、带(厚度>0.15毫米) | 30 | 0 |
| 7409290000 | 其他铜锌合金(黄铜)板、片、带(厚度>0.15毫米) | 30 | 0 |
| 7409310000 | 成卷的铜锡合金(青铜)板、片、带(厚度>0.15毫米) | 30 | 0 |
| 7409390000 | 其他铜锡合金板、片、带(厚度>0.15毫米) | 30 | 0 |
| 7409400000 | 白铜或德银制板、片、带(厚度>0.15毫米) | 30 | 0 |
| 7409900000 | 其他铜合金板、片、带(厚度>0.15毫米) | 30 | 0 |
| 7502101000 | 未锻轧非合金镍,按重量计镍、钴总量≥99.99%,但钴含量≤0.005% | 40 | 5 |
| 7502109000 | 其他未锻轧非合金镍 | 40 | 15 |
| 7502200000 | 未锻轧镍合金 | 40 | 15 |
| 7503000000 | 镍废碎料 |  | 10 |
| 7508901000 | 电镀用镍阳极 | 40 | 15 |
| 7601101000 | 未锻轧非合金铝(按重量计含铝量≥99.95%) | 30 | 0 |
| 7601109000 | 其他未锻轧非合金铝 | 30 | 15 |
| 7601200010 | 碱金属含量(Na+K+Ca)<10ppm,氢含量<0.12ml/100gAl的低碱精炼铝合金 | 30 | 0 |
| 7601200090 | 其他未锻轧铝合金 | 30 | 15 |
| 7602000010 | 以回收铝为主的废电线等(包括废电线、电缆、五金电器) | 30 | 15 |
| 7602000090 | 其他铝废碎料 | 30 | 15 |
| 7604101000 | 非合金制铝条、杆 | 20 | 0 |
| 7604109000 | 非合金制铝型材、异型材 | 20 | 0 |
| 7604210000 | 铝合金制空心异型材 | 20 | 0 |
| 7604291010 | 柱形实心体铝合金[在293K(20℃)时的极限抗拉强度能达到460兆帕(0.46×109牛顿/平方米)或更大] | 20 | 0 |
| 7604291090 | 其他铝合金制条、杆 | 20 | 0 |
| 7604299000 | 其他铝合金制型材、异型材 | 20 | 0 |
| 7605110000 | 最大截面尺寸>7毫米的非合金铝丝 | 20 | 0 |
| 7605190000 | 最大截面尺寸≤7毫米的非合金铝丝 | 20 | 0 |
| 7605210000 | 最大截面尺寸>7毫米的铝合金丝 | 20 | 0 |
| 7605290000 | 最大截面尺寸≤7毫米的铝合金丝 | 20 | 0 |
| 7606112100 | 非合金铝制铝塑复合矩形板、片及带(包括正方形)(0.3毫米≤厚度≤0.36毫米) | 20 | 0 |
| 7606112900 | 其他非合金铝制矩形板、片及带(包括正方形)(0.3毫米≤厚度≤0.36毫米) | 20 | 0 |
| 7606119100 | 0.2毫米<厚度<0.3毫米或厚>0.36毫米非合金铝制铝塑复合矩形板、片及带(包括正方形) | 20 | 0 |
| 7606119900 | 0.2毫米<厚度<0.3毫米或厚>0.36毫米非合金铝制矩形其他板、片及带(包括正方形) | 20 | 0 |
| 7606122000 | 铝合金制矩形的薄板、片及带(包括正方形,薄板指0.2毫米<厚度<0.28毫米) | 20 | 0 |
| 7606123000 | 铝合金制矩形的中厚板、片及带(包括正方形,中厚板指0.28毫米≤厚度≤0.35毫米) | 20 | 0 |
| 7606125100 | 0.35毫米<厚度≤4毫米铝合金制铝塑复合的矩形厚板、片及带(包括正方形) | 20 | 0 |
| 7606125900 | 其他0.35毫米<厚度≤4毫米铝合金制矩形厚板、片及带(包括正方形) | 20 | 0 |
| 7606129000 | 厚度>4毫米铝合金制矩形的厚板、片及带(包括正方形) | 20 | 0 |
| 7606910000 | 非合金铝制非矩形的板、片及带(厚度>0.2毫米) | 20 | 0 |
| 7606920000 | 铝合金制非矩形的板、片及带(厚度>0.2毫米) | 20 | 0 |
| 7901111000 | 含锌量≥99.995%的未锻轧锌 | 20 | 0 |
| 7901119000 | 99.99%≤含锌量<99.995%的未锻轧锌 | 20 | 5 |
| 7901120000 | 含锌量<99.99%的未锻轧锌 | 20 | 15 |
| 7901200000 | 未锻轧锌合金 | 20 | 0 |
| 8110101000 | 未锻轧锑 | 20 | 5 |
| 8110102000 | 锑粉末 | 20 |  |
| 8110200000 | 锑废碎料 | 20 |  |

# 附　表

## 附表 1

### 2018 年进口商品消费税税率表

| 商品编码 | 商品名称及备注 | 进口从价消费税税率(%) | 进口从量消费税税率/低 |
|---|---|---|---|
| 2106902000 | 制造饮料用的复合酒精制品 | 5 | |
| 2203000000 | 麦芽酿造的啤酒 | | 进口完税价格≥0.3745 美元/升的麦芽酿造啤酒,税率为 0.253 元/升<br>进口完税价格<0.3745 美元/升的麦芽酿造啤酒,税率为 0.2227 元/升 |
| 2204100000 | 葡萄汽酒 | 10 | |
| 2204210000 | 小包装的鲜葡萄酿造的酒(小包装指装入两升及以下容器的) | 10 | |
| 2204220000 | 中等包装鲜葡萄酿造的酒(中等包装是指装入两升以上但不超过 10 升容器的) | 10 | |
| 2204290000 | 其他包装鲜葡萄酿造的酒(其他包装指装入 10 升以上容器的) | 10 | |
| 2204300000 | 其他酿酒葡萄汁(品目 20.09 以外的) | 10 | |
| 2205100000 | 小包装的味美思酒及类似酒(两升及以下容器包装,加植物或香料的用鲜葡萄酿造的酒) | 10 | |
| 2205900000 | 其他包装的味美思酒及类似酒(两升以上容器包装,加植物或香料的用鲜葡萄酿造的酒) | 10 | |
| 2206001000 | 黄酒(以稻米、黍米、玉米、小米、小麦等为主要原料,经进一步加工制成) | | 0.2495 元/升 |
| 2206009000 | 其他发酵饮料(未列名发酵饮料混合物及发酵饮料与无酒精饮料的混合物) | 10 | |
| 2208200010 | 装入 200 升及以上容器的蒸馏葡萄酒制得的烈性酒 | 20 | 0.912 元/升 |
| 2208200090 | 其他蒸馏葡萄酒制得的烈性酒 | 20 | 0.912 元/升 |
| 2208300000 | 威士忌酒 | 20 | 0.912 元/升 |
| 2208400000 | 朗姆酒及蒸馏已发酵甘蔗产品制得的其他烈性酒 | 20 | 0.912 元/升 |
| 2208500000 | 杜松子酒 | 20 | 0.912 元/升 |
| 2208600000 | 伏特加酒 | 20 | 0.912 元/升 |
| 2208700000 | 利口酒及柯迪尔酒 | 20 | 0.912 元/升 |
| 2208901010 | 濒危龙舌兰酒 | 20 | 0.912 元/升 |
| 2208901090 | 其他龙舌兰酒 | 20 | 0.912 元/升 |
| 2208902000 | 白酒 | 20 | 0.912 元/升 |
| 2208909021 | 含濒危野生动植物成分的薯类蒸馏酒 | 20 | 0.912 元/升 |
| 2208909029 | 其他薯类蒸馏酒 | 20 | 0.912 元/升 |
| 2208909091 | 含濒危野生动植物成分的其他蒸馏酒及酒精饮料 | 20 | 0.912 元/升 |
| 2208909099 | 其他蒸馏酒及酒精饮料 | 20 | 0.912 元/升 |
| 2402100000 | 烟草制的雪茄烟 | 36 | |

| 商品编码 | 商品名称及备注 | 进口从价消费税税率(%) | 进口从量消费税税率/低 |
|---|---|---|---|
| 2402200000 | 烟草制的卷烟 | | 每标准条进口完税价格≥50元人民币,45%+150元/标准箱<br>每标准条进口完税价格<50元人民币,30%+150元/标准箱 |
| 2402900001 | 烟草代用品制的卷烟 | | 每标准条进口完税价格≥50元人民币,45%+150元/标准箱<br>每标准条进口完税价格<50元人民币,30%+150元/标准箱 |
| 2402900009 | 烟草代用品制的雪茄烟 | 36 | |
| 2403110000 | 供吸用的本章子目注释所述的水烟料(不论是否含有任何比例的烟草代用品) | 30 | |
| 2403190000 | 其他供吸用的烟草(不论是否含有任何比例的烟草代用品) | 30 | |
| 2403910010 | 再造烟草 | 30 | |
| 2403910090 | 均化烟草 | 30 | |
| 2403990090 | 其他烟草及烟草代用品的制品 | 30 | |
| 2710121000 | 车用汽油及航空汽油,不含生物柴油 | | 1.52元/升 |
| 2710122000 | 石脑油,不含生物柴油 | | 1.52元/升 |
| 2710123000 | 橡胶溶剂油、油漆溶剂油、抽提溶剂油,不含生物柴油 | | 1.52元/升 |
| 2710191200 | 灯用煤油,不含生物柴油 | | 1.2元/升 |
| 2710191910 | 正构烷烃(C9~C13),不含生物柴油 | | 1.2元/升 |
| 2710191990 | 其他煤油馏分的油及制品,不含生物柴油 | | 1.2元/升 |
| 2710192200 | 5~7号燃料油,不含生物柴油 | | 1.2元/升 |
| 2710192300 | 柴油 | | 1.2元/升 |
| 2710192910 | 蜡油,不含生物柴油(350℃以下馏出物体积<20%,550℃以下馏出物体积>80%) | | 1.2元/升 |
| 2710192990 | 其他燃料油,不含生物柴油 | | 1.2元/升 |
| 2710199100 | 润滑油,不含生物柴油 | | 1.52元/升 |
| 2710199200 | 润滑脂,不含生物柴油 | | 1.52元/升 |
| 2710199300 | 润滑油基础油,不含生物柴油 | | 1.52元/升 |
| 2710199900 | 其他重油;其他重油制品,不含生物柴油(包括按重量计含油≥70%的制品) | | 1.2元/升 |
| 2710200000 | 石油及从沥青矿物提取的油类(但原油除外)及以上述油为基本成分(按重量计≥70%)的其他品目未列名制品(含生物柴油<30%,废油除外) | | 1.2元/升 |
| 3208100010 | 分散于或溶于非水介质的聚酯油漆及清漆,施工状态下挥发性有机物含量>420克/升[以聚酯为基本成分的(包括瓷漆及大漆)] | 4 | |
| 3208201011 | 分散于或溶于非水介质的光导纤维用涂料,施工状态下挥发性有机物含量>420克/升(主要成分为聚胺酯丙烯酸酯类化合物,以丙烯酸聚合物为基本成分) | 4 | |
| 3208201091 | 其他以丙烯酸聚合物为基本成分的油漆、清漆等,施工状态下挥发性有机物含量>420克/升(分散于或溶于非水质的以丙烯酸聚合物为基本成分,包括瓷漆及大漆) | 4 | |
| 3208202010 | 溶于非水介质的聚乙烯油漆及清漆,施工状态下挥发性有机物含量>420克/升[以乙烯聚合物为基本成分(包括瓷漆及大漆)] | 4 | |
| 3208901011 | 分散于或溶于非水介质的光导纤维用涂料,施工状态下挥发性有机物含量>420克/升(主要成分为聚胺酯丙烯酸酯类化合物,以聚胺酯类化合物为基本成分) | 4 | |
| 3208901091 | 其他聚胺酯油漆、清漆等,施工状态下挥发性有机物含量>420克/升(溶于非水介质以聚胺酯类化合物为基本成分,含瓷漆及大漆) | 4 | |
| 3208909010 | 分散于或溶于非水介质其他油漆、清漆溶液,施工状态下挥发性有机物含量>420克/升(包括以聚合物为基本成分的漆,本章注释四所述溶液) | 4 | |
| 3209100010 | 溶于水介质的聚丙烯酸油漆及清漆,施工状态下挥发性有机物含量>420克/升[以聚丙烯酸或聚乙烯为基本成分的(包括瓷漆及大漆)] | 4 | |

| 商品编码 | 商品名称及备注 | 进口从价消费税税率(%) | 进口从量消费税税率/低 |
|---|---|---|---|
| 3209901010 | 以环氧树脂为基本成分的油漆及清漆,施工状态下挥发性有机物含量>420克/升(包括瓷漆及大漆,分散于或溶于水介质) | 4 | |
| 3209902010 | 以氟树脂为基本成分的油漆及清漆,施工状态下挥发性有机物含量>420克/升(包括瓷漆及大漆,分散于或溶于水介质) | 4 | |
| 3209909010 | 溶于水介质其他聚合物油漆及清漆,施工状态下挥发性有机物含量>420克/升(以合成聚合物或化学改性天然聚合物为基本成分的) | 4 | |
| 3210000011 | 其他光导纤维用涂料,施工状态下挥发性有机物含量>420克/升 | 4 | |
| 3210000091 | 其他油漆及清漆,皮革用水性颜料,施工状态下挥发性有机物含量>420克/升(包括非聚合物为基料的瓷漆、大漆及水浆涂料) | 4 | |
| 3214900010 | 非耐火涂面制剂,施工状态下挥发性有机物含量>420克/升(涂门面、内墙、地板、天花板等用) | 4 | |
| 3302109001 | 生产食品、饮料用混合香料及制品(含以香料为基本成分的混合物,按容量计酒精浓度>0.5%) | 5 | |
| 3303000010 | 包装标注含量以重量计的香水及花露水 | 15 | |
| 3303000020 | 包装标注含量以体积计的香水及花露水 | 15 | |
| 3304100011 | 包装标注含量以重量计的含濒危植物成分唇用化妆品 | 15 | |
| 3304100012 | 包装标注含量以体积计的含濒危植物成分唇用化妆品 | 15 | |
| 3304100013 | 包装标注规格为“片”或“张”的含濒危植物成分唇用化妆品 | 15 | |
| 3304100091 | 包装标注含量以重量计的其他唇用化妆品 | 15 | |
| 3304100092 | 包装标注含量以体积计的其他唇用化妆品 | 15 | |
| 3304100093 | 包装标注规格为“片”或“张”的其他唇用化妆品 | 15 | |
| 3304200011 | 包装标注含量以重量计的含濒危植物成分眼用化妆品 | 15 | |
| 3304200012 | 包装标注含量以体积计的含濒危植物成分眼用化妆品 | 15 | |
| 3304200013 | 包装标注规格为“片”或“张”的含濒危植物成分眼用化妆品 | 15 | |
| 3304200091 | 包装标注含量以重量计的其他眼用化妆品 | 15 | |
| 3304200092 | 包装标注含量以体积计的其他眼用化妆品 | 15 | |
| 3304200093 | 包装标注规格为“片”或“张”的其他眼用化妆品 | 15 | |
| 3304300001 | 包装标注含量以重量计的指(趾)甲化妆品 | 15 | |
| 3304300002 | 包装标注含量以体积计的指(趾)甲化妆品 | 15 | |
| 3304300003 | 包装标注规格为“片”或“张”的指(趾)甲化妆品 | 15 | |
| 3304910000 | 包装标注含量以重量计的粉,不论是否压紧 | 15 | |
| 3304990021 | 包装标注含量以重量计的含濒危物种成分美容品或化妆品及护肤品(包括防晒油或晒黑油,但药品除外) | 15 | |
| 3304990029 | 包装标注含量以重量计的其他美容品或化妆品及护肤品(包括防晒油或晒黑油,但药品除外) | 15 | |
| 3304990031 | 包装标注含量以体积计的含濒危物种成分美容品或化妆品及护肤品(包括防晒油或晒黑油,但药品除外) | 15 | |
| 3304990039 | 包装标注含量以体积计的其他美容品或化妆品及护肤品(包括防晒油或晒黑油,但药品除外) | 15 | |
| 3304990041 | 包装标注规格为“片”或“张”的含濒危物种成分美容品或化妆品及护肤品(包括防晒油或晒黑油,但药品除外) | 15 | |
| 3304990049 | 包装标注规格为“片”或“张”的其他美容品或化妆品及护肤品(包括防晒油或晒黑油,但药品除外) | 15 | |
| 3304990091 | 其他包装标注规格的含濒危植物成分美容品或化妆品及护肤品(包括防晒油或晒黑油,但药品除外) | 15 | |
| 3304990099 | 其他包装标注规格的其他美容品或化妆品及护肤品(包括防晒油或晒黑油,但药品除外) | 15 | |

| 商品编码 | 商品名称及备注 | 进口从价消费税税率(%) | 进口从量消费税税率/低 |
|---|---|---|---|
| 3604100000 | 烟花、爆竹 | 15 | |
| 3826000090 | 其他生物柴油及其混合物 | | 1.2元/升 |
| 4013100000 | 汽车用橡胶内胎[机动小客车(包括旅行小客车及赛车)、客运车或货运车用] | 3 | |
| 4013909000 | 其他用橡胶内胎 | 3 | |
| 4409101010 | 一边或面制成连续形状的濒危针叶木制地板条、块(包括未装拼的拼花地板用板条及缘板) | 5 | |
| 4409101090 | 一边或面制成连续形状的其他针叶木地板条、块(包括未装拼的拼花地板用板条及缘板) | 5 | |
| 4409221010 | 一边或面制成连续形状的拉敏木地板条、块(包括未装拼的拉敏木拼花地板用板条及缘板) | 5 | |
| 4409221020 | 一边或面制成连续形状的桃花心木地板条、块(包括未装拼的桃花心木拼花地板用板条及缘板) | 5 | |
| 4409221030 | 一边或面制成连续形状的其他濒危热带木地板条、块(包括未装拼的其他濒危热带木拼花地板用板条及缘板) | 5 | |
| 4409221090 | 一边或面制成连续形状的其他热带木地板条、块(包括未装拼的其他热带木拼花地板用板条及缘板) | 5 | |
| 4409291030 | 一边或面制成连续形状的其他濒危木地板条、块(包括未装拼的其他濒危木拼花地板用板条及缘板) | 5 | |
| 4409291090 | 一边或面制成连续形状的其他非针叶木地板条、块(包括未装拼的其他非针叶木拼花地板用板条及缘板) | 5 | |
| 4419901000 | 木制一次性筷子 | 5 | |
| 7101101100 | 未分级的天然黑珍珠(不论是否加工,但未制成制品) | 10 | |
| 7101101900 | 其他未分级的天然珍珠(不论是否加工,但未制成制品) | 10 | |
| 7101109100 | 其他天然黑珍珠(不论是否加工,但未制成制品) | 10 | |
| 7101109900 | 其他天然珍珠(不论是否加工,但未制成制品) | 10 | |
| 7101211001 | 未分级、未加工的养殖黑珍珠(未制成制品) | 10 | |
| 7101211090 | 其他未分级、未加工的养殖珍珠(未制成制品) | 10 | |
| 7101219001 | 其他未加工的养殖黑珍珠(未制成制品) | 10 | |
| 7101219090 | 其他未加工的养殖珍珠(未制成制品) | 10 | |
| 7101221001 | 未分级、已加工的养殖黑珍珠(未制成制品) | 10 | |
| 7101221090 | 其他未分级,已加工的养殖珍珠(未制成制品) | 10 | |
| 7101229001 | 其他已加工的养殖黑珍珠(未制成制品) | 10 | |
| 7101229090 | 其他已加工的养殖珍珠(未制成制品) | 10 | |
| 7103100000 | 未加工宝石或半宝石(经简单锯开或粗制成形,未成串或镶嵌) | 10 | |
| 7103910000 | 经其他加工的红宝石、蓝宝石、祖母绿(未成串或镶嵌) | 10 | |
| 7103991000 | 经其他加工的翡翠(未成串或镶嵌) | 10 | |
| 7103992000 | 经其他加工的水晶(未成串或镶嵌) | 10 | |
| 7103993000 | 经其他加工的碧玺(未成串或镶嵌) | 10 | |
| 7103994000 | 经其他加工的软玉(未成串或镶嵌) | 10 | |
| 7103999000 | 经其他加工的其他宝石或半宝石(未成串或镶嵌) | 10 | |
| 7104209000 | 未加工合成或再造其他宝石、半宝石(经简单锯开或粗制成形,未成串或镶嵌) | 10 | |
| 7104901201 | 蓝宝石衬底(由人造刚玉加工而成)(厚度<0.5毫米) | 10 | |
| 7104901290 | 其他工业用蓝宝石(合成或再造宝石、半宝石) | 10 | |
| 7104901900 | 其他工业用合成或再造宝石半宝石 | 10 | |
| 7104909900 | 其他非工业用合成宝石或半宝石(未成串或镶嵌) | 10 | |
| 7105900000 | 其他天然或合成宝石或半宝石粉末 | 10 | |

| 商品编码 | 商品名称及备注 | 进口从价消费税税率(%) | 进口从量消费税税率/低 |
|---|---|---|---|
| 7113209010 | 镶嵌濒危物种制品以贱金属为底的包贵金属制首饰(包括零件) | 10 | |
| 7113209090 | 其他以贱金属为底的包贵金属制首饰(包括零件) | 10 | |
| 7116100000 | 天然或养殖珍珠制品 | 10 | |
| 7116200000 | 宝石或半宝石制品(包括天然、合成或再造的) | 10 | |
| 8506101190 | 扣式含汞碱性锌锰的原电池及原电池组(汞含量≥电池重量的0.0005%) | 4 | |
| 8506101290 | 圆柱形含汞碱性锌锰的原电池及原电池组(汞含量≥电池重量的0.0001%) | 4 | |
| 8506101990 | 其他含汞碱性锌锰的原电池及原电池组(汞含量≥电池重量的0.0001%) | 4 | |
| 8506109090 | 其他含汞二氧化锰的原电池及原电池组(汞含量≥电池重量的0.0001%,扣式电池的汞含量≥电池重量的0.0005%) | 4 | |
| 8506300000 | 氧化汞的原电池及原电池组 | 4 | |
| 8506400090 | 氧化银的原电池及原电池组(含汞)(汞含量≥电池重量的0.0001%,扣式电池的汞含量≥电池重量的0.0005%) | 4 | |
| 8506600090 | 锌空气的原电池及原电池组(含汞)(汞含量≥电池重量的0.0001%,扣式电池的汞含量≥电池重量的0.0005%) | 4 | |
| 8506800091 | 含汞燃料电池(汞含量≥电池重量的0.0001%,扣式电池的汞含量≥电池重量的0.0005%) | 4 | |
| 8506800099 | 其他含汞原电池及原电池组(汞含量≥电池重量的0.0001%,扣式电池的汞含量≥电池重量的0.0005%) | 4 | |
| 8507100000 | 启动活塞式发动机用铅酸蓄电池 | 4 | |
| 8507200000 | 其他铅酸蓄电池(启动活塞式发动机用铅酸蓄电池除外) | 4 | |
| 8507300000 | 镍镉蓄电池 | 4 | |
| 8507400000 | 镍铁蓄电池 | 4 | |
| 8507809090 | 其他蓄电池 | 4 | |
| 8702109210 | 20≤座位数≤23仅装有压燃式活塞内燃发动机(柴油或半柴油发动机)的客车 | 5 | |
| 8702109300 | 10≤座位数≤19的仅装有压燃式活塞内燃发动机(柴油或半柴油发动机)的客车 | 5 | |
| 8702209210 | 20≤座位数≤23同时装有压燃式活塞内燃发动机(柴油或半柴油发动机)及驱动电动机的客车 | 5 | |
| 8702209290 | 24≤座位数≤29同时装有压燃式活塞内燃发动机(柴油或半柴油发动机)及驱动电动机的客车 | 5 | |
| 8702209300 | 10≤座位数≤19同时装有压燃式活塞内燃发动机(柴油或半柴油发动机)及驱动电动机的客车 | 5 | |
| 8702302010 | 20≤座位数≤23同时装有点燃往复式活塞内燃发动机及驱动电动机的客车 | 5 | |
| 8702302090 | 24≤座位数≤29同时装有点燃往复式活塞内燃发动机及驱动电动机的客车 | 5 | |
| 8702303000 | 10≤座位数≤19同时装有点燃往复式活塞内燃发动机及驱动电动机的客车 | 5 | |
| 8702402010 | 20≤座位数≤23仅装有驱动电动机的客车 | 5 | |
| 8702402090 | 24≤座位数≤29仅装有驱动电动机的客车 | 5 | |
| 8702403000 | 10≤座位数≤19仅装有驱动电动机的客车 | 5 | |
| 8702902001 | 20≤座位数≤23装有非压燃式活塞内燃发动机的客车 | 5 | |
| 8702903000 | 10≤座位数≤19装有非压燃式活塞内燃发动机的客车 | 5 | |
| 8703213010 | 仅装有排气量≤1升的点燃往复式活塞内燃发动机的小轿车 | 1 | |
| 8703214010 | 仅装有排气量≤1升的点燃往复式活塞内燃发动机的越野车(4轮驱动) | 1 | |
| 8703215010 | 仅装有排气量≤1升的点燃往复式活塞内燃发动机的小客车(座位数≤9座) | 1 | |
| 8703219010 | 仅装有排气量≤1升的点燃往复式活塞内燃发动机的其他载人车辆 | 1 | |
| 8703223010 | 仅装有1升<排气量≤1.5升点燃往复式活塞内燃发动机小轿车 | 3 | |
| 8703224010 | 仅装有1升<排气量≤1.5升点燃往复活塞内燃发动机四轮驱动越野车 | 3 | |
| 8703225010 | 仅装有1升<排气量≤1.5升点燃往复式活塞内燃发动机小客车(座位数≤9座) | 3 | |

| 商品编码 | 商品名称及备注 | 进口从价消费税税率(%) | 进口从量消费税税率/低 |
|---|---|---|---|
| 8703229010 | 仅装有1升<排气量≤1.5升点燃往复式活塞内燃发动机其他载人车辆 | 3 | |
| 8703234110 | 仅装有1.5升<排气量≤2升的点燃往复式活塞内燃发动机小轿车 | 5 | |
| 8703234210 | 仅装有1.5升<排气量≤2升的点燃往复式活塞内燃发动机越野车(4轮驱动) | 5 | |
| 8703234310 | 仅装有1.5升<排气量≤2升的点燃往复式活塞内燃发动机小客车(座位数≤9座) | 5 | |
| 8703234910 | 仅装有1.5升<排气量≤2升的点燃往复式活塞内燃发动机的其他载人车辆 | 5 | |
| 8703235110 | 仅装有2升<排气量≤2.5升的点燃往复式活塞内燃发动机小轿车 | 9 | |
| 8703235210 | 仅装有2升<排气量≤2.5升的点燃往复式活塞内燃发动机越野车(4轮驱动) | 9 | |
| 8703235310 | 仅装有2升<排气量≤2.5升的点燃往复式活塞内燃发动机小客车(座位数≤9座) | 9 | |
| 8703235910 | 仅装有2升<排气量≤2.5升的点燃往复式活塞内燃发动机的其他载人车辆 | 9 | |
| 8703236110 | 仅装有2.5升<排气量≤3升的点燃往复式活塞内燃发动机小轿车 | 12 | |
| 8703236210 | 仅装有2.5升<排气量≤3升的点燃往复式活塞内燃发动机越野车(4轮驱动) | 12 | |
| 8703236310 | 仅装有2.5升<排气量≤3升的点燃往复式活塞内燃发动机小客车(座位数≤9座) | 12 | |
| 8703236910 | 仅装有2.5升<排气量≤3升的点燃往复式活塞内燃发动机的其他载人车辆 | 12 | |
| 8703236990 | 仅装有2.5升<排气量≤3升的点燃往复式活塞内燃发动机的其他载人车辆的成套散件 | 12 | |
| 8703241110 | 仅装有3升<排气量≤4升的点燃往复式活塞内燃发动机小轿车 | 25 | |
| 8703241210 | 仅装有3升<排气量≤4升的点燃往复式活塞内燃发动机越野车(4轮驱动) | 25 | |
| 8703241310 | 仅装有3升<排气量≤4升的点燃往复式活塞内燃发动机的小客车(座位数≤9座) | 25 | |
| 8703241910 | 仅装有3升<排气量≤4升的点燃往复式活塞内燃发动机的其他载人车辆 | 25 | |
| 8703241990 | 仅装有3升<排气量≤4升的点燃往复式活塞内燃发动机的其他载人车辆的成套散件 | 25 | |
| 8703242110 | 仅装有排气量>4升的点燃往复式活塞内燃发动机小轿车 | 40 | |
| 8703242210 | 仅装有排气量>4升的点燃往复式活塞内燃发动机越野车(4轮驱动) | 40 | |
| 8703242310 | 仅装有排气量>4升的点燃往复式活塞内燃发动机的小客车(座位数≤9座) | 40 | |
| 8703242910 | 仅装有排气量>4升的点燃往复式活塞内燃发动机的其他载人车辆 | 40 | |
| 8703242990 | 仅装有排气量>4升的点燃往复式活塞内燃发动机的其他载人车辆的成套散件 | 40 | |
| 8703311110 | 仅装有排气量≤1升的压燃式活塞内燃发动机小轿车 | 1 | |
| 8703311910 | 仅装有排气量≤1升的压燃式活塞内燃发动机的其他载人车辆 | 1 | |
| 8703312110 | 仅装有1升<排气量≤1.5升的压燃式活塞内燃发动机小轿车 | 3 | |
| 8703312210 | 仅装有1升<排气量≤1.5升的压燃式活塞内燃发动机越野车(4轮驱动) | 3 | |
| 8703312310 | 仅装有1升<排气量≤1.5升的压燃式活塞内燃发动机小客车(座位数≤9座) | 3 | |
| 8703312910 | 仅装有1升<排气量≤1.5升的压燃式活塞内燃发动机的其他载人车辆 | 3 | |
| 8703321110 | 仅装有1.5升<排气量≤2升的压燃式活塞内燃发动机小轿车 | 5 | |
| 8703321210 | 仅装有1.5升<排气量≤2升的压燃式活塞内燃发动机越野车(4轮驱动) | 5 | |
| 8703321310 | 仅装有1.5升<排气量≤2升的装压燃式活塞内燃发动机小客车(座位数≤9座) | 5 | |
| 8703321910 | 仅装有1.5升<排气量≤2升的压燃式活塞内燃发动机的其他载人车辆 | 5 | |
| 8703322110 | 仅装有2升<排气量≤2.5升的压燃式活塞内燃发动机小轿车 | 9 | |
| 8703322210 | 仅装有2升<排气量≤2.5升的燃式活塞内燃发动机越野车(4轮驱动) | 9 | |
| 8703322310 | 仅装有2升<排气量≤2.5升的燃式活塞内燃发动机小客车(座位数≤9座) | 9 | |
| 8703322910 | 仅装有2升<排气量≤2.5升的压燃式活塞内燃发动机的其他载人车辆 | 9 | |
| 8703331110 | 仅装有2.5升<排气量≤3升的压燃式活塞内燃发动机小轿车 | 12 | |
| 8703331210 | 仅装有2.5升<排气量≤3升的压燃式活塞内燃发动机越野车(4轮驱动) | 12 | |
| 8703331310 | 仅装有2.5升<排气量≤3升的压燃式活塞内燃发动机小客车(座位数≤9座) | 12 | |
| 8703331910 | 仅装有2.5升<排气量≤3升的压燃式活塞内燃发动机的其他载人车辆 | 12 | |
| 8703331990 | 仅装有2.5升<排气量≤3升的压燃式活塞内燃发动机的其他载人车辆的成套散件 | 12 | |
| 8703332110 | 仅装有3升<排气量≤4升的压燃式活塞内燃发动机小轿车 | 25 | |
| 8703332210 | 仅装有3升<排气量≤4升的压燃式活塞内燃发动机越野车(4轮驱动) | 25 | |

| 商品编码 | 商品名称及备注 | 进口从价消费税税率(%) | 进口从量消费税税率/低 |
|---|---|---|---|
| 8703332310 | 仅装有3升<排气量≤4升的压燃式活塞内燃发动机小客车(座位数≤9座) | 25 | |
| 8703332910 | 仅装有3升<排气量≤4升的压燃式活塞内燃发动机的其他载人车辆 | 25 | |
| 8703332990 | 仅装有3升<排气量≤4升的压燃式活塞内燃发动机的其他载人车辆的成套散件 | 25 | |
| 8703336110 | 仅装有排气量>4升的压燃式活塞内燃发动机小轿车 | 40 | |
| 8703336210 | 仅装有排气量>4升的压燃式活塞内燃发动机越野车(4轮驱动) | 40 | |
| 8703336310 | 仅装有排气量>4升的压燃式活塞内燃发动机小客车(座位数≤9座) | 40 | |
| 8703336910 | 仅装有排气量>4升的压燃式活塞内燃发动机其他载人车辆 | 40 | |
| 8703336990 | 仅装有排气量>4升的压燃式活塞内燃发动机其他载人车辆的成套散件 | 40 | |
| 8703401110 | 同时装有点燃往复式活塞内燃发动机(排气量≤1升)及驱动电动机的小轿车(可通过接插外部电源进行充电的除外) | 1 | |
| 8703401210 | 同时装有点燃往复式活塞内燃发动机(排气量≤1升)及驱动电动机的越野车(4轮驱动)(可通过接插外部电源进行充电的除外) | 1 | |
| 8703401310 | 同时装有点燃往复式活塞内燃发动机(排气量≤1升)及驱动电动机的小客车(座位数≤9座,可通过接插外部电源进行充电的除外) | 1 | |
| 8703401390 | 同时装有点燃往复式活塞内燃发动机(排气量≤1升)及驱动电动机的小客车的成套散件(座位数≤9座,可通过接插外部电源进行充电的除外) | 1 | |
| 8703401910 | 同时装有点燃往复式活塞内燃发动机(排气量≤1升)及驱动电动机的其他载人车辆(可通过接插外部电源进行充电的除外) | 1 | |
| 8703401990 | 同时装有点燃往复式活塞内燃发动机(排气量≤1升)及驱动电动机的其他载人车辆的成套散件(可通过接插外部电源进行充电的除外) | 1 | |
| 8703402110 | 同时装有点燃往复式活塞内燃发动机(1升<排气量≤1.5升)及驱动电动机的小轿车(可通过接插外部电源进行充电的除外) | 3 | |
| 8703402190 | 同时装有点燃往复式活塞内燃发动机(1升<排气量≤1.5升)及驱动电动机的小轿车的成套散件(可通过接插外部电源进行充电的除外) | 3 | |
| 8703402210 | 同时装有点燃往复式活塞内燃发动机(1升<排气量≤1.5升)及驱动电动机的四轮驱动越野车(可通过接插外部电源进行充电的除外) | 3 | |
| 8703402290 | 同时装有点燃往复式活塞内燃发动机(1升<排气量≤1.5升)及驱动电动机的四轮驱动越野车的成套散件(可通过接插外部电源进行充电的除外) | 3 | |
| 8703402310 | 同时装有点燃往复式活塞内燃发动机(1升<排气量≤1.5升)及驱动电动机的小客车(座位数≤9座,可通过接插外部电源进行充电的除外) | 3 | |
| 8703402390 | 同时装有点燃往复式活塞内燃发动机(1升<排气量≤1.5升)及驱动电动机的小客车的成套散件(座位数≤9座,可通过接插外部电源进行充电的除外) | 3 | |
| 8703402910 | 同时装有点燃往复式活塞内燃发动机(1升<排气量≤1.5升)及驱动电动机的其他载人车辆(可通过接插外部电源进行充电的除外) | 3 | |
| 8703402990 | 同时装有点燃往复式活塞内燃发动机(1升<排气量≤1.5升)及驱动电动机的其他载人车辆的成套散件(可通过接插外部电源进行充电的除外) | 3 | |
| 8703403110 | 同时装有点燃往复式活塞内燃发动机(1.5升<排气量≤2升)及驱动电动机的小轿车(可通过接插外部电源进行充电的除外) | 5 | |
| 8703403190 | 同时装有点燃往复式活塞内燃发动机(1.5升<排气量≤2升)及驱动电动机的小轿车的成套散件(可通过接插外部电源进行充电的除外) | 5 | |
| 8703403210 | 同时装有点燃往复式活塞内燃发动机(1.5升<排气量≤2升)及驱动电动机的四轮驱动越野车(可通过接插外部电源进行充电的除外) | 5 | |
| 8703403290 | 同时装有点燃往复式活塞内燃发动机(1.5升<排气量≤2升)及驱动电动机的四轮驱动越野车的成套散件(可通过接插外部电源进行充电的除外) | 5 | |
| 8703403310 | 同时装有点燃往复式活塞内燃发动机(1.5升<排气量≤2升)及驱动电动机的小客车(座位数≤9座,可通过接插外部电源进行充电的除外) | 5 | |

| 商品编码 | 商品名称及备注 | 进口从价消费税税率(%) | 进口从量消费税税率/低 |
|---|---|---|---|
| 8703403390 | 同时装有点燃往复式活塞内燃发动机(1.5升<排气量≤2升)及驱动电动机的小客车的成套散件(座位数≤9座,可通过接插外部电源进行充电的除外) | 5 | |
| 8703403910 | 同时装有点燃往复式活塞内燃发动机(1.5升<排气量≤2升)及驱动电动机的其他载人车辆(可通过接插外部电源进行充电的除外) | 5 | |
| 8703403990 | 同时装有点燃往复式活塞内燃发动机(1.5升<排气量≤2升)及驱动电动机的其他载人车辆的成套散件(可通过接插外部电源进行充电的除外) | 5 | |
| 8703404110 | 同时装有点燃往复式活塞内燃发动机(2升<排气量≤2.5升)及驱动电动机的小轿车(可通过接插外部电源进行充电的除外) | 9 | |
| 8703404190 | 同时装有点燃往复式活塞内燃发动机(2升<排气量≤2.5升)及驱动电动机的小轿车的成套散件(可通过接插外部电源进行充电的除外) | 9 | |
| 8703404210 | 同时装有点燃往复式活塞内燃发动机(2升<排气量≤2.5升)及驱动电动机的四轮驱动越野车(可通过接插外部电源进行充电的除外) | 9 | |
| 8703404290 | 同时装有点燃往复式活塞内燃发动机(2升<排气量≤2.5升)及驱动电动机的四轮驱动越野车的成套散件(可通过接插外部电源进行充电的除外) | 9 | |
| 8703404310 | 同时装有点燃往复式活塞内燃发动机(2升<排气量≤2.5升)及驱动电动机的小客车(座位数≤9座,可通过接插外部电源进行充电的除外) | 9 | |
| 8703404390 | 同时装有点燃往复式活塞内燃发动机(2升<排气量≤2.5升)及驱动电动机的小客车的成套散件(座位数≤9座,可通过接插外部电源进行充电的除外) | 9 | |
| 8703404910 | 同时装有点燃往复式活塞内燃发动机(2升<排气量≤2.5升)及驱动电动机的其他载人车辆(可通过接插外部电源进行充电的除外) | 9 | |
| 8703404990 | 同时装有点燃往复式活塞内燃发动机(2升<排气量≤2.5升)及驱动电动机的其他载人车辆的成套散件(可通过接插外部电源进行充电的除外) | 9 | |
| 8703405110 | 同时装有点燃往复式活塞内燃发动机(2.5升<排气量≤3升)及驱动电动机的小轿车(可通过接插外部电源进行充电的除外) | 12 | |
| 8703405190 | 同时装有点燃往复式活塞内燃发动机(2.5升<排气量≤3升)及驱动电动机的小轿车的成套散件(可通过接插外部电源进行充电的除外) | 12 | |
| 8703405210 | 同时装有点燃往复式活塞内燃发动机(2.5升<排气量≤3升)及驱动电动机的四轮驱动越野车(可通过接插外部电源进行充电的除外) | 12 | |
| 8703405290 | 同时装有点燃往复式活塞内燃发动机(2.5升<排气量≤3升)及驱动电动机的四轮驱动越野车的成套散件(可通过接插外部电源进行充电的除外) | 12 | |
| 8703405310 | 同时装有点燃往复式活塞内燃发动机(2.5升<排气量≤3升)及驱动电动机的小客车(座位数≤9座,可通过接插外部电源进行充电的除外) | 12 | |
| 8703405390 | 同时装有点燃往复式活塞内燃发动机(2.5升<排气量≤3升)及驱动电动机的小客车的成套散件(座位数≤9座,可通过接插外部电源进行充电的除外) | 12 | |
| 8703405910 | 同时装有点燃往复式活塞内燃发动机(2.5升<排气量≤3升)及驱动电动机的其他载人车辆(可通过接插外部电源进行充电的除外) | 12 | |
| 8703405990 | 同时装有点燃往复式活塞内燃发动机(2.5升<排气量≤3升)及驱动电动机的其他载人车辆的成套散件(可通过接插外部电源进行充电的除外) | 12 | |
| 8703406110 | 同时装有点燃往复式活塞内燃发动机(3升<排气量≤4升)及驱动电动机的小轿车(可通过接插外部电源进行充电的除外) | 25 | |
| 8703406190 | 同时装有点燃往复式活塞内燃发动机(3升<排气量≤4升)及驱动电动机的小轿车的成套散件(可通过接插外部电源进行充电的除外) | 25 | |
| 8703406210 | 同时装有点燃往复式活塞内燃发动机(3升<排气量≤4升)及驱动电动机的四轮驱动越野车(可通过接插外部电源进行充电的除外) | 25 | |
| 8703406290 | 同时装有点燃往复式活塞内燃发动机(3升<排气量≤4升)及驱动电动机的四轮驱动越野车的成套散件(可通过接插外部电源进行充电的除外) | 25 | |

| 商品编码 | 商品名称及备注 | 进口从价消费税税率(%) | 进口从量消费税税率/低 |
|---|---|---|---|
| 8703406310 | 同时装有点燃往复式活塞内燃发动机(3升<排气量≤4升)及驱动电动机的小客车(座位数≤9座,可通过接插外部电源进行充电的除外) | 25 | |
| 8703406390 | 同时装有点燃往复式活塞内燃发动机(3升<排气量≤4升)及驱动电动机的小客车的成套散件(座位数≤9座,可通过接插外部电源进行充电的除外) | 25 | |
| 8703406910 | 同时装有点燃往复式活塞内燃发动机(3升<排气量≤4升)及驱动电动机的其他载人车辆(可通过接插外部电源进行充电的除外) | 25 | |
| 8703406990 | 同时装有点燃往复式活塞内燃发动机(3升<排气量≤4升)及驱动电动机的其他载人车辆的成套散件(可通过接插外部电源进行充电的除外) | 25 | |
| 8703407110 | 同时装有点燃往复式活塞内燃发动机(排气量>4升)及驱动电动机的小轿车(可通过接插外部电源进行充电的除外) | 40 | |
| 8703407190 | 同时装有点燃往复式活塞内燃发动机(排气量>4升)及驱动电动机的小轿车的成套散件(可通过接插外部电源进行充电的除外) | 40 | |
| 8703407210 | 同时装有点燃往复式活塞内燃发动机(排气量>4升)及驱动电动机的四轮驱动越野车(可通过接插外部电源进行充电的除外) | 40 | |
| 8703407290 | 同时装有点燃往复式活塞内燃发动机(排气量>4升)及驱动电动机的四轮驱动越野车的成套散件(可通过接插外部电源进行充电的除外) | 40 | |
| 8703407310 | 同时装有点燃往复式活塞内燃发动机(排气量>4升)及驱动电动机的小客车(座位数≤9座,可通过接插外部电源进行充电的除外) | 40 | |
| 8703407390 | 同时装有点燃往复式活塞内燃发动机(排气量>4升)及驱动电动机的小客车的成套散件(座位数≤9座,可通过接插外部电源进行充电的除外) | 40 | |
| 8703407910 | 同时装有点燃往复式活塞内燃发动机(排气量>4升)及驱动电动机的其他载人车辆(可通过接插外部电源进行充电的除外) | 40 | |
| 8703407990 | 同时装有点燃往复式活塞内燃发动机(排气量>4升)及驱动电动机的其他载人车辆的成套散件(可通过接插外部电源进行充电的除外) | 40 | |
| 8703501110 | 同时装有压燃式活塞内燃发动机(柴油或半柴油发动机,排气量≤1升)及驱动电动机的小轿车(可通过接插外部电源进行充电的除外) | 1 | |
| 8703501190 | 同时装有压燃式活塞内燃发动机(柴油或半柴油发动机,排气量≤1升)及驱动电动机的小轿车的成套散件(可通过接插外部电源进行充电的除外) | 1 | |
| 8703501910 | 同时装有压燃式活塞内燃发动机(柴油或半柴油发动机,排气量≤1升)及驱动电动机的其他载人车辆(可通过接插外部电源进行充电的除外) | 1 | |
| 8703501990 | 同时装有压燃式活塞内燃发动机(柴油或半柴油发动机,排气量≤1升)及驱动电动机的其他载人车辆的成套散件(可通过接插外部电源进行充电的除外) | 1 | |
| 8703502110 | 同时装有压燃式活塞内燃发动机(柴油或半柴油发动机,1升<排气量≤1.5升)及驱动电动机的小轿车(可通过接插外部电源进行充电的除外) | 3 | |
| 8703502190 | 同时装有压燃式活塞内燃发动机(柴油或半柴油发动机,1升<排气量≤1.5升)及驱动电动机的小轿车的成套散件(可通过接插外部电源进行充电的除外) | 3 | |
| 8703502210 | 同时装有压燃式活塞内燃发动机(柴油或半柴油发动机,1升<排气量≤1.5升)及驱动电动机的四轮驱动越野车(可通过接插外部电源进行充电的除外) | 3 | |
| 8703502290 | 同时装有压燃式活塞内燃发动机(柴油或半柴油发动机,1升<排气量≤1.5升)及驱动电动机的四轮驱动越野车的成套散件(可通过接插外部电源进行充电的除外) | 3 | |
| 8703502310 | 同时装有压燃式活塞内燃发动机(柴油或半柴油发动机,1升<排气量≤1.5升)及驱动电动机的小客车(座位数≤9座,可通过接插外部电源进行充电的除外) | 3 | |
| 8703502390 | 同时装有压燃式活塞内燃发动机(柴油或半柴油发动机,1升<排气量≤1.5升)及驱动电动机的小客车的成套散件(座位数≤9座,可通过接插外部电源进行充电的除外) | 3 | |
| 8703502910 | 同时装有压燃式活塞内燃发动机(柴油或半柴油发动机,1升<排气量≤1.5升)及驱动电动机的其他载人车辆(可通过接插外部电源进行充电的除外) | 3 | |

| 商品编码 | 商品名称及备注 | 进口从价消费税税率(%) | 进口从量消费税税率/低 |
|---|---|---|---|
| 8703502990 | 同时装有压燃式活塞内燃发动机(柴油或半柴油发动机,1升<排气量≤1.5升)及驱动电动机的其他载人车辆的成套散件(可通过接插外部电源进行充电的除外) | 3 | |
| 8703503110 | 同时装有压燃式活塞内燃发动机(柴油或半柴油发动机,1.5升<排气量≤2升)及驱动电动机的小轿车(可通过接插外部电源进行充电的除外) | 5 | |
| 8703503190 | 同时装有压燃式活塞内燃发动机(柴油或半柴油发动机,1.5升<排气量≤2升)及驱动电动机的小轿车的成套散件(可通过接插外部电源进行充电的除外) | 5 | |
| 8703503210 | 同时装有压燃式活塞内燃发动机(柴油或半柴油发动机,1.5升<排气量≤2升)及驱动电动机的四轮驱动越野车(可通过接插外部电源进行充电的除外) | 5 | |
| 8703503290 | 同时装有压燃式活塞内燃发动机(柴油或半柴油发动机,1.5升<排气量≤2升)及驱动电动机的四轮驱动越野车的成套散件(可通过接插外部电源进行充电的除外) | 5 | |
| 8703503310 | 同时装有压燃式活塞内燃发动机(柴油或半柴油发动机,1.5升<排气量≤2升)及驱动电动机的小客车(座位数≤9座,可通过接插外部电源进行充电的除外) | 5 | |
| 8703503390 | 同时装有压燃式活塞内燃发动机(柴油或半柴油发动机,1.5升<排气量≤2升)及驱动电动机的小客车的成套散件(座位数≤9座,可通过接插外部电源进行充电的除外) | 5 | |
| 8703503910 | 同时装有压燃式活塞内燃发动机(柴油或半柴油发动机,1.5升<排气量≤2升)及驱动电动机的其他载人车辆(可通过接插外部电源进行充电的除外) | 5 | |
| 8703503990 | 同时装有压燃式活塞内燃发动机(柴油或半柴油发动机,1.5升<排气量≤2升)及驱动电动机的其他载人车辆的成套散件(可通过接插外部电源进行充电的除外) | 5 | |
| 8703504110 | 同时装有压燃式活塞内燃发动机(柴油或半柴油发动机,2升<排气量≤2.5升)及驱动电动机的小轿车(可通过接插外部电源进行充电的除外) | 9 | |
| 8703504190 | 同时装有压燃式活塞内燃发动机(柴油或半柴油发动机,2升<排气量≤2.5升)及驱动电动机的小轿车的成套散件(可通过接插外部电源进行充电的除外) | 9 | |
| 8703504210 | 同时装有压燃式活塞内燃发动机(柴油或半柴油发动机,2升<排气量≤2.5升)及驱动电动机的四轮驱动越野车(可通过接插外部电源进行充电的除外) | 9 | |
| 8703504290 | 同时装有压燃式活塞内燃发动机(柴油或半柴油发动机,2升<排气量≤2.5升)及驱动电动机的四轮驱动越野车的成套散件(可通过接插外部电源进行充电的除外) | 9 | |
| 8703504310 | 同时装有压燃式活塞内燃发动机(柴油或半柴油发动机,2升<排气量≤2.5升)及驱动电动机的小客车(座位数≤9座,可通过接插外部电源进行充电的除外) | 9 | |
| 8703504390 | 同时装有压燃式活塞内燃发动机(柴油或半柴油发动机,2升<排气量≤2.5升)及驱动电动机的小客车的成套散件(座位数≤9座,可通过接插外部电源进行充电的除外) | 9 | |
| 8703504910 | 同时装有压燃式活塞内燃发动机(柴油或半柴油发动机,2升<排气量≤2.5升)及驱动电动机的其他载人车辆(可通过接插外部电源进行充电的除外) | 9 | |
| 8703504990 | 同时装有压燃式活塞内燃发动机(柴油或半柴油发动机,2升<排气量≤2.5升)及驱动电动机的其他载人车辆的成套散件(可通过接插外部电源进行充电的除外) | 9 | |
| 8703505110 | 同时装有压燃式活塞内燃发动机(柴油或半柴油发动机,2.5升<排气量≤3升)及驱动电动机的小轿车(可通过接插外部电源进行充电的除外) | 12 | |
| 8703505190 | 同时装有压燃式活塞内燃发动机(柴油或半柴油发动机,2.5升<排气量≤3升)及驱动电动机的小轿车的成套散件(可通过接插外部电源进行充电的除外) | 12 | |
| 8703505210 | 同时装有压燃式活塞内燃发动机(柴油或半柴油发动机,2.5升<排气量≤3升)及驱动电动机的四轮驱动越野车(可通过接插外部电源进行充电的除外) | 12 | |
| 8703505290 | 同时装有压燃式活塞内燃发动机(柴油或半柴油发动机,2.5升<排气量≤3升)及驱动电动机的四轮驱动越野车的成套散件(可通过接插外部电源进行充电的除外) | 12 | |
| 8703505310 | 同时装有压燃式活塞内燃发动机(柴油或半柴油发动机,2.5升<排气量≤3升)及驱动电动机的小客车(座位数≤9座,可通过接插外部电源进行充电的除外) | 12 | |
| 8703505390 | 同时装有压燃式活塞内燃发动机(柴油或半柴油发动机,2.5升<排气量≤3升)及驱动电动机的小客车的成套散件(座位数≤9座,可通过接插外部电源进行充电的除外) | 12 | |

| 商品编码 | 商品名称及备注 | 进口从价消费税税率(%) | 进口从量消费税税率/低 |
|---|---|---|---|
| 8703505910 | 同时装有压燃式活塞内燃发动机(柴油或半柴油发动机,2.5升<排气量≤3升)及驱动电动机的其他载人车辆(可通过接插外部电源进行充电的除外) | 12 | |
| 8703505990 | 同时装有压燃式活塞内燃发动机(柴油或半柴油发动机,2.5升<排气量≤3升)及驱动电动机的其他载人车辆的成套散件(可通过接插外部电源进行充电的除外) | 12 | |
| 8703506110 | 同时装有压燃式活塞内燃发动机(柴油或半柴油发动机,3升<排气量≤4升)及驱动电动机的小轿车(可通过接插外部电源进行充电的除外) | 25 | |
| 8703506190 | 同时装有压燃式活塞内燃发动机(柴油或半柴油发动机,3升<排气量≤4升)及驱动电动机的小轿车的成套散件(可通过接插外部电源进行充电的除外) | 25 | |
| 8703506210 | 同时装有压燃式活塞内燃发动机(柴油或半柴油发动机,3升<排气量≤4升)及驱动电动机的四轮驱动越野车(可通过接插外部电源进行充电的除外) | 25 | |
| 8703506290 | 同时装有压燃式活塞内燃发动机(柴油或半柴油发动机,3升<排气量≤4升)及驱动电动机的四轮驱动越野车的成套散件(可通过接插外部电源进行充电的除外) | 25 | |
| 8703506310 | 同时装有压燃式活塞内燃发动机(柴油或半柴油发动机,3升<排气量≤4升)及驱动电动机的小客车(座位数≤9座,可通过接插外部电源进行充电的除外) | 25 | |
| 8703506390 | 同时装有压燃式活塞内燃发动机(柴油或半柴油发动机,3升<排气量≤4升)及驱动电动机的小客车的成套散件(座位数≤9座,可通过接插外部电源进行充电的除外) | 25 | |
| 8703506910 | 同时装有压燃式活塞内燃发动机(柴油或半柴油发动机,3升<排气量≤4升)及驱动电动机的其他载人车辆(可通过接插外部电源进行充电的除外) | 25 | |
| 8703506990 | 同时装有压燃式活塞内燃发动机(柴油或半柴油发动机,3升<排气量≤4升)及驱动电动机的其他载人车辆的成套散件(可通过接插外部电源进行充电的除外) | 25 | |
| 8703507110 | 同时装有压燃式活塞内燃发动机(柴油或半柴油发动机,排气量>4升)及驱动电动机的小轿车(可通过接插外部电源进行充电的除外) | 40 | |
| 8703507190 | 同时装有压燃式活塞内燃发动机(柴油或半柴油发动机,排气量>4升)及驱动电动机的小轿车的成套散件(可通过接插外部电源进行充电的除外) | 40 | |
| 8703507210 | 同时装有压燃式活塞内燃发动机(柴油或半柴油发动机,排气量>4升)及驱动电动机的四轮驱动越野车(可通过接插外部电源进行充电的除外) | 40 | |
| 8703507290 | 同时装有压燃式活塞内燃发动机(柴油或半柴油发动机,排气量>4升)及驱动电动机的四轮驱动越野车的成套散件(可通过接插外部电源进行充电的除外) | 40 | |
| 8703507310 | 同时装有压燃式活塞内燃发动机(柴油或半柴油发动机,排气量>4升)及驱动电动机的的小客车(座位数≤9座,可通过接插外部电源进行充电的除外) | 40 | |
| 8703507390 | 同时装有压燃式活塞内燃发动机(柴油或半柴油发动机,排气量>4升)及驱动电动机的小客车的成套散件(座位数≤9座,可通过接插外部电源进行充电的除外) | 40 | |
| 8703507910 | 同时装有压燃式活塞内燃发动机(柴油或半柴油发动机,排气量>4升)及驱动电动机的的其他载人车辆(可通过接插外部电源进行充电的除外) | 40 | |
| 8703507990 | 同时装有压燃式活塞内燃发动机(柴油或半柴油发动机,排气量>4升)及驱动电动机的的其他载人车辆的成套散件(可通过接插外部电源进行充电的除外) | 40 | |
| 8703900021 | 其他型排气量≤1升的其他载人车辆 | 1 | |
| 8703900022 | 其他型1升<排气量≤1.5升的其他载人车辆 | 3 | |
| 8703900023 | 其他型1.5升<排气量≤2升的其他载人车辆 | 5 | |
| 8703900024 | 其他型2升<排气量≤2.5升的其他载人车辆 | 9 | |
| 8703900025 | 其他型2.5升<排气量≤3升的其他载人车辆 | 12 | |
| 8703900026 | 其他型3升<排气量≤4升的其他载人车辆 | 25 | |
| 8703900027 | 其他型排气量>4升的其他载人车辆 | 40 | |
| 8711205090 | 排气量=250毫升装往复式活塞内燃发动机摩托车及脚踏两用车 | 3 | |
| 8711301000 | 250毫升<排气量≤400毫升装往复式活塞内燃发动机摩托车及脚踏两用车 | 10 | |
| 8711302000 | 400毫升<排气量≤500毫升装往复式活塞内燃发动机摩托车及脚踏两用车 | 10 | |
| 8711400000 | 500毫升<排气量≤800毫升装往复式活塞内燃发动机摩托车及脚踏两用车 | 10 | |

| 商品编码 | 商品名称及备注 | 进口从价消费税税率(%) | 进口从量消费税税率/低 |
|---|---|---|---|
| 8711500000 | 排气量>800毫升装有往复式活塞内燃发动机摩托车及脚踏两用车 | 10 | |
| 8711900010 | 其他排气量≤250毫升摩托车及脚踏两用车 | 3 | |
| 8711900020 | 其他排气量>250毫升摩托车及脚踏两用车 | 10 | |
| 8711900030 | 其他无法区分排气量的摩托车及脚踏两用车 | 3 | |
| 8903910001 | 8米<长度<90米的机动帆船 | 10 | |
| 8903920001 | 8米<长度<90米的汽艇(装有舷外发动机的除外) | 10 | |
| 8903990001 | 8米<长度<90米的娱乐或运动用其他机动船舶或快艇 | 10 | |
| 9101110000 | 机械指示式的贵金属电子手表(表壳用贵金属或包贵金属制成的) | 进口关税完税价格在10000元人民币及以上时,税率为20% | |
| 9101191000 | 光电显示式的贵金属电子手表(表壳用贵金属或包贵金属制成的) | 进口关税完税价格在10000元人民币及以上时,税率为20% | |
| 9101199000 | 其他贵金属电子手表(表壳用贵金属或包贵金属制成的) | 进口关税完税价格在10000元人民币及以上时,税率为20% | |
| 9101210010 | 含濒危动物皮自动上弦贵金属机械手表(表壳用贵金属或包贵金属制成的) | 进口关税完税价格在10000元人民币及以上时,税率为20% | |
| 9101210090 | 其他自动上弦贵金属机械手表(表壳用贵金属或包贵金属制成的) | 进口关税完税价格在10000元人民币及以上时,税率为20% | |
| 9101290010 | 含濒危动物皮非自动上弦贵金属机械手表(表壳用贵金属或包贵金属制成的) | 进口关税完税价格在10000元人民币及以上时,税率为20% | |
| 9101290090 | 其他非自动上弦贵金属机械手表(表壳用贵金属或包贵金属制成的) | 进口关税完税价格在10000元人民币及以上时,税率为20% | |
| 9102110000 | 机械指示式的其他电子手表(贵金属或包贵金属制壳的除外) | 进口关税完税价格在10000元人民币及以上时,税率为20% | |
| 9102120000 | 光电显示式的其他电子手表(贵金属或包贵金属制壳的除外) | 进口关税完税价格在10000元人民币及以上时,税率为20% | |
| 9102190000 | 其他电子手表(贵金属或包贵金属制壳的除外) | 进口关税完税价格在10000元人民币及以上时,税率为20% | |
| 9102210010 | 含濒危动物皮其他自动上弦的机械手表(用贵金属或包贵金属制壳的除外) | 进口关税完税价格在10000元人民币及以上时,税率为20% | |
| 9102210090 | 其他自动上弦的机械手表(用贵金属或包贵金属制壳的除外) | 进口关税完税价格在10000元人民币及以上时,税率为20% | |
| 9102290010 | 含濒危动物皮其他非自动上弦机械手表(用贵金属或包贵金属制壳的除外) | 进口关税完税价格在10000元人民币及以上时,税率为20% | |

| 商品编码 | 商品名称及备注 | 进口从价消费税税率(%) | 进口从量消费税税率/低 |
| --- | --- | --- | --- |
| 9102290090 | 其他非自动上弦的机械手表(用贵金属或包贵金属制壳的除外) | 进口关税完税价格在10000元人民币及以上时,税率为20% | |
| 9506310000 | 完整的高尔夫球棍 | 10 | |
| 9506320000 | 高尔夫球 | 10 | |

## 附表 2

# 2018 年进口商品从量税及复合税税率表

| 税则号列 | 商品名称(简称) | 普通税率 | 2018 年最惠国税率 |
|---|---|---|---|
| 02071200 | 冻的整只鸡 | 5.6 元/千克 | 1.3 元/千克 |
| 02071411 | 冻的带骨鸡块(包括鸡胸脯、鸡大腿等) | 4.2 元/千克 | 0.6 元/千克 |
| 02071419 | 冻的不带骨鸡块(包括鸡胸脯、鸡大腿等) | 9.5 元/千克 | 0.7 元/千克 |
| 02071421 | 冻的鸡翼(不包括翼尖) | 8.1 元/千克 | 0.8 元/千克 |
| 02071422 | 冻的鸡爪 | 3.2 元/千克 | 1 元/千克 |
| 02071429 | 冻的其他食用鸡杂碎(包括鸡翼尖、鸡肝等) | 3.2 元/千克 | 0.5 元/千克 |
| 05040021 | 冷、冻的鸡肫(即鸡胃) | 7.7 元/千克 | 1.3 元/千克 |
| 22030000 | 麦芽酿造的啤酒 | 7.5 元/升 | 0 |
| 27090000 | 石油原油(包括从沥青矿物提取的原油) | 85 元/吨 | 0 |
| 37023190 | 其他未曝光无齿孔彩色窄胶卷(窄胶卷指宽度≤105 毫米,彩色摄影用) | 433 元/平方米 | 56 元/平方米 |
| 37023220 | 照相制版涂卤化银液无齿孔窄胶卷(成卷未曝光感光胶片,窄胶卷指宽度≤105 毫米) | 104 元/平方米 | 4.5 元/平方米 |
| 37023290 | 其他涂卤化银乳液无齿孔窄胶卷(成卷未曝光感光胶片,窄胶卷指宽度≤105 毫米) | 202 元/平方米 | 21 元/平方米 |
| 37023920 | 照相制版用其他无齿孔窄感光胶卷(成卷未曝光感光胶片,窄胶卷指宽度≤105 毫米) | 104 元/平方米 | 12 元/平方米 |
| 37023990 | 其他用无齿孔窄感光胶卷(成卷未曝光感光胶片,窄胶卷指宽度≤105 毫米) | 202 元/平方米 | 24 元/平方米 |
| 37024100 | 未曝光无齿孔宽长彩色胶卷(宽长胶卷指宽度>610 毫米,长度>200 米) | 202 元/平方米 | 7.1 元/平方米 |
| 37024221 | 印刷电路板制造用光致抗蚀干膜(宽度>610 毫米,长度>200 米) | 110 元/平方米 | 0.6 元/平方米 |
| 37024229 | 照相制版其他未曝光无齿宽长胶卷(宽长胶卷指宽度>610 毫米,长度>200 米) | 110 元/平方米 | 1.6 元/平方米 |
| 37024292 | 红色或红外激光胶片 | 213 元/平方米 | 2.4 元/平方米 |
| 37024299 | 黑白其他未曝光无齿孔宽长胶卷(宽长胶卷指宽度>610 毫米,长度>200 米) | 213 元/平方米 | 7 元/平方米 |
| 37024329 | 其他照相制版用的未曝光无齿孔胶卷(宽度>610 毫米,长度≤200 米) | 104 元/平方米 | 3.7 元/平方米 |
| 37024390 | 彩色或黑白其他用的未曝光无齿孔中长胶卷(中长胶卷指宽度>610 毫米,长度≤200 米) | 202 元/平方米 | 17 元/平方米 |
| 37024421 | 照相制版用的未曝光激光照排片(105 毫米<宽度≤610 毫米) | 115 元/平方米 | 2.0 元/平方米 |
| 37024422 | 印刷电路板制造用光致抗蚀干膜(105 毫米<宽度≤610 毫米) | 115 元/平方米 | 5 元/平方米 |
| 37024429 | 其他照相制版用无齿孔未曝光胶卷(105 毫米<宽度≤610 毫米) | 115 元/平方米 | 2.9 元/平方米 |
| 37024490 | 彩色或黑白其他用无齿孔未曝光中宽胶卷(中宽胶卷指 105 毫米<宽度≤610 毫米) | 202 元/平方米 | 27 元/平方米 |
| 37025200 | 彩色摄影用的未曝光彩色胶卷(宽度≤16 毫米) | 433 元/平方米 | 95 元/平方米 |
| 37025300 | 幻灯片用的未曝光彩色摄影胶卷(16 毫米<宽度≤35 毫米,长度≤30 米) | 433 元/平方米 | 128 元/平方米 |
| 37025410 | 非幻灯片用彩色摄影胶卷(宽度=35 毫米,长度≤2 米) | 433 元/平方米 | 18 元/平方米 |
| 37025490 | 其他非幻灯片用彩色摄影胶卷(16 毫米<宽度≤35 毫米,长度≤30 米) | 433 元/平方米 | 24 元/平方米 |
| 37025520 | 未曝光的窄长彩色电影胶卷(窄长胶卷指 16 毫米<宽度≤35 毫米,长度>30 米) | 232 元/平方米 | 9 元/平方米 |
| 37025590 | 其他未曝光窄长彩色胶卷(窄长胶卷指 16 毫米<宽度≤35 毫米,长度>30 米) | 433 元/平方米 | 27 元/平方米 |
| 37025620 | 未曝光的中宽彩色电影胶卷(中宽胶卷指宽度>35 毫米) | 232 元/平方米 | 13 元/平方米 |
| 37025690 | 其他未曝光的中宽彩色胶卷(中宽胶卷指宽度>35 毫米) | 433 元/平方米 | 74 元/平方米 |
| 37029600 | 未曝光非彩色胶卷(宽度≤35 毫米,长度≤30 米) | 210 元/平方米 | 21 元/平方米 |
| 37029700 | 未曝光非彩色胶卷(宽度≤35 毫米,长度>30 米) | 210 元/平方米 | 9 元/平方米 |

| 税则号列 | 商品名称(简称) | 普通税率 | 2018 年最惠国税率 |
|---|---|---|---|
| 37029800 | 未曝光非彩色胶卷,宽度>35 毫米 | 210 元/平方米 | 10 元/平方米 |
| 85211011 | 广播级磁带录像机 | ① | ② |
| 85211019 | 其他磁带录像机 | ① | ② |
| 85211020 | 磁带放像机 | ① | ② |
| 85258012 | 非特种用途的广播级电视摄像机 | ③ | ④ |
| 85258013 | 非特种用途的其他电视摄像机 | ③ | ④ |
| 85258022 | 非特种用途的单镜头反光型数字照相机 | ③ | 0 |
| 85258025 | 非特种用途的其他可换镜头的数字照相机 | ③ | 0 |
| 85258029 | 非特种用途的其他数字照相机 | ③ | 0 |
| 85258032 | 非特种用途的广播级视频摄录一体机 | ③ | 0 |
| 85258039 | 非特种用途的其他视频摄录一体机(家用型摄录一体机除外) | ③ | 0 |

①完税价格不高于 2000 美元/台:130%;完税价格高于 2000 美元/台:6%,加 20600 元。
②完税价格不高于 2000 美元/台:30%;完税价格高于 2000 美元/台:3%,加 3283 元。
③完税价格不高于 5000 美元/台:130%;完税价格高于 5000 美元/台:6%,加 51500 元。
④完税价格不高于 5000 美元/台:35%;完税价格高于 5000 美元/台:3%,加 9728 元。

## 附表 3

# 2018 年进口商品协定税率、特惠税率表

| 税则号列 | 商品描述[①] | 协定税率(%) | | | | | | | | | | | | | | | | 特惠税率(%) | | | | | | |
|---|---|---|---|---|---|---|---|---|---|---|---|---|---|---|---|---|---|---|---|---|---|---|---|---|
| | | 香港 | 澳门 | 巴基斯坦 | 东盟 | 亚太 | 智利 | 秘鲁 | 哥斯达黎加 | 新西兰 | 澳大利亚 | 瑞士 | 冰岛 | 韩国 | 台湾 | 新加坡 | 格鲁吉亚 | 亚太2国[②] | 东盟 | | | 最不发达国家 | | |
| | | | | | | | | | | | | | | | | | | | 老挝 | 柬埔寨 | 缅甸 | LDC97[③] | LDC95[④] | LDC60[⑤] |
| 01012100 | 改良种用马 | | | | | | | | | | | | | | | | | | | | | 0 | 0 | 0 |
| 01012900 | 其他马 | | | 5 | 0 | | 0 | 1 | 0 | 0 | 2 | 0 | 0 | 6 | | | 0 | | | | | 0 | 0 | 0 |
| 01013010 | 改良种用驴 | | | | | | | | | | | | | | | | | | | | | 0 | 0 | 0 |
| 01013090 | 其他驴 | | | 5 | 0 | | 0 | 1 | 0 | 0 | 2 | 0 | 0 | 6 | | | 0 | | | | | 0 | 0 | 0 |
| 01019000 | 骡 | | | 5 | 0 | | 0 | 1 | 0 | 0 | 2 | 0 | 0 | 6 | | | 0 | | | | | 0 | 0 | 0 |
| 01022100 | 改良种用家牛 | | | | | | | | | | | | | | | | | | | | | 0 | 0 | 0 |
| 01022900 | 其他家牛 | | | 5 | 0 | | 0 | 1 | 0 | 0 | 2 | 0 | 0 | 6 | | | 0 | | 0 | 0 | 0 | 0 | 0 | 0 |
| 01023100 | 改良种用水牛 | | | | | | | | | | | | | | | | | | | | | 0 | 0 | 0 |
| 01023900 | 其他水牛 | | | 5 | 0 | | 0 | 1 | 0 | 0 | 2 | 0 | 0 | 6 | | | 0 | | 0 | 0 | 0 | 0 | 0 | 0 |
| 01029010 | 改良种用其他牛 | | | | | | | | | | | | | | | | | | | | | 0 | 0 | 0 |
| 01029090 | 其他牛 | | | 5 | 0 | | 0 | 1 | 0 | 0 | 2 | 0 | 0 | 6 | | | 0 | | 0 | 0 | 0 | 0 | 0 | 0 |
| 01031000 | 改良种用猪 | | | | | | | | | | | | | | | | | | | | | 0 | 0 | 0 |
| 01039110 | 重量<10 千克的猪 | | | 5 | 0 | | 0 | 0 | 0 | 0 | 2 | 0 | 0 | 6 | | | 0 | | | 0 | 0 | 0 | 0 | 0 |
| 01039120 | 重量在 10~50 千克的猪,包括 10 千克 | | | 5 | 0 | | 0 | 0 | 0 | 0 | 2 | 0 | 0 | 6 | | | 0 | | | 0 | 0 | 0 | 0 | 0 |
| 01039200 | 重量≥50 千克的猪 | | | 5 | 0 | | 0 | 0 | 0 | 0 | 2 | 0 | 0 | 6 | | | 0 | | 0 | 0 | 0 | 0 | 0 | 0 |
| 01041010 | 改良种用的绵羊 | | | | | | | | | | | | | | | | | | | | | 0 | 0 | 0 |
| 01041090 | 其他绵羊 | | | 5 | 0 | | 0 | 0 | 0 | 0 | 2 | 0 | 0 | 6 | | | 0 | | | | | 0 | 0 | 0 |
| 01042010 | 改良种用的山羊 | | | | | | | | | | | | | | | | | | | | | 0 | 0 | 0 |
| 01042090 | 其他山羊 | | | 5 | 0 | | 0 | 0 | 0 | 0 | 2 | 0 | 0 | 6 | | | 0 | | | | | 0 | 0 | 0 |
| 01051110 | 重量≤185 克的改良种用鸡 | | | | | | | | | | | | | | | | | | | | | 0 | 0 | 0 |
| 01051190 | 重量≤185 克的其他鸡 | | | 5 | 0 | | 0 | 1 | 0 | 0 | 2 | 0 | 0 | 6 | | | 0 | | 0 | | 0 | 0 | 0 | 0 |
| 01051210 | 重量≤185 克的改良种用火鸡 | | | | | | | | | | | | | | | | | | | | | 0 | 0 | 0 |
| 01051290 | 重量≤185 克的其他火鸡 | | | 5 | 0 | | 0 | 1 | 0 | 0 | 2 | 0 | 0 | 6 | | | 0 | | | | | 0 | 0 | 0 |
| 01051310 | 重量≤185 克的改良种用鸭 | | | | | | | | | | | | | | | | | | | | | 0 | 0 | 0 |
| 01051390 | 重量≤185 克的其他鸭 | | | 5 | 0 | | 0 | 0 | 0 | 0 | 2 | 0 | 0 | 6 | | | 0 | | 0 | | | 0 | 0 | 0 |
| 01051410 | 重量≤185 克的改良种用鹅 | | | | | | | | | | | | | | | | | | | | | 0 | 0 | 0 |
| 01051490 | 重量≤185 克的其他鹅 | | | 5 | 0 | | 0 | 0 | 0 | 0 | 2 | 0 | 0 | 6 | | | 0 | | 0 | | | 0 | 0 | 0 |
| 01051510 | 重量≤185 克的改良种用珍珠鸡 | | | | | | | | | | | | | | | | | | | | | 0 | 0 | 0 |
| 01051590 | 重量≤185 克的其他珍珠鸡 | | | 5 | 0 | | 0 | 0 | 0 | 0 | 2 | 0 | 0 | 6 | | | 0 | | 0 | | | 0 | 0 | 0 |
| 01059410 | 重量>185 克的改良种用鸡 | | | | | | | | | | | | | | | | | | | | | 0 | 0 | 0 |
| 01059490 | 重量>185 克的其他鸡 | | | 5 | 0 | | 0 | 0 | 0 | 0 | 2 | 0 | 0 | 6 | | | 0 | | | | | 0 | 0 | 0 |
| 01059910 | 重量>185 克的其他改良种用家禽 | | | | | | | | | | | | | | | | | | | | | 0 | 0 | 0 |
| 01059991 | 重量>185 克的非改良种用鸭 | | | 5 | 0 | | 0 | 0 | 0 | 0 | 2 | 0 | 0 | 6 | | | 0 | | | | | 0 | 0 | 0 |

| 税则号列 | 商品描述[①] | 协定税率(%) | | | | | | | | | | | | | | | | 特惠税率(%) | | | | | | |
|---|---|---|---|---|---|---|---|---|---|---|---|---|---|---|---|---|---|---|---|---|---|---|---|---|
| | | 香港 | 澳门 | 巴基斯坦 | 东盟 | 亚太 | 智利 | 秘鲁 | 哥斯达黎加 | 新西兰 | 澳大利亚 | 瑞士 | 冰岛 | 韩国 | 台湾 | 新加坡 | 格鲁吉亚 | 亚太2国[②] | 东盟 | | | 最不发达国家 | | |
| | | | | | | | | | | | | | | | | | | | 老挝 | 柬埔寨 | 缅甸 | LDC97[③] | LDC95[④] | LDC60[⑤] |
| 01059992 | 重量>185克的非改良种用鹅 | | | 5 | 0 | | 0 | 0 | 0 | 0 | 2 | 0 | 0 | 6 | | | 0 | | | | | 0 | 0 | 0 |
| 01059993 | 重量>185克的非改良种用珍珠鸡 | | | 5 | 0 | | 0 | 0 | 0 | 0 | 2 | 0 | 0 | 6 | | | 0 | | | | | 0 | 0 | 0 |
| 01059994 | 重量>185克的非改良种用火鸡 | | | 5 | 0 | | 0 | 0 | 0 | 0 | 2 | 0 | 0 | 6 | | | 0 | | | | | 0 | 0 | 0 |
| 01061110 | 改良种用灵长目动物 | | | | | | | | | | | | | | | | | | | | | 0 | 0 | 0 |
| 01061190 | 其他灵长目动物 | | | 5 | 0 | | 0 | 0 | 0 | 0 | 2 | 0 | 0 | 6 | | | 0 | | | | | 0 | 0 | 0 |
| 01061211 | 改良种用鲸、海豚及鼠海豚;海牛及儒艮 | | | 5 | 0 | | 0 | 0 | 0 | 0 | 2 | 0 | 0 | 2 | | | 0 | | | | | 0 | 0 | 0 |
| 01061219 | 其他鲸、海豚及鼠海豚;海牛及儒艮 | | | 5 | 0 | | 0 | 0 | 0 | 0 | 2 | 0 | 0 | 6 | | | 0 | | | | | 0 | 0 | 0 |
| 01061221 | 改良种用海豹、海狮及海象 | | | | | | | | | | | | | | | | | | | | | 0 | 0 | 0 |
| 01061229 | 其他海豹、海狮及海象 | | | 5 | 0 | | 0 | 1 | 0 | 0 | 2 | 0 | 0 | 6 | | | 0 | | | | | 0 | 0 | 0 |
| 01061310 | 改良种用骆驼及其他骆驼科动物 | | | | | | | | | | | | | | | | | | | | | 0 | 0 | 0 |
| 01061390 | 其他骆驼及其他骆驼科动物 | | | 5 | 0 | | 0 | 1 | 0 | 0 | 2 | 0 | 0 | 6 | | | 0 | | | | | 0 | 0 | 0 |
| 01061410 | 改良种用家兔及野兔 | | | | | | | | | | | | | | | | | | | | | 0 | 0 | 0 |
| 01061490 | 其他家兔及野兔 | | | 5 | 0 | | 0 | 1 | 0 | 0 | 2 | 0 | 0 | 6 | | | 0 | | | | | 0 | 0 | 0 |
| 01061910 | 改良种用哺乳动物 | | | | | | | | | | | | | | | | | | | | | 0 | 0 | 0 |
| 01061990 | 其他哺乳动物 | | | 5 | 0 | | 0 | 1 | 0 | 0 | 2 | 0 | 0 | 6 | | | 0 | | | | | 0 | 0 | 0 |
| 01062011 | 改良种用鳄鱼苗 | | | | | | | | | | | | | | | | | | | | | 0 | 0 | 0 |
| 01062019 | 其他改良种用爬行动物 | | | | | | | | | | | | | | | | | | | | | 0 | 0 | 0 |
| 01062020 | 食用爬行动物 | | | 5 | 0 | | 0 | 0 | 0 | 0 | 2 | 0 | 0 | 6 | | | 0 | | | | 0 | 0 | 0 | 0 |
| 01062090 | 其他爬行动物 | | | 5 | 0 | | 0 | 0 | 0 | 0 | 2 | 0 | 0 | 6 | | | 0 | | | | | 0 | 0 | 0 |
| 01063110 | 改良种用猛禽 | | | | | | | | | | | | | | | | | | | | | 0 | 0 | 0 |
| 01063190 | 其他猛禽 | | | 5 | 0 | | 0 | 0 | 0 | 0 | 2 | 0 | 0 | 6 | | | 0 | | | | | 0 | 0 | 0 |
| 01063210 | 改良种用鹦形目鸟 | | | | | | | | | | | | | | | | | | | | | 0 | 0 | 0 |
| 01063290 | 其他鹦形目鸟 | | | 5 | 0 | | 0 | 0 | 0 | 0 | 2 | 0 | 0 | 6 | | | 0 | | | | | 0 | 0 | 0 |
| 01063310 | 改良种用鸵鸟;鸸鹋 | | | | | | | | | | | | | | | | | | | | | 0 | 0 | 0 |
| 01063390 | 其他鸵鸟;鸸鹋 | | | 5 | 0 | | 0 | 0 | 0 | 0 | 2 | 0 | 0 | 6 | | | 0 | | | | | 0 | 0 | 0 |
| 01063910 | 其他改良种用鸟 | | | | | | | | | | | | | | | | | | | | | 0 | 0 | 0 |
| 01063921 | 乳鸽 | | | 5 | 0 | | 0 | 0 | 0 | 0 | 2 | 0 | 0 | 6 | | | 0 | | | | 0 | 0 | 0 | 0 |
| 01063923 | 野鸭 | | | 5 | 0 | | 0 | 0 | 0 | 0 | 2 | 0 | 0 | 6 | | | 0 | | | | 0 | 0 | 0 | 0 |
| 01063929 | 其他食用鸟 | | | 5 | 0 | | 0 | 0 | 0 | 0 | 2 | 0 | 0 | 6 | | | 0 | | | | 0 | 0 | 0 | 0 |
| 01063990 | 其他鸟 | | | 5 | 0 | | 0 | 0 | 0 | 0 | 2 | 0 | 0 | 6 | | | 0 | | | | | 0 | 0 | 0 |
| 01064110 | 改良种用蜂 | | | | | | | | | | | | | | | | | | | | | 0 | 0 | 0 |
| 01064190 | 其他蜂 | | | 5 | 0 | 9 | 0 | 1 | 0 | 0 | 2 | 0 | 0 | 2 | | | 0 | | | | | 0 | 0 | 0 |
| 01064910 | 改良种用其他昆虫 | | | | | | | | | | | | | | | | | | | | | 0 | 0 | 0 |
| 01064990 | 其他昆虫 | | | 5 | 0 | 9 | 0 | 1 | 0 | 0 | 2 | 0 | 0 | 2 | | | 0 | | | | | 0 | 0 | 0 |
| 01069011 | 改良种用蛙苗 | | | | | | | | | | | | | | | | | | | | | 0 | 0 | 0 |
| 01069019 | 其他改良种用动物 | | | | | | | | | | | | | | | | | | | | | 0 | 0 | 0 |
| 01069090 | 其他动物 | | | 5 | 0 | 9 | 0 | 1 | 0 | 0 | 2 | 0 | 0 | 6 | | | 0 | | | | | 0 | 0 | 0 |

| 税则号列 | 商品描述① | 协定税率(%) | | | | | | | | | | | | | | | | 特惠税率(%) | | | | | | |
|---|---|---|---|---|---|---|---|---|---|---|---|---|---|---|---|---|---|---|---|---|---|---|---|---|
| | | 香港 | 澳门 | 巴基斯坦 | 东盟 | 亚太 | 智利 | 秘鲁 | 哥斯达黎加 | 新西兰 | 澳大利亚 | 瑞士 | 冰岛 | 韩国 | 台湾 | 新加坡 | 格鲁吉亚 | 亚太2国② | 东盟 | | | 最不发达国家 | | |
| | | | | | | | | | | | | | | | | | | | 老挝 | 柬埔寨 | 缅甸 | LDC97③ | LDC95④ | LDC60⑤ |
| 02011000 | 整头及半头鲜、冷牛肉 | | | | 0 | | 0 | 8 | 9.3 | 0 | 12 | 10 | 0 | 14.6 | | | 16 | | 0 | 0 | | 0 | 0 | 0 |
| 02012000 | 鲜、冷的带骨牛肉 | | | 6 | 0 | | 0 | 5.6 | 5.6 | 0 | 7.2 | 6 | 0 | 8.8 | | | 9.6 | | 0 | 0 | | 0 | 0 | 0 |
| 02013000 | 鲜、冷的去骨牛肉 | | | 6 | 0 | | 0 | 5.6 | 5.6 | 0 | 7.2 | 6 | 0 | 8.8 | | | 9.6 | | | 0 | | 0 | 0 | 0 |
| 02021000 | 冻的整头及半头牛肉 | | | | 0 | | 0 | 10 | 0 | 0 | 15 | 12.5 | 0 | 20 | | | | | 0 | 0 | | 0 | 0 | 0 |
| 02022000 | 冻的带骨牛肉 | | | 6 | 0 | | 0 | 5.6 | 0 | 0 | 7.2 | 6 | 0 | 8.8 | | | | | 0 | 0 | | 0 | 0 | 0 |
| 02023000 | 冻的去骨牛肉 | | | 6 | 0 | | 0 | 5.6 | 0 | 0 | 7.2 | 6 | 0 | 8.8 | | | | | | 0 | | 0 | 0 | 0 |
| 02031110 | 鲜、冷的整头及半头乳猪肉 | | | | 0 | | 0 | 2 | 0 | 0 | 4 | 10 | 0 | 14.6 | | | 0 | | 0 | 0 | | 0 | 0 | 0 |
| 02031190 | 其他鲜、冷的整头及半头猪肉 | | | | 0 | | 0 | 0 | 0 | 0 | 4 | 10 | 0 | 14.6 | | | 0 | | 0 | 0 | | 0 | 0 | 0 |
| 02031200 | 鲜、冷的带骨猪前腿、后腿及其肉块 | | | | 0 | | 0 | 2 | 0 | 0 | 4 | 10 | 0 | 14.6 | | | 0 | | 0 | 0 | | 0 | 0 | 0 |
| 02031900 | 其他鲜、冷猪肉 | | | | 0 | | 0 | 0 | 0 | 0 | 4 | 10 | 0 | 14.6 | | | 0 | | 0 | 0 | | 0 | 0 | 0 |
| 02032110 | 冻整头及半头乳猪肉 | | | 6 | 0 | | 0 | 1.2 | 0 | 0 | 2.4 | 6 | 0 | 7.2 | | | 0 | | 0 | 0 | | 0 | 0 | 0 |
| 02032190 | 其他冻整头及半头猪肉 | | | 6 | 0 | | 0 | 1.2 | 0 | 0 | 2.4 | 6 | 0 | 7.2 | | | 9.6 | | 0 | 0 | | 0 | 0 | 0 |
| 02032200 | 冻的带骨猪前腿、后腿及其肉块 | | | 6 | 0 | | 0 | 0 | 0 | 0 | 2.4 | 6 | 0 | 7.2 | | | 9.6 | | 0 | 0 | | 0 | 0 | 0 |
| 02032900 | 其他冻猪肉 | | | 6 | 0 | | 0 | 4.8 | 0 | 0 | 2.4 | 6 | 0 | 7.2 | | | 9.6 | | | 0 | | 0 | 0 | 0 |
| 02041000 | 鲜或冷的整头及半头羔羊 | | | 12 | 0 | | 0 | 6 | 7 | 0 | 8.3 | 7.5 | 0 | 9 | | | 12 | | | | | 0 | 0 | |
| 02042100 | 鲜或冷的整头及半头绵羊肉 | | | | 0 | | 0 | 9.2 | 10.7 | 0 | 12.8 | 11.5 | 0 | 18.4 | | | 18.4 | | | | | 0 | 0 | |
| 02042200 | 鲜或冷的带骨绵羊肉 | | | 12 | 0 | | 0 | 6 | 7 | 0 | 8.3 | 7.5 | 0 | 9 | | | 12 | | | | | 0 | 0 | |
| 02042300 | 鲜或冷的去骨绵羊肉 | | | 12 | 0 | | 0 | 3.8 | 7 | 0 | 8.3 | 7.5 | 0 | 9 | | | 12 | | | | | 0 | 0 | |
| 02043000 | 冻的整头及半头羔羊 | | | 12 | 0 | | 0 | 7.1 | 7 | 0 | 8.3 | 7.5 | 0 | 9 | | | 12 | | | | | 0 | 0 | |
| 02044100 | 冻的整头及半头绵羊肉 | | | | 0 | | 0 | 10.8 | 10.7 | 0 | 12.8 | 11.5 | 0 | 18.4 | | | 18.4 | | | | | 0 | 0 | |
| 02044200 | 冻的其他带骨绵羊肉 | | | 6 | 0 | | 0 | 5.6 | 5.6 | 0 | 6.7 | 6 | 0 | 7.2 | | | 9.6 | | | | | 0 | 0 | |
| 02044300 | 冻的其他去骨绵羊肉 | | | 12 | 0 | | 0 | 7.1 | 7 | 0 | 8.3 | 7.5 | 0 | 9 | | | 12 | | | | | 0 | 0 | |
| 02045000 | 鲜、冷、冻的山羊肉 | | | | 0 | | 0 | 5 | 9.3 | 0 | 11.1 | 10 | 0 | 14.6 | | | 16 | | | | | 0 | 0 | |
| 02050000 | 鲜、冷、冻的马、驴、骡肉 | | | | 0 | | 0 | 2 | 0 | 0 | 4 | 10 | 0 | 14.6 | | | 0 | | | | | 0 | 0 | |
| 02061000 | 鲜、冷的牛杂碎 | | | 6 | 0 | | 0 | 3 | 0 | 0 | 2.4 | 6 | 0 | 7.2 | | | 9.6 | | 0 | 0 | | 0 | 0 | 0 |
| 02062100 | 冻牛舌 | | | 6 | 0 | | 0 | 1.2 | 0 | 0 | 2.4 | 6 | 0 | 7.2 | | | 9.6 | | 0 | 0 | | 0 | 0 | 0 |
| 02062200 | 冻牛肝 | | | 6 | 0 | | 0 | 0 | 0 | 0 | 2.4 | 6 | 0 | 7.2 | | | 9.6 | | 0 | 0 | | 0 | 0 | 0 |
| 02062900 | 其他冻牛杂碎 | | | 6 | 0 | | 0 | 1.2 | 0 | 0 | 6 | 6 | 0 | 7.2 | | | 9.6 | | 0 | 0 | | 0 | 0 | 0 |
| 02063000 | 鲜、冷的猪杂碎 | | | | 0 | | 0 | 2 | 0 | 0 | 4 | 10 | 0 | 14.6 | | | 16 | | 0 | 0 | 0 | 0 | 0 | 0 |
| 02064100 | 冻猪肝 | | | | 0 | | 0 | 2 | 0 | 0 | 4 | 10 | 0 | 14.6 | | | 16 | | 0 | 0 | | 0 | 0 | 0 |
| 02064900 | 其他冻猪杂碎 | | | 6 | 0 | | 0 | 1.2 | 0 | 0 | 2.4 | 6 | 0 | 7.2 | | | 9.6 | | 0 | 0 | | 0 | 0 | 0 |
| 02068000 | 鲜、冷的羊、马、驴、骡杂碎 | | | | 0 | | 0 | 5 | 0 | 0 | 12 | 10 | 0 | 14.6 | | | 16 | | | 0 | | 0 | 0 | 0 |
| 02069000 | 冻的羊、马、驴、骡杂碎 | | | 14.4 | 0 | | 0 | 8.5 | 0 | 0 | 9 | 9 | 0 | 13.2 | | | 14.4 | | | 0 | | 0 | 0 | 0 |
| 02071100 | 整只,鲜或冷的鸡 | | | | 0 | | 0 | 0 | 0 | 0 | 4 | 10 | 0 | 14.6 | | | 0 | | 0 | 0 | 0 | 0 | 0 | 0 |
| 02071200 | 整只,冻的鸡 | | | | 0 | | 0 | 2 | 0 | 0 | 4 | 10 | 0 | 0.9元/千克 | | | 0 | | 0 | 0 | 0 | 0 | 0 | 0 |
| 02071311 | 鲜或冷的带骨鸡块 | | | | 0 | | 0 | 0 | 0 | 0 | 4 | 10 | 0 | 14.6 | | | 0 | | 0 | 0 | 0 | 0 | 0 | 0 |
| 02071319 | 鲜或冷的其他鸡块 | | | | 0 | | 0 | 0 | 0 | 0 | 4 | 10 | 0 | 14.6 | | | 0 | | 0 | 0 | 0 | 0 | 0 | 0 |

| 税则号列 | 商品描述[①] | 协定税率(%) | | | | | | | | | | | | | | | | 特惠税率(%) | | | | | | |
|---|---|---|---|---|---|---|---|---|---|---|---|---|---|---|---|---|---|---|---|---|---|---|---|---|
| | | 香港 | 澳门 | 巴基斯坦 | 东盟 | 亚太 | 智利 | 秘鲁 | 哥斯达黎加 | 新西兰 | 澳大利亚 | 瑞士 | 冰岛 | 韩国 | 台湾 | 新加坡 | 格鲁吉亚 | 亚太2国[②] | 东盟 | | | 最不发达国家 | | |
| | | | | | | | | | | | | | | | | | | | 老挝 | 柬埔寨 | 缅甸 | LDC97[③] | LDC95[④] | LDC60[⑤] |
| 02071321 | 鲜或冷的鸡翼(不包括翼尖) | | | | 0 | | 0 | 0 | 0 | 0 | 4 | 10 | 0 | 14.6 | | | 16 | | 0 | 0 | 0 | 0 | 0 | 0 |
| 02071329 | 鲜或冷的其他鸡杂碎 | | | | 0 | | 0 | 0 | 0 | 0 | 4 | 10 | 0 | 14.6 | | | 16 | | 0 | 0 | 0 | 0 | 0 | 0 |
| 02071411 | 冻的带骨鸡块 | | | 0.3元/千克 | 0 | | 0 | 0 | 0 | 0 | 2 | 0 | 0 | 0.3元/千克 | | | 0 | | 0 | 0 | 0 | 0 | 0 | 0 |
| 02071419 | 冻的其他鸡块 | | | 0.35元/千克 | 0 | | 0 | 1 | 0 | 0 | 2 | 0 | 0 | 0.4元/千克 | | | 0 | | 0 | 0 | 0 | 0 | 0 | 0 |
| 02071421 | 冻的鸡翼(不包括翼尖) | | | 0.4元/千克 | 0 | | 0 | 0 | 0 | 0 | 2 | 0 | 0 | 0.4元/千克 | | | 8 | | 0 | 0 | 0 | 0 | 0 | 0 |
| 02071422 | 鲜、冷、冻鸡爪 | | | 0.25元/千克 | 0 | | 0 | 1 | 0 | 0 | 2 | 0 | 0 | 0.3元/千克 | | | 8 | | 0 | 0 | 0 | 0 | 0 | 0 |
| 02071429 | 冻的其他鸡杂碎 | | | 0.25元/千克 | 0 | | 0 | 1 | 0 | 0 | 2 | 0 | 0 | 0.3元/千克 | | | 8 | | 0 | 0 | 0 | 0 | 0 | 0 |
| 02072400 | 整只,鲜或冷的火鸡 | | | | 0 | | 0 | 0 | 0 | 0 | 4 | 10 | 0 | 14.6 | | | 0 | | 0 | | | 0 | 0 | 0 |
| 02072500 | 整只,冻的火鸡 | | | | 0 | | 0 | 2 | 0 | 0 | 4 | 10 | 0 | 14.6 | | | 0 | | 0 | | | 0 | 0 | 0 |
| 02072600 | 鲜或冷的火鸡块及杂碎 | | | | 0 | | 0 | 0 | 0 | 0 | 4 | 10 | 0 | 14.6 | | | 0 | | 0 | | | 0 | 0 | 0 |
| 02072700 | 冻的火鸡块及杂碎 | | | 5 | 0 | | 0 | 1 | 0 | 0 | 2 | 0 | 0 | 6 | | | 0 | | 0 | | | 0 | 0 | 0 |
| 02074100 | 鲜或冷的整只鸭 | | | | 0 | | 0 | 2 | 0 | 0 | 4 | 10 | 0 | 14.6 | | | 0 | | 0 | 0 | 0 | 0 | 0 | 0 |
| 02074200 | 冻的整只鸭 | | | | 0 | | 0 | 2 | 0 | 0 | 4 | 10 | 0 | 14.6 | | | 0 | | 0 | 0 | 0 | 0 | 0 | 0 |
| 02074300 | 鲜或冷的鸭肥肝 | | | | 0 | | 0 | 2 | 0 | 0 | 4 | 10 | 0 | 14.6 | | | 0 | | 0 | 0 | | 0 | 0 | 0 |
| 02074400 | 鲜或冷的其他鸭 | | | | 0 | | 0 | 2 | 0 | 0 | 4 | 10 | 0 | 14.6 | | | 0 | | 0 | 0 | 0 | 0 | 0 | 0 |
| 02074500 | 冻的其他鸭 | | | | 0 | | 0 | 2 | 0 | 0 | 4 | 10 | 0 | 16 | | | 0 | | 0 | 0 | 0 | 0 | 0 | 0 |
| 02075100 | 鲜或冷的整只鹅 | | | | 0 | | 0 | 2 | 0 | 0 | 4 | 10 | 0 | 14.6 | | | 0 | | 0 | 0 | 0 | 0 | 0 | 0 |
| 02075200 | 冻的整只鹅 | | | | 0 | | 0 | 2 | 0 | 0 | 4 | 10 | 0 | 14.6 | | | 0 | | 0 | 0 | 0 | 0 | 0 | 0 |
| 02075300 | 鲜或冷的鹅肥肝 | | | | 0 | | 0 | 2 | 0 | 0 | 4 | 10 | 0 | 14.6 | | | 0 | | 0 | 0 | | 0 | 0 | 0 |
| 02075400 | 鲜或冷的其他鹅 | | | | 0 | | 0 | 2 | 0 | 0 | 4 | 10 | 0 | 14.6 | | | 0 | | 0 | 0 | 0 | 0 | 0 | 0 |
| 02075500 | 冻的其他鹅 | | | | 0 | | 0 | 2 | 0 | 0 | 4 | 10 | 0 | 14.6 | | | 0 | | 0 | 0 | 0 | 0 | 0 | 0 |
| 02076000 | 鲜、冷、冻珍珠鸡 | | | | 0 | | 0 | 2 | 0 | 0 | 4 | 10 | 0 | 14.6 | | | 0 | | 0 | 0 | | 0 | 0 | 0 |
| 02081010 | 鲜或冷藏的家兔肉或野兔,不包括兔头 | | | | 0 | | 0 | 2 | 0 | 0 | 4 | 10 | 0 | 14.6 | | | 0 | | | | | 0 | 0 | |
| 02081020 | 冻家兔或野兔,不包括兔头 | | | | 0 | | 0 | 2 | 0 | 0 | 4 | 10 | 0 | 14.6 | | | 0 | | | | | 0 | 0 | |
| 02081090 | 鲜、冷、冻的家兔及野兔食用杂碎 | | | | 0 | | 0 | 2 | 0 | 0 | 4 | 10 | 0 | 14.6 | | | 0 | | | | | 0 | 0 | |
| 02083000 | 鲜、冷、冻的灵长目动物的肉及其食用杂碎 | | | | 0 | | 0 | 2.3 | 0 | 0 | 4.6 | 11.5 | 0 | 13.8 | | | 0 | | | | | 0 | 0 | |
| 02084000 | 鲜、冷、冻鲸、海豚及鼠海豚;鲜、冷、冻海牛及儒艮;鲜、冷、冻海豹、海狮及海象 | | | | 0 | | 0 | 2.3 | 0 | 0 | 4.6 | 11.5 | 0 | 13.8 | | | 0 | | | | | 0 | 0 | |

| 税则号列 | 商品描述[①] | 协定税率(%) 香港 | 澳门 | 巴基斯坦 | 东盟 | 亚太 | 智利 | 秘鲁 | 哥斯达黎加 | 新西兰 | 澳大利亚 | 瑞士 | 冰岛 | 韩国 | 台湾 | 新加坡 | 格鲁吉亚 | 特惠税率(%) 亚太2国[②] | 东盟 老挝 | 东盟 柬埔寨 | 东盟 缅甸 | 最不发达国家 LDC97[③] | 最不发达国家 LDC95[④] | 最不发达国家 LDC60[⑤] |
|---|---|---|---|---|---|---|---|---|---|---|---|---|---|---|---|---|---|---|---|---|---|---|---|---|
| 02085000 | 鲜、冷、冻的爬行动物的肉及其食用杂碎 | | | | 0 | | 0 | 2.3 | 0 | 0 | 4.6 | 11.5 | 0 | 13.8 | | | 0 | | | | | 0 | 0 | |
| 02086000 | 鲜、冷、冻骆驼及其他骆驼科动物 | | | | 0 | | 0 | 2.3 | 0 | 0 | 4.6 | 11.5 | 0 | 13.8 | | | 0 | | | | | 0 | 0 | |
| 02089010 | 鲜、冷、冻的乳鸽肉及其食用杂碎 | | | | 0 | | 0 | 2 | 0 | 0 | 4 | 10 | 0 | 14.6 | | | 0 | | | | | 0 | 0 | |
| 02089090 | 其他鲜、冷、冻肉及食用杂碎 | | | | 0 | | 0 | 2.3 | 0 | 0 | 4.6 | 11.5 | 0 | 18.4 | | | 18.4 | | | | | 0 | 0 | |
| 02091000 | 未炼制猪脂肪 | | | | 0 | | 0 | 2 | 0 | 0 | 4 | 10 | 0 | 14.6 | | | 0 | | | | | 0 | 0 | |
| 02099000 | 未炼制家禽脂肪 | | | | 0 | | 0 | 2 | 0 | 0 | 4 | 10 | 0 | 14.6 | | | 0 | | | | | 0 | 0 | |
| 02101110 | 干、熏、盐制的带骨猪腿 | 0 | | | 0 | | 0 | 0 | 0 | 0 | 5 | | 0 | 20 | | | 0 | | 0 | 0 | | 0 | 0 | 0 |
| 02101190 | 干、熏、盐制的带骨猪腿肉块 | | | | 0 | | 0 | 0 | 0 | 0 | 5 | | 0 | 20 | | | 0 | | 0 | 0 | | 0 | 0 | 0 |
| 02101200 | 干、熏、盐制的猪腹肉 | | | | 0 | | 0 | 0 | 0 | 0 | 5 | | 0 | 20 | | | 0 | | 0 | 0 | | 0 | 0 | 0 |
| 02101900 | 干、熏、盐制的其他猪肉 | | | | 0 | | 0 | 2.5 | 0 | 0 | 5 | | 0 | 20 | | | 0 | | | 0 | 0 | 0 | 0 | 0 |
| 02102000 | 干、熏、盐制的牛肉 | | | | 0 | | 0 | 2.5 | 0 | 0 | 15 | 0 | 0 | 20 | | | 0 | | 0 | 0 | | 0 | 0 | 0 |
| 02109100 | 干、熏、盐制的灵长目动物肉及食用杂碎 | | | | 0 | | 0 | 2.5 | 0 | 0 | 5 | 12.5 | 0 | 15 | | | 0 | | 0 | 0 | | 0 | 0 | 0 |
| 02109200 | 干、熏、盐制的鲸、海豚及鼠海豚的,海牛及儒艮的,海豹、海狮及海象的肉及食用杂碎 | | | | 0 | | 0 | 2.5 | 0 | 0 | 5 | 12.5 | 0 | 15 | | | 0 | | 0 | 0 | | 0 | 0 | 0 |
| 02109300 | 干、熏、盐制的爬行动物肉及食用杂碎 | | | | 0 | | 0 | 2.5 | 0 | 0 | 5 | 12.5 | 0 | 15 | | | 0 | | 0 | 0 | | 0 | 0 | 0 |
| 02109900 | 干、熏、盐制的其他肉及食用杂碎 | 0 | | | 0 | | 0 | 2.5 | 0 | 0 | 5 | 12.5 | 0 | 20 | | | 0 | | 0 | 0 | | 0 | 0 | 0 |
| 03011100 | 淡水观赏鱼 | 0 | | 14 | 0 | | 0 | 0 | 3.5 | 0 | 3.5 | 8.8 | 0 | 12.8 | | | 0 | | | | | 0 | 0 | 0 |
| 03011900 | 其他观赏鱼 | 0 | | 14 | 0 | | 0 | 0 | 3.5 | 0 | 3.5 | 8.8 | 0 | 12.8 | | | 0 | | | | | 0 | 0 | 0 |
| 03019110 | 鳟鱼苗 | | | | | | | | | | | | | | | | | | | | | 0 | 0 | 0 |
| 03019190 | 其他活鳟鱼 | | | 5 | 0 | 8 | 0 | 0 | 2.1 | 0 | 2.1 | 5.2 | 0 | 6.3 | | | 0 | | | | | 0 | 0 | 0 |
| 03019210 | 鳗鱼苗 | | | | | | | | | | | | | | | | | | | | | 0 | 0 | 0 |
| 03019290 | 其他活鳗鱼 | | | 5 | 0 | 6.7 | 0 | 0 | 2 | 0 | 2 | 0 | 0 | 6 | | | 0 | | | 0 | 0 | 0 | 0 | 0 |
| 03019310 | 鲤科鱼鱼苗 | | | | | | | | | | | | | | | | | | | | | 0 | 0 | 0 |
| 03019390 | 其他鲤科鱼 | | | 5 | 0 | 8 | 0 | 0 | 2.1 | 0 | 2.1 | 5.2 | 0 | 6.3 | | | 0 | | | 0 | 0 | 0 | 0 | 0 |
| 03019410 | 大西洋及太平洋蓝鳍金枪鱼鱼苗 | | | | | | | | | | | | | | | | | | | | | 0 | 0 | 0 |
| 03019491 | 大西洋蓝鳍金枪鱼 | 0 | | 5 | 0 | 8 | 0 | 0 | 2.1 | 0 | 2.1 | 5.2 | 0 | 6.3 | | | 0 | | | 0 | 0 | 0 | 0 | 0 |
| 03019492 | 太平洋蓝鳍金枪鱼 | 0 | | 5 | 0 | 8 | 0 | 1 | 2.1 | 0 | 2.1 | 5.2 | 0 | 6.3 | 0 | | 0 | | | 0 | 0 | 0 | 0 | 0 |
| 03019510 | 南方蓝鳍金枪鱼鱼苗 | | | | | | | | | | | | | | | | | | | | | 0 | 0 | 0 |
| 03019590 | 其他活南方蓝鳍金枪鱼 | 0 | | 5 | 0 | 8 | 0 | 0 | 2.1 | 0 | 2.1 | 5.2 | 0 | 6.3 | | | 0 | | | 0 | 0 | 0 | 0 | 0 |
| 03019911 | 鲈鱼鱼苗 | | | | | | | | | | | | | | | | | | | | | 0 | 0 | 0 |
| 03019912 | 鲟鱼鱼苗 | | | | | | | | | | | | | | | | | | | | | 0 | 0 | 0 |
| 03019919 | 其他鱼苗 | | | | | | | | | | | | | | | | | | | | | 0 | 0 | 0 |
| 03019991 | 活罗非鱼 | 0 | | 5 | 0 | | 0 | 1 | 2.1 | 0 | 2.1 | 5.2 | 0 | 6.3 | | | 0 | | | 0 | 0 | 0 | 0 | 0 |
| 03019992 | 活鲀 | 0 | | 5 | 0 | 8 | 0 | 0 | 2.1 | 0 | 2.1 | 5.2 | 0 | 6.3 | | | 0 | | | 0 | 0 | 0 | 0 | 0 |

| 税则号列 | 商品描述[①] | 协定税率(%) | | | | | | | | | | | | | | | | 特惠税率(%) | | | | | | |
|---|---|---|---|---|---|---|---|---|---|---|---|---|---|---|---|---|---|---|---|---|---|---|---|---|
| | | 香港 | 澳门 | 巴基斯坦 | 东盟 | 亚太 | 智利 | 秘鲁 | 哥斯达黎加 | 新西兰 | 澳大利亚 | 瑞士 | 冰岛 | 韩国 | 台湾 | 新加坡 | 格鲁吉亚 | 亚太2国[②] | 东盟 | | | 最不发达国家 | | |
| | | | | | | | | | | | | | | | | | | | 老挝 | 柬埔寨 | 缅甸 | LDC97[③] | LDC95[④] | LDC60[⑤] |
| 03019993 | 其他鲤科鱼 | | | 5 | 0 | 8 | 0 | 0 | 2.1 | 0 | 2.1 | 5.2 | 0 | 6.3 | | | 0 | | | 0 | 0 | 0 | 0 | 0 |
| 03019999 | 其他活鱼 | 0 | | 5 | 0 | 8 | 0 | 1 | 2.1 | 0 | 2.1 | 5.2 | 0 | 6.3 | 0 | | 0 | | | 0 | 0 | 0 | 0 | 0 |
| 03021100 | 鲜、冷鳟鱼 | | | 6 | 0 | | 0 | 1.2 | 2.4 | 0 | 2.4 | 6 | 0 | 7.2 | | | 0 | | | | | 0 | 0 | 0 |
| 03021300 | 鲜、冷大麻哈鱼 | | | 5 | 0 | | 0 | 1 | 2 | 0 | 2 | 0 | 0 | 6 | | | 0 | | | | | 0 | 0 | 0 |
| 03021410 | 鲜、冷大西洋鲑鱼 | | | 5 | 0 | | 0 | 1 | 2 | 0 | 2 | 0 | 0 | 6 | | | 0 | | | | | 0 | 0 | 0 |
| 03021420 | 鲜、冷多瑙哲罗鱼 | | | 5 | 0 | | 0 | 1 | 2 | 0 | 2 | 0 | 0 | 6 | | | 0 | | | | | 0 | 0 | 0 |
| 03021900 | 其他鲜、冷鲑鱼 | | | 5 | 0 | 8 | 0 | 0 | 2.4 | 0 | 2.4 | 6 | 0 | 7.2 | | | 0 | | | | | 0 | 0 | 0 |
| 03022100 | 鲜、冷庸鲽鱼 | | | 5 | 0 | 9 | 0 | 0 | 2.4 | 0 | 2.4 | 6 | 0 | 7.2 | | | 0 | | | | | 0 | 0 | 0 |
| 03022200 | 鲜、冷鲽鱼 | | | 5 | 0 | 9 | 0 | 0 | 2.4 | 0 | 2.4 | 6 | 0 | 7.2 | | | 0 | | | | | 0 | 0 | 0 |
| 03022300 | 鲜、冷鳎鱼 | | | 5 | 0 | 9 | 0 | 0 | 2.4 | 0 | 2.4 | 6 | 0 | 7.2 | | | 0 | | | | | 0 | 0 | 0 |
| 03022400 | 鲜、冷大菱鲆 | | | 5 | 0 | 6 | 0 | 1.2 | 2.4 | 0 | 2.4 | 6 | 0 | 7.2 | | | 0 | | | 0 | | 0 | 0 | 0 |
| 03022900 | 其他鲜、冷比目鱼 | | | 5 | 0 | 6 | 0 | 1.2 | 2.4 | 0 | 2.4 | 6 | 0 | 7.2 | | | 0 | | | 0 | | 0 | 0 | 0 |
| 03023100 | 鲜、冷长鳍金枪鱼 | | | 5 | 0 | 9 | 0 | 1.2 | 2.4 | 0 | 2.4 | 6 | 0 | 7.2 | | | 0 | | | 0 | | 0 | 0 | 0 |
| 03023200 | 鲜、冷黄鳍金枪鱼 | 0 | | 5 | 0 | 9 | 0 | 0 | 2.4 | 0 | 2.4 | 6 | 0 | 7.2 | | | 0 | | | | | 0 | 0 | 0 |
| 03023300 | 鲜、冷鲣鱼或狐鲣 | | | 5 | 0 | 8 | 0 | 0 | 2.4 | 0 | 2.4 | 6 | 0 | 7.2 | | | 0 | | | | | 0 | 0 | 0 |
| 03023400 | 鲜、冷大眼金枪鱼 | | | 6 | 0 | | 0 | 0 | 2.4 | 0 | 2.4 | 6 | 0 | 7.2 | | | 0 | | | 0 | 0 | 0 | 0 | 0 |
| 03023510 | 鲜、冷大西洋蓝鳍金枪鱼 | | | 6 | 0 | | 0 | 0 | 2.4 | 0 | 2.4 | 6 | 0 | 7.2 | | | 0 | | | 0 | 0 | 0 | 0 | 0 |
| 03023520 | 鲜、冷太平洋蓝鳍金枪鱼 | | | 5 | 0 | 8 | 0 | 0 | 2.4 | 0 | 2.4 | 6 | 0 | 7.2 | | | 0 | | | 0 | 0 | 0 | 0 | 0 |
| 03023600 | 鲜、冷南方蓝鳍金枪鱼 | | | 6 | 0 | | 0 | 0 | 2.4 | 0 | 2.4 | 6 | 0 | 7.2 | | | 0 | | | 0 | 0 | 0 | 0 | 0 |
| 03023900 | 其他鲜、冷金枪鱼 | | | 5 | 0 | 8 | 0 | 0 | 2.4 | 0 | 2.4 | 6 | 0 | 7.2 | | | 0 | | | 0 | 0 | 0 | 0 | 0 |
| 03024100 | 鲜、冷鲱鱼(大西洋鲱鱼、太平洋鲱鱼) | | | 5 | 0 | 8 | 0 | 0 | 2.4 | 0 | 2.4 | 6 | 0 | 7.2 | | | 0 | | | | | 0 | 0 | 0 |
| 03024200 | 鲜、冷鳀鱼 | 0 | | 5 | 0 | 8 | 0 | 0 | 2.4 | 0 | 2.4 | 6 | 0 | 7.2 | 0 | | 0 | | | 0 | 0 | 0 | 0 | 0 |
| 03024300 | 鲜、冷沙丁鱼(沙丁鱼、沙瑙鱼属)、小沙丁鱼属、黍鲱或西鲱 | | | 5 | 0 | 8 | 0 | 0 | 2.4 | 0 | 2.4 | 6 | 0 | 7.2 | | | 0 | | | | | 0 | 0 | 0 |
| 03024400 | 鲜、冷鲭鱼 | | | 5 | 0 | 8 | 0 | 0 | 2.4 | 0 | 2.4 | 6 | 0 | 7.2 | | | 0 | | | | | 0 | 0 | 0 |
| 03024500 | 鲜、冷对称竹荚鱼、新西兰竹荚鱼及竹荚鱼 | 0 | | 5 | 0 | 8 | 0 | 0 | 2.4 | 0 | 2.4 | 6 | 0 | 7.2 | 0 | | 0 | | | 0 | 0 | 0 | 0 | 0 |
| 03024600 | 鲜、冷军曹鱼 | 0 | | 5 | 0 | 8 | 0 | 0 | 2.4 | 0 | 2.4 | 6 | 0 | 7.2 | 0 | | 0 | | | 0 | 0 | 0 | 0 | 0 |
| 03024700 | 鲜、冷剑鱼 | 0 | | 5 | 0 | 8 | 0 | 0 | 2.4 | 0 | 2.4 | 6 | 0 | 7.2 | | | 0 | | | | | 0 | 0 | 0 |
| 03024900 | 鲜、冷印度鲭(羽鳃鲐属)、马鲛鱼(马鲛属)、鲹属、银鲳(鲳属)、秋刀鱼、圆鲹(圆鲹属)、毛鳞鱼、鲔鱼、狐鲣(狐鲣属)、枪鱼、旗鱼、四鳍旗鱼(旗鱼科) | 0 | | 5 | 0 | 8 | 0 | 0 | 2.4 | 0 | 2.4 | 6 | 0 | 7.2 | 0 | | 0 | | | 0 | 0 | 0 | 0 | 0 |
| 03025100 | 鲜、冷鳕鱼(大西洋鳕鱼、格陵兰鳕鱼、太平洋鳕鱼) | | | 5 | 0 | 8 | 0 | 0 | 2.4 | 0 | 2.4 | 6 | 0 | 7.2 | | | 0 | | | | | 0 | 0 | 0 |
| 03025200 | 鲜、冷黑线鳕鱼 | | | 5 | 0 | 8 | 0 | 0 | 2.4 | 0 | 2.4 | 6 | 0 | 7.2 | | | 0 | | | | | 0 | 0 | 0 |
| 03025300 | 鲜、冷绿青鳕鱼 | | | 5 | 0 | 8 | 0 | 0 | 2.4 | 0 | 2.4 | 6 | 0 | 7.2 | | | 0 | | | | | 0 | 0 | 0 |
| 03025400 | 鲜、冷狗鳕鱼 | 0 | | 5 | 0 | 8 | 0 | 0 | 2.4 | 0 | 2.4 | 6 | 0 | 7.2 | 0 | | 0 | | | 0 | 0 | 0 | 0 | 0 |
| 03025500 | 鲜、冷狭鳕鱼 | 0 | | 5 | 0 | 8 | 0 | 0 | 2.4 | 0 | 2.4 | 6 | 0 | 7.2 | 0 | | 0 | | | 0 | 0 | 0 | 0 | 0 |

| 税则号列 | 商品描述[①] | 协定税率(%) | | | | | | | | | | | | | | | | 特惠税率(%) | | | | | | |
|---|---|---|---|---|---|---|---|---|---|---|---|---|---|---|---|---|---|---|---|---|---|---|---|---|
| | | 香港 | 澳门 | 巴基斯坦 | 东盟 | 亚太 | 智利 | 秘鲁 | 哥斯达黎加 | 新西兰 | 澳大利亚 | 瑞士 | 冰岛 | 韩国 | 台湾 | 新加坡 | 格鲁吉亚 | 亚太2国[②] | 东盟 | | | 最不发达国家 | | |
| | | | | | | | | | | | | | | | | | | | 老挝 | 柬埔寨 | 缅甸 | LDC97[③] | LDC95[④] | LDC60[⑤] |
| 03025600 | 鲜、冷蓝鳕鱼 | 0 | | 5 | 0 | 8 | 0 | 0 | 2.4 | 0 | 2.4 | 6 | 0 | 7.2 | 0 | | 0 | | | 0 | 0 | 0 | 0 | 0 |
| 03025900 | 鲜、冷其他鳕科鱼 | 0 | | 5 | 0 | 8 | 0 | 0 | 2.4 | 0 | 2.4 | 6 | 0 | 7.2 | 0 | | 0 | | | 0 | 0 | 0 | 0 | 0 |
| 03027100 | 鲜、冷罗非鱼 | | | 6 | 0 | | 0 | 1.2 | 2.4 | 0 | 2.4 | 6 | 0 | 7.2 | | | 0 | | | 0 | 0 | 0 | 0 | 0 |
| 03027200 | 鲜、冷鲶鱼 | 0 | | 5 | 0 | 8 | 0 | 0 | 2.4 | 0 | 2.4 | 6 | 0 | 7.2 | 0 | | 0 | | | 0 | 0 | 0 | 0 | 0 |
| 03027300 | 鲜、冷鲤科鱼 | 0 | | 5 | 0 | 8 | 0 | 0 | 2.4 | 0 | 2.4 | 6 | 0 | 7.2 | 0 | | 0 | | | 0 | 0 | 0 | 0 | 0 |
| 03027400 | 鲜、冷鳗鱼 | 0 | | 5 | 0 | 8 | 0 | 0 | 2.4 | 0 | 2.4 | 6 | 0 | 7.2 | | | 0 | | | | 0 | 0 | 0 | 0 |
| 03027900 | 鲜、冷尼罗河鲈鱼及黑鱼 | 0 | | 5 | 0 | 8 | 0 | 0 | 2.4 | 0 | 2.4 | 6 | 0 | 7.2 | 0 | | 0 | | | 0 | 0 | 0 | 0 | 0 |
| 03028100 | 鲜、冷角鲨及其他鲨鱼 | 0 | | 5 | 0 | 9 | 0 | 1.2 | 2.4 | 0 | 2.4 | 6 | 0 | 7.2 | | | 0 | | | | | 0 | 0 | 0 |
| 03028200 | 鲜、冷魟鱼及鳐鱼 | 0 | | 5 | 0 | 8 | 0 | 0 | 2.4 | 0 | 2.4 | 6 | 0 | 7.2 | 0 | | 0 | | | 0 | 0 | 0 | 0 | 0 |
| 03028300 | 鲜、冷南极犬牙鱼 | 0 | | 5 | 0 | 8 | 0 | 0 | 2.4 | 0 | 2.4 | 6 | 0 | 7.2 | | | 0 | | | 0 | 0 | 0 | 0 | 0 |
| 03028400 | 鲜、冷尖吻鲈鱼 | 0 | | 5 | 0 | 8 | 0 | 0 | 2.4 | 0 | 2.4 | 6 | 0 | 7.2 | 0 | | 0 | | | 0 | 0 | 0 | 0 | 0 |
| 03028500 | 鲜、冷菱羊鲷 | 0 | | 5 | 0 | 8 | 0 | 0 | 2.4 | 0 | 2.4 | 6 | 0 | 7.2 | 0 | | 0 | | | 0 | 0 | 0 | 0 | 0 |
| 03028910 | 鲜、冷带鱼 | 0 | | 8 | 0 | 8 | 0 | 1.2 | 2.4 | 0 | 2.4 | 6 | 0 | 7.2 | | | 0 | | | | | 0 | 0 | 0 |
| 03028920 | 鲜、冷黄鱼 | 0 | | 5 | 0 | 8 | 0 | 1.2 | 2.4 | 0 | 2.4 | 6 | 0 | 7.2 | | | 0 | | | | | 0 | 0 | 0 |
| 03028930 | 鲜、冷鲳鱼 | 0 | | 5 | 0 | 8 | 0 | 1.2 | 2.4 | 0 | 2.4 | 6 | 0 | 7.2 | | | 0 | | | | | 0 | 0 | 0 |
| 03028940 | 鲜、冷鲀 | 0 | | 5 | 0 | 8 | 0 | 1.2 | 2.4 | 0 | 2.4 | 6 | 0 | 7.2 | | | 0 | | | 0 | 0 | 0 | 0 | 0 |
| 03028990 | 鲜、冷其他鱼 | 0 | | 5 | 0 | 8 | 0 | 0 | 2.4 | 0 | 2.4 | 6 | 0 | 7.2 | 0 | | 0 | | | 0 | 0 | 0 | 0 | 0 |
| 03029100 | 鲜、冷鱼肝、鱼卵及鱼精 | | | 6 | 0 | | 0 | 0 | 2.4 | 0 | 2.4 | 6 | 0 | 7.2 | | | 0 | | | 0 | | 0 | 0 | 0 |
| 03029200 | 鲜、冷鲨鱼翅 | 0 | | 5 | 0 | 9 | 0 | 1.2 | 2.4 | 0 | 2.4 | 6 | 0 | 7.2 | | | 0 | | | | | 0 | 0 | 0 |
| 03029900 | 鲜、冷其他鱼鳍、鱼头、鱼尾、鱼鳔及其他可食用鱼杂碎 | | | 5 | 0 | | 0 | 1 | 2 | 0 | 2 | 0 | 0 | 6 | | | 0 | | | | | 0 | 0 | 0 |
| 03031100 | 冻红大麻哈鱼 | | | 5 | 0 | 6.7 | 0 | 1 | 2 | 0 | 2 | 0 | 0 | 6 | | | 0 | | | 0 | | 0 | 0 | 0 |
| 03031200 | 冻其他大麻哈鱼 | | | 5 | 0 | 6.7 | 0 | 1 | 2 | 0 | 2 | 0 | 0 | 6 | | | 0 | | | 0 | | 0 | 0 | 0 |
| 03031300 | 冻大西洋鲑鱼及多瑙哲罗鱼 | | | 5 | 0 | | 0 | 1 | 2 | 0 | 2 | 0 | 0 | 6 | | | 0 | | | | | 0 | 0 | 0 |
| 03031400 | 冻鳟鱼 | | | 6 | 0 | | 0 | 1.2 | 2.4 | 0 | 2.4 | 6 | 0 | 7.2 | | | 0 | | | | | 0 | 0 | 0 |
| 03031900 | 冻其他鲑科鱼 | | | 5 | 0 | 6.7 | 0 | 0 | 2 | 0 | 2 | 0 | 0 | 6 | | | 0 | | | | | 0 | 0 | 0 |
| 03032300 | 冻罗非鱼 | | | 5 | 0 | 5 | 0 | 1 | 2 | 0 | 2 | 0 | 0 | 6 | | | 0 | 0 | | 0 | 0 | 0 | 0 | 0 |
| 03032400 | 冻鲶鱼 | 0 | | 5 | 0 | 5 | 0 | 0 | 2 | 0 | 2 | 0 | 0 | 2 | 0 | | 0 | 0 | | 0 | 0 | 0 | 0 | 0 |
| 03032500 | 冻鲤科鱼 | 0 | | 5 | 0 | 5 | 0 | 0 | 2 | 0 | 2 | 0 | 0 | 2 | 0 | | 0 | 0 | | 0 | 0 | 0 | 0 | 0 |
| 03032600 | 冻鳗鱼 | 0 | | 8 | 0 | 8 | 0 | 1.2 | 2.4 | 0 | 2.4 | 6 | 0 | 7.2 | | | 0 | | | | | 0 | 0 | 0 |
| 03032900 | 冻尼罗河鲈鱼及黑鱼 | 0 | | 5 | 0 | 5 | 0 | 0 | 2 | 0 | 2 | 0 | 0 | 2 | 0 | | 0 | 0 | | 0 | 0 | 0 | 0 | 0 |
| 03033110 | 冻格陵兰庸鲽鱼 | 0 | | 5 | 0 | 6.7 | 0 | 0 | 2 | 0 | 2 | 0 | 0 | 6 | | | 0 | | | | | 0 | 0 | 0 |
| 03033190 | 冻庸鲽鱼 | 0 | | 5 | 0 | 6.7 | 0 | 0 | 2 | 0 | 2 | 0 | 1.7 | 6 | | | 0 | | | | | 0 | 0 | 0 |
| 03033200 | 冻鲽鱼 | | | 8 | 0 | 8 | 0 | 0 | 2.4 | 0 | 2.4 | 6 | 2 | 7.2 | | | 0 | | | | | 0 | 0 | 0 |
| 03033300 | 冻鳎鱼 | | | 8 | 0 | 8 | 0 | 0 | 2.4 | 0 | 2.4 | 6 | 0 | 7.2 | | | 0 | | | | | 0 | 0 | 0 |
| 03033400 | 冻大菱鲆 | | | 8 | 0 | 8 | 0 | 1 | 2 | 0 | 2 | 0 | 0 | 6 | | | 0 | | | | | 0 | 0 | 0 |
| 03033900 | 其他冻比目鱼 | | | 8 | 0 | 8 | 0 | 1 | 2 | 0 | 2 | 0 | 1.7 | 6 | | | 0 | | | | | 0 | 0 | 0 |
| 03034100 | 冻长鳍金枪鱼 | | | 5 | 0 | 9 | 0 | 0 | 2.4 | 0 | 2.4 | 6 | 0 | 7.2 | | | 0 | | | | | 0 | 0 | 0 |
| 03034200 | 冻黄鳍金枪鱼 | | | 5 | 0 | 9 | 0 | 0 | 2.4 | 0 | 2.4 | 6 | 0 | 7.2 | | | 0 | | | | | 0 | 0 | 0 |
| 03034300 | 冻鲣鱼或狐鲣 | | | 5 | 0 | 9 | 0 | 0 | 2.4 | 0 | 2.4 | 6 | 0 | 9.6 | | | 0 | | | | | 0 | 0 | 0 |
| 03034400 | 冻大眼金枪鱼 | 0 | | 6 | 0 | | 0 | 0 | 2.4 | 0 | 2.4 | 6 | 0 | 7.2 | | | 0 | | | 0 | 0 | 0 | 0 | 0 |
| 03034510 | 冻大西洋蓝鳍金枪鱼 | | | 6 | 0 | | 0 | 0 | 2.4 | 0 | 2.4 | 6 | 0 | 7.2 | | | 0 | | | 0 | 0 | 0 | 0 | 0 |

| 税则号列 | 商品描述[①] | 协定税率(%) | | | | | | | | | | | | | | | | 特惠税率(%) | | | | | | |
|---|---|---|---|---|---|---|---|---|---|---|---|---|---|---|---|---|---|---|---|---|---|---|
| | | 香港 | 澳门 | 巴基斯坦 | 东盟 | 亚太 | 智利 | 秘鲁 | 哥斯达黎加 | 新西兰 | 澳大利亚 | 瑞士 | 冰岛 | 韩国 | 台湾 | 新加坡 | 格鲁吉亚 | 亚太2国[②] | 东盟 | | | 最不发达国家 | | |
| | | | | | | | | | | | | | | | | | | | 老挝 | 柬埔寨 | 缅甸 | LDC97[③] | LDC95[④] | LDC60[⑤] |
| 03034520 | 冻太平洋蓝鳍金枪鱼 | | | 5 | 0 | 9 | 0 | 0 | 2.4 | 0 | 2.4 | 6 | 0 | 7.2 | | | 0 | | | 0 | 0 | 0 | 0 | 0 |
| 03034600 | 冻南方蓝鳍金枪鱼 | | | 6 | 0 | | 0 | 0 | 2.4 | 0 | 2.4 | 6 | 0 | 7.2 | | | 0 | | | 0 | 0 | 0 | 0 | 0 |
| 03034900 | 其他冻金枪鱼 | | | 5 | 0 | 9 | 0 | 0 | 2.4 | 0 | 2.4 | 6 | 0 | 7.2 | | | 0 | | | 0 | 0 | 0 | 0 | 0 |
| 03035100 | 冻鲱鱼(大西洋鲱鱼、太平洋鲱鱼) | | | 5 | 0 | 6.7 | 0 | 0 | 2 | 0 | 2 | 0 | 0 | 6 | | | 0 | | | | | 0 | 0 | 0 |
| 03035300 | 冻沙丁鱼、小沙丁鱼属、黍鲱或西鲱 | | | 5 | 0 | 8 | 0 | 1.2 | 2.4 | 0 | 2.4 | 6 | 0 | 7.2 | | | 0 | | | | | 0 | 0 | 0 |
| 03035400 | 冻鲭鱼 | | | 6.7 | 0 | 6.7 | 0 | 0 | 2 | 0 | 2 | 0 | 0 | 6 | | | 0 | | | | | 0 | 0 | 0 |
| 03035500 | 冻对称竹荚鱼、新西兰竹荚鱼及竹荚鱼 | 0 | | 5 | 0 | 5 | 0 | 0 | 2 | 0 | 2 | 0 | 0 | 2 | 0 | | 0 | 0 | | 0 | 0 | 0 | 0 | 0 |
| 03035600 | 冻军曹鱼 | 0 | | 5 | 0 | 5 | 0 | 0 | 2 | 0 | 2 | 0 | 0 | 2 | 0 | | 0 | 0 | | 0 | 0 | 0 | 0 | 0 |
| 03035700 | 冻剑鱼 | 0 | | 5 | 0 | 5 | 0 | 0 | 2 | 0 | 2 | 0 | 0 | 6 | | | 0 | 0 | | | | 0 | 0 | 0 |
| 03035900 | 冻印度鲭(羽鳃鲐属)、马鲛鱼(马鲛属)、鲹属、银鲳(鲳属)、秋刀鱼、圆鲹(圆鲹属)、毛鳞鱼、鲔鱼、狐鲣(狐鲣属)、枪鱼、旗鱼、四鳍旗鱼(旗鱼科) | 0 | | 5 | 0 | 5 | 0 | 0 | 2 | 0 | 2 | 0 | 0 | 7.3 | 0 | | 0 | 0 | | 0 | 0 | 0 | 0 | 0 |
| 03036300 | 冻鳕鱼(大西洋鳕鱼、格陵兰鳕鱼、太平洋鳕鱼) | | | 5 | 0 | 6.7 | 0 | 0 | 2 | 0 | 2 | 0 | 1.7 | 6 | | | 0 | | | | | 0 | 0 | 0 |
| 03036400 | 冻黑线鳕鱼 | | | 5 | 0 | 8 | 0 | 0 | 2.4 | 0 | 2.4 | 6 | 2 | 7.2 | | | 0 | | | | | 0 | 0 | 0 |
| 03036500 | 冻绿青鳕鱼 | | | 5 | 0 | 8 | 0 | 0 | 2.4 | 0 | 2.4 | 6 | 0 | 7.2 | | | 0 | | | | | 0 | 0 | 0 |
| 03036600 | 冻狗鳕鱼 | | | 6 | 0 | | 0 | 1.2 | 2.4 | 0 | 2.4 | 6 | 0 | 7.2 | | | 0 | | | | | 0 | 0 | 0 |
| 03036700 | 冻狭鳕鱼 | 0 | | 5 | 0 | 5 | 0 | 0 | 2 | 0 | 2 | 0 | 0 | 6 | 0 | | 0 | 0 | | 0 | 0 | 0 | 0 | 0 |
| 03036800 | 冻蓝鳕鱼 | 0 | | 5 | 0 | 5 | 0 | 0 | 2 | 0 | 2 | 0 | 0 | 2 | 0 | | 0 | 0 | | 0 | 0 | 0 | 0 | 0 |
| 03036900 | 其他冻鳕鱼 | 0 | | 5 | 0 | 5 | 0 | 0 | 2 | 0 | 2 | 0 | 0 | 2 | 0 | | 0 | 0 | | 0 | 0 | 0 | 0 | 0 |
| 03038100 | 冻角鲨及其他鲨鱼 | | | 9 | 0 | 9 | 0 | 1.2 | 2.4 | 0 | 2.4 | 6 | 0 | 7.2 | | | 0 | | | | | 0 | 0 | 0 |
| 03038200 | 冻魟鱼及鳐鱼 | 0 | | 5 | 0 | 5 | 0 | 0 | 2 | 0 | 2 | 0 | 0 | 2 | 0 | | 0 | 0 | | 0 | 0 | 0 | 0 | 0 |
| 03038300 | 冻南极犬牙鱼 | 0 | | 5 | 0 | 5 | 0 | 0 | 2 | 0 | 2 | 0 | 0 | 6 | | | 0 | 0 | | 0 | 0 | 0 | 0 | 0 |
| 03038400 | 冻尖吻鲈鱼 | 0 | | 5 | 0 | 8 | 0 | 0 | 2.4 | 0 | 2.4 | 6 | 0 | 7.2 | | | 0 | | | | | 0 | 0 | 0 |
| 03038910 | 冻带鱼 | 0 | | 5 | 0 | 5 | 0 | 1 | 2 | 0 | 2 | 0 | 5.5 | 6 | | | 0 | 0 | | 0 | 0 | 0 | 0 | 0 |
| 03038920 | 冻黄鱼 | 0 | | 5 | 0 | 5 | 0 | 1 | 2 | 0 | 2 | 0 | 0 | 6 | | | 0 | 0 | | 0 | 0 | 0 | 0 | 0 |
| 03038930 | 冻鲳鱼 | 0 | | 5 | 0 | 5 | 0 | 1 | 2 | 0 | 2 | 0 | 0 | 6 | | | 0 | 0 | | 0 | 0 | 0 | 0 | 0 |
| 03038990 | 其他冻鱼 | 0 | | 5 | 0 | 5 | 0 | 0 | 2 | 0 | 2 | 0 | 0 | 7.3 | 0 | | 0 | 0 | | 0 | 0 | 0 | 0 | 0 |
| 03039100 | 冻鱼肝、鱼卵及鱼精 | | | 5 | 0 | 9 | 0 | | 2 | 0 | 2 | 0 | 1.7 | 6 | | | 0 | | | | | 0 | 0 | 0 |
| 03039200 | 冻鲨鱼翅 | | | 9 | 0 | 9 | 0 | 1.2 | 2.4 | 0 | 2.4 | 6 | 0 | 7.2 | | | 0 | | | | | 0 | 0 | 0 |
| 03039900 | 冻的其他鱼鳍、鱼头、鱼尾、鱼鳔及其他可食用鱼杂碎 | | | 5 | 0 | 6.7 | 0 | 1 | 2 | 0 | 2 | 0 | 0 | 6 | | | 0 | | | 0 | | 0 | 0 | 0 |
| 03043100 | 鲜、冷罗非鱼片 | 0 | | 5 | 0 | 9 | 0 | 1.2 | 0 | 0 | 2.4 | 6 | 0 | 7.2 | | | 0 | | | | 0 | 0 | 0 | 0 |
| 03043200 | 鲜、冷鲶鱼片 | 0 | | 5 | 0 | 9 | 0 | 1.2 | 0 | 0 | 2.4 | 6 | 0 | 7.2 | | | 0 | | | | 0 | 0 | 0 | 0 |
| 03043300 | 鲜、冷尼罗河鲈鱼片 | 0 | | 5 | 0 | 9 | 0 | 1.2 | 0 | 0 | 2.4 | 6 | 0 | 7.2 | | | 0 | | | | 0 | 0 | 0 | 0 |
| 03043900 | 鲜、冷鲤科鱼、鳗鱼、黑鱼片 | 0 | | 5 | 0 | 9 | 0 | 1.2 | 0 | 0 | 2.4 | 6 | 0 | 7.2 | | | 0 | | | | 0 | 0 | 0 | 0 |
| 03044100 | 鲜、冷大麻哈鱼片 | 0 | | 5 | 0 | 9 | 0 | 1.2 | 0 | 0 | 2.4 | 6 | 0 | 7.2 | | | 0 | | | | 0 | 0 | 0 | 0 |

| 税则号列 | 商品描述[①] | 协定税率(%) | | | | | | | | | | | | | | | | 特惠税率(%) | | | | | | |
|---|---|---|---|---|---|---|---|---|---|---|---|---|---|---|---|---|---|---|---|---|---|---|---|---|
| | | 香港 | 澳门 | 巴基斯坦 | 东盟 | 亚太 | 智利 | 秘鲁 | 哥斯达黎加 | 新西兰 | 澳大利亚 | 瑞士 | 冰岛 | 韩国 | 台湾 | 新加坡 | 格鲁吉亚 | 亚太2国[②] | 东盟 老挝 | 东盟 柬埔寨 | 东盟 缅甸 | 最不发达国家 LDC97[③] | 最不发达国家 LDC95[④] | 最不发达国家 LDC60[⑤] |
| 03044200 | 鲜、冷鳟鱼片 | 0 | | 5 | 0 | 9 | 0 | 1.2 | 0 | 0 | 2.4 | 6 | 0 | 7.2 | | | 0 | | | | 0 | 0 | 0 | 0 |
| 03044300 | 鲜、冷比目鱼片 | 0 | | 5 | 0 | 9 | 0 | 1.2 | 0 | 0 | 2.4 | 6 | 0 | 7.2 | | | 0 | | | | 0 | 0 | 0 | 0 |
| 03044400 | 鲜、冷犀鳕科等鳕科鱼片 | 0 | | 5 | 0 | 9 | 0 | 1.2 | 0 | 0 | 2.4 | 6 | 0 | 7.2 | | | 0 | | | | 0 | 0 | 0 | 0 |
| 03044500 | 鲜、冷剑鱼片 | 0 | | 5 | 0 | 9 | 0 | 0 | 0 | 0 | 2.4 | 6 | 0 | 7.2 | | | 0 | | | | 0 | 0 | 0 | 0 |
| 03044600 | 鲜、冷南极犬牙鱼片 | 0 | | 5 | 0 | 9 | 0 | 0 | 0 | 0 | 2.4 | 6 | 0 | 7.2 | | | 0 | | | | 0 | 0 | 0 | 0 |
| 03044700 | 鲜、冷角鲨及其他鲨鱼片 | 0 | | 5 | 0 | 9 | 0 | 1.2 | 0 | 0 | 2.4 | 6 | 0 | 7.2 | | | 0 | | | | 0 | 0 | 0 | 0 |
| 03044800 | 鲜、冷魟鱼及鳐鱼片 | 0 | | 5 | 0 | 9 | 0 | 1.2 | 0 | 0 | 2.4 | 6 | 0 | 7.2 | | | 0 | | | | 0 | 0 | 0 | 0 |
| 03044900 | 鲜、冷其他鱼片 | 0 | | 5 | 0 | 9 | 0 | 1.2 | 0 | 0 | 2.4 | 6 | 0 | 7.2 | | | 0 | | | | 0 | 0 | 0 | 0 |
| 03045100 | 鲜、冷罗非鱼等鱼鱼肉 | 0 | | 5 | 0 | 9 | 0 | 1.2 | 0 | 0 | 2.4 | 6 | 0 | 7.2 | | | 0 | | | | 0 | 0 | 0 | 0 |
| 03045200 | 鲜、冷鲑科鱼肉 | 0 | | 5 | 0 | 9 | 0 | 1.2 | 0 | 0 | 2.4 | 6 | 0 | 7.2 | | | 0 | | | | 0 | 0 | 0 | 0 |
| 03045300 | 鲜、冷犀鳕科等鳕科鱼肉 | 0 | | 5 | 0 | 9 | 0 | 1.2 | 0 | 0 | 2.4 | 6 | 0 | 7.2 | | | 0 | | | | 0 | 0 | 0 | 0 |
| 03045400 | 鲜、冷剑鱼肉 | 0 | | 5 | 0 | 9 | 0 | 0 | 0 | 0 | 2.4 | 6 | 0 | 7.2 | | | 0 | | | | 0 | 0 | 0 | 0 |
| 03045500 | 鲜、冷南极犬牙鱼肉 | 0 | | 5 | 0 | 9 | 0 | 0 | 0 | 0 | 2.4 | 6 | 0 | 7.2 | | | 0 | | | | 0 | 0 | 0 | 0 |
| 03045600 | 鲜、冷角鲨及其他鲨鱼肉 | 0 | | 5 | 0 | 9 | 0 | 1.2 | 0 | 0 | 2.4 | 6 | 0 | 7.2 | | | 0 | | | | 0 | 0 | 0 | 0 |
| 03045700 | 鲜、冷魟鱼及鳐鱼肉 | 0 | | 5 | 0 | 9 | 0 | 1.2 | 0 | 0 | 2.4 | 6 | 0 | 7.2 | | | 0 | | | | 0 | 0 | 0 | 0 |
| 03045900 | 鲜、冷其他鱼肉 | 0 | | 5 | 0 | 9 | 0 | 1.2 | 0 | 0 | 2.4 | 6 | 0 | 7.2 | | | 0 | | | | 0 | 0 | 0 | 0 |
| 03046100 | 冻罗非鱼等鱼鱼片 | 0 | | 5 | 0 | | 0 | 0 | 0 | 0 | 2 | 0 | 0 | 6 | | | 0 | | | 0 | 0 | 0 | 0 | 0 |
| 03046211 | 冻斑点叉尾鮰鱼片 | 0 | | 5 | 0 | | 0 | 0 | 0 | 0 | 2 | 0 | 0 | 6 | | | 0 | | | | | 0 | 0 | 0 |
| 03046219 | 冻其他叉尾鮰鱼片 | 0 | | 5 | 0 | | 0 | 0 | 0 | 0 | 2 | 0 | 0 | 6 | | | 0 | | | | | 0 | 0 | 0 |
| 03046290 | 冻其他鲶鱼片 | 0 | | 5 | 0 | | 0 | 0 | 0 | 0 | 2 | 0 | 0 | 6 | 0 | | 0 | | | 0 | 0 | 0 | 0 | 0 |
| 03046300 | 冻尼罗河鲈鱼片 | 0 | | 5 | 0 | | 0 | 0 | 0 | 0 | 2 | 0 | 0 | 6 | 0 | | 0 | | | 0 | 0 | 0 | 0 | 0 |
| 03046900 | 冻鲤科鱼、鳗鱼、黑鱼片 | 0 | | 5 | 0 | | 0 | 0 | 0 | 0 | 2 | 0 | 0 | 6 | 0 | | 0 | | | 0 | 0 | 0 | 0 | 0 |
| 03047100 | 冻鳕鱼(大西洋鳕鱼、格陵兰鳕鱼、太平洋鳕鱼)片 | 0 | | 5 | 0 | | 0 | 0 | 0 | 0 | 2 | 0 | 0 | 6 | 0 | | 0 | | | 0 | 0 | 0 | 0 | 0 |
| 03047200 | 冻黑线鳕鱼片 | 0 | | 5 | 0 | | 0 | 0 | 0 | 0 | 2 | 0 | 0 | 6 | 0 | | 0 | | | 0 | 0 | 0 | 0 | 0 |
| 03047300 | 冻绿青鳕鱼片 | 0 | | 5 | 0 | | 0 | 0 | 0 | 0 | 2 | 0 | 0 | 6 | 0 | | 0 | | | 0 | 0 | 0 | 0 | 0 |
| 03047400 | 冻狗鳕鱼片 | 0 | | 5 | 0 | | 0 | 0 | 0 | 0 | 2 | 0 | 0 | 6 | 0 | | 0 | | | 0 | 0 | 0 | 0 | 0 |
| 03047500 | 冻狭鳕鱼片 | 0 | | 5 | 0 | | 0 | 0 | 0 | 0 | 2 | 0 | 0 | 6 | 0 | | 0 | | | 0 | 0 | 0 | 0 | 0 |
| 03047900 | 冻其他鳕鱼片 | 0 | | 5 | 0 | | 0 | 0 | 0 | 0 | 2 | 0 | 0 | 6 | 0 | | 0 | | | 0 | 0 | 0 | 0 | 0 |
| 03048100 | 冻大麻哈鱼、大西洋鲑鱼及多瑙哲罗鱼片 | 0 | | 5 | 0 | | 0 | 0 | 0 | 0 | 2 | 0 | 0 | 6 | 0 | | 0 | | | 0 | 0 | 0 | 0 | 0 |
| 03048200 | 冻鳟鱼片 | 0 | | 5 | 0 | | 0 | 0 | 0 | 0 | 2 | 0 | 0 | 6 | 0 | | 0 | | | 0 | 0 | 0 | 0 | 0 |
| 03048300 | 冻比目鱼片 | 0 | | 5 | 0 | | 0 | 0 | 0 | 0 | 2 | 0 | 0 | 6 | 0 | | 0 | | | 0 | 0 | 0 | 0 | 0 |
| 03048400 | 冻剑鱼片 | 0 | | 5 | 0 | | 0 | 0 | 0 | 0 | 2 | 0 | 0 | 6 | | | 0 | | | 0 | 0 | 0 | 0 | 0 |
| 03048500 | 冻南极犬牙鱼片 | 0 | | 5 | 0 | | 0 | 0 | 0 | 0 | 2 | 0 | 0 | 6 | | | 0 | | | 0 | 0 | 0 | 0 | 0 |
| 03048600 | 冻鲱鱼片 | 0 | | 5 | 0 | | 0 | 0 | 0 | 0 | 2 | 0 | 0 | 6 | 0 | | 0 | | | 0 | 0 | 0 | 0 | 0 |
| 03048700 | 冻金枪鱼、鲣鱼或狐鲣(鲣)片 | 0 | | 5 | 0 | | 0 | 0 | 0 | 0 | 2 | 0 | 0 | 6 | 0 | | 0 | | | 0 | 0 | 0 | 0 | 0 |
| 03048800 | 冻角鲨、其他鲨鱼、魟鱼及鳐鱼片 | 0 | | 5 | 0 | | 0 | 0 | 0 | 0 | 2 | 0 | 0 | 6 | 0 | | 0 | | | 0 | 0 | 0 | 0 | 0 |
| 03048900 | 冻其他鱼片 | 0 | | 5 | 0 | | 0 | 0 | 0 | 0 | 2 | 0 | 0 | 6 | 0 | | 0 | | | 0 | 0 | 0 | 0 | 0 |
| 03049100 | 冻的剑鱼肉 | | | 5 | 0 | | 0 | 0 | 0 | 0 | 2 | 0 | 0 | 6 | | | 0 | 0 | | | 0 | 0 | 0 | 0 |
| 03049200 | 冻的南极犬牙鱼肉 | | | 5 | 0 | | 0 | 0 | 0 | 0 | 2 | 0 | 0 | 6 | | | 0 | 0 | | | 0 | 0 | 0 | 0 |

| 税则号列 | 商品描述[1] | 协定税率(%) | | | | | | | | | | | | | | | | 特惠税率(%) | | | | | | |
|---|---|---|---|---|---|---|---|---|---|---|---|---|---|---|---|---|---|---|---|---|---|---|---|---|
| | | 香港 | 澳门 | 巴基斯坦 | 东盟 | 亚太 | 智利 | 秘鲁 | 哥斯达黎加 | 新西兰 | 澳大利亚 | 瑞士 | 冰岛 | 韩国 | 台湾 | 新加坡 | 格鲁吉亚 | 亚太2国[2] | 东盟 | | | 最不发达国家 | | |
| | | | | | | | | | | | | | | | | | | | 老挝 | 柬埔寨 | 缅甸 | LDC97[3] | LDC95[4] | LDC60[5] |
| 03049300 | 冻罗非鱼等鱼鱼肉 | | | 5 | 0 | | 0 | 0 | 0 | 0 | 2 | 0 | 0 | 6 | | | 0 | 0 | | | 0 | 0 | 0 | 0 |
| 03049400 | 冻狭鳕鱼肉 | | | 5 | 0 | | 0 | 0 | 0 | 0 | 2 | 0 | 0 | 6 | | | 0 | 0 | | | 0 | 0 | 0 | 0 |
| 03049500 | 冻犀鳕科等鳕科鱼肉 | | | 5 | 0 | | 0 | 0 | 0 | 0 | 2 | 0 | 0 | 6 | | | 0 | 0 | | | 0 | 0 | 0 | 0 |
| 03049600 | 冻角鲨及其他鲨鱼肉 | | | 5 | 0 | | 0 | 0 | 0 | 0 | 2 | 0 | 0 | 6 | | | 0 | 0 | | | 0 | 0 | 0 | 0 |
| 03049700 | 冻魟鱼及鳐鱼肉 | | | 5 | 0 | | 0 | 0 | 0 | 0 | 2 | 0 | 0 | 6 | | | 0 | 0 | | | 0 | 0 | 0 | 0 |
| 03049900 | 其他冻鱼肉 | | | 5 | 0 | | 0 | 0 | 0 | 0 | 2 | 0 | 0 | 6 | | | 0 | 0 | | | 0 | 0 | 0 | 0 |
| 03051000 | 供人食用的鱼粉及团粒 | | 0 | 5 | 0 | | 0 | 0 | 0 | 0 | 2 | 0 | 0 | 6 | | | 0 | | | | | 0 | 0 | 0 |
| 03052000 | 干、熏、盐制的鱼肝及鱼卵 | | | 5 | 0 | | 0 | | 2 | 0 | 2 | | 0 | 6 | | | 0 | | | | | 0 | 0 | 0 |
| 03053100 | 干、盐腌罗非鱼等鱼鱼片 | 0 | 0 | 5 | 0 | 7.8 | 0 | 1 | 0 | 0 | 2 | | 0 | 6 | | | 0 | 0 | | | 0 | 0 | 0 | 0 |
| 03053200 | 干、盐腌犀鳕科等鳕科鱼片 | 0 | 0 | 5 | 0 | 7.8 | 0 | 1 | 0 | 0 | 2 | | 0 | 6 | | | 0 | 0 | | | 0 | 0 | 0 | 0 |
| 03053900 | 干、盐腌其他鱼片 | 0 | 0 | 5 | 0 | 7.8 | 0 | 1 | 0 | 0 | 2 | | 0 | 6 | | | 0 | 0 | | | 0 | 0 | 0 | 0 |
| 03054110 | 熏大西洋鲑鱼,食用杂碎除外 | 0 | | 7 | 0 | | 0 | 0 | 0 | 0 | 2.8 | | 0 | 8.4 | | | 0 | | | | | 0 | 0 | |
| 03054120 | 熏大麻哈鱼、多瑙哲罗鱼及鱼片,食用杂碎除外 | | | 11.2 | 0 | | 0 | 0 | 0 | 0 | 2.8 | | 0 | 8.4 | | | 0 | | | | | 0 | 0 | |
| 03054200 | 熏鲱鱼,食用杂碎除外 | | | 12.8 | 0 | | 0 | 0 | 0 | 0 | 3.2 | | 0 | 11.7 | | | 0 | | | | | 0 | 0 | |
| 03054300 | 熏鳟鱼,食用杂碎除外 | | 0 | 11.2 | 0 | | 0 | 1.4 | 0 | 0 | 2.8 | | 0 | 8.4 | | | 0 | 0 | | | 0 | 0 | 0 | 0 |
| 03054400 | 熏罗非鱼等鱼,食用杂碎除外 | | 0 | 11.2 | 0 | | 0 | 1.4 | 0 | 0 | 2.8 | | 0 | 8.4 | | | 0 | 0 | | | 0 | 0 | 0 | 0 |
| 03054900 | 熏其他鱼,食用杂碎除外 | | 0 | 11.2 | 0 | | 0 | 1.4 | 0 | 0 | 2.8 | | 0 | 8.4 | | | 0 | 0 | | | 0 | 0 | 0 | 0 |
| 03055100 | 干鳕鱼(大西洋鳕鱼、格陵兰鳕鱼、太平洋鳕鱼) | | 0 | 12.8 | 0 | | 0 | 0 | 0 | 0 | 3.2 | 8 | 0 | 11.7 | | | 0 | | | | | 0 | 0 | |
| 03055200 | 干罗非鱼、鲶鱼、鲤科鱼、鳗鱼、尼罗河鲈鱼(尼罗尖吻鲈)及黑鱼 | 0 | 0 | | 0 | | 0 | 1.6 | 3.2 | 0 | 3.2 | 8 | 0 | 11.7 | | | 0 | 0 | | | 0 | 0 | 0 | 0 |
| 03055300 | 干犀鳕科、多丝真鳕科、鳕科、长尾鳕科、黑鳕科、无须鳕科、深海鳕科及南极鳕科鱼,鳕鱼(大西洋鳕鱼、格陵兰鳕鱼、太平洋鳕鱼)除外 | 0 | 0 | | 0 | | 0 | 1.6 | 3.2 | 0 | 3.2 | 8 | 0 | 11.7 | | | 0 | 0 | | | 0 | 0 | 0 | 0 |
| 03055400 | 干鲱鱼(大西洋鲱鱼、太平洋鲱鱼)、鳀鱼(鳀属)、沙丁鱼(沙丁鱼、沙瑙鱼属)、小沙丁鱼属、黍鲱或西鲱、鲭鱼[大西洋鲭、澳洲鲭(鲐)、日本鲭(鲐)]、印度鲭(羽鳃鲐属)、马鲛鱼(马鲛属)、对称竹荚鱼、新西兰竹荚鱼及竹荚鱼(竹荚鱼属)、鲹鱼(鲹属)、军曹鱼、银鲳(鲳属)、秋刀鱼、圆鲹(圆鲹属)、多春鱼(毛鳞鱼)、剑鱼、鲔鱼、狐鲣(狐鲣属)、枪鱼、旗鱼、四鳍旗鱼(旗鱼科) | 0 | 0 | | 0 | | 0 | 1.6 | 3.2 | 0 | 3.2 | 8 | 0 | 11.7 | | | 0 | 0 | | | 0 | 0 | 0 | 0 |
| 03055910 | 干海马、干海龙 | | | 0 | 0 | | 0 | 0 | 0 | 0 | 0 | 0 | 0 | 0 | | | 0 | 0 | | 0 | 0 | 0 | 0 | 0 |

| 税则号列 | 商品描述① | 协定税率(%) | | | | | | | | | | | | | | | | 特惠税率(%) | | | | | | |
|---|---|---|---|---|---|---|---|---|---|---|---|---|---|---|---|---|---|---|---|---|---|---|---|---|
| | | 香港 | 澳门 | 巴基斯坦 | 东盟 | 亚太 | 智利 | 秘鲁 | 哥斯达黎加 | 新西兰 | 澳大利亚 | 瑞士 | 冰岛 | 韩国 | 台湾 | 新加坡 | 格鲁吉亚 | 亚太2国② | 东盟 | | | 最不发达国家 | | |
| | | | | | | | | | | | | | | | | | | | 老挝 | 柬埔寨 | 缅甸 | LDC97③ | LDC95④ | LDC60⑤ |
| 03055990 | 干其他鱼,食用杂碎除外 | 0 | 0 | | 0 | | 0 | 1.6 | 3.2 | 0 | 3.2 | 8 | 0 | 11.7 | | | 0 | 0 | | | 0 | 0 | 0 | 0 |
| 03056100 | 盐腌及盐渍的鲱鱼,食用杂碎除外 | | | 8 | 0 | 11.1 | 0 | 0 | 0 | 0 | 3.2 | 8 | 0 | 11.7 | | | 0 | | | | | 0 | 0 | |
| 03056200 | 盐腌及盐渍鳕鱼(大西洋鳕鱼、格陵兰鳕鱼、太平洋鳕鱼),食用杂碎除外 | | 0 | 8 | 0 | 12 | 0 | 0 | 0 | 0 | 3.2 | 8 | 0 | 11.7 | | | 0 | | | | | 0 | 0 | 0 |
| 03056300 | 盐腌及盐渍的鳀鱼,食用杂碎除外 | | | 8 | 0 | 12 | 0 | 1.6 | 0 | 0 | 3.2 | 8 | 0 | 11.7 | | | 0 | | | | | 0 | 0 | |
| 03056400 | 盐腌及盐渍的罗非鱼等鱼,食用杂碎除外 | 0 | | 12.8 | 0 | | 0 | 1.6 | 0 | 0 | 3.2 | 8 | 0 | 11.7 | | | 0 | 0 | | | 0 | 0 | 0 | 0 |
| 03056910 | 盐腌及盐渍的带鱼,食用杂碎除外 | 0 | | 12.8 | 0 | | 0 | 1.6 | 0 | 0 | 3.2 | 8 | 0 | 11.7 | | | 0 | 0 | | | 0 | 0 | 0 | 0 |
| 03056920 | 盐腌及盐渍的黄鱼,食用杂碎除外 | 0 | | 12.8 | 0 | | 0 | 1.6 | 0 | 0 | 3.2 | 8 | 0 | 11.7 | | | 0 | 0 | | | 0 | 0 | 0 | 0 |
| 03056930 | 盐腌及盐渍的鲳鱼,食用杂碎除外 | 0 | | 12.8 | 0 | | 0 | 1.6 | 0 | 0 | 3.2 | 8 | 0 | 11.7 | | | 0 | 0 | | | 0 | 0 | 0 | 0 |
| 03056990 | 盐腌及盐渍的其他鱼,食用杂碎除外 | 0 | | 12.8 | 0 | | 0 | 1.6 | 0 | 0 | 3.2 | 8 | 0 | 11.7 | | | 0 | 0 | | | 0 | 0 | 0 | 0 |
| 03057100 | 鲨鱼翅 | | 0 | | 0 | | 0 | 1.5 | 3 | 0 | | 7.5 | 0 | | | | 0 | 0 | | 0 | 0 | 0 | 0 | 0 |
| 03057200 | 鱼头、鱼尾、鱼鳔 | | | 12.8 | 0 | | 0 | 0 | 0 | 0 | 3.2 | | 0 | 11.7 | | | 0 | | | | | 0 | 0 | |
| 03057900 | 其他可食用杂碎 | | | 12.8 | 0 | | 0 | 0 | 0 | 0 | 3.2 | | 0 | 11.7 | | | 0 | | | | | 0 | 0 | |
| 03061100 | 岩礁虾和其他龙虾(真龙虾属、龙虾属、岩龙虾属) | | | 5 | 0 | | 0 | 0 | 0 | 0 | 2 | 0 | 0 | 6 | | | 0 | | | 0 | 0 | 0 | 0 | 0 |
| 03061200 | 螯龙虾(螯龙虾属) | | | 5 | 0 | 7.2 | 0 | 0 | 0 | 0 | 2 | 0 | 0 | 6 | | | 0 | | | 0 | | 0 | 0 | 0 |
| 03061410 | 冻梭子蟹 | | | 5 | 0 | | 0 | 1 | 0 | 0 | 2 | 0 | 0 | 6 | | | 0 | 0 | | 0 | 0 | 0 | 0 | 0 |
| 03061490 | 其他冻蟹 | | | 5 | 0 | | 0 | 1 | 0 | 0 | 2 | 0 | 0 | 7.3 | | | 0 | 0 | | 0 | 0 | 0 | 0 | 0 |
| 03061500 | 冻挪威海螯虾 | | | 12.8 | 0 | | 0 | 1.6 | 0 | 0 | 3.2 | 8 | 0 | 11.7 | | | 0 | | | 0 | | 0 | 0 | 0 |
| 03061611 | 冻冷水小虾虾仁 | 0 | | 0 | 0 | 4 | 0 | 0 | 0 | 0 | 1.6 | 0 | 0 | 1.6 | | | 0 | | | 0 | 0 | 0 | 0 | 0 |
| 03061612 | 冻北方长额虾虾仁 | 0 | | 0 | 0 | 2.5 | 0 | 0 | 0 | 0 | 0 | 0 | 0 | 0 | | | 0 | | | 0 | 0 | 0 | 0 | 0 |
| 03061619 | 冻其他冷水小虾 | 0 | | 0 | 0 | 2.5 | 0 | 0 | 0 | 0 | 0 | 0 | 0.8 | 0 | | | 0 | | | 0 | 0 | 0 | 0 | 0 |
| 03061621 | 冻冷水对虾虾仁 | 0 | | 0 | 0 | 4 | 0 | 0 | 0 | 0 | 1.6 | 0 | 0 | 1.6 | | | 0 | | | 0 | 0 | 0 | 0 | 0 |
| 03061629 | 冻其他冷水对虾 | 0 | | 0 | 0 | 2.5 | 0 | 0 | 0 | 0 | 0 | 0 | 0 | 0 | | | 0 | | | 0 | 0 | 0 | 0 | 0 |
| 03061711 | 冻小虾虾仁 | 0 | | 0 | 0 | 4 | 0 | 0 | 0 | 0 | 1.6 | 0 | 0 | 1.6 | | | 0 | | | 0 | 0 | 0 | 0 | 0 |
| 03061719 | 冻其他小虾 | 0 | | 0 | 0 | 2.5 | 0 | 0 | 0 | 0 | 0 | 0 | 0.8 | 0 | | | 0 | | | 0 | 0 | 0 | 0 | 0 |
| 03061721 | 冻对虾虾仁 | 0 | | 0 | 0 | 4 | 0 | 0 | 0 | 0 | 1.6 | 0 | 0 | 1.6 | | | 0 | | | 0 | 0 | 0 | 0 | 0 |
| 03061729 | 冻其他对虾 | 0 | | 0 | 0 | 2.5 | 0 | 0 | 0 | 0 | 0 | 0 | 0 | 0 | | | 0 | | | 0 | 0 | 0 | 0 | 0 |
| 03061911 | 冻淡水小龙虾仁 | | | 12.8 | 0 | | 0 | 0 | 0 | 0 | 3.2 | 8 | 0 | 11.7 | | | 0 | | | 0 | | 0 | 0 | 0 |
| 03061919 | 冻带壳淡水小龙虾 | | | 12.8 | 0 | | 0 | 0 | 0 | 0 | 3.2 | 8 | 0 | 11.7 | | | 0 | | | 0 | | 0 | 0 | 0 |
| 03061990 | 其他冻甲壳动物 | | | 12.8 | 0 | | 0 | 1.6 | 0 | 0 | 3.2 | 8 | 0 | 11.7 | | | 0 | | | 0 | | 0 | 0 | 0 |
| 03063110 | 活鲜冷的岩礁虾和其他龙虾(真龙虾属、龙虾属、岩龙虾属)种苗 | | | | | | | | | | | | | | | | | | | | | 0 | 0 | 0 |

| 税则号列 | 商品描述① | 协定税率(%) | | | | | | | | | | | | | | | | 特惠税率(%) | | | | | | |
|---|---|---|---|---|---|---|---|---|---|---|---|---|---|---|---|---|---|---|---|---|---|---|---|---|
| | | 香港 | 澳门 | 巴基斯坦 | 东盟 | 亚太 | 智利 | 秘鲁 | 哥斯达黎加 | 新西兰 | 澳大利亚 | 瑞士 | 冰岛 | 韩国 | 台湾 | 新加坡 | 格鲁吉亚 | 亚太2国② | 东盟 | | | 最不发达国家 | | |
| | | | | | | | | | | | | | | | | | | | 老挝 | 柬埔寨 | 缅甸 | LDC97③ | LDC95④ | LDC60⑤ |
| 03063190 | 活鲜冷的其他岩礁虾和其他龙虾(真龙虾属、龙虾属、岩龙虾属) | 0 | | | 0 | | 0 | 0 | 0 | 0 | 3 | 7.5 | 0 | 9 | | | 0 | | | 0 | 0 | 0 | 0 | 0 |
| 03063210 | 活鲜冷的螯龙虾(螯龙虾属)种苗 | | | | | | | | | | | | | | | | | | | | | 0 | 0 | 0 |
| 03063290 | 活鲜冷的其他螯龙虾(螯龙虾属) | 0 | | 12 | 0 | | 0 | 0 | 0 | 0 | 3 | 7.5 | 0 | 9 | | | 0 | | | 0 | 0 | 0 | 0 | 0 |
| 03063310 | 活鲜冷的蟹种苗 | | | | | | | | | | | | | | | | | | | | | 0 | 0 | 0 |
| 03063391 | 活鲜冷的中华绒毛蟹(大闸蟹) | | | 7 | 0 | | 0 | 0 | 0 | 0 | 2.8 | 7 | 0 | 8.4 | | | 0 | | | 0 | | 0 | 0 | 0 |
| 03063392 | 活鲜冷的梭子蟹 | 0 | | 11.2 | 0 | | 0 | 1.4 | 0 | 0 | 2.8 | 7 | 0 | 8.4 | | | 0 | | | 0 | | 0 | 0 | 0 |
| 03063399 | 活鲜冷的其他蟹 | 0 | | | 0 | | 0 | 1.4 | 0 | 0 | 2.8 | 7 | 0 | 8.4 | | | 0 | | | 0 | | 0 | 0 | 0 |
| 03063410 | 活鲜冷的挪威海螯虾种苗 | | | | | | | | | | | | | | | | | | | | | 0 | 0 | 0 |
| 03063490 | 活鲜冷的其他挪威海螯虾 | 0 | | 11.2 | 0 | | 0 | 0 | 0 | 0 | 2.8 | 7 | 0 | 8.4 | | | 0 | | | 0 | 0 | 0 | 0 | 0 |
| 03063510 | 活鲜冷的冷水小虾及对虾种苗 | | | | | | | | | | | | | | | | | | | | | 0 | 0 | 0 |
| 03063520 | 活鲜冷的冷水对虾 | 0 | | 12 | 0 | | 0 | 0 | 0 | 0 | 3 | 7.5 | 0 | 9 | | | 0 | | | 0 | 0 | 0 | 0 | 0 |
| 03063590 | 活鲜冷的其他冷水小虾及对虾 | 0 | | 6 | 0 | | 0 | 0 | 0 | 0 | 2.4 | 6 | 0 | 7.2 | | | 0 | | | 0 | 0 | 0 | 0 | 0 |
| 03063610 | 活鲜冷的其他小虾及对虾种苗 | | | | | | | | | | | | | | | | | | | | | 0 | 0 | 0 |
| 03063620 | 活鲜冷的对虾 | 0 | | 12 | 0 | | 0 | 0 | 0 | 0 | 3 | 7.5 | 0 | 9 | | | 0 | | | 0 | 0 | 0 | 0 | 0 |
| 03063690 | 活鲜冷的其他小虾及对虾 | 0 | | 6 | 0 | | 0 | 0 | 0 | 0 | 2.4 | 6 | 0 | 7.2 | | | 0 | | | 0 | 0 | 0 | 0 | 0 |
| 03063910 | 活鲜冷的其他食用甲壳动物种苗 | | | | | | | | | | | | | | | | | | | | | 0 | 0 | 0 |
| 03063990 | 其他带壳或去壳的活鲜冷的甲壳动物 | 0 | | 11.2 | 0 | | 0 | 0 | 0 | 0 | 2.8 | 7 | 0 | 8.4 | | | 0 | | | 0 | 0 | 0 | 0 | 0 |
| 03069100 | 其他的岩礁虾和其他龙虾(真龙虾属、龙虾属、岩龙虾属) | 0 | | | 0 | | 0 | 0 | 0 | 0 | 3 | 7.5 | 0 | 9 | | | 0 | | | 0 | 0 | 0 | 0 | 0 |
| 03069200 | 其他螯龙虾 | 0 | | 12 | 0 | | 0 | 0 | 0 | 0 | 3 | 7.5 | 0 | 9 | | | 0 | | | 0 | 0 | 0 | 0 | 0 |
| 03069310 | 其他中华绒螯蟹 | | | 7 | 0 | | 0 | 0 | 0 | 0 | 2.8 | 7 | 0 | 8.4 | | | 0 | | | 0 | | 0 | 0 | 0 |
| 03069320 | 其他梭子蟹 | 0 | | 11.2 | 0 | | 0 | 1.4 | 0 | 0 | 2.8 | 7 | 0 | 8.4 | | | 0 | | | 0 | | 0 | 0 | 0 |
| 03069390 | 其他蟹 | 0 | | | 0 | | 0 | 1.4 | 0 | 0 | 2.8 | 7 | 0 | 8.4 | | | 0 | | | 0 | | 0 | 0 | 0 |
| 03069400 | 其他挪威海螯虾 | 0 | | 11.2 | 0 | | 0 | 0 | 0 | 0 | 2.8 | 7 | 0 | 8.4 | | | 0 | | | 0 | 0 | 0 | 0 | 0 |
| 03069510 | 其他冷水小虾及对虾 | 0 | | 6 | 0 | | 0 | 0 | 0 | 0 | 2.4 | 6 | 0 | 7.2 | | | 0 | | | 0 | 0 | 0 | 0 | 0 |
| 03069590 | 其他小虾及对虾 | 0 | | 6 | 0 | | 0 | 0 | 0 | 0 | 2.4 | 6 | 0 | 7.2 | | | 0 | | | 0 | 0 | 0 | 0 | 0 |
| 03069900 | 其他,包括适合供人食用的甲壳动物的细粉、粗粉及团粒 | 0 | | 11.2 | 0 | | 0 | 0 | 0 | 0 | 2.8 | 7 | 0 | 8.4 | | | 0 | | | 0 | 0 | 0 | 0 | 0 |
| 03071110 | 活、鲜或冷的牡蛎(蚝)种苗 | | | | | | | | | | | | | | | | | | | | | 0 | 0 | 0 |
| 03071190 | 活、鲜或冷的其他牡蛎(蚝) | 0 | | 11.2 | 0 | | 0 | 1.4 | 0 | 0 | 2.8 | 7 | 0 | 8.4 | | | 0 | | | | 0 | 0 | 0 | 0 |
| 03071200 | 冻牡蛎(蚝) | 0 | | 11.2 | 0 | | 0 | 1.4 | 0 | 0 | 2.8 | 7 | 0 | 8.4 | | | 0 | | | | 0 | 0 | 0 | 0 |
| 03071900 | 其他牡蛎(蚝) | 0 | | 11.2 | 0 | | 0 | 1.4 | 0 | 0 | 2.8 | 7 | 0 | 8.4 | | | 0 | | | | 0 | 0 | 0 | 0 |

| 税则号列 | 商品描述[①] | 协定税率(%) | | | | | | | | | | | | | | | | 特惠税率(%) | | | | | | |
|---|---|---|---|---|---|---|---|---|---|---|---|---|---|---|---|---|---|---|---|---|---|---|---|---|
| | | 香港 | 澳门 | 巴基斯坦 | 东盟 | 亚太 | 智利 | 秘鲁 | 哥斯达黎加 | 新西兰 | 澳大利亚 | 瑞士 | 冰岛 | 韩国 | 台湾 | 新加坡 | 格鲁吉亚 | 亚太2国[②] | 东盟 | | | 最不发达国家 | | |
| | | | | | | | | | | | | | | | | | | | 老挝 | 柬埔寨 | 缅甸 | LDC97[③] | LDC95[④] | LDC60[⑤] |
| 03072110 | 扇贝(包括海扇)种苗 | | | | | | | | | | | | | | | | | | | | | 0 | 0 | 0 |
| 03072190 | 其他活、鲜、冷扇贝 | 0 | | 11.2 | 0 | | 0 | 1.4 | 0 | 0 | 2.8 | 7 | 0 | 8.4 | | | 0 | | | | 0 | 0 | 0 | 0 |
| 03072200 | 冻扇贝 | | | 11.2 | 0 | | 0 | 0 | 0 | 0 | 2.8 | 7 | 0 | 8.4 | | | 0 | | | | 0 | 0 | 0 | 0 |
| 03072900 | 其他扇贝 | | | 11.2 | 0 | | 0 | 0 | 0 | 0 | 2.8 | 7 | 0 | 8.4 | | | 0 | | | | 0 | 0 | 0 | 0 |
| 03073110 | 贻贝种苗 | | | | | | | | | | | | | | | | | | | | | 0 | 0 | 0 |
| 03073190 | 其他活、鲜、冷贻贝 | 0 | | 11.2 | 0 | | 0 | 0 | 0 | 0 | 2.8 | 7 | 0 | 8.4 | | | 0 | | | 0 | 0 | 0 | 0 | 0 |
| 03073200 | 冻贻贝 | | | 7 | 0 | 9.8 | 0 | 1.4 | 0 | 0 | 2.8 | 7 | 0 | 8.4 | | | 0 | | | 0 | 0 | 0 | 0 | 0 |
| 03073900 | 其他干、盐制的贻贝 | | | 7 | 0 | 9.8 | 0 | 1.4 | 0 | 0 | 2.8 | 7 | 0 | 8.4 | | | 0 | | | 0 | 0 | 0 | 0 | 0 |
| 03074210 | 活、鲜或冷墨鱼及鱿鱼种苗 | | | | | | | | | | | | | | | | | | | | | 0 | 0 | 0 |
| 03074291 | 活、鲜或冷墨鱼(乌贼属、巨粒僧头乌贼、耳乌贼属)及鱿鱼(柔鱼属、枪乌贼属、双柔鱼属、拟乌贼属) | 0 | | 6 | 0 | | 0 | 1.2 | 0 | 0 | 2.4 | 6 | 0 | 7.2 | | | 0 | | | 0 | 0 | 0 | 0 | 0 |
| 03074299 | 其他活、鲜或冷墨鱼及鱿鱼 | 0 | | 11.2 | 0 | | 0 | 1.4 | 0 | 0 | 2.8 | 7 | 0 | 8.4 | | | 0 | | | 0 | 0 | 0 | 0 | 0 |
| 03074310 | 冻墨鱼(乌贼属、巨粒僧头乌贼、耳乌贼属)及鱿鱼(柔鱼属、枪乌贼属、双柔鱼属、拟乌贼属) | 0 | 0 | 10 | 0 | 10 | 0 | 1.2 | 0 | 0 | 2.4 | 6 | 0 | 9.6 | | | 0 | | | 0 | 0 | 0 | 0 | 0 |
| 03074390 | 其他冻墨鱼及鱿鱼 | | 0 | | 0 | | 0 | 1 | 0 | 0 | 2 | 0 | 0 | 8 | | | 0 | | | 0 | 0 | 0 | 0 | 0 |
| 03074910 | 其他墨鱼(乌贼属、巨粒僧头乌贼、耳乌贼属)及鱿鱼(柔鱼属、枪乌贼属、双柔鱼属、拟乌贼属) | 0 | 0 | 10 | 0 | 10 | 0 | 1.2 | 0 | 0 | 2.4 | 6 | 0 | 9.6 | | | 0 | | | 0 | 0 | 0 | 0 | 0 |
| 03074990 | 其他墨鱼及鱿鱼 | | 0 | | 0 | | 0 | 1 | 0 | 0 | 2 | 0 | 0 | 8 | | | 0 | | | 0 | 0 | 0 | 0 | 0 |
| 03075100 | 活、鲜、冷章鱼 | 0 | | 13.6 | 0 | | 0 | 1.7 | 0 | 0 | 3.4 | 8.5 | 0 | 12.4 | | | 0 | | | | | 0 | 0 | |
| 03075200 | 冻章鱼 | 0 | 0 | 13.6 | 0 | | 0 | 1.7 | 0 | 0 | 3.4 | 8.5 | 0 | 12.4 | | | 0 | | | | | 0 | 0 | 0 |
| 03075900 | 其他干、盐制的章鱼 | 0 | 0 | 13.6 | 0 | | 0 | 1.7 | 0 | 0 | 3.4 | 8.5 | 0 | 12.4 | | | 0 | | | | | 0 | 0 | 0 |
| 03076010 | 蜗牛及螺的种苗,海螺种苗除外 | | | | | | | | | | | | | | | | | | | | | 0 | 0 | 0 |
| 03076090 | 其他蜗牛及螺,海螺除外 | | | 11.2 | 0 | | 0 | 0 | 0 | 0 | 2.8 | 7 | 0 | 8.4 | | | 0 | | | 0 | | 0 | 0 | 0 |
| 03077110 | 活、鲜或冷的蛤、鸟蛤及舟贝种苗 | | | | | | | | | | | | | | | | | | | | | 0 | 0 | 0 |
| 03077191 | 活、鲜或冷的蛤 | 0 | | 11.2 | 0 | | 0 | 0 | 0 | 0 | 2.8 | 7 | 0 | 8.4 | | | 0 | | | | | 0 | 0 | |
| 03077199 | 活、鲜或冷的鸟蛤及舟贝 | 0 | | 11.2 | 0 | | 0 | 1.4 | 0 | 0 | 2.8 | 7 | 0 | 8.4 | | | 0 | | | 0 | 0 | 0 | 0 | 0 |
| 03077200 | 冻的蛤、鸟蛤及舟贝 | | | | 0 | | 0 | | 0 | 0 | 2 | 0 | 0 | 6 | | | 0 | | | | | 0 | 0 | 0 |
| 03077900 | 干、盐腌或盐渍的蛤、鸟蛤及舟贝 | | 0 | | 0 | | 0 | 1 | 0 | 0 | 2 | 0 | 0 | 7.3 | | | 0 | | | 0 | 0 | 0 | 0 | 0 |
| 03078110 | 活、鲜或冷的鲍鱼种苗 | | | | | | | | | | | | | | | | | | | | | 0 | 0 | 0 |
| 03078190 | 活、鲜或冷的其他鲍鱼 | 0 | | 11.2 | 0 | | 0 | 1.4 | 0 | 0 | 2.8 | 7 | 0 | 8.4 | | | 0 | | | 0 | 0 | 0 | 0 | 0 |
| 03078210 | 活、鲜或冷的凤螺种苗 | | | | | | | | | | | | | | | | | | | | | 0 | 0 | 0 |
| 03078290 | 活、鲜或冷的其他凤螺 | 0 | | 11.2 | 0 | | 0 | 1.4 | 0 | 0 | 2.8 | 7 | 0 | 8.4 | | | 0 | | | 0 | 0 | 0 | 0 | 0 |
| 03078300 | 冻鲍鱼 | 0 | 0 | 5 | 0 | | 0 | | 0 | 0 | 2 | 0 | 0 | 6 | | | 0 | | | 0 | 0 | 0 | 0 | 0 |
| 03078400 | 冻凤螺 | | 0 | | 0 | | 0 | 1 | 0 | 0 | 2 | 0 | 0 | 8 | | | 0 | | | 0 | 0 | 0 | 0 | 0 |

| 税则号列 | 商品描述[①] | 协定税率(%) | | | | | | | | | | | | | | | | 特惠税率(%) | | | | | | |
|---|---|---|---|---|---|---|---|---|---|---|---|---|---|---|---|---|---|---|---|---|---|---|---|---|
| | | 香港 | 澳门 | 巴基斯坦 | 东盟 | 亚太 | 智利 | 秘鲁 | 哥斯达黎加 | 新西兰 | 澳大利亚 | 瑞士 | 冰岛 | 韩国 | 台湾 | 新加坡 | 格鲁吉亚 | 亚太2国[②] | 东盟 | | | 最不发达国家 | | |
| | | | | | | | | | | | | | | | | | | | 老挝 | 柬埔寨 | 缅甸 | LDC97[③] | LDC95[④] | LDC60[⑤] |
| 03078700 | 干、盐腌或盐渍的鲍鱼 | 0 | 0 | 5 | 0 | | 0 | | 0 | 0 | 2 | 0 | 0 | 6 | | | 0 | | | 0 | 0 | 0 | 0 | 0 |
| 03078800 | 干、盐腌或盐渍的凤螺 | | 0 | | 0 | | 0 | 1 | 0 | 0 | 2 | 0 | 0 | 8 | | | 0 | | | 0 | 0 | 0 | 0 | 0 |
| 03079110 | 活、鲜或冷的其他软体动物种苗 | | | | | | | | | | | | | | | | | | | | | 0 | 0 | 0 |
| 03079190 | 活、鲜或冷的其他软体动物 | 0 | | 11.2 | 0 | | 0 | 1.4 | 0 | 0 | 2.8 | 7 | 0 | 8.4 | | | 0 | | | 0 | 0 | 0 | 0 | 0 |
| 03079200 | 冻的软体动物 | | 0 | | 0 | | 0 | 1 | 0 | 0 | 2 | 0 | 0 | 8 | | | 0 | | | 0 | 0 | 0 | 0 | 0 |
| 03079900 | 干、盐腌或盐渍的软体动物 | | 0 | | 0 | | 0 | 1 | 0 | 0 | 2 | 0 | 0 | 8 | | | 0 | | | 0 | 0 | 0 | 0 | 0 |
| 03081110 | 活、鲜或冷的海参种苗 | | | | | | | | | | | | | | | | | | | | | 0 | 0 | 0 |
| 03081190 | 活、鲜或冷的其他海参 | 0 | | 11.2 | 0 | | 0 | 1.4 | 0 | 0 | 2.8 | 7 | 0 | 8.4 | | | 0 | | | 0 | 0 | 0 | 0 | 0 |
| 03081200 | 冻海参 | | | | 0 | | 0 | 1 | 0 | 0 | 2 | 0 | 1.7 | 6 | | | 0 | | | 0 | 0 | 0 | 0 | 0 |
| 03081900 | 干、盐腌或盐渍的海参 | | | | 0 | | 0 | 1 | 0 | 0 | 2 | 0 | 1.7 | 6 | | | 0 | | | 0 | 0 | 0 | 0 | 0 |
| 03082110 | 活、鲜或冷的海胆种苗 | | | | | | | | | | | | | | | | | | | | | 0 | 0 | 0 |
| 03082190 | 活、鲜或冷的其他海胆 | 0 | | 11.2 | 0 | | 0 | 1.4 | 0 | 0 | 2.8 | 7 | 0 | 8.4 | | | 0 | | | 0 | 0 | 0 | 0 | 0 |
| 03082200 | 冻海胆 | | 0 | | 0 | | 0 | 1 | 0 | 0 | 2 | 0 | 0 | 7.3 | | | 0 | | | 0 | 0 | 0 | 0 | 0 |
| 03082900 | 干、盐腌或盐渍的海胆 | | 0 | | 0 | | 0 | 1 | 0 | 0 | 2 | 0 | 0 | 7.3 | | | 0 | | | 0 | 0 | 0 | 0 | 0 |
| 03083011 | 活、鲜或冷的海蜇种苗 | | | | | | | | | | | | | | | | | | | | | 0 | 0 | 0 |
| 03083019 | 活、鲜或冷的其他海蜇 | 0 | | 11.2 | 0 | | 0 | 1.4 | 0 | 0 | 2.8 | 7 | 0 | 8.4 | | | 0 | | | 0 | 0 | 0 | 0 | 0 |
| 03083090 | 冻、干、盐腌或盐渍的海蜇 | | 0 | | 0 | | 0 | 1 | 0 | 0 | 2 | 0 | 0 | 7.3 | | | 0 | | | 0 | 0 | 0 | 0 | 0 |
| 03089011 | 活、鲜或冷的其他水生无脊椎动物种苗 | | | | | | | | | | | | | | | | | | | | | 0 | 0 | 0 |
| 03089012 | 活、鲜或冷的其他沙蚕 | 0 | | 11.2 | 0 | | 0 | 1.4 | 0 | 0 | 2.8 | 7 | 0 | 8.4 | | | 0 | | | 0 | 0 | 0 | 0 | 0 |
| 03089019 | 活、鲜或冷的其他水生无脊椎动物 | 0 | | 11.2 | 0 | | 0 | 1.4 | 0 | 0 | 2.8 | 7 | 0 | 8.4 | | | 0 | | | 0 | 0 | 0 | 0 | 0 |
| 03089090 | 冻、干、盐腌或盐渍的其他水生无脊椎动物 | | 0 | | 0 | | 0 | 1 | 0 | 0 | 2 | 0 | 0 | 7.3 | | | 0 | | | 0 | 0 | 0 | 0 | 0 |
| 04011000 | 脂肪含量未超 1%未浓缩及未加糖的乳及奶油 | | 0 | 12 | 0 | | 0 | 1.5 | 7 | 0 | 9 | 7.5 | 0 | | | | 12 | | | | | 0 | 0 | 0 |
| 04012000 | 脂肪含量在 1%～6%未浓缩及未加糖的乳及奶油 | 0 | 0 | 12 | 0 | | 0 | 1.5 | 7 | 0 | 9 | 7.5 | 0 | | | | 12 | | | | | 0 | 0 | 0 |
| 04014000 | 按重量计 6%<脂肪含量≤10%的未浓缩及未加糖或其他甜物质的乳及奶油 | | 0 | 12 | 0 | | 0 | 1.5 | 7 | 0 | 9 | 7.5 | 0 | | | | 12 | | | | | 0 | 0 | 0 |
| 04015000 | 按重量计脂肪含量超过 10%的未浓缩及未加糖或其他甜物质的乳及奶油 | | 0 | 12 | 0 | | 0 | 1.5 | 7 | 0 | 9 | 7.5 | 0 | | | | 12 | | | | | 0 | 0 | 0 |
| 04021000 | 脂肪含量≤1.5%固状乳及奶油 | 0 | 0 | 5 | 0 | 7 | 0 | 4.7 | 4.7 | 0.8 | 6.7 | 0 | 0 | | | | 8 | | | | | 0 | 0 | 0 |
| 04022100 | 脂肪量>1.5%未加糖固状乳及奶油 | 0 | 0 | 7 | 0 | 7 | 0 | 4.7 | 4.7 | 0.8 | 6.7 | | 0 | | | | 8 | | | | | 0 | 0 | 0 |
| 04022900 | 脂肪量>1.5%的加糖固状乳及奶油 | 0 | 0 | 5 | 0 | | 0 | 4.7 | 4.7 | 0.8 | 6.7 | 0 | 0 | | | | 8 | | | | | 0 | 0 | 0 |
| 04029100 | 浓缩但未加糖的非固状乳及奶油 | 0 | 0 | 5 | 0 | | 0 | 1 | 4.7 | 0.8 | 6.7 | | 0 | | | | 8 | | | | | 0 | 0 | 0 |

| 税则号列 | 商品描述[①] | 协定税率(%) | | | | | | | | | | | | | | | | 特惠税率(%) | | | | | | |
|---|---|---|---|---|---|---|---|---|---|---|---|---|---|---|---|---|---|---|---|---|---|---|---|---|
| | | 香港 | 澳门 | 巴基斯坦 | 东盟 | 亚太 | 智利 | 秘鲁 | 哥斯达黎加 | 新西兰 | 澳大利亚 | 瑞士 | 冰岛 | 韩国 | 台湾 | 新加坡 | 格鲁吉亚 | 亚太2国[②] | 东盟 | | | 最不发达国家 | | |
| | | | | | | | | | | | | | | | | | | | 老挝 | 柬埔寨 | 缅甸 | LDC97[③] | LDC95[④] | LDC60[⑤] |
| 04029900 | 浓缩并已加糖的非固状乳及奶油 | | | 5 | 0 | | 0 | 4.7 | 4.7 | 0 | 6.7 | | 0 | | | | 8 | | | | | 0 | 0 | 0 |
| 04031000 | 酸乳 | 0 | 0 | 5 | 0 | | 0 | 1 | 4.7 | 0 | 6 | 5.8 | 0 | | | | 8 | | | | | 0 | 0 | 0 |
| 04039000 | 酪乳及其他发酵或酸化的乳及奶油 | 0 | 0 | | 0 | | 0 | 2 | 9.3 | 0 | 12 | | 0 | | | | 16 | | | | | 0 | 0 | |
| 04041000 | 乳清及改性乳清 | | | 5 | 0 | | 0 | 0 | 2.8 | 0 | 1.2 | | 0 | 4.4 | | | 4.8 | | | | | 0 | 0 | |
| 04049000 | 其他编号未列名的含天然乳的产品 | | | | 0 | | 0 | 2 | 9.3 | 0 | 12 | | 0 | 14.6 | | | 16 | | | | | 0 | 0 | |
| 04051000 | 黄油 | | | 5 | 0 | | 0 | 1 | 4.7 | 0 | 6 | 0 | 0 | 7.3 | | | 8 | | | | | 0 | 0 | 0 |
| 04052000 | 乳酱 | | 0 | 5 | 0 | 8.1 | 0 | 0 | 4.7 | 0 | 2 | 0 | 0 | 7.3 | | | 8 | | | | | 0 | 0 | 0 |
| 04059000 | 其他从乳中提取的脂和油 | | | 5 | 0 | | 0 | 1 | 4.7 | 0 | 6 | | 0 | 7.3 | | | 8 | | | | | 0 | 0 | 0 |
| 04061000 | 鲜乳酪(未熟化或未固化的) | 0 | 0 | 6 | 0 | | 0 | 1.2 | 5.6 | 0 | 7.2 | 7.4 | 0 | 8.8 | | | 9.6 | | | | | 0 | 0 | 0 |
| 04062000 | 各种磨碎或粉化的乳酪 | 0 | 0 | 6 | 0 | | 0 | 4.8 | 5.6 | 0 | 7.2 | 7.4 | 0 | 8.8 | | | 9.6 | | | | | 0 | | |
| 04063000 | 经加工的乳酪,但磨碎或粉化的除外 | | | 6 | 0 | | 0 | 4.8 | 5.6 | 0 | 7.2 | 7.4 | 0 | 8.8 | | | 9.6 | | | | | 0 | 0 | |
| 04064000 | 蓝纹乳酪和娄地青霉生产的带有纹理的其他乳酪 | | | 12 | 0 | | 0 | 1.5 | 7 | 0 | 3 | | 0 | 11 | | | 12 | | | | | 0 | 0 | |
| 04069000 | 其他乳酪 | | | 6 | 0 | | 0 | 1.2 | 5.6 | 0 | 7.2 | 7.4 | 0 | 8.8 | | | 9.6 | | | | | 0 | 0 | 0 |
| 04071100 | 种用鸡蛋 | | | | | | | | | | | | | | | | | | | | | 0 | 0 | 0 |
| 04071900 | 种用其他禽蛋 | | | | | | | | | | | | | | | | | | | | | 0 | 0 | 0 |
| 04072100 | 鲜鸡蛋 | | | | 0 | | 0 | 2 | 0 | 0 | 4 | 10 | 0 | 14.6 | | | 0 | | | 0 | 0 | 0 | 0 | 0 |
| 04072900 | 其他鲜禽蛋 | | | | 0 | | 0 | 2 | 0 | 0 | 4 | 10 | 0 | 14.6 | | | 0 | | | 0 | 0 | 0 | 0 | 0 |
| 04079010 | 咸蛋 | | | | 0 | | 0 | 0 | 0 | 0 | 4 | 10 | 0 | 14.6 | | | 0 | | | | 0 | 0 | 0 | 0 |
| 04079020 | 皮蛋 | | | | 0 | | 0 | 0 | 0 | 0 | 4 | 10 | 0 | 14.6 | | | 0 | | | | | 0 | 0 | |
| 04079090 | 其他蛋 | | | | 0 | | 0 | 0 | 0 | 0 | 4 | 10 | 0 | 14.6 | | | 0 | | | | | 0 | 0 | |
| 04081100 | 干蛋黄 | | | | 0 | | 0 | 2 | 0 | 0 | 4 | 10 | 0 | 14.6 | | | 0 | | | | | 0 | 0 | |
| 04081900 | 其他蛋黄 | | | | 0 | | 0 | 2 | 0 | 0 | 4 | 10 | 0 | 14.6 | | | 0 | | | | | 0 | 0 | |
| 04089100 | 干的其他去壳禽蛋 | | | | 0 | | 0 | 2 | 0 | 0 | 4 | 10 | 0 | 14.6 | | | 0 | | | | | 0 | 0 | |
| 04089900 | 其他去壳禽蛋 | 0 | | | 0 | | 0 | 2 | 0 | 0 | 4 | 10 | 0 | 14.6 | | | 0 | | | | | 0 | 0 | |
| 04090000 | 天然蜂蜜 | | 0 | 12 | 0 | | 0 | 1.5 | 0 | 0 | 3 | 7.5 | 0 | 11 | | | 0 | | 0 | 0 | | 0 | 0 | 0 |
| 04100010 | 燕窝 | 0 | 0 | | 0 | | 0 | 2.5 | 0 | 0 | 5 | 12.5 | 0 | 15 | | | 0 | | | 0 | 0 | 0 | 0 | 0 |
| 04100041 | 鲜蜂王浆 | | | 12 | 0 | | 0 | 1.5 | 0 | 0 | 3 | 7.5 | 0 | 9 | | | 0 | | | | | 0 | 0 | |
| 04100042 | 鲜蜂王浆粉 | | | 12 | 0 | | 0 | 1.5 | 0 | 0 | 3 | 7.5 | 0 | 9 | | | 0 | | | | | 0 | 0 | |
| 04100043 | 蜂花粉 | | | | 0 | | 0 | 2 | 0 | 0 | 4 | 10 | 0 | 14.6 | | | 0 | | | | | 0 | 0 | |
| 04100049 | 其他蜂产品 | | 0 | | 0 | | 0 | 2 | 0 | 0 | 4 | 10 | 0 | 14.6 | | | 0 | | | | | 0 | 0 | |
| 04100090 | 其他编号未列名的食用动物产品 | | 0 | | 0 | | 0 | 2 | 0 | 0 | 4 | 10 | 0 | 14.6 | 0 | | 0 | | | | 0 | 0 | 0 | 0 |
| 05010000 | 未经加工的人发;废人发 | | | 12 | 0 | | 0 | 1.5 | 0 | 0 | 3 | 7.5 | 0 | 9 | | | 0 | | | | | 0 | 0 | |
| 05021010 | 猪鬃 | | | | 0 | | 0 | 2 | 0 | 0 | 4 | 10 | 0 | 14.6 | | | 0 | | | | | 0 | 0 | |
| 05021020 | 猪毛 | | | | 0 | | 0 | 2 | 0 | 0 | 4 | 10 | 0 | 14.6 | | | 0 | | | | | 0 | 0 | |
| 05021030 | 猪鬃或猪毛的废料 | | | | 0 | | 0 | 2 | 0 | 0 | 4 | 10 | 0 | 14.6 | | | 0 | | | | | 0 | 0 | |
| 05029011 | 山羊毛 | | | | 0 | | 0 | 2 | 0 | 0 | 4 | 10 | 0 | 14.6 | | | 0 | | | | | 0 | 0 | |

| 税则号列 | 商品描述① | 协定税率(%) | | | | | | | | | | | | | | | | 特惠税率(%) | | | | | | |
|---|---|---|---|---|---|---|---|---|---|---|---|---|---|---|---|---|---|---|---|---|---|---|---|---|
| | | 香港 | 澳门 | 巴基斯坦 | 东盟 | 亚太 | 智利 | 秘鲁 | 哥斯达黎加 | 新西兰 | 澳大利亚 | 瑞士 | 冰岛 | 韩国 | 台湾 | 新加坡 | 格鲁吉亚 | 亚太2国② | 东盟 | | | 最不发达国家 | | |
| | | | | | | | | | | | | | | | | | | | 老挝 | 柬埔寨 | 缅甸 | LDC97③ | LDC95④ | LDC60⑤ |
| 05029012 | 黄鼠狼尾毛 | | | | 0 | | 0 | 2 | 0 | 0 | 4 | 10 | 0 | 14.6 | | | 0 | | | | | 0 | 0 | |
| 05029019 | 獾毛及其他制刷用兽毛 | | | | 0 | | 0 | 2 | 0 | 0 | 4 | 10 | 0 | 14.6 | | | 0 | | | | | 0 | 0 | |
| 05029020 | 獾毛及其他制刷用兽毛的废料 | | | | 0 | | 0 | 2 | 0 | 0 | 4 | 10 | 0 | 14.6 | | | 0 | | | | | 0 | 0 | |
| 05040011 | 整个或切块的盐渍猪肠衣(猪大肠头除外) | | | 10 | 0 | 10 | 0 | 2 | 0 | 0 | 4 | 0 | 0 | 14.6 | | | 0 | | | | | 0 | 0 | |
| 05040012 | 整个或切块的盐渍绵羊肠衣 | | | 9 | 0 | 9 | 0 | 1.8 | 0 | 0 | 3.6 | 9 | 0 | 13.2 | | | 0 | | | | | 0 | 0 | |
| 05040013 | 整个或切块的盐渍山羊肠衣 | | | 9 | 0 | 9 | 0 | 1.8 | 0 | 0 | 3.6 | 9 | 0 | 13.2 | | | 0 | | | | | 0 | 0 | |
| 05040014 | 整个或切块的盐渍猪大肠头 | | | 10 | 0 | 10 | 0 | 2 | 0 | 0 | 4 | 10 | 0 | 14.6 | | | 0 | | | | | 0 | 0 | |
| 05040019 | 整个或切块的其他动物肠衣 | | | 9 | 0 | 9 | 0 | 1.8 | 0 | 0 | 3.6 | 9 | 0 | 13.2 | | | 0 | | | | | 0 | 0 | |
| 05040021 | 冷和冻的鸡肫 | | | 0.65元/千克 | 0 | 0.65元/千克 | 0 | 2 | 0 | 0 | 4 | 10 | 0 | 0.9元/千克 | | | 0 | | | | | 0 | 0 | |
| 05040029 | 鲜、冷、冻、干、盐制的其他动物胃 | | | 10 | 0 | 10 | 0 | 2 | 0 | 0 | 4 | 10 | 0 | 14.6 | | | 0 | | | | | 0 | 0 | 0 |
| 05040090 | 鲜、冷、冻、干、盐制的其他动物肠、膀胱、胃 | | | 10 | 0 | 10 | 0 | 2 | 0 | 0 | 4 | 0 | 0 | 14.6 | | | 0 | | | | | 0 | 0 | |
| 05051000 | 填充用羽毛;羽绒 | | | 5 | 0 | 7.5 | 0 | 0 | 0 | 0 | 2 | 0 | 0 | 6 | | | 0 | | | | | 0 | 0 | 0 |
| 05059010 | 羽毛或不完整羽毛的粉末及废料 | | | 5 | 0 | | 0 | 0 | 0 | 0 | 2 | 0 | 0 | 6 | | | 0 | | | | | 0 | 0 | 0 |
| 05059090 | 其他羽毛、羽绒,带有羽毛、羽绒的鸟皮及鸟体其他部分 | | | 5 | 0 | | 0 | 0 | 0 | 0 | 2 | 0 | 0 | 6 | | | 0 | | | | | 0 | 0 | 0 |
| 05061000 | 经酸处理的骨胶原及骨 | | | 6 | 0 | | 0 | 0 | 0 | 0 | 2.4 | 6 | 0 | 7.2 | | | 0 | | 0 | | | 0 | 0 | 0 |
| 05069011 | 含牛羊成分的骨粉及骨废料 | | | 6 | 0 | | 0 | 1.2 | 0 | 0 | 2.4 | 6 | 0 | 7.2 | | | 0 | | 0 | | | 0 | 0 | 0 |
| 05069019 | 骨粉及骨废料 | | | 6 | 0 | | 0 | 1.2 | 0 | 0 | 2.4 | 6 | 0 | 7.2 | | | 0 | | 0 | | | 0 | 0 | 0 |
| 05069090 | 其他骨及角柱 | | 0 | 6 | 0 | | 0 | 1.2 | 2.4 | 0 | 2.4 | 6 | 0 | 7.2 | | | 0 | | 0 | | | 0 | 0 | 0 |
| 05071000 | 兽牙;兽牙粉末及废料 | | | 5 | 0 | | 0 | 0 | 0 | 0 | 2 | 0 | 0 | 6 | | | 0 | | | | | 0 | 0 | 0 |
| 05079010 | 羚羊角及其粉末和废料 | | | 0 | 0 | | 0 | 0 | 0 | 0 | 0 | 0 | 0 | 0 | | | 0 | | | | | 0 | 0 | 0 |
| 05079020 | 鹿茸及其粉末 | | | 5 | 0 | | 0 | 0 | 0 | 0 | 2.2 | 5.5 | 0 | 6.6 | | | 0 | | | | | 0 | 0 | 0 |
| 05079090 | 龟壳、鲸须、鲸须毛、鹿角及其他角 | | | 5 | 0 | | 0 | 0 | 0 | 0 | 2 | 0 | 0 | 6 | | | 0 | | | | | 0 | 0 | 0 |
| 05080010 | 珊瑚及水产品壳、骨的粉末及废料 | 0 | | | 0 | | 0 | 1.2 | 0 | 0 | 2.4 | 6 | 0 | 7.2 | | | 0 | | | | | 0 | 0 | 0 |
| 05080090 | 珊瑚及介、贝、棘皮动物的壳、骨 | 0 | | 6 | 0 | | 0 | 1.2 | 0 | 0 | 2.4 | 6 | 0 | 7.2 | | | 0 | | | | | 0 | 0 | 0 |
| 05100010 | 黄药 | | | 0 | 0 | | 0 | 0 | 0 | 0 | 0 | 0 | 0 | 0 | | | 0 | | | | | 0 | 0 | 0 |
| 05100020 | 龙涎香、海狸香、灵猫香 | | | 5 | 0 | | 0 | 0 | 0 | 0 | 1.4 | 0 | 0 | 0 | | | 0 | | | | | 0 | 0 | |
| 05100030 | 麝香 | | | 5 | 0 | | 0 | 0 | 0 | 0 | 1.4 | 0 | 0 | 0 | | | 0 | | | | | 0 | 0 | |
| 05100040 | 斑蝥 | | | 5 | 0 | | 0 | 0 | 0 | 0 | 1.4 | 0 | 0 | 0 | | | 0 | | | | | 0 | 0 | 0 |
| 05100090 | 胆汁,配药用腺体及其他动物产品 | | | 5 | 0 | | 0 | 0 | 0 | 0 | 1.2 | 0 | 0 | 0 | | | 0 | | | | | 0 | 0 | 0 |
| 05111000 | 牛的精液 | | | | | | | | | | | | | | | | | | | | | 0 | 0 | 0 |
| 05119111 | 受精鱼卵 | | | 6 | 0 | | 0 | 0 | 0 | 0 | 2.4 | 6 | 0 | 2.4 | | | 0 | | | | | 0 | 0 | 0 |
| 05119119 | 其他鱼产品 | | | | 0 | | 0 | 1.2 | 0 | 0 | 2.4 | 6 | 6.5 | 7.2 | | | 0 | | | | | 0 | 0 | 0 |

| 税则号列 | 商品描述[①] | 协定税率(%) | | | | | | | | | | | | | | | | 特惠税率(%) | | | | | | |
|---|---|---|---|---|---|---|---|---|---|---|---|---|---|---|---|---|---|---|---|---|---|---|---|---|
| | | 香港 | 澳门 | 巴基斯坦 | 东盟 | 亚太 | 智利 | 秘鲁 | 哥斯达黎加 | 新西兰 | 澳大利亚 | 瑞士 | 冰岛 | 韩国 | 台湾 | 新加坡 | 格鲁吉亚 | 亚太2国[②] | 东盟 老挝 | 东盟 柬埔寨 | 东盟 缅甸 | 最不发达国家 LDC97[③] | 最不发达国家 LDC95[④] | 最不发达国家 LDC60[⑤] |
| 05119190 | 其他未列名水产品;第三章的死动物 | | | 6 | 0 | | 0 | 1.2 | 0 | 0 | 2.4 | 6 | 0 | 7.2 | | | 0 | | | | | 0 | 0 | 0 |
| 05119910 | 动物精液(牛的精液除外) | | | | | | | | | | | | | | | | | | | | | 0 | 0 | 0 |
| 05119920 | 动物胚胎 | | | | | | | | | | | | | | | | | | | | | 0 | 0 | 0 |
| 05119930 | 蚕种 | | | | | | | | | | | | | | | | | | | | | 0 | 0 | 0 |
| 05119940 | 马毛及废马毛,不论是否制成有或无衬垫的毛片 | | | 12 | 0 | | 0 | 1.5 | 0 | 0 | 3 | 7.5 | 0 | 9 | | | 0 | | | | | 0 | 0 | |
| 05119990 | 其他编号未列名的动物产品;不适合供人食用的第一章的死动物 | | | 6 | 0 | | 0 | 1.2 | 0 | 0 | 2.4 | 6 | 0 | 7.2 | | | 0 | | | | | 0 | 0 | 0 |
| 06011010 | 休眠的番红花球茎 | | | 0 | 0 | 2 | 0 | 0 | 0 | 0 | 0 | 0 | 0 | 0 | | | 0 | | 0 | | | 0 | 0 | 0 |
| 06011021 | 种用百合球茎 | | | | | | | | | | | | | | | | | | | | | 0 | 0 | 0 |
| 06011029 | 其他百合球茎 | | | 0 | 0 | 2.5 | 0 | 0 | 0 | 0 | 0 | 0 | 0 | 0 | | | 0 | | 0 | | | 0 | 0 | 0 |
| 06011091 | 种用休眠的鳞茎、块茎、块根等 | | | | | | | | | | | | | | | | | | | | | 0 | 0 | 0 |
| 06011099 | 其他休眠的鳞茎、块茎、块根等 | | | 0 | 0 | 2.5 | 0 | 0 | 0 | 0 | 0 | 0 | 0 | 0 | | | 0 | | 0 | | | 0 | 0 | 0 |
| 06012000 | 生长或开花的鳞茎等及菊苣植物 | | | 7.5 | 0 | 7.5 | 0 | 1.5 | 0 | 0 | 3 | 7.5 | 0 | 9 | | | 0 | | | | | 0 | 0 | |
| 06021000 | 无根插枝及接穗 | | | | | | | | | | | | | | | | | | | | | 0 | 0 | 0 |
| 06022010 | 食用水果及坚果树的种用苗木 | | | | | | | | | | | | | | | | | | | | | 0 | 0 | 0 |
| 06022090 | 其他食用水果、坚果树及灌木 | | | 5 | 0 | 5 | 0 | 1 | 0 | 0 | 2 | 0 | 0 | 6 | | | 0 | | | | | 0 | 0 | 0 |
| 06023010 | 种用杜鹃 | | | | | | | | | | | | | | | | | | | | | 0 | 0 | 0 |
| 06023090 | 其他杜鹃 | | | 12 | 0 | | 0 | 1.5 | 0 | 0 | 3 | 7.5 | 0 | 9 | | | 0 | | | | | 0 | 0 | |
| 06024010 | 种用玫瑰 | | | | | | | | | | | | | | | | | | | | | 0 | 0 | 0 |
| 06024090 | 其他玫瑰 | | | 12 | 0 | | 0 | 1.5 | 0 | 0 | 3 | 7.5 | 0 | 9 | | | 0 | | | | | 0 | 0 | |
| 06029010 | 蘑菇菌丝 | | | | | | | | | | | | | | | | | | | | | 0 | 0 | 0 |
| 06029091 | 其他种用苗木 | | | | | | | | | | | | | | | | | | | | | 0 | 0 | 0 |
| 06029092 | 兰花 | | | 5 | 0 | | 0 | 1 | 0 | 0 | 2 | 0 | 0 | 6 | | | 0 | | | | | 0 | 0 | 0 |
| 06029093 | 菊花 | | | 5 | 0 | | 0 | 1 | 0 | 0 | 2 | 0 | 0 | 6 | | | 0 | | | | | 0 | 0 | 0 |
| 06029094 | 百合 | | | 5 | 0 | | 0 | 1 | 0 | 0 | 2 | 0 | 0 | 6 | | | 0 | | | | | 0 | 0 | 0 |
| 06029095 | 康乃馨 | | | 5 | 0 | | 0 | 1 | 0 | 0 | 2 | 0 | 0 | 6 | | | 0 | | | | | 0 | 0 | 0 |
| 06029099 | 其他非种用活植物 | | | 5 | 0 | 5 | 0 | 1 | 0 | 0 | 2 | 0 | 0 | 6 | | | 0 | | | | | 0 | 0 | 0 |
| 06031100 | 鲜玫瑰 | | | 5 | 0 | 5 | 0 | 0 | 0 | 0 | 2 | 0 | 0 | 6 | | | 0 | | 0 | | | 0 | 0 | 0 |
| 06031200 | 鲜康乃馨 | | | 5 | 0 | 5 | 0 | 0 | 0 | 0 | 2 | 0 | 0 | 6 | | | 0 | | 0 | | | 0 | 0 | 0 |
| 06031300 | 鲜兰花 | | | 5 | 0 | 5 | 0 | 0 | 0 | 0 | 2 | 0 | 0 | 6 | 0 | | 0 | | 0 | | | 0 | 0 | 0 |
| 06031400 | 鲜菊花 | | | 5 | 0 | 5 | 0 | 0 | 0 | 0 | 2 | 0 | 0 | 6 | | | 0 | | 0 | | | 0 | 0 | 0 |
| 06031500 | 鲜百合花 | | | 5 | 0 | 5 | 0 | 0 | 0 | 0 | 2 | 0 | 0 | 6 | | | 0 | | 0 | | | 0 | 0 | 0 |
| 06031900 | 其他鲜花 | | | 5 | 0 | 5 | 0 | 0 | 0 | 0 | 2 | 0 | 0 | 6 | | | 0 | | 0 | | | 0 | 0 | 0 |
| 06039000 | 干的及经过染色等加工的插花及花蕾 | 0 | 0 | 11.5 | 0 | 11.5 | 0 | 2.3 | 0 | 0 | 4.6 | 11.5 | 0 | 18.4 | | | 0 | | 0 | | | 0 | 0 | 0 |

| 税则号列 | 商品描述[①] | 协定税率(%) | | | | | | | | | | | | | | | | 特惠税率(%) | | | | | | |
|---|---|---|---|---|---|---|---|---|---|---|---|---|---|---|---|---|---|---|---|---|---|---|---|---|
| | | 香港 | 澳门 | 巴基斯坦 | 东盟 | 亚太 | 智利 | 秘鲁 | 哥斯达黎加 | 新西兰 | 澳大利亚 | 瑞士 | 冰岛 | 韩国 | 台湾 | 新加坡 | 格鲁吉亚 | 亚太2国[②] | 东盟 | | | 最不发达国家 | | |
| | | | | | | | | | | | | | | | | | | | 老挝 | 柬埔寨 | 缅甸 | LDC97[③] | LDC95[④] | LDC60[⑤] |
| 06042010 | 鲜苔藓及地衣 | | | | 0 | | 0 | 2.3 | 0 | 0 | 4.6 | 11.5 | 0 | 13.8 | | | 0 | | | | | 0 | 0 | |
| 06042090 | 鲜植物枝、叶等 | | | 5 | 0 | | 0 | 1 | 0 | 0 | 2 | 0 | 0 | 6 | | | 0 | | | | | 0 | 0 | 0 |
| 06049010 | 其他苔藓及地衣 | | | | 0 | | 0 | 2.3 | 0 | 0 | 4.6 | 11.5 | 0 | 13.8 | | | 0 | | | | | 0 | 0 | |
| 06049090 | 其他植物枝、叶等 | 0 | 0 | 5 | 0 | | 0 | 0 | 0 | 0 | 2 | 0 | 0 | 6 | | | 0 | | | | | 0 | 0 | 0 |
| 07011000 | 种用马铃薯 | | | 6.5 | 0 | | 0 | 0 | 0 | 0 | 2.6 | 6.5 | | 7.8 | | | 0 | | | | | 0 | 0 | 0 |
| 07019000 | 其他鲜或冷的马铃薯 | | | 5 | 0 | 9 | 0 | 0 | 0 | 0 | 2.6 | 6.5 | 0 | 7.8 | | | 0 | | | 0 | | 0 | 0 | 0 |
| 07020000 | 鲜或冷藏的番茄 | | | 6.5 | 0 | | 0 | 0 | 0 | 0 | 2.6 | 6.5 | 0 | 7.8 | | | 0 | | | | | 0 | 0 | 0 |
| 07031010 | 鲜或冷的洋葱 | | | 5 | 0 | 6.5 | 0 | 0 | 0 | 0 | 2.6 | 6.5 | 0 | 7.8 | | | 0 | | | 0 | 0 | 0 | 0 | 0 |
| 07031020 | 鲜或冷的青葱 | | | 5 | 0 | 6.5 | 0 | 0 | 0 | 0 | 2.6 | 6.5 | 0 | 7.8 | | | 0 | | | 0 | 0 | 0 | 0 | 0 |
| 07032010 | 鲜或冷藏的大蒜头 | | | 0 | 0 | 6.5 | 0 | 0 | 0 | 0 | 2.6 | 6.5 | 0 | 7.8 | | | 0 | | | | | 0 | 0 | |
| 07032020 | 鲜或冷藏的大蒜蒜薹及蒜苗(青蒜) | | | 0 | 0 | 6.5 | 0 | 0 | 0 | 0 | 2.6 | 6.5 | 0 | 7.8 | | | 0 | | | | | 0 | 0 | |
| 07032090 | 其他鲜或冷藏的大蒜 | | | 0 | 0 | 6.5 | 0 | 0 | 0 | 0 | 2.6 | 6.5 | 0 | 7.8 | | | 0 | | | | | 0 | 0 | |
| 07039010 | 鲜或冷的韭葱 | | | 6.5 | 0 | | 0 | 0 | 0 | 0 | 2.6 | 6.5 | 0 | 7.8 | | | 0 | | | 0 | | 0 | 0 | 0 |
| 07039020 | 鲜或冷的大葱 | | | 6.5 | 0 | | 0 | 0 | 0 | 0 | 2.6 | 6.5 | 0 | 7.8 | | | 0 | | | 0 | | 0 | 0 | 0 |
| 07039090 | 鲜或冷的其他葱属蔬菜 | | | 6.5 | 0 | | 0 | 0 | 0 | 0 | 2.6 | 6.5 | 0 | 7.8 | | | 0 | | | 0 | | 0 | 0 | 0 |
| 07041000 | 鲜或冷的菜花及硬花甘蓝 | | | 5 | 0 | | 0 | 0 | 0 | 0 | 2 | 0 | | 6 | | | 0 | | | | | 0 | 0 | 0 |
| 07042000 | 鲜或冷的抱子甘蓝 | | | 6.5 | 0 | | 0 | 0 | 0 | 0 | 2.6 | 6.5 | 0 | 7.8 | | | 0 | | | | | 0 | 0 | |
| 07049010 | 卷心菜 | | | 6.5 | 0 | | 0 | 0 | 0 | 0 | 2.6 | 6.5 | 0 | 7.8 | | | 0 | | 0 | | | 0 | 0 | 0 |
| 07049020 | 西兰花 | | | 6.5 | 0 | | 0 | 0 | 0 | 0 | 2.6 | 6.5 | 0 | 7.8 | | | 0 | | 0 | | | 0 | 0 | 0 |
| 07049090 | 鲜或冷的其他食用芥菜类蔬菜 | | | 6.5 | 0 | | 0 | 0 | 0 | 0 | 2.6 | 6.5 | 0 | 7.8 | | | 0 | | 0 | | | 0 | 0 | 0 |
| 07051100 | 鲜或冷的结球莴苣(包心生菜) | | | 0 | 0 | | 0 | 0 | 0 | 0 | 2 | 0 | 0 | 6 | | | 0 | | | | | 0 | 0 | 0 |
| 07051900 | 鲜或冷的其他莴苣 | | | 0 | 0 | | 0 | 0 | 0 | 0 | 2 | 0 | 0 | 6 | | | 0 | | | | | 0 | 0 | 0 |
| 07052100 | 鲜或冷的维特罗夫菊苣 | | | 0 | 0 | | 0 | 0 | 0 | 0 | 2.6 | 6.5 | 0 | 7.8 | | | 0 | | | | | 0 | 0 | |
| 07052900 | 鲜或冷的其他菊苣 | | | 0 | 0 | | 0 | 0 | 0 | 0 | 2.6 | 6.5 | 0 | 7.8 | | | 0 | | | | | 0 | 0 | |
| 07061000 | 鲜或冷的胡萝卜及萝卜 | | | 6.5 | 0 | | 0 | 0 | 0 | 0 | 2.6 | 6.5 | | 7.8 | | | 0 | | | | | 0 | 0 | |
| 07069000 | 鲜或冷的小萝卜及类似食用根茎 | | | 6.5 | 0 | | 0 | 0 | 0 | 0 | 2.6 | 6.5 | 0 | 7.8 | | | 0 | | | | | 0 | 0 | |
| 07070000 | 鲜或冷的黄瓜及小黄瓜 | | | 5 | 0 | 6.5 | 0 | 0 | 0 | 0 | 2.6 | 6.5 | 0 | 7.8 | | | 0 | | | 0 | | 0 | 0 | 0 |
| 07081000 | 鲜或冷的豌豆 | | | 0 | 0 | 6.5 | 0 | 0 | 0 | 0 | 2.6 | 6.5 | 0 | 7.8 | | | 0 | | | | | 0 | 0 | 0 |
| 07082000 | 鲜或冷的豇豆及菜豆 | | | 0 | 0 | 6.5 | 0 | 0 | 0 | 0 | 2.6 | 6.5 | 0 | 7.8 | | | 0 | | 0 | 0 | | 0 | 0 | 0 |
| 07089000 | 鲜或冷的其他豆类蔬菜 | | | 0 | 0 | 6.5 | 0 | 0 | 0 | 0 | 2.6 | 6.5 | 0 | 7.8 | | | 0 | | | 0 | | 0 | 0 | 0 |
| 07092000 | 鲜或冷的芦笋 | | | 0 | 0 | 6.5 | 0 | 0 | 0 | 0 | 2.6 | 6.5 | 0 | 7.8 | | | 0 | | | | | 0 | 0 | 0 |
| 07093000 | 鲜或冷的茄子 | | | 0 | 0 | 6.5 | 0 | 0 | 0 | 0 | 2.6 | 6.5 | 0 | 7.8 | | | 0 | | | | | 0 | 0 | 0 |
| 07094000 | 鲜或冷的芹菜,但块根芹除外 | | | 0 | 0 | | 0 | 0 | 0 | 0 | 2 | 0 | 0 | 6 | | | 0 | | | | | 0 | 0 | 0 |
| 07095100 | 鲜或冷的其他伞菌属蘑菇 | 0 | 0 | 0 | 0 | | 0 | 0 | 0 | 0 | 2.6 | 6.5 | 0 | 7.8 | | | 0 | | | 0 | | 0 | 0 | 0 |
| 07095910 | 鲜或冷的松茸 | | | 0 | 0 | | 0 | 0 | 0 | 0 | 2.6 | 6.5 | 0 | 7.8 | | | 0 | | | 0 | | 0 | 0 | 0 |
| 07095920 | 鲜或冷的香菇 | | | 0 | 0 | | 0 | 0 | 0 | 0 | 2.6 | 6.5 | 0 | 7.8 | | | 0 | | | 0 | | 0 | 0 | 0 |
| 07095930 | 鲜或冷的金针菇 | | | 0 | 0 | | 0 | 0 | 0 | 0 | 2.6 | 6.5 | 0 | 7.8 | 0 | | 0 | | | 0 | | 0 | 0 | 0 |
| 07095940 | 鲜或冷的草菇 | | | 0 | 0 | | 0 | 0 | 0 | 0 | 2.6 | 6.5 | 0 | 7.8 | | | 0 | | | 0 | | 0 | 0 | 0 |

| 税则号列 | 商品描述[①] | 协定税率(%) | | | | | | | | | | | | | | | | 特惠税率(%) | | | | | | |
|---|---|---|---|---|---|---|---|---|---|---|---|---|---|---|---|---|---|---|---|---|---|---|---|---|
| | | 香港 | 澳门 | 巴基斯坦 | 东盟 | 亚太 | 智利 | 秘鲁 | 哥斯达黎加 | 新西兰 | 澳大利亚 | 瑞士 | 冰岛 | 韩国 | 台湾 | 新加坡 | 格鲁吉亚 | 亚太2国[②] | 东盟 | | | 最不发达国家 | | |
| | | | | | | | | | | | | | | | | | | | 老挝 | 柬埔寨 | 缅甸 | LDC97[③] | LDC95[④] | LDC60[⑤] |
| 07095950 | 鲜或冷的口蘑 | | | 0 | 0 | | 0 | 0 | 0 | 0 | 2.6 | 6.5 | 0 | 7.8 | | | 0 | | | 0 | | 0 | 0 | 0 |
| 07095960 | 鲜或冷的块菌 | | | 0 | 0 | | 0 | 0 | 0 | 0 | 2.6 | 6.5 | 0 | 7.8 | | | 0 | | | | | 0 | 0 | |
| 07095990 | 鲜或冷的其他蘑菇 | | | 0 | 0 | | 0 | 0 | 0 | 0 | 2.6 | 6.5 | 0 | 7.8 | | | 0 | | | 0 | | 0 | 0 | 0 |
| 07096000 | 鲜或冷的辣椒,包括甜椒 | | | 0 | 0 | 6.5 | 0 | 0 | 0 | 0 | 2.6 | 6.5 | 0 | 7.8 | | | 0 | | | 0 | | 0 | 0 | 0 |
| 07097000 | 鲜或冷的菠菜 | 0 | | 0 | 0 | | 0 | 0 | 0 | 0 | 2.6 | 6.5 | 0 | 7.8 | | | 0 | | | | | 0 | 0 | 0 |
| 07099100 | 鲜或冷藏的洋蓟 | 0 | | 0 | 0 | | 0 | 0 | 0 | 0 | 2.6 | 6.5 | 0 | 7.8 | | | 0 | | | 0 | | 0 | 0 | 0 |
| 07099200 | 鲜或冷藏的油橄榄 | 0 | | 0 | 0 | | 0 | 0 | 0 | 0 | 2.6 | 6.5 | 0 | 7.8 | | | 0 | | | 0 | | 0 | 0 | 0 |
| 07099300 | 鲜或冷藏的南瓜、笋瓜及瓠瓜 | 0 | | 0 | 0 | | 0 | 0 | 0 | 0 | 2.6 | 6.5 | 0 | 7.8 | | | 0 | | | 0 | | 0 | 0 | 0 |
| 07099910 | 鲜或冷藏的竹笋 | | | 0 | 0 | | 0 | 0 | 0 | 0 | 2.6 | 6.5 | 0 | 7.8 | | | 0 | | 0 | 0 | | 0 | 0 | 0 |
| 07099990 | 鲜或冷藏的其他蔬菜 | 0 | | 0 | 0 | | 0 | 0 | 0 | 0 | 2.6 | 6.5 | 0 | 7.8 | | | 0 | | | 0 | | 0 | 0 | 0 |
| 07101000 | 冷冻马铃薯 | | | 6.5 | 0 | | 0 | 0 | 0 | 0 | 2.6 | 6.5 | | 7.8 | | | 0 | | | | | 0 | 0 | |
| 07102100 | 冷冻豌豆 | | | 6.5 | 0 | | 0 | 0 | 0 | 0 | 2.6 | 6.5 | 0 | 7.8 | | | 0 | | | | | 0 | 0 | |
| 07102210 | 红小豆(赤豆) | | | 6.5 | 0 | | 0 | 0 | 0 | 0 | 2.6 | 6.5 | 0 | 7.8 | | | 0 | | | 0 | | 0 | 0 | 0 |
| 07102290 | 其他冷冻豇豆及菜豆 | | | 6.5 | 0 | | 0 | 0 | 0 | 0 | 2.6 | 6.5 | 0 | 7.8 | | | 0 | | | 0 | | 0 | 0 | 0 |
| 07102900 | 冷冻其他豆类蔬菜 | | | 6.5 | 0 | | 0 | 0 | 0 | 0 | 2.6 | 6.5 | 0 | 7.8 | | | 0 | | | 0 | | 0 | 0 | 0 |
| 07103000 | 冷冻菠菜 | | | 6.5 | 0 | | 0 | 0 | 0 | 0 | 2.6 | 6.5 | 0 | 7.8 | | | 0 | | | | | 0 | 0 | |
| 07104000 | 冷冻甜玉米 | | | 5 | 0 | | 0 | 0 | 0 | 0 | 2 | 0 | 0 | 6 | | | 0 | | | | | 0 | 0 | 0 |
| 07108010 | 冷冻松茸 | | | 6.5 | 0 | | 0 | 0 | 0 | 0 | 2.6 | 6.5 | 0 | 7.8 | | | 0 | | | 0 | | 0 | 0 | 0 |
| 07108020 | 冻其他蒜薹及蒜苗(青蒜) | | | 6.5 | 0 | | 0 | 0 | 0 | 0 | 2.6 | 6.5 | 0 | 7.8 | | | 0 | | | 0 | | 0 | 0 | 0 |
| 07108030 | 冻蒜头 | | | 6.5 | 0 | | 0 | 0 | 0 | 0 | 2.6 | 6.5 | 0 | 7.8 | | | 0 | | | 0 | | 0 | 0 | 0 |
| 07108040 | 冻牛肝菌 | | | 6.5 | 0 | | 0 | 0 | 0 | 0 | 2.6 | 6.5 | 0 | 7.8 | | | 0 | | | 0 | | 0 | 0 | 0 |
| 07108090 | 冷冻未列名蔬菜 | | | 6.5 | 0 | | 0 | 0 | 0 | 0 | 2.6 | 6.5 | 0 | 7.8 | | | 0 | | | 0 | | 0 | 0 | 0 |
| 07109000 | 冷冻什锦蔬菜 | | | 5 | 0 | | 0 | 0 | 0 | 0 | 2 | 0 | 0 | 6 | | | 0 | | | 0 | | 0 | 0 | 0 |
| 07112000 | 暂时保藏的油橄榄 | | | 0 | 0 | | 0 | 0 | 0 | 0 | 2.6 | 6.5 | 0 | 7.8 | | | 0 | | | | | 0 | 0 | |
| 07114000 | 暂时保藏的黄瓜及小黄瓜 | | | 0 | 0 | | 0 | 0 | 0 | 0 | 2.6 | 6.5 | 0 | 7.8 | | | 0 | | | | | 0 | 0 | |
| 07115112 | 盐水小白蘑菇 | | | 0 | 0 | | 0 | 0 | 0 | 0 | 2.6 | 6.5 | 0 | 7.8 | | | 0 | | | | | 0 | 0 | |
| 07115119 | 盐水的其他伞菌属蘑菇 | | | 0 | 0 | | 0 | 0 | 0 | 0 | 2.6 | 6.5 | 0 | 7.8 | | | 0 | | | | | 0 | 0 | |
| 07115190 | 其他伞菌属蘑菇 | | | 0 | 0 | | 0 | 0 | 0 | 0 | 2.6 | 6.5 | 0 | 7.8 | | | 0 | | | | | 0 | 0 | |
| 07115911 | 盐水松茸 | | | 0 | 0 | | 0 | 0 | 0 | 0 | 2.6 | 6.5 | 0 | 7.8 | | | 0 | | | | | 0 | 0 | |
| 07115919 | 盐水其他蘑菇及菌块 | | | 0 | 0 | | 0 | 0 | 0 | 0 | 2.6 | 6.5 | 0 | 7.8 | | | 0 | | | | | 0 | 0 | |
| 07115990 | 暂时保藏的其他蘑菇及菌块 | | | 0 | 0 | | 0 | 0 | 0 | 0 | 2.6 | 6.5 | 0 | 7.8 | | | 0 | | | | | 0 | 0 | |
| 07119031 | 盐水竹笋 | | | 0 | 0 | 6.5 | 0 | 0 | 0 | 0 | 2.6 | 6.5 | 0 | 7.8 | | | 0 | | | | | 0 | 0 | |
| 07119034 | 盐水大蒜 | | | 0 | 0 | 6.5 | 0 | 0 | 0 | 0 | 2.6 | 6.5 | 0 | 7.8 | | | 0 | | | | | 0 | 0 | |
| 07119039 | 盐水其他蔬菜;什锦蔬菜 | | | 0 | 0 | 6.5 | 0 | 0 | 0 | 0 | 2.6 | 6.5 | 0 | 7.8 | | | 0 | | | | | 0 | 0 | |
| 07119090 | 暂时保藏的其他蔬菜;什锦蔬菜 | | | 0 | 0 | 6.5 | 0 | 0 | 0 | 0 | 2.6 | 6.5 | 0 | 7.8 | | | 0 | | | | | 0 | 0 | |
| 07122000 | 干制洋葱 | | | 6.5 | 0 | | 0 | 0 | 0 | 0 | 2.6 | 6.5 | 0 | 7.8 | | | 0 | | | | | 0 | 0 | 0 |
| 07123100 | 干伞菌属蘑菇 | | | 5 | 0 | 9 | 0 | 0 | 0 | 0 | 2.6 | 6.5 | 0 | 7.8 | | | 0 | | | | | 0 | 0 | 0 |
| 07123200 | 干木耳 | | | 6.5 | 0 | | 0 | 0 | 0 | 0 | 2.6 | 6.5 | 0 | 7.8 | | | 0 | | | | | 0 | 0 | |
| 07123300 | 干银耳 | | | 6.5 | 0 | | 0 | 0 | 0 | 0 | 2.6 | 6.5 | 0 | 7.8 | | | 0 | | | | | 0 | 0 | |
| 07123910 | 干香菇 | | | 5 | 0 | 9 | 0 | 0 | 0 | 0 | 2.6 | 6.5 | 0 | 7.8 | | | 0 | | | | | 0 | 0 | |

| 税则号列 | 商品描述① | 协定税率(%) | | | | | | | | | | | | | | | | 特惠税率(%) | | | | | | |
|---|---|---|---|---|---|---|---|---|---|---|---|---|---|---|---|---|---|---|---|---|---|---|---|---|
| | | 香港 | 澳门 | 巴基斯坦 | 东盟 | 亚太 | 智利 | 秘鲁 | 哥斯达黎加 | 新西兰 | 澳大利亚 | 瑞士 | 冰岛 | 韩国 | 台湾 | 新加坡 | 格鲁吉亚 | 亚太2国② | 东盟 | | | 最不发达国家 | | |
| | | | | | | | | | | | | | | | | | | | 老挝 | 柬埔寨 | 缅甸 | LDC97③ | LDC95④ | LDC60⑤ |
| 07123920 | 干金针菇 | | | 5 | 0 | 9 | 0 | 0 | 0 | 0 | 2.6 | 6.5 | 0 | 7.8 | | | 0 | | | | | 0 | 0 | |
| 07123950 | 干牛肝菌 | | | 5 | 0 | 9 | 0 | 0 | 0 | 0 | 2.6 | 6.5 | 0 | 7.8 | | | 0 | | | | | 0 | 0 | |
| 07123991 | 干羊肚菌 | | | 9 | 0 | 9 | 0 | 0 | 0 | 0 | 2.6 | 6.5 | 0 | 7.8 | | | 0 | | | | | 0 | 0 | |
| 07123999 | 其他干制蘑菇及块菌 | | | 9 | 0 | 9 | 0 | 0 | 0 | 0 | 2.6 | 6.5 | 0 | 7.8 | | | 0 | | | | | 0 | 0 | |
| 07129010 | 笋干丝 | | | 6.5 | 0 | | 0 | 0 | 0 | 0 | 2.6 | 6.5 | 0 | 7.8 | | | 0 | | | | | 0 | 0 | 0 |
| 07129020 | 紫萁(薇菜干) | | | 6.5 | 0 | | 0 | 0 | 0 | 0 | 2.6 | 6.5 | 0 | 7.8 | | | 0 | | | | | 0 | 0 | |
| 07129030 | 干金针菜(黄花菜) | | | 6.5 | 0 | | 0 | 0 | 0 | 0 | 2.6 | 6.5 | 0 | 7.8 | | | 0 | | | | | 0 | 0 | |
| 07129040 | 蕨菜干 | | | 6.5 | 0 | | 0 | 0 | 0 | 0 | 2.6 | 6.5 | 0 | 7.8 | | | 0 | | | | | 0 | 0 | |
| 07129050 | 干制的大蒜 | | | 6.5 | 0 | | 0 | 0 | 0 | 0 | 2.6 | 6.5 | 0 | 7.8 | | | 0 | | | | | 0 | 0 | |
| 07129091 | 干制的辣根 | | | 6.5 | 0 | | 0 | 0 | 0 | 0 | 2.6 | 6.5 | 0 | 7.8 | | | 0 | | | | | 0 | 0 | 0 |
| 07129099 | 干制的其他蔬菜及什锦蔬菜 | | | 6.5 | 0 | | 0 | 0 | 0 | 0 | 2.6 | 6.5 | 0 | 7.8 | | | 0 | | | | | 0 | 0 | 0 |
| 07131010 | 种用豌豆 | | | | | | | | | | | | | | | | | | | | | 0 | 0 | 0 |
| 07131090 | 其他干豌豆 | | | 0 | 0 | | 0 | 0 | 0 | 0 | 0 | 0 | 0 | 0 | | | 0 | | | | | 0 | 0 | 0 |
| 07132010 | 种用鹰嘴豆 | | | | | | | | | | | | | | | | | | | | | 0 | 0 | 0 |
| 07132090 | 其他干鹰嘴豆 | | | 5 | 0 | | 0 | 0 | 0 | 0 | 1.4 | 0 | 0 | 0 | | | 0 | | | | | 0 | 0 | 0 |
| 07133110 | 种用绿豆 | | | | | | | | | | | | | | | | | | | | | 0 | 0 | 0 |
| 07133190 | 其他干绿豆 | | | 0 | 0 | 1.5 | 0 | 0 | 0 | 0 | 0 | 0 | 0 | 0 | | | 0 | | | 0 | 0 | 0 | 0 | 0 |
| 07133210 | 种用红小豆(赤豆) | | | | | | | | | | | | | | | | | | | | | 0 | 0 | 0 |
| 07133290 | 其他红小豆(赤豆) | | | 0 | 0 | | 0 | 0 | 0 | 0 | 0 | 0 | 0 | 0 | | | 0 | | | 0 | | 0 | 0 | 0 |
| 07133310 | 种用芸豆 | | | | | | | | | | | | | | | | | | | | | 0 | 0 | 0 |
| 07133390 | 其他干芸豆 | | | 5 | 0 | | 0 | 0 | 0 | 0 | 1.5 | 0 | 0 | 0 | | | 0 | | | 0 | | 0 | 0 | 0 |
| 07133400 | 干巴姆巴拉豆 | | | 0 | 0 | 3.5 | 0 | 0 | 0 | 0 | 1.4 | 0 | 0 | 0 | | | 0 | | | 0 | | 0 | 0 | 0 |
| 07133500 | 干牛豆 | | | 0 | 0 | 3.5 | 0 | 0 | 0 | 0 | 1.4 | 0 | 0 | 0 | | | 0 | | | 0 | | 0 | 0 | 0 |
| 07133900 | 干豇豆及菜豆 | | | 0 | 0 | 3.5 | 0 | 0 | 0 | 0 | 1.4 | 0 | 0 | 0 | | | 0 | | | 0 | | 0 | 0 | 0 |
| 07134010 | 种用扁豆 | | | | | | | | | | | | | | | | | | | | | 0 | 0 | 0 |
| 07134090 | 其他干扁豆 | | | 5 | 0 | | 0 | 0 | 0 | 0 | 1.4 | 0 | 0 | 0 | | | 0 | | | | | 0 | 0 | 0 |
| 07135010 | 种用蚕豆 | | | | | | | | | | | | | | | | | | | | | 0 | 0 | 0 |
| 07135090 | 其他干蚕豆 | | | 5 | 0 | | 0 | 0 | 0 | 0 | 1.4 | 0 | 0 | 0 | | | 0 | | | | | 0 | 0 | 0 |
| 07136010 | 种用干木豆 | | | | | | | | | | | | | | | | | | | | | 0 | 0 | 0 |
| 07136090 | 其他干木豆 | | | 5 | 0 | | 0 | 0 | 0 | 0 | 1.4 | 0 | 0 | 0 | | | 0 | | | | | 0 | 0 | 0 |
| 07139010 | 种用干豆 | | | | | | | | | | | | | | | | | | | | | 0 | 0 | 0 |
| 07139090 | 其他干豆 | | | 5 | 0 | | 0 | 0 | 0 | 0 | 1.4 | 0 | 0 | 0 | | | 0 | | | | | 0 | 0 | 0 |
| 07141010 | 鲜木薯 | | | 5 | 0 | | 0 | 0 | 0 | 0 | 2 | 0 | 0 | 2 | | | 0 | | 0 | 0 | | 0 | 0 | 0 |
| 07141020 | 干木薯 | | | 0 | 0 | | 0 | 0 | 0 | 0 | 0 | 0 | 0 | 0 | | | 0 | | 0 | 0 | | 0 | 0 | 0 |
| 07141030 | 冷或冻的木薯 | | | 5 | 0 | | 0 | 0 | 0 | 0 | 2 | 0 | 0 | 6 | | | 0 | | 0 | 0 | | 0 | 0 | 0 |
| 07142011 | 种用鲜甘薯 | | | | | | | | | | | | | | | | | | 0 | 0 | | 0 | 0 | 0 |
| 07142019 | 其他鲜甘薯 | | | 5 | 0 | 6.5 | 0 | 0 | 0 | 0 | 2.6 | 6.5 | 0 | 7.8 | | | 0 | | 0 | 0 | | 0 | 0 | 0 |
| 07142020 | 干甘薯 | | | 5 | 0 | 6.5 | 0 | 0 | 0 | 0 | 2.6 | 6.5 | 0 | 7.8 | | | 0 | | 0 | 0 | | 0 | 0 | 0 |
| 07142030 | 冷或冻的甘薯 | | | 5 | 0 | 6.5 | 0 | 0 | 0 | 0 | 2.6 | 6.5 | 0 | 7.8 | | | 0 | | 0 | 0 | | 0 | 0 | 0 |
| 07143000 | 山药 | | | 5 | 0 | 6.5 | 0 | 0 | 0 | 0 | 2.6 | 6.5 | 0 | 7.8 | | | 0 | | 0 | 0 | | 0 | 0 | 0 |
| 07144000 | 芋头 | | | 5 | 0 | 6.5 | 0 | 0 | 0 | 0 | 2.6 | 6.5 | 0 | 7.8 | | | 0 | | | | | 0 | 0 | |
| 07145000 | 箭叶黄体芋 | | | 5 | 0 | 6.5 | 0 | 0 | 0 | 0 | 2.6 | 6.5 | 0 | 7.8 | | | 0 | | 0 | 0 | | 0 | 0 | 0 |

| 税则号列 | 商品描述[①] | 协定税率(%) | | | | | | | | | | | | | | | | 特惠税率(%) | | | | | | |
|---|---|---|---|---|---|---|---|---|---|---|---|---|---|---|---|---|---|---|---|---|---|---|---|---|
| | | 香港 | 澳门 | 巴基斯坦 | 东盟 | 亚太 | 智利 | 秘鲁 | 哥斯达黎加 | 新西兰 | 澳大利亚 | 瑞士 | 冰岛 | 韩国 | 台湾 | 新加坡 | 格鲁吉亚 | 亚太2国[②] | 东盟 | | | 最不发达国家 | | |
| | | | | | | | | | | | | | | | | | | | 老挝 | 柬埔寨 | 缅甸 | LDC97[③] | LDC95[④] | LDC60[⑤] |
| 07149010 | 鲜、干或冷、冻的荸荠 | | | 5 | 0 | 6.5 | 0 | 0 | 0 | 0 | 2.6 | 6.5 | 0 | 7.8 | | | 0 | | 0 | 0 | | 0 | 0 | 0 |
| 07149021 | 种用藕 | | | | | | | | | | | | | | | | | | | | | 0 | 0 | 0 |
| 07149029 | 其他藕 | | | 5 | 0 | 6.5 | 0 | 0 | 0 | 0 | 2.6 | 6.5 | 0 | 7.8 | | | 0 | | 0 | 0 | | 0 | 0 | 0 |
| 07149090 | 含有高淀粉或菊粉的其他类似根茎 | | | 5 | 0 | 6.5 | 0 | 0 | 0 | 0 | 2.6 | 6.5 | 0 | 7.8 | | | 0 | | 0 | 0 | | 0 | 0 | 0 |
| 08011100 | 干的椰子 | | 0 | 5 | 0 | 6 | 0 | 0 | 5.6 | 0 | 2.4 | 6 | 0 | 2.4 | | | 0 | | | 0 | | 0 | 0 | 0 |
| 08011200 | 未去内壳的鲜椰子 | | | 5 | 0 | 6 | 0 | 0 | 5.6 | 0 | 2.4 | 6 | 0 | 2.4 | | | 0 | | | 0 | | 0 | 0 | 0 |
| 08011910 | 种用椰子 | | | | | | | | | | | | | | | | | | | | | 0 | 0 | 0 |
| 08011990 | 其他鲜椰子 | | | 5 | 0 | 6 | 0 | 0 | 5.6 | 0 | 2.4 | 6 | 0 | 2.4 | | | 0 | | | 0 | | 0 | 0 | 0 |
| 08012100 | 鲜或干的未去壳巴西果 | | 0 | 5 | 0 | | 0 | 0 | 4.7 | 0 | 2 | 0 | 0 | 2 | | | 0 | | | | | 0 | 0 | 0 |
| 08012200 | 鲜或干的去壳巴西果 | | 0 | 5 | 0 | | 0 | 0 | 4.7 | 0 | 2 | 0 | 0 | 2 | | | 0 | | | | | 0 | 0 | 0 |
| 08013100 | 鲜或干的未去壳腰果 | | 0 | | 0 | | 0 | 2 | 9.3 | 0 | 4 | 10 | 0 | 12 | | | 0 | | | 0 | | 0 | 0 | 0 |
| 08013200 | 鲜或干的去壳腰果 | | 0 | 5 | 0 | | 0 | 0 | 4.7 | 0 | 2 | 0 | 0 | 6 | | | 0 | | | 0 | 0 | 0 | 0 | 0 |
| 08021100 | 鲜或干的扁桃核 | | 0 | | 0 | | 0 | 2.4 | 11.2 | 0 | 4.8 | 12 | 0 | 14.4 | | | 0 | | | | | 0 | 0 | |
| 08021200 | 鲜或干的扁桃仁 | | 0 | 5 | 0 | | 0 | 1 | 4.7 | 0 | 2 | 0 | 0 | 6 | | | 0 | | | | | 0 | 0 | 0 |
| 08022100 | 鲜或干的未去壳榛子 | | 0 | | 0 | | 0 | 2.5 | 11.7 | 0 | 5 | 12.5 | 0 | 20 | | | 0 | | | | | 0 | 0 | |
| 08022200 | 鲜或干的去壳榛子 | | 0 | 5 | 0 | | 0 | 0 | 4.7 | 0 | 2 | 0 | 0 | 6 | | | 0 | | | | | 0 | 0 | 0 |
| 08023100 | 鲜或干的未去壳核桃 | | 0 | | 0 | | 0 | 2.5 | 11.7 | 0 | 5 | 12.5 | 0 | 20 | | | 0 | | | | | 0 | 0 | |
| 08023200 | 鲜或干的去壳核桃 | | 0 | | 0 | | 0 | 2 | 9.3 | 0 | 4 | 10 | 0 | 14.6 | | | 0 | | | | | 0 | 0 | |
| 08024110 | 未去壳板栗 | | 0 | | 0 | | 0 | 2.5 | 11.7 | 0 | 5 | 12.5 | 0 | | | | 0 | | | | | 0 | 0 | |
| 08024190 | 未去壳其他栗子 | | 0 | | 0 | | 0 | 2.5 | 11.7 | 0 | 5 | 12.5 | 0 | 20 | | | 0 | | | | | 0 | 0 | |
| 08024210 | 去壳板栗 | | 0 | | 0 | | 0 | 2.5 | 11.7 | 0 | 5 | 12.5 | 0 | 20 | | | 0 | | | | | 0 | 0 | |
| 08024290 | 去壳其他栗子 | | 0 | | 0 | | 0 | 2.5 | 11.7 | 0 | 5 | 12.5 | 0 | 20 | | | 0 | | | | | 0 | 0 | |
| 08025100 | 未去壳阿月浑子果 | | 0 | 5 | 0 | | 0 | 0 | 4.7 | 0 | 2 | 0 | 0 | 6 | | | 0 | | | | | 0 | 0 | |
| 08025200 | 去壳阿月浑子果 | | 0 | 5 | 0 | | 0 | 0 | 4.7 | 0 | 2 | 0 | 0 | 6 | | | 0 | | | | | 0 | 0 | |
| 08026110 | 未去壳种用马卡达姆坚果 | | | | | | | | | | | | | | | | | | | | | 0 | 0 | 0 |
| 08026190 | 未去壳其他马卡达姆坚果 | | 0 | | 0 | | 0 | 2.4 | 11.2 | 0 | 4.8 | 12 | 0 | 14.4 | | | 0 | | | | | 0 | 0 | |
| 08026200 | 去壳马卡达姆坚果 | | 0 | | 0 | | 0 | 2.4 | 11.2 | 0 | 4.8 | 12 | 0 | 14.4 | | | 0 | | | | | 0 | 0 | |
| 08027000 | 可乐果 | | 0 | | 0 | | 0 | 2.4 | 11.2 | 0 | 4.8 | 12 | 0 | 19.2 | | | 0 | | | | | 0 | 0 | |
| 08028000 | 槟榔果 | | 0 | 5 | 0 | 5 | 0 | 0 | 4.7 | 0 | 2 | 0 | 0 | 6 | | | 0 | | | | | 0 | 0 | 0 |
| 08029020 | 鲜或干的白果 | | 0 | | 0 | | 0 | 2.5 | 11.7 | 0 | 5 | 12.5 | 0 | 20 | | | 0 | | | | | 0 | 0 | |
| 08029030 | 鲜或干的松子仁 | | 0 | | 0 | | 0 | 2.5 | 11.7 | 0 | 5 | 12.5 | 0 | 20 | | | 0 | | | | | 0 | 0 | |
| 08029090 | 其他鲜或干坚果 | | 0 | | 0 | | 0 | 2.4 | 11.2 | 0 | 4.8 | 12 | 0 | 19.2 | | | 0 | | | | | 0 | 0 | |
| 08031000 | 鲜或干的芭蕉 | | 0 | 5 | 0 | 6.9 | 0 | 1 | 4.7 | 0 | 2 | 0 | 0 | 6 | 0 | | 0 | | 0 | 0 | | 0 | 0 | 0 |
| 08039000 | 鲜或干的其他香蕉 | | 0 | 5 | 0 | 6.9 | 0 | 1 | 4.7 | 0 | 2 | 0 | 0 | 6 | 0 | | 0 | | 0 | 0 | | 0 | 0 | 0 |
| 08041000 | 鲜或干的椰枣 | | 0 | 0 | 0 | | 0 | 1.5 | 7 | 0 | 3 | 7.5 | 0 | 9 | | | 0 | | | | | 0 | 0 | |
| 08042000 | 鲜或干的无花果 | | 0 | 0 | 0 | | 0 | 3 | 14 | 0 | 6 | 18.6 | 0 | 24 | | | 0 | | | | | 0 | 0 | |
| 08043000 | 鲜或干菠萝 | 0 | 0 | 0 | 0 | 7.9 | 0 | 0 | 5.6 | 0 | 2.4 | 6 | 0 | 7.2 | | | 0 | | | 0 | | 0 | 0 | 0 |
| 08044000 | 鲜或干鳄梨 | | 0 | 0 | 0 | 12.5 | 0 | 0 | 11.7 | 0 | 5 | 12.5 | 0 | 20 | | | 0 | | | 0 | | 0 | 0 | 0 |
| 08045010 | 鲜或干番石榴 | | 0 | 0 | 0 | 7.5 | 0 | 1.5 | 7 | 0 | 3 | 7.5 | 0 | 9 | | | 0 | | | | | 0 | 0 | |
| 08045020 | 鲜或干芒果 | | 0 | 0 | 0 | 10.6 | 0 | 0 | 7 | 0 | 3 | 7.5 | 0 | 9 | | | 0 | | | | | 0 | 0 | 0 |
| 08045030 | 鲜或干山竹果 | | 0 | 0 | 0 | 7.5 | 0 | 0 | 7 | 0 | 3 | 7.5 | 0 | 9 | | | 0 | | | | | 0 | 0 | |

| 税则号列 | 商品描述① | 协定税率(%) | | | | | | | | | | | | | | | | 特惠税率(%) | | | | | | |
|---|---|---|---|---|---|---|---|---|---|---|---|---|---|---|---|---|---|---|---|---|---|---|---|---|
| | | 香港 | 澳门 | 巴基斯坦 | 东盟 | 亚太 | 智利 | 秘鲁 | 哥斯达黎加 | 新西兰 | 澳大利亚 | 瑞士 | 冰岛 | 韩国 | 台湾 | 新加坡 | 格鲁吉亚 | 亚太2国② | 东盟 | | | 最不发达国家 | | |
| | | | | | | | | | | | | | | | | | | | 老挝 | 柬埔寨 | 缅甸 | LDC97③ | LDC95④ | LDC60⑤ |
| 08051000 | 鲜或干橙 | | 0 | 0 | 0 | | 0 | 0 | 5.1 | 0 | 6.1 | 5.5 | 0 | 6.6 | 0 | | 0 | | | | | 0 | 0 | 0 |
| 08052110 | 鲜或干蕉柑 | | 0 | 0 | 0 | | 0 | 1.2 | 5.6 | 0 | 6.7 | 6 | 0 | 7.2 | | | 0 | | | | | 0 | 0 | |
| 08052190 | 鲜或干其他柑橘 | | 0 | 0 | 0 | | 0 | 0 | 5.6 | 0 | 6.7 | 6 | 0 | 7.2 | | | 0 | | | | | 0 | 0 | |
| 08052200 | 鲜或干克里曼丁橘 | | 0 | 0 | 0 | | 0 | 0 | 5.6 | 0 | 6.7 | 6 | 0 | 7.2 | | | 0 | | | | | 0 | 0 | |
| 08052900 | 其他鲜或干的韦尔金橘及杂交柑橘 | | 0 | 0 | 0 | | 0 | 0 | 5.6 | 0 | 6.7 | 6 | 0 | 7.2 | | | 0 | | | | | 0 | 0 | |
| 08054000 | 鲜或干的葡萄柚,包括柚 | 0 | 0 | 0 | 0 | | 0 | 1.2 | 5.6 | 0 | 6.7 | 6 | 0 | 7.2 | | | 0 | | | | | 0 | 0 | 0 |
| 08055000 | 鲜或干的柠檬及酸橙 | | 0 | 0 | 0 | 5.5 | 0 | 0 | 5.1 | 0 | 6.1 | 5.5 | 0 | 6.6 | 0 | | 0 | | | | | 0 | 0 | 0 |
| 08059000 | 其他鲜或干的柑橘属水果 | | 0 | 0 | 0 | 15 | 0 | 0 | 14 | 0 | 16.7 | 18.6 | 0 | 24 | | | 0 | | | | | 0 | 0 | |
| 08061000 | 鲜葡萄 | | | 6.5 | 0 | | 0 | 0 | 0 | 0 | 2.6 | 6.5 | 0 | 7.8 | | | 0 | | | | | 0 | 0 | |
| 08062000 | 葡萄干 | | 0 | 5 | 0 | | 0 | 1 | 0 | 0 | 2 | 0 | 0 | 6 | | | 0 | | | | | 0 | 0 | |
| 08071100 | 鲜西瓜 | | | 12.5 | 0 | 12.5 | 0 | 2.5 | 0 | 0 | 5 | 12.5 | 0 | 20 | | | 0 | | | | | 0 | | |
| 08071910 | 鲜哈密瓜 | | | 5 | 0 | 6 | 0 | 0 | 0 | 0 | 2.4 | 6 | 0 | 7.2 | 0 | | 0 | | | | | 0 | 0 | 0 |
| 08071920 | 鲜罗马甜瓜及加勒比甜瓜 | | | 5 | 0 | 6 | 0 | 1.2 | 0 | 0 | 2.4 | 6 | 0 | 7.2 | | | 0 | | | | | 0 | 0 | 0 |
| 08071990 | 其他鲜甜瓜 | | | 5 | 0 | 6 | 0 | 1.2 | 2.4 | 0 | 2.4 | 6 | 0 | 7.2 | | | 0 | | | | | 0 | 0 | 0 |
| 08072000 | 鲜木瓜 | | | | 0 | | 0 | 2.5 | 0 | 0 | 5 | 12.5 | 0 | 15 | | | 0 | | | 0 | | 0 | 0 | 0 |
| 08081000 | 鲜苹果 | | | 5 | 0 | | 0 | 1 | 0 | 0 | 2 | 0 | 0 | 6 | | | 0 | | | | | 0 | 0 | 0 |
| 08083010 | 鲜鸭梨及雪梨 | | | 5 | 0 | 10 | 0 | 1.2 | 0 | 0 | 2.4 | 6 | 0 | 7.2 | | | 0 | | | | | 0 | 0 | |
| 08083020 | 鲜香梨 | | | 5 | 0 | 10 | 0 | 1.2 | 0 | 0 | 2.4 | 6 | 0 | 7.2 | | | 0 | | | | | 0 | 0 | |
| 08083090 | 其他鲜梨 | | | 5 | 0 | | 0 | 1 | 0 | 0 | 2 | 0 | 0 | 6 | | | 0 | | | | | 0 | 0 | |
| 08084000 | 鲜榅桲 | | | 12.8 | 0 | | 0 | 1.6 | 0 | 0 | 3.2 | 8 | 0 | 11.7 | | | 0 | | | | | 0 | 0 | |
| 08091000 | 鲜杏 | | | | 0 | | 0 | 2.5 | 0 | 0 | 5 | 12.5 | 0 | 20 | | | 0 | | | | | 0 | 0 | |
| 08092100 | 鲜欧洲酸樱桃 | | | 5 | 0 | | 0 | 1 | 0 | 0 | 2 | 0 | 0 | 6 | | | 0 | | | | | 0 | 0 | 0 |
| 08092900 | 其他鲜樱桃 | | | 5 | 0 | | 0 | 1 | 0 | 0 | 2 | 0 | 0 | 6 | | | 0 | | | | | 0 | 0 | 0 |
| 08093000 | 鲜桃,包括鲜油桃 | | | 5 | 0 | | 0 | 1 | 0 | 0 | 2 | 0 | 0 | 6 | | | 0 | | | | | 0 | 0 | 0 |
| 08094000 | 鲜梅及李 | | | 5 | 0 | | 0 | 1 | 0 | 0 | 2 | 0 | 0 | 6 | | | 0 | | | | | 0 | 0 | |
| 08101000 | 鲜草莓 | | | | 0 | | 0 | 0 | 0 | 0 | 2.8 | 7 | 0 | 8.4 | | | 0 | | | | | 0 | 0 | 0 |
| 08102000 | 鲜的木莓、黑莓、桑葚及罗甘莓 | | | | 0 | | 0 | 2.5 | 0 | 0 | 5 | 12.5 | 0 | 20 | | | 0 | | | | | 0 | 0 | |
| 08103000 | 鲜黑、白或红的穗醋栗(加仑子)及醋栗 | | | | 0 | | 0 | 2.5 | 0 | 0 | 5 | 12.5 | 0 | 20 | | | 0 | | | | | 0 | 0 | |
| 08104000 | 鲜蔓越橘及越橘 | | | | 0 | | 0 | 0 | 0 | 0 | 6 | 18.6 | 0 | 24 | | | 0 | | | | | 0 | | |
| 08105000 | 鲜猕猴桃 | | | 16 | 0 | 16.5 | 0 | 2 | 0 | 0 | 4 | 10 | 0 | 14.6 | | | 0 | | | | | 0 | 0 | |
| 08106000 | 鲜榴莲 | | | | 0 | | 0 | 2 | 0 | 0 | 4 | 10 | 0 | 12 | | | 0 | | | 0 | | 0 | 0 | 0 |
| 08107000 | 鲜柿子 | 0 | 0 | 16 | 0 | 16.4 | 0 | 0 | 0 | 0 | 4 | 10 | 0 | 14.6 | | | 0 | | | | | 0 | 0 | |
| 08109010 | 鲜荔枝 | | | 20 | 0 | 20 | 0 | 3 | 0 | 0 | 6 | 18.6 | 0 | 24 | | | 0 | | | | | 0 | 0 | |
| 08109030 | 鲜龙眼 | | | 6 | 0 | | 0 | 0 | 0 | 0 | 2.4 | 6 | 0 | 7.2 | | | 0 | | | 0 | | 0 | 0 | 0 |
| 08109040 | 鲜红毛丹 | | | | 0 | | 0 | 2 | 0 | 0 | 4 | 10 | 0 | 12 | | | 0 | | | | | 0 | 0 | |
| 08109050 | 鲜蕃荔枝 | | | | 0 | | 0 | 0 | 0 | 0 | 4 | 10 | 0 | 12 | | | 0 | | | | | 0 | 0 | |
| 08109060 | 鲜杨桃 | | | | 0 | | 0 | 0 | 0 | 0 | 4 | 10 | 0 | 14.6 | | | 0 | | | | | 0 | 0 | |
| 08109070 | 莲雾 | | | 16 | 0 | 16.4 | 0 | 2 | 0 | 0 | 4 | 10 | 0 | 12 | | | 0 | | | | | 0 | 0 | |
| 08109080 | 火龙果 | | | 16 | 0 | 16.4 | 0 | 2 | 0 | 0 | 4 | 10 | 0 | 12 | 0 | | 0 | | | | | 0 | 0 | |
| 08109090 | 其他鲜果 | 0 | 0 | 16 | 0 | 16.4 | 0 | 0 | 0 | 0 | 4 | 10 | 0 | 14.6 | | | 0 | | | | | 0 | 0 | |

| 税则号列 | 商品描述① | 协定税率(%) | | | | | | | | | | | | | | | | 特惠税率(%) | | | | | | |
|---|---|---|---|---|---|---|---|---|---|---|---|---|---|---|---|---|---|---|---|---|---|---|---|---|
| | | 香港 | 澳门 | 巴基斯坦 | 东盟 | 亚太 | 智利 | 秘鲁 | 哥斯达黎加 | 新西兰 | 澳大利亚 | 瑞士 | 冰岛 | 韩国 | 台湾 | 新加坡 | 格鲁吉亚 | 亚太2国② | 东盟 | | | 最不发达国家 | | |
| | | | | | | | | | | | | | | | | | | | 老挝 | 柬埔寨 | 缅甸 | LDC97③ | LDC95④ | LDC60⑤ |
| 08111000 | 冷冻草莓 | | | | 0 | | 0 | 3 | 0 | 0 | 6 | | 0 | 24 | | | 0 | | | | | 0 | 0 | |
| 08112000 | 冷冻其他浆果 | | | | 0 | | 0 | 3 | 0 | 0 | 6 | | 0 | 24 | | | 0 | | | | | 0 | 0 | |
| 08119010 | 未去壳的冷冻栗子 | | | | 0 | | 0 | 3 | 0 | 0 | 6 | | 0 | 24 | | | 0 | | | | | 0 | 0 | |
| 08119090 | 其他冷冻水果及坚果 | | | | 0 | | 0 | 3 | 0 | 0 | 6 | | 0 | 24 | | | 0 | | | | | 0 | | |
| 08121000 | 暂时保藏的樱桃 | | | | 0 | | 0 | 3 | 0 | 0 | 6 | | 0 | 24 | | | 0 | | | | | 0 | | |
| 08129000 | 暂时保藏的其他水果及坚果 | | | | 0 | | 0 | 2.7 | 0 | 0 | 5 | 12.5 | 0 | 20 | | | 0 | | | | | 0 | 0 | |
| 08131000 | 杏干 | | 0 | | 0 | | 0 | 2.5 | 0 | 0 | 5 | 12.5 | 0 | 20 | | | 0 | | | | | 0 | 0 | |
| 08132000 | 梅干及李干 | | 0 | | 0 | | 0 | 2.5 | 0 | 0 | 5 | 12.5 | 0 | 20 | | | 0 | | | | | 0 | 0 | |
| 08133000 | 苹果干 | | 0 | | 0 | | 0 | 2.5 | 0 | 0 | 5 | 12.5 | 0 | 20 | | | 0 | | | | | 0 | 0 | |
| 08134010 | 龙眼干、肉 | | 0 | | 0 | | 0 | 2 | 0 | 0 | 4 | 10 | 0 | 12 | | | 0 | | | 0 | | 0 | 0 | 0 |
| 08134020 | 柿饼 | | 0 | | 0 | | 0 | 2.5 | 0 | 0 | 5 | 12.5 | 0 | 20 | | | 0 | | | 0 | | 0 | 0 | 0 |
| 08134030 | 干红枣 | | 0 | | 0 | | 0 | 2.5 | 0 | 0 | 5 | 12.5 | 0 | 20 | | | 0 | | | 0 | | 0 | 0 | 0 |
| 08134040 | 荔枝干 | | 0 | | 0 | | 0 | 2.5 | 0 | 0 | 5 | 12.5 | 0 | 15 | | | 0 | | | 0 | | 0 | 0 | 0 |
| 08134090 | 其他干果 | | 0 | | 0 | | 0 | 2.5 | 0 | 0 | 5 | 12.5 | 0 | 20 | | | 0 | | | 0 | | 0 | 0 | 0 |
| 08135000 | 本章的什锦坚果或干果 | | 0 | 14.4 | 0 | | 0 | 1.8 | 0 | 0 | 3.6 | 9 | 0 | 13.2 | | | 0 | | | | | 0 | 0 | |
| 08140000 | 柑橘属水果或甜瓜的果皮 | | 0 | | 0 | | 0 | 2.5 | 0 | 0 | 5 | 12.5 | 0 | 20 | | | 0 | | | | | 0 | 0 | |
| 09011100 | 未浸除咖啡碱的未焙炒咖啡 | | | | 5 | | 0 | | 1.6 | 0 | 1.6 | 0 | 0 | 1.6 | | | | | 0 | 0 | | 0 | 0 | 0 |
| 09011200 | 已浸除咖啡碱的未焙炒咖啡 | | | | 5 | | 0 | | | 0 | 1.6 | 0 | 0 | 1.6 | | | | | 0 | 0 | | 0 | 0 | 0 |
| 09012100 | 未浸除咖啡碱的已焙炒咖啡 | 0 | 0 | | 5 | | 0 | | 3 | 0 | 3 | 10.5 | 0 | 9 | | | | | 0 | 0 | | 0 | 0 | 0 |
| 09012200 | 已浸除咖啡碱的已焙炒咖啡 | | 0 | 12 | 0 | | 0 | | | 0 | 3 | 7.5 | 0 | 9 | | | | | 0 | 0 | | 0 | 0 | 0 |
| 09019010 | 咖啡豆荚及咖啡豆皮 | | | 5 | 0 | | 0 | 0 | 0 | 0 | 2 | 0 | 0 | 6 | | 0 | | | 0 | 0 | | 0 | 0 | 0 |
| 09019020 | 含咖啡的咖啡代用品 | | 0 | | 0 | | 0 | | | 0 | 6 | | 0 | 24 | | 0 | | | 0 | 0 | | 0 | 0 | 0 |
| 09021010 | 每件净重≤3 千克的花茶 | | 0 | 7.5 | 0 | 7.5 | 0 | 1.5 | 0 | 0 | 3 | 7.5 | 0 | 9 | | 0 | 0 | | | | | 0 | 0 | |
| 09021090 | 每件净重≤3 千克的其他绿茶 | | 0 | 7.5 | 0 | 7.5 | 0 | 1.5 | 0 | 0 | 3 | 7.5 | 0 | 9 | 0 | 0 | 0 | | | | | 0 | 0 | 0 |
| 09022010 | 每件净重>3 千克的花茶 | | 0 | 7.5 | 0 | 7.5 | 0 | 1.5 | 0 | 0 | 3 | 7.5 | 0 | 9 | | 0 | 0 | | | | | 0 | 0 | |
| 09022090 | 每件净重>3 千克的其他绿茶 | | 0 | 7.5 | 0 | 7.5 | 0 | 1.5 | 0 | 0 | 3 | 7.5 | 0 | 9 | 0 | 0 | 0 | | | | | 0 | 0 | 0 |
| 09023010 | 每件净重≤3 千克的乌龙茶 | 0 | 0 | 7.5 | 0 | 7.5 | 0 | 1.5 | 0 | 0 | 3 | 7.5 | 0 | 9 | 0 | 0 | 0 | | | | | 0 | 0 | |
| 09023020 | 每件净重≤3 千克的普洱茶 | 0 | 0 | 7.5 | 0 | 7.5 | 0 | 1.5 | 0 | 0 | 3 | 7.5 | 0 | 9 | | 0 | 0 | | | | | 0 | 0 | |
| 09023090 | 每件净重≤3 千克的其他发酵、半发酵红茶 | 0 | 0 | 7.5 | 0 | 7.5 | 0 | 1.5 | 0 | 0 | 3 | 7.5 | 0 | 9 | 0 | 0 | 0 | | | | | 0 | 0 | 0 |
| 09024010 | 每件净重>3 千克的乌龙茶 | 0 | 0 | 7.5 | 0 | 7.5 | 0 | 1.5 | 0 | 0 | 3 | 7.5 | 0 | 9 | 0 | 0 | 0 | | 0 | 0 | 0 | 0 | 0 | 0 |
| 09024020 | 每件净重>3 千克的普洱茶 | 0 | 0 | 7.5 | 0 | 7.5 | 0 | 1.5 | 0 | 0 | 3 | 7.5 | 0 | 9 | | 0 | 0 | | 0 | 0 | 0 | 0 | 0 | 0 |
| 09024090 | 每件净重>3 千克的其他红茶(已发酵)及半发酵茶 | 0 | 0 | 7.5 | 0 | 7.5 | 0 | 1.5 | 0 | 0 | 3 | 7.5 | 0 | 9 | 0 | 0 | 0 | | 0 | 0 | 0 | 0 | 0 | 0 |
| 09030000 | 马黛茶 | | | 5 | 0 | | 0 | 0 | 0 | 0 | 2 | 0 | 0 | 6 | | 0 | 0 | | | | | 0 | 0 | 0 |
| 09041100 | 未磨胡椒 | | | | 5 | | 0 | 2 | 0 | 0 | 4 | 10 | 0 | 14.6 | | | 0 | | | | | 0 | 0 | |
| 09041200 | 已磨胡椒 | 0 | 0 | 10 | 5 | 10 | 0 | 2 | 0 | 0 | 4 | 10 | 0 | 14.6 | | | 0 | | | | | 0 | 0 | |
| 09042100 | 未磨干辣椒 | 0 | 0 | 10 | 0 | 10 | 0 | 0 | 0 | 0 | 4 | 10 | 0 | 14.6 | | 0 | 0 | | | | | 0 | 0 | |
| 09042200 | 已磨辣椒 | 0 | 0 | 10 | 0 | 10 | 0 | 0 | 0 | 0 | 4 | 10 | 0 | 14.6 | | 0 | 0 | | | | | 0 | 0 | |
| 09051000 | 未磨香子兰豆 | | | 12 | 0 | | 0 | 1.5 | 0 | 0 | 3 | 7.5 | 0 | 9 | | 0 | 0 | | | | | 0 | 0 | 0 |
| 09052000 | 已磨香子兰豆 | | 0 | 12 | 0 | | 0 | 1.5 | 0 | 0 | 3 | 7.5 | 0 | 9 | | 0 | 0 | | | | | 0 | 0 | 0 |

| 税则号列 | 商品描述① | 协定税率(%) | | | | | | | | | | | | | | | | 特惠税率(%) | | | | | | |
|---|---|---|---|---|---|---|---|---|---|---|---|---|---|---|---|---|---|---|---|---|---|---|---|---|
| | | 香港 | 澳门 | 巴基斯坦 | 东盟 | 亚太 | 智利 | 秘鲁 | 哥斯达黎加 | 新西兰 | 澳大利亚 | 瑞士 | 冰岛 | 韩国 | 台湾 | 新加坡 | 格鲁吉亚 | 亚太2国② | 东盟 | | | 最不发达国家 | | |
| | | | | | | | | | | | | | | | | | | | 老挝 | 柬埔寨 | 缅甸 | LDC97③ | LDC95④ | LDC60⑤ |
| 09061100 | 未磨锡兰肉桂 | | | 0 | 0 | | 0 | 0 | 0 | 0 | 0 | 0 | 0 | 0 | | | 0 | | | | | 0 | 0 | 0 |
| 09061900 | 其他未磨的肉桂及肉桂花 | | | 0 | 0 | | 0 | 0 | 0 | 0 | 0 | 0 | 0 | 0 | | | 0 | | | | | 0 | 0 | 0 |
| 09062000 | 已磨肉桂及肉桂花 | 0 | 0 | 12 | 0 | | 0 | 1.5 | 0 | 0 | 3 | 7.5 | 0 | 9 | | 0 | 0 | | | | | 0 | 0 | |
| 09071000 | 未磨丁香 | | | 0 | 0 | | 0 | 0 | 0 | 0 | 0 | 0 | 0 | 0 | | | 0 | | | 0 | | 0 | 0 | 0 |
| 09072000 | 已磨丁香 | | 0 | 0 | 0 | | 0 | 0 | 0 | 0 | 0 | 0 | 0 | 0 | | | 0 | | | 0 | | 0 | 0 | 0 |
| 09081100 | 未磨肉豆蔻 | | | 5 | 0 | | 0 | 0 | 0 | 0 | 1.6 | 0 | 0 | 1.6 | | | 0 | | 0 | 0 | | 0 | 0 | 0 |
| 09081200 | 已磨肉豆蔻 | | 0 | 5 | 0 | | 0 | 0 | 0 | 0 | 1.6 | 0 | 0 | 1.6 | | | 0 | | 0 | 0 | | 0 | 0 | 0 |
| 09082100 | 未磨肉豆蔻衣 | | | 5 | 0 | | 0 | 0 | 0 | 0 | 1.6 | 0 | 0 | 1.6 | | | 0 | | 0 | 0 | | 0 | 0 | 0 |
| 09082200 | 已磨肉豆蔻衣 | | 0 | 5 | 0 | | 0 | 0 | 0 | 0 | 1.6 | 0 | 0 | 1.6 | | | 0 | | 0 | 0 | | 0 | 0 | 0 |
| 09083100 | 未磨豆蔻 | | | 0 | 0 | | 0 | 0 | 0 | 0 | 0 | 0 | 0 | 0 | | | 0 | | 0 | 0 | | 0 | 0 | 0 |
| 09083200 | 已磨豆蔻 | | 0 | 0 | 0 | | 0 | 0 | 0 | 0 | 0 | 0 | 0 | 0 | | | 0 | | 0 | 0 | | 0 | 0 | 0 |
| 09092100 | 未磨芫荽子 | | | 12 | 0 | | 0 | 1.5 | 0 | 0 | 3 | 7.5 | 0 | 9 | | 0 | 0 | | | | | 0 | 0 | |
| 09092200 | 已磨芫荽子 | | 0 | 12 | 0 | | 0 | 1.5 | 0 | 0 | 3 | 7.5 | 0 | 9 | | 0 | 0 | | | | | 0 | 0 | |
| 09093100 | 未磨枯茗子 | | | 7.5 | 0 | 7.5 | 0 | 1.5 | 0 | 0 | 3 | 7.5 | 0 | 9 | | 0 | 0 | | | | | 0 | 0 | |
| 09093200 | 已磨枯茗子 | | 0 | 7.5 | 0 | 7.5 | 0 | 1.5 | 0 | 0 | 3 | 7.5 | 0 | 9 | | 0 | 0 | | | | | 0 | 0 | |
| 09096110 | 未磨八角茴香 | | | | 0 | | 0 | 2 | 0 | 0 | 4 | 10 | 0 | 14.6 | | 0 | 0 | | | | | 0 | 0 | |
| 09096190 | 未磨其他茴香 | | | 12 | 0 | | 0 | 1.5 | 0 | 0 | 3 | 7.5 | 0 | 9 | | 0 | 0 | | | | | 0 | 0 | |
| 09096210 | 已磨八角茴香 | | 0 | | 0 | | 0 | 2 | 0 | 0 | 4 | 10 | 0 | 14.6 | | 0 | 0 | | | | | 0 | 0 | |
| 09096290 | 已磨其他茴香 | | 0 | 12 | 0 | | 0 | 1.5 | 0 | 0 | 3 | 7.5 | 0 | 9 | | 0 | 0 | | | | | 0 | 0 | |
| 09101100 | 未磨姜 | | | 7.5 | 0 | 7.5 | 0 | 1.5 | 0 | 0 | 3 | 7.5 | 0 | 9 | | 0 | 0 | | 0 | 0 | | 0 | 0 | 0 |
| 09101200 | 已磨姜 | | 0 | 7.5 | 0 | 7.5 | 0 | 1.5 | 0 | 0 | 3 | 7.5 | 0 | 9 | | 0 | 0 | | 0 | 0 | | 0 | 0 | 0 |
| 09102000 | 番红花 | | | 0 | 0 | | 0 | 0 | 0 | 0 | 0 | 0 | 0 | 0 | | | 0 | | | | | 0 | 0 | 0 |
| 09103000 | 姜黄 | 0 | 0 | 7.5 | 0 | 7.5 | 0 | 1.5 | 0 | 0 | 3 | 7.5 | 0 | 9 | | 0 | 0 | | | 0 | | 0 | 0 | 0 |
| 09109100 | 混合调味香料 | 0 | 0 | 7.5 | 0 | 7.5 | 0 | 1.5 | 0 | 0 | 3 | 7.5 | 0 | 9 | | 0 | 0 | | | | | 0 | 0 | 0 |
| 09109900 | 其他调味香料 | 0 | 0 | 12 | 0 | | 0 | 1.5 | 0 | 0 | 3 | 7.5 | 0 | 9 | | 0 | 0 | | | | | 0 | 0 | 0 |
| 10011100 | 种用硬粒小麦 | | | | 5 | | | | | | | | | | | | | | | | | | | |
| 10011900 | 其他硬粒小麦 | | | | 5 | | | | | | | | | | | | | | | | | | | |
| 10019100 | 种用其他小麦及混合麦 | | | | 5 | | | | | | | | | | | | | | | | | | | |
| 10019900 | 其他小麦及混合麦 | | | | 5 | | | | | | | | | | | | | | | | | | | |
| 10021000 | 种用黑麦 | | | | | | | | | | | | | | | | | | | | | 0 | 0 | 0 |
| 10029000 | 其他黑麦 | | | 0 | 0 | | 0 | 0 | 0 | 0 | 0 | 0 | 0 | 0 | | | 2.4 | | | | | 0 | 0 | 0 |
| 10031000 | 种用大麦 | | | | | | | | | | | | | | | | | | | | | 0 | 0 | 0 |
| 10039000 | 其他大麦 | | | 0 | 0 | 0 | 0 | 0 | 0 | 0 | 0 | 0 | 0 | 0 | | | 2.4 | | | | | 0 | 0 | 0 |
| 10041000 | 种用燕麦 | | | | | | | | | | | | | | | | | | | | | 0 | 0 | 0 |
| 10049000 | 其他燕麦 | | | 0 | 0 | | 0 | 0 | 0 | 0 | 0 | 0 | 0 | 0 | | | 1.6 | | | | | 0 | 0 | 0 |
| 10059000 | 其他玉米 | | | | 50 | | | | | | | | | | | | | | | | | | | |
| 10061011 | 种用籼米稻谷 | | | | 50 | | | | | | | | | | | | | | | | | | | |
| 10061019 | 种用稻谷 | | | | 5 | | | | | | | | | | | | | | | | | | | |
| 10061091 | 其他籼米稻谷 | | | | 50 | | | | | | | | | | | | | | | | | | | |
| 10061099 | 其他稻谷 | | | | 5 | | | | | | | | | | | | | | | | | | | |
| 10062010 | 籼型糙米 | | | | 50 | | | | | | | | | | | | | | | | | | | |
| 10062090 | 其他糙米 | | | | 5 | | | | | | | | | | | | | | | | | | | |

| 税则号列 | 商品描述[①] | 协定税率(%) | | | | | | | | | | | | | | | | 特惠税率(%) | | | | | | |
|---|---|---|---|---|---|---|---|---|---|---|---|---|---|---|---|---|---|---|---|---|---|---|---|---|
| | | 香港 | 澳门 | 巴基斯坦 | 东盟 | 亚太 | 智利 | 秘鲁 | 哥斯达黎加 | 新西兰 | 澳大利亚 | 瑞士 | 冰岛 | 韩国 | 台湾 | 新加坡 | 格鲁吉亚 | 亚太2国[②] | 东盟 | | | 最不发达国家 | | |
| | | | | | | | | | | | | | | | | | | | 老挝 | 柬埔寨 | 缅甸 | LDC97[③] | LDC95[④] | LDC60[⑤] |
| 10063010 | 籼型精米 | | | | 50 | | | | | | | | | | | | | | | | | | | |
| 10063090 | 其他精米 | | | | 5 | | | | | | | | | | | | | | | | | | | |
| 10064010 | 籼米碎米 | | | | 5 | | | | | | | | | | | | | | | | | | | |
| 10064090 | 其他碎米 | | | | 5 | | | | | | | | | | | | | | | | | | | |
| 10071000 | 种用高粱 | | | | | | | | | | | | | | | | | | | | | 0 | 0 | 0 |
| 10079000 | 其他高粱 | | | 0 | 0 | | 0 | 0 | 0 | 0 | 0 | 0 | 0 | 0 | | | 1.6 | | | | | 0 | 0 | |
| 10081000 | 荞麦 | | | 0 | 0 | | 0 | 0 | 0 | 0 | 0 | 0 | 0 | 0 | | | 1.6 | | | | | 0 | 0 | 0 |
| 10082100 | 种用谷子 | | | 0 | 0 | | 0 | 0 | 0 | 0 | 0 | 0 | 0 | 0 | | | 0 | | 0 | | | 0 | 0 | 0 |
| 10082900 | 其他谷子 | | | 0 | 0 | | 0 | 0 | 0 | 0 | 0 | 0 | 0 | 0 | | | 1.6 | | 0 | | | 0 | 0 | 0 |
| 10083000 | 加那利草子 | | | 0 | 0 | | 0 | 0 | 0 | 0 | 0 | 0 | 0 | 0 | | | 0 | | 0 | | | 0 | 0 | 0 |
| 10084010 | 种用直长马唐 | | | | | | | | | | | | | | | | | | | | | 0 | 0 | 0 |
| 10084090 | 其他直长马唐 | | | 0 | 0 | | 0 | 0 | 0 | 0 | 0 | 0 | 0 | 0 | | | 0 | | 0 | | | 0 | 0 | 0 |
| 10085010 | 种用昆诺阿藜 | | | | | | | | | | | | | | | | | | | | | 0 | 0 | 0 |
| 10085090 | 其他昆诺阿藜 | | | 0 | 0 | | 0 | 0 | 0 | 0 | 0 | 0 | 0 | 0 | | | 0 | | 0 | | | 0 | 0 | 0 |
| 10086010 | 种用黑小麦 | | | | | | | | | | | | | | | | | | | | | 0 | 0 | 0 |
| 10086090 | 其他黑小麦 | | | 0 | 0 | | 0 | 0 | 0 | 0 | 0 | 0 | 0 | 0 | | | 0 | | 0 | | | 0 | 0 | 0 |
| 10089010 | 其他种用谷物 | | | | | | | | | | | | | | | | | | | | | 0 | 0 | 0 |
| 10089090 | 其他谷物 | | | 0 | 0 | | 0 | 0 | 0 | 0 | 0 | 0 | 0 | 0 | | | 2.4 | | 0 | | | 0 | 0 | 0 |
| 11010000 | 小麦或混合麦的细粉 | | | | 50 | | | | | | | | | | | | | | | | | | | |
| 11029019 | 其他大米细粉 | | | | 5 | | | | | | | | | | | | | | | | | | | |
| 11029090 | 其他谷物细粉 | | | 0 | 0 | | 0 | 0 | 0 | 0 | 0 | 0 | 0 | 0 | | | 4 | | | 0 | | 0 | 0 | 0 |
| 11031100 | 小麦粗粒及粗粉 | | | | 50 | | | | | | | | | | | | | | | | | | | |
| 11031300 | 玉米粗粒及粗粉 | | | | 50 | | | | | | | | | | | | | | | | | | | |
| 11031910 | 燕麦粗粒及粗粉 | | | 0 | 0 | | 0 | 0 | 0 | 0 | 0 | 0 | 0 | 0 | | | 4 | | | | | 0 | 0 | 0 |
| 11031921 | 籼米大米粗粒及粗粉 | | | | 5 | | | | | | | | | | | | | | | | | | | |
| 11031929 | 其他大米粗粒及粗粉 | | | | 5 | | | | | | | | | | | | | | | | | | | |
| 11031990 | 其他谷物粗粒及粗粉 | | | 0 | 0 | | 0 | 0 | 0 | 0 | 0 | 0 | 0 | 0 | | | 4 | | | 0 | | 0 | 0 | 0 |
| 11032010 | 小麦团粒 | | | | 50 | | | | | | | | | | | | | | | | | | | |
| 11032090 | 其他谷物团粒 | | | | 0 | | 0 | 2 | 0 | 0 | 4 | 10 | 0 | 14.6 | | 0 | | | | | | 0 | 0 | |
| 11041200 | 滚压或制片的燕麦 | | | | 0 | | 0 | 2 | 0 | 0 | 4 | 10 | 0 | 14.6 | | 0 | | | | | | 0 | 0 | |
| 11041910 | 滚压或制片的大麦 | | | | 0 | | 0 | 2 | 0 | 0 | 4 | 10 | 0 | 14.6 | | 0 | | | | | | 0 | 0 | |
| 11041990 | 滚压或制片的其他谷物 | | | | 0 | | 0 | 2 | 0 | 0 | 4 | 10 | 0 | 14.6 | | 0 | | | | | | 0 | 0 | |
| 11042200 | 经其他加工的燕麦 | | | | 0 | | 0 | 2 | 0 | 0 | 4 | 10 | 0 | 14.6 | | 0 | | | | | | 0 | 0 | |
| 11042300 | 经其他加工的玉米 | | | | 50 | | | | | | | | | | | | | | | | | | | |
| 11042910 | 经其他加工的大麦 | | | | 0 | | 0 | 6.5 | 0 | 0 | 13 | | | | | 0 | | | | | | 0 | 0 | |
| 11042990 | 经其他加工的其他谷物 | | | | 0 | | 0 | 2 | 0 | 0 | 4 | 10 | 0 | 14.6 | | 0 | | | | | | 0 | 0 | |
| 11043000 | 整粒或经加工的谷物胚芽 | | | | 0 | | 0 | 2 | 0 | 0 | 4 | 10 | 0 | 14.6 | | 0 | 0 | | | | | 0 | 0 | |
| 11051000 | 马铃薯细粉、粗粉及粉末 | | | 12 | 0 | | 0 | 0 | 0 | 0 | 3 | 7.5 | 0 | 9 | | 0 | | | | | | 0 | 0 | |
| 11052000 | 马铃薯粉片、颗粒及团粒 | | | 12 | 0 | | 0 | 1.5 | 0 | 0 | 3 | 7.5 | 0 | 9 | | 0 | | | | | | 0 | 0 | |
| 11061000 | 干豆细粉、粗粉及粉末 | | | | 0 | | 0 | 0 | 0 | 0 | 2 | 0 | 0 | 6 | | 0 | 0 | | | 0 | | 0 | 0 | 0 |

| 税则号列 | 商品描述[①] | 协定税率(%) | | | | | | | | | | | | | | | | 特惠税率(%) | | | | | | |
|---|---|---|---|---|---|---|---|---|---|---|---|---|---|---|---|---|---|---|---|---|---|---|---|---|
| | | 香港 | 澳门 | 巴基斯坦 | 东盟 | 亚太 | 智利 | 秘鲁 | 哥斯达黎加 | 新西兰 | 澳大利亚 | 瑞士 | 冰岛 | 韩国 | 台湾 | 新加坡 | 格鲁吉亚 | 亚太2国[②] | 东盟 | | | 最不发达国家 | | |
| | | | | | | | | | | | | | | | | | | | 老挝 | 柬埔寨 | 缅甸 | LDC97[③] | LDC95[④] | LDC60[⑤] |
| 11062000 | 用品目07.14的西谷茎髓、植物根茎、块茎制成的细粉、粗粉、粉末 | | | | 0 | | 0 | 0 | 0 | 0 | 4 | 10 | 0 | 14.6 | | 0 | 0 | | 0 | 0 | 0 | 0 | 0 | 0 |
| 11063000 | 水果及坚果的细粉、粗粉及粉末 | | | 10 | 0 | 10 | 0 | 2 | 0 | 0 | 4 | 10 | 0 | 14.6 | | 0 | 0 | | | | | 0 | 0 | |
| 11071000 | 未焙制麦芽 | | | 5 | 0 | | 0 | 1 | 0 | 0 | 2 | 0 | 0 | 6 | | 0 | 0 | | | | | 0 | 0 | |
| 11072000 | 已焙制麦芽 | | | 5 | 0 | | 0 | 1 | 0 | 0 | 2 | 0 | 0 | 6 | | 0 | 0 | | | | | 0 | 0 | |
| 11081100 | 小麦淀粉 | | | | 0 | | 0 | 2 | 0 | 0 | 4 | 10 | 0 | 14.6 | | 0 | | | | | | 0 | 0 | |
| 11081200 | 玉米淀粉 | | | | 0 | | 0 | 0 | 0 | 0 | 4 | 10 | 0 | 14.6 | | 0 | | | | | | 0 | 0 | |
| 11081300 | 马铃薯淀粉 | | | 12 | 0 | | 0 | 1.5 | 0 | 0 | 3 | 7.5 | 0 | 9 | | 0 | | | | | | 0 | 0 | |
| 11081400 | 木薯淀粉 | | | 5 | 0 | | 0 | 0 | 0 | 0 | 2 | 0 | 0 | 6 | | 0 | | | | | | 0 | 0 | 0 |
| 11081900 | 其他淀粉 | | | | 0 | | 0 | 2 | 0 | 0 | 4 | 10 | 0 | 14.6 | | 0 | | | | | | 0 | 0 | |
| 11082000 | 菊粉 | | | | 0 | | 0 | 2 | 0 | 0 | 4 | 10 | 0 | 12 | | 0 | 0 | | | | | 0 | 0 | |
| 11090000 | 面筋,不论是否干制 | | | 14.4 | 0 | | 0 | 1.8 | 0 | 0 | 3.6 | 9 | 0 | 13.2 | | 0 | 0 | | | | | 0 | 0 | |
| 12011000 | 种用大豆 | | | | | | | | | | | | | | | | | | | | | 0 | 0 | 0 |
| 12019010 | 黄大豆 | | | 0 | 0 | 0 | 0 | 0 | 0 | 0 | | 0 | 0 | 0 | | | | | 0 | 0 | | 0 | 0 | 0 |
| 12019020 | 黑大豆 | | | 0 | 0 | 0 | 0 | 0 | 0 | 0 | | 0 | 0 | 0 | | | | | 0 | 0 | | 0 | 0 | 0 |
| 12019030 | 青大豆 | | | 0 | 0 | 0 | 0 | 0 | 0 | 0 | | 0 | 0 | 0 | | | | | 0 | 0 | | 0 | 0 | 0 |
| 12019090 | 其他大豆 | | | 0 | 0 | 0 | 0 | 0 | 0 | 0 | | 0 | 0 | 0 | | | | | | | | 0 | 0 | 0 |
| 12023000 | 种用花生 | | | | | | | | | | | | | | | | | | | | | 0 | 0 | 0 |
| 12024100 | 去壳花生 | | | 12 | 0 | | 0 | 1.5 | 0 | 0 | 3 | 7.5 | 0 | 9 | | 0 | | | 0 | | | 0 | 0 | 0 |
| 12024200 | 未去壳花生 | | | 12 | 0 | | 0 | 1.5 | 0 | 0 | 3 | 7.5 | 0 | 9 | | 0 | | | 0 | | | 0 | 0 | 0 |
| 12030000 | 干椰子肉 | | 0 | 7.5 | 0 | 7.5 | 0 | 1.5 | 0 | 0 | 3 | 7.5 | 0 | 9 | | 0 | 0 | | | 0 | | 0 | 0 | 0 |
| 12040000 | 亚麻子 | | | 12 | 0 | | 0 | 1.5 | 0 | 0 | 3 | 7.5 | 0 | 9 | | 0 | | | | | | 0 | 0 | |
| 12051010 | 种用的低芥子酸油菜子 | | | | | | | | | | | | | | | | | | | | | 0 | 0 | 0 |
| 12051090 | 其他低芥子酸油菜子 | | | 0 | 0 | 0 | 0 | 0 | 0 | 0 | | 0 | 0 | 1.8 | | | | | | | | 0 | 0 | |
| 12059010 | 其他种用油菜子 | | | | | | | | | | | | | | | | | | | | | 0 | 0 | 0 |
| 12059090 | 其他油菜子 | | | 0 | 0 | 0 | 0 | 0 | 0 | 0 | | 0 | 0 | 1.8 | | | | | | | | 0 | 0 | |
| 12060010 | 种用葵花子 | | | | | | | | | | | | | | | | | | | | | 0 | 0 | 0 |
| 12060090 | 其他葵花子 | | | 12 | 0 | | 0 | 1.5 | 0 | 0 | 3 | 7.5 | 0 | 9 | | 0 | | | | | | 0 | 0 | |
| 12071010 | 种用棕榈果及棕榈仁 | | | | | | | | | | | | | | | | | | | | | 0 | 0 | 0 |
| 12071090 | 其他棕榈果及棕榈仁 | | | 5 | 0 | | 0 | 0 | 0 | 0 | 2 | 0 | 0 | 6 | | 0 | 0 | | | 0 | | 0 | 0 | 0 |
| 12072100 | 种用棉子 | | | | | | | | | | | | | | | | | | | | | 0 | 0 | 0 |
| 12072900 | 其他棉子 | | | 12 | 0 | | 0 | 1.5 | 0 | 0 | 3 | 7.5 | 0 | 9 | | 0 | | | | | | 0 | 0 | |
| 12073010 | 种用蓖麻子 | | | | | | | | | | | | | | | | | | | | | 0 | 0 | 0 |
| 12073090 | 其他蓖麻子 | | | | 0 | | 0 | 1.5 | 0 | 0 | 3 | 7.5 | 0 | 9 | | 0 | | | 0 | 0 | 0 | 0 | 0 | 0 |
| 12074010 | 种用芝麻 | | | | | | | | | | | | | | | | | | | | | 0 | 0 | 0 |
| 12074090 | 其他芝麻 | | | 9 | 0 | 9 | 0 | 0 | 0 | 0 | 2 | 0 | 0 | 6 | | 0 | | | 0 | 0 | 0 | 0 | 0 | 0 |
| 12075010 | 种用芥子 | | | | | | | | | | | | | | | | | | | | | 0 | 0 | 0 |
| 12075090 | 其他芥子 | | | 12 | 0 | | 0 | 1.5 | 0 | 0 | 3 | 7.5 | 0 | 9 | | 0 | 0 | | | | | 0 | 0 | |
| 12076010 | 种用红花子 | | | | | | | | | | | | | | | | | | | | | 0 | 0 | 0 |
| 12076090 | 其他红花子 | | | | 0 | | 0 | 2 | 0 | 0 | 4 | 10 | 0 | 14.6 | | 0 | 0 | | | | | 0 | 0 | |
| 12077010 | 种用甜瓜子 | | | | | | | | | | | | | | | | | | | | | 0 | 0 | 0 |

| 税则号列 | 商品描述[①] | 协定税率(%) | | | | | | | | | | | | | | | | 特惠税率(%) | | | | | | |
|---|---|---|---|---|---|---|---|---|---|---|---|---|---|---|---|---|---|---|---|---|---|---|---|---|
| | | 香港 | 澳门 | 巴基斯坦 | 东盟 | 亚太 | 智利 | 秘鲁 | 哥斯达黎加 | 新西兰 | 澳大利亚 | 瑞士 | 冰岛 | 韩国 | 台湾 | 新加坡 | 格鲁吉亚 | 亚太2国[②] | 东盟 | | | 最不发达国家 | | |
| | | | | | | | | | | | | | | | | | | | 老挝 | 柬埔寨 | 缅甸 | LDC97[③] | LDC95[④] | LDC60[⑤] |
| 12077091 | 黑瓜子 | | | | 0 | | 0 | 2 | 0 | 0 | 4 | 10 | 0 | 14.6 | | 0 | 0 | | | | | 0 | 0 | |
| 12077092 | 红瓜子 | | | | 0 | | 0 | 2 | 0 | 0 | 4 | 10 | 0 | 14.6 | | 0 | 0 | | | | | 0 | 0 | |
| 12077099 | 其他瓜子 | | | | 0 | | 0 | 3 | 0 | 0 | 6 | | 0 | 24 | | | 0 | | | | | 0 | 0 | 0 |
| 12079100 | 罂粟子 | | | | 0 | | 0 | 2 | 0 | 0 | 4 | 10 | 0 | 14.6 | | 0 | 0 | | | | | 0 | 0 | |
| 12079910 | 其他种用含油子仁及果实 | | | | | | | | | | | | | | | | | | | | | 0 | 0 | 0 |
| 12079991 | 牛油树果 | | | | 0 | | 0 | 2 | 0 | 0 | 4 | 10 | 0 | 14.6 | | 0 | 0 | | | | 0 | 0 | 0 | 0 |
| 12079999 | 其他含油子仁及果实 | | | 5 | 0 | | 0 | 1 | 0 | 0 | 2 | 0 | 0 | 6 | | 0 | | | 0 | 0 | 0 | 0 | 0 | 0 |
| 12081000 | 大豆粉 | | | 5 | 0 | | 0 | 0 | 0 | 0 | 1.8 | 0 | 0 | 1.8 | | | 7.2 | | | 0 | | 0 | 0 | 0 |
| 12089000 | 其他含油子仁或果实的细粉及粗粉 | 0 | | 12 | 0 | | 0 | 1.5 | 0 | 0 | 3 | 7.5 | 0 | 9 | | 0 | | | | 0 | | 0 | 0 | 0 |
| 12091000 | 糖甜菜子 | | | | | | | | | | | | | | | | | | | | | 0 | 0 | 0 |
| 12092100 | 紫苜蓿子 | | | | | | | | | | | | | | | | | | | | | 0 | 0 | 0 |
| 12092200 | 三叶草子 | | | | | | | | | | | | | | | | | | | | | 0 | 0 | 0 |
| 12092300 | 羊茅子 | | | | | | | | | | | | | | | | | | | | | 0 | 0 | 0 |
| 12092400 | 草地早熟禾子 | | | | | | | | | | | | | | | | | | | | | 0 | 0 | 0 |
| 12092500 | 黑麦草种子 | | | | | | | | | | | | | | | | | | | | | 0 | 0 | 0 |
| 12092910 | 甜菜子,糖甜菜子除外 | | | | | | | | | | | | | | | | | | | | | 0 | 0 | 0 |
| 12092990 | 其他饲料植物种子 | | | | | | | | | | | | | | | | | | | | | 0 | 0 | 0 |
| 12093000 | 草本花卉植物种子 | | | | | | | | | | | | | | | | | | | | | 0 | 0 | 0 |
| 12099100 | 蔬菜种子 | | | | | | | | | | | | | | | | | | | | | 0 | 0 | 0 |
| 12099900 | 其他种植用的种子、果实及孢子 | | | | | | | | | | | | | | | | | | | | | 0 | 0 | 0 |
| 12101000 | 未研磨也未制成团粒的啤酒花 | | | | 0 | | 0 | 2 | 0 | 0 | 4 | 10 | 0 | 14.6 | | 0 | 0 | | | | | 0 | 0 | |
| 12102000 | 已研磨或制成团粒的啤酒花;蛇麻腺 | | | 5 | 0 | | 0 | 0 | 0 | 0 | 2 | 0 | 0 | 6 | | 0 | 0 | | | | | 0 | 0 | 0 |
| 12112010 | 鲜、冷、冻或干的西洋参 | 0 | 0 | 5 | 0 | | 0 | 0 | 0 | 0 | 1.5 | 0 | 0 | 0 | | 0 | 0 | | | | | 0 | 0 | 0 |
| 12112020 | 鲜、冷、冻或干的野山参(西洋参除外) | | | 16 | 0 | 16.4 | 0 | 2 | 0 | 0 | 4 | 10 | 0 | 14.6 | | 0 | 0 | | | | | 0 | 0 | |
| 12112091 | 其他鲜人参 | 0 | 0 | | 0 | | 0 | 2 | 0 | 0 | 4 | 10 | 0 | 14.6 | | 0 | 0 | | | | | 0 | 0 | |
| 12112099 | 其他冷、冻或干的人参 | 0 | 0 | | 0 | | 0 | 2 | 0 | 0 | 4 | 10 | 0 | | | 0 | 0 | | | | | 0 | 0 | |
| 12113000 | 鲜、冷、冻或干的古柯叶 | | | 5 | 0 | | 0 | 0 | 0 | 0 | 1.8 | 0 | 0 | 1.8 | | | 0 | | | 0 | | 0 | 0 | 0 |
| 12114000 | 鲜、冷、冻或干的罂粟秆 | | | 5 | 0 | | 0 | 0 | 0 | 0 | 1.8 | 0 | 0 | 1.8 | | | 0 | | | 0 | | 0 | 0 | 0 |
| 12115000 | 鲜、冷、冻或干的麻黄 | | | 4.5 | 0 | 4.5 | 0 | 0 | 0 | 0 | 1.8 | 0 | 0 | 1.8 | | | 0 | | | 0 | | 0 | 0 | 0 |
| 12119011 | 鲜、冷、冻或干的当归 | | | 0 | 0 | 3 | 0 | 0 | 0 | 0 | 1.2 | 0 | 0 | 0 | | | 0 | | | 0 | | 0 | 0 | 0 |
| 12119012 | 鲜、冷、冻或干的三七(田七) | | | 0 | 0 | 3 | 0 | 0 | 0 | 0 | 1.2 | 0 | 0 | 0 | | | 0 | | | 0 | | 0 | 0 | 0 |
| 12119013 | 鲜、冷、冻或干的党参 | | | 0 | 0 | 3 | 0 | 0 | 0 | 0 | 1.2 | 0 | 0 | 0 | | | 0 | | | | | 0 | 0 | 0 |
| 12119014 | 鲜、冷、冻或干的黄连 | | | 0 | 0 | 3 | 0 | 0 | 0 | 0 | 1.2 | 0 | 0 | 0 | | | 0 | | | | | 0 | 0 | 0 |
| 12119015 | 鲜、冷、冻或干的菊花 | | | 0 | 0 | 3 | 0 | 0 | 0 | 0 | 1.2 | 0 | 0 | 0 | | | 0 | | | 0 | | 0 | 0 | 0 |
| 12119016 | 鲜、冷、冻或干的冬虫夏草 | | 0 | 0 | 0 | 3 | 0 | 0 | 0 | 0 | 1.2 | 0 | 0 | 0 | | | 0 | | | 0 | | 0 | 0 | 0 |
| 12119017 | 鲜、冷、冻或干的贝母 | | | 0 | 0 | 3 | 0 | 0 | 0 | 0 | 1.2 | 0 | 0 | 0 | | | 0 | | | 0 | | 0 | 0 | 0 |
| 12119018 | 鲜、冷、冻或干的川芎 | | | 0 | 0 | 3 | 0 | 0 | 0 | 0 | 1.2 | 0 | 0 | 0 | | | 0 | | | 0 | | 0 | 0 | 0 |

| 税则号列 | 商品描述① | 协定税率(%) | | | | | | | | | | | | | | | | 特惠税率(%) | | | | | | |
|---|---|---|---|---|---|---|---|---|---|---|---|---|---|---|---|---|---|---|---|---|---|---|---|---|
| | | 香港 | 澳门 | 巴基斯坦 | 东盟 | 亚太 | 智利 | 秘鲁 | 哥斯达黎加 | 新西兰 | 澳大利亚 | 瑞士 | 冰岛 | 韩国 | 台湾 | 新加坡 | 格鲁吉亚 | 亚太2国② | 东盟 | | | 最不发达国家 | | |
| | | | | | | | | | | | | | | | | | | | 老挝 | 柬埔寨 | 缅甸 | LDC97③ | LDC95④ | LDC60⑤ |
| 12119019 | 鲜、冷、冻或干的半夏 | | | 0 | 0 | 3 | 0 | 0 | 0 | 0 | 1.2 | 0 | 0 | 0 | | | 0 | | | 0 | | 0 | 0 | 0 |
| 12119021 | 鲜、冷、冻或干的白芍 | | | 0 | 0 | 3 | 0 | 0 | 0 | 0 | 1.2 | 0 | 0 | 0 | | | 0 | | | 0 | | 0 | 0 | 0 |
| 12119022 | 鲜、冷、冻或干的天麻 | | | 0 | 0 | 3 | 0 | 0 | 0 | 0 | 1.2 | 0 | 0 | 0 | | | 0 | | | 0 | | 0 | 0 | 0 |
| 12119023 | 鲜、冷、冻或干的黄芪 | | | 0 | 0 | 3 | 0 | 0 | 0 | 0 | 1.2 | 0 | 0 | 0 | | | 0 | | | 0 | | 0 | 0 | 0 |
| 12119024 | 鲜、冷、冻或干的大黄、籽黄 | | | 0 | 0 | 3 | 0 | 0 | 0 | 0 | 1.2 | 0 | 0 | 0 | | | 0 | | | 0 | | 0 | 0 | 0 |
| 12119025 | 鲜、冷、冻或干的白术 | | | 0 | 0 | 3 | 0 | 0 | 0 | 0 | 1.2 | 0 | 0 | 0 | | | 0 | | | 0 | | 0 | 0 | 0 |
| 12119026 | 鲜、冷、冻或干的地黄 | | | 0 | 0 | 3 | 0 | 0 | 0 | 0 | 1.2 | 0 | 0 | 0 | | | 0 | | | 0 | | 0 | 0 | 0 |
| 12119027 | 鲜、冷、冻或干的槐米 | | | 0 | 0 | 3 | 0 | 0 | 0 | 0 | 1.2 | 0 | 0 | 0 | | | 0 | | | 0 | | 0 | 0 | 0 |
| 12119028 | 鲜、冷、冻或干的杜仲 | | | 0 | 0 | 3 | 0 | 0 | 0 | 0 | 1.2 | 0 | 0 | 0 | | | 0 | | | 0 | | 0 | 0 | 0 |
| 12119029 | 鲜、冷、冻或干的茯苓 | | | 0 | 0 | 3 | 0 | 0 | 0 | 0 | 1.2 | 0 | 0 | 0 | | | 0 | | 0 | 0 | 0 | 0 | 0 | 0 |
| 12119031 | 鲜、冷、冻或干的枸杞 | | | 0 | 0 | 3 | 0 | 0 | 0 | 0 | 1.2 | 0 | 0 | 0 | | | 0 | | | 0 | | 0 | 0 | 0 |
| 12119032 | 鲜、冷、冻或干的大海子 | | | 0 | 0 | 3 | 0 | 0 | 0 | 0 | 1.2 | 0 | 0 | 0 | | | 0 | | | 0 | | 0 | 0 | 0 |
| 12119033 | 鲜、冷、冻或干的沉香 | | | 0 | 0 | 1.5 | 0 | 0 | 0 | 0 | 0 | 0 | 0 | 0 | | | 0 | | | 0 | | 0 | 0 | 0 |
| 12119034 | 鲜、冷、冻或干的沙参 | | | 0 | 0 | 3 | 0 | 0 | 0 | 0 | 1.2 | 0 | 0 | 0 | | | 0 | | | 0 | | 0 | 0 | 0 |
| 12119035 | 鲜、冷、冻或干的青蒿 | | | 5 | 0 | | 0 | 0 | 0 | 0 | 1.2 | 0 | 0 | 0 | | | 0 | | | 0 | | 0 | 0 | 0 |
| 12119036 | 鲜、冷、冻或干的甘草 | | | 5 | 0 | | 0 | 0 | 0 | 0 | 1.2 | 0 | 0 | 0 | | | 4.8 | | | | | 0 | 0 | 0 |
| 12119037 | 鲜、冷、冻或干的黄芩 | | | 0 | 0 | 3 | 0 | 0 | 0 | 0 | 1.2 | 0 | 0 | 0 | | | 0 | | 0 | 0 | 0 | 0 | 0 | 0 |
| 12119038 | 鲜、冷、冻或干的椴树(欧椴)花及叶 | | | 0 | 0 | 3 | 0 | 0 | 0 | 0 | 1.2 | 0 | 0 | 0 | | | 0 | | 0 | 0 | 0 | 0 | 0 | 0 |
| 12119039 | 其他主要用做药料的鲜、冷、冻或干的植物 | | | 0 | 0 | 3 | 0 | 0 | 0 | 0 | 1.2 | 0 | 0 | 0 | | | 0 | | 0 | 0 | 0 | 0 | 0 | 0 |
| 12119050 | 鲜、冷、冻或干的主要用做香料的植物 | | | 0 | 0 | 4 | 0 | 0 | 0 | 0 | 1.6 | 0 | 0 | 1.6 | | | 0 | | | 0 | | 0 | 0 | 0 |
| 12119091 | 鲜、冷、冻或干的鱼藤根、除虫菊 | | | 0 | 0 | 1.5 | 0 | 0 | 0 | 0 | 0 | 0 | 0 | 0 | | | 0 | | | 0 | | 0 | 0 | 0 |
| 12119099 | 其他鲜、冷、冻或干的杀虫、杀菌用植物 | | | 4.5 | 0 | 4.5 | 0 | 0 | 0 | 0 | 1.8 | 0 | 0 | 1.8 | | | 0 | | | 0 | | 0 | 0 | 0 |
| 12122110 | 适合供人食用的海带 | | | 10 | 0 | 10 | 0 | 2 | 0 | 0 | 4 | 10 | 0 | 14.6 | | 0 | 0 | | | | | 0 | 0 | |
| 12122120 | 适合供人食用的发菜 | | | 10 | 0 | 10 | 0 | 2 | 0 | 0 | 4 | 10 | 0 | 14.6 | | 0 | 0 | | | | | 0 | 0 | |
| 12122131 | 适合供人食用的干裙带菜 | | | 7.5 | 0 | 7.5 | 0 | 3.8 | 0 | 0 | 3 | 7.5 | 0 | 9 | | 0 | 0 | | | | | 0 | 0 | |
| 12122132 | 适合供人食用的鲜裙带菜 | | | 7.5 | 0 | 7.5 | 0 | 3.8 | 0 | 0 | 3 | 7.5 | 0 | 9 | | 0 | 0 | | | | | 0 | 0 | |
| 12122139 | 适合供人食用的其他裙带菜 | | | 7.5 | 0 | 7.5 | 0 | 3.8 | 0 | 0 | 3 | 7.5 | 0 | 9 | | 0 | 0 | | | | | 0 | 0 | |
| 12122141 | 适合供人食用的干紫菜 | | | 7.5 | 0 | 7.5 | 0 | 3.8 | 0 | 0 | 3 | 7.5 | 0 | 9 | | 0 | 0 | | | | | 0 | 0 | |
| 12122142 | 适合供人食用的鲜紫菜 | | | 7.5 | 0 | 7.5 | 0 | 3.8 | 0 | 0 | 3 | 7.5 | 0 | 9 | | 0 | 0 | | | | | 0 | 0 | |
| 12122149 | 适合供人食用的其他紫菜 | | | 7.5 | 0 | 7.5 | 0 | 3.8 | 0 | 0 | 3 | 7.5 | 0 | 9 | | 0 | 0 | | | | | 0 | 0 | |
| 12122161 | 适合供人食用的干麒麟菜 | | | 7.5 | 0 | 7.5 | 0 | 3.8 | 0 | 0 | 3 | 7.5 | 0 | 9 | | | 0 | | | | | 0 | 0 | 0 |
| 12122169 | 适合供人食用的其他麒麟菜 | | | 7.5 | 0 | 7.5 | 0 | 3.8 | 0 | 0 | 3 | 7.5 | 0 | 9 | | | 0 | | | | | 0 | 0 | |
| 12122171 | 适合供人食用的干江蓠 | | | 7.5 | 0 | 7.5 | 0 | 3.8 | 0 | 0 | 3 | 7.5 | 0 | 9 | | | 0 | | | | | 0 | 0 | |
| 12122179 | 适合供人食用的其他江蓠 | | | 7.5 | 0 | 7.5 | 0 | 3.8 | 0 | 0 | 3 | 7.5 | 0 | 9 | | | 0 | | | | | 0 | 0 | |
| 12122190 | 其他适合供人食用的海草及其他藻类 | | | 7.5 | 0 | 7.5 | 0 | 3.8 | 0 | 0 | 3 | 7.5 | 0 | 9 | | 0 | 0 | | | | | 0 | 0 | 0 |
| 12122910 | 马尾藻 | | | 7.5 | 0 | 7.5 | 0 | 3.8 | 0 | 0 | 3 | 7.5 | 0 | 3 | | 0 | 0 | | | | | 0 | 0 | 0 |

| 税则号列 | 商品描述① | 协定税率(%) | | | | | | | | | | | | | | | | 特惠税率(%) | | | | | | |
|---|---|---|---|---|---|---|---|---|---|---|---|---|---|---|---|---|---|---|---|---|---|---|---|---|
| | | 香港 | 澳门 | 巴基斯坦 | 东盟 | 亚太 | 智利 | 秘鲁 | 哥斯达黎加 | 新西兰 | 澳大利亚 | 瑞士 | 冰岛 | 韩国 | 台湾 | 新加坡 | 格鲁吉亚 | 亚太2国② | 东盟 | | | 最不发达国家 | | |
| | | | | | | | | | | | | | | | | | | | 老挝 | 柬埔寨 | 缅甸 | LDC97③ | LDC95④ | LDC60⑤ |
| 12122990 | 其他不适合供人食用的海草及其他藻类 | | | 7.5 | 0 | 7.5 | 0 | 3.8 | 0 | 0 | 3 | 7.5 | 0 | 3 | | 0 | 0 | | | | | 0 | 0 | 0 |
| 12129100 | 鲜、冷、冻或干的甜菜 | | | | 0 | | 0 | 2 | 0 | 0 | 4 | 10 | 0 | 14.6 | | 0 | 0 | | | | | 0 | 0 | |
| 12129200 | 刺槐豆 | | | 10 | 0 | 10 | 0 | 2 | 0 | 0 | 4 | 10 | 0 | 14.6 | | 0 | 0 | | | | | 0 | 0 | |
| 12129300 | 甘蔗 | | | | 0 | | 0 | 2 | 0 | 0 | 4 | 10 | 0 | 12 | | | 0 | | 0 | 0 | 0 | 0 | 0 | 0 |
| 12129400 | 菊苣根 | | | | 0 | | 0 | 3 | 0 | 0 | 4 | | 0 | 14.6 | | | 0 | | | | | 0 | 0 | 0 |
| 12129911 | 主要供人食用的苦杏仁 | | | | 0 | | 0 | 2 | 0 | 0 | 4 | 10 | 0 | 14.6 | | 0 | 0 | | | | | 0 | 0 | |
| 12129912 | 主要供人食用的甜杏仁 | 0 | 0 | | 0 | | 0 | 2 | 0 | 0 | 4 | 10 | 0 | 14.6 | | 0 | 0 | | | | | 0 | 0 | |
| 12129919 | 主要供人食用的桃(包括油桃)、梅或李的核及核仁 | | | | 0 | | 0 | 2 | 0 | 0 | 4 | 10 | 0 | 14.6 | | 0 | 0 | | | | | 0 | 0 | |
| 12129993 | 鲜、冷、冻或干的白瓜子 | | | | 0 | | 0 | 2 | 0 | 0 | 4 | 10 | 0 | 14.6 | | 0 | 0 | | | | | 0 | 0 | |
| 12129994 | 鲜、冷、冻或干的莲子 | | | | 0 | | 0 | 2 | 0 | 0 | 4 | 10 | 0 | 14.6 | | 0 | 0 | | | | | 0 | 0 | |
| 12129996 | 甜叶菊叶 | | | | 0 | | 0 | 3 | 0 | 0 | 6 | | 0 | | | 0 | 0 | | | | | 0 | 0 | 0 |
| 12129999 | 鲜、冷、冻或干的其他主要供人食用的其他编号未列名的果核、果仁及植物产品 | | | | 0 | | 0 | 3 | 0 | 0 | 6 | | 0 | | | 0 | 0 | | | | | 0 | 0 | 0 |
| 12130000 | 未经处理的谷类植物茎、秆及谷壳 | | | 6 | 0 | | 0 | 0 | 0 | 0 | 2.4 | 6 | 0 | 7.2 | | 0 | 0 | | | 0 | | 0 | 0 | 0 |
| 12141000 | 紫苜蓿粗粉及团粒 | | | 0 | 0 | | 0 | 0 | 0 | 0 | 0 | 0 | 0 | 0 | | | 0 | | | 0 | | 0 | 0 | 0 |
| 12149000 | 芜菁甘蓝、饲料甜菜等其他植物饲料 | | | 5 | 0 | | 0 | 0 | 0 | 0 | 1.8 | 0 | 0 | 1.8 | | | 0 | | | 0 | | 0 | 0 | 0 |
| 13012000 | 阿拉伯胶 | | | 0 | 0 | | 0 | 0 | 0 | 0 | 3 | 7.5 | 0 | 9 | | 0 | 0 | | | | | 0 | 0 | 0 |
| 13019010 | 胶黄耆树胶 | | | 0 | 0 | | 0 | 0 | 0 | 0 | 3 | 7.5 | 0 | 9 | | 0 | 0 | | | | | 0 | 0 | |
| 13019020 | 乳香、没药及血竭 | | | 0 | 0 | | 0 | 0 | 0 | 0 | 0 | 0 | 0 | 0 | | | 0 | | | | | 0 | 0 | 0 |
| 13019030 | 阿魏 | | | 0 | 0 | | 0 | 0 | 0 | 0 | 0 | 0 | 0 | 0 | | | 0 | | | | | 0 | 0 | 0 |
| 13019040 | 松脂 | | | 0 | 0 | | 0 | 0 | 0 | 0 | 3 | 7.5 | 0 | 9 | | 0 | 0 | | | | | 0 | 0 | 0 |
| 13019090 | 其他天然树胶、树脂 | | | 0 | 0 | | 0 | 0 | 0 | 0 | 3 | 7.5 | 0 | 9 | | 0 | 0 | | | | | 0 | 0 | 0 |
| 13021100 | 鸦片液汁及浸膏 | | | | | | | | | | | | | | | | | | | | | 0 | 0 | 0 |
| 13021200 | 甘草液汁及浸膏 | | | 5 | 0 | | 0 | 0 | 0 | 0 | 1.2 | 0 | 0 | 0 | | | 0 | | | | | 0 | 0 | 0 |
| 13021300 | 啤酒花液汁及浸膏 | | | 5 | 0 | | 0 | 0 | 0 | 0 | 2 | 0 | 0 | 6 | | 0 | 0 | | | | | 0 | 0 | 0 |
| 13021400 | 麻黄液汁及浸膏 | | | 15 | 0 | 15 | 0 | 2 | 0 | 0 | 4 | 0 | 0 | 14.6 | | 0 | 0 | | | | | 0 | 0 | |
| 13021910 | 生漆 | | | | 0 | | 0 | 2 | 0 | 0 | 4 | 10 | 0 | 14.6 | | 0 | 0 | | | | | 0 | 0 | |
| 13021920 | 印楝素 | | | 0 | 0 | | 0 | 0 | 0 | 0 | 0 | 0 | 0 | 0 | | | 0 | | | | | 0 | 0 | 0 |
| 13021930 | 除虫菊或含鱼藤酮植物根茎的液汁及浸膏 | | | 0 | 0 | | 0 | 0 | 0 | 0 | 0 | 0 | 0 | 0 | | | 0 | | | | | 0 | 0 | 0 |
| 13021940 | 银杏的液汁及浸膏 | | | 15 | 0 | 15 | 0 | 2 | 0 | 0 | 4 | 0 | 0 | 14.6 | | 0 | 0 | | | | | 0 | 0 | |
| 13021990 | 其他植物液汁及浸膏 | | | 15 | 0 | 15 | 0 | 2 | 0 | 0 | 4 | 0 | 0 | 14.6 | | 0 | 0 | | | | | 0 | 0 | |
| 13022000 | 果胶、果胶酸盐及果胶酸酯 | | | | 0 | | 0 | 2 | 0 | 0 | 4 | 10 | 0 | 14.6 | | 0 | 0 | | | | | 0 | 0 | |
| 13023100 | 琼脂 | | | 5 | 0 | | 0 | 1 | 0 | 0 | 2 | 0 | 0 | 6 | | 0 | 0 | | | | | 0 | 0 | 0 |
| 13023200 | 刺槐豆、刺槐豆子或瓜尔豆制得的胶液及增稠剂 | | | 0 | 0 | 10 | 0 | 1.5 | 0 | 0 | 3 | 7.5 | 0 | 9 | | 0 | 0 | | | | | 0 | 0 | |
| 13023911 | 卡拉胶 | | | 12 | 0 | | 0 | 1.5 | 0 | 0 | 3 | 7.5 | 0 | 9 | | 0 | 0 | | | | | 0 | 0 | |
| 13023912 | 褐藻胶 | | | 12 | 0 | | 0 | 1.5 | 0 | 0 | 3 | 7.5 | 0 | 9 | | 0 | 0 | | | | | 0 | 0 | |

| 税则号列 | 商品描述① | 协定税率(%) | | | | | | | | | | | | | | | | 特惠税率(%) | | | | | | |
|---|---|---|---|---|---|---|---|---|---|---|---|---|---|---|---|---|---|---|---|---|---|---|---|---|
| | | 香港 | 澳门 | 巴基斯坦 | 东盟 | 亚太 | 智利 | 秘鲁 | 哥斯达黎加 | 新西兰 | 澳大利亚 | 瑞士 | 冰岛 | 韩国 | 台湾 | 新加坡 | 格鲁吉亚 | 亚太2国② | 东盟 | | | 最不发达国家 | | |
| | | | | | | | | | | | | | | | | | | | 老挝 | 柬埔寨 | 缅甸 | LDC97③ | LDC95④ | LDC60⑤ |
| 13023919 | 其他海草及藻类制品 | | | 12 | 0 | | 0 | 7.1 | 0 | 0 | 3 | 7.5 | 0 | 9 | | 0 | 0 | | | | | 0 | 0 | |
| 13023990 | 其他植物胶液及增稠剂 | | | 12 | 0 | | 0 | 3.8 | 0 | 0 | 3 | 7.5 | 0 | 9 | | 0 | 0 | | | | | 0 | 0 | |
| 14011000 | 竹 | | | 5 | 0 | | 0 | 0 | 0 | 0 | 2 | 0 | 0 | 6 | | 0 | 0 | | 0 | 0 | | 0 | 0 | 0 |
| 14012000 | 藤 | | | 5 | 0 | | 0 | 0 | 0 | 0 | 2 | 0 | 0 | 6 | | 0 | 0 | | 0 | 0 | | 0 | 0 | 0 |
| 14019010 | 谷类植物的茎秆(麦秸除外) | | | 5 | 0 | | 0 | 1 | 0 | 0 | 2 | 0 | 0 | 6 | | 0 | 0 | | | 0 | | 0 | 0 | 0 |
| 14019020 | 芦苇 | | | 5 | 0 | | 0 | 0 | 0 | 0 | 2 | 0 | 0 | 6 | | 0 | 0 | | | 0 | | 0 | 0 | 0 |
| 14019031 | 蔺草 | | | 5 | 0 | | 0 | 0 | 0 | 0 | 2 | 0 | 0 | 6 | | 0 | 0 | | | 0 | | 0 | 0 | 0 |
| 14019039 | 灯芯草属的其他主要作编结用的植物材料 | | | 5 | 0 | | 0 | 0 | 0 | 0 | 2 | 0 | 0 | 6 | | 0 | 0 | | | 0 | | 0 | 0 | 0 |
| 14019090 | 未列名主要用做编结用的植物材料 | | | 5 | 0 | | 0 | 1 | 0 | 0 | 2 | 0 | 0 | 6 | | 0 | 0 | | | 0 | | 0 | 0 | 0 |
| 14042000 | 棉短绒 | | | 0 | 0 | | 0 | 0 | 0 | 0 | 0 | 0 | 0 | 0 | | | 0 | | | | | 0 | 0 | 0 |
| 14049010 | 主要供染料或鞣料用的植物原料 | | | 0 | 0 | 4.3 | 0 | 1.2 | 0 | 0 | 0 | 0 | 0 | 0 | | | 0 | | | | | 0 | 0 | 0 |
| 14049090 | 其他植物产品 | | | | 0 | | 0 | 0 | 0 | 0 | 3 | 7.5 | 0 | 9 | | 0 | 0 | | | | | 0 | 0 | 0 |
| 15011000 | 猪油 | 0 | 0 | | 0 | | 0 | 0 | 0 | 0 | 2 | 0 | 0 | 6 | | 0 | 0 | | | | | 0 | 0 | 0 |
| 15012000 | 其他猪脂肪 | 0 | 0 | | 0 | | 0 | 0 | 0 | 0 | 2 | 0 | 0 | 6 | | 0 | 0 | | | | | 0 | 0 | 0 |
| 15019000 | 家禽脂肪 | 0 | 0 | | 0 | | 0 | 0 | 0 | 0 | 2 | 0 | 0 | 6 | | 0 | 0 | | | | | 0 | 0 | 0 |
| 15021000 | 牛、羊油脂 | | 0 | 0 | 0 | 0 | 0 | 0 | 0 | 0 | 1.6 | 0 | 0 | 1.6 | | | 0 | | | | | 0 | 0 | 0 |
| 15029000 | 其他牛、羊脂肪 | | 0 | 0 | 0 | 0 | 0 | 0 | 0 | 0 | 1.6 | 0 | 0 | 1.6 | | | 0 | | | | | 0 | 0 | 0 |
| 15030000 | 未经制作的猪油硬脂、油硬脂等 | | 0 | | 0 | | 0 | 0 | 0 | 0 | 2 | 0 | 0 | 6 | | 0 | 0 | | | | | 0 | 0 | 0 |
| 15041000 | 鱼肝油及其分离品 | | 0 | | 0 | | 0 | 0 | 0 | 0 | 2.4 | 6 | 0 | 7.2 | | 0 | 0 | | | | | 0 | 0 | |
| 15042000 | 其他鱼油、脂及其分离品 | | 0 | | 0 | | 0 | 0 | 0 | 0 | 2.4 | 7.4 | 0 | 7.2 | | 0 | 0 | | | | | 0 | 0 | |
| 15043000 | 海生哺乳动物的油、脂及其分离品 | | 0 | | 0 | | 0 | 0 | 0 | 0 | 2.9 | 7.2 | 0 | 8.6 | | 0 | 0 | | | | | 0 | 0 | |
| 15050000 | 羊毛脂及羊毛脂肪物质 | | | | 0 | | 0 | 2 | 0 | 0 | 4 | 10 | 0 | 14.6 | | 0 | 0 | | | | | 0 | 0 | |
| 15060000 | 其他动物油、脂及其分离品 | | 0 | | 0 | | 0 | 2 | 0 | 0 | 4 | 10 | 0 | 14.6 | | 0 | 0 | | | | | 0 | 0 | |
| 15081000 | 初榨花生油的分离品 | | | | 0 | | | | | | | | | | | 0 | | | | | | | | |
| 15089000 | 精制的花生油及其分离品 | | | | 0 | | | | | | | | | | | 0 | | | | | | | | |
| 15091000 | 初榨油橄榄油及其分离品 | | 0 | | 0 | | 0 | 1 | 0 | 0 | | 0 | 0 | 6 | | 0 | | | | | | 0 | 0 | |
| 15099000 | 精制的油橄榄油及其分离品 | 0 | 0 | | 0 | | 0 | 0 | 0 | 0 | | 0 | 0 | 6 | | 0 | | | | | | 0 | 0 | |
| 15100000 | 其他橄榄油及其分离品 | | 0 | | 0 | | 0 | 0 | 0 | 0 | | 0 | 0 | 6 | | 0 | | | | | | 0 | 0 | |
| 15121100 | 初榨葵花油或红花油的分离品 | | 0 | | 0 | | | | | | | | | | | | | | | | | | | |
| 15121900 | 精制的葵花油或红花油及其分离品 | | 0 | | 0 | | | | | | | | | | | | | | | | | | | |
| 15122100 | 初榨棉子油的分离品 | | 0 | | 0 | | | | | | | | | | | 0 | | | | | | | | |
| 15122900 | 精制的棉子油及其分离品 | | 0 | | 0 | | | | | | | | | | | 0 | | | | | | | | |
| 15131100 | 初榨椰子油分离品 | | 0 | 4.5 | 0 | 4.5 | 0 | 0 | 0 | 0 | | 0 | 0 | 1.8 | | | | | | | | 0 | 0 | |
| 15131900 | 椰子油及其分离品 | | 0 | 4.5 | 0 | 4.5 | 0 | 0 | 0 | 0 | | 0 | 0 | 1.8 | | | | | | | | 0 | 0 | 0 |

| 税则号列 | 商品描述[①] | 协定税率(%) | | | | | | | | | | | | | | | | 特惠税率(%) | | | | | | |
|---|---|---|---|---|---|---|---|---|---|---|---|---|---|---|---|---|---|---|---|---|---|---|---|---|
| | | 香港 | 澳门 | 巴基斯坦 | 东盟 | 亚太 | 智利 | 秘鲁 | 哥斯达黎加 | 新西兰 | 澳大利亚 | 瑞士 | 冰岛 | 韩国 | 台湾 | 新加坡 | 格鲁吉亚 | 亚太2国[②] | 东盟 | | | 最不发达国家 | | |
| | | | | | | | | | | | | | | | | | | | 老挝 | 柬埔寨 | 缅甸 | LDC97[③] | LDC95[④] | LDC60[⑤] |
| 15132100 | 初榨棕榈仁油或巴巴苏棕榈果油及其分离品 | | 0 | | 0 | | 0 | 0 | 0 | 0 | | 0 | 0 | 1.8 | | | | | | | | 0 | 0 | |
| 15132900 | 精制的棕榈仁油或巴巴苏棕榈果油及其分离品 | | 0 | | 0 | | 0 | 0 | 0 | 0 | | 0 | 0 | 1.8 | | | | | | | | 0 | 0 | |
| 15149110 | 初榨菜子油及其分离品 | | | | 5 | | | | | | | | | | | | | | | | | | | |
| 15149900 | 其他菜子油或芥子油及其分离品 | | | | 5 | | | | | | | | | | | | | | | | | | | |
| 15151100 | 初榨亚麻子油及其分离品 | | 0 | | 0 | | 0 | 1.5 | 0 | 0 | | 7.5 | 0 | 9 | | 0 | | | | | | 0 | 0 | |
| 15151900 | 精制的亚麻子油及其分离品 | | 0 | | 0 | | 0 | 1.5 | 0 | 0 | | 7.5 | 0 | 9 | | 0 | | | | | | 0 | 0 | |
| 15152100 | 初榨玉米油的分离品 | | 0 | | 0 | | | | | | | | | | | 0 | | | 0 | 0 | | 0 | 0 | 0 |
| 15152900 | 精制的玉米油及其分离品 | | 0 | | 0 | | | | | | | | | | | 0 | | | 0 | 0 | | 0 | 0 | 0 |
| 15153000 | 蓖麻油及其分离品 | | 0 | | 0 | | 0 | 0 | 0 | 0 | 2 | 0 | 0 | 6 | | 0 | | | 0 | 0 | | 0 | 0 | 0 |
| 15155000 | 芝麻油及其分离品 | | 0 | | 0 | | 0 | 0 | 0 | 0 | 2.4 | 6 | 0 | 7.2 | | 0 | | | 0 | 0 | | 0 | 0 | 0 |
| 15159010 | 希蒙得木油及其分离品 | | 0 | | 0 | | 0 | | 0 | 0 | 4 | 10 | 0 | 14.6 | | 0 | | | | 0 | | 0 | 0 | 0 |
| 15159020 | 印楝油及其分离品 | | 0 | | 0 | | 0 | | 0 | 0 | 4 | 10 | 0 | 14.6 | | 0 | | | | | | 0 | 0 | |
| 15159030 | 桐油及其分离品 | | 0 | | 0 | | 0 | | 0 | 0 | 4 | 10 | 0 | 14.6 | | 0 | | | | 0 | | 0 | 0 | 0 |
| 15159090 | 其他固定植物油、脂及其分离品 | | 0 | | 0 | | 0 | | 0 | 0 | 4 | 10 | 0 | | | 0 | | | 0 | 0 | 0 | 0 | 0 | 0 |
| 15161000 | 氢化、酯化或反油酸化动物油、脂及其分离品,但未进一步加工的 | | 0 | | 0 | | 0 | 0 | 0 | 0 | 0 | 0 | 0 | 0 | | | 0 | | | | | 0 | 0 | 0 |
| 15162000 | 氢化、酯化或反油酸化植物油、脂及其分离品,但未进一步加工的 | | 0 | | 0 | | 0 | 2.5 | 0 | 0 | 5 | | 0 | | | | | | | | | 0 | 0 | |
| 15171000 | 人造黄油,非液态 | | 0 | | 0 | | 0 | | 0 | 0 | 6 | | | | | 0 | | | | | | | | |
| 15179010 | 起酥油 | 0 | 0 | | 0 | | 0 | 2.5 | 0 | 0 | 5 | 12.5 | 0 | | | | | | | | | 0 | 0 | |
| 15179090 | 混合制成的食用油脂或制品 | 0 | 0 | | 0 | | 0 | 2.5 | 0 | 0 | | 15.5 | 0 | | | | | | | | | 0 | 0 | |
| 15180000 | 化学改性的动、植物油、脂及其制品;其他编号未列名的非食用油、脂或制品 | | 0 | | 0 | | 0 | 1 | 0 | 0 | | 0 | 0 | 8 | | 0 | | | | | | 0 | 0 | 0 |
| 15200000 | 粗甘油,甘油水及甘油碱液 | 0 | 0 | | 0 | | 0 | 2 | 0 | 0 | 4 | 10 | 0 | 14.6 | | 0 | 0 | | | | | 0 | 0 | |
| 15211000 | 植物蜡 | | 0 | | 0 | | 0 | 2 | 0 | 0 | 4 | 10 | 0 | 14.6 | | 0 | 0 | | | | | 0 | 0 | |
| 15219010 | 蜂蜡 | | | | 0 | | 0 | 2 | 0 | 0 | 4 | 10 | 0 | 14.6 | | 0 | 0 | | | | | 0 | 0 | |
| 15219090 | 其他虫蜡及鲸蜡 | | | | 0 | | 0 | 2 | 0 | 0 | 4 | 10 | 0 | 14.6 | | 0 | 0 | | | | | 0 | 0 | |
| 15220000 | 油鞣回收脂;加工处理油脂及动、植物蜡所剩残渣 | | | | 0 | | 0 | 2 | 0 | 0 | 4 | 10 | 0 | 14.6 | | 0 | 0 | | | | | 0 | 0 | |
| 16010010 | 用天然肠衣做外包装的香肠及类似产品 | 0 | 0 | 12 | 0 | | 0 | 1.5 | 0 | 0 | 3 | 7.5 | 0 | 9 | | 0 | 0 | | | | | 0 | 0 | |
| 16010020 | 其他香肠及类似产品 | 0 | 0 | 12 | 0 | | 0 | 1.5 | 0 | 0 | 3 | 7.5 | 0 | 9 | | 0 | 0 | | | | | 0 | 0 | |
| 16010030 | 用香肠制成的食品 | | 0 | 12 | 0 | | 0 | 1.5 | 0 | 0 | 3 | 7.5 | 0 | 9 | | 0 | 0 | | | | | 0 | 0 | |
| 16021000 | 肉或食用杂碎的均化食品 | | | 12 | 0 | | 0 | 1.5 | 0 | 0 | 3 | 7.5 | 0 | 9 | | 0 | 0 | | | | | 0 | 0 | |
| 16022000 | 制作或保藏的动物肝 | 0 | | 12 | 0 | | 0 | 1.5 | 0 | 0 | 3 | 7.5 | 0 | 9 | | 0 | 0 | | | | | 0 | 0 | |
| 16023100 | 制作或保藏的火鸡肉及杂碎 | 0 | | 12 | 0 | | 0 | 1.5 | 0 | 0 | 3 | 7.5 | 0 | 9 | | 0 | 0 | | | | | 0 | 0 | |
| 16023210 | 鸡罐头 | | 0 | 12 | 0 | | 0 | 1.5 | 0 | 0 | 3 | 7.5 | 0 | 9 | | 0 | 0 | | | | | 0 | 0 | |

| 税则号列 | 商品描述[1] | 协定税率(%) | | | | | | | | | | | | | | | | 特惠税率(%) | | | | | | |
|---|---|---|---|---|---|---|---|---|---|---|---|---|---|---|---|---|---|---|---|---|---|---|---|---|
| | | 香港 | 澳门 | 巴基斯坦 | 东盟 | 亚太 | 智利 | 秘鲁 | 哥斯达黎加 | 新西兰 | 澳大利亚 | 瑞士 | 冰岛 | 韩国 | 台湾 | 新加坡 | 格鲁吉亚 | 亚太2国[2] | 东盟 | | | 最不发达国家 | | |
| | | | | | | | | | | | | | | | | | | | 老挝 | 柬埔寨 | 缅甸 | LDC97[3] | LDC95[4] | LDC60[5] |
| 16023291 | 鸡胸肉 | 0 | 0 | 12 | 0 | | 0 | 1.5 | 0 | 0 | 3 | 7.5 | 0 | 9 | | 0 | 0 | | | | | 0 | 0 | |
| 16023292 | 鸡腿肉 | 0 | 0 | 12 | 0 | | 0 | 1.5 | 0 | 0 | 3 | 7.5 | 0 | 9 | | 0 | 0 | | | | | 0 | 0 | |
| 16023299 | 其他鸡肉 | 0 | 0 | 12 | 0 | | 0 | 1.5 | 0 | 0 | 3 | 7.5 | 0 | 9 | | 0 | 0 | | | | | 0 | 0 | |
| 16023910 | 其他品目01.05所列家禽肉及杂碎的罐头 | | 0 | 12 | 0 | | 0 | 1.5 | 0 | 0 | 3 | 7.5 | 0 | 9 | | 0 | 0 | | | | | 0 | 0 | |
| 16023991 | 鸭肉 | 0 | | 12 | 0 | | 0 | 1.5 | 0 | 0 | 3 | 7.5 | 0 | 9 | | 0 | 0 | | | | | 0 | 0 | |
| 16023999 | 经制作或保藏的其他品目01.05所列家禽肉及杂碎 | | 0 | 12 | 0 | | 0 | 1.5 | 0 | 0 | 3 | 7.5 | 0 | 9 | | 0 | 0 | | | | | 0 | 0 | |
| 16024100 | 制作或保藏的猪后腿及其肉块 | | 0 | 12 | 0 | | 0 | 1.5 | 0 | 0 | 3 | 7.5 | 0 | 9 | | 0 | 0 | | | | | 0 | 0 | |
| 16024200 | 制作或保藏的猪前腿及其肉块 | | 0 | 12 | 0 | | 0 | 1.5 | 0 | 0 | 3 | 7.5 | 0 | 9 | | 0 | 0 | | | | | 0 | 0 | |
| 16024910 | 其他猪肉及杂碎的罐头 | 0 | 0 | 12 | 0 | | 0 | 1.5 | 0 | 0 | 3 | 7.5 | 0 | 9 | | 0 | 0 | | | | | 0 | 0 | |
| 16024990 | 制作或保藏的其他猪肉、杂碎及血 | 0 | 0 | 12 | 0 | | 0 | 1.5 | 0 | 0 | 3 | 7.5 | 0 | 9 | | 0 | 0 | | | | | 0 | 0 | |
| 16025010 | 牛肉及牛杂碎罐头 | 0 | 0 | 6 | 0 | | 0 | 1.2 | 0 | 0 | 2.4 | 6 | 0 | 7.2 | | 0 | 0 | | | | | 0 | 0 | |
| 16025090 | 其他制作或保藏的牛肉、杂碎及血 | 0 | 0 | 6 | 0 | | 0 | 1.2 | 0 | 0 | 2.4 | 6 | 0 | 7.2 | | 0 | 0 | | | | | 0 | 0 | |
| 16029010 | 其他肉及杂碎罐头 | 0 | 0 | 12 | 0 | | 0 | 1.5 | 0 | 0 | 3 | 7.5 | 0 | 9 | | 0 | 0 | | | | | 0 | 0 | |
| 16029090 | 经制作或保藏的其他肉、杂碎及血 | | 0 | 12 | 0 | | 0 | 1.5 | 0 | 0 | 3 | 7.5 | 0 | 9 | | 0 | 0 | | | | | 0 | 0 | |
| 16030000 | 肉及水产品的精、汁 | 0 | | | 0 | | 0 | 2.3 | 0 | 0 | 4.6 | 11.5 | 0 | 18.4 | | 0 | 0 | | | | | 0 | 0 | |
| 16041110 | 制作或保藏的大西洋鲑鱼，整条或切块，但未绞碎 | 0 | 0 | 6 | 0 | | 0 | | 0 | 0 | 2.4 | | 0 | 7.2 | | 0 | 0 | | | | | 0 | 0 | |
| 16041190 | 制作或保藏的其他鲑鱼，整条或切块，但未绞碎 | | | 6 | 0 | | 0 | | 0 | 0 | 2.4 | | 0 | 7.2 | | 0 | 0 | | | | | 0 | 0 | |
| 16041200 | 制作或保藏的鲱鱼，整条或切块，但未绞碎 | | | 6 | 0 | | 0 | 0 | 0 | 0 | 2.4 | 6 | 0 | 7.2 | | 0 | 0 | | | | | 0 | 0 | |
| 16041300 | 制作或保藏的沙丁鱼、小沙丁鱼属、黍鲱或西鲱 | | 0 | 0 | 0 | | 0 | 0 | 0 | 0 | 0 | 0 | 0 | 0 | | | 0 | | | 0 | | 0 | 0 | 0 |
| 16041400 | 制作或保藏的金枪鱼、鲣鱼及狐鲣 | 0 | 0 | 0 | 0 | | 0 | 0 | 0 | 0 | 0 | 0 | 0 | 0 | | | 0 | | | 0 | | 0 | 0 | 0 |
| 16041500 | 制作或保藏的鲭鱼，整条或切块，但未绞碎 | | | 6 | 0 | | 0 | 0 | 0 | 0 | 2.4 | 6 | 0 | 7.2 | | 0 | 0 | | | | | 0 | 0 | |
| 16041600 | 制作保藏的醍鱼(Anchovies)，整条或切块，但未绞碎 | | | 6 | 0 | | 0 | 0 | 0 | 0 | 2.4 | 6 | 0 | 7.2 | | 0 | 0 | | | | | 0 | 0 | |
| 16041700 | 制作或保藏的鳗鱼 | 0 | 0 | 5 | 0 | 9.9 | 0 | | 0 | 0 | 2.4 | 6 | 0 | 7.2 | | 0 | 0 | | | | | 0 | 0 | 0 |
| 16041800 | 制作或保藏的鲨鱼翅，整条或切块，但未绞碎 | 0 | 0 | 5 | 0 | 9.9 | 0 | | 0 | 0 | 2.4 | 6 | 0 | 7.2 | | 0 | 0 | | | | | 0 | 0 | 0 |
| 16041920 | 制作或保藏的罗非鱼，整条或切块，但未绞碎 | 0 | 0 | 6 | 0 | | 0 | | 0 | 0 | 2.4 | 6 | 0 | 7.2 | | 0 | 0 | | | | | 0 | 0 | |
| 16041931 | 制作或保藏的斑点叉尾鮰鱼 | 0 | 0 | 5 | 0 | 9.9 | 0 | | 0 | 0 | 2.4 | 6 | 0 | 7.2 | | 0 | 0 | | | | | 0 | 0 | 0 |

| 税则号列 | 商品描述[1] | 协定税率(%) | | | | | | | | | | | | | | | | 特惠税率(%) | | | | | | |
|---|---|---|---|---|---|---|---|---|---|---|---|---|---|---|---|---|---|---|---|---|---|---|---|---|
| | | 香港 | 澳门 | 巴基斯坦 | 东盟 | 亚太 | 智利 | 秘鲁 | 哥斯达黎加 | 新西兰 | 澳大利亚 | 瑞士 | 冰岛 | 韩国 | 台湾 | 新加坡 | 格鲁吉亚 | 亚太2国[2] | 东盟 | | | 最不发达国家 | | |
| | | | | | | | | | | | | | | | | | | | 老挝 | 柬埔寨 | 缅甸 | LDC97[3] | LDC95[4] | LDC60[5] |
| 16041939 | 制作或保藏的其他叉尾鮰鱼 | 0 | 0 | 5 | 0 | 9.9 | 0 | | 0 | 0 | 2.4 | 6 | 0 | 7.2 | | 0 | 0 | | | | | 0 | 0 | 0 |
| 16041990 | 制作或保藏的其他鱼,整条或切块,但未绞碎 | 0 | 0 | 5 | 0 | 9.9 | 0 | | 0 | 0 | 2.4 | 6 | 0 | 7.2 | | 0 | 0 | | | | | 0 | 0 | 0 |
| 16042011 | 鱼翅罐头 | 0 | 0 | 5 | 0 | 9.9 | 0 | 1.2 | 0 | 0 | | 6 | 0 | | | 0 | 0 | | | | | 0 | 0 | |
| 16042019 | 其他制作或保藏的鱼罐头 | 0 | 0 | 5 | 0 | 9.9 | 0 | 1.2 | 0 | 0 | 2.4 | 6 | 0 | 7.2 | | 0 | 0 | | | | | 0 | 0 | |
| 16042091 | 鱼翅 | 0 | 0 | 5 | 0 | 9.9 | 0 | 1.2 | 0 | 0 | | 6 | 0 | | | 0 | 0 | | | | | 0 | 0 | |
| 16042099 | 其他制作或保藏的鱼 | 0 | 0 | 5 | 0 | 9.9 | 0 | 1.2 | 0 | 0 | 2.4 | 6 | 0 | 7.2 | | 0 | 0 | | | | | 0 | 0 | |
| 16043100 | 鲟鱼子酱 | | | 6 | 0 | | 0 | 0 | 0 | 0 | 2.4 | 6 | 0 | 7.2 | | 0 | 0 | | | | | 0 | 0 | |
| 16043200 | 鲟鱼子酱代用品 | | | 6 | 0 | | 0 | 0 | 0 | 0 | 2.4 | 6 | 0 | 7.2 | | 0 | 0 | | | | | 0 | 0 | |
| 16051000 | 制作或保藏的蟹 | 0 | 0 | 0 | 0 | | 0 | 0 | 0 | 0 | 0 | 0 | 0 | 0 | | | 0 | | | | | 0 | 0 | 0 |
| 16052100 | 制作或保藏的非密封包装小虾及对虾 | 0 | 0 | 0 | 0 | | 0 | 0 | 0 | 0 | 0 | 0 | 0 | 0 | | | 0 | | | 0 | | 0 | 0 | 0 |
| 16052900 | 制作或保藏的其他小虾及对虾 | 0 | 0 | 0 | 0 | | 0 | 0 | 0 | 0 | 0 | 0 | 0 | 0 | | | 0 | | | 0 | | 0 | 0 | 0 |
| 16053000 | 制作或保藏的龙虾 | 0 | 0 | 0 | 0 | | 0 | 0 | 0 | 0 | 0 | 0 | 0 | 0 | | | 0 | | | 0 | | 0 | 0 | 0 |
| 16054011 | 制作或保藏的淡水小龙虾仁 | | | 0 | 0 | | 0 | 0 | 0 | 0 | 0 | 0 | 0 | 0 | | | 0 | | | 0 | | 0 | 0 | 0 |
| 16054019 | 制作或保藏的带壳淡水小龙虾 | | | 0 | 0 | | 0 | 0 | 0 | 0 | 0 | 0 | 0 | 0 | | | 0 | | | 0 | | 0 | 0 | 0 |
| 16054090 | 制作或保藏的其他甲壳动物 | | 0 | 0 | 0 | | 0 | 0 | 0 | 0 | 0 | 0 | 0 | 0 | | | 0 | | | 0 | | 0 | 0 | 0 |
| 16055100 | 制作或保藏的牡蛎 | 0 | 0 | 0 | 0 | 3.9 | 0 | 0 | 0 | 0 | 0 | 0 | 0 | 0 | | | 0 | | | | | 0 | 0 | 0 |
| 16055200 | 制作或保藏的扇贝 | 0 | 0 | 0 | 0 | 3.9 | 0 | 0 | 0 | 0 | 0 | 0 | 0 | 0 | | | 0 | | | | | 0 | 0 | 0 |
| 16055300 | 制作或保藏的贻贝 | 0 | 0 | 0 | 0 | 3.9 | 0 | 0 | 0 | 0 | 0 | 0 | 0 | 0 | | | 0 | | | | | 0 | 0 | 0 |
| 16055400 | 制作或保藏的墨鱼及鱿鱼 | 0 | 0 | 0 | 0 | 3.9 | 0 | 0 | 0 | 0 | 0 | 0 | 0 | 0 | | | 0 | | | | | 0 | 0 | 0 |
| 16055500 | 制作或保藏的章鱼 | 0 | 0 | 0 | 0 | 3.9 | 0 | 0 | 0 | 0 | 0 | 0 | 0 | 0 | | | 0 | | | | | 0 | 0 | 0 |
| 16055610 | 制作或保藏的蛤 | 0 | 0 | 0 | 0 | 3.9 | 0 | | 0 | 0 | 0 | 0 | 0 | 0 | | | 0 | | | | | 0 | 0 | 0 |
| 16055620 | 制作或保藏的鸟蛤及舟贝 | 0 | 0 | 0 | 0 | 3.9 | 0 | 0 | 0 | 0 | 0 | 0 | 0 | 0 | | | 0 | | | | | 0 | 0 | 0 |
| 16055700 | 制作或保藏的鲍鱼 | 0 | 0 | 0 | 0 | 3.9 | 0 | 0 | 0 | 0 | 0 | 0 | 0 | 0 | | | 0 | | | | | 0 | 0 | 0 |
| 16055800 | 制作或保藏的蜗牛及螺 | 0 | 0 | 0 | 0 | 3.9 | 0 | 0 | 0 | 0 | 0 | 0 | 0 | 0 | | | 0 | | | | | 0 | 0 | 0 |
| 16055900 | 制作或保藏的其他软体动物 | 0 | 0 | 0 | 0 | 3.9 | 0 | 0 | 0 | 0 | 0 | 0 | 0 | 0 | | | 0 | | | | | 0 | 0 | 0 |
| 16056100 | 制作或保藏的海参 | 0 | 0 | 0 | 0 | 3.9 | 0 | 0 | 0 | 0 | 0 | 0 | 0 | 0 | | | 0 | | | | | 0 | 0 | 0 |
| 16056200 | 制作或保藏的海胆 | 0 | 0 | 0 | 0 | 3.9 | 0 | 0 | 0 | 0 | 0 | 0 | 0 | 0 | | | 0 | | | | | 0 | 0 | 0 |
| 16056300 | 制作或保藏的海蜇 | 0 | 0 | 12 | 0 | | 0 | | 0 | 0 | 3 | 7.5 | 0 | 9 | | 0 | 0 | | | | | 0 | 0 | 0 |
| 16056900 | 制作或保藏的其他水生无脊椎动物 | 0 | 0 | 0 | 0 | 3.9 | 0 | 0 | 0 | 0 | 0 | 0 | 0 | 0 | | | 0 | | | | | 0 | 0 | 0 |
| 17021100 | 无水乳糖,按重量计含量>99% | | 0 | 5 | 0 | | 0 | 0 | 0 | 0 | 2 | 0 | | 6 | | 0 | 0 | | | | | 0 | 0 | 0 |
| 17021900 | 其他乳糖及乳糖浆 | | 0 | 5 | 0 | | 0 | 0 | 0 | 0 | 2 | 0 | | 6 | | 0 | 0 | | | | | 0 | 0 | 0 |
| 17022000 | 槭糖及槭糖浆 | | 0 | | 0 | | 0 | 3 | 0 | 0 | 6 | | | 24 | | 0 | | | | | | 0 | | |
| 17023000 | 低果糖含量的葡萄糖及糖浆 | 0 | 0 | | 0 | | 0 | 3 | 0 | 0 | 6 | | | | | 0 | | | | | | 0 | | |
| 17024000 | 中果糖含量的葡萄糖及糖浆 | | 0 | | 0 | | 0 | 3 | 0 | 0 | 6 | | | | | 0 | | | | | | 0 | | |
| 17025000 | 化学纯果糖 | | 0 | | 0 | | 0 | 3 | 0 | 0 | 6 | | 0 | | | 0 | | | | | | 0 | | |
| 17026000 | 其他果糖及糖浆 | | 0 | | 0 | | 0 | 3 | 0 | 0 | 6 | | 0 | | | 0 | | | | | | 0 | | |

| 税则号列 | 商品描述[①] | 协定税率(%) | | | | | | | | | | | | | | | | 特惠税率(%) | | | | | | |
|---|---|---|---|---|---|---|---|---|---|---|---|---|---|---|---|---|---|---|---|---|---|---|---|---|
| | | 香港 | 澳门 | 巴基斯坦 | 东盟 | 亚太 | 智利 | 秘鲁 | 哥斯达黎加 | 新西兰 | 澳大利亚 | 瑞士 | 冰岛 | 韩国 | 台湾 | 新加坡 | 格鲁吉亚 | 亚太2国[②] | 东盟 老挝 | 东盟 柬埔寨 | 东盟 缅甸 | 最不发达国家 LDC97[③] | 最不发达国家 LDC95[④] | 最不发达国家 LDC60[⑤] |
| 17029000 | 其他固体糖;人造蜜;焦糖 | 0 | 0 | | 0 | | 0 | 14.1 | 0 | 0 | 6 | 18.6 | 0 | | | 0 | | | | | | 0 | 0 | 0 |
| 17031000 | 甘蔗糖蜜 | | | 5 | 0 | | 0 | 0 | 0 | 0 | 1.6 | 0 | 0 | 1.6 | | | 0 | | | | | 0 | 0 | 0 |
| 17039000 | 其他糖蜜 | | | 5 | 0 | | 0 | 0 | 0 | 0 | 1.6 | 0 | 0 | 1.6 | | | 0 | | | | | 0 | 0 | 0 |
| 17041000 | 口香糖,不论是否裹糖 | 0 | 0 | 5 | 0 | 9.5 | 0 | 5.6 | 0 | 0 | 2.4 | 6 | 0 | | | 0 | 0 | | | | | 0 | 0 | 0 |
| 17049000 | 其他不含可可的糖食 | 0 | 0 | 8.2 | 0 | 8.2 | 0 | 1 | 0 | 0 | 2 | 0 | 0 | 8 | | 0 | 0 | | | | | 0 | 0 | 0 |
| 18010000 | 生或焙炒的整颗或破碎的可可豆 | | | 5 | 0 | | 0 | 0 | 0 | 0 | 1.6 | 0 | 0 | 1.6 | | | 0 | | | | | 0 | 0 | 0 |
| 18020000 | 可可荚、壳、皮及废料 | | | 5 | 0 | | 0 | 0 | 0 | 0 | 2 | 0 | 0 | 6 | | 0 | 0 | | | | | 0 | 0 | 0 |
| 18031000 | 未脱脂可可膏 | | | 5 | 0 | | 0 | 0 | 0 | 0 | 2 | 0 | 0 | 6 | | | 0 | | | | | 0 | 0 | |
| 18032000 | 全脱脂或部分脱脂的可可膏 | | | 5 | 0 | | 0 | 0 | 0 | 0 | 2 | 0 | 0 | 6 | | | 0 | | | | | 0 | 0 | |
| 18040000 | 可可油,可可脂 | | | | 0 | | 0 | 2.2 | 0 | 0 | 4.4 | 11 | 0 | 17.6 | | | 0 | | | | | 0 | 0 | 0 |
| 18050000 | 未加糖或其他甜物质的可可粉 | | | 12 | 0 | | 0 | 1.5 | 0 | 0 | 3 | 7.5 | 0 | 9 | | | 0 | | | | | 0 | 0 | |
| 18061000 | 含糖或其他甜物质的可可粉 | | 0 | 5 | 0 | | 0 | 1 | 0 | 0 | 2 | 0 | 0 | 6 | | | 0 | | | | | 0 | 0 | |
| 18062000 | 每件净重>2千克的含可可食品 | 0 | 0 | 5 | 0 | 7.7 | 0 | 1 | 0 | 0 | 2 | 0 | 0 | 6 | | 0 | 0 | | | | | 0 | 0 | |
| 18063100 | 其他夹心块状或条状的含可可食品 | 0 | 0 | 5 | 0 | 6.4 | 0 | 0 | 0 | 0 | 1.6 | 0 | 0 | 5.8 | | | 0 | | | | | 0 | 0 | 0 |
| 18063200 | 其他不夹心块状或条状含可可食品 | 0 | 0 | 5 | 0 | 7.7 | 0 | 1 | 0 | 0 | 2 | 0 | 0 | 7.3 | | 0 | 0 | | | | | 0 | 0 | |
| 18069000 | 其他巧克力及含可可的食品 | 0 | 0 | 5 | 0 | 6.4 | 0 | 0 | 0 | 0 | 1.6 | 4 | 0 | 5.8 | | | 0 | | | | | 0 | 0 | 0 |
| 19011010 | 配方奶粉 | | 0 | 12 | 0 | | 0 | 1.5 | 0 | 0 | 3 | 7.5 | 0 | | | 0 | | | | | | 0 | 0 | |
| 19011090 | 其他供婴幼儿食用的零售包装食品 | | 0 | 12 | 0 | | 0 | 1.5 | 0 | 0 | 3 | 7.5 | 0 | | | 0 | | | | | | 0 | 0 | |
| 19012000 | 供焙烘面包糕点用的调制品及面团 | 0 | 0 | | 0 | | 0 | 2.5 | 0 | 0 | 5 | 12.5 | 0 | 20 | | 0 | 20 | | | | | 0 | 0 | |
| 19019000 | 其他麦精制的其他编号未列名食品 | 0 | 0 | 5 | 0 | | 0 | 1 | 0 | 0 | 2 | 0 | 0 | 7.3 | | 0 | 8 | | | | | 0 | 0 | |
| 19021100 | 未包馅或未制作的含蛋生面食 | 0 | 0 | 12 | 0 | | 0 | 1.5 | 0 | 0 | 3 | 7.5 | | 9 | | 0 | 0 | | | | | 0 | 0 | 0 |
| 19021900 | 其他未包馅或未制作的生面食 | 0 | 0 | 12 | 0 | | 0 | 1.5 | 0 | 0 | 3 | 7.5 | | 11 | | 0 | 12 | | | | | 0 | 0 | 0 |
| 19022000 | 包馅面食 | 0 | 0 | 12 | 0 | | 0 | 1.5 | 0 | 0 | 3 | | 0 | 11 | | 0 | 12 | | | | | 0 | 0 | 0 |
| 19023010 | 米粉干 | | 0 | 12 | 0 | | 0 | 1.5 | 0 | 0 | 3 | 7.5 | 0 | 9 | | 0 | 0 | | | | | 0 | 0 | |
| 19023020 | 粉丝 | | 0 | 12 | 0 | | 0 | 1.5 | 0 | 0 | 3 | 7.5 | 0 | 9 | | 0 | 0 | | | | | 0 | 0 | |
| 19023030 | 即食或快熟面条 | 0 | 0 | 7.5 | 0 | 13.1 | 0 | 1.5 | 0 | 0 | 3 | 7.5 | 0 | 12 | | 0 | 12 | | | | | 0 | 0 | 0 |
| 19023090 | 其他面食 | 0 | 0 | 7.5 | 0 | 13.1 | 0 | 1.5 | 0 | 0 | 3 | | 0 | 11 | | 0 | 12 | | | | | 0 | 0 | |
| 19024000 | 古斯古斯面食 | | 0 | | 0 | | 0 | 2.5 | 0 | 0 | 5 | 12.5 | 0 | 20 | | 0 | 20 | | | | | 0 | 0 | |
| 19030000 | 珍粉及淀粉制成的珍粉代用品 | | 0 | 12 | 0 | | 0 | 1.5 | 0 | 0 | 3 | 7.5 | 0 | 9 | | 0 | 12 | | | | | 0 | 0 | 0 |
| 19041000 | 谷物或谷物产品经膨化或烘炒制的食品 | | 0 | | 0 | | 0 | 2.5 | 0 | 0 | 5 | 14.6 | 0 | 20 | | 0 | 0 | | | | | 0 | 0 | |
| 19042000 | 未烘炒谷物片制成的食品 | 0 | 0 | | 0 | | 0 | 12 | 0 | 0 | 6 | 0 | 0 | 24 | | 0 | 0 | | | | | 0 | | |
| 19043000 | 碾碎的干小麦 | | 0 | | 0 | | 0 | 12 | 0 | 0 | 6 | | 0 | 24 | | 0 | 24 | | | | | 0 | | |

| 税则号列 | 商品描述[①] | 协定税率(%) | | | | | | | | | | | | | | | | 特惠税率(%) | | | | | | |
|---|---|---|---|---|---|---|---|---|---|---|---|---|---|---|---|---|---|---|---|---|---|---|---|---|
| | | 香港 | 澳门 | 巴基斯坦 | 东盟 | 亚太 | 智利 | 秘鲁 | 哥斯达黎加 | 新西兰 | 澳大利亚 | 瑞士 | 冰岛 | 韩国 | 台湾 | 新加坡 | 格鲁吉亚 | 亚太2国[②] | 东盟 | | | 最不发达国家 | | |
| | | | | | | | | | | | | | | | | | | | 老挝 | 柬埔寨 | 缅甸 | LDC97[③] | LDC95[④] | LDC60[⑤] |
| 19049000 | 其他谷物制品 | 0 | 0 | | 0 | | 0 | 7.5 | 0 | 0 | 6 | 0 | 0 | 24 | | 0 | 24 | | | | | 0 | | |
| 19051000 | 黑麦脆面包片 | | 0 | | 0 | | 0 | 2 | 0 | 0 | 4 | 10 | 0 | 14.6 | | 0 | 0 | | | | | 0 | 0 | |
| 19052000 | 姜饼及类似品 | | 0 | | 0 | | 0 | 2 | 0 | 0 | 4 | 10 | 0 | 14.6 | | 0 | 0 | | | | | 0 | 0 | |
| 19053100 | 甜饼干 | 0 | 0 | 12.4 | 0 | 12.4 | 0 | 1.5 | 0 | 0 | 3 | 8.8 | 0 | 11 | | 0 | 0 | 7.5 | | | | 0 | 0 | 0 |
| 19053200 | 华夫饼干及圣餐饼 | 0 | 0 | 7.5 | 0 | 12.4 | 0 | 1.5 | 0 | 0 | 3 | 0 | 0 | 11 | | 0 | 0 | 7.5 | | | | 0 | 0 | 0 |
| 19054000 | 面包干、吐司及类似的烤面包 | | 0 | | 0 | | 0 | 2 | 0 | 0 | 4 | 10 | | 14.6 | | 0 | 0 | | | | | 0 | 0 | |
| 19059000 | 其他面包、糕点、饼干及其他焙烘糕饼 | 0 | 0 | 16 | 0 | 17.1 | 0 | 2 | 0 | 0 | 4 | 10 | 0 | 16 | | 0 | 16 | 10 | | | | 0 | 0 | |
| 20011000 | 用醋或醋酸制作的黄瓜及小黄瓜 | | | | 0 | | 0 | 2.5 | 0 | 0 | 5 | 12.5 | 0 | 20 | | 0 | 0 | | | | | 0 | 0 | |
| 20019010 | 用醋制作的大蒜 | | | | 0 | | 0 | 2.5 | 0 | 0 | 5 | 12.5 | 0 | 20 | | 0 | 0 | 12.5 | | | | 0 | 0 | |
| 20019090 | 用醋制作的其他果、菜及食用植物 | | 0 | | 0 | | 0 | 2.5 | 0 | 0 | 5 | 12.5 | 0 | 20 | | 0 | 0 | 12.5 | | | | 0 | 0 | |
| 20021010 | 非用醋制作的整个或切片番茄罐头 | | 0 | | 0 | | 0 | 1.9 | 0 | 0 | 3.8 | 9.5 | 0 | 13.9 | | 0 | 0 | | | | | 0 | 0 | |
| 20021090 | 非用醋制作的其他整个或切片番茄 | | | | 0 | | 0 | 2.5 | 0 | 0 | 5 | 12.5 | 0 | 20 | | 0 | 0 | | | | | 0 | 0 | |
| 20029011 | 重量≤5千克的番茄酱罐头 | | 0 | | 0 | | 0 | 0 | 0 | 0 | 4 | 10 | 0 | 14.6 | | 0 | 0 | | | | | 0 | 0 | |
| 20029019 | 重量>5千克的番茄酱罐头 | | 0 | | 0 | | 0 | 0 | 0 | 0 | 4 | 10 | 0 | 12 | | 0 | 0 | | | | | 0 | 0 | |
| 20029090 | 非用醋制作的绞碎番茄 | | 0 | 14.4 | 0 | | 0 | 0 | 0 | 0 | 3.6 | 9 | 0 | 13.2 | | 0 | 0 | | | | | 0 | 0 | |
| 20031011 | 伞菌属小白蘑菇罐头 | | 0 | | 0 | | 0 | 2.5 | 0 | 0 | 5 | 12.5 | 0 | 15 | | 0 | 0 | | | | | 0 | 0 | |
| 20031019 | 其他非用醋制作的伞菌属蘑菇罐头 | | 0 | | 0 | | 0 | 2.5 | 0 | 0 | 5 | 12.5 | 0 | 15 | | 0 | 0 | | | | | 0 | 0 | |
| 20031090 | 非用醋制作的其他伞菌属蘑菇 | | 0 | | 0 | | 0 | 2.5 | 0 | 0 | 5 | 12.5 | 0 | 15 | | 0 | 0 | | | | | 0 | 0 | |
| 20039010 | 其他蘑菇及块菌罐头 | | 0 | | 0 | | 0 | 2.5 | 0 | 0 | 5 | 12.5 | 0 | 15 | | 0 | 0 | | | | | 0 | 0 | |
| 20039090 | 其他蘑菇及块菌 | | 0 | | 0 | | 0 | 2.5 | 0 | 0 | 5 | 12.5 | 0 | 15 | | 0 | 0 | | | | | 0 | 0 | |
| 20041000 | 非用醋制作的冷冻马铃薯 | | | 6.5 | 0 | | 0 | 1.3 | 0 | 0 | 2.6 | 6.5 | | 7.8 | | 0 | 0 | | | | | 0 | 0 | 0 |
| 20049000 | 非用醋制作的其他冷冻蔬菜 | | | | 0 | | 0 | 2.5 | 0 | 0 | 5 | 12.5 | 0 | 15 | | 0 | 0 | | | | | 0 | 0 | |
| 20051000 | 非用醋制作的未冷冻均化蔬菜 | | | | 0 | | 0 | 2.5 | 0 | 0 | 5 | 12.5 | 0 | 15 | | 0 | 0 | | | | | 0 | 0 | |
| 20052000 | 非用醋制作的未冷冻马铃薯 | 0 | | 12 | 0 | | 0 | 1.5 | 0 | 0 | 3 | 7.5 | | 9 | | 0 | 0 | | | | | 0 | 0 | |
| 20054000 | 非用醋制作的未冷冻豌豆 | | | | 0 | | 0 | 2.5 | 0 | 0 | 5 | 12.5 | 0 | 15 | | 0 | 0 | | | | | 0 | 0 | |
| 20055111 | 非用醋或醋酸制作或保藏的未冷冻的赤豆馅罐头 | 0 | 0 | | 0 | | 0 | 2.5 | 0 | 0 | 5 | 12.5 | 0 | 15 | | 0 | 0 | | | | | 0 | 0 | |
| 20055119 | 非用醋或醋酸制作或保藏的未冷冻的其他脱荚豇豆及菜豆罐头 | 0 | 0 | | 0 | | 0 | 2.5 | 0 | 0 | 5 | 12.5 | 0 | 20 | | 0 | 0 | | | | | 0 | 0 | |
| 20055191 | 非用醋或醋酸制作或保藏的未冷冻的赤豆馅,不包括罐头 | | | | 0 | | 0 | 2.5 | 0 | 0 | 5 | 12.5 | 0 | 15 | | 0 | 0 | | | | | 0 | 0 | |

| 税则号列 | 商品描述[①] | 协定税率(%) | | | | | | | | | | | | | | | | 特惠税率(%) | | | | | | |
|---|---|---|---|---|---|---|---|---|---|---|---|---|---|---|---|---|---|---|---|---|---|---|---|---|
| | | 香港 | 澳门 | 巴基斯坦 | 东盟 | 亚太 | 智利 | 秘鲁 | 哥斯达黎加 | 新西兰 | 澳大利亚 | 瑞士 | 冰岛 | 韩国 | 台湾 | 新加坡 | 格鲁吉亚 | 亚太2国[②] | 东盟 | | | 最不发达国家 | | |
| | | | | | | | | | | | | | | | | | | | 老挝 | 柬埔寨 | 缅甸 | LDC97[③] | LDC95[④] | LDC60[⑤] |
| 20055199 | 非用醋或醋酸制作或保藏的未冷冻的其他脱荚豇豆及菜豆 | 0 | 0 | | 0 | | 0 | 2.5 | 0 | 0 | 5 | 12.5 | | 20 | | 0 | 0 | | | | | 0 | 0 | |
| 20055910 | 非用醋制作的其他豇豆及菜豆罐头 | | 0 | | 0 | | 0 | 2.5 | 0 | 0 | 5 | 12.5 | | 15 | | 0 | 0 | | | | | 0 | 0 | |
| 20055990 | 非用醋制作的其他豇豆及菜豆 | | | | 0 | | 0 | 2.5 | 0 | 0 | 5 | 12.5 | | 15 | | 0 | 0 | | | | | 0 | 0 | |
| 20056010 | 非用醋制作的芦笋罐头 | | 0 | | 0 | | 0 | 2.5 | 0 | 0 | 5 | 12.5 | | 15 | | 0 | 0 | | | | | 0 | 0 | |
| 20056090 | 非用醋制作的其他芦笋 | | | | 0 | | 0 | 2.5 | 0 | 0 | 5 | 12.5 | 0 | 15 | | 0 | 0 | | | | | 0 | 0 | |
| 20057000 | 非用醋制作的未冷冻油橄榄 | | | 5 | 0 | | 0 | 1 | 0 | 0 | 2 | 0 | 0 | 6 | | 0 | 0 | | | | | 0 | 0 | |
| 20058000 | 非用醋制作的未冷冻甜玉米 | | | 5 | 0 | | 0 | 0 | 0 | 0 | 2 | 0 | 0 | 6 | | 0 | 0 | | | | | 0 | 0 | |
| 20059110 | 非用醋制作或保藏的竹笋罐头 | | 0 | | 0 | | 0 | 2.5 | 0 | 0 | 5 | 12.5 | 0 | 15 | | 0 | 0 | | | | | 0 | 0 | |
| 20059190 | 非用醋制作或保藏的未冷冻的其他竹笋 | | | | 0 | | 0 | 2.5 | 0 | 0 | 5 | 12.5 | 0 | 15 | | 0 | 0 | | | | | 0 | 0 | |
| 20059920 | 蚕豆罐头 | | 0 | | 0 | | 0 | 2.5 | 0 | 0 | 5 | 12.5 | 0 | 15 | | 0 | 0 | | | | | 0 | 0 | |
| 20059940 | 榨菜 | | | | 0 | | 0 | 2.5 | 0 | 0 | 5 | 12.5 | 0 | 15 | | 0 | 0 | | | | | 0 | 0 | |
| 20059950 | 咸蕨菜 | | | | 0 | | 0 | 2.5 | 0 | 0 | 5 | 12.5 | 0 | 15 | | 0 | 0 | | | | | 0 | 0 | |
| 20059960 | 咸荞头 | | | | 0 | | 0 | 2.5 | 0 | 0 | 5 | 12.5 | 0 | 15 | | 0 | 0 | | | | | 0 | 0 | |
| 20059991 | 其他蔬菜及什锦蔬菜罐头 | | 0 | | 0 | | 0 | 0 | 0 | 0 | 5 | 12.5 | 0 | 20 | | 0 | 0 | | | | | 0 | 0 | |
| 20059999 | 非用醋制作的其他蔬菜及什锦蔬菜 | | | | 0 | | 0 | 0 | 0 | 0 | 5 | 15.5 | 0 | 20 | | 0 | 0 | | | | | 0 | 0 | |
| 20060010 | 蜜枣 | 0 | 0 | | 0 | | 0 | 3 | 0 | 0 | 6 | | 0 | 24 | | 0 | 0 | | | | 0 | 0 | 0 | 0 |
| 20060020 | 糖渍制橄榄 | 0 | 0 | | 0 | | 0 | 14.1 | 0 | 0 | 6 | | 0 | 24 | | 0 | 0 | | | | 0 | 0 | 0 | 0 |
| 20060090 | 其他糖渍蔬菜、水果、坚果、果皮 | 0 | 0 | | 0 | | 0 | 14.1 | 0 | 0 | 6 | 0 | 0 | 24 | | 0 | 0 | | | | 0 | 0 | 0 | 0 |
| 20071000 | 烹煮制成的果子均化食品 | | | | 0 | | 0 | 14.1 | 0 | 0 | 6 | 0 | 0 | 24 | | 0 | 0 | | | | | 0 | | |
| 20079100 | 烹煮制成的柑橘属水果 | | 0 | | 0 | | 0 | 3 | 0 | 0 | 6 | 0 | 0 | 24 | | 0 | 0 | | | | 0 | 0 | 0 | 0 |
| 20079910 | 烹煮制成的其他果酱、果冻罐头 | | 0 | 0 | 0 | | 0 | 0.5 | 0 | 0 | 0 | 0 | 0 | 0 | | | 0 | 2.5 | | | | 0 | 0 | 0 |
| 20079990 | 烹煮制成的其他果酱、果冻 | | 0 | 0 | 0 | | 0 | 0.5 | 2.3 | 0 | 0 | 0 | 0 | 0 | | | 0 | 2.5 | | | | 0 | 0 | 0 |
| 20081110 | 花生米罐头 | 0 | 0 | | 0 | | 0 | | 0 | 0 | 6 | | 0 | 24 | | 0 | 0 | | | | | 0 | | |
| 20081120 | 烘焙花生 | 0 | 0 | | 0 | | 0 | | 0 | 0 | 6 | | 0 | 24 | | 0 | 0 | | | 0 | | 0 | 0 | 0 |
| 20081130 | 花生酱 | | 0 | | 0 | | 0 | | 0 | 0 | 6 | | 0 | 24 | | 0 | 0 | | | | | 0 | | |
| 20081190 | 其他非用醋制作的花生 | 0 | 0 | | 0 | | 0 | | 0 | 0 | 6 | | 0 | 24 | | 0 | 0 | | | | | 0 | | |
| 20081910 | 核桃仁罐头 | 0 | 0 | 10 | 0 | 10 | 0 | 2 | 0 | 0 | 4 | 10 | 0 | 14.6 | | 0 | 0 | | 0 | 0 | | 0 | 0 | 0 |
| 20081920 | 其他果仁罐头 | 0 | 0 | 5 | 0 | 6.5 | 0 | 1.3 | 0 | 0 | 2.6 | 6.5 | 0 | 7.8 | | 0 | 0 | | 0 | 0 | | 0 | 0 | 0 |
| 20081991 | 栗仁 | 0 | 0 | 5 | 0 | 5 | 0 | 1 | 0 | 0 | 2 | 6.2 | 0 | 6 | | 0 | 0 | | 0 | 0 | | 0 | 0 | 0 |
| 20081992 | 用其他方法制作或保藏的芝麻 | 0 | 0 | 5 | 0 | 5 | 0 | 0 | 0 | 0 | 2 | 0 | | 6 | | 0 | 0 | | | | | 0 | 0 | |
| 20081999 | 其他坚果及子仁 | 0 | 0 | 5 | 0 | 5 | 0 | 1 | 0 | 0 | 2 | 0 | 0 | 6 | | 0 | 0 | | 0 | 0 | | 0 | 0 | 0 |
| 20082010 | 菠萝罐头 | | 0 | | 5 | | 0 | 1.5 | 7 | 0 | 3 | 7.5 | 0 | 9 | | | 0 | | 0 | | | 0 | 0 | 0 |
| 20082090 | 非用醋制作的其他菠萝 | | | | 5 | | 0 | 1.5 | 7 | 0 | 3 | 7.5 | 0 | 9 | | | 0 | | 0 | | | 0 | 0 | 0 |

| 税则号列 | 商品描述[①] | 协定税率(%) | | | | | | | | | | | | | | | | 特惠税率(%) | | | | | | |
|---|---|---|---|---|---|---|---|---|---|---|---|---|---|---|---|---|---|---|---|---|---|---|---|---|
| | | 香港 | 澳门 | 巴基斯坦 | 东盟 | 亚太 | 智利 | 秘鲁 | 哥斯达黎加 | 新西兰 | 澳大利亚 | 瑞士 | 冰岛 | 韩国 | 台湾 | 新加坡 | 格鲁吉亚 | 亚太2国[②] | 东盟 | | | 最不发达国家 | | |
| | | | | | | | | | | | | | | | | | | | 老挝 | 柬埔寨 | 缅甸 | LDC97[③] | LDC95[④] | LDC60[⑤] |
| 20083010 | 柑橘属水果罐头 | | 0 | | 0 | | 0 | 0 | 9.3 | 0 | 4 | 10 | 0 | 14.6 | | 0 | 0 | | 0 | | | 0 | 0 | 0 |
| 20083090 | 非用醋制作的其他柑橘属水果 | 0 | 0 | | 0 | | 0 | 0 | 0 | 0 | 4 | 10 | 0 | 16 | | 0 | 0 | | 0 | | | 0 | 0 | 0 |
| 20084010 | 梨罐头 | | 0 | | 0 | | 0 | 2 | 0 | 0 | 4 | 10 | 0 | 14.6 | | 0 | 0 | | 0 | | | 0 | 0 | 0 |
| 20084090 | 非用醋制作的其他梨 | | | | 0 | | 0 | 2 | 0 | 0 | 4 | 10 | 0 | 14.6 | | 0 | 0 | | 0 | | | 0 | 0 | 0 |
| 20085000 | 非用醋制作的杏 | | | | 0 | | 0 | 2 | 0 | 0 | 4 | 10 | 0 | 14.6 | | 0 | 0 | | | | | 0 | 0 | |
| 20086010 | 用其他方法制作或保藏的樱桃罐头 | | | | 0 | | 0 | 2 | 0 | 0 | 4 | 10 | 0 | 14.6 | | 0 | 0 | | | | | 0 | 0 | |
| 20086090 | 用其他方法制作或保藏的其他樱桃 | | | | 0 | | 0 | 2 | 0 | 0 | 4 | 10 | 0 | 14.6 | | 0 | 0 | | | | | 0 | 0 | |
| 20087010 | 桃罐头 | | 0 | 5 | 0 | | 0 | 1 | 0 | 0 | 2 | 0 | 0 | 6 | | 0 | 0 | | 0 | | | 0 | 0 | 0 |
| 20087090 | 非用醋制作的其他桃 | 0 | 0 | | 0 | | 0 | 2 | 0 | 0 | 4 | 10 | 0 | 14.6 | | 0 | 0 | | 0 | | | 0 | 0 | 0 |
| 20088000 | 非用醋制作的草莓 | | | 12 | 0 | | 0 | 1.5 | 0 | 0 | 3 | 7.5 | 0 | 9 | | 0 | 0 | | | | | 0 | 0 | |
| 20089100 | 非用醋制作的棕榈芯 | | | 0 | 0 | | 0 | 0 | 0 | 0 | 0 | 0 | 0 | 0 | | | 0 | | | 0 | | 0 | 0 | 0 |
| 20089300 | 用其他方法制作或保藏的蔓越橘 | 0 | 0 | 12 | 0 | | 0 | 1.5 | 0 | 0 | 3 | 0 | 0 | 9 | | 0 | 0 | | | 0 | | 0 | 0 | 0 |
| 20089700 | 用其他方法制作或保藏的什锦果实 | | 0 | 5 | 0 | | 0 | 1 | 0 | 0 | 2 | 0 | 0 | 6 | | 0 | 0 | | | 0 | | 0 | 0 | 0 |
| 20089910 | 荔枝罐头 | 0 | 0 | | 0 | | 0 | 2 | 0 | 0 | 4 | 10 | 0 | 14.6 | | 0 | 0 | | | | | 0 | 0 | |
| 20089920 | 龙眼罐头 | 0 | 0 | | 5 | | 0 | 1.5 | 0 | 0 | 3 | 7.5 | 0 | 9 | | | 0 | | | 0 | | 0 | 0 | 0 |
| 20089931 | 调味紫菜 | 0 | 0 | | 0 | | 0 | 1.5 | 0 | 0 | 3 | 7.5 | 0 | 12 | | 0 | 0 | | | 0 | | 0 | 0 | 0 |
| 20089932 | 盐渍海带 | 0 | 0 | 12 | 0 | | 0 | 1.5 | 0 | 0 | 3 | 7.5 | 0 | 9 | | | 0 | | | 0 | | 0 | 0 | 0 |
| 20089933 | 盐渍裙带菜 | 0 | 0 | 12 | 0 | | 0 | 1.5 | 0 | 0 | 3 | 7.5 | 0 | 9 | | | 0 | | | 0 | | 0 | 0 | 0 |
| 20089934 | 烤紫菜 | 0 | 0 | 12 | 0 | | 0 | 1.5 | 0 | 0 | 3 | 7.5 | 0 | 9 | | | 0 | | | 0 | | 0 | 0 | 0 |
| 20089939 | 其他海草及藻类制品 | 0 | 0 | 12 | 0 | | 0 | 1.5 | 0 | 0 | 3 | 7.5 | 0 | 9 | | | 0 | | | 0 | | 0 | 0 | 0 |
| 20089940 | 清水荸荠(马蹄)罐头 | | 0 | | 0 | | 0 | 2.5 | 0 | 0 | 5 | 12.5 | 0 | 15 | | 0 | 0 | | | | | 0 | 0 | |
| 20089990 | 未列名制作或保藏的水果、坚果 | 0 | 0 | 12 | 0 | | 0 | 1.5 | 0 | 0 | 3 | 0 | 0 | 9 | | 0 | 0 | | | 0 | | 0 | 0 | 0 |
| 20091100 | 冷冻的橙汁 | 0 | 0 | 5 | 0 | | 0 | 0.8 | 0 | 0 | 3.8 | 0 | 0 | 1.5 | | | 0 | | 0 | 0 | | 0 | 0 | 0 |
| 20091200 | 非冷冻的,白利糖度值≤20的橙汁 | 0 | 0 | | 0 | | 0 | 3 | | 0 | 15 | 0 | 0 | 24 | | 0 | 0 | | 0 | 0 | | 0 | 0 | 0 |
| 20091900 | 其他橙汁 | | 0 | | 0 | | 0 | 3 | | 0 | 15 | | 0 | 24 | | 0 | 0 | | 0 | 0 | | 0 | 0 | 0 |
| 20092100 | 白利糖度值≤20的葡萄柚(包括柚)汁 | 0 | 0 | 12 | 0 | | 0 | 0 | 0 | 0 | 3 | 7.5 | 0 | 9 | | 0 | 0 | | 0 | | | 0 | 0 | 0 |
| 20092900 | 其他葡萄柚(包括柚)汁 | | 0 | 12 | 0 | | 0 | 0 | 0 | 0 | 3 | 7.5 | 0 | 9 | | 0 | 0 | | 0 | | | 0 | 0 | 0 |
| 20093110 | 白利糖度值≤20的柠檬汁 | 0 | 0 | 14.4 | 0 | 16.8 | 0 | 1.8 | 0 | 0 | 3.6 | 9 | 0 | 13.2 | | 0 | 0 | 9 | | 0 | | 0 | 0 | 0 |
| 20093190 | 其他未混合的白利糖度值≤20的桔汁属水果汁 | 0 | 0 | 14.4 | 0 | 16.8 | 0 | 1.8 | 0 | 0 | 3.6 | 9 | 0 | 13.2 | | 0 | 0 | 9 | | 0 | | 0 | 0 | 0 |
| 20093910 | 白利糖度值>20的柠檬汁 | | 0 | 14.4 | 0 | 16.8 | 0 | 0 | 0 | 0 | 3.6 | 9 | 0 | 13.2 | | 0 | 0 | 9 | | 0 | | 0 | 0 | 0 |
| 20093990 | 其他未混合的柑橘属水果汁,白利糖度值≤20 | | 0 | 14.4 | 0 | 16.8 | 0 | 0 | 0 | 0 | 3.6 | 9 | 0 | 13.2 | | 0 | 0 | 9 | | 0 | | 0 | 0 | 0 |
| 20094100 | 白利糖度值≤20的菠萝汁 | 0 | 0 | | 5 | | 0 | 0 | 0 | 0 | 2 | 0 | 0 | 6 | | | 0 | | 0 | 0 | | 0 | 0 | 0 |
| 20094900 | 其他菠萝汁 | | 0 | | 5 | | 0 | 0 | 0 | 0 | 2 | 0 | 0 | 6 | | | 0 | | 0 | 0 | | 0 | 0 | 0 |

| 税则号列 | 商品描述[1] | 协定税率(%) | | | | | | | | | | | | | | | | 特惠税率(%) | | | | | | |
|---|---|---|---|---|---|---|---|---|---|---|---|---|---|---|---|---|---|---|---|---|---|---|---|---|
| | | 香港 | 澳门 | 巴基斯坦 | 东盟 | 亚太 | 智利 | 秘鲁 | 哥斯达黎加 | 新西兰 | 澳大利亚 | 瑞士 | 冰岛 | 韩国 | 台湾 | 新加坡 | 格鲁吉亚 | 亚太2国[2] | 东盟 | | | 最不发达国家 | | |
| | | | | | | | | | | | | | | | | | | | 老挝 | 柬埔寨 | 缅甸 | LDC97[3] | LDC95[4] | LDC60[5] |
| 20095000 | 番茄汁 | | 0 | | 0 | | 0 | 3 | 0 | 0 | 6 | | 0 | 24 | | 0 | 0 | 15 | 0 | | | 0 | 0 | 0 |
| 20096100 | 白利糖度值≤30 的葡萄汁,包括酿酒葡萄汁 | 0 | 0 | | 0 | | 0 | 5 | 0 | 0 | 4 | 10 | 0 | 14.6 | | 0 | 0 | | | | | 0 | 0 | |
| 20096900 | 葡萄汁,包括酿酒葡萄汁 | | 0 | | 0 | | 0 | 5 | 0 | 0 | 4 | 10 | 0 | 14.6 | | 0 | 0 | | | | | 0 | 0 | |
| 20097100 | 白利糖度值≤20 的苹果汁 | 0 | 0 | | 0 | | 0 | 0 | 0 | 0 | 4 | 10 | 0 | 14.6 | | 0 | 0 | | | | | 0 | 0 | |
| 20097900 | 其他苹果汁 | | 0 | | 0 | | 0 | 2 | 0 | 0 | 4 | 10 | 0 | 14.6 | | 0 | 0 | | | | | 0 | 0 | |
| 20098100 | 蔓越橘汁 | 0 | 0 | 10 | 0 | 10 | 0 | 2 | 0 | 0 | 4 | 10 | 0 | 14.6 | | 0 | 0 | | 0 | | 0 | 0 | 0 | 0 |
| 20098912 | 芒果汁 | 0 | 0 | 16 | 0 | 17.4 | 0 | 2 | 0 | 0 | 4 | 10 | 0 | 14.6 | | 0 | 0 | | 0 | | 0 | 0 | 0 | 0 |
| 20098913 | 西番莲果汁 | 0 | 0 | 16 | 0 | 17.4 | 0 | 2 | 0 | 0 | 4 | 10 | 0 | 14.6 | | 0 | 0 | | 0 | | 0 | 0 | 0 | 0 |
| 20098914 | 番石榴果汁 | 0 | 0 | 16 | 0 | 17.4 | 0 | 2 | 0 | 0 | 4 | 10 | 0 | 14.6 | | 0 | 0 | | 0 | | 0 | 0 | 0 | 0 |
| 20098915 | 梨汁 | 0 | 0 | 10 | 0 | 10 | 0 | 2 | 0 | 0 | 4 | 10 | 0 | 14.6 | | 0 | 0 | | 0 | | 0 | 0 | 0 | 0 |
| 20098919 | 其他未混合的水果汁 | 0 | 0 | 10 | 0 | 10 | 0 | 2 | 0 | 0 | 4 | 10 | 0 | 14.6 | | 0 | 0 | | 0 | | 0 | 0 | 0 | 0 |
| 20098920 | 其他未混合蔬菜汁 | 0 | 0 | 10 | 0 | 10 | 0 | 2 | 0 | 0 | 4 | 10 | 0 | 14.6 | | 0 | 0 | | | | 0 | 0 | 0 | 0 |
| 20099010 | 混合水果汁 | 0 | 0 | 16 | 0 | 17.4 | 0 | 0 | 0 | 0 | 4 | 10 | 0 | 14.6 | | 0 | 0 | 10 | 0 | 0 | | 0 | 0 | 0 |
| 20099090 | 混合蔬菜汁,水果与蔬菜的混合汁 | 0 | 0 | | 0 | | 0 | 0 | 0 | 0 | 4 | 10 | 0 | 14.6 | | 0 | 0 | 10 | 0 | 0 | | 0 | 0 | 0 |
| 21011100 | 咖啡浓缩精汁 | 0 | 0 | 13.6 | 0 | | 0 | | 0 | 0 | 3.4 | | 0 | 12.4 | | 0 | 0 | | | | | 0 | 0 | 0 |
| 21011200 | 以咖啡浓缩精汁或咖啡为基本成分的制品 | 0 | 0 | | 0 | | 0 | | 0 | 0 | 6 | | 0 | 24 | | 0 | 0 | | | | | 0 | | |
| 21012000 | 茶、马黛茶浓缩精汁及其制品 | 0 | 0 | 16 | 0 | 16 | 0 | 3.2 | 0 | 0 | 6.4 | 0 | 0 | | | 0 | 0 | | | | | 0 | 0 | |
| 21013000 | 烘焙咖啡代用品及其浓缩精汁 | | | | 0 | | 0 | | 0 | 0 | 6.4 | | | 25.6 | | 0 | 0 | | | | | 0 | 0 | |
| 21021000 | 活性酵母 | 0 | 0 | | 0 | | 0 | 2.5 | 0 | 0 | 5 | 0 | 0 | 20 | | 0 | 0 | | | | | 0 | 0 | |
| 21022000 | 非活性酵母;已死的其他单细胞微生物 | | 0 | | 0 | | 0 | 2.5 | 0 | 0 | 5 | 0 | 0 | 20 | | 0 | 0 | | | | | 0 | 0 | |
| 21023000 | 发酵粉 | | 0 | | 0 | | 0 | 2.5 | 0 | 0 | 5 | | 0 | 20 | | 0 | 0 | | | | | 0 | 0 | |
| 21031000 | 酱油 | 0 | 0 | | 0 | | 0 | 2.8 | 0 | 0 | 5.6 | 14 | 0 | 22.4 | | 0 | 0 | | | 0 | | 0 | 0 | 0 |
| 21032000 | 番茄沙司及其他番茄调味汁 | 0 | 0 | 12 | 0 | | 0 | 1.5 | 0 | 0 | 3 | 7.5 | | 9 | | 0 | 0 | | | 0 | | 0 | 0 | 0 |
| 21033000 | 芥子粉及其调味品 | | 0 | 12 | 0 | | 0 | 1.5 | 0 | 0 | 3 | 7.5 | | 9 | | 0 | 0 | | | 0 | | 0 | 0 | 0 |
| 21039010 | 味精 | 0 | 0 | 18.2 | 0 | 18.2 | 0 | 2.1 | 0 | 0 | 4.2 | 10.5 | 0 | 16.8 | | 0 | 0 | | | | | 0 | 0 | |
| 21039020 | 别特油(Aromatic bitters) | 0 | 0 | | 0 | | 0 | 9.9 | 0 | 0 | 4.2 | 10.5 | 0 | 16.8 | | 0 | 0 | | | | | 0 | 0 | |
| 21039090 | 其他调味品 | 0 | 0 | 18.4 | 0 | 18.4 | 0 | 5.2 | 0 | 0 | 4.2 | 12.2 | 0 | 16.8 | | 0 | 0 | | | | | 0 | 0 | 0 |
| 21041000 | 汤料及其制品 | 0 | 0 | 12 | 0 | | 0 | 1.5 | 0 | 0 | 3 | 7.5 | 0 | 9 | | 0 | 0 | | | | | 0 | 0 | |
| 21042000 | 均化混合食品 | | 0 | | 0 | | 0 | 3.2 | 0 | 0 | 6.4 | | | 25.6 | | 0 | 0 | | | | | 0 | 0 | |
| 21050000 | 冰淇淋及其他冰制食品,不论是否含可可 | 0 | 0 | | 0 | | 0 | 1.9 | 0 | 0 | 3.8 | 0 | 0 | | | 0 | 0 | | | | | 0 | 0 | |
| 21061000 | 浓缩蛋白质及人造蛋白物质 | | 0 | 5 | 0 | | 0 | 1 | 0 | 0 | 2 | 0 | 0 | 6 | | 0 | 0 | | | | | 0 | 0 | |
| 21069010 | 制造碳酸饮料的浓缩物 | 0 | 0 | | 0 | | 0 | 3.5 | 0 | 0 | 7 | | 0 | 28 | | 0 | 0 | | | | | 0 | 0 | |
| 21069020 | 制造饮料用的复合酒精制品 | 0 | 0 | | 0 | | 0 | 2 | 0 | 0 | 4 | 10 | 0 | 14.6 | | 0 | 0 | | | | | 0 | 0 | |
| 21069030 | 蜂王浆制剂 | 0 | 0 | 0 | 0 | | 0 | 0 | 0 | 0 | 0 | 0 | 0 | 0 | | | 0 | | 0 | | | 0 | 0 | 0 |
| 21069040 | 椰子汁 | 0 | 0 | 9 | 5 | 9 | 0 | 1 | 0 | 0 | 2 | 0 | 0 | 6 | | | 0 | | 0 | | 0 | 0 | 0 | 0 |
| 21069050 | 海豹油胶囊 | 0 | 0 | 18.4 | 0 | 18.4 | 0 | 2 | 0 | 0 | 4 | 11.7 | 0 | 18.7 | | 0 | 0 | | | | | 0 | 0 | |

| 税则号列 | 商品描述[①] | 协定税率(%) | | | | | | | | | | | | | | | | 特惠税率(%) | | | | | | |
|---|---|---|---|---|---|---|---|---|---|---|---|---|---|---|---|---|---|---|---|---|---|---|---|---|
| | | 香港 | 澳门 | 巴基斯坦 | 东盟 | 亚太 | 智利 | 秘鲁 | 哥斯达黎加 | 新西兰 | 澳大利亚 | 瑞士 | 冰岛 | 韩国 | 台湾 | 新加坡 | 格鲁吉亚 | 亚太2国[②] | 东盟 | | | 最不发达国家 | | |
| | | | | | | | | | | | | | | | | | | | 老挝 | 柬埔寨 | 缅甸 | LDC97[③] | LDC95[④] | LDC60[⑤] |
| 21069090 | 其他编号未列名的食品 | 0 | 0 | 18.4 | 0 | 18.4 | 0 | 2 | 0 | 0 | 4 | 11.7 | 0 | 18.7 | | 0 | | | | | | 0 | 0 | |
| 22011010 | 未加糖及未加味的矿泉水 | 0 | 0 | | 0 | | 0 | 2 | 0 | 0 | 4 | 10 | 0 | 16 | | 0 | 0 | | | | | 0 | 0 | 0 |
| 22011020 | 未加糖及未加味的汽水 | | 0 | | 0 | | 0 | 2 | 0 | 0 | 4 | 10 | 0 | 14.6 | | 0 | 0 | | | | | 0 | 0 | 0 |
| 22019011 | 已包装的天然水 | 0 | 0 | 5 | 0 | | 0 | 0 | 0 | 0 | 2 | 0 | 0 | 6 | | 0 | 0 | | | | | | | |
| 22019019 | 未包装的天然水 | 0 | 0 | 5 | 0 | | 0 | 0 | 0 | 0 | 2 | 0 | 0 | 6 | | 0 | 0 | | | | | | | |
| 22019090 | 其他水、冰及雪 | 0 | 0 | 5 | 0 | | 0 | 0 | 0 | 0 | 2 | 0 | 0 | 6 | | 0 | 0 | | | | | 0 | 0 | |
| 22021000 | 加味、加糖或其他甜物质的水 | 0 | 0 | | 0 | | 0 | 2 | 0 | 0 | 4 | 10 | 0 | 16 | | 0 | 0 | | | | | 0 | 0 | |
| 22029100 | 无醇啤酒 | 0 | 0 | 29.5 | 0 | 29.5 | 0 | 3.5 | 0 | 0 | 7 | 20.4 | 0 | 28 | | 0 | 0 | | | | | 0 | 0 | 0 |
| 22029900 | 其他无酒精饮料 | 0 | 0 | 29.5 | 0 | 29.5 | 0 | 3.5 | 0 | 0 | 7 | 20.4 | 0 | 28 | | 0 | 0 | | | | | 0 | 0 | 0 |
| 22030000 | 麦芽酿造的啤酒 | | | | | | | | | | | | | | | | | | | | | 0 | 0 | 0 |
| 22041000 | 葡萄汽酒 | | 0 | 11.2 | 0 | | 0 | 1.4 | 0 | 0 | 2.8 | 7 | 0 | 8.4 | | 0 | 0 | | | | | 0 | 0 | |
| 22042100 | 小包装的鲜葡萄酿造的酒 | 0 | 0 | 11.2 | 0 | | 0 | 5.6 | 0 | 0 | 2.8 | 7 | 0 | 8.4 | | 0 | 0 | | | | | 0 | 0 | |
| 22042200 | 装入2升以上但不超过10升容器的鲜葡萄酿造的酒 | | | | 0 | | 0 | 8 | 0 | 0 | 4 | 10 | 0 | 14.6 | | 0 | 0 | | | | | 0 | 0 | |
| 22042900 | 其他包装的鲜葡萄酿造的酒 | | | | 0 | | 0 | 8 | 0 | 0 | 4 | 10 | 0 | 14.6 | | 0 | 0 | | | | | 0 | 0 | |
| 22043000 | 其他酿酒葡萄汁 | | | | 0 | | 0 | 7.5 | 0 | 0 | 6 | | 0 | 24 | | 0 | 24 | | | | | | | |
| 22051000 | 小包装的味美思酒及类似酒 | 0 | | | 0 | | 0 | 16.2 | 0 | 0 | 13 | | | 52 | | 0 | 0 | | | | | | | |
| 22059000 | 其他包装的味美思酒及类似酒 | | | | 0 | | 0 | 16.2 | 0 | 0 | 13 | | | 52 | | 0 | 0 | | | | | | | |
| 22060010 | 黄酒 | 0 | 0 | | 0 | | 0 | 4.4 | 0 | 0 | 8 | | 0 | 32 | | 0 | 0 | | | | | 0 | 0 | |
| 22060090 | 其他发酵饮料 | 0 | 0 | | 0 | | 0 | 4.4 | 0 | 0 | 8 | | 0 | 32 | | 0 | 0 | | | | | 0 | 0 | |
| 22071000 | 浓度≥80%的未改性乙醇 | | 0 | 0 | 0 | | 0 | 4 | 0 | 0 | 8 | | 0 | 32 | | 0 | 0 | | | | | 0 | 0 | |
| 22072000 | 任何浓度的改性乙醇及其他酒精 | | | 0 | 0 | | 0 | 0 | 0 | 0 | 6 | | 0 | 24 | | 0 | 0 | | | | | 0 | 0 | |
| 22082000 | 蒸馏葡萄酒制得的烈性酒 | | | 5 | 0 | | 0 | 1 | 0 | 0 | 2 | 0 | 0 | 6 | | 0 | 0 | | | | | 0 | 0 | 0 |
| 22083000 | 威士忌酒 | | | 5 | 0 | | 0 | 1 | 0 | 0 | 2 | 0 | 0 | 6 | | 0 | 0 | | | | | 0 | 0 | 0 |
| 22084000 | 朗姆酒及蒸馏已发酵甘蔗产品制得的其他烈性酒 | | | 5 | 0 | | 0 | 0 | 0 | 0 | 2 | 0 | 0 | 6 | | 0 | 8 | | | | | 0 | 0 | 0 |
| 22085000 | 杜松子酒 | | | 5 | 0 | | 0 | 0 | 0 | 0 | 2 | 0 | | 6 | | 0 | 8 | | | | | 0 | 0 | 0 |
| 22086000 | 伏特加酒 | | | 5 | 0 | 8.8 | 0 | 0 | 0 | 0 | 2 | 0 | | 6 | | 0 | 0 | | | | | 0 | 0 | 0 |
| 22087000 | 利口酒及柯迪尔酒 | 0 | | 5 | 0 | 8.8 | 0 | 1 | 0 | 0 | 2 | 0 | 0 | 6 | | 0 | 0 | | | | | 0 | 0 | 0 |
| 22089010 | 龙舌兰酒 | | | 5 | 0 | 8.8 | 0 | 0 | 0 | 0 | 2 | 0 | 0 | 6 | | 0 | 8 | | | | | 0 | 0 | |
| 22089020 | 白酒 | | 0 | 5 | 0 | 8.8 | 0 | 1 | 0 | 0 | 2 | 0 | 0 | 6 | | 0 | 8 | | | | | 0 | 0 | 0 |
| 22089090 | 其他蒸馏酒及酒精饮料 | | 0 | 5 | 0 | 8.8 | 0 | 1 | 0 | 0 | 2 | 0 | 0 | 8 | | 0 | 0 | | | | | 0 | 0 | 0 |
| 22090000 | 醋及醋酸制得的醋代用品 | 0 | 0 | | 0 | | 0 | 2 | 0 | 0 | 4 | 10 | 0 | 14.6 | | 0 | 0 | | | | | 0 | 0 | |
| 23011011 | 含牛羊成分的肉骨粉 | | | 0 | 0 | | 0 | 0 | 0 | 0 | 0 | 0 | 0 | 0 | | | 0 | | | | | 0 | 0 | 0 |
| 23011019 | 其他动物的肉骨粉 | | | 0 | 0 | | 0 | 0 | 0 | 0 | 0 | 0 | 0 | 0 | | | 0 | | | | | 0 | 0 | 0 |
| 23011020 | 油渣 | 0 | | 0 | 0 | | 0 | 0 | 0 | 0 | 0 | 0 | 0 | 0 | | | 0 | | | | | 0 | 0 | 0 |
| 23011090 | 其他不适于供人食用的肉渣粉 | | | 0 | 0 | | 0 | 0 | 0 | 0 | 0 | 0 | 0 | 0 | | | 0 | | | | | 0 | 0 | 0 |
| 23012010 | 饲料用鱼粉 | 0 | 0 | 0 | 0 | 0 | 0 | 0 | 0.4 | 0 | 0 | 0 | 0 | 0 | | | 0 | | | | | 0 | 0 | 0 |

| 税则号列 | 商品描述[①] | 协定税率(%) | | | | | | | | | | | | | | | | 特惠税率(%) | | | | | | |
|---|---|---|---|---|---|---|---|---|---|---|---|---|---|---|---|---|---|---|---|---|---|---|---|---|
| | | 香港 | 澳门 | 巴基斯坦 | 东盟 | 亚太 | 智利 | 秘鲁 | 哥斯达黎加 | 新西兰 | 澳大利亚 | 瑞士 | 冰岛 | 韩国 | 台湾 | 新加坡 | 格鲁吉亚 | 亚太2国[②] | 东盟 | | | 最不发达国家 | | |
| | | | | | | | | | | | | | | | | | | | 老挝 | 柬埔寨 | 缅甸 | LDC97[③] | LDC95[④] | LDC60[⑤] |
| 23012090 | 其他不适于供人食用的水产品渣粉 | 0 | 0 | 0 | 0 | 0 | 0 | 0 | 0 | 0 | 0 | 0 | 0 | 0 | | | 0 | | | | | 0 | 0 | 0 |
| 23021000 | 玉米糠、麸及其他残渣 | | | 0 | 0 | | 0 | 0 | 0 | 0 | 0 | 0 | 0 | 0 | | | 4 | | | | | 0 | 0 | 0 |
| 23023000 | 小麦糠、麸及其他残渣 | | | 0 | 0 | | 0 | 0 | 0 | 0 | 0 | 0 | 0 | 0 | | | 2.4 | | | | | 0 | 0 | 0 |
| 23024000 | 其他谷物糠、麸及其他残渣 | | | 0 | 0 | | 0 | 0 | 0 | 0 | 0 | 0 | 0 | 0 | | | 4 | | | | | 0 | 0 | 0 |
| 23025000 | 豆类植物糠、麸及其他残渣 | 0 | 0 | 0 | 0 | | 0 | 0 | 0 | 0 | 0 | 0 | 0 | 0 | | | 4 | | | | | 0 | 0 | 0 |
| 23031000 | 制造淀粉过程中的残渣及类似品 | | | 0 | 0 | | 0 | 0 | 0 | 0 | 0 | 0 | 0 | 0 | | | 4 | | | | | 0 | 0 | 0 |
| 23032000 | 甜菜渣、甘蔗渣及制糖过程中的其他残渣 | | | 0 | 0 | | 0 | 0 | 0 | 0 | 0 | 0 | 0 | 0 | | | 4 | | | | | 0 | 0 | 0 |
| 23033000 | 酿造及蒸馏过程中的糟粕及残渣 | | | 0 | 0 | | 0 | 0 | 0 | 0 | 0 | 0 | 0 | 0 | | | 4 | | | | | 0 | 0 | 0 |
| 23040010 | 提炼豆油所得的油渣饼(豆饼) | | | 0 | 0 | 0 | 0 | 0 | 0 | 0 | 1 | 0 | 0 | 0 | | | 4 | | | | | 0 | 0 | 0 |
| 23040090 | 提炼豆油所得的其他固体残渣 | | | 0 | 0 | 0 | 0 | 0 | 0 | 0 | 1 | 0 | 0 | 0 | | | 4 | | | | | 0 | 0 | 0 |
| 23050000 | 花生饼及类似油渣 | | | 0 | 0 | | 0 | 0 | 0 | 0 | 1 | 0 | 0 | 0 | | | 4 | | | | | 0 | 0 | 0 |
| 23061000 | 棉子油渣饼及固体残渣 | | | 0 | 0 | | 0 | 0 | 0 | 0 | 0 | 0 | 0 | 0 | | | 4 | | | | | 0 | 0 | 0 |
| 23062000 | 亚麻子油渣饼及固体残渣 | | | 0 | 0 | | 0 | 0 | 0 | 0 | 0 | 0 | 0 | 0 | | | 4 | | 0 | | | 0 | 0 | 0 |
| 23063000 | 葵花子油渣饼及固体残渣 | | | 0 | 0 | | 0 | 0 | 0 | 0 | 1 | 0 | 0 | 0 | | | 4 | | | | | 0 | 0 | 0 |
| 23064100 | 低芥子酸的油菜子油渣饼及固体残渣 | | | 0 | 0 | | 0 | 0 | 0 | 0 | 1 | 0 | 0 | 0 | | | 4 | | | | | 0 | 0 | |
| 23064900 | 油菜子油渣饼及固体残渣 | | | 0 | 0 | | 0 | 0 | 0 | 0 | 1 | 0 | 0 | 0 | | | 4 | | | | | 0 | 0 | |
| 23065000 | 椰子或干椰肉油渣饼及固体残渣 | | | 0 | 0 | 2.5 | 0 | 0 | 0 | 0 | 0 | 0 | 0 | 0 | | | 0 | | | 0 | | 0 | 0 | 0 |
| 23066000 | 油棕果或油棕仁油渣饼及固体残渣 | | | 0 | 0 | | 0 | 0 | 0 | 0 | 1 | 0 | 0 | 0 | | | 0 | | | 0 | | 0 | 0 | 0 |
| 23069000 | 其他油渣饼及固体残渣 | | | 0 | 0 | | 0 | 0 | 0 | 0 | 1 | 0 | 0 | 0 | | | 4 | | 0 | | | 0 | 0 | 0 |
| 23070000 | 葡萄酒渣、粗酒石 | | | 0 | 0 | | 0 | 0 | 0 | 0 | 0 | 0 | 0 | 0 | | | 0 | | | | | 0 | 0 | 0 |
| 23080000 | 动物饲料用其他植物产品 | | | 0 | 0 | | 0 | 0 | 0 | 0 | 0 | 0 | 0 | 0 | | | 0 | | | | | 0 | 0 | |
| 23091010 | 零售包装的狗食或猫食罐头 | 0 | 0 | 12 | 0 | | 0 | 1.5 | 0 | 0 | 3 | 7.5 | 0 | 9 | | 0 | 0 | | | | | 0 | 0 | |
| 23091090 | 零售包装的其他狗食或猫食 | 0 | 0 | 12 | 0 | | 0 | 1.5 | 0 | 0 | 3 | 7.5 | 0 | 9 | | 0 | 0 | | | | | 0 | 0 | |
| 23099010 | 制成的饲料添加剂 | 0 | 0 | 0 | 0 | 2.5 | 0 | 0.5 | 0 | 0 | 0 | 0 | 0 | 0 | | | 0 | | | | | 0 | 0 | 0 |
| 23099090 | 其他配制的动物饲料 | 0 | 0 | 0 | 0 | 3.3 | 0 | 0.6 | 0 | 0 | 1.3 | 0 | 0 | 3.9 | | | 0 | | | | | 0 | 0 | 0 |
| 24011010 | 未去梗的烤烟 | | | 9.4 | 5 | 9.4 | 0 | | | 0 | | | | | | | | | | | | | | |
| 24011090 | 其他未去梗的烟草 | | | | 5 | | 0 | | | 0 | | | | | | | | | | | | | | |
| 24012010 | 部分或全部去梗的烤烟 | | | | 5 | | 0 | | | 0 | | | | | | | | | | | | | | |
| 24012090 | 部分或全部去梗的其他烟草 | | | | 5 | | 0 | | | 0 | | | | | | | | | | | | | | |
| 24013000 | 烟草废料 | | | | 5 | | 0 | 1 | | 0 | | | | | | | | | | | | 0 | 0 | 0 |
| 24021000 | 烟草制的雪茄烟 | | | | | | 0 | | | 0 | | | | | | | | | | | | | | |
| 24022000 | 烟草制的卷烟 | | | | | | 0 | | | 0 | | | | | | | | | | | | | | |
| 24029000 | 烟草代用品制的雪茄烟及卷烟 | | | | | | 0 | | | 0 | | | | | | | | | | | | | | |

| 税则号列 | 商品描述[①] | 协定税率(%) | | | | | | | | | | | | | | | | 特惠税率(%) | | | | | | |
|---|---|---|---|---|---|---|---|---|---|---|---|---|---|---|---|---|---|---|---|---|---|---|---|---|
| | | 香港 | 澳门 | 巴基斯坦 | 东盟 | 亚太 | 智利 | 秘鲁 | 哥斯达黎加 | 新西兰 | 澳大利亚 | 瑞士 | 冰岛 | 韩国 | 台湾 | 新加坡 | 格鲁吉亚 | 亚太2国[②] | 东盟 | | | 最不发达国家 | | |
| | | | | | | | | | | | | | | | | | | | 老挝 | 柬埔寨 | 缅甸 | LDC97[③] | LDC95[④] | LDC60[⑤] |
| 24031100 | 本章子目注释所述的水烟料 | | | 50 | 50 | 50 | 0 | | | 0 | | | | | | | | | | | | | | |
| 24031900 | 其他供吸用的烟草 | | | 50 | 50 | 50 | 0 | | | 0 | | | | | | | | | | | | | | |
| 24039100 | “均化”或“再造”烟草 | | | | 50 | | 0 | | | 0 | | | | | | | | | | | | | | |
| 24039900 | 其他烟草及烟草代用品的制品;烟草精汁 | | | | 50 | | 0 | | | 0 | | | | | | | | | | | | | | |
| 25010011 | 食用盐 | | | | | | | | | | | | | | | | | | | | | 0 | 0 | 0 |
| 25010019 | 其他盐 | | | | | | | | | | | | | | | | | | | | | 0 | 0 | 0 |
| 25010020 | 纯氯化钠 | | | 0 | 0 | | 0 | 0 | 0 | 0 | 0 | 0 | 0 | 0 | | | 0 | | 0 | | | 0 | 0 | 0 |
| 25010030 | 海水 | | | | | | | | | | | | | | | | | | | | | 0 | 0 | 0 |
| 25020000 | 未焙烧的黄铁矿 | | | 0 | 0 | | 0 | 0 | 0 | 0 | 0 | 0 | 0 | 0 | | | 0 | | | | | 0 | 0 | 0 |
| 25030000 | 硫磺,但升华硫磺、沉淀硫磺及胶态硫磺除外 | | | 0 | 0 | | 0 | 0 | 0 | 0 | 0 | 0 | 0 | 0 | | | 0 | | | | | 0 | 0 | |
| 25041010 | 鳞片状天然石墨 | | | 0 | 0 | | 0 | 0 | 0 | 0 | 0 | 1.5 | 0 | 0 | | | 0 | | | | | 0 | 0 | 0 |
| 25041091 | 球化石墨 | | | 0 | 0 | | 0 | 0 | 0 | 0 | 0 | 0 | 0 | 0 | | | 0 | | | | | 0 | 0 | 0 |
| 25041099 | 其他粉末状天然石墨 | | | 0 | 0 | | 0 | 0 | 0 | 0 | 0 | 0 | 0 | 0 | | | 0 | | | | | 0 | 0 | 0 |
| 25049000 | 其他天然石墨 | | | 0 | 0 | | 0 | 0 | 0 | 0 | 0 | 0 | 0 | 0 | | | 0 | | | | | 0 | 0 | 0 |
| 25051000 | 硅砂及石英砂,不论是否着色 | | | 0 | 0 | | 0 | 0 | 0 | 0 | 0 | 0 | 0 | 0.6 | | | 0 | | | | | 0 | 0 | 0 |
| 25059000 | 其他天然砂,不论是否着色 | | | 0 | 0 | | 0 | 0 | 0 | 0 | 0 | 0 | 0 | 0 | | | 0 | | | | | 0 | 0 | 0 |
| 25061000 | 石英 | | | 0 | 0 | | 0 | 0 | 0 | 0 | 0 | 0 | 0 | 0 | | | 0 | | | | | 0 | 0 | 0 |
| 25062000 | 石英岩,不论是否切割成矩形板、块 | | | 0 | 0 | | 0 | 0 | 0 | 0 | 0 | 0 | 0 | 0 | | | 0 | | | | | 0 | 0 | 0 |
| 25070010 | 不论是否煅烧的高岭土 | | | 0 | 0 | | 0 | 0 | 0 | 0 | 0 | 0 | 0 | 0 | | | 0 | | | | | 0 | 0 | 0 |
| 25070090 | 不论是否煅烧的类似土 | | | 0 | 0 | | 0 | 0 | 0 | 0 | 0 | 0 | 0 | 0 | | | 0 | | | | | 0 | 0 | 0 |
| 25081000 | 膨润土,不论是否煅烧 | | | 0 | 0 | | 0 | 0 | 0 | 0 | 0 | 0 | 0 | 0 | | | 0 | | | | | 0 | 0 | 0 |
| 25083000 | 耐火黏土,不论是否煅烧 | | | 0 | 0 | | 0 | 0 | 0 | 0 | 0 | 0 | 0 | 0 | | | 0 | | | | | 0 | 0 | 0 |
| 25084000 | 其他黏土,不论是否煅烧 | | | 0 | 0 | | 0 | 0 | 0 | 0 | 0 | 0 | 0 | 0 | | | 0 | | | | | 0 | 0 | 0 |
| 25085000 | 红柱石、蓝晶石及硅线石,不论是否煅烧 | | | 0 | 0 | | 0 | 0 | 0 | 0 | 0 | 0 | 0 | 0 | | | 0 | | | | | 0 | 0 | 0 |
| 25086000 | 富铝红柱石 | | | 0 | 0 | | 0 | 0 | 0 | 0 | 0 | 0 | 0 | 0 | | | 0 | | | | | 0 | 0 | 0 |
| 25087000 | 火泥及第纳斯土 | | | 0 | 0 | | 0 | 0 | 0 | 0 | 0 | 1.5 | 0 | 0 | | | 0 | | | | | 0 | 0 | 0 |
| 25090000 | 白垩 | | | 0 | 0 | | 0 | 0 | 0 | 0 | 0 | 0 | 0 | 0 | | | 0 | | | | | 0 | 0 | 0 |
| 25101010 | 未碾磨磷灰石 | | | 0 | 0 | | 0 | 0 | 0 | 0 | 0 | 0 | 0 | 0 | | | 0 | | | | | 0 | 0 | 0 |
| 25101090 | 未碾磨天然磷酸钙、天然磷酸铝钙及磷酸盐白垩,磷灰石除外 | | | 0 | 0 | | 0 | 0 | 0 | 0 | 0 | 0 | 0 | 0 | | | 0 | | | | | 0 | 0 | 0 |
| 25102010 | 已碾磨磷灰石 | | | 0 | 0 | | 0 | 0 | 0 | 0 | 0 | 0 | 0 | 0 | | | 0 | | | | | 0 | 0 | 0 |
| 25102090 | 已碾磨天然磷酸钙、天然磷酸铝钙及磷酸盐白垩,磷灰石除外 | | | 0 | 0 | | 0 | 0 | 0 | 0 | 0 | 0 | 0 | 0 | | | 0 | | | | | 0 | 0 | 0 |
| 25111000 | 天然硫酸钡(重晶石) | | | 0 | 0 | | 0 | 0 | 0 | 0 | 0 | 0 | 0 | 0 | | | 0 | | | | | 0 | 0 | |
| 25112000 | 天然碳酸钡(毒重石),不论是否煅烧 | | | 0 | 0 | | 0 | 0 | 0 | 0 | 0 | 0 | 0 | 0 | | | 0 | | | | | 0 | 0 | |

| 税则号列 | 商品描述[①] | 协定税率(%) | | | | | | | | | | | | | | | | 特惠税率(%) | | | | | | |
|---|---|---|---|---|---|---|---|---|---|---|---|---|---|---|---|---|---|---|---|---|---|---|---|---|
| | | 香港 | 澳门 | 巴基斯坦 | 东盟 | 亚太 | 智利 | 秘鲁 | 哥斯达黎加 | 新西兰 | 澳大利亚 | 瑞士 | 冰岛 | 韩国 | 台湾 | 新加坡 | 格鲁吉亚 | 亚太2国[②] | 东盟 | | | 最不发达国家 | | |
| | | | | | | | | | | | | | | | | | | | 老挝 | 柬埔寨 | 缅甸 | LDC97[③] | LDC95[④] | LDC60[⑤] |
| 25120010 | 硅藻土 | | | 0 | 0 | | 0 | 0 | 0 | 0 | 0 | 0 | 0 | 0 | | | 0 | | | | | 0 | 0 | 0 |
| 25120090 | 其他硅质化石粗粉及类似的硅质土 | | | 0 | 0 | | 0 | 0 | 0 | 0 | 0 | 0 | 0 | 0 | | | 0 | | | | | 0 | 0 | 0 |
| 25131000 | 浮石 | | | 0 | 0 | | 0 | 0 | 0 | 0 | 0 | 0 | 0 | 0 | | | 0 | | | | | 0 | 0 | 0 |
| 25132000 | 刚玉岩、天然刚玉砂、天然石榴石及其他天然磨料 | | | 0 | 0 | | 0 | 0 | 0 | 0 | 0 | 0 | 0 | 0 | | | 0 | | | | | 0 | 0 | 0 |
| 25140000 | 板岩,不论是否粗加修整或切割成矩形板、块 | | | 0 | 0 | | 0 | 0 | 0 | 0 | 0 | 0 | 0 | 0 | | | 0 | | | | | 0 | 0 | 0 |
| 25151100 | 原状或粗加修整大理石及石灰华 | | | 0 | 0 | | 0 | 0 | 0 | 0 | 0 | 0 | 0 | 0 | | | 0 | | | | | 0 | 0 | 0 |
| 25151200 | 矩形大理石及石灰华 | | | 0 | 0 | | 0 | 0 | 0 | 0 | 0 | 0 | 0 | 0 | | | 0 | | | | | 0 | 0 | 0 |
| 25152000 | 其他石灰质碑用或建筑用石;蜡石,不论是否粗加修整或切割成矩形板、块 | | | 0 | 0 | | 0 | 0 | 0 | 0 | 0 | 0 | 0 | 0 | | | 2.4 | | | | | 0 | 0 | 0 |
| 25161100 | 原状或粗加修整的花岗岩 | | | 0 | 0 | 2 | 0 | 0 | 0 | 0 | 0 | 0 | 0 | 0 | | | 0 | | | | | 0 | 0 | 0 |
| 25161200 | 矩形或正方形的花岗岩 | | | 0 | 0 | 2 | 0 | 0 | 0 | 0 | 0 | 0 | 0 | 0 | | | 0 | | | | | 0 | 0 | 0 |
| 25162000 | 砂岩,不论是否粗加修整或切割成矩形板、块 | | | 0 | 0 | 2.1 | 0 | 0 | 0 | 0 | 0 | 0 | 0 | 0 | | | 0 | | | | | 0 | 0 | 0 |
| 25169000 | 其他碑用或建筑用石,不论是否粗加修整或切割成矩形板、块 | | | 0 | 0 | 2.1 | 0 | 0 | 0 | 0 | 0 | 0 | 0 | 0 | | | 0 | | | | | 0 | 0 | 0 |
| 25171000 | 通常做混凝土粒料、铺路、铁道路基或其他路基用的卵石、砾石及碎石,圆石子及燧石,不论是否热处理 | | | 0 | 0 | | 0 | 0 | 0 | 0 | 0 | 0 | 0 | 0 | | | 0 | | | | | 0 | 0 | 0 |
| 25172000 | 矿渣、浮渣及类似的工业残渣 | | | 0 | 0 | | 0 | 0 | 0 | 0 | 0 | 0 | 0 | 0 | | | 0 | | | | | 0 | 0 | 0 |
| 25173000 | 沥青碎石 | | | 0 | 0 | | 0 | 0 | 0 | 0 | 0 | 0 | 0 | 0 | | | 0 | | | | | 0 | 0 | 0 |
| 25174100 | 大理石碎粒、碎屑及粉末,不论是否热处理 | | | 0 | 0 | | 0 | 0 | 0 | 0 | 0 | 0 | 0 | 0 | | | 0 | | | | | 0 | 0 | 0 |
| 25174900 | 品目25.15及26.16所列各种石料的碎粒、碎屑及粉末,大理石的除外,不论是否热处理 | | | 0 | 0 | | 0 | 0 | 0 | 0 | 0 | 0 | 0 | 0 | | | 0 | | | | | 0 | 0 | 0 |
| 25181000 | 未煅烧或烧结的白云石,不论是否粗加修整或切割成矩形板、块 | | | 0 | 0 | | 0 | 0 | 0 | 0 | 0 | 0 | 0 | 0 | | | 0 | | | | | 0 | 0 | 0 |
| 25182000 | 已煅烧或烧结的白云石,不论是否粗加修整或切割成矩形板、块 | | | 0 | 0 | | 0 | 0 | 0 | 0 | 0 | 0 | 0 | 0 | | | 0 | | | | | 0 | 0 | 0 |
| 25183000 | 夯混白云石 | | | 0 | 0 | | 0 | 0 | 0 | 0 | 0 | 0 | 0 | 0 | | | 0 | | | | | 0 | 0 | 0 |
| 25191000 | 天然碳酸镁(菱镁矿) | | | 0 | 0 | | 0 | 0 | 0 | 0 | 0 | 0 | 0 | 0 | | | 0 | | | | | 0 | 0 | 0 |
| 25199010 | 熔凝镁氧矿 | | | 0 | 0 | | 0 | 0 | 0 | 0 | 0 | 0 | 0 | 0 | | | 0 | | | | | 0 | 0 | 0 |
| 25199020 | 烧结镁氧矿(重烧镁) | | | 0 | 0 | | 0 | 0 | 0 | 0 | 0 | 0 | 0 | 0 | | | 0 | | | | | 0 | 0 | 0 |

| 税则号列 | 商品描述[①] | 协定税率(%) 香港 | 澳门 | 巴基斯坦 | 东盟 | 亚太 | 智利 | 秘鲁 | 哥斯达黎加 | 新西兰 | 澳大利亚 | 瑞士 | 冰岛 | 韩国 | 台湾 | 新加坡 | 格鲁吉亚 | 特惠税率(%) 亚太2国[②] | 东盟 老挝 | 东盟 柬埔寨 | 东盟 缅甸 | 最不发达国家 LDC97[③] | 最不发达国家 LDC95[④] | 最不发达国家 LDC60[⑤] |
|---|---|---|---|---|---|---|---|---|---|---|---|---|---|---|---|---|---|---|---|---|---|---|---|---|
| 25199030 | 碱烧镁(轻烧镁) | | | 0 | 0 | | 0 | 0 | 0 | 0 | 0 | 0 | 0 | 0 | | | 0 | | | | | 0 | 0 | 0 |
| 25199091 | 化学纯氧化镁 | | | 0 | 0 | | 0 | 0 | 0 | 0 | 0 | 0 | 0 | 0 | | | 0 | | | | | 0 | 0 | 0 |
| 25199099 | 非纯氧化镁 | | | 0 | 0 | | 0 | 0 | 0 | 0 | 0 | 0 | 0 | 0 | | | 0 | | | | | 0 | 0 | 0 |
| 25201000 | 生石膏;硬石膏 | 0 | | 0 | 0 | | 0 | 0 | 0 | 0 | 0 | 0 | 0 | 0 | | | 4 | | 0 | | | 0 | 0 | 0 |
| 25202010 | 牙科用熟石膏,不论是否着色及带有少量促凝剂或缓凝剂 | | | 0 | 0 | | 0 | 0 | 0 | 0 | 0 | 0 | 0 | 1 | | | 0 | | 0 | | | 0 | 0 | 0 |
| 25202090 | 其他熟石膏,不论是否着色及带有少量促凝剂或缓凝剂 | | | 0 | 0 | | 0 | 0 | 0 | 0 | 0 | 0 | 0 | 3 | | | 0 | | 0 | | | 0 | 0 | 0 |
| 25210000 | 石灰石助熔剂;通常用于制造石灰或水泥的石灰石及其他钙质石 | 0 | | 0 | 0 | | 0 | 0 | 0 | 0 | 0 | 0 | 0.8 | 0 | | | 0 | | | | | 0 | 0 | 0 |
| 25221000 | 生石灰 | | | 0 | 0 | | 0 | 0 | 0 | 0 | 0 | 0 | 0 | 0 | | | 0 | | | | | 0 | 0 | 0 |
| 25222000 | 熟石灰 | | | 0 | 0 | | 0 | 0 | 0 | 0 | 0 | 0 | 0 | 0 | | | 0 | | | | | 0 | 0 | 0 |
| 25223000 | 水硬石灰 | | | 0 | 0 | | 0 | 0 | 0 | 0 | 0 | 0 | 0 | 1 | | | 0 | | | | | 0 | 0 | 0 |
| 25231000 | 水泥熟料,不论是否着色 | 0 | | 5 | 0 | | 0 | 0 | 0 | 0 | 1.6 | 0 | 0 | 1.6 | 0 | | 0 | | | | | 0 | 0 | 0 |
| 25232100 | 白水泥,不论是否人工着色 | | | 0 | 0 | 4.5 | 0 | 0 | 0 | 0 | 1.2 | 0 | 0 | 0 | 0 | | 0 | | | | | 0 | 0 | 0 |
| 25232900 | 其他硅酸盐水泥,不论是否着色 | 0 | 0 | 5 | 0 | 6 | 0 | 0 | 0 | 0 | 1.6 | 0 | 0 | 1.6 | 0 | | 0 | | | | | 0 | 0 | 0 |
| 25233000 | 矾土水泥,不论是否着色 | | | 5 | 0 | | 0 | 0 | 0 | 0 | 1.2 | 0 | 0 | 0 | | | 0 | | | | | 0 | 0 | 0 |
| 25239000 | 其他水凝水泥,不论是否着色 | | | 5 | 0 | | 0 | 0 | 0 | 0 | 1.6 | 0 | 0 | 1.6 | | | 0 | | | | | 0 | 0 | 0 |
| 25241000 | 青石棉 | | | 0 | 0 | | 0 | 0 | 0 | 0 | 0 | 0 | 0 | 1 | | | 0 | | | | | 0 | 0 | |
| 25249010 | 其他长纤维石棉 | | | 0 | 0 | | 0 | 0 | 0 | 0 | 0 | 0 | 0 | 1 | | | 0 | | | | | 0 | 0 | |
| 25249090 | 其他石棉 | | | 0 | 0 | | 0 | 0 | 0 | 0 | 0 | 0 | 0 | 1 | | | 0 | | | | | 0 | 0 | |
| 25251000 | 原状云母及劈开的云母片 | | | 0 | 0 | | 0 | 0 | 0 | 0 | 0 | 0 | 0 | 0 | | | 0 | | | | | 0 | 0 | 0 |
| 25252000 | 云母粉 | | | 0 | 0 | | 0 | 0 | 0 | 0 | 0 | 0 | 0 | 0 | | | 0 | | | | | 0 | 0 | 0 |
| 25253000 | 云母废料 | | | 0 | 0 | | 0 | 0 | 0 | 0 | 0 | 0 | 0 | 1 | | | 0 | | | | | 0 | 0 | 0 |
| 25261010 | 未破碎及未研粉的天然冻石,不论是否粗加修整或切割成矩形板、块 | | | 0 | 0 | | 0 | 0 | 0 | 0 | 0 | 0 | 0 | 0 | | | 0 | | | | | 0 | 0 | 0 |
| 25261020 | 未破碎及未研粉的滑石,不论是否粗加修整或切割成矩形板、块 | | | 0 | 0 | | 0 | 0 | 0 | 0 | 0 | 0 | 0 | 0 | | | 0 | | | | | 0 | 0 | 0 |
| 25262010 | 已破碎或已研粉的天然冻石 | | | 0 | 0 | | 0 | 0 | 0 | 0 | 0 | 0 | 0 | 0 | | | 0 | | | | | 0 | 0 | 0 |
| 25262020 | 已破碎或已研粉的天然滑石 | | | 0 | 0 | | 0 | 0 | 0 | 0 | 0 | 0 | 0 | 0.6 | | | 0 | | | | | 0 | 0 | 0 |
| 25280010 | 天然硼砂及其精矿,不论是否煅烧 | | | 0 | 0 | | 0 | 0 | 0 | 0 | 0 | 0 | 0 | 0 | | | 0 | | | | | 0 | 0 | 0 |
| 25280090 | 硼酸盐(硼砂除外),不论是否煅烧;天然粗硼酸,含硼酸干重≤85% | | | 0 | 0 | | 0 | 0.5 | 0 | 0 | 0 | 0 | 0 | 0 | | | 0 | | | | | 0 | 0 | 0 |
| 25291000 | 长石 | | | 0 | 0 | | 0 | 0 | 0 | 0 | 0 | 0 | 0 | 0 | | | 0 | | | | | 0 | 0 | 0 |
| 25292100 | 按重量计氟化钙含量≤97%的萤石 | | | 0 | 0 | | 0 | 0 | 0 | 0 | 0 | 0 | 0 | 0 | | | 0 | | | | | 0 | 0 | 0 |

| 税则号列 | 商品描述① | 协定税率(%) | | | | | | | | | | | | | | | | 特惠税率(%) | | | | | | |
|---|---|---|---|---|---|---|---|---|---|---|---|---|---|---|---|---|---|---|---|---|---|---|---|---|
| | | 香港 | 澳门 | 巴基斯坦 | 东盟 | 亚太 | 智利 | 秘鲁 | 哥斯达黎加 | 新西兰 | 澳大利亚 | 瑞士 | 冰岛 | 韩国 | 台湾 | 新加坡 | 格鲁吉亚 | 亚太2国② | 东盟 | | | 最不发达国家 | | |
| | | | | | | | | | | | | | | | | | | | 老挝 | 柬埔寨 | 缅甸 | LDC97③ | LDC95④ | LDC60⑤ |
| 25292200 | 按重量计氟化钙含量>97%的萤石 | | | 0 | 0 | | 0 | 0 | 0 | 0 | 0 | 0 | 0 | 0 | | | 0 | | | | | 0 | 0 | 0 |
| 25293000 | 白榴石;霞石及霞石正长岩 | | | 0 | 0 | | 0 | 0 | 0 | 0 | 0 | 0 | 0 | 1 | | | 0 | | | | | 0 | 0 | 0 |
| 25301010 | 未膨胀的绿泥石 | | | 0 | 0 | | 0 | 0 | 0 | 0 | 0 | 0 | 0 | 1 | | | 0 | | | | | 0 | 0 | 0 |
| 25301020 | 未膨胀的蛭石及珍珠岩 | | | 0 | 0 | | 0 | 0 | 0 | 0 | 0 | 0 | 0 | 0 | | | 0 | | | | | 0 | 0 | 0 |
| 25302000 | 硫镁矾矿及泻盐矿(天然硫酸镁) | | | 0 | 0 | | 0 | 0 | 0 | 0 | 0 | 0 | 0 | 0 | | | 0 | | | | | 0 | 0 | 0 |
| 25309010 | 矿物性药材 | | | 0 | 0 | | 0 | 0 | 0 | 0 | 0 | 0 | 0 | 0 | | | 0 | | | | | 0 | 0 | 0 |
| 25309020 | 稀土金属矿 | | | | | | | | | | | | | | | | | | | | | 0 | 0 | 0 |
| 25309091 | 硅灰石 | | | 0 | 0 | | 0 | 0 | 0 | 0 | 0 | 0 | 0 | 0 | | | 0 | | | | | 0 | 0 | 0 |
| 25309099 | 其他矿产品 | | | 0 | 0 | | 0 | 0 | 0 | 0 | 0 | 0 | | 0 | | | 0 | | | | | 0 | 0 | 0 |
| 26011110 | 平均粒径<0.8 毫米的未煅烧铁矿砂及其精矿,但焙烧黄铁矿除外 | | | | | | | | | | | | | | | | | | | | | 0 | 0 | 0 |
| 26011120 | 0.8 毫米≤平均粒径≤6.3 毫米的未煅烧铁矿砂及其精矿,但焙烧黄铁矿除外 | | | | | | | | | | | | | | | | | | | | | 0 | 0 | 0 |
| 26011190 | 平均粒径>6.3 毫米的未烧结铁矿砂及其精矿,但焙烧黄铁矿除外 | | | | | | | | | | | | | | | | | | | | | 0 | 0 | 0 |
| 26011200 | 已烧结铁矿砂及其精矿 | | | | | | | | | | | | | | | | | | | | | 0 | 0 | 0 |
| 26012000 | 焙烧黄铁矿 | | | | | | | | | | | | | | | | | | | | | 0 | 0 | 0 |
| 26020000 | 锰矿砂及其精矿,包括以干重计含锰量≥20%的锰铁砂及其精矿 | | | | | | | | | | | | | | | | | | | | | 0 | 0 | 0 |
| 26030000 | 铜矿砂及其精矿 | | | | | | | | | | | | | | | | | | | | | 0 | 0 | 0 |
| 26040000 | 镍矿砂及其精矿 | | | | | | | | | | | | | | | | | | | | | 0 | 0 | 0 |
| 26050000 | 钴矿砂及其精矿 | | | | | | | | | | | | | | | | | | | | | 0 | 0 | 0 |
| 26060000 | 铝矿砂及其精矿 | | | | | | | | | | | | | | | | | | | | | 0 | 0 | 0 |
| 26070000 | 铅矿砂及其精矿 | | | | | | | | | | | | | | | | | | | | | 0 | 0 | 0 |
| 26080000 | 锌矿砂及其精矿 | | | | | | | | | | | | | | | | | | | | | 0 | 0 | 0 |
| 26090000 | 锡矿砂及其精矿 | | | | | | | | | | | | | | | | | | | | | 0 | 0 | 0 |
| 26100000 | 铬矿砂及其精矿 | | | | | | | | | | | | | | | | | | | | | 0 | 0 | 0 |
| 26110000 | 钨矿砂及其精矿 | | | | | | | | | | | | | | | | | | | | | 0 | 0 | 0 |
| 26121000 | 铀矿砂及其精矿 | | | | | | | | | | | | | | | | | | | | | 0 | 0 | 0 |
| 26122000 | 钍矿砂及其精矿 | | | | | | | | | | | | | | | | | | | | | 0 | 0 | 0 |
| 26131000 | 已焙烧钼矿砂及其精矿 | | | | | | | | | | | | | | | | | | | | | 0 | 0 | 0 |
| 26139000 | 其他钼矿砂及其精矿 | | | | | | | | | | | | | | | | | | | | | 0 | 0 | 0 |
| 26140000 | 钛矿砂及其精矿 | | | | | | | | | | | | | | | | | | | | | 0 | 0 | 0 |
| 26151000 | 锆矿砂及其精矿 | | | | | | | | | | | | | | | | | | | | | 0 | 0 | 0 |
| 26159010 | 水合钽铌原料(钽铌富集物) | | | | | | | | | | | | | | | | | | | | | 0 | 0 | 0 |
| 26159090 | 其他铌钽钒矿砂及其精矿 | | | | | | | | | | | | | | | | | | | | | 0 | 0 | 0 |

| 税则号列 | 商品描述① | 协定税率(%) | | | | | | | | | | | | | | | | 特惠税率(%) | | | | | | |
|---|---|---|---|---|---|---|---|---|---|---|---|---|---|---|---|---|---|---|---|---|---|---|---|---|
| | | 香港 | 澳门 | 巴基斯坦 | 东盟 | 亚太 | 智利 | 秘鲁 | 哥斯达黎加 | 新西兰 | 澳大利亚 | 瑞士 | 冰岛 | 韩国 | 台湾 | 新加坡 | 格鲁吉亚 | 亚太2国② | 东盟 | | | 最不发达国家 | | |
| | | | | | | | | | | | | | | | | | | | 老挝 | 柬埔寨 | 缅甸 | LDC97③ | LDC95④ | LDC60⑤ |
| 26161000 | 银矿砂及其精矿 | | | | | | | | | | | | | | | | | | | | | 0 | 0 | 0 |
| 26169000 | 其他贵金属矿砂及其精矿 | | | | | | | | | | | | | | | | | | | | | 0 | 0 | 0 |
| 26171010 | 生锑(锑精矿,选矿产品) | | | | | | | | | | | | | | | | | | | | | 0 | 0 | 0 |
| 26171090 | 其他锑矿砂及其精矿 | | | | | | | | | | | | | | | | | | | | | 0 | 0 | 0 |
| 26179010 | 朱砂(辰砂) | | | 0 | 0 | | 0 | 0 | 0 | 0 | 0 | 0 | 0 | 0 | | | 0 | | | | | 0 | 0 | 0 |
| 26179090 | 其他矿砂及其精矿 | | | | | | | | | | | | | | | | | | | | | 0 | 0 | 0 |
| 26180010 | 冶炼钢铁产生的锰渣 | | | 0 | 0 | | 0 | 0 | 0 | 0 | 0 | 0 | 0 | 0 | | | 0 | | | | | 0 | 0 | |
| 26180090 | 冶炼钢铁产生的其他粒状熔渣(熔渣砂) | | | 0 | 0 | | 0 | 0 | 0 | 0 | 0 | 0 | 0 | 0 | | | 0 | | | | | 0 | 0 | |
| 26190000 | 冶炼钢铁产生的熔渣、浮渣、氧化皮及其他废料 | | | 0 | 0 | | 0 | 0 | 0 | 0 | 0 | 0 | 0 | 0 | | | 0 | | | | | 0 | 0 | |
| 26201100 | 含硬锌的矿灰及残渣 | | | 0 | 0 | | 0 | 0 | 0 | 0 | 0 | 0 | 0 | 0 | | | 0 | | | | | 0 | 0 | 0 |
| 26201900 | 含其他锌的矿灰及残渣 | | | 0 | 0 | | 0 | 0 | 0 | 0 | 0 | 0 | 0 | 0 | | | 0 | | | | | 0 | 0 | 0 |
| 26202100 | 含铅汽油的淤渣及含铅抗震化合物的淤渣 | | | 0 | 0 | | 0 | 0 | 0 | 0 | 0 | 0 | 0 | 0 | | | 0 | | | | | 0 | 0 | 0 |
| 26202900 | 其他主要含铅的矿灰及残渣 | | | 0 | 0 | | 0 | 0 | 0 | 0 | 0 | 0 | 0 | 0 | | | 0 | | | | | 0 | 0 | 0 |
| 26203000 | 主要含铜的矿灰及残渣 | | | 0 | 0 | | 0 | 0 | 0 | 0 | 0 | 0 | 0 | 0 | | | 0 | | | | | 0 | 0 | 0 |
| 26204000 | 主要含铝的矿灰及残渣 | | | 0 | 0 | | 0 | 0 | 0 | 0 | 0 | 0 | 0 | 0 | | | 0 | | | | | 0 | 0 | 0 |
| 26206000 | 含砷、汞、铊及其混合物,用于提取或生产砷、汞、铊及其化合物的矿灰及残渣 | | | 0 | 0 | | 0 | 0 | 0 | 0 | 0 | 0 | 0 | 0 | | | 0 | | | | | 0 | 0 | 0 |
| 26209100 | 含锑、铍、镉、铬及其混合物的矿灰及残渣 | | | 0 | 0 | | 0 | 0 | 0 | 0 | 0 | 0 | 0 | 0 | | | 0 | | | | | 0 | 0 | 0 |
| 26209910 | 主要含钨的矿灰及残渣 | | | 0 | 0 | | 0 | 0 | 0 | 0 | 0 | 0 | 0 | 0 | | | 0 | | | | | 0 | 0 | 0 |
| 26209990 | 含其他金属及化合物的矿灰及残渣 | | | 0 | 0 | | 0 | 0 | 0 | 0 | 0 | 0 | 0 | 0 | | | 0 | | | | | 0 | 0 | 0 |
| 26211000 | 焚化城市垃圾所产生的灰、渣 | | | 0 | 0 | | 0 | 0 | 0 | 0 | 0 | 0 | 0 | | | | 0 | | | | | 0 | 0 | 0 |
| 26219000 | 其他矿渣及矿灰 | 0 | | 0 | 0 | | 0 | 0 | 0 | 0 | 0 | 0 | 0 | 0 | | | 0 | | | | | 0 | 0 | 0 |
| 27011100 | 未制成型的无烟煤,不论是否粉化 | | | 0 | 0 | | 0 | 0 | 0 | 0 | 0 | 0 | 0 | 0 | | | 0 | | 0 | | | 0 | 0 | 0 |
| 27011210 | 未制成型的炼焦烟煤,不论是否粉化 | | | 0 | 0 | | 0 | 0 | 0 | 0 | 0 | 0 | 0 | 0 | | | 0 | | 0 | | | 0 | 0 | 0 |
| 27011290 | 未制成型的其他烟煤,不论是否粉化 | | | 5 | 0 | | 0 | 0 | 0 | 0 | 0 | 0 | 0 | 0 | | | 0 | | 0 | | | 0 | 0 | 0 |
| 27011900 | 未制成型的其他煤,不论是否粉化 | | | 0 | 0 | 3.5 | 0 | 0 | 0 | 0 | 0 | 0 | 0 | 0 | | | 0 | | 0 | | | 0 | 0 | 0 |
| 27012000 | 煤砖、煤球及类似用煤制固体燃料 | | | 0 | 0 | | 0 | 0 | 0 | 0 | 0 | 0 | 0 | 0 | | | 0 | | 0 | | | 0 | 0 | 0 |
| 27021000 | 褐煤 | | | 0 | 0 | | 0 | 0 | 0 | 0 | 0 | 0 | 0 | 0 | | | 0 | | | | | 0 | 0 | 0 |
| 27022000 | 制成型的褐煤 | | | 0 | 0 | | 0 | 0 | 0 | 0 | 0 | 0 | 0 | 0 | | | 0 | | | | | 0 | 0 | 0 |
| 27030000 | 泥煤(包括肥料用泥煤),不论是否成型 | | | 0 | 0 | | 0 | 0 | 0 | 0 | 0 | 0 | 0 | 0 | | | 0 | | | | | 0 | 0 | |

| 税则号列 | 商品描述[①] | 协定税率(%) | | | | | | | | | | | | | | | | 特惠税率(%) | | | | | | |
|---|---|---|---|---|---|---|---|---|---|---|---|---|---|---|---|---|---|---|---|---|---|---|---|---|
| | | 香港 | 澳门 | 巴基斯坦 | 东盟 | 亚太 | 智利 | 秘鲁 | 哥斯达黎加 | 新西兰 | 澳大利亚 | 瑞士 | 冰岛 | 韩国 | 台湾 | 新加坡 | 格鲁吉亚 | 亚太2国[②] | 东盟 | | | 最不发达国家 | | |
| | | | | | | | | | | | | | | | | | | | 老挝 | 柬埔寨 | 缅甸 | LDC97[③] | LDC95[④] | LDC60[⑤] |
| 27040010 | 煤制焦炭及半焦炭,不论是否成型 | | | 0 | 0 | 2.5 | 0 | 0 | 0 | 0 | 0 | 0 | 0 | 0 | | | 0 | | | | | 0 | 0 | |
| 27040090 | 甑炭 | | | 0 | 0 | 2.5 | 0 | 0 | 0 | 0 | 0 | 0 | 0 | 0 | | | 0 | | | | | 0 | 0 | |
| 27050000 | 煤气、水煤气、炉煤气及类似气体,石油气及其他烃类气除外 | | | 0 | 0 | | 0 | 0 | 0 | 0 | 0 | 0 | 0 | 0 | | | 0 | | | | | 0 | 0 | |
| 27060000 | 从煤、褐煤或泥煤蒸馏所得的焦油及矿物焦油,不论是否脱水或部分蒸馏,包括再造焦油 | | | 5 | 0 | | 0 | 0 | 0 | 0 | 1.2 | 0 | 0 | 0 | | | 0 | | | | | 0 | 0 | |
| 27071000 | 粗苯 | | | 5 | 0 | | 0 | 0 | 0 | 0 | 1.2 | 0 | 0 | 4.4 | | | 0 | | | | | 0 | 0 | 0 |
| 27072000 | 粗甲苯 | | | 5 | 0 | | 0 | 0 | 0 | 0 | 1.2 | 0 | 0 | 1.2 | | | 0 | | | | | 0 | 0 | 0 |
| 27073000 | 粗二甲苯 | | | 5 | 0 | | 0 | 0 | 0 | 0 | 1.2 | 0 | 0 | 4.4 | | | 0 | | | | | 0 | 0 | 0 |
| 27074000 | 萘 | | | 5 | 0 | 6 | 0 | 0 | 0 | 0 | 1.4 | 0 | 0 | 5.1 | | | 0 | | | | | 0 | 0 | 0 |
| 27075000 | 其他芳烃混合物,温度在250℃时蒸馏出的芳烃含量以体积计(包括损耗)在65%及以上(以美国标准实验法 D86 为准) | | | 5 | 0 | | 0 | 0 | 0 | 0 | 1.4 | 0 | 0 | 5.1 | | | 0 | | | | | 0 | 0 | 0 |
| 27079100 | 杂酚油 | | | 5 | 0 | | 0 | 0 | 0 | 0 | 1.4 | 0 | 0 | 4.2 | | | 0 | | | | | 0 | 0 | 0 |
| 27079910 | 酚 | | | 5 | 0 | | 0 | 0 | 0 | 0 | 1.4 | 0 | 0 | 1.4 | | | 0 | | | | | 0 | 0 | 0 |
| 27079990 | 蒸馏煤焦油所得的其他产品;芳族成分重量超过非芳族成分的类似产品 | | | 5 | 0 | | 0 | 0 | 0 | 0 | 1.4 | 0 | 0 | 5.1 | | | 0 | | | | | 0 | 0 | 0 |
| 27081000 | 从煤焦油或其他矿物焦油所得的沥青 | | | 5 | 0 | | 0 | 0 | 0 | 0 | 1.4 | 0 | 0 | 1.4 | | | 0 | | | | | 0 | 0 | |
| 27082000 | 从煤焦油或其他矿物焦油所得的沥青焦 | | | 5 | 0 | | 0 | 0 | 0 | 0 | 1.2 | 0 | 0 | 3.6 | | | 0 | | | | | 0 | 0 | |
| 27090000 | 石油原油及从沥青矿物提取的原油 | | | | | | | | | | | | | | | | | | | | | 0 | 0 | 0 |
| 27101210 | 车用汽油及航空汽油 | | | 0 | 0 | | 0 | | 0 | 0 | 0 | 0 | 0 | 3.6 | | 0 | 0 | | | | | 0 | 0 | |
| 27101220 | 石脑油 | | | 0 | 0 | 5.4 | 0 | | 0 | 0 | 1.2 | 0 | 0 | 4.4 | | 0 | 0 | | | | | 0 | 0 | |
| 27101230 | 橡胶溶剂油、油漆溶剂油、抽提溶剂油 | | | | 5 | | 0 | | 0 | 0 | 1.2 | 0 | 0 | 4.4 | | | 0 | | | | | 0 | | |
| 27101291 | 壬烯 | | | | 5 | | 0 | | 0 | 0 | 1.8 | 0 | 0 | 6.6 | | | 7.2 | | | | | 0 | | |
| 27101299 | 其他轻油馏分产品 | | | | 5 | | 0 | | 0 | 0 | 1.8 | 0 | 0 | 6.6 | | | 7.2 | | | | | 0 | | |
| 27101911 | 航空煤油 | | | 5 | 0 | | 0 | 0 | 0 | 0 | 1.8 | 0 | 0 | 0 | 0 | 0 | 0 | | | | | 0 | 0 | |
| 27101912 | 灯用煤油 | | | | 5 | | 0 | 0.9 | 0 | 0 | 1.8 | 0 | 0 | 6.6 | | | 7.2 | | | | | 0 | | |
| 27101919 | 其他煤油馏分产品 | | | 5 | 0 | | 0 | 0 | 0 | 0 | 1.2 | 0 | 0 | 0 | 0 | 0 | 0 | | | | | 0 | 0 | |
| 27101922 | 5~7 号燃料油 | | | 5 | 0 | | 0 | 0 | 0 | 0 | 1.2 | 0 | 0 | 1.2 | | 0 | 0 | | | | | 0 | 0 | |
| 27101923 | 柴油 | | | | 5 | | 0 | 0.6 | 0 | 0 | 1.2 | 0 | 0 | 4.4 | | | 0 | | | | | | | |
| 27101929 | 其他柴油及其他燃料油 | | 0 | 5 | 0 | | 0 | 0.6 | 0 | 0 | 1.2 | 0 | 0 | 4.4 | | 0 | 0 | | | | | 0 | | |
| 27101991 | 润滑油 | 0 | 0 | 0 | 0 | 5.4 | 0 | 0 | 0 | 0 | 1.2 | 0 | 0 | 4.4 | | | 0 | | | | | 0 | 0 | 0 |
| 27101992 | 润滑脂 | | | 0 | 0 | 5.4 | 0 | 0 | 0 | 0 | 1.2 | 0 | 0 | 4.4 | | | 0 | | | | | 0 | 0 | |

| 税则号列 | 商品描述[1] | 协定税率(%) | | | | | | | | | | | | | | | | 特惠税率(%) | | | | | | |
|---|---|---|---|---|---|---|---|---|---|---|---|---|---|---|---|---|---|---|---|---|---|---|---|---|
| | | 香港 | 澳门 | 巴基斯坦 | 东盟 | 亚太 | 智利 | 秘鲁 | 哥斯达黎加 | 新西兰 | 澳大利亚 | 瑞士 | 冰岛 | 韩国 | 台湾 | 新加坡 | 格鲁吉亚 | 亚太2国[2] | 东盟 | | | 最不发达国家 | | |
| | | | | | | | | | | | | | | | | | | | 老挝 | 柬埔寨 | 缅甸 | LDC97[3] | LDC95[4] | LDC60[5] |
| 27101993 | 润滑油基础油 | | | 5 | 0 | | 0 | 0 | 0 | 0 | 1.2 | 0 | 0 | 4.4 | 0 | | 0 | | | | | 0 | 0 | |
| 27101994 | 液体石蜡和重质液体石蜡 | | | 0 | 0 | 5.4 | 0 | 0 | 0 | 0 | 1.2 | 0 | 0 | 0 | 0 | | 0 | | | | | 0 | 0 | |
| 27101999 | 其他重油及重油制品 | 0 | | 5 | 0 | | 0 | 0 | 0 | 0 | 1.2 | 0 | 0 | 4.8 | | | 0 | | | | | 0 | 0 | |
| 27102000 | 石油及从沥青矿物提取的油类,以及以上述油为基本成分(按重量计不低于70%)的其他品目未列名制品,含有生物柴油,但废油除外 | | | 0 | 0 | | 0 | 5 | 0 | 0 | 1.2 | 0 | 0 | 4.4 | 0 | 0 | 0 | | | | | 0 | 0 | |
| 27109100 | 含多氯联苯(PCBs)、多氯三联苯(PCTs)或多溴联苯(PBBs)的废油 | | | 5 | 0 | | 0 | 0 | 0 | 0 | 1.2 | 0 | 0 | | | | 0 | | | | | 0 | 0 | |
| 27109900 | 其他废油 | | | 5 | 0 | | 0 | 0 | 0 | 0 | 1.2 | 0 | 0 | 1.2 | | | 0 | | | | | 0 | 0 | |
| 27111100 | 液化天然气 | | | | | | | | | | | | | | | | | | | | | 0 | 0 | 0 |
| 27111200 | 液化丙烷 | | | 0 | 0 | 3.5 | 0 | 0 | 0 | 0 | 0 | 0 | 0 | 1 | | | 0 | | | | | 0 | 0 | |
| 27111310 | 直接灌注香烟打火机及类似打火器用,其包装容器的容积>300立方厘米的液化丁烷 | | | 5 | 0 | | 0 | 0 | 0 | 0 | 2.2 | 5.5 | 0 | 6.6 | | 0 | 0 | | | | | 0 | 0 | |
| 27111390 | 其他液化丁烷 | | | 0 | 0 | | 0 | 0.5 | 0 | 0 | 0 | 0 | 0 | 3 | | | 0 | | | | | 0 | | |
| 27111400 | 液化的乙烯、丙烯、丁烯及丁二烯 | | | 0 | 0 | | 0 | 0 | 0 | 0 | 0 | 0 | 0 | 3.6 | | | 0 | | | | | 0 | 0 | |
| 27111910 | 直接灌注香烟打火机及类似打火器用,其包装容器的容积>300立方厘米的其他液化燃料 | | | 5 | 0 | 7 | 0 | 0 | 0 | 0 | 2 | 0 | 0 | 6 | | | 0 | | | | | 0 | 0 | |
| 27111990 | 其他液化石油气及烃类气 | | | 0 | 0 | 2.1 | 0 | 0.3 | 0 | 0 | 0 | 0 | 0 | 0.6 | | | 0 | | | | | 0 | | |
| 27112100 | 气态天然气 | | | | | | | | | | | | | | | | | | | | | 0 | 0 | 0 |
| 27112900 | 其他气态石油气及烃类气 | | | 5 | 0 | | 0 | 0 | 0 | 0 | 1.2 | 0 | 0 | 1.2 | | | 0 | | | | | 0 | 0 | |
| 27121000 | 凡士林 | | | 5 | 0 | | 0 | 0 | 0 | 0 | 1.6 | 0 | 0 | 1.6 | | | 0 | | | | | 0 | 0 | 0 |
| 27122000 | 石蜡,不论是否着色,按重量计含油<0.75% | | | 5 | 0 | | 0 | 0 | 0 | 0 | 1.6 | 0 | 0 | 4.8 | | | 0 | | | | | 0 | 0 | 0 |
| 27129010 | 微晶石蜡,不论是否着色 | | | 5 | 0 | | 0 | 0 | 0 | 0 | 1.6 | 0 | 0 | 4.8 | | | 0 | | | | | 0 | 0 | 0 |
| 27129090 | 其他矿物蜡及用合成或其他方法制得的类似产品,不论是否着色 | | | 5 | 0 | | 0 | 0 | 0 | 0 | 1.6 | 0 | 0 | 4.8 | | | 0 | | | | | 0 | 0 | 0 |
| 27131110 | 硫的重量百分比<3%的未煅烧石油焦 | | | 0 | 0 | | 0 | 0 | 0 | 0 | 0 | 0 | 0 | 2.2 | | | 0 | | | | | 0 | 0 | 0 |
| 27131190 | 未煅烧石油焦 | | | 0 | 0 | | 0 | 0 | 0 | 0 | 0 | 0 | 0 | 2.2 | | | 0 | | | | | 0 | 0 | 0 |
| 27131210 | 硫的重量百分比<0.8%的已煅烧石油焦 | | | 0 | 0 | | 0 | 0 | 0 | 0 | 0 | 0 | 0 | 2.2 | | | 0 | | | | | 0 | 0 | 0 |
| 27131290 | 已煅烧石油焦 | | | 0 | 0 | | 0 | 0 | 0 | 0 | 0 | 0 | 0 | 2.2 | | | 0 | | | | | 0 | 0 | 0 |
| 27132000 | 石油沥青 | | | 5 | 0 | 5.6 | 0 | 0 | 0 | 0 | 1.6 | 0 | 0 | 5.8 | | | 0 | | | | | 0 | 0 | 0 |
| 27139000 | 其他石油或从沥青矿物提取油类的残渣 | | | 5 | 0 | | 0 | 0 | 0 | 0 | 1.2 | 0 | 0 | 1.2 | | | 0 | | | | | 0 | 0 | 0 |

| 税则号列 | 商品描述[①] | 协定税率(%) | | | | | | | | | | | | | | | | 特惠税率(%) | | | | | | |
|---|---|---|---|---|---|---|---|---|---|---|---|---|---|---|---|---|---|---|---|---|---|---|---|---|
| | | 香港 | 澳门 | 巴基斯坦 | 东盟 | 亚太 | 智利 | 秘鲁 | 哥斯达黎加 | 新西兰 | 澳大利亚 | 瑞士 | 冰岛 | 韩国 | 台湾 | 新加坡 | 格鲁吉亚 | 亚太2国[②] | 东盟 | | | 最不发达国家 | | |
| | | | | | | | | | | | | | | | | | | | 老挝 | 柬埔寨 | 缅甸 | LDC97[③] | LDC95[④] | LDC60[⑤] |
| 27141000 | 沥青页岩、油页岩及焦油砂 | | | 5 | 0 | | 0 | 0 | 0 | 0 | 1.2 | 0 | 0 | 1.2 | | | 0 | | | | | 0 | 0 | 0 |
| 27149010 | 天然沥青(地沥青) | | | 5 | 0 | | 0 | 0 | 0 | 0 | 1.6 | 0 | 0 | 5.8 | | | 0 | | | | | 0 | 0 | 0 |
| 27149020 | 乳化沥青 | | | | | | | | | | | | | | | | | | | | | 0 | 0 | 0 |
| 27149090 | 沥青岩 | | | 0 | 0 | | 0 | 0 | 0 | 0 | 0 | 0 | 0 | 0 | | | 0 | | | | | 0 | 0 | 0 |
| 27150000 | 以天然沥青(地沥青)、石油沥青、矿物焦油或矿物焦油沥青为基本成分的沥青混合物 | | 0 | 5 | 0 | | 0 | 0 | 0 | 0 | 1.6 | 0 | 0 | 4.8 | | | 0 | | | | | 0 | 0 | 0 |
| 27160000 | 电力 | | | | | | | | | | | | | | | | | | | | | 0 | 0 | 0 |
| 28011000 | 氯 | | | 5 | 0 | | 0 | 0 | 0 | 0 | 0 | 0 | 0 | 1.1 | | | 0 | | | | | 0 | 0 | |
| 28012000 | 碘 | | | 5 | 0 | | | | 0 | 0 | 0 | 0 | 0 | 1.1 | | | 0 | | | | | 0 | 0 | |
| 28013010 | 氟 | | | 0 | 0 | | 0 | 0 | 0 | 0 | 0 | 0 | 0 | 1.1 | | | 0 | | | | | 0 | 0 | |
| 28013020 | 溴 | | | 0 | 0 | | 0 | 0 | 0 | 0 | 0 | 0 | 0 | 0 | | | 0 | | | | | 0 | 0 | |
| 28020000 | 升华、沉淀、胶态硫磺 | | | 0 | 0 | | 0 | 0 | 0 | 0 | 0 | 0 | 0 | 1.1 | | | 0 | | | | | 0 | 0 | |
| 28030000 | 碳(碳黑及其他编号未列名的其他形状的碳) | 0 | | 0 | 0 | 4.4 | 0 | 0 | 0 | 0 | 0 | 0 | | 4 | 0 | | 0 | | | | | 0 | 0 | 0 |
| 28041000 | 氢 | 0 | | 0 | 0 | | 0 | 0 | 0 | 0 | 0 | 0 | 0 | 3.3 | | | 0 | | | | | 0 | 0 | 0 |
| 28042100 | 氩 | 0 | | 5 | 0 | | 0 | 0 | 0 | 0 | 0 | 0 | 0 | 1.1 | | | 0 | | | | | 0 | 0 | 0 |
| 28042900 | 其他稀有气体 | 0 | | 5 | 0 | | 0 | 0 | 0 | 0 | 0 | 0 | 0 | 1.1 | | | 0 | | | | | 0 | 0 | 0 |
| 28043000 | 氮 | 0 | | 5 | 0 | | 0 | 0 | 0 | 0 | 0 | 0 | 0 | 1.1 | | | 0 | | | | | 0 | 0 | 0 |
| 28044000 | 氧 | 0 | | 5 | 0 | | 0 | 0 | 0 | 0 | 0 | 0 | 0 | 1.1 | | | 0 | | | | | 0 | 0 | 0 |
| 28045000 | 硼、碲 | | | 0 | 0 | | 0 | 0 | 0 | 0 | 0 | 0 | 0 | 0 | | | 0 | | | | | 0 | 0 | 0 |
| 28046117 | 电子工业用直径≥30厘米单晶硅棒 | | | 0 | 0 | | 0 | 0 | 0 | 0 | 0 | 0 | 0 | 0 | | | 0 | | | | | 0 | 0 | 0 |
| 28046119 | 电子工业用7.5≤直径<30厘米单晶硅棒 | | | 0 | 0 | | 0 | 0 | 0 | 0 | 0 | 0 | 0 | | | | 0 | | | | | 0 | 0 | 0 |
| 28046120 | 电子工业用直径<7.5厘米单晶硅棒 | | | 0 | 0 | | 0 | 0 | 0 | 0 | 0 | 0 | 0 | 0 | | | 0 | | | | | 0 | 0 | 0 |
| 28046190 | 其他含硅量≥99.99%的硅 | | | 0 | 0 | | 0 | 0 | 0 | 0 | 0 | 0 | 0 | 2.9 | | | 0 | | | | | 0 | 0 | 0 |
| 28046900 | 其他含硅量<99.99%的硅 | | | 0 | 0 | | 0 | 0 | 0 | 0 | 0 | 0 | 0 | 0.8 | | | 0 | | | | | 0 | 0 | 0 |
| 28047010 | 黄磷(白磷) | | | 0 | 0 | | 0 | 0 | 0 | 0 | 0 | 0 | 0 | 1.1 | | | 0 | | | | | 0 | 0 | 0 |
| 28047090 | 其他磷 | | | 0 | 0 | | 0 | 0 | 0 | 0 | 0 | 0 | 0 | 3.3 | | | 0 | | | | | 0 | 0 | 0 |
| 28048000 | 砷 | | | 0 | 0 | | 0 | 0 | 0 | 0 | 0 | 0 | 0 | 1.1 | | | 0 | | | | | 0 | 0 | 0 |
| 28049010 | 经掺杂用于电子工业的硒晶体棒 | | | 0 | 0 | | 0 | 0.4 | 0 | 0 | 0 | 0 | 0 | 0 | | | 0 | | | | | 0 | 0 | 0 |
| 28049090 | 其他硒 | | | 0 | 0 | | 0 | 2.7 | 0 | 0 | 0 | 0 | 0 | 0 | | | 0 | | | | | 0 | 0 | |
| 28051100 | 钠 | | | 0 | 0 | | 0 | 0 | 0 | 0 | 0 | 0 | 0 | 0 | | | 0 | | | | | 0 | 0 | |
| 28051200 | 钙 | | | 0 | 0 | | 0 | 0 | 0 | 0 | 0 | 0 | 0 | 0 | | | 0 | | | | | 0 | 0 | |
| 28051910 | 锂 | | | 0 | 0 | | 0 | 0 | 0 | 0 | 0 | 0 | 0 | 0 | | | 0 | | | | | 0 | 0 | |
| 28051990 | 其他碱金属及碱土金属 | | | 0 | 0 | | 0 | 0 | 0 | 0 | 0 | 0 | 0 | 0 | | | 0 | | | | | 0 | 0 | |
| 28053011 | 钕 | | | 0 | 0 | | 0 | 0 | 0 | 0 | 0 | 0 | 0 | 0 | | | 0 | | | | | 0 | 0 | |
| 28053012 | 镝 | | | 0 | 0 | | 0 | 0 | 0 | 0 | 0 | 0 | 0 | 0 | | | 0 | | | | | 0 | 0 | |
| 28053013 | 铽 | | | 0 | 0 | | 0 | 0 | 0 | 0 | 0 | 0 | 0 | 0 | | | 0 | | | | | 0 | 0 | |

| 税则号列 | 商品描述[①] | 协定税率(%) | | | | | | | | | | | | | | | | 特惠税率(%) | | | | | | |
|---|---|---|---|---|---|---|---|---|---|---|---|---|---|---|---|---|---|---|---|---|---|---|---|---|
| | | 香港 | 澳门 | 巴基斯坦 | 东盟 | 亚太 | 智利 | 秘鲁 | 哥斯达黎加 | 新西兰 | 澳大利亚 | 瑞士 | 冰岛 | 韩国 | 台湾 | 新加坡 | 格鲁吉亚 | 亚太2国[②] | 东盟 | | | 最不发达国家 | | |
| | | | | | | | | | | | | | | | | | | | 老挝 | 柬埔寨 | 缅甸 | LDC97[③] | LDC95[④] | LDC60[⑤] |
| 28053014 | 镧 | | | 0 | 0 | | 0 | 0 | 0 | 0 | 0 | 0 | 0 | 0 | | | 0 | | | | | 0 | 0 | |
| 28053015 | 铈 | | | 0 | 0 | | 0 | 0 | 0 | 0 | 0 | 0 | 0 | 0 | | | 0 | | | | | 0 | 0 | |
| 28053016 | 镨 | | | 0 | 0 | | 0 | 0 | 0 | 0 | 0 | 0 | 0 | 0 | | | 0 | | | | | 0 | 0 | |
| 28053017 | 钇 | | | 0 | 0 | | 0 | 0 | 0 | 0 | 0 | 0 | 0 | 0 | | | 0 | | | | | 0 | 0 | |
| 28053019 | 其他未相互混合或熔合的稀土金属、钪及钇 | | | 0 | 0 | | 0 | 0 | 0 | 0 | 0 | 0 | 0 | 0 | | | 0 | | | | | 0 | 0 | |
| 28053021 | 已相互混合或熔合的稀土金属、钪及钇,电池级 | | | 0 | 0 | | 0 | 0 | 0 | 0 | 0 | 0 | 0 | 0 | | | 0 | | | | | 0 | 0 | |
| 28053029 | 其他已相互混合或熔合的稀土金属、钪及钇 | | | 0 | 0 | | 0 | 0 | 0 | 0 | 0 | 0 | 0 | 0 | | | 0 | | | | | 0 | 0 | |
| 28054000 | 汞 | | | 0 | 0 | | 0 | 0 | 0 | 0 | 0 | 0 | 0 | 1.1 | | | 0 | | | | | 0 | 0 | |
| 28061000 | 氯化氢(盐酸) | | | 5 | 0 | | 0 | 0 | 0 | 0 | 0 | 0 | 0 | 1.1 | | | 0 | | | | | 0 | 0 | |
| 28062000 | 氯磺酸 | | | 0 | 0 | | 0 | 0 | 0 | 0 | 0 | 0 | 0 | 1.1 | | | 0 | | | | | 0 | 0 | |
| 28070000 | 硫酸、发烟硫酸 | | | 5 | 0 | | 0 | 0 | 0 | 0 | 0 | 0 | 0 | 1.1 | | | 0 | | | | | 0 | 0 | |
| 28080000 | 硝酸及磺硝酸 | | | 5 | 0 | | 0 | 0 | 0 | 0 | 0 | 0 | 0 | 1.1 | | | 0 | | | | | 0 | 0 | |
| 28091000 | 五氧化二磷 | | | 0 | 0 | | 0 | 0 | 0 | 0 | 0 | 0 | 0 | 0 | | | 0 | | | | | 0 | 0 | |
| 28092011 | 食品级磷酸 | | | 0 | 0 | | 0 | 0 | 0 | 0 | 0 | 0 | 0 | 0 | | | 0 | | | | | 0 | 0 | |
| 28092019 | 其他磷酸及偏磷酸、焦磷酸 | | | 0 | 0 | | 0 | 0 | 0 | 0 | 0 | 0 | 0 | 0.6 | | | 0 | | | | | 0 | 0 | |
| 28092090 | 其他多磷酸 | | | 5 | 0 | | 0 | 0 | 0 | 0 | 0 | 0 | 0 | 1.1 | | | 0 | | | | | 0 | 0 | |
| 28100010 | 硼的氧化物 | | | 0 | 0 | | 0 | 0.6 | 0 | 0 | 0 | 0 | 0 | 1.1 | | | 0 | | | | | 0 | 0 | |
| 28100020 | 硼酸 | | | 0 | 0 | | 0 | 0.6 | 0 | 0 | 0 | 0 | 0 | 1.1 | | | 0 | | | | | 0 | 0 | |
| 28111110 | 电子级氢氟酸 | | | 0 | 0 | | 0 | 0 | 0 | 0 | 0 | 0 | 0 | 1.1 | | | 0 | | | | | 0 | 0 | 0 |
| 28111190 | 氟化氢(氢氟酸) | | | 0 | 0 | | 0 | 0 | 0 | 0 | 0 | 0 | 0 | 1.1 | | | 0 | | | | | 0 | 0 | 0 |
| 28111200 | 氢氰酸 | | | 0 | 0 | | 0 | 0 | 0 | 0 | 0 | 0 | 0 | 1.1 | | | 0 | | | | | 0 | 0 | 0 |
| 28111920 | 硒化氢 | | | 5 | 0 | | 0 | 0 | 0 | 0 | 0 | 0 | 0 | 3.3 | | | 0 | | | | | 0 | 0 | 0 |
| 28111990 | 其他无机酸 | | | 5 | 0 | | 0 | 0 | 0 | 0 | 0 | 0 | 0 | 3.3 | | | 0 | | | | | 0 | 0 | 0 |
| 28112100 | 二氧化碳 | 0 | | 5 | 0 | | 0 | 0 | 0 | 0 | 0 | 0 | 0 | 1.1 | | | 0 | | | | | 0 | 0 | 0 |
| 28112210 | 硅胶 | | 0 | 5 | 0 | | 0 | 0 | 0 | 0 | 0 | 0 | 0 | 1.1 | | | 0 | | | | | 0 | 0 | 0 |
| 28112290 | 其他二氧化硅 | | 0 | 5 | 0 | | 0 | 0 | 0 | 0 | 0 | 0 | 0 | 1.1 | | | 0 | | | | | 0 | 0 | 0 |
| 28112900 | 其他非金属无机氧化物 | 0 | | 5 | 0 | | 0 | 0 | 0 | 0 | 0 | 0 | 0 | 1.1 | | | 0 | | | | | 0 | 0 | 0 |
| 28121100 | 碳酰二氯(光气) | | | 0 | 0 | | 0 | 0 | 0 | 0 | 0 | 0 | 0 | 1.1 | | | 0 | | | | | 0 | 0 | |
| 28121200 | 氧氯化磷(磷酰氯;三氯氧磷) | | | 5 | 0 | | 0 | 0 | 0 | 0 | 0 | 0 | 0 | 1.1 | | | 0 | | | | | 0 | 0 | |
| 28121300 | 三氯化磷 | | | 0 | 0 | | 0 | 0 | 0 | 0 | 0 | 0 | 0 | 1.1 | | | 0 | | | | | 0 | 0 | |
| 28121400 | 五氯化磷 | | | 0 | 0 | | 0 | 0 | 0 | 0 | 0 | 0 | 0 | 1.1 | | | 0 | | | | | 0 | 0 | |
| 28121500 | 一氯化硫(氯化硫) | | | 0 | 0 | | 0 | 0 | 0 | 0 | 0 | 0 | 0 | 1.1 | | | 0 | | | | | 0 | 0 | |
| 28121600 | 二氯化硫 | | | 0 | 0 | | 0 | 0 | 0 | 0 | 0 | 0 | 0 | 1.1 | | | 0 | | | | | 0 | 0 | |
| 28121700 | 亚硫酰氯 | | | 0 | 0 | | 0 | 0 | 0 | 0 | 0 | 0 | 0 | 1.1 | | | 0 | | | | | 0 | 0 | |
| 28121900 | 其他非金属氯化物及氯氧化物 | | | 0 | 0 | | 0 | 0 | 0 | 0 | 0 | 0 | 0 | 1.1 | | | 0 | | | | | 0 | 0 | |
| 28129011 | 三氟化氮 | | | 0 | 0 | | 0 | 0 | 0 | 0 | 0 | 0 | 0 | 4 | | | 0 | | | | | 0 | 0 | |
| 28129019 | 其他氟化物及氟氧化物 | | | 0 | 0 | | 0 | 0 | 0 | 0 | 0 | 0 | 0 | 1.1 | | | 4.4 | | | | | 0 | 0 | |

| 税则号列 | 商品描述[①] | 协定税率(%) | | | | | | | | | | | | | | | | 特惠税率(%) | | | | | | |
|---|---|---|---|---|---|---|---|---|---|---|---|---|---|---|---|---|---|---|---|---|---|---|---|---|
| | | 香港 | 澳门 | 巴基斯坦 | 东盟 | 亚太 | 智利 | 秘鲁 | 哥斯达黎加 | 新西兰 | 澳大利亚 | 瑞士 | 冰岛 | 韩国 | 台湾 | 新加坡 | 格鲁吉亚 | 亚太2国[②] | 东盟 | | | 最不发达国家 | | |
| | | | | | | | | | | | | | | | | | | | 老挝 | 柬埔寨 | 缅甸 | LDC97[③] | LDC95[④] | LDC60[⑤] |
| 28129090 | 其他非金属卤化物及卤氧化物 | | | 0 | 0 | | 0 | 0 | 0 | 0 | 0 | 0 | 0 | 3.3 | | | 0 | | | | | 0 | 0 | |
| 28131000 | 二硫化碳 | 0 | | 0 | 0 | | 0 | 0 | 0 | 0 | 0 | 0 | 0 | 1.1 | | | 0 | | | | | 0 | 0 | |
| 28139000 | 其他非金属硫化物,商品三硫化二磷 | | | 0 | 0 | | 0 | 0 | 0 | 0 | 0 | 0 | 0 | 1.1 | | | 0 | | | | | 0 | 0 | |
| 28141000 | 氨 | | | 0 | 0 | | 0 | 0 | 0 | 0 | 0 | 0 | 0 | 1.1 | | | 0 | | | | | 0 | 0 | 0 |
| 28142000 | 氨水 | | | 0 | 0 | | 0 | 0 | 0 | 0 | 0 | 0 | 0 | 0 | | | 0 | | | | | 0 | 0 | 0 |
| 28151100 | 固体氢氧化钠 | | | 7 | 5 | 7 | 0 | 0 | 0 | 0 | 2 | 0 | 0 | 6 | | | 0 | | | | | 0 | 0 | 0 |
| 28151200 | 氢氧化钠水溶液及液体烧碱 | | | 5.6 | 5 | 5.6 | 0 | 0 | 0 | 0 | 1.6 | 0 | 0 | 4.8 | | | 0 | | | | | 0 | 0 | 0 |
| 28152000 | 氢氧化钾(苛性钾) | | | 5 | 0 | | 0 | 0 | 0 | 0 | 0 | 0 | 0 | 1.1 | | | 0 | | | | | 0 | 0 | 0 |
| 28153000 | 过氧化钠及过氧化钾 | | | 0 | 0 | | 0 | 0 | 0 | 0 | 0 | 0 | 0 | 1.1 | | | 0 | | | | | 0 | 0 | 0 |
| 28161000 | 氢氧化镁及过氧化镁 | | | 5 | 0 | | 0 | 0 | 0 | 0 | 0 | 0 | 0 | 3.3 | | | 0 | | | | | 0 | 0 | |
| 28164000 | 锶或钡的氧化物、氢氧化物及过氧化物 | | | 5 | 0 | | 0 | 0 | 0 | 0 | 0 | 0 | 0 | 0 | | | 0 | | | | | 0 | 0 | |
| 28170010 | 氧化锌 | | | 0 | 0 | | 0 | 0 | 0 | 0 | 0 | 0 | 0 | 1.1 | | | 0 | | | | | 0 | 0 | 0 |
| 28170090 | 过氧化锌 | | | 0 | 0 | | 0 | 0.6 | 0 | 0 | 0 | 0 | 0 | 1.1 | | | 0 | | | | | 0 | 0 | 0 |
| 28181010 | 棕刚玉 | | | 0 | 0 | | 0 | 0 | 0 | 0 | 0 | 0 | 0 | 3.3 | | | 0 | | | | | 0 | 0 | 0 |
| 28181090 | 其他人造刚玉,不论是否已有化学定义 | | | 0 | 0 | | 0 | 0 | 0 | 0 | 0 | 0 | 0 | 1.1 | | | 0 | | | | | 0 | 0 | 0 |
| 28182000 | 氧化铝,但人造刚玉除外 | | | 5 | 0 | | 0 | 0 | 0 | 0 | 0 | 0 | 0 | 1.6 | | 0 | 0 | | | | | 0 | 0 | 0 |
| 28183000 | 氢氧化铝 | | | 0 | 0 | | 0 | 0 | 0 | 0 | 0 | 0 | 0 | 1.1 | | | 0 | | | | | 0 | 0 | 0 |
| 28191000 | 三氧化铬 | | | 0 | 0 | | 0 | 0 | 0 | 0 | 0 | 0 | 0 | 3.3 | | | 0 | | | | | 0 | 0 | 0 |
| 28199000 | 其他铬的氧化物及氢氧化物 | | | 0 | 0 | | 0 | 0 | 0 | 0 | 0 | 0 | 0 | 1.1 | | | 0 | | | | | 0 | 0 | 0 |
| 28201000 | 二氧化锰 | | | 0 | 0 | | 0 | 0 | 0 | 0 | 0 | 0 | 0 | 1.1 | | | 0 | | | | | 0 | 0 | 0 |
| 28209000 | 其他锰的氧化物 | | | 0 | 0 | | 0 | 0 | 0 | 0 | 0 | 0 | 0 | 1.1 | | | 0 | | | | | 0 | 0 | 0 |
| 28211000 | 铁的氧化物及氢氧化物 | | | 0 | 0 | | 0 | 0 | 0 | 0 | 0 | 0 | 0 | 4 | | | 0 | | | | | 0 | 0 | 0 |
| 28212000 | 土色料 | | | 0 | 0 | | 0 | 0 | 0 | 0 | 0 | 0 | 0 | 3.3 | | | 0 | | | | | 0 | 0 | 0 |
| 28220010 | 四氧化三钴 | | | 0 | 0 | | 0 | 0 | 0 | 0 | 0 | 0 | 0 | 0 | | | 0 | | | | | 0 | 0 | |
| 28220090 | 其他钴的氧化物及氢氧化物;商品氧化钴 | | | 0 | 0 | | 0 | 0 | 0 | 0 | 0 | 0 | 0 | 1.1 | | | 0 | | | | | 0 | 0 | |
| 28230000 | 钛的氧化物 | | | 0 | 0 | | 0 | 0 | 0 | 0 | 0 | 0 | 0 | 1.1 | | | 0 | | | | | 0 | 0 | |
| 28241000 | 一氧化铅(铅黄、黄丹) | | | 0 | 0 | | 0 | 0 | 0 | 0 | 0 | 0 | 0 | 1.1 | | | 0 | | | | | 0 | 0 | |
| 28249010 | 铅丹及铅橙 | | | 0 | 0 | | 0 | 0 | 0 | 0 | 0 | 0 | 0 | 1.1 | | | 0 | | | | | 0 | 0 | |
| 28249090 | 其他铅的氧化物 | | | 0 | 0 | | 0 | 0 | 0 | 0 | 0 | 0 | 0 | 1.1 | | | 0 | | | | | 0 | 0 | |
| 28251010 | 水合肼 | | | 0 | 0 | | 0 | 0 | 0 | 0 | 0 | 0 | 0 | 3.3 | | | 0 | | | | | 0 | 0 | 0 |
| 28251020 | 硫酸羟胺 | | | 5 | 0 | | 0 | 0 | 0 | 0 | 0 | 0 | 0 | 3.3 | | | 0 | | | | | 0 | 0 | 0 |
| 28251090 | 其他肼、胲及其无机盐 | | | 5 | 0 | | 0 | 0 | 0 | 0 | 0 | 0 | 0 | 1.1 | | | 0 | | | | | 0 | 0 | 0 |
| 28252010 | 氢氧化锂 | | | 0 | 0 | | 0 | 0 | 0 | 0 | 0 | 0 | 0 | 1.1 | | | 0 | | | | | 0 | 0 | 0 |
| 28252090 | 锂的氧化物 | | | 0 | 0 | | 0 | 0 | 0 | 0 | 0 | 0 | 0 | 1.1 | | | 0 | | | | | 0 | 0 | 0 |
| 28253010 | 五氧化二钒 | | | 0 | 0 | | 0 | 0 | 0 | 0 | 0 | 0 | 0 | 3.3 | | | 0 | | | | | 0 | 0 | 0 |
| 28253090 | 其他钒的氧化物及氢氧化物 | | | 0 | 0 | | 0 | 0 | 0 | 0 | 0 | 0 | 0 | 1.1 | | | 0 | | | | | 0 | 0 | 0 |
| 28254000 | 镍的氧化物及氢氧化物 | | | 0 | 0 | | 0 | 0 | 0 | 0 | 0 | 0 | 0 | 1.1 | | | 0 | | | | | 0 | 0 | 0 |
| 28255000 | 铜的氧化物及氢氧化物 | | | 0 | 0 | | 0 | 0 | 0 | 0 | 0 | 0 | 0 | 1.1 | | | 0 | | | | | 0 | 0 | 0 |

| 税则号列 | 商品描述[①] | 协定税率(%) | | | | | | | | | | | | | | | | 特惠税率(%) | | | | | | |
|---|---|---|---|---|---|---|---|---|---|---|---|---|---|---|---|---|---|---|---|---|---|---|---|---|
| | | 香港 | 澳门 | 巴基斯坦 | 东盟 | 亚太 | 智利 | 秘鲁 | 哥斯达黎加 | 新西兰 | 澳大利亚 | 瑞士 | 冰岛 | 韩国 | 台湾 | 新加坡 | 格鲁吉亚 | 亚太2国[②] | 东盟 | | | 最不发达国家 | | |
| | | | | | | | | | | | | | | | | | | | 老挝 | 柬埔寨 | 缅甸 | LDC97[③] | LDC95[④] | LDC60[⑤] |
| 28256000 | 锗的氧化物及二氧化锆 | | | 0 | 0 | | 0 | 0 | 0 | 0 | 0 | 0 | 0 | 1.1 | | | 0 | | | | | 0 | 0 | 0 |
| 28257000 | 钼的氧化物及氢氧化物 | | | 0 | 0 | | 0 | | 0 | 0 | 0 | 0 | 0 | 1.1 | | | 0 | | | | | 0 | 0 | 0 |
| 28258000 | 锑的氧化物 | | | 0 | 0 | | 0 | 0 | 0 | 0 | 0 | 0 | 0 | 1.1 | | | 0 | | | | | 0 | 0 | 0 |
| 28259011 | 钨酸 | | | 0 | 0 | | 0 | 0 | 0 | 0 | 0 | 0 | 0 | 1.1 | | | 0 | | | | | 0 | 0 | 0 |
| 28259012 | 三氧化钨 | | | 0 | 0 | | 0 | 0 | 0 | 0 | 0 | 0 | 0 | 1.1 | | | 0 | | | | | 0 | 0 | 0 |
| 28259019 | 其他钨的氧化物及氢氧化物 | | | 0 | 0 | | 0 | 0 | 0 | 0 | 0 | 0 | 0 | 1.1 | | | 0 | | | | | 0 | 0 | 0 |
| 28259021 | 三氧化二铋 | | | 0 | 0 | | 0 | 0 | 0 | 0 | 0 | 0 | 0 | 1.1 | | | 0 | | | | | 0 | 0 | 0 |
| 28259029 | 其他铋的氧化物及氢氧化物 | | | 0 | 0 | | 0 | 0 | 0 | 0 | 0 | 0 | 0 | 1.1 | | | 0 | | | | | 0 | 0 | 0 |
| 28259031 | 二氧化锡 | | | 0 | 0 | | 0 | 0 | 0 | 0 | 0 | 0 | 0 | 1.1 | | | 0 | | | | | 0 | 0 | 0 |
| 28259039 | 其他锡的氧化物及氢氧化物 | | | 0 | 0 | | 0 | 0 | 0 | 0 | 0 | 0 | 0 | 1.1 | | | 0 | | | | | 0 | 0 | 0 |
| 28259041 | 一氧化铌 | | | 0 | 0 | | 0 | 0 | 0 | 0 | 0 | 0 | 0 | 1.1 | | | 0 | | | | | 0 | 0 | 0 |
| 28259049 | 其他铌的氧化物及氢氧化物 | | | 0 | 0 | | 0 | 0 | 0 | 0 | 0 | 0 | 0 | 1.1 | | | 0 | | | | | 0 | 0 | 0 |
| 28259090 | 其他无机碱;其他金属的氧化物、氢氧化物及过氧化物 | | | 0 | 0 | | 0 | 0 | 0 | 0 | 0 | 0 | 0 | 1.1 | | | 0 | | | | | 0 | 0 | 0 |
| 28261210 | 无水氟化铝 | | | 0 | 0 | | 0 | 0 | 0 | 0 | 0 | 0 | 0 | 1.1 | | | 0 | | | | | 0 | 0 | 0 |
| 28261290 | 其他氟化铝 | | | 0 | 0 | | 0 | 0 | 0 | 0 | 0 | 0 | 0 | 1.1 | | | 0 | | | | | 0 | 0 | 0 |
| 28261910 | 铵的氟化物 | | | 0 | 0 | | 0 | 0 | 0 | 0 | 0 | 0 | 0 | 1.1 | | | 0 | | | | | 0 | 0 | 0 |
| 28261920 | 钠的氟化物 | | | 0 | 0 | | 0 | 0 | 0 | 0 | 0 | 0 | 0 | 1.1 | | | 0 | | | | | 0 | 0 | 0 |
| 28261990 | 其他氟化物 | | | 5 | 0 | | 0 | 0 | 0 | 0 | 0 | 0 | 0 | 1.1 | | | 0 | | | | | 0 | 0 | 0 |
| 28263000 | 六氟铝酸钠(人造冰晶石) | | | 0 | 0 | | 0 | 0 | 0 | 0 | 0 | 0 | 0 | 1.1 | | | 0 | | | | | 0 | 0 | 0 |
| 28269010 | 氟硅酸盐 | 0 | | 5 | 0 | | 0 | 0 | 0 | 0 | 0 | 0 | 0 | 3.3 | | | 0 | | | | | 0 | 0 | 0 |
| 28269020 | 六氟磷酸锂 | | | 5 | 0 | | 0 | 0 | 0 | 0 | 0 | 0 | 0 | 4 | | | 0 | | | | | 0 | 0 | 0 |
| 28269090 | 氟铝酸盐及其他氟络盐 | | | 5 | 0 | | 0 | 0 | 0 | 0 | 0 | 0 | 0 | 4 | | | 0 | | | | | 0 | 0 | 0 |
| 28271010 | 肥料用氯化铵 | | | 0 | 0 | | 0 | 0 | 0 | 0 | 0 | 0 | 0 | 0 | | | 3.2 | | | | | 0 | 0 | 0 |
| 28271090 | 非肥料用氯化铵 | | | 5 | 0 | | 0 | 0 | 0 | 0 | 0 | 0 | 0 | 1.1 | | | 0 | | | | | 0 | 0 | 0 |
| 28272000 | 氯化钙 | | | 5 | 0 | | 0 | 0 | 0 | 0 | 0 | 0 | 0 | 1.1 | | | 0 | | | | | 0 | 0 | 0 |
| 28273100 | 氯化镁 | | | 5 | 0 | | 0 | 0 | 0 | 0 | 0 | 0 | 0 | 3.3 | | | 0 | | | | | 0 | 0 | 0 |
| 28273200 | 氯化铝 | | | 5 | 0 | | 0 | 0 | 0 | 0 | 0 | 0 | 0 | 1.1 | | | 0 | | | | | 0 | 0 | 0 |
| 28273500 | 氯化镍 | | | 5 | 0 | | 0 | 0 | 0 | 0 | 0 | 0 | 0 | 1.1 | | | 0 | | | | | 0 | 0 | 0 |
| 28273910 | 氯化锂 | | | 0 | 0 | 4.4 | 0 | | 0 | 0 | 0 | 0 | 0 | 1.1 | | | 0 | | | | | 0 | 0 | 0 |
| 28273920 | 氯化钡 | | | 0 | 0 | 4.4 | 0 | | 0 | 0 | 0 | | 0 | 1.1 | | | 0 | | | | | 0 | 0 | 0 |
| 28273930 | 氯化钴 | | | 0 | 0 | 4.4 | 0 | 0 | 0 | 0 | 0 | 0 | 0 | 1.1 | | | 0 | | | | | 0 | 0 | 0 |
| 28273990 | 其他未列名氯化物 | | | 0 | 0 | 4.4 | 0 | | 0 | 0 | 0 | 0 | 0 | 1.1 | | | 0 | | | | | 0 | 0 | 0 |
| 28274100 | 铜的氯氧化物及氢氧基氯化物 | | | 0 | 0 | | 0 | 0.6 | 0 | 0 | 0 | 0 | 0 | 1.1 | | | 0 | | | | | 0 | 0 | 0 |
| 28274910 | 锆的氯氧化物及氢氧基氯化物 | | | 5 | 0 | | 0 | 0 | 0 | 0 | 0 | 0 | 0 | 1.1 | | | 0 | | | | | 0 | 0 | 0 |
| 28274990 | 其他氯氧化物及氢氧基氯化物 | | | 5 | 0 | | 0 | 0 | 0 | 0 | 0 | 0 | 0 | 1.1 | | | 0 | | | | | 0 | 0 | 0 |
| 28275100 | 溴化钠及溴化钾 | | | 0 | 0 | | 0 | 0 | 0 | 0 | 0 | 0 | 0 | 1.1 | | | 0 | | | | | 0 | 0 | 0 |
| 28275900 | 其他溴化物及溴氧化物 | | | 5 | 0 | | 0 | 0 | 0 | 0 | 0 | 0 | 0 | 3.3 | | | 0 | | | | | 0 | 0 | 0 |
| 28276000 | 碘化物及碘氧化物 | | | 5 | 0 | | 0 | | 0 | 0 | 0 | 0 | 0 | 1.1 | | | 0 | | | | | 0 | 0 | 0 |

| 税则号列 | 商品描述[①] | 协定税率(%) | | | | | | | | | | | | | | | | 特惠税率(%) | | | | | | |
|---|---|---|---|---|---|---|---|---|---|---|---|---|---|---|---|---|---|---|---|---|---|---|---|---|
| | | 香港 | 澳门 | 巴基斯坦 | 东盟 | 亚太 | 智利 | 秘鲁 | 哥斯达黎加 | 新西兰 | 澳大利亚 | 瑞士 | 冰岛 | 韩国 | 台湾 | 新加坡 | 格鲁吉亚 | 亚太2国[②] | 东盟 | | | 最不发达国家 | | |
| | | | | | | | | | | | | | | | | | | | 老挝 | 柬埔寨 | 缅甸 | LDC97[③] | LDC95[④] | LDC60[⑤] |
| 28281000 | 商品次氯酸钙及其他钙的次氯酸盐 | | | 5 | 0 | 8.4 | 0 | 0 | 0 | 0 | 2.4 | 6 | 0 | 7.2 | | 0 | 0 | | | | | 0 | 0 | |
| 28289000 | 次氯酸盐;亚氯酸盐及次溴酸盐 | | | 5 | 0 | | 0 | 0 | 0 | 0 | 0 | 0 | 0 | 1.1 | | | 0 | | | | | 0 | 0 | |
| 28291100 | 氯酸钠 | | | 6 | 0 | | 0 | 0 | 0 | 0 | 2.4 | 6 | 0 | 7.2 | | 0 | 0 | | | | | 0 | 0 | |
| 28291910 | 氯酸钾(洋硝) | | | 0 | 0 | | 0 | 0 | 0 | 0 | 0 | 0 | 0 | 1.1 | | | 0 | | | | | 0 | 0 | |
| 28291990 | 其他氯酸盐 | | | 0 | 0 | | 0 | 0 | 0 | 0 | 0 | 0 | 0 | 1.1 | | | 0 | | | | | 0 | 0 | |
| 28299000 | 高氯酸盐;溴酸盐及过溴酸盐;碘酸盐及高碘酸盐 | | | 5 | 0 | | 0 | 0 | 0 | 0 | 0 | 0 | 0 | 1.1 | | | 0 | | | | | 0 | 0 | |
| 28301010 | 硫化钠 | | | 5 | 0 | | 0 | 0 | 0 | 0 | 0 | 0 | 0 | 1.1 | | | 0 | | | | | 0 | 0 | 0 |
| 28301090 | 其他钠的硫化物 | | | 0 | 0 | | 0 | 0 | 0 | 0 | 0 | 0 | 0 | 1.1 | | | 0 | | | | | 0 | 0 | 0 |
| 28309020 | 硫化锑 | | | 0 | 0 | | 0 | 0 | 0 | 0 | 0 | 0 | 0 | 1.1 | | | 0 | | | | | 0 | 0 | 0 |
| 28309030 | 硫化钴 | | | 0 | 0 | | 0 | 0 | 0 | 0 | 0 | 0 | 0 | 3.3 | | | 0 | | | | | 0 | 0 | 0 |
| 28309090 | 其他硫化物、多硫化物 | | | 5 | 0 | | 0 | 0 | 0 | 0 | 0 | 0 | 0 | 1.1 | | | 0 | | | | | 0 | 0 | 0 |
| 28311010 | 钠的连二硫酸盐 | | | 5 | 0 | | 0 | 0 | 0 | 0 | 0 | 0 | 0 | 1.1 | | | 0 | | | | | 0 | 0 | |
| 28311020 | 钠的次硫酸盐 | | | 5 | 0 | | 0 | 0 | 0 | 0 | 0 | 0 | 0 | 1.1 | | | 0 | | | | | 0 | 0 | |
| 28319000 | 其他连二亚硫酸盐及次硫酸盐 | | | 5 | 0 | | 0 | 0 | 0 | 0 | 0 | 0 | 0 | 1.1 | | | 0 | | | | | 0 | 0 | |
| 28321000 | 钠的亚硫酸盐 | | | 5 | 0 | | 0 | 0 | 0 | 0 | 0 | 0 | 0 | 1.1 | | | 0 | | | | | 0 | 0 | |
| 28322000 | 其他亚硫酸盐 | | | 0 | 0 | | 0 | 0 | 0 | 0 | 0 | 0 | 0 | 1.1 | | | 0 | | | | | 0 | 0 | |
| 28323000 | 硫代硫酸盐 | | | 5 | 0 | | 0 | 0 | 0 | 0 | 0 | 0 | 0 | 1.1 | | | 0 | | | | | 0 | 0 | |
| 28331100 | 硫酸钠 | | | 5 | 0 | | 0 | 0 | 0 | 0 | 0 | 2.8 | 0 | 0 | | | 0 | | | | | 0 | 0 | |
| 28331900 | 钠的其他硫酸盐 | | | 5 | 0 | | 0 | 0 | 0 | 0 | 0 | 0 | 0 | 1.1 | | | 0 | | | | | 0 | 0 | |
| 28332100 | 硫酸镁 | | | 5 | 0 | | 0 | 0 | 0 | 0 | 0 | 0 | 0 | 1.1 | | | 0 | | | | | 0 | 0 | 0 |
| 28332200 | 硫酸铝 | | | 5 | 0 | | 0 | 0 | 0 | 0 | 0 | 0 | 0 | 1.1 | | | 0 | | | | | 0 | 0 | 0 |
| 28332400 | 镍的硫酸盐 | | | 5 | 0 | | 0 | 0 | 0 | 0 | 0 | 0 | 0 | 1.1 | | | 0 | | | | | 0 | 0 | 0 |
| 28332500 | 铜的硫酸盐 | | | 5 | 0 | | 0 | 0 | 0 | 0 | 0 | 0 | 0 | 1.1 | | | 0 | | | | | 0 | 0 | 0 |
| 28332700 | 硫酸钡 | | | 5 | 0 | | 0 | 0 | 0 | 0 | 0 | 0 | 0 | 3.3 | | | 0 | | | | | 0 | 0 | 0 |
| 28332910 | 硫酸亚铁 | | | 5 | 0 | | 0 | 0 | 0 | 0 | 0 | 0 | 0 | 1.1 | | | 0 | | | | | 0 | 0 | 0 |
| 28332920 | 铬的硫酸盐 | | | 0 | 0 | | 0 | 0 | 0 | 0 | 0 | 0 | 0 | 1.1 | | | 0 | | | | | 0 | 0 | 0 |
| 28332930 | 硫酸锌 | | | 5 | 0 | | 0 | 0 | 0 | 0 | 0 | 0 | 0 | 3.3 | | | 0 | | | | | 0 | 0 | 0 |
| 28332990 | 其他硫酸盐 | | | 5 | 0 | | 0 | 0 | 0 | 0 | 0 | 2.8 | 0 | 1.1 | | | 0 | | | | | 0 | 0 | 0 |
| 28333010 | 钾铝矾 | | | 0 | 0 | | 0 | 0 | 0 | 0 | 0 | 0 | 0 | 3.3 | | | 0 | | | | | 0 | 0 | 0 |
| 28333090 | 其他矾 | | | 0 | 0 | | 0 | 0 | 0 | 0 | 0 | 0 | 0 | 3.3 | | | 0 | | | | | 0 | 0 | 0 |
| 28334000 | 过硫酸盐 | | | 5 | 0 | | 0 | 0 | 0 | 0 | 0 | 0 | 0 | 3.3 | | | 0 | | | | | 0 | 0 | 0 |
| 28341000 | 亚硝酸盐 | | | 5 | 0 | | 0 | 0 | 0 | 0 | 0 | 0 | 0 | 1.1 | | | 0 | | | | | 0 | 0 | 0 |
| 28342110 | 肥料用硝酸钾 | | | 0 | 0 | | 0 | 0 | 0 | 0 | 0 | 0 | 0 | 0 | | | | | | | | 0 | 0 | 0 |
| 28342190 | 非肥料用硝酸钾 | | | 5 | 0 | | 0 | 0 | 0 | 0 | 0 | 0 | 0 | 1.1 | | | 0 | | | | | 0 | 0 | 0 |
| 28342910 | 硝酸钴 | | | 0 | 0 | | 0 | 0 | 0 | 0 | 0 | 0 | 0 | 1.1 | | | 0 | | | | | 0 | 0 | 0 |
| 28342990 | 其他硝酸盐 | | | 5 | 0 | | 0 | 0 | 0 | 0 | 0 | 0 | 0 | 1.1 | | | 0 | | | | | 0 | 0 | 0 |
| 28351000 | 次磷酸盐及亚磷酸盐 | | | 5 | 0 | | 0 | 0 | 0 | 0 | 0 | 0 | 0 | 1.1 | | | 0 | | | | | 0 | 0 | 0 |
| 28352200 | 磷酸一钠及磷酸二钠 | | | 5 | 0 | | 0 | 0 | 0 | 0 | 0 | 0 | 0 | 3.3 | | | 0 | | | | | 0 | 0 | 0 |
| 28352400 | 钾的磷酸盐 | | | 5 | 0 | | 0 | 0 | 0 | 0 | 0 | 0 | 0 | 1.1 | | | 0 | | | | | 0 | 0 | 0 |

| 税则号列 | 商品描述[①] | 协定税率(%) | | | | | | | | | | | | | | | | 特惠税率(%) | | | | | | |
|---|---|---|---|---|---|---|---|---|---|---|---|---|---|---|---|---|---|---|---|---|---|---|---|---|
| | | 香港 | 澳门 | 巴基斯坦 | 东盟 | 亚太 | 智利 | 秘鲁 | 哥斯达黎加 | 新西兰 | 澳大利亚 | 瑞士 | 冰岛 | 韩国 | 台湾 | 新加坡 | 格鲁吉亚 | 亚太2国[②] | 东盟 | | | 最不发达国家 | | |
| | | | | | | | | | | | | | | | | | | | 老挝 | 柬埔寨 | 缅甸 | LDC97[③] | LDC95[④] | LDC60[⑤] |
| 28352510 | 饲料级的正磷酸氢钙(磷酸二钙) | | | 5 | 0 | | 0 | 0 | 0 | 0 | 0 | 0 | 0 | 1.1 | | | 0 | | | | | 0 | 0 | 0 |
| 28352520 | 食品级的正磷酸氢钙(磷酸二钙) | | | 5 | 0 | | 0 | 0 | 0 | 0 | 0 | 0 | 0 | 1.1 | | | 0 | | | | | 0 | 0 | 0 |
| 28352590 | 其他正磷酸氢钙(磷酸二钙) | | | 5 | 0 | | 0 | 0 | 0 | 0 | 0 | 3.4 | 0 | 1.1 | | | 0 | | | | | 0 | 0 | 0 |
| 28352600 | 其他磷酸钙 | | | 5 | 0 | | 0 | 0 | 0 | 0 | 0 | 0 | 0 | 3.3 | | | 0 | | | | | 0 | 0 | 0 |
| 28352910 | 磷酸三钠 | | | 5 | 0 | | 0 | 0 | 0 | 0 | 0 | 0 | 0 | 1.1 | | | 0 | | | | | 0 | 0 | 0 |
| 28352990 | 其他磷酸盐 | | | 5 | 0 | | 0 | 0 | 0 | 0 | 0 | 0 | 0 | 3.3 | | | 0 | | | | | 0 | 0 | 0 |
| 28353110 | 食品级的三磷酸钠(三聚磷酸钠) | | | 5 | 0 | | 0 | 0 | 0 | 0 | 0 | 0 | 0 | 1.1 | | | 0 | | | | | 0 | 0 | 0 |
| 28353190 | 其他三磷酸钠(三聚磷酸钠) | | | 5 | 0 | | 0 | 0 | 0 | 0 | 0 | 0 | 0 | 3.3 | | | 0 | | | | | 0 | 0 | 0 |
| 28353911 | 食品级的六偏磷酸钠 | | | 5 | 0 | | 0 | 0 | 0 | 0 | 0 | 0 | 0 | 1.1 | | | 0 | | | | | 0 | 0 | 0 |
| 28353919 | 其他六偏磷酸钠 | | | 5 | 0 | | 0 | 0 | 0 | 0 | 0 | 0 | 0 | 3.3 | | | 0 | | | | | 0 | 0 | 0 |
| 28353990 | 其他多磷酸盐 | | | 5 | 0 | | 0 | 0 | 0 | 0 | 0 | 0 | | 1.1 | | | 0 | | | | | 0 | 0 | 0 |
| 28362000 | 碳酸钠(纯碱) | | | 5 | 0 | | 0 | 0 | 0 | 0 | 0 | 0 | 0 | 1.1 | | | 0 | | | | | 0 | 0 | 0 |
| 28363000 | 碳酸氢钠(小苏打) | | | 5 | 0 | | 0 | 0 | 0 | 0 | 0 | 0 | 0 | 3.3 | | | 0 | | | | | 0 | 0 | 0 |
| 28364000 | 钾的碳酸盐 | | | 5 | 0 | | 0 | 0 | 0 | 0 | 0 | 0 | 0 | 1.1 | | | 0 | | | | | 0 | 0 | 0 |
| 28365000 | 碳酸钙 | | | 5 | 0 | | 0 | 0 | 0 | 0 | 0 | 0 | 0 | 1.1 | | | 0 | | | | | 0 | 0 | 0 |
| 28366000 | 碳酸钡 | | | 5 | 0 | | 0 | 0 | 0 | 0 | 0 | 0 | 0 | 0 | | | 0 | | | | | 0 | 0 | 0 |
| 28369100 | 锂的碳酸盐 | | | 5 | 0 | | 0 | | 0 | 0 | 0 | 0 | 0 | 1.1 | | | 0 | | | | | 0 | 0 | 0 |
| 28369200 | 锶的碳酸盐 | | | 5 | 0 | | 0 | 0 | 0 | 0 | 0 | 0 | 0 | 0 | | | 0 | | | | | 0 | 0 | 0 |
| 28369910 | 碳酸镁 | | | 5 | 0 | | 0 | 0 | 0 | 0 | 0 | 0 | 0 | 3.3 | | | 0 | | | | | 0 | 0 | 0 |
| 28369930 | 碳酸钴 | | | 5 | 0 | | 0 | 0 | 0 | 0 | 0 | 0 | 0 | 0 | | | 0 | | | | | 0 | 0 | 0 |
| 28369940 | 商品碳酸铵及其他铵的碳酸盐 | | | 0 | 0 | | 0 | 0 | 0 | 0 | 0 | 0 | 0 | 1.1 | | | 0 | | | | | 0 | 0 | 0 |
| 28369950 | 碳酸锆 | | | 5 | 0 | | 0 | 0 | 0 | 0 | 0 | 0 | 0 | 1.1 | | | 0 | | | | | 0 | 0 | 0 |
| 28369990 | 其他碳酸盐;过碳酸盐 | | 0 | 5 | 0 | | 0 | 0 | 0 | 0 | 0 | 0 | 0 | 1.1 | | | 0 | | | | | 0 | 0 | 0 |
| 28371110 | 氰化钠 | | | 0 | 0 | | 0 | 0 | 0 | 0 | 0 | 0 | 0 | 4 | | | 0 | | | | | 0 | 0 | |
| 28371120 | 氧氰化钠 | | | 0 | 0 | 5 | 0 | 0 | 0 | 0 | 0 | 0 | 0 | 1.1 | | | 0 | | | | | 0 | 0 | |
| 28371910 | 氰化钾 | | | 0 | 0 | | 0 | 0 | 0 | 0 | 0 | 0 | 0 | 1.1 | | | 0 | | | | | 0 | 0 | |
| 28371990 | 其他氰化物及氧氰化物 | | | 0 | 0 | | 0 | 0 | 0 | 0 | 0 | 0 | 0 | 4 | | | 0 | | | | | 0 | 0 | |
| 28372000 | 氰络合物 | | | 0 | 0 | | 0 | 0 | 0 | 0 | 0 | 0 | 0 | 1.1 | | | 0 | | | | | 0 | 0 | |
| 28391100 | 偏硅酸钠 | | | 5 | 0 | | 0 | 0 | 0 | 0 | 0 | 0 | 0 | 3.3 | | | 0 | | | | | 0 | 0 | |
| 28391910 | 硅酸钠 | | | 5 | 0 | | 0 | 0 | 0 | 0 | 0 | 0 | 0 | 3.3 | | | 0 | | | | | 0 | 0 | |
| 28391990 | 其他钠的硅酸盐;商品硅酸钠 | | | 5 | 0 | | 0 | 0 | 0 | 0 | 0 | 0 | 0 | 3.3 | | | 0 | | | | | 0 | 0 | |
| 28399000 | 其他硅酸盐;商品碱金属硅酸盐 | | | 5 | 0 | | 0 | 0 | 0 | 0 | 0 | 2.8 | 0 | 1.1 | | | 0 | | | | | 0 | 0 | |
| 28401100 | 无水四硼酸钠 | | | 0 | 0 | | 0 | 0 | 0 | 0 | 0 | 0 | 0 | 0 | | | 0 | | | | | 0 | 0 | |
| 28401900 | 其他四硼酸钠 | | | 0 | 0 | | 0 | 0 | 0 | 0 | 0 | 0 | 0 | 0 | | | 0 | | | | | 0 | 0 | |
| 28402000 | 其他硼酸盐 | | | 0 | 0 | | 0 | 0 | 0 | 0 | 0 | 0 | 0 | 3.3 | | | 0 | | | | | 0 | 0 | |

| 税则号列 | 商品描述[①] | 协定税率(%) | | | | | | | | | | | | | | | | 特惠税率(%) | | | | | | |
|---|---|---|---|---|---|---|---|---|---|---|---|---|---|---|---|---|---|---|---|---|---|---|---|---|
| | | 香港 | 澳门 | 巴基斯坦 | 东盟 | 亚太 | 智利 | 秘鲁 | 哥斯达黎加 | 新西兰 | 澳大利亚 | 瑞士 | 冰岛 | 韩国 | 台湾 | 新加坡 | 格鲁吉亚 | 亚太2国[②] | 东盟 | | | 最不发达国家 | | |
| | | | | | | | | | | | | | | | | | | | 老挝 | 柬埔寨 | 缅甸 | LDC97[③] | LDC95[④] | LDC60[⑤] |
| 28403000 | 过硼酸盐 | | | 0 | 0 | | 0 | 0 | 0 | 0 | 0 | 0 | 0 | 1.1 | | | 0 | | | | | 0 | 0 | |
| 28413000 | 重铬酸钠 | | | 0 | 0 | | 0 | 0 | 0 | 0 | 0 | 0 | 0 | 1.1 | | | 0 | | | | | 0 | 0 | 0 |
| 28415000 | 其他铬酸盐及重铬酸盐；过铬酸盐 | | | 5 | 0 | | 0 | 0 | 0 | 0 | 0 | 0 | 0 | 1.1 | | | 0 | | | | | 0 | 0 | 0 |
| 28416100 | 高锰酸钾 | | | 5 | 0 | | 0 | 0 | 0 | 0 | 0 | 0 | 0 | 1.1 | | | 0 | | | | | 0 | 0 | 0 |
| 28416910 | 锰酸锂 | | | 0 | 0 | | 0 | 0 | 0 | 0 | 0 | 0 | 0 | 1.1 | | | 0 | | | | | 0 | 0 | 0 |
| 28416990 | 其他亚锰酸盐、锰酸盐及高锰酸盐 | | | 0 | 0 | | 0 | 0 | 0 | 0 | 0 | 0 | 0 | 1.1 | | | 0 | | | | | 0 | 0 | 0 |
| 28417010 | 钼酸铵 | | | 5 | 0 | | 0 | 0 | 0 | 0 | 0 | 0 | 0 | 0 | | | 0 | | | | | 0 | 0 | 0 |
| 28417090 | 其他钼酸盐 | | | 5 | 0 | | 0 | 0 | 0 | 0 | 0 | 0 | 0 | 1.1 | | | 0 | | | | | 0 | 0 | 0 |
| 28418010 | 仲钨酸铵 | | | 0 | 0 | | 0 | 0 | 0 | 0 | 0 | 0 | 0 | 1.1 | | | 0 | | | | | 0 | 0 | 0 |
| 28418020 | 钨酸钠 | | | 0 | 0 | | 0 | 0 | 0 | 0 | 0 | 0 | 0 | 1.1 | | | 0 | | | | | 0 | 0 | 0 |
| 28418030 | 钨酸钙 | | | 0 | 0 | | 0 | 0 | 0 | 0 | 0 | 0 | 0 | 1.1 | | | 0 | | | | | 0 | 0 | 0 |
| 28418040 | 偏钨酸铵 | | | 0 | 0 | | 0 | 0 | 0 | 0 | 0 | 0 | 0 | 1.1 | | | 0 | | | | | 0 | 0 | 0 |
| 28418090 | 其他钨酸盐 | | | 0 | 0 | | 0 | 0 | 0 | 0 | 0 | 0 | 0 | 0 | | | 0 | | | | | 0 | 0 | 0 |
| 28419000 | 其他金属酸盐及过金属酸盐 | | | 5 | 0 | | 0 | 0 | 0 | 0 | 0 | 0 | 0 | 3.3 | | | 0 | | | | | 0 | 0 | 0 |
| 28421000 | 硅酸复盐及硅酸络盐(包括不论是否已有化学定义的硅铝酸盐) | 0 | | 5 | 0 | | 0 | 0 | 0 | 0 | 0 | 3.4 | 0 | 1.1 | | | 0 | | | | | 0 | 0 | |
| 28429011 | 硫氰酸钠 | | | 5 | 0 | | 0 | 0 | 0 | 0 | 0 | 0 | 0 | 1.1 | | | 0 | | | | | 0 | 0 | |
| 28429019 | 其他雷酸盐、氰酸盐及硫氰酸盐 | | | 5 | 0 | | 0 | 0 | 0 | 0 | 0 | 0 | 0 | 1.1 | | | 0 | | | | | 0 | 0 | |
| 28429020 | 碲化镉 | | | 5 | 0 | | 0 | 0 | 0 | 0 | 0 | 0 | 0 | 1.1 | | | 0 | | | | | 0 | 0 | |
| 28429030 | 锂镍钴锰氧化物 | | | 5 | 0 | | 0 | 0 | 0 | 0 | 0 | 0 | 0 | 1.1 | | | 0 | | | | | 0 | 0 | |
| 28429040 | 磷酸铁锂 | | | 5 | 0 | | 0 | 0 | 0 | 0 | 0 | 0 | 0 | 3.3 | | | 0 | | | | | 0 | 0 | |
| 28429050 | 硒酸盐及亚硒酸盐 | | | 5 | 0 | | 0 | 0 | 0 | 0 | 0 | 0 | 0 | 1.1 | | | 0 | | | | | 0 | 0 | |
| 28429060 | 锂镍钴铝氧化物 | | | 5 | 0 | | 0 | 0 | 0 | 0 | 0 | 0 | 0 | 1.1 | | | 0 | | | | | 0 | 0 | |
| 28429090 | 其他无机酸盐及过氧酸盐，叠氮化物除外 | | | 5 | 0 | | 0 | 0 | 0 | 0 | 0 | 0 | 0 | 1.1 | | | 0 | | | | | 0 | 0 | |
| 28431000 | 胶态贵金属 | | | 0 | 0 | | 0 | 0 | 0 | 0 | 0 | 0 | 0 | 1.1 | | | 0 | | | | | 0 | 0 | |
| 28432100 | 硝酸银 | 0 | | 0 | 0 | | 0 | 0 | 0 | 0 | 0 | 0 | 0 | 1.1 | | | 0 | | | | | 0 | 0 | |
| 28432900 | 其他银化合物，不论是否已有化学定义 | 0 | | 0 | 0 | | 0 | 0 | 0 | 0 | 0 | 0 | 0 | 1.1 | | | 0 | | | | | 0 | 0 | |
| 28433000 | 金化合物，不论是否已有化学定义 | 0 | | 0 | 0 | | 0 | 0 | 0 | 0 | 0 | 0 | 0 | 1.1 | | | 0 | | | | | 0 | 0 | |
| 28439000 | 其他贵金属化合物，不论是否已有化学定义；贵金属汞齐 | 0 | | 5 | 0 | | 0 | 0 | 0 | 0 | 0 | | 0 | 1.1 | | | 0 | | | | | 0 | 0 | |
| 28441000 | 天然铀及其化合物(包括其合金、分散体、陶瓷产品及混合物) | | | 0 | 0 | | 0 | 0 | 0 | 0 | 0 | 0 | 0 | 1.1 | | | 0 | | | | | 0 | 0 | 0 |
| 28442000 | U235 浓缩铀、钚及它们的化合物(包括其合金、分散体、陶瓷产品及混合物) | | | 0 | 0 | | 0 | 0 | 0 | 0 | 0 | 0 | 0 | 1.1 | | | 0 | | | | | 0 | 0 | 0 |

| 税则号列 | 商品描述① | 协定税率(%) | | | | | | | | | | | | | | | | 特惠税率(%) | | | | | | |
|---|---|---|---|---|---|---|---|---|---|---|---|---|---|---|---|---|---|---|---|---|---|---|---|---|
| | | 香港 | 澳门 | 巴基斯坦 | 东盟 | 亚太 | 智利 | 秘鲁 | 哥斯达黎加 | 新西兰 | 澳大利亚 | 瑞士 | 冰岛 | 韩国 | 台湾 | 新加坡 | 格鲁吉亚 | 亚太2国② | 东盟 老挝 | 东盟 柬埔寨 | 东盟 缅甸 | 最不发达国家 LDC97③ | 最不发达国家 LDC95④ | 最不发达国家 LDC60⑤ |
| 28443000 | U235贫化铀、钍及它们的化合物(包括其合金、分散体、陶瓷产品及混合物) | | | 0 | 0 | | 0 | 0 | 0 | 0 | 0 | 0 | 0 | 1.1 | | | 0 | | | | | 0 | 0 | 0 |
| 28444010 | 镭及镭盐(包括其合金、分散体、陶瓷产品及混合物) | | | 0 | 0 | | 0 | 0 | 0 | 0 | 0 | 0 | 0 | 0 | | | 0 | | | | | 0 | 0 | 0 |
| 28444020 | 放射性钴及放射性钴盐(包括其合金、分散体、陶瓷产品及混合物) | | | 0 | 0 | | 0 | 0 | 0 | 0 | 0 | 0 | 0 | 0 | | | 0 | | | | | 0 | 0 | 0 |
| 28444090 | 其他放射性元素同位素及其化合物(包括其合金、分散体、陶瓷产品及混合物);放射性残渣 | | | 0 | 0 | | 0 | 0 | 0 | 0 | 0 | 0 | 0 | 1.1 | | | 0 | | | | | 0 | 0 | 0 |
| 28445000 | 核反应堆已耗尽的燃料元件 | | | 0 | 0 | | 0 | 0 | 0 | 0 | 0 | 0 | 0 | 1.1 | | | 0 | | | | | 0 | 0 | |
| 28451000 | 重水(氧化氘) | | | 0 | 0 | | 0 | 0 | 0 | 0 | 0 | 0 | 0 | 1.1 | | | 0 | | | | | 0 | 0 | |
| 28459000 | 其他同位素及其化合物,不论是否已有化学定义 | | | 0 | 0 | | 0 | 0 | 0 | 0 | 0 | 0 | 0 | 1.1 | | | 0 | | | | | 0 | 0 | |
| 28461010 | 氧化铈 | | | 0 | 0 | 3.9 | 0 | 0 | 0 | 0 | 0 | 0 | 0 | 0 | | | 0 | | | | | 0 | 0 | |
| 28461020 | 氢氧化铈 | | | 0 | 0 | 3.9 | 0 | 0 | 0 | 0 | 0 | 0 | 0 | 0 | | | 0 | | | | | 0 | 0 | |
| 28461030 | 碳酸铈 | | | 0 | 0 | 3.9 | 0 | 0 | 0 | 0 | 0 | 0 | 0 | 0 | | | 0 | | | | | 0 | 0 | |
| 28461090 | 铈的其他化合物 | | | 0 | 0 | 3.9 | 0 | 0 | 0 | 0 | 0 | 0 | 0 | 0 | | | 0 | | | | | 0 | 0 | |
| 28469011 | 氧化钇 | | | 0 | 0 | | 0 | 0 | 0 | 0 | 0 | 0 | 0 | 0 | | | 0 | | | | | 0 | 0 | |
| 28469012 | 氧化镧 | | | 0 | 0 | | 0 | 0 | 0 | 0 | 0 | 0 | 0 | 0 | | | 0 | | | | | 0 | 0 | |
| 28469013 | 氧化钕 | | | 0 | 0 | | 0 | 0 | 0 | 0 | 0 | 0 | 0 | 0 | | | 0 | | | | | 0 | 0 | |
| 28469014 | 氧化铕 | | | 0 | 0 | | 0 | 0 | 0 | 0 | 0 | 0 | 0 | 0 | | | 0 | | | | | 0 | 0 | |
| 28469015 | 氧化镝 | | | 0 | 0 | | 0 | 0 | 0 | 0 | 0 | 0 | 0 | 0 | | | 0 | | | | | 0 | 0 | |
| 28469016 | 氧化铽 | | | 0 | 0 | | 0 | 0 | 0 | 0 | 0 | 0 | 0 | 0 | | | 0 | | | | | 0 | 0 | |
| 28469017 | 氧化镨 | | | 0 | 0 | | 0 | 0 | 0 | 0 | 0 | 0 | 0 | 0 | | | 0 | | | | | 0 | 0 | |
| 28469019 | 其他氧化稀土 | | | 0 | 0 | | 0 | 0 | 0 | 0 | 0 | 0 | 0 | 0 | | | 0 | | | | | 0 | 0 | |
| 28469021 | 氯化铽 | | | 0 | 0 | | 0 | 0 | 0 | 0 | 0 | 0 | 0 | 0 | | | 0 | | | | | 0 | 0 | |
| 28469022 | 氯化镝 | | | 0 | 0 | | 0 | 0 | 0 | 0 | 0 | 0 | 0 | 0 | | | 0 | | | | | 0 | 0 | |
| 28469023 | 氯化镧 | | | 0 | 0 | | 0 | 0 | 0 | 0 | 0 | 0 | 0 | 0 | | | 0 | | | | | 0 | 0 | |
| 28469024 | 氯化钕 | | | 0 | 0 | | 0 | 0 | 0 | 0 | 0 | 0 | 0 | 0 | | | 0 | | | | | 0 | 0 | |
| 28469025 | 氯化镨 | | | 0 | 0 | | 0 | 0 | 0 | 0 | 0 | 0 | 0 | 0 | | | 0 | | | | | 0 | 0 | |
| 28469026 | 氯化钇 | | | 0 | 0 | | 0 | 0 | 0 | 0 | 0 | 0 | 0 | 0 | | | 0 | | | | | 0 | 0 | |
| 28469028 | 混合氯化稀土 | | | 0 | 0 | | 0 | 0 | 0 | 0 | 0 | 0 | 0 | 0 | | | 0 | | | | | 0 | 0 | |
| 28469029 | 未混合氯化稀土 | | | 0 | 0 | | 0 | 0 | 0 | 0 | 0 | 0 | 0 | 0 | | | 0 | | | | | 0 | 0 | |
| 28469031 | 氟化铽 | | | 0 | 0 | | 0 | 0 | 0 | 0 | 0 | 0 | 0 | 0 | | | 0 | | | | | 0 | 0 | |
| 28469032 | 氟化镝 | | | 0 | 0 | | 0 | 0 | 0 | 0 | 0 | 0 | 0 | 0 | | | 0 | | | | | 0 | 0 | |
| 28469033 | 氟化镧 | | | 0 | 0 | | 0 | 0 | 0 | 0 | 0 | 0 | 0 | 0 | | | 0 | | | | | 0 | 0 | |
| 28469034 | 氟化钕 | | | 0 | 0 | | 0 | 0 | 0 | 0 | 0 | 0 | 0 | 0 | | | 0 | | | | | 0 | 0 | |
| 28469035 | 氟化镨 | | | 0 | 0 | | 0 | 0 | 0 | 0 | 0 | 0 | 0 | 0 | | | 0 | | | | | 0 | 0 | |
| 28469036 | 氟化钇 | | | 0 | 0 | | 0 | 0 | 0 | 0 | 0 | 0 | 0 | 0 | | | 0 | | | | | 0 | 0 | |
| 28469039 | 其他氟化稀土 | | | 0 | 0 | | 0 | 0 | 0 | 0 | 0 | 0 | 0 | 0 | | | 0 | | | | | 0 | 0 | |

| 税则号列 | 商品描述[①] | 协定税率(%) | | | | | | | | | | | | | | | | 特惠税率(%) | | | | | | |
|---|---|---|---|---|---|---|---|---|---|---|---|---|---|---|---|---|---|---|---|---|---|---|---|---|
| | | 香港 | 澳门 | 巴基斯坦 | 东盟 | 亚太 | 智利 | 秘鲁 | 哥斯达黎加 | 新西兰 | 澳大利亚 | 瑞士 | 冰岛 | 韩国 | 台湾 | 新加坡 | 格鲁吉亚 | 亚太2国[②] | 东盟 | | | 最不发达国家 | | |
| | | | | | | | | | | | | | | | | | | | 老挝 | 柬埔寨 | 缅甸 | LDC97[③] | LDC95[④] | LDC60[⑤] |
| 28469041 | 碳酸镧 | | | 0 | 0 | | 0 | 0 | 0 | 0 | 0 | 0 | 0 | 0 | | | 0 | | | | | 0 | 0 | |
| 28469042 | 碳酸铽 | | | 0 | 0 | | 0 | 0 | 0 | 0 | 0 | 0 | 0 | 0 | | | 0 | | | | | 0 | 0 | |
| 28469043 | 碳酸镝 | | | 0 | 0 | | 0 | 0 | 0 | 0 | 0 | 0 | 0 | 0 | | | 0 | | | | | 0 | 0 | |
| 28469044 | 碳酸钕 | | | 0 | 0 | | 0 | 0 | 0 | 0 | 0 | 0 | 0 | 0 | | | 0 | | | | | 0 | 0 | |
| 28469045 | 碳酸镨 | | | 0 | 0 | | 0 | 0 | 0 | 0 | 0 | 0 | 0 | 0 | | | 0 | | | | | 0 | 0 | |
| 28469046 | 碳酸钇 | | | 0 | 0 | | 0 | 0 | 0 | 0 | 0 | 0 | 0 | 0 | | | 0 | | | | | 0 | 0 | |
| 28469048 | 混合碳酸稀土 | | | 0 | 0 | | 0 | 0 | 0 | 0 | 0 | 0 | 0 | 0 | | | 0 | | | | | 0 | 0 | |
| 28469049 | 未混合碳酸稀土 | | | 0 | 0 | | 0 | 0 | 0 | 0 | 0 | 0 | 0 | 0 | | | 0 | | | | | 0 | 0 | |
| 28469091 | 镧的其他化合物 | | | 0 | 0 | | 0 | 0 | 0 | 0 | 0 | 0 | 0 | 0 | | | 0 | | | | | 0 | 0 | |
| 28469092 | 钕的其他化合物 | | | 0 | 0 | | 0 | 0 | 0 | 0 | 0 | 0 | 0 | 0 | | | 0 | | | | | 0 | 0 | |
| 28469093 | 铽的其他化合物 | | | 0 | 0 | | 0 | 0 | 0 | 0 | 0 | 0 | 0 | 0 | | | 0 | | | | | 0 | 0 | |
| 28469094 | 镝的其他化合物 | | | 0 | 0 | | 0 | 0 | 0 | 0 | 0 | 0 | 0 | 0 | | | 0 | | | | | 0 | 0 | |
| 28469095 | 镨的其他化合物 | | | 0 | 0 | | 0 | 0 | 0 | 0 | 0 | 0 | 0 | 0 | | | 0 | | | | | 0 | 0 | |
| 28469096 | 钇的其他化合物 | | | 0 | 0 | | 0 | 0 | 0 | 0 | 0 | 0 | 0 | 0 | | | 0 | | | | | 0 | 0 | |
| 28469099 | 稀土金属、钇、钪的其他化合物 | | | 0 | 0 | | 0 | 0 | 0 | 0 | 0 | 0 | 0 | 0 | | | 0 | | | | | 0 | 0 | |
| 28470000 | 过氧化氢（不论是否用尿素固化） | | | 5 | 0 | | 0 | 0 | 0 | 0 | 0 | 0 | 0 | 4 | | | 0 | | | | | 0 | 0 | |
| 28491000 | 碳化钙，不论是否已有化学定义 | | | 0 | 0 | | 0 | 0 | 0 | 0 | 0 | 0 | 0 | 1.1 | | | 0 | | | | | 0 | 0 | |
| 28492000 | 碳化硅，不论是否已有化学定义 | | | 5 | 0 | | 0 | 0 | 0 | 0 | 0 | 0 | 0 | 3.3 | | | 0 | | | | | 0 | 0 | |
| 28499010 | 碳化硼，不论是否已有化学定义 | | | 0 | 0 | | 0 | 0 | 0 | 0 | 0 | 0 | 0 | 1.1 | | | 0 | | | | | 0 | 0 | |
| 28499020 | 碳化钨，不论是否已有化学定义 | | | 0 | 0 | | 0 | 0 | 0 | 0 | 0 | 0 | 0 | 1.1 | | | 0 | | | | | 0 | 0 | |
| 28499090 | 其他碳化物，不论是否已有化学定义 | | | 0 | 0 | | 0 | 0 | 0 | 0 | 0 | 0 | 0 | 1.1 | | | 0 | | | | | 0 | 0 | |
| 28500011 | 氮化锰 | 0 | | 0 | 0 | 3.9 | 0 | 0 | 0 | 0 | 0 | 0 | 0 | 1.1 | | | 0 | | | | | 0 | 0 | |
| 28500012 | 氮化硼 | 0 | | 0 | 0 | 3.9 | 0 | 0 | 0 | 0 | 0 | 0 | 0 | 1.1 | | | 0 | | | | | 0 | 0 | |
| 28500019 | 其他氮化物 | 0 | | 0 | 0 | 3.9 | 0 | 0 | 0 | 0 | 0 | 0 | 0 | 1.1 | | | 0 | | | | | 0 | 0 | |
| 28500090 | 氢化物、叠氮化物、硅化物及硼化物，不论是否已有化学定义，但可归入品目 28.49 的碳化物除外 | 0 | | 0 | 0 | 3.9 | 0 | 0 | 0 | 0 | 0 | 0 | 0 | 4 | | | 0 | | | | | 0 | 0 | |
| 28521000 | 汞的有机或无机化合物，汞齐除外 | 0 | | 0 | 0 | | 0 | 0 | 0 | 0 | 0 | 0 | 0 | 1.1 | | | 0 | | | | | 0 | 0 | |
| 28529000 | 无化学定义的汞化合物 | | | 5 | 0 | | 0 | 0 | 0 | 0 | 0 | 0 | 0 | 1.1 | | | 0 | | | | | 0 | 0 | 0 |
| 28531000 | 氯化氰 | | | 0 | 0 | | 0 | 0 | 0 | 0 | 0 | 0 | 0 | 1.1 | | | 0 | | | | | 0 | 0 | |
| 28539010 | 饮用蒸馏水 | 0 | 0 | 0 | 0 | | 0 | 0 | 0 | 0 | 0 | 0 | 0 | 1.1 | | | 0 | | | | | 0 | 0 | |
| 28539030 | 镍钴锰氢氧化物 | 0 | 0 | 5 | 0 | | 0 | 0 | 0 | 0 | 1.3 | 0 | 0 | 1.3 | | | 0 | | | | | 0 | 0 | |
| 28539040 | 磷化物，不论是否已有化学定义，但不包括磷铁 | | | 0 | 0 | | 0 | 0 | 0 | 0 | 0 | 0 | 0 | 3.3 | | | 0 | | | | | 0 | 0 | |
| 28539050 | 镍钴铝氢氧化物 | 0 | 0 | 5 | 0 | | 0 | 0 | 0 | 0 | 0 | 0 | 0 | 1.1 | | | 0 | | | | | 0 | 0 | |

| 税则号列 | 商品描述[①] | 协定税率(%) | | | | | | | | | | | | | | | | 特惠税率(%) | | | | | | |
|---|---|---|---|---|---|---|---|---|---|---|---|---|---|---|---|---|---|---|---|---|---|---|---|---|
| | | 香港 | 澳门 | 巴基斯坦 | 东盟 | 亚太 | 智利 | 秘鲁 | 哥斯达黎加 | 新西兰 | 澳大利亚 | 瑞士 | 冰岛 | 韩国 | 台湾 | 新加坡 | 格鲁吉亚 | 亚太2国[②] | 东盟 | | | 最不发达国家 | | |
| | | | | | | | | | | | | | | | | | | | 老挝 | 柬埔寨 | 缅甸 | LDC97[③] | LDC95[④] | LDC60[⑤] |
| 28539090 | 其他无机化合物、液态空气、压缩空气,汞齐,但贵金属汞齐除外 | 0 | 0 | 5 | 0 | | 0 | 0 | 0 | 0 | 0 | 0 | 0 | 1.1 | | | 0 | | | | | 0 | 0 | |
| 29011000 | 饱和无环烃 | 0 | | 0 | 0 | | 0 | 0 | 0 | 0 | 0 | 0 | 0 | 0 | | | 0 | | | | | 0 | 0 | |
| 29012100 | 乙烯 | | | 0 | 0 | | 0 | 0 | 0 | 0 | 0 | 0 | 0 | 1.2 | | | 0 | | | | | 0 | 0 | |
| 29012200 | 丙烯 | | | 0 | 0 | | 0 | 0 | 0 | 0 | 0 | 0 | 0 | 1.2 | 0 | | 0 | | | | | 0 | 0 | |
| 29012310 | 1-丁烯 | | | 0 | 0 | | 0 | 0 | 0 | 0 | 0 | 0 | 0 | 1.2 | | | 0 | | | | | 0 | 0 | |
| 29012320 | 2-丁烯 | | | 0 | 0 | | 0 | 0 | 0 | 0 | 0 | 0 | 0 | 0 | | | 0 | | | | | 0 | 0 | |
| 29012330 | 2-甲基丙稀 | | | 0 | 0 | | 0 | 0 | 0 | 0 | 0 | 0 | 0 | 0 | | | 0 | | | | | 0 | 0 | |
| 29012410 | 1,3-丁二烯 | | | 0 | 0 | | 0 | 0 | 0 | 0 | 0 | 0 | 0 | 1.2 | 0 | | 0 | | | | | 0 | 0 | |
| 29012420 | 异戊二烯 | | | 0 | 0 | | 0 | 0 | 0 | 0 | 0 | 0 | 0 | 1.4 | 0 | | 0 | | | | | 0 | 0 | |
| 29012910 | 异戊烯 | | | 0 | 0 | | 0 | 0 | 0 | 0 | 0 | 0 | 0 | 0 | | | 0 | | | | | 0 | 0 | |
| 29012920 | 乙炔 | | | 0 | 0 | | 0 | 0 | 0 | 0 | 0 | 0 | 0 | 0 | | | 0 | | | | | 0 | 0 | |
| 29012990 | 其他不饱和无环烃 | | | 0 | 0 | | 0 | 0 | 0 | 0 | 0 | 0 | 0.3 | 1.2 | | | 0 | | | | | 0 | 0 | |
| 29021100 | 环己烷 | | | 0 | 0 | | 0 | 0 | 0 | 0 | 0 | 0 | 0 | 0 | | | 0 | | | | | 0 | 0 | |
| 29021910 | 蒎烯 | | | 0 | 0 | | 0 | 0 | 0 | 0 | 0 | 0 | 0.3 | 0 | | | 0 | | | | | 0 | 0 | |
| 29021920 | 4-烷基-4'-烷基双环己烷 | | | 0 | 0 | | 0 | 0 | 0 | 0 | 0 | 0 | 0.3 | 0 | | | 0 | | | | | 0 | 0 | |
| 29021990 | 其他环烷烃、环烯及环萜烯 | | | 0 | 0 | | 0 | 0 | 0 | 0 | 0 | 0 | 0.3 | 0 | | | 0 | | | | | 0 | 0 | |
| 29022000 | 苯 | | | 0 | 0 | | 0 | 0 | 0 | 0 | 0 | 0 | 0 | 1.4 | | | 0 | | | | | 0 | 0 | |
| 29023000 | 甲苯 | | | 0 | 0 | | 0 | 0 | 0 | 0 | 0 | 0 | 0 | 1.4 | | | 0 | | | | | 0 | 0 | |
| 29024100 | 邻二甲苯 | | | 0 | 0 | | 0 | 0 | 0 | 0 | 0 | 0 | 0 | 1.2 | 0 | | 1.6 | | | | | 0 | 0 | |
| 29024200 | 间二甲苯 | | | 0 | 0 | | 0 | 0 | 0 | 0 | 0 | 0 | 0 | 0 | 0 | | 1.6 | | | | | 0 | 0 | |
| 29024300 | 对二甲苯 | | | 0 | 0 | | 0 | 0 | 0 | 0 | 0 | 1 | 0 | | 0 | | | | | | | 0 | 0 | |
| 29024400 | 混合二甲苯异构体 | | | 0 | 0 | | 0 | 0 | 0 | 0 | 0 | 0 | 0 | 0 | 0 | | 1.6 | | | | | 0 | 0 | |
| 29025000 | 苯乙烯 | | | 0 | | 1.4 | 0 | 0 | 0 | 0 | 0 | 1 | 0 | 1.6 | | | 0 | | | | | | | |
| 29026000 | 乙苯 | | | 0 | 0 | | 0 | 0 | 0 | 0 | 0 | 0 | 0 | 1.2 | | | 0 | | | | | 0 | 0 | |
| 29027000 | 异丙基苯 | | | 0 | 0 | | 0 | 0 | 0 | 0 | 0 | 0 | 0 | 0 | | | 0 | | | | | 0 | 0 | |
| 29029010 | 四氢萘 | | | 0 | 0 | | 0 | 0 | 0 | 0 | 0 | 0 | 0 | 0 | | | 0 | | | | | 0 | 0 | |
| 29029020 | 精萘 | | | 0 | 0 | | 0 | 0 | 0 | 0 | 0 | 0 | 0 | 1.4 | | | 0 | | | | | 0 | 0 | |
| 29029030 | 十二烷基苯 | | | 0 | 0 | | 0 | 0 | 0 | 0 | 0 | 0 | 0 | | 0 | | 0 | | | | | 0 | 0 | |
| 29029040 | 4-(4'-烷基环己基)环己基乙烯 | | | 0 | 0 | | 0 | 0 | 0 | 0 | 0 | 0 | 0 | 0 | | | 0 | | | | | 0 | 0 | |
| 29029050 | 1-烷基-4-(4-烷烯基-1,1'-双环己基)苯 | | | 0 | 0 | | 0 | 0 | 0 | 0 | 0 | 0 | 0 | 0 | | | 0 | | | | | 0 | 0 | |
| 29029090 | 其他芳香烃 | | | 0 | 0 | | 0 | 0 | 0 | 0 | 0 | 0 | 0 | 0 | | | 0 | | | | | 0 | 0 | |
| 29031100 | 一氯甲烷及氯乙烷 | | | 0 | 0 | | 0 | 0 | 0 | 0 | 0 | 0 | 0 | 1.1 | | | 0 | | | | | 0 | 0 | |
| 29031200 | 二氯甲烷 | 0 | | 5 | 0 | | 0 | 0 | 0 | 0 | 1.6 | 0 | 0 | 5.8 | | | 0 | | | | | 0 | 0 | |
| 29031300 | 氯仿(三氯甲烷) | 0 | | 5 | 0 | 9 | 0 | 0 | 0 | 0 | 2 | 0 | 0 | 6 | 0 | | 0 | | | | | 0 | 0 | |
| 29031400 | 四氯化碳 | | | 5 | 0 | | 0 | 0 | 0 | 0 | 1.6 | 0 | 0 | 1.6 | | | 0 | | | | | 0 | 0 | |
| 29031500 | 1,2-二氯乙烷(ISO) | | | | 5 | | 0 | | 0 | 0 | 0 | 0 | 0 | 1.1 | | | 0 | | | | | 0 | | |
| 29031910 | 1,1,1-三氯乙烷(甲基氯仿) | | | 5 | 0 | | 0 | 0 | 0 | 0 | 1.6 | 0 | 0 | 1.6 | | | 0 | | | | | 0 | 0 | |

| 税则号列 | 商品描述① | 协定税率(%) | | | | | | | | | | | | | | | | 特惠税率(%) | | | | | | |
|---|---|---|---|---|---|---|---|---|---|---|---|---|---|---|---|---|---|---|---|---|---|---|---|---|
| | | 香港 | 澳门 | 巴基斯坦 | 东盟 | 亚太 | 智利 | 秘鲁 | 哥斯达黎加 | 新西兰 | 澳大利亚 | 瑞士 | 冰岛 | 韩国 | 台湾 | 新加坡 | 格鲁吉亚 | 亚太2国② | 东盟 | | | 最不发达国家 | | |
| | | | | | | | | | | | | | | | | | | | 老挝 | 柬埔寨 | 缅甸 | LDC97③ | LDC95④ | LDC60⑤ |
| 29031990 | 其他无环烃的饱和氯化衍生物 | | | 5 | 0 | | 0 | 0 | 0 | 0 | 0 | 0 | 0 | 3.3 | | | 0 | | | | | 0 | 0 | |
| 29032100 | 氯乙烯 | | | 0 | 0 | 3.9 | 0 | 0 | 0 | 0 | 0 | 0 | 0 | 0 | 0 | | 0 | | | | | 0 | 0 | |
| 29032200 | 三氯乙烯 | | | 5 | 0 | | 0 | 0 | 0 | 0 | 1.6 | 0 | 0 | 5.8 | | | 0 | | | | | 0 | 0 | |
| 29032300 | 四氯乙烯 | | | 0 | 0 | | 0 | 0 | 0 | 0 | 0 | 0 | 0 | 1.1 | | | 0 | | | | | 0 | 0 | |
| 29032910 | 3-氯-1-丙稀(氯丙稀) | | | 0 | 0 | | 0 | 0 | 0 | 0 | 0 | 0 | 0 | 1.1 | | | 0 | | | | | 0 | 0 | |
| 29032990 | 其他无环烃的不饱和氯化衍生物 | | | 0 | 0 | | 0 | 0 | 0 | 0 | 0 | 0 | 0 | 1.1 | | | 0 | | | | | 0 | 0 | |
| 29033100 | 1,2-二溴乙烷(ISO) | 0 | | 5 | 0 | | 0 | 0 | 0 | 0 | 0 | 0 | 0 | 1.1 | | | 0 | | | | | 0 | 0 | |
| 29033910 | 全氟异丁烯(八氟异丁烯) | | | 0 | 0 | | 0 | 0 | 0 | 0 | 0 | 0 | 0 | 1.1 | | | 0 | | | | | 0 | 0 | |
| 29033990 | 其他无环烃的氟化、溴化或碘化衍生物 | 0 | | 5 | 0 | | 0 | 0 | 0 | 0 | 0 | 0 | 0 | 1.1 | | | 0 | | | | | 0 | 0 | |
| 29037100 | 一氯二氟甲烷 | | | 5 | 0 | | 0 | 0 | 0 | 0 | 0 | 0 | 0 | 1.1 | | | 0 | | | | | 0 | 0 | |
| 29037200 | 二氯三氟乙烷 | | | 5 | 0 | | 0 | 0 | 0 | 0 | 0 | 0 | 0 | 1.1 | | | 0 | | | | | 0 | 0 | |
| 29037300 | 二氯一氟乙烷 | | | 5 | 0 | | 0 | 0 | 0 | 0 | 0 | 0 | 0 | 1.1 | | | 0 | | | | | 0 | 0 | |
| 29037400 | 一氯二氟乙烷 | | | 5 | 0 | | 0 | 0 | 0 | 0 | 0 | 0 | 0 | 1.1 | | | 0 | | | | | 0 | 0 | |
| 29037500 | 二氯五氟丙烷 | | | 5 | 0 | | 0 | 0 | 0 | 0 | 0 | 0 | 0 | 1.1 | | | 0 | | | | | 0 | 0 | |
| 29037600 | 溴氯二氟甲烷、溴三氟甲烷及二溴四氟乙烷 | | | 0 | 0 | | 0 | 0 | 0 | 0 | 0 | 0 | 0 | 1.1 | | | 0 | | | | | 0 | 0 | |
| 29037710 | 三氯氟甲烷 | | | 5 | 0 | | 0 | 0 | 0 | 0 | 0 | 0 | 0 | 1.1 | | | 0 | | | | | 0 | 0 | |
| 29037720 | 其他仅含氟和氯的甲烷、乙烷及丙烷的全卤化物 | | | 0 | 0 | | 0 | 0 | 0 | 0 | 0 | 0 | 0 | 1.1 | | | 0 | | | | | 0 | 0 | |
| 29037790 | 其他仅含氟氯的无环烃全卤化衍生物 | | | 5 | 0 | | 0 | 0 | 0 | 0 | 0 | 0 | 0 | 3.3 | | | 0 | | | | | 0 | 0 | |
| 29037800 | 其他无环烃全卤化衍生物 | | | 0 | 0 | | 0 | 0 | 0 | 0 | 0 | 0 | 0 | 1.1 | | | 0 | | | | | 0 | 0 | |
| 29037910 | 其他仅含氟和氯的甲烷、乙烷及丙烷的卤化衍生物 | | | 5 | 0 | | 0 | 0 | 0 | 0 | 0 | 0 | 0 | 1.1 | | | 0 | | | | | 0 | 0 | |
| 29037990 | 其他含有两种或两种以上不同卤素的无环烃卤化衍生物 | | | 0 | 0 | | 0 | 0 | 0 | 0 | 0 | 0 | 0 | 1.1 | | | 0 | | | | | 0 | 0 | |
| 29038100 | 1,2,3,4,5,6-六氯环己烷[六六六(ISO)],包括林丹(ISO,INN) | | | 0 | 0 | | 0 | 0 | 0 | 0 | 0 | 0 | 0 | 1.1 | | | 0 | | | | | 0 | 0 | |
| 29038200 | 艾氏剂(ISO)、氯丹(ISO)及七氯(ISO) | | | 0 | 0 | | 0 | 0 | 0 | 0 | 0 | 0 | 0 | 1.1 | | | 0 | | | | | 0 | 0 | |
| 29038300 | 灭蚁灵(ISO) | | | 0 | 0 | | 0 | 0 | 0 | 0 | 0 | 0 | 0 | 1.1 | | | 0 | | | | | 0 | 0 | |
| 29038900 | 其他环烷烃或环烯烃等卤化衍生物 | | | 0 | 0 | | 0 | 0 | 0 | 0 | 0 | 0 | 0 | 1.1 | | | 0 | | | | | 0 | 0 | |
| 29039110 | 邻二氯苯 | | | 0 | 0 | | 0 | 0 | 0 | 0 | 0 | 0 | 0 | 3.3 | | | 0 | | | | | 0 | 0 | |
| 29039190 | 氯苯及对二氯苯 | | | 5 | 0 | | 0 | 0 | 0 | 0 | 0 | 0 | 0 | 1.1 | | | 0 | | | | | 0 | 0 | |
| 29039200 | 六氯苯(ISO)及滴滴涕(ISO,INN) | | | 0 | 0 | | 0 | 0 | 0 | 0 | 0 | 0 | 0 | 1.1 | | | 0 | | | | | 0 | 0 | |
| 29039300 | 五氯苯(ISO) | | | 5 | 0 | | 0 | 0 | 0 | 0 | 0 | 0 | 0 | 1.1 | | | 0 | | | | | 0 | 0 | |
| 29039400 | 六溴联苯 | | | 5 | 0 | | 0 | 0 | 0 | 0 | 0 | 0 | 0 | 1.1 | | | 0 | | | | | 0 | 0 | |
| 29039910 | 对氯甲苯 | | | 0 | 0 | | 0 | 0 | 0 | 0 | 0 | 0 | 0 | 1.1 | | | 0 | | | | | 0 | 0 | |

| 税则号列 | 商品描述[①] | 协定税率(%) | | | | | | | | | | | | | | | | 特惠税率(%) | | | | | | |
|---|---|---|---|---|---|---|---|---|---|---|---|---|---|---|---|---|---|---|---|---|---|---|---|---|
| | | 香港 | 澳门 | 巴基斯坦 | 东盟 | 亚太 | 智利 | 秘鲁 | 哥斯达黎加 | 新西兰 | 澳大利亚 | 瑞士 | 冰岛 | 韩国 | 台湾 | 新加坡 | 格鲁吉亚 | 亚太2国[②] | 东盟 | | | 最不发达国家 | | |
| | | | | | | | | | | | | | | | | | | | 老挝 | 柬埔寨 | 缅甸 | LDC97[③] | LDC95[④] | LDC60[⑤] |
| 29039920 | 3,4-二氯三氟甲苯 | | | 0 | 0 | | 0 | 0 | 0 | 0 | 0 | 0 | 0 | 1.1 | | | 0 | | | | | 0 | 0 | |
| 29039930 | 4-(4'-烷基苯基)-1-(4'-烷基苯基)-2-氟苯 | | | 5 | 0 | | 0 | 0 | 0 | 0 | 0 | 0 | 0 | 1.1 | | | 0 | | | | | 0 | 0 | |
| 29039990 | 其他芳烃卤化衍生物 | | | 5 | 0 | | 0 | 0 | 0 | 0 | 0 | 0 | 0 | 1.1 | | | 0 | | | | | 0 | 0 | |
| 29041000 | 仅含磺基的衍生物及其盐和乙酯 | 0 | | 5 | 0 | | 0 | 0 | 0 | 0 | 0 | 0 | 0 | 1.1 | | | 0 | | | | | 0 | 0 | |
| 29042010 | 硝基苯 | | | 0 | 0 | | 0 | 0 | 0 | 0 | 0 | 0 | 0 | 1.1 | | | 0 | | | | | 0 | 0 | |
| 29042020 | 硝基甲苯 | | | 0 | 0 | | 0 | 0 | 0 | 0 | 0 | 0 | 0 | 1.1 | | | 0 | | | | | 0 | 0 | |
| 29042030 | 二硝基甲苯 | | | 0 | 0 | | 0 | 0 | 0 | 0 | 0 | 0 | 0 | 1.1 | | | 0 | | | | | 0 | 0 | |
| 29042040 | 三硝基甲苯(TNT) | | | 0 | 0 | | 0 | 0 | 0 | 0 | 0 | 0 | 0 | 1.1 | | | 0 | | | | | 0 | 0 | |
| 29042090 | 其他仅含硝基或亚硝基衍生物 | | | 5 | 0 | | 0 | 0 | 0 | 0 | 0 | 0 | 0 | 1.1 | | | 0 | | | | | 0 | 0 | |
| 29043100 | 全氟辛基磺酸 | | | 5 | 0 | | 0 | 0 | 0 | 0 | 0 | 0 | 0 | 1.1 | | | 0 | | | | | 0 | 0 | |
| 29043200 | 全氟辛基磺酸铵 | | | 5 | 0 | | 0 | 0 | 0 | 0 | 0 | 0 | 0 | 1.1 | | | 0 | | | | | 0 | 0 | |
| 29043300 | 全氟辛基磺酸锂 | | | 5 | 0 | | 0 | 0 | 0 | 0 | 0 | 0 | 0 | 1.1 | | | 0 | | | | | 0 | 0 | |
| 29043400 | 全氟辛基磺酸钾 | | | 5 | 0 | | 0 | 0 | 0 | 0 | 0 | 0 | 0 | 1.1 | | | 0 | | | | | 0 | 0 | |
| 29043500 | 其他全氟辛基磺酸盐 | | | 5 | 0 | | 0 | 0 | 0 | 0 | 0 | 0 | 0 | 1.1 | | | 0 | | | | | 0 | 0 | |
| 29043600 | 全氟辛基磺酰氟 | | | 5 | 0 | | 0 | 0 | 0 | 0 | 0 | 0 | 0 | 1.1 | | | 0 | | | | | 0 | 0 | |
| 29049100 | 三氯硝基甲烷(氯化苦;硝基氯仿) | | | 0 | 0 | | 0 | 0 | 0 | 0 | 0 | 0 | 0 | 1.1 | | | 0 | | | | | 0 | 0 | |
| 29049900 | 其他烃的磺化、硝化、亚硝化衍生物,不论是否卤化 | | | 5 | 0 | | 0 | 0 | 0 | 0 | 0 | 0 | 0 | 1.1 | | | 0 | | | | | 0 | 0 | |
| 29051100 | 甲醇 | 0 | 0 | 0 | 0 | | 0 | | 0 | 0 | 0 | 0 | 0 | | | | 0 | | | | | | | |
| 29051210 | 丙醇 | | | 0 | 0 | | 0 | 0 | 0 | 0 | 0 | 0 | 0 | 4 | | | 0 | | | | | 0 | 0 | |
| 29051220 | 异丙醇 | | | 0 | 0 | | 0 | 0 | 0 | 0 | 0 | 0 | 0 | 4 | 0 | | 0 | | | | | 0 | 0 | |
| 29051300 | 正丁醇 | | | 0 | 0 | | 0 | 0 | 0 | 0 | 0 | 0 | 0 | 4 | 0 | | 0 | | | | | 0 | 0 | |
| 29051410 | 异丁醇 | | | 0 | 0 | | 0 | 0 | 0 | 0 | 0 | 0 | 0 | 4 | 0 | | 0 | | | | | 0 | 0 | |
| 29051420 | 仲丁醇 | | | 0 | 0 | | 0 | 0 | 0 | 0 | 0 | 0 | 0 | 4 | | | 0 | | | | | 0 | 0 | |
| 29051430 | 叔丁醇 | | | 0 | 0 | | 0 | 0 | 0 | 0 | 0 | 0 | 0 | 4 | | | 0 | | | | | 0 | 0 | |
| 29051610 | 正辛醇 | | | 5 | 0 | | 0 | | 0 | 0 | 0 | 0 | 0 | | | | 0 | | | | | | | |
| 29051690 | 其他辛醇 | | | 5 | 0 | | 0 | | 0 | 0 | 0 | 0 | 0 | | | | 0 | | | | | | | |
| 29051700 | 十二醇、十六醇及十八醇 | | | 5 | 0 | | 0 | 0 | 0 | 0 | 1.4 | 0 | 0 | 5.1 | | | 0 | | | | | 0 | 0 | |
| 29051910 | 3,3-二甲基丁-2-醇(频哪基醇) | | | 0 | 0 | | 0 | 0 | 0 | 0 | 0 | 0 | 0 | 1.1 | | | 0 | | | | | 0 | 0 | |
| 29051990 | 其他饱和一元醇 | | | 5 | 0 | | 0 | 0 | 0 | 0 | 0 | 2.8 | 0 | 1.1 | | | 0 | | | | | 0 | 0 | |
| 29052210 | 香叶醇、橙花醇 | | | 0 | 0 | | 0 | 0 | 0 | 0 | 0 | 0 | 0 | 1.1 | | | 0 | | | | | 0 | 0 | |
| 29052220 | 香茅醇 | | | 5 | 0 | | 0 | 0 | 0 | 0 | 0 | 0 | 0 | 1.1 | | | 0 | | | | | 0 | 0 | |
| 29052230 | 芳樟醇 | | | 5 | 0 | | 0 | 0 | 0 | 0 | 0 | | 0 | 1.1 | | | 0 | | | | | 0 | 0 | |
| 29052290 | 其他无环萜烯醇 | | | 5 | 0 | | 0 | 0 | 0 | 0 | 0 | 3.4 | 0 | 1.1 | | | 0 | | | | | 0 | 0 | |
| 29052900 | 其他不饱和一元醇(无环萜烯醇除外) | | | 5 | 0 | | 0 | 0 | 0 | 0 | 0 | 0 | 0 | 1.1 | | | 0 | | | | | 0 | 0 | |
| 29053100 | 1,2-乙二醇 | | | | 5 | | 0 | | 0 | 0 | 0 | | 0 | | | | | | | | | | | |
| 29053200 | 丙二醇 | | | 5 | 0 | | 0 | 0 | 0 | 0 | 0 | 0 | 0 | 3.3 | | | 0 | | | | | 0 | 0 | |

| 税则号列 | 商品描述[1] | 协定税率(%) | | | | | | | | | | | | | | | | 特惠税率(%) | | | | | | |
|---|---|---|---|---|---|---|---|---|---|---|---|---|---|---|---|---|---|---|---|---|---|---|---|---|
| | | 香港 | 澳门 | 巴基斯坦 | 东盟 | 亚太 | 智利 | 秘鲁 | 哥斯达黎加 | 新西兰 | 澳大利亚 | 瑞士 | 冰岛 | 韩国 | 台湾 | 新加坡 | 格鲁吉亚 | 亚太2国[2] | 东盟 | | | 最不发达国家 | | |
| | | | | | | | | | | | | | | | | | | | 老挝 | 柬埔寨 | 缅甸 | LDC97[3] | LDC95[4] | LDC60[5] |
| 29053910 | 2,5-二甲基己二醇 | | | 0 | 0 | | 0 | 0 | 0 | 0 | 0 | 0 | 0 | 0 | | | 0 | | | | | 0 | 0 | |
| 29053990 | 其他二元醇 | | | 5 | 0 | | 0 | 0 | 0 | 0 | 0 | 0 | 0 | | | | 0 | | | | | 0 | 0 | |
| 29054100 | 三羟甲基丙烷 | | | 0 | 0 | | 0 | 0 | 0 | 0 | 0 | 0 | 0 | 1.1 | | | 0 | | | | | 0 | 0 | |
| 29054200 | 季戊四醇 | | | 5 | 0 | | 0 | 0 | 0 | 0 | 0 | 0 | 0 | 3.3 | | | 0 | | | | | 0 | 0 | |
| 29054300 | 甘露糖醇 | | | 5 | 0 | | 0 | 0 | 0 | 0 | 1.6 | 0 | 0 | 1.6 | | | 0 | | | | | 0 | 0 | 0 |
| 29054400 | 山梨醇 | | | 11.2 | 0 | | 0 | 0 | 0 | 0 | 2.8 | 7 | 0 | 8.4 | | 0 | 0 | | | | | 0 | 0 | |
| 29054500 | 丙三醇(甘油) | | 0 | 7 | 0 | 11.2 | 0 | 0 | 0 | 0 | 2.8 | 7 | 0 | 8.4 | | 0 | 0 | | | | | 0 | 0 | |
| 29054910 | 木糖醇 | | | 5 | 0 | | 0 | 0 | 0 | 0 | 0 | 0 | 0 | 1.1 | | | 0 | | | | | 0 | 0 | |
| 29054990 | 其他多元醇 | | | 5 | 0 | | 0 | 0 | 0 | 0 | 0 | 0 | 0 | 1.1 | | | 0 | | | | | 0 | 0 | |
| 29055100 | 乙氯维诺 | | | 0 | 0 | | 0 | 0 | 0 | 0 | 0 | 0 | 0 | 1.1 | | | 0 | | | | | 0 | 0 | |
| 29055900 | 无环醇的卤化、磺化、硝化或亚硝化的衍生物(乙氯维诺除外) | | | 5 | 0 | | 0 | 0 | 0 | 0 | 0 | 0 | 0 | 3.3 | | | 0 | | | | | 0 | 0 | |
| 29061100 | 薄荷醇 | | | 0 | 0 | | 0 | 0 | 0 | 0 | 0 | 0 | 0 | 1 | | | 0 | | | | | 0 | 0 | |
| 29061200 | 环己醇、甲基环己醇、二甲基环己醇 | | | 5 | 0 | | 0 | 0 | 0 | 0 | 0 | 0 | 0 | 1.1 | | | 0 | | | | | 0 | 0 | |
| 29061310 | 固醇 | | | 0 | 0 | | 0 | 0 | 0 | 0 | 0 | 0 | 0 | 3.3 | | | 0 | | | | | 0 | 0 | |
| 29061320 | 肌醇 | | | 5 | 0 | | 0 | 0 | 0 | 0 | 0 | 0 | 0 | 1.1 | | | 0 | | | | | 0 | 0 | |
| 29061910 | 萜品醇 | | | 5 | 0 | | 0 | 0 | 0 | 0 | 0 | 0 | 0 | 1.1 | | | 0 | | | | | 0 | 0 | |
| 29061990 | 其他环烷醇、环烯醇及环萜烯醇 | | | 5 | 0 | | 0 | 0 | 0 | 0 | 0 | | 0 | 1.1 | | | 0 | | | | | 0 | 0 | |
| 29062100 | 苄醇 | | | 0 | 0 | | 0 | 0 | 0 | 0 | 0 | 0 | 0 | 1 | | | 0 | | | | | 0 | 0 | |
| 29062910 | 2-苯基乙醇 | | | 5 | 0 | | 0 | 0 | 0 | 0 | 0 | 0 | 0 | 1.1 | | | 0 | | | | | 0 | 0 | |
| 29062990 | 其他芳香醇及它们的衍生物 | | | 5 | 0 | | 0 | 0 | 0 | 0 | 0 | 3.4 | 0 | 3.3 | | | 0 | | | | | 0 | 0 | |
| 29071110 | 苯酚 | | | 0 | 0 | | 0 | 0 | 0 | 0 | 0 | 0 | 0 | | | | 0 | | | | | 0 | 0 | 0 |
| 29071190 | 苯酚的盐 | | | 0 | 0 | | 0 | 0 | 0 | 0 | 0 | 2.8 | 0 | | | | 0 | | | | | 0 | 0 | 0 |
| 29071211 | 间甲酚 | | | 0 | 0 | | 0 | 0 | 0 | 0 | 0 | 0 | 0 | 1.1 | | | 0 | | | | | 0 | 0 | 0 |
| 29071212 | 邻甲酚 | | | 0 | 0 | | 0 | 0 | 0 | 0 | 0 | 0 | 0 | 1.1 | | | 0 | | | | | 0 | 0 | 0 |
| 29071219 | 其他甲酚(对甲酚) | | | 5 | 0 | | 0 | 0 | 0 | 0 | 0 | 0 | 0 | 3.3 | | | 0 | | | | | 0 | 0 | 0 |
| 29071290 | 甲酚的盐 | | | 0 | 0 | | 0 | 0 | 0 | 0 | 0 | 0 | 0 | 1.1 | | | 0 | | | | | 0 | 0 | 0 |
| 29071310 | 壬基酚 | | | 0 | 0 | | 0 | 0 | 0 | 0 | 0 | 0 | 0 | | | | 0 | | | | | 0 | 0 | 0 |
| 29071390 | 辛基酚及其异构体的盐和壬基酚盐 | | | 0 | 0 | | 0 | 0 | 0 | 0 | 0 | 0 | 0 | 4 | | | 0 | | | | | 0 | 0 | 0 |
| 29071510 | β-萘酚(2-萘酚) | | | 0 | 0 | | 0 | 0 | 0 | 0 | 0 | 0 | 0 | 1.1 | | | 0 | | | | | 0 | 0 | 0 |
| 29071590 | 其他萘酚及其盐 | | | 5 | 0 | | 0 | 0 | 0 | 0 | 0 | 0 | 0 | 1.1 | | | 0 | | | | | 0 | 0 | 0 |
| 29071910 | 邻仲丁基酚、邻异丙基酚 | | | 0 | 0 | | 0 | 0 | 0 | 0 | 0 | 2 | 0 | 0 | | | 0 | | | | | 0 | 0 | 0 |
| 29071990 | 其他一元酚 | | | 5 | 0 | | 0 | 0 | 0 | 0 | 0 | 2.8 | 0 | 1.1 | | | 0 | | | | | 0 | 0 | 0 |
| 29072100 | 间苯二酚及其盐 | | | 5 | 0 | | 0 | 0 | 0 | 0 | 0 | 0 | 0 | 3.3 | | | 0 | | | | | 0 | 0 | 0 |
| 29072210 | 对苯二酚 | | | 5 | 0 | | 0 | 0 | 0 | 0 | 0 | 0 | 0 | 1.1 | | | 0 | | | | | 0 | 0 | 0 |
| 29072290 | 对苯二酚的盐 | | | 0 | 0 | | 0 | 0 | 0 | 0 | 0 | 0 | 0 | 1.1 | | | 0 | | | | | 0 | 0 | 0 |
| 29072300 | 4,4'-异亚丙基联苯酚(双酚A)及其盐 | | | 5 | 0 | | 0 | 0 | 0 | 0 | 0 | 0 | 0 | | | | 0 | | | | | 0 | 0 | 0 |
| 29072910 | 邻苯二酚 | | | 0 | 0 | | 0 | 0 | 0 | 0 | 0 | 0 | 0 | | | | 0 | | | | | 0 | 0 | 0 |

| 税则号列 | 商品描述[①] | 协定税率(%) | | | | | | | | | | | | | | | | 特惠税率(%) | | | | | | |
|---|---|---|---|---|---|---|---|---|---|---|---|---|---|---|---|---|---|---|---|---|---|---|---|---|
| | | 香港 | 澳门 | 巴基斯坦 | 东盟 | 亚太 | 智利 | 秘鲁 | 哥斯达黎加 | 新西兰 | 澳大利亚 | 瑞士 | 冰岛 | 韩国 | 台湾 | 新加坡 | 格鲁吉亚 | 亚太2国[②] | 东盟 | | | 最不发达国家 | | |
| | | | | | | | | | | | | | | | | | | | 老挝 | 柬埔寨 | 缅甸 | LDC97[③] | LDC95[④] | LDC60[⑤] |
| 29072990 | 其他多元酚;酚醇 | | | 5 | 0 | | 0 | 0 | 0 | 0 | 0 | 0 | 0 | 4 | | | 0 | | | | | 0 | 0 | 0 |
| 29081100 | 五氯苯酚(ISO) | | | 5 | 0 | | 0 | 0 | 0 | 0 | 0 | 0 | 0 | 1.1 | | | 0 | | | | | 0 | 0 | |
| 29081910 | 对氯苯酚 | | | 0 | 0 | | 0 | 0 | 0 | 0 | 0 | 0 | 0 | 0 | | | 0 | | | | | 0 | 0 | |
| 29081990 | 其他仅含卤素取代基的酚及酚醇衍生物及其盐 | | | 5 | 0 | | 0 | 0 | 0 | 0 | 0 | 0 | 0 | 1.1 | | | 0 | | | | | 0 | 0 | |
| 29089100 | 地乐酚(ISO)及其盐 | | | 5 | 0 | | 0 | 0 | 0 | 0 | 0 | 0 | 0 | 1.1 | | | 0 | | | | | 0 | 0 | |
| 29089200 | 4,6-二硝基邻甲酚[二硝酚(ISO)]及其盐 | | | 5 | 0 | | 0 | 0 | 0 | 0 | 0 | 0 | 0 | 1.1 | | | 0 | | | | | 0 | 0 | |
| 29089910 | 对硝基酚、对硝基酚钠 | | | 0 | 0 | | 0 | 0 | 0 | 0 | 0 | 0 | 0 | 1.1 | | | 0 | | | | | 0 | 0 | |
| 29089990 | 其他酚及酚醇的卤化、磺化、硝化或亚硝化的等衍生物 | | | 5 | 0 | | 0 | 0 | 0 | 0 | 0 | 0 | 0 | 3.3 | | | 0 | | | | | 0 | 0 | |
| 29091100 | 乙醚 | | | 0 | 0 | | 0 | 0 | 0 | 0 | 0 | 0 | 0 | 1.1 | | | 0 | | | | | 0 | 0 | 0 |
| 29091910 | 甲醚 | | | 5 | 0 | | 0 | | 0 | 0 | 0 | 0 | 0 | 4 | | | 0 | | | | | 0 | | |
| 29091990 | 其他无环醚及其卤化、磺化、硝化或亚硝化衍生物 | | | 5 | 0 | | 0 | | 0 | 0 | 0 | 0 | 0 | 4 | | | 0 | | | | | 0 | | |
| 29092000 | 环烷醚、环烯醚或环萜烯醚及其卤化、磺化、硝化或亚硝化衍生物 | | | 0 | 0 | | 0 | 0 | 0 | 0 | 0 | 0 | 0 | 1.1 | | | 0 | | | | | 0 | 0 | 0 |
| 29093010 | 1-烷氧基-4-(4-乙烯基环己基)-2,3-二氟苯 | | | 5 | 0 | | 0 | 0 | 0 | 0 | 0 | 0 | 0 | 1.1 | | | 0 | | | | | 0 | 0 | 0 |
| 29093020 | 4-(4-烷氧基苯基)-4'-烷烯基-1,1'-双环己烷及其氟代衍生物 | | | 5 | 0 | | 0 | 0 | 0 | 0 | 0 | 0 | 0 | 1.1 | | | 0 | | | | | 0 | 0 | 0 |
| 29093090 | 其他芳香醚及其卤化、磺化、硝化或亚硝化衍生物 | | | 5 | 0 | | 0 | 0 | 0 | 0 | 0 | 0 | 0 | 1.1 | | | 0 | | | | | 0 | 0 | 0 |
| 29094100 | 2,2'-氧联二乙醇(二甘醇) | | | 0 | 0 | | 0 | | 0 | 0 | 0 | 0 | 0 | 0 | 0 | | 0 | | | | | 0 | | |
| 29094300 | 乙二醇或二甘醇的单丁醚 | | 0 | 5 | 0 | | 0 | 0 | 0 | 0 | 0 | 0 | 0 | 0 | 0 | | 0 | | | | | 0 | 0 | 0 |
| 29094400 | 乙二醇或二甘醇的其他单烷基醚 | | | 5 | 0 | | 0 | 0 | 0 | 0 | 0 | 0 | 0 | 4 | | | 0 | | | | | 0 | 0 | 0 |
| 29094910 | 间苯氧基苄醇 | | | 0 | 0 | | 0 | 0 | 0 | 0 | 0 | 0 | 0 | 0 | | | 0 | | | | | 0 | 0 | 0 |
| 29094990 | 其他醚醇及其卤化、磺化、硝化或亚硝化的衍生物 | | | 5 | 0 | | 0 | 0 | 0 | 0 | 0 | 0 | 0 | 4 | | | 0 | | | | | 0 | 0 | 0 |
| 29095000 | 醚酚、醚醇酚及其卤化、磺化、硝化或亚硝化的衍生物 | | | 5 | 0 | | 0 | 0 | 0 | 0 | 0 | 0 | | 4 | | | 0 | | | | | 0 | 0 | 0 |
| 29096000 | 过氧化醇、过氧化醚、过氧化酮及其卤化、磺化、硝化或亚硝化的衍生物 | | | 5 | 0 | | 0 | 0 | 0 | 0 | 0 | 0 | 0 | 4 | | | 0 | | | | | 0 | 0 | 0 |
| 29101000 | 环氧乙烷(氧化乙烯) | | | 0 | 0 | | 0 | 0 | 0 | 0 | 0 | 0 | 0 | 4 | | | 0 | | | | | 0 | 0 | |
| 29102000 | 甲基环氧乙烷(氧化丙烯) | | | 0 | 0 | | 0 | 0 | 0 | 0 | 0 | 0 | 0 | 4 | | | 0 | | | | | 0 | 0 | |
| 29103000 | 1-氯-2,3-环氧丙烷(表氯醇) | | | 5 | 0 | | 0 | 0 | 0 | 0 | 0 | 0 | 0 | 3.3 | 0 | | 0 | | | | | 0 | 0 | |
| 29104000 | 狄氏剂(ISO,INN) | | | 5 | 0 | | 0 | 0 | 0 | 0 | 0 | 0 | 0 | 1.1 | | | 0 | | | | | 0 | 0 | |
| 29105000 | 异狄氏剂(ISO) | | 0 | 5 | 0 | | 0 | 0 | 0 | 0 | 0 | 3.4 | 0 | 1.1 | | | 0 | | | | | 0 | 0 | |

| 税则号列 | 商品描述① | 协定税率(%) | | | | | | | | | | | | | | | | 特惠税率(%) | | | | | | |
|---|---|---|---|---|---|---|---|---|---|---|---|---|---|---|---|---|---|---|---|---|---|---|---|---|
| | | 香港 | 澳门 | 巴基斯坦 | 东盟 | 亚太 | 智利 | 秘鲁 | 哥斯达黎加 | 新西兰 | 澳大利亚 | 瑞士 | 冰岛 | 韩国 | 台湾 | 新加坡 | 格鲁吉亚 | 亚太2国② | 东盟 | | | 最不发达国家 | | |
| | | | | | | | | | | | | | | | | | | | 老挝 | 柬埔寨 | 缅甸 | LDC97③ | LDC95④ | LDC60⑤ |
| 29109000 | 三节环环氧化物，环氧醇(酚、醚)及其卤化、磺化、硝化或亚硝化的衍生物 | | 0 | 5 | 0 | | 0 | 0 | 0 | 0 | 0 | 3.4 | 0 | 1.1 | | | 0 | | | | | 0 | 0 | |
| 29110000 | 缩醛、半缩醛，不论是否含有其他含氧基，以及其卤化、磺化、硝化或亚硝化的衍生物 | | | 5 | 0 | | 0 | 0 | 0 | 0 | 0 | 3.4 | 0 | 3.3 | | | 0 | | | | | 0 | 0 | |
| 29121100 | 甲醛 | | | 0 | 0 | | 0 | 0 | 0 | 0 | 0 | 0 | 0 | 1.1 | | | 0 | | | | | 0 | 0 | |
| 29121200 | 乙醛 | | | 0 | 0 | | 0 | 0 | 0 | 0 | 0 | 0 | 0 | 1.1 | | | 0 | | | | | 0 | 0 | |
| 29121900 | 其他无环醛(不含其他含氧基) | | | 5 | 0 | | 0 | 0 | 0 | 0 | 0 | 2.8 | 0 | 4 | | | 0 | | | | | 0 | 0 | |
| 29122100 | 苯甲醛 | | | 5 | 0 | | 0 | 0 | 0 | 0 | 0 | 0 | 0 | 1.1 | | | 0 | | | | | 0 | 0 | |
| 29122910 | 铃兰醛(对叔丁基-α-甲基-氧化肉桂醛) | | | 5 | 0 | | 0 | 0 | 0 | 0 | 0 | 0 | 0 | 1.1 | | | 0 | | | | | 0 | 0 | |
| 29122990 | 其他环醛(不含其他含氧基) | | | 5 | 0 | | 0 | 0 | 0 | 0 | 0 | 3.4 | 0 | 1.1 | | | 0 | | | | | 0 | 0 | |
| 29124100 | 香草醛(3-甲氧基-4-羟基苯甲醛) | | | 5 | 0 | | 0 | 0 | 0 | 0 | 0 | 0 | 0 | 1.1 | | | 0 | | | | | 0 | 0 | |
| 29124200 | 乙基香草醛 | | | 5 | 0 | | 0 | 0 | 0 | 0 | 0 | 0 | 0 | 1.1 | | | 0 | | | | | 0 | 0 | |
| 29124910 | 醛醇 | | | 5 | 0 | | 0 | 0 | 0 | 0 | 0 | 0 | 0 | 1.1 | | | 0 | | | | | 0 | 0 | |
| 29124990 | 其他醛醚、醛酚、其他含氧基的醛 | | | 5 | 0 | | 0 | 0 | 0 | 0 | 0 | 0 | 0 | 1.1 | | | 0 | | | | | 0 | 0 | |
| 29125000 | 环聚醛 | | | 0 | 0 | | 0 | 0 | 0 | 0 | 0 | | 0 | 4 | | | 0 | | | | | 0 | 0 | |
| 29126000 | 多聚甲醛 | | | 5 | 0 | | 0 | 0 | 0 | 0 | 0 | 0 | 0 | 4 | | | 0 | | | | | 0 | 0 | |
| 29130000 | 品目29.12所列产品的卤化、磺化、硝化或亚硝化的衍生物 | | | 5 | 0 | | 0 | 0 | 0 | 0 | 0 | 0 | 0 | 1.1 | | | 0 | | | | | 0 | 0 | |
| 29141100 | 丙酮 | | | 0 | 0 | | 0 | 0 | 0 | 0 | 0 | 0 | 0 | | | | 0 | | | | | 0 | 0 | |
| 29141200 | 丁酮 | | 0 | 0 | 0 | | 0 | 0 | 0 | 0 | 0 | 0 | 0 | | | | 0 | | | | | 0 | 0 | |
| 29141300 | 4-甲基-2-戊酮 | | | 0 | 0 | | 0 | 0 | 0 | 0 | 0 | 0 | 0 | 4 | | | 0 | | | | | 0 | 0 | |
| 29141900 | 其他不含其他含氧基的无环酮 | | | 5 | 0 | | 0 | 0 | 0 | 0 | 0 | 0 | 0 | 4 | | | 0 | | | | | 0 | 0 | |
| 29142200 | 环己酮及甲基环己酮 | | | 0 | 0 | | 0 | 0 | 0 | 0 | 0 | 0 | 0 | 4 | | | 0 | | | | | 0 | 0 | |
| 29142300 | 芷香酮及甲基芷香酮 | | | 0 | 0 | | 0 | 0 | 0 | 0 | 0 | | 0 | 1.1 | | | 0 | | | | | 0 | 0 | |
| 29142910 | 樟脑 | | | 5 | 0 | | 0 | 0 | 0 | 0 | 0 | 0 | 0 | 1.1 | | | 0 | | | | | 0 | 0 | |
| 29142990 | 其他不含含氧基环烷酮、环烯酮或环萜烯酮 | | | 5 | 0 | | 0 | 0 | 0 | 0 | 0 | | 0 | 3.3 | | | 0 | | | | | 0 | 0 | |
| 29143100 | 苯丙酮(苯基丙-2-酮) | | | 0 | 0 | | 0 | 0 | 0 | 0 | 0 | 0 | 0 | 1.1 | | | 0 | | | | | 0 | 0 | |
| 29143910 | 苯乙酮 | | | 0 | 0 | | 0 | 0 | 0 | 0 | 0 | 0 | 0 | 0 | | | 0 | | | | | 0 | 0 | |
| 29143990 | 其他不含其他含氧基的芳香酮 | | | 5 | 0 | | 0 | 0 | 0 | 0 | 0 | 2.8 | 0 | 1.1 | | | 0 | | | | | 0 | 0 | |
| 29144000 | 酮醇及酮醛 | | | 5 | 0 | | 0 | 0 | 0 | 0 | 0 | 2.8 | 0 | 1.1 | | | 0 | | | | | 0 | 0 | |
| 29145011 | 覆盆子酮 | | | 0 | 0 | | 0 | 0 | 0 | 0 | 0 | 0 | 0 | 1.1 | | | 0 | | | | | 0 | 0 | |
| 29145019 | 其他酮酚 | | | 5 | 0 | | 0 | 0 | 0 | 0 | 0 | 2.8 | 0 | 1.1 | | | 0 | | | | | 0 | 0 | |
| 29145020 | 2-羟基-4-甲氧基二苯甲酮 | | | 5 | 0 | | 0 | 0 | 0 | 0 | 0 | 0 | 0 | 1.1 | | | 0 | | | | | 0 | 0 | |

| 税则号列 | 商品描述[①] | 协定税率(%) | | | | | | | | | | | | | | | | 特惠税率(%) | | | | | | |
|---|---|---|---|---|---|---|---|---|---|---|---|---|---|---|---|---|---|---|---|---|---|---|---|---|
| | | 香港 | 澳门 | 巴基斯坦 | 东盟 | 亚太 | 智利 | 秘鲁 | 哥斯达黎加 | 新西兰 | 澳大利亚 | 瑞士 | 冰岛 | 韩国 | 台湾 | 新加坡 | 格鲁吉亚 | 亚太2国[②] | 东盟 | | | 最不发达国家 | | |
| | | | | | | | | | | | | | | | | | | | 老挝 | 柬埔寨 | 缅甸 | LDC97[③] | LDC95[④] | LDC60[⑤] |
| 29145090 | 酮酚及含其他含氧基酮 | | | 5 | 0 | | 0 | 0 | 0 | 0 | 0 | 0 | 0 | 3.3 | | | 0 | | | | | 0 | 0 | |
| 29146100 | 蒽醌 | | | 5 | 0 | | 0 | 0 | 0 | 0 | 0 | 0 | 0 | 3.3 | | | 0 | | | | | 0 | 0 | |
| 29146200 | 辅酶Q10 | | | 0 | 0 | | 0 | 0 | 0 | 0 | 0 | 0 | 0 | 3.3 | | | 0 | | | | | 0 | 0 | |
| 29146900 | 其他醌,不论是否含有其他含氧基及其卤化、磺化、硝化或亚硝化衍生物 | | | 0 | 0 | | 0 | 0 | 0 | 0 | 0 | 0 | 0 | 3.3 | | | 0 | | | | | 0 | 0 | |
| 29147100 | 十氯酮(ISO) | | | 5 | 0 | | 0 | 0 | 0 | 0 | 0 | | 0 | 3.3 | | | 0 | | | | | 0 | 0 | |
| 29147900 | 其他酮及醌的卤化、磺化、硝化或亚硝化的衍生物 | | | 5 | 0 | | 0 | 0 | 0 | 0 | 0 | | 0 | 3.3 | | | 0 | | | | | 0 | 0 | |
| 29151100 | 甲酸 | | | 5 | 0 | | 0 | 0 | 0 | 0 | 0 | 0 | 0 | 3.3 | | | 0 | | | | | 0 | 0 | 0 |
| 29151200 | 甲酸盐 | | | 5 | 0 | | 0 | 0 | 0 | 0 | 0 | 0 | 0 | 3.3 | | | 0 | | | | | 0 | 0 | 0 |
| 29151300 | 甲酸酯 | | | 5 | 0 | | 0 | 0 | 0 | 0 | 0 | 0 | 0 | 1.1 | | | 0 | | | | | 0 | 0 | 0 |
| 29152111 | 食品级冰乙酸 | | | 5 | 0 | | 0 | 0 | 0 | 0 | 0 | 0 | 0 | 0 | 0 | | 0 | | | | | 0 | 0 | 0 |
| 29152119 | 其他冰乙酸(冰醋酸) | | | 5 | 0 | | 0 | 0 | 0 | 0 | 0 | 0 | 0 | 0 | 0 | | 0 | | | | | 0 | 0 | 0 |
| 29152190 | 其他乙酸 | | | 5 | 0 | | 0 | 0 | 0 | 0 | 0 | 0 | 0 | 1.1 | | | 0 | | | | | 0 | 0 | 0 |
| 29152400 | 乙酸酐 | | | 0 | 0 | | 0 | 0 | 0 | 0 | 0 | 0 | 0 | 1.1 | | | 0 | | | | | 0 | 0 | 0 |
| 29152910 | 乙酸钠 | | | 5 | 0 | | 0 | 0 | 0 | 0 | 0 | 0 | 0 | 1.1 | | | 0 | | | | | 0 | 0 | 0 |
| 29152990 | 其他乙酸盐 | | | 5 | 0 | | 0 | 0 | 0 | 0 | 0 | 0 | 0 | 3.3 | | | 0 | | | | | 0 | 0 | 0 |
| 29153100 | 乙酸乙酯 | | | 5 | 0 | | 0 | 0 | 0 | 0 | 0 | 0 | 0 | 1.1 | | | 0 | | | | | 0 | 0 | 0 |
| 29153200 | 乙酸乙烯酯 | | | 5 | 0 | | 0 | 0 | 0 | 0 | 0 | 0 | 0 | 0 | 0 | | 0 | | | | | 0 | 0 | 0 |
| 29153300 | 乙酸正丁酯 | | | 0 | 0 | | 0 | 0 | 0 | 0 | 0 | 0 | 0 | 4 | | | 0 | | | | | 0 | 0 | 0 |
| 29153600 | 地乐酚(ISO)乙酸酯 | | | 5 | 0 | | 0 | 0 | 0 | 0 | 0 | 0 | 0 | 1.1 | | | 0 | | | | | 0 | 0 | 0 |
| 29153900 | 其他乙酸酯 | | | 5 | 0 | | 0 | 0 | 0 | 0 | 0 | 2.8 | 0 | 4 | | | 0 | | | | | 0 | 0 | 0 |
| 29154000 | 一、二、三氯代乙酸及其盐和酯 | | | 5 | 0 | | 0 | 0 | 0 | 0 | 0 | 0 | 0 | 1.1 | | | 0 | | | | | 0 | 0 | 0 |
| 29155010 | 丙酸 | | | 5 | 0 | | 0 | 0 | 0 | 0 | 0 | 0 | 0 | 1.1 | | | 0 | | | | | 0 | 0 | 0 |
| 29155090 | 丙酸盐和酯 | | | 5 | 0 | | 0 | 0 | 0 | 0 | 0 | 0 | 0 | 4 | | | 0 | | | | | 0 | 0 | 0 |
| 29156000 | 丁酸、戊酸及其盐和酯 | | | 5 | 0 | | 0 | 0 | 0 | 0 | 0 | 0 | 0 | 3.3 | | | 0 | | | | | 0 | 0 | 0 |
| 29157010 | 硬脂酸 | | | 5 | 0 | | 0 | 0 | 0 | 0 | 1.4 | 0 | 0 | 1.4 | | | 0 | | | | | 0 | 0 | 0 |
| 29157090 | 棕榈酸及其盐和酯、硬脂酸盐、酯 | | | 5 | 0 | | 0 | 0 | 0 | 0 | 0 | 0 | 0 | 4 | | | 0 | | | | | 0 | 0 | 0 |
| 29159000 | 其他饱和无环一元羧酸及其酸酐 | | 0 | 5 | 0 | | 0 | 0 | 0 | 0 | 0 | 2.8 | 0 | 1.1 | | | 0 | | | | | 0 | 0 | 0 |
| 29161100 | 丙烯酸及其盐 | | | | 0 | | 0 | 0 | 0 | 0 | 1.3 | 0 | 0 | 4.7 | | | 0 | | | | | 0 | 0 | |
| 29161210 | 丙烯酸甲酯 | | | 5 | 0 | | 0 | 0 | 0 | 0 | 1.3 | 4 | 0 | 4.7 | | 0 | 0 | | | | | 0 | 0 | |
| 29161220 | 丙烯酸乙酯 | | | 5 | 0 | | 0 | 0 | 0 | 0 | 1.3 | 0 | 0 | 4.7 | | 0 | 0 | | | | | 0 | 0 | |
| 29161230 | 丙烯酸丁酯 | | | 5 | 0 | | 0 | 0 | 0 | 0 | 1.3 | 0 | 0 | | | 0 | 0 | | | | | 0 | 0 | |
| 29161240 | 丙烯酸异辛酯 | | | 5 | 0 | | 0 | 0 | 0 | 0 | 1.3 | 0 | 0 | 4.7 | | 0 | 0 | | | | | 0 | 0 | |
| 29161290 | 其他丙烯酸酯 | | | 5 | 0 | | 0 | 0 | 0 | 0 | 1.3 | 0 | 0 | | | 0 | 0 | | | | | 0 | 0 | |
| 29161300 | 甲基丙烯酸及其盐 | | | 5 | 0 | | 0 | 0 | 0 | 0 | 1.3 | 0 | 0 | 0 | 0 | | 0 | | | | | 0 | 0 | |
| 29161400 | 甲基丙烯酸酯 | | | 5 | 0 | | 0 | 0 | 0 | 0 | 1.3 | 0 | 0 | 0 | 0 | | 0 | | | | | 0 | 0 | |
| 29161500 | 油酸、亚油酸或亚麻酸及其盐和酯 | 0 | | 5 | 0 | | 0 | 0 | 0 | 0 | 1.3 | 0 | 0 | 4.7 | | | 0 | | | | | 0 | 0 | |

| 税则号列 | 商品描述① | 协定税率(%) | | | | | | | | | | | | | | | | 特惠税率(%) | | | | | | |
|---|---|---|---|---|---|---|---|---|---|---|---|---|---|---|---|---|---|---|---|---|---|---|---|---|
| | | 香港 | 澳门 | 巴基斯坦 | 东盟 | 亚太 | 智利 | 秘鲁 | 哥斯达黎加 | 新西兰 | 澳大利亚 | 瑞士 | 冰岛 | 韩国 | 台湾 | 新加坡 | 格鲁吉亚 | 亚太2国② | 东盟 老挝 | 东盟 柬埔寨 | 东盟 缅甸 | 最不发达国家 LDC97③ | 最不发达国家 LDC95④ | 最不发达国家 LDC60⑤ |
| 29161600 | 乐杀螨(ISO) | | | 5 | 0 | | 0 | 0 | 0 | 0 | 1.3 | 0 | 0 | 1.3 | | | 0 | | | | | 0 | 0 | |
| 29161900 | 其他不饱和无环一元羧酸(包括其酸酐、酰卤化物、过氧化物和过氧酸及它们的衍生物) | | | 5 | 0 | | 0 | 0 | 0 | 0 | 1.3 | | 0 | 1.3 | | | 0 | | | | | 0 | 0 | |
| 29162010 | DV菊酸甲酯、二溴菊酸 | | | 0 | 0 | | 0 | 0 | 0 | 0 | 0 | 0 | 0 | 0 | | | 0 | | | | | 0 | 0 | |
| 29162090 | 其他(环烷、环烯、环萜烯)一元羧酸(包括其酸酐、酰卤化物、过氧化物和过氧酸及它们的衍生物) | | | 5 | 0 | | 0 | 0 | 0 | 0 | 1.3 | 4 | 0 | 1.3 | | | 0 | | | | | 0 | 0 | |
| 29163100 | 苯甲酸及其盐和酯 | | | 5 | 0 | | 0 | 0 | 0 | 0 | 1.3 | | 0 | 3.9 | | | 0 | | | | | 0 | 0 | |
| 29163200 | 过氧化苯甲酰及苯甲酰氯 | | | 5 | 0 | | 0 | 0 | 0 | 0 | 1.3 | 0 | 0 | 3.9 | | | 0 | | | | | 0 | 0 | |
| 29163400 | 苯乙酸及其盐 | | | 5 | 0 | | 0 | 0 | 0 | 0 | 1.3 | | 0 | 1.3 | | | 0 | | | | | 0 | 0 | |
| 29163910 | 邻甲基苯甲酸 | | | 5 | 0 | | 0 | 0 | 0 | 0 | 1.3 | 0 | 0 | 1.3 | | | 0 | | | | | 0 | 0 | |
| 29163920 | 布洛芬 | | | 5 | 0 | | 0 | 0 | 0 | 0 | 1.3 | 0 | 0 | 1.3 | | | 0 | | | | | 0 | 0 | |
| 29163930 | 2-(3-碘-4-乙基苯基)-2-甲基丙酸 | | | 5 | 0 | | 0 | 0 | 0 | 0 | 1.3 | 4 | 0 | 1.3 | | | 0 | | | | | 0 | 0 | |
| 29163990 | 其他芳香一元羧酸(包括其酸酐、酰卤化物、过氧化物和过氧酸及它们的衍生物) | | | 5 | 0 | | 0 | 0 | 0 | 0 | 1.3 | 4 | 0 | 1.3 | | | 0 | | | | | 0 | 0 | |
| 29171110 | 草酸 | | | 5 | 0 | | 0 | 0 | 0 | 0 | 1.3 | 0 | 0 | 3.9 | | | 0 | | | | | 0 | 0 | |
| 29171120 | 草酸钴 | | | 5 | 0 | | 0 | 0 | 0 | 0 | 1.8 | 0 | 0 | 1.8 | | | 0 | | | | | 0 | 0 | |
| 29171190 | 其他草酸盐和酯 | | | 5 | 0 | | 0 | 0 | 0 | 0 | 1.3 | 0 | 0 | 3.9 | | | 0 | | | | | 0 | 0 | |
| 29171200 | 己二酸及其盐和酯 | | | 5 | 0 | | 0 | 0 | 0 | 0 | 1.3 | 0 | 0 | | | | 0 | | | | | 0 | 0 | |
| 29171310 | 癸二酸及其盐和酯 | | | 5 | 0 | | 0 | 0 | 0 | 0 | 1.3 | 0 | 0 | 4.7 | | | 0 | | | | | 0 | 0 | |
| 29171390 | 壬二酸及其盐和酯 | | | 5 | 0 | | 0 | 0 | 0 | 0 | 1.3 | 0 | 0 | 1.3 | | | 0 | | | | | 0 | 0 | |
| 29171400 | 马来酐 | | | 5 | 0 | | 0 | 0 | 0 | 0 | 1.3 | 0 | 0 | 3.9 | | | 0 | | | | | 0 | 0 | |
| 29171900 | 其他无环多元羧酸(包括其酸酐、酰卤化物、过氧化物和过氧酸及它们的衍生物) | | 0 | 5 | 0 | | 0 | 0 | 0 | 0 | 1.3 | 0 | 0 | 1.3 | | | 0 | | | | | 0 | 0 | |
| 29172010 | 四氢苯酐 | | | 0 | 0 | | 0 | 0 | 0 | 0 | 0 | 0 | 0 | 2.9 | | | 0 | | | | | 0 | 0 | |
| 29172090 | 其他(环烷、环烯、环萜烯)多元羧酸(包括其酸酐、酰卤化物、过氧化物和过氧酸及它们的衍生物) | | | 5 | 0 | | 0 | 0 | 0 | 0 | 1.3 | 0 | 0 | 4.7 | | | 0 | | | | | 0 | 0 | |
| 29173200 | 邻苯二甲酸二辛酯 | | | 5 | 0 | | 0 | 0 | 0 | 0 | 1.3 | 0 | 0 | | 0 | | 0 | | | | | 0 | 0 | |
| 29173300 | 邻苯二甲酸二壬酯,邻苯二甲酸二癸酯 | | | 5 | 0 | | 0 | 0 | 0 | 0 | 1.3 | 0 | 0 | 0 | 0 | | 0 | | | | | 0 | 0 | |
| 29173410 | 邻苯二甲酸二丁酯 | | | 5 | 0 | | 0 | 0 | 0 | 0 | 1.3 | 0 | 0 | 3.9 | | | 0 | | | | | 0 | 0 | |
| 29173490 | 其他邻苯二甲酸酯 | | | 5 | 0 | | 0 | 0 | 0 | 0 | 1.3 | 0 | 0 | 0 | 0 | | 0 | | | | | 0 | 0 | |
| 29173500 | 邻苯二甲酸酐(苯酐) | | | 5 | 0 | | 0 | 0 | 0 | 0 | 1.3 | 0 | 0 | | | | 0 | | | | | 0 | 0 | |
| 29173611 | 精对苯二甲酸 | | | 6 | 0 | 6 | 0 | | 0 | 0 | 1.3 | 4 | 0 | | | 0 | | | | | | 0 | 0 | |
| 29173619 | 其他对苯二甲酸 | | | 6 | 0 | 6 | 0 | 0 | 0 | 0 | 1.3 | 4 | 0 | | | 0 | 5.2 | | | | | 0 | 0 | |
| 29173690 | 对苯二甲酸盐 | | | 5 | 0 | | 0 | 0 | 0 | 0 | 1.3 | 0 | 0 | | | | 0 | | | | | 0 | 0 | |

| 税则号列 | 商品描述[①] | 协定税率(%) | | | | | | | | | | | | | | | | 特惠税率(%) | | | | | | |
|---|---|---|---|---|---|---|---|---|---|---|---|---|---|---|---|---|---|---|---|---|---|---|---|---|
| | | 香港 | 澳门 | 巴基斯坦 | 东盟 | 亚太 | 智利 | 秘鲁 | 哥斯达黎加 | 新西兰 | 澳大利亚 | 瑞士 | 冰岛 | 韩国 | 台湾 | 新加坡 | 格鲁吉亚 | 亚太2国[②] | 东盟 | | | 最不发达国家 | | |
| | | | | | | | | | | | | | | | | | | | 老挝 | 柬埔寨 | 缅甸 | LDC97[③] | LDC95[④] | LDC60[⑤] |
| 29173700 | 对苯二甲酸二甲酯 | | | 5 | 0 | | 0 | 0 | 0 | 0 | 1.3 | 0 | 0 | 4.7 | | | 0 | | | | | 0 | 0 | |
| 29173910 | 间苯二甲酸 | | | 5 | 0 | | 0 | 0 | 0 | 0 | 1.3 | 0 | 0 | | | | 0 | | | | | 0 | 0 | |
| 29173990 | 其他芳香多元羧酸(包括其酸酐、酰卤化物、过氧化物和过氧酸及它们的衍生物) | | | 5 | 0 | | 0 | 0 | 0 | 0 | 1.3 | 0 | 0 | 4.7 | | | 0 | | | | | 0 | 0 | |
| 29181100 | 乳酸及其盐和酯 | | | 5 | 0 | | 0 | 0 | 0 | 0 | 1.3 | 0 | 0 | 3.9 | | | 0 | | | | | 0 | 0 | |
| 29181200 | 酒石酸 | | | 5 | 0 | | 0 | 0 | 0 | 0 | 1.3 | 0 | 0 | 1.3 | | | 0 | | | | | 0 | 0 | |
| 29181300 | 酒石酸盐及酒石酸酯 | | | 5 | 0 | | 0 | 0 | 0 | 0 | 1.3 | 0 | 0 | 1.3 | | | 0 | | | | | 0 | 0 | |
| 29181400 | 柠檬酸 | | | 5 | 0 | | 0 | 0 | 0 | 0 | 1.3 | 0 | 0 | 3.9 | | | 0 | | | | | 0 | 0 | |
| 29181500 | 柠檬酸盐及柠檬酸酯 | | | 5 | 0 | | 0 | 0 | 0 | 0 | 1.3 | 0 | 0 | 1.3 | | | 0 | | | | | 0 | 0 | |
| 29181600 | 葡糖酸及其盐和酯 | | | 5 | 0 | | 0 | 0 | 0 | 0 | 1.3 | 0 | 0 | 1.3 | | | 0 | | | | | 0 | 0 | |
| 29181700 | 2,2-二苯基-2-羟基乙酸(二苯基乙醇酸) | | | 5 | 0 | | 0 | 0 | 0 | 0 | 1.3 | 0 | 0 | 1.3 | | | 0 | | | | | 0 | 0 | |
| 29181800 | 乙酯杀螨醇(ISO) | | | 5 | 0 | | 0 | 0 | 0 | 0 | 1.3 | 0 | 0 | 1.3 | | | 0 | | | | | 0 | 0 | |
| 29181900 | 其他含醇基但不含其他含氧基的羧酸(包括其酸酐,酰卤化物,过氧化物和过氧酸及它们的衍生物) | | | 5 | 0 | | 0 | 0 | 0 | 0 | 1.3 | 0 | 0 | 1.3 | | | 0 | | | | | 0 | 0 | |
| 29182110 | 水杨酸、水杨酸钠 | | | 5 | 0 | | 0 | 0 | 0 | 0 | 1.3 | 4 | 0 | 3.9 | | | 0 | | | | | 0 | 0 | |
| 29182190 | 其他水杨酸盐 | | | 5 | 0 | | 0 | 0 | 0 | 0 | 1.3 | 0 | 0 | 1.3 | | | 0 | | | | | 0 | 0 | |
| 29182210 | 邻乙酰水杨酸(阿司匹林) | | | 5 | 0 | | 0 | 0 | 0 | 0 | 1.2 | 0 | 0 | 1.2 | | | 0 | | | | | 0 | 0 | |
| 29182290 | 邻乙酰水杨酸盐和酯 | | | 5 | 0 | | 0 | 0 | 0 | 0 | 1.3 | 0 | 0 | 1.3 | | | 0 | | | | | 0 | 0 | |
| 29182300 | 水杨酸其他酯及其盐 | | | 5 | 0 | | 0 | 0 | 0 | 0 | 1.3 | | 0 | 1.3 | | | 0 | | | | | 0 | 0 | |
| 29182900 | 其他含酚基但不含其他含氧基羧酸及其酸酐(酰卤化物、过氧化物和过氧酸及它们的衍生物) | | 0 | 5 | 0 | | 0 | 0 | 0 | 0 | 1.3 | 0 | 0 | 4.7 | | | 0 | | | | | 0 | 0 | |
| 29183000 | 含醛基或酮基不含其他含氧基羧酸及其酸酐(酰卤化物、过氧化物和过氧酸及它们的衍生物) | | | 5 | 0 | | 0 | 0 | 0 | 0 | 1.3 | 4 | 0 | 1.3 | | | 0 | | | | | 0 | 0 | |
| 29189100 | 2,4,5-涕(ISO)(2,4,5-三氯苯氧基乙酸)及其盐或酯 | | | 5 | 0 | | 0 | 0 | 0 | 0 | 1.3 | 0 | 0 | 1.3 | | | 0 | | | | | 0 | 0 | |
| 29189900 | 其他含其他附加含氧基羧酸及其酸酐(酰卤化物、过氧化物和过氧酸及它们的衍生物) | | | 5 | 0 | | 0 | 0 | 0 | 0 | 1.3 | 4 | 0 | 1.3 | | | 0 | | | | | 0 | 0 | |
| 29191000 | 三(2,3-二溴丙基)磷酸酯 | | | 5 | 0 | | 0 | 0 | 0 | 0 | 1.3 | 0 | 0 | 1.3 | | | 0 | | | | | 0 | 0 | |
| 29199000 | 其他磷酸酯及其盐(包括乳磷酸盐),以及它们的卤化、磺化、硝化或亚硝化的衍生物 | | | 5 | 0 | | 0 | 0 | 0 | 0 | 1.3 | 0 | 0 | 1.3 | | | 0 | | | | | 0 | 0 | |
| 29201100 | 对硫磷(ISO)及甲基对硫磷(ISO) | | | 5 | 0 | | 0 | 0 | 0 | 0 | 1.3 | 0 | 0 | 1.3 | | | 0 | | | | | 0 | 0 | |

| 税则号列 | 商品描述[①] | 协定税率(%) | | | | | | | | | | | | | | | | 特惠税率(%) | | | | | | |
|---|---|---|---|---|---|---|---|---|---|---|---|---|---|---|---|---|---|---|---|---|---|---|---|---|
| | | 香港 | 澳门 | 巴基斯坦 | 东盟 | 亚太 | 智利 | 秘鲁 | 哥斯达黎加 | 新西兰 | 澳大利亚 | 瑞士 | 冰岛 | 韩国 | 台湾 | 新加坡 | 格鲁吉亚 | 亚太2国[②] | 东盟 老挝 | 东盟 柬埔寨 | 东盟 缅甸 | 最不发达国家 LDC97[③] | 最不发达国家 LDC95[④] | 最不发达国家 LDC60[⑤] |
| 29201900 | 其他硫代磷酸酯及其盐,以及它们的卤化、磺化、硝化或亚硝化的衍生物 | | | 5 | 0 | | 0 | 0 | 0 | 0 | 1.3 | 0 | 0 | 1.3 | | | 0 | | | | | 0 | 0 | |
| 29202100 | 亚磷酸二甲酯 | | | 5 | 0 | | 0 | 0 | 0 | 0 | 1.3 | 0 | 0 | 1.3 | | | 0 | | | | | 0 | 0 | |
| 29202200 | 亚磷酸二乙酯 | | | 5 | 0 | | 0 | 0 | 0 | 0 | 1.3 | 0 | 0 | 1.3 | | | 0 | | | | | 0 | 0 | |
| 29202300 | 亚磷酸三甲酯 | | | 5 | 0 | | 0 | 0 | 0 | 0 | 1.3 | 0 | 0 | 1.3 | | | 0 | | | | | 0 | 0 | |
| 29202400 | 亚磷酸三乙酯 | | | 5 | 0 | | 0 | 0 | 0 | 0 | 1.3 | 0 | 0 | 1.3 | | | 0 | | | | | 0 | 0 | |
| 29202910 | 其他亚磷酸酯 | | | 5 | 0 | | 0 | 0 | 0 | 0 | 1.3 | 0 | 0 | 1.3 | | | 0 | | | | | 0 | 0 | |
| 29202990 | 其他亚磷酸酯及其盐,以及它们的卤化、磺化、硝化或亚硝化衍生物 | | | 5 | 0 | | 0 | 0 | 0 | 0 | 1.3 | 0 | 0 | 1.3 | | | 0 | | | | | 0 | 0 | |
| 29203000 | 硫丹(ISO) | | | 5 | 0 | | 0 | 0 | 0 | 0 | 1.3 | 0 | 0 | 1.3 | | | 0 | | | | | 0 | 0 | |
| 29209000 | 其他无机酸酯(不包括卤化氢的酯)及其盐,以及它们的卤化、磺化、硝化或亚硝化的衍生物 | | | 5 | 0 | | 0 | 0 | 0 | 0 | 1.3 | 0 | 0 | 1.3 | | | 0 | | | | | 0 | 0 | |
| 29211100 | 甲胺、二甲胺或三甲胺及其盐 | | | 5 | 0 | | 0 | 0 | 0 | 0 | 1.3 | 0 | 0 | 1.3 | | | 0 | | | | | 0 | 0 | |
| 29211200 | 2-(N,N-二甲基氨基)氯乙烷盐酸盐 | | | 5 | 0 | | 0 | 0 | 0 | 0 | 1.3 | 0 | 0 | 1.3 | | | 0 | | | | | 0 | 0 | |
| 29211300 | 2-(N,N-二乙基氨基)氯乙烷盐酸盐 | | | 5 | 0 | | 0 | 0 | 0 | 0 | 1.3 | 0 | 0 | 1.3 | | | 0 | | | | | 0 | 0 | |
| 29211400 | 2-(N,N-二异丙基氨基)氯乙烷盐酸盐 | | | 5 | 0 | | 0 | 0 | 0 | 0 | 1.3 | 0 | 0 | 1.3 | | | 0 | | | | | 0 | 0 | |
| 29211910 | 二正丙胺 | | | 0 | 0 | | 0 | 0 | 0 | 0 | 0 | 0 | 0 | 0 | | | 0 | | | | | 0 | 0 | |
| 29211920 | 异丙胺 | | | 5 | 0 | | 0 | 0 | 0 | 0 | 1.3 | 0 | 0 | 0 | | | 0 | | | | | 0 | 0 | |
| 29211930 | N,N-二(2-氯乙基)乙胺 | | | 5 | 0 | | 0 | 0 | 0 | 0 | 1.3 | 0 | 0 | 1.3 | | | 0 | | | | | 0 | 0 | |
| 29211940 | N,N-二(2-氯乙基)甲胺 | | | 5 | 0 | | 0 | 0 | 0 | 0 | 1.3 | 0 | 0 | 1.3 | | | 0 | | | | | 0 | 0 | |
| 29211950 | 三(2-氯乙基)胺 | | | 5 | 0 | | 0 | 0 | 0 | 0 | 1.3 | 0 | 0 | 1.3 | | | 0 | | | | | 0 | 0 | |
| 29211960 | 二烷氨基乙基-2-氯及其质子化盐 | | | 5 | 0 | | 0 | 0 | 0 | 0 | 1.3 | 0 | 0 | 1.3 | | | 0 | | | | | 0 | 0 | |
| 29211990 | 其他无环单胺及其衍生物,以及它们的盐 | | | 5 | 0 | | 0 | 0 | 0 | 0 | 1.3 | 0 | 0 | 1.3 | | | 0 | | | | | 0 | 0 | |
| 29212110 | 乙二胺 | | | 5 | 0 | | 0 | 0 | 0 | 0 | 1.3 | 0 | 0 | 4.7 | | | 0 | | | | | 0 | 0 | |
| 29212190 | 乙二胺盐 | | | 5 | 0 | | 0 | 0 | 0 | 0 | 1.3 | 4 | 0 | 3.9 | | | 0 | | | | | 0 | 0 | |
| 29212210 | 己二酸己二胺盐(尼龙-6,6盐) | | | 5 | 0 | | 0 | 0 | 0 | 0 | 1.3 | 0 | 0 | 1.3 | | | 0 | | | | | 0 | 0 | |
| 29212290 | 六亚甲基二胺及其他盐 | | | 5 | 0 | | 0 | 0 | 0 | 0 | 1.3 | 0 | 0 | 3.9 | | | 0 | | | | | 0 | 0 | |
| 29212900 | 其他无环多胺及其衍生物,以及它们的盐 | | | 5 | 0 | | 0 | 0 | 0 | 0 | 1.3 | 0 | 0 | 3.9 | | | 0 | | | | | 0 | 0 | |
| 29213000 | 环(烷、烯、萜烯)单胺或多胺及衍生物,以及它们的盐 | | | 5 | 0 | | 0 | 0 | 0 | 0 | 1.3 | 0 | 0 | 1.3 | | | 0 | | | | | 0 | 0 | |
| 29214110 | 苯胺 | | | 5 | 0 | | 0 | 0 | 0 | 0 | 1.3 | 0 | 0 | 1.3 | | | 0 | | | | | 0 | 0 | |
| 29214190 | 苯胺盐 | | | 5 | 0 | | 0 | 0 | 0 | 0 | 1.3 | | 0 | 1.3 | | | 0 | | | | | 0 | 0 | |

| 税则号列 | 商品描述① | 协定税率(%) | | | | | | | | | | | | | | | | 特惠税率(%) | | | | | | |
|---|---|---|---|---|---|---|---|---|---|---|---|---|---|---|---|---|---|---|---|---|---|---|---|---|
| | | 香港 | 澳门 | 巴基斯坦 | 东盟 | 亚太 | 智利 | 秘鲁 | 哥斯达黎加 | 新西兰 | 澳大利亚 | 瑞士 | 冰岛 | 韩国 | 台湾 | 新加坡 | 格鲁吉亚 | 亚太2国② | 东盟 | | | 最不发达国家 | | |
| | | | | | | | | | | | | | | | | | | | 老挝 | 柬埔寨 | 缅甸 | LDC97③ | LDC95④ | LDC60⑤ |
| 29214200 | 苯胺衍生物及其盐 | | | 5 | 0 | | 0 | 0 | 0 | 0 | 1.3 | | 0 | 3.9 | | | 0 | | | | | 0 | 0 | |
| 29214300 | 甲苯胺及其衍生物,以及它们的盐 | | | 5 | 0 | | 0 | 0 | 0 | 0 | 1.3 | 0 | 0 | 4.7 | | | 0 | | | | | 0 | 0 | |
| 29214400 | 二苯胺及其衍生物,以及它们的盐 | | | 5 | 0 | | 0 | 0 | 0 | 0 | 1.3 | | 0 | 3.9 | | | 0 | | | | | 0 | 0 | |
| 29214500 | 1-萘胺、2-萘胺及其衍生物及盐 | | | 5 | 0 | | 0 | 0 | 0 | 0 | 1.3 | | 0 | 1.3 | | | 0 | | | | | 0 | 0 | |
| 29214600 | 安非他明、苄非他明、右苯丙胺、乙非他明、芬坎法明、利非他明、左苯丙胺、美芬雷司、芬特明,以及它们的盐 | | | 5 | 0 | | 0 | 0 | 0 | 0 | 1.3 | 0 | 0 | 1.3 | | | 0 | | | | | 0 | 0 | |
| 29214910 | 对异丙基苯胺 | | | 0 | 0 | | 0 | 0 | 0 | 0 | 0 | 0 | 0 | 0 | | | 0 | | | | | 0 | 0 | |
| 29214920 | 二甲基苯胺 | | | 5 | 0 | | 0 | 0 | 0 | 0 | 1.3 | 0 | 0 | 3.9 | | | 0 | | | | | 0 | 0 | |
| 29214930 | 2,6-甲基乙基苯胺 | | | 0 | 0 | | 0 | 0 | 0 | 0 | 0 | 0 | 0 | 0 | | | 0 | | | | | 0 | 0 | |
| 29214940 | 2,6-二乙基苯胺 | | | 5 | 0 | | 0 | 0 | 0 | 0 | 1.3 | | 0 | 1.3 | | | 0 | | | | | 0 | 0 | |
| 29214990 | 其他芳香单胺及衍生物,以及它们的盐 | | | 5 | 0 | | 0 | 0 | 0 | 0 | 1.3 | | 0 | 1.3 | | | 0 | | | | | 0 | 0 | |
| 29215110 | 邻苯二胺 | | | 0 | 0 | | 0 | 0 | 0 | 0 | 0 | 0 | 0 | 0 | | | 0 | | | | | 0 | 0 | |
| 29215190 | 间-、对-苯二胺、二氨基甲苯,以及其衍生物及它们的盐 | | | 5 | 0 | | 0 | 0 | 0 | 0 | 1.3 | 0 | 0 | 1.3 | | | 0 | | | | | 0 | 0 | |
| 29215900 | 其他芳香多胺及衍生物及它们的盐 | | | 5 | 0 | | 0 | 0 | 0 | 0 | 1.3 | | 0 | 3.9 | | | 0 | | | | | 0 | 0 | |
| 29221100 | 单乙醇胺及其盐 | | | 5 | 0 | | 0 | 0 | 0 | 0 | 1.3 | 0 | 0 | | | | 0 | | | | | 0 | 0 | |
| 29221200 | 二乙醇胺及其盐 | | | 5 | 0 | | 0 | 0 | 0 | 0 | 1.3 | 0 | 0 | | | | 0 | | | | | 0 | 0 | |
| 29221400 | 右丙氧吩及其盐 | | | 5 | 0 | | 0 | 0 | 0 | 0 | 1.3 | 0 | 0 | 1.3 | | | 0 | | | | | 0 | 0 | |
| 29221500 | 三乙醇胺 | | | 5 | 0 | | 0 | 0 | 0 | 0 | 1.3 | 0 | 0 | 4.7 | | | 0 | | | | | 0 | 0 | |
| 29221600 | 全氟辛基磺酸二乙醇铵 | | | 5 | 0 | | 0 | 0 | 0 | 0 | 1.3 | 0 | 0 | 1.3 | | | 0 | | | | | 0 | 0 | |
| 29221700 | 甲基二乙醇胺和乙基二乙醇胺 | | | 5 | 0 | | 0 | 0 | 0 | 0 | 1.3 | 0 | 0 | 1.3 | | | 0 | | | | | 0 | 0 | |
| 29221800 | 2-(N,N-二异丙基氨基)乙醇 | | | 5 | 0 | | 0 | 0 | 0 | 0 | 1.3 | 0 | 0 | 1.3 | | | 0 | | | | | 0 | 0 | |
| 29221910 | 乙胺丁醇 | | | 5 | 0 | | 0 | 0 | 0 | 0 | 1.3 | 0 | 0 | 1.3 | | | 0 | | | | | 0 | 0 | |
| 29221921 | 二甲氨基乙醇及其质子化盐 | | | 5 | 0 | | 0 | 0 | 0 | 0 | 1.3 | 0 | 0 | 1.3 | | | 0 | | | | | 0 | 0 | |
| 29221922 | 二乙氨基乙醇及其质子化盐 | | | 5 | 0 | | 0 | 0 | 0 | 0 | 1.3 | 0 | 0 | 1.3 | | | 0 | | | | | 0 | 0 | |
| 29221929 | 其他二烷氨基乙-2-醇及其质子化 | | | 5 | 0 | | 0 | 0 | 0 | 0 | 1.3 | 0 | 0 | 1.3 | | | 0 | | | | | 0 | 0 | |
| 29221930 | 乙基二乙醇胺 | | | 5 | 0 | | 0 | 0 | 0 | 0 | 1.3 | 0 | 0 | 1.3 | | | 0 | | | | | 0 | 0 | |
| 29221940 | 甲基二乙醇胺 | | | 5 | 0 | | 0 | 0 | 0 | 0 | 1.3 | 0 | 0 | 1.3 | | | 0 | | | | | 0 | 0 | |
| 29221950 | 本芴醇 | | | 5 | 0 | | 0 | 0 | 0 | 0 | 1.3 | 0 | 0 | 1.3 | | | 0 | | | | | 0 | 0 | |
| 29221990 | 其他氨基醇及其醚、酯和它们的盐(但含有一种以上含氧基的除外) | | | 5 | 0 | | 0 | 0 | 0 | 0 | 1.3 | 0 | 0 | 1.3 | | | 0 | | | | | 0 | 0 | |
| 29222100 | 氨基羟基萘磺酸及其盐 | | | 5 | 0 | | 0 | 0 | 0 | 0 | 1.3 | 0 | 0 | 3.9 | | | 0 | | | | | 0 | 0 | |

| 税则号列 | 商品描述① | 协定税率(%) | | | | | | | | | | | | | | | | 特惠税率(%) | 东盟 | | | 最不发达国家 | | |
|---|---|---|---|---|---|---|---|---|---|---|---|---|---|---|---|---|---|---|---|---|---|---|---|---|
| | | 香港 | 澳门 | 巴基斯坦 | 东盟 | 亚太 | 智利 | 秘鲁 | 哥斯达黎加 | 新西兰 | 澳大利亚 | 瑞士 | 冰岛 | 韩国 | 台湾 | 新加坡 | 格鲁吉亚 | 亚太2国② | 老挝 | 柬埔寨 | 缅甸 | LDC97③ | LDC95④ | LDC60⑤ |
| 29222910 | 茴香胺、二茴香胺、氨基苯乙醚及其盐 | | | 5 | 0 | | 0 | 0 | 0 | 0 | 1.3 | 0 | 0 | 3.9 | | | 0 | | | | | 0 | 0 | |
| 29222990 | 其他氨基(萘酚、酚)及醚、酯,盐(但含有一种以上含氧基的除外) | | | 5 | 0 | | 0 | 0 | 0 | 0 | 1.3 | 0 | 0 | 1.3 | | | 0 | | | | | 0 | 0 | |
| 29223100 | 安非拉酮、美沙酮和去甲美沙酮,以及它们的盐 | | | 5 | 0 | | 0 | 0 | 0 | 0 | 1.3 | 0 | 0 | 1.3 | | | 0 | | | | | 0 | 0 | |
| 29223910 | 4-甲基甲卡西酮 | | | 5 | 0 | | 0 | 0 | 0 | 0 | 1.3 | 0 | 0 | 1.3 | | | 0 | | | | | 0 | 0 | |
| 29223920 | 安非他酮及其盐 | | | 5 | 0 | | 0 | 0 | 0 | 0 | 1.3 | 0 | 0 | 1.3 | | | 0 | | | | | 0 | 0 | |
| 29223990 | 其他氨基醛、氨基酮、氨基醌及其盐(但含有一种以上含氧基的除外) | | | 5 | 0 | | 0 | 0 | 0 | 0 | 1.3 | 0 | 0 | 1.3 | | | 0 | | | | | 0 | 0 | |
| 29224110 | 赖氨酸 | | | 0 | 0 | | 0 | 0 | 0 | 0 | 0 | 0 | 0 | 3.6 | | | 0 | | | | | 0 | 0 | |
| 29224190 | 赖氨酸酯和赖氨酸盐 | | | 5 | 0 | | 0 | 0 | 0 | 0 | 1.2 | 0 | 0 | 1.2 | | | 0 | | | | | 0 | 0 | |
| 29224210 | 谷氨酸 | | | 5 | 0 | 8.6 | 0 | 0 | 0 | 0 | 2 | 0 | 0 | 6 | | 0 | 0 | | | | | 0 | 0 | |
| 29224220 | 谷氨酸钠 | 0 | | 5 | 0 | | 0 | 0 | 0 | 0 | 2 | 0 | 0 | 6 | | 0 | 0 | | | | | 0 | 0 | |
| 29224290 | 其他谷氨酸盐 | | | 5 | 0 | | 0 | 0 | 0 | 0 | 1.3 | 0 | 0 | 1.3 | | | 0 | | | | | 0 | 0 | |
| 29224310 | 邻氨基苯甲酸(氨茴酸) | | | 5 | 0 | | 0 | 0 | 0 | 0 | 1.3 | 0 | 0 | 1.3 | | | 0 | | | | | 0 | 0 | |
| 29224390 | 邻氨基苯甲酸(氨茴酸)盐 | | | 5 | 0 | | 0 | 0 | 0 | 0 | 1.3 | 0 | 0 | 1.3 | | | 0 | | | | | 0 | 0 | |
| 29224400 | 替利定及其盐 | | | 5 | 0 | | 0 | 0 | 0 | 0 | 1.3 | 0 | 0 | 1.3 | | | 0 | | | | | 0 | 0 | |
| 29224911 | 氨甲环酸 | | | 5 | 0 | | 0 | 0 | 0 | 0 | 1.3 | 0 | 0 | 4.7 | | | 0 | | | | | 0 | 0 | |
| 29224919 | 其他氨基酸 | | | 5 | 0 | | 0 | 0 | 0 | 0 | 1.3 | 0 | 0 | 4.7 | | | 0 | | | | | 0 | 0 | |
| 29224991 | 普鲁卡因 | | | 5 | 0 | | 0 | 0 | 0 | 0 | 1.2 | 0 | 0 | 1.2 | | | 0 | | | | | 0 | 0 | |
| 29224999 | 其他氨基酸及其酯,以及它们的盐(但含有一种以上含氧基的除外) | | | 5 | 0 | | 0 | 0 | 0 | 0 | 1.3 | 0 | 0 | 1.3 | | | 0 | | | | | 0 | 0 | |
| 29225010 | 对羟基苯甘氨酸及其邓甲盐 | | | 5 | 0 | | 0 | 0 | 0 | 0 | 1.3 | 0 | 0 | 1.3 | | | 0 | | | | | 0 | 0 | |
| 29225020 | 莱克多巴胺和盐酸莱克多巴胺 | | | 5 | 0 | | 0 | 0 | 0 | 0 | 1.3 | 0 | 0 | 4.7 | | | 0 | | | | | 0 | 0 | |
| 29225090 | 其他氨基醇酚、氨基酸酚及其他含氧基氨基化合物 | | | 5 | 0 | | 0 | 0 | 0 | 0 | 1.3 | 0 | 0 | 3.9 | | | 0 | | | | | 0 | 0 | |
| 29231000 | 胆碱及其盐 | | | 5 | 0 | | 0 | 0 | 0 | 0 | 1.3 | 0 | 0 | 1.3 | | | 0 | | | | | 0 | 0 | |
| 29232000 | 卵磷脂及其他磷氨基类脂 | | | 5 | 0 | | 0 | 0 | 0 | 0 | 1.3 | 0 | 0 | 3.9 | | | 0 | | | | | 0 | 0 | |
| 29233000 | 全氟辛基磺酸四乙基铵 | | | 5 | 0 | | 0 | 0 | 0 | 0 | 1.3 | 0 | 0 | 1.3 | | | 0 | | | | | 0 | 0 | |
| 29234000 | 全氟辛基磺酸二癸基二甲基铵 | | | 5 | 0 | | 0 | 0 | 0 | 0 | 1.3 | 0 | 0 | 1.3 | | | 0 | | | | | 0 | 0 | |
| 29239000 | 其他季铵盐及季铵碱 | | | 5 | 0 | | 0 | 0 | 0 | 0 | 1.3 | 0 | 0 | 1.3 | | | 0 | | | | | 0 | 0 | |
| 29241100 | 甲丙氨酯 | | | 5 | 0 | | 0 | 0 | 0 | 0 | 1.3 | 0 | 0 | 1.3 | | | 0 | | | | | 0 | 0 | |
| 29241200 | 氯乙酰胺(ISO)、久效磷(ISO)及磷胺(ISO) | | | 5 | 0 | | 0 | 0 | 0 | 0 | 1.3 | 0 | 0 | 1.3 | | | 0 | | | | | 0 | 0 | |
| 29241910 | 二甲基甲酰胺 | 0 | | 5 | 0 | | 0 | 0 | 0 | 0 | 1.3 | 0 | 0 | 0 | 0 | | 0 | | | | | 0 | 0 | |
| 29241990 | 其他无环酰胺及其衍生物,以及它们的盐 | | | 5 | 0 | | 0 | 0 | 0 | 0 | 1.3 | 0 | 0 | 4.7 | | | 0 | | | | | 0 | 0 | |

| 税则号列 | 商品描述[①] | 协定税率(%) | | | | | | | | | | | | | | | | 特惠税率(%) | | | | | | |
|---|---|---|---|---|---|---|---|---|---|---|---|---|---|---|---|---|---|---|---|---|---|---|---|---|
| | | 香港 | 澳门 | 巴基斯坦 | 东盟 | 亚太 | 智利 | 秘鲁 | 哥斯达黎加 | 新西兰 | 澳大利亚 | 瑞士 | 冰岛 | 韩国 | 台湾 | 新加坡 | 格鲁吉亚 | 亚太2国[②] | 东盟 老挝 | 东盟 柬埔寨 | 东盟 缅甸 | 最不发达国家 LDC97[③] | 最不发达国家 LDC95[④] | 最不发达国家 LDC60[⑤] |
| 29242100 | 酰脲及其衍生物,以及它们的盐 | | | 5 | 0 | | 0 | 0 | 0 | 0 | 1.3 | 0 | 0 | 1.3 | | | 0 | | | | | 0 | 0 | |
| 29242300 | 2-乙酰氨基苯甲酸(N-乙酰邻氨基苯甲酸)及其盐 | | | 5 | 0 | | 0 | 0 | 0 | 0 | 1.3 | | 0 | 1.3 | | | 0 | | | | | 0 | 0 | |
| 29242400 | 炔己蚁胺 | | | 5 | 0 | | 0 | 0 | 0 | 0 | 1.3 | 0 | 0 | 1.3 | | | 0 | | | | | 0 | 0 | |
| 29242500 | 甲草胺(ISO) | | 0 | 5 | 0 | | 0 | 0 | 0 | 0 | 1.3 | 3.2 | 0 | 1.3 | | | 0 | | | | | 0 | 0 | |
| 29242910 | 对乙酰氨基苯乙醚(非那西丁) | | | 5 | 0 | | 0 | 0 | 0 | 0 | 1.2 | 0 | 0 | 1.2 | | | 0 | | | | | 0 | 0 | |
| 29242920 | 对乙酰氨基酚(扑热息痛) | | | 5 | 0 | | 0 | 0 | 0 | 0 | 1.2 | 0 | 0 | 1.2 | | | 0 | | | | | 0 | 0 | |
| 29242930 | 阿斯巴甜 | | 0 | 5 | 0 | | 0 | 0 | 0 | 0 | 1.3 | 3.2 | 0 | 1.3 | | | 0 | | | | | 0 | 0 | |
| 29242990 | 其他环酰胺(包括环氨基甲酸酯) | | 0 | 5 | 0 | | 0 | 0 | 0 | 0 | 1.3 | 3.2 | 0 | 1.3 | | | 0 | | | | | 0 | 0 | |
| 29251100 | 糖精及其盐 | | | 5 | 0 | | 0 | 0 | 0 | 0 | 1.8 | 0 | 0 | 5.4 | | | | | | | | 0 | 0 | |
| 29251200 | 格鲁米特 | | | 5 | 0 | | 0 | 0 | 0 | 0 | 1.3 | 0 | 0 | 1.3 | | | 0 | | | | | 0 | 0 | |
| 29251900 | 其他酰亚胺及其衍生物、盐 | | | 5 | 0 | | 0 | 0 | 0 | 0 | 1.3 | 4 | 0 | 1.3 | | | 0 | | | | | 0 | 0 | |
| 29252100 | 杀虫脒 | | | 5 | 0 | | 0 | 0 | 0 | 0 | 1.3 | 0 | 0 | 1.3 | | | 0 | | | | | 0 | 0 | |
| 29252900 | 其他亚胺及其衍生物,以及它们的盐 | | | 5 | 0 | | 0 | 0 | 0 | 0 | 1.3 | 0 | 0 | 1.3 | | | 0 | | | | | 0 | 0 | |
| 29261000 | 丙烯腈 | | | | 5 | | 0 | 0 | 0 | 0 | 1.3 | 0 | 0 | | | | | | | | | 0 | 0 | |
| 29262000 | 1-氰基胍(双氰胺) | | | 5 | 0 | | 0 | 0 | 0 | 0 | 1.3 | 0 | 0 | 3.9 | | | 0 | | | | | 0 | 0 | |
| 29263000 | 芬普雷司及其盐;美沙酮中间体(4-氰基-2-二甲氨基-4,4-二苯基丁烷) | | | 5 | 0 | | 0 | 0 | 0 | 0 | 1.3 | 0 | 0 | 1.3 | | | 0 | | | | | 0 | 0 | |
| 29264000 | α-苯基乙酰基乙腈 | 0 | | 5 | 0 | | 0 | 0 | 0 | 0 | 1.3 | 3.2 | 0 | 1.3 | | | 0 | | | | | 0 | 0 | |
| 29269010 | 对氯氰苄 | | | 0 | 0 | | 0 | 0 | 0 | 0 | 0 | 0 | 0 | 0 | | | 0 | | | | | 0 | 0 | |
| 29269020 | 间苯二甲腈 | | | 5 | 0 | | 0 | 0 | 0 | 0 | 1.3 | 0 | 0 | 1.3 | | | 0 | | | | | 0 | 0 | |
| 29269090 | 其他腈基化合物 | 0 | | 5 | 0 | | 0 | 0 | 0 | 0 | 1.3 | 3.2 | 0 | 1.3 | | | 0 | | | | | 0 | 0 | |
| 29270000 | 重氮化合物、偶氮化合物及氧化偶氮化合物 | | 0 | 5 | 0 | | 0 | 0 | 0 | 0 | 1.3 | 0 | 0 | 1.3 | | | 0 | | | | | 0 | 0 | |
| 29280000 | 肼(联氨)及胲(羟胺)的有机衍生物 | | | 5 | 0 | | 0 | 0 | 0 | 0 | 1.3 | 0 | 0 | 3.9 | | | 0 | | | | | 0 | 0 | |
| 29291010 | 2,4和2,6甲苯二异氰酸酯混合物(甲苯二异氰酸酯TDI) | | | 5 | 0 | | 0 | 0 | 0 | 0 | 1.3 | 0 | 0 | 4.7 | 0 | | 0 | | | | | 0 | 0 | |
| 29291020 | 二甲苯二异氰酸酯(TODI) | | | 5 | 0 | | 0 | 0 | 0 | 0 | 1.3 | | 0 | 1.3 | | | 0 | | | | | 0 | 0 | |
| 29291030 | 二苯基甲烷二异氰酸酯(纯MDI) | | | 5 | 0 | | 0 | 0 | 0 | 0 | 1.3 | 3.2 | 0 | | | | 0 | | | | | 0 | 0 | |
| 29291040 | 六亚甲基二异氰酸酯 | | | 5 | 0 | | 0 | 0 | 0 | 0 | 1.3 | 0 | 0 | 3.9 | | | 0 | | | | | 0 | 0 | |
| 29291090 | 其他异氰酸酯 | | | 5 | 0 | | 0 | 0 | 0 | 0 | 1.3 | 0 | 0 | 1.3 | | | 0 | | | | | 0 | 0 | |
| 29299010 | 环已基氨基磺酸钠(甜蜜素) | | | 5 | 0 | | 0 | 0 | 0 | 0 | 1.8 | 0 | 0 | 1.8 | | | 0 | | | | | 0 | 0 | |
| 29299020 | 二烷(甲、乙、正丙或异丙)氨基膦酰二卤 | | | 5 | 0 | | 0 | 0 | 0 | 0 | 1.3 | 0 | 0 | 1.3 | | | 0 | | | | | 0 | 0 | |
| 29299030 | 二烷氨基膦酸二烷酯 | | | 5 | 0 | | 0 | 0 | 0 | 0 | 1.3 | 0 | 0 | 1.3 | | | 0 | | | | | 0 | 0 | |

| 税则号列 | 商品描述[1] | 协定税率(%) | | | | | | | | | | | | | | | | 特惠税率(%) | | | | | | |
|---|---|---|---|---|---|---|---|---|---|---|---|---|---|---|---|---|---|---|---|---|---|---|---|---|
| | | 香港 | 澳门 | 巴基斯坦 | 东盟 | 亚太 | 智利 | 秘鲁 | 哥斯达黎加 | 新西兰 | 澳大利亚 | 瑞士 | 冰岛 | 韩国 | 台湾 | 新加坡 | 格鲁吉亚 | 亚太2国[2] | 东盟 | | | 最不发达国家 | | |
| | | | | | | | | | | | | | | | | | | | 老挝 | 柬埔寨 | 缅甸 | LDC97[3] | LDC95[4] | LDC60[5] |
| 29299040 | 乙酰甲胺磷 | | | 5 | 0 | | 0 | 0 | 0 | 0 | 1.3 | 0 | 0 | 1.3 | | | 0 | | | | | 0 | 0 | |
| 29299090 | 其他含氮基化合物 | | | 5 | 0 | | 0 | 0 | 0 | 0 | 1.3 | 0 | 0 | 4.7 | | | 0 | | | | | 0 | 0 | |
| 29302000 | 其他硫代氨基甲酸盐(或酯) | | | 5 | 0 | | 0 | 0 | 0 | 0 | 1.3 | 0 | 0 | 1.3 | | | 0 | | | | | 0 | 0 | |
| 29303000 | (一硫化、二硫化、三硫化)二烃氨基硫羰 | | | 5 | 0 | | 0 | 0 | 0 | 0 | 1.3 | 0 | 0 | 1.3 | | | 0 | | | | | 0 | 0 | |
| 29304000 | 甲硫氨酸(蛋氨酸) | | | 5 | 0 | | 0 | 0 | 0 | 0 | 1.3 | 0 | 0 | 1.3 | | | 0 | | | | | 0 | 0 | |
| 29306000 | 2-(N,N-二乙基氨基)乙硫醇 | 0 | | 5 | 0 | | 0 | 0 | 0 | 0 | 1.3 | 0 | 0 | 1.3 | | | 0 | | | | | 0 | 0 | |
| 29307000 | 二(2-羟乙基)硫醚[硫二甘醇(INN)] | 0 | | 5 | 0 | | 0 | 0 | 0 | 0 | 1.3 | 0 | 0 | 1.3 | | | 0 | | | | | 0 | 0 | |
| 29308000 | 涕灭威(ISO)、敌菌丹(ISO)及甲胺磷(ISO) | 0 | | 5 | 0 | | 0 | 0 | 0 | 0 | 1.3 | 0 | 0 | 1.3 | | | 0 | | | | | 0 | 0 | |
| 29309010 | 双巯丙氨酸(胱氨酸) | | | 5 | 0 | | 0 | 0 | 0 | 0 | 1.3 | 0 | 0 | 1.3 | | | 0 | | | | | 0 | 0 | |
| 29309020 | 二硫代碳酸酯(或盐)[黄原酸酯(或盐)] | | | 5 | 0 | | 0 | 0 | 0 | 0 | 1.3 | 0 | 0 | 1.3 | | | 0 | | | | | 0 | 0 | |
| 29309090 | 其他有机硫化合物 | 0 | | 5 | 0 | | 0 | 0 | 0 | 0 | 1.3 | 0 | 0 | 1.3 | | | 0 | | | | | 0 | 0 | |
| 29311000 | 四甲基铅及四乙基铅 | | | 5 | 0 | | 0 | 0 | 0 | 0 | 1.3 | 0 | 0 | 1.3 | | | 0 | | | | | 0 | 0 | |
| 29312000 | 三丁基锡化合物 | | | 5 | 0 | | 0 | 0 | 0 | 0 | 1.3 | 0 | 0 | 1.3 | | | 0 | | | | | 0 | 0 | |
| 29313100 | 甲基膦酸二甲酯 | | | 5 | 0 | | 0 | 0 | 0 | 0 | 1.3 | 0 | 0 | 1.3 | | | 0 | | | | | 0 | 0 | |
| 29313200 | 丙基膦酸二甲酯 | | | 5 | 0 | | 0 | 0 | 0 | 0 | 1.3 | 0 | 0 | 1.3 | | | 0 | | | | | 0 | 0 | |
| 29313300 | 乙基膦酸二乙酯 | | | 5 | 0 | | 0 | 0 | 0 | 0 | 1.3 | 0 | 0 | 1.3 | | | 0 | | | | | 0 | 0 | |
| 29313400 | 3-(三羟基硅烷基)丙基甲基膦酸钠 | | | 5 | 0 | | 0 | 0 | 0 | 0 | 1.3 | 0 | 0 | 1.3 | | | 0 | | | | | 0 | 0 | |
| 29313500 | 1-丙基磷酸环酐 | | | 5 | 0 | | 0 | 0 | 0 | 0 | 1.3 | 0 | 0 | 1.3 | | | 0 | | | | | 0 | 0 | |
| 29313600 | (5-乙基-2-甲基-2-氧代-1,3,2-二氧磷杂环己-5-基)甲基膦酸二甲酯 | | | 5 | 0 | | 0 | 0 | 0 | 0 | 1.3 | 0 | 0 | 1.3 | | | 0 | | | | | 0 | 0 | |
| 29313700 | 双[(5-乙基-2-甲基-2-氧代-1,3,2-二氧磷杂环己-5-基)甲基]甲基膦酸酯(阻燃剂FRC-1) | | | 5 | 0 | | 0 | 0 | 0 | 0 | 1.3 | 0 | 0 | 1.3 | | | 0 | | | | | 0 | 0 | |
| 29313800 | 甲基膦酸和脒基尿素(1:1)生成的盐 | | | 5 | 0 | | 0 | 0 | 0 | 0 | 1.3 | 0 | 0 | 1.3 | | | 0 | | | | | 0 | 0 | |
| 29313910 | 双甘膦 | | | 5 | 0 | | 0 | 0 | 0 | 0 | 1.3 | 0 | 0 | 1.3 | | | 0 | | | | | 0 | 0 | |
| 29313990 | 其他有机磷衍生物 | | | 5 | 0 | | 0 | 0 | 0 | 0 | 1.3 | 0 | 0 | 1.3 | | | 0 | | | | | 0 | 0 | |
| 29319000 | 其他有机-无机化合物 | | | 5 | 0 | | 0 | 0 | 0 | 0 | 1.3 | 0 | 0 | 1.3 | | | 0 | | | | | 0 | 0 | |
| 29321100 | 四氢呋喃 | 0 | | 5 | 0 | | 0 | 0 | 0 | 0 | 1.2 | 0 | 0 | 0 | 0 | | 0 | | | | | 0 | 0 | |
| 29321200 | 2-糠醛 | | | 5 | 0 | | 0 | 0 | 0 | 0 | 1.2 | 0 | 0 | 1.2 | | | 0 | | | | | 0 | 0 | |
| 29321300 | 糠醇及四氢糠醇 | | | 5 | 0 | | 0 | 0 | 0 | 0 | 1.2 | 0 | 0 | 1.2 | | | 0 | | | | | 0 | 0 | |
| 29321400 | 三氯蔗糖 | | | 5 | 0 | | 0 | 0 | 0 | 0 | 1.3 | | 0 | 1.3 | | | 0 | | | | | 0 | 0 | |
| 29321900 | 其他结构上有非稠合呋喃环化合物(不论是否氢化) | | | 5 | 0 | | 0 | 0 | 0 | 0 | 1.3 | | 0 | 1.3 | | | 0 | | | | | 0 | 0 | |

| 税则号列 | 商品描述① | 协定税率(%) | | | | | | | | | | | | | | | | 特惠税率(%) | | | | | | |
|---|---|---|---|---|---|---|---|---|---|---|---|---|---|---|---|---|---|---|---|---|---|---|---|---|
| | | 香港 | 澳门 | 巴基斯坦 | 东盟 | 亚太 | 智利 | 秘鲁 | 哥斯达黎加 | 新西兰 | 澳大利亚 | 瑞士 | 冰岛 | 韩国 | 台湾 | 新加坡 | 格鲁吉亚 | 亚太2国② | 东盟 | | | 最不发达国家 | | |
| | | | | | | | | | | | | | | | | | | | 老挝 | 柬埔寨 | 缅甸 | LDC97③ | LDC95④ | LDC60⑤ |
| 29322010 | 香豆素、甲基香豆素及乙基香豆素 | | | 5 | 0 | | 0 | 0 | 0 | 0 | 1.3 | 0 | 0 | 1.3 | | | 0 | | | | | 0 | 0 | |
| 29322090 | 其他内酯 | | | 5 | 0 | | 0 | 0 | 0 | 0 | 1.3 | 3.2 | 0 | 1.3 | | | 0 | | | | | 0 | 0 | |
| 29329100 | 4-丙烯基-1,2-亚甲二氧基苯 | | | 5 | 0 | | 0 | 0 | 0 | 0 | 1.3 | 0 | 0 | 1.3 | | | 0 | | | | | 0 | 0 | |
| 29329200 | 1-(1,3-苯并二恶茂-5-基)丙-2-酮 | | | 5 | 0 | | 0 | 0 | 0 | 0 | 1.3 | 0 | 0 | 1.3 | | | 0 | | | | | 0 | 0 | |
| 29329300 | 3,4-亚甲二氧基苯甲醛(胡椒醛) | | | 5 | 0 | | 0 | 0 | 0 | 0 | 1.3 | 0 | 0 | 1.3 | | | 0 | | | | | 0 | 0 | |
| 29329400 | 4-烯丙基-1,2-亚甲二氧基苯(黄樟脑) | | | 5 | 0 | | 0 | 0 | 0 | 0 | 1.3 | 0 | 0 | 1.3 | | | 0 | | | | | 0 | 0 | |
| 29329500 | 四氢大麻酚(所有异构体) | | | 5 | 0 | | 0 | 0 | 0 | 0 | 1.3 | 0 | 0 | 1.3 | | | 0 | | | | | 0 | 0 | |
| 29329910 | 7-羟基苯并呋喃(呋喃酚) | | | 0 | 0 | | 0 | 0 | 0 | 0 | 0 | 0 | 0 | 2.9 | | | 0 | | | | | 0 | 0 | |
| 29329920 | 联苯双酯 | | | 5 | 0 | | 0 | 0 | 0 | 0 | 1.3 | 0 | 0 | 1.3 | | | 0 | | | | | 0 | 0 | |
| 29329930 | 蒿甲醚 | | | 5 | 0 | | 0 | 0 | 0 | 0 | 1.3 | 3.2 | 0 | 1.3 | | | 0 | | | | | 0 | 0 | |
| 29329990 | 其他仅含氧杂原子的杂环化合物 | | | 5 | 0 | | 0 | 0 | 0 | 0 | 1.3 | 3.2 | 0 | 1.3 | | | 0 | | | | | 0 | 0 | |
| 29331100 | 二甲基苯基吡唑酮(安替比林)及其衍生物 | | | 5 | 0 | 6 | 0 | 0 | 0 | 0 | 1.3 | 0 | 0 | 1.3 | | | 0 | | | | | 0 | 0 | |
| 29331920 | 安乃近 | | | 5 | 0 | | 0 | 0 | 0 | 0 | 1.2 | 0 | 0 | 1.2 | | | 0 | | | | | 0 | 0 | |
| 29331990 | 其他结构上有非稠合吡唑环化合物(不论是否氢化) | | | 5 | 0 | | 0 | 0 | 0 | 0 | 1.3 | 0 | 0 | 1.3 | | | 0 | | | | | 0 | 0 | |
| 29332100 | 乙内酰脲及其衍生物 | | | 5 | 0 | | 0 | 0 | 0 | 0 | 1.3 | 0 | 0 | 1.3 | | | 0 | | | | | 0 | 0 | |
| 29332900 | 其他结构上有非稠合咪唑环化合物(不论是否氢化) | | | 5 | 0 | | 0 | 0 | 0 | 0 | 1.3 | 4 | 0 | 3.9 | | | 0 | | | | | 0 | 0 | |
| 29333100 | 吡啶及其盐 | | | 5 | 0 | | 0 | 0 | 0 | 0 | 1.2 | 0 | 0 | 0 | 0 | | 0 | | | | | 0 | 0 | |
| 29333210 | 哌啶(六氢吡啶) | | | 0 | 0 | | 0 | 0 | 0 | 0 | 0 | 0 | 0 | 0 | | | 0 | | | | | 0 | 0 | |
| 29333220 | 哌啶(六氢吡啶)盐 | | | 5 | 0 | | 0 | 0 | 0 | 0 | 1.3 | 0 | 0 | 1.3 | | | 0 | | | | | 0 | 0 | |
| 29333300 | 阿芬太尼、阿尼利定、氰苯双哌酰胺、溴西泮、地芬诺新、地芬诺酯、地匹哌酮、芬太尼、凯托米酮、哌醋甲酯、喷他左辛、哌替啶、哌替啶中间体A、苯环利定、苯哌利定、哌苯甲醇、哌氰米特、丙吡兰和三甲利定,以及它们的盐 | | | 5 | 0 | | 0 | 0 | 0 | 0 | 1.3 | 0 | 0 | 4.7 | | | 0 | | | | | 0 | 0 | |
| 29333910 | 二苯乙醇酸-3-奎宁环脂 | | | 5 | 0 | | 0 | 0 | 0 | 0 | 1.3 | 0 | 0 | 1.3 | | | 0 | | | | | 0 | 0 | |
| 29333920 | 奎宁环-3-醇 | | | 5 | 0 | | 0 | 0 | 0 | 0 | 1.3 | 0 | 0 | 1.3 | | | 0 | | | | | 0 | 0 | |
| 29333990 | 其他结构上有非稠合吡啶环化合物(不论是否氢化) | | | 5 | 0 | | 0 | 0 | 0 | 0 | 1.3 | 3.2 | 0 | 1.3 | | | 0 | | | | | 0 | 0 | |
| 29334100 | 左非诺及其盐 | | | 5 | 0 | | 0 | 0 | 0 | 0 | 1.3 | 0 | 0 | 1.3 | | | 0 | | | | | 0 | 0 | |
| 29334900 | 其他含喹琳或异喹啉环系的化合物(但未经进一步稠合) | | | 5 | 0 | | 0 | 0 | 0 | 0 | 1.3 | 0 | 0 | 1.3 | | | 0 | | | | | 0 | 0 | |

| 税则号列 | 商品描述[①] | 协定税率(%) | | | | | | | | | | | | | | | | 特惠税率(%) | | | | | | |
|---|---|---|---|---|---|---|---|---|---|---|---|---|---|---|---|---|---|---|---|---|---|---|---|---|
| | | 香港 | 澳门 | 巴基斯坦 | 东盟 | 亚太 | 智利 | 秘鲁 | 哥斯达黎加 | 新西兰 | 澳大利亚 | 瑞士 | 冰岛 | 韩国 | 台湾 | 新加坡 | 格鲁吉亚 | 亚太2国[②] | 东盟 | | | 最不发达国家 | | |
| | | | | | | | | | | | | | | | | | | | 老挝 | 柬埔寨 | 缅甸 | LDC97[③] | LDC95[④] | LDC60[⑤] |
| 29335200 | 丙二酰脲(巴比土酸)及其盐 | | | 5 | 0 | | 0 | 0 | 0 | 0 | 1.3 | 0 | 0 | 1.3 | | | 0 | | | | | 0 | 0 | |
| 29335300 | 阿洛巴比妥、异戊巴比妥、巴比妥、布他比妥、正丁巴比妥、环己巴比妥、甲苯巴比妥、戊巴比妥、苯巴比妥、仲丁巴比妥、司可巴比妥和乙烯比妥,以及它们的盐 | | | 5 | 0 | | 0 | 0 | 0 | 0 | 1.3 | 0 | 0 | 1.3 | | | 0 | | | | | 0 | 0 | |
| 29335400 | 其他丙二酰脲的衍生物,以及它们的盐 | | | 5 | 0 | | 0 | 0 | 0 | 0 | 1.3 | 0 | 0 | 1.3 | | | 0 | | | | | 0 | 0 | |
| 29335500 | 氯普唑仑、甲氯喹酮等,以及它们的盐 | | | 5 | 0 | | 0 | 0 | 0 | 0 | 1.3 | 0 | 0 | 1.3 | | | 0 | | | | | 0 | 0 | |
| 29335910 | 胞嘧啶 | | | 0 | 0 | 4.6 | 0 | 0 | 0 | 0 | 1.3 | 0 | 0 | 1.3 | | | 0 | | | | | 0 | 0 | |
| 29335920 | 环丙氟哌酸 | | | 5 | 0 | 6 | 0 | 0 | 0 | 0 | 1.3 | 0 | 0 | 1.3 | | | 0 | | | | | 0 | 0 | |
| 29335990 | 其他结构上有嘧啶环或哌嗪环的化合物(不论是否氢化) | | | 0 | 0 | 4.6 | 0 | 0 | 0 | 0 | 1.3 | 3.2 | 0 | 1.3 | | | 0 | | | | | 0 | 0 | |
| 29336100 | 三聚氰胺(蜜胺) | | | 5 | 0 | | 0 | 0 | 0 | 0 | 1.3 | 0 | 0 | 1.3 | | | 0 | | | | | 0 | 0 | |
| 29336910 | 三聚氰氯 | | 0 | 5 | 0 | | 0 | 0 | 0 | 0 | 1.2 | 0 | 0 | 1.2 | | | 0 | | | | | 0 | 0 | |
| 29336921 | 二氯异氰脲酸 | | 0 | 5 | 0 | | 0 | 0 | 0 | 0 | 1.3 | 0 | 0 | 1.3 | | | 0 | | | | | 0 | 0 | |
| 29336922 | 三氯异氰脲酸 | | 0 | 5 | 0 | | 0 | 0 | 0 | 0 | 1.3 | 0 | 0 | 1.3 | | | 0 | | | | | 0 | 0 | |
| 29336929 | 其他异氰脲酸氯化衍生物 | | 0 | 5 | 0 | | 0 | 0 | 0 | 0 | 1.3 | 0 | 0 | 1.3 | | | 0 | | | | | 0 | 0 | |
| 29336990 | 其他结构上含非稠合三嗪环化合物(不论是否氢化) | | 0 | 5 | 0 | | 0 | 0 | 0 | 0 | 1.3 | 0 | 0 | 3.9 | | | 0 | | | | | 0 | 0 | |
| 29337100 | 6-己内酰胺 | | | | 5 | | 0 | | 0 | 0 | 1.8 | 0 | 0 | | | | 7.2 | | | | | | | |
| 29337200 | 氯巴占和甲乙哌酮 | | | 5 | 0 | | 0 | 0 | 0 | 0 | 1.8 | 0 | 0 | 1.8 | | | 7.2 | | | | | 0 | 0 | |
| 29337900 | 其他内酰胺 | | | 5 | 0 | | 0 | 0 | 0 | 0 | 1.8 | | 0 | 1.8 | | | 0 | | | | | 0 | 0 | |
| 29339100 | 阿普唑仑、卡马西泮等,以及它们的盐 | | | 5 | 0 | | 0 | 0 | 0 | 0 | 1.3 | 0 | 0 | 1.3 | | | 0 | | | | | 0 | 0 | |
| 29339200 | 甲基谷硫磷(ISO) | | | 5 | 0 | | 0 | 0 | 0 | 0 | 1.3 | 4 | 0 | 1.3 | | | 0 | | | | | 0 | 0 | |
| 29339900 | 其他仅含氮杂原子的杂环化合物 | | | 5 | 0 | | 0 | 0 | 0 | 0 | 1.3 | 4 | 0 | 1.3 | | | 0 | | | | | 0 | 0 | |
| 29341010 | 三苯甲基氨噻肟酸 | | | 5 | 0 | | 0 | 0 | 0 | 0 | 1.3 | 0 | 0 | 4.7 | | | 0 | | | | | 0 | 0 | |
| 29341090 | 结构上含有非稠合噻唑环的化合物(不论是否氢化) | | | 5 | 0 | | 0 | 0 | 0 | 0 | 1.3 | 0 | 0 | 4.7 | | | 0 | | | | | 0 | 0 | |
| 29342000 | 含一个苯并噻唑环系的化合物(但未经进一步稠合,不论是否氢化) | | | 5 | 0 | | 0 | 0 | 0 | 0 | 1.3 | 0 | 0 | 3.9 | | | 0 | | | | | 0 | 0 | |
| 29343000 | 含一个吩噻嗪环系的化合物(但未经进一步稠合,不论是否氢化) | | | 5 | 0 | | 0 | 0 | 0 | 0 | 1.3 | 0 | 0 | 1.3 | | | 0 | | | | | 0 | 0 | |
| 29349100 | 阿米雷司、溴替唑仑、氯噻西泮等,以及它们的盐 | | | 5 | 0 | | 0 | 0 | 0 | 0 | 1.3 | 0 | 0 | 1.3 | | | 0 | | | | | 0 | 0 | |
| 29349910 | 磺内酯及磺内酰胺 | | | 5 | 0 | | 0 | 0 | 0 | 0 | 1.3 | 0 | 0 | 1.3 | | | 0 | | | | | 0 | 0 | |

| 税则号列 | 商品描述[①] | 协定税率(%) | | | | | | | | | | | | | | | | 特惠税率(%) | | | | | | |
|---|---|---|---|---|---|---|---|---|---|---|---|---|---|---|---|---|---|---|---|---|---|---|---|---|
| | | 香港 | 澳门 | 巴基斯坦 | 东盟 | 亚太 | 智利 | 秘鲁 | 哥斯达黎加 | 新西兰 | 澳大利亚 | 瑞士 | 冰岛 | 韩国 | 台湾 | 新加坡 | 格鲁吉亚 | 亚太2国[②] | 东盟 | | | 最不发达国家 | | |
| | | | | | | | | | | | | | | | | | | | 老挝 | 柬埔寨 | 缅甸 | LDC97[③] | LDC95[④] | LDC60[⑤] |
| 29349920 | 呋喃唑酮 | | | 5 | 0 | | 0 | 0 | 0 | 0 | 1.2 | | 0 | 1.2 | | | 0 | | | | | 0 | 0 | |
| 29349930 | 核酸及其盐 | | | 5 | 0 | | 0 | 0 | 0 | 0 | 1.3 | 0 | 0 | 1.3 | | | 0 | | | | | 0 | 0 | |
| 29349940 | 奈韦拉平、依发韦仑、利托那韦及它们的盐 | | | 5 | 0 | | 0 | 0 | 0 | 0 | 1.3 | 0 | 0 | 1.3 | | | 0 | | | | | 0 | 0 | |
| 29349950 | 克拉维酸及其盐 | | | 5 | 0 | | 0 | 0 | 0 | 0 | 1.3 | 0 | 0 | 1.3 | | | 0 | | | | | 0 | 0 | |
| 29349960 | 7-苯乙酰氨基-3-氯甲基-4-头孢烷酸对甲氧基苄酯、7-氨基头孢烷酸、7-氨基脱乙酰氧基头孢烷酸 | | | 0 | 0 | 5 | 0 | 0 | 0 | 0 | 1.2 | 0 | 0 | 1.2 | | | 0 | | | | | 0 | 0 | |
| 29349990 | 其他杂环化合物 | | | 5 | 0 | | 0 | 0 | 0 | 0 | 1.3 | 0 | 0 | 1.3 | | | 0 | | | | | 0 | 0 | |
| 29351000 | N-甲基全氟辛基磺酰胺 | | | 5 | 0 | | 0 | 0 | 0 | 0 | 1.3 | 4 | 0 | 1.3 | | | 0 | | | | | 0 | 0 | |
| 29352000 | N-乙基全氟辛基磺酰胺 | | | 5 | 0 | | 0 | 0 | 0 | 0 | 1.3 | 4 | 0 | 1.3 | | | 0 | | | | | 0 | 0 | |
| 29353000 | N-乙基-N-(2-羟乙基)全氟辛基磺酰胺 | | | 5 | 0 | | 0 | 0 | 0 | 0 | 1.3 | 4 | 0 | 1.3 | | | 0 | | | | | 0 | 0 | |
| 29354000 | N-(2-羟乙基)-N-甲基全氟辛基磺酰胺 | | | 5 | 0 | | 0 | 0 | 0 | 0 | 1.3 | 4 | 0 | 1.3 | | | 0 | | | | | 0 | 0 | |
| 29355000 | 其他全氟辛基磺酰胺 | | | 5 | 0 | | 0 | 0 | 0 | 0 | 1.3 | 4 | 0 | 1.3 | | | 0 | | | | | 0 | 0 | |
| 29359000 | 其他磺(酰)胺 | | | 5 | 0 | | 0 | 0 | 0 | 0 | 1.3 | 4 | 0 | 1.3 | | | 0 | | | | | 0 | 0 | |
| 29362100 | 未混合的维生素 A 及其衍生物 | | 0 | 0 | 0 | | 0 | 0 | 0 | 0 | 0 | 2.5 | 0 | 0 | | | 0 | | | | | 0 | 0 | 0 |
| 29362200 | 未混合的维生素 B1 及其衍生物 | | 0 | 0 | 0 | | 0 | 0 | 0 | 0 | 0 | 0 | 0 | 0 | | | 0 | | | | | 0 | 0 | 0 |
| 29362300 | 未混合的维生素 B2 及其衍生物 | | 0 | 0 | 0 | | 0 | 0 | 0 | 0 | 0 | 0 | 0 | 0.8 | | | 0 | | | | | 0 | 0 | 0 |
| 29362400 | 未混合的 D 或 DL-泛酸及其衍生物 | | 0 | 0 | 0 | | 0 | 0 | 0 | 0 | 0 | 0 | 0 | 0 | | | 0 | | | | | 0 | 0 | 0 |
| 29362500 | 未混合的维生素 B6 及其衍生物 | | 0 | 0 | 0 | | 0 | 0 | 0 | 0 | 0 | 0 | 0 | 0 | | | 0 | | | | | 0 | 0 | 0 |
| 29362600 | 未混合的维生素 B12 及其衍生物 | | 0 | 0 | 0 | | 0 | 0 | 0 | 0 | 0 | 2 | 0 | 0 | | | 0 | | | | | 0 | 0 | 0 |
| 29362700 | 未混合的维生素 C 及其衍生物 | | 0 | 0 | 0 | | 0 | 0 | 0 | 0 | 0 | 0 | 0 | 0 | | | 0 | | | | | 0 | 0 | 0 |
| 29362800 | 未混合的维生素 E 及其衍生物 | | 0 | 0 | 0 | | 0 | 0 | 0 | 0 | 0 | 2 | 0 | 0 | | | 0 | | | | | 0 | 0 | 0 |
| 29362900 | 其他未混合的维生素及其衍生物 | | 0 | 0 | 0 | | 0 | 0 | 0 | 0 | 0 | 2 | 0 | 0 | | | 0 | | | | | 0 | 0 | 0 |
| 29369010 | 维生素 AD3 | | 0 | 0 | 0 | | 0 | 0 | 0 | 0 | 0 | 0 | 0 | 0 | | | 0 | | | | | 0 | 0 | 0 |
| 29369090 | 其他维生素原、混合维生素及其衍生物 | | 0 | 0 | 0 | | 0 | 0 | 0 | 0 | 0 | 0 | 0 | 0 | | | 0 | | | | | 0 | 0 | 0 |
| 29371100 | 生长激素及其衍生物和类似结构物 | | | 0 | 0 | | 0 | 0 | 0 | 0 | 0 | 0 | 0 | 0 | | | 0 | | | | | 0 | 0 | |
| 29371210 | 重组人胰岛素及其盐 | | | 0 | 0 | | 0 | 0 | 0 | 0 | 0 | 0 | 0 | 0 | | | 0 | | | | | 0 | 0 | |
| 29371290 | 其他胰岛素及其盐 | | | 0 | 0 | | 0 | 0 | 0 | 0 | 0 | 0 | 0 | 0 | | | 0 | | | | | 0 | 0 | |

| 税则号列 | 商品描述① | 协定税率(%) | | | | | | | | | | | | | | | | 特惠税率(%) | | | | | | |
|---|---|---|---|---|---|---|---|---|---|---|---|---|---|---|---|---|---|---|---|---|---|---|---|---|
| | | 香港 | 澳门 | 巴基斯坦 | 东盟 | 亚太 | 智利 | 秘鲁 | 哥斯达黎加 | 新西兰 | 澳大利亚 | 瑞士 | 冰岛 | 韩国 | 台湾 | 新加坡 | 格鲁吉亚 | 亚太2国② | 东盟 老挝 | 东盟 柬埔寨 | 东盟 缅甸 | 最不发达国家 LDC97③ | 最不发达国家 LDC95④ | 最不发达国家 LDC60⑤ |
| 29371900 | 其他多肽激素、蛋白激素、糖蛋白激素及其衍生物和类似结构物 | | | 0 | 0 | | 0 | 0 | 0 | 0 | 0 | 2 | 0 | 0 | | | 0 | | | | | 0 | 0 | |
| 29372100 | 可的松、氢化可的松、脱氢可的松及脱氢皮质(甾)醇 | | | 0 | 0 | | 0 | 0 | 0 | 0 | 0 | 0 | 0 | 0 | | | 0 | | | | | 0 | 0 | |
| 29372210 | 地塞米松 | | | 0 | 0 | | 0 | 0 | 0 | 0 | 0 | 0 | 0 | 0 | | | 0 | | | | | 0 | 0 | |
| 29372290 | 其他皮质(甾)激素的卤化衍生物 | | | 0 | 0 | | 0 | 0 | 0 | 0 | 0 | 0 | 0 | 0 | | | 0 | | | | | 0 | 0 | |
| 29372311 | 孕马结合雌激素 | | | 0 | 0 | | 0 | 0 | 0 | 0 | 0 | 0 | 0 | 0 | | | 0 | | | | | 0 | 0 | |
| 29372319 | 其他动物源的雌(甾)激素和孕激素 | | | 0 | 0 | | 0 | 0 | 0 | 0 | 0 | 0 | 0 | 0 | | | 0 | | | | | 0 | 0 | |
| 29372390 | 其他皮质甾类激素的卤化衍生物 | | | 0 | 0 | | 0 | 0 | 0 | 0 | 0 | 0 | 0 | 0 | | | 0 | | | | | 0 | 0 | |
| 29372900 | 其他甾族激素及其衍生物和类似结构物 | | | 0 | 0 | | 0 | 0 | 0 | 0 | 0 | 0 | 0 | 0 | | | 0 | | | | | 0 | 0 | |
| 29375000 | 前列腺素、血栓烷和白细胞三烯及其衍生物和类似结构物 | | | 0 | 0 | | 0 | 0 | 0 | 0 | 0 | 0 | 0 | 0.8 | | | 0 | | | | | 0 | 0 | |
| 29379000 | 其他天然或合成再制的激素及其衍生物和类似结构物,包括主要用做激素的改性链多肽 | | | 0 | 0 | | 0 | 0 | 0 | 0 | 0 | 0 | 0 | 0 | | | 0 | | | | | 0 | 0 | |
| 29381000 | 芸香苷及其衍生物 | | | 5 | 0 | | 0 | 0 | 0 | 0 | 1.3 | 0 | 0 | 1.3 | | | 0 | | | | | 0 | 0 | |
| 29389010 | 齐多夫定、拉米夫定、司他夫定、地达诺新及它们的盐 | | | 5 | 0 | | 0 | 0 | 0 | 0 | 1.3 | 0 | 0 | 1.3 | | | 0 | | | | | 0 | 0 | |
| 29389090 | 其他天然或合成再制的苷及其盐、醚、酯和其他衍生物 | | | 5 | 0 | | 0 | 0 | 0 | 0 | 1.3 | 0 | 0 | 1.3 | | | 0 | | | | | 0 | 0 | |
| 29391100 | 罂粟秆浓缩物、丁丙诺啡、可待因等,以及它们的盐 | | | 0 | 0 | | 0 | 0 | 0 | 0 | 0 | 0 | 0 | 0 | | | 0 | | | | | 0 | 0 | 0 |
| 29391900 | 其他鸦片碱及其衍生物,以及它们的盐 | | | 0 | 0 | | 0 | 0 | 0 | 0 | 0 | 0 | 0 | 0 | | | 0 | | | | | 0 | 0 | 0 |
| 29392000 | 其他金鸡纳生物碱及其衍生物,以及它们的盐 | | | 0 | 0 | | 0 | 0 | 0 | 0 | 0 | 0 | 0 | 0 | | | 0 | | | | | 0 | 0 | 0 |
| 29393000 | 咖啡因及其盐 | | | 0 | 0 | | 0 | 0 | 0 | 0 | 0 | 0 | 0 | 0 | | | 0 | | | | | 0 | 0 | 0 |
| 29394100 | 麻黄碱及其盐 | | | 0 | 0 | | 0 | 0 | 0 | 0 | 0 | 0 | 0 | 0 | | | 0 | | | | | 0 | 0 | 0 |
| 29394200 | 假麻黄碱及其盐 | | | 0 | 0 | | 0 | 0 | 0 | 0 | 0 | 0 | 0 | 0 | | | 0 | | | | | 0 | 0 | 0 |
| 29394300 | d-去甲麻黄碱(INN)及其盐 | | | 0 | 0 | | 0 | 0 | 0 | 0 | 0 | 0 | 0 | 0 | | | 0 | | | | | 0 | 0 | 0 |
| 29394400 | 去甲麻黄碱及其盐 | | | 0 | 0 | | 0 | 0 | 0 | 0 | 0 | 0 | 0 | 0 | | | 0 | | | | | 0 | 0 | 0 |
| 29394900 | 其他麻黄碱类及其盐 | | | 0 | 0 | | 0 | 0 | 0 | 0 | 0 | 0 | 0 | 0 | | | 0 | | | | | 0 | 0 | 0 |
| 29395100 | 芬乙茶碱(INN)及其盐 | | | 0 | 0 | | 0 | 0 | 0 | 0 | 0 | 0 | 0 | 0 | | | 0 | | | | | 0 | 0 | 0 |
| 29395900 | 其他茶碱和氨茶碱及其衍生物,以及它们的盐 | | | 0 | 0 | | 0 | 0 | 0 | 0 | 0 | 0 | 0 | 0 | | | 0 | | | | | 0 | 0 | 0 |
| 29396100 | 麦角新碱及其盐 | | | 0 | 0 | | 0 | 0 | 0 | 0 | 0 | 0 | 0 | 0 | | | 0 | | | | | 0 | 0 | 0 |
| 29396200 | 麦角胺及其盐 | | | 0 | 0 | | 0 | 0 | 0 | 0 | 0 | 0 | 0 | 0 | | | 0 | | | | | 0 | 0 | 0 |

| 税则号列 | 商品描述① | 协定税率(%) | | | | | | | | | | | | | | | | 特惠税率(%) | | | | | | |
|---|---|---|---|---|---|---|---|---|---|---|---|---|---|---|---|---|---|---|---|---|---|---|---|---|
| | | 香港 | 澳门 | 巴基斯坦 | 东盟 | 亚太 | 智利 | 秘鲁 | 哥斯达黎加 | 新西兰 | 澳大利亚 | 瑞士 | 冰岛 | 韩国 | 台湾 | 新加坡 | 格鲁吉亚 | 亚太2国② | 东盟 | | | 最不发达国家 | | |
| | | | | | | | | | | | | | | | | | | | 老挝 | 柬埔寨 | 缅甸 | LDC97③ | LDC95④ | LDC60⑤ |
| 29396300 | 麦角酸及其盐 | | | 0 | 0 | | 0 | 0 | 0 | 0 | 0 | 0 | 0 | 0 | | | 0 | | | | | 0 | 0 | 0 |
| 29396900 | 其他麦角生物碱及其衍生物,以及它们的盐 | | | 0 | 0 | | 0 | 0 | 0 | 0 | 0 | 2 | 0 | 0 | | | 0 | | | | | 0 | 0 | 0 |
| 29397110 | 可卡因及其盐 | | | 0 | 0 | | 0 | 0 | 0 | 0 | 0 | 0 | 0 | 0 | | | 0 | | | | | 0 | 0 | 0 |
| 29397190 | 芽子碱、左甲苯丙胺、去氧麻黄碱、去氧麻黄碱外消旋体,它们的盐、酯及其他衍生物;可卡因的酯及其他衍生物 | | | 0 | 0 | | 0 | 0 | 0 | 0 | 0 | 0 | 0 | 0 | | | 0 | | | | | 0 | 0 | 0 |
| 29397910 | 烟碱及其盐 | | | 0 | 0 | | 0 | 0 | 0 | 0 | 0 | 0 | 0 | 0 | | | 0 | | | | | 0 | 0 | 0 |
| 29397920 | 番木鳖碱(士的年)及其盐 | | | 0 | 0 | | 0 | 0 | 0 | 0 | 0 | 0 | 0 | 0 | | | 0 | | | | | 0 | 0 | 0 |
| 29397990 | 其他天然或合成再制的生物碱及其盐、醚、酯和其他衍生物 | | | 0 | 0 | | 0 | 0 | 0 | 0 | 0 | 2 | 0 | 0 | | | 0 | | | | | 0 | 0 | 0 |
| 29398000 | 其他生物碱 | | | 0 | 0 | | 0 | 0 | 0 | 0 | 0 | 2 | 0 | 0 | | | 0 | | | | | 0 | 0 | 0 |
| 29400010 | 木糖 | | | 5 | 0 | | 0 | 0 | 0 | 0 | 1.2 | 0 | 0 | 3.6 | | | | | | | | 0 | 0 | 0 |
| 29400090 | 其他化学纯糖 | | | 5 | 0 | | 0 | 0 | 0 | 0 | 1.2 | 0 | 0 | 3.6 | | | | | | | | 0 | 0 | 0 |
| 29411011 | 氨苄青霉素 | | | 0 | 0 | 5 | 0 | 0 | 0 | 0 | 1.2 | 0 | 0 | 1.2 | | | 0 | | | | | 0 | 0 | 0 |
| 29411012 | 氨苄青霉素三水酸 | | | 0 | 0 | 5 | 0 | 0 | 0 | 0 | 1.2 | 0 | 0 | 1.2 | | | 0 | | | | | 0 | 0 | 0 |
| 29411019 | 其他氨苄青霉素盐 | | | 0 | 0 | 5 | 0 | 0 | 0 | 0 | 1.2 | 0 | 0 | 1.2 | | | 0 | | | | | 0 | 0 | 0 |
| 29411091 | 羟氨苄青霉素 | | | 0 | 0 | | 0 | 0 | 0 | 0 | 0 | 0 | 0 | 0 | | | 0 | | | | | 0 | 0 | 0 |
| 29411092 | 羟氨苄青霉素三水酸 | | | 0 | 0 | | 0 | 0 | 0 | 0 | 0 | 0 | 0 | 0 | | | 0 | | | | | 0 | 0 | 0 |
| 29411093 | 6 氨基青霉烷酸(6APA) | | | 0 | 0 | | 0 | 0 | 0 | 0 | 0 | 0 | 0 | 0 | | | 0 | | | | | 0 | 0 | 0 |
| 29411094 | 青霉素 V | | | 0 | 0 | | 0 | 0 | 0 | 0 | 0 | 0 | 0 | 0 | | | 0 | | | | | 0 | 0 | 0 |
| 29411095 | 磺苄青霉素 | | | 0 | 0 | | 0 | 0 | 0 | 0 | 0 | 0 | 0 | 0 | | | 0 | | | | | 0 | 0 | 0 |
| 29411096 | 邻氯青霉素 | | | 0 | 0 | | 0 | 0 | 0 | 0 | 0 | 0 | 0 | 0 | | | 0 | | | | | 0 | 0 | 0 |
| 29411099 | 其他青霉素及其衍生物,以及它们的盐 | | | 0 | 0 | | 0 | 0 | 0 | 0 | 0 | 0 | 0 | 0 | | | 0 | | | | | 0 | 0 | 0 |
| 29412000 | 链霉素及其衍生物,以及它们的盐 | | | 0 | 0 | | 0 | 0 | 0 | 0 | 0 | 0 | 0 | 0 | | | 0 | | | | | 0 | 0 | 0 |
| 29413011 | 四环素 | | 0 | 0 | 0 | | 0 | 0 | 0 | 0 | 0 | 0 | 0 | 0 | | | 0 | | | | | 0 | 0 | 0 |
| 29413012 | 四环素盐 | | 0 | 0 | 0 | | 0 | 0 | 0 | 0 | 0 | 0 | 0 | 0 | | | 0 | | | | | 0 | 0 | 0 |
| 29413020 | 四环素衍生物及其盐 | | 0 | 0 | 0 | | 0 | 0 | 0 | 0 | 0 | 0 | 0 | 0 | | | 0 | | | | | 0 | 0 | 0 |
| 29414000 | 氯霉素及其衍生物,以及它们的盐 | | | 0 | 0 | | 0 | 0 | 0 | 0 | 0 | 0 | 0 | 0 | | | 0 | | | | | 0 | 0 | 0 |
| 29415000 | 红霉素及其衍生物,以及它们的盐 | | 0 | 0 | 0 | | 0 | 0 | 0 | 0 | 0 | 0 | 0 | 0 | | | 0 | | | | | 0 | 0 | 0 |
| 29419010 | 庆大霉素及其衍生物,以及它们的盐 | | | 0 | 0 | | 0 | 0 | 0 | 0 | 0 | 0 | 0 | 0 | | | 0 | | | | | 0 | 0 | 0 |
| 29419020 | 卡那霉素及其衍生物,以及它们的盐 | | | 0 | 0 | | 0 | 0 | 0 | 0 | 0 | 0 | 0 | 0 | | | 0 | | | | | 0 | 0 | 0 |
| 29419030 | 利福平及其衍生物,以及它们的盐 | | | 0 | 0 | | 0 | 0 | 0 | 0 | 0 | 0 | 0 | 0 | | | 0 | | | | | 0 | 0 | 0 |
| 29419040 | 林可霉素及其衍生物,以及它们的盐 | | | 0 | 0 | | 0 | 0 | 0 | 0 | 0 | 0 | 0 | 0 | | | 0 | | | | | 0 | 0 | 0 |

| 税则号列 | 商品描述[①] | 协定税率(%) | | | | | | | | | | | | | | | | 特惠税率(%) | | | | | | |
|---|---|---|---|---|---|---|---|---|---|---|---|---|---|---|---|---|---|---|---|---|---|---|---|---|
| | | 香港 | 澳门 | 巴基斯坦 | 东盟 | 亚太 | 智利 | 秘鲁 | 哥斯达黎加 | 新西兰 | 澳大利亚 | 瑞士 | 冰岛 | 韩国 | 台湾 | 新加坡 | 格鲁吉亚 | 亚太2国[②] | 东盟 | | | 最不发达国家 | | |
| | | | | | | | | | | | | | | | | | | | 老挝 | 柬埔寨 | 缅甸 | LDC97[③] | LDC95[④] | LDC60[⑤] |
| 29419052 | 头孢氨苄及其盐 | | | 0 | 0 | 5 | 0 | 0 | 0 | 0 | 1.2 | 0 | 0 | 1.2 | | | 0 | | | | | 0 | 0 | 0 |
| 29419053 | 头孢唑啉及其盐 | | | 0 | 0 | 5 | 0 | 0 | 0 | 0 | 1.2 | 0 | 0 | 1.2 | | | 0 | | | | | 0 | 0 | 0 |
| 29419054 | 头孢拉啶及其盐 | | | 0 | 0 | 5 | 0 | 0 | 0 | 0 | 1.2 | 0 | 0 | 1.2 | | | 0 | | | | | 0 | 0 | 0 |
| 29419055 | 头孢三嗪(头孢曲松)及其盐 | | | 0 | 0 | 5 | 0 | 0 | 0 | 0 | 1.2 | 3.7 | 0 | 1.2 | | | 0 | | | | | 0 | 0 | 0 |
| 29419056 | 头孢哌酮及其盐 | | | 0 | 0 | 5 | 0 | 0 | 0 | 0 | 1.2 | 0 | 0 | 1.2 | | | 0 | | | | | 0 | 0 | 0 |
| 29419057 | 头孢噻肟及其盐 | | | 0 | 0 | 5 | 0 | 0 | 0 | 0 | 1.2 | 0 | 0 | 1.2 | | | 0 | | | | | 0 | 0 | 0 |
| 29419058 | 头孢克罗及其盐 | | | 0 | 0 | 5 | 0 | 0 | 0 | 0 | 1.2 | 0 | 0 | 1.2 | | | 0 | | | | | 0 | 0 | 0 |
| 29419059 | 其他头孢菌素及其衍生物,以及它们的盐 | | | 0 | 0 | 5 | 0 | 0 | 0 | 0 | 1.2 | 0 | 0 | 3.6 | | | 0 | | | | | 0 | 0 | 0 |
| 29419060 | 麦迪霉素及其衍生物,以及它们的盐 | | | 0 | 0 | 4.2 | 0 | 0 | 0 | 0 | 1.2 | 0 | 0 | 1.2 | | | 0 | | | | | 0 | 0 | 0 |
| 29419070 | 乙酰螺旋霉素及其衍生物,以及它们的盐 | | | 0 | 0 | | 0 | 0 | 0 | 0 | 0 | 0 | 0 | 0 | | | 0 | | | | | 0 | 0 | 0 |
| 29419090 | 其他抗菌素 | | | 0 | 0 | 5 | 0 | 0 | 0 | 0 | 1.2 | 0 | 0 | 1.2 | | | 0 | | | | | 0 | 0 | 0 |
| 29420000 | 其他有机化合物 | | | 5 | 0 | | 0 | 0 | 0 | 0 | 1.3 | 0 | 0 | 1.3 | | | 0 | | | | | 0 | 0 | 0 |
| 30012000 | 腺体、其他器官及其分泌物提取物 | | | 0 | 0 | | 0 | 0 | 0 | 0 | 0 | 0 | 0 | 0 | | | 0 | | | | | 0 | 0 | |
| 30019010 | 肝素及其盐 | | | 0 | 0 | | 0 | 0 | 0 | 0 | 0 | 0 | 0 | 0 | | | 0 | | | | | 0 | 0 | |
| 30019090 | 其他未列名的人体或动物制品(供治疗或预防疾病用) | | | 0 | 0 | | 0 | 0 | 0 | 0 | 0 | 0 | 0 | 0 | | | 0 | | | | | 0 | 0 | |
| 30021100 | 疟疾诊断试剂盒 | | | 0 | 0 | | 0 | 0 | 0 | 0 | 0 | 1.9 | 0 | 0 | | | 0 | | | | | 0 | 0 | 0 |
| 30021200 | 抗血清及其他血份 | | | 0 | 0 | | 0 | 0 | 0 | 0 | 0 | 1.9 | 0 | 0 | | | 0 | | | | | 0 | 0 | 0 |
| 30021300 | 非混合的免疫制品,未配定剂量或制成零售包装 | | | 0 | 0 | | 0 | 0 | 0 | 0 | 0 | 1.9 | 0 | 0 | | | 0 | | | | | 0 | 0 | 0 |
| 30021400 | 混合的免疫制品,未配定剂量或制成零售包装 | | | 0 | 0 | | 0 | 0 | 0 | 0 | 0 | 1.9 | 0 | 0 | | | 0 | | | | | 0 | 0 | 0 |
| 30021500 | 免疫制品,已配定剂量或制成零售包装 | | | 0 | 0 | | 0 | 0 | 0 | 0 | 0 | 1.9 | 0 | 0 | | | 0 | | | | | 0 | 0 | 0 |
| 30021900 | 抗血清、其他血份及免疫制品(不论是否修饰通过生物工艺加工制得) | | | 0 | 0 | | 0 | 0 | 0 | 0 | 0 | 1.9 | 0 | 0 | | | 0 | | | | | 0 | 0 | 0 |
| 30022000 | 人用疫苗 | | | 0 | 0 | | 0 | 0 | 0 | 0 | 0 | 1.5 | 0 | 0 | | | 0 | | | | | 0 | 0 | 0 |
| 30023000 | 兽用疫苗 | | | 0 | 0 | | 0 | 0 | 0 | 0 | 0 | 0 | 0 | 0 | | | 0 | | | | | 0 | 0 | 0 |
| 30029010 | 石房蛤毒素 | | | 0 | 0 | | 0 | 0 | 0 | 0 | 0 | 0 | 0 | 0 | | | 0 | | | | | 0 | 0 | 0 |
| 30029020 | 蓖麻毒素 | | | 0 | 0 | | 0 | 0 | 0 | 0 | 0 | 0 | 0 | 0 | | | 0 | | | | | 0 | 0 | 0 |
| 30029030 | 细菌及病毒 | | | 0 | 0 | | 0 | 0 | 0 | 0 | 0 | 1.5 | 0 | 0 | | | 0 | | | | | 0 | 0 | 0 |
| 30029040 | 遗传物质和基因修饰生物体 | | | 0 | 0 | | 0 | 0 | 0 | 0 | 0 | 0 | 0 | 0 | | | 0 | | | | | 0 | 0 | 0 |
| 30029090 | 人血;治病、防病或诊断用动物血制品;其他毒素、培养微生物(不包括酵母)及类似产品 | 0 | | 0 | 0 | | 0 | 0 | 0 | 0 | 0 | 0 | 0 | 0 | | | 0 | | | | | 0 | 0 | 0 |

| 税则号列 | 商品描述[①] | 协定税率(%) | | | | | | | | | | | | | | | | 特惠税率(%) | | | | | | |
|---|---|---|---|---|---|---|---|---|---|---|---|---|---|---|---|---|---|---|---|---|---|---|---|---|
| | | 香港 | 澳门 | 巴基斯坦 | 东盟 | 亚太 | 智利 | 秘鲁 | 哥斯达黎加 | 新西兰 | 澳大利亚 | 瑞士 | 冰岛 | 韩国 | 台湾 | 新加坡 | 格鲁吉亚 | 亚太2国[②] | 东盟 | | | 最不发达国家 | | |
| | | | | | | | | | | | | | | | | | | | 老挝 | 柬埔寨 | 缅甸 | LDC97[③] | LDC95[④] | LDC60[⑤] |
| 30031011 | 含有氨苄青霉素的混合药品(两种或两种以上成分混合而成的,治病或防病用,未配定剂量或非零售包装) | | | 0 | 0 | 4.5 | 0 | 0 | 0 | 0 | 1.2 | 0 | 0 | 1.2 | | | 0 | | | | | 0 | 0 | 0 |
| 30031012 | 含有羟氨苄青霉素的混合药品(两种或两种以上成分混合而成的,治病或防病用,未配定剂量或非零售包装) | | | 0 | 0 | 4.5 | 0 | 0 | 0 | 0 | 1.2 | 0 | 0 | 1.2 | | | 0 | | | | | 0 | 0 | 0 |
| 30031013 | 含有青霉素V的混合药品(两种或两种以上成分混合而成的,治病或防病用,未配定剂量或非零售包装) | | | 0 | 0 | 4.5 | 0 | 0 | 0 | 0 | 1.2 | 0 | 0 | 1.2 | | | 0 | | | | | 0 | 0 | 0 |
| 30031019 | 含有其他青霉素及具有青霉烷酸结构的青霉素衍生物的混合药品(两种或两种以上成分混合而成的,治病或防病用,未配定剂量或非零售包装) | | | 0 | 0 | 4.5 | 0 | 0 | 0 | 0 | 1.2 | 0 | 0 | 1.2 | | | 0 | | | | | 0 | 0 | 0 |
| 30031090 | 含有链霉素的混合药品(两种或两种以上成分混合而成的,治病或防病用,未配定剂量或非零售包装) | | | 0 | 0 | 4.5 | 0 | 0 | 0 | 0 | 1.2 | 0 | 0 | 1.2 | | | 0 | | | | | 0 | 0 | 0 |
| 30032011 | 含有头孢噻肟的混合药品(两种或两种以上成分混合而成的,治病或防病用,未配定剂量或非零售包装) | | | 0 | 0 | 5.4 | 0 | 0 | 0 | 0 | 1.2 | 0 | 0 | 1.2 | | | 0 | | | | | 0 | 0 | 0 |
| 30032012 | 含有头孢他啶的混合药品(两种或两种以上成分混合而成的,治病或防病用,未配定剂量或非零售包装) | | | 0 | 0 | 5.4 | 0 | 0 | 0 | 0 | 1.2 | 0 | 0 | 1.2 | | | 0 | | | | | 0 | 0 | 0 |
| 30032013 | 含有头孢西丁的混合药品(两种或两种以上成分混合而成的,治病或防病用,未配定剂量或非零售包装) | | | 0 | 0 | 5.4 | 0 | 0 | 0 | 0 | 1.2 | 0 | 0 | 1.2 | | | 0 | | | | | 0 | 0 | 0 |
| 30032014 | 含有头孢替唑的混合药品(两种或两种以上成分混合而成的,治病或防病用,未配定剂量或非零售包装) | | | 0 | 0 | 5.4 | 0 | 0 | 0 | 0 | 1.2 | 0 | 0 | 1.2 | | | 0 | | | | | 0 | 0 | 0 |
| 30032015 | 含有头孢克罗的混合药品(两种或两种以上成分混合而成的,治病或防病用,未配定剂量或非零售包装) | | | 0 | 0 | 5.4 | 0 | 0 | 0 | 0 | 1.2 | 0 | 0 | 1.2 | | | 0 | | | | | 0 | 0 | 0 |
| 30032016 | 含有头孢呋辛的混合药品(两种或两种以上成分混合而成的,治病或防病用,未配定剂量或非零售包装) | | | 0 | 0 | 5.4 | 0 | 0 | 0 | 0 | 1.2 | 0 | 0 | 1.2 | | | 0 | | | | | 0 | 0 | 0 |

| 税则号列 | 商品描述[①] | 协定税率(%) | | | | | | | | | | | | | | | 特惠税率(%) | | | | | | |
|---|---|---|---|---|---|---|---|---|---|---|---|---|---|---|---|---|---|---|---|---|---|---|---|
| | | 香港 | 澳门 | 巴基斯坦 | 东盟 | 亚太 | 智利 | 秘鲁 | 哥斯达黎加 | 新西兰 | 澳大利亚 | 瑞士 | 冰岛 | 韩国 | 台湾 | 新加坡 | 格鲁吉亚 | 亚太2国[②] | 东盟 | | | 最不发达国家 | | |
| | | | | | | | | | | | | | | | | | | | 老挝 | 柬埔寨 | 缅甸 | LDC97[③] | LDC95[④] | LDC60[⑤] |
| 30032017 | 含有头孢三嗪(头孢曲松)的混合药品(两种或两种以上成分混合而成的,治病或防病用,未配定剂量或非零售包装) | | | 0 | 0 | 5.4 | 0 | 0 | 0 | 0 | 1.2 | 0 | 0 | 1.2 | | | 0 | | | | | 0 | 0 | 0 |
| 30032018 | 含有头孢哌酮的混合药品(两种或两种以上成分混合而成的,治病或防病用,未配定剂量或非零售包装) | | | 0 | 0 | 5.4 | 0 | 0 | 0 | 0 | 1.2 | 0 | 0 | 1.2 | | | 0 | | | | | 0 | 0 | 0 |
| 30032019 | 含有其他头孢菌素的混合药品(两种或两种以上成分混合而成的,治病或防病用,未配定剂量或非零售包装) | | | 0 | 0 | 5.4 | 0 | 0 | 0 | 0 | 1.2 | 0 | 0 | 1.2 | | | 0 | | | | | 0 | 0 | 0 |
| 30032090 | 其他含有其他抗菌素的混合药品(两种或两种以上成分混合而成的,治病或防病用,未配定剂量或非零售包装) | | | 0 | 0 | 4.2 | 0 | 0 | 0 | 0 | 1.2 | 0 | 0 | 1.2 | | | 0 | | | | | 0 | 0 | 0 |
| 30033100 | 含有胰岛素但不含抗菌素的混合药品(两种或两种以上成分混合而成的,治病或防病用,未配定剂量或非零售包装) | | | 0 | 0 | 3.5 | 0 | 0 | 0 | 0 | 0 | 0 | 0 | 1 | | | 0 | | | | | 0 | 0 | 0 |
| 30033900 | 含激素(胰岛素除外)或品目29.37其他产品,但不含抗菌素的混合药品(两种或两种以上成分混合而成的,治病或防病用,未配定剂量或非零售包装) | | | 0 | 0 | 4.2 | 0 | 0 | 0 | 0 | 1.2 | 0 | 0 | 1.2 | | | 0 | | | | | 0 | 0 | 0 |
| 30034100 | 含有麻黄碱及其盐 | | | 0 | 0 | | 0 | 0 | 0 | 0 | 0 | 0 | 0 | 1 | | | 0 | | | | | 0 | 0 | 0 |
| 30034200 | 含有伪麻黄碱(INN)及其盐 | | | 0 | 0 | | 0 | 0 | 0 | 0 | 0 | 0 | 0 | 1 | | | 0 | | | | | 0 | 0 | 0 |
| 30034300 | 含有去甲麻黄碱及其盐 | | | 0 | 0 | | 0 | 0 | 0 | 0 | 0 | 0 | 0 | 1 | | | 0 | | | | | 0 | 0 | 0 |
| 30034900 | 含生物碱及其衍生物(奎宁或其盐除外),但不含抗菌素及品目29.37的激素或其他产品的混合药品(两种或两种以上成分混合而成的,治病或防病用,未配定剂量或非零售包装) | | | 0 | 0 | | 0 | 0 | 0 | 0 | 0 | 0 | 0 | 1 | | | 0 | | | | | 0 | 0 | 0 |
| 30036010 | 含有青蒿素及其衍生物药品 | | 0 | 0 | 0 | | 0 | 0 | 0 | 0 | 0 | 0 | 0 | 1 | | | 0 | | | | | 0 | 0 | 0 |
| 30036090 | 其他含有本章子目注释二所列抗疟疾活性成分的药品 | | 0 | 0 | 0 | | 0 | 0 | 0 | 0 | 0 | 3.1 | 0 | 1 | | | 0 | | | | | 0 | 0 | 0 |
| 30039000 | 含其他成分混合药品(两种或两种以上成分混合而成的,治病或防病用,未配定剂量或非零售包装) | | 0 | 0 | 0 | | 0 | 0 | 0 | 0 | 0 | 3.1 | 0 | 1 | | | 0 | | | | | 0 | 0 | 0 |

| 税则号列 | 商品描述① | 协定税率(%) | | | | | | | | | | | | | | | | 特惠税率(%) | | | | | | |
|---|---|---|---|---|---|---|---|---|---|---|---|---|---|---|---|---|---|---|---|---|---|---|---|---|
| | | 香港 | 澳门 | 巴基斯坦 | 东盟 | 亚太 | 智利 | 秘鲁 | 哥斯达黎加 | 新西兰 | 澳大利亚 | 瑞士 | 冰岛 | 韩国 | 台湾 | 新加坡 | 格鲁吉亚 | 亚太2国② | 东盟 | | | 最不发达国家 | | |
| | | | | | | | | | | | | | | | | | | | 老挝 | 柬埔寨 | 缅甸 | LDC97③ | LDC95④ | LDC60⑤ |
| 30041011 | 氨苄青霉素制剂(混合,治病或防病用,已配定剂量或制成零售包装) | 0 | 0 | 0 | 0 | 4.5 | 0 | 0 | 0 | 0 | 1.2 | 0 | 0 | 1.2 | | | 0 | | | | | 0 | 0 | 0 |
| 30041012 | 羟氨苄青霉素制剂(两种或两种以上成分混合而成的,治病或防病用,已配定剂量或制成零售包装) | 0 | 0 | 0 | 0 | 4.5 | 0 | 0 | 0 | 0 | 1.2 | 0 | 0 | 1.2 | | | 0 | | | | | 0 | 0 | 0 |
| 30041013 | 青霉素V制剂(两种或两种以上成分混合而成的,治病或防病用,已配定剂量或制成零售包装) | 0 | 0 | 0 | 0 | 4.5 | 0 | 0 | 0 | 0 | 1.2 | 0 | 0 | 1.2 | | | 0 | | | | | 0 | 0 | 0 |
| 30041019 | 其他青霉素制剂(混合或非混合,治病或防病用,已配定剂量或制成零售包装) | 0 | 0 | 0 | 0 | 4.5 | 0 | 0 | 0 | 0 | 1.2 | 0 | 0 | 1.2 | | | 0 | | | | | 0 | 0 | 0 |
| 30041090 | 含有其他青霉素及具有青霉烷酸结构的青霉素衍生物或链霉素及其衍生物的药品(混合或非混合,治病或防病用,已配定剂量或制成零售包装) | 0 | 0 | 0 | 0 | 4.5 | 0 | 0 | 0 | 0 | 1.2 | 0 | 0 | 1.2 | | | 0 | | | | | 0 | 0 | 0 |
| 30042011 | 头孢噻肟制剂(混合或非混合,治病或防病用,已配定剂量或制成零售包装) | 0 | | 0 | 0 | 5 | 0 | 0 | 0 | 0 | 1.2 | 0 | 0 | 1.2 | | | 0 | | | | | 0 | 0 | 0 |
| 30042012 | 头孢他啶制剂(混合或非混合,治病或防病用,已配定剂量或制成零售包装) | 0 | | 0 | 0 | 5 | 0 | 0 | 0 | 0 | 1.2 | 0 | 0 | 1.2 | | | 0 | | | | | 0 | 0 | 0 |
| 30042013 | 头孢西丁制剂(混合或非混合,治病或防病用,已配定剂量或制成零售包装) | 0 | | 0 | 0 | 5 | 0 | 0 | 0 | 0 | 1.2 | 0 | 0 | 1.2 | | | 0 | | | | | 0 | 0 | 0 |
| 30042014 | 头孢替唑制剂(混合或非混合,治病或防病用,已配定剂量或制成零售包装) | 0 | | 0 | 0 | 5 | 0 | 0 | 0 | 0 | 1.2 | 0 | 0 | 1.2 | | | 0 | | | | | 0 | 0 | 0 |
| 30042015 | 头孢克罗制剂(混合或非混合,治病或防病用,已配定剂量或制成零售包装) | 0 | | 0 | 0 | 5 | 0 | 0 | 0 | 0 | 1.2 | 0 | 0 | 1.2 | | | 0 | | | | | 0 | 0 | 0 |
| 30042016 | 头孢呋辛制剂(混合或非混合,治病或防病用,已配定剂量或制成零售包装) | 0 | | 0 | 0 | 5 | 0 | 0 | 0 | 0 | 1.2 | 0 | 0 | 1.2 | | | 0 | | | | | 0 | 0 | 0 |
| 30042017 | 头孢三嗪(头孢曲松)制剂(混合或非混合,治病或防病用,已配定剂量或制成零售包装) | 0 | | 0 | 0 | 5 | 0 | 0 | 0 | 0 | 1.2 | 0 | 0 | 1.2 | | | 0 | | | | | 0 | 0 | 0 |
| 30042018 | 头孢哌酮制剂(混合或非混合,治病或防病用,已配定剂量或制成零售包装) | 0 | | 0 | 0 | 5 | 0 | 0 | 0 | 0 | 1.2 | 0 | 0 | 1.2 | | | 0 | | | | | 0 | 0 | 0 |

| 税则号列 | 商品描述[①] | 协定税率(%) | | | | | | | | | | | | | | | | 特惠税率(%) | | | | | | |
|---|---|---|---|---|---|---|---|---|---|---|---|---|---|---|---|---|---|---|---|---|---|---|---|---|
| | | 香港 | 澳门 | 巴基斯坦 | 东盟 | 亚太 | 智利 | 秘鲁 | 哥斯达黎加 | 新西兰 | 澳大利亚 | 瑞士 | 冰岛 | 韩国 | 台湾 | 新加坡 | 格鲁吉亚 | 亚太2国[②] | 东盟 | | | 最不发达国家 | | |
| | | | | | | | | | | | | | | | | | | | 老挝 | 柬埔寨 | 缅甸 | LDC97[③] | LDC95[④] | LDC60[⑤] |
| 30042019 | 含有其他头孢菌素制剂(混合或非混合,治病或防病用,已配定剂量或制成零售包装) | 0 | | 0 | 0 | 5 | 0 | 0 | 0 | 0 | 1.2 | 0 | 0 | 3.6 | | | 0 | | | | | 0 | 0 | 0 |
| 30042090 | 含有其他抗菌素的药品(混合或非混合,治病或防病用,已配定剂量或制成零售包装) | 0 | 0 | 0 | 0 | 4.2 | 0 | 0 | 0 | 0 | 1.2 | 3 | 0 | 1.2 | | | 0 | | | | | 0 | 0 | 0 |
| 30043110 | 含有重组人胰岛素但不含抗菌素的药品(混合或非混合,治病或防病用,已配定剂量或零售包装) | | | 0 | 0 | 3.5 | 0 | 0 | 0 | 0 | 0 | 0 | 0 | 1 | | | 0 | | | | | 0 | 0 | 0 |
| 30043190 | 含有其他胰岛素但不含抗菌素的药品(混合或非混合,治病或防病用,已配定剂量或零售包装) | | | 0 | 0 | 3.5 | 0 | 0 | 0 | 0 | 0 | 0 | 0 | 1 | | | 0 | | | | | 0 | 0 | 0 |
| 30043200 | 含肾上腺皮质激素但不含抗菌素的药品(混合或非混合,治病或防病用,已配定剂量或零售包装) | 0 | | 0 | 0 | 3.5 | 0 | 0 | 0 | 0 | 0 | 0 | 0 | 1 | | | 0 | | | | | 0 | 0 | 0 |
| 30043900 | 含有品目29.37其他产品但不含抗菌素的药品(混合或非混合,治病或防病用,已配定剂量或零售包装) | 0 | | 0 | 0 | 3.5 | 0 | 0 | 0 | 0 | 0 | 2.5 | 0 | 1 | | | 0 | | | | | 0 | 0 | 0 |
| 30044100 | 含有麻黄碱及其盐 | 0 | | 0 | 0 | | 0 | 0 | 0 | 0 | 0 | 0 | 0 | 1 | | | 0 | | | | | 0 | 0 | 0 |
| 30044200 | 含有伪麻黄碱(INN)及其盐 | 0 | | 0 | 0 | | 0 | 0 | 0 | 0 | 0 | 0 | 0 | 1 | | | 0 | | | | | 0 | 0 | 0 |
| 30044300 | 含有去甲麻黄碱及其盐 | 0 | | 0 | 0 | | 0 | 0 | 0 | 0 | 0 | 0 | 0 | 1 | | | 0 | | | | | 0 | 0 | 0 |
| 30044900 | 含有其他生物碱及其衍生物,但不含抗菌素及品目29.37的产品的药品(混合或非混合,治病或防病用,已配定剂量或零售包装) | 0 | | 0 | 0 | | 0 | 0 | 0 | 0 | 0 | 0 | 0 | 1 | | | 0 | | | | | 0 | 0 | 0 |
| 30045000 | 含有维生素或品目29.36其他产品的其他药品(混合或非混合,治病或防病用,已配定剂量或零售包装) | | 0 | 0 | 0 | 5 | 0 | 0 | 0 | 0 | 1.2 | 0 | 0 | 1.2 | | | 0 | | | | | 0 | 0 | 0 |
| 30046010 | 含有青蒿素及其衍生物的中成药 | 0 | 0 | 0 | 0 | | 0 | 0 | 0 | 0 | 0 | 0 | 0 | 0 | | | 0 | | | | | 0 | 0 | 0 |
| 30046090 | 其他含有本章子目注释二所列抗疟疾活性成分的药品 | 0 | 0 | 0 | 0 | 2.8 | 0 | 0 | 0 | 0 | 0 | 2 | 0 | 0 | | | 0 | | | | | 0 | 0 | |
| 30049010 | 含有磺胺类的药品(两种或两种以上成分混合而成的,治病或防病用,已配定剂量或零售包装) | 0 | 0 | 0 | 0 | 4.2 | 0 | 0 | 0 | 0 | 1.2 | 0 | 0 | 1.2 | | | 0 | | | | | 0 | 0 | 0 |

| 税则号列 | 商品描述[1] | 协定税率(%) 香港 | 澳门 | 巴基斯坦 | 东盟 | 亚太 | 智利 | 秘鲁 | 哥斯达黎加 | 新西兰 | 澳大利亚 | 瑞士 | 冰岛 | 韩国 | 台湾 | 新加坡 | 格鲁吉亚 | 特惠税率(%) 亚太2国[2] | 东盟 老挝 | 东盟 柬埔寨 | 东盟 缅甸 | 最不发达国家 LDC97[3] | 最不发达国家 LDC95[4] | 最不发达国家 LDC60[5] |
|---|---|---|---|---|---|---|---|---|---|---|---|---|---|---|---|---|---|---|---|---|---|---|---|---|
| 30049020 | 含联苯双酯的药品(混合或非混合,治病或防病用,已配定剂量或零售包装) | | 0 | 0 | 0 | 2.8 | 0 | 0 | 0 | 0 | 0 | 0 | 0 | 0 | | | 0 | | | | | 0 | 0 | 0 |
| 30049051 | 中药酒(混合或非混合,治病或防病用,已配定剂量或零售包装) | 0 | 0 | 0 | 0 | 2 | 0 | 0 | 0 | 0 | 0 | 0 | 0 | 0 | | | 0 | | | | | 0 | 0 | 0 |
| 30049052 | 片仔癀(混合或非混合,治病或防病用,已配定剂量或零售包装) | 0 | 0 | 0 | 0 | 2 | 0 | 0 | 0 | 0 | 0 | 0 | 0 | 0 | | | 0 | | | | | 0 | 0 | 0 |
| 30049053 | 白药(混合或非混合,治病或防病用,已配定剂量或零售包装) | 0 | 0 | 0 | 0 | 2 | 0 | 0 | 0 | 0 | 0 | 0 | 0 | 0 | | | 0 | | | | | 0 | 0 | 0 |
| 30049054 | 清凉油(混合或非混合,治病或防病用,已配定剂量或零售包装) | 0 | 0 | 0 | 0 | 2 | 0 | 0 | 0 | 0 | 0 | 0 | 0 | 0 | | | 0 | | | | | 0 | 0 | 0 |
| 30049055 | 安宫牛黄丸 | 0 | 0 | 0 | 0 | 2 | 0 | 0 | 0 | 0 | 0 | 0 | 0 | 0 | | | 0 | | | | | 0 | 0 | 0 |
| 30049059 | 其他中式成药(混合或非混合,治病或防病用,已配定剂量或零售包装) | 0 | 0 | 0 | 0 | 2 | 0 | 0 | 0 | 0 | 0 | 0 | 0 | 0 | | | 0 | | | | | 0 | 0 | 0 |
| 30049090 | 其他药品(混合或非混合,治病或防病用,已配定剂量或零售包装) | 0 | 0 | 0 | 0 | 2.8 | 0 | 0 | 0 | 0 | 0 | 2 | 0 | 0 | | | 0 | | | | | 0 | 0 | |
| 30051010 | 橡皮膏(经药物浸涂或制成零售包装供医疗、外科、牙科或兽医用) | | 0 | 0 | 0 | | 0 | 0 | 0 | 0 | 0 | 0 | 0 | 1 | | | 0 | | | | | 0 | 0 | 0 |
| 30051090 | 其他胶粘敷料及有胶粘涂层的物品(经药物浸涂或制成零售包装供医疗、外科、牙科或兽医用) | | 0 | 0 | 0 | | 0 | 0 | 0 | 0 | 0 | 0 | | 1 | | | 0 | | | | | 0 | 0 | 0 |
| 30059010 | 药棉、纱布、绷带(经药物浸涂或制成零售包装供医疗、外科、牙科或兽医用) | 0 | | 0 | 0 | 3 | 0 | 0 | 0 | 0 | 0 | 0 | 0 | 1 | | | 0 | | | | | 0 | 0 | 0 |
| 30059090 | 其他医用软填料及类似物品(经药物浸涂或制成零售包装供医疗、外科或兽医用) | 0 | 0 | 0 | 0 | | 0 | 0 | 0 | 0 | 0 | 0 | | 1 | | | 0 | | | | | 0 | 0 | 0 |
| 30061000 | 无菌外科肠线;无菌昆布,无菌粘合胶布,无菌吸收性止血材料,外科或牙科用无菌抗粘连阻隔材料及类似无菌材料 | 0 | 0 | 0 | 0 | | 0 | 0 | 0 | 0 | 0 | 0 | 0 | 1 | | | 0 | | | | | 0 | 0 | 0 |
| 30062000 | 血型试剂 | | | 0 | 0 | | 0 | 0 | 0 | 0 | 0 | 1.5 | 0 | 0 | | | 0 | | | | | 0 | 0 | 0 |
| 30063000 | X光检查造影剂;诊断试剂 | | | 0 | 0 | | 0 | 0 | 0 | 0 | 0 | 0 | 0 | 0 | | | 0 | | | | | 0 | 0 | 0 |
| 30064000 | 牙科粘固剂及其他牙科填料(包括骨骼粘固剂) | | | 0 | 0 | | 0 | 0 | 0 | 0 | 0 | 0 | 0 | 3 | | | 0 | | | | | 0 | 0 | 0 |

| 税则号列 | 商品描述[①] | 协定税率(%) | | | | | | | | | | | | | | | | 特惠税率(%) | | | | | | |
|---|---|---|---|---|---|---|---|---|---|---|---|---|---|---|---|---|---|---|---|---|---|---|---|---|
| | | 香港 | 澳门 | 巴基斯坦 | 东盟 | 亚太 | 智利 | 秘鲁 | 哥斯达黎加 | 新西兰 | 澳大利亚 | 瑞士 | 冰岛 | 韩国 | 台湾 | 新加坡 | 格鲁吉亚 | 亚太2国[②] | 东盟 | | | 最不发达国家 | | |
| | | | | | | | | | | | | | | | | | | | 老挝 | 柬埔寨 | 缅甸 | LDC97[③] | LDC95[④] | LDC60[⑤] |
| 30065000 | 急救药箱、药包 | | | 0 | 0 | | 0 | 0 | 0 | 0 | 0 | 0 | 0 | 1 | | | 0 | | | | | 0 | 0 | 0 |
| 30066010 | 以激素等为基本成分的化学避孕药 | | | | | | | | | | | | | | | | | | | | | 0 | 0 | 0 |
| 30066090 | 其他化学避孕药物 | | | | | | | | | | | | | | | | | | | | | 0 | 0 | 0 |
| 30067000 | 专用于人类或作兽药用的凝胶制品,作为外科手术或体检时躯体部位的润滑剂,或者作为躯体和医疗器械之间的耦合剂 | 0 | | 5 | 0 | | 0 | 0 | 0 | 0 | 1.3 | 0 | 0 | 1.3 | | | 0 | | | | | 0 | 0 | 0 |
| 30069100 | 可确定用于造口术用具 | 0 | 0 | 9.2 | 0 | 9.2 | 0 | 0 | 0 | 0 | 2 | 0 | 0 | 6 | | 0 | 0 | | | | | 0 | 0 | 0 |
| 30069200 | 废药物 | | | 0 | 0 | | 0 | 0 | 0 | 0 | 0 | 0 | 0 | 1 | | | 0 | | | | | 0 | 0 | 0 |
| 31010011 | 未经化学处理的鸟粪 | | | 0 | 0 | | 0 | 0 | 0 | 0 | 0 | 0 | 0 | 0 | | | 0 | | | | | 0 | 0 | 0 |
| 31010019 | 未经化学处理的其他动植物肥料 | | 0 | 5 | 0 | | 0 | 0 | 0 | 0 | 1.3 | 0 | 0 | 1.3 | | | 0 | | | | | 0 | 0 | 0 |
| 31010090 | 动植物产品经混合或化学处理制成的肥料 | 0 | | 0 | 0 | | 0 | 0 | 0 | 0 | 0 | 0 | 0 | 2.9 | | | 0 | | | | | 0 | 0 | 0 |
| 31021000 | 尿素(不论是否水溶液) | 0 | | 40 | | 40 | | | | | | | | | | | | | | | | | | |
| 31022100 | 硫酸铵 | | | 0 | 0 | | 0 | 0 | 0 | 0 | 0 | 0 | 0 | 0 | | | 0 | | | | | 0 | 0 | |
| 31022900 | 硫酸铵和硝酸铵的复盐及混合物 | | | 0 | 0 | | 0 | 0 | 0 | 0 | 0 | 0 | 0 | 0 | | | 0 | | | | | 0 | 0 | |
| 31023000 | 硝酸铵(不论是否水溶液) | | | 0 | 0 | | 0 | 0 | 0 | 0 | 0 | 0 | 0 | 0 | | | 0 | | | | | 0 | 0 | |
| 31024000 | 硝酸铵与碳酸钙或其他无肥效无机物的混合物 | | | 0 | 0 | | 0 | 0 | 0 | 0 | 0 | 0 | 0 | 0 | | | 0 | | | | | 0 | 0 | |
| 31025000 | 硝酸钠 | | | 0 | 0 | | 0 | 0 | 0 | 0 | 0 | 0 | 0 | 0 | | | 0 | | | | | 0 | 0 | |
| 31026000 | 硝酸钙和硝酸铵的复盐及混合物 | | | 0 | 0 | | 0 | 0 | 0 | 0 | 0 | 0 | 0 | 0 | | | 0 | | | | | 0 | 0 | |
| 31028000 | 尿素及硝酸铵混合物的水溶液或氨水溶液 | | | 0 | 0 | | 0 | 0 | 0 | 0 | 0 | 0 | 0 | 0 | | | 3.2 | | | | | 0 | 0 | |
| 31029010 | 氰氨化钙 | | | 0 | 0 | | 0 | 0 | 0 | 0 | 0 | 0 | 0 | 0 | | | 0 | | | | | 0 | 0 | |
| 31029090 | 其他矿物氮肥及化学氮肥,包括上述编号未列名的混合物 | | | 0 | 0 | | 0 | 0 | 0 | 0 | 0 | 0 | 0 | 0 | | | 0 | | | | | 0 | 0 | |
| 31031110 | 重过磷酸钙 | | | 0 | 0 | | 0 | 0 | 0 | 0 | 0 | 0 | 0 | 0 | | | 0 | | | | | 0 | 0 | |
| 31031190 | 其他含五氧化二磷 35%以上的过磷酸钙 | | | 0 | 0 | | 0 | 0 | 0 | 0 | 0 | 0 | 0 | 0 | | | 0 | | | | | 0 | 0 | |
| 31031900 | 其他过磷酸钙 | | | 0 | 0 | | 0 | 0 | 0 | 0 | 0 | 0 | 0 | 0 | | | 0 | | | | | 0 | 0 | |
| 31039000 | 其他矿物磷肥或化学磷肥 | | | 0 | 0 | | 0 | 0 | 0 | 0 | 0 | 0 | 0 | 0 | | | 3.2 | | | | | 0 | 0 | |
| 31042020 | 纯氯化钾 | | | 0 | 0 | | 0 | 0 | 0 | 0 | 0 | 0 | 0 | 0 | | | 0 | | | | | 0 | 0 | |
| 31042090 | 其他氯化钾 | | | 0 | 0 | | 0 | 0 | 0 | 0 | 0 | 0 | 0 | 0 | | | 0 | | | | | 0 | 0 | |
| 31043000 | 硫酸钾 | | | 0 | 0 | | 0 | 0 | 0 | 0 | 0 | 0 | 0 | 2.2 | | | 0 | | | | | 0 | 0 | |
| 31049010 | 光卤石、钾盐及其他天然粗钾盐 | | | 0 | 0 | | 0 | 0 | 0 | 0 | 0 | 0 | 0 | 0 | | | 0 | | | | | 0 | 0 | |
| 31049090 | 其他矿物钾肥及化学钾肥 | | | 0 | 0 | | 0 | 0 | 0 | 0 | 0 | 0 | 0 | 0 | | | | | | | | 0 | 0 | |

| 税则号列 | 商品描述[①] | 协定税率(%) | | | | | | | | | | | | | | | | 特惠税率(%) | | | | | | |
|---|---|---|---|---|---|---|---|---|---|---|---|---|---|---|---|---|---|---|---|---|---|---|---|---|
| | | 香港 | 澳门 | 巴基斯坦 | 东盟 | 亚太 | 智利 | 秘鲁 | 哥斯达黎加 | 新西兰 | 澳大利亚 | 瑞士 | 冰岛 | 韩国 | 台湾 | 新加坡 | 格鲁吉亚 | 亚太2国[②] | 东盟 | | | 最不发达国家 | | |
| | | | | | | | | | | | | | | | | | | | 老挝 | 柬埔寨 | 缅甸 | LDC97[③] | LDC95[④] | LDC60[⑤] |
| 31051000 | 制成片状及类似形状或每包毛重≤10千克的第三十一章各货品 | 0 | | 0 | 0 | | 0 | 0 | 0 | 0 | 0 | 0 | 0 | 0 | | | 0 | | | | | 0 | 0 | |
| 31052000 | 含氮、磷、钾三种肥效元素的肥料 | 0 | | | | | | | | | | | | | | | | | | | | | | |
| 31054000 | 磷酸二氢铵及磷酸二氢铵与磷酸氢二铵的混合物 | | | 0 | 0 | | 0 | 0 | 0 | 0 | 0 | 0 | 0 | 0 | | | 0 | | | | | 0 | 0 | |
| 31055100 | 含有硝酸盐及磷酸盐的肥料 | 0 | | 0 | 0 | | 0 | 0 | 0 | 0 | 0 | 0 | 0 | 0 | | | 3.2 | | | | | 0 | 0 | |
| 31055900 | 其他含氮、磷两种肥效元素的矿物肥料或化学肥料 | | | 0 | 0 | | 0 | 0 | 0 | 0 | 0 | 0 | 0 | 0 | | | 3.2 | | | | | 0 | 0 | |
| 31056000 | 含磷、钾两种元素的肥料 | 0 | | 0 | 0 | | 0 | 0 | 0 | 0 | 0 | 0 | 0 | 0 | | | 3.2 | | | | | 0 | 0 | |
| 31059010 | 有机无机复混肥 | 0 | | 0 | 0 | | 0 | 0 | 0 | 0 | 0 | 0 | 0 | 0 | | | 3.2 | | | | | 0 | 0 | |
| 31059090 | 其他肥料 | 0 | | 0 | 0 | | 0 | 0 | 0 | 0 | 0 | 0 | 0 | 0 | | | 3.2 | | | | | 0 | 0 | |
| 32011000 | 坚木浸膏 | | | 0 | 0 | | 0 | 0 | 0 | 0 | 0 | 0 | 0 | 1 | | | 0 | | | | | 0 | 0 | |
| 32012000 | 荆树皮浸膏 | | | 5 | 0 | | 0 | 0 | 0 | 0 | 1.3 | 0 | 0 | 1.3 | | | 0 | | | | | 0 | 0 | |
| 32019010 | 其他植物鞣料浸膏 | | | 5 | 0 | | 0 | 0 | 0 | 0 | 1.3 | 0 | 0 | 1.3 | | | 0 | | | | | 0 | 0 | |
| 32019090 | 鞣酸及其盐、醚、酯和其他衍生物 | | | 5 | 0 | | 0 | 0 | 0 | 0 | 1.3 | 0 | 0 | 1.3 | | | 0 | | | | | 0 | 0 | |
| 32021000 | 有机合成鞣料 | 0 | | 5 | 0 | | 0 | 0 | 0 | 0 | 1.3 | 0 | 0 | 1.3 | | | 0 | | | | | 0 | 0 | |
| 32029000 | 无机鞣料;鞣料制剂等,不论是否含有天然鞣料;预鞣用酶制剂 | 0 | 0 | 5 | 0 | | 0 | 0 | 0 | 0 | 1.3 | 0 | 0 | 1.3 | | | 0 | | | | | 0 | 0 | |
| 32030011 | 天然靛蓝及以其为基本成分的制品,包括染料浸膏(不论是否已有化学定义) | | | 5 | 0 | | 0 | 3.2 | 0 | 0 | 1.3 | 0 | 0 | 1.3 | | | 0 | | | | | 0 | 0 | 0 |
| 32030019 | 其他植物质着色料及以其为基本成分的制品,包括染料浸膏(不论是否已有化学定义);第三十二章注释三所述的以植物质着色料为基本成分的制品 | | 0 | 5 | 0 | | 0 | 3.2 | 0 | 0 | 1.3 | 0 | 0 | 1.3 | | | 0 | | | | | 0 | 0 | 0 |
| 32030020 | 动物质着色料及以其为基本成分的制品,包括染料浸膏(不论是否已有化学定义,但动物炭黑除外);第三十二章注释三所述的以动物质着色料为基本成分的制品 | | | 5 | 0 | | 0 | 3.2 | 0 | 0 | 1.3 | 0 | 0 | 1.3 | | | 0 | | | | | 0 | 0 | 0 |
| 32041100 | 分散染料及以其为基本成分的制品(不论是否已有化学定义) | | | 0 | 0 | 5.8 | 0 | 0 | 0 | 0 | 1.3 | | 0 | 1.3 | | | 0 | | | | | 0 | 0 | 0 |
| 32041200 | 酸性染料(不论是否预金属络合)及以其为基本成分的制品(不论是否已有化学定义);媒染染料及以其为基本成分的制品(不论是否已有化学定义) | 0 | | 0 | 0 | 5.8 | 0 | 0 | 0 | 0 | 1.3 | 4 | 0 | 0 | 0 | | 0 | | | | | 0 | 0 | 0 |

| 税则号列 | 商品描述[1] | 协定税率(%) | | | | | | | | | | | | | | | | 特惠税率(%) | | | | | | |
|---|---|---|---|---|---|---|---|---|---|---|---|---|---|---|---|---|---|---|---|---|---|---|---|---|
| | | 香港 | 澳门 | 巴基斯坦 | 东盟 | 亚太 | 智利 | 秘鲁 | 哥斯达黎加 | 新西兰 | 澳大利亚 | 瑞士 | 冰岛 | 韩国 | 台湾 | 新加坡 | 格鲁吉亚 | 亚太2国[2] | 东盟 | | | 最不发达国家 | | |
| | | | | | | | | | | | | | | | | | | | 老挝 | 柬埔寨 | 缅甸 | LDC97[3] | LDC95[4] | LDC60[5] |
| 32041300 | 碱性染料及以其为基本成分的制品(不论是否已有化学定义) | | | 0 | 0 | 6 | 0 | 0 | 0 | 0 | 1.3 | 0 | 0 | 1.3 | | | 0 | | | | | 0 | 0 | 0 |
| 32041400 | 直接染料及以其为基本成分的制品(不论是否已有化学定义) | | | 0 | 0 | 6 | 0 | 0 | 0 | 0 | 1.3 | 3.2 | 0 | 0 | 0 | | 0 | | | | | 0 | 0 | 0 |
| 32041510 | 合成靛蓝(还原靛蓝)(不论是否已有化学定义) | | | 0 | 0 | 6 | 0 | 0 | 0 | 0 | 1.3 | 0 | 0 | 3.9 | | | 0 | | | | | 0 | 0 | 0 |
| 32041590 | 其他瓮染料(包括颜料用的)及以其为基本成分的制品(不论是否已有化学定义) | | | 0 | 0 | 6 | 0 | 0 | 0 | 0 | 1.3 | 0 | 0 | 3.9 | | | 0 | | | | | 0 | 0 | 0 |
| 32041600 | 活性染料及以其为基本成分的制品(不论是否已有化学定义) | 0 | | 0 | 0 | 5.8 | 0 | 0 | 0 | 0 | 1.3 | 4 | 0 | 0 | 0 | | 0 | | | | | 0 | 0 | 0 |
| 32041700 | 颜料及以其为基本成分的制品(不论是否已有化学定义) | 0 | | 0 | 0 | 4.6 | 0 | 0 | 0 | 0 | 1.3 | 3.2 | 0 | 0 | 0 | | 0 | | | | | 0 | 0 | 0 |
| 32041911 | 硫化黑(硫化青)及以其为基本成分的制品(不论是否已有化学定义) | | | 0 | 0 | 6 | 0 | 0 | 0 | 0 | 1.3 | 0 | 0 | 3.9 | | | 0 | | | | | 0 | 0 | 0 |
| 32041919 | 其他硫化染料及以其为基本成分的制品(不论是否已有化学定义) | | | 0 | 0 | 6 | 0 | 0 | 0 | 0 | 1.3 | 0 | 0 | 3.9 | | | 0 | | | | | 0 | 0 | 0 |
| 32041990 | 由编号320411至320419中两个或多个编号所列着色料组成的混合物(不论是否已有化学定义) | | | 0 | 0 | 6 | 0 | 0 | 0 | 0 | 1.3 | | 0 | 0 | 0 | | 0 | | | | | 0 | 0 | 0 |
| 32042000 | 用做荧光增白剂的有机合成产品(不论是否已有化学定义) | 0 | | 0 | 0 | 6 | 0 | 0 | 0 | 0 | 1.3 | 4 | 0 | 0 | 0 | | 0 | | | | | 0 | 0 | 0 |
| 32049010 | 生物染色剂及染料指示剂(不论是否已有化学定义) | | | 0 | 0 | 6 | 0 | 0 | 0 | 0 | 1.3 | 3.2 | 0 | 1.3 | | | 0 | | | | | 0 | 0 | 0 |
| 32049020 | 胡萝卜素及类胡萝卜素 | | | 0 | 0 | 6 | 0 | 0 | 0 | 0 | 1.3 | 0 | 0 | 1.3 | | | 0 | | | | | 0 | 0 | 0 |
| 32049090 | 其他用做发光体的有机合成产品(不论是否已有化学定义) | | | 0 | 0 | 6 | 0 | 0 | 0 | 0 | 1.3 | 0 | 0 | 1.3 | | | 0 | | | | | 0 | 0 | 0 |
| 32050000 | 色淀及第三十二章注释三所述的以色淀为基本成分的制品 | | | 5 | 0 | | 0 | 0 | 0 | 0 | 1.3 | 0 | 0 | 4.7 | | | 0 | | | | | 0 | 0 | 0 |
| 32061110 | 钛白粉 | | | 5 | 0 | | 0 | 0 | 0 | 0 | 1.3 | 0 | 0 | 0 | 0 | | 0 | | | | | 0 | 0 | 0 |
| 32061190 | 干量计二氧化钛≥80%的颜料及制品,钛白粉除外 | | | 5 | 0 | | 0 | 0 | 0 | 0 | 1.3 | 0 | 0 | 1.3 | | | 0 | | | | | 0 | 0 | 0 |
| 32061900 | 二氧化钛为基料的颜料及制品,干量计二氧化钛<80% | 0 | | 5 | 0 | | 0 | 0 | 0 | 0 | 2 | 0 | 0 | 6 | 0 | 0 | 0 | | | | | 0 | 0 | 0 |

| 税则号列 | 商品描述[①] | 协定税率(%) | | | | | | | | | | | | | | | | 特惠税率(%) | | | | | | |
|---|---|---|---|---|---|---|---|---|---|---|---|---|---|---|---|---|---|---|---|---|---|---|---|---|
| | | 香港 | 澳门 | 巴基斯坦 | 东盟 | 亚太 | 智利 | 秘鲁 | 哥斯达黎加 | 新西兰 | 澳大利亚 | 瑞士 | 冰岛 | 韩国 | 台湾 | 新加坡 | 格鲁吉亚 | 亚太2国[②] | 东盟 | | | 最不发达国家 | | |
| | | | | | | | | | | | | | | | | | | | 老挝 | 柬埔寨 | 缅甸 | LDC97[③] | LDC95[④] | LDC60[⑤] |
| 32062000 | 铬化合物为基本成分的颜料及制品 | | | 5 | 0 | | 0 | 0 | 0 | 0 | 1.3 | 0 | 0 | 1.3 | | | 0 | | | | | 0 | 0 | 0 |
| 32064100 | 群青及以其为基本成分的制品 | | | 5 | 0 | | 0 | 0 | 0 | 0 | 1.3 | 0 | 0 | 1.3 | | | 0 | | | | | 0 | 0 | 0 |
| 32064210 | 锌钡白 | | | 5 | 0 | | 0 | 0 | 0 | 0 | 1.3 | 0 | 0 | 1.3 | | | 0 | | | | | 0 | 0 | 0 |
| 32064290 | 其他以硫化锌为基本成分的颜料和制品 | | | 5 | 0 | | 0 | 0 | 0 | 0 | 1.3 | 0 | 0 | 3.9 | | | 0 | | | | | 0 | 0 | 0 |
| 32064911 | 以钒酸铋为基本成分的颜料及制品 | 0 | | 0 | 0 | 3.3 | 0 | 0 | 0 | 0 | 1.3 | 0 | 0 | 3.9 | 0 | | 0 | | | | | 0 | 0 | 0 |
| 32064919 | 其他以铋化合物为基本成分的颜料及制品 | 0 | | 0 | 0 | 3.3 | 0 | 0 | 0 | 0 | 1.3 | 0 | 0 | 3.9 | 0 | | 0 | | | | | 0 | 0 | 0 |
| 32064990 | 其他着色料及其他制品 | 0 | | 0 | 0 | 3.3 | 0 | 0 | 0 | 0 | 1.3 | 0 | 0 | 3.9 | 0 | | 0 | | | | | 0 | 0 | 0 |
| 32065000 | 用做发光体的无机产品,不论是否已有化学定义 | | | 5 | 0 | 5.9 | 0 | 0 | 0 | 0 | 1.3 | 0 | 0 | 3.9 | | | 0 | | | | | 0 | 0 | 0 |
| 32071000 | 调制颜料、遮光剂、着色剂及类似制品(用于陶瓷、搪瓷及玻璃工业) | | | 0 | 0 | | 0 | 0 | 0 | 0 | 0 | 0 | 0 | 3 | | | 0 | | | | | 0 | 0 | 0 |
| 32072000 | 珐琅和釉料、釉底料及类似制品(用于陶瓷、搪瓷及玻璃工业) | | | 0 | 0 | | 0 | 0 | 0 | 0 | 0 | 0 | 0 | 3.6 | | | 0 | | | | | 0 | 0 | 0 |
| 32073000 | 光瓷釉及类似制品(用于陶瓷、搪瓷及玻璃工业) | | | 0 | 0 | | 0 | 0 | 0 | 0 | 0 | 0 | 0 | 1 | | | 0 | | | | | 0 | 0 | 0 |
| 32074000 | 呈粉、粒状搪瓷玻璃料及其他玻璃 | | | 0 | 0 | | 0 | 0 | 0 | 0 | 0 | 0 | 0 | 1 | | | 0 | | | | | 0 | 0 | 0 |
| 32081000 | 分散或溶于非水介质的聚酯油漆及清漆等 | 0 | 0 | 5 | 0 | 9 | 0 | 1 | 0 | 0 | 2 | 0 | 0 | 8 | 0 | 0 | 0 | | | | | 0 | 0 | 0 |
| 32082010 | 分散或溶于非水介质的丙烯酸聚合物油漆及清漆 | | | 5 | 0 | 9 | 0 | 1 | 0 | 0 | 2 | 0 | 0 | 8 | 0 | 0 | 0 | | | | | 0 | 0 | |
| 32082020 | 分散或溶于非水介质的乙烯聚合物油漆及清漆 | | | 5 | 0 | 9 | 0 | 1 | 0 | 0 | 2 | 0 | 0 | 6 | | | 0 | | | | | 0 | 0 | |
| 32089010 | 分散或溶于非水介质的聚胺酯类油漆及清漆 | | | 5 | 0 | 9 | 0 | 1 | 0 | 0 | 2 | 0 | 0 | 6 | | 0 | 0 | | | | | 0 | 0 | |
| 32089090 | 分散或溶于非水介质的其他油漆、清漆溶液 | 0 | 0 | 5 | 0 | 9 | 0 | 1 | 0 | 0 | 2 | 5 | 0 | 8 | 0 | 0 | 0 | | | | | 0 | 0 | |
| 32091000 | 分散或溶于水介质的丙烯酸聚合物或乙烯聚合物油漆及清漆 | | 0 | 5 | 0 | 9 | 0 | 1 | 0 | 0 | 2 | 0 | 0 | 6 | | 0 | 0 | | | | | 0 | 0 | 0 |
| 32099010 | 以环氧树脂为基本成分的溶于水介质的其他聚合物油漆及清漆 | | | 5 | 0 | | 0 | 0 | 0 | 0 | 2 | 0 | 0 | 8 | 0 | 0 | 0 | | | | | 0 | 0 | |
| 32099020 | 以氟树脂为基本成分的溶于水介质的其他聚合物油漆及清漆 | | | 5 | 0 | | 0 | 0 | 0 | 0 | 2 | 0 | 0 | 6 | | 0 | 0 | | | | | 0 | 0 | |
| 32099090 | 溶于水介质的其他聚合物油漆及清漆 | 0 | | 5 | 0 | | 0 | 0 | 0 | 0 | 2 | 5 | 0 | 8 | 0 | 0 | 0 | | | | | 0 | 0 | |

| 税则号列 | 商品描述[1] | 协定税率(%) | | | | | | | | | | | | | | | | 特惠税率(%) | | | | | | |
|---|---|---|---|---|---|---|---|---|---|---|---|---|---|---|---|---|---|---|---|---|---|---|---|---|
| | | 香港 | 澳门 | 巴基斯坦 | 东盟 | 亚太 | 智利 | 秘鲁 | 哥斯达黎加 | 新西兰 | 澳大利亚 | 瑞士 | 冰岛 | 韩国 | 台湾 | 新加坡 | 格鲁吉亚 | 亚太2国[2] | 东盟 老挝 | 东盟 柬埔寨 | 东盟 缅甸 | 最不发达国家 LDC97[3] | 最不发达国家 LDC95[4] | 最不发达国家 LDC60[5] |
| 32100000 | 其他油漆及清漆(包括瓷漆、大漆及水浆涂料);皮革用水性颜料 | 0 | 0 | 5 | 0 | 9 | 0 | 1 | 0 | 0 | 2 | 0 | 0 | 2 | 0 | 0 | 0 | | | | | 0 | 0 | 0 |
| 32110000 | 配制的催干剂 | | | 5 | 0 | | 0 | 0 | 0 | 0 | 2 | 5 | 0 | 7.3 | | 0 | 0 | | | | | 0 | 0 | |
| 32121000 | 压印箔 | | | 12 | 0 | | 0 | 1.5 | 0 | 0 | 3 | 7.5 | 0 | 9 | | 0 | 0 | | | | | 0 | 0 | |
| 32129000 | 制漆用颜料(分散于非水介质中呈液状或浆状的)及零售形状或零售包装的染料、色料 | | | 5 | 0 | | 0 | 0 | 0 | 0 | 2 | 0 | 0 | 6 | | 0 | 0 | | | | | 0 | 0 | |
| 32131000 | 成套的颜料(艺术家、学生和广告美工用的) | | | 5 | 0 | | 0 | 1 | 0 | 0 | 2 | 0 | 0 | 6 | | | 0 | | | | | 0 | 0 | |
| 32139000 | 非成套颜料、调色料及类似品(艺术家、学生和广告美工用的,片状、管装、罐装、瓶装、扁盒装等类似形状或包装的) | | | 5 | 0 | 9 | 0 | 0 | 0 | 0 | 2 | 0 | 0 | 6 | | | 0 | | | | | 0 | 0 | 0 |
| 32141010 | 半导体器件封装材料 | | | 5 | 0 | | 0 | 0 | 0 | 0 | 1.8 | 0 | 0 | | | | 7.2 | | | | | 0 | 0 | 0 |
| 32141090 | 其他安装玻璃用油灰、接缝用油灰、树脂胶泥、嵌缝胶及其他类似胶粘剂;漆工用填料 | | | 5 | 0 | | 0 | 0 | 0 | 0 | 1.8 | 4.5 | 0 | 1.8 | | | 0 | | | | | 0 | 0 | 0 |
| 32149000 | 非耐火涂面制剂,涂门面、内墙、地板、天花板等用 | 0 | | 5 | 0 | | 0 | 0 | 0 | 0 | 1.8 | 0 | 0 | 6.6 | | | 0 | | | | | 0 | 0 | 0 |
| 32151100 | 黑色印刷油墨(不论是否固体或浓缩) | 0 | 0 | 0 | 0 | 4.6 | 0 | 0 | 0 | 0 | 1.3 | 0 | 0 | 1.3 | | | 0 | | | | | 0 | 0 | 0 |
| 32151900 | 其他印刷油墨(不论是否固体或浓缩),黑色印刷油墨除外 | 0 | 0 | 0 | 0 | 4.6 | 0 | 0 | 0 | 0 | 1.3 | 3.2 | 0 | 3.9 | 0 | | 0 | | | | | 0 | 0 | 0 |
| 32159010 | 书写墨水(不论是否固体或浓缩) | 0 | 0 | 5 | 0 | | 0 | 0 | 0 | 0 | 1.3 | 0 | 0 | 1.3 | | | 0 | | | | | 0 | 0 | 0 |
| 32159020 | 水性喷墨墨水 | 0 | 0 | 5 | 0 | | 0 | 0 | 0 | 0 | 2 | 5 | 0 | 2 | | 0 | 0 | | | | | 0 | 0 | 0 |
| 32159090 | 绘图墨水及其他墨类(不论是否固体或浓缩) | 0 | 0 | 5 | 0 | | 0 | 0 | 0 | 0 | 2 | 5 | 0 | 2 | | 0 | 0 | | | | | 0 | 0 | 0 |
| 33011200 | 橙油(包括浸膏及净油) | | 0 | | 0 | | 0 | 2 | 0 | 0 | 4 | 11.7 | 0 | 14.6 | | 0 | 16 | | | | | 0 | 0 | |
| 33011300 | 柠檬油(包括浸膏及净油) | | 0 | | 0 | | 0 | 0 | 0 | 0 | 4 | 0 | 0 | 14.6 | | 0 | 0 | | | | | 0 | 0 | 0 |
| 33011910 | 白柠檬油(酸橙油)(包括浸膏及净油) | | 0 | | 0 | | 0 | 0 | 0 | 0 | 4 | 10 | 0 | 14.6 | | 0 | 0 | | | | | 0 | 0 | |
| 33011990 | 其他柑橘属果实的精油(包括浸膏及净油) | | 0 | | 0 | | 0 | 0 | 0 | 0 | 4 | 10 | 0 | 14.6 | | 0 | 0 | | | | | 0 | 0 | |
| 33012400 | 胡椒薄荷油(包括浸膏及净油) | | 0 | | 0 | | 0 | 2 | 0 | 0 | 4 | 10 | 0 | 14.6 | | 0 | 0 | | | | | 0 | 0 | |
| 33012500 | 其他薄荷油(包括浸膏及净油) | | 0 | 12 | 0 | 14 | 0 | 1.5 | 0 | 0 | 3 | 7.5 | 0 | 9 | | 0 | 0 | | | | | 0 | 0 | 0 |
| 33012910 | 樟脑油(包括浸膏及净油) | | 0 | | 0 | | 0 | 2 | 0 | 0 | 4 | 10 | 0 | 14.6 | | 0 | 0 | | | | | 0 | 0 | |
| 33012920 | 香茅油(包括浸膏及净油) | | 0 | 12 | 0 | | 0 | 1.5 | 0 | 0 | 3 | 7.5 | 0 | 9 | | 0 | 0 | | | | | 0 | 0 | 0 |

| 税则号列 | 商品描述[①] | 协定税率(%) | | | | | | | | | | | | | | | | 特惠税率(%) | | | | | | |
|---|---|---|---|---|---|---|---|---|---|---|---|---|---|---|---|---|---|---|---|---|---|---|---|---|
| | | 香港 | 澳门 | 巴基斯坦 | 东盟 | 亚太 | 智利 | 秘鲁 | 哥斯达黎加 | 新西兰 | 澳大利亚 | 瑞士 | 冰岛 | 韩国 | 台湾 | 新加坡 | 格鲁吉亚 | 亚太2国[②] | 东盟 老挝 | 东盟 柬埔寨 | 东盟 缅甸 | 最不发达国家 LDC97[③] | 最不发达国家 LDC95[④] | 最不发达国家 LDC60[⑤] |
| 33012930 | 茴香油(包括浸膏及净油) | | 0 | | 0 | | 0 | 2 | 0 | 0 | 4 | 10 | 0 | 14.6 | | 0 | 0 | | | | | 0 | 0 | |
| 33012940 | 桂油(包括浸膏及净油) | | 0 | | 0 | | 0 | 2 | 0 | 0 | 4 | 10 | 0 | 14.6 | | 0 | 0 | | | | | 0 | 0 | |
| 33012950 | 山苍子油(包括浸膏及净油) | | 0 | | 0 | | 0 | 2 | 0 | 0 | 4 | 10 | 0 | 14.6 | | 0 | 0 | | | | | 0 | 0 | |
| 33012960 | 桉叶油(包括浸膏及净油) | | 0 | | 0 | | 0 | 2 | 0 | 0 | 4 | 10 | 0 | 14.6 | | 0 | 0 | | | | | 0 | 0 | |
| 33012991 | 老鹳草油(香叶油)(包括浸膏及净油) | | 0 | | 0 | | 0 | 2 | 0 | 0 | 4 | 10 | 0 | 14.6 | | 0 | 0 | | | | | 0 | 0 | |
| 33012999 | 其他非柑橘属果实的精油(包括浸膏及净油) | | 0 | 12 | 0 | | 0 | 0 | 0 | 0 | 3 | 7.5 | 0 | 11 | | 0 | 0 | | | | | 0 | 0 | 0 |
| 33013010 | 鸢尾凝脂 | | 0 | | 0 | | 0 | 2 | 0 | 0 | 4 | 10 | 0 | 14.6 | | 0 | 0 | | | | | 0 | 0 | |
| 33013090 | 其他香膏 | | 0 | | 0 | | 0 | 2 | 0 | 0 | 4 | 10 | 0 | 14.6 | | 0 | 0 | | | | | 0 | 0 | |
| 33019010 | 提取的油树脂 | | 0 | 18 | 0 | 18 | 0 | 0 | 0 | 0 | 4 | 10 | 0 | 14.6 | | 0 | 0 | | | | | 0 | 0 | |
| 33019020 | 柑橘属果实的精油脱萜所得的萜烯副产品 | | 0 | 18 | 0 | 18 | 0 | 0 | 0 | 0 | 4 | 10 | 0 | 14.6 | | 0 | 0 | | | | | 0 | 0 | |
| 33019090 | 用花香吸取法或浸渍法制定的含浓缩精油的脂肪、固定油、蜡及类似品;精油脱萜所得的萜烯副产品(柑橘属果实的除外);精油水溶液及水馏液 | | 0 | 18 | 0 | 18 | 0 | 0 | 0 | 0 | 4 | 10 | 0 | 14.6 | | 0 | 0 | | | | | 0 | 0 | 0 |
| 33021010 | 生产饮料用的混合香料及以香料为基本成分的制品,按容量计酒精浓度≤0.5% | | 0 | 7.5 | 0 | 12.8 | 0 | 1.5 | 0 | 0 | 3 | 7.5 | 0 | 9 | | 0 | 12 | | | | | 0 | 0 | |
| 33021090 | 其他食品或饮料工业用混合香料及以香料为基本成分的制品 | | 0 | 12 | 0 | | 0 | 1.5 | 0 | 0 | 3 | 7.5 | 0 | 9 | | 0 | 0 | | | | | 0 | 0 | 0 |
| 33029000 | 其他工业用混合香料及以香料为基本成分的混合物和制品 | 0 | 0 | 5 | 0 | | 0 | 1 | 0 | 0 | 2 | 0 | 0 | 6 | | 0 | 0 | | | | | 0 | 0 | 0 |
| 33030000 | 香水及花露水 | 0 | 0 | 5 | 0 | 8.2 | 0 | 0 | 0 | 0 | 2 | 0 | 0 | | | 0 | 0 | | | | | 0 | 0 | 0 |
| 33041000 | 唇用化妆品 | 0 | 0 | 5 | 0 | | 0 | 0 | 0 | 0 | 2 | 0 | 0 | | | 0 | 0 | | | | | 0 | 0 | |
| 33042000 | 眼用化妆品 | 0 | 0 | 5 | 0 | | 0 | 0 | 0 | 0 | 2 | 0 | 0 | | | 0 | 0 | | | | | 0 | 0 | |
| 33043000 | 指(趾)甲化妆品 | 0 | 0 | 12 | 0 | | 0 | 1.5 | 0 | 0 | 3 | 7.5 | 0 | | | 0 | 0 | | | | | 0 | 0 | |
| 33049100 | 香粉,不论是否压紧 | | 0 | 5 | 0 | | 0 | 0 | 0 | 0 | 2 | 0 | 0 | | | 0 | 8 | | | | | 0 | 0 | |
| 33049900 | 其他美容品或化妆品及护肤品 | 0 | 0 | 5.2 | 0 | | 0 | 0 | 0 | 0 | 1.3 | 0 | 1.1 | 5.4 | | 0 | 0 | | | | | 0 | 0 | |
| 33051000 | 洗发剂(香波) | 0 | 0 | 5 | 0 | 5.4 | 0 | 0 | 0 | 0 | 1.3 | 0 | | 4.6 | | 0 | 0 | | | | | 0 | 0 | 0 |
| 33052000 | 烫发剂 | | 0 | 12 | 0 | | 0 | 1.5 | 0 | 0 | 3 | 7.5 | 0 | | | 0 | 0 | | | | | 0 | 0 | |
| 33053000 | 定型剂 | | 0 | 12 | 0 | | 0 | 1.5 | 0 | 0 | 3 | 7.5 | 0 | | | 0 | 0 | | | | | 0 | 0 | |
| 33059000 | 其他护发品 | 0 | 0 | 5 | 0 | 8.5 | 0 | 0 | 0 | 0 | 2 | 0 | | 7.2 | | 0 | 0 | | | | | 0 | 0 | 0 |
| 33061010 | 牙膏 | 0 | 0 | 5 | 0 | 7 | 0 | 0 | 0 | 0 | 2 | 0 | 0 | 6 | | 0 | 0 | | | | | 0 | 0 | 0 |
| 33061090 | 其他洁齿品 | | 0 | 5 | 0 | 7 | 0 | 0 | 0 | 0 | 2 | 0 | 0 | 6 | | 0 | 0 | | | | | 0 | 0 | |
| 33062000 | 牙线 | | 0 | 5 | 0 | 9.2 | 0 | 0 | 0 | 0 | 2 | 0 | 0 | 6 | | | 0 | | | | | 0 | 0 | |
| 33069010 | 漱口剂 | 0 | 0 | 5 | 0 | | 0 | 0 | 0 | 0 | 2 | 0 | 0 | 6 | | 0 | 0 | | | | | 0 | 0 | |

| 税则号列 | 商品描述[①] | 协定税率(%) | | | | | | | | | | | | | | | | 特惠税率(%) | | | | | | |
|---|---|---|---|---|---|---|---|---|---|---|---|---|---|---|---|---|---|---|---|---|---|---|---|---|
| | | 香港 | 澳门 | 巴基斯坦 | 东盟 | 亚太 | 智利 | 秘鲁 | 哥斯达黎加 | 新西兰 | 澳大利亚 | 瑞士 | 冰岛 | 韩国 | 台湾 | 新加坡 | 格鲁吉亚 | 亚太2国[②] | 东盟 老挝 | 东盟 柬埔寨 | 东盟 缅甸 | 最不发达国家 LDC97[③] | 最不发达国家 LDC95[④] | 最不发达国家 LDC60[⑤] |
| 33069090 | 其他口腔及牙齿清洁剂 | 0 | 0 | 5 | 0 | | 0 | 0 | 0 | 0 | 2 | 0 | 0 | 6 | | 0 | 0 | | | | | 0 | 0 | |
| 33071000 | 剃须用制剂 | | 0 | 5 | 0 | 7 | 0 | 0 | 0 | 0 | 2 | 0 | 0 | | | 0 | 0 | | | | | 0 | 0 | |
| 33072000 | 人体除臭剂及止汗剂 | | 0 | 5 | 0 | 7 | 0 | 0 | 0 | 0 | 2 | 0 | 0 | | | 0 | 0 | | | | | 0 | 0 | |
| 33073000 | 香浴盐及其他沐浴用制剂 | 0 | 0 | 5 | 0 | 8.5 | 0 | 0 | 0 | 0 | 2 | 0 | 0 | 7.2 | | 0 | 0 | | | | | 0 | 0 | |
| 33074100 | 神香及其他通过燃烧散发香气制品 | 0 | 0 | 5 | 0 | | 0 | 0 | 0 | 0 | 2 | 0 | 0 | 6 | | 0 | 0 | | | | | 0 | 0 | 0 |
| 33074900 | 室内除臭制品 | 0 | 0 | 5 | 0 | | 0 | 0 | 0 | 0 | 2 | 0 | 0 | 6 | | 0 | 0 | | | | | 0 | 0 | 0 |
| 33079000 | 脱毛剂、其他编号未列名的芳香料制品及化妆盥洗品 | | 0 | 5 | 0 | 6.3 | 0 | 0 | 0 | 0 | 1.8 | 0 | 0 | 6.4 | | | 0 | | | | | 0 | 0 | 0 |
| 34011100 | 盥洗用肥皂及有机表面活性产品,条状、块状或模制形状的,以及用肥皂或洗涤剂浸渍、涂面或包覆的纸、絮胎、毡呢及无纺织物 | 0 | 0 | 8.3 | 0 | 8.3 | 0 | 0 | 0 | 0 | 2 | 0 | 0 | 6 | | 0 | 0 | 0 | | | | 0 | 0 | 0 |
| 34011910 | 洗衣皂 | | 0 | 5 | 0 | | 0 | 0 | 0 | 0 | 2 | 0 | 0 | | | 0 | 0 | | | | | 0 | 0 | 0 |
| 34011990 | 其他用肥皂及有机表面活性产品,条状、块状或模制形状的,以及用肥皂或洗涤剂浸渍、涂面或包覆的纸、絮胎、毡呢及无纺织物 | | | 12 | 0 | | 0 | 1.5 | 0 | 0 | 3 | 7.5 | 0 | 9 | | | 0 | | | | | 0 | 0 | |
| 34012000 | 其他形状的肥皂 | 0 | 0 | 7.5 | 0 | 12.4 | 0 | 1.5 | 0 | 0 | 3 | 7.5 | 0 | 9 | | | 0 | 0 | | | | 0 | 0 | 0 |
| 34013000 | 洁肤用的有机表面活性产品及制品,液状或膏状并制成零售包装的,不论是否含有肥皂 | | 0 | 5 | 0 | | 0 | 0 | 0 | 0 | 2 | 0 | 0 | 6 | | 0 | 0 | | | | | 0 | 0 | 0 |
| 34021100 | 阴离子型有机表面活性剂 | 0 | 0 | 5 | 0 | 6 | 0 | 0 | 0 | 0 | 1.3 | 0 | 0 | 4.6 | | | 0 | | | | | 0 | 0 | 0 |
| 34021200 | 阳离子型有机表面活性剂 | 0 | 0 | 5 | 0 | 6 | 0 | 0 | 0 | 0 | 1.3 | 0 | 0 | 4.6 | | | 0 | | | | | 0 | 0 | 0 |
| 34021300 | 非离子型有机表面活性剂 | 0 | 0 | 5 | 0 | 5.9 | 0 | 0 | 0 | 0 | 1.3 | 3.2 | 0 | 4.7 | 0 | | 0 | | | | | 0 | 0 | 0 |
| 34021900 | 其他有机表面活性剂 | | 0 | 5 | 0 | 6 | 0 | 0 | 0 | 0 | 1.3 | 0 | 0 | 4.6 | | | 0 | | | | | 0 | 0 | 0 |
| 34022010 | 零售包装的合成洗涤粉 | | 0 | 5 | 0 | 8.5 | 0 | 0 | 0 | 0 | 2 | 0 | 0 | 7.2 | | 0 | 0 | | | | | 0 | 0 | |
| 34022090 | 零售包装有机表面活性剂制品(合成洗涤粉除外) | 0 | 0 | 5 | 0 | 8.5 | 0 | 0 | 0 | 0 | 2 | 0 | 0 | 7.2 | | 0 | 0 | | | | | 0 | 0 | |
| 34029000 | 非零售包装有机表面活性剂制品、洗涤剂及清洁剂 | 0 | 0 | 5 | 0 | 7.8 | 0 | 0 | 0 | 0 | 1.8 | 1.5 | 0 | 1.8 | | 0 | 7.2 | | | | | 0 | 0 | 0 |
| 34031100 | 用于纺织材料、皮革、毛皮或其他材料油脂处理的制剂(含有石油或从沥青矿物提取的油类且按重量计<70%) | 0 | | 5 | 0 | 9.5 | 0 | 0 | 0 | 0 | 2 | 0 | 0 | 6 | | 0 | 0 | | | | | 0 | 0 | |
| 34031900 | 润滑剂(含有石油或从沥青矿物提取的油类且按重量计<70%) | 0 | | 5 | 0 | | 0 | 0 | 0 | 0 | 2 | 0 | 0 | 2 | | 0 | 0 | | | | | 0 | 0 | 0 |
| 34039100 | 用于纺织、皮革、毛皮或其他材料油脂处理的制剂(不含有石油或从沥青矿物提取的油类) | 0 | | 5 | 0 | | 0 | 1 | 0 | 0 | 2 | 0 | 0 | 2 | | 0 | 0 | | | | | 0 | 0 | |

| 税则号列 | 商品描述[①] | 协定税率(%) | | | | | | | | | | | | | | | | 特惠税率(%) | | | | | | |
|---|---|---|---|---|---|---|---|---|---|---|---|---|---|---|---|---|---|---|---|---|---|---|---|---|
| | | 香港 | 澳门 | 巴基斯坦 | 东盟 | 亚太 | 智利 | 秘鲁 | 哥斯达黎加 | 新西兰 | 澳大利亚 | 瑞士 | 冰岛 | 韩国 | 台湾 | 新加坡 | 格鲁吉亚 | 亚太2国[②] | 东盟 | | | 最不发达国家 | | |
| | | | | | | | | | | | | | | | | | | | 老挝 | 柬埔寨 | 缅甸 | LDC97[③] | LDC95[④] | LDC60[⑤] |
| 34039900 | 润滑剂(不含有石油或从沥青矿物提取的油类) | | 0 | 5 | 0 | | 0 | 1 | 0 | 0 | 2 | 5 | 0 | 2 | | 0 | 0 | | | | | 0 | 0 | |
| 34042000 | 聚乙二醇蜡 | | | 5 | 0 | | 0 | 0 | 0 | 0 | 2 | 0 | 0 | | | | 0 | | | | | 0 | 0 | |
| 34049000 | 其他人造蜡及调制蜡 | 0 | | 5 | 0 | | 0 | 1 | 0 | 0 | 2 | 0 | 0 | 2 | | | 0 | | | | | 0 | 0 | 0 |
| 34051000 | 鞋靴或皮革用的上光剂及类似制品 | 0 | | 5 | 0 | | 0 | 1 | 0 | 0 | 2 | 0 | 0 | 6 | | 0 | 0 | | | | | 0 | 0 | |
| 34052000 | 保养木制品的上光剂及类似制品 | 0 | | 5 | 0 | | 0 | 1 | 0 | 0 | 2 | 0 | 0 | 6 | | 0 | 0 | | | | | 0 | 0 | |
| 34053000 | 车身用的上光剂及类似制品 | | | 5 | 0 | | 0 | 1 | 0 | 0 | 2 | 0 | 0 | 6 | | 0 | 0 | | | | | 0 | 0 | |
| 34054000 | 擦洗膏、去污粉及类似制品 | | | 5 | 0 | | 0 | 0 | 0 | 0 | 2 | 0 | 0 | 6 | | | 0 | | | | | 0 | 0 | |
| 34059000 | 玻璃或金属用的光洁剂 | 0 | | 5 | 0 | 8.5 | 0 | 1 | 0 | 0 | 2 | 0 | 0 | 2 | | 0 | 0 | | | | | 0 | 0 | |
| 34060000 | 各种蜡烛及类似品 | | 0 | 5 | 0 | | 0 | 0 | 0 | 0 | 2 | 0 | 0 | 6 | | 0 | 0 | | | | | 0 | 0 | |
| 34070010 | 牙科用蜡及造型膏 | | | 5 | 0 | | 0 | 0 | 0 | 0 | 1.3 | 3.2 | 0 | 3.9 | | | 0 | | | | | 0 | 0 | 0 |
| 34070020 | 以熟石膏为成分的牙科用其他制品 | | | 5 | 0 | | 0 | 0 | 0 | 0 | 1.3 | 0 | 0 | 1.3 | | | 0 | | | | | 0 | 0 | 0 |
| 34070090 | 塑型用膏 | | | 5 | 0 | | 0 | 0 | 0 | 0 | 2 | 0 | 0 | 6 | | | 0 | | | | | 0 | 0 | |
| 35011000 | 酪蛋白 | | | 5 | 0 | | 0 | 0 | 0 | 0 | 2 | 0 | 0 | 6 | | 0 | 0 | | | | | 0 | 0 | |
| 35019000 | 酪蛋白衍生物;酪蛋白胶 | | | 5 | 0 | | 0 | 1 | 0 | 0 | 2 | 0 | 0 | 6 | | | 0 | | | | | 0 | 0 | |
| 35021100 | 干的卵清蛋白 | | | 5 | 0 | | 0 | 0 | 0 | 0 | 2 | 0 | 0 | 6 | | | 0 | | | | | 0 | 0 | |
| 35021900 | 其他卵清蛋白 | | | 5 | 0 | | 0 | 0 | 0 | 0 | 2 | 0 | 0 | 6 | | | 0 | | | | | 0 | 0 | |
| 35022000 | 乳白蛋白,包括两种或两种以上的乳清蛋白浓缩物 | | | 5 | 0 | | 0 | 0 | 0 | 0 | 2 | 0 | 0 | 6 | | | 0 | | | | | 0 | 0 | |
| 35029000 | 其他白蛋白及白蛋白盐及其衍生物 | 0 | | 5 | 0 | | 0 | 1 | 0 | 0 | 2 | 0 | 0 | 6 | | | 0 | | | | | 0 | 0 | |
| 35030010 | 明胶及其衍生物 | | | 6 | 0 | | 0 | 0 | 0 | 0 | 2.4 | 6 | 0 | 7.2 | | 0 | 0 | | | | | 0 | 0 | |
| 35030090 | 鱼胶;其他动物胶 | | | 6 | 0 | | 0 | 0 | 0 | 0 | 2.4 | 6 | 0 | 7.2 | | 0 | 0 | | | | | 0 | 0 | |
| 35040010 | 蛋白胨 | | 0 | 0 | 0 | | 0 | 0 | 0 | 0 | 0 | 0 | 0 | 0 | | | 0 | | | | | 0 | 0 | 0 |
| 35040090 | 其他编号未列名蛋白质及其衍生物,皮粉 | | 0 | 5 | 0 | | 0 | 0 | 0 | 0 | 1.6 | 0 | 0 | 1.6 | | | 0 | | | | | 0 | 0 | 0 |
| 35051000 | 糊精及其他改性淀粉 | 0 | 0 | 6 | 0 | | 0 | 1.2 | 0 | 0 | 2.4 | 6 | 0 | 7.2 | | 0 | 0 | | | | | 0 | 0 | |
| 35052000 | 以淀粉、糊精或其他改性淀粉为基本成分的胶 | | | | 0 | | 0 | 2 | 0 | 0 | 4 | 10 | 0 | 14.6 | | 0 | 0 | | | | | 0 | 0 | |
| 35061000 | 适于作胶或黏合剂的产品,零售包装每件净重≤1千克 | 0 | | 5 | 0 | 9.2 | 0 | 1 | 0 | 0 | 2 | 5 | | 2 | 0 | 0 | 0 | | | | | 0 | 0 | 0 |
| 35069110 | 以聚酰胺为基本成分的黏合剂 | 0 | 0 | 5 | 0 | 7 | 0 | 1 | 0 | 0 | 2 | 0 | 0 | 7.3 | 0 | 0 | 0 | | | | | 0 | 0 | 0 |
| 35069120 | 以环氧树脂为基本成分的黏合剂 | 0 | 0 | 5 | 0 | 7 | 0 | 1 | 0 | 0 | 2 | 5 | 0 | 8 | 0 | 0 | 0 | | | | | 0 | 0 | 0 |
| 35069190 | 以其他橡胶或塑料为基本成分的黏合剂 | 0 | 0 | 5 | 0 | 7 | 0 | 1 | 0 | 0 | 2 | 5 | 0 | 6 | 0 | 0 | 8 | | | | | 0 | 0 | 0 |
| 35069900 | 其他调制胶、黏合剂 | 0 | 0 | 5 | 0 | 8.6 | 0 | 1 | 0 | 0 | 2 | 5 | 0 | 8 | 0 | 0 | 0 | | | | | 0 | 0 | 0 |
| 35071000 | 粗制凝乳酶及其浓缩物 | | | 5 | 0 | | 0 | 0 | 0 | 0 | 1.2 | 0 | 0 | 1.2 | | | 0 | | | | | 0 | 0 | 0 |
| 35079010 | 碱性蛋白酶 | | | 5 | 0 | | 0 | 0 | 0 | 0 | 1.2 | 0 | 0 | 3.6 | | | 0 | | | | | 0 | 0 | 0 |
| 35079020 | 碱性脂肪酶 | | | 5 | 0 | | 0 | 0 | 0 | 0 | 1.2 | 0 | 0 | 3.6 | | | 0 | | | | | 0 | 0 | 0 |

| 税则号列 | 商品描述[1] | 协定税率(%) | | | | | | | | | | | | | | | | 特惠税率(%) | | | | | | |
|---|---|---|---|---|---|---|---|---|---|---|---|---|---|---|---|---|---|---|---|---|---|---|---|---|
| | | 香港 | 澳门 | 巴基斯坦 | 东盟 | 亚太 | 智利 | 秘鲁 | 哥斯达黎加 | 新西兰 | 澳大利亚 | 瑞士 | 冰岛 | 韩国 | 台湾 | 新加坡 | 格鲁吉亚 | 亚太2国[2] | 东盟 | | | 最不发达国家 | | |
| | | | | | | | | | | | | | | | | | | | 老挝 | 柬埔寨 | 缅甸 | LDC97[3] | LDC95[4] | LDC60[5] |
| 35079090 | 其他酶及未列名的酶制品 | | 0 | 5 | 0 | | 0 | 0 | 0 | 0 | 1.2 | 0 | 0 | 1.2 | | | 0 | | | | | 0 | 0 | 0 |
| 36010000 | 发射药 | | | 5 | 0 | | 0 | 0 | 0 | 0 | 1.8 | 0 | 0 | 1.8 | | | 0 | | | | | 0 | 0 | |
| 36020010 | 硝铵炸药,但发射药除外 | | | 5 | 0 | | 0 | 0 | 0 | 0 | 1.8 | 0 | 0 | 1.8 | | | 0 | | | | | 0 | 0 | |
| 36020090 | 其他配制炸药,但发射药除外 | | | 5 | 0 | | 0 | 0 | 0 | 0 | 1.8 | 0 | 0 | 1.8 | | | 0 | | | | | 0 | 0 | |
| 36030000 | 安全导火索、导爆索;火帽或雷管;引爆器;电雷管 | | | 5 | 0 | | 0 | 0 | 0 | 0 | 1.8 | 0 | 0 | 1.8 | | | 0 | | | | | 0 | 0 | 0 |
| 36041000 | 烟花、爆竹 | | | 5 | 0 | | 0 | 0 | 0 | 0 | 1.2 | 0 | 0 | 1.2 | | | 0 | | | | | 0 | 0 | |
| 36049000 | 信号弹、降雨火箭、浓雾信号弹及其他烟火制品 | | | 5 | 0 | | 0 | 0 | 0 | 0 | 1.2 | 0 | 0 | 1.2 | | | 0 | | | | | 0 | 0 | |
| 36050000 | 火柴,但品目36.04的烟火制品除外 | | | 5 | 0 | | 0 | 0 | 0 | 0 | 1.2 | 0 | 0 | 1.2 | | | 0 | | | | | 0 | 0 | 0 |
| 36061000 | 灌注打火机等用的液体或液化气体燃料,其包装容器的容积≤300立方厘米 | 0 | | 5 | 0 | | 0 | 0 | 0 | 0 | 2 | 0 | 0 | 6 | | | 0 | | | | | 0 | 0 | |
| 36069011 | 已切成形可直接使用的铈铁及其他引火合金 | | | 5 | 0 | | 0 | 0 | 0 | 0 | 1.8 | 0 | 0 | 1.8 | | | 0 | | | | | 0 | 0 | 0 |
| 36069019 | 未切成形不可直接使用的铈铁及其他引火合金 | | | 5 | 0 | | 0 | 0 | 0 | 0 | 1.8 | 0 | 0 | 1.8 | | | 0 | | | | | 0 | 0 | 0 |
| 36069090 | 其他易燃材料制品 | | | 5 | 0 | | 0 | 0 | 0 | 0 | 1.8 | 0 | 0 | 1.8 | | | 0 | | | | | 0 | 0 | 0 |
| 37011000 | 未曝光的X光感光硬片及平面软片,用纸、纸板及纺织物以外任何材料制成 | | | | 5 | | 0 | 2 | 0 | 0 | 4 | 10 | 0 | 16.8 | | | 0 | | | | | 0 | 0 | |
| 37012000 | 未曝光的一次成像感光平片,用纸、纸板及纺织物以外任何材料制成 | | | 0 | 0 | | 0 | 0 | 0 | 0 | 0 | 3.1 | 0 | 3 | | | 0 | | | | | 0 | 0 | 0 |
| 37013021 | 激光照排片(任何一边>255毫米),用纸、纸板及纺织物以外任何材料制成 | | 0 | | 5 | | 0 | 0 | 0 | 0 | 2 | 5 | 0 | 2.2元/平方米 | | | 0 | | | | | 0 | 0 | |
| 37013022 | PS版(预涂感光版)(任何一边>255毫米),用纸、纸板及纺织物以外任何材料制成 | | 0 | | 5 | | 0 | 0 | 0 | 0 | 2 | 0 | 0 | 4.8元/平方米 | | | 0 | | | | | 0 | 0 | |
| 37013024 | CTP版 | | 0 | 5 | 0 | | 0 | 0 | 0 | 0 | 2 | 0 | 0 | 4.8元/平方米 | | | 0 | | | | | 0 | 0 | |
| 37013025 | 柔性印刷版 | | 0 | | | | 0 | 0 | 0 | 0 | 2 | 5 | 0 | 9元/平方米 | | | 0 | | | | | 0 | 0 | |

| 税则号列 | 商品描述[①] | 协定税率(%) | | | | | | | | | | | | | | | | 特惠税率(%) | | | | | | |
|---|---|---|---|---|---|---|---|---|---|---|---|---|---|---|---|---|---|---|---|---|---|---|---|---|
| | | 香港 | 澳门 | 巴基斯坦 | 东盟 | 亚太 | 智利 | 秘鲁 | 哥斯达黎加 | 新西兰 | 澳大利亚 | 瑞士 | 冰岛 | 韩国 | 台湾 | 新加坡 | 格鲁吉亚 | 亚太2国[②] | 东盟 | | | 最不发达国家 | | |
| | | | | | | | | | | | | | | | | | | | 老挝 | 柬埔寨 | 缅甸 | LDC97[③] | LDC95[④] | LDC60[⑤] |
| 37013029 | 其他未曝光照相制版用感光硬片及软片(任何一边>255毫米),用纸、纸板及纺织物以外任何材料制成 | | 0 | | 5 | | 0 | 0 | 0 | 0 | 2 | 5 | 0 | 3元/平方米 | | | 0 | | | | | 0 | 0 | |
| 37013090 | 未曝光其他用途的感光硬片及软片(任何一边>255毫米),用纸、纸板及纺织物以外任何材料制成 | | | | 0 | | 0 | 2 | 0 | 0 | 4 | 10 | 0 | 14.6 | | 0 | 0 | | | | | 0 | 0 | |
| 37019100 | 彩色摄影用未曝光彩色硬片及平面软片,用纸、纸板及纺织物以外任何材料制成,任何一边≤255毫米 | | | | 0 | | 0 | 2.2 | 0 | 0 | 4.4 | 11 | 0 | | | 0 | 0 | | | | | 0 | 0 | |
| 37019920 | 照相制版用其他未曝光软片及硬片,用纸、纸板及纺织物以外任何材料制成,任何一边≤255毫米 | | | 5 | 0 | | 0 | 1 | 0 | 0 | 2 | 0 | 0 | 6 | | | 0 | | | | | 0 | 0 | |
| 37019990 | 其他用未曝光软片及硬片,用纸、纸板及纺织物以外任何材料制成,任何一边≤255毫米 | | | | 0 | | 0 | 2.5 | 0 | 0 | 5 | 12.5 | 0 | | | 0 | 0 | | | | | 0 | 0 | |
| 37021000 | 成卷的未曝光的X光感光胶片,用纸、纸板及纺织物以外任何材料制成 | | | | 5 | | 0 | 0 | 0 | 0 | 2 | 0 | 0 | 7.3 | | | 0 | | | | | 0 | 0 | |
| 37023110 | 彩色摄影用未曝光一次成像感光卷片,宽度≤105毫米,用纸、纸板及纺织物以外任何材料制成 | | | 0 | 0 | | 0 | 0 | 0 | 0 | 0 | 0 | 0 | 1 | | | 0 | | | | | 0 | 0 | 0 |
| 37023190 | 彩色摄影用未曝光无齿孔彩色胶卷,宽度≤105毫米,用纸、纸板及纺织物以外任何材料制成 | | | | 0 | | 0 | 4 | 0 | 0 | 8 | | 0 | | | 0 | 0 | | | | | 0 | 0 | |
| 37023210 | 照相制版用未曝光涂卤化银液无齿孔一次成像感光卷片,宽度≤105毫米,用纸、纸板及纺织物以外任何材料制成 | | | 0 | 0 | | 0 | 0 | 0 | 0 | 0 | 0 | 0 | 1 | | | 0 | | | | | 0 | 0 | 0 |
| 37023220 | 照相制版用未曝光涂卤化银液无齿孔胶卷,宽度≤105毫米,用纸、纸板及纺织物以外任何材料制成 | | | 2.25元/平方米 | 0 | | 0 | 0 | 0 | 0 | 2 | 0 | 0 | 2.7元/平方米 | | | 0 | | | | | 0 | 0 | |
| 37023290 | 其他未曝光涂乳液无齿孔胶卷,宽度≤105毫米,用纸、纸板及纺织物以外任何材料制成 | | | | 0 | | 0 | 2.2 | 0 | 0 | 4.4 | 11 | 0 | 16.8元/平方米 | | 0 | 0 | | | | | 0 | 0 | |

| 税则号列 | 商品描述[①] | 协定税率(%) | | | | | | | | | | | | | | | | 特惠税率(%) | | | | | | |
|---|---|---|---|---|---|---|---|---|---|---|---|---|---|---|---|---|---|---|---|---|---|---|---|---|
| | | 香港 | 澳门 | 巴基斯坦 | 东盟 | 亚太 | 智利 | 秘鲁 | 哥斯达黎加 | 新西兰 | 澳大利亚 | 瑞士 | 冰岛 | 韩国 | 台湾 | 新加坡 | 格鲁吉亚 | 亚太2国[②] | 东盟 | | | 最不发达国家 | | |
| | | | | | | | | | | | | | | | | | | | 老挝 | 柬埔寨 | 缅甸 | LDC97[③] | LDC95[④] | LDC60[⑤] |
| 37023920 | 照相制版用未曝光未涂卤化银无齿孔感光胶卷,宽度≤105毫米,用纸、纸板及纺织物以外任何材料制成 | | | 6元/平方米 | 0 | | 0 | 0 | 0 | 0 | 2 | 0 | 0 | 7.2元/平方米 | | | 0 | | | | | 0 | 0 | |
| 37023990 | 其他未曝光未涂卤化银无齿孔感光胶卷,宽度≤105米,用纸、纸板及纺织物以外任何材料制成 | | | | 0 | | 0 | 2.2 | 0 | 0 | 4.4 | 11 | 0 | 19.2元/平方米 | | 0 | 0 | | | | | 0 | 0 | |
| 37024100 | 彩色摄影用未曝光无齿孔彩色胶卷,宽度>610毫米,长度>200米,用纸、纸板及纺织物以外任何材料制成 | | | | | | 0 | 1.6 | 0 | 0 | 3.2 | 8 | 0 | | | | 0 | | | | | 0 | 0 | |
| 37024221 | 印刷电路板制造用未曝光光致抗蚀干膜,宽度>610毫米,长度>200米,用纸、纸板及纺织物以外任何材料制成 | | | 0.3元/平方米 | 0 | | 0 | 0 | 0 | 0 | 2 | 0 | 0 | | | 0 | 0 | | | | | 0 | 0 | |
| 37024229 | 照相制版用其他未曝光无齿孔胶卷,宽度>610毫米,长度>200米,用纸、纸板及纺织物以外任何材料制成 | | | 0.8元/平方米 | 0 | | 0 | 0 | 0 | 0 | 2 | 0 | 0 | 0.9元/平方米 | | | 0 | | | | | 0 | 0 | |
| 37024292 | 红色或红外激光胶片 | | | | 0 | | 0 | 1.6 | 0 | 0 | 3.2 | 8 | 0 | 1.4元/平方米 | | 0 | 0 | | | | | 0 | 0 | |
| 37024299 | 其他未曝光无齿孔宽长胶卷 | | | | 0 | | 0 | 1.6 | 0 | 0 | 3.2 | 8 | 0 | 4.2元/平方米 | | 0 | 0 | | | | | 0 | 0 | |
| 37024321 | 照相制版用未曝光无齿孔激光照排片,宽度>610毫米,长度≤200米,用纸、纸板及纺织物以外任何材料制成 | | | 0.9元/平方米 | 0 | | 0 | 0 | 0 | 0 | 2 | 0 | 0 | 1元/平方米 | | | 0 | | | | | 0 | 0 | |
| 37024329 | 其他照相制版用未曝光无齿孔胶卷,宽度>610毫米,长度≤200米,用纸、纸板及纺织物以外任何材料制成 | | | 1.85元/平方米 | 0 | | 0 | 0 | 0 | 0 | 2 | 0 | 0 | 2.2元/平方米 | | | 0 | | | | | 0 | 0 | |
| 37024390 | 其他用未曝光无齿孔胶卷,宽度610毫米,长度≤200米,用纸、纸板及纺织物以外任何材料制成 | | | | 0 | | 0 | 2 | 0 | 0 | 4 | 10 | 0 | 12.4元/平方米 | | 0 | 0 | | | | | 0 | 0 | |
| 37024421 | 照相制版用无齿孔未曝光激光照排片,105毫米<宽度≤610毫米,用纸、纸板及纺织物以外任何材料制成 | | | 1.0元/平方米 | 0 | | 0 | 0 | 0 | 0 | 2 | 0 | 0 | 1.2元/平方米 | | | 0 | | | | | 0 | 0 | |

| 税则号列 | 商品描述[①] | 协定税率(%) | | | | | | | | | | | | | | | | 特惠税率(%) | | | | | | |
|---|---|---|---|---|---|---|---|---|---|---|---|---|---|---|---|---|---|---|---|---|---|---|---|---|
| | | 香港 | 澳门 | 巴基斯坦 | 东盟 | 亚太 | 智利 | 秘鲁 | 哥斯达黎加 | 新西兰 | 澳大利亚 | 瑞士 | 冰岛 | 韩国 | 台湾 | 新加坡 | 格鲁吉亚 | 亚太2国[②] | 东盟 | | | 最不发达国家 | | |
| | | | | | | | | | | | | | | | | | | | 老挝 | 柬埔寨 | 缅甸 | LDC97[③] | LDC95[④] | LDC60[⑤] |
| 37024422 | 印刷电路板制造用未曝光光致抗蚀干膜,105 毫米<宽度≤610 毫米,用纸、纸板及纺织物以外任何材料制成 | | | 0.45元/平方米 | 0 | | 0 | 0 | 0 | 0 | 2 | 0 | 0 | | | | 0 | | | | | 0 | 0 | |
| 37024429 | 其他照相制版用无齿孔未曝光胶卷,105 毫米<宽度≤610 毫米,用纸、纸板及纺织物以外任何材料制成 | | | 1.45元/平方米 | 0 | | 0 | 0 | 0 | 0 | 2 | 0 | 0 | 1.7元/平方米 | | | 0 | | | | | 0 | 0 | |
| 37024490 | 其他用无齿孔未曝光胶卷,105 毫米<宽度≤610 毫米,用纸、纸板及纺织物以外任何材料制成 | | | | 0 | | 0 | 2 | 0 | 0 | 4 | 10 | 0 | 19.8元/平方米 | | 0 | 0 | | | | | 0 | 0 | |
| 37025200 | 彩色摄影用未曝光彩色胶卷,宽度≤16 毫米 | | | | 0 | | 0 | 4.7 | 0 | 0 | 9.4 | | 0 | | | 0 | 0 | | | | | 0 | 0 | |
| 37025300 | 幻灯片用未曝光彩色摄影胶卷,16 毫米<宽度≤35 毫米,长度<30 米,用纸、纸板及纺织物以外任何材料制成 | 0 | | | 0 | | 0 | 4.7 | 0 | 0 | 9.4 | | 0 | | | 0 | 0 | | | | | 0 | 0 | |
| 37025410 | 非幻灯片用未曝光彩色胶卷,宽度 35 毫米,长度≤2 米,用纸、纸板及纺织物以外任何材料制成 | 0 | | | 5 | | 0 | 1.8 | 0 | 0 | 3.6 | 9 | 0 | 16.1元/平方米 | | | 0 | | | | | 0 | 0 | |
| 37025490 | 非幻灯片用彩色摄影用未曝光彩色胶卷,16 毫米<宽度<35 毫米,2 米<长度≤30 米,用纸、纸板及纺织物以外任何材料制成 | 0 | | | 5 | | 0 | 1.8 | 0 | 0 | 3.6 | 9 | 0 | 17.6元/平方米 | | | 0 | | | | | 0 | 0 | |
| 37025520 | 未曝光的彩色电影胶片,16 毫米< 宽度≤35 毫米,长度>30 米,用纸、纸板及纺织物以外任何材料制成 | | | | 5 | | 0 | 2.6 | 0 | 0 | 5.2 | | 0 | | | | 0 | | | | | 0 | 0 | |
| 37025590 | 未曝光彩色摄影用胶卷,16 毫米< 宽度≤35 毫米,长度>30 米,用纸、纸板及纺织物以外任何材料制成,电影胶片除外 | | | | 5 | | 0 | | 0 | 0 | 8 | | 0 | | | | 0 | | | | | 0 | | |
| 37025620 | 未曝光的彩色电影胶片,宽度>35 毫米,用纸、纸板及纺织物以外任何材料制成 | | | | 0 | | 0 | 2.4 | 0 | 0 | 4.8 | 12 | 0 | 10.4元/平方米 | | 0 | 0 | | | | | 0 | 0 | |
| 37025690 | 未曝光的彩色摄影用胶卷,宽度>35 毫米,用纸、纸板及纺织物以外任何材料制成,电影胶片除外 | | | | 0 | | 0 | 4 | 0 | 0 | 8 | | 0 | | | 0 | 0 | | | | | 0 | 0 | |

| 税则号列 | 商品描述[①] | 协定税率(%) | | | | | | | | | | | | | | | | 特惠税率(%) | | | | | | |
|---|---|---|---|---|---|---|---|---|---|---|---|---|---|---|---|---|---|---|---|---|---|---|---|---|
| | | 香港 | 澳门 | 巴基斯坦 | 东盟 | 亚太 | 智利 | 秘鲁 | 哥斯达黎加 | 新西兰 | 澳大利亚 | 瑞士 | 冰岛 | 韩国 | 台湾 | 新加坡 | 格鲁吉亚 | 亚太2国[②] | 东盟 | | | 最不发达国家 | | |
| | | | | | | | | | | | | | | | | | | | 老挝 | 柬埔寨 | 缅甸 | LDC97[③] | LDC95[④] | LDC60[⑤] |
| 37029600 | 未曝光非彩色胶卷,宽度≤35毫米,长度≤30米,用纸、纸板及纺织物以外任何材料制成 | | | | 5 | | 0 | 2 | 0 | 0 | 4 | 10 | 0 | 15.4元/平方米 | | | 0 | | | | | 0 | 0 | |
| 37029700 | 未曝光的非彩色胶卷,宽度≤35毫米,长度>30米,用纸、纸板及纺织物以外任何材料制成 | | | 9元/平方米 | 5 | | 0 | 1.8 | 0 | 0 | 3.6 | 9 | 0 | 6.6元/平方米 | | | 0 | | | | | 0 | 0 | |
| 37029800 | 未曝光的非彩色胶卷,宽度>35毫米,用纸、纸板及纺织物以外任何材料制成 | | | 8元/平方米 | 0 | | 0 | 1.8 | 0 | 0 | 3.6 | 9 | 0 | 6元/平方米 | | 0 | 0 | | | | | 0 | 0 | |
| 37031010 | 成卷未曝光的感光纸及纸板,宽度>610毫米 | | | | 5 | | 0 | 1.8 | 0 | 0 | 3.6 | 9 | 0 | 13.2 | | | 0 | | | | | 0 | 0 | |
| 37031090 | 成卷未曝光的感光布,宽度>610毫米 | | | | 5 | | 0 | 1.8 | 0 | 0 | 3.6 | 9 | 0 | 13.2 | | | 0 | | | | | 0 | 0 | |
| 37032010 | 未曝光的彩色摄影用感光纸及纸板,非成卷或宽度≤610毫米 | 0 | | | 5 | | 0 | | 0 | 0 | 7 | | 0 | | | | 0 | | | | | 0 | | |
| 37032090 | 未曝光的彩色摄影用感光布,非成卷或宽度≤610毫米 | 0 | | | 5 | | 0 | 1.8 | 0 | 0 | 3.6 | 9 | 0 | 13.2 | | | 0 | | | | | 0 | 0 | |
| 37039010 | 未曝光的非彩色摄影用感光纸及纸板,非成卷或宽度≤610毫米 | | | | 5 | | 0 | | 0 | 0 | 7 | | 0 | | | | 0 | | | | | 0 | | |
| 37039090 | 未曝光的非彩色摄影用感光布,非成卷或宽度≤610毫米 | | | | 5 | | 0 | 1.8 | 0 | 0 | 3.6 | 9 | 0 | 13.2 | | | 0 | | | | | 0 | 0 | |
| 37040010 | 已曝光未冲洗的电影胶片 | | | 5 | 0 | | 0 | 0 | 0 | 0 | 1.3 | 0 | 0 | 1.3 | | | 0 | | | | | 0 | 0 | |
| 37040090 | 已曝光未冲洗的摄影硬片、软片、纸、纸板及纺织物,电影胶片除外 | | | 14.4 | 0 | | 0 | 1.8 | 0 | 0 | 3.6 | 9 | 0 | 10.8 | | 0 | 0 | | | | | 0 | 0 | |
| 37050010 | 已曝光已冲洗的教学专用幻灯片 | | | | | | | | | | | | | | | | | | | | | 0 | 0 | 0 |
| 37050021 | 书籍、报刊用的已曝光已冲洗的缩微胶片 | | | | | | | | | | | | | | | | | | | | | 0 | 0 | 0 |
| 37050029 | 已曝光已冲洗的缩微胶片,书籍、报刊用除外 | | | 0 | 0 | | 0 | 0 | 0 | 0 | 0 | 0 | 0 | 0 | | | 0 | | | | | 0 | 0 | |
| 37050090 | 已曝光已冲洗的其他摄影硬片及软片 | | | 14.4 | 0 | | 0 | 1.8 | 0 | 0 | 3.6 | 9 | 0 | 10.8 | | 0 | 0 | | | | | 0 | 0 | |
| 37061010 | 已曝光已冲洗的教学专用电影胶片,宽度≥35毫米,不论是否配有声道或仅有声道 | | | | | | | | | | | | | | | | | | | | | 0 | 0 | 0 |

| 税则号列 | 商品描述[①] | 协定税率(%) | | | | | | | | | | | | | | | | 特惠税率(%) | | | | | | |
|---|---|---|---|---|---|---|---|---|---|---|---|---|---|---|---|---|---|---|---|---|---|---|---|---|
| | | 香港 | 澳门 | 巴基斯坦 | 东盟 | 亚太 | 智利 | 秘鲁 | 哥斯达黎加 | 新西兰 | 澳大利亚 | 瑞士 | 冰岛 | 韩国 | 台湾 | 新加坡 | 格鲁吉亚 | 亚太2国[②] | 东盟 | | | 最不发达国家 | | |
| | | | | | | | | | | | | | | | | | | | 老挝 | 柬埔寨 | 缅甸 | LDC97[③] | LDC95[④] | LDC60[⑤] |
| 37061090 | 已曝光已冲洗的电影胶片,宽度≥35毫米,不论是否配有声道或仅有声道,教学专用除外 | 0 | | 0 | 0 | | 0 | 0 | 0 | 0 | 0 | 0 | 0 | 3.6 | | | 0 | | | | | 0 | 0 | 0 |
| 37069010 | 已曝光已冲洗的教学专用电影胶片,宽度<35毫米,不论是否配有声道或仅有声道 | | | | | | | | | | | | | | | | | | | | | 0 | 0 | 0 |
| 37069090 | 已曝光已冲洗的电影胶片,宽度<35毫米,不论是否配有声道或仅有声道,教学专用除外 | 0 | | 0 | 0 | | 0 | 0 | 0 | 0 | 0 | 0 | 0 | 0 | | | 0 | | | | | 0 | 0 | 0 |
| 37071000 | 摄影用感光乳液 | | 0 | 5 | 0 | | 0 | 0 | 0 | 0 | 1.6 | 4 | 0 | 5.8 | | | 0 | | | | | 0 | 0 | 0 |
| 37079010 | 冲洗胶卷及相片用化学制剂或摄影用未混合品(定量包装,或零售包装,可立即使用的) | 0 | | 12.8 | 0 | | 0 | 1.6 | 0 | 0 | 3.2 | 8 | 0 | 11.7 | | 0 | 0 | | | | | 0 | 0 | |
| 37079020 | 复印机用化学制剂或摄影用未混合品(定量包装或零售包装,可立即使用的) | 0 | 0 | 5 | 0 | | 0 | 1 | 0 | 0 | 2 | 0 | 0 | 6 | | 0 | 0 | | | | | 0 | 0 | 0 |
| 37079090 | 其他摄影用化学制剂或摄影用未混合品(定量包装或零售包装,可立即使用的) | 0 | 0 | 5 | 0 | | 0 | 0 | 0 | 0 | 1.6 | 4 | 0 | 4.8 | | | 0 | | | | | 0 | 0 | 0 |
| 38011000 | 人造石墨 | 0 | | 5 | 0 | | 0 | 0 | 0 | 0 | 1.3 | 3.2 | 0 | 3.9 | | | 0 | | | | | 0 | 0 | 0 |
| 38012000 | 胶态或半胶态石墨 | | | 5 | 0 | | 0 | 0 | 0 | 0 | 1.3 | 0 | 0 | 4.7 | | | 0 | | | | | 0 | 0 | 0 |
| 38013000 | 电极用碳糊及炉衬用的类似糊 | | | 5 | 0 | | 0 | 0 | 0 | 0 | 1.3 | 3.2 | 0 | 1.3 | | | 0 | | | | | 0 | 0 | 0 |
| 38019010 | 表面处理的球化石墨 | | | 5 | 0 | | 0 | 0 | 0 | 0 | 1.3 | 0 | 0 | 1.3 | | | 0 | | | | | 0 | 0 | 0 |
| 38019090 | 其他石墨 | | | 5 | 0 | | 0 | 0 | 0 | 0 | 1.3 | 0 | 0 | 1.3 | | | 0 | | | | | 0 | 0 | 0 |
| 38021010 | 木质活性炭 | | | 5 | 0 | 5.5 | 0 | 0 | 0 | 0 | 1.3 | 0 | 0 | 1.3 | | | 0 | | | | | 0 | 0 | |
| 38021090 | 其他活性炭 | | | 5 | 0 | 5.5 | 0 | 0 | 0 | 0 | 1.3 | 0 | 0 | 1.3 | | | 0 | | | | | 0 | 0 | |
| 38029000 | 活性天然矿产品;动物炭黑(包括废动物炭黑) | | | 5 | 0 | | 0 | 1 | 0 | 0 | 2 | 0 | 0 | 6 | | 0 | 0 | | | | | 0 | 0 | |
| 38030000 | 妥尔油,不论是否精炼 | | | 5 | 0 | | 0 | 0 | 0 | 0 | 1.3 | 0 | 0 | 1.3 | | | 0 | | | | | 0 | 0 | 0 |
| 38040000 | 木浆残余碱液,不论是否浓缩、脱糖或经化学处理,包括木素磺酸盐,但不包括品目38.03的妥尔油 | | | 5 | 0 | | 0 | 0 | 0 | 0 | 1.3 | 0 | 0 | 3.9 | | | 0 | | | | | 0 | 0 | |
| 38051000 | 脂松节油、木松节油和硫酸松节油 | | | 5 | 0 | | 0 | 0 | 0 | 0 | 1.3 | 0 | 0 | 1.3 | | | 0 | | | | | 0 | 0 | 0 |
| 38059010 | 以α萜品醇为基本成分的松油,用蒸馏或其他方法从针叶木制得 | | | 5 | 0 | | 0 | 0 | 0 | 0 | 1.3 | 0 | 0 | 1.3 | | | 0 | | | | | 0 | 0 | 0 |
| 38059090 | 粗制二聚戊烯;亚硫酸盐松节油及其他粗制对异丙基苯甲烷;其他萜烯油,用蒸馏或其他方法从针叶木制得 | | | 5 | 0 | | 0 | 0 | 0 | 0 | 1.3 | 0 | 0 | 1.3 | | | 0 | | | | | 0 | 0 | 0 |

| 税则号列 | 商品描述[①] | 协定税率(%) | | | | | | | | | | | | | | | | 特惠税率(%) | | | | | | |
|---|---|---|---|---|---|---|---|---|---|---|---|---|---|---|---|---|---|---|---|---|---|---|---|---|
| | | 香港 | 澳门 | 巴基斯坦 | 东盟 | 亚太 | 智利 | 秘鲁 | 哥斯达黎加 | 新西兰 | 澳大利亚 | 瑞士 | 冰岛 | 韩国 | 台湾 | 新加坡 | 格鲁吉亚 | 亚太2国[②] | 东盟 | | | 最不发达国家 | | |
| | | | | | | | | | | | | | | | | | | | 老挝 | 柬埔寨 | 缅甸 | LDC97[③] | LDC95[④] | LDC60[⑤] |
| 38061010 | 松香 | | 0 | 5 | 0 | | 0 | 0 | 0 | 0 | 2 | 0 | 0 | 6 | | 0 | 0 | | | | | 0 | 0 | |
| 38061020 | 树脂酸 | | 0 | 5 | 0 | | 0 | 0 | 0 | 0 | 2 | 0 | 0 | 6 | | | 0 | | | | | 0 | 0 | |
| 38062010 | 松香盐及树脂酸盐 | | 0 | 5 | 0 | | 0 | 0 | 0 | 0 | 1.3 | 0 | 0 | 1.3 | | | 0 | | | | | 0 | 0 | |
| 38062090 | 松香或树脂酸衍生物的盐,但松香加合物的盐除外 | | 0 | 5 | 0 | | 0 | 0 | 0 | 0 | 1.3 | 0 | 0 | 1.3 | | | 0 | | | | | 0 | 0 | |
| 38063000 | 酯胶 | | 0 | 5 | 0 | | 0 | 0 | 0 | 0 | 1.3 | 0 | 0 | 1.3 | | | 0 | | | | | 0 | 0 | |
| 38069000 | 其他松香和树脂酸的衍生物;松香精及松香油;再熔胶 | | 0 | 5 | 0 | | 0 | 0 | 0 | 0 | 1.3 | 0 | 0 | 1.3 | | | 0 | | | | | 0 | 0 | |
| 38070000 | 木焦油;精制木焦油;木杂酚油;粗木精;植物沥青;以松香、树脂酸或植物沥青为基本成分的啤酒桶沥青及类似制品 | | | 5 | 0 | | 0 | 0 | 0 | 0 | 1.3 | 0 | 0 | 1.3 | | | 0 | | | | | 0 | 0 | |
| 38085200 | DDT(ISO)[滴滴涕(INN)],每包净重不超过 300 克 | 0 | | 5 | 0 | | 0 | 0 | 0 | 0 | 1.8 | 0 | 0 | 1.8 | | | 0 | | | | | 0 | 0 | 0 |
| 38085910 | 零售包装的本章注释一规定货物 | 0 | | 5 | 0 | | 0 | 0 | 0 | 0 | 1.8 | 0 | 0 | 1.8 | | | 0 | | | | | 0 | 0 | 0 |
| 38085990 | 非零售包装的本章注释一规定货物 | 0 | | | 0 | | 0 | 0 | 0 | 0 | 0 | 0 | 0 | 1 | | | 0 | | | | | 0 | 0 | 0 |
| 38086100 | 每包净重不超过 300 克的注释二所列货品 | 0 | 0 | 5 | 0 | 7 | 0 | 0 | 0 | 0 | 2 | 0 | 0 | 6 | | | 0 | | | | | | | |
| 38086200 | 每包净重超过 300 克,但不超过 7.5 千克的注释二所列货品 | 0 | 0 | 5 | 0 | 7 | 0 | 0 | 0 | 0 | 2 | 0 | 0 | 6 | | | 0 | | | | | 0 | 0 | 0 |
| 38086900 | 其他注释二所列货品 | 0 | 0 | 0 | 0 | 4.2 | 0 | 0 | 0 | 0 | 1.2 | 3 | 0 | 1.2 | | | 0 | | | | | 0 | 0 | 0 |
| 38089111 | 蚊香 | | 0 | 0 | 0 | 0 | 0 | 0 | 0 | 0 | 2 | 0 | 0 | 2 | | | 0 | | | | | 0 | 0 | 0 |
| 38089112 | 生物杀虫剂 | 0 | 0 | 5 | 0 | 7 | 0 | 0 | 0 | 0 | 2 | 0 | 0 | 6 | | | 0 | | | | | 0 | 0 | 0 |
| 38089119 | 零售包装杀虫剂 | 0 | 0 | 5 | 0 | 7 | 0 | 0 | 0 | 0 | 2 | 0 | 0 | 6 | | | 0 | | | | | 0 | 0 | 0 |
| 38089190 | 非零售包装杀虫剂 | 0 | 0 | 0 | 0 | 4.2 | 0 | 0 | 0 | 0 | 1.2 | 3 | 0 | 1.2 | | | 0 | | | | | 0 | 0 | 0 |
| 38089210 | 零售包装的杀菌剂 | 0 | 0 | 5 | 0 | | 0 | 0 | 0 | 0 | 1.8 | 4.5 | 0 | 1.8 | | | 0 | | | | | 0 | 0 | 0 |
| 38089290 | 非零售包装的杀菌剂 | | | 5 | 0 | | 0 | 0 | 0 | 0 | 1.2 | 3 | 0 | 1.2 | | | 0 | | | | | 0 | 0 | 0 |
| 38089311 | 零售包装的除草剂 | | | 5 | 0 | | 0 | 0 | 0 | 0 | 1.8 | 0 | 0 | 1.8 | | | 0 | | | | | 0 | 0 | 0 |
| 38089319 | 非零售包装的除草剂 | | | 0 | 0 | 4.5 | 0 | 0 | 0 | 0 | 0 | 2.5 | 0 | 1 | | | 0 | | | | | 0 | 0 | 0 |
| 38089391 | 零售包装抗萌剂及植物生长调节剂 | | | 5 | 0 | 8.3 | 0 | 0 | 0 | 0 | 1.8 | 0 | 0 | 1.8 | | | 0 | | | | | 0 | 0 | 0 |
| 38089399 | 非零售抗萌剂及植物生长调节剂 | | | 5 | 0 | 5.5 | 0 | 0 | 0 | 0 | 1.2 | 0 | 0 | 1.2 | | | 0 | | | | | 0 | 0 | 0 |
| 38089400 | 消毒剂 | 0 | 0 | 5 | 0 | | 0 | 0 | 0 | 0 | 1.8 | 4.5 | 0 | 1.8 | | | 7.2 | | | | | 0 | 0 | 0 |
| 38089910 | 零售包装的杀鼠剂及其他类似产品 | 0 | | 5 | 0 | | 0 | 0 | 0 | 0 | 1.8 | 0 | 0 | 1.8 | | | 0 | | | | | 0 | 0 | 0 |
| 38089990 | 非零售包装的杀鼠剂及其他类似产品 | | 0 | 5 | 0 | | 0 | 0 | 0 | 0 | 1.8 | 0 | 0 | 1.8 | | | 0 | | | | | 0 | 0 | 0 |

| 税则号列 | 商品描述[①] | 协定税率(%) | | | | | | | | | | | | | | | | 特惠税率(%) | | | | | | |
|---|---|---|---|---|---|---|---|---|---|---|---|---|---|---|---|---|---|---|---|---|---|---|---|---|
| | | 香港 | 澳门 | 巴基斯坦 | 东盟 | 亚太 | 智利 | 秘鲁 | 哥斯达黎加 | 新西兰 | 澳大利亚 | 瑞士 | 冰岛 | 韩国 | 台湾 | 新加坡 | 格鲁吉亚 | 亚太2国[②] | 东盟 老挝 | 东盟 柬埔寨 | 东盟 缅甸 | 最不发达国家 LDC97[③] | 最不发达国家 LDC95[④] | 最不发达国家 LDC60[⑤] |
| 38091000 | 以淀粉物质为基本成分,纺织、造纸、制革及类似工业用的其他编号未列名的整理剂、染料加速着色或固色助剂及其他产品和制剂 | | | 0 | 0 | | 0 | 0 | 0 | 0 | 2 | 0 | 0 | 6 | | 0 | 0 | | | | | 0 | 0 | 0 |
| 38099100 | 纺织工业及类似工业用其他编号未列名整理剂、染料加速着色剂或固色助剂及其他产品和制剂 | 0 | | 0 | 0 | 6 | 0 | 0 | 0 | 0 | 1.3 | 3.2 | 0 | 1.3 | | | 0 | | | | | 0 | 0 | 0 |
| 38099200 | 造纸工业用其他编号未列名整理剂、染料加速着色剂或固色助剂及其他产品和制剂 | 0 | | 0 | 0 | | 0 | 0 | 0 | 0 | 1.3 | 0 | 0 | 3.9 | | | 0 | | | | | 0 | 0 | 0 |
| 38099300 | 制革工业用其他编号未列名整理剂、染料加速着色剂或固色助剂及其他产品和制剂 | 0 | | 0 | 0 | | 0 | 0 | 0 | 0 | 1.3 | 0 | 0 | 1.3 | | | 0 | | | | | 0 | 0 | 0 |
| 38101000 | 金属表面酸洗剂;金属及其他材料制成的焊粉或焊膏 | 0 | 0 | 5 | 0 | 6 | 0 | 0 | 0 | 0 | 1.3 | 0 | 0 | 4.7 | | | 0 | | | | | 0 | 0 | 0 |
| 38109000 | 焊接用的焊剂及其他辅助剂;作焊条芯子或焊条涂料用的制品 | | | 5 | 0 | | 0 | 0 | 0 | 0 | 1.3 | 0 | 0 | 4.7 | | | 0 | | | | | 0 | 0 | 0 |
| 38111100 | 以铅化合物为基本成分的抗震剂,用于矿物油或与矿物油同样用途的其他液体 | | | 5 | 0 | | 0 | 0 | 0 | 0 | 1.3 | 0 | 0 | 1.3 | | | 0 | | | | | 0 | 0 | |
| 38111900 | 抗震剂(以铅化合物为基本成分的除外),用于矿物油或与矿物油同样用途的其他液体 | | | 5 | 0 | | 0 | 0 | 0 | 0 | 1.3 | 0 | 0 | 1.3 | | | 0 | | | | | 0 | 0 | |
| 38112100 | 含有石油或从沥青矿物提取的油类的润滑油添加剂 | | | 5 | 0 | | 0 | 0 | 0 | 0 | 1.3 | 0 | 0 | 1.3 | | | 0 | | | | | 0 | 0 | |
| 38112900 | 不含石油或从沥青矿物提取的油类的润滑油添加剂 | | 0 | 5 | 0 | 5.5 | 0 | 0 | 0 | 0 | 1.3 | 0 | 0 | 3.9 | | | 0 | | | | | 0 | 0 | |
| 38119000 | 抗氧剂、防胶剂、黏度改良剂、防腐剂配制添加剂,用于矿物油或与矿物油同样用途的其他液体 | 0 | 0 | 5 | 0 | | 0 | 0 | 0 | 0 | 1.3 | 0 | 0 | 1.3 | | | 5.2 | | | | | 0 | 0 | |
| 38121000 | 配制的橡胶促进剂 | | | 5 | 0 | | 0 | 0 | 0 | 0 | 1.2 | 0 | 0 | 4.4 | | | 0 | | | | | 0 | 0 | 0 |
| 38122000 | 橡胶或塑料用复合增塑剂 | | | 5 | 0 | | 0 | 0 | 0 | 0 | 1.3 | 0 | 0 | 4.7 | | | 0 | | | | | 0 | 0 | 0 |
| 38123100 | 2,2,4-三甲基-1,2-二氢化喹啉(TMQ)低聚体混合物 | 0 | | 5 | 0 | | 0 | 0 | 0 | 0 | 1.2 | 0 | 0 | 4.4 | | | 0 | | | | | 0 | 0 | 0 |
| 38123910 | 橡胶的防老剂 | 0 | | 5 | 0 | | 0 | 0 | 0 | 0 | 1.2 | 0 | 0 | 4.4 | | | 0 | | | | | 0 | 0 | 0 |
| 38123990 | 其他橡胶、塑料用抗氧剂及其他稳定剂 | 0 | | 0 | 0 | 4.6 | 0 | 0 | 0 | 0 | 1.3 | 3.2 | 0 | 1.3 | | | 0 | | | | | 0 | 0 | 0 |
| 38130010 | 灭火器的装配药 | | | 5 | 0 | | 0 | 0 | 0 | 0 | 1.3 | 0 | 0 | 3.9 | | | 0 | | | | | 0 | 0 | 0 |
| 38130020 | 已装药的灭火弹 | | | 5 | 0 | | 0 | 0 | 0 | 0 | 2 | 0 | 0 | 6 | | | 0 | | | | | 0 | 0 | 0 |

| 税则号列 | 商品描述① | 协定税率(%) | | | | | | | | | | | | | | | | 特惠税率(%) | | | | | | |
|---|---|---|---|---|---|---|---|---|---|---|---|---|---|---|---|---|---|---|---|---|---|---|---|---|
| | | 香港 | 澳门 | 巴基斯坦 | 东盟 | 亚太 | 智利 | 秘鲁 | 哥斯达黎加 | 新西兰 | 澳大利亚 | 瑞士 | 冰岛 | 韩国 | 台湾 | 新加坡 | 格鲁吉亚 | 亚太2国② | 东盟 | | | 最不发达国家 | | |
| | | | | | | | | | | | | | | | | | | | 老挝 | 柬埔寨 | 缅甸 | LDC97③ | LDC95④ | LDC60⑤ |
| 38140000 | 其他编号未列名的有机复合溶剂及稀释剂;除漆剂 | 0 | 0 | 5 | 0 | 9 | 0 | 1 | 0 | 0 | 2 | 5 | 0 | 8 | | 0 | 0 | | | | | 0 | 0 | 0 |
| 38151100 | 以镍及其化合物为活性物的载体催化剂 | | | 5 | 0 | | 0 | 0 | 0 | 0 | 1.3 | 0 | 0 | 3.9 | | | 0 | | | | | 0 | 0 | 0 |
| 38151200 | 以贵金属及其化合物为活性物的载体催化剂 | 0 | | 5 | 0 | | 0 | 0 | 0 | 0 | 1.3 | 0 | 0 | 3.9 | | | 0 | | | | | 0 | 0 | 0 |
| 38151900 | 其他载体催化剂 | | | 0 | 0 | 4.6 | 0 | 0 | 0 | 0 | 1.3 | 0 | 0 | 1.3 | | | 0 | | | | | 0 | 0 | 0 |
| 38159000 | 其他未列名的反应引发剂、促进剂 | | 0 | 5 | 0 | 6 | 0 | 0 | 0 | 0 | 1.3 | 3.2 | 0 | 1.3 | | | 0 | | | | | 0 | 0 | 0 |
| 38160000 | 耐火水泥、灰泥、混凝土及类似耐火材料,但品目38.01的产品除外 | | | 5 | 0 | | 0 | 0 | 0 | 0 | 1.3 | 0 | 0 | 1.3 | | | 0 | | | | | 0 | 0 | |
| 38170000 | 混合烷基苯及混合烷基萘,但品目27.07及29.02的产品除外 | | | 5 | 0 | | 0 | 0 | 0 | 0 | 1.3 | 0 | 0 | 4.7 | 0 | | 0 | | | | | 0 | 0 | 0 |
| 38180011 | 7.5厘米≤直径≤15.24厘米的单晶硅切片 | | | | | | | | | | | | | | | | | | | | | 0 | 0 | 0 |
| 38180019 | 经掺杂用于电子工业的,已切成圆片、薄片或类似形状,直径>15.24厘米的单晶硅片 | | | | | | | | | | | | | | | | | | | | | 0 | 0 | 0 |
| 38180090 | 经掺杂用于电子工业的化学元素,已切成圆片、薄片或类似形状,单晶硅片除外;经掺杂用于电子工业的化合物 | | | | | | | | | | | | | | | | | | | | | 0 | 0 | 0 |
| 38190000 | 闸用液压油及其他液压传动用液体,不含石油或从沥青矿物提取的油类,或者按重量计石油或从沥青矿物提取的油类含量<70% | | 0 | 5 | 0 | | 0 | 0 | 0 | 0 | 1.3 | 0 | 0 | 1.3 | | | 0 | | | | | 0 | 0 | |
| 38200000 | 防冻剂及解冻剂 | | 0 | 5 | 0 | | 0 | 0 | 0 | 0 | 2 | 0 | 0 | 6 | | 0 | 0 | | | | | 0 | 0 | 0 |
| 38210000 | 制成的微生物培养基 | 0 | | 0 | 0 | | 0 | 0 | 0 | 0 | 0 | 0 | 0 | 0.6 | | | 0 | | | | | 0 | 0 | |
| 38220010 | 附于衬背上的诊断或实验用试剂,但品目32.02、32.06的货品除外 | 0 | | 0 | 0 | | 0 | 0 | 0 | 0 | 0 | 0 | 0.7 | 0.8 | | | 0 | | | | | 0 | 0 | 0 |
| 38220090 | 无论是否附于衬背上的诊断或实验用配制试剂,但品目32.02、32.06的货品除外 | 0 | | 0 | 0 | | 0 | 0 | 0 | 0 | 0 | 0 | 0.8 | 1 | | | 0 | | | | | 0 | 0 | 0 |
| 38231100 | 硬脂酸 | | | 12.8 | 0 | | 0 | 1.6 | 0 | 0 | 3.2 | 8 | | 11.7 | | | 0 | | | | | 0 | 0 | |
| 38231200 | 油酸 | 0 | | 12.8 | 0 | | 0 | 1.6 | 0 | 0 | 3.2 | 8 | | 11.7 | | 0 | 0 | | | | | 0 | 0 | |
| 38231300 | 妥尔油脂肪酸 | | | 12.8 | 0 | | 0 | 1.6 | 0 | 0 | 3.2 | 8 | 0 | 11.7 | | 0 | 0 | | | | | 0 | 0 | |
| 38231900 | 其他工业用单羧脂肪酸;精炼所得的酸性油 | 0 | 0 | 12.8 | 0 | | 0 | 1.6 | 0 | 0 | 3.2 | 8 | 0 | 11.7 | | 0 | 0 | | | | | 0 | 0 | |
| 38237000 | 工业用脂肪醇 | | | 6.5 | 0 | | 0 | 0 | 0 | 0 | 2.6 | 6.5 | 0 | 9.5 | | 0 | 0 | | | | | 0 | 0 | |
| 38241000 | 铸模及铸芯用黏合剂 | | | 5 | 0 | | 0 | 0 | 0 | 0 | 1.3 | 0 | 0 | 3.9 | | | 0 | | | | | 0 | 0 | 0 |

| 税则号列 | 商品描述[①] | 协定税率(%) | | | | | | | | | | | | | | | | 特惠税率(%) | | | | | | |
|---|---|---|---|---|---|---|---|---|---|---|---|---|---|---|---|---|---|---|---|---|---|---|---|---|
| | | 香港 | 澳门 | 巴基斯坦 | 东盟 | 亚太 | 智利 | 秘鲁 | 哥斯达黎加 | 新西兰 | 澳大利亚 | 瑞士 | 冰岛 | 韩国 | 台湾 | 新加坡 | 格鲁吉亚 | 亚太2国[②] | 东盟 | | | 最不发达国家 | | |
| | | | | | | | | | | | | | | | | | | | 老挝 | 柬埔寨 | 缅甸 | LDC97[③] | LDC95[④] | LDC60[⑤] |
| 38243000 | 自身混合或与金属黏合剂混合的未烧结金属碳化物 | | | 5 | 0 | | 0 | 0 | 0 | 0 | 1.3 | 0 | 0 | 1.3 | | | 0 | | | | | 0 | 0 | 0 |
| 38244010 | 高效减水剂 | 0 | | 5 | 0 | | 0 | 0 | 0 | 0 | 1.3 | 0 | 0 | 4.7 | | | 0 | | | | | 0 | 0 | 0 |
| 38244090 | 其他水泥、灰泥及混凝土用添加剂 | 0 | | 5 | 0 | | 0 | 0 | 0 | 0 | 1.3 | 0 | 0 | 1.3 | | | 0 | | | | | 0 | 0 | 0 |
| 38245000 | 非耐火的灰泥及混凝土 | 0 | 0 | 5 | 0 | | 0 | 0 | 0 | 0 | 1.3 | 0 | 0 | 1.3 | | | 0 | | | | | 0 | 0 | 0 |
| 38246000 | 编号 290544 以外的山梨醇 | | | 11.2 | 0 | | 0 | 0 | 0 | 0 | 2.8 | 7 | 0 | 8.4 | | 0 | 0 | | | | | 0 | 0 | |
| 38247100 | 含全氯氟烃的,不论是否含氢氯氟烃、全氟烃或氢氟烃的含有甲烷、乙烷、丙烷卤化衍生物混合物 | 0 | 0 | 5 | 0 | | 0 | 0 | 0 | 0 | 1.3 | 0 | 0 | 1.3 | | | 0 | | | | | 0 | 0 | 0 |
| 38247200 | 含溴氯二氟甲烷、溴三氟甲烷或二溴四氟乙烷的含有甲烷、乙烷、丙烷卤化衍生物混合物 | | | 5 | 0 | | 0 | 0 | 0 | 0 | 1.3 | 0 | 0 | 1.3 | | | 0 | | | | | 0 | 0 | 0 |
| 38247300 | 含氢溴氟烃的含有甲烷、乙烷、丙烷卤化衍生物混合物 | 0 | 0 | 5 | 0 | | 0 | 0 | 0 | 0 | 1.3 | 0 | 0 | 1.3 | | | 0 | | | | | 0 | 0 | 0 |
| 38247400 | 含氢氯氟烃的,不论是否含全氟烃或氢氟烃,但不含全氯氟烃的含有甲烷、乙烷、丙烷卤化衍生物混合物 | 0 | 0 | 5 | 0 | | 0 | 0 | 0 | 0 | 1.3 | 0 | 0 | 1.3 | | | 0 | | | | | 0 | 0 | 0 |
| 38247500 | 含四氯化碳的含有甲烷、乙烷、丙烷卤化衍生物混合物 | 0 | 0 | 5 | 0 | 6 | 0 | 0 | 0 | 0 | 1.3 | 0 | 0 | 1.3 | | | 0 | | | | | 0 | 0 | 0 |
| 38247600 | 含1,1,1-三氯乙烷(甲基氯仿)的含有甲烷、乙烷、丙烷卤化衍生物混合物 | 0 | 0 | 5 | 0 | 6 | 0 | 0 | 0 | 0 | 1.3 | 0 | 0 | 1.3 | | | 0 | | | | | 0 | 0 | 0 |
| 38247700 | 含溴化甲烷(甲基溴)或溴氯甲烷的含有甲烷、乙烷、丙烷卤化衍生物混合物 | 0 | 0 | 5 | 0 | | 0 | 0 | 0 | 0 | 1.3 | 0 | 0 | 1.3 | | | 0 | | | | | 0 | 0 | 0 |
| 38247800 | 含全氟烃或氢氟烃的,但不含全氯氟烃或氢氯氟烃的含有甲烷、乙烷、丙烷卤化衍生物混合物 | 0 | 0 | 5 | 0 | 6 | 0 | 0 | 0 | 0 | 1.3 | 0 | 0 | 1.3 | | | 0 | | | | | 0 | 0 | 0 |
| 38247900 | 其他含有甲烷、乙烷、丙烷卤化衍生物的混合物 | 0 | 0 | 5 | 0 | | 0 | 0 | 0 | 0 | 1.3 | 0 | 0 | 1.3 | | | 0 | | | | | 0 | 0 | 0 |
| 38248100 | 含环氧乙烷的混合物及制品 | 0 | 0 | 5 | 0 | 6 | 0 | 0 | 0 | 0 | 1.3 | 0 | 0 | 1.3 | | | 0 | | | | | 0 | 0 | 0 |
| 38248200 | 含多氯联苯、多氯三联苯或多溴联苯的混合物及制品 | 0 | 0 | 5 | 0 | 6 | 0 | 0 | 0 | 0 | 1.3 | 0 | 0 | 1.3 | | | 0 | | | | | 0 | 0 | 0 |
| 38248300 | 含三(2,3-二溴丙基)磷酸酯的混合物及制品 | 0 | 0 | 5 | 0 | 6 | 0 | 0 | 0 | 0 | 1.3 | 0 | 0 | 1.3 | | | 0 | | | | | 0 | 0 | 0 |

| 税则号列 | 商品描述[①] | 协定税率(%) | | | | | | | | | | | | | | | | 特惠税率(%) | | | | | | |
|---|---|---|---|---|---|---|---|---|---|---|---|---|---|---|---|---|---|---|---|---|---|---|---|---|
| | | 香港 | 澳门 | 巴基斯坦 | 东盟 | 亚太 | 智利 | 秘鲁 | 哥斯达黎加 | 新西兰 | 澳大利亚 | 瑞士 | 冰岛 | 韩国 | 台湾 | 新加坡 | 格鲁吉亚 | 亚太2国[②] | 东盟 | | | 最不发达国家 | | |
| | | | | | | | | | | | | | | | | | | | 老挝 | 柬埔寨 | 缅甸 | LDC97[③] | LDC95[④] | LDC60[⑤] |
| 38248400 | 含艾氏剂(ISO)、毒杀芬(ISO)、氯丹(ISO)、十氯酮(ISO)、DDT(ISO)[滴滴涕(INN)、1,1,1-三氯-2,2-双(4-氯苯基)乙烷]、狄氏剂(ISO,INN)、硫丹(ISO)、异狄氏剂(ISO)、七氯(ISO)或灭蚁灵(ISO)的本章子目注释三所列货品 | 0 | 0 | 5 | 0 | 6 | 0 | 0 | 0 | 0 | 1.3 | | 0 | 4.7 | | | 0 | | | | | 0 | 0 | 0 |
| 38248500 | 含1,2,3,4,5,6-六氯环己烷[六六六(ISO)],包括林丹(ISO,INN)的本章子目注释三所列货品 | 0 | 0 | 5 | 0 | 6 | 0 | 0 | 0 | 0 | 1.3 | | 0 | 4.7 | | | 0 | | | | | 0 | 0 | 0 |
| 38248600 | 含五氯苯(ISO)或六氯苯(ISO)的本章子目注释三所列货品 | 0 | 0 | 5 | 0 | 6 | 0 | 0 | 0 | 0 | 1.3 | | 0 | 4.7 | | | 0 | | | | | 0 | 0 | 0 |
| 38248700 | 含全氟辛基磺酸及其盐,全氟辛基磺胺或全氟辛基磺酰氯的本章子目注释三所列货品 | 0 | 0 | 5 | 0 | 6 | 0 | 0 | 0 | 0 | 1.3 | | 0 | 4.7 | | | 0 | | | | | 0 | 0 | 0 |
| 38248800 | 含四、五、六、七或八溴联苯醚的本章子目注释三所列货品 | 0 | 0 | 5 | 0 | 6 | 0 | 0 | 0 | 0 | 1.3 | | 0 | 4.7 | | | 0 | | | | | 0 | 0 | 0 |
| 38249100 | 主要由(5-乙基-2-甲基-2氧代-1,3,2-二氧磷杂环己-5-基)甲基膦酸二甲酯和双[(5-乙基-2-甲基-2氧代-1,3,2-二氧磷杂环己-5-基)甲基]甲基膦酸酯(阻燃剂FRC-1)组成的混合物及制品 | 0 | 0 | 5 | 0 | 6 | 0 | 0 | 0 | 0 | 1.3 | | 0 | 4.7 | | | 0 | | | | | 0 | 0 | 0 |
| 38249910 | 杂醇油 | | | 5 | 0 | 5.5 | 0 | 0 | 0 | 0 | 1.3 | 0 | 0 | 3.9 | | | 0 | | | | | 0 | 0 | 0 |
| 38249920 | 除墨剂、蜡纸改正液及类似品 | | | 5 | 0 | 8.3 | 0 | 0 | 0 | 0 | 1.8 | 0 | 0 | 1.8 | | 0 | 0 | | | | | 0 | 0 | 0 |
| 38249930 | 增炭剂 | | | 5 | 0 | | 0 | 0 | 0 | 0 | 1.3 | 0 | 0 | 1.3 | | | 0 | | | | | 0 | 0 | 0 |
| 38249991 | 含滑石50%以上的混合物 | 0 | 0 | 5 | 0 | 6 | 0 | 0 | 0 | 0 | 1.3 | 0 | 0 | 1.3 | | | 0 | | | | | 0 | 0 | 0 |
| 38249992 | 按重量计含氧化镁70%以上的混合物 | 0 | 0 | 5 | 0 | 6 | 0 | 0 | 0 | 0 | 1.3 | 0 | 0 | 1.3 | | | 0 | | | | | 0 | 0 | 0 |
| 38249993 | 表层包覆钴化合物的氢氧化镍(掺杂炭) | 0 | 0 | 5 | 0 | 6 | 0 | 0 | 0 | 0 | 1.3 | | 0 | 4.7 | | | 0 | | | | | 0 | 0 | 0 |
| 38249999 | 其他品目未列名的化学工业及其相关工业的化学产品及配制品 | 0 | 0 | 5 | 0 | 6 | 0 | 0 | 0 | 0 | 1.3 | | 0 | 4.7 | | | 0 | | | | | 0 | 0 | 0 |
| 38251000 | 城市垃圾 | | | 5 | 0 | | 0 | 0 | 0 | 0 | 1.3 | 0 | 0 | 1.3 | | | 0 | | | | | 0 | 0 | |
| 38252000 | 下水道淤泥 | | | 5 | 0 | | 0 | 0 | 0 | 0 | 1.3 | 0 | 0 | 1.3 | | | 0 | | | | | 0 | 0 | |
| 38253000 | 医疗废物 | | | 5 | 0 | | 0 | 0 | 0 | 0 | 1.3 | 0 | 0 | 1.3 | | | 0 | | | | | 0 | 0 | |

| 税则号列 | 商品描述[①] | 协定税率(%) | | | | | | | | | | | | | | | | 特惠税率(%) | | | | | | |
|---|---|---|---|---|---|---|---|---|---|---|---|---|---|---|---|---|---|---|---|---|---|---|---|---|
| | | 香港 | 澳门 | 巴基斯坦 | 东盟 | 亚太 | 智利 | 秘鲁 | 哥斯达黎加 | 新西兰 | 澳大利亚 | 瑞士 | 冰岛 | 韩国 | 台湾 | 新加坡 | 格鲁吉亚 | 亚太2国[②] | 东盟 | | | 最不发达国家 | | |
| | | | | | | | | | | | | | | | | | | | 老挝 | 柬埔寨 | 缅甸 | LDC97[③] | LDC95[④] | LDC60[⑤] |
| 38254100 | 含卤化物的废有机溶剂 | | | 5 | 0 | | 0 | 0 | 0 | 0 | 1.3 | 0 | 0 | 1.3 | | | 0 | | | | | 0 | 0 | |
| 38254900 | 其他废有机溶剂 | | | 5 | 0 | | 0 | 0 | 0 | 0 | 1.3 | 0 | 0 | 1.3 | | | 0 | | | | | 0 | 0 | |
| 38255000 | 废的金属酸洗液、液压油、制动油及防冻液 | | | 5 | 0 | | 0 | 0 | 0 | 0 | 1.3 | 0 | 0 | 1.3 | | 0 | 0 | | | | | 0 | 0 | |
| 38256100 | 主要含有机成分的化工及相关工业废物 | | | 5 | 0 | | 0 | 0 | 0 | 0 | 1.3 | 0 | 0 | 1.3 | | | 0 | | | | | 0 | 0 | |
| 38256900 | 其他品目未列名的化工及相关工业废物 | | | 5 | 0 | | 0 | 0 | 0 | 0 | 1.3 | 0 | 0 | 1.3 | | | 0 | | | | | 0 | 0 | |
| 38259000 | 其他品目未列名的化学工业及相关工业的副产品 | 0 | | 5 | 0 | | 0 | 0 | 0 | 0 | 1.3 | 0 | 0 | 1.3 | | | 0 | | | | | 0 | 0 | |
| 38260000 | 生物柴油及其混合物,不含或含有按重量计<70%的石油或从沥青矿物提取的油类 | 0 | 0 | 5 | 0 | 6 | 0 | 0 | 0 | 0 | 1.3 | | 0 | 4.7 | | | 0 | | | | | 0 | 0 | 0 |
| 39011000 | 初级形状比重<0.94的聚乙烯 | 0 | 0 | 6 | | 6 | 0 | | 0 | 0 | 1.3 | 4 | 0 | 6 | | | | | | | | | | |
| 39012000 | 初级形状比重≥0.94的聚乙烯 | 0 | 0 | 6 | | 6 | 0 | | 0 | 0 | 1.3 | 4 | 0 | 6 | | | | | | | | | | |
| 39013000 | 初级形状乙烯—乙酸乙烯酯共聚物 | 0 | | 5 | 0 | 6 | 0 | 0 | 0 | 0 | 1.3 | 0 | 0 | 6 | | | | | | | | 0 | 0 | |
| 39014010 | 乙烯—丙烯共聚物(乙丙橡胶) | | | 5 | 0 | | 0 | 0 | 0 | 0 | 1.3 | 0 | 0 | 4.7 | | 0 | 0 | | | | | 0 | 0 | |
| 39014020 | 线型低密度聚乙烯 | | | 5 | 0 | | 0 | | 0 | 0 | 1.3 | | 0 | | | 0 | | | | | | 0 | 0 | 0 |
| 39014090 | 其他乙烯-α-烯烃共聚物,比重小于0.94 | 0 | 0 | 5 | 0 | 6.3 | 0 | 0 | 0 | 0 | 1.3 | 0 | 0 | 4.6 | | 0 | 0 | | | | | 0 | 0 | |
| 39019010 | 初级形状的乙烯丙烯共聚物(乙丙橡胶,乙烯单体单元的含量大于丙烯单体单元) | | | 5 | 0 | | 0 | 0 | 0 | 0 | 1.3 | 0 | 0 | 4.7 | | 0 | 0 | | | | | 0 | 0 | |
| 39019090 | 其他初级形状的乙烯聚合物 | 0 | 0 | 5 | 0 | 6.3 | 0 | 0 | 0 | 0 | 1.3 | 0 | 0 | 4.6 | | 0 | 0 | | | | | 0 | 0 | |
| 39021000 | 初级形状的聚丙烯 | 0 | 0 | 5 | 0 | | 0 | | 0 | 0 | 1.3 | 4 | 0 | | | 0 | | | | | | | | |
| 39022000 | 初级形状的聚异丁烯 | | | 5 | 0 | | 0 | 0 | 0 | 0 | 1.3 | 0 | 0 | | | | 0 | | | | | 0 | 0 | 0 |
| 39023010 | 初级形状的乙烯丙烯共聚物(乙丙橡胶,丙烯单体单元的含量大于乙烯单体单元)) | 0 | | 5 | 0 | 6 | 0 | 0 | 0 | 0 | 1.3 | 0 | 0 | 4.7 | 0 | 0 | 0 | | | | | 0 | 0 | 0 |
| 39023090 | 初级形状的其他丙烯共聚物 | 0 | | 5 | 0 | 6 | 0 | 0 | 0 | 0 | 1.3 | 0 | 0 | 6 | | 0 | | | | | | 0 | 0 | 0 |
| 39029000 | 其他初级形状的烯烃聚合物 | | | 5 | 0 | | 0 | 0 | 0 | 0 | 1.3 | 0 | 0 | | 0 | 0 | 0 | | | | | 0 | 0 | 0 |
| 39031100 | 初级形状的可发性聚苯乙烯 | | | 5 | 0 | 6 | 0 | 0 | 0 | 0 | 1.3 | 0 | 0 | 6 | | 0 | 5.2 | | | | | 0 | 0 | 0 |
| 39031910 | 初级形状的改性非可发性聚苯乙烯 | 0 | | 5 | 0 | 6 | 0 | 0 | 0 | 0 | 1.3 | 0 | 0 | 5.2 | | 0 | | | | | | 0 | 0 | 0 |
| 39031990 | 初级形状的其他聚苯乙烯 | 0 | | 5 | 0 | 6 | 0 | 0 | 0 | 0 | 1.3 | 0 | 0 | 5.2 | | 0 | | | | | | 0 | 0 | 0 |
| 39032000 | 初级形状苯乙烯—丙烯腈共聚物 | | | 6 | 0 | | 0 | 0 | 0 | 0 | 2.4 | 6 | 0 | 10 | 0 | 0 | 0 | | | | | 0 | 0 | |
| 39033010 | 初级形状的改性丙烯腈—丁二烯—苯乙烯共聚物 | 0 | 0 | 5 | 0 | 6 | 0 | 0 | 0 | 0 | 1.3 | 4 | 0 | 5.2 | | 0 | | | | | | 0 | 0 | 0 |

| 税则号列 | 商品描述[①] | 协定税率(%) | | | | | | | | | | | | | | | | 特惠税率(%) | | | | | | |
|---|---|---|---|---|---|---|---|---|---|---|---|---|---|---|---|---|---|---|---|---|---|---|---|---|
| | | 香港 | 澳门 | 巴基斯坦 | 东盟 | 亚太 | 智利 | 秘鲁 | 哥斯达黎加 | 新西兰 | 澳大利亚 | 瑞士 | 冰岛 | 韩国 | 台湾 | 新加坡 | 格鲁吉亚 | 亚太2国[②] | 东盟 老挝 | 东盟 柬埔寨 | 东盟 缅甸 | 最不发达国家 LDC97[③] | 最不发达国家 LDC95[④] | 最不发达国家 LDC60[⑤] |
| 39033090 | 其他丙烯腈—丁二烯—苯乙烯共聚物 | 0 | 0 | 5 | 0 | 6 | 0 | 0 | 0 | 0 | 1.3 | 3.2 | 0 | 5.2 | | 0 | | | | | | 0 | 0 | 0 |
| 39039000 | 初级形状的其他苯乙烯聚合物 | 0 | | 5 | 0 | 6 | 0 | 0 | 0 | 0 | 1.3 | 0 | 0 | 4.7 | 0 | 0 | 0 | | | | | 0 | 0 | 0 |
| 39041010 | 聚氯乙烯糊树脂 | | | 6 | 0 | 6 | 0 | 0 | 0 | 0 | 1.3 | 0 | 0 | 5.2 | | 0 | 5.2 | | | | | 0 | 0 | 0 |
| 39041090 | 其他初级形状的纯聚氯乙烯 | | | 6 | 0 | 6 | 0 | 0 | 0 | 0 | 1.3 | 0 | 0 | 4.6 | | 0 | | | | | | 0 | 0 | 0 |
| 39042100 | 初级形状未塑化的聚氯乙烯 | 0 | | 5 | 0 | | 0 | 0 | 0 | 0 | 1.3 | 0 | 0 | 5.2 | | 0 | 5.2 | | | | | 0 | 0 | 0 |
| 39042200 | 初级形状已塑化的聚氯乙烯 | 0 | | | 0 | | 0 | 0 | 0 | 0 | 1.3 | 0 | 0 | 5.2 | | 0 | | | | | | 0 | 0 | 0 |
| 39043000 | 氯乙烯—乙酸乙烯酯共聚物 | | | 5 | 0 | 8.6 | 0 | 0 | 0 | 0 | 1.8 | 0 | 0 | 6.6 | | | 0 | | | | | 0 | 0 | 0 |
| 39044000 | 初级形状的其他氯乙烯共聚物 | | | 6 | 0 | 11.4 | 0 | 1.2 | 0 | 0 | 2.4 | 6 | 0 | 8.8 | | 0 | 0 | | | | | 0 | 0 | |
| 39045000 | 初级形状的偏二氯乙烯聚合物 | | | 5 | 0 | | 0 | 0 | 0 | 0 | 1.3 | 0 | 0 | 1.3 | | | 0 | | | | | 0 | 0 | 0 |
| 39046100 | 初级形状的聚四氟乙烯 | | | 5 | 0 | | 0 | 0 | 0 | 0 | 2 | 0 | 0 | 6 | | 0 | 0 | | | | | 0 | 0 | 0 |
| 39046900 | 初级形状的其他氟聚合物 | | | 5 | 0 | | 0 | 0 | 0 | 0 | 1.3 | 0 | 0 | 1.3 | | | 0 | | | | | 0 | 0 | 0 |
| 39049000 | 初级形状的其他卤化烯烃聚合物 | | | 5 | 0 | | 0 | 0 | 0 | 0 | 2 | 0 | 0 | 7.3 | | | 0 | | | | | 0 | 0 | 0 |
| 39051200 | 聚乙酸乙烯酯的水分散体 | | | | 0 | | 0 | 1 | 0 | 0 | 2 | 0 | 0 | 7.3 | | 0 | 0 | | | | | 0 | 0 | |
| 39051900 | 其他初级形状聚乙酸乙烯酯 | | | 5 | 0 | | 0 | 0 | 0 | 0 | 2 | 0 | 0 | 7.3 | | | 0 | | | | | 0 | 0 | |
| 39052100 | 乙酸乙烯酯共聚物的水分散体 | | | 5 | 0 | | 0 | 0 | 0 | 0 | 2 | 0 | 0 | 7.3 | 0 | 0 | 0 | | | | | 0 | 0 | |
| 39052900 | 其他初级形状的乙酸乙烯酯共聚物 | | | 5 | 0 | | 0 | 0 | 0 | 0 | 2 | | 0 | 7.3 | | 0 | 0 | | | | | 0 | 0 | |
| 39053000 | 初级形状的聚乙烯醇(不论是否含有未水解的乙酸酯基) | | | 11.2 | 0 | | 0 | 0 | 0 | 0 | 2.8 | 7 | 0 | 8.4 | 0 | 0 | 0 | | | | | 0 | 0 | |
| 39059100 | 其他乙烯酯或乙烯基的共聚物 | | | 5 | 0 | | 0 | 0 | 0 | 0 | 2 | 0 | 0 | 7.3 | | | 0 | | | | | 0 | 0 | |
| 39059900 | 其他乙烯酯或乙烯基的聚合物 | 0 | | | 0 | | 0 | 1 | 0 | 0 | 2 | 0 | 0 | 7.3 | | | 0 | | | | | 0 | 0 | |
| 39061000 | 初级形状的聚甲基丙烯酸甲酯 | 0 | | 5 | 0 | 6 | 0 | 0 | 0 | 0 | 1.3 | 0 | 0 | 6 | 0 | | 5.2 | | | | | 0 | 0 | 0 |
| 39069010 | 聚丙稀酰胺 | 0 | | 5 | 0 | 6 | 0 | 0 | 0 | 0 | 1.3 | 0 | 0 | 6 | 0 | | 0 | | | | | 0 | 0 | 0 |
| 39069090 | 其他初级形状的丙烯酸聚合物 | 0 | | 5 | 0 | 6 | 0 | 0 | 0 | 0 | 1.3 | 3.2 | 0 | 3.9 | 0 | | 0 | | | | | 0 | 0 | 0 |
| 39071010 | 初级形状的聚甲醛 | 0 | | 5 | 0 | 6 | 0 | 0 | 0 | 0 | 1.3 | 0 | 0 | 4.7 | 0 | 0 | 0 | | | | | 0 | 0 | 0 |
| 39071090 | 其他初级形状的聚缩醛 | 0 | | 5 | 0 | 6 | 0 | 0 | 0 | 0 | 1.3 | 0 | 0 | 1.3 | | 0 | 0 | | | | | 0 | 0 | 0 |
| 39072010 | 聚四亚甲基醚二醇 | | | 5 | 0 | 6 | 0 | 0 | 0 | 0 | 1.3 | 0 | 0 | 0 | 0 | 0 | 0 | | | | | 0 | 0 | 0 |
| 39072090 | 其他初级形状的聚醚 | | | 5 | 0 | 6 | 0 | 0 | 0 | 0 | 1.3 | 3.2 | 0 | 4.7 | | 0 | 0 | | | | | 0 | 0 | 0 |
| 39073000 | 初级形状的环氧树脂 | 0 | | 5 | 0 | 6 | 0 | 0 | 0 | 0 | 1.3 | 4 | 0 | 4.7 | 0 | 0 | 0 | | | | | 0 | 0 | 0 |
| 39074000 | 初级形状的聚碳酸酯 | 0 | | 5 | 0 | 6.1 | 0 | 0 | 0 | 0 | 1.3 | 3.2 | 0 | 4.7 | 0 | | 0 | | | | | 0 | 0 | 0 |
| 39075000 | 初级形状的醇酸树脂 | | | 5 | 0 | 9.5 | 0 | 1 | 0 | 0 | 2 | 0 | 0 | 6 | 0 | 0 | 0 | | | | | 0 | 0 | 0 |
| 39076110 | 高黏度聚对苯二甲酸乙二酯切片 | | | | 5 | | 0 | 0 | 0 | 0 | 1.3 | 0 | 0 | 5.2 | | | 5.2 | | | | | 0 | 0 | 0 |

| 税则号列 | 商品描述[1] | 协定税率(%) | | | | | | | | | | | | | | | | 特惠税率(%) | | | | | | |
|---|---|---|---|---|---|---|---|---|---|---|---|---|---|---|---|---|---|---|---|---|---|---|---|---|
| | | 香港 | 澳门 | 巴基斯坦 | 东盟 | 亚太 | 智利 | 秘鲁 | 哥斯达黎加 | 新西兰 | 澳大利亚 | 瑞士 | 冰岛 | 韩国 | 台湾 | 新加坡 | 格鲁吉亚 | 亚太2国[2] | 东盟 | | | 最不发达国家 | | |
| | | | | | | | | | | | | | | | | | | | 老挝 | 柬埔寨 | 缅甸 | LDC97[3] | LDC95[4] | LDC60[5] |
| 39076190 | 其他黏数在78毫升/克或以上的聚对苯二甲酸乙二酯 | | 0 | | 0 | | 0 | 0 | 0 | 0 | 1.3 | 0 | 0 | 4.7 | | | 0 | | | | | 0 | 0 | 0 |
| 39076910 | 其他聚对苯二甲酸乙二酯切片 | 0 | 0 | | 5 | | 0 | 0 | 0 | 0 | 1.3 | 0 | 0 | 5.2 | | | | | | | | 0 | 0 | 0 |
| 39076990 | 其他初级形状聚对苯二甲酸乙二酯 | | 0 | | 0 | | 0 | 0 | 0 | 0 | 1.3 | 0 | 0 | 4.7 | | | 0 | | | | | 0 | 0 | 0 |
| 39077000 | 聚乳酸 | 0 | 0 | 5 | 0 | 6.2 | 0 | 0 | 0 | 0 | 1.3 | 0 | 0 | 1.3 | | | 0 | | | | | 0 | 0 | 0 |
| 39079100 | 初级形状的不饱和聚酯 | | | 5 | 0 | | 0 | 0 | 0 | 0 | 1.3 | 0 | 0 | 3.9 | 0 | 0 | 0 | | | | | 0 | 0 | 0 |
| 39079910 | 聚对苯二甲酸丁二酯 | 0 | 0 | 5 | 0 | 6.2 | 0 | 0 | 0 | 0 | 1.3 | 0 | 0 | 4.7 | | | | | | | | 0 | 0 | 0 |
| 39079991 | 聚对苯二甲酸-己二酸-丁二醇酯 | 0 | 0 | 5 | 0 | 6.2 | 0 | 0 | 0 | 0 | 1.3 | 0 | 0 | 0 | 0 | | 0 | | | | | 0 | 0 | 0 |
| 39079999 | 其他聚酯 | 0 | 0 | 5 | 0 | 6.2 | 0 | 0 | 0 | 0 | 1.3 | 0 | 0 | 0 | 0 | | 0 | | | | | 0 | 0 | 0 |
| 39081011 | 聚酰胺-6,6切片 | 0 | | 5 | 0 | | 0 | 0 | 0 | 0 | 1.3 | 3.2 | 0 | | | 0 | | | | | | 0 | 0 | 0 |
| 39081012 | 聚酰胺-6切片 | 0 | | 5 | 0 | | 0 | 0 | 0 | 0 | 1.3 | 4 | 0 | | | 0 | | | | | | 0 | 0 | 0 |
| 39081019 | 初级形状聚酰胺切片 | 0 | | 5 | 0 | | 0 | 0 | 0 | 0 | 1.3 | 4 | 0 | | | 0 | | | | | | 0 | 0 | 0 |
| 39081090 | 其他初级形状的聚酰胺 | 0 | | 5 | 0 | | 0 | 0 | 0 | 0 | 1.3 | 3.2 | 0 | | | | | | | | | 0 | 0 | 0 |
| 39089010 | 芳香族聚酰胺及其共聚物 | 0 | | 5 | 0 | | 0 | 0 | 0 | 0 | 2 | | 0 | | | 0 | | | | | | 0 | 0 | 0 |
| 39089020 | 半芳香族聚酰胺及其共聚物 | 0 | | 5 | 0 | | 0 | 0 | 0 | 0 | 2 | | 0 | | | 0 | | | | | | 0 | 0 | 0 |
| 39089090 | 初级形状的其他聚酰胺 | 0 | | 5 | 0 | | 0 | 0 | 0 | 0 | 2 | | 0 | | | 0 | | | | | | 0 | 0 | 0 |
| 39091000 | 初级形状的尿素树脂及硫尿树脂 | | | 5 | 0 | 6.1 | 0 | 0 | 0 | 0 | 1.3 | 0 | 0 | 0 | 0 | | 0 | | | | | 0 | 0 | 0 |
| 39092000 | 初级形状的蜜胺树脂 | | | 5 | 0 | 6.1 | 0 | 0 | 0 | 0 | 1.3 | 0 | 0 | 0 | 0 | | 0 | | | | | 0 | 0 | 0 |
| 39093100 | 聚合MDI | 0 | | 5 | 0 | 6 | 0 | 0 | 0 | 0 | 1.3 | 0 | 0 | 4.7 | | 0 | 0 | | | | | 0 | 0 | 0 |
| 39093900 | 其他初级形状的其他氨基树脂 | | | 5 | 0 | | 0 | 0 | 0 | 0 | 1.3 | 0 | 0 | 0 | 0 | 0 | 0 | | | | | 0 | 0 | 0 |
| 39094000 | 初级形状的酚醛树脂 | | | 5 | 0 | 6.1 | 0 | 0 | 0 | 0 | 1.3 | 0 | 0 | 3.9 | 0 | | 0 | | | | | 0 | 0 | 0 |
| 39095000 | 初级形状的聚亚氨酯 | 0 | 0 | 5 | 0 | 6 | 0 | 0 | 0 | 0 | 1.3 | 0 | 0 | 0 | 0 | 0 | 0 | | | | | 0 | 0 | 0 |
| 39100000 | 初级形状的聚硅氧烷 | 0 | | 5 | 0 | 6.1 | 0 | 0 | 0 | 0 | 1.3 | 0 | 0 | 3.9 | 0 | | 0 | | | | | 0 | 0 | 0 |
| 39111000 | 初级形状的石油树脂、苯并呋喃—茚树脂、多萜树脂 | | | 5 | 0 | 6.1 | 0 | 0 | 0 | 0 | 1.3 | 0 | 0 | 4.7 | 0 | | 0 | | | | | 0 | 0 | 0 |
| 39119000 | 其他初级形状的多硫化物、聚砜及第三十九章注释三所规定的其他编号未列名新产品 | | | 5 | 0 | | 0 | 0 | 0 | 0 | 1.3 | 0 | 0 | 1.3 | | | 0 | | | | | 0 | 0 | 0 |
| 39121100 | 初级形状的未塑化醋酸纤维素 | | | 5 | 0 | | 0 | 0 | 0 | 0 | 1.3 | 0 | 0 | 3.9 | | | 0 | | | | | 0 | 0 | |
| 39121200 | 初级形状的已塑化醋酸纤维素 | | | 5 | 0 | | 0 | 0 | 0 | 0 | 1.3 | 0 | 0 | 1.3 | | | 0 | | | | | 0 | 0 | |
| 39122000 | 初级形状的硝酸纤维素 | | | 5 | 0 | | 0 | 0 | 0 | 0 | 1.3 | 0 | 0 | 1.3 | | | 0 | | | | | 0 | 0 | |
| 39123100 | 初级形状的羧甲基纤维素及其盐 | | | 5 | 0 | | 0 | 0 | 0 | 0 | 1.3 | 0 | 0 | 1.3 | | | 0 | | | | | 0 | 0 | |
| 39123900 | 初级形状的其他纤维素醚 | | | 5 | 0 | | 0 | 0 | 0 | 0 | 1.3 | 0 | 0 | 1.3 | | | 0 | | | | | 0 | 0 | |
| 39129000 | 初级形状的其他未列名的纤维素(包括化学衍生物) | 0 | | 5 | 0 | | 0 | 0 | 0 | 0 | 1.3 | 0 | 0 | 1.3 | | | 0 | | | | | 0 | 0 | |

| 税则号列 | 商品描述[①] | 协定税率(%) | | | | | | | | | | | | | | | | 特惠税率(%) | | | | | | |
|---|---|---|---|---|---|---|---|---|---|---|---|---|---|---|---|---|---|---|---|---|---|---|---|---|
| | | 香港 | 澳门 | 巴基斯坦 | 东盟 | 亚太 | 智利 | 秘鲁 | 哥斯达黎加 | 新西兰 | 澳大利亚 | 瑞士 | 冰岛 | 韩国 | 台湾 | 新加坡 | 格鲁吉亚 | 亚太 2 国[②] | 东盟 | | | 最不发达国家 | | |
| | | | | | | | | | | | | | | | | | | | 老挝 | 柬埔寨 | 缅甸 | LDC97[③] | LDC95[④] | LDC60[⑤] |
| 39131000 | 初级形状的藻酸及盐和酯 | | | 5 | 0 | | 0 | | 0 | 0 | 2 | 0 | 0 | 6 | | 0 | 0 | | | | | 0 | 0 | 0 |
| 39139000 | 初级形状的其他未列名天然聚合物(包括改性天然聚合物) | | | 5 | 0 | | 0 | 0 | 0 | 0 | 1.3 | 0 | 1.1 | 1.3 | | | 5.2 | | | | | 0 | 0 | 0 |
| 39140000 | 初级形状的离子交换剂 | | | 5 | 0 | | 0 | 0 | 0 | 0 | 1.3 | 0 | | 1.3 | | | 0 | | | | | 0 | 0 | 0 |
| 39151000 | 乙烯聚合物的废碎料及下脚料 | 0 | 0 | 5 | 0 | | 0 | 0 | 0 | 0 | 1.3 | 0 | 0 | 4.7 | | 0 | 0 | | | | | 0 | 0 | 0 |
| 39152000 | 苯乙烯聚合物的废碎料及下脚料 | 0 | 0 | 5 | 0 | | 0 | 0 | 0 | 0 | 1.3 | 0 | 0 | 4.7 | | 0 | 0 | | | | | 0 | 0 | 0 |
| 39153000 | 氯乙烯聚合物的废碎料及下脚料 | 0 | 0 | 5 | 0 | | 0 | 0 | 0 | 0 | 1.3 | 0 | 0 | 4.7 | | 0 | 0 | | | | | 0 | 0 | 0 |
| 39159010 | 聚对苯二甲酸乙二酯的塑料废碎料及下脚料 | 0 | 0 | 5 | 0 | | 0 | 0 | 0 | 0 | 1.3 | 3.2 | 0 | 4.7 | | 0 | 0 | | | | | 0 | 0 | 0 |
| 39159090 | 其他塑料的废碎料及下脚料 | 0 | 0 | 5 | 0 | | 0 | 0 | 0 | 0 | 1.3 | 3.2 | 0 | 4.7 | | 0 | 0 | | | | | 0 | 0 | 0 |
| 39161000 | 乙烯聚合物制单丝、条、杆及型材 | | | 5 | 0 | | 0 | 1 | 0 | 0 | 2 | 0 | 0 | 6 | | 0 | 0 | | | | | 0 | 0 | |
| 39162010 | 聚氯乙烯异型材 | | | 5 | 0 | 7 | 0 | 0 | 0 | 0 | 2 | 0 | 0 | 6 | | | 0 | | | | | 0 | 0 | |
| 39162090 | 氯乙烯聚合物制单丝、条、杆及型材 | | | 5 | 0 | 7 | 0 | 0 | 0 | 0 | 2 | 0 | 0 | 6 | | | 0 | | | | | 0 | 0 | |
| 39169010 | 聚酰胺制的单丝、条、杆及型材 | 0 | | 5 | 0 | | 0 | 0 | 0 | 0 | 2 | 0 | 0 | 6 | | 0 | 0 | | | | | 0 | 0 | |
| 39169090 | 其他塑料制单丝、条、杆及型材 | | | 5 | 0 | | 0 | 0 | 0 | 0 | 2 | 0 | 0 | 6 | | 0 | 0 | | | | | 0 | 0 | |
| 39171000 | 硬化蛋白或纤维素材料制人造肠衣 | | | 5 | 0 | | 0 | 0 | 0 | 0 | 2 | 0 | 0 | 6 | | | 0 | | | | | 0 | 0 | |
| 39172100 | 乙烯聚合物制的硬管 | | | 5 | 0 | | 0 | 1 | 0 | 0 | 2 | 0 | 0 | 6 | | 0 | 0 | | | | | 0 | 0 | 0 |
| 39172200 | 丙烯聚合物制的硬管 | | | 5 | 0 | | 0 | 0 | 0 | 0 | 2 | 0 | 0 | 6 | | | 0 | | | | | 0 | 0 | 0 |
| 39172300 | 氯乙烯聚合物制的硬管 | 0 | | 5 | 0 | | 0 | 1 | 0 | 0 | 2 | 0 | 0 | 6 | | 0 | 0 | | | | | 0 | 0 | 0 |
| 39172900 | 其他塑料制的硬管 | | | 5 | 0 | | 0 | 0 | 0 | 0 | 2 | 5 | 0 | 6 | | 0 | 0 | | | | | 0 | 0 | 0 |
| 39173100 | 塑料制的软管 | 0 | | 5 | 0 | 7 | 0 | 0 | 0 | 0 | 2 | 0 | 0 | 2 | | 0 | 0 | | | | | 0 | 0 | 0 |
| 39173200 | 其他未装有附件的塑料制管子 | | | 0 | 0 | 4.6 | 0 | 0 | 0 | 0 | 1.3 | 3.2 | 0 | 1.3 | | | 0 | | | | | 0 | 0 | 0 |
| 39173300 | 其他装有附件的塑料管子 | | | 0 | 0 | 4.6 | 0 | 0 | 0 | 0 | 1.3 | 0 | 0 | 1.3 | | | 0 | | | | | 0 | 0 | 0 |
| 39173900 | 塑料制的其他管子 | | | 4.5 | 0 | 4.5 | 0 | 0 | 0 | 0 | 1.3 | 0 | 0 | 4.7 | | 0 | 0 | | | | | 0 | 0 | 0 |
| 39174000 | 塑料制的管子附件 | | | 5 | 0 | 7 | 0 | 1 | 0 | 0 | 2 | 5 | 0 | 2 | | 0 | 0 | | | | | 0 | 0 | 0 |
| 39181010 | 氯乙烯聚合物制糊墙品 | | | 5 | 0 | | 0 | 1 | 0 | 0 | 2 | 0 | 0 | 6 | | | 0 | | | | | 0 | 0 | |
| 39181090 | 氯乙烯聚合物制的铺地制品 | | | 5 | 0 | | 0 | 1 | 0 | 0 | 2 | 5 | 0 | | | | 0 | | | | | 0 | 0 | |
| 39189010 | 其他塑料制的糊墙品 | 0 | | 5 | 0 | | 0 | 0 | 0 | 0 | 2 | 0 | 0 | 6 | | | 0 | | | | | 0 | 0 | |
| 39189090 | 其他塑料制的铺地制品 | 0 | | 5 | 0 | | 0 | 0 | 0 | 0 | 2 | 0 | 0 | 6 | | | 0 | | | | | 0 | 0 | |
| 39191010 | 丙烯酸树脂为基本成分的成卷胶粘板、片、条等,宽度≤20 厘米 | | | 5 | 0 | | 0 | 0 | 0 | 0 | 1.3 | 0 | 0 | 1.3 | | | 0 | | | | | 0 | 0 | 0 |
| 39191091 | 宽度≤20 厘米成卷的胶囊型反光膜 | | | 5 | 0 | | 0 | 0 | 0 | 0 | 1.3 | 0 | 0 | 1.3 | | | 0 | | | | | 0 | 0 | 0 |

| 税则号列 | 商品描述[①] | 协定税率(%) | | | | | | | | | | | | | | | | 特惠税率(%) | | | | | | |
|---|---|---|---|---|---|---|---|---|---|---|---|---|---|---|---|---|---|---|---|---|---|---|---|---|
| | | 香港 | 澳门 | 巴基斯坦 | 东盟 | 亚太 | 智利 | 秘鲁 | 哥斯达黎加 | 新西兰 | 澳大利亚 | 瑞士 | 冰岛 | 韩国 | 台湾 | 新加坡 | 格鲁吉亚 | 亚太2国[②] | 东盟 | | | 最不发达国家 | | |
| | | | | | | | | | | | | | | | | | | | 老挝 | 柬埔寨 | 缅甸 | LDC97[③] | LDC95[④] | LDC60[⑤] |
| 39191099 | 其他材料制的,宽度≤20厘米的其他成卷塑料胶粘板、片等 | | | 5 | 0 | | 0 | 0 | 0 | 0 | 1.3 | 3.2 | 0 | | 0 | | 0 | | | | | 0 | 0 | 0 |
| 39199010 | 其他胶囊型反光膜 | 0 | | 0 | 0 | 4.6 | 0 | 0 | 0 | 0 | 1.3 | 0 | 0 | 4.7 | | | 0 | | | | | 0 | 0 | 0 |
| 39199090 | 其他自粘塑料板、片、膜等材料 | 0 | | 0 | 0 | 4.6 | 0 | 0 | 0 | 0 | 1.3 | 0 | 0 | 4.7 | 0 | | 0 | | | | | 0 | 0 | 0 |
| 39201010 | 乙烯聚合物制电池隔膜 | 0 | | 0 | 0 | 4.6 | 0 | 0 | 0 | 0 | 1.3 | 0 | 0 | 3.9 | | | 0 | | | | | 0 | 0 | 0 |
| 39201090 | 其他乙烯聚合物制板、片、带 | 0 | 0 | 0 | 0 | 4.6 | 0 | 0 | 0 | 0 | 1.3 | 3.2 | 0 | 4.7 | 0 | | 0 | | | | | 0 | 0 | 0 |
| 39202010 | 丙烯聚合物制电池隔膜 | 0 | | 5 | 0 | | 0 | 0 | 0 | 0 | 1.3 | 0 | 0 | | | | 0 | | | | | 0 | 0 | 0 |
| 39202090 | 其他丙烯聚合物制板、片、带 | 0 | 0 | 5 | 0 | | 0 | 0 | 0 | 0 | 1.3 | 3.2 | 0 | 3.9 | 0 | | 0 | | | | | 0 | 0 | 0 |
| 39203000 | 非泡沫聚苯乙烯板、片、膜、箔及扁条 | 0 | | 0 | 0 | 4.6 | 0 | 0 | 0 | 0 | 1.3 | 0 | 0 | 3.9 | 0 | | 0 | | | | | 0 | 0 | 0 |
| 39204300 | 按重量计增塑剂含量≥6%的聚氯乙烯板、片、膜、箔及扁条 | 0 | | 4.5 | 0 | 4.5 | 0 | 0 | 0 | 0 | 1.3 | 0 | 0 | 3.9 | 0 | 0 | 0 | | | | | 0 | 0 | 0 |
| 39204900 | 按重量计增塑剂含量<6%的聚氯乙烯板、片、膜、箔及扁条 | 0 | 0 | 4.5 | 0 | 4.5 | 0 | 0 | 0 | 0 | 1.3 | 3.2 | 0 | 4.7 | 0 | | 0 | | | | | 0 | 0 | 0 |
| 39205100 | 聚甲基丙烯酸甲酯板、片、膜、箔及扁条 | | | 0 | 0 | 4.6 | 0 | 0 | 0 | 0 | 1.3 | 0 | 0 | 3.9 | 0 | | 0 | | | | | 0 | 0 | 0 |
| 39205900 | 其他丙烯酸聚合物板、片、膜、箔及扁条 | | | 5 | 0 | | 0 | 0 | 0 | 0 | 1.3 | 0 | 0 | 4.7 | | | 0 | | | | | 0 | 0 | 0 |
| 39206100 | 聚碳酸酯制板、片、膜、箔及扁条 | | | 0 | 0 | 4.6 | 0 | 0 | 0 | 0 | 1.3 | 0 | 0 | 4.7 | 0 | | 0 | | | | | 0 | 0 | 0 |
| 39206200 | 聚对苯二甲酸乙二酯板、片、膜、箔及扁条 | 0 | 0 | 0 | 0 | 4.6 | 0 | 0 | 0 | 0 | 1.3 | 0 | 0 | 4.7 | 0 | | 0 | | | | | 0 | 0 | 0 |
| 39206300 | 不饱和聚酯板、片、膜、箔及扁条 | | | 5 | 0 | | 0 | 0 | 0 | 0 | 2 | 0 | 0 | 6 | | | 0 | | | | | 0 | 0 | 0 |
| 39206900 | 其他聚酯板、片、膜、箔及扁条 | | | 5 | 0 | 9 | 0 | 1 | 0 | 0 | 2 | 0 | 0 | 8 | 0 | 0 | 0 | | | | | 0 | 0 | 0 |
| 39207100 | 再生纤维素制板、片、膜、箔及扁条 | | | 5 | 0 | | 0 | 0 | 0 | 0 | 1.3 | 0 | 0 | 3.9 | | | 0 | | | | | 0 | 0 | 0 |
| 39207300 | 醋酸纤维素制板、片、膜、箔及扁条 | 0 | | 5 | 0 | | 0 | 0 | 0 | 0 | 1.3 | 0 | 0 | 1.3 | | | 0 | | | | | 0 | 0 | 0 |
| 39207900 | 纤维素衍生物制板、片、膜、箔及扁条 | | | 5 | 0 | | 0 | 0 | 0 | 0 | 2 | 0 | 0 | 6 | | | 0 | | | | | 0 | 0 | 0 |
| 39209100 | 聚乙烯醇缩丁醛板、片、膜、箔及扁条 | | | 5 | 0 | | 0 | 0 | 0 | 0 | 1.3 | 0 | 0 | 4.7 | | | 0 | | | | | 0 | 0 | 0 |
| 39209200 | 聚酰胺板、片、膜、箔及扁条 | | | 5 | 0 | | 0 | 0 | 0 | 0 | 2 | 0 | 0 | 2 | | 0 | 0 | | | | | 0 | 0 | 0 |
| 39209300 | 氨基树脂板、片、膜、箔及扁条 | | | 5 | 0 | | 0 | 0 | 0 | 0 | 1.3 | 0 | 0 | 1.3 | | | 0 | | | | | 0 | 0 | 0 |
| 39209400 | 酚醛树脂板、片、膜、箔及扁条 | | | 5 | 0 | 7 | 0 | 0 | 0 | 0 | 2 | 0 | 0 | 6 | | 0 | 0 | | | | | 0 | 0 | 0 |
| 39209910 | 聚四氟乙烯制的非泡沫塑料板、片 | | | 5 | 0 | | 0 | 0 | 0 | 0 | 1.3 | 0 | 0 | 4.7 | | | 0 | | | | | 0 | 0 | 0 |

| 税则号列 | 商品描述① | 协定税率(%) | | | | | | | | | | | | | | | | 特惠税率(%) | | | | | | |
|---|---|---|---|---|---|---|---|---|---|---|---|---|---|---|---|---|---|---|---|---|---|---|---|---|
| | | 香港 | 澳门 | 巴基斯坦 | 东盟 | 亚太 | 智利 | 秘鲁 | 哥斯达黎加 | 新西兰 | 澳大利亚 | 瑞士 | 冰岛 | 韩国 | 台湾 | 新加坡 | 格鲁吉亚 | 亚太2国② | 东盟 | | | 最不发达国家 | | |
| | | | | | | | | | | | | | | | | | | | 老挝 | 柬埔寨 | 缅甸 | LDC97③ | LDC95④ | LDC60⑤ |
| 39209990 | 其他塑料制的非泡沫塑料板、片 | 0 | | 5 | 0 | | 0 | 0 | 0 | 0 | 1.3 | 0 | 0 | 3.9 | 0 | | 0 | | | | | 0 | 0 | 0 |
| 39211100 | 泡沫聚苯乙烯板、片、带、箔及扁条 | | | 5 | 0 | 9 | 0 | 0 | 0 | 0 | 2 | 0 | 0 | 6 | | | 0 | | | | | 0 | 0 | 0 |
| 39211210 | 泡沫聚氯乙烯人造革及合成革 | 0 | | 5 | 0 | | 0 | 0 | 0 | 0 | 1.8 | 0 | 0 | 6.6 | 0 | 0 | 0 | | | | | 0 | 0 | 0 |
| 39211290 | 泡沫聚氯乙烯板、片、带、箔及扁条 | 0 | | 5 | 0 | | 0 | 0 | 0 | 0 | 1.3 | 3.2 | 0 | 1.3 | | | 0 | | | | | 0 | 0 | 0 |
| 39211310 | 泡沫聚氨酯制人造革及合成革 | 0 | | 5 | 0 | 6.3 | 0 | 0 | 0 | 0 | 1.8 | 0 | 0 | 6.6 | 0 | 0 | 0 | | | | | 0 | 0 | 0 |
| 39211390 | 泡沫聚氨酯板、片、带、箔及扁条 | 0 | | 0 | 0 | 4.6 | 0 | 0 | 0 | 0 | 1.3 | 0 | 0 | 3.9 | | | 0 | | | | | 0 | 0 | 0 |
| 39211400 | 泡沫再生纤维素板、片、膜、箔及扁条 | | | 5 | 0 | | 0 | 0 | 0 | 0 | 2 | 0 | 0 | 6 | | | 0 | | | | | 0 | 0 | 0 |
| 39211910 | 其他泡沫塑料制人造革及合成革 | | | 5 | 0 | 6.3 | 0 | 0 | 0 | 0 | 1.8 | 0 | 0 | 6.6 | | | 0 | | | | | 0 | 0 | 0 |
| 39211990 | 其他泡沫塑料板、片、膜、箔及扁条 | | | 0 | 0 | 4.6 | 0 | 0 | 0 | 0 | 1.3 | 3.2 | 0 | 4.7 | 0 | | 0 | | | | | 0 | 0 | 0 |
| 39219020 | 嵌有玻璃纤维的聚乙烯板、片 | 0 | | 0 | 0 | 4.6 | 0 | 0 | 0 | 0 | 1.3 | 3.2 | 0 | 1.3 | | | 0 | | | | | 0 | 0 | 0 |
| 39219030 | 聚异丁烯为基本成分的附有人造毛毡的板、片、卷材 | 0 | | 0 | 0 | 4.6 | 0 | 0 | 0 | 0 | 1.3 | 0 | 0 | 3.9 | | | 0 | | | | | 0 | 0 | 0 |
| 39219090 | 未列名塑料板、片、膜、箔及扁条 | 0 | | 0 | 0 | 4.6 | 0 | 0 | 0 | 0 | 1.3 | 3.2 | 0 | 4.7 | 0 | | 0 | | | | | 0 | 0 | 0 |
| 39221000 | 塑料浴缸、淋浴盘及盥洗盆 | | 0 | 5 | 0 | | 0 | 0 | 0 | 0 | 2 | 0 | 0 | 6 | | | 0 | | 0 | | | 0 | 0 | 0 |
| 39222000 | 塑料马桶坐圈及盖 | | 0 | 5 | 0 | | 0 | 1 | 0 | 0 | 2 | 0 | 0 | 6 | | | 0 | | 0 | | | 0 | 0 | 0 |
| 39229000 | 塑料便盆、抽水箱等类似卫生洁具 | | | 5 | 0 | | 0 | 0 | 0 | 0 | 2 | 0 | 0 | 6 | | | 0 | | | | | 0 | 0 | 0 |
| 39231000 | 塑料制盒、箱及类似品 | 0 | 0 | 5 | 0 | 7 | 0 | 1 | 0 | 0 | 2 | 0 | 0 | 8 | 0 | 0 | 0 | | | | | 0 | 0 | 0 |
| 39232100 | 乙烯聚合物制袋及包 | 0 | 0 | 5 | 0 | | 0 | 1 | 0 | 0 | 2 | 0 | 0 | 2 | | 0 | 0 | | | | | 0 | 0 | |
| 39232900 | 其他塑料制的袋及包 | 0 | 0 | 5 | 0 | | 0 | 1 | 0 | 0 | 2 | 0 | 0 | 7.3 | | 0 | 0 | | | | | 0 | 0 | 0 |
| 39233000 | 塑料制坛、瓶及类似品 | 0 | | 5 | 0 | | 0 | | 0 | 0 | 1.3 | 0 | 0 | 4.7 | | 0 | 0 | | | | | 0 | 0 | 0 |
| 39234000 | 塑料制卷轴、纡子、筒管及类似品 | | | 5 | 0 | 7 | 0 | 0 | 0 | 0 | 2 | 0 | 0 | 7.3 | | 0 | 0 | | | | | 0 | 0 | |
| 39235000 | 塑料制塞子、盖子及类似品 | 0 | | 5 | 0 | | 0 | 1 | 0 | 0 | 2 | 5 | 0 | 6 | 0 | 0 | 0 | | | | | 0 | 0 | 0 |
| 39239000 | 供运输或包装货物用其他塑料制品 | 0 | 0 | 5 | 0 | 7 | 0 | 1 | 0 | 0 | 2 | 0 | 0 | 8 | 0 | 0 | 0 | | | | | 0 | 0 | |
| 39241000 | 塑料制餐具及厨房用具 | 0 | 0 | 5 | 0 | | 0 | 1 | 0 | 0 | 2 | 0 | 0 | 7.3 | | 0 | 0 | 0 | | | | 0 | 0 | 0 |
| 39249000 | 塑料制其他家庭用具及卫生或盥洗用具 | 0 | 0 | 5 | 0 | | 0 | 1 | 0 | 0 | 2 | 0 | 0 | 6 | | 0 | 0 | | | | | 0 | 0 | 0 |
| 39251000 | 塑料制囤、柜、罐、桶及类似容器 | | | 5 | 0 | | 0 | 1 | 0 | 0 | 2 | 0 | 0 | 6 | | | 0 | | | | | 0 | 0 | 0 |
| 39252000 | 塑料制门、窗及其框架、门槛 | | | 5 | 0 | 7 | 0 | 1 | 0 | 0 | 2 | 0 | 0 | 6 | | | 0 | | | | | 0 | 0 | |

| 税则号列 | 商品描述[1] | 协定税率(%) | | | | | | | | | | | | | | | | 特惠税率(%) | | | | | | |
|---|---|---|---|---|---|---|---|---|---|---|---|---|---|---|---|---|---|---|---|---|---|---|---|---|
| | | 香港 | 澳门 | 巴基斯坦 | 东盟 | 亚太 | 智利 | 秘鲁 | 哥斯达黎加 | 新西兰 | 澳大利亚 | 瑞士 | 冰岛 | 韩国 | 台湾 | 新加坡 | 格鲁吉亚 | 亚太2国[2] | 东盟 | | | 最不发达国家 | | |
| | | | | | | | | | | | | | | | | | | | 老挝 | 柬埔寨 | 缅甸 | LDC97[3] | LDC95[4] | LDC60[5] |
| 39253000 | 塑料制窗板、百叶窗及类似制品 | | | 5 | 0 | | 0 | 0 | 0 | 0 | 2 | 0 | 0 | 6 | | | 0 | | | | | 0 | 0 | |
| 39259000 | 其他未列名的建筑用塑料制品 | 0 | | 5 | 0 | | 0 | 1 | 0 | 0 | 2 | 6.2 | 0 | 6 | | | 0 | | | | | 0 | 0 | |
| 39261000 | 办公室或学校用塑料制品 | | | 5 | 0 | | 0 | 0 | 0 | 0 | 2 | 0 | 0 | 6 | | 0 | 0 | | | | | 0 | 0 | 0 |
| 39262011 | 聚氯乙稀制手套(包括分指手套、连指手套及露指手套) | 0 | | | 0 | | 0 | 0 | 0 | 0 | 2 | 0 | 0 | 6 | | 0 | 0 | | | | | 0 | 0 | |
| 39262019 | 其他手套(包括分指手套、连指手套及露指手套) | 0 | | | 0 | | 0 | 0 | 0 | 0 | 2 | 0 | 0 | 6 | | 0 | 0 | | | | | 0 | 0 | |
| 39262090 | 其他塑料制衣服及衣着附件 | 0 | | | 0 | | 0 | 0 | 0 | 0 | 2 | 0 | 0 | 6 | | 0 | 0 | | | | | 0 | 0 | 0 |
| 39263000 | 塑料制家具、车厢及类似品的附件 | | | 5 | 0 | | 0 | 1 | 0 | 0 | 2 | 0 | 0 | 7.3 | | 0 | 0 | | | | | 0 | 0 | 0 |
| 39264000 | 塑料制小雕塑品及其他装饰品 | | | 5 | 0 | 8.3 | 0 | 0 | 0 | 0 | 2 | 0 | 0 | 6 | | | 0 | | | | | 0 | 0 | 0 |
| 39269010 | 塑料制机器及仪器用零件 | 0 | 0 | 5 | 0 | 9 | 0 | 1 | 0 | 0 | 2 | 5 | 0 | 6 | 0 | 0 | 0 | | | | | 0 | 0 | 0 |
| 39269090 | 其他塑料制品 | 0 | 0 | 9.2 | 0 | 9.2 | 0 | 1 | 0 | 0 | 2 | 5 | 0 | 6 | 0 | 0 | 0 | | | | | 0 | 0 | 0 |
| 40011000 | 天然胶乳 | | | | | | 0 | | 0 | 0 | 4 | 10 | 0 | 14.6 | | | | | | | | | | |
| 40012100 | 天然橡胶烟胶片 | | | 17 | | 17 | 0 | | 0 | 0 | 4 | 10 | 0 | 14.6 | | | | | | | | | | |
| 40012200 | 技术分类天然橡胶(TSNR) | | | | | | 0 | | 0 | 0 | 4 | 10 | 0 | | | | | | | | | | | |
| 40012900 | 其他初级形状的天然橡胶 | | | 17 | | 17 | 0 | | 0 | 0 | 4 | 10 | 0 | | | | | | | | | | | |
| 40013000 | 巴拉塔胶、古塔波胶、银胶菊胶、糖胶树胶及类似的天然树胶 | | | | 0 | | 0 | 2 | 0 | 0 | 4 | 10 | 0 | 14.6 | | 0 | 0 | | | | | 0 | 0 | |
| 40021110 | 羧基丁苯橡胶胶乳 | 0 | | 5 | 0 | | 0 | 0 | 0 | 0 | 1.5 | 0 | 0 | 5.5 | | | 0 | | | | | 0 | 0 | 0 |
| 40021190 | 丁苯橡胶胶乳 | 0 | | 5 | 0 | | 0 | 0 | 0 | 0 | 1.5 | 0 | 0 | 5.5 | | | 0 | | | | | 0 | 0 | 0 |
| 40021911 | 未经任何加工的丁苯橡胶(溶聚的除外) | 0 | | 5 | 0 | | 0 | 0 | 0 | 0 | 1.5 | 0 | 0 | 5.5 | | | 0 | | | | | 0 | 0 | 0 |
| 40021912 | 充油丁苯橡胶(溶聚的除外) | 0 | | 5 | 0 | | 0 | 0 | 0 | 0 | 1.5 | 0 | 0 | 5.5 | | | 0 | | | | | 0 | 0 | 0 |
| 40021913 | 初级形状的热塑丁苯橡胶 | 0 | | 5 | 0 | | 0 | 0 | 0 | 0 | 1.5 | 0 | 0 | 5.5 | | | 0 | | | | | 0 | 0 | 0 |
| 40021914 | 初级形状的充油热塑丁苯橡胶 | 0 | | 5 | 0 | | 0 | 0 | 0 | 0 | 1.5 | 0 | 0 | 5.5 | | | 0 | | | | | 0 | 0 | 0 |
| 40021915 | 未经任何加工的溶聚丁苯橡胶 | 0 | | 5 | 0 | | 0 | 0 | 0 | 0 | 1.5 | 0 | 0 | 5.5 | | | 0 | | | | | 0 | 0 | 0 |
| 40021916 | 充油溶聚丁苯橡胶 | 0 | | 5 | 0 | | 0 | 0 | 0 | 0 | 1.5 | 0 | 0 | 5.5 | | | 0 | | | | | 0 | 0 | 0 |
| 40021919 | 初级形状的其他丁苯橡胶及羧基丁苯橡胶 | 0 | | | 5 | | 0 | 0 | 0 | 0 | 1.5 | 0 | 0 | 5.5 | | | 0 | | | | | 0 | 0 | 0 |
| 40021990 | 丁苯橡胶及羧基丁苯橡胶板、片、带 | 0 | | 5 | 0 | 7.1 | 0 | 0 | 0 | 0 | 1.5 | 0 | 0 | 5.5 | | | 0 | | | | | 0 | 0 | 0 |
| 40022010 | 初级形状的丁二烯橡胶 | | | 5 | 0 | | 0 | 0 | 0 | 0 | 1.5 | 0 | 0 | 5.5 | | | 0 | | | | | 0 | 0 | 0 |
| 40022090 | 丁二烯橡胶板、片、带 | | | 5 | 0 | 7 | 0 | 0 | 0 | 0 | 1.5 | 0 | 0 | 5.5 | | | 0 | | | | | 0 | 0 | 0 |
| 40023110 | 初级形状的异丁烯—异戊二烯橡胶 | | | 5 | 0 | 5.6 | 0 | 0 | 0 | 0 | 1.2 | 0 | 0 | 4.4 | | | 0 | | | | | 0 | 0 | 0 |

| 税则号列 | 商品描述[①] | 协定税率(%) | | | | | | | | | | | | | | | | 特惠税率(%) | | | | | | |
|---|---|---|---|---|---|---|---|---|---|---|---|---|---|---|---|---|---|---|---|---|---|---|---|---|
| | | 香港 | 澳门 | 巴基斯坦 | 东盟 | 亚太 | 智利 | 秘鲁 | 哥斯达黎加 | 新西兰 | 澳大利亚 | 瑞士 | 冰岛 | 韩国 | 台湾 | 新加坡 | 格鲁吉亚 | 亚太2国[②] | 东盟 | | | 最不发达国家 | | |
| | | | | | | | | | | | | | | | | | | | 老挝 | 柬埔寨 | 缅甸 | LDC97[③] | LDC95[④] | LDC60[⑤] |
| 40023190 | 异丁烯—异戊二烯橡胶板、片、带 | | | 5 | 0 | 7.1 | 0 | 0 | 0 | 0 | 1.5 | 0 | 0 | 5.5 | | | 0 | | | | | 0 | 0 | 0 |
| 40023910 | 初级形状的其他卤代丁基橡胶 | | | 5 | 0 | | 0 | 0 | 0 | 0 | 1.5 | 0 | 0 | 5.5 | | | 0 | | | | | 0 | 0 | 0 |
| 40023990 | 卤代丁基橡胶板、片、带 | | | 5 | 0 | 7.1 | 0 | 0 | 0 | 0 | 1.5 | 0 | 0 | 5.5 | | | 0 | | | | | 0 | 0 | 0 |
| 40024100 | 氯丁二烯橡胶胶乳 | | | 5 | 0 | 7.1 | 0 | 0 | 0 | 0 | 1.5 | 0 | 0 | 1.5 | | | 0 | | | | | 0 | 0 | 0 |
| 40024910 | 初级形状的氯丁二烯橡胶 | | | 5 | 0 | | 0 | 0 | 0 | 0 | 1.5 | 0 | 0 | | | | 0 | | | | | 0 | 0 | 0 |
| 40024990 | 氯丁二烯橡胶板、片、带 | | | 5 | 0 | 7.1 | 0 | 0 | 0 | 0 | 1.5 | 0 | 0 | 5.5 | | | 0 | | | | | 0 | 0 | 0 |
| 40025100 | 丁腈橡胶胶乳 | | | 5 | 0 | 7.1 | 0 | 0 | 0 | 0 | 1.5 | 0 | 0 | 5.5 | | | 0 | | | | | 0 | 0 | 0 |
| 40025910 | 初级形状的丁腈橡胶 | | | 5 | 0 | | 0 | 0 | 0 | 0 | 1.5 | 0 | 0 | 5.5 | | | 0 | | | | | 0 | 0 | 0 |
| 40025990 | 丁腈橡胶板、片、带 | | | 5 | 0 | | 0 | 0 | 0 | 0 | 1.5 | 0 | 0 | 5.5 | | | 0 | | | | | 0 | 0 | 0 |
| 40026010 | 初级形状的异戊二烯橡胶 | | | 0 | 0 | | 0 | 0 | 0 | 0 | 0 | 0 | 0 | 2.2 | | | 0 | | | | | 0 | 0 | 0 |
| 40026090 | 异戊二烯橡胶板、片、带 | | | 0 | 0 | 4.5 | 0 | 0 | 0 | 0 | 0 | 0 | 0 | 3.6 | | | 0 | | | | | 0 | 0 | 0 |
| 40027010 | 初级形状的乙丙非共轭二烯橡胶 | | | 5 | 0 | | 0 | 0 | 0 | 0 | 1.5 | 0 | 0 | 5.5 | | | 0 | | | | | 0 | 0 | 0 |
| 40027090 | 乙丙非共轭二烯橡胶板、片、带 | | | 5 | 0 | 7.1 | 0 | 0 | 0 | 0 | 1.5 | 0 | 0 | 5.5 | | | 0 | | | | | 0 | 0 | 0 |
| 40028000 | 天然橡胶与合成橡胶的混合物 | | | 5 | 0 | | 0 | 0 | 0 | 0 | 1.5 | 0 | 0 | 5.5 | | | 0 | | | | | 0 | 0 | 0 |
| 40029100 | 其他未列名的合成橡胶胶乳 | | | 5 | 0 | | 0 | 0 | 0 | 0 | 1.5 | 0 | 0 | 5.5 | | | 0 | | | | | 0 | 0 | 0 |
| 40029911 | 其他初级形状的合成橡胶 | 0 | | 5 | 0 | | 0 | 0 | 0 | 0 | 1.5 | 0 | 0 | 5.5 | 0 | | 0 | | | | | 0 | 0 | 0 |
| 40029919 | 其他合成橡胶板、片、带 | 0 | | 5 | 0 | | 0 | 0 | 0 | 0 | 1.5 | 0 | 0 | 5.5 | | | 0 | | | | | 0 | 0 | 0 |
| 40029990 | 从油类提取的油膏 | | | 0 | 0 | | 0 | 0 | 0 | 0 | 0 | 0 | 0 | 0 | | | 0 | | | | | 0 | 0 | 0 |
| 40030000 | 初级形状或板、片、带状再生橡胶 | 0 | | 5 | 0 | | 0 | 0 | 0 | 0 | 1.6 | 0 | 0 | 5.8 | | | 0 | | | | | 0 | 0 | 0 |
| 40040000 | 橡胶(硬质橡胶除外)废碎料及下脚料及其粉、粒 | | | 5 | 0 | 7.6 | 0 | 0 | 0 | 0 | 1.6 | 0 | 0 | 1.6 | | | 0 | | | | | 0 | 0 | |
| 40051000 | 与炭黑等混合的未硫化复合橡胶 | | 0 | 5 | 0 | | 0 | 0 | 0 | 0 | 1.6 | 0 | 0 | 5.8 | | | | | | | | 0 | 0 | 0 |
| 40052000 | 未硫化的复合橡胶溶液及分散体 | | | 5 | 0 | | 0 | 0 | 0 | 0 | 1.6 | 0 | 0 | 5.8 | | | | | | | | 0 | 0 | 0 |
| 40059100 | 其他未硫化的复合橡胶板、片、带 | | | 5 | 0 | | 0 | 0 | 0 | 0 | 1.6 | 0 | 0 | 1.6 | | | | | | | | 0 | 0 | 0 |
| 40059900 | 其他未硫化的初级形状复合橡胶 | 0 | | 5 | 0 | | 0 | 0 | 0 | 0 | 1.6 | 0 | 0 | 5.8 | | | | | | | | 0 | 0 | 0 |
| 40061000 | 未硫化轮胎翻新用胎面补料胎条 | | | 5 | 0 | | 0 | 0 | 0 | 0 | 1.6 | 0 | 0 | 1.6 | | | 0 | | | | | 0 | 0 | 0 |
| 40069010 | 未硫化橡胶的杆、管或型材及异型材 | | | 5 | 0 | | 0 | 0 | 0 | 0 | 1.6 | 0 | 0 | 4.8 | | | 0 | | | | | 0 | 0 | 0 |
| 40069020 | 未硫化橡胶制品 | | | 11.2 | 0 | | 0 | 0 | 0 | 0 | 2.8 | 7 | 0 | 8.4 | | 0 | 0 | | | | | 0 | 0 | |
| 40070000 | 硫化橡胶线及绳 | 0 | | 11.2 | 0 | | 0 | 0 | 0 | 0 | 2.8 | 7 | 0 | 8.4 | | 0 | 0 | | | | | 0 | 0 | |
| 40081100 | 海绵硫化橡胶制的板、片及带 | | | 5 | 0 | | 0 | 0 | 0 | 0 | 1.6 | 0 | 0 | 5.8 | | | 0 | | | | | 0 | 0 | 0 |

| 税则号列 | 商品描述① | 协定税率(%) | | | | | | | | | | | | | | | | 特惠税率(%) | | | | | | |
|---|---|---|---|---|---|---|---|---|---|---|---|---|---|---|---|---|---|---|---|---|---|---|---|---|
| | | 香港 | 澳门 | 巴基斯坦 | 东盟 | 亚太 | 智利 | 秘鲁 | 哥斯达黎加 | 新西兰 | 澳大利亚 | 瑞士 | 冰岛 | 韩国 | 台湾 | 新加坡 | 格鲁吉亚 | 亚太2国② | 东盟 | | | 最不发达国家 | | |
| | | | | | | | | | | | | | | | | | | | 老挝 | 柬埔寨 | 缅甸 | LDC97③ | LDC95④ | LDC60⑤ |
| 40081900 | 海绵硫化橡胶制型材、异型材及杆 | | | 5 | 0 | | 0 | 0 | 0 | 0 | 1.6 | 0 | 0 | 1.6 | | | 0 | | | | | 0 | 0 | 0 |
| 40082100 | 非海绵硫化橡胶制板、片及带 | | | 5 | 0 | | 0 | 0 | 0 | 0 | 1.6 | 0 | 0 | 1.6 | | | 0 | | | | | 0 | 0 | 0 |
| 40082900 | 非海绵硫化橡胶型材、异型材及杆 | | | 5 | 0 | | 0 | 0 | 0 | 0 | 1.6 | 0 | 0 | 1.6 | | | 0 | | | | | 0 | 0 | 0 |
| 40091100 | 未加强或未与其他材料合制硫化橡胶管,未装有附件 | | | 5 | 0 | | 0 | 0 | 0 | 0 | 2.1 | 5.2 | 0 | 6.3 | | 0 | 0 | | | | | 0 | 0 | |
| 40091200 | 未加强或未与其他材料合制硫化橡胶管,装有附件 | | | 5 | 0 | | 0 | 0 | 0 | 0 | 2 | 0 | 0 | 6 | | | 0 | | | | | 0 | 0 | |
| 40092100 | 用金属加强或只与金属合制的硫化橡胶管,未装有附件 | | | 5 | 0 | | 0 | 1 | 0 | 0 | 2.1 | 5.2 | 0 | 6.3 | | 0 | 0 | | | | | 0 | 0 | |
| 40092200 | 用金属加强或只与金属合制的硫化橡胶管,装有附件 | | | 5 | 0 | | 0 | 0 | 0 | 0 | 2 | 0 | 0 | 6 | | 0 | 0 | | | | | 0 | 0 | |
| 40093100 | 用纺织材料加强或只与纺织材料合制硫化橡胶管,未装有附件 | | | 5 | 0 | | 0 | 1 | 0 | 0 | 2.1 | 5.2 | 0 | 8.4 | | 0 | 0 | | | | | 0 | 0 | |
| 40093200 | 用纺织材料加强或只与纺织材料合制硫化橡胶管,装有附件 | | | 5 | 0 | | 0 | 0 | 0 | 0 | 2 | 0 | 0 | 6 | | | 8 | | | | | 0 | 0 | |
| 40094100 | 用其他材料加强或与其他材料合制硫化橡胶管,未装有附件 | | | 5 | 0 | | 0 | 1 | 0 | 0 | 2.1 | 5.2 | 0 | 6.3 | | 0 | 0 | | | | | 0 | 0 | |
| 40094200 | 用其他材料加强或与其他材料合制硫化橡胶管,装有附件 | | | 5 | 0 | | 0 | 1 | 0 | 0 | 2 | 0 | 0 | 6 | | 0 | 0 | | | | | 0 | 0 | |
| 40101100 | 金属加强的硫化橡胶输送带及带料 | 0 | | 5 | 0 | | 0 | 1 | 0 | 0 | 2 | 5.8 | 0 | 6 | | | 0 | | | | | 0 | 0 | |
| 40101200 | 纺织材料加强的硫化橡胶输送带及带料 | | | 5 | 0 | | 0 | 1 | 0 | 0 | 2 | 0 | 0 | 6 | | | 0 | | | | | 0 | 0 | |
| 40101900 | 其他硫化橡胶制的输送带及带料 | | | 5 | 0 | | 0 | 1 | 0 | 0 | 2 | 0 | 0 | 6 | | | 0 | | | | | 0 | 0 | |
| 40103100 | 梯形截面的环形传动带(三角带),V形肋状的,60厘米<外周长≤180厘米 | | | 5 | 0 | | 0 | 0 | 0 | 0 | 1.6 | 0 | 0 | 1.6 | | | 0 | | | | | 0 | 0 | 0 |
| 40103200 | 梯形截面的环形传动带(三角带),V形肋状的除外,60厘米<外周长≤180厘米 | | | 5 | 0 | | 0 | 0 | 0 | 0 | 1.6 | 0 | 0 | 1.6 | | | 0 | | | | | 0 | 0 | 0 |
| 40103300 | 180厘米<外周长≤240厘米的三角带,V形肋状的 | | | 5 | 0 | | 0 | 0 | 0 | 0 | 1.6 | 0 | 0 | 1.6 | | | 0 | | | | | 0 | 0 | 0 |
| 40103400 | 180厘米<外周长≤240厘米的三角带,V形肋状的除外 | | | 5 | 0 | | 0 | 0 | 0 | 0 | 1.6 | 0 | 0 | 1.6 | | | 0 | | | | | 0 | 0 | 0 |
| 40103500 | 60厘米<外周长≤150厘米的环形同步带 | | | 5 | 0 | | 0 | 0 | 0 | 0 | 2 | 0 | 0 | 6 | | 0 | 0 | | | | | 0 | 0 | |

| 税则号列 | 商品描述[①] | 协定税率(%) | | | | | | | | | | | | | | | | 特惠税率(%) | | | | | | |
|---|---|---|---|---|---|---|---|---|---|---|---|---|---|---|---|---|---|---|---|---|---|---|---|---|
| | | 香港 | 澳门 | 巴基斯坦 | 东盟 | 亚太 | 智利 | 秘鲁 | 哥斯达黎加 | 新西兰 | 澳大利亚 | 瑞士 | 冰岛 | 韩国 | 台湾 | 新加坡 | 格鲁吉亚 | 亚太2国[②] | 东盟 | | | 最不发达国家 | | |
| | | | | | | | | | | | | | | | | | | | 老挝 | 柬埔寨 | 缅甸 | LDC97[③] | LDC95[④] | LDC60[⑤] |
| 40103600 | 150厘米<外周长≤198厘米的环形同步带 | | | 5 | 0 | | 0 | 0 | 0 | 0 | 2 | 0 | 0 | 6 | | | 0 | | | | | 0 | 0 | |
| 40103900 | 其他硫化橡胶制的传动带及带料 | | | 5 | 0 | 7.6 | 0 | 0 | 0 | 0 | 1.6 | 0 | 0 | 1.6 | | | 0 | | | | | 0 | 0 | 0 |
| 40111000 | 机动小客车用新的充气橡胶轮胎 | | | 5 | 0 | 9.4 | 0 | | 0 | 0 | 2 | 0 | 0 | 7.3 | 0 | 0 | 0 | | | | | 0 | 0 | 0 |
| 40112000 | 客或货运车用新的充气橡胶轮胎 | | | 5 | 0 | 9.4 | 0 | 1 | 0 | 0 | 2 | 0 | 0 | 7.3 | 0 | 0 | 0 | | | | | 0 | 0 | |
| 40113000 | 航空器用新的充气橡胶轮胎 | | | 0 | 0 | | 0 | 0 | 0 | 0 | 0 | 0 | 0 | 0 | | | 0 | | | | | 0 | 0 | 0 |
| 40114000 | 摩托车用新的充气橡胶轮胎 | | | 12 | 0 | | 0 | 1.5 | 0 | 0 | 3 | 7.5 | 0 | 11 | 0 | 0 | 0 | | | | | 0 | 0 | |
| 40115000 | 自行车用新的充气橡胶轮胎 | | | | 0 | | 0 | 2 | 0 | 0 | 4 | 10 | 0 | 14.6 | 0 | 0 | 0 | | | | | 0 | 0 | |
| 40117010 | 农业或林业车辆及机器用人字形胎面或类似胎面的新充气橡胶轮胎 | | | 14 | 0 | | 0 | 1.8 | 0 | 0 | 3.5 | 8.8 | 0 | 10.5 | 0 | 0 | 0 | | | | | 0 | 0 | |
| 40117090 | 农业或林业车辆及机器用非人字形胎面或类似胎面的新充气橡胶轮胎 | | | | 0 | | 0 | | 0 | 0 | 5 | | 0 | 20 | 0 | 0 | 0 | | | | | 0 | 0 | 0 |
| 40118011 | 辋圈尺寸≤61厘米的建筑或工业搬运车辆及机器用人字形胎面或类似胎面的新充气橡胶轮胎 | | | 14 | 0 | | 0 | 1.8 | 0 | 0 | 3.5 | 8.8 | 0 | 10.5 | | 0 | 0 | | | | | 0 | 0 | |
| 40118012 | 辋圈>61厘米的建筑或工业搬运车辆及机器用人字形胎面或类似胎面的新充气橡胶轮胎 | | | 14 | 0 | | 0 | 1.8 | 0 | 0 | 3.5 | 8.8 | 0 | 10.5 | | 0 | 0 | | | | | 0 | 0 | |
| 40118091 | 辋圈尺寸≤61厘米的建筑或工业搬运车辆及机器用非人字形胎面或类似胎面的新充气橡胶轮胎 | | | | 0 | | 0 | | 0 | 0 | 5 | | 0 | 20 | | 0 | 0 | | | | | 0 | | |
| 40118092 | 辋圈>61厘米的建筑或工业搬运车辆及机器用非人字形胎面或类似胎面的新充气橡胶轮胎 | | | | 0 | | 0 | | 0 | 0 | 5 | | 0 | 20 | | 0 | 0 | | | | | 0 | | |
| 40119010 | 其他人字形胎面或类似胎面的新充气橡胶轮胎 | | | 14 | 0 | | 0 | 1.8 | 0 | 0 | 3.5 | 8.8 | 0 | 10.5 | 0 | 0 | 0 | | | | | 0 | 0 | |
| 40119090 | 其他新的充气橡胶轮胎 | | | | 0 | | 0 | | 0 | 0 | 5 | | 0 | 20 | | 0 | 0 | | | | | 0 | | |
| 40121100 | 机动小客车(包括旅行小客车及赛车)用翻新轮胎 | | | | 0 | | 0 | 2 | 0 | 0 | 4 | 10 | 0 | 14.6 | | 0 | 0 | | | | | 0 | 0 | |
| 40121200 | 机动大客车或货运机动车用翻新轮胎 | 0 | | | 0 | | 0 | 2 | 0 | 0 | 4 | 10 | 0 | 14.6 | | 0 | 0 | | | | | 0 | 0 | |
| 40121300 | 航空器用翻新轮胎 | 0 | | | 0 | | 0 | 2 | 0 | 0 | 4 | 10 | 0 | 14.6 | | 0 | 0 | | | | | 0 | 0 | |
| 40121900 | 其他翻新轮胎 | | | | 0 | | 0 | 2 | 0 | 0 | 4 | 10 | 0 | 14.6 | | 0 | 0 | | | | | 0 | 0 | |
| 40122010 | 汽车用旧的充气橡胶轮胎 | 0 | | | 0 | | 0 | | 0 | 0 | 5 | | 0 | 20 | | 0 | 0 | | | | | | | |
| 40122090 | 其他用途旧的充气橡胶轮胎 | 0 | | | 0 | | 0 | | 0 | 0 | 5 | | 0 | 20 | | 0 | 0 | | | | | | | |

| 税则号列 | 商品描述[1] | 协定税率(%) | | | | | | | | | | | | | | | | 特惠税率(%) | | | | | | |
|---|---|---|---|---|---|---|---|---|---|---|---|---|---|---|---|---|---|---|---|---|---|---|---|---|
| | | 香港 | 澳门 | 巴基斯坦 | 东盟 | 亚太 | 智利 | 秘鲁 | 哥斯达黎加 | 新西兰 | 澳大利亚 | 瑞士 | 冰岛 | 韩国 | 台湾 | 新加坡 | 格鲁吉亚 | 亚太2国[2] | 东盟 | | | 最不发达国家 | | |
| | | | | | | | | | | | | | | | | | | | 老挝 | 柬埔寨 | 缅甸 | LDC97[3] | LDC95[4] | LDC60[5] |
| 40129010 | 航空器用实心或半实心橡胶轮胎 | | | 0 | 0 | | 0 | 0 | 0 | 0 | 0 | 0 | 0 | 0 | | | 0 | | | | | 0 | 0 | |
| 40129020 | 汽车用实心或半实心橡胶轮胎 | | | | 0 | | 0 | 2.2 | 0 | 0 | 4.4 | 11 | 0 | 17.6 | | 0 | 0 | | | | | 0 | 0 | |
| 40129090 | 其他用实心或半实心橡胶轮胎 | | | | 0 | | 0 | 2.2 | 0 | 0 | 4.4 | 11 | 0 | 17.6 | | 0 | 0 | | | | | 0 | 0 | |
| 40131000 | 汽车用橡胶内胎 | | | 7.5 | 0 | 13 | 0 | 1.5 | 0 | 0 | 3 | 7.5 | 0 | 11 | | 0 | 0 | | | | | 0 | 0 | |
| 40132000 | 自行车用橡胶内胎 | | | 12 | 0 | | 0 | 1.5 | 0 | 0 | 3 | 7.5 | 0 | 9 | | 0 | 0 | | | | | 0 | 0 | |
| 40139010 | 航空器用橡胶内胎 | | | 0 | 0 | | 0 | 0 | 0 | 0 | 0 | 0 | 0 | 0 | | | 0 | | | | | 0 | 0 | 0 |
| 40139090 | 其他用橡胶内胎 | | | 12 | 0 | | 0 | 1.5 | 0 | 0 | 3 | 7.5 | 0 | 9 | | 0 | 0 | | | | | 0 | 0 | |
| 40141000 | 硫化橡胶制避孕套 | | | | | | | | | | | | | | | | | | | | | 0 | 0 | 0 |
| 40149000 | 硫化橡胶制其他卫生及医疗用品 | | 0 | 14 | 0 | | 0 | 1.8 | 0 | 0 | 3.5 | 8.8 | 0 | 10.5 | | 0 | 0 | | | | | 0 | 0 | |
| 40151100 | 硫化橡胶制外科用手套 | | | 5 | 0 | | 0 | 0 | 0 | 0 | 1.6 | 0 | 0 | 1.6 | | | 0 | | | | | 0 | 0 | 0 |
| 40151900 | 硫化橡胶制其他手套 | | | | 0 | | 0 | 1.8 | 0 | 0 | 3.6 | 9 | 0 | 10.8 | | 0 | 0 | | | | | 0 | 0 | 0 |
| 40159010 | 医疗用硫化橡胶衣着用品及附件 | | | 5 | 0 | | 0 | 0 | 0 | 0 | 1.6 | 0 | | 1.6 | | | 0 | | | | | 0 | 0 | 0 |
| 40159090 | 其他硫化橡胶制衣着用品及附件 | | | | 0 | | 0 | 1.5 | 0 | 0 | 3 | 7.5 | 0 | 9 | | 0 | 0 | | | | | 0 | 0 | |
| 40161010 | 硫化海绵橡胶制机器及仪器用零件 | | | 5 | 0 | | 0 | 0 | 0 | 0 | 1.6 | 0 | 0 | 5.8 | | | 0 | | | | | 0 | 0 | 0 |
| 40161090 | 硫化海绵橡胶制其他制品 | | | 12 | 0 | | 0 | 1.5 | 0 | 0 | 3 | 7.5 | 0 | 9 | | 0 | 0 | | | | | 0 | 0 | |
| 40169100 | 硫化橡胶制铺地制品及门垫 | 0 | | | 0 | | 0 | 1.8 | 0 | 0 | 3.6 | 9 | 0 | 10.8 | | 0 | 0 | | | | | 0 | 0 | |
| 40169200 | 硫化橡胶制橡皮擦 | | | | 0 | | 0 | 1.8 | 0 | 0 | 3.6 | 9 | 0 | 10.8 | | | 0 | | | | | 0 | 0 | |
| 40169310 | 硫化橡胶制机器、仪器用垫片、垫圈及其他密封垫 | 0 | | 5 | 0 | | 0 | 0 | 0 | 0 | 1.6 | 4 | 0 | 1.6 | | | 6.4 | | | | | 0 | 0 | 0 |
| 40169390 | 硫化橡胶制其他用垫片、垫圈及其他密封垫 | 0 | | | 0 | | 0 | 1.5 | 0 | 0 | 3 | 7.5 | 0 | 3 | | 0 | 0 | | | | | 0 | 0 | 0 |
| 40169400 | 硫化橡胶制船舶或码头的碰垫 | | | | 0 | | 0 | 1.8 | 0 | 0 | 3.6 | 9 | 0 | 10.8 | | 0 | 0 | | | | | 0 | 0 | |
| 40169500 | 硫化橡胶制其他可充气制品 | | 0 | | 0 | | 0 | 1.8 | 0 | 0 | 3.6 | 9 | 0 | 10.8 | | 0 | 0 | | | | | 0 | 0 | |
| 40169910 | 硫化橡胶制机器及仪器用其他零件 | | 0 | 5 | 0 | 7.6 | 0 | 0 | 0 | 0 | 1.6 | 4 | 0 | 5.8 | | | 6.4 | | | | | 0 | 0 | 0 |
| 40169990 | 其他未列名硫化橡胶制品 | | 0 | 5 | 0 | 9.5 | 0 | 1 | 0 | 0 | 2 | 5 | 0 | 6 | | 0 | 8 | | | | | 0 | 0 | 0 |
| 40170010 | 各种形状的硬质橡胶(包括废碎料) | | 0 | 5 | 0 | | 0 | 0 | 0 | 0 | 1.6 | 0 | 0 | 4.8 | | | 0 | | | | | 0 | 0 | |
| 40170020 | 硬质橡胶制品 | | 0 | 12 | 0 | | 0 | 1.5 | 0 | 0 | 3 | 7.5 | 0 | 9 | | 0 | 0 | | | | | 0 | 0 | |
| 41012011 | 规定重量范围内的未剖层整张生牛皮,经逆鞣处理的 | 0 | | 5 | 0 | 6 | 0 | 0 | 0 | 0 | 4 | 0 | 0 | 1.6 | | | 0 | | | | | 0 | 0 | 0 |
| 41012019 | 规定重量范围内的未剖层整张生牛皮,经逆鞣处理的除外 | 0 | | 0 | 0 | | 0 | 0 | 0 | 0 | 2.5 | 0 | 0 | 0 | | | 0 | | 0 | 0 | | 0 | 0 | 0 |
| 41012020 | 规定重量范围内的未剖层整张生马科动物皮 | 0 | | 0 | 0 | | 0 | 0 | 1 | 0 | 0 | 0 | 0 | 0 | | | 0 | | 0 | 0 | | 0 | 0 | 0 |

| 税则号列 | 商品描述[①] | 协定税率(%) | | | | | | | | | | | | | | | 特惠税率(%) | | | | | | |
|---|---|---|---|---|---|---|---|---|---|---|---|---|---|---|---|---|---|---|---|---|---|---|---|
| | | 香港 | 澳门 | 巴基斯坦 | 东盟 | 亚太 | 智利 | 秘鲁 | 哥斯达黎加 | 新西兰 | 澳大利亚 | 瑞士 | 冰岛 | 韩国 | 台湾 | 新加坡 | 格鲁吉亚 | 亚太2国[②] | 东盟 | | | 最不发达国家 | | |
| | | | | | | | | | | | | | | | | | | | 老挝 | 柬埔寨 | 缅甸 | LDC97[③] | LDC95[④] | LDC60[⑤] |
| 41015011 | 经逆鞣处理的重量>16千克的整张生牛皮 | | | 5 | 0 | 7 | 0 | 0 | 0 | 0 | 4.2 | 0 | 0 | 1.6 | | | 0 | | | | | 0 | 0 | 0 |
| 41015019 | 重量>16千克的整张生牛皮,经逆鞣处理的除外 | | | 0 | 0 | | 0 | 0 | 0 | 0 | 2.5 | 0 | 0 | 0 | | | 0 | | 0 | 0 | | 0 | 0 | 0 |
| 41015020 | 重量>16千克的整张生马科动物皮 | | | 0 | 0 | | 0 | 0 | 1 | 0 | 1 | 0 | 0 | 0 | | | 0 | | 0 | 0 | | 0 | 0 | 0 |
| 41019011 | 其他(包括整张或半张的背皮及腹皮)经逆鞣处理的生牛皮 | | | 5 | 0 | 7 | 0 | 0 | 0 | 0 | 4.2 | 0 | 0 | 1.6 | | | 0 | | | | | 0 | 0 | 0 |
| 41019019 | 其他(包括整张或半张的背皮及腹皮)生牛皮,经逆鞣处理的除外 | | | 0 | 0 | | 0 | 0 | 0 | 0 | 2.5 | 0 | 0 | 0 | | | 0 | | 0 | 0 | | 0 | 0 | 0 |
| 41019020 | 其他(包括整张或半张的背皮及腹皮)生马科动物皮 | | | 0 | 0 | | 0 | 0 | 1 | 0 | 1 | 0 | 0 | 0 | | | 0 | | 0 | 0 | | 0 | 0 | 0 |
| 41021000 | 带毛的绵羊或羔羊生皮 | | | 5 | 0 | | 0 | | 1.4 | 0 | 1.4 | 0 | 0 | 0 | | | 0 | | | | | 0 | 0 | 0 |
| 41022110 | 浸酸的不带毛绵羊或羔羊生皮,经逆鞣处理的 | | | 11.2 | 0 | | 0 | | 2.8 | 0 | 7 | 7 | 0 | 8.4 | | 0 | 0 | | | | | 0 | 0 | |
| 41022190 | 浸酸的不带毛绵羊或羔羊生皮,经逆鞣处理的除外 | | | 5 | 0 | 8 | 0 | 0 | 1.8 | 0 | 4.5 | 0 | 0 | 1.8 | | | 0 | | | | | 0 | 0 | 0 |
| 41022910 | 其他不带毛的绵羊或羔羊生皮,经逆鞣处理的 | | | 7 | 0 | | 0 | 0 | 2.8 | 0 | 7 | 7 | 0 | 8.4 | | 0 | 0 | | | | | 0 | 0 | |
| 41022990 | 其他不带毛的绵羊或羔羊生皮,经逆鞣处理的除外 | | | 5 | 0 | 6 | 0 | 0 | 1.4 | 0 | 3.5 | 0 | 0 | 0 | | | 0 | | | | | 0 | 0 | 0 |
| 41032000 | 爬行动物的生皮 | | | 5 | 0 | | 0 | 0 | 1.8 | 0 | 4.5 | 0 | 0 | 1.8 | | | 0 | | | | | 0 | 0 | 0 |
| 41033000 | 生猪皮 | | | 5 | 0 | | 0 | 0 | 1.8 | 0 | 1.8 | 0 | 0 | 1.8 | | | 0 | | | | 0 | 0 | 0 | 0 |
| 41039011 | 经逆鞣处理的山羊板皮 | | | 7 | 0 | | 0 | 0 | 2.8 | 0 | 7 | 7 | 0 | 8.4 | | 0 | 0 | | | | | 0 | 0 | |
| 41039019 | 山羊板皮,经逆鞣处理的除外 | | | 5 | 0 | | 0 | 0 | 1.8 | 0 | 3 | 0 | 0 | 1.8 | | | 0 | | | | | 0 | 0 | 0 |
| 41039021 | 经逆鞣处理的其他山羊或小山羊皮 | | | 7 | 0 | | 0 | 0 | 2.8 | 0 | 7 | 7 | 0 | 8.4 | | 0 | 0 | | | | | 0 | 0 | |
| 41039029 | 其他山羊或小山羊皮,经逆鞣处理的除外 | | | 5 | 0 | | 0 | 0 | 1.8 | 0 | 3 | 0 | 0 | 1.8 | | | 0 | | | | | 0 | 0 | 0 |
| 41039090 | 其他生皮 | 0 | | 5 | 0 | | 0 | 0 | 1.8 | 0 | 1.8 | 0 | 0 | 1.8 | | | 0 | | | | 0 | 0 | 0 | 0 |
| 41041111 | 全粒面未剖层或粒面剖层蓝湿牛皮 | | | 0 | 0 | 3.5 | 0 | 0 | 1.4 | 0 | 1.4 | 0 | 0 | 1.4 | | | 0 | 1.4 | | | | 0 | 0 | 0 |
| 41041119 | 其他全粒面未剖层或粒面剖层湿牛皮革 | 0 | | 0 | 0 | 4 | 0 | 0 | 1.6 | 0 | 1.6 | 0 | 0 | 1.6 | | | 0 | 2 | | | | 0 | 0 | 0 |
| 41041120 | 全粒面未剖层或粒面剖层马科动物皮 | 0 | | 0 | 0 | 2.5 | 0 | 0 | 1 | 0 | 0 | 0 | 0 | 1 | | | 0 | 2 | | | | 0 | 0 | 0 |
| 41041911 | 其他蓝湿牛皮 | | | 3 | 0 | 3 | 0 | 0 | 1.4 | 0 | 1.2 | 0 | 0 | 1.2 | | | 0 | 1.4 | | | | 0 | 0 | 0 |
| 41041919 | 其他湿牛皮革 | 0 | | 0 | 0 | 3.5 | 0 | 0 | 1.4 | 0 | 1.4 | 0 | 0 | 1.4 | | | 0 | 1.8 | | | | 0 | 0 | 0 |
| 41041920 | 其他湿马科动物皮 | 0 | | 0 | 0 | 3.5 | 0 | 0 | 1.4 | 0 | 1.4 | 0 | 0 | 1.4 | | | 0 | 2.1 | | | | 0 | 0 | 0 |
| 41044100 | 全粒面未剖层或粒面剖层干革(坯革) | 0 | | 0 | 0 | 3.5 | 0 | 0 | 1 | 0 | 0 | 0 | 0 | 1 | | | 0 | 2 | | | | 0 | 0 | 0 |

| 税则号列 | 商品描述① | 协定税率(%) | | | | | | | | | | | | | | | | 特惠税率(%) | | | | | | |
|---|---|---|---|---|---|---|---|---|---|---|---|---|---|---|---|---|---|---|---|---|---|---|---|---|
| | | 香港 | 澳门 | 巴基斯坦 | 东盟 | 亚太 | 智利 | 秘鲁 | 哥斯达黎加 | 新西兰 | 澳大利亚 | 瑞士 | 冰岛 | 韩国 | 台湾 | 新加坡 | 格鲁吉亚 | 亚太2国② | 东盟 | | | 最不发达国家 | | |
| | | | | | | | | | | | | | | | | | | | 老挝 | 柬埔寨 | 缅甸 | LDC97③ | LDC95④ | LDC60⑤ |
| 41044910 | 其他机器带用干革(坯革) | | | 0 | 0 | 3.5 | 0 | 0 | 1 | 0 | 0 | 0 | 0 | 1 | | | 0 | 0 | | | | 0 | 0 | 0 |
| 41044990 | 其他干革(坯革) | 0 | | 4.9 | 0 | 4.9 | 0 | 0 | 1.4 | 0 | 1.4 | 0 | 0 | 5.1 | | | 0 | 2.1 | | | | 0 | 0 | 0 |
| 41051010 | 蓝湿绵羊或羔羊皮 | | | 5 | 0 | 7 | 0 | | 2.8 | 0 | 2.8 | 7 | 0 | 8.4 | | 0 | 0 | 2.1 | | | | 0 | 0 | 0 |
| 41051090 | 其他绵羊或羔羊湿皮革 | | | 5 | 0 | 5 | 0 | 0 | 2 | 0 | 2 | 0 | 0 | 6 | | | 0 | 2 | | | | 0 | 0 | 0 |
| 41053000 | 绵羊或羔羊干革(坯革) | | | 5.6 | 0 | 5.6 | 0 | 0 | 1.6 | 0 | 1.6 | 0 | 0 | 4.8 | | | 0 | 4.8 | | | | 0 | 0 | 0 |
| 41062100 | 山羊或小山羊皮湿革 | | | 12 | 0 | 12 | 0 | 0 | 2.8 | 0 | 2.8 | 7 | 0 | 8.4 | | 0 | 0 | 2.1 | | | | 0 | 0 | 0 |
| 41062200 | 山羊或小山羊皮干革(坯革) | | | 9.8 | 0 | 9.8 | 0 | | 2.8 | 0 | 2.8 | 7 | 0 | 8.4 | | 0 | 0 | 8.4 | | | | 0 | 0 | 0 |
| 41063110 | 蓝湿猪皮 | | | 11.2 | 0 | | 0 | 0 | 2.8 | 0 | 2.8 | 7 | 0 | 8.4 | | 0 | 0 | 4.2 | | | | 0 | 0 | |
| 41063190 | 其他猪皮湿革 | | | 7 | 0 | | 0 | 0 | 2.8 | 0 | 2.8 | 7 | 0 | 8.4 | | 0 | 0 | 4.2 | | | | 0 | 0 | |
| 41063200 | 猪皮干革(坯革) | | | 11.2 | 0 | | 0 | 0 | 2.8 | 0 | 2.8 | 7 | 0 | 8.4 | | 0 | 0 | 4.2 | | | | 0 | 0 | |
| 41064000 | 爬行动物皮革 | | | 7 | 0 | | 0 | 0 | 2.8 | 0 | 2.8 | 7 | 0 | 8.4 | | 0 | 0 | 0 | | | | 0 | 0 | 0 |
| 41069100 | 其他未列名动物皮湿革(包括蓝湿皮革) | | | 11.2 | 0 | | 0 | 0 | 2.8 | 0 | 2.8 | 7 | 0 | 8.4 | | 0 | 0 | 0 | | | | 0 | 0 | 0 |
| 41069200 | 其他未列名动物皮干革(坯革) | | | 11.2 | 0 | | 0 | 0 | 2.8 | 0 | 2.8 | 7 | 0 | 8.4 | | 0 | 0 | 0 | | | | 0 | 0 | 0 |
| 41071110 | 已鞣全粒面未剖层整张牛皮革 | 0 | | | 0 | | 0 | 8 | 1.6 | 0 | 1.6 | 0 | 0 | 5.8 | | | 0 | | | | | | | |
| 41071120 | 已鞣全粒面未剖层整张马科动物皮 | 0 | | 0 | 0 | | 0 | 0 | 1 | 0 | 0 | 0 | 0 | 1 | | | 0 | | | | | 0 | 0 | 0 |
| 41071210 | 已鞣粒面剖层整张牛皮革 | 0 | | | 0 | | 0 | 8 | 1.6 | 0 | 1.6 | 0 | 0 | 4.8 | | | 0 | | | | | | | |
| 41071220 | 已鞣粒面剖层整张马科动物皮 | 0 | | 0 | 0 | | 0 | 0 | 1 | 0 | 0 | 0 | 0 | 1 | | | 0 | | | | | 0 | 0 | 0 |
| 41071910 | 已鞣机器带用整张牛马皮革 | | | 0 | 0 | | 0 | 0 | 1 | 0 | 0 | 0 | 0 | 3 | | | 0 | | | | | 0 | 0 | 0 |
| 41071990 | 其他已鞣整张牛马皮革 | 0 | | | 0 | | 0 | | 1.4 | 0 | 1.4 | 0 | 0 | 1.4 | | | 0 | | | | | | | |
| 41079100 | 已鞣全粒面未剖层非整张牛马皮革 | | | 0 | 0 | | 0 | 0 | 1 | 0 | 0 | 0 | 0 | 3 | | | 0 | | | | | 0 | 0 | 0 |
| 41079200 | 已鞣粒面剖层非整张牛马皮革 | | | | 0 | | 0 | 0 | 1 | 0 | 0 | 0 | 0 | 3.6 | | | 0 | | | | | 0 | 0 | 0 |
| 41079910 | 已鞣机器带用非整张牛马皮革 | | | 0 | 0 | | 0 | 0 | 1 | 0 | 0 | 0 | 0 | 1 | | | 0 | | | | | 0 | 0 | 0 |
| 41079990 | 其他已鞣非整张牛马皮革 | 0 | | | 0 | | 0 | 0 | 1.4 | 0 | 1.4 | 0 | 0 | 5.1 | | | 0 | | | | | 0 | 0 | 0 |
| 41120000 | 已鞣进一步加工的不带毛绵羊或羔羊皮革 | 0 | | 5.6 | 0 | 5.6 | 0 | 0 | 1.6 | 0 | 1.6 | 0 | 0 | 5.8 | | | 0 | | | | | 0 | 0 | 0 |
| 41131000 | 已鞣进一步加工的不带毛山羊或小山羊皮革 | 0 | | 9.8 | 0 | 9.8 | 0 | | 2.8 | 0 | 2.8 | 7 | | 8.4 | | 0 | 0 | | | | | 0 | 0 | 0 |
| 41132000 | 已鞣进一步加工的不带毛猪皮革 | 0 | | | 0 | | 0 | 0 | 2.8 | 0 | 2.8 | 7 | 0 | 8.4 | | 0 | 0 | | | | | 0 | 0 | |
| 41133000 | 已鞣进一步加工的不带毛爬行动物皮革 | | | 11.2 | 0 | | 0 | 0 | 2.8 | 0 | 2.8 | 7 | | 8.4 | | 0 | 0 | | | | | 0 | 0 | 0 |
| 41139000 | 其他已鞣进一步加工的不带毛动物皮革 | | | | 0 | | 0 | 0 | 2.8 | 0 | 2.8 | 7 | 2.3 | 8.4 | | 0 | 0 | | | | | 0 | 0 | 0 |
| 41141000 | 油鞣皮革 | | | | 0 | | 0 | 1.4 | 2.8 | 0 | 2.8 | 7 | 0 | 8.4 | | 0 | 0 | | | | | 0 | 0 | |

| 税则号列 | 商品描述[①] | 协定税率(%) | | | | | | | | | | | | | | | | 特惠税率(%) | | | | | | |
|---|---|---|---|---|---|---|---|---|---|---|---|---|---|---|---|---|---|---|---|---|---|---|---|---|
| | | 香港 | 澳门 | 巴基斯坦 | 东盟 | 亚太 | 智利 | 秘鲁 | 哥斯达黎加 | 新西兰 | 澳大利亚 | 瑞士 | 冰岛 | 韩国 | 台湾 | 新加坡 | 格鲁吉亚 | 亚太2国[②] | 东盟 老挝 | 东盟 柬埔寨 | 东盟 缅甸 | 最不发达国家 LDC97[③] | 最不发达国家 LDC95[④] | 最不发达国家 LDC60[⑤] |
| 41142000 | 漆皮及层压漆皮;镀金属皮革 | | | 9 | 0 | 9 | 0 | | 2 | 0 | 2 | 0 | 0 | 8 | | 0 | 0 | | | | | | | |
| 41151000 | 以皮革或皮革纤维为基本成分的再生皮革,成块、成张或成条,不论是否成卷 | | | | 0 | | 0 | | 2.8 | 0 | 2.8 | 7 | 0 | 8.4 | | 0 | 0 | | | | | | | |
| 41152000 | 皮革或再生皮革边角料;皮革粉末 | | | | 0 | | 0 | 0 | 2.8 | 0 | 2.8 | 7 | 0 | 8.4 | | 0 | 0 | 4.2 | | | | 0 | 0 | |
| 42010000 | 各种材料制成的鞍具及挽具,适合各种动物用 | | 0 | 10 | 0 | 12 | 0 | 2 | 0 | 0 | 4 | 10 | 0 | 14.6 | | 0 | 0 | 8 | | | | 0 | 0 | 0 |
| 42021110 | 以皮革、再生皮革作面的衣箱 | | | 12 | 0 | | 0 | 1.5 | 0 | 0 | 3 | 7.5 | 0 | 9 | | 0 | 0 | 8.3 | | | | 0 | 0 | |
| 42021190 | 以皮革、再生皮革作面的箱包 | | | 5 | 0 | | 0 | 0 | 0 | 0 | 2 | 5 | 0 | 6 | | | 0 | 8 | | | | 0 | 0 | 0 |
| 42021210 | 以塑料或纺织材料作面的衣箱 | | | 16 | 0 | 17 | 0 | 2 | 0 | 0 | 4 | 10 | 0 | 14.6 | 0 | 0 | 0 | | | | | 0 | 0 | |
| 42021290 | 塑料或纺织材料作面的其他箱包 | | 0 | 16 | 0 | 17 | 0 | 2 | 0 | 0 | 4 | 10 | 0 | 12 | 0 | 0 | 0 | | | | | 0 | 0 | 0 |
| 42021900 | 其他材料制箱包 | | | | 0 | | 0 | 2 | 0 | 0 | 4 | 10 | 0 | 14.6 | 0 | 0 | 0 | 8 | | | | 0 | 0 | 0 |
| 42022100 | 以皮革、再生皮革作面的手提包 | 0 | 0 | 5 | 0 | 6.9 | 0 | 1 | 0 | 0 | 2 | 5 | 0 | 6 | | | 0 | | | | | 0 | 0 | 0 |
| 42022200 | 以塑料片或纺织材料作面的手提包 | | 0 | 5 | 0 | 8.2 | 0 | 1 | 0 | 0 | 2 | 5 | 0 | 6 | 0 | 0 | 0 | | | | | 0 | 0 | 0 |
| 42022900 | 以钢纸或纸板作面的手提包 | | 0 | 14 | 0 | 14 | 0 | 2 | 0 | 0 | 4 | 10 | 0 | 14.6 | | 0 | 0 | 8 | | | | 0 | 0 | |
| 42023100 | 以皮革、再生皮革作面的钱包等物品 | | 0 | 5 | 0 | 6.9 | 0 | 0 | 0 | 0 | 2 | 5 | 0 | 6 | | | 0 | | | | | 0 | 0 | 0 |
| 42023200 | 以塑料或纺织品作面的钱包等物品 | | 0 | 14 | 0 | 14 | 0 | 2 | 0 | 0 | 4 | 10 | 0 | 12 | | 0 | 0 | | | | | 0 | 0 | 0 |
| 42023900 | 以钢纸或纸板作面的钱包等物品 | | | 14 | 0 | 14 | 0 | 2 | 0 | 0 | 4 | 10 | 0 | 14.6 | | 0 | 0 | 8 | | | | 0 | 0 | |
| 42029100 | 皮革、再生皮革作面的其他容器 | | 0 | 5 | 0 | 8.5 | 0 | 0 | 0 | 0 | 2 | 5 | 0 | 6 | | | 0 | | | | | 0 | 0 | 0 |
| 42029200 | 以塑料或纺织材料作面的其他容器 | 0 | 0 | 5 | 0 | 8.5 | 0 | 1 | 0 | 0 | 2 | 0 | 0 | 6 | | 0 | 0 | | | | | 0 | 0 | 0 |
| 42029900 | 以钢纸或纸板作面的其他容器 | | 0 | | 0 | | 0 | 2 | 0 | 0 | 4 | 12.4 | 0 | 14.6 | | 0 | 0 | | | | | 0 | 0 | |
| 42031000 | 皮革或再生皮革制的衣服 | 0 | 0 | 0 | 0 | | 0 | 1 | 0 | 0 | 2 | 0 | 0 | 2 | | | 0 | 8 | | | | 0 | 0 | 0 |
| 42032100 | 皮革或再生皮革制专供运动用手套 | 0 | 0 | 0 | 0 | 14 | 0 | 2 | 0 | 0 | 4 | 10 | | 14.6 | | 0 | 0 | | | | | 0 | 0 | |
| 42032910 | 皮革或再生皮革制的劳保手套 | 0 | 0 | 0 | 0 | | 0 | 2 | 0 | 0 | 4 | 10 | | 14.6 | | 0 | 0 | 8 | | | | 0 | 0 | |
| 42032990 | 皮革或再生皮革制的其他手套 | 0 | 0 | 0 | 0 | | 0 | 2 | 0 | 0 | 4 | 10 | | 14.6 | | 0 | 0 | 8 | | | | 0 | 0 | |
| 42033010 | 皮革或再生皮革制腰带 | 0 | 0 | 0 | 0 | | 0 | 1 | 0 | 0 | 2 | 0 | 0 | 6 | | | 0 | 8 | | | | 0 | 0 | 0 |
| 42033020 | 皮革或再生皮革制的腰带及子弹带 | 0 | | 0 | 0 | | 0 | 1 | 0 | 0 | 2 | 0 | 0 | 6 | | | 0 | 8 | | | | 0 | 0 | 0 |

| 税则号列 | 商品描述[①] | 协定税率(%) | | | | | | | | | | | | | | | | 特惠税率(%) | | | | | | |
|---|---|---|---|---|---|---|---|---|---|---|---|---|---|---|---|---|---|---|---|---|---|---|---|---|
| | | 香港 | 澳门 | 巴基斯坦 | 东盟 | 亚太 | 智利 | 秘鲁 | 哥斯达黎加 | 新西兰 | 澳大利亚 | 瑞士 | 冰岛 | 韩国 | 台湾 | 新加坡 | 格鲁吉亚 | 亚太2国[②] | 东盟 | | | 最不发达国家 | | |
| | | | | | | | | | | | | | | | | | | | 老挝 | 柬埔寨 | 缅甸 | LDC97[③] | LDC95[④] | LDC60[⑤] |
| 42034000 | 皮革或再生皮革制的其他衣着附件 | 0 | 0 | 0 | 0 | | 0 | 2 | 0 | 0 | 4 | 10 | | 14.6 | | 0 | 0 | 8 | | | | 0 | 0 | |
| 42050010 | 皮革或再生皮革制坐具套 | 0 | | 6 | 0 | | 0 | 0 | 0 | 0 | 2.4 | 6 | 0 | | | 0 | 0 | 7.8 | | | | 0 | 0 | 0 |
| 42050020 | 机器、机械器具或其他专门技术用途的皮革或再生皮革制品 | | | 5 | 0 | | 0 | 0 | 0 | 0 | 1.6 | 5 | 0 | 4.8 | | | 0 | | | | | 0 | 0 | 0 |
| 42050090 | 皮革或再生皮革的其他制品 | 0 | | 6 | 0 | | 0 | 1.2 | 0 | 0 | 2.4 | 6 | 0 | 8.8 | | 0 | 0 | 7.8 | | | | 0 | 0 | 0 |
| 42060000 | 肠线、肠膜、膀胱或筋腱制品 | | | | 0 | | 0 | 2 | 0 | 0 | 4 | 10 | 0 | 14.6 | | 0 | 0 | | | | | 0 | 0 | |
| 43011000 | 整张生水貂皮 | 0 | | 12 | 0 | | 0 | 1.5 | 0 | 0 | 3 | 7.5 | 0 | 9 | | 0 | 0 | | | | | 0 | 0 | |
| 43013000 | 阿斯特拉罕等羔羊的整张生毛皮,不论是否带头、尾或爪 | 0 | | | 0 | | 0 | 2 | 0 | 0 | 4 | 10 | 0 | 14.6 | | 0 | 0 | | | | | 0 | 0 | |
| 43016000 | 整张生狐皮 | 0 | | | 0 | | 0 | 2 | 0 | 0 | 4 | 10 | 0 | 14.6 | | 0 | 0 | | | | | 0 | 0 | |
| 43018010 | 整张生兔皮 | 0 | | | 0 | | 0 | 2 | 0 | 0 | 4 | 10 | 0 | 14.6 | | 0 | 0 | | | | | 0 | 0 | |
| 43018090 | 整张的其他生毛皮 | 0 | | | 0 | | 0 | 2 | 0 | 0 | 4 | 10 | 0 | 14.6 | | 0 | 0 | | | | | 0 | 0 | |
| 43019010 | 黄鼠狼尾 | 0 | | | 0 | | 0 | 2 | 0 | 0 | 4 | 10 | 0 | 14.6 | | 0 | 0 | | | | | 0 | 0 | |
| 43019090 | 适合加工皮货用的其他未鞣头、尾、爪 | 0 | | | 0 | | 0 | 2 | 0 | 0 | 4 | 10 | 0 | 14.6 | | 0 | 0 | | | | | 0 | 0 | |
| 43021100 | 已鞣未缝制的整张水貂皮 | 0 | | 6 | 0 | | 0 | 0 | 0 | 0 | 2.4 | 6 | 0 | 7.2 | | 0 | 0 | | | | | 0 | 0 | |
| 43021910 | 已鞣未缝制的贵重毛皮(貂皮、狐皮、水獭及旱獭等) | 0 | | 5 | 0 | | 0 | 0 | 0 | 0 | 2 | 0 | 0 | 6 | | | 0 | | | | | 0 | 0 | |
| 43021920 | 已鞣未缝制的整张兔皮 | 0 | | 5 | 0 | | 0 | 0 | 0 | 0 | 2 | 0 | 0 | 6 | | | 0 | | | | | 0 | 0 | 0 |
| 43021930 | 已鞣未缝制阿斯特拉罕等羔羊皮,不论是否带头、尾或爪 | 0 | | | 0 | | 0 | 2 | 0 | 0 | 4 | 10 | | 14.6 | | 0 | 0 | | | | | 0 | 0 | 0 |
| 43021990 | 已鞣未缝制的其他毛皮 | 0 | | | 0 | | 0 | 0 | 0 | 0 | 2 | 0 | 0 | 6 | | | 0 | | | | | 0 | 0 | 0 |
| 43022000 | 已鞣未缝制的头、尾、爪及其他块、片 | 0 | | | 0 | | 0 | 2 | 0 | 0 | 4 | 10 | 0 | 14.6 | | 0 | 0 | | | | | 0 | 0 | |
| 43023010 | 已鞣已缝制的贵重毛皮及其块、片 | 0 | | | 0 | | 0 | 2 | 0 | 0 | 4 | 10 | 0 | 14.6 | | 0 | 0 | | | | | 0 | 0 | |
| 43023090 | 已鞣已缝制的其他整张毛皮及块、片 | 0 | | | 0 | | 0 | 2 | 0 | 0 | 4 | 10 | | 14.6 | | 0 | 0 | | | | | 0 | 0 | |
| 43031010 | 毛皮衣服 | 0 | | | 0 | | 0 | 2.3 | 0 | 0 | 4.6 | 11.5 | | 18.4 | | 0 | 0 | 10.4 | | | | 0 | 0 | |
| 43031020 | 毛皮衣着附件 | 0 | | | 0 | | 0 | 1.8 | 0 | 0 | 3.6 | 9 | | 10.8 | | 0 | 0 | 9.9 | | | | 0 | 0 | |
| 43039000 | 毛皮制其他物品 | 0 | | 14.4 | 0 | | 0 | 0 | 0 | 0 | 3.6 | 9 | | 10.8 | | 0 | 0 | 9.9 | | | | 0 | 0 | |
| 43040010 | 人造毛皮 | 0 | | | 0 | | 0 | 1.8 | 0 | 0 | 3.6 | 9 | | 10.8 | | 0 | 0 | 10.8 | | | | 0 | 0 | |
| 43040020 | 人造毛皮制品 | 0 | | 14.4 | 0 | | 0 | 1.8 | 0 | 0 | 3.6 | 9 | | 10.8 | | 0 | 0 | 10.8 | | | | 0 | 0 | |
| 44011100 | 针叶木薪柴 | | | | | | | | | | | | | | | | | | | | | 0 | 0 | 0 |
| 44011200 | 非针叶木薪柴 | | | | | | | | | | | | | | | | | | | | | 0 | 0 | 0 |
| 44012100 | 针叶木木片或木粒 | | | | | | | | | | | | | | | | | | | | | 0 | 0 | 0 |
| 44012200 | 非针叶木木片或木粒 | | | | | | | | | | | | | | | | | | | | | 0 | 0 | 0 |
| 44013100 | 木屑棒 | | | | | | | | | | | | | | | | | | | | | 0 | 0 | 0 |
| 44013900 | 其他锯末、木废料及碎片,粘结成原木段、块、片或类似形状 | | | | | | | | | | | | | | | | | | | | | 0 | 0 | 0 |

| 税则号列 | 商品描述[①] | 协定税率(%) | | | | | | | | | | | | | | | | 特惠税率(%) | | | | | | |
|---|---|---|---|---|---|---|---|---|---|---|---|---|---|---|---|---|---|---|---|---|---|---|---|---|
| | | 香港 | 澳门 | 巴基斯坦 | 东盟 | 亚太 | 智利 | 秘鲁 | 哥斯达黎加 | 新西兰 | 澳大利亚 | 瑞士 | 冰岛 | 韩国 | 台湾 | 新加坡 | 格鲁吉亚 | 亚太2国[②] | 东盟 | | | 最不发达国家 | | |
| | | | | | | | | | | | | | | | | | | | 老挝 | 柬埔寨 | 缅甸 | LDC97[③] | LDC95[④] | LDC60[⑤] |
| 44014000 | 锯末、木废料及碎片,未粘结的 | | | | | | | | | | | | | | | | | | | | | 0 | 0 | 0 |
| 44021000 | 竹炭 | | | 5 | 0 | | 0 | 0 | 0 | 0 | 2.1 | 5.2 | 0 | 6.3 | | 0 | | | | | | 0 | 0 | |
| 44029000 | 木炭 | | | 5 | 0 | | 0 | 0 | 0 | 0 | 2.1 | 5.2 | 0 | 6.3 | | 0 | | | | | | 0 | 0 | |
| 44031100 | 用油漆、着色剂、防腐剂等处理的针叶木原木 | | | | | | | | | | | | | | | | | | | | | 0 | 0 | 0 |
| 44031200 | 用油漆、着色剂、防腐剂等处理的非针叶木原木 | | | | | | | | | | | | | | | | | | | | | 0 | 0 | 0 |
| 44032110 | 红松和樟子松原木,截面尺寸≥15 厘米 | | | | | | | | | | | | | | | | | | | | | 0 | 0 | 0 |
| 44032120 | 辐射松原木,截面尺寸≥15 厘米 | | | | | | | | | | | | | | | | | | | | | 0 | 0 | 0 |
| 44032130 | 落叶松原木,截面尺寸≥15 厘米 | | | | | | | | | | | | | | | | | | | | | 0 | 0 | 0 |
| 44032140 | 花旗松原木,截面尺寸≥15 厘米 | | | | | | | | | | | | | | | | | | | | | 0 | 0 | 0 |
| 44032190 | 其他松木原木,截面尺寸≥15 厘米 | | | | | | | | | | | | | | | | | | | | | 0 | 0 | 0 |
| 44032210 | 红松和樟子松原木,截面尺寸<15 厘米 | | | | | | | | | | | | | | | | | | | | | 0 | 0 | 0 |
| 44032220 | 辐射松原木,截面尺寸<15 厘米 | | | | | | | | | | | | | | | | | | | | | 0 | 0 | 0 |
| 44032230 | 落叶松原木,截面尺寸<15 厘米 | | | | | | | | | | | | | | | | | | | | | 0 | 0 | 0 |
| 44032240 | 花旗松原木,截面尺寸<15 厘米 | | | | | | | | | | | | | | | | | | | | | 0 | 0 | 0 |
| 44032290 | 其他松木原木,截面尺寸<15 厘米 | | | | | | | | | | | | | | | | | | | | | 0 | 0 | 0 |
| 44032300 | 冷杉和云杉原木,截面尺寸≥15 厘米 | | | | | | | | | | | | | | | | | | | | | 0 | 0 | 0 |
| 44032400 | 其他冷杉和云杉原木,截面尺寸<15 厘米 | | | | | | | | | | | | | | | | | | | | | 0 | 0 | 0 |
| 44032500 | 其他针叶木原木,截面尺寸≥15 厘米 | | | | | | | | | | | | | | | | | | | | | 0 | 0 | 0 |
| 44032600 | 其他针叶木原木,截面尺寸<15 厘米 | | | | | | | | | | | | | | | | | | | | | 0 | 0 | 0 |
| 44034100 | 深红色红柳桉木、浅红色红柳桉木及巴栲红柳桉木原木 | | | | | | | | | | | | | | | | | | | | | 0 | 0 | 0 |
| 44034910 | 柚木原木 | | | | | | | | | | | | | | | | | | | | | 0 | 0 | 0 |
| 44034920 | 奥克曼(奥克榄)原木 | | | | | | | | | | | | | | | | | | | | | 0 | 0 | 0 |
| 44034930 | 龙脑香木原木 | | | | | | | | | | | | | | | | | | | | | 0 | 0 | 0 |
| 44034940 | 山樟(香木)原木 | | | | | | | | | | | | | | | | | | | | | 0 | 0 | 0 |
| 44034950 | 印加木(波罗格)原木 | | | | | | | | | | | | | | | | | | | | | 0 | 0 | 0 |
| 44034960 | 大干巴豆(门格里斯或康派斯)原木 | | | | | | | | | | | | | | | | | | | | | 0 | 0 | 0 |

| 税则号列 | 商品描述[①] | 协定税率(%) | | | | | | | | | | | | | | | | 特惠税率(%) | | | | | | |
|---|---|---|---|---|---|---|---|---|---|---|---|---|---|---|---|---|---|---|---|---|---|---|---|---|
| | | 香港 | 澳门 | 巴基斯坦 | 东盟 | 亚太 | 智利 | 秘鲁 | 哥斯达黎加 | 新西兰 | 澳大利亚 | 瑞士 | 冰岛 | 韩国 | 台湾 | 新加坡 | 格鲁吉亚 | 亚太2国[②] | 东盟 老挝 | 东盟 柬埔寨 | 东盟 缅甸 | 最不发达国家 LDC97[③] | 最不发达国家 LDC95[④] | 最不发达国家 LDC60[⑤] |
| 44034970 | 异翅香木原木 | | | | | | | | | | | | | | | | | | | | | 0 | 0 | 0 |
| 44034980 | 热带红木原木 | | | | | | | | | | | | | | | | | | | | | 0 | 0 | 0 |
| 44034990 | 其他方法处理的其他热带原木 | | | | | | | | | | | | | | | | | | | | | 0 | 0 | 0 |
| 44039100 | 栎木原木 | | | | | | | | | | | | | | | | | | | | | 0 | 0 | 0 |
| 44039300 | 水青冈木(山毛榉木)原木,截面尺寸≥15 厘米 | | | | | | | | | | | | | | | | | | | | | 0 | 0 | 0 |
| 44039400 | 其他水青冈木(山毛榉木)原木,截面尺寸<15 厘米 | | | | | | | | | | | | | | | | | | | | | 0 | 0 | 0 |
| 44039500 | 桦木原木,截面尺寸≥15 厘米 | | | | | | | | | | | | | | | | | | | | | 0 | 0 | 0 |
| 44039600 | 其他桦木原木,截面尺寸<15 厘米 | | | | | | | | | | | | | | | | | | | | | 0 | 0 | 0 |
| 44039700 | 杨木原木 | | | | | | | | | | | | | | | | | | | | | 0 | 0 | 0 |
| 44039800 | 桉木原木 | | | | | | | | | | | | | | | | | | | | | 0 | 0 | 0 |
| 44039930 | 其他红木原木,但编号 44034980 所列热带红木原木除外 | | | | | | | | | | | | | | | | | | | | | 0 | 0 | 0 |
| 44039940 | 泡桐木原木 | | | | | | | | | | | | | | | | | | | | | 0 | 0 | 0 |
| 44039950 | 水曲柳原木 | | | | | | | | | | | | | | | | | | | | | 0 | 0 | 0 |
| 44039960 | 北美硬阔叶木原木 | | | | | | | | | | | | | | | | | | | | | 0 | 0 | 0 |
| 44039980 | 其他未列名的温带非针叶原木 | | | | | | | | | | | | | | | | | | | | | 0 | 0 | 0 |
| 44039990 | 其他未列名非针叶原木 | | | | | | | | | | | | | | | | | | | | | 0 | 0 | 0 |
| 44041000 | 针叶木的箍木、木劈条、木桩、木棒及类似品,木片条 | | | 5 | 0 | | 0 | 0 | 0 | 0 | 1.6 | 0 | 0 | 1.6 | | 0 | | | | | | 0 | 0 | |
| 44042000 | 非针叶木箍木、木劈条、木桩、木棒及类似品,木片条 | | | 5 | 0 | | 0 | 0 | 0 | 0 | 1.6 | 0 | 0 | 1.6 | | 0 | | | | | | 0 | 0 | |
| 44050000 | 木丝及木粉 | | | 5 | 0 | | 0 | 0 | 0 | 0 | 1.6 | 0 | 0 | 1.6 | | 0 | | | | | | 0 | 0 | 0 |
| 44061100 | 未浸渍的针叶木制的铁道及电车道枕木 | | | | | | | | | | | | | | | | | | | | | 0 | 0 | 0 |
| 44061200 | 未浸渍的非针叶木制的铁道及电车道枕木 | | | | | | | | | | | | | | | | | | | | | 0 | 0 | 0 |
| 44069100 | 已浸渍的针叶木制的铁道及电车道枕木 | | | | | | | | | | | | | | | | | | | | | 0 | 0 | 0 |
| 44069200 | 已浸渍的非针叶木制的铁道及电车道枕木 | | | | | | | | | | | | | | | | | | | | | 0 | 0 | 0 |
| 44071110 | 红松和樟子松厚板材,经纵锯、纵切、刨切,不论是否刨平、砂光或指榫结合,厚度>6 毫米 | | | | | | | | | | | | | | | | | | | | | 0 | 0 | 0 |
| 44071120 | 辐射松厚板材,经纵锯、纵切、刨切,不论是否刨平、砂光或指榫结合,厚度>6 毫米 | | | | | | | | | | | | | | | | | | | | | 0 | 0 | 0 |

| 税则号列 | 商品描述[1] | 协定税率(%) | | | | | | | | | | | | | | | | 特惠税率(%) | | | | | | |
|---|---|---|---|---|---|---|---|---|---|---|---|---|---|---|---|---|---|---|---|---|---|---|---|---|
| | | 香港 | 澳门 | 巴基斯坦 | 东盟 | 亚太 | 智利 | 秘鲁 | 哥斯达黎加 | 新西兰 | 澳大利亚 | 瑞士 | 冰岛 | 韩国 | 台湾 | 新加坡 | 格鲁吉亚 | 亚太2国[2] | 东盟 | | | 最不发达国家 | | |
| | | | | | | | | | | | | | | | | | | | 老挝 | 柬埔寨 | 缅甸 | LDC97[3] | LDC95[4] | LDC60[5] |
| 44071130 | 花旗松厚板材,经纵锯、纵切、刨切,不论是否刨平、砂光或指榫结合,厚度>6毫米 | | | | | | | | | | | | | | | | | | | | | 0 | 0 | 0 |
| 44071190 | 其他松木厚板材,经纵锯、纵切、刨切,不论是否刨平、砂光或指榫结合,厚度>6毫米 | | | | | | | | | | | | | | | | | | | | | 0 | 0 | 0 |
| 44071200 | 冷杉和云杉厚板材,经纵锯、纵切、刨切,不论是否刨平、砂光或指榫结合,厚度>6毫米 | | | | | | | | | | | | | | | | | | | | | 0 | 0 | 0 |
| 44071900 | 其他针叶木厚板材,经纵锯、纵切、刨切,不论是否刨平、砂光或指榫结合,厚度>6毫米 | | | | | | | | | | | | | | | | | | | | | 0 | 0 | 0 |
| 44072100 | 桃花心木板材,经纵锯、纵切、刨切,不论是否刨平、砂光或指榫结合,厚度>6毫米 | | | | | | | | | | | | | | | | | | | | | 0 | 0 | 0 |
| 44072200 | 维罗蔻、细孔绿心樟、轻木板材,经纵锯、纵切、刨切,不论是否刨平、砂光或指榫结合,厚度>6毫米 | | | | | | | | | | | | | | | | | | | | | 0 | 0 | 0 |
| 44072500 | 深红色红柳桉木、浅红色红柳桉木及巴栲红柳桉木板材,经纵锯、纵切、刨切,不论是否刨平、砂光或指榫结合,厚度>6毫米 | | | | | | | | | | | | | | | | | | | | | 0 | 0 | 0 |
| 44072600 | 白柳桉木、白色红柳桉木、白色柳桉木、黄色红柳桉木及阿兰木,经纵锯、纵切、刨切,不论是否刨平、砂光或指榫结合,厚度>6毫米 | | | | | | | | | | | | | | | | | | | | | 0 | 0 | 0 |
| 44072700 | 卡雅楝木板材,经纵锯、纵切、刨切,不论是否刨平、砂光或指榫结合,厚度>6毫米 | | | | | | | | | | | | | | | | | | | | | 0 | 0 | 0 |
| 44072800 | 绿柄桑木板材,经纵锯、纵切、刨切,不论是否刨平、砂光或指榫结合,厚度>6毫米 | | | | | | | | | | | | | | | | | | | | | 0 | 0 | 0 |
| 44072910 | 柚木板材,经纵锯、纵切、刨切,不论是否刨平、砂光或指榫结合,厚度>6毫米 | | | | | | | | | | | | | | | | | | | | | 0 | 0 | 0 |
| 44072920 | 非洲桃花心木板材,经纵锯、纵切、刨切,不论是否刨平、砂光或指榫结合,厚度>6毫米 | | | | | | | | | | | | | | | | | | | | | 0 | 0 | 0 |

| 税则号列 | 商品描述[1] | 协定税率(%) | | | | | | | | | | | | | | | | 特惠税率(%) | | | | | | |
|---|---|---|---|---|---|---|---|---|---|---|---|---|---|---|---|---|---|---|---|---|---|---|---|---|
| | | 香港 | 澳门 | 巴基斯坦 | 东盟 | 亚太 | 智利 | 秘鲁 | 哥斯达黎加 | 新西兰 | 澳大利亚 | 瑞士 | 冰岛 | 韩国 | 台湾 | 新加坡 | 格鲁吉亚 | 亚太2国[2] | 东盟 | | | 最不发达国家 | | |
| | | | | | | | | | | | | | | | | | | | 老挝 | 柬埔寨 | 缅甸 | LDC97[3] | LDC95[4] | LDC60[5] |
| 44072930 | 波罗格板材,经纵锯、纵切、刨切,不论是否刨平、砂光或指榫结合,厚度>6毫米 | | | | | | | | | | | | | | | | | | | | | 0 | 0 | 0 |
| 44072940 | 热带红木板材,经纵锯、纵切、刨切,不论是否刨平、砂光或指榫结合,厚度>6毫米 | | | | | | | | | | | | | | | | | | | | | 0 | 0 | 0 |
| 44072990 | 其他列名的热带木板材,经纵锯、纵切、刨切,不论是否刨平、砂光或指榫结合,厚度>6毫米 | | | | | | | | | | | | | | | | | | | | | 0 | 0 | 0 |
| 44079100 | 栎木板材,经纵锯、纵切、刨切,不论是否刨平、砂光或指榫结合,厚度>6毫米 | | | | | | | | | | | | | | | | | | | | | 0 | 0 | 0 |
| 44079200 | 山毛榉木板材,经纵锯、纵切、刨切,不论是否刨平、砂光或指榫结合,厚度>6毫米 | | | | | | | | | | | | | | | | | | | | | 0 | 0 | 0 |
| 44079300 | 槭木(枫木)板材,经纵锯、纵切、刨切,不论是否刨平、砂光或指榫结合,厚度>6毫米 | | | | | | | | | | | | | | | | | | | | | 0 | 0 | 0 |
| 44079400 | 樱桃木板材,经纵锯、纵切、刨切,不论是否刨平、砂光或指榫结合,厚度>6毫米 | | | | | | | | | | | | | | | | | | | | | 0 | 0 | 0 |
| 44079500 | 白蜡木板材,经纵锯、纵切、刨切,不论是否刨平、砂光或指榫结合,厚度>6毫米 | | | | | | | | | | | | | | | | | | | | | 0 | 0 | 0 |
| 44079600 | 桦木板材,经纵锯、纵切、刨切,不论是否刨平、砂光或指榫结合,厚度>6毫米 | | | | | | | | | | | | | | | | | | | | | 0 | 0 | 0 |
| 44079700 | 杨木板材,经纵锯、纵切、刨切,不论是否刨平、砂光或指榫结合,厚度>6毫米 | | | | | | | | | | | | | | | | | | | | | 0 | 0 | 0 |
| 44079910 | 其他红木板材,不论是否刨平、砂光或指榫结合,厚度>6毫米,但编号44072940所列热带红木板材除外 | | | | | | | | | | | | | | | | | | | | | 0 | 0 | 0 |
| 44079920 | 泡桐木板材,经纵锯、纵切、刨切,不论是否刨平、砂光或指榫结合,厚度>6毫米 | | | | | | | | | | | | | | | | | | | | | 0 | 0 | 0 |
| 44079930 | 北美硬阔叶木板材,经纵锯、纵切、刨切,不论是否刨平、砂光或指榫结合,厚度>6毫米 | | | | | | | | | | | | | | | | | | | | | 0 | 0 | 0 |

| 税则号列 | 商品描述[①] | 协定税率(%) | | | | | | | | | | | | | | | | 特惠税率(%) | | | | | | |
|---|---|---|---|---|---|---|---|---|---|---|---|---|---|---|---|---|---|---|---|---|---|---|---|---|
| | | 香港 | 澳门 | 巴基斯坦 | 东盟 | 亚太 | 智利 | 秘鲁 | 哥斯达黎加 | 新西兰 | 澳大利亚 | 瑞士 | 冰岛 | 韩国 | 台湾 | 新加坡 | 格鲁吉亚 | 亚太2国[②] | 东盟 | | | 最不发达国家 | | |
| | | | | | | | | | | | | | | | | | | | 老挝 | 柬埔寨 | 缅甸 | LDC97[③] | LDC95[④] | LDC60[⑤] |
| 44079980 | 其他温带非针叶木板材，经纵锯、纵切、刨切，不论是否刨平、砂光或指榫结合，厚度>6毫米 | | | | | | | | | | | | | | | | | | | | | 0 | 0 | 0 |
| 44079990 | 其他木板材，经纵锯、纵切、刨切，不论是否刨平、砂光或指榫结合，厚度>6毫米 | | | | | | | | | | | | | | | | | | | | | 0 | 0 | 0 |
| 44081011 | 用胶合板等多层板制的饰面用针叶木薄板，不论是否刨平、砂光或指榫结合，厚度≤6毫米 | | | | 5 | | 0 | 0 | 0 | 0 | 1.6 | 0 | 0 | 5.8 | | | | | | | | 0 | | |
| 44081019 | 饰面用针叶木薄板，不论是否刨平、砂光或指榫结合，厚度≤6毫米，用胶合板等多层板制的除外 | | | 0 | 0 | | 0 | 0 | 0 | 0 | 0 | 0 | 0 | 0 | | 0 | | | | | | 0 | 0 | |
| 44081020 | 制胶合板用针叶木薄板，不论是否刨平、砂光或指榫结合，厚度≤6毫米 | | | 0 | 0 | | 0 | 0 | 0 | 0 | 0 | 0 | 0 | 0 | | 0 | | | | | | 0 | 0 | |
| 44081090 | 其他针叶木薄板材，不论是否刨平、砂光或指榫结合，厚度≤6毫米 | | | 0 | 0 | | 0 | 0 | 0 | 0 | 0 | 0 | 0 | 0 | | 0 | | | | | | 0 | 0 | |
| 44083111 | 用胶合板等多层板制的深红色红柳桉木、浅红色红柳桉木及巴栲红柳桉木制的饰面用薄板，不论是否刨平、砂光或指榫结合，厚度≤6毫米 | | | | 5 | | 0 | 0 | 0 | 0 | 2 | 0 | 0 | 7.3 | | | | | | | | 0 | | |
| 44083119 | 深红色红柳桉木、浅红色红柳桉木及巴栲红柳桉木制的饰面用薄板，不论是否刨平、砂光或指榫结合，厚度≤6毫米，用胶合板等多层板制的除外 | | | 0 | 0 | | 0 | 0 | 0 | 0 | 0 | 0 | 0 | 0 | | 0 | | | | | | 0 | 0 | |
| 44083120 | 深红色红柳桉木、浅红色红柳桉木及巴栲红柳桉木制的胶合板用薄板，不论是否刨平、砂光或指榫结合，厚度≤6毫米 | | | 0 | 0 | | 0 | 0 | 0 | 0 | 0 | 0 | 0 | 0 | | 0 | | | | | | 0 | 0 | |
| 44083190 | 深红色红柳桉木、浅红色红柳桉木及巴栲红柳桉木制的其他薄板，不论是否刨平、砂光或指榫结合，厚度≤6毫米 | | | 0 | 0 | | 0 | 0 | 0 | 0 | 0 | 0 | 0 | 0 | | 0 | | | | | | 0 | 0 | |

| 税则号列 | 商品描述① | 协定税率(%) | | | | | | | | | | | | | | | | 特惠税率(%) | | | | | | |
|---|---|---|---|---|---|---|---|---|---|---|---|---|---|---|---|---|---|---|---|---|---|---|---|---|
| | | 香港 | 澳门 | 巴基斯坦 | 东盟 | 亚太 | 智利 | 秘鲁 | 哥斯达黎加 | 新西兰 | 澳大利亚 | 瑞士 | 冰岛 | 韩国 | 台湾 | 新加坡 | 格鲁吉亚 | 亚太2国② | 东盟 | | | 最不发达国家 | | |
| | | | | | | | | | | | | | | | | | | | 老挝 | 柬埔寨 | 缅甸 | LDC97③ | LDC95④ | LDC60⑤ |
| 44083911 | 用胶合板等多层板制的其他列名的热带木制的饰面用薄板,不论是否刨平、砂光或指榫结合,厚度≤6毫米 | | | | 5 | | 0 | 0 | 0 | 0 | 2 | 0 | 0 | 7.3 | | | | | | | | 0 | | |
| 44083919 | 其他列名的热带木制的饰面用薄板,不论是否刨平、砂光或指榫结合,厚度≤6毫米,用胶合板等多层板制的除外 | | | 0 | 0 | | 0 | 0 | 0 | 0 | 0 | 0 | 0 | 0 | | 0 | | | | | | 0 | 0 | |
| 44083920 | 其他列名热带木制的胶合板用薄板,不论是否刨平、砂光或指榫结合,厚度≤6毫米 | | | 0 | 0 | | 0 | 0 | 0 | 0 | 0 | 0 | 0 | 0 | | 0 | | | | | | 0 | 0 | |
| 44083990 | 其他列名的热带木制的其他薄板材,不论是否刨平、砂光或指榫结合,厚度≤6毫米 | | | 0 | 0 | | 0 | 0 | 0 | 0 | 0 | 0 | 0 | 0 | | 0 | | | | | | 0 | 0 | |
| 44089011 | 用胶合板等多层板制的其他木制饰面用薄板,不论是否刨平、砂光或指榫结合,厚度≤6毫米 | | | | | | 0 | 0 | 0 | 0 | 0 | 0 | 0 | 2.9 | | | | | | | | 0 | | |
| 44089012 | 温带非针叶木制饰面用单板,不论是否刨平、砂光或指榫结合,厚度≤6毫米 | | | 0 | 0 | | 0 | 0 | 0 | 0 | 0 | 0 | 0 | 0 | | 0 | | | | | | 0 | 0 | |
| 44089013 | 竹制饰面用单板,不论是否刨平、砂光或指榫结合,厚度≤6毫米 | | | | | | 0 | 0 | 0 | 0 | 0 | 0 | 0 | 2.9 | | | | | | | | 0 | | |
| 44089019 | 其他木制饰面用薄板,不论是否刨平、砂光或指榫结合,厚度≤6毫米,用胶合板等多层板制的除外 | | | 0 | 0 | | 0 | 0 | 0 | 0 | 0 | 0 | 0 | 0.6 | | 0 | | | | | | 0 | 0 | |
| 44089021 | 其他温带非针叶木制胶合板用单板,不论是否刨平、砂光或指榫结合,厚度≤6毫米 | | | 0 | 0 | | 0 | 0 | 0 | 0 | 0 | 0 | 0 | 0 | | 0 | | | | | | 0 | 0 | |
| 44089029 | 其他木制胶合板用单板,不论是否刨平、砂光或指榫结合,厚度≤6毫米 | | | 0 | 0 | | 0 | 0 | 0 | 0 | 0 | 0 | 0 | 0 | | 0 | | | | | | 0 | 0 | |
| 44089091 | 其他温带非针叶木制木材,不论是否刨平、砂光或指榫结合,厚度≤6毫米 | | | 0 | 0 | | 0 | 0 | 0 | 0 | 0 | 0 | 0 | 0 | | 0 | | | | | | 0 | 0 | |
| 44089099 | 其他木材,不论是否刨平、砂光或指榫结合,厚度≤6毫米 | | | 0 | 0 | | 0 | 0 | 0 | 0 | 0 | 0 | 0 | 0 | | 0 | | | | | | 0 | 0 | |
| 44091010 | 针叶木地板条(块) | | | 5 | 0 | | 0 | 0 | 0 | 0 | 1.5 | 0 | 0 | 4.5 | | 0 | | | | | | 0 | 0 | 0 |
| 44091090 | 其他一边或面制成连续形状的针叶木材,不论是否刨平、砂光或指榫结合 | | | 5 | 0 | | 0 | 0 | 0 | 0 | 1.5 | 0 | 0 | 1.5 | | 0 | | | | | | 0 | 0 | 0 |
| 44092110 | 竹制地板条(块) | | | 0 | 0 | | 0 | 0 | 0 | 0 | 0 | 0 | 0 | 0 | | 0 | | | | | | 0 | 0 | 0 |

| 税则号列 | 商品描述[①] | 协定税率(%) | | | | | | | | | | | | | | | | 特惠税率(%) | | | | | | |
|---|---|---|---|---|---|---|---|---|---|---|---|---|---|---|---|---|---|---|---|---|---|---|---|---|
| | | 香港 | 澳门 | 巴基斯坦 | 东盟 | 亚太 | 智利 | 秘鲁 | 哥斯达黎加 | 新西兰 | 澳大利亚 | 瑞士 | 冰岛 | 韩国 | 台湾 | 新加坡 | 格鲁吉亚 | 亚太2国[②] | 东盟 | | | 最不发达国家 | | |
| | | | | | | | | | | | | | | | | | | | 老挝 | 柬埔寨 | 缅甸 | LDC97[③] | LDC95[④] | LDC60[⑤] |
| 44092190 | 其他一边或面制成连续形状的竹材,不论是否刨平、砂光或指榫结合 | | | 0 | 0 | | 0 | 0 | 0 | 0 | 0 | 0 | 0 | 0 | | 0 | 0 | | | | | 0 | 0 | 0 |
| 44092210 | 热带木地板条(块) | | | 0 | 0 | | 0 | 0 | 0 | 0 | 0 | 0 | 0 | 0 | | 0 | | | | | | 0 | 0 | 0 |
| 44092290 | 其他一边或面制成连续形状的热带木材,不论是否刨平、砂光或指榫结合 | | | 0 | 0 | | 0 | 0 | 0 | 0 | 0 | 0 | 0 | 0 | | 0 | | | | | | 0 | 0 | |
| 44092910 | 其他非针叶木地板条 | | | 0 | 0 | | 0 | 0 | 0 | 0 | 0 | 0 | 0 | 0 | | 0 | | | | | | 0 | 0 | 0 |
| 44092990 | 其他一边或面制成连续形状的其他非针叶木材,不论是否刨平、砂光或指榫结合 | | | 0 | 0 | | 0 | 0 | 0 | 0 | 0 | 0 | 0 | 0 | | 0 | | | | | | 0 | 0 | |
| 44101100 | 木制碎料板 | | | | | | | | | 0 | | 0 | | | | | | | | | | | | |
| 44101200 | 木制定向刨花板 | | | | | | | | | 0 | | 0 | | | | | | | | | | | | |
| 44101900 | 木制其他材料板 | | | | | | | | | 0 | | 0 | | | | | | | | | | | | |
| 44111211 | 厚度≤5毫米的中密度木纤维板,密度>0.8克/立方厘米,未经机械加工或盖面的 | | | | | | | | | 0 | | 0 | | 2.9 | | | | | | | | | | |
| 44111219 | 厚度≤5毫米的中密度木纤维板,密度>0.8克/立方厘米,经机械加工或盖面的 | | | | | | | | | 0 | | 0 | | 1.5 | | | | | | | | | | |
| 44111221 | 辐射松制的厚度≤5毫米的中密度木纤维板,0.5克/立方厘米<密度≤0.8克/立方厘米 | | | | | | | | | 0 | 0 | 0 | | 2.9 | | | | | | | | 0 | | |
| 44111229 | 其他厚度≤5毫米的中密度木纤维板,0.5克/立方厘米<密度≤0.8克/立方厘米 | | | | | | | | | 0 | | 0 | | 2.9 | | | | | | | | | | |
| 44111291 | 厚度≤5毫米的其他中密度木纤维板,未经机械加工或盖面的 | | | | 5 | | | | | 0 | | 0 | | 5.5 | | | | | | | | | | |
| 44111299 | 厚度≤5毫米的其他中密度木纤维板,经机械加工或盖面的 | | | | | | | | | 0 | | 0 | | 2.9 | | | | | | | | | | |
| 44111311 | 5毫米<厚度≤9毫米的中密度木纤维板,密度>0.8克/立方厘米,未经机械加工或盖面的 | | | | | | | | | 0 | | 0 | | | | | | | | | | | | |
| 44111319 | 5毫米<厚度≤9毫米的中密度木纤维板,密度>0.8克/立方厘米,经机械加工或盖面的 | | | | | | | | | 4.6 | | 4.6 | | | | | | | | | | | | |
| 44111321 | 辐射松制的5毫米<厚度≤9毫米的中密度木纤维板,0.5克/立方厘米<密度≤0.8克/立方厘米 | | | | | | | | | 0 | 0 | 0 | | | | | | | | | | 0 | | |

| 税则号列 | 商品描述① | 协定税率(%) | | | | | | | | | | | | | | | | 特惠税率(%) | | | | | | |
|---|---|---|---|---|---|---|---|---|---|---|---|---|---|---|---|---|---|---|---|---|---|---|---|---|
| | | 香港 | 澳门 | 巴基斯坦 | 东盟 | 亚太 | 智利 | 秘鲁 | 哥斯达黎加 | 新西兰 | 澳大利亚 | 瑞士 | 冰岛 | 韩国 | 台湾 | 新加坡 | 格鲁吉亚 | 亚太2国② | 东盟 | | | 最不发达国家 | | |
| | | | | | | | | | | | | | | | | | | | 老挝 | 柬埔寨 | 缅甸 | LDC97③ | LDC95④ | LDC60⑤ |
| 44111329 | 其他5毫米<厚度≤9毫米的中密度木纤维板,0.5克/立方厘米<密度≤0.8克/立方厘米 | | | | | | | | | 0 | | 0 | | | | | | | | | | | | |
| 44111391 | 5毫米<厚度≤9毫米的其他中密度木纤维板,未经机械加工或盖面的 | | | | 5 | | | | | 0 | | 0 | | | | | | | | | | | | |
| 44111399 | 5毫米<厚度≤9毫米的其他中密度木纤维板,经机械加工或盖面的 | | | | | | | | | 0 | | 0 | | 2.9 | | | | | | | | | | |
| 44111411 | 厚度>9毫米的中密度木纤维板,密度>0.8克/立方厘米,未经机械加工或盖面的 | | | | | | | | | 0 | | 0 | | 2.9 | | | | | | | | | | |
| 44111419 | 厚度>9毫米的中密度木纤维板,密度>0.8克/立方厘米,经机械加工或盖面的 | | | | | | | | | 4.6 | | 4.6 | | 5.5 | | | | | | | | | | |
| 44111421 | 辐射松制的厚度>9毫米的中密度木纤维板,0.5克/立方厘米<密度≤0.8克/立方厘米 | | | | | | | | | 0 | 0 | 0 | | 2.9 | | | | | | | | 0 | | |
| 44111429 | 其他厚度>9毫米的中密度木纤维板,0.5克/立方厘米<密度≤0.8克/立方厘米 | | | | | | | | | 0 | | 0 | | 2.9 | | | | | | | | | | |
| 44111491 | 厚度>9毫米的其他中密度木纤维板,未经机械加工或盖面的 | | | | 5 | | | | | 0 | | 0 | | 5.5 | | | | | | | | | | |
| 44111499 | 厚度>9毫米的其他中密度木纤维板,经机械加工或盖面的 | | | | | | | | | 0 | | 0 | | 2.9 | | | | | | | | | | |
| 44119210 | 其他木纤维板,密度>0.8克/立方厘米,未经机械加工或盖面的 | | | | | | | | | 0 | | 0 | | 2.9 | | | | | | | | | | |
| 44119290 | 其他木纤维板,密度>0.8克/立方厘米,经机械加工或盖面的 | | | | | | | | | 0 | | 0 | | 5.5 | | | | | | | | | | |
| 44119310 | 辐射松制的其他木纤维板,0.5克/立方厘米<密度≤0.8克/立方厘米 | | | | | | | | | 0 | 0 | 0 | | | | | | | | | | 0 | | |
| 44119390 | 其他木纤维板,0.5克/立方厘米<密度≤0.8克/立方厘米 | | | | | | | | | 0 | | 0 | | | | | | | | | | | | |
| 44119410 | 其他木纤维板,0.35克/立方厘米<密度≤0.5克/立方厘米 | | | | 5 | | | | | 0 | | 0 | | 5.5 | | | | | | | | | | |

| 税则号列 | 商品描述① | 协定税率(%) | | | | | | | | | | | | | | | | 特惠税率(%) | | | | | | |
|---|---|---|---|---|---|---|---|---|---|---|---|---|---|---|---|---|---|---|---|---|---|---|---|---|
| | | 香港 | 澳门 | 巴基斯坦 | 东盟 | 亚太 | 智利 | 秘鲁 | 哥斯达黎加 | 新西兰 | 澳大利亚 | 瑞士 | 冰岛 | 韩国 | 台湾 | 新加坡 | 格鲁吉亚 | 亚太2国② | 东盟 | | | 最不发达国家 | | |
| | | | | | | | | | | | | | | | | | | | 老挝 | 柬埔寨 | 缅甸 | LDC97③ | LDC95④ | LDC60⑤ |
| 44119421 | 其他木纤维板,密度≤0.35克/立方厘米,未经机械加工或盖面的 | | | | | | | | | 0 | | 0 | | 5.5 | | | | | | | | | | |
| 44119429 | 其他木纤维板,密度≤0.35克/立方厘米,经机械加工或盖面的 | | | | | | | | | 0 | | 0 | | 2.9 | | | | | | | | | | |
| 44121011 | 至少有一表层为热带木的竹胶合板 | | | | 5 | | 0 | 0 | 0 | 0 | 2.4 | 6 | 0 | 8.8 | | | | | | | | 0 | | |
| 44121019 | 其他仅由薄板制竹胶合板 | | | | | | | | | 0 | | 0 | | 2.9 | | | | | | | | | | |
| 44121020 | 竹面多层板 | | | 5 | 5 | | | 0 | 0 | 0 | 2 | 0 | | 7.3 | | | | | | | | 0 | | |
| 44121091 | 至少一层为热带木的竹面多层板 | | | | | | | | | 0 | | 0 | | 5.8 | | | | | | | | | | |
| 44121092 | 至少一层为木碎板的竹面多层板 | | | | | | | | | 0 | | 0 | | 7.3 | | | | | | | | | | |
| 44121099 | 其他竹面多层板 | | | 0 | 0 | | 0 | 0 | 0 | 0 | 0 | 0 | 0 | 0 | | 0 | | | | | | 0 | 0 | 0 |
| 44123100 | 其他至少有一表层为热带木薄板制的胶合板 | | | | 5 | | 0 | 0 | 0 | 0 | 2.4 | 6 | 0 | 8.8 | | | | | | | | 0 | | |
| 44123300 | 其他至少有一表层是下列非针叶木:桤木、白蜡木、水青冈木(山毛榉木)、桦木、樱桃木、栗木、榆木、桉木、山核桃、七叶树、椴木、槭木、栎木(橡木)、悬铃木、杨木、刺槐木、鹅掌楸或核桃木薄板制的胶合板 | | | | | | | | | 0 | | 0 | | 2.9 | | | | | | | | | | |
| 44123410 | 其他至少有一表层是温带非针叶木(编号44123300的非针叶木除外)薄板制的胶合板 | | | | | | | | | 0 | | 0 | | 2.9 | | | | | | | | | | |
| 44123490 | 其他至少有一表层为编号44123300和44123410未具体列名的非针叶木薄板制的胶合板 | | | | | | | | | 0 | | 0 | | 2.9 | | | | | | | | | | |
| 44123900 | 其他上下表层均为针叶木薄板制的胶合板 | | | 0 | 0 | | 0 | 0 | 0 | 0 | 0 | 0 | 0 | 0 | | 0 | | | | | | 0 | 0 | 0 |
| 44129410 | 木块芯胶合板,侧板条芯胶合板及板条芯胶合板,至少有一表层是非针叶木 | | | 5 | 5 | | | | | 0 | | 0 | | 7.3 | | | | | | | | | | |
| 44129491 | 木块芯胶合板,侧板条芯胶合板及板条芯胶合板,至少有一层是热带木 | | | | | | | | | 0 | | 0 | | 5.8 | | | | | | | | | | |
| 44129492 | 木块芯胶合板,侧板条芯胶合板及板条芯胶合板,至少含有一层木碎料 | | | | | | | | | 0 | | 0 | | 7.3 | | | | | | | | | | |
| 44129499 | 其他木块芯胶合板,侧板条芯胶合板及板条芯胶合板 | | | 0 | 0 | | 0 | 0 | 0 | 0 | 0 | 0 | 0 | 0 | | 0 | | | | | | 0 | 0 | 0 |

| 税则号列 | 商品描述[①] | 协定税率(%) | | | | | | | | | | | | | | | | 特惠税率(%) | | | | | | |
|---|---|---|---|---|---|---|---|---|---|---|---|---|---|---|---|---|---|---|---|---|---|---|---|---|
| | | 香港 | 澳门 | 巴基斯坦 | 东盟 | 亚太 | 智利 | 秘鲁 | 哥斯达黎加 | 新西兰 | 澳大利亚 | 瑞士 | 冰岛 | 韩国 | 台湾 | 新加坡 | 格鲁吉亚 | 亚太2国[②] | 东盟 | | | 最不发达国家 | | |
| | | | | | | | | | | | | | | | | | | | 老挝 | 柬埔寨 | 缅甸 | LDC97[③] | LDC95[④] | LDC60[⑤] |
| 44129910 | 至少有一表层是非针叶木的其他木面多层板 | | | 5 | 5 | | | | | 0 | | 0 | | 7.3 | | | | | | | | | | |
| 44129991 | 至少有一层是热带木的其他木面多层板 | | | | | | | | | 0 | | 0 | | 5.8 | | | | | | | | | | |
| 44129992 | 至少含有一层木碎料板的其他木面多层板 | | | | | | | | | 0 | | 0 | | 7.3 | | | | | | | | | | |
| 44129999 | 其他木面多层板 | | | 0 | 0 | | 0 | 0 | 0 | 0 | 0 | 0 | 0 | 0 | | 0 | | | | | | 0 | 0 | |
| 44130000 | 强化木 | | | 5 | 0 | | 0 | 0 | 0 | 0 | 1.2 | 0 | 0 | 3.6 | | 0 | | | | | | 0 | 0 | 0 |
| 44140010 | 辐射松制的画框、相框、镜框及类似品 | | | | | | | | | 0 | 4 | | | | | | | | | | | 0 | | |
| 44151000 | 木箱及类似的包装容器;电缆卷筒 | | | 5 | 0 | | 0 | 0 | 0 | 0 | 1.5 | 0 | 0 | 4.5 | | 0 | | | | | | 0 | 0 | 0 |
| 44152010 | 辐射松制的木托板、箱形托盘及其他装载用木板;辐射松制的托盘护框 | | | | 5 | | | | | 0 | 1.5 | | | | | | | | | | | 0 | | |
| 44152090 | 其他木托板、箱形托盘及其他装载用木板;其他木制的托盘护框 | | | | 5 | | | | | | | | | | | | | | | | | | | |
| 44160010 | 辐射松制的大桶、琵琶桶、盆和其他辐射松制箍桶及其零件,包括桶板 | | | | | | | | | 0 | 3.2 | | | | | | | | | | | 0 | | |
| 44170010 | 辐射松制的工具、工具支架、工具柄、扫帚及刷子的身及柄;辐射松制鞋靴楦及楦头 | | | | | | | | | 0 | 3.2 | | | | | | | | | | | 0 | | |
| 44181010 | 辐射松制的窗、法兰西式(落地)窗及其框架 | | | | | | | | | 0 | 0 | | | | | | | | | | | 0 | | |
| 44181090 | 其他木制的窗、法兰西式(落地)窗及其框架 | | 0 | | | | | | | | | | | | | | | | | | | 0 | | |
| 44182000 | 木门及其框架和门槛 | | 0 | 0 | 0 | | 0 | 0 | 0 | 0 | 0 | 0 | 0 | 0 | | 0 | | | | | | 0 | 0 | 0 |
| 44184000 | 水泥构件的木模板 | | | 0 | 0 | | 0 | 0 | 0 | 0 | 0 | 0 | 0 | 0 | | | | | | | | 0 | 0 | 0 |
| 44185000 | 木瓦及盖屋板 | | | 5 | 0 | | 0 | 0 | 0 | 0 | 1.5 | 0 | 0 | 1.5 | | | | | | | | 0 | 0 | 0 |
| 44186000 | 柱和梁 | | | 0 | 0 | | 0 | 0 | 0 | 0 | 0 | 0 | 0 | 0 | | 0 | | | | | | 0 | 0 | 0 |
| 44187310 | 已拼装的马赛克竹地板 | | | 0 | 0 | | 0 | 0 | 0 | 0 | 0 | 0 | 0 | 0 | | 0 | | | | | | 0 | 0 | 0 |
| 44187320 | 其他竹制已拼装的多层地板 | | | 0 | 0 | | 0 | 0 | 0 | 0 | 0 | 0 | 0 | 0 | | 0 | | | | | | 0 | 0 | |
| 44187390 | 其他竹制已拼装的地板 | | | 0 | 0 | | 0 | 0 | 0 | 0 | 0 | 0 | 0 | 0 | | 0 | | | | | | 0 | 0 | |
| 44187400 | 其他已拼装的马赛克地板 | | | 0 | 0 | | 0 | 0 | 0 | 0 | 0 | 0 | 0 | 0 | | 0 | | | | | | 0 | 0 | 0 |
| 44187500 | 其他已拼装的多层地板 | | | 0 | 0 | | 0 | 0 | 0 | 0 | 0 | 0 | 0 | 0 | | 0 | 0 | | | | | 0 | 0 | |
| 44187900 | 其他已拼装的地板 | | | 0 | 0 | | 0 | 0 | 0 | 0 | 0 | 0 | 0 | 0 | | 0 | | | | | | 0 | 0 | |
| 44189100 | 竹制建筑用制品 | | | 0 | 0 | | 0 | 0 | 0 | 0 | 0 | 0 | 0 | 0 | | 0 | | | | | | 0 | 0 | 0 |
| 44189900 | 其他建筑用木工制品 | | | 0 | 0 | | 0 | 0 | 0 | 0 | 0 | 0 | 0 | 0 | | 0 | | | | | | 0 | 0 | 0 |
| 44191100 | 竹制切面包板、砧板及类似板 | | | | | | | | | | | | | | | | | | | | | 0 | 0 | 0 |
| 44191210 | 竹制一次性筷子 | | | | | | | | | | | | | | | | | | | | | 0 | 0 | 0 |
| 44191290 | 其他竹制筷子 | | | | | | | | | | | | | | | | | | | | | 0 | 0 | 0 |

| 税则号列 | 商品描述[①] | 协定税率(%) | | | | | | | | | | | | | | | | 特惠税率(%) | | | | | | |
|---|---|---|---|---|---|---|---|---|---|---|---|---|---|---|---|---|---|---|---|---|---|---|---|---|
| | | 香港 | 澳门 | 巴基斯坦 | 东盟 | 亚太 | 智利 | 秘鲁 | 哥斯达黎加 | 新西兰 | 澳大利亚 | 瑞士 | 冰岛 | 韩国 | 台湾 | 新加坡 | 格鲁吉亚 | 亚太2国[②] | 东盟 老挝 | 东盟 柬埔寨 | 东盟 缅甸 | 最不发达国家 LDC97[③] | 最不发达国家 LDC95[④] | 最不发达国家 LDC60[⑤] |
| 44191900 | 其他竹制餐具及厨房用具 | | | | | | | | | | | | | | | | | | | | | 0 | 0 | 0 |
| 44199010 | 木制一次性筷子 | | | | | | | | | | | | | | | | | | | | | 0 | 0 | 0 |
| 44199090 | 其他木制餐具及厨房用具 | | | | | | | | | | | | | | | | | | | | | 0 | 0 | 0 |
| 44201011 | 木刻 | | | | | | | | | | | | | | | | | | | | | 0 | 0 | 0 |
| 44201012 | 竹刻 | | | | | | | | | | | | | | | | | | | | | 0 | 0 | 0 |
| 44201020 | 木扇 | | | | | | | | | | | | | | | | | | | | | 0 | 0 | 0 |
| 44201090 | 其他木制小雕像及其他装饰品 | | | | | | | | | | | | | | | | | | | | | 0 | 0 | 0 |
| 44209010 | 镶嵌木 | | | | | | | | | | | | | | | | | | | | | 0 | 0 | 0 |
| 44209090 | 木盒子及类似品、非落地式木家具 | | | | | | | | | | | | | | | | | | | | | 0 | 0 | 0 |
| 44211000 | 木衣架 | | | | | | | | | | | | | | | | | | | | | 0 | 0 | 0 |
| 44219110 | 竹制园签、园棒、冰果棒、压舌片及类似一次性制品 | | | | | | | | | | | | | | | | | | | | | 0 | 0 | 0 |
| 44219190 | 其他未列名的竹制品 | | | | | | | | | | | | | | | | | | | | | 0 | 0 | 0 |
| 44219910 | 木制园签、园棒、冰果棒、压舌片及类似一次性制品 | | | | | | | | | | | | | | | | | | | | | 0 | 0 | 0 |
| 44219990 | 其他未列名的木制品 | | | | | | | | | | | | | | | | | | | | | 0 | 0 | 0 |
| 45011000 | 未加工或简单加工的天然软木 | | | 5 | 0 | | 0 | 0 | 0 | 0 | 1.2 | 0 | 0 | 0 | | | | | | | | 0 | 0 | |
| 45019010 | 软木废料 | | | | | | | | | | | | | | | | | | | | | 0 | 0 | 0 |
| 45019020 | 软木废料及碎、粒、粉状的软木 | | | | | | | | | | | | | | | | | | | | | 0 | 0 | 0 |
| 45020000 | 除去表皮或粗切成方形或成块、板、片或条状的天然软木 | | | 5 | 0 | | 0 | 0 | 0 | 0 | 1.6 | 0 | 0 | 1.6 | | | | | | | | 0 | 0 | 0 |
| 45031000 | 天然软木塞子 | | | 5 | 0 | | 0 | 0 | 0 | 0 | 1.6 | 0 | 0 | 1.6 | | | | | | | | 0 | 0 | 0 |
| 45039000 | 其他天然软木制品 | | | 5 | 0 | | 0 | 0 | 0 | 0 | 2.1 | 5.2 | 0 | 6.3 | | 0 | | | | | | 0 | 0 | 0 |
| 45041000 | 块、板、片及条状压制软木;任何形状的砖、瓦;实心圆柱体,包括原片 | | | 5 | 0 | | 0 | 0 | 0 | 0 | 1.7 | 0 | 0 | 5 | | | | | | | | 0 | 0 | 0 |
| 45049000 | 其他压制软木及其制品 | | | | | | | | | | | | | | | | | | | | | 0 | 0 | 0 |
| 46012100 | 竹制的席子、席料、帘子 | | 0 | 5 | 0 | | 0 | 0 | 0 | 0 | 1.8 | 0 | 0 | 1.8 | | | 0 | | 0 | | | 0 | 0 | 0 |
| 46012200 | 藤制的席子、席料及帘子 | | 0 | 5 | 0 | | 0 | 0 | 0 | 0 | 1.8 | 0 | 0 | 1.8 | | | 0 | | 0 | | | 0 | 0 | 0 |
| 46012911 | 蔺草制的席子、席料及帘子 | | 0 | 5 | 0 | | 0 | 0 | 0 | 0 | 1.8 | 0 | 0 | 1.8 | | | 0 | | 0 | | | 0 | 0 | 0 |
| 46012919 | 其他草制的席子、席料及帘子 | | | 5 | 0 | | 0 | 0 | 0 | 0 | 1.8 | 0 | 0 | 1.8 | | | 0 | | 0 | | | 0 | 0 | 0 |
| 46012921 | 苇帘 | | | 5 | 0 | | 0 | 0 | 0 | 0 | 1.8 | 0 | 0 | 1.8 | | | 0 | | 0 | | | 0 | 0 | 0 |
| 46012929 | 芦苇制的席子、席料 | | | 5 | 0 | | 0 | 0 | 0 | 0 | 1.8 | 0 | 0 | 1.8 | | | 0 | | 0 | | | 0 | 0 | 0 |
| 46012990 | 其他植物材料制席子、席料及帘子 | | | 5 | 0 | | 0 | 0 | 0 | 0 | 1.8 | 0 | 0 | 1.8 | | | 0 | | 0 | | | 0 | 0 | 0 |
| 46019210 | 竹缏条及类似产品,不论是否缝合成宽条 | | 0 | 5 | 0 | | 0 | 0 | 0 | 0 | 1.8 | 0 | 0 | 1.8 | | | 0 | | 0 | | | 0 | 0 | 0 |
| 46019290 | 其他竹编结产品 | | 0 | 5 | 0 | | 0 | 0 | 0 | 0 | 1.8 | 0 | 0 | 1.8 | | | 0 | | | | | 0 | 0 | 0 |

| 税则号列 | 商品描述[①] | 协定税率(%) | | | | | | | | | | | | | | | | 特惠税率(%) | | | | | | |
|---|---|---|---|---|---|---|---|---|---|---|---|---|---|---|---|---|---|---|---|---|---|---|---|---|
| | | 香港 | 澳门 | 巴基斯坦 | 东盟 | 亚太 | 智利 | 秘鲁 | 哥斯达黎加 | 新西兰 | 澳大利亚 | 瑞士 | 冰岛 | 韩国 | 台湾 | 新加坡 | 格鲁吉亚 | 亚太2国[②] | 东盟 | | | 最不发达国家 | | |
| | | | | | | | | | | | | | | | | | | | 老挝 | 柬埔寨 | 缅甸 | LDC97[③] | LDC95[④] | LDC60[⑤] |
| 46019310 | 藤缏条及类似产品,不论是否缝合成宽条 | | 0 | 5 | 0 | | 0 | 0 | 0 | 0 | 1.8 | 0 | 0 | 1.8 | | | 0 | | 0 | | | 0 | 0 | 0 |
| 46019390 | 其他藤编结产品 | | 0 | 5 | 0 | | 0 | | 0 | 0 | 1.8 | 0 | 0 | 1.8 | | | 0 | | | | | 0 | | |
| 46019411 | 稻草制的鞭条(绳) | | | 5 | 0 | | 0 | 0 | 0 | 0 | 2 | 0 | 0 | 6 | | | 0 | | | | | 0 | 0 | |
| 46019419 | 稻草制的其他编结材料产品 | | | 5 | 0 | | 0 | 0 | 0 | 0 | 2 | 0 | 0 | 6 | | | 0 | | | | | 0 | 0 | |
| 46019491 | 其他植物编结材料的缏条及类似产品,不论是否缝合成宽条 | | | 5 | 0 | | 0 | 0 | 0 | 0 | 1.8 | 0 | 0 | 1.8 | | | 0 | | 0 | | | 0 | 0 | 0 |
| 46019499 | 其他植物编结材料产品 | | | 5 | 0 | | 0 | 0 | 0 | 0 | 1.8 | 0 | 0 | 1.8 | | | 0 | | | | | 0 | 0 | 0 |
| 46019910 | 其他非植物编结材料的缏条及类似产品,不论是否缝合成宽条 | | | 5 | 0 | | 0 | 0 | 0 | 0 | 1.8 | 0 | 0 | 1.8 | | | 0 | | 0 | | | 0 | 0 | 0 |
| 46019990 | 其他非植物编结材料产品 | | | 5 | 0 | | 0 | 0 | 0 | 0 | 1.8 | 0 | 0 | 5.4 | | | 0 | | | | | 0 | 0 | |
| 46021100 | 竹编制的篮筐及其他制品 | | | 5 | 0 | | 0 | 0 | 0 | 0 | 1.8 | 0 | 0 | 1.8 | | | 0 | | | 0 | | 0 | 0 | 0 |
| 46021200 | 藤编制的篮筐及其他制品 | | | 5 | 0 | | 0 | | 0 | 0 | 1.8 | 0 | 0 | 1.8 | | | 0 | | | 0 | | 0 | 0 | 0 |
| 46021910 | 草编制的篮筐及其他制品 | | | 5 | 0 | | 0 | 0 | 0 | 0 | 1.8 | 0 | 0 | 1.8 | | | 0 | | | 0 | | 0 | 0 | 0 |
| 46021920 | 玉米皮编制的篮筐及其他制品 | | | 5 | 0 | | 0 | 0 | 0 | 0 | 1.8 | 0 | 0 | 1.8 | | | 0 | | | 0 | | 0 | 0 | 0 |
| 46021930 | 柳条编制的篮筐及其他制品 | | | 5 | 0 | | 0 | 0 | 0 | 0 | 1.8 | 0 | 0 | 1.8 | | | 0 | | | 0 | | 0 | 0 | 0 |
| 46021990 | 其他植物材料编制篮筐及其他制品 | | | 5 | 0 | | 0 | | 0 | 0 | 1.8 | 0 | 0 | 1.8 | | | 0 | | | 0 | | 0 | 0 | 0 |
| 46029000 | 其他编结材料制品及其他制品 | | 0 | 5 | 0 | 8 | 0 | 0 | 0 | 0 | 1.8 | 0 | 0 | 1.8 | | | 0 | | | 0 | | 0 | 0 | 0 |
| 47010000 | 机械木浆 | | | | | | | | | | | | | | | | | | | | | 0 | 0 | 0 |
| 47020000 | 化学木浆,溶解级 | | | | | | | | | | | | | | | | | | | | | 0 | 0 | 0 |
| 47031100 | 未漂白针叶木碱木浆或硫酸盐木浆 | | | | | | | | | | | | | | | | | | | | | 0 | 0 | 0 |
| 47031900 | 未漂白非针叶木碱木浆或硫酸盐木浆 | | | | | | | | | | | | | | | | | | | | | 0 | 0 | 0 |
| 47032100 | 漂白针叶木碱木浆或硫酸盐木浆 | | | | | | | | | | | | | | | | | | | | | 0 | 0 | 0 |
| 47032900 | 漂白非针叶木碱木浆或硫酸盐木浆 | | | | | | | | | | | | | | | | | | | | | 0 | 0 | 0 |
| 47041100 | 未漂白的针叶木亚硫酸盐木浆 | | | | | | | | | | | | | | | | | | | | | 0 | 0 | 0 |
| 47041900 | 未漂白的非针叶木亚硫酸盐木浆 | | | | | | | | | | | | | | | | | | | | | 0 | 0 | 0 |
| 47042100 | 漂白的针叶木亚硫酸盐木浆 | | | | | | | | | | | | | | | | | | | | | 0 | 0 | 0 |
| 47042900 | 漂白的非针叶木亚硫酸盐木浆 | | | | | | | | | | | | | | | | | | | | | 0 | 0 | 0 |
| 47050000 | 半化学木浆 | | | | | | | | | | | | | | | | | | | | | 0 | 0 | 0 |
| 47061000 | 棉短绒纸浆 | | | | | | | | | | | | | | | | | | | | | 0 | 0 | 0 |
| 47062000 | 从回收纸或纸板提取的纤维浆 | | | | | | | | | | | | | | | | | | | | | 0 | 0 | 0 |

| 税则号列 | 商品描述① | 协定税率(%) | | | | | | | | | | | | | | | | 特惠税率(%) | | | | | | |
|---|---|---|---|---|---|---|---|---|---|---|---|---|---|---|---|---|---|---|---|---|---|---|---|---|
| | | 香港 | 澳门 | 巴基斯坦 | 东盟 | 亚太 | 智利 | 秘鲁 | 哥斯达黎加 | 新西兰 | 澳大利亚 | 瑞士 | 冰岛 | 韩国 | 台湾 | 新加坡 | 格鲁吉亚 | 亚太2国② | 东盟 | | | 最不发达国家 | | |
| | | | | | | | | | | | | | | | | | | | 老挝 | 柬埔寨 | 缅甸 | LDC97③ | LDC95④ | LDC60⑤ |
| 47063000 | 竹浆 | | | | | | | | | | | | | | | | | | | | | 0 | 0 | 0 |
| 47069100 | 其他纤维状纤维素机械浆 | | | | | | | | | | | | | | | | | | | | | 0 | 0 | 0 |
| 47069200 | 其他纤维状纤维素化学浆 | | | | | | | | | | | | | | | | | | | | | 0 | 0 | 0 |
| 47069300 | 用机械和化学联合法制得的浆 | | | | | | | | | | | | | | | | | | | | | 0 | 0 | 0 |
| 47071000 | 未漂白牛皮、瓦楞纸或纸板废碎品 | | | | | | | | | | | | | | | | | | | | | 0 | 0 | 0 |
| 47072000 | 漂白化学木浆制的未经本体染色纸和纸板废碎品 | | | | | | | | | | | | | | | | | | | | | 0 | 0 | 0 |
| 47073000 | 机械木浆制的纸或纸板的废碎品 | | | | | | | | | | | | | | | | | | | | | 0 | 0 | 0 |
| 47079000 | 其他回收纸或纸板 | | | | | | | | | | | | | | | | | | | | | 0 | 0 | 0 |
| 48021010 | 宣纸 | | | | 5 | | | | | | | | | | | | | | | | | | | |
| 48021090 | 其他手工制纸及纸板 | | | | 5 | | | | | | | | | | | | | | | | | | | |
| 48022010 | 照相原纸 | 0 | | | | | | | | | | | | | | | | | | | | 0 | | |
| 48022090 | 光敏、热敏、电敏纸，纸板的原纸、板 | 0 | | | 5 | | | | | | | | | | | | | | | | | 0 | | |
| 48024000 | 墙壁纸原纸 | 0 | | | | | | | | | | | | | | | | | | | | 0 | | |
| 48025400 | 书写、印刷等用未涂布薄纸及纸板，不含用机械方法制得的纤维或所含前述纤维不超过全部纤维重量的10% | 0 | | | | | | | | | | | | | | | | | | | | 0 | | |
| 48025500 | 其他书写印刷等用未涂中厚纸(板)，不含用机械方法制得的纤维或所含前述纤维不超过全部纤维重量的10%，成卷 | 0 | | | | | | | | | | | | | | | | | | | | 0 | | |
| 48025600 | 书写、印刷等用未涂布中厚纸及纸板，不含用机械方法制得的纤维或所含前述纤维不超过全部纤维重量的10%，成张，一边≤435毫米，另一边≤297毫米 | 0 | | | | | | | | | | | | | | | | | | | | 0 | | |
| 48025700 | 其他书写印刷等用未涂中厚纸(板)，不含用机械方法制得的纤维或所含前述纤维不超过全部纤维重量的10%，其他成张 | 0 | | | | | | | | | | | | | | | | | | | | 0 | | |
| 48025800 | 书写、印刷等用未涂布厚纸及纸板，不含用机械方法制得的纤维或所含前述纤维不超过全部纤维重量的10% | 0 | | | | | | | | | | | | | | | | | | | | 0 | | |
| 48026100 | 其他成卷的书写、印刷等用未涂布纸及纸板，所含用机械方法制得的纤维超过全部纤维重量的10% | 0 | | | | | | | | | | | | | | | | | | | | 0 | | |

| 税则号列 | 商品描述[1] | 协定税率(%) | | | | | | | | | | | | | | | | 特惠税率(%) | | | | | | |
|---|---|---|---|---|---|---|---|---|---|---|---|---|---|---|---|---|---|---|---|---|---|---|---|---|
| | | 香港 | 澳门 | 巴基斯坦 | 东盟 | 亚太 | 智利 | 秘鲁 | 哥斯达黎加 | 新西兰 | 澳大利亚 | 瑞士 | 冰岛 | 韩国 | 台湾 | 新加坡 | 格鲁吉亚 | 亚太2国[2] | 东盟 | | | 最不发达国家 | | |
| | | | | | | | | | | | | | | | | | | | 老挝 | 柬埔寨 | 缅甸 | LDC97[3] | LDC95[4] | LDC60[5] |
| 48026200 | 其他成张的书写、印刷等用未涂布纸及纸板,所含用机械方法制得的纤维超过全部纤维重量的10%,一边≤435毫米,另一边≤297毫米(以未折叠计) | 0 | | | | | | | | | | | | | | | | | | | | 0 | | |
| 48026900 | 其他尺寸成张的书写、印刷等用未涂布纸及纸板,所含用机械方法制得的纤维超过全部纤维重量的10% | 0 | | | | | | | | | | | | | | | | | | | | 0 | | |
| 48051100 | 半化学的瓦楞纸(瓦楞原纸) | 0 | | | | | | | | | | | | | | | | | | | | 0 | | |
| 48051200 | 草浆瓦楞原纸 | 0 | | | | | | | | | | | | | | | | | | | | 0 | | |
| 48051900 | 其他瓦楞原纸 | 0 | | | 5 | | | | | | | | | | | | | | | | | 0 | | |
| 48052400 | 薄强韧箱纸板 | 0 | | | | | | | | | | | | | | | | | | | | 0 | | |
| 48052500 | 厚强韧箱纸板 | 0 | | | | | | | | | | | | | | | | | | | | 0 | | |
| 48059110 | 每平方米重量≤150克的电解电容器原纸 | 0 | | | 5 | | | | | | | | | | | | | | | | | 0 | | |
| 48059190 | 每平方米重量≤150克的薄纸及纸板 | 0 | | | 5 | | | | | | | | | | | | | | | | | 0 | | |
| 48059300 | 其他未经涂布厚纸及纸板 | 0 | | | | | | | | | | | | | | | | | | | | 0 | | |
| 48061000 | 植物羊皮纸 | | | | 5 | | | | | | | | | | | | | | | | | | | |
| 48062000 | 防油纸 | | | | 5 | | | | | | | | | | | | | | | | | | | |
| 48063000 | 描图纸 | | | | 5 | | | | | | | | | | | | | | | | | | | |
| 48064000 | 高光泽透明或半透明纸 | | | | 5 | | | | | | | | | | | | | | | | | | | |
| 48081000 | 瓦楞纸及纸板 | | | | | | | | | 4.6 | | 4.6 | | | | | | | | | | | | |
| 48101300 | 涂无机物书写(印刷)纸(板),不含用机械方法制得的纤维或所含前述纤维不超过全部纤维重量的10%,成卷的 | 0 | | | | | | | | | | | | | | | | | | | | 0 | | |
| 48101400 | 涂无机物书写(印刷)纸(板),不含用机械方法制得的纤维或所含前述纤维不超过全部纤维重量的10%,成张的,一边≤435毫米,另一边≤297毫米(以未折叠计) | 0 | | | | | | | | | | | | | | | | | | | | 0 | | |
| 48101900 | 其他涂无机物书写(印刷)纸(板),不含用机械方法制得的纤维或所含前述纤维不超过全部纤维重量的10%,成张的 | 0 | | | | | | | | | | | | | | | | | | | | 0 | | |

| 税则号列 | 商品描述[①] | 协定税率(%) | | | | | | | | | | | | | | | | 特惠税率(%) | | | | | | |
|---|---|---|---|---|---|---|---|---|---|---|---|---|---|---|---|---|---|---|---|---|---|---|---|---|
| | | 香港 | 澳门 | 巴基斯坦 | 东盟 | 亚太 | 智利 | 秘鲁 | 哥斯达黎加 | 新西兰 | 澳大利亚 | 瑞士 | 冰岛 | 韩国 | 台湾 | 新加坡 | 格鲁吉亚 | 亚太2国[②] | 东盟 老挝 | 东盟 柬埔寨 | 东盟 缅甸 | 最不发达国家 LDC97[③] | 最不发达国家 LDC95[④] | 最不发达国家 LDC60[⑤] |
| 48102900 | 其他涂无机物的书写、印刷纸及纸板，所含用机械方法制得的纤维超过全部纤维重量的10% | 0 | | | | | | | | | | | | | | | | | | | | 0 | | |
| 48103100 | 涂无机物的薄漂白牛皮纸及纸板，书写、印刷或类似用途的除外 | 0 | 0 | | | | | | | | | | | | | | | | | | | 0 | | |
| 48103200 | 涂无机物的厚漂白牛皮纸及纸板，书写、印刷或类似用途的除外 | 0 | 0 | | | | | | | | | | | | | | | | | | | 0 | | |
| 48103900 | 涂无机物的其他牛皮纸及纸板，书写、印刷或类似用途的除外 | 0 | 0 | | | | | | | | | | | | | | | | | | | 0 | | |
| 48109200 | 其他涂无机物的多层纸及纸板 | 0 | 0 | | | | | | | | | | | | | | | | | | | 0 | | |
| 48109900 | 其他涂无机物的纸及纸板 | 0 | 0 | | 5 | | | | | | | | | | | | | | | | | 0 | | |
| 48111000 | 焦油纸及纸板、沥青纸及纸板 | 0 | 0 | | 5 | | | | | | | | | | | | | | | | | 0 | | |
| 48114100 | 自粘的胶粘纸及纸板 | 0 | 0 | | 5 | | | | | | | | | | | | | | | | | 0 | | |
| 48114900 | 其他胶粘纸及纸板 | 0 | 0 | | 5 | | | | | | | | | | | | | | | | | 0 | | |
| 48115110 | 漂白的彩色相纸用双面涂塑厚纸 | 0 | 0 | | 5 | | | | | | | | | | | | | | | | | 0 | | |
| 48115191 | 纸塑铝复合材料 | 0 | 0 | | 5 | | | | | | | | | | | | | | | | | 0 | | |
| 48115199 | 其他漂白的，每平方米重量>150克的纸、纸板、纤维素絮纸及纤维素纤维网纸 | 0 | 0 | | | | | | | | | | | | | | | | | | | 0 | | |
| 48115910 | 绝缘纸及纸板 | 0 | 0 | | 5 | | | | | | | | | | | | | | | | | 0 | | |
| 48115991 | 镀铝的用塑料涂布、浸渍的其他纸及纸板 | 0 | 0 | | 5 | | | | | | | | | | | | | | | | | 0 | | |
| 48115999 | 其他用塑料涂布、浸渍的其他纸及纸板 | 0 | 0 | | 5 | | | | | | | | | | | | | | | | | 0 | | |
| 48116010 | 用蜡或油等涂布的绝缘纸及纸板 | 0 | 0 | | 5 | | | | | | | | | | | | | | | | | 0 | | |
| 48116090 | 用蜡或油等涂布的其他纸及纸板 | 0 | 0 | | 5 | | | | | | | | | | | | | | | | | 0 | | |
| 48119000 | 其他经涂布、浸渍、覆盖的纸及纸板 | 0 | 0 | | 5 | | | | | | | | | | | | | | | | | 0 | | |
| 48142000 | 用塑料涂面或盖面的壁纸及类似品 | | | | 5 | | | | | | | | | | | | | | | | | | | |
| 48149000 | 其他壁纸及类似品；窗用透明纸 | | | | 5 | | | | | | | | | | | | | | | | | | | |
| 48171000 | 信封 | | | | 5 | | | | | | | | | | | | | | | | | | | |
| 48172000 | 封缄信片、素色明信片及通信卡片 | | | | 5 | | | | | | | | | | | | | | | | | | | |

| 税则号列 | 商品描述[①] | 协定税率(%) | | | | | | | | | | | | | | | | 特惠税率(%) | | | | | | |
|---|---|---|---|---|---|---|---|---|---|---|---|---|---|---|---|---|---|---|---|---|---|---|---|---|
| | | 香港 | 澳门 | 巴基斯坦 | 东盟 | 亚太 | 智利 | 秘鲁 | 哥斯达黎加 | 新西兰 | 澳大利亚 | 瑞士 | 冰岛 | 韩国 | 台湾 | 新加坡 | 格鲁吉亚 | 亚太2国[②] | 东盟 | | | 最不发达国家 | | |
| | | | | | | | | | | | | | | | | | | | 老挝 | 柬埔寨 | 缅甸 | LDC97[③] | LDC95[④] | LDC60[⑤] |
| 48173000 | 纸或纸板制的盒子、袋子及夹子 | | | | 5 | | | | | | | | | | | | | | | | | | | |
| 48183000 | 小卷(张)纸台布及纸餐巾 | | | | 5 | | | | | | | | | | | | | | | | | | | |
| 48185000 | 纸制衣服及衣着附件 | | | 5 | 0 | | 0 | 0 | 0 | 0 | 1.5 | 0 | 0 | 1.5 | | | | | | | | 0 | 0 | 0 |
| 48191000 | 瓦楞纸或纸板制的箱、盒、匣 | 0 | 0 | | | | | | | | | | | | | | | | | | | 0 | | |
| 48192000 | 非瓦楞纸或纸板制可折叠箱、盒、匣 | 0 | 0 | | | | | | | | | | | | | | | | | | | 0 | | |
| 48193000 | 底宽≥40厘米的纸袋 | | | 5 | 0 | | 0 | 0 | 0 | 0 | 1.5 | 0 | 0 | 1.5 | | 0 | | | | | | 0 | 0 | 0 |
| 48194000 | 其他纸袋 | | | | 5 | | | | | | | | | | | | | | | | | | | |
| 48195000 | 其他纸包装容器 | | | | 5 | | | | | | | | | | | | | | | | | | | |
| 48196000 | 纸卷宗盒、信件盘、存储盒及类似品 | | | | 5 | | | | | | | | | | | | | | | | | | | |
| 48201000 | 登记本、账本、笔记本、订货本、收据本、信笺本、记事本、日记本及类似品 | | | | 5 | | | | | | | | | | | | | | | | | | | |
| 48202000 | 练习本 | | | | 5 | | | | | | | | | | | | | | | | | | | |
| 48203000 | 纸制活动封面、文件夹及卷宗皮 | | | | 5 | | | | | | | | | | | | | | | | | | | |
| 48204000 | 多联商业表格纸、页间夹有复写纸的本 | | | 5 | 0 | | 0 | 0 | 0 | 0 | 1.5 | 0 | 0 | 4.5 | | | | | | | | 0 | 0 | 0 |
| 48205000 | 纸制样品簿及粘贴簿 | | | | 5 | | | | | | | | | | | | | | | | | | | |
| 48209000 | 其他纸制文具用品,书籍封面 | | | | 5 | | | | | | | | | | | | | | | | | | | |
| 48211000 | 纸或纸板印制的各种标签 | 0 | 0 | | 5 | | | | | | | | | | | | | | | | | 0 | | |
| 48219000 | 纸或纸板制的其他各种标签 | | | | 5 | | | | | | | | | | | | | | | | | | | |
| 48221000 | 纺织纱线用纸制的筒管、卷轴、纡子 | | | | 5 | | | | | | | | | | | | | | | | | | | |
| 48229000 | 纸制的其他筒管、卷轴、纡子 | | | | 5 | | | | | | | | | | | | | | | | | | | |
| 48234000 | 已印制的自动记录器用打印纸 | | | | 5 | | | | | | | | | | | | | | | | | | | |
| 48236100 | 竹浆纸、纸板制的盘、碟、盆、杯及类似品 | | | 5 | 0 | | 0 | 0 | 0 | 0 | 1.5 | 0 | 0 | 1.5 | | | | | | | | 0 | 0 | 0 |
| 48236910 | 非木植物浆制 | | | 5 | 0 | | 0 | 0 | 0 | 0 | 1.5 | 0 | 0 | 4.5 | | | | | | | | 0 | 0 | 0 |
| 48236990 | 其他纸或纸板制的盘、碟、盆、杯及类似品 | | | 5 | 0 | | 0 | 0 | 0 | 0 | 1.5 | 0 | 0 | 4.5 | | | | | | | | 0 | 0 | 0 |
| 48237000 | 压制或模制纸浆制品 | | | | 5 | | | | | | | | | | | | | | | | | | | |
| 48239010 | 以纸或纸板为底制成的铺地制品 | | | | 5 | | | | | 0 | | 0 | | 5.5 | | | | | | | | | | |
| 48239020 | 神纸及类似用品 | | | 5 | 0 | | 0 | 0 | 0 | 0 | 1.5 | 0 | 0 | 1.5 | | | | | | | | 0 | 0 | 0 |
| 48239030 | 纸扇 | | | 5 | 0 | | 0 | 0 | 0 | 0 | 1.5 | 0 | 0 | 1.5 | | | | | | | | 0 | 0 | 0 |
| 48239090 | 其他纸及纸制品 | 0 | 0 | | | | | 7.5 | | | | | | | | | | | | | | 0 | | |
| 49011000 | 单张的书籍、小册子及类似印刷品 | | | | | | | | | | | | | | | | | | | | | 0 | 0 | 0 |
| 49019100 | 字典、百科全书 | | | | | | | | | | | | | | | | | | | | | 0 | 0 | 0 |

| 税则号列 | 商品描述① | 协定税率(%) | | | | | | | | | | | | | | | | 特惠税率(%) | | | | | | |
|---|---|---|---|---|---|---|---|---|---|---|---|---|---|---|---|---|---|---|---|---|---|---|---|---|
| | | 香港 | 澳门 | 巴基斯坦 | 东盟 | 亚太 | 智利 | 秘鲁 | 哥斯达黎加 | 新西兰 | 澳大利亚 | 瑞士 | 冰岛 | 韩国 | 台湾 | 新加坡 | 格鲁吉亚 | 亚太2国② | 东盟 | | | 最不发达国家 | | |
| | | | | | | | | | | | | | | | | | | | 老挝 | 柬埔寨 | 缅甸 | LDC97③ | LDC95④ | LDC60⑤ |
| 49019900 | 其他书籍、小册子及类似的印刷品 | | | | | | | | | | | | | | | | | | | | | 0 | 0 | 0 |
| 49021000 | 每周至少出版四次的报纸、杂志 | | | | | | | | | | | | | | | | | | | | | 0 | 0 | 0 |
| 49029000 | 其他报纸、杂志及期刊 | | | | | | | | | | | | | | | | | | | | | 0 | 0 | 0 |
| 49030000 | 儿童图画书、绘画或涂色书 | | | | | | | | | | | | | | | | | | | | | 0 | 0 | 0 |
| 49040000 | 乐谱原稿或印本 | | | | | | | | | | | | | | | | | | | | | 0 | 0 | 0 |
| 49051000 | 地球仪、天体仪 | | | | | | | | | | | | | | | | | | | | | 0 | 0 | 0 |
| 49059100 | 成册的各种印刷的地图及类似图表 | | | | | | | | | | | | | | | | | | | | | 0 | 0 | 0 |
| 49059900 | 其他各种印刷的地图及类似图表 | | | | | | | | | | | | | | | | | | | | | 0 | 0 | 0 |
| 49060000 | 设计图纸原稿或手稿及其复制件 | | | | | | | | | | | | | | | | | | | | | 0 | 0 | 0 |
| 49070010 | 指运国流通新发行未使用的邮票 | | | | 5 | | | | | 0 | | 0 | | 5.5 | | | | | | | | 0 | 0 | |
| 49070020 | 钞票 | | | | | | | | | | | | | | | | | | | | | 0 | 0 | 0 |
| 49070030 | 证券凭证 | | | | | | | | | | | | | | | | | | | | | 0 | 0 | 0 |
| 49070090 | 指运国流通新发行未使用的印花税票及类似票证;印有邮票或印花税票的纸品;空白支票 | | | | 5 | | | | | 0 | | 0 | | 5.5 | | | | | | | | 0 | 0 | |
| 49081000 | 釉转印贴花纸 | | 0 | | 5 | | | | | 0 | | 0 | | 5.5 | | | | | | | | 0 | 0 | |
| 49089000 | 其他转印贴花纸 | 0 | 0 | | 5 | | | | | 0 | | 0 | | 5.5 | | | | | | | | 0 | 0 | |
| 49090010 | 印刷或有图画的明信片 | | | | 5 | | | | | 0 | | 0 | | 5.5 | | | | | | | | 0 | 0 | |
| 49090090 | 其他致贺或通告卡片 | | | | 5 | | | | | 0 | | 0 | | 5.5 | | | | | | | | 0 | 0 | |
| 49100000 | 印刷的各种日历,包括日历芯 | | 0 | | 5 | | | | | 3.8 | | 3.8 | | 5.5 | | | | | | | | 0 | 0 | 0 |
| 49111010 | 无商业价值的广告品及类似印刷品 | | | | | | | | | | | | | | | | | | | | | 0 | 0 | 0 |
| 49111090 | 其他商业广告品及类似印刷品 | 0 | 0 | | 5 | | | | | 3.8 | | 3.8 | | 5.5 | | | | | | | | 0 | 0 | |
| 49119100 | 印刷的图片、设计图样及照片 | | 0 | | 5 | | | | | 0 | | 0 | | 5.5 | | | | | | | | 0 | 0 | |
| 49119910 | 纸质的其他印刷品 | 0 | 0 | | 5 | | | | | 4.6 | | 4.6 | 0 | 5.5 | | | | | | | | 0 | 0 | |
| 49119990 | 其他印刷品 | 0 | 0 | | 5 | | | | | 4.6 | | 4.6 | 0 | 5.5 | | | | | | | | 0 | 0 | |
| 50010010 | 适于缫丝的桑蚕茧 | | | 5 | 0 | | 0 | 0 | 0 | 0 | 1.2 | 0 | 0 | 0 | | | 0 | | | | | 0 | 0 | 0 |
| 50010090 | 适于缫丝的其他蚕茧 | | | 5 | 0 | | 0 | 0 | 0 | 0 | 1.2 | 0 | 0 | 0 | | | 0 | | | | | 0 | 0 | 0 |
| 50020011 | 厂丝 | | | 5 | 0 | | 0 | 0 | 0 | 0 | 1.8 | 0 | 0 | 1.8 | | | 0 | | | | | 0 | 0 | 0 |
| 50020012 | 土丝 | | | 5 | 0 | | 0 | 0 | 0 | 0 | 1.8 | 0 | 0 | 1.8 | | | 0 | | | | | 0 | 0 | 0 |
| 50020013 | 双宫丝 | | | 5 | 0 | | 0 | 0 | 0 | 0 | 1.8 | 0 | 0 | 1.8 | | | 0 | | | | | 0 | 0 | 0 |
| 50020019 | 其他未加捻桑蚕丝 | | | 5 | 0 | | 0 | 0 | 0 | 0 | 1.8 | 0 | 0 | 1.8 | | | 0 | | | | | 0 | 0 | 0 |
| 50020020 | 未加捻柞蚕丝 | | | 5 | 0 | | 0 | 0 | 0 | 0 | 1.8 | 0 | 0 | 1.8 | | | 0 | | | | | 0 | 0 | 0 |
| 50020090 | 未加捻其他生丝 | | | 5 | 0 | | 0 | 0 | 0 | 0 | 1.8 | 0 | 0 | 1.8 | | | 0 | | | | | 0 | 0 | 0 |

| 税则号列 | 商品描述[1] | 协定税率(%) | | | | | | | | | | | | | | | | 特惠税率(%) | | | | | | |
|---|---|---|---|---|---|---|---|---|---|---|---|---|---|---|---|---|---|---|---|---|---|---|---|---|
| | | 香港 | 澳门 | 巴基斯坦 | 东盟 | 亚太 | 智利 | 秘鲁 | 哥斯达黎加 | 新西兰 | 澳大利亚 | 瑞士 | 冰岛 | 韩国 | 台湾 | 新加坡 | 格鲁吉亚 | 亚太2国[2] | 东盟 | | | 最不发达国家 | | |
| | | | | | | | | | | | | | | | | | | | 老挝 | 柬埔寨 | 缅甸 | LDC97[3] | LDC95[4] | LDC60[5] |
| 50030011 | 下茧、茧衣、长吐、滞头 | | | 5 | 0 | | 0 | 0 | 0 | 0 | 1.8 | 0 | 0 | 1.8 | | | 0 | | | | | 0 | 0 | 0 |
| 50030012 | 回收纤维 | | | 5 | 0 | | 0 | 0 | 0 | 0 | 1.8 | 0 | 0 | 1.8 | | | 0 | | | | | 0 | 0 | 0 |
| 50030019 | 其他 | | | 5 | 0 | | 0 | 0 | 0 | 0 | 1.8 | 0 | 0 | 1.8 | | | 0 | | | | | 0 | 0 | 0 |
| 50030091 | 绵球 | | | 5 | 0 | | 0 | 0 | 0 | 0 | 1.8 | 0 | 0 | 1.8 | | | 0 | | | | | 0 | 0 | 0 |
| 50030099 | 其他 | | | 5 | 0 | | 0 | 0 | 0 | 0 | 1.8 | 0 | 0 | 1.8 | | | 0 | | | | | 0 | 0 | 0 |
| 50040000 | 非供零售用丝纱线 | | 0 | 5 | 0 | | 0 | 0 | 0 | 0 | 1.2 | 0 | 0 | 0 | | | 0 | | | | | 0 | 0 | 0 |
| 50050010 | 非供零售用绸丝纱线 | | 0 | 5 | 0 | | 0 | 0 | 0 | 0 | 1.2 | 0 | 0 | 0 | | | 0 | | | | | 0 | 0 | 0 |
| 50050090 | 非供零售用其他绢纺纱线 | | 0 | 5 | 0 | | 0 | 0 | 0 | 0 | 1.2 | 0 | 0 | 0 | | | 0 | | | | | 0 | 0 | 0 |
| 50060000 | 零售用丝纱线、绢纺纱线;蚕胶丝 | | 0 | 5 | 0 | | 0 | 0 | 0 | 0 | 1.2 | 0 | 0 | 0 | | | 0 | | | | | 0 | 0 | 0 |
| 50071010 | 未漂白或漂白的绸丝机织物 | | | 5 | 0 | | 0 | 0 | 0 | 0 | 2 | 0 | 0 | 2 | | | 0 | | 0 | | | 0 | 0 | 0 |
| 50071090 | 其他绸丝机织物 | | | 5 | 0 | | 0 | 0 | 0 | 0 | 2 | 0 | 0 | 2 | | | 0 | | 0 | | | 0 | 0 | 0 |
| 50072011 | 未漂白或漂白的纯桑蚕丝机织物 | | | 5 | 0 | 9 | 0 | 0 | 0 | 0 | 2 | 0 | 0 | 2 | | | 0 | | 0 | | | 0 | 0 | 0 |
| 50072019 | 其他纯桑蚕丝机织物 | 0 | | 5 | 0 | 9 | 0 | 0 | 0 | 0 | 2 | 0 | 0 | 7.3 | | | 0 | | 0 | | | 0 | 0 | 0 |
| 50072021 | 未漂白或漂白的纯柞蚕丝机织物 | | | 5 | 0 | 9 | 0 | 0 | 0 | 0 | 2 | 0 | 0 | 2 | | | 0 | | 0 | | | 0 | 0 | 0 |
| 50072029 | 其他纯柞蚕丝机织物 | | | 5 | 0 | 9 | 0 | 0 | 0 | 0 | 2 | 0 | 0 | 2 | | | 0 | | 0 | | | 0 | 0 | 0 |
| 50072031 | 未漂白或漂白的纯绢丝机织物 | | | 5 | 0 | 9 | 0 | 0 | 0 | 0 | 2 | 0 | 0 | 2 | | | 0 | | 0 | | | 0 | 0 | 0 |
| 50072039 | 其他纯绢丝机织物 | | | 5 | 0 | 9 | 0 | 0 | 0 | 0 | 2 | 0 | 0 | 2 | | | 0 | | 0 | | | 0 | 0 | 0 |
| 50072090 | 其他纯丝机织物 | | | 5 | 0 | 9 | 0 | 0 | 0 | 0 | 2 | 0 | 0 | 2 | | | 0 | | 0 | | | 0 | 0 | 0 |
| 50079010 | 未漂白或漂白其他丝机织物 | | | 5 | 0 | 8.5 | 0 | 0 | 0 | 0 | 2 | 0 | 0 | 2 | | | 0 | | 0 | | | 0 | 0 | 0 |
| 50079090 | 其他丝机织物 | | | 5 | 0 | 8.5 | 0 | 1 | 0 | 0 | 2 | 0 | 0 | 2 | | | 0 | | 0 | | | 0 | 0 | 0 |
| 51011100 | 未梳的含脂剪羊毛 | | | | 5 | | | | | | | | | | | | | | | | | | | |
| 51011900 | 未梳的其他含脂羊毛 | | | | 5 | | | | | | | | | | | | | | | | | | | |
| 51012100 | 未梳的脱脂剪羊毛(未碳化) | | | | 5 | | | | | | | | | | | | | | | | | | | |
| 51012900 | 未梳的其他脱脂羊毛(未碳化) | | | | 5 | | | | | | | | | | | | | | | | | | | |
| 51013000 | 未梳碳化羊毛 | | 0 | | 5 | | | | | | | | | | | | | | | | | | | |
| 51021100 | 未梳喀什米尔山羊毛 | | | 5 | 0 | | 0 | 0 | 0 | 0 | 1.8 | 0 | 0 | 1.8 | | | 0 | | | | | 0 | 0 | 0 |
| 51021910 | 未梳兔毛 | | | 5 | 0 | | 0 | 0 | 0 | 0 | 1.8 | 0 | 0 | 1.8 | | | 0 | | | | | 0 | 0 | 0 |
| 51021920 | 未梳其他山羊绒 | | | 5 | 0 | | 0 | 0 | 0 | 0 | 1.8 | 0 | 0 | 1.8 | | | 0 | | | | | 0 | 0 | 0 |
| 51021930 | 未梳骆驼毛、骆驼绒 | | | 5 | 0 | | 0 | 0 | 0 | 0 | 1.8 | 0 | 0 | 1.8 | | | 0 | | | | | 0 | 0 | 0 |
| 51021990 | 未梳的其他动物细毛 | | | 5 | 0 | | 0 | 0 | 0 | 0 | 1.8 | 0 | 0 | 1.8 | | | 0 | | | | | 0 | 0 | |
| 51022000 | 未梳的动物粗毛 | | | 5 | 0 | | 0 | 0 | 0 | 0 | 1.8 | 0 | 0 | 1.8 | | | 0 | | | | | 0 | 0 | 0 |
| 51031010 | 羊毛落毛 | | | | 5 | | | | | | | | | | | | | | | | | | | |
| 51031090 | 其他动物细毛落毛 | | | 5 | 0 | | 0 | 0 | 0 | 0 | 1.8 | 0 | 0 | 1.8 | | | 0 | | | | | 0 | 0 | 0 |
| 51032010 | 羊毛废料 | | | 6.8 | 0 | | 0 | 1.4 | 0 | 0 | 2.7 | 6.8 | 0 | 8.1 | | 0 | 0 | | | | | 0 | 0 | |
| 51032090 | 其他动物细毛废料 | | | 5 | 0 | | 0 | 0 | 0 | 0 | 1.8 | 0 | 0 | 1.8 | | | 0 | | | | | 0 | 0 | |
| 51033000 | 动物粗毛废料 | | | 5 | 0 | | 0 | 0 | 0 | 0 | 1.8 | 0 | 0 | 1.8 | | | 0 | | | | | 0 | 0 | 0 |
| 51040010 | 羊毛回收纤维 | | | 12 | 0 | | 0 | 1.5 | 0 | 0 | 3 | 7.5 | 0 | 9 | | 0 | 0 | | | | | 0 | 0 | |

| 税则号列 | 商品描述[①] | 协定税率(%) | | | | | | | | | | | | | | | | 特惠税率(%) | | | | | | |
|---|---|---|---|---|---|---|---|---|---|---|---|---|---|---|---|---|---|---|---|---|---|---|---|---|
| | | 香港 | 澳门 | 巴基斯坦 | 东盟 | 亚太 | 智利 | 秘鲁 | 哥斯达黎加 | 新西兰 | 澳大利亚 | 瑞士 | 冰岛 | 韩国 | 台湾 | 新加坡 | 格鲁吉亚 | 亚太2国[②] | 东盟 | | | 最不发达国家 | | |
| | | | | | | | | | | | | | | | | | | | 老挝 | 柬埔寨 | 缅甸 | LDC97[③] | LDC95[④] | LDC60[⑤] |
| 51040090 | 其他动物细毛或粗毛的回收纤维 | | | 0 | 0 | | 0 | 0 | 0 | 0 | 0 | 0 | 0 | 0 | | | 0 | | | | | 0 | 0 | 0 |
| 51053100 | 已梳喀什米尔山羊毛 | | | 0 | 0 | | 0 | 0 | 0 | 0 | 0 | 0 | 0 | 0 | | | 0 | | | | | 0 | 0 | 0 |
| 51053910 | 已梳兔毛 | | | 0 | 0 | | 0 | | 0 | 0 | 0 | 0 | 0 | 0 | | | 0 | | | | | 0 | 0 | 0 |
| 51053921 | 已梳无毛山羊绒 | | | 0 | 0 | | 0 | | 0 | 0 | 0 | 0 | 0 | 0 | | | 0 | | | | | 0 | 0 | 0 |
| 51053929 | 其他已梳山羊绒 | | | 0 | 0 | | 0 | | 0 | 0 | 0 | 0 | 0 | 0 | | | 0 | | | | | 0 | 0 | 0 |
| 51053990 | 其他已梳动物细毛 | | | 0 | 0 | | 0 | | 0 | 0 | 0 | 0 | 0 | 0 | | | 0 | | | | | 0 | 0 | |
| 51054000 | 已梳动物粗毛 | | | 0 | 0 | | 0 | | 0 | 0 | 0 | 0 | 0 | 0 | | | 0 | | | | | 0 | 0 | 0 |
| 51061000 | 非供零售用粗梳纯羊毛纱线 | 0 | 0 | 0 | 0 | | 0 | 0 | 0 | 0 | 0 | 0 | 0 | 0 | | | 0 | | | | | 0 | 0 | 0 |
| 51062000 | 非供零售用粗梳混纺羊毛纱线 | 0 | 0 | 0 | 0 | | 0 | 0 | 0 | 0 | 0 | 0 | 0 | 0 | | | 0 | | | | | 0 | 0 | 0 |
| 51071000 | 非供零售用精梳纯羊毛纱线 | 0 | 0 | 0 | 0 | 2.5 | 0 | 0 | 0 | 0 | 0 | 0 | | 0 | | | 0 | | | | | 0 | 0 | 0 |
| 51072000 | 非供零售用精梳混纺羊毛纱线 | | 0 | 0 | 0 | | 0 | 0 | 0 | 0 | 0 | 0 | 0 | 0 | | | 0 | | | | | 0 | 0 | 0 |
| 51081011 | 按重量计山羊绒的含量≥85%的非供零售用的粗梳纱线 | | 0 | 0 | 0 | 4.3 | 0 | 0 | 0 | 0 | 0 | 0 | 0 | 0 | | | 0 | | | | | 0 | 0 | 0 |
| 51081019 | 按重量计其他动物细毛含量≥85%的非供零售用的粗梳纱线 | | 0 | 0 | 0 | 4.3 | 0 | 0 | 0 | 0 | 0 | 0 | 0 | 0 | | | 0 | | | | | 0 | 0 | 0 |
| 51081090 | 按重量计动物细毛含量<85%的非供零售用的粗梳纱线 | | 0 | 0 | 0 | 4.3 | 0 | 0 | 0 | 0 | 0 | 0 | 0 | 0 | | | 0 | | | | | 0 | 0 | 0 |
| 51082011 | 按重量计山羊绒含量≥85%的非供零售用的精梳纱线 | | 0 | 0 | 0 | | 0 | | 0 | 0 | 0 | 0 | 0 | 0 | | | 0 | | | | | 0 | 0 | 0 |
| 51082019 | 按重量计其他动物细毛含量≥85%的非供零售用的精梳纱线 | | 0 | 0 | 0 | | 0 | | 0 | 0 | 0 | 0 | 0 | 0 | | | 0 | | | | | 0 | 0 | 0 |
| 51082090 | 按重量计动物细毛含量<85%的非供零售用的精梳纱线 | | 0 | 0 | 0 | | 0 | | 0 | 0 | 0 | 0 | 0 | 0 | | | 0 | | | | | 0 | 0 | 0 |
| 51091011 | 按重量计山羊绒含量≥85%的供零售用的纱线 | | | 5 | 0 | | 0 | 0 | 0 | 0 | 1.2 | 0 | 0 | 0 | | | 0 | | | | | 0 | 0 | 0 |
| 51091019 | 按重量计其他动物细毛含量≥85%的供零售用的纱线 | | 0 | 5 | 0 | | 0 | 0 | 0 | 0 | 1.2 | 0 | 0 | 0 | | | 0 | | | | | 0 | 0 | 0 |
| 51091090 | 按重量计羊毛含量≥85%的供零售用的纱线 | | 0 | 5 | 0 | | 0 | 0 | 0 | 0 | 1.2 | 0 | 0 | 0 | | | 0 | | | | | 0 | 0 | 0 |
| 51099011 | 供零售用的其他山羊绒纱线 | | 0 | 5 | 0 | | 0 | | 0 | 0 | 1.2 | 0 | 0 | 0 | | | 0 | | | | | 0 | 0 | 0 |
| 51099019 | 供零售用的其他动物细毛纱线 | | 0 | 5 | 0 | | 0 | | 0 | 0 | 1.2 | 0 | 0 | 0 | | | 0 | | | | | 0 | 0 | 0 |
| 51099090 | 供零售用的羊毛纱线 | | 0 | 5 | 0 | | 0 | | 0 | 0 | 1.2 | 0 | 0 | 0 | | | 0 | | | | | 0 | 0 | 0 |
| 51100000 | 动物粗毛或马毛的纱线 | | 0 | 5 | 0 | | 0 | 0 | 0 | 0 | 1.2 | 0 | 0 | 0 | | | 0 | | | | | 0 | 0 | 0 |

| 税则号列 | 商品描述[1] | 协定税率(%) | | | | | | | | | | | | | | | | 特惠税率(%) | | | | | | |
|---|---|---|---|---|---|---|---|---|---|---|---|---|---|---|---|---|---|---|---|---|---|---|---|---|
| | | 香港 | 澳门 | 巴基斯坦 | 东盟 | 亚太 | 智利 | 秘鲁 | 哥斯达黎加 | 新西兰 | 澳大利亚 | 瑞士 | 冰岛 | 韩国 | 台湾 | 新加坡 | 格鲁吉亚 | 亚太2国[2] | 东盟 | | | 最不发达国家 | | |
| | | | | | | | | | | | | | | | | | | | 老挝 | 柬埔寨 | 缅甸 | LDC97[3] | LDC95[4] | LDC60[5] |
| 51111111 | 按重量计山羊绒含量≥85%,每平方米重量≤300克的山羊绒机织物 | | | 5 | 0 | 8.5 | 0 | 0 | 0 | 0 | 2 | 0 | 0 | 2 | | 0 | 0 | | | | | 0 | 0 | |
| 51111119 | 按重量计其他动物细毛含量≥85%,每平方米重量≤300克的其他动物细毛机织物 | | | 5 | 0 | 8.5 | 0 | 0 | 0 | 0 | 2 | 0 | 0 | 2 | | 0 | 0 | | | | | 0 | 0 | |
| 51111190 | 按重量计羊毛含量≥85%,每平方米重量≤300克的羊毛机织物 | | 0 | 5 | 0 | 8.5 | 0 | 1 | 0 | 0 | 2 | 0 | 0 | 2 | | 0 | 0 | | | | | 0 | 0 | |
| 51111911 | 按重量计山羊绒含量≥85%,每平方米重量>300克的山羊绒的机织物 | | | 5 | 0 | 8.5 | 0 | 0 | 0 | 0 | 2 | 0 | 0 | 2 | | 0 | 0 | | | | | 0 | 0 | |
| 51111919 | 按重量计其他动物细毛含量≥85%,每平方米重量>300克的其他动物细毛机织物 | | | 5 | 0 | 8.5 | 0 | 0 | 0 | 0 | 2 | 0 | 0 | 2 | | 0 | 0 | | | | | 0 | 0 | |
| 51111990 | 按重量计羊毛含量≥85%,每平方米重量>300克的羊毛机织物 | | | 5 | 0 | 8.5 | 0 | 1 | 0 | 0 | 2 | 0 | 0 | 2 | | 0 | 0 | | | | | 0 | 0 | |
| 51112000 | 与化纤长丝混纺粗梳毛布 | | | 5 | 0 | | 0 | 0 | 0 | 0 | 2 | 0 | 0 | 2 | | 0 | 0 | | | | | 0 | 0 | |
| 51113000 | 与化纤短纤混纺粗梳毛布 | | | 5 | 0 | 8.5 | 0 | 0 | 0 | 0 | 2 | 0 | 0 | 2 | | 0 | 0 | | | | | 0 | 0 | |
| 51119000 | 与其他纤维混纺的粗梳毛布 | | | 5 | 0 | | 0 | 0 | 0 | 0 | 2 | 0 | | 2 | | 0 | 0 | | | | | 0 | 0 | |
| 51121100 | 重量≤200克/平方米精梳全毛布 | 0 | 0 | 5 | 0 | 5 | 0 | 1 | 0 | 0 | 2 | 0 | 0 | 2 | | 0 | 0 | | | | | 0 | 0 | 0 |
| 51121900 | 重量>200克/平方米精梳全毛布 | 0 | 0 | 5 | 0 | 5 | 0 | 1 | 0 | 0 | 2 | 0 | 0 | 2 | | 0 | 0 | | 0 | 0 | 0 | 0 | 0 | 0 |
| 51122000 | 与化纤长丝混纺精梳毛布 | | 0 | 5 | 0 | | 0 | 0 | 0 | 0 | 2 | 0 | 0 | 2 | | 0 | 0 | | | | | 0 | 0 | 0 |
| 51123000 | 与化纤短纤混纺精梳毛布 | | 0 | 5 | 0 | | 0 | 0 | 0 | 0 | 2 | 0 | 0 | 2 | | 0 | 0 | | | | | 0 | 0 | 0 |
| 51129000 | 与其他纤维混纺精梳毛布 | | 0 | 5 | 0 | | 0 | 1 | 0 | 0 | 2 | 0 | 0 | 2 | | 0 | 0 | | | | | 0 | 0 | 0 |
| 51130000 | 动物粗毛或马毛机织物 | | 0 | 5 | 0 | | 0 | 0 | 0 | 0 | 2 | 0 | 0 | 2 | | 0 | 0 | | | | | 0 | 0 | 0 |
| 52010000 | 未梳的棉花 | | | | 5 | | | | | | | | | | | | | | | | | | | |
| 52021000 | 废棉纱线 | | | | 0 | | 0 | 1 | 0 | 0 | 2 | 0 | 0 | 6 | | 0 | | | | | | 0 | 0 | |
| 52029100 | 棉的回收纤维 | 0 | | | 0 | | 0 | 0 | 0 | 0 | 2 | 0 | 0 | 2 | | 0 | | | | | | 0 | 0 | 0 |
| 52029900 | 其他废棉 | | | | 0 | | 0 | | 0 | 0 | 2 | 0 | 0 | 6 | | 0 | | | | | | | | |
| 52041100 | 非供零售用全棉缝纫线 | | 0 | | 0 | | 0 | 0 | 0 | 0 | 0 | 0 | 0 | 0 | | | 0 | | 0 | | | 0 | 0 | 0 |
| 52041900 | 非供零售用其他棉缝纫线 | | 0 | | 0 | | 0 | 0 | 0 | 0 | 0 | 0 | 0 | 0 | | | 0 | | | | | 0 | 0 | 0 |
| 52042000 | 零售用棉制缝纫线 | | 0 | | 0 | | 0 | 0 | 0 | 0 | 0 | 0 | 0 | 0 | | | 0 | | 0 | | | 0 | 0 | 0 |
| 52051100 | 非零售粗梳粗支纯棉单纱 | 0 | 0 | 3.5 | 0 | 3.5 | 0 | 0 | 0 | 0 | 2.8 | 0 | 0 | 3.6 | 0 | | 4 | | 0 | 0 | 0 | 0 | 0 | 0 |
| 52051200 | 非零售粗梳中支纯棉单纱 | 0 | | 3.5 | 0 | 3.5 | 0 | 0 | 0 | 0 | 2.8 | 0 | 0 | 3.6 | 0 | | 4 | | 0 | 0 | 0 | 0 | 0 | 0 |
| 52051300 | 非零售粗梳细支纯棉单纱 | 0 | | 3.5 | 0 | 3.5 | 0 | 0 | 0 | 0 | 2.8 | 0 | 0 | 3.6 | | | 4 | | | | | 0 | 0 | 0 |
| 52051400 | 非零售粗梳较细支纯棉单纱 | 0 | | 3.5 | 0 | 3.5 | 0 | 0 | 0 | 0 | 2.8 | 0 | 0 | 3.8 | | | 4 | | 0 | | 0 | 0 | 0 | 0 |
| 52051500 | 非零售粗梳特细支纯棉单纱 | | | 3.5 | 0 | 3.5 | 0 | 0 | 0 | 0 | 2.8 | 0 | 0 | 3.6 | | | 4 | | | | | 0 | 0 | 0 |
| 52052100 | 非零售精梳粗支纯棉单纱 | 0 | | 3.5 | 0 | 3.5 | 0 | 0 | 0 | 0 | 2.8 | 0 | 0 | 3.6 | | | 4 | | | | 0 | 0 | 0 | 0 |
| 52052200 | 非零售精梳中支纯棉单纱 | 0 | | 3.5 | 0 | 3.5 | 0 | 0 | 0 | 0 | 2.8 | 0 | 0 | 3.6 | | | 4 | | | | | 0 | 0 | 0 |
| 52052300 | 非零售精梳细支纯棉单纱 | 0 | | 3.5 | 0 | 3.5 | 0 | 0 | 0 | 0 | 2.8 | 0 | 0 | 3 | | | 4 | | | | | 0 | 0 | 0 |

| 税则号列 | 商品描述① | 协定税率(%) | | | | | | | | | | | | | | | | 特惠税率(%) | | | | | | |
|---|---|---|---|---|---|---|---|---|---|---|---|---|---|---|---|---|---|---|---|---|---|---|---|---|
| | | 香港 | 澳门 | 巴基斯坦 | 东盟 | 亚太 | 智利 | 秘鲁 | 哥斯达黎加 | 新西兰 | 澳大利亚 | 瑞士 | 冰岛 | 韩国 | 台湾 | 新加坡 | 格鲁吉亚 | 亚太2国② | 东盟 | | | 最不发达国家 | | |
| | | | | | | | | | | | | | | | | | | | 老挝 | 柬埔寨 | 缅甸 | LDC97③ | LDC95④ | LDC60⑤ |
| 52052400 | 非零售精梳较细支纯棉单纱 | 0 | | 3.5 | 0 | 3.5 | 0 | 0 | 0 | 0 | 2.8 | 0 | 0 | 3 | | | 4 | | 0 | | 0 | 0 | 0 | 0 |
| 52052600 | 非零售精梳较特细支纯棉单纱 | 0 | | | 0 | | 0 | 0 | 0 | 0 | 2.8 | 0 | 0 | 3.6 | | | 4 | | | | | 0 | 0 | 0 |
| 52052700 | 非零售精梳特细支纯棉单纱 | 0 | | | 0 | | 0 | 0 | 0 | 0 | 2.8 | 0 | 0 | 3.6 | | | 4 | | | | | 0 | 0 | 0 |
| 52052800 | 非零售精梳超细支纯棉单纱 | 0 | | | 0 | | 0 | 0 | 0 | 0 | 2.8 | 0 | 0 | 3.6 | | | 4 | | | | | 0 | 0 | 0 |
| 52053100 | 非零售粗梳粗支纯棉多股纱 | 0 | 0 | 4.5 | 0 | 4.5 | 0 | | 0 | 0 | 2.8 | 0 | 0 | 3.6 | | | 4 | | | | | | | |
| 52053200 | 非零售粗梳中支纯棉多股纱 | 0 | 0 | 3.5 | 0 | 3.5 | 0 | 0 | 0 | 0 | 2.8 | 0 | 0 | 3.6 | | | 4 | | | | | 0 | 0 | 0 |
| 52053300 | 非零售粗梳细支纯棉多股纱 | 0 | 0 | | 0 | | 0 | 0 | 0 | 0 | 2.8 | 0 | 0 | 3.6 | | | 4 | | | | | 0 | 0 | 0 |
| 52053400 | 非零售粗梳较细支纯棉多股纱 | 0 | 0 | | 0 | | 0 | 0 | 0 | 0 | 2.8 | 0 | 0 | 3.6 | | | 4 | | | | | 0 | 0 | 0 |
| 52053500 | 非零售粗梳特细支纯棉多股纱 | | 0 | | 0 | | 0 | 0 | 0 | 0 | 2.8 | 0 | 0 | 3.6 | | | 4 | | | | | 0 | 0 | 0 |
| 52054100 | 非零售精梳粗支纯棉多股纱 | 0 | 0 | 4.5 | 0 | 4.5 | 0 | | 0 | 0 | 2.8 | 0 | 0 | 3.6 | | | 4 | | | | | 0 | 0 | |
| 52054200 | 非零售精梳中支纯棉多股纱 | 0 | 0 | 3.5 | | 3.5 | 0 | 0 | 0 | 0 | 2.8 | 0 | 0 | 3.8 | | | 4 | | | | | 0 | 0 | 0 |
| 52054300 | 非零售精梳细支纯棉多股纱 | 0 | 0 | | 0 | | 0 | | 0 | 0 | 2.8 | 0 | 0 | 3.6 | | | 4 | | | | | 0 | 0 | 0 |
| 52054400 | 非零售精梳较细支纯棉多股纱 | 0 | 0 | | 0 | | 0 | 0 | 0 | 0 | 2.8 | 0 | 0 | 3.6 | | | 4 | | | | | 0 | 0 | 0 |
| 52054600 | 非零售精梳较特细支纯棉多股纱 | 0 | 0 | 4.5 | 0 | 4.5 | 0 | 0 | 0 | 0 | 2.8 | 0 | 0 | 3.6 | | | 4 | | | | | 0 | 0 | 0 |
| 52054700 | 非零售精梳特细支纯棉多股纱 | 0 | 0 | 4.5 | 0 | 4.5 | 0 | 0 | 0 | 0 | 2.8 | 0 | 0 | 3.6 | | | 4 | | | | | 0 | 0 | 0 |
| 52054800 | 非零售精梳超细支纯棉多股纱 | 0 | 0 | 4.5 | 0 | 4.5 | 0 | 0 | 0 | 0 | 2.8 | 0 | 0 | 3.6 | | | 4 | | | | | 0 | 0 | 0 |
| 52061100 | 非零售粗梳粗支混纺棉单纱 | 0 | 0 | 3.5 | 0 | 3.5 | 0 | | 0 | 0 | 2.8 | 0 | 0 | 3.6 | | | 4 | | | | | | | |
| 52061200 | 非零售粗梳中支混纺棉单纱 | 0 | 0 | 3.5 | 0 | 3.5 | 0 | 0 | 0 | 0 | 2.8 | 0 | 0 | 3.6 | 0 | | 4 | | | | | 0 | 0 | |
| 52061300 | 非零售粗梳细支混纺棉单纱 | 0 | 0 | | 0 | | 0 | 0 | 0 | 0 | 2.8 | 0 | 0 | 3.6 | | | 4 | | | | | 0 | 0 | 0 |
| 52061400 | 非零售粗梳较细支混纺棉单纱 | 0 | 0 | | 0 | | 0 | 0 | 0 | 0 | 2.8 | 0 | 0 | 3.6 | | | 4 | | | | | 0 | 0 | 0 |
| 52061500 | 非零售粗梳特细支混纺棉单纱 | 0 | 0 | 3.5 | 0 | 3.5 | 0 | 0 | 0 | 0 | 2.8 | 0 | 0 | 3.6 | | | 4 | | | | | 0 | 0 | 0 |
| 52062100 | 非零售精梳粗支混纺棉单纱 | 0 | 0 | 4.5 | 0 | 4.5 | 0 | 0 | 0 | 0 | 2.8 | 0 | 0 | 3.6 | | | 4 | | | | | 0 | 0 | |
| 52062200 | 非零售精梳中支混纺棉单纱 | 0 | 0 | | 0 | | 0 | 0 | 0 | 0 | 2.8 | 0 | 0 | 3.6 | 0 | | 4 | | | | | 0 | 0 | |
| 52062300 | 非零售精梳细支混纺棉单纱 | 0 | 0 | | 0 | | 0 | 0 | 0 | 0 | 2.8 | 0 | 0 | 3.6 | | | 4 | | | | | 0 | 0 | 0 |
| 52062400 | 非零售精梳较细支混纺棉单纱 | 0 | 0 | | 0 | | 0 | 0 | 0 | 0 | 2.8 | 0 | 0 | 3.6 | 0 | | 4 | | | | | 0 | 0 | 0 |
| 52062500 | 非零售精梳特细支混纺棉单纱 | 0 | 0 | | 0 | | 0 | 0 | 0 | 0 | 2.8 | 0 | 0 | 3.6 | | | 4 | | | | | 0 | 0 | 0 |
| 52063100 | 非零售粗梳粗支混纺棉多股纱 | 0 | 0 | | 0 | | 0 | 0 | 0 | 0 | 2.8 | 0 | 0 | 3.6 | | | 4 | | | | | 0 | 0 | |
| 52063200 | 非零售粗梳中支混纺棉多股纱 | 0 | 0 | | 0 | | 0 | 0 | 0 | 0 | 2.8 | 0 | 0 | 3.6 | | | 4 | | | | | 0 | 0 | |
| 52063300 | 非零售粗梳细支混纺棉多股纱 | 0 | 0 | | 0 | | 0 | 0 | 0 | 0 | 2.8 | 0 | 0 | 3.6 | | | 4 | | | | | 0 | 0 | 0 |

| 税则号列 | 商品描述① | 协定税率(%) | | | | | | | | | | | | | | | | 特惠税率(%) | | | | | | |
|---|---|---|---|---|---|---|---|---|---|---|---|---|---|---|---|---|---|---|---|---|---|---|---|---|
| | | 香港 | 澳门 | 巴基斯坦 | 东盟 | 亚太 | 智利 | 秘鲁 | 哥斯达黎加 | 新西兰 | 澳大利亚 | 瑞士 | 冰岛 | 韩国 | 台湾 | 新加坡 | 格鲁吉亚 | 亚太2国② | 东盟 | | | 最不发达国家 | | |
| | | | | | | | | | | | | | | | | | | | 老挝 | 柬埔寨 | 缅甸 | LDC97③ | LDC95④ | LDC60⑤ |
| 52063400 | 非零售粗梳较细混纺棉多股纱 | 0 | 0 | | 0 | | 0 | 0 | 0 | 0 | 2.8 | 0 | 0 | 3.6 | | | 4 | | | | | 0 | 0 | 0 |
| 52063500 | 非零售粗梳特细混纺棉多股纱 | 0 | 0 | | 0 | | 0 | 0 | 0 | 0 | 2.8 | 0 | 0 | 3.6 | | | 4 | | | | | 0 | 0 | 0 |
| 52064100 | 非零售精梳粗支混纺棉多股纱 | 0 | 0 | | 0 | | 0 | 0 | 0 | 0 | 2.8 | 0 | 0 | 3.6 | | | 4 | | | | | 0 | 0 | |
| 52064200 | 非零售精梳中支混纺棉多股纱 | 0 | 0 | | 0 | | 0 | 0 | 0 | 0 | 2.8 | 0 | 0 | 3.6 | | | 4 | | | | | 0 | 0 | |
| 52064300 | 非零售精梳细支混纺棉多股纱 | 0 | 0 | | 0 | | 0 | 0 | 0 | 0 | 2.8 | 0 | 0 | 3.6 | | | 4 | | | | | 0 | 0 | 0 |
| 52064400 | 非零售精梳较细混纺棉多股纱 | 0 | 0 | | 0 | | 0 | 0 | 0 | 0 | 2.8 | 0 | 0 | 3.6 | | | 4 | | | | | 0 | 0 | 0 |
| 52064500 | 非零售精梳特细混纺棉多股纱 | 0 | 0 | | 0 | | 0 | 0 | 0 | 0 | 2.8 | 0 | 0 | 3.6 | | | 4 | | | | | 0 | 0 | 0 |
| 52071000 | 供零售用纯棉纱线 | | 0 | 5 | 0 | 5 | 0 | 0 | 0 | 0 | 1.2 | 0 | 0 | 0 | | | 0 | | | | | 0 | 0 | |
| 52079000 | 供零售用混纺棉纱线 | | 0 | 5 | 0 | | 0 | 0 | 0 | 0 | 1.2 | 0 | 0 | 0 | | | 0 | | | | | 0 | 0 | 0 |
| 52081100 | 未漂白轻质全棉平纹布 | 0 | | 0 | 0 | | 0 | 0 | 0 | 0 | 2 | 0 | 0 | 2 | | | 0 | | | | | 0 | 0 | |
| 52081200 | 未漂白较轻质全棉平纹布 | 0 | | 0 | 0 | | 0 | 0 | 0 | 0 | 2 | 0 | 0 | 2 | | 0 | 0 | | | | | 0 | 0 | |
| 52081300 | 未漂白轻质全棉三、四线斜纹布 | 0 | | 0 | 0 | 8.5 | 0 | 0 | 0 | 0 | 2 | 0 | 0 | 6 | | | 0 | | | | | 0 | 0 | |
| 52081900 | 未漂白轻质其他全棉机织物 | 0 | | 0 | 0 | | 0 | 0 | 0 | 0 | 2 | 0 | 0 | 2 | | 0 | 0 | | | | | 0 | 0 | |
| 52082100 | 漂白的轻质全棉平纹布 | 0 | | 0 | 0 | | 0 | 0 | 0 | 0 | 2 | 0 | 0 | 2 | | | 0 | | | | | 0 | 0 | |
| 52082200 | 漂白的较轻质全棉平纹布 | 0 | | 0 | 0 | | 0 | 0 | 0 | 0 | 2 | 0 | 0 | 2 | | 0 | 0 | | 0 | 0 | 0 | 0 | 0 | 0 |
| 52082300 | 漂白的轻质全棉三、四线斜纹布 | 0 | | 0 | 0 | | 0 | 0 | 0 | 0 | 2.4 | 7.4 | 0 | 2.4 | | 0 | 0 | | | | | 0 | 0 | |
| 52082900 | 漂白的轻质其他全棉机织物 | 0 | | 0 | 0 | | 0 | 0 | 0 | 0 | 2 | 0 | 0 | 2 | | | 0 | | | | | 0 | 0 | |
| 52083100 | 染色的轻质全棉平纹布 | 0 | | 0 | 0 | | 0 | 0 | 0 | 0 | 2 | 0 | 0 | 2 | 0 | | 0 | | | | | 0 | 0 | 0 |
| 52083200 | 染色的较轻质全棉平纹布 | 0 | | 0 | 0 | 8.5 | 0 | 0 | 0 | 0 | 2 | 0 | 0 | 2 | 0 | 0 | 0 | | | | | 0 | 0 | 0 |
| 52083300 | 染色的轻质全棉三、四线斜纹布 | 0 | | 0 | 0 | 8.5 | 0 | 0 | 0 | 0 | 2 | 0 | 0 | 2 | | | 0 | | 0 | 0 | 0 | 0 | 0 | 0 |
| 52083900 | 染色的轻质其他全棉机织物 | 0 | | 0 | 0 | 8.5 | 0 | 0 | 0 | 0 | 2 | 0 | 0 | 2 | 0 | 0 | 0 | | | | | 0 | 0 | 0 |
| 52084100 | 色织的轻质全棉平纹布 | 0 | | 0 | 0 | | 0 | 0 | 0 | 0 | 2 | 5 | 0 | 2 | | 0 | 0 | | | | | 0 | 0 | |
| 52084200 | 色织的较轻质全棉平纹布 | 0 | | 0 | 0 | 7 | 0 | 0 | 0 | 0 | 2 | 5 | 0 | 2 | 0 | 0 | 0 | | | | | 0 | 0 | 0 |
| 52084300 | 色织的轻质全棉三、四线斜纹布 | 0 | | 0 | 0 | | 0 | 0 | 0 | 0 | 2 | 5 | 0 | 2 | | | 0 | | | | | 0 | 0 | |
| 52084900 | 色织的轻质其他全棉机织物 | 0 | | 0 | 0 | 9 | 0 | 0 | 0 | 0 | 2 | 0 | 0 | 2 | | 0 | 0 | | 0 | 0 | 0 | 0 | 0 | 0 |
| 52085100 | 印花的轻全棉平纹布 | 0 | | 0 | 0 | | 0 | 0 | 0 | 0 | 2 | 0 | 0 | 2 | | | 0 | | | | | 0 | 0 | 0 |
| 52085200 | 印花的较轻全棉平纹布 | 0 | | 0 | 0 | 8.5 | 0 | 0 | 0 | 0 | 2 | 0 | 0 | 8 | | 0 | 0 | | | | | 0 | 0 | 0 |
| 52085910 | 印花的轻质全棉三、四线斜纹布 | 0 | | 0 | 0 | | 0 | 0 | 0 | 0 | 2 | 0 | 0 | 2 | | | 0 | | | | | 0 | 0 | |
| 52085990 | 印花的轻质其他全棉机织物 | | | 0 | 0 | 8.5 | 0 | 0 | 0 | 0 | 2 | 0 | 0 | 2 | 0 | | 0 | | | | | 0 | 0 | |
| 52091100 | 未漂白重质全棉平纹布 | 0 | | 0 | 5 | | 0 | | 0 | 0 | 2 | 0 | 0 | 8 | | | 0 | | | | | 0 | 0 | 0 |
| 52091200 | 未漂白重质全棉三、四线斜纹布 | 0 | | 0 | 0 | 7 | 0 | 0 | 0 | 0 | 2 | 0 | 0 | 2 | | 0 | 0 | | | | | 0 | 0 | |

| 税则号列 | 商品描述[①] | 协定税率(%) | | | | | | | | | | | | | | | | 特惠税率(%) | | | | | | |
|---|---|---|---|---|---|---|---|---|---|---|---|---|---|---|---|---|---|---|---|---|---|---|---|---|
| | | 香港 | 澳门 | 巴基斯坦 | 东盟 | 亚太 | 智利 | 秘鲁 | 哥斯达黎加 | 新西兰 | 澳大利亚 | 瑞士 | 冰岛 | 韩国 | 台湾 | 新加坡 | 格鲁吉亚 | 亚太2国[②] | 东盟 | | | 最不发达国家 | | |
| | | | | | | | | | | | | | | | | | | | 老挝 | 柬埔寨 | 缅甸 | LDC97[③] | LDC95[④] | LDC60[⑤] |
| 52091900 | 未漂白重质其他全棉机织物 | 0 | | 0 | 0 | | 0 | 0 | 0 | 0 | 2 | 0 | 0 | 2 | | 0 | 0 | | | | | 0 | 0 | 0 |
| 52092100 | 漂白的重质全棉平纹布 | 0 | | 0 | 0 | | 0 | 0 | 0 | 0 | 2.4 | 6 | 0 | 2.4 | | 0 | 0 | | | | | 0 | 0 | 0 |
| 52092200 | 漂白的重质全棉三、四线斜纹布 | 0 | | 0 | 0 | | 0 | 0 | 0 | 0 | 2.4 | 6 | 0 | 2.4 | | 0 | 0 | | | | | 0 | 0 | |
| 52092900 | 漂白的重质其他全棉机织物 | 0 | | 0 | 0 | | 0 | 0 | 0 | 0 | 2.4 | 6 | 0 | 2.4 | | 0 | 0 | | | | | 0 | 0 | |
| 52093100 | 染色的重质全棉平纹布 | 0 | | 0 | 0 | 8.5 | 0 | 0 | 0 | 0 | 2 | 0 | 0 | 2 | 0 | 0 | 0 | | 0 | 0 | 0 | 0 | 0 | 0 |
| 52093200 | 染色的重质全棉三、四线斜纹布 | 0 | | 0 | 0 | 8.5 | 0 | 0 | 0 | 0 | 2 | 0 | 0 | 2 | 0 | 0 | 0 | | 0 | 0 | 0 | 0 | 0 | 0 |
| 52093900 | 染色的重质其他全棉机织物 | 0 | | 0 | 0 | 8.5 | 0 | 0 | 0 | 0 | 2 | 0 | 0 | 2 | 0 | 0 | 0 | | 0 | 0 | 0 | 0 | 0 | 0 |
| 52094100 | 色织的重质全棉平纹布 | 0 | | 0 | 0 | | 0 | 0 | 0 | 0 | 2 | 0 | 0 | 2 | 0 | 0 | 0 | | | | | 0 | 0 | |
| 52094200 | 色织的重质全棉粗斜纹布(劳动布) | 0 | 0 | 0 | 0 | 8.5 | 0 | 0 | 0 | 0 | 2 | 0 | 0 | 2 | 0 | 0 | 0 | | 0 | 0 | 0 | 0 | 0 | 0 |
| 52094300 | 其他三线或四线斜纹机织物,包括双面斜纹机织物 | 0 | | 0 | 0 | 9.3 | 0 | 0 | 0 | 0 | 2 | 0 | 0 | 2 | | | 0 | | | | | 0 | 0 | |
| 52094900 | 色织的重质其他全棉机织物 | 0 | | 0 | 0 | | 0 | 0 | 0 | 0 | 2 | 0 | 0 | 7.3 | | 0 | 0 | | | | | 0 | 0 | |
| 52095100 | 印花的重质全棉平纹布 | 0 | | 0 | 0 | 9.3 | 0 | 0 | 0 | 0 | 2 | 0 | 0 | 2 | | 0 | 0 | | | | | 0 | 0 | 0 |
| 52095200 | 印花的重质全棉三、四线斜纹布 | 0 | | 0 | 0 | | 0 | 0 | 0 | 0 | 2 | 0 | 0 | 2 | | | 0 | | | | | 0 | 0 | |
| 52095900 | 印花的重质其他全棉机织物 | 0 | | 0 | 0 | 8.5 | 0 | 0 | 0 | 0 | 2 | 0 | 0 | 2 | | | 0 | | | | | 0 | 0 | 0 |
| 52101100 | 与化纤混纺未漂白轻质平纹棉布 | 0 | | 0 | 0 | 10.2 | 0 | 0 | 0 | 0 | 2.4 | 6 | 0 | 2.4 | | 0 | 0 | | | | | 0 | 0 | 0 |
| 52101910 | 化纤混纺未漂白轻质三、四线斜纹棉布 | 0 | | 0 | 0 | | 0 | 0 | 0 | 0 | 2.4 | 6 | 0 | 2.4 | | 0 | 0 | | | | | 0 | 0 | |
| 52101990 | 与化纤混纺未漂白轻质其他棉布 | 0 | | 0 | 0 | | 0 | 0 | 0 | 0 | 2.4 | 6 | 0 | 2.4 | | 0 | 0 | | | | | 0 | 0 | 0 |
| 52102100 | 与化纤混纺漂白的轻质平纹棉布 | 0 | | 0 | 0 | | 0 | 0 | 0 | 0 | 2.8 | 7 | 0 | 8.4 | | 0 | 0 | | | | | 0 | 0 | 0 |
| 52102910 | 化纤混纺漂白的轻质三线或线斜纹棉布 | 0 | | 0 | 0 | | 0 | 0 | 0 | 0 | 2.8 | 7 | 0 | 8.4 | | 0 | 0 | | | | | 0 | 0 | |
| 52102990 | 与化纤混纺漂白的轻质其他棉布 | | | 0 | 0 | | 0 | 0 | 0 | 0 | 2.8 | 7 | 0 | 8.4 | | 0 | 0 | | | | | 0 | 0 | |
| 52103100 | 与化纤混纺染色的轻质平纹棉布 | 0 | | 0 | 0 | 8.5 | 0 | 0 | 0 | 0 | 2 | 0 | 0 | 8 | 0 | 0 | 0 | | | | | 0 | 0 | 0 |
| 52103200 | 化纤混纺染色的轻质三线或四线斜纹棉布 | 0 | | 0 | 0 | 8.5 | 0 | 0 | 0 | 0 | 2 | 0 | 0 | 2 | | 0 | 0 | | | | | 0 | 0 | |
| 52103900 | 与化纤混纺染色的轻质其他棉布 | 0 | | 0 | 0 | 8.5 | 0 | 1 | 0 | 0 | 2 | 0 | 0 | 7.3 | 0 | 0 | 0 | | | | | 0 | 0 | |
| 52104100 | 与化纤混纺色织的轻质平纹棉布 | 0 | | 0 | 0 | | 0 | 0 | 0 | 0 | 2 | 0 | 0 | 2 | 0 | 0 | 0 | | | | | 0 | 0 | |
| 52104910 | 化纤混纺色织的轻质三线或四线斜纹棉布 | 0 | | 0 | 0 | | 0 | 0 | 0 | 0 | 2 | 0 | 0 | 2 | | 0 | 0 | | | | | 0 | 0 | |
| 52104990 | 与化纤混纺色织的轻质其他棉布 | 0 | | 0 | 0 | | 0 | 0 | 0 | 0 | 2 | 0 | 0 | 2 | 0 | 0 | 0 | | | | | 0 | 0 | 0 |

| 税则号列 | 商品描述[1] | 协定税率(%) | | | | | | | | | | | | | | 特惠税率(%) | | | | | | |
|---|---|---|---|---|---|---|---|---|---|---|---|---|---|---|---|---|---|---|---|---|---|---|
| | | 香港 | 澳门 | 巴基斯坦 | 东盟 | 亚太 | 智利 | 秘鲁 | 哥斯达黎加 | 新西兰 | 澳大利亚 | 瑞士 | 冰岛 | 韩国 | 台湾 | 新加坡 | 格鲁吉亚 | 亚太2国[2] | 东盟 | | | 最不发达国家 | | |
| | | | | | | | | | | | | | | | | | | | 老挝 | 柬埔寨 | 缅甸 | LDC97[3] | LDC95[4] | LDC60[5] |
| 52105100 | 与化纤混纺印花的轻质平纹棉布 | | | 0 | 0 | | 0 | 0 | 0 | 0 | 2 | 0 | 0 | 2 | | | 0 | | | | | 0 | 0 | 0 |
| 52105910 | 化纤混纺印花的轻质三线或四线斜纹棉布 | | | 0 | 0 | | 0 | 0 | 0 | 0 | 2 | 0 | 0 | 2 | | | 0 | | | | | 0 | 0 | |
| 52105990 | 与化纤混纺印花的轻质其他棉布 | | | 0 | 0 | | 0 | 0 | 0 | 0 | 2 | 0 | 0 | 2 | | | 0 | | | | | 0 | 0 | 0 |
| 52111100 | 与化纤混纺未漂白重质平纹棉布 | 0 | | 0 | 0 | | 0 | 0 | 0 | 0 | 2.4 | 6 | 0 | 8.8 | | 0 | 0 | | | | | 0 | 0 | 0 |
| 52111200 | 化纤混纺未漂白重质三线或四线斜纹棉布 | 0 | | 0 | 0 | | 0 | 0 | 0 | 0 | 2.4 | 6 | 0 | 2.4 | | 0 | 0 | | | | | 0 | 0 | 0 |
| 52111900 | 与化纤混纺未漂白重质其他棉布 | 0 | | 0 | 0 | | 0 | 0 | 0 | 0 | 2.4 | 6 | 0 | 2.4 | | 0 | 0 | | | | | 0 | 0 | 0 |
| 52112000 | 与化纤混纺漂白的重质其他棉布 | 0 | | 0 | 0 | | 0 | 0 | 0 | 0 | 2.8 | 7 | 0 | 8.4 | | 0 | 0 | | | | | 0 | 0 | |
| 52113100 | 与化纤混纺染色的重质平纹棉布 | 0 | | 0 | 0 | 8.5 | 0 | 0 | 0 | 0 | 2 | 0 | 0 | 8.8 | | 0 | 0 | | | | | 0 | 0 | 0 |
| 52113200 | 化纤混纺染色的重质三线或四线斜纹棉布 | 0 | | 0 | 0 | 8.5 | 0 | 0 | 0 | 0 | 2 | 0 | 0 | 2 | | 0 | 0 | | | | | 0 | 0 | |
| 52113900 | 与化纤混纺染色的重质其他棉布 | 0 | | 0 | 0 | 8.5 | 0 | 1 | 0 | 0 | 2 | 0 | 0 | 7.3 | 0 | 0 | 0 | | | | | 0 | 0 | 0 |
| 52114100 | 与化纤混纺色织的重质平纹棉布 | 0 | | 0 | 0 | | 0 | 0 | 0 | 0 | 2 | 0 | 0 | 2 | | | 0 | | | | | 0 | 0 | |
| 52114200 | 与化纤混纺色织的重质粗斜纹棉布 | 0 | | 0 | 0 | | 0 | 0 | 0 | 0 | 2 | 0 | 0 | 2 | | 0 | 0 | | | | | 0 | 0 | |
| 52114300 | 其他三线或四线斜纹机织物,包括双面斜纹机织物 | 0 | | 0 | 0 | | 0 | 0 | 0 | 0 | 2 | 0 | 0 | 2 | | | 0 | | | | | 0 | 0 | |
| 52114900 | 与化纤混纺色织的重质其他棉布 | | | 0 | 0 | | 0 | 0 | 0 | 0 | 2 | 0 | 0 | 7.3 | | 0 | 0 | | | | | 0 | 0 | |
| 52115100 | 与化纤混纺印花的重质平纹棉布 | | | 0 | 0 | | 0 | 0 | 0 | 0 | 2 | 0 | 0 | 2 | | | 0 | | | | | 0 | 0 | |
| 52115200 | 化纤混纺印花的重质三线或四线斜纹棉布 | | | 0 | 0 | | 0 | 0 | 0 | 0 | 2 | 0 | 0 | 2 | | | 0 | | | | | 0 | 0 | |
| 52115900 | 与化纤混纺印花的重质其他棉布 | | | 0 | 0 | 8.5 | 0 | 0 | 0 | 0 | 2 | 0 | 0 | 2 | | | 0 | | | | | 0 | 0 | |
| 52121100 | 未漂白的其他混纺轻质棉布 | 0 | | 0 | 0 | | 0 | 0 | 0 | 0 | 2.4 | 6 | 0 | 2.4 | | 0 | 0 | | | | | 0 | 0 | 0 |
| 52121200 | 漂白的其他混纺轻质棉布 | 0 | | 0 | 0 | | 0 | 0 | 0 | 0 | 2.8 | 7 | 0 | 8.4 | | 0 | 0 | | | | | 0 | 0 | |
| 52121300 | 染色的其他混纺轻质棉布 | 0 | | 0 | 0 | | 0 | 0 | 0 | 0 | 2 | 0 | 0 | 2 | | | 0 | | | | | 0 | 0 | |
| 52121400 | 色织的其他混纺轻质棉布 | | | 0 | 0 | | 0 | 0 | 0 | 0 | 2 | 0 | 0 | 2 | | | 0 | | | | | 0 | 0 | |
| 52121500 | 印花的其他混纺轻质棉布 | | | 0 | 0 | | 0 | 0 | 0 | 0 | 2 | 0 | 0 | 2 | | | 0 | | | | | 0 | 0 | |
| 52122100 | 未漂白的其他混纺重质棉布 | 0 | | 0 | 0 | | 0 | 0 | 0 | 0 | 2.4 | 6 | 0 | 2.4 | | 0 | 0 | | | | | 0 | 0 | 0 |
| 52122200 | 漂白的其他混纺重质棉布 | 0 | | 0 | 0 | | 0 | 0 | 0 | 0 | 2.8 | 7 | 0 | 8.4 | | 0 | 0 | | | | | 0 | 0 | |
| 52122300 | 染色的其他混纺重质棉布 | 0 | | 0 | 0 | | 0 | 0 | 0 | 0 | 2 | 0 | 0 | 2 | | | 0 | | | | | 0 | 0 | |
| 52122400 | 色织的其他混纺重质棉布 | | | 0 | 0 | | 0 | 0 | 0 | 0 | 2 | 0 | 0 | 2 | | | 0 | | | | | 0 | 0 | |
| 52122500 | 印花的其他混纺重质棉布 | | | 0 | 0 | | 0 | 0 | 0 | 0 | 2 | 0 | 0 | 2 | | | 0 | | | | | 0 | 0 | 0 |

| 税则号列 | 商品描述[①] | 协定税率(%) | | | | | | | | | | | | | | | | 特惠税率(%) | | | | | | |
|---|---|---|---|---|---|---|---|---|---|---|---|---|---|---|---|---|---|---|---|---|---|---|---|---|
| | | 香港 | 澳门 | 巴基斯坦 | 东盟 | 亚太 | 智利 | 秘鲁 | 哥斯达黎加 | 新西兰 | 澳大利亚 | 瑞士 | 冰岛 | 韩国 | 台湾 | 新加坡 | 格鲁吉亚 | 亚太2国[②] | 东盟 | | | 最不发达国家 | | |
| | | | | | | | | | | | | | | | | | | | 老挝 | 柬埔寨 | 缅甸 | LDC97[③] | LDC95[④] | LDC60[⑤] |
| 53011000 | 生的或沤制的亚麻 | | | 5 | 0 | | 0 | 0 | 0 | 0 | 1.2 | 0 | 0 | 0 | | | 0 | | | | | 0 | 0 | 0 |
| 53012100 | 破开或打成的亚麻 | | | 5 | 0 | | 0 | 0 | 0 | 0 | 1.2 | 0 | 0 | 0 | | | 0 | | | | | 0 | 0 | 0 |
| 53012900 | 栉梳或经其他加工未纺制的亚麻 | | | 5 | 0 | | 0 | 0 | 0 | 0 | 1.2 | 0 | 0 | 0 | | | 0 | | | | | 0 | 0 | 0 |
| 53013000 | 亚麻短纤及废麻 | | | 5 | 0 | | 0 | 0 | 0 | 0 | 1.2 | 0 | 0 | 0 | | | 0 | | | | | 0 | 0 | 0 |
| 53021000 | 生的或沤制的大麻 | | | 5 | 0 | | 0 | 0 | 0 | 0 | 1.2 | 0 | 0 | 0 | | | 0 | | | | | 0 | 0 | 0 |
| 53029000 | 经加工、未纺的大麻、大麻短纤及废麻 | | | 5 | 0 | | 0 | 0 | 0 | 0 | 1.2 | 0 | 0 | 0 | | | 0 | | | | | 0 | 0 | 0 |
| 53031000 | 生或沤制黄麻,其他纺织用韧皮纤维 | | | 0 | 0 | | 0 | 0 | 0 | 0 | 0 | 0 | 0 | 0 | | | 0 | 0 | 0 | 0 | 0 | 0 | 0 | 0 |
| 53039000 | 经加工、未纺的黄麻及其他纺织用韧皮纤维 | | | 0 | 0 | | 0 | 0 | 0 | 0 | 0 | 0 | 0 | 0 | | | 0 | | 0 | 0 | 0 | 0 | 0 | 0 |
| 53050011 | 生的苎麻 | | | 0 | 0 | | 0 | 0 | 0 | 0 | 0 | 0 | 0 | 0 | | | 0 | | | | | 0 | 0 | 0 |
| 53050012 | 经加工、未纺制的苎麻 | | | 0 | 0 | | 0 | 0 | 0 | 0 | 0 | 0 | 0 | 0 | | | 0 | | | | | 0 | 0 | 0 |
| 53050013 | 苎麻的短纤及废麻 | | | 0 | 0 | | 0 | 0 | 0 | 0 | 0 | 0 | 0 | 0 | | | 0 | | | | | 0 | 0 | 0 |
| 53050019 | 其他苎麻 | | | 0 | 0 | | 0 | 0 | 0 | 0 | 0 | 0 | 0 | 0 | | | 0 | | | | | 0 | 0 | 0 |
| 53050020 | 经加工、未纺制的蕉麻及蕉麻废料 | | | 0 | 0 | | 0 | 0 | 0 | 0 | 0 | 0 | 0 | 0 | | | 0 | | | | | 0 | 0 | 0 |
| 53050091 | 经加工、未纺的西沙尔麻及其他龙舌兰类纤维 | | | 0 | 0 | | 0 | 0 | 0 | 0 | 0 | 0 | 0 | 0 | | | 0 | | | | | 0 | 0 | 0 |
| 53050092 | 加工、未纺的椰壳纤维及椰壳纤维废料 | | | 0 | 0 | 4 | 0 | 0 | 0 | 0 | 0 | 0 | 0 | 0 | | | 0 | | 0 | 0 | 0 | 0 | 0 | 0 |
| 53050099 | 经加工的其他未列名纺织用植物纤维及其废麻 | | | 0 | 0 | | 0 | 0 | 0 | 0 | 0 | 0 | 0 | 0 | | | 0 | | | | | 0 | 0 | 0 |
| 53061000 | 亚麻单纱 | 0 | 0 | 5 | 0 | | 0 | 0 | 0 | 0 | 1.2 | 0 | 0 | 0 | | | 0 | | | | | 0 | 0 | 0 |
| 53062000 | 亚麻多股纱线或缆线 | 0 | 0 | 5 | 0 | | 0 | 0 | 0 | 0 | 2 | 0 | 0 | 2 | | | 0 | | | | | 0 | 0 | 0 |
| 53071000 | 黄麻及其他纺织用韧皮纤维单纱 | | 0 | 5 | 0 | | 0 | 0 | 0 | 0 | 1.2 | 0 | 0 | 0 | | | 0 | 3 | | 0 | | 0 | 0 | 0 |
| 53072000 | 黄麻及其他纺织用韧皮纤维多股纱或缆线 | | 0 | 5 | 0 | | 0 | 0 | 0 | 0 | 1.2 | 0 | 0 | 0 | | | 0 | 3 | | 0 | | 0 | 0 | 0 |
| 53081000 | 椰壳纤维纱线 | | 0 | 5 | 0 | | 0 | 0 | 0 | 0 | 1.2 | 0 | 0 | 0 | | | 0 | | | | | 0 | 0 | 0 |
| 53082000 | 大麻纱线 | | 0 | 5 | 0 | | 0 | 0 | 0 | 0 | 1.2 | 0 | 0 | 0 | | | 0 | | | | | 0 | 0 | 0 |
| 53089011 | 未漂白或漂白的全苎麻纱线 | | 0 | 5 | 0 | | 0 | 0 | 0 | 0 | 1.2 | 0 | 0 | 0 | | | 0 | | | | | 0 | 0 | 0 |
| 53089012 | 全苎麻色纱线 | | 0 | 5 | 0 | | 0 | 0 | 0 | 0 | 1.2 | 0 | 0 | 0 | | | 0 | | | | | 0 | 0 | 0 |
| 53089013 | 未漂白或漂白的混纺苎麻纱线 | | 0 | 5 | 0 | | 0 | 0 | 0 | 0 | 1.2 | 0 | 0 | 0 | | | 0 | | | | | 0 | 0 | 0 |
| 53089014 | 混纺苎麻色纱线 | | 0 | 5 | 0 | | 0 | 0 | 0 | 0 | 1.2 | 0 | 0 | 0 | | | 0 | | | | | 0 | 0 | 0 |
| 53089091 | 纸纱线 | | 0 | 5 | 0 | | 0 | 0 | 0 | 0 | 1.2 | 0 | 0 | 0 | | | 0 | | | | | 0 | 0 | 0 |
| 53089099 | 其他植物纺织纤维纱线 | | 0 | 5 | 0 | | 0 | 0 | 0 | 0 | 1.2 | 0 | 0 | 0 | | | 0 | | | | | 0 | 0 | 0 |
| 53091110 | 未漂白全亚麻机织物 | | | 0 | 0 | | 0 | 0 | 0 | 0 | 2 | 0 | 0 | 2 | | | 0 | | | | | 0 | 0 | 0 |
| 53091120 | 漂白的全亚麻机织物 | | | 0 | 0 | | 0 | 0 | 0 | 0 | 2 | 0 | 0 | 2 | | | 0 | | | | | 0 | 0 | 0 |
| 53091900 | 其他全亚麻机织物 | 0 | | 0 | 0 | 9.3 | 0 | 0 | 0 | 0 | 2 | 0 | 0 | 2 | | | 0 | | | | | 0 | 0 | 0 |
| 53092110 | 未漂白的混纺亚麻机织物 | | 0 | 0 | 0 | | 0 | 0 | 0 | 0 | 2 | 0 | 0 | 2 | | | 0 | | | | | 0 | 0 | 0 |
| 53092120 | 漂白的混纺亚麻机织物 | | 0 | 0 | 0 | | 0 | 0 | 0 | 0 | 2 | 0 | 0 | 2 | | | 0 | | | | | 0 | 0 | 0 |

| 税则号列 | 商品描述① | 协定税率(%) | | | | | | | | | | | | | | | | 特惠税率(%) | | | | | | |
|---|---|---|---|---|---|---|---|---|---|---|---|---|---|---|---|---|---|---|---|---|---|---|---|---|
| | | 香港 | 澳门 | 巴基斯坦 | 东盟 | 亚太 | 智利 | 秘鲁 | 哥斯达黎加 | 新西兰 | 澳大利亚 | 瑞士 | 冰岛 | 韩国 | 台湾 | 新加坡 | 格鲁吉亚 | 亚太2国② | 东盟 | | | 最不发达国家 | | |
| | | | | | | | | | | | | | | | | | | | 老挝 | 柬埔寨 | 缅甸 | LDC97③ | LDC95④ | LDC60⑤ |
| 53092900 | 其他混纺亚麻机织物 | 0 | 0 | 0 | 0 | 8.5 | 0 | 0 | 0 | 0 | 2 | 0 | 0 | 2 | | | 0 | | | | | 0 | 0 | 0 |
| 53101000 | 未漂白黄麻或其他韧皮纤维织物 | | | 5 | 0 | | 0 | 0 | 0 | 0 | 2 | 0 | 0 | 2 | | | 0 | 5 | | 0 | | 0 | 0 | 0 |
| 53109000 | 其他黄麻机织物或韧皮纤维织物 | | | 5 | 0 | | 0 | 0 | 0 | 0 | 2 | 0 | 0 | 2 | | | 0 | 5 | | 0 | | 0 | 0 | 0 |
| 53110012 | 未漂白全苎麻机织物 | | 0 | 5 | 0 | | 0 | 0 | 0 | 0 | 2 | 0 | 0 | 2 | | | 0 | | | | | 0 | 0 | 0 |
| 53110013 | 其他全苎麻机织物 | | 0 | 6 | 0 | | 0 | 0 | 0 | 0 | 2.4 | 6 | 0 | 2.4 | | 0 | 0 | | | | | 0 | 0 | 0 |
| 53110014 | 未漂白混纺苎麻机织物 | | | 5 | 0 | | 0 | 0 | 0 | 0 | 2 | 0 | 0 | 2 | | | 0 | | | | | 0 | 0 | 0 |
| 53110015 | 其他混纺苎麻机织物 | | 0 | 6 | 0 | | 0 | 0 | 0 | 0 | 2.4 | 6 | 0 | 2.4 | | 0 | 0 | | | | | 0 | 0 | |
| 53110020 | 纸纱线机织物 | | | 5 | 0 | | 0 | 0 | 0 | 0 | 2 | 0 | 0 | 2 | | | 0 | | | | | 0 | 0 | 0 |
| 53110030 | 大麻的机织物 | | | 5 | 0 | 9.3 | 0 | 0 | 0 | 0 | 2 | 0 | 0 | 2 | | | 0 | | | | | 0 | 0 | 0 |
| 53110090 | 其他纺织用植物纤维机织物 | | | 5 | 0 | 9.3 | 0 | 0 | 0 | 0 | 2 | 0 | 0 | 2 | | | 0 | | | | | 0 | 0 | 0 |
| 54011010 | 非供零售用合成纤维长丝缝纫线 | 0 | 0 | 0 | 0 | | 0 | 0 | 0 | 0 | 0 | 0 | 0 | 3.6 | 0 | | 0 | | | | | 0 | 0 | 0 |
| 54011020 | 供零售用合成纤维长丝缝纫线 | | | 0 | 0 | | 0 | 0 | 0 | 0 | 0 | 0 | 0 | 0 | | | 0 | | | | | 0 | 0 | 0 |
| 54012010 | 非供零售用人造纤维长丝缝纫线 | | | 0 | 0 | | 0 | 0 | 0 | 0 | 0 | 0 | 0 | 0 | | | 0 | | | | | 0 | 0 | 0 |
| 54012020 | 供零售用人造纤维长丝缝纫线 | | | 0 | 0 | | 0 | 0 | 0 | 0 | 0 | 0 | 0 | 0 | | | 0 | | | | | 0 | 0 | 0 |
| 54021110 | 非零售用聚间苯二甲酰间苯二胺纺制的长丝高强力纱 | | 0 | 0 | 0 | | 0 | 0 | 0 | 0 | 0 | 0 | 0 | 3.6 | | | 0 | | | | | 0 | 0 | 0 |
| 54021120 | 非零售用聚对苯二甲酰对苯二胺纺制的长丝高强力纱 | | 0 | 0 | 0 | | 0 | 0 | 0 | 0 | 0 | 0 | 0 | 3.6 | | | 0 | | | | | 0 | 0 | 0 |
| 54021190 | 非零售用其他芳香族聚酰胺纺制的长丝高强力纱 | | 0 | 0 | 0 | | 0 | 0 | 0 | 0 | 0 | 0 | 0 | 3.6 | | | 0 | | | | | 0 | 0 | 0 |
| 54021910 | 非零售用聚酰胺-6纺制的长丝高强力纱 | | 0 | 0 | 0 | | 0 | 0 | 0 | 0 | 0 | 0 | 0 | | | | 0 | | | | | 0 | 0 | 0 |
| 54021920 | 非零售用聚酰胺-6,6纺制的长丝高强力纱 | | 0 | 0 | 0 | | 0 | 0 | 0 | 0 | 0 | 0 | 0 | | | | 0 | | | | | 0 | 0 | 0 |
| 54021990 | 非零售用其他尼龙长丝高强纱 | | 0 | 0 | 0 | | 0 | 0 | 0 | 0 | 0 | 0 | 0 | 3.6 | | | 0 | | | | | 0 | 0 | 0 |
| 54022000 | 非零售聚酯长丝高强力纱 | | 0 | 0 | 0 | | 0 | 0 | 0 | 0 | 0 | 0 | 0 | 3.6 | 0 | | 0 | | | | | 0 | 0 | 0 |
| 54023111 | 非零售用聚酰胺-6纺制的细弹力丝 | 0 | 0 | 0 | 0 | | 0 | 0 | 0 | 0 | 0 | 0 | 0 | | | | 0 | | | | | 0 | 0 | 0 |
| 54023112 | 非零售用聚酰胺-6,6纺制的细弹力丝 | 0 | 0 | 0 | 0 | | 0 | 0 | 0 | 0 | 0 | 0 | 0 | | | | 0 | | | | | 0 | 0 | 0 |
| 54023113 | 非零售用芳香族聚酰胺纺制的细弹力丝 | 0 | 0 | 0 | 0 | | 0 | 0 | 0 | 0 | 0 | 0 | 0 | | | | 0 | | | | | 0 | 0 | 0 |
| 54023119 | 非零售其他细尼龙弹力丝 | 0 | 0 | 0 | 0 | | 0 | 0 | 0 | 0 | 0 | 0 | 0 | 3.6 | | | 0 | | | | | 0 | 0 | 0 |
| 54023190 | 非零售其他细尼龙变形纱线 | 0 | 0 | 0 | 0 | | 0 | 0 | 0 | 0 | 0 | 0 | 0 | 3.6 | | | 0 | | | | | 0 | 0 | 0 |
| 54023211 | 非零售用聚酰胺-6纺制的粗弹力丝 | 0 | 0 | 0 | 0 | | 0 | 0 | 0 | 0 | 0 | 0 | 0 | | | | 0 | | | | | 0 | 0 | 0 |

| 税则号列 | 商品描述① | 协定税率(%) | | | | | | | | | | | | | | | | 特惠税率(%) | | | | | | |
|---|---|---|---|---|---|---|---|---|---|---|---|---|---|---|---|---|---|---|---|---|---|---|---|---|
| | | 香港 | 澳门 | 巴基斯坦 | 东盟 | 亚太 | 智利 | 秘鲁 | 哥斯达黎加 | 新西兰 | 澳大利亚 | 瑞士 | 冰岛 | 韩国 | 台湾 | 新加坡 | 格鲁吉亚 | 亚太2国② | 东盟 | | | 最不发达国家 | | |
| | | | | | | | | | | | | | | | | | | | 老挝 | 柬埔寨 | 缅甸 | LDC97③ | LDC95④ | LDC60⑤ |
| 54023212 | 非零售用聚酰胺-6,6纺制的粗弹力丝 | 0 | 0 | 0 | 0 | | 0 | 0 | 0 | 0 | 0 | 0 | 0 | | | | 0 | | | | | 0 | 0 | 0 |
| 54023213 | 非零售用芳香族聚酰胺纺制的粗弹力丝 | 0 | 0 | 0 | 0 | | 0 | 0 | 0 | 0 | 0 | 0 | 0 | 3.6 | | | 0 | | | | | 0 | 0 | 0 |
| 54023219 | 非零售其他粗尼龙弹力丝 | 0 | 0 | 0 | 0 | | 0 | 0 | 0 | 0 | 0 | 0 | 0 | | | | 0 | | | | | 0 | 0 | 0 |
| 54023290 | 非零售其他粗尼龙变形纱线 | 0 | 0 | 0 | 0 | 4.5 | 0 | 0 | 0 | 0 | 0 | 0 | 0 | 3.6 | | | 0 | | | | | 0 | 0 | 0 |
| 54023310 | 非零售聚酯弹力丝 | | 0 | 0 | 0 | | 0 | 0 | 0 | 0 | 0 | 0 | 0 | 0 | 0 | | 0 | | | | | 0 | 0 | 0 |
| 54023390 | 非零售其他聚酯变形纱线 | | 0 | 0 | | | 0 | 0 | 0 | 0 | 0 | 0 | 0 | 3 | | | 0 | | | | | 0 | 0 | 0 |
| 54023400 | 非零售用聚丙烯变形纱线 | | 0 | 0 | 0 | | 0 | 0 | 0 | 0 | 0 | 0 | 0 | 3 | | | 0 | | | | | 0 | 0 | 0 |
| 54023900 | 非零售其他合成纤维长丝变形纱线 | | 0 | 0 | 0 | | 0 | 0 | 0 | 0 | 0 | 0 | 0 | 3 | | | 0 | | | | | 0 | 0 | 0 |
| 54024410 | 弹性氨纶纱线,未加捻或捻度每米≤50转 | | 0 | 0 | 0 | | 0 | 0 | 0 | 0 | 0 | 0 | 0 | | | | 0 | | | | | 0 | 0 | 0 |
| 54024490 | 其他弹性纱线,未加捻或捻度每米≤50转 | 0 | 0 | 0 | 0 | 4.7 | 0 | 0 | 0 | 0 | 0 | 0 | 0 | 0 | | | 0 | | | | | 0 | 0 | 0 |
| 54024510 | 聚酰胺-6纺制的其他单纱,未加捻或捻度每米≤50转 | | 0 | 0 | 0 | 4.7 | 0 | 0 | 0 | 0 | 0 | 0 | 0 | 3.6 | | | 0 | | | | | 0 | 0 | 0 |
| 54024520 | 聚酰胺-6,6纺制的其他单纱,未加捻或捻度每米≤50转 | | 0 | 0 | 0 | 4.7 | 0 | 0 | 0 | 0 | 0 | 0 | 0 | 3.6 | | | 0 | | | | | 0 | 0 | 0 |
| 54024530 | 芳香族聚酰胺纺制的其他单纱,未加捻或捻度每米≤50转 | | 0 | 0 | 0 | 4.7 | 0 | 0 | 0 | 0 | 0 | 0 | 0 | 3.6 | | | 0 | | | | | 0 | 0 | 0 |
| 54024590 | 其他尼龙或聚酰胺纱线纺制的,未加捻或捻度每米≤50转的单纱 | | 0 | 0 | 0 | 4.7 | 0 | 0 | 0 | 0 | 0 | 0 | 0 | 3.6 | | | 0 | | | | | 0 | 0 | 0 |
| 54024600 | 其他部分定向聚酯纱线,未加捻或捻度每米≤50转 | | 0 | 0 | | | 0 | 0 | 0 | 0 | 0 | 0 | 0 | 3 | | | 0 | | | | | 0 | 0 | 0 |
| 54024700 | 其他聚酯纱线,未加捻或捻度每米≤50转 | | 0 | 0 | | 4.7 | 0 | 0 | 0 | 0 | 0 | 2.5 | 0 | 3.6 | | | 0 | | | | | 0 | 0 | 0 |
| 54024800 | 其他聚丙烯纱线,未加捻或捻度每米≤50转 | | 0 | 0 | 0 | | 0 | 0 | 0 | 0 | 0 | 0 | 0 | 0 | | | 0 | | | | | 0 | 0 | 0 |
| 54024910 | 断裂强度≥22cN/dtex,且初始模量≥750cN/dtex的聚乙烯纱线 | | 0 | 0 | 0 | | 0 | 0 | 0 | 0 | 0 | 0 | 0 | | | | 0 | | | | | 0 | 0 | 0 |
| 54024990 | 其他纱线,未加捻或捻度每米≤50转 | | 0 | 0 | 0 | | 0 | 0 | 0 | 0 | 0 | 0 | 0 | | | | 0 | | | | | 0 | 0 | 0 |
| 54025110 | 非零售用聚酰胺-6纺制的加捻单纱 | | 0 | 0 | | | 0 | 0 | 0 | 0 | 0 | 0 | 0 | | | | 0 | | | | | 0 | 0 | 0 |
| 54025120 | 非零售用聚酰胺-6,6纺制的加捻单纱 | | 0 | 0 | 0 | | 0 | 0 | 0 | 0 | 0 | 0 | 0 | | | | 0 | | | | | 0 | 0 | 0 |
| 54025130 | 非零售用芳香族聚酰胺纺制的加捻单纱 | | 0 | 0 | 0 | | 0 | 0 | 0 | 0 | 0 | 0 | 0 | 3.6 | | | 0 | | | | | 0 | 0 | 0 |
| 54025190 | 非零售用其他尼龙加捻单纱 | | 0 | 0 | 0 | | 0 | 0 | 0 | 0 | 0 | 0 | 0 | 3.6 | | | 0 | | | | | 0 | 0 | 0 |

| 税则号列 | 商品描述[①] | 协定税率(%) | | | | | | | | | | | | | | | | 特惠税率(%) | | | | | | |
|---|---|---|---|---|---|---|---|---|---|---|---|---|---|---|---|---|---|---|---|---|---|---|---|---|
| | | 香港 | 澳门 | 巴基斯坦 | 东盟 | 亚太 | 智利 | 秘鲁 | 哥斯达黎加 | 新西兰 | 澳大利亚 | 瑞士 | 冰岛 | 韩国 | 台湾 | 新加坡 | 格鲁吉亚 | 亚太2国[②] | 东盟 | | | 最不发达国家 | | |
| | | | | | | | | | | | | | | | | | | | 老挝 | 柬埔寨 | 缅甸 | LDC97[③] | LDC95[④] | LDC60[⑤] |
| 54025200 | 非零售加捻的其他聚酯加捻单纱 | | 0 | 0 | | 4.3 | 0 | 0 | 0 | 0 | 0 | 0 | 0 | 3 | | | 0 | | | | | 0 | 0 | 0 |
| 54025300 | 非零售用聚丙烯加捻单纱 | | 0 | 0 | 0 | | 0 | 0 | 0 | 0 | 0 | 0 | 0 | 0 | | | 0 | | | | | 0 | 0 | 0 |
| 54025920 | 断裂强度≥22cN/dtex,且初始模量≥750cN/dtex 的聚乙烯纱线 | | 0 | 0 | 0 | | 0 | 0 | 0 | 0 | 0 | 0 | 0 | 0 | | | 0 | | | | | 0 | 0 | 0 |
| 54025990 | 非零售加捻的其他合成纤维长丝单纱 | | 0 | 0 | 0 | | 0 | 0 | 0 | 0 | 0 | 0 | 0 | 0 | | | 0 | | | | | 0 | 0 | 0 |
| 54026110 | 非零售用聚己内酰胺(尼龙-6)制多股纱线 | | 0 | 0 | 0 | | 0 | 0 | 0 | 0 | 0 | 0 | 0 | 3.6 | | | 0 | | | | | 0 | 0 | 0 |
| 54026120 | 非零售用聚酰胺-6,6 制多股纱线 | | 0 | 0 | 0 | | 0 | 0 | 0 | 0 | 0 | 0 | 0 | 3.6 | | | 0 | | | | | 0 | 0 | 0 |
| 54026130 | 非零售用芳香族聚酰胺制多股纱线 | | 0 | 0 | 0 | | 0 | 0 | 0 | 0 | 0 | 0 | 0 | 3.6 | | | 0 | | | | | 0 | 0 | 0 |
| 54026190 | 非零售用其他尼龙制多股纱线 | | 0 | 0 | 0 | | 0 | 0 | 0 | 0 | 0 | 0 | 0 | 1 | | | 0 | | | | | 0 | 0 | 0 |
| 54026200 | 非零售聚酯多股纱线 | | 0 | 0 | 0 | | 0 | 0 | 0 | 0 | 0 | 0 | 0 | 1 | 0 | | 0 | | | | | 0 | 0 | 0 |
| 54026300 | 非零售用聚丙烯多股纱线 | | 0 | 0 | 0 | | 0 | 0 | 0 | 0 | 0 | 0 | 0 | 3.6 | | | 0 | | | | | 0 | 0 | 0 |
| 54026920 | 非零售用氨纶多股纱线 | | 0 | 0 | 0 | | 0 | 0 | 0 | 0 | 0 | 0 | 0 | | | | 0 | | | | | 0 | 0 | 0 |
| 54026990 | 非零售其他合成纤维长丝多股纱线 | | 0 | 0 | 0 | | 0 | 0 | 0 | 0 | 0 | 0 | 0 | 3 | | | 0 | | | | | 0 | 0 | 0 |
| 54031000 | 非零售粘胶纤维高强力纱 | | 0 | 0 | 0 | | 0 | 0 | 0 | 0 | 0 | 0 | 0 | 0 | | | 0 | | | | | 0 | 0 | 0 |
| 54033110 | 竹制非零售未捻的粘胶纤维单纱 | | 0 | 0 | 0 | | 0 | 0 | 0 | 0 | 0 | 0 | 0 | 0 | | | 0 | | | | | 0 | 0 | 0 |
| 54033190 | 其他非零售未捻的粘胶纤维单纱 | | 0 | 0 | 0 | | 0 | 0 | 0 | 0 | 0 | 0 | 0 | 0 | | | 0 | | | | | 0 | 0 | 0 |
| 54033210 | 竹制非零售加捻的粘胶纤维单纱 | | 0 | 0 | 0 | | 0 | 0 | 0 | 0 | 0 | 0 | 0 | 0 | | | 0 | | | | | 0 | 0 | 0 |
| 54033290 | 其他非零售加捻的粘胶纤维单纱 | | 0 | 0 | 0 | | 0 | 0 | 0 | 0 | 0 | 0 | 0 | 0 | | | 0 | | | | | 0 | 0 | 0 |
| 54033310 | 非零售二醋酸纤维单纱 | | 0 | 0 | 0 | | 0 | 0 | 0 | 0 | 0 | 0 | 0 | 0 | | | 0 | | | | | 0 | 0 | 0 |
| 54033390 | 非零售其他醋酸纤维单纱 | | 0 | 0 | 0 | | 0 | 0 | 0 | 0 | 0 | 0 | 0 | 0 | | | 0 | | | | | 0 | 0 | 0 |
| 54033900 | 非零售其他人造纤维长丝单纱 | | 0 | 0 | 0 | | 0 | 0 | 0 | 0 | 0 | 0 | 0 | 0 | | | 0 | | | | | 0 | 0 | 0 |
| 54034100 | 非零售粘胶长丝多股纱线或缆线 | | 0 | 0 | 0 | | 0 | 0 | 0 | 0 | 0 | 0 | 0 | 0 | | | 0 | | | | | 0 | 0 | 0 |
| 54034200 | 非零售醋酸长丝多股纱线或缆线 | | 0 | 0 | 0 | | 0 | 0 | 0 | 0 | 0 | 0 | 0 | 0 | | | 0 | | | | | 0 | 0 | 0 |
| 54034900 | 非零售其他人造纤维长丝多股纱或缆线 | | 0 | 0 | 0 | | 0 | 0 | 0 | 0 | 0 | 0 | 0 | 0 | | | 0 | | | | | 0 | 0 | 0 |
| 54041100 | 细度≥67 分特、截面尺寸≤1 毫米的弹性单丝 | 0 | | 0 | 0 | | 0 | 0 | 0 | 0 | 0 | 0 | 0 | 3.6 | | | 0 | | | | | 0 | 0 | 0 |
| 54041200 | 细度≥67 分特、截面尺寸≤1 毫米的聚丙烯单丝 | 0 | | 0 | 0 | | 0 | 0 | 0 | 0 | 0 | 0 | 0 | 0 | | | 0 | | | | | 0 | 0 | 0 |

| 税则号列 | 商品描述[①] | 协定税率(%) 香港 | 澳门 | 巴基斯坦 | 东盟 | 亚太 | 智利 | 秘鲁 | 哥斯达黎加 | 新西兰 | 澳大利亚 | 瑞士 | 冰岛 | 韩国 | 台湾 | 新加坡 | 格鲁吉亚 | 特惠税率(%) 亚太2国[②] | 东盟 老挝 | 柬埔寨 | 缅甸 | 最不发达国家 LDC97[③] | LDC95[④] | LDC60[⑤] |
|---|---|---|---|---|---|---|---|---|---|---|---|---|---|---|---|---|---|---|---|---|---|---|---|---|
| 54041900 | 细度≥67 分特、截面尺寸≤1 毫米的其他合成纤维单丝 | 0 | | 0 | 0 | | 0 | 0 | 0 | 0 | 0 | 0 | 0 | 3 | | | 0 | | | | | 0 | 0 | 0 |
| 54049000 | 其他宽≤5 毫米合成纺织材料制扁条及类似品 | | 0 | 0 | 0 | | 0 | 0 | 0 | 0 | 0 | 0 | 0 | 3 | | | 0 | | | | | 0 | 0 | 0 |
| 54050000 | 细度≥67 分特、截面尺寸≤1 毫米人造纤维单丝；宽≤5 毫米扁条及类似品 | | 0 | 0 | 0 | | 0 | 0 | 0 | 0 | 0 | 0 | 0 | 0 | | | 0 | | | | | 0 | 0 | 0 |
| 54060010 | 供零售用合成纤维长丝纱线 | | 0 | 0 | 0 | | 0 | 0 | 0 | 0 | 0 | 0 | 0 | 0 | | | 0 | | | | | 0 | 0 | 0 |
| 54060020 | 供零售用人造纤维长丝纱线 | | 0 | 0 | 0 | | 0 | 0 | 0 | 0 | 0 | 0 | 0 | 0 | | | 0 | | | | | 0 | 0 | 0 |
| 54071010 | 尼龙或其他聚酰胺高强力纱制机织物 | 0 | | 0 | 0 | | 0 | 0 | 0 | 0 | 2 | 0 | 0 | 2 | 0 | 0 | 0 | | | | | 0 | 0 | |
| 54071020 | 聚酯高强力纱制机织物 | | | 0 | 0 | | 0 | 0 | 0 | 0 | 2 | 0 | 0 | 2 | 0 | 0 | 0 | | | | | 0 | 0 | |
| 54072000 | 合成纤维扁条及类似品的机织物 | | | 0 | 0 | | 0 | 0 | 0 | 0 | 2 | 0 | 0 | 8 | | 0 | 0 | | | | | 0 | 0 | |
| 54073000 | 多层平行纱线相互层叠并粘合机织物 | | | 0 | 0 | | 0 | 0 | 0 | 0 | 2 | 0 | 0 | 2 | | 0 | 0 | | | | | 0 | 0 | |
| 54074100 | 未漂白或漂白的纯尼龙布 | 0 | | 0 | 0 | | 0 | 0 | 0 | 0 | 2 | 0 | 0 | 2 | 0 | 0 | 0 | | | | | 0 | 0 | |
| 54074200 | 染色的纯尼龙布 | 0 | 0 | 0 | 0 | 9.5 | 0 | 0 | 0 | 0 | 2 | 0 | 0 | 8 | 0 | 0 | 0 | | 0 | 0 | 0 | 0 | 0 | 0 |
| 54074300 | 色织的纯尼龙布 | 0 | | 0 | 0 | 7 | 0 | 0 | 0 | 0 | 2 | 0 | 0 | 2 | 0 | 0 | 0 | | | | | 0 | 0 | |
| 54074400 | 印花的纯尼龙布 | | | 0 | 0 | | 0 | 0 | 0 | 0 | 2 | 0 | 0 | 8 | | 0 | 0 | | | | | 0 | 0 | |
| 54075100 | 未漂白或漂白纯聚酯变形长丝布 | | | 0 | 0 | 7 | 0 | 0 | 0 | 0 | 2 | 0 | 0 | 2 | 0 | 0 | 0 | | | | | 0 | 0 | |
| 54075200 | 染色的纯聚酯变形长丝布 | 0 | | 0 | 0 | 9.5 | 0 | 0 | 0 | 0 | 2 | 0 | 0 | 8 | 0 | 0 | 0 | | 0 | 0 | 0 | 0 | 0 | 0 |
| 54075300 | 色织的纯聚酯变形长丝布 | | | 0 | 0 | | 0 | 0 | 0 | 0 | 2 | 0 | 0 | 2 | 0 | 0 | 0 | | | | | 0 | 0 | |
| 54075400 | 印花的纯聚酯变形长丝布 | | | 0 | 0 | | 0 | 0 | 0 | 0 | 2 | 0 | 0 | 7.3 | 0 | 0 | 0 | | | | | 0 | 0 | |
| 54076100 | 其他纯聚酯非变形长丝布 | 0 | 0 | 0 | 0 | 9.5 | 0 | 0 | 0 | 0 | 2 | 0 | 0 | 8 | 0 | 0 | 0 | | | | | 0 | 0 | 0 |
| 54076900 | 其他纯聚酯长丝布 | | | 0 | 0 | 9.5 | 0 | 0 | 0 | 0 | 2 | 0 | 0 | 8 | 0 | 0 | 0 | | | | | 0 | 0 | 0 |
| 54077100 | 未漂白或漂白其他纯合成纤维长丝布 | 0 | | 0 | 0 | 8.8 | 0 | 0 | 0 | 0 | 2 | 0 | 0 | 2 | 0 | 0 | 0 | | | | | 0 | 0 | |
| 54077200 | 染色的其他纯合成纤维长丝布 | 0 | | 0 | 0 | 9.5 | 0 | 0 | 0 | 0 | 2 | 0 | 0 | 8 | 0 | 0 | 0 | | 0 | 0 | 0 | 0 | 0 | 0 |
| 54077300 | 色织的其他纯合成纤维长丝布 | | | 0 | 0 | | 0 | 0 | 0 | 0 | 2 | 0 | 0 | 8 | | 0 | 0 | | | | | 0 | 0 | |
| 54077400 | 印花的其他纯合成纤维长丝布 | | | 0 | 0 | 9.5 | 0 | 0 | 0 | 0 | 2 | 0 | 0 | 2 | | 0 | 0 | | | | | 0 | 0 | |
| 54078100 | 未漂或漂白的与棉混纺合成纤维长丝布 | 0 | | 0 | 0 | | 0 | 0 | 0 | 0 | 2 | 0 | 0 | 2 | | 0 | 0 | | | | | 0 | 0 | |
| 54078200 | 染色的与棉混纺合成纤维长丝布 | 0 | | 0 | 0 | | 0 | 0 | 0 | 0 | 2 | 0 | 0 | 8 | 0 | 0 | 0 | | | | | 0 | 0 | 0 |
| 54078300 | 色织的与棉混纺合成纤维长丝布 | | | 0 | 0 | | 0 | 0 | 0 | 0 | 2 | 0 | 0 | 2 | 0 | 0 | 0 | | | | | 0 | 0 | |
| 54078400 | 印花的与棉混纺合成纤维长丝布 | | | 0 | 0 | | 0 | 0 | 0 | 0 | 2 | 0 | 0 | 2 | | 0 | 0 | | | | | 0 | 0 | |

| 税则号列 | 商品描述[①] | 协定税率(%) | | | | | | | | | | | | | | | | 特惠税率(%) | | | | | | |
|---|---|---|---|---|---|---|---|---|---|---|---|---|---|---|---|---|---|---|---|---|---|---|---|---|
| | | 香港 | 澳门 | 巴基斯坦 | 东盟 | 亚太 | 智利 | 秘鲁 | 哥斯达黎加 | 新西兰 | 澳大利亚 | 瑞士 | 冰岛 | 韩国 | 台湾 | 新加坡 | 格鲁吉亚 | 亚太2国[②] | 东盟 | | | 最不发达国家 | | |
| | | | | | | | | | | | | | | | | | | | 老挝 | 柬埔寨 | 缅甸 | LDC97[③] | LDC95[④] | LDC60[⑤] |
| 54079100 | 未漂或漂白的其他混纺合成纤维长丝布 | 0 | | 0 | 0 | | 0 | 0 | 0 | 0 | 2 | 0 | 0 | 8 | | 0 | 0 | | | | | 0 | 0 | |
| 54079200 | 染色的其他混纺合成纤维长丝布 | 0 | | 0 | 0 | | 0 | 0 | 0 | 0 | 2 | 0 | 0 | 8 | 0 | 0 | 0 | | 0 | 0 | 0 | 0 | 0 | 0 |
| 54079300 | 色织的其他混纺合成纤维长丝布 | | | 0 | 0 | | 0 | 0 | 0 | 0 | 2 | 0 | 0 | 2 | 0 | 0 | 0 | | | | | 0 | 0 | |
| 54079400 | 印花的其他混纺合成纤维长丝布 | | | 0 | 0 | | 0 | 0 | 0 | 0 | 2 | 0 | 0 | 2 | | 0 | 0 | | | | | 0 | 0 | |
| 54081000 | 粘胶长丝高强力纱的机织物 | | | 0 | 0 | | 0 | 0 | 0 | 0 | 2 | 0 | 0 | 2 | | 0 | 0 | | | | | 0 | 0 | |
| 54082110 | 粘胶长丝制未漂白或漂白的机织物 | | | 0 | 0 | | 0 | 0 | 0 | 0 | 2.4 | 6 | 0 | 2.4 | | 0 | 0 | | | | | 0 | 0 | |
| 54082120 | 醋酸长丝制未漂白或漂白的机织物 | | | 0 | 0 | | 0 | 0 | 0 | 0 | 2.4 | 6 | 0 | 9.6 | | 0 | 0 | | | | | 0 | 0 | |
| 54082190 | 其他人造长丝制未漂白或漂白的机织物 | | | 0 | 0 | | 0 | 0 | 0 | 0 | 2.4 | 6 | 0 | 2.4 | | 0 | 0 | | | | | 0 | 0 | |
| 54082210 | 纯粘胶长丝制染色机织物 | 0 | | 0 | 0 | | 0 | 0 | 0 | 0 | 2 | 0 | 0 | 2 | | 0 | 0 | | | | | 0 | 0 | |
| 54082220 | 纯醋酸长丝制染色机织物 | 0 | | 0 | 0 | | 0 | 0 | 0 | 0 | 2 | 0 | 0 | 2 | 0 | 0 | 0 | | | | | 0 | 0 | |
| 54082290 | 纯其他人造长丝制染色机织物 | 0 | | 0 | 0 | | 0 | 0 | 0 | 0 | 2 | 0 | 0 | 2 | 0 | 0 | 0 | | | | | 0 | 0 | |
| 54082310 | 纯粘胶长丝制色织机织物 | | | 0 | 0 | | 0 | 0 | 0 | 0 | 2 | 0 | 0 | 2 | | 0 | 0 | | | | | 0 | 0 | |
| 54082320 | 纯醋酸长丝制色织机织物 | | | 0 | 0 | | 0 | 0 | 0 | 0 | 2 | 0 | 0 | 2 | | 0 | 0 | | | | | 0 | 0 | |
| 54082390 | 纯其他人造长丝制色织机织物 | | | 0 | 0 | | 0 | 0 | 0 | 0 | 2 | 0 | 0 | 2 | 0 | 0 | 0 | | | | | 0 | 0 | |
| 54082410 | 纯粘胶长丝制印花机织物 | 0 | | 0 | 0 | | 0 | 0 | 0 | 0 | 2 | 0 | 0 | 2 | | 0 | 0 | | | | | 0 | 0 | |
| 54082420 | 纯醋酸长丝制印花机织物 | 0 | | 0 | 0 | | 0 | 0 | 0 | 0 | 2 | 0 | 0 | 2 | | 0 | 0 | | | | | 0 | 0 | |
| 54082490 | 纯其他人造长丝制印花机织物 | 0 | | 0 | 0 | | 0 | 0 | 0 | 0 | 2 | 0 | 0 | 2 | | 0 | 0 | | | | | 0 | 0 | |
| 54083100 | 未漂白或漂白人造纤维长丝混纺布 | | | 0 | 0 | | 0 | 0 | 0 | 0 | 2 | 0 | 0 | 2 | | 0 | 0 | | | | | 0 | 0 | |
| 54083200 | 染色的人造纤维长丝混纺布 | | | 0 | 0 | 9.5 | 0 | 0 | 0 | 0 | 2 | 0 | 0 | 7.3 | 0 | 0 | 0 | | | | | 0 | 0 | 0 |
| 54083300 | 色织的人造纤维长丝混纺布 | | | 0 | 0 | | 0 | 0 | 0 | 0 | 2 | 0 | 0 | 2 | | 0 | 0 | | | | | 0 | 0 | |
| 54083400 | 印花的人造纤维长丝混纺布 | | | 0 | 0 | | 0 | 0 | 0 | 0 | 2 | 0 | 0 | 2 | | 0 | 0 | | | | | 0 | 0 | |
| 55011000 | 尼龙或其他聚酰胺长丝丝束 | | | 0 | 0 | | 0 | 0 | 0 | 0 | 0 | 0 | 0 | 0 | | | 0 | | | | | 0 | 0 | 0 |
| 55012000 | 聚酯长丝丝束 | | | 0 | | | 0 | 0 | 0 | 0 | 0 | 0 | 0 | 3 | | | 0 | | | | | 0 | 0 | 0 |
| 55013000 | 聚丙烯腈长丝丝束 | | | 0 | | 4.5 | 0 | | 0 | 0 | 0 | 0 | 0 | 3.6 | | | 0 | | | | | 0 | 0 | 0 |
| 55014000 | 聚丙烯长丝丝束 | 0 | | 0 | 0 | | 0 | 0 | 0 | 0 | 0 | 0 | 0 | 0 | | | 0 | | | | | 0 | 0 | 0 |
| 55019000 | 其他合成纤维长丝丝束 | 0 | | 0 | 0 | | 0 | 0 | 0 | 0 | 0 | 0 | 0 | 3 | | | 0 | | | | | 0 | 0 | 0 |
| 55021010 | 二醋酸纤维丝束 | | | 0 | 0 | 2.1 | 0 | 0 | 0 | 0 | 0 | 0 | 0 | 0 | | | 0 | | | | | 0 | 0 | 0 |
| 55021090 | 其他醋酸纤维 | | | 0 | 0 | 3.5 | 0 | 0 | 0 | 0 | 0 | 0 | 0 | 3.6 | | | 0 | | | | | 0 | 0 | 0 |
| 55029000 | 其他人造纤维长丝丝束 | | | 0 | 0 | 3.5 | 0 | 0 | 0 | 0 | 0 | 0 | 0 | 3.6 | | | 0 | | | | | 0 | 0 | 0 |
| 55031110 | 未梳的聚间苯二甲酰间苯二胺纺制的合成纤维短纤 | | | 0 | 0 | | 0 | 0 | 0 | 0 | 0 | 0 | 0 | | | | 0 | | | | | 0 | 0 | 0 |
| 55031120 | 未梳的聚对苯二甲酰对苯二胺纺制的合成纤维短纤 | | | 0 | 0 | | 0 | 0 | 0 | 0 | 0 | 0 | 0 | | | | 0 | | | | | 0 | 0 | 0 |

| 税则号列 | 商品描述[①] | 协定税率(%) | | | | | | | | | | | | | | | | 特惠税率(%) | | | | | | |
|---|---|---|---|---|---|---|---|---|---|---|---|---|---|---|---|---|---|---|---|---|---|---|---|---|
| | | 香港 | 澳门 | 巴基斯坦 | 东盟 | 亚太 | 智利 | 秘鲁 | 哥斯达黎加 | 新西兰 | 澳大利亚 | 瑞士 | 冰岛 | 韩国 | 台湾 | 新加坡 | 格鲁吉亚 | 亚太2国[②] | 东盟 | | | 最不发达国家 | | |
| | | | | | | | | | | | | | | | | | | | 老挝 | 柬埔寨 | 缅甸 | LDC97[③] | LDC95[④] | LDC60[⑤] |
| 55031190 | 未梳的其他芳香族聚酰胺纺制的合成纤维短纤 | | | 0 | 0 | | 0 | 0 | 0 | 0 | 0 | 2.5 | 0 | | | | 0 | | | | | 0 | 0 | 0 |
| 55031900 | 未梳的尼龙或其他聚酰胺合成纤维短纤 | | | 0 | 0 | | 0 | 0 | 0 | 0 | 0 | 2.5 | 0 | 3 | | | 0 | | | | | 0 | 0 | 0 |
| 55032000 | 未梳的聚酯合成纤维短纤 | | | 0 | | 4.5 | 0 | 0 | 0 | 0 | 0 | 0 | 0 | 3.6 | | | 0 | | | | | 0 | 0 | 0 |
| 55033000 | 未梳的聚丙烯腈合成纤维短纤 | | | 0 | | 4.5 | 0 | 0 | 0 | 0 | 0 | 0 | 0 | 3 | | | 0 | | | | | 0 | 0 | 0 |
| 55034000 | 未梳的聚丙烯合成纤维短纤 | | | 0 | 0 | | 0 | 0 | 0 | 0 | 0 | 0 | 0 | 3 | | | 0 | | | | | 0 | 0 | 0 |
| 55039010 | 聚苯硫醚制未梳的纤维短纤 | | | 0 | 0 | | 0 | 0 | 0 | 0 | 0 | 0 | 0 | 3 | 0 | | 0 | | | | | 0 | 0 | 0 |
| 55039090 | 未梳的其他合成纤维短纤 | | | 0 | 0 | | 0 | 0 | 0 | 0 | 0 | 0 | 0 | 0 | 0 | | 0 | | | | | 0 | 0 | 0 |
| 55041010 | 竹制未梳的粘胶纤维短纤 | | | 0 | 0 | | 0 | 0 | 0 | 0 | 0 | 0 | 0 | 0 | | | 0 | | | | | 0 | 0 | 0 |
| 55041021 | 木制未梳的阻燃的粘胶纤维短纤 | | | 0 | 0 | | 0 | 0 | 0 | 0 | 0 | 0 | 0 | 3 | | | 0 | | | | | 0 | 0 | 0 |
| 55041029 | 其他木制未梳的粘胶纤维短纤 | | | 0 | 0 | | 0 | 0 | 0 | 0 | 0 | 0 | 0 | 3 | | | 0 | | | | | 0 | 0 | 0 |
| 55041090 | 其他未梳的粘胶纤维短纤 | | | 0 | 0 | | 0 | 0 | 0 | 0 | 0 | 0 | 0 | 3 | | | 0 | | | | | 0 | 0 | 0 |
| 55049000 | 未梳的其他人造纤维短纤 | | | 0 | 0 | | 0 | 0 | 0 | 0 | 0 | 0 | 0 | 0 | 0 | | 0 | | | | | 0 | 0 | 0 |
| 55051000 | 合成纤维废料 | | | 0 | 0 | | 0 | 0 | 0 | 0 | 0 | 0 | 0 | 3 | | | 0 | | | | | 0 | 0 | 0 |
| 55052000 | 人造纤维废料 | 0 | | 0 | 0 | | 0 | 0 | 0 | 0 | 0 | 0 | 0 | 3 | | | 0 | | | | | 0 | 0 | 0 |
| 55061011 | 已梳的聚间苯二甲酰间苯二胺纤维短纤 | | | 0 | 0 | | 0 | 0 | 0 | 0 | 0 | 0 | 0 | | | | 0 | | | | | 0 | 0 | 0 |
| 55061012 | 已梳的聚对苯二甲酰对苯二胺纤维短纤 | | | 0 | 0 | | 0 | 0 | 0 | 0 | 0 | 0 | 0 | | | | 0 | | | | | 0 | 0 | 0 |
| 55061019 | 已梳的其他芳香族聚酰胺纤维短纤 | | | 0 | 0 | | 0 | 0 | 0 | 0 | 0 | 0 | 0 | 3.6 | | | 0 | | | | | 0 | 0 | 0 |
| 55061090 | 已梳的尼龙或其他聚酰胺纤维短纤 | | | 0 | 0 | | 0 | 0 | 0 | 0 | 0 | 0 | 0 | 1 | | | 0 | | | | | 0 | 0 | 0 |
| 55062000 | 已梳的聚酯纤维短纤 | | | 4.5 | | 4.5 | 0 | 0 | 0 | 0 | 0 | 0 | 0 | 3 | | | 0 | | | | | 0 | 0 | 0 |
| 55063000 | 已梳的聚丙烯腈及其变性纤维短纤 | | | 4.5 | | 4.5 | 0 | 0 | 0 | 0 | 0 | 0 | 0 | 3 | | | 0 | | | | | 0 | 0 | 0 |
| 55064000 | 聚丙烯制已梳的纤维短纤 | | | 0 | 0 | | 0 | 0 | 0 | 0 | 0 | 0 | 0 | 3.6 | | | 0 | | | | | 0 | 0 | 0 |
| 55069010 | 聚苯硫醚制已梳的纤维短纤 | | | 0 | 0 | | 0 | 0 | 0 | 0 | 0 | 0 | 0 | 3.6 | | | 0 | | | | | 0 | 0 | 0 |
| 55069090 | 已梳的其他合成纤维短纤 | | | 0 | 0 | | 0 | 0 | 0 | 0 | 0 | 0 | 0 | 3.6 | | | 0 | | | | | 0 | 0 | 0 |
| 55070000 | 已梳的人造纤维短纤 | | | 0 | 0 | | 0 | 0 | 0 | 0 | 0 | 0 | 0 | 0 | | | 0 | | | | | 0 | 0 | 0 |
| 55081000 | 合成纤维短纤纺制的缝纫线 | 0 | 0 | 0 | 0 | 4.5 | 0 | 0 | 0 | 0 | 0 | 0 | 0 | 0 | | | 0 | | | | | 0 | 0 | 0 |
| 55082000 | 人造纤维短纤纺制的缝纫线 | | | 0 | 0 | | 0 | 0 | 0 | 0 | 0 | 0 | 0 | 0 | | | 0 | | | | | 0 | 0 | 0 |
| 55091100 | 非零售纯尼龙短纤单纱 | 0 | 0 | 0 | 0 | | 0 | 0 | 0 | 0 | 0 | 0 | 0 | 0 | | | 0 | | | | | 0 | 0 | 0 |
| 55091200 | 非零售纯尼龙短纤多股纱线 | 0 | 0 | 0 | 0 | | 0 | 0 | 0 | 0 | 0 | 0 | 0 | 0 | | | 0 | | | | | 0 | 0 | 0 |
| 55092100 | 非零售纯聚酯短纤单纱 | 0 | 0 | 0 | 0 | | 0 | 0 | 0 | 0 | 0 | 0 | 0 | 0 | | | 0 | | | | | 0 | 0 | 0 |
| 55092200 | 非零售纯聚酯短纤多股纱线 | 0 | 0 | 0 | 0 | | 0 | 0 | 0 | 0 | 0 | 0 | 0 | 0 | | | 0 | | | | | 0 | 0 | 0 |
| 55093100 | 非零售纯聚丙烯腈短纤单纱 | 0 | 0 | 0 | 0 | | 0 | 0 | 0 | 0 | 0 | 0 | 0 | 0 | | | 0 | | | | | 0 | 0 | 0 |
| 55093200 | 非零售纯聚丙烯腈短纤多股纱线 | 0 | 0 | 0 | 0 | 4.8 | 0 | 0 | 0 | 0 | 0 | 0 | 0 | 0 | 0 | | 0 | | | | | 0 | 0 | 0 |

| 税则号列 | 商品描述[1] | 协定税率(%) | | | | | | | | | | | | | | | | 特惠税率(%) | | | | | | |
|---|---|---|---|---|---|---|---|---|---|---|---|---|---|---|---|---|---|---|---|---|---|---|---|---|
| | | 香港 | 澳门 | 巴基斯坦 | 东盟 | 亚太 | 智利 | 秘鲁 | 哥斯达黎加 | 新西兰 | 澳大利亚 | 瑞士 | 冰岛 | 韩国 | 台湾 | 新加坡 | 格鲁吉亚 | 亚太2国[2] | 东盟 | | | 最不发达国家 | | |
| | | | | | | | | | | | | | | | | | | | 老挝 | 柬埔寨 | 缅甸 | LDC97[3] | LDC95[4] | LDC60[5] |
| 55094100 | 非零售纯其他合成纤维短纤单纱 | 0 | 0 | 0 | 0 | | 0 | 0 | 0 | 0 | 0 | 0 | 0 | 0 | | | 0 | | | | | 0 | 0 | 0 |
| 55094200 | 非零售纯其他合成纤维短纤多股纱线 | 0 | 0 | 0 | 0 | | 0 | 0 | 0 | 0 | 0 | 0 | 0 | 3 | | | 0 | | | | | 0 | 0 | 0 |
| 55095100 | 非零售与人造纤维短纤混纺聚酯短纤纱 | 0 | 0 | 0 | 0 | | 0 | 0 | 0 | 0 | 0 | 0 | 0 | 3 | | | 0 | | | | | 0 | 0 | 0 |
| 55095200 | 非零售与毛混纺聚酯短纤纱线 | 0 | 0 | 0 | 0 | | 0 | 0 | 0 | 0 | 0 | 0 | 0 | 0 | | | 0 | | | | | 0 | 0 | 0 |
| 55095300 | 非零售与棉混纺聚酯短纤纱线 | 0 | 0 | 0 | 0 | 3.5 | 0 | 0 | 0 | 0 | 0 | 0 | 0 | 0 | 0 | | 0 | | | | | 0 | 0 | 0 |
| 55095900 | 非零售其他混纺聚酯短纤纱线 | 0 | 0 | 0 | 0 | | 0 | 0 | 0 | 0 | 0 | 0 | 0 | 0 | | | 0 | | | | | 0 | 0 | 0 |
| 55096100 | 非零售与毛混纺腈纶短纤纱线 | 0 | 0 | 0 | 0 | | 0 | 0 | 0 | 0 | 0 | 0 | 0 | 0 | | | 0 | | | | | 0 | 0 | 0 |
| 55096200 | 非零售与棉混纺腈纶短纤纱线 | 0 | 0 | 0 | 0 | 4.8 | 0 | 0 | 0 | 0 | 0 | 0 | 0 | 0 | | | 0 | | | | | 0 | 0 | 0 |
| 55096900 | 非零售与其他混纺腈纶短纤纱线 | 0 | 0 | 0 | 0 | | 0 | 0 | 0 | 0 | 0 | 0 | 0 | 0 | | | 0 | | | | | 0 | 0 | 0 |
| 55099100 | 非零售与毛混纺其他合成纤维短纤纱线 | 0 | 0 | 0 | 0 | | 0 | 0 | 0 | 0 | 0 | 0 | | 1 | | | 0 | | | | | 0 | 0 | 0 |
| 55099200 | 非零售与棉混纺其他合成纤维短纤纱线 | 0 | 0 | 0 | 0 | | 0 | 0 | 0 | 0 | 0 | 0 | 0 | 0 | 0 | | 0 | | | | | 0 | 0 | 0 |
| 55099900 | 非零售与其他混纺合成纤维短纤纱线 | 0 | 0 | 0 | 0 | | 0 | 0 | 0 | 0 | 0 | 0 | 0 | 0 | | | 0 | | | | | 0 | 0 | 0 |
| 55101100 | 非零售纯人造纤维短纤单纱 | 0 | 0 | 0 | 0 | 4.5 | 0 | 0 | 0 | 0 | 0 | 0 | 0 | 3.6 | 0 | | 0 | | | | | 0 | 0 | 0 |
| 55101200 | 非零售纯人造纤维短纤多股纱线 | 0 | 0 | 0 | 0 | | 0 | 0 | 0 | 0 | 0 | 0 | 0 | 3.6 | 0 | | 0 | | | | | 0 | 0 | 0 |
| 55102000 | 非零售与毛混纺人造纤维短纤纱线 | 0 | 0 | 0 | 0 | | 0 | 0 | 0 | 0 | 0 | 0 | 0 | 0 | | | 0 | | | | | 0 | 0 | 0 |
| 55103000 | 非零售与棉混纺人造纤维短纤纱线 | 0 | 0 | 0 | 0 | 3.5 | 0 | 0 | 0 | 0 | 0 | 0 | 0 | 0 | 0 | | 0 | | | | | 0 | 0 | 0 |
| 55109000 | 非零售与其他混纺人造纤维短纤纱线 | 0 | 0 | 0 | 0 | 4.5 | 0 | 0 | 0 | 0 | 0 | 0 | 0 | 3 | | | 0 | | | | | 0 | 0 | 0 |
| 55111000 | 零售用纯合成纤维短纤纱线 | | | 0 | 0 | | 0 | 0 | 0 | 0 | 0 | 0 | 0 | 0 | | | 0 | | | | | 0 | 0 | 0 |
| 55112000 | 零售用混纺合成纤维短纤纱线 | | | 0 | 0 | | 0 | 0 | 0 | 0 | 0 | 0 | 0 | 0 | | | 0 | | | | | 0 | 0 | 0 |
| 55113000 | 零售用人造纤维短纤纱线 | | | 0 | 0 | | 0 | 0 | 0 | 0 | 0 | 0 | 0 | 0 | | | 0 | | | | | 0 | 0 | 0 |
| 55121100 | 未漂或漂白的纯聚酯布 | | | 0 | 0 | 10.5 | 0 | 1.8 | 0 | 0 | 3 | 7.5 | 0 | 9 | 0 | 0 | 0 | | | | | 0 | 0 | 0 |
| 55121900 | 其他纯聚酯布 | 0 | | 0 | 0 | | 0 | 1 | 0 | 0 | 2 | 0 | 0 | 8 | 0 | 0 | 0 | | | | | 0 | 0 | 0 |
| 55122100 | 未漂或漂白的纯腈纶布 | | | 0 | 0 | | 0 | 0 | 0 | 0 | 2.6 | 6.5 | 0 | 7.8 | | 0 | 0 | | | | | 0 | 0 | 0 |
| 55122900 | 其他纯腈纶布 | | | 0 | 0 | 9.3 | 0 | 0 | 0 | 0 | 2 | 0 | 0 | 2 | | 0 | 0 | | | | | 0 | 0 | |
| 55129100 | 未漂或漂白的纯其他合成纤维布 | | | 0 | 0 | | 0 | 1.8 | 0 | 0 | 3.6 | 9 | 0 | 10.8 | | 0 | 0 | | | | | 0 | 0 | |
| 55129900 | 其他纯合成纤维布 | 0 | 0 | 0 | 0 | | 0 | 0 | 0 | 0 | 2 | 0 | 0 | 7.3 | 0 | 0 | 0 | | 0 | 0 | 0 | 0 | 0 | 0 |

| 税则号列 | 商品描述[1] | 协定税率(%) | | | | | | | | | | | | | | | | 特惠税率(%) | | | | | | |
|---|---|---|---|---|---|---|---|---|---|---|---|---|---|---|---|---|---|---|---|---|---|---|---|---|
| | | 香港 | 澳门 | 巴基斯坦 | 东盟 | 亚太 | 智利 | 秘鲁 | 哥斯达黎加 | 新西兰 | 澳大利亚 | 瑞士 | 冰岛 | 韩国 | 台湾 | 新加坡 | 格鲁吉亚 | 亚太2国[2] | 东盟 | | | 最不发达国家 | | |
| | | | | | | | | | | | | | | | | | | | 老挝 | 柬埔寨 | 缅甸 | LDC97[3] | LDC95[4] | LDC60[5] |
| 55131110 | 与棉混纺未漂白的轻质聚酯平纹布 | 0 | | 0 | 0 | | 0 | 1.6 | 0 | 0 | 3.2 | 8 | 0 | 9.6 | | 0 | 0 | | | | | 0 | 0 | |
| 55131120 | 与棉混纺漂白的轻质聚酯平纹布 | 0 | | 0 | 0 | | 0 | 1.5 | 0 | 0 | 3 | 7.5 | 0 | 9 | | 0 | 0 | | | | | 0 | 0 | |
| 55131210 | 与棉混纺未漂白的轻质聚酯斜纹布 | 0 | | 0 | 0 | | 0 | 1.6 | 0 | 0 | 3.2 | 8 | 0 | 9.6 | | 0 | 0 | | | | | 0 | 0 | |
| 55131220 | 与棉混纺漂白的轻质聚酯斜纹布 | 0 | | 0 | 0 | | 0 | 1.8 | 0 | 0 | 3.6 | 9 | 0 | 10.8 | | 0 | 0 | | | | | 0 | 0 | |
| 55131310 | 与棉混纺未漂白的其他轻质聚酯布 | | | 0 | 0 | | 0 | 1.6 | 0 | 0 | 3.2 | 8 | 0 | 9.6 | | 0 | 0 | | | | | 0 | 0 | |
| 55131320 | 与棉混纺漂白的其他轻质聚酯布 | | | 0 | 0 | | 0 | 1.8 | 0 | 0 | 3.6 | 9 | 0 | 10.8 | | 0 | 0 | | | | | 0 | 0 | |
| 55131900 | 与棉混纺未漂白或漂白的轻质其他合成纤维布 | | | 0 | 0 | | 0 | 1.8 | 0 | 0 | 3.6 | 9 | 0 | 10.8 | | 0 | 0 | | | | | 0 | 0 | |
| 55132100 | 与棉混纺染色的轻质聚酯平纹布 | 0 | 0 | 0 | 0 | 9.1 | 0 | 0 | 0 | 0 | 2 | 0 | 0 | 2 | 0 | 0 | 0 | | | | | 0 | 0 | |
| 55132310 | 与棉混纺染色的轻质聚酯斜纹布 | 0 | | 0 | 0 | | 0 | 0 | 0 | 0 | 2 | 0 | 0 | 2 | | 0 | 0 | | | | | 0 | 0 | |
| 55132390 | 与棉混纺染色的其他轻质聚酯布 | | | 0 | 0 | | 0 | 0 | 0 | 0 | 2 | 0 | 0 | 6 | | 0 | 0 | | | | | 0 | 0 | |
| 55132900 | 与棉混纺染色的轻质其他合成纤维布 | | | 0 | 0 | | 0 | 0 | 0 | 0 | 2 | 0 | 0 | 2 | | 0 | 0 | | | | | 0 | 0 | 0 |
| 55133100 | 与棉混纺色织的轻质聚酯平纹布 | 0 | | 0 | 0 | | 0 | 0 | 0 | 0 | 2 | 0 | 0 | 2 | | 0 | 0 | | | | | 0 | 0 | |
| 55133910 | 与棉混纺色织的轻质聚酯斜纹布 | 0 | | 0 | 0 | 8.8 | 0 | 0 | 0 | 0 | 2 | 0 | 0 | 2 | | 0 | 0 | | | | | 0 | 0 | |
| 55133920 | 与棉混纺色织的其他轻质聚酯布 | 0 | | 0 | 0 | | 0 | 0 | 0 | 0 | 2 | 0 | 0 | 2 | | 0 | 0 | | | | | 0 | 0 | |
| 55133990 | 与棉混纺色织的轻质其他合成纤维布 | | | 0 | 0 | | 0 | 0 | 0 | 0 | 2 | 0 | 0 | 2 | | 0 | 0 | | | | | 0 | 0 | |
| 55134100 | 与棉混纺印花的轻质聚酯平纹布 | | | 0 | 0 | | 0 | 0 | 0 | 0 | 2 | 0 | 0 | 2 | | 0 | 0 | | 0 | 0 | 0 | 0 | 0 | 0 |
| 55134910 | 与棉混纺印花的轻质聚酯斜纹布 | | | 0 | 0 | | 0 | 0 | 0 | 0 | 2 | 0 | 0 | 2 | | 0 | 0 | | | | | 0 | 0 | |
| 55134920 | 与棉混纺印花的其他轻质聚酯布 | | | 0 | 0 | | 0 | 0 | 0 | 0 | 2 | 0 | 0 | 2 | | 0 | 0 | | | | | 0 | 0 | |
| 55134990 | 与棉混纺印花的轻质其他合成纤维布 | | | 0 | 0 | | 0 | 0 | 0 | 0 | 2 | 0 | 0 | 2 | | 0 | 0 | | | | | 0 | 0 | |
| 55141110 | 与棉混纺未漂白的重质聚酯平纹布 | | | 0 | 0 | 14.4 | 0 | 1.6 | 0 | 0 | 3.2 | 8 | 0 | 9.6 | | 0 | 0 | | | | | 0 | 0 | |
| 55141120 | 与棉混纺漂白的重质聚酯平纹布 | | | 0 | 0 | | 0 | 1.8 | 0 | 0 | 3.6 | 9 | 0 | 10.8 | | 0 | 0 | | | | | 0 | 0 | |
| 55141210 | 与棉混纺未漂白的重质聚酯斜纹布 | 0 | | 0 | 0 | | 0 | 1.6 | 0 | 0 | 3.2 | 8 | 0 | 9.6 | | 0 | 0 | | | | | 0 | 0 | |

| 税则号列 | 商品描述① | 协定税率(%) | | | | | | | | | | | | | | | | 特惠税率(%) | | | | | | |
|---|---|---|---|---|---|---|---|---|---|---|---|---|---|---|---|---|---|---|---|---|---|---|---|---|
| | | 香港 | 澳门 | 巴基斯坦 | 东盟 | 亚太 | 智利 | 秘鲁 | 哥斯达黎加 | 新西兰 | 澳大利亚 | 瑞士 | 冰岛 | 韩国 | 台湾 | 新加坡 | 格鲁吉亚 | 亚太2国② | 东盟 | | | 最不发达国家 | | |
| | | | | | | | | | | | | | | | | | | | 老挝 | 柬埔寨 | 缅甸 | LDC97③ | LDC95④ | LDC60⑤ |
| 55141220 | 与棉混纺漂白的重质聚酯斜纹布 | 0 | | 0 | 0 | | 0 | 1.8 | 0 | 0 | 3.6 | 9 | 0 | 10.8 | | 0 | 0 | | | | | 0 | 0 | |
| 55141911 | 与棉混纺未漂白的重质其他聚酯布 | | | 0 | 0 | | 0 | 1.6 | 0 | 0 | 3.2 | 8 | 0 | 9.6 | | 0 | 0 | | | | | 0 | 0 | |
| 55141912 | 与棉混纺漂白的重质其他聚酯布 | | | 0 | 0 | | 0 | 1.8 | 0 | 0 | 3.6 | 9 | 0 | 10.8 | | 0 | 0 | | | | | 0 | 0 | |
| 55141990 | 与棉混纺未漂白或漂白的重质其他合成纤维布 | | | 0 | 0 | 15.2 | 0 | 1.6 | 0 | 0 | 3.2 | 8 | 0 | 9.6 | | 0 | 0 | | | | | 0 | 0 | |
| 55142100 | 与棉混纺染色的重质聚酯平纹布 | 0 | | 0 | 0 | | 0 | 0 | 0 | 0 | 2 | 0 | 0 | 2 | | 0 | 0 | | | | | 0 | 0 | |
| 55142200 | 与棉混纺染色的重质聚酯斜纹布 | 0 | | 0 | 0 | | 0 | 0 | 0 | 0 | 2 | 0 | 0 | 2 | | 0 | 0 | | | | | 0 | 0 | |
| 55142300 | 与棉混纺染色的其他重质聚酯布 | | | 0 | 0 | | 0 | 0 | 0 | 0 | 2 | 0 | 0 | 2 | | 0 | 0 | | 0 | 0 | 0 | 0 | 0 | 0 |
| 55142900 | 与棉混纺染色的重质其他合成纤维布 | | | 0 | 0 | | 0 | 0 | 0 | 0 | 2 | 0 | 0 | 2 | | 0 | 0 | | | | | 0 | 0 | 0 |
| 55143010 | 与棉混纺色织的重质聚酯平纹布 | 0 | | 0 | 0 | | 0 | 0 | 0 | 0 | 2 | 0 | 0 | 2 | | 0 | 0 | | | | | 0 | 0 | |
| 55143020 | 与棉混纺色织的重质聚酯斜纹布 | 0 | | 0 | 0 | | 0 | 0 | 0 | 0 | 2 | 0 | 0 | 2 | | 0 | 0 | | | | | 0 | 0 | |
| 55143030 | 与棉混纺色织的其他重质聚酯布 | | | 0 | 0 | | 0 | 0 | 0 | 0 | 2 | 0 | 0 | 2 | | 0 | 0 | | | | | 0 | 0 | |
| 55143090 | 与棉混纺色织的重质其他合成纤维布 | | | 0 | 0 | | 0 | 0 | 0 | 0 | 2 | 0 | 0 | 2 | | 0 | 0 | | | | | 0 | 0 | |
| 55144100 | 与棉混纺印花的重质聚酯平纹布 | | | 0 | 0 | | 0 | 0 | 0 | 0 | 2 | 0 | 0 | 2 | | 0 | 0 | | | | | 0 | 0 | |
| 55144200 | 与棉混纺印花的重质聚酯斜纹布 | | | 0 | 0 | | 0 | 0 | 0 | 0 | 2 | 0 | 0 | 2 | | 0 | 0 | | | | | 0 | 0 | |
| 55144300 | 与棉混纺印花的其他重质聚酯布 | | | 0 | 0 | | 0 | 0 | 0 | 0 | 2 | 0 | 0 | 2 | | 0 | 0 | | | | | 0 | 0 | |
| 55144900 | 与棉混纺印花的重质其他合成纤维布 | | | 0 | 0 | | 0 | 0 | 0 | 0 | 2 | 0 | 0 | 2 | | 0 | 0 | | | | | 0 | 0 | |
| 55151100 | 与粘胶纤维短纤混纺的聚酯布 | | | 0 | 0 | 8.8 | 0 | 0 | 0 | 0 | 2 | 0 | 0 | 2 | 0 | 0 | 0 | | | | | 0 | 0 | |
| 55151200 | 与化纤长丝混纺的聚酯布 | | | 0 | 0 | 9 | 0 | 0 | 0 | 0 | 2 | 0 | 0 | 2 | 0 | 0 | 0 | | | | | 0 | 0 | |
| 55151300 | 与毛混纺的聚酯布 | | | 0 | 0 | | 0 | 0 | 0 | 0 | 2 | 0 | 0 | 2 | | 0 | 0 | | | | | 0 | 0 | |
| 55151900 | 与其他纤维混纺的聚酯布 | | | 0 | 0 | 9 | 0 | 0 | 0 | 0 | 2 | 0 | 0 | 2 | | 0 | 0 | | | | | 0 | 0 | |
| 55152100 | 与化纤长丝混纺的腈纶布 | | | 0 | 0 | | 0 | 0 | 0 | 0 | 2 | 0 | 0 | 2 | | 0 | 0 | | | | | 0 | 0 | |
| 55152200 | 与毛混纺的腈纶布 | | | 0 | 0 | | 0 | 0 | 0 | 0 | 2.4 | 6 | 0 | 2.4 | | 0 | 0 | | | | | 0 | 0 | 0 |
| 55152900 | 与其他纤维混纺的腈纶布 | | | 0 | 0 | | 0 | 0 | 0 | 0 | 2 | 0 | 0 | 2 | | 0 | 0 | | | | | 0 | 0 | |
| 55159100 | 与化纤长丝混纺的其他合成纤维短纤布 | | | 0 | 0 | | 0 | 0 | 0 | 0 | 2 | 0 | 0 | 2 | | 0 | 0 | | | | | 0 | 0 | |
| 55159900 | 与其他纤维混纺的其他合成纤维短纤布 | | | 0 | 0 | 9 | 0 | 0 | 0 | 0 | 2 | 0 | 0 | 2 | | 0 | 0 | | | | | 0 | 0 | |

| 税则号列 | 商品描述① | 协定税率(%) | | | | | | | | | | | | | | | | 特惠税率(%) | | | | | | |
|---|---|---|---|---|---|---|---|---|---|---|---|---|---|---|---|---|---|---|---|---|---|---|---|---|
| | | 香港 | 澳门 | 巴基斯坦 | 东盟 | 亚太 | 智利 | 秘鲁 | 哥斯达黎加 | 新西兰 | 澳大利亚 | 瑞士 | 冰岛 | 韩国 | 台湾 | 新加坡 | 格鲁吉亚 | 亚太2国② | 东盟 | | | 最不发达国家 | | |
| | | | | | | | | | | | | | | | | | | | 老挝 | 柬埔寨 | 缅甸 | LDC97③ | LDC95④ | LDC60⑤ |
| 55161100 | 未漂白或漂白的纯人造纤维短纤布 | 0 | | 0 | 0 | | 0 | 0 | 0 | 0 | 2.4 | 6 | 0 | 2.4 | | 0 | 0 | | | | | 0 | 0 | 0 |
| 55161200 | 染色的纯人造纤维短纤布 | 0 | | 0 | 0 | | 0 | 0 | 0 | 0 | 2 | 0 | 0 | 2 | 0 | 0 | 0 | | | | | 0 | 0 | |
| 55161300 | 色织的纯人造纤维短纤布 | 0 | | 0 | 0 | | 0 | 0 | 0 | 0 | 2 | 0 | 0 | 2 | | 0 | 0 | | | | | 0 | 0 | |
| 55161400 | 印花的纯人造纤维短纤布 | 0 | | 0 | 0 | | 0 | 0 | 0 | 0 | 2 | 0 | 0 | 2 | | 0 | 0 | | | | | 0 | 0 | |
| 55162100 | 与化纤长丝混纺未漂白或漂白的人造纤维布 | 0 | | 0 | 0 | | 0 | 0 | 0 | 0 | 2.4 | 6 | 0 | 2.4 | | 0 | 0 | | | | | 0 | 0 | |
| 55162200 | 与化纤长丝混纺的染色人造纤维布 | 0 | | 0 | 0 | 9.5 | 0 | 0 | 0 | 0 | 2 | 0 | 0 | 7.3 | 0 | 0 | 0 | | | | | 0 | 0 | |
| 55162300 | 与化纤长丝混纺的色织人造纤维布 | 0 | | 0 | 0 | | 0 | 0 | 0 | 0 | 2 | 0 | 0 | 2 | | 0 | 0 | | | | | 0 | 0 | |
| 55162400 | 与化纤长丝混纺的印花人造纤维布 | 0 | | 0 | 0 | | 0 | 0 | 0 | 0 | 2 | 0 | 0 | 2 | | 0 | 0 | | | | | 0 | 0 | |
| 55163100 | 与毛混纺的未漂或漂白人造纤维布 | 0 | | 0 | 0 | | 0 | 0 | 0 | 0 | 2.4 | 6 | 0 | 2.4 | | 0 | 0 | | | | | 0 | 0 | |
| 55163200 | 与毛混纺的染色人造纤维布 | 0 | | 0 | 0 | | 0 | 0 | 0 | 0 | 2 | 0 | 0 | 2 | | 0 | 0 | | | | | 0 | 0 | |
| 55163300 | 与毛混纺的色织人造纤维布 | 0 | | 0 | 0 | | 0 | 0 | 0 | 0 | 2 | 0 | 0 | 2 | | 0 | 0 | | | | | 0 | 0 | |
| 55163400 | 与毛混纺的印花人造纤维布 | 0 | | 0 | 0 | | 0 | 0 | 0 | 0 | 2 | 0 | 0 | 2 | | 0 | 0 | | | | | 0 | 0 | |
| 55164100 | 与棉混纺的未漂或漂白人造纤维布 | 0 | | 0 | 0 | | 0 | 0 | 0 | 0 | 2.4 | 6 | 0 | 2.4 | | 0 | 0 | | | | | 0 | 0 | |
| 55164200 | 与棉混纺的染色人造纤维布 | 0 | | 0 | 0 | | 0 | 0 | 0 | 0 | 2.4 | 6 | 0 | 2.4 | | 0 | 0 | | | | | 0 | 0 | |
| 55164300 | 与棉混纺的色织人造纤维布 | 0 | | 0 | 0 | | 0 | 0 | 0 | 0 | 2 | 0 | 0 | 2 | | 0 | 0 | | | | | 0 | 0 | |
| 55164400 | 与棉混纺的印花人造纤维布 | 0 | | 0 | 0 | | 0 | 0 | 0 | 0 | 2 | 0 | 0 | 2 | | 0 | 0 | | | | | 0 | 0 | |
| 55169100 | 与其他纤维混纺未漂白或漂白的人造纤维布 | 0 | | 0 | 0 | | 0 | 0 | 0 | 0 | 2.4 | 6 | 0 | 2.4 | | 0 | 0 | | | | | 0 | 0 | |
| 55169200 | 与其他纤维混纺的染色人造纤维布 | 0 | | 0 | 0 | | 0 | 0 | 0 | 0 | 2 | 0 | 0 | 7.3 | | 0 | 0 | | | | | 0 | 0 | 0 |
| 55169300 | 与其他纤维混纺的色织人造纤维布 | 0 | | 0 | 0 | | 0 | 0 | 0 | 0 | 2 | 0 | 0 | 2 | | 0 | 0 | | | | | 0 | 0 | |
| 55169400 | 与其他纤维混纺的印花人造纤维布 | 0 | | 0 | 0 | 9.4 | 0 | 0 | 0 | 0 | 2 | 0 | 0 | 2 | | 0 | 0 | | | | | 0 | 0 | |
| 56012100 | 棉制的絮胎及其他絮胎制品 | 0 | 0 | 5 | 0 | | 0 | 0 | 0 | 0 | 2 | 0 | 0 | 2 | | 0 | 0 | | | | | 0 | 0 | |
| 56012210 | 化学纤维制的卷烟滤嘴 | | | 6 | 0 | | 0 | 0 | 0 | 0 | | 6 | 0 | | | 0 | | | | | | 0 | 0 | |
| 56012290 | 化学纤维制的絮胎及其他絮胎制品 | | | | 0 | | 0 | 0 | 0 | 0 | 2.4 | 6 | 0 | 8.8 | 0 | 0 | 0 | | | | | 0 | 0 | 0 |
| 56012900 | 其他材料制絮胎及其他絮胎制品 | | | 5 | 0 | | 0 | 0 | 0 | 0 | 2 | 0 | 0 | 2 | | 0 | 0 | | | | | 0 | 0 | 0 |
| 56013000 | 纺织纤维屑、纤维粉末及球结 | | | 5 | 0 | | 0 | 0 | 0 | 0 | 2 | 0 | 0 | 2 | | 0 | 0 | | | | | 0 | 0 | |
| 56021000 | 针刺机制毡呢及纤维缝编织物 | | | 5 | 0 | | 0 | 0 | 0 | 0 | 2 | 0 | 0 | 2 | | 0 | 0 | | | | | 0 | 0 | |
| 56022100 | 未浸、涂的毛制其他毡呢 | | | 5 | 0 | | 0 | 0 | 0 | 0 | 2 | 0 | 0 | 2 | | 0 | 0 | | | | | 0 | 0 | |
| 56022900 | 未浸、涂的其他纺织材料制其他毡呢 | | | 5 | 0 | | 0 | 0 | 0 | 0 | 2 | 0 | 0 | 2 | | 0 | 0 | | | | | 0 | 0 | |

| 税则号列 | 商品描述① | 协定税率(%) | | | | | | | | | | | | | | | | 特惠税率(%) | | | | | | |
|---|---|---|---|---|---|---|---|---|---|---|---|---|---|---|---|---|---|---|---|---|---|---|---|---|
| | | 香港 | 澳门 | 巴基斯坦 | 东盟 | 亚太 | 智利 | 秘鲁 | 哥斯达黎加 | 新西兰 | 澳大利亚 | 瑞士 | 冰岛 | 韩国 | 台湾 | 新加坡 | 格鲁吉亚 | 亚太2国② | 东盟 | | | 最不发达国家 | | |
| | | | | | | | | | | | | | | | | | | | 老挝 | 柬埔寨 | 缅甸 | LDC97③ | LDC95④ | LDC60⑤ |
| 56029000 | 经浸、涂、包覆或层压的其他毡呢 | | | 5 | 0 | | 0 | 0 | 0 | 0 | 2 | 0 | 0 | 2 | | 0 | 0 | | | | | 0 | 0 | 0 |
| 56031110 | 每平方米≤25克经浸渍化纤长丝无纺织物 | | | 0 | 0 | 8.5 | 0 | 0 | 0 | 0 | 2 | 0 | 0 | 2 | 0 | 0 | 0 | | 0 | 0 | 0 | 0 | 0 | 0 |
| 56031190 | 每平方米≤25克的其他化纤长丝无纺织物 | | | 0 | 0 | 8.5 | 0 | 0 | 0 | 0 | 2 | 0 | 0 | 6 | | 0 | 0 | | | | | 0 | 0 | |
| 56031210 | 25克<每平方米≤70克浸渍化纤长丝无纺织物 | 0 | 0 | 0 | 0 | 8.5 | 0 | 0 | 0 | 0 | 2 | 0 | 0 | 7.3 | | 0 | 0 | | 0 | 0 | 0 | 0 | 0 | 0 |
| 56031290 | 25克<每平方米≤70克其他化纤长丝无纺织物 | 0 | 0 | 0 | 0 | | 0 | 0 | 0 | 0 | 2 | 0 | 0 | 2 | 0 | 0 | 0 | | | | | 0 | 0 | 0 |
| 56031310 | 70克<每平方米≤150克浸渍化纤长丝无纺织物 | | 0 | 0 | 0 | 8.5 | 0 | 0 | 0 | 0 | 2 | 0 | 0 | 2 | 0 | 0 | 0 | | | | | 0 | 0 | |
| 56031390 | 70克<每平方米≤150克其他化纤长丝无纺织物 | | 0 | 0 | 0 | | 0 | 0 | 0 | 0 | 2 | 0 | 0 | 2 | 0 | 0 | 0 | | | | | 0 | 0 | 0 |
| 56031410 | 每平方米>150克经浸渍化纤长丝无纺织物 | | | 0 | 0 | 8.5 | 0 | 0 | 0 | 0 | 2 | 0 | 0 | 7.3 | 0 | 0 | 0 | | | | | 0 | 0 | |
| 56031490 | 每平方米>150克的其他化纤长丝无纺织物 | | | 0 | 0 | 7 | 0 | 0 | 0 | 0 | 2 | 0 | 0 | 2 | 0 | 0 | 0 | | | | | 0 | 0 | 0 |
| 56039110 | 每平方米≤25克经浸渍其他无纺织物 | | | 0 | 0 | 8.5 | 0 | 0 | 0 | 0 | 2 | 0 | 0 | 6 | | 0 | 0 | | | | | 0 | 0 | |
| 56039190 | 每平方米≤25克的其他无纺织物 | | | 0 | 0 | 8.5 | 0 | 0 | 0 | 0 | 2 | 0 | 0 | 6 | | 0 | 0 | | | | | 0 | 0 | |
| 56039210 | 25克<每平方米≤70克浸渍其他无纺织物 | 0 | 0 | 0 | 0 | 8.5 | 0 | 0 | 0 | 0 | 2 | 0 | 0 | 6 | | 0 | 0 | | | | | 0 | 0 | |
| 56039290 | 25克<每平方米≤70克其他无纺织物 | 0 | 0 | 0 | 0 | 9.3 | 0 | 0 | 0 | 0 | 2 | 0 | 0 | 2 | 0 | | 0 | | 0 | 0 | 0 | 0 | 0 | 0 |
| 56039310 | 70克<每平方米≤150克浸渍其他无纺织物 | 0 | 0 | 0 | 0 | 8.5 | 0 | 0 | 0 | 0 | 2 | 0 | 0 | 6 | | 0 | 0 | | | | | 0 | 0 | |
| 56039390 | 70克<每平方米≤150克的其他无纺织物 | 0 | 0 | 0 | 0 | 9.3 | 0 | 0 | 0 | 0 | 2 | 0 | 0 | 2 | 0 | 0 | 0 | | | | | 0 | 0 | |
| 56039410 | 每平方米>150克经浸渍其他无纺织物 | 0 | | 0 | 0 | 8.5 | 0 | 0 | 0 | 0 | 2 | 0 | 0 | 2 | 0 | 0 | 0 | | | | | 0 | 0 | |
| 56039490 | 每平方米>150克的其他无纺织物 | 0 | | 0 | 0 | 9.3 | 0 | 0 | 0 | 0 | 2 | 0 | 0 | 7.3 | 0 | 0 | 0 | | 0 | 0 | 0 | 0 | 0 | 0 |
| 56041000 | 用纺织材料包覆的橡胶线及绳 | | 0 | 0 | 0 | | 0 | 0 | 0 | 0 | 0 | 0 | 0 | 1 | | | 0 | | 0 | 0 | 0 | 0 | 0 | 0 |
| 56049000 | 用橡、塑浸渍涂布的其他纺织纱线 | | 0 | 0 | 0 | | 0 | 0 | 0 | 0 | 0 | 0 | 0 | 3 | | | 0 | | | | | 0 | 0 | 0 |
| 56050000 | 含金属纱线 | | 0 | 0 | 0 | | 0 | 0 | 0 | 0 | 0 | 0 | 0 | 0 | | | 0 | | | | | 0 | 0 | 0 |
| 56060000 | 绳绒线及粗松螺旋花线 | | 0 | 0 | 0 | | 0 | 0 | 0 | 0 | 0 | 0 | 0 | 0 | | | 0 | | | | | 0 | 0 | 0 |
| 56072100 | 剑麻或其他龙舌兰纤维制包扎用绳 | | 0 | 0 | 0 | | 0 | 0 | 0 | 0 | 0 | 0 | 0 | 0 | | | 0 | | | | | 0 | 0 | 0 |
| 56072900 | 剑麻或龙舌兰纤维制其他线、绳、索、缆 | | 0 | 0 | 0 | | 0 | 0 | 0 | 0 | 0 | 0 | 0 | 0 | | | 0 | | | | | 0 | 0 | 0 |
| 56074100 | 聚乙烯或聚丙烯制包扎用绳 | | 0 | 0 | 0 | | 0 | 0 | 0 | 0 | 0 | 0 | 0 | 0 | | | 0 | | | | | 0 | 0 | 0 |

| 税则号列 | 商品描述[①] | 协定税率(%) | | | | | | | | | | | | | | | | 特惠税率(%) | | | | | | |
|---|---|---|---|---|---|---|---|---|---|---|---|---|---|---|---|---|---|---|---|---|---|---|---|---|
| | | 香港 | 澳门 | 巴基斯坦 | 东盟 | 亚太 | 智利 | 秘鲁 | 哥斯达黎加 | 新西兰 | 澳大利亚 | 瑞士 | 冰岛 | 韩国 | 台湾 | 新加坡 | 格鲁吉亚 | 亚太2国[②] | 东盟 老挝 | 东盟 柬埔寨 | 东盟 缅甸 | 最不发达国家 LDC97[③] | 最不发达国家 LDC95[④] | 最不发达国家 LDC60[⑤] |
| 56074900 | 聚乙烯或聚丙烯制线、绳、索、缆 | | 0 | 0 | 0 | | 0 | 0 | 0 | 0 | 0 | 0 | 0 | 0 | | | 0 | | | | | 0 | 0 | 0 |
| 56075000 | 其他合纤制线、绳、索、缆 | | 0 | 0 | 0 | | 0 | 0 | 0 | 0 | 0 | 0 | 0 | 0 | 0 | | 0 | | | | | 0 | 0 | 0 |
| 56079010 | 蕉麻或硬质纤维制线、绳、索、缆 | | 0 | 0 | 0 | | 0 | 0 | 0 | 0 | 0 | 0 | 0 | 0 | | | 0 | | | | | 0 | 0 | 0 |
| 56079090 | 其他纺织材料制线、绳、索、缆 | | 0 | 0 | 0 | | 0 | 0 | 0 | 0 | 0 | 0 | 0 | 0 | | | 0 | 2.5 | 0 | 0 | 0 | 0 | 0 | 0 |
| 56081100 | 化纤材料制成的渔网 | | | 5 | 0 | | 0 | 1 | 0 | 0 | 2 | 0 | 0 | 2 | | | 0 | | | | | 0 | 0 | 0 |
| 56081900 | 化纤材料制成的其他网 | | | 6 | 0 | | 0 | 0 | 0 | 0 | 2.4 | 6 | 0 | 2.4 | 0 | 0 | 0 | | | | | 0 | 0 | |
| 56089000 | 其他纤维制成的渔网及其他网 | 0 | | 5 | 0 | | 0 | 0 | 0 | 0 | 2 | 0 | 0 | 2 | | | 0 | | | | | 0 | 0 | 0 |
| 56090000 | 用纱线、扁条、绳、索、缆制其他物品 | | | 5 | 0 | | 0 | 0 | 0 | 0 | 2 | 0 | 0 | 2 | | | 0 | 0 | | | | 0 | 0 | 0 |
| 57011000 | 羊毛结织栽绒地毯及其他铺地制品 | | | | 0 | | 0 | 0 | 0 | 0 | 2.8 | 7 | 0 | 8.4 | | 0 | 0 | | | | | 0 | 0 | 0 |
| 57019010 | 化纤结织栽绒地毯及其他铺地制品 | | | 12.8 | 0 | | 0 | 1.6 | 0 | 0 | 3.2 | 8 | 0 | 9.6 | | 0 | 0 | | | | | 0 | 0 | 0 |
| 57019020 | 丝制结织栽绒地毯及铺地制品 | | | 7 | 0 | | 0 | 0 | 0 | 0 | 2.8 | 7 | 0 | 8.4 | | 0 | 0 | | | | | 0 | 0 | |
| 57019090 | 其他材料结织栽绒地毯及铺地制品 | | | 7 | 0 | | 0 | 0 | 0 | 0 | 2.8 | 7 | 0 | 8.4 | | 0 | 0 | | | | | 0 | 0 | |
| 57021000 | "开来姆"等手织地毯 | | | 0 | 0 | | 0 | 0 | 0 | 0 | 2.8 | 7 | 0 | 8.4 | | 0 | 0 | 0 | | | | 0 | 0 | 0 |
| 57022000 | 椰壳纤维制的铺地制品 | | | 0 | 0 | | 0 | 0 | 0 | 0 | 2.8 | 7 | 0 | 8.4 | | 0 | 0 | | | | | 0 | 0 | |
| 57023100 | 未制成的毛制起绒地毯及铺地制品 | | | 0 | 0 | | 0 | 0 | 0 | 0 | 2 | 5 | 0 | 2 | | 0 | 0 | | | | | 0 | 0 | 0 |
| 57023200 | 未制成的化纤起绒地毯及铺地制品 | | | 0 | 0 | | 0 | 1.6 | 0 | 0 | 3.2 | 8 | 0 | 9.6 | | 0 | 0 | | | | | 0 | 0 | |
| 57023900 | 未制成其他纺织材料起绒铺地制品 | | | 0 | 0 | | 0 | 0 | 0 | 0 | 2.8 | 7 | 0 | 8.4 | | 0 | 0 | 0 | | | | 0 | 0 | 0 |
| 57024100 | 制成的毛制起绒地毯及铺地制品 | 0 | | 0 | 0 | | 0 | 0 | 0 | 0 | 2 | 0 | 0 | 2 | | 0 | 0 | | | | | 0 | 0 | 0 |
| 57024200 | 制成的化纤起绒地毯及铺地制品 | 0 | | 0 | 0 | | 0 | 0 | 0 | 0 | 2 | 0 | 0 | 2 | | 0 | 0 | | | | | 0 | 0 | 0 |
| 57024900 | 制成的其他纺织材料起绒铺地制品 | | | 0 | 0 | 9.3 | 0 | 0 | 0 | 0 | 2.8 | 7 | 0 | 8.4 | | 0 | 0 | | | | | 0 | 0 | |
| 57025010 | 未制成毛制非起绒地毯及铺地制品 | | | 0 | 0 | | 0 | 0 | 0 | 0 | 2.8 | 7 | 0 | 8.4 | | 0 | 0 | | | | | 0 | 0 | |
| 57025020 | 未制成化纤非起绒地毯及铺地制品 | | | 0 | 0 | | 0 | 1.6 | 0 | 0 | 3.2 | 8 | 0 | 9.6 | | 0 | 0 | | | | | 0 | 0 | |
| 57025090 | 未制成其他纺织材料非起绒地毯及铺地制品 | | | 0 | 0 | | 0 | 0 | 0 | 0 | 2.8 | 7 | 0 | 8.4 | | 0 | 0 | | | | | 0 | 0 | |
| 57029100 | 制成的毛制非起绒地毯及铺地制品 | | | 0 | 0 | | 0 | 0 | 0 | 0 | 2.8 | 7 | 0 | 8.4 | | 0 | 0 | | | | | 0 | 0 | |
| 57029200 | 制成的化纤非起绒地毯及铺地制品 | | | 0 | 0 | | 0 | 1.6 | 0 | 0 | 3.2 | 8 | 0 | 9.6 | | 0 | 0 | | | | | 0 | 0 | |

| 税则号列 | 商品描述[1] | 协定税率(%) | | | | | | | | | | | | | | | | 特惠税率(%) | | | | | | |
|---|---|---|---|---|---|---|---|---|---|---|---|---|---|---|---|---|---|---|---|---|---|---|---|---|
| | | 香港 | 澳门 | 巴基斯坦 | 东盟 | 亚太 | 智利 | 秘鲁 | 哥斯达黎加 | 新西兰 | 澳大利亚 | 瑞士 | 冰岛 | 韩国 | 台湾 | 新加坡 | 格鲁吉亚 | 亚太2国[2] | 东盟 | | | 最不发达国家 | | |
| | | | | | | | | | | | | | | | | | | | 老挝 | 柬埔寨 | 缅甸 | LDC97[3] | LDC95[4] | LDC60[5] |
| 57029900 | 制成的其他纺织材料非起绒地毯及铺地制品 | | | 0 | 0 | | 0 | 0 | 0 | 0 | 2.8 | 7 | 0 | 8.4 | | 0 | 0 | | | | | 0 | 0 | |
| 57031000 | 毛制簇绒地毯及其他簇绒铺地制品 | | | | 0 | | 0 | 0 | 0 | 0 | 2.8 | 7 | 0 | 8.4 | | 0 | 0 | | | | | 0 | 0 | 0 |
| 57032000 | 尼龙簇绒地毯及其他簇绒铺地制品 | | | 5 | 0 | | 0 | 0 | 0 | 0 | 2 | 0 | 0 | 8 | | 0 | 0 | | | | | 0 | 0 | 0 |
| 57033000 | 化纤簇绒地毯及其他簇绒铺地制品 | | | | 0 | | 0 | 0 | 0 | 0 | 2 | 0 | 0 | 2 | | 0 | 0 | | | | | 0 | 0 | 0 |
| 57039000 | 其他纺织材料簇绒地毯及其他簇绒铺地制品 | | | 11.2 | 0 | | 0 | 0 | 0 | 0 | 2.8 | 7 | 0 | 8.4 | | 0 | 0 | 0 | | | | 0 | 0 | 0 |
| 57041000 | 小块毡呢地毯及其他毡呢铺地制品 | | | 7 | 0 | | 0 | 0 | 0 | 0 | 2.8 | 7 | 0 | 8.4 | | 0 | 0 | | | | | 0 | 0 | |
| 57042000 | 中块毡呢地毯及其他毡呢铺地制品 | | | 5 | 0 | | 0 | 0 | 0 | 0 | 2 | 0 | 0 | 2 | | 0 | 0 | | | | | 0 | 0 | 0 |
| 57049000 | 大块毡呢地毯及其他毡呢铺地制品 | | | 5 | 0 | | 0 | 0 | 0 | 0 | 2 | 0 | 0 | 2 | | 0 | 0 | | | | | 0 | 0 | 0 |
| 57050010 | 毛制其他地毯及其他铺地制品 | | | 11.2 | 0 | | 0 | 0 | 0 | 0 | 2.8 | 7 | 0 | 8.4 | | 0 | 0 | 0 | | | | 0 | 0 | 0 |
| 57050020 | 化纤制其他地毯及其他铺地制品 | | | 5 | 0 | | 0 | 0 | 0 | 0 | 2 | 0 | 0 | 2 | | 0 | 0 | 0 | | | | 0 | 0 | 0 |
| 57050090 | 其他纺织材料制其他地毯及铺地制品 | | | 11.2 | 0 | | 0 | 0 | 0 | 0 | 2.8 | 7 | 0 | 8.4 | | 0 | 0 | 0 | | | | 0 | 0 | 0 |
| 58011000 | 毛制起绒机织物及绳绒织物 | | | 0 | 0 | | 0 | 0 | 0 | 0 | 2 | 0 | 0 | 2 | | 0 | 0 | | | | | 0 | 0 | 0 |
| 58012100 | 不割绒的棉制纬起绒织物 | | | 0 | 0 | | 0 | 0 | 0 | 0 | 2.4 | 6 | 0 | 2.4 | | 0 | 0 | | | | | 0 | 0 | |
| 58012200 | 割绒的棉制灯芯绒 | 0 | | 0 | 0 | | 0 | 0 | 0 | 0 | 2 | 0 | 0 | 2 | 0 | | 0 | | | | | 0 | 0 | 0 |
| 58012300 | 其他棉制纬起绒织物 | | | 0 | 0 | | 0 | 0 | 0 | 0 | 2 | 0 | 0 | 6 | | | 0 | | | | | 0 | 0 | 0 |
| 58012600 | 棉制绳绒织物 | | | 0 | 0 | | 0 | 0 | 0 | 0 | 2 | 0 | 0 | 2 | | | 0 | | | | | 0 | 0 | 0 |
| 58012710 | 棉制的不割绒的经起绒织物(棱纹绸) | | | 0 | 0 | | 0 | 0 | 0 | 0 | 2 | 0 | 0 | 2 | | | 0 | | | | | 0 | 0 | 0 |
| 58012720 | 棉制的割绒的经起绒织物 | 0 | | 0 | 0 | | 0 | 0 | 0 | 0 | 2 | 0 | 0 | 2 | | | 0 | | | | | 0 | 0 | 0 |
| 58013100 | 不割绒的化纤制纬起绒织物 | | | 0 | 0 | | 0 | 0 | 0 | 0 | 2 | 0 | 0 | 7.3 | | 0 | 0 | | | | | 0 | 0 | 0 |
| 58013200 | 割绒的化纤制灯芯绒 | | | 0 | 0 | | 0 | 0 | 0 | 0 | 2 | 0 | 0 | 2 | | 0 | 0 | | | | | 0 | 0 | 0 |
| 58013300 | 其他化纤纬起绒织物 | | | 0 | 0 | | 0 | 0 | 0 | 0 | 2 | 0 | 0 | 2 | 0 | 0 | 0 | | 0 | 0 | 0 | 0 | 0 | 0 |
| 58013600 | 化纤绳绒织物 | | | 0 | 0 | | 0 | 0 | 0 | 0 | 2 | 0 | 0 | 2 | | 0 | 0 | | | | | 0 | 0 | 0 |
| 58013710 | 化学纤维制的不割绒的经起绒织物(棱纹绸) | | | 0 | 0 | | 0 | 0 | 0 | 0 | 2 | 0 | 0 | 2 | | 0 | 0 | | | | | 0 | 0 | 0 |
| 58013720 | 化学纤维制的割绒的经起绒织物 | | | 0 | 0 | | 0 | 0 | 0 | 0 | 2 | 0 | 0 | 2 | | 0 | 0 | | | | | 0 | 0 | 0 |
| 58019010 | 丝及绢丝制起绒机织物及绳绒织物 | | | 0 | 0 | | 0 | 0 | 0 | 0 | 2 | 0 | 0 | 2 | | 0 | 0 | | | | | 0 | 0 | 0 |
| 58019090 | 其他材料制起绒机织物及绳绒织物 | | | 0 | 0 | | 0 | 0 | 0 | 0 | 2 | 0 | 0 | 2 | | 0 | 0 | | | | | 0 | 0 | 0 |
| 58021100 | 未漂白棉毛巾织物及类似毛圈机织物 | | 0 | 0 | 0 | | 0 | 0 | 0 | 0 | 2.4 | 6 | 0 | 2.4 | | 0 | 0 | 0 | | | | 0 | 0 | 0 |

| 税则号列 | 商品描述[①] | 协定税率(%) | | | | | | | | | | | | | | | | 特惠税率(%) | | | | | | |
|---|---|---|---|---|---|---|---|---|---|---|---|---|---|---|---|---|---|---|---|---|---|---|---|---|
| | | 香港 | 澳门 | 巴基斯坦 | 东盟 | 亚太 | 智利 | 秘鲁 | 哥斯达黎加 | 新西兰 | 澳大利亚 | 瑞士 | 冰岛 | 韩国 | 台湾 | 新加坡 | 格鲁吉亚 | 亚太2国[②] | 东盟 | | | 最不发达国家 | | |
| | | | | | | | | | | | | | | | | | | | 老挝 | 柬埔寨 | 缅甸 | LDC97[③] | LDC95[④] | LDC60[⑤] |
| 58021900 | 其他棉毛巾织物及类似毛圈机织物 | | 0 | 0 | 0 | | 0 | 0 | 0 | 0 | 2 | 0 | 0 | 2 | | | 0 | | | | | 0 | 0 | 0 |
| 58022010 | 丝及绢丝毛巾织物及类似毛圈机织物 | | 0 | 0 | 0 | | 0 | 0 | 0 | 0 | 2.4 | 6 | 0 | 2.4 | | 0 | 0 | 0 | | | | 0 | 0 | 0 |
| 58022020 | 羊毛等毛巾织物及类似毛圈机织物 | | 0 | 0 | 0 | | 0 | 0 | 0 | 0 | 2.4 | 6 | 0 | 2.4 | | 0 | 0 | 0 | | | | 0 | 0 | 0 |
| 58022030 | 化纤毛巾织物及类似毛圈机织物 | | 0 | 0 | 0 | | 0 | 0 | 0 | 0 | 2.8 | 7 | 0 | 8.4 | | 0 | 0 | 0 | | | | 0 | 0 | 0 |
| 58022090 | 其他纺织材料毛巾织物及类似毛圈织物 | | 0 | 0 | 0 | | 0 | 0 | 0 | 0 | 2.4 | 6 | 0 | 2.4 | | 0 | 0 | 0 | | | | 0 | 0 | 0 |
| 58023010 | 丝及绢丝制簇绒织物 | | | 0 | 0 | | 0 | 0 | 0 | 0 | 2 | 0 | 0 | 2 | | 0 | 0 | | | | | 0 | 0 | 0 |
| 58023020 | 羊毛或动物细毛制簇绒织物 | | | 0 | 0 | | 0 | 0 | 0 | 0 | 2 | 0 | 0 | 2 | | 0 | 0 | | | | | 0 | 0 | 0 |
| 58023030 | 棉或麻制簇绒织物 | | | 0 | 0 | | 0 | 0 | 0 | 0 | 2 | 0 | 0 | 2 | | | 0 | | | | | 0 | 0 | 0 |
| 58023040 | 化学纤维制簇绒织物 | | | 0 | 0 | | 0 | 1 | 0 | 0 | 2 | 0 | 0 | 2 | | 0 | 0 | | | | | 0 | 0 | 0 |
| 58023090 | 其他纺织材料制簇绒织物 | | | 0 | 0 | | 0 | 0 | 0 | 0 | 2 | 0 | 0 | 2 | | 0 | 0 | | | | | 0 | 0 | 0 |
| 58030010 | 棉制纱罗 | | | 5 | 0 | | 0 | 0 | 0 | 0 | 2 | 0 | 0 | 2 | | | 0 | | | | | 0 | 0 | 0 |
| 58030020 | 丝及绢丝制纱罗 | | | 5 | 0 | | 0 | 0 | 0 | 0 | 2 | 0 | 0 | 2 | | 0 | 0 | | | | | 0 | 0 | 0 |
| 58030030 | 化学纤维制纱罗 | | | 5 | 0 | | 0 | 0 | 0 | 0 | 2 | 0 | 0 | 2 | | 0 | 0 | | | | | 0 | 0 | 0 |
| 58030090 | 其他纺织材料制纱罗 | | | 5 | 0 | | 0 | 0 | 0 | 0 | 2 | 0 | 0 | 2 | | 0 | 0 | | | | | 0 | 0 | 0 |
| 58041010 | 丝及绢丝网眼薄纱及其他网眼织物 | | | 5 | 0 | 7 | 0 | 0 | 0 | 0 | 2 | 0 | 0 | 2 | | 0 | 0 | | | | | 0 | 0 | 0 |
| 58041020 | 棉制网眼薄纱及其他网眼织物 | | | 5 | 0 | 7 | 0 | 0 | 0 | 0 | 2 | 6.2 | 0 | 2 | | | 0 | | | | | 0 | 0 | 0 |
| 58041030 | 化纤制网眼薄纱及其他网眼织物 | | | 5 | 0 | 8.4 | 0 | 0 | 0 | 0 | 2.4 | 6 | 0 | 9.6 | 0 | 0 | 0 | | 0 | 0 | 0 | 0 | 0 | 0 |
| 58041090 | 其他纺织材料网眼薄纱及其他网眼织物 | | | 5 | 0 | 7 | 0 | 0 | 0 | 0 | 2 | 0 | 0 | 2 | 0 | 0 | 0 | | | | | 0 | 0 | 0 |
| 58042100 | 化纤机制花边 | 0 | 0 | 5 | 0 | | 0 | 0 | 0 | 0 | 2 | 0 | 0 | 2 | 0 | 0 | 0 | | | | | 0 | 0 | 0 |
| 58042910 | 丝及绢丝机制花边 | | | 5 | 0 | | 0 | 0 | 0 | 0 | 2 | 0 | 0 | 2 | | 0 | 0 | | | | | 0 | 0 | 0 |
| 58042920 | 棉机制花边 | | | 5 | 0 | | 0 | 0 | 0 | 0 | 2 | 0 | 0 | 2 | | | 0 | | 0 | 0 | 0 | 0 | 0 | 0 |
| 58042990 | 其他纺织材料制机制花边 | | | 5 | 0 | | 0 | 0 | 0 | 0 | 2 | 0 | 0 | 2 | | 0 | 0 | | | | | 0 | 0 | 0 |
| 58043000 | 手工制花边 | | | 5 | 0 | | 0 | 0 | 0 | 0 | 2 | 0 | 0 | 2 | | 0 | 0 | | | | | 0 | 0 | 0 |
| 58050010 | 手工针绣嵌花装饰毯 | | | 6 | 0 | | 0 | 0 | 0 | 0 | 2.4 | 6 | 0 | 2.4 | | 0 | 0 | | | | | 0 | 0 | 0 |
| 58050090 | “哥白林”等手织装饰毯 | | | 6 | 0 | | 0 | 0 | 0 | 0 | 2.4 | 6 | 0 | 2.4 | | 0 | 0 | | | | | 0 | 0 | 0 |
| 58061010 | 棉或麻狭幅起绒机织物及绳绒织物 | | | 5 | 0 | | 0 | 0 | 0 | 0 | 2 | 0 | 0 | 2 | | | 0 | | | | | 0 | 0 | 0 |
| 58061090 | 其他材料狭幅起绒织物及绳绒织物 | | | 5 | 0 | 9.1 | 0 | 0 | 0 | 0 | 2 | 0 | 0 | 2 | 0 | 0 | 0 | | 0 | 0 | 0 | 0 | 0 | 0 |
| 58062000 | 含弹性纱线≥5%的狭幅织物 | 0 | 0 | 5 | 0 | | 0 | 0 | 0 | 0 | 2 | 0 | 0 | 2 | 0 | 0 | 0 | | 0 | 0 | 0 | 0 | 0 | 0 |
| 58063100 | 棉制其他狭幅机织物 | | | 5 | 0 | | 0 | 0 | 0 | 0 | 2 | 0 | 0 | 2 | | | 0 | | 0 | 0 | 0 | 0 | 0 | 0 |
| 58063200 | 化纤制其他狭幅机织物 | | 0 | 5 | 0 | 7 | 0 | 0 | 0 | 0 | 2 | 0 | 0 | 2 | 0 | 0 | 0 | | 0 | 0 | 0 | 0 | 0 | 0 |
| 58063910 | 丝及绢丝制其他狭幅机织物 | | | 5 | 0 | | 0 | 0 | 0 | 0 | 2 | 0 | 0 | 2 | | 0 | 0 | | | | | 0 | 0 | 0 |
| 58063920 | 毛制其他狭幅机织物 | | | 5 | 0 | | 0 | 0 | 0 | 0 | 2 | 0 | 0 | 2 | | 0 | 0 | | | | | 0 | 0 | 0 |

| 税则号列 | 商品描述[①] | 协定税率(%) | | | | | | | | | | | | | | | | 特惠税率(%) | | | | | | |
|---|---|---|---|---|---|---|---|---|---|---|---|---|---|---|---|---|---|---|---|---|---|---|---|---|
| | | 香港 | 澳门 | 巴基斯坦 | 东盟 | 亚太 | 智利 | 秘鲁 | 哥斯达黎加 | 新西兰 | 澳大利亚 | 瑞士 | 冰岛 | 韩国 | 台湾 | 新加坡 | 格鲁吉亚 | 亚太2国[②] | 东盟 | | | 最不发达国家 | | |
| | | | | | | | | | | | | | | | | | | | 老挝 | 柬埔寨 | 缅甸 | LDC97[③] | LDC95[④] | LDC60[⑤] |
| 58063990 | 其他材料制其他狭幅机织物 | | | 5 | 0 | | 0 | 0 | 0 | 0 | 2 | 0 | 0 | 2 | | 0 | 0 | | | | | 0 | 0 | 0 |
| 58064010 | 棉或麻粘合有经纱无纬纱狭幅织物 | | | 5 | 0 | | 0 | 0 | 0 | 0 | 2 | 0 | 0 | 2 | | | 0 | | | | | 0 | 0 | 0 |
| 58064090 | 其他材料粘合有经纱无纬纱狭幅织物 | | | 5 | 0 | | 0 | 0 | 0 | 0 | 2 | 0 | 0 | 2 | | 0 | 0 | | | | | 0 | 0 | 0 |
| 58071000 | 机织非绣制纺织材料标签、徽章等 | 0 | 0 | 8.5 | 0 | 8.5 | 0 | 1 | 0 | 0 | 2 | 0 | 0 | 2 | 0 | 0 | 0 | | 0 | 0 | 0 | 0 | 0 | 0 |
| 58079000 | 非机织非绣制纺织材料标签、徽章等 | | | 5 | 0 | | 0 | 0 | 0 | 0 | 2 | 0 | 0 | 2 | | 0 | 0 | | | | | 0 | 0 | 0 |
| 58081000 | 成匹的编带 | | 0 | | 0 | | 0 | 0 | 0 | 0 | 2 | 0 | 0 | 2 | | 0 | 0 | | | | | 0 | 0 | 0 |
| 58089000 | 非绣制成匹装饰带、流苏、绒球 | | 0 | 5 | 0 | | 0 | 0 | 0 | 0 | 2 | 0 | 0 | 2 | | 0 | 0 | | 0 | 0 | 0 | 0 | 0 | 0 |
| 58090010 | 与棉混制金属线布及含金属纱线布 | | | 5 | 0 | | 0 | 0 | 0 | 0 | 2 | 0 | 0 | 2 | | 0 | 0 | | | | | 0 | 0 | 0 |
| 58090020 | 与化纤混制金属线布及含金属纱布 | | | 5 | 0 | | 0 | 0 | 0 | 0 | 2 | 0 | 0 | 2 | | 0 | 0 | | | | | 0 | 0 | 0 |
| 58090090 | 其他金属线布及含金属纱线布 | | | 5 | 0 | | 0 | 0 | 0 | 0 | 2 | 0 | 0 | 2 | | 0 | 0 | | | | | 0 | 0 | 0 |
| 58101000 | 不见底布的刺绣品 | | | 5 | 0 | | 0 | 0 | 0 | 0 | 2 | 0 | 0 | 2 | | 0 | 0 | | | | | 0 | 0 | 0 |
| 58109100 | 棉制见底布的刺绣品 | | | | 0 | | 0 | 1 | 0 | 0 | 2 | 0 | 0 | 2 | | 0 | 0 | | | | | 0 | 0 | 0 |
| 58109200 | 化学纤维制见底布刺绣品 | | | 5 | 0 | | 0 | 0 | 0 | 0 | 2 | 0 | 0 | 7.3 | 0 | 0 | 0 | | | | | 0 | 0 | 0 |
| 58109900 | 其他纺织材料制见底布刺绣品 | | | 5 | 0 | | 0 | 0 | 0 | 0 | 2 | 0 | 0 | 2 | | 0 | 0 | | | | | 0 | 0 | 0 |
| 58110010 | 丝及绢丝制绗缝被褥状纺织品 | | | 0 | 0 | | 0 | 0 | 0 | 0 | 2 | 0 | 0 | 2 | | 0 | 0 | | | | | 0 | 0 | 0 |
| 58110020 | 羊毛或动物细毛制绗缝被褥状纺织品 | | | 0 | 0 | | 0 | 0 | 0 | 0 | 2 | 0 | 0 | 2 | | 0 | 0 | | | | | 0 | 0 | 0 |
| 58110030 | 棉制绗缝被褥状纺织品 | | | 0 | 0 | | 0 | 0 | 0 | 0 | 2 | 0 | 0 | 2 | | | 0 | | | | | 0 | 0 | 0 |
| 58110040 | 化学纤维制绗缝被褥状纺织品 | | | 0 | 0 | | 0 | 0 | 0 | 0 | 2.4 | 6 | 0 | 9.6 | | 0 | 0 | | | | | 0 | 0 | 0 |
| 58110090 | 其他纺织材料制绗缝被褥状纺织品 | | | 0 | 0 | | 0 | 0 | 0 | 0 | 2 | 0 | 0 | 2 | | 0 | 0 | | | | | 0 | 0 | 0 |
| 59011010 | 用胶或淀粉涂布的棉或麻纺织物 | | | 5 | 0 | | 0 | 0 | 0 | 0 | 2 | 0 | 0 | 6 | | 0 | 0 | | | | | 0 | 0 | 0 |
| 59011020 | 用胶或淀粉涂布的化纤纺织物 | | | 5 | 0 | | 0 | 0 | 0 | 0 | 2 | 0 | 0 | 2 | | 0 | 0 | | | | | 0 | 0 | 0 |
| 59011090 | 用胶或淀粉涂布的其他纤维纺织物 | | | 5 | 0 | | 0 | 0 | 0 | 0 | 2 | 0 | 0 | 2 | | 0 | 0 | | | | | 0 | 0 | 0 |
| 59019010 | 制成的油画布 | | | 5 | 0 | | 0 | 0 | 0 | 0 | 2 | 0 | 0 | 2 | | | 0 | | | | | 0 | 0 | 0 |
| 59019091 | 棉或麻制描图布、帽里硬衬布等 | | | 5 | 0 | | 0 | 0 | 0 | 0 | 2 | 0 | 0 | 2 | | | 0 | | 0 | 0 | 0 | 0 | 0 | 0 |
| 59019092 | 化纤制描图布、帽里硬衬布等 | | | 5 | 0 | | 0 | 0 | 0 | 0 | 2 | 0 | 0 | 2 | | | 0 | | | | | 0 | 0 | 0 |
| 59019099 | 其他纺织纤维制描图布、帽里硬衬布等 | | | 5 | 0 | | 0 | 0 | 0 | 0 | 2 | 0 | 0 | 2 | | | 0 | | | | | 0 | 0 | 0 |

| 税则号列 | 商品描述[①] | 协定税率(%) | | | | | | | | | | | | | | | | 特惠税率(%) | | | | | | |
|---|---|---|---|---|---|---|---|---|---|---|---|---|---|---|---|---|---|---|---|---|---|---|---|---|
| | | 香港 | 澳门 | 巴基斯坦 | 东盟 | 亚太 | 智利 | 秘鲁 | 哥斯达黎加 | 新西兰 | 澳大利亚 | 瑞士 | 冰岛 | 韩国 | 台湾 | 新加坡 | 格鲁吉亚 | 亚太2国[②] | 东盟 | | | 最不发达国家 | | |
| | | | | | | | | | | | | | | | | | | | 老挝 | 柬埔寨 | 缅甸 | LDC97[③] | LDC95[④] | LDC60[⑤] |
| 59021010 | 聚酰胺-6(尼龙-6)制的帘子布 | | | 5 | 0 | 9 | 0 | 0 | 0 | 0 | 2 | 0 | 0 | 7.2 | | 0 | 0 | | | | | 0 | 0 | 0 |
| 59021020 | 聚酰胺-6,6(尼龙-6,6)制的帘子布 | | | 5 | 0 | 9 | 0 | 0 | 0 | 0 | 2 | 0 | 0 | 7.2 | | 0 | 0 | | | | | 0 | 0 | 0 |
| 59021090 | 其他尼龙等高强力纱制的帘子布 | | | 5 | 0 | 9 | 0 | 0 | 0 | 0 | 2 | 0 | 0 | 6 | | 0 | 0 | | | | | 0 | 0 | 0 |
| 59022000 | 聚酯高强力纱制的帘子布 | | | 5 | 0 | 9 | 0 | 0 | 0 | 0 | 2 | 0 | 0 | 8 | | 0 | 0 | | | | | 0 | 0 | 0 |
| 59029000 | 粘胶纤维高强力纱制帘子布 | | | 5 | 0 | | 0 | 0 | 0 | 0 | 2 | 5 | 0 | 2 | | | 0 | | | | | 0 | 0 | 0 |
| 59031010 | 用聚氯乙烯浸、涂的绝缘布或带 | | | 5 | 0 | 8.5 | 0 | 0 | 0 | 0 | 2 | 0 | 0 | 2 | | | 0 | | | | | 0 | 0 | 0 |
| 59031020 | 用聚氯乙烯浸、涂的人造革 | 0 | | 5 | 0 | 8.5 | 0 | 0 | 0 | 0 | 2 | 0 | 0 | 8 | 0 | 0 | 0 | | | | | 0 | 0 | 0 |
| 59031090 | 用聚氯乙烯浸、涂的其他纺织物 | 0 | | 5 | 0 | 8.5 | 0 | 0 | 0 | 0 | 2 | 0 | 0 | 8 | 0 | 0 | 0 | | | | | 0 | 0 | 0 |
| 59032010 | 用聚氨基甲酸酯浸、涂的绝缘布或带 | | | 5 | 0 | 8.5 | 0 | 0 | 0 | 0 | 2 | 0 | 0 | 2 | | | 0 | | | | | 0 | 0 | 0 |
| 59032020 | 用聚氨基甲酸酯浸、涂的人造革 | | | 5 | 0 | 8.5 | 0 | 0 | 0 | 0 | 2 | 0 | 0 | 8 | 0 | 0 | 0 | | | | | 0 | 0 | 0 |
| 59032090 | 用聚氨基甲酸酯浸、涂的其他纺织物 | 0 | | 8.5 | 0 | 8.5 | 0 | 0 | 0 | 0 | 2 | 0 | 0 | 8 | 0 | 0 | 0 | | | | | 0 | 0 | 0 |
| 59039010 | 用其他塑料浸、涂的绝缘布或带 | | | 5 | 0 | 8.5 | 0 | 0 | 0 | 0 | 2 | 5 | 0 | 2 | | | 0 | | | | | 0 | 0 | 0 |
| 59039020 | 用其他塑料浸、涂的人造革 | | | 5 | 0 | 8.5 | 0 | 0 | 0 | 0 | 2 | 0 | 0 | 7.3 | 0 | 0 | 0 | | | | | 0 | 0 | 0 |
| 59039090 | 用其他塑料浸、涂的其他纺织物 | 0 | | 8.5 | 0 | 8.5 | 0 | 0 | 0 | 0 | 2 | 0 | 0 | 8 | 0 | 0 | 0 | | 0 | 0 | 0 | 0 | 0 | 0 |
| 59041000 | 列诺伦(亚麻油地毡) | | | 11.2 | 0 | | 0 | 0 | 0 | 0 | 2.8 | 7 | 0 | 8.4 | | 0 | 0 | | | | | 0 | 0 | |
| 59049000 | 以织物为底涂布的铺地品 | | | 7 | 0 | | 0 | 0 | 0 | 0 | 2.8 | 7 | 0 | 8.4 | | 0 | 0 | | | | | 0 | 0 | |
| 59050000 | 糊墙织物 | | | 5 | 0 | | 0 | 0 | 0 | 0 | 2 | 0 | 0 | 2 | | 0 | 0 | | | | | 0 | 0 | 0 |
| 59061010 | 用橡胶处理宽≤20厘米纺织绝缘胶粘带 | | | 5 | 0 | | 0 | 0 | 0 | 0 | 2 | 0 | 0 | 2 | | | 0 | | | | | 0 | 0 | 0 |
| 59061090 | 用橡胶处理宽≤20厘米其他纺丝胶粘带 | | | 5 | 0 | | 0 | 0 | 0 | 0 | 2 | 0 | | 2 | | 0 | 0 | | | | | 0 | 0 | 0 |
| 59069100 | 用橡胶处理的针织或钩编的纺织物 | | | 5 | 0 | | 0 | 0 | 0 | 0 | 2 | 0 | 0 | 2 | 0 | 0 | 0 | | | | | 0 | 0 | 0 |
| 59069910 | 用橡胶处理的其他绝缘布或带 | | | 5 | 0 | | 0 | 0 | 0 | 0 | 2 | 0 | 0 | 2 | | | 0 | | | | | 0 | 0 | 0 |
| 59069990 | 用橡胶处理的其他纺织物 | | | 5 | 0 | | 0 | 0 | 0 | 0 | 2 | 0 | 0 | 2 | 0 | 0 | 0 | | | | | 0 | 0 | 0 |
| 59070010 | 用其他材料浸、涂的绝缘布或带 | | | 5 | 0 | 8.5 | 0 | 0 | 0 | 0 | 2 | 5 | 0 | 2 | | | 0 | | | | | 0 | 0 | 0 |
| 59070020 | 用其他材料浸、涂的已绘制画布 | 0 | | 5 | 0 | 8.5 | 0 | 0 | 0 | 0 | 2 | 0 | 0 | 2 | | | 0 | | | | | 0 | 0 | 0 |
| 59070090 | 用其他材料浸、涂的其他纺织物 | | | 5 | 0 | 8.5 | 0 | 0 | 0 | 0 | 2 | 0 | 0 | 8 | | 0 | 0 | | | | | 0 | 0 | 0 |
| 59080000 | 纺织材料制灯芯、炉芯等和煤气灯纱筒及纱罩 | | | 5 | 0 | | 0 | 0 | 0 | 0 | 2 | 0 | 0 | 2 | | | 0 | | | | | 0 | 0 | 0 |

| 税则号列 | 商品描述① | 协定税率(%) | | | | | | | | | | | | | | | | 特惠税率(%) | | | | | | |
|---|---|---|---|---|---|---|---|---|---|---|---|---|---|---|---|---|---|---|---|---|---|---|---|---|
| | | 香港 | 澳门 | 巴基斯坦 | 东盟 | 亚太 | 智利 | 秘鲁 | 哥斯达黎加 | 新西兰 | 澳大利亚 | 瑞士 | 冰岛 | 韩国 | 台湾 | 新加坡 | 格鲁吉亚 | 亚太2国② | 东盟 | | | 最不发达国家 | | |
| | | | | | | | | | | | | | | | | | | | 老挝 | 柬埔寨 | 缅甸 | LDC97③ | LDC95④ | LDC60⑤ |
| 59090000 | 纺织材料制水龙软管及类似管子 | | 0 | 5 | 0 | | 0 | 0 | 0 | 0 | 1.6 | 0 | 0 | 1.6 | | | 0 | | | | | 0 | 0 | 0 |
| 59100000 | 纺织材料制的传动带或输送带及带料 | | | 5 | 0 | | 0 | 0 | 0 | 0 | 1.6 | 0 | 0 | 1.6 | 0 | | 0 | | | | | 0 | 0 | 0 |
| 59111010 | 包覆纺锤用浸胶的起绒狭幅织物 | | | 5 | 0 | 7.2 | 0 | 0 | 0 | 0 | 1.6 | 0 | 0 | 1.6 | | | 0 | | | | | 0 | 0 | 0 |
| 59111090 | 其他涂胶等针布及专门技术用途的纺织物起绒狭幅织物 | | | 5 | 0 | | 0 | 0 | 0 | 0 | 1.6 | 0 | 0 | 1.6 | | | 0 | | | | | 0 | 0 | 0 |
| 59112000 | 筛布 | | | 5 | 0 | | 0 | 0 | 0 | 0 | 1.6 | 0 | 0 | 1.6 | | | 0 | | | | | 0 | 0 | 0 |
| 59113100 | 造纸等机器用轻的环状或有连接装置的布或毡呢 | | | 5 | 0 | | 0 | 0 | 0 | 0 | 1.6 | 0 | 0 | 1.6 | | | 0 | | | | | 0 | 0 | 0 |
| 59113200 | 造纸等机器用重的环状或有连接装置的布或毡呢 | | | 5 | 0 | | 0 | 0 | 0 | 0 | 1.6 | 4 | 0 | 1.6 | | | 0 | | | | | 0 | 0 | 0 |
| 59114000 | 用于榨油机器或类似机器的滤布 | | | 5 | 0 | | 0 | 0 | 0 | 0 | 1.6 | 0 | 0 | 1.6 | | | 6.4 | | | | | 0 | 0 | 0 |
| 59119000 | 其他专门技术用途纺织产品及制品 | | | 5 | 0 | | 0 | 0 | 0 | 0 | 1.6 | 0 | 0 | | | | 0 | | | | | 0 | 0 | 0 |
| 60011000 | 针织或钩编的长毛绒织物 | | | 0 | 0 | 8.5 | 0 | 0 | 0 | 0 | 2 | 0 | 0 | 7.3 | | 0 | 0 | | | | | 0 | 0 | 0 |
| 60012100 | 棉制针织或钩编的毛圈绒头织物 | | | 0 | 0 | 8.5 | 0 | 0 | 0 | 0 | 2 | 0 | 0 | 2 | | | 0 | | | | | 0 | 0 | 0 |
| 60012200 | 化纤制针织或钩编毛圈绒头织物 | | | 0 | 0 | 8.5 | 0 | 0 | 0 | 0 | 2 | 0 | 0 | 2 | | 0 | 0 | | | | | 0 | 0 | 0 |
| 60012900 | 其他材料制针织或钩编毛圈绒头布 | | | 0 | 0 | | 0 | 0 | 0 | 0 | 2.4 | 6 | 0 | 2.4 | | 0 | 0 | | | | | 0 | 0 | |
| 60019100 | 棉制针织或钩编起绒织物 | | | 0 | 0 | 7 | 0 | 0 | 0 | 0 | 2 | 0 | 0 | 2 | | | 0 | | | | | 0 | 0 | 0 |
| 60019200 | 化纤制针织或钩编起绒织物 | 0 | 0 | 0 | 0 | 8.5 | 0 | 0 | 0 | 0 | 2 | 0 | 0 | 8 | 0 | 0 | 0 | | | | | 0 | 0 | 0 |
| 60019900 | 其他纤维制针织或钩编起绒织物 | | | 0 | 0 | | 0 | 0 | 0 | 0 | 2.4 | 6 | 0 | 2.4 | | 0 | 0 | | | | | 0 | 0 | |
| 60024010 | 宽≤30厘米,弹性纱线≥5%棉针织、钩编织物 | | | 0 | 0 | 8.5 | 0 | 0 | 0 | 0 | 2 | 0 | 0 | 2 | | | 0 | | | | | 0 | 0 | 0 |
| 60024020 | 宽≤30厘米,弹性纱线≥5%丝及绢丝制针织、钩编织物 | | | 0 | 0 | 8.5 | 0 | 0 | 0 | 0 | 2 | 0 | 0 | 2 | | 0 | 0 | | | | | 0 | 0 | 0 |
| 60024030 | 宽≤30厘米,弹性纱线≥5%合成纤维制针织、钩编织物 | | | 0 | 0 | | 0 | 0 | 0 | 0 | 2 | 0 | 0 | 2 | | 0 | 0 | | | | | 0 | 0 | 0 |
| 60024040 | 宽≤30厘米,弹性纱线≥5%人造纤维制针织、钩编织物 | | | 0 | 0 | | 0 | 0 | 0 | 0 | 2 | 0 | 0 | 2 | | 0 | 0 | | | | | 0 | 0 | 0 |
| 60024090 | 宽≤30厘米,弹性纱线≥5%其他纺织材料针织、钩编织物 | | | 0 | 0 | 7 | 0 | 0 | 0 | 0 | 2 | 0 | 0 | 2 | | 0 | 0 | | | | | 0 | 0 | 0 |
| 60029010 | 宽≤30厘米含橡胶线的棉针织、钩编织物 | | | 0 | 0 | 8.5 | 0 | 0 | 0 | 0 | 2 | 0 | 0 | 2 | | | 0 | | 0 | 0 | 0 | 0 | 0 | 0 |
| 60029020 | 宽≤30厘米含橡胶线的丝及绢丝制针织、钩编织物 | | | 0 | 0 | 8.5 | 0 | 0 | 0 | 0 | 2 | 0 | 0 | 2 | | 0 | 0 | | | | | 0 | 0 | 0 |
| 60029030 | 宽≤30厘米含橡胶线的合成纤维制针织、钩编织物 | | | 0 | 0 | 5 | 0 | 0 | 0 | 0 | 2 | 0 | 0 | 7.3 | | 0 | 0 | | 0 | 0 | 0 | 0 | 0 | 0 |

| 税则号列 | 商品描述[①] | 协定税率(%) | | | | | | | | | | | | | | | | 特惠税率(%) | | | | | | |
|---|---|---|---|---|---|---|---|---|---|---|---|---|---|---|---|---|---|---|---|---|---|---|---|---|
| | | 香港 | 澳门 | 巴基斯坦 | 东盟 | 亚太 | 智利 | 秘鲁 | 哥斯达黎加 | 新西兰 | 澳大利亚 | 瑞士 | 冰岛 | 韩国 | 台湾 | 新加坡 | 格鲁吉亚 | 亚太2国[②] | 东盟 | | | 最不发达国家 | | |
| | | | | | | | | | | | | | | | | | | | 老挝 | 柬埔寨 | 缅甸 | LDC97[③] | LDC95[④] | LDC60[⑤] |
| 60029040 | 宽≤30厘米含橡胶线的人造纤维制针织、钩编织物 | | | 0 | 0 | 5 | 0 | 0 | 0 | 0 | 2 | 0 | 0 | 2 | | 0 | 0 | | | | | 0 | 0 | 0 |
| 60029090 | 宽≤30厘米含橡胶线的其他纺织材料针织、钩编织物 | | | 0 | 0 | 8.5 | 0 | 0 | 0 | 0 | 2 | 0 | 0 | 2 | | 0 | 0 | | | | | 0 | 0 | 0 |
| 60031000 | 宽≤30厘米羊毛或动物细毛制的针织、钩编织物 | | | 0 | 0 | | 0 | 0 | 0 | 0 | 2 | 0 | 0 | 2 | | 0 | 0 | | | | | 0 | 0 | 0 |
| 60032000 | 宽≤30厘米其他棉制的针织、钩编织物 | | | 0 | 0 | | 0 | 0 | 0 | 0 | 2 | 0 | 0 | 2 | | | 0 | | | | | 0 | 0 | 0 |
| 60033000 | 宽≤30厘米合成纤维制的针织、钩编织物 | | | 0 | 0 | 9.4 | 0 | 0 | 0 | 0 | 2 | 0 | 0 | 2 | | 0 | 0 | | | | | 0 | 0 | 0 |
| 60034000 | 宽≤30厘米人造纤维制的针织、钩编织物 | | | 0 | 0 | 9.4 | 0 | 0 | 0 | 0 | 2 | 0 | 0 | 2 | | 0 | 0 | | | | | 0 | 0 | 0 |
| 60039000 | 宽≤30厘米其他针织、钩编织物 | | | 0 | 0 | | 0 | 0 | 0 | 0 | 2 | 0 | 0 | 2 | | 0 | 0 | | | | | 0 | 0 | 0 |
| 60041010 | 宽>30厘米,弹性纱线≥5%棉针织、钩编织物 | 0 | | 0 | 0 | 7 | 0 | 0 | 0 | 0 | 2 | 0 | 0 | 2 | | 0 | 0 | | 0 | 0 | 0 | 0 | 0 | 0 |
| 60041020 | 宽>30厘米,弹性纱线≥5%丝及绢丝制针织、钩编织物 | | | 0 | 0 | 8.5 | 0 | 0 | 0 | 0 | 2 | 0 | 0 | 2 | | 0 | 0 | | | | | 0 | 0 | 0 |
| 60041030 | 宽>30厘米,弹性纱线≥5%合成纤维制针织、钩编织物 | 0 | 0 | 0 | 0 | | 0 | 0 | 0 | 0 | 2 | 0 | 0 | 8 | 0 | 0 | 0 | | | | | 0 | 0 | 0 |
| 60041040 | 宽>30厘米,弹性纱线≥5%人造纤维制针织、钩编织物 | 0 | 0 | 0 | 0 | | 0 | 0 | 0 | 0 | 2 | 0 | 0 | 7.3 | | 0 | 0 | | | | | 0 | 0 | 0 |
| 60041090 | 宽>30厘米,弹性纱线≥5%其他纺织材料针织、钩编织物 | 0 | 0 | 0 | 0 | 8.5 | 0 | 0 | 0 | 0 | 2 | 0 | 0 | 2 | 0 | 0 | 0 | | | | | 0 | 0 | 0 |
| 60049010 | 宽>30厘米含橡胶线的棉针织、钩编织物 | 0 | | 0 | 0 | 8.5 | 0 | 0 | 0 | 0 | 2 | 0 | 0 | 2 | | | 0 | | | | | 0 | 0 | 0 |
| 60049020 | 宽>30厘米含橡胶线的丝及绢丝制针织、钩编织物 | | | 0 | 0 | 8.5 | 0 | 0 | 0 | 0 | 2 | 0 | 0 | 2 | | 0 | 0 | | | | | 0 | 0 | 0 |
| 60049030 | 宽>30厘米含橡胶线的合成纤维制针织、钩编织物 | 0 | 0 | 0 | 0 | | 0 | 0 | 0 | 0 | 2 | 0 | 0 | 8 | 0 | 0 | 0 | | | | | 0 | 0 | 0 |
| 60049040 | 宽>30厘米含橡胶线的人造纤维制针织、钩编织物 | 0 | 0 | 0 | 0 | | 0 | 0 | 0 | 0 | 2 | 0 | 0 | 2 | | 0 | 0 | | | | | 0 | 0 | 0 |
| 60049090 | 宽>30厘米含橡胶线的其他纺织材料针织、钩编织物 | 0 | 0 | 0 | 0 | 7 | 0 | 0 | 0 | 0 | 2 | 0 | 0 | 2 | 0 | 0 | 0 | | | | | 0 | 0 | 0 |
| 60052100 | 未漂白或漂白棉制的其他经编织物 | 0 | | 0 | 0 | | 0 | 0 | 0 | 0 | 2 | 0 | 0 | 2 | | | 0 | | | | | 0 | 0 | 0 |
| 60052200 | 染色棉制的其他经编织物 | 0 | | 0 | 0 | | 0 | 0 | 0 | 0 | 2 | 0 | 0 | 2 | | | 0 | | | | | 0 | 0 | 0 |
| 60052300 | 色织棉制的其他经编织物 | 0 | | 0 | 0 | | 0 | 0 | 0 | 0 | 2 | 0 | 0 | 2 | | | 0 | | | | | 0 | 0 | 0 |
| 60052400 | 印花棉制的其他经编织物 | 0 | | 0 | 0 | | 0 | 0 | 0 | 0 | 2 | 0 | 0 | 2 | | | 0 | | | | | 0 | 0 | 0 |
| 60053500 | 本章子目注释一所列用于抗疟网的合成纤维制的经编织物 | | | 0 | 0 | 8.5 | 0 | 0 | 0 | 0 | 2 | 0 | 0 | 2 | 0 | 0 | 0 | | | | | 0 | 0 | 0 |

| 税则号列 | 商品描述[1] | 协定税率(%) | | | | | | | | | | | | | | | | 特惠税率(%) | | | | | | |
|---|---|---|---|---|---|---|---|---|---|---|---|---|---|---|---|---|---|---|---|---|---|---|---|---|
| | | 香港 | 澳门 | 巴基斯坦 | 东盟 | 亚太 | 智利 | 秘鲁 | 哥斯达黎加 | 新西兰 | 澳大利亚 | 瑞士 | 冰岛 | 韩国 | 台湾 | 新加坡 | 格鲁吉亚 | 亚太2国[2] | 东盟 | | | 最不发达国家 | | |
| | | | | | | | | | | | | | | | | | | | 老挝 | 柬埔寨 | 缅甸 | LDC97[3] | LDC95[4] | LDC60[5] |
| 60053600 | 其他未漂白或漂白合成纤维制的经编织物(ex6005.3100) | | | 0 | 0 | 8.5 | 0 | 0 | 0 | 0 | 2 | 0 | 0 | 2 | 0 | 0 | 0 | | | | | 0 | 0 | 0 |
| 60053700 | 其他染色合成纤维制的经编织物(ex6005.3200) | | | 0 | 0 | 8.5 | 0 | 0 | 0 | 0 | 2 | 0 | 0 | 8 | 0 | 0 | 0 | | 0 | 0 | 0 | 0 | 0 | 0 |
| 60053800 | 其他色织合成纤维制的其他经编织物(ex6005.3300) | | | 0 | 0 | 8.5 | 0 | 0 | 0 | 0 | 2 | 0 | 0 | 2 | | 0 | 0 | | | | | 0 | 0 | 0 |
| 60053900 | 其他印花合成纤维制的其他经编织物 | | | 0 | 0 | 8.5 | 0 | 0 | 0 | 0 | 2 | 0 | 0 | 2 | | 0 | 0 | | | | | 0 | 0 | 0 |
| 60054100 | 未漂白或漂白人造纤维制的其他经编织物 | | | 0 | 0 | 8.5 | 0 | 0 | 0 | 0 | 2 | 0 | 0 | 2 | | 0 | 0 | | | | | 0 | 0 | 0 |
| 60054200 | 染色人造纤维制的其他经编织物 | | | 0 | 0 | 8.5 | 0 | 0 | 0 | 0 | 2 | 0 | 0 | 2 | | 0 | 0 | | | | | 0 | 0 | 0 |
| 60054300 | 色织人造纤维制的其他经编织物 | | | 0 | 0 | 8.5 | 0 | 0 | 0 | 0 | 2 | 0 | 0 | 2 | | 0 | 0 | | | | | 0 | 0 | 0 |
| 60054400 | 印花人造纤维制的其他经编织物 | | | 0 | 0 | 8.5 | 0 | 0 | 0 | 0 | 2 | 0 | 0 | 2 | | 0 | 0 | | | | | 0 | 0 | 0 |
| 60059010 | 羊毛或动物细毛制的其他经编织物 | | | 0 | 0 | | 0 | 0 | 0 | 0 | 2.4 | 6 | 0 | 2.4 | | 0 | 0 | | | | | 0 | 0 | |
| 60059090 | 其他纺织材料制经编织物 | | | 0 | 0 | | 0 | 0 | 0 | 0 | 2.4 | 6 | 0 | 2.4 | | 0 | 0 | | | | | 0 | 0 | |
| 60061000 | 羊毛或动物细毛制的其他针织、钩编织物 | | | 0 | 0 | | 0 | 0 | 0 | 0 | 2.4 | 6 | 0 | 2.4 | | 0 | 0 | | | | | 0 | 0 | |
| 60062100 | 未漂白或漂白棉制的其他针织、钩编织物 | 0 | 0 | 0 | 0 | 7 | 0 | 0 | 0 | 0 | 2 | 0 | 0 | 7.3 | | | 0 | | | | | 0 | 0 | 0 |
| 60062200 | 染色棉制的其他针织、钩编织物 | 0 | 0 | 0 | 0 | 8.5 | 0 | 0 | 0 | 0 | 2 | 0 | 0 | 2 | | 0 | 0 | | 0 | 0 | 0 | 0 | 0 | 0 |
| 60062300 | 色织棉制的其他针织、钩编织物 | 0 | 0 | 0 | 0 | 7 | 0 | 0 | 0 | 0 | 2 | 0 | 0 | 2 | | 0 | 0 | | 0 | 0 | 0 | 0 | 0 | 0 |
| 60062400 | 印花棉制的其他针织、钩编织物 | 0 | 0 | 0 | 0 | 8.5 | 0 | 0 | 0 | 0 | 2 | 0 | 0 | 2 | 0 | | 0 | | | | | 0 | 0 | 0 |
| 60063100 | 未漂白或漂白合成纤维制的其他针织、钩编织物 | 0 | 0 | 0 | 0 | 8.5 | 0 | 0 | 0 | 0 | 2 | 0 | 0 | 2 | 0 | 0 | 0 | | | | | 0 | 0 | 0 |
| 60063200 | 染色合成纤维制的其他针织、钩编织物 | 0 | 0 | 0 | 0 | 8.5 | 0 | 0 | 0 | 0 | 2 | 0 | 0 | 8 | 0 | 0 | 0 | | | | | 0 | 0 | 0 |
| 60063300 | 色织合成纤维制的其他针织、钩编织物 | 0 | 0 | 0 | 0 | 8.5 | 0 | 0 | 0 | 0 | 2 | 0 | 0 | 8 | 0 | 0 | 0 | | | | | 0 | 0 | 0 |
| 60063400 | 印花合成纤维制的其他针织、钩编织物 | 0 | 0 | 0 | 0 | 8.5 | 0 | 0 | 0 | 0 | 2 | 0 | 0 | 8 | 0 | 0 | 0 | | | | | 0 | 0 | 0 |
| 60064100 | 未漂白或漂白人造纤维制的其他针织、钩编织物 | 0 | 0 | 0 | 0 | 8.5 | 0 | 0 | 0 | 0 | 2 | 0 | 0 | 2 | | 0 | 0 | | | | | 0 | 0 | 0 |
| 60064200 | 染色人造纤维制的其他针织、钩编织物 | 0 | 0 | 0 | 0 | 8.5 | 0 | 0 | 0 | 0 | 2 | 0 | 0 | 7.3 | 0 | 0 | 0 | | | | | 0 | 0 | 0 |
| 60064300 | 色织人造纤维制的其他针织、钩编织物 | 0 | 0 | 0 | 0 | 8.5 | 0 | 0 | 0 | 0 | 2 | 0 | 0 | 2 | | 0 | 0 | | | | | 0 | 0 | 0 |

| 税则号列 | 商品描述[①] | 协定税率(%) | | | | | | | | | | | | | | | | 特惠税率(%) | | | | | | |
|---|---|---|---|---|---|---|---|---|---|---|---|---|---|---|---|---|---|---|---|---|---|---|---|---|
| | | 香港 | 澳门 | 巴基斯坦 | 东盟 | 亚太 | 智利 | 秘鲁 | 哥斯达黎加 | 新西兰 | 澳大利亚 | 瑞士 | 冰岛 | 韩国 | 台湾 | 新加坡 | 格鲁吉亚 | 亚太2国[②] | 东盟 老挝 | 东盟 柬埔寨 | 东盟 缅甸 | 最不发达国家 LDC97[③] | 最不发达国家 LDC95[④] | 最不发达国家 LDC60[⑤] |
| 60064400 | 印花人造纤维制的其他针织、钩编织物 | 0 | 0 | 0 | 0 | 8.5 | 0 | 0 | 0 | 0 | 2 | 0 | 0 | 2 | | 0 | 0 | | | | | 0 | 0 | 0 |
| 60069000 | 未列名针织、钩编织物 | | | 0 | 0 | 10.2 | 0 | 0 | 0 | 0 | 2.4 | 6 | 0 | 2.4 | | 0 | 0 | | | | | 0 | 0 | |
| 61012000 | 棉制针织或钩编男式大衣、防风衣 | 0 | 0 | 14 | 0 | 14 | 0 | 1.8 | 0 | 0 | 3.5 | 8.8 | 0 | 10.5 | | 0 | 0 | | | | | 0 | 0 | 0 |
| 61013000 | 化纤制针织或钩编男式大衣等 | 0 | 0 | 8.8 | 0 | 12.3 | 0 | 1.8 | 0 | 0 | 3.5 | 8.8 | 0 | 10.5 | | 0 | 0 | | | | | 0 | 0 | 0 |
| 61019010 | 毛制针织或钩编男式大衣、防风衣 | 0 | 0 | 18 | 0 | 18 | 0 | 2.5 | 0 | 0 | 5 | 12.5 | 0 | 20 | | 0 | 0 | | | | | 0 | 0 | |
| 61019090 | 其他纺织材料制针织或钩编男式大衣、防风衣 | 0 | 0 | 8.8 | 0 | 12.3 | 0 | 1.8 | 0 | 0 | 3.5 | 8.8 | 0 | 10.5 | | 0 | 0 | | | | | 0 | 0 | |
| 61021000 | 毛制针织或钩编女式大衣、防风衣 | 0 | 0 | 18 | 0 | 18 | 0 | 2.5 | 0 | 0 | 5 | 12.5 | 0 | 20 | | 0 | 0 | | | | | 0 | 0 | |
| 61022000 | 棉制针织或钩编女式大衣、防风衣 | 0 | 0 | 14 | 0 | 14 | 0 | | 0 | 0 | 3.5 | 8.8 | 0 | 10.5 | | 0 | 0 | | | | | 0 | 0 | 0 |
| 61023000 | 化纤制针织或钩编女式大衣等 | 0 | 0 | 8.8 | 0 | 12.3 | 0 | 1.8 | 0 | 0 | 3.5 | 8.8 | 0 | 10.5 | | 0 | 0 | | | | | 0 | 0 | 0 |
| 61029000 | 其他纺织材料制针织或钩编女式大衣、防风衣 | 0 | 0 | 10 | 0 | 13.8 | 0 | 2 | 0 | 0 | 4 | 10 | 0 | 14.6 | | 0 | 0 | | | | | 0 | 0 | |
| 61031010 | 毛制针织或钩编男式西服套装 | 0 | 0 | 18 | 0 | 18 | 0 | 2.5 | 0 | 0 | 5 | 12.5 | 0 | 20 | | 0 | 0 | | | | | 0 | 0 | |
| 61031020 | 合纤制针织或钩编男西服套装 | 0 | 0 | 18 | 0 | 18 | 0 | 2.5 | 0 | 0 | 5 | 12.5 | 0 | 20 | | 0 | 0 | | | | | 0 | 0 | |
| 61031090 | 其他纺织材料制针织或钩编男式西服套装 | 0 | 0 | 8.8 | 0 | 12.3 | 0 | 1.8 | 0 | 0 | 3.5 | 8.8 | 0 | 10.5 | | 0 | 0 | | 0 | | | 0 | 0 | 0 |
| 61032200 | 棉制针织或钩编男式便服套装 | 0 | 0 | 14.8 | 0 | 14.8 | 0 | 2 | 0 | 0 | 4 | 10 | 0 | 14.6 | | 0 | 0 | | 0 | | | 0 | 0 | 0 |
| 61032300 | 合纤制针织或钩编男便服套装 | 0 | 0 | 18 | 0 | 18 | 0 | 2.5 | 0 | 0 | 5 | 12.5 | 0 | 20 | | 0 | 0 | | | | | 0 | 0 | |
| 61032910 | 毛制针织或钩编男式便服套装 | 0 | 0 | 18 | 0 | 18 | 0 | 2.5 | 0 | 0 | 5 | 12.5 | 0 | 20 | | 0 | 0 | | | | | 0 | 0 | |
| 61032990 | 其他纺织材料制针织或钩编男式便服套装 | | 0 | 18 | 0 | 18 | 0 | 2.5 | 0 | 0 | 5 | 12.5 | 0 | 20 | | 0 | 0 | | 0 | | | 0 | 0 | 0 |
| 61033100 | 毛制针织或钩编男式上衣 | 0 | 0 | 8 | 0 | 11.7 | 0 | 1.6 | 0 | 0 | 3.2 | 8 | 0 | 9.6 | | 0 | 0 | | | | | 0 | 0 | |
| 61033200 | 棉制针织或钩编男式上衣 | 0 | 0 | 8 | 0 | 12 | 0 | 1.6 | 0 | 0 | 3.2 | 8 | 0 | 9.6 | | 0 | 0 | | 0 | 0 | 0 | 0 | 0 | 0 |
| 61033300 | 合纤制针织或钩编男式上衣 | 0 | 0 | 9.5 | 0 | 13.6 | 0 | 1.9 | 0 | 0 | 3.8 | 9.5 | 0 | 11.4 | | 0 | 0 | | | 0 | | 0 | 0 | 0 |
| 61033900 | 其他纺织材料制针织或钩编男式上衣 | 0 | 0 | 8 | 0 | 11.7 | 0 | 1.6 | 0 | 0 | 3.2 | 8 | 0 | 9.6 | | 0 | 0 | | 0 | 0 | | 0 | 0 | 0 |
| 61034100 | 毛制针织或钩编男长裤、工装裤等 | 0 | 0 | 8 | 0 | 11.7 | 0 | 1.6 | 0 | 0 | 3.2 | 8 | 0 | 9.6 | | 0 | 0 | 0 | | | | 0 | 0 | 0 |
| 61034200 | 棉制针织或钩编男长裤、工装裤等 | 0 | 0 | 8 | 0 | 13.6 | 0 | 1.6 | 0 | 0 | 3.2 | 8 | 0 | 9.6 | | 0 | 0 | 6.4 | 0 | 0 | 0 | 0 | 0 | 0 |
| 61034300 | 合纤制针织或钩编男长裤等 | 0 | 0 | 8.8 | 0 | 12.3 | 0 | 1.8 | 0 | 0 | 3.5 | 8.8 | 0 | 10.5 | | 0 | 0 | 0 | | 0 | | 0 | 0 | 0 |
| 61034900 | 其他纺织材料制针织或钩编男长裤等 | 0 | 0 | 8 | 0 | 11.7 | 0 | 1.6 | 0 | 0 | 3.2 | 8 | 0 | 9.6 | | 0 | 0 | 0 | 0 | 0 | | 0 | 0 | 0 |

| 税则号列 | 商品描述[①] | 协定税率(%) | | | | | | | | | | | | | | | | 特惠税率(%) | | | | | | |
|---|---|---|---|---|---|---|---|---|---|---|---|---|---|---|---|---|---|---|---|---|---|---|---|---|
| | | 香港 | 澳门 | 巴基斯坦 | 东盟 | 亚太 | 智利 | 秘鲁 | 哥斯达黎加 | 新西兰 | 澳大利亚 | 瑞士 | 冰岛 | 韩国 | 台湾 | 新加坡 | 格鲁吉亚 | 亚太2国[②] | 东盟 | | | 最不发达国家 | | |
| | | | | | | | | | | | | | | | | | | | 老挝 | 柬埔寨 | 缅甸 | LDC97[③] | LDC95[④] | LDC60[⑤] |
| 61041300 | 合纤制针织或钩编女西服套装 | 0 | 0 | 18 | 0 | 18 | 0 | 2.5 | 0 | 0 | 5 | 12.5 | 0 | 20 | | 0 | 0 | | | | | 0 | 0 | |
| 61041910 | 毛制针织或钩编女式西服套装 | 0 | 0 | 8.8 | 0 | 12.3 | 0 | 1.8 | 0 | 0 | 3.5 | 8.8 | 0 | 10.5 | | 0 | 0 | | | | | 0 | 0 | 0 |
| 61041920 | 棉制针织或钩编女式西服套装 | 0 | 0 | 14 | 0 | 14 | 0 | 1.8 | 0 | 0 | 3.5 | 8.8 | 0 | 10.5 | | 0 | 0 | | 0 | | | 0 | 0 | 0 |
| 61041990 | 其他纺织材料制针织或钩编女式西服套装 | 0 | 0 | 8.8 | 0 | 12.3 | 0 | 1.8 | 0 | 0 | 3.5 | 8.8 | 0 | 10.5 | | 0 | 0 | | 0 | | | 0 | 0 | 0 |
| 61042200 | 棉制针织或钩编女式便服套装 | 0 | 0 | 14 | 0 | 14 | 0 | 1.8 | 0 | 0 | 3.5 | 8.8 | 0 | 10.5 | | 0 | 0 | | 0 | | | 0 | 0 | 0 |
| 61042300 | 合纤制针织或钩编女便服套装 | 0 | 0 | 18 | 0 | 18 | 0 | 2.5 | 0 | 0 | 5 | 12.5 | 0 | 20 | | 0 | 0 | | | | | 0 | 0 | |
| 61042910 | 毛制针织或钩编女式便服套装 | 0 | 0 | 8.8 | 0 | 12.3 | 0 | 1.8 | 0 | 0 | 3.5 | 8.8 | 0 | 10.5 | | 0 | 0 | | | | | 0 | 0 | |
| 61042990 | 其他纺织材料制针织或钩编女式便服套装 | 0 | 0 | 7.5 | 0 | 10.4 | 0 | 1.5 | 0 | 0 | 3 | 7.5 | 0 | 9 | | 0 | 0 | | | | | 0 | 0 | 0 |
| 61043100 | 毛制针织女式上衣 | 0 | 0 | 8 | 0 | 11.7 | 0 | 1.6 | 0 | 0 | 3.2 | 8 | 0 | 9.6 | | 0 | 0 | | | | | 0 | 0 | 0 |
| 61043200 | 棉制针织女式上衣 | 0 | 0 | 13.6 | 0 | 13.6 | 0 | 1.6 | 0 | 0 | 3.2 | 8 | 0 | 9.6 | | 0 | 0 | | 0 | 0 | 0 | 0 | 0 | 0 |
| 61043300 | 合纤制针织女上衣 | 0 | 0 | 9.5 | 0 | 13.6 | 0 | 1.9 | 0 | 0 | 3.8 | 9.5 | 0 | 11.4 | | 0 | 0 | | | 0 | | 0 | 0 | 0 |
| 61043900 | 其他纺织材料制针织女上衣 | 0 | 0 | 8 | 0 | 11.7 | 0 | 1.6 | 0 | 0 | 3.2 | 8 | 0 | 9.6 | | 0 | 0 | | | 0 | | 0 | 0 | 0 |
| 61044100 | 毛制针织或钩编连衣裙 | 0 | 0 | 8 | 0 | 11.7 | 0 | 1.6 | 0 | 0 | 3.2 | 8 | 0 | 9.6 | | 0 | 0 | | | | | 0 | 0 | |
| 61044200 | 棉制针织或钩编连衣裙 | 0 | 0 | 8 | 0 | 13.6 | 0 | 1.6 | 0 | 0 | 3.2 | 8 | 0 | 9.6 | | 0 | 0 | | | | | 0 | 0 | 0 |
| 61044300 | 合纤制针织或钩编连衣裙 | 0 | 0 | 8.8 | 0 | 12.3 | 0 | 1.8 | 0 | 0 | 3.5 | 8.8 | 0 | 10.5 | | 0 | 0 | | | 0 | | 0 | 0 | 0 |
| 61044400 | 人纤制针织或钩编连衣裙 | 0 | 0 | 8 | 0 | 11.7 | 0 | 1.6 | 0 | 0 | 3.2 | 8 | 0 | 9.6 | | 0 | 0 | | | 0 | | 0 | 0 | 0 |
| 61044900 | 其他纺织材料制针织或钩编连衣裙 | 0 | 0 | 8 | 0 | 11.7 | 0 | 1.6 | 0 | 0 | 3.2 | 8 | 0 | 9.6 | | 0 | 0 | | | 0 | | 0 | 0 | 0 |
| 61045100 | 毛制针织或钩编裙子及裙裤 | 0 | 0 | 7 | 0 | 10.8 | 0 | 0 | 0 | 0 | 2.8 | 7 | 0 | 8.4 | | 0 | 0 | | | | | 0 | 0 | |
| 61045200 | 棉制针织裙子及裙裤 | 0 | 0 | 7 | 0 | 10.3 | 0 | 0 | 0 | 0 | 2.8 | 7 | 0 | 8.4 | | 0 | 0 | | | | | 0 | 0 | 0 |
| 61045300 | 合纤制针织或钩编裙子及裙裤 | 0 | 0 | 8 | 0 | 11.7 | 0 | 1.6 | 0 | 0 | 3.2 | 8 | 0 | 9.6 | | 0 | 0 | | | 0 | | 0 | 0 | 0 |
| 61045900 | 其他纺织材料制针织或钩编裙子及裙裤 | 0 | 0 | 7 | 0 | 10.8 | 0 | 0 | 0 | 0 | 2.8 | 7 | 0 | 8.4 | | 0 | 0 | | 0 | 0 | 0 | 0 | 0 | 0 |
| 61046100 | 毛制针织或钩编女长裤、工装裤等 | 0 | 0 | 8 | 0 | 11.7 | 0 | 1.6 | 0 | 0 | 3.2 | 8 | 0 | 9.6 | | 0 | 0 | | | | | 0 | 0 | 0 |
| 61046200 | 棉制针织或钩编女长裤、工装裤等 | 0 | 0 | 8 | 0 | 13.6 | 0 | 1.6 | 0 | 0 | 3.2 | 8 | 0 | 9.6 | | 0 | 0 | 6.4 | | | | 0 | 0 | 0 |
| 61046300 | 合纤制针织或钩编女长裤等 | 0 | 0 | 8.8 | 0 | 12.3 | 0 | 1.8 | 0 | 0 | 3.5 | 8.8 | 0 | 10.5 | | 0 | 0 | | | | | 0 | 0 | 0 |
| 61046900 | 其他纺织材料制针织或钩编女长裤等 | 0 | 0 | 8 | 0 | 12 | 0 | 1.6 | 0 | 0 | 3.2 | 8 | 0 | 9.6 | | 0 | 0 | 0 | | | | 0 | 0 | 0 |
| 61051000 | 棉制针织或钩编男衬衫 | 0 | 0 | 13.6 | 0 | 13.6 | 0 | | 0 | 0 | 3.2 | 8 | 0 | 9.6 | 0 | 0 | 0 | 11.2 | 0 | 0 | 0 | 0 | 0 | 0 |
| 61052000 | 化纤制针织或钩编男衬衫 | 0 | 0 | 8.8 | 0 | 12.3 | 0 | 1.8 | 0 | 0 | 3.5 | 8.8 | 0 | 10.5 | | 0 | 0 | 0 | | | | 0 | 0 | 0 |
| 61059000 | 其他纺织材料制针织或钩编男衬衫 | 0 | 0 | 8 | 0 | 11.7 | 0 | 1.6 | 0 | 0 | 3.2 | 8 | 0 | 9.6 | | 0 | 0 | 0 | | | | 0 | 0 | 0 |
| 61061000 | 棉制针织或钩编女衬衫 | 0 | 0 | 8 | 0 | 13.6 | 0 | 1.6 | 0 | 0 | 3.2 | 8 | 0 | 9.6 | | 0 | 0 | 6.4 | 0 | 0 | 0 | 0 | 0 | 0 |

| 税则号列 | 商品描述[①] | 协定税率(%) | | | | | | | | | | | | | | | | 特惠税率(%) | | | | | | |
|---|---|---|---|---|---|---|---|---|---|---|---|---|---|---|---|---|---|---|---|---|---|---|---|---|
| | | 香港 | 澳门 | 巴基斯坦 | 东盟 | 亚太 | 智利 | 秘鲁 | 哥斯达黎加 | 新西兰 | 澳大利亚 | 瑞士 | 冰岛 | 韩国 | 台湾 | 新加坡 | 格鲁吉亚 | 亚太2国[②] | 东盟 | | | 最不发达国家 | | |
| | | | | | | | | | | | | | | | | | | | 老挝 | 柬埔寨 | 缅甸 | LDC97[③] | LDC95[④] | LDC60[⑤] |
| 61062000 | 化纤制针织或钩编女衬衫 | 0 | 0 | 8.8 | 0 | 12.3 | 0 | 1.8 | 0 | 0 | 3.5 | 8.8 | 0 | 10.5 | | 0 | 0 | 0 | | | | 0 | 0 | 0 |
| 61069000 | 其他纺织材料制针织或钩编女衬衫 | 0 | 0 | 8 | 0 | 11.7 | 0 | 1.6 | 0 | 0 | 3.2 | 8 | 0 | 9.6 | 0 | 0 | 0 | 0 | | | | 0 | 0 | 0 |
| 61071100 | 棉制针织或钩编男内裤及三角裤 | 0 | 0 | 11.2 | 0 | | 0 | 1.4 | 0 | 0 | 2.8 | 7 | 0 | 8.4 | | 0 | 0 | 5.6 | 0 | 0 | 0 | 0 | 0 | 0 |
| 61071200 | 化纤制针织或钩编男内裤及三角裤 | 0 | 0 | 8 | 0 | 10.9 | 0 | 1.6 | 0 | 0 | 3.2 | 8 | 0 | 9.6 | | 0 | 0 | | | | | 0 | 0 | |
| 61071910 | 丝及绢丝制针织或钩编男内裤及三角裤 | 0 | 0 | 7 | 0 | 9.3 | 0 | 0 | 0 | 0 | 2.8 | 7 | 0 | 8.4 | | 0 | 0 | | | | | 0 | 0 | |
| 61071990 | 其他纺织材料制针织或钩编男内裤及三角裤 | 0 | 0 | 7 | 0 | 9.3 | 0 | 0 | 0 | 0 | 2.8 | 7 | 0 | 8.4 | | 0 | 0 | | | | | 0 | 0 | |
| 61072100 | 棉制针织或钩编男长睡衣及睡衣裤 | 0 | 0 | 11.2 | 0 | | 0 | | 0 | 0 | 2.8 | 7 | 0 | 8.4 | | 0 | 0 | 5.6 | 0 | 0 | 0 | 0 | 0 | 0 |
| 61072200 | 化纤制针织或钩编男睡衣裤 | 0 | 0 | 8 | 0 | 10.9 | 0 | 1.6 | 0 | 0 | 3.2 | 8 | 0 | 9.6 | | 0 | 0 | 0 | | | | 0 | 0 | 0 |
| 61072910 | 丝及绢丝制针织或钩编男长睡衣及睡衣裤 | 0 | 0 | 7 | 0 | 9.3 | 0 | 0 | 0 | 0 | 2.8 | 7 | 0 | 8.4 | | 0 | 0 | 0 | | | | 0 | 0 | 0 |
| 61072990 | 其他纺织材料制针织或钩编男长睡衣及睡衣裤 | 0 | 0 | 7 | 0 | 9.3 | 0 | 0 | 0 | 0 | 2.8 | 7 | 0 | 8.4 | | 0 | 0 | 0 | 0 | 0 | 0 | 0 | 0 | 0 |
| 61079100 | 棉制针织或钩编男浴衣、晨衣 | 0 | 0 | 7 | 0 | | 0 | 0 | 0 | 0 | 2.8 | 7 | 0 | 8.4 | | 0 | 0 | | | | | 0 | 0 | |
| 61079910 | 化纤制针织或钩编男浴衣、晨衣 | 0 | 0 | 8 | 0 | 10.9 | 0 | 1.6 | 0 | 0 | 3.2 | 8 | 0 | 9.6 | | 0 | 0 | | | | | 0 | 0 | |
| 61079990 | 其他纺织材料制针织或钩编男浴衣、晨衣 | | | 7 | 0 | 9.3 | 0 | 0 | 0 | 0 | 2.8 | 7 | 0 | 8.4 | | 0 | 0 | | | | | 0 | 0 | |
| 61081100 | 化纤制针织或钩编长衬裙及衬裙 | 0 | 0 | 8 | 0 | 10.9 | 0 | 1.6 | 0 | 0 | 3.2 | 8 | 0 | 9.6 | | 0 | 0 | | | | | 0 | 0 | |
| 61081910 | 棉制针织或钩编女式长衬裙及衬裙 | 0 | 0 | 7 | 0 | | 0 | 0 | 0 | 0 | 2.8 | 7 | 0 | 8.4 | | 0 | 0 | | | | | 0 | 0 | 0 |
| 61081920 | 丝及绢丝制针织或钩编女式长衬裙及衬裙 | 0 | 0 | 7 | 0 | | 0 | 0 | 0 | 0 | 2.8 | 7 | 0 | 8.4 | | 0 | 0 | | | | | 0 | 0 | |
| 61081990 | 其他纺织材料制针织或钩编女式长衬裙及衬裙 | 0 | 0 | 7 | 0 | 9.3 | 0 | 0 | 0 | 0 | 2.8 | 7 | 0 | 8.4 | | 0 | 0 | | | | | 0 | 0 | |
| 61082100 | 棉制针织或钩编女三角裤及短衬裤 | 0 | 0 | 11.2 | 0 | | 0 | 0 | 0 | 0 | 2.8 | 7 | 0 | 8.4 | | 0 | 0 | | 0 | 0 | 0 | 0 | 0 | 0 |
| 61082200 | 化纤制针织或钩编女三角裤及短衬裤 | 0 | 0 | 8 | 0 | 10.9 | 0 | 1.6 | 0 | 0 | 3.2 | 8 | 0 | 9.6 | | 0 | 0 | | | | | 0 | 0 | 0 |
| 61082910 | 丝及绢丝制针织或钩编女三角裤及短衬裤 | 0 | 0 | 7 | 0 | 9.3 | 0 | 0 | 0 | 0 | 2.8 | 7 | 0 | 8.4 | | 0 | 0 | | | | | 0 | 0 | |
| 61082990 | 其他纺织材料制针织或钩编女三角裤及短衬裤 | 0 | 0 | 7 | 0 | 9.3 | 0 | 0 | 0 | 0 | 2.8 | 7 | 0 | 8.4 | | 0 | 0 | | | | | 0 | 0 | |
| 61083100 | 棉制针织或钩编女睡衣及睡衣裤 | 0 | 0 | 11.2 | 0 | | 0 | 1.4 | 0 | 0 | 2.8 | 7 | 0 | 8.4 | | 0 | 0 | 5.6 | 0 | 0 | 0 | 0 | 0 | 0 |
| 61083200 | 化纤制针织或钩编女睡衣及睡衣裤 | 0 | 0 | 8 | 0 | 10.9 | 0 | 1.6 | 0 | 0 | 3.2 | 8 | 0 | 9.6 | | 0 | 0 | 0 | | | | 0 | 0 | 0 |

| 税则号列 | 商品描述[①] | 协定税率(%) | | | | | | | | | | | | | | | | 特惠税率(%) | | | | | | |
|---|---|---|---|---|---|---|---|---|---|---|---|---|---|---|---|---|---|---|---|---|---|---|---|---|
| | | 香港 | 澳门 | 巴基斯坦 | 东盟 | 亚太 | 智利 | 秘鲁 | 哥斯达黎加 | 新西兰 | 澳大利亚 | 瑞士 | 冰岛 | 韩国 | 台湾 | 新加坡 | 格鲁吉亚 | 亚太2国[②] | 东盟 | | | 最不发达国家 | | |
| | | | | | | | | | | | | | | | | | | | 老挝 | 柬埔寨 | 缅甸 | LDC97[③] | LDC95[④] | LDC60[⑤] |
| 61083910 | 丝及绢丝制针织或钩编女睡衣及睡衣裤 | 0 | 0 | 7 | 0 | 9.3 | 0 | 0 | 0 | 0 | 2.8 | 7 | 0 | 8.4 | | 0 | 0 | 0 | | | | 0 | 0 | 0 |
| 61083990 | 其他纺织材料制针织或钩编女睡衣及睡衣裤 | 0 | 0 | 7 | 0 | 9.3 | 0 | 0 | 0 | 0 | 2.8 | 7 | 0 | 8.4 | | 0 | 0 | 0 | | | | 0 | 0 | 0 |
| 61089100 | 棉制针织或钩编女浴衣、晨衣 | 0 | 0 | 11.2 | 0 | | 0 | 1.4 | 0 | 0 | 2.8 | 7 | 0 | 8.4 | | 0 | 0 | | 0 | 0 | 0 | 0 | 0 | 0 |
| 61089200 | 化纤制针织或钩编女浴衣、晨衣 | 0 | 0 | 8 | 0 | 10.9 | 0 | 1.6 | 0 | 0 | 3.2 | 8 | 0 | 9.6 | | 0 | 0 | | | | | 0 | 0 | 0 |
| 61089900 | 其他纺织材料制针织或钩编女浴衣、晨衣 | 0 | 0 | 7 | 0 | 9.3 | 0 | 0 | 0 | 0 | 2.8 | 7 | 0 | 8.4 | | 0 | 0 | | | | | 0 | 0 | |
| 61091000 | 棉制针织或钩编T恤衫、汗衫等 | 0 | 0 | 9.4 | 0 | 9.4 | 0 | 1.4 | 0 | 0 | 2.8 | 7 | 0 | 2.8 | | 0 | 0 | | 0 | 0 | 0 | 0 | 0 | 0 |
| 61099010 | 丝及绢丝制针织或钩编T恤衫、汗衫等 | 0 | 0 | 7 | 0 | 9.3 | 0 | 0 | 0 | 0 | 2.8 | 7 | 0 | 8.4 | | 0 | 0 | 0 | | | | 0 | 0 | 0 |
| 61099090 | 其他纺织材料制针织或钩编T恤衫、汗衫等 | 0 | 0 | 9.3 | 0 | 9.3 | 0 | 1.4 | 0 | 0 | 2.8 | 7 | 0 | 8.4 | | 0 | 0 | 0 | 0 | 0 | 0 | 0 | 0 | 0 |
| 61101100 | 羊毛制针织或钩编套头衫等 | 0 | 0 | 0 | 0 | 9.3 | 0 | 1.4 | 0 | 0 | 2.8 | 7 | 0 | 2.8 | 0 | 0 | 0 | 0 | 0 | 0 | 0 | 0 | 0 | 0 |
| 61101200 | 喀什米尔山羊细毛制针织或钩编套头衫等 | 0 | 0 | 0 | 0 | 9.3 | 0 | 0 | 0 | 0 | 2.8 | 7 | 0 | 8.4 | | 0 | 0 | | | | | 0 | 0 | 0 |
| 61101910 | 其他山羊细毛制针织或钩编套头衫等 | 0 | 0 | 0 | 0 | 9.3 | 0 | 0 | 0 | 0 | 2.8 | 7 | 0 | 8.4 | | 0 | 0 | | | | | 0 | 0 | 0 |
| 61101920 | 兔毛制针织或钩编套头衫等 | 0 | 0 | 0 | 0 | 9.3 | 0 | 0 | 0 | 0 | 2.8 | 7 | 0 | 8.4 | | 0 | 0 | | | | | 0 | 0 | |
| 61101990 | 其他毛制针织或钩编套头衫等 | 0 | 0 | 0 | 0 | 9.3 | 0 | 1.4 | 0 | 0 | 2.8 | 7 | 0 | 8.4 | | 0 | 0 | | | | | 0 | 0 | 0 |
| 61102000 | 棉制针织或钩编套头衫等 | 0 | 0 | 0 | 0 | 11 | 0 | 1.4 | 0 | 0 | 2.8 | 7 | 0 | 8.4 | 0 | 0 | 0 | 5.6 | 0 | 0 | 0 | 0 | 0 | 0 |
| 61103000 | 化纤制针织或钩编套头衫等 | 0 | 0 | 0 | 0 | 10.9 | 0 | 1.6 | 0 | 0 | 3.2 | 8 | 0 | 11.7 | 0 | 0 | 0 | 0 | | | | 0 | 0 | 0 |
| 61109010 | 丝及绢丝制针织或钩编套头衫等 | 0 | 0 | 0 | 0 | 9.3 | 0 | 0 | 0 | 0 | 2.8 | 7 | 0 | 8.4 | | 0 | 0 | 0 | | | | 0 | 0 | 0 |
| 61109090 | 其他纺织材料制针织或钩编套头衫等 | 0 | 0 | 0 | 0 | 9.3 | 0 | 1.4 | 0 | 0 | 2.8 | 7 | 0 | 8.4 | | 0 | 0 | 0 | | | | 0 | 0 | 0 |
| 61112000 | 棉制针织或钩编婴儿服装及附件 | 0 | 0 | 11.2 | 0 | | 0 | 0 | 0 | 0 | 2.8 | 7 | 0 | 8.4 | | 0 | 0 | | | | | 0 | 0 | 0 |
| 61113000 | 合纤制针织婴儿服装及附件 | 0 | 0 | 8 | 0 | 10.9 | 0 | 1.6 | 0 | 0 | 3.2 | 8 | 0 | 9.6 | | 0 | 0 | | | | | 0 | 0 | 0 |
| 61119010 | 毛制针织或钩编婴儿服装及附件 | 0 | 0 | 7 | 0 | 9.3 | 0 | 0 | 0 | 0 | 2.8 | 7 | 0 | 8.4 | | 0 | 0 | | | | | 0 | 0 | 0 |
| 61119090 | 其他纺织材料制针织或钩编婴儿服装及附件 | 0 | 0 | 7 | 0 | 9.3 | 0 | 1.4 | 0 | 0 | 2.8 | 7 | 0 | 8.4 | | 0 | 0 | | | | | 0 | 0 | |
| 61121100 | 棉制针织或钩编运动服 | 0 | 0 | 8 | 0 | 13.6 | 0 | 1.6 | 0 | 0 | 3.2 | 8 | 0 | 9.6 | | 0 | 0 | | | | | 0 | 0 | |
| 61121200 | 合纤制针织或钩编运动服 | 0 | 0 | 8.8 | 0 | 12.3 | 0 | 1.8 | 0 | 0 | 3.5 | 8.8 | 0 | 10.5 | | 0 | 0 | | | | | 0 | 0 | 0 |
| 61121900 | 其他纺织材料制针织或钩编运动服 | 0 | 0 | 8 | 0 | 11.7 | 0 | 1.6 | 0 | 0 | 3.2 | 8 | 0 | 9.6 | | 0 | 0 | | | | | 0 | 0 | 0 |
| 61122010 | 棉制针织或钩编滑雪服 | | | 8 | 0 | 13.6 | 0 | 1.6 | 0 | 0 | 3.2 | 8 | 0 | 9.6 | | 0 | 0 | | | | | 0 | 0 | 0 |
| 61122090 | 其他纺织材料制针织或钩编滑雪服 | | | 9.5 | 0 | 13.6 | 0 | 1.9 | 0 | 0 | 3.8 | 9.5 | 0 | 11.4 | | 0 | 0 | | | | | 0 | 0 | |

| 税则号列 | 商品描述[1] | 协定税率(%) | | | | | | | | | | | | | | | | 特惠税率(%) | | | | | | |
|---|---|---|---|---|---|---|---|---|---|---|---|---|---|---|---|---|---|---|---|---|---|---|---|---|
| | | 香港 | 澳门 | 巴基斯坦 | 东盟 | 亚太 | 智利 | 秘鲁 | 哥斯达黎加 | 新西兰 | 澳大利亚 | 瑞士 | 冰岛 | 韩国 | 台湾 | 新加坡 | 格鲁吉亚 | 亚太2国[2] | 东盟 老挝 | 东盟 柬埔寨 | 东盟 缅甸 | 最不发达国家 LDC97[3] | 最不发达国家 LDC95[4] | 最不发达国家 LDC60[5] |
| 61123100 | 合纤制针织或钩编男式游泳服 | 0 | 0 | 8.8 | 0 | 12.3 | 0 | 1.8 | 0 | 0 | 3.5 | 8.8 | 0 | 10.5 | | 0 | 0 | | | | | 0 | 0 | |
| 61123900 | 其他纺织材料制针织或钩编男式游泳服 | 0 | 0 | 8 | 0 | 11.7 | 0 | 1.6 | 0 | 0 | 3.2 | 8 | 0 | 9.6 | | 0 | 0 | | | | | 0 | 0 | |
| 61124100 | 合纤制针织或钩编女式游泳服 | 0 | 0 | 8.8 | 0 | 12.3 | 0 | 1.8 | 0 | 0 | 3.5 | 8.8 | 0 | 10.5 | 0 | 0 | 0 | | | | | 0 | 0 | |
| 61124900 | 其他纺织材料制针织或钩编女式游泳服 | 0 | 0 | 8 | 0 | 11.7 | 0 | 1.6 | 0 | 0 | 3.2 | 8 | 0 | 9.6 | | 0 | 0 | | | | | 0 | 0 | |
| 61130000 | 涂层经处理针织或钩编织物制服装 | 0 | 0 | 8 | 0 | 11.7 | 0 | 1.6 | 0 | 0 | 3.2 | 8 | 0 | 9.6 | | 0 | 0 | 0 | | | | 0 | 0 | 0 |
| 61142000 | 棉制针织或钩编的其他服装 | 0 | 0 | 12.8 | 0 | | 0 | | 0 | 0 | 3.2 | 8 | 0 | 9.6 | | 0 | 0 | 6.4 | | | | 0 | 0 | 0 |
| 61143000 | 化纤制针织或钩编的其他服装 | 0 | 0 | 14 | 0 | | 0 | 1.8 | 0 | 0 | 3.5 | 8.8 | 0 | 10.5 | | 0 | 0 | | | | | 0 | 0 | 0 |
| 61149010 | 毛制针织或钩编的其他服装 | 0 | 0 | 12.8 | 0 | | 0 | 1.6 | 0 | 0 | 3.2 | 8 | 0 | 9.6 | | 0 | 0 | | | | | 0 | 0 | |
| 61149090 | 其他纺织材料制针织或钩编的其他服装 | 0 | 0 | 12.8 | 0 | | 0 | 1.6 | 0 | 0 | 3.2 | 8 | 0 | 9.6 | | 0 | 0 | | | | | 0 | 0 | |
| 61151000 | 渐紧压袜类连裤袜 | 0 | 0 | 8 | 0 | 9.3 | 0 | 1.6 | 0 | 0 | 3.2 | 9.9 | 0 | 9.6 | | 0 | 0 | | | | | 0 | 0 | |
| 61152100 | 单丝<67 分特合纤制连裤袜等 | 0 | 0 | 12.8 | 0 | 14.4 | 0 | 1.6 | 0 | 0 | 3.2 | 8 | 0 | 9.6 | | 0 | 0 | | | | | 0 | 0 | |
| 61152200 | 单丝≥67 分特合纤制连裤袜等 | | 0 | 8 | 0 | 10.9 | 0 | 1.6 | 0 | 0 | 3.2 | 8 | 0 | 9.6 | 0 | 0 | 0 | | | | | 0 | 0 | |
| 61152910 | 棉制针织或钩编连裤袜及紧身裤袜 | | 0 | 11.2 | 0 | | 0 | 0 | 0 | 0 | 2.8 | 7 | 0 | 8.4 | | 0 | 0 | | | | | 0 | 0 | 0 |
| 61152990 | 其他纺织材料制针织连裤袜及紧身裤袜 | | 0 | 7 | 0 | 9.3 | 0 | 0 | 0 | 0 | 2.8 | 7 | 0 | 8.4 | 0 | 0 | 0 | | | | | 0 | 0 | |
| 61153000 | 单丝<67 分特制针织或钩编女筒袜 | | | 7 | 0 | 9.3 | 0 | 0 | 0 | 0 | 2.8 | 7 | 0 | 8.4 | | 0 | 0 | 0 | | | | 0 | 0 | 0 |
| 61159400 | 毛制针织或钩编短袜及其他袜类 | 0 | 0 | 11.2 | 0 | | 0 | 0 | 0 | 0 | 2.8 | 7 | 0 | 8.4 | | 0 | 0 | | | | | 0 | 0 | |
| 61159500 | 棉制针织或钩编短袜及其他袜类 | 0 | 0 | 11.2 | 0 | | 0 | 1.4 | 0 | 0 | 2.8 | 7 | 0 | 8.4 | | 0 | 0 | | | | | 0 | 0 | 0 |
| 61159600 | 合纤制针织或钩编短袜及其他袜类 | 0 | 0 | 8 | 0 | 10.9 | 0 | 1.6 | 0 | 0 | 3.2 | 8 | 0 | 9.6 | | 0 | 0 | | | | | 0 | 0 | 0 |
| 61159900 | 其他纺织材料制针织或钩编短袜及其他袜类 | 0 | 0 | 7 | 0 | 9.3 | 0 | 0 | 0 | 0 | 2.8 | 7 | 0 | 8.4 | 0 | 0 | 0 | | | | | 0 | 0 | |
| 61161000 | 塑料或橡胶浸渍的针织或钩织手套 | 0 | 0 | | 0 | | 0 | 0 | 0 | 0 | 2.8 | 7 | 0 | 8.4 | | 0 | 0 | | | | | 0 | 0 | 0 |
| 61169100 | 毛制其他针织或钩编手套 | 0 | 0 | 7 | 0 | | 0 | 0 | 0 | 0 | 2.8 | 7 | 0 | 8.4 | | 0 | 0 | | | | | 0 | 0 | 0 |
| 61169200 | 棉制其他针织或钩编手套 | 0 | 0 | | 0 | | 0 | 0 | 0 | 0 | 2.8 | 7 | 0 | 8.4 | | 0 | 0 | | | | | 0 | 0 | |
| 61169300 | 合纤制其他针织或钩编手套 | 0 | 0 | 8 | 0 | 10.9 | 0 | 1.6 | 0 | 0 | 3.2 | 8 | 0 | 9.6 | | 0 | 0 | | | | | 0 | 0 | 0 |
| 61169900 | 其他纺织材料制针织或钩编手套 | 0 | 0 | 9.3 | 0 | 9.3 | 0 | 1.4 | 0 | 0 | 2.8 | 7 | 0 | 8.4 | | 0 | 0 | | | | | 0 | 0 | 0 |
| 61171011 | 山羊绒制披巾、头巾、围巾、披纱、面纱及类似品 | 0 | 0 | 0 | 0 | 9.3 | 0 | 1.4 | 0 | 0 | 2.8 | 7 | 0 | 8.4 | | 0 | 0 | | | | | 0 | 0 | 0 |

| 税则号列 | 商品描述[①] | 协定税率(%) | | | | | | | | | | | | | | | | 特惠税率(%) | | | | | | |
|---|---|---|---|---|---|---|---|---|---|---|---|---|---|---|---|---|---|---|---|---|---|---|---|---|
| | | 香港 | 澳门 | 巴基斯坦 | 东盟 | 亚太 | 智利 | 秘鲁 | 哥斯达黎加 | 新西兰 | 澳大利亚 | 瑞士 | 冰岛 | 韩国 | 台湾 | 新加坡 | 格鲁吉亚 | 亚太2国[②] | 东盟 | | | 最不发达国家 | | |
| | | | | | | | | | | | | | | | | | | | 老挝 | 柬埔寨 | 缅甸 | LDC97[③] | LDC95[④] | LDC60[⑤] |
| 61171019 | 其他动物细毛制披巾、头巾、围巾、披纱、面纱及类似品 | 0 | 0 | 0 | 0 | 9.3 | 0 | 1.4 | 0 | 0 | 2.8 | 7 | 0 | 8.4 | | 0 | 0 | | | | | 0 | 0 | 0 |
| 61171020 | 羊毛制披巾、头巾、围巾、披纱、面纱及类似品 | 0 | 0 | 0 | 0 | 9.3 | 0 | 1.4 | 0 | 0 | 2.8 | 7 | 0 | 8.4 | | 0 | 0 | | | | | 0 | 0 | 0 |
| 61171090 | 其他制的披巾、头巾、围巾、披纱、面纱及类似品 | 0 | 0 | 0 | 0 | 9.3 | 0 | 1.4 | 0 | 0 | 2.8 | 7 | 0 | 8.4 | | 0 | 0 | | | | | 0 | 0 | 0 |
| 61178010 | 针织或钩编领带及领结 | 0 | 0 | 0 | 0 | 9.3 | 0 | 0 | 0 | 0 | 2.8 | 7 | 0 | 8.4 | 0 | 0 | 0 | | | | | 0 | 0 | 0 |
| 61178090 | 针织或钩编其他衣着附件 | 0 | 0 | 0 | 0 | 9.3 | 0 | 1.4 | 0 | 0 | 2.8 | 7 | 0 | 8.4 | 0 | 0 | 0 | | | | | 0 | 0 | 0 |
| 61179000 | 其他针织或钩编衣着零件 | 0 | 0 | 0 | 0 | 7 | 0 | 0 | 0 | 0 | 2.8 | 7 | 0 | 8.4 | 0 | 0 | 0 | | | | | 0 | 0 | 0 |
| 62011100 | 毛制男式大衣、斗篷及类似品 | 0 | 0 | 8 | 0 | 11.7 | 0 | 1.6 | 0 | 0 | 3.2 | 8 | 0 | 9.6 | | 0 | 0 | | | | | 0 | 0 | 0 |
| 62011210 | 棉制男式羽绒服 | 0 | 0 | 12.8 | 0 | | 0 | 1.6 | 0 | 0 | 3.2 | 8 | 0 | 9.6 | | 0 | 0 | | | | | 0 | 0 | |
| 62011290 | 棉制男式大衣、斗篷及类似品 | 0 | 0 | 12.8 | 0 | | 0 | 1.6 | 0 | 0 | 3.2 | 8 | 0 | 9.6 | | 0 | 0 | | | | | 0 | 0 | 0 |
| 62011310 | 化纤制男式羽绒服 | 0 | 0 | 8.8 | 0 | 12.3 | 0 | 1.8 | 0 | 0 | 3.5 | 8.8 | 0 | 10.5 | | 0 | | | | | | 0 | 0 | 0 |
| 62011390 | 化纤制男式大衣、斗篷及类似品 | 0 | 0 | 8.8 | 0 | 12.3 | 0 | 1.8 | 0 | 0 | 3.5 | 8.8 | 0 | 10.5 | | 0 | 0 | | | | | 0 | 0 | 0 |
| 62011900 | 其他纺织材料制男式大衣、斗篷及类似品 | 0 | 0 | 8 | 0 | 11.7 | 0 | 1.6 | 0 | 0 | 3.2 | 8 | 0 | 9.6 | | 0 | 0 | | | | | 0 | 0 | 0 |
| 62019100 | 毛制男式带风帽防寒短上衣、防风衣 | 0 | 0 | 8 | 0 | 11.7 | 0 | 1.6 | 0 | 0 | 3.2 | 8 | 0 | 9.6 | | 0 | 0 | | | | | 0 | 0 | 0 |
| 62019210 | 棉制男式其他羽绒服 | 0 | 0 | 12.8 | 0 | | 0 | 1.6 | 0 | 0 | 3.2 | 8 | 0 | 9.6 | | 0 | 0 | | | | | 0 | 0 | 0 |
| 62019290 | 棉制男式带风帽防寒短上衣、防风衣 | 0 | 0 | 12.8 | 0 | | 0 | 1.6 | 0 | 0 | 3.2 | 8 | 0 | 9.6 | | 0 | 0 | | 0 | 0 | 0 | 0 | 0 | 0 |
| 62019310 | 化纤制男式其他羽绒服 | 0 | 0 | 8.8 | 0 | 12.3 | 0 | 1.8 | 0 | 0 | 3.5 | 8.8 | 0 | 10.5 | | 0 | 0 | | | | | 0 | 0 | 0 |
| 62019390 | 化纤制男式防寒短上衣、防风衣 | 0 | 0 | 8.8 | 0 | 12.3 | 0 | 1.8 | 0 | 0 | 3.5 | 8.8 | 0 | 10.5 | | 0 | 0 | | | | | 0 | 0 | 0 |
| 62019900 | 其他纺织材料制男式防寒短上衣、防风衣 | 0 | 0 | 8 | 0 | 11.7 | 0 | 1.6 | 0 | 0 | 3.2 | 8 | 0 | 9.6 | | 0 | 0 | | | | 0 | 0 | 0 | 0 |
| 62021100 | 毛制女式大衣、斗篷及类似品等 | 0 | 0 | 8 | 0 | 11.7 | 0 | 1.6 | 0 | 0 | 3.2 | 8 | 0 | 9.6 | | 0 | 0 | | | | | 0 | 0 | 0 |
| 62021210 | 棉制女式羽绒服 | 0 | 0 | 12.8 | 0 | | 0 | 1.6 | 0 | 0 | 3.2 | 8 | 0 | 9.6 | | 0 | 0 | | | | | 0 | 0 | |
| 62021290 | 棉制女式大衣、斗篷及类似品等 | 0 | 0 | 12.8 | 0 | | 0 | 1.6 | 0 | 0 | 3.2 | 8 | 0 | 9.6 | | 0 | 0 | | | | | 0 | 0 | 0 |
| 62021310 | 化纤制女式羽绒服 | 0 | 0 | 9.5 | 0 | 13.6 | 0 | 1.9 | 0 | 0 | 3.8 | 9.5 | 0 | 11.4 | | 0 | 0 | | | | | 0 | 0 | 0 |
| 62021390 | 化纤制女式大衣、斗篷及类似品 | 0 | 0 | 9.5 | 0 | 13.6 | 0 | 1.9 | 0 | 0 | 3.8 | 9.5 | 0 | 11.4 | | 0 | 0 | | | | | 0 | 0 | 0 |
| 62021900 | 其他纺织材料制女式大衣、斗篷及类似品 | 0 | 0 | 8 | 0 | 11.7 | 0 | 1.6 | 0 | 0 | 3.2 | 8 | 0 | 9.6 | | 0 | 0 | | | | | 0 | 0 | 0 |
| 62029100 | 毛制女式带风帽防寒短上衣、防风衣 | 0 | 0 | 8 | 0 | 11.7 | 0 | 1.6 | 0 | 0 | 3.2 | 8 | 0 | 9.6 | | 0 | 0 | | | | | 0 | 0 | |
| 62029210 | 棉制女式其他羽绒服 | 0 | 0 | 12.8 | 0 | | 0 | 1.6 | 0 | 0 | 3.2 | 8 | 0 | 9.6 | | 0 | | | | | | 0 | 0 | |
| 62029290 | 棉制女式带风帽防寒短上衣、防风衣 | 0 | 0 | 12.8 | 0 | | 0 | 1.6 | 0 | 0 | 3.2 | 8 | 0 | 9.6 | | 0 | 0 | | | | | 0 | 0 | 0 |

| 税则号列 | 商品描述[①] | 协定税率(%) | | | | | | | | | | | | | | | | 特惠税率(%) | | | | | | |
|---|---|---|---|---|---|---|---|---|---|---|---|---|---|---|---|---|---|---|---|---|---|---|---|---|
| | | 香港 | 澳门 | 巴基斯坦 | 东盟 | 亚太 | 智利 | 秘鲁 | 哥斯达黎加 | 新西兰 | 澳大利亚 | 瑞士 | 冰岛 | 韩国 | 台湾 | 新加坡 | 格鲁吉亚 | 亚太2国[②] | 东盟 | | | 最不发达国家 | | |
| | | | | | | | | | | | | | | | | | | | 老挝 | 柬埔寨 | 缅甸 | LDC97[③] | LDC95[④] | LDC60[⑤] |
| 62029310 | 化纤制女式其他羽绒服 | 0 | 0 | 8.8 | 0 | 12.3 | 0 | 1.8 | 0 | 0 | 3.5 | 8.8 | 0 | 10.5 | | 0 | | | | | | 0 | 0 | 0 |
| 62029390 | 化纤制女式防风衣等 | 0 | 0 | 8.8 | 0 | 12.3 | 0 | 1.8 | 0 | 0 | 3.5 | 8.8 | 0 | 10.5 | | 0 | 0 | | | | | 0 | 0 | 0 |
| 62029900 | 其他纺织材料制防风衣、防风短上衣等 | 0 | 0 | 8 | 0 | 11.7 | 0 | 1.6 | 0 | 0 | 3.2 | 8 | 0 | 9.6 | | 0 | 0 | | | | | 0 | 0 | 0 |
| 62031100 | 毛制男式西服套装 | 0 | 0 | 8.8 | 0 | 12.3 | 0 | 1.8 | 0 | 0 | 3.5 | 0 | 0 | 10.5 | | 0 | 0 | | | | | 0 | 0 | 0 |
| 62031200 | 合纤制男式西服套装 | 0 | 0 | 8.8 | 0 | 12.3 | 0 | 1.8 | 0 | 0 | 3.5 | 8.8 | 0 | 10.5 | | 0 | 0 | | | | | 0 | 0 | 0 |
| 62031910 | 丝及绢丝制男式西服套装 | 0 | 0 | 8.8 | 0 | 12.3 | 0 | 1.8 | 0 | 0 | 3.5 | 8.8 | 0 | 10.5 | | 0 | 0 | | | | | 0 | 0 | |
| 62031990 | 其他纺织材料制男式西服套装 | 0 | 0 | 8.8 | 0 | 12.3 | 0 | 1.8 | 0 | 0 | 3.5 | 10.8 | 0 | 10.5 | | 0 | 0 | | | | | 0 | 0 | |
| 62032200 | 棉制男式便服套装 | 0 | 0 | 14 | 0 | | 0 | 1.8 | 0 | 0 | 3.5 | 8.8 | 0 | 10.5 | | 0 | 0 | | | | | 0 | 0 | 0 |
| 62032300 | 合纤制男式便服套装 | 0 | 0 | 8.8 | 0 | 12.3 | 0 | 1.8 | 0 | 0 | 3.5 | 8.8 | 0 | 10.5 | | 0 | 0 | | | | | 0 | 0 | 0 |
| 62032910 | 丝及绢丝制男式便服套装 | | 0 | 8.8 | 0 | 12.3 | 0 | 1.8 | 0 | 0 | 3.5 | 8.8 | 0 | 10.5 | | 0 | 0 | | | | | 0 | 0 | |
| 62032920 | 毛制男式便服套装 | 0 | 0 | 8.8 | 0 | 12.3 | 0 | 1.8 | 0 | 0 | 3.5 | 8.8 | 0 | 10.5 | | 0 | 0 | | | | | 0 | 0 | |
| 62032990 | 其他纺织材料制男式便服套装 | 0 | 0 | 8.8 | 0 | 12.3 | 0 | 1.8 | 0 | 0 | 3.5 | 8.8 | 0 | 10.5 | | 0 | 0 | | | | | 0 | 0 | |
| 62033100 | 毛制男式上衣 | 0 | 0 | 8 | 0 | 11.7 | 0 | 1.6 | 0 | 0 | 3.2 | 8 | 0 | 9.6 | | 0 | 0 | 9.6 | 0 | 0 | 0 | 0 | 0 | 0 |
| 62033200 | 棉制男式上衣 | 0 | 0 | 12.8 | 0 | 14.4 | 0 | 1.6 | 0 | 0 | 3.2 | 8 | 0 | 9.6 | | 0 | 0 | 11.2 | 0 | 0 | 0 | 0 | 0 | 0 |
| 62033300 | 合纤制男式上衣 | 0 | 0 | 8.8 | 0 | 12.3 | 0 | 1.8 | 0 | 0 | 3.5 | 8.8 | 0 | 3.5 | | 0 | 0 | | | | | 0 | 0 | 0 |
| 62033910 | 丝及绢丝制男式上衣 | 0 | 0 | 8 | 0 | 11.7 | 0 | 1.6 | 0 | 0 | 3.2 | 8 | 0 | 9.6 | | 0 | 0 | 9.6 | | | | 0 | 0 | 0 |
| 62033990 | 其他纺织材料制男式上衣 | 0 | 0 | 8 | 0 | 11.7 | 0 | 1.6 | 0 | 0 | 3.2 | 8 | 0 | 9.6 | | 0 | 0 | 9.6 | | | | 0 | 0 | 0 |
| 62034100 | 毛制男式长裤、工装裤等 | 0 | 0 | 8 | 0 | 11.7 | 0 | 1.6 | 0 | 0 | 3.2 | 0 | 0 | 9.6 | | 0 | 0 | 0 | | | | 0 | 0 | 0 |
| 62034210 | 棉制男式阿拉伯裤 | 0 | 0 | 8 | 0 | 12.9 | 0 | 1.6 | 0 | 0 | 3.2 | 8 | 0 | 9.6 | | 0 | 0 | 11.2 | | | | 0 | 0 | |
| 62034290 | 棉制男式长裤、工装裤等 | 0 | 0 | 8 | 0 | 12.9 | 0 | 1.6 | 0 | 0 | 3.2 | 8 | 0 | 9.6 | | 0 | 0 | 11.2 | 0 | 0 | 0 | 0 | 0 | 0 |
| 62034310 | 合纤制男式阿拉伯裤 | 0 | 0 | 8.8 | 0 | 13.1 | 0 | 1.8 | 0 | 0 | 3.5 | 8.8 | 0 | 10.5 | | 0 | 0 | | | | | 0 | 0 | |
| 62034390 | 合纤制男式长裤、工装裤等 | 0 | 0 | 8.8 | 0 | 13.1 | 0 | 1.8 | 0 | 0 | 3.5 | 8.8 | 0 | 10.5 | | 0 | 0 | | | | | 0 | 0 | 0 |
| 62034910 | 其他纺织材料制男式阿拉伯裤 | 0 | 0 | 8 | 0 | 11.7 | 0 | 1.6 | 0 | 0 | 3.2 | 8 | 0 | 9.6 | | 0 | 0 | 0 | | | | 0 | 0 | 0 |
| 62034990 | 其他纺织材料制男童裤、工装裤 | 0 | 0 | 8 | 0 | 11.7 | 0 | 1.6 | 0 | 0 | 3.2 | 8 | 0 | 9.6 | | 0 | 0 | 0 | | | | 0 | 0 | 0 |
| 62041100 | 毛制女式西服套装 | 0 | 0 | 8.8 | 0 | 12.3 | 0 | 1.8 | 0 | 0 | 3.5 | 8.8 | 0 | 10.5 | | 0 | 0 | | | | | 0 | 0 | |
| 62041200 | 棉制女式西服套装 | 0 | 0 | 14 | 0 | | 0 | 1.8 | 0 | 0 | 3.5 | 8.8 | 0 | 10.5 | | 0 | 0 | | | | | 0 | 0 | |
| 62041300 | 合纤制女式西服套装 | 0 | 0 | 8.8 | 0 | 12.3 | 0 | 1.8 | 0 | 0 | 3.5 | 8.8 | 0 | 10.5 | | 0 | 0 | | | | | 0 | 0 | |
| 62041910 | 丝及绢丝制女式西服套装 | 0 | 0 | 8.8 | 0 | 12.3 | 0 | 1.8 | 0 | 0 | 3.5 | 8.8 | 0 | 10.5 | | 0 | 0 | | | | | 0 | 0 | |
| 62041990 | 其他纺织材料制女式西服套装 | 0 | 0 | 8.8 | 0 | 12.3 | 0 | 1.8 | 0 | 0 | 3.5 | 8.8 | 0 | 10.5 | | 0 | 0 | | | | | 0 | 0 | |
| 62042100 | 毛制女式便服套装 | 0 | 0 | 8.8 | 0 | 12.3 | 0 | 1.8 | 0 | 0 | 3.5 | 8.8 | 0 | 10.5 | | 0 | 0 | | | | | 0 | 0 | |
| 62042200 | 棉制女式便服套装 | 0 | 0 | 14 | 0 | | 0 | 1.8 | 0 | 0 | 3.5 | 8.8 | 0 | 10.5 | | 0 | 0 | | | | | 0 | 0 | |
| 62042300 | 合纤制女式便服套装 | 0 | 0 | 10 | 0 | 13.8 | 0 | 2 | 0 | 0 | 4 | 10 | 0 | 14.6 | | 0 | 0 | | | | | 0 | 0 | |
| 62042910 | 丝及绢丝制女式便服套装 | | 0 | 10 | 0 | 13.8 | 0 | 2 | 0 | 0 | 4 | 10 | 0 | 14.6 | | 0 | 0 | | | | | 0 | 0 | |
| 62042990 | 其他纺织材料制女式便服套装 | 0 | 0 | 7 | 0 | 9.9 | 0 | 0 | 0 | 0 | 2.8 | 7 | 0 | 8.4 | | 0 | 0 | | | | | 0 | 0 | |
| 62043100 | 毛制女式上衣 | 0 | 0 | 8 | 0 | 11.7 | 0 | 1.6 | 0 | 0 | 3.2 | 8 | 0 | 9.6 | | 0 | 0 | | | | | 0 | 0 | 0 |
| 62043200 | 棉制女式上衣 | 0 | 0 | 12.8 | 0 | | 0 | 1.6 | 0 | 0 | 3.2 | 8 | 0 | 9.6 | | 0 | 0 | 6.4 | 0 | 0 | 0 | 0 | 0 | 0 |

| 税则号列 | 商品描述[①] | 协定税率(%) | | | | | | | | | | | | | | | | 特惠税率(%) | | | | | | |
|---|---|---|---|---|---|---|---|---|---|---|---|---|---|---|---|---|---|---|---|---|---|---|---|---|
| | | 香港 | 澳门 | 巴基斯坦 | 东盟 | 亚太 | 智利 | 秘鲁 | 哥斯达黎加 | 新西兰 | 澳大利亚 | 瑞士 | 冰岛 | 韩国 | 台湾 | 新加坡 | 格鲁吉亚 | 亚太2国[②] | 东盟 | | | 最不发达国家 | | |
| | | | | | | | | | | | | | | | | | | | 老挝 | 柬埔寨 | 缅甸 | LDC97[③] | LDC95[④] | LDC60[⑤] |
| 62043300 | 合纤制女式上衣 | 0 | 0 | 8.8 | 0 | 12.3 | 0 | 1.8 | 0 | 0 | 3.5 | 8.8 | 0 | 12.8 | | 0 | 0 | 0 | | | | 0 | 0 | 0 |
| 62043910 | 丝及绢丝制女式上衣 | 0 | 0 | 8 | 0 | 11.7 | 0 | 1.6 | 0 | 0 | 3.2 | 8 | 0 | 9.6 | | 0 | 0 | 0 | | | | 0 | 0 | 0 |
| 62043990 | 其他纺织材料制女式上衣 | 0 | 0 | 8 | 0 | 11.7 | 0 | 1.6 | 0 | 0 | 3.2 | 8 | 0 | 9.6 | | 0 | 0 | 0 | | | | 0 | 0 | 0 |
| 62044100 | 毛制连衣裙 | 0 | 0 | 8 | 0 | 11.7 | 0 | 1.6 | 0 | 0 | 3.2 | 8 | 0 | 9.6 | | 0 | 0 | | | | | 0 | 0 | 0 |
| 62044200 | 棉制连衣裙 | 0 | 0 | 12.8 | 0 | | 0 | 1.6 | 0 | 0 | 3.2 | 8 | 0 | 9.6 | | 0 | 0 | | 0 | 0 | 0 | 0 | 0 | 0 |
| 62044300 | 合纤制女式连衣裙 | 0 | 0 | 8.8 | 0 | 12.3 | 0 | 1.8 | 0 | 0 | 3.5 | 8.8 | 0 | 12.8 | | 0 | 0 | | | | | 0 | 0 | 0 |
| 62044400 | 人纤制女式连衣裙 | 0 | 0 | 8 | 0 | 11.7 | 0 | 1.6 | 0 | 0 | 3.2 | 8 | 0 | 9.6 | | 0 | 0 | | | | | 0 | 0 | 0 |
| 62044910 | 丝及绢丝制连衣裙 | 0 | 0 | 8 | 0 | 11.7 | 0 | 1.6 | 0 | 0 | 3.2 | 8 | 0 | 9.6 | | 0 | 0 | | | | | 0 | 0 | 0 |
| 62044990 | 其他纺织材料制连衣裙 | 0 | 0 | 8 | 0 | 11.7 | 0 | 1.6 | 0 | 0 | 3.2 | 8 | 0 | 9.6 | | 0 | 0 | | | | | 0 | 0 | 0 |
| 62045100 | 毛制裙子及裙裤 | 0 | 0 | 7 | 0 | 9.3 | 0 | 0 | 0 | 0 | 2.8 | 7 | 0 | 8.4 | | 0 | 0 | | | | | 0 | 0 | 0 |
| 62045200 | 棉制裙子及裙裤 | 0 | 0 | 11.2 | 0 | | 0 | 0 | 0 | 0 | 2.8 | 7 | 0 | 8.4 | | 0 | 0 | | | | | 0 | 0 | 0 |
| 62045300 | 合纤制裙子及裙裤 | 0 | 0 | 8 | 0 | 11.7 | 0 | 1.6 | 0 | 0 | 3.2 | 8 | 0 | 9.6 | | 0 | 0 | | | | | 0 | 0 | 0 |
| 62045910 | 丝及绢丝制裙子及裙裤 | 0 | 0 | 7 | 0 | 9.3 | 0 | 0 | 0 | 0 | 2.8 | 7 | 0 | 8.4 | | 0 | 0 | | | | | 0 | 0 | 0 |
| 62045990 | 其他纺织材料制裙子及裙裤 | 0 | 0 | 7 | 0 | 9.3 | 0 | 1.4 | 0 | 0 | 2.8 | 7 | 0 | 8.4 | | 0 | 0 | | | | | 0 | 0 | 0 |
| 62046100 | 毛制女式长裤、工装裤等 | 0 | 0 | 8 | 0 | 11.7 | 0 | 1.6 | 0 | 0 | 3.2 | 8 | 0 | 9.6 | | 0 | 0 | | | | | 0 | 0 | 0 |
| 62046200 | 棉制女式长裤、工装裤等 | 0 | 0 | 12.8 | 0 | 14.4 | 0 | 1.6 | 0 | 0 | 3.2 | 8 | 0 | 3.2 | | 0 | 0 | 11.2 | 0 | 0 | 0 | 0 | 0 | 0 |
| 62046300 | 合纤制女式长裤、工装裤等 | 0 | 0 | 8.8 | 0 | 12.3 | 0 | 1.8 | 0 | 0 | 3.5 | 8.8 | 0 | 10.5 | | 0 | 0 | | | | | 0 | 0 | 0 |
| 62046900 | 其他纺织材料制女式长裤、工装裤等 | 0 | 0 | 8 | 0 | 12 | 0 | 1.6 | 0 | 0 | 3.2 | 8 | 0 | 9.6 | | 0 | 0 | | | | | 0 | 0 | 0 |
| 62052000 | 棉制男衬衫 | 0 | 0 | 8 | 0 | 8 | 0 | 1.6 | 0 | 0 | 3.2 | 8 | 0 | 9.6 | | 0 | 0 | 6.4 | 0 | 0 | 0 | 0 | 0 | 0 |
| 62053000 | 化纤制男衬衫 | 0 | 0 | 8 | 0 | 11.7 | 0 | 1.6 | 0 | 0 | 3.2 | 8 | 0 | 9.6 | | 0 | 0 | 0 | | | | 0 | 0 | 0 |
| 62059010 | 丝及绢丝制男衬衫 | 0 | 0 | 8 | 0 | 11.7 | 0 | 1.6 | 0 | 0 | 3.2 | 8 | 0 | 9.6 | | 0 | 0 | 0 | | | | 0 | 0 | 0 |
| 62059020 | 毛制男衬衫 | 0 | 0 | 8 | 0 | 11.7 | 0 | 1.6 | 0 | 0 | 3.2 | 8 | 0 | 9.6 | | 0 | 0 | 0 | | | | 0 | 0 | 0 |
| 62059090 | 其他纺织材料制男衬衫 | 0 | 0 | 8 | 0 | 11.7 | 0 | 1.6 | 0 | 0 | 3.2 | 8 | 0 | 9.6 | | 0 | 0 | 0 | | | | 0 | 0 | 0 |
| 62061000 | 丝及绢丝制女式衬衫 | 0 | 0 | 8 | 0 | 11.7 | 0 | 1.6 | 0 | 0 | 3.2 | 8 | 0 | 9.6 | | 0 | 0 | | | | | 0 | 0 | 0 |
| 62062000 | 毛制女衬衫 | 0 | 0 | 8 | 0 | 11.7 | 0 | 1.6 | 0 | 0 | 3.2 | 8 | 0 | 9.6 | | 0 | 0 | | | | | 0 | 0 | |
| 62063000 | 棉制女衬衫 | 0 | 0 | 8 | 0 | 13.6 | 0 | 1.6 | 0 | 0 | 3.2 | 8 | 0 | 9.6 | | 0 | 0 | 6.4 | 0 | 0 | 0 | 0 | 0 | 0 |
| 62064000 | 化纤制女衬衫 | 0 | 0 | 8.8 | 0 | 12.3 | 0 | 1.8 | 0 | 0 | 3.5 | 8.8 | 0 | 10.5 | | 0 | 0 | | | | | 0 | 0 | 0 |
| 62069000 | 其他纺织材料制女衬衫 | 0 | 0 | 8 | 0 | 11.7 | 0 | 1.6 | 0 | 0 | 3.2 | 8 | 0 | 9.6 | | 0 | 0 | 0 | | | | 0 | 0 | 0 |
| 62071100 | 棉制男式内裤及三角裤 | 0 | 0 | 7 | 0 | 10.3 | 0 | 1.4 | 0 | 0 | 2.8 | 7 | 0 | 8.4 | | 0 | 0 | | | | | 0 | 0 | 0 |
| 62071910 | 丝制男式内裤及三角裤 | 0 | 0 | 7 | 0 | | 0 | 0 | 0 | 0 | 2.8 | 7 | 0 | 8.4 | | 0 | 0 | | | | | 0 | 0 | |
| 62071920 | 化纤制男式内裤及三角裤 | 0 | 0 | 12.8 | 0 | | 0 | 1.6 | 0 | 0 | 3.2 | 8 | 0 | 9.6 | | 0 | 0 | | | | | 0 | 0 | |
| 62071990 | 其他纺织材料制男式内裤及三角裤 | 0 | 0 | 7 | 0 | | 0 | 0 | 0 | 0 | 2.8 | 7 | 0 | 8.4 | | 0 | 0 | | | | | 0 | 0 | |
| 62072100 | 棉制男式长睡衣及睡衣裤 | 0 | 0 | 11.2 | 0 | | 0 | 0 | 0 | 0 | 2.8 | 7 | 0 | 8.4 | | 0 | 0 | | 0 | 0 | 0 | 0 | 0 | 0 |
| 62072200 | 化纤制男式长睡衣及睡衣裤 | 0 | 0 | 12.8 | 0 | | 0 | 1.6 | 0 | 0 | 3.2 | 8 | 0 | 9.6 | | 0 | 0 | | | | | 0 | 0 | |
| 62072910 | 丝及绢丝制男式长睡衣及睡衣裤 | | | 7 | 0 | | 0 | 0 | 0 | 0 | 2.8 | 7 | 0 | 8.4 | | 0 | 0 | | | | | 0 | 0 | |
| 62072990 | 其他纺织材料制男式长睡衣及睡衣裤 | | | 7 | 0 | | 0 | 0 | 0 | 0 | 2.8 | 7 | 0 | 8.4 | | 0 | 0 | | 0 | 0 | 0 | 0 | 0 | 0 |
| 62079100 | 棉制男式浴衣、晨衣及类似品 | 0 | 0 | 11.2 | 0 | | 0 | 0 | 0 | 0 | 2.8 | 7 | 0 | 8.4 | | 0 | 0 | | | | | 0 | 0 | 0 |

| 税则号列 | 商品描述① | 协定税率(%) | | | | | | | | | | | | | | | | 特惠税率(%) | | | | | | |
|---|---|---|---|---|---|---|---|---|---|---|---|---|---|---|---|---|---|---|---|---|---|---|---|---|
| | | 香港 | 澳门 | 巴基斯坦 | 东盟 | 亚太 | 智利 | 秘鲁 | 哥斯达黎加 | 新西兰 | 澳大利亚 | 瑞士 | 冰岛 | 韩国 | 台湾 | 新加坡 | 格鲁吉亚 | 亚太2国② | 东盟 | | | 最不发达国家 | | |
| | | | | | | | | | | | | | | | | | | | 老挝 | 柬埔寨 | 缅甸 | LDC97③ | LDC95④ | LDC60⑤ |
| 62079910 | 丝及绢丝制男浴衣、晨衣及类似品 | 0 | 0 | 7 | 0 | 12.6 | 0 | 0 | 0 | 0 | 2.8 | 7 | 0 | 8.4 | | 0 | 0 | | | | | 0 | 0 | |
| 62079920 | 化纤制男浴衣、晨衣及类似品 | 0 | 0 | 12.8 | 0 | | 0 | 1.6 | 0 | 0 | 3.2 | 8 | 0 | 9.6 | | 0 | 0 | | | | | 0 | 0 | 0 |
| 62079990 | 其他纺织材料制男浴衣、晨衣及类似品 | 0 | 0 | 7 | 0 | 12.6 | 0 | 0 | 0 | 0 | 2.8 | 7 | 0 | 8.4 | | 0 | 0 | | | | | 0 | 0 | 0 |
| 62081100 | 化纤制长衬裙及衬裙 | 0 | 0 | 12.8 | 0 | | 0 | 1.6 | 0 | 0 | 3.2 | 8 | 0 | 9.6 | | 0 | 0 | | | | | 0 | 0 | |
| 62081910 | 丝及绢丝制长衬裙及衬裙 | 0 | 0 | 7 | 0 | | 0 | 0 | 0 | 0 | 2.8 | 7 | 0 | 8.4 | | 0 | 0 | | | | | 0 | 0 | |
| 62081920 | 棉制长衬裙及衬裙 | 0 | 0 | 7 | 0 | | 0 | 0 | 0 | 0 | 2.8 | 7 | 0 | 8.4 | | 0 | 0 | | | | | 0 | 0 | 0 |
| 62081990 | 其他纺织材料制长衬裙及衬裙 | 0 | 0 | 7 | 0 | | 0 | 0 | 0 | 0 | 2.8 | 7 | 0 | 8.4 | | 0 | 0 | | | | | 0 | 0 | |
| 62082100 | 棉制女式睡衣及睡衣裤 | 0 | 0 | 7 | 0 | 10.3 | 0 | 0 | 0 | 0 | 2.8 | 7 | 0 | 8.4 | | 0 | 0 | | 0 | 0 | 0 | 0 | 0 | 0 |
| 62082200 | 化纤制女式睡衣及睡衣裤 | 0 | 0 | 12.8 | 0 | | 0 | 1.6 | 0 | 0 | 3.2 | 8 | 0 | 9.6 | | 0 | 0 | | 0 | 0 | 0 | 0 | 0 | 0 |
| 62082910 | 丝及绢丝制女式睡衣及睡衣裤 | 0 | 0 | 7 | 0 | | 0 | 0 | 0 | 0 | 2.8 | 7 | 0 | 8.4 | | 0 | 0 | | | | | 0 | 0 | |
| 62082990 | 其他纺织材料制女式睡衣及睡衣裤 | 0 | 0 | 7 | 0 | | 0 | 0 | 0 | 0 | 2.8 | 7 | 0 | 8.4 | | 0 | 0 | | | | | 0 | 0 | |
| 62089100 | 棉制女式背心、内衣、浴衣及类似品 | 0 | 0 | 11.2 | 0 | | 0 | 1.4 | 0 | 0 | 2.8 | 7 | 0 | 8.4 | | 0 | 0 | | 0 | 0 | 0 | 0 | 0 | 0 |
| 62089200 | 化纤制女式背心、内衣及类似品 | 0 | 0 | 12.8 | 0 | | 0 | 1.6 | 0 | 0 | 3.2 | 8 | 0 | 9.6 | 0 | 0 | 0 | | 0 | 0 | 0 | 0 | 0 | 0 |
| 62089910 | 丝制女式背心、内衣及类似品 | 0 | 0 | 7 | 0 | 12.6 | 0 | 0 | 0 | 0 | 2.8 | 7 | 0 | 8.4 | | 0 | 0 | | | | | 0 | 0 | |
| 62089990 | 其他纺织材料制女式背心、内衣及类似品 | 0 | 0 | 7 | 0 | 12.6 | 0 | 0 | 0 | 0 | 2.8 | 7 | 0 | 8.4 | | 0 | 0 | | | | | 0 | 0 | 0 |
| 62092000 | 棉制婴儿服装及衣着附件 | 0 | 0 | 7 | 0 | | 0 | 0 | 0 | 0 | 2.8 | 7 | 0 | 8.4 | | 0 | 0 | | | | | 0 | 0 | 0 |
| 62093000 | 合纤制婴儿服装及衣着附件 | 0 | 0 | 12.8 | 0 | | 0 | 1.6 | 0 | 0 | 3.2 | 8 | 0 | 9.6 | | 0 | 0 | | | | | 0 | 0 | 0 |
| 62099010 | 毛制婴儿服装及衣着附件 | 0 | 0 | 7 | 0 | | 0 | 0 | 0 | 0 | 2.8 | 7 | 0 | 8.4 | | 0 | 0 | | | | | 0 | 0 | |
| 62099090 | 其他纺织材料制婴儿服装及衣着附件 | 0 | 0 | 7 | 0 | | 0 | 0 | 0 | 0 | 2.8 | 7 | 0 | 8.4 | | 0 | 0 | | | | | 0 | 0 | |
| 62101010 | 毛制毡呢或无纺织物服装 | 0 | 0 | 8 | 0 | 11.7 | 0 | 1.6 | 0 | 0 | 3.2 | 8 | 0 | 9.6 | | 0 | 0 | 0 | | | | 0 | 0 | 0 |
| 62101020 | 棉或麻制毡呢或无纺织物服装 | 0 | 0 | 12.8 | 0 | | 0 | 1.6 | 0 | 0 | 3.2 | 8 | 0 | 9.6 | | 0 | 0 | 6.4 | | | | 0 | 0 | |
| 62101030 | 化纤制毡呢或无纺织物服装 | 0 | 0 | 8.8 | 0 | 12.3 | 0 | 1.8 | 0 | 0 | 3.5 | 8.8 | 0 | 10.5 | | 0 | 0 | 0 | | | | 0 | 0 | 0 |
| 62101090 | 其他纺织材料制毡呢或无纺织物服装 | 0 | 0 | 12.8 | 0 | | 0 | 1.6 | 0 | 0 | 3.2 | 8 | 0 | 9.6 | | 0 | 0 | 0 | | | | 0 | 0 | 0 |
| 62102000 | 用塑料、橡胶等处理的织物制男大衣等 | 0 | 0 | 8 | 0 | 11.7 | 0 | 1.6 | 0 | 0 | 3.2 | 8 | 0 | 9.6 | | 0 | 0 | 0 | | | | 0 | 0 | 0 |
| 62103000 | 用塑料、橡胶等处理的织物制女大衣等 | 0 | 0 | 8 | 0 | 11.7 | 0 | 1.6 | 0 | 0 | 3.2 | 8 | 0 | 9.6 | | 0 | 0 | | | | | 0 | 0 | 0 |
| 62104000 | 用塑料、橡胶等处理的织物制的其他男式服装 | 0 | 0 | 8 | 0 | 11.7 | 0 | 1.6 | 0 | 0 | 3.2 | 8 | 0 | 9.6 | | 0 | 0 | 0 | | | | 0 | 0 | 0 |
| 62105000 | 用塑料、橡胶等处理的织物制的其他女式服装 | 0 | 0 | 8 | 0 | 11.7 | 0 | 1.6 | 0 | 0 | 3.2 | 8 | 0 | 9.6 | | 0 | 0 | 0 | | | | 0 | 0 | 0 |

| 税则号列 | 商品描述[1] | 协定税率(%) | | | | | | | | | | | | | | | | 特惠税率(%) | | | | | | |
|---|---|---|---|---|---|---|---|---|---|---|---|---|---|---|---|---|---|---|---|---|---|---|---|---|
| | | 香港 | 澳门 | 巴基斯坦 | 东盟 | 亚太 | 智利 | 秘鲁 | 哥斯达黎加 | 新西兰 | 澳大利亚 | 瑞士 | 冰岛 | 韩国 | 台湾 | 新加坡 | 格鲁吉亚 | 亚太2国[2] | 东盟 | | | 最不发达国家 | | |
| | | | | | | | | | | | | | | | | | | | 老挝 | 柬埔寨 | 缅甸 | LDC97[3] | LDC95[4] | LDC60[5] |
| 62111100 | 男式游泳服 | 0 | 0 | 8 | 0 | 11.7 | 0 | 1.6 | 0 | 0 | 3.2 | 8 | 0 | 9.6 | | 0 | 0 | | | | | 0 | 0 | |
| 62111200 | 女式游泳服 | 0 | 0 | 8 | 0 | 11.7 | 0 | 1.6 | 0 | 0 | 3.2 | 8 | 0 | 9.6 | | 0 | 0 | | | | | 0 | 0 | 0 |
| 62112010 | 棉制滑雪服 | 0 | 0 | 12.8 | 0 | | 0 | 1.6 | 0 | 0 | 3.2 | 8 | 0 | 9.6 | | 0 | 0 | | | | | 0 | 0 | 0 |
| 62112090 | 其他纺织材料制滑雪服 | 0 | 0 | 9.5 | 0 | 13.6 | 0 | 1.9 | 0 | 0 | 3.8 | 9.5 | 0 | 11.4 | | 0 | 0 | | | | | 0 | 0 | |
| 62113210 | 棉制男式阿拉伯袍 | 0 | 0 | 12.8 | 0 | | 0 | 1.6 | 0 | 0 | 3.2 | 8 | 0 | 9.6 | | 0 | 0 | | | | | 0 | 0 | |
| 62113220 | 棉制男式运动服 | 0 | 0 | | 0 | | 0 | 1.6 | 0 | 0 | 3.2 | 8 | 0 | 9.6 | | 0 | 0 | | | | | 0 | 0 | 0 |
| 62113290 | 棉制其他男式服装 | 0 | 0 | | 0 | | 0 | 1.6 | 0 | 0 | 3.2 | 8 | 0 | 9.6 | | 0 | 0 | | | | | 0 | 0 | 0 |
| 62113310 | 化纤制男式阿拉伯袍 | 0 | 0 | 8.8 | 0 | 12.3 | 0 | 1.8 | 0 | 0 | 3.5 | 8.8 | 0 | 10.5 | | 0 | 0 | | | | | 0 | 0 | |
| 62113320 | 化纤制男式运动服 | 0 | 0 | 12.3 | 0 | 12.3 | 0 | 1.8 | 0 | 0 | 3.6 | 9 | 0 | 10.8 | | 0 | 0 | | | | | 0 | 0 | 0 |
| 62113390 | 化纤制其他男式服装 | 0 | 0 | 12.3 | 0 | 12.3 | 0 | 1.8 | 0 | 0 | 3.5 | 8.8 | 0 | 10.5 | | 0 | 0 | | | | | 0 | 0 | 0 |
| 62113910 | 丝及绢丝制男式运动服及其他服装 | 0 | 0 | 8 | 0 | 11.7 | 0 | 1.6 | 0 | 0 | 3.2 | 8 | 0 | 9.6 | | 0 | 0 | | | | | 0 | 0 | |
| 62113920 | 毛制男式运动服及其他服装 | 0 | 0 | 8 | 0 | 11.7 | 0 | 1.6 | 0 | 0 | 3.2 | 8 | 0 | 9.6 | | 0 | 0 | | | | | 0 | 0 | |
| 62113990 | 其他纺织材料制男式运动服及其他服装 | 0 | 0 | 8 | 0 | 11.7 | 0 | 1.6 | 0 | 0 | 3.2 | 8 | 0 | 9.6 | | 0 | 0 | | | | | 0 | 0 | |
| 62114210 | 棉制女式运动服 | 0 | 0 | 12.8 | 0 | | 0 | 1.6 | 0 | 0 | 3.2 | 8 | 0 | 9.6 | | 0 | 0 | | | | | 0 | 0 | 0 |
| 62114290 | 棉制其他女式服装 | 0 | 0 | 12.8 | 0 | | 0 | 1.6 | 0 | 0 | 3.2 | 8 | 0 | 9.6 | | 0 | 0 | | | | | 0 | 0 | 0 |
| 62114310 | 化纤制女式运动服 | 0 | 0 | 8.8 | 0 | 12.3 | 0 | 1.8 | 0 | 0 | 3.5 | 8.8 | 0 | 10.5 | | 0 | 0 | | | | | 0 | 0 | 0 |
| 62114390 | 化纤制其他女式服装 | 0 | 0 | 8.8 | 0 | 12.3 | 0 | 1.8 | 0 | 0 | 3.5 | 8.8 | 0 | 10.5 | | 0 | 0 | | | | | 0 | 0 | 0 |
| 62114910 | 丝及绢丝制女式运动服及其他服装 | 0 | 0 | 8 | 0 | 11.7 | 0 | 1.6 | 0 | 0 | 3.2 | 8 | 0 | 9.6 | | 0 | 0 | | | | | 0 | 0 | |
| 62114990 | 其他纺织材料制女式运动服及其他服装 | 0 | 0 | 8 | 0 | 11.7 | 0 | 1.6 | 0 | 0 | 3.2 | 8 | 0 | 9.6 | | 0 | 0 | | | | | 0 | 0 | 0 |
| 62121010 | 化纤制胸罩 | 0 | 0 | 12.8 | 0 | 14.4 | 0 | 1.6 | 0 | 0 | 3.2 | 8 | 0 | 9.6 | 0 | 0 | 0 | | 0 | 0 | 0 | 0 | 0 | 0 |
| 62121090 | 其他纺织材料制胸罩 | 0 | 0 | 7 | 0 | 12.6 | 0 | 0 | 0 | 0 | 2.8 | 7 | 0 | 8.4 | 0 | 0 | 0 | | | | | 0 | 0 | 0 |
| 62122010 | 化纤制束腰带及腹带 | 0 | 0 | 12.8 | 0 | | 0 | 1.6 | 0 | 0 | 3.2 | 8 | 0 | 9.6 | 0 | 0 | 0 | | | | | 0 | 0 | |
| 62122090 | 其他纺织材料制束腰带及腹带 | 0 | 0 | 11.2 | 0 | | 0 | 0 | 0 | 0 | 2.8 | 7 | 0 | 8.4 | 0 | 0 | 0 | | | | | 0 | 0 | 0 |
| 62123010 | 化纤制紧身胸衣 | 0 | 0 | 12.8 | 0 | | 0 | 1.6 | 0 | 0 | 3.2 | 8 | 0 | 9.6 | | 0 | 0 | | | | | 0 | 0 | |
| 62123090 | 其他纺织材料制紧身胸衣 | 0 | 0 | 7 | 0 | | 0 | 0 | 0 | 0 | 2.8 | 7 | 0 | 8.4 | | 0 | 0 | | | | | 0 | 0 | 0 |
| 62129010 | 化纤制吊裤带、吊袜带等 | 0 | 0 | 12.8 | 0 | 14.4 | 0 | 1.6 | 0 | 0 | 3.2 | 8 | 0 | 9.6 | 0 | 0 | 0 | | | | | 0 | 0 | |
| 62129090 | 其他纺织材料制吊裤带、吊袜带等 | 0 | 0 | 7 | 0 | 12.6 | 0 | 0 | 0 | 0 | 2.8 | 7 | 0 | 8.4 | 0 | 0 | 0 | | | | | 0 | 0 | |
| 62132010 | 棉制刺绣手帕 | 0 | 0 | 7 | 0 | | 0 | 0 | 0 | 0 | 2.8 | 7 | 0 | 8.4 | | 0 | 0 | | 0 | | | 0 | 0 | 0 |
| 62132090 | 其他棉制手帕 | 0 | 0 | 11.2 | 0 | | 0 | 0 | 0 | 0 | 2.8 | 7 | 0 | 8.4 | | 0 | 0 | | 0 | | | 0 | 0 | 0 |
| 62139020 | 其他纺织材料制刺绣手帕 | | 0 | 7 | 0 | | 0 | 0 | 0 | 0 | 2.8 | 7 | 0 | 8.4 | | 0 | 0 | | 0 | | | 0 | 0 | 0 |
| 62139090 | 其他纺织材料制手帕 | 0 | 0 | 7 | 0 | | 0 | 0 | 0 | 0 | 2.8 | 7 | 0 | 8.4 | | 0 | 0 | | 0 | | | 0 | 0 | 0 |
| 62141000 | 丝制披巾、头巾、围巾及类似品 | 0 | 0 | 11.2 | 0 | | 0 | 0 | 0 | 0 | 2.8 | 7 | 0 | 8.4 | | 0 | 0 | | | | | 0 | 0 | 0 |
| 62142010 | 羊毛制披巾、领巾、围巾、披纱、面纱及类似品 | 0 | 0 | 11.2 | 0 | | 0 | 1.4 | 0 | 0 | 2.8 | 7 | 0 | 8.4 | | 0 | 0 | | | | | 0 | 0 | 0 |
| 62142020 | 山羊绒制披巾、领巾、围巾、披纱、面纱及类似品 | 0 | 0 | 11.2 | 0 | | 0 | 1.4 | 0 | 0 | 2.8 | 7 | 0 | 8.4 | | 0 | 0 | | | | | 0 | 0 | 0 |

| 税则号列 | 商品描述[①] | 协定税率(%) | | | | | | | | | | | | | | | | 特惠税率(%) | | | | | | |
|---|---|---|---|---|---|---|---|---|---|---|---|---|---|---|---|---|---|---|---|---|---|---|---|---|
| | | 香港 | 澳门 | 巴基斯坦 | 东盟 | 亚太 | 智利 | 秘鲁 | 哥斯达黎加 | 新西兰 | 澳大利亚 | 瑞士 | 冰岛 | 韩国 | 台湾 | 新加坡 | 格鲁吉亚 | 亚太2国[②] | 东盟 | | | 最不发达国家 | | |
| | | | | | | | | | | | | | | | | | | | 老挝 | 柬埔寨 | 缅甸 | LDC97[③] | LDC95[④] | LDC60[⑤] |
| 62142090 | 其他动物细毛制披巾、领巾、围巾、披纱、面纱及类似品 | 0 | 0 | 11.2 | 0 | | 0 | 1.4 | 0 | 0 | 2.8 | 7 | 0 | 8.4 | | 0 | 0 | | | | | 0 | 0 | 0 |
| 62143000 | 合纤制披巾、头巾及类似品 | 0 | 0 | 12.8 | 0 | | 0 | 1.6 | 0 | 0 | 3.2 | 8 | 0 | 9.6 | | 0 | 0 | | | | | 0 | 0 | 0 |
| 62144000 | 人纤制披巾、头巾及类似品 | 0 | 0 | 11.2 | 0 | | 0 | 0 | 0 | 0 | 2.8 | 7 | 0 | 8.4 | | 0 | 0 | | | | | 0 | 0 | 0 |
| 62149000 | 其他纺织材料制披巾、头巾及类似品 | 0 | 0 | 11.2 | 0 | | 0 | 0 | 0 | 0 | 2.8 | 7 | 0 | 8.4 | | 0 | 0 | | | | | 0 | 0 | 0 |
| 62151000 | 丝及绢丝制领带及领结 | 0 | 0 | 11.2 | 0 | | 0 | 0 | 0 | 0 | 2.8 | 7 | 0 | 8.4 | | 0 | 0 | | | | | 0 | 0 | 0 |
| 62152000 | 化纤制领带及领结 | 0 | 0 | 12.8 | 0 | 14.4 | 0 | 1.6 | 0 | 0 | 3.2 | 8 | 0 | 9.6 | | 0 | 0 | | | | | 0 | 0 | 0 |
| 62159000 | 其他纺织材料制领带及领结 | 0 | 0 | 7 | 0 | | 0 | 0 | 0 | 0 | 2.8 | 7 | 0 | 8.4 | | 0 | 0 | | | | | 0 | 0 | 0 |
| 62160000 | 非针织非钩编手套 | 0 | 0 | | 0 | | 0 | 0 | 0 | 0 | 2.8 | 7 | 0 | 8.4 | | 0 | 0 | | | | | 0 | 0 | 0 |
| 62171010 | 非针织非钩编袜子及袜套 | | 0 | 7 | 0 | 12.2 | 0 | 0 | 0 | 0 | 2.8 | 7 | 0 | 8.4 | 0 | 0 | 0 | | | | | 0 | 0 | |
| 62171020 | 非针织非钩编和服腰带 | 0 | 0 | 7 | 0 | 12.2 | 0 | 0 | 0 | 0 | 2.8 | 7 | 0 | 8.4 | 0 | 0 | 0 | | | | | 0 | 0 | 0 |
| 62171090 | 非针织非钩编服装或衣着附件 | 0 | 0 | 12.2 | 0 | 12.2 | 0 | 0 | 0 | 0 | 2.8 | 7 | 0 | 8.4 | 0 | 0 | 0 | | 0 | 0 | 0 | 0 | 0 | 0 |
| 62179000 | 非针织非钩编服装或衣着零件 | 0 | 0 | 12.6 | 0 | 12.6 | 0 | 0 | 0 | 0 | 2.8 | 7 | 0 | 10.2 | 0 | 0 | 0 | | 0 | 0 | 0 | 0 | 0 | 0 |
| 63011000 | 电暖毯 | | | 12.8 | 0 | | 0 | 1.6 | 0 | 0 | 3.2 | 8 | 0 | 9.6 | | 0 | 0 | | | | | 0 | 0 | |
| 63012000 | 毛制毯子及旅行毯 | | 0 | 12.8 | 0 | | 0 | 1.6 | 0 | 0 | 3.2 | 8 | 0 | 9.6 | | 0 | 0 | | | | | 0 | 0 | 0 |
| 63013000 | 棉制毯子及旅行毯 | | 0 | 12.8 | 0 | | 0 | 1.6 | 0 | 0 | 3.2 | 8 | 0 | 9.6 | | 0 | 0 | | | | | 0 | 0 | 0 |
| 63014000 | 合纤制毯子及旅行毯 | | 0 | 14 | 0 | | 0 | 1.8 | 0 | 0 | 3.5 | 8.8 | 0 | 10.5 | | 0 | 0 | | | | | 0 | 0 | 0 |
| 63019000 | 其他纺织材料制毯子及旅行毯 | | 0 | 12.8 | 0 | | 0 | 1.6 | 0 | 0 | 3.2 | 8 | 0 | 9.6 | 0 | 0 | 0 | | | | | 0 | 0 | 0 |
| 63021010 | 棉制针织或钩编的床上用织物制品 | | | 0 | 0 | | 0 | 0 | 0 | 0 | 2.8 | 7 | 0 | 8.4 | | 0 | 0 | | | | | 0 | 0 | 0 |
| 63021090 | 其他纺织材料制针织或钩编的床上用织物制品 | | | 0 | 0 | | 0 | 0 | 0 | 0 | 2.8 | 7 | 0 | 8.4 | | 0 | 0 | | | | | 0 | 0 | |
| 63022110 | 棉制印花床单 | | | 0 | 0 | | 0 | 0 | 0 | 0 | 2.8 | 8.7 | 0 | 8.4 | | 0 | 0 | | | | | 0 | 0 | 0 |
| 63022190 | 棉制印花床上用织物制品 | | | 0 | 0 | | 0 | 0 | 0 | 0 | 2.8 | 7 | 0 | 8.4 | | 0 | 0 | | | | | 0 | 0 | 0 |
| 63022210 | 化纤制印花床单 | | | 0 | 0 | | 0 | 1.6 | 0 | 0 | 3.2 | 8 | 0 | 9.6 | | 0 | 0 | | | | | 0 | 0 | 0 |
| 63022290 | 化纤制印花床上用织物制品 | | | 0 | 0 | | 0 | 1.6 | 0 | 0 | 3.2 | 8 | 0 | 9.6 | | 0 | 0 | | | | | 0 | 0 | 0 |
| 63022910 | 丝及绢丝制印花床上用织物制品 | | | 0 | 0 | | 0 | 0 | 0 | 0 | 2.8 | 7 | 0 | 8.4 | | 0 | 0 | | | | | 0 | 0 | |
| 63022920 | 麻制印花床上用织物制品 | | | 0 | 0 | | 0 | 0 | 0 | 0 | 2.8 | 7 | 0 | 8.4 | | 0 | 0 | | | | | 0 | 0 | |
| 63022990 | 其他纺织材料制印花床上用织物制品 | | | 0 | 0 | | 0 | 0 | 0 | 0 | 2.8 | 7 | 0 | 8.4 | | 0 | 0 | | | | | 0 | 0 | |
| 63023110 | 棉制刺绣其他床上用织物制品 | | | 0 | 0 | | 0 | 0 | 0 | 0 | 2.8 | 7 | 0 | 8.4 | | 0 | 0 | | | | | 0 | 0 | 0 |
| 63023191 | 棉制其他床单 | | | 0 | 0 | | 0 | 0 | 0 | 0 | 2.8 | 7 | 0 | 8.4 | | 0 | 0 | | | | | 0 | 0 | 0 |
| 63023192 | 棉制其他毛巾被 | | | 0 | 0 | | 0 | 0 | 0 | 0 | 2.8 | 7 | 0 | 8.4 | | 0 | 0 | | | | | 0 | 0 | |
| 63023199 | 棉制其他床上用织物制品 | | | 0 | 0 | | 0 | 0 | 0 | 0 | 2.8 | 7 | 0 | 8.4 | | 0 | 0 | | | | | 0 | 0 | 0 |
| 63023210 | 化纤制刺绣其他床上用织物制品 | | | 0 | 0 | | 0 | 1.6 | 0 | 0 | 3.2 | 8 | 0 | 9.6 | | 0 | 0 | | | | | 0 | 0 | 0 |
| 63023290 | 化纤制其他床上用织物制品 | | | 0 | 0 | | 0 | 1.6 | 0 | 0 | 3.2 | 8 | 0 | 9.6 | | 0 | 0 | | | | | 0 | 0 | 0 |

| 税则号列 | 商品描述[①] | 协定税率(%) | | | | | | | | | | | | | | | | 特惠税率(%) | | | | | | |
|---|---|---|---|---|---|---|---|---|---|---|---|---|---|---|---|---|---|---|---|---|---|---|---|---|
| | | 香港 | 澳门 | 巴基斯坦 | 东盟 | 亚太 | 智利 | 秘鲁 | 哥斯达黎加 | 新西兰 | 澳大利亚 | 瑞士 | 冰岛 | 韩国 | 台湾 | 新加坡 | 格鲁吉亚 | 亚太2国[②] | 东盟 | | | 最不发达国家 | | |
| | | | | | | | | | | | | | | | | | | | 老挝 | 柬埔寨 | 缅甸 | LDC97[③] | LDC95[④] | LDC60[⑤] |
| 63023910 | 丝及绢丝制其他床上用织物制品 | | | 0 | 0 | | 0 | 0 | 0 | 0 | 2.8 | 7 | 0 | 8.4 | | 0 | 0 | | | | | 0 | 0 | |
| 63023921 | 麻制刺绣的其他床上用织物制品 | | | 0 | 0 | | 0 | 0 | 0 | 0 | 2.8 | 7 | 0 | 8.4 | | 0 | 0 | | | | | 0 | 0 | |
| 63023929 | 麻制其他床上用织物制品 | | | 0 | 0 | | 0 | 0 | 0 | 0 | 2.8 | 7 | 0 | 8.4 | | 0 | 0 | | | | | 0 | 0 | |
| 63023991 | 其他纺织材料制刺绣床上用织物制品 | | | 0 | 0 | | 0 | 0 | 0 | 0 | 2.8 | 7 | 0 | 8.4 | | 0 | 0 | | | | | 0 | 0 | |
| 63023999 | 其他纺织材料制其他床上用织物制品 | | | 0 | 0 | | 0 | 0 | 0 | 0 | 2.8 | 7 | 0 | 8.4 | | 0 | 0 | | | | | 0 | 0 | 0 |
| 63024010 | 手工针织或钩编的餐桌用织物制品 | | | 0 | 0 | | 0 | 0 | 0 | 0 | 2.8 | 7 | 0 | 8.4 | | 0 | 0 | | | | | 0 | 0 | |
| 63024090 | 其他针织或钩编的餐桌用织物制品 | | | 0 | 0 | | 0 | 0 | 0 | 0 | 2.8 | 7 | 0 | 8.4 | | 0 | 0 | | | | | 0 | 0 | 0 |
| 63025110 | 棉制刺绣其他餐桌用织物制品 | 0 | 0 | 0 | 0 | | 0 | 0 | 0 | 0 | 2.8 | 7 | 0 | 8.4 | | 0 | 0 | | | | | 0 | 0 | |
| 63025190 | 棉制其他餐桌用织物制品 | 0 | 0 | 0 | 0 | | 0 | 0 | 0 | 0 | 2.8 | 7 | 0 | 8.4 | | 0 | 0 | | | | | 0 | 0 | 0 |
| 63025310 | 化纤制刺绣其他餐桌织物制品 | | | 0 | 0 | | 0 | 0 | 0 | 0 | 2.8 | 7 | 0 | 8.4 | | 0 | 0 | | | | | 0 | 0 | |
| 63025390 | 化纤制其他餐桌用织物制品 | | | 0 | 0 | | 0 | 1.6 | 0 | 0 | 3.2 | 8 | 0 | 9.6 | | 0 | 0 | | | | | 0 | 0 | 0 |
| 63025911 | 亚麻制刺绣其他餐桌用织物制品 | | | 0 | 0 | | 0 | 0 | 0 | 0 | 2.8 | 7 | 0 | 8.4 | | 0 | 0 | | | | | 0 | 0 | |
| 63025919 | 亚麻制其他餐桌用织物制品 | | | 0 | 0 | | 0 | 0 | 0 | 0 | 2.8 | 7 | 0 | 8.4 | | 0 | 0 | | | | | 0 | 0 | |
| 63025990 | 其他纺织材料制餐桌用织物制品 | | | 0 | 0 | | 0 | 0 | 0 | 0 | 2.8 | 7 | 0 | 8.4 | | 0 | 0 | | | | | 0 | 0 | |
| 63026010 | 棉制浴巾 | | | 0 | 0 | | 0 | 0 | 0 | 0 | 2.8 | 7 | 0 | 8.4 | 0 | 0 | 0 | | | | | 0 | 0 | 0 |
| 63026090 | 棉制盥洗及厨房用毛巾织物 | | | 0 | 0 | | 0 | 0 | 0 | 0 | 2.8 | 7 | 0 | 8.4 | 0 | 0 | 0 | | | | | 0 | 0 | 0 |
| 63029100 | 棉制其他盥洗及厨房织物制品 | | | 0 | 0 | | 0 | 0 | 0 | 0 | 2.8 | 7 | 0 | 8.4 | | 0 | 0 | | | | | 0 | 0 | 0 |
| 63029300 | 化纤制其他盥洗及厨房织物制品 | 0 | 0 | 0 | 0 | | 0 | 1.6 | 0 | 0 | 3.2 | 8 | 0 | 9.6 | | 0 | 0 | | | | | 0 | 0 | |
| 63029910 | 亚麻制其他盥洗及厨房织物制品 | | | 0 | 0 | | 0 | 0 | 0 | 0 | 2.8 | 7 | 0 | 8.4 | | 0 | 0 | | | | | 0 | 0 | |
| 63029990 | 其他材料制其他盥洗及厨房织物 | | | 0 | 0 | | 0 | 0 | 0 | 0 | 2.8 | 7 | 0 | 8.4 | | 0 | 0 | | | | | 0 | 0 | |
| 63031210 | 合纤制针织的窗帘等 | | | 0 | 0 | | 0 | 1.6 | 0 | 0 | 3.2 | 8 | 0 | 9.6 | | 0 | 0 | | | | | 0 | 0 | |
| 63031220 | 合纤制钩编的窗帘等 | | | 0 | 0 | | 0 | 1.6 | 0 | 0 | 3.2 | 8 | 0 | 9.6 | | 0 | 0 | | | | | 0 | 0 | |
| 63031931 | 棉制针织的窗帘等 | | | 0 | 0 | | 0 | 0 | 0 | 0 | 2.8 | 7 | 0 | 8.4 | | 0 | 0 | | | | | 0 | 0 | 0 |
| 63031932 | 棉制钩编的窗帘等 | | | 0 | 0 | | 0 | 0 | 0 | 0 | 2.8 | 7 | 0 | 8.4 | | 0 | 0 | | | | | 0 | 0 | |
| 63031991 | 其他纺织材料制针织的窗帘等 | | | 0 | 0 | | 0 | 0 | 0 | 0 | 2.8 | 7 | 0 | 8.4 | | 0 | 0 | | | | | 0 | 0 | |
| 63031992 | 其他纺织材料制钩编的窗帘等 | | | 0 | 0 | | 0 | 0 | 0 | 0 | 2.8 | 7 | 0 | 8.4 | | 0 | 0 | | | | | 0 | 0 | |
| 63039100 | 棉制非针织非钩编窗帘等 | | | 0 | 0 | | 0 | 0 | 0 | 0 | 2.8 | 7 | 0 | 8.4 | | 0 | 0 | | | | | 0 | 0 | 0 |
| 63039200 | 合纤制非针织非钩编窗帘等 | 0 | 0 | 0 | 0 | | 0 | 1.6 | 0 | 0 | 3.2 | 8 | 0 | 9.6 | | 0 | 0 | | | | | 0 | 0 | 0 |

| 税则号列 | 商品描述① | 协定税率（%） | | | | | | | | | | | | | | | | 特惠税率（%） | | | | | | |
|---|---|---|---|---|---|---|---|---|---|---|---|---|---|---|---|---|---|---|---|---|---|---|---|---|
| | | 香港 | 澳门 | 巴基斯坦 | 东盟 | 亚太 | 智利 | 秘鲁 | 哥斯达黎加 | 新西兰 | 澳大利亚 | 瑞士 | 冰岛 | 韩国 | 台湾 | 新加坡 | 格鲁吉亚 | 亚太2国② | 东盟 | | | 最不发达国家 | | |
| | | | | | | | | | | | | | | | | | | | 老挝 | 柬埔寨 | 缅甸 | LDC97③ | LDC95④ | LDC60⑤ |
| 63039900 | 其他纺织材料制非针织非钩编窗帘等 | | | 0 | 0 | | 0 | 0 | 0 | 0 | 2.8 | 7 | 0 | 8.4 | | 0 | 0 | | | | | 0 | 0 | 0 |
| 63041121 | 手工针织床罩 | | 0 | 7 | 0 | | 0 | 0 | 0 | 0 | 2.8 | 7 | 0 | 8.4 | | 0 | 0 | | | | | 0 | 0 | |
| 63041129 | 非手工针织床罩 | | 0 | 7 | 0 | | 0 | 0 | 0 | 0 | 2.8 | 7 | 0 | 8.4 | | 0 | 0 | | | | | 0 | 0 | |
| 63041131 | 手工钩编床罩 | | | 7 | 0 | | 0 | 0 | 0 | 0 | 2.8 | 7 | 0 | 8.4 | | 0 | 0 | | | | | 0 | 0 | 0 |
| 63041139 | 非手工钩编床罩 | | | 7 | 0 | | 0 | 0 | 0 | 0 | 2.8 | 7 | 0 | 8.4 | | 0 | 0 | | | | | 0 | 0 | 0 |
| 63041910 | 丝及绢丝制非针织非钩编床罩 | | | 7 | 0 | | 0 | 0 | 0 | 0 | 2.8 | 7 | 0 | 8.4 | | 0 | 0 | | | | | 0 | 0 | |
| 63041921 | 棉或麻制非针织非钩编刺绣床罩 | | | 7 | 0 | | 0 | 0 | 0 | 0 | 2.8 | 7 | 0 | 8.4 | | 0 | 0 | | | | | 0 | 0 | |
| 63041929 | 棉或麻制其他非针织非钩编床罩 | | | | 0 | | 0 | 0 | 0 | 0 | 2.8 | 7 | 0 | 8.4 | | 0 | 0 | | | | | 0 | 0 | 0 |
| 63041931 | 化纤制非针织非钩编刺绣床罩 | | | 12.8 | 0 | | 0 | 1.6 | 0 | 0 | 3.2 | 8 | 0 | 9.6 | | 0 | 0 | | | | | 0 | 0 | |
| 63041939 | 化纤制其他非针织非钩编床罩 | | | 12.8 | 0 | | 0 | 1.6 | 0 | 0 | 3.2 | 8 | 0 | 9.6 | | 0 | 0 | | | | | 0 | 0 | |
| 63041991 | 其他纺织材料制非针织非钩编刺绣床罩 | | | 7 | 0 | | 0 | 0 | 0 | 0 | 2.8 | 7 | 0 | 8.4 | | 0 | 0 | | | | | 0 | 0 | |
| 63041999 | 其他材料制其他非针织非钩编床罩 | | | 7 | 0 | | 0 | 0 | 0 | 0 | 2.8 | 7 | 0 | 8.4 | | 0 | 0 | | | | | 0 | 0 | |
| 63042010 | 抗疟手工经编针织蚊帐 | | | 7 | 0 | | 0 | 0 | 0 | 0 | 2.8 | 7 | 0 | 8.4 | | 0 | 0 | | | | | 0 | 0 | 0 |
| 63042090 | 抗疟非手工经编针织蚊帐 | | 0 | 7 | 0 | | 0 | 0 | 0 | 0 | 2.8 | 7 | 0 | 8.4 | | 0 | 0 | | | | | 0 | 0 | 0 |
| 63049121 | 手工针织的其他装饰制品 | | | 7 | 0 | | 0 | 0 | 0 | 0 | 2.8 | 7 | 0 | 8.4 | | 0 | 0 | | | | | 0 | 0 | 0 |
| 63049129 | 非手工针织的其他装饰制品 | | 0 | 7 | 0 | | 0 | 0 | 0 | 0 | 2.8 | 7 | 0 | 8.4 | | 0 | 0 | | | | | 0 | 0 | 0 |
| 63049131 | 手工钩编的其他装饰制品 | | | 11.2 | 0 | | 0 | 0 | 0 | 0 | 2.8 | 7 | 0 | 8.4 | | 0 | 0 | | | | | 0 | 0 | |
| 63049139 | 非手工钩编的其他装饰制品 | | | 7 | 0 | | 0 | 0 | 0 | 0 | 2.8 | 7 | 0 | 8.4 | | 0 | 0 | | | | | 0 | 0 | |
| 63049210 | 棉制非针织非钩编的其他刺绣装饰制品 | | | 7 | 0 | | 0 | 0 | 0 | 0 | 2.8 | 7 | 0 | 8.4 | | 0 | 0 | | | | | 0 | 0 | |
| 63049290 | 棉制非针织或钩编的其他装饰制品 | | | 11.2 | 0 | | 0 | 0 | 0 | 0 | 2.8 | 7 | 0 | 8.4 | | 0 | 0 | | | | | 0 | 0 | 0 |
| 63049310 | 合纤制非针织非钩编的其他刺绣装饰制品 | | | 12.8 | 0 | | 0 | 1.6 | 0 | 0 | 3.2 | 8 | 0 | 9.6 | | 0 | 0 | | | | | 0 | 0 | |
| 63049390 | 合纤制其他非针织非钩编装饰制品 | | | 12.8 | 0 | | 0 | 1.6 | 0 | 0 | 3.2 | 8 | 0 | 9.6 | | 0 | 0 | | | | | 0 | 0 | 0 |
| 63049910 | 丝制非针织非钩编的装饰制品 | | | 7 | 0 | | 0 | 0 | 0 | 0 | 2.8 | 7 | 0 | 8.4 | | 0 | 0 | | | | | 0 | 0 | 0 |
| 63049921 | 麻制非针织非钩编的其他刺绣装饰制品 | | | 7 | 0 | | 0 | 0 | 0 | 0 | 2.8 | 7 | 0 | 8.4 | | 0 | 0 | | | | | 0 | 0 | |
| 63049929 | 麻制其他非针织非钩编的装饰制品 | | | 7 | 0 | | 0 | 0 | 0 | 0 | 2.8 | 7 | 0 | 8.4 | | 0 | 0 | | | | | 0 | 0 | |
| 63049990 | 其他纺织材料制非针织非钩编装饰制品 | | | 7 | 0 | | 0 | 0 | 0 | 0 | 2.8 | 7 | 0 | 8.4 | | 0 | 0 | | | | | 0 | 0 | 0 |
| 63051000 | 黄麻或其他韧皮纤维制货物包装袋 | | | 5 | 0 | | 0 | 0 | 0 | 0 | 2 | 0 | 0 | 2 | | | 0 | 0 | | | | 0 | 0 | 0 |

| 税则号列 | 商品描述[①] | 协定税率(%) | | | | | | | | | | | | | | | | 特惠税率(%) | | | | | | |
|---|---|---|---|---|---|---|---|---|---|---|---|---|---|---|---|---|---|---|---|---|---|---|---|---|
| | | 香港 | 澳门 | 巴基斯坦 | 东盟 | 亚太 | 智利 | 秘鲁 | 哥斯达黎加 | 新西兰 | 澳大利亚 | 瑞士 | 冰岛 | 韩国 | 台湾 | 新加坡 | 格鲁吉亚 | 亚太2国[②] | 东盟 | | | 最不发达国家 | | |
| | | | | | | | | | | | | | | | | | | | 老挝 | 柬埔寨 | 缅甸 | LDC97[③] | LDC95[④] | LDC60[⑤] |
| 63052000 | 棉制货物包装袋 | | | 12.8 | 0 | | 0 | 1.6 | 0 | 0 | 3.2 | 8 | 0 | 9.6 | | 0 | 0 | | | | | 0 | 0 | 0 |
| 63053200 | 化纤制的散装货物储运软袋 | | | 12.8 | 0 | | 0 | 1.6 | 0 | 0 | 3.2 | 8 | 0 | 9.6 | | 0 | 0 | | | | | 0 | 0 | 0 |
| 63053300 | 聚乙烯或聚丙烯扁条制其他货物包装袋 | | | 8 | 0 | 13.6 | 0 | 1.6 | 0 | 0 | 3.2 | 8 | 0 | 9.6 | | 0 | 0 | | | | | 0 | 0 | |
| 63053900 | 其他化纤制货物包装袋 | | | 12.8 | 0 | | 0 | 1.6 | 0 | 0 | 3.2 | 8 | 0 | 9.6 | | 0 | 0 | | | | | 0 | 0 | |
| 63059000 | 其他纺织材料制货物包装袋 | | | 11.2 | 0 | | 0 | 0 | 0 | 0 | 2.8 | 7 | 0 | 8.4 | | 0 | 0 | | | | | 0 | 0 | 0 |
| 63061200 | 合纤制油苫布、天篷及遮阳篷 | | | 0 | 0 | | 0 | 1.6 | 0 | 0 | 3.2 | 8 | 0 | 9.6 | | 0 | 0 | | | | | 0 | 0 | |
| 63061910 | 麻制油苫布、天篷及遮阳篷 | | | 0 | 0 | | 0 | 0 | 0 | 0 | 2.8 | 7 | 0 | 8.4 | | 0 | 0 | | | | | 0 | 0 | |
| 63061920 | 棉制油苫布、天篷及遮阳篷 | | | 0 | 0 | | 0 | 0 | 0 | 0 | 2.8 | 7 | 0 | 8.4 | | 0 | 0 | | | | | 0 | 0 | |
| 63061990 | 其他纺织材料制油苫布、天篷及遮阳篷 | | | 0 | 0 | | 0 | 0 | 0 | 0 | 2.8 | 7 | 0 | 8.4 | | 0 | 0 | | | | | 0 | 0 | |
| 63062200 | 合纤制帐篷 | | | 0 | 0 | | 0 | 1.6 | 0 | 0 | 3.2 | 8 | 0 | 9.6 | | 0 | 0 | | | | | 0 | 0 | 0 |
| 63062910 | 棉制帐篷 | | | 0 | 0 | | 0 | 0 | 0 | 0 | 2.8 | 7 | 0 | 8.4 | | 0 | 0 | | | | | 0 | 0 | |
| 63062990 | 其他纺织材料制帐篷 | | | 0 | 0 | | 0 | 0 | 0 | 0 | 2.8 | 7 | 0 | 8.4 | | 0 | 0 | | | | | 0 | 0 | 0 |
| 63063010 | 合纤制风帆 | 0 | 0 | 0 | 0 | | 0 | 1.6 | 0 | 0 | 3.2 | 8 | 0 | 9.6 | | 0 | 0 | | | | | 0 | 0 | |
| 63063090 | 其他纺织材料制风帆 | | | 0 | 0 | | 0 | 0 | 0 | 0 | 2.8 | 7 | 0 | 8.4 | | 0 | 0 | | | | | 0 | 0 | |
| 63064010 | 棉制充气褥垫 | | | 0 | 0 | | 0 | 0 | 0 | 0 | 2.8 | 7 | 0 | 8.4 | | 0 | 0 | | | | | 0 | 0 | |
| 63064020 | 化纤制充气褥垫 | | | 0 | 0 | | 0 | 1.6 | 0 | 0 | 3.2 | 8 | 0 | 9.6 | | 0 | 0 | | | | | 0 | 0 | 0 |
| 63064090 | 其他纺织材料制充气褥垫 | | | 0 | 0 | | 0 | 0 | 0 | 0 | 2.8 | 7 | 0 | 8.4 | | 0 | 0 | | | | | 0 | 0 | |
| 63069010 | 棉制其他野营用品 | | | 0 | 0 | | 0 | 0 | 0 | 0 | 2.8 | 7 | 0 | 8.4 | | 0 | 0 | | | | | 0 | 0 | 0 |
| 63069020 | 麻制其他野营用品 | | | 0 | 0 | | 0 | 0 | 0 | 0 | 2.8 | 7 | 0 | 8.4 | | 0 | 0 | | | | | 0 | 0 | |
| 63069030 | 化学纤维制其他野营用品 | | | 0 | 0 | | 0 | 1.6 | 0 | 0 | 3.2 | 8 | 0 | 9.6 | | 0 | 0 | | | | | 0 | 0 | |
| 63069090 | 其他野营用品 | | | 0 | 0 | | 0 | 0 | 0 | 0 | 2.8 | 7 | 0 | 8.4 | | 0 | 0 | | | | | 0 | 0 | |
| 63071000 | 擦地布、擦碗布等 | | | 7 | 0 | 11.9 | 0 | 0 | 0 | 0 | 2.8 | 7 | 0 | 8.4 | 0 | 0 | 0 | | | | | 0 | 0 | |
| 63072000 | 救生衣及安全带 | | | 11.2 | 0 | | 0 | 0 | 0 | 0 | 2.8 | 7 | 0 | 8.4 | | 0 | 0 | | | | | 0 | 0 | 0 |
| 63079000 | 其他纺织材料制成品 | 0 | 0 | 11.2 | 0 | | 0 | 0 | 0 | 0 | 2.8 | 7 | 0 | 10.2 | | 0 | 0 | | 0 | 0 | 0 | 0 | 0 | 0 |
| 63080000 | 零售包装成套物品 | | | 7 | 0 | | 0 | 0 | 0 | 0 | 2.8 | 7 | 0 | 8.4 | | 0 | 0 | | | | | 0 | 0 | |
| 63090000 | 旧衣物 | | | 7 | 0 | | 0 | 0 | 0 | 0 | 2.8 | 7 | 0 | 8.4 | | 0 | 0 | | | | | 0 | 0 | |
| 63101000 | 经分拣的纺织材料制碎织物等 | | | 11.2 | 0 | | 0 | 0 | 0 | 0 | 2.8 | 7 | 0 | 8.4 | | 0 | 0 | | | | | 0 | 0 | 0 |
| 63109000 | 纺织材料制其他碎织物等 | | | | 0 | | 0 | 0 | 0 | 0 | 2.8 | 7 | 0 | 8.4 | | 0 | 0 | | 0 | 0 | 0 | 0 | 0 | 0 |
| 64011010 | 橡胶制鞋面的装金属护头的塑料、橡胶制防水鞋靴 | | | 12 | 0 | 12 | 0 | 2.4 | 0 | 0 | 4.8 | 12 | 0 | 19.2 | | 0 | 0 | | | | | 0 | 0 | |
| 64011090 | 塑料制鞋面的装金属护头的塑料、橡胶制防水鞋靴 | | | 12 | 0 | 12 | 0 | 2.4 | 0 | 0 | 4.8 | 12 | 0 | 19.2 | | 0 | 0 | | | | | 0 | 0 | |
| 64019210 | 橡胶制鞋面的橡胶、塑料底及面的中、短筒防水靴 | | | 12 | 0 | 12 | 0 | 2.4 | 0 | 0 | 4.8 | 12 | 0 | 19.2 | | 0 | 0 | | | | | 0 | 0 | |
| 64019290 | 塑料制鞋面的橡胶、塑料底及面的中、短筒防水靴 | | | 12 | 0 | 12 | 0 | 2.4 | 0 | 0 | 4.8 | 12 | 0 | 19.2 | | 0 | 0 | | | | | 0 | 0 | |
| 64019900 | 其他橡胶、塑料制外底及鞋面防水靴 | | | 12 | 0 | 12 | 0 | 2.4 | 0 | 0 | 4.8 | 12 | 0 | 19.2 | | 0 | 0 | | | | | 0 | 0 | |
| 64021200 | 橡胶、塑料底及面的滑雪靴 | | | 5 | 0 | 5 | 0 | 0 | 0 | 0 | 2 | 0 | 0 | 6 | | | 0 | | | | | 0 | 0 | 0 |

| 税则号列 | 商品描述[①] | 协定税率(%) | | | | | | | | | | | | | | | | 特惠税率(%) | | | | | | |
|---|---|---|---|---|---|---|---|---|---|---|---|---|---|---|---|---|---|---|---|---|---|---|---|---|
| | | 香港 | 澳门 | 巴基斯坦 | 东盟 | 亚太 | 智利 | 秘鲁 | 哥斯达黎加 | 新西兰 | 澳大利亚 | 瑞士 | 冰岛 | 韩国 | 台湾 | 新加坡 | 格鲁吉亚 | 亚太2国[②] | 东盟 | | | 最不发达国家 | | |
| | | | | | | | | | | | | | | | | | | | 老挝 | 柬埔寨 | 缅甸 | LDC97[③] | LDC95[④] | LDC60[⑤] |
| 64021900 | 橡胶、塑料制底及面的其他运动靴 | | | 12 | 0 | 12 | 0 | 2.4 | 0 | 0 | 4.8 | 12 | 0 | 19.2 | | 0 | 0 | | | | | 0 | 0 | |
| 64022000 | 橡胶、塑料的将鞋面条带栓塞在鞋底上的鞋 | | | 12 | 0 | 12 | 0 | 2.4 | 0 | 0 | 4.8 | 12 | 0 | 19.2 | | 0 | 0 | | | | | 0 | 0 | |
| 64029100 | 其他橡胶、塑料短筒靴(过踝) | | 0 | 12 | 0 | 12 | 0 | 2.4 | 0 | 0 | 4.8 | 12 | 0 | 19.2 | | 0 | 0 | | | | | 0 | 0 | |
| 64029910 | 橡胶制鞋面的其他橡胶、塑料鞋靴 | | 0 | 12 | 0 | 12 | 0 | 2.4 | 0 | 0 | 4.8 | 12 | 0 | 19.2 | | 0 | 0 | | | | | 0 | 0 | 0 |
| 64029921 | 以机织物或其他纺织材料作衬底的 | | 0 | 12 | 0 | 12 | 0 | 2.4 | 0 | 0 | 4.8 | 12 | 0 | 19.2 | | 0 | 0 | | | | | 0 | 0 | 0 |
| 64029929 | 塑料制鞋面的其他橡胶、塑料鞋靴 | | 0 | 12 | 0 | 12 | 0 | 2.4 | 0 | 0 | 4.8 | 12 | 0 | 19.2 | | 0 | 19.2 | | | | | 0 | 0 | 0 |
| 64031200 | 皮革制鞋面的滑雪靴 | | | | 0 | | 0 | 2.4 | 0 | 0 | 4.8 | 12 | 0 | 19.2 | | 0 | 0 | | | 0 | | 0 | 0 | 0 |
| 64031900 | 皮革制鞋面的其他运动鞋靴 | | 0 | 12 | 0 | | 0 | 1.5 | 0 | 0 | 3 | 7.5 | 0 | 9 | | 0 | 0 | | | 0 | | 0 | 0 | 0 |
| 64032000 | 皮革条带为鞋面的皮底鞋 | | 0 | | 0 | | 0 | 2.4 | 0 | 0 | 4.8 | 12 | 0 | 19.2 | | 0 | 0 | | | 0 | | 0 | 0 | 0 |
| 64034000 | 装有金属护鞋头的其他皮革面鞋靴 | | | | 0 | | 0 | 2.4 | 0 | 0 | 4.8 | 12 | 0 | 19.2 | | 0 | 0 | | | 0 | | 0 | 0 | 0 |
| 64035111 | 低于小腿的内底长度<24 厘米的皮革制外底皮革面的短筒靴(过踝) | | 0 | 5 | 0 | | 0 | 0 | 0 | 0 | 2 | 0 | 0 | 6 | | | 0 | | | 0 | | 0 | 0 | 0 |
| 64035119 | 低于小腿的内底长度≥24 厘米的皮革制外底皮革面的短筒靴(过踝) | | | 5 | 0 | | 0 | 0 | 0 | 0 | 2 | 0 | 0 | 6 | | | 0 | | | 0 | | 0 | 0 | 0 |
| 64035191 | 其他内底长度<24 厘米的皮革制外底的皮革面短筒靴(过踝) | | | 5 | 0 | | 0 | 0 | 0 | 0 | 2 | 0 | 0 | 6 | | | 0 | | | 0 | | 0 | 0 | 0 |
| 64035199 | 其他内底长度≥24 厘米的皮革制外底皮革面短筒靴(过踝) | | | 5 | 0 | | 0 | 0 | 0 | 0 | 2 | 0 | 0 | 6 | | | 0 | | | 0 | | 0 | 0 | 0 |
| 64035900 | 皮革制外底的皮革面其他鞋靴 | | 0 | 5 | 0 | | 0 | 1 | 0 | 0 | 2 | 5 | 0 | 6 | | | 0 | | | 0 | | 0 | 0 | 0 |
| 64039111 | 其他低于小腿的内底长度<24 厘米的皮革面的短筒靴(过踝) | | 0 | 5 | 0 | | 0 | 0 | 0 | 0 | 2 | 5 | 0 | 6 | | 0 | 0 | | | 0 | | 0 | 0 | 0 |
| 64039119 | 其他低于小腿的内底长度≥24 厘米的皮革面的短筒靴(过踝) | | 0 | 5 | 0 | | 0 | 0 | 0 | 0 | 2 | 0 | 0 | 6 | | 0 | 0 | | | 0 | | 0 | 0 | 0 |
| 64039191 | 其他内底长度<24 厘米的皮革面短筒靴(过踝) | | 0 | 5 | 0 | | 0 | 0 | 0 | 0 | 2 | 0 | 0 | 6 | | 0 | 0 | | | 0 | | 0 | 0 | 0 |
| 64039199 | 其他内底长度≥24 厘米的皮革面短筒靴(过踝) | | 0 | 5 | 0 | | 0 | 0 | 0 | 0 | 2 | 0 | 0 | 6 | | 0 | 0 | | | 0 | | 0 | 0 | 0 |
| 64039900 | 皮革制面的其他鞋靴 | | 0 | 5 | 0 | 8.5 | 0 | 0 | 0 | 0 | 2 | 5 | 0 | 6 | | 0 | 0 | | | 0 | | 0 | 0 | 0 |
| 64041100 | 纺织材料制鞋面的运动鞋靴 | | 0 | 12 | 0 | 12 | 0 | 2.4 | 0 | 0 | 4.8 | 12 | 0 | 19.2 | | 0 | 0 | | | | | 0 | 0 | |
| 64041910 | 橡胶或塑料制外底的拖鞋 | | 0 | 12 | 0 | 12 | 0 | 2.4 | 0 | 0 | 4.8 | 12 | 0 | 19.2 | | 0 | 0 | | | | | | | |

| 税则号列 | 商品描述[①] | 协定税率(%) | | | | | | | | | | | | | | | | 特惠税率(%) | | | | | | |
|---|---|---|---|---|---|---|---|---|---|---|---|---|---|---|---|---|---|---|---|---|---|---|---|---|
| | | 香港 | 澳门 | 巴基斯坦 | 东盟 | 亚太 | 智利 | 秘鲁 | 哥斯达黎加 | 新西兰 | 澳大利亚 | 瑞士 | 冰岛 | 韩国 | 台湾 | 新加坡 | 格鲁吉亚 | 亚太2国[②] | 东盟 | | | 最不发达国家 | | |
| | | | | | | | | | | | | | | | | | | | 老挝 | 柬埔寨 | 缅甸 | LDC97[③] | LDC95[④] | LDC60[⑤] |
| 64041990 | 纺织材料制鞋面胶底的其他鞋靴 | | 0 | 12 | 0 | 12 | 0 | 2.4 | 0 | 0 | 4.8 | 12 | 0 | 19.2 | | 0 | 0 | | | | | | | |
| 64042010 | 皮革或再生皮革制外底的拖鞋 | | | 12 | 0 | 12 | 0 | 2.4 | 0 | 0 | 4.8 | 12 | 0 | 19.2 | | 0 | 0 | | | | | | | |
| 64042090 | 纺织材料制鞋面皮革底的其他鞋靴 | | | 12 | 0 | 12 | 0 | 2.4 | 0 | 0 | 4.8 | 12 | 0 | 19.2 | | 0 | 0 | | | | | | | |
| 64051010 | 橡胶、塑料、皮革及再生皮革制外底的皮革或再生皮革制面的其他鞋靴 | | | 12 | 0 | 12 | 0 | 2.4 | 0 | 0 | 4.8 | 12 | 0 | 19.2 | | 0 | 0 | | | | | 0 | 0 | |
| 64051090 | 其他材料制外底的皮革或再生皮革制面的其他鞋靴 | | | 12 | 0 | 12 | 0 | 2.4 | 0 | 0 | 4.8 | 12 | 0 | 19.2 | | 0 | 0 | | | | | 0 | 0 | |
| 64052000 | 纺织材料制面的其他鞋靴 | | | 11 | 0 | 11 | 0 | 2.2 | 0 | 0 | 4.4 | 11 | 0 | 17.6 | | 0 | 0 | | | | | 0 | 0 | |
| 64059010 | 橡胶、塑料、皮革及再生皮革制外底的其他材料制面的鞋靴 | | | 7.5 | 0 | 10.5 | 0 | 1.5 | 0 | 0 | 3 | 7.5 | 0 | 9 | | 0 | 0 | | | | | 0 | 0 | |
| 64059090 | 其他材料制外底的其他材料制面的鞋靴 | | | 7.5 | 0 | 10.5 | 0 | 1.5 | 0 | 0 | 3 | 7.5 | 0 | 9 | | 0 | 0 | | | | | 0 | 0 | |
| 64061000 | 鞋面及其零件,硬衬除外 | | | 7.5 | 0 | 13.2 | 0 | 1.5 | 0 | 0 | 3 | 7.5 | 0 | 12 | 0 | 0 | 0 | | | | | 0 | 0 | |
| 64062010 | 橡胶制的外底及鞋跟 | | | 12 | 0 | | 0 | 1.5 | 0 | 0 | 3 | 7.5 | 0 | 9 | 0 | 0 | 0 | | | | | 0 | 0 | 0 |
| 64062020 | 塑料制的外底及鞋跟 | | | 12 | 0 | | 0 | 1.5 | 0 | 0 | 3 | 7.5 | 0 | 9 | | 0 | 0 | | | | | 0 | 0 | 0 |
| 64069010 | 木制鞋靴零件,活动式鞋内底等 | | | 7.5 | 0 | 10.5 | 0 | 1.5 | 0 | 0 | 3 | 7.5 | 0 | 9 | | 0 | 0 | | | | | 0 | 0 | |
| 64069091 | 活动式鞋内底、跟垫及类似品 | 0 | 0 | 7.5 | 0 | 10.5 | 0 | 1.5 | 0 | 0 | 3 | 7.5 | 0 | 12 | 0 | 0 | 0 | | | | | 0 | 0 | |
| 64069092 | 护腿、裹腿和类似品及其零件 | 0 | 0 | 7.5 | 0 | 10.5 | 0 | 1.5 | 0 | 0 | 3 | 7.5 | 0 | 12 | 0 | 0 | 0 | | | | | 0 | 0 | |
| 64069099 | 其他鞋靴零件(包括鞋面,不论是否带有除外底以外的其他鞋底);活动式鞋内底、跟垫及类似品;护腿、裹腿和类似品及其零件 | 0 | 0 | 7.5 | 0 | 10.5 | 0 | 1.5 | 0 | 0 | 3 | 7.5 | 0 | 12 | 0 | 0 | 0 | | | | | 0 | 0 | |
| 65010000 | 毡呢制帽坯及圆帽片 | | | | 0 | | 0 | 2.2 | 0 | 0 | 4.4 | 11 | 0 | 17.6 | | 0 | 0 | | | | | 0 | 0 | |
| 65020000 | 编结或用条带拼制的帽坯 | | | | 0 | | 0 | 2 | 0 | 0 | 4 | 10 | 0 | 14.6 | | 0 | 0 | | | | | 0 | 0 | |
| 65040000 | 编结或用条带拼制成的帽类 | | | | 0 | | 0 | 2 | 0 | 0 | 4 | 10 | 0 | 14.6 | | 0 | 0 | | | | | 0 | 0 | |
| 65050010 | 发网 | | | 5 | 0 | | 0 | 0 | 0 | 0 | 2 | 0 | 0 | 6 | | | 0 | | | | | 0 | 0 | 0 |
| 65050020 | 钩编的帽类 | | | 19 | 0 | 19 | 0 | 2 | 0 | 0 | 4 | 10 | 0 | 14.6 | | 0 | 0 | | | | | 0 | 0 | 0 |
| 65050091 | 成品毡呢帽类 | | | | 0 | | 0 | 2.2 | 0 | 0 | 4.4 | 11 | 0 | 17.6 | | 0 | 0 | | | | | 0 | 0 | |
| 65050099 | 针织或成匹织物制成的帽类 | | 0 | 19 | 0 | 19 | 0 | 2 | 0 | 0 | 4 | 10 | 0 | 12 | | 0 | 0 | | | | | 0 | 0 | 0 |
| 65061000 | 安全帽 | | | 5 | 0 | | 0 | 0 | 0 | 0 | 2 | 0 | 0 | 6 | | | 0 | | | | | 0 | 0 | |
| 65069100 | 橡胶或塑料制帽类 | | | 5 | 0 | | 0 | 0 | 0 | 0 | 2 | 0 | 0 | 6 | | | 0 | | | | | 0 | 0 | |
| 65069910 | 皮革制帽类 | | | 5 | 0 | | 0 | 0 | 0 | 0 | 2 | 0 | 0 | 6 | | | 0 | | | | | 0 | 0 | |
| 65069920 | 毛皮制帽类 | 0 | | 5 | 0 | | 0 | 0 | 0 | 0 | 2 | 0 | 0 | 6 | | | 0 | | | | | 0 | 0 | 0 |
| 65069990 | 其他材料制的未列名帽类 | | | | 0 | | 0 | 2.4 | 0 | 0 | 4.8 | 12 | 0 | 19.2 | | 0 | 0 | | | | | 0 | 0 | 0 |
| 65070000 | 帽类附件 | | 0 | | 0 | | 0 | 2.4 | 0 | 0 | 4.8 | 12 | 0 | 19.2 | | 0 | 0 | | | | | 0 | 0 | |

| 税则号列 | 商品描述[1] | 协定税率(%) | | | | | | | | | | | | | | | | 特惠税率(%) | | | | | | |
|---|---|---|---|---|---|---|---|---|---|---|---|---|---|---|---|---|---|---|---|---|---|---|---|---|
| | | 香港 | 澳门 | 巴基斯坦 | 东盟 | 亚太 | 智利 | 秘鲁 | 哥斯达黎加 | 新西兰 | 澳大利亚 | 瑞士 | 冰岛 | 韩国 | 台湾 | 新加坡 | 格鲁吉亚 | 亚太2国[2] | 东盟 老挝 | 东盟 柬埔寨 | 东盟 缅甸 | 最不发达国家 LDC97[3] | 最不发达国家 LDC95[4] | 最不发达国家 LDC60[5] |
| 66011000 | 庭园用伞及类似品 | | | 7 | 0 | | 0 | 0 | 0 | 0 | 2.8 | 7 | 0 | 8.4 | | 0 | 0 | | | | | 0 | 0 | |
| 66019100 | 折叠伞 | | | 5 | 0 | | 0 | 0 | 0 | 0 | 2 | 0 | 0 | 6 | | | 0 | | | | | 0 | 0 | 0 |
| 66019900 | 其他伞 | | | 5 | 0 | | 0 | 0 | 0 | 0 | 2 | 0 | 0 | 6 | | | 0 | | | | | 0 | 0 | |
| 66020000 | 手杖、带座手杖、鞭子及类似品 | | | 5 | 0 | | 0 | 0 | 0 | 0 | 2 | 0 | 0 | 6 | | | 0 | | | | | 0 | 0 | |
| 66032000 | 伞骨 | | | 11.2 | 0 | | 0 | 0 | 0 | 0 | 2.8 | 7 | 0 | 8.4 | | 0 | 0 | | | | | 0 | 0 | |
| 66039000 | 伞、手杖及鞭子的其他零件及饰品 | | | 11.2 | 0 | | 0 | 0 | 0 | 0 | 2.8 | 7 | 0 | 8.4 | | 0 | 0 | | | | | 0 | 0 | 0 |
| 67010000 | 已加工羽毛、羽绒及其制品 | | 0 | | 0 | | 0 | 2 | 0 | 0 | 4 | 10 | 0 | 14.6 | | 0 | 0 | | | | | 0 | 0 | |
| 67021000 | 塑料制花、叶、果实及其制品 | | | | 0 | | 0 | 2 | 0 | 0 | 4 | 10 | 0 | 14.6 | | 0 | 0 | | | | | 0 | 0 | |
| 67029010 | 羽毛制花、叶、果实及其制品 | | | | 0 | | 0 | 2 | 0 | 0 | 4 | 10 | 0 | 14.6 | | 0 | 0 | | | | | 0 | 0 | |
| 67029020 | 丝或绢丝制花、叶、果实及其制品 | | | | 0 | | 0 | 2.4 | 0 | 0 | 4.8 | 12 | 0 | 19.2 | | 0 | 0 | | | | | 0 | 0 | |
| 67029030 | 化学纤维制花、叶、果实及其制品 | | | | 0 | | 0 | 2.4 | 0 | 0 | 4.8 | 12 | 0 | 19.2 | | 0 | 0 | | | | | 0 | 0 | |
| 67029090 | 其他材料制花、叶、果实及其制品 | | | | 0 | | 0 | 2 | 0 | 0 | 4 | 10 | 0 | 14.6 | | 0 | 0 | | | | | 0 | 0 | |
| 67030000 | 经梳理、稀疏等方法加工的人发及假发材料 | | | 18 | 0 | 18 | 0 | 2 | 0 | 0 | 4 | 10 | 0 | 12 | | 0 | 0 | | | | | 0 | 0 | |
| 67041100 | 合成纺织材料制整头假发 | | | | 0 | | 0 | 2.5 | 0 | 0 | 5 | 15.5 | 0 | 20 | | 0 | 0 | | | | | 0 | 0 | 0 |
| 67041900 | 合成纺织材料制其他假发、须等 | | 0 | | 0 | | 0 | 2.5 | 0 | 0 | 5 | 15.5 | 0 | 20 | | 0 | 0 | | | | | 0 | 0 | 0 |
| 67042000 | 人发制假发、须、眉及类似品 | | 0 | 12 | 0 | | 0 | 1.5 | 0 | 0 | 3 | 7.5 | 0 | 9 | | 0 | 0 | | | | | 0 | 0 | 0 |
| 67049000 | 其他材料制假发、须眉及类似品 | | 0 | | 0 | | 0 | 2.5 | 0 | 0 | 5 | 15.5 | 0 | 20 | | 0 | 0 | | | | | 0 | 0 | 0 |
| 68010000 | 长方砌石、路缘石、扁平石 | | 0 | 6 | 0 | | 0 | 0 | 0 | 0 | 2.4 | 6 | 0 | 7.2 | | 0 | 0 | | | | | 0 | 0 | |
| 68021010 | 大理石制砖、瓦、方块及类似品 | 0 | 0 | 0 | 0 | 19.2 | 0 | 0 | 0 | 0 | 4.8 | 12 | 0 | 19.2 | | 0 | 0 | | | | | 0 | 0 | 0 |
| 68021090 | 其他石料制砖瓦、方块及类似品 | 0 | 0 | 0 | 0 | 16 | 0 | 0 | 0 | 0 | 4 | 10 | 0 | 14.6 | | 0 | 0 | | | | | 0 | 0 | |
| 68022110 | 具有一个平面的大理石及制品 | | 0 | 0 | 0 | | 0 | 0 | 0 | 0 | 2 | 0 | 0 | 6 | | | 0 | | | | | 0 | 0 | 0 |
| 68022120 | 石灰华 | | 0 | 0 | 0 | | 0 | 0 | 0 | 0 | 4.8 | 12 | 0 | 19.2 | | 0 | 0 | | | | | 0 | 0 | |
| 68022190 | 具有一个平面石灰华及蜡石及制品 | | | 0 | 0 | | 0 | 0 | 0 | 0 | 4.8 | 12 | 0 | 19.2 | | 0 | 0 | | | | | 0 | 0 | |
| 68022300 | 具有一个平面的花岗岩及制品 | | 0 | 0 | 0 | 9.2 | 0 | 0 | 0 | 0 | 2 | 0 | 0 | 6 | | | 0 | | | | | 0 | 0 | 0 |
| 68022910 | 具有一个平面的其他石灰石及制品 | | 0 | 0 | 0 | | 0 | 2.4 | 0 | 0 | 4.8 | 12 | 0 | 19.2 | | 0 | 0 | | | | | 0 | 0 | |
| 68022990 | 具有一个平面的其他石及制品 | | 0 | 0 | 0 | | 0 | 1.5 | 0 | 0 | 3 | 7.5 | 0 | 9 | | 0 | 0 | | | | | 0 | 0 | 0 |
| 68029110 | 大理石、石灰华及蜡石制石刻 | | 0 | 0 | 0 | | 0 | 0 | 0 | 0 | 4.8 | 12 | 0 | 19.2 | | 0 | 0 | | | | | 0 | 0 | |

| 税则号列 | 商品描述① | 协定税率(%) | | | | | | | | | | | | | | | | 特惠税率(%) | | | | | | |
|---|---|---|---|---|---|---|---|---|---|---|---|---|---|---|---|---|---|---|---|---|---|---|---|---|
| | | 香港 | 澳门 | 巴基斯坦 | 东盟 | 亚太 | 智利 | 秘鲁 | 哥斯达黎加 | 新西兰 | 澳大利亚 | 瑞士 | 冰岛 | 韩国 | 台湾 | 新加坡 | 格鲁吉亚 | 亚太2国② | 东盟 老挝 | 东盟 柬埔寨 | 东盟 缅甸 | 最不发达国家 LDC97③ | 最不发达国家 LDC95④ | 最不发达国家 LDC60⑤ |
| 68029190 | 其他大理石、石灰华及蜡石及制品 | 0 | 0 | 0 | 0 | | 0 | 0 | 0 | 0 | 2 | 0 | 0 | 6 | | | 0 | | | | | 0 | 0 | 0 |
| 68029210 | 其他石灰石制石刻 | | 0 | 0 | 0 | | 0 | 2.4 | 0 | 0 | 4.8 | 12 | 0 | 19.2 | | 0 | 0 | | | | | 0 | 0 | |
| 68029290 | 其他加工形式石灰石制品 | 0 | 0 | 0 | 0 | | 0 | 1 | 0 | 0 | 2 | 0 | 0 | 6 | | | 0 | | | | | 0 | 0 | 0 |
| 68029311 | 花岗岩制墓碑石 | | 0 | 0 | 0 | | 0 | 2.4 | 0 | 0 | 4.8 | 12 | 0 | 19.2 | | 0 | 0 | | | | | 0 | 0 | |
| 68029319 | 其他花岗岩制石刻 | 0 | 0 | 0 | 0 | | 0 | 2.4 | 0 | 0 | 4.8 | 12 | 0 | 19.2 | | 0 | 0 | | | | | 0 | 0 | |
| 68029390 | 其他加工形式花岗岩制品 | | 0 | 0 | 0 | 9.2 | 0 | 0 | 0 | 0 | 2 | 0 | 0 | 6 | | | 0 | | | | | 0 | 0 | 0 |
| 68029910 | 其他石制成的石刻 | | 0 | 0 | 0 | | 0 | 0 | 0 | 0 | 4.8 | 12 | 0 | 19.2 | | 0 | 0 | | | | | 0 | 0 | |
| 68029990 | 其他石及制品 | 0 | 0 | 0 | 0 | | 0 | 0 | 0 | 0 | 4.8 | 12 | 0 | 19.2 | | 0 | 0 | | | | | 0 | 0 | 0 |
| 68030010 | 板岩制品 | | 0 | | 0 | | 0 | 2 | 0 | 0 | 4 | 10 | 0 | 14.6 | | 0 | 0 | | | | | 0 | 0 | |
| 68030090 | 已加工板岩及板岩或粘聚板岩制品 | | | | 0 | | 0 | 2 | 0 | 0 | 4 | 10 | 0 | 14.6 | | 0 | 0 | | | | | 0 | 0 | |
| 68041000 | 碾磨或磨浆用石磨、石碾 | | | 5 | 0 | | 0 | 0 | 0 | 0 | 1.6 | 0 | 0 | 1.6 | | | 0 | | | | | 0 | 0 | 0 |
| 68042110 | 粘聚合成或天然金刚石制砂轮 | 0 | | 5 | 0 | | 0 | 0 | 0 | 0 | 1.6 | 4 | 0 | 4.8 | | | 0 | | | | | 0 | 0 | 0 |
| 68042190 | 金刚石制石磨、石碾及砂轮 | 0 | | 5 | 0 | | 0 | 0 | 0 | 0 | 1.6 | 4 | 0 | 4.8 | | | 0 | | | | | 0 | 0 | 0 |
| 68042210 | 其他砂轮 | 0 | | 5 | 0 | | 0 | 0 | 0 | 0 | 1.6 | 4 | 0 | 1.6 | | | 0 | | | | | 0 | 0 | 0 |
| 68042290 | 其他石磨、石碾及类似品 | 0 | | 5 | 0 | | 0 | 0 | 0 | 0 | 1.6 | 0 | 0 | 1.6 | | | 0 | | | | | 0 | 0 | 0 |
| 68042310 | 天然石料制的砂轮 | | | 5 | 0 | | 0 | 0 | 0 | 0 | 1.6 | 0 | 0 | 1.6 | | | 0 | | | | | 0 | 0 | 0 |
| 68042390 | 天然石料制其他石磨、石碾等 | | | 5 | 0 | | 0 | 0 | 0 | 0 | 1.6 | 0 | 0 | 4.8 | | | 0 | | | | | 0 | 0 | 0 |
| 68043010 | 手用琢磨油石 | | | 5 | 0 | 6.4 | 0 | 0 | 0 | 0 | 1.6 | 0 | 0 | 1.6 | | | 0 | | | | | 0 | 0 | 0 |
| 68043090 | 手用其他磨石及抛光石 | | | 5 | 0 | 6.4 | 0 | 0 | 0 | 0 | 1.6 | 0 | 0 | 4.8 | | | 0 | | | | | 0 | 0 | 0 |
| 68051000 | 砂布 | | | 5 | 0 | | 0 | 0 | 0 | 0 | 1.6 | 4 | 0 | 5.8 | | | 0 | | | | | 0 | 0 | 0 |
| 68052000 | 砂纸 | | | 5 | 0 | | 0 | 0 | 0 | 0 | 1.6 | 4 | 0 | 4.8 | | | 0 | | | | | 0 | 0 | 0 |
| 68053000 | 其他材料为底的天然或人造研磨料 | | | 5 | 0 | | 0 | 0 | 0 | 0 | 1.6 | 0 | 0 | 4.8 | | | 0 | | | | | 0 | 0 | 0 |
| 68061010 | 硅酸铝纤维及其制品 | | | 5 | 0 | | 0 | 0 | 0 | 0 | 2.1 | 5.2 | 0 | 6.3 | | 0 | 0 | | | | | 0 | 0 | 0 |
| 68061090 | 其他矿渣棉、岩石棉及类似的矿质棉(包括其相互混合物),块状、成片或成卷 | | | 5 | 0 | | 0 | 0 | 0 | 0 | 2.1 | 5.2 | 0 | 6.3 | | 0 | 0 | | | | | 0 | 0 | 0 |
| 68062000 | 页状硅石、膨胀黏土、泡沫矿渣 | | | 5 | 0 | | 0 | 0 | 0 | 0 | 2.1 | 5.2 | 0 | 6.3 | | 0 | 0 | | | | | 0 | 0 | 0 |
| 68069000 | 其他矿物材料的混合物及制品 | | | 5 | 0 | | 0 | 0 | 0 | 0 | 2 | 0 | 0 | 7.3 | | | 0 | | | | | 0 | 0 | 0 |
| 68071000 | 成卷的沥青或类似原料的制品 | | | 6 | 0 | | 0 | 0 | 0 | 0 | 2.4 | 6 | 0 | 7.2 | | 0 | 0 | | | | | 0 | 0 | |
| 68079000 | 其他形状的沥青或类似原料的制品 | | | 5 | 0 | 9.6 | 0 | 0 | 0 | 0 | 2.4 | 6 | 0 | 7.2 | | 0 | 0 | | | | | 0 | 0 | |
| 68080000 | 镶板、平板、瓦、砖及类似品 | | | 5 | 0 | | 0 | 0 | 0 | 0 | 2.1 | 5.2 | 0 | 6.3 | | 0 | 0 | | | | | 0 | 0 | |
| 68091100 | 纸贴面未饰的石膏板、片、砖、瓦及类似品 | | | | 0 | | 0 | 2.8 | 0 | 0 | 5.6 | 14 | 0 | | | 0 | 0 | | | | | 0 | 0 | |
| 68091900 | 以其他材料贴面加强的未饰石膏板 | | 0 | | 0 | | 0 | 2.5 | 0 | 0 | 5 | | 0 | 20 | | 0 | 0 | | | | | 0 | 0 | |

| 税则号列 | 商品描述① | 协定税率(%) | | | | | | | | | | | | | | | | 特惠税率(%) | | | | | | |
|---|---|---|---|---|---|---|---|---|---|---|---|---|---|---|---|---|---|---|---|---|---|---|---|---|
| | | 香港 | 澳门 | 巴基斯坦 | 东盟 | 亚太 | 智利 | 秘鲁 | 哥斯达黎加 | 新西兰 | 澳大利亚 | 瑞士 | 冰岛 | 韩国 | 台湾 | 新加坡 | 格鲁吉亚 | 亚太2国② | 东盟 | | | 最不发达国家 | | |
| | | | | | | | | | | | | | | | | | | | 老挝 | 柬埔寨 | 缅甸 | LDC97③ | LDC95④ | LDC60⑤ |
| 68099000 | 其他石膏制品 | | | | 0 | | 0 | 2.5 | 0 | 0 | 5 | | 0 | 20 | | 0 | 0 | | | | | 0 | 0 | |
| 68101100 | 水泥制建筑用砖及石砌块 | 0 | | 5 | 0 | 8.4 | 0 | 0 | 0 | 0 | 2.1 | 5.2 | 0 | 6.3 | | 0 | 0 | | | | | 0 | 0 | 0 |
| 68101910 | 人造石制砖、瓦、扁平石及类似品 | | 0 | 5 | 0 | 8.4 | 0 | 0 | 0 | 0 | 2.1 | 5.2 | 0 | 6.3 | | 0 | 0 | | | | | 0 | 0 | 0 |
| 68101990 | 水泥制其他砖、瓦、扁平石 | | | 5 | 0 | 8.4 | 0 | 0 | 0 | 0 | 2.1 | 5.2 | 0 | 6.3 | | 0 | 0 | | | | | 0 | 0 | 0 |
| 68109110 | 钢筋混凝土和预应力混凝土管、杆、板、桩等 | 0 | | 5 | 0 | | 0 | 0 | 0 | 0 | 2.1 | 5.2 | 0 | 6.3 | | 0 | 0 | | | | | 0 | 0 | 0 |
| 68109190 | 其他水泥制建筑或土木工程用预制构件 | 0 | 0 | 5 | 0 | | 0 | 0 | 0 | 0 | 2.1 | 5.2 | 0 | 6.3 | | 0 | 0 | | | | | 0 | 0 | 0 |
| 68109910 | 铁道用水泥枕 | | | 5 | 0 | | 0 | 0 | 0 | 0 | 1.6 | 0 | 0 | 1.6 | | | 0 | | | | | 0 | 0 | 0 |
| 68109990 | 水泥、混凝土或人造石制其他制品 | | | 5 | 0 | | 0 | 0 | 0 | 0 | 2.1 | 5.2 | 0 | 6.3 | | 0 | 0 | | | | | 0 | 0 | 0 |
| 68114010 | 含石棉的瓦楞板 | | | 0 | 0 | | 0 | 0 | 0 | 0 | 0 | 0 | 0 | 1 | | | 0 | | | | | 0 | 0 | |
| 68114020 | 含石棉的片、板、砖、瓦及类似品 | | | 5 | 0 | | 0 | 0 | 0 | 0 | 2.1 | 5.2 | 0 | 6.3 | | 0 | 0 | | | | | 0 | 0 | |
| 68114030 | 含石棉的管子及管子配件 | | | 5 | 0 | | 0 | 0 | 0 | 0 | 1.6 | 0 | 0 | 1.6 | | | 0 | | | | | 0 | 0 | |
| 68114090 | 含石棉的其他制品 | | | 5 | 0 | | 0 | 0 | 0 | 0 | 1.7 | 0 | 0 | 5 | | | 0 | | | | | 0 | 0 | |
| 68118100 | 不含石棉的瓦楞板 | | | 0 | 0 | | 0 | 0 | 0 | 0 | 0 | 0 | 0 | 1 | | | 0 | | | | | 0 | 0 | |
| 68118200 | 不含石棉的片、板、砖、瓦及类似品 | | | 5 | 0 | | 0 | 0 | 0 | 0 | 2.1 | 6.5 | 0 | 6.3 | | 0 | 0 | | | | | 0 | 0 | |
| 68118910 | 不含石棉的管子及管子配件 | | | 5 | 0 | | 0 | 0 | 0 | 0 | 1.6 | 0 | 0 | 1.6 | | | 0 | | | | | 0 | 0 | |
| 68118990 | 不含石棉的其他制品 | | | 5 | 0 | | 0 | 0 | 0 | 0 | 1.7 | 0 | 0 | 1.6 | | | 0 | | | | | 0 | 0 | |
| 68128000 | 青石棉或青石棉混合物制品 | | | 5 | 0 | | 0 | 0 | 0 | 0 | 2.1 | 5.2 | 0 | 6.3 | | 0 | 0 | | | | | 0 | 0 | 0 |
| 68129100 | 其他石棉或石棉混合物制的服装 | | | 5 | 0 | | 0 | 0 | 0 | 0 | 2.1 | 5.2 | 0 | 6.3 | | 0 | 0 | | | | | 0 | 0 | 0 |
| 68129200 | 其他石棉或石棉混合物制的纸、麻丝板 | | | 5 | 0 | | 0 | 0 | 0 | 0 | 2.1 | 5.2 | 0 | 6.3 | | 0 | 0 | | | | | 0 | 0 | 0 |
| 68129300 | 其他成片成卷的压缩石棉纤维接合材料 | | | 5 | 0 | | 0 | 0 | 0 | 0 | 2.1 | 5.2 | 0 | 6.3 | | 0 | 0 | | | | | 0 | 0 | 0 |
| 68129900 | 其他石棉或石棉混合物制品 | | | 5 | 0 | | 0 | 0 | 0 | 0 | 2 | 0 | 0 | 6 | | | 0 | | | | | 0 | 0 | 0 |
| 68132010 | 含石棉的闸衬、闸垫 | | | 5 | 0 | | 0 | 0 | 0 | 0 | 2 | 0 | 0 | 6 | | | 0 | | | | | 0 | 0 | 0 |
| 68132090 | 含石棉的磨擦料及其他用于制动等用途制品 | | | 6 | 0 | | 0 | 0 | 0 | 0 | 2.4 | 6 | 0 | 7.2 | | 0 | 0 | | | | | 0 | 0 | |
| 68138100 | 不含石棉的闸衬、闸垫 | | | 5 | 0 | | 0 | 0 | 0 | 0 | 2 | 0 | 0 | 6 | | | 0 | | | | | 0 | 0 | 0 |
| 68138900 | 不含石棉的磨擦料及其他用于制动等用途制品 | | | 6 | 0 | | 0 | 0 | 0 | 0 | 2.4 | 6 | 0 | 7.2 | | 0 | 0 | | | | | 0 | 0 | |
| 68141000 | 粘聚或复制云母制的板、片、带 | | | 5 | 0 | | 0 | 0 | 0 | 0 | 2.1 | 0 | 0 | 6.3 | | 0 | 0 | | | | | 0 | 0 | 0 |
| 68149000 | 其他已加工的云母及其制品 | | | 5 | 0 | | 0 | 0 | 0 | 0 | 2.1 | 5.2 | 0 | 6.3 | | 0 | 0 | | | | | 0 | 0 | 0 |
| 68151000 | 非电器用的石墨或其他碳精制品 | | | 12 | 0 | | 0 | 1.5 | 0 | 0 | 3 | 7.5 | 0 | | | 0 | 0 | | | | | 0 | 0 | 0 |
| 68152000 | 泥煤制品 | | | 12 | 0 | | 0 | 1.5 | 0 | 0 | 3 | 7.5 | 0 | 9 | | 0 | 0 | | | | | 0 | 0 | |
| 68159100 | 含菱镁矿、白云石或铬铁矿的制品 | | | 12 | 0 | | 0 | 1.5 | 0 | 0 | 3 | 7.5 | 0 | 9 | | 0 | 0 | | | | | 0 | 0 | |

| 税则号列 | 商品描述[①] | 协定税率(%) | | | | | | | | | | | | | | | | 特惠税率(%) | | | | | | |
|---|---|---|---|---|---|---|---|---|---|---|---|---|---|---|---|---|---|---|---|---|---|---|---|---|
| | | 香港 | 澳门 | 巴基斯坦 | 东盟 | 亚太 | 智利 | 秘鲁 | 哥斯达黎加 | 新西兰 | 澳大利亚 | 瑞士 | 冰岛 | 韩国 | 台湾 | 新加坡 | 格鲁吉亚 | 亚太2国[②] | 东盟 | | | 最不发达国家 | | |
| | | | | | | | | | | | | | | | | | | | 老挝 | 柬埔寨 | 缅甸 | LDC97[③] | LDC95[④] | LDC60[⑤] |
| 68159920 | 碳纤维 | | | | 0 | | 0 | 1.8 | 0 | 0 | 3.5 | 8.8 | 0 | | | 0 | 0 | | | | | 0 | 0 | 0 |
| 68159931 | 碳布 | | | | 0 | | 0 | 1.8 | 0 | 0 | 3.5 | 8.8 | 0 | | | 0 | 0 | | | | | 0 | 0 | 0 |
| 68159932 | 碳纤维预浸料 | | | | 0 | | 0 | 1.8 | 0 | 0 | 3.5 | 8.8 | 0 | | | 0 | 0 | | | | | 0 | 0 | 0 |
| 68159939 | 其他碳纤维制品 | | | | 0 | | 0 | 1.8 | 0 | 0 | 3.5 | 8.8 | 0 | | | 0 | 0 | | | | | 0 | 0 | 0 |
| 68159940 | 玄武岩纤维及其制品 | | | | 0 | | 0 | 1.8 | 0 | 0 | 3.5 | 8.8 | 0 | 10.5 | | 0 | 0 | | | | | 0 | 0 | 0 |
| 68159990 | 其他未列名石制品及矿物制品 | | | | 0 | | 0 | 1.8 | 0 | 0 | 3.5 | 8.8 | 0 | 10.5 | | 0 | 0 | | | | | 0 | 0 | 0 |
| 69010000 | 硅质化石粉或类似硅土制的砖、瓦 | | | 5 | 0 | 6.4 | 0 | 0 | 0 | 0 | 1.6 | 0 | 0 | 1.6 | | | 0 | | | | | 0 | 0 | |
| 69021000 | 镁、钙、铬含量>50%的耐火砖及类似品 | | | 5 | 0 | | 0 | 0 | 0 | 0 | 1.6 | 0 | 0 | 1.6 | | | 0 | | | | | 0 | 0 | 0 |
| 69022000 | 氧化铝、硅含量>50%的耐火砖及类似品 | | | 5 | 0 | | 0 | 0 | 0 | 0 | 1.6 | 4 | 0 | 1.6 | | | 0 | | | | | 0 | 0 | 0 |
| 69029000 | 其他耐火砖及耐火陶瓷建材制品 | | | 5 | 0 | | 0 | 0 | 0 | 0 | 1.6 | 0 | 0 | 4.8 | | | 0 | | | | | 0 | 0 | 0 |
| 69031000 | 石墨含量>50%的其他耐火陶瓷制品 | | | 5 | 0 | | 0 | 0 | 0 | 0 | 1.6 | 0 | 0 | 4.8 | | | 0 | | 0 | | | 0 | 0 | 0 |
| 69032000 | 氧化铝含量>50%的其他耐火陶瓷制品 | | | 5 | 0 | | 0 | 0 | 0 | 0 | 1.6 | 0 | 0 | 1.6 | | | 0 | | 0 | | | 0 | 0 | 0 |
| 69039000 | 其他耐火陶瓷制品 | | | 5 | 0 | | 0 | 0 | 0 | 0 | 1.6 | 0 | 0 | 1.6 | | | 0 | | 0 | | | 0 | 0 | 0 |
| 69041000 | 陶瓷制建筑用砖 | | | 12 | 0 | | 0 | 1.5 | 0 | 0 | 3 | 7.5 | 0 | 9 | | 0 | 0 | | | | | 0 | 0 | 0 |
| 69049000 | 陶瓷制铺地砖、支撑或填充用砖 | | | | 0 | | 0 | 2.4 | 0 | 0 | 4.9 | 12.3 | 0 | 19.6 | | 0 | 0 | | | | | 0 | 0 | |
| 69051000 | 陶瓷制屋顶瓦 | | | | 0 | | 0 | 2.4 | 0 | 0 | 4.9 | 12.3 | 0 | 19.6 | | 0 | 0 | | | | | 0 | 0 | |
| 69059000 | 其他建筑用陶瓷制品 | | | | 0 | | 0 | 2.4 | 0 | 0 | 4.9 | 12.3 | 0 | 19.6 | | 0 | 0 | | | | | 0 | 0 | |
| 69060000 | 陶瓷套管、导管、槽管及管子配件 | | | 12 | 0 | | 0 | 1.5 | 0 | 0 | 3 | 7.5 | 0 | 9 | | 0 | 0 | | | | | 0 | 0 | |
| 69072110 | 小尺寸贴面砖、铺面砖,按重量计吸水率≤0.5%,不论是否矩形,可置入边长<7厘米的方格 | | | 5 | 0 | 10.4 | 0 | 0 | 0 | 0 | 2.4 | 6 | 0 | 7.2 | | 0 | 0 | | | | | 0 | 0 | |
| 69072190 | 大尺寸贴面砖、铺面砖,按重量计吸水率≤0.5%,不论是否矩形,无法置入边长<7厘米的方格 | | | 6 | 0 | | 0 | 0 | 0 | 0 | 2.4 | 6 | 0 | 7.2 | | 0 | 0 | | | | | 0 | 0 | |
| 69072210 | 小尺寸贴面砖、铺面砖,按重量计0.5%<吸水率≤10%,不论是否矩形,可置入边长<7厘米的方格 | | | 5 | 0 | 10.4 | 0 | 0 | 0 | 0 | 2.4 | 6 | 0 | 7.2 | | 0 | 0 | | | | | 0 | 0 | |
| 69072290 | 大尺寸贴面砖、铺面砖,按重量计0.5%<吸水率≤10%,不论是否矩形,无法置入边长<7厘米的方格 | | | 6 | 0 | | 0 | 0 | 0 | 0 | 2.4 | 6 | 0 | 7.2 | | 0 | 0 | | | | | 0 | 0 | |

| 税则号列 | 商品描述① | 协定税率(%) | | | | | | | | | | | | | | | | 特惠税率(%) | | | | | | |
|---|---|---|---|---|---|---|---|---|---|---|---|---|---|---|---|---|---|---|---|---|---|---|---|---|
| | | 香港 | 澳门 | 巴基斯坦 | 东盟 | 亚太 | 智利 | 秘鲁 | 哥斯达黎加 | 新西兰 | 澳大利亚 | 瑞士 | 冰岛 | 韩国 | 台湾 | 新加坡 | 格鲁吉亚 | 亚太2国② | 东盟 | | | 最不发达国家 | | |
| | | | | | | | | | | | | | | | | | | | 老挝 | 柬埔寨 | 缅甸 | LDC97③ | LDC95④ | LDC60⑤ |
| 69072310 | 小尺寸贴面砖、铺面砖,按重量计吸水率>10%,不论是否矩形,可置入边长<7厘米的方格 | | | 5 | 0 | 10.4 | 0 | 0 | 0 | 0 | 2.4 | 6 | 0 | 7.2 | | 0 | 0 | | | | | 0 | 0 | |
| 69072390 | 大尺寸贴面砖、铺面砖,按重量计吸水率>10%,不论是否矩形,无法置入边长<7厘米的方格 | | | 6 | 0 | | 0 | 0 | 0 | 0 | 2.4 | 6 | 0 | 7.2 | | 0 | 0 | | | | | 0 | 0 | |
| 69073010 | 小尺寸镶嵌砖(马赛克)及其类似品,不论是否矩形,可置入边长<7厘米的方格 | | | 5 | 0 | 10.4 | 0 | 0 | 0 | 0 | 2.4 | 6 | 0 | 7.2 | | 0 | 0 | | | | | 0 | 0 | |
| 69073090 | 大尺寸镶嵌砖(马赛克)及其类似品,不论是否矩形,无法置入边长<7厘米的方格 | | | 6 | 0 | | 0 | 0 | 0 | 0 | 2.4 | 6 | 0 | 7.2 | | 0 | 0 | | | | | 0 | 0 | |
| 69074010 | 小尺寸饰面陶瓷,不论是否矩形,可置入边长<7厘米的方格 | | | 5 | 0 | 10.4 | 0 | 0 | 0 | 0 | 2.4 | 6 | 0 | 7.2 | | 0 | 0 | | | | | 0 | 0 | |
| 69074090 | 大尺寸饰面陶瓷,不论是否矩形,无法置入边长<7厘米的方格 | | | 6 | 0 | | 0 | 0 | 0 | 0 | 2.4 | 6 | 0 | 7.2 | | 0 | 0 | | | | | 0 | 0 | |
| 69091100 | 实验室、化学或其他技术用瓷器 | | | 5 | 0 | | 0 | 0 | 0 | 0 | 1.6 | 0 | 0 | 1.6 | | | 0 | | | | | 0 | 0 | 0 |
| 69091200 | 莫氏硬度≥9的技术用陶瓷器 | | | 5 | 0 | | 0 | 0 | 0 | 0 | 1.6 | 0 | 0 | 1.6 | | | 0 | | | | | 0 | 0 | 0 |
| 69091900 | 其他实验室、化学用陶瓷器 | | | 5 | 0 | | 0 | 0 | 0 | 0 | 1.6 | 0 | 0 | 1.6 | | | 0 | | | | | 0 | 0 | 0 |
| 69099000 | 农业用、运输或盛装货物用陶瓷容器 | | | | 0 | | 0 | 2.1 | 0 | 0 | 4.2 | 10.5 | 0 | 16.8 | | 0 | 0 | | | | | 0 | 0 | |
| 69101000 | 瓷制脸盆、浴缸及类似卫生器具 | | | 5 | 0 | 9 | 0 | 0 | 0 | 0 | 2 | 0 | 0 | 6 | | 0 | 0 | | | | | 0 | 0 | 0 |
| 69109000 | 陶制脸盆、浴缸及类似卫生器具 | | | 5 | 0 | | 0 | 0 | 0 | 0 | 2 | 0 | 0 | 6 | | 0 | 0 | | | | | 0 | 0 | 0 |
| 69111011 | 骨瓷餐具 | | | 5 | 0 | 10 | 0 | 0 | 0 | 0 | 2.4 | 6 | 0 | 7.2 | | 0 | 0 | | | | | 0 | 0 | 0 |
| 69111019 | 其他餐具 | | | 5 | 0 | 10 | 0 | 0 | 0 | 0 | 2.4 | 6 | 0 | 7.2 | | 0 | 0 | | | | | 0 | 0 | 0 |
| 69111021 | 刀具 | | | 7.5 | 0 | 12.5 | 0 | 1.5 | 0 | 0 | 3 | 7.5 | 0 | 9 | | 0 | 0 | | | | | 0 | 0 | |
| 69111029 | 其他厨房器具 | | | 7.5 | 0 | 12.5 | 0 | 1.5 | 0 | 0 | 3 | 7.5 | 0 | 9 | | 0 | 0 | | | | | 0 | 0 | |
| 69119000 | 其他家用或盥洗用瓷器 | | | 20 | 0 | 20 | 0 | 2.4 | 0 | 0 | 4.9 | 12.3 | 0 | 19.6 | | 0 | 0 | | | | | 0 | 0 | |
| 69120010 | 陶餐具 | | | 12 | 0 | | 0 | 1.5 | 0 | 0 | 3 | 7.5 | 0 | 9 | | 0 | 0 | | | | | 0 | 0 | 0 |
| 69120090 | 陶制厨房器具 | | | 12 | 0 | | 0 | 1.5 | 0 | 0 | 3 | 7.5 | 0 | 9 | | 0 | 0 | | | | | 0 | 0 | |
| 69131000 | 瓷塑像及其他装饰用瓷制品 | | | 12 | 0 | | 0 | 1.5 | 0 | 0 | 3 | 7.5 | 0 | 9 | | 0 | 0 | | | | | 0 | 0 | 0 |
| 69139000 | 陶塑像及其他装饰用陶制品 | | | 12 | 0 | | 0 | 1.5 | 0 | 0 | 3 | 7.5 | 0 | 9 | | 0 | 0 | | | | | 0 | 0 | 0 |
| 69141000 | 其他瓷制品 | | | | 0 | | 0 | 2.4 | 0 | 0 | 4.9 | 12.3 | 0 | 19.6 | | 0 | 0 | | | | | 0 | 0 | |
| 69149000 | 其他陶制品 | | | 5 | 0 | | 0 | 0 | 0 | 0 | 2 | 5 | 0 | 7.3 | | 0 | 0 | | | | | 0 | 0 | 0 |
| 70010000 | 废碎玻璃及玻璃块料 | | | 6 | 0 | | 0 | 0 | 0 | 0 | 2.4 | 6 | 0 | 7.2 | | 0 | 0 | | | | | 0 | 0 | |
| 70021000 | 未加工的玻璃球 | | | 6 | 0 | | 0 | 0 | 0 | 0 | 2.4 | 6 | 0 | 7.2 | | 0 | 0 | | | | | 0 | 0 | |

| 税则号列 | 商品描述[①] | 协定税率(%) | | | | | | | | | | | | | | | | 特惠税率(%) | | | | | | |
|---|---|---|---|---|---|---|---|---|---|---|---|---|---|---|---|---|---|---|---|---|---|---|---|---|
| | | 香港 | 澳门 | 巴基斯坦 | 东盟 | 亚太 | 智利 | 秘鲁 | 哥斯达黎加 | 新西兰 | 澳大利亚 | 瑞士 | 冰岛 | 韩国 | 台湾 | 新加坡 | 格鲁吉亚 | 亚太2国[②] | 东盟 | | | 最不发达国家 | | |
| | | | | | | | | | | | | | | | | | | | 老挝 | 柬埔寨 | 缅甸 | LDC97[③] | LDC95[④] | LDC60[⑤] |
| 70022010 | 光导纤维预制棒 | | | 5 | 0 | | 0 | 0 | 0 | 0 | 1.2 | 0 | 0 | 1.2 | | | 0 | | | | | 0 | 0 | |
| 70022090 | 其他未加工的玻璃棒 | | | 6 | 0 | | 0 | 0 | 0 | 0 | 2.4 | 6 | 0 | 7.2 | | 0 | 0 | | | | | 0 | 0 | |
| 70023110 | 光导纤维用波导级石英玻璃管 | | | 0 | 0 | | 0 | 0 | 0 | 0 | 0 | 0 | 0 | 1 | | | 0 | | | | | 0 | 0 | |
| 70023190 | 熔融石英或熔融硅石制其他玻璃管 | | | 11.2 | 0 | | 0 | 0 | 0 | 0 | 2.8 | 7 | 0 | 8.4 | | 0 | 0 | | | | | 0 | 0 | |
| 70023200 | 其他未加工的玻璃管 | | | 6 | 0 | | 0 | 0 | 0 | 0 | 2.4 | 6 | 0 | 7.2 | | 0 | 0 | | | | | 0 | 0 | |
| 70023900 | 未列名、未加工的玻璃管 | | | 6 | 0 | | 0 | 0 | 0 | 0 | 2.4 | 6 | 0 | 7.2 | | 0 | 0 | | | | | 0 | 0 | |
| 70031200 | 铸、轧制着色的非夹丝玻璃板、片 | | | 12 | 0 | | 0 | 1.5 | 0 | 0 | 3 | 7.5 | 0 | 9 | | 0 | 0 | | | | | 0 | 0 | |
| 70031900 | 铸、轧制的其他非夹丝玻璃板、片 | | | 14 | 0 | | 0 | 1.8 | 0 | 0 | 3.5 | 8.8 | 0 | 10.5 | 0 | 0 | 0 | | | | | 0 | 0 | |
| 70032000 | 铸、轧制的夹丝玻璃板、片 | | | 12 | 0 | | 0 | 1.5 | 0 | 0 | 3 | 7.5 | 0 | 9 | | 0 | 0 | | | | | 0 | 0 | |
| 70033000 | 铸、轧制的玻璃型材及异型材 | | | 12 | 0 | | 0 | 1.5 | 0 | 0 | 3 | 7.5 | 0 | 9 | | 0 | 0 | | | | | 0 | 0 | |
| 70042000 | 拉、吹制的着色玻璃板、片 | | | 14 | 0 | | 0 | 1.8 | 0 | 0 | 3.5 | 8.8 | 0 | 10.5 | | 0 | 0 | | | | | 0 | 0 | 0 |
| 70049000 | 拉、吹制的其他玻璃板、片 | | | 14 | 0 | | 0 | 1.8 | 0 | 0 | 3.5 | 8.8 | 0 | 14 | | 0 | 0 | | | | | 0 | 0 | |
| 70051000 | 有吸收层非夹丝浮法或抛光玻璃板 | | | 12 | 0 | | 0 | 1.5 | 0 | 0 | 3 | 7.5 | 0 | 9 | | 0 | 0 | | | | | 0 | 0 | |
| 70052100 | 其他着色非夹丝浮法玻璃板、片 | | | 12 | 0 | | 0 | 1.5 | 0 | 0 | 3 | 7.5 | 0 | 9 | | 0 | 0 | | | | | 0 | 0 | |
| 70052900 | 其他非夹丝浮法玻璃板、片 | | | 12 | 0 | | 0 | 1.5 | 0 | 0 | 3 | 7.5 | 0 | 9 | | 0 | 0 | | | | | 0 | 0 | |
| 70053000 | 夹丝浮法玻璃板、片 | | | 14 | 0 | | 0 | 1.8 | 0 | 0 | 3.5 | 8.8 | 0 | 10.5 | | 0 | 0 | | | | | 0 | 0 | |
| 70060000 | 经其他加工品目70.03～70.05的玻璃 | | | 12 | 0 | | 0 | 1.5 | 0 | 0 | 3 | 7.5 | 0 | 11 | 0 | 0 | 0 | | | | | 0 | 0 | |
| 70071110 | 航空航天器及船舶用钢化安全玻璃 | 0 | | 0 | 0 | | 0 | 0 | 0 | 0 | 0 | 0 | 0 | 0 | | | 0 | | | | | 0 | 0 | 0 |
| 70071190 | 车辆用钢化安全玻璃 | 0 | | 5 | 0 | | 0 | 0 | 0 | 0 | 2 | 0 | 0 | 7.3 | | | 0 | | | | | 0 | 0 | 0 |
| 70071900 | 其他钢化安全玻璃 | | | 11.2 | 0 | | 0 | 0 | 0 | 0 | 2.8 | 7 | 0 | 8.4 | | 0 | 0 | | | | | 0 | 0 | |
| 70072110 | 航空航天器及船舶用层压安全玻璃 | | | 0 | 0 | | 0 | 0 | 0 | 0 | 0 | 0 | 0 | 0 | | | 0 | | | | | 0 | 0 | 0 |
| 70072190 | 车辆用层压安全玻璃 | | | | 0 | | 0 | 2 | 0 | 0 | 4 | 10 | 0 | 16 | | 0 | 0 | | | | | 0 | 0 | 0 |
| 70072900 | 其他层压安全玻璃 | | | 11.2 | 0 | | 0 | 0 | 0 | 0 | 2.8 | 7 | 0 | 8.4 | | 0 | 0 | | | | | 0 | 0 | |
| 70080010 | 中空或真空隔温、隔音玻璃 | | | 11.2 | 0 | | 0 | 0 | 0 | 0 | 2.8 | 7 | 0 | 8.4 | | 0 | 0 | | | | | 0 | 0 | |
| 70080090 | 其他多层隔温、隔音玻璃组件 | | 0 | 11.2 | 0 | | 0 | 0 | 0 | 0 | 2.8 | 7 | 0 | 8.4 | | 0 | 0 | | | | | 0 | 0 | |
| 70091000 | 车辆后视镜 | | | 5 | 0 | | 0 | 0 | 0 | 0 | 2 | 0 | 0 | 8 | 0 | 0 | 0 | | | | | 0 | 0 | 0 |
| 70099100 | 其他未镶框玻璃镜(包括后视镜) | | | | 0 | | 0 | 2.1 | 0 | 0 | 4.2 | 10.5 | 0 | 16.8 | | 0 | 0 | | | | | 0 | 0 | |
| 70099200 | 其他镶框玻璃镜(包括后视镜) | | | 5 | 0 | 10.8 | 0 | 0 | 0 | 0 | 2.4 | 6 | 0 | 7.2 | | 0 | 0 | | | | | 0 | 0 | 0 |
| 70101000 | 玻璃安瓿 | | | 11.2 | 0 | | 0 | 0 | 0 | 0 | 2.8 | 7 | 0 | 8.4 | | 0 | 0 | | | | | 0 | 0 | |
| 70102000 | 玻璃制的塞、盖及类似封口器 | | | 11.2 | 0 | | 0 | 0 | 0 | 0 | 2.8 | 7 | 0 | 8.4 | | 0 | 0 | | | | | 0 | 0 | |

| 税则号列 | 商品描述[1] | 协定税率(%) | | | | | | | | | | | | | | | | 特惠税率(%) | | | | | | |
|---|---|---|---|---|---|---|---|---|---|---|---|---|---|---|---|---|---|---|---|---|---|---|---|---|
| | | 香港 | 澳门 | 巴基斯坦 | 东盟 | 亚太 | 智利 | 秘鲁 | 哥斯达黎加 | 新西兰 | 澳大利亚 | 瑞士 | 冰岛 | 韩国 | 台湾 | 新加坡 | 格鲁吉亚 | 亚太2国[2] | 东盟 | | | 最不发达国家 | | |
| | | | | | | | | | | | | | | | | | | | 老挝 | 柬埔寨 | 缅甸 | LDC97[3] | LDC95[4] | LDC60[5] |
| 70109010 | 装运货物或保藏用的玻璃大容器 | | | 11.2 | 0 | | 0 | 0 | 0 | 0 | 2.8 | 7 | 0 | 8.4 | | 0 | 0 | | | | | 0 | 0 | |
| 70109020 | 装运货物或保藏用的玻璃中容器 | | | 11.2 | 0 | | 0 | 0 | 0 | 0 | 2.8 | 7 | 0 | 8.4 | | 0 | 0 | | | | | 0 | 0 | |
| 70109030 | 装运货物或保藏用的玻璃小容器 | | | 11.2 | 0 | | 0 | 0 | 0 | 0 | 2.8 | 7 | 0 | 8.4 | | 0 | 0 | | | | | 0 | 0 | |
| 70109090 | 装运货物或保藏用的玻璃特小容器 | | | 11.2 | 0 | | 0 | 0 | 0 | 0 | 2.8 | 7 | 0 | 8.4 | | 0 | 0 | | | | | 0 | 0 | 0 |
| 70111000 | 电灯用未封口玻璃外壳及玻璃零件 | | | | 0 | | 0 | 2.1 | 0 | 0 | 4.2 | 10.5 | 0 | 16.8 | | 0 | 0 | | | | | 0 | 0 | |
| 70112010 | 显象管玻壳及其零件 | | | 5 | 0 | 7 | 0 | 0 | 0 | 0 | 2 | 0 | 0 | 6 | | | 0 | | | | | 0 | 0 | |
| 70112090 | 阴极射线管用玻壳及零件 | | | 5 | 0 | 7 | 0 | 0 | 0 | 0 | 2 | 0 | 0 | | | | 0 | | | | | 0 | 0 | |
| 70119010 | 电子管未封口玻璃外壳及玻璃零件 | | | 5 | 0 | | 0 | 0 | 0 | 0 | 1.6 | 0 | 0 | 1.6 | | | 0 | | | | | 0 | 0 | |
| 70119090 | 其他类似品用未封口玻璃外壳零件 | | | | 0 | | 0 | 2.1 | 0 | 0 | 4.2 | 10.5 | 0 | 16.8 | | 0 | 0 | | | | | 0 | 0 | |
| 70131000 | 玻璃陶瓷制玻璃器皿 | | | | 0 | | 0 | 2.4 | 0 | 0 | 4.9 | 12.3 | 0 | 19.6 | | 0 | 0 | | | | | 0 | 0 | 0 |
| 70132200 | 铅晶质高脚杯 | | | | 0 | | 0 | 2.4 | 0 | 0 | 4.9 | 12.3 | 0 | 19.6 | | 0 | 0 | | | | | 0 | 0 | |
| 70132800 | 其他高脚杯 | | | 5 | 0 | | 0 | 0 | 0 | 0 | 1.6 | 0 | 0 | 1.6 | | 0 | 0 | | | | | 0 | 0 | 0 |
| 70133300 | 其他铅晶质玻璃杯 | | | | 0 | | 0 | 2.4 | 0 | 0 | 4.9 | 12.3 | 0 | 19.6 | | 0 | 0 | | | | | 0 | 0 | |
| 70133700 | 其他玻璃杯 | | | 5 | 0 | | 0 | 0 | 0 | 0 | 1.6 | 0 | 0 | 1.6 | | 0 | 0 | | | | | 0 | 0 | 0 |
| 70134100 | 铅晶质玻璃制餐桌、厨房用器皿 | | | | 0 | | 0 | 2.4 | 0 | 0 | 4.9 | 12.3 | 0 | 19.6 | | 0 | 0 | | | | | 0 | 0 | |
| 70134200 | 低膨胀系数玻璃制餐桌厨房用器皿 | | | 5 | 0 | | 0 | 0 | 0 | 0 | 2 | 0 | 0 | 6 | | 0 | 0 | | | | | 0 | 0 | 0 |
| 70134900 | 其他玻璃制餐桌、厨房用器皿 | | | 5 | 0 | | 0 | 0 | 0 | 0 | 2 | 0 | 0 | 6 | | 0 | 0 | | | | | 0 | 0 | 0 |
| 70139100 | 其他铅晶质玻璃器皿 | | | 5 | 0 | | 0 | 0 | 0 | 0 | 2 | 0 | 0 | 6 | | 0 | 0 | | | | | 0 | 0 | 0 |
| 70139900 | 其他玻璃器皿 | | | 5 | 0 | | 0 | 0 | 0 | 0 | 2 | 0 | 0 | 6 | | 0 | 0 | | | | | 0 | 0 | 0 |
| 70140010 | 光学仪器用光学元件毛坯 | | 0 | 5 | 0 | | 0 | 0 | 0 | 0 | 2 | 0 | 0 | 2 | | 0 | 0 | | | | | 0 | 0 | 0 |
| 70140090 | 其他未经光学加工的信号玻璃器 | | | 14 | 0 | | 0 | 1.8 | 0 | 0 | 3.5 | 8.8 | 0 | 10.5 | | 0 | 0 | | | | | 0 | 0 | |
| 70151010 | 视力矫正眼镜用变色镜片坯件 | | | | 0 | | 0 | 2.1 | 0 | 0 | 4.2 | 10.5 | 0 | 15.4 | | 0 | 0 | | | | | 0 | 0 | |
| 70151090 | 其他视力矫正眼镜用镜片坯件 | | | 14 | 0 | | 0 | 1.8 | 0 | 0 | 3.5 | 8.8 | 0 | 10.5 | | 0 | 0 | | | | | 0 | 0 | |
| 70159010 | 钟表玻璃 | | | 14 | 0 | | 0 | 1.8 | 0 | 0 | 3.5 | 8.8 | 0 | 10.5 | | 0 | 0 | | | | | 0 | 0 | |
| 70159020 | 平光变色镜片坯件 | | | 14.4 | 0 | | 0 | 1.8 | 0 | 0 | 3.6 | 9 | 0 | 10.8 | | 0 | 0 | | | | | 0 | 0 | |
| 70159090 | 品目70.15的其他未经光学加工玻璃 | | | 6 | 0 | | 0 | 0 | 0 | 0 | 2.4 | 7.4 | 0 | 7.2 | | 0 | 0 | | | | | 0 | 0 | 0 |
| 70161000 | 供镶嵌或装饰用玻璃马赛克 | | | | 0 | | 0 | 2.2 | 0 | 0 | 4.4 | 11 | 0 | 17.6 | | 0 | 0 | | | | | 0 | 0 | |
| 70169010 | 花饰铅条窗玻璃及类似品 | | | | 0 | | 0 | 2.4 | 0 | 0 | 4.8 | 12 | 0 | 19.2 | | 0 | 0 | | | | | 0 | 0 | |
| 70169090 | 建筑用压制或模制铺面玻璃块、砖 | | | | 0 | | 0 | 1.8 | 0 | 0 | 3.6 | 9 | 0 | 10.8 | | 0 | 0 | | | | | 0 | 0 | |

| 税则号列 | 商品描述① | 协定税率(%) | | | | | | | | | | | | | | | | 特惠税率(%) | | | | | | |
|---|---|---|---|---|---|---|---|---|---|---|---|---|---|---|---|---|---|---|---|---|---|---|---|---|
| | | 香港 | 澳门 | 巴基斯坦 | 东盟 | 亚太 | 智利 | 秘鲁 | 哥斯达黎加 | 新西兰 | 澳大利亚 | 瑞士 | 冰岛 | 韩国 | 台湾 | 新加坡 | 格鲁吉亚 | 亚太2国② | 东盟 | | | 最不发达国家 | | |
| | | | | | | | | | | | | | | | | | | | 老挝 | 柬埔寨 | 缅甸 | LDC97③ | LDC95④ | LDC60⑤ |
| 70171000 | 实验室、卫生及配药用玻璃器 | | | | | | | | | | | | | | | | | | | | | 0 | 0 | 0 |
| 70172000 | 其他玻璃制实验室等用玻璃器 | | | 5 | 0 | | 0 | 0 | 0 | 0 | 1.6 | 5 | 0 | 1.6 | | | 6.4 | | | | | 0 | 0 | 0 |
| 70179000 | 其他实验室、卫生及配药用玻璃器 | | | 5 | 0 | | 0 | 0 | 0 | 0 | 1.6 | 0 | 0 | 4.8 | | | 0 | | | | | 0 | 0 | 0 |
| 70181000 | 玻璃珠、仿珍珠及类似小件玻璃品 | | | 5 | 0 | | 0 | 0 | 0 | 0 | 2 | 0 | 0 | 2 | | 0 | 0 | | | | | 0 | 0 | 0 |
| 70182000 | 直径≤1毫米的玻璃珠 | | | | 0 | | 0 | 2 | 0 | 0 | 4 | 10 | 0 | 14.6 | | 0 | 0 | | | | | 0 | 0 | |
| 70189000 | 玻璃假眼;灯工方法制的玻璃塑像及玻璃饰品 | | | | 0 | | 0 | 2 | 0 | 0 | 4 | 10 | 0 | 14.6 | | 0 | 0 | | | | | 0 | 0 | |
| 70191100 | 长度≤50毫米的短切玻璃纤维 | | | 6 | 0 | | 0 | 0 | 0 | 0 | 2.4 | 6 | 0 | 7.2 | 0 | 0 | 0 | | | | | 0 | 0 | 0 |
| 70191200 | 玻璃纤维粗纱 | | | 6 | 0 | | 0 | 0 | 0 | 0 | 2.4 | 6 | 0 | | | 0 | 0 | | | | | 0 | 0 | 0 |
| 70191900 | 玻璃纤维、梳条、纱线 | | 0 | 5 | 0 | | 0 | 0 | 0 | 0 | 2 | 0 | 0 | 6 | 0 | | 0 | | | | | 0 | 0 | 0 |
| 70193100 | 玻璃纤维(包括玻璃棉)制的席 | | | 0 | 0 | | 0 | 0 | 0 | 0 | 0 | 0 | 0 | 1 | | | 0 | | | | | 0 | 0 | 0 |
| 70193200 | 玻璃纤维(包括玻璃棉)制的薄片 | | | 11.2 | 0 | | 0 | 0 | 0 | 0 | 2.8 | 7 | 0 | 8.4 | | 0 | 0 | | | | | 0 | 0 | |
| 70193910 | 玻璃纤维制的垫 | | | 5 | 0 | | 0 | 0 | 0 | 0 | 2.1 | 5.2 | 0 | 6.3 | 0 | 0 | 0 | | | | | 0 | 0 | 0 |
| 70193990 | 其他玻璃纤维制的网、板及类似无纺产品 | | | 5 | 0 | | 0 | 0 | 0 | 0 | 2.1 | 5.2 | 0 | 6.3 | 0 | 0 | 0 | | | | | 0 | 0 | 0 |
| 70194000 | 玻璃纤维粗纱机织物 | | | 6 | 0 | | 0 | 0 | 0 | 0 | 2.4 | 6 | 0 | 7.2 | | 0 | 0 | | | | | 0 | 0 | 0 |
| 70195100 | 宽度≤30毫米的玻璃纤维机织物 | 0 | | 6 | 0 | | 0 | 0 | 0 | 0 | 2.4 | 6 | 0 | 7.2 | | 0 | 0 | | | | | 0 | 0 | 0 |
| 70195200 | 每平方米≤250克的玻璃长丝平纹织物 | 0 | 0 | 6 | 0 | | 0 | 0 | 0 | 0 | 2.4 | 6 | 0 | | | 0 | 0 | | | | | 0 | 0 | 0 |
| 70195900 | 其他玻璃纤维机织物 | 0 | 0 | 5 | 0 | 8.4 | 0 | 0 | 0 | 0 | 2.4 | 6 | 0 | 8.6 | | 0 | 0 | | | | | 0 | 0 | 0 |
| 70199010 | 玻璃棉及其制品 | | 0 | 5 | 0 | | 0 | 0 | 0 | 0 | 1.4 | 0 | 0 | 5.1 | | | 0 | | | | | 0 | 0 | 0 |
| 70199021 | 每平方米重量<450克的玻璃纤维布浸胶制品 | | 0 | 5 | 0 | | 0 | 0 | 0 | 0 | 1.4 | 0 | 0 | 5.1 | | | 0 | | | | | 0 | 0 | 0 |
| 70199029 | 其他玻璃纤维布浸胶制品 | | 0 | 5 | 0 | | 0 | 0 | 0 | 0 | 1.4 | 0 | 0 | 5.1 | | | 0 | | | | | 0 | 0 | 0 |
| 70199090 | 其他玻璃纤维及其制品 | | 0 | 5 | 0 | | 0 | 0 | 0 | 0 | 1.4 | 0 | 0 | 5.1 | | | 0 | | | | | 0 | 0 | 0 |
| 70200011 | 导电玻璃 | 0 | | 5 | 0 | | 0 | 0 | 0 | 0 | 2.1 | 5.2 | 0 | | | 0 | 0 | | | | | 0 | 0 | 0 |
| 70200012 | 绝缘子用玻璃伞盘 | | | 5 | 0 | 9.5 | 0 | 0 | 0 | 0 | 2.1 | 5.2 | 0 | 6.3 | | 0 | 0 | | | | | 0 | 0 | 0 |
| 70200013 | 熔融石英或其他熔融硅石制 | | | 5 | 0 | 8.9 | 0 | 0 | 0 | 0 | 2.1 | 5.2 | 0 | 2.1 | | 0 | 0 | | | | | 0 | 0 | 0 |
| 70200019 | 其他工业用玻璃制品 | | | 5 | 0 | 8.9 | 0 | 0 | 0 | 0 | 2.1 | 5.2 | 0 | 2.1 | | 0 | 0 | | | | | 0 | 0 | 0 |
| 70200091 | 保温瓶或其他保温器用玻璃胆 | 0 | | | 0 | | 0 | 2.1 | 0 | 0 | 4.2 | 10.5 | 0 | 15.4 | | 0 | 0 | | | | | 0 | 0 | |
| 70200099 | 其他非工业用玻璃制品 | 0 | | 7.5 | 0 | 12.8 | 0 | 1.5 | 0 | 0 | 3 | 7.5 | 0 | 9 | | 0 | 0 | | | | | 0 | 0 | 0 |
| 71011011 | 未分级的天然黑珍珠 | | | | 0 | | 0 | 2.1 | 0 | 0 | 4.2 | 10.5 | 0 | 15.4 | | 0 | 0 | | | | | 0 | 0 | |
| 71011019 | 其他未分级的天然珍珠 | | | | 0 | | 0 | 2.1 | 0 | 0 | 4.2 | 10.5 | 0 | 15.4 | | 0 | 0 | | | | | 0 | 0 | |
| 71011091 | 其他天然黑珍珠 | | | | 0 | | 0 | 2.1 | 0 | 0 | 4.2 | 10.5 | 0 | 15.4 | | 0 | 0 | | | | | 0 | 0 | |
| 71011099 | 其他天然珍珠 | | | | 0 | | 0 | 2.1 | 0 | 0 | 4.2 | 10.5 | 0 | 15.4 | | 0 | 0 | | | | | 0 | 0 | |

| 税则号列 | 商品描述① | 协定税率(%) | | | | | | | | | | | | | | | | 特惠税率(%) | | | | | | |
|---|---|---|---|---|---|---|---|---|---|---|---|---|---|---|---|---|---|---|---|---|---|---|---|---|
| | | 香港 | 澳门 | 巴基斯坦 | 东盟 | 亚太 | 智利 | 秘鲁 | 哥斯达黎加 | 新西兰 | 澳大利亚 | 瑞士 | 冰岛 | 韩国 | 台湾 | 新加坡 | 格鲁吉亚 | 亚太2国② | 东盟 | | | 最不发达国家 | | |
| | | | | | | | | | | | | | | | | | | | 老挝 | 柬埔寨 | 缅甸 | LDC97③ | LDC95④ | LDC60⑤ |
| 71012110 | 未分级、未加工的养殖珍珠 | | | | 0 | | 0 | 2.1 | 0 | 0 | 4.2 | 10.5 | 0 | 15.4 | | 0 | 0 | | | | | 0 | 0 | |
| 71012190 | 其他未加工的养殖珍珠 | | | | 0 | | 0 | 2.1 | 0 | 0 | 4.2 | 10.5 | 0 | 15.4 | | 0 | 0 | | | | | 0 | 0 | |
| 71012210 | 未分级、已加工的养殖珍珠 | | | | 0 | | 0 | 2.1 | 0 | 0 | 4.2 | 10.5 | 0 | 16.8 | | 0 | 0 | | | | | 0 | 0 | |
| 71012290 | 其他已加工的养殖珍珠 | | | | 0 | | 0 | 2.1 | 0 | 0 | 4.2 | 10.5 | 0 | 16.8 | | 0 | 0 | | | | | 0 | 0 | |
| 71021000 | 未分级钻石 | | | 0 | 0 | | 0 | 0 | 0 | 0 | 0 | 0 | 0 | 0 | | | 0 | | | | | 0 | 0 | 0 |
| 71022100 | 未加工或简单加工的工业用钻石 | | | | | | | | | | | | | | | | | | | | | 0 | 0 | 0 |
| 71022900 | 其他工业用钻石 | | | | | | | | | | | | | | | | | | | | | 0 | 0 | 0 |
| 71023100 | 未加工或简单加工非工业用钻石 | 0 | 0 | 0 | 0 | | 0 | 0 | 0 | 0 | 0 | 1.5 | 0 | 0 | | | 0 | | | | | 0 | 0 | 0 |
| 71023900 | 其他非工业用钻石 | | 0 | 0 | 0 | 0 | 0 | 0 | 0 | 0 | 1.6 | 4 | 0 | 1.6 | | | 0 | | | | | 0 | 0 | 0 |
| 71031000 | 未加工宝石或半宝石 | | 0 | 0 | 0 | 2.8 | 0 | 0 | 0 | 0 | 0 | 0 | 0 | 0.6 | | | 2.4 | | 0 | | | 0 | 0 | 0 |
| 71039100 | 经其他加工的红宝石、蓝宝石、祖母绿 | | 0 | 0 | 0 | 4 | 0 | 0 | 0 | 0 | 1.6 | 4 | 0 | 1.6 | | | 0 | | 0 | | | 0 | 0 | 0 |
| 71039910 | 经其他加工的翡翠 | | 0 | 0 | 0 | 4 | 0 | 0 | 0 | 0 | 1.6 | 0 | 0 | 1.6 | | | 0 | | | | | 0 | 0 | 0 |
| 71039920 | 水晶 | | 0 | 0 | 0 | 4 | 0 | 0 | 0 | 0 | 1.6 | 4 | 0 | 4.8 | | | 0 | | | | | 0 | 0 | 0 |
| 71039930 | 碧玺 | | 0 | 0 | 0 | 4 | 0 | 0 | 0 | 0 | 1.6 | 4 | 0 | 4.8 | | | 0 | | | | | 0 | 0 | 0 |
| 71039940 | 软玉 | | 0 | 0 | 0 | 4 | 0 | 0 | 0 | 0 | 1.6 | 4 | 0 | 4.8 | | | 0 | | | | | 0 | 0 | 0 |
| 71039990 | 经其他加工的其他宝石或半宝石 | | 0 | 0 | 0 | 4 | 0 | 0 | 0 | 0 | 1.6 | 4 | 0 | 4.8 | | | 0 | | | | | 0 | 0 | 0 |
| 71041000 | 压电石英 | | | 5 | 0 | | 0 | 0 | 0 | 0 | 1.2 | 0 | 0 | | | | 0 | | | | | 0 | 0 | 0 |
| 71042010 | 未加工合成或再造钻石 | | | | | | | | | | | | | | | | | | | | | 0 | 0 | 0 |
| 71042090 | 未加工合成或再造其他宝石或半宝石 | 0 | | | | | | | | | | | | | | | | | | | | 0 | 0 | 0 |
| 71049011 | 其他工业用合成或再造的钻石 | | | 5 | 0 | | 0 | 0 | 0 | 0 | 1.2 | 0 | 0 | 1.2 | | | 0 | | | | | 0 | 0 | 0 |
| 71049012 | 工业用蓝宝石 | 0 | | 5 | 0 | | 0 | 0 | 0 | 0 | 1.2 | 0 | 0 | 1.2 | | | 0 | | | | | 0 | 0 | 0 |
| 71049019 | 其他工业用合成或再造的其他宝石或半宝石 | | | 5 | 0 | | 0 | 0 | 0 | 0 | 1.2 | 0 | 0 | 3.6 | | | 0 | | | | | 0 | 0 | 0 |
| 71049091 | 其他非工业用合成钻石 | | | 5 | 0 | | 0 | 0 | 0 | 0 | 1.6 | 0 | 0 | 1.6 | | | 0 | | | | | 0 | 0 | 0 |
| 71049099 | 其他非工业用合成其他宝石或半宝石 | | | 5 | 0 | | 0 | 0 | 0 | 0 | 1.6 | 0 | 0 | 1.6 | | | 0 | | | | | 0 | 0 | 0 |
| 71051010 | 天然钻石 | | | | | | | | | | | | | | | | | | | | | 0 | 0 | 0 |
| 71051020 | 人工合成的钻石 | | | | | | | | | | | | | | | | | | | | | 0 | 0 | 0 |
| 71059000 | 天然或合成宝石或半宝石粉末 | | | | | | | | | | | | | | | | | | | | | 0 | 0 | 0 |
| 71061011 | 平均粒径<3 微米的非片状银粉 | | | | | | | | | | | | | | | | | | | | | 0 | 0 | 0 |
| 71061019 | 平均粒径≥3 微米的非片状银粉 | | | | | | | | | | | | | | | | | | | | | 0 | 0 | 0 |
| 71061021 | 平均粒径<10 微米的片状银粉 | | | | | | | | | | | | | | | | | | | | | 0 | 0 | 0 |
| 71061029 | 其他银粉 | | | | | | | | | | | | | | | | | | | | | 0 | 0 | 0 |
| 71069110 | 纯度≥99.99%的未锻造银 | | | | | | | | | | | | | | | | | | | | | 0 | 0 | 0 |

| 税则号列 | 商品描述[①] | 协定税率(%) | | | | | | | | | | | | | | | | 特惠税率(%) | | | | | | |
|---|---|---|---|---|---|---|---|---|---|---|---|---|---|---|---|---|---|---|---|---|---|---|---|---|
| | | 香港 | 澳门 | 巴基斯坦 | 东盟 | 亚太 | 智利 | 秘鲁 | 哥斯达黎加 | 新西兰 | 澳大利亚 | 瑞士 | 冰岛 | 韩国 | 台湾 | 新加坡 | 格鲁吉亚 | 亚太2国[②] | 东盟 | | | 最不发达国家 | | |
| | | | | | | | | | | | | | | | | | | | 老挝 | 柬埔寨 | 缅甸 | LDC97[③] | LDC95[④] | LDC60[⑤] |
| 71069190 | 其他未锻造银 | | | | | | | | | | | | | | | | | | | | | 0 | 0 | 0 |
| 71069210 | 纯度≥99.99%的半制成银 | | | | | | | | | | | | | | | | | | | | | 0 | 0 | 0 |
| 71069290 | 其他半制成银 | | | | | | | | | | | | | | | | | | | | | 0 | 0 | 0 |
| 71070000 | 以贱金属为底的包银材料 | | | 5 | 0 | | 0 | 0 | 0 | 0 | 2.1 | 5.2 | 0 | 6.3 | | 0 | 0 | | 0 | | | 0 | 0 | 0 |
| 71081100 | 非货币用金粉 | | | | | | | | | | | | | | | | | | | | | 0 | 0 | 0 |
| 71081200 | 非货币用未锻造金 | | | | | | | | | | | | | | | | | | | | | 0 | 0 | 0 |
| 71081300 | 非货币用半制成金 | | | | | | | | | | | | | | | | | | 0 | | | 0 | 0 | 0 |
| 71082000 | 货币用未锻造金(包括镀铂的金)及金粉 | | | | | | | | | | | | | | | | | | | | | 0 | 0 | 0 |
| 71090000 | 以贱金属或银为底的包金材料 | | | 5 | 0 | | 0 | 0 | 0 | 0 | 2.1 | 5.2 | 0 | 6.3 | | 0 | 0 | | | | | 0 | 0 | 0 |
| 71101100 | 未锻造或粉末状铂 | | | | | | | | | | | | | | | | | | | | | 0 | 0 | 0 |
| 71101910 | 板、片状铂 | | | | | | | | | | | | | | | | | | | | | 0 | 0 | 0 |
| 71101990 | 其他半制成铂 | 0 | | 0 | 0 | | 0 | 0 | 0 | 0 | 0 | 0 | 0 | 0 | | | 0 | | | | | 0 | 0 | 0 |
| 71102100 | 未锻造或粉末状钯 | | | | | | | | | | | | | | | | | | | | | 0 | 0 | 0 |
| 71102910 | 板、片状钯 | | | | | | | | | | | | | | | | | | | | | 0 | 0 | 0 |
| 71102990 | 其他半制成钯 | 0 | | 0 | 0 | | 0 | 0 | 0 | 0 | 0 | 0 | 0 | 0 | | | 0 | | | | | 0 | 0 | 0 |
| 71103100 | 未锻造或粉末状铑 | | | | | | | | | | | | | | | | | | | | | 0 | 0 | 0 |
| 71103910 | 板、片状铑 | | | | | | | | | | | | | | | | | | | | | 0 | 0 | 0 |
| 71103990 | 其他半制成铑 | | | 0 | 0 | | 0 | 0 | 0 | 0 | 0 | 0 | 0 | 0 | | | 0 | | | | | 0 | 0 | 0 |
| 71104100 | 未锻造或粉末状铱、锇、钌 | | | | | | | | | | | | | | | | | | | | | 0 | 0 | 0 |
| 71104910 | 板、片状铱、锇、钌 | | | | | | | | | | | | | | | | | | | | | 0 | 0 | 0 |
| 71104990 | 其他半制成铱、锇、钌 | | | 0 | 0 | | 0 | 0 | 0 | 0 | 0 | 0 | 0 | 0 | | | 0 | | | | | 0 | 0 | 0 |
| 71110000 | 以贱金属、银或金为底的包铂材料 | | | 0 | 0 | | 0 | 0 | 0 | 0 | 0 | 0 | 0 | 0 | | | 0 | | | | | 0 | 0 | |
| 71123010 | 含银或银化合物的灰 | | | 5 | 0 | | 0 | 0 | 0 | 0 | 1.6 | 0 | 0 | 1.6 | | | 0 | | | | | 0 | 0 | 0 |
| 71123090 | 其他含贵金属或贵金属化合物的灰 | | | 5 | 0 | | 0 | 0 | 0 | 0 | 1.2 | 0 | 0 | 1.2 | | | 0 | | | | | 0 | 0 | 0 |
| 71129110 | 金及包金的废碎料 | | | | | | | | | | | | | | | | | | | | | 0 | 0 | 0 |
| 71129120 | 其他含金或金化合物的废碎料 | | | 5 | 0 | | 0 | 0 | 0 | 0 | 1.2 | 0 | 0 | 1.2 | | | 0 | | | | | 0 | 0 | 0 |
| 71129210 | 铂及包铂的废碎料 | | | | | | | | | | | | | | | | | | | | | 0 | 0 | 0 |
| 71129220 | 其他含铂或铂化合物的废碎料 | | | 5 | 0 | | 0 | 0 | 0 | 0 | 1.2 | 0 | 0 | 0 | | | 0 | | | | | 0 | 0 | 0 |
| 71129910 | 含银及银化合物的废碎料 | | | 5 | 0 | | 0 | 0 | 0 | 0 | 1.6 | 0 | 0 | 1.6 | | | 0 | | | | | 0 | 0 | 0 |
| 71129920 | 含有其他贵金属或贵金属化合物的废碎料 | | | 5 | 0 | | 0 | 0 | 0 | 0 | 1.2 | 0 | 0 | 1.2 | | | 0 | | | | | 0 | 0 | 0 |
| 71129990 | 其他贵金属或包贵金属的废碎料 | | | | | | | | | | | | | | | | | | | | | 0 | 0 | 0 |
| 71131110 | 镶嵌钻石的银首饰及其零件 | 0 | 0 | 16 | 0 | 16.5 | 0 | 2 | 0 | 0 | 4 | 12.4 | 0 | 14.6 | | 0 | 0 | | | | | 0 | 0 | |
| 71131190 | 其他银首饰及其零件 | 0 | 0 | 16 | 0 | 16.5 | 0 | 2 | 0 | 0 | 4 | 0 | 0 | 14.6 | | 0 | 0 | | | | | 0 | 0 | 0 |
| 71131911 | 镶嵌钻石的黄金制首饰及其零件 | 0 | 0 | 14 | 0 | 14 | 0 | 2 | 0 | 0 | 4 | 11.7 | 0 | 14.6 | | 0 | 0 | | | | | 0 | 0 | |

| 税则号列 | 商品描述[①] | 协定税率(%) | | | | | | | | | | | | | | | | 特惠税率(%) | | | | | | |
|---|---|---|---|---|---|---|---|---|---|---|---|---|---|---|---|---|---|---|---|---|---|---|---|---|
| | | 香港 | 澳门 | 巴基斯坦 | 东盟 | 亚太 | 智利 | 秘鲁 | 哥斯达黎加 | 新西兰 | 澳大利亚 | 瑞士 | 冰岛 | 韩国 | 台湾 | 新加坡 | 格鲁吉亚 | 亚太2国[②] | 东盟 | | | 最不发达国家 | | |
| | | | | | | | | | | | | | | | | | | | 老挝 | 柬埔寨 | 缅甸 | LDC97[③] | LDC95[④] | LDC60[⑤] |
| 71131919 | 其他黄金制首饰及其零件 | 0 | 0 | 16 | 0 | 16 | 0 | 2 | 0 | 0 | 4 | 0 | 0 | 12 | | 0 | 0 | | | | | 0 | 0 | |
| 71131921 | 镶嵌钻石的铂制首饰及其零件 | 0 | 0 | 28 | 0 | 28 | 0 | 3.5 | 0 | 0 | 7 | | 0 | | | 0 | 0 | | | | | 0 | 0 | |
| 71131929 | 其他铂制首饰及其零件 | 0 | 0 | 28 | 0 | 28 | 0 | 3.5 | 0 | 0 | 7 | 0 | 0 | | | 0 | 0 | | | | | 0 | 0 | 0 |
| 71131991 | 镶嵌钻石的其他贵金属制首饰及其零件 | 0 | 0 | 28 | 0 | 28 | 0 | 3.5 | 0 | 0 | 7 | | 0 | | | 0 | 0 | | | | | 0 | 0 | |
| 71131999 | 其他贵金属制首饰及其零件 | 0 | 0 | 28 | 0 | 28 | 0 | 3.5 | 0 | 0 | 7 | 0 | 0 | | | 0 | 0 | | | | | 0 | 0 | 0 |
| 71132010 | 镶嵌钻石的以贱金属为底的包贵金属制首饰 | 0 | 0 | 30 | 0 | 30 | 0 | 3.5 | 0 | 0 | 7 | 21.7 | | | | 0 | 0 | | | | | 0 | 0 | |
| 71132090 | 其他以贱金属为底的包贵金属制首饰 | 0 | 0 | 30 | 0 | 30 | 0 | 3.5 | 0 | 0 | 7 | | 0 | | | 0 | 0 | | | | | 0 | 0 | |
| 71141100 | 银器及零件 | 0 | 0 | | 0 | | 0 | 0 | 0 | 0 | 7 | 0 | 0 | | | 0 | 0 | | | | | 0 | 0 | 0 |
| 71141900 | 其他贵金属制金银器及零件 | 0 | 0 | | 0 | | 0 | 3.5 | 0 | 0 | 7 | 20.4 | 0 | | | 0 | 0 | | | | | 0 | 0 | |
| 71142000 | 以贱金属为底的包贵金属制金银器 | 0 | 0 | | 0 | | 0 | 3.5 | 0 | 0 | 7 | 21.7 | 0 | | | 0 | 0 | | | | | 0 | 0 | 0 |
| 71151000 | 金属丝布或格栅状的铂催化剂 | 0 | | 0 | 0 | | 0 | 0 | 0 | 0 | 0 | 0 | 0 | 0 | | | 0 | | | | | 0 | 0 | 0 |
| 71159010 | 工业或实验室用贵或包贵金属制品 | 0 | 0 | 0 | 0 | | 0 | 0 | 0 | 0 | 0 | 0 | 0 | 0 | | | 0 | | | | | 0 | 0 | 0 |
| 71159090 | 其他用途的贵或包贵金属制品 | 0 | 0 | | 0 | | 0 | 3.5 | 0 | 0 | 7 | | 0 | | | 0 | 0 | | | | | 0 | 0 | |
| 71161000 | 天然或养殖珍珠制品 | 0 | 0 | | 0 | | 0 | 3.5 | 0 | 0 | 7 | 17.5 | 0 | | | 0 | 0 | | | | | 0 | 0 | |
| 71162000 | 宝石或半宝石制品 | 0 | 0 | | 0 | | 0 | 3.5 | 0 | 0 | 7 | 0 | 0 | | | 0 | 0 | | | | | 0 | 0 | 0 |
| 71171100 | 贱金属制袖扣、饰扣 | 0 | 0 | | 0 | | 0 | 3.5 | 0 | 0 | 7 | 21.7 | 0 | | | 0 | 0 | | | | | 0 | 0 | |
| 71171900 | 其他贱金属制仿首饰 | 0 | 0 | 13.6 | 0 | 15.3 | 0 | 1.7 | 0 | 0 | 3.4 | 8.5 | 0 | 10.2 | | 0 | 0 | | | | | 0 | 0 | 0 |
| 71179000 | 未列名材料制仿首饰 | 0 | 0 | 30 | 0 | 30 | 0 | 3.5 | 0 | 0 | 7 | | | 25.2 | | 0 | 0 | | | | | 0 | 0 | 0 |
| 71181000 | 非法定货币的硬币(金币除外) | | | | | | | | | | | | | | | | | | | | | 0 | 0 | 0 |
| 71189000 | 其他硬币 | | | | | | | | | | | | | | | | | | | | | 0 | 0 | 0 |
| 72011000 | 非合金生铁,含磷量≤0.5% | | | 0 | 0 | | 0 | 0 | 0 | 0 | 0 | 0 | 0 | 0 | | | 0 | | | | | 0 | 0 | 0 |
| 72012000 | 非合金生铁,含磷量>0.5% | | | 0 | 0 | | 0 | 0 | 0 | 0 | 0 | 0 | 0 | 0 | | | 0 | | | | | 0 | 0 | 0 |
| 72015000 | 合金生铁、镜铁 | | | 0 | 0 | | 0 | 0 | 0 | 0 | 0 | 0 | 0 | 0 | | | 0 | | | | | 0 | 0 | 0 |
| 72021100 | 锰铁,含碳量>2% | | | 0 | 0 | | 0 | 0 | 0 | 0 | 0 | 0 | 0 | 0 | | | 0 | | | | | 0 | 0 | 0 |
| 72021900 | 锰铁,含碳量≤2% | | | 0 | 0 | | 0 | 0 | 0 | 0 | 0 | 0 | 0 | 0 | | | 0 | | | | | 0 | 0 | 0 |
| 72022100 | 硅铁,含硅量>55% | | | 0 | 0 | | 0 | 0 | 0 | 0 | 0 | 0 | 0 | 0 | | | 0 | | | | | 0 | 0 | 0 |
| 72022900 | 硅铁,含硅量≤55% | | | 0 | 0 | | 0 | 0 | 0 | 0 | 0 | 0 | 0 | 0 | | | 0 | | | | | 0 | 0 | 0 |
| 72023000 | 硅锰铁 | | | 0 | 0 | | 0 | 0 | 0 | 0 | 0 | 0 | 0 | 0 | | | 0 | | | | | 0 | 0 | 0 |
| 72024100 | 铬铁,含碳量>4% | | | 0 | 0 | | 0 | 0 | 0 | 0 | 0 | 0 | 0 | 0 | | | 0 | | | | | 0 | 0 | 0 |
| 72024900 | 铬铁,含碳量≤4% | | | 0 | 0 | | 0 | 0 | 0 | 0 | 0 | 0 | 0 | 0 | | | 0 | | | | | 0 | 0 | 0 |
| 72025000 | 硅铬铁 | | | 0 | 0 | | 0 | 0 | 0 | 0 | 0 | 0 | 0 | 0 | | | 0 | | | | | 0 | 0 | 0 |
| 72026000 | 镍铁 | | | 0 | 0 | | 0 | 0 | 0 | 0 | 0 | 0 | 0 | 0 | | | 0 | | | | | 0 | 0 | 0 |
| 72027000 | 钼铁 | | | 0 | 0 | | 0 | 0 | 0 | 0 | 0 | 0 | 0 | 0 | | | 0 | | | | | 0 | 0 | 0 |
| 72028010 | 钨铁 | | | 0 | 0 | | 0 | 0 | 0 | 0 | 0 | 0 | 0 | 0 | | | 0 | | | | | 0 | 0 | 0 |

| 税则号列 | 商品描述① | 协定税率(%) | | | | | | | | | | | | | | | | 特惠税率(%) | | | | | | |
|---|---|---|---|---|---|---|---|---|---|---|---|---|---|---|---|---|---|---|---|---|---|---|---|---|
| | | 香港 | 澳门 | 巴基斯坦 | 东盟 | 亚太 | 智利 | 秘鲁 | 哥斯达黎加 | 新西兰 | 澳大利亚 | 瑞士 | 冰岛 | 韩国 | 台湾 | 新加坡 | 格鲁吉亚 | 亚太2国② | 东盟 | | | 最不发达国家 | | |
| | | | | | | | | | | | | | | | | | | | 老挝 | 柬埔寨 | 缅甸 | LDC97③ | LDC95④ | LDC60⑤ |
| 72028020 | 硅钨铁 | | | 0 | 0 | | 0 | 0 | 0 | 0 | 0 | 0 | 0 | 0 | | | 0 | | | | | 0 | 0 | 0 |
| 72029100 | 钛铁及硅钛铁 | | | 0 | 0 | | 0 | 0 | 0 | 0 | 0 | 0 | 0 | 0 | | | 0 | | | | | 0 | 0 | 0 |
| 72029210 | 按重量计含钒量≥75%的钒铁 | | | 5 | 0 | | 0 | 0 | 0 | 0 | 1.8 | 0 | 0 | 1.8 | | | 0 | | | | | 0 | 0 | 0 |
| 72029290 | 其他钒铁 | | | 5 | 0 | | 0 | 0 | 0 | 0 | 1.8 | 0 | 0 | 1.8 | | | 0 | | | | | 0 | 0 | 0 |
| 72029300 | 铌铁 | | | 0 | 0 | | 0 | 0 | 0 | 0 | 0 | 0 | 0 | 0 | | | 0 | | | | | 0 | 0 | 0 |
| 72029911 | 钕铁硼速凝永磁片 | | | 0 | 0 | | 0 | 0 | 0 | 0 | 0 | 0 | 0 | 0 | | | 0 | | | | | 0 | 0 | 0 |
| 72029912 | 钕铁硼磁粉 | | | 0 | 0 | | 0 | 0 | 0 | 0 | 0 | 0 | 0 | 0 | | | 0 | | | | | 0 | 0 | 0 |
| 72029919 | 其他钕铁硼合金 | | | 0 | 0 | | 0 | 0 | 0 | 0 | 0 | 0 | 0 | 0 | | | 0 | | | | | 0 | 0 | 0 |
| 72029991 | 按重量计稀土元素总含量>10%的其他铁合金 | | | 0 | 0 | | 0 | 0 | 0 | 0 | 0 | 0 | 0 | 0 | | | 0 | | | | | 0 | 0 | 0 |
| 72029999 | 其他铁合金 | | | 0 | 0 | | 0 | 0 | 0 | 0 | 0 | 0 | 0 | 0 | | | 0 | | | | | 0 | 0 | 0 |
| 72031000 | 直接从铁矿还原的铁产品 | | | 0 | 0 | | 0 | 0 | 0 | 0 | 0 | 0 | 0 | 0 | | | 0 | | | | | 0 | 0 | |
| 72039000 | 其他海绵铁,产品纯度>99.94% | | | 0 | 0 | | 0 | 0 | 0 | 0 | 0 | 0 | 0 | 0 | | | 0 | | | | | 0 | 0 | |
| 72041000 | 铸铁废碎料 | | | 0 | 0 | | 0 | 0 | 0 | 0 | 0 | 0 | 0 | 0 | | | 0 | | | | | 0 | 0 | 0 |
| 72042100 | 不锈钢废碎料 | | | | | | | | | | | | | | | | | | | | | 0 | 0 | 0 |
| 72042900 | 其他合金钢废碎料 | | | | | | | | | | | | | | | | | | | | | 0 | 0 | 0 |
| 72043000 | 镀锡钢铁废碎料 | | | 0 | 0 | | 0 | 0 | 0 | 0 | 0 | 0 | 0 | 0 | | | 0 | | | | | 0 | 0 | 0 |
| 72044100 | 机械加工中产生的废料 | | | 0 | 0 | | 0 | 0 | 0 | 0 | 0 | 0 | 0 | 1.2 | | | 0 | | | | | 0 | 0 | 0 |
| 72044900 | 其他钢铁废碎料 | | | | | | | | | | | | | | | | | | | | | 0 | 0 | 0 |
| 72045000 | 供再熔的碎料钢铁锭 | | | | | | | | | | | | | | | | | | | | | 0 | 0 | 0 |
| 72051000 | 生铁、镜铁及钢铁颗粒 | | | 0 | 0 | | 0 | 0 | 0 | 0 | 0 | 0 | 0 | 0 | | | 0 | | | | | 0 | 0 | 0 |
| 72052100 | 合金钢粉末 | 0 | | 0 | 0 | | 0 | 0 | 0 | 0 | 0 | 0 | 0 | 0 | | | 0 | | | | | 0 | 0 | 0 |
| 72052900 | 生铁、镜铁及其他钢铁粉末 | | | 0 | 0 | | 0 | 0 | 0 | 0 | 0 | 0 | 0 | 1.2 | | | 0 | | | | | 0 | 0 | 0 |
| 72061000 | 铁及非合金钢锭 | | | 0 | 0 | | 0 | 0 | 0 | 0 | 0 | 0 | 0 | 0 | | | 0 | | | | | 0 | 0 | |
| 72069000 | 其他初级形状的铁及非合金钢 | | | 0 | 0 | | 0 | 0 | 0 | 0 | 0 | 0 | 0 | 0 | | | 0 | | | | | 0 | 0 | |
| 72071100 | 宽度<厚度两倍的矩形截面钢坯,含碳量<0.25% | | | 0 | 0 | | 0 | 0 | 0 | 0 | 0 | 0 | 0 | 0 | | | 0 | | | | | 0 | 0 | |
| 72071200 | 其他矩形截面钢坯,含碳量<0.25% | | | 0 | 0 | | 0 | 0 | 0 | 0 | 0 | 0 | 0 | 0 | | | 0 | | | | | 0 | 0 | |
| 72071900 | 其他含碳量<0.25%的钢坯 | | | 0 | 0 | | 0 | 0 | 0 | 0 | 0 | 0 | 0 | 1.4 | | | 0 | | | | | 0 | 0 | |
| 72072000 | 含碳量≥0.25%的钢坯 | | | 0 | 0 | | 0 | 0 | 0 | 0 | 0 | 0 | 0 | 0 | | | 0 | | | | | 0 | 0 | |
| 72081000 | 轧压花纹的热轧卷材 | | | 0 | 0 | | 0 | 0 | 0 | 0 | 0 | 0 | 0 | 3 | | | 0 | | | | | 0 | 0 | 0 |
| 72082500 | 厚度≥4.75毫米其他经酸洗的热轧卷材 | | | 0 | 0 | | 0 | 0 | 0 | 0 | 0 | 0 | 0 | | | | 0 | | | | | 0 | 0 | 0 |
| 72082610 | 屈服强度>355牛顿/平方毫米,3毫米≤厚度<4.75毫米其他经酸洗的热轧卷材 | | | 0 | 0 | | 0 | 0 | 0 | 0 | 0 | 0 | 0 | | | | 0 | | | | | 0 | 0 | 0 |
| 72082690 | 其他3毫米≤厚度<4.75毫米其他经酸洗的热轧卷材 | | | 0 | 0 | | 0 | 0 | 0 | 0 | 0 | 0 | 0 | | | | 0 | | | | | 0 | 0 | 0 |
| 72082710 | 厚度<1.5毫米的其他经酸洗的热轧卷材 | | | 0 | 0 | | 0 | 0 | 0 | 0 | 0 | 0 | 0 | 3.6 | | | 0 | | | | | 0 | 0 | 0 |

| 税则号列 | 商品描述① | 协定税率(%) | | | | | | | | | | | | | | | | 特惠税率(%) | | | | | | |
|---|---|---|---|---|---|---|---|---|---|---|---|---|---|---|---|---|---|---|---|---|---|---|---|---|
| | | 香港 | 澳门 | 巴基斯坦 | 东盟 | 亚太 | 智利 | 秘鲁 | 哥斯达黎加 | 新西兰 | 澳大利亚 | 瑞士 | 冰岛 | 韩国 | 台湾 | 新加坡 | 格鲁吉亚 | 亚太2国② | 东盟 | | | 最不发达国家 | | |
| | | | | | | | | | | | | | | | | | | | 老挝 | 柬埔寨 | 缅甸 | LDC97③ | LDC95④ | LDC60⑤ |
| 72082790 | 其他厚度<3 毫米的其他经酸洗的热轧卷材 | | | 0 | 0 | | 0 | 0 | 0 | 0 | 0 | 0 | 0 | | 0 | | 0 | | | | | 0 | 0 | 0 |
| 72083600 | 厚度>10 毫米的其他热轧卷材 | | | 5 | 0 | | 0 | 0 | 0 | 0 | 1.2 | 0 | 0 | 3.6 | | | 0 | | | | | 0 | 0 | 0 |
| 72083700 | 4.75 毫米≤厚度≤10 毫米的其他热轧卷材 | | | 0 | 0 | | 0 | 0 | 0 | 0 | 0 | 0 | 0 | 3 | | | 0 | | | | | 0 | 0 | 0 |
| 72083810 | 屈服强度>355 牛顿/平方毫米,3 毫米≤厚度<4.75 毫米的其他卷材 | | | 0 | 0 | | 0 | 0 | 0 | 0 | 0 | 0 | 0 | 3 | | | 0 | | | | | 0 | 0 | 0 |
| 72083890 | 其他 3 毫米≤厚度<4.75 毫米的其他卷材 | | | 0 | 0 | | 0 | 0 | 0 | 0 | 0 | 0 | 0 | 3 | 0 | | 0 | | | | | 0 | 0 | 0 |
| 72083910 | 厚度<1.5 毫米的其他热轧卷材 | | | 0 | 0 | | 0 | 0 | 0 | 0 | 0 | 0 | 0 | 1.8 | | | 0 | | | | | 0 | 0 | 0 |
| 72083990 | 其他厚度<3 毫米的其他热轧卷材 | | | 0 | 0 | | 0 | 0 | 0 | 0 | 0 | 0 | 0 | 1.8 | 0 | | 0 | | | | | 0 | 0 | 0 |
| 72084000 | 轧有凸起花纹的热轧非卷材 | | | 5 | 0 | | 0 | 0 | 0 | 0 | 1.2 | 0 | 0 | 3.6 | | | 0 | | | | | 0 | 0 | 0 |
| 72085110 | 厚度>50 毫米的其他热轧非卷材 | | | 5 | 0 | | 0 | 0 | 0 | 0 | 1.2 | 0 | 0 | 4.4 | | | 0 | | | | | 0 | 0 | 0 |
| 72085120 | 20 毫米<厚度≤50 毫米的其他热轧非卷材 | | | 5 | 0 | | 0 | 0 | 0 | 0 | 1.2 | 0 | 0 | 4.4 | | | 0 | | | | | 0 | 0 | 0 |
| 72085190 | 其他厚度>10 毫米的其他热轧非卷材 | | | 5 | 0 | | 0 | 0 | 0 | 0 | 1.2 | 0 | 0 | 3.6 | | | 0 | | | | | 0 | 0 | 0 |
| 72085200 | 4.75 毫米≤厚度≤10 毫米的热轧非卷材 | | | 5 | 0 | | 0 | 0 | 0 | 0 | 1.2 | 0 | 0 | 3.6 | | | 0 | | | | | 0 | 0 | 0 |
| 72085310 | 屈服强度>355 牛顿/平方毫米,3 毫米≤厚度<4.75 毫米的热轧非卷材 | | | 0 | 0 | 5.1 | 0 | 0 | 0 | 0 | 1.2 | 0 | 0 | 3.6 | | | 0 | | | | | 0 | 0 | 0 |
| 72085390 | 其他 3 毫米≤厚度<4.75 毫米的热轧非卷材 | | | 0 | 0 | 5.1 | 0 | 0 | 0 | 0 | 1.2 | 0 | 0 | 3.6 | | | 0 | | | | | 0 | 0 | 0 |
| 72085410 | 厚度<1.5 毫米的热轧非卷材 | | | 0 | 0 | 5.1 | 0 | 0 | 0 | 0 | 1.2 | 0 | 0 | 1.2 | | | 0 | | | | | 0 | 0 | 0 |
| 72085490 | 其他厚度<3 毫米的热轧非卷材 | | | 0 | 0 | 5.1 | 0 | 0 | 0 | 0 | 1.2 | 0 | 0 | 4.4 | | | 0 | | | | | 0 | 0 | 0 |
| 72089000 | 其他热轧铁或非合金钢宽平板轧材 | | | 5 | 0 | | 0 | 0 | 0 | 0 | 1.2 | 0 | 0 | | | | 0 | | | | | 0 | 0 | 0 |
| 72091510 | 屈服强度>355 牛顿/平方毫米,厚度≥3 毫米的冷轧卷材 | | | 5 | 0 | | 0 | 0 | 0 | 0 | 1.2 | 0 | 0 | 3.6 | | | 0 | | | | | 0 | 0 | 0 |
| 72091590 | 其他厚度≥3 毫米的冷轧卷材 | | | 5 | 0 | | 0 | 0 | 0 | 0 | 1.2 | 0 | 0 | 3.6 | | | 0 | | | | | 0 | 0 | 0 |
| 72091610 | 屈服强度>275 牛顿/平方毫米,1 毫米<厚度<3 毫米的冷轧卷材 | | | 0 | 0 | 4.2 | 0 | 0 | 0 | 0 | 1.2 | 0 | 0 | 3.6 | | | 0 | | | | | 0 | 0 | 0 |
| 72091690 | 其他 1 毫米<厚度<3 毫米的冷轧卷材 | | | 0 | 0 | 4.2 | 0 | 0 | 0 | 0 | 1.2 | 0 | 0 | 4.5 | 0 | | 0 | | | | | 0 | 0 | 0 |

| 税则号列 | 商品描述[①] | 协定税率(%) | | | | | | | | | | | | | | | | 特惠税率(%) | | | | | | |
|---|---|---|---|---|---|---|---|---|---|---|---|---|---|---|---|---|---|---|---|---|---|---|---|---|
| | | 香港 | 澳门 | 巴基斯坦 | 东盟 | 亚太 | 智利 | 秘鲁 | 哥斯达黎加 | 新西兰 | 澳大利亚 | 瑞士 | 冰岛 | 韩国 | 台湾 | 新加坡 | 格鲁吉亚 | 亚太2国[②] | 东盟 | | | 最不发达国家 | | |
| | | | | | | | | | | | | | | | | | | | 老挝 | 柬埔寨 | 缅甸 | LDC97[③] | LDC95[④] | LDC60[⑤] |
| 72091710 | 屈服强度>275牛顿/平方毫米,0.5毫米≤厚度≤1毫米的冷轧卷材 | | | 0 | 0 | 2.1 | 0 | 0 | 0 | 0 | 0 | 0 | 0 | 2.2 | | | 0 | | | | | 0 | 0 | 0 |
| 72091790 | 其他0.5毫米≤厚度≤1毫米的冷轧卷材 | | | 0 | 0 | 2.1 | 0 | 0 | 0 | 0 | 0 | 0 | 0 | 1.8 | 0 | | 0 | | | | | 0 | 0 | 0 |
| 72091810 | 厚度<0.3毫米的冷轧卷材 | | | 0 | 0 | 4.2 | 0 | 0 | 0 | 0 | 1.2 | 0 | 0 | 4.5 | | | 0 | | | | | 0 | 0 | 0 |
| 72091890 | 其他厚度<0.5毫米的冷轧卷材 | | | 0 | 0 | 4.2 | 0 | 0 | 0 | 0 | 1.2 | 0 | 0 | 4.5 | 0 | | 0 | | | | | 0 | 0 | 0 |
| 72092500 | 厚度≥3毫米的冷轧非卷材 | | | 5 | 0 | | 0 | 0 | 0 | 0 | 1.2 | 0 | 0 | 3.6 | | | 0 | | | | | 0 | 0 | 0 |
| 72092600 | 1毫米<厚度<3毫米的冷轧非卷材 | | | 5 | 0 | | 0 | 0 | 0 | 0 | 1.2 | 0 | 0 | | | | 0 | | | | | 0 | 0 | 0 |
| 72092700 | 0.5毫米≤厚度≤1毫米的冷轧非卷材 | | | 0 | 0 | 4.2 | 0 | 0 | 0 | 0 | 1.2 | 0 | 0 | 4.5 | | | 0 | | | | | 0 | 0 | 0 |
| 72092800 | 厚度<0.5毫米的冷轧非卷材 | | | 5 | 0 | | 0 | 0 | 0 | 0 | 1.2 | 0 | 0 | | | | 0 | | | | | 0 | 0 | 0 |
| 72099000 | 其他冷轧铁或非合金钢宽平板轧材 | | | 0 | 0 | 4.2 | 0 | 0 | 0 | 0 | 1.2 | 0 | 0 | 3.6 | | | 0 | | | | | 0 | 0 | 0 |
| 72101100 | 镀锡的铁或非合金钢厚宽平板轧材 | | | 5 | 0 | | 0 | 0 | 0 | 0 | 2 | 0 | 0 | 6 | | 0 | 0 | | | | | 0 | 0 | 0 |
| 72101200 | 镀锡的铁或非合金钢薄宽平板轧材 | | | 0 | 0 | | 0 | 0 | 0 | 0 | 0 | 0 | 0 | | | | 0 | | | | | 0 | 0 | 0 |
| 72102000 | 镀铅的铁或非合金钢宽平板轧材 | | | 0 | 0 | | 0 | 0 | 0 | 0 | 0 | 0 | 0 | 0.8 | | | 0 | | | | | 0 | 0 | 0 |
| 72103000 | 电镀锌的铁或非合金钢宽板材 | | | 5 | 0 | | 0 | 0 | 0 | 0 | 1.6 | 0 | 0 | | 0 | | 0 | | | | | 0 | 0 | 0 |
| 72104100 | 镀锌的瓦楞形铁或非合金钢宽板材 | | | 5 | 0 | | 0 | 0 | 0 | 0 | 1.6 | 0 | 0 | 1.6 | | | 0 | | | | | 0 | 0 | 0 |
| 72104900 | 镀锌的其他形铁或非合金钢宽板材 | | | 0 | 0 | | 0 | 0 | 0 | 0 | 0 | 0 | 0 | | 0 | | 0 | | | | | 0 | 0 | 0 |
| 72105000 | 镀氧化铬的铁或非合金钢宽板材 | | | 5 | 0 | | 0 | 0 | 0 | 0 | 1.6 | 0 | 0 | 4.8 | | | 0 | | | | | 0 | 0 | 0 |
| 72106100 | 镀或涂铝锌合金的铁宽平板轧材 | | | 5 | 0 | | 0 | 0 | 0 | 0 | 1.6 | 0 | 0 | | | | 0 | | | | | 0 | 0 | 0 |
| 72106900 | 其他镀或涂铝的铁宽平板轧材 | | | 5 | 0 | | 0 | 0 | 0 | 0 | 1.6 | 0 | 0 | | | | 0 | | | | | 0 | 0 | 0 |
| 72107010 | 厚度<1.5毫米涂漆或涂塑的宽度≥600毫米的铁或非合金钢平板轧材,经包覆、镀层或涂层 | 0 | | 0 | 0 | | 0 | 0 | 0 | 0 | 0 | 0 | 0 | 2.9 | | | 0 | | | | | 0 | 0 | 0 |
| 72107090 | 其他涂漆或涂塑的宽度≥600毫米的铁或非合金钢平板轧材,经包覆、镀层或涂层 | 0 | | 0 | 0 | | 0 | 0 | 0 | 0 | 0 | 0 | 0 | 2.9 | | | 0 | | | | | 0 | 0 | 0 |
| 72109000 | 涂镀其他材料铁或非合金钢宽板材 | | | 5 | 0 | | 0 | 0 | 0 | 0 | 1.6 | 0 | 0 | 5.8 | | | 0 | | | | | 0 | 0 | 0 |

| 税则号列 | 商品描述[①] | 协定税率(%) | | | | | | | | | | | | | | | | 特惠税率(%) | | | | | | |
|---|---|---|---|---|---|---|---|---|---|---|---|---|---|---|---|---|---|---|---|---|---|---|---|---|
| | | 香港 | 澳门 | 巴基斯坦 | 东盟 | 亚太 | 智利 | 秘鲁 | 哥斯达黎加 | 新西兰 | 澳大利亚 | 瑞士 | 冰岛 | 韩国 | 台湾 | 新加坡 | 格鲁吉亚 | 亚太2国[②] | 东盟 老挝 | 东盟 柬埔寨 | 东盟 缅甸 | 最不发达国家 LDC97[③] | 最不发达国家 LDC95[④] | 最不发达国家 LDC60[⑤] |
| 72111300 | 未轧花纹的四面轧制的热轧非卷材 | | | 5 | 0 | | 0 | 0 | 0 | 0 | 1.2 | 0 | 0 | 3.6 | | | 0 | | | | | 0 | 0 | 0 |
| 72111400 | 厚度≥4.75毫米的其他热轧板材 | | | 5 | 0 | | 0 | 0 | 0 | 0 | 1.2 | 0 | 0 | 3.6 | | | 0 | | | | | 0 | 0 | 0 |
| 72111900 | 其他热轧铁或非合金钢窄板材 | | | 5 | 0 | | 0 | 0 | 0 | 0 | 1.2 | 0 | 0 | 4.4 | | | 0 | | | | | 0 | 0 | 0 |
| 72112300 | 冷轧含碳量<0.25%的板材 | | | 5 | 0 | | 0 | 0 | 0 | 0 | 1.2 | 0 | 0 | 4.4 | | | 0 | | | | | 0 | 0 | 0 |
| 72112900 | 冷轧其他铁或非合金钢窄板材 | | | 5 | 0 | | 0 | 0 | 0 | 0 | 1.2 | 0 | 0 | 4.4 | | | 0 | | | | | 0 | 0 | 0 |
| 72119000 | 冷轧的铁或非合金钢其他窄板材 | | | 5 | 0 | | 0 | 0 | 0 | 0 | 1.2 | 0 | 0 | 3.6 | | | 0 | | | | | 0 | 0 | 0 |
| 72121000 | 镀或涂锡的铁或非合金钢窄板材 | | | 0 | 0 | | 0 | 0 | 0 | 0 | 0 | 0 | 0 | 3 | | | 0 | | | | | 0 | 0 | 0 |
| 72122000 | 电镀锌的铁或非合金钢窄板材 | | | 5 | 0 | | 0 | 0 | 0 | 0 | 1.6 | 0 | 0 | 5.8 | | | 0 | | | | | 0 | 0 | 0 |
| 72123000 | 其他镀或涂锌的铁窄板材 | | | 5 | 0 | | 0 | 0 | 0 | 0 | 1.6 | 0 | 0 | 4.8 | | | 0 | | | | | 0 | 0 | 0 |
| 72124000 | 涂漆或涂塑的铁或非合金钢窄板材 | 0 | | 0 | 0 | | 0 | 0 | 0 | 0 | 0 | 0 | 0 | 2.9 | | | 0 | | | | | 0 | 0 | 0 |
| 72125000 | 涂镀其他材料铁或非合金钢窄板材 | | | 5 | 0 | | 0 | 0 | 0 | 0 | 1.6 | 0 | 0 | 5.8 | | | 0 | | | | | 0 | 0 | 0 |
| 72126000 | 经包覆的铁或非合金钢窄板材 | | | 5 | 0 | | 0 | 0 | 0 | 0 | 1.6 | 0 | 0 | 4.8 | | | 0 | | | | | 0 | 0 | 0 |
| 72131000 | 带有轧制花纹的热轧盘条 | | | 0 | 0 | | 0 | 0 | 0 | 0 | 0 | 0 | 0 | 0.6 | | | 0 | | | | | 0 | 0 | 0 |
| 72132000 | 其他易切削钢制热轧盘条 | | | 0 | 0 | | 0 | 0 | 0 | 0 | 0 | 0 | 0 | 2.2 | | | 0 | | | | | 0 | 0 | 0 |
| 72139100 | 直径<14毫米圆截面的其他热轧盘条 | | | 0 | 0 | 4.3 | 0 | 0 | 0 | 0 | 0 | 0 | 0 | 3 | | | 0 | | | | | 0 | 0 | 0 |
| 72139900 | 其他热轧盘条 | | | 0 | 0 | | 0 | 0 | 0 | 0 | 0 | 0 | 0 | 3.6 | | | 0 | | | | | 0 | 0 | 0 |
| 72141000 | 锻造的铁或非合金钢条、杆 | | | 5 | 0 | | 0 | 0 | 0 | 0 | 1.4 | 0 | 0 | 4.2 | | | 0 | | | | | 0 | 0 | 0 |
| 72142000 | 热加工带有轧制花纹的条、杆 | 0 | | 0 | 0 | 0 | 0 | 0 | 0 | 0 | 0 | 0 | 0 | 0 | | | 0 | | | | | 0 | 0 | 0 |
| 72143000 | 热加工易切削钢的条、杆 | | | 5 | 0 | | 0 | 0 | 0 | 0 | 1.4 | 0 | 0 | 4.2 | | | 0 | | | | | 0 | 0 | 0 |
| 72149100 | 热加工其他矩形截面的条杆 | | | 0 | 0 | | 0 | 0 | 0 | 0 | 0 | 0 | 0 | 0 | | | 0 | | | | | 0 | 0 | 0 |
| 72149900 | 热加工其他条、杆 | | | 0 | 0 | | 0 | 0 | 0 | 0 | 0 | 0 | 0 | 0.6 | | | 0 | | | | | 0 | 0 | 0 |
| 72151000 | 冷加工其他易切削钢制条、杆 | | | 5 | 0 | | 0 | 0 | 0 | 0 | 1.4 | 3.5 | 0 | 4.2 | | | 0 | | | | | 0 | 0 | 0 |
| 72155000 | 冷加工或冷成形的其他条、杆 | | | 5 | 0 | | 0 | 0 | 0 | 0 | 1.4 | 0 | 0 | 5.1 | | | 0 | | | | | 0 | 0 | 0 |
| 72159000 | 铁及非合金钢的其他条、杆 | | | 0 | 0 | | 0 | 0 | 0 | 0 | 0 | 0 | 0 | 0.6 | | | 0 | | | | | 0 | 0 | 0 |
| 72161010 | 截面高度<80毫米的H形钢 | | | 0 | 0 | | 0 | 0 | 0 | 0 | 0 | 0 | 0 | 0 | | | 0 | | | | | 0 | 0 | 0 |
| 72161020 | 截面高度<80毫米的工字钢 | | | 0 | 0 | | 0 | 0 | 0 | 0 | 0 | 0 | 0 | 0 | | | 0 | | | | | 0 | 0 | 0 |
| 72161090 | 截面高度<80毫米的U形钢 | | | 0 | 0 | | 0 | 0 | 0 | 0 | 0 | 0 | 0 | 0 | | | 0 | | | | | 0 | 0 | 0 |
| 72162100 | 热加工截面高度<80毫米的角钢 | | | 5 | 0 | | 0 | 0 | 0 | 0 | 1.2 | 0 | 0 | 3.6 | | | 0 | | | | | 0 | 0 | 0 |

| 税则号列 | 商品描述[①] | 协定税率(%) | | | | | | | | | | | | | | | | 特惠税率(%) | | | | | | |
|---|---|---|---|---|---|---|---|---|---|---|---|---|---|---|---|---|---|---|---|---|---|---|---|---|
| | | 香港 | 澳门 | 巴基斯坦 | 东盟 | 亚太 | 智利 | 秘鲁 | 哥斯达黎加 | 新西兰 | 澳大利亚 | 瑞士 | 冰岛 | 韩国 | 台湾 | 新加坡 | 格鲁吉亚 | 亚太2国[②] | 东盟 | | | 最不发达国家 | | |
| | | | | | | | | | | | | | | | | | | | 老挝 | 柬埔寨 | 缅甸 | LDC97[③] | LDC95[④] | LDC60[⑤] |
| 72162200 | 热加工截面高度<80毫米的丁字钢 | | | 5 | 0 | | 0 | 0 | 0 | 0 | 1.2 | 0 | 0 | 1.2 | | | 0 | | | | | 0 | 0 | 0 |
| 72163100 | 热加工截面高度≥80毫米的槽型钢 | | | 5 | 0 | | 0 | 0 | 0 | 0 | 1.2 | 0 | 0 | 3.6 | | | 0 | | | | | 0 | 0 | 0 |
| 72163210 | 截面高度>200毫米的工字钢 | | | 5 | 0 | | 0 | 0 | 0 | 0 | 1.2 | 0 | 0 | 3.6 | | | 0 | | | | | 0 | 0 | 0 |
| 72163290 | 热加工截面高度≥80毫米的工字钢 | | | 5 | 0 | | 0 | 0 | 0 | 0 | 1.2 | 0 | 0 | 3.6 | | | 0 | | | | | 0 | 0 | 0 |
| 72163311 | 截面高度>800毫米的H形缸 | | | 5 | 0 | | 0 | 0 | 0 | 0 | 1.2 | 0 | 0 | 1.2 | | | 0 | | | | | 0 | 0 | 0 |
| 72163319 | 截面高度≥200毫米的H形钢 | | | 5 | 0 | | 0 | 0 | 0 | 0 | 1.2 | 0 | 0 | 4.4 | | | 0 | | | | | 0 | 0 | 0 |
| 72163390 | 其他截面高度≥80毫米的H形钢 | | | 5 | 0 | | 0 | 0 | 0 | 0 | 1.2 | 0 | 0 | 3.6 | | | 0 | | | | | 0 | 0 | 0 |
| 72164010 | 热加工截面高度≥80毫米的角钢 | | | 0 | 0 | | 0 | 0 | 0 | 0 | 0 | 0 | 0 | 0 | | | 0 | | | | | 0 | 0 | 0 |
| 72164020 | 热加工截面高度≥80毫米的丁字钢 | | | 0 | 0 | | 0 | 0 | 0 | 0 | 0 | 0 | 0 | 0 | | | 0 | | | | | 0 | 0 | 0 |
| 72165010 | 热加工乙字钢 | | | 5 | 0 | | 0 | 0 | 0 | 0 | 1.2 | 0 | 0 | 1.2 | | | 0 | | | | | 0 | 0 | 0 |
| 72165020 | 热加工球扁钢 | | | 0 | 0 | | 0 | 0 | 0 | 0 | 0 | 0 | 0 | 0 | | | 0 | | | | | 0 | 0 | 0 |
| 72165090 | 热加工其他角材、型材及异型材 | | | 0 | 0 | | 0 | 0 | 0 | 0 | 0 | 0 | 0 | 0.6 | | | 0 | | | | | 0 | 0 | 0 |
| 72166100 | 冷加工板材制的角材、型材及异型材 | | | 0 | 0 | | 0 | 0 | 0 | 0 | 0 | 0 | 0 | 0 | | | 0 | | | | | 0 | 0 | 0 |
| 72166900 | 冷加工其他角材、型材及异型材 | | | 0 | 0 | | 0 | 0 | 0 | 0 | 0 | 0 | 0 | 0.6 | | | 0 | | | | | 0 | 0 | 0 |
| 72169100 | 冷加工其他板材制角材、型材及异型材 | | | 0 | 0 | | 0 | 0 | 0 | 0 | 0 | 0 | 0 | 0 | | | 0 | | | | | 0 | 0 | 0 |
| 72169900 | 其他角材、型材及异型材 | | | 0 | 0 | | 0 | 0 | 0 | 0 | 0 | 0 | 0 | 0 | | | 0 | | | | | 0 | 0 | 0 |
| 72171000 | 未镀或涂层的铁或非合金钢丝 | | | 5 | 0 | | 0 | 0 | 0 | 0 | 1.6 | 0 | 0 | | 0 | | 0 | | | | | 0 | 0 | 0 |
| 72172000 | 镀或涂锌的铁或非合金钢丝 | | | 5 | 0 | | 0 | 0 | 0 | 0 | 1.6 | 0 | 0 | 4.8 | | | 0 | | | | | 0 | 0 | 0 |
| 72173010 | 镀或涂铜的铁丝和非合金钢丝 | | | 5 | 0 | 6.4 | 0 | 0 | 0 | 0 | 1.6 | 0 | 0 | 6.7 | | | 0 | | | | | 0 | 0 | 0 |
| 72173090 | 镀或涂其他贱金属的铁丝和非合金钢丝 | | | 5 | 0 | 6.4 | 0 | 0 | 0 | 0 | 1.6 | 0 | 0 | 5.8 | | | 0 | | | | | 0 | 0 | 0 |
| 72179000 | 其他铁丝或非合金钢丝 | 0 | | 5 | 0 | | 0 | 0 | 0 | 0 | 1.6 | 0 | 0 | 4.8 | | | 0 | | | | | 0 | 0 | 0 |
| 72181000 | 不锈钢锭及其他初级形状产品 | | | 0 | 0 | | 0 | 0 | 0 | 0 | 0 | 0 | 0 | 0.4 | | | 0 | | | | | 0 | 0 | 0 |
| 72189100 | 矩形截面的不锈钢半制成品 | | | 0 | 0 | | 0 | 0 | 0 | 0 | 0 | 0 | 0 | 0.4 | | | 0 | | | | | 0 | 0 | 0 |
| 72189900 | 其他不锈钢半制成品 | | | 0 | 0 | | 0 | 0 | 0 | 0 | 0 | 0 | 0 | 0.4 | | | 0 | | | | | 0 | 0 | 0 |
| 72191100 | 厚度>10毫米的热轧不锈钢卷板 | | | 0 | 0 | | 0 | 0 | 0 | 0 | 0 | 0 | 0 | 0.8 | | | 0 | | | | | 0 | 0 | 0 |
| 72191200 | 4.75毫米≤厚度≤10毫米的热轧不锈钢卷板 | | | 0 | 0 | | 0 | 0 | 0 | 0 | 0 | 0 | 0 | 2.4 | 0 | | 0 | | | | | 0 | 0 | 0 |

| 税则号列 | 商品描述① | 协定税率(%) | | | | | | | | | | | | | | | | 特惠税率(%) | | | | | | |
|---|---|---|---|---|---|---|---|---|---|---|---|---|---|---|---|---|---|---|---|---|---|---|---|---|
| | | 香港 | 澳门 | 巴基斯坦 | 东盟 | 亚太 | 智利 | 秘鲁 | 哥斯达黎加 | 新西兰 | 澳大利亚 | 瑞士 | 冰岛 | 韩国 | 台湾 | 新加坡 | 格鲁吉亚 | 亚太2国② | 东盟 | | | 最不发达国家 | | |
| | | | | | | | | | | | | | | | | | | | 老挝 | 柬埔寨 | 缅甸 | LDC97③ | LDC95④ | LDC60⑤ |
| 72191312 | 按重量计含锰量≥5.5%的未经酸洗3毫米≤厚度<4.75毫米的铬锰系不锈钢 | | | 0 | 0 | | 0 | 0 | 0 | 0 | 0 | 0 | 0 | 0.8 | | | 0 | | | | | 0 | 0 | 0 |
| 72191319 | 3毫米≤厚度<4.75毫米的未经酸洗的其他不锈钢卷板 | | | 0 | 0 | | 0 | 0 | 0 | 0 | 0 | 0 | 0 | 2.4 | 0 | | 0 | | | | | 0 | 0 | 0 |
| 72191322 | 按重量计含锰量≥5.5%的经酸洗3毫米≤厚度<4.75毫米的铬锰系不锈钢 | | | 0 | 0 | | 0 | 0 | 0 | 0 | 0 | 0 | 0 | 0.8 | | | 0 | | | | | 0 | 0 | 0 |
| 72191329 | 3毫米≤厚度<4.75毫米的经酸洗的其他不锈钢卷板 | | | 0 | 0 | | 0 | 0 | 0 | 0 | 0 | 0 | 0 | 2.4 | 0 | | 0 | | | | | 0 | 0 | 0 |
| 72191412 | 按重量计含锰量≥5.5%的未经酸洗厚度<3毫米的铬锰系不锈钢 | | | 0 | 0 | | 0 | 0 | 0 | 0 | 0 | 0 | 0 | 0 | | | 0 | | | | | 0 | 0 | 0 |
| 72191419 | 厚度<3毫米的未经酸洗的其他不锈钢卷板 | | | 0 | 0 | | 0 | 0 | 0 | 0 | 0 | 0 | 0 | 0.8 | | | 0 | | | | | 0 | 0 | 0 |
| 72191422 | 按重量计含锰量≥5.5%的经酸洗厚度<3毫米的铬锰系不锈钢 | | | 0 | 0 | | 0 | 0 | 0 | 0 | 0 | 0 | 0 | 0 | | | 0 | | | | | 0 | 0 | 0 |
| 72191429 | 厚度<3毫米的经酸洗的其他不锈钢卷板 | | | 0 | 0 | | 0 | 0 | 0 | 0 | 0 | 0 | 0 | 0.8 | | | 0 | | | | | 0 | 0 | 0 |
| 72192100 | 厚度>10毫米的热轧不锈钢平板 | 0 | | 5 | 0 | 9.3 | 0 | 0 | 0 | 0 | 2 | 0 | 0 | 7.3 | | 0 | 0 | | | | | 0 | 0 | |
| 72192200 | 4.75毫米≤厚度≤10毫米的热轧不锈钢平板 | 0 | | 5 | 0 | 9.3 | 0 | 1 | 0 | 0 | 2 | 0 | 0 | 8 | | 0 | 0 | | | | | 0 | 0 | |
| 72192300 | 3毫米≤厚度<4.75毫米的热轧不锈钢平板 | | | 5 | 0 | 9.3 | 0 | 0 | 0 | 0 | 2 | 0 | 0 | 7.3 | 0 | 0 | 0 | | | | | 0 | 0 | |
| 72192410 | 1毫米<厚度<3毫米的热轧不锈钢平板 | | | 5 | 0 | 9.3 | 0 | 0 | 0 | 0 | 2 | 0 | 0 | 7.3 | 0 | 0 | 0 | | | | | 0 | 0 | |
| 72192420 | 0.5毫米≤厚度≤1毫米的热轧不锈钢平板 | | | 5 | 0 | 9.3 | 0 | 0 | 0 | 0 | 2 | 0 | 0 | 8 | | 0 | 0 | | | | | 0 | 0 | |
| 72192430 | 厚度<0.5毫米的热轧不锈钢平板 | | | 5 | 0 | 9.3 | 0 | 0 | 0 | 0 | 2 | 0 | 0 | 7.3 | | 0 | 0 | | | | | 0 | 0 | |
| 72193100 | 厚度≥4.75毫米的冷轧不锈钢板 | | | 5 | 0 | | 0 | 1 | 0 | 0 | 2 | 0 | 0 | 6 | 0 | 0 | 0 | | | | | 0 | 0 | |
| 72193200 | 3毫米≤厚度<4.75毫米的冷轧不锈钢板材 | | | 5 | 0 | | 0 | 1 | 0 | 0 | 2 | 0 | 0 | 6 | 0 | 0 | 0 | | | | | 0 | 0 | |
| 72193310 | 1毫米<厚度<3毫米冷轧按重量计含锰量≥5.5%的铬锰系不锈钢板材 | 0 | | 5 | 0 | | 0 | 1 | 0 | 0 | 2 | 0 | 0 | 6 | 0 | 0 | 0 | | | | | 0 | 0 | |
| 72193390 | 其他1毫米<厚度<3毫米的冷轧不锈钢板材 | 0 | | 5 | 0 | | 0 | 1 | 0 | 0 | 2 | 0 | 0 | 7.3 | 0 | 0 | 0 | | | | | 0 | 0 | |
| 72193400 | 0.5毫米≤厚度≤1毫米的冷轧不锈钢板材 | 0 | | 5 | 0 | | 0 | 1 | 0 | 0 | 2 | 0 | 0 | 8 | 0 | 0 | 0 | | | | | 0 | 0 | |
| 72193500 | 厚度<0.5毫米的冷轧不锈钢板材 | 0 | | 5 | 0 | | 0 | 1 | 0 | 0 | 2 | 0 | 0 | 8 | 0 | 0 | 0 | | | | | 0 | 0 | |

| 税则号列 | 商品描述[①] | 协定税率(%) | | | | | | | | | | | | | | | | 特惠税率(%) | | | | | | |
|---|---|---|---|---|---|---|---|---|---|---|---|---|---|---|---|---|---|---|---|---|---|---|---|---|
| | | 香港 | 澳门 | 巴基斯坦 | 东盟 | 亚太 | 智利 | 秘鲁 | 哥斯达黎加 | 新西兰 | 澳大利亚 | 瑞士 | 冰岛 | 韩国 | 台湾 | 新加坡 | 格鲁吉亚 | 亚太2国[②] | 东盟 | | | 最不发达国家 | | |
| | | | | | | | | | | | | | | | | | | | 老挝 | 柬埔寨 | 缅甸 | LDC97[③] | LDC95[④] | LDC60[⑤] |
| 72199000 | 其他不锈钢冷轧板材 | | | 5 | 0 | | 0 | 0 | 0 | 0 | 2 | 0 | 0 | 6 | 0 | 0 | 0 | | | | | 0 | 0 | |
| 72201100 | 厚度≥4.75毫米的热轧不锈钢带材 | 0 | | 5 | 0 | | 0 | 0 | 0 | 0 | 2 | 0 | 0 | | | 0 | 0 | | | | | 0 | 0 | |
| 72201200 | 厚度<4.75毫米的热轧不锈钢带材 | | | 5 | 0 | | 0 | 0 | 0 | 0 | 2 | 0 | 0 | 6 | | 0 | 0 | | | | | 0 | 0 | |
| 72202020 | 厚度≤0.35毫米的冷轧不锈钢带材 | | | 5 | 0 | | 0 | 0 | 0 | 0 | 2 | 0 | 0 | 7.3 | | 0 | 0 | | | | | 0 | 0 | |
| 72202030 | 0.35毫米<厚度<3毫米的冷轧不锈钢带材 | | | 5 | 0 | | 0 | 0 | 0 | 0 | 2 | 0 | 0 | 7.3 | | 0 | 0 | | | | | 0 | 0 | |
| 72202040 | 厚度≥3毫米的冷轧不锈钢带材 | | | 5 | 0 | | 0 | 0 | 0 | 0 | 2 | 0 | 0 | 6 | | 0 | 0 | | | | | 0 | 0 | |
| 72209000 | 其他不锈钢带材 | | | 5 | 0 | | 0 | 0 | 0 | 0 | 2 | 0 | 0 | 6 | 0 | 0 | 0 | | | | | 0 | 0 | |
| 72210000 | 不锈钢热轧条、杆 | | | 5 | 0 | 8 | 0 | 0 | 0 | 0 | 2 | 0 | 0 | 8.4 | | 0 | 0 | | | | | 0 | 0 | |
| 72221100 | 热加工的圆形截面不锈钢条、杆 | | | 5 | 0 | 9 | 0 | 0 | 0 | 0 | 2 | 0 | 0 | 9.2 | | 0 | 0 | | | | | 0 | 0 | |
| 72221900 | 热加工其他截面形状不锈钢条杆 | | | 5 | 0 | 9 | 0 | 0 | 0 | 0 | 2 | 0 | 0 | 9.2 | | 0 | 0 | | | | | 0 | 0 | |
| 72222000 | 冷成形或冷加工的不锈钢条、杆 | | | 5 | 0 | | 0 | 0 | 0 | 0 | 2 | 0 | 0 | | | 0 | 0 | | | | | 0 | 0 | |
| 72223000 | 其他不锈钢条、杆 | | | 5 | 0 | 8.9 | 0 | 0 | 0 | 0 | 2 | 0 | 0 | 9.2 | | 0 | 0 | | | | | 0 | 0 | |
| 72224000 | 不锈钢角材、型材及异型材 | | | 5 | 0 | | 0 | 0 | 0 | 0 | 2 | 0 | 0 | | | 0 | 0 | | | | | 0 | 0 | |
| 72230000 | 不锈钢丝 | 0 | | 5 | 0 | | 0 | 0 | 0 | 0 | 2 | 0 | 0 | | | 0 | 0 | | | | | 0 | 0 | 0 |
| 72241000 | 其他合金钢锭及其他初级形状 | | | 0 | 0 | | 0 | 0 | 0 | 0 | 0 | 0 | 0 | 0 | | | 0 | | | | | 0 | 0 | 0 |
| 72249010 | 单重≥10吨的粗铸锻件坯 | | | 0 | 0 | | 0 | 0 | 0 | 0 | 0 | 0 | 0 | 0 | | | 0 | | | | | 0 | 0 | 0 |
| 72249090 | 其他合金钢坯 | | | 0 | 0 | | 0 | 0 | 0 | 0 | 0 | 0 | 0 | 0 | | | 0 | | | | | 0 | 0 | 0 |
| 72251100 | 取向性硅电钢宽板 | | | 0 | 0 | 2.1 | 0 | 0 | 0 | 0 | 0 | 0 | 0 | 2.2 | | | 0 | | | | | 0 | 0 | 0 |
| 72251900 | 其他硅电钢宽板 | | | 5 | 0 | | 0 | 0 | 0 | 0 | 1.2 | 0 | 0 | | 0 | | 0 | | | | | 0 | 0 | 0 |
| 72253000 | 宽度≥600毫米的热轧其他合金钢卷材 | | | 0 | 0 | | 0 | 0 | 0 | 0 | 0 | 0 | 0 | | | | 0 | | | | | 0 | 0 | 0 |
| 72254010 | 工具钢 | | | 0 | 0 | | 0 | 0 | 0 | 0 | 0 | 0 | 0 | 0.6 | | | 0 | | | | | 0 | 0 | 0 |
| 72254091 | 含硼合金钢 | | | 0 | 0 | | 0 | 0 | 0 | 0 | 0 | 0 | 0 | 0.6 | | | 0 | | | | | 0 | 0 | 0 |
| 72254099 | 其他非卷材,除热轧外未经进一步加工 | | | 0 | 0 | | 0 | 0 | 0 | 0 | 0 | 0 | 0 | 0.6 | | | 0 | | | | | 0 | 0 | 0 |
| 72255000 | 宽度≥600毫米的冷轧其他合金钢板材 | | | 0 | 0 | | 0 | 0 | 0 | 0 | 0 | 0 | 0 | | | | 0 | | | | | 0 | 0 | 0 |
| 72259100 | 电镀锌的其他合金钢宽平板轧材 | | | 5 | 0 | | 0 | 0 | 0 | 0 | 1.4 | 0 | 0 | 4.2 | | | 0 | | | | | 0 | 0 | 0 |
| 72259200 | 其他镀或涂锌的其他合金钢宽板材 | | | 5 | 0 | | 0 | 0 | 0 | 0 | 1.4 | 0 | 0 | 5.1 | | | 0 | | | | | 0 | 0 | 0 |
| 72259910 | 宽度≥600毫米的高速钢平板轧材 | | | 0 | 0 | | 0 | 0 | 0 | 0 | 0 | 0 | 0 | 0.6 | | | 0 | | | | | 0 | 0 | 0 |
| 72259990 | 宽度≥600毫米的其他合金钢平板轧材 | | | 5 | 0 | | 0 | 0 | 0 | 0 | 1.4 | 0 | 0 | 4.2 | | | 0 | | | | | 0 | 0 | 0 |

| 税则号列 | 商品描述① | 协定税率(%) | | | | | | | | | | | | | | | | 特惠税率(%) | | | | | | |
|---|---|---|---|---|---|---|---|---|---|---|---|---|---|---|---|---|---|---|---|---|---|---|---|---|
| | | 香港 | 澳门 | 巴基斯坦 | 东盟 | 亚太 | 智利 | 秘鲁 | 哥斯达黎加 | 新西兰 | 澳大利亚 | 瑞士 | 冰岛 | 韩国 | 台湾 | 新加坡 | 格鲁吉亚 | 亚太2国② | 东盟 | | | 最不发达国家 | | |
| | | | | | | | | | | | | | | | | | | | 老挝 | 柬埔寨 | 缅甸 | LDC97③ | LDC95④ | LDC60⑤ |
| 72261100 | 取向性硅电钢窄板 | | | 0 | 0 | | 0 | 0 | 0 | 0 | 0 | 0 | 0 | | | | 0 | | | | | 0 | 0 | 0 |
| 72261900 | 其他硅电钢窄板 | | | 0 | 0 | | 0 | 0 | 0 | 0 | 0 | 0 | 0 | | | | 0 | | | | | 0 | 0 | 0 |
| 72262000 | 宽度<600 毫米的高速钢平板轧材 | | | 0 | 0 | | 0 | 0 | 0 | 0 | 0 | 0 | 0 | 1.8 | | | 0 | | | | | 0 | 0 | 0 |
| 72269110 | 工具钢 | | | 0 | 0 | | 0 | 0 | 0 | 0 | 0 | 0 | 0 | 1.8 | | | 0 | | | | | 0 | 0 | 0 |
| 72269191 | 含硼合金钢 | | | 0 | 0 | | 0 | 0 | 0 | 0 | 0 | 0 | 0 | 1.8 | | | 0 | | | | | 0 | 0 | 0 |
| 72269199 | 宽度<600 毫米的其他除热轧外未经进一步加工的合金钢平板轧材 | | | 0 | 0 | | 0 | 0 | 0 | 0 | 0 | 0 | 0 | 1.8 | | | 0 | | | | | 0 | 0 | 0 |
| 72269200 | 宽度<600 毫米的冷轧其他合金钢板材 | | | 0 | 0 | | 0 | 0 | 0 | 0 | 0 | 0 | 0 | 2.2 | | | 0 | | | | | 0 | 0 | 0 |
| 72269910 | 电镀锌的其他合金钢窄平板轧材 | | | 5 | 0 | | 0 | 0 | 0 | 0 | 1.4 | 0 | 0 | 4.2 | | | 0 | | | | | 0 | 0 | 0 |
| 72269920 | 其他镀或涂锌的其他合金钢窄板材 | | | 5 | 0 | | 0 | 0 | 0 | 0 | 1.4 | 0 | 0 | 4.2 | | | 0 | | | | | 0 | 0 | 0 |
| 72269990 | 宽度<600 毫米的其他合金板材 | | | 5 | 0 | | 0 | 0 | 0 | 0 | 1.4 | 0 | 0 | 4.2 | | | 0 | | | | | 0 | 0 | 0 |
| 72271000 | 高速钢的热轧盘条 | | | 0 | 0 | | 0 | 0 | 0 | 0 | 0 | 0 | 0 | 0 | | | 0 | | | | | 0 | 0 | 0 |
| 72272000 | 硅锰钢的热轧盘条 | | | 5 | 0 | | 0 | 0 | 0 | 0 | 1.2 | 0 | 0 | 4.4 | | | 0 | | | | | 0 | 0 | 0 |
| 72279010 | 含硼合金钢制不规则盘卷的其他合金钢热轧条、杆 | | | 0 | 0 | | 0 | 0 | 0 | 0 | 0 | 0 | 0 | 0 | | | 0 | | | | | 0 | 0 | 0 |
| 72279090 | 其他不规则盘卷的其他合金钢热轧条、杆 | | | 0 | 0 | | 0 | 0 | 0 | 0 | 0 | 0 | 0 | 0 | | | 0 | | | | | 0 | 0 | 0 |
| 72281000 | 其他高速钢的条、杆 | | | 0 | 0 | | 0 | 0 | 0 | 0 | 0 | 0 | 0 | 1.8 | | | 0 | | | | | 0 | 0 | 0 |
| 72282000 | 其他硅锰钢的条、杆 | | | 5 | 0 | | 0 | 0 | 0 | 0 | 1.2 | 0 | 0 | 3.6 | | | 0 | | | | | 0 | 0 | 0 |
| 72283010 | 含硼合金钢制其他条、杆,除热轧、热拉拔或热挤压外未经进一步加工 | | | 0 | 0 | | 0 | 0 | 0 | 0 | 0 | 0 | 0 | 1.8 | | | 0 | | | | | 0 | 0 | 0 |
| 72283090 | 其他条、杆,除热轧、热拉拔或热挤压外未经进一步加工 | | | 0 | 0 | | 0 | 0 | 0 | 0 | 0 | 0 | 0 | 1.8 | | | 0 | | | | | 0 | 0 | 0 |
| 72284000 | 其他合金钢锻造条、杆 | | | 0 | 0 | | 0 | 0 | 0 | 0 | 0 | 0 | 0 | 1.8 | | | 0 | | | | | 0 | 0 | 0 |
| 72285000 | 其他合金钢冷成形或冷加工条、杆 | | | 0 | 0 | | 0 | 0 | 0 | 0 | 0 | 0 | 0 | 1.8 | | | 0 | | | | | 0 | 0 | 0 |
| 72286000 | 其他合金钢条、杆 | | | 0 | 0 | | 0 | 0 | 0 | 0 | 0 | 0 | 0 | 1.8 | | | 0 | | | | | 0 | 0 | 0 |
| 72287010 | 履带板型钢 | | | 5 | 0 | | 0 | 0 | 0 | 0 | 1.2 | 0 | 0 | 1.2 | | | 0 | | | | | 0 | 0 | 0 |
| 72287090 | 其他合金钢角材、型材及异型材 | | | 5 | 0 | | 0 | 0 | 0 | 0 | 1.2 | 0 | 0 | 3.6 | | | 0 | | | | | 0 | 0 | 0 |
| 72288000 | 其他合金钢空心钻钢 | | | 5 | 0 | | 0 | 0 | 0 | 0 | 1.4 | 0 | 0 | 1.4 | | | 0 | | | | | 0 | 0 | 0 |
| 72292000 | 硅锰钢丝 | | | 5 | 0 | | 0 | 0 | 0 | 0 | 1.4 | 0 | 0 | 5.1 | | | 0 | | | | | 0 | 0 | |
| 72299010 | 高速钢丝 | | | 0 | 0 | | 0 | 0 | 0 | 0 | 0 | 0 | 0 | 1.8 | | | 0 | | | | | 0 | 0 | |
| 72299090 | 其他合金钢丝 | | | 5 | 0 | | 0 | 0 | 0 | 0 | 1.4 | 0 | 0 | | | | 0 | | | | | 0 | 0 | |
| 73011000 | 钢铁板桩 | | | 5 | 0 | 6.3 | 0 | 0 | 0 | 0 | 1.4 | 0 | 0 | 4.2 | | | 0 | | | | | 0 | 0 | 0 |
| 73012000 | 焊接的钢铁角材、型材及异型材 | | | 5 | 0 | | 0 | 0 | 0 | 0 | 1.4 | 0 | 0 | 4.2 | | | 0 | | | | | 0 | 0 | 0 |

| 税则号列 | 商品描述① | 协定税率(%) | | | | | | | | | | | | | | | | 特惠税率(%) | | | | | | |
|---|---|---|---|---|---|---|---|---|---|---|---|---|---|---|---|---|---|---|---|---|---|---|---|---|
| | | 香港 | 澳门 | 巴基斯坦 | 东盟 | 亚太 | 智利 | 秘鲁 | 哥斯达黎加 | 新西兰 | 澳大利亚 | 瑞士 | 冰岛 | 韩国 | 台湾 | 新加坡 | 格鲁吉亚 | 亚太2国② | 东盟 | | | 最不发达国家 | | |
| | | | | | | | | | | | | | | | | | | | 老挝 | 柬埔寨 | 缅甸 | LDC97③ | LDC95④ | LDC60⑤ |
| 73021000 | 钢轨 | | | 5 | 0 | | 0 | 0 | 0 | 0 | 1.2 | 0 | 0 | 3.6 | | | 0 | | | | | 0 | 0 | 0 |
| 73023000 | 道岔尖轨、辙叉、尖轨拉杆 | | | 5 | 0 | | 0 | 0 | 0 | 0 | 1.6 | 0 | 0 | 1.6 | | | 0 | | | | | 0 | 0 | 0 |
| 73024000 | 钢铁制鱼尾板、钢轨垫板 | | | 5 | 0 | | 0 | 0 | 0 | 0 | 1.4 | 0 | 0 | 4.2 | | | 0 | | | | | 0 | 0 | 0 |
| 73029010 | 钢铁轨枕 | | | 0 | 0 | 5.1 | 0 | 0 | 0 | 0 | 1.2 | 0 | 0 | 1.2 | | | 0 | | | | | 0 | 0 | 0 |
| 73029090 | 其他铁道电车道铺轨用钢铁材料 | | | 5 | 0 | 6 | 0 | 0 | 0 | 0 | 1.4 | 3.5 | 0 | 1.4 | | | 0 | | | | | 0 | 0 | 0 |
| 73030010 | 内径>500毫米的铸铁圆型截面管 | | | 0 | 0 | | 0 | 0 | 0 | 0 | 0 | 0 | 0 | 0 | | | 0 | | | | | 0 | 0 | 0 |
| 73030090 | 其他铸铁管及空心异型材 | | | 0 | 0 | | 0 | 0 | 0 | 0 | 0 | 0 | 0 | 0.8 | | | 0 | | | | | 0 | 0 | 0 |
| 73041110 | 215.9毫米≤外径≤406.4毫米的不锈钢制石油或天然气套管 | | | 0 | 0 | | 0 | 0 | 0 | 0 | 0 | 0 | 0 | 3 | | | 0 | | | | | 0 | 0 | 0 |
| 73041120 | 114.3毫米<外径<215.9毫米的不锈钢制石油或天然气套管 | | | 0 | 0 | | 0 | 0 | 0 | 0 | 0 | 0 | 0 | 3 | | | 0 | | | | | 0 | 0 | 0 |
| 73041130 | 外径≤114.3毫米的不锈钢制石油或天然气套管 | | | 0 | 0 | | 0 | 0 | 0 | 0 | 0 | 0 | 0 | 3 | | | 0 | | | | | 0 | 0 | 0 |
| 73041190 | 其他不锈钢制石油或天然气套管 | | | 0 | 0 | | 0 | 0 | 0 | 0 | 0 | 0 | 0 | 1 | | | 0 | | | | | 0 | 0 | 0 |
| 73041910 | 215.9毫米≤外径≤406.4毫米的非不锈钢制石油或天然气套管 | | | 0 | 0 | | 0 | 0 | 0 | 0 | 0 | 0 | 0 | 3 | | | 0 | | | | | 0 | 0 | 0 |
| 73041920 | 114.3毫米<外径<215.9毫米的非不锈钢制石油或天然气套管 | | | 0 | 0 | | 0 | 0 | 0 | 0 | 0 | 0 | 0 | 3 | | | 0 | | | | | 0 | 0 | 0 |
| 73041930 | 外径≤114.3毫米的非不锈钢制石油或天然气套管 | | | 0 | 0 | | 0 | 0 | 0 | 0 | 0 | 0 | 0 | 3 | | | 0 | | | | | 0 | 0 | 0 |
| 73041990 | 其他非不锈钢制石油或天然气套管 | | | 0 | 0 | | 0 | 0 | 0 | 0 | 0 | 0 | 0 | 1 | | | 0 | | | | | 0 | 0 | 0 |
| 73042210 | 外径≤168.3毫米的不锈钢制钻管 | | | 0 | 0 | | 0 | 0 | 0 | 0 | 0 | 0 | 0 | 0 | | | 0 | | | | | 0 | 0 | 0 |
| 73042290 | 其他不锈钢制钻管 | | | 0 | 0 | | 0 | 0 | 0 | 0 | 0 | 0 | 0 | 0 | | | 0 | | | | | 0 | 0 | 0 |
| 73042310 | 外径≤168.3毫米的非不锈钢制钻管 | | | 0 | 0 | | 0 | 0 | 0 | 0 | 0 | 0 | 0 | 0 | | | 0 | | | | | 0 | 0 | 0 |
| 73042390 | 其他非不锈钢制钻管 | | | 0 | 0 | | 0 | 0 | 0 | 0 | 0 | 0 | 0 | 0 | | | 0 | | | | | 0 | 0 | 0 |
| 73042400 | 其他不锈钢制钻探石油用天然气套管、导管 | | | 0 | 0 | 2 | 0 | 0 | 0 | 0 | 0 | 0 | 0 | 0 | | | 0 | | | | | 0 | 0 | 0 |
| 73042910 | 屈服强度<552兆帕的钻探石油及天然气用的套管、导管及钻管 | | | 0 | 0 | 2 | 0 | 0 | 0 | 0 | 0 | 0 | 0 | 0 | | | 0 | | | | | 0 | 0 | 0 |
| 73042920 | 552兆帕≤屈服强度<758兆帕的钻探石油及天然气用的套管、导管及钻管 | | | 0 | 0 | 2 | 0 | 0 | 0 | 0 | 0 | 0 | 0 | 0 | | | 0 | | | | | 0 | 0 | 0 |

| 税则号列 | 商品描述[①] | 协定税率(%) | | | | | | | | | | | | | | | | 特惠税率(%) | | | | | | |
|---|---|---|---|---|---|---|---|---|---|---|---|---|---|---|---|---|---|---|---|---|---|---|---|---|
| | | 香港 | 澳门 | 巴基斯坦 | 东盟 | 亚太 | 智利 | 秘鲁 | 哥斯达黎加 | 新西兰 | 澳大利亚 | 瑞士 | 冰岛 | 韩国 | 台湾 | 新加坡 | 格鲁吉亚 | 亚太2国[②] | 东盟 | | | 最不发达国家 | | |
| | | | | | | | | | | | | | | | | | | | 老挝 | 柬埔寨 | 缅甸 | LDC97[③] | LDC95[④] | LDC60[⑤] |
| 73042930 | 屈服强度≥758兆帕的钻探石油及天然气用的套管、导管及钻管 | | | 0 | 0 | 2 | 0 | 0 | 0 | 0 | 0 | 0 | 0 | 0 | | | 0 | | | | | 0 | 0 | 0 |
| 73043110 | 冷轧的钢铁制无缝锅炉管 | | | 0 | 0 | | 0 | 0 | 0 | 0 | 0 | 0 | 0 | 0 | | | 0 | | | | | 0 | 0 | 0 |
| 73043120 | 冷轧的铁制无缝地质钻管、套管 | | | 5 | 0 | | 0 | 0 | 0 | 0 | 1.6 | 0 | 0 | 1.6 | | | 0 | | | | | 0 | 0 | 0 |
| 73043190 | 其他冷轧的铁制无缝圆形截面管 | | | 0 | 0 | | 0 | 0 | 0 | 0 | 0 | 0 | 0 | 0.8 | | | 0 | | | | | 0 | 0 | 0 |
| 73043910 | 非冷轧的铁制无缝锅炉管 | 0 | | 0 | 0 | | 0 | 0 | 0 | 0 | 0 | 0 | 0 | 0 | | | 0 | | | | | 0 | 0 | 0 |
| 73043920 | 非冷轧的铁制无缝地质钻管套管 | 0 | | 0 | 0 | | 0 | 0 | 0 | 0 | 0 | 0 | 0 | 1 | | | 0 | | | | | 0 | 0 | 0 |
| 73043990 | 非冷轧的铁制其他无缝管 | 0 | | 0 | 0 | | 0 | 0 | 0 | 0 | 0 | 0 | 0 | 2.4 | | | 0 | | | | | 0 | 0 | 0 |
| 73044110 | 冷轧的不锈钢制无缝锅炉管 | | | 5 | 0 | | 0 | 0 | 0 | 0 | 2 | 0 | 0 | 6 | | 0 | 0 | | | | | 0 | 0 | |
| 73044190 | 冷轧的不锈钢制的其他无缝管 | | | 5 | 0 | | 0 | 0 | 0 | 0 | 2 | 0 | 0 | 8 | | 0 | 0 | | | | | 0 | 0 | |
| 73044910 | 非冷轧的不锈钢制无缝锅炉管 | | | 5 | 0 | | 0 | 0 | 0 | 0 | 2 | 0 | 0 | 6 | | 0 | 0 | | | | | 0 | 0 | |
| 73044990 | 非冷轧的不锈钢制其他无缝管 | | | 5 | 0 | | 0 | 0 | 0 | 0 | 2 | 0 | 0 | 6 | | 0 | 0 | | | | | 0 | 0 | |
| 73045110 | 冷轧的其他合金钢无缝锅炉管 | | | 0 | 0 | | 0 | 0 | 0 | 0 | 0 | 0 | 0 | 0 | | | 0 | | | | | 0 | 0 | 0 |
| 73045120 | 冷轧的其他合金钢无缝地质钻套管 | | | 0 | 0 | | 0 | 0 | 0 | 0 | 0 | 0 | 0 | 0 | | | 0 | | | | | 0 | 0 | 0 |
| 73045190 | 冷轧的其他合金钢制其他无缝管 | | | 0 | 0 | | 0 | 0 | 0 | 0 | 0 | 0 | 0 | 0 | | | 0 | | | | | 0 | 0 | 0 |
| 73045910 | 非冷轧其他合金钢无缝锅炉管 | | | 0 | 0 | | 0 | 0 | 0 | 0 | 0 | 0 | 0 | 0 | | | 0 | | | | | 0 | 0 | 0 |
| 73045920 | 非冷轧其他合金钢无缝地质钻套管 | | | 0 | 0 | | 0 | 0 | 0 | 0 | 0 | 0 | 0 | 0 | | | 0 | | | | | 0 | 0 | 0 |
| 73045990 | 非冷轧其他合金钢制无缝圆形截面 | | | 0 | 0 | | 0 | 0 | 0 | 0 | 0 | 0 | 0 | 0.8 | | | 0 | | | | | 0 | 0 | 0 |
| 73049000 | 未列名无缝钢铁管及空心异型材 | | | 0 | 0 | | 0 | 0 | 0 | 0 | 0 | 0 | 0 | 0.8 | | | 0 | | | | | 0 | 0 | 0 |
| 73051100 | 纵向埋弧焊接石油、天然气粗钢管 | | | 5 | 0 | | 0 | 0 | 0 | 0 | 1.4 | 0 | 0 | 5.1 | | | 0 | | | | | 0 | 0 | 0 |
| 73051200 | 其他纵向焊接石油、天然气粗钢管 | | | 0 | 0 | | 0 | 0 | 0 | 0 | 0 | 0 | 0 | 0.6 | | | 0 | | | | | 0 | 0 | 0 |
| 73051900 | 其他石油、天然气粗钢管 | | | 5 | 0 | | 0 | 0 | 0 | 0 | 1.4 | 0 | 0 | 1.4 | | | 0 | | | | | 0 | 0 | 0 |
| 73052000 | 其他钻探石油、天然气用粗套管 | | | 5 | 0 | | 0 | 0 | 0 | 0 | 1.4 | 0 | 0 | 1.4 | | | 0 | | | | | 0 | 0 | 0 |
| 73053100 | 纵向焊接的其他粗钢铁管 | | | 5 | 0 | | 0 | 0 | 0 | 0 | 1.2 | 0 | 0 | 4.4 | | | 0 | | | | | 0 | 0 | 0 |
| 73053900 | 其他方法焊接其他粗钢铁管 | | | 5 | 0 | | 0 | 0 | 0 | 0 | 1.2 | 0 | 0 | 4.4 | | | 0 | | | | | 0 | 0 | 0 |
| 73059000 | 未列名圆形截面粗钢铁管 | | | 5 | 0 | | 0 | 0 | 0 | 0 | 1.2 | 0 | 0 | 1.2 | | | 0 | | | | | 0 | 0 | 0 |
| 73061100 | 不锈钢焊缝石油、天然气管道管 | | | 5 | 0 | | 0 | 0 | 0 | 0 | 1.4 | 0 | 0 | 4.2 | | | 0 | | | | | 0 | 0 | 0 |

| 税则号列 | 商品描述[①] | 协定税率(%) | | | | | | | | | | | | | | | | 特惠税率(%) | | | | | | |
|---|---|---|---|---|---|---|---|---|---|---|---|---|---|---|---|---|---|---|---|---|---|---|---|---|
| | | 香港 | 澳门 | 巴基斯坦 | 东盟 | 亚太 | 智利 | 秘鲁 | 哥斯达黎加 | 新西兰 | 澳大利亚 | 瑞士 | 冰岛 | 韩国 | 台湾 | 新加坡 | 格鲁吉亚 | 亚太2国[②] | 东盟 | | | 最不发达国家 | | |
| | | | | | | | | | | | | | | | | | | | 老挝 | 柬埔寨 | 缅甸 | LDC97[③] | LDC95[④] | LDC60[⑤] |
| 73061900 | 其他石油、天然气管道管 | | | 5 | 0 | | 0 | 0 | 0 | 0 | 1.4 | 0 | 0 | 5.1 | | | 0 | | | | | 0 | 0 | 0 |
| 73062100 | 不锈钢焊缝钻探石油天然气用套、导管 | | | 0 | 0 | | 0 | 0 | 0 | 0 | 0 | 0 | 0 | 0 | | | 0 | | | | | 0 | 0 | 0 |
| 73062900 | 其他钻探石油天然气用套、导管 | | | 0 | 0 | | 0 | 0 | 0 | 0 | 0 | 0 | 0 | 0 | | | 0 | | | | | 0 | 0 | 0 |
| 73063011 | 壁厚≤0.7毫米,外径≤10毫米的其他铁或非合金刚圆形截面焊缝管 | | | 0 | 0 | | 0 | 0 | 0 | 0 | 0 | 0 | 0 | 0.6 | | | 0 | | | | | 0 | 0 | 0 |
| 73063019 | 壁厚>0.7毫米,外径≤10毫米的其他铁或非合金刚圆形截面焊缝管 | | | 0 | 0 | | 0 | 0 | 0 | 0 | 0 | 0 | 0 | 2.2 | | | 0 | | | | | 0 | 0 | 0 |
| 73063090 | 外径>10毫米的其他铁或非合金刚圆形截面焊缝管 | | | 0 | 0 | | 0 | 0 | 0 | 0 | 0 | 0 | 0 | 2.2 | | | 0 | | | | | 0 | 0 | 0 |
| 73064000 | 不锈钢其他圆形截面细焊缝管 | | | 5 | 0 | | 0 | 0 | 0 | 0 | 1.2 | 0 | 0 | | | | 0 | | | | | 0 | 0 | 0 |
| 73065000 | 其他合金钢的圆形截面细焊缝管 | | | 0 | 0 | | 0 | 0 | 0 | 0 | 0 | 0 | 0 | 2.2 | | | 0 | | | | | 0 | 0 | 0 |
| 73066100 | 矩形或正方形截面的其他焊缝管 | | | 0 | 0 | | 0 | 0 | 0 | 0 | 0 | 0 | 0 | 0.6 | | | 0 | | | | | 0 | 0 | 0 |
| 73066900 | 其他非圆形截面的其他焊缝管 | | | 0 | 0 | | 0 | 0 | 0 | 0 | 0 | 0 | 0 | 2.2 | | | 0 | | | | | 0 | 0 | 0 |
| 73069000 | 未列名其他钢铁管及空心异型材 | | | 5 | 0 | | 0 | 0 | 0 | 0 | 1.2 | 0 | 0 | | | | 0 | | | | | 0 | 0 | 0 |
| 73071100 | 无可锻性铸铁制管子附件 | | | 0 | 0 | | 0 | 0 | 0 | 0 | 0 | 0 | 0 | 1 | | | 0 | | | | | 0 | 0 | 0 |
| 73071900 | 可锻性铸铁及铸钢管子附件 | | | 5 | 0 | | 0 | 0 | 0 | 0 | 1.6 | 4 | 0 | 1.6 | | | 0 | | | | | 0 | 0 | 0 |
| 73072100 | 不锈钢制法兰 | | | 5 | 0 | 6.7 | 0 | 0 | 0 | 0 | 1.7 | 0 | 0 | 1.6 | | | 0 | | | | | 0 | 0 | 0 |
| 73072200 | 不锈钢制螺纹肘管、弯管、管套 | 0 | | 5 | 0 | | 0 | 0 | 0 | 0 | 1.7 | 0 | 0 | 1.6 | | | 0 | | | | | 0 | 0 | 0 |
| 73072300 | 不锈钢制对焊件 | | | 5 | 0 | | 0 | 0 | 0 | 0 | 1.7 | 0 | 0 | 1.6 | | | 0 | | | | | 0 | 0 | 0 |
| 73072900 | 不锈钢制其他管子附件 | 0 | | 5 | 0 | | 0 | 0 | 0 | 0 | 1.7 | 4.2 | 0 | | | | 0 | | | | | 0 | 0 | 0 |
| 73079100 | 未列名钢铁制法兰 | | | 5 | 0 | | 0 | 0 | 0 | 0 | 1.4 | 0 | 0 | 5.1 | | | 0 | | | | | 0 | 0 | 0 |
| 73079200 | 未列名钢铁制螺纹肘管、弯管、管套 | | | 0 | 0 | | 0 | 0 | 0 | 0 | 0 | 0 | 0 | 0.8 | | | 0 | | | | | 0 | 0 | 0 |
| 73079300 | 未列名钢铁制对焊件 | | | 5 | 0 | | 0 | 0 | 0 | 0 | 1.4 | 0 | 0 | 1.4 | | | 0 | | | | | 0 | 0 | 0 |
| 73079900 | 未列名钢铁制其他管子附件 | | | 0 | 0 | | 0 | 0 | 0 | 0 | 0 | 0 | 0 | 0.8 | | | 0 | | | | | 0 | 0 | 0 |
| 73081000 | 钢铁制桥梁及桥梁体段 | | | 0 | 0 | | 0 | 0 | 0 | 0 | 1.6 | 0 | 0 | 1.6 | | | 0 | | | | | 0 | 0 | 0 |
| 73082000 | 钢铁制塔楼及格构杆 | | | 0 | 0 | | 0 | 0 | 0 | 0 | 1.7 | 0 | 0 | 5 | | | 0 | | | | | 0 | 0 | 0 |
| 73083000 | 钢铁制门窗及其框架、门槛 | 0 | 0 | 0 | 0 | | 0 | 0 | 0 | 0 | 2 | 0 | 0 | 6 | | 0 | 0 | | | | | 0 | 0 | 0 |
| 73084000 | 钢铁制脚手架模板坑凳用支柱及类似品 | | | 0 | 0 | | 0 | 0 | 0 | 0 | 1.7 | 0 | 0 | 1.6 | | | 0 | | | | | 0 | 0 | 0 |
| 73089000 | 其他钢铁结构体及部件 | 0 | | 0 | 0 | | 0 | 0 | 0 | 0 | 0 | 0 | 0 | 0.8 | | | 0 | | | | | 0 | 0 | 0 |
| 73090000 | 容积>300升的钢铁制盛物容器 | | | 5 | 0 | | 0 | 1 | 0 | 0 | 2.1 | 5.2 | 0 | 6.3 | | 0 | 0 | | | | | 0 | 0 | 0 |

| 税则号列 | 商品描述① | 协定税率(%) | | | | | | | | | | | | | | | | 特惠税率(%) | | | | | | |
|---|---|---|---|---|---|---|---|---|---|---|---|---|---|---|---|---|---|---|---|---|---|---|---|---|
| | | 香港 | 澳门 | 巴基斯坦 | 东盟 | 亚太 | 智利 | 秘鲁 | 哥斯达黎加 | 新西兰 | 澳大利亚 | 瑞士 | 冰岛 | 韩国 | 台湾 | 新加坡 | 格鲁吉亚 | 亚太2国② | 东盟 | | | 最不发达国家 | | |
| | | | | | | | | | | | | | | | | | | | 老挝 | 柬埔寨 | 缅甸 | LDC97③ | LDC95④ | LDC60⑤ |
| 73101000 | 容积50~300升的钢铁制盛物容器 | 0 | | 5 | 0 | | 0 | 1 | 0 | 0 | 2.1 | 5.2 | 0 | 8.4 | | 0 | 0 | | | | | 0 | 0 | 0 |
| 73102110 | 易拉罐及罐体 | 0 | | 14 | 0 | | 0 | 1.8 | 0 | 0 | 3.5 | 8.8 | 0 | 10.5 | | 0 | 0 | | | | | 0 | 0 | |
| 73102190 | 其他容积<50升焊边或卷边接合的罐 | 0 | | 14 | 0 | | 0 | 1.8 | 0 | 0 | 3.5 | 8.8 | 0 | 10.5 | | 0 | 0 | | | | | 0 | 0 | |
| 73102910 | 易拉罐及罐体 | 0 | | 14 | 0 | | 0 | 1.8 | 0 | 0 | 3.5 | 10.2 | 0 | 10.5 | | 0 | 0 | | | | | 0 | 0 | 0 |
| 73102990 | 其他盛装物料用的钢铁柜、桶、罐、听、盒及类似容器(装压缩气体或液化气体的除外),容积≤300升,不论是否衬里或隔热,但无机械或热力装置 | 0 | | 14 | 0 | | 0 | 1.8 | 0 | 0 | 3.5 | 10.2 | 0 | 10.5 | | 0 | 0 | | | | | 0 | 0 | 0 |
| 73110010 | 装压缩或液化气的钢铁容器 | 0 | | 14 | 0 | | 0 | 1.8 | 0 | 0 | 3.5 | 8.8 | 0 | 10.5 | | 0 | 0 | | | | | 0 | 0 | |
| 73110090 | 其他装压缩或液化气的容器 | 0 | | 5 | 0 | | 0 | 0 | 0 | 0 | 1.6 | 0 | 0 | 5.8 | | | 0 | | | | | 0 | 0 | |
| 73121000 | 非绝缘的钢铁绞股线、绳、缆 | | | 0 | 0 | | 0 | 0 | 0 | 0 | 0 | 0 | 0 | 0.8 | | | 0 | | | | | 0 | 0 | |
| 73129000 | 非绝缘钢铁编带、吊索及类似品 | | | 0 | 0 | | 0 | 0 | 0 | 0 | 0 | 0 | 0 | 0.8 | | | 0 | | | | | 0 | 0 | 0 |
| 73130000 | 带刺钢铁丝、围篱用钢铁绞带 | | | 5 | 0 | 6.3 | 0 | 0 | 0 | 0 | 1.4 | 0 | 0 | 1.4 | | | 0 | | | | | 0 | 0 | 0 |
| 73141200 | 不锈钢制的机器用环形带 | | | 6 | 0 | | 0 | 0 | 0 | 0 | 2.4 | 7.4 | 0 | 7.2 | | 0 | 0 | | | | | 0 | 0 | 0 |
| 73141400 | 不锈钢制的机织品 | | | 6 | 0 | | 0 | 0 | 0 | 0 | 2.4 | 0 | 0 | 7.2 | | 0 | 0 | | | | | 0 | 0 | 0 |
| 73141900 | 其他钢铁丝制机织品 | | | 3.5 | 0 | | 0 | 0 | 0 | 0 | 1.4 | | 0 | 1.4 | | | 0 | | | | | 0 | 0 | 0 |
| 73142000 | 交点焊接的粗钢铁丝网、篱及格栅 | 0 | | 5 | 0 | | 0 | 0 | 0 | 0 | 1.4 | 0 | 0 | 1.4 | | | 0 | | | | | 0 | 0 | 0 |
| 73143100 | 交点焊接的镀或涂锌细钢铁丝网 | 0 | | 5 | 0 | | 0 | 0 | 0 | 0 | 1.4 | 0 | 0 | 1.4 | | | 0 | | | | | 0 | 0 | 0 |
| 73143900 | 交点焊接的其他细钢铁丝网、篱 | 0 | | 5 | 0 | | 0 | 0 | 0 | 0 | 1.4 | 0 | 0 | 4.2 | | | 0 | | | | | 0 | 0 | 0 |
| 73144100 | 其他镀锌的钢铁丝网、荔及格栅 | | | 5 | 0 | 6 | 0 | 0 | 0 | 0 | 1.6 | 0 | 0 | 1.6 | | | 0 | | | | | 0 | 0 | 0 |
| 73144200 | 其他涂塑的钢铁丝网、篱及格栅 | | | 5 | 0 | | 0 | 0 | 0 | 0 | 1.6 | 4 | 0 | 4.8 | | | 0 | | | | | 0 | 0 | 0 |
| 73144900 | 其他钢铁丝网、篱及格栅 | | | 5 | 0 | | 0 | 0 | 0 | 0 | 1.6 | 4 | 0 | 1.6 | | | 0 | | | | | 0 | 0 | 0 |
| 73145000 | 网眼钢铁板 | 0 | | 5 | 0 | | 0 | 0 | 0 | 0 | 1.6 | 0 | 0 | 1.6 | | | 0 | | | | | 0 | 0 | 0 |
| 73151110 | 自行车滚子链 | 0 | | 6 | 0 | | 0 | 0 | 0 | 0 | 2.4 | 6 | 0 | 7.2 | | 0 | 0 | | | | | 0 | 0 | |
| 73151120 | 摩托车滚子链 | 0 | | 6 | 0 | | 0 | 0 | 0 | 0 | 2.4 | 6 | 0 | 8.8 | | 0 | 0 | | | | | 0 | 0 | |
| 73151190 | 其他滚子链 | 0 | | 6 | 0 | | 0 | 0 | 0 | 0 | 2.4 | 6 | 0 | 7.2 | | 0 | 0 | | | | | 0 | 0 | |
| 73151200 | 其他铰接链 | | | 6 | 0 | | 0 | 0 | 0 | 0 | 2.4 | 6 | 0 | 9.6 | | 0 | 0 | | | | | 0 | 0 | |
| 73151900 | 铰接链零件 | | | 6 | 0 | | 0 | 0 | 0 | 0 | 2.4 | 6 | 0 | 7.2 | | 0 | 0 | | | | | 0 | 0 | |
| 73152000 | 防滑链 | | | 6 | 0 | | 0 | 0 | 0 | 0 | 2.4 | 6 | 0 | 7.2 | | 0 | 0 | | | | | 0 | 0 | |
| 73158100 | 日字环节链 | | | 6 | 0 | | 0 | 0 | 0 | 0 | 2.4 | 6 | 0 | 7.2 | | 0 | 0 | | | | | 0 | 0 | |
| 73158200 | 其他焊接链 | | | 6 | 0 | | 0 | 0 | 0 | 0 | 2.4 | 6 | 0 | 7.2 | | 0 | 0 | | | | | 0 | 0 | 0 |
| 73158900 | 未列名链 | | | 6 | 0 | | 0 | 1.2 | 0 | 0 | 2.4 | 6 | 0 | 7.2 | | 0 | 0 | | | | | 0 | 0 | |
| 73159000 | 非铰接链零件 | | | 5 | 0 | | 0 | 0 | 0 | 0 | 2 | 0 | 0 | 6 | | | 0 | | | | | 0 | 0 | |

| 税则号列 | 商品描述① | 协定税率(%) | | | | | | | | | | | | | | | | 特惠税率(%) | | | | | | |
|---|---|---|---|---|---|---|---|---|---|---|---|---|---|---|---|---|---|---|---|---|---|---|---|---|
| | | 香港 | 澳门 | 巴基斯坦 | 东盟 | 亚太 | 智利 | 秘鲁 | 哥斯达黎加 | 新西兰 | 澳大利亚 | 瑞士 | 冰岛 | 韩国 | 台湾 | 新加坡 | 格鲁吉亚 | 亚太2国② | 东盟 | | | 最不发达国家 | | |
| | | | | | | | | | | | | | | | | | | | 老挝 | 柬埔寨 | 缅甸 | LDC97③ | LDC95④ | LDC60⑤ |
| 73160000 | 钢铁锚、多爪锚及其零件 | | | 5 | 0 | | 0 | 0 | 0 | 0 | 2 | 0 | 0 | 6 | | | 0 | | | | | 0 | 0 | |
| 73170000 | 铁钉、图钉、平头钉及类似品 | | | 5 | 0 | | 0 | 1 | 0 | 0 | 2 | 0 | 0 | 6 | | | 0 | | | | | 0 | 0 | |
| 73181100 | 方头螺钉 | | | 5 | 0 | | 0 | 1 | 0 | 0 | 2 | 0 | 0 | | | | 0 | | | | | 0 | 0 | |
| 73181200 | 其他木螺钉 | | | 5 | 0 | | 0 | 1 | 0 | 0 | 2 | 0 | 0 | 6 | | | 0 | | | | | 0 | 0 | |
| 73181300 | 钩头螺钉及环头螺钉 | | | 5 | 0 | | 0 | 0 | 0 | 0 | 2 | 0 | 0 | | | | 0 | | | | | 0 | 0 | |
| 73181400 | 自攻螺钉 | | | 5 | 0 | | 0 | 1 | 0 | 0 | 2 | 5 | 0 | | | 0 | 0 | | | | | 0 | 0 | |
| 73181510 | 抗拉强度≥800兆帕的螺钉及螺栓，不论是否带有螺母或垫圈 | 0 | | 0 | 0 | 4 | 0 | 0 | 0 | 0 | 1.6 | 4 | 0 | 5.8 | | | 0 | | | | | 0 | 0 | 0 |
| 73181590 | 其他螺钉及螺栓 | 0 | | 0 | 0 | 4 | 0 | 0 | 0 | 0 | 1.6 | 4 | 0 | 5.8 | | | 0 | | | | | 0 | 0 | 0 |
| 73181600 | 螺母 | | | 5 | 0 | | 0 | 0 | 0 | 0 | 1.6 | 4 | 0 | | | | 0 | | | | | 0 | 0 | 0 |
| 73181900 | 未列名螺纹制品 | | | 0 | 0 | | 0 | 0 | 0 | 0 | 0 | 0 | 0 | 1 | | | 0 | | | | | 0 | 0 | 0 |
| 73182100 | 弹簧垫圈及其他防松垫圈 | 0 | | 5 | 0 | | 0 | 0 | 0 | 0 | 2 | 0 | 0 | | | 0 | 0 | | | | | 0 | 0 | 0 |
| 73182200 | 其他垫圈 | | | 5 | 0 | | 0 | 1 | 0 | 0 | 2 | 0 | 0 | | | 0 | 8 | | | | | 0 | 0 | 0 |
| 73182300 | 铆钉 | 0 | | 5 | 0 | | 0 | 0 | 0 | 0 | 2 | 0 | 0 | | | 0 | 0 | | | | | 0 | 0 | 0 |
| 73182400 | 销及开尾销 | | | 5 | 0 | | 0 | 0 | 0 | 0 | 2 | 5 | 0 | 8 | | 0 | 8 | | | | | 0 | 0 | 0 |
| 73182900 | 其他无螺纹紧固件 | | | 5 | 0 | | 0 | 0 | 0 | 0 | 2 | 0 | 0 | | | 0 | 0 | | | | | 0 | 0 | 0 |
| 73194010 | 安全别针 | | 0 | 5 | 0 | | 0 | 0 | 0 | 0 | 2 | 0 | 0 | 6 | | | 0 | | | | | 0 | 0 | 0 |
| 73194090 | 其他别针 | | | 5 | 0 | | 0 | 0 | 0 | 0 | 2 | 0 | 0 | 6 | | | 0 | | | | | 0 | 0 | |
| 73199000 | 未列名钢铁制针及类似品 | | | 5 | 0 | | 0 | 1 | 0 | 0 | 2 | 5 | 0 | | | | 0 | | | | | 0 | 0 | 0 |
| 73201010 | 铁道车辆用片簧及簧片 | | | 5 | 0 | | 0 | 0 | 0 | 0 | 1.2 | 0 | 0 | 1.2 | | | 0 | | | | | 0 | 0 | 0 |
| 73201020 | 汽车用片簧及弹簧 | | | 5 | 0 | | 0 | 0 | 0 | 0 | 2 | 0 | 0 | 8 | | | 0 | | | | | 0 | 0 | 0 |
| 73201090 | 其他片簧及簧片 | | | 5 | 0 | | 0 | 0 | 0 | 0 | 2 | 5 | 0 | | | 0 | 0 | | | | | 0 | 0 | 0 |
| 73202010 | 铁道车辆用螺旋弹簧 | | | 5 | 0 | | 0 | 0 | 0 | 0 | 1.2 | 0 | 0 | 1.2 | | | 0 | | | | | 0 | 0 | 0 |
| 73202090 | 其他螺旋弹簧 | | | 5 | 0 | 8.5 | 0 | 0 | 0 | 0 | 2 | 5 | 0 | 8 | | 0 | 8 | | | | | 0 | 0 | 0 |
| 73209010 | 铁道车辆用其他弹簧 | | | 5 | 0 | | 0 | 0 | 0 | 0 | 1.2 | 0 | 0 | 1.2 | | | 0 | | | | | 0 | 0 | 0 |
| 73209090 | 其他弹簧 | | | 6 | 0 | | 0 | 0 | 0 | 0 | 2.4 | 6 | 0 | | | 0 | 0 | | | | | 0 | 0 | 0 |
| 73211100 | 可使用气体燃料的家用炉灶 | | | 12 | 0 | | 0 | 1.5 | 0 | 0 | 3 | 7.5 | 0 | 9 | | 0 | 0 | | | | | 0 | 0 | |
| 73211210 | 煤油炉 | | | | 0 | | 0 | 2.1 | 0 | 0 | 4.2 | 10.5 | 0 | 16.8 | | 0 | 0 | | | | | 0 | 0 | |
| 73211290 | 其他使用液体燃料的家用炉灶 | | | | 0 | | 0 | 2.1 | 0 | 0 | 4.2 | 10.5 | 0 | 16.8 | | 0 | 0 | | | | | 0 | 0 | |
| 73211900 | 其他炊事用具及加热板 | | | | 0 | | 0 | 2.1 | 0 | 0 | 4.2 | 10.5 | 0 | 16.8 | | 0 | 0 | | | | | 0 | 0 | |
| 73218100 | 可使用气体燃料的其他家用器具 | | | 11.5 | 0 | 13.8 | 0 | 2.3 | 0 | 0 | 4.6 | 11.5 | 0 | 18.4 | | 0 | 0 | | | | | 0 | 0 | |
| 73218200 | 使用液体燃料的其他家用器具 | | | | 0 | | 0 | 2.1 | 0 | 0 | 4.2 | 10.5 | 0 | 16.8 | | 0 | 0 | | | | | 0 | 0 | |
| 73218900 | 其他非电热家用器具 | | | | 0 | | 0 | 2.1 | 0 | 0 | 4.2 | 10.5 | 0 | 16.8 | | 0 | 0 | | | | | 0 | 0 | |
| 73219000 | 非电热家用器具零件 | | | 5 | 0 | 9.6 | 0 | 1.2 | 0 | 0 | 2.4 | 6 | 0 | 7.2 | | 0 | 0 | | | | | 0 | 0 | 0 |
| 73221100 | 非电热铸铁制集中供暖用散热器 | | | | 0 | | 0 | 2.1 | 0 | 0 | 4.2 | 10.5 | 0 | 16.8 | | 0 | 0 | | | | | 0 | 0 | |
| 73221900 | 非电热钢制集中供暖用散热器 | | | | 0 | | 0 | 2.1 | 0 | 0 | 4.2 | 10.5 | 0 | 16.8 | | 0 | 0 | | | | | 0 | 0 | |

| 税则号列 | 商品描述① | 协定税率(%) | | | | | | | | | | | | | | | | 特惠税率(%) | | | | | | |
|---|---|---|---|---|---|---|---|---|---|---|---|---|---|---|---|---|---|---|---|---|---|---|---|---|
| | | 香港 | 澳门 | 巴基斯坦 | 东盟 | 亚太 | 智利 | 秘鲁 | 哥斯达黎加 | 新西兰 | 澳大利亚 | 瑞士 | 冰岛 | 韩国 | 台湾 | 新加坡 | 格鲁吉亚 | 亚太2国② | 东盟 | | | 最不发达国家 | | |
| | | | | | | | | | | | | | | | | | | | 老挝 | 柬埔寨 | 缅甸 | LDC97③ | LDC95④ | LDC60⑤ |
| 73229000 | 非电热空气加热器、暖气分布器 | | | | 0 | | 0 | 2 | 0 | 0 | 4 | 10 | 0 | 14.6 | | 0 | 0 | | | | | 0 | 0 | 0 |
| 73231000 | 钢铁丝绒、擦锅器、洗擦用块垫等 | | | 11.2 | 0 | | 0 | 1.4 | 0 | 0 | 2.8 | 7 | 0 | 8.4 | | 0 | 0 | | | | | 0 | 0 | |
| 73239100 | 餐桌、厨房等家用铸铁制器具 | | | | 0 | | 0 | 2 | 0 | 0 | 4 | 10 | 0 | 14.6 | | 0 | 0 | | | | | 0 | 0 | |
| 73239200 | 餐桌、厨房等家用铸铁制搪瓷器 | | | | 0 | | 0 | 2 | 0 | 0 | 4 | 10 | 0 | 14.6 | | 0 | 0 | | | | | 0 | 0 | |
| 73239300 | 餐桌、厨房等家用不锈钢器具 | 0 | 0 | 5 | 0 | 8.4 | 0 | 0 | 0 | 0 | 2.4 | 6 | 0 | 7.2 | | 0 | 0 | | | | | 0 | 0 | 0 |
| 73239410 | 钢铁制搪瓷面盆 | | | | 0 | | 0 | 2 | 0 | 0 | 4 | 10 | 0 | 14.6 | | 0 | 0 | | | | | 0 | 0 | |
| 73239420 | 钢铁制搪瓷烧锅 | | | | 0 | | 0 | 2 | 0 | 0 | 4 | 10 | 0 | 14.6 | | 0 | 0 | | | | | 0 | 0 | |
| 73239490 | 其他餐桌、厨房等家用钢铁制搪瓷器 | | | | 0 | | 0 | 2 | 0 | 0 | 4 | 10 | 0 | 14.6 | | 0 | 0 | | | | | 0 | 0 | |
| 73239900 | 其他餐桌、厨房等用钢铁器具 | | | | 0 | | 0 | 2 | 0 | 0 | 4 | 10 | 0 | 14.6 | | 0 | 0 | | | | | 0 | 0 | |
| 73241000 | 不锈钢制洗涤槽及脸盆 | 0 | | | 0 | | 0 | 1.8 | 0 | 0 | 3.6 | 9 | 0 | 10.8 | | 0 | 0 | | | | | 0 | 0 | 0 |
| 73242100 | 铸铁制浴缸 | | | 5 | 0 | | 0 | 1 | 0 | 0 | 2 | 0 | 0 | 6 | | 0 | 0 | | | | | 0 | 0 | |
| 73242900 | 其他钢铁制浴缸 | | | | 0 | | 0 | 3 | 0 | 0 | 6 | 15 | 0 | 24 | | 0 | 0 | | | | | 0 | 0 | |
| 73249000 | 其他钢铁制卫生器具及零件 | | | | 0 | | 0 | 2.5 | 0 | 0 | 5 | 12.5 | 0 | 20 | | 0 | 0 | | | | | 0 | 0 | |
| 73251010 | 工业用无可锻性制品 | | | 5 | 0 | | 0 | 0 | 0 | 0 | 1.4 | 0 | | 5.1 | | | 0 | | | | | 0 | 0 | 0 |
| 73251090 | 其他无可锻性铸铁制品 | | | | 0 | | 0 | 2 | 0 | 0 | 4 | 10 | 0 | 14.6 | | 0 | 0 | | | | | 0 | 0 | |
| 73259100 | 可锻性铸铁及铸钢研磨机的研磨球 | | | 5 | 0 | | 0 | 1 | 0 | 0 | 2.1 | 5.2 | 0 | 6.3 | | 0 | 0 | | | | | 0 | 0 | |
| 73259910 | 工业用未列名可锻性铸铁制品 | | | 5 | 0 | 8.9 | 0 | 1 | 0 | 0 | 2.1 | 5.2 | 0 | 6.3 | | 0 | 0 | | | | | 0 | 0 | |
| 73259990 | 非工业用未列名可锻性铸铁制品 | | | 10 | 0 | 12 | 0 | 2 | 0 | 0 | 4 | 10 | 0 | 14.6 | | 0 | 0 | | | | | 0 | 0 | |
| 73261100 | 钢铁制研磨机用研磨球及类似品 | | | 5 | 0 | | 0 | 1 | 0 | 0 | 2.1 | 5.2 | 0 | 6.3 | | 0 | 0 | | | | | 0 | 0 | |
| 73261910 | 工业用未列名钢铁制品 | | | 5 | 0 | | 0 | 1 | 0 | 0 | 2.1 | 5.2 | 0 | | | 0 | 0 | | | | | 0 | 0 | |
| 73261990 | 非工业用未列名钢铁制品 | | | | 0 | | 0 | 2 | 0 | 0 | 4 | 10 | 0 | 12 | | 0 | 0 | | | | | 0 | 0 | |
| 73262010 | 工业用钢铁丝制品 | | | 5 | 0 | 5 | 0 | 0 | 0 | 0 | 2 | 0 | 0 | 6 | | | 0 | | | | | 0 | 0 | |
| 73262090 | 非工业用钢铁丝制品 | | | 9 | 0 | 12.6 | 0 | 1.8 | 0 | 0 | 3.6 | 9 | 0 | 10.8 | | 0 | 0 | | | | | 0 | 0 | |
| 73269011 | 钢铁纤维及其制品 | 0 | | 5 | 0 | 8.9 | 0 | 1 | 0 | 0 | 2.1 | 5.2 | 0 | 6.3 | | 0 | 0 | | | | | 0 | 0 | 0 |
| 73269019 | 其他工业用钢铁制品 | 0 | | 5 | 0 | 8.9 | 0 | 1 | 0 | 0 | 2.1 | 5.2 | 0 | 6.3 | | 0 | 0 | | | | | 0 | 0 | 0 |
| 73269090 | 其他非工业用钢铁制品 | 0 | | 5 | 0 | 6.8 | 0 | 0 | 0 | 0 | 1.6 | 4 | 0 | 1.6 | | 0 | 0 | | | | | 0 | 0 | 0 |
| 74010000 | 铜锍、沉积铜(泥铜) | | | 0 | 0 | | 0 | 0 | 0 | 0 | 0 | 0 | 0 | 0 | | | 0 | | 0 | | | 0 | 0 | 0 |
| 74020000 | 未精炼铜、电解精炼用铜阳极 | | | 0 | 0 | | 0 | | 0 | 0 | 0 | 0 | 0 | 0 | | | 1.6 | | | | | 0 | 0 | 0 |
| 74031111 | 按重量计铜含量>99.9935%的阴极精炼铜 | | | 0 | 0 | | 0 | 0 | 0 | 0 | 0 | 0 | 0 | 0 | | | 0 | | | | | 0 | 0 | 0 |
| 74031119 | 其他阴极精炼铜 | | | 0 | 0 | | 0 | 0 | 0 | 0 | 0 | 0 | 0 | 0 | | | 0 | | | | | 0 | 0 | 0 |
| 74031190 | 精炼铜阴极型材 | | | 0 | 0 | | 0 | 0 | 0 | 0 | 0 | 0 | 0 | 0 | | | 0 | | | | | 0 | 0 | 0 |

| 税则号列 | 商品描述[1] | 协定税率(%) | | | | | | | | | | | | | | | | 特惠税率(%) | | | | | | |
|---|---|---|---|---|---|---|---|---|---|---|---|---|---|---|---|---|---|---|---|---|---|---|---|---|
| | | 香港 | 澳门 | 巴基斯坦 | 东盟 | 亚太 | 智利 | 秘鲁 | 哥斯达黎加 | 新西兰 | 澳大利亚 | 瑞士 | 冰岛 | 韩国 | 台湾 | 新加坡 | 格鲁吉亚 | 亚太2国[2] | 东盟 老挝 | 东盟 柬埔寨 | 东盟 缅甸 | 最不发达国家 LDC97[3] | 最不发达国家 LDC95[4] | 最不发达国家 LDC60[5] |
| 74031200 | 精炼铜的线锭 | | | 0 | 0 | | 0 | 0 | 0 | 0 | 0 | 1 | 0 | 0 | | | 0 | | | | | 0 | 0 | 0 |
| 74031300 | 精炼铜的坯段 | | | 0 | 0 | | 0 | 0 | 0 | 0 | 0 | 0 | 0 | 0 | | | 1.6 | | | | | 0 | 0 | 0 |
| 74031900 | 其他未锻轧的精炼铜 | | | 0 | 0 | | 0 | 0 | 0 | 0 | 0 | 0 | 0 | 0 | | | 1.6 | | | | | 0 | 0 | 0 |
| 74032100 | 未锻轧的铜锌合金(黄铜) | | 0 | 0 | 0 | | 0 | 0 | 0 | 0 | 0 | 0 | 0 | 0 | | | 0.8 | | | | | 0 | 0 | 0 |
| 74032200 | 未锻轧的铜锡合金(青铜) | | | 0 | 0 | | 0 | 0 | 0 | 0 | 0 | 0 | 0 | 0 | | | 0 | | | | | 0 | 0 | 0 |
| 74032900 | 未锻轧的其他铜合金 | | | 0 | 0 | | 0 | 0 | 0 | 0 | 0 | 0 | 0 | 0 | | | 0 | | | | | 0 | 0 | 0 |
| 74040000 | 铜废碎料 | 0 | | 0 | 0 | | 0 | | 0 | 0 | 0 | 0 | 0 | 0 | | | 1.2 | | 0 | | | 0 | 0 | 0 |
| 74050000 | 铜母合金 | 0 | | 0 | 0 | | 0 | 0 | 0 | 0 | 0 | 0 | 0 | 0 | | | 0 | | | | | 0 | 0 | |
| 74061010 | 精炼铜制非片状粉末 | | | 0 | 0 | | 0 | 0 | 0 | 0 | 0 | 0 | 0 | 0 | | | 0 | | | | | 0 | 0 | 0 |
| 74061020 | 白铜或德银制非片状粉末 | | | 5 | 0 | | 0 | 0 | 0 | 0 | 1.2 | 0 | 0 | 1.2 | | | 0 | | | | | 0 | 0 | 0 |
| 74061030 | 铜锌合金(黄铜)制非片状铜粉粉末 | | | 5 | 0 | | 0 | 0 | 0 | 0 | 1.2 | 0 | 0 | 3.6 | | | 0 | | | | | 0 | 0 | 0 |
| 74061040 | 铜锡合金(青铜)制非片状铜粉粉末 | | | 5 | 0 | | 0 | 0 | 0 | 0 | 1.2 | 0 | 0 | 1.2 | | | 0 | | | | | 0 | 0 | 0 |
| 74061090 | 其他铜合金制非片状粉末 | | | 5 | 0 | | 0 | 0 | 0 | 0 | 1.2 | 0 | 0 | 1.2 | | | 0 | | | | | 0 | 0 | 0 |
| 74062010 | 精炼铜制片状粉末 | | | 0 | 0 | | 0 | 0 | 0 | 0 | 0 | 0 | 0 | 0 | | | 0 | | | | | 0 | 0 | 0 |
| 74062020 | 白铜或德银制片状粉末 | | | 5 | 0 | | 0 | 0 | 0 | 0 | 1.2 | 0 | 0 | 1.2 | | | 0 | | | | | 0 | 0 | 0 |
| 74062090 | 其他铜合金制片状粉末 | | | 5 | 0 | | 0 | 0 | 0 | 0 | 1.2 | 0 | 0 | 1.2 | | | 0 | | | | | 0 | 0 | 0 |
| 74071010 | 铬锆铜制条、杆及型材及异型材 | | | 0 | 0 | | 0 | 0 | 0 | 0 | 0 | 0 | 0 | 0 | 0 | | 0 | | | | | 0 | 0 | 0 |
| 74071090 | 其他精炼铜条、杆及型材及异型材 | | | 0 | 0 | | 0 | 0 | 0 | 0 | 0 | 0 | 0 | 0 | 0 | | 0 | | | | | 0 | 0 | 0 |
| 74072111 | 直线度≤0.5毫米/米的铜锌合金条、杆 | | 0 | 5 | 0 | | 0 | 0 | 0 | 0 | 1.4 | 3.5 | 0 | | 0 | | 0 | | | | | 0 | 0 | 0 |
| 74072119 | 其他铜锌合金条、杆 | | 0 | 5 | 0 | | 0 | 0 | 0 | 0 | 1.4 | 3.5 | 0 | | 0 | | 0 | | | | | 0 | 0 | 0 |
| 74072190 | 其他黄铜条、杆及型材及异型材 | | 0 | 5 | 0 | | 0 | 0 | 0 | 0 | 1.4 | 3.5 | 0 | | 0 | | 0 | | | | | 0 | 0 | 0 |
| 74072900 | 其他铜合金条杆、型材及异型材 | | | 5 | 0 | | 0 | 0 | 0 | 0 | 1.4 | 3.5 | 0 | 0 | 0 | | 0 | | | | | 0 | 0 | 0 |
| 74081100 | 最大截面尺寸>6毫米的精炼铜丝 | | | 0 | 0 | 2.8 | 0 | 0.4 | 0 | 0 | 0 | 0 | 0 | 0 | 0 | | 0 | | | | | 0 | 0 | 0 |
| 74081900 | 截面尺寸≤6毫米的精炼铜丝 | 0 | | 0 | 0 | 3.4 | 0 | 0 | 0 | 0 | 0 | 0 | 0 | 0 | 0 | | 0 | | | | | 0 | 0 | 0 |
| 74082100 | 黄铜丝 | | | 5 | 0 | | 0 | 0 | 0 | 0 | 1.4 | 0 | 0 | 5.1 | 0 | | 0 | | | | | 0 | 0 | 0 |
| 74082210 | 铜镍锌铅合金(加铅德银)丝 | | | 5 | 0 | | 0 | 0 | 0 | 0 | 1.6 | 0 | 0 | 1.6 | | | 0 | | | | | 0 | 0 | 0 |
| 74082290 | 其他白铜丝或德银(铜镍锌合金)丝 | | | 5 | 0 | | 0 | 0 | 0 | 0 | 1.6 | 0 | 0 | 1.6 | | | 0 | | | | | 0 | 0 | 0 |
| 74082900 | 其他铜合金丝 | | | 5 | 0 | | 0 | 0 | 0 | 0 | 1.4 | 0 | 0 | 4.2 | | | 0 | | | | | 0 | 0 | 0 |
| 74091110 | 含氧量≤10PPM,厚度>0.15毫米的盘卷精炼铜板、片、带 | | | 0 | 0 | | 0 | 0 | 0 | 0 | 0 | 0 | 0 | 0.8 | | | 0 | | | | | 0 | 0 | 0 |
| 74091190 | 厚度>0.15毫米的其他盘卷精炼铜板、片、带 | | | 0 | 0 | | 0 | 0 | 0 | 0 | 0 | 0 | 0 | 0.8 | | | 0 | | | | | 0 | 0 | 0 |
| 74091900 | 其他精炼铜板、片、带 | | | 0 | 0 | | 0 | 0 | 0 | 0 | 0 | 0 | 0 | 0 | 0 | | 0 | | | | | 0 | 0 | 0 |

| 税则号列 | 商品描述① | 协定税率(%) | | | | | | | | | | | | | | | | 特惠税率(%) | | | | | | |
|---|---|---|---|---|---|---|---|---|---|---|---|---|---|---|---|---|---|---|---|---|---|---|---|---|
| | | 香港 | 澳门 | 巴基斯坦 | 东盟 | 亚太 | 智利 | 秘鲁 | 哥斯达黎加 | 新西兰 | 澳大利亚 | 瑞士 | 冰岛 | 韩国 | 台湾 | 新加坡 | 格鲁吉亚 | 亚太2国② | 东盟 | | | 最不发达国家 | | |
| | | | | | | | | | | | | | | | | | | | 老挝 | 柬埔寨 | 缅甸 | LDC97③ | LDC95④ | LDC60⑤ |
| 74092100 | 成卷的黄铜板、片、带 | 0 | | 5 | 0 | | 0 | 0 | 0 | 0 | 1.4 | 3.5 | 0 | 5.1 | 0 | | 0 | | | | | 0 | 0 | 0 |
| 74092900 | 其他黄铜板、片、带 | 0 | | 5 | 0 | | 0 | 0 | 0 | 0 | 1.4 | 0 | 0 | 5.1 | 0 | | 0 | | | | | 0 | 0 | 0 |
| 74093100 | 成卷的青铜板、片、带 | | | 5 | 0 | | 0 | 0 | 0 | 0 | 1.4 | 0 | 0 | 4.2 | 0 | | 0 | | | | | 0 | 0 | 0 |
| 74093900 | 其他青铜板、片、带 | | | 5 | 0 | | 0 | 0 | 0 | 0 | 1.4 | 0 | 0 | 0 | 0 | | 0 | | | | | 0 | 0 | 0 |
| 74094000 | 白铜或德银制板、片、带 | | | 5 | 0 | | 0 | 0 | 0 | 0 | 1.4 | 0 | 0 | 0 | 0 | | 0 | | | | | 0 | 0 | 0 |
| 74099000 | 其他铜合金板、片、带 | 0 | | 5 | 0 | | 0 | 0 | 0 | 0 | 1.4 | 0 | 0 | 4.2 | 0 | | 0 | | | | | 0 | 0 | 0 |
| 74101100 | 无衬背的精炼铜箔 | 0 | | 0 | 0 | 2.8 | 0 | 0 | 0 | 0 | 0 | 0 | 0 | 0 | 0 | | 0 | | | | | 0 | 0 | |
| 74101210 | 无衬背的白铜或德银铜箔 | | | 5 | 0 | | 0 | 0 | 0 | 0 | 1.4 | 0 | 0 | 0 | 0 | | 0 | | | | | 0 | 0 | |
| 74101290 | 无衬背的其他铜合金箔 | | | 5 | 0 | | 0 | 0 | 0 | 0 | 1.4 | 0 | 0 | 0 | 0 | | 0 | | | | | 0 | 0 | |
| 74102110 | 印刷电路用覆铜板 | 0 | 0 | 0 | 0 | 3.4 | 0 | 0 | 0 | 0 | 0 | 0 | 0 | 0 | 0 | | 0 | | | | | 0 | 0 | |
| 74102190 | 有衬背的其他精炼铜箔 | 0 | 0 | 0 | 0 | 3.4 | 0 | 0 | 0 | 0 | 0 | 0 | 0 | 0 | 0 | | 0 | | | | | 0 | 0 | |
| 74102210 | 有衬背的白铜或德银铜箔 | | | 5 | 0 | | 0 | 0 | 0 | 0 | 1.4 | 0 | 0 | 1.4 | | | 0 | | | | | 0 | 0 | |
| 74102290 | 有衬背的其他铜合金箔 | | | 5 | 0 | | 0 | 0 | 0 | 0 | 1.4 | 0 | 0 | 1.4 | | | 0 | | | | | 0 | 0 | |
| 74111011 | 外径≤25 毫米的带有内(外)螺纹或翅片的精炼铜管 | | | 0 | 0 | 2.8 | 0 | 0 | 0 | 0 | 0 | 0 | 0 | 0.8 | | | 0 | | | | | 0 | 0 | 0 |
| 74111019 | 外径≤25 毫米的其他精炼铜管 | | | 0 | 0 | 2.8 | 0 | 0 | 0 | 0 | 0 | 0 | 0 | 0.8 | | | 0 | | | | | 0 | 0 | 0 |
| 74111020 | 外径>70 毫米的精炼铜管 | | | 0 | 0 | 2.8 | 0 | 0 | 0 | 0 | 0 | 0 | 0 | 0 | | | 0 | | | | | 0 | 0 | 0 |
| 74111090 | 其他精炼铜管 | | | 0 | 0 | 2.8 | 0 | 0 | 0 | 0 | 0 | 2 | 0 | 0 | | | 0 | | | | | 0 | 0 | 0 |
| 74112110 | 盘卷黄铜管 | 0 | | 5 | 0 | | 0 | 0 | 0 | 0 | 1.4 | 0 | 0 | 1.4 | | | 0 | | | | | 0 | 0 | 0 |
| 74112190 | 铜锌合金(黄铜)管 | 0 | | 5 | 0 | | 0 | 0 | 0 | 0 | 1.4 | 0 | 0 | 5.1 | | | 0 | | | | | 0 | 0 | 0 |
| 74112200 | 白铜或德银管 | | | 5 | 0 | | 0 | 0 | 0 | 0 | 1.4 | 0 | 0 | 1.4 | | | 0 | | | | | 0 | 0 | 0 |
| 74112900 | 其他铜合金管 | | | 5 | 0 | | 0 | 0 | 0 | 0 | 1.4 | 0 | 0 | 1.4 | | | 0 | | | | | 0 | 0 | 0 |
| 74121000 | 精炼铜管子附件 | | | 0 | 0 | | 0 | 0 | 0 | 0 | 0 | 2 | 0 | 0.8 | | | 0 | | | | | 0 | 0 | 0 |
| 74122010 | 白铜或德银管子配件 | | | 5 | 0 | 6 | 0 | 0 | 0 | 0 | 1.4 | 3.5 | 0 | 1.4 | | | 5.6 | | | | | 0 | 0 | 0 |
| 74122090 | 其他铜合金管子配件 | | | 5 | 0 | 6 | 0 | 0 | 0 | 0 | 1.4 | 0 | 0 | 1.4 | | | 0 | | | | | 0 | 0 | 0 |
| 74130000 | 非绝缘的铜丝绞股线、缆、编带等 | | | 0 | 0 | | 0 | 0 | 0 | 0 | 0 | 0 | 0 | 3.6 | | | 0 | | | | | 0 | 0 | 0 |
| 74151000 | 铜钉、平头钉、图钉、U 形钉及类似品 | | | 5 | 0 | | 0 | 0 | 0 | 0 | 1.6 | 0 | 0 | 1.6 | | | 0 | | | | | 0 | 0 | 0 |
| 74152100 | 铜垫圈(包括弹簧垫圈) | 0 | | 5 | 0 | | 0 | 0 | 0 | 0 | 2 | 0 | 0 | 6 | | 0 | 0 | | | | | 0 | 0 | 0 |
| 74152900 | 铜制其他无螺纹制品 | 0 | | 5 | 0 | | 0 | 0 | 0 | 0 | 2 | 0 | 0 | 6 | | 0 | 0 | | | | | 0 | 0 | 0 |
| 74153310 | 铜制木螺钉 | 0 | | 5 | 0 | | 0 | 0 | 0 | 0 | 1.6 | 0 | 0 | 1.6 | | | 0 | | | | | 0 | 0 | 0 |
| 74153390 | 铜制其他螺钉、螺栓、螺母 | 0 | | 5 | 0 | | 0 | 0 | 0 | 0 | 1.6 | 0 | 0 | 1.6 | | | 0 | | | | | 0 | 0 | 0 |
| 74153900 | 其他铜制螺纹制品 | 0 | | 5 | 0 | | 0 | 0 | 0 | 0 | 2 | 0 | 0 | 6 | | | 0 | | | | | 0 | 0 | 0 |
| 74181010 | 擦锅器及洗刷擦光用的块垫、手套 | | | 14.4 | 0 | | 0 | 1.8 | 0 | 0 | 3.6 | 9 | 0 | 10.8 | | 0 | 0 | | | | | 0 | 0 | 0 |
| 74181020 | 非电热的铜制家用烹饪、供暖器具 | | | | 0 | | 0 | 2 | 0 | 0 | 4 | 10 | 0 | 14.6 | | 0 | 0 | | | | | 0 | 0 | 0 |
| 74181090 | 餐桌厨房等家用铜制器具及其零件 | | | 14.4 | 0 | | 0 | 1.8 | 0 | 0 | 3.6 | 9 | 0 | 10.8 | | 0 | 0 | | | | | 0 | 0 | 0 |
| 74182000 | 铜制卫生器具及其零件 | | | | 0 | | 0 | 1.8 | 0 | 0 | 3.6 | 9 | 0 | 10.8 | | 0 | 0 | | | | | 0 | 0 | 0 |

| 税则号列 | 商品描述① | 协定税率(%) | | | | | | | | | | | | | | | | 特惠税率(%) | | | | | | |
|---|---|---|---|---|---|---|---|---|---|---|---|---|---|---|---|---|---|---|---|---|---|---|---|---|
| | | 香港 | 澳门 | 巴基斯坦 | 东盟 | 亚太 | 智利 | 秘鲁 | 哥斯达黎加 | 新西兰 | 澳大利亚 | 瑞士 | 冰岛 | 韩国 | 台湾 | 新加坡 | 格鲁吉亚 | 亚太2国② | 东盟 | | | 最不发达国家 | | |
| | | | | | | | | | | | | | | | | | | | 老挝 | 柬埔寨 | 缅甸 | LDC97③ | LDC95④ | LDC60⑤ |
| 74191000 | 铜链条及其零件 | 0 | | 11.2 | 0 | | 0 | 0 | 0 | 0 | 2.8 | 7 | 0 | 8.4 | | 0 | 0 | | | | | 0 | 0 | |
| 74199110 | 工业用铸造、模压、冲压其他铜制品 | | | 5 | 0 | | 0 | 0 | 0 | 0 | 2 | 0 | 1.7 | 2 | | 0 | 0 | | | | | 0 | 0 | 0 |
| 74199190 | 非工业用铸造、模压、冲压铜制品 | | | | 0 | | 0 | 2 | 0 | 0 | 4 | 10 | 0 | 14.6 | | 0 | 0 | | | | | 0 | 0 | |
| 74199920 | 铜弹簧 | | | 5 | 0 | | 0 | 0 | 0 | 0 | 2 | 5 | 0 | 6 | | | 0 | | | | | 0 | 0 | |
| 74199930 | 铜丝制的布(包括环形带) | | | 5.6 | 0 | | 0 | 0 | 0 | 0 | 1.4 | 0 | 0 | 1.4 | | | 0 | | | | | 0 | 0 | 0 |
| 74199940 | 铜丝制的网、格删、网眼和铜板 | | | 6.4 | 0 | | 0 | 0 | 0 | 0 | 1.6 | 0 | 0 | 4.8 | | | 0 | | | | | 0 | 0 | 0 |
| 74199950 | 非电热的铜制家用供暖器及其零件 | | | | 0 | | 0 | 2 | 0 | 0 | 4 | 10 | 0 | 14.6 | | 0 | 0 | | | | | 0 | 0 | |
| 74199991 | 工业用其他铜制品 | | | 5 | 0 | 8.5 | 0 | 0 | 0 | 0 | 2 | 5 | | 2 | | 0 | 0 | | | | | 0 | 0 | 0 |
| 74199999 | 非工业用其他铜制品 | | | 16 | 0 | 17 | 0 | 2 | 0 | 0 | 4 | 10 | 0 | 16 | | 0 | 0 | | | | | 0 | 0 | 0 |
| 75011000 | 镍锍 | | | 0 | 0 | | 0 | 0 | 0 | 0 | 0 | 0 | 0 | 0 | | | 0 | | | | | 0 | 0 | 0 |
| 75012010 | 镍湿法冶炼中间品 | | | 0 | 0 | | 0 | 0 | 0 | 0 | 0 | 0 | 0 | 0 | | | 0 | | | | | 0 | 0 | 0 |
| 75012090 | 氧化镍烧结物、镍的其他中间产品 | | | 0 | 0 | | 0 | 0 | 0 | 0 | 0 | 0 | 0 | 0 | | | 0 | | | | | 0 | 0 | 0 |
| 75021010 | 按重量计镍、钴总量≥99.99%,但钴含量≤0.005%的非合金镍 | | | 0 | 0 | | 0 | 0 | 0 | 0 | 0 | 0 | 0 | 0 | | | 0 | | | | | 0 | 0 | 0 |
| 75021090 | 其他非合金镍 | | | 0 | 0 | | 0 | 0 | 0 | 0 | 0 | 0 | 0 | 0 | | | 0 | | | | | 0 | 0 | 0 |
| 75022000 | 未锻轧镍合金 | | | 0 | 0 | | 0 | 0 | 0 | 0 | 0 | 0 | 0 | 0.6 | | | 0 | | | | | 0 | 0 | 0 |
| 75030000 | 镍废碎料 | | | 0 | 0 | | 0 | 0 | 0 | 0 | 0 | 0 | 0 | 0 | | | 0 | | | | | 0 | 0 | 0 |
| 75040010 | 非合金镍粉及片状粉末 | | | 0 | 0 | | 0 | 0 | 0 | 0 | 0 | 0 | 0 | 0 | | | 0 | | | | | 0 | 0 | |
| 75040020 | 合金镍粉及片状粉末 | | | 0 | 0 | | 0 | 0 | 0 | 0 | 0 | 0 | 0 | 0 | | | 0 | | | | | 0 | 0 | |
| 75051100 | 纯镍条、杆、型材及异型材 | | | 5 | 0 | | 0 | 0 | 0 | 0 | 1.2 | 0 | 0 | 3.6 | | | 0 | | | | | 0 | 0 | 0 |
| 75051200 | 合金镍条、杆、型材及异型材 | | | 5 | 0 | | 0 | 0 | 0 | 0 | 1.2 | 0 | 0 | 3.6 | | | 0 | | | | | 0 | 0 | 0 |
| 75052100 | 纯镍丝 | | | 5 | 0 | | 0 | 0 | 0 | 0 | 1.2 | 3 | 0 | 1.2 | | | 0 | | | | | 0 | 0 | 0 |
| 75052200 | 镍合金丝 | | | 5 | 0 | | 0 | 0 | 0 | 0 | 1.2 | 0 | 0 | 1.2 | | | 0 | | | | | 0 | 0 | 0 |
| 75061000 | 纯镍板、片、带、箔 | | | 5 | 0 | | 0 | 0 | 0 | 0 | 1.2 | 0 | 0 | 3.6 | | | 0 | | | | | 0 | 0 | |
| 75062000 | 镍合金板、片、带、箔 | 0 | | 5 | 0 | | 0 | 0 | 0 | 0 | 1.2 | 0 | 0 | 1.2 | | | 0 | | | | | 0 | 0 | |
| 75071100 | 纯镍管 | | | 5 | 0 | | 0 | 0 | 0 | 0 | 1.2 | 3.7 | 0 | 1.2 | | | 0 | | | | | 0 | 0 | |
| 75071200 | 镍合金管 | | | 5 | 0 | | 0 | 0 | 0 | 0 | 1.2 | 0 | 0 | 3.6 | | | 0 | | | | | 0 | 0 | |
| 75072000 | 镍及镍合金管子附件 | | | 5 | 0 | | 0 | 0 | 0 | 0 | 1.2 | 0 | 0 | 1.2 | | | 0 | | | | | 0 | 0 | |
| 75081010 | 镍丝制的布 | | | 5 | 0 | | 0 | 0 | 0 | 0 | 1.2 | 0 | 0 | 1.2 | | | 0 | | | | | 0 | 0 | |
| 75081080 | 工业用镍丝制的网及格栅 | | | 5 | 0 | | 0 | 0 | 0 | 0 | 1.2 | 0 | 0 | 1.2 | | | 0 | | | | | 0 | 0 | |
| 75081090 | 其他镍丝制的网及格栅 | | | 5 | 0 | | 0 | 0 | 0 | 0 | 1.2 | 0 | 0 | 1.2 | | | 0 | | | | | 0 | 0 | |
| 75089010 | 电镀用镍阳极 | | | 0 | 0 | | 0 | 0 | 0 | 0 | 0 | 0 | 0 | 0.8 | | | 0 | | | | | 0 | 0 | |
| 75089080 | 其他工业用镍制品 | | | 5 | 0 | | 0 | 0 | 0 | 0 | 1.2 | 0 | 0 | 1.2 | | | 0 | | | | | 0 | 0 | |
| 75089090 | 其他非工业用镍制品 | | | 5 | 0 | | 0 | 0 | 0 | 0 | 1.2 | 0 | 0 | 1.2 | | | 0 | | | | | 0 | 0 | |
| 76011010 | 按重量计含铝量≥99.95%的未煅轧非铝合金 | 0 | | 0 | 0 | | 0 | 0 | 0 | 0 | 0 | 0 | 0 | 3 | | | 0 | | | | | 0 | 0 | 0 |
| 76011090 | 其他非煅轧非铝合金 | 0 | | 0 | 0 | | 0 | 0 | 0 | 0 | 0 | 0 | 0 | 0 | | | 0 | | | | | 0 | 0 | 0 |

| 税则号列 | 商品描述① | 协定税率(%) | | | | | | | | | | | | | | | | 特惠税率(%) | | | | | | |
|---|---|---|---|---|---|---|---|---|---|---|---|---|---|---|---|---|---|---|---|---|---|---|---|---|
| | | 香港 | 澳门 | 巴基斯坦 | 东盟 | 亚太 | 智利 | 秘鲁 | 哥斯达黎加 | 新西兰 | 澳大利亚 | 瑞士 | 冰岛 | 韩国 | 台湾 | 新加坡 | 格鲁吉亚 | 亚太2国② | 东盟 | | | 最不发达国家 | | |
| | | | | | | | | | | | | | | | | | | | 老挝 | 柬埔寨 | 缅甸 | LDC97③ | LDC95④ | LDC60⑤ |
| 76012000 | 未锻轧铝合金 | | 0 | 5 | 0 | 6 | 0 | 0 | 0 | 0 | 1.4 | 0 | 0 | 1.4 | | | 0 | | | | | 0 | 0 | 0 |
| 76020000 | 铝废碎料 | 0 | | 0 | 0 | | 0 | | 0 | 0 | 0 | 0 | 0 | 0 | | | 1.2 | | | | | 0 | 0 | 0 |
| 76031000 | 非片状铝粉 | | | 5 | 0 | | 0 | 0 | 0 | 0 | 1.2 | 0 | 0 | 1.2 | | | 0 | | | | | 0 | 0 | 0 |
| 76032000 | 片状铝粉末 | | | 5 | 0 | | 0 | 0 | 0 | 0 | 1.4 | 0 | 0 | 1.4 | | | 0 | | | | | 0 | 0 | 0 |
| 76041010 | 非合金铝条、杆 | | | 0 | 0 | | 0 | 0 | 0 | 0 | 0 | 0 | 0 | 1 | | | 0 | | | | | 0 | 0 | 0 |
| 76041090 | 非合金铝型材及异形材 | | | 0 | 0 | | 0 | 0 | 0 | 0 | 0 | 0 | 0 | 3.6 | | | 0 | | | | | 0 | 0 | 0 |
| 76042100 | 铝合金制空心异型材 | | | 0 | 0 | | 0 | 0 | 0 | 0 | 0 | 0 | 0 | 3.6 | | | 0 | | | | | 0 | 0 | 0 |
| 76042910 | 铝合金条、杆 | | | 0 | 0 | 3.5 | 0 | 0 | 0 | 0 | 0 | 0 | 0 | 3.6 | | | 0 | | | | | 0 | 0 | 0 |
| 76042990 | 铝合金型材及异形材 | | | 0 | 0 | 3.5 | 0 | 0 | 0 | 0 | 0 | 0 | 0 | 1 | | | 0 | | | | | 0 | 0 | 0 |
| 76051100 | 纯铝制的粗丝 | | | 5 | 0 | | 0 | 0 | 0 | 0 | 1.6 | 0 | 0 | 1.6 | | | 0 | | | | | 0 | 0 | |
| 76051900 | 纯铝制的细丝 | 0 | | 5 | 0 | 6.8 | 0 | 0 | 0 | 0 | 1.6 | 0 | 0 | 1.6 | | | 0 | | | | | 0 | 0 | |
| 76052100 | 铝合金制的粗丝 | | | 5 | 0 | | 0 | 0 | 0 | 0 | 1.6 | 0 | 0 | 1.6 | | | 0 | | | | | 0 | 0 | |
| 76052900 | 铝合金制的细丝 | | | 5 | 0 | | 0 | 0 | 0 | 0 | 1.6 | 0 | 0 | 1.6 | | | 0 | | | | | 0 | 0 | |
| 76061121 | 0.3 毫米≤厚度<0.36 毫米的非合金铝与塑料复合的矩形板、片、带 | | | 0 | 0 | 4.2 | 0 | 0 | 0 | 0 | 1.2 | 0 | 0 | 1.2 | | | 0 | | | | | 0 | 0 | 0 |
| 76061129 | 其他 0.3 毫米≤厚度<0.36 毫米的非合金铝制矩形铝板、片、带 | | | 0 | 0 | 4.2 | 0 | 0 | 0 | 0 | 1.2 | 0 | 0 | 4.4 | | | 0 | | | | | 0 | 0 | 0 |
| 76061191 | 其他非合金铝与塑料复合的矩形板、片、带 | 0 | | 0 | 0 | 4.2 | 0 | 0 | 0 | 0 | 1.2 | 0 | 0 | 0 | 0 | | 0 | | | | | 0 | 0 | 0 |
| 76061199 | 纯铝制矩形的其他板、片及带 | 0 | | 0 | 0 | 4.2 | 0 | 0 | 0 | 0 | 1.2 | 0 | 0 | 3.6 | 0 | | 0 | | | | | 0 | 0 | 0 |
| 76061220 | 厚度<0.28 毫米的铝合金制矩形铝板、片、带 | 0 | | 0 | 0 | 4.2 | 0 | 0 | 0 | 0 | 1.2 | 0 | 0 | 4.4 | 0 | | 0 | | | | | 0 | 0 | 0 |
| 76061230 | 0.28 毫米≤厚度≤0.35 毫米的铝合金制矩形铝板、片、带 | 0 | | 0 | 0 | 4.2 | 0 | 0 | 0 | 0 | 1.2 | 0 | 0 | 4.4 | 0 | | 0 | | | | | 0 | 0 | 0 |
| 76061251 | 0.35 毫米<厚度≤0.4 毫米的铝合金与塑料复合的矩形板、片、带 | 0 | | 0 | 0 | 4.2 | 0 | 0 | 0 | 0 | 1.2 | 3 | 0 | 3.6 | | | 0 | | | | | 0 | 0 | 0 |
| 76061259 | 其他 0.35 毫米<厚度≤0.4 毫米的铝合金制矩形铝板、片、带 | 0 | | 0 | 0 | 4.2 | 0 | 0 | 0 | 0 | 1.2 | 3 | 0 | 4.4 | | | 0 | | | | | 0 | 0 | 0 |
| 76061290 | 厚度>0.4 毫米的铝合金制矩形铝板、片、带 | 0 | | 0 | 0 | 4.2 | 0 | 0 | 0 | 0 | 1.2 | 3 | 0 | 1.2 | | | 0 | | | | | 0 | 0 | 0 |
| 76069100 | 纯铝制非矩形的板、片及带 | 0 | | 5 | 0 | | 0 | 0 | 0 | 0 | 1.2 | 0 | 0 | 4.4 | 0 | | 0 | | | | | 0 | 0 | 0 |
| 76069200 | 铝合金制非矩形的板、片及带 | 0 | | 5 | 0 | | 0 | 0 | 0 | 0 | 2 | 0 | 0 | 7.3 | 0 | 0 | 0 | | | | | 0 | 0 | 0 |
| 76071110 | 厚度≤0.007 毫米的无衬背铝箔 | | | 5 | 0 | 5.7 | 0 | 0 | 0 | 0 | 1.2 | 3 | 0 | 4.4 | | | 0 | | | | | 0 | 0 | |
| 76071120 | 0.007 毫米<厚度≤0.01 毫米的无衬背铝箔 | | | 5 | 0 | 5.7 | 0 | 0 | 0 | 0 | 1.2 | 0 | 0 | 1.2 | | | 0 | | | | | 0 | 0 | |

| 税则号列 | 商品描述[①] | 协定税率(%) | | | | | | | | | | | | | | | | 特惠税率(%) | | | | | | |
|---|---|---|---|---|---|---|---|---|---|---|---|---|---|---|---|---|---|---|---|---|---|---|---|---|
| | | 香港 | 澳门 | 巴基斯坦 | 东盟 | 亚太 | 智利 | 秘鲁 | 哥斯达黎加 | 新西兰 | 澳大利亚 | 瑞士 | 冰岛 | 韩国 | 台湾 | 新加坡 | 格鲁吉亚 | 亚太2国[②] | 东盟 | | | 最不发达国家 | | |
| | | | | | | | | | | | | | | | | | | | 老挝 | 柬埔寨 | 缅甸 | LDC97[③] | LDC95[④] | LDC60[⑤] |
| 76071190 | 轧制后未进一步加工的无衬背铝箔 | | | 5 | 0 | 5.7 | 0 | 0 | 0 | 0 | 1.2 | 0 | | 0 | 0 | | 0 | | | | | 0 | 0 | |
| 76071900 | 其他无衬背铝箔 | | | 5 | 0 | 5.1 | 0 | 0 | 0 | 0 | 1.2 | 0 | | 3.6 | 0 | | 0 | | | | | 0 | 0 | |
| 76072000 | 有衬背铝箔 | 0 | | 5 | 0 | | 0 | 0 | 0 | 0 | 1.2 | 3 | | 4.4 | 0 | | 0 | | | | | 0 | 0 | |
| 76081000 | 纯铝管 | | | 5 | 0 | | 0 | 0 | 0 | 0 | 1.6 | 0 | 0 | 5.8 | | | 0 | | | | | 0 | 0 | 0 |
| 76082010 | 外径≤10厘米的铝合金管 | | | 5 | 0 | | 0 | 0 | 0 | 0 | 1.6 | 0 | 0 | 5.8 | | | 0 | | | | | 0 | 0 | 0 |
| 76082091 | 外径>10厘米,壁厚≤25毫米的铝合金管 | | | 5 | 0 | | 0 | 0 | 0 | 0 | 1.6 | 0 | 0 | 1.6 | | | 0 | | | | | 0 | 0 | 0 |
| 76082099 | 其他铝合金管 | | | 5 | 0 | | 0 | 0 | 0 | 0 | 1.6 | 0 | 0 | 1.6 | | | 0 | | | | | 0 | 0 | 0 |
| 76090000 | 铝制管子附件 | | | 5 | 0 | | 0 | 0 | 0 | 0 | 1.6 | 0 | 0 | 4.8 | | | 0 | | | | | 0 | 0 | 0 |
| 76101000 | 铝制门窗及其框架、门槛 | | 0 | | 0 | | 0 | 2.5 | 0 | 0 | 5 | 12.5 | 0 | 20 | | 0 | 0 | | | | | 0 | 0 | |
| 76109000 | 其他铝制结构体及其部件 | | | 5 | 0 | | 0 | 0 | 0 | 0 | 1.2 | 0 | 0 | 1.2 | | | 0 | | | | | 0 | 0 | 0 |
| 76110000 | 容积>300升的铝制囤、罐等容器 | | | 6 | 0 | | 0 | 0 | 0 | 0 | 2.4 | 6 | 0 | 7.2 | | 0 | 0 | | | | | 0 | 0 | |
| 76121000 | 铝制软管容器 | | | 6 | 0 | | 0 | 1.2 | 0 | 0 | 2.4 | 6 | 0 | 7.2 | | 0 | 0 | | | | | 0 | 0 | 0 |
| 76129010 | 铝制易拉罐及罐体 | | | | 0 | | 0 | 3 | 0 | 0 | 6 | 15 | 0 | | | 0 | 0 | | | | | 0 | 0 | |
| 76129090 | 容积≤300升的铝制囤、罐等容器 | | | 6 | 0 | | 0 | 1.2 | 0 | 0 | 2.4 | 6 | 0 | 7.2 | | 0 | 0 | | | | | 0 | 0 | 0 |
| 76130010 | 零售包装装压缩、液化气体铝容器 | | | 6 | 0 | | 0 | 0 | 0 | 0 | 2.4 | 7.4 | 0 | 7.2 | | 0 | 0 | | | | | 0 | 0 | |
| 76130090 | 非零售装装压缩、液化气体铝容器 | | | 5 | 0 | | 0 | 0 | 0 | 0 | 1.2 | 0 | 0 | 1.2 | | | 0 | | | | | 0 | 0 | |
| 76141000 | 带钢芯的铝制绞股线、缆、编带 | | | 5 | 0 | | 0 | 0 | 0 | 0 | 1.2 | 0 | 0 | 1.2 | | | 0 | | | | | 0 | 0 | 0 |
| 76149000 | 不带钢芯的铝制绞股线、缆、编带 | | | 5 | 0 | | 0 | 0 | 0 | 0 | 1.2 | 0 | 0 | 1.2 | | | 0 | | | | | 0 | 0 | 0 |
| 76151010 | 擦锅器及洗刷擦光用的块垫、手套 | | | 14.4 | 0 | | 0 | 1.8 | 0 | 0 | 3.6 | 9 | 0 | 10.8 | | 0 | 0 | | | | | 0 | 0 | 0 |
| 76151090 | 餐桌厨房等家用铝制器具及其零件 | | | 12 | 0 | | 0 | 1.5 | 0 | 0 | 3 | 7.5 | 0 | 12 | | 0 | 0 | | | | | 0 | 0 | 0 |
| 76152000 | 铝制卫生器具及其零件 | | | 14.4 | 0 | | 0 | 1.8 | 0 | 0 | 3.6 | 9 | 0 | 10.8 | | 0 | 0 | | | | | 0 | 0 | |
| 76161000 | 铝钉、螺钉、螺母、垫圈等紧固件 | 0 | | 5 | 0 | 8.5 | 0 | 0 | 0 | 0 | 2 | 0 | 0 | 6 | | 0 | 0 | | | | | 0 | 0 | 0 |
| 76169100 | 铝丝制的布、网、篱及格栅 | | | | 0 | | 0 | 0 | 0 | 0 | 2 | 0 | 0 | 6 | | 0 | 0 | | | | | 0 | 0 | 0 |
| 76169910 | 其他工业用铝制品 | | | 5 | 0 | 8.5 | 0 | 1 | 0 | 0 | 2 | 5 | 0 | 8 | | 0 | 0 | | | | | 0 | 0 | 0 |
| 76169990 | 其他非工业用铝制品 | | | 7.5 | 0 | 12.8 | 0 | 1.5 | 0 | 0 | 3 | 7.5 | 0 | 9 | | 0 | 0 | | | | | 0 | 0 | 0 |
| 78011000 | 未锻轧精炼铅 | | | 0 | 0 | | 0 | 0 | 0 | 0 | 0 | 0 | 0 | 0.6 | | | 0 | | | | | 0 | 0 | 0 |
| 78019100 | 未锻轧铅锑合金 | | | 0 | 0 | | 0 | 0 | 0 | 0 | 0 | 0 | 0 | 0 | | | 2.4 | | | | | 0 | 0 | 0 |
| 78019900 | 未锻轧的其他铅合金 | | | 0 | 0 | | 0 | 0 | 0 | 0 | 0 | 0 | 0 | 0.6 | | | 0 | | | | | 0 | 0 | 0 |
| 78020000 | 铅废碎料 | | | 0 | 0 | | 0 | 0 | 0 | 0 | 0 | 0 | 0 | 0 | | | 0 | | | | | 0 | 0 | |
| 78041100 | 铅片、带及厚度≤0.2毫米的箔 | | | 5 | 0 | | 0 | 0 | 0 | 0 | 1.2 | 0 | 0 | 1.2 | | | 0 | | | | | 0 | 0 | 0 |
| 78041900 | 铅及铅合金板、厚度>0.2毫米的箔 | | | 5 | 0 | | 0 | 0 | 0 | 0 | 1.2 | 0 | 0 | 1.2 | | | 0 | | | | | 0 | 0 | 0 |

| 税则号列 | 商品描述[①] | 协定税率(%) | | | | | | | | | | | | | | | | 特惠税率(%) | | | | | | |
|---|---|---|---|---|---|---|---|---|---|---|---|---|---|---|---|---|---|---|---|---|---|---|---|---|
| | | 香港 | 澳门 | 巴基斯坦 | 东盟 | 亚太 | 智利 | 秘鲁 | 哥斯达黎加 | 新西兰 | 澳大利亚 | 瑞士 | 冰岛 | 韩国 | 台湾 | 新加坡 | 格鲁吉亚 | 亚太2国[②] | 东盟 | | | 最不发达国家 | | |
| | | | | | | | | | | | | | | | | | | | 老挝 | 柬埔寨 | 缅甸 | LDC97[③] | LDC95[④] | LDC60[⑤] |
| 78042000 | 铅及铅合金粉末、片状粉末 | | | 5 | 0 | | 0 | 0 | 0 | 0 | 1.2 | 0 | 0 | 1.2 | | | 0 | | | | | 0 | 0 | 0 |
| 78060010 | 铅及铅合金条、杆、丝、型材 | | | 5 | 0 | | 0 | 0 | 0 | 0 | 1.2 | 0 | 0 | 3.6 | | | 0 | | | | | 0 | 0 | 0 |
| 78060090 | 其他铅制品 | | | 5 | 0 | | 0 | 0 | 0 | 0 | 1.2 | 0 | 0 | 1.2 | | | 0 | | | | | 0 | 0 | 0 |
| 79011110 | 按重量计含锌量≥99.995%的未锻轧锌 | | | 0 | 0 | | 0 | 0 | 0 | 0 | 0 | 0 | 0 | 0 | | | 0 | | | | | 0 | 0 | 0 |
| 79011190 | 99.99%≤含锌量<99.995%的未锻轧锌 | | | 0 | 0 | | 0 | 0 | 0 | 0 | 0 | 0 | 0 | 0 | | | 0 | | | | | 0 | 0 | 0 |
| 79011200 | 含锌量<99.99%的未锻轧锌 | | | 0 | 0 | | 0 | 0 | 0 | 0 | 0 | 0 | 0 | 0.6 | | | 0 | | | | | 0 | 0 | 0 |
| 79012000 | 未锻轧锌合金 | 0 | | 0 | 0 | | 0 | 0 | 0 | 0 | 0 | 0 | 0 | 0 | | | 0 | | | | | 0 | 0 | 0 |
| 79020000 | 锌废碎料 | | | 0 | 0 | | 0 | 0 | 0 | 0 | 0 | 0 | 0 | 0 | | | 0 | | | | | 0 | 0 | 0 |
| 79031000 | 锌末 | | | 5 | 0 | | 0 | 0 | 0 | 0 | 1.2 | 0 | 0 | 3.6 | | | 0 | | | | | 0 | 0 | 0 |
| 79039000 | 锌粉及片状粉末 | | | 5 | 0 | | 0 | 0 | 0 | 0 | 1.2 | 3 | 0 | 3.6 | | | 0 | | | | | 0 | 0 | 0 |
| 79040000 | 锌及锌合金条、杆、型材、丝 | | | 5 | 0 | | 0 | 0 | 0 | 0 | 1.2 | 0 | 0 | 4.4 | | | 0 | | | | | 0 | 0 | |
| 79050000 | 锌板、片、带、箔 | | | 5 | 0 | | 0 | 0 | 0 | 0 | 1.2 | 0 | 0 | 1.2 | | | 0 | | | | | 0 | 0 | 0 |
| 79070020 | 锌管及锌制管子附件 | | | 5 | 0 | | 0 | 0 | 0 | 0 | 1.2 | 0 | 0 | 1.2 | | | 0 | | | | | 0 | 0 | 0 |
| 79070030 | 电池壳体坯料(锌饼) | | | 5 | 0 | | 0 | 2.9 | 0 | 0 | 1.2 | 0 | 0 | 1.2 | | | 0 | | | | | 0 | 0 | 0 |
| 79070090 | 其他非工业用锌制品 | | | 5 | 0 | | 0 | 0 | 0 | 0 | 1.2 | 0 | 0 | 1.2 | | | 0 | | | | | 0 | 0 | 0 |
| 80011000 | 未锻轧非合金锡 | 0 | | 0 | 0 | | 0 | 0 | 0 | 0 | 0 | 0 | 0 | 0.6 | | | 0 | | | | | 0 | 0 | 0 |
| 80012010 | 锡基巴毕脱合金 | 0 | | 0 | 0 | | 0 | 0 | 0 | 0 | 0 | 0 | 0 | 0 | | | 0 | | | | | 0 | 0 | 0 |
| 80012021 | 按重量计含铅量<0.1%的焊锡 | 0 | 0 | 0 | 0 | | 0 | 0 | 0 | 0 | 0 | 0 | 0 | 0.6 | | | 0 | | | | | 0 | 0 | 0 |
| 80012029 | 其他焊锡 | 0 | 0 | 0 | 0 | | 0 | 0 | 0 | 0 | 0 | 0 | 0 | 0.6 | | | 0 | | | | | 0 | 0 | 0 |
| 80012090 | 其他锡合金 | 0 | | 0 | 0 | | 0 | 0 | 0 | 0 | 0 | 0 | 0 | 0.6 | | | 0 | | | | | 0 | 0 | 0 |
| 80020000 | 锡废碎料 | 0 | | 0 | 0 | | 0 | 0 | 0 | 0 | 0 | 0 | 0 | 0 | | | 0 | | | | | 0 | 0 | |
| 80030000 | 锡及锡合金条、杆、型材、丝 | 0 | | 5 | 0 | | 0 | 0 | 0 | 0 | 1.6 | 0 | 0 | 4.8 | | | 0 | | | | | 0 | 0 | 0 |
| 80070020 | 锡及锡合金板、片及带，厚度>0.2毫米 | | | 5 | 0 | | 0 | 0 | 0 | 0 | 1.6 | 0 | 0 | 1.6 | | | 0 | | | | | 0 | 0 | |
| 80070030 | 锡箔、锡粉及片状粉末 | | | 5 | 0 | | 0 | 0 | 0 | 0 | 1.6 | 0 | 0 | 1.6 | | | 0 | | | | | 0 | 0 | |
| 80070040 | 锡及锡合金管、管子附件 | | | 5 | 0 | | 0 | 0 | 0 | 0 | 1.6 | 4 | 0 | 1.6 | | | 0 | | | | | 0 | 0 | |
| 80070090 | 其他锡制品 | 0 | | 6.4 | 0 | | 0 | 0 | 0 | 0 | 1.6 | 0 | 0 | 5.8 | | | 0 | | | | | 0 | 0 | |
| 81011000 | 钨粉 | | | 5 | 0 | | 0 | 0 | 0 | 0 | 1.2 | 0 | 0 | 1.2 | | | 0 | | | | | 0 | 0 | |
| 81019400 | 未锻轧钨 | | | 0 | 0 | | 0 | 0 | 0 | 0 | 0 | 1.5 | 0 | 0 | | | 0 | | | | | 0 | 0 | |
| 81019600 | 钨丝 | | | 5 | 0 | | 0 | 0 | 0 | 0 | 1.6 | 0 | 0 | 1.6 | | | 0 | | | | | 0 | 0 | |
| 81019700 | 钨废碎料 | | | 0 | 0 | | 0 | 0 | 0 | 0 | 0 | 0 | 0 | 0 | | | 0 | | | | | 0 | 0 | |
| 81019910 | 锻轧钨条、杆、型材;废碎料 | | | 0 | 0 | | 0 | 0 | 0 | 0 | 0 | 0 | 0 | 1 | | | 0 | | | | | 0 | 0 | |
| 81019990 | 其他钨制品 | | | 5 | 0 | | 0 | 0 | 0 | 0 | 1.6 | 0 | 0 | 1.6 | | | 0 | | | | | 0 | 0 | |
| 81021000 | 钼粉 | | | 5 | 0 | | 0 | 0 | 0 | 0 | 1.2 | 0 | 0 | 1.2 | | | 0 | | | | | 0 | 0 | |
| 81029400 | 未锻轧钼、钼废碎料 | | | 0 | 0 | | 0 | 0 | 0 | 0 | 0 | 0 | 0 | 0 | | | 0 | | | | | 0 | 0 | |
| 81029500 | 锻轧钼条杆、型材、板、片、带箔 | | | 5 | 0 | | 0 | 0 | 0 | 0 | 1.6 | 0 | 0 | 4.8 | | | 0 | | | | | 0 | 0 | |
| 81029600 | 钼丝 | | | 5 | 0 | | 0 | 0 | 0 | 0 | 1.6 | 0 | 0 | 1.6 | | | 0 | | | | | 0 | 0 | |
| 81029700 | 钼废碎料 | | | 0 | 0 | | 0 | 0 | 0 | 0 | 0 | 0 | 0 | 0 | | | 0 | | | | | 0 | 0 | |
| 81029900 | 钼制品 | | | 5 | 0 | | 0 | 0 | 0 | 0 | 1.6 | 0 | 0 | 1.6 | | | 0 | | | | | 0 | 0 | |

| 税则号列 | 商品描述[1] | 协定税率(%) | | | | | | | | | | | | | | | | 特惠税率(%) | | | | | | |
|---|---|---|---|---|---|---|---|---|---|---|---|---|---|---|---|---|---|---|---|---|---|---|---|---|
| | | 香港 | 澳门 | 巴基斯坦 | 东盟 | 亚太 | 智利 | 秘鲁 | 哥斯达黎加 | 新西兰 | 澳大利亚 | 瑞士 | 冰岛 | 韩国 | 台湾 | 新加坡 | 格鲁吉亚 | 亚太2国[2] | 东盟 老挝 | 东盟 柬埔寨 | 东盟 缅甸 | 最不发达国家 LDC97[3] | 最不发达国家 LDC95[4] | 最不发达国家 LDC60[5] |
| 81032011 | 松装密度<2.2克/立方厘米的钽粉 | | | 5 | 0 | | 0 | 0 | 0 | 0 | 1.2 | 0 | 0 | 1.2 | | | 0 | | | | | 0 | 0 | |
| 81032019 | 松装密度≥2.2克/立方厘米的钽粉 | | | 5 | 0 | | 0 | 0 | 0 | 0 | 1.2 | 0 | 0 | 1.2 | | | 0 | | | | | 0 | 0 | |
| 81032090 | 未锻轧钽 | | | 5 | 0 | | 0 | 0 | 0 | 0 | 1.2 | 0 | 0 | 1.2 | | | 0 | | | | | 0 | 0 | |
| 81033000 | 钽废碎料 | | | 5 | 0 | | 0 | 0 | 0 | 0 | 1.2 | 0 | 0 | 0 | | | 0 | | | | | 0 | 0 | |
| 81039011 | 直径<0.5毫米的钽丝 | | | 5 | 0 | | 0 | 0 | 0 | 0 | 1.6 | 0 | 0 | 1.6 | | | 0 | | | | | 0 | 0 | |
| 81039019 | 直径≥0.5毫米的钽丝 | | | 5 | 0 | | 0 | 0 | 0 | 0 | 1.6 | 0 | 0 | 1.6 | | | 0 | | | | | 0 | 0 | |
| 81039090 | 其他锻轧钽及其制品 | | | 5 | 0 | | 0 | 0 | 0 | 0 | 1.6 | 0 | 0 | 1.6 | | | 0 | | | | | 0 | 0 | |
| 81041100 | 含镁量≥99.8%的未锻轧镁 | | | 0 | 0 | 4.2 | 0 | 0 | 0 | 0 | 1.2 | 0 | 0 | 0 | | | 0 | | | | | 0 | 0 | |
| 81041900 | 其他未锻轧的镁及镁合金 | | | 5 | 0 | | 0 | 0 | 0 | 0 | 1.2 | 0 | 0 | 1.2 | | | 0 | | | | | 0 | 0 | |
| 81042000 | 镁废碎料 | | | 0 | 0 | | 0 | 0 | 0 | 0 | 0 | 0 | 0 | 0 | | | 0 | | | | | 0 | 0 | |
| 81043000 | 已分级的镁锉屑、车屑、颗粒;粉末 | | | 5 | 0 | | 0 | 0 | 0 | 0 | 1.6 | 0 | 0 | 1.6 | | | 0 | | | | | 0 | 0 | |
| 81049010 | 锻轧镁 | | | 5 | 0 | | 0 | 0 | 0 | 0 | 1.6 | 0 | 0 | 1.6 | | | 0 | | | | | 0 | 0 | |
| 81049020 | 镁制品 | | | 5 | 0 | | 0 | 0 | 0 | 0 | 1.7 | 0 | 0 | 1.6 | | | 0 | | | | | 0 | 0 | |
| 81052010 | 钴湿法冶炼中间品 | | | 0 | 0 | | 0 | 0 | 0 | 0 | 0 | 0 | 0 | 0 | | | 0 | | | | | 0 | 0 | 0 |
| 81052020 | 未锻轧钴 | | | 0 | 0 | | 0 | 0 | 0 | 0 | 0 | 0 | 0 | 0 | | | 0 | | | | | 0 | 0 | 0 |
| 81052090 | 钴锍及其他钴冶炼时所得的中间产品、粉末 | | | 0 | 0 | | 0 | 0 | 0 | 0 | 0 | 0 | 0 | 0 | | | 0 | | | | | 0 | 0 | 0 |
| 81053000 | 钴锍废碎料 | | | 0 | 0 | | 0 | 0 | 0 | 0 | 0 | 0 | 0 | 0 | | | 0 | | | | | 0 | 0 | 0 |
| 81059000 | 其他钴及制品 | | | 5 | 0 | | 0 | 0 | 0 | 0 | 1.6 | 0 | 0 | 4.8 | | | 0 | | | | | 0 | 0 | 0 |
| 81060010 | 未锻轧铋、废碎料、粉末 | | | 0 | 0 | | 0 | 0 | 0 | 0 | 0 | 0 | 0 | 0 | | | 0 | | | | | 0 | 0 | |
| 81060090 | 其他铋及铋制品 | | | 5 | 0 | | 0 | 0 | 0 | 0 | 1.6 | 0 | 0 | 4.8 | | | 0 | | | | | 0 | 0 | |
| 81072000 | 未锻轧镉、粉末 | | | 0 | 0 | | 0 | | 0 | 0 | 0 | 0 | 0 | 0.6 | | | 0 | | | | | 0 | 0 | |
| 81073000 | 镉废碎料 | | | 0 | 0 | | 0 | 0 | 0 | 0 | 0 | 0 | 0 | 0 | | | 0 | | | | | 0 | 0 | |
| 81079000 | 其他镉及镉制品 | | | 5 | 0 | | 0 | 0 | 0 | 0 | 1.6 | 0 | 0 | 1.6 | | | 0 | | | | | 0 | 0 | |
| 81082021 | 海绵钛 | | | 0 | 0 | | 0 | 0 | 0 | 0 | 0 | 0 | 0 | 0 | | | 0 | | | | | 0 | 0 | |
| 81082029 | 其他未锻轧钛 | | | 0 | 0 | | 0 | 0 | 0 | 0 | 0 | 0 | 0 | 0.6 | | | 0 | | | | | 0 | 0 | |
| 81082030 | 钛粉末 | | | 0 | 0 | | 0 | 0 | 0 | 0 | 0 | 0 | 0 | 0 | | | 0 | | | | | 0 | 0 | |
| 81083000 | 钛废碎料 | | | 0 | 0 | | 0 | 0 | 0 | 0 | 0 | 0 | 0 | 0 | | | 0 | | | | | 0 | 0 | |
| 81089010 | 钛条、杆、型材及异型材 | | | 5 | 0 | | 0 | 0 | 0 | 0 | 1.6 | 0 | 0 | 4.8 | | | 0 | | | | | 0 | 0 | |
| 81089020 | 钛丝 | | | 5 | 0 | | 0 | 0 | 0 | 0 | 1.6 | 0 | 0 | 1.6 | | | 0 | | | | | 0 | 0 | |
| 81089031 | 厚度≤0.8毫米的钛板、片、带、箔 | | | 5 | 0 | | 0 | 0 | 0 | 0 | 1.6 | 0 | 0 | 1.6 | | | 0 | | | | | 0 | 0 | |
| 81089032 | 厚度>0.8毫米的钛板、片、带、箔 | | | 5 | 0 | | 0 | 0 | 0 | 0 | 1.6 | 0 | 0 | 1.6 | | | 0 | | | | | 0 | 0 | |
| 81089040 | 钛管 | | | 5 | 0 | | 0 | 0 | 0 | 0 | 1.6 | 0 | 0 | 4.8 | | | 0 | | | | | 0 | 0 | |
| 81089090 | 其他钛及钛制品 | | | 5 | 0 | | 0 | 0 | 0 | 0 | 1.6 | 0 | 0 | 1.6 | | | 6.4 | | | | | 0 | 0 | |
| 81092000 | 未锻轧锆、粉末 | | | 0 | 0 | | 0 | 0 | 0 | 0 | 0 | 0 | 0 | 0.6 | | | 0 | | | | | 0 | 0 | |
| 81093000 | 锆废碎料 | | | 0 | 0 | | 0 | 0 | 0 | 0 | 0 | 0 | 0 | 0 | | | 0 | | | | | 0 | 0 | |
| 81099000 | 锻轧锆及锆制品 | | | 5 | 0 | | 0 | 0 | 0 | 0 | 1.6 | 0 | 0 | 4.8 | | | 0 | | | | | 0 | 0 | |
| 81101010 | 未锻轧锑 | | | 0 | 0 | | 0 | 0 | 0 | 0 | 0 | 0 | 0 | 0 | | | 0 | | | | | 0 | 0 | |

| 税则号列 | 商品描述[①] | 协定税率(%) | | | | | | | | | | | | | | | | 特惠税率(%) | | | | | | |
|---|---|---|---|---|---|---|---|---|---|---|---|---|---|---|---|---|---|---|---|---|---|---|---|---|
| | | 香港 | 澳门 | 巴基斯坦 | 东盟 | 亚太 | 智利 | 秘鲁 | 哥斯达黎加 | 新西兰 | 澳大利亚 | 瑞士 | 冰岛 | 韩国 | 台湾 | 新加坡 | 格鲁吉亚 | 亚太2国[②] | 东盟 | | | 最不发达国家 | | |
| | | | | | | | | | | | | | | | | | | | 老挝 | 柬埔寨 | 缅甸 | LDC97[③] | LDC95[④] | LDC60[⑤] |
| 81101020 | 锑粉末 | | | 0 | 0 | | 0 | 0 | 0 | 0 | 0 | 0 | 0 | 0 | | | 0 | | | | | 0 | 0 | |
| 81102000 | 锑废碎料 | | | 0 | 0 | | 0 | 0 | 0 | 0 | 0 | 0 | 0 | 0 | | | 0 | | | | | 0 | 0 | |
| 81109000 | 其他锑及锑制品 | | | 5 | 0 | | 0 | 0 | 0 | 0 | 1.6 | 0 | 0 | 1.6 | | | 0 | | | | | 0 | 0 | |
| 81110010 | 未锻轧锰、锰废碎料、粉末 | | | 0 | 0 | | 0 | 0 | 0 | 0 | 0 | 0 | 0 | 0 | | | 0 | | | | | 0 | 0 | 0 |
| 81110090 | 其他锰及制品 | | | 5 | 0 | | 0 | 0 | 0 | 0 | 1.6 | 0 | 0 | 1.6 | | | 0 | | | | | 0 | 0 | 0 |
| 81121200 | 未锻轧铍、粉末 | | | 0 | 0 | | 0 | 0 | 0 | 0 | 0 | 0 | 0 | 0 | | | 0 | | | | | 0 | 0 | 0 |
| 81121300 | 铍废碎料 | | | 0 | 0 | | 0 | 0 | 0 | 0 | 0 | 0 | 0 | 0 | | | 0 | | | | | 0 | 0 | 0 |
| 81121900 | 其他铍及其制品 | | | 5 | 0 | | 0 | 0 | 0 | 0 | 1.6 | 0 | 0 | 1.6 | | | 0 | | | | | 0 | 0 | 0 |
| 81122100 | 未锻轧铬、粉末 | | | 0 | 0 | | 0 | 0 | 0 | 0 | 0 | 0 | 0 | 0.6 | | | 0 | | | | | 0 | 0 | 0 |
| 81122200 | 铬废碎料 | | | 0 | 0 | | 0 | 0 | 0 | 0 | 0 | 0 | 0 | 0 | | | 0 | | | | | 0 | 0 | 0 |
| 81122900 | 其他铬制品 | | | 0 | 0 | | 0 | 0 | 0 | 0 | 0 | 0 | 0 | 0 | | | 2.4 | | | | | 0 | 0 | 0 |
| 81125100 | 未锻轧铊、粉末 | | | 0 | 0 | | 0 | 0 | 0 | 0 | 0 | 0 | 0 | 0 | | | 0 | | | | | 0 | 0 | 0 |
| 81125200 | 铊废碎料 | | | 0 | 0 | | 0 | 0 | 0 | 0 | 0 | 0 | 0 | 0 | | | 0 | | | | | 0 | 0 | 0 |
| 81125900 | 其他铊制品 | | | 5 | 0 | | 0 | 0 | 0 | 0 | 1.6 | 0 | 0 | 1.6 | | | 0 | | | | | 0 | 0 | 0 |
| 81129210 | 未锻轧锗 | | | 0 | 0 | | 0 | 0 | 0 | 0 | 0 | 0 | 0 | 0 | | | 0 | | | | | 0 | 0 | 0 |
| 81129220 | 未锻轧钒 | | | 0 | 0 | | 0 | 0 | 0 | 0 | 0 | 0 | 0 | 0 | | | 0 | | | | | 0 | 0 | 0 |
| 81129230 | 未锻轧铟、铟废碎料、粉末 | | | 0 | 0 | | 0 | 0 | 0 | 0 | 0 | 0 | 0 | 0 | | | 0 | | | | | 0 | 0 | 0 |
| 81129240 | 未锻轧铌、铌废碎料、粉末 | | | 0 | 0 | | 0 | 0 | 0 | 0 | 0 | 0 | 0 | 0 | | | 0 | | | | | 0 | 0 | 0 |
| 81129290 | 未锻轧的未列名贱金属及其制品 | | | 0 | 0 | | 0 | 0 | 0 | 0 | 0 | 0 | 0 | 0 | | | 0 | | | | | 0 | 0 | 0 |
| 81129910 | 锗及其制品 | | | 0 | 0 | | 0 | 0 | 0 | 0 | 0 | 0 | 0 | 0 | | | 0 | | | | | 0 | 0 | 0 |
| 81129920 | 钒及其制品 | | | 0 | 0 | | 0 | 0 | 0 | 0 | 0 | 0 | 0 | 0 | | | 0 | | | | | 0 | 0 | 0 |
| 81129930 | 锻扎铟及其制品 | | | 5 | 0 | | 0 | 0 | 0 | 0 | 1.6 | 0 | 0 | 1.6 | | | 0 | | | | | 0 | 0 | 0 |
| 81129940 | 锻扎铌及其制品 | | | 5 | 0 | | 0 | 0 | 0 | 0 | 1.6 | 0 | 0 | 1.6 | | | 0 | | | | | 0 | 0 | 0 |
| 81129990 | 锻轧的未列名贱金属及其制品 | | | 0 | 0 | | 0 | 0 | 0 | 0 | 1.6 | 0 | 0 | 1.6 | | | 0 | | | | | 0 | 0 | 0 |
| 81130010 | 金属陶瓷颗粒、粉末 | | | 5 | 0 | | 0 | 0 | 0 | 0 | 1.7 | 0 | 0 | | 0 | | 0 | | | | | 0 | 0 | |
| 81130090 | 其他金属陶瓷及其制品,包括废碎料 | | | 5 | 0 | | 0 | 0 | 0 | 0 | 1.7 | 0 | 0 | | 0 | | 0 | | | | | 0 | 0 | |
| 82011000 | 锹及铲 | | | 5 | 0 | | 0 | 0 | 0 | 0 | 1.6 | 0 | 0 | 1.6 | | | 0 | | | | | 0 | 0 | 0 |
| 82013000 | 镐、锄、耙 | | | 5 | 0 | | 0 | 0 | 0 | 0 | 1.6 | 0 | 0 | 1.6 | | | 0 | | | | | 0 | 0 | 0 |
| 82014000 | 斧子、钩刀及类似砍伐工具 | | | 5 | 0 | | 0 | 0 | 0 | 0 | 1.6 | 0 | 0 | 1.6 | | | 0 | | | | | 0 | 0 | 0 |
| 82015000 | 修枝剪等单手操作农用剪 | | | 5 | 0 | | 0 | 0 | 0 | 0 | 1.6 | 0 | 0 | 1.6 | | | 0 | | | | | 0 | 0 | 0 |
| 82016000 | 修枝等双手操作农用剪 | | | 5 | 0 | | 0 | 0 | 0 | 0 | 1.6 | 0 | 0 | 1.6 | | | 0 | | | | | 0 | 0 | 0 |
| 82019010 | 农用叉 | | | 5 | 0 | | 0 | 0 | 0 | 0 | 1.6 | 0 | 0 | 1.6 | | | 0 | | | | | 0 | 0 | 0 |
| 82019090 | 其他农业、园艺、林业用手工工具 | | | 5 | 0 | | 0 | 0 | 0 | 0 | 1.6 | 0 | 0 | 4.8 | | | 0 | | | | | 0 | 0 | 0 |
| 82021000 | 手工锯 | | | 5 | 0 | | 0 | 0 | 0 | 0 | 1.7 | 0 | 0 | 5 | | | 0 | | | | | 0 | 0 | 0 |
| 82022010 | 双金属带锯条 | | | 5 | 0 | | 0 | 0 | 0 | 0 | 1.6 | 4 | 0 | 4.8 | | | 0 | | | | | 0 | 0 | 0 |
| 82022090 | 其他带锯片手工锯 | | | 5 | 0 | | 0 | 0 | 0 | 0 | 1.6 | 4 | 0 | 4.8 | | | 0 | | | | | 0 | 0 | 0 |
| 82023100 | 带有钢制工作部件的圆锯片 | | | 5 | 0 | | 0 | 0 | 0 | 0 | 1.6 | 0 | 0 | 4.8 | | | 0 | | | | | 0 | 0 | 0 |

| 税则号列 | 商品描述[①] | 协定税率(%) | | | | | | | | | | | | | | | | 特惠税率(%) | | | | | | |
|---|---|---|---|---|---|---|---|---|---|---|---|---|---|---|---|---|---|---|---|---|---|---|---|---|
| | | 香港 | 澳门 | 巴基斯坦 | 东盟 | 亚太 | 智利 | 秘鲁 | 哥斯达黎加 | 新西兰 | 澳大利亚 | 瑞士 | 冰岛 | 韩国 | 台湾 | 新加坡 | 格鲁吉亚 | 亚太2国[②] | 东盟 老挝 | 东盟 柬埔寨 | 东盟 缅甸 | 最不发达国家 LDC97[③] | 最不发达国家 LDC95[④] | 最不发达国家 LDC60[⑤] |
| 82023910 | 带有天然或合成金刚石、立方氮化硼制工作部件的圆锯片 | 0 | | 5 | 0 | | 0 | 0 | 0 | 0 | 1.6 | 0 | 0 | 1.6 | | | 0 | | | | | 0 | 0 | 0 |
| 82023990 | 其他圆锯片,包括部件 | 0 | | 5 | 0 | | 0 | 0 | 0 | 0 | 1.6 | 0 | 0 | 1.6 | | | 0 | | | | | 0 | 0 | 0 |
| 82024000 | 链锯片 | | | 5 | 0 | | 0 | 0 | 0 | 0 | 1.6 | 4 | 0 | 1.6 | | | 0 | | | | | 0 | 0 | 0 |
| 82029110 | 加工金属用的机械锯的直锯片 | | | 5 | 0 | 7 | 0 | 0 | 0 | 0 | 1.6 | 4 | 0 | 4.8 | | | 0 | | | | | 0 | 0 | 0 |
| 82029190 | 加工金属用的非机械锯的直锯片 | | | 5 | 0 | | 0 | 0 | 0 | 0 | 1.6 | 4 | 0 | 1.6 | | | 0 | | | | | 0 | 0 | 0 |
| 82029910 | 机械锯用的其他锯片 | | | 5 | 0 | | 0 | 0 | 0 | 0 | 1.7 | 4.2 | 0 | 5 | | | 0 | | | | | 0 | 0 | 0 |
| 82029990 | 非机械锯用的其他锯片 | | | 5 | 0 | | 0 | 0 | 0 | 0 | 2.1 | 5.2 | 0 | 6.3 | | 0 | 0 | | | | | 0 | 0 | |
| 82031000 | 钢锉、木锉及类似工具 | | | 5 | 0 | | 0 | 0 | 0 | 0 | 2.1 | 5.2 | 0 | 6.3 | | 0 | 0 | | | | | 0 | 0 | 0 |
| 82032000 | 钳子、镊子及类似工具 | | 0 | | 0 | | 0 | 0 | 0 | 0 | 2.1 | 5.2 | 0 | 6.3 | 0 | 0 | 0 | | | | | 0 | 0 | |
| 82033000 | 白铁剪及类似工具 | | | 5 | 0 | | 0 | 0 | 0 | 0 | 2.1 | 5.2 | 0 | 6.3 | | 0 | 0 | | | | | 0 | 0 | |
| 82034000 | 切管器、螺栓切头器、打孔冲子等 | | | 5 | 0 | | 0 | 0 | 0 | 0 | 2.1 | 5.2 | 0 | 6.3 | | 0 | 0 | | | | | 0 | 0 | |
| 82041100 | 固定式的手动扳手及板钳 | | | 5 | 0 | | 0 | 0 | 0 | 0 | 2.1 | 5.2 | 0 | 6.3 | | 0 | 0 | | | | | 0 | 0 | 0 |
| 82041200 | 可调式的手动扳手及板钳 | | | 5 | 0 | | 0 | 0 | 0 | 0 | 2 | 0 | 0 | 6 | 0 | | 0 | | | | | 0 | 0 | 0 |
| 82042000 | 可互换的扳手套筒 | | | 5 | 0 | | 0 | 0 | 0 | 0 | 2 | 0 | 0 | 6 | | | 0 | | | | | 0 | 0 | |
| 82051000 | 手工钻孔或攻丝工具 | | | 5 | 0 | | 0 | 0 | 0 | 0 | 2 | 0 | 0 | 6 | | | 0 | | | | | 0 | 0 | |
| 82052000 | 手工锤子 | | | 5 | 0 | | 0 | 0 | 0 | 0 | 2 | 0 | 0 | 6 | 0 | | 0 | | | | | 0 | 0 | 0 |
| 82053000 | 木工用刨子、凿子及类似切削工具 | | | 5 | 0 | | 0 | 0 | 0 | 0 | 2.1 | 5.2 | 0 | 6.3 | | 0 | 0 | | | | | 0 | 0 | |
| 82054000 | 手工螺丝刀 | | | 5 | 0 | | 0 | 0 | 0 | 0 | 2.1 | 5.2 | 0 | 6.3 | 0 | 0 | 0 | | | | | 0 | 0 | 0 |
| 82055100 | 其他家用手工工具 | | | 5 | 0 | | 0 | 0 | 0 | 0 | 2.1 | 5.2 | 0 | 6.3 | | 0 | 0 | | | | | 0 | 0 | |
| 82055900 | 其他手工工具 | | | 5 | 0 | 8.5 | 0 | 0 | 0 | 0 | 2 | 5 | 0 | 6 | 0 | | 0 | | | | | 0 | 0 | |
| 82056000 | 喷灯 | | | 5 | 0 | | 0 | 0 | 0 | 0 | 2 | 5 | 0 | 6 | | | 0 | | | | | 0 | 0 | |
| 82057000 | 台钳、夹钳及类似品 | | | 5 | 0 | | 0 | 0 | 0 | 0 | 2.1 | 6.5 | 0 | 6.3 | | 0 | 0 | | | | | 0 | 0 | |
| 82059000 | 成套手工工具 | | | 5 | 0 | | 0 | 0 | 0 | 0 | 2.1 | 5.2 | 0 | 6.3 | | 0 | 0 | | | | | 0 | 0 | |
| 82060000 | 成套工具组成的零售包装货品 | | | 5 | 0 | | 0 | 0 | 0 | 0 | 2.1 | 6.1 | 0 | 6.3 | | 0 | 0 | | | | | 0 | 0 | |
| 82071300 | 带金属陶瓷工作部件的凿岩工具 | | | 5 | 0 | | 0 | 0 | 0 | 0 | 1.6 | 0 | 0 | 1.6 | | | 0 | | | | | 0 | 0 | 0 |
| 82071910 | 带超硬材料部件的凿岩或钻探工具 | | | 5 | 0 | | 0 | 0 | 0 | 0 | 1.6 | 0 | 0 | 1.6 | | | 0 | | | | | 0 | 0 | 0 |
| 82071990 | 带其他材料工作部件的凿岩工具 | | | 5 | 0 | | 0 | 0 | 0 | 0 | 1.6 | 0 | 0 | 4.8 | | | 0 | | | | | 0 | 0 | 0 |
| 82072010 | 带超硬部件的金属拉拔或挤压用模 | | | 5 | 0 | | 0 | 0 | 0 | 0 | 1.6 | 0 | 0 | 1.6 | 0 | | 0 | | | | | 0 | 0 | 0 |
| 82072090 | 其他金属拉拔或挤压用模 | | | 5 | 0 | | 0 | 0 | 0 | 0 | 1.6 | 4 | 0 | 1.6 | 0 | | 0 | | | | | 0 | 0 | 0 |
| 82073000 | 锻压或冲压工具 | 0 | | 5 | 0 | 6.8 | 0 | 0 | 0 | 0 | 1.6 | 0 | 0 | 5.8 | 0 | | 0 | | | | | 0 | 0 | 0 |
| 82074000 | 攻丝工具 | | | 5 | 0 | | 0 | 0 | 0 | 0 | 1.6 | 0 | 0 | | 0 | | 0 | | | | | 0 | 0 | 0 |
| 82075010 | 带超硬材料部件的钻孔工具 | 0 | | 5 | 0 | | 0 | 0 | 0 | 0 | 1.6 | 0 | 0 | | 0 | | 0 | | | | | 0 | 0 | 0 |

| 税则号列 | 商品描述① | 协定税率(%) | | | | | | | | | | | | | | | | 特惠税率(%) | | | | | | |
|---|---|---|---|---|---|---|---|---|---|---|---|---|---|---|---|---|---|---|---|---|---|---|---|---|
| | | 香港 | 澳门 | 巴基斯坦 | 东盟 | 亚太 | 智利 | 秘鲁 | 哥斯达黎加 | 新西兰 | 澳大利亚 | 瑞士 | 冰岛 | 韩国 | 台湾 | 新加坡 | 格鲁吉亚 | 亚太2国② | 东盟 | | | 最不发达国家 | | |
| | | | | | | | | | | | | | | | | | | | 老挝 | 柬埔寨 | 缅甸 | LDC97③ | LDC95④ | LDC60⑤ |
| 82075090 | 带其他材料工作部件的钻孔工具 | 0 | | 5 | 0 | | 0 | 0 | 0 | 0 | 1.6 | 0 | 0 | | 0 | | 0 | | | | | 0 | 0 | 0 |
| 82076010 | 带超硬材料部件的镗孔或铰孔工具 | | | 5 | 0 | | 0 | 0 | 0 | 0 | 1.6 | 0 | 0 | | 0 | | 0 | | | | | 0 | 0 | 0 |
| 82076090 | 其他镗孔或铰孔工具 | | | 5 | 0 | | 0 | 0 | 0 | 0 | 1.6 | 0 | 0 | 5.8 | | | 0 | | | | | 0 | 0 | 0 |
| 82077010 | 带有天然或合成金刚石、立方氮化硼制的工作部件的铣削工具 | 0 | | 5 | 0 | | 0 | 0 | 0 | 0 | 1.6 | 0 | 0 | | 0 | | 0 | | | | | 0 | 0 | 0 |
| 82077090 | 其他铣削工具 | 0 | | 5 | 0 | | 0 | 0 | 0 | 0 | 1.6 | 0 | 0 | | 0 | | 0 | | | | | 0 | 0 | 0 |
| 82078010 | 带有天然或合成金刚石、立方氮化硼制的车削工具 | | | 5 | 0 | 6.8 | 0 | 0 | 0 | 0 | 1.6 | 0 | 0 | 5.7 | 0 | | 0 | | | | | 0 | 0 | 0 |
| 82078090 | 其他车削工具 | | | 5 | 0 | 6.8 | 0 | 0 | 0 | 0 | 1.6 | 0 | 0 | 5.7 | 0 | | 0 | | | | | 0 | 0 | 0 |
| 82079010 | 带超硬材料部件的其他可互换工具 | 0 | | 5 | 0 | 6.8 | 0 | 0 | 0 | 0 | 1.6 | 0 | 0 | 5.7 | 0 | | 0 | | | | | 0 | 0 | 0 |
| 82079090 | 其他可互换工具 | 0 | | 5 | 0 | 6.8 | 0 | 0 | 0 | 0 | 1.6 | 4 | 0 | 5.7 | 0 | | 0 | | | | | 0 | 0 | 0 |
| 82081011 | 经镀或涂层的硬质合金制的金工机械用刀及刀片 | 0 | | 5 | 0 | | 0 | 0 | 0 | 0 | 1.6 | 4 | 0 | 5.8 | | | 0 | | | | | 0 | 0 | |
| 82081019 | 其他硬质合金制的金工机械用刀及刀片 | 0 | | 5 | 0 | | 0 | 0 | 0 | 0 | 1.6 | 4 | 0 | 5.8 | | | 0 | | | | | 0 | 0 | |
| 82081090 | 其他金工机械用刀及刀片 | 0 | | 5 | 0 | | 0 | 0 | 0 | 0 | 1.6 | 4 | 0 | 5.8 | | | 0 | | | | | 0 | 0 | |
| 82082000 | 木工机械用刀及刀片 | | | 5 | 0 | | 0 | 0 | 0 | 0 | 1.6 | 0 | 0 | 1.6 | 0 | | 0 | | | | | 0 | 0 | 0 |
| 82083000 | 厨房或食品加工机器用刀及刀片 | | | 5 | 0 | | 0 | 0 | 0 | 0 | 1.6 | 0 | 0 | 4.8 | | | 0 | | | | | 0 | 0 | 0 |
| 82084000 | 农、林业机器用刀及刀片 | | | 5 | 0 | | 0 | 0 | 0 | 0 | 1.6 | 4 | 0 | 1.6 | 0 | | 0 | | | | | 0 | 0 | |
| 82089000 | 其他机器或机械器具用刀及刀片 | | | 5 | 0 | 7.2 | 0 | 0 | 0 | 0 | 1.6 | 4 | 0 | 1.6 | 0 | | 0 | | | | | 0 | 0 | |
| 82090010 | 未装配的工具用金属陶瓷板 | | | 5 | 0 | 7.2 | 0 | 0 | 0 | 0 | 1.6 | 0 | 0 | 4.8 | | | 0 | | | | | 0 | 0 | 0 |
| 82090021 | 晶粒度<0.8微米的金属陶瓷条、杆 | | | 5 | 0 | 7.2 | 0 | 0 | 0 | 0 | 1.6 | 4 | 0 | 1.6 | | | 0 | | | | | 0 | 0 | 0 |
| 82090029 | 其他未装配的工具用金属陶瓷条、杆 | | | 5 | 0 | 7.2 | 0 | 0 | 0 | 0 | 1.6 | 4 | 0 | 1.6 | | | 0 | | | | | 0 | 0 | 0 |
| 82090030 | 未装配的工具用金属陶瓷刀头 | | | 5 | 0 | 7.2 | 0 | 0 | 0 | 0 | 1.6 | 0 | 0 | 5.8 | | | 0 | | | | | 0 | 0 | 0 |
| 82090090 | 其他未装配的工具用金属陶瓷类似品 | | | 5 | 0 | 7.2 | 0 | 0 | 0 | 0 | 1.6 | 0 | 0 | 1.6 | | | 0 | | | | | 0 | 0 | 0 |
| 82100000 | 加工调制食品、饮料用手动机械 | | 0 | 14.4 | 0 | 16.2 | 0 | 1.8 | 0 | 0 | 3.6 | 9 | 0 | 10.8 | | 0 | 0 | | | | | 0 | 0 | |
| 82111000 | 以刀为主的成套货品 | | | 0 | 0 | | 0 | 1.8 | 0 | 0 | 3.6 | 9 | 0 | 10.8 | | 0 | 0 | | | | | 0 | 0 | |
| 82119100 | 刃面固定的餐刀 | | | 0 | 0 | | 0 | 1.8 | 0 | 0 | 3.6 | 9 | 0 | 10.8 | | 0 | 0 | | | | | 0 | 0 | |
| 82119200 | 刃面固定的其他刀 | | | 0 | 0 | | 0 | 0 | 0 | 0 | 2.4 | 7 | 0 | 7.2 | | 0 | 0 | | | | | 0 | 0 | 0 |
| 82119300 | 可换刃面刀 | | | 0 | 0 | | 0 | 1.8 | 0 | 0 | 3.6 | 0 | 0 | 10.8 | | 0 | 0 | | | | | 0 | 0 | |
| 82119400 | 品目82.11所列刀的刀片 | | | 0 | 0 | | 0 | 0 | 0 | 0 | 2.8 | 7 | 0 | 8.4 | | 0 | 0 | | | | | 0 | 0 | |
| 82119500 | 贱金属制的刀柄 | | | 0 | 0 | | 0 | 0 | 0 | 0 | 2.4 | 7.4 | 0 | 7.2 | | 0 | 0 | | | | | 0 | 0 | 0 |
| 82121000 | 剃刀 | | | 0 | 0 | | 0 | 0 | 0 | 0 | 2.4 | 6 | 0 | 7.2 | | 0 | 0 | | | | | 0 | 0 | 0 |

| 税则号列 | 商品描述[1] | 协定税率(%) | | | | | | | | | | | | | | | | 特惠税率(%) | | | | | | |
|---|---|---|---|---|---|---|---|---|---|---|---|---|---|---|---|---|---|---|---|---|---|---|---|---|
| | | 香港 | 澳门 | 巴基斯坦 | 东盟 | 亚太 | 智利 | 秘鲁 | 哥斯达黎加 | 新西兰 | 澳大利亚 | 瑞士 | 冰岛 | 韩国 | 台湾 | 新加坡 | 格鲁吉亚 | 亚太2国[2] | 东盟 | | | 最不发达国家 | | |
| | | | | | | | | | | | | | | | | | | | 老挝 | 柬埔寨 | 缅甸 | LDC97[3] | LDC95[4] | LDC60[5] |
| 82122000 | 安全剃刀片 | | | 0 | 0 | | 0 | 0 | 0 | 0 | 2.8 | 7 | 0 | 8.4 | | 0 | 0 | | | | | 0 | 0 | |
| 82129000 | 剃刀零件 | | | 0 | 0 | | 0 | 0 | 0 | 0 | 2.4 | 6 | 0 | 7.2 | | 0 | 0 | | | | | 0 | 0 | 0 |
| 82130000 | 剪刀、裁缝剪刀及类似品、剪刀片 | | | 0 | 0 | 10.8 | 0 | 0 | 0 | 0 | 2.4 | 6 | 0 | 7.2 | | 0 | 0 | | | | | 0 | 0 | 0 |
| 82141000 | 裁纸刀、信刀、铅笔刀及刀片 | | | 5 | 0 | 10.8 | 0 | 0 | 0 | 0 | 2.4 | 6 | 0 | 7.2 | | 0 | 0 | | | | | 0 | 0 | 0 |
| 82142000 | 修指甲及修脚用具(包括指甲锉) | | | 16.2 | 0 | 16.2 | 0 | 1.8 | 0 | 0 | 3.6 | 9 | 0 | 10.8 | | 0 | 0 | | | | | 0 | 0 | 0 |
| 82149000 | 理发推子、切菜刀等其他利口器 | | | | 0 | | 0 | 1.8 | 0 | 0 | 3.6 | 9 | 0 | 10.8 | | 0 | 0 | | | | | 0 | 0 | |
| 82151000 | 成套含镀贵金属制厨房或餐桌用具 | | | 0 | 0 | | 0 | 1.8 | 0 | 0 | 3.6 | 9 | 0 | 10.8 | | 0 | 0 | | | | | 0 | 0 | |
| 82152000 | 成套的其他厨房或餐桌用具 | | | 0 | 0 | | 0 | 1.8 | 0 | 0 | 3.6 | 9 | 0 | 10.8 | | 0 | 0 | | | | | 0 | 0 | |
| 82159100 | 非成套镀贵金属制厨房或餐桌用具 | | | 0 | 0 | | 0 | 1.8 | 0 | 0 | 3.6 | 9 | 0 | 10.8 | | 0 | 0 | | | | | 0 | 0 | |
| 82159900 | 其他非成套的厨房或餐桌用具 | 0 | | 0 | 0 | | 0 | 1.8 | 0 | 0 | 3.6 | 9 | 0 | 10.8 | | 0 | 0 | | | | | 0 | 0 | 0 |
| 83011000 | 挂锁 | | | 11.2 | 0 | | 0 | 0 | 0 | 0 | 2.8 | 7 | 0 | 8.4 | | 0 | 0 | | | | | 0 | 0 | |
| 83012010 | 机动车用中央控制门锁 | | | | 5 | | 0 | 0 | 0 | 0 | 2 | 0 | 0 | 8 | | | 0 | | | | | 0 | 0 | 0 |
| 83012090 | 其他机动车用锁 | | | | 5 | | 0 | 0 | 0 | 0 | 2 | 0 | 0 | 8 | | | 0 | | | | | 0 | 0 | 0 |
| 83013000 | 家具用锁 | | | 11.2 | 0 | | 0 | 0 | 0 | 0 | 2.8 | 7 | 0 | 8.4 | | 0 | 0 | | | | | 0 | 0 | 0 |
| 83014000 | 其他锁 | | | 11.2 | 0 | | 0 | 0 | 0 | 0 | 2.8 | 7 | 0 | 8.4 | | 0 | 0 | | | | | 0 | 0 | 0 |
| 83015000 | 带锁的扣环及扣环框架 | 0 | | 11.2 | 0 | | 0 | 0 | 0 | 0 | 2.8 | 7 | 0 | 8.4 | | 0 | 0 | | | | | 0 | 0 | |
| 83016000 | 锁零件 | | | 6 | 0 | | 0 | 0 | 0 | 0 | 2.4 | 6 | 0 | 7.2 | | 0 | 0 | | | | | 0 | 0 | 0 |
| 83017000 | 钥匙 | | | 5 | 0 | | 0 | 0 | 0 | 0 | 2 | 0 | 0 | 7.3 | | | 0 | | | | | 0 | 0 | 0 |
| 83021000 | 铰链(折叶) | 0 | | 5 | 0 | | 0 | 0 | 0 | 0 | 2 | 0 | 0 | 2 | | | 0 | | | | | 0 | 0 | 0 |
| 83022000 | 用贱金属支架的小脚轮 | | | 6 | 0 | | 0 | 0 | 0 | 0 | 2.4 | 6 | 0 | 7.2 | | 0 | 0 | | | | | 0 | 0 | 0 |
| 83023000 | 机动车辆用贱金属附件及架座 | | | 5 | 0 | | 0 | 0 | 0 | 0 | 2 | 0 | 0 | 7.3 | | | 0 | | | | | 0 | 0 | 0 |
| 83024100 | 建筑用贱金属配件及架座 | | | 11.2 | 0 | | 0 | 0 | 0 | 0 | 2.8 | 7 | 0 | 8.4 | | 0 | 0 | | | | | 0 | 0 | |
| 83024200 | 家具用贱金属配件及架座 | | | 6 | 0 | | 0 | 0 | 0 | 0 | 2.4 | 6 | 0 | 7.2 | | 0 | 0 | | | | | 0 | 0 | 0 |
| 83024900 | 其他用贱金属配件及架座 | | | 6 | 0 | | 0 | 0 | 0 | 0 | 2.4 | 6 | 0 | 7.2 | | 0 | 0 | | | | | 0 | 0 | 0 |
| 83025000 | 帽架、帽钩、托架及类似品 | | | 11.2 | 0 | | 0 | 0 | 0 | 0 | 2.8 | 7 | 0 | 8.4 | | 0 | 0 | | | | | 0 | 0 | |
| 83026000 | 自动闭门器 | | | 6 | 0 | | 0 | 0 | 0 | 0 | 2.4 | 6 | 0 | 7.2 | | 0 | 0 | | | | | 0 | 0 | 0 |
| 83030000 | 保险箱、柜、保险库的门 | | | 11.2 | 0 | | 0 | 0 | 0 | 0 | 2.8 | 7 | 0 | 8.4 | | 0 | 0 | | | | | 0 | 0 | |
| 83040000 | 贱金属档案柜、文件箱等办公用具 | 0 | | 5 | 0 | | 0 | 0 | 0 | 0 | 2.1 | 5.2 | 0 | 6.3 | | 0 | 0 | | | | | 0 | 0 | 0 |
| 83051000 | 活页夹或宗卷夹的附件 | | | 5 | 0 | | 0 | 0 | 0 | 0 | 2.1 | 5.2 | 0 | 6.3 | | 0 | 0 | | | | | 0 | 0 | 0 |
| 83052000 | 成条订书钉 | | | 5 | 0 | | 0 | 0 | 0 | 0 | 2.1 | 5.2 | 0 | 6.3 | | 0 | 0 | | | | | 0 | 0 | 0 |
| 83059000 | 信夹、信角、文件夹等办公用品 | 0 | | 5 | 0 | | 0 | 0 | 0 | 0 | 2.1 | 5.2 | 0 | 6.3 | | 0 | 0 | | | | | 0 | 0 | 0 |
| 83061000 | 非电动铃、钟、锣及其类似品 | | | 5 | 0 | | 0 | 0 | 0 | 0 | 1.6 | 0 | 0 | 4.8 | | | 0 | | | | | 0 | 0 | 0 |
| 83062100 | 镀贵金属的雕塑像及其他装饰品 | | | 5 | 0 | | 0 | 0 | 0 | 0 | 1.6 | 0 | 0 | 1.6 | | | 0 | | | | | 0 | 0 | 0 |

| 税则号列 | 商品描述① | 协定税率(%) | | | | | | | | | | | | | | | | 特惠税率(%) | | | | | | |
|---|---|---|---|---|---|---|---|---|---|---|---|---|---|---|---|---|---|---|---|---|---|---|---|---|
| | | 香港 | 澳门 | 巴基斯坦 | 东盟 | 亚太 | 智利 | 秘鲁 | 哥斯达黎加 | 新西兰 | 澳大利亚 | 瑞士 | 冰岛 | 韩国 | 台湾 | 新加坡 | 格鲁吉亚 | 亚太2国② | 东盟 | | | 最不发达国家 | | |
| | | | | | | | | | | | | | | | | | | | 老挝 | 柬埔寨 | 缅甸 | LDC97③ | LDC95④ | LDC60⑤ |
| 83062910 | 景泰蓝雕塑像及其他装饰品 | | | 5 | 0 | | 0 | 0 | 0 | 0 | 1.6 | 0 | 0 | 1.6 | | | 0 | | | | | 0 | 0 | 0 |
| 83062990 | 其他雕塑像及其他装饰品 | | | 5 | 0 | | 0 | 0 | 0 | 0 | 1.6 | 0 | 0 | 4.8 | | 0 | 0 | | | | | 0 | 0 | 0 |
| 83063000 | 相框、画框及类似框架、镜子 | | | 5 | 0 | | 0 | 0 | 0 | 0 | 1.6 | 0 | 0 | 4.8 | | | 0 | | | | | 0 | 0 | 0 |
| 83071000 | 钢铁制软管,可有配件 | | | 5 | 0 | | 0 | 0 | 0 | 0 | 1.7 | 4.2 | 0 | 5 | | | 0 | | | | | 0 | 0 | 0 |
| 83079000 | 其他贱金属软管,可有配件 | 0 | | 5 | 0 | | 0 | 0 | 0 | 0 | 1.7 | 0 | 0 | 5 | | | 0 | | | | | 0 | 0 | 0 |
| 83081000 | 贱金属制钩、环及眼 | 0 | | 5 | 0 | | 0 | 0 | 0 | 0 | 2.1 | 5.2 | 0 | 8.4 | | 0 | 0 | | | | | 0 | 0 | 0 |
| 83082000 | 贱金属制管形铆钉及开口铆钉 | 0 | | 5 | 0 | | 0 | 0 | 0 | 0 | 2.1 | 5.2 | 0 | 6.3 | | 0 | 0 | | | | | 0 | 0 | 0 |
| 83089000 | 贱金属制珠子及亮晶片 | 0 | | 5 | 0 | | 0 | 0 | 0 | 0 | 2.1 | 5.2 | 0 | 8.4 | | 0 | 0 | | | | | 0 | 0 | 0 |
| 83091000 | 贱金属制冠形瓶塞 | 0 | | 14.4 | 0 | | 0 | 0 | 0 | 0 | 3.6 | 9 | 0 | 10.8 | | 0 | 0 | | | | | 0 | 0 | |
| 83099000 | 盖子、瓶帽、螺口塞封志等包装用配件 | 0 | | 6 | 0 | | 0 | 0 | 0 | 0 | 2.4 | 6 | 0 | 7.2 | | 0 | 0 | | | | | 0 | 0 | 0 |
| 83100000 | 标志牌、铭牌、号码、字母等标志 | | | | 0 | | 0 | 1.8 | 0 | 0 | 3.6 | 9 | 0 | 10.8 | | 0 | 0 | | | | | 0 | 0 | |
| 83111000 | 焊剂涂面的贱金属电极、电弧焊用 | 0 | | 5 | 0 | | 0 | 0 | 0 | 0 | 1.6 | 0 | 0 | 1.6 | | | 0 | | | | | 0 | 0 | 0 |
| 83112000 | 以焊剂为芯的贱金属制焊丝 | 0 | | 5 | 0 | | 0 | 0 | 0 | 0 | 1.6 | 0 | 0 | 5.8 | | | 0 | | | | | 0 | 0 | 0 |
| 83113000 | 以焊剂涂面或作芯的贱金属条或丝 | 0 | | 5 | 0 | | 0 | 0 | 0 | 0 | 1.6 | 0 | 0 | | | | 0 | | | | | 0 | 0 | 0 |
| 83119000 | 贱金属粘聚成的丝或条 | 0 | | 5 | 0 | 5.6 | 0 | 0 | 0 | 0 | 1.6 | 0 | 0 | 1.6 | | | 0 | | | | | 0 | 0 | 0 |
| 84011000 | 核反应堆 | | | 0 | 0 | | 0 | 0 | 0 | 0 | 0 | 0 | 0 | 0 | | | 0 | | | | | 0 | 0 | |
| 84012000 | 同位素分离机器及装置及其零件 | | | 0 | 0 | | 0 | 0 | 0 | 0 | 0 | 0 | 0 | 0 | | | 0 | | | | | 0 | 0 | |
| 84013010 | 未辐照燃料元件(释热元件) | | | 0 | 0 | | 0 | 0 | 0 | 0 | 0 | 0 | 0 | 0 | | | 0 | | | | | 0 | 0 | |
| 84013090 | 未辐照燃料元件的零件 | | | 0 | 0 | | 0 | 0 | 0 | 0 | 0 | 0 | 0 | 0 | | | 0 | | | | | 0 | 0 | |
| 84014010 | 未辐照相关组件 | | | 0 | 0 | | 0 | 0 | 0 | 0 | 0 | 0 | 0 | 0 | | | 0 | | | | | 0 | 0 | |
| 84014020 | 堆内构件 | | | 0 | 0 | | 0 | 0 | 0 | 0 | 0 | 0 | 0 | 0 | | | 0 | | | | | 0 | 0 | |
| 84014090 | 其他核反应堆零件 | | | 0 | 0 | | 0 | 0 | 0 | 0 | 0 | 0 | 0 | 0 | | | 0 | | | | | 0 | 0 | |
| 84021110 | 蒸发量≥900 吨/小时的发电锅炉 | | | 0 | 0 | 2.5 | 0 | 0 | 0 | 0 | 0 | 0 | 0 | 0 | | | 0 | | | | | 0 | 0 | |
| 84021190 | 45 吨/小时<蒸发量<900 吨/小时的发电锅炉 | | | 7 | 0 | 13.3 | 0 | 0 | 0 | 0 | 2.8 | 7 | 0 | 8.4 | | 0 | 0 | | | | | 0 | 0 | |
| 84021200 | 蒸发量≤45 吨/小时的水管锅炉 | | | 0 | 0 | 3.9 | 0 | 0 | 0 | 0 | 0 | 0 | 0 | 3.6 | | | 0 | | | | | 0 | 0 | |
| 84021900 | 其他蒸汽锅炉 | | | 0 | 0 | | 0 | 0 | 0 | 0 | 0 | 0 | 0 | 3.6 | | | 0 | | | | | 0 | 0 | |
| 84022000 | 过热水锅炉 | | | 12.8 | 0 | | 0 | 1.6 | 0 | 0 | 3.2 | 8 | 0 | 9.6 | | 0 | 0 | | | | | 0 | 0 | |
| 84029000 | 蒸汽锅炉及过热水锅炉的零件 | | | 0 | 0 | | 0 | 0 | 0 | 0 | 0 | 0 | 0 | 0 | | | 0 | | | | | 0 | 0 | |
| 84031010 | 家用型集中供暖用热水锅炉 | | | 5 | 0 | 9.5 | 0 | 0 | 0 | 0 | 2 | 0 | 0 | 6 | | | 0 | | | | | 0 | 0 | |
| 84031090 | 其他集中供暖用的热水锅炉 | | | 5 | 0 | 9.5 | 0 | 0 | 0 | 0 | 2 | 0 | 0 | 6 | | | 0 | | | | | 0 | 0 | |
| 84039000 | 集中供暖用热水锅炉的零件 | | | 5 | 0 | | 0 | 0 | 0 | 0 | 1.2 | 0 | 0 | 3.6 | | | 0 | | | | | 0 | 0 | |
| 84041010 | 蒸汽锅炉、过热水锅炉的辅助设备 | | | 0 | 0 | 3.5 | 0 | 0 | 0 | 0 | 1.4 | 3.5 | 0 | 1.4 | | | 0 | | | | | 0 | 0 | |

| 税则号列 | 商品描述① | 协定税率(%) | | | | | | | | | | | | | | | | 特惠税率(%) | | | | | | |
|---|---|---|---|---|---|---|---|---|---|---|---|---|---|---|---|---|---|---|---|---|---|---|---|---|
| | | 香港 | 澳门 | 巴基斯坦 | 东盟 | 亚太 | 智利 | 秘鲁 | 哥斯达黎加 | 新西兰 | 澳大利亚 | 瑞士 | 冰岛 | 韩国 | 台湾 | 新加坡 | 格鲁吉亚 | 亚太2国② | 东盟 | | | 最不发达国家 | | |
| | | | | | | | | | | | | | | | | | | | 老挝 | 柬埔寨 | 缅甸 | LDC97③ | LDC95④ | LDC60⑤ |
| 84041020 | 集中供暖用热水锅炉的辅助设备 | | | 5 | 0 | 5 | 0 | 0 | 0 | 0 | 2 | 0 | 0 | 6 | | | 0 | | | | | 0 | 0 | |
| 84042000 | 水及其他蒸汽动力装置的冷凝器 | | | 11.2 | 0 | | 0 | 0 | 0 | 0 | 2.8 | 7 | 0 | 8.4 | | 0 | 0 | | | | | 0 | 0 | |
| 84049010 | 集中供暖热水锅炉辅助设备的零件 | | | 0 | 0 | 0 | 0 | 0 | 0 | 0 | 2 | 0 | 0 | 2 | | | 0 | | | | | 0 | 0 | |
| 84049090 | 其他辅助设备用零件 | | | 0 | 0 | 0 | 0 | 0 | 0 | 0 | 1.4 | 0 | 0 | 0 | | | 0 | | | | | 0 | 0 | |
| 84051000 | 煤气、乙炔及类似水解气体发生器 | | | 11.2 | 0 | | 0 | 0 | 0 | 0 | 2.8 | 7 | 0 | 11.2 | | 0 | 0 | | | | | 0 | 0 | |
| 84059000 | 煤气、乙炔等气体发生器的零件 | | | 5 | 0 | | 0 | 0 | 0 | 0 | 1.6 | 0 | 0 | 1.6 | | | 0 | | | | | 0 | 0 | |
| 84061000 | 船舶动力用汽轮机 | | | 0 | 0 | | 0 | 0 | 0 | 0 | 0 | 0 | 0 | 3 | | | 0 | | | | | 0 | 0 | 0 |
| 84068110 | 40兆瓦<输出功率≤100兆瓦的汽轮机 | | | 0 | 0 | | 0 | 0 | 0 | 0 | 0 | 0 | 0 | 1 | | | 0 | | | | | 0 | 0 | 0 |
| 84068120 | 100兆瓦<输出功率≤350兆瓦的汽轮机 | | | 0 | 0 | | 0 | 0 | 0 | 0 | 0 | 0 | 0 | 1 | | | 0 | | | | | 0 | 0 | 0 |
| 84068130 | 输出功率>350兆瓦的汽轮机 | | | 5 | 0 | | 0 | 0 | 0 | 0 | 1.2 | 0 | 0 | 1.2 | | | 0 | | | | | 0 | 0 | 0 |
| 84068200 | 输出功率≤40兆瓦的汽轮机 | | | 0 | 0 | | 0 | 0 | 0 | 0 | 0 | 3.1 | 0 | 1 | | | 0 | | | | | 0 | 0 | 0 |
| 84069000 | 汽轮机用的零件 | | | 0 | 0 | | 0 | 0 | 0 | 0 | 0 | 1 | 0 | 0 | | | 0 | | | | | 0 | 0 | 0 |
| 84071010 | 输出功率≤298千瓦的航空器点燃式发动机 | | | 0 | 0 | | 0 | 0 | 0 | 0 | 0 | 0 | 0 | 0 | | | 0 | | | | | 0 | 0 | |
| 84071020 | 输出功率>298千瓦的航空器点燃式发动机 | | | 0 | 0 | | 0 | 0 | 0 | 0 | 0 | 0 | 0 | 0 | | | 0 | | | | | 0 | 0 | |
| 84072100 | 船舶用舷外点燃式发动机 | | | 5 | 0 | | 0 | 0 | 0 | 0 | 1.6 | 0 | 0 | | | | 0 | | | | | 0 | 0 | |
| 84072900 | 船舶用其他未列名点燃式发动机 | | | 5 | 0 | | 0 | 0 | 0 | 0 | 1.6 | 0 | 0 | | | | 0 | | | | | 0 | 0 | |
| 84073100 | 排气量≤50毫升的往复式活塞发动机 | | | 5 | 0 | | 0 | 0 | 0 | 0 | 2 | 0 | 0 | 8 | | | 0 | | | | | 0 | 0 | |
| 84073200 | 50毫升<排气量≤250毫升往复式活塞发动机 | | | 5 | 0 | | 0 | 0 | 0 | 0 | 2 | 0 | 0 | 8 | | | 0 | | | | | 0 | 0 | |
| 84073300 | 250毫升<排气量≤1000毫升往复式活塞发动机 | 0 | | 8 | 0 | | 0 | 0 | 0 | 0 | 2 | 0 | 0 | 8 | | 0 | 0 | | | | | 0 | 0 | |
| 84073410 | 1000毫升<排气量≤3000毫升往复式活塞发动机 | 0 | | 7 | 5 | 7 | 0 | | 0 | 0 | 2 | 0 | 0 | 8 | | | 0 | | | | | | | |
| 84073420 | 排气量>3000毫升的往复式活塞发动机 | 0 | | 7 | 5 | 7 | 0 | | 0 | 0 | 2 | 0 | 0 | 8 | | | 0 | | | | | 0 | | |
| 84079010 | 沼气发动机 | | | 6 | 0 | | 0 | 0 | 0 | 0 | 2.4 | 6 | 0 | 7.2 | | 0 | 0 | | | | | 0 | 0 | |
| 84079090 | 其他点燃往复或旋转式内燃发动机 | | | | 0 | | 0 | 1.8 | 0 | 0 | 3.6 | 9 | 0 | 13.2 | | 0 | 0 | | | | | 0 | 0 | |
| 84081000 | 船舶用压燃式内燃发动机 | | | 0 | 0 | 2.5 | 0 | 0 | 0 | 0 | 0 | 0 | 0 | 3 | | 0 | 0 | | | | | 0 | 0 | |
| 84082010 | 输出功率≥132.39千瓦的车用柴油发动机 | 0 | | 6.3 | 5 | 6.3 | 0 | 0 | 0 | 0 | 1.8 | 0 | 0 | 6.6 | | | 0 | | | | | 0 | 0 | |

| 税则号列 | 商品描述[①] | 协定税率(%) | | | | | | | | | | | | | | | 特惠税率(%) | | | | | | |
|---|---|---|---|---|---|---|---|---|---|---|---|---|---|---|---|---|---|---|---|---|---|---|---|
| | | 香港 | 澳门 | 巴基斯坦 | 东盟 | 亚太 | 智利 | 秘鲁 | 哥斯达黎加 | 新西兰 | 澳大利亚 | 瑞士 | 冰岛 | 韩国 | 台湾 | 新加坡 | 格鲁吉亚 | 亚太2国[②] | 东盟 | | | 最不发达国家 | | |
| | | | | | | | | | | | | | | | | | | | 老挝 | 柬埔寨 | 缅甸 | LDC97[③] | LDC95[④] | LDC60[⑤] |
| 84082090 | 输出功率<132.39千瓦的车用柴油发动机 | | | 17.5 | 5 | 17.5 | 0 | | 0 | 0 | 5 | | 0 | 20 | | | 0 | | | | | 0 | | |
| 84089010 | 机车用柴油发动机 | | | 0 | 0 | 5.4 | 0 | 0 | 0 | 0 | 1.2 | 0 | 0 | 1.2 | | | 0 | | | | | 0 | 0 | |
| 84089091 | 功率≤14千瓦的其他用柴油发动机 | | | 0 | 0 | 4.5 | 0 | 0 | 0 | 0 | 0 | 0 | 0 | 3.6 | | | 0 | | | | | 0 | 0 | |
| 84089092 | 14千瓦<功率<132.39千瓦的其他柴油发动机 | | | 5 | 0 | 7.6 | 0 | 0 | 0 | 0 | 1.7 | 0 | 0 | 6.1 | | | 0 | | | | | 0 | 0 | |
| 84089093 | 功率≥132.39千瓦的其他用柴油发动机 | | | 0 | 0 | 4.5 | 0 | 0 | 0 | 0 | 0 | 0 | 0 | 3.6 | | | 0 | | | | | 0 | 0 | |
| 84091000 | 航空器发动机用零件 | | | 0 | 0 | | 0 | 0 | 0 | 0 | 0 | 0 | 0 | 0 | | | 0 | | | | | 0 | 0 | 0 |
| 84099110 | 船舶用点燃式发动机专用零件 | | | 0 | 0 | 4.2 | 0 | 0 | 0 | 0 | 1.2 | 0 | 0 | 4.3 | | | 0 | | | | | 0 | 0 | 0 |
| 84099191 | 电控燃油喷射装置 | | | 0 | 0 | 3.5 | 0 | 0 | 0 | 0 | 0 | 0 | 0 | 3.6 | | 0 | 0 | | | | | 0 | 0 | 0 |
| 84099199 | 其他点燃式活塞内燃发动机用零件 | | | 0 | 0 | 3.5 | 0 | 0 | 0 | 0 | 0 | 2.5 | 0 | 3 | | 0 | 0 | | | | | 0 | 0 | 0 |
| 84099910 | 其他船舶发动机专用零件 | | | 0 | 0 | 4.5 | 0 | 0 | 0 | 0 | 0 | 2.5 | 0 | 3.6 | | 0 | 0 | | | | | 0 | 0 | 0 |
| 84099920 | 其他机车发动机专用零件 | | | 0 | 0 | 1.5 | 0 | 0 | 0 | 0 | 0 | 0 | 0 | 0 | | | 1.6 | | | | | 0 | 0 | 0 |
| 84099991 | 功率≥132.39千瓦的发动机的专用零件 | | | 0 | 0 | 1.5 | 0 | 0 | 0 | 0 | 0 | 0 | 0 | 1.2 | | | 0 | | | | | 0 | 0 | 0 |
| 84099999 | 其他未列名发动机的专用零件 | | | 5 | 0 | 8 | 0 | 0 | 0 | 0 | 1.7 | 0 | 0 | 6.1 | | 0 | 0 | | | | | 0 | 0 | 0 |
| 84101100 | 功率≤1000千瓦的水轮机及水轮 | | | 5 | 0 | | 0 | 0 | 0 | 0 | 2 | 0 | 0 | 6 | | | 0 | | | | | 0 | 0 | |
| 84101200 | 1000千瓦<功率≤1万千瓦的水轮机及水轮 | | | 5 | 0 | | 0 | 0 | 0 | 0 | 2 | 0 | 0 | 6 | | 0 | 0 | | | | | 0 | 0 | |
| 84101310 | 功率>3万千瓦的冲击式水轮机及水轮 | | | 5 | 0 | | 0 | 0 | 0 | 0 | 2 | 0 | 0 | 6 | | 0 | 0 | | | | | 0 | 0 | |
| 84101320 | 功率>3.5万千瓦的贯流水轮机及水轮 | | | 5 | 0 | | 0 | 0 | 0 | 0 | 2 | 0 | 0 | 6 | | 0 | 0 | | | | | 0 | 0 | |
| 84101330 | 功率>20万千瓦的水泵式水轮机及水轮 | | | 5 | 0 | | 0 | 0 | 0 | 0 | 2 | 0 | 0 | 6 | | | 0 | | | | | 0 | 0 | |
| 84101390 | 其他功率>1万千瓦的水轮机及水轮 | | | 5 | 0 | | 0 | 0 | 0 | 0 | 2 | 0 | 0 | 6 | | | 0 | | | | | 0 | 0 | |
| 84109010 | 水轮机及水轮的调节器 | | | 5 | 0 | | 0 | 0 | 0 | 0 | 1.2 | 0 | 0 | 1.2 | | | 0 | | | | | 0 | 0 | |
| 84109090 | 水轮机及水轮的其他零件 | | | 5 | 0 | | 0 | 0 | 0 | 0 | 1.2 | 0 | 0 | 3.6 | | | 0 | | | | | 0 | 0 | |
| 84111110 | 推力≤25千牛顿的涡轮风扇发动机 | | | 0 | 0 | | 0 | 0 | 0 | 0 | 0 | 0 | 0 | 0 | | | 0 | | | | | 0 | 0 | 0 |
| 84111190 | 推力≤25千牛顿的其他的涡轮喷气发动机 | | | 0 | 0 | | 0 | 0 | 0 | 0 | 0 | 0 | 0 | 0 | | | 0 | | | | | 0 | 0 | 0 |
| 84111210 | 推力>25千牛顿的涡轮风扇发动机 | | | 0 | 0 | 0 | 0 | 0 | 0 | 0 | 0 | 0 | 0 | 0 | | | 0 | | | | | 0 | 0 | 0 |
| 84111290 | 推力>25千牛顿的其他涡轮喷气发动机 | | | 0 | 0 | .5 | 0 | 0 | 0 | 0 | 0 | 0 | 0 | 0 | | | 0 | | | | | 0 | 0 | 0 |
| 84112100 | 功率≤1100千瓦的涡轮螺桨发动机 | | | 0 | 0 | | 0 | 0 | 0 | 0 | 0 | 0 | 0 | 0 | | | 0 | | | | | 0 | 0 | 0 |

| 税则号列 | 商品描述[①] | 协定税率(%) | | | | | | | | | | | | | | | | 特惠税率(%) | | | | | | |
|---|---|---|---|---|---|---|---|---|---|---|---|---|---|---|---|---|---|---|---|---|---|---|---|---|
| | | 香港 | 澳门 | 巴基斯坦 | 东盟 | 亚太 | 智利 | 秘鲁 | 哥斯达黎加 | 新西兰 | 澳大利亚 | 瑞士 | 冰岛 | 韩国 | 台湾 | 新加坡 | 格鲁吉亚 | 亚太2国[②] | 东盟 老挝 | 东盟 柬埔寨 | 东盟 缅甸 | 最不发达国家 LDC97[③] | 最不发达国家 LDC95[④] | 最不发达国家 LDC60[⑤] |
| 84112210 | 1100 千瓦<功率≤2238 千瓦涡轮螺桨发动机 | | | 0 | 0 | | 0 | 0 | 0 | 0 | 0 | 0 | 0 | 0 | | | 0 | | | | | 0 | 0 | 0 |
| 84112220 | 2238 千瓦<功率≤3730 千瓦涡轮螺桨发动机 | | | 0 | 0 | | 0 | 0 | 0 | 0 | 0 | 0 | 0 | 0 | | | 0 | | | | | 0 | 0 | 0 |
| 84112230 | 功率>3730 千瓦的涡轮螺桨发动机 | | | 0 | 0 | | 0 | 0 | 0 | 0 | 0 | 0 | 0 | 0 | | | 0 | | | | | 0 | 0 | 0 |
| 84118100 | 功率≤5000 千瓦的其他燃气轮机 | | | 12 | 0 | | 0 | 1.5 | 0 | 0 | 3 | 7.5 | 0 | 9 | | 0 | 0 | | | | | 0 | 0 | |
| 84118200 | 功率>5000 千瓦的其他燃气轮机 | | | 0 | 0 | | 0 | 0 | 0 | 0 | 0 | 0 | 0 | 0 | | | 0 | | | | | 0 | 0 | 0 |
| 84119100 | 涡轮喷气或涡轮螺桨发动机用零件 | | | 0 | 0 | | 0 | 0 | 0 | 0 | 0 | 0 | 0 | 0 | | | 0 | | | | | 0 | 0 | 0 |
| 84119910 | 涡轮轴发动机用零件 | | | 0 | 0 | | 0 | 0 | 0 | 0 | 0 | 0 | 0 | 0 | | | 0 | | | | | 0 | 0 | 0 |
| 84119990 | 其他燃气轮机用零件 | | | 0 | 0 | | 0 | 0 | 0 | 0 | 0 | 0 | 0 | 3 | | | 0 | | | | | 0 | 0 | 0 |
| 84121010 | 航空、航天器用喷气发动机 | | | 0 | 0 | | 0 | 0 | 0 | 0 | 0 | 0 | 0 | 0 | | | 0 | | | | | 0 | 0 | 0 |
| 84121090 | 非航空、航天器用喷气发动机 | | | 5 | 0 | | 0 | 0 | 0 | 0 | 2 | 0 | 0 | 6 | | | 0 | | | | | 0 | 0 | |
| 84122100 | 直线作用的液压动力装置(液压缸) | 0 | | 6 | 0 | | 0 | 1.2 | 0 | 0 | 2.4 | 6 | 0 | 9.6 | 0 | 0 | 0 | | | | | 0 | 0 | |
| 84122910 | 液压马达 | | | 5 | 0 | | 0 | 0 | 0 | 0 | 2 | 5 | 0 | 8 | | 0 | 0 | | | | | 0 | 0 | |
| 84122990 | 其他液压动力装置 | | | 11.2 | 0 | | 0 | 0 | 0 | 0 | 2.8 | 7 | 0 | 10.2 | | 0 | 0 | | | | | 0 | 0 | |
| 84123100 | 直线作用的气压动力装置(气压缸) | | | 7 | 0 | 13.3 | 0 | 0 | 0 | 0 | 2.8 | 0 | 0 | 2.8 | 0 | 0 | 0 | | | | | 0 | 0 | |
| 84123900 | 其他气压动力装置 | | | 11.2 | 0 | | 0 | 0 | 0 | 0 | 2.8 | 0 | 0 | 8.4 | | 0 | 0 | | | | | 0 | 0 | |
| 84128000 | 其他发动机及动力装置 | | | 5 | 0 | | 0 | 0 | 0 | 0 | 2 | 0 | 0 | 6 | | | 0 | | | | | 0 | 0 | |
| 84129010 | 航空、航天器用喷气发动机的零件 | | | 0 | 0 | | 0 | 0 | 0 | 0 | 0 | 0 | 0 | 0 | | | 0 | | | | | 0 | 0 | 0 |
| 84129090 | 其他发动机及动力装置的零件 | | | 5 | 0 | | 0 | 0 | 0 | 0 | 1.6 | 0 | 0 | 5.8 | | | 0 | | | | | 0 | 0 | 0 |
| 84131100 | 分装燃料或润滑油的泵 | | | 5 | 0 | | 0 | 0 | 0 | 0 | 2 | 0 | 0 | 6 | | 0 | 0 | | | | | 0 | 0 | 0 |
| 84131900 | 其他装有或可装计量装置的泵 | | | 5 | 0 | | 0 | 0 | 0 | 0 | 2 | 5 | 0 | 8 | | 0 | 0 | | | | | 0 | 0 | 0 |
| 84132000 | 手泵 | | | 5 | 0 | | 0 | 0 | 0 | 0 | 2 | 0 | 0 | 6 | | 0 | 0 | | | | | 0 | 0 | 0 |
| 84133021 | 输出功率≥132.39 千瓦(180 马力)的发动机用燃油泵 | | | 0 | 0 | 2.5 | 0 | 0 | 0 | 0 | 0 | 0 | 0 | 0.6 | | | 0 | | | | | 0 | 0 | 0 |
| 84133029 | 其他燃油泵 | | | 0 | 0 | | 0 | 0 | 0 | 0 | 0 | 0 | 0 | 0.6 | | | 0 | | | | | 0 | 0 | 0 |
| 84133030 | 润滑油泵 | | | 0 | 0 | | 0 | 0 | 0 | 0 | 0 | 0 | 0 | 0.6 | | | 0 | | | | | 0 | 0 | 0 |
| 84133090 | 其他燃油泵、润滑油泵或冷却剂泵 | | | 0 | 0 | 2.5 | 0 | 0 | 0 | 0 | 0 | 0 | 0 | 0.6 | | | 0 | | | | | 0 | 0 | 0 |
| 84134000 | 混凝土泵 | 0 | | 5 | 0 | | 0 | 0 | 0 | 0 | 1.6 | 0 | 0 | 4.8 | | | 0 | | | | | 0 | 0 | 0 |
| 84135010 | 气动式往复式排液泵 | | | 5 | 0 | | 0 | 0 | 0 | 0 | 2 | 0 | 0 | 7.3 | | 0 | 0 | | | | | 0 | 0 | 0 |
| 84135020 | 电动式往复式排液泵 | 0 | | 5 | 0 | | 0 | 0 | 0 | 0 | 2 | 5.8 | 0 | 6 | | 0 | 0 | | | | | 0 | 0 | 0 |
| 84135031 | 往复式柱塞泵 | | | 5 | 0 | | 0 | 0 | 0 | 0 | 2 | 0 | 0 | 8 | | 0 | 0 | | | | | 0 | 0 | 0 |

| 税则号列 | 商品描述[①] | 协定税率(%) | | | | | | | | | | | | | | | | 特惠税率(%) | | | | | | |
|---|---|---|---|---|---|---|---|---|---|---|---|---|---|---|---|---|---|---|---|---|---|---|---|---|
| | | 香港 | 澳门 | 巴基斯坦 | 东盟 | 亚太 | 智利 | 秘鲁 | 哥斯达黎加 | 新西兰 | 澳大利亚 | 瑞士 | 冰岛 | 韩国 | 台湾 | 新加坡 | 格鲁吉亚 | 亚太2国[②] | 东盟 老挝 | 东盟 柬埔寨 | 东盟 缅甸 | 最不发达国家 LDC97[③] | 最不发达国家 LDC95[④] | 最不发达国家 LDC60[⑤] |
| 84135039 | 其他液压式往复泵 | | | 5 | 0 | | 0 | 0 | 0 | 0 | 2 | 0 | 0 | 7.3 | | 0 | 0 | | | | | 0 | 0 | 0 |
| 84135090 | 其他往复式排液泵 | | | 5 | 0 | | 0 | 1 | 0 | 0 | 2 | 0 | 0 | 8 | | 0 | 0 | | | | | 0 | 0 | 0 |
| 84136021 | 电动式齿轮回转泵 | | | 5 | 0 | | 0 | 0 | 0 | 0 | 2 | 0 | | 8 | | 0 | 8 | | | | | 0 | 0 | 0 |
| 84136022 | 液压式齿轮回转泵 | | | 5 | 0 | | 0 | 0 | 0 | 0 | 2 | 0 | 0 | 7.3 | | | 0 | | | | | 0 | 0 | 0 |
| 84136029 | 其他齿轮回转泵 | | | 5 | 0 | | 0 | 0 | 0 | 0 | 2 | 0 | 0 | 6 | | | 0 | | | | | 0 | 0 | 0 |
| 84136031 | 电动式叶片回转泵 | | | 5 | 0 | | 0 | 0 | 0 | 0 | 2 | 0 | 0 | 6 | | | 0 | | | | | 0 | 0 | 0 |
| 84136032 | 液压式叶片回转泵 | | | 5 | 0 | | 0 | 0 | 0 | 0 | 2 | 0 | 0 | 8 | | | 0 | | | | | 0 | 0 | 0 |
| 84136039 | 其他叶片回转泵 | | | 5 | 0 | | 0 | 0 | 0 | 0 | 2 | 0 | 0 | 8 | | | 0 | | | | | 0 | 0 | 0 |
| 84136040 | 螺杆回转泵 | | | 5 | 0 | | 0 | 0 | 0 | 0 | 2 | 0 | 0 | 8 | | | 0 | | | | | 0 | 0 | 0 |
| 84136050 | 径向柱塞泵 | | | 5 | 0 | | 0 | 0 | 0 | 0 | 2 | 0 | 0 | 8 | | | 0 | | | | | 0 | 0 | 0 |
| 84136060 | 轴向柱塞泵 | | | 5 | 0 | | 0 | 0 | 0 | 0 | 2 | 0 | 0 | 7.3 | | | 0 | | | | | 0 | 0 | 0 |
| 84136090 | 其他回转式排液泵 | | | 5 | 0 | | 0 | 0 | 0 | 0 | 2 | 5 | 0 | 7.3 | | 0 | 0 | | | | | 0 | 0 | 0 |
| 84137010 | 转速≥10000 转/分的离心泵 | | | 5 | 0 | 7.6 | 0 | 0 | 0 | 0 | 1.6 | 0 | 0 | 1.6 | | | 0 | | | | | 0 | 0 | 0 |
| 84137091 | 电动潜油泵及潜水电泵 | | | 5 | 0 | | 0 | 0 | 0 | 0 | 2 | 0 | 0 | 6 | | 0 | 0 | | | | | 0 | 0 | 0 |
| 84137099 | 其他离心泵 | 0 | | 5 | 0 | 7.6 | 0 | 0 | 0 | 0 | 1.6 | 4 | 0 | 1.6 | | | 0 | | | | | 0 | 0 | 0 |
| 84138100 | 其他液体泵 | | | 0 | 0 | 4 | 0 | 0 | 0 | 0 | 1.6 | 4 | 0 | 1.6 | 0 | | 0 | | | | | 0 | 0 | 0 |
| 84138200 | 液体提升机 | | | 5 | 0 | | 0 | 0 | 0 | 0 | 1.6 | 5 | 0 | 4.8 | | | 0 | | | | | 0 | 0 | 0 |
| 84139100 | 液体泵用零件 | 0 | | 0 | 0 | 2.5 | 0 | 0 | 0 | 0 | 0 | 2.5 | 0 | 0 | 0 | | 0 | | | | | 0 | 0 | 0 |
| 84139200 | 液体提升机用零件 | | | 5 | 0 | | 0 | 0 | 0 | 0 | 1.2 | 0 | 0 | 1.2 | | | 0 | | | | | 0 | 0 | 0 |
| 84141000 | 真空泵 | | | 5 | 0 | | 0 | 0 | 0 | 0 | 1.6 | 4 | 0 | 4.8 | 0 | | 0 | | | | | 0 | 0 | |
| 84142000 | 手动或脚踏式泵 | | | 5 | 0 | | 0 | 0 | 0 | 0 | 1.6 | 0 | 0 | 1.6 | | | 0 | | | | | 0 | 0 | |
| 84143011 | 功率≤0.4 千瓦的冷藏、冷冻箱用压缩机 | 0 | | 5 | 0 | 5.9 | 0 | 0 | 0 | 0 | 1.6 | 0 | 0 | 5.8 | | 0 | 0 | | | | | 0 | 0 | 0 |
| 84143012 | 0.4 千瓦<功率≤5 千瓦的冷藏、冷冻箱用压缩机 | 0 | | 5 | 0 | 8.5 | 0 | 1 | 0 | 0 | 2 | 0 | 0 | 8 | | 0 | 0 | | | | | 0 | 0 | 0 |
| 84143013 | 0.4 千瓦<功率≤5 千瓦的空气调节器用压缩机 | 0 | | 5 | 0 | 8.5 | 0 | 1 | 0 | 0 | 2 | 0 | 0 | 2 | 0 | 0 | 0 | | | | | 0 | 0 | 0 |
| 84143014 | 功率>5 千瓦的空气调节器用压缩机 | 0 | | 5 | 0 | 8.5 | 0 | 1 | 0 | 0 | 2 | 0 | 0 | 6 | 0 | 0 | 0 | | | | | 0 | 0 | 0 |
| 84143015 | 冷藏或冷冻设备用，电动机额定功率>5 千瓦的电动机驱动压缩机 | 0 | | 5 | 0 | 9.2 | 0 | 1 | 0 | 0 | 2 | 0 | 0 | 6 | | | 0 | | | | | 0 | 0 | 0 |
| 84143019 | 其他制冷设备用压缩机 | 0 | | 5 | 0 | 9 | 0 | 1 | 0 | 0 | 2 | 0 | 0 | 8 | | 0 | 0 | | | | | 0 | 0 | 0 |
| 84143090 | 非电机驱动的压缩机 | 0 | | 5 | 0 | 8.1 | 0 | 0 | 0 | 0 | 1.8 | 0 | 0 | 6.6 | | 0 | 7.2 | | | | | 0 | 0 | 0 |
| 84144000 | 装在拖车底盘上的空气压缩机 | 0 | | 5 | 0 | | 0 | 0 | 0 | 0 | 1.6 | 0 | 0 | 4.8 | | | 0 | | | | | 0 | 0 | |
| 84145110 | 功率≤125 瓦的吊扇 | | | | 0 | | 0 | 2 | 0 | 0 | 4 | 10 | 0 | 14.6 | | 0 | 0 | | 0 | | | 0 | 0 | 0 |
| 84145120 | 功率≤125 瓦的换气扇 | | | | 0 | | 0 | 2 | 0 | 0 | 4 | 10 | 0 | 14.6 | 0 | 0 | 0 | | 0 | | | 0 | 0 | 0 |
| 84145130 | 功率≤125 瓦，有旋转导风轮的风扇 | | | 6 | 0 | | 0 | 0 | 0 | 0 | 2.4 | 6 | 0 | 7.2 | | 0 | 0 | | 0 | | | 0 | 0 | 0 |
| 84145191 | 功率≤125 瓦的台扇 | | | 5 | 0 | | 0 | 0 | 0 | 0 | 2 | 0 | 0 | 6 | | | 0 | | 0 | | | 0 | 0 | 0 |
| 84145192 | 功率≤125 瓦的落地扇 | | | 5 | 0 | | 0 | 0 | 0 | 0 | 2 | 0 | 0 | 6 | | | 0 | | 0 | | | 0 | 0 | 0 |

| 税则号列 | 商品描述① | 协定税率(%) | | | | | | | | | | | | | | | | 特惠税率(%) | | | | | | |
|---|---|---|---|---|---|---|---|---|---|---|---|---|---|---|---|---|---|---|---|---|---|---|---|---|
| | | 香港 | 澳门 | 巴基斯坦 | 东盟 | 亚太 | 智利 | 秘鲁 | 哥斯达黎加 | 新西兰 | 澳大利亚 | 瑞士 | 冰岛 | 韩国 | 台湾 | 新加坡 | 格鲁吉亚 | 亚太2国② | 东盟 | | | 最不发达国家 | | |
| | | | | | | | | | | | | | | | | | | | 老挝 | 柬埔寨 | 缅甸 | LDC97③ | LDC95④ | LDC60⑤ |
| 84145193 | 功率≤125瓦的壁扇 | | | 5 | 0 | | 0 | 0 | 0 | 0 | 2 | 0 | 0 | 6 | | | 0 | | 0 | | | 0 | 0 | 0 |
| 84145199 | 功率≤125瓦其他风扇、风机 | | | 5 | 0 | | 0 | 0 | 0 | 0 | 2 | 0 | 0 | 6 | 0 | 0 | 0 | | 0 | | | 0 | 0 | 0 |
| 84145910 | 其他吊扇 | | | 5 | 0 | 7.2 | 0 | 0 | 0 | 0 | 1.6 | 0 | 0 | 1.6 | | | 0 | | | | | 0 | 0 | |
| 84145920 | 其他换气扇 | | | 5 | 0 | 7.2 | 0 | 0 | 0 | 0 | 1.6 | 0 | 0 | 1.6 | | | 0 | | | | | 0 | 0 | |
| 84145930 | 离心通风机 | | 0 | 5 | 0 | 9.5 | 0 | 1 | 0 | 0 | 2 | 0 | 0 | 2 | | 0 | 0 | | | | | 0 | 0 | |
| 84145990 | 其他扇、风机 | | | 5 | 0 | 7.2 | 0 | 0 | 0 | 0 | 1.6 | 4 | 0 | 1.6 | 0 | | 0 | | | | | 0 | 0 | 0 |
| 84146010 | 抽油烟机 | | | 5 | 0 | | 0 | 0 | 0 | 0 | 2 | 0 | 0 | 6 | | | 0 | | 0 | | | 0 | 0 | 0 |
| 84146090 | 罩最大边长≤120厘米的通风罩或循环气罩 | | | 5 | 0 | | 0 | 0 | 0 | 0 | 2 | 0 | 0 | 6 | | 0 | 0 | | 0 | | | 0 | 0 | 0 |
| 84148010 | 燃气轮机用的自由活塞式发电机 | | | 5 | 0 | 5.6 | 0 | 0 | 0 | 0 | 1.6 | 0 | 0 | 1.6 | | | 0 | | | | | 0 | 0 | |
| 84148020 | 二氧化碳压缩机 | | | 0 | 0 | 4.9 | 0 | 0 | 0 | 0 | 1.4 | 0 | 0 | 4.2 | | | 0 | | | | | 0 | 0 | |
| 84148030 | 发动机用增压器 | | | 0 | 0 | 4.9 | 0 | | 0 | 0 | 1.4 | | 0 | 5.1 | | | 0 | | | | | 0 | | |
| 84148040 | 空气及其他气体压缩机 | 0 | | 0 | 0 | 4.9 | 0 | 0 | 0 | 0 | 1.4 | 4.3 | 0 | 0 | 0 | | 0 | | | | | 0 | 0 | |
| 84148090 | 其他气体压缩机及通风罩或循环气罩 | 0 | | 0 | 0 | 4.9 | 0 | 0 | 0 | 0 | 1.4 | 4.3 | 0 | 0 | 0 | | 5.6 | | | | | 0 | 0 | |
| 84149011 | 用于制冷设备的压缩机进、排气阀片 | | | 5 | 0 | 7.2 | 0 | 0 | 0 | 0 | 1.6 | 0 | 0 | 1.6 | | | 0 | | 0 | | | 0 | 0 | 0 |
| 84149019 | 其他用于制冷设备的压缩机零件 | | | 5 | 0 | 7.2 | 0 | 0 | 0 | 0 | 1.6 | 4 | 0 | 0 | 0 | | 0 | | | | | 0 | 0 | |
| 84149020 | 风机、风扇、通风罩及循环气罩零件 | | | 6 | 0 | 11.4 | 0 | 1.2 | 0 | 0 | 2.4 | 6 | 0 | 7.2 | 0 | 0 | 0 | | | | | 0 | 0 | |
| 84149090 | 品目84.14其他所列机器零件 | 0 | | 5 | 0 | 6.5 | 0 | 0 | 0 | 0 | 1.4 | 4.3 | 0 | 0 | 0 | | 0 | | | | | 0 | 0 | |
| 84151010 | 独立窗式或壁式空气调节器 | | | 7.5 | 0 | 13.5 | 0 | 1.5 | 0 | 0 | 3 | 7.5 | 0 | 9 | | 0 | 0 | | | | | 0 | 0 | |
| 84151021 | 分体式制冷量制冷量≤4000大卡/时的窗式或壁式空气调节器 | | | 7.5 | 0 | 13.5 | 0 | 1.5 | 0 | 0 | 3 | 7.5 | 0 | 9 | | 0 | 0 | | | | | 0 | 0 | |
| 84151022 | 分体式制冷量制冷量>4000大卡/时的窗式或壁式空气调节器 | | | 7.5 | 0 | 13.5 | 0 | 1.5 | 0 | 0 | 3 | 7.5 | 0 | 9 | | 0 | 0 | | | | | 0 | 0 | |
| 84152000 | 机动车辆上供人使用的空气调节器 | 0 | | | 5 | | 0 | | 0 | 0 | 4 | 10 | 0 | 16 | | | 0 | | | | | 0 | | |
| 84158110 | 制冷量≤4000大卡/时的热泵式空调器 | | | 12 | 0 | | 0 | 1.5 | 0 | 0 | 3 | 7.5 | 0 | 9 | | 0 | 0 | | | | | 0 | 0 | |
| 84158120 | 制冷量>4000大卡/时的热泵式空调器 | | | | 0 | | 0 | 2 | 0 | 0 | 4 | 10 | 0 | 16 | | 0 | 0 | | | | | 0 | 0 | |
| 84158210 | 制冷量≤4000大卡/时的其他空调器 | | | 12 | 0 | | 0 | 1.5 | 0 | 0 | 3 | 7.5 | 0 | | | 0 | 0 | | | | | 0 | 0 | |
| 84158220 | 制冷量>4000大卡/时的其他空调器 | | | | 0 | | 0 | 2 | 0 | 0 | 4 | 10 | 0 | | | 0 | 0 | | | | | 0 | 0 | |
| 84158300 | 未装有制冷装置的空调器 | | | 5 | 0 | | 0 | 0 | 0 | 0 | 2 | 0 | 0 | 6 | | 0 | 0 | | | | | 0 | 0 | 0 |

| 税则号列 | 商品描述[①] | 协定税率(%) | | | | | | | | | | | | | | | | 特惠税率(%) | | | | | | |
|---|---|---|---|---|---|---|---|---|---|---|---|---|---|---|---|---|---|---|---|---|---|---|---|---|
| | | 香港 | 澳门 | 巴基斯坦 | 东盟 | 亚太 | 智利 | 秘鲁 | 哥斯达黎加 | 新西兰 | 澳大利亚 | 瑞士 | 冰岛 | 韩国 | 台湾 | 新加坡 | 格鲁吉亚 | 亚太2国[②] | 东盟 | | | 最不发达国家 | | |
| | | | | | | | | | | | | | | | | | | | 老挝 | 柬埔寨 | 缅甸 | LDC97[③] | LDC95[④] | LDC60[⑤] |
| 84159010 | 制冷量≤4000 大卡/时等空调的零件 | 0 | | 5 | 0 | 8 | 0 | 0 | 0 | 0 | 2 | 0 | 0 | 6 | | 0 | 0 | | | | | 0 | 0 | 0 |
| 84159090 | 制冷量>4000 大卡/时等空调的零件 | 0 | | 5 | 0 | 8 | 0 | 0 | 0 | 0 | 2 | 0 | 0 | 6 | 0 | 0 | 0 | | | | | 0 | 0 | 0 |
| 84161000 | 使用液体燃料的炉用燃烧器 | | | 5 | 0 | 9.5 | 0 | 0 | 0 | 0 | 2 | 0 | 0 | 6 | | 0 | 0 | | | | | 0 | 0 | |
| 84162011 | 使用天然气的燃烧器 | | | 5 | 0 | | 0 | 0 | 0 | 0 | 2.1 | 5.2 | 0 | 6.3 | | 0 | 0 | | | | | 0 | 0 | |
| 84162019 | 其他使用气体燃料的炉用燃烧器 | | | 5 | 0 | | 0 | 0 | 0 | 0 | 2.1 | 5.2 | 0 | 6.3 | | 0 | 0 | | | | | 0 | 0 | |
| 84162090 | 使用粉状固体燃料的炉用燃烧器 | | | 5 | 0 | | 0 | 0 | 0 | 0 | 2.1 | 0 | 0 | 6.3 | | 0 | 0 | | | | | 0 | 0 | |
| 84163000 | 机械加煤机及类似装置 | | | 5 | 0 | | 0 | 0 | 0 | 0 | 1.7 | 0 | 0 | 1.6 | | | 0 | | | | | 0 | 0 | |
| 84169000 | 炉用燃烧器、机械加煤机等的零件 | | | 5 | 0 | | 0 | 0 | 0 | 0 | 1.2 | 0 | 0 | 1.2 | | | 0 | | | | | 0 | 0 | |
| 84171000 | 矿砂、金属的热处理用炉及烤箱 | | | 5 | 0 | | 0 | 0 | 0 | 0 | 2 | 0 | 0 | 6 | | 0 | 0 | | | | | 0 | 0 | |
| 84172000 | 面包房用烘箱,包括做饼干用的烘箱 | | | 5 | 0 | | 0 | 0 | 0 | 0 | 2 | 0 | 0 | 6 | | | 0 | | | | | 0 | 0 | |
| 84178010 | 炼焦炉 | | | 5 | 0 | | 0 | 0 | 0 | 0 | 2 | 0 | 0 | 6 | | | 0 | | | | | 0 | 0 | |
| 84178020 | 放射性废物焚烧炉 | | | 0 | 0 | | 0 | 0 | 0 | 0 | 0 | 0 | 0 | 1 | | | 0 | | | | | 0 | 0 | |
| 84178030 | 水泥回转窑 | | | 5 | 0 | | 0 | 0 | 0 | 0 | 2 | 0 | 0 | 6 | | 0 | 0 | | | | | 0 | 0 | |
| 84178040 | 石灰石分解炉 | | | 5 | 0 | | 0 | 0 | 0 | 0 | 2 | 0 | 0 | 6 | | | 0 | | | | | 0 | 0 | |
| 84178050 | 垃圾焚烧炉 | | | 5 | 0 | | 0 | 0 | 0 | 0 | 2 | 5.8 | 0 | 8 | 0 | 0 | 0 | | | | | 0 | 0 | |
| 84178090 | 其他非电热的工业用炉及烘箱 | | | 5 | 0 | | 0 | 0 | 0 | 0 | 2 | 5.8 | 0 | 8 | 0 | 0 | 0 | | | | | 0 | 0 | |
| 84179010 | 海绵铁回转窑的零件 | | | 5 | 0 | | 0 | 0 | 0 | 0 | 1.4 | 0 | 0 | 1.4 | | | 0 | | | | | 0 | 0 | |
| 84179020 | 炼焦炉的零件 | | | 5 | 0 | | 0 | 0 | 0 | 0 | 1.4 | 0 | 0 | 1.4 | | | 0 | | | | | 0 | 0 | |
| 84179090 | 其他非电热工业用炉及烘箱的零件 | | | 5 | 0 | | 0 | 0 | 0 | 0 | 1.4 | 3.5 | 0 | 1.4 | | | 0 | | | | | 0 | 0 | |
| 84181010 | 容积>500 升的冷藏—冷冻组合机 | | | 5 | 0 | | 0 | 1 | 0 | 0 | 2 | 0 | 0 | 8 | | 0 | 0 | | | | | 0 | 0 | 0 |
| 84181020 | 200 升<容积≤500 升的冷藏—冷冻组合机 | | | 12 | 0 | | 0 | 1.5 | 0 | 0 | 3 | 7.5 | 0 | 9 | | 0 | 0 | | | | | 0 | 0 | |
| 84181030 | 容积≤200 升的冷藏—冷冻组合机 | | | 12 | 0 | | 0 | 1.5 | 0 | 0 | 3 | 7.5 | 0 | | | 0 | 0 | | | | | 0 | 0 | |
| 84182110 | 容积>150 升的压缩式家用型冷藏箱 | | | 5 | 0 | | 0 | 0 | 0 | 0 | 2 | 0 | 0 | 6 | | 0 | 0 | | | | | 0 | 0 | 0 |
| 84182120 | 50 升<容积≤150 升的压缩式家用型冷藏箱 | | | 5 | 0 | 9 | 0 | 0 | 0 | 0 | 2 | 0 | 0 | 6 | | 0 | 0 | | | | | 0 | 0 | 0 |
| 84182130 | 容积≤50 升的压缩式家用型冷藏箱 | | | 5 | 0 | 9 | 0 | 0 | 0 | 0 | 2 | 0 | 0 | 6 | | 0 | 0 | | | | | 0 | 0 | 0 |
| 84182910 | 半导体制冷式家用型冷藏箱 | | | | 0 | | 0 | 3 | 0 | 0 | 6 | 15 | 0 | | | 0 | 0 | | | | | 0 | 0 | |
| 84182920 | 电气吸收式家用型冷藏箱 | | | 12 | 0 | | 0 | 1.5 | 0 | 0 | 3 | 7.5 | 0 | 9 | | 0 | 0 | | | | | 0 | 0 | |
| 84182990 | 其他家用型冷藏箱 | | | | 0 | | 0 | 3 | 0 | 0 | 6 | 15 | 0 | | | 0 | 0 | | | | | 0 | 0 | |

| 税则号列 | 商品描述[1] | 协定税率(%) | | | | | | | | | | | | | | | | 特惠税率(%) | | | | | | |
|---|---|---|---|---|---|---|---|---|---|---|---|---|---|---|---|---|---|---|---|---|---|---|---|---|
| | | 香港 | 澳门 | 巴基斯坦 | 东盟 | 亚太 | 智利 | 秘鲁 | 哥斯达黎加 | 新西兰 | 澳大利亚 | 瑞士 | 冰岛 | 韩国 | 台湾 | 新加坡 | 格鲁吉亚 | 亚太2国[2] | 东盟 | | | 最不发达国家 | | |
| | | | | | | | | | | | | | | | | | | | 老挝 | 柬埔寨 | 缅甸 | LDC97[3] | LDC95[4] | LDC60[5] |
| 84183010 | 制冷温度≤-40℃,容积≤800升的柜式冷冻箱 | | 0 | 5 | 0 | | 0 | 0 | 0 | 0 | 1.8 | 0 | 0 | | | | 0 | | | | | 0 | 0 | 0 |
| 84183021 | 制冷温度>-40℃,容积500~800升的柜式冷冻箱 | | 0 | | 0 | | 0 | 2.3 | 0 | 0 | 4.6 | 11.5 | 0 | 18.4 | | 0 | 0 | | | | | 0 | 0 | |
| 84183029 | 制冷温度>-40℃,容积≤500升的柜式冷冻箱 | | 0 | | 0 | | 0 | 3 | 0 | 0 | 6 | 18.6 | 0 | | | 0 | 0 | | | | | 0 | 0 | |
| 84184010 | 制冷温度≤-40℃,容积≤900升的立式冷冻箱 | | 0 | 5 | 0 | | 0 | 0 | 0 | 0 | 1.8 | 0 | 0 | | | | 0 | | | | | 0 | 0 | 0 |
| 84184021 | 制冷温度>-40℃,容积500~900升的立式冷冻箱 | | 0 | 12 | 0 | | 0 | 1.5 | 0 | 0 | 3 | 7.5 | 0 | | | 0 | 0 | | | | | 0 | 0 | |
| 84184029 | 制冷温度>-40℃,容积≤500升的立式冷冻箱 | | 0 | | 0 | | 0 | 3 | 0 | 0 | 6 | | 0 | | | 0 | 0 | | | | | 0 | 0 | |
| 84185000 | 其他装有冷藏或冷冻装置的柜、箱、展示台 | 0 | 0 | 5 | 0 | | 0 | 1 | 0 | 0 | 2 | 0 | 0 | 6 | | 0 | 0 | | | | | 0 | 0 | 0 |
| 84186120 | 压缩式热泵,品目84.15的空气调节器除外 | | | 5 | 0 | 7 | 0 | 0 | 0 | 0 | 2 | 0 | 0 | 6 | | 0 | 0 | | | | | 0 | 0 | 0 |
| 84186190 | 其他热泵,品目84.15的空气调节器除外 | | 0 | 7 | 0 | 7 | 0 | 1.5 | 0 | 0 | 3 | 7.5 | 0 | 9 | | 0 | 0 | | | | | 0 | 0 | |
| 84186920 | 其他制冷机组 | | 0 | 5 | 0 | 7 | 0 | 0 | 0 | 0 | 2 | 0 | 0 | 6 | | 0 | 0 | | | | | 0 | 0 | 0 |
| 84186990 | 其他制冷设备 | | 0 | 5 | 0 | 7 | 0 | 1 | 0 | 0 | 2 | 5 | 0 | 6 | | 0 | 0 | | | | | 0 | 0 | 0 |
| 84189100 | 冷藏或冷冻设备用特制家具零件 | | | 14.4 | 0 | 17.1 | 0 | 1.8 | 0 | 0 | 3.6 | 9 | 0 | 10.8 | | 0 | 0 | | | | | 0 | 0 | |
| 84189910 | 制冷机组及热泵用零件 | | | 5 | 0 | | 0 | 1 | 0 | 0 | 2 | 0 | 0 | 6 | | 0 | 0 | | | | | 0 | 0 | 0 |
| 84189991 | 制冷温度≤-40℃的冷冻设备零件 | | 0 | 5 | 0 | | 0 | 0 | 0 | 0 | 1.9 | 0 | 0 | 1.9 | | | 0 | | | | | 0 | 0 | 0 |
| 84189992 | 制冷温度>-40℃,容积>500升的冷藏设备零件 | | 0 | 5 | 0 | | 0 | 1 | 0 | 0 | 2 | 0 | 0 | 6 | | | 0 | | | | | 0 | 0 | 0 |
| 84189999 | 品目84.18其他制冷设备用零件 | | 0 | 5 | 0 | | 0 | 1 | 0 | 0 | 2 | 0 | 0 | 6 | | 0 | 0 | | | | | 0 | 0 | 0 |
| 84191100 | 燃气快速热水器 | | | | 0 | | 0 | 3.5 | 0 | 0 | 7 | 21.7 | 0 | 28 | | 0 | 0 | | | | | 0 | 0 | |
| 84191910 | 太阳能热水器 | | | | 0 | | 0 | 3.5 | 0 | 0 | 7 | 17.5 | 0 | | 0 | 0 | 0 | | | | | 0 | 0 | |
| 84191990 | 其他非电热的快速或贮备式热水器 | | | | 0 | | 0 | 3.5 | 0 | 0 | 7 | 21.7 | 0 | | 0 | 0 | 0 | | | | | 0 | 0 | |
| 84192000 | 医用或实验室用消毒器具 | | | 0 | 0 | | 0 | 0 | 0 | 0 | 0 | 0 | 0 | 0 | | | 0 | | | | | 0 | 0 | |
| 84193100 | 农产品干燥器 | | | 5 | 0 | | 0 | 0 | 0 | 0 | 1.6 | 0 | 0 | 4.8 | | | 0 | | 0 | | | 0 | 0 | 0 |
| 84193200 | 木材、纸浆、纸或纸板用干燥器 | | | 5 | 0 | | 0 | 0 | 0 | 0 | 1.8 | 0 | 0 | 1.8 | 0 | | 0 | | 0 | | | 0 | 0 | 0 |
| 84193910 | 微空气流动陶瓷坯件干燥器 | | | 4.5 | 0 | 4.5 | 0 | 0 | 0 | 0 | 1.8 | 0 | 0 | 1.8 | | | | | | | | 0 | 0 | |
| 84193990 | 其他用途的干燥器 | | | 4.5 | 0 | 4.5 | 0 | 0 | 0 | 0 | 1.8 | 0 | 0 | 5.4 | 0 | | 7.2 | | | | | 0 | 0 | |
| 84194010 | 提净塔 | | | 5 | 0 | | 0 | 0 | 0 | 0 | 2 | 0 | 0 | 6 | | 0 | 0 | | | | | 0 | 0 | |
| 84194020 | 精馏塔 | | | 5 | 0 | | 0 | 0 | 0 | 0 | 2 | 0 | 0 | 6 | | 0 | 0 | | | | | 0 | 0 | |
| 84194090 | 其他蒸馏或精馏设备 | | | 5 | 0 | | 0 | 0 | 0 | 0 | 2 | 0 | 0 | 6 | | 0 | 0 | | | | | 0 | 0 | |
| 84195000 | 热交换装置 | 0 | | 5 | 0 | 9.5 | 0 | 1 | 0 | 0 | 2 | 5.8 | 0 | 2 | 0 | 0 | 0 | | 0 | | | 0 | 0 | 0 |

| 税则号列 | 商品描述[①] | 协定税率(%) | | | | | | | | | | | | | | | | 特惠税率(%) | | | | | | |
|---|---|---|---|---|---|---|---|---|---|---|---|---|---|---|---|---|---|---|---|---|---|---|---|---|
| | | 香港 | 澳门 | 巴基斯坦 | 东盟 | 亚太 | 智利 | 秘鲁 | 哥斯达黎加 | 新西兰 | 澳大利亚 | 瑞士 | 冰岛 | 韩国 | 台湾 | 新加坡 | 格鲁吉亚 | 亚太2国[②] | 东盟 | | | 最不发达国家 | | |
| | | | | | | | | | | | | | | | | | | | 老挝 | 柬埔寨 | 缅甸 | LDC97[③] | LDC95[④] | LDC60[⑤] |
| 84196011 | 制氧量≥15000 立方米/小时的制氧机 | 0 | | 6 | 0 | | 0 | 0 | 0 | 0 | 2.4 | 6 | 0 | 7.2 | | 0 | 0 | | | | | 0 | 0 | |
| 84196019 | 制氧量<15000 立方米/小时的制氧机 | 0 | | 6.5 | 0 | | 0 | 0 | 0 | 0 | 2.6 | 6.5 | 0 | 7.8 | | 0 | 0 | | | | | 0 | 0 | |
| 84196090 | 其他液化空气或其他气体的机器 | 0 | | 5 | 0 | | 0 | 0 | 0 | 0 | 2 | 0 | 0 | 6 | | 0 | 0 | | | | | 0 | 0 | |
| 84198100 | 加工热饮料、烹调、加热食品的机器 | | 0 | 5 | 0 | | 0 | 1 | 0 | 0 | 2 | 0 | 0 | 6 | | 0 | 0 | | 0 | | | 0 | 0 | 0 |
| 84198910 | 加氢反应器 | | | | | | | | | | | | | | | | | | 0 | | | 0 | 0 | 0 |
| 84198990 | 其他利用温度变化处理材料的机器 | | | | | | | | | | | | | | | | | | 0 | | | 0 | 0 | 0 |
| 84199010 | 热水器用零件 | | | | | | | | | | | | | | | | | | | | | 0 | 0 | 0 |
| 84199090 | 品目 84.19 的其他机器设备用零件 | 0 | | 0 | 0 | | 0 | 0 | 0 | 0 | 0 | 0 | 0 | 0 | 0 | | 0 | | | | | 0 | 0 | |
| 84201000 | 砑光机或其他滚压机器 | | | 5 | 0 | | 0 | 0 | 0 | 0 | 1.7 | 0 | 0 | 1.6 | 0 | | 0 | | | | | 0 | 0 | 0 |
| 84209100 | 砑光机或其他滚压机器的滚筒 | | | 5 | 0 | | 0 | 0 | 0 | 0 | 1.6 | 0 | 0 | 1.6 | | | 0 | | | | | 0 | 0 | 0 |
| 84209900 | 砑光机或其他滚压机的未列名零件 | | | 5 | 0 | | 0 | 0 | 0 | 0 | 1.6 | 0 | 0 | 1.6 | | | 0 | | | | | 0 | 0 | 0 |
| 84211100 | 奶油分离器 | | | 5 | 0 | | 0 | 0 | 0 | 0 | 1.7 | 0 | 0 | 1.6 | | | 0 | | | | | 0 | 0 | |
| 84211210 | 干衣量≤10 千克的离心干衣机 | | | 14 | 0 | | 0 | 1.8 | 0 | 0 | 3.5 | 8.8 | 0 | 10.5 | | 0 | 0 | | | | | 0 | 0 | |
| 84211290 | 干衣量>10 千克的离心干衣机 | | | 5 | 0 | | 0 | 0 | 0 | 0 | 1.6 | 0 | 0 | 4.8 | | | 0 | | | | | 0 | 0 | |
| 84211910 | 脱水机 | | | 5 | 0 | | 0 | 0 | 0 | 0 | 2 | 0 | 0 | 6 | | | 0 | | | | | 0 | 0 | |
| 84211920 | 固液分离机 | | | 5 | 0 | | 0 | 0 | 0 | 0 | 2 | 0 | 0 | 6 | | 0 | 0 | | | | | 0 | 0 | |
| 84211990 | 其他离心机 | | | 5 | 0 | | 0 | 0 | 0 | 0 | 2 | 5 | 0 | 6 | | 0 | 0 | | | | | 0 | 0 | |
| 84212110 | 家用型过滤或净化水的机器及装置 | 0 | 0 | 17.5 | 0 | 17.5 | 0 | 2.5 | 0 | 0 | 5 | 15.5 | 0 | 20 | | 0 | 0 | | | | | 0 | 0 | |
| 84212191 | 船舶压载水处理设备 | 0 | 0 | 0 | 0 | 3.5 | 0 | 0 | 0 | 0 | 0 | 0 | 0 | 3.6 | 0 | | 0 | | | | | 0 | 0 | |
| 84212199 | 其他过滤或净化水的装置 | 0 | 0 | 0 | 0 | 3.5 | 0 | 0 | 0 | 0 | 0 | 0 | 0 | 3.6 | 0 | | 0 | | | | | 0 | 0 | |
| 84212200 | 过滤或净化饮料的机器及装置 | | 0 | 6 | 0 | | 0 | 0 | 0 | 0 | 2.4 | 0 | 0 | 7.2 | | 0 | 9.6 | | | | | 0 | 0 | |
| 84212300 | 内燃发动机的燃油过滤器 | 0 | | 5 | 0 | | 0 | 1 | 0 | 0 | 2 | 0 | 0 | 6 | | 0 | 0 | | | | | 0 | 0 | |
| 84212910 | 其他压滤机 | 0 | | 0 | 0 | 3.5 | 0 | 0 | 0 | 0 | 0 | 0 | 0 | 3 | | | 0 | | | | | 0 | 0 | |
| 84212990 | 其他液体的过滤、净化机器及装置 | 0 | | 0 | 0 | 3.5 | 0 | 0 | 0 | 0 | 0 | 2.5 | 0 | 0 | 0 | | 0 | | | | | 0 | 0 | 0 |
| 84213100 | 内燃发动机的进气过滤器 | 0 | | 5 | 0 | | 0 | 1 | 0 | 0 | 2 | 0 | 0 | 8 | | | 0 | | | | | 0 | 0 | |
| 84213910 | 家用型气体过滤、净化机器及装置 | 0 | | 7.5 | 0 | 10.5 | 0 | 1.5 | 0 | 0 | 3 | 7.5 | 0 | 10.8 | 0 | 0 | 0 | | | | | 0 | 0 | |
| 84213921 | 工业用静电除尘器 | 0 | | 0 | 0 | 3.5 | 0 | 0 | 0 | 0 | 0 | 0 | 0 | 0 | 0 | | 0 | | | | | 0 | 0 | |
| 84213922 | 工业用袋式除尘器 | 0 | | 0 | 0 | 3.5 | 0 | 0 | 0 | 0 | 0 | 0 | 0 | 1 | | | 0 | | | | | 0 | 0 | |
| 84213923 | 工业用旋风式除尘器 | 0 | | 0 | 0 | 3.5 | 0 | 0 | 0 | 0 | 0 | 0 | 0 | 0 | 0 | | 0 | | | | | 0 | 0 | |
| 84213924 | 电袋复合除尘器 | 0 | | 0 | 0 | 3.5 | 0 | 0 | 0 | 0 | 0 | 0 | 0 | 3.6 | 0 | | 0 | | | | | 0 | 0 | |

| 税则号列 | 商品描述[①] | 协定税率(%) | | | | | | | | | | | | | | | | 特惠税率(%) | | | | | | |
|---|---|---|---|---|---|---|---|---|---|---|---|---|---|---|---|---|---|---|---|---|---|---|---|---|
| | | 香港 | 澳门 | 巴基斯坦 | 东盟 | 亚太 | 智利 | 秘鲁 | 哥斯达黎加 | 新西兰 | 澳大利亚 | 瑞士 | 冰岛 | 韩国 | 台湾 | 新加坡 | 格鲁吉亚 | 亚太2国[②] | 东盟 | | | 最不发达国家 | | |
| | | | | | | | | | | | | | | | | | | | 老挝 | 柬埔寨 | 缅甸 | LDC97[③] | LDC95[④] | LDC60[⑤] |
| 84213929 | 工业用其他除尘器 | 0 | 0 | 0 | 0 | 3.5 | 0 | 0 | 0 | 0 | 0 | 0 | 0 | 3.6 | 0 | | 0 | | | | | 0 | 0 | |
| 84213930 | 内燃发动机排气过滤或净化装置 | 0 | | 0 | 0 | 3.5 | 0 | 0 | 0 | 0 | 0 | 0 | 0 | 3.6 | | | 0 | | | | | 0 | 0 | 0 |
| 84213940 | 烟气脱硫装置 | 0 | | 0 | 0 | 3.5 | 0 | 0 | 0 | 0 | 0 | 0 | 0 | 0 | 0 | | 0 | | | | | 0 | 0 | 0 |
| 84213950 | 烟气脱硝装置 | 0 | | 0 | 0 | 3.5 | 0 | 0 | 0 | 0 | 0 | 0 | 0 | 0 | 0 | | 0 | | | | | 0 | 0 | 0 |
| 84213990 | 其他气体的过滤、净化机器及装置 | 0 | 0 | 0 | 0 | 3.5 | 0 | 0 | 0 | 0 | 0 | 0 | 0 | 3 | 0 | | 0 | | | | | 0 | 0 | 0 |
| 84219110 | 干衣量≤10千克离心干衣机零件 | | | | | | | | | | | | | | | | | | | | | 0 | 0 | 0 |
| 84219190 | 其他离心机用零件 | | | | | | | | | | | | | | | | | | | | | 0 | 0 | 0 |
| 84219910 | 家用型过滤、净化装置用零件 | 0 | | 5 | 0 | 9 | 0 | 1 | 0 | 0 | 2 | 0 | 0 | 6 | | 0 | 0 | | | | | 0 | 0 | |
| 84219990 | 其他过滤、净化装置用零件 | 0 | | 0 | 0 | 4.5 | 0 | 0 | 0 | 0 | 0 | 0 | 0 | 0 | 0 | | 0 | | | | | 0 | 0 | 0 |
| 84221100 | 家用型洗碟机 | | | 5 | 0 | | 0 | 0 | 0 | 0 | 2 | 0 | 0 | | | | 0 | | | | | 0 | 0 | 0 |
| 84221900 | 非家用型洗碟机 | | | 11.2 | 0 | | 0 | 0 | 0 | 0 | 2.8 | 0 | 0 | 8.4 | | 0 | 0 | | | | | 0 | 0 | |
| 84222000 | 瓶子及其他容器的洗涤或干燥机器 | | 0 | 5 | 0 | | 0 | 1 | 0 | 0 | 2 | 0 | 0 | 6 | | 0 | 0 | | | | | 0 | 0 | 0 |
| 84223010 | 饮料及液体食品瓶装或罐装设备 | 0 | | 5 | 0 | 8.4 | 0 | 0 | 0 | 0 | 2.4 | 6 | 0 | 7.2 | | 0 | 0 | | | | | 0 | 0 | 0 |
| 84223021 | 水泥全自动灌包机 | 0 | | 5 | 0 | 8.4 | 0 | 1.2 | 0 | 0 | 2.4 | 6 | 0 | 7.2 | | 0 | 0 | | | | | 0 | 0 | 0 |
| 84223029 | 其他水泥包装机 | 0 | | 5 | 0 | 8.4 | 0 | 1.2 | 0 | 0 | 2.4 | 6 | 0 | 7.2 | | 0 | 0 | | | | | 0 | 0 | 0 |
| 84223030 | 其他包装机 | 0 | | 5 | 0 | 7 | 0 | 1 | 0 | 0 | 2 | 0 | 0 | 2 | | 0 | 0 | | | | | 0 | 0 | 0 |
| 84223090 | 其他装填密封等包封机器 | 0 | | 5 | 0 | 7 | 0 | 1 | 0 | 0 | 2 | 0 | 0 | 2 | | 0 | 0 | | | | | 0 | 0 | 0 |
| 84224000 | 其他包装或打包机器 | 0 | | 5 | 0 | 9.5 | 0 | 1 | 0 | 0 | 2 | 0 | 0 | 6 | | 0 | 0 | | | | | 0 | 0 | 0 |
| 84229010 | 洗碟机用零件 | | | 5 | 0 | | 0 | 1 | 0 | 0 | 2.1 | 5.2 | 0 | 6.3 | | 0 | 0 | | | | | 0 | 0 | 0 |
| 84229020 | 饮料及液体食品瓶装或灌装设备用零件 | | | 5 | 0 | | 0 | 0 | 0 | 0 | 1.7 | 0 | 0 | 5.1 | | | 6.8 | | | | | 0 | 0 | 0 |
| 84229090 | 品目84.22其他未列名机器零件 | 0 | | 5 | 0 | | 0 | 0 | 0 | 0 | 1.7 | 4.3 | | 1.7 | | | 0 | | | | | 0 | 0 | 0 |
| 84231000 | 体重计、婴儿秤及家用秤 | | 0 | 5 | 0 | | 0 | 0 | 0 | 0 | 2.1 | 5.2 | 0 | 6.3 | | 0 | 0 | | | | | 0 | 0 | 0 |
| 84232010 | 电子皮带秤 | | | 5 | 0 | | 0 | 0 | 0 | 0 | 2 | 0 | 0 | 6 | | | 0 | | | | | 0 | 0 | 0 |
| 84232090 | 其他输送带上连续称货的秤 | | | 5 | 0 | | 0 | 0 | 0 | 0 | 2 | 0 | 0 | 6 | | | 0 | | | | | 0 | 0 | 0 |
| 84233010 | 定量包装秤 | | | 5 | 0 | | 0 | 0 | 0 | 0 | 2.1 | 5.2 | 0 | 6.3 | | 0 | 0 | | | | | 0 | 0 | 0 |
| 84233020 | 定量分选秤 | | | 5 | 0 | | 0 | 0 | 0 | 0 | 2.1 | 5.2 | 0 | 6.3 | | 0 | 0 | | | | | 0 | 0 | 0 |
| 84233030 | 配料秤 | | | 5 | 0 | | 0 | 0 | 0 | 0 | 2.1 | 5.2 | 0 | 6.3 | | 0 | 0 | | | | | 0 | 0 | 0 |
| 84233090 | 其他恒定秤、物料定量装袋或容器用秤 | | | 5 | 0 | | 0 | 0 | 0 | 0 | 2.1 | 5.2 | 0 | 6.3 | | 0 | 0 | | | | | 0 | 0 | 0 |
| 84238110 | 最大称量≤30千克的计价秤 | | | 5 | 0 | | 0 | 0 | 0 | 0 | 2.1 | 5.2 | 0 | 6.3 | | 0 | 0 | | | | | 0 | 0 | 0 |
| 84238120 | 最大称量≤30千克的弹簧秤 | | | 5 | 0 | | 0 | 0 | 0 | 0 | 2.1 | 5.2 | 0 | 6.3 | | 0 | 0 | | | | | 0 | 0 | 0 |
| 84238190 | 最大称量≤30千克的其他衡器 | | | 5 | 0 | | 0 | 0 | 0 | 0 | 2.1 | 7.3 | 0 | 6.3 | | 0 | 0 | | | | | 0 | 0 | 0 |

| 税则号列 | 商品描述[①] | 协定税率(%) | | | | | | | | | | | | | | | | 特惠税率(%) | | | | | | |
|---|---|---|---|---|---|---|---|---|---|---|---|---|---|---|---|---|---|---|---|---|---|---|---|---|
| | | 香港 | 澳门 | 巴基斯坦 | 东盟 | 亚太 | 智利 | 秘鲁 | 哥斯达黎加 | 新西兰 | 澳大利亚 | 瑞士 | 冰岛 | 韩国 | 台湾 | 新加坡 | 格鲁吉亚 | 亚太2国[②] | 东盟 | | | 最不发达国家 | | |
| | | | | | | | | | | | | | | | | | | | 老挝 | 柬埔寨 | 缅甸 | LDC97[③] | LDC95[④] | LDC60[⑤] |
| 84238210 | 30千克<最大称量≤5000千克的地中衡 | | | 5 | 0 | | 0 | 0 | 0 | 0 | 2.1 | 5.2 | 0 | 6.3 | | 0 | 0 | | | | | 0 | 0 | 0 |
| 84238290 | 30千克<最大称量≤5000千克的其他衡器 | | | 5 | 0 | | 0 | 0 | 0 | 0 | 2.1 | 0 | 0 | 6.3 | | 0 | 0 | | | | | 0 | 0 | 0 |
| 84238910 | 其他地中衡 | | | 5 | 0 | | 0 | 1 | 0 | 0 | 2 | 0 | 0 | 6 | | | 0 | | | | | 0 | 0 | 0 |
| 84238920 | 其他轨道衡 | | | 5 | 0 | | 0 | 1 | 0 | 0 | 2 | 0 | 0 | 6 | | | 0 | | | | | 0 | 0 | 0 |
| 84238930 | 其他吊秤 | | | 5 | 0 | | 0 | 1 | 0 | 0 | 2 | 0 | 0 | 6 | | | 0 | | | | | 0 | 0 | 0 |
| 84238990 | 其他衡器 | | | 5 | 0 | | 0 | 1 | 0 | 0 | 2 | 0 | 0 | 6 | | | 0 | | | | | 0 | 0 | 0 |
| 84239000 | 衡器用的各种砝码、秤砣及其零件 | | | 5 | 0 | | 0 | 0 | 0 | 0 | 2 | 5 | 0 | 6 | | 0 | 0 | | | | | 0 | 0 | 0 |
| 84241000 | 灭火器 | | | 5 | 0 | | 0 | 0 | 0 | 0 | 1.7 | 0 | 0 | 6.1 | | | 0 | | | | | 0 | 0 | |
| 84242000 | 喷枪及类似器具 | | | 5 | 0 | 8 | 0 | 0 | 0 | 0 | 1.7 | 0 | 0 | 1.6 | | | 0 | | | | | 0 | 0 | |
| 84243000 | 喷汽机、喷砂机及类似喷射机 | | | 5 | 0 | | 0 | 0 | 0 | 0 | 1.7 | 4.2 | 0 | 5 | 0 | | 0 | | | | | 0 | 0 | |
| 84244100 | 农业或园艺用便携式喷雾器 | 0 | | 5 | 0 | 7.6 | 0 | 0 | 0 | 0 | 1.6 | 0 | 0 | 1.6 | | | 0 | | | | | 0 | 0 | |
| 84244900 | 其他农业或园艺用喷雾器 | 0 | | 5 | 0 | 7.6 | 0 | 0 | 0 | 0 | 1.6 | 0 | 0 | 1.6 | | | 0 | | | | | 0 | 0 | |
| 84248200 | 其他农业或园艺用液体或粉末的喷射、散布机械器具 | 0 | | 5 | 0 | 7.6 | 0 | 0 | 0 | 0 | 1.6 | 0 | 0 | 1.6 | | | 0 | | | | | 0 | 0 | |
| 84248910 | 家用型喷射、喷雾机械器具 | | | | | | | | | | | | | | | | | | | | | 0 | 0 | 0 |
| 84248920 | 喷涂机器人 | | | | | | | | | | | | | | | | | | | | | 0 | 0 | 0 |
| 84248991 | 船用洗舱机 | | | | | | | | | | | | | | | | | | | | | 0 | 0 | 0 |
| 84248999 | 其他液体粉末喷射机械 | | | | | | | | | | | | | | | | | | | | | 0 | 0 | 0 |
| 84249010 | 灭火器用的零件 | | | | | | | | | | | | | | | | | | | | | 0 | 0 | 0 |
| 84249020 | 家用型喷射、喷雾器具的零件 | | | | | | | | | | | | | | | | | | | | | 0 | 0 | 0 |
| 84249090 | 其他喷雾器具及喷气机等用的零件 | | | | | | | | | | | | | | | | | | | | | 0 | 0 | 0 |
| 84251100 | 电动滑车及提升机 | | | 5 | 0 | | 0 | 0 | 0 | 0 | 1.2 | 0 | 0 | 4.4 | | | 0 | | | | | 0 | 0 | 0 |
| 84251900 | 非电动滑车及提升机 | | | 0 | 0 | | 0 | 0 | 0 | 0 | 0 | 0 | 0 | 3 | | | 0 | | | | | 0 | 0 | 0 |
| 84253110 | 矿井口电动卷扬装置及专为井下使用设计的电动卷扬机 | | | 5 | 0 | | 0 | 0 | 0 | 0 | 2 | 0 | 0 | 6 | | | 0 | | | | | 0 | 0 | 0 |
| 84253190 | 其他电动卷扬机及绞盘 | | | 0 | 0 | | 0 | 0 | 0 | 0 | 0 | 0 | 0 | 3.6 | | | 0 | | | | | 0 | 0 | 0 |
| 84253910 | 其他矿井口卷扬装置及其他专为井下使用设计的卷扬机 | | | 5 | 0 | | 0 | 0 | 0 | 0 | 2 | 0 | 0 | 6 | | | 0 | | | | | 0 | 0 | 0 |
| 84253990 | 其他非电动卷扬机及绞盘 | 0 | | 0 | 0 | | 0 | 0 | 0 | 0 | 0 | 0 | 0 | 3.6 | | | 0 | | | | | 0 | 0 | 0 |
| 84254100 | 车库中使用的固定千斤顶系统 | | | 0 | 0 | 2.5 | 0 | 0 | 0 | 0 | 0 | 0 | 0 | 0 | | | 0 | | | | | 0 | 0 | 0 |
| 84254210 | 其他液压千斤顶 | | | 0 | 0 | | 0 | 0 | 0 | 0 | 0 | 0 | 0 | 0.6 | | | 0 | | | | | 0 | 0 | 0 |
| 84254290 | 提升车辆用液压提升机 | | | 0 | 0 | | 0 | 0 | 0 | 0 | 0 | 0 | 0 | 3.6 | | | 0 | | | | | 0 | 0 | 0 |
| 84254910 | 其他千斤顶 | | | 0 | 0 | | 0 | 0 | 0 | 0 | 0 | 0 | 0 | 3 | | | 0 | | | | | 0 | 0 | 0 |
| 84254990 | 其他提升车辆用提升机 | | | 5 | 0 | | 0 | 1 | 0 | 0 | 2 | 0 | 0 | 6 | | | 0 | | | | | 0 | 0 | 0 |
| 84261120 | 通用桥式起重机 | | | 5 | 0 | | 0 | 0 | 0 | 0 | 1.6 | 0 | 0 | 5.8 | | | 0 | | | | | 0 | 0 | 0 |
| 84261190 | 其他固定支架的高架移动式起重机 | | | 5 | 0 | | 0 | 0 | 0 | 0 | 1.6 | 0 | 0 | 5.8 | | | 0 | | | | | 0 | 0 | 0 |

| 税则号列 | 商品描述① | 协定税率(%) | | | | | | | | | | | | | | | | 特惠税率(%) | | | | | | |
|---|---|---|---|---|---|---|---|---|---|---|---|---|---|---|---|---|---|---|---|---|---|---|---|---|
| | | 香港 | 澳门 | 巴基斯坦 | 东盟 | 亚太 | 智利 | 秘鲁 | 哥斯达黎加 | 新西兰 | 澳大利亚 | 瑞士 | 冰岛 | 韩国 | 台湾 | 新加坡 | 格鲁吉亚 | 亚太2国② | 东盟 | | | 最不发达国家 | | |
| | | | | | | | | | | | | | | | | | | | 老挝 | 柬埔寨 | 缅甸 | LDC97③ | LDC95④ | LDC60⑤ |
| 84261200 | 胶轮移动式吊运架及跨运车 | | | 5 | 0 | | 0 | 0 | 0 | 0 | 1.2 | 0 | 0 | 4.4 | | | 0 | | | | | 0 | 0 | 0 |
| 84261910 | 装船机 | | | 0 | 0 | 2.5 | 0 | 0 | 0 | 0 | 0 | 0 | 0 | 3.6 | | | 0 | | | | | 0 | 0 | 0 |
| 84261921 | 抓斗式卸船机 | | | 0 | 0 | 3.5 | 0 | 0 | 0 | 0 | 0 | 0 | 0 | 3.6 | | | 0 | | | | | 0 | 0 | 0 |
| 84261929 | 其他卸船机 | | | 0 | 0 | 3.5 | 0 | 0 | 0 | 0 | 0 | 0 | 0 | 3.6 | | | 0 | | | | | 0 | 0 | 0 |
| 84261930 | 龙门式起重机 | | | 5 | 0 | 7 | 0 | 0 | 0 | 0 | 2 | 0 | 0 | 7.3 | | | 0 | | | | | 0 | 0 | 0 |
| 84261941 | 门式装卸桥 | | | 5 | 0 | 7 | 0 | 0 | 0 | 0 | 2 | 0 | 0 | 7.3 | | | 0 | | | | | 0 | 0 | 0 |
| 84261942 | 集装箱装卸桥 | | | 5 | 0 | 7 | 0 | 0 | 0 | 0 | 2 | 0 | 0 | 7.3 | | | 0 | | | | | 0 | 0 | 0 |
| 84261943 | 其他动臂式装卸桥 | | | 5 | 0 | 7 | 0 | 0 | 0 | 0 | 2 | 0 | 0 | 8 | | | 0 | | | | | 0 | 0 | 0 |
| 84261949 | 其他装卸桥 | | | 5 | 0 | 7 | 0 | 0 | 0 | 0 | 2 | 0 | 0 | 7.3 | | | 0 | | | | | 0 | 0 | 0 |
| 84261990 | 其他高架移动式起重机等 | | | 5 | 0 | 7 | 0 | 0 | 0 | 0 | 2 | 0 | 0 | 8 | | 0 | 0 | | | | | 0 | 0 | 0 |
| 84262000 | 塔式起重机 | | | 5 | 0 | | 0 | 0 | 0 | 0 | 2 | 0 | 0 | 8 | | | 0 | | | | | 0 | 0 | 0 |
| 84263000 | 门座式起重机及座式旋臂起重机 | | | 5 | 0 | | 0 | 0 | 0 | 0 | 1.2 | 0 | 0 | 4.4 | | | 0 | | | | | 0 | 0 | 0 |
| 84264110 | 轮胎式起重机 | | | 0 | 0 | | 0 | 0 | 0 | 0 | 0 | 0 | 0 | 3.6 | | | 0 | | | | | 0 | 0 | 0 |
| 84264190 | 其他带胶轮的自推进起重机 | | | 0 | 0 | | 0 | 0 | 0 | 0 | 0 | 0 | 0 | 3.6 | | | 0 | | | | | 0 | 0 | 0 |
| 84264910 | 履带式起重机 | 0 | | 5 | 0 | | 0 | 0 | 0 | 0 | 1.6 | 0 | 0 | 5.8 | | | 0 | | | | | 0 | 0 | 0 |
| 84264990 | 其他不带胶轮的自推进起重机 | 0 | | 6.5 | 0 | | 0 | 1.3 | 0 | 0 | 2.6 | 6.5 | 0 | 9.5 | | 0 | 0 | | | | | 0 | 0 | |
| 84269100 | 供装于公路车辆的其他起重机 | | | 5 | 0 | | 0 | 0 | 0 | 0 | 2 | 0 | 0 | 8 | | | 0 | | | | | 0 | 0 | 0 |
| 84269900 | 其他起重设备 | | | 5 | 0 | | 0 | 0 | 0 | 0 | 1.2 | 0 | 0 | 4.4 | | | 0 | | | | | 0 | 0 | 0 |
| 84271010 | 有轨巷道堆垛机 | | | 5 | 0 | | 0 | 0 | 0 | 0 | 1.8 | 0 | 0 | 1.8 | | | 0 | | | | | 0 | 0 | 0 |
| 84271020 | 无轨巷道堆垛机 | | | 5 | 0 | | 0 | 0 | 0 | 0 | 1.8 | 0 | 0 | 6.6 | | | 0 | | | | | 0 | 0 | 0 |
| 84271090 | 其他电动机推进的叉车及可升降工作车 | | | 5 | 0 | | 0 | 0 | 0 | 0 | 1.8 | 0 | 0 | 1.8 | | | 0 | | | | | 0 | 0 | 0 |
| 84272010 | 集装箱叉车 | | | 5 | 0 | 8.6 | 0 | 0 | 0 | 0 | 1.8 | 0 | 0 | 1.8 | | | 0 | | | | | 0 | 0 | 0 |
| 84272090 | 其他机动叉车及有类似装置工作车 | | | 5 | 0 | 8.6 | 0 | 0 | 0 | 0 | 1.8 | 0 | 0 | 1.8 | | | 0 | | | | | 0 | 0 | 0 |
| 84279000 | 其他叉车及可升降的工作车 | | | 5 | 0 | | 0 | 0 | 0 | 0 | 1.8 | 0 | 0 | 1.8 | | | 0 | | | | | 0 | 0 | 0 |
| 84281010 | 载客电梯 | 0 | 0 | 5 | 0 | 5.6 | 0 | 0 | 0 | 0 | 1.6 | 4 | 0 | 4.8 | | 0 | 0 | | | | | 0 | 0 | 0 |
| 84281090 | 其他升降机及倒卸式起重机 | 0 | 0 | 0 | 0 | 4.2 | 0 | 0 | 0 | 0 | 1.2 | 0 | 0 | 0 | 0 | | 0 | | | | | 0 | 0 | 0 |
| 84282000 | 气压升降机及输送机 | | | 0 | 0 | | 0 | 0 | 0 | 0 | 0 | 0 | 0 | 3.6 | | | 0 | | | | | 0 | 0 | 0 |
| 84283100 | 地下连续运货或材料升降、输送机 | | | 0 | 0 | | 0 | 0 | 0 | 0 | 0 | 0 | 0 | 1 | | | 0 | | | | | 0 | 0 | 0 |
| 84283200 | 其他斗式连续运货升降、输送机 | 0 | | 0 | 0 | | 0 | 0 | 0 | 0 | 0 | | 0 | 3 | | | 0 | | | | | 0 | 0 | 0 |
| 84283300 | 其他带式连续运货升降、输送机 | 0 | | 0 | 0 | 4.3 | 0 | 0 | 0 | 0 | 0 | 0 | 0 | 3.6 | 0 | | 0 | | | | | 0 | 0 | 0 |
| 84283910 | 链式连续运送货物的升降机及输送机 | 0 | | 0 | 0 | 3.5 | 0 | 0 | 0 | 0 | 0 | 0 | 0 | 3.6 | 0 | | 0 | | | | | 0 | 0 | 0 |
| 84283920 | 辊式连续运送货物的升降机及输送机 | 0 | | 0 | 0 | 3.5 | 0 | 0 | 0 | 0 | 0 | 0 | 0 | 3 | 0 | | 0 | | | | | 0 | 0 | 0 |
| 84283990 | 其他未列名连续运货升降、输送机 | 0 | | 0 | 0 | 3.5 | 0 | 0 | 0 | 0 | 0 | 3.1 | 0 | 0 | 0 | | 0 | | | | | 0 | 0 | 0 |

| 税则号列 | 商品描述[①] | 协定税率(%) | | | | | | | | | | | | | | | | 特惠税率(%) | | | | | | |
|---|---|---|---|---|---|---|---|---|---|---|---|---|---|---|---|---|---|---|---|---|---|---|---|---|
| | | 香港 | 澳门 | 巴基斯坦 | 东盟 | 亚太 | 智利 | 秘鲁 | 哥斯达黎加 | 新西兰 | 澳大利亚 | 瑞士 | 冰岛 | 韩国 | 台湾 | 新加坡 | 格鲁吉亚 | 亚太2国[②] | 东盟 | | | 最不发达国家 | | |
| | | | | | | | | | | | | | | | | | | | 老挝 | 柬埔寨 | 缅甸 | LDC97[③] | LDC95[④] | LDC60[⑤] |
| 84284000 | 自动梯及自动人行道 | | | 0 | 0 | | 0 | 0 | 0 | 0 | 0 | 0 | 0 | 1 | | | 0 | | | | | 0 | 0 | 0 |
| 84286010 | 货运架空索道 | | | 5 | 0 | | 0 | 0 | 0 | 0 | 1.6 | 0 | 0 | 1.6 | | | 0 | | | | | 0 | 0 | 0 |
| 84286021 | 单线循环式客运架空索道 | | | 5 | 0 | | 0 | 0 | 0 | 0 | 1.6 | 0 | 0 | 1.6 | | | 0 | | | | | 0 | 0 | 0 |
| 84286029 | 其他客运架空索道 | | | 5 | 0 | | 0 | 0 | 0 | 0 | 1.6 | 0 | 0 | 1.6 | | | 0 | | | | | 0 | 0 | 0 |
| 84286090 | 其他缆车、座式升降机用牵引装置 | | | 5 | 0 | | 0 | 0 | 0 | 0 | 1.6 | 0 | 0 | 4.8 | | | 0 | | | | | 0 | 0 | 0 |
| 84289010 | 矿车推动机、铁道机车等的转车台 | | | 5 | 0 | | 0 | 0 | 0 | 0 | 2 | 0 | 0 | 6 | | | 0 | | | | | 0 | 0 | 0 |
| 84289020 | 机械式停车设备 | 0 | | 0 | 0 | | 0 | 0 | 0 | 0 | 0 | 0 | 0 | 3 | | | 0 | | | | | 0 | 0 | 0 |
| 84289031 | 堆取料机械 | 0 | | 0 | 0 | | 0 | 0 | 0 | 0 | 0 | 2.5 | 0 | 3.6 | 0 | | 0 | | | | | 0 | 0 | 0 |
| 84289039 | 其他装卸机械 | 0 | | 0 | 0 | | 0 | 0 | 0 | 0 | 0 | 2.5 | 0 | 3.6 | 0 | | 0 | | | | | 0 | 0 | 0 |
| 84289040 | 搬运机器人 | 0 | | 0 | 0 | | 0 | 0 | 0 | 0 | 0 | 2.5 | 0 | 3.6 | 0 | | 0 | | | | | 0 | 0 | 0 |
| 84289090 | 其他升降、搬运、装卸机械 | 0 | | 0 | 0 | | 0 | 0 | 0 | 0 | 0 | 2.5 | 0 | 3.6 | 0 | | 0 | | | | | 0 | 0 | 0 |
| 84291110 | 功率>235.36千瓦的履带式推土机 | | | 5 | 0 | | 0 | 0 | 0 | 0 | 1.4 | 0 | 0 | 1.4 | | | 0 | | | | | 0 | 0 | 0 |
| 84291190 | 功率≤235.36千瓦的履带式推土机 | | | 5 | 0 | | 0 | 0 | 0 | 0 | 1.4 | 0 | 0 | 1.4 | | | 0 | | | | | 0 | 0 | 0 |
| 84291910 | 功率>235.36千瓦的其他推土机 | | | 5 | 0 | | 0 | 0 | 0 | 0 | 1.4 | 0 | 0 | 1.4 | | | 0 | | | | | 0 | 0 | 0 |
| 84291990 | 功率≤235.36千瓦的其他推土机 | | | 5 | 0 | | 0 | 0 | 0 | 0 | 1.4 | 0 | 0 | 1.4 | | | 0 | | | | | 0 | 0 | 0 |
| 84292010 | 功率>235.36千瓦的筑路机及平地机 | | | 0 | 0 | | 0 | 0 | 0 | 0 | 0 | 0 | 0 | 1 | | | 0 | | | | | 0 | 0 | 0 |
| 84292090 | 其他筑路机及平地机 | | | 0 | 0 | | 0 | 0 | 0 | 0 | 0 | 0 | 0 | 1 | | | 0 | | | | | 0 | 0 | 0 |
| 84293010 | 斗容量>10立方米的铲运机 | | | 0 | 0 | | 0 | 0 | 0 | 0 | 0 | 0 | 0 | 0 | | | 0 | | | | | 0 | 0 | 0 |
| 84293090 | 斗容量≤10立方米的铲运机 | | | 0 | 0 | | 0 | 0 | 0 | 0 | 0 | 0 | 0 | 1 | | | 0 | | | | | 0 | 0 | 0 |
| 84294011 | 机重≥18吨的震动式压路机 | | | 5 | 0 | | 0 | 0 | 0 | 0 | 1.4 | 0 | 0 | 1.4 | | | 0 | | | | | 0 | 0 | 0 |
| 84294019 | 其他机动压路机 | | | 5 | 0 | | 0 | 0 | 0 | 0 | 1.6 | 0 | 0 | 1.6 | | | 0 | | | | | 0 | 0 | 0 |
| 84294090 | 其他未列名捣固机械及压路机 | | | 5 | 0 | | 0 | 0 | 0 | 0 | 1.2 | 0 | 0 | 1.2 | | | 0 | | | | | 0 | 0 | 0 |
| 84295100 | 前铲装载机 | | | 0 | 0 | | 0 | 0 | 0 | 0 | 0 | 0 | 0 | 3 | | | 0 | | | | | 0 | 0 | 0 |
| 84295211 | 轮胎式挖掘机 | | | 5 | 0 | 7.2 | 0 | 0 | 0 | 0 | 1.6 | 0 | 0 | 7.3 | | | 0 | | | | | 0 | 0 | 0 |
| 84295212 | 履带式挖掘机 | 0 | | 5 | 0 | | 0 | 0 | 0 | 0 | 1.6 | 0 | 0 | | | | 0 | | | | | 0 | 0 | 0 |
| 84295219 | 其他挖掘机 | | | 5 | 0 | 7.2 | 0 | 0 | 0 | 0 | 1.6 | 0 | 0 | 5.7 | | | 0 | | | | | 0 | 0 | 0 |
| 84295290 | 其他上部结构可转360度的挖掘机类似机械 | | | 5 | 0 | 7.2 | 0 | 0 | 0 | 0 | 1.6 | 0 | 0 | 5.7 | | | 0 | | | | | 0 | 0 | 0 |
| 84295900 | 其他机械铲、挖掘机及机铲装载机 | | | 5 | 0 | | 0 | 0 | 0 | 0 | 1.6 | 0 | 0 | 1.6 | | | 0 | | | | | 0 | 0 | 0 |
| 84301000 | 打桩机及拔桩机 | | | 5 | 0 | | 0 | 0 | 0 | 0 | 2 | 0 | 0 | 6 | | | 0 | | | | | 0 | 0 | 0 |
| 84302000 | 扫雪机及吹雪机 | | | 5 | 0 | | 0 | 0 | 0 | 0 | 2 | 0 | 0 | 6 | | | 0 | | | | | 0 | 0 | 0 |
| 84303110 | 采(截)煤机 | | | 5 | 0 | | 0 | 1 | 0 | 0 | 2 | 0 | 0 | 6 | | 0 | 0 | | | | | 0 | 0 | 0 |
| 84303120 | 凿岩机 | | | 5 | 0 | | 0 | 1 | 0 | 0 | 2 | 0 | 0 | 6 | | 0 | 0 | | | | | 0 | 0 | 0 |

| 税则号列 | 商品描述[①] | 协定税率(%) | | | | | | | | | | | | | | | | 特惠税率(%) | | | | | | |
|---|---|---|---|---|---|---|---|---|---|---|---|---|---|---|---|---|---|---|---|---|---|---|---|---|
| | | 香港 | 澳门 | 巴基斯坦 | 东盟 | 亚太 | 智利 | 秘鲁 | 哥斯达黎加 | 新西兰 | 澳大利亚 | 瑞士 | 冰岛 | 韩国 | 台湾 | 新加坡 | 格鲁吉亚 | 亚太2国[②] | 东盟 | | | 最不发达国家 | | |
| | | | | | | | | | | | | | | | | | | | 老挝 | 柬埔寨 | 缅甸 | LDC97[③] | LDC95[④] | LDC60[⑤] |
| 84303130 | 隧道掘进机 | | | 5 | 0 | | 0 | 1 | 0 | 0 | 2 | 0 | 0 | 6 | | 0 | 0 | | | | | 0 | 0 | 0 |
| 84303900 | 其他非自推进截煤机、采石机及掘进机 | | | 5 | 0 | | 0 | 0 | 0 | 0 | 1.2 | 0 | 0 | 3.6 | | | 0 | | | | | 0 | 0 | 0 |
| 84304111 | 钻探深度≥6000米的自推进石油钻探机 | 0 | | 0 | 0 | | 0 | 0 | 0 | 0 | 0 | 0 | 0 | 1 | | | 0 | | | | | 0 | 0 | 0 |
| 84304119 | 其他自推进石油及天然气钻探机 | 0 | | 0 | 0 | | 0 | 0 | 0 | 0 | 0 | 0 | 0 | 1 | | | 0 | | | | | 0 | 0 | 0 |
| 84304121 | 钻探深度≥6000米的其他钻探机 | 0 | | 0 | 0 | | 0 | 0 | 0 | 0 | 0 | 0 | 0 | 1 | | | 0 | | | | | 0 | 0 | 0 |
| 84304122 | 钻探深度<6000米的履带式自推进钻机 | 0 | | 0 | 0 | | 0 | 0 | 0 | 0 | 0 | 0 | 0 | 3 | | | 0 | | | | | 0 | 0 | 0 |
| 84304129 | 钻探深度<6000米的其他自推进钻机 | 0 | | 0 | 0 | | 0 | 0 | 0 | 0 | 0 | 0 | 0 | 1 | | | 0 | | | | | 0 | 0 | 0 |
| 84304190 | 其他自推进的凿井机械 | 0 | | 0 | 0 | | 0 | 0 | 0 | 0 | 0 | 0 | 0 | 1 | | | 0 | | | | | 0 | 0 | 0 |
| 84304900 | 非自推进的钻探或凿井机械 | | | 0 | 0 | | 0 | 0 | 0 | 0 | 0 | 0 | 0 | 3 | | | 0 | | | | | 0 | 0 | 0 |
| 84305010 | 其他自推进采油机械 | | | 0 | 0 | | 0 | 0 | 0 | 0 | 0 | 0 | 0 | 0 | | | 0 | | | | | 0 | 0 | 0 |
| 84305020 | 矿用电铲 | | | 5 | 0 | | 0 | 0 | 0 | 0 | 1.4 | 0 | 0 | 1.4 | | | 0 | | | | | 0 | 0 | 0 |
| 84305031 | 牙轮直径≥380毫米的采矿牙轮钻机 | | | 0 | 0 | | 0 | 0 | 0 | 0 | 0 | 0 | 0 | 1 | | | 0 | | | | | 0 | 0 | 0 |
| 84305039 | 牙轮直径<380毫米的采矿牙轮钻机 | | | 0 | 0 | | 0 | 0 | 0 | 0 | 0 | 0 | 0 | 1 | | | 0 | | | | | 0 | 0 | 0 |
| 84305090 | 其他自推进未列名机械 | | | 0 | 0 | | 0 | 0 | 0 | 0 | 0 | 0 | 0 | 3.6 | | | 0 | | | | | 0 | 0 | 0 |
| 84306100 | 非自推进捣固或压实机械 | | | 5 | 0 | | 0 | 0 | 0 | 0 | 1.2 | 0 | 0 | 1.2 | | | 0 | | | | | 0 | 0 | 0 |
| 84306911 | 钻筒直径>3米的工程钻机 | | | 5 | 0 | | 0 | 0 | 0 | 0 | 1.2 | 0 | 0 | 1.2 | | | 0 | | | | | 0 | 0 | 0 |
| 84306919 | 钻筒直径≤3米的工程钻机 | | | 5 | 0 | | 0 | 0 | 0 | 0 | 1.2 | 0 | 0 | 3.6 | | | 0 | | | | | 0 | 0 | 0 |
| 84306920 | 非自推进铲运机 | | | 5 | 0 | | 0 | 0 | 0 | 0 | 1.2 | 0 | 0 | 1.2 | | | 0 | | | | | 0 | 0 | 0 |
| 84306990 | 其他非自推进未列名机械 | | | 5 | 0 | | 0 | 0 | 0 | 0 | 1.2 | 0 | 0 | 1.2 | | | 0 | | | | | 0 | 0 | 0 |
| 84311000 | 滑车、绞盘、千斤顶等机械用零件 | | | 0 | 0 | | 0 | 0 | 0 | 0 | 0 | 0 | 0 | 0.6 | | | 0 | | | | | 0 | 0 | 0 |
| 84312010 | 品目84.27所列机械的装有差速器的驱动桥及其零件,不论是否装有其他传动部件 | | | 0 | 0 | 5.4 | 0 | 0 | 0 | 0 | 1.2 | 0 | 0 | 4.4 | | | 0 | | | | | 0 | 0 | 0 |
| 84312090 | 其他品目84.27所列机械的零件 | | | 0 | 0 | 5.4 | 0 | 0 | 0 | 0 | 1.2 | 0 | 0 | 4.4 | | | 0 | | | | | 0 | 0 | 0 |
| 84313100 | 升降机、倒卸式起重机或自动梯的零件 | | | 0 | 0 | | 0 | 0 | 0 | 0 | 0 | 0 | 0 | 0 | | | 0 | | | | | 0 | 0 | 0 |
| 84313900 | 品目84.28所列其他机械的零件 | 0 | | 0 | 0 | 2.5 | 0 | 0 | 0 | 0 | 0 | 0 | 0 | 3.6 | | | 0 | | | | | 0 | 0 | 0 |
| 84314100 | 戽斗、铲斗、抓斗及夹斗 | | | 0 | 0 | 5.4 | 0 | 0 | 0 | 0 | 1.2 | 0 | 0 | 3.6 | | | 0 | | | | | 0 | 0 | 0 |
| 84314200 | 推土机或侧铲推土机用铲 | | | 5 | 0 | | 0 | 0 | 0 | 0 | 1.2 | 0 | 0 | 1.2 | | | 0 | | | | | 0 | 0 | 0 |
| 84314310 | 石油或天然气钻探机用零件 | 0 | | 0 | 0 | 2.8 | 0 | 0 | 0 | 0 | 0 | 0 | 0 | 0.8 | | | 0 | | | | | 0 | 0 | 0 |
| 84314320 | 其他钻探机用零件 | 0 | | 0 | 0 | 2.8 | 0 | 0 | 0 | 0 | 0 | 0 | 0 | 0 | | | 0 | | | | | 0 | 0 | 0 |
| 84314390 | 其他凿井机用零件 | 0 | | 0 | 0 | 3.5 | 0 | 0 | 0 | 0 | 0 | 0 | 0 | 3 | | | 0 | | | | | 0 | 0 | 0 |

| 税则号列 | 商品描述[①] | 协定税率(%) | | | | | | | | | | | | | | | | 特惠税率(%) | | | | | | |
|---|---|---|---|---|---|---|---|---|---|---|---|---|---|---|---|---|---|---|---|---|---|---|---|---|
| | | 香港 | 澳门 | 巴基斯坦 | 东盟 | 亚太 | 智利 | 秘鲁 | 哥斯达黎加 | 新西兰 | 澳大利亚 | 瑞士 | 冰岛 | 韩国 | 台湾 | 新加坡 | 格鲁吉亚 | 亚太2国[②] | 东盟 | | | 最不发达国家 | | |
| | | | | | | | | | | | | | | | | | | | 老挝 | 柬埔寨 | 缅甸 | LDC97[③] | LDC95[④] | LDC60[⑤] |
| 84314920 | 品目84.26、84.29或84.30所列机械的装有差速器的驱动桥及其零件,不论是否装有其他传动部件 | 0 | | 0 | 0 | 4.5 | 0 | 0 | 0 | 0 | 0 | 0 | 0 | 3.6 | | | 0 | | | | | 0 | 0 | 0 |
| 84314991 | 矿用电铲用零件 | 0 | | 0 | 0 | 4.5 | 0 | 0 | 0 | 0 | 0 | 0 | 0 | 3 | | | 0 | | | | | 0 | 0 | 0 |
| 84314999 | 其他品目84.26、84.29或84.30所列机械的零件 | 0 | | 0 | 0 | 4.5 | 0 | 0 | 0 | 0 | 0 | 0 | 0 | 3.6 | | | 0 | | | | | 0 | 0 | 0 |
| 84321000 | 犁 | | | 0 | 0 | | 0 | 0 | 0 | 0 | 0 | 0 | 0 | 3 | | | 0 | | | | | 0 | 0 | 0 |
| 84322100 | 圆盘耙 | | | 0 | 0 | | 0 | 0 | 0 | 0 | 0 | 0 | 0 | 1 | | | 0 | | | | | 0 | 0 | 0 |
| 84322900 | 其他耙、松土机等耕作机械 | | | 0 | 0 | | 0 | 0 | 0 | 0 | 0 | 0 | 0 | 0 | | | 0 | | | | | 0 | 0 | |
| 84323111 | 免耕谷物播种机 | | | 0 | 0 | 3.5 | 0 | 0 | 0 | 0 | 0 | 0 | 0 | 0 | | | 0 | | | | | 0 | 0 | |
| 84323119 | 其他免耕直接播种机 | | | 0 | 0 | 3.5 | 0 | 0 | 0 | 0 | 0 | 0 | 0 | 2.4 | | | 0 | | | | | 0 | 0 | |
| 84323121 | 免耕块茎种植机 | | | 0 | 0 | 3.5 | 0 | 0 | 0 | 0 | 0 | 0 | 0 | 0 | | | 0 | | | | | 0 | 0 | |
| 84323129 | 其他免耕直接种植机 | | | 0 | 0 | 3.5 | 0 | 0 | 0 | 0 | 0 | 0 | 0 | 0 | | | 0 | | | | | 0 | 0 | |
| 84323131 | 免耕水稻插秧机 | | | 0 | 0 | 3.5 | 0 | 0 | 0 | 0 | 0 | 0 | 0 | 0.8 | | | 0 | | | | | 0 | 0 | |
| 84323139 | 其他免耕直接移植机 | | | 0 | 0 | 3.5 | 0 | 0 | 0 | 0 | 0 | 0 | 0 | 2.9 | | | 0 | | | | | 0 | 0 | |
| 84323911 | 其他谷物播种机 | | | 0 | 0 | 3.5 | 0 | 0 | 0 | 0 | 0 | 0 | 0 | 0 | | | 0 | | | | | 0 | 0 | |
| 84323919 | 其他播种机 | | | 0 | 0 | 3.5 | 0 | 0 | 0 | 0 | 0 | 0 | 0 | 2.4 | | | 0 | | | | | 0 | 0 | |
| 84323921 | 其他马铃薯种植机 | | | 0 | 0 | 3.5 | 0 | 0 | 0 | 0 | 0 | 0 | 0 | 0 | | | 0 | | | | | 0 | 0 | |
| 84323929 | 其他种植机 | | | 0 | 0 | 3.5 | 0 | 0 | 0 | 0 | 0 | 0 | 0 | 0 | | | 0 | | | | | 0 | 0 | |
| 84323931 | 其他水稻插秧机 | | | 0 | 0 | 3.5 | 0 | 0 | 0 | 0 | 0 | 0 | 0 | 0.8 | | | 0 | | | | | 0 | 0 | |
| 84323939 | 其他移植机 | | | 0 | 0 | 3.5 | 0 | 0 | 0 | 0 | 0 | 0 | 0 | 2.9 | | | 0 | | | | | 0 | 0 | |
| 84324100 | 粪肥施肥机 | | | 0 | 0 | | 0 | 0 | 0 | 0 | 0 | 0 | 0 | 0 | | | 0 | | | | | 0 | 0 | |
| 84324200 | 化肥施肥机 | | | 0 | 0 | | 0 | 0 | 0 | 0 | 0 | 0 | 0 | 0 | | | 0 | | | | | 0 | 0 | |
| 84328010 | 草坪及运动场地滚压机 | | | 5 | 0 | | 0 | 0 | 0 | 0 | 1.4 | 0 | 0 | 5.1 | | | 0 | | | | | 0 | 0 | |
| 84328090 | 其他未列名整地或耕作机械 | | | 0 | 0 | | 0 | 0 | 0 | 0 | 0 | 0 | 0 | 0 | | | 0 | | | | | 0 | 0 | |
| 84329000 | 整地或耕作机械、滚压机零件 | | | 0 | 0 | | 0 | 0 | 0 | 0 | 0 | 0 | 0 | 0.8 | | | 0 | | | | | 0 | 0 | |
| 84331100 | 机动旋转式割草机 | | | 5 | 0 | | 0 | 0 | 0 | 0 | 1.2 | 0 | 0 | 1.2 | | | 0 | | | | | 0 | 0 | |
| 84331900 | 草坪、公园等用其他割草机 | | | 5 | 0 | | 0 | 0 | 0 | 0 | 1.2 | 0 | 0 | 1.2 | | | 0 | | | | | 0 | 0 | |
| 84332000 | 其他割草机 | | | 0 | 0 | | 0 | 0 | 0 | 0 | 0 | 0 | 0 | 0 | | | 0 | | | | | 0 | 0 | |
| 84333000 | 其他干草切割、翻晒机器 | | | 0 | 0 | | 0 | 0 | 0 | 0 | 0 | 0 | 0 | 1 | | | 0 | | | | | 0 | 0 | |
| 84334000 | 草料打包机 | | | 0 | 0 | | 0 | 0 | 0 | 0 | 0 | 0 | 0 | 3.6 | | | 0 | | | | | 0 | 0 | |
| 84335100 | 联合收割机 | | | 5 | 0 | 7.6 | 0 | 0 | 0 | 0 | 1.6 | 0 | 0 | 5.8 | | | 0 | | | | | 0 | 0 | |
| 84335200 | 其他脱粒机 | | | 5 | 0 | | 0 | 0 | 0 | 0 | 1.6 | 0 | 0 | 1.6 | | | 0 | | | | | 0 | 0 | |
| 84335300 | 根茎或块茎收获机 | | | 5 | 0 | | 0 | 0 | 0 | 0 | 1.6 | 0 | 0 | 4.8 | | | 0 | | | | | 0 | 0 | |
| 84335910 | 甘蔗收割机 | | | 5 | 0 | | 0 | 0 | 0 | 0 | 1.6 | 0 | 0 | 1.6 | | | 0 | | | | | 0 | 0 | |
| 84335920 | 棉花采摘机 | | | 5 | 0 | | 0 | 0 | 0 | 0 | 1.6 | 0 | 0 | 1.6 | | | 0 | | | | | 0 | 0 | |
| 84335990 | 其他收割机 | | | 5 | 0 | | 0 | 0 | 0 | 0 | 1.6 | 0 | 0 | 1.6 | | | 0 | | | | | 0 | 0 | |
| 84336010 | 蛋类清洁、分选、分级机器 | | | 0 | 0 | | 0 | 0 | 0 | 0 | 0 | 0 | 0 | 3 | | | 0 | | | | | | | |
| 84336090 | 水果或其他农产品的清洁、分选、分级机器 | | | 0 | 0 | | 0 | 0 | 0 | 0 | 0 | 0 | 0 | 3 | | | 0 | | | | | | | |
| 84339010 | 联合收割机用零件 | | | 0 | 0 | | 0 | 0 | 0 | 0 | 0 | 0 | 0 | 3.6 | | | 0 | | | | | 0 | 0 | |

| 税则号列 | 商品描述[①] | 协定税率(%) | | | | | | | | | | | | | | | | 特惠税率(%) | | | | | | |
|---|---|---|---|---|---|---|---|---|---|---|---|---|---|---|---|---|---|---|---|---|---|---|---|---|
| | | 香港 | 澳门 | 巴基斯坦 | 东盟 | 亚太 | 智利 | 秘鲁 | 哥斯达黎加 | 新西兰 | 澳大利亚 | 瑞士 | 冰岛 | 韩国 | 台湾 | 新加坡 | 格鲁吉亚 | 亚太2国[②] | 东盟 | | | 最不发达国家 | | |
| | | | | | | | | | | | | | | | | | | | 老挝 | 柬埔寨 | 缅甸 | LDC97[③] | LDC95[④] | LDC60[⑤] |
| 84339090 | 品目84.33所列其他机械零件 | | | 0 | 0 | | 0 | 0 | 0 | 0 | 0 | 0 | 0 | 0 | | | 0 | | | | | 0 | 0 | 0 |
| 84341000 | 挤奶机 | | | 5 | 0 | | 0 | | 0 | 0 | 2 | 0 | 0 | 6 | | | 0 | | | | | 0 | 0 | |
| 84342000 | 乳品加工机器 | | | 5 | 0 | | 0 | 0 | 0 | 0 | 1.2 | 0 | 0 | 0 | | | 0 | | | | | 0 | 0 | |
| 84349000 | 挤奶机及乳品加工机器用零件 | | | 0 | 0 | | 0 | 0 | 0 | 0 | 0 | 0 | 0 | 1 | | | 0 | | | | | 0 | 0 | |
| 84351000 | 制酒、果汁等的压榨、轧碎机 | | 0 | 5 | 0 | | 0 | 0 | 0 | 0 | 2 | 0 | 0 | 6 | | | 0 | | | | | 0 | 0 | |
| 84359000 | 制酒、果汁等压榨、轧碎机零件 | | | 5 | 0 | | 0 | 0 | 0 | 0 | 1.2 | 0 | 0 | 1.2 | | | 0 | | | | | 0 | 0 | |
| 84361000 | 动物饲料配制机 | | | 5 | 0 | | 0 | 0 | 0 | 0 | 1.4 | 4.3 | 0 | 5.1 | | | 0 | | | | | 0 | 0 | |
| 84362100 | 家禽孵卵器及育雏器 | | | 0 | 0 | | 0 | 0 | 0 | 0 | 0 | 0 | 0 | 3.6 | | | 0 | | | | | 0 | 0 | |
| 84362900 | 家禽饲养用机器 | | | 5 | 0 | | 0 | 0 | 0 | 0 | 2 | 0 | 0 | 8 | | | 0 | | | | | 0 | 0 | |
| 84368000 | 农、林业、园艺等用的其他机器 | | | 5 | 0 | | 0 | 0 | 0 | 0 | 2 | 0 | 0 | 6 | | | 0 | | | | | 0 | 0 | |
| 84369100 | 家禽饲养机、孵卵器及育雏器零件 | | | 5 | 0 | | 0 | 0 | 0 | 0 | 1.2 | 0 | 0 | 4.4 | | | 0 | | | | | 0 | 0 | |
| 84369900 | 品目84.36所列其他机器的零件 | | | 5 | 0 | | 0 | 0 | 0 | 0 | 1.2 | 3.7 | 0 | 3.6 | | | 0 | | | | | 0 | 0 | |
| 84371010 | 光学色差谷物颗粒选别机(色选机) | | | 5 | 0 | | 0 | 0 | 0 | 0 | 2 | 0 | 0 | 6 | | | 0 | | | | | 0 | 0 | |
| 84371090 | 其他种子、谷物或干豆的清洁、分选或分级机 | | | 5 | 0 | | 0 | 0 | 0 | 0 | 2 | 0 | 0 | 8 | | | 0 | | | | | 0 | 0 | |
| 84378000 | 谷物磨粉业加工机器 | | | 5 | 0 | 8.5 | 0 | 0 | 0 | 0 | 2 | 0 | 0 | 8 | | | 0 | | | | | 0 | 0 | |
| 84379000 | 品目84.37所列机械的零件 | | | 5 | 0 | | 0 | 0 | 0 | 0 | 1.2 | 3 | 0 | 3.6 | | | 0 | | | | | 0 | 0 | |
| 84381000 | 糕点、通心粉、意大利面条的生产加工机器 | | | 5 | 0 | | 0 | 0 | 0 | 0 | 1.4 | 3.5 | 0 | 5.1 | | | 0 | | | | | 0 | 0 | 0 |
| 84382000 | 生产甜食、可可粉、巧克力的机器 | | | 5 | 0 | | 0 | 0 | 0 | 0 | 1.6 | 0 | 0 | 1.6 | | | 0 | | | | | 0 | 0 | 0 |
| 84383000 | 制糖机器 | | | 5 | 0 | | 0 | 0 | 0 | 0 | 2 | | 0 | 6 | | | 0 | | | | | 0 | 0 | 0 |
| 84384000 | 酿酒机器 | | | 5 | 0 | | 0 | 0 | 0 | 0 | 1.4 | 0 | 0 | 4.2 | | | 0 | | | | | 0 | 0 | 0 |
| 84385000 | 肉类或家禽加工机器 | | | 5 | 0 | | 0 | 0 | 0 | 0 | 1.4 | 0 | 0 | 4.2 | | | 0 | | | | | 0 | 0 | 0 |
| 84386000 | 水果、坚果或蔬菜加工机器 | | | 5 | 0 | | 0 | 1 | 0 | 0 | 2 | 0 | 0 | 6 | | 0 | 0 | | | | | 0 | 0 | 0 |
| 84388000 | 八十四章其他未列名食品等加工机器 | | | 5 | 0 | 8.1 | 0 | 0 | 0 | 0 | 1.7 | 4.3 | 0 | 1.7 | 0 | | 0 | | | | | 0 | 0 | 0 |
| 84389000 | 食品、饮料工业用机器的零件 | | | 0 | 0 | | 0 | 0 | 0 | 0 | 0 | 0 | 0 | 1 | | | 0 | | | | | 0 | 0 | 0 |
| 84391000 | 制造纤维素纸浆的机器 | | | 5 | 0 | | 0 | 0 | 0 | 0 | 1.7 | 0 | 0 | 5 | | | 0 | | | | | 0 | 0 | 0 |
| 84392000 | 纸或纸板的抄造机器 | | | 5 | 0 | | 0 | 0 | 0 | 0 | 1.7 | 4.2 | 0 | 1.6 | 0 | | 0 | | | | | 0 | 0 | 0 |
| 84393000 | 纸或纸板的休整机器 | | | 5 | 0 | | 0 | 0 | 0 | 0 | 1.7 | 0 | 0 | 1.6 | 0 | | 0 | | | | | 0 | 0 | 0 |
| 84399100 | 制造纤维素纸浆的机器零件 | | | 5 | 0 | | 0 | 0 | 0 | 0 | 1.2 | 0 | 0 | 4.4 | | | 0 | | | | | 0 | 0 | 0 |
| 84399900 | 制造或整理纸及纸板的机器零件 | | | 0 | 0 | 3 | 0 | 0 | 0 | 0 | 1.2 | 3 | 0 | 4.4 | | | 0 | | | | | 0 | 0 | 0 |
| 84401010 | 锁线装订机 | | | 5 | 0 | | 0 | 0 | 0 | 0 | 2 | 0 | 0 | 6 | | | 0 | | | | | 0 | 0 | |
| 84401020 | 胶订机 | | | 6 | 0 | | 0 | 0 | 0 | 0 | 2.4 | 0 | 0 | 7.2 | | 0 | 0 | | | | | 0 | 0 | |

| 税则号列 | 商品描述[①] | 协定税率(%) | | | | | | | | | | | | | | | | 特惠税率(%) | | | | | | |
|---|---|---|---|---|---|---|---|---|---|---|---|---|---|---|---|---|---|---|---|---|---|---|---|---|
| | | 香港 | 澳门 | 巴基斯坦 | 东盟 | 亚太 | 智利 | 秘鲁 | 哥斯达黎加 | 新西兰 | 澳大利亚 | 瑞士 | 冰岛 | 韩国 | 台湾 | 新加坡 | 格鲁吉亚 | 亚太2国[②] | 东盟 | | | 最不发达国家 | | |
| | | | | | | | | | | | | | | | | | | | 老挝 | 柬埔寨 | 缅甸 | LDC97[③] | LDC95[④] | LDC60[⑤] |
| 84401090 | 其他书本装订机器 | | | 6 | 0 | | 0 | 0 | 0 | 0 | 2.4 | 0 | 0 | 7.2 | | 0 | 0 | | | | | 0 | 0 | |
| 84409000 | 书本装订机器的零件 | | | 5 | 0 | | 0 | 0 | 0 | 0 | 1.6 | 4 | 0 | 1.6 | | | 0 | | | | | 0 | 0 | |
| 84411000 | 切纸机 | | | 6 | 0 | | 0 | 0 | 0 | 0 | 2.4 | | 0 | 7.2 | 0 | 0 | 0 | | | | | 0 | 0 | 0 |
| 84412000 | 制造包、袋或信封的机器 | | | 6 | 0 | 11.4 | 0 | 1.2 | 0 | 0 | 2.4 | 6 | 0 | 7.2 | | 0 | 0 | | | | | 0 | 0 | 0 |
| 84413010 | 纸塑铝复合罐生产设备 | | | 6.8 | 0 | 12.8 | 0 | 1.4 | 0 | 0 | 2.7 | 6.8 | 0 | 8.1 | | 0 | 0 | | | | | 0 | 0 | |
| 84413090 | 其他制造箱、盒、桶及类似容器的机器 | | | 6.8 | 0 | 12.8 | 0 | 1.4 | 0 | 0 | 2.7 | 6.8 | 0 | 10.8 | | 0 | 0 | | | | | 0 | 0 | |
| 84414000 | 纸浆、纸或纸板制品模制成型机器 | | | 6 | 0 | | 0 | 0 | 0 | 0 | 2.4 | 6 | 0 | 9.6 | | 0 | 0 | | | | | 0 | 0 | 0 |
| 84418010 | 制造纸塑铝软包装的生产设备 | | | 6 | 0 | 11.4 | 0 | 0 | 0 | 0 | 2.4 | 6 | 0 | 7.2 | | 0 | 0 | | | | | 0 | 0 | 0 |
| 84418090 | 其他制造纸浆制品、纸制品的机器 | | | 6 | 0 | 11.4 | 0 | 0 | 0 | 0 | 2.4 | 6 | 0 | 7.2 | 0 | 0 | 0 | | | | | 0 | 0 | 0 |
| 84419010 | 切纸机零件 | | | 5 | 0 | | 0 | 0 | 0 | 0 | 1.6 | 0 | 0 | 4.8 | | | 0 | | | | | 0 | 0 | 0 |
| 84419090 | 其他制造纸浆、纸制品的机器零件 | | | 5 | 0 | | 0 | 0 | 0 | 0 | 1.7 | | 0 | 1.6 | | | 0 | | | | | 0 | 0 | 0 |
| 84423010 | 铸字机 | | | 5 | 0 | | 0 | 0 | 0 | 0 | 1.8 | 0 | 0 | 1.8 | | | 0 | | | | | 0 | 0 | 0 |
| 84423021 | 计算机直接制版设备 | | | 5 | 0 | | 0 | 0 | 0 | 0 | 1.8 | 4.5 | 0 | 1.8 | | | 0 | | | | | 0 | 0 | 0 |
| 84423029 | 制版机器、器具及设备 | | | 5 | 0 | | 0 | 0 | 0 | 0 | 1.8 | 0 | 0 | 6.6 | | | 0 | | | | | 0 | 0 | 0 |
| 84423090 | 其他铸字、制版用机器、器具及设备 | | | 5 | 0 | | 0 | 0 | 0 | 0 | 1.8 | 0 | 0 | 6.6 | | | 0 | | | | | 0 | 0 | 0 |
| 84424000 | 铸字、排字、制版机器的零件 | | | 5 | 0 | | 0 | 0 | 0 | 0 | 1.4 | 0 | 0 | 0 | | | 0 | | | | | 0 | 0 | 0 |
| 84425000 | 活字、印刷用版、片及其他部件 | 0 | | 5 | 0 | | 0 | 0 | 0 | 0 | 1.4 | 0 | 0 | 1.4 | | | 0 | | | | | 0 | 0 | 0 |
| 84431100 | 卷取进料式胶印机 | | | 5 | 0 | 7 | 0 | 1 | 0 | 0 | 2 | 0 | 0 | 6 | | | 0 | | | | | 0 | 0 | 0 |
| 84431200 | 办公室用片取进料式胶印机 | | | 6 | 0 | | 0 | 0 | 0 | 0 | 2.4 | 6 | 0 | 7.2 | | 0 | 0 | | | | | 0 | 0 | 0 |
| 84431311 | 平张纸进料式单色胶印机 | | | 5 | 0 | 7 | 0 | 0 | 0 | 0 | 2 | 0 | 0 | 6 | | | 0 | | | | | 0 | 0 | 0 |
| 84431312 | 平张纸进料式双色胶印机 | | | 5 | 0 | 7 | 0 | 0 | 0 | 0 | 2 | 0 | 0 | 6 | | | 0 | | | | | 0 | 0 | 0 |
| 84431313 | 平张纸进料式四色胶印机 | | | 5 | 0 | 7 | 0 | 0 | 0 | 0 | 2 | 0 | 0 | 6 | | | 0 | | | | | 0 | 0 | 0 |
| 84431319 | 平张纸进料式其他胶印机 | | | 5 | 0 | 7 | 0 | 0 | 0 | 0 | 2 | 0 | 0 | 6 | | | 0 | | | | | 0 | 0 | 0 |
| 84431390 | 其他胶印机 | | | 5 | 0 | 7 | 0 | 0 | 0 | 0 | 2 | 0 | 0 | 6 | | | 0 | | | | | 0 | 0 | 0 |
| 84431400 | 卷取进料式凸版印刷机 | 0 | | 6 | 0 | | 0 | 0 | 0 | 0 | 2.4 | 6 | 0 | | | 0 | 0 | | | | | 0 | 0 | 0 |
| 84431500 | 其他凸版印刷机 | | | 6 | 0 | | 0 | 0 | 0 | 0 | 2.4 | 6 | 0 | | | 0 | 0 | | | | | 0 | 0 | 0 |
| 84431600 | 苯胺印刷机 | | | 5 | 0 | | 0 | 0 | 0 | 0 | 2 | 0 | 0 | | | | 0 | | | | | 0 | 0 | 0 |
| 84431700 | 照相凹版印刷机 | | | 14.4 | 0 | 16.2 | 0 | 1.8 | 0 | 0 | 3.6 | 9 | 0 | 12.9 | | 0 | 0 | | | | | 0 | 0 | |
| 84431921 | 圆网印刷机 | | | 5 | 0 | 9 | 0 | 0 | 0 | 0 | 2 | 0 | 0 | 6 | | | 0 | | | | | 0 | 0 | 0 |
| 84431922 | 平网印刷机 | | | 5 | 0 | 9 | 0 | 0 | 0 | 0 | 2 | 5 | 0 | 7.3 | 0 | | 0 | | | | | 0 | 0 | 0 |
| 84431929 | 其他网式印刷机 | | | 5 | 0 | 9 | 0 | 0 | 0 | 0 | 2 | 0 | 0 | 6 | 0 | 0 | 0 | | | | | 0 | 0 | 0 |
| 84431980 | 其他印刷机 | 0 | | 5 | 0 | 7.2 | 0 | 0 | 0 | 0 | 1.6 | 0 | 0 | 1.6 | 0 | | 0 | | | | | 0 | 0 | 0 |
| 84433110 | 静电感光式多功能机 | | | 5 | 0 | | 0 | 0 | 0 | 0 | 2 | 0 | 0 | | | 0 | 0 | | | | | 0 | 0 | 0 |
| 84433190 | 其他多功能机 | | | | | | | | | | | | | | | | | | | | | 0 | 0 | 0 |
| 84433211 | 针式打印机 | | | | | | | | | | | | | | | | | | | | | 0 | 0 | 0 |
| 84433212 | 激光打印机 | | | | | | | | | | | | | | | | | | | | | 0 | 0 | 0 |

| 税则号列 | 商品描述[①] | 协定税率(%) | | | | | | | | | | | | | | | | 特惠税率(%) | | | | | | |
|---|---|---|---|---|---|---|---|---|---|---|---|---|---|---|---|---|---|---|---|---|---|---|---|---|
| | | 香港 | 澳门 | 巴基斯坦 | 东盟 | 亚太 | 智利 | 秘鲁 | 哥斯达黎加 | 新西兰 | 澳大利亚 | 瑞士 | 冰岛 | 韩国 | 台湾 | 新加坡 | 格鲁吉亚 | 亚太2国[②] | 东盟 | | | 最不发达国家 | | |
| | | | | | | | | | | | | | | | | | | | 老挝 | 柬埔寨 | 缅甸 | LDC97[③] | LDC95[④] | LDC60[⑤] |
| 84433213 | 喷墨打印机 | | | | | | | | | | | | | | | | | | | | | 0 | 0 | 0 |
| 84433214 | 热敏打印机 | | | | | | | | | | | | | | | | | | | | | 0 | 0 | 0 |
| 84433219 | 其他打印机 | | | | | | | | | | | | | | | | | | | | | 0 | 0 | 0 |
| 84433221 | 可以网络连接的喷墨印刷机 | | | 5 | 0 | | 0 | 0 | 0 | 0 | 1.6 | 0 | 0 | 4.8 | | 0 | 0 | | | | | 0 | 0 | 0 |
| 84433222 | 可以网络连接的静电照相印刷机(激光印刷机) | | | 5 | 0 | 6 | 0 | 0 | 0 | 0 | 1.6 | 0 | 0 | 5.8 | | | 0 | | | | | 0 | 0 | 0 |
| 84433229 | 可以网络连接的其他数字印刷设备 | | | 5 | 0 | 6 | 0 | 0 | 0 | 0 | 1.6 | 0 | 0 | 4.8 | | | 0 | | | | | 0 | 0 | 0 |
| 84433290 | 其他可与网络连接的传真机或打字机 | | | | | | | | | | | | | | | | | | | | | 0 | 0 | 0 |
| 84433911 | 直接法静电感光复印设备 | | | | | | | | | | | | | | | | | | | | | 0 | 0 | 0 |
| 84433912 | 间接法静电感光复印设备 | | | 5 | 0 | | 0 | 0 | 0 | 0 | 2 | 0 | 0 | | | 0 | 0 | | | | | 0 | 0 | 0 |
| 84433921 | 带有光学系统的感光复印设备 | | | | | | | | | | | | | | | | | | | | | 0 | 0 | 0 |
| 84433922 | 接触式感光复印设备 | | | | 0 | | 0 | 2 | 0 | 0 | 4 | 10 | 0 | 4 | | 0 | 0 | | | | | 0 | 0 | |
| 84433923 | 热敏复印设备 | | | | 0 | | 0 | 2 | 0 | 0 | 4 | 10 | 0 | 4 | | 0 | 0 | | | | | 0 | 0 | |
| 84433924 | 热升华复印设备 | | | | 0 | | 0 | 2 | 0 | 0 | 4 | 10 | 0 | 4 | | 0 | 0 | | | | | 0 | 0 | |
| 84433931 | 其他独立的喷墨印刷机 | | | 5 | 0 | | 0 | 0 | 0 | 0 | 1.6 | 0 | 0 | 1.6 | | 0 | 0 | | | | | 0 | 0 | 0 |
| 84433932 | 其他独立的静电照相印刷机(激光印刷机) | | | 5 | 0 | 6.3 | 0 | 0 | 0 | 0 | 1.6 | 0 | 0 | 1.6 | | | 0 | | | | | 0 | 0 | 0 |
| 84433939 | 其他独立的数字印刷设备 | | | 5 | 0 | 6.3 | 0 | 0 | 0 | 0 | 1.6 | 0 | 0 | 4.8 | | 0 | 0 | | | | | 0 | 0 | 0 |
| 84433990 | 其他独立的电传打字机 | | | | | | | | | | | | | | | | | | | | | 0 | 0 | 0 |
| 84439111 | 卷筒料给料机 | | | 6 | 0 | | 0 | 0 | 0 | 0 | 2.4 | 6 | 0 | 7.2 | | 0 | 0 | | | | | 0 | 0 | 0 |
| 84439119 | 其他传统印刷机用辅助机器 | | | 6 | 0 | | 0 | 0 | 0 | 0 | 2.4 | 0 | 0 | 7.2 | | 0 | 0 | | | | | 0 | 0 | 0 |
| 84439190 | 传统印刷机用零件及附件 | | | 5 | 0 | | 0 | 0 | 0 | 0 | 1.2 | 3 | 0 | 3.6 | | | 0 | | | | | 0 | 0 | 0 |
| 84439910 | 数字印刷设备用辅助机器 | | | 6 | 0 | | 0 | 0 | 0 | 0 | 2.4 | 0 | 0 | 7.2 | | 0 | 0 | | | | | 0 | 0 | 0 |
| 84439921 | 热敏打印头 | | | 5 | 0 | | 0 | 0 | 0 | 0 | 1.2 | 0 | 0 | 3.6 | | | 0 | | | | | 0 | 0 | 0 |
| 84439929 | 数字印刷设备的其他零件 | | | 5 | 0 | | 0 | 0 | 0 | 0 | 1.2 | 0 | 0 | 3.6 | | | 0 | | | | | 0 | 0 | 0 |
| 84439990 | 其他打印机、复印机、传真机用零件 | | | | | | | | | | | | | | | | | | | | | 0 | 0 | 0 |
| 84440010 | 合成纤维长丝纺丝机 | | | 5 | 0 | 7 | 0 | 0 | 0 | 0 | 2 | | 0 | 2 | 0 | | 0 | | | | | 0 | 0 | |
| 84440020 | 合成纤维短丝纺丝机 | | | 5 | 0 | 7 | 0 | 0 | 0 | 0 | 2 | 0 | 0 | 6 | | | 0 | | | | | 0 | 0 | |
| 84440030 | 人造纤维纺丝机 | | | 5 | 0 | 7 | 0 | 0 | 0 | 0 | 2 | 0 | 0 | 6 | | | 0 | | | | | 0 | 0 | |
| 84440040 | 化学纤维变形机 | | | 5 | 0 | 7 | 0 | 0 | 0 | 0 | 2 | 5 | 0 | 6 | | | 0 | | | | | 0 | 0 | |
| 84440050 | 化学纤维切断机 | | | 5 | 0 | 7 | 0 | 0 | 0 | 0 | 2 | 5 | 0 | 6 | | | 0 | | | | | 0 | 0 | |
| 84440090 | 其他化学纤维挤压、拉伸、变形或切割机器 | | | 5 | 0 | 7 | 0 | 0 | 0 | 0 | 2 | 5 | 0 | 6 | | | 0 | | | | | 0 | 0 | |
| 84451111 | 棉纤维清梳联合机 | | | 5 | 0 | 9 | 0 | 0 | 0 | 0 | 2 | 0 | 0 | 6 | | | 0 | | | | | 0 | 0 | 0 |
| 84451112 | 棉纤维自动抓棉机 | | | 5 | 0 | 9 | 0 | 0 | 0 | 0 | 2 | | 0 | 6 | | | 0 | | | | | 0 | 0 | 0 |
| 84451113 | 棉纤维梳棉机 | | | 5 | 0 | 9 | 0 | 0 | 0 | 0 | 2 | 5 | 0 | 6 | | | 0 | | | | | 0 | 0 | 0 |
| 84451119 | 其他棉纤维梳理机 | | | 5 | 0 | 9 | 0 | 0 | 0 | 0 | 2 | 0 | 0 | 6 | | | 0 | | | | | 0 | 0 | 0 |
| 84451120 | 毛纤维梳理机 | | | 5 | 0 | 9 | 0 | 0 | 0 | 0 | 2 | 0 | 0 | 6 | | | 0 | | | | | 0 | 0 | 0 |
| 84451190 | 其他纺织纤维梳理机 | | | 5 | 0 | 9 | 0 | 0 | 0 | 0 | 2 | 0 | 0 | | | | 0 | | | | | 0 | 0 | 0 |

| 税则号列 | 商品描述[①] | 协定税率(%) | | | | | | | | | | | | | | | | 特惠税率(%) | | | | | | |
|---|---|---|---|---|---|---|---|---|---|---|---|---|---|---|---|---|---|---|---|---|---|---|---|---|
| | | 香港 | 澳门 | 巴基斯坦 | 东盟 | 亚太 | 智利 | 秘鲁 | 哥斯达黎加 | 新西兰 | 澳大利亚 | 瑞士 | 冰岛 | 韩国 | 台湾 | 新加坡 | 格鲁吉亚 | 亚太2国[②] | 东盟 老挝 | 东盟 柬埔寨 | 东盟 缅甸 | 最不发达国家 LDC97[③] | 最不发达国家 LDC95[④] | 最不发达国家 LDC60[⑤] |
| 84451210 | 棉纺织纤维精梳机 | | | 5 | 0 | | 0 | 0 | 0 | 0 | 2 | | 0 | 6 | | | 0 | | | | | 0 | 0 | 0 |
| 84451220 | 毛纺织纤维精梳机 | | | 5 | 0 | | 0 | 0 | 0 | 0 | 2 | 0 | 0 | 6 | | | 0 | | | | | 0 | 0 | 0 |
| 84451290 | 其他纺织纤维精梳机 | | | 5 | 0 | | 0 | 0 | 0 | 0 | 2 | 0 | 0 | 6 | | | 0 | | | | | 0 | 0 | 0 |
| 84451310 | 拉伸机 | | | 5 | 0 | | 0 | 0 | 0 | 0 | 2 | 0 | 0 | 6 | | | 0 | | | | | 0 | 0 | 0 |
| 84451321 | 棉纺粗纱机 | | | 5 | 0 | | 0 | 0 | 0 | 0 | 2 | | 0 | 6 | | | 0 | | | | | 0 | 0 | 0 |
| 84451322 | 毛纺粗纱机 | | | 5 | 0 | | 0 | 0 | 0 | 0 | 2 | 0 | 0 | 6 | | | 0 | | | | | 0 | 0 | 0 |
| 84451329 | 其他粗纱机 | | | 5 | 0 | | 0 | 0 | 0 | 0 | 2 | 0 | 0 | 6 | | | 0 | | | | | 0 | 0 | 0 |
| 84451900 | 纺织纤维的其他预处理机器 | | | 5 | 0 | 9 | 0 | 1 | 0 | 0 | 2 | | 0 | | | | 0 | | | | | 0 | 0 | 0 |
| 84452031 | 转杯纺纱机 | | | 5 | 0 | 9 | 0 | 0 | 0 | 0 | 2 | 0 | 0 | 6 | | | 0 | | | | | 0 | 0 | 0 |
| 84452032 | 喷气纺纱机 | | | 5 | 0 | | 0 | 0 | 0 | 0 | 2 | | 0 | 6 | | | 0 | | | | | 0 | 0 | 0 |
| 84452039 | 其他自由端纺纱机 | | | 5 | 0 | | 0 | 0 | 0 | 0 | 2 | 0 | 0 | 6 | | | 0 | | | | | 0 | 0 | 0 |
| 84452041 | 棉环锭细纱机 | | | 5 | 0 | 9.5 | 0 | 0 | 0 | 0 | 2.1 | 5.2 | 0 | 6.3 | | 0 | 0 | | | | | 0 | 0 | 0 |
| 84452042 | 毛环锭细纱机 | | | 5 | 0 | | 0 | 0 | 0 | 0 | 2 | 0 | 0 | 6 | | | 0 | | | | | 0 | 0 | 0 |
| 84452049 | 其他环锭细纱机 | | | 5 | 0 | | 0 | 0 | 0 | 0 | 2 | 0 | 0 | 6 | | | 0 | | | | | 0 | 0 | 0 |
| 84452090 | 其他纺纱机 | | | 5 | 0 | 9 | 0 | 0 | 0 | 0 | 2 | | 0 | 6 | | | 0 | | | | | 0 | 0 | 0 |
| 84453000 | 并线机或加捻机 | | | 5 | 0 | 9 | 0 | 0 | 0 | 0 | 2 | 0 | 0 | 6 | | | 0 | | | | | 0 | 0 | 0 |
| 84454010 | 自动络筒机 | | | 5 | 0 | 9 | 0 | 1 | 0 | 0 | 2 | 0 | 0 | 8 | | | 0 | | | | | 0 | 0 | 0 |
| 84454090 | 其他络纱机(包括卷纬机)或摇纱机 | | | 5 | 0 | 9 | 0 | 1 | 0 | 0 | 2 | 0 | 0 | 7.2 | | | 0 | | | | | 0 | 0 | 0 |
| 84459010 | 整经机 | | | 5 | 0 | 9 | 0 | 0 | 0 | 0 | 2 | | 0 | 6 | | | 0 | | | | | 0 | 0 | 0 |
| 84459020 | 浆纱机 | | | 5 | 0 | 9 | 0 | 0 | 0 | 0 | 2 | | 0 | 6 | | | 0 | | | | | 0 | 0 | 0 |
| 84459090 | 其他生产及处理纺织纱线的机器 | | | 5 | 0 | 9 | 0 | 0 | 0 | 0 | 2 | 5 | 0 | 7.2 | | | 0 | | | | | 0 | 0 | 0 |
| 84461000 | 所织织物宽度≤30厘米的织机 | | | 5 | 0 | 7.2 | 0 | 0 | 0 | 0 | 1.6 | 4 | 0 | 4.8 | | | 0 | | | | | 0 | 0 | |
| 84462110 | 所织织物宽度>30厘米的梭织动力地毯织机 | | | 5 | 0 | 10.8 | 0 | 1.2 | 0 | 0 | 2.4 | 6 | 0 | 7.2 | | 0 | 0 | | | | | 0 | 0 | |
| 84462190 | 所织织物宽度>30厘米的其他梭织动力织机 | | | 5 | 0 | 9 | 0 | 1 | 0 | 0 | 2 | | 0 | 6 | | 0 | 0 | | | | | 0 | 0 | |
| 84462900 | 所织织物宽度>30厘米的梭织非动力织机 | | | 5 | 0 | | 0 | 1 | 0 | 0 | 2 | 0 | 0 | 6 | | | 0 | | | | | 0 | 0 | |
| 84463020 | 所织织物宽度>30厘米的剑杆织机 | | | 5 | 0 | 6.8 | 0 | 0 | 0 | 0 | 1.6 | 4 | 0 | 4.8 | | | 0 | | | | | 0 | 0 | |
| 84463030 | 所织织物宽度>30厘米的片梭织机 | | | 5 | 0 | 5.6 | 0 | 0 | 0 | 0 | 1.6 | | 0 | 1.6 | | | 0 | | | | | 0 | 0 | |
| 84463040 | 所织织物宽度>30厘米的喷水织机 | | | 5 | 0 | 6.8 | 0 | 0 | 0 | 0 | 1.6 | 0 | 0 | 1.6 | 0 | | 0 | | | | | 0 | 0 | |
| 84463050 | 所织织物宽度>30厘米的喷气织机 | | | 5 | 0 | 6.8 | 0 | 0 | 0 | 0 | 1.6 | 0 | 0 | 5.8 | | | 0 | | | | | 0 | 0 | |
| 84463090 | 所织织物宽度>30厘米的其他无梭织机 | | | 5 | 0 | 6.8 | 0 | 0 | 0 | 0 | 1.6 | 0 | 0 | 1.6 | | | 0 | | | | | 0 | 0 | |
| 84471100 | 圆筒直径≤165毫米的圆型针织机 | | | 5 | 0 | 7 | 0 | 0 | 0 | 0 | 1.6 | 0 | 0 | 1.6 | 0 | | 0 | | | | | 0 | 0 | 0 |

| 税则号列 | 商品描述[①] | 协定税率(%) | | | | | | | | | | | | | | | | 特惠税率(%) | | | | | | |
|---|---|---|---|---|---|---|---|---|---|---|---|---|---|---|---|---|---|---|---|---|---|---|---|---|
| | | 香港 | 澳门 | 巴基斯坦 | 东盟 | 亚太 | 智利 | 秘鲁 | 哥斯达黎加 | 新西兰 | 澳大利亚 | 瑞士 | 冰岛 | 韩国 | 台湾 | 新加坡 | 格鲁吉亚 | 亚太2国[②] | 东盟 | | | 最不发达国家 | | |
| | | | | | | | | | | | | | | | | | | | 老挝 | 柬埔寨 | 缅甸 | LDC97[③] | LDC95[④] | LDC60[⑤] |
| 84471200 | 圆筒直径>165毫米的圆型针织机 | | | 5 | 0 | | 0 | 0 | 0 | 0 | 1.6 | 0 | 0 | 1.6 | 0 | | 0 | | | | | 0 | 0 | 0 |
| 84472011 | 特里科经编机 | | | 5 | 0 | 6.8 | 0 | 0 | 0 | 0 | 1.6 | 0 | 0 | 1.6 | | | 0 | | | | | 0 | 0 | 0 |
| 84472012 | 拉舍尔经编机 | | | 5 | 0 | 6.8 | 0 | 0 | 0 | 0 | 1.6 | 0 | 0 | 4.8 | | | 0 | | | | | 0 | 0 | 0 |
| 84472019 | 其他经编机 | | | 5 | 0 | 6.8 | 0 | 0 | 0 | 0 | 1.6 | 0 | 0 | 4.8 | | | 0 | | | | | 0 | 0 | 0 |
| 84472020 | 平型纬编机 | | | 5 | 0 | 6.8 | 0 | 0 | 0 | 0 | 1.6 | 4 | 0 | 1.6 | 0 | | 0 | | | | | 0 | 0 | 0 |
| 84472030 | 缝编机 | | | 5 | 0 | 6.8 | 0 | 0 | 0 | 0 | 1.6 | 0 | 0 | 1.6 | | | 0 | | | | | 0 | 0 | 0 |
| 84479011 | 地毯织机 | | | 0 | 0 | 4.9 | 0 | 0 | 0 | 0 | 1.4 | 0 | 0 | 1.4 | | | 0 | | | | | 0 | 0 | 0 |
| 84479019 | 其他簇绒机 | | | 5 | 0 | 5.6 | 0 | 0 | 0 | 0 | 1.6 | 0 | 0 | 1.6 | | | 0 | | | | | 0 | 0 | 0 |
| 84479020 | 绣花机 | | | 5 | 0 | 6.8 | 0 | 0 | 0 | 0 | 1.6 | | 0 | 4.8 | | | 0 | | | | | 0 | 0 | 0 |
| 84479090 | 品目84.47其他未列名机器 | | | 5 | 0 | 5 | 0 | 0 | 0 | 0 | 2 | | 0 | 6 | | | 0 | | | | | 0 | 0 | 0 |
| 84481100 | 多臂机或提花机 | | | 5 | 0 | | 0 | 0 | 0 | 0 | 1.6 | 0 | 0 | 4.8 | | | 0 | | | | | 0 | 0 | 0 |
| 84481900 | 品目84.44~84.47所列的其他辅助机器 | | | 5 | 0 | | 0 | 0 | 0 | 0 | 1.6 | 4 | 0 | 4.8 | | | 0 | | | | | 0 | 0 | 0 |
| 84482020 | 喷丝头或喷丝板 | | | 5 | 0 | | 0 | 0 | 0 | 0 | 1.2 | 3 | 0 | 3.6 | | | 0 | | | | | 0 | 0 | 0 |
| 84482090 | 纤维挤压机及其辅助机器的其他零附件 | | | 5 | 0 | | 0 | 0 | 0 | 0 | 1.2 | 3 | 0 | 4.4 | | | 0 | | | | | 0 | 0 | 0 |
| 84483100 | 钢丝针布 | | | 5 | 0 | | 0 | 0 | 0 | 0 | 1.2 | 4 | 0 | 3.6 | | | 0 | | | | | 0 | 0 | 0 |
| 84483200 | 纺织纤维预处理机器的其他零附件 | | | 5 | 0 | | 0 | 0 | 0 | 0 | 1.2 | 3 | 0 | 4.4 | | | 0 | | | | | 0 | 0 | 0 |
| 84483310 | 络筒锭 | | | 5 | 0 | | 0 | 0 | 0 | 0 | 1.2 | 0 | 0 | 1.2 | | | 0 | | | | | 0 | 0 | 0 |
| 84483390 | 其他锭子、锭壳、纺丝环、钢丝圈 | | | 5 | 0 | | 0 | 0 | 0 | 0 | 1.2 | 3 | 0 | 3.6 | | | 0 | | | | | 0 | 0 | 0 |
| 84483910 | 气流杯 | | | 5 | 0 | | 0 | 0 | 0 | 0 | 1.2 | 0 | 0 | 1.2 | | | 0 | | | | | 0 | 0 | 0 |
| 84483920 | 电子清纱器 | | | 5 | 0 | | 0 | 0 | 0 | 0 | 1.2 | 4 | 0 | 1.2 | | | 0 | | | | | 0 | 0 | 0 |
| 84483930 | 空气捻接器 | | | 5 | 0 | | 0 | 0 | 0 | 0 | 1.2 | 0 | 0 | 1.2 | | | 0 | | | | | 0 | 0 | 0 |
| 84483940 | 环锭细纱机紧密纺装置 | | | 5 | 0 | | 0 | 0 | 0 | 0 | 1.2 | 3.7 | 0 | 0 | | | 0 | | | | | 0 | 0 | 0 |
| 84483990 | 品目84.45所列机器的其他零附件 | | | 5 | 0 | | 0 | 0 | 0 | 0 | 1.2 | 4 | 0 | 4.4 | | | 0 | | | | | 0 | 0 | 0 |
| 84484200 | 织机用筘、综丝及综框 | | | 5 | 0 | | 0 | 0 | 0 | 0 | 1.2 | 3 | 0 | 4.4 | | | 0 | | | | | 0 | 0 | 0 |
| 84484910 | 接、投梭箱 | | | 5 | 0 | | 0 | 0 | 0 | 0 | 1.2 | 3 | 0 | 1.2 | | | 0 | | | | | 0 | 0 | 0 |
| 84484920 | 引纬、送经装置 | | | 5 | 0 | | 0 | 0 | 0 | 0 | 1.2 | 3 | 0 | 3.6 | | | 0 | | | | | 0 | 0 | 0 |
| 84484930 | 梭子 | | | 5 | 0 | | 0 | 0 | 0 | 0 | 1.2 | 0 | 0 | 1.2 | | | 0 | | | | | 0 | 0 | 0 |
| 84484990 | 织机及其辅助机器用其他零附件 | | | 5 | 0 | | 0 | 0 | 0 | 0 | 1.2 | 3 | 0 | 4.4 | | | 0 | | | | | 0 | 0 | 0 |
| 84485120 | 针织机用28号以下的弹簧针、钩针及复合针 | | | 5 | 0 | | 0 | 0 | 0 | 0 | 1.2 | 0 | 0 | 3.6 | | | 0 | | | | | 0 | 0 | 0 |
| 84485190 | 沉降片、其他织针及成圈机件 | | | 5 | 0 | | 0 | 0 | 0 | 0 | 1.2 | 0 | 0 | 4.4 | | | 0 | | | | | 0 | 0 | 0 |
| 84485900 | 品目84.47机器用的其他零附件 | 0 | | 5 | 0 | | 0 | 0 | 0 | 0 | 1.2 | 3 | 0 | 0 | 0 | | 0 | | | | | 0 | 0 | 0 |
| 84490010 | 针刺机 | | | 5 | 0 | | 0 | 0 | 0 | 0 | 1.6 | 0 | 0 | 4.8 | | | 0 | | | | | 0 | 0 | |
| 84490020 | 水刺设备 | | | 5 | 0 | | 0 | 0 | 0 | 0 | 1.6 | 0 | 0 | 1.6 | | | 0 | | | | | 0 | 0 | |

| 税则号列 | 商品描述[①] | 协定税率(%) | | | | | | | | | | | | | | | | 特惠税率(%) | | | | | | |
|---|---|---|---|---|---|---|---|---|---|---|---|---|---|---|---|---|---|---|---|---|---|---|---|---|
| | | 香港 | 澳门 | 巴基斯坦 | 东盟 | 亚太 | 智利 | 秘鲁 | 哥斯达黎加 | 新西兰 | 澳大利亚 | 瑞士 | 冰岛 | 韩国 | 台湾 | 新加坡 | 格鲁吉亚 | 亚太2国[②] | 东盟 老挝 | 东盟 柬埔寨 | 东盟 缅甸 | 最不发达国家 LDC97[③] | 最不发达国家 LDC95[④] | 最不发达国家 LDC60[⑤] |
| 84490090 | 其他毡呢或无纺织物制造或整理机器;帽模 | | | 5 | 0 | | 0 | 0 | 0 | 0 | 1.6 | 0 | 0 | 5.8 | | | 0 | | | | | 0 | 0 | |
| 84501110 | 干衣量≤10 千克的波轮式全自动洗衣机 | | | 5 | 0 | 8.7 | 0 | 0 | 0 | 0 | 2 | 0 | 0 | 6 | | 0 | 0 | | | | | 0 | 0 | 0 |
| 84501120 | 干衣量≤10 千克的滚筒式全自动洗衣机 | | | 5 | 0 | 8.7 | 0 | 0 | 0 | 0 | 2 | 0 | 0 | 7.2 | | 0 | 0 | | | | | 0 | 0 | 0 |
| 84501190 | 干衣量≤10 千克的其他全自动洗衣机 | | | 5 | 0 | 8.7 | 0 | 0 | 0 | 0 | 2 | 0 | 0 | | | 0 | 0 | | | | | 0 | 0 | 0 |
| 84501200 | 干衣量≤10 千克装有离心甩干机的非全自动洗衣机 | | | 24.9 | 0 | 24.9 | 0 | 3 | 0 | 0 | 6 | 18.6 | 0 | | | 0 | 0 | | | | | 0 | 0 | |
| 84501900 | 干衣量≤10 千克的其他洗衣机 | | | | 0 | | 0 | 3 | 0 | 0 | 6 | 18.6 | 0 | | | 0 | 0 | | | | | 0 | 0 | |
| 84502011 | 干衣量>10 千克的波轮式全自动洗衣机 | | | 5 | 0 | | 0 | 0 | 0 | 0 | 2 | 0 | 0 | | | | 0 | | | | | 0 | 0 | 0 |
| 84502012 | 干衣量>10 千克的滚筒式全自动洗衣机 | | | 5 | 0 | | 0 | 0 | 0 | 0 | 2 | 0 | 0 | | | | 0 | | | | | 0 | 0 | 0 |
| 84502019 | 其他全自动洗衣机 | | | 5 | 0 | | 0 | 0 | 0 | 0 | 2 | 0 | 0 | | | | 0 | | | | | 0 | 0 | 0 |
| 84502090 | 其他干衣量>10 千克的洗衣机 | | | 5 | 0 | | 0 | 0 | 0 | 0 | 2 | 0 | 0 | | | | 0 | | | | | 0 | 0 | 0 |
| 84509010 | 干衣量≤10 千克的洗衣机零件 | | | 0 | 0 | 4.2 | 0 | 0 | 0 | 0 | 0 | 0 | 0 | 3.6 | | | 0 | | | | | 0 | 0 | 0 |
| 84509090 | 干衣量>10 千克的洗衣机零件 | | | 12.8 | 0 | 14.4 | 0 | 1.6 | 0 | 0 | 3.2 | 8 | 0 | 9.6 | | 0 | 12.8 | | | | | 0 | 0 | |
| 84511000 | 干洗机 | | | 16 | 0 | 16 | 0 | 2.1 | 0 | 0 | 4.2 | 10.5 | 0 | 15.4 | | 0 | 0 | | | | | 0 | 0 | |
| 84512100 | 干衣量≤10 千克的干燥机 | | | 7.5 | 0 | 13.5 | 0 | 1.5 | 0 | 0 | 3 | 7.5 | 0 | 9 | | 0 | 0 | | | | | 0 | 0 | |
| 84512900 | 干衣量>10 千克的干燥机 | | | 5 | 0 | 7.2 | 0 | 0 | 0 | 0 | 1.6 | 0 | 0 | 4.8 | | | 0 | | | | | 0 | 0 | 0 |
| 84513000 | 熨烫机及挤压机(包括熔压机) | | | 5 | 0 | 7.2 | 0 | 0 | 0 | 0 | 1.6 | 0 | 0 | 4.8 | | 0 | 0 | | | | | 0 | 0 | 0 |
| 84514000 | 洗涤、漂白或染色机器 | 0 | 0 | 5 | 0 | 7 | 0 | 0 | 0 | 0 | 1.7 | 0 | 0 | 1.6 | 0 | | 0 | | | | | 0 | 0 | 0 |
| 84515000 | 纺织物卷绕、退绕、折叠、剪切或剪齿边机器 | | | 5 | 0 | 7.2 | 0 | 0 | 0 | 0 | 1.6 | 0 | 0 | 1.6 | 0 | | 0 | | | | | 0 | 0 | 0 |
| 84518000 | 品目 84.51 所列其他未列名的机器 | 0 | | 5 | 0 | 10.8 | 0 | 1.2 | 0 | 0 | 2.4 | | 0 | 9.6 | 0 | 0 | 0 | | | | | 0 | 0 | 0 |
| 84519000 | 品目 84.51 所列机器的零件 | | | 5 | 0 | 7.2 | 0 | 0 | 0 | 0 | 1.6 | 0 | 0 | 4.8 | | | 0 | | | | | 0 | 0 | 0 |
| 84521010 | 多功能家用缝纫机 | | | 16.8 | 0 | 17 | 0 | 2.1 | 0 | 0 | 4.2 | 10.5 | 0 | 15.4 | | 0 | 0 | | | | | 0 | 0 | |
| 84521091 | 手动式家用型缝纫机 | | | 16.8 | 0 | 17 | 0 | 2.1 | 0 | 0 | 4.2 | 10.5 | 0 | 15.4 | | 0 | 0 | | | | | 0 | 0 | |
| 84521099 | 其他家用型缝纫机 | | | 16.8 | 0 | 17 | 0 | 2.1 | 0 | 0 | 4.2 | 10.5 | 0 | 15.4 | | 0 | 0 | | | | | 0 | 0 | |
| 84522110 | 非家用自动平缝机 | | | 5 | 0 | 10.7 | 0 | 0 | 0 | 0 | 2.4 | 6 | 0 | 7.2 | | 0 | 0 | | | | | 0 | 0 | 0 |
| 84522120 | 非家用自动包缝机 | | | 5 | 0 | 10.7 | 0 | 0 | 0 | 0 | 2.4 | 6 | 0 | 7.2 | 0 | 0 | 0 | | | | | 0 | 0 | 0 |
| 84522130 | 非家用自动绷缝机 | | | 5 | 0 | 10.7 | 0 | 0 | 0 | 0 | 2.4 | 6 | 0 | 7.2 | 0 | 0 | 0 | | | | | 0 | 0 | 0 |
| 84522190 | 其他非家用自动缝纫机 | | | 5 | 0 | 10.7 | 0 | 0 | 0 | 0 | 2.4 | 6 | 0 | 7.2 | 0 | 0 | 0 | | | | | 0 | 0 | 0 |
| 84522900 | 其他非家用非自动缝纫机 | 0 | | 5 | 0 | 10.8 | 0 | 0 | 0 | 0 | 2.4 | 6 | 0 | 7.2 | | 0 | 0 | | | | | 0 | 0 | 0 |
| 84523000 | 缝纫机针 | | | 7 | 0 | 12.6 | 0 | 0 | 0 | 0 | 2.8 | 7 | 0 | 8.4 | | 0 | 0 | | | | | 0 | 0 | |
| 84529011 | 家用型缝纫机用旋梭 | | | 7 | 0 | 9.8 | 0 | 0 | 0 | 0 | 2.8 | 7 | 0 | 8.4 | | 0 | 0 | | | | | 0 | 0 | |

| 税则号列 | 商品描述① | 协定税率(%) | | | | | | | | | | | | | | | | 特惠税率(%) | | | | | | |
|---|---|---|---|---|---|---|---|---|---|---|---|---|---|---|---|---|---|---|---|---|---|---|---|---|
| | | 香港 | 澳门 | 巴基斯坦 | 东盟 | 亚太 | 智利 | 秘鲁 | 哥斯达黎加 | 新西兰 | 澳大利亚 | 瑞士 | 冰岛 | 韩国 | 台湾 | 新加坡 | 格鲁吉亚 | 亚太2国② | 东盟 | | | 最不发达国家 | | |
| | | | | | | | | | | | | | | | | | | | 老挝 | 柬埔寨 | 缅甸 | LDC97③ | LDC95④ | LDC60⑤ |
| 84529019 | 家用型缝纫机用其他零件 | | | 7 | 0 | 9.8 | 0 | 0 | 0 | 0 | 2.8 | 7 | 0 | 8.4 | | 0 | 0 | | | | | 0 | 0 | |
| 84529091 | 其他缝纫机用旋梭 | | | 7 | 0 | 9.8 | 0 | 0 | 0 | 0 | 2.8 | 7 | 0 | 8.4 | | 0 | 0 | | | | | 0 | 0 | 0 |
| 84529092 | 其他缝纫机专用的特制家具、底座和罩盖及其零件 | | | 11.2 | 0 | | 0 | 0 | 0 | 0 | 2.8 | 7 | 0 | 8.4 | | 0 | 0 | | | | | 0 | 0 | |
| 84529099 | 其他缝纫机用其他零件 | | | 7 | 0 | 9.8 | 0 | 0 | 0 | 0 | 2.8 | 7 | 0 | 8.4 | 0 | 0 | 0 | | | | | 0 | 0 | 0 |
| 84531000 | 生皮、皮革的处理、鞣制或加工机器 | | | 5 | 0 | 8 | 0 | 0 | 0 | 0 | 1.7 | 0 | 0 | 5 | | | 0 | | | | | 0 | 0 | |
| 84532000 | 鞋靴制作或修理机器 | | | 5 | 0 | 8 | 0 | 0 | 0 | 0 | 1.7 | 0 | 0 | 5 | | | 0 | | | | | 0 | 0 | |
| 84538000 | 毛皮及其他皮革的制作或修理机器 | | | 5 | 0 | | 0 | 0 | 0 | 0 | 1.7 | 0 | 0 | 5 | | | 0 | | | | | 0 | 0 | |
| 84539000 | 品目 84.53 所列机器的零件 | | | 5 | 0 | | 0 | 0 | 0 | 0 | 1.6 | 0 | 0 | 4.8 | | | 0 | | | | | 0 | 0 | |
| 84541000 | 金属冶炼及铸造用转炉 | | | 5 | 0 | | 0 | 0 | 0 | 0 | 1.7 | 0 | 0 | 1.6 | | | 0 | | | | | 0 | 0 | 0 |
| 84542010 | 炉外精炼设备 | | | 5 | 0 | | 0 | 0 | 0 | 0 | 1.7 | 0 | 0 | 1.6 | | | 0 | | | | | 0 | 0 | 0 |
| 84542090 | 其他金属冶炼及铸造用锭模及浇包 | | | 5 | 0 | | 0 | 0 | 0 | 0 | 1.7 | | 0 | 5 | | | 0 | | | | | 0 | 0 | 0 |
| 84543010 | 冷室压铸机 | | | 6 | 0 | 11.4 | 0 | 0 | 0 | 0 | 2.4 | 6 | 0 | 7.2 | | 0 | 0 | | | | | 0 | 0 | 0 |
| 84543021 | 方坯连铸机 | | | 5 | 0 | 9.5 | 0 | 0 | 0 | 0 | 2 | 5 | 0 | 6 | | | 0 | | | | | 0 | 0 | 0 |
| 84543022 | 板坯连铸机 | | | 6 | 0 | 11.4 | 0 | 0 | 0 | 0 | 2.4 | 6 | 0 | 7.2 | | 0 | 0 | | | | | 0 | 0 | 0 |
| 84543029 | 其他钢坯连铸机 | | | 6 | 0 | 11.4 | 0 | 0 | 0 | 0 | 2.4 | 6 | 0 | 7.2 | | 0 | 0 | | | | | 0 | 0 | 0 |
| 84543090 | 其他金属冶炼及铸造用铸造机 | | | 6 | 0 | 11.4 | 0 | 0 | 0 | 0 | 2.4 | 6 | 0 | 9.6 | | 0 | 0 | | | | | 0 | 0 | 0 |
| 84549010 | 炉外精炼设备用零件 | | | 5 | 0 | | 0 | 0 | 0 | 0 | 1.6 | 0 | 0 | 4.8 | | | 0 | | | | | 0 | 0 | 0 |
| 84549021 | 结晶器 | | | 5 | 0 | | 0 | 0 | 0 | 0 | 1.6 | 0 | 0 | 1.6 | | | 0 | | | | | 0 | 0 | 0 |
| 84549022 | 振动装置 | | | 5 | 0 | | 0 | 0 | 0 | 0 | 1.6 | 0 | 0 | 1.6 | | | 0 | | | | | 0 | 0 | 0 |
| 84549029 | 其他钢坯连铸机用零件 | | | 5 | 0 | | 0 | 0 | 0 | 0 | 1.6 | 4 | 0 | 4.8 | | | 0 | | | | | 0 | 0 | 0 |
| 84549090 | 其他冶炼等用转炉及铸造机的零件 | | | 5 | 0 | | 0 | 0 | 0 | 0 | 1.6 | 4 | 0 | 1.6 | | | 0 | | | | | 0 | 0 | 0 |
| 84551010 | 热轧管机 | | | 5 | 0 | 8.4 | 0 | 0 | 0 | 0 | 2.4 | 6 | 0 | 7.2 | | 0 | 0 | | | | | 0 | 0 | 0 |
| 84551020 | 冷轧管机 | | | 5 | 0 | 8.4 | 0 | 0 | 0 | 0 | 2.4 | 6 | 0 | 7.2 | | 0 | 0 | | | | | 0 | 0 | 0 |
| 84551030 | 定、减径轧管机 | | | 5 | 0 | 8.4 | 0 | 0 | 0 | 0 | 2.4 | 6 | 0 | 7.2 | | 0 | 0 | | | | | 0 | 0 | 0 |
| 84551090 | 其他金属轧管机 | | | 5 | 0 | 8.4 | 0 | 0 | 0 | 0 | 2.4 | 6 | 0 | 7.2 | | 0 | 0 | | | | | 0 | 0 | 0 |
| 84552110 | 板材热轧机 | | | 7.5 | 0 | 10.5 | 0 | 1.5 | 0 | 0 | 3 | 7.5 | 0 | 9 | | 0 | 0 | | | | | 0 | 0 | |
| 84552120 | 型钢轧机 | | | 7.5 | 0 | 10.5 | 0 | 1.5 | 0 | 0 | 3 | 7.5 | 0 | 9 | | 0 | 0 | | | | | 0 | 0 | |
| 84552130 | 线材轧机 | | | 7.5 | 0 | 10.5 | 0 | 1.5 | 0 | 0 | 3 | 7.5 | 0 | 9 | | 0 | 0 | | | | | 0 | 0 | |
| 84552190 | 其他金属热轧或冷热联合轧机 | | | 7.5 | 0 | 10.5 | 0 | 1.5 | 0 | 0 | 3 | 7.5 | 0 | 9 | | 0 | 0 | | | | | 0 | 0 | |
| 84552210 | 板材冷轧机 | | | 5 | 0 | | 0 | 0 | 0 | 0 | 2 | 0 | 0 | 6 | | | 0 | | | | | 0 | 0 | |
| 84552290 | 其他金属冷轧机 | | | 12 | 0 | | 0 | 1.5 | 0 | 0 | 3 | 7.5 | 0 | 9 | | 0 | 0 | | | | | 0 | 0 | |
| 84553000 | 金属轧机用轧辊 | | | 5 | 0 | | 0 | 0 | 0 | 0 | 1.7 | 0 | 0 | 1.6 | | | 0 | | | | | 0 | 0 | 0 |
| 84559000 | 金属轧机的其他零件 | | | 0 | 0 | 4 | 0 | 0 | 0 | 0 | 1.6 | 0 | 0 | 1.6 | | | 0 | | | | | 0 | 0 | 0 |
| 84561100 | 用激光处理的各种材料的加工机床 | | | | | | | | | | | | | | | | | | | | | 0 | 0 | 0 |

| 税则号列 | 商品描述[①] | 协定税率(%) | | | | | | | | | | | | | | | | 特惠税率(%) | | | | | | |
|---|---|---|---|---|---|---|---|---|---|---|---|---|---|---|---|---|---|---|---|---|---|---|---|---|
| | | 香港 | 澳门 | 巴基斯坦 | 东盟 | 亚太 | 智利 | 秘鲁 | 哥斯达黎加 | 新西兰 | 澳大利亚 | 瑞士 | 冰岛 | 韩国 | 台湾 | 新加坡 | 格鲁吉亚 | 亚太2国[②] | 东盟 | | | 最不发达国家 | | |
| | | | | | | | | | | | | | | | | | | | 老挝 | 柬埔寨 | 缅甸 | LDC97[③] | LDC95[④] | LDC60[⑤] |
| 84561200 | 用其他光或光子束处理各种材料的加工机床 | | | | | | | | | | | | | | | | | | | | | 0 | 0 | 0 |
| 84562000 | 用超声波处理各种材料的加工机床 | | | 5 | 0 | | 0 | 0 | 0 | 0 | 2 | | 0 | | | 0 | 8 | | | | | 0 | 0 | |
| 84563010 | 数控的用放电处理各种材料的加工机床 | | | 5 | 0 | | 0 | 0 | 0 | 0 | 1.9 | | 0 | | | | | | | | | 0 | 0 | |
| 84563090 | 非数控的用放电处理各种材料的加工机床 | | | 5 | 0 | | 0 | 0 | 0 | 0 | 2 | 0 | 0 | | | 0 | 8 | | | | | 0 | 0 | |
| 84564010 | 等离子切割机 | | | | | | | | | | | | | | | | | | | | | 0 | 0 | 0 |
| 84564090 | 其他用等离子弧处理各种材料的加工机床 | | | | | | | | | | | | | | | | | | | | | 0 | 0 | 0 |
| 84565000 | 水射流切割机 | | | | | | | | | | | | | | | | | | | | | 0 | 0 | 0 |
| 84569000 | 其他用电化学法、电子束处理各种材料的机床 | | | | | | | | | | | | | | | | | | | | | 0 | 0 | 0 |
| 84571010 | 立式加工中心 | | | 5 | 0 | 6.8 | 0 | 0 | 0 | 0 | 1.9 | | 0 | 7.3 | | | | | | | | 0 | 0 | |
| 84571020 | 卧式加工中心 | | | 5 | 0 | 8.8 | 0 | 0 | 0 | 0 | 1.9 | | 0 | 7.3 | | | | | | | | 0 | 0 | |
| 84571030 | 龙门式加工中心 | | | 5 | 0 | 6.8 | 0 | 0 | 0 | 0 | 1.9 | 0 | 0 | 7.3 | | | | | | | | 0 | 0 | |
| 84571091 | 铣车复合加工中心 | | | 5 | 0 | 6.8 | 0 | 0 | 0 | 0 | 1.9 | | 0 | 7.3 | | | | | | | | 0 | 0 | |
| 84571099 | 其他加工中心 | | | 5 | 0 | 6.8 | 0 | 0 | 0 | 0 | 1.9 | | 0 | 7.3 | | | | | | | | 0 | 0 | |
| 84572000 | 加工金属的单工位组合机床 | | | 5 | 0 | | 0 | 0 | 0 | 0 | 1.6 | 0 | 0 | 6.4 | | | | | | | | 0 | 0 | |
| 84573000 | 加工金属的多工位组合机床 | | | 0 | 0 | | 0 | 0 | 0 | 0 | 0 | | 0 | | | | | | | | | 0 | 0 | |
| 84581100 | 切削金属的数控卧式车床 | 0 | | 5 | 0 | | 0 | 0 | 0 | 0 | 1.9 | 6 | 0 | | 0 | | 7.8 | | | | | 0 | 0 | 0 |
| 84581900 | 切削金属的非数控卧式车床 | 0 | | 6 | 0 | | 0 | 0 | 0 | 0 | 2.4 | 6 | 0 | 9.6 | | 0 | 9.6 | | | | | 0 | 0 | 0 |
| 84589110 | 立式数控机床 | | | 0 | 0 | | 0 | 0 | 0 | 0 | 0 | 0 | 0 | | 0 | | 0 | | | | | 0 | 0 | 0 |
| 84589120 | 其他数控机床 | | | 0 | 0 | | 0 | 0 | 0 | 0 | 0 | 0 | 0 | | 0 | | 0 | | | | | 0 | 0 | 0 |
| 84589900 | 切削金属的其他车床 | | | 6 | 0 | | 0 | 0 | 0 | 0 | 2.4 | 6 | 0 | 9.6 | | 0 | 9.6 | | | | | 0 | 0 | 0 |
| 84591000 | 切削金属的直线移动式动力头钻床 | | | 12 | 0 | | 0 | 1.5 | 0 | 0 | 3 | 7.5 | 0 | 12 | | 0 | 12 | | | | | 0 | 0 | |
| 84592100 | 切削金属的数控钻床 | | | 5 | 0 | | 0 | 0 | 0 | 0 | 1.9 | 0 | 0 | | 0 | | 7.8 | | | | | 0 | 0 | 0 |
| 84592900 | 切削金属的其他钻床 | | | 12 | 0 | | 0 | 1.5 | 0 | 0 | 3 | 7.5 | 0 | 12 | | 0 | 12 | | | | | 0 | 0 | |
| 84593100 | 切削金属的数控镗铣机床 | | | 5 | 0 | | 0 | 0 | 0 | 0 | 1.9 | 4.9 | 0 | | | | | | | | | 0 | 0 | 0 |
| 84593900 | 切削金属的其他镗铣机床 | | | 5 | 0 | | 0 | 0 | 0 | 0 | 2 | 0 | 0 | | | | | | | | | 0 | 0 | 0 |
| 84594100 | 切削金属的数控镗床 | | | 5 | 0 | | 0 | 0 | 0 | 0 | 1.9 | 0 | 0 | | | | | | | | | 0 | 0 | 0 |
| 84594900 | 切削金属的其他镗床 | | | 12 | 0 | | 0 | 1.5 | 0 | 0 | 3 | 7.5 | 0 | | | 0 | 12 | | | | | 0 | 0 | |
| 84595100 | 切削金属的升降台式数控铣床 | | | 5 | 0 | | 0 | 0 | 0 | 0 | 1.9 | | 0 | | | | | | | | | 0 | 0 | 0 |
| 84595900 | 切削金属的其他升降台式铣床 | | | 12 | 0 | | 0 | 1.5 | 0 | 0 | 3 | 7.5 | 0 | | | 0 | 12 | | | | | 0 | 0 | |
| 84596110 | 切削金属的数控龙门铣床 | | | 0 | 0 | | 0 | 0 | 0 | 0 | 0 | 0 | 0 | | | | | | | | | 0 | 0 | 0 |
| 84596190 | 切削金属的其他数控铣床 | | | 0 | 0 | | 0 | 0 | 0 | 0 | 0 | 0 | 0 | | | | | | | | | 0 | 0 | 0 |
| 84596910 | 切削金属的非数控龙门铣床 | | | 5 | 0 | 10 | 0 | 0 | 0 | 0 | 2.4 | 6 | 0 | | | 0 | 9.6 | | | | | 0 | 0 | 0 |
| 84596990 | 切削金属的其他铣床 | | | 6 | 0 | 11 | 0 | 0 | 0 | 0 | 2.4 | 6 | 0 | 11.2 | | 0 | 9.6 | | | | | 0 | 0 | 0 |
| 84597000 | 切削金属的其他攻丝机床 | | | 6 | 0 | | 0 | 0 | 0 | 0 | 2.4 | | 0 | | | 0 | 9.6 | | | | | 0 | 0 | 0 |

| 税则号列 | 商品描述① | 协定税率(%) | | | | | | | | | | | | | | | | 特惠税率(%) | | | | | | |
|---|---|---|---|---|---|---|---|---|---|---|---|---|---|---|---|---|---|---|---|---|---|---|---|---|
| | | 香港 | 澳门 | 巴基斯坦 | 东盟 | 亚太 | 智利 | 秘鲁 | 哥斯达黎加 | 新西兰 | 澳大利亚 | 瑞士 | 冰岛 | 韩国 | 台湾 | 新加坡 | 格鲁吉亚 | 亚太2国② | 东盟 | | | 最不发达国家 | | |
| | | | | | | | | | | | | | | | | | | | 老挝 | 柬埔寨 | 缅甸 | LDC97③ | LDC95④ | LDC60⑤ |
| 84601210 | 在任一坐标的定位精度至少是0.01毫米的数控平面磨床 | | | 5 | 0 | | 0 | 0 | 0 | 0 | 1.9 | 0 | 0 | | 0 | | | | | | | 0 | 0 | 0 |
| 84601290 | 其他数控平面磨床 | | | 12 | 0 | | 0 | 1.5 | 0 | 0 | 3 | 7.5 | 0 | 12 | | 0 | 12 | | | | | 0 | 0 | |
| 84601910 | 在任一坐标的定位精度至少是 0.01 毫米(编号84601900)的其他平面磨床 | | | 12 | 0 | | 0 | 1.5 | 0 | 0 | 3 | 7.5 | 0 | | | 0 | 12 | | | | | 0 | 0 | |
| 84601990 | 其他平面磨床 | | | 12 | 0 | | 0 | 1.5 | 0 | 0 | 3 | 7.5 | 0 | 12 | | 0 | 12 | | | | | 0 | 0 | |
| 84602210 | 在任一坐标的定位精度至少是0.01毫米的数控无心磨床 | | | 5 | 0 | | 0 | 0 | 0 | 0 | 1.9 | 6 | 0 | | | | | | | | | 0 | 0 | 0 |
| 84602290 | 其他数控无心磨床 | | | 12 | 0 | | 0 | 1.5 | 0 | 0 | 3 | 7.5 | 0 | 12 | | 0 | 12 | | | | | 0 | 0 | |
| 84602311 | 在任一坐标的定位精度至少是0.01毫米的曲轴磨床 | | | 5 | 0 | | 0 | 0 | 0 | 0 | 1.9 | | 0 | | | | | | | | | 0 | 0 | 0 |
| 84602319 | 在任一坐标的定位精度至少是0.01毫米的其他数控外圆磨床 | | | 5 | 0 | | 0 | 0 | 0 | 0 | 1.9 | | 0 | | | | | | | | | 0 | 0 | 0 |
| 84602390 | 其他数控外圆磨床 | | | 12 | 0 | | 0 | 1.5 | 0 | 0 | 3 | 7.5 | 0 | 12 | | 0 | 12 | | | | | 0 | 0 | |
| 84602411 | 在任一坐标的定位精度至少是0.01毫米的内圆磨床 | | | 5 | 0 | | 0 | 0 | 0 | 0 | 1.9 | | 0 | | | | | | | | | 0 | 0 | 0 |
| 84602419 | 在任一坐标的定位精度至少是0.01毫米的其他数控磨床 | | | 5 | 0 | | 0 | 0 | 0 | 0 | 1.9 | 6 | 0 | | | | | | | | | 0 | 0 | 0 |
| 84602490 | 其他数控磨床 | | | 12 | 0 | | 0 | 1.5 | 0 | 0 | 3 | 7.5 | 0 | 12 | | 0 | 12 | | | | | 0 | 0 | |
| 84602911 | 其他外圆磨床,在任一坐标的定位精度至少是0.01毫米的 | 0 | | 12 | 0 | | 0 | 1.5 | 0 | 0 | 3 | 7.5 | 0 | | | 0 | | | | | | 0 | 0 | |
| 84602912 | 其他内圆磨床,在任一坐标的定位精度至少是0.01毫米的 | | | 12 | 0 | | 0 | 1.5 | 0 | 0 | 3 | 7.5 | 0 | | | 0 | | | | | | 0 | 0 | |
| 84602913 | 其他轧辊磨床,在任一坐标的定位精度至少是0.01毫米的 | | | 6.5 | 0 | | 0 | 0 | 0 | 0 | 2.6 | 6.5 | 0 | | | 0 | 10.4 | | | | | 0 | 0 | |
| 84602919 | 其他磨床,在任一坐标的定位精度至少是0.01毫米的 | | | 6.5 | 0 | | 0 | 0 | 0 | 0 | 2.6 | | 0 | | | 0 | | | | | | 0 | 0 | |
| 84602990 | 其他磨床 | | | 6.5 | 0 | | 0 | 0 | 0 | 0 | 2.6 | | 0 | | | 0 | | | | | | 0 | 0 | |
| 84603100 | 数控刃磨(工具或刀具)机床 | | | 5 | 0 | | 0 | 0 | 0 | 0 | 1.9 | | 0 | | | | | | | | | 0 | 0 | 0 |
| 84603900 | 其他刃磨(工具或刀具)机床 | 0 | | 12 | 0 | | 0 | 1.5 | 0 | 0 | 3 | | 0 | | | 0 | 12 | | | | | 0 | 0 | |
| 84604010 | 珩磨机床 | | | 6.5 | 0 | | 0 | 0 | 0 | 0 | 2.6 | 6.5 | 0 | | | 0 | 10.4 | | | | | 0 | 0 | |
| 84604020 | 研磨机床 | | | 6.5 | 0 | | 0 | 0 | 0 | 0 | 2.6 | 6.5 | 0 | | 0 | 0 | 0 | | | | | 0 | 0 | |
| 84609010 | 砂轮机 | | | 12 | 0 | | 0 | 1.5 | 0 | 0 | 3 | 7.5 | 0 | 9 | 0 | 0 | 0 | | | | | 0 | 0 | |
| 84609020 | 抛光机床 | | | 12 | 0 | | 0 | 1.5 | 0 | 0 | 3 | 7.5 | 0 | 3 | 0 | 0 | 0 | | | | | 0 | 0 | |
| 84609090 | 其他磨削等精加工机床 | | | 12 | 0 | | 0 | 1.5 | 0 | 0 | 3 | 7.5 | 0 | 12 | | 0 | 12 | | | | | 0 | 0 | |

| 税则号列 | 商品描述[①] | 协定税率(%) | | | | | | | | | | | | | | | | 特惠税率(%) | | | | | | |
|---|---|---|---|---|---|---|---|---|---|---|---|---|---|---|---|---|---|---|---|---|---|---|---|---|
| | | 香港 | 澳门 | 巴基斯坦 | 东盟 | 亚太 | 智利 | 秘鲁 | 哥斯达黎加 | 新西兰 | 澳大利亚 | 瑞士 | 冰岛 | 韩国 | 台湾 | 新加坡 | 格鲁吉亚 | 亚太2国[②] | 东盟 | | | 最不发达国家 | | |
| | | | | | | | | | | | | | | | | | | | 老挝 | 柬埔寨 | 缅甸 | LDC97[③] | LDC95[④] | LDC60[⑤] |
| 84612010 | 牛头刨床 | | | 12 | 0 | | 0 | 1.5 | 0 | 0 | 3 | 7.5 | 0 | 9 | | 0 | 0 | | | | | 0 | 0 | |
| 84612020 | 插床 | | | 12 | 0 | | 0 | 1.5 | 0 | 0 | 3 | 7.5 | 0 | 9 | 0 | 0 | 0 | | | | | 0 | 0 | |
| 84613000 | 拉床 | | | 6 | 0 | | 0 | 0 | 0 | 0 | 2.4 | 6 | 0 | 7.2 | 0 | 0 | 0 | | | | | 0 | 0 | |
| 84614011 | 齿轮磨床 | | | 5 | 0 | | 0 | 0 | 0 | 0 | 1.9 | | 0 | | | | | | | | | 0 | 0 | 0 |
| 84614019 | 其他数控的切齿机、齿轮磨床或齿轮精加工机床 | | | 5 | 0 | | 0 | 0 | 0 | 0 | 1.9 | | 0 | | | | | | | | | 0 | 0 | 0 |
| 84614090 | 非数控切齿机、齿轮磨床齿轮精加工机床 | | | 12 | 0 | | 0 | 1.5 | 0 | 0 | 3 | | 0 | | | 0 | 12 | | | | | 0 | 0 | |
| 84615000 | 锯床或切断机 | | | 6 | 0 | | 0 | 0 | 0 | 0 | 2.4 | 6 | 0 | | 0 | 0 | 0 | | | | | 0 | 0 | |
| 84619011 | 龙门(单臂)刨床 | | | 12 | 0 | | 0 | 1.5 | 0 | 0 | 3 | 7.5 | 0 | 9 | 0 | 0 | 0 | | | | | 0 | 0 | |
| 84619019 | 其他刨床 | | | 12 | 0 | | 0 | 1.5 | 0 | 0 | 3 | 0 | 0 | 9 | 0 | 0 | 0 | | | | | 0 | 0 | |
| 84619090 | 品目84.61的未列名机床 | | | 6 | 0 | | 0 | 0 | 0 | 0 | 2.4 | 6 | 0 | 9.6 | | 0 | 9.6 | | | | | 0 | 0 | |
| 84621010 | 数控锻造或冲压机床(含夹具)及锻锤 | | | 5 | 0 | 6.8 | 0 | 0 | 0 | 0 | 1.9 | 4.9 | 0 | 7.3 | 0 | | | | | | | 0 | 0 | 0 |
| 84621090 | 非数控锻造或冲压机床(含夹具)及锻锤 | | | 5 | 0 | 8.4 | 0 | 1.2 | 0 | 0 | 2.4 | 6 | 0 | 9.1 | 0 | 0 | 0 | | | | | 0 | 0 | 0 |
| 84622110 | 数控矫直机(含夹具) | | | 5 | 0 | | 0 | 0 | 0 | 0 | 1.9 | 4.9 | 0 | | | | | | | | | 0 | 0 | 0 |
| 84622190 | 数控的其他弯曲、折叠、矫直或矫平机床(含夹具) | | | 5 | 0 | | 0 | 0 | 0 | 0 | 1.9 | 4.9 | 0 | | | | | | | | | 0 | 0 | 0 |
| 84622910 | 非数控矫直机(含夹具) | | | 5 | 0 | | 0 | 1 | 0 | 0 | 2 | 6.2 | 0 | | | | 8 | | | | | 0 | 0 | 0 |
| 84622990 | 非数控的其他弯曲、折叠、矫直或矫平机床(含夹具) | | | 5 | 0 | | 0 | 1 | 0 | 0 | 2 | 0 | 0 | | | 0 | 8 | | | | | 0 | 0 | 0 |
| 84623110 | 数控的板带纵剪机(含夹具) | | | 5 | 0 | | 0 | 0 | 0 | 0 | 1.4 | 0 | 0 | | | | | | | | | 0 | 0 | 0 |
| 84623120 | 数控的板带横剪机(含夹具) | | | 5 | 0 | | 0 | 0 | 0 | 0 | 1.4 | 0 | 0 | | | | | | | | | 0 | 0 | 0 |
| 84623190 | 数控的其他剪切机床(含夹具) | | | 5 | 0 | | 0 | 0 | 0 | 0 | 1.4 | 0 | 0 | | | | | | | | | 0 | 0 | 0 |
| 84623910 | 非数控板带纵剪机(含夹具) | | | 5 | 0 | 9.5 | 0 | 0 | 0 | 0 | 2 | 0 | 0 | | | | 8 | | | | | 0 | 0 | 0 |
| 84623920 | 非数控板带横剪机(含夹具) | | | 5 | 0 | 9.5 | 0 | 0 | 0 | 0 | 2 | 0 | 0 | | | | 8 | | | | | 0 | 0 | 0 |
| 84623990 | 其他剪切机床(含夹具) | | | 5 | 0 | 9.5 | 0 | 0 | 0 | 0 | 2 | 0 | 0 | | | | 0 | | | | | 0 | 0 | 0 |
| 84624111 | 自动换模式数控步冲压力机(含夹具) | | | 5 | 0 | | 0 | 0 | 0 | 0 | 1.9 | 4.9 | 0 | | | | | | | | | 0 | 0 | 0 |
| 84624119 | 其他数控冲床(含夹具) | | | 5 | 0 | | 0 | 0 | 0 | 0 | 1.9 | 0 | 0 | | | | | | | | | 0 | 0 | 0 |
| 84624190 | 其他数控冲孔、开槽机、冲剪两用机(含夹具) | | | 5 | 0 | | 0 | 0 | 0 | 0 | 1.9 | 0 | 0 | | | | | | | | | 0 | 0 | 0 |
| 84624900 | 非数控冲孔、开槽机、冲剪两用机(含夹具) | | | 5 | 0 | | 0 | 0 | 0 | 0 | 2 | 0 | 0 | | 0 | 0 | 0 | | | | | 0 | 0 | 0 |
| 84629110 | 金属型材挤压机 | | | 5 | 0 | 9.2 | 0 | 0 | 0 | 0 | 2 | 0 | 0 | 9.3 | | | 8 | | | | | 0 | 0 | 0 |
| 84629190 | 其他液压压力机 | | | 5 | 0 | 9.2 | 0 | 0 | 0 | 0 | 2 | 5 | 0 | 9.3 | | 0 | 8 | | | | | 0 | 0 | 0 |
| 84629910 | 其他机械压力机 | | | 5 | 0 | 9.5 | 0 | 0 | 0 | 0 | 2 | 0 | 0 | 9.3 | 0 | 0 | 0 | | | | | 0 | 0 | 0 |
| 84629990 | 品目84.62的未列名机床 | | | 5 | 0 | 9.5 | 0 | 0 | 0 | 0 | 2 | 0 | 0 | 9.3 | | 0 | 8 | | | | | 0 | 0 | 0 |

| 税则号列 | 商品描述[①] | 协定税率(%) | | | | | | | | | | | | | | | | 特惠税率(%) | | | | | | |
|---|---|---|---|---|---|---|---|---|---|---|---|---|---|---|---|---|---|---|---|---|---|---|---|---|
| | | 香港 | 澳门 | 巴基斯坦 | 东盟 | 亚太 | 智利 | 秘鲁 | 哥斯达黎加 | 新西兰 | 澳大利亚 | 瑞士 | 冰岛 | 韩国 | 台湾 | 新加坡 | 格鲁吉亚 | 亚太2国[②] | 东盟 | | | 最不发达国家 | | |
| | | | | | | | | | | | | | | | | | | | 老挝 | 柬埔寨 | 缅甸 | LDC97[③] | LDC95[④] | LDC60[⑤] |
| 84631011 | 拉拔力≤300吨的冷拔管机 | | | 5 | 0 | | 0 | 0 | 0 | 0 | 2 | 0 | 0 | 8 | | | 8 | | | | | 0 | 0 | |
| 84631019 | 其他冷拔管机 | | | 5 | 0 | | 0 | 0 | 0 | 0 | 2 | 0 | 0 | | 0 | 0 | 0 | | | | | 0 | 0 | |
| 84631020 | 拔丝机 | | | 5 | 0 | | 0 | 0 | 0 | 0 | 2 | 0 | 0 | | | | 8 | | | | | 0 | 0 | |
| 84631090 | 其他金属杆、管、型材及类似品的拉拔机 | | | 5 | 0 | | 0 | 0 | 0 | 0 | 2 | 0 | 0 | | | | 8 | | | | | 0 | 0 | |
| 84632000 | 金属或金属陶瓷的螺纹滚轧机 | | | 12 | 0 | | 0 | 1.5 | 0 | 0 | 3 | 7.5 | 0 | | | 0 | 12 | | | | | 0 | 0 | |
| 84633000 | 金属丝加工机 | | | 5 | 0 | | 0 | 0 | 0 | 0 | 2 | 0 | 0 | | | | 8 | | | | | 0 | 0 | |
| 84639000 | 其他非切削加工机床 | | | 5 | 0 | | 0 | 1 | 0 | 0 | 2 | 5 | 0 | | | | 8 | | | | | 0 | 0 | |
| 84641010 | 圆盘锯 | | | | | | | | | | | | | | | | | | | | | 0 | 0 | 0 |
| 84641020 | 钢丝锯 | | | | | | | | | | | | | | | | | | | | | 0 | 0 | 0 |
| 84641090 | 其他加工矿物等材料的锯床 | | | | | | | | | | | | | | | | | | | | | 0 | 0 | 0 |
| 84642010 | 玻璃研磨或抛光机床 | | | | | | | | | | | | | | | | | | | | | 0 | 0 | 0 |
| 84642090 | 其他加工矿物等材料的研磨或抛光机床 | | | | | | | | | | | | | | | | | | | | | 0 | 0 | 0 |
| 84649011 | 切割机 | | | | | | | | | | | | | | | | | | | | | 0 | 0 | 0 |
| 84649012 | 刻花机 | | | | | | | | | | | | | | | | | | | | | 0 | 0 | 0 |
| 84649019 | 玻璃的其他冷加工机床 | | | | | | | | | | | | | | | | | | | | | 0 | 0 | 0 |
| 84649090 | 其他品目84.64的未列名机床 | | | | | | | | | | | | | | | | | | | | | 0 | 0 | 0 |
| 84651000 | 不需变换工具即可进行加工的机床 | 0 | | 5 | 0 | | 0 | 1 | 0 | 0 | 2 | 0 | 0 | 8 | | 0 | 0 | | | | | 0 | 0 | |
| 84652000 | 加工中心 | 0 | | | 0 | | 0 | 1 | 0 | 0 | 2 | 0 | 0 | 8 | | 0 | 0 | | | | | 0 | 0 | |
| 84659100 | 加工木材等材料的锯床 | 0 | | 5 | 0 | | 0 | 1 | 0 | 0 | 2 | 0 | 0 | 8 | | | 0 | | | | | 0 | 0 | |
| 84659200 | 加工木材等材料的刨、铣或切削机器 | 0 | | 5 | 0 | | 0 | 0 | 0 | 0 | 2 | 0 | 0 | 8 | | 0 | 0 | | | | | 0 | 0 | |
| 84659300 | 加工木材等材料的研磨或抛光机器 | 0 | | 5 | 0 | | 0 | 0 | 0 | 0 | 2 | 0 | 0 | 8 | | | 0 | | | | | 0 | 0 | |
| 84659400 | 加工木材等材料的弯曲或装配机器 | | | 5 | 0 | | 0 | 0 | 0 | 0 | 2 | 0 | 0 | 8 | | 0 | 0 | | | | | 0 | 0 | |
| 84659500 | 加工木材等材料的钻孔或凿榫机器 | 0 | | 5 | 0 | | 0 | 0 | 0 | 0 | 2 | 5 | 0 | 8 | | 0 | 0 | | | | | 0 | 0 | |
| 84659600 | 加工木材等材料的剖、切或刮削机器 | | | 5 | 0 | | 0 | 0 | 0 | 0 | 2 | 0 | 0 | 8 | | 0 | 0 | | | | | 0 | 0 | |
| 84659900 | 加工木材等材料的其他机床 | 0 | | 5 | 0 | | 0 | 1 | 0 | 0 | 2 | 0 | 0 | 8 | | 0 | 0 | | | | | 0 | 0 | |
| 84661000 | 工具夹具及自启板牙切头 | | | 5 | 0 | | 0 | 0 | 0 | 0 | 1.4 | 3.5 | 0 | 5.1 | | | 0 | | | | | 0 | 0 | 0 |
| 84662000 | 工件夹具 | | | 0 | 0 | 4.9 | 0 | 0 | 0 | 0 | 1.4 | 3.5 | 0 | 4.2 | 0 | | 0 | | | | | 0 | 0 | 0 |
| 84663000 | 分度头及其他专用于机床的附件 | | | 5 | 0 | | 0 | 0 | 0 | 0 | 1.4 | 3.5 | 0 | 5.1 | | | 0 | | | | | 0 | 0 | 0 |
| 84669100 | 品目84.64所列机器用的零附件 | | | | | | | | | | | | | | | | | | | | | 0 | 0 | 0 |
| 84669200 | 品目84.65所列机器用的零附件 | 0 | | 5 | 0 | | 0 | 0 | 0 | 0 | 1.2 | 0 | 0 | 4.4 | | | 0 | | | | | 0 | 0 | 0 |
| 84669310 | 刀库及自动换刀装置 | | | | | | | | | | | | | | | | | | | | | 0 | 0 | 0 |

| 税则号列 | 商品描述[①] | 协定税率(%) | | | | | | | | | | | | | | | | 特惠税率(%) | | | | | | |
|---|---|---|---|---|---|---|---|---|---|---|---|---|---|---|---|---|---|---|---|---|---|---|---|---|
| | | 香港 | 澳门 | 巴基斯坦 | 东盟 | 亚太 | 智利 | 秘鲁 | 哥斯达黎加 | 新西兰 | 澳大利亚 | 瑞士 | 冰岛 | 韩国 | 台湾 | 新加坡 | 格鲁吉亚 | 亚太2国[②] | 东盟 | | | 最不发达国家 | | |
| | | | | | | | | | | | | | | | | | | | 老挝 | 柬埔寨 | 缅甸 | LDC97[③] | LDC95[④] | LDC60[⑤] |
| 84669390 | 品目84.56~84.61机器用其他零附件 | | | | | | | | | | | | | | | | | | | | | 0 | 0 | 0 |
| 84669400 | 品目84.62~84.63机器用其他零附件 | | | 5 | 0 | | 0 | 0 | 0 | 0 | 1.2 | 3 | 0 | 0 | 0 | | 0 | | | | | 0 | 0 | 0 |
| 84671100 | 旋转式手提风动工具 | | | 5 | 0 | | 0 | 0 | 0 | 0 | 1.6 | 0 | 0 | 5.8 | | | 0 | | | | | 0 | 0 | 0 |
| 84671900 | 其他手提式风动工具 | | | 5 | 0 | | 0 | 0 | 0 | 0 | 1.6 | 0 | 0 | 1.6 | | | 0 | | | | | 0 | 0 | 0 |
| 84672100 | 电动钻 | 0 | | 5 | 0 | 9 | 0 | 1 | 0 | 0 | 2 | 0 | 0 | 6 | | 0 | 0 | | | | | 0 | 0 | 0 |
| 84672210 | 电动链锯 | 0 | | 5 | 0 | 9 | 0 | 1 | 0 | 0 | 2 | 0 | 0 | 6 | | | 0 | | | | | 0 | 0 | 0 |
| 84672290 | 其他电动锯 | 0 | | 5 | 0 | 9 | 0 | 1 | 0 | 0 | 2 | 0 | 0 | 6 | | 0 | 0 | | | | | 0 | 0 | 0 |
| 84672910 | 电动砂磨工具 | 0 | | 5 | 0 | 8 | 0 | 1 | 0 | 0 | 2 | 6.2 | 0 | 6 | | 0 | 0 | | | | | 0 | 0 | 0 |
| 84672920 | 电刨 | 0 | | 5 | 0 | 8 | 0 | 1 | 0 | 0 | 2 | 0 | 0 | 6 | | | 0 | | | | | 0 | 0 | 0 |
| 84672990 | 其他电动工具 | 0 | | 5 | 0 | 8 | 0 | 1 | 0 | 0 | 2 | 0 | 0 | 6 | | 0 | 0 | | | | | 0 | 0 | 0 |
| 84678100 | 手提式液压或其他动力链锯 | | | 5 | 0 | | 0 | 0 | 0 | 0 | 1.6 | 0 | 0 | 1.6 | | | 0 | | | | | 0 | 0 | 0 |
| 84678900 | 其他手提式液压或其他动力工具 | | | 5 | 0 | | 0 | 0 | 0 | 0 | 1.6 | 0 | 0 | 5.8 | | | 0 | | | | | 0 | 0 | 0 |
| 84679110 | 电动链锯用零件 | 0 | | 0 | 0 | 4.8 | 0 | 0 | 0 | 0 | 1.2 | 0 | 0 | 1.2 | | | 0 | | | | | 0 | 0 | 0 |
| 84679190 | 其他链锯用零件 | | | 5 | 0 | | 0 | 0 | 0 | 0 | 1.2 | 3 | 0 | 1.2 | | | 0 | | | | | 0 | 0 | 0 |
| 84679200 | 风动工具零件 | | | 5 | 0 | | 0 | 0 | 0 | 0 | 1.2 | 0 | | 1.2 | | | 0 | | | | | 0 | 0 | 0 |
| 84679910 | 其他手提式电动工具用零件 | 0 | | 5 | 0 | 9 | 0 | 0 | 0 | 0 | 2 | 5 | 0 | 6 | | 0 | 0 | | | | | 0 | 0 | 0 |
| 84679990 | 其他手提式工具用零件 | | | 5 | 0 | | 0 | 0 | 0 | 0 | 1.2 | 0 | 0 | 3.6 | | | 0 | | | | | 0 | 0 | 0 |
| 84681000 | 手提喷焊器 | | | 6 | 0 | | 0 | 0 | 0 | 0 | 2.4 | 6 | 0 | 7.2 | | 0 | 0 | | | | | 0 | 0 | 0 |
| 84682000 | 其他气体焊或表面回火机器及装置 | | | 6 | 0 | | 0 | 0 | 0 | 0 | 2.4 | 0 | 0 | 7.2 | | 0 | 0 | | | | | 0 | 0 | 0 |
| 84688000 | 其他焊接机器及装置 | | | 6 | 0 | | 0 | 0 | 0 | 0 | 2.4 | 6 | 0 | | | 0 | 0 | | | | | 0 | 0 | 0 |
| 84689000 | 焊接机器用零件 | | | 5 | 0 | | 0 | 0 | 0 | 0 | 1.4 | 0 | 0 | 1.4 | | | 0 | | | | | 0 | 0 | 0 |
| 84701000 | 电子计算器及袖珍式数据录放机器 | | | | | | | | | | | | | | | | | | | | | 0 | 0 | 0 |
| 84702100 | 装有打印装置的电子计算器 | | | | | | | | | | | | | | | | | | | | | 0 | 0 | 0 |
| 84702900 | 其他电子计算器 | | | | | | | | | | | | | | | | | | | | | 0 | 0 | 0 |
| 84703000 | 其他计算机器 | | | | | | | | | | | | | | | | | | | | | 0 | 0 | 0 |
| 84705010 | 销售点终端出纳机 | | | | | | | | | | | | | | | | | | | | | 0 | 0 | 0 |
| 84705090 | 其他现金出纳机 | | | | | | | | | | | | | | | | | | | | | 0 | 0 | 0 |
| 84709000 | 邮资盖戳机、售票机及类似机器 | | | | | | | | | | | | | | | | | | | | | 0 | 0 | 0 |
| 84713010 | 平板电脑 | | | | | | | | | | | | | | | | | | | | | 0 | 0 | 0 |
| 84713090 | 其他重量≤10千克的便携数字式自动数据处理设备,至少由一个中央处理部件、一个键盘及一个显示器组成自动数据处理设备及其部件 | | | | | | | | | | | | | | | | | | | | | 0 | 0 | 0 |
| 84714110 | 巨、大、中型计算机 | | | | | | | | | | | | | | | | | | | | | 0 | 0 | 0 |
| 84714120 | 小型机 | | | | | | | | | | | | | | | | | | | | | 0 | 0 | 0 |
| 84714140 | 微型机 | | | | | | | | | | | | | | | | | | | | | 0 | 0 | 0 |

| 税则号列 | 商品描述[①] | 协定税率(%) | | | | | | | | | | | | | | | | 特惠税率(%) | | | | | | |
|---|---|---|---|---|---|---|---|---|---|---|---|---|---|---|---|---|---|---|---|---|---|---|---|---|
| | | 香港 | 澳门 | 巴基斯坦 | 东盟 | 亚太 | 智利 | 秘鲁 | 哥斯达黎加 | 新西兰 | 澳大利亚 | 瑞士 | 冰岛 | 韩国 | 台湾 | 新加坡 | 格鲁吉亚 | 亚太2国[②] | 东盟 | | | 最不发达国家 | | |
| | | | | | | | | | | | | | | | | | | | 老挝 | 柬埔寨 | 缅甸 | LDC97[③] | LDC95[④] | LDC60[⑤] |
| 84714190 | 其他自动数据处理单体机 | | | | | | | | | | | | | | | | | | | | | 0 | 0 | 0 |
| 84714910 | 以系统形式进口的巨、大、中型计算机 | | | | | | | | | | | | | | | | | | | | | 0 | 0 | 0 |
| 84714920 | 以系统形式进口的小型计算机 | | | | | | | | | | | | | | | | | | | | | 0 | 0 | 0 |
| 84714940 | 以系统形式进口的微型机 | | | | | | | | | | | | | | | | | | | | | 0 | 0 | 0 |
| 84714991 | 分散型工业过程控制设备 | | | | | | | | | | | | | | | | | | | | | 0 | 0 | 0 |
| 84714999 | 以系统形式报验的其他计算机 | | | | | | | | | | | | | | | | | | | | | 0 | 0 | 0 |
| 84715010 | 巨、大、中型机处理部件 | | | | | | | | | | | | | | | | | | | | | 0 | 0 | 0 |
| 84715020 | 小型机的处理部件 | | | | | | | | | | | | | | | | | | | | | 0 | 0 | 0 |
| 84715040 | 微型机的处理部件 | | | | | | | | | | | | | | | | | | | | | 0 | 0 | 0 |
| 84715090 | 编号847141、847149以外设备的其他处理部件 | | | | | | | | | | | | | | | | | | | | | 0 | 0 | 0 |
| 84716040 | 巨、大、中及小型计算机用终端 | | | | | | | | | | | | | | | | | | | | | 0 | 0 | 0 |
| 84716050 | 扫描仪 | | | | | | | | | | | | | | | | | | | | | 0 | 0 | 0 |
| 84716060 | 数字化仪 | | | | | | | | | | | | | | | | | | | | | 0 | 0 | 0 |
| 84716071 | 键盘 | | | | | | | | | | | | | | | | | | | | | 0 | 0 | 0 |
| 84716072 | 鼠标器 | | | | | | | | | | | | | | | | | | | | | 0 | 0 | 0 |
| 84716090 | 自动处理设备的其他输入或输出部件 | | | | | | | | | | | | | | | | | | | | | 0 | 0 | 0 |
| 84717010 | 硬盘驱动器 | | | | | | | | | | | | | | | | | | | | | 0 | 0 | 0 |
| 84717020 | 软盘驱动器 | | | | | | | | | | | | | | | | | | | | | 0 | 0 | 0 |
| 84717030 | 光盘驱动器 | | | | | | | | | | | | | | | | | | | | | 0 | 0 | 0 |
| 84717090 | 自动数据处理设备的其他存储部件 | | | | | | | | | | | | | | | | | | | | | 0 | 0 | 0 |
| 84718000 | 其他自动数据处理设备的其他部件 | | | | | | | | | | | | | | | | | | | | | 0 | 0 | 0 |
| 84719000 | 未列名的磁性或光学阅读器及其他数据处理设备 | | | | | | | | | | | | | | | | | | | | | 0 | 0 | 0 |
| 84721000 | 胶版复印机、油印机 | | | 11.2 | 0 | | 0 | 0 | 0 | 0 | 2.8 | 7 | 0 | 8.4 | | 0 | 0 | | | | | 0 | 0 | |
| 84723010 | 邮政信件分拣及封装设备 | | | 5 | 0 | | 0 | 0 | 0 | 0 | 2 | | 0 | 6 | | | 0 | | | | | 0 | 0 | 0 |
| 84723090 | 其他信件分类、折叠、信封装封机等机器 | | | 7 | 0 | | 0 | 0 | 0 | 0 | 2.8 | 0 | 0 | 8.4 | | 0 | 0 | | | | | 0 | 0 | |
| 84729010 | 自动柜员机 | | | | | | | | | | | | | | | | | | | | | 0 | 0 | 0 |
| 84729021 | 打洞机 | | | | | | | | | | | | | | | | | | | | | 0 | 0 | 0 |
| 84729022 | 订书机 | | | | | | | | | | | | | | | | | | | | | 0 | 0 | 0 |
| 84729029 | 其他装订用机器 | | | | | | | | | | | | | | | | | | | | | 0 | 0 | 0 |
| 84729030 | 碎纸机 | | | | | | | | | | | | | | | | | | | | | 0 | 0 | 0 |
| 84729040 | 地址印写机及地址铭牌压印机 | | | 11.2 | 0 | | 0 | 0 | 0 | 0 | 2.8 | 7 | 0 | 8.4 | | 0 | 0 | | | | | 0 | 0 | |
| 84729050 | 文字处理机 | | | | | | | | | | | | | | | | | | | | | 0 | 0 | 0 |

| 税则号列 | 商品描述[①] | 协定税率(%) | | | | | | | | | | | | | | | | 特惠税率(%) | | | | | | |
|---|---|---|---|---|---|---|---|---|---|---|---|---|---|---|---|---|---|---|---|---|---|---|---|---|
| | | 香港 | 澳门 | 巴基斯坦 | 东盟 | 亚太 | 智利 | 秘鲁 | 哥斯达黎加 | 新西兰 | 澳大利亚 | 瑞士 | 冰岛 | 韩国 | 台湾 | 新加坡 | 格鲁吉亚 | 亚太2国[②] | 东盟 | | | 最不发达国家 | | |
| | | | | | | | | | | | | | | | | | | | 老挝 | 柬埔寨 | 缅甸 | LDC97[③] | LDC95[④] | LDC60[⑤] |
| 84729060 | 打字机,但品目84.43的打印机除外 | | | 6 | 0 | | 0 | 0 | 0 | 0 | 2.4 | 6 | 0 | | | 0 | 0 | | | | | 0 | 0 | |
| 84729090 | 其他办公室用机器 | | | | | | | | | | | | | | | | | | | | | 0 | 0 | 0 |
| 84732100 | 品目84.70所列电子计算器的零附件 | | | | | | | | | | | | | | | | | | | | | 0 | 0 | 0 |
| 84732900 | 品目84.70所列其他机器的零附件 | | | | | | | | | | | | | | | | | | | | | 0 | 0 | 0 |
| 84733010 | 数字式大、中、小型计算机零附件 | | | | | | | | | | | | | | | | | | | | | 0 | 0 | 0 |
| 84733090 | 品目84.71所列计算机的其他零附件 | | | | | | | | | | | | | | | | | | | | | 0 | 0 | 0 |
| 84734010 | 自动柜员机用出钞器和循环出钞机 | | | 5 | 0 | | 0 | 0 | 0 | 0 | 2.1 | 5.2 | 0 | 8.4 | | 0 | 0 | | | | | 0 | 0 | 0 |
| 84734020 | 编号84729050、84729060所列机器的零件、附件 | | | 5 | 0 | | 0 | 0 | 0 | 0 | 1.6 | 0 | 0 | 5.8 | | | 0 | | | | | 0 | 0 | 0 |
| 84734090 | 品目84.72所列其他办公室用机器零附件 | | | 5 | 0 | | 0 | 0 | 0 | 0 | 2.1 | 5.2 | 0 | 6.3 | | 0 | 0 | | | | | 0 | 0 | 0 |
| 84735000 | 品目84.69~84.72中所列机器零附件 | | | | | | | | | | | | | | | | | | | | | 0 | 0 | 0 |
| 84741000 | 固体矿物的分类、筛选、分离或洗涤机器 | | | 0 | 0 | | 0 | 0 | 0 | 0 | 0 | 0 | 0 | 3 | | | 0 | | | | | 0 | 0 | 0 |
| 84742010 | 齿辊式破碎及磨粉机器 | | | 0 | 0 | | 0 | 0 | 0 | 0 | 0 | 0 | 0 | 3 | | | 0 | | | | | 0 | 0 | 0 |
| 84742020 | 球磨式破碎及磨粉机器 | | | 0 | 0 | | 0 | 0 | 0 | 0 | 0 | 0 | 0 | 3.6 | | | 0 | | | | | 0 | 0 | 0 |
| 84742090 | 其他破碎及磨粉机器 | | | 0 | 0 | | 0 | 0 | 0 | 0 | 0 | 0 | 0 | 3 | | | 0 | | | | | 0 | 0 | 0 |
| 84743100 | 混凝土或砂浆混合机器 | | | 5 | 0 | | 0 | 0 | 0 | 0 | 1.4 | 0 | 0 | 4.2 | | | 0 | | | | | 0 | 0 | 0 |
| 84743200 | 矿物与沥青的混合机器 | | | 5 | 0 | | 0 | 0 | 0 | 0 | 1.4 | | 0 | 4.2 | | | 0 | | | | | 0 | 0 | 0 |
| 84743900 | 其他混合或搅拌机器 | | | 0 | 0 | | 0 | 0 | 0 | 0 | 0 | 3.1 | 0 | 3 | | | 0 | | | | | 0 | 0 | 0 |
| 84748010 | 固体矿物的辊压成型机 | | | 0 | 0 | 4.5 | 0 | 0 | 0 | 0 | 0 | 0 | 0 | 3 | | | 0 | | | | | 0 | 0 | 0 |
| 84748020 | 模压成型机 | | | 0 | 0 | 4.5 | 0 | 0 | 0 | 0 | 0 | 0 | 0 | 3.6 | | | 0 | | | | | 0 | 0 | 0 |
| 84748090 | 品目84.74所列的其他机器 | | | 0 | 0 | 4.5 | 0 | 0 | 0 | 0 | 0 | 0 | 0 | 3 | | | 0 | | | | | 0 | 0 | 0 |
| 84749000 | 品目84.74所列机器的零件 | | | 0 | 0 | | 0 | 0 | 0 | 0 | 0 | 2.5 | 0 | 3 | | | 0 | | | | | 0 | 0 | 0 |
| 84751000 | 白炽灯泡、灯管等的封装机 | | | 5 | 0 | | 0 | 0 | 0 | 0 | 1.6 | 0 | 0 | 4.8 | | | 0 | | | | | 0 | 0 | 0 |
| 84752100 | 制造光导纤维及其预制棒的机器 | | | 5 | 0 | | 0 | 0 | 0 | 0 | 2 | 0 | 0 | 6 | | 0 | 0 | | | | | 0 | 0 | 0 |
| 84752911 | 连续式玻璃热弯炉 | | | 5 | 0 | | 0 | 0 | 0 | 0 | 2 | 0 | 0 | 6 | | | 0 | | | | | 0 | 0 | 0 |
| 84752912 | 玻璃纤维拉丝机(光纤拉丝机除外) | | | 5 | 0 | | 0 | 0 | 0 | 0 | 2 | 0 | 0 | 6 | | | 0 | | | | | 0 | 0 | 0 |
| 84752919 | 其他玻璃热加工设备 | | | 5 | 0 | | 0 | 0 | 0 | 0 | 2 | 0 | 0 | 6 | | 0 | 0 | | | | | 0 | 0 | 0 |
| 84752990 | 其他玻璃及其制品的制造或热加工机器 | | | 5 | 0 | | 0 | 0 | 0 | 0 | 2 | 0 | 0 | 6 | | | 0 | | | | | 0 | 0 | 0 |
| 84759000 | 品目84.75所列机器的零件 | | | 5 | 0 | | 0 | 0 | 0 | 0 | 1.6 | 0 | 0 | 4.8 | | | 0 | | | | | 0 | 0 | 0 |
| 84762100 | 装有加热或制冷装置的饮料自动销售机 | | | 11.2 | 0 | | 0 | 0 | 0 | 0 | 2.8 | 7 | 0 | 8.4 | | 0 | 0 | | | | | 0 | 0 | |
| 84762900 | 其他饮料自动销售机 | | | 12 | 0 | | 0 | 1.5 | 0 | 0 | 3 | 7.5 | 0 | 9 | | 0 | 0 | | | | | 0 | 0 | |

| 税则号列 | 商品描述[①] | 协定税率(%) | | | | | | | | | | | | | | | | 特惠税率(%) | | | | | | |
|---|---|---|---|---|---|---|---|---|---|---|---|---|---|---|---|---|---|---|---|---|---|---|---|---|
| | | 香港 | 澳门 | 巴基斯坦 | 东盟 | 亚太 | 智利 | 秘鲁 | 哥斯达黎加 | 新西兰 | 澳大利亚 | 瑞士 | 冰岛 | 韩国 | 台湾 | 新加坡 | 格鲁吉亚 | 亚太2国[②] | 东盟 | | | 最不发达国家 | | |
| | | | | | | | | | | | | | | | | | | | 老挝 | 柬埔寨 | 缅甸 | LDC97[③] | LDC95[④] | LDC60[⑤] |
| 84768100 | 装有加热或制冷装置的自动售货机 | | | 7 | 0 | | 0 | 0 | 0 | 0 | 2.8 | 7 | 0 | 8.4 | | 0 | 0 | | | | | 0 | 0 | |
| 84768900 | 其他自动售货机 | | | 12 | 0 | | 0 | 1.5 | 0 | 0 | 3 | 0 | 0 | 9 | | 0 | 0 | | | | | 0 | 0 | |
| 84769000 | 品目84.76所列机器的零件 | | | 5 | 0 | | 0 | 0 | 0 | 0 | 2 | 0 | 0 | 6 | | | 0 | | | | | 0 | 0 | 0 |
| 84771010 | 注塑机 | | | | | | | | | | | | | | | | | | | | | 0 | 0 | 0 |
| 84771090 | 其他加工橡胶或塑料的注射机 | | | | | | | | | | | | | | | | | | | | | 0 | 0 | 0 |
| 84772010 | 塑料造粒机 | 0 | | 0 | 0 | 4.5 | 0 | 0 | 0 | 0 | 0 | 0 | 0 | 0 | 0 | | 0 | | | | | 0 | 0 | 0 |
| 84772090 | 其他加工橡胶或塑料的挤出机 | 0 | | 0 | 0 | 4.5 | 0 | 0 | 0 | 0 | 0 | 3.1 | 0 | 0 | 0 | | 0 | | | | | 0 | 0 | 0 |
| 84773010 | 挤出吹塑机 | 0 | | 0 | 0 | | 0 | 0 | 0 | 0 | 0 | 0 | 0 | 3 | | | 0 | | | | | 0 | 0 | 0 |
| 84773020 | 注射吹塑机 | 0 | | 0 | 0 | | 0 | 0 | 0 | 0 | 0 | 0 | 0 | 1 | | | 0 | | | | | 0 | 0 | 0 |
| 84773090 | 其他吹塑机 | 0 | | 0 | 0 | | 0 | 0 | 0 | 0 | 0 | 0 | 0 | 3 | | | 0 | | | | | 0 | 0 | 0 |
| 84774010 | 塑料中空成型机 | | | 0 | 0 | 4.5 | 0 | 0 | 0 | 0 | 0 | | 0 | 0 | 0 | | 0 | | | | | 0 | 0 | 0 |
| 84774020 | 塑料压延成型机 | | | 0 | 0 | 4.5 | 0 | 0 | 0 | 0 | 0 | 2.5 | 0 | 0 | 0 | | 0 | | | | | 0 | 0 | 0 |
| 84774090 | 其他真空模塑及热成型机器 | | | 0 | 0 | 4.5 | 0 | 0 | 0 | 0 | 0 | 3.1 | 0 | 0 | 0 | | 0 | | | | | 0 | 0 | 0 |
| 84775100 | 用于充气轮胎或内胎模塑或翻新的机器 | | | 0 | 0 | | 0 | 0 | 0 | 0 | 0 | 0 | 0 | 3 | | | 0 | | | | | 0 | 0 | 0 |
| 84775910 | 三维打印机(3D打印机) | 0 | | 0 | 0 | 3.5 | 0 | 0 | 0 | 0 | 0 | 0 | 0 | 3.6 | 0 | | 0 | | | | | 0 | 0 | 0 |
| 84775990 | 其他模塑或成型机器 | 0 | | 0 | 0 | 3.5 | 0 | 0 | 0 | 0 | 0 | 0 | 0 | 3.6 | 0 | | 0 | | | | | 0 | 0 | 0 |
| 84778000 | 其他橡胶或塑料加工机器 | 0 | | 0 | 0 | 4.5 | 0 | 0 | 0 | 0 | 0 | 3.1 | 0 | 0 | 0 | | 0 | | | | | 0 | 0 | 0 |
| 84779000 | 橡胶、塑料等加工机器的零件 | | | | | | | | | | | | | | | | | | | | | 0 | 0 | 0 |
| 84781000 | 其他未列名的烟草加工及制作机器 | | | 0 | 0 | 2.5 | 0 | 0 | 0 | 0 | | 0 | 0 | | | | | | | | | 0 | 0 | |
| 84789000 | 烟草加工及制作机器用的零件 | | | 5 | 0 | | 0 | 0 | 0 | 0 | | 0 | 0 | | | | | | | | | 0 | 0 | |
| 84791021 | 沥青混凝土摊铺机 | | | 5 | 0 | 5.6 | 0 | 0 | 0 | 0 | 1.6 | 0 | 0 | 1.6 | | | 0 | | | | | 0 | 0 | 0 |
| 84791022 | 稳定土摊铺机 | | | 5 | 0 | 5.6 | 0 | 0 | 0 | 0 | 1.6 | 0 | 0 | 1.6 | | | 0 | | | | | 0 | 0 | 0 |
| 84791029 | 其他摊铺机 | | | 5 | 0 | 5.6 | 0 | 0 | 0 | 0 | 1.6 | 0 | 0 | 1.6 | | | 0 | | | | | 0 | 0 | 0 |
| 84791090 | 其他公共工程用的机器 | | | 5 | 0 | 5.6 | 0 | 0 | 0 | 0 | 1.6 | 0 | 0 | 4.8 | | | 0 | | | | | 0 | 0 | 0 |
| 84792000 | 提取加工动物或植物油脂的机器 | | | 5 | 0 | | 0 | 0 | 0 | 0 | 2 | 0 | 0 | 6 | | 0 | 0 | | | | | 0 | 0 | 0 |
| 84793000 | 木碎料板或木纤维板的挤压机 | | | 5 | 0 | | 0 | 0 | 0 | 0 | 2 | 0 | 0 | 6 | | | 0 | | | | | 0 | 0 | 0 |
| 84794000 | 绳或缆的制造机器 | | | 5 | 0 | | 0 | 0 | 0 | 0 | 1.4 | 0 | 0 | 1.4 | | | 0 | | | | | 0 | 0 | 0 |
| 84795010 | 多功能工业机器人 | | | | | | | | | | | | | | | | | | | | | 0 | 0 | 0 |
| 84795090 | 其他工业机器人 | | | | | | | | | | | | | | | | | | | | | 0 | 0 | 0 |
| 84796000 | 蒸发式空气冷却器 | | | 5 | 0 | 9 | 0 | 0 | 0 | 0 | 2 | 0 | 0 | 6 | | | 0 | | | | | 0 | 0 | 0 |
| 84797100 | 机场用旅客登机桥 | | | | | | | | | | | | | | | | | | | | | 0 | 0 | 0 |
| 84797900 | 其他旅客登机(船)桥 | | | | | | | | | | | | | | | | | | | | | 0 | 0 | 0 |
| 84798110 | 绕线机 | 0 | | 5 | 0 | 9 | 0 | 0 | 0 | 0 | 1.9 | 4.8 | 0 | 5.7 | 0 | | 0 | | | | | 0 | 0 | 0 |
| 84798190 | 其他处理金属的机械 | 0 | | 5 | 0 | 9 | 0 | 0 | 0 | 0 | 1.9 | 4.8 | 0 | 5.7 | 0 | | 0 | | | | | 0 | 0 | 0 |

| 税则号列 | 商品描述[①] | 协定税率(%) | | | | | | | | | | | | | | | | 特惠税率(%) | | | | | | |
|---|---|---|---|---|---|---|---|---|---|---|---|---|---|---|---|---|---|---|---|---|---|---|---|---|
| | | 香港 | 澳门 | 巴基斯坦 | 东盟 | 亚太 | 智利 | 秘鲁 | 哥斯达黎加 | 新西兰 | 澳大利亚 | 瑞士 | 冰岛 | 韩国 | 台湾 | 新加坡 | 格鲁吉亚 | 亚太2国[②] | 东盟 | | | 最不发达国家 | | |
| | | | | | | | | | | | | | | | | | | | 老挝 | 柬埔寨 | 缅甸 | LDC97[③] | LDC95[④] | LDC60[⑤] |
| 84798200 | 其他混合、揉捏、轧碎、研磨、筛选、均化、乳化或搅拌机器 | | | 0 | 0 | 4.9 | 0 | 0 | 0 | 0 | 1.4 | | 0 | 0 | 0 | | 0 | | | | | 0 | 0 | 0 |
| 84798910 | 船舶用舵机及陀螺稳定器 | | | | | | | | | | | | | | | | | | | | | 0 | 0 | 0 |
| 84798920 | 空气增湿器及减湿器 | | | | | | | | | | | | | | | | | | | | | 0 | 0 | 0 |
| 84798940 | 邮政用包裹、印刷品分拣设备 | | | | | | | | | | | | | | | | | | | | | 0 | 0 | 0 |
| 84798950 | 放射性废物压实机 | | | | | | | | | | | | | | | | | | | | | 0 | 0 | 0 |
| 84798961 | 自动插件机 | | | | | | | | | | | | | | | | | | | | | 0 | 0 | 0 |
| 84798962 | 自动贴片机 | | | | | | | | | | | | | | | | | | | | | 0 | 0 | 0 |
| 84798969 | 印刷电路电路板的其他加工设备 | | | | | | | | | | | | | | | | | | | | | 0 | 0 | 0 |
| 84798992 | 自动化立体仓储设备 | | | | | | | | | | | | | | | | | | | | | 0 | 0 | 0 |
| 84798999 | 本章其他编号未列名机器及机械器具 | | | | | | | | | | | | | | | | | | | | | 0 | 0 | 0 |
| 84799010 | 船舶用舵机及陀螺稳定器零件 | | | | | | | | | | | | | | | | | | | | | 0 | 0 | 0 |
| 84799020 | 空气增湿器及减湿器零件 | | | | | | | | | | | | | | | | | | | | | 0 | 0 | 0 |
| 84799090 | 品目84.79所列机器的其他零件 | | | | | | | | | | | | | | | | | | | | | 0 | 0 | 0 |
| 84801000 | 金属铸造用型箱 | | | 5 | 0 | | 0 | 0 | 0 | 0 | 2 | 0 | 0 | 6 | | | 0 | | | | | 0 | 0 | 0 |
| 84802000 | 型模底板 | | | 5 | 0 | | 0 | 0 | 0 | 0 | 1.6 | 0 | 0 | 4.8 | | | 0 | | | | | 0 | 0 | 0 |
| 84803000 | 阳模 | | | 5 | 0 | | 0 | 0 | 0 | 0 | 2 | 0 | 0 | 6 | | 0 | 0 | | | | | 0 | 0 | 0 |
| 84804110 | 压铸模 | 0 | | 5 | 0 | 5.6 | 0 | 0 | 0 | 0 | 1.6 | 0 | 0 | 5.8 | 0 | | 0 | | | | | 0 | 0 | 0 |
| 84804120 | 粉末冶金用压模 | 0 | | 5 | 0 | 5.6 | 0 | 0 | 0 | 0 | 1.6 | 0 | 0 | 5.8 | 0 | | 0 | | | | | 0 | 0 | 0 |
| 84804190 | 其他金属、硬质合金用注模或压模 | 0 | | 5 | 0 | 5.6 | 0 | 0 | 0 | 0 | 1.6 | 0 | 0 | 5.8 | 0 | | 0 | | | | | 0 | 0 | 0 |
| 84804900 | 金属、硬质合金用其他型模 | | | 5 | 0 | 5.6 | 0 | 0 | 0 | 0 | 1.6 | 0 | 0 | 5.8 | | | 0 | | | | | 0 | 0 | 0 |
| 84805000 | 玻璃用型模 | | | 5 | 0 | | 0 | 0 | 0 | 0 | 1.7 | 0 | 0 | 6.1 | | | 0 | | | | | 0 | 0 | 0 |
| 84806000 | 矿物材料用型模 | | | 5 | 0 | | 0 | 0 | 0 | 0 | 1.7 | 0 | 0 | 5 | | | 0 | | | | | 0 | 0 | 0 |
| 84807110 | 硫化轮胎用囊式型模 | | | | | | | | | | | | | | | | | | | | | 0 | 0 | 0 |
| 84807190 | 其他塑料或橡胶用注模或压模 | | | | | | | | | | | | | | | | | | | | | 0 | 0 | 0 |
| 84807900 | 塑料或橡胶用其他型模 | 0 | | 0 | 0 | 3.5 | 0 | 0 | 0 | 0 | 0 | 0 | | 0 | 0 | | 0 | | | | | 0 | 0 | 0 |
| 84811000 | 减压阀 | | | 0 | 0 | | 0 | 0 | 0 | 0 | 0 | 2.5 | 0 | 3.6 | | | 0 | | | | | 0 | 0 | 0 |
| 84812010 | 油压传动阀 | | | 0 | 0 | | 0 | 0 | 0 | 0 | 0 | 2.5 | 0 | 3.6 | 0 | | 0 | | | | | 0 | 0 | 0 |
| 84812020 | 气压传动阀 | | | 0 | 0 | | 0 | 0 | 0 | 0 | 0 | 2.5 | 0 | 3.6 | | | 4 | | | | | 0 | 0 | 0 |
| 84813000 | 止回阀 | | | 0 | 0 | | 0 | 0 | 0 | 0 | 0 | 2.5 | 0 | 3.6 | 0 | | 0 | | | | | 0 | 0 | 0 |
| 84814000 | 安全阀或溢流阀 | | | 0 | 0 | | 0 | 0 | 0 | 0 | 0 | 0 | 0 | 3.6 | 0 | | 0 | | | | | 0 | 0 | 0 |
| 84818021 | 电磁换向阀 | 0 | | 0 | 0 | 4.9 | 0 | 0 | 0 | 0 | 1.4 | 3.5 | 0 | 5.1 | 0 | | 5.6 | | | | | 0 | 0 | 0 |
| 84818029 | 其他换向阀 | 0 | | 0 | 0 | 4.9 | 0 | 0 | 0 | 0 | 1.4 | 3.5 | 0 | 5.1 | 0 | | 0 | | | | | 0 | 0 | 0 |
| 84818031 | 电子膨胀阀 | 0 | | 0 | 0 | 4.9 | 0 | 0 | 0 | 0 | 1.4 | 0 | 0 | 5.1 | 0 | | 0 | | | | | 0 | 0 | 0 |
| 84818039 | 其他流量阀 | 0 | | 0 | 0 | 4.9 | 0 | 0 | 0 | 0 | 1.4 | 3.5 | 0 | 5.1 | 0 | | 0 | | | | | 0 | 0 | 0 |
| 84818040 | 其他阀门 | 0 | | 0 | 0 | 4.9 | 0 | 0 | 0 | 0 | 1.4 | 3.5 | 0 | 0 | 0 | | 0 | | | | | 0 | 0 | 0 |

| 税则号列 | 商品描述[①] | 协定税率(%) | | | | | | | | | | | | | | | | 特惠税率(%) | | | | | | |
|---|---|---|---|---|---|---|---|---|---|---|---|---|---|---|---|---|---|---|---|---|---|---|---|---|
| | | 香港 | 澳门 | 巴基斯坦 | 东盟 | 亚太 | 智利 | 秘鲁 | 哥斯达黎加 | 新西兰 | 澳大利亚 | 瑞士 | 冰岛 | 韩国 | 台湾 | 新加坡 | 格鲁吉亚 | 亚太2国[②] | 东盟 | | | 最不发达国家 | | |
| | | | | | | | | | | | | | | | | | | | 老挝 | 柬埔寨 | 缅甸 | LDC97[③] | LDC95[④] | LDC60[⑤] |
| 84818090 | 未列名龙头、旋塞及类似装置 | 0 | | 0 | 0 | | 0 | 0 | 0 | 0 | 0 | 0 | 0 | 1 | | | 0 | | | | | 0 | 0 | 0 |
| 84819010 | 阀门用零件 | | | 5 | 0 | | 0 | 0 | 0 | 0 | 1.6 | 4 | 0 | 0 | 0 | | 0 | | | | | 0 | 0 | 0 |
| 84819090 | 龙头、旋塞及类似装置的零件 | | | 5 | 0 | | 0 | 0 | 0 | 0 | 1.6 | 0 | 0 | 1.6 | 0 | | 0 | | | | | 0 | 0 | 0 |
| 84821010 | 调心球轴承 | 0 | | 5 | 0 | 7.6 | 0 | 0 | 0 | 0 | 1.6 | 0 | 0 | 1.6 | | 0 | 6.4 | | | | | 0 | 0 | 0 |
| 84821020 | 深沟球轴承 | 0 | | 5 | 0 | 7.6 | 0 | 0 | 0 | 0 | 1.6 | 0 | 0 | 1.6 | | 0 | 0 | | | | | 0 | 0 | 0 |
| 84821030 | 角接触轴承 | 0 | | 5 | 0 | 7.6 | 0 | 0 | 0 | 0 | 1.6 | 0 | 0 | 1.6 | | 0 | 0 | | | | | 0 | 0 | 0 |
| 84821040 | 推力球轴承 | 0 | | 5 | 0 | 7.6 | 0 | 0 | 0 | 0 | 1.6 | 0 | 0 | 1.6 | | 0 | 0 | | | | | 0 | 0 | 0 |
| 84821090 | 其他滚珠轴承 | 0 | | 5 | 0 | 7.6 | 0 | 0 | 0 | 0 | 1.6 | 4 | 0 | 1.6 | | 0 | 0 | | | | | 0 | 0 | 0 |
| 84822000 | 锥形滚子轴承 | | | 5 | 0 | | 0 | 0 | 0 | 0 | 1.6 | 0 | 0 | 1.6 | | | 0 | | | | | 0 | 0 | 0 |
| 84823000 | 鼓形滚子轴承 | | | 5 | 0 | | 0 | 0 | 0 | 0 | 1.6 | 0 | 0 | 1.6 | | | 0 | | | | | 0 | 0 | 0 |
| 84824000 | 滚针轴承 | | | 5 | 0 | | 0 | 0 | 0 | 0 | 1.6 | 0 | | 1.6 | 0 | | 0 | | | | | 0 | 0 | 0 |
| 84825000 | 其他圆柱形滚子轴承 | | | 5 | 0 | | 0 | 0 | 0 | 0 | 1.6 | 4 | 0 | 5.8 | | 0 | 0 | | | | | 0 | 0 | 0 |
| 84828000 | 其他滚动轴承及球、柱混合轴承 | | | 5 | 0 | 5.6 | 0 | 0 | 0 | 0 | 1.6 | 4 | 0 | 5.8 | | | 0 | | | | | 0 | 0 | 0 |
| 84829100 | 滚珠、滚针及滚柱 | | | 5 | 0 | | 0 | 0 | 0 | 0 | 1.6 | 0 | 0 | 1.6 | | | 0 | | | | | 0 | 0 | 0 |
| 84829900 | 滚动轴承的其他零件 | | | 5 | 0 | | 0 | 0 | 0 | 0 | 1.2 | 3 | 0 | 0 | 0 | | 0 | | | | | 0 | 0 | 0 |
| 84831011 | 船舶用柴油机曲轴 | 0 | 0 | 5 | 0 | 5.1 | 0 | 0 | 0 | 0 | 1.2 | 0 | 0 | 4.3 | | | 0 | | | | | 0 | 0 | 0 |
| 84831019 | 其他船舶用传动轴 | 0 | 0 | 5 | 0 | 5.1 | 0 | 0 | 0 | 0 | 1.2 | 0 | 0 | 4.4 | | | 0 | | | | | 0 | 0 | 0 |
| 84831090 | 其他传动轴及曲柄 | 0 | 0 | 5 | 0 | 5.4 | 0 | 0 | 0 | 0 | 1.2 | 3 | 0 | 4.4 | | | 0 | | | | | 0 | 0 | 0 |
| 84832000 | 装有滚珠或滚子轴承的轴承座 | | 0 | 5 | 0 | | 0 | 0 | 0 | 0 | 1.2 | 3 | 0 | 1.2 | | | 0 | | | | | 0 | 0 | 0 |
| 84833000 | 未装滚珠或滚子轴承的轴承座 | | 0 | 5 | 0 | | 0 | 0 | 0 | 0 | 1.2 | 3 | 0 | 1.2 | | | 0 | | | | | 0 | 0 | 0 |
| 84834010 | 滚子螺杆传动装置 | 0 | 0 | 5 | 0 | 5.6 | 0 | 0 | 0 | 0 | 1.6 | 4 | 0 | 1.6 | 0 | | 0 | | | | | 0 | 0 | 0 |
| 84834020 | 行星齿轮减速器 | 0 | 0 | 5 | 0 | 5.6 | 0 | 0 | 0 | 0 | 1.6 | 4 | 0 | 5.7 | | | 0 | | | | | 0 | 0 | 0 |
| 84834090 | 其他齿轮及齿轮传动装置 | 0 | 0 | 5 | 0 | 5.6 | 0 | 0 | 0 | 0 | 1.6 | 4 | 0 | 5.8 | 0 | | 6.4 | | | | | 0 | 0 | 0 |
| 84835000 | 飞轮、滑轮及滑轮组 | | 0 | 5 | 0 | | 0 | 0 | 0 | 0 | 1.6 | 4 | 0 | 4.8 | | | 0 | | | | | 0 | 0 | 0 |
| 84836000 | 离合器及联轴器(包括万向节) | | 0 | 5 | 0 | | 0 | 0 | 0 | 0 | 1.6 | 4 | 0 | 5.8 | | | 0 | | | | | 0 | 0 | 0 |
| 84839000 | 单独报验的带齿的轮及其他传动元件;零件 | 0 | 0 | 5 | 0 | | 0 | 0 | 0 | 0 | 1.6 | 4 | 0 | 1.6 | 0 | | 0 | | | | | 0 | 0 | 0 |
| 84841000 | 金属片密封垫或类似接合衬垫 | | | 5 | 0 | | 0 | 0 | 0 | 0 | 1.6 | 4 | 0 | 5.8 | 0 | | 0 | | | | | 0 | 0 | 0 |
| 84842000 | 机械密封件 | | | 5 | 0 | | 0 | 0 | 0 | 0 | 1.6 | 4 | 0 | 5.8 | | | 0 | | | | | 0 | 0 | 0 |
| 84849000 | 其他材料制密封垫及类似接合衬垫 | | | 5 | 0 | | 0 | 0 | 0 | 0 | 1.6 | 0 | 0 | 5.8 | | | 0 | | | | | 0 | 0 | 0 |
| 84861010 | 利用温度变化处理单晶硅的机器及装置 | | | | | | | | | | | | | | | | | | 0 | | | 0 | 0 | 0 |
| 84861020 | 制作单晶硅或晶圆的研磨设备 | | | | | | | | | | | | | | | | | | | | | 0 | 0 | 0 |
| 84861030 | 制作单晶硅或晶圆的切割设备 | | | | | | | | | | | | | | | | | | | | | 0 | 0 | 0 |

| 税则号列 | 商品描述[1] | 协定税率(%) | | | | | | | | | | | | | | | | 特惠税率(%) | | | | | | |
|---|---|---|---|---|---|---|---|---|---|---|---|---|---|---|---|---|---|---|---|---|---|---|---|---|
| | | 香港 | 澳门 | 巴基斯坦 | 东盟 | 亚太 | 智利 | 秘鲁 | 哥斯达黎加 | 新西兰 | 澳大利亚 | 瑞士 | 冰岛 | 韩国 | 台湾 | 新加坡 | 格鲁吉亚 | 亚太2国[2] | 东盟 | | | 最不发达国家 | | |
| | | | | | | | | | | | | | | | | | | | 老挝 | 柬埔寨 | 缅甸 | LDC97[3] | LDC95[4] | LDC60[5] |
| 84861040 | 制作单晶硅或晶圆的化学机械抛光设备 | | | | | | | | | | | | | | | | | | | | | 0 | 0 | 0 |
| 84861090 | 制作单晶硅或晶圆的其他设备 | | | | | | | | | | | | | | | | | | | | | 0 | 0 | 0 |
| 84862010 | 制造半导体器件或集成电路用的热处理设备 | | | | | | | | | | | | | | | | | | 0 | | | 0 | 0 | 0 |
| 84862021 | 制造半导体器件或集成电路用的化学气相沉积装置 | | | | | | | | | | | | | | | | | | | | | 0 | 0 | 0 |
| 84862022 | 制造半导体器件或集成电路用的物理气相沉积装置 | | | | | | | | | | | | | | | | | | | | | 0 | 0 | 0 |
| 84862029 | 制造半导体器件或集成电路用的其他薄膜沉积设备 | | | | | | | | | | | | | | | | | | | | | 0 | 0 | 0 |
| 84862031 | 制造半导体器件或集成电路用的分步重复光刻机 | | | | | | | | | | | | | | | | | | | | | 0 | 0 | 0 |
| 84862039 | 制造半导体器件或集成电路用的其他光刻设备 | | | | | | | | | | | | | | | | | | | | | 0 | 0 | 0 |
| 84862041 | 制造半导体器件或集成电路用的等离子体干法刻蚀机 | | | | | | | | | | | | | | | | | | | | | 0 | 0 | 0 |
| 84862049 | 制造半导体器件或集成电路用的其他刻蚀及剥离设备 | | | | | | | | | | | | | | | | | | | | | 0 | 0 | 0 |
| 84862050 | 制造半导体器件或集成电路用的离子注入机 | | | | | | | | | | | | | | | | | | | | | 0 | 0 | 0 |
| 84862090 | 制造半导体器件或集成电路用的其他机器及装置 | | | | | | | | | | | | | | | | | | | | | 0 | 0 | 0 |
| 84863010 | 制造平板显示器用的热处理设备 | | | | | | | | | | | | | | | | | | 0 | | | 0 | 0 | 0 |
| 84863021 | 制造平板显示器用的化学气相沉积装置 | | | | | | | | | | | | | | | | | | | | | 0 | 0 | 0 |
| 84863022 | 制造平板显示器用的物理气相沉积装置 | | | | | | | | | | | | | | | | | | | | | 0 | 0 | 0 |
| 84863029 | 制造平板显示器用的其他薄膜沉积设备 | | | | | | | | | | | | | | | | | | | | | 0 | 0 | 0 |
| 84863031 | 制造平板显示器用的分步重复光刻机 | | | | | | | | | | | | | | | | | | | | | 0 | 0 | 0 |
| 84863039 | 制造平板显示器用的其他光刻设备 | | | | | | | | | | | | | | | | | | | | | 0 | 0 | 0 |
| 84863041 | 制造平板显示器用的超声波清洗装置 | | | 5 | 0 | | 0 | 0 | 0 | 0 | 2 | 0 | 0 | | | 0 | 0 | | | | | 0 | 0 | 0 |
| 84863049 | 制造平板显示器用的其他湿法蚀刻、显影、剥离、清洗装置 | | | | | | | | | | | | | | | | | | | | | 0 | 0 | 0 |
| 84863090 | 制造平板显示器用的其他机器及装置 | | | | | | | | | | | | | | | | | | | | | 0 | 0 | 0 |
| 84864010 | 专用于制作和修复掩膜版的装置 | | | | | | | | | | | | | | | | | | | | | 0 | 0 | 0 |

| 税则号列 | 商品描述① | 协定税率(%) | | | | | | | | | | | | | | | | 特惠税率(%) | | | | | | |
|---|---|---|---|---|---|---|---|---|---|---|---|---|---|---|---|---|---|---|---|---|---|---|---|---|
| | | 香港 | 澳门 | 巴基斯坦 | 东盟 | 亚太 | 智利 | 秘鲁 | 哥斯达黎加 | 新西兰 | 澳大利亚 | 瑞士 | 冰岛 | 韩国 | 台湾 | 新加坡 | 格鲁吉亚 | 亚太2国② | 东盟 老挝 | 东盟 柬埔寨 | 东盟 缅甸 | 最不发达国家 LDC97③ | 最不发达国家 LDC95④ | 最不发达国家 LDC60⑤ |
| 84864021 | 专用于装配与封装半导体器件或集成电路的塑封机 | | | 0 | 0 | 3.8 | 0 | 0 | 0 | 0 | 0 | 0 | 0 | 4.6 | | | 0 | | | | | 0 | 0 | 0 |
| 84864022 | 专用于装配与封装半导体器件或集成电路的引线键合设备 | 0 | | 5 | 0 | 6.3 | 0 | 0 | 0 | 0 | 1.6 | 4 | 0 | | | | 0 | | | | | 0 | 0 | 0 |
| 84864029 | 专用于装配与封装半导体器件或集成电路的机器及装置 | | | | | | | | | | | | | | | | | | | | | 0 | 0 | 0 |
| 84864031 | 集成电路工厂专用的自动搬运机器人 | | | | | | | | | | | | | | | | | | | | | 0 | 0 | 0 |
| 84864039 | 其他集成电路或液晶显示屏工厂专用升降、装卸、搬运装置 | | | 0 | 0 | 3.5 | 0 | 0 | 0 | 0 | 0 | 0 | 0 | 3.8 | | | 0 | | | | | 0 | 0 | 0 |
| 84869010 | 升降、搬运、装卸机器用零件及附件(自动搬运设备用除外) | | | 0 | 0 | 2.5 | 0 | 0 | 0 | 0 | 0 | 0 | 0 | 1 | | | 0 | | | | | 0 | 0 | 0 |
| 84869020 | 引线键合装置用零件及附件 | | | 5 | 0 | 4.3 | 0 | 0 | 0 | 0 | 1.2 | 0 | 0 | 1.2 | | | 0 | | | | | 0 | 0 | 0 |
| 84869091 | 带背板的溅射靶材组件 | | | | | | | | | | | | | | | | | | | | | 0 | 0 | 0 |
| 84869099 | 其他半导体器件、集成电路、液晶显示器生产专用设备的零件及附件 | | | | | | | | | | | | | | | | | | | | | 0 | 0 | 0 |
| 84871000 | 船或小艇用推进器及桨叶 | | | 5 | 0 | | 0 | 0 | 0 | 0 | 1.2 | 0 | 0 | 4.4 | | | 0 | | | | | 0 | 0 | 0 |
| 84879000 | 本章其他编号未列名机器零件 | 0 | | 5 | 0 | | 0 | 0 | 0 | 0 | 1.6 | 4 | 0 | 4.8 | 0 | | 0 | | | | | 0 | 0 | 0 |
| 85011010 | 输出功率≤37.5 瓦的玩具电动机 | 0 | | 23.3 | 0 | 23.3 | 0 | 2.4 | 0 | 0 | 4.9 | 12.3 | 0 | 19.6 | 0 | 0 | 0 | | | | | 0 | 0 | |
| 85011091 | 20 毫米≤机座直径<39 毫米的微电机 | 0 | | 5 | 0 | 8.6 | 0 | 0 | 0 | 0 | 1.8 | 4.5 | 0 | 6.6 | | 0 | 0 | | | | | 0 | 0 | 0 |
| 85011099 | 其他输出功率≤37.5 瓦的微电机 | 0 | | 5 | 0 | 8.6 | 0 | 0 | 0 | 0 | 1.8 | 4.5 | 0 | 6.6 | 0 | 0 | 0 | | | | | 0 | 0 | 0 |
| 85012000 | 输出功率>37.5 瓦的交直流两用电动机 | | | 6 | 0 | | 0 | 1.2 | 0 | 0 | 2.4 | 6 | 0 | 7.2 | | 0 | 0 | | | | | 0 | 0 | 0 |
| 85013100 | 输出功率≤750 瓦的直流电动机、发电机 | 0 | 0 | 6 | 0 | 11 | 0 | 0 | 0 | 0 | 2.4 | 0 | 0 | 8.6 | 0 | 0 | 0 | | | | | 0 | 0 | 0 |
| 85013200 | 750 瓦<输出功率≤75 千瓦的直流电动机、发电机 | | | 5 | 0 | | 0 | 0 | 0 | 0 | 2 | 0 | 0 | 6 | | 0 | 0 | | | | | 0 | 0 | 0 |
| 85013300 | 75 千瓦<输出功率≤375 千瓦的直流电动机、发电机 | | | 0 | 0 | | 0 | 0 | 0 | 0 | 0 | 0 | 0 | 1 | | | 0 | | | | | 0 | 0 | 0 |
| 85013400 | 输出功率>375 千瓦的直流电动机、发电机 | | | 6 | 0 | | 0 | 0 | 0 | 0 | 2.4 | 6 | 0 | 9.6 | | 0 | 0 | | | | | 0 | 0 | 0 |
| 85014000 | 单相交流电动机 | | | 6 | 0 | | 0 | 1.2 | 0 | 0 | 2.4 | 6 | 0 | 8.8 | | 0 | 0 | | | | | 0 | 0 | 0 |
| 85015100 | 输出功率≤750 瓦的多相交流电动机 | | | 0 | 0 | | 0 | 0 | 0 | 0 | 0 | 0 | 0 | | | | 4 | | | | | 0 | 0 | 0 |
| 85015200 | 750 瓦<输出功率≤75 千瓦的多相交流电动机 | | | 5 | 0 | | 0 | 0 | 0 | 0 | 2 | 5 | 0 | 8 | | 0 | 0 | | | | | 0 | 0 | 0 |

| 税则号列 | 商品描述① | 协定税率(%) | | | | | | | | | | | | | | | 特惠税率(%) | | | | | | |
|---|---|---|---|---|---|---|---|---|---|---|---|---|---|---|---|---|---|---|---|---|---|---|---|
| | | 香港 | 澳门 | 巴基斯坦 | 东盟 | 亚太 | 智利 | 秘鲁 | 哥斯达黎加 | 新西兰 | 澳大利亚 | 瑞士 | 冰岛 | 韩国 | 台湾 | 新加坡 | 格鲁吉亚 | 亚太2国② | 东盟 | | | 最不发达国家 | | |
| | | | | | | | | | | | | | | | | | | | 老挝 | 柬埔寨 | 缅甸 | LDC97③ | LDC95④ | LDC60⑤ |
| 85015300 | 输出功率>75千瓦的多相交流电动机 | | | 6 | 0 | 11.4 | 0 | 0 | 0 | 0 | 2.4 | 6 | 0 | 8.8 | | 0 | 0 | | | | | 0 | 0 | 0 |
| 85016100 | 输出功率≤75千伏安的交流发电机 | | | 0 | 0 | | 0 | 0 | 0 | 0 | 0 | 0 | 0 | 3 | | | 0 | | | | | 0 | 0 | 0 |
| 85016200 | 75千伏安<输出功率≤375千伏安的交流发电机 | | | 6 | 0 | | 0 | 1.2 | 0 | 0 | 2.4 | 6 | 0 | 9.6 | | 0 | 0 | | | | | 0 | 0 | 0 |
| 85016300 | 375千伏安<输出功率≤750千伏安的交流发电机 | | | 6 | 0 | | 0 | 1.2 | 0 | 0 | 2.4 | 6 | 0 | 9.6 | | 0 | 0 | | | | | 0 | 0 | 0 |
| 85016410 | 750千伏安<输出功率<350兆伏安的交流发电机 | | | 5 | 0 | | 0 | 1 | 0 | 0 | 2 | 0 | 0 | 8 | | 0 | 0 | | | | | 0 | 0 | 0 |
| 85016420 | 350千伏安≤输出功率<665兆伏安的交流发电机 | | | 5 | 0 | | 0 | 0 | 0 | 0 | 1.2 | 0 | 0 | 1.1 | | | 0 | | | | | 0 | 0 | 0 |
| 85016430 | 输出功率≥665兆伏安的交流发电机 | | | 5 | 0 | | 0 | 0 | 0 | 0 | 1.2 | 0 | 0 | 1.2 | | | 0 | | | | | 0 | 0 | 0 |
| 85021100 | 输出功率≤75千伏安的柴油发电机组 | 0 | | 5 | 0 | | 0 | 0 | 0 | 0 | 2 | 0 | 0 | 6 | | 0 | 0 | | | | | 0 | 0 | 0 |
| 85021200 | 75千伏安<输出功率≤375千伏安的柴油发电机组 | 0 | | 5 | 0 | | 0 | 1 | 0 | 0 | 2 | 0 | 0 | 7.3 | | 0 | 0 | | | | | 0 | 0 | 0 |
| 85021310 | 375千伏安<输出功率≤2兆伏安的柴油发电机组 | 0 | | 5 | 0 | 7 | 0 | 0 | 0 | 0 | 2 | 0 | 0 | 8 | | 0 | 0 | | | | | 0 | 0 | 0 |
| 85021320 | 输出功率>2兆伏安的柴油发电机组 | 0 | | 5 | 0 | 7 | 0 | 0 | 0 | 0 | 2 | 0 | 0 | 8 | | 0 | 0 | | | | | 0 | 0 | 0 |
| 85022000 | 装有点燃式活塞发动机的发电机组 | | | 5 | 0 | | 0 | 0 | 0 | 0 | 2 | 0 | 0 | 6 | | 0 | 0 | | | | | 0 | 0 | 0 |
| 85023100 | 风力驱动的发电机组 | | | 5 | 0 | | 0 | 0 | 0 | 0 | 1.6 | 0 | 0 | 5.8 | | | 0 | | | | | 0 | 0 | 0 |
| 85023900 | 其他发电机组 | | | 5 | 0 | | 0 | 0 | 0 | 0 | 2 | 0 | 0 | 7.3 | | | 0 | | | | | 0 | 0 | 0 |
| 85024000 | 旋转式变流机 | | | 5 | 0 | | 0 | 0 | 0 | 0 | 2 | 0 | 0 | 6 | | | 0 | | | | | 0 | 0 | 0 |
| 85030010 | 玩具用电动机微电机零件 | 0 | | 6 | 0 | 11.4 | 0 | 1.2 | 0 | 0 | 2.4 | 6 | 0 | 8.6 | 0 | 0 | 0 | | | | | 0 | 0 | 0 |
| 85030020 | 输出功率>350兆伏安的交流发电机零件 | 0 | | 0 | 0 | 2.5 | 0 | 0 | 0 | 0 | 0 | 1.5 | 0 | 0 | | | 0 | | | | | 0 | 0 | 0 |
| 85030030 | 风力驱动发电机组的零件 | 0 | | 0 | 0 | 2.5 | 0 | 0 | 0 | 0 | 0 | 0 | 0 | 0 | | | 0 | | | | | 0 | 0 | 0 |
| 85030090 | 其他电动机、发电机(组)零件 | 0 | | 5 | 0 | 7.6 | 0 | 0 | 0 | 0 | 1.6 | 4 | | 1.6 | 0 | | 0 | | | | | 0 | 0 | 0 |
| 85041010 | 电子镇流器 | | 0 | 5 | 0 | | 0 | 1 | 0 | 0 | 2 | 0 | 0 | 6 | | 0 | 0 | | | | | 0 | 0 | 0 |
| 85041090 | 其他放电灯或放电管用镇流器 | | 0 | 5 | 0 | | 0 | 1 | 0 | 0 | 2 | 0 | 0 | 6 | | | 0 | | | | | 0 | 0 | 0 |
| 85042100 | 额定容量≤650千伏安的液体介质变压器 | | | 5 | 0 | | 0 | 1 | 0 | 0 | 2.1 | 5.2 | 0 | 6.3 | | 0 | 0 | | | | | 0 | 0 | 0 |
| 85042200 | 650千伏安<额定容量≤10兆伏安的液体介质变压器 | | | 6.3 | 0 | | 0 | 1.3 | 0 | 0 | 2.5 | 6.3 | 0 | 7.5 | | 0 | 0 | | | | | 0 | 0 | 0 |
| 85042311 | 10兆伏安<额定容量≤220兆伏安的液体变压器 | | | 5 | 0 | 7 | 0 | 0 | 0 | 0 | 2 | | 0 | 7.3 | | | 0 | | | | | 0 | 0 | 0 |
| 85042312 | 200兆伏安≤额定容量<330兆伏安的液体变压器 | | | 5 | 0 | 7 | 0 | 0 | 0 | 0 | 2 | 0 | 0 | 6 | | | 0 | | | | | 0 | 0 | 0 |

| 税则号列 | 商品描述[①] | 协定税率(%) | | | | | | | | | | | | | | | | 特惠税率(%) | | | | | | |
|---|---|---|---|---|---|---|---|---|---|---|---|---|---|---|---|---|---|---|---|---|---|---|---|---|
| | | 香港 | 澳门 | 巴基斯坦 | 东盟 | 亚太 | 智利 | 秘鲁 | 哥斯达黎加 | 新西兰 | 澳大利亚 | 瑞士 | 冰岛 | 韩国 | 台湾 | 新加坡 | 格鲁吉亚 | 亚太2国[②] | 东盟 | | | 最不发达国家 | | |
| | | | | | | | | | | | | | | | | | | | 老挝 | 柬埔寨 | 缅甸 | LDC97[③] | LDC95[④] | LDC60[⑤] |
| 85042313 | 330兆伏安≤额定容量<400兆伏安的液体变压器 | | | 5 | 0 | 7 | 0 | 0 | 0 | 0 | 2 | 0 | 0 | 6 | | | 0 | | | | | 0 | 0 | 0 |
| 85042321 | 400兆伏安≤额定容量<500兆伏安的液体变压器 | | | 0 | 0 | 4.2 | 0 | 0 | 0 | 0 | 1.2 | 0 | 0 | 1.2 | | | 0 | | | | | 0 | 0 | 0 |
| 85042329 | 其他额定容量≥500兆伏安的液体变压器 | | | 0 | 0 | 4.2 | 0 | 0 | 0 | 0 | 1.2 | 0 | 0 | 1.2 | | | 0 | | | | | 0 | 0 | 0 |
| 85043110 | 额定容量≤1千伏安的互感器 | | 0 | 0 | 0 | 4.3 | 0 | 0 | 0 | 0 | 0 | 0 | 0 | 0 | 0 | | 0 | | | | | 0 | 0 | 0 |
| 85043190 | 额定容量≤1千伏安的其他变压器 | 0 | 0 | 0 | 0 | 4.3 | 0 | 0 | 0 | 0 | 0 | 0 | 0 | 0 | 0 | 0 | 0 | | | | | 0 | 0 | 0 |
| 85043210 | 1千伏安<额定容量≤16千伏安的互感器 | | 0 | 0 | 0 | | 0 | 0 | 0 | 0 | 0 | 0 | 0 | 3.6 | | | 0 | | | | | 0 | 0 | 0 |
| 85043290 | 1千伏安<额定容量≤16千伏安的其他变压器 | | 0 | 0 | 0 | | 0 | 0 | 0 | 0 | 0 | 0 | 0 | 1 | | | 0 | | | | | 0 | 0 | 0 |
| 85043310 | 16千伏安<额定容量≤500千伏安的互感器 | | 0 | 0 | 0 | | 0 | 0 | 0 | 0 | 0 | 0 | 0 | 3.6 | | | 0 | | | | | 0 | 0 | 0 |
| 85043390 | 其他16千伏安<额定容量≤500千伏安的变压器、静止式变流器(如整流器)及电感器 | | 0 | 0 | 0 | | 0 | 0 | 0 | 0 | 0 | 0 | 0 | 3.6 | | | 0 | | | | | 0 | 0 | 0 |
| 85043410 | 额定容量>500千伏安互感器 | | 0 | 11.2 | 0 | | 0 | 0 | 0 | 0 | 2.8 | 0 | 0 | 10.2 | | 0 | 0 | | | | | 0 | 0 | |
| 85043490 | 其他额定容量>500千伏安的变压器、静止式变流器(例如,整流器)及电感器 | | 0 | 11.2 | 0 | | 0 | 0 | 0 | 0 | 2.8 | 0 | 0 | 10.2 | | 0 | 0 | | | | | 0 | 0 | |
| 85044013 | 品目84.71所列机器用的稳压电源 | | | | | | | | | | | | | | | | | | | | | 0 | 0 | 0 |
| 85044014 | 功率<1千瓦的高精度直流稳压电源 | | | 5 | 0 | 5.6 | 0 | 0 | 0 | 0 | 1.4 | 3.5 | 0 | 5.1 | | | 0 | | | | | 0 | 0 | 0 |
| 85044015 | 功率<10千瓦高精度交流稳压电源 | | | | | | | | | | | | | | | | | | | | | 0 | 0 | 0 |
| 85044019 | 其他稳压电源 | | | | | | | | | | | | | | | | | | | | | 0 | 0 | 0 |
| 85044020 | 不间断供电电源(UPS) | 0 | | 5 | 0 | 7.1 | 0 | 0 | 0 | 0 | 2 | | 0 | 7.3 | | 0 | 0 | | | | | 0 | 0 | 0 |
| 85044030 | 逆变器 | 0 | 0 | 5 | 0 | | 0 | 1 | 0 | 0 | 2 | 5 | 0 | 7.3 | | 0 | 0 | | | | | 0 | 0 | 0 |
| 85044091 | 具有变流功能的半导体模块 | 0 | 0 | 5 | 0 | | 0 | 1 | 0 | 0 | 2 | 5 | 0 | 2 | | 0 | 8 | | | | | 0 | 0 | 0 |
| 85044099 | 其他未列名静止式变流器 | 0 | 0 | 5 | 0 | | 0 | 1 | 0 | 0 | 2 | 5 | 0 | 7.3 | | 0 | 0 | | | | | 0 | 0 | 0 |
| 85045000 | 其他电感器 | | | | | | | | | | | | | | | | | | | | | 0 | 0 | 0 |
| 85049011 | 额定容量>400千伏安的液体介质变压器零件 | 0 | | 0 | 0 | 3.8 | 0 | 0 | 0 | 0 | 0 | 2.5 | 0 | 3.6 | | | 0 | | | | | 0 | 0 | 0 |
| 85049019 | 其他变压器零件 | 0 | | 3.8 | 0 | 4.5 | 0 | 0 | 0 | 0 | 1.6 | 4 | 0 | 5.8 | 0 | | 0 | | | | | 0 | 0 | 0 |
| 85049020 | 稳压电源及不间断供电电源零件 | 0 | 0 | 5 | 0 | 5.6 | 0 | 0 | 0 | 0 | 1.6 | 4 | 0 | 5.8 | 0 | | 6.4 | | | | | 0 | 0 | 0 |
| 85049090 | 其他静止式变流器及电感器零件 | 0 | 0 | 5 | 0 | 5.6 | 0 | 0 | 0 | 0 | 1.6 | 4 | 0 | 5.8 | 0 | | 0 | | | | | 0 | 0 | 0 |

| 税则号列 | 商品描述[①] | 协定税率(%) | | | | | | | | | | | | | | | | 特惠税率(%) | | | | | | |
|---|---|---|---|---|---|---|---|---|---|---|---|---|---|---|---|---|---|---|---|---|---|---|---|---|
| | | 香港 | 澳门 | 巴基斯坦 | 东盟 | 亚太 | 智利 | 秘鲁 | 哥斯达黎加 | 新西兰 | 澳大利亚 | 瑞士 | 冰岛 | 韩国 | 台湾 | 新加坡 | 格鲁吉亚 | 亚太2国[②] | 东盟 | | | 最不发达国家 | | |
| | | | | | | | | | | | | | | | | | | | 老挝 | 柬埔寨 | 缅甸 | LDC97[③] | LDC95[④] | LDC60[⑤] |
| 85051110 | 稀土的永磁铁及磁化后准备制永磁铁的物品 | | | 5 | 0 | | 0 | 0 | 0 | 0 | 1.4 | 0 | 0 | 0 | 0 | | 5.6 | | | | | 0 | 0 | 0 |
| 85051190 | 其他金属的永磁铁及磁化后准备制永磁铁的物品 | 0 | | 5 | 0 | | 0 | 0 | 0 | 0 | 1.4 | 0 | 0 | 0 | 0 | | 0 | | | | | 0 | 0 | 0 |
| 85051900 | 非金属永磁体 | 0 | | 5 | 0 | 6.7 | 0 | 0 | 0 | 0 | 1.4 | 0 | 0 | 4.2 | | | 0 | | | | | 0 | 0 | 0 |
| 85052000 | 电磁联轴节、离合器及制动器 | | | 5 | 0 | 7.6 | 0 | 0 | 0 | 0 | 1.6 | 0 | 0 | 5.8 | | | 0 | | | | | 0 | 0 | 0 |
| 85059010 | 电磁起重吸盘 | | | 5 | 0 | | 0 | 0 | 0 | 0 | 1.6 | 0 | 0 | 1.6 | | | 0 | | | | | 0 | 0 | 0 |
| 85059090 | 电磁夹具等及品目85.02的零件 | | | 5 | 0 | 7.6 | 0 | 0 | 0 | 0 | 1.6 | 4 | 0 | 1.6 | | | 0 | | | | | 0 | 0 | 0 |
| 85061011 | 扣式碱性锌锰电池 | 0 | | | 0 | | 0 | 2 | 0 | 0 | 4 | 10 | 0 | 16 | | 0 | 0 | | | | | 0 | 0 | |
| 85061012 | 圆柱形碱性锌锰电池 | 0 | | | 0 | | 0 | 2 | 0 | 0 | 4 | 10 | 0 | 16 | | 0 | 0 | | | | | 0 | 0 | |
| 85061019 | 其他碱性锌锰电池 | 0 | | | 0 | | 0 | 2 | 0 | 0 | 4 | 10 | 0 | | | 0 | 0 | | | | | 0 | 0 | |
| 85061090 | 二氧化锰的原电池及原电池组 | 0 | | | 0 | | 0 | 2 | 0 | 0 | 4 | 10 | 0 | 16 | | 0 | 0 | | | | | 0 | 0 | |
| 85063000 | 氧化汞的原电池及原电池组 | | | 11.2 | 0 | | 0 | 0 | 0 | 0 | 2.8 | 7 | 0 | 8.4 | | 0 | 0 | | | | | 0 | 0 | |
| 85064000 | 氧化银的原电池及原电池组 | | | 11.2 | 0 | | 0 | 0 | 0 | 0 | 2.8 | 7 | 0 | 8.4 | | 0 | 0 | | | | | 0 | 0 | |
| 85065000 | 锂的原电池及原电池组 | | | 11.2 | 0 | | 0 | 0 | 0 | 0 | 2.8 | 7 | 0 | | | 0 | 0 | | | | | 0 | 0 | |
| 85066000 | 锌空气的原电池及原电池组 | | | 11.2 | 0 | | 0 | 0 | 0 | 0 | 2.8 | | 0 | 8.4 | | 0 | 0 | | | | | 0 | 0 | |
| 85068000 | 其他原电池及原电池组 | 0 | | 11.2 | 0 | | 0 | 0 | 0 | 0 | 2.8 | 7 | 0 | 8.4 | | 0 | 0 | | | | | 0 | 0 | 0 |
| 85069010 | 二氧化锰原电池或原电池组的零件 | | | 11.2 | 0 | | 0 | 0 | 0 | 0 | 2.8 | 7 | 0 | | | 0 | 0 | | | | | 0 | 0 | |
| 85069090 | 其他原电池组或原电池组的零件 | | | 5 | 0 | | 0 | 0 | 0 | 0 | 2 | 0 | 0 | 8 | | 0 | 0 | | | | | 0 | 0 | |
| 85071000 | 启动活塞式发动机用铅酸蓄电池 | | 0 | 5 | 0 | 6.9 | 0 | 1 | 0 | 0 | 2 | 0 | 0 | 8 | | 0 | 0 | | | | | 0 | 0 | |
| 85072000 | 其他铅酸蓄电池 | | 0 | 5 | 0 | 6.9 | 0 | 0 | 0 | 0 | 2 | 0 | 0 | 6 | | 0 | 0 | | | | | 0 | 0 | |
| 85073000 | 镍镉蓄电池 | 0 | | 5 | 0 | 8 | 0 | 0 | 0 | 0 | 2 | 0 | 0 | 6 | | 0 | 0 | | | | | 0 | 0 | |
| 85074000 | 镍铁蓄电池 | | | 5 | 0 | 9.6 | 0 | 0 | 0 | 0 | 2.4 | 6 | 0 | 7.2 | | 0 | 0 | | | | | 0 | 0 | |
| 85075000 | 镍氢蓄电池 | 0 | | 5 | 0 | 9.6 | 0 | 0 | 0 | 0 | 2.4 | 6 | 0 | 7.2 | | 0 | 0 | | | | | 0 | 0 | |
| 85076000 | 锂离子蓄电池 | 0 | | 5 | 0 | 9.6 | 0 | 0 | 0 | 0 | 2.4 | 6 | 0 | 10 | 0 | 0 | 0 | | | | | 0 | 0 | |
| 85078030 | 全钒液流电池 | 0 | | 5 | 0 | 9 | 0 | 0 | 0 | 0 | 2.4 | 6 | 0 | 7.2 | | 0 | 0 | | | | | 0 | 0 | |
| 85078090 | 其他蓄电池 | 0 | | 5 | 0 | 9 | 0 | 0 | 0 | 0 | 2.4 | 6 | 0 | 7.2 | | 0 | 0 | | | | | 0 | 0 | |
| 85079010 | 铅酸蓄电池零件 | 0 | | 5 | 0 | | 0 | 0 | 0 | 0 | 2 | 0 | 0 | 6 | | | 0 | 5 | | | | 0 | 0 | |
| 85079090 | 其他蓄电池零件 | 0 | | 5 | 0 | | 0 | 0 | 0 | 0 | 1.6 | 0 | 0 | 5.8 | | | 0 | 4 | | | | 0 | 0 | 0 |
| 85081100 | 功率≤1500瓦,且带有容积≤20升的集尘袋或其他集尘容器的电动真空吸尘器 | 0 | | 5 | 0 | 8.2 | 0 | 0 | 0 | 0 | 2 | 0 | 0 | 6 | 0 | 0 | 0 | | | | | 0 | 0 | 0 |
| 85081900 | 其他电动真空吸尘器 | | | | | | | | | | | | | | | | | | | | | 0 | 0 | 0 |
| 85086000 | 其他真空吸尘器 | | | | | | | | | | | | | | | | | | | | | 0 | 0 | 0 |
| 85087010 | 编号85081100所列电动真空吸尘器用零件 | 0 | | 6 | 0 | | 0 | 0 | 0 | 0 | 2.4 | 6 | 0 | 7.2 | | 0 | 0 | | | | | 0 | 0 | |
| 85087090 | 其他真空吸尘器用零件 | | | | | | | | | | | | | | | | | | | | | 0 | 0 | 0 |

| 税则号列 | 商品描述[①] | 协定税率(%) | | | | | | | | | | | | | | | | 特惠税率(%) | | | | | | |
|---|---|---|---|---|---|---|---|---|---|---|---|---|---|---|---|---|---|---|---|---|---|---|---|---|
| | | 香港 | 澳门 | 巴基斯坦 | 东盟 | 亚太 | 智利 | 秘鲁 | 哥斯达黎加 | 新西兰 | 澳大利亚 | 瑞士 | 冰岛 | 韩国 | 台湾 | 新加坡 | 格鲁吉亚 | 亚太2国[②] | 东盟 | | | 最不发达国家 | | |
| | | | | | | | | | | | | | | | | | | | 老挝 | 柬埔寨 | 缅甸 | LDC97[③] | LDC95[④] | LDC60[⑤] |
| 85094010 | 水果或蔬菜榨汁机 | | 0 | 5 | 0 | | 0 | 0 | 0 | 0 | 2 | 0 | 0 | 8 | | 0 | 0 | | | | | 0 | 0 | |
| 85094090 | 食品研磨机及搅拌器 | | | 5 | 0 | | 0 | 0 | 0 | 0 | 2 | 0 | 0 | 6 | 0 | 0 | 0 | | | | | 0 | 0 | |
| 85098010 | 地板打蜡机 | | | | 0 | | 0 | 3 | 0 | 0 | 6 | 18.6 | 0 | | | 0 | 0 | | | | | 0 | 0 | |
| 85098020 | 厨房废物处理器 | | | | 0 | | 0 | 2 | 0 | 0 | 4 | 10 | 0 | 16 | | 0 | 0 | | | | | 0 | 0 | |
| 85098090 | 其他家用电动器具 | | | | 0 | | 0 | 3 | 0 | 0 | 6 | | 0 | | | 0 | 0 | | | | | 0 | 0 | |
| 85099000 | 家用电动器具的零件 | 0 | | 6 | 0 | | 0 | 0 | 0 | 0 | 2.4 | 6 | 0 | 7.2 | | 0 | 0 | | | | | 0 | 0 | |
| 85101000 | 电动剃须刀 | | | | 0 | | 0 | 3 | 0 | 0 | 6 | 18.6 | | | | 0 | 0 | | | | | 0 | 0 | |
| 85102000 | 电动毛发推剪 | 0 | | | 0 | | 0 | 3 | 0 | 0 | 6 | 18.6 | 0 | | | 0 | 0 | | | | | 0 | 0 | |
| 85103000 | 电动脱毛器 | | 0 | | 0 | | 0 | 2 | 0 | 0 | 4 | 10 | 0 | 14.6 | | 0 | 0 | | | | | 0 | 0 | |
| 85109000 | 品目85.10所列货品的零件 | | | | 0 | | 0 | 2.4 | 0 | 0 | 4.9 | 12.3 | 0 | 19.6 | | 0 | 0 | | | | | 0 | 0 | |
| 85111000 | 火花塞 | | | 5 | 0 | | 0 | 1 | 0 | 0 | 2 | 0 | 0 | 6 | | 0 | 0 | | | | | 0 | 0 | |
| 85112010 | 机车、航空器及船舶用点火磁电机、永磁直流发电机、磁飞轮 | | | 0 | 0 | | 0 | 0 | 0 | 0 | 0 | 0 | 0 | 1 | | | 0 | | | | | 0 | 0 | 0 |
| 85112090 | 其他点火磁电机、磁飞轮 | | | 5 | 0 | | 0 | 0 | 0 | 0 | 2 | 0 | 0 | 6 | | | 0 | | | | | 0 | 0 | 0 |
| 85113010 | 机车、航空器及船舶用分电器及点火线圈 | | | 0 | 0 | | 0 | 0 | 0 | 0 | 0 | 0 | 0 | 1 | | | 0 | | | | | 0 | 0 | 0 |
| 85113090 | 其他用途用分电器、点火线圈 | | | 5 | 0 | | 0 | 0 | 0 | 0 | 1.7 | 0 | 0 | 6.1 | | | 0 | | | | | 0 | 0 | 0 |
| 85114010 | 机车等用启动电机及两用启动发电机 | | | 0 | 0 | | 0 | 0 | 0 | 0 | 0 | 0 | 0 | 3 | | | 0 | | | | | 0 | 0 | 0 |
| 85114091 | 输出功率≥132.39千瓦的启动电机 | | | 5 | 0 | | 0 | 0 | 0 | 0 | 1.7 | 0 | 0 | 5 | | | 0 | | | | | 0 | 0 | 0 |
| 85114099 | 其他用途的启动电机 | | | 5 | 0 | | 0 | 0 | 0 | 0 | 1.7 | 0 | 0 | 6.1 | | | 0 | | | | | 0 | 0 | 0 |
| 85115010 | 其他机车、航空器、船舶用发电机 | | | 0 | 0 | | 0 | 0 | 0 | 0 | 0 | 0 | 0 | 3 | | | 0 | | | | | 0 | 0 | 0 |
| 85115090 | 其他附属于内燃发动机的发电机 | | | 5 | 0 | | 0 | 0 | 0 | 0 | 1.7 | 0 | 0 | | | | 0 | | | | | 0 | 0 | 0 |
| 85118000 | 发动机用电点火、启动的其他装置 | | | 5 | 0 | | 0 | 0 | 0 | 0 | 1.7 | 0 | 0 | 5 | | | 0 | | | | | 0 | 0 | 0 |
| 85119010 | 机车、船、航空器用电点火、启动装置零件 | | | 0 | 0 | | 0 | 0 | 0 | 0 | 0 | 0 | 0 | | | | 0 | | | | | 0 | 0 | 0 |
| 85119090 | 其他用电点火、启动装置的零件 | | | 0 | 0 | | 0 | 0 | 0 | 0 | 0 | 0 | 0 | 3 | | | 0 | | | | | 0 | 0 | 0 |
| 85121000 | 自行车用照明或视觉信号装置 | | | 5 | 0 | | 0 | 0 | 0 | 0 | 2.1 | 5.2 | 0 | 6.3 | | 0 | 0 | | | | | 0 | 0 | 0 |
| 85122010 | 机动车辆用照明装置 | | | | 5 | | 0 | 0 | 0 | 0 | 2 | 0 | 0 | 8 | 0 | | 0 | | | | | 0 | 0 | 0 |
| 85122090 | 其他机动车用照明或视觉信号装置 | | | | 5 | | 0 | 0 | 0 | 0 | 2 | 0 | 0 | 8 | | | 0 | | | | | 0 | 0 | 0 |
| 85123011 | 机动车辆用喇叭、蜂鸣器 | | | 8.5 | 5 | 8.5 | 0 | 0 | 0 | 0 | 2 | 0 | 0 | 7.3 | | | 0 | | | | | 0 | 0 | 0 |
| 85123012 | 防盗报警器 | | | 5 | 0 | 9 | 0 | 0 | 0 | 0 | 2 | 0 | 0 | 7.3 | | | 0 | | | | | 0 | 0 | 0 |
| 85123019 | 其他机动车辆用音响信号装置 | | | 8.5 | 5 | 8.5 | 0 | 0 | 0 | 0 | 2 | 0 | 0 | 7.3 | | | 0 | | | | | 0 | 0 | 0 |
| 85123090 | 其他车辆用音响信号装置 | | | 8.5 | 5 | 8.5 | 0 | 0 | 0 | 0 | 2 | 0 | 0 | | | | 0 | | | | | 0 | 0 | 0 |

| 税则号列 | 商品描述[①] | 协定税率(%) | | | | | | | | | | | | | | | | 特惠税率(%) | | | | | | |
|---|---|---|---|---|---|---|---|---|---|---|---|---|---|---|---|---|---|---|---|---|---|---|---|---|
| | | 香港 | 澳门 | 巴基斯坦 | 东盟 | 亚太 | 智利 | 秘鲁 | 哥斯达黎加 | 新西兰 | 澳大利亚 | 瑞士 | 冰岛 | 韩国 | 台湾 | 新加坡 | 格鲁吉亚 | 亚太2国[②] | 东盟 | | | 最不发达国家 | | |
| | | | | | | | | | | | | | | | | | | | 老挝 | 柬埔寨 | 缅甸 | LDC97[③] | LDC95[④] | LDC60[⑤] |
| 85124000 | 车辆风挡刮水器、除霜器及去雾器 | | | | 5 | | 0 | 0 | 0 | 0 | 2 | 0 | 0 | | | | 0 | | | | | 0 | 0 | 0 |
| 85129000 | 品目85.12所列装置的零件 | | | 5 | 0 | | 0 | 0 | 0 | 0 | 1.6 | 0 | 0 | 4.8 | 0 | | 0 | | | | | 0 | 0 | 0 |
| 85131010 | 手电筒 | | 0 | 7.5 | 0 | 13.2 | 0 | 1.5 | 0 | 0 | 3 | 7.5 | 0 | 9 | | 0 | 0 | | | | | 0 | 0 | 0 |
| 85131090 | 其他自供能源手提式电灯 | | 0 | 14 | 0 | | 0 | 1.8 | 0 | 0 | 3.5 | 8.8 | 0 | 10.5 | | 0 | 0 | | | | | 0 | 0 | |
| 85139010 | 手电筒零件 | 0 | 0 | 11.2 | 0 | | 0 | 0 | 0 | 0 | 2.8 | 7 | 0 | 8.4 | | 0 | 0 | | | | | 0 | 0 | 0 |
| 85139090 | 其他自供能源手提式电灯零件 | 0 | 0 | 11.2 | 0 | | 0 | 0 | 0 | 0 | 2.8 | 7 | 0 | 8.4 | | 0 | 0 | | | | | 0 | 0 | |
| 85141010 | 可控气氛热处理炉 | | | | | | | | | | | | | | | | | | | | | 0 | 0 | 0 |
| 85141090 | 工业、实验室用其他电阻加热炉及烘箱 | | | | | | | | | | | | | | | | | | | | | 0 | 0 | 0 |
| 85142000 | 工业、实验室用通过感应或介质损耗工作的炉及烘箱 | | | | | | | | | | | | | | | | | | | | | 0 | 0 | 0 |
| 85143000 | 工业、实验室用其他电炉及电烘箱 | | | | | | | | | | | | | | | | | | | | | 0 | 0 | 0 |
| 85144000 | 其他通过感应或介质损耗工作的加热设备 | | | 5 | 0 | | 0 | 0 | 0 | 0 | 2 | 0 | 0 | 2 | | 0 | 0 | | | | | 0 | 0 | 0 |
| 85149010 | 炼钢电炉用零件 | | | 5 | 0 | | 0 | 0 | 0 | 0 | 1.6 | 0 | 0 | 1.6 | | | 0 | | | | | 0 | 0 | 0 |
| 85149090 | 工业用电阻加热炉及烘箱等零件 | | | | | | | | | | | | | | | | | | | | | 0 | 0 | 0 |
| 85151100 | 钎焊机器及装置用烙铁及焊枪 | | | 5 | 0 | | 0 | 0 | 0 | 0 | 2 | 0 | 0 | 6 | | 0 | 0 | | | | | 0 | 0 | 0 |
| 85151900 | 其他钎焊机器及装置 | | | 5 | 0 | | 0 | 0 | 0 | 0 | 2 | 6.7 | 0 | | | 0 | 0 | | | | | 0 | 0 | 0 |
| 85152120 | 电阻焊接机器人 | 0 | | 5 | 0 | | 0 | 0 | 0 | 0 | 2 | | 0 | 8 | | 0 | 0 | | | | | 0 | 0 | 0 |
| 85152191 | 直缝焊管机 | 0 | | 5 | 0 | | 0 | 0 | 0 | 0 | 2 | 0 | 0 | 8 | | | 0 | | | | | 0 | 0 | 0 |
| 85152199 | 其他全自动或半自动电阻焊接机器及装置 | 0 | | 5 | 0 | | 0 | 0 | 0 | 0 | 2 | | 0 | 8 | | 0 | 0 | | | | | 0 | 0 | 0 |
| 85152900 | 其他电阻焊接机器及装置 | | | 5 | 0 | 9.5 | 0 | 0 | 0 | 0 | 2 | 0 | 0 | 8 | | 0 | 0 | | | | | 0 | 0 | 0 |
| 85153120 | 电弧(包括等离子弧)焊接机器人 | | | | 5 | | 0 | 0 | 0 | 0 | 2 | 0 | 0 | 8 | | | 0 | | | | | 0 | 0 | 0 |
| 85153191 | 螺旋焊管机 | | | 5 | 0 | | 0 | 0 | 0 | 0 | 2 | 0 | 0 | 6 | | | 0 | | | | | 0 | 0 | 0 |
| 85153199 | 其他全自动或半自动的电弧(包括等离子弧)焊接机器及装置 | | | | | | 0 | 0 | 0 | 0 | 2 | 0 | 0 | 8 | | | 0 | | | | | 0 | 0 | 0 |
| 85153900 | 其他电弧焊接机器及装置 | | | 5 | 0 | | 0 | 0 | 0 | 0 | 2 | 0 | 0 | 6 | | | 0 | | | | | 0 | 0 | 0 |
| 85158010 | 激光焊接机器人 | 0 | | 5 | 0 | 7.6 | 0 | 0 | 0 | 0 | 1.6 | 5.3 | 0 | 1.6 | 0 | | 0 | | | | | 0 | 0 | 0 |
| 85158090 | 其他机器及装置 | 0 | | 5 | 0 | 7.6 | 0 | 0 | 0 | 0 | 1.6 | 5.3 | 0 | 1.6 | 0 | | 0 | | | | | 0 | 0 | 0 |
| 85159000 | 电气等焊接机器及装置零件 | 0 | | 5 | 0 | 5.7 | 0 | 0 | 0 | 0 | 1.2 | 3 | 0 | 1.2 | | | 0 | | | | | 0 | 0 | 0 |
| 85161010 | 储存式电热水器 | | | 5 | 0 | | 0 | 0 | 0 | 0 | 2 | 0 | 0 | 6 | | 0 | 0 | | | | | 0 | 0 | 0 |
| 85161020 | 即热式电热水器 | | | 5 | 0 | | 0 | 0 | 0 | 0 | 2 | 0 | 0 | 6 | | 0 | 0 | | | | | 0 | 0 | 0 |
| 85161090 | 其他电热的快速热水器、浸入式液体加热器 | | | 5 | 0 | | 0 | 0 | 0 | 0 | 2 | 0 | 0 | | | 0 | 0 | | | | | 0 | 0 | 0 |
| 85162100 | 电气储存式散热器 | | 0 | | 0 | | 0 | 3.5 | 0 | 0 | 7 | 21.7 | 0 | | 0 | 0 | 0 | | | | | 0 | 0 | |
| 85162910 | 电气土壤加热器 | 0 | 0 | 5 | 0 | | 0 | 0 | 0 | 0 | 2 | 0 | 0 | 6 | | | 0 | | | | | 0 | 0 | 0 |

| 税则号列 | 商品描述[①] | 协定税率(%) | | | | | | | | | | | | | | | | 特惠税率(%) | | | | | | |
|---|---|---|---|---|---|---|---|---|---|---|---|---|---|---|---|---|---|---|---|---|---|---|---|---|
| | | 香港 | 澳门 | 巴基斯坦 | 东盟 | 亚太 | 智利 | 秘鲁 | 哥斯达黎加 | 新西兰 | 澳大利亚 | 瑞士 | 冰岛 | 韩国 | 台湾 | 新加坡 | 格鲁吉亚 | 亚太2国[②] | 东盟 | | | 最不发达国家 | | |
| | | | | | | | | | | | | | | | | | | | 老挝 | 柬埔寨 | 缅甸 | LDC97[③] | LDC95[④] | LDC60[⑤] |
| 85162920 | 辐射式空间加热器 | 0 | 0 | 5 | 0 | | 0 | 0 | 0 | 0 | 2 | 0 | 0 | 6 | | 0 | 0 | | | | | 0 | 0 | 0 |
| 85162931 | 风扇式对流式空间加热器 | 0 | 0 | 5 | 0 | | 0 | 0 | 0 | 0 | 2 | 0 | 0 | 6 | | 0 | 0 | | | | | 0 | 0 | 0 |
| 85162932 | 充液式对流式空间加热器 | 0 | 0 | 5 | 0 | | 0 | 0 | 0 | 0 | 2 | 0 | 0 | 6 | | 0 | 0 | | | | | 0 | 0 | 0 |
| 85162939 | 其他对流式空间加热器 | 0 | 0 | 5 | 0 | | 0 | 0 | 0 | 0 | 2 | 0 | 0 | 6 | | 0 | 0 | | | | | 0 | 0 | 0 |
| 85162990 | 电气空间加热器 | 0 | 0 | 5 | 0 | | 0 | 0 | 0 | 0 | 2 | 0 | 0 | 6 | | 0 | 0 | | | | | 0 | 0 | 0 |
| 85163100 | 电吹风机 | | 0 | 5 | 0 | | 0 | 0 | 0 | 0 | 2 | 5 | 0 | 6 | | 0 | 0 | | | | | 0 | 0 | 0 |
| 85163200 | 其他电热理发器具 | | 0 | | 0 | | 0 | 3.5 | 0 | 0 | 7 | 21.7 | 0 | 28 | | 0 | 0 | | | | | 0 | 0 | |
| 85163300 | 电热干手器 | | 0 | | 0 | | 0 | 3.5 | 0 | 0 | 7 | 21.7 | 0 | | | 0 | 0 | | | | | 0 | 0 | |
| 85164000 | 电熨斗 | | 0 | | 0 | | 0 | 3.5 | 0 | 0 | 7 | 17.5 | 0 | | 0 | 0 | 0 | | | | | 0 | 0 | |
| 85165000 | 微波炉 | | | 7.5 | 0 | 13.5 | 0 | 1.5 | 0 | 0 | 3 | 7.5 | 0 | 9 | | 0 | 0 | | | | | 0 | 0 | |
| 85166010 | 电磁炉 | | 0 | 12 | 0 | | 0 | 1.5 | 0 | 0 | 3 | 7.5 | 0 | 9 | | 0 | 0 | | | | | 0 | 0 | |
| 85166030 | 电饭锅 | | 0 | 12 | 0 | | 0 | 1.5 | 0 | 0 | 3 | 7.5 | 0 | 9 | 0 | 0 | 0 | | | | | 0 | 0 | |
| 85166040 | 电炒锅 | | 0 | 12 | 0 | | 0 | 1.5 | 0 | 0 | 3 | 7.5 | 0 | 9 | | 0 | 0 | | | | | 0 | 0 | |
| 85166050 | 电烤箱 | | 0 | 12 | 0 | | 0 | 1.5 | 0 | 0 | 3 | 7.5 | 0 | 9 | 0 | | 0 | | | | | 0 | 0 | |
| 85166090 | 其他电热炉 | | 0 | 12 | 0 | | 0 | 1.5 | 0 | 0 | 3 | 7.5 | 0 | 9 | | 0 | 0 | | | | | 0 | 0 | |
| 85167110 | 滴液式咖啡机 | | 0 | | 0 | | 0 | 3.2 | 0 | 0 | 6.4 | 0 | | | | 0 | 0 | | | | | 0 | 0 | |
| 85167120 | 蒸馏渗滤式咖啡机 | | 0 | | 0 | | 0 | 3.2 | 0 | 0 | 6.4 | 0 | | | | 0 | 0 | | | | | 0 | 0 | |
| 85167130 | 泵压式咖啡机 | | 0 | | 0 | | 0 | 3.2 | 0 | 0 | 6.4 | 0 | 0 | | | 0 | 0 | | | | | 0 | 0 | |
| 85167190 | 其他电热咖啡机或茶壶 | | 0 | | 0 | | 0 | 3.2 | 0 | 0 | 6.4 | 0 | 0 | | | 0 | 0 | | | | | 0 | 0 | |
| 85167210 | 家用自动面包机 | | 0 | | 0 | | 0 | 3.2 | 0 | 0 | 6.4 | 19.8 | | | 0 | 0 | 0 | | | | | 0 | 0 | |
| 85167220 | 片式烤面包机(多士炉) | | 0 | | 0 | | 0 | 3.2 | 0 | 0 | 6.4 | 19.8 | | | | 0 | 0 | | | | | 0 | 0 | |
| 85167290 | 电热烤面包器 | | 0 | | 0 | | 0 | 3.2 | 0 | 0 | 6.4 | 19.8 | | | | 0 | 0 | | | | | 0 | 0 | |
| 85167910 | 电热饮水机 | | 0 | | 0 | | 0 | 3.2 | 0 | 0 | 6.4 | 16 | | | | 0 | 0 | | | | | 0 | 0 | |
| 85167990 | 其他电热器具 | 0 | 0 | | 0 | | 0 | 3.2 | 0 | 0 | 6.4 | | | | | 0 | 0 | | | | | 0 | 0 | |
| 85168000 | 加热电阻器 | | | 5 | 0 | | 0 | 0 | 0 | 0 | 2 | 5 | 0 | 6 | | 0 | 0 | | | | | 0 | 0 | 0 |
| 85169010 | 土壤加热器及加热电阻器零件 | 0 | | 5 | 0 | | 0 | 0 | 0 | 0 | 1.6 | 0 | 0 | 4.8 | | | 0 | | | | | 0 | 0 | 0 |
| 85169090 | 品目85.16所列货品的其他零件 | 0 | | 6 | 0 | | 0 | 0 | 0 | 0 | 2.4 | 0 | 0 | 7.2 | | 0 | 0 | | | | | 0 | 0 | 0 |
| 85171100 | 无绳电话机 | | | | | | | | | | | | | | | | | | | | | 0 | 0 | 0 |
| 85171210 | 手持(包括车载)式无线电话机 | | | | | | | | | | | | | | | | | | | | | 0 | 0 | 0 |
| 85171220 | 对讲机 | | | | | | | | | | | | | | | | | | | | | 0 | 0 | 0 |
| 85171290 | 用于蜂窝网络或无线网络的其他电话机 | | | | | | | | | | | | | | | | | | | | | 0 | 0 | 0 |
| 85171800 | 其他电话机 | | | | | | | | | | | | | | | | | | | | | 0 | 0 | 0 |
| 85176110 | 移动通信基站 | | | | | | | | | | | | | | | | | | | | | 0 | 0 | 0 |
| 85176190 | 其他通信基站 | | | | | | | | | | | | | | | | | | | | | 0 | 0 | 0 |
| 85176211 | 数字式局用电话交换机、长途电话交换机、电报交换机 | | | | | | | | | | | | | | | | | | | | | 0 | 0 | 0 |
| 85176212 | 数字式移动通信交换机 | | | | | | | | | | | | | | | | | | | | | 0 | 0 | 0 |
| 85176219 | 数字式其他电话交换机 | | | | | | | | | | | | | | | | | | | | | 0 | 0 | 0 |
| 85176221 | 光端机及脉冲编码调制设备 | | | | | | | | | | | | | | | | | | | | | 0 | 0 | 0 |

| 税则号列 | 商品描述[①] | 协定税率(%) | | | | | | | | | | | | | | | | 特惠税率(%) | | | | | | |
|---|---|---|---|---|---|---|---|---|---|---|---|---|---|---|---|---|---|---|---|---|---|---|---|---|
| | | 香港 | 澳门 | 巴基斯坦 | 东盟 | 亚太 | 智利 | 秘鲁 | 哥斯达黎加 | 新西兰 | 澳大利亚 | 瑞士 | 冰岛 | 韩国 | 台湾 | 新加坡 | 格鲁吉亚 | 亚太2国[②] | 东盟 | | | 最不发达国家 | | |
| | | | | | | | | | | | | | | | | | | | 老挝 | 柬埔寨 | 缅甸 | LDC97[③] | LDC95[④] | LDC60[⑤] |
| 85176222 | 波分复用光传输设备 | | | | | | | | | | | | | | | | | | | | | 0 | 0 | 0 |
| 85176229 | 其他光通讯设备 | | | | | | | | | | | | | | | | | | | | | 0 | 0 | 0 |
| 85176231 | 通信网络时钟同步设备 | | | | | | | | | | | | | | | | | | | | | 0 | 0 | 0 |
| 85176232 | 以太网络交换机 | | | | | | | | | | | | | | | | | | | | | 0 | 0 | 0 |
| 85176233 | IP电话信号交换机 | | | | | | | | | | | | | | | | | | | | | 0 | 0 | 0 |
| 85176234 | 调制解调器 | | | | | | | | | | | | | | | | | | | | | 0 | 0 | 0 |
| 85176235 | 集线器 | | | | | | | | | | | | | | | | | | | | | 0 | 0 | 0 |
| 85176236 | 路由器 | | | | | | | | | | | | | | | | | | | | | 0 | 0 | 0 |
| 85176237 | 有线网络接口卡 | | | | | | | | | | | | | | | | | | | | | 0 | 0 | 0 |
| 85176239 | 其他有线数字通信设备 | | | | | | | | | | | | | | | | | | | | | 0 | 0 | 0 |
| 85176292 | 无线网络接口卡 | | | | | | | | | | | | | | | | | | | | | 0 | 0 | 0 |
| 85176293 | 无线接入固定台 | | | | | | | | | | | | | | | | | | | | | 0 | 0 | 0 |
| 85176294 | 无线耳机 | | | | | | | | | | | | | | | | | | | | | 0 | 0 | 0 |
| 85176299 | 其他接收、转换并且发送或再生声音、图像或数据用的设备 | | | | | | | | | | | | | | | | | | | | | 0 | 0 | 0 |
| 85176910 | 其他无线设备 | | | 0 | 0 | | 0 | 0 | 0 | 0 | 1.8 | 0 | 0 | 1.8 | | | 0 | | | | | 0 | 0 | 0 |
| 85176990 | 其他有线设备 | | | | | | | | | | | | | | | | | | | | | 0 | 0 | 0 |
| 85177010 | 数字式程控电话或电报交换机零件 | | | | | | | | | | | | | | | | | | | | | 0 | 0 | 0 |
| 85177020 | 光端机、脉冲编码调制设备的零件 | | | | | | | | | | | | | | | | | | | | | 0 | 0 | 0 |
| 85177030 | 手持式无线电话机零件(天线除外) | | | | | | | | | | | | | | | | | | | | | 0 | 0 | 0 |
| 85177040 | 对讲机零件(天线除外) | 0 | | 5 | 0 | 5.6 | 0 | 0 | 0 | 0 | 1.6 | 0 | 0 | 4.8 | | | 0 | | | | | 0 | 0 | 0 |
| 85177060 | 光通信设备的激光收发模块 | | | | | | | | | | | | | | | | | | | | | 0 | 0 | 0 |
| 85177070 | 品目85.17所列设备用天线及其零件 | | | 0 | 0 | | 0 | 0 | 0 | 0 | 0 | 0 | 0 | 0.4 | | | 0 | | | | | 0 | 0 | 0 |
| 85177090 | 发送或接收声音、图像或数据的设备用其他零件 | | | | | | | | | | | | | | | | | | | | | 0 | 0 | 0 |
| 85181000 | 传声器(麦克风)及其座架 | 0 | | 5 | 0 | | 0 | 0 | 0 | 0 | 2 | 0 | 0 | 2 | 0 | 0 | 0 | | | | | 0 | 0 | 0 |
| 85182100 | 单喇叭音箱 | 0 | | 5 | 0 | | 0 | 0 | 0 | 0 | 2 | 0 | 0 | 6 | | 0 | 0 | | | | | 0 | 0 | 0 |
| 85182200 | 多喇叭音箱 | 0 | | 5 | 0 | | 0 | 1 | 0 | 0 | 2 | 0 | 0 | 6 | | 0 | 0 | | | | | 0 | 0 | 0 |
| 85182900 | 其他扬声器 | | | | | | | | | | | | | | | | | | | | | 0 | 0 | 0 |
| 85183000 | 其他耳机、耳塞机 | | | | | | | | | | | | | | | | | | | | | 0 | 0 | 0 |
| 85184000 | 音频扩大器 | 0 | | 6 | 0 | | 0 | 1.2 | 0 | 0 | 2.4 | 0 | 0 | 7.2 | 0 | 0 | 0 | | | | | 0 | 0 | 0 |
| 85185000 | 电气扩音机组 | | | 5 | 0 | | 0 | 0 | 0 | 0 | 2 | 0 | 0 | 8 | | 0 | 0 | | | | | 0 | 0 | 0 |
| 85189000 | 品目85.18所列货品的零件 | 0 | | 5 | 0 | | 0 | 0 | 0 | 0 | 2.1 | 5.2 | 0 | 8.8 | 0 | 0 | 8.4 | | | | | 0 | 0 | 0 |
| 85192000 | 用硬币、钞票、银行卡、代币使其工作的声音录放设备 | | | 16.4 | 0 | 16.4 | 0 | 2 | 0 | 0 | 4 | 10 | 0 | 14.6 | | 0 | 0 | | | | | 0 | 0 | |
| 85193000 | 转盘(唱机唱盘) | | | | 0 | | 0 | 3 | 0 | 0 | 6 | 18.6 | 0 | | | 0 | 0 | | | | | 0 | 0 | |
| 85195000 | 电话应答机 | | | | | | | | | | | | | | | | | | | | | 0 | 0 | 0 |

| 税则号列 | 商品描述[①] | 协定税率(%) | | | | | | | | | | | | | | | | 特惠税率(%) | | | | | | |
|---|---|---|---|---|---|---|---|---|---|---|---|---|---|---|---|---|---|---|---|---|---|---|---|---|
| | | 香港 | 澳门 | 巴基斯坦 | 东盟 | 亚太 | 智利 | 秘鲁 | 哥斯达黎加 | 新西兰 | 澳大利亚 | 瑞士 | 冰岛 | 韩国 | 台湾 | 新加坡 | 格鲁吉亚 | 亚太2国[②] | 东盟 | | | 最不发达国家 | | |
| | | | | | | | | | | | | | | | | | | | 老挝 | 柬埔寨 | 缅甸 | LDC97[③] | LDC95[④] | LDC60[⑤] |
| 85198111 | 不带录音功能的盒式磁带型声音重放装置,编辑节目用放声机除外 | | | 13.6 | 0 | | 0 | 1.7 | 0 | 0 | 3.4 | 8.5 | 0 | 10.2 | | 0 | 0 | | | | | 0 | 0 | |
| 85198112 | 装有声音重放装置的盒式磁带型录音机 | | | | 0 | | 0 | 3 | 0 | 0 | 6 | 18.6 | 0 | 24 | | 0 | 0 | | | | | 0 | 0 | |
| 85198119 | 其他使用磁性媒体的声音录放机 | | | 16.4 | 0 | 12.3 | 0 | 2 | 0 | 0 | 4 | 10 | 0 | 14.6 | | 0 | 0 | | | | | 0 | 0 | |
| 85198121 | 不带录音功能的激光唱机 | | | 19.5 | 0 | 19.5 | 0 | 3 | 0 | 0 | 6 | 18.6 | 0 | 24 | | 0 | 0 | | | | | 0 | 0 | |
| 85198129 | 使用光学媒体的其他声音录放装置 | | | 12 | 0 | 12.3 | 0 | 2 | 0 | 0 | 4 | 10 | 0 | 14.6 | | 0 | 0 | | | | | 0 | 0 | |
| 85198131 | 闪速存储器型声音录放机 | | | | 0 | | 0 | 2 | 0 | 0 | 4 | 10 | 0 | 16 | | 0 | 0 | | | | | 0 | 0 | |
| 85198139 | 使用半导体媒体的其他声音录放装置 | | | 16.4 | 0 | 12.3 | 0 | 2 | 0 | 0 | 4 | 10 | 0 | 14.6 | | 0 | 0 | | | | | 0 | 0 | |
| 85198910 | 不带录制装置的其他唱机,不论是否带有扬声器 | | | | 0 | | 0 | 3 | 0 | 0 | 6 | 18.6 | 0 | 24 | | 0 | 0 | | | | | 0 | 0 | |
| 85198990 | 其他声音录制或重放设备 | | | 12 | 0 | 12.3 | 0 | 2 | 0 | 0 | 4 | 10 | 0 | 14.6 | | 0 | 0 | | | | | 0 | 0 | |
| 85211011 | 广播级录像机 | | | ⑥ | 0 | ⑦ | 0 | 3 | 0 | 0 | 6 | 18.6 | 0 | ⑧ | | 0 | 0 | | | | | 0 | 0 | |
| 85211019 | 其他磁带录像机 | | | ⑨ | 0 | 18.3 | 0 | 3 | 0 | 0 | 6 | 18.6 | 0 | ⑧ | | 0 | 0 | | | | | 0 | 0 | |
| 85211020 | 磁带放像机 | | | ⑩ | 0 | ⑪ | 0 | 3 | 0 | 0 | 6 | 18.6 | 0 | ⑧ | | 0 | 0 | | | | | 0 | 0 | |
| 85219011 | 视频高密光盘机 VCD | | | 12 | 0 | 12 | 0 | 2 | 0 | 0 | 4 | 10 | 0 | 14.6 | | 0 | 0 | | | | | 0 | 0 | |
| 85219012 | 数字化视频光盘机 DVD | | | 12 | 0 | 12 | 0 | 2 | 0 | 0 | 4 | 10 | 0 | 16 | | 0 | 0 | | | | | 0 | 0 | |
| 85219019 | 其他激光视盘放像机 | | | 12 | 0 | 12 | 0 | 2 | 0 | 0 | 4 | 10 | 0 | 14.6 | | 0 | 0 | | | | | 0 | 0 | |
| 85219090 | 其他视频信号录制或重放设备 | 0 | | 12 | 0 | 12 | 0 | 2 | 0 | 0 | 4 | 10 | 0 | 16 | | 0 | 0 | | | | | 0 | 0 | |
| 85221000 | 拾音头 | 0 | | | 0 | | 0 | 3.5 | 0 | 0 | 7 | 21.7 | 0 | | | 0 | 0 | | | | | 0 | 0 | |
| 85229010 | 转盘或唱机用零附件 | 0 | | 17.5 | 0 | 20 | 0 | 2.5 | 0 | 0 | 5 | 15.5 | 0 | 18.3 | | 0 | 0 | | | | | 0 | 0 | |
| 85229021 | 录音机走带机构(机芯) | 0 | | 19.7 | 0 | 19.7 | 0 | 2.5 | 0 | 0 | 5 | 15.5 | 0 | 18.3 | | 0 | 0 | | | | | 0 | 0 | |
| 85229022 | 磁头 | 0 | | 19.7 | 0 | 19.7 | 0 | 2.5 | 0 | 0 | 5 | 15.5 | 0 | 18 | | 0 | 0 | | | | | 0 | 0 | |
| 85229023 | 磁头零件 | 0 | | 15.8 | 0 | 15.8 | 0 | 2 | 0 | 0 | 4 | 10 | 0 | 14.6 | | 0 | 0 | | | | | 0 | 0 | |
| 85229029 | 盒式磁带录音机或放声机其他零件 | 0 | | 23.6 | 0 | 23.6 | 0 | 3 | 0 | 0 | 6 | 18.6 | 0 | 21.6 | | 0 | 0 | | | | | 0 | 0 | |
| 85229031 | 激光视盘机的机芯 | 0 | | 18.4 | 0 | 21 | 0 | 3 | 0 | 0 | 6 | 18.6 | 0 | 21.6 | | 0 | 0 | | | | | 0 | 0 | |
| 85229039 | 其他视频信号录放设备的零件附件 | 0 | | 18.4 | 0 | 21 | 0 | 3 | 0 | 0 | 6 | | 0 | 21.6 | | 0 | 0 | | | | | 0 | 0 | |
| 85229091 | 车载音频转播器或发射器 | 0 | | 14 | 0 | 16 | 0 | 2 | 0 | 0 | 4 | 10 | 0 | 14.6 | | 0 | 0 | | | | | 0 | 0 | 0 |
| 85229099 | 声音录制或重放设备用其他零件 | 0 | | 14 | 0 | 16 | 0 | 2 | 0 | 0 | 4 | 10 | 0 | 14.6 | | 0 | 0 | | | | | 0 | 0 | 0 |
| 85232110 | 未录制的磁条卡 | 0 | 0 | 14 | 0 | | 0 | 1.8 | 0 | 0 | 3.5 | 8.8 | 0 | 10.5 | | 0 | 0 | | | | | 0 | 0 | |
| 85232120 | 已录制的磁条卡 | 0 | 0 | 12 | 0 | | 0 | 1.5 | 0 | 0 | 3 | 7.5 | 0 | 9 | | 0 | 0 | | | | | 0 | 0 | |
| 85232911 | 未录制磁盘 | | | | | | | | | | | | | | | | | | | | | 0 | 0 | 0 |
| 85232919 | 已录制磁盘 | | | | | | | | | | | | | | | | | | | | | 0 | 0 | 0 |
| 85232921 | 宽度≤4 毫米的未录制磁带 | | | | | | | | | | | | | | | | | | | | | 0 | 0 | 0 |
| 85232922 | 4 毫米<宽度≤6.5 毫米的未录制磁带 | | | | | | | | | | | | | | | | | | | | | 0 | 0 | 0 |

| 税则号列 | 商品描述[①] | 协定税率(%) | | | | | | | | | | | | | | | | 特惠税率(%) | | | | | | |
|---|---|---|---|---|---|---|---|---|---|---|---|---|---|---|---|---|---|---|---|---|---|---|---|---|
| | | 香港 | 澳门 | 巴基斯坦 | 东盟 | 亚太 | 智利 | 秘鲁 | 哥斯达黎加 | 新西兰 | 澳大利亚 | 瑞士 | 冰岛 | 韩国 | 台湾 | 新加坡 | 格鲁吉亚 | 亚太2国[②] | 东盟 | | | 最不发达国家 | | |
| | | | | | | | | | | | | | | | | | | | 老挝 | 柬埔寨 | 缅甸 | LDC97[③] | LDC95[④] | LDC60[⑤] |
| 85232923 | 宽度>6.5毫米的未录制磁带 | | | | | | | | | | | | | | | | | | | | | 0 | 0 | 0 |
| 85232928 | 用于重放声音或图像信息的磁带 | 0 | | 5 | 0 | | 0 | 0 | 0 | 0 | 2 | 0 | 0 | 7.3 | | 0 | 0 | | | | | 0 | 0 | 0 |
| 85232929 | 已录制其他信息的磁带 | | | | | | | | | | | | | | | | | | | | | 0 | 0 | 0 |
| 85232990 | 其他磁性媒体 | | | | | | | | | | | | | | | | | | | | | 0 | 0 | 0 |
| 85234100 | 未录制的光学媒体 | | | | | | | | | | | | | | | | | | | | | 0 | 0 | 0 |
| 85234910 | 仅用于重放声音信息的光学媒体 | 0 | 0 | 5 | 0 | | 0 | 0 | 0 | 0 | 2 | 0 | 0 | 6 | | | 0 | | | | | 0 | 0 | |
| 85234920 | 用于重放声音、图像以外信息的，品目84.71所列机器用的光学媒体 | | | | | | | | | | | | | | | | | | | | | 0 | 0 | 0 |
| 85234990 | 其他已录制的光学媒体 | | | | | | | | | | | | | | | | | | | | | 0 | 0 | 0 |
| 85235110 | 未录制信息的闪速存储器 | | | | | | | | | | | | | | | | | | | | | 0 | 0 | 0 |
| 85235120 | 已录制信息的闪速存储器 | | | | | | | | | | | | | | | | | | | | | 0 | 0 | 0 |
| 85235210 | 未录制内容的“智能卡” | | | | | | | | | | | | | | | | | | | | | 0 | 0 | 0 |
| 85235290 | 已录制内容的“智能卡” | | | | | | | | | | | | | | | | | | | | | 0 | 0 | 0 |
| 85235910 | 未录制信息的其他半导体媒体 | | | | | | | | | | | | | | | | | | | | | 0 | 0 | 0 |
| 85235920 | 已录制信息的其他半导体媒体 | | | | | | | | | | | | | | | | | | | | | 0 | 0 | 0 |
| 85238011 | 已录制的唱片 | | 0 | 12 | 0 | | 0 | 1.5 | 0 | 0 | 3 | 7.5 | 0 | 9 | | 0 | 0 | | | | | 0 | 0 | |
| 85238019 | 未录制的唱片 | | | | | | | | | | | | | | | | | | | | | 0 | 0 | 0 |
| 85238021 | 品目84.71所列机器用未录制内容的其他媒体 | | | | | | | | | | | | | | | | | | | | | 0 | 0 | 0 |
| 85238029 | 品目84.71所列机器用已录制内容的其他媒体 | | | | | | | | | | | | | | | | | | | | | 0 | 0 | 0 |
| 85238091 | 其他未录制内容的媒体 | | | | | | | | | | | | | | | | | | | | | 0 | 0 | 0 |
| 85238099 | 其他已录制内容的媒体 | | | | | | | | | | | | | | | | | | | | | 0 | 0 | 0 |
| 85255000 | 广播电视发送设备 | | | | | | | | | | | | | | | | | | | | | 0 | 0 | 0 |
| 85256010 | 卫星地面站设备 | | | | | | | | | | | | | | | | | | | | | 0 | 0 | 0 |
| 85256090 | 其他装有接收装置的广播电视发送设备 | | | | | | | | | | | | | | | | | | | | | 0 | 0 | 0 |
| 85258011 | 特种用途电视摄像机 | | | 5 | 0 | 7.5 | 0 | 0 | 0 | 0 | 2 | 0 | 0 | | | 0 | 0 | | | | | 0 | 0 | |
| 85258012 | 非特种用途的广播级电视摄像机 | | | ⑫ | 0 | 24.8 | 0 | 3.5 | 0 | 0 | 7 | 23.3 | 0 | | | 0 | 0 | | | | | 0 | 0 | |
| 85258013 | 非特种用途的其他电视摄像机 | 0 | 0 | ⑫ | 0 | 24.8 | 0 | 3.5 | 0 | 0 | 7 | 24.5 | 0 | ⑬ | 0 | 0 | 0 | | | | | 0 | 0 | |
| 85258021 | 特种用途的数字照相机 | | | | | | | | | | | | | | | | | | | | | 0 | 0 | 0 |
| 85258022 | 非特种用途的单反数字照相机 | | | | | | | | | | | | | | | | | | | | | 0 | 0 | 0 |
| 85258025 | 非特种用途的其他可换镜头的数字照相机 | | | | | | | | | | | | | | | | | | | | | 0 | 0 | 0 |

| 税则号列 | 商品描述[①] | 协定税率(%) | | | | | | | | | | | | | | | | 特惠税率(%) | | | | | | |
|---|---|---|---|---|---|---|---|---|---|---|---|---|---|---|---|---|---|---|---|---|---|---|---|---|
| | | 香港 | 澳门 | 巴基斯坦 | 东盟 | 亚太 | 智利 | 秘鲁 | 哥斯达黎加 | 新西兰 | 澳大利亚 | 瑞士 | 冰岛 | 韩国 | 台湾 | 新加坡 | 格鲁吉亚 | 亚太2国[②] | 东盟 | | | 最不发达国家 | | |
| | | | | | | | | | | | | | | | | | | | 老挝 | 柬埔寨 | 缅甸 | LDC97[③] | LDC95[④] | LDC60[⑤] |
| 85258029 | 非特种用途的其他数字照相机 | | | | | | | | | | | | | | | | | | | | | 0 | 0 | 0 |
| 85258031 | 特种用途的视频摄录一体机 | | | | | | | | | | | | | | | | | | | | | 0 | 0 | 0 |
| 85258032 | 非特种用途的广播级视频摄录一体机 | | | | | | | | | | | | | | | | | | | | | 0 | 0 | 0 |
| 85258033 | 非特种用途的家用视频摄录一体机 | | | | | | | | | | | | | | | | | | | | | 0 | 0 | 0 |
| 85258039 | 非特种用途的其他视频摄录一体机 | | | | | | | | | | | | | | | | | | | | | 0 | 0 | 0 |
| 85261010 | 导航用雷达设备 | | | 0 | 0 | | 0 | 0 | 0 | 0 | 0 | 0 | 0 | 1.4 | | | 0 | | | | | 0 | 0 | |
| 85261090 | 其他雷达设备 | | | 0 | 0 | | 0 | 0 | 0 | 0 | 0 | 0 | 0 | 3.6 | | | 0 | | | | | 0 | 0 | |
| 85269110 | 机动车辆用 | | | 0 | 0 | | 0 | 0 | 0 | 0 | 0 | 0 | 0 | 0 | | | 0 | | | | | 0 | 0 | |
| 85269190 | 其他无线电导航设备 | | | 0 | 0 | | 0 | 0 | 0 | 0 | 0 | 1 | 0 | 1.2 | | | 0 | | | | | 0 | 0 | |
| 85269200 | 无线电遥控设备 | | | 0 | 0 | | 0 | 0 | 0 | 0 | 0 | 0 | 0 | 3 | | | 0 | | | | | 0 | 0 | |
| 85271200 | 不需外接电源袖珍盒式磁带收放机 | | | | 0 | | 0 | 2 | 0 | 0 | 4 | 10 | 0 | 14.6 | | 0 | 0 | | | | | 0 | 0 | |
| 85271300 | 不需外接电源收录(放)音组合机 | | | 12 | 0 | | 0 | 1.5 | 0 | 0 | 3 | 7.5 | 0 | 9 | | 0 | 0 | | | | | 0 | 0 | |
| 85271900 | 不需外接电源无线电收音机 | | | 12 | 0 | | 0 | 1.5 | 0 | 0 | 3 | 7.5 | 0 | 11 | | 0 | 0 | | | | | 0 | 0 | |
| 85272100 | 需外接电源汽车收录(放)音组合机 | | | 12 | 0 | | 0 | 1.5 | 0 | 0 | 3 | 7.5 | 0 | 11 | | 0 | 0 | | | | | 0 | 0 | |
| 85272900 | 需外接电源汽车用无线电收音机 | | | 12 | 0 | | 0 | 1.5 | 0 | 0 | 3 | 7.5 | 0 | 11 | | 0 | 0 | | | | | 0 | 0 | |
| 85279100 | 其他收录(放)音组合机 | | | 12 | 0 | | 0 | 1.5 | 0 | 0 | 3 | 7.5 | 0 | 9 | | 0 | 0 | | | | | 0 | 0 | |
| 85279200 | 带时钟的收音机 | | | 12 | 0 | | 0 | 1.5 | 0 | 0 | 3 | 7.5 | 0 | 9 | | 0 | 0 | | | | | 0 | 0 | |
| 85279900 | 其他收音机 | | | | 0 | | 0 | 2.7 | 0 | 0 | 5.4 | 16.7 | 0 | 21.6 | | 0 | 0 | | | | | 0 | 0 | |
| 85284200 | 可直接连接且设计用于品目84.71的自动数据处理设备的阴极射线管监视器 | | | | | | | | | | | | | | | | | | | | | 0 | 0 | 0 |
| 85284910 | 其他彩色阴极射线管监视器 | | 0 | 19.5 | 0 | 19.5 | 0 | 3 | 0 | 0 | 6 | 15 | 0 | 24 | | 0 | 0 | | | | | 0 | 0 | |
| 85284990 | 单色的阴极射线管监视器 | | 0 | 11.36 | 0 | 11.4 | 0 | 1.9 | 0 | 0 | 3.8 | 9.5 | 0 | 11.4 | | 0 | 0 | | | | | 0 | 0 | |
| 85285211 | 专用于或主要用于品目84.71的自动数据处理系统的液晶监视器 | | | | | | | | | | | | | | | | | | | | | 0 | 0 | 0 |
| 85285212 | 其他彩色液晶监视器,可直接连接且设计用于品目84.71的自动数据处理设备的 | 0 | 0 | 26 | 0 | 26 | 0 | 3 | | 0 | 6 | | 0 | 21.6 | | 0 | 0 | | | | | 0 | 0 | |
| 85285219 | 其他单色液晶监视器,可直接连接且设计用于品目84.71的自动数据处理设备的 | 0 | 0 | 15.2 | 0 | 15.2 | 0 | 1.9 | 0 | 0 | 3.8 | 9.5 | 0 | | | 0 | 0 | | | | | 0 | 0 | |

| 税则号列 | 商品描述[①] | 协定税率(%) | | | | | | | | | | | | | | | | 特惠税率(%) | | | | | | |
|---|---|---|---|---|---|---|---|---|---|---|---|---|---|---|---|---|---|---|---|---|---|---|---|---|
| | | 香港 | 澳门 | 巴基斯坦 | 东盟 | 亚太 | 智利 | 秘鲁 | 哥斯达黎加 | 新西兰 | 澳大利亚 | 瑞士 | 冰岛 | 韩国 | 台湾 | 新加坡 | 格鲁吉亚 | 亚太2国[②] | 东盟 | | | 最不发达国家 | | |
| | | | | | | | | | | | | | | | | | | | 老挝 | 柬埔寨 | 缅甸 | LDC97[③] | LDC95[④] | LDC60[⑤] |
| 85285291 | 其他监视器,专用于或主要用于品目 84.71 的自动数据处理系统的 | | | | | | | | | | | | | | | | | | | | | 0 | 0 | 0 |
| 85285292 | 其他彩色监视器 | 0 | 0 | 26 | 0 | 26 | 0 | 3 | | 0 | 6 | | 0 | 21.6 | | 0 | 0 | | | | | 0 | 0 | |
| 85285299 | 其他单色监视器 | 0 | 0 | 15.2 | 0 | 15.2 | 0 | 1.9 | 0 | 0 | 3.8 | 9.5 | 0 | | | 0 | 0 | | | | | 0 | 0 | |
| 85285910 | 其他彩色监视器 | 0 | 0 | 26 | 0 | 26 | 0 | 3 | | 0 | 6 | | 0 | 21.6 | | 0 | 0 | | | | | 0 | 0 | |
| 85285990 | 单色的其他监视器 | 0 | 0 | 15.2 | 0 | 15.2 | 0 | 1.9 | 0 | 0 | 3.8 | 9.5 | 0 | | | 0 | 0 | | | | | 0 | 0 | |
| 85286210 | 专用于或主要用于品目 84.71 的自动数据处理系统的投影机 | | | | | | | | | | | | | | | | | | | | | 0 | 0 | 0 |
| 85286220 | 其他投影机,彩色的 | 0 | 0 | 25.5 | 0 | 25.5 | 0 | 3 | 0 | 0 | 6 | | 0 | 21.6 | | 0 | 0 | | | | | 0 | 0 | |
| 85286290 | 其他投影机,单色的 | | 0 | 12 | 0 | | 0 | 1.5 | 0 | 0 | 3 | 7.5 | 0 | | | 0 | 0 | | | | | 0 | 0 | |
| 85286910 | 其他彩色投影机 | 0 | 0 | 25.5 | 0 | 25.5 | 0 | 3 | 0 | 0 | 6 | | 0 | 21.6 | | 0 | 0 | | | | | 0 | 0 | |
| 85286990 | 单色的其他投影机 | | 0 | 12 | 0 | | 0 | 1.5 | 0 | 0 | 3 | 7.5 | 0 | | | 0 | 0 | | | | | 0 | 0 | |
| 85287110 | 不带显示屏的彩色卫星电视接收机 | | | 20 | | 24 | 0 | 30 | 0 | 0 | 6 | | 0 | | | | 0 | | | | | 0 | | |
| 85287180 | 不带显示屏的其他彩色电视接收机 | | | 17.5 | 0 | 21 | 0 | 30 | 0 | 0 | 6 | | 0 | | | 0 | | | | | | 0 | | |
| 85287190 | 单色的不带视频显示器的电视接收机 | | 0 | 12 | 0 | | 0 | 1.5 | 0 | 0 | 3 | 7.5 | 0 | 9 | | 0 | 0 | | | | | 0 | 0 | |
| 85287211 | 其他彩色模拟电视接收机,带阴极射线显像管的 | | | 21 | | 21 | 0 | | 0 | 0 | 6 | 18.6 | 0 | | | | | | | | | 0 | | |
| 85287212 | 其他彩色数字电视接收机,带阴极射线显像管的 | | | 21 | | 21 | 0 | | 0 | 0 | 22 | 18.6 | 0 | | | | | | | | | 0 | | |
| 85287219 | 其他彩色电视接收机,带阴极射线显像管的 | | | 21 | | 21 | 0 | | 0 | 0 | 6 | 18.6 | 0 | | | | | | | | | 0 | | |
| 85287221 | 其他彩色模拟电视接收机,带液晶显示器的 | | 0 | 21 | 5 | 21 | 0 | | | 0 | 6 | | 0 | | | | | | | | | 0 | | |
| 85287222 | 其他彩色数字电视接收机,带液晶显示器的 | | | 21 | 5 | 21 | 0 | | | 0 | 22 | | 0 | 22.8 | | | | | | | | 0 | | |
| 85287229 | 其他彩色电视接收机,带液晶显示器的 | | 0 | 21 | 5 | 21 | 0 | | | 0 | 6 | | 0 | | | | | | | | | 0 | | |
| 85287231 | 其他彩色模拟电视接收机,带等离子显示器的 | | 0 | 21 | 5 | 21 | 0 | | | 0 | 6 | | 0 | | | | | | | | | 0 | | |
| 85287232 | 其他彩色数字电视接收机,带等离子显示器的 | | | 21 | 5 | 21 | 0 | | | 0 | 22 | | 0 | | | | | | | | | 0 | | |
| 85287239 | 其他彩色电视接收机,带等离子显示器的 | | 0 | 21 | 5 | 21 | 0 | | | 0 | 6 | | 0 | 22.8 | | | | | | | | 0 | | |
| 85287291 | 其他彩色模拟电视接收机 | | | 21 | 5 | 21 | 0 | 3 | 0 | 0 | 6 | | 0 | | | | | | | | | 0 | 0 | |
| 85287292 | 其他彩色数字电视接收机 | | | 21 | 5 | 21 | 0 | | | 0 | 22 | | 0 | | | | | | | | | 0 | | |
| 85287299 | 其他彩色电视接收机 | | | 21 | 5 | 21 | 0 | | 0 | 0 | 6 | | 0 | | | | | | | | | 0 | | |
| 85287300 | 其他单色的电视接收装置 | | 0 | 12 | 0 | | 0 | 1.5 | 0 | 0 | 3 | 7.5 | 0 | 9 | | 0 | 0 | | | | | 0 | 0 | |
| 85291010 | 雷达及无线电导航设备天线及零件 | 0 | | 0 | 0 | | 0 | 0 | 0 | 0 | 0 | 0 | 0 | 0.9 | | | 0 | | | | | 0 | 0 | |

| 税则号列 | 商品描述[1] | 协定税率(%) | | | | | | | | | | | | | | | | 特惠税率(%) | | | | | | |
|---|---|---|---|---|---|---|---|---|---|---|---|---|---|---|---|---|---|---|---|---|---|---|---|---|
| | | 香港 | 澳门 | 巴基斯坦 | 东盟 | 亚太 | 智利 | 秘鲁 | 哥斯达黎加 | 新西兰 | 澳大利亚 | 瑞士 | 冰岛 | 韩国 | 台湾 | 新加坡 | 格鲁吉亚 | 亚太2国[2] | 东盟 | | | 最不发达国家 | | |
| | | | | | | | | | | | | | | | | | | | 老挝 | 柬埔寨 | 缅甸 | LDC97[3] | LDC95[4] | LDC60[5] |
| 85291020 | 收音机、电视机天线及其零件 | | | | | | | | | | | | | | | | | | | | | 0 | 0 | 0 |
| 85291090 | 其他无线电设备天线及其零件 | | | 0 | 0 | | 0 | 0 | 0 | 0 | 0 | 0 | 0 | 0 | | | 0 | | | | | 0 | 0 | |
| 85299010 | 电视发送、差转等设备零件 | | | | | | | | | | | | | | | | | | | | | 0 | 0 | 0 |
| 85299041 | 特种用途的电视摄像机、视频摄录一体机、数字照相机零件 | 0 | | 5 | 0 | 6.8 | 0 | 0 | 0 | 0 | 1.6 | 0 | 0 | 5.7 | | | 0 | | | | | 0 | 0 | |
| 85299042 | 非特种用途的取像模块 | 0 | | 5 | 0 | 10.8 | 0 | 1.2 | 0 | 0 | 2.4 | 6 | 0 | 7.2 | 0 | 0 | 0 | | | | | 0 | 0 | |
| 85299049 | 其他电视摄像机、视频摄录一体机、数字照相机零件 | 0 | | 5 | 0 | 10.8 | 0 | 0 | 0 | 0 | 2.4 | 6 | 0 | 8.8 | 0 | 0 | 0 | | | | | 0 | 0 | |
| 85299050 | 雷达设备及无线电导航设备零件 | | | 0 | 0 | 1.4 | 0 | 0 | 0 | 0 | 0 | 0 | 0 | 0.9 | | | 0 | | | | | 0 | 0 | |
| 85299060 | 无线电收音机及其组合机的其他零件 | 0 | | 7.5 | 0 | 12 | 0 | 1.5 | 0 | 0 | 3 | 7.5 | 0 | 9 | | 0 | 0 | | | | | 0 | 0 | 0 |
| 85299081 | 彩色电视接收机用(等离子显像组件及其零件、有机发光二极管显示屏除外) | | | 7.5 | 0 | 12 | 0 | 1.5 | | 0 | 3 | 7.5 | 0 | | | 0 | | | | | | 0 | 0 | |
| 85299082 | 等离子显像组件及其零件 | | | 7.5 | 0 | 12 | 0 | | | 0 | 3 | 7.5 | 0 | 12.6 | | | 0 | | | | | | | |
| 85299083 | 有机发光二极管显示屏 | | | 7.5 | 0 | 12 | 0 | 1.5 | | 0 | | 7.5 | 0 | | | 0 | | | | | | 0 | 0 | |
| 85299089 | 其他电视机零件 | | | | | | | | | | | | | | | | | | | | | 0 | 0 | 0 |
| 85299090 | 品目85.25~85.28所列设备的零件 | | | | | | | | | | | | | | | | | | | | | 0 | 0 | 0 |
| 85301000 | 铁道或电车道用电气信号、安全或交通管理设备 | | | 5 | 0 | | 0 | 0 | 0 | 0 | 2 | 0 | 0 | 6 | | | 0 | | | | | 0 | 0 | |
| 85308000 | 其他用电气信号、安全或交通管理设备 | | | 5 | 0 | | 0 | 0 | 0 | 0 | 1.6 | 0 | 0 | 4.8 | | | 0 | | | | | 0 | 0 | 0 |
| 85309000 | 品目85.30所列设备的零件 | | | 5 | 0 | | 0 | 0 | 0 | 0 | 1.6 | 0 | 0 | 4.8 | | | 0 | | | | | 0 | 0 | 0 |
| 85311000 | 防盗或防火报警器及类似装置 | 0 | | 5 | 0 | | 0 | 0 | 0 | 0 | 2 | 0 | 0 | 6 | | 0 | 0 | | | | | 0 | 0 | 0 |
| 85312000 | 有液晶装置或发光管的显示板 | | | | | | | | | | | | | | | | | | | | | 0 | 0 | 0 |
| 85318010 | 蜂鸣器 | 0 | | 12 | 0 | | 0 | 1.5 | 0 | 0 | 3 | 7.5 | 0 | 9 | | 0 | 0 | | | | | 0 | 0 | |
| 85318090 | 其他电气音响或视觉信号装置 | 0 | | 5 | 0 | | 0 | 0 | 0 | 0 | 2 | 0 | 0 | 6 | | 0 | 0 | | | | | 0 | 0 | |
| 85319010 | 防盗、防火及类似装置用零件 | | | | | | | | | | | | | | | | | | | | | 0 | 0 | 0 |
| 85319090 | 其他音响或视觉信号装置用零件 | | | | | | | | | | | | | | | | | | | | | 0 | 0 | 0 |
| 85321000 | 固定电容器,用于50/60赫兹电路,其额定无功功率≥0.5千瓦(电力电容器) | | | | | | | | | | | | | | | | | | | | | 0 | 0 | 0 |
| 85322110 | 片式钽电容器 | | | | | | | | | | | | | | | | | | | | | 0 | 0 | 0 |
| 85322190 | 其他钽电容器 | | | | | | | | | | | | | | | | | | | | | 0 | 0 | 0 |

| 税则号列 | 商品描述[①] | 协定税率(%) | | | | | | | | | | | | | | | | 特惠税率(%) | | | | | | |
|---|---|---|---|---|---|---|---|---|---|---|---|---|---|---|---|---|---|---|---|---|---|---|---|---|
| | | 香港 | 澳门 | 巴基斯坦 | 东盟 | 亚太 | 智利 | 秘鲁 | 哥斯达黎加 | 新西兰 | 澳大利亚 | 瑞士 | 冰岛 | 韩国 | 台湾 | 新加坡 | 格鲁吉亚 | 亚太2国[②] | 东盟 | | | 最不发达国家 | | |
| | | | | | | | | | | | | | | | | | | | 老挝 | 柬埔寨 | 缅甸 | LDC97[③] | LDC95[④] | LDC60[⑤] |
| 85322210 | 片式铝电解电容器 | | | | | | | | | | | | | | | | | | | | | 0 | 0 | 0 |
| 85322290 | 其他铝电解电容器 | | | | | | | | | | | | | | | | | | | | | 0 | 0 | 0 |
| 85322300 | 单层瓷介电容器 | | | | | | | | | | | | | | | | | | | | | 0 | 0 | 0 |
| 85322410 | 片式多层瓷介电容器 | | | | | | | | | | | | | | | | | | | | | 0 | 0 | 0 |
| 85322490 | 其他多层瓷介电容器 | | | | | | | | | | | | | | | | | | | | | 0 | 0 | 0 |
| 85322510 | 片式纸介质或塑料介质电容器 | | | | | | | | | | | | | | | | | | | | | 0 | 0 | 0 |
| 85322590 | 其他纸介质或塑料介质电容器 | | | | | | | | | | | | | | | | | | | | | 0 | 0 | 0 |
| 85322900 | 其他固定电容器 | | | | | | | | | | | | | | | | | | | | | 0 | 0 | 0 |
| 85323000 | 其他可变或可调(微调)电容器 | | | | | | | | | | | | | | | | | | | | | 0 | 0 | 0 |
| 85329010 | 编号85321000所列电容器零件 | | | | | | | | | | | | | | | | | | | | | 0 | 0 | 0 |
| 85329090 | 其他电容器零件 | | | | | | | | | | | | | | | | | | | | | 0 | 0 | 0 |
| 85331000 | 合成或薄膜式固定碳质电阻器 | | | | | | | | | | | | | | | | | | | | | 0 | 0 | 0 |
| 85332110 | 额定功率≤20瓦片式固定电阻器 | | | | | | | | | | | | | | | | | | | | | 0 | 0 | 0 |
| 85332190 | 额定功率≤20瓦其他固定电阻器 | | | | | | | | | | | | | | | | | | | | | 0 | 0 | 0 |
| 85332900 | 其他额定功率>20瓦固定电阻器 | | | | | | | | | | | | | | | | | | | | | 0 | 0 | 0 |
| 85333100 | 额定功率≤20瓦线绕可变电阻器 | | | | | | | | | | | | | | | | | | | | | 0 | 0 | 0 |
| 85333900 | 额定功率>20瓦电位器 | | | | | | | | | | | | | | | | | | | | | 0 | 0 | 0 |
| 85334000 | 其他可变电阻器 | | | | | | | | | | | | | | | | | | | | | 0 | 0 | 0 |
| 85339000 | 各种电阻器零件 | | | | | | | | | | | | | | | | | | | | | 0 | 0 | 0 |
| 85340010 | 四层以下的印刷电路 | | | | | | | | | | | | | | | | | | | | | 0 | 0 | 0 |
| 85340090 | 四层及以上的印刷电路 | | | | | | | | | | | | | | | | | | | | | 0 | 0 | 0 |
| 85351000 | 电路熔断器(电压>1000伏) | | | 11.2 | 0 | | 0 | 0 | 0 | 0 | 2.8 | 7 | 0 | 8.4 | | 0 | 0 | | | | | 0 | 0 | |
| 85352100 | 电压<72.5千伏的自动断路器 | | | 11.2 | 0 | | 0 | 0 | 0 | 0 | 2.8 | 0 | 0 | 8.4 | | 0 | 0 | | | | | 0 | 0 | |
| 85352910 | 用于72.5千伏≤电压≤220千伏的线路的自动断路器 | | | 5 | 0 | | 0 | 0 | 0 | 0 | 2 | 0 | 0 | 8.4 | | | 0 | | | | | 0 | 0 | 0 |
| 85352920 | 用于220千伏<电压≤750千伏的线路的自动断路器 | | | 5 | 0 | | 0 | 0 | 0 | 0 | 2 | 0 | 0 | 8.4 | | | 0 | | | | | 0 | 0 | 0 |
| 85352990 | 其他电压≥72.5千伏的自动断路器 | | | 5 | 0 | | 0 | 0 | 0 | 0 | 2 | 0 | 0 | 6 | | | 0 | | | | | 0 | 0 | 0 |
| 85353010 | 用于72.5千伏≤电压≤220千伏的线路的隔离开关及断续开关 | | | 5 | 0 | | 0 | 0 | 0 | 0 | 2 | 5.8 | 0 | 6 | | | 0 | | | | | 0 | 0 | 0 |

| 税则号列 | 商品描述[①] | 协定税率(%) | | | | | | | | | | | | | | | | 特惠税率(%) | | | | | | |
|---|---|---|---|---|---|---|---|---|---|---|---|---|---|---|---|---|---|---|---|---|---|---|---|---|
| | | 香港 | 澳门 | 巴基斯坦 | 东盟 | 亚太 | 智利 | 秘鲁 | 哥斯达黎加 | 新西兰 | 澳大利亚 | 瑞士 | 冰岛 | 韩国 | 台湾 | 新加坡 | 格鲁吉亚 | 亚太2国[②] | 东盟 | | | 最不发达国家 | | |
| | | | | | | | | | | | | | | | | | | | 老挝 | 柬埔寨 | 缅甸 | LDC97[③] | LDC95[④] | LDC60[⑤] |
| 85353020 | 用于220千伏<电压≤750千伏的线路的隔离开关及断续开关 | | | 5 | 0 | | 0 | 0 | 0 | 0 | 2 | 5.8 | 0 | 6 | | | 0 | | | | | 0 | 0 | 0 |
| 85353090 | 其他隔离开关及断续开关 | | | 5 | 0 | | 0 | 0 | 0 | 0 | 2 | 5.8 | 0 | 6 | | | 0 | | | | | 0 | 0 | 0 |
| 85354000 | 避雷器、电压限幅器及电涌抑制器 | 0 | | | 0 | | 0 | 1.8 | 0 | 0 | 3.6 | 9 | 0 | 10.8 | | 0 | 0 | | | | | 0 | 0 | |
| 85359000 | 其他>1000伏的电路开关等电气装置 | 0 | | 5 | 0 | 9.5 | 0 | 1 | 0 | 0 | 2 | 5 | 0 | 8 | | 0 | 0 | | | | | 0 | 0 | 0 |
| 85361000 | 熔断器(电压≤1000伏) | 0 | | 5 | 0 | | 0 | 0 | 0 | 0 | 2 | 5 | 0 | | 0 | 0 | 0 | | | | | 0 | 0 | 0 |
| 85362000 | 电压≤1000伏的自动断路器 | 0 | | 5 | 0 | | 0 | 0 | 0 | 0 | 1.8 | 4.5 | 0 | 1.8 | | | 0 | | | | | 0 | 0 | 0 |
| 85363000 | 电压≤1000伏的其他电路保护装置 | 0 | | 5 | 0 | | 0 | 0 | 0 | 0 | 1.8 | 0 | 0 | 6.6 | | | 0 | | | | | 0 | 0 | 0 |
| 85364110 | 用于电压≤36伏线路的继电器 | | | 5 | 0 | | 0 | 0 | 0 | 0 | 2 | 0 | 0 | 7.3 | | 0 | 8 | | | | | 0 | 0 | 0 |
| 85364190 | 用于36伏<电压≤60伏线路的继电器 | | | 5 | 0 | | 0 | 0 | 0 | 0 | 2 | 0 | 0 | 8 | | 0 | 0 | | | | | 0 | 0 | 0 |
| 85364900 | 电压>60伏的继电器 | 0 | | 5 | 0 | | 0 | 1 | 0 | 0 | 2 | 0 | 0 | 7.3 | | 0 | 0 | | | | | 0 | 0 | 0 |
| 85365000 | 电压≤1000伏的其他开关 | | | | | | | | | | | | | | | | | | | | | 0 | 0 | 0 |
| 85366100 | 电压≤1000伏的灯座 | | | 5 | 0 | | 0 | 0 | 0 | 0 | 2 | 0 | 0 | 7.3 | | 0 | 0 | | | | | 0 | 0 | 0 |
| 85366900 | 电压≤1000伏的插头及插座 | | | | | | | | | | | | | | | | | | | | | 0 | 0 | 0 |
| 85367000 | 光导纤维、光导纤维束或光缆用连接器 | 0 | 0 | 5 | 0 | | 0 | 0 | 0 | 0 | 1.6 | 4 | 0 | | | | 0 | | | | | 0 | 0 | 0 |
| 85369011 | 工作电压不超过36伏的接插件 | | | | | | | | | | | | | | | | | | | | | 0 | 0 | 0 |
| 85369019 | 其他接插件 | | | | | | | | | | | | | | | | | | | | | 0 | 0 | 0 |
| 85369090 | 其他电路的开关、保护或连接用的电气装置 | | | | | | | | | | | | | | | | | | | | | 0 | 0 | 0 |
| 85371011 | 可编程序控制器 | 0 | | 0 | 0 | 2.5 | 0 | 0 | 0 | 0 | 0 | 2.5 | 0 | 3 | 0 | | 0 | | | | | 0 | 0 | 0 |
| 85371019 | 其他数控装置 | 0 | | 0 | 0 | 2.5 | 0 | 0 | 0 | 0 | 0 | 3.1 | 0 | 3 | 0 | | 0 | | | | | 0 | 0 | 0 |
| 85371090 | 其他电力控制或分配的装置 | 0 | 0 | 0 | 0 | 4.2 | 0 | 0 | 0 | 0 | 1.7 | 5.2 | 0 | 6.1 | | | 0 | | | | | 0 | 0 | 0 |
| 85372010 | 电压≥500千伏的高压开关装置 | | | 0 | 0 | 4.2 | 0 | 0 | 0 | 0 | 1.7 | 4.9 | 0 | 6.1 | | | 0 | | | | | 0 | 0 | 0 |
| 85372090 | 其他电力控制或分配装置 | 0 | | 0 | 0 | 4.2 | 0 | 0 | 0 | 0 | 1.7 | 0 | 0 | 6.1 | | | 0 | | | | | 0 | 0 | 0 |
| 85381010 | 编号85372010所列装置的零件 | | | 0 | 0 | 4.2 | 0 | 0 | 0 | 0 | 1.7 | 0 | 0 | 5 | | | 0 | | | | | 0 | 0 | 0 |
| 85381090 | 品目85.37货品用的其他盘、板等 | | | 0 | 0 | 3.5 | 0 | 0 | 0 | 0 | 1.4 | 3.5 | 0 | 4.2 | | | 0 | | | | | 0 | 0 | 0 |
| 85389000 | 品目85.35、85.36或85.37装置的零件 | 0 | | 5 | 0 | | 0 | 0 | 0 | 0 | 1.4 | 4.7 | 0 | 0 | 0 | | 0 | | | | | 0 | 0 | 0 |
| 85391000 | 封闭式聚光灯 | | | 5 | 0 | | 0 | 0 | 0 | 0 | 2 | 0 | 0 | 6 | | | 0 | | | | | 0 | 0 | 0 |
| 85392110 | 科研、医疗专用卤钨灯 | | | 5 | 0 | | 0 | 0 | 0 | 0 | 1.6 | 0 | 0 | 1.6 | | | 0 | | | | | 0 | 0 | 0 |

| 税则号列 | 商品描述[①] | 协定税率(%) | | | | | | | | | | | | | | | | 特惠税率(%) | | | | | | |
|---|---|---|---|---|---|---|---|---|---|---|---|---|---|---|---|---|---|---|---|---|---|---|---|---|
| | | 香港 | 澳门 | 巴基斯坦 | 东盟 | 亚太 | 智利 | 秘鲁 | 哥斯达黎加 | 新西兰 | 澳大利亚 | 瑞士 | 冰岛 | 韩国 | 台湾 | 新加坡 | 格鲁吉亚 | 亚太2国[②] | 东盟 | | | 最不发达国家 | | |
| | | | | | | | | | | | | | | | | | | | 老挝 | 柬埔寨 | 缅甸 | LDC97[③] | LDC95[④] | LDC60[⑤] |
| 85392120 | 火车、航空器及船舶用卤钨灯 | | | 5 | 0 | | 0 | 0 | 0 | 0 | 1.6 | 0 | 0 | 4.8 | | | 0 | | | | | 0 | 0 | 0 |
| 85392130 | 机动车辆用卤钨灯 | | | 5 | 0 | | 0 | 0 | 0 | 0 | 2 | 0 | 0 | 8 | | | 0 | | | | | 0 | 0 | 0 |
| 85392190 | 其他卤钨灯 | | | | 0 | | 0 | 0 | 0 | 0 | 2.1 | 5.2 | 0 | 6.3 | | 0 | 0 | | | | | 0 | 0 | 0 |
| 85392210 | 科研、医疗用功率≤200瓦的白炽灯泡 | | | 5 | 0 | | 0 | 0 | 0 | 0 | 2.1 | 5.2 | 0 | | | 0 | 0 | | | | | 0 | 0 | 0 |
| 85392290 | 其他用功率≤200瓦白炽灯泡 | | | 0 | 0 | | 0 | 0 | 0 | 0 | 0 | 0 | 0 | 1 | | | 0 | | | | | 0 | 0 | 0 |
| 85392910 | 科研、医疗专用其他白炽灯泡 | | | 0 | 0 | | 0 | 0 | 0 | 0 | 0 | 0 | 0 | 1 | | | 0 | | | | | 0 | 0 | 0 |
| 85392920 | 火车、航空及船舶用其他白炽灯泡 | | | 5 | 0 | | 0 | 0 | 0 | 0 | 2.1 | 5.2 | 0 | 6.3 | | 0 | 0 | | | | | 0 | 0 | 0 |
| 85392930 | 机动车辆用其他白炽灯泡 | | | 0 | 0 | | 0 | 0 | 0 | 0 | 0 | 0 | 0 | 3.6 | | | 0 | | | | | 0 | 0 | 0 |
| 85392991 | 电压≤12伏的未列名的白炽灯泡 | 0 | | 6 | 0 | | 0 | 0 | 0 | 0 | 2.4 | 6 | 0 | 7.2 | | 0 | 0 | | | | | 0 | 0 | 0 |
| 85392999 | 其他未列名的白炽灯泡 | | | 6 | 0 | | 0 | 0 | 0 | 0 | 2.4 | 6 | 0 | 7.2 | | 0 | 0 | | | | | 0 | 0 | 0 |
| 85393110 | 科研、医疗专用热阴极荧光灯 | | | 5 | 0 | | 0 | 0 | 0 | 0 | 1.6 | 0 | 0 | | | | 0 | | | | | 0 | 0 | 0 |
| 85393120 | 火车、航空器、船舶用热阴极荧光灯 | | | 5 | 0 | | 0 | 0 | 0 | 0 | 1.6 | 0 | 0 | | | | 0 | | | | | 0 | 0 | 0 |
| 85393191 | 紧凑型荧光灯 | | | 5 | 0 | | 0 | 0 | 0 | 0 | 1.6 | 0 | 0 | 1.6 | | | 0 | | | | | 0 | 0 | 0 |
| 85393199 | 其他热阴极荧光灯 | | | 5 | 0 | | 0 | 0 | 0 | 0 | 1.6 | 0 | 0 | 1.6 | | | 0 | | | | | 0 | 0 | 0 |
| 85393230 | 钠蒸气灯 | | | 5 | 0 | | 0 | 0 | 0 | 0 | 1.6 | 0 | 0 | 4.8 | | | 0 | | | | | 0 | 0 | 0 |
| 85393240 | 汞蒸气灯 | | | 5 | 0 | | 0 | 0 | 0 | 0 | 1.6 | 0 | 0 | 4.8 | | | 0 | | | | | 0 | 0 | 0 |
| 85393290 | 金属卤化物灯 | | | 5 | 0 | | 0 | 0 | 0 | 0 | 1.6 | 0 | 0 | 1.6 | | | 0 | | | | | 0 | 0 | 0 |
| 85393910 | 科研、医疗专用其他放电灯 | | | 5 | 0 | | 0 | 0 | 0 | 0 | 1.6 | 0 | 0 | | | | 0 | | | | | 0 | 0 | 0 |
| 85393920 | 火车、航空器、船舶用其他放电灯 | | | 5 | 0 | | 0 | 0 | 0 | 0 | 1.6 | 0 | 0 | | | | 0 | | | | | 0 | 0 | 0 |
| 85393990 | 其他用途的其他放电灯管 | | 0 | 5 | 0 | | 0 | 0 | 0 | 0 | 1.6 | 0 | 0 | 5.8 | 0 | | 0 | | | | | 0 | 0 | 0 |
| 85394100 | 弧光灯 | | | 5 | 0 | | 0 | 0 | 0 | 0 | 1.6 | 0 | 0 | | | | 0 | | | | | 0 | 0 | 0 |
| 85394900 | 紫外线或红外线灯 | | | 5 | 0 | | 0 | 0 | 0 | 0 | 1.6 | 0 | 0 | | | | 0 | | | | | 0 | 0 | 0 |
| 85395000 | 发光二极管(LED)灯泡(管) | 0 | 0 | 5 | 0 | | 0 | 0 | 0 | 0 | 2 | 0 | 0 | 2 | | 0 | 0 | | | | | 0 | 0 | 0 |
| 85399000 | 品目85.39所列货品的零件 | | | 5 | 0 | | 0 | 0 | 0 | 0 | 1.6 | 0 | 0 | | 0 | | 0 | | | | | 0 | 0 | 0 |
| 85401100 | 彩色阴极射线电视显像管 | | | 6 | 0 | | 0 | 0 | 0 | 0 | 2.4 | 6 | 0 | 8.8 | | 0 | 0 | | | | | 0 | 0 | |
| 85401200 | 黑白或单色阴极射线电视显像管 | | | 12 | 0 | | 0 | 1.5 | 0 | 0 | 3 | 7.5 | 0 | 9 | | 0 | 0 | | | | | 0 | 0 | |
| 85402010 | 电视摄像管 | | | 6 | 0 | | 0 | 0 | 0 | 0 | 2.4 | 6 | 0 | 7.2 | | 0 | 0 | | | | | 0 | 0 | |
| 85402090 | 变像管、图像增强管及光阴极管 | | | 5 | 0 | | 0 | 0 | 0 | 0 | 1.6 | 0 | 0 | 1.6 | | | 0 | | | | | 0 | 0 | 0 |
| 85404010 | 彩色的数据/图形显示管,屏幕荧光点间距<0.4毫米 | 0 | | 5 | 0 | | 0 | 0 | 0 | 0 | 1.6 | 0 | 0 | 1.6 | | | 0 | | | | | 0 | 0 | 0 |
| 85404020 | 单色的数据/图形显示管 | | | 5 | 0 | | 0 | 0 | 0 | 0 | 1.6 | 0 | 0 | 1.6 | | | 0 | | | | | 0 | 0 | 0 |
| 85406010 | 雷达显示管 | | | 5 | 0 | | 0 | 0 | 0 | 0 | 1.2 | 0 | 0 | 1.2 | | | 0 | | | | | 0 | 0 | 0 |

| 税则号列 | 商品描述[1] | 协定税率(%) | | | | | | | | | | | | | | | | 特惠税率(%) | | | | | | |
|---|---|---|---|---|---|---|---|---|---|---|---|---|---|---|---|---|---|---|---|---|---|---|---|---|
| | | 香港 | 澳门 | 巴基斯坦 | 东盟 | 亚太 | 智利 | 秘鲁 | 哥斯达黎加 | 新西兰 | 澳大利亚 | 瑞士 | 冰岛 | 韩国 | 台湾 | 新加坡 | 格鲁吉亚 | 亚太2国[2] | 东盟 | | | 最不发达国家 | | |
| | | | | | | | | | | | | | | | | | | | 老挝 | 柬埔寨 | 缅甸 | LDC97[3] | LDC95[4] | LDC60[5] |
| 85406090 | 其他阴极射线管 | | | 5 | 0 | | 0 | 0 | 0 | 0 | 1.6 | 0 | 0 | 1.6 | | | 0 | | | | | 0 | 0 | 0 |
| 85407100 | 磁控管 | | | 5 | 0 | | 0 | 0 | 0 | 0 | 1.6 | 0 | 0 | 5.8 | | | 0 | | | | | 0 | 0 | 0 |
| 85407910 | 调速管 | | | 5 | 0 | | 0 | 0 | 0 | 0 | 1.6 | 0 | 0 | 1.6 | | | 0 | | | | | 0 | 0 | 0 |
| 85407990 | 其他微波管 | | | 5 | 0 | | 0 | 0 | 0 | 0 | 1.6 | 0 | 0 | 1.6 | | | 0 | | | | | 0 | 0 | 0 |
| 85408100 | 接收管或放大管 | | | 5 | 0 | | 0 | 0 | 0 | 0 | 1.6 | 0 | 0 | | | | 0 | | | | | 0 | 0 | 0 |
| 85408900 | 其他电子管 | | | 5 | 0 | | 0 | 0 | 0 | 0 | 1.6 | 0 | 0 | 1.6 | 0 | | 0 | | | | | 0 | 0 | 0 |
| 85409110 | 电视显像管零件 | | | 5 | 0 | | 0 | 0 | 0 | 0 | 1.2 | 0 | 0 | 1.2 | | | 0 | | | | | 0 | 0 | 0 |
| 85409120 | 雷达显示管零件 | | | 0 | 0 | | 0 | 0 | 0 | 0 | 0 | 0 | 0 | 1 | | | 0 | | | | | 0 | 0 | 0 |
| 85409190 | 其他阴极射线管零件 | | | 5 | 0 | | 0 | 0 | 0 | 0 | 1.6 | 0 | 0 | | | | 0 | | | | | 0 | 0 | 0 |
| 85409910 | 电视摄像管零件 | | | 5 | 0 | | 0 | 0 | 0 | 0 | 1.6 | 0 | 0 | 1.6 | | | 0 | | | | | 0 | 0 | 0 |
| 85409990 | 其他热电子管、冷阴极管零件 | | | 5 | 0 | | 0 | 0 | 0 | 0 | 1.6 | 0 | 0 | | | | 0 | | | | | 0 | 0 | 0 |
| 85411000 | 二极管 | | | | | | | | | | | | | | | | | | | | | 0 | 0 | 0 |
| 85412100 | 耗散功率<1瓦的晶体管 | | | | | | | | | | | | | | | | | | | | | 0 | 0 | 0 |
| 85412900 | 耗散功率≥1瓦的晶体管 | | | | | | | | | | | | | | | | | | | | | 0 | 0 | 0 |
| 85413000 | 半导体及可控硅等开关元件 | | | | | | | | | | | | | | | | | | | | | 0 | 0 | 0 |
| 85414010 | 发光二极管 | | | | | | | | | | | | | | | | | | | | | 0 | 0 | 0 |
| 85414020 | 太阳能电池 | | | | | | | | | | | | | | | | | | | | | 0 | 0 | 0 |
| 85414090 | 其他光敏半导体器件,包括不论是否装在组件内或组装成块的光电池 | | | | | | | | | | | | | | | | | | | | | 0 | 0 | 0 |
| 85415000 | 其他半导体器件 | | | | | | | | | | | | | | | | | | | | | 0 | 0 | 0 |
| 85416000 | 已装配的压电晶体 | | | | | | | | | | | | | | | | | | | | | 0 | 0 | 0 |
| 85419000 | 品目85.41所列货品零件 | | | | | | | | | | | | | | | | | | | | | 0 | 0 | 0 |
| 85423111 | 多元件集成电路,具有变流功能的半导体模块 | 0 | 0 | 5 | 0 | | 0 | 1 | 0 | 0 | 2 | 5 | 0 | 2 | | 0 | 8 | | | | | 0 | 0 | 0 |
| 85423119 | 其他多元件集成电路处理器及控制器,不论是否带有存储器、转换器、逻辑电路、放大器、时钟及时序电路或其他电路 | 0 | | 2.1 | 0 | 2.4 | 0 | 0 | 0 | 0 | 2 | 0 | 0 | 6 | | 0 | 0 | | | | | 0 | 0 | 0 |
| 85423190 | 其他集成电路处理器及控制器,不论是否带有存储器、转换器、逻辑电路、放大器、时钟及时序电路或其他电路 | | | | | | | | | | | | | | | | | | | | | 0 | 0 | 0 |
| 85423210 | 多元件集成电路存储器 | 0 | | 2.1 | 0 | 2.6 | 0 | 0 | 0 | 0 | 2 | 0 | 0 | 6 | | 0 | 0 | | | | | 0 | 0 | 0 |
| 85423290 | 其他集成电路存储器 | | | | | | | | | | | | | | | | | | | | | 0 | 0 | 0 |
| 85423310 | 多元件集成电路放大器 | 0 | | 2.1 | 0 | 2.6 | 0 | 0 | 0 | 0 | 2 | 0 | 0 | 6 | | 0 | 0 | | | | | 0 | 0 | 0 |
| 85423390 | 其他集成电路放大器 | | | | | | | | | | | | | | | | | | | | | 0 | 0 | 0 |
| 85423910 | 其他多元件集成电路 | 0 | | 2.1 | 0 | 2.6 | 0 | 0 | 0 | 0 | 2 | 0 | 0 | 6 | | 0 | 0 | | | | | 0 | 0 | 0 |
| 85423990 | 其他集成电路 | | | | | | | | | | | | | | | | | | | | | 0 | 0 | 0 |
| 85429000 | 集成电路的零件 | | | | | | | | | | | | | | | | | | | | | 0 | 0 | 0 |
| 85431000 | 其他粒子加速器 | | | 0 | 0 | | 0 | 0 | 0 | 0 | 0 | 0 | 0 | 3 | | | 0 | | | | | 0 | 0 | 0 |

| 税则号列 | 商品描述① | 协定税率(%) | | | | | | | | | | | | | | | | 特惠税率(%) | | | | | | |
|---|---|---|---|---|---|---|---|---|---|---|---|---|---|---|---|---|---|---|---|---|---|---|---|---|
| | | 香港 | 澳门 | 巴基斯坦 | 东盟 | 亚太 | 智利 | 秘鲁 | 哥斯达黎加 | 新西兰 | 澳大利亚 | 瑞士 | 冰岛 | 韩国 | 台湾 | 新加坡 | 格鲁吉亚 | 亚太2国② | 东盟 | | | 最不发达国家 | | |
| | | | | | | | | | | | | | | | | | | | 老挝 | 柬埔寨 | 缅甸 | LDC97③ | LDC95④ | LDC60⑤ |
| 85432010 | 输出信号频率<1500 兆赫兹的通用信号发生器 | | | 12 | 0 | | 0 | 1.5 | 0 | 0 | 3 | 7.5 | 0 | | 0 | 0 | 0 | | | | | 0 | 0 | |
| 85432090 | 输出信号频率≥1500 兆赫兹的通用信号发生器 | | | 5 | 0 | | 0 | 0 | 0 | 0 | 1.6 | 0 | 0 | 1.6 | 0 | | 0 | | | | | 0 | 0 | 0 |
| 85433000 | 电镀、电介或电泳设备及装置 | | | | | | | | | | | | | | | | | | | | | 0 | 0 | 0 |
| 85437091 | 金属、矿藏探测器 | | | | | | | | | | | | | | | | | | | | | 0 | 0 | 0 |
| 85437092 | 高、中频放大器 | | | | | | | | | | | | | | | | | | | | | 0 | 0 | 0 |
| 85437093 | 电篱网激发器 | | | 5 | 0 | | 0 | 0 | 0 | 0 | 2 | 0 | 0 | 6 | | 0 | 0 | | | | | 0 | 0 | 0 |
| 85437099 | 未列名的电气设备及装置 | | | | | | | | | | | | | | | | | | | | | 0 | 0 | 0 |
| 85439010 | 粒子加速器用零件 | | | | | | | | | | | | | | | | | | | | | 0 | 0 | 0 |
| 85439021 | 输出信号频率<1500 兆赫通用信号发生器零件 | | | | | | | | | | | | | | | | | | | | | 0 | 0 | 0 |
| 85439029 | 输出信号频率≥1500 兆赫通用信号发生器零件 | | | | | | | | | | | | | | | | | | | | | 0 | 0 | 0 |
| 85439030 | 金属、矿藏探测器用零件 | | | | | | | | | | | | | | | | | | | | | 0 | 0 | 0 |
| 85439040 | 高、中频放大器用零件 | | | | | | | | | | | | | | | | | | | | | 0 | 0 | 0 |
| 85439090 | 第八十五章其他未列名电气设备的零件 | | | | | | | | | | | | | | | | | | | | | 0 | 0 | 0 |
| 85441100 | 铜制绕组电线 | 0 | 0 | 5 | 0 | 7 | 0 | 0 | 0 | 0 | 2 | 5 | 0 | 7.3 | 0 | 0 | 0 | | | | | 0 | 0 | 0 |
| 85441900 | 其他绕组电线 | | | | 0 | | 0 | 2 | 0 | 0 | 4 | 10 | 0 | 16 | | 0 | 0 | | | | | 0 | 0 | |
| 85442000 | 同轴电缆及其他同轴电导体 | | | 5 | 0 | 9 | 0 | 1 | 0 | 0 | 2 | 6.7 | 0 | 6 | 0 | 0 | 0 | | | | | 0 | 0 | 0 |
| 85443020 | 机动车辆用点火布线组及其他布线组 | | | | 5 | | 0 | 0 | 0 | 0 | 2 | 0 | 0 | 7.3 | | | 0 | | | | | 0 | 0 | 0 |
| 85443090 | 车辆用点火布线组 | | | | | | 0 | 0 | 0 | 0 | 0 | 0 | 0 | 3.6 | | | 0 | | | | | 0 | 0 | 0 |
| 85444211 | 耐压≤80 伏有接头电缆 | | | | | | | | | | | | | | | | | | | | | 0 | 0 | 0 |
| 85444219 | 耐压≤80 伏有接头电导体 | | | | | | | | | | | | | | | | | | | | | 0 | 0 | 0 |
| 85444221 | 80 伏<耐压≤1000 伏有接头电缆 | | | | | | | | | | | | | | | | | | | | | 0 | 0 | 0 |
| 85444229 | 80 伏<耐压≤1000 伏有接头电导体 | | | | | | | | | | | | | | | | | | | | | 0 | 0 | 0 |
| 85444911 | 耐压≤80 伏无接头电缆 | | | | | | | | | | | | | | | | | | | | | 0 | 0 | 0 |
| 85444919 | 耐压≤80 伏无接头电导体 | | | | | | | | | | | | | | | | | | | | | 0 | 0 | 0 |
| 85444921 | 80 伏<耐压≤1000 伏的无接头电缆 | 0 | | 0 | 0 | 4.2 | 0 | 0 | 0 | 0 | 1.2 | 3 | 0 | 4.3 | | | 0 | | | | | 0 | 0 | 0 |
| 85444929 | 80 伏<耐压≤1000 伏的无接头电导体 | 0 | 0 | 5 | 0 | 8.4 | 0 | 0 | 0 | 0 | 2.4 | 6 | 0 | 2.4 | 0 | 0 | 0 | | | | | 0 | 0 | 0 |
| 85446012 | 额定电压≤35 千伏的电缆 | 0 | | 5 | 0 | 8.9 | 0 | 0 | 0 | 0 | 2 | 5 | 0 | 6 | | 0 | 0 | | | | | 0 | 0 | 0 |
| 85446013 | 35 千伏<额定电压≤110 千伏的电缆 | 0 | | 5 | 0 | 8 | 0 | 0 | 0 | 0 | 1.7 | 0 | 0 | 5 | | | 0 | | | | | 0 | 0 | 0 |
| 85446014 | 110 千伏<额定电压≤220 千伏的电缆 | 0 | | 5 | 0 | 8 | 0 | 0 | 0 | 0 | 1.7 | 0 | 0 | 1.6 | | | 0 | | | | | 0 | 0 | 0 |
| 85446019 | 其他额定电压>1000 伏的电缆 | 0 | | 5 | 0 | 8 | 0 | 0 | 0 | 0 | 1.7 | | 0 | 6 | | | 0 | | | | | 0 | 0 | 0 |

| 税则号列 | 商品描述① | 协定税率(%) | | | | | | | | | | | | | | | | 特惠税率(%) | | | | | | |
|---|---|---|---|---|---|---|---|---|---|---|---|---|---|---|---|---|---|---|---|---|---|---|---|---|
| | | 香港 | 澳门 | 巴基斯坦 | 东盟 | 亚太 | 智利 | 秘鲁 | 哥斯达黎加 | 新西兰 | 澳大利亚 | 瑞士 | 冰岛 | 韩国 | 台湾 | 新加坡 | 格鲁吉亚 | 亚太2国② | 东盟 | | | 最不发达国家 | | |
| | | | | | | | | | | | | | | | | | | | 老挝 | 柬埔寨 | 缅甸 | LDC97③ | LDC95④ | LDC60⑤ |
| 85446090 | 耐压>1000伏的其他电导体 | 0 | | 20 | 0 | 20 | 0 | 2.1 | 0 | 0 | 4.2 | 0 | 0 | 16.8 | | 0 | 0 | | | | | 0 | 0 | |
| 85447000 | 光缆 | | | | | | | | | | | | | | | | | | | | | 0 | 0 | 0 |
| 85451100 | 炉用碳电极 | | | 5 | 0 | | 0 | 0 | 0 | 0 | 1.6 | 0 | 0 | 4.8 | | | 0 | | | | | 0 | 0 | 0 |
| 85451900 | 其他碳电极 | | | 5 | 0 | | 0 | 0 | 0 | 0 | 2.1 | 5.2 | 0 | 6.3 | | 0 | 0 | | | | | 0 | 0 | 0 |
| 85452000 | 碳刷 | | | 5 | 0 | | 0 | 0 | 0 | 0 | 2.1 | 5.2 | 0 | 6.3 | | 0 | 0 | | | | | 0 | 0 | 0 |
| 85459000 | 灯碳棒、电池碳棒及其他石墨制品 | | | 5 | 0 | | 0 | 0 | 0 | 0 | 2.1 | 5.2 | 0 | 6.3 | | 0 | 0 | | | | | 0 | 0 | 0 |
| 85461000 | 玻璃制绝缘子 | | | 5 | 0 | | 0 | 0 | 0 | 0 | 2.1 | 5.2 | 0 | 6.3 | | 0 | 0 | | | | | 0 | 0 | 0 |
| 85462010 | 输变电线路绝缘瓷套管 | | | 5 | 0 | | 0 | 0 | 0 | 0 | 1.2 | 3 | 0 | 3.6 | | | 0 | | | | | 0 | 0 | 0 |
| 85462090 | 其他陶瓷制绝缘子 | | | 6 | 0 | | 0 | 1.2 | 0 | 0 | 2.4 | 6 | 0 | 7.2 | | 0 | 0 | | | | | 0 | 0 | 0 |
| 85469000 | 其他材料制绝缘子 | | | 5 | 0 | | 0 | 0 | 0 | 0 | 2 | 5 | 0 | 6 | | 0 | 0 | | | | | 0 | 0 | 0 |
| 85471000 | 陶瓷制绝缘零件 | 0 | | 5 | 0 | | 0 | 0 | 0 | 0 | 1.6 | 4 | 0 | 5.8 | | | 0 | | | | | 0 | 0 | 0 |
| 85472000 | 塑料制绝缘零件 | 0 | | 5 | 0 | | 0 | 0 | 0 | 0 | 1.6 | 4 | 0 | 5.8 | | | 6.4 | | | | | 0 | 0 | 0 |
| 85479010 | 内衬绝缘材料的贱金属导管及其接头 | | | 5 | 0 | | 0 | 0 | 0 | 0 | 2 | 0 | 0 | 6 | | 0 | 0 | | | | | 0 | 0 | 0 |
| 85479090 | 其他材料制绝缘配件 | | | 5 | 0 | | 0 | 0 | 0 | 0 | 1.6 | 0 | 0 | 1.6 | | | 0 | | | | | 0 | 0 | 0 |
| 85481000 | 电池废碎料及废电池 | | | 5 | 0 | | 0 | 0 | 0 | 0 | 1.6 | 0 | 0 | 1.6 | | | 0 | 4 | | | | 0 | 0 | |
| 85489000 | 八十五章其他未列名的电气零件 | | | 6 | 0 | | 0 | 0 | 0 | 0 | 2.4 | 6 | 0 | 9.6 | | 0 | 0 | | | | | 0 | 0 | |
| 86011011 | 微机控制的外部直流电动铁道机车 | | | 0 | 0 | | 0 | 0 | 0 | 0 | 0 | 0 | 0 | 0 | | | 0 | | | | | 0 | 0 | 0 |
| 86011019 | 由外部直流电驱动的其他铁道机车 | | | 0 | 0 | | 0 | 0 | 0 | 0 | 0 | 0 | 0 | 0 | | | 0 | | | | | 0 | 0 | 0 |
| 86011020 | 由外部交流电驱动的铁道机车 | | | 0 | 0 | | 0 | 0 | 0 | 0 | 0 | 0 | 0 | 0 | | | 0 | | | | | 0 | 0 | 0 |
| 86011090 | 由其他外部电力驱动的铁道机车 | | | 0 | 0 | | 0 | 0 | 0 | 0 | 0 | 0 | 0 | 0 | | | 0 | | | | | 0 | 0 | 0 |
| 86012000 | 由蓄电池驱动的铁道电力机车 | | | 0 | 0 | | 0 | 0 | 0 | 0 | 0 | 0 | 0 | 0 | | | 0 | | | | | 0 | 0 | 0 |
| 86021010 | 微机控制的柴油电力铁道机车 | | | 0 | 0 | | 0 | 0 | 0 | 0 | 0 | 0 | 0 | 0 | | | 0 | | | | | 0 | 0 | 0 |
| 86021090 | 其他柴油电力铁道机车 | | | 0 | 0 | | 0 | 0 | 0 | 0 | 0 | 0 | 0 | 0 | | | 0 | | | | | 0 | 0 | 0 |
| 86029000 | 其他铁道机车及机车煤水车 | | | 0 | 0 | | 0 | 0 | 0 | 0 | 0 | 0 | 0 | 0 | | | 0 | | | | | 0 | 0 | 0 |
| 86031000 | 由外电力驱动铁道及电车道用机动客车、货车、敞车 | | | 0 | 0 | | 0 | 0 | 0 | 0 | 0 | 0 | 0 | 0 | | | 0 | | | | | 0 | 0 | 0 |
| 86039000 | 其他铁道及电车道用机动客车、货车、敞车 | | | 0 | 0 | | 0 | 0 | 0 | 0 | 0 | 0 | 0 | 0 | | | 0 | | | | | 0 | 0 | 0 |
| 86040011 | 隧道限界检查车 | | | 0 | 0 | | 0 | 0 | 0 | 0 | 0 | 0 | 0 | 0 | | | 0 | | | | | 0 | 0 | 0 |
| 86040012 | 钢轨在线打磨列车 | | | 0 | 0 | | 0 | 0 | 0 | 0 | 0 | 0 | 0 | 0 | | | 0 | | | | | 0 | 0 | 0 |
| 86040019 | 铁道及电车道用其他检验车及查道车 | | | 0 | 0 | | 0 | 0 | 0 | 0 | 0 | 0 | 0 | 1 | | | 0 | | | | | 0 | 0 | 0 |
| 86040091 | 电气化接触网架线机(轨行式) | | | 0 | 0 | | 0 | 0 | 0 | 0 | 0 | 0 | 0 | 1 | | | 0 | | | | | 0 | 0 | 0 |

| 税则号列 | 商品描述① | 协定税率(%) | | | | | | | | | | | | | | | | 特惠税率(%) | | | | | | |
|---|---|---|---|---|---|---|---|---|---|---|---|---|---|---|---|---|---|---|---|---|---|---|---|---|
| | | 香港 | 澳门 | 巴基斯坦 | 东盟 | 亚太 | 智利 | 秘鲁 | 哥斯达黎加 | 新西兰 | 澳大利亚 | 瑞士 | 冰岛 | 韩国 | 台湾 | 新加坡 | 格鲁吉亚 | 亚太2国② | 东盟 | | | 最不发达国家 | | |
| | | | | | | | | | | | | | | | | | | | 老挝 | 柬埔寨 | 缅甸 | LDC97③ | LDC95④ | LDC60⑤ |
| 86040099 | 铁道及电车道用其他维修或服务车 | | | 5 | 0 | | 0 | 0 | 0 | 0 | 1.4 | 0 | 0 | 1.4 | | | 0 | | | | | 0 | 0 | 0 |
| 86050010 | 铁道及电车道用非机动客车 | | | 0 | 0 | | 0 | 0 | 0 | 0 | 0 | 0 | 0 | 1 | | | 0 | | | | | 0 | 0 | 0 |
| 86050090 | 铁道及电车道用其他非机动客车 | | | 0 | 0 | | 0 | 0 | 0 | 0 | 0 | 0 | 0 | 1 | | | 0 | | | | | 0 | 0 | 0 |
| 86061000 | 铁道及电车道用非机动油罐货车及类似车 | | | 0 | 0 | | 0 | 0 | 0 | 0 | 0 | 0 | 0 | 1 | | | 0 | | | | | 0 | 0 | 0 |
| 86063000 | 铁道及电车道用非机动自卸货车 | | | 0 | 0 | | 0 | 0 | 0 | 0 | 0 | 0 | 0 | 1 | | | 0 | | | | | 0 | 0 | 0 |
| 86069100 | 铁道及电车道用非机动带篷及封闭货车 | | | 0 | 0 | | 0 | 0 | 0 | 0 | 0 | 0 | 0 | 1 | | | 0 | | | | | 0 | 0 | 0 |
| 86069200 | 铁道及电车道用非机动厢高>60厘米敞篷货车 | | | 0 | 0 | | 0 | 0 | 0 | 0 | 0 | 0 | 0 | 1 | | | 0 | | | | | 0 | 0 | 0 |
| 86069900 | 品目86.06所列其他未列名非机动车 | | | 0 | 0 | | 0 | 0 | 0 | 0 | 0 | 0 | 0 | 1 | | | 0 | | | | | 0 | 0 | 0 |
| 86071100 | 铁道及电车道机车的驾驶转向架 | | | 0 | 0 | | 0 | 0 | 0 | 0 | 0 | 0 | 0 | 0 | | | 0 | | | | | 0 | 0 | 0 |
| 86071200 | 铁道及电车道机车非驾驶转向架 | | | 0 | 0 | | 0 | 0 | 0 | 0 | 0 | 0 | 0 | 0 | | | 0 | | | | | 0 | 0 | 0 |
| 86071910 | 铁道及电车道机车用车轴 | | | 0 | 0 | | 0 | 0 | 0 | 0 | 0 | 0 | 0 | 0 | | | 0 | | | | | 0 | 0 | 0 |
| 86071990 | 转向轮及其零件 | | | 0 | 0 | | 0 | 0 | 0 | 0 | 0 | 0 | 0 | 0 | | | 0 | | | | | 0 | 0 | 0 |
| 86072100 | 铁道及电车道机车用空气制动器及其零件 | | | 0 | 0 | | 0 | 0 | 0 | 0 | 0 | 0 | 0 | 0 | | | 0 | | | | | 0 | 0 | 0 |
| 86072900 | 铁道及电车道机车用非空气制动器 | | | 0 | 0 | | 0 | 0 | 0 | 0 | 0 | 0 | 0 | 0 | | | 0 | | | | | 0 | 0 | 0 |
| 86073000 | 铁道及电车道机车用钩、联结器、缓冲器及其零件 | | | 0 | 0 | | 0 | 0 | 0 | 0 | 0 | 0 | 0 | 0 | | | 0 | | | | | 0 | 0 | 0 |
| 86079100 | 铁道及电车道机车用其他零件 | | | 0 | 0 | | 0 | 0 | 0 | 0 | 0 | 0 | 0 | 0.6 | | | 0 | | | | | 0 | 0 | 0 |
| 86079900 | 铁道及电车道非机车用其他零件 | | | 0 | 0 | | 0 | 0 | 0 | 0 | 0 | 1.5 | 0 | 0 | | | 0 | | | | | 0 | 0 | 0 |
| 86080010 | 轨道自动计轴设备 | | | 0 | 0 | | 0 | 0 | 0 | 0 | 0 | 0 | 0 | 0 | | | 0 | | | | | 0 | 0 | 0 |
| 86080090 | 铁道及电车道轨道固定装置及附件 | | | 0 | 0 | | 0 | 0 | 0 | 0 | 0 | 0 | 0 | 0 | | | 0 | | | | | 0 | 0 | 0 |
| 86090011 | 20英尺保温式集装箱 | | | 5 | 0 | | 0 | 0 | 0 | 0 | 2.1 | 5.2 | 0 | 6.3 | | 0 | 0 | | | | | 0 | 0 | 0 |
| 86090012 | 20英尺罐式集装箱 | | | 5 | 0 | | 0 | 0 | 0 | 0 | 2.1 | 5.2 | 0 | 6.3 | | 0 | 0 | | | | | 0 | 0 | 0 |
| 86090019 | 20英尺其他集装箱 | | | 5 | 0 | | 0 | 0 | 0 | 0 | 2.1 | 5.2 | 0 | 6.3 | | 0 | 0 | | | | | 0 | 0 | 0 |
| 86090021 | 40英尺保温式集装箱 | | | 5 | 0 | | 0 | 0 | 0 | 0 | 2.1 | 5.2 | 0 | 6.3 | | 0 | 0 | | | | | 0 | 0 | 0 |
| 86090022 | 40英尺罐式集装箱 | | | 5 | 0 | | 0 | 0 | 0 | 0 | 2.1 | 5.2 | 0 | 6.3 | | 0 | 0 | | | | | 0 | 0 | 0 |
| 86090029 | 40英尺其他集装箱 | | | 5 | 0 | | 0 | 0 | 0 | 0 | 2.1 | 5.2 | 0 | 6.3 | | 0 | 0 | | | | | 0 | 0 | 0 |
| 86090030 | 45、48、53英尺的集装箱 | | | 5 | 0 | | 0 | 0 | 0 | 0 | 2.1 | 5.2 | 0 | 6.3 | | 0 | 0 | | | | | 0 | 0 | 0 |
| 86090090 | 其他集装箱 | | | 5 | 0 | | 0 | 0 | 0 | 0 | 2.1 | 5.2 | 0 | 6.3 | | 0 | 0 | | | | | 0 | 0 | 0 |
| 87011000 | 手扶拖拉机 | | | 5 | 0 | | 0 | 0 | 0 | 0 | 1.8 | 0 | 0 | 5.4 | | | 0 | | | | | 0 | 0 | |
| 87012000 | 半挂车用的公路牵引车 | | | | 5 | | 0 | | 0 | 0 | 1.2 | 0 | 0 | 4.4 | | | 0 | | | | | 0 | | |

| 税则号列 | 商品描述[1] | 协定税率(%) | | | | | | | | | | | | | | | | 特惠税率(%) | | | | | | |
|---|---|---|---|---|---|---|---|---|---|---|---|---|---|---|---|---|---|---|---|---|---|---|---|---|
| | | 香港 | 澳门 | 巴基斯坦 | 东盟 | 亚太 | 智利 | 秘鲁 | 哥斯达黎加 | 新西兰 | 澳大利亚 | 瑞士 | 冰岛 | 韩国 | 台湾 | 新加坡 | 格鲁吉亚 | 亚太2国[2] | 东盟 | | | 最不发达国家 | | |
| | | | | | | | | | | | | | | | | | | | 老挝 | 柬埔寨 | 缅甸 | LDC97[3] | LDC95[4] | LDC60[5] |
| 87013000 | 履带式牵引车、拖拉机 | | | 5 | 0 | | 0 | 0 | 0 | 0 | 1.2 | 0 | 0 | 1.2 | | | 0 | | | | | 0 | 0 | |
| 87019110 | 发动机功率≤18千瓦的拖拉机 | | | 5 | 0 | | 0 | 0 | 0 | 0 | 1.6 | 0 | 0 | 1.6 | | | 0 | | | | | 0 | 0 | |
| 87019190 | 发动机功率≤18千瓦的其他车辆 | | | 5 | 0 | | 0 | 0 | 0 | 0 | 1.6 | 0 | 0 | 1.6 | | | 0 | | | | | 0 | 0 | |
| 87019210 | 18千瓦<发动机功率≤37千瓦的拖拉机 | | | 5 | 0 | | 0 | 0 | 0 | 0 | 1.6 | 0 | 0 | 1.6 | | | 0 | | | | | 0 | 0 | |
| 87019290 | 18千瓦<发动机功率≤37千瓦的其他车辆 | | | 5 | 0 | | 0 | 0 | 0 | 0 | 1.6 | 0 | 0 | 1.6 | | | 0 | | | | | 0 | 0 | |
| 87019310 | 37千瓦<发动机功率≤75千瓦的拖拉机 | | | 5 | 0 | | 0 | 0 | 0 | 0 | 1.6 | 0 | 0 | 1.6 | | | 0 | | | | | 0 | 0 | |
| 87019390 | 37千瓦<发动机功率≤75千瓦的其他车辆 | | | 5 | 0 | | 0 | 0 | 0 | 0 | 1.6 | 0 | 0 | 1.6 | | | 0 | | | | | 0 | 0 | |
| 87019410 | 75千瓦<发动机功率≤130千瓦的拖拉机 | | | 5 | 0 | | 0 | 0 | 0 | 0 | 1.6 | 0 | 0 | 1.6 | | | 0 | | | | | 0 | 0 | |
| 87019490 | 75千瓦<发动机功率≤130千瓦的其他车辆 | | | 5 | 0 | | 0 | 0 | 0 | 0 | 1.6 | 0 | 0 | 1.6 | | | 0 | | | | | 0 | 0 | |
| 87019510 | 发动机功率>130千瓦的拖拉机 | | | 5 | 0 | | 0 | 0 | 0 | 0 | 1.6 | 0 | 0 | 1.6 | | | 0 | | | | | 0 | 0 | |
| 87019590 | 发动机功率>130千瓦的其他车辆 | | | 5 | 0 | | 0 | 0 | 0 | 0 | 1.6 | 0 | 0 | 1.6 | | | 0 | | | | | 0 | 0 | |
| 87021020 | 机坪客车 | | | 0 | 0 | | 0 | 0 | 0 | 0 | 0 | 0 | 0 | 2.9 | | | 0 | | | | | 0 | 0 | |
| 87021091 | 座位数≥30座的大型客车(柴油型) | | | | | | 0 | | 0 | 0 | 5 | | 0 | 20 | | | 0 | | | | | 0 | | |
| 87021092 | 20座≤座位数≤29座的客车 | | | | | | 0 | | 0 | 0 | 5 | | 0 | 20 | | | 0 | | | | | 0 | | |
| 87021093 | 10座≤座位数≤19座的客车 | | | | | | 0 | | 0 | 0 | 5 | | 0 | 20 | | | 0 | | | | | 0 | | |
| 87022010 | 同时装有压燃式活塞内燃发动机(柴油或半柴油发动机)及驱动电动机的机坪客车 | | | 0 | 0 | | 0 | 0 | 0 | 0 | 0 | 0 | 0 | 2.9 | | | 0 | | | | | 0 | 0 | |
| 87022091 | 同时装有压燃式活塞内燃发动机(柴油或半柴油发动机)及驱动电动机的其他座位数≥30座的大型客车 | | | | | | 0 | | 0 | 0 | 5 | | 0 | 20 | | | 0 | | | | | 0 | | |
| 87022092 | 同时装有压燃式活塞内燃发动机(柴油或半柴油发动机)及驱动电动机的20座≤座位数<29座的客车 | | | | | | 0 | | 0 | 0 | 5 | | 0 | 20 | | | 0 | | | | | 0 | | |
| 87022093 | 同时装有压燃往复式活塞内燃发动机及驱动电动机的车辆10座≤座位数<19座的客车 | | | | | | 0 | | 0 | 0 | 5 | | 0 | 20 | | | 0 | | | | | | | |

| 税则号列 | 商品描述[①] | 协定税率(%) | | | | | | | | | | | | | | | | 特惠税率(%) | | | | | | |
|---|---|---|---|---|---|---|---|---|---|---|---|---|---|---|---|---|---|---|---|---|---|---|---|---|
| | | 香港 | 澳门 | 巴基斯坦 | 东盟 | 亚太 | 智利 | 秘鲁 | 哥斯达黎加 | 新西兰 | 澳大利亚 | 瑞士 | 冰岛 | 韩国 | 台湾 | 新加坡 | 格鲁吉亚 | 亚太2国[②] | 东盟 | | | 最不发达国家 | | |
| | | | | | | | | | | | | | | | | | | | 老挝 | 柬埔寨 | 缅甸 | LDC97[③] | LDC95[④] | LDC60[⑤] |
| 87023010 | 同时装有点燃往复式活塞内燃发动机及驱动电动机的座位数≥30座(大型客车) | | | | 5 | | 0 | | 0 | 0 | 5 | | 0 | 20 | | | 0 | | | | | 0 | | |
| 87023020 | 同时装有点燃往复式活塞内燃发动机及驱动电动机的20座≤座位数<29座的客车 | | | | 5 | | 0 | | 0 | 0 | 5 | | 0 | 20 | | | 0 | | | | | 0 | | |
| 87023030 | 同时装有点燃往复式活塞内燃发动机及驱动电动机的10座≤座位数<19座的客车 | | | | 5 | | 0 | 2.5 | 0 | 0 | 5 | | 0 | 20 | | | 0 | | | | | 0 | 0 | |
| 87024010 | 仅装有驱动电动机的座位数≥30座的大型客车 | | | | 5 | | 0 | | 0 | 0 | 5 | | 0 | 20 | | | 0 | | | | | 0 | | |
| 87024020 | 仅装有驱动电动机的20座≤座位数<29座的客车 | | | | 5 | | 0 | | 0 | 0 | 5 | | 0 | 20 | | | 0 | | | | | 0 | | |
| 87024030 | 仅装有驱动电动机的10座≤座位数<19座的客车 | | | | 5 | | 0 | 2.5 | 0 | 0 | 5 | | 0 | 20 | | | 0 | | | | | 0 | 0 | |
| 87029010 | 座位数≥30座的大型客车(非柴油型) | | | | 5 | | 0 | | 0 | 0 | 5 | | 0 | 20 | | | 0 | | | | | 0 | | |
| 87029020 | 20座≤座位数≤29座的客车(非柴油型) | | | | 5 | | 0 | | 0 | 0 | 5 | | 0 | 20 | | | 0 | | | | | 0 | | |
| 87029030 | 10座≤座位数≤19座的客车(非柴油型) | | | | 5 | | 0 | 2.5 | 0 | 0 | 5 | | 0 | 20 | | | 0 | | | | | 0 | 0 | |
| 87031011 | 全地形车 | | | | 0 | | 0 | 2.5 | 0 | 0 | 5 | | 0 | 20 | | 0 | 0 | | | | | 0 | 0 | |
| 87031019 | 其他高尔夫球车及类似车辆 | | | | 0 | | 0 | 2.5 | 0 | 0 | 5 | | 0 | | | 0 | 0 | | | | | 0 | 0 | |
| 87031090 | 雪地行走专用车 | | | | 0 | | 0 | 2.5 | 0 | 0 | 5 | | 0 | | | 0 | 0 | | | | | 0 | 0 | |
| 87032130 | 排气量≤1000毫升的小轿车 | | | 22.5 | | 22.5 | 0 | | 0 | 0 | 5 | | 0 | | | | | | | | | | | |
| 87032140 | 排气量≤1000毫升的越野车(4轮驱动) | | | 22.5 | | 22.5 | 0 | | 0 | 0 | 5 | | 0 | | | | | | | | | | | |
| 87032150 | 排气量≤1000毫升,座位数≤9座的小客车 | | | 22.5 | | 22.5 | 0 | | 0 | 0 | 5 | | 0 | | | | | | | | | | | |
| 87032190 | 排气量≤1000毫升的其他车辆 | | | 22.5 | | 22.5 | 0 | | 0 | 0 | 5 | | 0 | | | | | | | | | | | |
| 87032230 | 1升<排气量≤1.5升的小轿车 | | | 22.5 | | 22.5 | 0 | | 0 | 0 | 5 | | 0 | 23 | | | | | | | | | | |
| 87032240 | 1升<排气量≤1.5升的越野车 | | | 22.5 | | 22.5 | 0 | | 0 | 0 | 5 | | 0 | | | | | | | | | | | |
| 87032250 | 1升<排气量≤1.5升,座位数≤9座的小客车 | | | 22.5 | | 22.5 | 0 | | 0 | 0 | 5 | | 0 | | | | | | | | | | | |
| 87032290 | 1升<排气量≤1.5升的其他车辆 | | | 22.5 | | 22.5 | 0 | | 0 | 0 | 5 | | 0 | | | | | | | | | | | |
| 87032341 | 1.5升<排气量≤2升的小轿车 | | | 22.5 | | 22.5 | 0 | | 0 | 0 | 15 | | 0 | 23 | | | | | | | | | | |
| 87032342 | 1.5升<排气量≤2升的越野车 | | | 22.5 | | 22.5 | 0 | | 0 | 0 | 15 | | 0 | 23 | | | | | | | | | | |

| 税则号列 | 商品描述[①] | 协定税率(%) | | | | | | | | | | | | | | | | 特惠税率(%) | | | | | | |
|---|---|---|---|---|---|---|---|---|---|---|---|---|---|---|---|---|---|---|---|---|---|---|---|---|
| | | 香港 | 澳门 | 巴基斯坦 | 东盟 | 亚太 | 智利 | 秘鲁 | 哥斯达黎加 | 新西兰 | 澳大利亚 | 瑞士 | 冰岛 | 韩国 | 台湾 | 新加坡 | 格鲁吉亚 | 亚太2国[②] | 东盟 | | | 最不发达国家 | | |
| | | | | | | | | | | | | | | | | | | | 老挝 | 柬埔寨 | 缅甸 | LDC97[③] | LDC95[④] | LDC60[⑤] |
| 87032343 | 1.5升<排气量≤2升,座位数≤9座的小客车 | | | 22.5 | | 22.5 | 0 | | 0 | 0 | 15 | | 0 | 23 | | | | | | | | | | |
| 87032349 | 1.5升<排气量≤2升的其他车辆 | | | 22.5 | | 22.5 | 0 | | 0 | 0 | 15 | | 0 | | | | | | | | | | | |
| 87032351 | 2升<排气量≤2.5升的小轿车 | | | 22.5 | | 22.5 | 0 | | 0 | 0 | 15 | | 0 | 23 | | | | | | | | | | |
| 87032352 | 2升<排气量≤2.5升的越野车 | | | 22.5 | | 22.5 | 0 | | 0 | 0 | 15 | | 0 | 23 | | | | | | | | | | |
| 87032353 | 2升<排气量≤2.5升,座位数≤9座的小客车 | | | 22.5 | | 22.5 | 0 | | 0 | 0 | 15 | | 0 | 23 | | | | | | | | | | |
| 87032359 | 2升<排气量≤2.5升的其他车辆 | | | 22.5 | | 22.5 | 0 | | 0 | 0 | 15 | | 0 | | | | | | | | | | | |
| 87032361 | 2.5升<排气量≤3升的小轿车 | | | 22.5 | | 22.5 | 0 | | 0 | 0 | 15 | | 0 | 23 | | | | | | | | | | |
| 87032362 | 2.5升<排气量≤3升的越野车 | | | 22.5 | 0 | 22.5 | 0 | | 0 | 0 | 15 | | 0 | | | 0 | | | | | | | | |
| 87032363 | 2.5升<排气量≤3升,座位数≤9座的小客车 | | | 22.5 | 0 | 22.5 | 0 | | 0 | 0 | 15 | | 0 | 23 | | 0 | | | | | | | | |
| 87032369 | 2.5升<排气量≤3升的其他车辆 | | | 22.5 | 0 | 22.5 | 0 | | 0 | 0 | 15 | | 0 | | | 0 | | | | | | | | |
| 87032411 | 3升<排气量≤4升的小轿车 | | | 22.5 | | 22.5 | 0 | | 0 | 0 | 15 | | 0 | 23 | | | | | | | | 0 | | |
| 87032412 | 3升<排气量≤4升的越野车 | | | 22.5 | | 22.5 | 0 | | 0 | 0 | 15 | | 0 | 23 | | | | | | | | 0 | | |
| 87032413 | 3升<排气量≤4升,座位数≤9座的小客车 | | | 22.5 | | 22.5 | 0 | | 0 | 0 | 15 | | 0 | | | | | | | | | 0 | | |
| 87032419 | 3升<排气量≤4升的其他车辆 | | | 22.5 | | 22.5 | 0 | | 0 | 0 | 15 | | 0 | | | | | | | | | 0 | | |
| 87032421 | 排气量>4升的小轿车 | | | 22.5 | | 22.5 | 0 | | 0 | 0 | 15 | | 0 | 23 | | | | | | | | 0 | | |
| 87032422 | 排气量>4升的越野车 | | | 22.5 | | 22.5 | 0 | | 0 | 0 | 15 | | 0 | | | | | | | | | 0 | | |
| 87032423 | 排气量>4升,座位数≤9座的小客车 | | | 22.5 | | 22.5 | 0 | | 0 | 0 | 15 | | 0 | | | | | | | | | 0 | | |
| 87032429 | 排气量>4升的其他车辆 | | | 22.5 | | 22.5 | 0 | | 0 | 0 | 15 | | 0 | | | | | | | | | 0 | | |
| 87033111 | 排气量≤1升的柴油型小轿车 | | | | | | 0 | | 0 | 0 | 15 | | 0 | | | | 0 | | | | | 0 | | |
| 87033119 | 排气量≤1升的柴油型其他车辆 | | | | 0 | | 0 | 2.5 | 0 | 0 | 15 | | 0 | | | 0 | 0 | | | | | 0 | 0 | |
| 87033121 | 1升<排气量≤1.5升的柴油型小轿车 | | | | | | 0 | | 0 | 0 | 15 | | 0 | | | | 0 | | | | | | | |
| 87033122 | 1升<排气量≤1.5升的柴油型越野车 | | | | | | 0 | | 0 | 0 | 15 | | 0 | | | | 0 | | | | | | | |
| 87033123 | 1升<排气量≤1.5升,座位数≤9座的柴油型小客车 | | | | | | 0 | | 0 | 0 | 15 | | 0 | | | | 0 | | | | | | | |
| 87033129 | 1升<排气量≤1.5升的柴油型其他车辆 | | | | 0 | | 0 | 2.5 | 0 | 0 | 15 | | 0 | | | 0 | 0 | | | | | 0 | 0 | |
| 87033211 | 1.5升<排气量≤2升的柴油型小轿车 | | | 22.5 | | 22.5 | 0 | | 0 | 0 | 15 | | 0 | | | | 0 | | | | | | | |

| 税则号列 | 商品描述[①] | 协定税率(%) | | | | | | | | | | | | | | | | 特惠税率(%) | | | | | | |
|---|---|---|---|---|---|---|---|---|---|---|---|---|---|---|---|---|---|---|---|---|---|---|---|---|
| | | 香港 | 澳门 | 巴基斯坦 | 东盟 | 亚太 | 智利 | 秘鲁 | 哥斯达黎加 | 新西兰 | 澳大利亚 | 瑞士 | 冰岛 | 韩国 | 台湾 | 新加坡 | 格鲁吉亚 | 亚太2国[②] | 东盟 | | | 最不发达国家 | | |
| | | | | | | | | | | | | | | | | | | | 老挝 | 柬埔寨 | 缅甸 | LDC97[③] | LDC95[④] | LDC60[⑤] |
| 87033212 | 1.5升<排气量≤2升的柴油型越野车 | | | 22.5 | | 22.5 | 0 | | 0 | 0 | 15 | | 0 | 23 | | | 0 | | | | | | | |
| 87033213 | 1.5升<排气量≤2升，座位数≤9座的柴油型小客车 | | | 22.5 | | 22.5 | 0 | | 0 | 0 | 15 | | 0 | 23 | | | 0 | | | | | | | |
| 87033219 | 1.5升<排气量≤2升的柴油型其他车辆 | | | 22.5 | | 22.5 | 0 | | 0 | 0 | 15 | | 0 | | | | 0 | | | | | | | |
| 87033221 | 2升<排气量≤2.5升的柴油型小轿车 | | | 22.5 | | 22.5 | 0 | | 0 | 0 | 15 | | 0 | | | | 0 | | | | | | | |
| 87033222 | 2升<排气量≤2.5升的柴油型越野车 | | | 22.5 | | 22.5 | 0 | | 0 | 0 | 15 | | 0 | | | | 0 | | | | | | | |
| 87033223 | 2升<排气量≤2.5升，座位数≤9座的柴油型小客车 | | | 22.5 | | 22.5 | 0 | | 0 | 0 | 15 | | 0 | 23 | | | 0 | | | | | | | |
| 87033229 | 2升<排气量≤2.5升的柴油型其他车辆 | | | 22.5 | | 22.5 | 0 | | 0 | 0 | 15 | | 0 | | | | 0 | | | | | | | |
| 87033311 | 2.5升<排气量≤3升的柴油型小轿车 | | | 22.5 | 0 | 22.5 | 0 | | 0 | 0 | 15 | | 0 | | | 0 | 0 | | | | | | | |
| 87033312 | 2.5升<排气量≤3升的柴油型越野车 | | | 22.5 | 0 | 22.5 | 0 | | 0 | 0 | 15 | | 0 | 23 | | 0 | 0 | | | | | | | |
| 87033313 | 2.5升<排气量≤3升，座位数≤9座的柴油型小客车 | | | 22.5 | 0 | 22.5 | 0 | | 0 | 0 | 15 | | 0 | | | 0 | 0 | | | | | | | |
| 87033319 | 2.5升<排气量≤3升的柴油型其他车辆 | | | 22.5 | 0 | 22.5 | 0 | | 0 | 0 | 15 | | 0 | | | 0 | 0 | | | | | | | |
| 87033321 | 3升<排气量≤4升的柴油型小轿车 | | | 22.5 | 0 | 22.5 | 0 | | 0 | 0 | 15 | | 0 | | | 0 | 0 | | | | | 0 | | |
| 87033322 | 3升<排气量≤4升的柴油型越野车 | | | 22.5 | 0 | 22.5 | 0 | | 0 | 0 | 15 | | 0 | | | 0 | 0 | | | | | 0 | | |
| 87033323 | 3升<排气量≤4升，座位数≤9座的柴油型小客车 | | | 22.5 | 0 | 22.5 | 0 | | 0 | 0 | 15 | | 0 | | | 0 | 0 | | | | | 0 | | |
| 87033329 | 3升<排气量≤4升的柴油型其他车辆 | | | 22.5 | 0 | 22.5 | 0 | | 0 | 0 | 15 | | 0 | | | 0 | 0 | | | | | 0 | | |
| 87033361 | 排气量>4升的柴油型小轿车 | | | 22.5 | 0 | 22.5 | 0 | | 0 | 0 | 5 | | 0 | | | 0 | 0 | | | | | 0 | | |
| 87033362 | 排气量>4升的柴油型越野车 | | | 22.5 | 0 | 22.5 | 0 | | 0 | 0 | 5 | | 0 | | | 0 | 0 | | | | | 0 | | |
| 87033363 | 排气量>4升，座位数≤9座的柴油型小客车 | | | 22.5 | 0 | 22.5 | 0 | | 0 | 0 | 5 | | 0 | | | 0 | 0 | | | | | 0 | | |
| 87033369 | 排气量>4升的柴油型其他车辆 | | | 22.5 | 0 | 22.5 | 0 | | 0 | 0 | 5 | | 0 | | | 0 | 0 | | | | | 0 | | |
| 87034011 | 同时装有点燃往复式活塞内燃发动机及驱动电动机的其他车辆，可通过接插外部电源进行充电的除外，气缸容量(排气量)≤1000毫升的小轿车 | | | 22.5 | | 22.5 | 0 | | 0 | 0 | 5 | | 0 | | | | | | | | | | | |

| 税则号列 | 商品描述[①] | 协定税率(%) | | | | | | | | | | | | | | | | 特惠税率(%) | | | | | | |
|---|---|---|---|---|---|---|---|---|---|---|---|---|---|---|---|---|---|---|---|---|---|---|---|---|
| | | 香港 | 澳门 | 巴基斯坦 | 东盟 | 亚太 | 智利 | 秘鲁 | 哥斯达黎加 | 新西兰 | 澳大利亚 | 瑞士 | 冰岛 | 韩国 | 台湾 | 新加坡 | 格鲁吉亚 | 亚太2国[②] | 东盟 | | | 最不发达国家 | | |
| | | | | | | | | | | | | | | | | | | | 老挝 | 柬埔寨 | 缅甸 | LDC97[③] | LDC95[④] | LDC60[⑤] |
| 87034012 | 同时装有点燃往复式活塞内燃发动机及驱动电动机的其他车辆,可通过接插外部电源进行充电的除外,气缸容量(排气量)≤1000毫升的越野车(4轮驱动) | | | 22.5 | | 22.5 | 0 | | 0 | 0 | 5 | | 0 | | | | | | | | | | | |
| 87034013 | 同时装有点燃往复式活塞内燃发动机及驱动电动机的其他车辆,可通过接插外部电源进行充电的除外,气缸容量(排气量)≤1000毫升,座位数≤9座的小客车 | | | 22.5 | | 22.5 | 0 | | 0 | 0 | 5 | | 0 | | | | | | | | | | | |
| 87034019 | 同时装有点燃往复式活塞内燃发动机及驱动电动机的其他车辆,可通过接插外部电源进行充电的除外,气缸容量(排气量)≤1000毫升的其他车辆 | | | 22.5 | | 22.5 | 0 | | 0 | 0 | 5 | | 0 | | | | | | | | | | | |
| 87034021 | 同时装有点燃往复式活塞内燃发动机及驱动电动机的其他车辆,可通过接插外部电源进行充电的除外,1000毫升<气缸容量(排气量)≤1500毫升的小轿车 | | | 22.5 | | 22.5 | 0 | | 0 | 0 | 5 | | 0 | 23 | | | | | | | | | | |
| 87034022 | 同时装有点燃往复式活塞内燃发动机及驱动电动机的其他车辆,可通过接插外部电源进行充电的除外,1000毫升<气缸容量(排气量)≤1500毫升的越野车(4轮驱动) | | | 22.5 | | 22.5 | 0 | | 0 | 0 | 5 | | 0 | | | | | | | | | | | |
| 87034023 | 同时装有点燃往复式活塞内燃发动机及驱动电动机的其他车辆,可通过接插外部电源进行充电的除外,1000毫升<气缸容量(排气量)≤1500毫升,座位数≤9座的小客车 | | | 22.5 | | 22.5 | 0 | | 0 | 0 | 5 | | 0 | | | | | | | | | | | |
| 87034029 | 同时装有点燃往复式活塞内燃发动机及驱动电动机的其他车辆,可通过接插外部电源进行充电的除外,1000毫升<气缸容量(排气量)≤1500毫升的其他车辆 | | | 22.5 | | 22.5 | 0 | | 0 | 0 | 5 | | 0 | | | | | | | | | | | |

| 税则号列 | 商品描述[①] | 协定税率(%) | | | | | | | | | | | | | | | | 特惠税率(%) | | | | | | |
|---|---|---|---|---|---|---|---|---|---|---|---|---|---|---|---|---|---|---|---|---|---|---|---|---|
| | | 香港 | 澳门 | 巴基斯坦 | 东盟 | 亚太 | 智利 | 秘鲁 | 哥斯达黎加 | 新西兰 | 澳大利亚 | 瑞士 | 冰岛 | 韩国 | 台湾 | 新加坡 | 格鲁吉亚 | 亚太2国[②] | 东盟 | | | 最不发达国家 | | |
| | | | | | | | | | | | | | | | | | | | 老挝 | 柬埔寨 | 缅甸 | LDC97[③] | LDC95[④] | LDC60[⑤] |
| 87034031 | 同时装有点燃往复式活塞内燃发动机及驱动电动机的其他车辆,可通过接插外部电源进行充电的除外,1000毫升<气缸容量(排气量)≤1500毫升的小轿车 | | | 22.5 | | 22.5 | 0 | | 0 | 0 | 15 | | 0 | 23 | | | | | | | | | | |
| 87034032 | 同时装有点燃往复式活塞内燃发动机及驱动电动机的其他车辆,可通过接插外部电源进行充电的除外,1000毫升<气缸容量(排气量)≤1500毫升的越野车(4轮驱动) | | | 22.5 | | 22.5 | 0 | | 0 | 0 | 15 | | 0 | 23 | | | | | | | | | | |
| 87034033 | 同时装有点燃往复式活塞内燃发动机及驱动电动机的其他车辆,可通过接插外部电源进行充电的除外,1000毫升<气缸容量(排气量)≤1500毫升的,座位数≤9座的小客车 | | | 22.5 | | 22.5 | 0 | | 0 | 0 | 15 | | 0 | 23 | | | | | | | | | | |
| 87034039 | 同时装有点燃往复式活塞内燃发动机及驱动电动机的其他车辆,可通过接插外部电源进行充电的除外,1000毫升<气缸容量(排气量)≤1500毫升的其他车辆 | | | 22.5 | | 22.5 | 0 | | 0 | 0 | 15 | | 0 | | | | | | | | | | | |
| 87034041 | 同时装有点燃往复式活塞内燃发动机及驱动电动机的其他车辆,可通过接插外部电源进行充电的除外,1000毫升<气缸容量(排气量)≤2500毫升的小轿车 | | | 22.5 | | 22.5 | 0 | | 0 | 0 | 15 | | 0 | 23 | | | | | | | | | | |
| 87034042 | 同时装有点燃往复式活塞内燃发动机及驱动电动机的其他车辆,可通过接插外部电源进行充电的除外,2000毫升<气缸容量(排气量)≤2500毫升的越野车(4轮驱动) | | | 22.5 | | 22.5 | 0 | | 0 | 0 | 15 | | 0 | 23 | | | | | | | | | | |
| 87034043 | 同时装有点燃往复式活塞内燃发动机及驱动电动机的其他车辆,可通过接插外部电源进行充电的除外,2000毫升<气缸容量(排气量)≤2500毫升,座位数≤9座的小客车 | | | 22.5 | | 22.5 | 0 | | 0 | 0 | 15 | | 0 | 23 | | | | | | | | | | |

| 税则号列 | 商品描述[①] | 协定税率(%) | | | | | | | | | | | | | | | | 特惠税率(%) | | | | | | |
|---|---|---|---|---|---|---|---|---|---|---|---|---|---|---|---|---|---|---|---|---|---|---|---|---|
| | | 香港 | 澳门 | 巴基斯坦 | 东盟 | 亚太 | 智利 | 秘鲁 | 哥斯达黎加 | 新西兰 | 澳大利亚 | 瑞士 | 冰岛 | 韩国 | 台湾 | 新加坡 | 格鲁吉亚 | 亚太2国[②] | 东盟 老挝 | 东盟 柬埔寨 | 东盟 缅甸 | 最不发达国家 LDC97[③] | 最不发达国家 LDC95[④] | 最不发达国家 LDC60[⑤] |
| 87034049 | 同时装有点燃往复式活塞内燃发动机及驱动电动机的其他车辆,可通过接插外部电源进行充电的除外,2000毫升<气缸容量(排气量)≤2500毫升的其他车辆 | | | 22.5 | | 22.5 | 0 | | 0 | 0 | 15 | | 0 | | | | | | | | | | | |
| 87034051 | 同时装有点燃往复式活塞内燃发动机及驱动电动机的其他车辆,可通过接插外部电源进行充电的除外,2500毫升<气缸容量(排气量)≤3000毫升的小轿车 | | | 22.5 | | 22.5 | 0 | | 0 | 0 | 15 | | 0 | 23 | | | | | | | | | | |
| 87034052 | 同时装有点燃往复式活塞内燃发动机及驱动电动机的其他车辆,可通过接插外部电源进行充电的除外,2500毫升<气缸容量(排气量)≤3000毫升的越野车(4轮驱动) | | | 22.5 | 0 | 22.5 | 0 | | 0 | 0 | 15 | | 0 | | | 0 | | | | | | | | |
| 87034053 | 同时装有点燃往复式活塞内燃发动机及驱动电动机的其他车辆,可通过接插外部电源进行充电的除外,2500毫升<气缸容量(排气量)≤3000毫升的,座位数≤9座的小客车 | | | 22.5 | 0 | 22.5 | 0 | | 0 | 0 | 15 | | 0 | 23 | | 0 | | | | | | | | |
| 87034059 | 同时装有点燃往复式活塞内燃发动机及驱动电动机的其他车辆,可通过接插外部电源进行充电的除外,2500毫升<气缸容量(排气量)≤3000毫升的其他车辆 | | | 22.5 | 0 | 22.5 | 0 | | 0 | 0 | 15 | | 0 | | | 0 | | | | | | | | |
| 87034061 | 同时装有点燃往复式活塞内燃发动机及驱动电动机的其他车辆,可通过接插外部电源进行充电的除外,3000毫升<气缸容量(排气量)≤4000毫升的小轿车 | | | 22.5 | | 22.5 | 0 | | 0 | 0 | 15 | | 0 | 23 | | | | | | | | 0 | | |
| 87034062 | 同时装有点燃往复式活塞内燃发动机及驱动电动机的其他车辆,可通过接插外部电源进行充电的除外,3000毫升<气缸容量(排气量)≤4000毫升的越野车(4轮驱动) | | | 22.5 | | 22.5 | 0 | | 0 | 0 | 15 | | 0 | 23 | | | | | | | | 0 | | |

| 税则号列 | 商品描述[①] | 协定税率(%) 香港 | 澳门 | 巴基斯坦 | 东盟 | 亚太 | 智利 | 秘鲁 | 哥斯达黎加 | 新西兰 | 澳大利亚 | 瑞士 | 冰岛 | 韩国 | 台湾 | 新加坡 | 格鲁吉亚 | 特惠税率(%) 亚太2国[②] | 东盟 老挝 | 柬埔寨 | 缅甸 | 最不发达国家 LDC97[③] | LDC95[④] | LDC60[⑤] |
|---|---|---|---|---|---|---|---|---|---|---|---|---|---|---|---|---|---|---|---|---|---|---|---|---|
| 87034063 | 同时装有点燃往复式活塞内燃发动机及驱动电动机的其他车辆,可通过接插外部电源进行充电的除外,3000毫升<气缸容量(排气量)≤4000毫升,座位数≤9座的小客车 | | | 22.5 | | 22.5 | 0 | | 0 | 0 | 15 | | 0 | | | | | | | | | 0 | | |
| 87034069 | 同时装有点燃往复式活塞内燃发动机及驱动电动机的其他车辆,可通过接插外部电源进行充电的除外,3000毫升<气缸容量(排气量)≤4000毫升的其他车辆 | | | 22.5 | | 22.5 | 0 | | 0 | 0 | 15 | | 0 | | | | | | | | | 0 | | |
| 87034071 | 同时装有点燃往复式活塞内燃发动机及驱动电动机的其他车辆,可通过接插外部电源进行充电的除外,气缸容量(排气量)>4000毫升的小轿车 | | | 22.5 | | 22.5 | 0 | | 0 | 0 | 15 | | 0 | 23 | | | | | | | | 0 | | |
| 87034072 | 同时装有点燃往复式活塞内燃发动机及驱动电动机的其他车辆,可通过接插外部电源进行充电的除外,气缸容量(排气量)>4000毫升的越野车(4轮驱动) | | | 22.5 | | 22.5 | 0 | | 0 | 0 | 15 | | 0 | | | | | | | | | 0 | | |
| 87034073 | 同时装有点燃往复式活塞内燃发动机及驱动电动机的其他车辆,可通过接插外部电源进行充电的除外,气缸容量(排气量)>4000毫升,座位数≤9座的小客车 | | | 22.5 | | 22.5 | 0 | | 0 | 0 | 15 | | 0 | | | | | | | | | 0 | | |
| 87034079 | 同时装有点燃往复式活塞内燃发动机及驱动电动机的其他车辆,可通过接插外部电源进行充电的除外,气缸容量(排气量)>4000毫升的其他车辆 | | | 22.5 | | 22.5 | 0 | | 0 | 0 | 15 | | 0 | | | | | | | | | 0 | | |
| 87034090 | 同时装有点燃往复式活塞内燃发动机及驱动电动机的其他车辆,可通过接插外部电源进行充电的除外 | | | 22.5 | 0 | 22.5 | 0 | 2.5 | 0 | 0 | 5 | | 0 | 23 | | 0 | 20 | | | | | 0 | 0 | |

| 税则号列 | 商品描述[①] | 协定税率(%) 香港 | 澳门 | 巴基斯坦 | 东盟 | 亚太 | 智利 | 秘鲁 | 哥斯达黎加 | 新西兰 | 澳大利亚 | 瑞士 | 冰岛 | 韩国 | 台湾 | 新加坡 | 格鲁吉亚 | 特惠税率(%) 亚太2国[②] | 东盟 老挝 | 东盟 柬埔寨 | 东盟 缅甸 | 最不发达国家 LDC97[③] | 最不发达国家 LDC95[④] | 最不发达国家 LDC60[⑤] |
|---|---|---|---|---|---|---|---|---|---|---|---|---|---|---|---|---|---|---|---|---|---|---|---|---|
| 87035011 | 同时装有压燃式活塞内燃发动机(柴油或半柴油发动机)及驱动电动机的其他车辆,可通过接插外部电源进行充电的除外,气缸容量(排气量)≤1000毫升的小轿车 | | | | | | 0 | | 0 | 0 | 15 | | 0 | | | | 0 | | | | | 0 | | |
| 87035019 | 同时装有压燃式活塞内燃发动机(柴油或半柴油发动机)及驱动电动机的其他车辆,可通过接插外部电源进行充电的除外,气缸容量(排气量)≤1000毫升的其他车辆 | | | | 0 | | 0 | 2.5 | 0 | 0 | 15 | | 0 | | | 0 | 0 | | | | | 0 | 0 | |
| 87035021 | 同时装有压燃式活塞内燃发动机(柴油或半柴油发动机)及驱动电动机的其他车辆,可通过接插外部电源进行充电的除外,1000毫升<气缸容量(排气量)≤1500毫升的小轿车 | | | | | | 0 | | 0 | 0 | 15 | | 0 | | | | 0 | | | | | | | |
| 87035022 | 同时装有压燃式活塞内燃发动机(柴油或半柴油发动机)及驱动电动机的其他车辆,可通过接插外部电源进行充电的除外,1000毫升<气缸容量(排气量)≤1500毫升的越野车(4轮驱动) | | | | | | 0 | | 0 | 0 | 15 | | 0 | | | | 0 | | | | | | | |
| 87035023 | 同时装有压燃式活塞内燃发动机(柴油或半柴油发动机)及驱动电动机的其他车辆,可通过接插外部电源进行充电的除外,1000毫升<气缸容量(排气量)≤1500毫升,座位数≤9座的小客车 | | | | | | 0 | | 0 | 0 | 15 | | 0 | | | | 0 | | | | | | | |
| 87035029 | 同时装有压燃式活塞内燃发动机(柴油或半柴油发动机)及驱动电动机的其他车辆,可通过接插外部电源进行充电的除外,1000毫升<气缸容量(排气量)≤1500毫升的其他车辆 | | | | 0 | | 0 | 2.5 | 0 | 0 | 15 | | 0 | | | 0 | 0 | | | | | 0 | 0 | |

| 税则号列 | 商品描述[1] | 协定税率(%) | | | | | | | | | | | | | | | | 特惠税率(%) | | | | | | |
|---|---|---|---|---|---|---|---|---|---|---|---|---|---|---|---|---|---|---|---|---|---|---|---|---|
| | | 香港 | 澳门 | 巴基斯坦 | 东盟 | 亚太 | 智利 | 秘鲁 | 哥斯达黎加 | 新西兰 | 澳大利亚 | 瑞士 | 冰岛 | 韩国 | 台湾 | 新加坡 | 格鲁吉亚 | 亚太2国[2] | 东盟 | | | 最不发达国家 | | |
| | | | | | | | | | | | | | | | | | | | 老挝 | 柬埔寨 | 缅甸 | LDC97[3] | LDC95[4] | LDC60[5] |
| 87035031 | 同时装有压燃式活塞内燃发动机(柴油或半柴油发动机)及驱动电动机的其他车辆,可通过接插外部电源进行充电的除外,1500毫升<气缸容量(排气量)≤2000毫升的小轿车 | | | 22.5 | | 22.5 | 0 | | 0 | 0 | 15 | | 0 | | | | 0 | | | | | | | |
| 87035032 | 同时装有压燃式活塞内燃发动机(柴油或半柴油发动机)及驱动电动机的其他车辆,可通过接插外部电源进行充电的除外,1500毫升<气缸容量(排气量)≤2000毫升的越野车(4轮驱动) | | | 22.5 | | 22.5 | 0 | | 0 | 0 | 15 | | 0 | 23 | | | 0 | | | | | | | |
| 87035033 | 同时装有压燃式活塞内燃发动机(柴油或半柴油发动机)及驱动电动机的其他车辆,可通过接插外部电源进行充电的除外,1500毫升<气缸容量(排气量)≤2000毫升,座位数≤9座的小客车 | | | 22.5 | | 22.5 | 0 | | 0 | 0 | 15 | | 0 | 23 | | | 0 | | | | | | | |
| 87035039 | 同时装有压燃式活塞内燃发动机(柴油或半柴油发动机)及驱动电动机的其他车辆,可通过接插外部电源进行充电的除外,1500毫升<气缸容量(排气量)≤2000毫升,座位数≤9座的其他车辆 | | | 22.5 | | 22.5 | 0 | | 0 | 0 | 15 | | 0 | | | | 0 | | | | | | | |
| 87035041 | 同时装有压燃式活塞内燃发动机(柴油或半柴油发动机)及驱动电动机的其他车辆,可通过接插外部电源进行充电的除外,2000毫升<气缸容量(排气量)≤2500毫升的小轿车 | | | 22.5 | | 22.5 | 0 | | 0 | 0 | 15 | | 0 | | | | 0 | | | | | | | |
| 87035042 | 同时装有压燃式活塞内燃发动机(柴油或半柴油发动机)及驱动电动机的其他车辆,可通过接插外部电源进行充电的除外,2000毫升<气缸容量(排气量)≤2500毫升的越野车(4轮驱动) | | | 22.5 | | 22.5 | 0 | | 0 | 0 | 15 | | 0 | | | | 0 | | | | | | | |

| 税则号列 | 商品描述① | 协定税率(%) | | | | | | | | | | | | | | | | 特惠税率(%) | | | | | | |
|---|---|---|---|---|---|---|---|---|---|---|---|---|---|---|---|---|---|---|---|---|---|---|---|---|
| | | 香港 | 澳门 | 巴基斯坦 | 东盟 | 亚太 | 智利 | 秘鲁 | 哥斯达黎加 | 新西兰 | 澳大利亚 | 瑞士 | 冰岛 | 韩国 | 台湾 | 新加坡 | 格鲁吉亚 | 亚太2国② | 东盟 | | | 最不发达国家 | | |
| | | | | | | | | | | | | | | | | | | | 老挝 | 柬埔寨 | 缅甸 | LDC97③ | LDC95④ | LDC60⑤ |
| 87035043 | 同时装有压燃式活塞内燃发动机(柴油或半柴油发动机)及驱动电动机的其他车辆,可通过接插外部电源进行充电的除外,2000毫升<气缸容量(排气量)≤2500毫升,座位数≤9座小客车 | | | 22.5 | | 22.5 | 0 | | 0 | 0 | 15 | | 0 | 23 | | | 0 | | | | | | | |
| 87035049 | 同时装有压燃式活塞内燃发动机(柴油或半柴油发动机)及驱动电动机的其他车辆,可通过接插外部电源进行充电的除外,2000毫升<气缸容量(排气量)≤2500毫升的其他车辆 | | | 22.5 | | 22.5 | 0 | | 0 | 0 | 15 | | 0 | | | | 0 | | | | | | | |
| 87035051 | 同时装有压燃式活塞内燃发动机(柴油或半柴油发动机)及驱动电动机的其他车辆,可通过接插外部电源进行充电的除外,2500毫升<气缸容量(排气量)≤3000毫升的小轿车 | | | 22.5 | 0 | 22.5 | 0 | | 0 | 0 | 15 | | 0 | | | 0 | 0 | | | | | | | |
| 87035052 | 同时装有压燃式活塞内燃发动机(柴油或半柴油发动机)及驱动电动机的其他车辆,可通过接插外部电源进行充电的除外气,2500毫升<气缸容量(排气量)≤3000毫升的越野车(4轮驱动) | | | 22.5 | 0 | 22.5 | 0 | | 0 | 0 | 15 | | 0 | 23 | | 0 | 0 | | | | | | | |
| 87035053 | 同时装有压燃式活塞内燃发动机(柴油或半柴油发动机)及驱动电动机的其他车辆,可通过接插外部电源进行充电的除外,2500毫升<气缸容量(排气量)≤3000毫升,座位数≤9座的小客车 | | | 22.5 | 0 | 22.5 | 0 | | 0 | 0 | 15 | | 0 | | | 0 | 0 | | | | | | | |
| 87035059 | 同时装有压燃式活塞内燃发动机(柴油或半柴油发动机)及驱动电动机的其他车辆,可通过接插外部电源进行充电的除外,2500毫升<气缸容量(排气量)≤3000毫升的其他车辆 | | | 22.5 | 0 | 22.5 | 0 | | 0 | 0 | 15 | | 0 | | | 0 | 0 | | | | | | | |

| 税则号列 | 商品描述[①] | 协定税率(%) | | | | | | | | | | | | | | | | 特惠税率(%) | | | | | | |
|---|---|---|---|---|---|---|---|---|---|---|---|---|---|---|---|---|---|---|---|---|---|---|---|---|
| | | 香港 | 澳门 | 巴基斯坦 | 东盟 | 亚太 | 智利 | 秘鲁 | 哥斯达黎加 | 新西兰 | 澳大利亚 | 瑞士 | 冰岛 | 韩国 | 台湾 | 新加坡 | 格鲁吉亚 | 亚太2国[②] | 东盟 老挝 | 东盟 柬埔寨 | 东盟 缅甸 | 最不发达国家 LDC97[③] | 最不发达国家 LDC95[④] | 最不发达国家 LDC60[⑤] |
| 87035061 | 同时装有压燃式活塞内燃发动机(柴油或半柴油发动机)及驱动电动机的其他车辆,可通过接插外部电源进行充电的除外,3000 毫升<气缸容量(排气量)≤4000 毫升的小轿车 | | | 22.5 | 0 | 22.5 | 0 | | 0 | 0 | 15 | | 0 | | | 0 | 0 | | | | | 0 | | |
| 87035062 | 同时装有压燃式活塞内燃发动机(柴油或半柴油发动机)及驱动电动机的其他车辆,可通过接插外部电源进行充电的除外,3000 毫升<气缸容量(排气量)≤4000 毫升的越野车(4 轮驱动) | | | 22.5 | 0 | 22.5 | 0 | | 0 | 0 | 15 | | 0 | | | 0 | 0 | | | | | 0 | | |
| 87035063 | 同时装有压燃式活塞内燃发动机(柴油或半柴油发动机)及驱动电动机的其他车辆,可通过接插外部电源进行充电的除外,3000 毫升<气缸容量(排气量)≤4000 毫升的,座位数≤9 座的小客车 | | | 22.5 | 0 | 22.5 | 0 | | 0 | 0 | 15 | | 0 | | | 0 | 0 | | | | | 0 | | |
| 87035069 | 同时装有压燃式活塞内燃发动机(柴油或半柴油发动机)及驱动电动机的其他车辆,可通过接插外部电源进行充电的除外,3000 毫升<气缸容量(排气量)≤4000 毫升,座位数≤9 座的其他车辆 | | | 22.5 | 0 | 22.5 | 0 | | 0 | 0 | 15 | | 0 | | | 0 | 0 | | | | | 0 | | |
| 87035071 | 同时装有压燃式活塞内燃发动机(柴油或半柴油发动机)及驱动电动机的其他车辆,可通过接插外部电源进行充电的除外,气缸容量(排气量)>4000 毫升的小轿车 | | | 22.5 | 0 | 22.5 | 0 | | 0 | 0 | 5 | | 0 | | | 0 | 0 | | | | | 0 | | |
| 87035072 | 同时装有压燃式活塞内燃发动机(柴油或半柴油发动机)及驱动电动机的其他车辆,可通过接插外部电源进行充电的除外,气缸容量(排气量)>4000 毫升的越野车(4 轮驱动) | | | 22.5 | 0 | 22.5 | 0 | | 0 | 0 | 5 | | 0 | | | 0 | 0 | | | | | 0 | | |

| 税则号列 | 商品描述[1] | 协定税率(%) | | | | | | | | | | | | | | | | 特惠税率(%) | | | | | | |
|---|---|---|---|---|---|---|---|---|---|---|---|---|---|---|---|---|---|---|---|---|---|---|---|---|
| | | 香港 | 澳门 | 巴基斯坦 | 东盟 | 亚太 | 智利 | 秘鲁 | 哥斯达黎加 | 新西兰 | 澳大利亚 | 瑞士 | 冰岛 | 韩国 | 台湾 | 新加坡 | 格鲁吉亚 | 亚太2国[2] | 东盟 | | | 最不发达国家 | | |
| | | | | | | | | | | | | | | | | | | | 老挝 | 柬埔寨 | 缅甸 | LDC97[3] | LDC95[4] | LDC60[5] |
| 87035073 | 同时装有压燃式活塞内燃发动机(柴油或半柴油发动机)及驱动电动机的其他车辆,可通过接插外部电源进行充电的除外,气缸容量(排气量)>4000毫升,座位数≤9座的小客车 | | | 22.5 | 0 | 22.5 | 0 | | 0 | 0 | 5 | | 0 | | | 0 | 0 | | | | | 0 | | |
| 87035079 | 同时装有压燃式活塞内燃发动机(柴油或半柴油发动机)及驱动电动机的其他车辆,可通过接插外部电源进行充电的除外,气缸容量(排气量)>4000毫升的其他车辆 | | | 22.5 | 0 | 22.5 | 0 | | 0 | 0 | 5 | | 0 | | | 0 | 0 | | | | | 0 | | |
| 87035090 | 同时装有压燃式活塞内燃发动机(柴油或半柴油发动机)及驱动电动机的其他车辆,可通过接插外部电源进行充电的除外 | | | 22.5 | 0 | 22.5 | 0 | 2.5 | 0 | 0 | 5 | | 0 | 23 | | 0 | 20 | | | | | 0 | 0 | |
| 87036000 | 同时装有点燃往复式活塞内燃发动机及驱动电动机,可通过接插外部电源进行充电的其他车辆 | | | 22.5 | | 22.5 | 0 | | 0 | 0 | 5 | | 0 | | | | | | | | | | | |
| 87037000 | 同时装有压燃往复式活塞内燃发动机及驱动电动机,可通过接插外部电源进行充电的其他车辆 | | | 22.5 | 0 | 22.5 | 0 | 2.5 | 0 | 0 | 5 | | 0 | 23 | | 0 | 20 | | | | | 0 | 0 | |
| 87038000 | 仅装驱动电动机的其他车辆 | | | 22.5 | 0 | 22.5 | 0 | 2.5 | 0 | 0 | 5 | | 0 | 23 | | 0 | 20 | | | | | 0 | 0 | |
| 87039000 | 其他车辆 | | | 22.5 | 0 | 22.5 | 0 | 2.5 | 0 | 0 | 5 | | 0 | 23 | | 0 | 20 | | | | | 0 | 0 | |
| 87041030 | 非公路用电动轮货运自卸车 | | | 5 | 0 | | 0 | 0 | 0 | 0 | 1.2 | 0 | 0 | 1.2 | | | 0 | | | | | 0 | 0 | 0 |
| 87041090 | 其他非公路用货运自卸车 | | | 5 | 0 | | 0 | 0 | 0 | 0 | 1.2 | 0 | 0 | 1.2 | | | 0 | | | | | 0 | 0 | 0 |
| 87042100 | 柴油型其他小型货车 | | | | | | 0 | | 0 | 0 | 5 | | 0 | 20 | | | 0 | | | | | 0 | | |
| 87042230 | 柴油型其他中型货车 | | | 18 | 5 | 18 | 0 | 2 | 0 | 0 | 4 | 10 | 0 | 14.6 | | | 0 | | | | | 0 | 0 | |
| 87042240 | 柴油型其他重型货车 | | | 18 | 5 | 18 | 0 | 2 | 0 | 0 | 4 | 10 | 0 | 14.6 | | | 0 | | | | | 0 | 0 | |
| 87042300 | 柴油型的其他超重型货车 | | | | 5 | | 0 | | 0 | 0 | 3 | 7.5 | 0 | 11 | | | 0 | | | | | 0 | | |
| 87043100 | 汽油型总重量≤5吨的其他货车 | | | | 5 | | 0 | | 0 | 0 | 5 | | 0 | 20 | | | 0 | | | | | 0 | | |
| 87043230 | 5吨<汽油型总重量≤8吨的其他货车 | | | | 5 | | 0 | 2 | 0 | 0 | 4 | 10 | 0 | 14.6 | | | 0 | | | | | 0 | 0 | |
| 87043240 | 汽油型总重量>8吨的其他货车 | | | | 5 | | 0 | 2 | 0 | 0 | 4 | 10 | 0 | 14.6 | | | 0 | | | | | 0 | 0 | |
| 87049000 | 装有其他发动机的货车 | | | | 0 | | 0 | 2.5 | 0 | 0 | 5 | | 0 | 20 | | 0 | 0 | | | | | 0 | 0 | |
| 87051021 | 最大起重重量≤50吨的全路面汽车起重车 | | | 12 | 0 | | 0 | 1.5 | 0 | 0 | 3 | 7.5 | 0 | 11 | | 0 | 0 | | | | | 0 | 0 | |

| 税则号列 | 商品描述[1] | 协定税率(%) | | | | | | | | | | | | | | | | 特惠税率(%) | | | | | | |
|---|---|---|---|---|---|---|---|---|---|---|---|---|---|---|---|---|---|---|---|---|---|---|---|---|
| | | 香港 | 澳门 | 巴基斯坦 | 东盟 | 亚太 | 智利 | 秘鲁 | 哥斯达黎加 | 新西兰 | 澳大利亚 | 瑞士 | 冰岛 | 韩国 | 台湾 | 新加坡 | 格鲁吉亚 | 亚太2国[2] | 东盟 | | | 最不发达国家 | | |
| | | | | | | | | | | | | | | | | | | | 老挝 | 柬埔寨 | 缅甸 | LDC97[3] | LDC95[4] | LDC60[5] |
| 87051022 | 50吨<最大起重重量≤100吨的全路面汽车起重车 | | | 5 | 0 | | 0 | 0 | 0 | 0 | 2 | 0 | 0 | 7.3 | | 0 | 0 | | | | | 0 | 0 | 0 |
| 87051023 | 最大起重重量>100吨的全路面汽车起重车 | | | 5 | 0 | | 0 | 0 | 0 | 0 | 2 | 0 | 0 | 7.3 | | 0 | 0 | | | | | 0 | 0 | 0 |
| 87051091 | 最大起重重量≤50吨的其他汽车起重车 | | | 12 | 0 | | 0 | 1.5 | 0 | 0 | 3 | 7.5 | 0 | 11 | | 0 | 0 | | | | | 0 | 0 | |
| 87051092 | 50吨<最大起重重量≤100吨的其他汽车起重车 | | | 5 | 0 | | 0 | 0 | 0 | 0 | 2 | 0 | 0 | 7.3 | | 0 | 0 | | | | | 0 | 0 | 0 |
| 87051093 | 最大起重重量>100吨的其他汽车起重车 | | | 5 | 0 | | 0 | 0 | 0 | 0 | 2 | 0 | 0 | 7.3 | | 0 | 0 | | | | | 0 | 0 | 0 |
| 87052000 | 机动钻探车 | | | 6 | 0 | | 0 | 0 | 0 | 0 | 2.4 | 6 | 0 | 8.8 | | 0 | 0 | | | | | 0 | 0 | 0 |
| 87053010 | 装有云梯的救火车 | | | 0 | 0 | | 0 | 0 | 0 | 0 | 0 | 0 | 0 | 2.2 | | | 0 | | | | | 0 | 0 | 0 |
| 87053090 | 其他机动救火车 | | | 0 | 0 | | 0 | 0 | 0 | 0 | 0 | 0 | 0 | 2.2 | | | 0 | | | | | 0 | 0 | 0 |
| 87054000 | 机动混凝土搅拌车 | | | 7.5 | 0 | 13.5 | 0 | 1.5 | 0 | 0 | 3 | 7.5 | 0 | 11 | | 0 | 0 | | | | | 0 | 0 | |
| 87059010 | 无线电通信车 | | | 5 | 0 | 8.1 | 0 | 0 | 0 | 0 | 1.8 | 0 | 0 | 6.6 | | 0 | 0 | | | | | 0 | 0 | 0 |
| 87059020 | 机动放射线检查车 | | | 5 | 0 | 8.1 | 0 | 0 | 0 | 0 | 1.8 | 0 | 0 | 6.6 | | | 0 | | | | | 0 | 0 | 0 |
| 87059030 | 机动环境监测车 | | | 5 | 0 | 10.8 | 0 | 0 | 0 | 0 | 2.4 | 6 | 0 | 8.8 | | 0 | 0 | | | | | 0 | 0 | |
| 87059040 | 机动医疗车 | | | 5 | 0 | 10.8 | 0 | 0 | 0 | 0 | 2.4 | 6 | 0 | 9.6 | | 0 | 0 | | | | | 0 | 0 | |
| 87059051 | 航空电源车(频率为400赫兹) | | | 5 | 0 | 10.8 | 0 | 0 | 0 | 0 | 2.4 | 6 | 0 | 8.8 | | 0 | 0 | | | | | 0 | 0 | |
| 87059059 | 其他机动电源车 | | | 5 | 0 | 10.8 | 0 | 0 | 0 | 0 | 2.4 | 6 | 0 | 8.8 | | 0 | 0 | | | | | 0 | 0 | |
| 87059060 | 飞机加油车、调温车、除冰车 | | | 5 | 0 | 10.8 | 0 | 0 | 0 | 0 | 2.4 | 6 | 0 | 8.8 | | 0 | 0 | | | | | 0 | 0 | |
| 87059070 | 道路(包括跑道)扫雪车 | | | 5 | 0 | 10.8 | 0 | 0 | 0 | 0 | 2.4 | 6 | 0 | 8.8 | | 0 | 0 | | | | | 0 | 0 | |
| 87059080 | 石油测井车、压裂车、混沙车 | | | 5 | 0 | 10.8 | 0 | 0 | 0 | 0 | 2.4 | 6 | 0 | 8.8 | | 0 | 0 | | | | | 0 | 0 | |
| 87059091 | 混凝土泵车 | | | 5 | 0 | 10.8 | 0 | 0 | 0 | 0 | 2.4 | 6 | 0 | 8.8 | | 0 | 0 | | | | | 0 | 0 | |
| 87059099 | 其他特殊用途的机动车辆 | | | 5 | 0 | 10.8 | 0 | 0 | 0 | 0 | 2.4 | 6 | 0 | 8.8 | | 0 | 0 | | | | | 0 | 0 | |
| 87060010 | 非公路用货运自卸车底盘 | | | 5 | 0 | | 0 | 0 | 0 | 0 | 1.6 | 0 | 0 | 5.8 | | | 0 | | | | | 0 | 0 | |
| 87060021 | 车辆总重量≥14吨的货车底盘 | | | | 5 | | 0 | | 0 | 0 | 2 | 0 | 0 | 7.3 | | | 0 | | | | | 0 | | |
| 87060022 | 车辆总重量<14吨的货车底盘 | | | | 5 | | 0 | 0 | 0 | 0 | 2 | 0 | 0 | 7.3 | | | 0 | | | | | 0 | 0 | |
| 87060030 | 大型客车底盘 | 0 | | | 0 | | 0 | | 0 | 0 | 4 | 10 | 0 | 14.6 | | 0 | 0 | | | | | 0 | | |
| 87060040 | 汽车起重机底盘 | | | | 0 | | 0 | 2 | 0 | 0 | 4 | 10 | 0 | 14.6 | | 0 | 0 | | | | | 0 | 0 | |
| 87060090 | 其他机动车辆底盘 | 0 | | | 0 | | 0 | 0 | 0 | 0 | 2 | 0 | 0 | 7.3 | | 0 | 0 | | | | | 0 | 0 | |
| 87071000 | 品目87.03所列车辆用车身(含驾驶室) | | | | 0 | | 0 | 0 | 0 | 0 | 2 | 0 | 0 | 7.3 | | 0 | 0 | | | | | 0 | 0 | |
| 87079010 | 编号87021092、87021093、87029020及87029030所列车辆用车身 | | | 5 | 0 | 9 | 0 | 0 | 0 | 0 | 2 | 0 | 0 | 7.3 | | 0 | 0 | | | | | 0 | 0 | |
| 87079090 | 其他车辆用车身(含驾驶室) | | | 5 | 0 | 9 | 0 | 0 | 0 | 0 | 2 | 0 | 0 | 7.3 | | 0 | 0 | | | | | 0 | 0 | |
| 87081000 | 缓冲器(保险杠)及其零件 | | | 5 | 0 | 9.6 | 0 | 0 | 0 | 0 | 2 | 0 | 0 | 8 | 0 | 0 | 0 | | | | | 0 | 0 | 0 |
| 87082100 | 坐椅安全带 | | 0 | 5 | 0 | | 0 | 0 | 0 | 0 | 2 | 0 | 0 | 7.3 | | 0 | 0 | | | | | 0 | 0 | 0 |
| 87082930 | 车窗玻璃升降器 | 0 | | 9 | 5 | 9 | 0 | 0 | 0 | 0 | 2 | 0 | 0 | 7.3 | 0 | | 8 | | | | | 0 | 0 | 0 |

| 税则号列 | 商品描述[①] | 协定税率(%) | | | | | | | | | | | | | | | | 特惠税率(%) | | | | | | |
|---|---|---|---|---|---|---|---|---|---|---|---|---|---|---|---|---|---|---|---|---|---|---|---|---|
| | | 香港 | 澳门 | 巴基斯坦 | 东盟 | 亚太 | 智利 | 秘鲁 | 哥斯达黎加 | 新西兰 | 澳大利亚 | 瑞士 | 冰岛 | 韩国 | 台湾 | 新加坡 | 格鲁吉亚 | 亚太2国[②] | 东盟 | | | 最不发达国家 | | |
| | | | | | | | | | | | | | | | | | | | 老挝 | 柬埔寨 | 缅甸 | LDC97[③] | LDC95[④] | LDC60[⑤] |
| 87082941 | 汽车电动天窗 | 0 | | 5 | 0 | 9 | 0 | 0 | 0 | 0 | 2 | 0 | 0 | 9.2 | 0 | 0 | 0 | | | | | 0 | 0 | 0 |
| 87082942 | 汽车手动天窗 | 0 | | 5 | 0 | 9 | 0 | 0 | 0 | 0 | 2 | 0 | 0 | 7.3 | 0 | 0 | 0 | | | | | 0 | 0 | 0 |
| 87082951 | 侧围 | | | 5 | 0 | 9 | 0 | 0 | 0 | 0 | 2 | 0 | 0 | 8 | 0 | 0 | 0 | | | | | 0 | 0 | 0 |
| 87082952 | 车门 | | | 5 | 0 | 9 | 0 | 0 | 0 | 0 | 2 | 0 | 0 | 8 | 0 | 0 | 0 | | | | | 0 | 0 | 0 |
| 87082953 | 发动机罩盖 | | | 5 | 0 | 9 | 0 | 0 | 0 | 0 | 2 | 0 | 0 | 8 | 0 | 0 | 0 | | | | | 0 | 0 | 0 |
| 87082954 | 前围 | | | 5 | 0 | 9 | 0 | 0 | 0 | 0 | 2 | 0 | 0 | 8 | 0 | 0 | 0 | | | | | 0 | 0 | 0 |
| 87082955 | 行李箱盖(或背门) | | | 5 | 0 | 9 | 0 | 0 | 0 | 0 | 2 | 0 | 0 | 8 | 0 | 0 | 0 | | | | | 0 | 0 | 0 |
| 87082956 | 后围 | | | 5 | 0 | 9 | 0 | 0 | 0 | 0 | 2 | 0 | 0 | 8 | 0 | 0 | 0 | | | | | 0 | 0 | 0 |
| 87082957 | 翼子板(或叶子板) | | | 5 | 0 | 9 | 0 | 0 | 0 | 0 | 2 | 0 | 0 | 8 | 0 | 0 | 0 | | | | | 0 | 0 | 0 |
| 87082959 | 车身的其他覆盖件 | | | 5 | 0 | 9 | 0 | 0 | 0 | 0 | 2 | 0 | 0 | 8 | 0 | 0 | 0 | | | | | 0 | 0 | 0 |
| 87082990 | 车身的未列名零部件 | | | 5 | 0 | 9 | 0 | 0 | 0 | 0 | 2 | 5 | 0 | 9.2 | 0 | 0 | 0 | | | | | 0 | 0 | 0 |
| 87083010 | 装在蹄片上的制动摩擦片 | | | 5 | 0 | | 0 | 1 | 0 | 0 | 2 | 0 | 0 | 6 | | 0 | 0 | | | | | 0 | 0 | 0 |
| 87083021 | 牵引车、拖拉机、非公路自卸车用防抱死制动系统(ABS) | | | 0 | 0 | 5.4 | 0 | 0 | 0 | 0 | 1.2 | 0 | 0 | 4.4 | | | 0 | | | | | 0 | 0 | 0 |
| 87083029 | 其他车辆用防抱死制动系统(ABS) | | | 9 | 5 | 9 | 0 | 0 | 0 | 0 | 2 | 0 | 0 | 9.2 | | | 0 | | | | | 0 | 0 | 0 |
| 87083091 | 牵引车、拖拉机用制动器及其零件 | | | 0 | 0 | 5.4 | 0 | 0 | 0 | 0 | 1.2 | 0 | 0 | 4.4 | | | 0 | | | | | 0 | 0 | 0 |
| 87083092 | 大型客车用制动器及其零件 | | | 9 | 5 | 9 | 0 | 0 | 0 | 0 | 2 | 0 | 0 | 8 | | | 0 | | | | | 0 | 0 | 0 |
| 87083093 | 非公路自卸车用制动器及其零件 | | | 0 | 0 | 5.4 | 0 | 0 | 0 | 0 | 1.2 | 0 | 0 | 4.4 | | | 0 | | | | | 0 | 0 | 0 |
| 87083094 | 柴、汽油轻型货车用制动器及零件 | | | 9 | 5 | 9 | 0 | 0 | 0 | 0 | 2 | 0 | 0 | 8 | | | 0 | | | | | 0 | 0 | 0 |
| 87083095 | 柴油型重型货车用制动器及其零件 | | | 5 | 0 | 9 | 0 | 0 | 0 | 0 | 2 | 0 | 0 | 6 | | 0 | 0 | | | | | 0 | 0 | 0 |
| 87083096 | 特种车用制动器及其零件 | | | 5 | 0 | 9 | 0 | 0 | 0 | 0 | 2 | 0 | 0 | 7.3 | | 0 | 0 | | | | | 0 | 0 | 0 |
| 87083099 | 其他未列名机动车辆用制动器及零件 | | | 9 | 5 | 9 | 0 | 0 | 0 | 0 | 2 | 5 | 0 | 8 | | | 0 | | | | | 0 | 0 | 0 |
| 87084010 | 牵引车、拖拉机用变速箱及零件 | | | 5 | 0 | | 0 | 0 | 0 | 0 | 1.2 | 0 | 0 | | 0 | | 0 | | | | | 0 | 0 | 0 |
| 87084020 | 大型客车用变速箱及零件 | | | | 5 | | 0 | | 0 | 0 | 2 | 0 | 0 | | 0 | | 0 | | | | | 0 | | |
| 87084030 | 非公路自卸车用变速箱及零件 | | | 5 | 0 | | 0 | | 0 | 0 | 1.2 | 0 | 0 | 5 | 0 | | 0 | | | | | 0 | | |
| 87084040 | 柴、汽油轻型货车用变速箱及零件 | | | | 5 | | 0 | | 0 | 0 | 2 | 0 | 0 | | 0 | | 0 | | | | | 0 | | |
| 87084050 | 其他柴油型重型货车用变速箱及零件 | | | | 5 | | 0 | | 0 | 0 | 2 | 0 | 0 | | 0 | | 0 | | | | | 0 | | |
| 87084060 | 特种车用变速箱及零件 | | | 5 | 0 | | 0 | 0 | 0 | 0 | 2 | 0 | 0 | | 0 | 0 | 0 | | | | | 0 | 0 | 0 |
| 87084091 | 自动换挡变速箱及零件 | | | | 5 | | 0 | | 0 | 0 | 2 | 0 | 0 | 8.4 | | | 0 | | | | | 0 | | |
| 87084099 | 未列名机动车辆用变速箱及零件 | | | | 0 | | 0 | | 0 | 0 | 2 | 0 | 0 | | 0 | 0 | 0 | | | | | 0 | | |
| 87085071 | 牵引车、拖拉机用驱动桥及零件 | | | 0 | 0 | 5.4 | 0 | 0 | 0 | 0 | 1.2 | 0 | 0 | 4.4 | | | 0 | | | | | 0 | 0 | 0 |

| 税则号列 | 商品描述[①] | 协定税率(%) | | | | | | | | | | | | | | | | 特惠税率(%) | | | | | | |
|---|---|---|---|---|---|---|---|---|---|---|---|---|---|---|---|---|---|---|---|---|---|---|---|---|
| | | 香港 | 澳门 | 巴基斯坦 | 东盟 | 亚太 | 智利 | 秘鲁 | 哥斯达黎加 | 新西兰 | 澳大利亚 | 瑞士 | 冰岛 | 韩国 | 台湾 | 新加坡 | 格鲁吉亚 | 亚太2国[②] | 东盟 | | | 最不发达国家 | | |
| | | | | | | | | | | | | | | | | | | | 老挝 | 柬埔寨 | 缅甸 | LDC97[③] | LDC95[④] | LDC60[⑤] |
| 87085072 | 其他大型客车用驱动桥及零件 | | | 9 | 5 | 9 | 0 | 0 | 0 | 0 | 2 | 0 | 0 | 9.2 | | | 0 | | | | | 0 | 0 | 0 |
| 87085073 | 非公路自卸车用驱动桥及零件 | | | 0 | 0 | 5.4 | 0 | 0 | 0 | 0 | 1.2 | 0 | 0 | 4.4 | | | 0 | | | | | 0 | 0 | 0 |
| 87085074 | 柴、汽油型轻型货车用驱动桥及零件 | | | 9 | 5 | 9 | 0 | 0 | 0 | 0 | 2 | 0 | 0 | 8 | | | 0 | | | | | 0 | 0 | 0 |
| 87085075 | 其他柴油型重型货车用驱动桥及零件 | | | 9 | 5 | 9 | 0 | 0 | 0 | 0 | 2 | 0 | 0 | 8 | | | 0 | | | | | 0 | 0 | 0 |
| 87085076 | 特种车用驱动桥及零件 | | | 5 | 0 | 9 | 0 | 0 | 0 | 0 | 2 | 0 | 0 | 7.3 | | 0 | 0 | | | | | 0 | 0 | 0 |
| 87085079 | 未列名机动车辆用驱动桥及零件 | | | 9 | 5 | 9 | 0 | 0 | 0 | 0 | 2 | 6.7 | 0 | 9.2 | | | 0 | | | | | 0 | 0 | 0 |
| 87085081 | 牵引车、拖拉机用非驱动桥及零件 | | | 5 | 0 | | 0 | 0 | 0 | 0 | 1.2 | 0 | 0 | 4.4 | | | 0 | | | | | 0 | 0 | 0 |
| 87085082 | 座位数≥30座的客车用非驱动桥及零件 | | | 9.7 | 0 | | 0 | 1.5 | 0 | 0 | 3 | 7.5 | 0 | 12 | | 0 | 0 | | | | | 0 | 0 | |
| 87085083 | 非公路自卸车用非驱动桥及零件 | | | 5 | 0 | | 0 | 0 | 0 | 0 | 1.2 | 0 | 0 | 4.4 | | | 0 | | | | | 0 | 0 | 0 |
| 87085084 | 柴、汽油轻货车用非驱动桥及零件 | | | 5 | 0 | | 0 | 0 | 0 | 0 | 2 | 0 | 0 | 7.3 | | 0 | 0 | | | | | 0 | 0 | 0 |
| 87085085 | 柴油重型货车用非驱动桥及零件 | | | 5 | 0 | | 0 | 0 | 0 | 0 | 2 | 0 | 0 | 7.3 | | 0 | 0 | | | | | 0 | 0 | 0 |
| 87085086 | 特种车用非驱动桥及其零件 | | | 5 | 0 | | 0 | 0 | 0 | 0 | 2 | 0 | 0 | 7.3 | | 0 | 0 | | | | | 0 | 0 | 0 |
| 87085089 | 未列名机动车辆用非驱动桥及零件 | | | 5 | 0 | | 0 | 0 | 0 | 0 | 2 | 0 | 0 | | | 0 | 0 | | | | | 0 | 0 | 0 |
| 87087010 | 牵引车及拖拉机用车轮及其零附件 | | | 5 | 0 | | 0 | 0 | 0 | 0 | 1.2 | 0 | 0 | 4.4 | 0 | | 0 | | | | | 0 | 0 | 0 |
| 87087020 | 大型客车用车轮及其零附件 | | | 5 | 0 | | 0 | 0 | 0 | 0 | 2 | 0 | 0 | 7.3 | 0 | 0 | 0 | | | | | 0 | 0 | 0 |
| 87087030 | 非公路货运自卸车用车轮及其零件 | | | 5 | 0 | | 0 | 0 | 0 | 0 | 1.2 | 0 | 0 | 4.4 | 0 | | 0 | | | | | 0 | 0 | 0 |
| 87087040 | 中小型货车用车轮及其零件 | | | 5 | 0 | | 0 | 0 | 0 | 0 | 2 | 0 | 0 | 6 | 0 | 0 | 0 | | | | | 0 | 0 | 0 |
| 87087050 | 大型货车用车轮及其零件 | | | 5 | 0 | | 0 | 0 | 0 | 0 | 2 | 0 | 0 | 7.3 | 0 | 0 | 0 | | | | | 0 | 0 | 0 |
| 87087060 | 特种车用车轮及其零件 | | | 5 | 0 | | 0 | 0 | 0 | 0 | 2 | 0 | 0 | 7.3 | 0 | 0 | 0 | | | | | 0 | 0 | 0 |
| 87087091 | 铝合金制的车轮及其零件、附件 | | | 5 | 0 | | 0 | 0 | 0 | 0 | 2 | 0 | 0 | | 0 | 0 | 0 | | | | | 0 | 0 | 0 |
| 87087099 | 其他车轮及其零件、附件 | | | 5 | 0 | | 0 | 0 | 0 | 0 | 2 | 0 | 0 | | 0 | 0 | 0 | | | | | 0 | 0 | 0 |
| 87088010 | 品目87.03所列车辆用的悬挂减震器及零件 | | | 5 | 0 | 9 | 0 | 0 | 0 | 0 | 2 | 0 | 0 | 6 | | 0 | 0 | | | | | 0 | 0 | 0 |
| 87088090 | 机动车辆用的其他悬挂减震器及零件 | | | 5 | 0 | 9 | 0 | 0 | 0 | 0 | 2 | 0 | 0 | 6 | | 0 | 0 | | | | | 0 | 0 | 0 |
| 87089110 | 水箱散热器 | | | 5 | 0 | | 0 | 0 | 0 | 0 | 2 | 0 | 0 | 7.3 | | 0 | 0 | | | | | 0 | 0 | 0 |
| 87089120 | 机油冷却器 | | | 5 | 0 | | 0 | 0 | 0 | 0 | 2 | 0 | 0 | 7.3 | | 0 | 0 | | | | | 0 | 0 | 0 |
| 87089190 | 其他散热器及其零件 | | | 5 | 0 | | 0 | 0 | 0 | 0 | 2 | 0 | 0 | 7.3 | | 0 | 0 | | | | | 0 | 0 | 0 |
| 87089200 | 机动车辆的消声器及排气管及零件 | | | 5 | 0 | | 0 | 0 | 0 | 0 | 2 | 0 | 0 | | | 0 | 0 | | | | | 0 | 0 | 0 |

| 税则号列 | 商品描述[①] | 协定税率(%) | | | | | | | | | | | | | | | | 特惠税率(%) | | | | | | |
|---|---|---|---|---|---|---|---|---|---|---|---|---|---|---|---|---|---|---|---|---|---|---|---|---|
| | | 香港 | 澳门 | 巴基斯坦 | 东盟 | 亚太 | 智利 | 秘鲁 | 哥斯达黎加 | 新西兰 | 澳大利亚 | 瑞士 | 冰岛 | 韩国 | 台湾 | 新加坡 | 格鲁吉亚 | 亚太2国[②] | 东盟 | | | 最不发达国家 | | |
| | | | | | | | | | | | | | | | | | | | 老挝 | 柬埔寨 | 缅甸 | LDC97[③] | LDC95[④] | LDC60[⑤] |
| 87089310 | 牵引车、拖拉机用离合器及其零件 | | | 5 | 0 | | 0 | 0 | 0 | 0 | 1.2 | 0 | 0 | 4.4 | | | 0 | | | | | 0 | 0 | 0 |
| 87089320 | 座位数≥30座的客车用离合器及其零件 | | | 5 | 0 | | 0 | 0 | 0 | 0 | 2 | 0 | 0 | 8 | | 0 | 0 | | | | | 0 | 0 | 0 |
| 87089330 | 非公路自卸车用离合器及其零件 | | | 5 | 0 | | 0 | 0 | 0 | 0 | 1.2 | 0 | 0 | 4.4 | | | 0 | | | | | 0 | 0 | 0 |
| 87089340 | 柴、汽油轻型货车用离合器及零件 | | | 5 | 0 | | 0 | 0 | 0 | 0 | 2 | 0 | 0 | 7.3 | | 0 | 0 | | | | | 0 | 0 | 0 |
| 87089350 | 总重≥14吨的柴油货车离合器及零件 | | | 5 | 0 | | 0 | 0 | 0 | 0 | 2 | 0 | 0 | 8 | | 0 | 0 | | | | | 0 | 0 | 0 |
| 87089360 | 特种车用的离合器及其零件 | | | 5 | 0 | | 0 | 0 | 0 | 0 | 2 | 0 | 0 | 8 | | 0 | 0 | | | | | 0 | 0 | 0 |
| 87089390 | 未列名机动车辆用离合器及其零件 | | | 5 | 0 | | 0 | 0 | 0 | 0 | 2 | 0 | 0 | | | 0 | 0 | | | | | 0 | 0 | 0 |
| 87089410 | 牵引车、拖拉机用转向盘、转向柱及转向器及零件 | | | 5 | 0 | | 0 | 0 | 0 | 0 | 1.2 | 0 | 0 | 4.4 | | | 0 | | | | | 0 | 0 | 0 |
| 87089420 | 大型客车用转向盘、转向柱及转向器及零件 | | | 5 | 0 | | 0 | 0 | 0 | 0 | 2 | 0 | 0 | 7.3 | | 0 | 0 | | | | | 0 | 0 | 0 |
| 87089430 | 非公路自卸车用转向盘、转向柱及转向器及零件 | | | 5 | 0 | | 0 | 0 | 0 | 0 | 1.2 | 0 | 0 | 4.4 | | | 0 | | | | | 0 | 0 | 0 |
| 87089440 | 柴、汽油轻货车用转向盘、转向柱及转向器及零件 | | | 5 | 0 | | 0 | 0 | 0 | 0 | 2 | 0 | 0 | 7.3 | | 0 | 0 | | | | | 0 | 0 | 0 |
| 87089450 | 柴油型重型货车用转向盘、转向柱及转向器及零件 | | | 5 | 0 | | 0 | 0 | 0 | 0 | 2 | 0 | 0 | 7.3 | | 0 | 0 | | | | | 0 | 0 | 0 |
| 87089460 | 特种车用转向盘、转向柱及转向器及零件 | | | 5 | 0 | | 0 | 0 | 0 | 0 | 2 | 0 | 0 | 7.3 | | 0 | 0 | | | | | 0 | 0 | 0 |
| 87089490 | 未列名机动车辆用转向盘、转向柱及转向器及零件 | | | 5 | 0 | | 0 | 0 | 0 | 0 | 2 | 6.7 | 0 | | | 0 | 0 | | | | | 0 | 0 | 0 |
| 87089500 | 机动车辆的安全气囊装置 | 0 | | 9 | 5 | 9 | 0 | | 0 | 0 | 2 | 0 | 0 | 9.2 | | | 0 | | | | | 0 | | |
| 87089910 | 牵引车及拖拉机用其他零附件 | | | 5 | 0 | | 0 | 0 | 0 | 0 | 1.2 | 0 | 0 | 3.6 | | | 0 | | | | | 0 | 0 | 0 |
| 87089921 | 编号87021091及87029010所列车辆用车架 | | | | 0 | | 0 | 2.5 | 0 | 0 | 5 | | 0 | 20 | | 0 | 0 | | | | | 0 | 0 | |
| 87089929 | 大型客车用其他零附件 | | | | 0 | | 0 | 2.5 | 0 | 0 | 5 | | 0 | 20 | | 0 | 0 | | | | | 0 | 0 | |
| 87089931 | 编号87041030及87041090所列车辆用车架 | | | 5 | 0 | | 0 | 0 | 0 | 0 | 1.2 | 0 | 0 | 4.4 | | | 0 | | | | | 0 | 0 | 0 |
| 87089939 | 非公路货运自卸车用其他零附件 | | | 5 | 0 | | 0 | 0 | 0 | 0 | 1.2 | 0 | 0 | 4.4 | | | 0 | | | | | 0 | 0 | 0 |
| 87089941 | 编号87042100、87042230、87043100及87043230所列车辆用车架 | | | | 0 | | 0 | 2.5 | 0 | 0 | 5 | | 0 | 20 | | 0 | 0 | | | | | 0 | 0 | |
| 87089949 | 中小型货车用其他零附件 | | | | 0 | | 0 | 2.5 | 0 | 0 | 5 | | 0 | 20 | | 0 | 0 | | | | | 0 | 0 | |
| 87089951 | 编号87042240、87042300及87043240所列车辆用车架 | | | 5 | 0 | | 0 | 0 | 0 | 0 | 2 | 0 | 0 | 7.3 | | 0 | 0 | | | | | 0 | 0 | 0 |
| 87089959 | 总重≥14吨的货车用其他零附件 | | | 5 | 0 | | 0 | 0 | 0 | 0 | 2 | 0 | 0 | 7.3 | | 0 | 0 | | | | | 0 | 0 | 0 |

| 税则号列 | 商品描述[1] | 协定税率(%) | | | | | | | | | | | | | | | | 特惠税率(%) | | | | | | |
|---|---|---|---|---|---|---|---|---|---|---|---|---|---|---|---|---|---|---|---|---|---|---|---|---|
| | | 香港 | 澳门 | 巴基斯坦 | 东盟 | 亚太 | 智利 | 秘鲁 | 哥斯达黎加 | 新西兰 | 澳大利亚 | 瑞士 | 冰岛 | 韩国 | 台湾 | 新加坡 | 格鲁吉亚 | 亚太2国[2] | 东盟 | | | 最不发达国家 | | |
| | | | | | | | | | | | | | | | | | | | 老挝 | 柬埔寨 | 缅甸 | LDC97[3] | LDC95[4] | LDC60[5] |
| 87089960 | 特种车用其他零附件 | | | 12 | 0 | | 0 | 1.5 | 0 | 0 | 3 | 7.5 | 0 | 9 | | 0 | 0 | | | | | 0 | 0 | |
| 87089991 | 其他编号所列车辆用车架 | | | 5 | 0 | | 0 | 0 | 0 | 0 | 2 | 0 | 0 | 7.3 | 0 | 0 | 0 | | | | | 0 | 0 | 0 |
| 87089992 | 汽车传动轴 | | | 5 | 0 | | 0 | 0 | 0 | 0 | 2 | 0 | 0 | 7.3 | 0 | 0 | 0 | | | | | 0 | 0 | 0 |
| 87089999 | 机动车辆用未列名零附件 | | | 5 | 0 | | 0 | 0 | 0 | 0 | 2 | 0 | 0 | 7.3 | 0 | 0 | 0 | | | | | 0 | 0 | 0 |
| 87091110 | 短距离运输货物电动牵引车 | | | 5 | 0 | | 0 | 0 | 0 | 0 | 2 | 0 | 0 | 6 | | 0 | 0 | | | | | 0 | 0 | 0 |
| 87091190 | 其他电动短矩离运货车 | | | 5 | 0 | | 0 | 0 | 0 | 0 | 2 | 0 | 0 | 6 | | 0 | 0 | | | | | 0 | 0 | 0 |
| 87091910 | 短距离运输货物其他牵引车 | | | 5 | 0 | | 0 | 0 | 0 | 0 | 2.1 | 5.2 | 0 | 7.7 | | 0 | 0 | | | | | 0 | 0 | 0 |
| 87091990 | 其他非电动短矩离运货车 | | | 5 | 0 | | 0 | 0 | 0 | 0 | 2.1 | 5.2 | 0 | 7.7 | | 0 | 0 | | | | | 0 | 0 | 0 |
| 87099000 | 短距离运货车、站台牵引车用零件 | | | 5 | 0 | | 0 | 0 | 0 | 0 | 1.7 | 0 | 0 | 5 | | | 0 | | | | | 0 | 0 | 0 |
| 87100010 | 坦克及其他机动装甲战斗车辆 | | | 12 | 0 | | 0 | 1.5 | 0 | 0 | 3 | 7.5 | 0 | 9 | | 0 | 0 | | | | | 0 | 0 | |
| 87100090 | 坦克及其他机动装甲战斗车辆零件 | | | 12 | 0 | | 0 | 1.5 | 0 | 0 | 3 | 7.5 | 0 | 9 | | 0 | 0 | | | | | 0 | 0 | |
| 87111000 | 汽油型微马力摩托车及脚踏两用车 | | | | 0 | | 0 | 4.5 | 0 | 0 | 9 | 27.9 | 0 | 36 | | 0 | 0 | | | | | 0 | 0 | |
| 87112010 | 装有往复式活塞发动机,50 毫升<气缸容量≤100 毫升的汽油型小马力摩托车及脚踏两用车 | | | | 0 | | 0 | 4.5 | 0 | 0 | 9 | 27.9 | 0 | 36 | | 0 | 0 | | | | | 0 | 0 | |
| 87112020 | 装有往复式活塞发动机,100 毫升<气缸容量≤125 毫升的汽油型小马力摩托车及脚踏两用车 | | | | 0 | | 0 | 4.5 | 0 | 0 | 9 | 27.9 | 0 | 36 | | 0 | 0 | | | | | 0 | 0 | |
| 87112030 | 装有往复式活塞发动机,125 毫升<气缸容量≤150 毫升的汽油型小马力摩托车及脚踏两用车 | | | | 0 | | 0 | 4.5 | 0 | 0 | 9 | 27.9 | 0 | 36 | | 0 | 0 | | | | | 0 | 0 | |
| 87112040 | 装有往复式活塞发动机,150 毫升<气缸容量≤200 毫升的汽油型小马力摩托车及脚踏两用车 | | | | 0 | | 0 | | 0 | 0 | 9 | 27.9 | 0 | 36 | | 0 | 0 | | | | | 0 | | |
| 87112050 | 装有往复式活塞发动机,200 毫升<气缸容量≤250 毫升的汽油型小马力摩托车及脚踏两用车 | | | | 0 | | 0 | | 0 | 0 | 9 | 27.9 | 0 | 36 | | 0 | 0 | | | | | 0 | | |
| 87113010 | 汽油型中小马力摩托车及脚踏两用车 | | | 32.8 | 0 | 32.8 | 0 | | 0 | 0 | 9 | | 0 | 36 | | 0 | 0 | | | | | 0 | | |
| 87113020 | 汽油型中大马力摩托车及脚踏两用车 | | | 32.8 | 0 | 32.8 | 0 | | 0 | 0 | 9 | | 0 | 36 | | 0 | 0 | | | | | 0 | | |
| 87114000 | 汽油型大马力摩托车及脚踏两用车 | | | | 0 | | 0 | | 0 | 0 | 8 | | 0 | 32 | | 0 | 0 | | | | | 0 | | |
| 87115000 | 汽油型超大马力摩托车及类似车 | | | | 0 | | 0 | | 0 | 0 | 6 | | 0 | 24 | | 0 | 0 | | | | | 0 | | |

| 税则号列 | 商品描述[①] | 协定税率(%) | | | | | | | | | | | | | | | | 特惠税率(%) | | | | | | |
|---|---|---|---|---|---|---|---|---|---|---|---|---|---|---|---|---|---|---|---|---|---|---|---|---|
| | | 香港 | 澳门 | 巴基斯坦 | 东盟 | 亚太 | 智利 | 秘鲁 | 哥斯达黎加 | 新西兰 | 澳大利亚 | 瑞士 | 冰岛 | 韩国 | 台湾 | 新加坡 | 格鲁吉亚 | 亚太2国[②] | 东盟 | | | 最不发达国家 | | |
| | | | | | | | | | | | | | | | | | | | 老挝 | 柬埔寨 | 缅甸 | LDC97[③] | LDC95[④] | LDC60[⑤] |
| 87116000 | 装有驱动电动机的其他摩托车(包括机器脚踏两用车)及装有辅助发动机的脚踏车,不论有无边车;边车 | | | | 0 | | 0 | | 0 | 0 | 9 | | 0 | | | 0 | 0 | | | | | 0 | | |
| 87119000 | 其他摩托车(包括机器脚踏两用车)及装有辅助发动机的脚踏车,不论有无边车 | | | | 0 | | 0 | | 0 | 0 | 9 | | 0 | | | 0 | 0 | | | | | 0 | | |
| 87120020 | 竞赛型自行车 | | | 5 | 0 | 9.1 | 0 | 0 | 0 | 0 | 2.6 | 6.5 | 0 | 7.8 | 0 | 0 | 0 | | | | | 0 | 0 | |
| 87120030 | 山地自行车 | | | 5 | 0 | 9.1 | 0 | 0 | 0 | 0 | 2.6 | 6.5 | 0 | 7.8 | 0 | 0 | 0 | | | | | 0 | 0 | |
| 87120041 | 16、18、20英寸自行车 | | | 5 | 0 | 9.1 | 0 | 0 | 0 | 0 | 2.6 | 6.5 | 0 | 7.8 | 0 | 0 | 0 | | | | | 0 | 0 | 0 |
| 87120049 | 其他越野自行车 | | | 5 | 0 | 9.1 | 0 | 0 | 0 | 0 | 2.6 | 6.5 | 0 | 7.8 | 0 | 0 | 0 | | | | | 0 | 0 | |
| 87120081 | 16英寸及以下的未列名自行车 | | 0 | 5 | 0 | 9.1 | 0 | 0 | 0 | 0 | 2.6 | 6.5 | 0 | 7.8 | 0 | 0 | 0 | | | | | 0 | 0 | |
| 87120089 | 其他未列名自行车 | | 0 | 5 | 0 | 9.1 | 0 | 0 | 0 | 0 | 2.6 | 6.5 | 0 | 7.8 | 0 | 0 | 0 | | | | | 0 | 0 | |
| 87120090 | 其他非机动脚踏车 | | 0 | 16.1 | 0 | 16.1 | 0 | 2.3 | 0 | 0 | 4.6 | 11.5 | 0 | | 0 | 0 | 0 | | | | | 0 | 0 | |
| 87131000 | 非机械驱动的残疾人用车 | | | 5 | 0 | | 0 | 0 | 0 | 0 | 1.2 | 0 | 0 | 1.2 | | | 0 | | | | | 0 | 0 | |
| 87139000 | 其他机动残疾人用车 | | | 0 | 0 | | 0 | 0 | 0 | 0 | 0 | 0 | 0 | 2.4 | | | 0 | | | | | 0 | 0 | |
| 87141000 | 摩托车及机动脚踏两用车用零附件 | | | | 0 | | 0 | 3 | 0 | 0 | 6 | | 0 | 24 | | 0 | 0 | | | | | 0 | 0 | |
| 87142000 | 残疾人车辆用零附件 | | | 0 | 0 | | 0 | 0 | 0 | 0 | 0 | 0 | 0 | 1 | | | 0 | | | | | 0 | 0 | 0 |
| 87149100 | 非机动脚踏车车架、轮叉及其零件 | | | 6 | 0 | | 0 | 0 | 0 | 0 | 2.4 | 6 | 0 | 7.2 | 0 | 0 | 0 | | | | | 0 | 0 | |
| 87149210 | 轮圈 | | | 6 | 0 | | 0 | 0 | 0 | 0 | 2.4 | 6 | 0 | 7.2 | 0 | 0 | 0 | | | | | 0 | 0 | |
| 87149290 | 辐条 | | | 6 | 0 | | 0 | 0 | 0 | 0 | 2.4 | 6 | 0 | 7.2 | 0 | 0 | 0 | | | | | 0 | 0 | |
| 87149310 | 非机动脚踏车的轮毂 | | | 6 | 0 | | 0 | 0 | 0 | 0 | 2.4 | 6 | 0 | 7.2 | 0 | 0 | 0 | | | | | 0 | 0 | |
| 87149320 | 飞轮 | | | 6 | 0 | | 0 | 0 | 0 | 0 | 2.4 | 6 | 0 | 7.2 | 0 | 0 | 0 | | | | | 0 | 0 | |
| 87149390 | 其他非机动脚踏车的飞轮 | | | 6 | 0 | | 0 | 0 | 0 | 0 | 2.4 | 6 | 0 | 7.2 | 0 | 0 | 0 | | | | | 0 | 0 | |
| 87149400 | 非机动脚踏车的制动器及其零件 | | | 6 | 0 | | 0 | 0 | 0 | 0 | 2.4 | 6 | 0 | 7.2 | 0 | 0 | 0 | | | | | 0 | 0 | |
| 87149500 | 非机动脚踏车的鞍座 | | | 6 | 0 | | 0 | 0 | 0 | 0 | 2.4 | 6 | 0 | 7.2 | 0 | 0 | 0 | | | | | 0 | 0 | |
| 87149610 | 非机动脚踏车脚蹬及其零件 | | | 6 | 0 | | 0 | 0 | 0 | 0 | 2.4 | 6 | 0 | 7.2 | 0 | 0 | 0 | | | | | 0 | 0 | |
| 87149620 | 非机动脚踏车曲柄、链轮及其零件 | | | 6 | 0 | | 0 | 0 | 0 | 0 | 2.4 | 6 | 0 | 7.2 | 0 | 0 | 0 | | | | | 0 | 0 | |
| 87149900 | 非机动脚踏车的其他零附件 | | | 5 | 0 | 8.4 | 0 | 0 | 0 | 0 | 2.4 | 6 | 0 | 7.2 | 0 | 0 | 0 | | | | | 0 | 0 | |
| 87150000 | 婴孩车及其零件 | | 0 | | 0 | | 0 | 2 | 0 | 0 | 4 | 10 | 0 | 14.6 | | 0 | 0 | | | | | 0 | 0 | |
| 87161000 | 供居住或野营用厢式挂车及半挂车 | | | 5 | 0 | | 0 | 0 | 0 | 0 | 2 | 0 | 0 | 7.3 | | 0 | 0 | | | | | 0 | 0 | |
| 87162000 | 农用自装或自卸式挂车及半挂车 | | | 5 | 0 | | 0 | 0 | 0 | 0 | 2 | 0 | 0 | 7.3 | | | 0 | | | | | 0 | 0 | |
| 87163110 | 油罐挂车及半挂车 | | | 5 | 0 | | 0 | 0 | 0 | 0 | 2 | 0 | 0 | 7.3 | | 0 | 0 | | | | | 0 | 0 | |
| 87163190 | 其他罐式挂车及半挂车 | | | 5 | 0 | | 0 | 0 | 0 | 0 | 2 | 0 | 0 | 6 | | | 0 | | | | | 0 | 0 | |
| 87163910 | 货柜挂车及半挂车 | | | 5 | 0 | | 0 | 0 | 0 | 0 | 2 | 0 | 0 | 6 | | | 0 | | | | | 0 | 0 | |
| 87163990 | 其他货运挂车及半挂车 | | | 5 | 0 | | 0 | 0 | 0 | 0 | 2 | 0 | 0 | 6 | | | 0 | | | | | 0 | 0 | |
| 87164000 | 其他未列名挂车及半挂车 | | | 5 | 0 | | 0 | 0 | 0 | 0 | 2 | 0 | 0 | 6 | | | 0 | | | | | 0 | 0 | |

| 税则号列 | 商品描述[①] | 协定税率(%) | | | | | | | | | | | | | | | | 特惠税率(%) | | | | | | |
|---|---|---|---|---|---|---|---|---|---|---|---|---|---|---|---|---|---|---|---|---|---|---|---|---|
| | | 香港 | 澳门 | 巴基斯坦 | 东盟 | 亚太 | 智利 | 秘鲁 | 哥斯达黎加 | 新西兰 | 澳大利亚 | 瑞士 | 冰岛 | 韩国 | 台湾 | 新加坡 | 格鲁吉亚 | 亚太2国[②] | 东盟 | | | 最不发达国家 | | |
| | | | | | | | | | | | | | | | | | | | 老挝 | 柬埔寨 | 缅甸 | LDC97[③] | LDC95[④] | LDC60[⑤] |
| 87168000 | 其他未列名非机械驱动车辆 | | 0 | 5 | 0 | | 0 | 0 | 0 | 0 | 2 | 0 | 0 | 6 | | 0 | 0 | | | | | 0 | 0 | |
| 87169000 | 挂车、半挂车及非机动车用零件 | | | 5 | 0 | | 0 | 0 | 0 | 0 | 2 | 0 | 0 | 6 | | 0 | 0 | | | | | 0 | 0 | 0 |
| 88010010 | 滑翔机及悬挂滑翔机 | | | 0 | 0 | | 0 | 0 | 0 | 0 | 0 | 0 | 0 | 0 | | | 0 | | | | | 0 | 0 | 0 |
| 88010090 | 气球、飞艇及其他无动力航空器 | | | 0 | 0 | | 0 | 0 | 0 | 0 | 0 | 0 | 0 | 0 | | | 0 | | | | | 0 | 0 | 0 |
| 88021100 | 空载重量≤2吨的直升机 | | | 0 | 0 | | 0 | 0 | 0 | 0 | 0 | 0 | 0 | 0 | | | 0 | | | | | 0 | 0 | 0 |
| 88021210 | 2吨<空载重量≤7吨的直升机 | | | 0 | 0 | | 0 | 0 | 0 | 0 | 0 | 0 | 0 | 0 | | | 0 | | | | | 0 | 0 | 0 |
| 88021220 | 空载重量>7吨的直升机 | | | 0 | 0 | | 0 | 0 | 0 | 0 | 0 | 0 | 0 | 0 | | | 0 | | | | | 0 | 0 | 0 |
| 88022000 | 小型飞机及其他航空器 | | | 0 | 0 | | 0 | 0 | 0 | 0 | 0 | 0 | 0 | 3 | | | 0 | | | | | 0 | 0 | 0 |
| 88023000 | 中型飞机及其他航空器 | | | 0 | 0 | | 0 | 0 | 0 | 0 | 0 | 0 | 0 | 0 | | | 0 | | | | | 0 | 0 | 0 |
| 88024010 | 大型飞机及其他航空器 | | | 0 | 0 | 3.5 | 0 | 0 | 0 | 0 | 0 | 0 | 0 | 0 | | | 0 | | | | | 0 | 0 | 0 |
| 88024020 | 特大型飞机及其他航空器 | | | 0 | 0 | .7 | 0 | 0 | 0 | 0 | 0 | 0 | 0 | 0 | | | 0 | | | | | 0 | 0 | 0 |
| 88026000 | 航天器(包括卫星)及其运载工具 | | | 0 | 0 | | 0 | 0 | 0 | 0 | 0 | 0 | 0 | 0 | | | 0 | | | | | 0 | 0 | 0 |
| 88031000 | 飞机等用推进器、水平旋翼及零件 | | | 0 | 0 | | 0 | 0 | 0 | 0 | 0 | 0 | 0 | 0 | | | 0 | | | | | 0 | 0 | 0 |
| 88032000 | 飞机等用起落架及其零件 | | | 0 | 0 | | 0 | 0 | 0 | 0 | 0 | 0 | 0 | 0 | | | 0 | | | | | 0 | 0 | 0 |
| 88033000 | 飞机及直升机的其他零件 | | | 0 | 0 | | 0 | 0 | 0 | 0 | 0 | 0 | 0 | 0 | | | 0 | | | | | 0 | 0 | |
| 88039000 | 其他未列名的航空器、航天器零件 | | | | | | | | | | | | | | | | | | | | | 0 | 0 | 0 |
| 88040000 | 降落伞及其零附件 | | | 0 | 0 | | 0 | 0 | 0 | 0 | 0 | 0 | 0 | 0 | | | 0 | | | | | 0 | 0 | 0 |
| 88051000 | 航空器的发射装置及其零件等 | | | 0 | 0 | | 0 | 0 | 0 | 0 | 0 | 0 | 0 | 0 | | | 0 | | | | | 0 | 0 | 0 |
| 88052100 | 空战模拟器及其零件 | | | 0 | 0 | | 0 | 0 | 0 | 0 | 0 | 0 | 0 | 0 | | | 0 | | | | | 0 | 0 | |
| 88052900 | 其他地面飞行训练器及其零件 | | | 0 | 0 | | 0 | 0 | 0 | 0 | 0 | 0 | 0 | 0 | | | 0 | | | | | 0 | 0 | 0 |
| 89011010 | 机动巡航船、游览船及各式渡船 | 0 | | 0 | 0 | | 0 | 0 | 0 | 0 | 0 | 0 | 0 | 3.6 | | 0 | 0 | | | | | 0 | 0 | |
| 89011090 | 非机动巡航船、游览船及各式渡船 | | | 5 | 0 | | 0 | 0 | 0 | 0 | 1.6 | 0 | 0 | 5.8 | | | 0 | | | | | 0 | 0 | |
| 89012011 | 载重≤10万吨的成品油船 | | | | 5 | | 0 | 0 | 0 | 0 | 1.8 | 0 | 0 | 6.6 | | | 0 | | | | | 0 | 0 | |
| 89012012 | 10万吨<载重≤30万吨的成品油船 | | | | 5 | | 0 | 0 | 0 | 0 | 1.8 | 0 | 0 | 6.6 | | | 0 | | | | | 0 | 0 | |
| 89012013 | 载重>30万吨的成品油船 | | | | 5 | | 0 | 0 | 0 | 0 | 1.2 | 0 | 0 | 4.4 | | | 0 | | | | | 0 | 0 | |
| 89012021 | 载重≤15万吨的原油船 | | | | 5 | | 0 | 0 | 0 | 0 | 1.8 | 0 | 0 | 6.6 | | | 0 | | | | | 0 | 0 | |
| 89012022 | 15万吨<载重≤30万吨的原油船 | | | | 5 | | 0 | 0 | 0 | 0 | 1.8 | 0 | 0 | 6.6 | | | 0 | | | | | 0 | 0 | |
| 89012023 | 载重>30万吨的原油船 | | | | 5 | | 0 | 0 | 0 | 0 | 1.2 | 0 | 0 | 4.4 | | | 0 | | | | | 0 | 0 | |
| 89012031 | 容积≤20000立方米的液化石油气船 | | | | 5 | | 0 | 0 | 0 | 0 | 1.8 | 0 | 0 | 6.6 | | | 0 | | | | | 0 | 0 | |
| 89012032 | 容积>20000立方米的液化石油气船 | | | | 5 | | 0 | 0 | 0 | 0 | 1.2 | 0 | 0 | 4.4 | | | 0 | | | | | 0 | 0 | |

| 税则号列 | 商品描述[1] | 协定税率(%) | | | | | | | | | | | | | | | | 特惠税率(%) | | | | | | |
|---|---|---|---|---|---|---|---|---|---|---|---|---|---|---|---|---|---|---|---|---|---|---|---|---|
| | | 香港 | 澳门 | 巴基斯坦 | 东盟 | 亚太 | 智利 | 秘鲁 | 哥斯达黎加 | 新西兰 | 澳大利亚 | 瑞士 | 冰岛 | 韩国 | 台湾 | 新加坡 | 格鲁吉亚 | 亚太2国[2] | 东盟 | | | 最不发达国家 | | |
| | | | | | | | | | | | | | | | | | | | 老挝 | 柬埔寨 | 缅甸 | LDC97[3] | LDC95[4] | LDC60[5] |
| 89012041 | 容积≤20000立方米的液化天然气船 | | | | 5 | | 0 | 0 | 0 | 0 | 1.8 | 0 | 0 | 6.6 | | | 0 | | | | | 0 | 0 | |
| 89012042 | 容积>20000立方米的液化天然气船 | | | | 5 | | 0 | 0 | 0 | 0 | 1.2 | 0 | 0 | 4.4 | | | 0 | | | | | 0 | 0 | |
| 89012090 | 其他液货船 | | | | 5 | | 0 | 0 | 0 | 0 | 1.8 | 0 | 0 | 6.6 | | | 0 | | | | | 0 | 0 | |
| 89013000 | 冷藏船 | | | 5 | 0 | | 0 | 0 | 0 | 0 | 1.8 | 0 | 0 | 6.6 | | 0 | 0 | | | | | 0 | 0 | |
| 89019021 | 可载标准集装箱≤6000箱的机动集装箱船 | | | | 5 | | 0 | 0 | 0 | 0 | 1.8 | 0 | 0 | 6.6 | | | 0 | | | | | 0 | 0 | |
| 89019022 | 可载标准集装箱>6000箱的机动集装箱船 | | | | 5 | | 0 | 0 | 0 | 0 | 1.2 | 0 | 0 | 4.4 | | | 0 | | | | | 0 | 0 | |
| 89019031 | 载重≤2万吨的机动滚装船 | | | | 5 | | 0 | 0 | 0 | 0 | 1.8 | 0 | 0 | 6.6 | | | 0 | | | | | 0 | 0 | |
| 89019032 | 载重>2万吨的机动滚装船 | | | | 5 | | 0 | 0 | 0 | 0 | 1.2 | 0 | 0 | 4.4 | | | 0 | | | | | 0 | 0 | |
| 89019041 | 载重≤15万吨的机动散货船 | | | | 5 | | 0 | 0 | 0 | 0 | 1.8 | 0 | 0 | 6.6 | | | 0 | | | | | 0 | 0 | |
| 89019042 | 15万吨<载重≤30万吨的机动散货船 | | | | 5 | | 0 | 0 | 0 | 0 | 1.8 | 0 | 0 | 6.6 | | | 0 | | | | | 0 | 0 | |
| 89019043 | 载重>30万吨的机动散货船 | | | | 5 | | 0 | 0 | 0 | 0 | 1.8 | 0 | 0 | 6.6 | | | 0 | | | | | 0 | 0 | |
| 89019050 | 机动多用途船 | | | | 5 | | 0 | 0 | 0 | 0 | 1.8 | 0 | 0 | 6.6 | | | 0 | | | | | 0 | 0 | |
| 89019080 | 其他机动货运船舶 | | | 5 | 0 | | 0 | 0 | 0 | 0 | 1.8 | 0 | 0 | 6.6 | | 0 | 0 | | | | | 0 | 0 | |
| 89019090 | 非机动货运船舶及客货兼运船舶 | | | 5 | 0 | | 0 | 0 | 0 | 0 | 1.6 | 0 | 0 | 5.8 | | 0 | 0 | | | | | 0 | 0 | |
| 89020010 | 机动捕鱼船 | | | 5 | 0 | | 0 | 0 | 0 | 0 | 1.4 | 0 | 0 | 5.1 | | 0 | 0 | | | | | 0 | 0 | |
| 89020090 | 非机动捕鱼船 | | | 5 | 0 | | 0 | 0 | 0 | 0 | 1.6 | 0 | 0 | 5.8 | | | 0 | | | | | 0 | 0 | |
| 89031000 | 充气的娱乐或运动用快艇 | | | 5 | 0 | | 0 | 0 | 0 | 0 | 2 | 0 | 0 | 7.3 | | | 0 | | | | | 0 | 0 | 0 |
| 89039100 | 帆船 | | | 5 | 0 | | 0 | 0 | 0 | 0 | 1.6 | 0 | 0 | 5.8 | | | 0 | | | | | 0 | 0 | 0 |
| 89039200 | 汽艇 | 0 | | 5 | 0 | | 0 | 1 | 0 | 0 | 2.1 | 5.2 | 0 | 7.7 | | 0 | 0 | | | | | 0 | 0 | 0 |
| 89039900 | 娱乐或运动用其他船舶或快艇 | | | 5 | 0 | | 0 | 0 | 0 | 0 | 2 | 0 | 0 | | | | 0 | | | | | 0 | 0 | 0 |
| 89040000 | 拖轮及顶推船 | | | 5 | 0 | | 0 | 0 | 0 | 0 | 1.8 | 0 | 0 | 6.6 | | 0 | 0 | | | | | 0 | 0 | 0 |
| 89051000 | 挖泥船 | | | 0 | 0 | | 0 | 0 | 0 | 0 | 0 | 0 | 0 | 2.2 | | | 0 | | | | | 0 | 0 | 0 |
| 89052000 | 浮动或潜水式钻探或生产平台 | | | 5 | 0 | | 0 | 0 | 0 | 0 | 1.2 | 0 | 0 | 4.4 | | | 0 | | | | | 0 | 0 | 0 |
| 89059010 | 浮船坞 | | | | 5 | | 0 | 0 | 0 | 0 | 1.6 | 0 | 0 | 5.8 | | | 0 | | | | | 0 | 0 | 0 |
| 89059090 | 其他不以航行为主要功能的船舶 | | | 0 | 0 | | 0 | 0 | 0 | 0 | 0 | 0 | 0 | 2.2 | | | 0 | | | | | 0 | 0 | 0 |
| 89061000 | 军舰 | | | 0 | 0 | | 0 | 0 | 0 | 0 | 0 | 0 | 0 | 3.6 | | | 0 | | | | | 0 | 0 | |
| 89069010 | 其他未列名的机动船舶 | | | 0 | 0 | | 0 | 0 | 0 | 0 | 0 | 0 | 0 | | | | 0 | | | | | 0 | 0 | 0 |
| 89069020 | 非机动船舶 | | | 5 | 0 | | 0 | 0 | 0 | 0 | 1.6 | 0 | 0 | 5.8 | | | 0 | | | | | 0 | 0 | 0 |
| 89069030 | 未制成或不完整的船舶,包括船舶分段 | | | 5 | 0 | | 0 | 0 | 0 | 0 | 1.6 | 0 | 0 | 5.8 | | | 0 | | | | | 0 | 0 | 0 |
| 89071000 | 充气筏 | | | 5 | 0 | | 0 | 0 | 0 | 0 | 1.6 | 0 | 0 | 5.8 | | | 0 | | | | | 0 | 0 | 0 |
| 89079000 | 其他浮动结构体 | | | 5 | 0 | | 0 | 0 | 0 | 0 | 1.6 | 0 | 0 | 5.8 | | | 0 | | | | | 0 | 0 | 0 |
| 89080000 | 供拆卸的船舶及其他浮动结构体 | | | 0 | 0 | | 0 | 0 | 0 | 0 | 0 | 0 | 0 | 2.2 | | | 0 | | | | | 0 | 0 | 0 |

| 税则号列 | 商品描述[①] | 协定税率(%) | | | | | | | | | | | | | | | | 特惠税率(%) | | | | | | |
|---|---|---|---|---|---|---|---|---|---|---|---|---|---|---|---|---|---|---|---|---|---|---|---|---|
| | | 香港 | 澳门 | 巴基斯坦 | 东盟 | 亚太 | 智利 | 秘鲁 | 哥斯达黎加 | 新西兰 | 澳大利亚 | 瑞士 | 冰岛 | 韩国 | 台湾 | 新加坡 | 格鲁吉亚 | 亚太2国[②] | 东盟 | | | 最不发达国家 | | |
| | | | | | | | | | | | | | | | | | | | 老挝 | 柬埔寨 | 缅甸 | LDC97[③] | LDC95[④] | LDC60[⑤] |
| 90011000 | 光导纤维束及光缆 | 0 | | 0 | 0 | 4.5 | 0 | 0 | 0 | 0 | 0 | 0 | 0 | 4.6 | | | 0 | | | | | 0 | 0 | 0 |
| 90012000 | 偏振材料制的片及板 | 0 | | 5 | 0 | 6.3 | 0 | 0 | 0 | 0 | 1.6 | 0 | 0 | 4.8 | | | | | | | | 0 | 0 | 0 |
| 90013000 | 隐形眼镜片 | 0 | | 5 | 0 | | 0 | 0 | 0 | 0 | 2 | 0 | 0 | 8 | | 0 | 0 | | | | | 0 | 0 | 0 |
| 90014010 | 玻璃制变色镜片 | 0 | | | 0 | | 0 | 2 | 0 | 0 | 4 | 10 | 0 | 14.6 | | 0 | 0 | | | | | 0 | 0 | |
| 90014091 | 玻璃制太阳镜片 | 0 | | | 0 | | 0 | 2 | 0 | 0 | 4 | 10 | 0 | 14.6 | | 0 | 0 | | | | | 0 | 0 | |
| 90014099 | 玻璃制其他眼镜片 | 0 | | | 0 | | 0 | 2 | 0 | 0 | 4 | 10 | 0 | 14.6 | | 0 | 0 | | | | | 0 | 0 | |
| 90015010 | 非玻璃材料制变色镜片 | 0 | | | 0 | | 0 | 2 | 0 | 0 | 4 | 10 | 0 | 14.6 | | 0 | 0 | | | | | 0 | 0 | |
| 90015091 | 非玻璃材料制太阳镜片 | 0 | | | 0 | | 0 | 2 | 0 | 0 | 4 | 10 | 0 | 14.6 | | 0 | 0 | | | | | 0 | 0 | |
| 90015099 | 非玻璃材料制其他眼镜片 | 0 | | | 0 | | 0 | 2 | 0 | 0 | 4 | 10 | 0 | 12 | | 0 | 0 | | | | | 0 | 0 | |
| 90019010 | 彩色滤光片 | 0 | | 5 | 0 | 6.7 | 0 | 0 | 0 | 0 | 1.6 | 0 | 0 | 5.8 | | | 0 | | | | | 0 | 0 | 0 |
| 90019090 | 其他光学元件 | 0 | | 5 | 0 | 6.7 | 0 | 0 | 0 | 0 | 1.6 | 4 | 0 | 4.8 | | | 0 | | | | | 0 | 0 | 0 |
| 90021110 | 特殊用途照相机用物镜 | | | 5 | 0 | | 0 | 0 | 0 | 0 | 1.6 | 0 | 0 | 1.6 | | | 0 | | | | | 0 | 0 | 0 |
| 90021120 | 缩微阅读机用物镜 | | | 5 | 0 | | 0 | 0 | 0 | 0 | 1.6 | 0 | 0 | 1.6 | | | 0 | | | | | 0 | 0 | 0 |
| 90021131 | 单反相机镜头 | | | 12 | 0 | | 0 | 1.5 | 0 | 0 | 3 | 7.5 | 0 | | | 0 | 0 | | | | | 0 | 0 | |
| 90021139 | 其他照相机用镜头 | | | 12 | 0 | | 0 | 1.5 | 0 | 0 | 3 | 7.5 | 0 | 9 | | 0 | 0 | | | | | 0 | 0 | 0 |
| 90021190 | 其他照相机、投影仪等用物镜 | | | 12 | 0 | | 0 | 1.5 | 0 | 0 | 3 | 7.5 | 0 | 11 | 0 | 0 | 0 | | | | | 0 | 0 | 0 |
| 90021910 | 摄影机或放映机用物镜 | | | 12 | 0 | | 0 | 1.5 | 0 | 0 | 3 | 7.5 | 0 | 9 | | 0 | 0 | | | | | 0 | 0 | |
| 90021990 | 品目90.02未列名的其他物镜 | 0 | | 12 | 0 | | 0 | 1.5 | 0 | 0 | 3 | 7.5 | 0 | 11 | 0 | 0 | 0 | | | | | 0 | 0 | 0 |
| 90022010 | 照相机用滤色镜 | | | 12 | 0 | 12.5 | 0 | 1.5 | 0 | 0 | 3 | 7.5 | 0 | 11 | | 0 | 0 | | | | | 0 | 0 | |
| 90022090 | 其他光学仪器或装置滤色镜 | | | 12 | 0 | 12.5 | 0 | 1.5 | 0 | 0 | 3 | 7.5 | 0 | 11 | | 0 | 0 | | | | | 0 | 0 | |
| 90029010 | 照相机用未列名光学元件 | 0 | | 12 | 0 | | 0 | 1.5 | 0 | 0 | 3 | 7.5 | 0 | 11 | 0 | 0 | 0 | | | | | 0 | 0 | |
| 90029090 | 其他光学仪器用未列名光学元件 | 0 | | 12 | 0 | | 0 | 1.5 | 0 | 0 | 3 | 7.5 | 0 | 11 | 0 | 0 | 0 | | | | | 0 | 0 | 0 |
| 90031100 | 塑料制眼镜架 | 0 | 0 | | 0 | | 0 | 1.8 | 0 | 0 | 3.6 | 9 | 0 | 10.8 | | 0 | 0 | | | | | 0 | 0 | |
| 90031910 | 金属材料制眼镜架 | 0 | 0 | 5 | 0 | | 0 | 0 | 0 | 0 | 2 | 0 | 0 | 6 | | | 0 | | | | | 0 | 0 | |
| 90031920 | 天然材料制眼镜架 | 0 | 0 | 5 | 0 | | 0 | 0 | 0 | 0 | 2 | 0 | 0 | 6 | | | 0 | | | | | 0 | 0 | |
| 90031990 | 其他眼镜架 | 0 | 0 | 5 | 0 | | 0 | 0 | 0 | 0 | 2 | 0 | 0 | 6 | | | 0 | | | | | 0 | 0 | |
| 90039000 | 眼镜架零件 | 0 | | 5 | 0 | | 0 | 0 | 0 | 0 | 2 | 0 | 0 | 6 | | | 0 | | | | | 0 | 0 | |
| 90041000 | 太阳镜 | 0 | 0 | | 0 | | 0 | 2 | 0 | 0 | 4 | 10 | 0 | 14.6 | | 0 | 0 | | | | | 0 | 0 | |
| 90049010 | 变色镜 | 0 | 0 | 12.8 | 0 | | 0 | 1.6 | 0 | 0 | 3.2 | 8 | 0 | 9.6 | | 0 | 0 | | | | | 0 | 0 | |
| 90049090 | 其他眼镜 | 0 | 0 | | 0 | | 0 | 2 | 0 | 0 | 4 | 10 | 0 | 12 | | 0 | 0 | | | | | 0 | 0 | |
| 90051000 | 双筒望远镜 | | | 12 | 0 | | 0 | 1.5 | 0 | 0 | 3 | 7.5 | 0 | 9 | | 0 | 0 | | | | | 0 | 0 | |
| 90058010 | 天文望远镜及其他天文仪器 | | | 0 | 0 | | 0 | 0 | 0 | 0 | 0 | 0 | 0 | 0 | | | 0 | | | | | 0 | 0 | 0 |
| 90058090 | 其他光学望远镜 | | 0 | 6 | 0 | | 0 | 0 | 0 | 0 | 2.4 | 6 | 0 | 7.2 | | 0 | 0 | | | | | 0 | 0 | 0 |
| 90059010 | 天文望远镜及其他天文仪器用零件 | | | 0 | 0 | | 0 | 0 | 0 | 0 | 0 | 0 | 0 | 0 | | | 0 | | | | | 0 | 0 | 0 |
| 90059090 | 其他望远镜零附件 | | | 5 | 0 | | 0 | 0 | 0 | 0 | 1.6 | 0 | 0 | 1.6 | | | 0 | | | | | 0 | 0 | 0 |
| 90063000 | 特种用途的照相机 | | | 5 | 0 | | 0 | 0 | 0 | 0 | 1.8 | 0 | 0 | | | | 0 | | | | | 0 | 0 | 0 |
| 90064000 | 一次成像照相机 | | | 0 | 0 | | 0 | 0 | 0 | 0 | 0 | 0 | 0 | 3 | | | 0 | | | | | 0 | 0 | 0 |
| 90065100 | 通过镜头取景的照相机 | | | | 0 | | 0 | | 0 | 0 | 5 | 15.5 | 0 | 20 | | 0 | 0 | | | | | 0 | | |
| 90065210 | 缩微照相机 | | | 5 | 0 | | 0 | 0 | 0 | 0 | 1.8 | 0 | 0 | 1.8 | | | 0 | | | | | 0 | 0 | 0 |

| 税则号列 | 商品描述[①] | 协定税率(%) | | | | | | | | | | | | | | | | 特惠税率(%) | | | | | | |
|---|---|---|---|---|---|---|---|---|---|---|---|---|---|---|---|---|---|---|---|---|---|---|---|---|
| | | 香港 | 澳门 | 巴基斯坦 | 东盟 | 亚太 | 智利 | 秘鲁 | 哥斯达黎加 | 新西兰 | 澳大利亚 | 瑞士 | 冰岛 | 韩国 | 台湾 | 新加坡 | 格鲁吉亚 | 亚太2国[②] | 东盟 | | | 最不发达国家 | | |
| | | | | | | | | | | | | | | | | | | | 老挝 | 柬埔寨 | 缅甸 | LDC97[③] | LDC95[④] | LDC60[⑤] |
| 90065290 | 使用胶片宽<35毫米的其他照相机 | | | | 0 | | 0 | | 0 | 0 | 5 | 15.5 | | 20 | | 0 | 0 | | | | | 0 | | |
| 90065300 | 其他照相机 | | | | 0 | | 0 | 2 | 0 | 0 | 4 | 10 | 0 | 14.6 | | 0 | 0 | | | | | 0 | 0 | |
| 90065910 | 激光照排设备 | | | 5 | 0 | | 0 | 0 | 0 | 0 | 1.8 | 0 | 0 | 6.6 | | 0 | 0 | | | | | 0 | 0 | 0 |
| 90065921 | 电子分色机 | | | 6 | 0 | | 0 | 0 | 0 | 0 | 2.4 | 6 | 0 | 7.2 | | 0 | 0 | | | | | 0 | 0 | 0 |
| 90065929 | 其他制版照相机 | | | 5 | 0 | | 0 | 0 | 0 | 0 | 2 | 0 | 0 | 6 | | | 0 | | | | | 0 | 0 | 0 |
| 90065990 | 其他照相机 | | | | 0 | | 0 | | 0 | 0 | 5 | | 0 | 20 | | 0 | 0 | | | | | 0 | | |
| 90066100 | 放电式(电子式)闪光灯装置 | | | | 0 | | 0 | 1.8 | 0 | 0 | 3.6 | 9 | 0 | 10.8 | | 0 | 0 | | | | | 0 | 0 | |
| 90066910 | 闪光灯泡、方形闪光灯及类似品 | | | 14.4 | 0 | | 0 | 1.8 | 0 | 0 | 3.6 | 9 | 0 | 14.4 | | 0 | 0 | | | | | 0 | 0 | |
| 90066990 | 其他照相闪光灯装置 | | | 14.4 | 0 | | 0 | 1.8 | 0 | 0 | 3.6 | 9 | 0 | 10.8 | | 0 | 0 | | | | | 0 | 0 | |
| 90069110 | 编号90063000、90065921、90065929所列照相机用零附件 | 0 | | 5 | 0 | 5.6 | 0 | 0 | 0 | 0 | 1.6 | 0 | 0 | 4.8 | | | 0 | 0 | | | | 0 | 0 | 0 |
| 90069120 | 一次成像照相机的零附件 | 0 | | 0 | 0 | 3.5 | 0 | 0 | 0 | 0 | 0 | 0 | 0 | 1 | | | 0 | 0 | | | | 0 | 0 | 0 |
| 90069191 | 照相机自动调焦组件 | 0 | | 5 | 0 | 7 | 0 | 0 | 0 | 0 | 2 | 0 | 0 | 6 | | 0 | 0 | 0 | | | | 0 | 0 | 0 |
| 90069192 | 其他照相机的快门组件 | 0 | | 5 | 0 | 7 | 0 | 0 | 0 | 0 | 2 | 0 | 0 | 6 | | 0 | 0 | 0 | | | | 0 | 0 | 0 |
| 90069199 | 其他照相机的其他零附件 | 0 | | 5 | 0 | 7 | 0 | 0 | 0 | 0 | 2 | 0 | 0 | 6 | | 0 | 0 | 0 | | | | 0 | 0 | 0 |
| 90069900 | 照相闪光灯装置及闪光灯泡的零件 | | | 6 | 0 | | 0 | 0 | 0 | 0 | 2.4 | 6 | 0 | 7.2 | | 0 | 0 | | | | | 0 | 0 | 0 |
| 90071010 | 高速摄影机 | | | 7 | 0 | | 0 | 0 | 0 | 0 | 2.8 | 7 | 0 | 8.4 | | 0 | 0 | | | | | 0 | 0 | |
| 90071090 | 其他摄影机 | | | 11.2 | 0 | | 0 | 0 | 0 | 0 | 2.8 | 7 | 0 | 8.4 | | 0 | 0 | | | | | 0 | 0 | |
| 90072010 | 数字式放映机 | 0 | | 11.2 | 0 | | 0 | 0 | 0 | 0 | 2.8 | 7 | 0 | 8.4 | | 0 | 0 | | | | | 0 | 0 | |
| 90072090 | 放映机 | | | 11.2 | 0 | | 0 | 0 | 0 | 0 | 2.8 | 7 | 0 | 8.4 | | 0 | 0 | | | | | 0 | 0 | |
| 90079100 | 电影摄影机用零附件 | | | 5 | 0 | | 0 | 0 | 0 | 0 | 1.7 | 0 | 0 | 5 | | | 0 | | | | | 0 | 0 | |
| 90079200 | 电影放映机用零附件 | | | 5 | 0 | | 0 | 0 | 0 | 0 | 1.7 | 0 | 0 | 1.6 | | | 0 | | | | | 0 | 0 | |
| 90085010 | 幻灯机 | | | 7 | 0 | | 0 | 0 | 0 | 0 | 2.8 | 7 | 0 | 8.4 | | 0 | 0 | | | | | 0 | 0 | |
| 90085020 | 缩微胶卷、缩微胶片或其他缩微品的阅读机,不论是否可以进行复制 | | | 5 | 0 | | 0 | 0 | 0 | 0 | 2 | 0 | 0 | 6 | | | 0 | | | | | 0 | 0 | |
| 90085031 | 正射投影仪 | | | | 0 | | 0 | 1.8 | 0 | 0 | 3.6 | 9 | 0 | | | 0 | 0 | | | | | 0 | 0 | |
| 90085039 | 其他影像投影仪 | | | | 0 | | 0 | 1.8 | 0 | 0 | 3.6 | 9 | 0 | | | 0 | 0 | | | | | 0 | 0 | |
| 90085040 | 照片(电影片除外)放大机及缩片机 | | | | 0 | | 0 | 2 | 0 | 0 | 4 | 10 | 0 | 14.6 | | 0 | 0 | | | | | 0 | 0 | |
| 90089010 | 缩微阅读机的零附件 | | | 5 | 0 | | 0 | 0 | 0 | 0 | 1.6 | 0 | 0 | 1.6 | | | 0 | | | | | 0 | 0 | |
| 90089020 | 照片放大机及缩片机的零附件 | | | 7 | 0 | | 0 | 0 | 0 | 0 | 2.8 | 7 | 0 | 8.4 | | 0 | 0 | | | | | 0 | 0 | |
| 90089090 | 其他影像投影仪的零附件 | | | 11.2 | 0 | | 0 | 0 | 0 | 0 | 2.8 | 7 | 0 | 8.4 | | 0 | 0 | | | | | 0 | 0 | |
| 90101010 | 电影用胶卷的自动显影装置及设备 | 0 | | 7 | 0 | | 0 | 0 | 0 | 0 | 2.8 | 7 | 0 | 8.4 | | 0 | 0 | | | | | 0 | 0 | |
| 90101020 | 特种照相胶卷自动显影装置及设备 | 0 | | 5 | 0 | | 0 | 0 | 0 | 0 | 1.7 | 0 | 0 | 1.6 | | | 0 | | | | | 0 | 0 | 0 |
| 90101091 | 彩色胶卷用自动显影及设备 | 0 | | | 0 | | 0 | 2.5 | 0 | 0 | 5 | 15.5 | 0 | 20 | | 0 | 0 | | | | | 0 | 0 | |

| 税则号列 | 商品描述[1] | 协定税率(%) | | | | | | | | | | | | | | | | 特惠税率(%) | | | | | | |
|---|---|---|---|---|---|---|---|---|---|---|---|---|---|---|---|---|---|---|---|---|---|---|---|---|
| | | 香港 | 澳门 | 巴基斯坦 | 东盟 | 亚太 | 智利 | 秘鲁 | 哥斯达黎加 | 新西兰 | 澳大利亚 | 瑞士 | 冰岛 | 韩国 | 台湾 | 新加坡 | 格鲁吉亚 | 亚太2国[2] | 东盟 | | | 最不发达国家 | | |
| | | | | | | | | | | | | | | | | | | | 老挝 | 柬埔寨 | 缅甸 | LDC97[3] | LDC95[4] | LDC60[5] |
| 90101099 | 其他胶卷的自动显影装置及设备 | 0 | | 12 | 0 | | 0 | 1.5 | 0 | 0 | 3 | 7.5 | 0 | 12 | | 0 | 0 | | | | | 0 | 0 | |
| 90105010 | 负片显示器 | | | 7 | 0 | | 0 | 0 | 0 | 0 | 2.8 | 7 | 0 | 8.4 | | 0 | 0 | | | | | 0 | 0 | |
| 90105021 | 电影用的洗印装置 | | | 11.2 | 0 | | 0 | 0 | 0 | 0 | 2.8 | 7 | 0 | 8.4 | | 0 | 0 | | | | | 0 | 0 | |
| 90105022 | 特种照相用的洗印装置 | | | 5 | 0 | | 0 | 0 | 0 | 0 | 1.7 | 0 | 0 | 5 | | | 0 | | | | | 0 | 0 | 0 |
| 90105029 | 其他照相用的洗印装置 | | | 13.6 | 0 | | 0 | 1.7 | 0 | 0 | 3.4 | 8.5 | 0 | 10.2 | | 0 | 0 | | | | | 0 | 0 | |
| 90106000 | 银幕及其他投影屏幕 | | | 11.2 | 0 | | 0 | 0 | 0 | 0 | 2.8 | 7 | 0 | 8.4 | | 0 | 0 | | | | | 0 | 0 | |
| 90109010 | 电影洗印用洗印装置的零附件 | | | | | | | | | | | | | | | | | | | | | 0 | 0 | 0 |
| 90109020 | 特种照相洗印用装置的零附件 | | | | | | | | | | | | | | | | | | | | | 0 | 0 | 0 |
| 90109090 | 其他洗印用装置的零附件 | | | | | | | | | | | | | | | | | | | | | 0 | 0 | 0 |
| 90111000 | 立体显微镜 | | | | | | | | | | | | | | | | | | | | | 0 | 0 | 0 |
| 90112000 | 缩微照相等用的其他显微镜 | | | | | | | | | | | | | | | | | | | | | 0 | 0 | 0 |
| 90118000 | 其他显微镜 | | | 5 | 0 | | 0 | 0 | 0 | 0 | 1.4 | 3.5 | 0 | 4.2 | | | 0 | | | | | 0 | 0 | |
| 90119000 | 复式光学显微镜的零附件 | | | | | | | | | | | | | | | | | | | | | 0 | 0 | 0 |
| 90121000 | 其他非光学显微镜及衍射设备 | | | | | | | | | | | | | | | | | | | | | 0 | 0 | 0 |
| 90129000 | 非光学显微镜及衍射设备的零件 | | | | | | | | | | | | | | | | | | | | | 0 | 0 | 0 |
| 90131000 | 武器用望远镜瞄准具及其他望远镜 | | | 5 | 0 | | 0 | 0 | 0 | 0 | 1.6 | 0 | 0 | 1.6 | | | 0 | | | | | 0 | 0 | |
| 90132000 | 激光器 | | 0 | 5 | 0 | | 0 | 0 | 0 | 0 | 1.2 | 3 | 0 | 3.6 | | | 0 | | | | | 0 | 0 | |
| 90138010 | 放大镜 | 0 | 0 | 5 | 0 | 8.4 | 0 | 0 | 0 | 0 | 2.4 | 6 | 0 | 7.2 | | 0 | 0 | | | | | 0 | 0 | |
| 90138020 | 光学门眼 | | | 5 | 0 | 8.4 | 0 | 0 | 0 | 0 | 2.4 | 6 | 0 | 7.2 | | 0 | 0 | | | | | 0 | 0 | |
| 90138030 | 液晶显示板 | 0 | 0 | 0 | 0 | | 0 | | | 0 | 3.7 | | 0 | 5 | | | | | | | | | | |
| 90138090 | 其他液晶装置及光学仪器 | 0 | 0 | 0 | 0 | | 0 | 0 | 0 | 0 | 0 | 0 | 0 | | | | | | | | | 0 | 0 | |
| 90139010 | 激光器、望远镜等装置的零附件 | 0 | 0 | 5 | 0 | | 0 | 0 | 0 | 0 | 1.2 | 0 | 0 | 3.6 | | | 0 | | | | | 0 | 0 | |
| 90139020 | 编号90138030所列货品用零附件 | 0 | 0 | 5 | 0 | | 0 | 0 | 0 | 0 | 1.6 | 0 | 0 | 5.8 | | | 0 | | | | | 0 | 0 | |
| 90139090 | 品目90.13所列其他货品的零附件 | 0 | 0 | 5 | 0 | | 0 | 0 | 0 | 0 | 1.6 | 0 | 0 | 8 | | | | | | | | 0 | 0 | |
| 90141000 | 定向罗盘 | | | 0 | 0 | | 0 | 0 | 0 | 0 | 0 | 0 | 0 | 1.4 | | | 0 | | | | | 0 | 0 | 0 |
| 90142010 | 自动驾驶仪 | | | 0 | 0 | | 0 | 0 | 0 | 0 | 0 | 0 | 0 | 1.4 | | | 0 | | | | | 0 | 0 | 0 |
| 90142090 | 其他航空或航天导航仪器及装置(罗盘除外) | | | 0 | 0 | | 0 | 0 | 0 | 0 | 0 | 0 | 0 | 0 | | | 0 | | | | | 0 | 0 | 0 |
| 90148000 | 其他导航仪器及装置 | | | 0 | 0 | | 0 | 0 | 0 | 0 | 0 | 0 | 0 | 0.4 | | | 0 | | | | | 0 | 0 | 0 |
| 90149010 | 自动驾驶仪用零件、附件 | | | 0 | 0 | | 0 | 0 | 0 | 0 | 0 | 0 | 0 | 0 | | | 0 | | | | | 0 | 0 | 0 |
| 90149090 | 其他导航仪器及设备用零件、附件 | | | 0 | 0 | | 0 | 0 | 0 | 0 | 0 | 0 | 0 | 0 | | | 0 | | | | | 0 | 0 | |
| 90151000 | 测距仪 | | | 5 | 0 | | 0 | 0 | 0 | 0 | 1.8 | 5.2 | 0 | 5.4 | | | 0 | | | | | 0 | 0 | 0 |
| 90152000 | 经纬仪及视距仪 | | | 5 | 0 | | 0 | 0 | 0 | 0 | 1.8 | 0 | 0 | 1.8 | | | 0 | | | | | 0 | 0 | 0 |
| 90153000 | 水平仪 | | | 5 | 0 | | 0 | 0 | 0 | 0 | 1.8 | 0 | 0 | 5.4 | | | 0 | | | | | 0 | 0 | 0 |

| 税则号列 | 商品描述[1] | 协定税率(%) | | | | | | | | | | | | | | | | 特惠税率(%) | | | | | | |
|---|---|---|---|---|---|---|---|---|---|---|---|---|---|---|---|---|---|---|---|---|---|---|---|---|
| | | 香港 | 澳门 | 巴基斯坦 | 东盟 | 亚太 | 智利 | 秘鲁 | 哥斯达黎加 | 新西兰 | 澳大利亚 | 瑞士 | 冰岛 | 韩国 | 台湾 | 新加坡 | 格鲁吉亚 | 亚太2国[2] | 东盟 | | | 最不发达国家 | | |
| | | | | | | | | | | | | | | | | | | | 老挝 | 柬埔寨 | 缅甸 | LDC97[3] | LDC95[4] | LDC60[5] |
| 90154000 | 摄影测量用仪器及装置 | | | 5 | 0 | | 0 | 0 | 0 | 0 | 1.8 | 0 | 0 | 1.8 | | | 0 | | | | | 0 | 0 | 0 |
| 90158000 | 其他大地测量仪器及装置 | | | 0 | 0 | 3.5 | 0 | 0 | 0 | 0 | 0 | | 0 | 3 | | | 0 | | | | | 0 | 0 | 0 |
| 90159000 | 大地测量仪器及装置的零附件 | | | 0 | 0 | | 0 | 0 | 0 | 0 | 0 | 0 | 0 | 3 | | | 0 | | | | | 0 | 0 | 0 |
| 90160010 | 感量为0.1毫克或更精密的天平 | | | 5 | 0 | | 0 | 0 | 0 | 0 | 1.8 | | 0 | 5.4 | | | 0 | | | | | 0 | 0 | 0 |
| 90160090 | 0.1毫克<感量≤50毫克的天平 | | | 5 | 0 | | 0 | 0 | 0 | 0 | 2.1 | 0 | 0 | 6.3 | | 0 | 0 | | | | | 0 | 0 | 0 |
| 90171000 | 绘图台及绘图机,不论是否自动 | | | 5 | 0 | | 0 | 0 | 0 | 0 | 1.6 | 0 | 0 | 4.8 | | | 0 | | | | | 0 | 0 | 0 |
| 90172000 | 其他绘图、划线或数学计算器具 | | | | | | | | | | | | | | | | | | | | | 0 | 0 | 0 |
| 90173000 | 千分尺、卡尺及量规 | | | 5 | 0 | | 0 | 0 | 0 | 0 | 1.6 | 4 | 0 | 4.8 | | | 0 | | | | | 0 | 0 | 0 |
| 90178000 | 其他手用测量长度的器具 | | | 5 | 0 | | 0 | 0 | 0 | 0 | 1.6 | 4 | 0 | 1.6 | | | 0 | | | | | 0 | 0 | 0 |
| 90179000 | 绘图计算器具等仪器的零附件 | | | | | | | | | | | | | | | | | | | | | 0 | 0 | 0 |
| 90181100 | 心电图记录仪 | | | 0 | 0 | | 0 | 0 | 0 | 0 | 0 | 0 | 0 | 1 | | | 0 | | | | | 0 | 0 | 0 |
| 90181210 | B型超声波诊断仪 | | | 0 | 0 | 6 | 0 | 0 | 0 | 0 | 1.4 | 0 | 1.2 | 5.1 | | | 0 | | | | | 0 | 0 | 0 |
| 90181291 | 彩色超声波诊断仪 | | | 0 | 0 | 3.9 | 0 | 0 | 0 | 0 | 0 | 0 | 0 | 4.6 | | | 0 | | | | | 0 | 0 | 0 |
| 90181299 | 其他超声扫描装置 | | | 0 | 0 | 3.9 | 0 | 0 | 0 | 0 | 0 | 0 | 0 | 4.6 | | | 0 | | | | | 0 | 0 | 0 |
| 90181310 | 核磁共振成像成套装置 | 0 | | 0 | 0 | | 0 | 0 | 0 | 0 | 0 | 0 | 0 | 2.9 | | | 0 | | | | | 0 | 0 | 0 |
| 90181390 | 其他核磁共振成像装置 | 0 | | 0 | 0 | | 0 | 0 | 0 | 0 | 0 | 0 | 0 | 2.9 | | | 0 | | | | | 0 | 0 | 0 |
| 90181400 | 闪烁摄影装置 | | | 0 | 0 | | 0 | 0 | 0 | 0 | 0 | 0 | 0 | 3.6 | | | 0 | | | | | 0 | 0 | 0 |
| 90181930 | 病员监护仪 | | | 0 | 0 | 2.9 | 0 | 0 | 0 | 0 | 0 | 0 | 0 | 0.8 | | | 0 | | | | | 0 | 0 | 0 |
| 90181941 | 听力计 | | | 0 | 0 | 2.9 | 0 | 0 | 0 | 0 | 0 | 0 | 0 | 0 | | | 0 | | | | | 0 | 0 | 0 |
| 90181949 | 其他听力诊断装置 | | | 0 | 0 | 2.9 | 0 | 0 | 0 | 0 | 0 | 0 | 0 | | | | 0 | | | | | 0 | 0 | 0 |
| 90181990 | 其他电气诊断装置 | | | 0 | 0 | 2.9 | 0 | 0 | 0 | 0 | 0 | 0 | 0 | 0 | | | 0 | | | | | 0 | 0 | 0 |
| 90182000 | 紫外线及红外线装置 | | | 0 | 0 | | 0 | 0 | 0 | 0 | 0 | 0 | 0 | 0.8 | | | 0 | | | | | 0 | 0 | 0 |
| 90183100 | 注射器 | | | 0 | 0 | 7.6 | 0 | 0 | 0 | 0 | 1.6 | 4 | 0 | 4.8 | | | 0 | | | | | 0 | 0 | 0 |
| 90183210 | 管状金属针头 | | | 0 | 0 | 7 | 0 | 0 | 0 | 0 | 1.6 | 0 | 0 | 4.8 | | | 6.4 | | | | | 0 | 0 | 0 |
| 90183220 | 缝合用针 | | | 0 | 0 | 3.5 | 0 | 0 | 0 | 0 | 0 | 0 | 0 | 0 | | | 0 | | | | | 0 | 0 | 0 |
| 90183900 | 导管、插管及类似品 | | | 0 | 0 | | 0 | 0 | 0 | 0 | 0 | 2 | 0.7 | 0.8 | | | 0 | | | | | 0 | 0 | 0 |
| 90184100 | 牙钻机 | | | 0 | 0 | | 0 | 0 | 0 | 0 | 0 | 0 | 0 | 0 | | | 0 | | | | | 0 | 0 | 0 |
| 90184910 | 装有牙科设备的牙科用椅 | | | 0 | 0 | | 0 | 0 | 0 | 0 | 0 | 2 | 0 | 2.4 | | | 0 | | | | | 0 | 0 | 0 |
| 90184990 | 牙科用其他仪器及器具 | | | 0 | 0 | | 0 | 0 | 0 | 0 | 0 | 2 | 0 | 0.8 | | | 0 | | | | | 0 | 0 | 0 |
| 90185000 | 眼科用其他仪器及器具 | | | 0 | 0 | 2.9 | 0 | 0 | 0 | 0 | 0 | 2 | 0 | 2.8 | | | 0 | | | | | 0 | 0 | 0 |
| 90189010 | 听诊器 | 0 | | 0 | 0 | 3.5 | 0 | 0 | 0 | 0 | 0 | 0 | 0 | 0 | | | 0 | | | | | 0 | 0 | 0 |
| 90189020 | 血压测量仪器及器具 | 0 | 0 | 0 | 0 | 3.5 | 0 | 0 | 0 | 0 | 0 | 0 | 0 | 0 | | | 0 | | | | | 0 | 0 | 0 |
| 90189030 | 内窥镜 | 0 | | 0 | 0 | 2.9 | 0 | 0 | 0 | 0 | 0 | 0 | 0 | 0 | | | 0 | | | | | 0 | 0 | 0 |
| 90189040 | 肾脏透析设备(人工肾) | 0 | | 0 | 0 | 2.9 | 0 | 0 | 0 | 0 | 0 | 0 | 0 | 0 | | | 0 | | | | | 0 | 0 | 0 |
| 90189050 | 透热疗法设备 | 0 | 0 | 0 | 0 | 2.9 | 0 | 0 | 0 | 0 | 0 | 0 | 0 | 0 | | | 0 | | | | | 0 | 0 | 0 |
| 90189060 | 输血设备 | 0 | | 0 | 0 | 2.9 | 0 | 0 | 0 | 0 | 0 | 2 | 0 | 0 | | | 0 | | | | | 0 | 0 | 0 |
| 90189070 | 麻醉设备 | 0 | | 0 | 0 | 3.5 | 0 | 0 | 0 | 0 | 0 | 0 | 0 | 0.8 | | | 0 | | | | | 0 | 0 | 0 |

| 税则号列 | 商品描述[①] | 协定税率(%) | | | | | | | | | | | | | | | | 特惠税率(%) | | | | | | |
|---|---|---|---|---|---|---|---|---|---|---|---|---|---|---|---|---|---|---|---|---|---|---|---|---|
| | | 香港 | 澳门 | 巴基斯坦 | 东盟 | 亚太 | 智利 | 秘鲁 | 哥斯达黎加 | 新西兰 | 澳大利亚 | 瑞士 | 冰岛 | 韩国 | 台湾 | 新加坡 | 格鲁吉亚 | 亚太2国[②] | 东盟 | | | 最不发达国家 | | |
| | | | | | | | | | | | | | | | | | | | 老挝 | 柬埔寨 | 缅甸 | LDC97[③] | LDC95[④] | LDC60[⑤] |
| 90189091 | 宫内节育器 | 0 | | 0 | 0 | 2 | 0 | 0 | 0 | 0 | 0 | 0 | 0 | 0 | | | 0 | | | | | 0 | 0 | 0 |
| 90189099 | 品目 90.18 中未列名的医疗或兽医用仪器及器具 | 0 | 0 | 0 | 0 | 3.5 | 0 | 0 | 0 | 0 | 0 | 2 | 0 | 0.8 | | | 0 | | | | | 0 | 0 | 0 |
| 90191010 | 按摩器具 | 0 | 0 | 12 | 0 | | 0 | 1.5 | 0 | 0 | 3 | 7.5 | 0 | 9 | | 0 | 0 | | | | | 0 | 0 | |
| 90191090 | 机械疗法器具、心理功能测验装置 | 0 | | 0 | 0 | | 0 | 0 | 0 | 0 | 0 | 2 | 0.7 | 0.8 | | | 0 | | | | | 0 | 0 | 0 |
| 90192000 | 臭氧治疗器、氧气治疗器等器具 | | 0 | 0 | 0 | | 0 | 0 | 0 | 0 | 0 | 2 | 0 | 2.9 | | | 0 | | | | | 0 | 0 | 0 |
| 90200000 | 其他呼吸器具及防毒面具 | 0 | 0 | 5 | 0 | | 0 | 0 | 0 | 0 | 1.6 | 0 | 0 | 4.8 | | | 0 | | | | | 0 | 0 | 0 |
| 90211000 | 矫形或骨折用器具 | | | 0 | 0 | | 0 | 0 | 0 | 0 | 0 | 2.5 | 0 | 2.9 | | | 0 | | | | | 0 | 0 | 0 |
| 90212100 | 假牙 | 0 | | 0 | 0 | | 0 | 0 | 0 | 0 | 0 | 0 | 0 | 0 | | | 0 | | | | | 0 | 0 | 0 |
| 90212900 | 牙齿固定件 | | 0 | 0 | 0 | | 0 | 0 | 0 | 0 | 0 | 2 | 0 | 0.8 | | | 0 | | | | | 0 | 0 | 0 |
| 90213100 | 人造关节 | 0 | | 0 | 0 | | 0 | 0 | 0 | 0 | 0 | 2 | 0 | 0 | 0 | | 0 | | | | | 0 | 0 | 0 |
| 90213900 | 其他人造的人体部分 | | | 0 | 0 | | 0 | 0 | 0 | 0 | 0 | 0 | 0 | 2.4 | | | 0 | | | | | 0 | 0 | 0 |
| 90214000 | 助听器,不包括零附件 | 0 | 0 | 0 | 0 | | 0 | 0 | 0 | 0 | 0 | 2 | 0 | 0 | | | 0 | | | | | 0 | 0 | 0 |
| 90215000 | 心脏起搏器,不包括零附件 | | | 0 | 0 | | 0 | 0 | 0 | 0 | 0 | 2 | 0 | 0 | | | 0 | | | | | 0 | 0 | 0 |
| 90219011 | 血管支架 | | | 0 | 0 | | 0 | 0 | 0 | 0 | 0 | 2 | 0 | 0 | | | 0 | | | | | 0 | 0 | 0 |
| 90219019 | 其他支架 | | | 0 | 0 | | 0 | 0 | 0 | 0 | 0 | 2 | 0 | 2.4 | | | 0 | | | | | 0 | 0 | 0 |
| 90219090 | 其他品目 90.21 中未列名的矫形器具 | | | 0 | 0 | | 0 | 0 | 0 | 0 | 0 | 2 | 0.7 | 0.8 | | | 0 | | | | | 0 | 0 | 0 |
| 90221200 | X 射线断层检查仪 | | | 0 | 0 | 2.8 | 0 | 0 | 0 | 0 | 0 | 0 | 0 | 2.9 | | | 0 | | | | | 0 | 0 | 0 |
| 90221300 | 其他牙科用 X 射线应用设备 | | | 0 | 0 | | 0 | 0 | 0 | 0 | 0 | 0 | 0 | 0.8 | | | 0 | | | | | 0 | 0 | 0 |
| 90221400 | 其他医疗或兽医用 X 射线应用设备 | | | 0 | 0 | | 0 | 0 | 0 | 0 | 0 | 0 | 0 | 0.8 | | | 0 | | | | | 0 | 0 | 0 |
| 90221910 | 低剂量 X 射线安全检查设备 | | | 0 | 0 | | 0 | 0 | 0 | 0 | 0 | 0 | 0 | 2.9 | | | 0 | | | | | 0 | 0 | 0 |
| 90221920 | X 射线无损探伤检测仪 | 0 | | 0 | 0 | | 0 | 0 | 0 | 0 | 0 | 2 | 0 | | | | 0 | | | | | 0 | 0 | 0 |
| 90221990 | 其他非医疗用 X 射线设备 | 0 | | 0 | 0 | | 0 | 0 | 0 | 0 | 0 | 2 | 0 | | | | 0 | | | | | 0 | 0 | 0 |
| 90222100 | 医疗用 α、β、γ 射线设备 | | | 0 | 0 | | 0 | 0 | 0 | 0 | 0 | 0 | 0 | 0 | | | 0 | | | | | 0 | 0 | 0 |
| 90222910 | γ 射线无损探伤检测仪 | | | 5 | 0 | | 0 | 0 | 0 | 0 | 1.2 | 0 | 0 | 1.2 | | | 0 | | | | | 0 | 0 | 0 |
| 90222990 | 其他非医疗用 α、β、γ 射线设备 | | | 5 | 0 | | 0 | 0 | 0 | 0 | 1.2 | 0 | 0 | 1.2 | | | 0 | | | | | 0 | 0 | 0 |
| 90223000 | X 射线管 | | | 0 | 0 | | 0 | 0 | 0 | 0 | 0 | 0 | 0 | 1.2 | | | 0 | | | | | 0 | 0 | 0 |
| 90229010 | X 射线影像增强器 | | | 5 | 0 | | 0 | 0 | 0 | 0 | 1.2 | 0 | 0 | 4.4 | | | 0 | | | | | 0 | 0 | 0 |
| 90229090 | 品目 90.22 所列其他设备及零件 | | | 5 | 0 | | 0 | 0 | 0 | 0 | 1.2 | 3 | 1 | 4.4 | | | 0 | | | | | 0 | 0 | 0 |
| 90230010 | 教习头 | | | 5 | 0 | | 0 | 0 | 0 | 0 | 1.4 | 3.5 | 0 | 1.4 | | | 0 | | | | | 0 | 0 | 0 |
| 90230090 | 其他专供示范(例如教学或展览)而无其他用途的仪器、装置及模型 | | | 5 | 0 | | 0 | 0 | 0 | 0 | 1.4 | 3.5 | 0 | 1.4 | | | 0 | | | | | 0 | 0 | 0 |
| 90241010 | 电子万能试验机 | | | 5 | 0 | 5.4 | 0 | 0 | 0 | 0 | 1.4 | 0 | 0 | 4.2 | | | 0 | | | | | 0 | 0 | 0 |
| 90241020 | 硬度计 | | | 5 | 0 | 5.4 | 0 | 0 | 0 | 0 | 1.4 | 3.5 | 0 | 4.2 | | | 0 | | | | | 0 | 0 | 0 |

| 税则号列 | 商品描述[①] | 协定税率(%) | | | | | | | | | | | | | | | | 特惠税率(%) | | | | | | |
|---|---|---|---|---|---|---|---|---|---|---|---|---|---|---|---|---|---|---|---|---|---|---|---|---|
| | | 香港 | 澳门 | 巴基斯坦 | 东盟 | 亚太 | 智利 | 秘鲁 | 哥斯达黎加 | 新西兰 | 澳大利亚 | 瑞士 | 冰岛 | 韩国 | 台湾 | 新加坡 | 格鲁吉亚 | 亚太2国[②] | 东盟 | | | 最不发达国家 | | |
| | | | | | | | | | | | | | | | | | | | 老挝 | 柬埔寨 | 缅甸 | LDC97[③] | LDC95[④] | LDC60[⑤] |
| 90241090 | 其他金属材料的试验用机器及器具 | | | 5 | 0 | 5.4 | 0 | 0 | 0 | 0 | 1.4 | 0 | 0 | 5 | | | 0 | | | | | 0 | 0 | 0 |
| 90248000 | 非金属材料的试验用机器及器具 | | | 0 | 0 | | 0 | 0 | 0 | 0 | 0 | 0 | 0 | 3.6 | | | 0 | | | | | 0 | 0 | 0 |
| 90249000 | 各种材料的试验用机器零附件 | | | 5 | 0 | | 0 | 0 | 0 | 0 | 1.2 | 3 | 0 | | | | 0 | | | | | 0 | 0 | 0 |
| 90251100 | 可直接读数的液体温度计 | | 0 | 0 | 0 | | 0 | 0 | 0 | 0 | 0 | 0 | 0 | 0 | | | 0 | | | | | 0 | 0 | 0 |
| 90251910 | 非液体的工业用温度计及高温计 | | | 5 | 0 | 6.7 | 0 | 0 | 0 | 0 | 1.7 | 0 | 0 | 1.6 | | | 0 | | | | | 0 | 0 | 0 |
| 90251990 | 非液体的其他温度计、高温计 | | 0 | 5 | 0 | 6.7 | 0 | 0 | 0 | 0 | 1.7 | 0 | 0 | 1.6 | | | 0 | | | | | 0 | 0 | 0 |
| 90258000 | 其他温度计、比重计、湿度计等仪器 | | | 5 | 0 | | 0 | 1.1 | 0 | 0 | 2.2 | 5.5 | 0 | 8.8 | | 0 | 0 | | | | | 0 | 0 | |
| 90259000 | 比重计、温度计等类似仪器的零件 | | | 5 | 0 | 6.3 | 0 | 0 | 0 | 0 | 1.6 | 4 | 0 | 1.6 | | | 0 | | | | | 0 | 0 | 0 |
| 90261000 | 测量、检验液体流量或液位的仪器 | | | | | | | | | | | | | | | | | | | | | 0 | 0 | 0 |
| 90262010 | 压力、差压变送器 | | | | | | | | | | | | | | | | | | | | | 0 | 0 | 0 |
| 90262090 | 测量、检验压力的仪器及装置 | | | | | | | | | | | | | | | | | | | | | 0 | 0 | 0 |
| 90268010 | 测量气体流量的仪器及装置 | | | | | | | | | | | | | | | | | | | | | 0 | 0 | 0 |
| 90268090 | 测量或检验气体的除流量、压力以外其他变化量的仪器及装置 | | | | | | | | | | | | | | | | | | | | | 0 | 0 | 0 |
| 90269000 | 液体或气体的测量或检验仪器零件 | | | | | | | | | | | | | | | | | | | | | 0 | 0 | 0 |
| 90271000 | 气体或烟雾分析仪 | 0 | | 5 | 0 | | 0 | 0 | 0 | 0 | 1.4 | 3.5 | 0 | 5.1 | | | 0 | | | | | 0 | 0 | 0 |
| 90272011 | 气相色谱仪 | | | | | | | | | | | | | | | | | | | | | 0 | 0 | 0 |
| 90272012 | 液相色谱仪 | | | | | | | | | | | | | | | | | | | | | 0 | 0 | 0 |
| 90272019 | 其他色谱仪 | | | | | | | | | | | | | | | | | | | | | 0 | 0 | 0 |
| 90272020 | 电泳仪 | | | | | | | | | | | | | | | | | | | | | 0 | 0 | 0 |
| 90273000 | 分光仪、分光光度计及摄谱仪 | | | | | | | | | | | | | | | | | | | | | 0 | 0 | 0 |
| 90275000 | 使用光学射线的其他仪器及装置 | | | | | | | | | | | | | | | | | | | | | 0 | 0 | 0 |
| 90278011 | 集成电路生产用氦质谱检漏台 | | | | | | | | | | | | | | | | | | | | | 0 | 0 | 0 |
| 90278012 | 质谱联用仪 | | | | | | | | | | | | | | | | | | | | | 0 | 0 | 0 |
| 90278019 | 其他质谱仪 | | | | | | | | | | | | | | | | | | | | | 0 | 0 | 0 |
| 90278091 | 曝光表 | | | 11.2 | 0 | | 0 | 0 | 0 | 0 | 2.8 | 7 | 0 | 8.4 | | 0 | 0 | | | | | 0 | 0 | |
| 90278099 | 其他理化分析仪器及装置 | | | | | | | | | | | | | | | | | | | | | 0 | 0 | 0 |
| 90279000 | 检镜切片机;理化分析仪器零件 | | | | | | | | | | | | | | | | | | | | | 0 | 0 | 0 |
| 90281010 | 煤气表 | | | 5 | 0 | | 0 | 0 | 0 | 0 | 2 | 0 | 0 | 6 | | | 0 | | | | | 0 | 0 | |

| 税则号列 | 商品描述[①] | 协定税率(%) | | | | | | | | | | | | | | | | 特惠税率(%) | | | | | | |
|---|---|---|---|---|---|---|---|---|---|---|---|---|---|---|---|---|---|---|---|---|---|---|---|---|
| | | 香港 | 澳门 | 巴基斯坦 | 东盟 | 亚太 | 智利 | 秘鲁 | 哥斯达黎加 | 新西兰 | 澳大利亚 | 瑞士 | 冰岛 | 韩国 | 台湾 | 新加坡 | 格鲁吉亚 | 亚太2国[②] | 东盟 | | | 最不发达国家 | | |
| | | | | | | | | | | | | | | | | | | | 老挝 | 柬埔寨 | 缅甸 | LDC97[③] | LDC95[④] | LDC60[⑤] |
| 90281090 | 其他气量计 | | | 5 | 0 | | 0 | 0 | 0 | 0 | 2 | 0 | 0 | 6 | | 0 | 0 | | | | | 0 | 0 | |
| 90282010 | 水表 | | | 5 | 0 | | 0 | 0 | 0 | 0 | 2 | 0 | 0 | 6 | | 0 | 0 | | | | | 0 | 0 | |
| 90282090 | 其他液量计 | | | 5 | 0 | | 0 | 1 | 0 | 0 | 2 | 0 | 0 | | | 0 | 0 | | | | | 0 | 0 | |
| 90283011 | 单相感应式电度表 | 0 | | 5 | 0 | | 0 | 0 | 0 | 0 | 2 | 0 | 0 | 6 | | | 0 | | | | | 0 | 0 | |
| 90283012 | 三相感应式电度表 | 0 | | 5 | 0 | | 0 | 0 | 0 | 0 | 2 | 0 | 0 | 6 | | | 0 | | | | | 0 | 0 | |
| 90283013 | 单相电子式(静止式)电度表 | 0 | | 5 | 0 | | 0 | 0 | 0 | 0 | 2 | 0 | 0 | 6 | | | 0 | | | | | 0 | 0 | |
| 90283014 | 三相电子式(静止式)电度表 | 0 | | 5 | 0 | | 0 | 0 | 0 | 0 | 2 | | 0 | 6 | | | 0 | | | | | 0 | 0 | |
| 90283019 | 其他电度表 | 0 | | 5 | 0 | | 0 | 0 | 0 | 0 | 2 | 0 | 0 | 8 | | | 0 | | | | | 0 | 0 | |
| 90283090 | 其他电量计 | 0 | | 5 | 0 | | 0 | 0 | 0 | 0 | 2 | 0 | 0 | 6 | | 0 | 0 | | | | | 0 | 0 | |
| 90289010 | 工业用计量仪表零附件 | | | 5 | 0 | | 0 | 0 | 0 | 0 | 1.7 | 0 | 0 | 5 | | | 0 | | | | | 0 | 0 | 0 |
| 90289090 | 非工业用计量仪表零附件 | | | 5 | 0 | | 0 | 0 | 0 | 0 | 1.7 | 0 | 0 | 1.6 | | | 0 | | | | | 0 | 0 | 0 |
| 90291010 | 转数计 | | | 12 | 0 | | 0 | 1.5 | 0 | 0 | 3 | 10 | 0 | 9 | | 0 | 0 | | | | | 0 | 0 | |
| 90291020 | 车费计、里程计 | | | 12 | 0 | | 0 | 1.5 | 0 | 0 | 3 | 7.5 | 0 | | | 0 | 0 | | | | | 0 | 0 | |
| 90291090 | 产量计数器、步数计及类似仪表 | | | 12 | 0 | | 0 | 1.5 | 0 | 0 | 3 | 7.5 | 0 | | | 0 | 0 | | | | | 0 | 0 | |
| 90292010 | 车辆用速度计 | | | 5 | 0 | | 0 | 0 | 0 | 0 | 2 | 0 | 0 | 8 | | | 0 | | | | | 0 | 0 | |
| 90292090 | 其他速度计及转速表、频闪观测仪 | | | 5 | 0 | | 0 | 0 | 0 | 0 | 2 | 0 | 0 | 6 | | | 0 | | | | | 0 | 0 | |
| 90299000 | 转数计、车费计及类似仪表零件 | | | 5 | 0 | | 0 | 0 | 0 | 0 | 1.2 | 3 | 0 | | | | 0 | | | | | 0 | 0 | 0 |
| 90301000 | 离子射线的测量或检验仪器及装置 | | | 0 | 0 | | 0 | 0 | 0 | 0 | 0 | 0 | 0 | | | | 0 | | | | | 0 | 0 | 0 |
| 90302010 | 测试频率<300 兆赫的通用示波器 | | | 5 | 0 | | 0 | 0 | 0 | 0 | 1.6 | 0 | 0 | 4.8 | | 0 | 0 | | | | | 0 | 0 | 0 |
| 90302090 | 其他阴极射线示波器 | | | 0 | 0 | | 0 | 0 | 0 | 0 | 0 | 0 | 0 | 3 | | | 0 | | | | | 0 | 0 | 0 |
| 90303110 | 量程为五位半及以下的数字万用表,不带记录装置 | | 0 | 12 | 0 | | 0 | 1.5 | 0 | 0 | 3 | 7.5 | 0 | 9 | | 0 | 0 | | | | | 0 | 0 | |
| 90303190 | 其他不带记录装置的万用表 | | | 0 | 0 | | 0 | 0 | 0 | 0 | 0 | 0 | 0 | 3.6 | | | 0 | | | | | 0 | 0 | 0 |
| 90303200 | 带记录装置的万用表 | | | 5 | 0 | | 0 | 0 | 0 | 0 | 1.6 | 0 | 0 | 4.8 | | | 0 | | | | | 0 | 0 | 0 |
| 90303310 | 量程为五位半及以下的数字电流表、电压表,不带记录装置 | 0 | | 12 | 0 | | 0 | 1.5 | 0 | 0 | 3 | 7.5 | 0 | 9 | | 0 | 0 | | | | | 0 | 0 | |
| 90303320 | 不带记录装置的电阻测试仪 | 0 | | 11.2 | 0 | | 0 | 0 | 0 | 0 | 2.8 | 7 | 0 | | | 0 | 0 | | | | | 0 | 0 | |
| 90303390 | 检测电压、电流及功率的其他仪器,不带记录装置 | 0 | | 5 | 0 | | 0 | 0 | 0 | 0 | 1.8 | 4.5 | 0 | | | | 0 | | | | | 0 | 0 | 0 |
| 90303900 | 检测电压、电流、电阻或功率的其他仪器,带记录装置 | | | 5 | 0 | | 0 | 0 | 0 | 0 | 1.6 | 4 | 0 | | | | 0 | | | | | 0 | 0 | 0 |
| 90304010 | 测试频率<12.4 千兆赫兹数字式频率计 | | | | | | | | | | | | | | | | | | | | | 0 | 0 | 0 |
| 90304090 | 其他无线电通讯专用仪器及装置 | | | | | | | | | | | | | | | | | | | | | 0 | 0 | 0 |

| 税则号列 | 商品描述[①] | 协定税率(%) | | | | | | | | | | | | | | | | 特惠税率(%) | | | | | | |
|---|---|---|---|---|---|---|---|---|---|---|---|---|---|---|---|---|---|---|---|---|---|---|---|---|
| | | 香港 | 澳门 | 巴基斯坦 | 东盟 | 亚太 | 智利 | 秘鲁 | 哥斯达黎加 | 新西兰 | 澳大利亚 | 瑞士 | 冰岛 | 韩国 | 台湾 | 新加坡 | 格鲁吉亚 | 亚太2国[②] | 东盟 | | | 最不发达国家 | | |
| | | | | | | | | | | | | | | | | | | | 老挝 | 柬埔寨 | 缅甸 | LDC97[③] | LDC95[④] | LDC60[⑤] |
| 90308200 | 检测半导体晶片或器件的仪器 | | | | | | | | | | | | | | | | | | | | | 0 | 0 | 0 |
| 90308410 | 电感及电容测试仪 | | | 5 | 0 | | 0 | 0 | 0 | 0 | 2 | 0 | 0 | | | 0 | 0 | | | | | 0 | 0 | |
| 90308490 | 其他电量的测量或检验仪器及装置 | | | 5 | 0 | | 0 | 0 | 0 | 0 | 1.6 | 4 | 0 | 5.8 | | | 0 | | | | | 0 | 0 | 0 |
| 90308910 | 其他电感及电容测试仪 | | | 11.2 | 0 | | 0 | 0 | 0 | 0 | 2.8 | 7 | 0 | | | 0 | 0 | | | | | 0 | 0 | |
| 90308990 | 其他电量的测量或检验仪器及装置 | | | 5 | 0 | | 0 | 0 | 0 | 0 | 1.6 | 0 | 0 | | | | 6.4 | | | | | 0 | 0 | 0 |
| 90309000 | 品目90.30所属货品的零件及附件 | 0 | | 5 | 0 | | 0 | 0 | 0 | 0 | 1.4 | 3.5 | 0 | 4.2 | | | 0 | | | | | 0 | 0 | 0 |
| 90311000 | 机械零件平衡试验机 | | | 5 | 0 | 5.4 | 0 | 0 | 0 | 0 | 1.4 | 0 | 0 | 1.4 | | | 0 | | | | | 0 | 0 | 0 |
| 90312000 | 试验台 | | | 5 | 0 | | 0 | 0 | 0 | 0 | 1.4 | 4.3 | 0 | 5.1 | | | 0 | | | | | 0 | 0 | 0 |
| 90314100 | 制造半导体器件时检验半导体晶片、器件或检验光掩模或光栅用 | | | | | | | | | | | | | | | | | | | | | 0 | 0 | 0 |
| 90314910 | 轮廓投影仪 | | | 5 | 0 | | 0 | 0 | 0 | 0 | 2 | 0 | 0 | 7.3 | | | 0 | | | | | 0 | 0 | 0 |
| 90314920 | 光栅测量装置 | | | | | | | | | | | | | | | | | | | | | 0 | 0 | 0 |
| 90314990 | 其他光学测量或检验仪器和器具 | | | | | | | | | | | | | | | | | | | | | 0 | 0 | 0 |
| 90318010 | 光纤通信及光纤性能测试仪 | 0 | | 0 | 0 | 4 | 0 | 0 | 0 | 0 | 0 | 0 | 0 | 3.6 | | | 0 | | | | | 0 | 0 | 0 |
| 90318020 | 坐标测量仪 | 0 | | 0 | 0 | | 0 | 0 | 0 | 0 | 0 | 0 | 0 | 3.6 | | | 0 | | | | | 0 | 0 | 0 |
| 90318031 | 超声波探伤检测仪 | 0 | | 0 | 0 | 4 | 0 | 0 | 0 | 0 | 0 | 0 | 0 | 3.6 | | | 0 | | | | | 0 | 0 | 0 |
| 90318032 | 磁粉探伤检测仪 | 0 | | 0 | 0 | 4 | 0 | 0 | 0 | 0 | 0 | 0 | 0 | 3.6 | | | 0 | | | | | 0 | 0 | 0 |
| 90318033 | 涡流探伤检测仪 | 0 | | 0 | 0 | 4 | 0 | 0 | 0 | 0 | 0 | 0 | 0 | 3.6 | | | 0 | | | | | 0 | 0 | 0 |
| 90318039 | 其他无损探伤检测仪器(射线探伤仪除外) | 0 | | 0 | 0 | 4 | 0 | 0 | 0 | 0 | 0 | 0 | 0 | | | | 0 | | | | | 0 | 0 | 0 |
| 90318090 | 未列名测量、检验仪器器具及机器 | 0 | | 0 | 0 | 4 | 0 | 0 | 0 | 0 | 0 | 3.1 | | 3 | 0 | | 4 | | | | | 0 | 0 | 0 |
| 90319000 | 品目90.31的仪器及器具的零件 | | | | | | | | | | | | | | | | | | | | | 0 | 0 | 0 |
| 90321000 | 恒温器 | 0 | | 5 | 0 | | 0 | 0 | 0 | 0 | 1.4 | 3.5 | 0 | 1.4 | | | 0 | | | | | 0 | 0 | 0 |
| 90322000 | 恒压器 | 0 | | 5 | 0 | | 0 | 0 | 0 | 0 | 1.4 | 0 | 0 | 4.2 | | | 0 | | | | | 0 | 0 | 0 |
| 90328100 | 液压或气压的其他仪器及装置 | 0 | | 5 | 0 | 5.4 | 0 | 0 | 0 | 0 | 1.4 | 3.5 | 0 | 5 | | | 0 | | | | | 0 | 0 | 0 |
| 90328911 | 列车自动防护系统(ATP)车载设备 | 0 | | 5 | 0 | | 0 | 0 | 0 | 0 | 1.4 | | 0 | 5.1 | | | 0 | | | | | 0 | 0 | 0 |
| 90328912 | 列车自动运行系统(ATO)车载设备 | 0 | | 5 | 0 | | 0 | 0 | 0 | 0 | 1.4 | | 0 | 5.1 | | | 0 | | | | | 0 | 0 | 0 |
| 90328919 | 其他列车自动控制系统(ATC)车载设备 | 0 | | 5 | 0 | | 0 | 0 | 0 | 0 | 1.4 | | 0 | 5.1 | | | 0 | | | | | 0 | 0 | 0 |
| 90328990 | 非液压或气压的其他自动调节或控制仪器及装置 | 0 | | 5 | 0 | | 0 | 0 | 0 | 0 | 1.4 | | 0 | 5.1 | | | 0 | | | | | 0 | 0 | 0 |
| 90329000 | 自动调节或控制仪器零附件 | | | 0 | 0 | | 0 | 0 | 0 | 0 | 0 | 2.5 | 0 | 3.6 | | | 0 | | | | | 0 | 0 | 0 |
| 90330000 | 九十章未列名零附件 | | | 5 | 0 | | 0 | 0 | 0 | 0 | 1.2 | 3 | 0 | 1.2 | | | 0 | | | | | 0 | 0 | 0 |

| 税则号列 | 商品描述[1] | 协定税率(%) | | | | | | | | | | | | | | | | 特惠税率(%) | | | | | | |
|---|---|---|---|---|---|---|---|---|---|---|---|---|---|---|---|---|---|---|---|---|---|---|---|---|
| | | 香港 | 澳门 | 巴基斯坦 | 东盟 | 亚太 | 智利 | 秘鲁 | 哥斯达黎加 | 新西兰 | 澳大利亚 | 瑞士 | 冰岛 | 韩国 | 台湾 | 新加坡 | 格鲁吉亚 | 亚太2国[2] | 东盟 | | | 最不发达国家 | | |
| | | | | | | | | | | | | | | | | | | | 老挝 | 柬埔寨 | 缅甸 | LDC97[3] | LDC95[4] | LDC60[5] |
| 91011100 | 机械指示式的贵金属电子手表 | | | 5 | 0 | 9.9 | 0 | 0 | 0 | 0 | 2.2 | 6.8 | 0 | 6.6 | | 0 | 0 | | | | | 0 | 0 | |
| 91011910 | 光电显示式的贵金属电子手表 | | | 12.8 | 0 | | 0 | 1.6 | 0 | 0 | 3.2 | 8 | 0 | 9.6 | | 0 | 0 | | | | | 0 | 0 | |
| 91011990 | 其他贵金属电子手表 | | | 12 | 0 | | 0 | 1.5 | 0 | 0 | 3 | 9.3 | 0 | 9 | | 0 | 0 | | | | | 0 | 0 | |
| 91012100 | 自动上弦的贵金属机械手表 | | | 5 | 0 | | 0 | 0 | 0 | 0 | 2.2 | 6.8 | 0 | 6.6 | | 0 | 0 | | | | | 0 | 0 | |
| 91012900 | 非自动上弦贵金属机械手表 | | | 12 | 0 | | 0 | 1.5 | 0 | 0 | 3 | 9.3 | 0 | 9 | | 0 | 0 | | | | | 0 | 0 | |
| 91019100 | 贵金属电子怀表及其他电子表 | | | 12 | 0 | | 0 | 1.5 | 0 | 0 | 3 | 7.5 | 0 | 9 | | 0 | 0 | | | | | 0 | 0 | |
| 91019900 | 贵金属机械怀表及其他机械表 | | | | 0 | | 0 | 2 | 0 | 0 | 4 | 12.4 | 0 | 14.6 | | 0 | 0 | | | | | 0 | 0 | |
| 91021100 | 机械指示式的其他电子手表 | 0 | 0 | 6.2 | 0 | 11.1 | 0 | 0 | 0 | 0 | 2.5 | 7.8 | 0 | 7.5 | | 0 | 0 | | | | | 0 | 0 | |
| 91021200 | 光电显示式的其他电子手表 | 0 | 0 | | 0 | | 0 | 2.3 | 0 | 0 | 4.6 | 11.5 | 0 | 18.4 | | 0 | 0 | | | | | 0 | 0 | |
| 91021900 | 其他电子手表 | | | 12 | 0 | | 0 | 1.5 | 0 | 0 | 3 | 7.5 | 0 | 9 | | 0 | 0 | | | | | 0 | 0 | |
| 91022100 | 其他自动上弦的机械手表 | 0 | 0 | 5 | 0 | | 0 | 0 | 0 | 0 | 2.2 | 6.8 | 0 | 6.6 | | 0 | 0 | | | | | 0 | 0 | |
| 91022900 | 其他非自动上弦的机械手表 | 0 | 0 | 12 | 0 | | 0 | 1.5 | 0 | 0 | 3 | 9.3 | 0 | 9 | | 0 | 0 | | | | | 0 | 0 | |
| 91029100 | 电力驱动的电子怀表及其他电子表 | | | 12 | 0 | | 0 | 1.5 | 0 | 0 | 3 | 9.3 | 0 | 9 | | 0 | 0 | | | | | 0 | 0 | |
| 91029900 | 其他机械怀表、秒表及其他表 | | | | 0 | | 0 | 2 | 0 | 0 | 4 | 12.4 | 0 | 14.6 | | 0 | 0 | | | | | 0 | 0 | |
| 91031000 | 以表芯装成的电子钟 | 0 | 0 | | 0 | | 0 | 2.3 | 0 | 0 | 4.6 | 14.3 | 0 | 18.4 | | 0 | 0 | | | | | 0 | 0 | |
| 91039000 | 以表芯装成的机械钟 | | | | 0 | | 0 | 2 | 0 | 0 | 4 | 12.4 | 0 | 14.6 | | 0 | 0 | | | | | 0 | 0 | |
| 91040000 | 仪表板钟及车辆船舶等用的类似钟 | | | 5 | 0 | | 0 | 0 | 0 | 0 | 2 | 0 | 0 | 6 | | | 0 | | | | | 0 | 0 | |
| 91051100 | 电子闹钟 | 0 | 0 | | 0 | | 0 | 2.3 | 0 | 0 | 4.6 | 14.3 | 0 | 18.4 | | 0 | 0 | | | | | 0 | 0 | 0 |
| 91051900 | 机械闹钟 | | | | 0 | | 0 | 2 | 0 | 0 | 4 | 10 | 0 | 14.6 | | 0 | 0 | | | | | 0 | 0 | |
| 91052100 | 电子挂钟 | | | | 0 | | 0 | 2.3 | 0 | 0 | 4.6 | 11.5 | 0 | 18.4 | | 0 | 0 | | | | | 0 | 0 | |
| 91052900 | 机械挂钟 | | | | 0 | | 0 | 2 | 0 | 0 | 4 | 10 | 0 | 14.6 | | 0 | 0 | | | | | 0 | 0 | |
| 91059110 | 电子天文钟 | | | 0 | 0 | | 0 | 0 | 0 | 0 | 0 | 1.5 | 0 | 0 | | | 0 | | | | | 0 | 0 | 0 |
| 91059190 | 其他电子钟 | | | | 0 | | 0 | 2.3 | 0 | 0 | 4.6 | 11.5 | 0 | 18.4 | | 0 | 0 | | | | | 0 | 0 | |
| 91059900 | 其他机械钟 | | | 12.8 | 0 | | 0 | 1.6 | 0 | 0 | 3.2 | 9.9 | 0 | 9.6 | | 0 | 0 | | | | | 0 | 0 | |
| 91061000 | 考勤钟、时刻记录器 | | | 12.8 | 0 | | 0 | 1.6 | 0 | 0 | 3.2 | 8 | 0 | 9.6 | | 0 | 0 | | | | | 0 | 0 | |
| 91069000 | 其他时间记录器及其他类似装置 | | | 12.8 | 0 | | 0 | 1.6 | 0 | 0 | 3.2 | 9.9 | 0 | 9.6 | | 0 | 0 | | | | | 0 | 0 | |
| 91070000 | 定时开关 | | | 6 | 0 | | 0 | 0 | 0 | 0 | 2.4 | 6 | 0 | 7.2 | | 0 | 9.6 | | | | | 0 | 0 | |
| 91081100 | 已组装的机械指示式完整电子表芯 | 0 | 0 | 12.8 | 0 | | 0 | 1.6 | 0 | 0 | 3.2 | 8 | 0 | 9.6 | | 0 | 0 | | | | | 0 | 0 | |
| 91081200 | 已组装的光电显示式完整电子表芯 | 0 | 0 | 12.8 | 0 | | 0 | 1.6 | 0 | 0 | 3.2 | 9.9 | 0 | 9.6 | | 0 | 0 | | | | | 0 | 0 | |
| 91081900 | 其他已组装的完整电子表芯 | 0 | 0 | 8 | 0 | 12 | 0 | 1.6 | 0 | 0 | 3.2 | 9.9 | 0 | 9.6 | | 0 | 0 | | | | | 0 | 0 | |
| 91082000 | 已组装的自动上弦完整表芯 | | | 12.8 | 0 | | 0 | 1.6 | 0 | 0 | 3.2 | 9.9 | 0 | 9.6 | | 0 | 0 | | | | | 0 | 0 | |
| 91089010 | 已组装表面尺寸≤33.8毫米机械完整表芯 | | | 12.8 | 0 | | 0 | 1.6 | 0 | 0 | 3.2 | 9.9 | 0 | 9.6 | | 0 | 0 | | | | | 0 | 0 | |
| 91089090 | 其他已组装完整机械表芯 | 0 | 0 | 12.8 | 0 | | 0 | 1.6 | 0 | 0 | 3.2 | 9.9 | 0 | 9.6 | | 0 | 0 | | | | | 0 | 0 | |

| 税则号列 | 商品描述① | 协定税率(%) | | | | | | | | | | | | | | | | 特惠税率(%) | | | | | | |
|---|---|---|---|---|---|---|---|---|---|---|---|---|---|---|---|---|---|---|---|---|---|---|---|---|
| | | 香港 | 澳门 | 巴基斯坦 | 东盟 | 亚太 | 智利 | 秘鲁 | 哥斯达黎加 | 新西兰 | 澳大利亚 | 瑞士 | 冰岛 | 韩国 | 台湾 | 新加坡 | 格鲁吉亚 | 亚太2国② | 东盟 | | | 最不发达国家 | | |
| | | | | | | | | | | | | | | | | | | | 老挝 | 柬埔寨 | 缅甸 | LDC97③ | LDC95④ | LDC60⑤ |
| 91091000 | 已组装的完整电子钟芯 | | | 12.8 | 0 | | 0 | 1.6 | 0 | 0 | 3.2 | 8 | 0 | 9.6 | | 0 | 0 | | | | | 0 | 0 | |
| 91099000 | 已组装的完整机械钟芯 | | | 12.8 | 0 | | 0 | 1.6 | 0 | 0 | 3.2 | 8 | 0 | 9.6 | | 0 | 0 | | | | | 0 | 0 | |
| 91101100 | 未组装的完整表机芯 | | | 12.8 | 0 | | 0 | 1.6 | 0 | 0 | 3.2 | 9.9 | 0 | 9.6 | | 0 | 0 | | | | | 0 | 0 | |
| 91101200 | 已组装的不完整表机芯 | | | 12.8 | 0 | | 0 | 1.6 | 0 | 0 | 3.2 | 8 | 0 | 9.6 | | 0 | 0 | | | | | 0 | 0 | |
| 91101900 | 未组装的不完整表机芯 | | | 12.8 | 0 | | 0 | 1.6 | 0 | 0 | 3.2 | 8 | 0 | 9.6 | | 0 | 0 | | | | | 0 | 0 | |
| 91109010 | 未组装的完整的钟机芯 | | | 12.8 | 0 | | 0 | 1.6 | 0 | 0 | 3.2 | 8 | 0 | 9.6 | | 0 | 0 | | | | | 0 | 0 | |
| 91109090 | 不完整的钟机芯 | | | 12.8 | 0 | | 0 | 1.6 | 0 | 0 | 3.2 | 8 | 0 | 9.6 | | 0 | 0 | | | | | 0 | 0 | |
| 91111000 | 贵金属或包贵金属制的表壳 | | | 11.2 | 0 | | 0 | 0 | 0 | 0 | 2.8 | 8.7 | 0 | 8.4 | | 0 | 0 | | | | | 0 | 0 | |
| 91112000 | 贱金属制的表壳 | 0 | 0 | 7 | 0 | 10 | 0 | 0 | 0 | 0 | 2.8 | 7 | 0 | 8.4 | | 0 | 0 | | | | | 0 | 0 | |
| 91118000 | 非金属制的表壳 | | | 11.2 | 0 | | 0 | 0 | 0 | 0 | 2.8 | 7 | 0 | 8.4 | | 0 | 0 | | | | | 0 | 0 | |
| 91119000 | 表壳的零件 | | | 11.2 | 0 | | 0 | 0 | 0 | 0 | 2.8 | 7 | 0 | 8.4 | | 0 | 0 | | | | | 0 | 0 | |
| 91122000 | 钟壳 | | | 11.2 | 0 | | 0 | 0 | 0 | 0 | 2.8 | 7 | 0 | 8.4 | | 0 | 0 | | | | | 0 | 0 | |
| 91129000 | 钟壳零件 | | | 6 | 0 | | 0 | 0 | 0 | 0 | 2.4 | 6 | 0 | 7.2 | | 0 | 0 | | | | | 0 | 0 | |
| 91131000 | 贵金属或包贵金属制的表带及零件 | | | | 0 | | 0 | 2 | 0 | 0 | 4 | | 0 | 14.6 | | 0 | 0 | | | | | 0 | 0 | |
| 91132000 | 贱金属制的表带及其零件 | 0 | 0 | 11.2 | 0 | | 0 | 0 | 0 | 0 | 2.8 | 7 | 0 | 8.4 | | 0 | 0 | | | | | 0 | 0 | |
| 91139000 | 非金属制的表带及其零件 | 0 | 0 | 11.2 | 0 | | 0 | 0 | 0 | 0 | 2.8 | 7 | 0 | 8.4 | | 0 | 0 | | | | | 0 | 0 | 0 |
| 91141000 | 钟、表的发条 | | | 7 | 0 | | 0 | 0 | 0 | 0 | 2.8 | 7 | 0 | 8.4 | | 0 | 0 | | | | | 0 | 0 | |
| 91143000 | 钟面或表面 | | | 11.2 | 0 | | 0 | 0 | 0 | 0 | 2.8 | 8.7 | 0 | 8.4 | | 0 | 0 | | | | | 0 | 0 | |
| 91144000 | 钟、表的夹板及横担(过桥) | | | 11.2 | 0 | | 0 | 0 | 0 | 0 | 2.8 | 7 | 0 | 8.4 | | 0 | 0 | | | | | 0 | 0 | |
| 91149010 | 钟、表的宝石轴承 | | | 7 | 0 | | 0 | 0 | 0 | 0 | 2.8 | 7 | 0 | 8.4 | | 0 | 0 | | | | | 0 | 0 | |
| 91149090 | 钟、表的其他零件 | 0 | 0 | 11.2 | 0 | | 0 | 0 | 0 | 0 | 2.8 | 8.7 | 0 | 8.4 | | 0 | 0 | | | | | 0 | 0 | |
| 92011000 | 竖式钢琴 | | 0 | 14 | 0 | | 0 | 1.8 | 0 | 0 | 3.5 | 8.8 | 0 | 10.5 | | 0 | 0 | | | | | 0 | 0 | |
| 92012000 | 大钢琴 | | | 14 | 0 | | 0 | 1.8 | 0 | 0 | 3.5 | 8.8 | 0 | 10.5 | | 0 | 0 | | | | | 0 | 0 | |
| 92019000 | 其他钢琴 | | | 14 | 0 | | 0 | 1.8 | 0 | 0 | 3.5 | 8.8 | 0 | 10.5 | | 0 | 0 | | | | | 0 | 0 | |
| 92021000 | 弓弦乐器 | | | 14 | 0 | | 0 | 1.8 | 0 | 0 | 3.5 | 8.8 | 0 | 3.5 | | 0 | 0 | | | | | 0 | 0 | 0 |
| 92029000 | 其他弦乐器 | | | 14 | 0 | | 0 | 1.8 | 0 | 0 | 3.5 | 8.8 | 0 | 10.5 | | 0 | 0 | | | | | 0 | 0 | 0 |
| 92051000 | 铜管乐器 | | | 14 | 0 | | 0 | 1.8 | 0 | 0 | 3.5 | 8.8 | 0 | 3.5 | | 0 | 0 | | | | | 0 | 0 | 0 |
| 92059010 | 键盘管风琴、簧风琴及类似乐器 | | | | 0 | | 0 | 2 | 0 | 0 | 4 | 10 | 0 | 14.6 | | 0 | 0 | | | | | 0 | 0 | |
| 92059020 | 手风琴及类似乐器 | | | | 0 | | 0 | 2.1 | 0 | 0 | 4.2 | 10.5 | 0 | 15.4 | | 0 | 0 | | | | | 0 | 0 | |
| 92059030 | 口琴 | | | | 0 | | 0 | 2.1 | 0 | 0 | 4.2 | 10.5 | 0 | 15.4 | | 0 | 0 | | | | | 0 | 0 | |
| 92059090 | 其他管乐器,但游艺场风琴和手摇风琴除外 | | | 14 | 0 | | 0 | 1.8 | 0 | 0 | 3.5 | 8.8 | 0 | 3.5 | | 0 | 0 | | | | | 0 | 0 | |
| 92060000 | 打击乐器 | | | 14 | 0 | | 0 | 0 | 0 | 0 | 3.5 | 8.8 | 0 | 10.5 | | 0 | 0 | | | | | 0 | 0 | 0 |
| 92071000 | 通过电产生或扩大声音的键盘乐器 | | | | 0 | | 0 | 3 | 0 | 0 | 6 | 18.6 | 0 | | | 0 | 0 | | | | | 0 | 0 | |
| 92079000 | 其他通过电产生或扩大声音的乐器 | | | | 0 | | 0 | 3 | 0 | 0 | 6 | 18.6 | 0 | | | 0 | 0 | | | | | 0 | 0 | |
| 92081000 | 百音盒 | | | | 0 | | 0 | 2.2 | 0 | 0 | 4.4 | 11 | 0 | 17.6 | | 0 | 0 | | | | | 0 | 0 | |
| 92089000 | 九十二章未列名的其他乐器 | | | | 0 | | 0 | 2.2 | 0 | 0 | 4.4 | 11 | 0 | 17.6 | | 0 | 0 | | | | | 0 | 0 | |
| 92093000 | 乐器用的弦 | | | 14 | 0 | | 0 | 1.8 | 0 | 0 | 3.5 | 8.8 | 0 | 10.5 | | 0 | 0 | | | | | 0 | 0 | |
| 92099100 | 钢琴的零附件 | | | 14 | 0 | | 0 | 1.8 | 0 | 0 | 3.5 | 8.8 | 0 | 10.5 | | 0 | 0 | | | | | 0 | 0 | |

| 税则号列 | 商品描述[1] | 协定税率(%) | | | | | | | | | | | | | | | | 特惠税率(%) | | | | | | |
|---|---|---|---|---|---|---|---|---|---|---|---|---|---|---|---|---|---|---|---|---|---|---|---|---|
| | | 香港 | 澳门 | 巴基斯坦 | 东盟 | 亚太 | 智利 | 秘鲁 | 哥斯达黎加 | 新西兰 | 澳大利亚 | 瑞士 | 冰岛 | 韩国 | 台湾 | 新加坡 | 格鲁吉亚 | 亚太2国[2] | 东盟 | | | 最不发达国家 | | |
| | | | | | | | | | | | | | | | | | | | 老挝 | 柬埔寨 | 缅甸 | LDC97[3] | LDC95[4] | LDC60[5] |
| 92099200 | 品目92.02所列乐器的零附件 | | | 14 | 0 | | 0 | 1.8 | 0 | 0 | 3.5 | 8.8 | 0 | 10.5 | | 0 | 0 | | | | | 0 | 0 | 0 |
| 92099400 | 品目92.07所列乐器的零附件 | | | 14 | 0 | | 0 | 1.8 | 0 | 0 | 3.5 | 8.8 | 0 | 12.8 | | 0 | 0 | | | | | 0 | 0 | |
| 92099910 | 节拍器、音叉及定音管 | | | 14 | 0 | | 0 | 1.8 | 0 | 0 | 3.5 | 8.8 | 0 | 10.5 | | 0 | 0 | | | | | 0 | 0 | |
| 92099920 | 百音盒的机械装置 | | | 14 | 0 | | 0 | 1.8 | 0 | 0 | 3.5 | 8.8 | 0 | 10.5 | | 0 | 0 | | | | | 0 | 0 | |
| 92099990 | 本章其他编号未列名的乐器零件 | | | 14 | 0 | | 0 | 1.8 | 0 | 0 | 3.5 | 8.8 | 0 | 10.5 | | 0 | 0 | | | | | 0 | 0 | 0 |
| 93011010 | 自动推进的火炮武器 | | | 6.5 | 0 | | 0 | 0 | 0 | 0 | 2.6 | 6.5 | 0 | 7.8 | | 0 | 0 | | | | | 0 | 0 | |
| 93011090 | 其他火炮武器 | | | 6.5 | 0 | | 0 | 0 | 0 | 0 | 2.6 | 6.5 | 0 | 7.8 | | 0 | 0 | | | | | 0 | 0 | |
| 93012000 | 火箭发射装置、火焰喷射器等 | | | 6.5 | 0 | | 0 | 0 | 0 | 0 | 2.6 | 6.5 | 0 | 7.8 | | 0 | 0 | | | | | 0 | 0 | |
| 93019000 | 其他军用武器 | | | 6.5 | 0 | | 0 | 0 | 0 | 0 | 2.6 | 6.5 | 0 | 7.8 | | 0 | 0 | | | | | 0 | 0 | |
| 93020000 | 左轮手枪及其他手枪 | | | 6.5 | 0 | | 0 | 0 | 0 | 0 | 2.6 | 6.5 | 0 | 7.8 | | 0 | 0 | | | | | 0 | 0 | |
| 93031000 | 前装枪 | | | 6.5 | 0 | | 0 | 0 | 0 | 0 | 2.6 | 6.5 | 0 | 7.8 | | 0 | 0 | | | | | 0 | 0 | |
| 93032000 | 其他运动、狩猎或打靶用滑膛枪 | | | 6.5 | 0 | | 0 | 0 | 0 | 0 | 2.6 | 8.1 | 0 | 7.8 | | 0 | 0 | | | | | 0 | 0 | |
| 93033000 | 其他运动、狩猎或打靶用步枪 | | | 6.5 | 0 | | 0 | 0 | 0 | 0 | 2.6 | 6.5 | 0 | 7.8 | | 0 | 0 | | | | | 0 | 0 | |
| 93039000 | 其他火器及类似装置 | | | 6.5 | 0 | | 0 | 0 | 0 | 0 | 2.6 | 6.5 | 0 | 7.8 | | 0 | 0 | | | | | 0 | 0 | |
| 93040000 | 其他武器(如弹簧枪、气枪、警棍等) | | | 6.5 | 0 | | 0 | 0 | 0 | 0 | 2.6 | | 0 | 7.8 | | 0 | 0 | | | | | 0 | 0 | |
| 93051000 | 左轮手枪或其他手枪的零件及附件 | | | 6.5 | 0 | | 0 | 0 | 0 | 0 | 2.6 | 6.5 | 0 | 7.8 | | 0 | 0 | | | | | 0 | 0 | |
| 93052000 | 猎枪或步枪用零件及附件 | | | 6.5 | 0 | | 0 | 0 | 0 | 0 | 2.6 | 6.5 | 0 | 7.8 | | 0 | 0 | | | | | 0 | 0 | |
| 93059100 | 军用武器的零附件 | | | 6.5 | 0 | | 0 | 0 | 0 | 0 | 2.6 | 6.5 | 0 | 7.8 | | 0 | 0 | | | | | 0 | 0 | |
| 93059900 | 其他武器的零附件 | | | 6.5 | 0 | | 0 | 0 | 0 | 0 | 2.6 | 6.5 | 0 | 7.8 | | 0 | 0 | | | | | 0 | 0 | |
| 93062100 | 猎枪弹 | | | 6.5 | 0 | | 0 | 0 | 0 | 0 | 2.6 | 6.5 | 0 | 7.8 | | 0 | 0 | | | | | 0 | 0 | |
| 93062900 | 猎枪弹的零件及气枪弹丸 | | | 6.5 | 0 | | 0 | 0 | 0 | 0 | 2.6 | 6.5 | 0 | 7.8 | | 0 | 0 | | | | | 0 | 0 | |
| 93063080 | 接机或类似工具用子弹及其零件 | | | 6.5 | 0 | | 0 | 0 | 0 | 0 | 2.6 | 6.5 | 0 | 7.8 | | 0 | 0 | | | | | 0 | 0 | |
| 93063090 | 其他子弹及其零件 | | | 6.5 | 0 | | 0 | 0 | 0 | 0 | 2.6 | 6.5 | 0 | 7.8 | | 0 | 0 | | | | | 0 | 0 | |
| 93069000 | 其他弹药和射弹及其零件 | | | 6.5 | 0 | | 0 | 0 | 0 | 0 | 2.6 | 6.5 | 0 | 7.8 | | 0 | 0 | | | | | 0 | 0 | |
| 93070010 | 军用剑、短弯刀、刺刀、长矛和类似的武器及其零件;军用刀鞘、剑鞘 | | | 6.5 | 0 | | 0 | 0 | 0 | 0 | 2.6 | 6.5 | 0 | 7.8 | | 0 | 0 | | | | | 0 | 0 | 0 |
| 93070090 | 其他剑、短弯刀、刺刀、长矛和类似的武器及其零件;其他刀鞘、剑鞘 | | | 6.5 | 0 | | 0 | 0 | 0 | 0 | 2.6 | 6.5 | 0 | 7.8 | | 0 | 0 | | | | | 0 | 0 | 0 |
| 94011000 | 飞机用坐具 | | | | | | | | | | | | | | | | | | | | | 0 | 0 | 0 |
| 94012010 | 皮革或再生皮革面的机动车辆用坐具 | | 0 | | 5 | | 0 | 0 | 0 | 0 | 2 | 0 | 0 | 8 | | | 0 | | | | | 0 | 0 | |
| 94012090 | 机动车辆用坐具 | | 0 | | 5 | | 0 | 0 | 0 | 0 | 2 | 0 | 0 | 7.3 | | | 0 | | | | | 0 | 0 | |
| 94013000 | 可调高度的转动坐具 | | | | | | | | | | | | | | | | | | | | | 0 | 0 | 0 |

| 税则号列 | 商品描述① | 协定税率(%) | | | | | | | | | | | | | | | | 特惠税率(%) | | | | | | |
|---|---|---|---|---|---|---|---|---|---|---|---|---|---|---|---|---|---|---|---|---|---|---|---|---|
| | | 香港 | 澳门 | 巴基斯坦 | 东盟 | 亚太 | 智利 | 秘鲁 | 哥斯达黎加 | 新西兰 | 澳大利亚 | 瑞士 | 冰岛 | 韩国 | 台湾 | 新加坡 | 格鲁吉亚 | 亚太2国② | 东盟 | | | 最不发达国家 | | |
| | | | | | | | | | | | | | | | | | | | 老挝 | 柬埔寨 | 缅甸 | LDC97③ | LDC95④ | LDC60⑤ |
| 94014010 | 皮革或再生皮革面的能作床用的两用椅 | | | | | | | | | | | | | | | | | | | | | 0 | 0 | 0 |
| 94014090 | 能作床用的两用椅 | | | | | | | | | | | | | | | | | | | | | 0 | 0 | 0 |
| 94015200 | 竹制坐具 | | | | | | | | | | | | | | | | | | 0 | | | 0 | 0 | 0 |
| 94015300 | 藤制坐具 | | | | | | | | | | | | | | | | | | 0 | | | 0 | 0 | 0 |
| 94015900 | 柳条及类似材料制的坐具 | | | | | | | | | | | | | | | | | | 0 | | | 0 | 0 | 0 |
| 94016110 | 皮革或再生皮革面的装软垫的木框架其他坐具 | | | | | | | | | | | | | | | | | | | | | 0 | 0 | 0 |
| 94016190 | 装软垫的木框架的其他坐具 | | | | | | | | | | | | | | | | | | | | | 0 | 0 | 0 |
| 94016900 | 其他木框架的坐具 | | | | | | | | | | | | | | | | | | | | | 0 | 0 | 0 |
| 94017110 | 皮革或再生皮革面的装软垫的金属框架其他坐具 | | | | | | | | | | | | | | | | | | | | | 0 | 0 | 0 |
| 94017190 | 带软垫的金属框架的坐具 | | | | | | | | | | | | | | | | | | | | | 0 | 0 | 0 |
| 94017900 | 其他金属框架的坐具 | | | | | | | | | | | | | | | | | | | | | 0 | 0 | 0 |
| 94018010 | 石制坐具 | | | | | | | | | | | | | | | | | | | | | 0 | 0 | 0 |
| 94018090 | 其他坐具 | | | | | | | | | | | | | | | | | | | | | 0 | 0 | 0 |
| 94019011 | 机动车辆的坐椅调角器 | 0 | | | 5 | | 0 | 1 | 0 | 0 | 2 | 0 | 0 | | | | 0 | | | | | 0 | 0 | 0 |
| 94019019 | 机动车辆用坐具的其他零件 | | | | | | | | | | | | | | | | | | | | | 0 | 0 | 0 |
| 94019090 | 其他用途坐具的零件 | | | | | | | | | | | | | | | | | | | | | 0 | 0 | 0 |
| 94021010 | 理发用椅及其零件 | | | | | | | | | | | | | | | | | | | | | 0 | 0 | 0 |
| 94021090 | 牙科及类似用途的椅及其零件 | | | | | | | | | | | | | | | | | | | | | 0 | 0 | 0 |
| 94029000 | 其他医疗、外科或兽医用家具及零件 | | | | | | | | | | | | | | | | | | | | | 0 | 0 | 0 |
| 94031000 | 办公室用金属家具 | | | | | | | | | | | | | | | | | | | | | 0 | 0 | 0 |
| 94032000 | 其他金属家具 | | | | | | | | | | | | | | | | | | | | | 0 | 0 | 0 |
| 94033000 | 办公室用木家具 | | | | | | | | | | | | | | | | | | 0 | 0 | | 0 | 0 | 0 |
| 94034000 | 厨房用木家具 | | | | | | | | | | | | | | | | | | | 0 | | 0 | 0 | 0 |
| 94035010 | 卧室用红木制家具 | | | | | | | | | | | | | | | | | | | 0 | | 0 | 0 | 0 |
| 94035091 | 卧室用漆木家具 | | | | | | | | | | | | | | | | | | | 0 | | 0 | 0 | 0 |
| 94035099 | 卧室用其他木家具 | | | | | | | | | | | | | | | | | | | 0 | | 0 | 0 | 0 |
| 94036010 | 其他红木制家具 | | | | | | | | | | | | | | | | | | | 0 | | 0 | 0 | 0 |
| 94036091 | 其他漆木家具 | | | | | | | | | | | | | | | | | | | 0 | | 0 | 0 | 0 |
| 94036099 | 其他木家具 | | | | | | | | | | | | | | | | | | | 0 | | 0 | 0 | 0 |
| 94037000 | 塑料家具 | | | | | | | | | | | | | | | | | | | | | 0 | 0 | 0 |
| 94038200 | 竹制家具 | | | | | | | | | | | | | | | | | | | 0 | | 0 | 0 | 0 |
| 94038300 | 藤制家具 | | | | | | | | | | | | | | | | | | | 0 | | 0 | 0 | 0 |
| 94038910 | 柳条及类似材料制家具 | | | | | | | | | | | | | | | | | | | 0 | | 0 | 0 | 0 |
| 94038920 | 石制的家具 | | | | | | | | | | | | | | | | | | | | | 0 | 0 | 0 |
| 94038990 | 其他材料制的家具 | | | | | | | | | | | | | | | | | | | | | 0 | 0 | 0 |
| 94039000 | 品目94.03所列物品的零件 | | | | | | | | | | | | | | | | | | | | | 0 | 0 | 0 |
| 94041000 | 弹簧床垫 | | | | 0 | | 0 | 2 | 0 | 0 | 4 | 10 | 0 | 14.6 | | 0 | 0 | | | | | 0 | 0 | |
| 94042100 | 海绵橡胶或泡沫塑料制褥垫 | 0 | 0 | | 0 | | 0 | 2 | 0 | 0 | 4 | 10 | 0 | 14.6 | | 0 | 0 | | | | | 0 | 0 | 0 |

| 税则号列 | 商品描述[①] | 协定税率(%) | | | | | | | | | | | | | | | | 特惠税率(%) | | | | | | |
|---|---|---|---|---|---|---|---|---|---|---|---|---|---|---|---|---|---|---|---|---|---|---|---|---|
| | | 香港 | 澳门 | 巴基斯坦 | 东盟 | 亚太 | 智利 | 秘鲁 | 哥斯达黎加 | 新西兰 | 澳大利亚 | 瑞士 | 冰岛 | 韩国 | 台湾 | 新加坡 | 格鲁吉亚 | 亚太2国[②] | 东盟 | | | 最不发达国家 | | |
| | | | | | | | | | | | | | | | | | | | 老挝 | 柬埔寨 | 缅甸 | LDC97[③] | LDC95[④] | LDC60[⑤] |
| 94042900 | 其他材料制褥垫 | 0 | 0 | 14 | 0 | 14 | 0 | 2 | 0 | 0 | 4 | 10 | 0 | 14.6 | | 0 | 0 | | | | | 0 | 0 | 0 |
| 94043010 | 羽毛或羽绒填充的睡袋 | | 0 | | 0 | | 0 | 2 | 0 | 0 | 4 | 10 | 0 | 14.6 | | 0 | 0 | | | | | 0 | 0 | 0 |
| 94043090 | 其他睡袋 | | 0 | | 0 | | 0 | 2 | 0 | 0 | 4 | 10 | 0 | 14.6 | | 0 | 0 | | | | | 0 | 0 | 0 |
| 94049010 | 羽绒或羽毛填充的寝具及类似品 | 0 | 0 | | 0 | | 0 | 2 | 0 | 0 | 4 | 10 | | 14.6 | | 0 | 0 | | | | | 0 | 0 | 0 |
| 94049020 | 兽毛填充的寝具及类似品 | 0 | 0 | | 0 | | 0 | 2 | 0 | 0 | 4 | 10 | 0 | 14.6 | | 0 | 0 | | | | | 0 | 0 | 0 |
| 94049030 | 丝棉填充的寝具及类似品 | 0 | 0 | | 0 | | 0 | 2 | 0 | 0 | 4 | 10 | 0 | 14.6 | | 0 | 0 | | | | | 0 | 0 | 0 |
| 94049040 | 化纤棉填充的寝具及类似品 | 0 | 0 | | 0 | | 0 | 2 | 0 | 0 | 4 | 10 | 0 | 14.6 | | 0 | 0 | | | | | 0 | 0 | 0 |
| 94049090 | 其他材料制的寝具及类似品 | 0 | 0 | | 0 | | 0 | 2 | 0 | 0 | 4 | 10 | 0 | 14.6 | | 0 | 0 | | | | | 0 | 0 | 0 |
| 94051000 | 枝形吊灯 | | | 5 | 0 | | 0 | 0 | 0 | 0 | 2 | 0 | 0 | 6 | | | 0 | | | | | 0 | 0 | 0 |
| 94052000 | 电气台灯、床头灯、落地灯 | | | | 0 | | 0 | 2 | 0 | 0 | 4 | 10 | 0 | 16 | | 0 | 0 | | | | | 0 | 0 | 0 |
| 94053000 | 圣诞树用的成套灯具 | | | 12.8 | 0 | | 0 | 1.6 | 0 | 0 | 3.2 | 8 | 0 | 9.6 | | 0 | 0 | | | | | 0 | 0 | 0 |
| 94054010 | 探照灯 | | 0 | 14 | 0 | | 0 | 1.8 | 0 | 0 | 3.5 | 8.8 | 0 | 10.5 | | 0 | 0 | | | | | 0 | 0 | 0 |
| 94054020 | 聚光灯 | | 0 | 14 | 0 | | 0 | 1.8 | 0 | 0 | 3.5 | 8.8 | 0 | 10.5 | | 0 | 0 | | | | | 0 | 0 | 0 |
| 94054090 | 其他电灯及照明装置 | 0 | 0 | 5 | 0 | | 0 | 0 | 0 | 0 | 2 | 0 | 0 | 2 | | 0 | 0 | | | | | 0 | 0 | 0 |
| 94055000 | 非电气灯具及照明装置 | | | | 0 | | 0 | 2 | 0 | 0 | 4 | 10 | 0 | 16 | | 0 | 0 | | | | | 0 | 0 | |
| 94056000 | 发光标志、发光铭牌及类似品 | 0 | 0 | | 0 | | 0 | 2 | 0 | 0 | 4 | 10 | 0 | 14.6 | | 0 | 0 | | | | | 0 | 0 | |
| 94059100 | 品目 94.05 所列物品的玻璃制零件 | | | | 0 | | 0 | 2 | 0 | 0 | 4 | 10 | 0 | 16 | | 0 | 0 | | | | | 0 | 0 | |
| 94059200 | 品目 94.05 所列物品的塑料制零件 | | 0 | | 0 | | 0 | 2 | 0 | 0 | 4 | 10 | 0 | 14.6 | | 0 | 0 | | | | | 0 | 0 | |
| 94059900 | 品目 94.05 所列物品其他材料制零件 | | 0 | | 0 | | 0 | 2 | 0 | 0 | 4 | 10 | 0 | 14.6 | | 0 | 0 | | | | | 0 | 0 | 0 |
| 94061000 | 木制活动房屋 | | 0 | 5 | 0 | 7 | 0 | 1 | 0 | 0 | 2 | 0 | 0 | 6 | | 0 | 0 | | | | | 0 | 0 | 0 |
| 94069000 | 其他活动房屋 | | 0 | 5 | 0 | 7 | 0 | 1 | 0 | 0 | 2 | 0 | 0 | 6 | | 0 | 0 | | | | | 0 | 0 | 0 |
| 95030010 | 供儿童乘骑的带轮玩具及玩偶车 | | | | | | | | | | | | | | | | | | | | | 0 | 0 | 0 |
| 95030021 | 玩具动物 | | | | | | | | | | | | | | | | | | | | | 0 | 0 | 0 |
| 95030029 | 其他玩偶 | | | | | | | | | | | | | | | | | | | | | 0 | 0 | 0 |
| 95030060 | 智力玩具 | | | | | | | | | | | | | | | | | | | | | 0 | 0 | 0 |
| 95030083 | 带动力装置的玩具及模型 | | | | | | | | | | | | | | | | | | | | | 0 | 0 | 0 |
| 95030089 | 其他未列名玩具 | | | | | | | | | | | | | | | | | | | | | 0 | 0 | 0 |
| 95030090 | 玩具的零件 | | | | | | | | | | | | | | | | | | | | | 0 | 0 | 0 |
| 95042000 | 台球用品及附件 | | | | | | | | | | | | | | | | | | | | | 0 | 0 | 0 |
| 95043010 | 投币式电子游戏机 | | | | | | | | | | | | | | | | | | | | | 0 | 0 | 0 |
| 95043090 | 投币式其他游戏用品 | | | | | | | | | | | | | | | | | | | | | 0 | 0 | 0 |
| 95044000 | 扑克牌 | | | | | | | | | | | | | | | | | | | | | 0 | 0 | 0 |
| 95045011 | 与电视接收机配套使用的视频游戏控制器及设备零件及附件 | | | | | | | | | | | | | | | | | | | | | 0 | 0 | 0 |
| 95045019 | 其他与电视接收机配套使用的游戏机 | | | | | | | | | | | | | | | | | | | | | 0 | 0 | 0 |

| 税则号列 | 商品描述[1] | 协定税率(%) | | | | | | | | | | | | | | | | 特惠税率(%) | | | | | | |
|---|---|---|---|---|---|---|---|---|---|---|---|---|---|---|---|---|---|---|---|---|---|---|---|---|
| | | 香港 | 澳门 | 巴基斯坦 | 东盟 | 亚太 | 智利 | 秘鲁 | 哥斯达黎加 | 新西兰 | 澳大利亚 | 瑞士 | 冰岛 | 韩国 | 台湾 | 新加坡 | 格鲁吉亚 | 亚太2国[2] | 东盟 | | | 最不发达国家 | | |
| | | | | | | | | | | | | | | | | | | | 老挝 | 柬埔寨 | 缅甸 | LDC97[3] | LDC95[4] | LDC60[5] |
| 95045091 | 其他视频游戏控制器及设备零件、附件 | | | | | | | | | | | | | | | | | | | | | 0 | 0 | 0 |
| 95045099 | 其他游戏机 | | | | | | | | | | | | | | | | | | | | | 0 | 0 | 0 |
| 95049010 | 其他电子游戏机 | | | | | | | | | | | | | | | | | | | | | 0 | 0 | 0 |
| 95049021 | 保龄球自动分瓶机 | | | | | | | | | | | | | | | | | | | | | 0 | 0 | 0 |
| 95049022 | 保龄球 | | | | | | | | | | | | | | | | | | | | | 0 | 0 | 0 |
| 95049023 | 保龄球瓶 | | | | | | | | | | | | | | | | | | | | | 0 | 0 | 0 |
| 95049029 | 其他保龄球自动球道设备及器具 | | | | | | | | | | | | | | | | | | | | | 0 | 0 | 0 |
| 95049030 | 中国象棋、国际象棋、跳棋等棋类用品 | | | | | | | | | | | | | | | | | | | | | 0 | 0 | 0 |
| 95049040 | 麻将及类似桌上游戏用品 | | | | | | | | | | | | | | | | | | | | | 0 | 0 | 0 |
| 95049090 | 其他游艺场、桌上或室内游戏用品 | | | | | | | | | | | | | | | | | | | | | 0 | 0 | 0 |
| 95051000 | 圣诞节用品 | | | | | | | | | | | | | | | | | | | | | 0 | 0 | 0 |
| 95059000 | 其他节日用品或娱乐用品 | | | | | | | | | | | | | | | | | | | | | 0 | 0 | 0 |
| 95061100 | 滑雪屐 | | | 0 | 0 | | 0 | 0 | 0 | 0 | 2.8 | 7 | | 8.4 | | 0 | 0 | | | | | 0 | 0 | |
| 95061200 | 滑雪屐扣件(滑雪屐带) | | | 0 | 0 | | 0 | 0 | 0 | 0 | 2.8 | 7 | 0 | 8.4 | | 0 | 0 | | | | | 0 | 0 | |
| 95061900 | 其他滑雪用具 | | | 0 | 0 | | 0 | 0 | 0 | 0 | 2.8 | 7 | 0 | 8.4 | | 0 | 0 | | | | | 0 | 0 | |
| 95062100 | 帆板 | | | 0 | 0 | | 0 | 0 | 0 | 0 | 2.4 | 6 | 0 | 7.2 | | 0 | 0 | | | | | 0 | 0 | |
| 95062900 | 其他水上运动用具 | 0 | 0 | 0 | 0 | | 0 | 0 | 0 | 0 | 2.8 | 7 | 0 | 8.4 | | 0 | 0 | | | | | 0 | 0 | |
| 95063100 | 完整的高尔夫球棍 | | | 0 | 0 | | 0 | 0 | 0 | 0 | 2.8 | 7 | | 8.4 | | 0 | 0 | | | | | 0 | 0 | 0 |
| 95063200 | 高尔夫球 | | | 0 | 0 | | 0 | 0 | 0 | 0 | 2.4 | 6 | 0 | 7.2 | | 0 | 0 | | | | | 0 | 0 | |
| 95063900 | 其他高尔夫球用具 | | | 0 | 0 | | 0 | 0 | 0 | 0 | 2.8 | 7 | | 8.4 | 0 | 0 | 0 | | | | | 0 | 0 | 0 |
| 95064010 | 乒乓球 | | | 0 | 0 | | 0 | 0 | 0 | 0 | 2.4 | 6 | 0 | 7.2 | | 0 | 0 | | | | | 0 | 0 | |
| 95064090 | 其他乒乓球运动用品及器械 | | | 0 | 0 | | 0 | 0 | 0 | 0 | 2.8 | 7 | 0 | 8.4 | | 0 | 0 | | | | | 0 | 0 | |
| 95065100 | 草地网球拍 | | | 0 | 0 | | 0 | 0 | 0 | 0 | 2.8 | 7 | 0 | 8.4 | | 0 | 0 | | | | | 0 | 0 | |
| 95065900 | 其他网球拍、羽毛球拍或类似球拍 | | | 0 | 0 | | 0 | 0 | 0 | 0 | 2.8 | 7 | 0 | 8.4 | | 0 | 0 | | | | | 0 | 0 | |
| 95066100 | 草地网球 | | | 0 | 0 | | 0 | 0 | 0 | 0 | 2.4 | 6 | 0 | 7.2 | | 0 | 0 | | | | | 0 | 0 | |
| 95066210 | 篮球、足球、排球 | | | 0 | 0 | | 0 | 0 | 0 | 0 | 2.4 | 6 | 0 | 7.2 | | 0 | 0 | | | | | 0 | 0 | |
| 95066290 | 其他可充气的球 | | | 0 | 0 | | 0 | 0 | 0 | 0 | 2.4 | 6 | 0 | 7.2 | | 0 | 0 | | | | | 0 | 0 | |
| 95066900 | 其他球 | | | 0 | 0 | | 0 | 0 | 0 | 0 | 2.4 | 6 | 0 | 7.2 | | 0 | 0 | | | | | 0 | 0 | |
| 95067010 | 溜冰鞋 | | | 0 | 0 | 12 | 0 | 0 | 0 | 0 | 2.8 | 7 | 0 | 8.4 | | 0 | 0 | | | | | 0 | 0 | |
| 95067020 | 旱冰鞋 | | | 0 | 0 | 12 | 0 | 0 | 0 | 0 | 2.8 | 7 | 0 | 8.4 | | 0 | 0 | | | | | 0 | 0 | |
| 95069111 | 跑步机 | 0 | | 0 | 0 | | 0 | 0 | 0 | 0 | 2.4 | 6 | 0 | 7.2 | 0 | 0 | 0 | | | | | 0 | 0 | |
| 95069119 | 其他健身及康复器械 | 0 | 0 | 0 | 0 | | 0 | 0 | 0 | 0 | 2.4 | 6 | 0 | 7.2 | 0 | 0 | 0 | | | | | 0 | 0 | |
| 95069120 | 滑板 | 0 | 0 | 0 | 0 | | 0 | 0 | 0 | 0 | 2.4 | 6 | 0 | 7.2 | | 0 | 0 | | | | | 0 | 0 | |
| 95069190 | 一般的体育活动、体操或竞技用品 | 0 | 0 | 0 | 0 | | 0 | 0 | 0 | 0 | 2.4 | 6 | 0 | 7.2 | | 0 | 0 | | | | | 0 | 0 | 0 |
| 95069900 | 其他未列名的九十五章用品及设备 | 0 | 0 | 0 | 0 | | 0 | 0 | 0 | 0 | 2.4 | 0 | 0 | 7.2 | | 0 | 0 | | | | | 0 | 0 | |
| 95071000 | 钓鱼竿 | | | | 0 | | 0 | 2.1 | 0 | 0 | 4.2 | 10.5 | | | | 0 | 0 | | | | | 0 | 0 | |

| 税则号列 | 商品描述[①] | 协定税率(%) | | | | | | | | | | | | | | | | 特惠税率(%) | | | | | | |
|---|---|---|---|---|---|---|---|---|---|---|---|---|---|---|---|---|---|---|---|---|---|---|---|---|
| | | 香港 | 澳门 | 巴基斯坦 | 东盟 | 亚太 | 智利 | 秘鲁 | 哥斯达黎加 | 新西兰 | 澳大利亚 | 瑞士 | 冰岛 | 韩国 | 台湾 | 新加坡 | 格鲁吉亚 | 亚太2国[②] | 东盟 | | | 最不发达国家 | | |
| | | | | | | | | | | | | | | | | | | | 老挝 | 柬埔寨 | 缅甸 | LDC97[③] | LDC95[④] | LDC60[⑤] |
| 95072000 | 钓鱼钩 | | | | 0 | | 0 | 2.1 | 0 | 0 | 4.2 | 10.5 | | 16.8 | | 0 | 0 | | | | | 0 | 0 | 0 |
| 95073000 | 钓线轮 | | | | 0 | | 0 | 2.1 | 0 | 0 | 4.2 | 10.5 | | 16.8 | | 0 | 0 | | | | | 0 | 0 | |
| 95079000 | 其他钓鱼用品 | | | 18.9 | 0 | 18.9 | 0 | 2.1 | 0 | 0 | 4.2 | 10.5 | 0 | 16.8 | | 0 | 0 | | | | | 0 | 0 | |
| 95081000 | 流动马戏团及流动动物园 | | | 12 | 0 | | 0 | 1.5 | 0 | 0 | 3 | 7.5 | 0 | 9 | | 0 | 0 | | | | | 0 | 0 | |
| 95089000 | 其他旋转木马、秋千等游乐场娱乐设备 | | | 12 | 0 | | 0 | 1.5 | 0 | 0 | 3 | 7.5 | 0 | 9 | | 0 | 0 | | | | | 0 | 0 | |
| 96011000 | 已加工的兽牙及其制品 | | | | 0 | | 0 | 2 | 0 | 0 | 4 | 10 | 0 | 14.6 | | 0 | 0 | | | | | 0 | 0 | |
| 96019000 | 其他已加工动物质雕刻料及其制品 | | | | 0 | | 0 | 2 | 0 | 0 | 4 | 10 | 0 | 14.6 | | 0 | 0 | | | | | 0 | 0 | 0 |
| 96020010 | 装药用胶囊 | | | 5 | 0 | | 0 | 0 | 0 | 0 | 2.1 | 5.2 | 0 | 6.3 | | 0 | 0 | | | | | 0 | 0 | |
| 96020090 | 已加工植物或矿物质雕刻料及制品 | | | | 0 | | 0 | 2.5 | 0 | 0 | 5 | 12.5 | 0 | 20 | | 0 | 0 | | | | | 0 | 0 | 0 |
| 96031000 | 用枝条或其他植物材料捆扎成的帚 | | 0 | | 0 | | 0 | 2.5 | 0 | 0 | 5 | 12.5 | 0 | 20 | | 0 | 0 | | | | | 0 | 0 | |
| 96032100 | 牙刷,包括齿板刷 | 0 | 0 | | 0 | | 0 | 2.5 | 0 | 0 | 5 | 12.5 | 0 | 20 | | 0 | 0 | | | | | 0 | 0 | |
| 96032900 | 剃须刷、发刷、睫毛刷等人体化妆用刷 | | 0 | 7.5 | 0 | 13.5 | 0 | 1.5 | 0 | 0 | 3 | 7.5 | 0 | 9 | | 0 | 0 | | | | | 0 | 0 | 0 |
| 96033010 | 画笔 | | | 15 | 0 | 15 | 0 | 2.5 | 0 | 0 | 5 | 12.5 | 0 | 20 | | 0 | 0 | | | | | 0 | 0 | |
| 96033020 | 毛笔 | | | 18 | 0 | 18 | 0 | 2 | 0 | 0 | 4 | 10 | 0 | 14.6 | | 0 | 0 | | | | | 0 | 0 | |
| 96033090 | 化妆用的类似笔 | | | 22.5 | 0 | 22.5 | 0 | 2.5 | 0 | 0 | 5 | 12.5 | 0 | 20 | | 0 | 0 | | | | | 0 | 0 | |
| 96034011 | 猪鬃制漆刷及类似刷 | | | | 0 | | 0 | 2 | 0 | 0 | 4 | 10 | 0 | 14.6 | | 0 | 0 | | | | | 0 | 0 | |
| 96034019 | 其他材料制漆刷及类似刷 | | | | 0 | | 0 | 2.3 | 0 | 0 | 4.6 | 11.5 | 0 | 18.4 | | 0 | 0 | | | | | 0 | 0 | |
| 96034020 | 油漆块垫及滚筒 | | | | 0 | | 0 | 2.3 | 0 | 0 | 4.6 | 11.5 | 0 | 18.4 | | 0 | 0 | | | | | 0 | 0 | |
| 96035011 | 作为机器、器具零件的金属丝刷 | | | 11.2 | 0 | | 0 | 0 | 0 | 0 | 2.8 | 7 | 0 | 8.4 | | 0 | 0 | | | | | 0 | 0 | |
| 96035019 | 作为车辆零件的金属丝刷 | | | 7 | 0 | | 0 | 0 | 0 | 0 | 2.8 | 8.7 | 0 | 8.4 | | 0 | 0 | | | | | 0 | 0 | |
| 96035091 | 作为机器、器具零件的其他刷 | | | 11.2 | 0 | | 0 | 0 | 0 | 0 | 2.8 | 7 | 0 | 8.4 | | 0 | 0 | | | | | 0 | 0 | |
| 96035099 | 作为车辆零件的其他刷 | | | 7 | 0 | | 0 | 0 | 0 | 0 | 2.8 | 7 | 0 | 8.4 | | 0 | 0 | | | | | 0 | 0 | |
| 96039010 | 羽毛掸 | | | 18.9 | 0 | 18.9 | 0 | 2.1 | 0 | 0 | 4.2 | 10.5 | 0 | 15.4 | | 0 | 0 | | | | | 0 | 0 | |
| 96039090 | 其他帚、刷、拖把及其他毛掸 | | | | 0 | | 0 | 1.5 | 0 | 0 | 3 | 7.5 | 0 | 9 | | 0 | 0 | | | | | 0 | 0 | |
| 96040000 | 手用粗筛、细筛 | | | | 0 | | 0 | 2.1 | 0 | 0 | 4.2 | 10.5 | 0 | 16.8 | | 0 | 0 | | | | | 0 | 0 | |
| 96050000 | 个人梳妆、缝纫等用成套旅行用品 | | | 12 | 0 | | 0 | 1.5 | 0 | 0 | 3 | 7.5 | 0 | 9 | | 0 | 0 | | | | | 0 | 0 | |
| 96061000 | 揿扣及其零件 | | | | 0 | | 0 | 2.1 | 0 | 0 | 4.2 | 10.5 | 0 | 16.8 | | 0 | 0 | | | | | 0 | 0 | |
| 96062100 | 塑料制纽扣,未用纺织材料包裹 | | | | 0 | | 0 | 2.1 | 0 | 0 | 4.2 | 10.5 | 0 | 16.8 | 0 | 0 | 0 | | | | | 0 | 0 | 0 |
| 96062200 | 贱金属制,未用纺织材料包裹的纽扣 | 0 | 0 | 12 | 0 | | 0 | 1.5 | 0 | 0 | 3 | 7.5 | 0 | 9 | 0 | 0 | 0 | | | | | 0 | 0 | 0 |
| 96062900 | 其他纽扣 | 0 | | 12 | 0 | | 0 | 1.5 | 0 | 0 | 3 | 7.5 | 0 | 9 | | 0 | 0 | | | | | 0 | 0 | 0 |
| 96063000 | 纽扣芯及纽扣的其他零件 | 0 | | 12 | 0 | | 0 | 1.5 | 0 | 0 | 3 | 7.5 | 0 | 9 | | 0 | 0 | | | | | 0 | 0 | 0 |
| 96071100 | 装有贱金属齿的拉链 | 0 | 0 | | 0 | | 0 | 2.1 | 0 | 0 | 4.2 | 10.5 | 0 | 16.8 | | 0 | 0 | | | | | 0 | 0 | 0 |
| 96071900 | 其他拉链 | 0 | 0 | 14.7 | 0 | 14.7 | 0 | 2.1 | 0 | 0 | 4.2 | 10.5 | 0 | 16.8 | | 0 | 0 | | | | | 0 | 0 | |

| 税则号列 | 商品描述① | 协定税率(%) | | | | | | | | | | | | | | | | 特惠税率(%) | | | | | | |
|---|---|---|---|---|---|---|---|---|---|---|---|---|---|---|---|---|---|---|---|---|---|---|---|---|
| | | 香港 | 澳门 | 巴基斯坦 | 东盟 | 亚太 | 智利 | 秘鲁 | 哥斯达黎加 | 新西兰 | 澳大利亚 | 瑞士 | 冰岛 | 韩国 | 台湾 | 新加坡 | 格鲁吉亚 | 亚太2国② | 东盟 | | | 最不发达国家 | | |
| | | | | | | | | | | | | | | | | | | | 老挝 | 柬埔寨 | 缅甸 | LDC97③ | LDC95④ | LDC60⑤ |
| 96072000 | 拉链零件 | | | | 0 | | 0 | 2.1 | 0 | 0 | 4.2 | 10.5 | 0 | 16.8 | | 0 | 0 | | | | | 0 | 0 | |
| 96081000 | 圆珠笔 | | 0 | 7.5 | 0 | 13.5 | 0 | 1.5 | 0 | 0 | 3 | 7.5 | 0 | 9 | | 0 | 0 | | | | | 0 | 0 | 0 |
| 96082000 | 毡尖和其他渗水式笔尖笔及唛头笔 | | 0 | | 0 | | 0 | 2.1 | 0 | 0 | 4.2 | 10.5 | 0 | 16.8 | | 0 | 0 | | | | | 0 | 0 | |
| 96083010 | 墨汁画笔 | | 0 | | 0 | | 0 | 2.1 | 0 | 0 | 4.2 | 10.5 | 0 | 15.4 | | 0 | 0 | | | | | 0 | 0 | |
| 96083020 | 自来水笔 | | 0 | | 0 | | 0 | 2.1 | 0 | 0 | 4.2 | 10.5 | 0 | 16.8 | | 0 | 0 | | | | | 0 | 0 | 0 |
| 96083090 | 其他钢笔 | | 0 | | 0 | | 0 | 2.1 | 0 | 0 | 4.2 | 10.5 | 0 | 16.8 | | 0 | 0 | | | | | 0 | 0 | 0 |
| 96084000 | 活动铅笔 | | 0 | | 0 | | 0 | 2.1 | 0 | 0 | 4.2 | 10.5 | 0 | 16.8 | | 0 | 0 | | | | | 0 | 0 | |
| 96085000 | 含有两种及以上笔的成套货品 | | 0 | | 0 | | 0 | 2.1 | 0 | 0 | 4.2 | 10.5 | 0 | 16.8 | | 0 | 0 | | | | | 0 | 0 | |
| 96086000 | 圆珠笔芯 | 0 | 0 | | 0 | | 0 | 2.1 | 0 | 0 | 4.2 | 10.5 | 0 | 16.8 | | 0 | 0 | | | | | 0 | 0 | |
| 96089100 | 钢笔头及笔尖粒 | 0 | 0 | 6 | 0 | | 0 | 0 | 0 | 0 | 2.4 | 6 | 0 | 7.2 | | 0 | 0 | | | | | 0 | 0 | |
| 96089910 | 机器、仪器用笔 | 0 | 0 | 14 | 0 | | 0 | 1.8 | 0 | 0 | 3.5 | 8.8 | 0 | 10.5 | | 0 | 0 | | | | | 0 | 0 | |
| 96089920 | 蜡纸铁笔、钢笔杆、铅笔杆等 | 0 | 0 | | 0 | | 0 | 2.1 | 0 | 0 | 4.2 | 10.5 | 0 | 16.8 | | 0 | 0 | | | | | 0 | 0 | |
| 96089990 | 其他笔零件 | 0 | 0 | | 0 | | 0 | 2.1 | 0 | 0 | 4.2 | 0 | 0 | 16.8 | | 0 | 0 | | | | | 0 | 0 | |
| 96091010 | 铅笔 | | | | 0 | | 0 | 2.1 | 0 | 0 | 4.2 | 10.5 | 0 | 16.8 | | 0 | 0 | | | | | 0 | 0 | 0 |
| 96091020 | 颜色铅笔 | | | | 0 | | 0 | 2.1 | 0 | 0 | 4.2 | 10.5 | 0 | 16.8 | | 0 | 0 | | | | | 0 | 0 | |
| 96092000 | 铅笔芯,黑的或其他颜色的 | | | | 0 | | 0 | 2.1 | 0 | 0 | 4.2 | 10.5 | 0 | 16.8 | | 0 | 0 | | | | | 0 | 0 | |
| 96099000 | 蜡笔、图画碳笔、书写或绘画用粉笔 | | | 12 | 0 | | 0 | 1.5 | 0 | 0 | 3 | 7.5 | 0 | 9 | | 0 | 0 | | | | | 0 | 0 | |
| 96100000 | 具有书写或绘画面的石板、黑板 | | | 12 | 0 | | 0 | 1.5 | 0 | 0 | 3 | 7.5 | 0 | 9 | | 0 | 0 | | | | | 0 | 0 | |
| 96110000 | 手用日期戳、封缄戳、编号戳及类似印戳 | | | | 0 | | 0 | 2.1 | 0 | 0 | 4.2 | 10.5 | 0 | 16.8 | | 0 | 0 | | | | | 0 | 0 | |
| 96121000 | 打字机色带或类似色带 | | 0 | 5 | 0 | | 0 | 0 | 0 | 0 | 2.1 | 5.2 | 0 | 7.7 | | 0 | 0 | | | | | 0 | 0 | 0 |
| 96122000 | 印台 | | | | 0 | | 0 | 2.5 | 0 | 0 | 5 | 12.5 | 0 | 20 | | 0 | 0 | | | | | 0 | 0 | |
| 96131000 | 一次性袖珍气体打火机 | | | | 0 | | 0 | 2.5 | 0 | 0 | 5 | 12.5 | 0 | 20 | | 0 | 0 | | | | | 0 | 0 | |
| 96132000 | 可充气袖珍气体打火机 | | | | 0 | | 0 | 2.5 | 0 | 0 | 5 | 12.5 | 0 | 20 | | 0 | 0 | | | | | 0 | 0 | |
| 96138000 | 其他打火器 | | | | 0 | | 0 | 2.5 | 0 | 0 | 5 | 12.5 | 0 | 20 | | 0 | 0 | | | | | 0 | 0 | |
| 96139000 | 打火机及打火器零件 | | | | 0 | | 0 | 2.5 | 0 | 0 | 5 | 12.5 | 0 | 20 | | 0 | 0 | | | | | 0 | 0 | |
| 96140010 | 烟斗及烟斗头 | | | | 0 | | 0 | 2.5 | 0 | 0 | 5 | 12.5 | 0 | | | 0 | 0 | | | | | 0 | 0 | |
| 96140090 | 烟嘴及其零件 | | | | 0 | | 0 | 2.5 | 0 | 0 | 5 | 12.5 | 0 | | | 0 | 0 | | | | | 0 | 0 | |
| 96151100 | 硬质橡胶或塑料制梳子、发夹及类似品 | | | 14.4 | 0 | 16.2 | 0 | 1.8 | 0 | 0 | 3.6 | 9 | 0 | 10.8 | | 0 | 0 | | | | | 0 | 0 | 0 |
| 96151900 | 其他材料制梳子、发夹及类似品 | | | | 0 | | 0 | 1.8 | 0 | 0 | 3.6 | 9 | 0 | 10.8 | | 0 | 0 | | | | | 0 | 0 | 0 |
| 96159000 | 其他发夹、卷发器等及其零件 | | | 14.4 | 0 | 16.2 | 0 | 1.8 | 0 | 0 | 3.6 | 9 | 0 | 10.8 | | 0 | 0 | | | | | 0 | 0 | 0 |
| 96161000 | 香水喷雾器或类似的化妆用喷雾器 | | | 14.4 | 0 | 16.2 | 0 | 1.8 | 0 | 0 | 3.6 | 9 | 0 | 10.8 | | 0 | 0 | | | | | 0 | 0 | |
| 96162000 | 施敷脂粉或化妆品用粉扑及粉拍 | | | 14.4 | 0 | 16.2 | 0 | 1.8 | 0 | 0 | 3.6 | 9 | 0 | 10.8 | | 0 | 0 | | | | | 0 | 0 | |
| 96170011 | 玻璃内胆制保温瓶 | 0 | 0 | | 0 | | 0 | 2.4 | 0 | 0 | 4.8 | 12 | 0 | 19.2 | | 0 | 0 | | | | | 0 | 0 | |

| 税则号列 | 商品描述① | 协定税率(%) | | | | | | | | | | | | | | | | 特惠税率(%) | | | | | | |
|---|---|---|---|---|---|---|---|---|---|---|---|---|---|---|---|---|---|---|---|---|---|---|---|---|
| | | 香港 | 澳门 | 巴基斯坦 | 东盟 | 亚太 | 智利 | 秘鲁 | 哥斯达黎加 | 新西兰 | 澳大利亚 | 瑞士 | 冰岛 | 韩国 | 台湾 | 新加坡 | 格鲁吉亚 | 亚太2国② | 东盟 | | | 最不发达国家 | | |
| | | | | | | | | | | | | | | | | | | | 老挝 | 柬埔寨 | 缅甸 | LDC97③ | LDC95④ | LDC60⑤ |
| 96170019 | 其他保温瓶 | 0 | 0 | | 0 | | 0 | 2.4 | 0 | 0 | 4.8 | 12 | 0 | 19.2 | | 0 | 0 | | | | | 0 | 0 | |
| 96170090 | 其他真空容器及零件 | 0 | 0 | | 0 | | 0 | 1.8 | 0 | 0 | 3.6 | 9 | 0 | 10.8 | | 0 | 0 | | | | | 0 | 0 | |
| 96180000 | 裁缝用人体模型及其他人体模型 | | | | 0 | | 0 | 2.1 | 0 | 0 | 4.2 | 10.5 | 0 | 16.8 | | 0 | 0 | | | | | 0 | 0 | |
| 96190011 | 婴儿尿布及尿裤 | 0 | 0 | | 0 | | 0 | | | 0 | 1.5 | | | | 0 | | 0 | | | | | 0 | 0 | 0 |
| 96190019 | 其他尿布及尿裤 | 0 | 0 | | 0 | | 0 | | | 0 | 1.5 | | | | 0 | | 0 | | | | | 0 | 0 | 0 |
| 96190020 | 卫生巾(护垫)及止血塞 | 0 | 0 | 7.5 | 0 | | 0 | 0 | 0 | 0 | 2 | 0 | 0 | 6 | 0 | | 0 | | | | | 0 | 0 | 0 |
| 96190090 | 任何材料制的卫生巾或尿布的类似品 | 0 | 0 | 7.5 | 0 | 9.3 | 0 | 1.6 | 0 | 0 | 2.8 | 9.8 | 0 | 8.4 | 0 | 0 | 0 | | | | | 0 | 0 | 0 |
| 96200000 | 独脚架、双脚架、三脚架及类似品 | | | | | | | 0 | 0 | | 0 | 0 | 0 | 0 | | | 0 | | | | | 0 | 0 | 0 |
| 97011011 | 唐卡 | | | 6 | 0 | | 0 | 1.2 | 0 | 0 | 2.4 | 6 | 0 | 7.2 | | 0 | 0 | | | | | 0 | 0 | 0 |
| 97011019 | 其他手绘油画、粉画及其他画 | | | 6 | 0 | | 0 | 1.2 | 0 | 0 | 2.4 | 6 | 0 | 7.2 | | 0 | 0 | | | | | 0 | 0 | 0 |
| 97011020 | 手绘油画、粉画及其他画的复制品 | | | 11.2 | 0 | | 0 | 0 | 0 | 0 | 2.8 | 7 | 0 | 8.4 | | 0 | 0 | | | | | 0 | 0 | 0 |
| 97019000 | 拼贴画及类似装饰板 | | | 11.2 | 0 | | 0 | 0 | 0 | 0 | 2.8 | 7 | 0 | 8.4 | | 0 | 0 | | | | | 0 | 0 | 0 |
| 97020000 | 雕版画、印制画、石印画的原本 | | | 6 | 0 | | 0 | 1.2 | 0 | 0 | 2.4 | 6 | 0 | 7.2 | | 0 | 0 | | | | | 0 | 0 | |
| 97030000 | 各种材料制的雕塑品原件 | | | 6 | 0 | | 0 | 0 | 0 | 0 | 2.4 | 6 | 0 | 7.2 | | 0 | 0 | | | | | 0 | 0 | 0 |
| 97040010 | 使用或未使用的邮票 | 0 | 0 | 5 | 0 | | 0 | 0 | 0 | 0 | 1.6 | 0 | 0 | 1.6 | | | 0 | | | | | 0 | 0 | 0 |
| 97040090 | 其他使用或未使用的印花税票及类似票证 | 0 | 0 | 7 | 0 | | 0 | 0 | 0 | 0 | 2.8 | 7 | 0 | 8.4 | | 0 | 11.2 | | | | | 0 | 0 | |
| 97050000 | 具有动、植、矿物学意义的收藏品 | | | | | | | | | | | | | | | | | | | | | 0 | 0 | 0 |
| 97060000 | 超过一百年的古物 | | | | | | | | | | | | | | | | | | | | | 0 | 0 | 0 |

①商品名称仅供参考，具体商品范围以《中华人民共和国进出口税则》中的税则号列对应的商品范围为准。

②亚太 2 国：孟加拉人民共和国、老挝人民民主共和国。

③LDC97：埃塞俄比亚联邦民主共和国、布隆迪共和国、赤道几内亚共和国、刚果民主共和国、吉布提共和国、几内亚共和国、几内亚比绍共和国、莱索托王国、马达加斯加共和国、马拉维共和国、马里共和国、莫桑比克共和国、南苏丹共和国、塞拉利昂共和国、塞内加尔共和国、苏丹共和国、索马里联邦共和国、坦桑尼亚联合共和国、乌干达共和国、乍得共和国、中非共和国、阿富汗伊斯兰共和国、也门共和国、瓦努阿图共和国、科摩罗联盟、毛里塔尼亚伊斯兰共和国、多哥共和国、利比里亚共和国、卢旺达共和国、安哥拉共和国、赞比亚共和国、尼泊尔联邦民主共和国、尼日尔共和国、厄立特里亚国、柬埔寨王国 冈比亚共和国 圣多美和普林西比民主共和国(共 37 国)。

④LDC95：贝宁共和国、东帝汶民主共和国、缅甸联邦共和国(共 3 国)。

⑤LDC60：孟加拉人民共和国(共 1 国)。

⑥完税价格不高于 2000 美元/台：12%；完税价格高于 2000 美元/台：3%，加 1098 元。

⑦完税价格不高于 2000 美元/台：16%；完税价格高于 2000 美元/台：3%，加 1581 元。

⑧完税价格不高于 2000 美元/台：24%；完税价格高于 2000 美元/台：2.4%，加 3499.2 元/台。

⑨完税价格不高于 2000 美元/台：18.4%；完税价格高于 2000 美元/台：3%，加 1879 元。

⑩完税价格不高于 2000 美元/台：13.5%；完税价格高于 2000 美元/台：3%，加 1281 元。

⑪完税价格不高于 2000 美元/台：18%；完税价格高于 2000 美元/台：3%，加 1824 元。

⑫完税价格不高于 5000 美元/台：24.9%；完税价格高于 5000 美元/台：3%，加 1095 元。

⑬完税价格不高于 5000 美元/台：28%；完税价格高于 5000 美元/台：2.4%，加 10368 元/台。

# 附表 4

## 关税配额商品税目税率表

| 商品类别 | 税则号列 | 普通税率(%) | 最惠国税率(%) | 关税配额税率(%) | 国别关税配额税率 | |
|---|---|---|---|---|---|---|
| | | | | | 中国—新西兰自贸区(%) | 中国—澳大利亚自贸区(%) |
| 小麦 | 10011100 | 180 | 65 | 1 | | |
| | 10011900 | 180 | 65 | 1 | | |
| | 10019100 | 180 | 65 | 1 | | |
| | 10019900 | 180 | 65 | 1 | | |
| | 11010000 | 130 | 65 | 6 | | |
| | 11031100 | 130 | 65 | 9 | | |
| | 11032010 | 180 | 65 | 10 | | |
| 玉米 | 10051000 | 180 | 20 | 1 | | |
| | 10059000 | 180 | 65 | 1 | | |
| | 11022000 | 130 | 40 | 9 | | |
| | 11031300 | 130 | 65 | 9 | | |
| | 11042300 | 180 | 65 | 10 | | |
| 稻谷和大米 | 10061011 | 180 | 65 | 1 | | |
| | 10061019 | 180 | 65 | 1 | | |
| | 10061091 | 180 | 65 | 1 | | |
| | 10061099 | 180 | 65 | 1 | | |
| | 10062010 | 180 | 65 | 1 | | |
| | 10062090 | 180 | 65 | 1 | | |
| | 10063010 | 180 | 65 | 1 | | |
| | 10063090 | 180 | 65 | 1 | | |
| | 10064010 | 180 | 65/10① | 1 | | |
| | 10064090 | 180 | 65/10① | 1 | | |
| | 11029011 | 130 | 40 | 9 | | |
| | 11029019 | 130 | 40 | 9 | | |
| | 11031921 | 70 | 10 | 9 | | |
| | 11031929 | 70 | 10 | 9 | | |

| 商品类别 | 税则号列 | 普通税率(%) | 最惠国税率(%) | 关税配额税率(%) | 国别关税配额税率 | |
|---|---|---|---|---|---|---|
| | | | | | 中国—新西兰自贸区(%) | 中国—澳大利亚自贸区(%) |
| 糖 | 17011200 | 125 | 50 | 15 | | |
| | 17011300 | 125 | 50 | 15 | | |
| | 17011400 | 125 | 50 | 15 | | |
| | 17019100 | 125 | 50 | 15 | | |
| | 17019910 | 125 | 50 | 15 | | |
| | 17019920 | 125 | 50 | 15 | | |
| | 17019990 | 125 | 50 | 15 | | |
| 羊毛 | 51011100 | 50 | 38 | 1 | 0 | 0 |
| | 51011900 | 50 | 38 | 1 | 0 | 0 |
| | 51012100 | 50 | 38 | 1 | 0 | 0 |
| | 51012900 | 50 | 38 | 1 | 0 | 0 |
| | 51013000 | 50 | 38 | 1 | 0 | 0 |
| | 51031010 | 50 | 38 | 1 | 0 | 0 |
| 毛条 | 51051000 | 50 | 38 | 3 | 0 | |
| | 51052100 | 50 | 38 | 3 | 0 | |
| | 51052900 | 50 | 38 | 3 | 0 | |
| 棉花 | 52010000 | 125 | 40② | 1 | | |
| | 52030000 | 125 | 40 | 1 | | |
| 化肥 | 31021000 | 150 | 50 | 4③ | | |
| | 31052000 | 150 | 50 | 4③ | | |
| | 31053000 | 150 | 50 | 4③ | | |

注:

①"/"前后分别为上半年(2018 年 1 月 1 日至 6 月 30 日)和下半年(2018 年 7 月 1 日至 12 月 31 日)的适用税率。

② 对配额外进口的一定数量棉花,适用滑准税形式暂定关税,具体方式如下:

1. 当进口棉花完税价格高于或等于 15.000 元/千克时,按 0.570 元/千克计征从量税;

2. 当进口棉花完税价格低于 15.000 元/千克时,暂定从价税率按下式计算:

$Ri = 9.337/Pi + 2.77\% \times Pi - 1$

对上式计算结果四舍五入保留 3 位小数。其中 Ri 为暂定从价税率,当按上式计算值高于 40%时,Ri 取值 40%;Pi 为关税完税价格,单位为元/千克。

③暂定税率为 1%。

# 附表 5

## 信息技术产品最惠国税率表

| 税则号列 | EX[①] | 信息技术产品名称 | 2018 年 1 月 1 日至 6 月 30 日最惠国税率(%) | 2018 年 7 月 1 日至 12 月 31 日最惠国税率(%) |
|---|---|---|---|---|
| 32151100 | ex | 黑色,用于装入编号 844331、844332 或 844339 所列设备的工程形态的固体油墨 | 4.3 | 3.3 |
| 32151900 | ex | 其他,用于装入编号 844331、844332 或 844339 所列设备的工程形态的固体油墨 | 4.3 | 3.3 |
| 35069190 | ex | 专门或主要用于显示屏或触摸屏制造的光学透明膜黏合剂和光固化液体黏合剂 | 5.0 | 2.5 |
| 37013021 | | 激光照排片(任何一边>255 毫米),用纸、纸板及纺织物以外任何材料制成 | 5.0 | 2.5 |
| 37013022 | | PS 版(预涂感光版)(任何一边>255 毫米),用纸、纸板及纺织物以外任何材料制成 | 5.0 | 2.5 |
| 37013024 | | CTP 版 | 5.0 | 2.5 |
| 37013025 | | 柔性印刷版 | 5.0 | 2.5 |
| 37013029 | | 其他未曝光照相制版用感光硬片及软片(任何一边>255 毫米),用纸、纸板及纺织物以外任何材料制成 | 5.0 | 2.5 |
| 37013090 | | 未曝光其他用途的感光硬片及软片(任何一边>255 毫米),用纸、纸板及纺织物以外任何材料制成 | 10.0 | 5.0 |
| 37019920 | | 照相制版用其他未曝光软片及硬片,用纸、纸板及纺织物以外任何材料制成,任何一边≤255 毫米 | 7.5 | 6.3 |
| 37019990 | | 其他用未曝光软片及硬片,用纸、纸板及纺织物以外任何材料制成,任何一边≤255 毫米 | 18.8 | 15.6 |
| 37050010 | | 已曝光已冲洗的教学专用幻灯片 | 0 | 0 |
| 37050021 | | 书籍、报刊用的已曝光已冲洗的缩微胶片 | 0 | 0 |
| 37050029 | | 已曝光已冲洗的缩微胶片,书籍、报刊用除外 | 2.0 | 1.0 |
| 37050090 | | 已曝光已冲洗的其他摄影硬片及软片 | 9.0 | 4.5 |
| 37079010 | | 冲洗胶卷及相片用化学制剂或摄影用未混合品(定量包装或零售包装可立即使用的) | 12.0 | 10.0 |
| 37079020 | | 复印机用化学制剂或摄影用未混合品(定量包装或零售包装可立即使用的) | 7.5 | 6.3 |
| 37079090 | | 其他摄影用化学制剂或摄影用未混合品(定量包装或零售包装可立即使用的) | 6.0 | 5.0 |
| 39079991 | ex | 热塑性液晶芳香族聚酯共聚物 | 4.3 | 3.3 |
| 39079999 | ex | 热塑性液晶芳香族聚酯共聚物 | 4.3 | 3.3 |
| 39199090 | ex | 半导体晶圆制造用自粘式圆形抛光垫 | 4.3 | 3.3 |
| 39231000 | ex | 编号 392310 或 848690 的,具有特定形状或装置,供运输或包装半导体晶圆、掩模或光罩的塑料盒、箱、板条箱及类似物品 | 5.0 | 2.5 |
| 49070090 | ex | 给予存取、安装、复制或使用软件(含游戏)、数据、互联网内容物(含游戏内或应用程序内内容物)、服务或电信服务(含移动服务)权利的印刷品[②] | 5.0 | 3.8 |
| 49119910 | ex | 给予存取、安装、复制或使用软件(含游戏)、数据、互联网内容物(含游戏内或应用程序内内容物)、服务或电信服务(含移动服务)权利的印刷品[②] | 5.0 | 3.8 |
| 49119990 | ex | 给予存取、安装、复制或使用软件(含游戏)、数据、互联网内容物(含游戏内或应用程序内内容物)、服务或电信服务(含移动服务)权利的印刷品[②] | 5.0 | 3.8 |
| 59119000 | ex | 半导体晶圆制造用自粘式圆形抛光垫 | 5.3 | 4.0 |
| 84141000 | ex | 专门或主要用于半导体晶圆或平板显示屏制造的真空泵 | 5.3 | 4.0 |
| 84145990 | ex | 专门或主要用于微处理器、电信设备、自动数据处理设备或装置的散热扇 | 5.3 | 4.0 |
| 84195000 | ex | 用氟聚合物制造的、入口管和出口管内径≤3 厘米的热交换装置 | 6.7 | 5.0 |
| 84201000 | ex | 专门或主要用于印刷电路板基板或印刷电路制造的滚压机 | 4.2 | 2.1 |

| 税则号列 | EX[1] | 信息技术产品名称 | 2018 年 1 月 1 日至 6 月 30 日最惠国税率(%) | 2018 年 7 月 1 日至 12 月 31 日最惠国税率(%) |
| --- | --- | --- | --- | --- |
| 84212910 | ex | 用氟聚合物制造的厚度≤140 微米的过滤膜或净化膜的液体过滤或净化机器及装置 | 3.3 | 2.5 |
| 84212990 | ex | 用氟聚合物制造的厚度≤140 微米的过滤膜或净化膜的液体过滤或净化机器及装置 | 3.3 | 2.5 |
| 84213921 | ex | 装备不锈钢外壳、入口管和出口管内径≤1.3 厘米的气体过滤或净化机器及装置 | 3.3 | 2.5 |
| 84213922 | ex | 装备不锈钢外壳、入口管和出口管内径≤1.3 厘米的气体过滤或净化机器及装置 | 3.3 | 2.5 |
| 84213923 | ex | 装备不锈钢外壳、入口管和出口管内径≤1.3 厘米的气体过滤或净化机器及装置 | 3.3 | 2.5 |
| 84213924 | ex | 装备不锈钢外壳、入口管和出口管内径≤1.3 厘米的气体过滤或净化机器及装置 | 3.3 | 2.5 |
| 84213929 | ex | 装备不锈钢外壳、入口管和出口管内径≤1.3 厘米的气体过滤或净化机器及装置 | 3.3 | 2.5 |
| 84213930 | ex | 装备不锈钢外壳、入口管和出口管内径≤1.3 厘米的气体过滤或净化机器及装置 | 3.3 | 2.5 |
| 84213940 | ex | 装备不锈钢外壳、入口管和出口管内径≤1.3 厘米的气体过滤或净化机器及装置 | 3.3 | 2.5 |
| 84213950 | ex | 装备不锈钢外壳、入口管和出口管内径≤1.3 厘米的气体过滤或净化机器及装置 | 3.3 | 2.5 |
| 84213990 | ex | 装备不锈钢外壳、入口管和出口管内径≤1.3 厘米的气体过滤或净化机器及装置 | 3.3 | 2.5 |
| 84219990 | ex | 用厚度≤140 微米的氟聚合物制造的液体过滤或净化机器及装置的零件；装备不锈钢外壳、入口管和出口管内径≤1.3 厘米的气体过滤或净化机器及装置的零件 | 3.3 | 2.5 |
| 84232010 |  | 电子皮带秤 | 5.0 | 2.5 |
| 84233010 | ex | 以电子方式称重的恒定秤、物料定量装袋或装容器用的衡器，包括库秤 | 5.3 | 2.6 |
| 84233030 | ex | 以电子方式称重的恒定秤、物料定量装袋或装容器用的衡器，包括库秤 | 5.3 | 2.6 |
| 84233090 | ex | 以电子方式称重的恒定秤、物料定量装袋或装容器用的衡器，包括库秤 | 5.3 | 2.6 |
| 84238110 |  | 最大称量≤30 千克的计价秤 | 5.3 | 2.6 |
| 84238190 | ex | 其他以电子方式称重的衡器，最大称量≤30 千克 | 5.3 | 2.6 |
| 84238210 | ex | 其他以电子方式称重的衡器，30 千克<最大称量≤5000 千克，但对车辆称重的衡器除外 | 5.3 | 2.6 |
| 84238290 | ex | 其他以电子方式称重的衡器，30 千克<最大称量≤5000 千克，但对车辆称重的衡器除外 | 5.3 | 2.6 |
| 84238910 | ex | 其他以电子方式称重的衡器，最大称量>5000 千克，但对车辆称重的衡器除外 | 5.0 | 2.5 |
| 84238920 | ex | 其他以电子方式称重的衡器，最大称量>5000 千克，但对车辆称重的衡器除外 | 5.0 | 2.5 |
| 84238930 | ex | 其他以电子方式称重的衡器，最大称量>5000 千克，但对车辆称重的衡器除外 | 5.0 | 2.5 |
| 84238990 | ex | 其他以电子方式称重的衡器，最大称量>5000 千克，但对车辆称重的衡器除外 | 5.0 | 2.5 |
| 84239000 | ex | 以电子方式称重的衡器的零件，但对车辆称重的衡器零件除外 | 5.0 | 2.5 |
| 84248920 | ex | 喷涂机器人 | 0 | 0 |
| 84248999 | ex | 专门或主要用于印刷电路或印刷电路组件制造的喷射、散布或喷雾机械器具 | 0 | 0 |
| 84249090 | ex | 专门或主要用于印刷电路或印刷电路组件制造的喷射、散布或喷雾机械器具的零件 | 0 | 0 |
| 84423010 |  | 铸字机 | 4.5 | 2.3 |
| 84423021 |  | 计算机直接制版设备 | 4.5 | 2.3 |
| 84423029 |  | 其他制版机器、器具及设备 | 4.5 | 2.3 |

| 税则号列 | EX① | 信息技术产品名称 | 2018年1月1日至6月30日最惠国税率(%) | 2018年7月1日至12月31日最惠国税率(%) |
|---|---|---|---|---|
| 84423090 | | 其他铸字、制版用机器、器具及设备 | 4.5 | 2.3 |
| 84424000 | | 铸字、排字、制版机器的零件 | 3.5 | 1.8 |
| 84425000 | | 活字、印刷用版、片及其他部件 | 3.5 | 1.8 |
| 84433110 | | 静电感光式多功能机 | 6.7 | 5.0 |
| 84433190 | | 其他多功能机 | 0 | 0 |
| 84433211 | | 针式打印机 | 0 | 0 |
| 84433212 | | 激光打印机 | 0 | 0 |
| 84433213 | | 喷墨打印机 | 0 | 0 |
| 84433214 | | 热敏打印机 | 0 | 0 |
| 84433219 | | 其他打印机 | 0 | 0 |
| 84433221 | | 可以网络连接的喷墨印刷机 | 5.3 | 4.0 |
| 84433222 | | 可以网络连接的静电照相印刷机(激光印刷机) | 5.3 | 4.0 |
| 84433229 | | 可以网络连接的其他数字印刷设备 | 5.3 | 4.0 |
| 84433290 | | 其他可与网络连接的传真机或打字机 | 0 | 0 |
| 84433911 | | 直接法静电感光复印设备 | 0 | 0 |
| 84433912 | | 间接法静电感光复印设备 | 7.5 | 6.3 |
| 84433921 | | 带有光学系统的感光复印设备 | 0 | 0 |
| 84433922 | | 接触式感光复印设备 | 16.5 | 13.8 |
| 84433923 | | 热敏复印设备 | 16.5 | 13.8 |
| 84433924 | | 热升华复印设备 | 16.5 | 13.8 |
| 84433931 | | 其他独立的喷墨印刷机 | 6.0 | 5.0 |
| 84433932 | | 其他独立的静电照相印刷机(激光印刷机) | 6.0 | 5.0 |
| 84433939 | | 其他独立的数字印刷设备 | 6.0 | 5.0 |
| 84433990 | | 其他独立的电传打字机 | 0 | 0 |
| 84439111 | | 卷筒料给料机 | 8.0 | 6.0 |
| 84439119 | | 其他传统印刷机用辅助机器 | 8.0 | 6.0 |
| 84439190 | | 传统印刷机用零件及附件 | 4.0 | 3.0 |
| 84439910 | | 数字印刷设备用辅助机器 | 8.0 | 6.0 |
| 84439921 | | 热敏打印头 | 4.0 | 3.0 |
| 84439929 | | 数字印刷设备的其他零件 | 4.0 | 3.0 |
| 84439990 | | 其他打印机、复印机、传真机用零件 | 0 | 0 |
| 84561100 | ex | 用激光、其他光、光子束处理的专门或主要用于印刷电路或印刷电路组件、品目85.17所列货品的零件及自动数据处理机器的零件的加工机床 | 0 | 0 |
| 84561200 | ex | 用激光、其他光、光子束处理的专门或主要用于印刷电路或印刷电路组件、品目85.17所列货品的零件及自动数据处理机器的零件的加工机床 | 0 | 0 |

| 税则号列 | EX[①] | 信息技术产品名称 | 2018 年 1 月 1 日至 6 月 30 日最惠国税率(%) | 2018 年 7 月 1 日至 12 月 31 日最惠国税率(%) |
|---|---|---|---|---|
| 84669310 | ex | 专门或主要用于制造印刷电路、印刷电路组件、品目 85.17 所列货品的零件、自动数据处理设备的零件的,用激光、其他光或光子束处理的加工机床的零件及附件;专门或主要用于制造印刷电路、印刷电路组件、品目 85.17 所列货品的零件、自动数据处理设备的零件的,以超声工艺处理的加工机床的零件及附件;专门或主要用于制造品目 85.17 所列货品的零件、自动数据处理设备的零件的加工中心的零件及附件;专门或主要用于制造品目 85.17 所列货品的零件、自动数据处理设备的零件的加工中心的零件及附件;专门或主要用于制造品目 85.17 所列货品的零件、自动数据处理设备的零件的数控机床(其他车床)的零件及附件;专门或主要用于品目 85.17 所列货品的零件、自动数据处理设备的零件制造的数控机床(其他钻床)的零件及附件;专门或主要用于制造品目 85.17 所列货品的零件、自动数据处理设备的零件的数控机床(其他铣床)的零件及附件;专门或主要用于制造品目 85.17 所列货品的零件、自动数据处理设备的零件的锯床或切断车床的零件及附件;专门或主要用于制造印刷电路、印刷电路组件、品目 85.17 所列货品的零件、自动数据处理设备的零件的以放电方式处理的加工机床的零件及附件 | 0 | 0 |
| 84669390 | ex | 专门或主要用于制造印刷电路、印刷电路组件、品目 85.17 所列货品的零件、自动数据处理设备的零件的,用激光、其他光或光子束处理的加工机床的零件及附件;专门或主要用于制造印刷电路、印刷电路组件、品目 85.17 所列货品的零件、自动数据处理设备的零件的,以超声工艺处理的加工机床的零件及附件;专门或主要用于制造品目 85.17 所列货品的零件、自动数据处理设备的零件的加工中心的零件及附件;专门或主要用于制造品目 85.17 所列货品的零件、自动数据处理设备的零件的加工中心的零件及附件;专门或主要用于制造品目 85.17 所列货品的零件、自动数据处理设备的零件的数控机床(其他车床)的零件及附件;专门或主要用于品目 85.17 所列货品的零件、自动数据处理设备的零件制造的数控机床(其他钻床)的零件及附件;专门或主要用于制造品目 85.17 所列货品的零件、自动数据处理设备的零件的数控机床(其他铣床)的零件及附件;专门或主要用于制造品目 85.17 所列货品的零件、自动数据处理设备的零件的锯床或切断车床的零件及附件;专门或主要用于制造印刷电路、印刷电路组件、品目 85.17 所列货品的零件、自动数据处理设备的零件的以放电方式处理的加工机床的零件及附件 | 0 | 0 |
| 84721000 | | 胶版复印机、油印机 | 7.0 | 3.5 |
| 84729010 | | 自动柜员机 | 0 | 0 |
| 84729021 | | 打洞机 | 0 | 0 |
| 84729022 | | 订书机 | 0 | 0 |
| 84729029 | | 其他装订用机器 | 0 | 0 |
| 84729030 | | 碎纸机 | 0 | 0 |
| 84729040 | | 地址印写机及地址铭牌压印机 | 7.0 | 3.5 |
| 84729090 | | 其他办公室用机器 | 0 | 0 |
| 84734010 | | 自动柜员机用出钞器和循环出钞机 | 5.3 | 2.6 |
| 84734020 | | 打字机、文字处理机的零附件 | 4.0 | 2.0 |
| 84734090 | | 品目 84.72 所列其他办公室用机器零附件 | 5.3 | 2.6 |
| 84752100 | | 制造光导纤维及其预制棒的机器 | 7.5 | 6.3 |
| 84759000 | ex | 编号 847521 所列机器的零件 | 5.3 | 4.0 |
| 84768900 | ex | 钱币兑换机 | 7.5 | 3.8 |
| 84769000 | ex | 钱币兑换机的零件 | 5.0 | 2.5 |
| 84798961 | ex | 专门或主要用于印刷电路组件制造的电子元件自动装配机 | 0 | 0 |
| 84798962 | ex | 专门或主要用于印刷电路组件制造的电子元件自动装配机 | 0 | 0 |
| 84798969 | ex | 专门或主要用于印刷电路组件制造的电子元件自动装配机 | 0 | 0 |
| 84798999 | ex | 用于从电子显微样品或样品基板上去除有机污染物的等离子清洗机器 | 0 | 0 |
| 84799090 | ex | 专门或主要用于印刷电路组件制造的电子元件自动装配机的零件 | 0 | 0 |

| 税则号列 | EX[①] | 信息技术产品名称 | 2018年1月1日至6月30日最惠国税率(%) | 2018年7月1日至12月31日最惠国税率(%) |
|---|---|---|---|---|
| 84861010 | | 利用温度变化处理单晶硅的机器及装置 | 0 | 0 |
| 84861020 | | 制作单晶硅或晶圆的研磨设备 | 0 | 0 |
| 84861030 | | 制作单晶硅或晶圆的切割设备 | 0 | 0 |
| 84861040 | | 制作单晶硅或晶圆的化学机械抛光设备 | 0 | 0 |
| 84861090 | | 制作单晶硅或晶圆的其他设备 | 0 | 0 |
| 84862010 | | 制造半导体器件或集成电路用的热处理设备 | 0 | 0 |
| 84862021 | | 制造半导体器件或集成电路用的化学气相沉积装置 | 0 | 0 |
| 84862022 | | 制造半导体器件或集成电路用的物理气相沉积装置 | 0 | 0 |
| 84862029 | | 制造半导体器件或集成电路用的其他薄膜沉积设备 | 0 | 0 |
| 84862031 | | 制造半导体器件或集成电路用的分步重复光刻机 | 0 | 0 |
| 84862039 | | 制造半导体器件或集成电路用的其他光刻设备 | 0 | 0 |
| 84862041 | | 制造半导体器件或集成电路用的等离子体干法刻蚀机 | 0 | 0 |
| 84862049 | | 制造半导体器件或集成电路用的其他刻蚀及剥离设备 | 0 | 0 |
| 84862050 | | 制造半导体器件或集成电路用的离子注入机 | 0 | 0 |
| 84862090 | | 制造半导体器件或集成电路用的其他机器及装置 | 0 | 0 |
| 84863010 | | 制造平板显示器用的热处理设备 | 0 | 0 |
| 84863021 | | 制造平板显示器用的化学气相沉积装置 | 0 | 0 |
| 84863022 | | 制造平板显示器用的物理气相沉积装置 | 0 | 0 |
| 84863029 | | 制造平板显示器用的其他薄膜沉积设备 | 0 | 0 |
| 84863031 | | 制造平板显示器用的分步重复光刻机 | 0 | 0 |
| 84863039 | | 制造平板显示器用的其他光刻设备 | 0 | 0 |
| 84863041 | | 制造平板显示器用的超声波清洗装置 | 6.7 | 5.0 |
| 84863049 | | 制造平板显示器用的其他湿法蚀刻、显影、剥离、清洗装置 | 0 | 0 |
| 84863090 | | 制造平板显示器用的其他机器及装置 | 0 | 0 |
| 84864010 | | 专用于制作和修复掩膜版的装置 | 0 | 0 |
| 84864021 | | 专用于装配与封装半导体器件或集成电路的塑封机 | 3.3 | 2.5 |
| 84864022 | | 专用于装配与封装半导体器件或集成电路的引线键合设备 | 5.3 | 4.0 |
| 84864029 | | 专用于装配与封装半导体器件或集成电路的机器及装置 | 0 | 0 |
| 84864031 | | 集成电路工厂专用的自动搬运机器人 | 0 | 0 |
| 84864039 | | 其他集成电路或液晶显示屏工厂专用升降、装卸、搬运装置 | 3.3 | 2.5 |
| 84869010 | | 升降、搬运、装卸机器用零件及附件(自动搬运设备用除外) | 2.5 | 1.3 |
| 84869020 | | 引线键合装置用零件及附件 | 3.0 | 1.5 |
| 84869091 | | 带背板的溅射靶材组件 | 0 | 0 |
| 84869099 | | 其他半导体器件、集成电路、液晶显示器生产专用设备的零件及附件 | 0 | 0 |
| 85044013 | | 品目84.71所列机器用的稳压电源 | 0 | 0 |
| 85044014 | | 功率<1千瓦高精度直流稳压电源 | 4.7 | 3.5 |
| 85044015 | | 功率<10千瓦高精度交流稳压电源 | 0 | 0 |
| 85044019 | | 其他稳压电源 | 0 | 0 |
| 85044020 | | 不间断供电电源(UPS) | 6.7 | 5.0 |
| 85044030 | | 逆变器 | 6.7 | 5.0 |
| 85044091 | ex | 自动数据处理设备机器及组件、电讯设备用的具有变流动能的半导体模块 | 0 | 0 |
| 85044091 | ex | 其他具有变流功能的其他半导体模块 | 6.7 | 5.0 |
| 85044099 | ex | 自动数据处理设备机器及组件、电讯设备用的其他静止变流器;ITA产品用的印刷电路组件,包括外接组件,如符合PCMCIA标准的卡 | 0 | 0 |
| 85044099 | ex | 其他未列名静止式变流器 | 6.7 | 5.0 |
| 85045000 | | 其他电感器 | 0 | 0 |

| 税则号列 | EX[①] | 信息技术产品名称 | 2018 年 1 月 1 日至 6 月 30 日最惠国税率(%) | 2018 年 7 月 1 日至 12 月 31 日最惠国税率(%) |
|---|---|---|---|---|
| 85049011 | | 额定容量>400KVA 液体介质变压器零件 | 3.3 | 2.5 |
| 85049019 | | 其他变压器零件 | 5.3 | 4.0 |
| 85049020 | | 稳压电源及不间断供电电源零件 | 5.3 | 4.0 |
| 85049090 | | 其他静止式变流器及电感器零件 | 5.3 | 4.0 |
| 85059090 | ex | 专门或主要用于核磁共振成像装置的电磁体,但品目 90.18 所列电磁铁除外 | 4.0 | 2.0 |
| 85143000 | ex | 专门或主要用于印刷电路或印刷电路组件制造的其他炉及烘箱 | 0 | 0 |
| 85149090 | ex | 专门或主要用于印刷电路或印刷电路组件制造的其他炉及烘箱的零件 | 0 | 0 |
| 85151900 | ex | 专门或主要用于印刷电路组件制造的其他波峰焊接机器 | 6.7 | 5.0 |
| 85159000 | ex | 专门或主要用于印刷电路组件制造的其他波峰焊接机器的零件 | 4.0 | 3.0 |
| 85176110 | | 移动通信基站 | 0 | 0 |
| 85176190 | | 其他通信基站 | 0 | 0 |
| 85176211 | | 数字式局用电话交换机;长途电话交换机;电报交换机 | 0 | 0 |
| 85176212 | | 数字式移动通信交换机 | 0 | 0 |
| 85176219 | | 数字式其他电话交换机 | 0 | 0 |
| 85176221 | | 光端机及脉冲编码调制设备 | 0 | 0 |
| 85176222 | | 波分复用光传输设备 | 0 | 0 |
| 85176229 | | 其他光通讯设备 | 0 | 0 |
| 85176231 | | 通信网络时钟同步设备 | 0 | 0 |
| 85176232 | | 以太网络交换机 | 0 | 0 |
| 85176233 | | IP 电话信号交换机 | 0 | 0 |
| 85176234 | | 调制解调器 | 0 | 0 |
| 85176235 | | 集线器 | 0 | 0 |
| 85176236 | | 路由器 | 0 | 0 |
| 85176237 | | 有线网络接口卡 | 0 | 0 |
| 85176239 | | 其他有线数字通信设备 | 0 | 0 |
| 85176292 | | 无线网络接口卡 | 0 | 0 |
| 85176293 | | 无线接入固定台 | 0 | 0 |
| 85176294 | | 无线耳机 | 0 | 0 |
| 85176299 | | 其他接收、转换并且发送或再生声音、图像或数据用的设备 | 0 | 0 |
| 85176910 | ex | 用于呼叫、提示和寻呼的便携式接收器 | 0 | 0 |
| 85176910 | ex | 其他无线设备 | 6.0 | 4.5 |
| 85176990 | | 其他有线设备 | 0 | 0 |
| 85177010 | | 数字式程控电话或电报交换机零件 | 0 | 0 |
| 85177020 | | 光端机、脉冲编码调制设备的零件 | 0 | 0 |
| 85177030 | | 手持式无线电话机用(天线除外) | 0 | 0 |
| 85177040 | | 对讲机用(大线除外) | 4.0 | 2.0 |
| 85177060 | | 光通信设备的激光收发模块 | 0 | 0 |
| 85177070 | ex | 无线电话电报装置的天线 | 0 | 0 |
| 85177070 | ex | 品目 85.17 所列设备用其他天线及其零件 | 1.0 | 0.5 |
| 85177090 | | 发送或接收声音、图像或数据的设备用其他零件 | 0 | 0 |
| 85181000 | ex | 电讯用麦克风,频率范围在 300 赫兹到 3.4 千赫之间,直径≤10 毫米,高度≤3 毫米 | 0 | 0 |
| 85181000 | ex | 其他传声器(麦克风)及其座架 | 5.0 | 2.5 |
| 85182100 | | 单喇叭音箱 | 5.0 | 2.5 |
| 85182200 | | 多喇叭音箱 | 5.0 | 2.5 |
| 85182900 | | 其他扬声器 | 0 | 0 |

| 税则号列 | EX[①] | 信息技术产品名称 | 2018年1月1日至6月30日最惠国税率(%) | 2018年7月1日至12月31日最惠国税率(%) |
|---|---|---|---|---|
| 85183000 | | 其他耳机、耳塞机 | 0 | 0 |
| 85184000 | ex | 列入ITA的有线电话重复器用的电器扩音器 | 0 | 0 |
| 85184000 | ex | 其他音频扩大器 | 6.0 | 3.0 |
| 85185000 | | 电气扩音机组 | 5.0 | 2.5 |
| 85189000 | ex | 列入ITA的有线电话重复器用的电器扩音器的零件 | 0 | 0 |
| 85189000 | ex | 品目85.18所列货品的其他零件 | 5.3 | 2.6 |
| 85198111 | | 不带录音功能的盒式磁带型声音重放装置,编辑节目用放声机除外 | 8.5 | 4.3 |
| 85198112 | | 装有声音重放装置的盒式磁带型录音机 | 15.0 | 7.5 |
| 85198119 | | 其他使用磁性媒体的声音录放机 | 10.0 | 5.0 |
| 85198121 | | 不带录音功能的激光唱机 | 15.0 | 7.5 |
| 85198129 | | 使用光学媒体的其他声音录放装置 | 10.0 | 5.0 |
| 85198131 | | 闪速存储器型声音录放机 | 10.0 | 5.0 |
| 85198139 | | 使用半导体媒体的其他声音录放装置 | 10.0 | 5.0 |
| 85198910 | | 不带录制装置的其他唱机,不论是否带有扬声器 | 15.0 | 7.5 |
| 85198990 | | 其他声音录制或重放设备 | 10.0 | 5.0 |
| 85211011 | | 广播级录像机 | 15.0%与复合税1[③]从低执行 | 7.5%与复合税1[③]从低执行 |
| 85211019 | | 其他磁带录像机 | 15.0%与复合税1[③]从低执行 | 7.5%与复合税1[③]从低执行 |
| 85211020 | | 磁带放像机 | 15.0%与复合税1[③]从低执行 | 7.5%与复合税1[③]从低执行 |
| 85219011 | | 视频高密光盘机VCD | 10.0 | 5.0 |
| 85219012 | | 数字化视频光盘机DVD | 10.0 | 5.0 |
| 85219019 | | 其他激光视盘放像机 | 10.0 | 5.0 |
| 85219090 | | 其他视频信号录制或重放设备 | 10.0 | 5.0 |
| 85229010 | | 转盘或唱机用零附件 | 18.8 | 15.6 |
| 85229021 | | 录音机走带机构(机芯) | 18.8 | 15.6 |
| 85229022 | | 磁头 | 18.8 | 15.6 |
| 85229023 | | 磁头零件 | 15.0 | 12.5 |
| 85229029 | | 盒式磁带录音机或放声机其他零件 | 22.5 | 18.8 |
| 85229031 | | 激光视盘机的机芯 | 22.5 | 18.8 |
| 85229039 | | 其他视频信号录放设备的零件附件 | 22.5 | 18.8 |
| 85229091 | | 车载音频转播器或发射器 | 15.0 | 12.5 |
| 85229099 | | 声音录制或重放设备用其他零件 | 15.0 | 12.5 |
| 85232110 | | 未录制的磁条卡 | 8.8 | 4.4 |
| 85232120 | | 已录制的磁条卡 | 7.5 | 3.8 |
| 85232911 | | 未录制磁盘 | 0 | 0 |
| 85232919 | | 已录制磁盘 | 0 | 0 |
| 85232921 | | 宽度≤4毫米的未录制磁带 | 0 | 0 |
| 85232922 | | 4毫米<宽度≤6.5毫米的未录制磁带 | 0 | 0 |
| 85232923 | | 宽度>6.5毫米的未录制磁带 | 0 | 0 |
| 85232928 | | 用于重放声音或图像信息的磁带 | 5.0 | 2.5 |
| 85232929 | | 已录制其他信息的磁带 | 0 | 0 |
| 85232990 | | 其他磁性媒体 | 0 | 0 |
| 85234100 | | 未录制的光学媒体 | 0 | 0 |
| 85234910 | | 仅用于重放声音信息的光学媒体 | 5.0 | 2.5 |

| 税则号列 | EX[①] | 信息技术产品名称 | 2018 年 1 月 1 日至 6 月 30 日最惠国税率(%) | 2018 年 7 月 1 日至 12 月 31 日最惠国税率(%) |
|---|---|---|---|---|
| 85234920 | | 用于重放声音、图像以外信息的,品目 84.71 所列机器用的光学媒体 | 0 | 0 |
| 85234990 | | 其他已录制的光学媒体 | 0 | 0 |
| 85235110 | | 未录制信息的闪速存储器 | 0 | 0 |
| 85235120 | | 已录制信息的闪速存储器 | 0 | 0 |
| 85235210 | | 未录制内容的“智能卡” | 0 | 0 |
| 85235290 | | 已录制内容的“智能卡” | 0 | 0 |
| 85235910 | | 未录制信息的其他半导体媒体 | 0 | 0 |
| 85235920 | | 已录制信息的其他半导体媒体 | 0 | 0 |
| 85238011 | | 已录制的唱片 | 7.5 | 3.8 |
| 85238019 | | 未录制的唱片 | 0 | 0 |
| 85238021 | | 品目 84.71 所列机器用未录制内容的其他媒体 | 0 | 0 |
| 85238029 | | 品目 84.71 所列机器用已录制内容的其他媒体 | 0 | 0 |
| 85238091 | | 其他未录制内容的媒体 | 0 | 0 |
| 85238099 | | 其他已录制内容的媒体 | 0 | 0 |
| 85255000 | | 广播电视发送设备 | 0 | 0 |
| 85256010 | | 卫星地面站设备 | 0 | 0 |
| 85256090 | | 其他装有接收装置的广播电视发送设备 | 0 | 0 |
| 85258011 | | 特种用途电视摄像机 | 6.7 | 5.0 |
| 85258012 | | 非特种用途的广播级电视摄像机 | 23.3%与复合税 2[③]从低执行 | 17.5%与复合税 2[③]从低执行 |
| 85258013 | | 非特种用途的其他电视摄像机 | 23.3%与复合税 2[③]从低执行 | 17.5%与复合税 2[③]从低执行 |
| 85258021 | | 特种用途的数字照相机 | 0 | 0 |
| 85258022 | | 非特种用途的单反数字照相机 | 0 | 0 |
| 85258025 | | 非特种用途的,其他可换镜头的数字照相机 | 0 | 0 |
| 85258029 | | 非特种用途的其他数字照相机 | 0 | 0 |
| 85258031 | | 特种用途的视频摄录一体机 | 0 | 0 |
| 85258032 | | 非特种用途的广播级视频摄录一体机 | 0 | 0 |
| 85258033 | | 非特种用途的家用视频摄录一体机 | 0 | 0 |
| 85258039 | | 非特种用途的其他视频摄录一体机 | 0 | 0 |
| 85261010 | | 导航用雷达设备 | 1.0 | 0.5 |
| 85261090 | | 其他雷达设备 | 2.5 | 1.3 |
| 85269110 | | 机动车辆用 | 1.0 | 0.5 |
| 85269190 | | 其他无线电导航设备 | 1.0 | 0.5 |
| 85269200 | | 无线电遥控设备 | 3.3 | 2.5 |
| 85271200 | | 不需外接电源袖珍盒式磁带收放机 | 10.0 | 5.0 |
| 85271300 | | 不需外接电源收录(放)音组合机 | 7.5 | 3.8 |
| 85271900 | | 不需外接电源无线电收音机 | 7.5 | 3.8 |
| 85272100 | ex | 具备接收和转换数字广播数据系统信号功能需外接电源的汽车用收录(放)音组合机 | 7.5 | 3.8 |
| 85272900 | | 需外接电源汽车用无线电收音机 | 7.5 | 3.8 |
| 85279100 | | 其他收录(放)音组合机 | 7.5 | 3.8 |
| 85279200 | | 带时钟的收音机 | 7.5 | 3.8 |
| 85279900 | | 其他收音机 | 15.0 | 7.5 |
| 85284910 | | 其他彩色阴极射线管监视器 | 15.0 | 7.5 |
| 85284990 | | 单色的阴极射线管监视器 | 9.5 | 4.8 |

| 税则号列 | EX[①] | 信息技术产品名称 | 2018年1月1日至6月30日最惠国税率(%) | 2018年7月1日至12月31日最惠国税率(%) |
|---|---|---|---|---|
| 85287110 | | 不带显示屏的彩色卫星电视接收机 | 20.0 | 15.0 |
| 85287180 | | 不带显示屏的其他彩色电视接收机 | 20.0 | 15.0 |
| 85287190 | | 单色的不带视频显示器的电视接收机 | 10.0 | 7.5 |
| 85291010 | | 雷达及无线电导航设备天线及零件 | 0.8 | 0.4 |
| 85291020 | | 收音机、电视机天线及其零件 | 0 | 0 |
| 85291090 | | 其他无线电设备天线及其零件 | 1.0 | 0.5 |
| 85299010 | | 电视发送、差转等设备零件 | 0 | 0 |
| 85299041 | | 特种用途电视摄像机、静像视频摄像机及其他视频摄录一体机,数字相机零件 | 8.0 | 6.7 |
| 85299042 | | 非特种用途的取像模块 | 12.0 | 10.0 |
| 85299049 | | 其他电视摄像机、静像视频摄像机及其他视频摄录一体机、数字相机零件 | 12.0 | 10.0 |
| 85299050 | | 雷达及无线电导航设备零件 | 1.5 | 1.3 |
| 85299060 | | 收音机及其组合机的其他零件 | 15.0 | 12.5 |
| 85299081 | ex | 其他,但编号852872或852873的装置用有机发光二极管模组和显示屏除外 | 15.0 | 12.5 |
| 85299082 | | 等离子显像组件及其零件 | 15.0 | 12.5 |
| 85299089 | | 其他电视机零件 | 0 | 0 |
| 85299090 | | 品目85.25~85.28所列设备的零件 | 0 | 0 |
| 85318090 | | 其他电气音响或视觉信号装置 | 7.5 | 6.3 |
| 85319010 | | 防盗、防火及类似装置用零件 | 0 | 0 |
| 85319090 | | 其他音响或视觉信号装置用零件 | 0 | 0 |
| 85363000 | | 电压≤1000伏其他电路保护装置 | 6.0 | 4.5 |
| 85365000 | | 电压≤1000伏的其他开关 | 0 | 0 |
| 85369011 | ex | 其他装置,但品目87.02、87.03、87.04和87.11所列的机动车用电池夹除外 | 0 | 0 |
| 85369019 | ex | 其他装置,但品目87.02、87.03、87.04和87.11所列的机动车用电池夹除外 | 0 | 0 |
| 85369090 | ex | 其他装置,但品目87.02、87.03、87.04和87.11所列的机动车用电池夹除外 | 0 | 0 |
| 85381010 | | 编号85372010所列装置的零件 | 5.6 | 4.2 |
| 85381090 | | 品目85.37货品用的其他盘、板等 | 4.7 | 3.5 |
| 85393990 | ex | 用于平板显示器背光源的冷阴极管荧光灯 | 4.0 | 2.0 |
| 85423111 | ex | 多元件集成电路中的自动数据处理设备机器及组件、电讯设备用的具有变流动能的半导体模块 | 0 | 0 |
| 85423111 | ex | 多元件集成电路中的其他具有变流功能的半导体模块 | 6.7 | 5.0 |
| 85423119 | | 其他多元件集成电路处理器及控制器[④] | 2.5 | 1.9 |
| 85423190 | | 集成电路处理器及控制器,不论是否带有存储器、转换器、逻辑电路、放大器、时钟及时序电路或其他电路 | 0 | 0 |
| 85423210 | | 多元件集成电路存储器[④] | 2.7 | 2.1 |
| 85423290 | | 集成电路存储器 | 0 | 0 |
| 85423310 | | 多元件集成电路放大器[④] | 2.7 | 2.1 |
| 85423390 | | 集成电路放大器 | 0 | 0 |
| 85423910 | | 其他多元件集成电路[④] | 2.7 | 2.1 |
| 85423990 | | 其他集成电路 | 0 | 0 |
| 85429000 | | 集成电路的零件 | 0 | 0 |
| 85432010 | | 输出信号频率<1500兆赫的通用信号发生器 | 11.3 | 9.4 |
| 85432090 | | 输出信号频率≥1500兆赫的通用信号发生器 | 6.0 | 5.0 |
| 85433000 | ex | 专门或主要用于印刷电路制造的电镀、电解设备 | 0 | 0 |
| 85437092 | ex | 微波放大器 | 0 | 0 |
| 85437099 | EX | 可与有线或无线网络连接具备混音功能的数字信号声音处理设备 | 0 | 0 |
| 85437099 | ex | 以红外线传送的无线视频游戏控制器 | 0 | 0 |

| 税则号列 | EX① | 信息技术产品名称 | 2018 年 1 月 1 日至 6 月 30 日最惠国税率(%) | 2018 年 7 月 1 日至 12 月 31 日最惠国税率(%) |
|---|---|---|---|---|
| 85437099 | ex | 设计主要供儿童使用的便携交换式电子教学设备 | 0 | 0 |
| 85437099 | ex | 用于录放文本、图像和声音用便携式电池驱动式电子阅读器 | 0 | 0 |
| 85437099 | ex | 专门设计用于连接电报或电话装置或设备连接或电信网络的连接器 | 0 | 0 |
| 85437099 | ex | 飞行数据记录仪 | 0 | 0 |
| 85439010 | | 粒子加速器用零件 | 0 | 0 |
| 85439021 | | 输出信号频率<1500 兆赫通用信号发生器零件 | 0 | 0 |
| 85439029 | | 输出信号频率≥1500 兆赫通用信号发生器零件 | 0 | 0 |
| 85439030 | | 金属、矿藏探测器用零件 | 0 | 0 |
| 85439040 | | 高、中频放大器用零件 | 0 | 0 |
| 85439090 | | 八十五章其他未列名电气设备的零件 | 0 | 0 |
| 85489000 | ex | 触摸感应数据输入装置(即触摸屏)无显示的性能,安装于有显示屏的设备中,通过检测显示区域内触摸动作的发生及位置进行工作。触摸感应可通过电阻、静电电容、声学脉冲识别、红外光或其他触摸感应技术来获得 | 8.0 | 6.0 |
| 88026000 | ex | 通信卫星 | 1.0 | 0.5 |
| 88039000 | ex | 通信卫星的零件 | 0 | 0 |
| 88052100 | | 空战模拟器及其零件 | 0.8 | 0.4 |
| 88052900 | | 其他地面飞行训练器及其零件 | 0.8 | 0.4 |
| 90012000 | | 偏振材料制的片及板 | 5.3 | 4.0 |
| 90019010 | | 彩色滤光片 | 6.0 | 5.0 |
| 90019090 | | 其他光学元件 | 6.0 | 5.0 |
| 90021910 | | 摄影机或放映机用物镜 | 11.3 | 9.4 |
| 90021990 | | 品目 90.02 未列名的其他物镜 | 11.3 | 9.4 |
| 90022010 | | 照相机用滤色镜 | 11.3 | 9.4 |
| 90022090 | | 其他光学仪器或装置滤色镜 | 11.3 | 9.4 |
| 90029010 | | 照相机用未列名光学元件 | 11.3 | 9.4 |
| 90029090 | | 其他光学仪器用未列名光学元件 | 11.3 | 9.4 |
| 90105010 | | 负片显示器 | 7.0 | 3.5 |
| 90105021 | | 电影用的洗印装置 | 7.0 | 3.5 |
| 90105022 | | 特种照相用的洗印装置 | 4.2 | 2.1 |
| 90105029 | | 其他照相用的洗印装置 | 8.5 | 4.3 |
| 90106000 | | 银幕及其他投影屏幕 | 9.3 | 7.0 |
| 90109010 | ex | 编号 901050 和 901060 所列货品的零件及附件 | 0 | 0 |
| 90109020 | ex | 编号 901050 和 901060 所列货品的零件及附件 | 0 | 0 |
| 90109090 | ex | 编号 901050 和 901060 所列货品的零件及附件 | 0 | 0 |
| 90111000 | | 立体显微镜 | 0 | 0 |
| 90118000 | | 其他显微镜 | 4.7 | 3.5 |
| 90119000 | | 复式光学显微镜的零附件 | 0 | 0 |
| 90121000 | | 其他非光学显微镜及衍射设备 | 0 | 0 |
| 90129000 | | 非光学显微镜及衍射设备的零件 | 0 | 0 |
| 90131000 | ex | 设计用为本章或第十六类的机器、设备、仪器或器具部件的望远镜 | 4.0 | 2.0 |
| 90132000 | | 激光器 | 4.0 | 3.0 |
| 90139010 | ex | 零件及附件,但武器用望远镜瞄准器具或潜望镜式望远镜用零件及附件除外 | 3.0 | 1.5 |
| 90139020 | | 编号 90138030 所列液晶显示板用零件及附件 | 4.2 | 2.1 |
| 90139090 | | 零件及附件,但武器用望远镜瞄准器具或潜望镜式望远镜用零件及附件除外 | 4.2 | 2.1 |
| 90141000 | | 定向罗盘 | 1.0 | 0.5 |
| 90142010 | | 自动驾驶仪 | 1.0 | 0.5 |

| 税则号列 | EX[①] | 信息技术产品名称 | 2018年1月1日至6月30日最惠国税率(%) | 2018年7月1日至12月31日最惠国税率(%) |
|---|---|---|---|---|
| 90142090 | | 其他航空或航天导航仪器及装置(罗盘除外) | 1.0 | 0.5 |
| 90148000 | | 其他导航仪器及装置 | 1.0 | 0.5 |
| 90149010 | | 自动驾驶仪用零件、附件 | 0.8 | 0.4 |
| 90149090 | | 其他导航仪器及设备用零件、附件 | 0.8 | 0.4 |
| 90151000 | | 测距仪 | 6.0 | 4.5 |
| 90152000 | | 经纬仪及视距仪 | 6.0 | 4.5 |
| 90154000 | | 摄影测量用仪器及装置 | 6.0 | 4.5 |
| 90158000 | | 其他大地测量仪器及装置 | 3.3 | 2.5 |
| 90159000 | | 大地测量仪器及装置的零附件 | 3.3 | 2.5 |
| 90181100 | | 心电图记录仪 | 2.5 | 1.3 |
| 90181210 | | B型超声波诊断仪 | 5.3 | 4.4 |
| 90181291 | | 彩色超声波诊断仪 | 3.8 | 3.1 |
| 90181299 | | 其他超声扫描装置 | 3.8 | 3.1 |
| 90181310 | | 核磁共振成像成套装置 | 4.0 | 4.0 |
| 90181390 | | 其他核磁共振成象装置 | 4.0 | 4.0 |
| 90181930 | | 病员监护仪 | 2.7 | 2.0 |
| 90181941 | | 听力计 | 2.7 | 2.0 |
| 90181949 | | 其他听力诊断装置 | 2.7 | 2.0 |
| 90181990 | | 其他电气诊断装置 | 2.7 | 2.0 |
| 90182000 | | 紫外线及红外线装置 | 2.0 | 1.0 |
| 90185000 | | 眼科用其他仪器及器具 | 2.7 | 2.0 |
| 90189020 | ex | 电血压测量仪器及器具 | 2.7 | 2.0 |
| 90189030 | | 内窥镜 | 2.7 | 2.0 |
| 90189040 | | 肾脏透析设备(人工肾) | 2.7 | 2.0 |
| 90189050 | | 透热疗法设备 | 2.7 | 2.0 |
| 90189060 | | 输血设备 | 2.7 | 2.0 |
| 90189070 | ex | 电麻醉设备 | 2.7 | 2.0 |
| 90189099 | ex | 电外科或电子医疗仪器及器具及其零件及附件 | 2.7 | 2.0 |
| 90215000 | | 心脏起搏器,不包括零附件 | 2.7 | 2.0 |
| 90219011 | | 血管支架 | 2.7 | 2.0 |
| 90219019 | | 其他支架 | 2.7 | 2.0 |
| 90219090 | | 其他品目90.21中未列名的矫形器具 | 2.7 | 2.0 |
| 90221200 | | X射线断层检查仪 | 4.0 | 3.3 |
| 90221300 | | 其他牙科用X射线应用设备 | 2.0 | 1.0 |
| 90221400 | | 其他医疗或兽医用X射线应用设备 | 2.7 | 2.0 |
| 90221910 | | 低剂量X射线安全检查设备 | 2.7 | 2.0 |
| 90221920 | | X射线无损探伤检测仪 | 2.7 | 2.0 |
| 90221990 | | 其他非医疗用X射线设备 | 2.7 | 2.0 |
| 90222100 | | 医疗用α、β、γ射线设备 | 2.0 | 1.0 |
| 90222910 | | γ射线无损探伤检测仪 | 4.0 | 3.0 |
| 90222990 | | 其他非医疗用α、β、γ射线设备 | 4.0 | 3.0 |
| 90223000 | | X射线管 | 1.3 | 1.0 |
| 90229010 | | X射线影像增强器 | 3.0 | 1.5 |
| 90230010 | | 教习头 | 3.5 | 1.8 |
| 90230090 | | 其他专供示范(例如,教学或展览)而无其他用途的仪器、装置及模型 | 3.5 | 1.8 |
| 90241010 | | 电子万能试验机 | 4.7 | 3.5 |

| 税则号列 | EX[①] | 信息技术产品名称 | 2018 年 1 月 1 日至 6 月 30 日最惠国税率(%) | 2018 年 7 月 1 日至 12 月 31 日最惠国税率(%) |
|---|---|---|---|---|
| 90241020 | | 硬度计 | 4.7 | 3.5 |
| 90241090 | | 其他金属材料的试验用机器及器具 | 4.7 | 3.5 |
| 90248000 | | 非金属材料的试验用机器及器具 | 3.8 | 3.1 |
| 90249000 | | 各种材料的试验用机器零附件 | 4.0 | 3.0 |
| 90251910 | | 非液体的工业用温度计及高温计 | 5.6 | 4.2 |
| 90251990 | | 非液体的其他温度计、高温计 | 5.6 | 4.2 |
| 90259000 | | 比重计、温度计等类似仪器的零件 | 5.3 | 4.0 |
| 90271000 | | 气体或烟雾分析仪 | 5.3 | 4.4 |
| 90278011 | | 集成电路生产用氦质谱检漏台 | 0 | 0 |
| 90278012 | | 质谱联用仪 | 0 | 0 |
| 90278019 | | 其他质谱仪 | 0 | 0 |
| 90278091 | | 曝光表 | 9.3 | 7.0 |
| 90278099 | | 其他理化分析仪器及装置 | 0 | 0 |
| 90279000 | | 检镜切片机;理化分析仪器零件 | 0 | 0 |
| 90283011 | | 单相感应式电度表 | 5.0 | 2.5 |
| 90283012 | | 三相感应式电度表 | 5.0 | 2.5 |
| 90283013 | | 单相电子式(静止式)电度表 | 5.0 | 2.5 |
| 90283014 | | 三相电子式(静止式)电度表 | 5.0 | 2.5 |
| 90283019 | | 其他电度表 | 5.0 | 2.5 |
| 90283090 | | 其他电量计 | 5.0 | 2.5 |
| 90289010 | | 工业用计量仪表零附件 | 4.2 | 2.1 |
| 90289090 | | 非工业用计量仪表零附件 | 4.2 | 2.1 |
| 90301000 | | 离子射线的测量或检验仪器及装置 | 3.3 | 2.5 |
| 90302010 | | 测试频率<300 兆赫的通用示波器 | 4.0 | 2.0 |
| 90302090 | | 其他阴极射线示波器 | 2.5 | 1.3 |
| 90303110 | | 量程≤五位半的数字万用表,不带记录装置 | 7.5 | 3.8 |
| 90303190 | | 其他不带记录装置的万用表 | 2.5 | 1.3 |
| 90303200 | | 带记录装置的万用表 | 5.3 | 4.0 |
| 90303310 | | 量程≤五位半的数字电流表、电压表,不带记录装置 | 11.3 | 9.4 |
| 90303390 | | 检测电压、电流及功率的其他仪器,不带记录装置 | 6.8 | 5.6 |
| 90303900 | | 检测电压、电流、电阻或功率的其他仪器,带记录装置 | 5.3 | 4.0 |
| 90308410 | | 电感及电容测试仪 | 6.7 | 5.0 |
| 90308490 | | 其他电量的测量或检验仪器及装置 | 5.3 | 4.0 |
| 90308910 | | 其他电感及电容测试仪 | 9.3 | 7.0 |
| 90308990 | | 其他电量的测量或检验仪器及装置 | 5.3 | 4.0 |
| 90309000 | cx | 用于检测半导体晶片及器件的仪器的零件和附件;ITA 产品用的印刷电路组件,包括外接组件,如符合 PCMCIA 标准的卡 | 0 | 0 |
| 90309000 | ex | 品目 90.30 所属货品的其他零件及附件 | 4.7 | 3.5 |
| 90311000 | | 机械零件平衡试验机 | 4.7 | 3.5 |
| 90314910 | | 轮廓投影仪 | 6.7 | 5.0 |
| 90314920 | | 光栅测量装置 | 0 | 0 |
| 90314990 | | 其他光学测量或检验仪器和器具 | 0 | 0 |
| 90318010 | | 光纤通信及光纤性能测试仪 | 5.0 | 5.0 |
| 90318020 | | 坐标测量仪 | 5.0 | 5.0 |
| 90318031 | | 超声波探伤检测仪 | 5.0 | 5.0 |
| 90318032 | | 磁粉探伤检测仪 | 5.0 | 5.0 |

| 税则号列 | EX① | 信息技术产品名称 | 2018 年 1 月 1 日至 6 月 30 日最惠国税率(%) | 2018 年 7 月 1 日至 12 月 31 日最惠国税率(%) |
|---|---|---|---|---|
| 90318033 | | 涡流探伤检测仪 | 5.0 | 5.0 |
| 90318039 | | 其他无损探伤检测仪器(射线探伤仪除外) | 5.0 | 5.0 |
| 90318090 | | 未列名测量、检验仪器器具及机器 | 5.0 | 5.0 |
| 90319000 | | 品目 90.31 的仪器及器具的零件 | 0 | 0 |
| 90322000 | | 恒压器 | 4.7 | 3.5 |
| 90328100 | | 液压或气压的其他仪器及装置 | 4.7 | 3.5 |
| 95043010 | | 投币式电子游戏机 | 0 | 0 |
| 95043090 | | 投币式其他游戏用品 | 0 | 0 |
| 95045011 | | 与电视接收机配套使用的视频游戏控制器及设备零件及附件 | 0 | 0 |
| 95045019 | | 其他与电视接收机配套使用的游戏机 | 0 | 0 |
| 95045091 | | 其他视频游戏控制器及设备零件及附件 | 0 | 0 |
| 95045099 | | 其他游戏机 | 0 | 0 |
| 95049010 | | 其他电子游戏机 | 0 | 0 |

注:

①"ex"表示本表所列实施最惠国税率的商品应在该税号范围内,以具体商品描述为准。

②取消印刷品的关税仅影响参加方有关货物贸易的权利和义务,即不影响关税以外的其他市场准入。ITA 扩围协议不妨碍 ITA 成员监管此类货物的内容物,其中包括互联网内容物。ITA 扩围协议不影响一成员有关服务贸易市场准入的权利和义务,也不妨碍其监管服务市场。

③复合税 1:完税价格不高于 2000 美元/台:30%;完税价格高于 2000 美元/台:3%,加 3283 元/台。

复合税 2:完税价格不高于 5000 美元/台:35%;完税价格高于 5000 美元/台:3%,加 9728 元/台。

④多元件集成电路(MCOs):由一个或多个单片、混合或多芯片集成电路及下列至少一个元件组成:硅基传感器、执行器、振荡器、谐振器或其组件所构成的组合体,或者具有品目 85.32、85.33、85.41 所列商品功能的元件,或品目 85.04 的电感器。其像集成电路一样实际上不可分割地组合成一体,作为一种元件,通过引脚、引线、焊球、底面触点、凸点或导电压点进行连接,组装到印刷电路板(PCB)或其他载体上。

在本定义中:

A."元件"可以是分立的,独立制造后组装到多元件(MCO)的其余部分上,或者集成到其他元件内。

B."硅基"是指在硅基片上制造,或由硅材料制造而成,或者制造在集成电路裸片上。

C.a. 硅基传感器是由在半导体材料内部或表面制作的微电子或机械结构组成,具有探测物理量和化学量并将其转换成电信号(因电特性变化或机械结构位移而产生)的功能。"物理量或化学量"与现实世界的现象相关,例如,压力、声波、加速度、振动、运动、方向、张力、磁场强度、电场强度、光、放射性、湿度、流量和化学浓度等。

b. 硅基执行器是由在半导体材料内部或表面制作的微电子或机械结构组成,具有将电信号转换成物理运动的功能。

c. 硅基谐振器是由在半导体材料内部或表面制作的微电子或机械结构组成,具有按预先设定的频率产生机械或电振荡的功能,频率取决于响应外部输入的结构的物理参数。

d. 硅基振荡器是有缘器件,由在半导体材料内部或表面制作的微电子或机械结构组成,具有按预先设定的频率产生机械或电振荡的功能,频率取决于这些结构的物理参数。

## 附表 6

# 中华人民共和国进境物品归类表

<table>
<tr><th>税号</th><th>物品类别</th><th>范　　围</th><th>税率</th></tr>
<tr><td>01000000</td><td>食品、饮料</td><td>食品:包括乳制品、糖制品、调味品,冬虫夏草、高丽参、红参、西洋参、人参、鹿茸、阿胶、奶粉及其他保健品、补品等;<br>饮料:包括矿泉水、汽水,咖啡、茶,其他无酒精饮料。</td><td>15%</td></tr>
<tr><td>02000000</td><td>酒</td><td>包括啤酒、葡萄酒(香槟酒)、黄酒、果酒、清酒、米酒、白兰地、威士忌、伏特加、朗姆酒、金酒、白酒、药酒、保健酒、鸡尾酒、利口酒、龙舌兰、柯迪尔酒、梅子酒等用粮食、水果等含淀粉或糖的物质发酵或配制而制成的含乙醇的酒精饮料。</td><td>60%</td></tr>
<tr><td>03000000</td><td>烟</td><td>包括卷烟、雪茄烟、再造烟草、均化烟草、其他烟草及烟草代用品的制品,烟丝、斗烟、水烟、烟末等。</td><td>60%</td></tr>
<tr><td>04000000</td><td>纺织品及其制成品</td><td>衣着:包括外衣、外裤、内衣裤、衬衫/T恤衫、其他衣着等;<br>配饰:包括帽子、丝巾、头巾、围巾、领带、腰带、手套、袜子、手帕等;<br>家纺用品:包括毛毯、被子、枕头、床罩、睡袋、幔帐等;<br>其他:包括毛巾、浴巾、桌布、窗帘、地毯等。</td><td>30%</td></tr>
<tr><td>05000000</td><td>皮革服装及配饰</td><td>包括各式皮革服装及皮质配饰。</td><td>30%</td></tr>
<tr><td rowspan="2">06000000</td><td rowspan="2">箱包及鞋靴</td><td>箱:包括各种材质的箱子;<br>挎包、背包、提包:包括各种材质的挎包、背包、提包;<br>钱包、钥匙包:包括各种材质的钱包、钥匙包、卡片包;<br>其他:包括化妆包、包装袋(盒、箱)等。</td><td rowspan="2">30%</td></tr>
<tr><td>鞋靴:包括皮鞋、皮靴、运动鞋、其他鞋靴等。</td></tr>
<tr><td rowspan="2">07000000</td><td rowspan="2">表、钟及其配件、附件</td><td>高档手表:完税价格在人民币 10000 元及以上的手表。</td><td>60%</td></tr>
<tr><td>表:包括高档手表外其他各种表;<br>钟:包括座钟、挂钟、台钟、落地钟等;<br>配件附件:包括各种表、钟的配件、附件。</td><td>30%</td></tr>
<tr><td rowspan="3">08000000</td><td rowspan="3">金银、贵重首饰及珠宝玉石</td><td>贵重首饰及珠宝玉石(不含钻石):包括天然或养殖珍珠、宝石或半宝石(不含钻石),用天然或养殖珍珠、宝石或半宝石(不含钻石)制成的物品,以贱金属为底的非镶嵌钻石的包贵金属首饰。</td><td>60%</td></tr>
<tr><td>钻石及钻石首饰。</td><td>30%</td></tr>
<tr><td>金银:包括金、银、铂等贵金属及包贵金属,贵金属及包贵金属制的首饰(以贱金属为底的非镶嵌钻石的包贵金属首饰除外)、金银器和其他制品。</td><td>15%</td></tr>
<tr><td rowspan="2">09000000</td><td rowspan="2">化妆品、洗护用品</td><td>化妆品:包括芳香类化妆品、唇用化妆品、眼用化妆品、指(趾)甲化妆品、粉状化妆品和特殊功能类化妆品等。<br>芳香类化妆品:香水和花露水;<br>唇用化妆品:唇膏、唇彩、唇线笔等;<br>眼用化妆品:睫毛膏(液、油)、眼线笔(液)、眉笔、眼影、眼睑膏等;<br>指(趾)甲化妆品:洗甲(趾)液、去指(趾)甲油、指(趾)甲油、指(趾)甲膏等,<br>粉状化妆品:粉底、粉饼、扑面粉、胭脂(粉)、腮红(粉)等;<br>其他美容品或化妆品:用于消除皱纹、美化唇型的皮内注射美容制品。</td><td>60%或 30%</td></tr>
<tr><td>洗护用品:包括清洁用品、护肤用品、护发用品和其他洗护用品。<br>清洁用品:洗面奶(乳、皂)、洁面霜(露、蜜、粉、者哩)、卸妆水(乳、膏、液、油)、鼻贴膜、去黑头膏(液)、剃须膏(泡沫)、磨砂膏、按摩膏、去角质膏(粉),牙膏、牙粉、牙线、漱口水,香皂、浴液、洗手液;<br>护肤用品:化妆水(含爽肤水、柔肤水、紧肤水、护肤水、收缩水)、须后水、面霜、眼霜、日霜、晚霜、冷霜、防晒霜(油)、晒黑油、祛斑霜、护肤膏(霜、露、乳液、喷雾)、精油、隔离霜、面膜、面膜膏(粉)、眼膜、颈膜、护手霜、润唇膏,痱子粉、爽身粉、防蚊液、皮肤护理软膏;<br>护发用品:洗/护发液、发乳、发油、发蜡、焗油膏、发胶、发泥、定型水(啫喱、摩丝)、烫发剂、染发剂;<br>其他用品:丰(美、健)乳霜、纤体霜(膏)、健美霜、紧致霜、除臭露(剂)等。</td><td>30%</td></tr>
</table>

| 税号 | 物品类别 | 范围 | 税率 |
|---|---|---|---|
| 10000000 | 家用医疗、保健及美容器材 | 医疗器材:包括呼吸器具、矫形器具、夹板及其他骨折用具,血糖计、血糖试纸、电动洗眼器、红外线耳探热针、空气制氧机、治疗用雾化机、电动血压计、病人用拐杖、病人用轮椅等及上述物品的配件、附件;<br>保健器材:包括按摩床、按摩椅等及上述物品的配件、附件;<br>美容器材:包括蒸汽仪、喷雾器、化妆/美容专用工具等及上述物品的配件、附件。 | 30% |
| 11000000 | 厨卫用具及小家电 | 厨房用具:包括各种材料制的餐具、刀具、炊具、灶具,锅、壶、杯、盘、碗、筷子、勺、铲、餐刀、餐叉、切菜刀、案板、削皮刀、绞肉机、食品研磨机、搅拌器、净水器、煤气灶、煤气点火器等;电饭煲、微波炉、电磁炉、抽油烟机、消毒碗柜、家用洗碗机、电烤箱、面包机、豆浆机、酸奶机、榨汁机、咖啡机、制冰机、饮水机、食品调理机、煮蛋器等厨房用具及配件、附件;<br>卫生用具、洁具:包括热水器、水龙头、淋浴用具、座便器及配件、附件等。<br>小家电:包括灯具、风扇、电暖器、电热毯、电烫斗、电吹风机、电动剃须刀、电动毛发推剪器,增湿机、除湿机、增除湿一体机、空气清新机、家用吸尘器、扫地机器人、地板打蜡机、电动剪草机等电器及上述物品的配件、附件等。 | 30% |
| | | 电话机等信息技术产品:包括固定电话机、手持移动电话机、可视电话机、寻呼机等。 | 15% |
| 12000000 | 家具 | 包括各种材料制的沙发、组合式家具、柜、橱、台、桌、椅、书架、床、床垫、坐具等。 | 15% |
| 13000000 | 空调及其配件、附件 | 包括空气调节器及其配件、附件等。 | 30% |
| 14000000 | 电冰箱及其配件、附件 | 包括各式电冰箱、冰柜、红酒柜及其配件、附件等。 | 30% |
| 15000000 | 洗衣设备及其配件、附件 | 包括波轮式洗衣机、滚筒式洗衣机、干衣机/烘干机、脱水机、家用地毯洗涤机等及上述物品的配件、附件。 | 30% |
| 16000000 | 电视机及其配件、附件 | 包括各式电视机、电视收音联合机、电视收音录音联合机、电视录像联合机等及上述物品的配件、附件。 | 30% |
| 17000000 | 摄影(像)设备及其配件、附件 | 包括电视摄像机、照相机(数字照相机除外)、照相制版机、放大机,胶卷、胶片、感光纸、镜箱、闪光灯、滤色镜、测光表、曝光表、遮光罩、水下摄影罩、半身镜、接镜环、取景器、自拍器、洗像盒、显影罐等。 | 30% |
| | | 视频摄录一体机、数字照相机、存储卡等信息技术产品。 | 15% |
| 18000000 | 影音设备及其配件、附件 | 包括录音笔、录音机、收音机、MP3 播放机、MP4 播放机、收录音机、数码录放音器、电唱机、激光电唱机、放像机、录像机、激光视盘机、(单)功能座、音箱、自动伴唱机、卡拉 OK 混音器等及上述物品的配件、附件。 | 30% |
| | | 耳机及耳塞机,磁盘、磁带、半导体媒体以及其他影音类信息技术产品。 | 15% |
| 19000000 | 计算机及其外围设备 | 包括个人计算机及其存储、输入、输出设备和附件、零部件。 | 15% |
| 20000000 | 书报、刊物及其他各类印刷品 | 包括书报、刊物及其他各类印刷品。 | 15% |
| 21000000 | 教育用影视资料 | 包括教育专用的电影片、幻灯片,原版录音带、录像带、磁盘、磁带、光学媒体、半导体媒体、唱片,地球仪、解剖模型、人体骨骼模型、教育用示意牌等。 | 15% |
| 22000000 | 文具用品、玩具、游戏品、节日或其他娱乐用品 | 文具用品:包括各种书写用具及材料、照像簿、集邮簿、印刷日历、月历、放大镜、望远镜、绘图用颜料、装订用具、誊写钢板等各种文具用品。 | 30% |
| | | 玩具:包括三轮车、单脚滑行车、踏板车及类似的带轮玩具;玩偶车;玩偶;缩小(按比例缩小)的模型及类似娱乐用模型;智力玩具等及上述物品的零件及附件。<br>游戏品(视频游戏控制器及设备、桌上或室内游戏用品):包括电子游戏机和视频游戏控制器、扑克牌、中国象棋、国际象棋、跳棋等棋类用品、麻将及类似桌上游戏用品等,及其上述游戏的零件、附件。<br>节日或其他娱乐用品:包括圣诞节、狂欢节等节日用品、魔术道具及嬉戏品等。 | 15% |
| 23000000 | 邮票、艺术品、收藏品 | 包括中国大陆及境外各种邮票、小型张、纪念封等,纪念币,以及艺术品、收藏品。 | 30% |
| 24000000 | 乐器 | 包括各种键盘类、弓弦类、拨弦类、打击类、管乐类等乐器及节拍器、音叉、定音器等器具及上述乐器的配件、附件。 | 30% |
| 25000000 | 运动用品、钓鱼用品 | 高尔夫球及球具:包括高尔夫球杆和高尔夫球。 | 60% |
| | | 除高尔夫球以外各种球类,各种棋类、健身器具、航空和航海模型、钓鱼用品等,一般体育活动、体操、竞技、游泳、滑冰、滑雪及其他户内外活动用具及其配件、附件。 | 30% |
| 26000000 | 自行车 | 包括不带发动机、电动机的自行车、三轮脚踏车、婴孩车及其他非机动脚踏车,以及上述物品的配件、附件。 | 30% |
| 27000000 | 其他物品 | 其他不能归入上述类别的物品。 | 30% |

## 附表 7

# 中华人民共和国进境物品完税价格表

| 税号 | 品名及规格 | 单位 | 完税价格（人民币:元） | 税率 |
|---|---|---|---|---|
| **01000000** | **食品、饮料** | | | |
| **01010000** | **-食品** | | | |
| 01010100 | --水产品 | | | |
| 01010110 | ---干鱼翅 | 千克 | 3000 | 15% |
| 01010120 | ---干鲍鱼 | 千克 | 5000 | 15% |
| 01010130 | ---干海参 | 千克 | 1500 | 15% |
| 01010140 | ---干瑶柱 | 千克 | 700 | 15% |
| 01010150 | ---干海马、干海龙 | 千克 | 1500 | 15% |
| 01010160 | ---鱼肚(花胶) | 千克 | 1500 | 15% |
| 01010190 | ---其他水产品 | 千克 | 另行确定 | 15% |
| 01010200 | --燕窝 | | | |
| 01010210 | ---燕盏 | 千克 | 30000 | 15% |
| 01010220 | ---燕饼(燕丝、燕条) | 千克 | 15000 | 15% |
| 01010230 | ---燕碎 | 千克 | 5000 | 15% |
| 01010290 | ---其他燕窝制品 | 千克 | 另行确定 | 15% |
| 01010300 | --冬虫夏草 | 千克 | 100000 | 15% |
| 01010400 | --参 | 千克 | 1500 | 15% |
| 01010500 | --鹿茸 | 千克 | 2000 | 15% |
| 01010600 | --阿胶 | 千克 | 250 | 15% |
| 01010700 | --奶粉 | 千克 | 200 | 15% |
| 01010800 | --调味品 | 千克 | 200 | 15% |
| 01019900 | --其他食品 | 盒、瓶 | 另行确定 | 15% |
| **01020000** | **-饮料** | | | |
| 01020100 | --茶叶 | 千克 | 200 | 15% |
| 01020200 | --咖啡 | 千克 | 200 | 15% |
| 01029900 | --其他饮料 | 千克 | 另行确定 | 15% |
| **02000000** | **酒** | | | |
| **02010000** | **-啤酒** | | | |
| 02010100 | --12 度以下(不含 12 度) | 瓶(不超过 750 毫升) | 5 | 60% |
| 02010200 | --12 度至 22 度(不含 22 度) | 瓶(不超过 750 毫升) | 10 | 60% |
| **02020000** | **-葡萄酒** | | | |
| 02020100 | --12 度以下(不含 12 度) | 瓶(不超过 750 毫升) | 100 | 60% |
| 02020200 | --12 度至 22 度(含 22 度) | 瓶(不超过 750 毫升) | 200 | 60% |
| **02030000** | **-清酒** | | | |
| 02030100 | --12 度以下(不含 12 度) | 瓶(不超过 750 毫升) | 30 | 60% |
| 02030200 | --12 度至 22 度(不含 22 度) | 瓶(不超过 750 毫升) | 50 | 60% |

| 税号 | 品名及规格 | 单位 | 完税价格（人民币:元） | 税率 |
|---|---|---|---|---|
| 02030300 | --22度及以上 | 瓶(不超过750毫升) | 80 | 60% |
| **02040000** | **-白兰地** | 瓶(不超过750毫升) | 500 | 60% |
| **02050000** | **-威士忌** | 瓶(不超过750毫升) | 300 | 60% |
| **02060000** | **-伏特加** | 瓶(不超过750毫升) | 100 | 60% |
| **02070000** | **-白酒** | 瓶(不超过750毫升) | 300 | 60% |
| **02080000** | **-药酒** | 瓶(不超过750毫升) | 200 | 60% |
| **02990000** | **-其他酒** | 瓶(不超过750毫升) | 另行确定 | 60% |
| **03000000** | **烟** | | | |
| **03010000** | **-卷烟** | 支 | 0.5 | 60% |
| **03020000** | **-雪茄烟** | 支 | 10 | 60% |
| **03030000** | **-烟丝** | 克 | 0.5 | 60% |
| **03990000** | **-其他烟** | 克、支 | 另行确定 | 60% |
| **04000000** | **纺织品及其制成品** | | | |
| **04010000** | **-衣着** | | | |
| 04010100 | --外衣 | 件 | 300 | 30% |
| 04010200 | --外裤 | 条 | 200 | 30% |
| 04010300 | --内衣裤 | 条/件 | 100 | 30% |
| 04010400 | --衬衫/T恤衫 | 件 | 200 | 30% |
| 04019900 | --其他衣着 | 件 | 另行确定 | 30% |
| **04020000** | **-配饰** | | | |
| 04020100 | --帽子 | 件 | 100 | 30% |
| 04020200 | --丝巾、头巾、围巾 | 条 | 100 | 30% |
| 04020300 | --领带 | 条 | 100 | 30% |
| 04020400 | --腰带 | 条 | 100 | 30% |
| 04020500 | --手套 | 双 | 100 | 30% |
| 04029900 | --其他配饰 | 件 | 另行确定 | 30% |
| **04030000** | **-家纺用品** | | | |
| 04030100 | --毛毯、被子、床罩、睡袋 | 床、件 | 400 | 30% |
| 04030200 | --枕头、床单、毛巾被、被套 | 条、件 | 100 | 30% |
| 04030300 | --地毯 | 平方米 | 200 | 30% |
| 04030400 | --窗帘 | 千克 | 100 | 30% |
| 04039900 | --其他家纺用品 | 件 | 另行确定 | 30% |
| **04990000** | **-其他纺织品及其制成品** | 件 | 另行确定 | 30% |
| **05000000** | **皮革服装及配饰** | | | |
| **05010000** | **-皮革服装** | | | |
| 05010100 | --裘皮衣 | 件 | 另行确定 | 30% |
| 05010200 | --皮大衣 | 件 | 2000 | 30% |
| 05010300 | --皮上衣 | 件 | 1500 | 30% |
| 05010400 | --皮背心 | 件 | 1000 | 30% |

| 税号 | 品名及规格 | 单位 | 完税价格（人民币:元） | 税率 |
|---|---|---|---|---|
| 05010500 | --皮裤 | 件 | 1000 | 30% |
| 05010600 | --皮裙 | 件 | 1000 | 30% |
| 05019900 | --其他皮革服装 | 件 | 另行确定 | 30% |
| **05020000** | **-皮革配饰** | | | |
| 05020100 | --皮帽 | 件 | 200 | 30% |
| 05020200 | --皮带 | 条 | 100 | 30% |
| 05020300 | --皮手套 | 双 | 100 | 30% |
| 05029900 | --其他皮革配饰 | 件 | 另行确定 | 30% |
| **05990000** | **-其他皮革制品（箱包和鞋靴除外）** | 件 | 另行确定 | 30% |
| **06000000** | **箱包和鞋靴** | | | |
| **06010000** | **-箱包** | | | |
| 06010100 | --箱 | 个 | 500 | 30% |
| 06010200 | --挎包、背包、提包 | 个 | 200 | 30% |
| 06010300 | --钱包、钥匙包 | 个 | 100 | 30% |
| 06019900 | --其他箱包 | 个 | 另行确定 | 30% |
| **06020000** | **-鞋靴** | | | |
| 06020100 | --皮鞋 | 双 | 300 | 30% |
| 06020200 | --皮靴 | 双 | 400 | 30% |
| 06020300 | --运动鞋 | 双 | 200 | 30% |
| 06029900 | --其他鞋靴 | 双 | 另行确定 | 30% |
| **07000000** | **表、钟及其配件、附件** | | | |
| **07010000** | **-表** | | | |
| 07010100 | --高档手表（审定价格在人民币 10000 元及以上） | 块 | 另行确定 | 60% |
| 07010200 | --其他表 | | | |
| 07010210 | ---石英表（电子表） | 块 | 200 | 30% |
| 07010220 | ---机械表 | 块 | 500 | 30% |
| 07010290 | ---其他表 | 块 | 另行确定 | 30% |
| **07020000** | **-钟** | | | |
| 07020100 | --座钟、挂钟、台钟 | 个、台 | 200 | 30% |
| 07020200 | --落地钟 | 台 | 600 | 30% |
| 07029900 | --其他钟 | 台 | 另行确定 | 30% |
| **07030000** | **-钟表配件、附件** | 件 | 另行确定 | 30% |
| **08000000** | **金银、贵重首饰及珠宝玉石** | | | |
| **08010000** | **-金银** | 件 | 另行确定 | 15% |
| **08020000** | **-贵重首饰及珠宝玉石** | | | |
| 08020100 | --钻石及钻石首饰 | 件 | 另行确定 | 30% |
| 08020200 | --贵重首饰及珠宝玉石 | 件 | 另行确定 | 60% |
| **09000000** | **化妆品、洗护用品** | | | |
| **09010000** | **-化妆品** | | | |

| 税号 | 品名及规格 | 单位 | 完税价格（人民币:元） | 税率 |
|---|---|---|---|---|
| 09010100 | --芳香类化妆品 | | | |
| 09010110 | ---香水及花露水 | | | |
| 09010111 | ----香水及花露水 | 瓶 | 300 | 完税价格≥10元/毫升（克）的，税率为60% |
| 09010112 | ----香水及花露水 | 瓶 | 300 | 完税价格<10元/毫升（克）的，税率为30% |
| 09010200 | --唇用化妆品 | | | |
| 09010210 | ---唇膏、唇彩 | | | |
| 09010211 | ----唇膏、唇彩 | 支 | 150 | 完税价格≥10元/毫升（克）的，税率为60% |
| 09010212 | ----唇膏、唇彩 | 支 | 150 | 完税价格<10元/毫升（克）的，税率为30% |
| 09010220 | ---唇线笔 | | | |
| 09010221 | ----唇线笔 | 支 | 100 | 完税价格≥10元/毫升（克）的，税率为60% |
| 09010222 | ----唇线笔 | 支 | 100 | 完税价格<10元/毫升（克）的，税率为30% |
| 09010290 | ---其他唇用化妆品 | | | |
| 09010291 | ----其他唇用化妆品 | 件 | 另行确定 | 完税价格≥10元/毫升（克），完税价格≥15元/片（张）的，税率为60% |
| 09010299 | ----其他唇用化妆品 | 件 | 另行确定 | 完税价格<10元/毫升（克），完税价格<15元/片（张）的，税率为30% |
| 09010300 | --眼用化妆品 | | | |
| 09010310 | ---睫毛膏（液、油） | | | |
| 09010311 | ----睫毛膏（液、油） | 支 | 100 | 完税价格≥10元/毫升（克）的，税率为60% |
| 09010312 | ----睫毛膏（液、油） | 支 | 100 | 完税价格<10元/毫升（克）的，税率为30% |
| 09010320 | ---眼线笔（液） | | | |
| 09010321 | ----眼线笔（液） | 支 | 100 | 完税价格≥10元/毫升（克）的，税率为60% |
| 09010322 | ----眼线笔（液） | 支 | 100 | 完税价格<10元/毫升（克）的，税率为30% |
| 09010330 | ---眉笔（眉粉） | | | |
| 09010331 | ----眉笔（眉粉） | 支 | 100 | 完税价格≥10元/毫升（克）的，税率为60% |
| 09010332 | ----眉笔（眉粉） | 支 | 100 | 完税价格<10元/毫升（克）的，税率为30% |
| 09010340 | ---眼影 | | | |
| 09010341 | ----眼影 | 盒 | 100 | 完税价格≥10元/毫升（克）的，税率为60% |
| 09010342 | ----眼影 | 盒 | 100 | 完税价格<10元/毫升（克）的，税率为30% |
| 09010390 | ---其他眼用化妆品 | | | |
| 09010391 | ----其他眼用化妆品 | 件 | 另行确定 | 完税价格≥10元/毫升（克），完税价格≥15元/片（张）的，税率为60% |
| 09010392 | ----其他眼用化妆品 | 件 | 另行确定 | 完税价格<10元/毫升（克），完税价格<15元/片（张）的，税率为30% |
| 09010400 | --指（趾）甲化妆品 | | | |
| 09010410 | ---洗甲（趾）液 | | | |
| 09010411 | ----洗甲（趾）液 | 支 | 50 | 完税价格≥10元/毫升（克）的，税率为60% |
| 09010412 | ----洗甲（趾）液 | 支 | 50 | 完税价格<10元/毫升（克）的，税率为30% |
| 09010420 | ---指（趾）甲油 | | | |
| 09010421 | ----指（趾）甲油 | 支 | 20 | 完税价格≥10元/毫升（克）的，税率为60% |

| 税号 | 品名及规格 | 单位 | 完税价格（人民币:元） | 税率 |
| --- | --- | --- | --- | --- |
| 09010422 | ----指(趾)甲油 | 支 | 20 | 完税价格<10元/毫升(克)的,税率为30% |
| 09010490 | ---其他指(趾)甲化妆品 | | | |
| 09010491 | ----其他指(趾)甲化妆品 | 件 | 另行确定 | 完税价格≥10元/毫升(克),完税价格≥15元/片(张)的,税率为60% |
| 09010492 | ----其他指(趾)甲化妆品 | 件 | 另行确定 | 完税价格<10元/毫升(克),完税价格<15元/片(张)的,税率为30% |
| 09010500 | --粉状化妆品 | | | |
| 09010510 | ---粉底及粉底液 | | | |
| 09010511 | ----粉底及粉底液 | 盒、支 | 200 | 完税价格≥10元/克的,税率为60% |
| 09010512 | ----粉底及粉底液 | 盒、支 | 200 | 完税价格<10元/克的,税率为30% |
| 09010520 | ---粉饼 | | | |
| 09010521 | ----粉饼 | 盒 | 150 | 完税价格≥10元/克的,税率为60% |
| 09010522 | ----粉饼 | 盒 | 150 | 完税价格<10元/克的,税率为30% |
| 09010530 | ---扑面粉 | | | |
| 09010531 | ----扑面粉 | 盒 | 150 | 完税价格≥10元/克的,税率为60% |
| 09010532 | ----扑面粉 | 盒 | 150 | 完税价格<10元/克的,税率为30% |
| 09010540 | ---胭脂(粉)、腮红(粉) | | | |
| 09010541 | ----胭脂(粉)、腮红(粉) | 盒、支 | 100 | 完税价格≥10元/克的,税率为60% |
| 09010542 | ----胭脂(粉)、腮红(粉) | 盒、支 | 100 | 完税价格<10元/克的,税率为30% |
| 09010590 | ---其他粉状化妆品 | | | |
| 09010591 | ----其他粉状化妆品 | 件 | 另行确定 | 完税价格≥10元/克的,税率为60% |
| 09010592 | ----其他粉状化妆品 | 件 | 另行确定 | 完税价格<10元/克的,税率为30% |
| 09010600 | --其他美容品或化妆品 | | | |
| 09010610 | ---其他美容品或化妆品 | 件 | 另行确定 | 完税价格≥10元/毫升(克),完税价格≥15元/片(张)的,税率为60% |
| 09010620 | ---其他美容品或化妆品 | 件 | 另行确定 | 完税价格<10元/毫升(克),完税价格<15元/片(张)的,税率为30% |
| **09020000** | **-洗护用品** | | | |
| 09020100 | --清洁用品 | | | |
| 09020110 | ---洗面奶、洁面霜 | 支、瓶 | 100 | 30% |
| 09020120 | ---卸妆水 | 支、瓶 | 150 | 30% |
| 09020190 | ---其他清洁用品 | 支、瓶 | 另行确定 | 30% |
| 09020200 | --护肤用品 | | | |
| 09020210 | ---化妆水 | 支、瓶 | 150 | 30% |
| 09020220 | ---眼霜 | 支、瓶 | 200 | 30% |
| 09020230 | ---面霜及乳液 | 支、瓶 | 200 | 30% |
| 09020240 | ---精华液(素) | 支、瓶 | 300 | 30% |
| 09020250 | ---防晒霜(露、乳液) | 支 | 150 | 30% |
| 09020260 | ---面膜 | 张、瓶 | 20 | 30% |
| 09020270 | ---润唇膏 | 支 | 20 | 30% |

| 税号 | 品名及规格 | 单位 | 完税价格（人民币:元） | 税率 |
| --- | --- | --- | --- | --- |
| 09020280 | ---护手霜 | 支、瓶 | 50 | 30% |
| 09020290 | ---其他护肤用品 | 支、瓶 | 另行确定 | 30% |
| 09020300 | --护发用品 | | | |
| 09020310 | ---洗/护发液 | 支、瓶 | 30 | 30% |
| 09020390 | ---其他护发用品 | 支、瓶 | 另行确定 | 30% |
| 09029900 | --其他清洁护理品 | 件 | 另行确定 | 30% |
| **10000000** | **家用医疗、保健及美容器材** | | | |
| **10010000** | **-家用医疗器材** | | | |
| 10010100 | --血糖计 | 个 | 500 | 30% |
| 10010200 | --血糖试纸 | 张 | 5 | 30% |
| 10010300 | --红外线耳探热针 | 个 | 200 | 30% |
| 10010400 | --家用雾化机 | 台 | 2000 | 30% |
| 10010500 | --血压计 | 个 | 500 | 30% |
| 10019900 | --其他家用医疗器材 | 件 | 另行确定 | 30% |
| **10020000** | **-家用保健器材** | | | |
| 10020100 | --按摩床 | 张 | 10000 | 30% |
| 10020200 | --按摩椅 | 张 | 5000 | 30% |
| 10029900 | --其他家用保健器材 | 件 | 另行确定 | 30% |
| **10030000** | **-家用美容器材** | | | |
| 10030100 | --蒸汽仪 | 台 | 200 | 30% |
| 10030200 | --喷雾器 | 台 | 400 | 30% |
| 10039900 | --其他家用美容器材 | 台 | 另行确定 | 30% |
| **11000000** | **厨卫用具及小家电** | | | |
| **11010000** | **-厨房用具** | | | |
| 11010100 | --餐具/刀具 | 个、把 | 20 | 30% |
| 11010200 | --炊具 | 件 | 100 | 30% |
| 11010300 | --灶具 | 件 | 1000 | 30% |
| 11010400 | --净水器(含过滤芯) | 个 | 500 | 30% |
| 11010500 | --净水器过滤芯 | 个 | 200 | 30% |
| 11011100 | --电饭煲 | 个 | 500 | 30% |
| 11011200 | --微波炉 | 台 | 600 | 30% |
| 11011300 | --电磁炉 | 台 | 800 | 30% |
| 11011400 | --抽油烟机 | 台 | 1000 | 30% |
| 11011500 | --家用洗碗机 | 台 | 1500 | 30% |
| 11011600 | --电动榨汁机 | 台 | 100 | 30% |
| 11011700 | --咖啡机 | 台 | 4000 | 30% |
| 11019900 | --其他厨房用具 | 件、个 | 另行确定 | 30% |
| **11020000** | **-卫生用具、洁具** | | | |
| 11020100 | --热水器 | 台 | 1000 | 30% |

| 税号 | 品名及规格 | 单位 | 完税价格（人民币:元） | 税率 |
|---|---|---|---|---|
| 11021120 | --电吹风机 | 个 | 200 | 30% |
| 11021130 | --电动剃须刀 | 个 | 200 | 30% |
| 11020400 | --电动牙刷 | 个 | 200 | 30% |
| 11029900 | --其他卫生间用具 | 件、个 | 另行确定 | 30% |
| **11030000** | **-小家电** | | | |
| 11030100 | --电话机 | | | |
| 11030110 | ---普通电话机 | 台 | 200 | 15% |
| 11030120 | ---手持移动电话机 | | | |
| 11030121 | ----键盘式手持移动电话机 | 台 | 1000 | 15% |
| 11030122 | ----触屏式手持移动电话机 | 台 | 另行确定 | 15% |
| 11030130 | ---电话传真机 | 台 | 1000 | 15% |
| 11030140 | ---可视电话机 | 台 | 1000 | 15% |
| 11030150 | ---电话机配件、附件 | 件 | 另行确定 | 15% |
| 11030190 | ---其他电话机 | 台 | 另行确定 | 15% |
| 11031200 | --电风扇 | 台 | 400 | 30% |
| 11031300 | --电熨斗 | 台 | 200 | 30% |
| 11031400 | --电暖器 | 台 | 400 | 30% |
| 11031500 | --增/除湿机、增除湿一体机 | 台 | 1500 | 30% |
| 11031600 | --空气清新机 | 台 | 1000 | 30% |
| 11031700 | --吸尘器 | 台 | 500 | 30% |
| 11031800 | --地板打蜡机 | 台 | 500 | 30% |
| 11031900 | --电动剪草机 | 台 | 2000 | 30% |
| 11032000 | --电缝纫机、编织机 | 台 | 2000 | 30% |
| 11032100 | --灯具 | 台、件 | 另行确定 | 30% |
| 11039900 | --其他小家电 | | | |
| 11039910 | --其他家电类信息技术产品 | 件、个 | 另行确定 | 15% |
| 11039990 | --其他小家电 | 件、个 | 另行确定 | 30% |
| **12000000** | **家具** | | | |
| **12010000** | **-实木家具** | 件 | 另行确定 | 15% |
| **12020000** | **-皮质家具** | 件 | 1000 | 15% |
| **12030000** | **-藤、竹质家具** | 件 | 600 | 15% |
| **12990000** | **-其他家具** | 件 | 另行确定 | 15% |
| **13000000** | **空调及其配件、附件** | | | |
| **13010000** | **-空调** | | | |
| 13010100 | --1 匹及以下 | 台 | 2000 | 30% |
| 13010200 | --1 匹以上 2 匹以下(含 2 匹) | 台 | 4000 | 30% |
| 13010300 | --2 匹以上 3 匹以下(含 3 匹) | 台 | 6000 | 30% |
| 13010400 | --3 匹以上 | 台 | 另行确定 | 30% |
| **13020000** | **-空调配件、附件** | 个 | 另行确定 | 30% |

| 税号 | 品名及规格 | 单位 | 完税价格（人民币:元） | 税率 |
|---|---|---|---|---|
| **13990000** | -其他空调 | 台 | 另行确定 | 30% |
| **14000000** | 电冰箱及其配件、附件 | | | |
| **14010000** | -电冰箱、冰柜 | | | |
| 14010100 | --100 公升及以下 | 台 | 1000 | 30% |
| 14010200 | --101~200 公升 | 台 | 2000 | 30% |
| 14010300 | --201~250 公升 | 台 | 3000 | 30% |
| 14010400 | --251~300 公升 | 台 | 5000 | 30% |
| 14010500 | --301~400 公升 | 台 | 10000 | 30% |
| 14010600 | --401~500 公升 | 台 | 15000 | 30% |
| 14010700 | --501 公升及以上 | 台 | 另行确定 | 30% |
| **14020000** | -红酒柜 | | | |
| 14020100 | --12 瓶及以下 | 台 | 1000 | 30% |
| 14020200 | --13~18 瓶 | 台 | 2000 | 30% |
| 14020300 | --19~45 瓶 | 台 | 3000 | 30% |
| 14020400 | --46~75 瓶 | 台 | 4000 | 30% |
| 14020500 | --76~120 瓶 | 台 | 5000 | 30% |
| 14020600 | --121 瓶及以上 | 台 | 另行确定 | 30% |
| **14030000** | -电冰箱配件、附件 | 件 | 另行确定 | 30% |
| **14990000** | -其他电冰箱 | 台 | 另行确定 | 30% |
| **15000000** | 洗衣设备及其配件、附件 | | | |
| **15010000** | -洗衣机 | | | |
| 15010100 | --波轮式 | 台 | 1000 | 30% |
| 15010200 | --滚筒式 | 台 | 3000 | 30% |
| **15020000** | -干衣机/烘干机 | 台 | 2000 | 30% |
| **15030000** | -洗衣设备配件、附件 | 件 | 另行确定 | 30% |
| **15990000** | -其他洗衣设备 | 台 | 另行确定 | 30% |
| **16000000** | 电视机及其配件、附件 | | | |
| **16010000** | -电视机 | | | |
| 16010100 | --22 英寸及以下 | 台 | 1000 | 30% |
| 16010200 | --23 英寸至 32 英寸 | 台 | 2000 | 30% |
| 16010300 | --33 英寸至 39 英寸 | 台 | 4000 | 30% |
| 16010400 | --40 英寸至 42 英寸 | 台 | 6000 | 30% |
| 16010500 | --43 英寸至 45 英寸 | 台 | 8000 | 30% |
| 16010600 | --46 英寸至 49 英寸 | 台 | 10000 | 30% |
| 16010700 | --50 英寸至 54 英寸 | 台 | 20000 | 30% |
| 16010800 | --55 英寸至 59 英寸 | 台 | 30000 | 30% |
| 16010900 | --60 英寸至 64 英寸 | 台 | 35000 | 30% |
| 16011000 | --65 英寸以上 | 台 | 另行确定 | 30% |
| **16020000** | -电视机配件、附件 | 件、个 | 另行确定 | 30% |
| **16990000** | -其他电视机 | 台 | 另行确定 | 30% |

| 税号 | 品名及规格 | 单位 | 完税价格（人民币:元） | 税率 |
|---|---|---|---|---|
| **17000000** | **摄影(像)设备及其配件、附件** | | | |
| **17010000** | **-照相机** | | | |
| 17010100 | --数字照相机 | | | |
| 17010110 | ----一体式数字照相机 | 台 | 2000 | 15% |
| 17010120 | ---镜头可拆卸式数字照相机 | | | |
| 17010121 | ----可拆卸式数字照相机机身 | 台 | 5000 | 15% |
| 17010122 | ----可拆卸式数码照相机镜头 | 个 | 2000 | 30% |
| 17010200 | --照相机(非数字照相机) | | | |
| 17010210 | ---反光式胶片照相机 | 台 | 5000 | 30% |
| 17010220 | ----一次成像照相机 | 台 | 1000 | 30% |
| 17010290 | ---其他照相机 | 台 | 另行确定 | 30% |
| **17020000** | **-摄像机** | | | |
| 17020100 | --电视摄像机 | 台 | 另行确定 | 30% |
| 17020200 | --视频摄录一体机 | 台 | 4000 | 15% |
| 17029900 | --其他摄像机 | 台 | 另行确定 | 30% |
| **17030000** | **-其他摄影(像)设备** | | | |
| 17030100 | --其他摄影(像)类信息技术产品 | 台、件 | 另行确定 | 15% |
| 17030200 | --其他摄影(像)设备 | 台、件 | 另行确定 | 30% |
| **17990000** | **-摄影(像)设备配件、附件** | | | |
| 17990100 | --数码存储卡 | | | |
| 17990110 | ---存储容量 8G 及以下 | 个 | 50 | 15% |
| 17990120 | ---存储容量 8G 以上 | 个 | 200 | 15% |
| 17990200 | --闪光灯 | 个 | 500 | 30% |
| 17990300 | --支架 | 个 | 300 | 30% |
| 17990400 | --胶卷 | 个 | 20 | 30% |
| 17999900 | --其他摄影(像)设备配件、附件 | 件 | 另行确定 | 30% |
| **18000000** | **影音设备及其配件、附件** | | | |
| **18010000** | **-便携式影音设备** | | | |
| 18010100 | --录音笔 | 台 | 200 | 30% |
| 18010200 | --录音机 | 台 | 200 | 30% |
| 18010300 | --收音机 | 台 | 200 | 30% |
| 18010400 | --MP3 播放器(音频多媒体播放器) | 台 | 100 | 30% |
| 18010500 | --MP4 播放器(视频多媒体播放器) | 台 | 500 | 30% |
| 18019900 | --其他便携式影音设备 | 台 | 另行确定 | 30% |
| **18020000** | **-音响设备** | | | |
| 18020100 | --电唱机(含便携式激光唱机) | 台 | 500 | 30% |
| 18020200 | --放像机 | 台 | 500 | 30% |
| 18020300 | --录像机 | 台 | 800 | 30% |
| 18020400 | --激光视盘机(LD、VCD、DVD 等) | 台 | 500 | 30% |
| 18020500 | --(单)功能座(功放、调谐、均衡等) | 台 | 1000 | 30% |
| 18020600 | --音箱 | 个 | 1000 | 30% |

| 税号 | 品名及规格 | 单位 | 完税价格（人民币:元） | 税率 |
|---|---|---|---|---|
| 18020700 | --便携式收音、录音、激光唱盘一体机 | 台 | 1000 | 30% |
| 18029900 | --其他音响设备 | 件 | 另行确定 | 30% |
| **18030000** | **-影音设备配件、附件** | | | |
| 18030100 | --耳机及耳塞机 | 个 | 50 | 15% |
| 18030200 | --磁盘 | 盘 | 30 | 15% |
| 18030300 | --磁带 | | | |
| 18030310 | ---重放声音或图像信息的磁带 | 盘 | 50 | 30% |
| 18030320 | ---其他磁带 | 盘 | 10 | 15% |
| 18030400 | --半导体媒体 | 张 | 30 | 15% |
| 18030500 | --唱片 | | | |
| 18030510 | ---已录制唱片 | 张 | 50 | 30% |
| 18030520 | ---其他唱片 | 张 | 50 | 15% |
| 18039900 | --其他影音设备配件、附件 | 个、件 | 另行确定 | 30% |
| **18990000** | **-其他影音设备** | | | |
| 18990100 | --其他影音类信息技术产品 | 台、件 | 另行确定 | 15% |
| 18990200 | --其他影音设备 | 个、台 | 另行确定 | 30% |
| **19000000** | **计算机及其外围设备** | | | |
| **19010000** | **-计算机** | | | |
| 19010100 | --台式个人计算机主机 | 台 | 2000 | 15% |
| 19010200 | --主机、显示器一体机 | 台 | 3000 | 15% |
| 19010300 | --笔记本电脑(含平板电脑、掌上电脑、上网本等) | | | |
| 19010310 | ---键盘式笔记本电脑 | 台 | 2000 | 15% |
| 19010320 | ---触屏式笔记本电脑 | 台 | 另行确定 | 15% |
| 19010400 | --计算机配件 | | | |
| 19010410 | ---主板 | 块 | 500 | 15% |
| 19010420 | ---中央处理器(CPU) | 个 | 500 | 15% |
| 19010430 | ---内存条 | | | |
| 19010431 | ----4G 及以下 | 条 | 200 | 15% |
| 19010432 | ----4G 以上 | 条 | 300 | 15% |
| 19010440 | ---功能卡 | 块 | 300 | 15% |
| 19010490 | ---其他计算机配件 | 块、个 | 另行确定 | 15% |
| 19019900 | --其他计算机 | 台 | 另行确定 | 15% |
| **19020000** | **-计算机外围设备** | | | |
| 19020100 | --鼠标 | 个 | 50 | 15% |
| 19020200 | --键盘 | 个 | 80 | 15% |
| 19020300 | --音箱 | 个 | 50 | 15% |
| 19020400 | --显示器 | | | |
| 19020410 | ---液晶显示器 | | | |
| 19020411 | ----19 英寸及以下 | 台 | 800 | 15% |
| 19020412 | ----19 英寸以上,24 英寸及以下 | 台 | 1200 | 15% |
| 19020413 | ----24 英寸以上 | 台 | 另行确定 | 15% |

| 税号 | 品名及规格 | 单位 | 完税价格（人民币:元） | 税率 |
|---|---|---|---|---|
| 19020420 | ---显像管(CRT)显示器 | | | |
| 19020421 | ----17 英寸及以下 | 台 | 300 | 15% |
| 19020422 | ----17 英寸以上 | 台 | 500 | 15% |
| 19020490 | ---其他显示器 | 台 | 另行确定 | 15% |
| 19020500 | --打印机 | | | |
| 19020510 | ---激光打印机 | | | |
| 19020511 | ----黑白激光打印机 | 台 | 1000 | 15% |
| 19020512 | ----彩色激光打印机 | 台 | 3000 | 15% |
| 19020520 | ---喷墨打印机 | 台 | 500 | 15% |
| 19020530 | ---针式打印机 | 台 | 1000 | 15% |
| 19020540 | ---多功能一体打印机 | | | |
| 19020541 | ----喷墨多功能一体打印机 | 台 | 600 | 15% |
| 19020542 | ----激光多功能一体打印机 | 台 | 1500 | 15% |
| 19020590 | ---其他打印机 | 台 | 另行确定 | 15% |
| 19020600 | --扫描仪 | 台 | 1000 | 15% |
| 19020700 | --视频投影仪 | 台 | 5000 | 15% |
| 19020800 | --驱动器 | | | |
| 19020810 | ---CD | 台 | 100 | 15% |
| 19020820 | ---DVD | 台 | 200 | 15% |
| 19020890 | ---其他驱动器 | 台 | 另行确定 | 15% |
| 19020900 | --存储器 | | | |
| 19020910 | ---硬盘/移动硬盘 | | | |
| 19020911 | ----1T 及以下 | 个 | 300 | 15% |
| 19020912 | ----1T 以上 2T 以下(含 2T) | 个 | 500 | 15% |
| 19020913 | ----2T 以上 | 个 | 另行确定 | 15% |
| 19020920 | ---U 盘 | 个 | 50 | 15% |
| 19020990 | ---其他存储器 | 个、盒 | 另行确定 | 15% |
| 19029900 | --其他计算机外围设备 | 台 | 另行确定 | 15% |
| **20000000** | **书报、刊物及其他各类印刷品** | | 另行确定 | 15% |
| **21000000** | **教育用影视资料** | | | |
| **21010000** | **-幻灯片** | 片 | 10 | 15% |
| **21020000** | **-录音带** | 盘 | 10 | 15% |
| **21030000** | **-录像带** | 盘 | 50 | 15% |
| **21990000** | **-其他教育专用影视资料** | 件 | 另行确定 | 15% |
| **22000000** | **文具用品、玩具、游戏品、节日或其他娱乐用品** | | | |
| **22010000** | **-文具用品** | | | |
| 22010100 | --电子计算器 | 个 | 200 | 15% |
| 22010200 | --电子字典/记事簿 | 个 | 300 | 15% |
| 22010300 | --电子(纸)书 | 台 | 800 | 15% |
| 22010400 | --笔 | 支 | 50 | 30% |
| 22019900 | --其他文具用品 | 件 | 另行确定 | 30% |

| 税号 | 品名及规格 | 单位 | 完税价格（人民币:元） | 税率 |
|---|---|---|---|---|
| **22020000** | **–玩具** | | | |
| 22020100 | ––带轮玩具 | | | |
| 22020110 | –––单脚滑行车、踏板车 | 个 | 100 | 15% |
| 22020190 | –––其他带轮玩具 | 个 | 另行确定 | 15% |
| 22020200 | ––玩偶 | 个 | 100 | 15% |
| 22020300 | ––缩小（按比例缩小）的模型及类似娱乐用模型 | 套 | 300 | 15% |
| 22020400 | ––智力玩具 | 套 | 100 | 15% |
| 22020500 | ––玩具乐器 | 个 | 100 | 15% |
| 22029900 | ––其他玩具 | 件 | 另行确定 | 15% |
| **22030000** | **–游戏品** | | | |
| 22030100 | ––游戏机 | | | |
| 22030110 | –––便携式游戏机 | 台 | 1000 | 15% |
| 22030120 | –––电脑游戏机 | 台 | 2000 | 15% |
| 22030130 | –––其他游戏机 | 台 | 另行确定 | 15% |
| 22030190 | –––游戏机配件、附件 | | | |
| 22030191 | ––––游戏碟、盘、卡 | 张、个 | 60 | 15% |
| 22030192 | ––––游戏机遥控器、控制器 | 个 | 200 | 15% |
| 22030199 | ––––其他游戏机配件、附件 | 件 | 另行确定 | 15% |
| 22030200 | ––桌上或室内游戏用品 | | | |
| 22030210 | –––纸牌游戏用品 | 套 | 50 | 15% |
| 22030220 | –––棋类产品 | 套 | 50 | 15% |
| 22030290 | –––其他桌上或室内游戏用品 | 件、套 | 另行确定 | 15% |
| 22030900 | ––游戏品的配件、附件 | 件 | 另行确定 | 15% |
| **22040000** | **–节日或其他娱乐用品** | | | |
| 22040100 | ––节日用品 | | | |
| 22040110 | –––节日装饰品 | 件 | 30 | 15% |
| 22040120 | –––圣诞节传统用品 | 件 | 50 | 15% |
| 22040130 | –––化装舞会及类似场合用品 | 件 | 20 | 15% |
| 22040190 | –––其他节日用品 | 件 | 另行确定 | 15% |
| 22040200 | ––魔术道具及嬉戏品 | 件 | 另行确定 | 15% |
| 22040900 | ––其他娱乐用品 | 件 | 另行确定 | 15% |
| **23000000** | **邮票、艺术品、收藏品** | | | |
| **23010000** | **–邮票** | | | |
| 23010100 | ––中国邮票、小型张、纪念封 | 张 | 另行确定 | 30% |
| 23010200 | ––港澳台、外国邮票 | 张 | 5 | 30% |
| 23010300 | ––港澳台、外国小型张、纪念封 | 张 | 10 | 30% |
| **23020000** | **–艺术品、收藏品** | 件 | 另行确定 | 30% |
| **24000000** | **乐器** | | | |
| **24010000** | **–钢琴** | | | |
| 24010100 | ––三角钢琴 | 架 | 90000 | 30% |
| 24010200 | ––立式钢琴 | 架 | 15000 | 30% |

| 税号 | 品名及规格 | 单位 | 完税价格（人民币：元） | 税率 |
|---|---|---|---|---|
| 24010300 | --电子钢琴 | 架 | 5000 | 30% |
| 24019900 | --其他钢琴 | 架 | 另行确定 | 30% |
| **24020000** | **-电子琴** | | | |
| 24020100 | --49 键以下 | 台 | 800 | 30% |
| 24020200 | --49 键及以上 | 台 | 3000 | 30% |
| **24030000** | **-萨克斯** | 把 | 10000 | 30% |
| **24040000** | **-电子吉他** | 把 | 2000 | 30% |
| **24050000** | **-数码小提琴** | 把 | 5000 | 30% |
| **24060000** | **-长、短笛** | 支 | 5000 | 30% |
| **24070000** | **-单簧管** | 支 | 4000 | 30% |
| **24080000** | **-双簧管** | 支 | 10000 | 30% |
| **24090000** | **-古筝** | 架 | 2000 | 30% |
| **24990000** | **-其他乐器** | 件 | 另行确定 | 30% |
| **25000000** | **运动用品、钓鱼用品** | | | |
| **25010000** | **-高尔夫球及球具** | | | |
| 25010100 | --球杆 | 根 | 1000 | 60% |
| 25010200 | --球 | 个 | 20 | 60% |
| 25019900 | --其他高尔夫球具 | 件 | 另行确定 | 60% |
| **25020000** | **-运动器具** | | | |
| 25020100 | --网球拍 | 个 | 500 | 30% |
| 25020200 | --羽毛球拍 | 个 | 300 | 30% |
| 25029900 | --其他运动器具 | 件 | 另行确定 | 30% |
| **25030000** | **-多功能健身器具** | | | |
| 25030100 | --跑步机 | 件 | 2000 | 30% |
| 25030200 | --健身车 | 件 | 1000 | 30% |
| 25030300 | --综合训练器 | 件 | 3000 | 30% |
| 25039900 | --其他多功能健身器具 | 件 | 另行确定 | 30% |
| **25040000** | **-钓鱼用品** | 件 | 另行确定 | 30% |
| **25990000** | **-其他运动用品** | 件 | 另行确定 | 30% |
| **26000000** | **自行车** | | | |
| **26010000** | **-自行车** | 辆 | 500 | 30% |
| **26020000** | **-三轮车** | 辆 | 500 | 30% |
| **26030000** | **-婴孩车** | 辆 | 200 | 30% |
| **26090000** | **-自行车配件、附件** | 件 | 另行确定 | 30% |
| **27000000** | **其他物品** | 件 | 另行确定 | 30% |

注：对02000000税号项下的各类酒，单瓶容量超出750毫升的，每满750毫升按照1瓶计征税赋，超出部分不足750毫升的不予计算。

## 附表 8

# 2018 年进口关税与进口环节代征税(消费税及增值税)计税常数表

| 关税税率(%) | 消费税税率(%) | | | | | | | | | | | |
|---|---|---|---|---|---|---|---|---|---|---|---|---|
| | 1 | 3 | 5 | 9 | 10 | 12 | 15 | 20 | 25 | 30 | 36 | 40 |
| 0 | 0.1818 | 0.2062 | 0.2316 | 0.2857 | 0.3000 | 0.3295 | 0.3765 | 0.4625 | 0.5600 | 0.6714 | 0.8281 | 0.9500 |
| 1.0 | 0.1936 | 0.2182 | 0.2439 | 0.2986 | 0.3130 | 0.3428 | 0.3902 | 0.4771 | 0.5756 | 0.6881 | 0.8464 | 0.9695 |
| 1.5 | 0.1995 | 0.2243 | 0.2501 | 0.3050 | 0.3195 | 0.3495 | 0.3971 | 0.4844 | 0.5834 | 0.6965 | 0.8555 | 0.9793 |
| 2.0 | 0.2055 | 0.2303 | 0.2562 | 0.3114 | 0.3260 | 0.3561 | 0.4040 | 0.4918 | 0.5912 | 0.7049 | 0.8647 | 0.9890 |
| 3.0 | 0.2173 | 0.2424 | 0.2685 | 0.3243 | 0.3390 | 0.3694 | 0.4178 | 0.5064 | 0.6068 | 0.7216 | 0.8830 | 1.0085 |
| 4.0 | 0.2291 | 0.2544 | 0.2808 | 0.3371 | 0.3520 | 0.3827 | 0.4315 | 0.5210 | 0.6224 | 0.7383 | 0.9013 | 1.0280 |
| 4.5 | 0.2350 | 0.2605 | 0.2870 | 0.3436 | 0.3585 | 0.3894 | 0.4384 | 0.5283 | 0.6302 | 0.7466 | 0.9104 | 1.0378 |
| 5.0 | 0.2409 | 0.2665 | 0.2932 | 0.3500 | 0.3650 | 0.3960 | 0.4453 | 0.5356 | 0.6380 | 0.7550 | 0.9195 | 1.0475 |
| 5.5 | 0.2468 | 0.2725 | 0.2993 | 0.3564 | 0.3715 | 0.4027 | 0.4522 | 0.5429 | 0.6458 | 0.7634 | 0.9287 | 1.0573 |
| 5.8 | 0.2504 | 0.2761 | 0.3030 | 0.3603 | 0.3754 | 0.4067 | 0.4563 | 0.5473 | 0.6505 | 0.7684 | 0.9342 | 1.0631 |
| 6.0 | 0.2527 | 0.2786 | 0.3055 | 0.3629 | 0.3780 | 0.4093 | 0.4591 | 0.5503 | 0.6536 | 0.7717 | 0.9378 | 1.0670 |
| 6.5 | 0.2586 | 0.2846 | 0.3116 | 0.3693 | 0.3845 | 0.4160 | 0.4659 | 0.5576 | 0.6614 | 0.7801 | 0.9470 | 1.0768 |
| 7.0 | 0.2645 | 0.2906 | 0.3178 | 0.3757 | 0.3910 | 0.4226 | 0.4728 | 0.5649 | 0.6692 | 0.7884 | 0.9561 | 1.0865 |
| 7.5 | 0.2705 | 0.2966 | 0.3239 | 0.3821 | 0.3975 | 0.4293 | 0.4797 | 0.5722 | 0.6770 | 0.7968 | 0.9652 | 1.0963 |
| 8.0 | 0.2764 | 0.3027 | 0.3301 | 0.3886 | 0.4040 | 0.4359 | 0.4866 | 0.5795 | 0.6848 | 0.8051 | 0.9744 | 1.1060 |
| 8.4 | 0.2811 | 0.3075 | 0.3350 | 0.3937 | 0.4092 | 0.4412 | 0.4921 | 0.5854 | 0.6910 | 0.8118 | 0.9817 | 1.1138 |
| 8.5 | 0.2823 | 0.3087 | 0.3363 | 0.3950 | 0.4105 | 0.4426 | 0.4935 | 0.5868 | 0.6926 | 0.8135 | 0.9835 | 1.1158 |
| 9.0 | 0.2882 | 0.3147 | 0.3424 | 0.4014 | 0.4170 | 0.4492 | 0.5004 | 0.5941 | 0.7004 | 0.8219 | 0.9927 | 1.1255 |
| 9.5 | 0.2941 | 0.3208 | 0.3486 | 0.4079 | 0.4235 | 0.4559 | 0.5072 | 0.6014 | 0.7082 | 0.8302 | 1.0018 | 1.1353 |
| 9.7 | 0.2965 | 0.3232 | 0.3510 | 0.4104 | 0.4261 | 0.4585 | 0.5100 | 0.6044 | 0.7113 | 0.8336 | 1.0055 | 1.1392 |
| 10.0 | 0.3000 | 0.3268 | 0.3547 | 0.4143 | 0.4300 | 0.4625 | 0.5141 | 0.6088 | 0.7160 | 0.8386 | 1.0109 | 1.1450 |
| 10.5 | 0.3059 | 0.3328 | 0.3609 | 0.4207 | 0.4365 | 0.4691 | 0.5210 | 0.6161 | 0.7238 | 0.8469 | 1.0201 | 1.1548 |
| 11.0 | 0.3118 | 0.3389 | 0.3671 | 0.4271 | 0.4430 | 0.4758 | 0.5279 | 0.6234 | 0.7316 | 0.8553 | 1.0292 | 1.1645 |
| 12.0 | 0.3236 | 0.3509 | 0.3794 | 0.4400 | 0.4560 | 0.4891 | 0.5416 | 0.6380 | 0.7472 | 0.8720 | 1.0475 | 1.1840 |
| 12.5 | 0.3295 | 0.3570 | 0.3855 | 0.4464 | 0.4625 | 0.4957 | 0.5485 | 0.6453 | 0.7550 | 0.8804 | 1.0566 | 1.1938 |
| 12.6 | 0.3307 | 0.3582 | 0.3868 | 0.4477 | 0.4638 | 0.4971 | 0.5499 | 0.6468 | 0.7566 | 0.8820 | 1.0585 | 1.1957 |
| 13.0 | 0.3355 | 0.3630 | 0.3917 | 0.4529 | 0.4690 | 0.5024 | 0.5554 | 0.6526 | 0.7628 | 0.8887 | 1.0658 | 1.2035 |
| 13.5 | 0.3414 | 0.3690 | 0.3978 | 0.4593 | 0.4755 | 0.5090 | 0.5623 | 0.6599 | 0.7706 | 0.8971 | 1.0749 | 1.2133 |
| 14.0 | 0.3473 | 0.3751 | 0.4040 | 0.4657 | 0.4820 | 0.5157 | 0.5692 | 0.6673 | 0.7784 | 0.9054 | 1.0841 | 1.2230 |
| 14.4 | 0.3520 | 0.3799 | 0.4089 | 0.4709 | 0.4872 | 0.5210 | 0.5747 | 0.6731 | 0.7846 | 0.9121 | 1.0914 | 1.2308 |
| 15.0 | 0.3591 | 0.3871 | 0.4163 | 0.4786 | 0.4950 | 0.5290 | 0.5829 | 0.6819 | 0.7940 | 0.9221 | 1.1023 | 1.2425 |
| 16.0 | 0.3709 | 0.3992 | 0.4286 | 0.4914 | 0.5080 | 0.5423 | 0.5967 | 0.6965 | 0.8096 | 0.9389 | 1.1206 | 1.2620 |

| 关税税率(%) | 消费税税率(%) | | | | | | | | | | | |
|---|---|---|---|---|---|---|---|---|---|---|---|---|
| | 1 | 3 | 5 | 9 | 10 | 12 | 15 | 20 | 25 | 30 | 36 | 40 |
| 17. 0 | 0. 3827 | 0. 4112 | 0. 4409 | 0. 5043 | 0. 5210 | 0. 5556 | 0. 6105 | 0. 7111 | 0. 8252 | 0. 9556 | 1. 1389 | 1. 2815 |
| 17. 5 | 0. 3886 | 0. 4173 | 0. 4471 | 0. 5107 | 0. 5275 | 0. 5622 | 0. 6174 | 0. 7184 | 0. 8330 | 0. 9639 | 1. 1480 | 1. 2913 |
| 18. 0 | 0. 3945 | 0. 4233 | 0. 4533 | 0. 5171 | 0. 5340 | 0. 5689 | 0. 6242 | 0. 7258 | 0. 8408 | 0. 9723 | 1. 1572 | 1. 3010 |
| 19. 0 | 0. 4064 | 0. 4354 | 0. 4656 | 0. 5300 | 0. 5470 | 0. 5822 | 0. 6380 | 0. 7404 | 0. 8564 | 0. 9890 | 1. 1755 | 1. 3205 |
| 20. 0 | 0. 4182 | 0. 4474 | 0. 4779 | 0. 5429 | 0. 5600 | 0. 5955 | 0. 6518 | 0. 7550 | 0. 8720 | 1. 0057 | 1. 1938 | 1. 3400 |
| 21. 0 | 0. 4300 | 0. 4595 | 0. 4902 | 0. 5557 | 0. 5730 | 0. 6088 | 0. 6655 | 0. 7696 | 0. 8876 | 1. 0224 | 1. 2120 | 1. 3595 |
| 22. 0 | 0. 4418 | 0. 4715 | 0. 5025 | 0. 5686 | 0. 5860 | 0. 6220 | 0. 6793 | 0. 7843 | 0. 9032 | 1. 0391 | 1. 2303 | 1. 3790 |
| 23. 0 | 0. 4536 | 0. 4836 | 0. 5148 | 0. 5814 | 0. 5990 | 0. 6353 | 0. 6931 | 0. 7989 | 0. 9188 | 1. 0559 | 1. 2486 | 1. 3985 |
| 24. 0 | 0. 4655 | 0. 4957 | 0. 5272 | 0. 5943 | 0. 6120 | 0. 6486 | 0. 7068 | 0. 8135 | 0. 9344 | 1. 0726 | 1. 2669 | 1. 4180 |
| 24. 5 | 0. 4714 | 0. 5017 | 0. 5333 | 0. 6007 | 0. 6185 | 0. 6553 | 0. 7137 | 0. 8208 | 0. 9422 | 1. 0809 | 1. 2760 | 1. 4278 |
| 25. 0 | 0. 4773 | 0. 5077 | 0. 5395 | 0. 6071 | 0. 6250 | 0. 6619 | 0. 7206 | 0. 8281 | 0. 9500 | 1. 0893 | 1. 2852 | 1. 4375 |
| 27. 0 | 0. 5009 | 0. 5319 | 0. 5641 | 0. 6329 | 0. 6510 | 0. 6885 | 0. 7481 | 0. 8574 | 0. 9812 | 1. 1227 | 1. 3217 | 1. 4765 |
| 28. 0 | 0. 5127 | 0. 5439 | 0. 5764 | 0. 6457 | 0. 6640 | 0. 7018 | 0. 7619 | 0. 8720 | 0. 9968 | 1. 1394 | 1. 3400 | 1. 4960 |
| 30. 0 | 0. 5364 | 0. 5680 | 0. 6011 | 0. 6714 | 0. 6900 | 0. 7284 | 0. 7894 | 0. 9013 | 1. 0280 | 1. 1729 | 1. 3766 | 1. 5350 |
| 32. 0 | 0. 5600 | 0. 5922 | 0. 6257 | 0. 6971 | 0. 7160 | 0. 7550 | 0. 8169 | 0. 9305 | 1. 0592 | 1. 2063 | 1. 4131 | 1. 5740 |
| 35. 0 | 0. 5955 | 0. 6284 | 0. 6626 | 0. 7357 | 0. 7550 | 0. 7949 | 0. 8582 | 0. 9744 | 1. 1060 | 1. 2564 | 1. 4680 | 1. 6325 |
| 38. 0 | 0. 6309 | 0. 6645 | 0. 6996 | 0. 7743 | 0. 7940 | 0. 8348 | 0. 8995 | 1. 0183 | 1. 1528 | 1. 3066 | 1. 5228 | 1. 6910 |
| 40. 0 | 0. 6545 | 0. 6887 | 0. 7242 | 0. 8000 | 0. 8200 | 0. 8614 | 0. 9271 | 1. 0475 | 1. 1840 | 1. 3400 | 1. 5594 | 1. 7300 |
| 45. 0 | 0. 7136 | 0. 7490 | 0. 7858 | 0. 8643 | 0. 8850 | 0. 9278 | 0. 9959 | 1. 1206 | 1. 2620 | 1. 4236 | 1. 6508 | 1. 8275 |
| 50. 0 | 0. 7727 | 0. 8093 | 0. 8474 | 0. 9286 | 0. 9500 | 0. 9943 | 1. 0647 | 1. 1938 | 1. 3400 | 1. 5071 | 1. 7422 | 1. 9250 |
| 57. 0 | 0. 8555 | 0. 8937 | 0. 9336 | 1. 0186 | 1. 0410 | 1. 0874 | 1. 1611 | 1. 2961 | 1. 4492 | 1. 6241 | 1. 8702 | 2. 0615 |
| 65. 0 | 0. 9500 | 0. 9902 | 1. 0321 | 1. 1214 | 1. 1450 | 1. 1938 | 1. 2712 | 1. 4131 | 1. 5740 | 1. 7579 | 2. 0164 | 2. 2175 |

注:

1. 鉴于应征消费税的进口商品的法定增值税税率均为 17%,故本表省略了增值税税率一栏,但所列常数均已包括增值税在内。
2. 常数计算公式为:

$$常数=\frac{进口关税税率+消费税税率+增值税税率+进口关税税率\times增值税税率}{1-消费税税率}$$

## 附表 9

# 2018 年进口关税与进口环节代征税(增值税)计税常数表

| 关税税率(%) | 增值税税率(%) | | 关税税率(%) | 增值税税率(%) | | 关税税率(%) | 增值税税率(%) | |
|---|---|---|---|---|---|---|---|---|
| | 13 | 17 | | 13 | 17 | | 13 | 17 |
| 0 | 0.1300 | 0.1700 | 9.5 | 0.2374 | 0.2812 | 20.0 | 0.3560 | 0.4040 |
| 1.0 | 0.1413 | 0.1817 | 9.7 | 0.2396 | 0.2835 | 21.0 | 0.3673 | 0.4157 |
| 1.5 | 0.1470 | 0.1876 | 10.0 | 0.2430 | 0.2870 | 22.0 | 0.3786 | 0.4274 |
| 2.0 | 0.1526 | 0.1934 | 10.5 | 0.2487 | 0.2929 | 23.0 | 0.3899 | 0.4391 |
| 3.0 | 0.1639 | 0.2051 | 11.0 | 0.2543 | 0.2987 | 24.0 | 0.4012 | 0.4508 |
| 4.0 | 0.1752 | 0.2168 | 12.0 | 0.2656 | 0.3104 | 24.5 | 0.4069 | 0.4567 |
| 4.5 | 0.1809 | 0.2227 | 12.5 | 0.2713 | 0.3163 | 25.0 | 0.4125 | 0.4625 |
| 5.0 | 0.1865 | 0.2285 | 12.6 | 0.2724 | 0.3174 | 27.0 | 0.4351 | 0.4859 |
| 5.5 | 0.1922 | 0.2344 | 13.0 | 0.2769 | 0.3221 | 28.0 | 0.4464 | 0.4976 |
| 5.8 | 0.1955 | 0.2379 | 13.5 | 0.2826 | 0.3280 | 30.0 | 0.4690 | 0.5210 |
| 6.0 | 0.1978 | 0.2402 | 14.0 | 0.2882 | 0.3338 | 32.0 | 0.4916 | 0.5444 |
| 6.5 | 0.2035 | 0.2461 | 14.4 | 0.2927 | 0.3385 | 35.0 | 0.5255 | 0.5795 |
| 7.0 | 0.2091 | 0.2519 | 15.0 | 0.2995 | 0.3455 | 38.0 | 0.5594 | 0.6146 |
| 7.5 | 0.2148 | 0.2578 | 16.0 | 0.3108 | 0.3572 | 40.0 | 0.5820 | 0.6380 |
| 8.0 | 0.2204 | 0.2636 | 17.0 | 0.3221 | 0.3689 | 45.0 | 0.6385 | 0.6965 |
| 8.4 | 0.2249 | 0.2683 | 17.5 | 0.3278 | 0.3748 | 50.0 | 0.6950 | 0.7550 |
| 8.5 | 0.2261 | 0.2695 | 18.0 | 0.3334 | 0.3806 | 57.0 | 0.7741 | 0.8369 |
| 9.0 | 0.2317 | 0.2753 | 19.0 | 0.3447 | 0.3923 | 65.0 | 0.8645 | 0.9305 |

注:

常数=进口关税税率+增值税税率+进口关税税率x增值税税率

# 附表 10

## 计量单位换算表

### 面(地)积换算

| 公制 | | 英美制 | | | |
|---|---|---|---|---|---|
| 平方米 | 平方厘米 | 平方码 | 平方英尺 | 平方英寸 | 平方尺 |
| 1 | 10000 | 1.1960 | 10.7639 | 1550 | 9 |
| 0.0001 | 1 | 0.00012 | 0.00108 | 0.155 | 0.0009 |
| 0.8361 | 8361 | 1 | 9 | 1296 | 7.525 |
| 0.0929 | 929 | 0.1111 | 1 | 144 | 0.836 |
| 0.00065 | 6.45 | 0.00077 | 0.00694 | 1 | 0.0058 |
| 0.111 | 1111 | 0.133 | 1.196 | 172.2 | 1 |

### 长度换算

| 公制 | | 中国市制 | 英美制 | | |
|---|---|---|---|---|---|
| 米 | 厘米 | 尺 | 码 | 英尺 | 英寸 |
| 1 | 100 | 3 | 1.094 | 3.2808 | 39.37 |
| 0.01 | 1 | 0.03 | 0.01094 | 0.03281 | 0.3937 |
| 0.3333 | 33.33 | 1 | 0.3646 | 1.094 | 13.123 |
| 0.9144 | 91.44 | 2.743 | 1 | 3 | 36 |
| 0.3048 | 30.48 | 0.9144 | 0.3334 | 1 | 12 |
| 0.0254 | 2.54 | 0.0762 | 0.0278 | 0.833 | 1 |

1米=100厘米=1000毫米

### 重量换算(一)

| 公制 | 英制 | 美制 | 港制 |
|---|---|---|---|
| 公吨 | 长吨 | 短吨 | 司马担 |
| 1 | 0.9842 | 1.1023 | 16.535 |
| 1.016 | 1 | 1.12 | 16.8 |
| 0.9072 | 0.8929 | 1 | 15 |
| 0.05 | 0.04921 | 0.0551 | 0.8267 |
| 0.0508 | 0.05 | 0.056 | 0.8402 |
| 0.0605 | 0.0594 | 0.0667 | 1 |

港制1司马担=100司马斤
公制1公吨=10公担
英制1长吨=20英担(CWT)
1英担=50.8024千克
美制1短吨=20短担(CWT)
1短担=100磅=45.36千克

| 公制 | 中国市制 | 英美制 |
|---|---|---|
| 千克 | 斤 | 磅 |
| 1000 | 2000 | 2204.6 |
| 1016 | 2032 | 2242 |
| 907 | 1814 | 2000 |
| 50 | 100 | 110.23 |
| 50.8 | 101.6 | 112 |
| 60.48 | 120.96 | 133.33 |
| 1 | 2 | 2.2046 |
| 0.5 | 1 | 1.1023 |
| 0.4536 | 0.9072 | 1 |

## 重量换算(二)

| 公制 | | 英美制常衡 | | 英美制金衡或药衡 | | 中国市制 |
|---|---|---|---|---|---|---|
| 千克 | 克 | 磅 | 唡 | 磅 | 唡 | 两 |
| 1 | 1000 | 2.2046 | 35.2736 | 2.679 | 31.1507 | 20 |
| 0.001 | 1 | 0.0022 | 0.03527 | 0.00268 | 0.0321 | 0.02 |
| 0.4536 | 453.59 | 1 | 16 | 1.2153 | 14.5833 | 9.072 |
| 0.02835 | 28.35 | 0.0625 | 1 | 0.07595 | 0.9114 | 0.567 |
| 0.3732 | 373.24 | 0.82286 | 13.1657 | 1 | 12 | 7.465 |
| 0.0311 | 31.10 | 0.06857 | 1.0971 | 0.08333 | 1 | 0.622 |
| 0.05 | 50 | 0.1102 | 1.76368 | 0.13396 | 1.6075 | 1 |

宝石:1克拉=0.2克　　1金衡=155.5克拉

## 容(体)积换算(一)

| 公制 | 中国市制 | 英制 | 美制 |
|---|---|---|---|
| 升 | 升 | 英加仑 | 美加仑 |
| 1 | 1 | 0.22 | 0.264 |
| 4.546 | 4.546 | 1 | 1.201 |
| 3.785 | 3.785 | 0.833 | 1 |

1000升=1立方米　　1升=1000毫升=1000立方厘米(c.c.)

英制1加仑=277.42立方英寸　　英制1加仑=231立方英寸

## 容(体)积换算(二)

| 公制 | | 英美制 | | | 中国市制 |
|---|---|---|---|---|---|
| 立方米 | 立方厘米 | 立方码 | 立方英尺 | 立方英寸 | 立方尺 |
| 1 | 1000000 | 1.303 | 35.3147 | 61024 | 27 |
| 0.000001 | 1 | 0.0000013 | 0.00004 | 0.06102 | 0.000027 |
| 0.7636 | 764555 | 1 | 27 | 46656 | 20.643 |
| 0.02832 | 28317 | 0.037 | 1 | 1728 | 0.7646 |
| 0.000016 | 16.387 | 0.00002 | 0.00058 | 1 | 0.00044 |
| 0.037 | 37037 | 0.0484 | 1.308 | 2260 | 1 |

**木材体积单位换算**

板(Board Foot Measure,BFM):

指厚一英寸、面积一平方英尺的木材

板材的换算:1000板=2.36立方米

原木的换算:1000板=5立方米(近似值)

**功率换算**

1千瓦(kW)=1.34英制马力(hp)=1.36公制马力(hp)

1英制马力=0.746千瓦(kW)

1公制马力=0.735千瓦(kW)

$$1\text{千伏安}(\text{kVA})=\frac{\text{千瓦}(\text{kW})}{0.80}$$

## 粮谷重量容积换算

| 品名 | 1 公吨折合蒲式耳 | 1 蒲式耳折合 | |
|---|---|---|---|
| | | 磅 | 千克 |
| 小麦、大豆 | 36.743 | 60 | 27.216 |
| 玉米 | 39.368 | 56 | 25.402 |
| 大麦(英制) | 44.092 | 50 | 22.68 |
| 大麦(美制) | 45.931 | 48 | 21.773 |

1 英制蒲式耳(1.0321 美制蒲式耳)合 36.3677 升。

## 石(原)油重量、容积换算

| 国别 | 1 公吨折合 | | | |
|---|---|---|---|---|
| | 千升 | 美制桶 | 英制加仑 | 美制加仑 |
| 美国、印度尼西亚 | 1.18 | 7.4 | 259.1 | 310.6 |
| 伊朗、沙特阿拉伯 | 1.19 | 7.49 | 261.8 | 314.5 |
| 日本 | 1.11 | 6.99 | 244.5 | 293.3 |
| 英国、科威特 | 1.16 | 7.31 | 255.8 | 306.7 |
| 委内瑞拉 | 1.09 | 6.84 | 239.2 | 287.4 |

**注**:世界平均比重的原油通常以 1 公吨=7.35 桶(每桶为 42 美制加仑)或 1174 升计。

## 常用度量衡英文名称和简写

| 名称 | 英文名称 | 简写 | 名称 | 英文名称 | 简写 |
|---|---|---|---|---|---|
| 克 | gram | g. | 码 | yard | yd. |
| 千克 | kilogram | kg. | 英尺 | foot | ft. |
| 公担 | quintal | q. | 英寸 | inch | in. |
| 公吨 | metric ton | m.t. | 平方米 | square metre | sq.m. |
| 长吨 | long ton | l.t. | 平方英尺 | square foot | sq.ft |
| 短吨 | short ton | sh.t. | 平方码 | square yard | sq.yd |
| 英担 | hundredweight | cwt. | 立方米 | cubic metre | cu.m. |
| 美担 | hundredweight | cwt. | 立方英尺 | cubic toor | cu.ft. |
| 磅 | pound | lb. | 升 | litre | l. |
| 唡(常衡) | ounce | oz. | 毫升 | millilitre | ml. |
| (金衡) | ounce | oz.t | 加仑 | gallon | gal. |
| 司马担 | picul | | 蒲式耳 | bushel | bu. |
| 米 | metre | m. | 克拉 | carat | car. |
| 公里 | kilometre | km. | 马力 | horse power | hp. |
| 厘米 | centimetre | cm. | 千瓦 | kilowatt | kw. |
| 毫米 | millimetre | mm. | 公吨度 | metric ton unit | m.t.u. |